ESV

Arbeitsunfall und Berufskrankheit

Rechtliche und
medizinische Grundlagen
für Gutachter, Sozialverwaltung,
Berater und Gerichte

Begründet von
Dr. jur. Alfred Schönberger

8., völlig neu bearbeitete Auflage

Von

Prof. Dr. jur. Gerhard Mehrtens
Prof. Dr. med. Helmut Valentin †
Dr. jur. Alfred Schönberger

ERICH SCHMIDT VERLAG

Bibliografische Information der Deutschen Nationalbibliothek
Die Deutsche Nationalbibliothek verzeichnet diese Publikation in der Deutschen Nationalbibliografie; detaillierte bibliografische Daten sind im Internet über http://dnb.d-nb.de abrufbar.

Weitere Informationen zu diesem Titel finden Sie im Internet unter ESV.info/978 3 503 11029 2

Prof. Dr. jur. Gerhard Mehrtens	Direktor der Berufsgenossenschaft für Gesundheitsdienst und Wohlfahrtspflege i. R. Geschäftsführer des Berufsgenossenschaftlichen Vereins für Heilbehandlung Hamburg e. V. Honorarprofessor Hochschule Fresenius, Idstein
Dr. jur. Alfred Schönberger	Stv. Hauptgeschäftsführer der Berufsgenossenschaft der chemischen Industrie i. R. Geschäftsführer des Landesverbandes Südwestdeutschland der gew. Berufsgenossenschaften i. R.
Prof. Dr. med. Helmut Valentin †	Langjähriger Direktor des Instituts für Arbeits- und Sozialmedizin und der Poliklinik für Berufskrankheiten der Universität Erlangen-Nürnberg.

1. Auflage 1965/68
...
8. Auflage 2010

ISBN 978 3 503 11029 2

Alle Rechte vorbehalten
© Erich Schmidt Verlag GmbH & Co., Berlin 2010
www.ESV.info

Dieses Papier erfüllt die Frankfurter Forderungen der Deutschen Nationalbibliothek und der Gesellschaft für das Buch bezüglich der Alterungsbeständigkeit und entspricht sowohl den strengen Bestimmungen der US Norm Ansi/Niso Z 39.48-1992 als auch der ISO Norm 9706.

Gesetzt aus der 9/11 Stempel-Garamond

Satz: multitext, Berlin
Druck und Bindung: Kösel, Altusried-Krugzell

Vorwort zur 8. Auflage

Anregungen aus der Praxis und Wissenschaft folgend wurde dieses Werk erarbeitet.

Die Teile der Erstauflage (1965; 1968) wuchsen nicht methodisch: sie tragen deshalb den Titel

„Der Arbeitsunfall im Blickfeld spezieller Tatbestände".

Bereits der 2. Auflage (1981) lag eine weitgehend umfassende Systematik der rechtlichen und medizinischen Grundlagen des Arbeitsunfalls und der Berufskrankheit zu Grunde. In rascher Folge erschienen die 3. (1984), 4. (1988), 5. (1993), 6. (1998) und 7. Auflage (2003). Sie erlangten hervorragende Akzeptanz. Dafür danken wir den Benutzern.

Von jeher sind Unfallrecht und Unfallmedizin, aber auch das Recht und die Medizin der Berufskrankheiten derart verwoben, dass die in der Sozialverwaltung Tätigen und die Richter auf der einen sowie die gutachterlich mitwirkenden Ärzte auf der anderen Seite ihre Aufgabe nicht isoliert nebeneinander erfüllen können: Sie bedürfen in Wechselbeziehung ihres Fachwissens. Beide Disziplinen liegen im System der Sozialen Sicherung ihrer „Gemengelage" zufolge nicht mit scharfen Grenzen nebeneinander, sie verschieben sich vielmehr ineinander. Diese komplizierte Verzahnung juristischer, medizinischer und verwaltungsmäßiger Fragen, die bei der Bearbeitung, Beurteilung von Arbeitsunfällen – Berufskrankheiten und der Begutachtung ihrer Folgen auftreten, ist der Gegenstand dieses Buches.

Um jede Kompetenzüberschreitung zu vermeiden und eine abgewogene Sachbeschreibung zu erreichen, wurde der Rat bewährter Fachkenner eingeholt. Diesen und den in den Vorauflagen namentlich aufgeführten Experten gilt aufrichtiger Dank.

Wiederum wurde der Text von den Autoren ganzheitlich bzw. wechselseitig gestaltet und verfasst; damit entstand eine gleichartige Darstellung: Stileinheit wurde gewahrt. Erweitert erfolgt Verweisung auf Mitarbeiter; auch nur annähernd vollständige Einzelnennung der Berater über Jahrzehnte ist indes nicht realisierbar.

Unter Auswertung neuer medizinischer Erkenntnisse, Literatur und Rechtsprechung wurde eine Synthese verfasst, die dem Benutzer aus den verschiedenen Wissensgebieten eine Arbeitsgrundlage bieten soll. Dabei kam es darauf an, den weitverzweigten Stoff abzugrenzen, zu sichten und zu sondern, um Tendenzen in Wissenschaft und Judikatur herauszuheben. Bewusst wird nicht nur die oft schwer erreichbare Primärliteratur zitiert, auch die von der Deutschen Gesetzlichen Unfallversicherung e.V. (bis 30. 6. 2007: Hauptverband der gewerblichen Berufsgenossenschaften) und in Verbindung mit den Landesverbänden herausgegebenen Schriften werden angeführt. Der Ratsuchende mag damit fundiert geleitet werden, eine angemessene sowie gerechte Beurteilung und Entscheidung zu finden. Mit der gewählten Systematik und Form wird erstrebt, die Gründlichkeit der Untersuchung zu wahren. Die aufgezeigten Konsequenzen sollen sich nicht im Theoretischen erschöpfen, sondern in eine fassbare Nutzanwendung münden.

Klarheit, Deutlichkeit, Anschaulichkeit und wissenschaftlich begründbare, verlässliche aktuelle Aussagen sollten erlangt werden. Soweit dies nicht durchweg zu allen Gegenständen erreichbar war, liegt dies zum Teil auch in der Natur der Sache: Vom Gutachter werden mitunter präzisere Antworten erwartet, als er auf Grund gesicherter medizinischer Erkenntnisse zu geben imstande ist.

Einspaltiges Druckbild wurde erneut bevorzugt, um die Fußnoten auf der jeweiligen Buchseite anzubringen; dem Benutzer wird das zitierte Material unmittelbar sichtbar.

Das umfangreiche Inhaltsverzeichnis wurde zur besseren Übersicht jeweils vor die einzelnen Kapitel gesetzt anstelle einer Gesamtdarstellung am Anfang.

Beim „Schlüssel zu den Berufskrankheiten" erfolgte nunmehr die Angabe der Seitenzahlen anstatt Verweis auf Gliederungsnummern.

Auf Kapitel 3 in Vorauflagen „Mitwirkungspflicht bei ärztlichen Maßnahmen" wurde verzichtet zu Gunsten einer gesonderten und erweiterten Aufnahme des Kapitels 2 „Berufskrankheit" der Bedeutung wegen.

Im Text verwendete, auf männliche Personen bezogene Begriffe, gelten selbstverständlich ebenso für weibliche Personen.

Diese Auflage entspricht dem Stand von Gesetzgebung, Wissenschaft, Rechtsprechung und Schrifttum bei Fertigstellung des Werkes.

Vor Abschluss dieser Auflage verstarb

      Herr Prof. Dr. med. Helmut Valentin

Ihm gebührt Dank für grundlegende Initiativen, richtungweisende Anregungen und kenntnisreiche, an Wissenschaft und Praxis orientierte Mitarbeit bei diesem Werk über Jahrzehnte bis zuletzt.

Heidelberg, Hamburg, im November 2009

Alfred Schönberger   Gerhard Mehrtens

Inhaltsübersicht*

		Seite
Vorwort zur 8. Auflage		v
Abkürzungen		ix

Allgemeiner Teil

Entwicklung der gesetzlichen Unfallversicherung im Überblick		3
Strukturprinzipien der gesetzlichen Unfallversicherung		6
1	Arbeitsunfall	9
2	Berufskrankheit	53
3	Begutachtung	77
4	Tod des Versicherten	121

Besonderer Teil

5	Nervensystem und Psyche	141
6	Auge	277
7	Ohr	309
8	Stütz- und Bewegungsorgane	361
9	Infektionskrankheiten	701
10	Herz und Kreislauf	799
11	Haut	829
12	Verdauungsorgane, Pankreas, Leber und Gallenblase	893
13	Diabetes mellitus – Schilddrüsenerkrankungen	929
14	Blut	941
15	Harnorgane	973
16	Milz	985
17	Atemwege und Lungen	989
18	Berufsbedingte Krebserkrankungen	1081
19	Erkrankungen des rheumatischen Formenkreises	1149
20	Durch physikalische Einwirkungen verursachte Gesundheitsschäden	1163
21	Durch chemische Einwirkungen verursachte Erkrankungen	1219

Schlüssel zu den Berufskrankheiten	1253
Sachverzeichnis	1267

---

* Gegliederte Übersichten sind den jeweiligen Kapiteln vorangestellt.

Abkürzungen

a. A.	andere(r) Ansicht
a. a. O.	am angeführten Ort
ABl. oder Amtsbl.	Amtsblatt
Abs.	Absatz
abw.	abweichend
Acta Orthop. Scand.	Zeitschrift „Acta orthopaedica scandinavia"
a. F.	alte Fassung
akt. traumatol.	Zeitschrift „aktuelle traumatologie"
Alt.	Alternative
a. M.	andere(r) Meinung
amtl.	amtlich(es)
amtl. Begr.	amtliche Begründung
Amtsbl. Bayer. AM	Amtsblatt des bayerischen Ministeriums für Arbeit und soziale Fürsorge
AN	Amtliche Nachrichten des Reichsversicherungsamtes
ÄndG	Änderungsgesetz
Anm.	Anmerkung
Anl.	Anlage
Arbsch.	Arbeitsschutz, Fachbeilage des Bundesarbeitsblattes
Arb. u. SozRecht	Zeitschrift „Arbeits- und Sozialrecht"
Arb. Vers.	Zeitschrift „Die Arbeiterversorgung"
Arch. Geschwulstf.	Zeitschrift „Archiv für Geschwulstforschung"
Arch. klin. Chir.	Zeitschrift „Archiv für klinische Chirurgie"
Arch. Ohr-, Nas.- u. Kehlk. Heilk.	Zeitschrift „Archiv für Ohren-, Nasen- und Kehlkopfheilkunde sowie die angrenzenden Gebiete"
Arch. orthop. Unfall-Chir.	Zeitschrift „Archiv für orthopädische und Unfallchirurgie"
ASP	Zeitschrift „Arbeitsmedizin, Sozialmedizin, Präventivmedizin", seit Mai 1992 „ASU"
ASU	Zeitschrift „Arbeitsmedizin, Sozialmedizin, Umweltmedizin"
Atemw.-Lungenkrh.	Atemwegs- und Lungenkrankheiten, Zeitschrift für Diagnostik und Therapie
AV	„Arbeiter-Versorgung", Zeitschrift für Sozialversicherung, Sozialhilfe und Sozialordnung
Az.	Aktenzeichen
BABl.	Bundesarbeitsblatt
Bad. LVA	Badisches Landesversicherungsamt
Bayer. LVA	Bayerisches Landesversicherungsamt
Bayer. Mitt.	Mitteilungen des bayerischen Landesversicherungsamtes
BB	Zeitschrift „Betriebsberater"

Bd.	Band
Begr.	Begründung
Beil.	Beilage
Beitr. Gerichtl. Med.	Beiträge zur Gerichtlichen Medizin
Beitr. klin. Chir.	Beiträge zur klinischen Chirurgie
Bem.	Bemerkung
Bereiter-Hahn, Mehrtens	Gesetzliche Unfallversicherung, Handkommentar, 5. Aufl. 1997, Stand 2008
Berufsdermatosen	Zeitschrift „Berufsdermatosen" (heute „Dermatosen in Beruf und Umwelt")
BG	Berufsgenossenschaft oder „Die Berufsgenossenschaft", Zeitschrift für Unfallversicherung und Betriebssicherheit (seit Juli 1979 „Die BG")
BGen	Berufsgenossenschaften
BGB	Bürgerliches Gesetzbuch
BGBl.	Bundesgesetzblatt
BGFA	Forschungsinstitut für Arbeitsmedizin der Deutschen Gesetzlichen Unfallversicherung
BGH	Bundesgerichtshof
BGHSt	Entscheidungen des BGH in Strafsachen
BGHZ	Entscheidungen des BGH in Zivilsachen
bgl. (bglich)	berufsgenossenschaftlich
BG-UMed	Schriftenreihe „Unfallmedizinische Tagungen der Landesverbände der gewerblichen Berufsgenossenschaften", herausgegeben vom Hauptverband der gewerblichen Berufsgenossenschaften e.V., St. Augustin
BK	Berufskrankheit
BKK	Zeitschrift „Die Betriebskrankenkasse"
BKV	Berufskrankheiten-Verordnung i.d.F. der Zweiten Verordnung zur Änderung der Berufskrankheiten-Verordnung v. 11. Juni 2009
BKVO	Berufskrankheiten-Verordnung (1.–7.)
Bl.	Blatt
Blutalkohol	„Blutalkohol", wissenschaftliche Zeitschrift für die medizinische und juristische Praxis
BMAS	Bundesministerium für Arbeit und Soziales
Brackmann	Handbuch der Sozialversicherung, Band 3 Gesetzliche Unfallversicherung, 12. Auflage Stand 2008
BR-Drs.	Bundesrats-Drucksache
Breith.	Breith., Sammlung von Entscheidungen der Sozialversicherung, Versorgung und Arbeitslosenversicherung
Brit J Indust Med	British Journal of Industrial Medicine
BSG	Bundessozialgericht

Abkürzungen

BSG, SozR Nr. ... zu § ... RVO	Sozialrecht, Entscheidungssamlung, bearbeitet von den Richtern des BSG 1. Folge (1955–1973)
BSG, SozR 2200 § ... Nr. ...	2. Folge (1974–1989)
BSG, SozR 3-2200 § ... Nr. ...	3. Folge (1990–2002)
BSG, SozR 4-2200 § ... Nr. ...	4. Folge (ab 2003)
BSGE	Sammlung von Entscheidungen des BSG
BT-Drs.	Bundestags-Drucksache
BVA	Bundesversicherungsamt
BVBl.	Bundesversorgungsblatt
BVerfG	Bundesverfassungsgericht
BVG	Bundesversorgungsgesetz
BVersBl.	Zeitschrift „Bundesversorgungsblatt"
Chir. Orthop.	Zeitschrift „Ergebnisse der Chirurgie und Orthopädie"
Chir. Praxis	Zeitschrift „Chirurgische praxis", tägliche Praxis der gesamten Chirurgie
Chirurg	Zeitschrift „Der Chirurg"
Clin. Orthop.	Clinical Orthopaedics and Related Research, Lipincott, Philadelphia
Dermatosen	Zeitschrift „Dermatosen in Beruf und Umwelt" (früher „Berufsdermatosen")
Derm. Mschr.	Dermatologische Monatsschrift
desgl.	desgleichen
DGAUM	Deutsche Gesellschaft für Arbeitsmedizin und Umweltmedizin e. V.
DGUV	Deutsche Gesetzliche Unfallversicherung e. V.
d.h.	das heißt
Diss.	Dissertation
DOK	Zeitschrift „Die Ortskrankenkasse"
DRiZ	Zeitschrift „Deutsche Richterzeitung"
Dt. Gesundh.-wesen	Zeitschrift „Das deutsche Gesundheitswesen"
Dtsch. Med. Wschr. oder DMW	Deutsche Medizinische Wochenschrift
Dtsch. Z. ges. gerichtl. Med.	Deutsche Zeitschrift für die gesamte gerichtliche Medizin (heute „Zeitschrift für Rechtsmedizin")
Dt. Z. Nervenheilk.	Deutsche Zeitschrift für Nervenheilkunde (heute „Zeitschrift für Neurologie")
DVO-BEG	Durchführungsverordnung für das Bundesentschädigungsgesetz

DVZ	Deutsche Versicherungszeitschrift
EG	Europäische Gemeinschaft
Erg. Bd.	Ergänzungsband
Erg. Inn. Med.	Zeitschrift „Ergebnisse der Inneren Medizin"
Ergo Med	Zeitschrift für angewandte Arbeitsmedizin, Arbeitshygiene und Umweltmedizin
EuM	Entscheidungen und Mitteilungen des Reichsversicherungsamtes, herausgegeben von Mitgliedern des RVA
f.	folgende Seite
ff.	folgende Seiten
Fn.	Fußnote
Fortschr. Med.	Zeitschrift „Fortschritte der Medizin"
FS	Festschrift
ges. UV	gesetzliche Unfallversicherung
GewO	Gewerbeordnung
GG	Grundgesetz
ggf.	gegebenenfalls
GMBl	Gemeinsames Ministerialblatt (Hrsg. Bundesministerium des Innern)
Handchir.	Zeitschrift „Handchirurgie"
Hauck	Sozialgesetzbuch SGB VII Gesetzliche Unfallversicherung, 1997
Hefte z Unfallchir	Hefte zur Zeitschrift „Der Unfallchirurg" (bis 1992 Hefte zur Unfallheilkunde)
Hess. LSG	Hessisches Landessozialgericht
h. M.	herrschende Meinung
Hrsg.	Herausgeber
HS-UV	Handbuch des Sozialversicherungsrechts (Hrsg. Schulin) Band 2 Unfallversicherungsrecht 1996
H. Unfallh.	Hefte zur Unfallheilkunde, Beihefte zur Zeitschrift „Unfallheilkunde/Traumatology"
HVBG	Hauptverband der gewerblichen Berufsgenossenschaften
HV-Info	Aktueller Informationsdienst für die berufsgenossenschaftliche Sachbearbeitung, herausgegeben vom Hauptverband der gewerblichen Berufsgenossenschaften
Hyg Med	Zeitschrift „Hygiene Medizin"
IARC	International Agency for Research of Cancer, Lyon (Monograph-Serie)
i.d.F.	in der Fassung

ILO	Internationale Arbeitsorganisation
Int. Arch. Occup. Environ. Health	Zeitschrift „International Archives of Occupational and Environmental Health"
i. S.	im Sinne
i. V. m.	in Verbindung mit
JA	Zeitschrift „Juristische Arbeitsblätter"
JAV	Jahresarbeitsverdienst
J. Bone Jt. Surg	Journal of Bone and Joint Surgery, American and British Volumes
JDDG	Journal der Deutschen Dermatologen Gesellschaft (Zeitschrift)
JuS	Zeitschrift „Juristische Schulung"
JZ	Juristen-Zeitung
Kap.	Kapitel
Kartei Lauterbach	Kartei zum Unfallversicherungsrecht, herausgegeben von Lauterbach und Watermann
Klin. Mbl. Augenheil.	Klinische Monatsblätter für Augenheilkunde
Klin. Wschr.	Klinische Wochenschrift
Kn	Knappschaft
KnOVA	Knappschafts-Oberversicherungsamt
Kompass	Mitteilungsblatt der Bergbau-Berufsgenossenschaft
KOV	Zeitschrift „Die Kriegsopferversorgung"
Krh.-Hyg. + Inf. verh.	Zeitschrift „Krankenhaus-Hygiene + Infektionsverhütung"
Langenbecks Arch. Chir.	Zeitschrift „Langenbecks Archiv für Chirurgie"
LAP	Lob, Asanger, Probst, Sozialgerichtliche Entscheidungen über den Zusammenhang zwischen Unfall und Erkrankung, 1958
Lauterbach	Unfallversicherung Sozialgesetzbuch VII 4. Aufl. 1997
LG	Landgericht
LSG	Landessozialgericht
LV	Landesverband der gewerblichen Berufsgenossenschaften
LVA	Landesversicherungsamt
M.	Monat(e)
MAK-Werte-Liste	MAK- und BAT-Werte-Liste 2008, Senatskommission zur Prüfung gesundheitsschädlicher Arbeitsstoffe der Deutschen Forschungsgemeinschaft, in: Gesundheitsschädliche Arbeitsstoffe Toxikologisch-arbeitsmedizinische Begründungen von MAK-Werten (Maximale Arbeitsplatzkonzentrationen), Hrsg. Greim, 2008.
Mbl. f. AV	Monatsblätter für Arbeiterversicherung

MdE	Minderung der Erwerbsfähigkeit
MDR	Monatsschrift für Deutsches Recht
Med. Klin.	Wochenschrift „Medizinische Klinik"
MedSach	„Der medizinische Sachverständige", Zeitschrift für die gesamte medizinische Gutachtertätigkeit
Med. Welt	Zeitschrift „Die Medizinische Welt"
Mehrtens, Brandenburg	Die Berufskrankheitenverordnung, Kommentar, Stand 2009
Meso	Medizin im Sozialrecht, Sammlung von Entscheidungen zu medizinischen Fragen der Kranken-, Renten-, Unfall-, Arbeitslosenversicherung und des Versorgungswesens
MfU	Monatsschrift für Unfallheilkunde und Versicherungsmedizin (seit 1976 „Unfallheilkunde")
Mon. Schr. f. Arbeiter- u. Angestelltenvers.	Monatsschrift für Arbeiter- und Angestelltenversicherung
Münch. med. Wschr.	Münchner medizinische Wochenschrift
m. w. N.	mit weiteren Nachweisen
n. F.	neue Fassung
NJW	Neue Juristische Wochenschrift
NZA	Neue Zeitschrift für Arbeits- und Sozialrecht
NZS	Neue Zeitschrift für Sozialrecht
Öff. Gesundh. Dienst	Zeitschrift „Der öffentliche Gesundheitsdienst" (heute „Das öffentliche Gesundheitswesen")
Öff. Gesundh. Wesen	Zeitschrift „Das öffentliche Gesundheitswesen"
OLG	Oberlandesgericht
OVA	Oberversicherungsamt
Prax. Pneumol.	Zeitschrift „Praxis und Klinik der Pneumologie"
RdA	Zeitschrift „Recht der Arbeit"
Rdnr.	Randnummer
Rdschr.	Rundschreiben
Rdz.	Randziffer
Rev. Chir. Orthop.	Zeitschrift „Revue de Chirurgie Orthopédique"
RGBl.	Reichsgesetzblatt
RGZ	Entscheidungen des Reichsgerichts in Zivilsachen
RKI Epi Bull	Robert Koch-Institut Epidemiologisches Bulletin
Rostock	Entscheidungen des RVA über den Zusammenhang zwischen Unfall und Erkrankung, 1931
Rspr.	Rechtsprechung
RV	Rentenversicherung
RVA	Reichsversicherungsamt

Abkürzungen

RVO	Reichsversicherungsordnung
RzW	Zeitschrift „Rechtsprechung zum Wiedergutmachungsrecht"
s.	siehe
S.	Seite
Sächs. LVA	Sächsisches Landesversicherungsamt
Scand. J. Work Environ Health	Zeitschrift „Scandinavian Journal of Work, Environment and Health"
Schweiz. med. Wschr.	Schweizerische Medizinische Wochenschrift
SdL	Zeitschrift „Soziale Sicherheit in der Landwirtschaft"
Sen.	Senat
SG	Sozialgericht
SGb	Sozialgerichtsbarkeit, Zeitschrift „Die Sozialgerichtsbarkeit"
SGB	Sozialgesetzbuch
SGB-Soz. Vers.-Ges. Kom.	Sozialgesetzbuch, Sozialversicherung, Gesamtkommentar
SGG	Sozialgerichtsgesetz
Soz. E. Slg.	Sozialrechtliche Entscheidungssammlung
SozR	Sozialrecht, Rechtsprechung und Schrifttum, bearbeitet von den Richtern des Bundessozialgerichts
SozSich	Zeitschrift „Soziale Sicherheit"
SozVers	Zeitschrift „Die Sozialversicherung"
StGB	Strafgesetzbuch
StPO	Strafprozeßordnung
StVG	Straßenverkehrsgesetz
SV	Sozialversicherung
Therapiewoche	Wochenschrift für praktische Medizin
Trauma Berufskrankh	Zeitschrift „Trauma und Berufskrankheit"
u.a.	und andere(s), unter anderem
Unfallchirurg	Zeitschrift „Der Unfallchirurg"
Unfallh.	Zeitschrift „Unfallheilkunde/Traumatology" (bis 1975 MfU)
Urt.	Urteil
UV	Unfallversicherung
UV-Träger	Unfallversicherungsträger
UVV	Unfallverhütungsvorschrift
Verb.	Verband
Vers.	Versicherung
VersMed	Zeitschrift „Versicherungsmedizin"
VersR	Zeitschrift „Versicherungsrecht"
VersSchutz	Versicherungsschutz

VersTr.	Versicherungsträger
Vers. Wiss.	Zeitschrift „Vesicherungswissenschaft und Versicherungspraxis"
VO	Verordnung
VSSR	Zeitschrift „Vierteljahresschrift für Sozialrecht"
WHO	Weltgesundheitsorganisation
Wien. klin. Wschr.	Wiener klinische Wochenschrift
Wien. med. Wschr.	Wiener medizinische Wochenschrift
WzS	Zeitschrift „Wege zur Sozialversicherung"
z.B.	zum Beispiel
Zbl. Arbeitsmed.	Zentralblatt für Arbeitsmedizin, Arbeitsschutz und Prophylaxe
Zbl. Chir.	Zeitschrift „Zentralblatt für Chirurgie"
Z. Erkrank. Atm.-Org.	„Zeitschrift für Erkrankungen der Atmungsorgane"
ZfS	Zeitschrift „Zentralblatt für Sozialversicherung", jetzt „Zentralblatt für Sozialversicherung, Sozialhilfe und Versorgung"
ZFSH/SGB	„Zeitschrift für Sozialhilfe und Sozialgesetzbuch"
Z. ges. Hyg.	„Zeitschrift für die gesamte Hygiene und ihre Grenzgebiete"
Z. Hautkr.	Zeitschrift für Hautkrankheiten H+G
Z. Inn. Med.	„Zeitschrift für die gesamte Innere Medizin"
zit.	zitiert
Z. Kreislaufforschung	Zeitschrift für Kreislaufforschung
Z. Laryng. Rhinol.	Zeitschrift „Laryngologie, Rhinologie, Otologie, vereinigt mit Monatsschrift für Ohrenheilkunde"
ZNS	Zentralnervensystem
Z. Orthop.	Zeitschrift für Orthopädie und ihre Grenzgebiete
ZPO	Zivilprozeßordnung
Z. Rechtsmedizin	Zeitschrift für Rechtsmedizin
ZSR	Zeitschrift für Sozialreform
zust.	zustimmend
Z. Vers. Wiss.	Zeitschrift für die gesamte Versicherungswissenschaft
Z. Unfallchir. Vers. med. Berufskr.	Zeitschrift für Unfallchirurgie, Versicherungsmedizin und Berufskrankheiten
Z. Unfallm. Berufskr.	Zeitschrift für Unfallmedizin und Berufskrankheiten

Allgemeiner Teil

Entwicklung der gesetzlichen Unfallversicherung im Überblick

- *Abwandlung der rein genossenschaftlichen Selbsthilfe im 16. Jahrhundert durch die Unternehmerbeteiligung*
  - Abschluss dieser Rechtsentwicklung durch das Preußische Allgemeine Landrecht v. 1. 6. 1794
- *Anfänge des Arbeitsschutzes im 19. Jahrhundert*
  - Preußisches Regulativ v. 8. 3. 1839 über die Entschädigung jugendlicher Arbeiter
  - „Knappschaft" als Sonderversicherung der Bergleute in Preußen (1854)
  - Förderung der Bildung von örtlich freiwilligen Kassen, Unterstützungskassen oder „freien Hilfskassen nach dem Vorbild von Innungen und Gesellenverbänden auf der Basis eines Handwerks durch Gesetze (1869, 1871)
  - Staatliche Fabrikinspektion
  - Eisenbahnhaftpflicht und Reichtshaftpflichtgesetz v. 7. 6. 1871
  - „Kaiserliche Botschaft" v. 17. 11. 1881: Sozialpolitik wurde definiert als Einführung der Sozialversicherung
- *Erste Unfallversicherungsgesetze*
  - Entwürfe 1881, 1882, 1884
  - Gesetz v. 6. 7. 1884 (Bildung fachlich gegliederter BGen; Verpflichtung der Arbeitgeber bei der Aufbringung der Kosten)
  - Ausdehnungsgesetz v. 28. 5. 1885
  - Änderung des Unfallversicherungsgesetzes v. 30. 6. 1900 (u.a. Erweiterung der Leistungen), Zusammenfassung der bisherigen Änderungen
- *Gang zur Reichsversicherungsordnung*
  - RVO v. 9. 7. 1911
- *Fortgang im Zuge staatlicher Gegebenheiten*
  Weimarer Republik – Drittes Reich – Bundesrepublik Deutschland
  - Berufskrankheitenverordnung v. 12. 5. 1925 (11 Krankheiten)
  - Zweites Änderungsgesetz v. 14. 7. 1925 (Einbeziehung des Wegeunfalls)
  - VO über Krankenbehandlung u. Berufsfürsorge v. 14. 11. 1928 (Grundsatz zur Schaffung von Maßnahmen und Einrichtungen im Bereich des Heilverfahrens) Ausgestaltung dieser Regelungen durch die
  - Bestimmungen des RVA v. 19. 6. 1936

- Drittes Änderungsgesetz v. 20.12.1928 (Ausdehnung auf den kaufmännischen und Verwaltungsteil des Betriebes)
- Zweite Berufskrankheitenverordnung v. 11.2.1929 (22 Krankheiten)
- Notverordnung des Reichspräsidenten u.a. v. 8.12.1931 (Rentenanspruch ab einer MdE von 20 v.H., vorher 10 v.H.)
- Aufbaugesetz v. 5.7.1934 (grundlegende Änderung für die Selbstverwaltung; „Leiterprinzip")
- Dritte Berufskrankheitenverordnung v. 1.4.1937 (27 Krankheiten)
- Fünftes Änderungsgesetz v. 17.2.1939 (Teilweiser Abbau der Notverordnungen; Regelung der Familienheimfahrten)
- Sechstes Änderungsgesetz v. 9.3.1942 (Umstellung von Betriebs- zur Personenversicherung)
- Vierte Berufskrankheitenverordnung v. 9.3.1942 (32 Krankheiten, Angleichung an Personenversicherung)
- Selbstverwaltungsgesetz v. 22.2.1951 (Paritätische Besetzung der Organe; Beteiligung der Organisationen der Selbstverwaltung; Einzelheiten inzwischen im SGB IV)
- Fünfte Berufskrankheitenverordnung v. 26.7.1952 (42 Krankheiten)
- Fremd- und Auslandsrenten-Neuregelungsgesetz v. 25.2.1960 (Absicherung für Vertriebene und Flüchtlinge)
- Sechste Berufskrankheitenverordnung v. 28 4.1961 (47 Krankheiten)
- Unfallversicherungs-Neuregelungsgesetz – UVNG – v. 30.4.1963 (materielle Regelung des BK-Rechts im Wesentlichen in der RVO, Ausdehnung der Versicherung und Verbesserung der Leistungen sowie weitergehende Ausgestaltung der Unfallverhütung. Aktualisierung der Renten, Entschädigung „wie eine BK")
- Arbeitssicherheitsgesetz v. 12.12.1973 (Verpflichtung des Arbeitgebers zur Bestellung von Betriebsärzten und Fachkräften für Arbeitssicherheit; arbeitsmedizinische Untersuchungen)
- Sozialgesetzbuch SGB I, IV, X v. 11.12.1975, 23.12.1976, 18.8.1980 und 4.11.1982 (Bemühen zur Neuordnung der Soz.Vers., Einbeziehen des Nasciturus in den Schutz der ges. UV für Versicherungsfälle ab 24.5.1949)
- Verordnung zur Änderung der 7. BKVO v. 8.12.1976 (55 Krankheiten, Fassung der Liste in übersichtlicher, leichter ergänzbarer und der Dokumentation zugänglicher Form)
- Erste Verordnung zur Änderung der Berufskrankheitenverordnung v. 22.3.1988 (Anpassung an neue medizinisch-wissenschaftliche Erkenntnisse; 59 Krankheiten)
- Einigungsvertrag zwischen der BRD und der DDR über die Herstellung der Einheit Deutschlands v. 31.8.1990 (schrittweises Inkrafttreten der Vorschriften des 3. Buches der RVO – UV – mit zeitlicher Abstufung im Beitrittsgebiet)

Einführung 5

- Zweite Verordnung zur Änderung der Berufskrankheitenverordnung v. 18. 12. 1992 (Prüfung der sich aus dem Einigungsvertrag ergebenden Verpflichtung, inwieweit die in den neuen Bundesländern geltenden Erkrankungen berücksichtigt werden können; 64 Krankheiten)
- Gesetz zur Einordnung des Rechts der ges. UV in das Sozialgesetzbuch – SGB VII – v. 5. 7. 1996 (Stärkung des bestehenden Systems der ges. UV; begrenzte Änderungen im BK-Recht, Beweiserleichterungen unter der Voraussetzung: Gefährdung „in erhöhtem Maße", keine Anhaltspunkte für Verursachung der Krankheit aus dem privaten Bereich)
- Berufskrankheiten-Verordnung (BKV) v. 31. 10. 1997 (Umsetzung der Ermächtigungsgrundlagen gem. § 9 SGB VII, 67 Krankheiten)
- Gesetz zur Beendigung der Diskriminierung gleichgeschlechtlicher Gemeinschaften v. 16. 2. 2001: Lebenspartnerschaften (Einbeziehen der Lebenspartner in den Schutz der ges. UV)
- Altersvermögensergänzungsgesetz v. 21. 3. 2001 (zeitlich Verkürzung der Witwen- bzw. Witwerrente auf zwei Jahre, sofern nicht eine besondere Bedürfnislage besteht, Übergangsregelung)
- Sozialgesetzbuch SGB IX – Rehabilitation und Teilhabe behinderter Menschen v. 19. 6. 2001 (Regelung der Rehabilitation behinderter Menschen in eigenem Buch, Schaffung einheitlicher Bestimmungen für alle Reha-Träger)
- Verordnung zur Änderung der Berufskrankheiten-Verordnung v. 5. 9. 2002 (68 Krankheiten)
- Gesetz zur Verbesserung des unfallversicherungsrechtlichen Schutzes bürgerschaftlich Engagierter und weiterer Personen v. 9. 12. 2004 (Einbeziehen bürgerschaftlich Engagierter in privatrechtlichen Organisationen, ehrenamtlich Tätige in Gremien von Arbeitgeberorganisationen und Gewerkschaften sowie gemeinnützige Organisationen)
- Gesetz zur Modernisierung des Rechts der landwirtschaftlichen Sozialversicherung v. 18. 12. 2007 (Errichtung eines gemeinsamen Spitzenverbandes als Körperschaft des öffentlichen Rechts, Verlängerung der Wartezeit bei der Versichertenrente an Unternehmer, Abfindungen für Bestandsrenten unterhalb der Schwerverletzteneigenschaft)
- Gesetz zur Modernisierung der gesetzlichen Unfallversicherung v. 30. 10. 2008 (Reduzierung der Zahl der Unfallversicherungsträger sowie der Unterschiede in den Beiträgen der gewerblichen Berufsgenossenschaften, Neugestaltung der Altlastenverteilung sowie des Vermögensrechts)
- Zweite Verordnung zur Änderung der Berufskrankheiten-Verordnung v. 11. 6. 2009 (73 Krankheiten)

- *Europäische Gemeinschaft*
  - Im EWG-Vertrag keine Grundlage zum Erlass einer verbindlichen RechtsVO bei Entschädigungsleistungen der UV, also Anerkennung des Versicherungsfalls der einzelnen UV-Träger in der EU; indes Empfehlung der EU 1990 zur „Annahme einer Europäischen Liste der BKen".

Strukturprinzipien der gesetzlichen Unfallversicherung

Die tragenden rechtlichen und dogmatischen Strukturprinzipien sind bis heute in ihrem Kern erhalten geblieben und im Wesentlichen unumstritten:

- *Haftungsersetzung durch Versicherungsschutz*: Der verletzte bzw. berufserkrankte Arbeitnehmer hat grundsätzlich keinen zivilrechtlichen Schadensersatzanspruch gegen den Arbeitgeber. An dessen Stelle tritt ein sozialversicherungsrechtlicher Anspruch gegen den Versicherungsträger.
- *Begründung eines wirkungsvollen sozialen Schutzes* gegen die Folgen von Versicherungsfällen.
- *Orientierung der Versicherungsleistungen am Schadensersatzprinzip*: Zur Ausgleichung des Gesundheitsschadens stellt das Unfallversicherungsrecht ein differenziertes Instrumentarium an Restitutions- und Kompensationsleistungen zur Verfügung. Restitutionsleistungen dienen der Sicherung bzw. Wiederherstellung der Teilhabe an allen Lebensbereichen. Dazu gehört das gesamte Spektrum der medizinischen, beruflichen und sozialen Rehabilitation „mit allen geeigneten Mitteln". Kompensationsleistungen sollen die wirtschaftlichen Folgen des eingetretenen Gesundheitsschadens beheben. Die Geldleistungen (Verletzten-, Übergangsgeld, Versicherten-, Hinterbliebenenrente) haben Entgeltersatzfunktion. Da diese sich an dem vor Eintritt des Versicherungsfalls erzielten Einkommen orientieren, kommt ihnen sichernde Funktion des Lebensstandards zu.
- *Finanzierung allein durch die Unternehmer:* Sie gründet sich auf der Erwägung, dass der Versicherungsfall dem Risikobereich des Unternehmers zuzurechnen sei.
- *Beschränkung der Haftung bei Ansprüchen des Arbeitnehmers gegen den Arbeitgeber*, seit 1963 auch *unter den Arbeitnehmern desselben Betriebes*. Damit erfüllt die Unfallversicherung – zumindest teilweise – die Funktion einer *Haftpflichtversicherung*.
- *Durchführung von eigenen Körperschaften:* Organisatorisch wird die Unfallversicherung (im gewerblichen und landwirtschaftlichen Bereich) von Berufsgenossenschaften getragen, die ihre Aufgaben branchen-, risiko- und versichertennah wahrnehmen. „Berufsgenossen" sind die Unternehmer. Bund, Länder und Kommunen führen die Unfallversicherung durch Unfallkassen oder Gemeindeunfallversicherungsverbände durch.
- *Selbstverwaltung*, seit 1953 paritätisch durch Arbeitgeber und Arbeitnehmer (Versicherte): *juristische* Selbstverwaltung als eigenverantwortliche Erledigung öffentlich-rechtlicher Aufgaben außerhalb des unmittelbaren staatlich-hierarchischen Verwaltungsapparats durch selbständige Einrichtungen und Institutionen mit Staatsaufsicht; *politische* Selbstverwaltung als Beteiligung an der Verwaltung in Gestalt eines Ehrenamtes.
- *Gliederung der Berufsgenossenschaften nach Branchen*, die Unternehmen mit vergleichbaren Unfallrisiken zusammenfassen.
- *Präventionsauftrag der UV-Träger* zur Verhütung von Arbeitsunfällen und Berufskrankheiten sowie arbeitsbedingten Gesundheitsgefahren. Zentrale Elemente sind die

Einführung 7

Normierung von Unfallverhütungsvorschriften und Durchführung durch die Unfallversicherungsträger.

- *Verschuldensunabhängigkeit des Entschädigungsanspruchs:* Die Entschädigungspflicht bei Arbeitsunfällen und Berufskrankheiten ist vom Verschulden unabhängig (Ausnahme: vorsätzliche Tötung, Ermessen nach strafgerichtlicher Verurteilung wegen eines Verbrechens oder vorsätzlichen Vergehens, § 101 SGB VII). Wegen der grundsätzlichen Verantwortlichkeit des Arbeitgebers für Personenschäden des Arbeitnehmers in seinem Risikobereich wird die Unfallversicherung auch als ein Fall der Gefährdungshaftung gesehen.

- *Versicherungsschutz unabhängig von der formalen Begründung eines Versicherungsverhältnisses:* Der Versicherungsschutz erstreckt sich in erster Linie auf die in einem Beschäftigungsverhältnis stehenden Versicherten (§ 2 Abs. 1 Nr. 1 SGB VII: „Beschäftigte"). Maßgebend ist nicht die rechtliche, sondern die tatsächliche Ausgestaltung der abhängigen Tätigkeit. In systemgerechter Erweiterung wurden einbezogen Personen,

- bei denen das Abgrenzen zwischen abhängig und selbständig Tätigen schwierig oder das soziale Schutzbedürfnis der selbständig Tätigen ebenso zu bejahen ist wie bei den Beschäftigen: landwirtschaftliche Unternehmer (§ 2 Abs. 1 Nr. 5 SGB VII), Hausgewerbetreibende und Zwischenmeister (§ 2 Abs. 1 Nr. 6 SGB VII), Küstenschiffer und Küstenfischer (§ 2 Abs. 1 Nr. 7 SGB VII), selbständig im Gesundheitswesen oder in der Wohlfahrtspflege Tätige (§ 2 Abs. 1 Nr. 9 SGB VII);

- mit einer Affinität zum Arbeitsleben: Lernende während der beruflichen Aus- und Fortbildung sowie Rehabilitanden im Zusammenhang mit der beruflichen Rehabilitation (§ 2 Abs. 1 Nrn. 1, 15b SGB VII), Personen während einer für das Arbeitsleben erforderlichen Untersuchung oder Prüfung (§ 2 Abs. 1 Nr. 3 SGB VII), behinderte Menschen in anerkannten Werkstätten für behinderte Menschen (§ 2 Abs. 1 Nr. 4 SGB VII), Kindergartenkinder (§ 2 Abs. 1 Nr. 8a SGB VII), Schüler (§ 2 Abs. 1 Nr. 8b SGB VII), Studenten (§ 2 Abs. 1 Nr. 8c SGB VII), mit Hilfe des Arbeitsamtes Arbeitsuchende (§ 2 Abs. 1 Nr. 14 SGB VII), Pflegepersonen (§ 2 Abs. 1 Nr. 17 SGB VII), Versicherte, die „wie Beschäftigte tätig werden" (§ 2 Abs. 2 S. 1 SGB VII), Gefangene (§ 2 Abs. 2 S. 2 SGB VII), Entwicklungshelfer (§ 2 Abs. 3 Nr. 2 SGB VII).

- Über die klassische Arbeitnehmerversicherung entwickelte sich die Unfallversicherung durch die – systemwidrige – Einbeziehung weiterer Personen, die in keinem abhängigen Beschäftigungsverhältnis stehen (auch *unechte Unfallversicherung*), vielmehr der Einsatz und die Aufopferung für das Gemeinwohl sowie die soziale Schutzbedürftigkeit maßgebend sind: ehrenamtlich für Körperschaften u.ä. des öffentlichen Rechts Tätige (§ 2 Abs. 1 Nr. 10 SGB VII), Angehörige von Hilfeleistungsunternehmen (§ 2 Abs. 1 Nr. 12 SGB VII), Nothelfer und Lebensretter, Blut-, Organ- oder Gewebespender, Dienst- und Verfolgungshelfer (§ 2 Abs. 1 Nr. 13 SGB VII), Krankenhauspatienten (§ 2 Abs. 1 Nr. 15a SGB VII), Selbsthilfe bei der Schaffung öffentlich geförderten Wohnraumes (§ 2 Abs. 1 Nr. 16 SGB VII).

Erwägungen dieser *Pflichtmitgliedschaft* sind verschiedenartig: Einsatz und Aufopferung für das Gemeinwohl, soziale Schutzbedürftigkeit. Die Unfallversicherung wurde dabei als reines Entschädigungssystem eingesetzt, die Leistungen danach bemessen, ohne dass die übrigen Aufgaben – wie Prävention – eine Rolle spielen.

- Weitere Zwangsmitgliedschaft können die UV-Träger *kraft Satzung* begründen: Unternehmer und ihre im Unternehmen mitarbeitenden Ehegatten sowie Unternehmensbesucher (§ 3 Abs. 1 SGB VII). Notwendigkeit und Zweckmäßigkeit sind durch sie eher als durch den Gesetzgeber zu beurteilen.

- Ähnliches gilt für die Befugnis der Unfallversicherung, Unternehmern, unternehmerähnlichen Personen sowie mitarbeitenden Ehegatten *vertraglich* eine Versicherung anzubieten (freiwillige Versicherung, § 6 SGB VII).

- Von der ges. UV nicht berührt werden insbesondere *Beamte* und ihnen vergleichbare Personen (§ 4 Abs. 1 Nr. 1 und 2 SGB VII), Mitglieder geistlicher Genossenschaften, Diakonissen und Angehörige ähnlicher Gemeinschaften (§ 4 Abs. 1 Nr. 3 SGB VII), Hobby-Tätigkeiten, wie Fischerei, Jagd, Imkerei oder in einem Haushalt als verwandte oder verschwägerte Tätige (§ 4 Abs. 4 i.V.m. § 6 Abs. 1 Nr. 1 SGB VII).

1 Arbeitsunfall

Übersicht

1.1	Systematik des Arbeitsunfalls ...	10
1.2	Unfall	11
1.2.1	Unfallereignis	11
1.2.2	Gesundheitsschaden	13
1.3	Vom Versicherungsschutz erfasste Tätigkeiten: innerer oder sachlicher Zusammenhang	14
1.4	Kausalzusammenhang	21
1.5	Zurechnungslehre der wesentlichen Bedingung	22
1.5.1	Kriterien zur Bestimmung der Wesentlichkeit einer Ursache	23
1.5.2	Grundsätze zur wertenden Entscheidung über die Wesentlichkeit einer Ursache	24
1.6	Ursächlicher Zusammenhang zwischen der im Unfallzeitpunkt ausgeübten Tätigkeit und dem Unfallereignis (Unfallkausalität).............	26
1.6.1	Abgrenzen der versicherten „Gefahren des täglichen Lebens" zur nichtversicherten „allgemein wirkenden Gefahr"	26
1.6.2	Abgrenzen der versicherten Tätigkeit zur nichtversicherten „selbst geschaffenen Gefahr" ...	27
1.6.3	Abgrenzen der versicherten Tätigkeit zur nichtversicherten „inneren Ursache" bei der Unfallauslösung	28
1.7	Zusammenwirken des Unfallereignisses mit einer Krankheitsanlage bei der Verursachung des Gesundheitsschadens (haftungsbegründende Kausalität).................	29
1.8	Folgen des Unfallereignisses im Sinne der Entstehung und Verschlimmerung	33
1.8.1	Entstehung...................	33
1.8.2	Verschlimmerung	34
1.9	Mittelbare Unfallfolgen	36
1.10	Folgeunfall...................	37
1.11	Wegeunfall...................	38
1.11.1	Wege nach und von dem Ort der Tätigkeit	38
1.11.1.1	Grenzpunkte des Weges........	39
1.11.1.2	Unterbrechung, Umweg, Abweg, Lösung vom Unternehmen	42
1.11.2	Fahrgemeinschaften	44
1.11.3	Anvertrauen von Kindern in fremde Obhut	44
1.11.4	Abweichen vom Weg des Kindes	45
1.12	Unfälle bei Verwahrung und Handhabung von Arbeitsgerät	45
1.13	Versicherungsschutz der Leibesfrucht.................	45
1.14	Beweisanforderungen	46
1.14.1	Beweis versicherter Tätigkeit sowie kausal wirksamer Tatsachen	47
1.14.2	(Hinreichende) Wahrscheinlichkeit für den Kausalzusammenhang	47
1.14.3	Beweiserleichterung bei unverschuldetem Beweisnotstand	48
1.14.4	Indizienbeweis – Brückensymptome	49
1.14.5	Anscheinsbeweis.............	49
1.14.6	Wahlfeststellung	50
1.14.7	Objektive Beweislast	50

"Versicherungsfälle sind Arbeitsunfälle und Berufskrankheiten" (§ 7 Abs. 2 SGB VII)
Versicherungsfall ist ein bestimmtes Ereignis oder das Zusammentreffen mehrerer Ereignisse im Leben des Versicherten, gegen deren Nachteile die Versicherung Schutz gewähren soll.[1] Der Begriff grenzt den versicherten Risikobereich der ges. UV gegenüber anderen Zweigen der Sozialversicherung ab. Er beschreibt allein das Versicherungswagnis, bekundet jedoch nichts über die Voraussetzungen, die für einen Anspruch auf Leistungen aus der ges. UV erfüllt sein müssen. Häufig begründet der Versicherungsfall auch die Leistungspflicht des Versicherungsträgers, die aber von weiteren Erfordernissen abhängig sein kann. Während somit der Versicherungsfall auf den leistungsbegründenden Sachverhalt abzielt („Realisierung des versicherten Risikos durch Schadenseintritt"), umfasst der Leistungsfall die Erfüllung aller übrigen materiellen Voraussetzungen[2]. Auch ohne Leistungsfall besteht bei Vorliegen des Versicherungsfalls – so zur Beweissicherung Anspruch auf Anerkennung durch den UV-Träger.

Der Versicherungsfall „Arbeitsunfall" ist der gesamt schädigende Vorgang, mit dem schadensbegründenden – einer versicherten Tätigkeit zurechenbaren – Verhalten des Versicherten beginnend und mit der Realisierung des Gesundheitsschadens endend.

1.1 Systematik des Arbeitsunfalls

- Voraussetzung ist zunächst ein *Unfall*. Im Sinne der ges. UV ist dies ein *Unfallereignis*, das zu einem *Gesundheitsschaden* führt (§ 8 Abs. 1 S. 2 SGB VII.). „Führt" beschreibt den Ursachenzusammenhang zwischen dem Unfallereignis und dem Gesundheitsschaden (*haftungsbegründende Kausalität*).

- Der Unfall ist in der ges. UV als *Arbeitsunfall* versichert, wenn der Betroffene diesen *infolge* einer versicherten Tätigkeit erleidet (§ 8 Abs. 1 S. 1 SGB VII). „Infolge" bedeutet, dass ein Ursachenzusammenhang zwischen der versicherten Tätigkeit und dem Unfallereignis erforderlich ist (*Unfallkausalität*).

- Eine *versicherte Tätigkeit* liegt vor, wenn die Verrichtung zur Zeit des Unfalls einem der in §§ 2, 3 oder 6 SGB VII aufgeführten Tatbestände zuzurechnen ist (*innerer oder sachlicher Zusammenhang*, kein Problem des Ursachenzusammenhanges).

- Das Entstehen längerdauernder Unfallfolgen auf Grund des Gesundheitsschadens ist keine Voraussetzung für das Anerkennen eines Arbeitsunfalls, sondern für die Gewährung von Leistungen. Diese *haftungsausfüllende Kausalität* ist das Bindeglied zwischen Versicherungs- und Leistungsfall.

- Daraus ergibt sich das Schema (Abb. 1)

---

[1] BSGE 23, 139, 141 = SozR Nr. 45 zu § 165 RVO (30.6.1995); BSG, SozR 2200 § 551 Nr. 35 (27.7.1989) = NZS 1990, 75, 76; SozR 3-2200 592 Nr. 1 (18.12.1990); 20.6.1995, HV-Info 26/1995, 2204; BSG, 30.10.2007, UVR 2008, 535.
[2] Bereiter-Hahn, Mehrtens, § 7 Anm. 2; Brackmann, Krasney, § 7 Rdnr. 5; Hauck-Keller, K § 7 Rz. 4; Lauterbach-Schwerdtfeger, § 7 Rdnr. 2; Mehrtens, BG 1976, 357, 359; Schulin in: HS-UV § 27 Rdnr. 48; Gitter, Schadensausgleich im Arbeitsunfallrecht, 1969 S. 77 f.; Schöneberger, FS Lauterbach 1961 S. 155 f.

Kausalität und Beweisanforderungen bei einem Arbeitsunfall

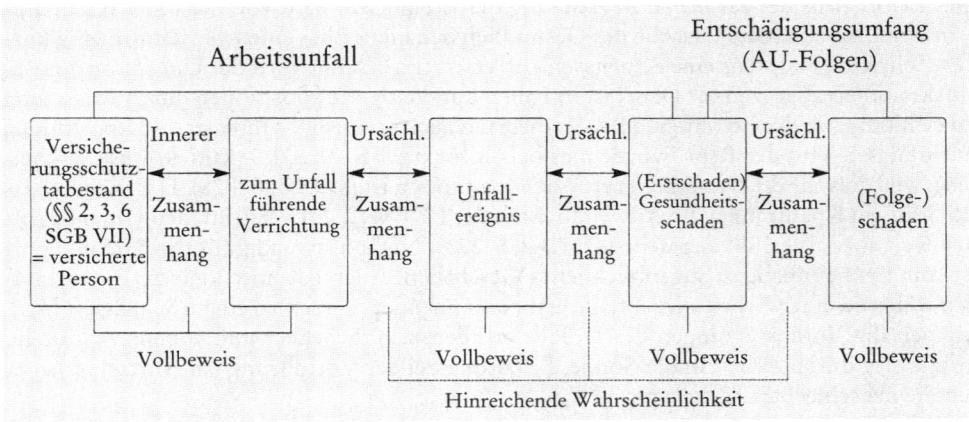

Abb. 1

1.2 Unfall

„Unfälle sind zeitlich begrenzte, von außen auf den Körper einwirkende Ereignisse, die zu einem Gesundheitsschaden oder zum Tod führen" (§ 8 Abs. 1 S. 2 SGB VII).

1.2.1 Unfallereignis

Wesentlich sind ein Ereignis als Ursache und ein Gesundheitsschaden als Wirkung; beides ergibt den Unfall.[3] Die Ursachen des Unfalls und deren Folgen sind davon zu unterscheiden.

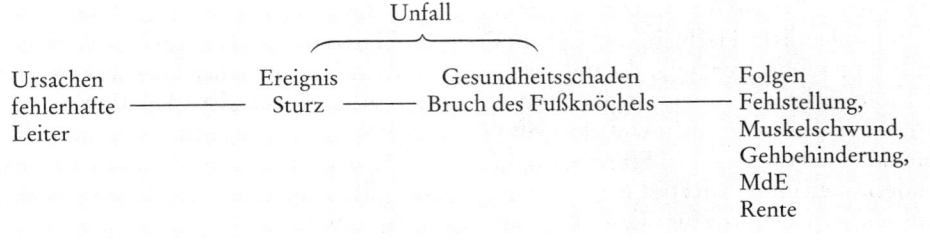

Abb. 2

Der *äußere Tatbestand* des Arbeitsunfalls setzt weder ein normwidriges, d.h. dem ordnungsmäßigen Arbeitsablauf widersprechendes Ereignis, noch eine außerhalb des Betriebsüblichen liegende schädigende Tätigkeit voraus. *Geringfügige Vorgänge während der gewöhnlichen Betriebsarbeit* (Stolpern, Anstoßen, Ausgleiten) sind daher bedeutsam, wenn ihnen die wesentliche Bedingung für den eingetretenen Gesundheitsschaden zukommt.[4]

---

[3] BSG, SozR 2200 § 548 Nr. 56 (24. 6. 1981).
[4] SozR 2200 § 548 Nr. 56 (24. 6. 1981) = BSGE 9, 222, 224 (15. 3. 1959) = SGb 1959, 431 m. Anm. Sauer.

- **Zeitliche Begrenzung**

Das Erfordernis der *zeitlichen Begrenzung* des Ereignisses wird von der Rspr. dahin umschrieben, dass sich die Ursache des Gesundheitsschadens über einen verhältnismäßig kurzen Zeitraum, längstens eine Arbeitsschicht, erstreckt.[5] Damit wird der Unfall von der Berufskrankheit abgegrenzt.[6] Dabei ist in Fällen kurzzeitiger Expositionen durch Auslegung zu ermitteln, ob der betreffende BK-Tatbestand auch einmalige – intensive – Expositionen mit umfasst. Von der Rspr. wurde dies bejaht für die BK-Nr. 31 01 (Infektionskrankheiten), weil dies für die Krankheitsverursachung typisch ist (s. 9.2.5, S. 728). Dagegen hat das BSG für ein Knalltrauma die Anwendbarkeit der BK-Nr. 23 01 verneint, den Unfallbegriff insoweit aber als erfüllt angesehen (s. 7.3.2, S. 323). Nicht notwendig für den Unfallbegriff ist somit ein einmaliges, augenblickliches Geschehen: Auch gehäufte kleinste Einwirkungen während einer Arbeitsschicht, die erst zusammengenommen zu einem Schaden führen, können die Voraussetzungen des Unfalls erfüllen, z.B. Scheuerwunden beim Schaufeln, Hitzschlag durch Arbeit in der Sonne, Erkältung bei der Vorführung landwirtschaftlicher Geräte bei schlechter Witterung.

Schäden durch wiederholte, auf mehrere Arbeitsschichten verteilte Krafteinwirkungen sind Folge eines Unfalls im Rechtssinne, wenn sich eine einzelne aus der Gesamtheit derart hervorhebt, dass sie nicht nur als letzte von mehreren, „für den Erfolg" gleichwertige Ursachen erscheint.[7] Einen Unfall stellt nicht dar die Häufung kleinerer Schädigungen, die nicht in einer Arbeitsschicht sondern erst in längerer Zeit einen wesentlichen Grad erreicht haben.[8] Es handelt sich um die Gelegenheit für die Vollendung, nicht aber eine wesentliche Ursache des „Erfolgs" (s. Spontanbruch: 8.1.1.3.1, S. 371; Ermüdungsbruch: 8.1.1.3.3, S. 373; Mikrorisse der Sehne: 8.2.2.2, S. 395 und des Meniskus: 8.10.5.4.4, S. 630).

Der genaue Zeitpunkt des Ereignisses muss nicht festgestellt werden. Ausreichend ist, wenn das Geschehen an einem bestimmten, kalendermäßig auch nicht genau bestimmbaren Tag eintritt[9] (z.B. bei einer Infektion).

Die *Unfreiwilligkeit* der Einwirkung ist dem Begriff des Unfalls immanent: Das planmäßige und willentliche Herbeiführen ist kein Ereignis.[10] Hiervon zu unterscheiden ist eine willentliche Kraftanstrengung, die unbeabsichtigt, z.B. auf Grund einer Überschätzung der physiologischen Leistungsfähigkeit, zu einem körperlichen Schaden (Überlastungsschaden) führt; dies ist mit dem Unfallbegriff vereinbar.[11] Ausreichend auch das gewollte Handeln mit einer ungewollten Einwirkung: „Sägewerker, der nicht nur ein Stück Holz absägt, sondern auch unbeabsichtigt seinen Daumen". Dies gilt für äußerlich sichtbare Einwirkungen gleichermaßen wie für physische Phänomene, deren Wirkung auf den Körper nicht unmittelbar sichtbar ist, sondern erst aus dazu passenden negativen Körperzuständen abgeleitet werden kann, wie z.B. bei einer physischen Überanstrengung. Ob und welche äußere

---

[5] BSG, SozR 2200 § 548 Nr. 71 (30.5.1985); s. 20.8.1, S. 1208.
[6] BSG, SozR 2200 § 539 Nr. 56 (1.2.1979).
[7] BSG, SozR 2200 § 548 Nr. 71 (30.5.1985).
[8] BSGE 52, 200 (8.10.1981) = SozR 2200 § 726 Nr. 1 = SGb 1981, 484 m. Anm. Wolber: Entzündungen, die erst infolge länger dauernder Einwirkungen hervorgerufen wurden.
[9] BSGE 15, 41, 45 (25.8.1961).
[10] BSGE 61, 114 (18.12.1986); LSG Rheinland-Pfalz, 16.6.1982, Breith. 1983, 399; Bereiter-Hahn, Mehrtens § 8 SGB VII Anm. 11.4; Brackmann, Krasney, § 8 Rdnr. 13; Keller in: Hauck/Noftz, K § 8 RdNr. 14; a.A. Schulin, BG 1996, 140, 142.
[11] BSGE 94, 269 (12.4.2005) = SozR 4-2700 § 8 Nr. 15.

1.2 Unfall 13

Einwirkung vorlag, ist in solchen Fällen oft nicht ohne die eigentlich erst in einem weiteren Schritt zu prüfende Ursachenbeurteilung festzustellen.[12] Für das Unfallereignis ist kein besonders ungewöhnliches Geschehen erforderlich. Auch die durch die Aufnahme vergifteter oder verdorbener Nahrung – im Rahmen eines der versicherten Tätigkeit zuzurechnenden Essens – im Körper des Versicherten ausgelösten Prozesse stellen eine plötzliche Einwirkung von außen dar, deren Unfreiwilligkeit darin begründet ist, dass der Versicherte nur einwandfreie, nicht krankmachende Nahrung zu sich nehmen wollte.[13]

- **Von außen auf den Körper einwirkendes Ereignis**

Das Ereignis muss *„von außen"* auf den Menschen einwirken. Damit soll lediglich ausgedrückt werden, dass ein aus innerer Ursache kommendes Geschehen (z. B. Herzinfarkt, Kreislaufkollaps während versicherter Tätigkeit) nicht als Unfall anzusehen ist.[14] Im Grunde geht es dabei um das Abgrenzen des Unfalls von einem „inneren, krankhaften Vorgang" in der Risikosphäre des Versicherten, das beim Prüfen des Kausalzusammenhanges erfolgt (s. „Umknicken": 8.12.6, S. 674). Äußere Einwirkung ist nicht nur ein äußerliches, mit den Augen zu sehen des Geschehen[15], sondern auch

– schwere Beleidigung und dadurch entstandener Schock[16]
– mittelbare, durch Störung eines Gerätes (z. B. Herzschrittmacher) verursachte[17]
– körpereigene Bewegungen.[18]
– außergewöhnliche Anstrengung in betriebsbezogener Stresssituation.[19]

1.2.2 Gesundheitsschaden

Er gehört nach der gesetzlichen Definition zum Unfallbegriff. Sowohl solche auf dem Gebiet des Körperlich-Organischen als auch Vorgänge im Bereich des Psychischen und Geistigen sind eingeschlossen (z. B. psychische Störungen: 5.1, S. 141, Selbsttötung: 5.11.2, S. 256).[20]

Der Vorgang der Gesundheitsschädigung umfasst jedes Hervorrufen oder Steigern eines von den normalen körperlichen oder psychischen Funktionen nachteilig abweichenden Zustands, auch ohne damit verbundene Schmerzen. Das BSG fordert eine möglichst genaue und klare Erfassung der bestehenden Gesundheitsstörungen, um die Ursachen beurteilen und ggf. die MdE bewerten zu können. Speziell bei psychischen Gesundheitsstörungen sollte eines der üblichen Diagnosesysteme mit Verwendung der entsprechenden Schlüssel und Bezeichnungen (z. B. ICD-10 = zehnte Revision der internationalen statisti-

---

12 BSGE 94, 269 (12. 4. 2005) = SozR 4-2700 § 8 Nr. 15.
13 BSG, 30. 1. 2007, UVR 2007, 860.
14 BSG, SozR 2200 § 550 Nr. 35 (28. 7. 1977): Aufschlag auf dem Boden nach einem Sturz; kritisch Schulin in: HS-UV § 28 Rdnr. 5 „Körper stößt auf den Boden".
15 BSGE 94, 269 (12. 4. 2005) = SozR 4-2700 § 8 Nr. 15.
16 BVerwGE 35, 133, 134; s. 5.2.1.
17 BSG, SozR 2200 § 548 Nr. 56 (24. 6. 1981).
18 LSG Baden-Württemberg, 24. 1. 1996, HV-Info 12/1996, 905 = Meso B 250/146 „Zehenspitzenstand", s. auch 8.10.5.4.3.2.
19 BSG, SozR 3-2200 § 539 Nr. 39 (18. 3. 1997); BSGE 62, 220 = SozR 2200 § 589 Nr. 10 (27. 10. 1987).
20 BSGE 96, 196, 202 = SozR 4-2700 § 8 Nr. 17 (9. 5. 2006); BSGE 61, 113, 116 = SozR 2200 § 1252 Nr. 6 (18. 12. 1986).

schen Klassifikation der Krankheiten und verwandter Gesundheitsprobleme der WHO von 1989) genutzt werden[21]. Soweit die gebräuchlichen Diagnoseschlüssel, insbesondere der ICD-10, auch für andere Gesundheitsstörungen hinreichend differenzierte Bezeichnungen enthalten, sollte auch insoweit im Interesse der Transparenz und Einheitlichkeit auf diese zurückgegriffen werden.

Dem Gesundheitsschaden ist durch Gesetz gleichgestellt (Fiktion) die Beschädigung oder der Verlust eines *Hilfsmittels* (§ 8 Abs. 3 SGB VII).

1.3 Vom Versicherungsschutz erfasste Tätigkeiten: innerer oder sachlicher Zusammenhang

Der innere oder sachliche Zusammenhang bezeichnet die *sachliche Verknüpfung* der zum Unfall führenden Verrichtung mit der versicherten Tätigkeit und beschreibt die *Zurechnung* des unfallbringenden Verhaltens des Versicherten zu dem versicherten Tätigkeitsbereich[22]:

„Der Versicherungsschutz der ges. UV erstreckt sich vor allem auf die Tätigkeiten, zu denen sich der Versicherte als Arbeitnehmer verpflichtet hat, oder die auf der Grundlage dessen wesentlich dem Betrieb des Unternehmens zu dienen bestimmt sind. Davon zu unterscheiden sind solche Handlungen, die wesentlich dem privaten unversicherten Lebensbereich des Versicherten zuzurechnen sind. Maßgeblich ist der innere Zusammenhang zwischen der zum Unfall führenden Verrichtung und der versicherten Tätigkeit. Bei der Feststellung dieser sachlichen Verknüpfung geht es nicht um die Frage der Kausalität im naturwissenschaftlich-philosophischen Sinne."[23] Der Zusammenhang bestimmt somit letzlich die normative Reichweite des Versicherungsschutzes.

Der innere Zusammenhang ist *wertend* zu ermitteln, indem untersucht wird, ob die jeweilige Verrichtung innerhalb der *Grenzen* liegt, *bis zu welcher der Versicherungsschutz* in der Unfallversicherung reicht.[24] Bedeutsam ist die *finale Handlungstendenz* (Zweckbestimmung) des grundsätzlich Versicherten, so wie sie insbesondere durch die objektiven Umstände des Einzelfalls bestätigt wird: Seine den Unfall herbeiführende Verrichtung muss dem Unternehmen „*zu dienen bestimmt sein*".[25] Die betriebliche Sphäre muss wenigstens einer von mehreren, das Geschehen wesentlich mitbestimmenden Bereichen sein.[26]

Die rechtliche Beurteilung einer Handlung in ihrer Ziel- und Zwecksetzung orientiert sich aus der betrieblichen Sphäre selbst, also aus den Rechten und Pflichten des Versicherten im Rahmen seiner Einordnung in den Betrieb.[27] Maßgebliches Kriterium für die wertende

---

[21] BSGE 96, 196, 202 = SozR 4-2700 § 8 Nr. 17 (9. 5. 2006).
[22] St. Rspr. BSGE 58, 76, 77 = SozR 2200 § 548 Nr. 70 (30. 4. 1985); BSGE 61, 127, 128 = SozR 2200 § 548 Nr. 84 (20. 1. 1987) = SGb 1987, 425 m. Anm. Jung; BSGE 74, 159, 160 = SozR 3-2200 § 539 Nr. 29 (5. 5. 1994); Brackmann, Krasney, § 8 Rdnr. 23 ff.; Keller in: Hauck/Noftz K § 8 Rdnr. 16 ff.; Lauterbach-Schwerdtfeger, § 8 Rdnr. 14; Schulin, HS-UV §§ 29, 30.
[23] BSG, SozR 3-2200 § 548 Nr. 14 (12. 5. 1992).
[24] BSG, SozR 3-2200 § 548 Nr. 22 (19. 1. 1995) Nr. 23 (24. 1. 1995); BSGE 94, 262, 263 (12. 4. 2005) = SozR 4-2700 § 8 Nr. 15.
[25] BSG, SozR Nr. 22 zu § 548 RVO (16. 12. 1970); SozR 2200 § 548 Nr. 22 (19. 1. 1995); SozR 4-2700 § 8 Nr. 6 (7. 9. 2004); Köhler, SGb 2002, 144.
[26] Krasney in: Schulin, HS-UV § 8 Rdnr. 37.
[27] BSG, SozR 2200 § 548 Nr. 90 (31. 5. 1988).

Entscheidung über den sachlichen Zusammenhang ist grundsätzlich die Handlungstendenz des Versicherten, ob er eine dem Beschäftigungsunternehmen dienende Verrichtung ausüben wollte.[28]

Ausreichend, wenn

- der Versicherte von seinem Standpunkt aus der Auffassung sein konnte, die Tätigkeit sei geeignet, den Interessen des Unternehmens zu dienen und
- diese subjektive Meinung in den objektiv gegebenen Verhältnissen eine genügende Stütze findet.[29]

Versicherungsschutz kann also auch bei einer Tätigkeit bestehen, die dem Unternehmen schadet, sofern sie nicht offensichtlich den Rahmen vernunftwidrigen Verhaltens überschreitet[30] oder bewusst betriebswidrig ausgerichtet ist.

- **Grenzziehung zwischen privaten und versicherten Tätigkeiten**

Dem privaten Bereich zuzurechnende Tätigkeiten dienen dem Interesse des Versicherten und nicht dem Unternehmen. *„Eigenwirtschaftliche bzw. private Tätigkeiten"*, bei denen kein Versicherungsschutz besteht, sind insbesondere Verrichtungen, die allein in örtlicher und zeitlicher Beziehung zum Unternehmen stehen[31] (nur in der Binnen- und Seeschifffahrt (§ 10 SGB VII) gebietet die besondere Gefahrenlage unter dem Gesichtspunkt eines sogenannten Betriebsbannes den Versicherungsschutz). In der Regel unversichert sind insoweit

- höchstpersönliche Verrichtungen, z. B. Nahrungsaufnahme, Notdurft, Rauchen[32],
- eigenwirtschaftliche Verrichtungen[33].

Solche Verrichtungen führen in der Regel zu einer Unterbrechung der versicherten Tätigkeit. Dabei auftretende Gefahren sind grundsätzlich der privaten Sphäre zuzuordnen. Rechtlich unerheblich bleibt das Interesse des Unternehmers an einer damit verbundenen Verbesserung des Betriebsklimas.[34]

Rechtlich relevante Momente, die zu dem eigenwirtschaftlichen Handeln hinzutreten, aber einen ausreichenden Betriebszusammenhang begründen, sind

---

28 BSG, SozR 4-2700 § 8 Nr. 14 (12. 4. 2005); 30. 1. 2007, UVR 2007, 860.
29 BSGE 20, 215, 218 (28. 2. 1964); 30, 282, 283 (30. 1. 1970); 52, 57, 59.
30 BSG, SozR Nr. 23 (29. 1. 1971) und Nr. 25 (1. 4. 1971) zu § 548 RVO.
31 BSGE 14, 295 (28. 7. 1961); 42, 129 (5. 8. 1976).
32 BSG, SozR 3-2700 § 8 Nr. 11 (10. 10. 2002): Notdurft, SozR 2200 § 548 Nr. 97 (6. 12. 1989): Rauchen; SozR 4-2700 § 8 Nr. 14 (12. 4. 2005); 20. 1. 2001 HV-Info 2001, 1111.
33 BSGE 7, 255 (26. 6.1958), Besorgen einer Wochenkarte an einem arbeitsfreien Tag; 36, 222 (12. 10. 1973), Besorgen einer Aufenthaltserlaubnis durch Ausländer; 11, 154f. (15. 12. 1959), Besorgen einer Lohnsteuerkarte; 17, 11, 13ff. (30. 3. 1962), Besorgen eines Krankenscheines; BSG, 7. 8. 1991, HV-Info 24/1991, 2132, Nahrungsaufnahme, dabei Verschlucken eines Knochensplitters.
34 BSGE 14, 295 (28. 7. 1961): „mittelbare Rückwirkung der privaten Tätigkeit auf die betrieblichen Belange"; BSG, SozR 3-220 § 548 Nr. 22 (19. 1. 1995): vom Unternehmer begünstigter Personaleinkauf während der Arbeitszeit.

- geringfügige Unterbrechung der versicherten Tätigkeit[35] sowie Tätigkeiten, die privat nebenbei miterledigt werden[36]; letztlich handelt es sich um Fallgestaltungen, in denen versicherte und private Verrichtung schwer voneinander zu trennen sind
- außergewöhnliche Begleitumstände, wie betriebsbedingte Eile[37]
- Gefahren, die aus der betrieblichen Sphäre stammen und ihr zuzurechnen sind[38] (auch „*besondere Betriebsgefahr*")[39], es sei denn, der Versicherte hat eine *Betriebseinrichtung* nicht aus betrieblichen Gründen bedient oder ist erst durch eine private Verrichtung in den Gefahrenbereich der Betriebseinrichtung gelangt[40]
- *Betriebswege* zum Essen und Trinken sowie zur Notdurft, da sie das Fortsetzen der jeweils aktuellen betrieblichen Tätigkeit ermöglichen;[41] Gleiches gilt für Wege außerhalb des Betriebsgeländes zur Nahrungsaufnahme[42] oder zur Besorgung von Nahrungsmitteln, wenn dies der Erhaltung der Arbeitskraft dient.[43] Dies gilt grundsätzlich nicht für das Aufsuchen einer Raucherzone.[44]
- Wege zum Arzt oder zur Apotheke während der Arbeitszeit, um trotz einer aufgetretenen Gesundheitsstörung weiterhin arbeiten zu können.[45]

- **Spielerei, Neckerei, Streitigkeiten**

Unfälle durch *Spielerei* und *Neckerei* laufen grundsätzlich den Zwecken des Betriebes zuwider.[46] Ein weniger strenger Maßstab ist bei Gemeinschaftsveranstaltungen anzulegen: Es liegt in der Natur der Dinge, dass Handlungen, die bei der Betriebsarbeit unter Umständen als eigenwirtschaftlich zu beurteilen sind, sich hier zwangloser dem „Betrieb", wie er bei einer solchen Gelegenheit in Erscheinung tritt, zuordnen lassen.[47]

Bei Jugendlichen ist unter Berücksichtigung der Umstände des Einzelfalles und ohne Anwenden einer schematischen Altersbegrenzung zu prüfen, ob ein dem schutzbedürftigen Lebensalter noch nicht offensichtlich Entwachsener durch die Gestaltung der Betriebsverhältnisse, insbesondere unzureichende Beaufsichtigung, in die Lage versetzt wurde, seinem natürlichen Spiel- und Nachahmungstrieb ungehindert nachzugehen und darauf der Unfall zurückzuführen ist.[48] Hat der Versicherte das 18. Lebensjahr überschritten, so steht – bei

---

[35] BSG 94, 262 (12. 4. 2005) = SozR 4-2700 § 8 Nr. 14 = NZS 2006, 154 = SGb 2006, 166; BSG, SozR 2200 § 548 Nr. 31 (26. 5. 1977) und 61 (23. 6. 1982); s. auch 1.11.1.2 „räumliche Unterbrechung".
[36] BSG, 18. 12. 1974, b. Ricke, BG 1979, 572 „geringfügige Reparatur an Betriebsmaschine"; BSG, SozR 4-2700 § 8 Nr. 14 (12. 4. 2005), „Anzünden einer Zigarette".
[37] BSG, 7. 3. 1969, Breith. 1969, 755 „Verletzung beim Essen einer Roulade in der Werkskantine, weil der Versicherte wegen betrieblicher Eile ein Holzstäbchen nicht erkannte".
[38] BSG, SozR 2200 § 548 Nr. 15 (22. 1. 1976) und Nr. 75 (31. 7. 1985); Ockenga, SozVers 1991, 242, 244.
[39] BSG, SozR 2200 § 548 Nr. 20 (23. 6. 1982).
[40] BSG, SozR 3-2200 § 548 Nr. 22 (19. 1. 1995); dazu v. Wulfen, FS O.E. Krasney, 1997 S. 791.
[41] BSG, SozR 2200 § 548 Nr. 97 (6. 12. 1989).
[42] BSGE 50, 100 (29. 4. 1980) = SozR 2200 § 548 Nr. 50.
[43] BSGE 55, 139 (19. 5. 1983) = SozR 2200 § 550 Nr. 54.
[44] BSG, 20. 2. 2001, HV-Info 2001, 1111.
[45] BSG, SozR 3-2200 § 550 Nr. 16 (18. 3. 1997) =SGb 1998 m. Anm. Benz.
[46] BSG, 29. 6. 1967, BG 1968, 79; 30. 9. 1970, BG 1971, 233.
[47] RVA, 9. 4. 1941, EuM 48, 161, 162; LSG Rheinland-Pfalz, 17. 3. 1975, SozSich 1975, 349; a. A. Geschwinder, BG 1976, 199, 200.
[48] BSG, 30. 9. 1970, BG 1971, 233, SozR 4-2700 § 8 Nr. 7 (26. 10. 2004); zur Abgrenzung von Spielerei und Arbeit s. LSG Rheinland-Pfalz, 18. 1. 1984, Breith. 1985, 214.

normaler geistiger Entwicklung – eine fehlende betriebliche Aufsicht der Annahme des inneren Zusammenhangs grundsätzlich nicht entgegen.[49] Eine Ausnahme kann z.B. gegeben sein, wenn bei schon erwachsenen Schülern das unfallursächliche unvernünftige Verhalten auf die Besonderheiten eines gruppendynamischen Prozesses während einer Klassenfahrt zurückzuführen ist.[50]

Unfälle bei *Streitigkeiten* können als Arbeitsunfälle zu werten sein, wenn die Beweggründe des Angreifers in innerem Zusammenhang unmittelbar aus der betrieblichen Tätigkeit erwachsen.[51] Anders wenn die Tatumstände auf einen Anschlag aus persönlichen Gründen hinweisen und die örtlichen Verhältnisse des versicherten Weges die Tat nicht entscheidend begünstigt haben.[52]

- **Verbotswidriges Handeln**

Im Rahmen der Grenzziehung bei den Unfalltatbeständen, bei denen das eigene Handeln des Verletzten und Handlungen Dritter im Vordergrund stehen, ist auf Grund gesetzlicher Bestimmung davon auszugehen, dass *verbotswidriges Handeln* die Annahme eines Arbeitsunfalls nicht ausstößt (§ 7 Abs. 2 SGB VII). Allerdings ist bedeutsam, dass die gegen ein Verbot verstoßende Verrichtung noch betriebsgerichtet ist; mit anderen Worten: die unfallbringende Tätigkeit muss, auch wenn sie verbotswidrigem Handeln entspringt, im inneren Zusammenhang mit der Betriebstätigkeit stehen. Verursacht dagegen der Versicherte das körperschädigende Ereignis *absichtlich* (z.B. Selbstverstümmelung), so entfällt der Versicherungsschutz. Die Zusammenhangsfrage gestaltet sich problematisch bei der Selbsttötung (s. 5.11.2, S. 256).

- **Selbstversuche**

Die Bereitschaft von Betriebsangehörigen, sich freiwillig und auch gegen Entgelt für *Selbstversuche* mit neuen Medikamenten zur Verfügung zu stellen, ist in der Betriebszugehörigkeit begründet. Tritt ein Gesundheitsschaden ein, kann der Versicherungsfall gegeben sein.

Das Mitwirken betriebsfremder Personen bei solchen Selbstversuchen ist hingegen wirtschaftlich nicht als „Arbeit" zu werten; auch wird diese Tätigkeit ihrer Art nach nicht üblicherweise im Rahmen eines versicherten Beschäftigungsverhältnisses ausgeübt: Versicherungsschutz besteht nicht.

- **Freizeitgestaltung**

Die *Freizeit* – auch in einer betrieblichen Schulungsstätte – steht grundsätzlich außerhalb des Versicherungsschutzes.[53] Gleiches gilt hinsichtlich Fürsorgemaßnahmen, welche die Arbeitsfreude erhöhen und das Betriebsklima günstig beeinflussen können (Benutzen von Sportanlagen, verbilligter oder kostenfreier Theaterbesuch).

---

[49] BSG, 29.8.1974, BKK 1975, 202 = Kartei Lauterbach Nr. 9490 zu § 548 Abs. 1 S. 1 RVO.
[50] BSG, SozR 4-2700 § 8 Nr. 7 (26.10.2004).
[51] BSGE 18, 106, 108 (19.6.1975), SGb 1975, 401.
[52] BSG, 30.6.1998, HV-Info 1998, 2251.
[53] BSGE 9, 222 (13.3.1959); BSG SozR 2200 § 548 Nr. 21 (22.6.1976); BSG, SozR 2200 § 539 Nr. 118 (20.1.1987).

Unter gewissen Voraussetzungen ist ein innerer Zusammenhang mit der versicherten Tätigkeit auch im Rahmen der Freizeitgestaltung anzuerkennen bei

- Gemeinschaftsveranstaltung
- Betriebssport
- Ausgestaltung der Freizeit bei internatsmäßiger Unterbringung von Lehrlingen durch die betrieblicherseits eingesetzte Heimleitung
- Aufenthalt in Lehrlingswohnheimen mit anstaltsähnlichem Charakter, sofern im Einzelfall nicht eigenwirtschaftliche Interessen überwiegen.

- **Medizinische Rehabilitation**

Gewähren gesetzliche Krankenkasse, Ersatzkasse, Rentenversicherungsträger oder landwirtschaftliche Alterskasse *(teil-)stationäre Heilbehandlung in einem Krankenhaus* (bzw. in Kur- oder Spezialeinrichtung) oder (teil-) stationäre bzw. ambulante Leistungen zur medizinischen Rehabilitation, so besteht für die Rehabilitanden Versicherungsschutz (§ 2 Abs. 1 Nr. 15a SGB VII) bei Unfällen durch

- Verrichtung des Patienten im inneren Zusammenhang mit der Heilbehandlung[54]
- dem Krankenhaus eigentümliche Gefahrenquelle[55]
- Versagen technischer Einrichtungen.

Nicht zur versicherten (teil-)stationären Behandlung gehören

- die ärztliche Behandlung selbst[56]: keine „heimliche Ablösung der Arzthaftung" durch die ges. UV
- Heilanwendungen durch Hilfspersonen (Krankenschwester, Pfleger, Krankengymnastin, MTA)[57]
- Risiken, die mit dem Einweisungsleiden verbunden sind[58]
- rein pflegerische Betreuung (z. B. im Pflege- oder Altersheim)
- Verrichtungen, die privaten Interessen dienen.[59]

Zum Unfall im Rahmen stationären Aufenthaltes nach Arbeitsunfall s. 1.10, S. 37.

- **Betriebliche Gemeinschaftsveranstaltungen**

Der Unfallversicherungsschutz bei *betrieblichen Gemeinschaftsveranstaltungen* (Betriebsausflug, Weihnachts- und Jubiläumsfeier) beruht auf der Erwägung, die Beziehungen der Mitarbeiter untereinander – zugleich auch mit der Betriebsleitung – zu vertiefen und das

---

[54] BSG, SozR 2200 § 539 Nr. 48 (27. 6. 1978): Spaziergang; BSG, SozR 2200 § 539 Nr. 115 (29. 1. 1986): Fahrradtouren, die jeweils der Heilbehandlung dienen sowie Behindertensport.
[55] BSG, SozR 2200 § 539 Nr. 72 (19. 10. 1980): „Parallele zur Situation von Beschäftigten, die sich auf eine Dienst- oder Geschäftsreise begeben müssen".
[56] BSG, SozR 2200 § 539 Nr. 56 (1. 2. 1979); BSGE 46, 283 (27. 6. 1978).
[57] BSG, SozR 2200 § 539 Nr. 71 (30. 9. 1980).
[58] BSG, SozR 2200 § 539 Nr. 56 (1. 2. 1979): Sprung eines wegen Depression in stationärer Behandlung befindlichen Patienten aus dem Fenster oder infolge Alkoholentzuges (BSG, 29. 10. 1980, Breith. 1982, 393; SozR 3-2200 § 539 Nr. 2 (26.4.1990).
[59] BSG, 26. 3. 1986, HV-Info 1986, 871.

1.3 Vom Versicherungsschutz erfasste Tätigkeiten: Innerer oder sachlicher Zusammenhang

Verständnis für einander zu fördern.[60] Die Teilnahme an einer betrieblichen Gemeinschaftsveranstaltung ist der versicherten Betriebstätigkeit gleichzusetzen, wenn[61]

- der Unternehmer dieselbe veranstaltet oder billigt und fördert
- seine Autorität sie trägt
- er selbst anwesend ist oder sich durch einen Beauftragten vertreten lässt
- alle Betriebsangehörigen, wenn auch ohne Pflicht, daran teilnehmen können (bei größeren Betrieben genügt die Veranstaltung einzelner Abteilungen); die Teilnahme einer ausgewählten Anzahl von Belegschaftsmitgliedern reicht nicht aus[62]; eine feste Mindestbeteiligungsquote fordert die Rspr. nicht, jedoch darf kein eindeutiges Missverhältnis zwischen der Teilnehmerzahl und der Größe der Belegschaft bestehen[63]
- die Zusammenkunft der Förderung der Betriebsgemeinschaft dient; allein die Pflege der geselligen Verbundenheit erfüllt diese Voraussetzung nicht.

- **Betriebssport**

Zur Abgrenzung des Versicherungsschutzes beim *Betriebssport* entwickelte das RVA Richtlinien; aufbauend gibt das BSG wesentliche Anhaltspunkte.[64]

Nicht jede vom Unternehmen erlaubte Teilnahme an einer von ihm angebotenen sportlichen Veranstaltung begründet den Versicherungsschutz. Der innere Zusammenhang mit der betrieblichen Tätigkeit erfordert, dass

- die Leibesübungen dem Ausgleich der durch betriebliche Tätigkeit verursachten Belastung dienen, d.h. insbesondere keinen Wettkampfcharakter haben
- die sportliche Betätigung mit einer gewissen Regelmäßigkeit stattfindet
- im Wesentlichen nur Beschäftigte des veranstaltenden Unternehmens oder der an der gemeinsamen Durchführung des Sports beteiligten Unternehmen teilnehmen
- Zeit und Dauer in einem dem Ausgleichszweck entsprechenden Zusammenhang mit der versicherten Tätigkeit stehen
- die Leibesübungen im Rahmen unternehmensbezogener Organisation oder in enger Zusammenarbeit mit dem Unternehmen wirkenden besonderen Vereins stattfinden.

Unter Berücksichtigung des Schutzzweckes der ges. UV lässt sich der Betriebssport in die versicherte Tätigkeit einbeziehen, da er aus arbeitsmedizinischer Sicht präventiv wirkt, nach arbeitswissenschaftlichen Erkenntnissen positive Auswirkungen auf Arbeitsklima und Arbeitszufriedenheit hat und die betriebswirtschaftlichen Ergebnisse unmittelbar beeinflusst: Erhöhung der Leistungsbereitschaft, Minderung von Krankheitszeiten, Werbeeffekt.[65]

---

60 BSG, SozR 4-2700 § 8 Nr. 2 (9.12.2003); Brackmann, Krasney, § 8 Rdnr. 118; Krasney VSSR 1993, 81, 98.
61 BSGE 1, 179, 182f. (22.8.1955); BSG, SozR 4-2700 § 8 Nr. 11 (7.12.2004).
62 Deshalb sind „Motivationsreisen" (Incentivreisen), die mit besonders ausgewählten und erfolgreichen Beschäftigten durchgeführt werden, keine betriebliche Gemeinschaftsveranstaltungen; BSG SozR 3-2200 § 548 Nr. 21 (25.8.1994) = BG 1995, 214 m. Anm. Schmidt; SozR 3-2200 § 548 Nr. 32 (1.7.1997).
63 BSG, SozR 4-2700 § 8 Nr. 8 (9.12.2003); Nr. 11 (7.12.2004).
64 BSGE 16, 1 (28.11.1961); SozR 4-2700 § 8 Nr. 16 (13.12.2004).
65 Schwarz, Sozialversicherungsrechtliche Aspekte des Betriebssports und des firmennahen Sports, 1989, 245ff., 255.

Abweichend von der bisherigen Rspr. vertritt das BSG nunmehr die Auffassung, dass bei Mannschaftssportarten auch gelegentliche, neben regelmäßigen Übungsstunden veranstaltete, Wettkampfspiele nicht dem versicherten Betriebssport unterfallen.[66] Das eigene Interesse der Beschäftigten an der Gesunderhaltung und der körperlichen Leistungsertüchtigung stehe hier im Vordergrund. Wegen des Fehlens eines zeitlichen und örtlichen Bezugs zur regulären versicherten Tätigkeit verneint das BSG nunmehr auch bei Sporturlauben, selbst wenn diese vom Arbeitgeber organisiert werden, den Versicherungsschutz nach den Grundsätzen des Betriebssports.[67] In beiden Konstellationen kommt Versicherungsschutz nur noch unter den besonderen Voraussetzungen einer betrieblichen Gemeinschaftsveranstaltung in Betracht.

- **Dienstreise**

Bei *Dienstreisen* in einer fremden Stadt gilt, dass ein innerer Zusammenhang mit dem Beschäftigungsverhältnis auch außerhalb der eigentlichen dienstlichen Tätigkeit im Allgemeinen „eher" anzunehmen sein wird als am Wohn- und Betriebsort.[68] Verrichtungen – am Wohnort als „eigenwirtschaftlich" bewertet – sind wegen des beruflich bedingten Aufenthalts mit der Beschäftigung sachlich verknüpft.[69] Diese Erkenntnis betrifft zunächst das Festlegen der räumlichen Trennung für das Begründen bzw. Beenden des Versicherungsschutzes. Mangels zuverlässiger Grenze muss der während einer Dienstreise bestehende Versicherungsschutz ausschlaggebend danach bestimmt werden, welchem Zweck jeweils die konkrete unfallbringende Tätigkeit dient. Die eigenwirtschaftliche Sphäre wird vom Versicherungsschutz nicht erfasst. Der Weg zur Nahrungsaufnahme gehört zu den Verrichtungen, die im ursächlichen Zusammenhang mit der versicherten Tätigkeit stehen, die den Versicherten in die fremde Stadt führte.[70]

Widmet sich der dienstlich Reisende dagegen rein persönlichen, von der Betriebstätigkeit nicht mehr beeinflussten Belangen, so entfällt der Versicherungsschutz. Die körperliche Reinigung im Hotel gehört zu den unversicherten privaten Verrichtungen, auch wenn die versicherte Tätigkeit mit starken Schmutzeinwirkungen verbunden war.[71] Oft lassen sich private und dienstliche Besorgungen nicht zerlegen. Dann ist zu bewerten, ob die „*gemischte Tätigkeit*" dem versicherten Zweig wesentlich dient.[72]

Für Unfälle innerhalb eines *Hotels* oder eines *Privatquartiers* ist als Grenzziehung anzudeuten: Entscheidend ist, ob sich der Versicherte einer gefährlichen Einrichtung aussetzt, die zu benutzen er wegen des auswärtigen Dienstgeschäfts gezwungen ist und mit deren besonderen vom Üblichen abweichender Gefährdung er nicht rechnen konnte.[73]

---

[66] BSG, SozR 4-2700 § 8 Nr. 16 (13. 12. 2005).
[67] BSG, SozR 4-2700 § 8 Nr. 16 (13. 12. 2005).
[68] BSGE 50, 100 (29. 4. 1980); SozR 3-2200 § 548 Nr. 3 (12. 6. 1990) = SGb 1991, 28 m. Anm. Watermann.
[69] BSG, SozR 2200 § 548 Nr. 95 (27. 7. 1989).
[70] BSGE 50, 100 (29. 4. 1980).
[71] BSG, 4. 6. 2002, HV-Info 2002, 1891.
[72] BSGE 3, 240, 245 (31. 8. 1956); 20, 215 (28. 2. 1964); BSG, SozR Nr. 3 zu § 548 RVO (22. 9. 1966).
[73] BSGE 8, 48 (30. 7. 1958) = BG 1959, 211: Absturz mit dem Fahrstuhl auf dem Weg zur Nachtruhe; BSG, SozR Nr. 3 zu § 548 RVO (22. 9. 1966): Sturz aus dem ungesicherten Fenster eines Hotelzimmers während der Nachtruhe; BSG, 18. 3. 2008, UVR 14/2008, 1021.

- **Erholungsurlaub, Kuraufenthalt**

Erholungsurlaub und *Kuraufenthalt*, auch mit finanzieller Beteiligung des Unternehmers, sind grundsätzlich nicht versicherte, eigenwirtschaftliche Angelegenheiten (auch in betriebseigenen Heimen). Wenn der Unternehmer für Arbeitnehmer, deren Arbeit mit einer besonderen Gefährdung verbunden ist, aus wesentlichen betrieblichen Interessen eine Kur durchführen lässt, kann ausnahmsweise Versicherungsschutz bestehen.[74]

1.4 Kausalzusammenhang

Die ges. UV, die sich nach dem *Unfallversicherungsgesetz* vom 6. 7. 1884 auf die Folgen der „bei dem Betrieb sich ereignenden Unfälle" erstreckt hatte, hat die in diesem Wort liegende Kennzeichnung ihres Inhalts in der späteren Entwicklung beibehalten. Hinsichtlich der Auslegung der auch von der ges. UV übernommenen Wortverbindung „Unfälle beim Betrieb" bestand in Rspr. und Literatur insofern Übereinstimmung, als unter diesen Unfällen nicht alle verstanden wurden, die „während" des Betriebes eintraten; vielmehr sollte ein entschädigungspflichtiger Unfall nur angenommen werden, wenn der Verletzte der Gefahr, der er erlegen ist, *durch* die Betriebsbeschäftigung ausgesetzt war. Das SGB VII bringt mit dem Wort „infolge" deutlicher als das bisherige „bei" das Erfordernis eines Zusammenhanges zum Ausdruck (§ 8 Abs. 1 S. 1 SGB VII).

Das Problem der kausalen Verknüpfung des Unfalls mit der betrieblichen Sphäre bestand von Anfang an. Bereits 1892 entschied das RVA[75], die betriebliche Tätigkeit müsse „wesentlich mitwirkende Ursache des Unfalls gewesen sein" (Beginn der „Theorie der wesentlichen Bedingung").

Nicht die Art der Schäden also, sondern Art und Weise des schädigenden Vorgangs als einer dem betrieblichen Bereich oder einer ihr gleichgestellten Risikosphäre zuzuordnenden Kausalkomponente charakterisiert die Einstandspflicht der ges. UV. Daraus ergibt sich als Folge, dass das Kausalitätsprinzip als konstituierendes und zugleich essentielles Element im Recht der ges. UV unlöslich verankert ist.[76] Eine Aufgabe des Kauslitätsprinzips als dem einzig möglichen rechtlichen Element der risikomäßigen Zuordnung und der Abgrenzung gegenüber den anderen Zweigen der Sozialversicherung würde zwangsläufig die Sonderstellung der ges. UV und damit ihre Existenzberechtigung in Frage stellen.[77]

Kausalität ist somit die rechtliche Zurechnungsform für besonders bezeichnete Risiken der Arbeitswelt, für deren Entschädigung die ges. UV als spezieller Zweig der Sozialversicherung einzustehen hat. Dies gilt gleichermaßen für Arbeitsunfälle wie Berufskrankheiten.

In herkömmlicher Weise wird der Geschehensablauf im gedanklichen Nachvollzug in zwei Phasen zerlegt. Im Schnittpunkt steht das Unfallereignis. Dieses bedarf in doppelter Weise einer ursächlichen Verknüpfung: Es muss ursächlich auf der betrieblichen Tätigkeit beruhen und ursächlich einen Schaden bewirken.

---

74 BSG, SozR 3-2200 § 548 Nr. 5 (17. 10. 1990).
75 RVA, AN 1892, 33.
76 Watermann, FS Wannagat, 1981.
77 Watermann, ASU 29 (1994) 525, 526.

- **Zurechnungszusammenhang zwischen ausgeübter Tätigkeit und Unfallereignis: Unfallkausalität**

Die Kausalkette beginnt, wenn das schädigende Ereignis (Unfallereignis) durch eine versicherte Tätigkeit eintritt. Unfallkausalität beschreibt die Verursachung des Unfallereignisses durch die Arbeitsverrichtung.[78]

- **Zurechnungszusammenhang zwischen Unfallereignis und Gesundheitserstschaden: haftungsbegründende Kausalität**

Die Verursachung des Gesundheitserstschadens (oder des Todes) durch das Unfallereignis erfasst die haftungsbegründende Kausalität. Gesundheitserstschaden ist jene körperliche Beeinträchtigung, die unmittelbar auf die Einwirkung durch das äußere Ereignis zurückzuführen ist (akuter Sofortschaden).[79]

- **Zurechnungszusammenhang zwischen Gesundheitserstschaden und längerandauernden Unfallfolgen: haftungsausfüllende Kausalität**

Liegt ein Gesundheitserstschaden und damit ein Arbeitsunfall vor, geht es um den Zusammenhang mit den Folgen des Arbeitsunfalls. Dies ist eine Frage der haftungsausfüllenden Kausalität, der Festlegung des Leistungsumfangs (s. Überschrift Drittes Kapitels SGB VII: Leistungen nach Eintritt eines Versicherungsfalls).

1.5 Zurechnungslehre der wesentlichen Bedingung

Im Rahmen des ursächlichen Zusammenhanges sind zwei Prüfschritte zu unterscheiden:

(1) Kausalität im naturwissenschaftlich-philosophischen Sinne
(2) Zurechnung des eingetretenen Erfolges zum Schutzbereich der unfallversicherungsrechtlichen Norm (= rechtlich wesentlicher Kausalzusammenhang).

Die Theorie der wesentlichen Bedingung beruht – ebenso wie die im Zivilrecht geltende Adäquanztheorie – der naturwissenschaftlich-philosophischen Bedingungstheorie als Ausgangsbasis. Ausgangspunkt der Zusammenhangsbeurteilung ist danach eine gewisse gesetzmäßige Verkettung zweier Ereignisse, wobei das frühere als Ursache, das spätere als Wirkung bezeichnet wird.[80] Ursachen in diesem Sinne sind alle Bedingungen, die nicht hinweggedacht werden können, ohne dass der Erfolg entfiele (conditio sine qua non, Bedingungstheorie). Solchermaßen ist eine versicherte Tätigkeit ursächlich, wenn sie nicht hinweggedacht werden kann, ohne dass das schädigende Ereignis in seiner vorliegenden Art bestände. Konkurrierende Kausalfaktoren sind – jeder für sich – im naturwissenschaftlichen Sinne kausal. Die Gleichwertigkeit aller Ursachen führt zur Unendlich- und Uferlosigkeit; deshalb sind weitere Kriterien zur rechtlichen Unterscheidung der unzähligen gleichwertigen Ursachen notwendig.

---

[78] Zuerst BSGE 96, 196, 198 =SozR 4-2700 § 8 Nr. 17 (9. 5. 2006) = NZS 2007, 212 = SGb 2007, 242 = UVR 2006, 497; so bereits Schulin in: HS-UV § 27 Rdnr. 111f; in der älteren Rspr. auch haftungsbegründende Kausalität: z. B. BSG, SozR 3-2200 § 548 Nr. 11 (27. 6. 1991); SozR 4-2200 § 589 Nr. 1 (9. 12. 2003).
[79] BSGE 96, 196, 198 = SozR 4-2700 § 8 Nr. 17 (9. 5. 2006), in der älteren Rspr. auch haftungsausfüllende Kausalität: BSG, SozR 4-2200 § 589 Nr. 1 (9. 12. 2003).
[80] Max Planck, Vorträge und Reden (Hrsg. Max Planck-Gesellschaft), 1958, S. 219.

1.5 Zurechnungslehre der wesentlichen Bedingung

Jede juristische Lehre über den Kausalzusammenhang engt den naturwissenschaftlichen Ursachenbegriff nach dem jeweiligen Rechtszweck der in Frage stehenden Bestimmungen ein.[81] Während der Naturwissenschaft ein Ausscheiden gewisser kausaler Faktoren fremd ist, kann die Rechtsordnung durch Wertung bestimmte Faktoren als unwesentlich außer Betracht lassen. Sie kann also die Kausalität für ein bestimmtes Rechtsgebiet anders definieren. Wegen der Unbegrenztheit der naturwissenschaftlichen Ursachen für einen Erfolg ist für die praktische Rechtsanwendung in einer zweiten Prüfungsstufe grundsätzlich die Unterscheidung zwischen solchen Ursachen notwendig, denen rechtlich der Erfolg zugerechnet wird und den anderen, für den Erfolg rechtlich unerheblichen Ursachen.[82] Dies ist zulässig, denn die Auswahl der in eine Definition aufzunehmenden Merkmale wird wesentlich durch den Zweck mitbestimmt, den die Wissenschaft mit ihrer Begriffsbildung verfolgt.

Nach dem Schutzzweck der ges. UV soll diese einstehen für alle Gefahren, denen der Versicherte infolge seiner beruflichen Tätigkeit ausgesetzt ist. Letztere ist nur rechtserheblich, wenn sie wesentlich mitgewirkt hat. Diejenigen Bedingungen sind rechtlich wesentlich, die unter Abwägen ihres verschiedenen Wertes zu dem Schaden in eine besonders enge Beziehung treten und so zu seinem Entstehen wesentlich beigetragen haben.[83]

1.5.1 Kriterien zur Bestimmung der Wesentlichkeit einer Ursache

- Neben dem Schutzweck der Norm[84]
- Auffassung des praktischen Lebens über die besondere Beziehung der Ursache zum Eintritt des „Erfolg" bzw. Gesundheitsschadens[85]
- besondere Umstände des Einzelfalls[86]
  - versicherte Ursache als solche hinsichtlich Art und Stärke, einschließlich des zeitlichen Ablaufs
  - konkurrierende Ursache(n), bezüglich Art und Stärke
  - Verlauf der weiteren Krankheitsgeschichte und Vorgeschichte

Zu den wichtigsten Anwendungsfällen für den Wegfall des Versicherungsschutzes unter dem Gesichtspunkt des Schutzwecks der Norm gehören die zur alkohol- oder drogenbedingten Fahruntüchtigkeit von der Rspr. entwickelten Grundsätze (s. 5.14.2, S. 270).[87] Un-

---

81 Äquivalenztheorie im Strafrecht: Ursache ist jede Bedingung, die nicht hinweggedacht werden kann, ohne dass der Erfolg entfiele. Die Adäquanztheorie im Zivilrecht stellt darauf ab, ob der Schadensverlauf der allgemeinen Erfahrung entsprach oder ein „ganz unwahrscheinlicher und nach dem gewöhnlichen Verlauf der Dinge durch außer Betracht zu lassende Umstände" herbeigeführt wurde (vgl. BSGE 63, 277, 280 [28. 6. 1988]), wobei auf eine „nachträgliche objektive Prognose" unter „Heranziehen des gesamten im Zeitpunkt der Beurteilung zur Verfügung stehenden Erfahrungswissens" abgestellt wird.
82 BSGE 96, 196 = SozR 4-2700 § 8 Nr. 17 (9. 5. 2006).
83 Ständige Rspr. BSGE 1, 72 (10. 6. 1955); BSGE 94, 269 = SozR 4-2700 § 8 Nr. 15 (12. 4. 2005); BSGE 96, 196, 199 = SozR 4-2700, § 8 Nr. 17 (9. 5. 2006).
84 BSGE 38, 127, 129 = SozR 2200 § 548 Nr. 4 (19. 9. 1974); BSGE 96, 196, 200 = SozR 4-2700 § 8 Nr. 17 (9. 5. 2006); BSG, SozR 4-2200 § 589 Nr. 1 (9. 12. 2003).
85 BSGE 1, 72, 76 (10. 6. 1955); 12, 242, 245 (10. 6. 1960).
86 BSG, SozR 2200 § 548 Nr. 75 (31. 7. 1985); BSGE 96, 196, 200 = SozR 4-2700, § 8 Nr. 17 (9. 5. 2006); Becker, MedSach 103 (2007) 92.
87 BSGE 98, 79, 80 = SozR 4-2700 § 8 Nr. 22 (30. 1. 2007).

ter dem Gesichtspunkt des Schutzzwecks der ges UV wird die haftungsausfüllende Kausalität aber auch verneint, wenn der Versicherte an den Folgen eines Unfalls nur deshalb verstirbt, weil er – aus religiösen Gründen – die Zustimmung zu Fremdbluttransfusionen verweigert hat.[88]

1.5.2 Grundsätze zur wertenden Entscheidung über die Wesentlichkeit einer Ursache

- **Individualisierende Kausalitätsbetrachtung**

Die *Wesentlichkeit* einer Bedingung kann nicht danach beurteilt werden, ob letztere „erfahrungsgemäß" im Allgemeinen unter ähnlichen Umständen bei anderen Personen den gleichen „Erfolg" herbeigeführt hätte. Eine solche, die Kriterien der zivilrechtlichen Adäquanztheorie aufgreifende, generalisierende Beurteilung entspricht nicht der individualisierenden und konkretisierenden Kausalitätsbetrachtung in der ges. UV. Der Versicherte ist in dem Gesundheitszustand geschützt, in dem er sich bei Aufnahme seiner Tätigkeit befindet, auch wenn etwa dieser Zustand eine größere Gefährdung begründet. Dieses Grundprinzip der Kausalitätslehre der ges. UV bedeutet, dass eine individuelle Bewertung der Beutung des Unfallereignisses auf der Grundlage objektiver wissenschaftlicher Erkenntnisse vorzunehmen ist.[89] Eingebunden sind alle im Unfallzeitpunkt bestehenden Krankheiten, Anlagen, konstitutionell oder degenerativ bedingte Schwächen und Krankheitsdispositionen.[90] Auf Gegebenheiten im Einzelfall und die individuelle Belastung und Belastbarkeit des Betroffenen kommt es an.[91]

- **Wesentliche Mitursachen**

Die wesentliche Ursache erfordert nicht, dass das schädigende Ereignis die alleinige oder überwiegende Bedingung ist. Haben mehrere Ursachen gemeinsam zum Gesundheitsschaden beigetragen, sind sie nebeneinander stehende Teilursachen im Rechtssinne, wenn beide in ihrer Bedeutung und Tragweite für den Eintritt des Erfolges wesentlich mitgewirkt haben. Kein Faktor hebt die Mitursächlichkeit des anderen auf. Sozialversicherungsrechtlich ist allein relevant, ob die versicherte Tätigkeot für das Unfallereignis oder für den Gesundheitsschaden wesentlich war.[92]

- **Ursache ist nicht wesentlich, weil sie die letzte war**

Eine Bedingung ist einerseits nicht bereits deshalb als wesentlich zu werten, weil sie als letzte der Bedingungen eingetreten ist und den Eintritt des Erfolges sichtbar gemacht hat[93]; andererseits ist eine Bedingung auch nicht schon deshalb unwesentlich, weil sie nicht als letzte der Bedingungen eingetreten ist und den Eintritt des Erfolges sichtbar gemacht hat. Weder die zeitliche Reihenfolge noch die Quantität sind maßgebend, sondern das Maß der Kraft (= Qualität) ist zu werten, mit dem jeder einzelne Faktor zu der Gesundheitsschädigung beigetragen hat.[94]

---

88 BSG, SozR 4-2200 § 589 Nr. 1 (9. 12. 2003).
89 BSG, SozR 4-2700 § 8 Nr. 17 (9. 5. 2006).
90 Sächsisches LSG, 14. 12. 2000, HV-Info 21/2001, 1960.
91 BSGE 11, 50, 54 (11. 11. 1959); 18, 173, 176 (18. 12. 1962); SozR 3100 § 30 Nr. 72 (9. 10. 1987).
92 BSGE 96, 196, 199 = SozR 4-2700 § 8 Nr. 17 (9. 5. 2006); Becker, MedSach 103 (2007) 92, 93.
93 BSGE 96, 196, 200 = SozR 4-2700 § 8 Nr. 17 (9. 5. 2006).
94 BSGE 13, 40, 42 (25. 8. 1960).

1.5 Zurechnungslehre der wesentlichen Bedingung

- **Wesentlich ist nicht gleichwertig**

Der Begriff „wesentlich" ist nicht identisch mit den Beschreibungen „überwiegend", „gleichwertig" oder „annähernd gleichwertig".[95] Auch eine „nicht annähernd gleichwertige", sondern rechnerisch (prozentual), also verhältnismäßig niedriger zu wertende Bedingung kann für den Erfolg rechtlich wesentlich sein.[96]

- **Keine Prozentrelation**

Die Wertung zweier Mitursachen als rechtlich wesentlich setzt nicht notwendig ein Verhältnis 50:50 voraus; ein mitwirkender Faktor ist nur dann rechtlich unwesentlich, wenn er von der einen oder anderen Ursache ganz in den Hintergrund gedrängt wird. Daher ist zulässig, eine – rein naturwissenschaftlich betrachtet – nicht gleichwertige (prozentual also verhältnismäßig niedrig zu bewertende) Ursache rechtlich als „wesentlich" anzusehen, weil gerade und nur durch ihr Hinzutreten zu der anderen wesentlichen Ursache „der Erfolg" eintreten konnte: letztere Ursache hat dann im Verhältnis zur ersteren keine überragende Bedeutung.

In vorsichtiger Annäherung an eine prozentuale Wertigkeit stellt *Krasney*[97] als „Faustregel" – nicht als Grundformel, sondern als didaktisches Hilfsmittel – zur Diskussion:

(1) *Rechtlich nicht wesentlich* ist die Bedingung, die neben anderen Bedingungen an dem Gesundheitsschaden nur mit 10 v.H. beteiligt ist.

(2) *Rechtlich wesentlich* ist die Bedingung, die mindestens den Wert von einem Drittel aller sonst zu berücksichtigenden Umstände erreicht hat.

(3) Im Grenzbereich zwischen 10 v.H. und einem Drittel ist sorgsam zu prüfen, ob die dem versicherten Bereich zuzurechnende Bedingung noch als wesentlich anzunehmen ist.

Der Bewertungsvorschlag setzt voraus, dass eine quantitative Gegenüberstellung der unter Versicherungsschutz stehenden äußeren Einwirkung einerseits und der konkurrierenden Ursachenfaktoren aus dem unversicherten Lebensbereich andererseits möglich ist. Die Anwendung ist daher auf das Zusammentreffen versicherter und unversicherter gleichartiger beziehungsweise in der Wirkung vergleichbarer äußerer Einwirkungen beschränkt. Eine derartige Ursachenkonkurrenz ist bei langdauernden Einwirkungen (physischen Belastungen), die für Berufskrankheiten relevant sein können, häufig anzutreffen, hat aber bei einmaligen unfallmäßigen Einwirkungen typischerweise keine Relevanz. Die These, wonach ein beruflicher Anteil von mindestens einem Drittel als wesentlich anzusehen ist, ist mit den abstrakten Vorgaben der Rspr. vereinbar. Im Rahmen der individuellen Beurteilung in dem Grenzbereich zwischen einem Drittel und einem Zehntel müssen allerdings besondere Umstände hinzukommen, um eine quantitativ so untergeordnete Exposition dennoch als wesentlich anzusehen Bei Berufskrankheiten kann ein solcher Ausnahmefall z.B. vorlie-

---

[95] BSGE 96, 196, 199 = SozR 4-2700 § 8 Nr. 17 (9.5.2006); Becker, MedSach 103 (2007) 92, 93; Brackmann, Krasney, § 8 Rdnr. 314 m.w.N.

[96] BSG, SozR Nr. 6 zu § 589 RVO (12.2.1970); BSGE 12, 242, 245f. (30.6.1960); BSG, 11.12.1963, NJW 1964, 2222; Krasney, Zbl Arbeitsmed 2001, 270, 272: „Theorie der wesentlichen, nicht der überwiegenden Bedingung".

[97] Brackmann, Krasney, § 8 Rdnr. 314; dazu Becker, MedSach 103 (2007) 92, 93f.; a.A. Benz, SGb 1998, 353, 355; ders. BG 2000, 538, 540.

gen, wenn die berufliche (Gesamt-)einwirkungsdosis neben einer gleichartigen außerberuflichen Einwirkungsdosis zwar relativ gering ausfällt, aber nur bei der beruflichen Exposition in erheblichem Umfang hohe Grenzwertüberschreitungen festzustellen sind und gerade darin ein besonderer Risikofaktor für den Eintritt oder das Ausmaß der Erkrankung zu sehen ist.[98]

- **Gelegenheitsursache, Gelegenheitsanlass, Auslöser**

Unfallunabhängige Faktoren überwiegen an ursächlicher Bedeutung, wenn sie bei vernünftiger, lebensnaher Betrachtung die tatsächlich und auch rechtlich allein wesentliche Bedingung für den Eintritt des Gesundheitsschadens darstellen, das Unfallereignis deshalb völlig zurückdrängen. Im Sinne der Theorie der wesentlichen Bedingung scheidet es als Ursache aus. Da andere Momente als die geschützte Tätigkeit überwiegen, die ursächliche Verbindung zu ihr nur – örtlich und zeitlich – zufällig („bei Gelegenheit") ist, wurde dafür der Ausdruck „*Gelegenheitsursache*" in der Rspr. eingeführt.[99] Obwohl der Begriff in der Literatur[100] zunehmend als entbehrlich angesehen wird, da er lediglich angibt, eine Bedingung als nicht wesentlich und damit als nicht wesentliche Ursache im Rechtssinne zu werten, wird er in der Rspr. weiter verwendet.[101]

1.6 Ursächlicher Zusammenhang zwischen der im Unfallzeitpunkt ausgeübten Tätigkeit und dem Unfallereignis (Unfallkausalität)

Wird der Ursachenzusammenhang im naturwissenschaftlichen Sinne bejaht und fehlen andere Tatsachen, die als Konkurrenzursachen wirksam sein könnten, ist die Unfallkausalität stets gegeben.[102] Problematisch ist gelegentlich die Wertungsfrage nach der rechtlichen Reichweite des Unfallversicherungsschutzes. Die Rspr. hat zu einzelnen Problemkreisen Kriterien entwickelt.

1.6.1 Abgrenzen der versicherten „Gefahren des täglichen Lebens" zur nichtversicherten „allgemein wirkenden Gefahr"

Das Risiko, einen Unfall zu erleiden, muss nicht durch betriebsbedingte Umstände erhöht sein.[103] Auch „*Gefahren des täglichen Lebens*" sind versichert, wenn sie nur mit einer „an sich" versicherten Tätigkeit im Zusammenhang stehen. Dabei erliegt der Versicherte einer Gefahr, die keinen spezifischen Zusammenhang mit der versicherten Tätigkeit aufweist, mithin alltäglich ist, wenngleich zwischen der versicherten Tätigkeit und der unfallbringenden Verrichtung ein rechtlich wesentlicher Zusammenhang besteht[104]; Unfall infolge

---

[98] Mehrtens, Brandenburg, § 9 Anm. 19.
[99] BSGE 96, 196, 200 = SozR 4-2700 § 8 Nr. 17 (9. 5. 2006); BSGE 62, 220 (27. 10. 1987) = Meso B 90/184; Becker, MedSach 103 (2007) 92, 93.
[100] Brackmann, Krasney, § 8 Rdnr. 315; Erlenkämper, SGb 1997, 355, 359; ders. MedSach 2000 (96) 19; Krasney, VSSR 2/1993, 81, 111f.; Schulin, HS-UV § 31 Rdnr. 13.
[101] BSGE 96, 196, 200 = SozR 4-2700 § 8 Nr. 17 (9. 5. 2006).
[102] BSG, SozR 4-2700 § 8 Nr. 22 (30. 1. 2007) = UVR 12/2007, 795.
[103] BSG, SozR 3-2200 § 548 Nr. 4 (22. 8. 1990).
[104] BSG, SozR 2200 § 548 Nr. 75 (31. 5. 1985); BSG, 8. 11. 1990, HV-Info 25/1990, 2127; Brandenburg, SGb 1991, 188, 190 m.w.N.

1.6 Zusammenhang zwischen Tätigkeit und Unfallkausalität

von Unachtsamkeiten beim Zurücklegen des Weges (Ausrutschen, Stolpern)[105], Infektionskrankheiten, Verletzungen durch Blitzschlag, Insektenstiche.[106]

Andererseits wird die Unfallkausalität verneint, wenn ein schädigendes Ereignis mit der Betriebsbeschäftigung nur zufällig örtlich und zeitlich zusammentrifft, wie bei Unfällen aus *„allgemeinwirkenden Gefahren"* (Epidemien, Erdbeben, Überschwemmungen)[107], der Versicherte den Schaden also mutmaßlich auch dann erlitten hätte, wenn er gerade nicht bei der Arbeit gewesen wäre, z.B. an seinem privaten Mittelpunkt des Lebens. Eine andere Wertung ist geboten, wenn der Versicherte infolge der Beschäftigung gezwungen war, sich in dem Gebiet aufzuhalten und deshalb von der Gefahr getroffen wurde.

1.6.2 Abgrenzen der versicherten Tätigkeit zur nichtversicherten „selbst geschaffenen Gefahr"

Es gibt keinen Rechtssatz, dass der Versicherungsschutz entfällt, wenn der Versicherte sich bewusst einer höheren Gefahr aussetzt und dadurch zu Schaden kommt; selbst ein höchst sorgloses, unvernünftiges, verbotswidriges, strafbares, schuldhaftes Verhalten schließt den Zusammenhang zwischen der versicherten Tätigkeit und dem Unfall nicht aus, sofern ausschließlich betriebliche Zwecke verfolgt werden.

Ist die von dem Versicherten selbst geschaffene Gefahr seiner versicherten Tätigkeit zuzurechnen, z.B. ein grober Verstoß gegen die Arbeitssicherheit bei Ausführung der Arbeit, ist diese Gefahrerhöhung unbeachtlich. Steht die selbst geschaffene Gefahr nicht im sachlichen Zusammenhang mit der versicherten Tätigkeit, sondern ist sie einer privaten Verrichtung zuzurechnen, ist die Gefahrerhöhung als solche ebenfalls unerheblich, weil schon der sachliche Zusammenhang fehlt.

Eine *Gefahrerhöhung* durch Risiken, die nicht der versicherten Verrichtung zur Zeit des Unfalls, sondern privaten Umständen zuzurechnen sind, betrifft nicht den sachlichen Zusammenhang zwischen der versicherten Tätigkeit und der Verrichtung zur Zeit des Unfalls, sondern den Zusammenhang zwischen der Verrichtung und dem Unfallereignis. Diese „selbst geschaffene Gefahr" ist daher kein besonderes Rechtsprinzip oder eigenständiger Rechtssatz zur Zusammenhangsbeurteilung beim Arbeitsunfall, sondern im Rahmen der *Abwägung zwischen der versicherten und der nichtversicherten Ursache* als Element der letzteren bei der Beurteilung des Zusammenhanges zwischen der versicherten Verrichtung und dem Unfallereignis zu berücksichtigen.[108]

Eine nach § 315 c StGB zu ahndende fahrlässige oder vorsätzliche Straßenverkehrsgefährdung stellt als solche keine betriebsfremde Motivation dar; hinzukommen muss, dass die Straßenverkehrsgefährdung auf eine eigenständige Zweckverfolgung, die über eine möglichst rasche Zurücklegung des versicherten Weges hinausgeht, zurückzuführen ist, z.B.

---

105 BSG, SozR 2200 § 550 Nr. 35 (28.7.1977).
106 RVA, EuM 16, 83; 35, 166, 167; BSGE 15, 41, 45 (25.8.1961); SozR 3-2200 § 548 Nr. 4 (22.8.1990) = SGb 1991, 188 m. Anm. Brandenburg.
107 BSGE 16, 195ff. (14.2.1962); SozR Nr. 32 zu § 548 RVO (21.1.1972).
108 BSGE 94, 262, 267 = SozR 4-2700 § 8 Nr. 15 (12.4.2005); SozR 4-2700 § 8 Nr. 18 (5.9.2006) = Meso B 10/453. UVR 4/2007, 197.

ein Wettrennen[109]. Liegt eine solche gemischte Tätigkeit vor, entfällt der Versicherungsschutz, wenn

- der selbst geschaffene Gefahrenkreis nicht wesentlich der versicherten Tätigkeit zuzurechnen ist, vielmehr die zunächst noch vorhandenen betriebsbedingten Umstände soweit zurückgedrängt sind, dass sie keine wesentlichen Bedingungen mehr für den Unfall bilden und
- das Handeln des Versicherten völlig vernunftwidrig und unsinnig ist, so dass dieser mit großer Wahrscheinlichkeit damit rechnen musste, er werde verunglücken.

Die dem privaten Bereich entspringende selbstgeschaffene Gefahr drängt die betriebliche Komponente zurück und bildet allein die wesentliche Ursache des Unfalls[110]. Entsprechendes gilt bei einer den Versicherungsschutz grundsätzlich nicht berührenden, nur unerheblichen Unterbrechung der versicherten Tätigkeit[111].

1.6.3 Abgrenzen der versicherten Tätigkeit zur nichtversicherten „inneren Ursache" bei der Unfallauslösung

Die „innere Ursache" ist je nach Fallkonstellation ein Problem der Unfallkausalität oder der haftungsbegründenden Kausalität.

Als Unfallursache konkurrieren versicherte Tätigkeit und körpereigene – innere – Ursache „infolge krankhafter Erscheinungen oder der Konstitution des Betroffenen".[112]

Zunächst ist die innere (= körpereigene) Ursache festzustellen, die ebenso wie die betriebsbedingte Ursache mit Gewissheit bewiesen sein muss.[113]

Wurde im Unfallzeitpunkt eine versicherte Tätigkeit verrichtet und lässt sich der Grund (z.B. für Stolpern, Ausrutschen) nicht erklären, so ist die Wahrscheinlichkeit der Unfallkausalität nicht deshalb zu verneinen, weil zwar eine innere Ursache nicht festgestellt werden konnte, die Möglichkeit aber nicht auszuschließen ist.[114]

Bei ungeklärtem Unfallhergang entfällt der Versicherungsschutz nur, wenn bewiesen ist, dass die versicherte Tätigkeit zum Unfallzeitpunkt unterbrochen war.[115] Dies beruht auf der zutreffenden Erwägung, dass sonst in allen Fällen, in denen sich der Grund für den Unfall nicht nachvollziehen lässt, die Kausalität nur deshalb verneint wird, weil ärztlicherseits die Möglichkeit einer inneren Ursache nicht auszuschließen ist.

---

[109] Liegt keine betriebsfremde Handlungstendenz vor, besteht aber ein Ursachenzusammenhang zwischen der strafbaren Handlung und dem Versicherungsfall, kommt gem. § 101 Abs. 2 SGB VII eine Leistungsversagung in Betracht: BSG, SozR 4-2700 § 101 Nr. 1 (18. 3. 2008).
[110] BSG, SozR 2200 § 548 Nr. 60 (29. 4. 1982); SozR 2200 § 550 Nr. 73 (29. 10. 1986).
[111] BSG, SozR 4-2700 § 8 Nr. 14 (12. 4. 2005).
[112] BSG, SozR 3-2200 § 548 Nr. 14 (12. 5. 1992).
[113] BSGE 61, 127, 130 (20. 1. 1987).
[114] BSG, 27. 6. 1991, Breith. 1992, 285, 286; SozR 3-2200 § 548 Nr. 14 (12. 5. 1992); SozR 4-2700 § 8 Nr. 9 (26. 10. 2004); Brackmann, Krasney, § 8 Rdnr. 335; Bereiter-Hahn, Mehrtens, § 8 Anm. 9.6; Jung, SGb 1987, 427, 428.
[115] BSG, 4. 9. 2007, UVR 2008, 142.

Ist sowohl eine versicherte als auch eine eigenwirtschaftliche Tätigkeit in gleichem Maße möglich (nicht wahrscheinlich), trägt die Nichterweislichkeit der anspruchsbegründenden Tatsachen der Versicherte.[116]

Bei festgestellter innerer Ursache muss diese wertend den betriebsbedingten Ursachen gegenübergestellt werden. In der Wertentscheidung ist über die Grenze zu befinden, bis zu welcher der Versicherungsschutz reichen soll. Der Zusammenhang ist gegeben, falls die betriebsbedingte Ursache rechtlich wesentlich ist. Das trifft auch zu, wenn betriebliche Umstände (z. B. Überanstrengung, Arbeit bei drückender Hitze, Betriebseinrichtung) die körpereigene Ursache (z. B. Kreislaufhypotonie, plötzlicher und unvorhergesehener Eintritt einer Krankheit) beeinflusst und deshalb neben ihr an dem Eintritt des Unfallereignisses wesentlich mitgewirkt haben.[117]

Ist nicht erweisbar, dass die körpereigenen Ursachen auch durch betriebliche Umstände beeinflusst wurden, kann der ursächliche Zusammenhang zwischen der versicherten Tätigkeit und dem Unfall auch gegeben sein, wenn der Verletzte der Gefahr, der er erlegen ist, infolge der durch seine versicherte Tätigkeit bedingten Anwesenheit auf der Unfallstelle ausgesetzt war und ihm der Unfall ohne die versicherte Tätigkeit wahrscheinlich nicht in derselben Art oder derselben Schwere zugestoßen wäre; es muss demnach hier ein ursächlicher Zusammenhang zwischen der Beschaffenheit der Unfallstelle und der Verletzung oder ihrer Schwere bestehen. Dabei kommt es nicht darauf an, ob der Unfall auch an anderer Stelle bei einer nicht versicherten Tätigkeit hätte geschehen können oder dass es sich um besonders gefährliche Betriebseinrichtungen handelt.[118] Maßgebend sind allein die Umstände des Einzelfalls. Das BSG hat die gewöhnliche Härte des Straßenpflasters oder des Fußbodens auf der Betriebsstätte für sich allein nicht als eine Beschaffenheit des Weges oder der Betriebsstätte gesehen, die als wesentliche Bedingung für die Art oder Schwere des Unfalles gewertet werden kann[119]; anderes gilt bei Einzwängen in einen engen Raum[120], Begehen einer Treppe[121], Gedränge in einer Menschenmenge[122], Sturz aus fahrendem Zug[123], Teilnahme am motorisierten Straßenverkehr: „Verkehrsgefahr".[124]

1.7 Zusammenwirken des Unfallereignisses mit einer Krankheitsanlage bei der Verursachung des Gesundheitsschadens (haftungsbegründende Kausalität)

Wie bei der Unfallkausalität geht es um die Zuordnung zur betrieblichen oder persönlichen Risikosphäre, nunmehr im Hinblick auf den Erstschaden in seiner Beziehung zum Unfallereignis. Das Prüfen dieser Kausalbeziehung setzt voraus, dass die Vorfrage nach dem Vorhandensein eines Unfallereignisses positiv beantwortet wird.

---

116 BSG, SozR 3-2200 § 548 Nr. 11 (27. 6. 1991); Ricke BG 2001, 45, 47.
117 BSG, SozR 2200 § 548 Nrn. 51 (27. 11. 1980); 75 (31. 7. 1985); 81 (14. 8. 1986); LSG Berlin-Brandenburg, 6. 5. 2008, UVR 2008, 804.
118 BSG, SozR 2200 § 548 Nr. 75 (31. 5. 1985).
119 BSG, SozR 2200 § 548 Nr. 75 (31.7.1985); SozR Nr. 28 zu § 548 RVO (30.7.1971); BSG, 29. 1. 1960, Breith. 1960, 588.
120 BSG, 30. 10. 1964, ZfS 1964, 412.
121 BSG, SozR 2200 § 548 Nr. 75 (31. 7. 1985); SozR 4-2700 § 8 Nr. 12 (15. 2. 2005).
122 LSG Niedersachsen, 18. 6. 1954, BG 1955, 84.
123 LSG Baden-Württemberg, 12. 3. 1958, Kartei Lauterbach Nr. 2875 zu § 543.
124 BSG, SozR 2200 §§ 555 Nr. 2 (25. 1. 1979); 548 Nr. 81 (14. 8. 1986).

Schwierigkeiten entstehen, wenn das Unfallereignis nicht allein und deshalb als einzige Bedingung im naturwissenschaftlichen Sinne den Gesundheitsschaden hervorgerufen hat. Die Kausalität ist für den gesamten bestehenden Schaden einheitlich zu beurteilen mit der Folge, dass dieser entweder durch ein versichertes Ereignis wesentlich im Sinne der Entstehung oder Verschlimmerung verursacht sein kann oder nicht. Eine teilbare Kausalität ist der Unfallversicherung fremd *(„Alles- oder Nichts-Prinzip")*.

Sämtliche Bedingungen, die krankmachend mitgewirkt haben, sind in ihrer Wertigkeit danach abzuwägen, ob der Gesundheitsschaden wesentlich auf das Unfallereignis oder auf unversicherte Ursachen zurückzuführen ist. Ob ein schädigender Vorgang zu einem Gesundheitsschaden (Körperschaden oder Schaden auf psychisch-geistigem Gebiet) geführt hat, richtet sich nach der Antwort, welche Wertigkeit die medizinische Wissenschaft diesem Vorgang zumisst.

Zur Vornahme dieser wertenden Gegenüberstellung müssen die konkurrierenden – betriebsbedingten und körpereigenen – Ursachen erwiesen sein. Nur im Hinblick auf ihre jeweilige Beziehung zum Erfolg reicht die Wahrscheinlichkeit aus. Können eine Ursache, ihr Ausmaß und genaues Gewicht ihrer Bedeutung nicht sicher festgestellt werden, erhebt sich auch nicht die Frage nach ihrer Auswirkung auf die konkrete Gesundheitsstörung.[125]

- **Kausalität des schädigenden Ereignisses**

Zunächst muss das Unfallereignis mit dem Gesundheitsschaden in einem naturwissenschaftlich-philosophischen Zusammenhang stehen.

– Hat sich der Gesundheitsschaden in unmittelbarem Zusammenhang mit dem Unfallereignis manifestiert, wird der naturwissenschaftliche Zusammenhang zu bejahen sein.

– Anderes gilt, wenn der Unfall nach Art und Intensität seiner Einwirkungen ungeeignet war, den Gesundheitsschaden zu bewirken oder wenn ausreichende sichere medizinische Erkenntnisse fehlen, welche die Wahrscheinlichkeit des naturwissenschaftlichen Zusammenhanges begründen können.

- **Kausalität der Krankheitsanlage**

Nunmehr ist zu prüfen, ob vor dem schädigenden Ereignis eine Krankheitsanlage bzw. ein Vorschaden vorhanden war, der ebenfalls mit Wahrscheinlichkeit eine Ursache des Schadens im naturwissenschaftlich-philosophischen Sinne ist. Notwendig sind dazu entsprechende medizinische Befunde über Art, Umfang, Ausmaß und Schweregrad der Schadensanlage sowie das Maß ihrer Ansprechbarkeit.

Wird die Wahrscheinlichkeit eines ursächlichen Zusammenhanges im naturwissenschaftlichen Sinne bejaht, ist in einem nächsten Schritt zu werten, ob das schädigende Ereignis und die Krankheitsanlage – jeweils für sich gesehen – *wesentlich* im Sinne der Zurechnungslehre der wesentlichen Bedingung sind.

---

[125] BSGE 61, 127, 130 (20. 1. 1987); BSG, 6. 12. 1989, HV-Info 8/1990, 638 = Meso B 240/123; Bayer. LSG, 22. 3. 2006, UVR 4/2007, 219.

- **Abwägungskriterien**

Das Unfallereignis ist *wesentlich*, wenn die Krankheitsanlage[126]

- entweder zur Entstehung krankhafter Veränderungen einer besonderen, in ihrer Art unersetzlichen äußeren Einwirkung bedurfte und diese im Unfallereignis enthalten ist oder
- ohne das Unfallereignis zu einem – nicht unwesentlichen – späteren Zeitpunkt aufgetreten wäre, dieser aber durch die schädigende Einwirkung erheblich vorverlegt wurde. In Anlehnung an die Rspr. zum unfallbedingten früheren Eintritt des Todes (s. 4.3.2.2, S. 123) darf eine wesentliche Bedingung angenommen werden, wenn durch das Unfallereignis der Gesundheitsschaden wenigstens ein Jahr früher eingetreten ist.

Gesichtspunkte für die Beurteilung der Wesentlichkeit ergeben sich aus den Gesamtumständen des Unfallereignisses, insbesondere der Art und dem Ausmaß der äußeren Einwirkung einerseits sowie den konkurrierenden Ursachen unter Berücksichtigung ihrer Art und der diesbezüglichen Krankheitsgeschichte.[127]

Die Entscheidung richtet sich insbesondere nach der Stärke des Leidens in der Anlage und der äußeren Einwirkung auf den Verletzten; nicht ist maßgebend die Auswirkung eines entsprechenden Ereignisses auf gleiche Krankheitsanlagen in anderen Fällen.[128]

Dabei geht es nicht um einen hypothetischen Kausalverlauf, sondern um den Schweregrad der Krankheitsanlage, die nicht so schwer sein darf, dass bereits alltäglich vorkommende ähnlich gelagerte Ereignisse in absehbarer Zeit wahrscheinlich die Krankheit zum Entstehen gebracht hätten.[129]

Für die Wertung, ob der Krankheitsanlage die allein wesentliche Bedeutung zukommt, ist die Schwere der Vorerkrankung unmittelbar vor dem äußeren Ereignis entscheidend. Die *Belastbarkeit* des Versicherten im Zeitpunkt der Auslösung akuter Erscheinungen bildet ein Kriterium: Dieses hilft zur Antwort, ob eine Krankheitsanlage bereits so stark oder leicht ansprechbar war, dass es zur Auslösung akuter Erscheinungen aus ihr nicht besonderer, in ihrer Art unersetzlicher äußerer Einwirkungen bedurfte, sondern diese Erscheinungen auch durch jedes andere alltägliche Ereignis oder ganz ohne äußeres Ereignis etwa zu derselben Zeit ausgelöst worden wären.

Auch die Schwere des Unfallereignisses ist im Rahmen dieser Wertung zu berücksichtigen. Einerseits ist eine Wertung des Unfallereignisses als rechtlich nicht wesentlicher Ursachenfaktor oder „Auslöser" jedenfalls dann gerechtfertigt, wenn dieses Ereignis nach Art und Intensität über beliebige andere bagatellhafte Ereignisse des täglichen Lebens eindeutig nicht hinausgeht. Andererseits handelt es sich ungeachtet einer Bewertung der Ausprägung der Krankheitsanlage bei dem Unfallereignis um die rechtlich wesentliche Ursache, wenn dessen Wirkung ausgereicht hätte, auch bei einem „gesunden" Versicherten einen nach Art und Intensität vergleichbaren Gesundheitsschaden zu verursachen. In den dazwischen gelagerten Konstellationen ist zu beachten, dass selbst bei einem gravierenden, nicht alltäglichen Unfallgeschehen ein gegenüber einer Krankheitsanlage rechtlich wesentlicher Ursa-

---

[126] BSGE 62, 220, 222 = SozR 2200 § 589 Nr. 10 (27. 10. 1987); SozR 2200 § 548 Nr. 4.
[127] BSG, 30. 1. 2007, UVR 2007, 860.
[128] Bereiter-Hahn, Mehrtens, § 8 Anm. 9.3.2; Keller in: Hauck/Noftz, § 8 Rdnr. 300; Erlenkämper, SGb 1997, 355, 359.
[129] BSG, SozR 3-2200 § 539 Nr. 7 (4. 12. 1991).

chenbeitrag nicht ohne weiteres zu unterstellen ist.[130] Ausschlaggebend ist insoweit die Bewertung der Krankheitsanlage bzw. der Belastbarkeit.

Der Umfang der Belastbarkeit[131] kann im Zeitpunkt der Auslösung akuter Erscheinungen

- bekannt gewesen sein oder
- aus rückschauender medizinischer Sicht festgestellt werden, so als ob der behandelnde Arzt alle Befunde gekannt hätte, die erst später bekannt wurden.

Dabei wird der Sachverständige als Arzt in seiner Verantwortung gegenüber seinem Patienten angesprochen. Die Frage nach der Belastbarkeit der Begutachtungsperson beruht auf der Erwägung, dass der behandelnde verantwortungsbewusste Arzt in der Regel eingreift, wenn sein Patient an einer Krankheitsanlage leidet, die so leicht ansprechbar ist, dass die „Auslösung" akuter Erscheinungen aus ihr nicht besonderer, in ihrer Art unersetzlicher äußerer Einwirkungen bedarf, sondern ein anderes alltäglich vorkommendes Ereignis ausreicht. Dabei wird fiktiv unterstellt, dass der Arzt im Voraus über sämtliche Kenntnisse verfügt, die zu Lebzeiten und nach dem Tode (Obduktion) gewonnen werden können.

Ist die Krankheitsanlage schwerwiegend, wird der verantwortungsbewusste Arzt seinen Patienten entweder unverzüglich einer Therapie zuführen oder ihm raten, sich jedenfalls nicht mehr den fremdbestimmten Belastungen eines gewöhnlichen Erwerbslebens auszusetzen. Dies ist ein wesentliches Merkmal, dass die Vorerkrankung rechtlich die *allein wesentliche Ursache* ist.

Hält dagegen der Arzt es für angebracht, noch nicht einzugreifen, wird regelmäßig auch nicht eine Krankheitsanlage vorliegen, die im Schadensfalle alle äußeren Einwirkungen als im Wesentlichen ursächlich bedeutungslos in den Hintergrund rückt.

Die Belastbarkeit ist insbesondere beim Herzinfarkt entscheidungserhebliches Kriterium (s. 10.2.6.1, S. 810).

Die Beurteilung über die Wesentlichkeit der versicherten (Mit-)ursache wird durch die Anamnese in Bezug auf das Zutagetreten der Krankheitsanlage bei anderen Gelegenheiten entscheidend bestimmt. Sofern der Versicherte um sein besonderes Risiko (z. B. Lebensmittelmittelallergie) wusste und durch Sorgfaltsmaßnahmen eine Gefährdung stets vermeiden konnte, ist ein betriebliches Ereignis, bei dem sich infolge der Ablenkung der Konzentration des Versicherten dieses Risiko realisiert, als wesentliche Ursache anzusehen.[132]

- **Hypothetischer Schadensverlauf**

Ein hypothetischer Schadensverlauf („verdrängende", „überholende", „hypothetische Kausalität", „Reserveursache") ist keine Kategorie der Kausalität; er steht mit dem Versicherungsfall nicht im Zusammenhang. Die Leistungspflicht des UV-Trägers wird somit nicht berührt, wenn

---

[130] BSG, SozR 4-2700 § 8 Nr. 17 (9. 5. 2006).
[131] BSG, SozR 3-2200 § 539 Nr. 7 (4. 12. 1991); 18. 3. 1997, HV-Info 14/1997, 1279; LSG Nordrhein-Westfalen, 4. 3. 1993, Meso B 90/102; Wiester in: Schleudertrauma der HWS, Traumatologie aktuell Bd. 14 (Hrsg. Weller, Hierholzer) 1994, 1, 2; kritisch Plagemann, VersR 1997, 11.
[132] BSG, 30. 1. 2007, UVR 2007, 860.

- der durch einen Versicherungsfall verursachte Schaden zu einem späteren Zeitpunkt auch durch eine andere Bedingung bzw. einen anderen Kausalverlauf oder
- die Folgen eines unfallfremden Ereignisses später durch einen Versicherungsfall

in gleicher Weise entstanden wären.[133]

1.8 Folgen des Unfallereignisses im Sinne der Entstehung und Verschlimmerung

Ist ein Unfall als wesentliche Ursache oder Teilursache zu werten, kann er für den Gesundheitsschaden im Sinne der Entstehung oder Verschlimmerung rechtlich bedeutsam sein. Die jeweilige Feststellung bestimmt den Umfang der Leistung.

1.8.1 Entstehung

Ein Gesundheitsschaden ist im Sinne der ges. UV entstanden, wenn es durch die schädigende Einwirkung erstmalig zu einem manifesten Krankheitsgeschehen gekommen ist.

Der Rechtsbegriff „Krankheit" ist in der Sozialversicherung einheitlich und erfasst den „regelwidrigen Körper- oder Geisteszustand". Leistungsmerkmale (z.B. Heilbehandlung) werden nicht zugerechnet.[134]

Eine Krankheitsanlage liegt vor, wenn der regelwidrige Zustand klinisch oder funktionell noch nicht in Erscheinung getreten ist: klinisch stumme Gewebsminderwertigkeit, schadensanfällige oder schadensgeneigte Disposition.[135] Krankheitsanlage und Unfallereignis haben gemeinsam eine Gesundheitsstörung im Sinne der Entstehung hervorgerufen, wenn bis zum Unfallereignis lediglich eine latente Anlage vorhanden war. Es handelt sich um etwas Angelegtes, Potentielles, das, um Krankheit im Rechtssinne zu werden, noch eines „Anstoßes" bedarf, und manifest werden muss.[136]

Lagen bereits krankhafte Veränderungen vor, die vielleicht nicht bemerkbar waren oder nicht bemerkt wurden, so war der Übergang von der Anlage zur Krankheitsentstehung bereits vollzogen. Der Unfall kann die Krankheit nur noch verschlimmern,[137] z.B. Unfall bei vorbestehender Arthrosis deformans, die anlässlich der Untersuchung röntgenologisch nachgewiesen wird.[138]

Bei der Entstehung der Krankheit wird das Gesamtleiden rechtlich einheitlich betrachtet. Eine Teilung des durch die Schädigung erstmals entstandenen Gesundheitsschadens danach, inwieweit er auf jener und inwieweit er auf schädigungsunabhängigen Faktoren beruht, ist dem Unfallversicherungsrecht fremd („Alles-oder-Nichts-Prinzip").

---

[133] BSGE 14, 172, 176 (25.4.1961); 17, 114, 116 (19.6.1962); 63, 277, 281 (28.6.1988); Breith. 1991, 471 (22.8.1990); dazu bereits Schönberger, BG 1964, 111.
[134] BSG, SozR 2200 § 551 Nr. 35 (27.7.1989).
[135] Ludolph, u.a., Akt. Traumatol. 24 (1994) 95, 96.
[136] BSGE 21, 75, 77 (13.5.1964); BSG, 16.10, 1974, SGb 1975, 338; BSG Nr. 11 u. Nr. 17 zu § 1 (b 1) BVG; Krasney, SozSich 1971, 101; Erlenkämper, Begutachtung der Haltungs- und Bewegungsorgane (Hrsg. Rompe, Erlenkämper), 5. Aufl. 2009 S. 73; Ludolph, Spohr, Akt. Traumatol. 23 (1993) 207, 208; Schröter, MedSach 97 (2001) 107
[137] Krasney, SozSich 1971, 101; Hauck-Keller, K § 8 Rdnr. 292 mit Hinweis auf das Versorgungsrecht BSG, SozR 3100 § 1 BVG Nr. 3 sowie SozR 3200 § 81 SVG Nr. 3.
[138] Schröter, MedSach 97 (2001) 107.

Beispiel: Sehnen- und Meniskusriss nach Degenerationszeichen und geeignetem Unfallereignis (s. 8.2.2.3, S. 395 u. 8.10.5.4.5, S. 631).

1.8.2 Verschlimmerung

Begrifflich kann sie nur vorliegen, wenn die zu beurteilende Gesundheitsstörung vor Eintritt des Versicherungsfalles bereits als klinisch manifester, mit objektivierbaren Veränderungen verbundener Krankheitszustand nachweisbar vorhanden war (= Krankheit im Rechtssinne).

- **Weiterentwicklung eines anerkannten „Erstschadens" im Sinne einer Verstärkung des anfänglichen Beschwerdebildes bzw. Fortschreiten der Folgen des Versicherungsfalls im anatomisch-pathologischen Verlauf**

Der neu eingetretene Körperschaden ist gleichsam die kausaltypische Weiterentwicklung der Folgen des anerkannten Versicherungsfalls. Die Kausalkette des Arbeitsunfalls wird dabei verletzungstypisch (anatomisch vorgegeben) fortgesetzt.[139]

Die Verschlimmerung ist als Unfallfolge auch zu entschädigen, wenn der Gesundheitsschaden zu Unrecht als Unfallfolge festgestellt wurde (Ausnahme: Verschlimmerung als Folge eines neuen, vom Arbeitsunfall unabhängigen Ereignisses[140]). Rücknahme nur unter den Voraussetzungen des § 45 SGB X, Abschmelzen des Rentenbetrages nach § 48 Abs. 2 SGB X).[141]

- **Verschlimmerung eines bevorstehenden, nicht als Versicherungsfall anerkannten Gesundheitsschadens**

Wirkt ein Unfallereignis auf einen vorbestehenden Gesundheitsschaden ein und bringt diesen in eine geänderte Erscheinungsform, ist nicht das Grundleiden mit allen seinen Auswirkungen Unfallfolge. Vielmehr wird der gesamte Gesundheitsschaden rechtlich zerlegt: in den allein vor dem Unfall bestehenden und den danach gegebenen, durch ihn wesentlich bedingten („verschlimmerten") Teil. Nur dieser Anteil der Verschlimmerung ist unfallversicherungsrechtlich relevant und wird – unter Berücksichtigung des Vorschadens – als solcher entschädigt.[142]

Diese „Aufsplittung" ist kein Verstoß gegen den Grundsatz der „unteilbaren Kausalität": Die Verschlimmerung ist die auf einen Teil der Gesamterscheinungen begrenzte Form des Ursachenzusammenhanges.[143] Folgen verschiedener Kausalreihen werden abgegrenzt.[144]

Ein Unfallereignis ist Ursache der Verschlimmerung, wenn es als wesentliche Bedingung zu werten ist. Bei einem zur Verschlimmerung neigenden Leiden ist darauf abzustellen, ob diese Neigung so stark oder leicht ansprechbar ist, dass es nicht besonderer, in der Art un-

---

[139] Schürmann, Trauma Berufskrankh 2000, 188, 189.
[140] Brackmann/Krasney, § 8 RdNr. 390; Lauterbach-Schwerdtfeger, § 8 RdNr. 109.
[141] BSGE 21, 75, 77; LSG Baden-Württemberg, 29. 11. 1964/Breith. 1965, 819.
[142] Brackmann/Krasney, § 8 RdNr. 383; Keller in Hauck/Noftz, K § 8 Rz 293; LSG Schleswig, 27. 10. 1955, Breith. 1956, 955, 958; Köhler, SdL 2002, 188, 224.
[143] LSG Schleswig, 27. 10. 1955, Breith. 1956, 955, 958.
[144] BSG, 21. 1. 1959, Breith. 1959, 555, 558.

1.8 Folgen des Unfallereignisses im Sinne der Entstehung und Verschlimmerung

ersetzlicher äußerer Einwirkungen bedarf, sondern jedes andere alltäglich vorkommende ähnliche Ereignis in absehbarer Zeit die Verschlimmerung bewirkt hätte.[145]

Unfallbedingte Verschlimmerung liegt auch vor, wenn durch die Folgen eines Arbeitsunfalls das Fortschreiten einer unfallunabhängigen Krankheit nicht rechtzeitig feststellbar, bei rechtzeitiger Diagnose aber vermeidbar war.[146]

Gutachterlich wird bisweilen nach der *zeitlichen Wirkung* (1) und dem *Schweregrad* (2) unterschieden.

(1) Bei einer *zeitlich begrenzten vorübergehenden Verschlimmerung* klingt nach Ablauf einer im Einzelfall zu bestimmenden Zeit die Krankheit so weit ab, dass der Zustand vorliegt, welcher der schicksalsmäßigen Weiterentwicklung des Leidens entspricht.[147]

Die Verschlimmerung ist *dauernd*, wenn die verschlimmernde Wirkung bestehen bleibt, also eine Besserung nicht zu erwarten ist (z.B. Heilung mit Defekt).

(2) Diese dauernde Verschlimmerung kann in ihrer Höhe überschaubar sein *(anhaltend begrenzte Verschlimmerung)*: Die Krankheit wird auf Dauer in ein schweres Stadium „angehoben", der weitere Verlauf bleibt unbeeinflusst von der schädigenden Einwirkung, schließt aber den verstärkten Krankheitswert mit ein.

Eine *richtunggebende Verschlimmerung* liegt vor, wenn der ganze Ablauf des Leidens offensichtlich nachhaltig beschleunigt und gefördert wurde und einen anderen, schwereren Verlauf nimmt.[148]

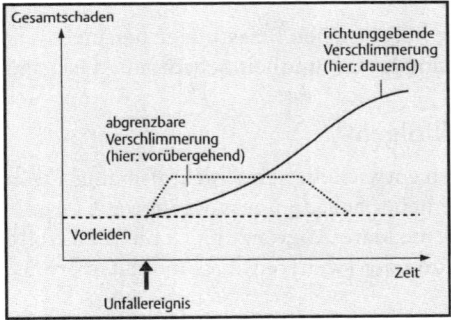

Abb. 3 Abgrenzbare und richtunggebende Verschlimmerung
(Kaiser, akt traumatol 30 [2000] 37)

Die in der Rspr.[149] ausgedrückte Verneinung einer Verschlimmerung im Rechtssinne besagt lediglich, dass die Verschlimmerungsform nicht im Verfügungssatz des Bescheides aufzunehmen ist.[150] Damit wird verlangt, bei Verschlimmerung im Einzelfall zu prüfen, ob

---

145 Brackmann/Krasney, § 8 RdNr. 384.
146 LSG Hamburg, 1.2.1955, Breith. 1955, 821, 824.
147 BSG, 26.4.1962, BG 1963, 213, 214.
148 LSG Nordrhein-Westfalen, 23.10.2001, HV-Info 4/2002, 405, LSG Mecklenburg-Vorpommern, 11.6.1997, HV-Info 32/1997, 3033.
149 BSG, SozR 3100 § 1 Nr. 3 (16.10.1974) = SGb 1975, 338 m. Anm. Funk zum Versorgungsrecht.
150 BSGE 11, 161, 163 (15.12.1959).

auch diese auf den Schädigungsfolgen beruht und nicht aus der Bezeichnung der Verschlimmerung im Bescheid ohne erneute Kausalitätsprüfung als Unfallfolge gewertet wird.[151] Das Zurechnen der Verschlimmerung zur Schädigungsfolge ist ein (prognostischer) Eingriff in die Zukunft, der über das Bewerten des rechtlich allein maßgebenden gegenwärtigen und vergangenen Zustands hinausgeht.[152] Die anerkannte Verschlimmerung umfasst nur den im Zeitpunkt der Feststellung vorhandenen Zustand, nicht aber eine spätere Entwicklung.

Gutachtenauftrag[153]

(1) Welche Vorschäden bzw. welche Schadensanlagen haben im Bereich der Unfallverletzung zum Unfallzeitpunkt vorgelegen und ggf. welche funktionellen Beeinträchtigungen waren darauf zurückzuführen?

(2) Für welche Gesundheitsschäden war das angeschuldigte Ereignis hinsichtlich der Entstehung oder Verschlimmerung mit Wahrscheinlichkeit Ursache im naturwissenschaftlichen Sinne (Conditio sine qua non)? Bezüglich der angeschuldigten Einwirkungen wird auf Blatt ... der Unterlagen verwiesen. Sollten sich bei der Befragung des Betroffenen aufklärungsbedürftige Widersprüche zum aktenkundigen Sachverhalt ergeben, bitten wir um Mitteilung oder um Alternativbeurteilungen.

(3) Haben bei der unter 2. beschriebenen Verursachung wahrscheinlich auch Vorschäden oder Schadensanlagen, die unter 1. genannt sind, ursächlich mitgewirkt? Falls ja, war das angeschuldigte Ereignis wesentliche Mitursache oder lediglich unwesentliche Bedingung?
Letzterenfalls: Welche körperlichen Belastungen beispielsweise waren mit Wahrscheinlichkeit ausreichend, um die Gesundheitsschädigung herbeizuführen?

1.9 Mittelbare Unfallfolgen

Unmittelbare Unfallfolgen entwickeln sich schicksalsmäßig aus den Erstschäden; mittelbare Folgen werden infolge neuer Schädigungsvorgänge auf Grund der bereits vorliegenden Erstschäden verursacht. Eine klare Abgrenzung ist nicht zu treffen, rechtlich indes bedeutungslos, da die Zurechnung der (weiteren) Gesundheitsstörung nach den gleichen Kriterien erfolgt.

Diese mittelbaren Unfallfolgen sind Krankheitserscheinungen, die entweder

– *ohne ein weiteres Unfallereignis* (z.B. anlässlich ärztlicher Behandlung der unmittelbaren Unfallschäden, Auswirkungen eines aus Anlass des Unfallschadens gegebenen Medikaments, auch wenn sich dadurch ein unfallunabhängiges Leiden verschlimmert, Eingriff zur Feststellung von Ursache, Art, Umfang und Ausmaß der Schädigungs-

---

[151] Brackmann/Krasney, § 8 RdNr. 386.
[152] BSGE 7, 53, 56f. (12.3.1958); 11, 161, 163 (15.12.1959); 21, 75, 77 (13.5.1964); SozR 3100 § 1 Nr. 3 (16.10.1974).
[153] Brandenburg, Schudmann, MedSach 97 (2001) 168.

folgen[154], fehlerhafte diagnostische Maßnahmen einschließlich der zu Grunde liegenden Indikationsstellung oder fehlerhafter Behandlung[155])
- durch einen weiteren Unfall auf Grund der Folgen des Arbeitsunfalls (Sturz eines infolge Arbeitsunfalls Beinamputierten wegen Gangunsicherheit[156])
- durch einen weiteren Unfall, der zwar nicht auf Grund der Folgen des Arbeitsunfalls eingetreten ist, deren Ausmaß aber durch diesen[157] wesentlich mitverursacht wurden.

Die mittelbaren Unfallfolgen sind rechtlich als Folgen des ersten Arbeitsunfalls zu behandeln: Eine Gesamt-MdE ist zu bilden.[158]

Ist der zweite Unfall ein Arbeitsunfall, ist zu unterscheiden:

Haben die Folgen des ersten Unfalls das Ausmaß der Folgen des zweiten Unfalls wesentlich beeinflusst, fällt der durch den zweiten Unfall verursachte Schaden in die Entschädigungspflicht des dafür zuständigen UV-Trägers: beide Arbeitsunfälle werden jeweils für sich entschädigt.[159]

Haben die Folgen des ersten Unfalls wesentlich zum Zustandekommen des zweiten Unfalls beigetragen, ist nach der Rspr. kein neuer Versicherungsfall eingetreten: der für den ersten Unfall zuständige UV-Täger bleibt entschädigungspflichtig.[160]

1.10 Folgeunfall

Gesetzlich (§ 11 SGB VII) geregelt ist die mittelbare Unfallfolge als Folgeunfall bei folgenden Maßnahmen und dazu notwendigen Wegen und Handlungen:

- Heilbehandlung, Leistungen zur Teilhabe am Arbeitsleben sowie Maßnahmen nach § 3 BKV, die wegen des Versicherungsfalls gewährt werden; dabei darf der Unfall sich nicht aus innerer Ursache ereignet haben oder durch eigenwirtschaftliche Betätigung bzw. durch eine selbstgeschaffene Gefahr verursacht worden sein
- Wiederherstellen oder Erneuern eines durch einen Arbeitsunfall beschädigten Hilfsmittels
- wegen des Arbeitsunfalls zur Aufklärung des Sachverhalts angeordnete Untersuchung
- Aufsuchen des UV-Trägers oder anderer Stellen zur Vorbereitung von Maßnahmen der Heilbehandlung, Leistungen zur Teilhabe am Arbeitsleben sowie Maßnahmen nach § 3 BKV, wenn der UV-Träger dazu aufgefordert hat.

---

[154] BSGE 17, 60, 61 (17.5.1962); 46, 283 = SozR 2200 § 539 Nr. 47 (27.8.1978); SozR 2200 § 548 Nr. 59 (4.11.1981); 24.10.1985, Meso B 70/133; Bayer. LSG, 30.6.1998, Breith. 1999, 507 = Meso B 10/621.
[155] BSG, 5.8.1993, HV-Info 27/1993, 2388 = Meso B 10/510.
[156] BSGE 47, 25, 26 = SozR 2200 § 548 Nr. 42 (13.7.1978).
[157] BSGE 41, 137 = SozR 2200 § 555 Nr. 1 (11.1.1976); BSGE 63, 58 = SozR 2200 § 548 Nr. 89 (24.2.1988) = SGb 1988, 514 m. Anm. Jung.
[158] BSGE 41, 137 = SozR 2200 § 551 Nr. 1 (11.1.1976)
[159] BSGE 63, 58, 59 = SozR 2200 § 548 Nr. 89 (24.2.1988).
[160] BSGE 47, 25, 27 = SozR 2200 § 548 Nr. 42 (13.7.1978); offen gelassen in BSGE 63, 58 = SozR 2200 § 548 Nr. 89 (24.2.1988); für einen neuen Versicherungsfall: Bereiter-Hahn, Mehrtens, § 8 Anm. 9.1; Keller in: Hauk/Noftz, K § 8 RdNr. 309; Schulin, BG 1996, 140, 143; Brackmann, Krasney, § 7 RdNr. 14.

1.11 Wegeunfall

Nach alter, vor der RVO ergangenen Rspr. wurde der gewöhnliche Weg des Versicherten zwischen der Wohnung und der Betriebsstätte im Allgemeinen als unversichert betrachtet mit der Begründung, er diene überwiegend der Eigenwirtschaft, nicht aber dem Betrieb.[161] Diesen Erwägungen folgte der Gesetzgeber bei Erlass der RVO im Jahre 1911. Die anschließende Rspr. hat an dem erwähnten Grundsatz festgehalten, Ausnahmen jedoch zugelassen, wenn der Weg nach seiner zweifellosen und unmittelbaren Zweckbestimmung mit dem Betrieb und dessen Interessen erfolgte. Eine umfassende Übernahme des Wegeunfall-Risikos erfolgte durch das zweite Änderungsgesetz vom 15. 7. 1925.

Der Versicherungsschutz bei Wegeunfällen wird damit begründet, dass das Risiko des Arbeitsweges angesichts des technisch und soziologisch bedingten Auseinanderliegens von Wohnbezirken und Geschäfts- bzw. Industriezentren typischerweise dem Berufsrisiko näher steht als der privaten Sphäre. Auch lässt sich der Weg von und zur Arbeitsstätte in aller Regel nur in den „Verkehrsspitzen" und damit zu Zeiten zurücklegen, die durch – über den allgemeinen Rahmen hinausreichende – Gefahrensituationen gekennzeichnet sind.[162]

Da der Weg von und zur Arbeitsstätte jedoch dem Einfluss und der Kontrolle des Arbeitgebers entzogen ist, bleiben dadurch verursachte Kosten im Rahmen von Beitragszuschlägen oder -nachlässen außer Ansatz (§ 162 SGB VII).

1.11.1 Wege nach und von dem Ort der Tätigkeit

Das Zurücklegen des unmittelbaren Weges nach und von dem Ort der Tätigkeit ist eine versicherte Tätigkeit (§ 8 Abs. 2 Nr. 1 SGB VII). Unfälle infolge eines solchen Weges sind somit Arbeitsunfälle.

Dabei ist der Weg nicht als geographischer Begriff, sondern als „Sichfortbewegen im Zusammenhang mit der versicherten Tätigkeit" zu verstehen.[163] Für den Kausalzusammenhang ist bedeutsam, ob die wesentliche Unfallursache das Zurücklegen des Weges ist (Beispiel: „Umknicken" s. 8.12.6, S. 674).

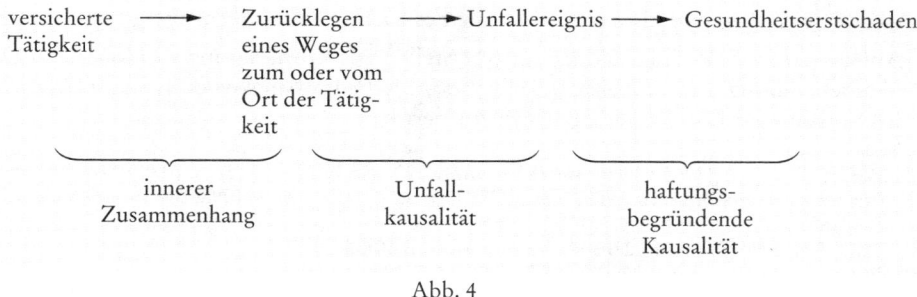

Abb. 4

---
[161] Vgl. AN 1887, 8; 365; 1888, 176.
[162] Kranig, Aulmann, NZS 1995, 203, 255.
[163] BSGE 11, 156, 157 (15. 12. 1959); SozR 2200 § 550 Nr. 67 (14. 11. 1984).

1.11 Wegeunfall

Mit dem Begriff „unmittelbar" statt „kürzester" Weg wird dem Versicherten hinsichtlich der Wahl des geeigneten Weges ein Entscheidungsspielraum zugebilligt. Auch die Wahl der weiteren Wegstrecke kann aus der erklärbaren Sicht des Betroffenen noch dem Zurücklegen des Weges von und nach dem Ort der Tätigkeit zuzurechnen sein, insbesondere bei verkehrbedingten Umständen.[164]

1.11.1.1 Grenzpunkte des Weges

Mit dem *Ort der Tätigkeit* ist ein Grenzpunkt des unter Versicherungsschutz stehenden Weges gesetzlich festgelegt. Dies ist der Ort der tatsächlich versicherten Tätigkeit. Bei räumlich ausgedehnten Betrieben ist dies das gesamte Betriebsgelände, nicht nur die unmittelbare Arbeitsstelle.[165] Ereignet sich ein Unfall nach Durchschreiten des Werktores, ist dieser ein Arbeitsunfall.

Der andere Endpunkt ist vom Gesetzgeber bewusst nicht näher umschrieben worden, da eine kasuistische Regelung im Gesetz „doch nur Stückwerk wäre und zu neuen Zweifelsfragen führte".[166]

(1) Im Allgemeinen ist dies die Wohnung des Versicherten („natürlicher Bezugsort"[167]): Der Weg von und zu dieser muss wegen der Tätigkeit im Unternehmen zurückgelegt werden (= innerer Zusammenhang).[168] Im häuslichen Bereich selbst besteht kein Versicherungsschutz. Dieser häusliche Wirkungskreis kann auch in Teilbereiche gespalten sein, die bei günstigen Verkehrsbedingungen nicht unerheblich voneinander entfernt liegen können.[169] Der versicherte Weg beginnt bzw. endet grundsätzlich mit dem „Durchschreiten" der Außentür des vom Versicherten bewohnten Gebäudes, auch wenn die zum Unfall führende Gefahr im häuslichen Bereich entstanden ist, z.B. Sturz auf der Treppe im Innenhaus, Eintritt der Verletzung erst beim Auffallen vor der Haustür.[170] An dieser strikten Grenzziehung hält das BSG aus Gründen der Rechtssicherheit und im Interesse einer möglichst einheitlichen Rechtsprechung ausnahmslos fest. Auch bei Betriebswegen und versicherten Wegen während einer Arbeitspause zur Nahrungsaufnahme oder zur Besorgung von zum Verzehr während der Arbeitszeit/Arbeitspause bestimmten Lebensmitteln stellt die Außentüre der Kantine/Gaststätte oder des Lebensmittelgeschäfts den Grenzpunkt des Versicherungsschutzes dar.[171]

Zum häuslichen Bereich gehört auch eine vom Wohngebäude unmittelbar zugängige Garage. Der Versicherungsschutz setzt mit dem Verlassen der Garage (Garagentür) ein. Der alternative Weg von der Außenhaustür zum Garagentor ist aber versichert.[172] Die Garage ist dann nicht Teil des unversicherten häuslichen Bereichs, wenn sie nicht durch das Wohn-

---

[164] BSG, SozR 3-2700 § 8 Nr. 9 (11. 9. 2001) = NZS 2002, 161 = SGb 2002, 345 m. Anm. Wilde.
[165] BSG, SozR 2200 § 550 Nr. 69 (13. 12. 1984); vgl. aber auch den Sonderfall BSG, 23. 5. 1973, Breith. 1974, 1033: Wegeunfall bei einer im Bereich des Unternehmens gelegenen, allgemein zugänglichen und durch amtl. Verkehrszeichen gekennzeichneten Straßenkreuzung.
[166] Bundestagsdrucksache 758/3. Wahlperiode, Änderungsvorschlag Nr. 11.
[167] BSG, SozR 3-2200 § 550 Nr. 10 (18. 10. 1994).
[168] BSG, SozR 3-2200 § 550 Nr. 5 (24. 1. 1992).
[169] BSGE 43, 15 (28. 10. 1976).
[170] BSG, Nr. 25 zu § 550 RVO (12. 10. 1973); BSG 7. 11. 2000, SGb 2001, 398 m. Anm. Jung; BSG, SozR 4-2700 § 8 Nr. 20 (12. 12. 2006).
[171] BSG, 24. 6. 2003, HV-Info 2003, 2451; SozR 4-2700 § 8 Nr. 20 (12. 12. 2006).
[172] BSGE 37, 36 (11. 12. 1973); 24, 243 (23. 2. 1996).

gebäude direkt zu erreichen ist; nunmehr besteht auch innerhalb der Garage Versicherungsschutz.[173] Die Garage ist dann nicht Teil des unversicherten häuslichen Bereichs, wenn sie nicht durch das Wohngebäude direkt zu erreichen ist; nunmehr besteht auch innerhalb der Garage Versicherungsschutz.[174]

(2) Liegen Wohnung und Arbeitsstätte in *demselben Gebäude*, ist begrifflich ein Wegeunfall ausgeschlossen.[175] Der Übergang von einer privaten Verrichtung zu einer betrieblichen Tätigkeit ist nur in einzelnen Ausnahmefällen versichert.[176]

(3) Da nicht bestimmt ist, dass der Weg zum Ort der Tätigkeit von der Familienwohnung aus angetreten werden muss und dorthin zurückzuführen hat, kann der Weg nach und von dem Ort der Tätigkeit unfallversicherungsrechtlich von einem anderen Ort als der Familienwohnung aus angetreten werden und nach Schluss der versicherten Tätigkeit zu einem anderen Ort als der Wohnung führen *(„dritter Ort")*.

Führt der Weg von der Wohnung oder Arbeitsstätte über einen „dritten Ort", so ist zu unterscheiden:

Auch ein „dritter Ort", an dem sich der Versicherte z.B. zur Freizeitgestaltung aufhält, kann Ausgangs- und Zielpunkt sein. Bei dem Weg vom häuslichen Bereich zu einem anderen Ort und von diesem zur Arbeitsstelle darf es sich nicht um einen rechtlich einheitlichen Gesamtweg handeln. Ob ein dritter Ort Ausgangs- bzw. Endpunkt der Wegstrecke oder Zwischenort einer einheitlichen Wegstrecke ist, hängt davon ab, ob die Aufenthaltsdauer an diesem Ort rechtserheblich ist.[177] Entsprechend der Rspr. zur Lösung von einer versicherten Tätigkeit ist eine Grenze von zwei Stunden sachgerecht.[178] Durch den Zeitablauf erlangen sowohl der vorhergehende als auch der anschließende Weg selbständige Bedeutung. Allein der Weg vom „dritten" Ort zur Arbeit erhält Versicherungsschutz, sofern er in einem inneren Zusammenhang mit der bevorstehenden Tätigkeit steht. Demgemäß ist der Weg von der Arbeitsstätte zum „dritten" Ort versichert, wenn er vom Vorhaben des Betroffenen geprägt ist, von der versicherten Tätigkeit zurückzukehren. Ereignet sich der Unfall nicht auf dem Weg von einem „dritten" Ort, sondern auf dem Weg von dem Ort der Tätigkeit zu dem „dritten" Ort, ist die Absicht des Versicherten entscheidend, an diesem Ort mindestens zwei Stunden zu verweilen bzw. dort Tätigkeiten zu verrichten, die bei objektiver Betrachtung mindestens zwei Stunden in Anspruch nehmen.[179]

Bei einem längeren Weg vom bzw. zum „dritten" Ort muss – unter Berücksichtigung des Motivs für den Aufenthalt dort – das Vorhaben, sich zur oder von der Arbeitsstätte zu begeben, als rechtlich wesentlich für die Wahl des längeren Weges bewertet werden.[180] Der dritte Ort darf nicht „unverhältnismäßig" weiter als der von der Familienwohnung zum

---

[173] BSGE 63, 212 (31.5.1988).
[174] BSG, SozR 4-2700 § 8 Nr. 20 m. w. N. (12.12.2006); Nr. 21 (12.12.2006).
[175] BSG, 29.3.1962, Breith. 1963, 24.
[176] BSG, 25.2.1993, HV-Info 13/1993, 1102; BSG, SozR 4-2700 § 8 Nr. 20 (12.12.2006).
[177] BSG, SozR 3-2200 § 550 Nr. 2 (12.6.1990).
[178] BSGE 82, 138 (5.5.1998) = SGb 2002, 181 m. Anm. Jung; Bereiter-Hahn, Mehrtens, § 8 Anm. 12.20; Brackmann, Krasney, § 8 Rdnr. 195; Hauck-Keller, K § 8 Rdnr. 204; Krasney in: Schulin HS-UV § 8 Rdnr. 89; Schulin HS-UV § 33 Rdnr. 68; Stoll, BG 1991, 45, 46.
[179] BSG, SozR 3-2700 § 8 Nr. 14 (3.12.2002).
[180] BSG, 4.12.1991, HV-Info 8/1992, 658.

Ort der Tätigkeit und zurück liegen.[181] Dabei sind alle Umstände – insbesondere Art und Zweck des Aufenthalts dort – zu berücksichtigen.[182] Einerseits soll durch das Merkmal der Verhältnismäßigkeit der Entfernungen vor allem vermieden werden, dass der Weg z.B. nach einem Kurzurlaub am Wochenende von einer anderen Stadt aus zum Ort der Tätigkeit angetreten wird.[183] Andererseits erscheint es nicht billig, nur die Entfernung als entscheidendes Kriterium zu Grunde zu legen. Andernfalls würde der Versicherte, der das ganze Jahr einen nur kurzen Weg zum und von dem Ort der Tätigkeit zurücklegt und dadurch auch nur ein geringes Risiko in die Versicherung einbringt, bei einer Fahrt vom dritten Ort nach und von dem Ort der Tätigkeit einen entsprechend geringen Versicherungsschutz erhalten, während der Versicherte, der das Fünffache der Wegstrecke täglich zurücklegt, bei einem Weg vom dritten Ort auch das Fünffache des Weges zurücklegen dürfte.[184]

Ist der Weg vom bzw. zum dritten Ort unverhältnismäßig länger als von bzw. zu der Wohnung, wird die erheblich längere Wegstrecke grundsätzlich nicht durch die beabsichtigte oder beendete betriebliche Tätigkeit geprägt, sondern durch die eigenwirtschaftliche Verrichtung am dritten Ort. Hat der Aufenthalt am dritten Ort betriebsdienliche Motive, ist der innere Zusammenhang auf dem Weg eher anzunehmen, auch wenn dieser nicht in einem angemessenen Verhältnis zum regelmäßig zurückgelegten Weg steht.[185] Im Rahmen dieser Abwägung misst die neuere Rspr. der Frage eine besondere Bedeutung zu, ob an dem „dritten Ort" Verrichtungen des täglichen Lebens erledigt werden, die keinerlei Bezug zur versicherten Tätigkeit haben, oder ob sich um Tätigkeiten handelt, die zumindest mittelbar auch dem Betrieb zugute kommen sollen, wie z. B. ein dringende Arztbesuche zur Erhaltung oder Wiederherstellung der Arbeitsfähigkeit. Eine „Betriebsdienlichkeit" ist dabei nur solchen Verrichtungen zuzuerkennen, die vorrangig der Wiederherstellung, Aufrechterhaltung oder Verbesserung der für die versicherte Tätigkeit benötigten Leistungsfähigkeit dienen.[186]

Handelt es sich bei dem Weg von einer anderen Stelle als der Wohnung jedoch um den *Rückweg* von einer Verrichtung, die mit der versicherten Tätigkeit nicht in einem rechtlich wesentlichen Zusammenhang steht, so entfällt der Versicherungsschutz.[187] Anderes gilt, wenn der Versicherte wegen dringender betrieblicher Angelegenheiten zum Ort der Tätigkeit gerufen wird.[188]

(4) Das Gesetz bestimmt die *ständige Familienwohnung* als Grenzpunkt, wenn der Versicherte wegen der Entfernung der Familienwohnung von der Arbeitsstätte eine weitere Unterkunft hat (§ 8 Abs. 2 Nr. 4 SGB VII). Die „ständige Familienwohnung" muss im Gegensatz zur bloßen Unterkunft für eine nicht unerhebliche Zeit nach den tatsächlichen Gegebenheiten den Mittelpunkt der Lebensverhältnisse des Versicherten bilden.[189] Sie

---

181 BSG, SozR 3-2200 § 550 Nr. 5 (24. 1. 1992).
182 BSGE 22, 60, 62 (30. 10. 1964).
183 Krasney, VSSR 2/1993, 81, 103; s. auch BSG, 31. 5. 1996, HV-Info 27/1996, 2346.
184 Krasney in: Schulin HS-UV § 8 Rdnr. 88.
185 BSGE 82, 138 (5. 5. 1998) = SGb 2002, 181 m. Anm. Jung.
186 BSG, SozR 3-2700 § 8 Nr. 13 (3. 12. 2002); Einzelheiten bei Lauterbach/Schwerdtfeger, UV (SGB VII), § 8 Rdn. 373 und Bereiter-Hahn/Mehrtens, § 8 SGB VII Anm. 12.21.
187 BSGE 1, 171 (4. 8. 1955); 8, 53 (30. 7. 1958); 24. 8. 1966, BG 1967, 115.
188 BSGE 32, 38, 41 (23. 10. 1970).
189 BSGE 1, 171 (4. 8. 1955); 25, 93 (29. 6. 1966).

kann auch im Ausland liegen.[190] Bei der Bestimmung des Mittelpunktes der Lebensverhältnisse sind vor allem die soziologischen und psychologischen Gegebenheiten zu berücksichtigen: Aufenthaltsort des Ehegatten, Beziehung zur elterlichen Wohnung bei einem ledigen Versicherten.[191]

1.11.1.2 Unterbrechung, Umweg, Abweg, Lösung vom Unternehmen

Bei der Frage, aus welchem Grund auf Wegen der Versicherungsschutz dauernd oder vorübergehend entfallen kann, ist zu unterscheiden zwischen den in der Rspr. und Praxis geläufigen Begriffen der „Unterbrechung", des „Umweges" und „Abweges" und der „Lösung vom Unternehmen". Die Unterbrechung umfasst als Oberbegriff sowohl die räumliche als auch die zeitliche Komponente der Verlängerung des direkten Weges; Abweg und Umweg sind Unterbegriffe.

Rechtlich ist bedeutsam, ob die Voraussetzungen dieser Begriffe in betriebsbedingten oder eigenwirtschaftlichen Umständen begründet sind. Besteht mit der betrieblichen Tätigkeit ein Zusammenhang, bleibt der Versicherungsschutz bestehen. Der Abgrenzung erwachsen deshalb Probleme, weil der Weg unmittelbar aus der Privatsphäre oder in diese führt. In Grenzfällen hängt die Entscheidung vom Bewerten aller maßgeblichen Begleitumstände ab.[192]

Verrichtungen zum Erhalten der Fahrbereitschaft eines Kfz (z.B. Tanken), mit dem der Versicherte zur Arbeitsstätte zu fahren pflegt, sind vorbereitende Tätigkeiten, die dem Betrieb selbst zu fern stehen, als dass sie schon dem persönlichen Lebensbereich des Beschäftigten entzogen und der unter Versicherungsschutz stehenden betrieblichen Sphäre zuzurechnen wären; auch handelt es sich nicht um eine Vorwegnahme des Weges.[193]

Eine andere rechtliche Beurteilung ist indessen bei unvorhergesehenen Maßnahmen zum Wiederherstellen der Betriebsfähigkeit gerechtfertigt, z.B. wenn *unverhofft* vor Antritt oder während der Fahrt der Reservetreibstoff in Anspruch genommen werden muss oder der Weg ohne erforderliche Instandsetzung nicht fortgesetzt werden kann.[194]

(1) Die Unterbrechung beginnt, sobald der Versicherte allein eigenwirtschaftliche Zwecke verfolgt, die mit der versicherten Fortbewegung nicht übereinstimmen, z. B. Verlassen des PKW zum privaten Besuch eines Geschäfts. Wird die Fortbewegung auf das ursprüngliche Ziel wieder aufgenommen, besteht erneut UV Schutz.[195]

Unbeachtlich bleiben belanglose Unterbrechungen, bei denen der Versicherte gewissermaßen in der Bewegung von und zur Arbeitsstätte verbleibt und nur „*nebenher im Vorbeigehen*" und ohne nennenswerte zeitliche Verzögerung andersartig tätig wird.[196] In natür-

---

[190] BSGE 35, 32 (31.10.1972); 12.10.1973, Rdschr. HVBG VB 53/74; BSG, SozR 3-2700 § 8 Nr. 13 (3.12.2002); SozR 4-2700 § 8 Nr. 1 (19.8.2003).
[191] BSGE 2, 78, 80 (25.11.1955); 35, 32, 33 (31.10.1972); SozR 3-2200 § 550 Nr. 22 (10.10.2002).
[192] Gitter, Sozialrechtsprechung, Festschrift zum 25jährigen Bestehen des BSG, 1979 Bd. 1 S. 251, 264.
[193] BSGE 16, 77, 78 (20.12.1961); 9.8.1973, Rdschr. HVBG VB 240/73.
[194] BSG, SozR Nr. 63 zu § 543 RVO a.F. (30.1.1968); SozR 2200 § 550 Nr. 39 (14.12.1978); SozR 3-2200 § 548 Nr. 2 (11.6.1990); SozR 4-2700 § 8 Nr. 24 (4.9.2007) = NZS 2008, 488.
[195] BSGE 91, 293 (9.12.2003) = SozR 4-2700 § 8 Nr. 3 = SGb 2004, 490 m. Anm. Kunze = NZS 2004, 544 = HV-Info 2/2004, 101 = Meso B 10/867.
[196] BSG, SozR 3-2200 § 548 Nr. 8 (19.3.1991); 11.9.2001, NZS 2002, 161; SozR 4-2700 § 8 Nr. 3 (9.12.2003).

licher Betrachtungsweise ist wertend zu entscheiden, ob die Unterbrechung üblicherweise örtlich und zeitlich noch als Teil des Weges in seiner Gesamtheit angesehen werden kann: z.B. Betrachten von Schaufenstern[197], privates Gespräch von vier Minuten[198], Hilfeleistung durch Öffnen einer Straßenbahntür.[199]

Die Grenze, jenseits der auch bei einer zeitlich geringfügigen Unterbrechung kein Schutz besteht, ist dort zu ziehen, wo das Zurücklegen des Weges den Unfall nicht wesentlich mitbedingt hat. Ist die Gefahr ausschließlich in der privaten Sphäre entstanden und hätte sich das Unfallgeschehen auch jederzeit und an jedem anderen Ort ereignen können, so ist dieses nur gelegentlich des versicherten Weges eingetreten: ein nichtversicherter Gelegenheitsanlass (-„ursache") liegt vor.[200] Solange dagegen keine andere Handlungstendenz als die Absicht der Zurücklegung des Weges festzustellen ist, steht es dem Versicherten frei, sich im öffentlichen Verkehrsraum beliebig zu bewegen, z. B. die Fahrspuren zu wechseln.[201]

(2) Beim *Umweg* ist als Zielrichtung der jeweilige Grenzpunkt des Weges beibehalten, die direkte Strecke wird jedoch nicht unerheblich verlängert.[202] Ob ein Weg unbedeutend oder erheblich ist, richtet sich nicht allein nach der Länge der vergleichbaren Wegstrecke, sondern nach allen auf Grund der Verkehrsanschauung maßgeblichen Umständen. Die Unerheblichkeit kann sich darauf stützen, dass der Umweg im Hinblick auf das gewählte Verkehrsmittel oder die Verkehrsverhältnisse notwendig oder geeignet ist, um möglichst schnell und sicher die Arbeitsstätte zu erreichen.[203] Bei Schülern ist hinsichtlich der Bewertung von Abweichungen vom direkten Schulweg auf deren Alter und damit zusammenhängende individuelle Einsichtsfähigkeit Rücksicht zu nehmen.[204] Lässt sich im Einzelfall nicht feststellen, ob ein Umweg im inneren Zusammenhang mit dem Weg nach und von dem Ort der Tätigkeit stand oder nur geringfügig war, besteht kein Versicherungsschutz.[205] Ebenso trägt der Versicherte die Beweislast dafür, dass nach dem Ende einer Unterbrechung der Versicherungsschutz wieder auflebt.[206]

(3) Anders als beim Umweg ändert sich beim *Abweg* die Richtung, weil der Versicherte

– einen Weg in eine andere Richtung einschiebt

– auf seinem Weg umkehrt oder

– über das Ziel (Wohnung bzw. Ort der Tätigkeit) hinausgeht bzw. -fährt.[207]

---

[197] BSG, 31.10.1968, Breith. 1969, 478.
[198] LSG Baden-Württemberg, 5.12.1969, Breith. 1970, 575; a.A. Benz, Betriebsberater 1979, 946; eine Minute als oberste Grenze.
[199] BSG, 20.5.1976, Breith. 1977, 224.
[200] BSG, 26.1.1978, Breith. 1978, 643ff. („Apfelfall"); BSG, 28.7.1967, Kartei Lauterbach Nr. 7003 zu § 550 S. 1 RVO = SozSich 1967, Rspr. Nr. 2078 („Schlüsselfall"); RVA, 21.12.1928, EuM 23, 421 („Schuhnagelfall"); dazu Ricke, BG 1979, 571ff.
[201] BSG, SozR 4-2700 § 8 Nr. 3 (9.12.2003).
[202] BSG, SozR 2200 § 550 Nr. 57 (28.7.1983).
[203] BSG, SozR 2200 § 550 Nr. 10 (25.2.1976); 11.9.2001, SGb 2002, 345 m. Anm. Wilde.
[204] BSG, SozR 4-2700 § 8 Nr. 25 (30.10.2007).
[205] BSG, 24.6.2003, HV-Info 2003, 2446.
[206] BSG, 27.7.2006, L 2 U 114/04 und 2.12.2008, UVR 7/2009, 437; abweichend von BSGE 62, 100 (20.8.1987) = SozR 2200 § 550 Nr. 75.
[207] Vgl. aber BSG, 24.2.1977, SGb 1977, 506ff. mit abl. Anm. Wickenhagen: Eine Verlängerung um den Radius der Straßenbreite ist geringfügig.

Der Richtungswechsel bewirkt mit dem ersten Schritt eine deutliche Zäsur und löst den inneren Zusammenhang mit dem versicherten Weg; auf die Länge des Abweges kommt es nicht an.[208]

(4) Nach Beenden einer Unterbrechung lebt der Versicherungsschutz wieder auf, wenn der weitere Weg noch wesentlich im Zusammenhang mit der versicherten Tätigkeit steht. Dem liegt die Erwägung zu Grunde, dass dem arbeitenden Menschen infolge seiner Tätigkeit mit Rücksicht auf den abendlichen Geschäftsschluss nur geringe Zeit zum Erledigen der notwendigen Verrichtungen des täglichen Lebens verbleibt.[209]

(5) Eine endgültige *Lösung von der versicherten Tätigkeit* tritt bei einer Unterbrechung oder einem verzögerten Antritt des Weges um mehr als zwei Stunden ein.[210] Diese verallgemeinernde Betrachtungsweise meidet das Differenzieren zwischen zahlreichen in Betracht kommenden privaten Motiven; zugleich wird ein zeitlich abzuschätzendes und vom Versicherten sicher zu beurteilendes Merkmal maßgebend.

1.11.2 Fahrgemeinschaften

Versicherungsschutz besteht für Abweichungen des Weges, die bedingt sind durch das Bilden einer „Fahrgemeinschaft" (§ 8 Abs. 2 Nr. 2b SGB VII), d.h. das gemeinsame Zurücklegen zumindest einer Teilstrecke des Weges zur Arbeitsstätte oder zurück in einem Fahrzeug. Die Länge des dafür erforderlichen „Um- oder Abweges" ist unbeachtlich; sie kann auch die Summe der für die einzelnen Teilnehmer erforderlichen Wegstrecken um ein Vielfaches überschreiten.[211] Die Mitfahrenden brauchen sich nicht zu einer regelmäßigen Fahrgemeinschaft zusammengeschlossen zu haben und auch nicht im selben Betrieb tätig zu sein. Ohne Belang ist ferner, ob ein Benzinkostenausgleich erfolgt. Einbezogen sind auch *berufstätige* (Ehefrau) oder *versicherte* (Schulkinder) Familienmitglieder.

Die Art des benutzten Fahrzeugs ist ohne Bedeutung, desgleichen die Frage des Eigentums; auch die gemeinsame Fahrt beispielsweise im Taxi ist versichert.

1.11.3 Anvertrauen von Kindern in fremde Obhut

Versicherungsschutz ist auch gegeben für Abweichungen vom direkten Weg zur oder von der Arbeitsstätte, die erforderlich werden, weil der Versicherte sein Kind infolge seiner, seines Ehegatten oder Lebenspartners beruflicher Tätigkeit fremder Obhut („Betreuung") anvertraut (§ 8 Abs. 2 Nr. 2a SGB VII).[212] Der Versicherungsschutz nach § 8 Abs. 2 Nr. 2a SGB VII erstreckt sich weder auf das Abholen oder Befördern einer Betreuungsperson für Kinder[213] noch auf eine während einer Arbeitspause eingeschobene Fahrt, um ein minderjähriges Kind von der Schule abzuholen.[214]

---

[208] BSG, SozR 3-2200 § 548 Nr. 8 (19. 3. 1991).
[209] Bayer. LSG, 24. 9. 1965, Kartei Lauterbach Nr. 5956 zu § 550 S. 1 RVO.
[210] BSGE 49, 16, 18 (18. 12. 1979); 50, 100, 103 (29. 4. 1980); BSG, SozR 2200 § 550 Nr. 58 (28. 7. 1983); 2. 12. 2008, UVR 7/2009, 437.
[211] BSG, 28. 7. 1982, Breith. 1983, 220; BSG, SozR 2200 § 550 Nr. 64 (28. 6. 1984).
[212] BSG, SozR 2200 § 550 Nr. 72 (26. 3. 1986); SozR 4-2700 § 8 Nr. 22 (20. 3. 2007) = NZS 2008, 154; dazu Plagemann, Radtke-Schwenzer, NJW 2008, 2150, 2153.
[213] BSG, SozR 4-2700 § 8 Nr. 14 (28. 4. 2004).
[214] LSG Nordrhein-Westfalen, 9. 6. 2006, L 4 U 65/05.

1.11.4 Abweichen vom Weg des Kindes

Der Weg des Kindes zum Betreuungsort (z.B. Großeltern) und von dort zur versicherten Tätigkeit (Kindergarten, Schule) oder umgekehrt ist gleichfalls versichert (§ 8 Abs. 2 Nr. 3 SGB VII).

1.12 Unfälle bei Verwahrung und Handhabung von Arbeitsgerät

Arbeitsunfall ist auch ein Unfall bei einer mit der Tätigkeit im Unternehmen zusammenhängenden Verwahrung, Beförderung, Instandhaltung, Erneuerung des Arbeitsgerätes und Erstbeschaffung auf Veranlassung des Unternehmers (§ 8 Abs. 2 Nr. 5 SGB VII), auch wenn dieses vom Versicherten gestellt wird. Lernmittel, wie Schulbücher, sind als Arbeitsgerät anzusehen; das Beschaffen ist selbst dann versichert, wenn die Lernmittel nicht zum sofortigen Gebrauch im Schulbetrieb bestimmt sind.[215]

Der Begriff Arbeitsgerät zielt indes nicht nur auf Gegenstände, die ihrer Zweckbestimmung nach als typisches Arbeitsgerät in Betracht kommen, sondern kann Sachen betreffen, die auch zu anderen Zwecken als zur Arbeit verwendet werden, z.B. Beförderungsmittel wie Fahrrad, Pkw, Brille, Schreibgerät, Blindenhund, Badekappe. Derartige Gegenstände sind Arbeitsgerät im Rechtssinne nur, wenn sie ihrer Zweckbestimmung nach „hauptsächlich" für die Arbeit im Betrieb gebraucht werden.[216] Dabei ist zu beachten, dass das bloße Mitführen eines Arbeitsgeräts, z.B. einer Akte, auf dem Weg durch die Privaträume für diesen Weg nicht den Versicherungsschutz nach § 8 Abs. 2 Nr. 5 SGB VII (Befördern eines Arbeitsgeräts) begründet. Dafür ist erforderlich, dass der Weg maßgebend von der Aufgabe beherrscht wird, das Arbeitsgerät zu einem bestimmten Ort zu befördern.[217]

1.13 Versicherungsschutz der Leibesfrucht

Das Gesetz (§ 12 SGB VII) stellt die Leibesfrucht (nasciturus) einer versicherten Frau, die durch einen Arbeitsunfall oder eine Berufskrankheit der Mutter während der Schwangerschaft gesundheitlich geschädigt worden ist, unter Schutz der ges. UV. Der Schaden des Kindes wird dem Arbeitsunfall oder der Berufskrankheit der Mutter zugerechnet, da wegen der natürlichen Einheit von Mutter und Kind die gleiche Gefahrenlage besteht.[218] Das Kind wird so gestellt, als hätte es einen Arbeitsunfall bzw. eine Berufskrankheit erlitten. Die Beweisanforderungen im Rahmen der haftungsbegründenden und haftungsausfüllenden Kausalität entsprechen denen, die allgemein bei einem Versicherungsfall nach den §§ 8 und 9 SBG VII gelten (s. 1.14, S. 46).

Ein Arbeitsunfall bzw. eine Berufskrankheit der Mutter ist erforderlich. In der Person des Kindes müssen die Voraussetzungen eines Arbeitsunfalls bzw. einer Berufskrankheit nicht erfüllt sein. Daraus folgt, dass nur solche Ereignisse in Betracht kommen, die während der Schwangerschaft stattgefunden haben, zu der auch der Geburtsvorgang gehört.[219] War bei Eintritt der Berufskrankheit der Mutter das Kind noch nicht gezeugt, wurde es jedoch

---

215 BSG, SozR 2200 § 549 Nr. 6 (27.6.1978).
216 BSGE 24, 243 (23.2.1966); 41, 102 (17.12.1975).
217 BSG, SozR 4-2700 § 8 Nr. 19 (10.10.2006).
218 BVerfGE 75, 348 (22.6.1977) = SozR 2200 § 555a Nr. 3.
219 BSG, 30.4.1985, Breith. 1985, 831; BVerfG, 20.5.1987, BG 1987, 642.

während der späteren Schwangerschaft mit der Berufskrankheit infiziert, besteht kein Versicherungsschutz.[220]

Bei einer Berufskrankheit ist für den Versicherungsschutz des Kindes eine bei der Schwangeren stattgefundene „Einwirkung" eines Schadstoffes ausreichend, die nach Dauer und Intensität generell geeignet, ist eine Berufskrankheit der Mutter zu verursachen: Auch die Gesundheitsschäden des Kindes sind einbezogen, die nach der „Einwirkung" bei der Mutter allein das Kind schädigen.

Zuständig für die Entschädigung des Kindes ist der UV-Träger, der den Arbeitsunfall oder die Berufskrankheit der Mutter zu entschädigen hat.

1.14 Beweisanforderungen

Ein Sachverhalt, der ein gesetzliches Tatbestandsmerkmal verwirklichen soll, darf nur dann als gegeben angenommen werden, wenn die Verwaltung diesen nach ihrer freien, aus dem Gesamtergebnis des Feststellungsverfahrens gewonnenen Überzeugung ermittelt. Bei der Beantwortung der Frage nach dem Grad der Überzeugung ist von der Amtsermittlungspflicht auszugehen. Darin liegt die Pflicht, die absolute Wahrheit zu finden.

Diese Forderung ist theoretisch, denn – die Wahrheit zu kennen, ist dem Menschen verschlossen. Das gilt insbesondere bei der Entstehung eines Leidens. Menschliche Entschlüsse lassen sich allenfalls von einem hohen Grad der Wahrscheinlichkeit leiten. Somit ist zu prüfen, welcher Grad der Wahrscheinlichkeit der Wahrheit gleichgesetzt werden darf. Er liegt zwischen den Spannungspolen, die sich aus dem Sinn der ges. UV ergeben:

Die unbedingte Sicherheit über eine berufliche Einwirkung und ihren Zusammenhang mit der Erkrankung zu fordern, würde dazu führen, dass Leistungen aus beweisrechtlichen Gründen nur selten erbracht werden könnten.[221] Die Reaktion des lebenden menschlichen Organismus lässt sich nicht mit mathematischer Genauigkeit bestimmen.[222]

Andererseits kann allein aus der Erwägung, dass zum Schutze der wirtschaftlich Schwächeren die Sozialversicherung geschaffen wurde, nicht die bloße Möglichkeit einer beruflichen Einwirkung und des ursächlichen Zusammenhanges ausreichen. Diese Argumentation würde verkennen, dass hinter der öffentlich-rechtlichen Gestaltung der ges. UV die Übernahme der betrieblichen Risiken steht, der Schutz nur bei bestimmten „in einer besonderen Beziehung zum Risikobereich stehenden Erkrankung eintritt".[223]

Zwischen dem zu eng gesteckten Ziel der „unbedingten Sicherheit" und der zu weit gefassten „Möglichkeit" schiebt sich der Begriff der „Wahrscheinlichkeit".

---

[220] BSG, 30. 4. 1985, Breith. 1985, 664 = ASP 1985, 239 m. Anm. Schönberger.
[221] RVA, EuM 18, 185, 188; BSG, SozR Nr. 41 zu § 128 SGG (16. 12. 1958).
[222] KG, 1. 6. 1981, NJW 1981, 2521, 2523; Wachsmuth, Schreiber, NJW 1982, 2094, 2095.
[223] RVA, EuM 18, 185, 188.

1.14 Beweisanforderungen

1.14.1 Beweis versicherter Tätigkeit sowie kausal wirksamer Tatsachen

Eine Tatsache ist bewiesen, wenn sie in so hohem Grade wahrscheinlich ist, dass alle Umstände des Falles nach vernünftiger Abwägung des Gesamtergebnisses des Verfahrens und nach der allgemeinen Lebenserfahrung geeignet sind, die volle richterliche Überzeugung hierauf zu begründen: „Der Richter darf und muss sich in tatsächlich zweifelhaften Fällen mit einem für das praktische Leben brauchbaren Grad von Gewissheit begnügen, die den Zweifeln Schweigen gebietet, ohne sie völlig auszuschließen."[224] Nicht eine jede denkbare Möglichkeit ausschließende Gewissheit ist erforderlich, sondern „ein der Gewissheit nahekommender Grad der Wahrscheinlichkeit".[225]

Mit einem an *Gewissheit* nahekommenden Grad der Wahrscheinlichkeit müssen feststehen die

(1) Merkmale versicherte Tätigkeit sowie die zum Versicherungsfall führende Verrichtung zur Zeit des Unfalls einschließlich deren Zweckrichtung, dem Unternehmen zu dienen.[226] Im Wesentlichen geht es um Feststellungen über Art, Ort, Zeitpunkt und Zweckbestimmung der maßgebenden Verrichtung. Für die zu trennende ausschließlich rechtliche Wertung, ob nach Feststellung der tatsächlichen Gegebenheiten die Verrichtung der versicherten Tätigkeit zuzurechnen ist, stellt sich die Frage des Beweismaßstabes nicht, da es eine Rechtsfrage ist;[227]

(2) der Wertung über den ursächlichen Zusammenhang zu Grunde liegenden *Tatsachen*: Unfallereignis bzw. schädigende Einwirkung, Gesundheitserstschaden, Unfallfolgen[228], aber auch unfallfremde Faktoren (Anlage), die bei entsprechender Bedeutung den Versicherungsfall ausschließen.[229]

1.14.2 (Hinreichende) Wahrscheinlichkeit für den Kausalzusammenhang

Anderes trifft zu für die Wahrscheinlichkeit bezüglich des Kausalzusammenhanges. Aus der Erwägung, dass eine zu strenge Beweisanforderung in der Regel zu einer Ablehnung des sozialen Schutzes und zur Rechtsverweigerung führen müsste, hat das BSG[230] im Anschluss an die Rspr. des früheren Reichsversicherungsamtes – das noch von „überwiegender Wahrscheinlichkeit" sprach – dargelegt, dass der Kausalzusammenhang zwischen der versicherten Tätigkeit, dem schädigenden Ereignis und dem Leiden oder seiner Verschlimmerung *wahrscheinlich* (gelegentlich auch: hinreichend wahrscheinlich) sein muss.

Entsprechendes gilt für die Frage, ob ein Zusammenhang des Schadens mit unfallfremden Faktoren besteht.

---

[224] BGHZ 53, 245, 255; dazu Hennies, MedSach 89 (1993) 41, 43.
[225] BSGE 45, 285 (2. 2. 1978); 61, 127, 128 (20. 1. 1987).
[226] BSGE 58, 80, 82 = SozR 2200 § 555a Nr. 1 (30. 4. 1985); SozR 2200 § 548 Nr. 20 (22. 6. 1976); SozR 3-2200 § 548 Nr. 19 (5. 5. 1994); BSG, 2. 4. 2009, UVR 13/2009, 763 (B 2 U 29/07 R).
[227] Brackmann, Krasney, § 8 Rdnr. 42; Schulin, HS-UV § 32 Rdnr. 13.
[228] BSGE 58, 80, 83 (30. 4. 1985); SozR § 548 Nr. 84 (20. 1. 1987).
[229] BSG, 6. 12. 1989, HV-Info 8/1990, 638.
[230] BSGE 32, 203, 209 (16. 2. 1971); 45, 285, 287 (2. 2. 1978); 61, 127, 129 (20. 1. 1987); RVA, AN 1886, 228 und 251; EuM 16, 296; 24, 225.

Konkret: Für den Nachweis des Ursachenzusammenhanges zwischen

- versicherter Tätigkeit und Unfallereignis (Unfallkausalität)
- Unfallereignis und Gesundheitserstschaden (haftungsbegründende Kausalität)
- Gesundheitserstschaden und Unfallfolgen (haftungsausfüllende Kausalität)

sind die der Beurteilung zu Grunde liegenden *Tatsachen* mit Gewissheit nachzuweisen. Soweit bei der wertenden Feststellung über die wesentliche Ursache naturwissenschaftliche oder medizinische Beurteilungen in Betracht kommen, ist der Maßstab der Wahrscheinlichkeit ausreichend aber auch erforderlich.[231]

Wahrscheinlichkeit bedeutet, dass beim vernünftigen Abwägen aller Umstände die auf die berufliche Verursachung deutenden Faktoren so stark überwiegen, dass darauf die Entscheidung gestützt werden kann.[232] Eine Möglichkeit (dafür und dagegen sprechende Umstände halten sich die Waage) verdichtet sich dann zur Wahrscheinlichkeit, wenn nach der geltenden ärztlich-wissenschaftlichen Lehrmeinung mehr *für als gegen* einen Zusammenhang spricht und ernste Zweifel hinsichtlich einer anderen Verursachung ausscheiden.[233] Medizinisch-wissenschaftliche Lehrmeinung ist die Summe wissenschaftlicher Erkenntnisse und Erfahrungen, die in Forschung und Lehre als hinreichend gesichert gelten. Arbeitshypothesen einzelner Wissenschaftler oder auch unbestätigte Erfahrungen oder persönliche Erklärungsversuche von Sachverständigen müssen bei der Kausalitätsbetrachtung außer Betracht bleiben.[234] Die für den Kausalzusammenhang sprechenden Gründe müssen die gegenteiligen deutlich überwiegen.[235] Der Gutachter muss untergewichtige Möglichkeiten beiseite lassen und ein erkennbares Übergewicht des Wahrscheinlichen aufzeigen. Nicht ist daher ausreichend, wenn eine Schlussfolgerung lediglich durchaus möglich ist.[236] Ist von zwei aufgezeigten Krankheitursachen eine erwiesen und liegen für die andere keine genügenden Anhaltspunkte vor, tritt die theoretisch in Betracht kommende Ursache so weit zurück, dass ihr keine Bedeutung mehr zukommt.[237]

1.14.3 Beweiserleichterung bei unverschuldetem Beweisnotstand

Eigentümlichkeiten des Sachverhaltes können Anlass sein, im Rahmen der Beweiswürdigung an den Beweis verminderte Anforderungen zu stellen. Das bedeutet, dass UV-Träger oder Gericht auf Grund weniger tatsächlicher Anhaltspunkte von einem bestimmten Geschehensablauf überzeugt sein können.[238] Die Beweiserleichterung bezieht sich nur auf die zu würdigenden Tatsachen. Keinesfalls darf der Beweismaßstab (Vollbeweis, Wahrscheinlichkeit) verringert werden.[239]

---

231 BSGE 96, 196, 202 = SozR 4-2700 (9. 5. 2006); Becker, MedSach 103 (2007) 92, 96.
232 BSGE 45, 285, 286 (2. 2. 1978).
233 BSG, 31. 7. 1962, Breith. 1963, 60, 61.
234 Rauschelbach, MedSach 89 (1993), 49, 51.
235 Mummenhoff, Zeitschrift für Zivilprozeß, 100. Bd. H. 2/1987, 129, 138 ff.; Schulz-Weidner, SGb 1992, 59, 64 f.
236 BSG, 17. 1. 1957; SozSich 1957, 92; 14. 5. 1968, Meso B 320/11.
237 LSG Saarland, 23. 2. 1962, Meso B 150/3.
238 BSG, 12. 9. 1990, HV-Info 24/1990, 2064; Keller, SGb 1995, 474; ders. SGb 2001, 226; Köhler VSSR 2002, 1, 7; Krasney, Zbl Arbeitsmed 51 (2001) 270, 272; Stoll, NZS 1998, 369, 372.
239 BSG, 27. 5. 1997, NZS 1998, 41 = SozR 3-1500 § 128 Nr. 11.

1.14 Beweisanforderungen 49

Aus der Rechtsprechung:
Herabgesetzte Anforderungen an die Feststellung des Ursachenzusammenhanges bei
- psychischen Gesundheitsstörungen[240]
- Nichtveranlassung einer erkennbar notwendigen Leichenöffnung durch den UV-Träger[241]
- unfallbedingter Erinnerungslücke des Verletzten[242]
- tödlichem Unfall auf der Arbeitsstätte ohne Vorhandensein von Zeugen[243]
- Außmaß lange zurückliegender Einwirkungen ist nicht feststellbar[244]

1.14.4 Indizienbeweis – Brückensymptome

Direkter Beweis bezieht sich unmittelbar auf das Vorliegen von Beweistatsachen, mithin auf solche Zustände und Ereignisse, die den Tatbestandsmerkmalen einer Rechtsnorm entsprechen.[245]

Indizien hingegen sind Tatsachen, die für sich selbst nicht rechtserheblich sind. Werden sie bewiesen, lassen sie den Schluss auf rechtserhebliche Tatsachen zu. Auch *Brückensymptome* sind Indizien: Symptome bilden eine Brücke zwischen nicht ausreichend bewiesener Exposition und aufgetretener Erkrankung und stellen auf diesem Wege eine Kausalbeziehung her.[246] Es handelt sich um physiologische Veränderungen im menschlichen Organismus, die bei vorliegender Gewissheit den Schluss auf die Exposition gegenüber einer beruflichen Noxe zulassen.[247]

Ergeben sich Brückensymptome nicht allein aus den primären Folgen der Schädigung, sind Unterlagen über ärztliche Untersuchungen und Behandlungen aus einem langen Zeitraum heranzuziehen; andernfalls ist eine gezielte und ausführliche Anamnese über diesen Zeitraum zu erheben.[248]

1.14.5 Anscheinsbeweis

Der Anscheinsbeweis ist eine Tatsachenvermutung. Er erleichtert die Beweiswürdigung, mit der sowohl der Vollbeweis als auch der Beweis der hinreichenden Wahrscheinlichkeit erbracht werden kann. Es handelt sich „um den konsequenten Einsatz von Sätzen der allgemeinen Lebenserfahrung bei der Überzeugungsbildung im Rahmen der freien Beweiswürdigung".[249] Der Anscheinsbeweis findet Anwendung bei – nach der Lebenserfahrung typischen – Geschehensabläufen, in denen das Vorliegen eines bestimmten Sachverhalts auf eine bestimmte Ursache oder einen bestimmten Ursachenzusammenhang hinweist, somit nur, wenn es um den Beweis des ursächlichen Zusammenhanges geht. Den gestellten Be-

---

240 BSG, SozR 2200 § 581 Nr. 26 (5. 8. 1987).
241 BSGE 19, 52, 56 (29. 3. 1963); 24, 25, 28 (29. 9. 1965); BSG 27. 5. 1997, NZS 1998, 41 = HV-Info 26/1997, 2461: auch wenn der Beweisnotstand auf einer fehlerhaften Beweiserhebung oder sogar auf einer Beweisvereitelung des UV-Trägers beruht, tritt keine Umkehr der Beweislast ein. LSG Schleswig-Holstein, 25. 3. 1998, Meso B 70/197.
242 BSGE 24, 25f. (29. 9. 1965); Bayer. LSG, 12. 7. 2001, Meso B 20a/385; Bayer. LSG, 26. 2. 2008, UVR 14/2008, 1016.
243 BSGE 19, 52 (29. 3. 1963); LSG Rheinland-Pfalz, SozVers 1982, 307, 308.
244 LSG Rheinland-Pfalz, 29. 7. 1992, HV-Info 1992, 2595.
245 Ockenga, NZS 1993, 57, 58.
246 Woitowitz, Rentenversicherung 1989, 137, 150f.
247 Schulz-Weidner, SGb 1992, 59, 63.
248 Rauschelbach, MedSach 89 (1993), 49, 52; Köhler, BG 2002, 184, 189.
249 Anders, SGb 2000, 453, 454.

weisanforderungen genügt es dann, wenn die den Sachverhalt ergebenen Tatsachen bewiesen sind, die typischerweise auf das Vorliegen der Haupttatsache schließen lassen.[250]

Liegen Anhaltspunkte dafür vor, dass im konkreten Fall – entgegen dem normalen Lauf der Dinge – ein atypischer Geschehensablauf ernsthaft möglich ist, ist dem Anscheinsbeweis die Grundlage entzogen.[251] Er wird somit erschüttert, wenn im Sinne eines „Gegenbeweises" die ernsthafte Möglichkeit eines vom gewöhnlichen Verlauf abweichenden Geschehensablaufs feststeht.[252]

Im Besonderen:

- widerlegbare Kausalitätsvermutung nach § 9 Abs. 3 SGB VII bei Berufskrankheiten s. 2.3.4.1, S. 66
- alkoholbedingter Leistungsabfall und Unfall im Straßenverkehr s. 5.14.2.2, S. 271
- Meniskuserkrankung nach dreijähriger regelmäßiger Tätigkeit unter Tage s. 8.10.5.5.2.3, S. 636
- Hepatitiserkrankung in Einrichtungen des Gesundheitsdienstes s. 9.2.3.4, S. 723

1.14.6 Wahlfeststellung

Sie kann sich auf den Unfallhergang, inneren Zusammenhang, Kausalverlauf oder den Schaden beziehen. Voraussetzungen[253]:

(1) Sachverhalt kann mit erforderlicher Sicherheit nicht aufgeklärt werden
(2) Möglichkeit mehrerer Geschehensabläufe
(3) in Betracht kommende Geschehensabläufe erfüllen anspruchsbegründenden Tatbestand.

Bei Leistungsansprüchen müssen alle Tatbestandsvarianten zu derselben Leistung führen. Bei MdE-Bewertung ist der jeweils geringere Schaden zu Grunde zu legen.[254]

1.14.7 Objektive Beweislast

Bleiben nach Ausschöpfen aller Möglichkeiten der Ermittlung des Sachverhalts rechtlich entscheidende Tatsachen unauflösbar, stellt sich die Rechtsfrage nach der objektiven Beweislast.

Der Versicherte trägt den Nachteil aus der Unaufklärbarkeit der anspruchsbegründenden Normen und Tatsachen, so dass sein Leistungsbegehren abzuweisen ist: Versicherungsverhältnis, versicherte Tätigkeit als unfallbringendes Verhalten[255], Unfallgeschehen, rechtlich wesentlicher Zusammenhang zwischen dem versicherten unfallbringenden Verhalten und dem Unfallgeschehen und rechtlich wesentlicher Zusammenhang zwischen Unfallereignis

---

[250] BSG, 18.11.1997, SGb 1999, 39 m. Anm. Ricke; Keller, SGb 1999, 120.Ockenga, NZS 1993, 57; Ricke, SGb 1992, 39; Stoll, NZS 1998, 370; Heß, Burmann, NJW-Spezial 2008, 233.
[251] Vgl. BSG, SozR 5670 Anl 1 Nr. 2102 Nr. 2 (27.11.1986).
[252] BSG, SozR 1500 Nr. 35 zu § 128 SGG (22.6.1988).
[253] BSG, SozR 2200 § 548 Nr. 80 (26.3.1986); BSGE 61, 127, 129 (20.1.1987); BSG, 19.8.2003, Meso B 10/835.
[254] Ockenga, NZS 1993, 57, 59.
[255] BSG, SozR 3-2200 § 548 Nr. 19 (5.5.1994).

und Gesundheitsschaden bzw. Tod. Das gilt auch, wenn nach Ausschöpfen aller Beweismittel ungeklärt ist, ob der Versicherte eine Selbsttötung vorgenommen hat.[256]

Der UV-Träger trägt die Beweislast für Gegennormen anspruchshindernder, anspruchsvernichtender und anspruchshemmender Art: vorsätzliche Verursachung des Versicherungsfalls (s. § 7 Abs. 2 SGB VII[257]), alkoholbedingter Leistungsabfall i.S. von Fahruntüchtigkeit (S. 272).[258]

Die Handhabung des Grundsatzes der objektiven Beweislast darf nicht zur Vernachlässigung der Pflicht eingehender Erforschung des Sachverhalts und sorgfältiger Würdigung der erhobenen Beweise führen.[259] Im Einzelfall sind bereits bei lebensnaher Würdigung unbillige Ergebnisse vermeidbar.[260]

---

[256] BSGE 30, 278 (30.1.1970).
[257] Schulin, HS-UV § 32 Rdnr. 21.
[258] BSGE 45, 285, 289 = SozR 2200 § 548 Nr. 38 (25.11.1977).
[259] BSGE 35, 216, 219 = SozR Nr. 39 zu § 548 RVO (22.2.1973); Brackmann, Krasney, § 8 Rdnr. 368.
[260] BSGE 43, 110 = SozR 2200 § 548 Nr. 27 (20.1.1977) = SGb 1977, 533 m. Anm. Heinze.

2 Berufskrankheit*

Übersicht

2.1	Geschichtliche Entwicklung....	53
2.2	Berufskrankheiten-Liste.......	55
2.2.1	Kriterien für die Aufnahme einer Krankheit als Berufskrankheit in die Liste....	55
2.2.2	Unterlassen der gefährdenden Tätigkeit..................	60
2.3	Versicherungsfall............	62
2.3.1	Krankheit eines Versicherten...	63
2.3.2	Tatbestandsmerkmale der Liste...................	63
2.3.3	Zusammenwirken mehrerer schädigender Einwirkungen ausschließlich beruflicher Entstehung	64
2.3.4	Innerer Zusammenhang – Kausalzusammenhang und Beweis	66
2.3.4.1	Widerlegbare Kausalitätsvermutung (§ 9 Abs. 3 SGB VII)	66
2.3.4.2	Berufskrankheiten mit epidemiologisch-statistisch begründeten Ursachenzusammenhängen – Synkanzerogenese	68
2.3.4.3	Konventionen	70
2.3.5	Merkblätter für die ärztliche Untersuchung	71
2.3.6	Schema: Kausalität und Beweisanforderungen bei Berufskrankheiten	71
2.4	Leistungsfall................	71
2.5	Abgrenzung der Berufskrankheit zum Arbeitsunfall ...	72
2.6	Anerkennung „wie eine Berufskrankheit" – Mischsystem	73
2.7	„Arbeitsbedingte Erkrankung" und Berufskrankheit	75
2.8	Prävention – Übergangsleistungen..........	76

2.1 Geschichtliche Entwicklung

In den früheren deutschen Sozialversicherungsgesetzen wie auch im Haftpflichtgesetz waren die Berufskrankheiten nicht besonders genannt. Sie fielen, von gewissen Ausnahmen abgesehen, nicht unter die Unfallversicherung.[1] Dabei wurde allerdings die Berechtigung einer Entschädigung solcher Krankheiten nie verkannt. Es stellten sich aber Schwierigkeiten erheblicher Art, die primär in der Durchführung der geforderten Versicherung lagen, entgegen. Die deutsche Gesetzgebung hat bei Schaffung der RVO im Hinblick auf die vielen noch ungeklärten Fragen von einer allgemeinen Regelung abgesehen und nur dem Bundesrat die Ermächtigung erteilt, die Unfallversicherung auf bestimmte gewerbliche Berufskrankheiten auszudehnen.

Von dieser Befugnis wurde erstmalig Gebrauch gemacht in der 1. Verordnung über Ausdehnung der Unfallversicherung auf gewerbliche Berufskrankheiten vom 12. 2. 1925. Die Entstehungsgeschichte der Bestimmungen in der RVO, auf Grund deren diese Verordnung

---

* Mitarbeit Prof. Dr. jur. *S. Brandenburg*, Berufsgenossenschaft für Gesundheitsdienst und Wohlfahrtspflege, Hamburg.
[1] Vgl. Ostern, BG 1914, 34; zur Geschichte einzelner BKen s. Jung-Thomann (Hrsg.) Berufskrankheitsrecht 2002.

ergangen ist, lässt erkennen, dass eine bloße Erstreckung der Versicherung bei Betriebsunfällen auf Berufskrankheiten zwar beantragt, aber ausdrücklich abgelehnt worden ist. Die Versicherung der Berufskrankheiten war daher nicht als Unterfall bzw. Erweiterung des Betriebsunfalls behandelt, sondern selbständig geregelt worden.

Deshalb erschien eine Übertragung der Rechtsgrundsätze über den Begriff des entschädigungspflichtigen Unfalls auf den Begriff der Berufskrankheit nicht ohne weiteres möglich.[2] Andererseits galten die Vorschriften für Berufskrankheiten im eigentlichen Sinne (wiederholte Einwirkungen oder einmalige lange dauernde Einwirkung) nicht, wenn eine Krankheit durch einen Unfall hervorgerufen wurde. Hieraus ergaben sich in der praktischen Durchführung Schwierigkeiten[3], für deren Abhilfe die gesetzliche Neufassung Sorge trug. Demnach konnten durch Verordnung bestimmte Krankheiten als Berufskrankheiten bezeichnet werden; auf solche fand die ges. UV Anwendung, ohne Rücksicht darauf, ob die Krankheit durch einen Unfall oder eine schädigende Einwirkung verursacht ist, die nicht den Tatbestand des Unfalls erfüllte.

Bei den ersten Berufskrankheiten handelte es sich zunächst um schwere monokausale Schädigungen im Felde negativer arbeitsmedizinischer Relevanz.

Das änderte sich im Laufe der Zeit.[4] Im technologischen Bereich wurden alte Gefahrenquellen durch den Ausbau der Primärprävention zunehmend ausgeschaltet. Es kamen neue hinzu. Der Schwerpunkt der Gefährdung verlagerte sich im Rahmen des technologischen Strukturwandels von den mechanischen Einwirkungen hin zu Schädigungen infolge von Stäuben, Gasen, Dämpfen und Strahlen. Der Fortschritt der Medizin, die Verfeinerung der Messtechnik und die damit verbundene Ausweitung kausaler Erkenntnisse wie auch der diagnostischen Möglichkeiten förderte den Erkenntnisstand der Arbeitsmedizin über betriebliche Gefährdungen. Technologische und medizinische Seite dieses Entwicklungsprozesses bedingten sich gegenseitig und beeinflussten einander in einer bis dahin nicht bekannten Dynamik. Mit der letzten Erweiterung umfasst die Verordnung 73 Berufskrankheiten.[5]

Das Berufskrankheitenrecht ist als „Mischsystem" ausgestaltet. Es folgt zunächst dem *Enumerations- oder Listenprinzip*. Bestimmte Stoffe bzw. Einwirkungen werden aufgeführt und jede dadurch verursachte Krankheit ist zu entschädigen. Auch die Beschreibung einzelner Krankheitsbilder und ihre Schwere ist gegeben. Ferner wird in Einzelfällen das Anerkennen von bestimmten verursachenden Tätigkeiten, Expositionszeiten oder dem Unterlassen der gefährdenden Tätigkeit abhängig gemacht.

Das Mischsystem vereinigt den Vorteil der Rechtsgleichheit und Rechtssicherheit des Listenprinzips mit dem Spielraum der Öffnungsklausel insofern, als weitere beruflich verursachte Erkrankungen entschädigt werden, sofern „neue Erkenntnisse" gegeben sind, die beim Erlass der jeweils geltenden Verordnung noch nicht vorlagen und weder zustimmend

---

[2] Kaskel, Monatsschrift für Arbeiter- und Angestelltenversicherung, 1925 S. 609.
[3] Z. B. Nichtanwendbarkeit der Übergangsrente auf Krankheiten, die auf einem Unfall beruhen; vgl. Begründung zum Gesetz v. 20. 12. 1928, Reichstagsdrucksache Nr. 234, IV. Wahlperiode S. 17.
[4] Dazu Watermann, ASU 29 (1994) 525, 526.
[5] Zweite Verordnung zur Änderung der Berufskrankheiten-Verordnung v. 11. 6. 2009.

2.2 Berufskrankheiten-Liste

noch ablehnend berücksichtigt wurden. Das Mischsystem wurde von der EG-Kommission empfohlen und von den Regierungssachverständigen als Fortschritt angesehen.[6]

2.2 Berufskrankheiten-Liste

Nach der Legaldefinition (§ 9 Abs. 1 SGB VII) sind Berufskrankheiten Krankheiten, die in der Berufskrankheiten-Verordnung (BKV) erschöpfend aufgezählt sind. Damit geht das Gesetz rechtstechnisch einen anderen Weg als beim Arbeitsunfall. Ist Arbeitsunfall jeder bei einer versicherten Tätigkeit eingetretene Unfall, so reicht die hiernach zu fordernde ursächliche Verknüpfung zwischen Erkrankung und versicherter Tätigkeit allein nicht aus. Vielmehr muss außerdem die Erkrankung in einer Rechtsverordnung als Berufskrankheit bezeichnet sein. Das Kausalitätsprinzip für das Berufskrankheitenrecht wird sachgerecht bestätigt.

Für die betroffenen Versicherten liegt der Vorzug einer Berufskrankheitenliste mit rechtlicher Verbindlichkeit darin, dass alle zur Anwendung dieser Berufskrankheitenliste aufgerufenen UV-Träger und Gerichte davon auszugehen haben, dass die generelle Eignung in der Berufskrankheitenliste genannter Einwirkungen zur Verursachung bestimmter Erkrankungen feststeht, so dass darauf die zusätzlich erforderliche Prüfung des individuellen Kausalzusammenhangs aufbauen kann.

2.2.1 Kriterien für die Aufnahme einer Krankheit als Berufskrankheit in die Liste

Das Berufskrankheitenrecht lässt sich auf zwei Ebenen definieren:

Auf *formaler* Ebene bedeutet Berufskrankheit eine definierte Ursache-Wirkungsbeziehung zwischen einer schädigenden Einwirkung und einer Krankheit, welche die Bundesregierung durch Rechtsverordnung mit Zustimmung des Bundesrates in der Anlage zur BKV bezeichnet.

Auf *materieller* (inhaltlicher) Ebene werden die Voraussetzungen festgelegt, die eine Berufskrankheit definieren. Die Legitimation des Verordnungsgebers zur Aufnahme in die Berufskrankheitenliste ist vom Gesetzgeber unter kausalen Aspekten definiert.

Der Verordnungsgeber ist bei der Bezeichnung von Krankheiten als Berufskrankheit an die Kriterien gebunden[7]:

1. eine Krankheit,
2. die nach den Erkenntnissen der medizinischen Wissenschaft
3. durch besondere Einwirkungen
4. verursacht ist,
5. denen bestimmte Personengruppen
6. durch ihre versicherte Tätigkeit
7. in erheblich höherem Grad als die übrige Bevölkerung ausgesetzt sind.

---

[6] Aus Bulletin der Europäischen Gemeinschaften Nr. 6 (1976) S. 38, vgl. BG 1976, 375; s. auch Kranig, BG 2002, 236.
[7] In Anlehnung an „Offizielle Mitteilung des BMA" vom 4. 12. 1990, ASP 1991, 237; dazu Thomas, ASP 1991, 182.

Zu 1: Krankheit

Im Grundsatz übereinstimmend mit dem Begriff des Gesundheitsschadens i. S. d. § 8 Abs. 1 SGB VII (s. 1.2.2, S. 13) ist Krankheit als regelwidriger Körper- oder Geisteszustand zu definieren.[8] Durch das Abstellen auf eine Krankheit anstelle des nicht-medizinischen Begriffs Gesundheitsschaden wird die Forderung des Gesetzgebers deutlich, dass in der Berufskrankheitenliste jeweils bestimmte medizinische Diagnosen oder Befundbeschreibungen vorzunehmen sind. Dieser Anforderung wird die aktuelle Berufskrankheitenliste (s. „Schlüssel zu den Berufskrankheiten" S. 1253) mit der Vielzahl von offenen BK-Tatbeständen, in denen nur die Einwirkung, aber nicht die in Frage kommen Krankheitsbilder bezeichnet sind, nicht gerecht.[9]

Bei der Entscheidung über die sozialpolitische Notwendigkeit eines besonderen Versicherungsschutzes sind die Schwere der Krankheit, ihr regelmäßiger Verlauf, die normale Dauer, ihre Entstehung, insonderheit die Gegebenheit der außerberuflichen Verursachung sowie das Problem der Abgrenzung von den allgemeinen Alters- und Abnutzungserscheinungen zu würdigen. Hierbei ist auch die Frage der Grenzziehung des versicherungsrechtlichen Risikos gegenüber den anderen Trägern der Sozialversicherung zu erörtern.[10]

Deshalb kann der Verordnungsgeber im Rahmen des ihm eingeräumten Verordnungsermessen[11] bei bestimmten Krankheitsbildern als Voraussetzung für die Aufnahme in die Liste zusätzliche Merkmale aufstellen, vor allem in typisierender Betrachtung den Schweregrad der Krankheit beschreiben und nach § 9 Abs. 1 S. 2 zweiter Halbs. SGB VII ein Unterlassen der gefährdenden Tätigkeiten zur Bedingung einer BK-Anerkennung machen, um ein Verbleiben am gefährdenden Arbeitsplatz zu verhindern[12], wie bei der Hauterkrankung (s. 11.3.5.6, S. 875).

Zu 2: Erkenntnisse der medizinischen Wissenschaft

Medizinisch-wissenschaftliche Erkenntnisse müssen vorliegen, dass bestimmte Einwirkungen die generelle Eignung haben, eine bestimmte Krankheit zu verursachen.

Derartige „Erkenntnisse" liegen in der Regel vor, wenn die überwiegende Mehrheit der medizinischen Sachverständigen, die auf den jeweils in Betracht kommenden Gebieten über spezielle Erfahrungen und Kenntnisse verfügen, zu derselben, wissenschaftlich fundierten Meinung gelangt. Die Erkenntnisse müssen gesichert, d.h. durch Forschung und praktische Erfahrungen gewonnen sein. Nicht ist erforderlich, dass diese Erkenntnisse die einhellige Meinung aller Fachmediziner sind. Vereinzelte Meinungen einiger Sachverständiger reichen grundsätzlich nicht aus.

Dabei ist es in das Ermessen des Verordnungsgebers gestellt, von welcher Schwelle an er einer ernst zu nehmenden medizinischen Mindermeinung kein Gewicht mehr beilegt und trotz verbliebener Zweifel der überwiegenden Ansicht folgend die Krankheit als Berufs-

---

[8] BSG, SozR 2200 § 551 Nr. 35 (27. 7. 1989).
[9] Brandenburg, JURIS PK SGB VII § 9 Rn. 56; Mehrtens, Brandenburg E § 9 Anm. 6.3.
[10] Watermann, Die Ordnungsfunktion von Kausalität und Finalität im Recht, 1968 S. 59.
[11] Einzelheiten zum Regelungsermessen bei Mehrtens, Brandenburg, E § 9 Anm. 7.
[12] Zur Verfassungsmäßigkeit BSG, SozR 2200 § 551 Nr. 10 (26. 1. 1978).

krankheit anerkennt.[13] Er ist nach Auffassung des BSG sogar berechtigt, sich einem nur kleineren Teil der wissenschaftlichen Lehre anzuschließen, auch wenn sich die Fachwissenschaftler überwiegend noch nicht von deren Richtigkeit haben überzeugen können.[14]

Eine neue BK-Bezeichnung darf nur vorgenommen werden, wenn die zu Grunde gelegten wissenschaftlichen Erkenntnisse methodisch einwandfrei zustande gekommen sind. Mit wissenschaftlichen Methoden und Überlegungen muss zu begründen sein, dass bestimmte Einwirkungen die generelle Eignung aufweisen, eine bestimmte Krankheit zu verursachen.[15]

Um die vorliegenden Erkenntnisse zu beurteilen, bedient sich der Verordnungsgeber (Bundesregierung mit Zustimmung des Bundesrates) des Rates von Ärzten, die in der Arbeitsmedizin und verwandten Disziplinen besonders erfahren sind. Die Sektion „Berufskrankheiten" des Ärztlichen Sachverständigenbeirats beim Bundesministerium für Arbeit und Soziales berät über die Aufnahme einer Berufskrankheit in die Liste und erarbeitet die „Wissenschaftlichen Begründungen" sowie die „Amtlichen Merkblätter" zu den einzelnen Berufskrankheiten.

Konzepte für Wissenschaft und Politik (Valentin):

Bekanntlich ist *Wissenschaft* im Sinne des anglo-amerikanischen Begriffs „Science" ein spätes Ergebnis der kulturellen Evolution. Als Schöpfung der Renaissance ist sie erst ein halbes Jahrtausend alt. Zahlreiche Definitionen dieses Begriffes sind in den letzten Jahrzehnten angeboten worden. Operational definiert ist *wissenschaftliche Forschung* das bewusste, den Gesetzen der Logik folgende Bemühen des Menschen, Erkenntnisse über die reale Welt (d.h. weder fiktiv oder imaginär noch mystisch oder hypothetisch), einschließlich des Menschen selbst, zu gewinnen. Es gilt, die Grenze aufzufinden zwischen wissenschaftlich fundierter Erkenntnis und Metaphysik.

Unter diesen Aspekten sind *wissenschaftliche Erkenntnisse als gesichert* anzusehen, wenn sie
- methodisch erforscht, d.h. vom Vorgehen plausibel und in der Aussage als zutreffend ermittelt wurden
- mit gesicherten Verfahren, d.h. jederzeit im Ergebnis wiederholbar, erprobt wurden
- Allgemeingeltung in der Fachwelt erworben haben.

Keines dieser Kriterien für sich allein ist ausreichend, um „gesichert" im Sinne dieser Definition zu beanspruchen.

Für das wissenschaftliche Denken haben sich *Grundprinzipien* bewährt:
a) Verzicht auf Dogmatismen und Ideologien, d.h. keine Entscheidungen auf Grund einer nicht prinzipiell hinterfragbaren Lehrmeinung
b) Symmetrische Argumentation, d.h. gleichmäßige Bewertung aller Tatsachen, auch derjenigen, die der eigenen Hypothese oder Theorie widersprechen
c) Intellektuelle Redlichkeit, d.h. Begründung des Handelns soweit wie möglich durch rationale Erkenntnis, nicht durch eine mythische Heilslehre oder intuitive Weltsicht.

Demgegenüber ist *Politik* im eigentlichen Sinne zielbewusstes und konsequentes Handeln in Verantwortung, und zwar, wenn es auf die ordnende Gestaltung des Gemeinwesens bezogen ist. Das Handeln orientiert sich an tatsächlichen oder theoretischen Alternativen. Die Politik vollzieht sich somit

---

[13] BSGE 6, 35 (3.10.1957); BSG, 13.1.1978, HVBG VB 38/78; BSG, 27.5.1997, HV-Info 1997, 2107; BSG, 21.1.1997, HV-Info 1997, 1105; zur Problematik dieser Rspr. Brandenburg, in: JURIS-PK § 9 Rn. 51.
[14] BSG, 23.9.1999, HV-Info 1999, 1564.
[15] BSG, 21.1.1997, HV-Info 1997, 1105 = Meso B 70/187; 23.9.1999, HV-Info 1999, 1564.

in der Regel innerhalb gewisser, durch Gesetz, Satzung oder Konvention festgelegter Normen, welche ihren Handlungsspielraum abgrenzen.

Zu 3: besondere Einwirkungen

Der Begriff ist weit auszulegen. Alle spürbaren Einflüsse auf den menschlichen Organismus sind darunter zu verstehen: Stäube, Gase, Rauch, Dämpfe, Hitze, Kälte, mechanische Überbeanspruchungen, Infektionen, Strahlungen usw. Sie können auch im täglichen Leben vorkommen, wenn die Intensität oder Dauer infolge der Eigenart von versicherten Einwirkungen gesteigert ist („besondere Einwirkungen"), z.B. BK-Nrn. 21 08, 31 01. Das Merkmal „besondere" korrespondiert mit dem die ges. UV prägenden Prinzip der rechtlich wesentlichen Ursache. Einwirkungen, die sich weder ihrer Art nach noch nach Umfang und Intensität über die im allgemeinen Leben einschließlich des Arbeitslebens jederzeit anzutreffenden Bedingungen abheben, scheiden auch bei der Einzelfallprüfung als rechtliche wesentliche Kausalfaktoren (s. 1.5, S. 22) aus.

Zu 4: Verursachung

Die in die Liste aufzunehmende Krankheit muss durch die besonderen Einwirkungen verursacht werden. Für den Verordnungsgeber muss die Beziehung von Ursache und Wirkung zwischen einer bestimmten schädigenden Einwirkung und einer bestimmten Erkrankung im Sinne einer generellen Wahrscheinlichkeit gesichert sein.[16]

Die Einwirkung muss allgemein die Gefahr hervorrufen, eine bestimmte Krankheit zu verursachen. Es genügt nicht, wenn in einem Einzelfall unter besonderen Umständen ein Ursachenzusammenhang zwischen einer besonderen Einwirkung und der Erkrankung beobachtet wurde. Die generelle Geeignetheit der Einwirkung der gefährdenden Stoffe auf die Entstehung oder Verschlimmerung der Krankheit muss in der medizinischen Wissenschaft allgemein anerkannt sein.[17]

Zu 5: bestimmte Personengruppen

Unter „Personengruppe" ist eine Mehrheit von Einzelpersonen zu verstehen. Sie braucht weder zahlenmäßig umgrenzt noch sonstwie – etwa branchenmäßig – näher bezeichnet zu sein. Es reicht aus, wenn die Gemeinsamkeit der Personengruppe allein in der erhöhten Exposition mit einer bestimmten Noxe bei versicherten Tätigkeiten besteht. Unerheblich ist, ob gerade diese Exposition für eine oder mehrere Berufsgruppen typisch ist.[18]

Zu 6: durch ihre versicherte Tätigkeit

Dieses Kriterium dient dazu, beruflich bedingte Umstände, die zu einer Erkrankung führen, von anderen Krankheitsursachen abzugrenzen. Die ges. UV entschädigt nur Krankheiten, die auf die Berufsausübung zurückzuführen sind, nicht aber z.B. Abnutzungs- und Verschleißkrankheiten, deren Ursachen auch im außerberuflichen Bereich liegen. Die schädigende Einwirkung muss also im Zusammenhang mit der versicherten Tätigkeit stehen.

---

[16] Zur Begründung dieses Beweismaßstabs und des Meinungsstands s. Mehrtens, Brandenburg, E § 9 Anm. 26.2.
[17] BVerfG, SozR 2200 § 551 Nr. 11 (6.12.1977); BSG, SozR 2200 § 551 Nr. 10 (26.1.1978).
[18] Brackmann/Becker, § 9 Rn. 55; Brandenburg, in: JURIS-PK § 9 Rn. 49.

2.2 Berufskrankheiten-Liste

Zu 7: Gefährdung in erheblich höherem Grad als die übrige Bevölkerung

Die gefährdete Personengruppe wird in Vergleich gesetzt zur übrigen Bevölkerung. Nur dann, wenn die versicherte Personengruppe gravierend – nämlich „in erheblich höherem Grade" als die Vergleichsgruppe – den besonderen gesundheitsschädigenden Einwirkungen ausgesetzt ist (= *Gruppentypik*), gilt die Ermächtigungsnorm insoweit als erfüllt. Das Auftreten der in Frage kommenden Krankheit mit beruflicher Ursache ist deshalb zu vergleichen mit dem Auftreten dieser Krankheit bei der übrigen Bevölkerung. In der Regel wird eine erheblich erhöhte Exposition – soweit die Hypothese der generellen Eignung zur Krankheitsverursachung zutrifft – auch mit einer erhöhten Erkrankungsrate in der exponierten Gruppe korrelieren.[19] Die Voraussetzung einer höheren Gefährdung bestimmter Personengruppen bezieht sich auf das allgemeine Auftreten der Krankheit, nicht auf dessen Verursachung der Krankheit durch die gefährdende Tätigkeit.[20] Ob eine Krankheit in einer bestimmten Personengruppe im Rahmen der versicherten Tätigkeit häufiger auftritt als bei der übrigen Bevölkerung, erfordert den Nachweis einer Fülle gleichartiger Gesundheitsbeeinträchtigungen und eine langfristige zeitliche Überwachung derartiger Krankheitsbilder, um daraus schließen zu können, dass die Ursache für die Krankheit in einem schädigenden Arbeitsleben liegt.

Für den Nachweis der Schädlichkeit bestimmter Einwirkungen kommen vorrangig vergleichende Untersuchungen bestimmter Berufsgruppen, die durch ihre Tätigkeit dieser Einwirkung besonders ausgesetzt sind, und von Personenkollektiven aus der allgemeinen Bevölkerung, bei denen dies nicht zutrifft, in Betracht. Ergibt sich, dass die Krankheit bei einer bestimmten Versichertengruppe häufiger auftritt als bei den Vergleichsgruppen, ist dies sowohl ein Hinweis auf die Verursachung oder Krankheit durch die versicherte Tätigkeit als auch auf eine besondere berufsbedingte Gefährdung dieser Gruppe.

Die ausschließliche Festlegung auf die *Epidemiologie* (=Wissenschaft über die Verbreitung von Krankheiten in der Bevölkerung) greift zu kurz, wenn

- die Erkrankung oder
- gefährdende Einwirkungen am Arbeitsplatz sehr selten
- lange Latenzzeiten (mehrere Jahrzehnte) gegeben
- Gefährdungsanalysen und jeweilige Arbeitsplätze nicht mehr vorhanden sind.

Eine Kombination aus epidemiologischen Untersuchungsansätzen mit nachvollziehbaren biologischen, toxikologischen oder pathomechanischen Wirkungsuntersuchungen und -analysen wird daher in der Regel angezeigt sein.[21] Ergänzend können auch die von der Rspr. zu § 9 Abs. 2 SGB VII entwickelten Ausnahmekriterien (s. 2.6 bei 2, S. 73) im Rahmen des § 9 Abs. 1 SGB VII Anwendung finden.[22]

Gesicherte, anhand medizinisch-wissenschaftlicher Methoden gewonnene Erkenntnisse müssen vorliegen, welche die gruppenspezifische Risikoerhöhung nachweisen, insbesondere durch

---

[19] Zu Ausnahmekonstellationen s. Mehrtens, Brandenburg, E § 9 Anm. 8.2.
[20] BSGE 59, 295 (30. 1. 1986) = SozR 2200 § 551 Nr. 27.
[21] Einzelheiten bei Brandenburg, in: JURIS-PK § 9 Rn. 48.
[22] Woitowitz, Zbl Arbeitsmed 51 (2001) 262, 266; Krasney, Zbl Arbeitsmed 51 (2001) 270, 274.

- epidemiologische Untersuchungen, die einen Vergleich der Erkrankungsrisiken von nachweislich mit einer spezifischen Noxe exponierten Berufsgruppen mit nicht exponierten Personengruppen
- kasuistisch-empirische Auswertungen typischer Geschehensabläufe (Fallstudien, Clusteranalysen)
- methodisch ausgewertete ärztliche Erfahrungen
- medizinisch-toxikologisch begründbare Analogieschlüsse
- Erkenntnisse der tierexperimentellen Forschung
- Erkenntnisse mittels molekularbiologischer Methoden
- biomechanische Modelluntersuchungen

zum Gegenstand haben

Was „erheblich" ist, lässt sich nicht für alle Fallkonstellationen in einem bestimmten Prozentsatz ausdrücken. Der Gesetzgeber hat davon abgesehen, den Begriff zu definieren. Der Ärztliche Sachverständigenbeirat „Sektion Berufskrankheiten" stellt auf eine *Verdoppelung des relativen Risikos* ab: In der exponierten Gruppe sind 50 % wegen der Exposition erkrankt.[23] Nach Ansicht des BSG[24] ergeben sich für diese Auslegung keine Anhaltspunkte. Dem ist darin zuzustimmen, dass sich allein aus den Tatbestandsvoraussetzungen des § 9 Abs. 1 S. 2 SGB VII ein bestimmtes Maß der nachzuweisenden Risikoerhöhung nicht ableiten lässt. Im Rahmen des dem Verordnungsgeber eingeräumten Regelungsermessens kann es aber dennoch sachgerecht oder, sofern andere einzelfallbezogene Beurteilungskriterien nicht ersichtlich sind, sogar geboten sein, eine bestimmte Ursache-Wirkungsbeziehung nur bei dem Nachweis einer Risikoverdopplung als BK zu bezeichnen. Für den Gutachter bedeutet dieses, dass bei gegebener Exposition die zu begutachtende Erkrankung mit einer Wahrscheinlichkeit von 50 % durch die Exposition verursacht wurde.[25] Der unbestimmte Rechtsbegriff „in erheblich höherem Grade" erweitert somit den Regelungsspielraum des Verordnungsgebers, um ihn in die Lage zu versetzen, auf die unterschiedlichen Gegebenheiten bei der Einzelfallbeurteilung Rücksicht zu nehmen.

2.2.2 Unterlassen der gefährdenden Tätigkeit

Der Verordnungsgeber kann bei bestimmten Krankheitsbildern zusätzliche Tatbestandsmerkmale aufstellen (s. 2.3.2, S. 63).

Das Gesetz (§ 9 Abs. 1 S. 2 SGB VII) räumt ausdrücklich ein, als zusätzliches Tatbestandsmerkmal eine *Unterlassung der schädigenden und vergleichbar gefährdenden Tätigkeiten auf Dauer* (BK-Nrn.: 21 01, 21 04, 21 08 bis 21 10, 43 01, 43 02, 51 01) zu bestimmen.

Das Unterlassen der gefährdenden Tätigkeiten als eine Voraussetzung der Anerkennung des Versicherungsfalls hat zum einen die Funktion, den erforderlichen Schweregrad der Krankheit typisierend festzulegen und Bagatellerkrankungen insoweit auszuschließen.[26]

---

[23] BSGE 84, 30 (23. 3. 1999) = SozR 3-2200 § 551 Nr. 12; zustimmend Krasney, Zbl Arbeitsmed 51 (2001) 270, 272.
[24] Brandenburg, SGG 2004, 70.
[25] Woitowitz, Zbl Arbeitsmed 51 (2001) 262, 267; s. auch LSG Niedersachsen, 20. 6. 1996, HV-Info 34/1996, 3047; Bolm-Audorff, MedSach 89 (1998) 57; Keller, SGb 2001, 226, 229.
[26] BSG, SozR 4-5671 Anl. 1 Nr. 5101 Nr. 1 (9. 12. 2003).

Zum anderen wird damit der präventive Zweck verfolgt, eine Verschlimmerung der Erkrankung und damit auch eine Ausdehnung der Entschädigungspflicht zu verhindern.[27] Das BSG hat in seiner grundlegenden Entscheidung vom 9. 12. 2003[28] seine frühere Auffassung, wonach der Unterlassungszwang auch die Funktion eines typisierten Kausalitätsanzeichens, auf Grund dessen die nicht für entschädigungswürdig gehaltenen leichten Fälle einer Krankheit, die häufig nicht ihre Ursache in der versicherten Tätigkeit finden, abgegrenzt werden[29], zutreffend nicht mehr aufrecht erhalten. Für die Notwendigkeit einer Tätigkeitsunterlassung sind Kausalitätsgesichtspunkte unerheblich.[30]

Erfasst werden nicht nur Tätigkeiten, die dem Arbeitsplatz das bestimmende Gepräge gegeben haben, sondern auch solche kurzzeitiger oder vorübergehend ausgeübter Art.[31] Auch künftige Tätigkeiten sind einbezogen.

Der Zwang der Unterlassung der schädigenden Tätigkeit muss *objektiv* vorgelegen haben. Das trifft auch zu, wenn für die Willensentschließung des Versicherten die Erkrankung nicht maßgebend war: Insolvenz, Erreichen der Altersgrenze[32], Kündigung des Arbeitgebers, Tod.[33] Fällt die Tätigkeitsaufgabe in eine Zeit, in welcher der Betroffene nicht mehr unter dem Schutz der ges. UV stand, tritt dennoch der Versicherungsfall ein.[34] Mit der Forderung nach dem Unterlassen der gefährdenden Tätigkeit ist grundsätzlich deren Aufgabe auf Dauer gemeint[35]. Der Eintritt des Versicherungsfalls kann aber nicht von einer Prognose über das künftige Verhalten des Versicherten abhängen. Der objektive Zwang und die tatsächliche Aufgabe reichen daher für die BK-Anerkennung aus. Eine spätere Wiederaufnahme einer gefährdenden Tätigkeit lässt die BK-Anerkennung unberührt und führt nur gemäß § 48 SGB X zum Wegfall von Leistungsansprüchen.[36]

Der Einsatz persönlicher oder technischer Schutzausrüstungen oder das Ersetzen des schädigenden Gefahrstoffs beendet die Tätigkeit selbst nicht und begründet keinen Zwang zum Unterlassen.[37]

Das BSG hat den Anwendungsbereich der Unterlassungsklauseln aber dahingehend eingeschränkt, dass die durch Schutzmaßnahmen am Arbeitsplatz ermöglichte Fortsetzung der bisherigen Berufstätigkeit einer BK-Anerkennung und deren Entschädigung nicht entgegensteht, wenn durch die zu Grunde liegende Erkrankung die Erwerbsfähigkeit des Versicherten bei Wirksamwerden der Präventionsmaßnahmen bereits in einem entschädigungspflichtigen Ausmaß beeinträchtigt war[38]. Keines der mit dem Unterlassungstatbestand verfolgten Ziele rechtfertige es, eine berufsbedingte Erkrankung mit Krankheitsfolgen in einem rentenberechtigendem Ausmaß nur deshalb nicht zu entschädigen, weil der Versi-

---

27 BSGE 84, 30 (23. 3. 1999) = SozR 3-2200 § 551 Nr. 12.
28 SozR 4-5671 Anl. 1 Nr. 5101 Nr. 1.
29 BSG, SozR 2200 § 551 Nr. 10 (26. 1. 1978).
30 Mehrtens, Brandenburg, E § 9 Anm. 28.1; s. auch Keller, SozVers 1995, 264.
31 BSGE 53, 17 = SozR 2200 § 551 Nr. 21 (15. 12. 1981); 20. 10. 1983, VB 16/84.
32 BSGE 56, 94 = SozR 5677 Anl. 1 Nr. 46 Nr. 12 (8. 12. 1983).
33 BSGE 50, 187 = SozR 2200 § 589 Nr. 4 (29. 8. 1980).
34 Mehrtens, Perlebach, E § 9 Anm. 27; Koch in: Schulin, HS-UV § 35 Rdnr. 44.
35 BSG, SozR 3-5670 Anl. 1 Nr. 2108 Nr. 2 (22. 8. 2000).
36 BSG, 30. 10. 2007, UVR 2008, 535; dazu Mehrtens, Brandenburg, E § 9 Anm. 28.7.
37 BSG, SozR Nr. 2 zu Anl. 46 der 6. BKVO (27. 4. 1972); Mehrtens, Brandenburg, E § 9 Anm. 28.5 m. w. N.
38 BSG, SozR 4-5671 Anl. 1 Nr. 5101 Nr. 1 (9. 12. 2003).

cherte auf Grund einer Änderung der Arbeitsbedingungen seine Tätigkeit weiter ausüben kann.[39] Diese Ausnahme vom Erfordernis des tatsächlichen Unterlassens greift nur dann, wenn die Gefährdungen am Arbeitsplatz durch Präventionsmaßnahmen beseitigt und nicht nur vermindert werden.[40] Darüber hinaus muss durch Begutachtung geklärt werden, ob zum Zeitpunkt des Wirksamwerdens der Präventionsmaßnahmen tatsächlich noch eine Gesundheitsbeeinträchtigung besteht, die nach anerkannten Bewertungsgrundsätzen einer MdE in rentenberechtigendem Grade (im Regelfall 20 v. H., in „Stützrentenfällen" i. S. v. § 56 Abs. 1 S. 2 SGB VII 10 v. H.) entspricht (s. 3.6, S. 96). Dabei ist darzulegen, inwieweit verbliebene Funktionsstörungen, die einer MdE in rentenberechtigendem Grad entsprechen, unter Berücksichtigung der Wirksamkeit der Präventionsmaßnahmen die Prognose einer dauerhaft gefahrlosen Ausübung der bisherigen Tätigkeit zulassen.

Die Auffassung des BSG beinhaltet eine Korrektur des Wortlauts des Unterlassungstatbestandes sowohl in § 9 Abs. 1 S. 2 SGB VII als auch in den betroffenen BK-Tatbeständen, z. B. in der BK-Nr. 43 01 im Wege einer sog. teleologischen Reduktion.[41] Diese Rspr. ist solange zu beachten, bis der Gesetzgeber selbst eine Entscheidung trifft, ob und welche Leistungsansprüche bei den angesprochenen Fallkonstellationen bestehen sollen.

Der Zwang zum Unterlassen bezieht sich nur auf Tätigkeiten, bei denen Versicherungsschutz in der ges. UV besteht, nicht jedoch auf den privaten, von der ges. UV nicht erfassten Bereich.[42]

Die Tätigkeiten müssen tatsächlich unterlassen worden sein.[43] Das ist auch gegeben, wenn eine andere vom Versicherten aufgenommene Tätigkeit von einer an sich zuständigen Stelle (UV-Träger) im Einzelfall zu unrecht als nicht schädigend bezeichnet wurde.[44] Dem Versicherten dürfen aus einer der Sphäre des UV-Trägers zurechenbaren fehlerhaften Beratung keine wirtschaftliche Nachteile erwachsen.[45]

Im Besonderen s. 11.3.5.6, S. 875.

2.3 Versicherungsfall

Die Berufskrankheit bildet einen selbständigen Versicherungsfall (§ 7 Abs. 1 SGB VII). Damit umfassen die für Arbeitsunfälle maßgebenden Vorschriften auch die Berufskrankheiten, soweit nicht anderes bestimmt ist.

---

[39] Brackmann/Becker, § 9 Anm. 192–195.
[40] BSG, 26. 3. 1986, HV-Info 1986, 883, 888; so auch LSG Rheinland-Pfalz, 22. 9. 1998, HV-Info 27/1999, 2565 = Meso B 280/83; zu den in Frage kommenden Fallkonstellationen s. Brandenburg, Palsherm, Schudmann, Dermatologie in Beruf und Umwelt 2006, 55; Mehrtens, Brandenburg, E § 9 Anm. 28.6 mit Hinweis auf die früheren Tendenzen in der Rspr. (28. 3. 1986, HV-Info 1986, 883).
[41] Mehrtens, Brandenburg, E § 9 Anm. 28.6.
[42] Brackmann, Becker, § 9 Rdnr. 188; Koch in: Schulin, HS-UV § 35 Rdnr. 44; Mehrtens, Brandenburg, E § 9 Anm. 28.4.
[43] BSGE 50, 187, 188 = SozR 2200 § 589 Nr. 4 (29. 8. 1980).
[44] BSGE 40, 66, 71 = SozR 5675 Anl. Nr. 19 Nr. 2 (19. 6. 1975).
[45] Zur Frage der Berechtigung weiterer Ausnahmetatbestände Mehrtens, Brandenburg, E § 9 Anm. 28.8 mit umfangreichen Nachweisen.

2.3 Versicherungsfall

Der Versicherungsfall Berufskrankheit ist definiert in § 9 Abs. 1 S. 1 SGB VII als

- Krankheit eines Versicherten, die die Kriterien eines BK-Tatbestandes der Anlage zur BKV erfüllt (generelle Voraussetzung)
- und die der Versicherte infolge einer versicherten Tätigkeit erlitten hat (konkrete Voraussetzung)

Eine Berufskrankheit ist anzuerkennen, sobald diese Voraussetzungen vorliegen, auch wenn ein Leistungsfall (s. 2.4, S. 71) noch nicht gegeben ist.[46] Der UV-Träger ist zu einer Entscheidung über das Vorliegen der arbeitstechnischen und medizinischen Voraussetzungen einer Berufskrankheit verpflichtet (§ 9 Abs. 4 SGB VII), wenn die in einem BK-Tatbestand geforderte Unterlassung der gefährdenden Tätigkeit noch nicht vollzogen wurde, die übrigen Voraussetzungen aber gegeben sind. Der Versicherte soll nicht einen Entschluss über die Aufgabe der Tätigkeit fassen, wenn über die Voraussetzungen der Anerkennung im Übrigen noch nicht entschieden wurde.

2.3.1 Krankheit eines Versicherten

Krankheit ist ein regelwidriger Körper- oder Geisteszustand (2.2.1, S. 55). „Regelwidrig ist der Körperzustand, der von der durch das Leitbild des gesunden Menschen geprägten Norm abweicht".[47] Nicht die Inkorporation eines Schadstoffes, sondern die biologische Reaktion darauf erfüllt die Voraussetzungen; dazu gehören auch[48] Befindlichkeitsstörungen sowie adverse Effekte.[49]

2.3.2 Tatbestandsmerkmale der Liste

Die unbestimmte Bezeichnung von Berufskrankheiten als „Erkrankung durch ..." erklärt alle denkbaren Krankheiten zu Berufskrankheiten, die nach den fortschreitenden Erfahrungen der medizinischen Wissenschaft ursächlich auf die genannten Einwirkungen zurückzuführen sind,[50] ohne dass insoweit zudem Einschränkungen erhoben werden.[51] Jedoch kann der Geltungsbereich durch weitere Merkmale in der BK-Tatbeständen begrenzt werden. Solche sind

- Mehr- oder Langjährigkeit bestimmter Einwirkungen (BK-Nrn. 21 02, 21 08 bis 21 10)
- Schwere oder Rückfälligkeit einer Erkrankung (BK-Nr. 51 01)
- Unterlassen aller Tätigkeiten, die für die Entstehung, die Verschlimmerung oder für das Aufleben der Krankheit ursächlich waren oder sein können (s. 2.2.2, S. 60)
- Verursachung in bestimmten Gefährdungsbereichen (s. Ermächtigungsgrundlage in § 9 Abs. 1 S. 2 zweiter Halbs. SGB VII: Anwendungsfälle BK-Nrn. 31 01, 31 03, 41 01, 61 01).

---

[46] BSG, SozR 2200 § 551 Nr. 35 (27.7.1989) = BG 1990, 160 m. Anm. Benz; BSG 19.1.1995, HV-Info 1995, 972, 976 = Meso B 70/172; 20.6.1995, HV-Info 1995, 2204, 2207.
[47] BSG, 29.11.1973, Breith. 1974, 570, 573; Einzelheiten bei Mehrtens, Brandenburg, E § 9 Anm. 38.
[48] Koch in: Schulin, HS-UV, § 35 Rdnr. 19.
[49] Valentin, Schaller, ASP 1981, 109.
[50] BSGE 7, 89, 87 (27.3.1958).
[51] BSG, 27.6.2000, HVBG VB 100/2000.

2.3.3 Zusammenwirken mehrerer schädigender Einwirkungen ausschließlich beruflicher Entstehung

- **Fallgruppen der alternativen Kausalität**[52]

(1) Gleichzeitiges Einwirken unterschiedlicher Gefahrstoffe, der jeder für sich die Anerkennung einer Berufskrankheit rechtfertigt, führen zur gleichen Erkrankung des Zielorgans: z.B. ionisierende Strahlen hinreichender Dosis und Asbest $\geq$ 25 Faserjahren.

Versicherungsrechtlich liegt eine Berufskrankheit nach beiden BK-Tatbeständen mit demselben Vericherungsfalltag und einer einheitlichen MdE vor. Beide Einwirkungen erfüllen die Voraussetzungen einer Berufskrankheit: nach dem höherem JAV ist zu entschädigen.

(2) Bei unterschiedlichen Zielorganen (Kehlkopfkrebs durch Asbest und Lungenkrebs durch ionisierende Strahlen) sind zwei gesonderte Berufserkrankungen anzuerkennen.

(3) Verschiedene Listenstoffe führen zu unterschiedlichen Erkrankungen desselben Zielorgans; jedoch ist die Zuordnung der Funktionsbeeinträchtigung zur jeweiligen Noxe nicht belegbar (z.B. BK-Nrn. 41 01 und 41 11). Treten beide Berufskrankheiten gleichzeitig auf, sind sie nebeneinander anzuerkennen und mit einer einheitlichen MdE zu entschädigen. Erfolgen die Erkrankungen nacheinander, sind ebenfalls beide Berufskrankheiten als Einheit mit einer MdE zu behandeln (zur Anwendung des § 48 SGB X s. Fallgruppe 5)

(4) Zusammenwirken mehrerer schädigender Einwirkungen *nacheinander* in verschiedenen Gewerbezweigen, *die jede für sich die Anerkennung einer Berufskrankheit rechtfertigt*: z.B. Lungenkrebs nach ionisierender Strahlung oberhalb der Verdoppelungdsdosis im Bergbau und anschließende Überschreitung der Asbestfaser-Dosis von 25 Faserjahren im Hochbau. Es gelten die gleichen Erwägungen wie bei Fallgruppe 1. Die Zuständigkeit richtet sich nach der „Vereinbarung über die Zuständigkeit bei Berufskrankheiten" (§ 134 SGB VII).

(5) Tritt *nach Anerkennung* einer Berufskrankheit eine weitere Krankheit hinzu, die kausal auf dieselbe berufliche Einwirkung zurückgeht, jedoch den Tatbestand einer anderen BK-Nr. betrifft, so liegen nunmehr nicht zwei selbständige Berufskrankheiten vor: Es handelt sich um eine einheitliche Berufskrankheit, die hinsichtlich der Tatbestands- und Rechtsfolgeseite gem. § 48 SGB X anzupassen ist.[53] Wenn die neue BK-Nr. nicht die bisherige aufnimmt (z.B. BK-Nrn. 4104 zu 4102), sind beide BK-Nrn. im Bescheid aufzuführen. Eine einheitliche Einwirkung ist – auch wenn mehrere Zielorgane betroffen sind – mit einer Gesamt-MdE zu entschädigen.

- **Fallgruppen der kumulativen Kausalität**

Mehrere Listenstoffe wirken zusammen. Jede Einwirkung ist zwar grundsätzlich ihrer Art nach geeignet, die Erkrankung zu verursachen. Es lässt sich aber nicht feststellen, dass eine

---

[52] Lauterbach-Koch, § 9 RdNr. 131 f.; Pöhl, BG 1996, 384, 387; Koch, BG 1996, 316; Mehrtens-Brandenburg, E § 9 Anm. 25.
[53] Vgl. BSGE 27, 253 (15.12.1967); SozR 5677 Anl. 1 Nr. 42 Nr. 1 (24.8.1970); s. aber auch BSG, 18.12.1990, HV-Info 9/1991 = Meso B 70/152; s. 2.6.10.2.2.

2.3 Versicherungsfall

der Einwirkungen nach Intensität und Dauer schon allein zur Verursachung der Krankheit ausreichend war (keine teilbare Kausalität).

Unterscheidung:

(1) Es handelt sich um offene Tatbestände der BK-Liste, in denen keine Grenzwerke angegeben werden: z.B. Quarzstaub (BK-Nr. 41 01), Aluminium oder seine Verbindungen (BK-Nr. 41 06), Metallstäube (BK-Nr. 41 07)[54] oder Benzol (BK-Nr. 13 18) und ionisierende Strahlen (BK-Nr. 24 02).[55] Die Erkrankung ist nicht einer einzelnen BK-Nr. zuzuordnen, weil erst die kombinierte Wirkung der unterschiedlichen Expositionen zu der Gesundheitsstörung führt. Voraussetzung für die Anerkennung ist, dass a) medizinisch wissenschaftlich eine zumindest additive Wirkung der Einzelpositionen gesichert ist und b) die Zusammenrechnung der Einzelexpositionen eine Dosis ergibt, die den Ursachenzusammenhang wahrscheinlich macht. Dem Zusammenwirken der Einwirkungen kommt so viel Eigenbedeutung zu, dass jede einzelne Einwirkung rechtlich wesentlich ist. Anzuerkennen ist eine Berufskrankheit nach den für die Expositionen geltenden BK-Nrn. Die MdE wird einheitlich für das gesamte Krankheitsbild bemessen.

(2) Mindestens eine der Einwirkungen betrifft einen BK-Tatbestand mit einer definierten Einwirkungsdosis. Durch die Festlegung der Schädlichkeitsgrenze einer Einwirkung in der BK-Nr. in Form einer Mindestdosis ist somit auch bestimmt, ab welchem Dosiswert die Kausalität anzuerkennen und der Tatbestand erfüllt ist, z.B. 25 Faserjahre (BK-Nr. 41 04) und 100 Benzo(a)pyren-Jahre (BK-Nr. 41 13). Eine geringere Dosis kann auch im Zusammenwirken nicht zu einer Anerkennung des Kombinationsschadens nach den entsprechenden BK-Nrn. führen, selbst wenn die Addition der jeweiligen Anteile die Verdoppelungsdosis überschreitet.[56]

Da die in der BK-Liste bestimmten Voraussetzungen nicht vorliegen, kann eine Anerkennung nur nach Prüfung der Voraussetzungen des § 9 Abs. 2 SGB VII erfolgen. Beim synergetischen Zusammenwirken beider Substanzen muss allgemein geklärt sein, inwieweit die in den BK-Nrn. benannten Schwellenwerte unterschritten werden dürfen, um in Wechselwirkung mit der jeweils anderen Noxe eine gruppentypische Risikoerhöhung (s. 2.6 bei 2, S. 73) feststellen zu können. Speziell für das Zusammenwirken der Noxen Asbest und PAK in Bezug auf die Verursachung von Lungenkrebs wurde nach wissenschaftlicher Klärung des synergetischen Zusammenwirkens nunmehr die BK-Nr. 41 14 eingeführt (S. 1108).

Ohne entsprechende Erkenntnisse würde

– die auf einer Synkanzerogenese beruhende Berufskrankheiten-Anerkennung bei Unterschreitung der in der BK-Nr. festgelegten Schwellenwerte im Widerspruch zu wissenschaftlich begründeten Dosisbeobachtungen stehen
– ein Gleichklang zwischen synergetischen Erscheinungsformen und den im übrigen monokausal ausgerichten Dosiskonzepten nicht erreicht.[57]

---
54 BSG, 12.6.1990, Meso B 70/149 = HV-Info 22/1990, 1906.
55 LSG Nordrhein-Westfalen, 13.5.1998, Meso B 100/33.
56 Hess. LSG, 11.4.2001, HVBG VB 62/02.
57 BSG, 4.6.2002, HVBG VB 89/2002: Zurückverweisung von Hess. LSG, 11.4.2001, HVBG VB 62/2002; Lauterbach-Koch, § 9 RdNr. 134; Koch, ASU 37 (2002) 129.

Zur Erfüllung der Anforderungen an den Nachweis des Kausalzusammenhangs bei diesen Konstellationen s. 1.14, S. 46.

• Eine Einwirkung (Allergen) führt zu einer Grunderkrankung (Allergie) mit Symptomen aus verschiedenen BK-Tatbeständen (BK-Nrn. 43 01 und 5101): s. 17.13.8, S. 1066.

2.3.4 Innerer Zusammenhang – Kausalzusammenhang und Beweis

Mit der Aufnahme einer Krankheit in die Liste wird nur die Ursächlichkeit einer beruflichen Schädigung generell anerkannt und die Erkrankung als solche für entschädigungswürdig befunden. Anerkennung des konkreten Falles, desgleichen „wie eine Berufskrankheit" setzen voraus:

(1) Verrichtungen, bei denen der Versicherte schädigenden Einwirkungen ausgesetzt war, müssen der versicherten Tätigkeit zuzurechnen sein (innerer Zusammenhang, s. 1.3, S. 14).

Das trifft nicht zu bei der häuslichen Reinigung von asbeststaubverschmutzter privater Kleidung (Arbeitskleidung) durch die Ehefrau. Ihre Tätigkeit dient dem privaten Haushalt.[58]

(2) Die schädigende Einwirkung muss ihre rechtlich wesentliche Ursache in der versicherten Tätigkeit haben: Die Verrichtung muss zu Einwirkungen von Belastungen, Schadstoffen und ähnlichem auf den Körper geführt haben (Einwirkungskausalität[59], entspricht der Unfallkausalität beim Arbeitsunfall, s. 1.6, S. 26).

(3) Die schädigende Einwirkung muss die Gesundheitsstörungen verursacht haben. Die Verursachung einer Erkrankung durch die der versicherten Tätigkeit zuzurechnenden Einwirkung begründet eine „Haftung" (haftungsbegründende Kausalität, s. 1.7, S. 29).

Versicherte Tätigkeit, die Art, Dauer und Stärke der tätigkeitsbezogenen schädigenden Einwirkung und (Listen-) Erkrankung, die alle Krankheitsmerkmale eines BK-Tatbestandes erfüllt, müssen mit an Sicherheit grenzender Wahrscheinlichkeit bewiesen sein (s. 1.14.1, S. 47). Für die Kausalität gilt die Zurechnungslehre von der wesentlichen Bedingung (1.5, S. 22). Die Kausalität ist mit Wahrscheinlichkeit nachzuweisen (1.14.2, S. 47); die Grundsätze der Beweiserleichterung (1.14.3, S. 48), des Indizienbeweises (1.14.4, S. 49), des Anscheinsbeweises (1.14.5, S. 49) und der Wahlfeststellung (1.14.6, S. 50) gelten.

2.3.4.1 Widerlegbare Kausalitätsvermutung (§ 9 Abs. 3 SGB VII)

Die Entscheidung über das Vorliegen des Kausalzusammenhanges als vielschichtigen Beziehungskomplex ist oftmals nicht im Sinne eines „Entweder – Oder" zu finden, sondern nach gradueller Gewichtung dieser Gegebenheiten im multikausalen Zusammenwirken mehrerer Kausalfaktoren zu suchen.

Von der allgemeinen Regelung der Beweisanforderung über den ursächlichen Zusammenhang enthält § 9 Abs. 3 SGB VII eine Ausnahme:

---

[58] BSG, 13. 10. 1993, HV-Info 30/1993, 2626 = Meso B 10/515; die Verfassungsbeschwerde wurde nicht zur Entscheidung aufgenommen, BVerfG, 12. 1. 1994, HV-Info 1995, 112; kritisch dazu Schneider, u. a., SGb 1994, 557.

[59] Erstmals BSG, 2. 4. 2009, UVR 14/2009, 845 (B 2 U 9/08 R), bis dahin: haftungsbegründende Kauslität.

2.3 Versicherungsfall

Der Versicherte war

- *infolge der besonderen Bedingungen versicherter Tätigkeit*
- *in erhöhtem Maße der Gefahr der Erkrankung an einer in der BKV genannten Krankheit ausgesetzt und*
- *an einer solchen erkrankt.*

Rechtsfolge: Widerlegbare Vermutung, die Krankheit sei infolge der versicherten Tätigkeit verursacht.

Die Vermutung ist widerlegt, wenn Anhaltspunkte für eine Verursachung der Krankheit außerhalb der versicherten Tätigkeit festgestellt werden.

Die Vorschrift lässt die allgemeinen Beweisanforderungen (s. 1.14, S. 46) unberührt. Es handelt sich um eine Beweisregelungsvorschrift, die in Anlehnung an die Grundsätze über den Anscheinsbeweis[60] (s. 1.14.5, S. 49) einer Beweiserleichterung bei der Feststellung des Ursachenzusammenhanges im Einzelfall dienen soll. Die Vorschrift verpflichtet die UV-Träger zu prüfen, inwieweit auf Grund gesicherter wissenschaftlicher Erkenntnissen bei definierten Einwirkungen einerseits und bestimmten Krankheitsbildern andererseits typischerweise von der Wahrscheinlichkeit des Ursachenzusammenhanges zwischen Einwirkung und Erkrankung auszugehen ist.

Das Bestehen des Ursachenzusammenhanges wird vermutet, wenn

(1) bei dem Versicherten tatsächlich eine Listen-Erkrankung festgestellt wurde und

(2) der Erkrankte „in erhöhtem Maße der Gefahr der Erkrankung" ausgesetzt war. Über die „erheblich höhere Gefahr" (§ 9 Abs. 1 SGB VII) muss der Versicherte durch die individuellen besonderen Bedingungen einer versicherten Tätigkeit in noch weit erhöhtem Maße der Gefahr der Erkrankung ausgesetzt gewesen sein[61], so dass Art, Dauer und Intensität der Einwirkung sich so gravierend gesteigert haben, dass mit der Entstehung der Berufskrankheit gerechnet werden musste.[62]

Erforderlich sind wissenschaftliche Erkenntnisse über das Schädigungspotential von und nach Art der Intensität und Dauer genau definierten Einwirkungen, die ihrer *ursächlichen Bedeutung* nach geeignet sind, eine rechtlich allein wesentliche Verursachung zu begründen. § 9 Abs. 3 SGB VII beinhaltet somit die Klarstellung, dass Wahrscheinlichkeitsaussagen zum Kausalzusammenhang im Einzelfall bei entsprechend qualifizierten generellen Erkenntnissen über expositionsspezifische Dosis-Wirkungsbeziehungen bzw. Risikoerhöhungen in Bezug auf definierte Krankheitsbilder aus diesen Erkenntnissen abgeleitet werden dürfen, ohne auf positive Kriterien für den Kausalzusammenhang anhand der Beobachtung des Einzelfalles angewiesen zu sein[63]. Typische Anwendungsfälle sind daher

---

[60] BT-Drs. 12/2333 S. 19; Bereiter-Hahn, Mehrtens, § 9 SGB VII Anm. 12; Keller, SGb 1999, 120, 121 f.; a. A. Krasney, ASU 32 (1997) 444 m. w. N.: „widerlegbare Vermutung"; Erlenkämper, ASU 33 (1998) 394, 397: „gesetzliche Vermutung".

[61] Mehrtens, Brandenburg, E § 9 Anm. 27.4; Darstellung des Meinungsstands zur dogmatischen Einordnung bei Brackmann/Becker, § 9 Rn. 221 ff.; Krasney, ASU 32 (1997) 444.

[62] Thomas, ASU 33 (1998) 414.

[63] Mehrtens, Brandenburg, E § 9 Anm. 27.4.

Krebserkrankungen mit langen Latenzzeiten, insbesondere wenn keine Brückenbefunde als individuelle Kausalitätskriterien feststellbar sind.[64] Die Gegebenheiten bei der Ausübung der versicherten Tätigkeit, die für die Beurteilung der besonderen Bedingung und der durch sie bewirkten Gefahr in erheblich höherem Grad und Maß bestimmend waren, müssen nachgewiesen sein *(Vollbeweis)*.[65] Die objektive Beweislast (s. 1.14.7, S. 50) trägt der Versicherte.

Bei Vorliegen dieser Voraussetzungen tritt die gesetzliche Vermutung ein, dass die Erkrankung infolge der versicherten Tätigkeit verursacht worden ist.

Sobald Anhaltspunkte für eine Erkrankung außerhalb der versicherten Tätigkeit vorliegen, greift die Vermutung zu Gunsten eines Ursachenzusammenhanges nicht mehr: es gelten die allgemeinen Grundsätze über den Kausalitätsnachweis.[66] Anhaltspunkte für die Verursachung außerhalb der versicherten Tätigkeit sind Umstände des Einzelfalls: untypischer Erkrankungsverlauf, ungewöhnliche Latenzzeit, Vorschäden bzw. Krankheitsanlagen, die ein schicksalhaftes Krankheitsgeschehen annehmen lassen sowie konkurrierende außerberufliche Einwirkungen.[67]

2.3.4.2 Berufskrankheiten mit epidemiologisch-statistisch begründeten Ursachenzusammenhängen – Synkanzerogenese

Bei einzelnen BK-Arten, insbesondere, soweit es sich um Krebserkrankungen mit langen Latenzzeiten ohne nachvollziehbare Noxeneinlagerungen und ohne Brückenbefunde handelt, können Schlussfolgerungen über die Wahrscheinlichkeit eines Ursachenzusammenhangs nur als generelle Aussagen, gestützt auf epidemiologisch-statistische Risikoabschätzungen, ohne konkrete Bezugnahme auf beobachtete Umstände des Einzelfalles getroffen werden. Die Kausalitätsprüfung im Einzelfall muss somit im Wesentlichen an den Erkenntnissen ausgerichtet werden, die für die Einführung des BK-Tatbestands maßgebend waren und setzt grundsätzlich den epidemiologischen Nachweis einer sog. Risikoverdopplung (relatives Risiko > 2) in Bezug auf die fragliche Erkrankung bei einer nach Art, Intensität und Dauer definierten Exposition voraus.[68] Sofern die Expositionsbedingungen für eine Risikoverdopplung in einem Erkrankungsfall vollständig erfüllt sind, spricht statistisch eine mehr als 50-prozentige Wahrscheinlichkeit dafür, dass die berufliche Exposition Ursache der Erkrankung ist. Dies erfüllt die Definitionskriterien für eine (hinreichende) Wahrscheinlichkeit (1.14.2, S. 47).[69] Umstände des Einzelfalles können diese abstrakte Schlussfolgerung in Frage stellen, z. B. eine ungewöhnlich lange oder kurze Latenzzeit oder konkurrierende unversicherte Noxen, sofern die epidemiologischen Untersuchungen nicht auch für diese Kombination die erforderliche Risikoerhöhung ausweisen. Eine so abgeleitete Feststellung der Wahrscheinlichkeit des Ursachenzusammenhangs stellt einen Anwendungsfall des § 9 Abs. 3 SGB VII dar (s. 2.3.4.1, S. 66).

Besondere Voraussetzungen gelten für Fälle, in denen bei der versicherten Tätigkeit nicht eine Noxe mit einem epidemiologisch definierten Verdopplungsrisiko, sondern mehrere

---

[64] Brandenburg, in: JURIS-PK § 9 Rdn. 82, 86.
[65] Erlenkämper, SGb 1997, 505, 508.
[66] BT-Drs. 13/2333 S. 19.
[67] Mehrtens, Brandenburg, E § 9 Anm. 27.4.
[68] Woitowitz, Zbl Arbeitsmed 51 (2001) 262, 267; Bolm-Audorff, MedSach 99 (1993) 58.
[69] Brandenburg, in: JURIS-PK § 9 Rn. 82.

2.3 Versicherungsfall

Noxen mit gleichem Organbezug vorgelegen haben, keine der festgestellten noxenspezifischen Expositionsdosen für sich aber das Ausmaß des Verdopplungsrisikos erreicht. Für den Nachweis der Wahrscheinlichkeit des Ursachenzusammenhangs unter der Annahme eines Zusammenwirkens der verschiedenen Noxen steht folgende Formel zur Diskussion[70]:

VW = Verursachungswahrscheinlichkeit im konkreten Fall für alle Noxen in Prozent
VW Noxe 1 (2, 3 usw.) = Verursachungswahrscheinlichkeit für Noxe 1 (2, 3 usw.)
RR = Relatives Risiko
RR Noxe 1 (2, 3 usw.) = Relatives Risiko für Noxe 1 (2, 3 usw.)
VW > 50 % entspricht RR > 2

RR Noxe 1 = 1/ (1-VW Noxe 1)
Beispiel: RR Noxe 1 = 1/ (1 – 0,40) 1,66
RR Noxe 2 = 1/ (1 – VW Noxe 2)
Beispiel: RR Noxe 2 = 1/ (1 – 0,30) = 1,43
RR = 1+ ((RR Noxe 1 – 1) + (RR Noxe 2 – 1))
RR = 1 + ((1,66 – 1) x (1,43 – 1))
RR = 1 + ((0,66 + 0,43)) = 2,09

Im Berechnungsbeispiel errechnet sich für eine Zusammenfassung beider Noxen ein Relatives Risiko von > 2, damit eine Verursachungswahrscheinlichkeit von > 50 %; rechnerisch würde dies gemäß den obigen Ausführungen grundsätzlich für den Nachweis der Wahrscheinlichkeit eines Ursachenzusammenhangs ausreichen.

Bei dem Berechnungsmodell handelt es sich um eine theoretische Annahme. Die Anwendung auf eine bestimmte Noxenkombination setzt folgende wissenschaftlich begründete Feststellungen voraus[71]:

a) Die beteiligten Stoffe wirken in Bezug auf eine Tumorerkrankung an demselben Zielorgan grundsätzlich risikoerhöhend zusammen. Die Kenntnisse über den jeweiligen Pathomechanismus begründen diese Feststellung.
b) Bei jedem einzelnen Stoff, für den eine Dosisangabe bezüglich einer Risikoverdopplung ermittelt wurde, ist auf Grund epidemiologischer Erkenntnisse zugleich von einer annähernd linearen Dosis-Wirkungsbeziehung auszugehen.
c) Der Synergismus für das Zusammenwirken beider (aller) Stoffe wird im Sinne eines sog. additiven Modells beschrieben. Dieses setzt voraus, dass sich die Stoffe hinsichtlich ihres Schädigungspotentials gleichmäßig substituieren, d. h. die für jeden Stoff vorhandenen Bruchteile der stoffspezifischen Verdopplungsdosis können addiert werden. Ist die Summe > 1, wird von einer ausreichenden Verursachungswahrscheinlichkeit (> 50 Prozent) ausgegangen.

---

[70] Mehrtens, Brandenburg, § 9 Anm. 27.3 in Anlehnung an Koch, ASU 37 (2002) 129 und Schneider, ASU 34 (1999) 476.
[71] Vgl. die zusammenfassend Beurteilung der Erkenntnisse zum Zusammenwirken von Asbest und polyzyklischen aromatischen Kohlenwasserstoffen, in: BK-Report 2/2006 – Synkanzerogenese (Hrsg. HVBG) 2006 S. 189 f.

Ein konkretes Beispiel für eine auf diese Kriterien abzielende wissenschaftliche Analyse stellt die wissenschaftliche Begründung für die neue BK-Nr. 41 13 dar. In dieser BK wird eine wechselseitig substituierbare kumulative Dosis der Stoffe Asbest und PAK entsprechend einer Verursachungswahrscheinlichkeit von mindestens 50 vorausgesetzt (richtig wäre eine Verursachungswahrscheinlichkeit > 50 Prozent).[72]

2.3.4.3 Konventionen

Für einige Berufskrankheiten erleichtern *Konventionen* der UV-Träger die Beweiswürdigung:

- medizinische Beurteilungskriterien zur BK-Nr. 21 08 s. 8.3.6.6.5, S. 499 ff.
- Dioxine und Krebserkrankungen (s. 18.6.2.2.5, S. 1134)

Konventionen sollen im Rahmen der Entschädigung von Berufskrankheiten oder von Krankheiten „wie eine Berufskrankheit" vermeiden, dass die Frage der Kausalität zwischen einer bestimmten Erkrankungsart und einem näher umschriebenen Kreis von betrieblichen Einflüssen von mehreren UV-Trägern schon auf Grund allgemeiner medizinischer Erkenntnisse unterschiedlich beantwortet wird. In Verbindung mit den zu Grunde liegenden medizinischen Beurteilungen durch Sachverständige können sie – wie die Grundsätze für die Bewertung der unfallbedingten Minderung der Erwerbsfähigkeit – rechtlich als „antizipierte Sachverständigengutachten" eingestuft werden.[73]

Die Konventionen sind nicht als Erkenntnisse der ärztlichen Wissenschaft i.S. des § 9 Abs. 1 S. 2 SGB VII und deshalb auch nicht als neue wissenschaftliche Erkenntnisse i.S. des § 9 Abs. 2 SGB VII zu werten. Wohl vermögen die ihnen zu Grunde liegenden medizinischen Beurteilungen solche Erkenntnisse der ärztlichen Wissenschaft zu sein, wenn sie den Anforderungen genügen.

Demgemäß können die Konventionen den juristischen und sozialpolitischen Vorgaben der Vorschriften entsprechen, soweit sie sich im Rahmen der Gesetze halten und den Anforderungen genügen, die an wissenschaftliche Erkenntnisse zu stellen sind.

So ist im Einzelfall anhand des Inhalts der Konventionen und der Vorschriften, deren Anwendungen sie dienen sollen, zu prüfen, ob sie inhaltlich gesetzeskonform sind. In der Form müssen die den Konventionen zu Grunde liegenden medizinischen Beurteilungen ebenfalls allen Anforderungen wissenschaftlicher Sachverständigengutachten stattgegeben. Diese Konventionen sind aber auch dann für den betroffenen Versicherten nicht bindend und im sozialgerichtlichen Verfahren in vollem Umfang nachprüfbar. Auch kann sich der UV-Träger – insbesondere, aber nicht nur dann – auf Grund neuer Erkenntnisse oder Beurteilungen von den Konventionen lösen. Darauf beruhende, bereits ergangene Verwaltungsakte verlieren aber ihre Bindungswirkung nicht.

---

[72] Vgl. Raab, Stegbauer, Trauma Berufskrankh 2008, 269.
[73] Krasney, ASU 1996, 27.

2.4 Leistungsfall

2.3.5 Merkblätter für die ärztliche Untersuchung

Die Merkblätter für die ärztliche Untersuchung zu den Berufskrankheiten werden vom Ärztlichen Sachverständigenbeirat, Sektion „Berufskrankheiten", beim Bundesministerium für Arbeit und Soziales erarbeitet und nach Abschluss der Beratungen im Bundesarbeitsblatt bekanntgemacht. Aufgabe des Bundesministeriums ist dabei die Betreuung der Merkblätter; die medizinischen Aussagen obliegen der Verantwortung der Arbeitsmediziner aus Wissenschaft und Praxis im Ärztlichen Sachverständigenbeirat. Die Merkblätter sind *Hilfsmittel* zur Ermittlung des Willens des Verordnungsgebers. Sie stellen eine wichtige aber nicht unbedingt ausreichende Informationsquelle dar; ihnen kommt *keine verbindliche*, im Range der Verordnung selbst stehende Erläuterung zu.[74] Sie geben *Hinweise* für die Beurteilung von Zusammenhängen aus arbeitsmedizinischer Sicht und wenden sich in erster Linie an *die Ärzteschaft* als Hilfsmittel für das Erkennen von Berufskrankheiten. Beim Abweichen ist eine wissenschaftliche Auseinandersetzung geboten.[75]

2.3.6 Schema: Kausalität und Beweisanforderungen bei Berufskrankheiten

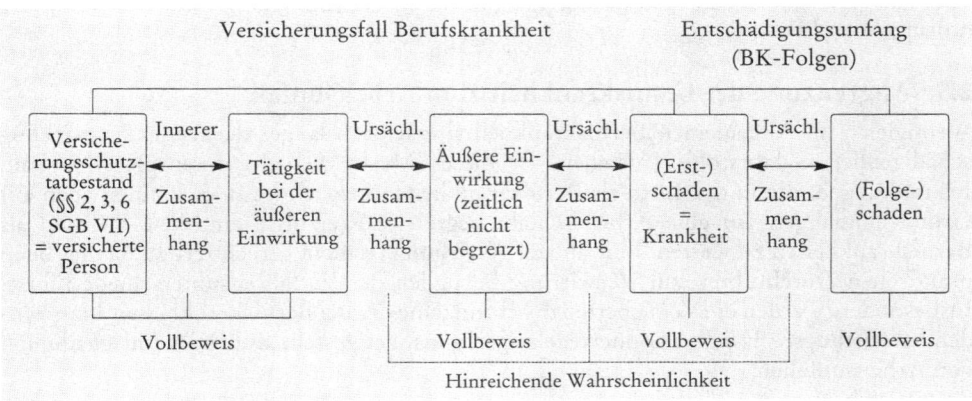

Abb. 1

2.4 Leistungsfall

Umschreibt der Versicherungsfall die Verwirklichung des versicherten Risikos, legt alsdann der Leistungsfall die Voraussetzungen fest, bei deren Vorliegen Leistungen zu erbringen sind.

- Der Versicherungsfall kann für sich allein bestehen.
- Der Leistungsfall setzt den Versicherungsfall voraus und verlangt weitere Tatbestandsmerkmale für die in Betracht kommende Leistung.

Soweit auf den Zeitpunkt des Versicherungsfalls abgestellt wird (Heilbehandlung, Verletzten- und Übergangsgeld, Rente), war wegen der sich vielfach langsam entwickelnden Erkrankung eine gesetzliche Regelung erforderlich (§ 9 Abs. 5 SGB VII).

---

[74] BSG, SozR 4-2700 § 9 Nr. 5 (12. 4. 2005); BSG, 2. 4. 2009, UVR 14/2009, 845; LSG Nordrhein-Westfalen, 14.1.1964, BG 1964, 375; dazu Brandenburg, MedSach 105 (2009) 130.
[75] Krasney, ASU 29 (1994) 525, 526; Watermann, ebenda.

Alternativ werden solche Ereignisse bestimmt, welchen gemeinsam ist, dass eine Krankheit im Sinne des Berufskrankheitenrechts leistungsrechtliche Relevanz erlangt:

- *Behandlungsbedürftigkeit* (dazu gehört auch die Verordnung von Arznei-, Heil- oder Hilfsmitteln) oder *Arbeitsunfähigkeit.*
- *Beginn der rentenberechtigenden MdE:* Manche Berufskrankheiten verursachen weder Arbeitsunfähigkeit, noch erfordern sie ärztliche Behandlung (z.B. Lärmschwerhörigkeit). Hier ist der Zeitpunkt des Versicherungsfalls der Beginn der rentenberechtigenden MdE.

Die Fiktion der Bestimmung des Tages des Versicherungsfalls ist als „Günstigkeitsvergleich" ausgestaltet. Sie bezieht sich auf zwei Alternativen

- Arbeitsunfähigkeit oder Behandlungsbedürftigkeit
- Beginn der rentenberechtigenden MdE.

Beim Abwägen ist nicht schematisch auf das frühere Datum abzustellen, sondern auf das wirtschaftlich günstigere Gesamtergebnis unter Berücksichtigung der tatsächlich zu erbringenden Leistung.

2.5 Abgrenzung der Berufskrankheit zum Arbeitsunfall

Wenngleich im Allgemeinen Berufskrankheiten erst nach länger dauernder Einwirkung schädigender Gefahrstoffe entstehen, ist dieses Merkmal nicht deren Begriffsinhalt. Erkrankungen, die in der Liste als Berufskrankheiten bezeichnet sind, können auch auf Grund einmaliger, auf eine Arbeitsschicht begrenzte Ereignisse eintreten. Sie sind als Berufskrankheiten zu werten. Eine andere Auslegung ist nicht gerechtfertigt, da dies beim praktischen Durchführen zur Verwirrung bezüglich der Verfahrensunterschiede führte. Insbesondere werden die Versicherten durch einzelne der bei Berufskrankheiten anzuwendenden leistungsrechtlichen Sonderregelungen günstiger gestellt als bei der Entschädigung von Arbeitsunfällen:

– Berechnung des JAV nach § 84 SGB VII
– Festlegung des Zeitpunkts des Beginns oder der Berechnung von Leistungen nach dem Günstigkeitsprinzip i.S.d. § 9 Abs. 5 SGB VII (s 2.4, S. 71)
– Vorbeugende Leistungen gemäß § 3 Abs. 1 BKV
– Übergangsleistungen

Nach Ablehnung einer Berufskrankheit kann bei „unfallmäßiger" Entstehung eine Anerkennung als Arbeitsunfall erfolgen. Dies ist zu beachten, wenn eine Anerkennung als Berufskrankheit an zusätzlichen versicherungsrechtlichen Merkmalen scheitert. Insbesondere bei Infektionskrankheiten kann dies in Betracht kommen, falls der Versicherte die in BK-Nr. 31 01 genannten persönlichen Voraussetzungen nicht erfüllt, die Krankheit aber durch ein einmaliges, plötzliches Infektionsereignis verursacht wurde (s. 9.1.4, S. 709).[76]

---

[76] BSGE 15, 41, 45 (25. 8. 1961); s. inbes. 9.1.5 (Infektion).

2.6 Anerkennung „wie eine Berufskrankheit" – Mischsystem

Die UV-Träger sind im Einzelfall zu einer gewissen Durchbrechung des Listenprinzips berechtigt und verpflichtet, wenn der erforderliche Zusammenhang der Krankheit mit – in dem betroffenen Gewerbezweig typischen – betrieblichen Einwirkungen nach neuen technischen und medizinischen Erkenntnissen festgestellt werden kann (§ 9 Abs. 2 SGB VII). Weder handelt es sich um eine Generalklausel[77], die in jedem Fall einer tätigkeitsbedingten Erkrankung eine Entschädigung gestattet, noch um eine Härteklausel[78], die nur anzuwenden ist, wenn im Einzelfall eine besondere Härte vorliegt. Die Vorschrift soll Benachteiligungen für den Einzelnen beseitigen helfen, die dadurch entstehen, dass die Voraussetzungen für das Anerkennen einer Krankheit als Berufskrankheit bereits vorliegen, der Verordnungsgeber, der die BKV in Abständen von jeweils mehreren Jahren ergänzt, diese jedoch nicht unmittelbar nach der Erkenntnis angepasst hat. Die Lücke, in der noch nicht in die Liste aufgenomme Krankheiten in den Zeiträumen zwischen den einzelnen Anpassungen der BKV „wie eine Berufskrankheit als Versicherungsfall" anerkannt werden sollen, kann damit geschlossen werden.[79]

Der UV-Träger hat daher eine Krankheit „wie eine Berufskrankheit als Versicherungsfall" anzuerkennen, wenn *im Zeitpunkt der Entscheidung nach neuen Erkenntnissen der medizinischen Wissenschaft die Krankheit durch besondere Einwirkungen verursacht wird, denen bestimmte Personengruppen durch ihre versicherte Tätigkeit in erheblich höherem Grade als die übrige Bevölkerung ausgesetzt sind.*

(1) *Besondere Einwirkungen* sind solche, die über die in der Arbeitswelt allgemein üblichen Belastungen qualitativ oder quantitativ hinausgehen (s. 2.2.1, S. 55).

(2) Die vom Gesetzgeber verlangte Zugehörigkeit des Betroffenen zu einer Personengruppe, die der besonderen Einwirkung durch ihre versicherte Tätigkeit erheblich stärker ausgesetzt ist als die übrige Bevölkerung (Gruppentypik, s. 2.2.1, S. 55), kennzeichnet den Unterschied zu einer individuellen Härteklausel. Nur dann, wenn der Nachweis eines berufsgruppenspezifisch erhöhten Erkrankungsrisikos geführt ist, so dass die Erkrankung auch in die Berufskrankheitenliste aufgenommen werden könnte, kommt eine Entschädigung in Betracht.

Die *statistische Erkenntnis* ist das erstrangige Anzeichen für eine erhöhte generelle Eintrittswahrscheinlichkeit einer Krankheit. Das bedeutet jedoch keine ausschließliche Festlegung auf die *Epidemiologie* als wissenschaftliche Erkenntnismethode, weil sonst in besonders gelagerten Fällen (z.B. bei kleinen Kollektiven und langen Latenzzeiten) zu hohe Hürden für die Anerkennung einer Krankheit „wie eine Berufskrankheit" errichtet würden. Deshalb kann *ausnahmsweise* bei fehlender epidemiologischer Erkenntnis einerseits und bei biologischer bzw. toxikologischer Evidenz andererseits zur Vermeidung unbilliger Ergebnisse der Verzicht auf eine statistisch nachgewiesene Gruppentypik in Betracht kommen. Die wissenschaftlichen Erkenntnisse lassen sich auch herleiten aus[80]

---

[77] BSGE 59, 295 (30.1.1986) = SozR 2200 § 551 Nr. 27.
[78] BSGE 44, 90, 93 (23.6.1977).
[79] BVerfG, 9.10.2000, HV-Info 2/2001, 123; BT-Drs. IV/120 S. 44; BSGE 44, 90, 92 (23.6.1977); 22.2.1979, bei Schimanski, Kompass 1979, 335, 337; dazu Watermann, BG 1982, 559.
[80] BSGE 79, 250, 252 (19.1.1997) = SozR 3-2200 § 551 Nr. 9; Krasney, Zbl Arbeitsmed 51 (2001) 270, 274; Woitowitz, Zbl Arbeitsmed 51 (2001) 262, 267; Lauterbach-Koch, § 9 RdNr. 268; Mehrtens, Brandenburg, § 9 Anm. 31.4.

- Einzelfallstudien, Erkenntnissen und Anerkennungen in anderen Ländern
- Forschung und praktischen Erfahrungen, insbesondere auf der Grundlage kasuistisch-empirischer Auswertungen typischer Geschehensabläufe (Fallstudien, Clusteranalysen), methodisch ausgewerteter ärztlicher Erfahrungen, methodisch-toxikologisch begründbarer Analogieschlüsse oder von Erkenntnissen der tierexperimentellen Krebsforschung einschließlich der Molekularbiologie.

(3) Diese Einwirkungen müssen auch nach den Erkenntnissen der medizinischen Wissenschaft geeignet sein, Krankheiten solcher Art zu verursachen (s. 2.2.1, S. 55). Maßgebend ist die herrschende Auffassung der Fachwissenschaftler. Vereinzelte Meinungen auch von Sachverständigen reichen nicht aus.[81]

(4) Diese Erkenntnisse müssen neu sein. Sie sind als neu anzusehen, wenn sie

- erst nach der letzten Änderung der Berufskrankheitenliste gewonnen oder jedenfalls bekannt geworden sind[82]
- oder sich erst nach der letzten Änderung der Berufskrankheitenliste zur Allgemeingültigkeit verdichtet haben (Berufskrankheitenreife)[83]
- oder zwar objektiv alt sind, dem Verordnungsgeber aber nicht bekannt waren und daher von ihm nicht berücksichtigt werden konnten bzw. dem Verordnungsgeber zwar bekannt, dennoch nicht geprüft oder gewürdigt worden sind.[84]

Die *neuen Erkenntnisse* müssen im Zeitpunkt der Entscheidung über den Anspruch (§ 9 Abs. 2 SGB VII) vorhanden sein (= letzter Zeitpunkt im Laufe des Verwaltungs- bzw. Gerichtsverfahrens).[85] Nicht erforderlich ist, dass die Erkenntnisse schon zum Eintritt der Erkrankung vorgelegen haben.[86]

(5) Der ursächliche Zusammenhang der Krankheit mit der gefährdenden Arbeit muss im konkreten Fall hinreichend wahrscheinlich sein.

Rechtsfolge: Anerkennung wie eine Berufskrankheit als Versicherungsfall

Die Entscheidung im Einzelfall bindet nur den jeweiligen UV-Träger im Verhältnis zum Betroffenen, enthält also keine normähnliche Wirkung. Dies bedeutet, dass nicht generell ein bestimmtes Krankheitsbild als „Quasi-Berufskrankheit" für alle künftigen Fälle verbindlich anerkannt wird. Zwar können *Einzelfälle* „wie eine Berufskrankheit" anerkannt werden, eine generelle Entscheidung ist dem Verordnungsgeber vorbehalten.

Versicherungsfall: Dieser wird mit dem Anerkennungsbescheid des UV-Trägers (konstitutiv) begründet.[87]

Die fehlende rechtliche Bindung einer Entschädigung im Einzelfall erfordert Vorkehrungen, die eine uneinheitliche Handhabung bei den verschiedenen UV-Trägern verhindern können. Dem dient die bei der Deutschen Gesetzlichen Unfallversicherung e. V. eingerich-

---

[81] BSG, 31.1.1984, Rdschr. HVBG VB 53/84 = Meso B 70/127; 4.6.2002, HVBG VB 89/02.
[82] BSGE 44, 90, 93 (23.6.1977).
[83] BSGE 59, 295 (30.1.1986); SozR 2200 Nr. 18 zur § 551 (4.8.1981).
[84] BVerfGE 58, 369 (22.10.1981) = SozR 2200 § 551 Nr. 1 = NJW 1982, 694, 695.
[85] BSGE 79, 250 (14.11.1996) = SGb 1997, 479 m. Anm. Ricke.
[86] Brandenburg, in: JURIS-PK § 9 Rn. 104 mit Hinweis zur früheren Rechtslage.
[87] BSGE 88, 226, 229 (28.1.2002) = SGb 2002, 459 m. Anm. Thüsing, Zacharias.

tete *Dokumentationsstelle*, bei der alle positiven oder negativen Entscheidungen nach § 9 Abs. 2 SGB VII und frühere Entscheidungen nach § 551 Abs. 2 RVO erfasst sind.[88]

2.7 „Arbeitsbedingte Erkrankung" und Berufskrankheit[89]

Der Begriff „arbeitsbedingte Erkrankung" entstammt dem Arbeitssicherheitsgesetz[90] und damit der Prävention, nicht dem Entschädigungsrecht. Dem Aufgabenkatalog im Arbeitssicherheitsgesetz[91] gemäß ergibt sich, dass darunter alle gesundheitlichen Beeinträchtigungen zu verstehen sind, die durch betriebliche Einflüsse, durch Belastungs- und Gefährdungspotentiale des Arbeitsplatzes hervorgerufen wurden.

Arbeitsbedingte Erkrankungen sind somit Krankheiten, die durch Bedingungen der ausgeübten Tätigkeit mitbeeinflusst, teilverursacht oder verschlimmert wurden. Im Gegensatz zu Berufskrankheiten muss der Zusammenhang mit der Betriebstätigkeit keine bestimmte rechtliche Qualität erreichen. Eine arbeitsbedingte Erkrankung liegt auch vor, wenn eine individuelle körperliche Disposition, altersbedingte Aufbraucherscheinungen oder außerberufliche Ursachen im Vordergrund stehen und gleichartig beschäftigte Arbeitnehmer daher nicht erkrankt wären. Im Einzelfall ist der individuelle Anteil am Ursachenkomplex einer Erkrankung meist nicht ausreichend sicher anzugeben.[92]

Beispiele:[93]

- Intensivierung von Arbeitsabläufen und Zwang zu starker Konzentration, hohe Anforderung an Reaktionsvermögen, großes Maß an Verantwortung, erhöhtes Arbeitstempo und Zeitdruck, also „Berufstress" mannigfaltiger Art
- permanente Überforderung oder Unterforderung, Arbeitsmonotonie
- Spannung und Konflikt mit Kollegen und Vorgesetzten, gestörte soziale Beziehung am Arbeitsplatz
- unbefriedigende berufliche Entwicklung, Angst vor ungenügender Leistung, vor dem Verlust des Arbeitsplatzes und Arbeitslosigkeit.

Als Oberbegriff sind sie den Berufskrankheiten übergeordnet. Berufskrankheiten sind gesetzlicher Definition gemäß ein bestimmter qualifizierter Ausschnitt aus der Gruppe der arbeitsbedingten Erkrankungen. Unterhalb der Qualität „Berufskrankheit" handelt es sich um schädigende Teilursachen, die als rechtlich nicht wesentlich für die Anerkennung einer Krankheit als Berufskrankheit einzustufen sind.

Für arbeitsbedingte Erkrankungen, die nicht die Qualität einer Berufskrankheit haben, ist eine soziale Absicherung außerhalb des Entschädigungssystems der ges. UV gewährleistet:

---

[88] Übersicht zu den anerkennenden Entscheidungen nach § 551 Abs. 2 RVO a.F. bzw. § 9 Abs. 2 SGB VII: Mehrtens, Brandenburg, R 20.
[89] Aus der Fülle der Literatur: Kentner, in: Arbeitsmedizin (Hrsg. Triebig, Kentner, Schiele) 1. Aufl. 2003 S. 551ff.; ders. ASP 31 (1996) 185; Kentner, Valentin, ASP 21 (1986) 25ff.; Becher ASU 32 (1997) 100; Radek BG 1997, 351. Zur Problematik Watermann „Berufskrankheiten und arbeitsbedingte Erkrankungen vor dem Hintergrund arbeitsmedizinischer Prävention der Berufsgenossenschaften", in: Festschrift für Wannagat „Im Dienst des Sozialrechts", 1981, 661ff.
[90] § 3 Abs. 1 Nr. 3 Buchstabe c Arbeitssicherheitsgesetz.
[91] § 3 Arbeitssicherheitsgesetz.
[92] BT-Drs. 11/6445 = ASP 1990, 551.
[93] Hennies, ASU 24 (1994) 342, 343.

Kranken- und Rentenversicherung, mit Blick auf Leistung zur Teilhabe am Arbeitsleben: Bundesanstalt für Arbeit.

2.8 Prävention – Übergangsleistungen

Vor der Entschädigung haben die UV-Träger mit allen geeigneten Mitteln für die Verhütung von Arbeitsunfällen und Berufskrankheiten zu sorgen (§ 1 SGB VII). Im Bereich der Berufskrankheiten erfährt dieser generelle Präventionsauftrag eine wohl ebenso wichtige Ergänzung durch den Auftrag zur Prävention im Einzelfall gemäß § 3 BKV. Nach dieser Bestimmung hat der UV-Träger, wenn für einen Versicherten die Gefahr besteht, dass eine Berufskrankheit entsteht, wiederauflebt oder sich verschlimmert, mit allen geeigneten Mitteln dieser Gefahr entgegenzuwirken.

Ausgangspunkt für ein Tätigwerden auf der Grundlage dieser Vorschrift ist eine konkrete individuelle Gefahr hinsichtlich der Entstehung, der Verschlimmerung und des Wiederauflebens einer Berufskrankheit. Nicht nur die in der Anlage 1 zur BKV genannten Berufskrankheiten, sondern auch die *„Wie-Berufskrankheiten"* gem. § 9 Abs. 2 SGB VII werden von § 3 BKV erfasst.[94]

Dies ist gegeben, wenn auf Grund der individuellen gesundheitlichen Verhältnisse des Versicherten das Risiko des Eintritts, der Verschlimmerung oder des Wiederauflebens einer Krankheit im Sinne der BKV über den Grad hinausgeht, der bei anderen Versicherten bei einer vergleichbaren Beschäftigung besteht.[95] Der individuelle Gesundheitszustand des Versicherten bildet den Anknüpfungspunkt für eine Anwendung des § 3 BKV. Nicht ausreichend ist es, wenn nur von den Verhältnissen am Arbeitsplatz ein Gesundheitsrisiko für den Versicherten ausgeht. Ggf. greifen insoweit allgemeine Instrumente der Prävention.[96] Der Gesundheitszustand des Versicherten ist dahingehend zu beurteilen, ob besondere Anzeichen vorliegen, die unter Berücksichtigung der Expositionsbedingungen am Arbeitsplatz den Eintritt einer BK erwarten lassen. Bei der ggf. in Zukunft drohenden Krankheitsentwicklung muss den beruflichen Expositionen die Bedeutung einer rechtlichen wesentlichen (Mit-)Ursache zukommen.

Ist die Gefahr mit technischen (organisatorischen), persönlichen oder medizinischen Schutzmaßnahmen nicht zu beseitigen, muss ein Arbeitsplatzwechsel mit anschließenden Berufshilfemaßnahmen und eine Übergangsleistung zum Ausgleich der mit dem Wechsel verbundenen wirtschaftlichen Nachteile erfolgen. Letztere ist auf 5 Jahre begrenzt. Der Gesetzgeber geht davon aus, dass sich der Versicherte innerhalb dieser Übergangszeit an die neuen wirtschaftlichen Verhältnisse gewöhnt.[97] Diese Erwägung findet in der Verwaltungspraxis durch eine über die begrenzte Zeitspanne abgestufte Staffelung ihren Niederschlag.[98]

---

[94] BSG, SozR 4-5671 § 3 BKV Nr. 1 (7. 9. 2004).
[95] BSG, 22. 3. 1983, HVBG VB 3/84; BSG, 5. 8. 1993, HV-Info 26/1993, 2314.
[96] Mehrtens, Brandenburg, G § 3 Anm. 2.5.
[97] BSGE 19, 157 (29. 5. 1963).
[98] BSG, 27. 5. 1977, SGb 1977, 350; BSG, 28. 2. 1980, Breith. 1981, 36.

3 Begutachtung

Übersicht

3.1	Der medizinische Gutachter	78
3.2	Arzt-Versicherten-Verhältnis bei Begutachtungen	82
3.3	Gutachtenerstellung	83
3.3.1	Auftrag	84
3.3.1.1	Benennung des Gutachters	84
3.3.1.2	Formulierung des Gutachtenauftrags	85
3.3.2	Anknüpfungstatsachen	86
3.3.2.1	Vorgeschichte und Anamnese	86
3.3.2.2	Sachverhaltsbeschreibung – Sachverhaltsermittlung	86
3.3.3	Befundtatsachen	87
3.3.3.1	Beschwerdebild	88
3.3.3.2	Befunderhebung	88
3.3.3.3	Messblätter nach der Neutral-Null-Methode	89
3.3.3.4	Datenschutz	90
3.3.4	Beurteilung	90
3.3.4.1	Diagnose	90
3.3.4.2	Beschreibung der Folgen des Versicherungsfalls	90
3.3.4.3	Ausarbeitung des schlussfolgernden Begutachtungsteils	92
3.4	Rentengutachten	93
3.4.1	Rente als vorläufige Entschädigung und Rente auf unbestimmte Zeit	93
3.4.1.1	Rente als vorläufige Entschädigung	93
3.4.1.2	Rente auf unbestimmte Zeit	94
3.5	Zusammenhangsgutachten	94
3.5.1	Fragestellung	95
3.5.2	Abschließende Formulierung	95
3.6	Minderung der Erwerbsfähigkeit	96
3.6.1	Zum Wesen der Schätzung	98
3.6.2	Erfahrungswerte – antizipiertes Sachverständigengutachten	100
3.6.3	Gesamt-MdE	103
3.6.4	Vorschaden	104
3.6.5	Verschlimmerung	107
3.6.6	„Besonderes berufliches Betroffensein"	107
3.6.7	MdE bei weiblichen Versicherten	108
3.6.8	MdE bei Schülern	109
3.6.9	Gesamtvergütung	109
3.6.10	Wesentliche Änderung der Verhältnisse	110
3.6.10.1	Vergleichsgrundlage	110
3.6.10.2	Wesentliche Änderung	110
3.6.10.2.1	Änderung der rechtlichen (normbezogenen) Verhältnisse	111
3.6.10.2.2	Änderung der tatsächlichen Verhältnisse	111
3.6.10.2.3	Änderung der MdE-Erfahrungswerte	112
3.6.10.2.4	Anpassung und Gewöhnung	113
3.6.10.2.5	Rücknahme von unrichtigen Rentenbescheiden	115
3.6.10.2.6	Gutachtenauftrag zur Beurteilung einer wesentlichen Änderung	116
3.7	Teilhabe am Arbeitsleben und in der Gemeinschaft	117
3.8	Hilflosigkeit (Pflege)	117
3.9	Arbeitsunfähigkeit	118
3.9.1	Ähnlich geartete Tätigkeit	118
3.9.2	Andersartige Tätigkeit	119
3.9.3	Scheintätigkeit	119
3.10	Beginn der Rente	119
3.11	Anhang: Mitwirkungspflicht bei ärztlichen Maßnahmen (Zumutbarkeit)	120

3.1 Der medizinische Gutachter

Den UV-Trägern als Organe der Verwaltung sowie den Gerichten obliegt es, den Sachverhalt von Amts wegen aufzuklären; diese Pflicht steht im Kernbereich der Rechtsanwendung. Von ihr hängt der Wert jeder Entscheidung ab. Reicht die eigene Sachkunde nicht aus, ist ein Sachverständiger zu hören.[1] Deshalb ist im Unfallversicherungsrecht, in welchem auf Grund medizinisch ausgerichteter Gesetzestatbestände medizinische und nichtmedizinische Tatsachen sich gegenseitig bedingen, die Zusammenarbeit zwischen Ärzten, Juristen und Verwaltungsfachleuten unerlässlich: Das medizinische Gutachten hat hier den Rang einer „typischen" Entscheidungsgrundlage. Insoweit bereiten die Gutachter in ihrer Gesamtheit die Durchführung der ges. UV und leisten einen Beitrag zur Sozialen Sicherheit in Deutschland; letztlich helfen sie mit, den in der Verfassung postulierten Sozialstaat zu verwirklichen.[2]

Aufgaben des Gutachters

– Umfassende und wissenschaftliche Bearbeitung einer Fragesstellung

– Vermittlung wissenschaftlicher Erkenntnisse und Erfahrungssätze auf seinem Wissensgebiet

– Feststellen von Tatsachen mit Hilfe seiner speziellen Sachkunde, insbesondere Erhebung medizinischer Befunde

– Beurteilung dieser Tatsachen auf Grund der allgemeinen Erfahrungssätze seines Fachgebietes und dabei Prüfung der Subsumtionsfähigkeit seiner Feststellungen – unter Beachtung der Lehre von der wesentlichen Bedingung, der Beweisregeln, u.a.

Der beauftragte Arzt wird als medizinischer Sachverständiger tätig, als „Gehilfe[3], Berater[4]" oder „selbständiger Helfer bei der Wahrheitsfindung[5]". Er ist der Entscheidungskompetenz der Verwaltung und des Gerichts untergeordnet. Diese dürfen daher das Gutachten nicht kritiklos übernehmen; vor allem ist die Wiedergabe des Ergebnisses allein bei nicht einfach gelagerten Zusammenhangsfragen unzureichend. Das kritische Auseinandersetzen erfordert in freier Beweiswürdigung den gedanklichen Nachvollzug, eine Inhaltsprüfung, ob unstreitige oder bewiesene Tatsachen zu Grunde liegen und ob die gezogenen Schlüsse überzeugend sind:[6] Prüfung der *Schlüssigkeit* = rechtfertigt der festgestellte objektive medizinische Befund – seine Richtigkeit unterstellt – das Ergebnis?

---

1 BSG, 26. 11. 1957, SGb 1958, 16; 20. 8. 1963, SGb 1963, 306.
2 Kaiser, BG 1995, 742 m. Hinweis auf Kraemer, MedSach 81 (1985) 43; Eggenweiler, SozVers 1984, 8.
3 LSG Niedersachsen, 15. 2. 2000, Breith. 2000, 453, 454.
4 Venzlaff in: Psychiatrische Begutachtung (Hrsg. Venzlaff, Foerster) 3. Aufl. 2000 S. 67, 77; Stegers, MedSach 97 (2001) 18; Bonnermann, SGb 2002, 262.
5 Schreiber in: Festschrift für Rudolph Wassermann, 1985 S. 1007; Krasney, 3. Tübinger Begegnung: Traumatologie und Recht 1996 (Hrsg. LVBG Südwestdeutschland) S. 61, 62.
6 BSG 4, 112, 114 (13. 11. 1956); 27. 10. 1961, Meso B 100/7; BGH, 21. 2. 1968, NJW 1968, 2298; BSG, 5. 2. 2008, UVR 15/2008, 1082; Großmann, MedSach 91 (1995) 36.

3.1 Der medizinische Gutachter

Eigene Sachkunde des Auftraggebers

Stellen Verwaltung oder Gericht *eigene Sachkunde* unter Beweis, können Fachfragen ohne Hinzuziehen eines Sachverständigen beantwortet werden.[7] Dies ist den Beteiligten vor der Entscheidung mitzuteilen. Dabei muss ersichtlich sein, worauf die Sachkunde beruht und was sie beinhaltet, damit die Betroffenen Stellung nehmen können.[8]

Dies wird sich insbesondere bei – vom Einzelfall losgelösten – medizinischen Erfahrungssätzen ergeben: Bemessen oder Änderung der MdE, Anpassung und Gewöhnung (s. 3.6.10.2.4, S. 113), Augenverlust (s. 6.4.2, S. 293).

Grundsätzlich ist das Gericht in der Würdigung der Sachverständigengutachten frei. Auch ohne ein weiteres Gutachten kann es von einem bereits eingeholten Gutachten abweichen. Zur Freiheit der Beweiswürdigung gehört die Entscheidung über den Umfang und die Art der Ermittlungen. Jedoch:

„Will der Richter das Ergebnis, zu dem der Gutachter gelangt ist, nicht gelten lassen und an dessen Stelle selbst einen entgegengesetzten Schluss ziehen, begibt er sich auf ein Gebiet, das einem Sachverständigen vorbehalten bleiben muss, denn auch die zusammenfassende Bewertung der Einzelergebnisse verlangt über die Fähigkeit, allgemeine Folgerungen zu ziehen, hinaus spezielle Kenntnisse. Bewegt sich der Richter auf diesem Gebiet, so übernimmt er eine Verantwortung, die zu tragen er nicht in der Lage ist. Wenn er dem Gutachter nicht glaubt folgen zu können, so wird es sich empfehlen, die Bedenken dem Gutachter mitzuteilen und diesen zu einer ergänzenden Stellungnahme zu veranlassen. Notfalls muss er einen *anderen Sachverständigen* hören."[9]

Solches sollte erfolgen, wenn

- das erste Gutachten grobe Mängel, z.B. in sich (nicht gegeneinander) unlösbare Widersprüche aufweist[10]
- das erste Gutachten von unzutreffenden tatsächlichen Voraussetzungen ausgeht[11]
- der Sachverständige erklärt, eine von verschiedenen Beweisfragen nicht beantworten zu können[12]
- dem Sachverständigen die erforderliche Sachkunde fehlt, unter anderem sich daraus ergebend, dass er Widersprüche innerhalb seines Gutachtens oder zwischen der schriftlichen und mündlichen Begutachtung nicht aufzuklären vermag[13]

---

[7] BSG, SozR 1500 § 128 Nr. 31 (10.12.1987) = SGb 1988, 506 m. Anm. Müller = MedSach 1988, 139; BSG, 29.1.1986, HV-Info 6/1986 S. 433; Krasney, Neurologische Begutachtung (Hrsg. Suchenwirth, Kunze, Krasney) 3. Aufl. 2000 S. 4.
[8] BSG, SozR 4-1500 § 128 Nr. 3 (10.12.2003) = SGb 2004, 780, 785 m. Anm. Wilde; BSG, SozR 3-1500 § 62 Nr. 4 (6.3.1991); 5.3.2002, HV-Info 12/2002, 1157; 4.6.2002, HVBG VB 89/02 = SozVers 2002, 218; BSG, 5.2.2008, UVR 15/2008, 1082.
[9] BSG 26.6.2001, HV-Info 25/2001, 2332; BSG, 1.3.1989, Meso B 180/24; 8.12.1988, Meso B 40/39; BSG, 27.10.1961, SGb 1961, 365; 20.9.1977, SGb 1978, 61.
[10] BGH, 4.10.1965, VersR 1965, 596; BSG, 16.2.1967, SGb 1967, 165 Nr. 31.
[11] BSG, 14.12.1999, HV-Info 6/2000, 504.
[12] BGH, NJW 1955, 1642.
[13] BGH, NJW 1955, 1642; BSG, 28.6.1988, HV-Info 24/1988, 1850.

- weiteres oder wesentlich verändertes Material beigebracht wird, das dem ersten Gutachter nicht vorgelegen hat[14]
- eine besonders schwierige Frage den Gegenstand des Gutachtens bildet[15]
- der weitere Gutachter über Forschungsmittel verfügt, die denen eines früheren Gutachters überlegen erscheinen[16]
- über die Entstehung des Leidens in der medizinischen Wissenschaft Ungewissheit besteht.[17]

Das weitere Gutachten ist indessen kein „*Obergutachten*". Alle Gutachten sind in gleicher Weise zu würdigen. Der Beweiswert richtet sich allein nach der Überzeugungskraft der Begründung und Erläuterung sowie danach, welche fachwissenschaftlichen Ausgangspunkte den jeweiligen Äußerungen zu Grunde liegen. Kommen Sachverständige zu entgegengesetzten Ergebnissen, müssen vor einer abschließenden Beweiswürdigung alle weiteren Aufklärungsmöglichkeiten (z.B. durch Fragen nach dem tatsächlichen Ausgangspunkt, den medizinischen Lehrmeinungen und wissenschaftlichen Grundlagen) ausgeschöpft werden, um die Widersprüche zu konkretisieren, zu verringern oder auszuräumen.[18]

Persönliche Gutachtenerstellung

Im Verwaltungsverfahren ist die Beauftragung einer Institution zulässig, es sei denn, der zu Begutachtende benennt im Rahmen seines Gutachterauswahlrechts (§ 200 Abs. 2 SGB VII) ausdrücklich einen bestimmten Gutachter (s. 3.3.1.1, S. 84). Im Gerichtsverfahren wird der Gutachter namentlich bestellt (§ 407a Abs. 2 S. 1 ZPO).

Der beauftragte Sachverständige darf sich bei der Erstellung des Gutachtens anderer Personen nur bedienen, wenn dies seine Verantwortlichkeit für das Gutachten nicht in Frage stellt.

Hilfsdienste

Hilfsdienst von untergeordneter Bedeutung dürfen ohne Einschränkung von anderen Personen verrichtet werden (§ 407a Abs. 2 S. 2 ZPO): Feststellung einfacher Befunde wie Körpergröße, Gewicht, Pulsfrequenz. Auch solche Untersuchungen gehören dazu, die -auf Grund erforderlicher Dokumentation – einer Überprüfung der Untersuchungsqualität und einer konkreten Nachvollziehung zugänglich sind und deren konkretes Ergebnis durch den Untersucher nicht in erheblichen Umfang beeinflusst werden kann: radiologische (Röntgenaufnahmen), laborchemische und elektrophysiologische (EEG, EKG, evozierte Potentiale) Untersuchungen, nicht jedoch Ultraschalluntersuchungen, elektromyographische Ableitungen, über einfache Tests hinausgehende (neuro)psychologische Testuntersuchungen.[19]

---

[14] Walter, Küper, NJW 1968, 182.
[15] BGH, 4. 10. 1965, VersR 1965, 596.
[16] Vgl. § 244 Abs. 4 S. 2 StPO.
[17] Hess. LSG, 9. 12. 1971, Breith. 1972, 588.
[18] BSG, SozR 1500 § 128 Nr. 31 (10. 12. 1987).
[19] Feddern, Widder, MedSach 105 (2009) 93 ff.

3.1 Der medizinische Gutachter

Heranziehen von Mitarbeitern

Eine über die Hilfsdienst hinaus gehende Mitwirkung – insbes. durch Assistenz- oder Oberärzte – ist grundsätzlich als zulässig anerkannt. Bei der Arbeitsteilung muss der als Sachverständiger – persönlich oder funktionsbezogen (z. B. Klinikdirektor) – benannte Arzt

- die Verteilung der Aufgaben „in der Hand halten"[20]
- erhobene Daten und Befunde nachvollziehen
- die Schlussfolgerungen überprüfen
- durch seine Unterschrift die volle Verantwortung für sein Gutachten übernehmen.

Die Rspr. beanstandet nicht die Unterzeichnung des von einem Mitarbeiter vorbereiteten und verfassten Gutachtens mit dem Vermerk „einverstanden auf Grund persönlicher Untersuchung und eigener Urteilsbildung."[21] Darüber hinaus wird im Schrifttum die konkrete Nennung des Umfangs der Mitarbeit für erforderlich gehalten.[22]

Grenze der Delegation ist der „unverzichtbare Kern der Aufgaben" des Sachverständigen. Dazu gehören nicht die körperliche Untersuchung sowie die schriftliche Abfassung des Gutachtens, es sei denn, anderes ergibt sich aus der Eigenart des Gutachtenthemas[23], z. B. psychiatrisches Gutachten.[24]

Keine Delegation der Verantwortung

Die Verantwortung für das Gutachten ist nicht delegierbar. Weder reicht die Unterzeichnung durch den beauftragten Gutachter mit dem Zusatz „in Vertretung"[25], oder „einverstanden"[26] aus, noch kann die Delegation nachträglich genehmigt werden[27]. Ein Verwertungsverbot wäre die Folge.

Unverzichtbare Kernaufgaben

Dem beauftragten Sachverständigen sind jene Untersuchungen vorbehalten, auf die sich das Gutachten in der entscheidenden Beurteilung wesentlich stützt oder die in der Auseinandersetzung mit anderen Gutachten und dem Vorbringen des Versicherten bedeutsam sind.[28] Es handelt sich um einen das „Gutachten prägenden und regelmäßig ... nicht verzichtbaren Kern der vom Sachverständigen selbst zu erbringende Zentralaufgaben".[29] Der Umfang lässt sich nur nach dem jeweiligen medizinischen Fachgebiet und den Beweisfragen entscheiden.

---

20 LSG Thüringen, 5. 9. 2001, Breith. 2002, 18.
21 BSG, SozR 1500 § 128 Nr. 33 (25. 5. 1988).
22 Vgl. Feddern, Widder, MedSach 105 (2009), 93, 94.
23 BSG, SozR 4-1750 § 407 a Nr. 3 (17. 11. 2002) = UVR 11/2007, 239; dazu Feddern, Widder, MedSach 105 (2009) 93, 94; Drechsel-Schlund, Brusis, Laryngo-Rhino-Otol 87 (2008) 654.
24 BSG, SozR 4-1750 § 407 a Nr. 1 (18. 9. 2003) = SGb 2004, 363 m. zust. Anm. Roller.
25 BSG, 1. 12. 1964, SGb 1965, 127 m. zust. Anm. Jennerwein.
26 BSG, 15. 2. 1989, Meso B 20a/238.
27 BSG, 23. 8. 1967, MedSach 1969, 152.
28 BSG, 28. 3. 1984, VersR 1984, 960; Krasney, MedSach 1984, 12, 14.
29 BSG, SozR 4-1750 § 407 a Nr. 1 (18. 9. 2003) = SGb 2004, 363 m. zust. Anm. Roller.

Gesamtbeurteilung

Die einzelnen Beurteilungen mehrerer Fachärzte sind – soweit unterschiedliche medizinische Fachgebiete in Betracht kommen – eigenverantwortliche Gutachten, ungeachtet einer abschließenden gutachterlichen Gesamtschau.[30] Die Gesamteinschätzung muss durch einen dazu beauftragten Sachverständigen erfolgen, der hierfür die allgemeine Verantwortung übernimmt. Die Gesamtbeurteilung ist vor allem dann erforderlich, wenn sich die Funktionsbeeinträchtigungen aus Sicht der jeweiligen Fachgebiete überschneiden oder potenzieren können.[31]

3.2 Arzt-Versicherten-Verhältnis bei Begutachtungen

Die Forderung, ein Arzt sollte – auf Grund möglicher Neutralitätskonflikte – über von ihm zu behandelten Patienten keine Gutachten erstellen[32], ist sicherlich zu hoch gegriffen, juristisch nicht belegbar und durch eine über viele Jahrzehnte bewährte gutachterliche Praxis widerlegt.

Der als Sachverständiger tätige Arzt übernimmt eine Doppelfunktion, wenn er ein Gutachten über seinen Patienten erstellt. Dabei ist er ausschließlich seinem ärztlichen Gewissen unterworfen. Er hat das Interesse der beauftragenden Partei bei Gutachtenerstattung außer Betracht zu lassen[33], auch – trotz Verbundenheit zum Patienten – die Objektivität zu wahren:

Es gibt *kein* „in dubio pro aegroto", kein „im Zweifel für den Verletzten-Erkrankten". Dies ist in keiner Weise typisch für das Recht der ges. UV. Der Grundsatz, dass Zweifel am Bestehen einer Tatsache zu Lasten desjenigen gehen, der auf das Bestehen dieser Tatsache einen rechtlichen Vorteil für sich stützt, gilt im Rechtssystem allgemein, im Zivil- wie Öffentlichen Recht. Auch der strafrechtliche Grundsatz „im Zweifel für den Angeklagten" beruht auf diesem Prinzip. Wenn der Staat als Strafverfolger die Tatsachen, auf denen er seinen Strafanspruch gründet, nicht beweisen kann, also Zweifel an der Schuld des Angeklagten bestehen, gehen diese Zweifel zu Lasten des Staates, der diesen Anspruch geltend macht. Dass die Zweifel zu Gunsten des Angeklagten wirken, ist die Reflexion dieses Prinzips.

Grundsätze[34]

(1) Maßstäbe für den Umgang des medizinischen Gutachters mit den Versicherten im Rahmen der Begutachtung ergeben sich aus dem Begutachtungs(Werk-)Vertrag zwischen UV-Träger und Gutachter. Dessen Inhalte werden geprägt durch das Gebot der objektiven Sachverhaltsermittlung, durch Verfahrens- und Informationsrechte der Versicherten ebenso wie deren Mitwirkungspflichten und durch das Gutachter- und ärztliche Standesrecht.

(2) Zwischen medizinischem Gutachter und Versicherten ist ein Vertrauensverhältnis anzustreben, das auf der objektiven und sachkundigen Wahrnehmung der Aufgabe des Gutachters beruht.

---

[30] Kaiser, BG 1995, 742, 746.
[31] BSG, SozR 4-1500 § 128 Nr. 3 (10. 12. 2003) = SGb 2004, 780 m. Anm. Wilde.
[32] Widder, Forum Medizinische Begutachtung 1/2009, 4.
[33] BSG, SozR Nr. 11 zu § 73 SGG (25. 3. 1961).
[34] Stellungnahme des Verwaltungsausschusses „Rechtsfragen der Unfallversicherung", HVBG, BG 2000, 481.

Im Regelfall ist eine Vertrauensperson des Begutachtenden zuzulassen. Der Sachverständige sollte von der Möglichkeit, seinerseits Hilfspersonen hinzuzuziehen, Gebrauch machen, um bei auftretenden Konflikten auf einen Zeugen verweisen zu können. Wird die Gegenwart einer Vertrauensperson ohne eine konkrete, nachvollziehbare Begründung abgelehnt, kann dieser Mangel im Einzelfall zur Unverwertbarkeit des Gutachtens führen. Es empfiehlt sich daher, Ablehnungsgründe ausführlich zu dokumentieren.[35]

(3) Vor Beginn der Untersuchungen erklärt der Gutachter dem Versicherten Inhalt und Ziel der Begutachtung, seine Vorgehensweise und den Verlauf der erforderlichen Untersuchungen. Gegebenenfalls sind bei untersuchten Personen deren Kulturkreis und Vorstellungswert zu berücksichtigen, um falschen Wertungen zu begegnen. Über körperliche Eingriffe ist der Versicherte aufzuklären, insbesondere auch über eventuelle Risiken und Beeinträchtigungen. Bei nicht zumutbaren Eingriffen (§ 65 SGB I) ist zu klären, ob der Versicherte mit dem Eingriff einverstanden ist.

(4) Durch das Anamnesegespräch mit dem Versicherten gewinnt der Gutachter, soweit erforderlich, Informationen zur Krankheits-, Familien- und Arbeitsvorgeschichte sowie zu den Lebensgewohnheiten. Ergibt sich daraus eine Abweichung von den Ermittlungsergebnissen des UV-Trägers, ist bei diesem rückzufragen oder Alternativbeurteilungen sind abzugeben.

(5) Über die bei der Untersuchung erhobenen medizinischen Tatsachen (Befunde, Funktionsbeschränkungen) kann der Gutachter den Versicherten informieren sowie Mess- oder Laborergebnisse, Röntgenbilder usw. erläutern.

(6) Der Gutachter klärt den Versicherten auf, wenn dieser behandlungsbedürftig ist oder weitere, nicht zum Begutachtungsumfang gehörende Untersuchungen geboten erscheinen.

(7) Beratung des Versicherten im gleichen Verfahren gehört nicht zu den Aufgaben des Gutachters. Auf ausdrückliches Verlangen kann der Gutachter den Versicherten über seine Vorschläge (Vorliegen einer Berufskrankheit oder Höhe der MdE) informieren, sofern bereits im Zeitpunkt der Untersuchung tunlich. Er weist dabei darauf hin, dass es sich um ärztliche Vorschläge handelt, die der abschließenden Beurteilung durch den UV-Träger bedürfen.

(8) Äußert der Versicherte den Wunsch auf Übermittlung des vollständigen Gutachtens, so weist der Gutachter ihn auf sein Recht hin, Einsicht in die Akten zu nehmen (§ 25 SGB X). Eine Übermittlung durch den Gutachter an den Versicherten ist vom Auftrag nicht gedeckt.

3.3 Gutachtenerstellung

Ein Gutachten ist die begründete Stellungnahme eines Sachkenners bzw. das meist niedergelegte Untersuchungsergebnis zu bestimmten Fragen unter Anwendung der medizinisch-wissenschaftlichen Erkenntnis, auf den Einzelfall bezogen durch Sachverständige oder Ex-

---

35 LSG Rheinland-Pfalz, 20. 7. 2006, Breith. 2006, 889; LSG Rheinland-Pfalz, 23. 2. 2006, SGb 2006, 500; dazu Deitmaring, MedSach 105 (2009) 107 ff.

perten.³⁶ Es muss dem jeweils aktuellen wissenschaftlichen Erkenntnisstand der Disziplin entsprechen, sachlich, transparent, gut begründet und nachprüfbar sein³⁷, sowie klare Definitionen, kritische Abgrenzungen und angemessene Trennschärfe enthalten. Gütekriterien sind die Reliabilität (Zuverlässigkeit) und Validität (Rechtsgültigkeit), wie auch die Schlüssigkeit der Folgerungen mit ihrer Verwendbarkeit für die Rechtsanwendung.³⁸

Umfang und *Inhalt* des Gutachtens richten sich nach Auftrag und Fragestellung. Der *Aufbau* folgt üblicherweise den in langer Praxis erarbeiteten Regeln.

3.3.1 Auftrag

3.3.1.1 Benennung des Gutachters

Der UV-Träger hat bei der Gutachtenerteilung ein *Benennungsrecht*, dem ein *Auswahlrecht* des Versicherten gegenübersteht. Vor Erteilung des Gutachtens soll der UV-Träger dem Versicherten mehrere (in der Regel drei) Gutachter zur Auswahl benennen, ihn über den Zweck des Gutachters informieren und auf sein Widerspruchsrecht hinsichtlich der Datenübermittlung an den Gutachter hinweisen. Schlägt der Versicherte einen Gutachter vor, ist der UV-Träger nicht verpflichtet, dem zu folgen. Ist letzterer der Auffassung, der Gutachter sei ungeeignet, muss er die Gründe dem Versicherten im Einzelfall darlegen.³⁹

Sind *mehrere Gutachten* erforderlich, so ist dem Versicherten vor Erteilung jedes gesonderten Gutachtenauftrags Gelegenheit zur Auswahl zwischen mehreren Gutachtern zu geben. Dies ist der Fall, wenn von vornherein mehrere gesonderte Gutachtenaufträge an mehrere Gutachter unterschiedlicher Fachrichtung erteilt werden, oder wenn der zunächst beauftragte Gutachter dem UV-Träger mitteilt, dass die Erteilung eines weiteren Gutachtenauftrags oder mehrerer weiterer Gutachtenaufträge erforderlich ist.

Zieht ein Gutachter dagegen im Rahmen des erteilten Gutachtenauftrags weitere Ärzte zur Durchführung von Untersuchungen oder zur Beurteilung von Fragen auf anderen medizinischen Fachgebieten heran, so handelt es sich nicht um neue Gutachtenaufträge, bei denen die UV-Träger verpflichtet wären, den Versicherten erneut die Auswahl zwischen mehreren „Zusatzgutachtern" zu ermöglichen. Die UV-Träger können nach Erteilung des Gutachtenauftrags an den vorgesehenen Gutachter faktisch nicht in die Durchführung des Gutachtenauftrags durch den beauftragten Gutachter eingreifen. Außerdem stellt sich die Notwendigkeit der Heranziehung weiterer Ärzte in der Regel erst während der Untersuchung durch den beauftragten Gutachter heraus; würde den Versicherten in dieser Situation das Auswahlrecht auch hinsichtlich der weiteren, vom beauftragten Gutachter eingeschalteten Ärzte eingeräumt, führte dies zu Verzögerungen des Verfahrens. § 200 Abs. 2 SGB VII ist als Sollvorschrift ausgestaltet, damit besonderer Fallgestaltung flexibel Rechnung getragen werden kann. Um eine solche handelt es sich, wenn der beauftragte Gutachter während der Durchführung des Gutachtenauftrags erkennt, dass weitere Ärzte zur Beurteilung erforderlich sind.

---

[36] BSG, SozR 4-2700 § 8 Nr. 17 (9. 5. 2006); LSG Niedersachsen, 15. 2. 2000, Breith. 2000, 453, 454; Kater, Das ärztliche Gutachten im sozialgerichtlichen Verfahren, 2008 S. 36 ff.; Valentin, ASP 1989, 75; s. auch Scholz, MedSach 84 (1988) S. 120 ff.
[37] BVerfG, 14. 1. 2005, NJW 2006, 211 (LS); Becker, MedSach 105 (2008) 85, 90.
[38] Möllhoff, MedSach 90 (1994) Sonderausgabe September 1994 S. 56 f.
[39] BVA Tätigkeitsbericht 1999 S. 57.

3.3.1.2 Formulierung des Gutachtenauftrags

Gutachtenqualität und -auftrag bedingen sich wechselseitig. Mängel im Gutachtenauftrag sind zwar durch Sachverstand und Erfahrungswissen des Gutachters zu kompensieren. Solches darf aber nicht dazu verleiten, die an die Formulierung des Gutachtenauftrags und die Vorbereitung des Aktenvorgangs durch die Verwaltung zu stellenden Anforderungen zu verringern.

Präzise gutachterliche Fragen haben eine nicht zu unterschätzende Kontrollfunktion: Sie
- ermöglichen dem Auftraggeber zu prüfen, ob die Ermittlungen, die durchzuführen dem Sachverständigen ohne besonderen Auftrag versagt sind, hinlänglich ausreichend sind
- lassen annähernd auf den zu erwartenden qualitativen und erforderlichen quantitativen Untersuchungsumfang schließen
- verhindern Missverständnisse zwischen Auftraggeber und Gutachter
- fördern die Klarheit der gutachterlichen Beurteilung.[40]

Bei missverständlicher oder unklarer Beweisfrage möge der Gutachter um Präzisierung ersuchen oder Ergänzung des Auftrags anregen. Dabei ist zu beachten, dass der Auftraggeber als medizinischer Laie bisweilen nicht in der Lage ist, mit seiner Fragestellung die medizinische Problematik zu erfassen oder gar sämtliche entscheidungserheblichen medizinischen Befundtatsachen vorzugeben.[41]

Im Rahmen des zwischen auftraggebender Verwaltung und den Gutachtenauftrag annehmenden medizinischen Sachverständigen zustande kommenden Begutachtungsvertrages (Werkvertrag § 631 BGB) wird die Leistungspflicht des medizinischen Sachverständigen allein durch die Formulierung des Gutachtenauftrages bestimmt. Maßstab, ob der Gutachter seine vertragliche Leistungspflicht erfüllt, ist grundsätzlich der Gutachtenauftrag, nicht die sich aus der objektiven Sachverhaltsgestaltung ergebende Fragestellung an den medizinischen Sachverständigen. Eine Verpflichtung des UV-Trägers, die im Gutachten zu beantwortenden Beweisfragen und die dem Gutachter dafür zu Gebote stehenden tatsächlichen Erkenntnisquellen (Gutachten nach Aktenlage oder in Verbindung mit persönlicher Untersuchung des Versicherten) festzulegen, ergibt sich auch aus den Verfahrensvorschriften des SGB. Danach (§ 20 Abs. 1 SGB X) ermittelt die *Behörde* den Sachverhalt von Amts wegen. Sie bestimmt Art und Umfang der Ermittlungen. Die Behörde bedient sich der Beweismittel (§ 21 Abs. 1 SGB X), die sie nach pflichtgemäßem Ermessen zur Ermittlung des Sachverhalts für erforderlich hält. Insbesondere kann sie Sachverständige vernehmen oder die schriftliche Äußerung von Sachverständigen einholen. Die danach dem UV-Träger obliegende Verantwortung für den Umfang der Ermittlungen und die Beweismittel kann nicht delegiert werden. Die durch Sachverständige zu beantwortenden Beweisfragen müssen durch den UV-Träger selbst vorgegeben werden. Entsprechendes gilt für den Rahmen der dem Sachverständigen eingeräumten Ermittlungskompetenzen.

Wenngleich eine Vielzahl unbestimmter Rechtsbegriffe wesentlich durch ihre medizinischen Bestandteile ausgefüllt wird, darf deren Beantwortung nicht an den medizinischen Sachverständigen „weitergereicht" werden.[42] Der Sachverständige sollte daher ein entspre-

---
[40] Schäcke, ASU 29 (1994) 475, 476.
[41] Stegers, MedSach 97 (2001) 18.
[42] Oehler, ZRP 1999, 285, 287 „Kompetenzparasitismus".

chendes Ersuchen zurückweisen und sich auf die Klärung medizinischer Vorfragen beschränken.[43]

3.3.2 Anknüpfungstatsachen

Es handelt sich um Tatsachen, die nicht vom Gutachter, sondern – früher – vom Arbeitgeber, UV-Träger oder einem anderen Sachverständigen erhoben wurden. Vorgeschichte sowie Ermittlung und Beschreibung des Sachverhalts gehören dazu. Sie sind vom Gutachter klar und vollständig darzustellen.[44]

3.3.2.1 Vorgeschichte und Anamnese

Die Vorgeschichte soll bei erstmaliger Begutachtung möglichst ausführlich sein; insbesondere bei der Beurteilung von Zusammenhangsfragen muss die Ermittlung sorgfältig erfolgen. Wesentliche Anknüpfungspunkte aus der Vorgeschichte sind in der Zusammenfassung des Gutachtens zu benennen, um eine Überprüfung der Argumentationskette zu ebnen.

Daten zur Familien- und Eigenanamnese, zur Sozialanamnese, insbes. bei Berufskrankheiten auch zur Berufs- und Arbeitsplatzanamnese bilden wesentliche Bewertungsgrundlagen für den Gutachter.

3.3.2.2 Sachverhaltsbeschreibung – Sachverhaltsermittlung

Vor allem bei der Zusammenhangsbegutachtung haben sie eine Schlüsselfunktion. Grundlage ist der *Durchgangsarztbericht*. Über den Zwang zur sofortigen schriftlichen Fixierung der Angaben über Unfallhergang und erste Beschwerden ist dieser Bericht eine zuverlässige Basis für spätere Beurteilungen. Zuerst niedergelegten Angaben zum Unfallhergang kommt wegen des unmittelbaren zeitlichen Zusammenhanges ein höherer Beweiswert zu als späteren Darlegungen.[45]

Ob sich die Aufgabe des medizinischen Sachverständigen in der Beurteilung eines vorgegebenen Sachverhaltes erschöpft oder er auch mit Hilfe seiner besonderen Sachkunde Tatsachen festzustellen hat[46], richtet sich nach dem Gutachtenauftrag.

Beim Gutachten nach *Aktenlage* ist eine Tatsachenfeststellung grundsätzlich ausgeschlossen. Ausnahmsweise kann der UV-Träger den Gutachter beauftragen, auch zu der Frage Stellung zu nehmen, ob und welche Rückschlüsse sich aus den aktenkundigen medizinischen Feststellungen für bestimmte andere Anknüpfungstatsachen (z.B. streitiger Unfallhergang) ergeben.

Grundsätzlich ist Aufgabe des UV-Trägers, dem Gutachter einen vollständig ermittelten Sachverhalt zur Beurteilung vorzulegen mit Ausnahme der bei der Begutachtung zu erhebenden Befundtatsachen. Die dem Gutachter eingeräumte anamnestische Befragung hat nicht den Zweck, den UV-Träger von der Erhebung der Arbeits-, Krankheits- und Sozialanamnese zu befreien. Vielmehr dient die ergänzende Befragung der Konkretisierung von

---

[43] Steger, MedSach 97 (2001) 18, 19.
[44] BVerfG, 14. 1. 2005, NJW 2006, 211 (LS).
[45] LSG Saarland, 25. 5. 1993, HV-Info 28/1993, 2488 = Meso B 250/137; Hess. LSG, 15. 2. 1978, Rdschr. HVBG VB 127/78.
[46] Krasney, MedSach 80 (1984), 12; Wiester, MedSach 86 (1990), 106.

bereits aktenkundigen Angaben, auch der Aufdeckung von Zweifeln an deren Richtigkeit. Ob hier eine Alternativbeurteilung oder vor der Gutachtenerstattung eine Rücksprache bei der auftraggebenden Verwaltung zwecks ergänzender Ermittlungen angezeigt erscheint, ist im Einzelfall zu entscheiden. Eine Ermächtigung des Gutachters, noch fehlende Befundunterlagen selbst anzufordern, wird als unbedenklich erachtet. Sonst ist eine Nachbesserung lückenhafter Sachverhaltsermittlungen eine Angelegenheit der Verwaltung.

Mangelhafte Aktenaufbereitung seitens der Verwaltung besteht darin, dass bei widersprüchlichen aktenkundigen Angaben zu Anknüpfungstatsachen (z.B. gefährdende Einwirkung bei Berufskrankheit) eine Klarstellung hinsichtlich des der Begutachtung zu Grunde zu legenden Sachverhaltes nicht erfolgt. Überlegungen, jedem Gutachtenauftrag als Zusammenfassung des Akteninhalts eine Sachverhaltsschilderung beizugeben, von welcher der Gutachter auszugehen hat, sogar von Aktenübersendung abzusehen, erscheinen dennoch bedenklich. Zutreffend wird auf die Gefahr hingewiesen, bei solchen Verfahren werde der Sachverhalt sachwidrig verkürzt. Ergänzende Klarstellungen zum aktenkundigen Sachverhalt sind, soweit angezeigt, vorzuziehen.[47]

Das Feststellungsverfahren ist nicht in selbständige Institute – Ermittlungsverfahren und Sachverständigenbeweis – zu trennen. Die Verwaltung kann bei fehlender medizinischer Sachkunde um den geeigneten Unfallmechanismus den Sachverhalt nicht durchweg erschöpfend erfragen und darstellen. Oft erfährt sie erst auf Grund eines Gutachtens, welche tatsächlichen Umstände entscheidend sind. Solche bisher nicht aktenkundigen Angaben des Verletzten sind – möglichst wortgetreu – niederzulegen.

Die *späte Schilderung* durch den Verletzten ist indessen problematisch. Nicht selten trägt sich das angeschuldigte Unfallereignis in Sekundenschnelle zu. Der Verletzte betrachtet die nebelhafte Verschwommenheit seines Erinnerungsbildes selbst als bedauerliche und korrekturbedürftige Lücke. Im Laufe seiner Rehabilitation beschäftigt er sich damit und ist dankbar für jeden Hinweis – von jedweder Seite. Mit den ihm zugekommenen Angaben füllt er unter Umständen – meist gutgläubig – seine Informationslücke. Aus einem harmlosen Unfallhergang wird auf diese Weise manchmal ein ungewöhnlicher oder schwer wiegender.

Für die sachgerechte Entscheidung ist der Hinweis des Gutachters hilfreich, dass Angaben des Beteiligten vom ärztlichen Standpunkt aus zutreffend oder mit dem objektiven Befund nicht in Übereinstimmung zu bringen sind.

3.3.3 Befundtatsachen

Es handelt sich um medizinische Befunde, die der Sachverständige selbst erhebt. Beschwerdebild und Befunderhebung gehören dazu. Sie sind einschließlich ihrer Ergebnisse im Einzelnen aufzuführen.

Der medizinische Tatbestand ist zur Rechtsanwendung transparent zu machen. Bei der *sprachlichen Fassung* sollte berücksichtigt werden, dass die Gutachten regelmäßig von medizinischen Laien ausgewertet werden müssen. Fremdworte sind nur soweit zu benutzen, als sie im Sprachschatz verankert und begrifflich klar definiert sind.

---

[47] Krasney, SGb 1987, 381; vgl. auch BSG, SozR Nr. 7 zu § 118 SGG (17.7.1961).

Fachausdrücke erscheinen im Interesse einer präzisen wissenschaftlichen Aussage unverzichtbar. Der Verwaltung sollten sie jedoch verständlich sein. Vom Bekanntheits- oder Schwierigkeitsgrad sowie von der Komplexität des Begriffes hängt es ab, ob Erläuterung in Kurzform (in Klammern), im Nebensatz gebracht oder ausführlich erfolgt.

3.3.3.1 Beschwerdebild

Das Beschwerdebild weist den Gutachter auf behauptete oder objektivierbare Folgen des Versicherungsfalls hin und schützt, Befunde zu übersehen oder erforderliche Zusatzuntersuchungen zu unterlassen. Die Klagen des Versicherten (vorgebrachte Beschwerden und Behinderungen im täglichen Leben und Beruf) sind mit dessen eigenen Worten wiederzugeben; ggf. ist ein Dolmetscher beizuzuziehen. Hörbehinderte Menschen haben das Recht, Gebärdensprache zu verwenden (§ 19 Abs. 1 SGB X).

3.3.3.2 Befunderhebung

Mit dem Auftrag zur Begutachtung einschließlich persönlicher Untersuchung ist eine Befugnis zur Tatsachenfeststellung, nämlich der „Befundtatsachen", zwangsläufig verbunden.[48]

Zu unterscheiden sind[49]

- *objektive* Befunde, deren Erhebung von der Mitarbeit des Untersuchten, aber auch von der Interpretation des Untersuchers unabhängig sind (Laborbefunde)
- *semiobjektive* Befunde, die der Interpretation des Untersuchers unterliegen (Interpretation von Bildbefunden im Detail)
- *semisubjektive* Befunde, die von der Mitarbeit des Probanden abhängig sind (Gangbild, Bewegungsausschläge, Kraftprüfung)
- *subjektive* Befunde, die nur die vom Untersuchten erlebte Symptomatik widerspiegeln (Schmerzen, Schwindelbeschwerden, sensible Sensationen wie Kribbeln, Taubheit, Seh-, Hör- und Geschmackstörungen, außerhalb der Objektivierbarkeit mittels fachärztlicher Befunderhebung).

Die *Befund*schilderung kann die abschließende *Beurteilung* nur sichern und begründen, wenn sie vollständig und gründlich ist. Aus rechtlicher Sicht hat der Befund drei Funktionen[50]:

(1) Zunächst sind die Befunde so detailliert, klar und eindeutig aufzuführen, dass sie auch von medizinischen Laien jedem einzelnen der diskutierten Gründe und Gegengründe zugeordnet werden können. Sachlich müssen die Befunde ausreichen, um die Beweisfragen überzeugend zu beantworten. Das bedeutet auch, dass die Untersuchungsmethoden dem Stand der medizinischen Wissenschaft zur überzeugenden Beantwortung der Beweisfragen entsprechen.

Der Gutachter selbst entscheidet, welche Untersuchungsmethoden erforderlich sind. Aus dieser – ärztlichen – Verantwortung kann er durch Wünsche des nicht sachverständigen

---

[48] Krasney, SGb 1987, 381, 383; Hennies, MedSach 94 (1998), 37.
[49] Schöter, Tändler, Trauma Berufskrankh 8 (2006) 177, 180 f.
[50] Nach Wiester, SGb 1994, 552; s. auch Bonnermann, BG 1995, 556.

3.3 Gutachtenerstellung

Auftraggebers keinesfalls entlastet werden. Neuen wissenschaftlichen Verfahren darf er sich nicht verschließen.[51]

(2) Der Befund ist entscheidende Vergleichsgrundlage für weitere medizinische Gutachten. Hinzugezogene medizinische Sachverständige müssen sich an den Befundangaben sicher orientieren können. Auch ohne Kenntnis der Begutachtungsperson ist allein anhand der Befunde ein sicheres Bild über den Gesundheitszustand, die verbliebene Funktionsfähigkeit und die bestehenden Funktionsbeeinträchtigungen zu geben.

(3) Schließlich muss der Befund auf der Grundlage allgemeiner Mindestanforderungen so vollständig sein, dass er geeignet ist, möglicherweise auch in ungefragten anderen medizinischen Zusammenhängen und selbst zu späteren Zeiten den Gesundheitszustand, die mehr oder weniger vorhandene Funktionstüchtigkeit und die konkreten Funktionsbeeinträchtigungen der Begutachtungsperson zum Zeitpunkt der Untersuchung zu dokumentieren.

3.3.3.3 Messblätter nach der Neutral-Null-Methode

Im chirurgisch-orthopädischen Gutachten erfolgt die Dokumentation der Bewegungsausschläge der einzelnen Wirbelsäulenabschnitte sowie – im Seitenvergleich – der Bewegungsausschläge der Gliedmaßengelenke und Umfangmaße im Bereich der Extremitäten unter Nutzung der standarisierten Messblättern nach der Neutral-Null-Methode. Vollständig und korrekt ausgeführt stellen sie eine erhebliche Erleichterung für den Gutachter und demjenigen dar, der das Gutachten auswerten muss. Sie ebnen die Vergleichbarkeit bei späteren Gutachten. Bei der Interpretation der klinischen Daten ist zu berücksichtigen, dass die Anlage z.B. des Winkelmessers oder Umfangmessungen mit leichten Fehlern behaftet sind. Deshalb erlangen die Messwerte erst Bedeutung mit den klinischen – vor allem aus Inspektion, Palpation und Funktionsprüfungen gewonnen – Befunden.[52]

Vorteile der Neutral-Null-Methode:

- internationale Vereinheitlichung der Untersuchungsergebnisse
- da die Normalstellung alle Gelenke in der 0° Stellung zeigt, weiß der Untersucher ohne besondere Hilfsmittel, wie der Winkelmesser anzulegen ist
- durch Angabe des Streckwinkels und des Beugewinkels sowie der Angabe 0° dazwischen (entsprechend den Vordrucken der BGen) ist die Gelenkfunktion „mit einem Blick" zu erkennen. Kann ein Gelenk die 0° Stellung nicht erreichen, wird die 0 vorangestellt und dann der Bewegungsausschlag in Form von zwei Zahlen angegeben, z.B. Knie 0-10-90, d.h. das Knie kann nicht vollständig gestreckt, aber von 10° Beugung bis 90° Beugung bewegt werden.

Die Neutral-Null-Methode bindet Untersucher bezüglich Messung und Dokumentation der Extremitätengelenke des Körpers.

Messbeispiele mit „Normalwerten" der Bewegungsumfänge der Gelenke in Einzelabschnitten Kap. 8 „Stütz- und Bewegungsorgane".

---

51 BSG, 29. 9. 1965, Meso B 10/47a; LSG Nordrhein-Westfalen, 23. 10. 1962, Meso B 90/93.
52 Probst, Deutsche Gesellschaft für Unfallchirurgie, Mitteilungen und Nachrichten 21 (1999) H. 40 S. 91, 92.

3.3.3.4 Datenschutz

Vorbehandelnde Ärzte sind zur Auskunft über die vom Versicherungsfall unabhängigen aktuellen und früheren Erkrankungen verpflichtet (§ 203 SGB VII). Insbesondere bei Erkrankungen, die sowohl beruflich als auch außerberuflich verbreitet sind, trägt allein eine umfassende Vorgeschichte und Diagnostik zur Aufklärung des Krankheitsbildes bei.

An einer Heilbehandlung infolge des Versicherungsfalls beteiligte Ärzte sind darüber hinaus zur Auskunft außermedizinischer Tatsachen verpflichtet, sofern zur Beurteilung des Versicherungsfalls erforderlich (§ 201 SGB VII[53]).

Soweit der Gutachter dem UV-Träger neue Befundtatsachen im Gutachten mitteilt, ist seine mittelbare Datenerhebung zulässig.[54]

3.3.4 Beurteilung

Die Beurteilung ist das Kernstück des Gutachtens. Sie dient der Interpretation von Sachverhalt, Vorgeschichte und Untersuchungsergebnissen. Unter zusammenfassender Würdigung aller anamnestischen und befundmäßigen Tatsachen erfolgt eine abschließende Aussage über die medizinischen Verhältnisse, hier aufbauend die Beantwortung der gutachterlichen Fragestellung.

3.3.4.1 Diagnose

Die Krankheitsdiagnose erfasst alle Maßnahmen, die zur Erkennung einer Krankheit und Benennung des Krankheitsbildes führen. Gleichzeitig dient sie der Beschreibung von Schädigung, Behinderung und Beeinträchtigung.

Die festgelegten Gesundheitsstörungen sind substanziert in einem Klassifikationssystem (ICD-10) zu definieren, eine umschreibende Bezeichnung des Krankheitsbildes als Syndrom oder Symptomatik ist nicht ausreichend. Fehlt es an solchen konkreten Feststellungen des Sachverständigen zu den Gesundheitsstörungen, kann der nach den Beweisanforderungen notwendige Vollbeweis nicht geführt werden und das Gutachten deswegen einen Leistungsanspruch nicht tragen.[55]

3.3.4.2 Beschreibung der Folgen des Versicherungsfalls

Mit Feststellen einer Gesundheitsstörung als Folge des Versicherungsfalls wird nicht eine ärztliche Diagnose oder eine Leidensbezeichnung als Leistungsgrund anerkannt, sondern der hierunter zusammengefasste und auf den Versicherungsfall zurückgeführte Gesundheitsschaden: Anerkannt wird demnach ein *Leidenszustand*.

Die Entschädigungspflicht des UV-Trägers erstreckt sich auf das als Folge des Versicherungsfalls anerkannte Krankheitsgeschehen. Maßgebend ist, ob die Symptome, die Auswirkungen des Leidens sowie der Zusammenhang zwischen der Erkrankung und dem Versicherungsfall Gegenstand der Feststellung im Rentenbescheid geworden ist.[56] Die

---

[53] Bereiter-Hahn, Mehrtens § 201 SGB VII Anm. 8: Tatsachen über Unfallhergang, Ort und Zeit.
[54] Brandenburg in: Gutachterkolloquium 11 (Hrsg. Hierholzer, u.a.) 1996 S. 115, 120.
[55] BSGE 96, 196 = SozR 4-2700 § 8 Nr. 17 (9. 5. 2006).
[56] BSGE 37, 177 = SozR 2200 § 581 Nr. 1 (21. 3. 1974) = SGb 1974, 460 m. Anm. Asanger; Bayer. LSG, 23. 7. 1974, Breith. 1975, 269, 270.

3.3 Gutachtenerstellung

Tragweite einer Anerkennung hängt somit in erster Linie vom *Inhalt des Bescheides* ab, weil allen anspruchsbegründenden Elementen vom Gesetz eine „endgültige Wirkung" beigemessen wird (§ 77 SGG). Das Leiden, das durch den Versicherungsfall als entstanden festgestellt wird, ist *genau* zu bezeichnen, um Streitigkeiten über die Feststellung zu vermeiden.[57] Zur Verschlimmerung eines zu Unrecht festgestellten Leidens s. 3.6.10.2.5.

Diese weitreichende Bindungswirkung des Bescheides fordert vom Gutachter, dass er sich der Verantwortung für das exakte Trennen von Unfallfolgen und unfallabhängigen Gesundheitsstörungen und ihrer sorgfältigen Bezeichnung bewusst ist. Die Unfallfolgen sollten so zusammengefasst werden, dass sie im Rentenbescheid übernehmbar und für den medizinischen Laien verstehbar sind.

Angaben allgemeiner Art, wie „Zustand nach", „Folgen von" oder „Erscheinungen nach" einer bestimmten Schädigung entsprechen nicht der gesetzlichen Feststellungsform. Sie lassen weder erkennen, welcher Zustand oder welche Erscheinungen bestehen, auch nicht, in welcher Weise das Unfallereignis mit den bestehenden gesundheitlichen Störungen im Zusammenhang steht. Allenfalls beschreiben sie den Erstschaden, nicht aber die für die MdE-Schätzung maßgeblichen Folgeschäden. Der „Zustand" oder die „Folgen" reichen von folgenlos ausgeheilt bis zu einem Folgeschaden in Höhe von 100 %. Eine unklare Ausdrucksweise hat dazu geführt, dass die Rspr. mehrdeutige Begriffe nicht mit Hilfe vorliegender Gutachten auslegt, sondern „alle als Folge dieser Verletzung in Betracht kommenden und festgestellten Gesundheitsstörungen (als) allein durch das Unfallereignis verursacht" angesehen hat.[58]

Gleichfalls ist der Begriff „*Syndrom*" zu meiden. Da Syndrome nicht zu vergleichen sind, lassen sich Besserungs- bzw. Verschlimmerungsnachweise nicht führen.[59]

Erfolgt das Feststellen der Folgen des Versicherungsfalls unklar und unbestimmt, sind Inhalt und Tragweite der Anerkennung durch Auslegung zu ermitteln. Der Berücksichtigung sämtlicher Unterlagen bedarf es, auch der ärztlichen Diagnosen und Gutachten, die dem Bescheid zu Grunde gelegen haben. Letzterer ist so auszulegen, wie er bei Würdigung aller Umstände nach Treu und Glauben und allgemeiner Verkehrsauffassung zu verstehen ist.[60]

Wegen späteren Nachweises einer wesentlichen Änderung sind Abschwächungen keineswegs angebracht. Diese Forderung gilt in hohem Maße für den behandelnden Arzt, der zugleich Gutachter ist.

Folgenlos abgeheilte Gesundheitsstörungen bedingen keine Funktionsbehinderungen. Sie sind nicht aufzuführen. Folgen eines Versicherungsfalls, die keine Funktionsausfälle (MdE) hervorrufen, sollen mit einem entsprechendem Vermerk versehen werden.

Formulierungen, die seelisch belasten oder bloßstellen, sind zu vermeiden bzw. zu umschreiben.

---

[57] BSGE 61, 127 (20. 1. 1987) = SozR 2200 § 548 Nr. 84 = SGb 1987, 425 m. Anm. Jung; LSG, Baden Württemberg, 29. 4. 1958, Breith. 1958, 878; LSG Niedersachsen, 8. 1. 1959, Breith. 1959, 514.
[58] BSG, 7. 12. 1976, SGb 1977, 149 Nr. 26; SozR Nr. 6 zu § 85 BVG (11. 11. 1959); LSG Niedersachen, 8. 1. 1959, SGb 1960, 188 m. abl. Anm. Münzel, ebenda, S. 189; kritisch dazu Schönberger, SozVers 1963, 310, 314; vgl. auch BSG, 21. 11. 1958, NJW 1959, 455.
[59] Ludolph, Spohr, Akt. Traumatol. 22 (1992) 126.
[60] LSG Niedersachsen, 8. 1. 1959, SGb 1960, 188 m. Hinw. auf RGZ 130, 99.

Daneben ist zweckmäßig[61]
- (verbliebene) Funktionsstörungen stichwortartig anzugeben
- schwerste Unfallfolgen voranzustellen
- bei Mehrfachverletzungen (z.B. an der linken und rechten Hand) die Befunde nach den verschiedenen Verletzungsarten aufzulisten
- (erklärbare) Schmerzen detailliert zu beschreiben (Art, Lokalisation, Stärke)
- keine genauen Messdaten (Messblatt) wiederzugeben, zumindest mit dem Wort „etwa" abzuschwächen (z.B. nicht: Mittelfingerkuppen-Hohlhand-Abstand von 1,8 cm, sondern: geringe Einschränkung der Bewegungsmöglichkeit des Mittelfingergrundglieds)

3.3.4.3 Ausarbeitung des schlussfolgernden Begutachtungsteils

Zur vollständigen Darstellung der beurteilungsmäßigen Überlegungen des Gutachters gehören (soweit im konkreten Fall beachtlich)

- Offenlegung der angewandten Erfahrungssätze und des wissenschaftlichen Ansatzes
- Diskussion widerstreitender Lehrmeinungen und Begründung des eigenen, dem Begutachtungsergebnis zu Grunde liegenden Standpunkts
- kritische Würdigung früherer, für die Gutachtenerstattung entscheidender ärztlicher Feststellungen und Beurteilungen (in Behandlungsberichten und gutachterlichen Stellungnahmen).

Der Beurteilung selbst ist der aktuelle Erkenntnisstand zu Grunde zu legen. Fachlicher Ausgangspunkt sind Standwerke, Begutachtungsempfehlungen und Leitlinien der medizinischen Fachgesellschaften. Die Quellen, auf welche der Sachverständige seine Beurteilung stützt, sind transparent zu machen.

Der Gutachter hat das Recht, in einer medizinischen Streitfrage sich auf eine „Mindermeinung" zu berufen. Dies folgt aus der Erkenntnis, dass der relativ hohe Stand der Medizin auf der freien Konkurrenz der Richtungen und Standpunkte beruht, so dass die gleiche Aussage gestern eine „Außenseitermeinung", heute die „Lehrmeinung" und morgen der „Rückfall in längst überwundene Anschauungen" sein kann. Auf Grund neuer Erkenntnisse mag deshalb eine herrschende Meinung einer Korrektur bedürfen.[62] Der Gutachter sollte aber seinen Auftraggeber ausdrücklich darauf hinweisen, dass seine persönliche Auffassung vom aktuellen wissenschaftlichen Erkenntnisstand abweicht, aber auch seine Ansicht in eigener Verantwortung vertreten und begründen.[63] Ferner sollte er sich bewusst sein, dass einem „Außenseitergutachten" wenig Durchschlagkraft zukommt und den Beweiswert mindert. Die Rspr. hat die Grenzen insoweit abgesteckt, als die Verwaltung unter Abwägung und sachgerechter Würdigung des Einzelfalles einer nicht nur vereinzelt vertretenen medizinischen Auffassung folgen darf, mögen anerkannte Wissenschaftler auch eine andere Lehrmeinung vertreten.[64]

---

[61] Kaiser, Weise, Hinweise für den ärztlichen Gutachter (Hrsg. LVGB Südwestdeutschland) 9. Aufl. 2005 S. 32.
[62] BSG, SozR 3-3850 § 52 Nr. 1 (17.12.1997)
[63] BSGE 96, 196 = SozR 4-2700 § 8 Nr. 17 (9.5.2006); Becker, MedSach 103 (2006) 74, 76 f.; Drechsel-Schlund, ebenda S. 106; Krasney, MedSach 105 (2009) 85, 87.
[64] BSGE 15, 112 (26.9.1961) = BG 1962, 257; s. dazu auch BSG, SozR 1500 § 128 Nr. 31 (10.12.1987) = SGb 1988, 506 m. Anm. Müller.

Wird von Leitlinien der medizinischen Fachgesellschaften abgewichen, ist dies eingehend zu begründen. Dies ist vor allem dann nicht ausgeschlossen, wenn die Leitlinien wegen der für ihre Änderung erforderlichen Verfahrensdauer noch nicht neueren gesicherten wissenschaftlichen Erkenntnissen entsprechen.[65]

Gleiches gilt hinsichtlich einer in der Rspr. vertretenen bestimmten medizinischen Auffassung. Der Sachverständige ist nicht verpflichtet, diese zu übernehmen[66]. Eine eingehende kritische Stellungnahme erleichtert indessen die Entscheidung der Verwaltung.

Medizinische Aussagen, vor allem über Zusammenhangsfragen und krankhaftbedingte Funktionsverluste, sind mit Unsicherheitsfaktoren behaftet; oft sind sie Ergebnis empirischer Überlegungen, darauf beruhend, den Grad der Sicherheit, Möglichkeit und Wahrscheinlichkeit der Antworten einzuschätzen, zu werten und abzuwägen. Der Mediziner hat die Grenzen medizinischer Erkenntnis deutlich zu machen. Zweifel und Unsicherheit in der Beurteilung sind darzulegen ohne den Eindruck zu trüben, dass es sich um eine solide fundierte Bewertung handelt, die medizinische oder psychologische Expertise auf der Höhe der Zeit widerspiegelt.[67] Auch die Nichtaufklärbarkeit einer Frage dient der Beweisführung insofern, als dies für Verwaltung und Gericht Anlass ist, entstehende Zweifel zu bewerten und ggf. nach der Beweislast zu entscheiden.

Abschließend ist der Grad der MdE zu bewerten, ggf. sind geeignete Maßnahmen (medizinische Rehabilitation, Leistungen zur Teilhabe am Arbeitsleben und in der Gemeinschaft, Nachuntersuchung) vorzuschlagen.

3.4 Rentengutachten

Dem Inhalt nach sind zu unterscheiden: Rentengutachten, deren Gegenstand eine freie Bewertung der Verletzungsfolgen ist (erste Feststellung der Rente als vorläufige Entschädigung sowie auf unbestimmte Zeit) und solche, denen die Änderung der Verhältnisse im Sinne einer wesentlichen Besserung oder Verschlechterung zu Grunde liegt.

3.4.1 Rente als vorläufige Entschädigung und Rente auf unbestimmte Zeit

Die Rente als vorläufige Entschädigung (§ 62 Abs. 1 SGB VII) überbrückt einen Schwebezustand, die Rente auf unbestimmte Zeit (§ 62 Abs. 2 SGB VII) setzt einen eingetretenen Beharrungszustand voraus.

3.4.1.1 Rente als vorläufige Entschädigung

Erfahrungen und Einsichten über den Ablauf von Heilvorgängen liegen der gesetzlichen Regelung zu Grunde, dass innerhalb von drei Jahren nach dem Versicherungsfall eine Rente vorläufig festgestellt werden kann, da sich während dieses Zeitraumes die Folgen meist in kurzen Zeitabständen ändern. Nach einer wesentlichen Änderung der Verhältnisse, die für die vorausgegangene Feststellung maßgebend gewesen sind, kann eine neue – wiederum vorläufige – Rente beschlossen werden.

---

65 Krasny, MedSach 105 (2009) 85, 87.
66 Krasny, MedSach 105 (2009) 85, 87; ausgenommen sind Sachverständige im Rahmen eines Beschäftigungsverhältnisses durch das dieses kennzeichnende Weisungsrecht.
67 Merten, Forum Medizinische Begutachtung 2/2006, 11, 14.

3.4.1.2 Rente auf unbestimmte Zeit

Haben sich die durch den Versicherungsfall geschaffenen Verhältnisse so weit gefestigt, dass die voraussichtlich dauernden Folgen ausreichend überschaubar sind, kann innerhalb der Dreijahresfrist die Rente als vorläufige Entschädigung jederzeit in eine (niedrigere oder höhere) Rente auf unbestimmte Zeit übergeleitet werden. Dabei ist der UV-Träger von der vorausgegangenen Feststellung der MdE unabhängig („freie Neueinschätzung"). Die Verhältnisse müssen sich nicht geändert haben[68], ein Hinweis im Gutachten ist daher entbehrlich. Die Anerkennung des Versicherungsfalls selbst und seiner Folgen sowie der Jahresarbeitsverdienst sind indessen bindend.[69]

Drei Jahre nach dem Versicherungsfall wird eine Rente als vorläufige Entschädigung kraft Gesetzes (§ 62 Abs. 2 SGB VII) zur Rente auf unbestimmte Zeit, sofern diese nicht vorher durch Bescheid festgestellt wurde. Der Gefahr, dass eine Rente als vorläufige Entschädigung, die als „Übergangsrente" höher liegt, „automatisch" zur Rente auf unbestimmte Zeit wird, weil die Zeit zur Neufestsetzung zu knapp bemessen war, ist entgegenzuwirken. Das Gutachten ist zeitlich so in Auftrag zu geben und zu erstatten, dass der UV-Träger ggf. den Versicherten anhören, einen Rentenbescheid erarbeiten, vom Rentenausschuss beschließen lassen und fristgerecht bekanntgeben kann.

Das Wesen der Rente auf unbestimmte Zeit besteht nicht in einer Gewährung auf unbestimmte Zeit, sondern darin, dass sie nach Eintritt einer wesentlichen Änderung nicht jederzeit (wie die vorläufige Rente), indes nur in Abständen von mindestens einem Jahr nach Bekanntgabe des vorhergehenden Rentenbescheids neu festgesetzt werden darf. Wird im Gerichtsverfahren eine Rente auf unbestimmte Zeit festgestellt oder zu Gunsten des Versicherten geändert, so beginnt das „Schutzjahr" mit dem Tag, an dem das Urteil oder der Vergleich zugestellt wurde.[70]

Der „Sperrfrist" liegt die Erwägung zu Grunde, dass Änderungen der Rente auf unbestimmte Zeit in zu kurzen Zeitabständen den Empfänger beunruhigen und seiner Gesundheit schaden können; auch soll der Versicherte in seiner wirtschaftlichen Disposition geschützt werden.[71] Daraus ergibt sich:

– Der UV-Träger ist nicht gehindert, zu Gunsten des Verletzten auf diese Frist zu verzichten, wenn eine wesentliche Verschlimmerung vorliegt.[72]

– Wird eine Rente erstmals später als drei Jahre nach dem Versicherungsfall festgestellt, kann sie für die zurückliegende Zeit – ohne Rücksicht auf das „Schutzjahr" – zeitlich begrenzt[73] und „gestaffelt"[74] werden.

3.5 Zusammenhangsgutachten

Zusammenhangsgutachten geben Antwort, ob bestimmte Gesundheitsstörungen auf ein Unfallereignis oder eine Einwirkung zurückzuführen sind. Diese Beurteilung hat sich nach

---

68 § 62 Abs. 2 S. 2 SGB VII.
69 Bereiter-Hahn, Mehrtens, § 62 SGB VII Anm. 13.
70 Bereiter-Hahn, Mehrtens, § 74 SGB VII Anm. 7.3.
71 Bereiter-Hahn, Mehrtens, § 74 SGB VII Anm. 5.
72 Rdschr. HVBG VB 75/55 u. 98/63.
73 BSGE 37, 186 (31.3.1974).
74 BSGE 44, 274 = SozR 2200 § 622 Nr. 14 (20.9.1977) = SGb 1978, 300 m. Anm. Godau.

dem zentralen Rechtsbegriff der rechtlich wesentlichen Bedingung auszurichten (s. 1.3.5). Solche Gutachten werden regelmäßig in freier Form angefordert.

3.5.1 Fragestellung

(1) Handelt es sich um eine für den Eintritt der Gesundheitsstörung *wesentliche Ursache*?

(2) Liegt ein Kausalzusammenhang im Sinne der *Entstehung* (alleinige Ursache, Teilursache) oder der *Verschlimmerung* vor?

(3) Entspricht die Beweiskraft der *Wahrscheinlichkeit*?

Dazu muss das ärztliche Gutachten schlüssige und überzeugende Antwort über den Wert aller geklagten Beschwerden oder festgestellten Befunde geben, selbst wenn der ursächliche Zusammenhang aus ärztlicher Sicht eindeutig nicht gegeben sein mag, aus der Laiensphäre dies aber nicht offensichtlich ist. Je unsicherer die Zusammenhänge im Hinblick auf die Entstehung der Krankheit sich darstellen, je mehr – unfallabhängige und unfallunabhängige – Faktoren beteiligt sind, desto gründlicher muss die Beweisführung sein. Insbesondere im Berufskrankheiten-Recht sind spezielles Fachwissen, intensives Forschen und die Auseinandersetzung mit internationaler Literatur bzw. internationaler Erfahrungsaustausch vorrangig.[75]

3.5.2 Abschließende Formulierung

Es empfiehlt sich[76], die erforderliche Wertung – nach medizinischer Begründung – sinngemäß mit folgenden Sätzen abzuschließen (die Formulierungsvorschläge enthalten die von der Rspr. entwickelten Wertungskriterien für die Abgrenzung von rechtlich wesentlicher Ursache und Gelegenheitsursache):

- *Versicherte Tätigkeit bzw. Unfallereignis als rechtlich nicht wesentliche Ursache:*
  ... das Ereignis/die unfallbringende Tätigkeit ist – im Hinblick auf seine/ihre Geringfügigkeit und den erheblichen Vorschaden – austauschbar mit alltäglichen Ereignissen/Verrichtungen des normalen privaten Lebens ...
  ... weil solche Belastungen mit Wahrscheinlichkeit in naher Zukunft und in etwa demselben Umfang den Körperschaden (z.B. Sehnenriss) herbeigeführt hätten ...
  ... der Gesundheitsschaden wäre mit Wahrscheinlichkeit auch ohne ein Ereignis/äußerer Anlass zu etwa derselben Zeit und in ungefähr gleichem Ausmaß eingetreten ...

- *Versicherte Tätigkeit bzw. Unfallereignis als rechtlich wesentliche (Teil-)Ursache:*
  ... die äußere (betriebliche) Einwirkung ist in ihrer Art (Ausmaß, Gewicht) und im Hinblick auf die vorbestehende Krankheitsanlage so bedeutsam, dass sie nicht durch alltägliche Belastungen des normalen privaten Lebens ersetzt werden kann ...
  ... ein Vorschaden/innere Ursache kann nicht sicher festgestellt werden, andererseits hat das äußere Ereignis (Unfallvorgang) zum Körperschaden ursächlich beigetragen ...
  ... das Ereignis/der Unfallmechanismus war so stark, dass dadurch auch ein gesunder Körperteil geschädigt worden wäre (z.B. zum Sehnenriss führend) ...

---

[75] Drexel, ASU 34 (1999) 408, 409.
[76] Kaiser, Akt. Traumatol. 21 (1991) 28, 29.

3.6 Minderung der Erwerbsfähigkeit

Versichertes Rechtsgut in der ges. UV ist die individuelle Erwerbsfähigkeit. Jedem Versicherten bieten sich in Abhängigkeit von seinem individuellen Gesundheitszustand, insbesondere seinem körperlichen und geistigen Leistungsvermögen, seinen Kenntnissen und Fertigkeiten, seinem Wissen und seiner Erfahrung, bestimmte Arbeitsgelegenheiten im gesamten Bereich des Erwerbslebens.[77] Neben den Umständen des Einzelfalles sind die allgemeinen Lebensverhältnisse sowie soziale und wirtschaftliche Gegebenheiten auf dem gewerblichen Sektor, im öffentlichen und privatwirtschaftlichen Bereich zu berücksichtigen.[78] Negative Auswirkungen im sonstigen sozialen und innerfamiliären Bereich, bisher ausgeübter Beruf oder bisheriges Qualitätsniveau, auch konkreter Einkommensverlust haben keine Relevanz.[79] Diese individuelle „Befähigung zur üblichen, auf Erwerb gerichteten Arbeit und deren Ausnutzung im wirtschaftlichen Leben" kann durch Arbeitsunfall oder Berufskrankheit beeinträchtigt werden: der Verletzte bzw. Erkrankte muss besondere Erschwernisse und Anstrengungen auf sich nehmen, ist Anforderungen nicht mehr gewachsen, oder bestimmte Arbeitsplätze sind ihm verschlossen. Als „Entschädigung" wird Versichertenrente gewährt.

Diese besteht aus Anteilen, die pauschal

– den durch einen Gesundheitsschaden bedingten Mehrbedarf
– den immateriellen Schaden
– erhöhte Anstrengungen
– persönliche Bedürfnisse
– den Einkommensverlust ausgleichen.[80]

Die Versichertenrente dauert an, solange der Betroffene

– seine Erwerbsfähigkeit verloren hat oder
– die Erwerbsfähigkeit des Verletzten um wenigstens ein Fünftel gemindert ist oder
– die Erwerbsfähigkeit infolge mehrerer Versicherungsfälle jeweils um wenigstens 10 % gemindert ist und die Summe der durch die einzelnen Versicherungsfälle verursachten MdE wenigstens 20 % beträgt. Versicherungsfällen stehen gleich Unfälle oder Entschädigungsfälle nach Beamten-, Versorgungsrecht und anderen Gesetzen, die Entschädigungen für Unfälle usw. gewähren. Damit können sich Versicherungsfälle gegenseitig „stützen", der frühere den späteren und umgekehrt.

---

[77] BSGE 1, 174, 178 (4. 8. 1955); 4, 147, 149 (29. 11. 1956); 21, 63, 67 (29. 4. 1964): auch Arbeitswille, Fleiß, Zuverlässigkeit; BSG, SozR 2200 § 581 Nr. 22 (14. 11. 1984); BSGE 63, 207, 209 (30. 5. 1988); grundlegend RVA, AN 1888, 70 Nr. 457 (26. 11. 1887).
[78] BSGE 6, 267, 268 (17. 1. 1958); 47, 250, 251 (6. 2. 1978); BSG, SozR 2200 § 581 Nr. 6 (27. 1. 1976).
[79] BSG, 31. 10. 1968, Breith. 1969, 568, 569; BSGE 31, 185, 188 (27. 5. 1970).
[80] So bereits RVA, 26. 11. 1887, AN 1888, 70 Nr. 457; vgl. auch BSGE 31, 185, 187 (27. 5. 1970); BVerfG, 7. 11. 1972, NJW 1973, 502, 504; BSG, SozR 3-2500 § 61 Nr. 2 (8. 12. 1992).

3.6 Minderung der Erwerbsfähigkeit

Für das Bemessen der MdE sind als Faktoren bedeutsam[81]

- Umfang der Beeinträchtigung des körperlichen und geistigen Leistungsvermögens der Versicherten durch die Folgen des Vericherungsfalls
- Umfang der verbleibenden Arbeitsmöglichkeiten auf dem gesamten Gebiet des Erwerbslebens

Die gesetzliche Regelung bindet damit an die individuelle Erwerbsfähigkeit vor dem Versicherungsfall[82] und nicht an die Erwerbsfähigkeit einer „Durchschnittsperson". Nicht die „normale Erwerbsfähigkeit", d.h. uneingeschränkte Erwerbsfähigkeit eines gesunden Versicherten ist also zu Grunde zu legen: dieser hypothetische Begriff lässt die richtige Bewertung des Schadens nicht zu Die Schadensbegrenzung ist abstrakt, nicht die Bestimmung der MdE. Somit ist nicht maßgebend, ob der Betroffene konkret eine andere Arbeit finden kann. Entscheidend ist, in welchem Ausmaß er durch die Folgen des Versicherungsfalls in seiner Fähigkeit gehindert ist, zuvor offenstehende Arbeitsmöglichkeiten zu ergreifen.[83]

Um die Auswirkungen des Gesundheitsschadens auf die Fähigkeit zur Erzielung von Erwerbseinkommen geht es; unbeachtliche Parameter sind daher Diagnose oder Grad der körperlichen Versehrtheit.[84]

Das die ges. UV beherrschende Prinzip der *abstrakten Schadensbemessung* besagt, dass die Entschädigung nach dem Unterschied der auf dem gesamten Gebiet des Erwerbslebens bestehenden Erwerbsmöglichkeiten des Verletzten vor und nach dem Versicherungsfall zu bemessen ist.[85] Die rechnerisch mit 100 % anzusetzende Erwerbsfähigkeit vor dem Versicherungsfall stellt den *Beziehungswert* dar, dem das nach dem Versicherungsfall verbliebene Ausmaß an Erwerbsfähigkeit als *Vergleichswert* gegenübergestellt werden muss. Die Differenz beider Werte ergibt die Minderung der Erwerbsfähigkeit.

Üblicherweise werden Stufen angegeben, die durch die Zahl 10 oder 5 (außer 33 1/3, 66 2/3 %) teilbar sind; damit wird ausgedrückt, inwieweit der Betroffene – im Verhältnis zu seiner mit 100 anzusetzenden Erwerbsfähigkeit vor dem Versicherungsfall – in der wirtschaftlich nutzbringenden Verwertung seiner Arbeitskraft prozentual (also nicht auf die konkreten Verdienstverhältnisse bezogen) eingeschränkt ist. Zu ermitteln ist daher, welche Arbeiten der Versicherte nach seinen Kenntnissen und Fähigkeiten vor dem Versicherungsfall auf dem gesamten Gebiet des wirtschaftlichen Lebens[86] leisten und welche Tätigkeiten er danach bei seinem nun vorliegenden Gesundheitsschaden noch verrichten kann. Arbeitsmöglichkeiten, die wegen des Gesundheitszustandes bereits vor dem Versicherungsfall verschlossen waren, sind nicht zu berücksichtigen.[87] War der Verletzte bei Ein-

---

[81] Ständige Rspr., BSG, SozR 3-2200 § 581 Nr. 8 (2. 5. 2001) = Breith. 2001, 783; BSG, SozR 4-2700 § 56 Nr. 2 (5. 9. 2006) = Breith. 2007, 499 = MedSach 103 (2007), 216 = UVR 2007, 163.
[82] BSG, 1. 3. 1989, HV-Info 13/1989, 1025; Wiester, NZS 2001, 630; im Gegensatz zu Ruppelt in: Schulin HS-UV § 18 und Brackmann, Burchard. § 56 RdNr. 84.
[83] BSGE 63, 207, 208 (30. 5. 1988); Wiester, NZS 2001, 630.
[84] Kaiser, Akt. Traumatol. 25 (1995) 202, 203; Pfitzner, NZS 1998, 61, 63.
[85] S. aus der umfangreichen Rspr. z.B. BSG, SozR 2200 § 581 Nr. 6 (27. 1. 1976); BSGE 31, 185 (27. 5. 1970); BVerfG, 7. 11. 1972, NJW 1973, 502, 503; ferner Mehrtens, Arens, ZSR 1988, 474, 475; Benz, BB 1987, 609; ders. in Gutachter-Kolloquium 2 (Hrsg. Hierholzer, Ludolph), 1987, 23, 24; Ricke, MedSach 82 (1986), 96; Wolber, SozVers, 1987, 21, 22.
[86] BSGE 23, 253, 254 (25. 8. 1965).
[87] LSG Nordrhein-Westfalen, 10. 9. 1959, Breith. 1960, 218.

tritt des Versicherungsfalls voll erwerbsunfähig (= dauernder Verlust der Fähigkeit, einen irgendwie nennenswerten Verdienst zu erlangen[88]), kann eine Minderung der Erwerbsfähigkeit nicht mehr eintreten.[89]

Der Prozentsatz der MdE wird in Verbindung mit dem zweiten Rechnungsfaktor, dem gleichfalls individuell zu berechnenden Jahresarbeitsverdienst, der Bemessung der Rente zu Grunde gelegt. Auf diese Weise ist gewährleistet, dass die Rente dem Arbeitsverdienst vor der Schädigung entspricht. Unter Berücksichtigung der Entwicklung der Bruttoarbeitsentgelte werden die Geldleistungen jährlich angepasst.

3.6.1 Zum Wesen der Schätzung

Das Bemessen des Grades der MdE ist eine Tatsachenfeststellung. Dies gilt für die Feststellung der Beeinträchtigung des Leistungsvermögens des Versicherten, ebenso für die auf der Grundlage medizinischer und sonstiger Erfahrungssätze über die Auswirkungen bestimmter körperlicher oder seelischer Beeinträchtigungen zu treffende Feststellung der bleibenden Erwerbsmöglichkeiten.[90]

Rentenbegutachtung ist im Kern *Funktions*begutachtung[91] unter medizinischen, juristischen, sozialen und wirtschaftlichen Gesichtspunkten.[92]

Maßgeblich ist die Beeinträchtigung des körperlichen und geistigen Leistungsvermögens. Auf die *gegenwärtige* körperliche Einbuße kommt es an. Zukünftige, ggf. auf Grund gesicherter Erfahrungen absehbare Schäden können nur berücksichtigt werden, wenn sie den Versicherten aus präventiven Gründen *gegenwärtige* Arbeitsplätze verschließen.[93]

Die Versorgungsmedizin-Verordnung[94] ist in der ges. UV nicht anwendbar.[95] *Grad der Behinderung* und *Grad der Schädigungsfolgen* berücksichtigen nicht nur Funktionsausfälle, die sich auf das Gesamtgebiet des allgemeinen Erwerbslebens beziehen, darüber hinaus auch die Auswirkungen der Gesundheitsstörungen in allen Lebensbereichen. Eine auf den Grad der Behinderung bezogene Rente würde zu einer anderen Berechnung als nach dem JAV führen[96], der Ablösung der Unternehmerhaftung und einer seit Jahrzehnten weiter ausgebauten sozialen UV widersprechen.[97]

Gleiches gilt für schematische Übertragen der Grundsätze über die Heilungsbewährung nach dem Schwerbehindertenrecht bei Gesundheitsstörungen, die zu Rezidiven neigen

---

[88] Besonderer Begriff der Erwerbsunfähigkeit i.S.d. UV im Gegensatz zur Rentenversicherung, BSGE 17, 160 (29. 6. 1962); SozR Nr. 13 zu § 581 RVO (28. 9. 1972) Breith. 1973, 281; SozR Nr. 15 zu § 581 RVO (27. 4. 1973) = BG 1974, 43; als Leistungsmaßstab gelten die Bedingungen des allgemeinen Arbeitsmarktes.
[89] BSGE 30, 224 (17. 12. 1969); 35, 232 (27. 2. 1973); BSG, SozR 3-2200 § 581 Nr. 2 (17. 3. 1992) = Meso B 10/500.
[90] BSG, SozR 3-2200 § 581 Nr. 8 (2. 5. 2001) = Breith. 2001, 783; BSG, SozR 4-2700 § 56 Nr. 2 (5. 9. 2006) = Breith. 2007, 499 = MedSach 103 (2007) 216 = UVR 3/2007, 163; BSG, 5. 2. 2008, UVR 15/2008, 1082.
[91] RVA, 8. 4. 1905, AN 1905, 413; Wilde, MedSach 1979, 29.
[92] BSGE 6, 267 (17. 1. 1958); SozR 2200 § 581 Nr. 6 (27. 1. 1976).
[93] BSG, SozR 2200 § 581 Nr. 6 (27. 1. 1976); Krasney, ASU 29 (1994) 525.
[94] Vom 10. 12. 2008 (BGBl I S. 2412).
[95] BSGE 93, 63 = SozR 4-2700 § 56 Nr. 1 (26. 6. 2004) = SGb 2005, 124 m. Anm. Keller.
[96] Krasney, FS Lauterbach II, 1981, S. 273, 276.
[97] Brackmann/Burchard, § 56 RdNr. 49.

3.6 Minderung der Erwerbsfähigkeit

(bösartige Geschwulstkrankheiten). Es handelt sich um eine pauschale, an bestimmte Verlaufskriterien gebundene Prognose. Dieses Bewertungsschema lässt sich auf die ges. UV wegen der ausschließlichen Orientierung an den Beeinträchtigungen im allgemeinen Erwerbsleben zum Zeitpunkt der Entscheidung nicht ohne weiteres übertragen[98], weil erst in Zukunft möglicherweise eintretende Schäden nicht zu berücksichtigen sind.

Werden jedoch *im Einzelfall* Aspekte der *Genesungszeit* nachgewiesen, kann aktuell die Fähigkeit zur Verrichtung von Erwerbsarbeit eingeschränkt sein: andauernde Behandlungsnebenwirkungen, Dauertherapie, Schmerzsyndrom mit Schmerzmittelabhängigkeit, Anpassung und Gewöhnung an den gegebenenfalls reduzierten Allgemeinzustand, notwendige Schonung zur Stabilisierung des Dauerzustandes, häufig erlebte psychische Beeinträchtigung (Antriebsarmut, Hoffnungslosigkeit, soziale Anpassungsschwierigkeiten), Einhalten besonderer Vorsichtsmaßnahmen zur Sicherung des Behandlungserfolges bzw. zur Vermeidung zusätzlicher Funktionsstörungen, Rückfallgefahr, wenn sie bereits von deren Eintritt die Erwerbstätigkeit mindert.[99] Im Bewilligungsbescheid ist ein klarstellender Hinweis aufzunehmen.

Durch Arbeitsunfall oder Berufskrankheit bedingter Verlust an individueller Erwerbsfähigkeit kann sich ergeben aus

— Störungen bestimmter körperlicher oder geistiger Funktionen, die im Erwerbsleben allgemein oder in bestimmten Bereichen benötigt werden (Sehfähigkeit, Riechvermögen, Gedächtnisfunktion, Greiffunktion)
— Beeinträchtigungen der Belastbarkeit gegenüber sonstigen Einwirkungen am Arbeitsplatz (Hitze, Kälte, gefährdende Arbeitsstoffe)
— Psychischen Störungen, die sich unterschiedlich auf die Erwerbsfähigkeit auswirken
— Sonstigen Beeinträchtigungen der Einsetzbarkeit auf dem allgemeinen Arbeitsmarkt (erhebliche Schmerzen; auch Einschränkungen wegen möglicher Gefährdungen Dritter, etwa bei Ohnmachtsanfällen, Infektionen).

Ärztliche Schätzungen sind dabei bedeutsame, vielfach unentbehrliche Anhaltspunkte. Da sie sich vorwiegend auf den Umfang der Beeinträchtigung körperlicher und geistiger Fähigkeiten beziehen, besteht insoweit eine Bindung für Verwaltung oder Gericht nicht.[100] Diese haben vielmahr die MdE in eigener Verantwortung zu prüfen und ggf. zu korrigieren.[101]

Der Schätzung ist naturgemäß eine gewisse Schwankungsbreite eigen. Dies gilt sowohl hinsichtlich der Bewertung der Funktionsausfälle selbst als auch im Hinblick auf die weitergehende Frage, inwieweit der Verletzte auf dem gesamten Gebiet des Erwerbslebens eingeschränkt ist. Sind die Schätzungsgrundlagen richtig ermittelt und alle wesentlichen

---

[98] BSGE 93, 63 = SozR 4-2700 § 56 Nr. 1 (26. 6. 2004); LSG Baden-Württemberg, 14. 9. 1994, HV-Info 13/1995, 1073; LSG Niedersachsen, 31. 1. 1995, Meso B 180/31 zur unterschiedlichen Bewertung s. auch BSG, 26. 11. 1987, Breith. 1988, 378, 382; SozR 2200 § 581 Nr. 23 (26. 6. 1985); Dahm, BG 1997, 86, 87 f.; ders. ZfS 1997, 105; a. A. Woitowitz, MedSach 97 (2001) 66.
[99] BSGE 93, 63 = SozR 4-2700 § 56 Nr. 1 (26. 6. 2004) = SGb 2005, 124 m. Anm. Keller; Schaffhausen, MedSach 105 (2009) 138 ff.
[100] BSG, 22. 8. 1989, HV-Info 28/1989, 2268; BSGE 4, 147, 149 (29. 11. 1956); 6, 267, 268 (17. 1. 1958); 41, 99, 101 (15. 12. 1975); vgl. bereits Rdschr. RVA, 31. 12. 1901, AN 1902, 178, 179.
[101] LSG Rheinland-Pfalz, 15. 6. 1999, HV-Info 26/2000, 2432.

Umstände hinreichend und sachgerecht gewürdigt, ist die Gesundheitsstörung insbesondere nicht streitig[102], dürfen Rechtsmittelinstanzen insoweit nicht um mehr als 5 % abweichen.[103]

Fehlt es an genauer Feststellung des MdE-Grades (z.B. „MdE unter 20 %"), so kann das Gericht eine Rente von 20 % festsetzen. Das Gleiche gilt, wenn in der Bescheid*begründung* zum Ausdruck gebracht wird, die MdE betrage 15 %. Unzulässig ist jedoch die Feststellung eines bestimmten – unter 20 % liegenden – Grades der MdE im *Verfügungssatz* eines Rentenbescheides unabhängig von der Rentengewährung, da dies sich – der Rspr. des BSG gemäß – zu Ungunsten des Versicherten auswirken kann.[104]

3.6.2 Erfahrungswerte – antizipiertes Sachverständigengutachten

Die Feststellung der auf Grund des verminderten Leistungsumfanges verbleibenden Möglichkeiten auf dem gesamten Gebiet des Erwerbslebens erfolgt nach anerkannten Richtwerten. Diese sind nicht ermittelt durch eine exakte zahlenmäßige Analyse der dem Verletzten noch offen Arbeitsplätze und deren Anteil am Erwerbsleben. Vielmehr handelt es sich um abstrakte Primärannahmen zu bestimmten Funktionsbeeinträchtigungen als Eckwerte, aus denen mittels vergleichender Betrachtung Werte für andere Schäden abgeleitet wurden.[105]

Hier anknüpfend wird der Vorwurf[106] erhoben, es fehle diesbezüglich an einer sozialwissenschaftlichen Analyse des Arbeitsmarktes; dieses führe zu einer starken Benachteiligung vieler Verletzter. Demzufolge fehle den MdE-Werten die Stützung auf

– allgemeine Lebensverhältnisse
– soziale wirtschaftliche Gegebenheiten
– Technik der Arbeitsvorgänge.

In sehr vorsichtiger Hinwendung zu diesen Forderungen hat das BSG[107] die MdE-Bemessung als dreistufiges Verfahren im Rahmen tatsächlicher Feststellungen dargetan:

(1) Zunächst sei medizinisch festzustellen, welche Funktionen, die für die Leistungsfähigkeit im Erwerbsleben bedeutsam sein können, durch die anerkannten Unfallfolgen beeinträchtigt werden und in welchem Ausmaß.

(2) Danach seien die Anforderungen bei bestimmten Erwerbstätigkeiten zu ermitteln. Da praktisch nicht alle Erwerbstätigkeiten berücksichtigt werden können, sind sie auf gängige Anforderungen zu beschränken.

---

[102] BSG, SozR 2200 § 581 Nr. 5 (17.12.1975); LSG Baden-Württemberg, 21.5.1973, Breith. 1973, 891, 893; SG Reutlingen, 26.6.1979, Breith. 1980, 25: Dieser Grundsatz gilt nicht, wenn die unterschiedliche MdE-Bewertung auf unterschiedlichen Befunderhebungen beruht.
[103] BSGE 43, 53, 54f. (7.12.1976) m.w.N.; LSG Rheinland-Pfalz, 16.12.1991, HV-Info 7/1992, 554.
[104] BSGE 55, 32 = SozR 2200 § 581 Nr. 17 (22.3.1983) = SGb 1984, 121 m. Anm. Wolber; BSGE 37, 177 (21.3.1974); BSG, 28.4.1976, HVBG VB 173/76.
[105] BSGE 40, 120 = SozR 3100 § 30 Nr. 8 (31.7.1975); dazu Watermann, ASP 1990, 105ff.; Ricke, MedSach 1986, 96ff; Pfitzner, NZS 1998, 61.
[106] Elsner, ZfS 1988, 340; Schimanski, SozVers 1985, 10ff.; 34ff.; 127ff.; Ekker, SGb 1984, 385, 393.
[107] BSG, 9 b-Senat, SozR 2200 § 581 Nr. 22 (14.11.1984); kritisch dazu Hennies, Zbl. Arbeitsmed. 40 (1990) 166, 167.

3.6 Minderung der Erwerbsfähigkeit

(3) Zuletzt sei zu berücksichtigen, welchen Anteil die Tätigkeiten, mit denen die nicht erfüllbaren Anforderungen verbunden sind, am gesamten Erwerbsleben haben, d.h. wie häufig sie im Verhältnis zu anderen vorkommen.

Dieses theoretisch gut durchdachte Prinzip ist aus praktischen Gründen nicht realisierbar.[108] Von den im Einzelfall beauftragten Sachverständigen kann nicht das Wissen erwartet werden, um den Verfahrensschritten gemäß aus klinisch-funktionellen Gesundheitsstörungen auf die abstrakten Einschränkungen auf dem allgemeinen Arbeitsmarkt zu schließen. Ferner dürfen die seit Jahren anerkannten MdE-Werte nicht ohne weiteres verlassen werden. Zudem: Die MdE wird auch davon bestimmt, welche Überwindung bzw. welchen Energieaufwand der Betroffene aufbringen muss, um trotz der Gesundheitsstörungen weiter erwerbstätig sein zu können.[109]

Auch das BSG[110] stellt klar, es habe nicht gefordert, die Bewertung der MdE bedürfe stets eines dreistufigen Verfahrens. Vielmehr wurde in ständiger Rspr. auch aus Gründen der Praktikabilität entschieden[111], die MdE-Bemessung könne in zweierlei Hinsicht vereinfacht werden. Sie darf durch Schätzung festgestellt und nach allgemeinen Erfahrungssätzen ausgerichtet werden. Damit wird der Vorwurf entkräftet, es bestehe ein höchstrichterliches Bestreben nach Genauigkeit, das nur zu der Erkenntnis führe, eine MdE-Bemessung nach den exakten gesetzlichen Voraussetzungen sei nach dem Stand der arbeitswissenschaftlichen Erkenntnisse nicht zu leisten.[112]

Stufenschema der Erfahrungswerte[113]

(1) Einfache Erfahrungssätze

Die im versicherungsrechtlichen und -medizinischen Schrifttum zusammengefassten MdE-Werte sind Erfahrungssätze, die mit anderen Umständen bei der Beweiswürdigung zu berücksichtigen sind.

(2) Qualifizierte Erfahrungssätze

Werden die MdE-Werte wiederkehrend von Gutachtern, UV-Trägern und Gerichten bestätigt und von den Betroffenen angenommen, erweisen sie sich als wirklichkeits- und maßstabgerecht und demnach sozial adäquat.[114] Es handelt sich um qualifizierte Erfahrungssätze. Sie sind zwar nicht für die Entscheidung im Einzelfall bindend, bilden aber die Grundlage für eine gleiche, gerechte Bewertung der MdE in zahlreichen Parallelfällen der

---

[108] Vgl. BSG, 19.3.1996, HV-Info 25/1996, 2214; Pfitzner, NZS 1998, 61, 63; Erlinghausen, bei Wiester, NZS 2001, 630, 631.
[109] BSG, SozR 2200 Nr. 6 zu § 581 (27.1.1976).
[110] BSG, (2. Senat), 19.3.1996, HV-Info 25/1996, 2214; 2.5.2001, Breith. 2001, 783.
[111] BSG, SozR 2200 § 581 Nr. 23 (26.6.1985); BSG, SozR 2200 § 581 Nr. 23 (26.6.1995).
[112] Wiester, NZS 2001, 630.
[113] nach Wiester, NZS 2001, 630, 633f. sowie Pense, Die Rechtsnatur von MdE-Tabellen, 1995.
[114] BSG, SozR 2200 § 581 Nr. 15 (23.6.1982); BSGE 40;120= SozR 3100 § 30 Nr. 8 (31.7.1975); 9.3.1996, HV-Info 25/1996, 2214.

täglichen Praxis[115] und sind im Regelfall zu beachten.[116] Bei Abweichung im Einzelfall besteht Argumentations- und Begründungspflicht.[117]

Die qualifizierten Erfahrungssätze sind in regelmäßigen Zeitabständen, vor allem bei neuen wissenschaftlichen Erkenntnissen daraufhin zu prüfen, ob sie den technischen Entwicklungen und Änderungen auf dem allgemeinen Arbeitsmarkt sowie den gewandelten sozialmedizinischen Anschauungen und neuen sozialmedizinischen Erkenntnissen anzupassen sind.[118]

(3) *Antizipiertes Sachverständigengutachten*

Es handelt sich um ein vorweggenommenes Gutachten, das nicht erst als Gerichtsgutachten im Rahmen einer gerichtlichen Beweisaufnahme eingeholt wird. Wenngleich das Gericht daran ebenso wenig gebunden ist wie an ein gerichtliches Sachverständigengutachten, ist damit eine den konkreten Rechtsstreit vorweggenommene fachliche Entscheidung getroffen. Abweichung ist mit erhöhtem Argumentationsaufwand zu begründen.

Ein qualifizierter Erfahrungssatz erhält die rechtliche Qualität eines antizipierten Sachverständigengutachtens, wenn die Voraussetzungen erfüllt sind[119]:

- Sachkunde auf medizinisch-wissenschaftlichem Gebiet und nachweisbare Befähigung in der Berufskunde und Arbeitsmarktforschung
- Neutralität, Unabhängigkeit, Objektivität
- Stimmigkeit im Inhalt
- Aktualität, d. h. regelmäßig in gleichen Zeitabständen auf den Stand der Erkenntnisse
- Organisationsform mit gesicherter Beteiligung der für MdE-Bewertung maßgeblichen Fachkreise zur Festlegung der Tabellenwerte
- Akzeptanz durch eine gewisse Anwendungsdauer
- Einhaltung eines besonderen, die Publizität wahrenden Verfahrens, um Korrekturen anzubringen.

In einem „obiter dictum" (unverbindliche Rechtsausführung) wurden vom BSG[120] als antizipiertes Sachverständigengutachten bezeichnet die

- Empfehlungen für die Einschätzung der MdE bei Berufskrankheiten der Haut (1995)
- Empfehlung der Deutschen Ophthalmologischen Gesellschaft zur Beurteilung der MdE durch Schäden des Sehvermögens (1994)
- Empfehlungen für die Begutachtung der beruflichen Lärmschwerhörigkeit – Königsteiner Merkblatt (1995)

---

115 BSG, SozR 4-2700 § 56 Nr. 2 (5. 9. 2006) = Breith. 2007, 499 = MedSach 103 (2007), 216 = UVR 3/2007, 163.
116 BSG, SozR 2200 § 581 Nr. 23 (26. 6. 1985); LSG Saarland, 27. 3. 1990, Breith. 1991, 602.
117 BSGE 43, 53, 54 (7. 12. 1976); Wiester, NZS 2001, 630, 633.
118 BSG, SozR 2200 § 581 Nr. 23 (26. 6. 1985).
119 Pense, Die Rechtsnatur von MdE-Tabellen, 1995; Wiester, NZS 2001, 630; zustimmend Keller SGb 2003, 254; BSGE 82, 212 = SozR 3-2200 § 581 Nr. 5 (30. 6. 1998).
120 BSG, SozR 3-2200 § 581 Nr. 8 (2. 5. 2001) = Breith. 2001, 783.

3.6 Minderung der Erwerbsfähigkeit

Dagegen wird eingewendet, Begutachtungsempfehlungen, die federführend von privatrechtlichen Vereinen, wie dem HVBG, der DGUV oder medizinischen Fachgesellschaften, erarbeitet wurden, fehle es an der Neutralität.[121]

3.6.3 Gesamt-MdE

Die Beurteilung von Gesundheitsschäden und Funktionseinschränkungen kann mehrere Körperteile und Organe betreffen, auch Begutachtungen auf unterschiedlichen Fachgebieten erfordern. Das Gesamtbild aller Funktionseinschränkungen ist mit einem MdE-Wert im Ganzen zu würdigen. Dabei dürfen die einzelnen MdE-Ansätze nicht schematisch zusammengerechnet werden. Entscheidend ist eine integrierende *„Gesamtschau der Gesamteinwirkungen"* aller Funktionseinschränkungen auf die Erwerbsfähigkeit.[122] Da die Gesamt-MdE sich auf einen Versicherungsfall bezieht, ist sie auf 100 % begrenzt.

Die integrierende Wertung der vorgeschlagenen Einzel-MdE-Sätze zu einer Gesamt-MdE wird in der Regel dem Gutachter übertragen, in dessen Fachgebiet der überwiegende funktionelle Schaden fällt („Haupt"-Gutachter). Grundsätzlicher Übersicht über die von ihm nicht abgedeckten Fachgebiete bedarf es. Ein gemeinsames Fachgespräch empfiehlt sich bei Unklarheit über die Auswirkungen auf anderen medizinischen Gebieten.[123]

Im ersten Schritt ist von den Funktionsstörungen mit der höchsten Einzel-MdE auszugehen, um sodann zu prüfen, ob weitere Funktionsstörungen das Ausmaß der Einschränkungen vergrößern.

- Werden *dieselben Funktionseinschränkungen* jeweils bei unterschiedlichen Fachgebieten beurteilt, fließen diese nur einmal in die Bewertung ein
- *Nebeneinander stehende Funktionseinschränkungen* sind gleichfalls nicht zu addieren. Bei der integrierenden Gesamtschau
  - ist der Grad der MdE in aller Regel niedriger als die Summe der Einzelschäden: Erektile Impotenz: 20 % - Anhebung der Gesamt-MdE um 10 %[124]
  - kann im Ergebnis auch eine Zusammenzählung erfolgen: Neuralgie 10 %, Doppelsehen 10 %: Gesamt-MdE 20 %[125]; internistische Unfallfolgen 30 %, orthopädische 30 %: Gesamt-MdE 50 %[126]
  - mögen die wechselseitigen Beziehungen der Funktionseinschränkungen im Einzelfall auch eine höhere Gesamt-MdE begründen.
- Da eine *MdE unter 10 %* als nicht messbar gilt (MdE daher 0 %), sind MdE-Sätze unter diesem Wert nicht addierbar. In ihrer Gesamtheit können sie jedoch zu einer messbaren MdE führen:
  Teilverlust des Mittelfingers rechts: 0 %, Teilverlust des Zeigefingers links 0 %: Gesamt-MdE 10 %.[127]

---

[121] Becker, ASU 44 (2009) 592, 595.
[122] BSGE 48, 82 (15. 3. 1979).
[123] Erlinghagen, Ludolph, Kursbuch der ärztlichen Begutachtung (Hrsg. Ludolph, Lehmann, Schürmann) 10. Erg. Lfg. 4/01 Abschn. III-1.10.4.
[124] LSG Rheinland-Pfalz, 25. 3. 1992, Meso B 190/9.
[125] LSG Baden-Württemberg, 13. 5. 1992, Meso B 290/167.
[126] LSG Rheinland-Pfalz, 14. 2. 1990, Meso B 80/4.
[127] LSG Berlin, 25. 5. 1993, Meso B 340/63.

- *Überlagernde oder überschneidende Funktionseinschränkungen* bemessen die Gesamt-MdE geringer als die Summe der einzelnen MdE-Werte:
  Brüche im Brust-, Rippen-, Lendenwirbelkörperbereich 30 %, pleurale Narbenbildung 10 %: Gesamt-MdE 30 %[128]

3.6.4 Vorschaden[129]

Die individuelle Erwerbsfähigkeit des Versicherten kann durch vielfache Faktoren schon vor dem Versicherungsfall beeinträchtigt sein: Vorerkrankungen, Alters- oder Verbrauchserscheinungen, angeborene oder durch AU, BK bzw. Versorgungsleiden erworbene Behinderungen. Da die Erwerbsfähigkeit gleichwohl mit 100 % anzusetzen ist, kann die MdE bei einem Versicherten mit einer unfallunabhängigen Gesundheitsstörung anders zu beurteilen sein als beim Fehlen einer solchen. Die abstrakte Bewertung soll lediglich gewährleisten, dass gleiche Folgen in gleichgelagerten Fällen auch gleich bewertet werden. Diese Voraussetzungen treffen aber nicht zu, wenn sich durch den Vorschaden die Folgen des Versicherungsfalls auf die Erwerbsfähigkeit anders auswirken als im „Normalfall" (kein Vorschaden).

Der Vorschaden ist somit *eine bei Eintritt des Versicherungsfalls* bestehende unfallunabhängige Gesundheitsstörung, die klinisch manifest ist oder Beschwerden bereitet und die Erwerbsfähigkeit beeinträchtigt.[130] Richtet sich die Frage zur Schadensanlage nach dem Kausalzusammenhang, so handelt es sich beim Vorschaden um eine Frage der MdE-Einschätzung.[131] Das „Alles-oder-Nichts-Prinzip" gilt allein bei der Prüfung der Kausalität (s. 1.7, S. 29; 1.8.1, S. 33). Grundsätzlich wird ein unfallfremder Vorschaden nicht mitentschädigt, es sei denn, er ist für die AU- bzw. BK-Folgen rechtlich wesentlich.

Rechtlich bedeutsam ist ein Vorschaden, wenn zwischen ihm und dem durch einen Versicherungsfall verursachten Gesundheitsschaden eine *funktionelle Wechselbeziehung* besteht.

Der Gutachter muss[132] angeben, ob ein organbezogener Vorschaden besteht, in welcher Weise dieser die Folgen des Arbeitsunfalls bzw. der Berufskrankheit beeinflusst und wie die MdE einzuschätzen ist.

- **Vorschaden und hinzutretende Gesundheitsstörung stehen in funktioneller Wechselbeziehung**

(1) Funktionelle Wechselbeziehung besteht vor allem bei paarigen Gliedmaßen und Organen, Organsystemen, die Funktionsausfälle an anderer Stelle zu ergänzen oder zu kompensieren vermögen. Kann eine Gliedmaße oder ein Organ den Vorschaden ausgleichen, ent-

---

[128] LSG Rheinland-Pfalz, 11. 9. 1985, Meso B 250/115; LSG Nordrhein-Westfalen, 8. 3. 2006, UVR 10/2007, 692.
[129] Dazu Schönberger, Mehrtens, in: Grundsatzfragen der sozialen Unfallversicherung, Bd II, FS Lauterbach 1981 S. 286; Kaiser, Akt. Traumatol. 27 (1997) 117ff.; Der Vorschaden in sozialrechtlicher Sicht, Schriftenr. d. BGlichen Forschungsinstituts f. Traumatologie H. 1 1974; Voigt, MedSach 103 (2007) 199.
[130] BSG, SozR 4-2700 § 56 Nr. 2 (5. 9. 2006) = NZS 2007, 380 = Breith. 2007, 499 = MedSach 103 (2007), 216 = UVR 3/2007, 163; dazu Plagemann, Radtke-Schwenzer, NJW 2008, 2150, 2155.
[131] Ludolph, in: Gutachterkolloquium 3 (Hrsg. Hierholzer, u.a.) 1989, S. 135; ders. Orthop. Praxis 2/89 S. 80ff.
[132] BSGE 5, 232, (28. 6. 1957) = BG 1958, 214.

3.6 Minderung der Erwerbsfähigkeit

steht durch die verbliebene Restfunktion eine Wertsteigerung. Infolge des Vorschadens ist der – mit 100 % einzuschätzende – „Restarbeitsmarkt" eingeschränkt. MdE-Richtwerte sind daher nicht anwendbar.[133] Zum Risiko der ges. UV gehört es, auch für solche Fälle einzustehen, in denen die unmittelbaren Unfallfolgen sich wegen eines Vorschadens verstärken.

Beispiele:

Verlust des zweiten Armes bei einem Einarmigen, Verlust des anderen Auges bei einem Einäugigen (s. 6.4.8.1, S. 299), Verlust des Daumens und damit des Feingriffs nach Verlust des anderen Daumens.

(2) Die funktionelle Wechselwirkung ist nicht auf paarige Organe beschränkt.[134]

Beispiele:

Ein Beinamputierter und daher auf den Gebrauch von Gehstützen angewiesener Versicherter kann durch ein beruflich erworbenes Hautleiden, welches den Gebrauch der Gehstützen erschwert, stärker betroffen sein, als ein Beingesunder mit gleichem Hautleiden.

(3) Gleiches gilt, wenn die Vorschädigung noch keine messbare MdE verursacht hat und die zu beurteilenden Unfallverletzungen ebenfalls keine messbare MdE verursacht hätten, wenn sie nicht gerade auf eine solche Vorschädigung getroffen wären.[135]

- **Vorschaden und hinzutretende Gesundheitsstörung betreffen dasselbe Organ**

Die funktionelle Auswirkungen überschneiden sich. Der Gutachter muss angeben, inwieweit bereits eine Funktionsbeeinträchtigung bestand und diese durch den Versicherungsfall erschwert wurde.[136]

(1) Bestand schon vorher eine verminderte Gebrauchsfähigkeit, ist der auszugleichende Nachteil geringer:

So schließt das Absetzen des Oberarms als Unfallschaden den Verlust der Hand als Vorschaden ein. Mit dem Armverlust hat der Versicherte die noch verbliebenen Funktionen dieses prothetisch versorgten Körperteils eingebüßt: eine MdE von 35 bis 40 Prozent erscheint für den Armverlust angemessen.

Wäre der Handverlust durch einen Arbeitsunfall eingetreten, müsste die Rente aus diesem ersten Unfall weiter gezahlt werden: insoweit hat der zweite Unfall in Bezug auf den ersten keine wesentliche Änderung der Verhältnisse zur Folge. Das im Zivilrecht bei der Schadensermittlung zu berücksichtigende Prinzip der „überholenden Kausalität" findet im Unfallversicherungsrecht keine Anwendung (s. 1.7, S. 29).

---

[133] Ludolph, Akt Traumatol 2000 (30) 150, 151.
[134] BSG, SozR 4-2700 § 56 Nr. 2 (5. 9. 2006) = NZS 2007, 380 = Breith. 2007, 499 = MedSach 103 (2007) 216 = UVR 3/2007, 163; BSGE 63,207 = SozR 2200 § 581 Nr. 28 (30. 5. 1988): Bluthochdruck, Nierensteine, Leistenbruch, Lockerung des Kniebandapparates; RVA, AN 1889, 162 Nr. 673: Verlust linker Unterschenkel – Verletzung linke Hand; RVA, AN 1890, 505 Nr. 877: Schenkelbruch – Ohrenleiden; RVA, AN 1902, 376 Nr. 1930: Herzleiden – Beinbruch.
[135] BSG, 13. 5. 1966, BG 1967, 34, 35; s. auch 8.7.4.; LSG Rheinland-Pfalz, 11. 9. 1985, Meso B 240/115: Versteifung des rechten Mittelfingerendglieds (MdE unter 10 %) bei Verlust des linken Zeigefingers zu 2/3 (Vorschaden): MdE 10 %.
[136] Bayer. LVA, Breith. 1946–1949 S. 49; BSG, 3. 3. 1966, Breith. 1966, 939.

Wenngleich die schädigenden Folgen des ersten Unfalls wegen der Auswirkungen des zweiten Unfalls nicht mehr sichtbar sind, ist die hierauf zurückzuführende Minderung der Erwerbsfähigkeit durch den zweiten Unfall nicht behoben, sondern – durch Vergrößerung des bereits vorhandenen Schadens – erhöht. Der Kausalprozess war hinsichtlich des ersten Unfalls abgeschlossen, als ein zweiter hiervon unabhängiger Kausalprozess einsetzte und einen weitergehenden Schaden in gleicher Zielrichtung hinzufügte.

(2) Im extrem gelagerten Fall liegt eine MdE nicht vor.

Beispiel:

Ein Behinderter hat eine Kriegsbeschädigung an einem Bein, die nach wiederholten operativen Eingriffen immer wieder zu Eiterungen führt. Für diesen Zustand bezieht er eine Versorgungsrente von 80 %. Auf dem Weg zur Arbeit erleidet er einen Unfall, der die Amputation dieses Beines erfordert. Es gelingt, einwandfreie Stumpfverhältnisse herzustellen und den Verletzten ordnungsgemäß prothetisch zu versorgen.

Unter diesen Umständen ist der Versicherte nach dem Unfall besser gestellt als vorher. Daher besteht keine Veranlassung, für die durch den Unfall verursachte Amputation des vorgeschädigten Beines eine Rente zu gewähren. „Durch" den Unfall ist seine Erwerbsfähigkeit nicht gemindert, sondern verbessert worden.[137] Die Versorgungsrente bleibt allerdings erhalten.

(3) Jedoch kann sich der Funktionsverlust bei einem vorgeschädigten Organ auch stärker auswirken: Silikose bei bestehender Lungentuberkulose.[138]

(4) Eine bisweilen aus Gründen der Rechtssicherheit empfohlene *rechnerische Ermittlung* der MdE[139] ist *abzulehnen*[140], denn:

– Die individuelle Beeinträchtigung kann von einer rechnerischen Bewertung nach oben oder unten abweichen.

– Die Verwertbarkeit auf dem allgemeinen Arbeitsmarkt ist keine rechnerische Größe, sondern ein vielfältiger Bewertungsvorgang, der auf medizinischen Erkenntnissen beruht.

– Ein Widerspruch ist es, einerseits die Notwendigkeit der individuellen Beurteilung der Erwerbsfähigkeit festzustellen, auf der anderen Seite die Schlussfolgerung des Sachverständigen einer Rechenformel und nicht der „Kunst der gutachterlichen Tätigkeit", die sich auf Erfahrung stützt, zu überlassen.

Zum *Nachschaden* s. 6.4.9, S. 301.

---

[137] BSG, SozR 4-2700 § 56 Nr. 2 (5. 9. 2006) = Breith. 2007, 499 = MedSach 103 (2007), 216 = UVR 3/2007, 163.
[138] BSGE 9, 104, 110 (29. 1. 1959).
[139] Erlenkämper, in: Begutachtung der Haltungs- und Bewegungsorgane (Hrsg. Rompe, Erlenkämper) 5. Aufl. 2009 S. 37; Erlenkämper, Fichte, Sozialrecht, 6. Aufl. 2007 S. 54; Lohmüller, SozVers 1950, 128 u. 164; Strauch, SozVers 1966, 180; Woitowitz, Thüraüf, Bad Reichenhaller Kolloquium 1974, H 26 S. 27.
[140] BSGE 9, 104, 107ff., 110 (29. 1. 1959); 21, 63, 65 (29. 4. 1964); 48, 82 (15. 3. 1979); Benz, BG 2002 610; Bereiter-Hahn, Mehrtens, § 56 Anm. 10.5.

3.6.5 Verschlimmerung

Entschädigt wird allein der verschlimmerungsbedingte Anteil (s. 1.8.2, S. 34) unter Berücksichtigung des Vorschadens (d. h. die „durch den Versicherungsfall" verursachte Steigerung der MdE), da nur dieser der schädigenden Einwirkung zuzurechnen ist.[141] Eine solche Trennung setzt voraus, dass die MdE jeweils wenigstens 10 % beträgt (s. 3.6, S. 96; 3.6.3, S. 103).

War die Erwerbsfähigkeit vor dem Versicherungsfall durch das Leiden nicht messbar gemindert (MdE weniger als 10 %), ist der Gesamtzustand zu entschädigen, weil die gesamte MdE vom Versicherungsfall herrührt und in der Regel nicht mit hinreichender Wahrscheinlichkeit ausdrückbar ist, dass sich auch ohne diesen eine Krankheit oder eine Minderung der Erwerbsfähigkeit daraus entwickelt hätte.[142]

3.6.6 „Besonderes berufliches Betroffensein"

Beim Bemessen der MdE sind Nachteile zu berücksichtigen, „die der Verletzte dadurch erleidet, dass er bestimmte, von ihm erworbene besondere berufliche Kenntnisse und Erfahrungen infolge des Unfalls nicht mehr oder nur noch in vermindertem Umfang nutzen kann, soweit sie nicht durch sonstige zumutbare Fähigkeiten ausgeglichen werden" (§ 56 SGB VII).

Der Gesetzgeber wollte keine Aufteilung in eine allgemeine und besondere MdE.[143] Auch wird nicht der Grundsatz der abstrakten Schadensberechnung eingeschränkt; ausfallende Verdienstmöglichkeiten bleiben unbeachtet.[144] Ferner lässt diese unfallversicherungsrechtliche Regelung keine allgemeine Berücksichtigung der besonderen beruflichen Betroffenheit – etwa entsprechend den Grundsätzen des § 30 Abs. 2 BVG – zu; eine derartige Auslegung widerspräche den Voraussetzungen und der gegenüber dem Versorgungsrecht andersgearteten Systematik des Unfallversicherungsrechts.[145] Vielmehr können individuelle, besondere Verhältnisse des Verletzten berücksichtigt und dabei unbillige Härten im Einzelfall vermieden werden.

Nachteile liegen vor, wenn

- sich eine Unfallverletzung oder Berufskrankheit so auswirkt, dass eine gezielte Fähigkeit, die zum Lebensberuf geworden ist, nicht mehr ausgeübt werden kann und
- das Nichtberücksichtigen von Ausbildung und Beruf bei der Bewertung der MdE zu einer unbilligen Härte führt.

---

[141] BSGE 11, 161, 163 (15. 12. 1959); 12. 3. 1958, SozSich 1959, 154.
[142] Schulte-Holthausen, Monatsschr. f. Arbeiter- u. Angestelltenvers. 1936 Sp. 204; Bayer. LVA, 13. 2. 1951, Amtsbl. Bayer. AM 1951, B 114.
[143] Dorin, BArbBl. 1966, 259; a. A. Wander, SozVers 1963, 340, 343.
[144] BSGE 23, 253, 254 (25. 8. 1965); 39, 31, 32 (18. 12. 1974): Krasney, in: Grundsatzfragen der sozialen Unfallversicherung Bd II, FS Lauterbach 1981 S. 277; Rspr. 8. Senat. BSG 22. 8. 1974, bei Gitter, Festschrift für Brackmann, 1977, S. 110; BSGE 38, 118 = SozR 2200, § 581 Nr. 2 (19. 9. 1974), anders 5. Senat, 10. 9. 1971, Breith. 1972, 27: maßgeblich ist die Lohndifferenz; ähnlich LSG Nordrhein-Westfalen, 3. 2. 1976, Breith. 1976, 753, 756.
[145] BSG, SozR 3-220 § 581 Nr. 7 (27. 6. 2000); BSGE 70, 47, 48 (4. 12. 1991).

Das Vorliegen einer unbilligen Härte erfolgt unter Heranziehen der Merkmale

- hohes Lebensalter[146]
- Dauer der Ausbildung[147]
- Eigenart des Berufes und die durch diesen erworbene Spezialkenntnisse[148]
- Dauer der Ausübung der speziellen Tätigkeit und eine somit bedingte Entfremdung gegenüber anderen, an sich zumutbaren Tätigkeiten[149]
- soziale Stellung im Erwerbsleben[150],

so dass eine berufliche Umstellung und damit eine Verweisung auf den allgemeinen Arbeitsmarkt (der im Grundsatz für die MdE-Bemessung maßgebend ist) erheblichen Schwierigkeiten begegnet. Bei der Prüfung sind strenge Maßstäbe anzulegen, um eine Aufweichung der die Verletzten überwiegend begünstigenden abstrakten Schadensberechnung zu vermeiden.[151] Die einzelnen Umstände sind nicht isoliert, sondern in ihrer Gesamtheit zu beurteilen.[152]

Bei Vorliegen solcher Voraussetzungen ist eine Erhöhung der MdE von 10 bis 20 % zu erwägen.[153]

Verfügt der Betroffene indes über sonstige Fähigkeiten, die geeignet sind, die unfallbedingt nicht mehr oder nicht mehr im vollem Umfang nutzbaren besonderen beruflichen Kenntnisse und Erfahrungen auszugleichen, kommt eine Erhöhung der MdE nicht in Betracht, sofern die Nutzung dieser Fähigkeiten zugemutet werden kann; dies schließt die zumutbare Aneignung solcher Fähigkeiten durch eine Umschulung ein.[154]

Zum besonderen beruflichen Betroffensein bei Augenverletzungen s. 6.4.11, S. 305, bei Handverletzungen s. 8.7.6, S. 539.

3.6.7 MdE bei weiblichen Versicherten

Im Rahmen der Beurteilung der MdE bei weiblichen Versicherten muss deren besondere Konstitution in gewissem Umfang beachtet werden. Auf Grund der körperlichen und biologischen Veranlagung sind die ausführbaren Arbeitstätigkeiten weiblicher Versicherter mit denen männlicher nicht stets vergleichbar. Auch können Entstellungen bei Frauen

---

[146] BSGE 4, 294, 299 (26. 2. 1957): bejahend für einen 60jährigen Klavierlehrer.
[147] BSG, Nr. 10 zu § 581 RVO (26. 6. 1970): bejahend für einen Kaffeeröster, der sich in einem Zeitraum von 10 Jahren zu diesem Beruf qualifiziert hatte.
[148] BSGE 23, 253, 254 (25. 8. 1965).
[149] BSG, SozR 3-2200 § 581 Nr. 1 (4. 12. 1991) = SGb 1993, 317 m. abl. Anm. Nehls: bejahend für einen 51-jährigen Verkehrsflugzeugführer, der diese Tätigkeit über einen Zeitraum von 22 Jahren ausgeübt hatte; BSG, SozR Nr. 9 zu § 581 RVO (26. 6. 1970): verneinend für einen 28-jährigen Lebensmittelhändler, der unfallbedingt den Geruchssinn verloren hatte.
[150] BSG, SozR Nr. 12 zu § 581 RVO (10. 9. 1971): bejahend für einen Hauer im Bergbau; BSG, 27. 6. 2000, HV-Info 26/2000, 2439: verneinende bei einem Profifußballspieler, da dieser „altersbedingt" seine Tätigkeit nur während einer kurzen Zeitspanne ausübt.
[151] LSG Nordrhein-Westfalen, 29. 8. 1995, HV-Info 4/1996, 292.
[152] BSG SozR 3-2200 § 581 Nr. 1 (4. 12. 1991) = SGb 1993, 317.
[153] BSG SozR 3-2200 § 581 Nr. 1 (4. 12. 1991) = SGb 1993, 317; LSG Rheinland-Pfalz, 9. 6. 1988, HV-Info 19/1989, 1546: 10 %; 21. 12. 1994, HV-Info 13/1995, 1066: 20 % bei erheblichen Nachteilen.
[154] BSG, 2. 11. 1999, HV-Info 40/1999, 3799: keine besondere berufliche Betroffenheit bei einem Tänzer, der zum Tanzpädagogen umgeschult wurde.

schwerer wiegen als bei Männern, etwa zusätzliche seelische Begleiterscheinungen hervorrufen.[155] Bei chirurgischen Verletzungsfolgen erfolgt regelmäßig keine Differenzierung der MdE-Bewertung.

3.6.8 MdE bei Schülern[156]

Der in der ges. UV verwendete Begriff der MdE gilt uneingeschränkt auch für die Schülerunfallversicherung. Dies bedeutet, dass festzustellen ist der völlige oder teilweise Verlust der Fähigkeit, sich unter Ausnutzung aller Arbeitsgelegenheiten, die sich ihm nach seinen körperlichen und geistigen Fähigkeiten im Bereich des Erwerbslebens bieten, einen Erwerb zu verschaffen. Auch bei Jugendlichen ist die MdE grundsätzlich abstrakt, entsprechend der durch den Versicherungsfall bedingten Beeinträchtigung im Erwerbsleben einzuschätzen. Maßgebend ist nicht die konkrete Beeinträchtigung in einer bisher ausgeübten Tätigkeit, zu berücksichtigen ist vielmehr der Unterschied der vor und nach dem Unfall bestehenden (fiktiven) Arbeitsmöglichkeiten im gesamten Bereich des Erwerbslebens.

Bei Kindern, Schülern und Studenten, die am Erwerbsleben nicht teilnehmen, lässt sich eine Beziehung zu dem in der Rspr. der ges. UV herausgebildeten Begriff der MdE nicht ohne weiteres herleiten. Der verletzte Schüler ist so zu stellen, als ob er zur Zeit des Unfalls bereits dem allgemeinen Arbeitsmarkt zur Verfügung gestanden hätte. Bei der Beurteilung der Unfallfolgen ist davon auszugehen, wie sich die erlittene Verletzung bei der Beschäftigung Erwachsener auf dem Gebiet des allgemeinen Arbeitsmarkts auswirken würde.

Für die Zeit der	MdE in %
stationären Behandlung	100
Versorgung mit	
Liegegips	100
Unterarm- und Oberarmgips beidseits	100
Oberschenkelgehgips	50
Unterschenkelgehgips	40
Oberarmgips	50
Unterarmgips	20

Zur Bewertung rechts- und linksseitiger Verletzungen s. 8.7.3, S. 537.

3.6.9 Gesamtvergütung

Ist nach allgemeinen Erfahrungen unter Berücksichtigung der besonderen Verhältnisse des Einzelfalles die Erwartung gerechtfertigt, dass nur eine Rente als vorläufige Entschädigung zu gewähren ist, kann der UV-Träger nach Abschluss des Heilverfahrens mit einer Gesamtvergütung abfinden (§ 75 SGB VII). Damit wird erreicht, Rentenvorstellungen zu vermeiden, zudem bleiben Nachuntersuchung und weitere Verwaltungsarbeit erspart. An diese Leistungsform der Gesamtvergütung mag der Gutachter in geeigneten Fällen denken

---

[155] LSG Rheinland-Pfalz, 8.5.1967, SGb 1968, 82, 83.
[156] Dazu Schöppner, Gutachtenkolloquium 1 (Hrsg. Hierholzer, Ludolph), 1986, 49ff.; Blickle, MedSach 1978, 102f.; Hess. LSG, 11.2.1976, ebenda; Titze, BG-UMed 49 (1982) S. 115; Ludolph, Hierholzer, in: Gutachtenkolloquium 6 (Hrsg. Hierholzer, u.a.) 1991, S. 121ff.

und die voraussichtliche Minderung der Erwerbsfähigkeit bis zum Ablauf des dritten Jahres nach dem Versicherungsfall im Einzelnen angeben.

Dem Verletzten erwächst kein Nachteil, da er nach Ablauf des Zeitraumes, für den die Gesamtvergütung bestimmt war, die Weitergewährung der Rente begehren kann. Des Nachweises einer wesentlichen Verschlimmerung bedarf es nicht.[157]

3.6.10 Wesentliche Änderung der Verhältnisse

Sozialleistungen spiegeln grundsätzlich die aktuellen tatsächlichen Verhältnisse des Leistungsempfängers wider. Da Unfall- bzw. Berufskrankheitenfolgen nicht statisch sind, erteilen die UV-Träger regelmäßig Gutachtenaufträge zur Überprüfung laufender Leistungen oder früherer Entscheidungen. Rechtsgrundlage für die Überprüfung ist § 48 SGB X, der verpflichtet, einen neuen Bescheid für die Zukunft zu erlassen, wenn

(1) sich die rechtlichen oder tatsächlichen Verhältnisse geändert haben und
(2) die Änderung hinsichtlich ihres Umfanges und der Zeitdauer wesentlich ist.

3.6.10.1 Vergleichsgrundlage

Voraussetzung der Neufeststellung ist eine Erstfeststellung in Form eines Verwaltungsakts mit Dauerwirkung, die auch formlos erfolgt sein kann.[158] Ob eine wesentliche Änderung vorliegt, ist durch Vergleich der für die letzte bindend gewordene Feststellung maßgebenden Befunde mit denjenigen zu ermitteln, die bei der Prüfung der Neufeststellung vorliegen.[159] Das bescheidmäßige Ablehnen der Neufeststellung ist regelmäßig keine Rentenfeststellung in diesem Sinne.

Liegt zwischen der Neufeststellung und dem letzten bindenden Entschädigungsbescheid ein erfolgreich angefochtener Änderungsbescheid, ist zu unterscheiden:

(1) Wird ein Rentenentziehungs- oder -herabsetzungsbescheid durch Urteil aufgehoben, ist zum Vergleich der Befunde das Gutachten zu verwerten, das für die letzte Rentenfeststellung eingeholt wurde.[160]

(2) Verpflichtet sich der UV-Träger durch Anerkenntnis oder Vergleich zur Weiterzahlung der Rente in bisheriger Höhe, sind nicht die Verhältnisse zur Zeit des Gerichtsverfahrens maßgebend, sondern die, welche zur Zeit der nunmehr wiederhergestellten letzten Rentenfeststellung bestanden haben.

(3) Nur bei im Verwaltungsverfahren erfolgter Neufeststellung der Unfallfolgen und der MdE ist das im Gerichtsverfahren eingeholte Gutachten maßgebend.[161]

3.6.10.2 Wesentliche Änderung

Wesentlich sind Änderungen, die dazu führen, dass der UV-Träger unter den nunmehr objektiv vorliegenden Verhältnissen den Verwaltungsakt nicht oder nicht wie geschehen hätte erlassen dürfen.[162]

---

157 LSG Rheinland-Pfalz, 5. 11. 1975, Breith. 1976, 200, 201.
158 BSGE 12, 273, 275 (1. 7. 1960); 27, 244, 245 (14. 12. 1967).
159 BSGE 26, 227 (28. 4. 1967); BSG, 27. 5. 1997, SozR 3-1500 § 54 SGG Nr. 18 (20. 4. 1993).
160 BSGE 19, 5, 7 (1. 3. 1963); HV-Info 23/1997, 2196.
161 BSGE 26, 227, 229 (28. 4. 1967).
162 BSG, SozR 1300 § 48 Nr. 44 (11. 2. 1988); Nr. 60 (3. 10. 1989).

Wesentlich ist allein eine Änderung der MdE von mehr als 5 % (§ 73 Abs. 3 SGB VII). Diese kann zu Gunsten oder zu Ungunsten des Versicherten vorliegen. Die Verwaltung ist indessen nicht gehindert, eine Abweichung von nur 5 % zu Gunsten des Versicherten festzustellen; eine Änderung zu Ungunsten ist jedoch verwehrt.[163]

Ist eine Änderung in den Verhältnissen eingetreten, so ist abschließend zu beurteilen, in welchem Ausmaß sich die bisher als unfallbedingt betrachtete MdE durch die Änderung vermindert oder erhöht hat.

3.6.10.2.1 Änderung der rechtlichen (normbezogenen) Verhältnisse

Eine neue Rechtslage (Inkrafttreten neuer oder Wegfall bisheriger Vorschriften mit Erhöhung oder Verringerung der Leistungsgewährung[164]) führt zu einer Änderung der tatsächlichen Verhältnisse[165]; eine andere rechtliche Beurteilung der tatsächlich unverändert gebliebenen Verhältnisse durch die ständige Rspr. des BSG bringt eine solche „Änderung der Verhältnisse" zu Gunsten des Versicherten ebenfalls (§ 48 Abs. 2 SGB X).

3.6.10.2.2 Änderung der tatsächlichen Verhältnisse

Eine Änderung der tatsächlichen Verhältnisse vermag sowohl im medizinischen Bereich als auch in anderen Lebensabschnitten zu liegen.

Die zuvor im Bescheid anerkannten Unfall- bzw. Berufskrankheitenfolgen können sich im weiteren Verlauf durch Verschlimmerung, Heilung oder Besserung verändern. Eine Änderung wird aber auch bewirkt durch den Hinzutritt

– von mittelbaren Unfallfolgen (s. 1.9, S. 36)
– eines Folgeunfalls (s. 1.10, S. 37)
– einer weiteren Berufskrankheit, die kausal auf dieselbe berufliche Einwirkung zurückgeht, aber eine andere BK-Nr. betrifft. Nunmehr liegen nicht zwei selbständige Berufskrankheiten vor, vielmehr handelt es sich um eine einheitliche Berufskrankheit, die hinsichtlich Tatbestand und Rechtsfolge (§ 48 SGB X) anzupassen ist.[166]

Der unbestimmte Rechtsbegriff der wesentlichen Änderung ist insbesondere nach medizinischen Gesichtspunkten zu beurteilen:

Änderungen im medizinischen Bereich sind nicht nur objektiv nachweisbare Veränderungen im klinischen Befund, wie Verschlimmerung, Heilung oder Besserung von Unfallfolgen. Bei Krankheiten, die für gewisse Zeiten noch zu Rückfällen neigen, liegt eine wesentliche Besserung auch dann vor, wenn nach Ablauf eines längeren Zeitraumes feststeht, dass Rückfälle nicht mehr zu erwarten sind, mithin eine wesentliche Konsolidierung im Krankheitsverlauf eingetreten ist.[167]

---

[163] BSGE 32, 245 (2. 3. 1971) = ZfS 1972, 205 m. Anm. Boller; Benz, BB 1987, 611.
[164] BSG, SozR Nr. 40 zu § 215 SGG (26. 2. 1957); BSGE 63, 224, 226 (9. 6. 1988) = SozR 1300 § 48 Nr. 47; 27. 5. 1997, HV-Info 23/1997, 2196.
[165] BSGE 6, 267, 268 (17. 1. 1958).
[166] BSGE 27, 253 (15. 12. 1967); SozR 5677 Anl. 1 Nr. 42 Nr. 1 (22. 8. 1974); 27. 5. 1997, HV-Info 23/1997, 2196; s. 1.7.3.3.
[167] BSG, 25. 5. 1990, HV-Info 17/1990, 1357; LSG Rheinland-Pfalz, 1. 4. 2003, HV-Info 25/2003, 2266.

Bei unverändert gebliebenem äußeren Erscheinungsbild können die als Unfallfolge festgestellten Gesundheitsstörungen mit Wahrscheinlichkeit von einer nachgewiesenen unfallabhängigen Ursache aufrechterhalten werden. Diese *Verschiebung* der *Wesensgrundlage*[168] rechtfertigt eine Rentenänderung (§ 48 Abs. 1 S. 1 SGB X). Eine solche „Verschiebung" liegt vor, wenn zwar der objektive Befund unverändert geblieben, die Ursache aber nicht mehr die schädigende Wirkung der Unfallrestfolgen, sondern ein anderer unfallunabhängiger Umstand ist. Beachtet werden muss, dass es sich sowohl bei der Rückbildung der Verletzungsfolgen im Zuge des Heilablaufes als auch beim allmählichen Fortschreiten des unfallfremden Grundleidens um ein prozesshaftes Geschehen handelt, das zu seiner Entwicklung auch eines ausreichenden Zeitraumes bedarf. Das dem Grundleiden eigentümliche Progredienzverhalten sollte anhand einer gewissen Verlaufsanalyse für eine Zeit vor dem Unfall klargestellt werden, um das Verlaufstempo bestimmen zu können. Für die Rückbildung der echten Verletzungsfolgen mögen ebenfalls Hinweise aus den ärztlichen Notizen zur Heilperiode entnommen werden. Nur dann, wenn der Zeitraum zwischen der letzten Rentennachprüfung und dem Nachuntersuchungstermin ausreicht, um den beiden, einander entgegengesetzten Vorgängen einsehbare Wirkungsmöglichkeiten zu bieten, lässt sich die Verschiebung der Wesensgrundlage begründen.

Anpassung und Gewöhnung können zu einer wesentlichen Änderung führen (s. 3.6.10.2.4, S. 113). Im Gutachten sind die Tatsachen anzugeben, die diesen Schluss rechtfertigen.[169]

Die Erweiterung des Arbeitsfeldes durch Erlangen neuer Kenntnisse und Fertigkeiten, die nicht auf einer Besserung der durch den Versicherungsfall verursachten Gesundheitsschädigung beruht, gilt auch dann nicht als wesentliche Änderung, wenn der Verletzte diese Erweiterung auf Grund einer aus Anlass des Versicherungsfalls vom Versicherungsträger geleisteten Berufshilfe gewonnen hat.[170]

3.6.10.2.3 Änderung der MdE-Erfahrungswerte

Bei Bewertung der MdE im Einzelfall sind die allgemeinen Lebensverhältnisse sowie soziale und wirtschaftliche Gegebenheiten zu berücksichtigen.[171] Ändern sich diese nach der letzten Rentenfeststellung und werden die neuen MdE-Werte in Anhaltspunkten, Leitlinien sowie im Schrifttum aufgenommen und entsprechen sie allgemein tatsächlicher Übung, so handelt es sich dennoch nicht um eine wesentliche Änderung der *rechtlichen* Verhältnisse, da die Regelwerte, auch als *antizipiertes Sachverständigengutachten*, keine Rechtsnormqualität (s. 3.6.2, S. 100) haben.[172] Zu prüfen ist eine Änderung der *tatsächlichen* Verhältnisse:

(1) Beruht die Anpassung auf veränderte Bedingungen in der Arbeitswelt mit entsprechenden Auswirkungen auf modifizierte Arbeitsgegebenheiten für betroffene Verletzte und Erkrankte, haben sich die tatsächlichen Verhältnisse geändert: Neubewertung – auch

---

168 BSGE 21, 63 (29. 4. 1964); 23. 5. 1969, Die Kriegsopferversorgung 1970, 9, 11 f.
169 BSG, SozR Nr. 3 zu § 608 RVO.
170 BSGE 39, 49 = SozR 2200 § 622 Nr. 3 (19. 12. 1974).
171 BSGE 6, 267, 268 (17. 1. 1958).
172 BSGE 82, 212 (30. 6. 1998); a. A. noch BSG, SozR 2200 § 622 Nr. 19 (28. 6. 1979); LSG Niedersachen, 14. 8. 1995, HV-Info 8/1996, 574 sowie BSG, SozR 2200 § 622 Nr. 8 (20. 5. 1976) und 23. 8. 1973, ZfS 1973, 283 (Höherbewertung bei einseitiger Linsenlosigkeit); LSG Rheinland-Pfalz, 11. 1. 1984, HV-Info 6/1985 S. 16.

bei gleich bleibendem Gesundheitszustand – ab Neufassung der MdE-Empfehlungen. Bei einer Änderung der Funktionsausfälle sind die Anhaltspunkte in der jeweils zum Änderungszeitpunkt geltenden Fassung anzuwenden.[173]

(2) Die Änderung der MdE-Erfahrungswerte kann auch auf einer differenzierten Auswertung ärztlicher Untersuchungen und darauf gestützter Bewertung der MdE beruhen. Da die allgemeinen Lebensverhältnisse gleich geblieben sind, ist eine Änderung der Verhältnisse nicht gegeben.[174]

Entsprechendes gilt, wenn auf Grund neuer medizinischer Erkenntnisse und Erfahrungen andere Richtwerte gefunden werden, die unter Berücksichtigung der Verhältnisse des Einzelfalles zu einer höheren Bewertung der MdE führen. Eine Änderung der Verhältnisse liegt ebenso nicht vor; vielmehr ist unter Berücksichtigung der Verwaltungspraxis und des verfassungsmäßigen Gebotes der Gleichbehandlung zu prüfen, ob die Rücknahme eines rechtswidrigen nicht begünstigenden Verwaltungsaktes (s. 3.6.10.2.5 bei 2, S. 115) in Betracht kommt.[175]

Beide Male handelt es sich um die Verarbeitung neuer Erkenntnisse, deren Anwendung auch rückblickend richtig gewesen wäre.[176]

(3) Eine wesentliche Änderung liegt nicht vor bei fehlerhafter Über- oder Unterbewertung der MdE im Erstbescheid, da es sich nicht um eine Änderung der objektiven Verhältnisse im Zeitpunkt des Erstbescheides handelt.[177] Gleiches gilt für die nachträgliche Erkenntnis einer Fehldiagnose.[178]

3.6.10.2.4 Anpassung und Gewöhnung

Anpassung lässt sich als „ein *aktives* Sichanpassen an den Defekt"[179] definieren, als Ausdruck anatomischer oder funktioneller Einstellung des verletzten Körpergliedes oder des ganzen Körpers zu dem durch die Verletzungsfolgen geschaffenen Zustand.[180]

Gewöhnung ist demgegenüber „ein *passives* Gewohntwerden", ein Sichgewöhnen an den „Defekt mit Hilfe des Zeitfaktors"[181] oder die durch häufiges Wiederholen einer Tätigkeit bewirkte maximale Befähigung zu ihrer Ausübung, wobei Willensimpulse nach und nach zurücktreten und unbewusstem Handeln Platz machen.[182]

Die in der Anpassung und Gewöhnung liegende Leistung für den Organismus als Ganzes ist außerordentlich hoch zu bewerten. Sie ermöglicht oft allein „den Fortbestand der Existenz des geschädigten Gesamtorganismus im allumfassenden Sinn".

---

173 BSG, 19. 12. 2000, HV-Info 6/2001, 499.
174 BSG, 18. 12. 1979, HVBG VB 28/81 Anlage 2 (Lärmschwerhörigkeit) = Meso B 40/19.
175 BSG, 30. 9. 1980, HVBG VB 28/81 Anlage 1 (Unterschenkelverlust) = Meso B 250/98.
176 BSGE 82, 212 (30. 6. 1998) = SozR 3-2200 § 581 Nr. 5 = SGb 1999, 258 m. Anm. Colditz.
177 Ruppelt in: Schulin HS-UV § 48 Rdnr. 121.
178 BSGE 62, 243, 245 (11. 11. 1987).
179 Hackenbroch, Handbuch der gesamten Unfallheilkunde (Hrsg. Bürkle de la Camp und Rostock), 3. Bd. 1956 S. 401.
180 Asanger, MfU 1960, 441; vgl. zum Problemkreis ferner Podzun, ZfS 1957, 203; Schönberger, DVZ 1957, 157ff.
181 Hackenbroch, Handbuch der gesamten Unfallheilkunde (Hrsg. Bürkle de la Camp und Rostock), 3. Bd. 1956 S. 401.
182 Asanger, MfU 1960, 441.

Die Bedeutung des zur Erörterung stehenden Begriffspaares ist im Wesentlichen begrenzt auf bestimmte körperliche Schädigungsfolgen, so auf stationäre Dauerschäden, insbesondere „glatte" Unfallfolgen in Gestalt von Verlusten von Körperteilen oder Sinnesorganen, oder auch Versteifung von Gelenken, Verkürzung von Gliedern und dergleichen mehr[183]: Hierbei wird die Lebenserfahrung berücksichtigt, dass sich die Erwerbsfähigkeit auch nach an sich irreparablen Gesundheitsschäden dadurch wieder erhöhen kann, wenn im Laufe der Zeit gesunde Gliedmaßen die Funktion verlorener oder geschädigter Glieder übernehmen oder der Betroffene größere Geschicklichkeit im Gebrauch geschädigter Körperteile erlangt.[184] Wichtig erscheint, dass die These, bei Beinamputierten könne Anpassung und Gewöhnung nicht im gleichen Maße beobachtet werden wie z. B. bei Hand-, Finger- oder Augenverletzungen, vom BSG als „nicht hinreichend fundiert" bezeichnet wird.[185]

Regelmäßig wird der Eintritt einer Gewöhnung erst anzunehmen sein, „wenn es sich menschlicher Voraussicht nach um einen abgelaufenen und künftig im Wesentlichen unveränderlichen Fall handelt".[186] Dieser Grundsatz schließt jedoch nicht aus, dass bei besonderen Tatbeständen die Rspr. eine „weitere Gewöhnung" (s. 8.7.5, S. 538) anerkennt und für rechtserheblich hält.

Für die Praxis haben immerhin noch geringe Bedeutung Sammlungen von Entscheidungen des RVA in der Unfallrechtsprechung (z. B. *Claus* „Gewöhnung an Unfallfolgen"), die Arm-, Zehen-, Fuß-, Bein-, Augen- und überwiegend Fingerverletzungen betreffen.

Die Annahme einer Gewöhnung ohne ärztliche Nachprüfung des Gesundheitszustandes[187] oder sonstiger Merkmale auf Grund von Erfahrungen kann unter gewissen Umständen gerechtfertigt sein (z. B. bei Verlust eines Auges, s. 6.4.2, S. 293), jedoch birgt die Begründung der Änderung lediglich mit dem Begriff des Zeitablaufs die Gefahr einer Verallgemeinerung in sich. Wenngleich in Anbetracht vielgestaltiger Erfahrungen bei einer Reihe von Verletzungsfolgen nach Ablauf einer gewissen Frist eine Besserung durch Gewöhnung angenommen werden kann, ist doch grundsätzlich notwendig, die Umstände des Einzelfalles sorgfältig in Rechnung zu ziehen und durch konkrete Anhaltspunkte zu belegen, dass sich medizinische Erfahrungssätze bewahrheitet haben.[188] Es genügt nicht, die Begriffe Anpassung und Gewöhnung schablonenhaft zu zitieren. Vielmehr muss eine wirkliche nicht nur fiktive Änderung nachweisbar sein.[189] Daneben erscheint häufig eine eingehende Prüfung der tatsächlichen Arbeitsverhältnisse des Verletzten erforderlich.[190] Im Einzelnen werden für die Beurteilung als bedeutsam gehalten die Bildung von Schwielen, die Beschaffenheit der Muskulatur und der Handfläche, die Polsterung des Stumpfes und die Verarbeitung desselben, Abhärtung und damit Schwinden der Druckempfindlichkeit der Narbe, die Mög-

---

[183] LSG Niedersachsen, 28. 2. 2000, HV-Info 30/2000, 2789 = Meso B 250/165: keine Anpassung und Gewöhnung hinsichtlich der Auswirkungen bei Wirbelkörperschäden.
[184] BSG, SozR Nr. 3 zu § 608 a.F. RVO (11. 9. 1958) = BG 1958, 510: Verlust des 5. Fingers, Gebrauchsunfähigkeit der versteiften Finger 1 bis 4, teilweise Versteifung des Handgelenks.
[185] BSG, 28. 7. 1961, BG 1962, 213; vgl. auch Bayer. LVA, 11. 11. 1952, Breith. 1953, 305.
[186] RVA, Kompasssammlung, Bd. 27, 125; Kaufmann, Handbuch der Unfallmedizin, 1919, Bd. 1 S. 118; BSG, 11. 9. 1958, BG 1958, 510.
[187] Vgl. RVA EuM 2, 212.
[188] BSG, 14. 2. 1973, BG 1973, 449, 450; 11. 9. 1958, BG 1958, 510; 28. 7. 1961, bei Asanger, MfU 1962, 209; 28. 7. 1961, Breith. 1962, 117.
[189] BSG, SozR Nr. 12 zu § 622 RVO (10. 11. 1972) = Meso B 250/4a.
[190] BSG, 28. 7. 1961, BG 1962, 213.

3.6 Minderung der Erwerbsfähigkeit

lichkeit des Faustschlusses, beiderseits gleiche Kraft des Händedrucks, Besserung des Ganges usw.[191]

Einen wesentlichen Faktor auf dem Wege zur Anpassung und Gewöhnung stellt die tatsächliche Arbeitsleistung des Verletzten dar. Allerdings begegnet Bedenken die mitunter vorgetragene Meinung, eine Gewöhnung könne nur dann angenommen werden, wenn der Verletzte seine frühere Arbeit wieder auszuüben in der Lage ist; sie folgt auch nicht der Rspr. Zu beurteilen ist der Unfallfolgezustand; ob die Besserung auf Grund der Arbeitsleistung oder durch Verrichtungen des täglichen Lebens herbeigeführt wird, ist nicht entscheidend.[192] Im Übrigen deutet das Vorliegen eines Minderverdienstes im Vergleich zur Zeit vor dem Unfallereignis deshalb nicht zwingend gegen die Annahme einer Gewöhnung, weil der geringere Verdienst durch unfallunabhängige Erscheinungen bedingt sein kann. Damit schließt auch die Tatsache, dass ein Verletzter keiner Arbeit nachgeht, die Annahme einer Gewöhnung jedenfalls dann nicht aus, wenn nicht erwiesen ist, dass er wegen des Unfallschadens nicht arbeiten kann.[193]

Berücksichtigung findet ferner das Alter, in dem sich die Gewöhnung vollziehen soll. Junge Menschen gewöhnen sich schneller an Unfallfolgen als Personen mittleren Alters; im höheren Alter tritt seltener Anpassung und Gewöhnung ein.

Schließlich ist die Gewöhnung zu einem gewissen Maße abhängig vom Grad der vorhandenen Intelligenz und der aufgebrachten Energie. Lässt der Verletzte es erkennbar am Willen zur Mitwirkung fehlen und die Gewöhnungszeit ungenutzt, so kann die beim Vorhandensein dieses Willens eintretende Besserung auf Grund der praktischen Erfahrung als gegeben erwogen werden. Das RVA stellte darauf ab, dass der Verletzte während dieser Zeit Gelegenheit gehabt hatte, sich an den veränderten Zustand zu gewöhnen.[194]

3.6.10.2.5 Rücknahme von unrichtigen Rentenbescheiden

Bei unzutreffender Beurteilung von Gesundheitsstörung, Unfallhergang, ursächlichem Zusammenhang oder Minderung der Erwerbsfähigkeit, kann die Rücknahme bindend gewordener Entscheidung in engen Grenzen erfolgen.

(1) Im Zusammenhang mit einer *wesentlichen Änderung der Verhältnisse zu Gunsten* des Versicherten kann die Bestandskraft des Rentenbescheides insoweit aufgehoben werden (§ 48 Abs. 1 S. 2 SGB X). Haben sich die anerkannten Unfallfolgen verschlimmert und stellt sich anlässlich der Begutachtung heraus, dass

– die Gesundheitsstörung (teilweise) unfallunabhängig ist[195] oder
– die Minderung der Erwerbsfähigkeit zu hoch bemessen war[196]

---

[191] Vgl. Entscheidungen des RVA bei Claus, 5. Aufl. 1928 Nr. 1, 3, 27, 33, 45, 48, 96, 249; BSG, 14. 2. 1973, BG 1973, 449, 450.
[192] Vgl. BG 1919, 93.
[193] Vgl. Entscheidungen bei Claus, 5. Aufl. 1928 Nr. 6, 366, 385; Bayer. LVA, 3. 1. 1952, Breith. 1952, 1001.
[194] Entscheidung bei Claus, 5. Aufl. 1928 Nr. 10.
[195] BSG, 2. 11. 1988, HV-Info 2/1989, 84.
[196] BSG, 2. 11. 1988, HV-Info 2/1989, 84; SozR 1300 § 45 Nr. 48 (26. 10. 1989); § 48 Nr. 54 (31. 1. 1989).

ist der ursprüngliche Verwaltungsakt (teilweise) aufzuheben, die Unfallfolgen sind neu festzustellen, deren Minderung der Erwerbsfähigkeit neu zu bewerten und die Rente neu zu berechnen. Ist nach Vergleich der ursprünglichen und der neuen Rentenhöhe letztere niedriger, ist als Ausfluss des gesetzlich normierten Bestandschutzes der bisherige Rentenbetrag weiter zu zahlen.

Beispiel: Wurde die MdE mit 40 v.H. festgestellt und verschlimmern sich die Unfallfolgen um 20 v.H., ist die bisherige Rente weiter zu zahlen, wenn eine erneute Überprüfung ergibt, dass die MdE seinerzeit nur 10 v.H. betrug.

Eine Rentenerhöhung kann erst und nur dann erfolgen, wenn die auf der rechtmäßigen Basis vorgenommene Neuberechnung einen höheren als den bestandgeschützten Betrag ergibt.

(2) *Unterscheidung bei Nichteintritt einer wesentlichen Änderung der Verhältnisse*:

– *Rücknahme zu Gunsten des Versicherten* = Rücknahme eines rechtswidrigen nicht begünstigenden Verwaltungsaktes (§ 44 SGB X). Sie setzt voraus, dass bei Erlass des Rentenbescheides das Recht unrichtig angewandt oder von einem nicht zutreffenden Verwaltungsakt ausgegangen wurde und die neue Beurteilung für den Betroffenen günstiger ist: falsche Beurteilung der Gesundheitsstörung, des Unfallherganges oder des ursächlichen Zusammenhanges.

– *Rücknahme zu Ungunsten des Versicherten* = Rücknahme eines rechtswidrigen begünstigenden Verwaltungsaktes (§ 45 SGB X). Unter Berücksichtigung des Vertrauensschutzes ist sie nur unter strengen Voraussetzungen zulässig. Der Gutachter hat zu beachten, dass es bei Beurteilung der Rechtswidrigkeit auf medizinisches Erkenntnisvermögen und den Stand der Wissenschaft im Zeitpunkt der Überprüfung ankommt, nicht auf den der früheren Entscheidung.

3.6.10.2.6 Gutachtenauftrag zur Beurteilung einer wesentlichen Änderung[197]

(1) Welche Befunde haben bei der letzten Feststellung der Leistungen objektiv vorgelegen?

(2) Bei Fehlbeurteilung der bei der letzten Feststellung objektiv vorliegenden Befunde: Woraus wird die abweichende Beurteilung abgeleitet? Welche Beurteilung wäre bei der vorangegangenen Feststellung zutreffend gewesen?

(3) Worin liegt eine Änderung in den für die letzte Feststellung maßgebenden objektiven Befunden und wann ist sie eingetreten? Oder: Darlegung, dass eine Änderung in diesen Befunden nicht eingetreten ist.

(4) In welchem Umfang ist eine wesentliche Änderung, z.B. des Grades der MdE eingetreten? Wird sie voraussichtlich von einer gewissen Dauer sein?

(5) Bei vorangegangener Fehlbeurteilung der objektiven Befunde oder deren Auswirkungen z.B. auf die MdE: Wie wirkt sich die wesentliche Änderung – ausgehend von dieser Beurteilung – aus medizinischer Sicht auf die Neufeststellung der Leistung aus?

---
[197] Nach Krasney, MedSach 88 (1992) S. 95 (Tafel 11).

3.7 Teilhabe am Arbeitsleben und in der Gemeinschaft

Das Ziel wird erreicht durch

- Sicherung der alten Tätigkeit, z. B. durch besondere Arbeitsplatzgestaltung
- Umsetzen im Betrieb
- Anlernmaßnahmen
- Umschulung

Letztere bleibt die Ausnahme und sollte nur erfolgen, wenn Anlernung auch für einen artverwandten Beruf nicht mehr erfolgen kann. Ziel der Teilhabemaßnahmen ist zunächst, den Betroffenen am bisherigen Arbeitsplatz unterzubringen, weil er dort in der Lage ist, die Kenntnisse und Erfahrungen zu verwerten und seine Behinderung am ehesten zu überwinden.

Vom behandelnden Arzt, aber auch vom Gutachter sind die Merkmale aufzugreifen, nach denen der Versicherte seiner bisherigen Tätigkeit nicht oder vielleicht erst später wieder wird nachgehen können. Der Grundsatz „Rehabilitation vor Rente" verlangt, dass der Reha-Träger möglichst frühzeitig erkennt, wenn ein Verletzter wegen der Folgen des Versicherungsfalls nur noch bedingt leistungsfähig ist. Der ärztliche Hinweis, der Betroffene könne nur leichte, mittelschwere oder schwere Arbeit wieder verrichten, mag ergänzt werden dahin, ob das Heben und Tragen von Lasten, andauerndes längeres Stehen und Gehen, das Gehen auf unebenem Boden, das Treppensteigen, das Arbeiten in gebückter Stellung und im Sitzen, das Fassen und Halten schmaler und breiter Gegenstände annehmbar ist. Dazu ist erforderlich, dass der Arzt sich ein Bild von der bisherigen Arbeit macht und sich nicht mit der Berufsbezeichnung begnügt.

Vom Berufshelfer wird erwartet, dass er konstruktiv handelt: Dazu wird er aber erst in den Stand gesetzt, wenn ihm vom ärztlichen Bereich her eine Grundlage gegeben ist.

Die rechtzeitige Unterrichtung des Reha-Trägers ist erforderlich, um Maßnahmen schon während der laufenden Heilbehandlung zu ebnen. Diesem Ziel dient auch der von den BGen durchgeführte Besuchsdienst der Berufshelfer in Rehabilitationseinrichtungen.

3.8 Hilflosigkeit (Pflege)

Als Teil der Heilbehandlung ist Pflege zu gewähren, solange der Verletzte infolge des Versicherungsfalls so hilflos ist, dass er für die gewöhnlichen und regelmäßig wiederkehrenden – nicht nur für die einzelnen, sondern für zahlreiche – Verrichtungen im Ablauf des täglichen Lebens (Essen, Trinken, Aufstehen, Zu-Bett-Gehen, An- und Auskleiden, Waschen, Verrichtung der Notdurft, lebensnotwendige Bewegung und geistige Erholung) ganz oder in erheblichem Umfang fremder Hilfe bedarf (§ 44 Abs. 1 SGB VII); dabei ist nicht erforderlich, dass die Hilfe tatsächlich fortwährend geleistet wird, es genügt schon, dass die Hilfskraft in Bereitschaft sein muss.[198] Verrichtungen des täglichen Lebens sind auch Hilfeleistungen im Rahmen oder anstelle einer ärztlichen Behandlung.[199]

---

[198] BSGE 43, 107 ff. (20.1.1977).
[199] BSG, SozR 2200 § 185 Nr. 1 (14.7.1977).

Völlige Erwerbsunfähigkeit ist häufig mit Hilflosigkeit verbunden, doch reicht die Erwerbsunfähigkeit nicht aus, um ohne weiteres Hilflosigkeit annehmen zu können. Andererseits setzt die Hilflosigkeit nicht die völlige Erwerbsunfähigkeit voraus. Immerhin empfiehlt es sich, bei der Schätzung von Erwerbsunfähigkeit auch zur Hilflosigkeit gutachterlich Stellung zu nehmen.

Gutachtenauftrag[200]

(1) Welcher Zustand des Gesamtleidens (Vorschäden, Folgen des Versicherungsfalls, Nachschäden – insbesondere Altersveränderungen) liegt ab dem Zeitpunkt der Antragstellung vor, für welchen Zeitraum?

(2) Inwieweit wurde dadurch die Fähigkeit zur Selbstbetreuung verloren (einzelne Funktionen konkret abfragen)?

(3) Bei welchen Verrichtungen und in welchen Situationen wird deshalb Hilfe benötigt?

(4) Welchen Zeitaufwand erfordern die berücksichtigungsfähigen Pflegeleistungen?

(5) Für welche Funktionseinbußen ist der Versicherungsfall und seine Folgen wesentliche Teilursache?

(6) Sind die durch den Versicherungsfall bedingten Funktionseinbußen wesentliche Teilursache der Hilflosigkeit?

(7) Welcher Kategorie des „Pflegefall-Katalogs" für die Bemessung von Pflegegeld entspricht der festgestellte Tatbestand?

Zur Hilflosigkeit im Einzeltatbestand siehe „Besonderer Teil", insbes. 6.5, S. 306 (Hilflosigkeit und Nachschaden); zur psychischen Hilflosigkeit 5.11, S. 254 und 5.4.2.3, S. 195.

3.9 Arbeitsunfähigkeit

Nach der Rspr. ist die Arbeitsunfähigkeit kein abstrakter Begriff, vielmehr ist der Verletzte arbeitsunfähig, der seine bisherige, d.h. unmittelbar vor Eintritt des Versicherungsfalls ausgeübte Erwerbstätigkeit infolge Krankheit nicht mehr oder doch nur mit der Gefahr, in absehbarer Zeit seinen Zustand zu verschlimmern, verrichten kann.

3.9.1 Ähnlich geartete Tätigkeit

Früher hat die Rspr. ausschließlich auf die vor dem Versicherungsfall ausgeübte Tätigkeit abgestellt und den Schluss gezogen, der Versicherte könne auf Tätigkeiten, die seinen Kräften und Fähigkeiten entsprechen, nicht verwiesen werden.

Später wurde bei Tatbeständen, in denen das letzte Arbeitsverhältnis bereits beendet war, der Begriff „seine" Arbeit erweitert.[201] Darunter ist nicht mehr die völlig gleiche Tätigkeit zu verstehen. Es genügt, dass der Versicherte in seinem Betrieb einer ähnlich gearteten Tätigkeit nachgehen kann, die in ihren wesentlichen Merkmalen mit der früheren Tätigkeit so weit übereinstimmt, dass nicht von einer „fremden" Beschäftigung zu sprechen ist. Derar-

---

[200] S. dazu Ludolph, BG 1997, 38, 42; Hennies, Rauschelbach, MedSach 93 (1997) 35.
[201] BSGE 53, 22 (16.12.1981).

tige, nicht gleiche, aber doch nicht fremde Arbeit, darf der Versicherte nicht ablehnen, wenn er sie ohne gesundheitlichen Schaden ausüben kann.

Eine abgestufte Arbeitsunfähigkeit gibt es nach geltender Rechtslage nicht.

Die in der Praxis vielfach verwendete Bezeichnung „Schonarbeitsplatz" ist zu vermeiden; sie gibt keine Aussage, ob die rechtlichen Voraussetzungen für eine Arbeitsunfähigkeit vorliegen oder nicht. Abzulehnen ist auch eine „Schonarbeitsfähigkeit" auf einem besonders für Schonbedürftige eingerichteten Arbeitsplatz.

Wird dem Verletzten eine ähnlich geartete Tätigkeit angeboten, die er nach ärztlicher Ansicht ohne Beeinträchtigung für den Heilverlauf ausüben kann, wird die Arbeitsunfähigkeit beendet bzw. tritt diese erst gar nicht ein.

3.9.2 Andersartige Tätigkeit

Kann eine ähnlich geartete Tätigkeit im Betrieb nicht angeboten werden, besteht dennoch die Möglichkeit der Beendigung der Arbeitsunfähigkeit durch eine Tätigkeitsaufnahme. Der Arbeitgeber darf nämlich eine Tätigkeit anbieten, die nicht der zuletzt ausgeübten Tätigkeit ähnelt, die der Arbeitnehmer aber gleichwohl ohne Beeinträchtigung der Heilung ausüben könnte. Bei Aufnahme dieser andersartige Tätigkeit wird die Arbeitsunfähigkeit beendet. Indessen besteht weiterhin die in § 193 Abs. 1 SGB VIII normierte Pflicht des Unternehmers, den Versicherungsfall anzuzeigen, wenn der Arbeitnehmer seine zuletzt ausgeübte Tätigkeit nicht innerhalb von drei Tagen wieder aufnehmen kann. Der Arbeitnehmer ist aber zur Aufnahme einer andersartigen Tätigkeit nicht verpflichtet (Ausnahme: Der Arbeitsvertrag lässt eine andersartige Tätigkeit zu). Von seiner Entscheidung hängt es ab, ob er diese Tätigkeit aufnimmt. Deshalb wird der Arbeitgeber zunächst die Einwilligung des Arbeitnehmers zur Aufnahme einer andersartigen Tätigkeit einholen, ehe er dies dem Arzt mitteilt.

Die Aufnahme einer andersartigen Tätigkeit stellt sich rechtlich als Änderung des Arbeitsvertrages dar.

3.9.3 Scheintätigkeit

Die Arbeitsunfähigkeit endet allerdings nur, wenn die angebotene bzw. aufgenommene Tätigkeit auch tatsächlich eine sinnvolle Arbeit für den Betrieb darstellt.

3.10 Beginn der Rente

Versichertenrente wird gewährt, wenn infolge des Versicherungsfalls die Erwerbsfähigkeit länger als 26 Wochen gemindert ist und die Minderung der Erwerbsfähigkeit mindestens 20 v.H. beträgt (§ 56 Abs. 1 S. 1 SGB VII). Die Rente beginnt mit dem Tage (§ 72 Abs. 1 SGB VII)

- nach dem Ende der Zahlung von Verletztengeld; Rente kann daher auch neben dem Übergangsgeld während der beruflichen Rehabilitation geleistet werden
- nach Eintritt des Versicherungsfalls, wenn kein Verletztengeld gezahlt wird
- der Verschlimmerung der Folgen des Versicherungsfalls.

3.11 Anhang: Mitwirkungspflicht bei ärztlichen Maßnahmen (Zumutbarkeit)

- Untersuchungen (§ 63 SGB I)
  Wer Sozialleistungen beantrag oder erhält, soll sich auf Verlangen des Leistungsträgers ärztlichen und psychologischen Untersuchungsmaßnahmen unterziehen, soweit diese für die Entscheidung über Leistungen erforderlich sind.
- Grenzen der Mitwirkung (§ 65 Abs. 2 SGB I)

  Untersuchungen und Behandlungen,
  - bei denen im Einzelfall ein Schaden für Leben oder Gesundheit nicht mit hoher Wahrscheinlichkeit ausgeschlossen werken kann,
  - die mit erheblichen Schmerzen verbunden sind oder
  - einen erheblichen Eingriff in die körperliche Unversehrtheit bedeuten,

  können abgelehnt werden.

Vom Zweck her sind zu unterscheiden diagnostische Maßnahmen, die als Grundlage für die Entscheidung über die Entschädigung dienen, mithin für die Regelung der Rechtsansprüche in Betracht kommen: Untersuchungen zur Sicherung der Diagnose, zur Feststellung der Unfall- bzw. Berufskrankheitenfolgen und der MdE, Nachuntersuchungen, um zu erkennen, ob sich deren Folgen geändert haben, usw.

Hiervon sind diagnostische Maßnahmen zu trennen, die zur Vorbereitung des Heilverfahrens dienen, z. B. um notwendige und zweckmäßige Behandlung einzuleiten. Mischformen sind keine Seltenheit.

Zu Untersuchungsmaßnahmen und operativen Eingriffen im Einzelnen – Darstellung in Vorauflagen.

4 Tod des Versicherten

Übersicht

4.1	*Hinterbliebenenrente*	121
4.2	*Feststellen der Todesursache*	122
4.3	*Kausalzusammenhang*	122
4.3.1	Tod allein durch die Folgen des Versicherungsfalls	122
4.3.2	Rechtlich wesentlicher Zusammenhang bei einer inneren Ursache	123
4.3.2.1	Allgemeine Bewertungsgrundsätze	123
4.3.2.2	Lebensverkürzung „um ein Jahr"	123
4.4	*Rechtsvermutung bei „privilegierten" Berufskrankheiten*	125
4.4.1	Umfang der Rechtsvermutung	126
4.4.2	Widerlegen der Rechtsvermutung	127
4.5	*Beweisprobleme*	128
4.5.1	Auffinden eines Toten am Arbeitsplatz	128
4.5.2	Der dem „Unfall vorausgehende" plötzliche Tod	129
4.5.3	Spättodesfall	130
4.6	*Leichenöffnung*	130
4.6.1	Zur rechtlichen Zulässigkeit	132
4.6.2	Notwendigkeit	133
4.6.3	Aufgaben der Verwaltung bei der Durchführung	134
4.6.4	Exhumierung	135
4.6.5	Rechtslage beim Verweigern der Zustimmung	136
4.6.5.1	zur Obduktion	136
4.6.5.2	zur Exhumierung	136
4.7	*Arztaussage nach dem Tode*	137

Nach der Mortalität belegen Unfälle Rang 5 der Todesursachen hinter den Krankheiten des Kreislaufsystems, den bösartigen Neubildungen, den Krankheiten des Atmungs- und Verdauungssystems. An der Spitze stehen Haus- und Freizeitunfälle (57,5 %), gefolgt von Verkehrsunfällen (36,9 %) sowie Arbeits- und Wegeunfällen (5,6 %).[1]

4.1 Hinterbliebenenrente

Die Hinterbliebenenrente knüpft an den Tod als solchen, nicht an den konkreten Ausfall von Unterhalt; somit dient sie dem Ausgleich abstrakt bestimmten Schadens.[2] Sie ist eine selbständige Leistung, über die unabhängig von dem Ergebnis früherer Feststellungen über eine Versichertenrente mit dem Todesfall neu zu entscheiden ist: Ein Bescheid über Vorliegen oder Nichtvorliegen eines Arbeitsunfalls oder einer Berufskrankheit hat weder für noch gegen die Angehörigen verbindliche Wirkung.[3]

Auch besteht durch das Anerkennen eines Versicherungsfalls – mit Ausnahme bei bestimmten Berufskrankheiten (s. 4.4, S. 125) – weder eine Vermutung noch eine Fiktion hin-

---

[1] Caspar, Bundesgesundhbl. 7/93, 281, 283.
[2] Schulin, HS-UV § 31 Rdnr. 29.
[3] Ständige Rspr. des BSG – 2. Senat: BSG, SozR Nr. 41 zu § 128 SGG (16. 12. 1958); SozR 1500 § 144 Nr. 2 (12. 3. 1974); SozR 2200 § 589 Nr. 8(22. 11. 1984); BSGE 88, 226, 230 (25. 7. 2001 – 8. Senat) = SozR 3-2700 § 63 Nr. 1 = SGb 2002, 455.

sichtlich des Todes. Ebenfalls hindert die Zahlung eines Sterbegeldes den UV-Träger nicht, den Anspruch auf Hinterbliebenenrente gesondert zu überprüfen.[4]

4.2 Feststellen der Todesursache

Die Todesursache ist auf Grund medizinisch-naturwissenschaftlicher Erkenntnisse zu ermitteln. Dabei handelt es sich um eine eindeutig zu belegende Tatsachenfeststellung.

Die *Sterbeurkunde* beweist nur den Tod, nicht aber eine darin vermerkte Todesursache.[5] Ihr Informationswert ist selten befriedigend, da in der amtlichen Todesfeststellung unfallrechtliche Gesichtspunkte nicht erscheinen.

Ähnliche Erwägungen gelten hinsichtlich der *Todesbescheinigung*.[6] Der für das Standesamt (Personenstandsgesetz) bestimmte nichtvertrauliche Teil enthält Angaben zum Zeitpunkt des Todes und dazu, ob eine natürliche, unnatürliche oder unaufgeklärte Todesursache vorliegt. Vorwiegend statistischen Zwekken dient die Aussage über die Todesursache im vertraulichen Teil, der vom Gesundheitsamt bzw. Statistischen Landesamt ausgewertet wird. Das Bemühen zur Feststellung derselben wird meist eingestellt, wenn kein Grund für die Annahme eines Fremdverschuldens oder einer schweren ansteckenden Krankheit vorhanden ist. Bei Konkurrenz mehrerer Todesursachen (z.B. Lungenembolie, Herzinfarkt, rupturiertes Aneurysma) hat der leichenschauende Arzt keine weiteren Wege zur Aufklärung. „Verdachtstodesursache"[7] liegt vor.

4.3 Kausalzusammenhang

Der Versicherungsfall ist Todesursache im Rechtssinn, wenn er, vor allem auf Grund sich daraus ergebender Gesundheitsstörungen, – mit Wahrscheinlichkeit (s. 1.14.2, S. 47) – eine wesentliche Bedingung des Todes war.[8] Das Feststellen des erforderlichen, rechtlich wesentlichen Kausalzusammenhanges beurteilt sich zunächst nach den allgemeinen Grundsätzen (s. 1.4 bis 1.7, S. 21 ff.).

4.3.1 Tod allein durch die Folgen des Versicherungsfalls

Keine rechtlichen Schwierigkeiten erwachsen, wenn der Versicherte allein an den Folgen von Arbeitsunfall oder Berufskrankheit verstorben ist. Der Tod kann unmittelbar, mittelbar (s. 1.9, S. 36 und 1.10, S. 37) oder durch Verschlimmerung (s. 1.8.2, S. 34) eines bestehenden Leides auftreten.[9] Auch dadurch kann er rechtlich wesentlich verursacht werden, dass wegen der Folgen des Versicherungsfalls die Behandlung einer unfallunabhängigen Erkrankung zu spät oder überhaupt nicht vorgenommen wird: wenn etwa die Unfallfolge eine rechtzeitige Diagnose der unfallunabhängigen Krankheit verhindert und damit den

---

[4] BSG, SozR 2200 § 589 Nr. 8 (22.11.1998).
[5] BSG, Soz. E. Slg I/4 Nr. 23 zu § 128 SGG = KOV 1958, 119.
[6] Trube-Becker, Vers.Med. 43 (1991) 37ff.; Manz, u.a., Öff. Gesundh.-Wes. 53 (1991) 765; Fritze, Die ärztliche Begutachtung (Hrsg. Fritze, Mehrhoff) 7. Aufl. 2008 S. 7; Uhlenbruck, Ulsenheimer, Handbuch des Arztrechts (Hrsg. Laufs, Uhlenbruck) 3. Aufl. 2002 S. 1189.
[7] Thierfelder, MedSach 84 (1988) 192.
[8] BSG, SozR 4-2700 § 8 Nr. 14 (12.4.2005); BSG, SozR 3-2200 § 548 Nr. 14 (12.5.1992).
[9] BSGE 40, 273, 274 (23.10.1975).

4.3 Kausalzusammenhang

Tod verursacht.[10] Gleiches gilt bei einer Fehldiagnose, die bei der Behandlung von Unfallfolgen den Tod wesentlich bedingt.[11]

4.3.2 Rechtlich wesentlicher Zusammenhang bei einer inneren Ursache

Sind Versicherungsfall und Krankheitsanlage im naturwissenschaftlich-philosophischen Sinne Bedingungen für den Tod, ist ihre rechtliche Tragweite als wesentliche (Mit-) Ursache zu werten.

4.3.2.1 Allgemeine Bewertungsgrundsätze

Der Versicherungsfall ist rechtlich wesentlich, wenn ihm im Vergleich zu der vorbestehenden Krankheitsanlage der Stellenwert einer wesentlichen (Mit-) Ursache des Todes zukommt. Die *Belastbarkeit* des Versicherten im Zeitpunkt der Auslösung akuter Erscheinungen (s. 1.7, S. 29) bildet auch hier ein wesentliches Kriterium über die Wesentlichkeit der Vorerkrankung.[12] Beim Fehlen des Zusammenhanges ist es rechtlich nicht bedeutsam, ob wegen der Krankheitsanlage in absehbarer Zeit ohnehin mit dem Tod des Versicherten gerechnet werden musste.[13] Ergibt die wertende Abwägung der zusammenwirkenden, zum Tode führenden Bedingungen die Schlussfolgerung, die Folgen des Versicherungsfalls seien eine Mitursache des Todes, haben sie den Tod wesentlich mitbewirkt. Dabei kommt es nicht darauf an, ob der Versicherte auch ohne den Versicherungsfall vor Ablauf eines Jahres gestorben wäre.[14]

4.3.2.2 Lebensverkürzung „um ein Jahr"

Der Beurteilung des Kausalzusammenhanges erwachsen Schwierigkeiten, wenn die rechtliche Wesentlichkeit der Folgen des Versicherungsfalls zweifelhaft, der zeitliche Rahmen des Todes auf Grund einer Krankheitsanlage jedoch absehbar ist. Je kürzer die zeitliche Differenz zwischen tatsächlichem und hypothetischem Todesdatum ist, desto weniger spricht dafür, dass die Folgen des Versicherungsfalls als rechtlich wesentliche Mitursache des Todes anzusehen sind und desto eher kommt der Krankheitsanlage die wesentliche Bedeutung zu.[15]

Die Rspr.[16] orientiert sich am Abgrenzungsmaßstab der „Lebensverkürzung um ein Jahr": Hätten die unabhängigen Leiden auch ohne den Versicherungsfall zum Tode geführt, so bilden die Folgen des Versicherungsfalls dennoch eine wesentliche Ursache für den Tod, wenn sie diesen um mindestens etwa ein Jahr beschleunigt haben. Das Maß der zeitlichen Begrenzung geht von der Überlegung aus, dass bei einem längeren Zeitraum die unfallbedingte Beschleunigung des Todeseintritts nicht mehr mit der erforderlichen Wahrscheinlichkeit übersehbar ist. Kausalität bedeutet somit Lebenszeitverkürzung.

---

10 BSGE 40, 273 (23. 10. 1975).
11 LSG Rheinland-Pfalz, 24. 11. 1971, Breith. 1972, 291.
12 BSG, SozR 3-2200 § 539 Nr. 7 (24. 1. 1991); 18. 3. 1997, HV-Info 15/1997, 1370.
13 Schulin, HS-UV § 31 Rdnr. 31.
14 Krasney, in: Schulin, HS-UV § 8 Rdnr. 98.
15 Schulin, HS-UV § 31 Rdnr. 34.
16 RVA, 29. 1. 1916, EuM 6, 209; 25. 4. 1922, EuM 15, 98, 99; BSGE 12, 247, 253 (30. 6. 1960); 62, 220, 223 = SozR 2200 § 589 Nr. 10 (27. 10. 1987) = Meso B 90/84.

Die Frage der Lebensverkürzung um ein Jahr stellt sich nur, wenn

- *der Zeitpunkt des Todes* allein auf Grund der vorhandenen unfallunabhängigen Krankheit mit Wahrscheinlichkeit *absehbar* war[17], oder
- zwar keine hinreichend genauen Aussagen über den genauen Todeseintritt ohne die Folgen des Versicherungsfalls möglich sind, aber auf Grund konkreter Umstände *ohne den Versicherungsfall* von einer Lebenserwartung von mindestens einem Jahr auszugehen wäre.[18]

Die zeitliche Begrenzung auf ein Jahr wird kritisiert.[19] Für ihre Anwendung in den Fällen, in denen andere Kriterien das Bewerten der wesentlichen Bedingung nicht erlauben, spricht jedoch, dass dadurch schwierige Beweisfragen vermieden, eine ziemlich gleichmäßige Handhabung der Kausalitätsprüfung gewährleistet werden und die zeitliche Begrenzung der Rechtssicherheit dient.[20]

Nicht um eine Ausnahme von dem allgemeinen Ursachenbegriff der ges. UV handelt es sich, sondern um einen besonderen Anwendungsfall der geltenden Kausallehre.[21] Insgesamt geht es um eines von mehreren möglichen Zeichen der Mitursache, um einen Maßstab von mehreren. Für den Abgrenzungsmaßstab ist kein Raum, wenn die Kausalität bereits aus anderen Gründen feststeht oder abzulehnen ist. Deshalb können Folgen eines Versicherungsfalls den Tod des Verletzten verursacht haben, wenn dieser auch ohne dieselben vor Ablauf eines Jahres gestorben wäre. Voraussetzung ist lediglich, dass sie den Eintritt des Todes wesentlich mitbewirkt haben.[22] Wenn z. B. das unfallabhängige Leiden den Tod innerhalb eines Jahres herbeigeführt hätte, der Betroffene indes vorher durch ein anderes unfallunabhängiges Ereignis verstirbt (Verkehrsunfall), stellt sich allein die Frage, ob die Folgen des konkreten Todes (Verkehrsunfall) zu entschädigen sind, nicht aber ein örtlich und zeitlich fixiertes, lediglich hypothetisches Todesereignis: nämlich der voraussichtliche Tod innerhalb eines Jahres.[23] In allen Fällen eines hypothetischen Verlaufs – gleichgültig, ob vor oder nach dem tatsächlich eingetretenen Ereignis angesiedelt – wird die Kausalität nicht beeinträchtigt.[24]

Hat der Versicherte ein Leiden, das für sich allein den Tod innerhalb eines Jahres herbeigeführt hätte, verstirbt er jedoch bereits einen Tag nach einem Arbeitsunfall, weil seine Kon-

---

[17] BSGE 62, 220, 223 = SozR 2200 § 589 Nr. 10 (27. 10. 1987).
[18] Hauck-Keller, K § 8 Rz. 318.
[19] Deglmann, KOV 1960, 129, 130: „Frage an den lieben Gott"; Bischoff, SGb 1966, 204, 205: „willkürlich und hypothetisch"; s. auch Haack, Versorgungs-Bl. 1967, 7, 10.
[20] BSGE 13, 176 (1. 12. 1960); Gitter, Schadensausgleich im Arbeitsunfallrecht 1969 S. 116; Keller in: Hauck/Noftz, K § 8 Rdz. 319; Wilde, MedSach 1992, 69, 69.
[21] BSGE 62, 220 = SozR 2200 § 589 Nr. 10 (27. 10. 1987) = Meso B 90/84; Krasney, in: Schulin, HS-UV § 8 Rdnr. 98.
[22] BSGE 62, 220 = SozR 2200 § 589 Nr. 10 (27. 10. 1987) = Meso B 90/84; Wilde, MedSach 1992, 68, 69.
[23] BSGE 13, 176 (1. 12. 1960); Bayer. LSG, 15. 11. 1978, Breith. 1979, 510ff.; vgl. auch BGH, 4. 11. 1969, BG 1970, 161: Das Zivilgericht verurteilt den Verursacher des nicht der UV unterliegenden Todesereignisses zur Leistung von Schadensersatz an die Witwe (§ 844 Abs. 2 BGB), weil ohne das Ereignis der Getötete an einer festgestellten Berufskrankheit verstorben wäre und die Witwe Hinterbliebenenrente erhalten hätte.
[24] BSGE 63, 277, 281 (28. 6. 1988).

stitution durch die nicht unfallbedingte Erkrankung geschwächt war, ist auch der Unfall wesentliche Bedingung des Todes.

Der Arzt kann den Krankheitsverlauf nicht exakt naturwissenschaftlich-mathematisch voraussehen. Er bleibt auf Erfahrungswerte – die begrenzt sind – angewiesen. Im Einzelfall ist es daher seine Pflicht, darzulegen, inwieweit ein Beurteilungsraum besteht und wo gegebenenfalls der Bereich des Spekulativen beginnt.[25]

Zum Anhalt[26]:
(1) Die Frage nach der Lebensverkürzung um ein Jahr ist vom ärztlichen Standpunkt nur sinnvoll, wenn das Leiden, das zum Tod führte, in seiner Entwicklung überschaubar und die tödliche Folge absehbar war.[27]

(2) Das Leiden, das den Tod herbeiführte und hinsichtlich eines beschleunigten Verlaufs gutachterlich geprüft werden soll, muss auch prognostisch klar durchschaubar gewesen sein.

(3) Setzte nun entgegen prognostischer Voraussetzung ein unerwarteter Verlauf ein, ist zu prüfen, ob mit dem Tod in absehbarer Zeit überhaupt zu rechnen war. Drängte das Leiden nicht zu einem Abschluss, war mit dem Tod in absehbarer Zeit nicht zu rechnen, kann auch nicht die Feststellung getroffen werden, dass der Tod sich mindestens um ein Jahr verfrüht hat.

(4) Nur die Beobachtung der Verläufe in entsprechend großer Zahl lässt ein treffendes Urteil über die durchschnittliche übliche Verlaufsform zu. Das schließt nicht aus, den Einzelfall mit allen seinen Gegebenheiten eingehend zu würdigen.

Der Maßstab der Lebensverkürzung um ein Jahr findet auch Anwendung, wenn

– die Unfallfolgen nicht zum Tod führten, ihretwegen aber eine erfolgversprechende Behandlung nicht oder zu spät durchgeführt wurde oder
– die Unfallfolgen die rechtzeitige Diagnose der unfallunabhängigen Krankheit verhindert haben oder
– die Berufskrankheit eine rechtzeitige Operation verhindert hat und der Tod durch die unfallbedingte verspätete Behandlung oder das Feststellen der unfallunabhängigen Krankheit um ein Jahr früher eingetreten ist.[28]

4.4 Rechtsvermutung bei „privilegierten" Berufskrankheiten

Eine Rechtsvermutung hinsichtlich des Kausalzusammenhanges zwischen Berufskrankheit und Tod nimmt das Gesetz (§ 63 Abs. 2 SGB VII) an, wenn

(1) eine Asbestose oder durch Asbeststaub verursachte Erkrankung der Pleura (BK-Nr. 41 03), Lungenkrebs in Verbindung mit Asbeststaublungenerkrankung (Asbestose)

---

25 Brackmann, Krasney § 8 RdNr. 409.
26 Nach Goetz, MedSach 1963, 254; vgl. auch Högenauer, MedSach 1983, 98; Weber, u.a., MedSach 1992, 72 ff.
27 BSGE 62, 220 = SozR 2200 § 589 Nr. 10 (27. 10. 1987); LSG Rheinland-Pfalz, 15. 7. 1987, Meso B 10/398.
28 BSGE 40, 273, 275 f. (23. 10. 1975); 58, 230 (10. 7. 1985); LSG Hamburg, 1. 2. 1955, SGb 1956, 65 m. abl. Anm. Versen; vgl. auch BSG, 18. 12. 1973, SGb 1974, 101.

oder mit durch Asbeststaub verursachter Erkrankung der Pleura (BK-Nr. 41 04), Silikose (BK-Nr. 41 01) oder Siliko-Tuberkulose (BK-Nr. 41 02) vorliegt, und

(2) diese eine MdE von mindestens 50 % verursacht haben.

Tritt zu einer Silikose (BK-Nrn. 41 01, 41 02) ein Lungenkrebs (BK-Nr. 41 12) hinzu und beträgt nunmehr die MdE 50 % oder mehr, greift § 63 Abs. 2 SGB VII: Die Gesamt-MdE ist Ausdruck einer gemeinsamen, nicht trennbaren und damit beiden Berufskrankheiten zuzurechnenden Krankheitsbildes.[29]

4.4.1 Umfang der Rechtsvermutung

Es handelt sich um eine *Tatsachenvermutung*. Selbst wenn mit Wahrscheinlichkeit feststeht, dass der Tod nicht durch die Berufskrankheit verursacht wurde, ist die Kausalität zu bejahen.

Die Rechtsvermutung erstreckt sich auf

(1) die Annahme des Eintritts des Todes infolge der Berufskrankheit und

(2) die Richtigkeit der festgestellten Höhe der MdE.

Diese ergänzende Auslegung folgt aus dem Sinn dieser Vorschrift, den Angehörigen die Zwangslage zu ersparen, einer Obduktion oder Exhumierung auch dann zuzustimmen, wenn diese sittliches Empfinden verletzt, da aus einer Weigerung ungünstige Schlüsse gezogen werden können.[30] Dem würde es widersprechen, wenn beim Prüfen der Voraussetzungen der Rechtsvermutung dem Streit über die Todesursache noch ein weiterer über die Richtigkeit des Grades der zu Lebzeiten bereits festgestellten MdE vorgeschaltet werden sollte; zudem würden die Hinterbliebenen in eine ungünstige Beweissituation gedrängt.[31]

Auf die Anerkennung der Berufskrankheit bzw. Gewährung oder Feststellung einer Versichertenrente wegen dieser MdE zum Todeszeitpunkt kommt es nicht an. Auch eine erst nach dem Tode erfolgte bescheidmäßige Anerkennung als Berufskrankheit und Festsetzung einer MdE von mindestens 50 v. H. zum Todeszeitpunkt an die Hinterbliebenen ist für den Eintritt der Rechtsvermutung ausreichend.[32]

Bei *Selbsttötung* eines Versicherten, der an einer „privilegierten" Berufskrankheit mit einer MdE von 50 % oder mehr litt, gilt die Rechtsvermutung nicht. Diese wurde vom Gesetzgeber aufgestellt, weil erfahrungsgemäß die Berufskrankheit in nicht wenigen Fällen eine wesentliche Ursache für den Tod ist. Dieser Erfahrungssatz besteht indessen nicht dahin, dass die Folgen der Berufskrankheit die Fähigkeit zur Willensbildung im Zeitpunkt des Entschlusses zur Selbsttötung wesentlich beeinträchtigt haben.[33]

---

[29] Brackmann/Becker, § 9 BK-Nr. 41 12 Anm. 4.
[30] Bundestagsdrucksache IV, 938 S. 14.
[31] BSGE 32, 8, 10 (29. 9. 1970); BSG, 16. 12. 1977, ZfS 1978, 66; kritisch dazu Bonnermann, BG 1976, 112, 114.
[32] BSG, SozR 4-2700 § 63 Nr. 3 (7. 2. 2006) = Info 2006, 714.
[33] BSG, SozR Nr. 11 zu § 589 RVO (15. 12. 1972); BSG, 10. 7. 1985, HV-Info 20/1985 S. 70 = Meso B 70/131; a. A. noch LSG Nordrhein-Westfalen, 24. 9. 1968, Breith. 1969, 301; 20. 1. 1994, HV-Info 22/1994, 1855.

4.4.2 Widerlegen der Rechtsvermutung

Die Rechtsvermutung ist widerlegt, wenn *offenkundig* ist, dass

- die MdE der „privilegierten" Berufskrankheit nicht mindestens 50 % betragen oder
- die Berufskrankheit den Tod nicht wesentlich mitverursacht bzw.
- nicht um wenigstens ein Jahr beschleunigt hat.[34]

Offenkundigkeit ist auch dann anzunehmen, wenn die – zulässige – Obduktion ergibt, dass eine berufsbedingte Erkrankung zu Lebzeiten nicht vorlag.

Der Begriff „offenkundig" hat nicht dieselbe Bedeutung wie im Zivilrecht (§ 291 ZPO). Diese Beweisregel bezieht sich nur auf allgemeine oder gerichtskundige Tatsachen, die verständige Kreise für feststehend halten oder die der Richter kraft seines Amtes kennt. Anders ist die Rechtslage bei § 63 Abs. 2 SGB VII. Hier bezieht sich „offenkundig" nicht allein auf das Feststellen von Tatsachen, sondern auch auf den ursächlichen Zusammenhang solcher Tatsachen mit dem einen Rechtsanspruch begründenden Tatbestand. Dafür reicht aber in der Regel nicht die allgemeine Kenntnis; entscheidend ist die medizinische Erkenntnis. „Offenkundig" hat deshalb den Inhalt, die Anforderungen an die für die Überzeugung normalerweise genügende Wahrscheinlichkeit zu verstärken. Das ist gegeben, wenn eine jede ernsthaften Zweifel ausschließende Wahrscheinlichkeit besteht. Die von der Rspr. entschiedenen Tatbestände sind dadurch gekennzeichnet, dass die Todesursache von einem anderen Organ ausgegangen war als von dem durch die Berufskrankheit betroffenen.[35]

Nicht ausreichend zum Widerlegen der Rechtsvermutung ist daher

- die Wahrscheinlichkeit, dass andere Umstände die alleinige Todesursache sind[36]
- die Wahrscheinlichkeit, dass die Berufskrankheit nicht den Tod verursacht hat[37]
- der Hinweis, es liege keine wissenschaftliche Lehrmeinung vor[38]
- der Hinweis auf die Meinung namhafter ärztlicher Sachverständiger[39]
- das Fehlen gesicherter Erkenntnisse über die Kausalitätsbeziehungen zwischen verschiedenen Gesundheitsstörungen[40]
- die medizinische Unklarheit des ursächlichen Zusammenhanges[41].

---

[34] BSGE 28, 38, 40 = SozR Nr. 4 zu § 589 RVO (14. 3. 1968).
[35] Offenkundigkeit widerlegt: LSG Baden-Württemberg, 8. 5. 1985, Meso B 70/132 (Tod infolge Magenkrebs bei stabilisierter Silikose mit Tbc); LSG Niedersachsen, 24. 9. 1986, HV-Info 4/88, 301 (Tod durch Bronchialkarzinom bei Silikose); LSG Baden-Württemberg, 26. 2. 1987, HV-Info 15/87, 1181 (Tod durch Dickdarmkrebs bei Silikose); LSG Nordrhein-Westfalen, 13. 12. 2000, HV-Info 13/2001, 1200 (kein Zusammenhang zwischen fibrosierenden Lungenerkrankungen [Asbest] und arteriosklerotischen Gefäßerkrankungen [Todesursache]. Offenkundigkeit nicht widerlegt: BSGE 28, 38, 41 (14. 3. 1968) durch Dickdarmkrebs hervorgerufene Bauchfellentzündung bei Silikose; BSG, 29. 5. 1984, Breith. 1985, 302 (Tod bei Rechtsherzversagen bei Silikose und Lungenkarzinom); BSG, 20. 11. 1973, SGb 1974, 67 (Entstehung eines Lungenkrebses als Reizkrebs an einer silikotischen Narbe); LSG Nordrhein-Westfalen, 16. 12. 1975, Breith. 1976, 560 (Narbenkrebs), vgl. auch Mehrhoff, Kompass 1991, 137, 139.
[36] LSG Nordrhein-Westfalen, 19. 5. 1970, Breith. 1971, 923.
[37] BSG, 27. 2. 1973, SozR Nr. 12 zu § 589 RVO (bei schwerer Silikose, Sauerstoffmangel des Blutes und Minderung der Chancen, einen Herzinfarkt zu überstehen).
[38] BSG, 4. 8. 1981, SozR Nr. 5 zu § 589 RVO.
[39] BSG, 20. 11. 1973, SGb 1974, 67.
[40] BSGE 32, 8 (29. 9. 1970).
[41] BSG, 29. 5. 1984, Breith. 1985, 302.

Andererseits begründet eine ganz entfernte, lediglich theoretische Möglichkeit, dass die Berufskrankheit neben anderen Faktoren eine rechtlich wesentliche Mitursache des Todes gewesen sein könnte, keinen ernsthaften Zweifel. Entscheidend ist nicht, ob aus naturwissenschaftlicher Sicht ein Zusammenhang mit der Berufskrankheit begrifflich denkbar wäre, sondern ob die Befunde im Einzelfall die Annahme, dass ausschließlich andere Ursachen den Tod des Versicherten herbeigeführt hätten, ernstlich zu erschüttern vermögen.[42]

Die Offenkundigkeit ist in der Regel durch das Heranziehen medizinischer Sachverständiger zu beurteilen und zu entscheiden.[43]

Da nur Obduktionen und Leichenausgrabungen als Beweismittel nicht gefordert werden dürfen, können andere Beweise erhoben werden: Befunde, Vorgeschichte und deren Auswertung, Ort und Schwere der Verletzung, Zeitspanne bis zum Todeseintritt.[44] Berichte über eine nicht von den UV-Trägern veranlasste Obduktion dürfen für diesen verwendet werden nach

— schriftlicher Einwilligung der Hinterbliebenen
— vorher schriftlich, klar und eindeutig gegebenen Hinweis auf den Zweck der Herausgabe[45]

Den UV-Träger trifft die objektive Beweislast, falls der Nachweis für ein offenkundiges Nichtbestehen des Zusammenhanges zwischen Tod und Berufskrankheit an den tatsächlichen Feststellungen scheitert.[46]

4.5 Beweisprobleme

4.5.1 Auffinden eines Toten am Arbeitsplatz

Wird ein Versicherter auf seinem Arbeitsplatz oder an einer anderen Stelle, an der er sich im Rahmen seiner Tätigkeit aufgehalten hat, tot aufgefunden, und ist die Todesursache nicht feststellbar, so ist unter Berücksichtigung aller Tatumstände in freier Beweiswürdigung zu entscheiden, ob eine der versicherten Tätigkeit zuzurechnende Ursache den Tod herbeigeführt hat.[47] Weder gibt es einen „Betriebsbann"[48] noch eine Rechtsvermutung des Inhalts, ein Versicherter sei, wenn er auf der Betriebsstätte tot aufgefunden wird, und die Todesursache nicht einwandfrei zu ermitteln ist, aber eine Betriebseinrichtung als mitwirkende Todesursache in Betracht kommt, einem Arbeitsunfall erlegen.[49]

---

[42] BSG, SozR Nr. 6 zu § 589 RVO (12. 2. 1970); Mehrtens, Brandenburg, E § 63 SGB VII Anm. 42.
[43] BSGE 28, 40 (14. 3. 1968).
[44] LSG Nordrhein-Westfalen, 13 12. 2000, HV-Info 13/2001, 1200; BSGE 28, 38, 40 (14. 3. 1968).
[45] BSGE 94, 149 (15. 2. 2005) = SozR 4-2700 § 63 Nr. 2 = NZS 2006, 213 = Breith. 2006, 19; dazu Schur, BG 2007, 71; Dahm, ZfS 2007, 365; Urteil bestätigt durch BVerfG, SozR 4-2700 § 63 Nr. 4.
[46] BSGE 32, 8 (29. 9. 1970).
[47] BSGE 19, 52 (29. 3. 1963); SozR 3-2200 § 548 Nr. 14 (12. 5. 1992).
[48] BSGE 41, 137, 139 = SozR 2200 § 555 Nr. 1 (22. 1. 1976); SozR 3-2200 § 548 Nr. 22; 26. 10. 2004, Breith. 2005, 658, 659.
[49] BSG, SozR 3-2200 § 548 Nr. 14 (12. 5. 1992).

4.5 Beweisprobleme

Kann ein in Betracht zu ziehender tatsächlicher Vorgang nicht festgestellt werden, erhebt sich nicht einmal die Frage, ob er im Einzelfall auch nur als Ursache im naturwissenschaftlichen Sinne in Betracht kommt[50]; er ist daher bei der Beweiswürdigung unbeachtlich.[51]

Beim Unfall unter ungeklärten Umständen am Arbeitsplatz, an dem zuletzt betriebliche Tätigkeit verrichtet wurde, entfällt der Versicherungsschutz nur, wenn bewiesen wird, dass die versicherte Tätigkeit im Unfallzeitpunkt eigenwirtschaftlich unterbrochen wurde.[52]

Lassen sich die anspruchsbegründenden Tatsachen nicht ermitteln, geht dies zu Lasten der Hinterbliebenen.[53] Befinden sich die Angehörigen insoweit in einem „Beweisnotstand", ist es angesichts der Sachlage des Einzelfalles zulässig, an den Beweis der Anspruchsvoraussetzungen keine übermäßig hohen Anforderungen zu stellen (s. 1.14.3, S. 48).[54]

4.5.2 Der dem „Unfall vorausgehende" plötzliche Tod

Der natürliche Tod kann einem Unfall vorausgehen; so erweckt er häufig den Anschein, ein Unfalltod zu sein: Der Bauarbeiter, der auf dem Gerüst einen Sekunden-Herztod erleidet, abstürzt und eindrucksvolle Verletzungen zeigt oder der Kraftfahrer, der am Steuer vom Tod überrascht wird, und das führerlos gewordene Fahrzeug im Ausrollen noch einen Unfall verursacht, der beim Verstorbenen zu charakteristischen Unfallverletzungen führt.[55] Zurückblickend ist es nicht immer möglich, eine scharfe Trennung zu ziehen zwischen dem plötzlichen Tod aus natürlicher Ursache, der von dem Unfallereignis *gefolgt* war, und dem Unfalltod, der durch eine, an sich nicht tödliche innere Erkrankung bewirkt wurde.

Selbst wenn der Unfall generell geeignet war, zu der tödlichen Verletzung zu führen, gibt es keinen Erfahrungssatz, dass der Tod auf dem Unfall beruht. Die für den Kausalzusammenhang erforderliche Wertung der in Betracht zu ziehenden Ursachen ist vorzunehmen.

Rangfolge in der Beziehung zwischen *Erkrankung und plötzlichem* Tod:

(1) Herz- und Kreislauferkrankungen

(2) Lungenentzündungen

(3) Erkrankungen des Zentralnervensystems[56]

Die Problematik ist zu erkennen und die Begutachtung durch einen geeigneten Pathologen zu veranlassen. Neben dem Leichenbefund ist die gesamte Fundsituation einzubeziehen. Blutalkoholbestimmung nach forensischen Kriterien sollte stets erfolgen.

---

[50] BSGE 61, 127, 129 = SozR 2200 § 548 Nr. 84 (20. 1. 1987).
[51] Brackmann, Krasney, § 8 Rdnr. 327.
[52] BSGE 93, 279, 282 f = SozR 4-2700 § 8 Nr. 9 (26. 10. 2004); BSG, 4. 9. 2007, SGb 2007, 672 = UVR 3/2008, 142.
[53] BSG, 5. 2. 1980, Rdschr. HVBG VB 87/90: Für einen „Betriebsbann" ist kein Raum; BSGE 24, 25, 27 (29. 9. 1965) m.w.N.; BVerfG, 14. 9. 1977, SozR 2200 § 548 Nr. 36; LSG Schleswig-Holstein, 24. 8. 1970, VersR 1971, 712; LSG Schleswig-Holstein, 16. 1. 2003, Meso B 90/146; bei möglicher Selbsttötung BSGE 30, 278, 280f. (30. 1. 1970); BSG, 15. 6. 1976, DOK 1977, 58.
[54] BSGE 19, 56 (29. 3. 1963).
[55] BSG, 25. 5. 1972, Kartei Lauterbach Nr. 8733 zu § 548 Abs. 1 S. 1 RVO.
[56] Mittermayer, Praxis der Rechtsmedizin (Hrsg. Forster) 1986 S. 49f.; Forster, Ropohl, Rechtsmedizin, 5. Aufl. 1989 S. 54.

Tod im Straßenverkehr
Der plötzliche Tod am Steuer hat überwiegend kardiovaskuläre und zerebravaskuläre Ursachen. Bewertung, ob diese Erkrankungen primär zum Tode führten oder – etwa durch eine Herzschwäche oder Bewusstseintrübung – mitursächlich waren, erfolgt unter dem Erfahrungssatz, dass der plötzliche natürliche Tod in der Regel nicht zu schweren Verkehrsunfällen führt.[57]

Aus der Rechtsprechung:[58]
Das Fahrzeug eines Versicherten kam ohne erkennbaren äußeren Grund von der Fahrbahn ab und prallte gegen einen Hochspannungsmast.
War der Verunglückte vor dem Unfall einer vorübergehenden Herzschwäche (Ohnmacht) erlegen, sind die besonderen Wegegefahren eine der Ohnmacht zumindest gleichwertige Bedingung (= Arbeitsunfall). Hatte der Versicherte dagegen einen lebensbedrohenden Anfall (Herzstillstand) erlitten, der noch vor dem Unfall zu seinem Tod geführt hat oder auch ohne den Unfall zwangsläufig dazu geführt hätte, sind Unfall und Tod wesentlich nicht durch die besonderen Gefahren des Verkehrs, sondern durch die vom Schutz der ges. UV nicht umfasste innere Ursache bewirkt worden (= kein Arbeitsunfall).

Sturz als Todesursache – natürlicher Tod als Sturzursache
Stürze mit Todesfolge zu ebener Erde, aus der Höhe oder in das Wasser erfordern eine Obduktion. Bei Herzinfarkt liegt stets ein natürlicher Tod vor. Problematisch sind schwere innere Erkrankungen, wie eine erhebliche stenosierende Koronararteriensklerose; sie müssen den Tod nicht zwingend erklären.[59]

Beweislast
Bei fehlender Klärung – erst arbeitsbedingter Sturz sodann Herzinfarkt oder zunächst schicksalsbedingter Herzinfarkt sodann Sturz – entfällt Bewertung als Arbeitsunfall. Beweiserleichterung scheidet hier aus.[60]

4.5.3 Spättodesfall

Der Nachweis des Zusammenhanges zwischen Unfallereignis und Spättodesfall nach zeitlichem Intervall von Tagen bis Wochen gelingt weitgehend durch die Obduktion. Unfalltypische Ursachen sind Pneumonie, Lungenarterienembolie, Multiorganversagen, Schädel-Hirn-Trauma.[61]

4.6 Leichenöffnung

Die Leichenöffnung, auch Sektion, Obduktion, Autopsie oder innere Leichenschau, ist ein Beweismittel von hohem Wert. Das Mitwirken äußerer Faktoren lässt sich oft nur durch sie bemessen. Vorgänge werden sichtbar, die zu Lebzeiten des Menschen verborgen blie-

---

[57] Klotzbach, Püschel, VersMed 53 (2001) 109, 115; Büttner, u.a. Forensic Science Intern 103 (1999) 101.
[58] BSG, 5. 8. 1987, HV-Info 21/1987, 1677; BSG, SozR 2200 § 555 Nr. 2; LSG Rheinland-Pfalz, 16. 12. 1992, HV-Info 14/1993, 1202.
[59] Klotzbach, Püschel, VersMed 53 (2001) 159, 163.
[60] LSG Schleswig-Holzstein, 16. 1. 2003, NZS 2003, 381 = Meso B 90/146.
[61] Klotzbach, Püschel, VersMed 53 (2001) 109, 110.

ben, seinen biologischen Ablauf indessen entscheidend beeinflussen konnten.[62] Selten liegen zweifelsfreie Erkenntnisse auf Grund zu Lebzeiten erfolgter Untersuchungen und Behandlung (Verlaufsbeobachtung, klinische und bioptische Untersuchungsbefunde, Operationsergebnisse) vor, die ohne Sektion eine verbindliche Diagnose der Todesursache erlauben.

Sektionsergebnis und Bewertung der Leistungspflicht in der ges. UV einschließlich Versorgung:[63]

Schädigungsart	bejaht	verneint	ungeklärt
Unfallfolgetod (n = 192)	42,6 %	47,2 %	10,2 %
Berufserkrankung (n = 52)	28,8 %	71,2 %	—
Späte Unfallfolge (n = 76)	46,1 %	53,9 %	—

Bedeutsam ist die Obduktion, wenn innere Leiden als AU-/BK-Folgen anerkannt sind oder der Tod plötzlich eintritt[64] (s. 4.5, S. 128).

Bei unsicheren Ergebnissen der Obduktion können histophathologische, biochemische, toxikologische, serologische oder bakteriologische Zusatzuntersuchungen erforderlich werden.

Die Amtsermittlungspflicht (§ 20 SGB X) verlangt, eine für die Aufklärung unentbehrliche Leichenöffnung stets zu veranlassen. Letztere ist zum Zwecke der Feststellung, ob der Tod Folge eines Versicherungsfalls ist, grundsätzlich *zulässig*. Der Sozialpolitische Ausschuss des Bundestages hat es aus verschiedenen Gründen abgelehnt, ein allgemeines Verbot von Obduktionen auszusprechen.[65]

Unterlässt die Verwaltung eine Leichenöffnung, so folgt daraus keine Umkehr der Beweislast.[66] Jedoch kann dem Beweisnotstand im Rahmen der freien Überzeugungsbildung insoweit Rechnung getragen werden, als an den Beweis der Tatsachen, auf die sich der Beweisnotstand (s. 1.14.3, S. 48) bezieht, weniger hohe Anforderungen zu stellen sind.[67] Nach den Besonderheiten des Tatbestandes reichen bereits einzelne Beweisanzeichen, sogar ein Indiz für das Feststellen einer Tatsache oder der daraus abzuleitenden Wahrscheinlichkeit des ursächlichen Zusammenhanges.[68]

---

[62] Brugger, Kuhn, Medizin und Recht 7 (1979); Janssen, Rechtsfragen in Verbindung mit Leichenschau, Sektion und bioptische Kontrolle, in: Remmele, Pathologie 1 S. 1–14, 1989; Schwerd (Hrsg.), Rechtsmedizin, 5. Aufl. 1992; Pittroff, MfU 1970, 301, 302; Haas, NJW 1988, 2929; Hübner, Vers. Med. 44 (1992), S. 39ff.; Klotzbach, Püschel, VersMed 53 (2001) 109ff., 159ff.

[63] Helbig, Janssen, Vers. Med. 45 (1993) S. 6, 7.

[64] Janssen, Z. f. d. gesamte Versicherungswissenschaft 1988, 655, 657; Schneider, Die Leichenschau, 1987; Weber, Lehnert, Drexler, MedSach 1992, 72, 73.

[65] Bundestagsdrucksache IV/938 S. 14.

[66] BSG, SozR 3-1500 § 128 Nr. 11 (27. 5. 1997) = HV-Info 26/1997, 2461; LSG Baden-Württemberg, 25. 8. 1994, HV-Info 31/1994, 2665; LSG Rheinland-Pfalz, 16. 12. 1992, Meso B 90/99.

[67] BSGE 19, 52, 56 (29. 3. 1963) 24, 25, 28; (29. 9. 1965); LSG Baden-Württemberg, 20. 12. 1971, Rdschr. HVBG VB 70/72; Othmer, MedSach 96 (2000) 47, 48.

[68] LSG Berlin-Brandenburg, 29. 11. 2007, UVR 8/2008, 38.

4.6.1 Zur rechtlichen Zulässigkeit

Gesetzliche Regelungen bestehen nicht für die klinische Sektion, nur für Leichenöffnungen im Rahmen eines gerichtlichen, staatsanwaltlichen oder gesundheitsbehördlichen Verfahrens (§§ 87ff. StPO, § 26 Abs. 3 Infektionsschutzgesetz). Als gegenüber der Leichenöffnung geringeren Eingriff erfasst die Ermächtigung auch die Befugnis, Blut und Gewebeproben zu Untersuchungszwecken entnehmen zu lassen.

Weder im Rahmen des Feststellungs- noch des Beweissicherungsverfahrens kann eine Obduktion zwangsweise angeordnet werden. Das unbefugte Öffnen des Leichnams und gegebenenfalls die Entnahme von Leichenteilen ist ein Eingriff in ein zivil- und strafrechtlich geschütztes Rechtsgut des Verstorbenen selbst und seiner Angehörigen:

(1) Überwiegend wird der Leiche trotz ihrer Körperlichkeit eine Sachqualität abgesprochen[69], zumindest ist sie dem Rechtsverkehr entzogen, nicht eigentumsfähig und damit nicht „fremd" im Sinne der Vorschriften über Diebstahl und Sachbeschädigung[70] (§§ 242, 303 StGB).

(2) Indes wirkt das Recht des Lebenden am eignen Körper als Ausfluss des Persönlichkeitsrechts auch über den Tod fort. Der zu Lebzeiten gebildete Wille des Verstorbenen wird weiterhin geschützt, das Interesse, dass nach seinem Tode sein Leichnam unverletzt bestattet wird.[71]

(3) Hat der Verstorbene vor seinem Tode keine wirksame Erklärung abgegeben, steht das Totenfürsorge- und Bestimmungsrecht nicht den Erben zu, da es nicht zum Vermögen gehört, sondern den nächsten Angehörigen[72]

– § 11 Abs. 1 Nr. 1 StGB: Ehegatte, Lebenspartner, volljährige Kinder, Eltern, Großeltern, volljährige Geschwister und Enkelkinder
– § 35 StGB: „nahe stehende" Person, mit welcher der Verstorbene in Lebensgemeinschaft gelebt hat

Pietätsempfinden, Totensorge- bzw. Bestimmungsrecht sind *zivilrechtlich* geschützte Rechtspositionen, deren rechtswidrige, schuldhafte Verletzung zur Schadensersatzverpflichtung führen kann[73] (§ 823 Abs. 1 BGB).

Strafrechtlich kann sich die Leichenöffnung als Wegnahme von Leichenteilen aus dem Gewahrsam des Berechtigten darstellen (§ 168 Abs. 1 StGB).

Berechtigt sind die, in deren Obhut die Leiche sich befindet, z.B. das Krankenhaus oder andere Institutionen sowie die Angehörigen auf Grund ihres Totenfürsorgerechts. Nach

---

[69] H. M. im Zivilrecht, RGZ 100, 173; BGHZ 50, 133, 137 (20.3.1968).
[70] OLG München, 31.5.1976, NJW 1976, 1805; LG Detmold, NJW 1958, 265 m. Anm. Baumann; Roxin, JUS 1976, 505; Kopp, MedRecht 1997, 544, 546; Stellpflug, Der strafrechtliche Schutz des menschlichen Leichnams, 1996.
[71] BGHZ 50, 133, 137 (20.3.1968); Haas, NJW 1988, 2929, 2930; Benz, WzS 1988, 97ff.; Müller, Mehrhoff, Der Pathologe 11 (1990) 131ff.; Tag, MedR 1998, 387, 390; Schwarze, u. a., Dtsch Ärztebl 100 (2003): A 2802.
[72] Uhlenbruck, Ulsenheimer, Handbuch des Arztrechts (Hrsg. Laufs, Uhlenbruck) 3. Aufl. 2002 S. 1194; auch §§ 3 und 4 Transplantations wird herangezogen, z.B. Bestattungsgesetz NRW.
[73] LG Bonn, 25.2.1970, JZ 1971, 56–62; OLG München, 31.5.1976, NJW 1976, 1805; allerdings wird es nur selten zu einem Schaden (z.B. Schock) bei den Angehörigen kommen.

herrschender, allerdings umstrittener Ansicht in der Strafrechtslehre[74] hat vor der Auslieferung der Leiche an die Angehörigen durch das Krankenhaus nur dieses ein tatsächliches Obhutsverhältnis: Es ist für eine angemessene Behandlung der Leiche verantwortlich. Die gegen den Willen der Angehörigen im Krankenhaus durchgeführte Sektion, d.h. in der Gewahrsamsphäre des Obduzenten, ist somit nicht strafbar. Anders, wenn der Verstorbene bereits in die Leichenhalle überführt wurde und die Angehörigen die „tatsächliche Obhut" durch Abreden mit der Friedhofverwaltung und vorbereitende Dispositionen für die Bestattung übernommen haben.[75]

Aus der Rechtslage erwachsen *Anhaltspunkte* zum Veranlassen einer Obduktion durch den UV-Träger:

(1) Die Obduktion ist nicht unbefugt, wenn der Verstorbene zu Lebzeiten eingewilligt hat. Sie kann dann auch gegen den Willen der Angehörigen erfolgen.

Für eine rechtsgültige Einwilligung genügt die Unterschrift des Krankenhaus-Aufnahme-Vertrages mit „Sektionsklausel".[76] Ausreichend ist auch eine im Wege „Allgemeiner Versicherungsbedingungen" abgegebene Zustimmungserklärung des Verstorbenen, wenn die Privatversicherung an dem vom UV-Träger veranlassten Untersuchungsergebnis interessiert ist.[77]

(2) Hat der Verstorbene nicht eingewilligt, ist die Zustimmung der das Totenfürsorgerecht ausübenden Angehörigen erforderlich. Mitunter erfolgt zunächst eine Ablehnung aus Unkenntnis über den Zweck und Ablauf der Durchführung einer inneren Leichenschau, bisweilen auch als Ausdruck einer religiös motivierten Empfindung. Ein mit Takt und Überzeugungskraft geführtes Gespräch von sachkundiger Seite kann helfen.

(3) Bei gerichtlich, staatsanwaltschaftlich oder gesundheitsbehördlich angeordneter Obduktion kann der UV-Träger im Wege der Amtshilfe (Informationshilfe) den Sektionsbefund einsehen.

4.6.2 Notwendigkeit

Nicht in jedem Todesfall besteht die Notwendigkeit einer Leichenöffnung. Eine Obduktion ist überflüssig, wenn Unfallhergang und ärztliche Feststellung die Todesursache deutlich werden lassen.[78] Dies trifft z.B. zu, wenn ein hinreichend schweres Unfallereignis erwiesen und der Tod im unmittelbaren Anschluss eingetreten ist. Von einer Obduktion kann auch abgesehen werden, wenn keine entschädigungsberechtigten Hinterbliebenen vorhanden sind.

Auf eine Leichenöffnung darf nicht verzichtet werden, wenn sich irgendein Zweifel am ursächlichen Zusammenhang bezüglich Arbeitsunfall/Berufskrankheit und Tod erhebt und zwischen dem in Betracht kommenden Versicherungsfall und Tod ein längerer Zeitraum liegt.

---

[74] OLG München, 31.5.1976, NJW 1976, 1805; Zimmermann, NJW 1979, 569, 570.
[75] OLG Frankfurt, 29.11.1974, NJW 1975, 271 ff.; Roxin, JUS 1976, S. 507.
[76] Nach BGH, 31.5.1990, NJW 1990, 2313 ist die Sektionsklausel zulässig: „Die innere Leichenschau kann vorgenommen werden, wenn sie zur Feststellung der Todesursache aus ärztlicher Sicht notwendig ist oder wenn ein wissenschaftliches Interesse besteht."
[77] OLG Frankfurt, 1.2.1977, NJW 1977, 859.
[78] Othmer, MedSach 96 (2000) 47, 49.

Dies gilt insbesondere für[79]

- akuten Herztod
- Tod im Straßenverkehr
- Tod nach extremen psychischen Einflüssen
- Ertrinkungstod
- Suizid.

Auch bei Verdacht auf Vergiftungen als Todesursache oder als vorhergehende Erkrankung ist die innere Leichenschau, schon aus Sorge für die Arbeitssicherheit, erforderlich.

4.6.3 Aufgaben der Verwaltung bei der Durchführung

Die Leichenöffnung muss so *rasch* wie nach den Umständen möglich vorgenommen werden, um zu vermeiden, dass an der Leiche postmortale, pathologisch-anatomische Veränderungen auftreten, die das Krankheitsbild trüben können.[80]

Von seiten der Verwaltung ist alles zu tun, damit die Sektion frühestmöglich ausgeführt werden kann (fernmündliche Erteilung eines vorläufigen Sektionsauftrages; rascheste Vorerhebung). Ist die Leichenöffnung trotz aller Bemühungen nicht in den ersten 24 Stunden nach dem Tode zu erreichen, ist vor allem im Sommer für kühle Aufbewahrung des Leichnams Sorge zu tragen.

Dem Obduzenten sind die Vorgänge (Vorakten, Unfallhergang, Zeugenaussagen, klinischer Verlauf, Röntgenbefund sowie unfallfremde Vorgeschichte), soweit vorhanden, *vorher* (evtl. fernmündlich) zur Kenntnis zu bringen, damit alle beachtenswerten Umstände bei der Sektion Berücksichtigung finden.

Leichenöffnungen in Unfallsachen sind grundsätzlich erfahrenen Fachpathologen zu übertragen. Bewährt hat sich, die Durchführung der Leichenöffnung und die anschließende Zusammenhangsbegutachtung in einer Hand zu belassen.

Im Zuge der Ermittlung möge sich die Sorge des UV-Trägers vornehmlich auf die richtige Leitung der Untersuchung konzentrieren: Benennung eines geeigneten Untersuchungsinstituts, Unterrichtung des Pathologen tunlich *vor* Ausführung der Sektion über spezielle Anweisungen des Untersuchungsinstituts. Soweit dies nicht geschehen, ist wesentlich, dass der Pathologe von der Möglichkeit einer Vergiftung unterrichtet wird. In der Prosektur arbeitende Ärzten wesen darauf hin, wie wichtig die Kenntnis aller mit dem Tode auch nur entfernt im Zusammenhang stehenden Tatsachen ist. Der Laie ist leicht bereit zu glauben, bei einer Sektion werde sich „schon alles offenbaren". Der Unfallsachbearbeiter sollte also den Pathologen zumindest auf die Möglichkeit einer Vergiftung und darauf, dass chemische Untersuchungen vorgesehen sind, hinweisen.

Vor der abschließenden Begutachtung muss der pathologisch-anatomische Befund mit den klinisch beobachteten Abläufen verglichen und in eine Einheit gebracht werden.[81]

Der *Beweistenor* ist in der Regel:

---
[79] Otto, MedSach 96 (2000) 51, 53.
[80] Metz, SozVers 1953, 281.
[81] Othmer, MedSach 96 (2000) 47, 49.

4.6 Leichenöffnung

Welche direkten und indirekten Gesundheitsschädigungen hatte der Versicherungsfall nachweisbar zur Folge?
Welches war die unmittelbare Todesursache und die zum Tod führende Grundkrankheit?
Lässt sich aus der Gesamtheit aller Befunde mit Wahrscheinlichkeit ein Zusammenhang nachweisen und welcher Art ist dieser?

4.6.4 Exhumierung

Ergibt sich zur Klärung der Folgen eines Versicherungsfalls die Notwendigkeit der Sektion des bereits zur Erde bestatteten Leichnams (Exhumierung), so ist zuvor der Rat eines pathologischen Sachverständigen einzuholen, ob das Öffnen der Leiche nach Ausgrabung unter den gegebenen Umständen aussichtsreich ist. Der Zeitfaktor allein ist pathologischwissenschaftlicher Erfahrung zufolge nie Grund für eine Zwecklosigkeitserklärung der Exhumierung: Nicht selten können auch nach ein- und mehrjähriger Leichenliegezeit verwertbare Feststellungen getroffen werden; maßgebend sind die Fragestellung und zahlreiche äußere und innere Umstände, die den Erhaltungszustand der Leiche bedingen (Temperatur; Feuchtigkeit; Luft; Grabmilieu; Klima; Jahreszeit; Wetter; Boden; Tiefe; Sarg; Kleidung).[82]

Der Obduzent sollte – soweit durchführbar – bei der Exhumierung, auch bei der Bergung des Sarges, anwesend sein; dies gilt gleichermaßen für Sachverständige.

Nachweisbarkeit:

Knochenverletzungen: praktisch unbegrenzt
Gehirn: Apoplexie, epi- und subdurale Blutungen, über drei Monate
Kehlkopfskelett: nach einem Jahr
Herzschwielen: 1 bis 2 Jahre
Lungenentzündung: 1 bis 2 Monate
Staublungenerkrankung: u. U. Jahre
Lungentuberkulose: mehrere Monate
Fettembolien: 1 bis 2 (evtl. mehrere) Wochen
Nierenveränderungen: bis zu 4 Monate
Leberveränderungen: 10 bis 12 Monate
Strangulationsfurchen: 1 bis 3 Monate
Metallgifte: fast unbegrenzt
Organische Gifte: mehrere Monate, weitgehend abhängig von Zeitdauer der Giftaufnahme, Zersetzungszustand der Leiche sowie der Giftart.

Indessen ist es schon aus Motiven der Pietät, vollends aber aus Gründen der Beweissicherung keinesfalls angängig, die spätere Exhumierungssektion „für den Notfall" aufzuschieben. Durch eine Exhumierung können die Chancen einer sofortigen Leichenöffnung niemals ersetzt werden.[83]

---

[82] Müller, Die ärztliche Begutachtung, (Hrsg. Fritze, Mehrhoff) 7. Aufl. 2008 S. 163 f.; Vock, u.a., Dtsch. Ärzteblatt 1989, 315 f.; Rittner, VersMed 45 (1993) 91.
[83] Becker, Die klinische Obduktion, 1986 S. 14.

Der die Leichenausgrabung betreibende UV-Träger muss rechtzeitig um die behördliche Einwilligung nachsuchen: Ausstellung des Leichenpasses durch die Ortspolizeibehörde; Zeugnis des Gesundheitsamtes, ob und unter welchen Bedingungen das Ausgraben und Überführen der Leiche gestattet werden kann.

4.6.5 Rechtslage beim Verweigern der Zustimmung

4.6.5.1 zur Obduktion

(1) Die Zustimmung zur Sektion des Verstorbenen vor der Beisetzung wird überwiegend als *zumutbar* angesehen; Ausnahmen im Einzelfall seien jedoch denkbar.[84] Dies hat zwar keine Umkehr der Beweislast zur Folge. Nach dem allgemeinen Rechtsgedanken, dass die vorsätzliche oder fahrlässige Vereitelung der Beweisführung der gelungenen gleichstehe, dürfe jedoch das Gericht dieses Verhalten im Rahmen der freien Beweiswürdigung berücksichtigen und ungünstige Folgerungen ziehen, wenn die Annahme gerechtfertigt ist, dass die Angehörigen sich der notwendigen Mitwirkung entziehen wollten. Dieser Schluss dürfe mit dem festgestellten Sachverhalt allerdings nicht im Widerspruch stehen.

(2) Die Gegenansicht[85] verweist darauf, dass die Obduktion nicht unter den gesetzlich geforderten Mitwirkungspflichten aufgeführt ist; vielmehr seien sittliche und religiöse Empfindungen wichtige Gründe, die zum Verweigern der Einwilligung berechtigen (§ 65 Abs. 1 Nr. 2 SGB I). Auch können aus der Nichtzustimmung im Rahmen der freien Beweiswürdigung keine beweismäßigen Schlüsse gezogen werden: Die wirkliche Todesursache werde in der Regel den Parteien unbekannt sein, so dass es nicht gerechtfertigt sei, aus dem Verhalten der Angehörigen Schlüsse über die Todesursache herzuleiten.

(3) Bedeutsam ist aber, dass den Angehörigen ein durch das Straf- und Zivilrecht garantierter Schutz ihres Pietätsgefühls zusteht. Es geht nicht an, dieses Recht – sobald davon Gebrauch gemacht wird – durch ungünstige Schlussfolgerungen illusorisch werden zu lassen. Der aus § 444 ZPO über seinen Wortlaut („Urkunde") entfließende allgemeine Rechtsgedanke gilt für Augenscheinsobjekte. In der Regel wird man in deren Geheimhaltung keinen einsehbaren Grund als den der Beweisvereitelung sehen. Dagegen muss beim Eingriff in ein geschütztes Persönlichkeitsrecht die Möglichkeit einer rechtsgutbezogenen Motivation, d.h. das *Handeln aus Pietätserwägungen, zugestanden* werden.[86] Schließlich schützt auch § 63 Abs. 2 SGB VII das berechtigte Interesse der Angehörigen an der Obduktion.

4.6.5.2 zur Exhumierung

Unstreitig ist die Exhumierung ein schwerer Eingriff in die letzte Ruhe des Toten. Insoweit sind die inneren Empfindungen der Angehörigen gegenüber den Notwendigkeiten der Aufklärung des Sachverhaltes vorrangig.[87] Zur Begründung wird auf den Rechtsgedanken

---

[84] BSGE 14, 298 = Nr. 60 zu § 128 SGG (28.7.1961); LSG Niedersachsen, Nds. MBl. 1956, 96; RVA, 17.4.1928, EuM 26, 215 ff.; Peters, Sautter, Wolff, Kommentar zur Sozialgerichtsbarkeit, 4. Aufl. Stand 2008, § 103 Anm. 3.
[85] Glücklich, SGb 1963, 19, 21; Roxin, JUS 1976, 505.
[86] Roxin, JUS 1976, 505, 509; vgl. auch BSG, 12.5.1992, HV-Info 19/1992, 1680; Verweigerung einer Obduktion aus religiösen Gründen, basierend auf dem Grundrecht der Glaubens- und Bekenntnisfreiheit (Art. 4 GG).
[87] Hess. LSG, 9.12.1954, SGb 1955, 379 m. zust. Anm. Maisch; Mehrtens, Brandenburg, E § 63 Anm. 5.

des § 63 Abs. 2 SGB VII verwiesen, wonach die Einstellung der Angehörigen zur Frage der Leichenausgrabung und damit ihr berechtigtes Interesse geschützt ist.

Lässt sich jedoch ohne Leichenöffnung oder Exhumierung der ursächliche Zusammenhang zwischen Tod und Versicherungsfall nicht feststellen, wirkt sich dies nach dem Grundsatz der objektiven Beweislast gegen die Angehörigen aus, auch wenn aus dem Verweigern der Zustimmung allein ungünstige Schlüsse nicht gezogen werden.

4.7 Arztaussage nach dem Tode

Die Schweigepflicht des Arztes leitet sich unmittelbar aus dem Gebot der Art. 1 u. 2 GG ab, die Würde des Menschen zu respektieren und ihm das Recht auf freie Entfaltung seiner Persönlichkeit zu garantieren.[88] Sie wirkt nach dem Tode weiter und ist auch insoweit strafrechtlich geschützt (§ 203 Abs. 4 StGB).

Da das Recht des Patienten, den Arzt von seiner Schweigepflicht zu entbinden, höchstpersönlich ausgestaltet ist, können weder die nächsten Angehörigen noch die Erben des Verstorbenen den Arzt davon freistellen.[89]

Ist der Arzt durch den Behandelten weder zu Lebzeiten noch auf Grund gesetzlicher Vorschriften[90] von seiner Schweigepflicht entbunden, hat er gewissenhaft abzuwägen, ob nachwirkende Rechte, auch die Würde des Verstorbenen Schweigen gebieten bzw. ob das Interesse der Hinterbliebenen (Verhelfen zu berechtigten Ansprüchen) oder des UV-Trägers (Verhinderung zu Unrecht gewährter Leistungen) an seiner Aussage überwiegt.[91] Führt der Wertvergleich zu dem Ergebnis, dass die Rechtsgüter der Hinterbliebenen oder des UV-Trägers Vorrang haben, handelt der aussagende Arzt nicht pflichtwidrig. Die Gewissensentscheidung obliegt allein dem Arzt, der selbst darüber befinden muss, ob und in welchem Ausmaß er sein Wissen mitteilt.[92]

Ergibt das Verweigern der Aussage die Beweislosigkeit der anspruchsbegründenden Tatsachen, weil andere Beweismittel nicht vorhanden sind, ist das Begehren der Hinterbliebenen abzuweisen.[93]

Auch die bei einer Leichenöffnung zutage tretenden Umstände fallen unter die Schweigebefugnis des Arztes; sie sind im Sinne des Anvertrautseins durch die ärztliche Tätigkeit bekanntgeworden.

Die Arztaussage des – die Leichenöffnung ausführenden – Pathologen, der den lebenden Patienten nicht gekannt hat, gestaltet sich problemlos bei einer durch Auftrag zwischen UV-Träger und Obduzenten begründeten Beziehung (nach Einverständniserklärung der Angehörigen).

---

[88] BGHZ 24, 81; Jerosch, SGb 1960, 119.
[89] Bayer. LSG, 6. 4. 1962, Breith. 1962, 753, 755 mit zust. Anm. Schmidt, NJW 1962, 1745, 1748; Stern, SozVers 1977, 90, 92.
[90] Vgl. §§ 201, 203 SGB VII.
[91] Bayer. LSG, 6. 4. 1962, Breith. 1962, 753, 755; Schmidt, NJW 1962, 1745, 1748; Kohlhaas, DMW 1964, 1852.
[92] BGH, 31. 5. 1983, NJW 1983, 2627; Schmidt, NJW 1962, 1745, 1748.
[93] Bayer. LSG, 6. 4. 1962, Breith. 1962, 753, 755.

Auch der Leichenschauschein ist vertraulich zu behandeln. Die ärztlichen Angaben im Leichenschauschein unterliegen ebenso der ärztlichen Schweigepflicht. Der Arzt kann auch hier, ohne seine Schweigepflicht zu verletzen, unter den dargestellten engen Voraussetzungen Auskunft erteilen.

Besonderer Teil

5 Nervensystem und Psyche*

Übersicht

5.1	Psychische Störungen.	141
5.2	Psychische Reaktionen mit begleitenden somatischen Befunden	162
5.3	Schädel-Hirn-Verletzung	169
5.4	Epileptische Anfälle und Epilepsien	187
5.5	Schmerz	202
5.6	Verletzungen des peripheren Nervensystems	225
5.7	Druckschädigung der Nerven (BK-Nr. 21 06)	231

5.8	Erkrankungen des Nervensystems durch organische Chemikalien	238
5.9	Multiple Sklerose	247
5.10	Entstellung	251
5.11	Selbsttötung	254
5.12	Riech- und Schmeckstörungen	261
5.13	Störungen der Geschlechtsfunktionen	265
5.14	Sucht und Alkohol	269

5.1 Psychische Störungen

Übersicht

5.1.1	Akute Belastungsreaktion	143
5.1.2	Anpassungsstörung	143
5.1.3	Posttraumatische Belastungsstörung.	144
5.1.4	Andauernde Persönlichkeitsänderung nach Extrembelastung bzw. psychischer Erkrankung . .	145
5.1.5	Phobie und Angststörungen . . .	145
5.1.6	Depressive Episode	146
5.1.7	Somatoforme Störung	146
5.1.8	Dissoziative Störung / Konversionsstörung	147
5.1.9	„Rentenneurose", „Begehrensneurose", „Unfallneurose"	147
5.1.10	Krankheit und Versicherungsfall	147
5.1.11	Diagnose	148
5.1.12	Innerer Zusammenhang (beim isolierten psychischen Trauma)	149
5.1.13	Ursachenzusammenhänge	149
5.1.13.1	Naturwissenschaftliche Kausalität.	149
5.1.13.2	Haftungsbegründende Kausalität nach der Theorie der wesentlichen Bedingung.	149
5.1.13.3	Haftungsausfüllende Kausalität.	150

5.1.14	Zusammenhangsbeurteilung	150
5.1.14.1	Wesentliche (Mit)Ursache	152
5.1.14.2	Nicht wesentliche Ursache („Gelegenheits[anlass] ursache")	153
5.1.14.3	Verschlimmerung	154
5.1.15	Grenzen der Anerkennung psychischer Störungen als rechtlich wesentliche Unfallfolge – Problemfälle	154
5.1.15.1	Wunschbedingte Vorstellungen	154
5.1.15.2	Missverhältnis zwischen psychischer Reaktion und Unfallereignis	154
5.1.11.3	Psychische Störungen auf Begleitumstände des Unfallereignisses	155
5.1.15.4	Psychische Störungen als Unfallfolge auf Grund inadäquater Therapie	155
5.1.16	Minderung der Erwerbsfähigkeit	155
5.1.17	Beweisanforderungen	158
5.1.18	Mobbing am Arbeitsplatz	159
5.1.19	Anhang: „Neue" Krankheiten, „Umwelterkrankungen", Befindlichkeitsstörungen	159

---

* Mitarbeit Ltd. Verwaltungsdirektorin *C. Drechsel-Schlund*, Berufsgenossenschaft für Gesundheitsdienst und Wohlfahrtspflege, Würzburg.

Jede außergewöhnlich belastende Lebenssituation, ein äußeres Ereignis, auch eine Erkrankung, vermag psychischen Symptome auszulösen. Das äußere Ereignis (Trauma) kann eine Körper- bzw. Organverletzung (z.B. Amputationsverletzung durch Maschinenunfall) oder ein isoliertes psychisches Ereignis (sog. psychisches Trauma, z.B. Bedrohung durch Schusswaffe bei einem Banküberfall[1]) sein. Die psychischen Symptome vermögen unmittelbar nach dem Trauma (als „Erstschaden") oder im späteren zeitlichen Verlauf (als „Folgeschaden") aufzutreten.

Psychische Reaktionen nach belastenden Lebenssituationen sind meist vorübergehend. Bei einer Minderheit entwickeln sich krankheitswertige psychische Störungen, abhängig von[2]

– der Art und Schwere des Traumas
– den Lebensverhältnissen und individuellen Gegebenheiten der Persönlichkeitsstruktur sowie des sozialen Umfelds
– der Krankheitsbewältigung (Coping), dem Ausmaß und der Verfügbarkeit sozialer Unterstützung, einwirkenden positiven oder negativen Lebensereignissen sowie sekundären Motiven (Krankheitsgewinn, Wunsch nach finanzieller Entschädigung)

Die funktionellen psychischen Syndrome werden nach der geltenden deskriptiven, nicht an ursächlichen, sondern diagnostischen Kriterien orientierten Klassifikation (ICD-10[3] oder DSM IV[4]) geordnet.

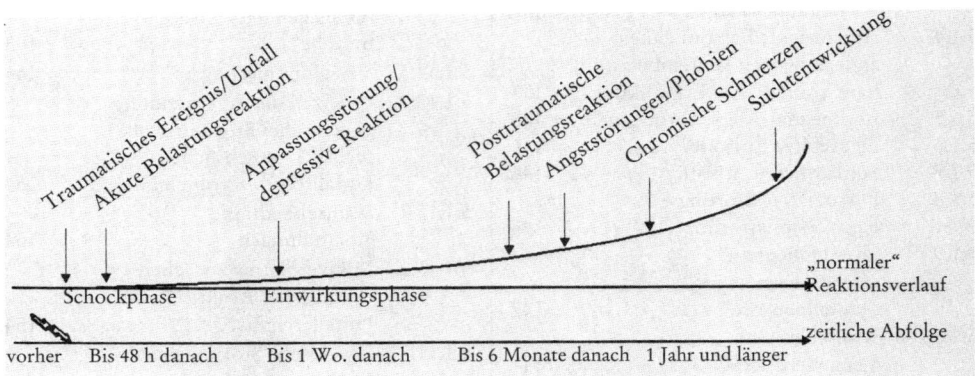

Abb. 1: Bandbreite der psychischen Störungsbilder nach traumatischen Ereignissen[5]

---

1 Bayer. LSG, 22. 8. 2007, L 2 U 186/06.
2 Foerster, MedSach 92 (1996) 25, 26; ders., MedSach 93 (1997) 44, 45; Fabra, MedSach 97 (2001) 153, 159; ders. Psychogene Störungen nach Unfällen, in: Kursbuch der ärztlichen Begutachtung (Hrsg. Ludolph, Lehmann, Schürmann) 7. Erg. Lfg. 2007 S. 3; Foerster, Begutachtung bei sozial- und versicherungsmedizinischen Fragen, in: Psychiatrische Begutachtung (Hrsg. Venzlaff, Foerster), 4. Aufl. 2004 S. 685f.
3 Weltgesundheitsorganisation: Internationale Klassifikation psychischer Störungen. ICD-10. Kapitel V (F). Dilling, Mombour, Schilling (Hrsg.), 4. Aufl. 2006.
4 Diagnostisches und statistisches Manual psychischer Störungen der American Psychiatric Association. DSM IV/DSM-IV-TR. (Hrsg. Saß, v. Wittchen, Zaudig) 1. Aufl. 2003.
5 Nach Naumann, Gutachtenkolloquium 16 (Hrsg. Hierholzer, u.a.) 2000 S. 77.

Abzugrenzen sind psychische Störungen, die unmittelbar auf eine substanzielle Hirnschädigung zurückzuführen sind (z.B. organisches Psychosyndrom nach Schädel-Hirn-Trauma). Trotz diagnostischer Fortschritte ist die eindeutige differenzial-diagnostische Zuordnung zu einem der beiden Symptomkomplexe oft schwierig.[6]

Psychische Störungen treten auch als mittelbare Folge von Berufskrankheiten auf, z.B. Depression bei Krebs oder in Zusammenhang mit chronischer Hepatitis-Erkrankung.

5.1.1 Akute Belastungsreaktion

Die Reaktion auf eine außergewöhnliche physische oder psychische Belastung (ICD-10: F 43.0; DSM IV: 308.3)[7] entwickelt sich kurzzeitig d.h. sie tritt unmittelbar oder kurzzeitig nach dem Trauma auf und klingt in der Regel innerhalb von Tagen, längstens nach vier Wochen, ab. Das typischerweise mit Angstsymptomen einhergehende Wiedererleben des traumatischen Ereignisses ist als Teil der normalen Anpassung und Verarbeitung häufig. Infolge raschen Abklingens dieser Störung ist die Erkrankung gutachterlich – abgesehen von der Feststellung einer vorübergehenden Arbeitsunfähigkeit – wenig bedeutsam.

5.1.2 Anpassungsstörung

Die ICD-10 definiert Anpassungsstörungen (ICD-10: F 43.2; DSM IV: 308.3)[8] als „Zustände von subjektivem Leid und emotionaler Beeinträchtigung, die soziale Funktionen und Leistungen behindern und während des Anpassungsprozesses nach einer entscheidenden Lebensveränderung oder nach belastenden Lebensereignissen, wie auch schwerer körperlicher Erkrankung, auftreten". Im Vordergrund stehen depressive Symptome, Angstzustände oder Verhaltensauffälligkeiten.[9]

Die Symptome beginnen innerhalb eines Zeitraums von längstens drei Monaten nach dem belastenden Ereignis und halten selten länger als sechs Monate an (akute Anpassungsstörung). Bei anhaltenden Belastungen, z.B. entstellendender oder stark beeinträchtigender Körperverletzung, spricht man von chronischer Anpassungsstörung. Nach der ICD-10 kann die Anpassungsstörung lediglich bis zu einer Zeitdauer von maximal 2 Jahren diagnostiziert werden.[10]

---

[6] Grobe, MedSach 91 (1995) 152; Foerster, Begutachtung bei sozial- und versicherungsmedizinischen Fragen, in: Psychiatrische Begutachtung (Hrsg. Venzlaff, Foerster) 4. Aufl. 2004, S. 657; Fabra, Psychogene Störungen nach Unfällen, in: Kursbuch der ärztlichen Begutachtung (Hrsg. Ludolph, Lehmann, Schürmann), 7. Erg. Lfg. 2007 S. 24; Foerster, Widder, in: Begutachtung in der Neurologie (Hrsg. Widder, Gaidzik) 2007 S. 409.

[7] Fabra, Psychogene Störungen nach Unfällen, in: Kursbuch der ärztlichen Begutachtung (Hrsg. Ludolph, Lehmann, Schürmann), 7. Erg. Lfg. 2007 S. 3; Foerster, Begutachtung bei sozial- und versicherungsmedizinischen Fragen, in: Psychiatrische Begutachtung (Hrsg. Venzlaff, Foerster) 4. Aufl. 2004 S. 657; Foerster, Widder, in: Begutachtung in der Neurologie (Hrsg. Widder, Gaidzik) 2007 S. 410.

[8] Frommberger u.a., Anpassungsstörungen, in: Psychische Erkrankungen – Klinik und Therapie (Hrsg. Berger), 2. Aufl. 2004 S. 746; Fabra, Psychogene Störungen nach Unfällen, in: Kursbuch der ärztlichen Begutachtung (Hrsg. Ludolph, Lehmann, Schürmann) 7. Erg. Lfg 2007 S. 21.

[9] LSG Baden-Württemberg, 19.3.2007, UVR 10/2008, 708.

[10] Frommberger u.a., Anpassungsstörungen, in: Psychische Erkrankungen – Klinik und Therapie (Hrsg. Berger) 2. Aufl. 2004 S. 746.

Eine Anpassungsstörung kommt nur in Betracht, wenn die Kriterien für eine andere spezifische Störung nicht erfüllt sind.[11] Daher verlangt die Diagnosestellung eine umfassende differentialdiagnostische Abklärung des klinischen Bildes.

5.1.3 Posttraumatische Belastungsstörung

Die Diagnose Posttraumatische Belastungsstörung[12] (ICD-10: F 43.1 und DSM IV 309.81) ist in problematischer Weise präjudizierend. Dabei handelt es sich bei der PTBS keineswegs um das spezifische Krankheitsbild einer psychischen Störung nach Arbeitsunfällen. Als Auslöser verlangt sie ein traumatisches Ereignis von besonderer Qualität mit einem extremen Belastungsfaktor (nach DSM IV: lebensbedrohlich). Störungen wurden beschrieben nach traumatischen Einzelereignissen, z.B. nach Verkehrsunfällen[13], bei Unfallopfern, nach Vergewaltigungen und anhaltenden Belastungssituationen.[14] Das Ereignis, das diese Symptomatik hervorruft, erweist sich als generell belastend, wird im Einzelfall mit intensiver Angst, Schrecken oder Hilflosigkeit erlebt. Als Stressoren kommen in Betracht: ernsthafte Bedrohung oder Schädigung der eigenen körperlichen Integrität, des Ehepartners, der Kinder, naher Verwandter oder Freunde, plötzliche Zerstörung des Zuhauses, Erleben eines Unfalls bzw. Todes Anderer.

Charakteristische Merkmale
– ungewolltes Wiedererleben des traumatischen Ereignisses in Träumen und Gedanken („Nachhallerinnerungen" bzw. „Intrusionen")
– Vermeiden von Situationen, die an das Ereignis erinnern, Ängste oder Phobien, Einschränkung der emotionalen Reagibilität
– anhaltende Symptome eines erhöhten Erregungsniveaus, wie Schlafstörungen, Reizbarkeit oder Schreckreaktionen.[15]

Häufig sind die Diagnoskriterien der PTBS nicht (vollständig) erfüllt oder nicht ausreichend nachvollziehbar begründet.[16] Die einzelnen Diagnosekriterien müssen durch jeweils korrespondierende Befunde belegt sein.

Die PTBS kann sich unmittelbar nach dem Trauma entwickeln. Die Symptome zeigen sich mit einer Latenz von maximal 6 Monaten (nach ICD-10). Bei verzögertem Beginn ist sorgfältige differentialdiagnostische Abgrenzung notwendig.[17] Der akute Verlauf dauert im Allgemeinen weniger als drei Monate, danach spricht man von einer chronischen PTBS.[18]

---

[11] Fabra, Psychogene Störungen nach Unfällen, in: Kursbuch der ärztlichen Begutachtung (Hrsg. Ludolph, Lehmann, Schürmann) 7. Erg. Lfg. 2007 S. 21.
[12] Auch PTSD (Post-Traumatic Stress Disorder).
[13] Meyer u.a., Unfallchirurg 101 (1998) 878; Frommberger u.a., Unfallchirurgie 24 (1998) 122; LSG Schleswig-Holstein, 19.12.2001, Breith. 2002, 247.
[14] Frommberger u.a., Posttraumatische Belastungsstörungen, in: Psychische Erkrankungen – Klinik und Therapie (Hrsg. Berger) 2. Aufl. 2004 S. 717.
[15] Frommberger u.a., Posttraumatische Belastungsstörungen, in: Psychische Erkrankungen – Klinik und Therapie (Hrsg. Berger) 2. Aufl. 2004 S. 721; Schnyder, MedSach 99 (2003) 143; Kraemer u.a., MedSach 103 (2007), 153; Foerster, Widder, in: Begutachtung in der Neurologie (Hrsg. Widder, Gaidzik) 2007 S. 411.
[16] LSG Berlin, 11.04.2003, L 3 U 27/99; LSG Nordrhein-Westfalen, 11.02.2004, L 17 U 175/91; LSG Nordrhein-Westfalen, 16.05.2007, L 17 U 127/06; LSG Baden-Württemberg, 19.03.2007, UVR 10/2008, 708.
[17] SG Stuttgart, 17.08.2006, S 9 U 8071/04; LSG Nordrhein-Westfalen, 11.02.2004, L 17 U 248/02.
[18] Kraemer u.a., MedSach 103 (2007). 153.

Bei extremen Traumatisierungen kann sich langfristig eine andauernde Persönlichkeitsänderung (s. 5.1.4) entwickeln. Mittels gründlicher psychopathologischen Erhebungen ist abzuklären, ob das Unfallereignis diese Entwicklung kausal wesentlich bestimmt hat oder ob anderen unfallunabhängigen Faktoren für die Symptomatologie Bedeutung zukommt („Verschiebung der Wesensgrundlage").

Bei der Diagnostik der PTBS werden ergänzend zur psychiatrisch-psychotherapeutischen Befunderhebung strukturierte Interviews und psychometrische Verfahren herangezogen.[19]

5.1.4 Andauernde Persönlichkeitsänderung nach Extrembelastung bzw. psychischer Erkrankung

Eine andauernde *Persönlichkeitsänderung* (ICD 10: F62.0 bzw. F 62.1) kann nach extremen Belastungssituationen entstehen.[20] Kurzzeitige Lebensbedrohungen reichen in der Regel nicht, eine andauernde lebensbedrohliche Situation muss gegeben sein. Eine posttraumatische Belastungsstörung mag vorangehen und die Verknüpfung zum Unfallereignis herstellen. Die Persönlichkeitsänderung muss andauern und zu Beeinträchtigungen in den zwischenmenschlichen, sozialen und beruflichen Beziehungen führen.

Die andauernde Persönlichkeitsänderung nach psychischer Erkrankung entwickelt sich auf der Grundlage einer schweren psychischen Störung (z.B. im Gefolge schwerer posttraumatischer Belastungsreaktion). Das Unfallereignis muss eine qualitativ neue psychopathologische Symptomatik herausgebildet haben, die zu einer deutlichen Unterbrechung der bisherigen biographischen Kontinuität geführt hat.

5.1.5 Phobie und Angststörungen

Unter Angststörungen werden auftretende exzessive Angstreaktionen verstanden, ohne objektives Vorliegen einer akuten Gefahr oder Bedrohung.[21] Eine Phobie[22] (ICD-10: F 40.0, DSM IV: 300.21, 300.22, 300.29) ist durch situationsgebundene oder spezifische, auf ein Objekt bezogene Angst gekennzeichnet. Als Auslöser kommen in Betracht

- Örtlichkeiten – Höhe, Brücke, geschlossener Raum, Fahrstuhl, Treppe, freier Platz
- Menschen – Zahnarzt, weißer Kittel
- Tiere
- Krankheiten (= hypochondrisch gefärbte Phobien)

Phobien dauern in der Regel monothematisch über Jahrzehnte an: Agoraphobie[23] (Platzangst), Tiefen- und Höhenschwindel (Dachdecker), Klaustrophobie (Fahrstuhl, Konzertsaal), Tierphobie (nach Biss), Akarophobie (Insekten, Wald), Maschinenangst (nach Unfall

---

19 Lehrl, MedSach 97 (2001) 40.
20 Foerster, Widder, in: Begutachtung in der Neurologie (Hrsg. Widder, Gaidzik) 2007 S. 414.
21 Angenendt u.a., Angststörungen, in: Psychische Erkrankungen – Klinik und Therapie (Hrsg. Berger) 2. Aufl. 2004 S. 639; Soziale Phobie und soziale Angststörung (Hrsg. Stangler, Fydrich) 2002.
22 Phobos = griech. Gott, der im Gegner Furcht und Panik hervorrufen konnte.
23 Bayer. LSG, 30. 7. 1997, BG 1998, 782 m. Anm. Grobe = Meso B 310/169; LSG Berlin = Brandenburg, 24. 9. 2008, UVR 19/2008, 1341: Verursachung ungeklärt.

an Maschine)²⁴, soziale Phobie (Angst vor Betrachtung durch Andere), Phobie nach Banküberfall.²⁵

Andere Angststörungen (ICD-10: F.41, DSM IV: 300.01, 300.02)²⁶ werden nicht durch spezifische Situationen, Umstände oder Objekte ausgelöst: zu unterscheiden sind Panikstörung, generalisierte Angststörung und weitere Erscheinungsformen (gemischte Angst- und depressive Störung).

Angstsymptome zeichnen sich durch eine starke vegetative Begleitsymptomatik aus: Herzklopfen, Schwitzen, Zittern, Nervosität, Schwindelgefühle. Tendenz zur Chronifizierung besteht, häufig entwickelt sich eine sekundäre Depression.

Mit Angststörungen gehen oft andere psychische Störungen einher, wie depressive Beschwerden, Suchterkrankungen und Persönlichkeitsstörungen. Die hohe Komorbidität von Angststörungen verlangt sorgfältige differentialdiagnostische Abklärung anderer organischer und psychiatrischer Erkrankungen. Je nach Erscheinungsform der Angststörung und funktionellen Auswirkung kann diese mit erheblichen Einschränkungen der Leistungs- und Erwerbsfähigkeit gleich laufen.

5.1.6 Depressive Episode

Häufig treten neben Anpassungsstörungen und Angststörungen nach belastenden Ereignissen Depressionen verschiedener Intensitätsgrade und Verlaufsformen auf (ICD-10: F 32, F 33, DMS IV: 296.2, 296.3).²⁷ Gekennzeichnet sind diese Störungen durch affektive Beschwerden: niedergedrückte Stimmung, Verlust von Interesse oder Freunden und erhöhte Ermüdbarkeit. Vielfältige körperliche Beschwerden (u.a. gastro-intestinale Schmerzen) sowie Allgemeinbeschwerden (Erschöpfung, Abgeschlagenheit, Schlafstörungen) stehen im Vordergrund.²⁸

Depressive Störungen können sich mit anderen psychischen Störungen nach Traumen treffen und weisen eine hohe Komorbidität auf.

Durch depressive Störungen bedingte Funktionsbeeinträchtigungen wirken sich aus, u.a. auf die Konzentrationsfähigkeit und Aufmerksamkeitslenkung; sie können bei psychotischen Symptomen die Leistungsfähigkeit schwer wiegend einschränken.²⁹

5.1.7 Somatoforme Störung

Bei anhaltenden körperlichen Beschwerden ohne organisches Korrelat kommt somatoforme Störung (ICD-10: F45) in Betracht.³⁰ Kennzeichnend sind anhaltende Klagen über mul-

---

[24] Bayer. LSG, 8.5.1964, Meso B 130/25; LSG Berlin, 29.11.1990, HV-Info 27/1991, 2403; Bayer. LSG, 5.12.2007, L 2 U 214/07.
[25] LSG Baden-Württemberg, 24.6.1987, Meso B 310/85 = HV-Info 20/1987 S. 1576.
[26] Foerster, in: Psychiatrische Begutachtung (Hrsg. Venzlaff, Foerster) 4. Aufl. 2004 S. 65 f.; Bayer. LSG, 27.6.2006, UVR 2/2007, 99.
[27] Berger u.a., Affektive Störungen, in: Psychische Erkrankungen – Klinik und Therapie (Hrsg. Berger) 2. Aufl. 2004 S. 544.
[28] Leitlinie Nr. 051/022 der Arbeitsgemeinschaft der wissenschaftlich-medizinischen Fachgesellschaften (AWMF): „Ärztliche Begutachtung in der Psychosomatik und Psychotherapeutischen Medizin – Sozialrechtsfragen", Stand: 12.02.2001.
[29] Foerster u.a., MedSach 103 (2007) 52.
[30] Hess. LSG, 20.06.2006, L 3 U 716/99.

tiple und wechselnde körperliche Symptome. Mit dem Störungsbild ist eine Verdeutlichungstendenz verbunden, bei Anhaltspunkten für Aggravation oder Simulation zu berücksichtigen.[31] Betroffene suchen mehrfach Ärzte auf („doctor shopping") und nehmen tendenziell aufwändige diagnostische und therapeutische Maßnahmen in Anspruch.[32]

Eine ggf. vorliegende körperliche Genese der Beschwerden ist umfassend differentialdiagnostisch abzuklären.

5.1.8 Dissoziative Störung / Konversionsstörung

Dissoziativen Störungen (ICD-10: F44, DSM IV: 300.14, 300.15) sind Erkrankungen, bei denen es zu teilweiser oder völliger Abspaltung von psychischen Funktionen, wie des Erinnerungsvermögens, eigener Gefühle, der Wahrnehmung der eigenen Person und/oder der Umgebung, kommt.[33] Bei Konversionsstörungen treten außerhalb der willkürlichen Steuerung liegende motorische und sensorische Ausfälle auf, bis hin zu psychogener Lähmung von Körperteilen – z.B. einer von traumatischem Ereignis betroffenen Extremität.[34]

Für die Diagnosestellung ist der Ausschluss einer körperlichen Erkrankung, der Nachweis krankheitstypischer klinischer Symptome und das Belegen psychogener Verursachung unabdingbar.[35]

5.1.9 „Rentenneurose", „Begehrensneurose", „Unfallneurose"

Die Begriffe sind überholt, sie entsprechen nicht den wissenschaftlich anerkannten Diagnosestandards nach ICD-10 bzw. DSM IV, deshalb sollten sie für sozialmedizinische Fragestellungen keine Verwendung finden.[36] Entsprechend den Kriterien der wissenschaftlich anerkannten Diagnosesysteme (ICD 10, DSM IV) sind die jeweils in Betracht zu ziehenden psychiatrisch-psychotherapeutischen Diagnosen zu prüfen.

5.1.10 Krankheit und Versicherungsfall

Psychische Störungen infolge eines Unfallereignisses stellen einen Versicherungsfall dar, wenn sie als Gesundheitsschaden zu bewerten sind und ein rechtlich wesentlicher Ursachenzusammenhang besteht. Auch der regelwidrige geistige und seelische Schaden erfüllt diese Merkmale.[37] Regelwidrigkeit liegt vor, wenn dem Zustand ein Krankheitswert zukommt (s. 1.8.1, S. 33).

---

[31] Leitlinie Nr. 051/022 der Arbeitsgemeinschaft der wissenschaftlich-medizinischen Fachgesellschaften (AWMF): „Ärztliche Begutachtung in der Psychosomatik und Psychotherapeutischen Medizin – Sozialrechtsfragen", Stand: 12.02.2001.
[32] Hiller u.a., Somatoforme Störungen, in: Psychische Erkrankungen – Klinik und Therapie (Hrsg. Berger) 2. Aufl. 2004 S. 772.
[33] Freyberger u.a., Dissoziative Störungen, in: Psychische Erkrankungen – Klinik und Therapie (Hrsg. Berger) 2. Aufl. 2004 S. 760.
[34] Fabra, Psychogene Störungen nach Unfällen, in: Kursbuch der ärztlichen Begutachtung (Hrsg. Ludolph, Lehmann, Schürmann) 7. Erg. Lfg. 2007 S. 23; Bayer. LSG, 30.08.2006, I 6 U 62/06; Schleswig Holsteinisches LSG, 19.12.2001, L 8 U 30/00.
[35] Freyberger u.a., Dissoziative Störungen, in: Psychische Erkrankungen – Klinik und Therapie (Hrsg. Berger) 2. Aufl. 2004 S. 760.
[36] Foerster, in: Psychiatrische Begutachtung (Hrsg. Venzlaff, Foerster) 4. Aufl. 2004 S. 650.
[37] BSGE 96, 196 = SozR 4-2700 § 8 Nr. 17 (9.5.2006) = NZS 2007, 212 = SGb 2007, 242 = UVR 2006, 398; BSG, 19.5.2006, UVR 2006, 497.

Der Unfallbegriff erfasst damit nicht nur organische Verletzungen, sondern auch psychische Gesundheitsstörungen als unmittelbare Reaktion auf ein äußeres Ereignis (gesundheitlicher Erstschaden). Es handelt sich nicht um die psychischen Folgen eines unfallbedingten physischen Traumas, sondern um die unmittelbare Verursachung einer psychischen Reaktion durch ein äußeres Ereignis (haftungsbegründende Kausalität[38]). Das Merkmal „auf den Körper einwirkend" wird damit nicht entkräftet. Die Funktion dieses Kriteriums ist darin begründet, den Unfallbegriff gegen eine Entstehung oder Verschlimmerung von körperlichen und anderen Gesundheitsschäden allein aus innerer Ursache, d.h. ohne äußere Einwirkung, abzugrenzen.

Der Unfallbegriff bei einer – durch ein äußeres Ereignis hervorgerufen – psychischen Störung erfordert ein zeitlich begrenztes schädigendes Ereignis. Die „unfallmäßige" Verursachung einer psychischen Störung setzt voraus, dass infolge einer kurzzeitigen Wahrnehmung eines belastenden äußeren Ereignisses ein psychoreaktiver Prozess in Gang gesetzt wird.

Die Auslösung einer psychischen Reaktion muss unmittelbar, d.h. innerhalb eines auf längstens eine Arbeitsschicht begrenzten Zeitraumes erfolgen. In Betracht kommen erlebnisbedingte plötzliche psychische Belastungen, welche die individuelle Fähigkeit der Erlebnisverarbeitung deutlich überfordern und unmittelbar über ein bloßes Erschrecken zu einer psychischen Störung, ggf. mit begleitenden somatischen Befunden (s. 5.2, S. 162 ff.), führen.[39]

Die Frage nach dem Krankheitswert ist eine Rechtsfrage. Sie ist im Bereich der Tatsachenfeststellung vom medizinischen Sachverständigen unter zu Grunde legen des Krankheitsbegriffes der ges. UV zu beantworten. Vorgetäuschten Störungen (Aggravation, Simulation[40]) ist jeder Krankheitswert abzusprechen (s. 5.5.9, S. 220).

5.1.11 Diagnose

Die Objektivierung einer psychischen Störung erfordert, dass die üblichen Diagnosesysteme, ICD-10 oder DSM IV, herangezogen und die dortigen Schlüssel und Bezeichnungen verwendet werden, damit die ärztlichen Feststellungen nachvollziehbar sind. Dazu sind die den einzelnen Diagnosekriterien zu Grunde liegenden Untersuchungsbefunde im Gutachten darzulegen. Allgemein baut die Diagnosestellung auf einer ausführlichen Anamneseerhebung und umfassenden psychiatrisch-psychotherapeutischen Befunderhebung auf, idealerweise nach einer an den ICD-10 bzw. den DSM IV Kriterien ausgerichteten diagnostischen Exploration.

Schilderungen der Beschwerden sind keine tragfähige Grundlage für die Feststellung einer psychischen Störung.[41] Auch dürfen Eigenangaben in wissenschaftlich erarbeiteten Selbstbeurteilungsinstrumenten und Testverfahren nicht überbewertet und zum alleinigen Kriterium der Beurteilung werden.[42] In Bezug auf vorgebrachte Beschwerden bzw. Eigenan-

---

[38] BSGE 18, 163 (18. 12. 1962); 61, 113 (18. 12. 1986) = Meso B 320//39; 22. 11. 1988, Meso B 320/41; Brandenburg, MedSach 93 (1997) 40.
[39] Brandenburg, MedSach 98 (2002) 65, 66; Benz, NZS 2002, 88.
[40] Dreßing, u. a., VersMed 60 (2008) 8.
[41] Stevens u.a., Versicherungsmedizin 52 (2000) 76; Drechsel-Schlund, MedSach 102 (2006) 63, 64.
[42] BSG, 9. 4. 2003, B 5 RJ 80/02 B.

gaben sind Konstanz der Symptome während der Untersuchung und in Bezug auf die Anamnese sowie die Konsistenz der Symptome unter Einbeziehung körperlicher Befunde und anamnestischer Angaben wichtig.[43]

Begründete Abweichungen von den anerkannten Diagnosesystemen, auf wissenschaftlichem Fortschritt beruhend, sind nicht ausgeschlossen.[44]

5.1.12 Innerer Zusammenhang (beim isolierten psychischen Trauma)

Die Wahrnehmung des traumatischen Ereignisses steht mit einer versicherten Tätigkeit im inneren Zusammenhang[45] beim

- *„Opferstatus"*: Versicherter als Opfer eines Unglücksfalls (oder Verbrechens) ohne organisch-körperliche Schäden; z.B. Erleben eines Raubüberfalls mit akuter Bedrohung des eigenen Lebens[46], Geiselnahme eines Bankangestellten bei Überfall
- „Beobachterstatus": Versicherter als Augenzeuge eines Unglücksfalls; z.B. Erleben eines schweren Verkehrsunfalls als Fahrer mit tödlichen Folgen für Fußgänger[47]

5.1.13 Ursachenzusammenhänge

5.1.13.1 Naturwissenschaftliche Kausalität

Die Kausalitätsbeurteilung hat im ersten Schritt auf der Basis des aktuellen wissenschaftlichen Erkenntnisstandes über Ursachenzusammenhänge zwischen gewissen Ereignissen und der Entstehung bestimmter Krankheiten, hier – psychischer Störungen – zu erfolgen. Dies schließt die Prüfung ein, ob ein Ereignis nach wissenschaftlichen Maßstäben geeignet ist, eine bestimmte körperliche oder seelische Störung hervorzurufen.[48] Heranzuziehen ist die für die Psychiatrie und Psychologie einschlägige Literatur, insbesondere zur Begutachtung, auch die Leitlinien der Arbeitsgemeinschaft der wissenschaftlich-medizinischen Fachgesellschaften (AWMF) sowie aktuelle wissenschaftliche Veröffentlichungen.

5.1.13.2 Haftungsbegründende Kausalität nach der Theorie der wesentlichen Bedingung

Im zweiten Schritt ist bei der haftungsbegründenden Kausalität zu klären, ob die versicherte Ursache – das Unfallereignis – direkt oder mittelbar für die psychische Gesundheitsstörung (als Erstschaden) gemäß der Theorie der wesentlichen Bedingung bestimmend war. Auch bei geringfügigem physischen Trauma kann die psychische Störung im Wesentlichen auf Begleitumstände des Unfallereignisses zurückzuführen sein; z.B.: Überfälle, geringfügige Tätlichkeiten mit beleidigendem Charakter oder Tötung bzw. Verletzung anderer Unfallbeteiligter. Systematisch sind diese Tatbestände der haftungsbegründenden Kausalität

---

43 Fabra, Psychogene Störungen nach Unfällen, in: Kursbuch der ärztlichen Begutachtung (Hrsg. Ludolph, Lehmann, Schürmann) 7. Erg. Lfg. 2007 S. 10.
44 BSGE 96, 196 = SozR 4-2700 § 8 Nr. 17 (9. 5. 2006); Becker, MedSach 102 (2006) 74, 77.
45 Köhler, SGb 2001, S. 481.
46 Dazu Heydweiller, u. a., Trauma Berufskrankh 3 (2001) 41; Bayer. LSG, 22. 8. 2007 L 2 U 186/06.
47 SG Stuttgart, 17. 8. 2006, S 9 U 8071/04.
48 BSGE 96, 196 = SozR 4-2700 § 8 Nr. 17 (9. 5. 2006); Becker, MedSach 102 (2006) 74, 77; Becker, MedSach 103 (2007) 92, 95.

zuzurechnen:[49] Zu werten ist, ob es durch das Unfallereignis zu einer sofortigen psychischen Reaktion gekommen ist und die Gesamtumstände des Unfallereignisses diesen psychischen Erstschaden rechtlich wesentlich verursacht haben.

5.1.13.3 Haftungsausfüllende Kausalität

Eine sich im weiteren Krankheitsverlauf entwickelnde psychische Störung erlangt als psychischer Folgeschaden rechtliche Bedeutung im Rahmen der haftungsausfüllenden Kausalität, soweit dadurch

- die Abheilung oder Überwindung der Verletzungs- bzw. Erkrankungsfolgen beeinträchtigt oder Maßnahmen zur medizinischen Rehabilitation bzw. zur Teilhabe am Arbeitsleben und in der Gemeinschaft behindert
- über organische Schäden hinausgehende Beeinträchtigungen der Befindlichkeit verursacht werden, welche spezielles rehabilitatives Vorgehen erfordern oder zu einer Erweiterung der sonstigen Entschädigungsansprüche führen.[50]

Insoweit gilt, dass aus dem rein zeitlichen Aufeinanderfolgen eines gesundheitlichen Erstschadens und einer später auftretenden psychischen Gesundheitsstörung nicht gefolgert werden darf, dass diese wesentlich durch den Unfall verursacht wurde.

Zu prüfen ist, ob der jeweilige Erstschaden oder dessen Behandlung nach dem aktuellen wissenschaftlichen Erkenntnisstand ursächlich und auch rechtlich wesentlich für den Folgeschaden war.[51]

5.1.14 Zusammenhangsbeurteilung

Fachliche Beurteilungskompetenz nach chirurgischen Verletzungen[52] grundsätzlich der

- Chirurg /Orthopäde bei
  - einer normalen Verarbeitungsreaktion oder wenn
  - weder Anhaltspunkte für einen psychischen Krankheitswert noch die Gefahr einer krankhaften Entwicklung bestehen.

- Begutachtung durch einen auf dem neurologisch-psychiatrisch-psychosomatischen Fachgebiet versierten Sachverständigen[53] ist angezeigt speziell bei
  - außergewöhnlicher psychoreaktiver Symptomatik
  - wesentlichem Ausmaß der Beschwerden
  - zweifelhaften Beurteilungsverhältnissen im Grenzbereich organischer und psychischer Gesundheitsschäden.

Psychische Störungen nach einem Unfall entwickeln sich auf Grund komplexer Wechselwirkungen zwischen krankheitsverursachenden, -fördernden und -unterhaltenden

---

[49] Brandenburg, MedSach 98 (2002) 65, 67.
[50] Brandenburg, MedSach 98 (2002) 65.
[51] BSGE 96, 196 = SozR 4-2700 § 8 Nr. 17 (9. 5. 2006).
[52] Kaiser, Akt. Traumatologie 21 (1991) 121–123.
[53] Zeit, Wiester, SGb 1994, 549ff.; Kaiser, Psychische Störungen nach Unfällen in: Unfallbegutachtung (Hrsg. Mehrhoff, Meindl, Muhr). 11. Aufl. 2005, S. 252.

Faktoren.⁵⁴ Die Zusammenhangsbeurteilung berührt daher prinzipielle Fragen zur Kausalität.

Der Sachverständige muss den speziellen fachgebietlichen, aber auch den formal-methodischen Anforderungen bei psychischen Störungen gerecht werden.⁵⁵ Bei psychiatrischen Begutachtungen ist die persönliche Untersuchung unabdingbar.⁵⁶

Grundlagen der Zusammenhangsbeurteilung:

(1) Schweregrad des Unfallereignisses (Dramatik des äußeren Ablaufs; Schwere und Lebensbedrohlichkeit; Verlauf und Probleme der somatischen Behandlung; Schmerzsyndrom; Dauer der Arbeitsunfähigkeit).

(2) Schweregrad des Unfallerlebnisses (als subjektives Phänomen: zu berücksichtigen der Zeitpunkt in der biographischen Situation des Verletzten, schwere Verletzungen oder Tod Mitbeteiligter bzw. Nahestehender, Verletzung von Organen mit besonderer Bedeutung, wie Gehirn, Herz, Genitalien, Haut, äußeres Aussehen).

Wegen mannigfacher persönlicher, die psychische Reaktion beeinflussender Faktoren besteht nicht zwangsläufig Abhängigkeit zwischen der Schwere des Unfallereignisses und dem Ausmaß der psychischen Reaktion.⁵⁷

Auch leichte Unfälle können schwere Erlebnisreaktionen bewirken. Je schwerer aus objektiver und subjektiver Sicht das Unfallgeschehen, desto wahrscheinlicher ein psychisches Trauma.

(3) Persönlichkeitsstruktur und individuelle Bewältigungsressourcen⁵⁸ (unter Einbeziehung sozialer und beruflicher Verhältnisse, von Alter und Lebenssituation). Die Bewältigung bisheriger belastender Ereignisse gibt Hinweise auf die Reaktion nach Unfall. Bei psychischen Auffälligkeiten vor dem Unfall deuten qualitative Unterschiede und quantitative Beschwerdeverstärkung eher auf ursächlichen Zusammenhang.

(4) Nachgewiesene Vorschäden⁵⁹ (soweit psychopathologische Vorerkrankungen zum Unfallzeitpunkt gesichert sind, ist die „Gelegenheitsursache" zu erörtern: Hätten auch andere unfallunabhängige Faktoren, vor allem exogene Belastungen im Alltag eine derartige Reaktion auszulösen vermocht?).

(5) Mögliche sekundäre Motive, Begehrenshaltung und Wunschvorstellungen (Umfeld- und psychosoziale Faktoren fließen ein, Wunsch nach Ausscheiden aus dem Erwerbsleben, Kompensationsforderung, sekundärer Krankheitsgewinn, auch Beziehung zum behandelnden Arzt als krankheitsunterhaltender Faktor).

---

54 Foerster, Begutachtung bei sozial- und versicherungsmedizinischen Fragen, in: Psychiatrische Begutachtung (Hrsg. Venzlaff, Foerster) 4. Aufl. 2004, S. 685 f.; Dreßing u. a. MedSach 100 (2004) 118; Leitlinie Nr. 051/022 der Arbeitsgemeinschaft der wissenschaftlich-medizinischen Fachgesellschaften (AWMF): „Ärztliche Begutachtung in der Psychosomatik und Psychotherapeutischen Medizin – Sozialrechtsfragen", Stand: 12. 02. 2001.
55 Kaiser, MedSach 102 (2006) 200.
56 BSG, SozR 4-1750 § 407a (18. 9. 2003) = SGb 2004, 363 = NZS 2004, 559 = Breith. 2004, 174; BSG, SozR 4-1750 § 407 Nr. 3 (17. 11. 2006) = NZS 2007, 670 = UVR 2007, 739.
57 Wölk, MedSach 97 (2001) 143, 145; Leonhardt, MedSach 98 (2002) 188.
58 Dreßing u.a., MedSach 100 (2004), 118; Leonhardt, MedSach 98 (2002) 188; Kaiser, MedSach 99 (2003) 172; Drechsel-Schlund, MedSach 102 (2006) 63, 65.
59 Wehking u.a., MedSach 100 (2004) 164; Drechsel-Schlund, MedSach 102 (2006) 63.

5.1.14.1 Wesentliche (Mit)Ursache

Beim Vorliegen psychogener Störungen mit Krankheitswert ist zu prüfen, ob

- das Ereignis diese im naturwissenschaftlich-philosophischem Sinne verursacht oder
- verschlimmert hat (Hebung über die Manifestationsschwelle bei „bereitliegenden Störungen") und
- der Zurechnungszusammenhang gegeben ist.

Wirkt eine psychisch belastende Traumatisierung mit einer Krankheitsanlage oder bereits manifesten Vorerkrankungen zusammen, entscheidet die Abwägung der Ursachenfaktoren, ob und inwieweit das Unfallereignis als rechtlich wesentliche Ursache zu werten ist. Es reicht, wenn das Unfallereignis als annähernd gleichwertig gilt: Auf die qualitative Wertigkeit des Unfallereignisses für den Betroffenen ist abzustellen, wobei auch quantitative Gesichtspunkte, u.a. in Bezug auf Stärke und Ausmaß des Unfallereignisses, Berücksichtigung finden.

Relevant sind nur jene Bedingungen, die im Verhältnis zu anderen wegen ihrer besonderen Beziehung zum „Erfolg" zu dessen Eintritt wesentlich mitgewirkt haben (s. 1.5, S. 22 ff.).

Der Zurechnungszusammenhang verlangt nicht, dass das Ereignis nach medizinischer Erkenntnis allgemein geeignet ist, das aufgetretene Krankheitsbild hervorzurufen[60]; solches ist der Zurechnungslehre von der wesentlichen Bedingung wesensfremd und mit dem Schutzzweck der ges. UV nicht vereinbar. Da der Geschädigte grundsätzlich mit seiner individuellen Veranlagung geschützt ist, kommt es allein darauf an, wie sich die Belastungen bei dem Betroffenen nach seiner Belastbarkeit und Kompensationsfähigkeit auswirken.[61] Daher kann von erheblicher Bedeutung sein, wie der Betroffene in der Vergangenheit auf schwere Belastungen reagierte, um zu beurteilen, ob eine leicht ansprechbare Anlage vorgelegen hat.[62] Umgekehrt schließt eine „abnorme seelische Bereitschaft" bzw. eine introvertierte, sensitive und zur Somatisierung neigende Persönlichkeitsstruktur[63] die Bewertung einer psychischen Reaktion als Unfallfolge nicht prinzipiell aus.

Zusammenhang ist gegeben, wenn der Unfall und seine Folgen – nach Eigenart und Stärke – unersetzlich, d.h. nicht mit anderen alltäglich vorkommenden Ereignissen austauschbar sind.

Diese Beurteilung verlangt eine wertende Betrachtung der Gesamtumstände. Es gibt keinen Rechtssatz, dass einem gravierenden, nicht alltäglichen Unfallgeschehen gegenüber konkurrierenden unfallunabhängigen Faktoren ein wesentlicher Ursachenbeitrag beizumessen ist. In gleicher Weise darf bei fehlender Alternativursache nicht von vornherein gefolgert werden, der versicherten Ursache komme die wesentliche Bedeutung zu.[64]

---

[60] So aber der 9. Senat des BSG zum Entschädigungsrecht: BSGE 74, 51 (26. 1. 1994) = SozR 3-3800 § 1 Nr. 3 = HV-Info 1995, 783; dagegen Keller, SGb 1997, 10, 13; Brandenburg, MedSach 93 (1997) 40, 42; ders. MedSach 98 (2002) 65, 67; SG Dresden, 11. 11. 2002, HV-Info 4/2003, 304.
[61] LSG Rheinland-Pfalz, 30. 9. 1999, HV-Info 8/2000, 696 gegen BSGE 74, 51 (26. 1. 1994).
[62] Bayer. LSG, 27. 06. 2006, UVR 2/2007, 99.
[63] BSGE 96, 196 = SozR 4-2700 § 8 Nr. 17 (9. 5. 2006).
[64] BSGE 96, 196 = SozR 4-2700 § 8 Nr. 17 (9. 5. 2006) Meso B 290/307.

Bei länger anhaltenden psychoreaktiven Gesundheitsstörungen ist ergänzend zu prüfen, „ob und inwieweit auch der weitere Verlauf noch rechtlich wesentlich auf die ursprünglichen Reaktionen zurückzuführen ist und nicht vielmehr Begehrensvorstellungen oder sonstige aus der Psyche wirkende Kräfte so weit in den Vordergrund treten, dass sie für den weiteren Verlauf die rechtlich allein wesentliche Ursache bilden" („Verschiebung der Wesensgrundlage").[65] Dies gilt insbesondere, wenn die organischen Unfallfolgen ausgeheilt sind, eine adäquate frühzeitige Intervention bzw. professionelle Therapie stattgefunden hat und sich eine unveränderte oder zunehmende psychische Beschwerdesymptomatik zeigt.[66] Nach belastendem Ereignis vorliegende unfallbedingte psychische Störung kann auch im weiteren Krankheitsverlauf in einer vorbestehenden psychopathologischen Gesamtsymptomatik aufgehen.[67] Länger anhaltende psychische Störungen können auf eine Dekompensation einer dem äußeren Anschein nach stabilisierten Vorerkrankung deuten, welche den zunächst gegebenen Ursachenzusammenhang zu einem bestimmten Zeitpunkt im weiteren Krankheitsverlauf entfallen lässt.[68]

Erörtert wird, ob für den Ursachenzusammenhang die mögliche Überwindung der psychischer Störungen durch eine „zumutbare Willensanspannung" begrenzt ist.[69] Diese Beurteilung bringt begutachtungsmethodische Probleme, da Anknüpfungstatsachen regelmäßig fehlen. Im Übrigen kann eine bewusste oder bewusstseinsnahe Motivation des Betroffenen bei der Kausalitätsabwägung als unfallunabhängiger, insbesondere krankheitsunterhaltender Faktor ausreichend berücksichtigt werden.

5.1.14.2 Nicht wesentliche Ursache („Gelegenheits[anlass]ursache")

Ein unfallbedingtes physisches Trauma, welches nur auf Grund des Zusammenwirkens mit anlagebedingten Faktoren zu einer weitergehenden Gesundheitsstörung führt, ist rechtlich *nicht wesentliche* Ursache („Gelegenheits[anlass]ursache", s. 1.5.2, S. 24), wenn die bestehende Krankheit oder Krankheitsanlage bereits so ausgeprägt war, dass der durch das Unfallereignis verursachte Gesundheitsschaden wahrscheinlich zu etwa derselben Zeit und in etwa demselben Umfang ebenso hätte eintreten können

– ohne Mitwirkung einer äußeren Einwirkung oder
– nur unter Mitwirkung äußerer Einwirkungen, die aber alltäglichen Belastungen des normalen Lebens entsprechen.[70]

In der Regel ist die Frage der Gelegenheitsursache im Rahmen der allgemeinen Kausalitätsfaktoren bei psychischen Gesundheitsstörungen zu beantworten (s. 5.1.10, S.147 ff.).

Ein als geringfügig zu beurteilendes (Bagatell) Trauma ist nicht stets als bloße Gelegenheitsursache zu werten.[71]

---

65 Kaiser, MedSach 99 (2003) 172.
66 LSG Nordrhein-Westfalen, 16. 05. 2007, L 17 U 127/06.
67 Bayer. LSG, 22. 08. 2007, L 2 U 186/06.
68 Drechsel-Schlund, MedSach 102 (2006) 63.
69 Kaiser, MedSach 99 (2003) 172; Benz, NZS 2002, 8; Brandenburg, Trauma Berufskrankh (1999) 192.
70 Benz, NZS 2002, 8; Kaiser, MedSach 99 (2003) 172; Brandenburg, Trauma Berufskrankh (1999) 92.
71 BSGE 96, 196 = SozR 4-2700 § 8 Nr. 17 (19. 5. 2006).

5.1.14.3 Verschlimmerung

Die *Verschlimmerung* ist zu erwägen, wenn ein Vorschaden, d.h. eine manifeste psychische Vorerkrankung mit funktions- und leistungsmindernden Auswirkungen objektiviert ist. Deren Entwicklung kann durch das Unfallereignis – dauernd oder nur vorübergehend – beeinflusst werden.[72]

Handelt es sich bei den festgestellten psychischen Folgen um die Verstärkung einer schon vor dem Schädigungsereignis in Gang gesetzten Krankheitsanlage, ist gutachterlich darzulegen

- ob und inwieweit von einer durch das Unfallereignis hervorgerufenen Verschlimmerung auszugehen ist oder
- ob es sich um eine eigengesetzliche Fortentwicklung handelt, für die das schädigend angegebene Ereignis keine wesentliche Bedeutung hat.

Die Annahme einer Verschlimmerung vorbestehender Gesundheitsstörungen setzt zudem die Abgrenzung von Vorschaden und unfallbedingtem Verschlimmerungsanteil voraus.[73]

5.1.15 Grenzen der Anerkennung psychischer Störungen als rechtlich wesentliche Unfallfolge – Problemfälle

5.1.15.1 Wunschbedingte Vorstellungen

Eine Fallgruppe eigener Art bilden „bewusstseinsnah ablaufende Erlebnisreaktionen", die auf Wunsch- oder Begehrensvorstellungen zurückzuführen sind. Sofern das Unfallereignis zum Anlass genommen wird, ein vorbestehendes oder im Zusammenhang mit dem Unfallereignis neu gesetztes Lebensziel zu verwirklichen (z.B. Legitimation für einen Rückzug aus dem Beruf, Erlangung einer möglichst hohen Rente, Befreiung von sozialen Zwängen), sind diese Vorstellungen als konkurrierende Ursachen zu würdigen und können eine Bewertung des Unfallereignisses als rechtlich nicht wesentlich rechtfertigen.[74]

5.1.15.2 Missverhältnis zwischen psychischer Reaktion und Unfallereignis

Die Erlebnisreaktion auf ein Unfallereignis kann je nach psychischer Konstitution und Lebensbedingungen unterschiedlich erscheinen. Fraglich ist, ob bei einem Missverhältnis zwischen Schwere des Unfalls und psychischer Reaktion die Unfallkausalität generell ausgeschlossen werden kann. Die gleiche Problematik tritt bei der „Eignung" eines Unfallereignisses als Ursache für die psychischen Störungen auf. Nach der Rspr. ist auf die aktuellen wissenschaftlich-medizinischen Erkenntnisse zu Ursache-Wirkungs-Beziehungen abzustellen.[75] Zu untersuchen ist, ob es begründbar ist, in quantitativer und qualitativer Hinsicht zu bestimmen, bis zu welcher Intensität ein Unfall eine bestimmte psychische Unfallfolge verursachen kann. Angesichts dieser Anforderungen wird nur bei einem Bagatell-Unfallgeschehen die rechtlich wesentliche Ursache gänzlich in Frage gestellt.

---

[72] Bayer. LSG, 22.05.2002, L 17 U 138/01.
[73] BSGE 96, 196 = SozR 4-2700 § 8 Nr. 17 (9.5.2006); Bayer. LSG, 22.08.2007, L 2 U 186/06.
[74] BSGE 96, 196 = SozR 4-2700 § 8 Nr. 17 (9.5.2006); Brandenburg, Trauma Berufskrankh (1999) 192; Kaiser, MedSach 99 (2003) 172.
[75] BSGE 96, 196 = SozR 4-2700 § 8 Nr. 17 (9.5.2006).

5.1 Psychische Störungen

In der Begutachtungspraxis wird das geeignete Ereignis auf Grund des bei der Diagnose der PTBS geforderten Traumakriteriums „lebensbedrohliches Ereignis" geprüft, in gewisser Weise damit die Kausalitätsbeurteilung vorweggenommen.[76]

Die Schwere des Unfallereignisses ist ein bedeutsames Kausalitätskriterium und hat erhebliches Gewicht bei der Prüfung der rechtlich wesentlichen Unfallursache.[77]

5.1.11.3 Psychische Störungen auf Begleitumstände des Unfallereignisses

Bei Begutachtungen ergibt sich im Einzelfall, dass eine in Anbetracht der Geringfügigkeit des physischen Traumas nicht nachvollziehbare psychogene Störung auf Begleitumstände des Unfallereignisses zurückzuführen ist (Überfälle, tätliche Auseinandersetzungen[78], geringfügige Tätlichkeiten mit beleidigendem Charakter, Tötung oder schwere Verletzung anderer Unfallbeteiligter). Bei genauer Betrachtung handelt es sich insoweit nicht um die psychischen Folgen eines unfallbedingten Traumas, sondern um die unmittelbare Verursachung einer psychischen Reaktion durch ein äußeres Ereignis. Der haftungsbegründende Ursachenzusammenhang setzt voraus, dass durch das Unfallereignis eine sofortige psychische Reaktion eintritt und die Gesamtumstände des Unfallereignisses diese Reaktion rechtlich wesentlich bedingen.

5.1.15.4 Psychische Störungen als Unfallfolge auf Grund inadäquater Therapie

Psychische Störungen ergeben sich auch auf Grund unzureichender Diagnostik oder inadäquater Therapie.[79] In der ges. UV besteht eine Einstandspflicht auch für mittelbaren Folgen, wenn ein rechtlich wesentlicher Zusammenhang mit dem Unfallereignis gegeben ist.[80]

Zeitlich verzögertes Auftreten psychischer Störungen

Zunächst ist zu klären, ob die Symptome wirklich mit zeitlicher Verzögerung aufgetreten sind oder aber wegen der im Vordergrund stehenden organischen Unfallfolgen nicht frühzeitig festgestellt wurden und sich infolgedessen auch keine therapeutischen Konsequenzen ergaben. Entwickelt sich die psychische Symptombildung mit erheblicher zeitlicher Verzögerung, ist zu prüfen, ob konkurrierende, ereignisunabhängige Faktoren den Krankheitsverlauf wesentlich bedingen.[81]

5.1.16 Minderung der Erwerbsfähigkeit

Bei Bewertung der MdE ist auch für den Bereich der psychischen Störungen auf Funktionsstörungen und deren Auswirkungen auf das Leistungsvermögen im Erwerbsleben abzustellen.[82]

---

[76] LSG Nordrhein-Westfalen, 16.5.2007, UVR 15/2007, 1019; LSG Mecklenburg-Vorpommern, 13.10.2005, L 5 U 20/05.
[77] Brandenburg, MedSach 93 (1997) 40, 41; Benz, NZS 2002, 8; Kaiser, MedSach 99 (2003) 172.
[78] BSGE 74, 51 (26.1.1994).
[79] BSGE 96, 196 = SozR 4-2700 § 8 Nr. 17 (9.5.2006) = SGb 2007, 242 = NZS 2007, 212.
[80] Kaiser, MedSach 99 (2003) 172; Brandenburg, Trauma Berufskrankh (1999) 192.
[81] Drechsel-Schlund, MedSach 102 (2006) 63.
[82] Kaiser, Psychische Störungen nach Unfällen, in: Unfallbegutachtung (Hrsg. Mehrhoff, Meindl, Muhr) 11. Aufl. 2005, S. 25; Foerster u.a., „Vorschläge zu MdE-Einschätzung bei psycho-reaktiven Störungen in der gesetzlichen Unfallversicherung", MedSach 103 (2007) 52.

Dafür ist notwendig, dass zum aktuellen Untersuchungszeitpunkt medizinisch begründete Befunde vorliegen. Bei retrospektiver Einschätzung der MdE müssen auch für den relevanten Zeitpunkt des Rentenbeginns entsprechende Befunde gesichert sein.

Darüber hinaus ist eine nach allgemein anerkannten wissenschaftlichen Klassifikationssystemen beschriebene Diagnose erforderlich. Die festgestellten Störungen sind auch nach Art und Ausmaß bzw. Schweregrad zu konkretisieren.[83] In Bezug auf das erwerbsrelevante (Rest-)Leistungsvermögen sind maßgebend funktionelle Beeinträchtigungen der Konzentrationsfähigkeit, der Aufmerksamkeit und der Merkfähigkeit oder sozial-kommunikative Beeinträchtigungen.

Auch für den Bereich der psychischen Störungen haben sich Eckwerte für die MdE-Bewertung entwickelt. Diesen kommt nicht die Qualität anerkannter „allgemeiner Erfahrungswerte"[84] zu, da sie (noch) keine wiederkehrende Anwendung, Anerkennung bzw. Akzeptanz sowohl von Sachverständigen Gerichten und UV-Trägern erfahren. Die veröffentlichten MdE-Werte sind als – ohne nähere Begründung nicht übernehmbare – Einzelmeinungen einzuordnen.

In MdE-Tabellen[85] wird der Versuch unternommen – in Anlehnung an MdE-Erfahrungswerte für organische Unfallfolgen – nach einzelnen psychischen Störungen zu unterscheiden und zudem nach Erscheinungsform der jeweiligen Störung zu differenzieren. Eine stärkere Graduierung der Beeinträchtigungen bei psychischen Störungen ist zu befürworten.

Richtwerte[86]	MdE in %
Anpassungsstörung (ICD-10 F43.2)	
Stärkergradige sozial-kommunikative Beeinträchtigung, zusätzlich zur psychisch-emotionalen Störung, wie Depression, Angst, Ärger, Verzweiflung, Überaktivität oder Rückzug	bis 20
Stark ausgeprägtes Störungsbild	bis 30
Depressive Episode (ICD-10 F32 und F33)	
Verstimmung, die nicht den Schweregrad einer leichten depressiven Episode erreicht	bis 10
Beeinträchtigung entsprechend dem Schweregrad einer leichten depressiven Episode	bis 20
Beeinträchtigung entsprechend dem Schweregrad einer mittelgradigen depressiven Episode	bis 40
Beeinträchtigung entsprechend dem Schweregrad einer schweren Episode, auch mit psychotischen Symptomen	bis 80–100

---

[83] Foerster u.a., MedSach 103 (2007) 52.
[84] BSG, SozR 3-2200 § 581 Nr. 8 = Breith. 2001, 783.
[85] Kaiser, Psychische Störungen nach Unfällen, in: Unfallbegutachtung (Hrsg. Mehrhoff, Meindl, Muhr) 11. Aufl. 2005, S. 258 ff.; Foerster u.a., MedSach 103 (2007) 52.
[86] Foerster u.a., MedSach 103 (2007) 52 ff.; Bayer. LSG, 27. 6. 2006, UVR 2/2007, 99; Bayer. LSG, 26. 9. 2007, L 3 U 137/04; LSG Baden-Württemberg, 19. 3. 2007, UVR 10/2008, 708.

Richtwerte[86]

MdE in %

Anhaltende affektive Störung (ICD-10 F34 und F38.8)

Anhaltende affektive Störung mit psychisch-emotionaler Beeinträchtigung in leichter Ausprägung (entsprechend den Kriterien ICD-10 F34) bis 10

Stärkergradig ausgeprägter und lange anhaltender depressiver Zustand mit psychisch-emotionaler Beeinträchtigung und auch sozial-kommunikativen Einbußen bis 30

Schwere, chronifizierte affektive Störung mit massiv eingetrübter Stimmung, deutlicher Minderung der Konzentration, erheblich vermindertem Antrieb, Schlafstörungen und ggf. auch suizidalen Gedanken bis 50

Posttraumatische Belastungsstörung (ICD-10 F43.1)

Unvollständig ausgeprägtes Störungsbild (Teil- oder Restsymptomatik) bis 20

Üblicherweise zu beobachtendes Störungsbild, geprägt durch starke emotional und durch Ängste bestimmte Verhaltensweisen mit wesentlicher Einschränkung der Erlebnis- und Gestaltungsfähigkeit und gleichzeitig größere sozial-kommunikative Beeinträchtigungen bis 30

Schwerer Fall, gekennzeichnet durch massive Schlafstörungen mit Alpträumen, häufige Erinnerungseinbrüche, Angstzustände, die auch tagsüber auftreten können, und ausgeprägtes Vermeidungsverhalten bis 50

Panikstörung (ICD-10 F41.0)

Zeitlich begrenzte Angstattacken, mit mäßiggradiger Auswirkung bis 20

Häufige Angstattacken mit stärkergradiger sozial-kommunikativer Auswirkung und emotionaler Beeinträchtigung bis 30

Generalisierte Angststörung (ICD-10 F41.1)

Leicht- bis mäßiggradige körperlich-funktionelle Einschränkung und psychisch-emotionale Beeinträchtigung bis 20

Stärkergradige Ausprägung der Einschränkung und Beeinträchtigung bis 30

Schwer wiegende Ausprägung der Einschränkung und Beeinträchtigung bis 50

Angst und depressive Störung, gemischt (ICD-10 F41.2)

Entsprechendes Störungsbild bis 20

Agoraphobie und soziale phobische Störung (ICD-10 F40.0 und F40.1)

Phobien mit leichtgradiger körperlich-funktioneller Einschränkung und psychisch-emotionaler Beeinträchtigung bis 10

Stärkergradige Einschränkung und Beeinträchtung mit ausgeprägtem Vermeidungsverhalten auf Grund erheblicher sozial-kommunikativer Auswirkung bis 30

---

[86] Foerster u.a., MedSach 103 (2007) 52ff.; Bayer. LSG, 27.6.2006, UVR 2/2007, 99; Bayer. LSG, 26.9.2007, L 3 U 137/04; LSG Baden-Württemberg, 19.3.2007, UVR 10/2008, 708.

Richtwerte[86]	MdE in %
Spezifische (isolierte) Phobie (ICD-10 F40.2)	
Bei eng begrenzten und für die Arbeitsweit wenig bestimmenden Situationen (z.B. Flugangst)	bis 10
Bei zentralen Situationen der allgemeinen Arbeitswelt oder mehreren bedeutsamen, begrenzten Arbeitssituationen	bis 30
Dissoziative Störung (ICD-10 F44)	
mit leicht- bis mittelgradiger körperlich-funktioneller Einschränkung	bis 10
mit stärkergradiger körperlich-funktioneller Einschränkung und psychisch-emotionaler Beeinträchtigung	bis 30

Bei der MdE-Einschätzung von psychischen Störungen ist geboten, jeweils einen Vergleich mit den Werten für schwere Funktionseinschränkung bei hirnorganischem Psychosyndrom (ICD-10: F07.2)[87] anzustellen, um Gleichbehandlung von körperlichen und seelischen Unfallfolgen gewährleisten zu können.[88]

5.1.17 Beweisanforderungen

Das (psychische) Trauma und die psychische Störung müssen voll bewiesen sein (Vollbeweis), hinsichtlich der haftungsbegründenden und -ausfüllenden Kausalität genügt der Grad der Wahrscheinlichkeit (s. 1.14.2, S. 47). Ebenso sind Vorerkrankung oder Schadensanlage (Persönlichkeitsstruktur) als konkurrierende Ursachenfaktoren im Vollbeweis zu sichern. Für die Vorerkrankung ist nicht gefordert, dass der Betroffene vor dem Trauma wegen einer psychischen Erkrankung behandelt wurde oder abnorme oder auffällige Verhaltensweisen nachweisbar sind.[89]

Bleibt bei komplexen Sachverhalten mit psychischen Störungen die Wertigkeit unfallbedingter und konkurrierender Faktoren offen oder fehlen gesicherte wissenschaftliche Erkenntnisse zu Ursache-Wirkungsbeziehungen, ist dies darzulegen.[90] Eine Kausalitätsbeurteilung im Einzelfall ist nicht zu erreichen. Daher ist nicht statthaft, bei gravierendem, nicht alltäglichem Unfallgeschehen einen gegenüber einer festgestellten Krankheitsanlage rechtlich wesentlichen Ursachenbeitrag zu unterstellen. Aus einem rein zeitlichen Zusammenhang und der Abwesenheit konkurrierender Ursachen darf nicht auf die Wesentlichkeit der festgestellten naturwissenschaftlichen Ursache geschlossen werden, (Umkehr der Beweislast[91]). Die Entscheidung des UV-Trägers erfolgt nach den Grundsätzen der objektiven Beweislast (s. 1.14.7, S. 50).

---

[86] Foerster u.a., MedSach 103 (2007) 52ff.; Bayer. LSG, 27.6.2006, UVR 2/2007, 99; Bayer. LSG, 26.9.2007, L 3 U 137/04; LSG Baden-Württemberg, 19.3.2007, UVR 10/2008, 708.
[87] Foerster u.a., MedSach 103 (2007) 52ff.; Kunze u.a., Trauma Berufskrankh (2003) 101.
[88] Foerster u.a., MedSach 103 (2007) 52ff.; Fabra, Psychogene Störungen nach Unfällen, in: Kursbuch der ärztlichen Begutachtung (Hrsg. Ludolph, Lehmann, Schürmann) 7. Erg. Lfg. 2007 S. 43.
[89] Foerster u.a., MedSach 103 (2007) 52ff.; Drechsel-Schlund, MedSach 102 (2006) 63.
[90] Kaiser, MedSach 99 (2003) 172; Drechsel-Schlund, MedSach 102 (2006) 63.
[91] BSGE 96, 196 = SozR 4-2700 § 8 Nr. 17 (9.5.2006).

5.1.18 Mobbing am Arbeitsplatz

Mobbing wird definiert als konflikthafte Kommunikation am Arbeitsplatz unter Kollegen oder zwischen Vorgesetzten und Beschäftigten, bei der

- eine Person von einer oder einer Mehrzahl
- systematisch
- oft (mindestens einmal pro Woche) und
- während längerer Zeit (mindestens über sechs Monate)
- mit dem Ziel des Ausstoßes aus dem Arbeitsverhältnis
- direkt oder indirekt angegriffen wird.[92]

Auf Grund dieser Begriffsbestimmung sind die Merkmale eines Arbeitsunfalls, die zeitliche Begrenzung des Ereignisses auf eine Arbeitsschicht, regelmäßig nicht erfüllt.[93] Die Anerkennung „wie eine Berufskrankheit" nach § 9 Abs. 2 SGB VII scheitert, weil keine Berufsgruppe bei ihrer Tätigkeit in weitaus höherem Grad als die übrige Bevölkerung Mobbing ausgesetzt ist.[94] Da ein Versicherungsfall bei einem Mobbing-Tatbestand nicht vorliegt, können für durch Mobbing eingetretene Gesundheitsfolgen keine Leistungen erbracht werden. Dennoch besteht für die UV-Träger im Rahmen des Präventionsauftrages der gesetzliche Auftrag nach §§ 1, 14 SGB VII, Mobbing als arbeitsbedingte Gesundheitsgefahr zu verhüten.[95]

5.1.19 Anhang: „Neue" Krankheiten, „Umwelterkrankungen", Befindlichkeitsstörungen

Einem Unfallereignis ohne nachweisbaren Schädigungsmechanismus sind sie psychoreaktiven Störungen zuzurechnen. Befindlichkeitsstörungen gemeinsam sind die Symptome:[96]

- Vorzeitige Erschöpfbarkeit und Müdigkeit
- Gedächtnis- und Konzentrationsstörungen
- Muskel- und Gelenkschmerzen
- Kopfschmerzen
- Muskelschwäche
- Schlafstörungen
- Missempfindungen und Taubheitsgefühl
- Angstzustände
- Verschwommensehen
- Hyperreagibles Bronchialsystem
- Störungen des Immunsystems
- Funktionelle Darmstörungen.

---

[92] Windemuth u.a., BG 2003, 59.
[93] Paridon, BG 2003, 154.
[94] LSG Hamburg, 23. 7. 1997, HV-Info 321/1998, 3056; LSG Baden-Württemberg, 7. 11. 2001, HV-Info 35/2001, 3261; LSG Baden-Württemberg, 16. 8. 2001, Breith. 2002, 435 = Meso B 310/203.
[95] Paridon, BG 2003, 154; Weber u.a., Gesundheitswesen 69 (2007) 267.
[96] Widder, in: Begutachtung in der Neurologie (Hrsg. Widder, Gaidzik,) 2007, S. 300; Hausotter, VersMed 53 (2001) 177.

Chronic-Fatigue-Syndrom (CFS, Neurasthenie, chronisches Erschöpfungssyndrom)

Die Störung tritt häufig im Rahmen infektiöser Exposition auf, eine postinfektiöse Entstehung wird daher erörtet. Über einen längeren Zeitraum (mehr als sechs Monate) erscheinen gesteigerte geistige und körperliche Ermüd- bzw. Erschöpfbarkeit. Eine im Vordergrund stehende körperliche oder seelische Erkrankung ist auszuschließen. Ätiologie und Pathogenese sind ungeklärt.[97]

Multiple Chemical Sensitivity (MCS = Multiple Chemikaliensensitivität, vielfache Chemikalien Unverträglichkeit, Chemical AIDS, Öko-Syndrom, idiopathic environmental intolerances = idiopathische umweltbedingte Unverträglichkeiten)

Die Krankheit ist durch rezidivierende, multiple Symptome in mehreren Organsystemen gekennzeichnet; erstere werden durch wahrnehmbare Exposition gegenüber einer Vielzahl unterschiedlicher, chemisch nicht verwandter Stoffe ausgelöst, deren Konzentrationen weit unterhalb bekannter toxischer Wirkschwellen liegen. Sowohl die Zahl der reaktionsauslösenden Substanzen als auch die Vielfalt der erlebten Symptome tendiert im Krankheitsverlauf zur Zunahme.[98]

Hypothesen zur Entstehung[99]

MCS ist eine arbeits- oder umweltbedingte Störung

MCS ist eine psychosomatische oder psychiatrische Störung

Kausalitätsbeziehungen konnten mangels messbarer und reproduzierbarer gesundheitlicher Effekte bisher nicht objektiviert werden. Weder liegen eine allgemeine akzeptierte klinische Definition noch übereinstimmende Vorstellungen zur Pathogenese sowie Pathophysiologie vor.[100] Die generelle Geeignetheit bestimmter Einwirkungen, MCS zu verursachen sowie eine besondere Betroffenheit bestimmter Berufe sind derzeit nicht zu belegen.[101]

Sick-Building-Syndrom (SBS)

Bei Aufenthalt in bestimmten Gebäuden oder Räumen treten bei einer größeren Anzahl von Personen (mehr als 10 bis 20 % der Gebäudebenutzer) typischerweise Befindlichkeitsstörungen (überwiegend der Augen, oberen und unteren Atemwege, Haut, des zentralen Nervensystems) auf, nach Verlassen derselben verschwinden sie, zumindest tritt Besserung ein. Eine körperlich begründbare Erkrankung ist auszuschließen (Legionelleninfektion über Klimaanlage, toxische Belastung durch Lösungsmittel, Allergenbelastung durch

---

[97] Bischof, Wiesmüller, in: Handbuch Arbeitsmedizin (Hrsg. Letzel, Nowak) 5. Erg. Lfg. 12/07 DI-13.11; Nasterlack, in: Arbeitsmedizin (Hrsg. Triebig, u.a.) 2. Aufl. 2008 S. 855 ff.; Ostendorf, Versicherungsmedizin 55 (2003) 45.
[98] Hausteiner, ASU 43 (2008) 278; Koch, MedSach 103 (2007) 61; Hakimi, ASU 38 (2003) 385, 387.
[99] Bornschein, u.a., Umweltmed Forsch Prax 10 (2005) 389.
[100] Hausteiner, ASU 43 (2008) 278; Wiesmüller, u.a., ASU 38 (2003) 522, 523; Hausotter, u.a., ASU 43 (2008) 278.
[101] LSG Baden-Württemberg, 5. 2. 2003, HVBG VB 38/2003; LSG Nordrhein-Westfalen, 13. 2. 2004, HV-Info 8/2004, 669; Nasterlack, u.a., Dtsch Ärztebl 2002, 99; A 2474.

Hausstaub). Ursachen für das Auftreten sind weitgehend ungeklärt; multifaktorielle Entstehung wird angenommen.[102]

Die Entstehung ist in der Regel nicht durch einzelne chemische, physikalische oder klimatische Ursachen erklärbar. Auch eine systematisch-toxische Wirkung von Innenraumluftbelastungen in Büroräumen spielt unter heutigen Bedingungen keine Rolle. Diese Bewertung schließt Emissionen aus Büromaterialien und Arbeitsmitteln wie Drucker, Kopierer, Filzstift, Kopierpapier ein.[103]

Fibromyalgie-Symdrom (FMS) s. 19.3.1
Das FMS ist unter der funktionellen somatischen Syndrome der Krankheiten des Muskel-Skelett-Systems und des Bindegewebes (ICD 10 M 79.7) zu klassifizieren.

---

[102] Bischof, Wiesmüller, Handbuch der Arbeitsmedizin (Hrsg. Letzel, Nowak) 5. Erg. Lfg. 12/07 DI-13.11; Hausotter MedSach 102 (2006) 164, 169; Nasterlack, in: Arbeitsmedizin (Hrsg. Triebig, Kentner, Schiele) 2. Aufl. 2008 S. 859.
[103] Nasterlack, in: Arbeitsmedizin (Hrsg. Triebig, Kentner, Schiele) 2. Aufl. 2008 S. 857, 859.

5.2 Psychische Reaktionen mit begleitenden somatischen Befunden

Übersicht

5.2.1	Herzbeteiligung.............	162	5.2.6	Epilepsie.................... 165
5.2.2	Zuckerkrankheit (Diabetes)	163	5.2.7	Schäden in der Person eines
5.2.3	Akute Schilddrüsenüberfunktionen			Dritten..................... 165
	(Hyperthyreosen)	164	5.2.8	Durch ausschließlich innere
5.2.4	Aneurysmen von Hirnarterien			Vorgänge bedingte
	und Hirnblutung	164		Reaktionen.................. 166
5.2.5	Erkrankungen des		5.2.9	Praktische Hinweise.......... 167
	Zentralnervensystems	165		

5.2.1 Herzbeteiligung

Der Zusammenhang zwischen psychischem Trauma und einer funktionell-vegetativen Herzbeteiligung sollte zurückhaltend beurteilt werden; er ist nur gegeben, wenn Angst, Not, Entsetzen und Sorge als existentielle Bedrohung individuell akut und überraschend bedeutsam werden und in ihrer tatsächlichen Dramatik ein außerordentliches Ereignis darstellen.[1] Seelische Erlebnisse (Emotionen), die mit Aufregung, Schreck und Angst verbunden sind, wirken sich oft nur vorübergehend auf Herztätigkeit und Blutzirkulation aus (Herzschlag, Herzklopfen, Blutdruckanstieg). Für das gesunde Herz bleiben sie harmlos. Ist das Herz jedoch bereits organisch erkrankt, können sie Belastungen zur Folge haben. Sie sind geeignet, seelische Erregungen – bei entsprechender Bereitschaft – akute Mangeldurchblutungen des Herzens „auszulösen" oder auch den Blutdruck in einen kritischen Bereich anzuheben, vornehmlich, wenn ohnehin eine Hypertonie (erhöhter Blutdruck) besteht.

In der Rspr. wurde ein erheblicher Schock (verursacht durch einen Karren, der plötzlich aus Rauchschwaden hervortrat und den Versicherten anfuhr) für geeignet angesehen, eine ausgedehnte Blutdruckkrankheit so zu verschlimmern, dass das Herz den Blutandrang nicht mehr bewältigte und der Tod eintrat.[2] Bejaht wurde ferner ein unfallbedingter Infarkt bei einem nicht vorgeschädigten Herzen, verursacht durch Schreck infolge Umkippens eines Wagens[3] sowie akuter Herzkreislaufstillstand infolge ischämiegetriggerten Kammerflimmerns nach erheblicher ergometrischer Belastbarkeit und die Belastungsgrenze überschreitende Einwirkung mit psychischer Anspannung; Herzinfarkt nach besonderer psychischer Belastung (Zeugenbefragung)[4], sowie der akute Herztod nach außergewöhnlicher körperlicher Belastung verbunden mit einer betrieblichen Stresssituation.[5]

Zeitlicher Konnex von Minuten bis Stunden ist Voraussetzung eines ursächlichen Zusammenhanges (s. 10.2.6.1, S. 810). Bei längerer Latenzzeit sind Brückensymptome zu fordern.

---

[1] Klepzig, in: Medizinische Begutachtung innerer Krankheiten (Hrsg. Marx, Klepzig) 7. Aufl. 1996 S. 236, 247; Kentner, in: Kriterien sozialmedizinischer Begutachtung von Herz-Kreislauf-Erkrankungen (Hrsg. Lang, u.a.) 1994 S. 17ff.
[2] LSG Schleswig, 19.3.1954, LAP S. 103: AU bejaht.
[3] Hess. LSG, 16.4.1960, Breith. 1960, 878.
[4] BSG, SozR 3-2200 § 539 Nr. 39 (18.3.1997).
[5] LSG Berlin-Brandenburg, 06.05.2008, UVR 011/2008, 804.

In aller Regel treffen Funktionseinbußen des Herzens (Herzinfarkt) infolge betrieblich bedingten körperlichen und/oder betrieblich bedingten psychischen Stresses auf vorbestehende Veränderungen (Vorschaden/Schadensanlage): Die konkurrierende Kausalität ist zu prüfen.[6] Befindet sich jedoch ein vorbestehendes unfallunabhängiges Leiden zum Zeitpunkt des Traumes bereits in einem fortgeschrittenen Stadium und ist eine ausgeprägte Versagensbereitschaft erreicht, so ist diese Einwirkung nicht als versicherungsrechtlich wesentliche Teilursache, etwa des Todes oder eines verstärkten Organschadens, sondern als leicht ersetzbare „Gelegenheitsursache" aufzufassen.[7]

Trifft ein seelisches Trauma in Form von Erschrecken oder Schock auf eine koronare Herzerkrankung (Koronararteriosklerose mit Lumenverengung der Strombahn) und wäre nach ärztlicher Erfahrung der Tod zu jeder Zeit und ohne äußeren Anlass eingetreten, handelt es sich um einen nicht relevanten „Gelegenheitsanlass".[8]

An der Bedeutung psychischer Faktoren *(„Stressoren")* für das Hervortreten eines Herzinfarkts kann in besonders gelagerten Einzelfällen kein Zweifel bestehen. Eine generelle Überbewertung solcher exogener Belastungen als ursächliche Faktoren für das Zustandekommen eines Herzmuskelinfarkts sollte aber nicht erfolgen. Meist liegt bereits deshalb schon kein Arbeitsunfall vor, weil der „Stress" erst dann bedeutsam wird, wenn er in mehreren Arbeitsschichten vorhanden ist. Ausnahmsweise können jedoch schon die an einem einzigen Arbeitstag anfallenden Belastungen ausreichen[9] (s. 10.8.4, S. 826).

5.2.2 Zuckerkrankheit (Diabetes)

Das Hervorrufen einer Zuckerkrankheit (s. 13.2, S. 930) infolge psychischen Traumas bei erblicher Belastung mit Diabetes mellitus wurde vormals für nicht ausgeschlossen erachtet, wenn das Erschrecken über das Übliche hinausgeht[10], d.h. ein „in die ganzen Lebensvorgänge eingreifendes Trauma"[11] darstellt und der Diabetes sich nicht später als 6 Wochen nach dem Ereignis eingestellt hat.[12] Zunehmende Kenntnisse über die Pathophysiologie des Diabetes mellitus lassen diesen Zusammenhang derzeit als zweifelhaft erscheinen.[13]

Im Allgemeinen handelt es sich um ein zufälliges Zusammentreffen der Zuckerkrankheit mit seelischen Belastungen. Der Unfall hat erst eine eingehende Untersuchung veranlasst und zur „Entdeckung" der schon längere Zeit bestehenden Erkrankung geführt.

---

6 Gieretz u.a., Koronare Herzkrankheit, in: Kursbuch der ärztlichen Begutachtung (Hrsg. Ludolph, Lehmann, Schürmann) 7 Erg. Lfg. 2007 S. 11, 23.
7 BSG, 2. 2. 1999, HV-Info 12/1999, 1819.
8 LSG Nordrhein-Westfalen, 8. 7. 1955, LAP S. 100; LSG Rheinland-Pfalz, 13. 11. 1985, Meso B 90/83.
9 Bayer. LSG, 3. 8. 1972, L 11 U 41/72.
10 Goek, KOV 1959, 215; Jahnke, Oberdisse, DMW 1961, 2362: „akute existentielle Notsituation"; Petzold, Schöffling, in: Handbuch des Diabetes mellitus (Hrsg. Pfeiffer), 1971 S. 749ff.
11 LSG Baden-Württemberg, 14. 11. 1955, Soz. E. Slg. § 1 BVG (b2) Nr. 122; 20. 12. 1956, Soz. E. Slg. § 1 BVG (b2) Nr. 149; zu weitgehend Hess. LSG, 23. 2. 1960, Breith. 1960, 683; Mollowitz, Der Unfallmann, 12. Aufl. 1998 S. 222.
12 Lob, Jaeger, Handbuch der Unfallbegutachtung (Hrsg. Lob) 3. Bd. 1973 S. 101; vgl. auch Fritze, MfU 1974, 491, 492: Ein Zeitraum von 3 Monaten ist wissenschaftlich nicht zu vertreten.
13 Schifferdecker, u.a., in: Die ärztliche Begutachtung (Hrsg. Fritze, Mehrhoff) 7. Aufl. 2008 S. 480f.

5.2.3 Akute Schilddrüsenüberfunktionen (Hyperthyreosen)

Früher wurden ungewöhnliche Belastungen, langandauernde Angstzustände, Schock- und Schreckereignisse (auch bei oder nach Unfällen) in Einzelfällen mit der Entstehung oder Verschlimmerung in Zusammenhang gebracht.[14] Nach geltendem Wissensstand über die Pathogenese der Hyperthyreose wird eine entsprechende Anerkennung abgelehnt[15] (s. 13.3.2.1, S. 938).

5.2.4 Aneurysmen von Hirnarterien und Hirnblutung

Ein Aneurysma (Gefäßerweiterung) einer Hirnarterie kann angeboren oder auf dem Boden angeborener oder degenerativer Veränderungen der Arterienwand erworben sein. Platzt es mit der Folge einer Blutung in den Subarachnoidalraum (Subarachnoidalblutung, s. 5.3.7.1, S. 177), kommen als Ursachen in Betracht

- ein Fortschreiten des Gefäßwandschadens infolge Weiterbestehens des verursachenden Prozesses
- eine plötzliche Erhöhung des Blut- oder intrakraniellen Drucks[16] während beruflicher körperlicher Anstrengung[17] oder infolge seelischer Erregung.[18]

Der Gefäßbruch kann auch ohne äußere Ursache oder anlässlich einer alltäglichen Verrichtung in Auswirkung des ständig wechselnden Blutdrucks mit seinen Pulsschwankungen auftreten (z. B. leichtes Heben, Hustenstoß, Bauchpresse). Gehen Blutdrucksteigerungen einer Blutung voraus, sind deren auslösende Faktoren Gelegenheitsanlässe: Die Arterienruptur kann nur erfolgen, wenn ein Gefäßschaden bereits zu einer dünnwandigen Ausbuchtung geführt oder ein angeborenes Aneurysma vorgelegen hat.[19]

Auch eine Hirnblutung (intrazerebrale Blutung, s. 5.3.6.2, S. 175) kann durch akuten beruflichen Stress[20] oder außergewöhnliche psychische Belastung veranlasst werden. Überwiegend sind außerberufliche, endogene Faktoren (vorbestehender Bluthochdruck, Gefäßmissbildung) deren Gründe, versicherte Ursachen treten zurück.[21]

Beweisfragen an den Gutachter:

(1) Unter welchen Begleitumständen erfolgte die körperliche Anstrengung oder seelische Erregung? Bei körperlicher Anstrengung sind alle Begleitumstände (Position des Versicherten zu dem von ihm zu bewegenden Gegenstand) aufzuklären. Aussagen über die in-

---

[14] Mollowitz, Der Unfallmann, 12. Aufl. 1998 S. 221; Bayer. LSG, 3. 8. 1972, L 11 U 41/72; dazu Zukschwerdt, Bay, Handbuch der gesamten Unfallheilkunde (Hrsg. Bürkle de la Camp u. Schwaiger) 3. Aufl. 2 Bd. 1966 S. 297.
[15] Schifferdecker, u.a., in: Die ärztliche Begutachtung (Hrsg. Fritze, Mehrhoff) 7. Aufl. 2008 S. 489.
[16] BSG, 17. 10. 1990, HV-Info 1/1991, 37.
[17] Sächs. LSG, 12. 12. 2002, HV-Info 13/2003, 1191; BSGE 94, 269 (12. 04. 2005) = SozR 4-2700 § 8 Nr. 15.
[18] LSG Niedersachsen, 26. 10. 1956, Breith. 1957, 506.
[19] Sächs. LSG, 30. 3. 2000, HV-Info 31/2000, 2894 = Meso B 90/127.
[20] Sächs. LSG; 09. 02. 2006, UVR 005/2006, 590.
[21] Marx, u.a., Vaskulär bedingte ZNS-Erkrankungen, Begutachtung in der Neurologie (Hrsg. Widder, Gaidzik) 2007, S. 362; s. auch Hess. LSG, 17. 2. 2009, UVR 13/2009, 769.

dividuelle ergonomisch-physiologische Belastung sind durch ein arbeitsmedizinisches Gutachten einzuholen.[22]

(2) Hat die Betriebstätigkeit nur den äußeren Anlass, d.h. die Gelegenheitsursache, für das plötzliche Auftreten der Aneurysmaruptur bzw. der Hirnblutung gegeben, bzw. bestand somit eine Versagensbereitschaft der Blutgefäße bzw. ein überwiegendes endogenes Risiko für die Hirnblutung?

(3) Wäre dies nach menschlichem Ermessen in naher Zeit auch bei anderem Anlass, auch außerhalb der beruflichen Tätigkeit oder ohne besondere Veranlassung aufgetreten?

(4) Kann der Betriebstätigkeit die Bedeutung einer wesentlichen Teilursache für die Entstehung oder Verschlimmerung der Gesundheitsschädigung zugewiesen werden?

(5) Steht die Gesundheitsschädigung mit der vorangegangenen Tätigkeit unter Berücksichtigung der Rspr., wonach das Ereignis plötzlich, nicht allmählich während mehrerer Arbeitsschichten ablaufen muss, mit Wahrscheinlichkeit in Zusammenhang?

5.2.5 Erkrankungen des Zentralnervensystems

Die gelegentliche Beteiligung exogener psychischer Belastungen an der Entstehung, auch der Symptomgestaltung, bei akut-entzündlichen Erkrankungen des Zentralnervensystems (z.B. *Multiple Sklerose*, s. 5.9, S. 247; *Poliomyelitis*, s. 9.5, S. 757), wird erörtert: In ganz seltenen Fällen, in denen sich der Verdacht eines Zusammenhanges zwischen Belastung und Schwere der Erkrankung aufdrängt, handelt es sich stets um restlos erschöpfende „Stress"-Situationen. Ein „Schock", der für das In-Gang-Kommen und den Ablauf einer Infektion verantwortlich gemacht werden soll, muss zumindest erheblichen Grades gewesen sein; er muss das neurohormonale System in erkennbarer Weise erschüttert haben, also jedenfalls mehr sein als ein Schreck. Die Verschlimmerung einer Multiplen Sklerose durch einen Überfall am Arbeitsplatz hat die Rspr. abgelehnt, weil Erkenntnisse zum Zusammenhang der Erkrankung mit schweren psychischen Stressbelastungen[23] fehlen.[24]

5.2.6 Epilepsie

Schreck und ähnliche psychische Belastungen sind ungeeignet, eine Epilepsie (s. 5.4) zu verursachen.[25] Sie können bei bestehender Epilepsie einen einzelnen Anfall herbeiführen, dessen rechtliche Bewertung insbesondere vom Anfalltyp und dem Ergebnis differenzierter EEG-Untersuchungen abhängt.

5.2.7 Schäden in der Person eines Dritten

Eine Haftung für Schäden in der Person eines Dritten („Sekundäropfer") ist, anders als im Opferentschädigungsrecht („Schockschaden")[26], im Recht der ges. UV nicht vorgesehen. Erleidet ein Angehöriger durch die Nachricht vom Arbeitsunfall eines Versicherten ein

---

22 BSG, 17. 10. 1990, Meso B 290/156.
23 Tegenthoff, Krankheiten des Nervensystems, in: Die ärztliche Begutachtung (Hrsg. Fritze, Mehrhoff) 7. Auflage 2008, 225.
24 Hessisches LSG, 4. 7. 2006, L 3 U 1051/03.
25 Mifka, Nervenärztliche Unfallbegutachtung, Schriftenr. d. AUVA. Nr. 1 S. 83.
26 BSG, 8. 11. 2007, Breith. 2008, 513.

psychisches Trauma, so sind *für ihn* die Voraussetzungen des Versicherungsfalls nicht gegeben.[27] Nicht anwendbar sind die für das Zivilrecht entwickelten Grundsätze zum „Schockschaden". Erleidet ein Dritter durch Schockwirkung, ausgelöst durch das Erlebnis (s. 5.2.1, S. 162) oder die Benachrichtigung vom Unfall eines Anderen, einen Gesundheitsschaden, liegt eine unmittelbare Körperverletzung vor, die einen eigenen Anspruch auf Ersatz des Schadens begründet.[28] Konsequent werden zivilrechtliche Schadensersatzansprüche von Dritten wegen Schockschäden, die mittelbar durch den Arbeitsunfall eines Versicherten hervorgerufen werden, nicht vom Haftungsausschluss nach §§ 104, 105 SGB VII erfasst.[29]

5.2.8 Durch ausschließlich innere Vorgänge bedingte Reaktionen

Von der plötzlichen, ereignisbedingten psychischen Einwirkung sind Erregungszustände anderer Art und Ursache zu trennen: psychische Konfliktsituationen, Charakteropathien und mannigfache andere, etwa angstbesetzte psychische Störungen (Angst vor Zu-spät-Kommen, Furcht vor Bestrafung wegen im Betrieb getätigter strafbarer Handlungen) oder seelische Erkrankung aus beruflich bedingter Verärgerung, Gefühl des dienstlichen Zurückgesetztseins.

Solche Zustände entbehren der Voraussetzungen des Arbeitsunfalls, da ihnen schon das entscheidende Kriterium des „Plötzlichen" und „Unvorhergesehenen" fehlt.

Mit den Begriffsmerkmalen des Arbeitsunfalls wäre es unvereinbar, wenn z.B. eine mit dem Verlust der Arbeitsstelle verbundene Aufregung – mit körperlicher Schädigung im Gefolge – als entschädigungspflichtiger Tatbestand angesehen werde. Ebenso ermangelt es bei der psychischen Reaktion (subjektiver Charakter eines solchen „Beschwerdesyndroms") nach ernsten dienstlichen Vorhaltungen durch einen Vorgesetzten begrifflich der Grundlagen des Arbeitsunfalls. Der Ausspruch von Vorhaltungen ist ein im Arbeitsleben durchaus üblicher und bei der Gestaltung der Betriebsverhältnisse u. U. notwendiger Vorgang. Gerät ein Versicherter über die Tatsache der Zurechtweisung in hochgradige Erregung, so hat dieser seelische Zustand seine Ursache ganz überwiegend in der Veranlagung; die Beanstandung kann allenfalls als auslösendes Moment, als „Gelegenheitsursache", für eine etwaige Schädigung in Betracht kommen.[30]

Inwieweit *betriebsbedingten Auseinandersetzungen* die Bedeutung einer besonders gearteten äußeren Einwirkung zukommt, d.h. Diskussionen und Vorwürfe den Begriff des „Ereignisses" verwirklichen mögen, sofern sie in höchster Lautstärke, in turbulenter Form, unter Drohungen erfolgen oder den Betroffenen Beleidigungen „an den Kopf geworfen" werden[31], bleibt der Beurteilung im Einzelfall überlassen. Gerede und gewaltfreies Verhalten von Menschen, über das sich der Betroffene aufregt, sind überall anzutreffen. Psychi-

---

[27] Ähnlich im Versorgungsrecht. Ebenso kein „Unfall beim Betrieb" i.S. der Sondergesetze des Haftpflichtrechts, RGZ 68, 47; 133, 271.
[28] BGH, 13. 1. 1976, VersR 1976, 539.
[29] BGH, 6. 2. 2007, UVR 9/2007, 641.
[30] LSG Hamburg, 22. 9. 1959, Breith. 1960, 296; vgl. ferner LSG Nordrhein-Westfalen, 25. 5. 1954, Kompass 1954, 89 (Meinungsverschiedenheiten); RVA, 28. 9. 1935, Breith. 1935, 683 (Ausspruch einer Kündigung); der Zusammenhang wurde jeweils verneint.
[31] Zit. nach LSG Hamburg, 22. 9. 1959, Breith. 1960, 296; BSG, 13. 12. 1960, BG 1961, 222.

5.2 Psychische Reaktionen mit begleitenden somatischen Befunden

sche Einwirkungen sind gemäß der „Eigenart der Persönlichkeit" zu beurteilen.[32] Art und Umstände werden je nach der psychischen Struktur des Versicherten mehr oder weniger belastend erlebt. So kann eine fachlich begründete Kritik an beruflichen Fähigkeiten je nach persönlicher Eigenart verletzender als eine unsachliche Beleidigung empfunden werden, mit unterschiedlicher psychischer Reaktion. Demgemäß ist für die Beurteilung des Ausmaßes einer psychischen Einwirkung zunächst auf die subjektive Reaktion und weniger auf die objektiven äußeren Umstände der Einwirkung abzustellen.[33] Die Stärke der Reaktion auf die Herausforderung hängt vom (berufsunabhängigen) Temperament ab: In der Regel fehlt es am rechtlich wesentlichen Zusammenhang mit der versicherten Tätigkeit[34] oder die konkrete berufliche Situation ist Endpunkt einer Entwicklung, ohne allein wesentlicher Bedeutung (*Mobbing*, s. 5.1.18, S. 159).[35]

5.2.9 Praktische Hinweise

Der allgemein beobachteten Überbewertung des Schrecks oder Schocks ist entgegenzutreten. Wichtig ist, dass der behandelnde Arzt nach einer Schreck- oder Schockreaktion die gute Prognose dieser Reaktion vom ersten Tag an seinem Patienten sachlich und kritisch darlegt, ohne sich in unsichere Spekulationen über psychotraumatische Dauerfolgen zu verlieren.

Seitens der *Sachbearbeitung* ist darauf zu achten, dass es zur Annahme des erforderlichen Grades der Mitverursachung durch Schreck und Erregung des Nachweises der *Außergewöhnlichkeit* des angeschuldigten Ereignisses bedarf. Eine subtile Aufklärung des Sachverhalts ist geboten.[36] Generell betrachtet, gehören Gesundheitsstörungen infolge plötzlicher Einwirkungen zu den (extremen) *Ausnahmen*. Die Bejahung der Zusammenhangsfrage setzt eine eingehende und wissenschaftliche Begründung voraus.

Ehe ein psychisches Trauma als Schädigungsmoment in Betracht zu ziehen ist, muss erkennbar gemacht werden, wie dieses sich objektiv für Zeugen des Geschehens darstellt, wie lange es andauerte, welchen Charakter es aufwies (vital, bedrohlich, überwältigend, alltäglich) und ob es mit sekundären Situationen und Wirkungen, mit dem Ausgangstrauma nicht verbunden, zusammenhängt.[37] Wertvollen, entscheidenden Aufschluss bietet die exakte Schilderung durch den erstbehandelnden Arzt, welche Schreck- oder Schocksymptome er selbst beobachtet hat; seine täglichen Aufzeichnungen zur Krankengeschichte erleichtern die spätere sachgerechte Würdigung. Eine lückenlose Anamnese einschließlich familiärer Befunde durch Beiziehen aller erreichbaren ärztlichen Unterlagen, auch Strafakten, ist notwendig.

Der als *Gutachter* tätige Arzt[38] muss erkennen, welche Bedeutung die Beurteilung der akuten Schreckwirkung in unfallmedizinischer (insbesondere psychischer und psychosomati-

---

[32] BSGE 18, 163 (18. 12. 1962).
[33] BSGE 3-2200 § 539 Nr. 39 (18. 3. 1997).
[34] LSG Rheinland-Pfalz, 13. 11. 1985, HV-Info 9/1985 S. 652; BSG, 23. 4. 1987, HV-Info 13/1987, 1022.
[35] LSG Baden-Württemberg, 16. 8. 2001, HVBG VB 47/2002.
[36] Kaiser, BG 2005, 679.
[37] Kretschmer, HVBG VB 113/56.
[38] Kaiser, MedSach 102 (2006) 200.

scher) und auch rechtlicher Beziehung beinhaltet. Zudem sollte er die Gefahr unbedachter Äußerungen über Dauerschäden nach Schreckeinwirkungen im Hinblick auf hypochondrische und sekundäre psychische Reaktionen bedenken.[39]

Zu erwarten, also zu veranlassen, ist die richtige *Diagnose* der unmittelbaren psychischen, psychosomatischen und rein körperlich organischen Reaktionsfolgen mit einer Abgrenzung eventueller Hirnschädigungsfolgen von sekundären psychischen Reaktionen, die durch den Entschädigungsgedanken oder andere persönlichkeitsbedingte oder zweckbetonte Momente festgehalten werden (psychogene Symptomverstärkungen, finale Ausrichtung auf einen Krankheitsgewinn).

Gutachten, in denen indifferente Diagnosen, wie „Nervenschock" oder „psychischer Schock", gestellt werden, sind kaum verwertbar, da sie oft nur Ausweitungen enthalten und einer kritischen Würdigung entbehren. Genauer Diagnosen bedarf es. Verfehlt ist, nachträglich im Gutachten einen „psychischen Schock" als Unfallfolge anzunehmen, vorauszusetzen oder zu konstruieren, um langdauernde Erscheinungen oder auch nichttraumatische Hirnerkrankungen als Unfallfolgen glaubhaft zu machen.

Fachärztliche Behandlung ist auch in den Fällen psychoreaktiver Störungen der Berentung vorzuziehen. Der Verletzte muss *vor* Beginn der psychotherapeutischen Behandlung wissen, dass die Voraussetzungen einer Rente nicht gegeben sind, da sonst die Grundlagen für eine Behandlung sich als ungünstig erweisen. Dieser Weg sollte schon vom erstbegutachtenden Arzt gewiesen und eingeschlagen werden. Nach längerem Verfahren mit sodann ausgeprägten sekundären neurotischen Tendenzen sind keine durchgreifenden positiven Ergebnisse zu erwarten.

---

[39] Möllhoff, ASP 1979, 22, 24.

5.3 Schädel-Hirn-Verletzung*

Übersicht

5.3.1	Anatomisch-physiologische Bemerkung	169
5.3.2	Definitionen	171
5.3.3	Bedeutung	171
5.3.4	Einteilung	171
5.3.5	Diagnostik	173
5.3.6	Primäre und sekundäre Verletzungsfolgen	174
5.3.6.1	Primäre Folgen	174
5.3.6.2	Sekundäre Folgen	175
5.3.7	Besondere Erkrankungen	177
5.3.7.1	Aneurysma	177
5.3.7.2	Hirntumor	178
5.3.7.3	Parkinsonsyndrom	178
5.3.7.4	Hormonstörungen (Endokrinopathie)	178
5.3.7.5	Psychosen	178
5.3.7.6	Multiple Sklerose	178
5.3.7.7	Demenz	179
5.3.7.8	Migräne	179
5.3.7.9	Depression und Angst	179
5.3.7.10	Psychoreaktive Störungen	179
5.3.8.	Dauerfolgen	180
5.3.9.	Feststellung und Zusammenhangsbeurteilung	181
5.3.10	Rehabilitation	182
5.3.11	Minderung der Erwerbsfähigkeit	185
5.3.11.1	Rente als vorläufige Entschädigung	185
5.3.11.2	Rente auf unbestimmte Zeit	186

5.3.1 Anatomisch-physiologische Bemerkung

Das menschliche Gehirn wird vom Schädelknochen (Abb. 1) von Hirnhäuten (Dura mater, Arachnoidea, Pia mater) schützend umgeben und wiegt 1200–1500 g.

Seine wichtigsten Funktionen sind die Wahrnehmung von Sinnesreizen, das Denken, Lernen und Erinnern sowie der Informationsaustausch zwischen den einzelnen Wahrnehmungszentren. Das mit zahlreichen Furchen versehene *Großhirn* stellt die oberste Steuerstelle des bewussten Handelns dar, tiefer gelegene Strukturen des Gehirns dienen als Umschaltstellen für Signale aus dem Körper und können teilweise hormongesteuert auch in den Stoffwechsel eingreifen.

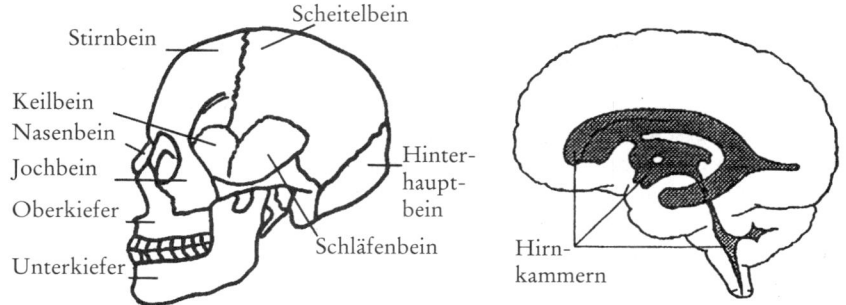

Abb. 1: Anordnung der Schädelknochen   Abb. 2: Anordnung der Hirnkammern

---

* Mitarbeit Dr. med. *A. Gonschorek*, Dr. med. *M. Neuss*, Berufsgenossenschaftliches Unfallkrankenhaus Hamburg-Boberg.

Oberhalb des Übergangs zum Rückenmark liegt das *Stammhirn*, welches unbewusste lebenswichtige Funktionen, wie Atmung und Kreislauf, steuert und reguliert.

Das *Kleinhirn* – am hinteren unteren Bereich des Großhirns über dem Hirnstamm liegend – ist für die Körperhaltung, das Gleichgewicht und die Koordination der Körperbewegungen verantwortlich.

Im Inneren des Gehirns liegt symmetrisch ein Hohlraum aus mehreren Kammern, den *Hirnventrikeln*, in denen das *Hirnwasser* (Liquor) produziert wird (Abb. 2). Dieser Raum steht mit dem äußeren, das Hirn umgebenden Flüssigkeitsmantel (Subarachnoidalraum) in Verbindung. Die *Großhirnhälften* (Hemisphären) werden in 4 *Lappen* unterteilt (Abb. 3), in den vorderen Lappen (Lobus frontalis), den Scheitellappen (Lobus parietalis), den hinteren Lappen (Lobus occipitalis) sowie den Schläfenlappen (Lobus temporalis).

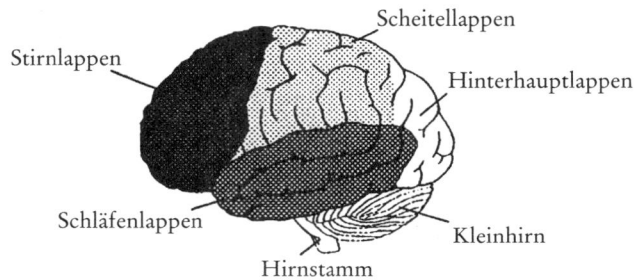

Abb. 3: Anordnung der Hirnlappen

Die dominante Hemisphäre liegt in 80–90 % linksseitig und ist zumeist durch Rechtshändigkeit dokumentiert.

Unter der *Hirnrinde* (Cortex) enthalten die Hemisphären große Mengen weißer Substanz im „*Marklager*". Diese markhaltigen Nervenfasern, von Neuroglia (Stützsubstanz) umgeben, unterteilen sich in 3 Kategorien:

Zum einen in *Projektionsfasern*, die vom Cortex weg über Zwischenzentren (Innere Kapsel, Thalamus, Hirnstamm) und Rückenmark in die Peripherie ziehen, z.B. motorische Bahnen, sodann in *Assoziationsfasern*, die den Hauptanteil der weißen Substanz ergeben. Sie verbinden und verschalten benachbarte Windungen wie auch entfernte Rindengebiete miteinander, so dass das Großhirn in die Lage versetzt wird, alle erforderlichen assoziativen und integrierenden Funktionen zu erfüllen. Durch die ausgiebigen Faserverbindungen zwischen den einzelnen Rindengebieten erklärt sich vielleicht auch, dass nach einer Hirnschädigung eine gewisse Restitution ausgefallener Hirnfunktionen infolge Umschaltung auf noch intakte Bahnsysteme nach gewisser Zeit und entsprechender Einübung möglich ist. Die dritte Gruppe stellen die *Kommissurenfasern* dar, die über eine vordere und hintere Kommissur, sowie über den Balken (Corpus callosum, Ventrikeldach) Rindengebiete beider Hemisphären verbinden.

5.3.2 Definitionen

Ein Schädel-Hirn-Trauma (SHT) ist die Folge einer äußeren Krafteinwirkung auf den Schädel und/oder das Gehirn mit primären und sekundären Verletzungsfolgen.

Das Kriterium für ein offenes SHT besteht in der Verletzung der liquorumhüllenden Hirnhäute (Duraverletzung).

5.3.3 Bedeutung

Schädel-Hirn-Traumen sind – trotz diagnostischer und therapeutischer Fortschritte – die Haupttodesursache der unter 45-Jährigen[1] und der Kinder unter 15 Jahren[2]. Jährlich sterben in Deutschland etwa 7.500 Menschen, d.h. 9 (1972: 27,2) bezogen auf 100.000 Einwohner (2000).

280.000 Menschen sind jedes Jahr betroffen (330 pro 100.00 Einwohner); etwa 92 % entfallen auf ein leichtes, 3–4 % auf das mittelschwere und 4–5 % auf das schwere (60 bis 70 % aller Polytraumen[3]) Schädel-Hirn-Trauma. Der Anteil an Arbeits- und Wegeunfällen beträgt 15 %.

In den vergangenen Jahrzehnten sind Schädel-Hirn-Traumen infolge von Verkehrsunfällen von mehr als 50 % auf etwa 27 % rückläufig. Gründe: Verbesserung der Fahrzeugsicherheit, Sicherheitssysteme und intensivierte Beaufsichtigung am Arbeitsplatz, Optimierung der Rettungssysteme sowie Verschärfung der Vorschriften im Straßenverkehr.

Mit über 48 % dominiert der Sturz als häufigste Ursache, bei schwerem Schädel-Hirn-Trauma steht jedoch der Verkehrsunfall im Vordergrund.

5.3.4 Einteilung

Eine allgemein gültige Einteilung der Schädel-Hirn-Traumen nach Schweregrad besteht nicht[4], da die verschiedenen morphologischen, pathologischen und klinischen Aspekte bislang nicht in eine verbindliche Klassifikation integriert werden konnten. Zu berücksichtigen sind die Schädigungsarten[5]:

- *fokal:* Coup, Contrecoup, intrazerebrale Blutungen
- *diffus:* diffuse axonale Schädigung, Hirnschwellung (Ödem)
- *Komplikationen:* extrazerebrale Hämatome, Hypoxie/Ischämie, Komplikationen der Intensivbehandlung.

Die Schwere eines Schädel-Hirn-Traumas wird durch Art und Dauer neurologischer Störung bestimmt.[6]

---

1 Jennett, u.a., Severe head injuries in three countries, J Neurol Neurosurg Psychiatry. 40 (1977) 291.
2 Statistisches Jahrbuch, Jahrgang 1998.
3 Nardi, u.a., Minerva Anesthesiol 65 (1999) 348; Regel, u.a., J Trauma 38 (1995) 70.
4 Piek, Einteilung und Klassifikation des Schädel-Hirn-Traumas in: Neurotraumatologie (Hrsg. Wallesch, Unterberg, Dietz) 2005.
5 Wallesch, Schmidt, in: Begutachtung in der Neurologie (Hrsg. Widder, Gaidzik) 2007 S. 313, 314.
6 Frowein, u.a. in: Chirurgie der Gegenwart (Hrsg. Zenker u.a.)1997 S. 1 ff; Tönnis, Loew, Ärztliche Praxis 5 (1953) 13 f.

"Klassische" Einteilung nach Schweregrade[7]

Grad		Definition
I	entspricht einer Commotio	vollständig reversibel innerhalb 4 Tagen, einschließlich vegetativer Störungen
II	entspricht einer Contusio cerebri	Rückbildung innerhalb 3 Wochen
III	entspricht einer schweren Contusio und/oder Compressio	dauernde Störungen über 3 Wochen.

Auf Grund pathophysiologischer Erkenntnisse (Konzept der diffus axonalen Hirnschädigung) und der Ergebnisse moderner Bildgebung (Kernspintomographie) tritt diese Einteilung zunehmend in den Hintergrund.

Punkteskala zur Klassifikation des momentan neurologischen Befundes (Glasgow Coma Scale)

Die Einschätzung eines Schädel-Hirn-Traumas richtet sich nach dem neurologischen Befund mit den Kriterien Bewusstsein, Pupillenreaktion und Motorik. Von diesen hat die Einschätzung der Bewusstseinslage vor allen anderen die höchste Priorität und Aussagekraft.[8] Diagnostische Hilfestellung bietet die Glasgow-Coma-Skala (GCS).[9]

Sie beinhaltet eine Differenzierung anhand der Funktionsbereiche „Augen öffnen" (max. 4 Punkte), „verbale Antwort" (max. 5 Punkte), und „beste motorische Antwort" (max. 6 Punkte) in 3 bis 15 Punkte als Parameter der Bewusstseinslage. Aus dem Untersuchungsergebnis wird auf das Ausmaß der Hirnfunktionsstörung geschlossen: leichtes (CS 13-15), mittelschweres (GCS 9-12) und schweres (GCS 3-8) Schädel-Hirn-Trauma. Diese Klassifikation ist leicht anwendbar, erweist sich in unterschiedlichen Untersuchungen als zuverlässig reproduzierbar und hat prognostische Bedeutung.

Glasgow Coma Scale (GCS)

Funktion	Reaktion	Punkte	Funktion	Reaktion	Punkte
Augen öffnen	spontan	4	Motorische Antwort	befolgt Aufforderung	6
	Ansprache	3		lokalisiert Schmerz	5
	Schmerz	2		zurückziehende Bewegung	4
	nicht	1			
Sprachliche Äußerung	orientiert	5		Beugesynergismen	3
	verwirrt	4		Strecksynergismen	2
	unangemessen	3		keine	1
	Laute	2			
	keine	1			

---

[7] Tönnis, Loew, Ärztliche Praxis 5 (1953) 13f.
[8] Kolodziejczyk, Unfallchirurg 111 (2008) 486, 488.
[9] Teasdale, Jenett, Acta Neurochir (Wien) 34 (1976) 45ff.; Wurzer, MedSach 105 (2009) 208, 209.

Die GCS enthält keine Definition des Komas (gleichgesetzt mit GCS-Grad 3-8). Anzuwenden ist die Empfehlung des Neurotraumatologischen Komitees der World Federation of Neurosurgical Societies:

Brüsseler Komagrad[10]

A: Bewusstseinsklarheit (Zustand der ungestörten Wachheit und Wahrnehmung seiner selbst und der Umgebung)

B: Bewusstseinstrübung (nicht orientiert, Augen werden geöffnet spontan, auf Anruf oder Schmerz, Aufforderungen werden befolgt)

C: Bewusstlosigkeit (Koma; „unerweckbarer Zustand der geistigen Wahrnehmungslosigkeit der Umgebung und seiner selbst"[11]

Die *Tiefe der Bewusstlosigkeit bei Komata* (Grad C) wird wiederum unterteilt:

Komatiefe (Grad)	Definition
I	Koma ohne neurologische Krankheitszeichen
II	Koma und Seitenzeichen mit Anisokorie und Hemiparese
III	Koma und Strecksynergismen
IV	Koma und lichtstarre Pupillen

Ein komaähnlicher Zustand ist das apallische Syndrom bzw. der persistierende vegetative Status[12], in der Regel durch erhaltene Spontanatmung, fehlende Reaktion auf die Umwelt, meist fehlende Blickfolgebewegung und Schlaf-Wach-Rhythmus mit geöffneten oder geschlossenen Augen gekennzeichnet.

5.3.5 Diagnostik

Bei Verdacht auf ein SHT ist eine gründliche körperliche und neurologische Untersuchung durchzuführen.

Die Dokumentation der Bewusstseinslage, Pupillenfunktion und Motorik ist erforderlich. Die Klassifizierung erfolgt nach der GCS.

Das weitere diagnostische Vorgehen wird durch die Schwere der Bewusstseinsstörung und durch Begleitverletzungen bestimmt.

Die *Computertomographie* des Kopfes (CCT) mit Knochenfenster dient dem Nachweis von Verletzungen des Hirngewebes (Kontusionen), Blutungen, posttraumatischen Ödemen sowie knöchernen Verletzungsfolgen. Ein initial unauffälliges CT schließt eine substantielle oder diffuse axonale Hirnverletzung nicht aus.

---

[10] Brihaye, u.a., Report an the Meeting of the Neuro-Traumatology Committee, Brussels 1976, Acta Neurochir. (Wien) 40 (1978) 81–186; Frowein, u.a., Unfallheilk. 132 (1978) 187ff.
[11] Strich, J Neurol Neurosurg Psychiatry 19 (1956) 163ff.
[12] Gerstenbrand, Das traumatische apallische Syndrom (1967).

Die *Magnet-Resonanz-* oder *Kernspintomographie* kann vor allem bei Anwendung spezieller Sequenzen in der Akutphase (Diffusionswichtung) eine traumatische Schädigung des Hirngewebes sensitiv nachweisen. Lokalisation und Ausmaß der erfassten bildgebenden Befunde (z. B. Hirnstammschädigung) sind auch für die Abschätzung der Prognose von Bedeutung.

In der späteren Begutachtung kann das MRT in Zweifelsfällen auch Monate und Jahre nach einem Schädel-Hirntrauma durch den Nachweis erfolgter Mikroblutungen (Hämosiderin) eine *diffuse axonale Hirnschädigung* anzeigen.

Die *Elektroenzephalographie (EEG)* ermöglicht die Erfassung der Hirnaktivität, umschriebener oder allgemeiner Hirnfunktionsstörungen sowie einer epileptischen Erregungsbildung infolge einer Hirnschädigung. Die Methode eignet sich auch für die Überwachung Schädel-Hirn-Verletzter bei fluktuierenden Bewusstseinsstörungen. Das EEG ist zudem in der Hirntoddiagnostik von Bedeutung.

In der Zusammenhangsbegutachtung können zeitnah zum Unfall dokumentierte krankhafte EEG-Veränderungen und insbesondere deren weitere Dynamik Hinweise auf eine traumatische Hirnschädigung geben.

Evozierte Potentiale, wie somatosensibel evozierte Potentiale (SEP) oder akustisch evozierte Potentiale (AEP), haben Wert vor allem in der Prognoseabschätzung.

Doppler- und *Duplexsonographie* der hirnversorgenden Gefäße dienen dem Nachweis oder Ausschluss begleitender Gefäßverletzungen (Dissektionen) oder Komplikationen (Gefäßspasmen nach Subarachnoidalblutung).

5.3.6 Primäre und sekundäre Verletzungsfolgen

Primäre Verletzungsfolgen entstehen bei der Krafteinwirkung, nachträglich nicht beeinflussbar (irreversibel) und Ausgangspunkt für sekundäre Verletzungsfolgen. Die sekundären Folgen können durch gezielte Therapie verringert werden, bei rechtzeitigem Beginn der Behandlung mitunter reversibel.

5.3.6.1 Primäre Folgen

Zu den primären Verletzungsfolgen zählen je nach Schwere der Krafteinwirkung und der damit verbundenen Eindringtiefe – auch abhängig von stumpfer und scharfer Einwirkung

- *Weichteilverletzungen* mit stark blutenden Kopfschwartenwunden, Prellmarken, Galeahämatome (Blutansammlung in oder unter der Kopfschwarte), Skalpierungen (Abscheren größerer Kopfschwartenanteile vom Schädelknochen) sowie Inokulation von Fremdkörpern
- *knöcherne* Verletzungen mit Berstungs-, Impressions- und Trümmerfrakturen der Kalotte, mit Schädelbasisfrakturen (Frontobasis, Felsenbein) sowie Mittelgesichtsfrakturen (Jochbein, Ober- und Unterkiefer)
- *Verletzungen der großen, hirnversorgenden Gefäße* (Carotis, Sinus) mit vital bedrohlichen, oft tödlichen Blutungen, auch stumpfe Gefäßverletzungen mit innerer Wandeinblutung (Dissektion) und nachfolgendem Verschluss mit Hirnischämie

- *Blutungen* aus kleinen Gefäßen an oder in der *Hirnoberfläche* (Kontusionsblutungen)
- *Blutungen* aus kleinen Gefäßen im Bereich der *Hirnhäute* und der *Hirnsubstanz* können sekundär zu intrakraniellen Hämatomen (epidurales Hämatom [EDH], subduralem Hämatom [SDH], intrazerebralem Hämatom [ICH], traumatischer Subarachnoidalblutung [trSAB]) mit intrakranieller Drucksteigerung führen
- *Duraverletzung* mit Liquorfluss, Pneumatocephalus (raumfordernder Lufteinschluss) und Hirnprolaps
- *Verletzung der Hirnsubstanz* selbst.

Kontusionen können unmittelbar im Bereich der Krafteinwirkung sowie gegenüberliegend auftreten („*Coup-* und *Contrecoup-Herde*").[13]

- **Diffuse axonale Schädigung** (diffuse axonal injury = DAI):

Die traumatische Genese und typische Entität konnte gesichert werden (s. 5.3.9, S. 181). Diffuse Axonalschäden[14] finden sich bei der Hälfte der Patienten mit schwerem SHT, verantwortlich für 35 % der Todesfälle nach Hirntrauma.[15] Aber auch klinisch wenig gravierende Schädel-Hirn-Traumen führen über diesen Pathomechanismus zu bleibenden Schäden.[16]

Es kommt zur diffusen traumatischen Schädigung, mit steigendem Schwergrad zu fokalen Zerreißungen an der Mark-Rinden-Grenzen, Balkenläsionen und rostralen Hirnstammläsionen.[17]

Meist findet sich die diffuse axonale Schädigung bei Schädelhirntraumen im Rahmen von Verkehrsunfällen.

Im CT erscheinen kleine Schädigungen im Marklager, besonders an der Mark-Rinden-Grenze, im Balken oder im oberen Hirnstamm; ein unauffälliges CT schließt eine DAI nicht aus.

Die Kernspintomografie (MRT) ist einer CT Untersuchung im Nachweis überlegen.[18]

5.3.6.2 Sekundäre Folgen

Im Gegensatz zu primären sind sekundäre Verletzungsfolgen therapeutisch beeinflussbare Schädigungen.

---

[13] Nach Teasdale, Mathew (Mechanisms of cerebral concussions, contusions and other effects of head injury. In: Youmans J., Neurological Surgery, Vo1.3.4th. Philadelphia 1996 S. 1533ff.) ist auf Grund biomechanischer Untersuchungen die Bezeichnung ungenau, da entfernte Kontusionen nicht nur auf der Gegenseite der Krafteinwirkung auftreten.

[14] Zuerst beschrieben von Stich, J Neurol Neurosurg Psychiatry 19 (1956) 163ff. Sie nahm an, dass die Schädigung im Augenblick des Traumas erfolgte und machte eine Scherverletzung der Nervenfasern als Ursache verantwortlich. Diskutiert werden auch Minderdurchblutung und Sauerstoffmangel.

[15] Mc Lellan, u.a., The structural basis of the vegetative state and prolonged coma after non-missile injury. In: I. Le coma traumatique (Hrsg. Papo) Padova: Liviana Editrice (1986) S. 165ff.

[16] Wallesch, Schmidt, in: Begutachtung in der Neurologie (Hrsg. Widder, Gaidzik) 2007 S. 313; Fork, u.a., Brain Inj 19 (2005) 135ff.

[17] Tegenthoff, in: Die ärztliche Begutachtung (Hrsg. Fritze, Mehrhoff) 7. Aufl. 2008 S. 214.

[18] Jenkins, u.a., Lancet 1986, 445f. weisen auf die gute Korrelation zwischen Prognose und Ausmaß der pathologischen Befunde im MRT hin.

- Eine *Hirnschwellung* ist durch die Vermehrung des Blutvolumens im Gehirn (Hyperämie) gekennzeichnet; diese tritt in den ersten Tagen infolge einer Autoregulationsstörung der Hirngefäße auf.
- Das *Hirnödem* stellt eine abnorme Flüssigkeitsansammlung im Hirngewebe dar. Das *vasogene* Hirnödem ist Ausdruck einer primären Störung der Blut-Hirn-Schranke und durch eine Flüssigkeitsansammlung außerhalb der Hirnzellen gekennzeichnet. Das *zytotoxische* Hirnödem, das sich vorzugsweise bei Intoxikation bzw. Hypoxie (Unterversorgung mit Sauerstoff) darstellt, basiert auf einer stoffwechselbedingten Dysfunktion und führt zu einer Zellschwellung. Auf zellulärer Ebene finden unterschiedliche aufeinander folgende Schädigungen statt, die unbehandelt bis zur zellulären Dysfunktion und Nekrose (Zelluntergang) fortschreiten.
- Eine *fokale Raumforderung* (Blutung) bewirkt durch die hervorgerufene Druckwirkung eine Massenverschiebung des Gehirns. Diese kann eine Einklemmung der Hirnsubstanz bzw. der versorgenden Gefäße hervorrufen, die unbehandelt zu einer weiteren Hirnschädigung bis hin zum Tode führt.

Je nach anatomischer Lage werden Blutungen nach SHT unterteilt in:

(1) Epidurales Hämatom (EDH)

Epiduralhämatom, bei 1–3 % der Schädel-Hirn-Verletzungen diagnostiziert.[19] Es entsteht meist traumatisch durch Blutung zwischen harter Hirnhaut (Dura) und Schädelknochen (Zerreißung der Art. menigica media – mittlere Hirnhautarterie – oder eines ihrer Äste). Das Hämatom bleibt in der Regel örtlich begrenzt und wölbt die Dura linsenförmig in das Schädelinnere, gegen das Gehirn, vor.

Für gutachterliche Fragestellungen gilt, dass das zerebrale EDH in der Regel nicht spontan auftritt, sondern Folge einer Krafteinwirkung ist.

Der Nachweis einer epiduralen Blutung belegt insbesondere bei frühzeitiger und adäquater Versorgung nicht mit Wahrscheinlichkeit eine Hirnschädigung.

(2) Akutes subdurales Hämatom (aSDH)

Das akute subdurale Hämatom, bei 10–20 % schwerer Schädel-Hirn-Traumen auftretend, ist eine Blutansammlung zwischen Dura und Arachnoidea („Spinnengewebshaut", die den Hirnwasserraum umschließt). Die Blutung entsteht häufig bei stärkerer Krafteinwirkung auf den Schädel mit Kontusion der Hirnoberfläche, Zerreißung von kortikalen Gefäßen oder durch Abriss sog. Brückenvenen, d.h. der Venen, die von der Hirnoberfläche kommend in die zentralen venösen Blutleiter (Sinus) münden.

(3) Chronisches Subduralhämatom (cSDH)

Beim chronischen SDH kommt es wie beim akuten SDH zu einer Blutung in die Schicht zwischen Dura mater und Arachnoidea. *Chronisch* bedeutet, dass die Zeitspanne zwischen Trauma und klinischer Erstmanifestation zwischen 10 Tagen und 3 Wochen liegt; für den Zeitraum davor gibt es den Begriff des *subakuten* Subduralhämatoms.

---

[19] Bushe, Weiss, Schädel-Hirn-Trauma (1982); Pia, Schoenmayr, Langenbecks Arch Chir 351 (1980) 199ff.

Der Entstehungsmechanismus des cSDH ist nicht vollständig geklärt.

Das Hämatom verflüssigt sich, es bilden sich neue, fragile kleinste Blutgefäße (Kapillaren), die schon bei geringster mechanischer Beanspruchung bluten. Da wahrscheinlich gerinnungshemmende Substanzen aus den Kapillarwandzellen abgegeben werden, welche die Gerinnungsfaktoren außer Kraft setzen, wird eine Verfestigung des Hämatoms verhindert; es kommt zu einer stetigen Größenzunahme des Hämatoms.

Bei gutachterlicher Beurteilung, die den Zusammenhang zwischen einem Unfall und dem oft viel späteren Nachweis eines chronisch subduralen Hämatoms betrifft, ist eine durch innere oder äußere Faktoren bedingte Herabsetzung der Blutgerinnung als konkurrierende Ursache für die Hämatomentstehung zu erwägen, z.B. durch unfallunabhängige Begleiterkrankungen und Medikamente.

(4) Traumatisches intrazerebrales Hämatom (trICH)

Die Kontusionsblutung, der *„Rindenprellungsherd"*, gehört zu den primären Hirnverletzungen. Diese Blutungen können zusammenfließen und nach zentral in die heiße Substanz eindringen und so ein raumforderndes *Intrazerebralhämatom* bilden. In Anbetracht des Geschehens wird eine intrazerebrale Blutung in enger zeitlicher Folge eines schweren Schädel-Hirn-Traumas ursächlich dem Unfall zugerechnet. Bei leichteren Traumen ist die gutachterliche Einschätzung schwierig. Konkurrierende Risikofaktoren, wie Gefäßmissbildungen, Gerinnungsstörungen, Bluthochdruck und Alkoholmissbrauch, sind gegenüber dem Schädel-Hirn-Trauma abzugrenzen.

5.3.7 Besondere Erkrankungen

5.3.7.1 Aneurysma

Die Ausbildung einer traumatisch bedingten Erweiterung von Hirngefäßen (Aneurysma) ist nur bei schweren Schädel- Hirn-Traumen zu erwarten. Die Zerreißung eines vorbestehenden Aneurysmas mit der Folge einer Subarachnoidalblutung kann bei adäquatem Trauma anerkannt werden, wenn hierfür typische Beschwerden und Befunde in unmittelbarem zeitlichen Zusammenhang mit dem Unfall auftraten. Eine zeitlich verzögerte Symptomatik spricht gegen einen ursächlichen Zusammenhang. Der erforderliche Nachweis ist nur zu führen, wenn unmittelbar nach dem Trauma zumindest erste klinische Merkmale einer leichten Subarachnoidalblutung (schlagartig einsetzender Kopfschmerz, Meningismus) belegt sind.[20]

Weder ein Schädel-Hirn-Trauma noch andere Erschütterungen des Kopfes verursachen eine Ruptur eines Aneurysmas mit dadurch bedingter Subarachnoidalblutung. Kausale Reihefolge: Das Aneurysma platzt, führt zur Subarachnoidalblutung, welches sekundär das Schädel-Hirn-Trauma auslöst.[21] Allein ein Unfallereignis, das eine Gefäßverletzung verursachen kann (Schuss-, Stichverletzung, starke Krafteinwirkung auf den Schädel) ist geeignet, ein angeborenes Aneurysma an der Hirnbasis zu zerreißen.

---

[20] Widder, Grundsätze der Begutachtung, in: Neurotraumatologie (Hrsg. Wallesch, Unterberg, Dietz) 2005.
[21] Cummings, u. a., Neurol Res 22 (2000) 165; Noth, Dtsch Med Wochenschr 128 (2003) 1189.

5.3.7.2 Hirntumor

Zunächst ist zu klären, ob der Hirntumor – auch ohne klinische Erscheinungen – zum Unfallzeitpunkt bereits vorhanden war. Die Ursache der Entstehung traumatisch bedingter Hirntumoren ist noch unklar. Ursächlicher Zusammenhang ist anzunehmen, wenn

- ein schweres Schädel-Hirn-Trauma mit Zerstörung von Teilen des Gehirns oder seiner Häute vorliegt
- Ort der Geschwulstbildung und Ort der Traumafolgen übereinstimmen.
- das Intervall zwischen Unfallereignis und Geschwulstbildung mit dem bekannten Wachstumstempo der einzelnen Hirntumoren vereinbar ist.

Der Zusammenhang ist eher bei einem Meningiom (langsam wachsende weiche und knollige Geschwulst der Hirnhäute), seltener bei neuroepithelialen Tumoren gegeben.

5.3.7.3 Parkinsonsyndrom

Seine Entwicklung ist bei wiederholter Traumatisierung des Kopfes (bei Boxern „Dementia pugilistica") bekannt. Ungeklärt ist, ob auch ein einmaliges Schädel-Hirn-Trauma zu dieser Symptomatik führt. Ein Zusammenhang ist anzunehmen, wenn es nach einem schweren Schädel-Hirn-Trauma mit Hirnstammschädigung unmittelbar oder im engen zeitlichen Abstand auftritt.[22]

5.3.7.4 Hormonstörungen (Endokrinopathie)

Erhebungen zeigen, dass eine posttraumatische Hypophysenvorderlappen-(HVL)-Insuffizienz eine nicht seltene und bislang häufig übersehene Folge eines Schädel-Hirn-Traumas ist.[23] Die Hormonstörung kann typische Beschwerden eines Schädel-Hirn-Traumas imitieren oder verstärken (z.B. allgemeine Leistungsminderung und Aufmerksamkeitsstörungen, depressive Verstimmungen, Libidoverlust und Wesensänderung). In der Akutphase kann es zu einer vermehrten Hormonausschüttung kommen, so dass der Hormonmangel erst im weiteren Verlauf wirksam wird. Bei depressiven Syndromen und/oder Klagen über Befindlichkeitsstörungen und weiteren hinweisenden Symptomen auf eine HVL-Insuffizienz ist eine endokrinologische Zusatzbegutachtung in Betracht zu ziehen.[24]

5.3.7.5 Psychosen

Die Entstehung schizophrener oder manisch-depressiver Psychosen Jahre nach einem Schädel-Hirn-Trauma ist in der Regel nicht hinreichend wahrscheinlich.

5.3.7.6 Multiple Sklerose

Aus bisherigem Wissen ergeben sich keine Anhaltspunkte, dass ein Schädel-Hirn-Trauma zur Entstehung einer Multiplen Sklerose führt oder neue Schübe verursacht (s. 5.9.2, S. 248 f.).

---

[22] Widder, Grundsätze der Begutachtung, in: Neurotraumatologie (Hrsg. Wallesch, Unterberg, Dietz) 2005.
[23] Schneider, u.a., Dtsch Ärzteblatt 101 (2004) A 712ff.
[24] Wallesch, Schmidt, in: Begutachtung in der Neurologie (Hrsg. Widder, Gaidzik) 2007 S. 313, 322.

5.3.7.7 Demenz

Geltendem Kenntnisstand gemäß ist ein ursächlicher Zusammenhang zwischen schwerem Schädel-Hirn-Trauma und Demenzerkrankung als wesentliche oder zumindest gleichwertige Bedingung in der Regel nicht hinreichend wahrscheinlich. In Anbetracht noch unklarer Ursachen der Alzheimererkrankung (multifaktorielles Geschehen mit gewisser genetischer Disposition) ist ein Schädel-Hirn-Trauma eines von vielen Risikofaktoren.

Neue epidemiologische Studien zeigen eine wachsende Tendenz zur Wertung des Schädel-Hirn-Traumas als signifikanten Risikofaktor[25], der in Wechselwirkung mit anderen Faktoren zu einem beschleunigten Auftreten einer Alzheimerdemenz bei prädisponierten Personen führen kann (Vorverlagerung um 8 bis 10 Jahre[26]). Leichte Schädel-Hirn-Traumen erhöhen das Risiko hingegen nicht.[27]

5.3.7.8 Migräne

Im Allgemeinen kann eine Migräne nicht als Folge einer traumatischen Hirnschädigung gewertet werden. Eine vorübergehende Häufung der Migräneattacken nach einem Schädel-Hirn-Trauma ist möglich, die Anerkennung stellt in der Begutachtung aber Anforderungen an die Erhebung der Vorgeschichte.[28]

5.3.7.9 Depression und Angst

Depression und Angststörungen nach traumatischer Hirnschädigung vermögen in allen Schweregraden aufzutreten. Vielmals sind sie in Form einer Dysthymie/Minor Depression der organischen Wesensänderung nach einem Schädel-Hirn-Trauma zuzuordnen, haben aber auch eigenen Krankheitswert (Major Depression). Die psychischen Störungen können sich negativ auf die Folgen einer traumatischen Hirnschädigung auswirken (allgemeine Minderbelastbarkeit, Antriebsminderung, kognitiv-anamnestische Funktionsstörungen) bzw. diese überlagern. Sorgfältige gutachterliche Abklärung mit neuropsychologischer Untersuchung ist im Hinblick auf die Abgrenzung unfallunabhängiger psychosozialer Faktoren erforderlich.

5.3.7.10 Psychoreaktive Störungen

Funktionell psychische Störungen können auf der Symptomebene das Bild der organisch bedingten Wesensänderung und kognitiven Beeinträchtigung erheblich überlagern. Ihre gutachterliche Bewertung erfordert psychopathologische Kompetenz des Neurologen oder die Kooperation mit einem erfahrenen Psychiater.[29] Für die gutachterliche Zuordnung ist die Analyse der zeitlichen Dynamik wesentlich.

Neben dem Unfallereignis ist der Einfluss der Persönlichkeit, der bisherigen Lebensgeschichte und der Lebenssituation zum Unfallzeitpunkt des Schädel-Hirn-Traumas zu be-

---

25 Jellinger, Curr Opin Neurol 17 (2004) 719ff.
26 Nemetz, u.a., Am J Epidemiology 149 (1999) 32ff.; Fleminger, u.a., Neurol Neurosurg Psychiat 74 (2003) 857ff.
27 Metha, u.a., Neurology 53 (1999) 1959ff.
28 Haas, Cephalgia 16.
29 Wallesch, u.a., Leitlinie „Begutachtung nach gedecktem Schädel-Hirn-Trauma". Aktuelle Neurologie 33 (2005) 279ff.

werten, meist auch die anschließende psychosoziale Entwicklung. Von Bedeutung sind auch offene versicherungsrechtliche Fragen.

5.3.8. Dauerfolgen

Leichte Schädel-Hirn-Traumen ohne Nachweis einer Hirnsubstanzschädigung bewirken im Regelfall keine Dauerfolgen. Sie bedingen eine Arbeitsunfähigkeit für Tage, maximal für einige Wochen. Selten kann es zu posttraumatischen Kopfschmerzen von bis zu zwei Jahren kommen (in der Regel keine dauernde MdE).

Folgen mittelschwerer und schwerer Schädel-Hirn-Traumen auf Grund einer substantiellen oder diffus axonalen Hirnschädigung sind vielfältig: Beeinträchtigungen der körperlichen und Sinnesfunktionen, etwa in Form von Hirnnervenausfällen, spastischen Halbseitenlähmungen, Störungen der Koordination (Ataxie), Sprech -und Sprachstörungen (Dysarthrie und Aphasie), Sehstörungen (Doppelbilder und Gesichtsfeldausfälle), Störungen des Riechens (Anosmie) und differenzierten Schmeckens (Ageusie), Störungen der Durchführung von Handlungen (Apraxie), der Objekterkennung (Agnosie), der Unfähigkeit zu lesen (Alexie) oder zu schreiben (Agraphie) sowie Störungen der Haltungs- und Gleichgewichtsstabilität. Die Feststellung dieser Funktionsbeeinträchtigungen bereitet im Rahmen einer klinisch-neurologischen und neuropsychologischen Untersuchung im Allgemeinen keine wesentlichen Probleme. Schwieriger ist, unspezifische Allgemeinstörungen und Beschwerden, wie Einschränkungen der geistigen, klinischen und körperlichen Belastbarkeit (pseudoneurasthenisches Syndrom) oder zentral-vegetative Störungen (Kopfschmerzen oder Schwindel), zu erfassen und zu werten. Nicht jede verminderte Belastbarkeit ist Ausdruck einer Hirnschädigung, konkurrierende Faktoren, wie ein allgemeines Erschöpfungssyndrom, Burn out Syndrom oder depressive Symptomatik auf Grund unfallunabhängiger Faktoren sind abzugrenzen.

Kopfschmerzen können nach Schädel-Hirn-Verletzungen eine beeinträchtigende Folgeerscheinung darstellen. Sie haben keine feste Beziehung zur Schwere der Verletzung, klingen unterschiedlich ab, können aber auch überdauern. Die Ursachen sind vielfältig und erfordern eine Schmerzanalyse hinsichtlich Art, Häufigkeit und Lokalisation. Sorgfältige Erhebung der Vorgeschichte ist unabdingbar, um vorbestehende Beschwerden, wie Folgen einer bekannten Migräne, Bluthochdruck, Augen- und Zahnerkrankungen oder psychosomatische Erkrankungen, zu erfassen.

Beim *Schwindel* (Vertigo) handelt es sich um ein häufiges Symptom, mit ebenfalls vielfältigen Ursachen. Neben neurologischer und HNO-ärztlicher Untersuchung sollte zur Differenzierung der Schwindelsymptome eine ergänzende apparative Diagnostik (Untersuchung des Gehörs – Audiometrie) und des Gleichgewichtsorgans (Elektronystagmographie) erfolgen.

Eine *posttraumatische Epilepsie* stellt eine typische Folge nach substantieller Hirnschädigung dar, beim Auftreten epileptischer Anfälle ist der Nachweis einer Hirnsubstanzschädigung zwingend (s. 5.4.2, S. 188).

Beeinträchtigungen der geistigen und seelischen Funktionen werden als „*organisches Psychosyndrom*" zusammengefasst. Leitsymptome eines solchen sind kognitive Störungen, wie die Minderung des Konzentrations- und Gedächtnisvermögens, Defizite in den Aufmerksamkeitsfunktionen, des Antriebs, Verlangsamung und Umstellerschwertheit im Denken, Beeinträchtigung in der Handlungs-, Planungs- und Steuerungsfähigkeit, Impulskontrolle und Entscheidungsfindung („exekutive Funktionen").

Die *organische Wesensänderung* (Persönlichkeits- und Charakteränderung) äußert sich in unterschiedlich ausgeprägten Störungen des Verhaltens und der Reaktionsweise, einer vermehrten Reizbarkeit oder emotionalen Irritabilität, Störung des Affekts und Antriebs sowie Beeinträchtigungen der Kritikfähigkeit und des Urteilsvermögens. Die organische Wesensänderung ist gegenüber akuten und subakuten psychischen Störungen, demenziellen Syndromen und Erlebens- und Verhaltensstörungen aus Reife oder Alterung sowie situativen unfallunabhängigen Einflüssen abzugrenzen. Das tatsächliche Ausmaß der kognitiven Beeinträchtigung und organischen Wesensänderung ist im Alltag und Beruf nach einer einmaligen gutachterlichen Untersuchung nicht jeweils vollständig zu erfassen. Neben neurologischer und neuropsychologischer Untersuchung und möglichst genauer Beschreibung der Alltagsaktivitäten sind fremdanamnestische Angaben von Wert. Gelegentlich ist angezeigt, das Gutachten nach stationärer Beobachtung oder Belastungs- und Arbeitserprobung zu erstellen.

5.3.9. Feststellung und Zusammenhangsbeurteilung

Leitlinie zur Begutachtung nach gedecktem Schädel-Hirn-Trauma[30]

Die Begutachtungsleitlinie trägt der Erkenntnis Rechnung, dass die traditionelle Einteilung gedeckter Schädel-Hirn-Traumen in Typen der „Commotio" und der „Contusio cerebri" anhand klinischer Kriterien (Dauer der Bewusstseinsstörung oder der Amnesie, Initialsymptomatik und früherer Verlauf) nicht aufrecht erhalten werden kann, da keines dieser Kriterien eine strukturelle Hirnverletzung auszuschließen vermag (Contusio sine commotio).

Das Problem des Nachweises oder Ausschlusses einer substantiellen Hirnschädigung wurde durch das wissenschaftlich mittlerweile hinreichend belegte Konzept der leichten *„diffusen axonalen Schädigung"* (s. 5.3.6.1, S. 174) verschärft. Dabei handelt es sich um Verletzte, die initial nicht zwingend länger als eine Stunde bewusstlos waren, bei Erstkontakt mit dem Not- und Aufnahmearzt nicht bindend einen Glasgow-Koma-Skalenwert unter 15 aufwiesen und in der akuten Bildgebung (CT) meist keine eindeutig pathologischen Befunde zeigten, bei denen jedoch in den ersten Wochen nach dem Trauma deutliche, nach Monaten noch leichte neuropsychologische Beeinträchtigungen nachweisbar waren.

Um dem multidimensionalen Mechanismen traumaassoziierter Schäden gerecht zu werden, wird eine qualifizierte neurologische und verhaltensneurologische Untersuchung einschließlich EEG innerhalb der ersten Tage und ein Schädel-MRT einschließlich T2*-gewichteter Sequenzen im Rahmen der Begutachtung empfohlen, falls bei kompatiblen Beschwerden der Nachweis einer strukturellen Hirnschädigung nicht auf Grund anderer

---

[30] Erarbeitet und verabschiedet von der Arbeitsgemeinschaft Neurologische Begutachtung (ANB) in Zusammenarbeit mit der Deutschen Gesellschaft für Neurochirurgie, Deutschen Gesellschaft für Psychiatrie, Psychotherapie und Nervenheilkunde sowie des Berufsverbandes Deutscher Neurologen im Auftrag der Kommission „Leitlinien der Deutschen Gesellschaft für Neurologie" Wallesch, u.a., Aktuelle Neurologie 33 (2005) 279ff.

Belege zu führen ist. Klinische Befunde, auf welche die Diagnose einer substantiellen Schädigung einer Hirnverletzung gestützt wurde, können weiterhin für die gutachterliche Anerkennung eines Zusammenhanges zwischen Beschwerden und Traumen herangezogen werden, ihr Fehlen rechtfertigt jedoch nicht die Ablehnung eines Zusammenhanges.

Angesichts der Bedeutung der Initialbefunde sollte der Gutachter deren vollständiges Vorliegen sichern (gesamte Dokumentation des erstversorgenden Krankenhauses, Pflegeberichte und Medikation).

Unfallhergang und Verhalten des Verletzten nach dem Unfall sind sorgfältig zu ermitteln, sie können Hinweise für ein durch andere Ursachen nicht erklärbares „Durchgangssyndrom" als Zeichen einer traumatischen Hirnschädigung geben.

Im Bereich der ges. UV bringen die Vordrucke und der Einlagebogen zum Krankenblatt bei Kopfverletzungen mit Gehirnbeteiligung oder Verdacht auf eine solche wertvollen Anhalt. Zudem ist zu prüfen, ob vor dem Unfall Erkrankungen vorlagen (Gefäßmissbildungen- oder -erkrankungen, Bluthochdruck, Arteriosklerose, Aneurysmen). Vorerkrankungen sind im Hinblick auf Art, Schwere des Unfallereignisses auf ihre rechtliche Wesentlichkeit zu bewerten.

Stürze aus innerer Ursache sind auszuschließen: Nicht jede Bewusstlosigkeit als Folge eines Sturzes ist auf eine Schädel-Hirn-Verletzung zu beziehen, auch innere Ursachen können unmittelbar zur Bewusstlosigkeit und sodann zum Sturz führen oder den Sturz bewirken, an den sich sekundär die Bewusstlosigkeit anschließt. Das Heranziehen der Vorgeschichte (Vorliegen einer schweren zerebralen und Herzkranzgefäßsklerose, Schwindelanfälle und Bewusstseinsstörungen in Folge erhöhten Blutdrucks, Zuckerkrankheit, Alkohol und andere Rauschdrogen, periphere und zentrale Durchblutungsstörungen, Kreislaufinstabilitäten) ergibt Hinweise.

Medizinische, berufliche und soziale Vorgeschichte ist zu ermitteln. Diese und Ausmaß der Hirnbeteiligung sowie alle unmittelbaren Unfallfolgen sind zu beschreiben. Da für die gutachterliche Beurteilung der Umfang kognitiver Funktionsstörungen hinreichend verlässlich und nachvollziehbar quantifiziert werden muss, ist in der Regel eine neuropsychologische Untersuchung anzustreben. Bei notwendiger Abgrenzung konkurrierender Ursachen ist eine neuropsychologische Zusatzbegutachtung unerlässlich.

Bei gleichzeitigem Vorliegen von Seh- und Hörstörungen sind Augen- und HNO-Ärzte einzubeziehen.

5.3.10 Rehabilitation

Die Behandlungskonzepte funktioneller Wiederherstellung nach einer Schädel-Hirn-Verletzung gründen strukturell und personell auf der Vorstellung, dass nur durch eine frühzeitige und nahtlos ineinander übergehende medizinische (neurochirurgisch-neurotraumatologisch) Therapie und eine zugleich beginnende kontinuierliche Kette neurologischer, neuropsychologischer und sozialer Rehabilitationsmaßnahmen – bei Nutzung aller zur Verfügung stehender technischen Hilfen von Anfang an – die anzustrebende soziale Wiedereingliederung des Verletzten in Familie, Gesellschaft und Beruf geebnet wird.[31] Die op-

---

[31] Weltkongress der „World federation of neurorehabilitation" (2006).

timale und umfassende Betreuung setzt eine enge Zusammenarbeit aller an der Neurorehabilitation beteiligten medizinischen Einrichtungen, Kostenträger und Institutionen voraus.[32]

- **Phasenkonzept der Bundesarbeitsgemeinschaft für Rehabilitation (1995)**

Phase A

Sie kennzeichnet die medizinische Akutbehandlung einschließlich Intensivpflege und umfasst die Zeit unmittelbar nach dem Unfall, Stabilisierung der Vitalfunktionen, Therapie intrakranieller Verletzungsfolgen und deren Begleitverletzungen mit operativer Versorgung bis zum Abklingen akuter, ggf. operationsbedürftiger Komplikationen. Die Dauer der Akutbehandlung ist je nach Schwere der Hirnverletzung und bestehenden Begleitverletzungen und Komplikationsgefahren unterschiedlich. Frührehabilitative Maßnahmen, wie aktivierende Pflege oder Physiotherapie werden, soweit möglich, bereits in die Akutbehandlung integriert.

Phase B

Die neurologisch-neurochirurgische Frührehabilitation stellt ein eigenständiges Therapiekonzept diagnostischer, rehabilitativer und psychosozialer Maßnahmen in der akuten Behandlungsphase nach einem schweren Schädel-Hirn-Trauma dar.

In der Regel sind die Verletzten bewusstlos bzw. qualitativ und quantitativ schwer bewusstseinsgestört oder befinden sich im „Apallischen Syndrom". Auch zusätzliche Folgen fokaler Hirnstörungen, wie Lähmungen und Sensibilitätsstörungen, Koordinationsstörungen, Hirnnervenläsionen oder epileptische Anfälle, bestehen. Hauptziel dieser Behandlungsphase ist, den Verletzten „ins bewusste Leben zurückzuholen", um somit die Grundlage für eine weitere kooperative Mitarbeit und Rehabilitation zu schaffen sowie Folgeschäden zu vermeiden. Der Behandlungszeitraum beträgt in der Regel bis zu 6 Monaten, bei besonderer medizinischer Indikation und Prognose länger.

Anhand systematischer Verlaufsbeobachtung ist schließlich zu entscheiden, ob der Verletzte in die Phase C übergeleitet werden kann oder in die Dauerpflege (Phase F) entlassen werden muss.

Phase C

Sie dient der Behandlung nicht voll mobilisierter Personen, die überwiegend kooperationsfähig sind und außer den syndromspezifischen Therapien der Hirnverletzung weitgehend noch ärztlicher und pflegerischer Betreuung bedürfen. Die Behandlungsphase hat den Schwerpunkt in der Wiedererlangung praktischer Fähigkeiten, im weiteren Aufbau allgemein kognitiver und intellektueller Leistungen, Sprachverständnis und Sprachwiedergabe, adäquatem Verhalten sowie der Verbesserung der Mobilität und Willkürmotorik. Berufliche Aspekte sollen bereits einbezogen werden. Je nach den Fortschritten kann die Rehabilitation in die nächste Phase fortgeführt, der Verletzte in ambulante Nachsorge und zustanderhaltene Pflege entlassen werden.

---

[32] Denkschrift „Zur Rehabilitation Schwer-Schädel-Hirn-Verletzter" Empfehlungen der Deutschen Gesetzlichen Unfallversicherung (DGUV), 5. Ausgabe 2009 (Entwurf).

Phase D

Der Verletzte ist hier zur Kooperation bei Rehabilitationsmaßnahmen fähig, weist keine höhergradigen Einschränkungen hinsichtlich der Aktivitäten des täglichen Lebens auf und ist überwiegend mobil. Die Dauer der Maßnahme hängt vom Schweregrad der Hirnschädigung ab und beträgt durchschnittlich vier bis sechs Wochen, auch mehrere Monate. Rehabilitationsziel ist die Besserung oder Wiederherstellung der Leistungsfähigkeit im Erwerbsleben; entsprechend sind Maßnahmen zur Teilhabe am beruflichen und schulischen Alltag wesentlicher Bestandteil der Behandlung. Bei negativer Erwerbsprognose steht die Verhinderung oder Minderung krankheitsbedingter Folgen im Vordergrund.

Phase E

Durch Nachsorge und Langzeitbetreuung ist sie gekennzeichnet; weitere Maßnahmen zur beruflichen und psychosozialen Wiedereingliederung werden ambulant fortgeführt. Für den Bereich der der beruflichen Wiedereingliederung ist diese Phase zeitlich befristet, für die psychosoziale Rehabilitation kann sie lebenslang andauern.

Phase F

Umfasst die zustandserhaltende Langzeittherapie und/oder Dauerpflege von Verletzten mit schweren und schwersten Hirnschädigungen, bei denen trotz intensiver rehabilitativer Maßnahmen vorübergehend und auf Dauer kein weiterer Rehabilitationsfortschritt zu verzeichnen ist. Im Vordergrund des Schädigungsbildes stehen verschiedene Grade der Bewusstseinsstörung sowie der intellektuellen und kognitiven Fähigkeiten, Kommunikationsstörungen, Verhaltensauffälligkeiten und Antriebsstörungen, Querschnittsyndrome, spastische Lähmungen mit und ohne Sekundäreinsteifung großer und kleiner Gelenke.

Übergeordnetes Ziel der dauerhaften pflegerischen und therapeutischen Maßnahmen ist der Erhalt des erreichten Zustandes, möglichst auch die Verminderung der Funktionsbeeinträchtigung und eine Verbesserung der Teilhabe am sozialen Leben, Sekundärerkrankungen und Komplikationen sollen verhindert werden. Je nach Schwere des Zustandsbildes und der sozialen Situation kann die Langzeitpflege und/oder Betreuung zu Hause durch Angehörige unter Mitwirkung ambulanter Dienste oder nur institutionell geleistet werden.

- **Berufliche Rehabilitation**

Nach Beendigung der medizinischen und medizinisch-beruflichen Rehabilitationsmaßnahmen können je nach Zustand des Verletzten und der Erwerbsprognose Maßnahmen der beruflichen Rehabilitation anschließen. Vorrangiges Ziel ist die Eingliederung in den vorhandenen Arbeitsplatz oder eine innerbetriebliche Umsetzung, ggf. durch stufenweise Wiedereingliederung, Reduzierung der Arbeitszeit, Umgestaltung des Arbeitsplatzes.

5.3.11 Minderung der Erwerbsfähigkeit
5.3.11.1 Rente als vorläufige Entschädigung

Beschwerden nach einem leichten Schädel-Hirn-Trauma in Form anhaltend leichter Kopfschmerzen, Aufmerksamkeits-, Gedächtnisstörungen, vermehrter Ermüdbarkeit, vermindertem Appetit, Licht-, Geräuschempfindlichkeit oder Akkumulationsstörung, Angst und Depressivität sowie Schlafstörungen sind in der Akutphase häufig, sie klingen überwiegend in drei bis zwölf Monaten ab.[33]

Bei fehlendem Nachweis einer Hirnschädigung (Commotio cerebri) ist von keiner dauerhaften Beeinträchtigung auszugehen, eine vorübergehende MdE kann in abgestufter Form wegen subjektiver Beschwerden gerechtfertigt sein. Stärkere Beschwerden und verzögerte Rückbildung längstens bis zum Ablauf von zwei Jahren sind annehmbar, wenn die Gehirnerschütterung ein bereits vorgeschädigtes oder alterndes und minder durchblutetes Gehirn betroffen hat.

Trat trotz leichter akuter Symptomatik eine Schädigung des Hirngewebes ein (Nachweis auf Grund zeitnah erhobener Befunde und/oder in bildgebenden Untersuchungen – MRT des Kopfes), können neuropsychologische Defizite verbleiben, unter beruflichen und sozialen Belastungssituationen stärker bemerkbar. Im Einzelfall vermag sich eine dauernde Minderung der Erwerbsfähigkeit ergeben.

Erfahrungswerte			MdE in %
Leichtes Schädel-Hirn-Trauma ohne Nachweis einer Hirnschädigung (Commotio cerebri)			
leichten Grades		2–6 Wochen	100
	dann	2–6 Wochen	50
	"	1–3 Monate	20
mittelschweren Grades		1–2 Monate	100
	dann	2–3 Monate	50
	"	2–3 Monate	30
	"	2–4 Monate	20
schweren Grades		2–4 Monate	100
	dann	3–6 Monate	50
	"	3–6 Monate	30
	"	4–8 Monate	20
Gedeckte Hirnverletzung (Contusio cerebri) – seltener auch offene Hirnverletzung – ohne bleibende Funktionsstörungen		2–6 Monate	100
	dann	3–8 Monate	50
	"	3–6 Monate	30
	"	2–4 Monate	20

---

[33] Wallesch, Hopf, Aktuelle Neurologie 35 (2008) 118ff.

5.3.11.2 Rente auf unbestimmte Zeit

Erfahrungswerte	MdE in %
A. Allgemeine Grundsätze zur Bildung der Gesamt-MdE bei Hirnschädigungen	
– geringe Leistungsbeeinträchtigung	10–20
– mittelschwere	30–50
– schwere	50–100
B. Bemessung der MdE bei isoliertem Vorkommen von	
1) organisch-psychischen Störungen (organisches Psychosyndrom und organische Wesensänderung)	
– leicht	20–40
– mittelgradig	40–50
– schwer	60–100
2) zentralen vegetativen Störungen als Ausdruck einer Hirnschädigung (etwa Kopfschmerzen, Schwindel, Schlafstörungen, Kreislaufregulationsstörungen)	
– leicht	10–20
– mittelgradig	20–30
– mit Anfällen oder schweren Auswirkungen auf den Allgemeinzustand	30–40
3) Koordinations- und Gleichgewichtsstörungen zerebraler Ursache (je nach Gebrauchsfähigkeit der Gliedmaßen)	30–100
4) Hirnschäden mit kognitiven Leistungsstörungen (etwa Aphasie, Apraxie, Agnosie)	
– leicht	bis 30
– mittelgradig	40–60
– schwer	70–100
5) zerebral bedingten Teillähmungen und Lähmungen (pyramidal und extrapyramidal) je Gliedmaße	
– leicht	30
– mittelgradig	40–50
– schwer (fast vollständig)	60–80
6) zerebralen Anfällen (je nach Art)	
– selten mit zeitlichen Abständen von Monaten	40
– mittlere Häufigkeit mit Abstand von Wochen	50–60
– häufig oder mit Serien von generalisierten Krampfanfällen, von fokal betonten oder multifokalen Anfällen	70–100
– nach 3 Jahren Anfallfreiheit bei Notwendigkeit einer weiteren antikonvulsiven Behandlung	20

5.4 Epileptische Anfälle und Epilepsien*

Übersicht

5.4.1	Definitionen	187	5.4.2.1.7 Unfall im Anfall	192
5.4.2	Epilepsie nach Schädel-Hirn-Verletzung	188	5.4.2.2 Minderung der Erwerbsfähigkeit	193
5.4.2.1	Zusammenhangsbeurteilung	189	5.4.2.3 Hilflosigkeit (Pflege)	195
5.4.2.1.1	Unfallhergang	189	5.4.3 Epilepsie als Berufskrankheit	196
5.4.2.1.2	Erheben genauer Anamnese	190	5.4.4 Nicht epileptische Anfälle	197
5.4.2.1.3	Anfallschilderung	190	5.4.5 Leistungen zur Teilhabe am Arbeitsleben	199
5.4.2.1.4	Befund	191	5.4.6 Fahreignung	201
5.4.2.1.5	Latenzzeit	191		
5.4.2.1.6	Wesentliche Ursache, Verschlimmerung, mittelbare Unfallfolge	191		

5.4.1 Definitionen[1]

Ein *epileptischer Anfall* ist ein vorübergehendes Auftreten von krankhaften Befunden und/oder Symptomen auf Grund einer pathologisch exzessiven oder synchronen neuronalen Aktivität im Gehirn.

Epilepsie ist eine Störung des Gehirns, durch eine dauerhafte Neigung zur Entwicklung epileptischer Anfälle sowie durch neurobiologische, kognitive, psychologische und soziale Konsequenzen dieses Zustandes gekennzeichnet. Die „Definition" einer Epilepsie setzt das Auftreten mindestens eines epileptischen Anfalls voraus. Epilepsien, Anfälle und Anfallsyndrome werden nach international gültigem Klassifikationssystem differenziert. Wichtigstes Prinzip ist die Unterscheidung von Anfällen, die

– von Anfang an beide Hirnhälften einbeziehen („generalisierte Anfälle") oder
– fokal beginnen, lokalisiert bleiben oder sekundär generalisieren (partielle oder fokale Anfälle).

Einfache fokale Anfälle gehen ohne Beeinträchtigung des Bewusstseins einher und zeigen je nach Ursprung in der betreffenden Hirnregion unterschiedliche motorische, sensible, vegetative oder psychische Symptome.

Bei *komplexfokalen Anfällen* tritt zusätzlich eine Beeinträchtigung des Bewusstseins auf.

Primär generalisierte Anfälle treffen sich mit einer Bewusstseinsstörung, sie werden nach dem klinischen Erscheinungsbild bestimmt (z.B. *Absencen, myoklonische Anfälle, klonische Anfälle*).

---

* Mitarbeit Dr. med. A. *Gonschorek*, Berufsgenossenschaftliches Unfallkrankenhaus Hamburg-Boberg.
[1] Die Konsensusdefinitionen „epileptischer Anfall" und „Epilepsie" wurden erarbeitet von der internationalen Liga gegen Epilepsie (International league against epilepsy; ILAE) und dem internationalen Büro für Epilepsie (International Bureau for Epilepsy; IBE); Fischer, u.a., Aktuelle Neurologie 32 (2005) 249ff.

Bei den Epilepsien, -syndromen und -krankheiten wird zwischen *idiopathischen* (vermutlich erblich bedingten), *symptomatischen und wahrscheinlich symptomatischen* („kryptogenen") Epilepsien unterschieden.[2]

Allgemein kann gelten, dass primär generalisierten Epilepsien keine anatomisch fassbaren Prozesse zu Grunde liegen und diese von äußeren Faktoren nicht verursacht, wohl aber verschlimmert werden.

Fokalen und fokal beginnenden und sodann sekundär generalisierten Epilepsieformen liegt in der Regel eine Hirnstörung zu Grunde.

Von den chronischen Epilepsieformen sind *„Gelegenheitsanfälle"* abzugrenzen, mit erhöhtem Epilepsierisiko nicht einhergehend. Ursachen können Fieber, übermäßiger Kaffee-, Nikotin-, Alkoholgenuss oder beginnendes Alkoholentzugsdelier, Schlafentzug, Pharmaka, exzessive körperliche Anstrengung und Hitzestauung sein.

5.4.2 Epilepsie nach Schädel-Hirn-Verletzung

Posttraumatische Anfälle bzw. posttraumatische Epilepsie stellen typische Komplikationen substantieller Schädel-Hirn-Verletzungen dar.

Das Ausmaß des Hirnsubstanzverlustes steht in direkter Beziehung zum Risiko, eine posttraumatische Epilepsie zu entwickeln. Wichtige Risikofaktoren sind intrakranielle Hämatome, Frühanfälle sowie offenes Schädel-Hirn-Trauma.

In anatomischer Hinsicht sind Verletzungen des Scheitellappens, gefolgt von traumatischen Schädigungen des Schläfen- und Stirnlappens besonders risikoreich. Anfallformen nach Schädel-Hirn-Trauma:

- *Sofortanfälle* (Immediatanfälle): Treten innerhalb von Sekunden bis wenige Minuten nach einem Schädel-Hirn-Trauma auf, sind meist generalisiert und Ausdruck einer unspezifischen Reaktion des Gehirns. Das Risiko der Entwicklung einer posttraumatischen Epilepsie erhöht sich nicht.
- *Frühanfälle:* Fokal oder generalisiert, treten innerhalb der ersten Woche nach einem Unfall auf. Das Risiko für die Entwicklung einer posttraumatischen Epilepsie ist deutlich erhöht (bis zu 48 %).[3]
- *Spätanfälle:* Treten ab einer Woche nach dem Unfallereignis auf, mit hohem Epilepsierisiko verbunden (bis zu 82 %).[4]

Verlaufsformen und Prognose posttraumatischer Epilepsien sind unterschiedlich. Für die Entwicklung einer posttraumatischen Epilepsie sind der Austritt von Blut in das Hirngewebe und die Narbenbildung von Bedeutung. Auf Grund tierexperimenteller Befunde wird vermutet, dass Eisen, welches beim Abbau des Hämoglobins[5] zurückbleibt, anfallauslösend wirkt.[6]

---

[2] Einteilung der Formen epileptischer Anfälle (nach Commission on Classification and Terminology of the International League against epilepsy 1981).
[3] Wessely, Epilepsie, 1980.
[4] Wessely, Epilepsie, 1980.
[5] Farbstoff der roten Blutkörperchen, der aus dem Eiweißanteil (Globin und dem eisenhaltigen Häm besteht.
[6] Wilmore, u.a., Ann. Neurol. 4 (1978) 329ff.

5.4 Epileptische Anfälle und Epilepsien

Posttraumatische Anfälle persistieren länger nach offenen als nach geschlossenen Schädel-Hirn-Traumen. Bei rund 50 % kommt es innerhalb von zwei Jahren zu einem Abklingen, binnen fünf Jahren in 20 % und in sechzehn Jahren in 13 %.

Selten kommt es zu dauerhafter Remission.[7] Erfahrungsgemäß zeigen von Beginn an selten auftretende posttraumatische Anfälle auch im weiteren Verlauf keine wesentliche Zunahme der Anfallshäufigkeit.

5.4.2.1 Zusammenhangsbeurteilung

Epileptische Anfälle treten nach Schädel-Hirn-Traumen relativ oft auf, sind allerdings in der Allgemeinbevölkerung nicht selten. So sind auf Grund der aus der Erfahrung der Unfallmedizin entwickelten Merkmale durch ein Schädel-Hirn-Trauma verursachte epileptische Anfälle von anderweitig berichteten Epilepsien abzugrenzen.[8]

5.4.2.1.1 Unfallhergang

Genaue Analyse des Unfallhergangs ist vonnöten. Das Trauma muss in seiner Art und Schwere geeignet sein, eine Hirnverletzung herbeizuführen. Nur nach einer Substanzschädigung des Hirns kann eine traumatische Epilepsie auftreten.[9]

Die Häufigkeit der posttraumatischen Epilepsie richtet sich nach Art, Ausmaß und Lokalisation der Hirnverletzung. Posttraumatische Epilepsien entwickeln sich zu 3 % nach einer substantiellen Hirnschädigung mit gedecktem Schädel-Hirn-Trauma und 30–50 % nach einer offenen Impressionsfraktur oder penetrierenden Hirnverletzung.[10]

Epilepsierisiko nach Schädel-Hirnverletzungen verschiedener Schwere[11]	in %
Epilepsie in der Bevölkerung	1
Commotio cerebri	1
Impressionsfraktur	5
Offene Impressionsfraktur (O.I.)	30
Früher Anfall (1. Woche)	30
Parietales, spät entlastetes Epiduralhämatom	30
Operierte, blutige Kontusion	35
Akutes, subdurales Hämatom	40
Intrazerebrales Hämatom	50
Impressionsfraktur mit posttraumat. Amnesie > 24 h oder mit Frühanfall	50
Penetrierende Hirnverletzung	50
O.I. + posttraumatische Amnesie > 24 h + Frühanfall	70
Diese Angaben gelten für Verletzungen des Stirn-, Schläfen- und Scheitellappens; Verletzungen des Hinterhauptlappens haben geringeres Risiko.	

---

7 Glötzner, MedSach 87 (1991) 164.
8 LSG Celle, 25.9.1956, LAP S. 61.
9 Hess. LSG, 9.7.1997, Meso B 290/212; Spatz, Neurologische Begutachtung (Hrsg. Suchenwirth, Kunze, Krasney) 2000 S. 431, 434.
10 Annegers, u.a., Neurology 30 (1980) 683 ff.
11 Glötzner, MedSach 87 (1991) 164 ff.

Als nichtursächlich gelten: unkomplizierte Gehirnerschütterungen, alle sonstigen Kopfverletzungen mit Kopfprellungen und Weichteilwunden ohne Bewusstseinsstörung oder mit einer flüchtigen Bewusstseinstrübung sowie Schädelbrüche ohne traumatische Hirn- oder Hirnhautschädigung.[12]

5.4.2.1.2 Erheben genauer Anamnese

Die Erhebung der Anamnese und der Vorerkrankungen hat vorwiegende Bedeutung: Erfassung von Geburtstraumen, Infektionserkrankungen (Meningitis, Encephalitis), metabolischen Störungen, Systemerkrankungen oder Unfällen.

Familiäre Belastungen mit neurologischen und Erberkrankungen sind aufzuzeigen. Konkurrierende Faktoren, wie übermäßige Einnahme von Alkohol oder Drogenabusus, müssen erfasst werden.

Medizinische Vorberichte und Befunde (auch vorhergehende EEG- und bildgebende Untersuchungen) sind bedeutsam.

5.4.2.1.3 Anfallschilderung

Genaue Analyse der Anfallschilderung, des erstmaligen Auftretens und der Entwicklung im Verlauf sind wichtig für die Entscheidung, inwieweit epileptische Anfälle vorliegen und welcher Form diese zuzuordnen sind. Es gilt zu unterscheiden, ob eine symptomatische oder primär generalisierte Epilepsie gegeben ist, die nicht auf eine traumatische Ursache zurückgeführt werden kann. Die Angaben des Betroffenen sind wegen möglicher krankhafter Störung des Erinnerungsvermögens allein nicht zuverlässig.

Befragen von Angehörigen[13]

(1) Was hat sich bei dem Unfall ereignet, welche Verletzungen wurden am Unfalltage beschrieben

(2) Wie lange war der Verletzte bewusstlos, bestand eine Amnesie

(3) Wurde am Unfalltage eine Schädelfraktur und/oder eine intrakranielle Blutung diagnostiziert

(4) Welche zeitliche Distanz besteht zwischen Trauma und dem ersten Anfall

(5) Welche Symptome treten bei den Anfällen auf, sind sie variabel oder relativ stereotyp Eine Variabilität spricht eher gegen eine epileptische Genese der Ereignisse

(6) Wie lange dauern die Ereignisse, gehen sie mit Symptomen, wie Zungenbiss, Enuresis, Enkopresis usw. einher

(7) Haben die Ereignisse einen klaren Beginn und ein klares Ende

(8) Kommt es zu einer Bewusstseinsstörung

(9) Treten die Ereignisse auch aus dem Schlaf heraus auf

---

[12] Bayer. LSG, 16. 7. 1997, HV-Info 26/1998, 2470; RVA, BG 1933, 369; MfU 1934, 208; Spatz, in: Neurologische Begutachtung (Hrsg. Suchenwirth, Kunze, Krasney) 2000 S. 273.
[13] Hanisch, in: Kursbuch der ärztlichen Begutachtung (Hrsg. Ludolph, u.a.) 1998, VI-2.2.12 S. 5.

5.4.2.1.4 Befund

Die Annahme einer traumatisch bedingten Epilepsie bedarf des Nachweises einer substantiellen Hirnschädigung und epileptischer Anfälle. Neben der Erhebung des neurologischen und psychischen Befundes sind bildgebende Untersuchungsverfahren zur Erfassung einer morphologisch-epileptogenen Läsion von Bedeutung. Die *Computertomographie* vermag bei traumatischer Epilepsie einen hohen Prozentsatz struktureller Änderungen am Gehirn aufzuzeigen, etwa bei fokalen, durch eine erlittene Kontusion verursachten Anfällen. Im Zweifel erscheint eine *Kernspintomographie* des Kopfes obligat, weil dieses Verfahren dem Nachweis auch kleiner Strukturveränderungen des Gehirns der Computertomographie überlegen ist. Die Kernspintomographie kann auch dem Nachweis vorbestehender epileptogener, nicht traumatischer Läsionen, wie einer Hippocampussklerose, dienen. Funktionelle bildgebende Untersuchungen (wie SPECT oder PET) haben gutachterlich untergeordnete Bedeutung.

Das Elektroenzephalogramm (EEG) bildet den augenblicklichen Funktionszustand der Hirnrinde ab. Dessen Wert liegt in der Abgrenzung von nicht traumatischen Anfällen,[14] allerdings sind auch bei klinisch manifestem Anfallleiden nicht immer epilepsiespezifische Graphoelemente in der Hirnstromkurve vorhanden. Im Zweifel sollten daher wiederholte Kontrollableitungen mit Provokationsverfahren (Mehratmung, Flickerlichtstimulation) oder ergänzende Schlaf- und Langzeit-Ableitungen erfolgen.

5.4.2.1.5 Latenzzeit

Der Zeitraum zwischen Schädel-Hirn-Trauma und erstem epileptischen Anfall ist variabel, er bewegt sich zwischen Minuten und vielen Jahren. So ist von Bedeutung, dass 80 % der posttraumatischen Epilepsien sich innerhalb von zwei Jahren und 19 % binnen drei bis fünf Jahren manifestieren.[15] Auch nach dem 5. Unfalljahr werden posttraumatische Epilepsien beschrieben, die längsten Latenzzeiten betrugen bis zu 30 Jahre: Die Latenz bis zum Auftretens eines erstmaligen posttraumatischen Anfalls erlaubt keine *eindeutige* Entscheidung über einen kausalen Zusammenhang.[16]

5.4.2.1.6 Wesentliche Ursache, Verschlimmerung, mittelbare Unfallfolge

Kommt bei der gutachterlichen Beurteilung hirnorganischer Anfälle neben dem Unfallereignis auch eine andere Ursache (frühkindliche Hirnschädigung, Anfallbereitschaft im Hinblick auf eine erbliche Belastung) in Betracht, kann der Zusammenhang anerkannt werden, wenn dem Unfallereignis gegenüber dem anderen Faktor zumindest eine gleichwertige Bedeutung für das Auftreten der Anfälle (im Sinne rechtlich wesentlicher Teilursache) beizumessen ist.[17]

Verschlimmerung liegt vor, wenn Anfälle vor einem Schädel-Hirntrauma wohl bekannt geworden sind, dessen Krafteinwirkung aber so schwer war, dass sie geeignet erscheint, eine Epilepsie in ihrem Verlauf im Sinne der Verschlimmerung eines vorbestehenden Leidens zu beeinflussen. Der Nachweis kann durch die steigende Zahl und zunehmende

---

14 Hess LSG, 9.7.1997, Meso B 290/212.
15 Wessely, Epilepsie (1980).
16 Dubitscher, Mschr Unfallheilk 3 (1953) 65ff.; Fröscher, MedSach 105 (2009) 222, 224.
17 Rauschelbach, MedSach 73 (1977) 88.

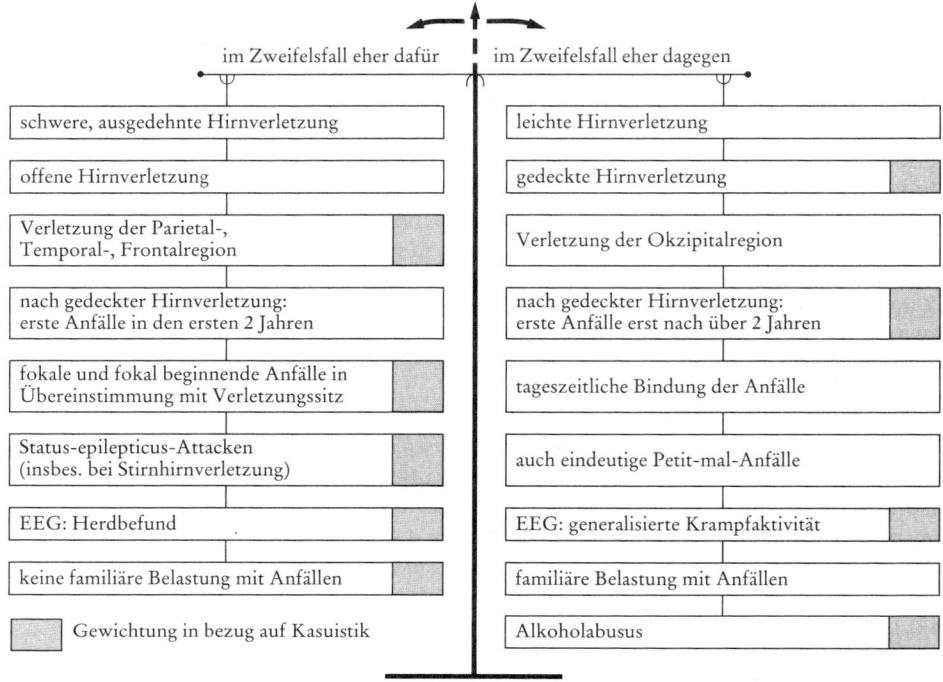

Abb. 1: Waagediagramm zur Beurteilung des ursächlichen Zusammenhanges von Gehirnverletzung und Epilepsie (nach Rauschelbach, MedSach 73 [1977] 86)

Schwere der Anfälle geführt werden, zudem ist durch apparative medizinische Untersuchungsverfahren eine substantielle, traumatische Hirnschädigung wahrscheinlich zu machen.

Mittelbare Unfallfolge liegt z.B. vor, wenn ein Hirnverletzter alkoholkrank wird und auf dem Boden einer Hirnverletzung zusätzlich die Komplikation einer Epilepsie auftritt.

5.4.2.1.7 Unfall im Anfall

Eine gewisse Problematik bringt die unfallrechtliche Bewertung des Anfalls, der nur anlässlich der Betriebstätigkeit zum Ausbruch kommt, die Gefahrenursache also in persönlichen Umständen begründet ist. Erleiden Epilepsiekranke während eines Anfalls eine Verletzung, ist zu unterscheiden, ob der erlittene Unfall anlässlich eines Anfalls infolge „unfallbedingter" Epilepsie oder auf Grund genuiner Epilepsie aufgetreten ist. Im ersten Tatbestand ist der Unfall Folgeerscheinung des früheren Unfalls. Ein großer epileptischer Anfall birgt vor allem die Gefahr einer Kopfverletzung, seltener von Wirbelfrakturen und Schulterluxationen[18] (s. 8.4.1.1, S. 514).

---

[18] Scherzer, H. Unfallh. 130 (1978) 168.

Sind epileptische Anfälle auf Grund Tatsachenbeweises nach dem schädigenden Ereignis erstmalig aufgetreten und ist auch der Gesundheitsschaden (Hirnverletzung) durch bildgebende Verfahren erwiesen, muss zudem geprüft werden, ob der schädigende Vorgang geeignet war, die Hirnverletzung zu verursachen. Dabei ist zu bedenken, dass das Unfallereignis auch Folge eines genuinen Anfalls sein kann. Vorbefunde und klinische Befunde mögen eindeutig auf eine substantielle Hirnschädigung weisen, auch wenn durch bildgebende Verfahren erhobene Befunde unauffällig sind; klinische Argumente entscheiden.[19] Die Beurteilung erweist sich im Einzelfall als schwierig. Detailliert sind Gründe darzulegen, die auf oder gegen den ursächlichen Zusammenhang deuten.

Für Anfälle auf Grund anlagebedingter Leiden während der betrieblichen Tätigkeit hat die Rspr. Grundsätze entwickelt: s. 1.6.3, S. 28.

Aus der Rechtsprechung:
Beim Sturz infolge epileptischen Anfalls in der Fabriktoilette wurde der Körper des Versicherten in dem engen Raum so eingezwängt, dass der Kopf gegen die Brust gedrückt wurde; dadurch trat Ersticken ein. Das BSG[20] entschied, die tödliche Folge des Unfallereignisses sei wesentlich durch die besondere räumliche Beschaffenheit der Toilettenanlage, die als Betriebseinrichtung gelte, herbeigeführt worden.
Abgelehnt wurde der ursächliche Zusammenhang beim Tod eines Ziegelarbeiters durch Einatmen von Ziegelstaub, da der Erstickungstod mit großer Wahrscheinlichkeit durch Abschluss der Atemluft infolge der im Anfall herbeigeführten Lage auf dem Gesicht, nicht durch Einatmen von Staub, verursacht wurde.[21]

5.4.2.2 Minderung der Erwerbsfähigkeit

Die Schätzung der MdE bei traumatischen Anfalleiden bewegt sich zwangsläufig innerhalb eines relativ weiten Rahmens. Der Erfahrungswert für die posttraumatische Epilepsie beträgt 20 bis 100 %. Zu berücksichtigen ist die individuelle Lage, insbesondere die Art, Dauer und Häufigkeit der Anfälle (schwere generalisierte Anfälle, fokal motorische Anfälle oder epileptische Äquivalente), das Verhalten nach den Anfällen und der Zustand während der anfallfreien Periode (begleitende psychische Veränderungen). Der Zeitpunkt des Anfalls (Nacht- oder Tageszeit) und die private Lebensführung sind bedeutend. Auch der Erfolg der medikamentösen Therapie ist entscheidend.

Psychopathologische Phänomene, bei Anfallkranken beobachtet, sind nicht nur Ausdruck der epileptischen Funktionstörung. Sie hängen auch von der Reaktion des sozialen Umfelds auf die Krankheit, Kompensationsfähigkeit, Art der Anfälle und den Nebenwirkungen erforderlicher Medikation ab.

Der Verlust der Haltungskontrolle im Anfall und Anfälle mit unangemessenen Handlungen bei Bewusstseinsstörung sind unter funktionellen Gesichtspunkten als schwer wiegend zu werten.

---

19   Hanisch, in: Kursbuch der ärztlichen Begutachtung (Hrsg. Ludolph, u.a.) 1998, VI-2.2.12 S. 8.
20   BSG, 30.10.1964, Breith. 1965, 288.
21   RVA, 3.9.1935, zit. b. Wagner, Der Arbeitsunfall, 1963 S. 76.

Die Einordnung der Anfallsymptome in die Kategorien A–D drückt den zunehmenden Schweregrad der Beeinträchtigung unter arbeitsmedizinischen Gesichtspunkten aus (Abb. 2 und 3).

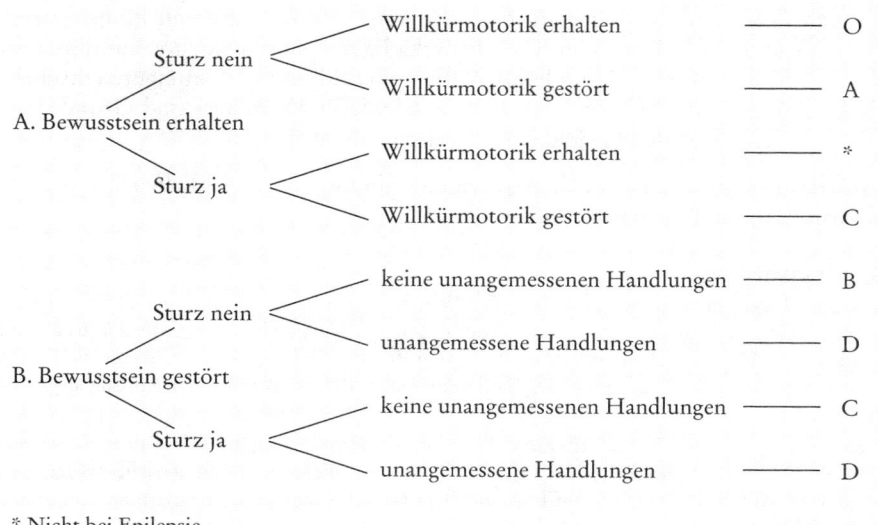

* Nicht bei Epilepsie

Abb. 2: Einordnung in Gefährdungskategorie
(psycho 21 [1995], 35–48).

O		Erhaltenes Bewusstsein, erhaltene Haltungskontrolle und Handlungsfähigkeit
	E:	Anfälle ausschließlich mit Befindlichkeitsstörungen ohne arbeitsmedizinisch relevante Symptome; möglicherweise wird eine Handlung bewusst unterbrochen bis zum Ende der subjektiven Symptome
A		Beeinträchtigung der Handlungsfähigkeit bei erhaltenem Bewusstsein mit Haltungskontrolle
	E:	Anfälle mit Zucken, Versteifen oder Erschlaffen einzelner Muskelgruppen
B		Handlungsunterbrechungen bei Bewusstseinsstörung mit Haltungskontrolle
	E:	Plötzliches Innehalten, allenfalls Minimalbewegungen ohne Handlungscharakter
C		Handlungsfähigkeit mit/ohne Bewusstseinsstörungen bei Verlust der Haltungskontrolle
	E:	Plötzlicher Sturz ohne Schutzreflex, langsames In-sich-zusammensinken, Taumeln und Sturz mit Abstützen
D		Unangemessene Handlungen bei Bewusstseinsstörungen mit/ohne Haltungskontrolle
	E:	Unkontrollierte komplexe Handlungen oder Bewegungen, meist ohne Situationsbezug

Abb. 3 Gefährdungskategorien (E = Erläuterung)
(psycho 21 [1995] 35–48)

5.4 Epileptische Anfälle und Epilepsien

Vor Festsetzung der „Rente auf unbestimmte Zeit" ist zu prüfen, ob eine medizinische Behandlung mit optimaler antikonvulsiver medikamentöser Einstellung erfolgte. Im Zweifel an der Compliance sind Blutspiegelkontrollen der verordneten antikonvulsiven Medikamente vorzunehmen.

Bei Auftreten epileptischer Anfälle im engen zeitlichen Zusammenhang mit dem Unfall (Frühanfälle) sollte mit Begutachtung gewartet werden, bescheidmäßige Anerkennung erst in Kenntnis des weiteren Verlaufs erfolgen.

Bemessung der MdE bei isoliertem Vorkommen von zerebralen Anfällen nach Schädel-Hirn-Verletzungen

Art der Traumafolgen	MdE in %
sehr selten (große Anfälle mit Pausen von mehr als einem Jahr; kleine Anfälle mit Pausen von Monaten	30
selten (große Anfälle mit Pausen von Monaten; kleine Anfälle mit Pausen von Wochen)	40
mittlere Häufigkeit (große Anfälle mit Pausen von Wochen; kleine Anfälle mit Pausen von Tagen)	50–60
häufig (große Anfälle wöchentlich oder Serien von generalisierten Krampfanfällen, von fokal betonten oder von multifokalen Anfällen; kleine Anfälle täglich)	70–100
nach drei Jahren Anfallfreiheit bei weiterer Notwendigkeit antikonvulsiver Behandlung (wegen fortbestehender Anfallbereitschaft)	20
Ein Anfalleiden gilt als abgeklungen, wenn ohne Medikation 3 Jahre Anfallfreiheit besteht. Ohne sonstige Symptome eines Hirnschadens entfällt eine Minderung der Erwerbsfähigkeit.	

5.4.2.3 Hilflosigkeit (Pflege)

Bei Hirnverletzten ist Hilflosigkeit zu bejahen, wenn sie z.B. durch Angstzustände mit depressivem Einschlag, hochgradigem Antriebsmangel und durch dementielles Abgestumpftsein beeinträchtigt sind und deshalb nicht ohne ständige Aufsicht bleiben können.[22] Epileptische Anfälle, in größeren zeitlichen Abständen von ein bis zwei Monaten auftretend, rechtfertigen Hilflosigkeit nicht. Sachschäden (an Kleidung, Brille) begründen keine andere Beurteilung. Die Rspr.[23] hält durchschnittlich 4 bis 5 Krampfanfälle im Monat für die Gewährung von Pflege nicht für ausreichend, wenn die Krampfanfälle nach kurzer Zeit abklingen, so dass die Arbeit erledigt und insbesondere die zur Versorgung der eigenen Per-

---

[22] LSG Niedersachsen, 11.9.1958, Meso B 290/36.
[23] BSGE 20, 205 (19.2.1964).

son notwendigen Verrichtungen wieder ohne fremde Hilfe vorgenommen werden können. Eine Hausfrau, die zwischen den Anfällen ihren Haushalt führen kann, ist nicht hilflos, auch nicht ein Versicherter, der täglich 3 bis 6 Schlafanfälle (Absencen) von 30 Minuten erleidet.[24]

Allein die Gefahr des Eintritts weiterer Körperverletzungen im Anfall bewirkt keine Hilflosigkeit. Das BSG hat die Ansicht nicht gebilligt, Hilflosigkeit sei anzunehmen, wenn bei Krampfanfällen eine Wiederholungsgefahr in dem Sinne besteht, dass durch einen neuen Anfall schwere Gesundheitsstörungen drohen, die nur durch dauernde Anwesenheit einer Pflegeperson vermieden oder auf ein Mindestmaß herabgesetzt werden können.[25] Hilflosigkeit besteht demnach nur innerhalb der Anfälle und beim Bedürfnis nach ständiger Aufsicht.

5.4.3 Epilepsie als Berufskrankheit

Bei allen chronischen Intoxikationen, die zu zerebralen Allgemeinsymptomen führen, können epileptische Anfälle in der Art von generalisierten Krampfanfällen (Grand-mal-Anfall) auftreten. Andere epileptische Anfallformen sind bei chronischer Intoxikation nicht beschrieben. Im Allgemeinen treten Einzelanfälle auf, gelegentlich aber auch Anfälle als Serie bis zum Status epilepticus. Bekannt ist vor allem die *„Bleiepilepsie"*. Die nach chronischer Bleiintoxikation auftretenden Anfälle sind Ausdruck einer Enzephalopathie (Encephalopathia saturnina) mit Bewusstseinsstörungen bis zum Koma, akuten Psychosen und generalisierten epileptischen Anfällen, jedoch auch spastischen Lähmungen, Gesichtsfeldausfällen, Augenmuskellähmungen und Opticusatrophie. Hinzu kommen toxische Schäden der peripheren Nerven mit peripheren Lähmungen, vor allem des N. radialis und des N. peronaeus. Epilepsie vom Typ *Jackson* ist keine Berufskrankheit, da Blei zwar das ganze Zentralnervensystem, nicht aber isoliert einzelne Hirnregionen schädigen kann.[26]

Die Ursache der Bleienzephalopathie ist ein chronisches Hirnödem infolge Schädigung der Hirngefäße. Zunehmende Hirnschwellung führt zu den klinischen Symptomen des Hirndrucks mit dadurch weiterer Minderung der Hirndurchblutung und dadurch bedingten Folgen. Im Verlauf der Bleienzephalopathie stellen sich daher auch fokale epileptische Anfälle ein.

Epileptische Anfälle als Folge einer Enzephalopathie erscheinen ebenso bei chronischer Intoxikation mit anderen Schwermetallen, u.a. Quecksilber und anorganischen Verbindungen sowie Schwefelverbindungen.

Schwermetalle und Metalloide, organische und anorganische Verbindungen führen bei chronischer Intoxikation zu einer Enzephalopathie, die sich zunächst in zerebralen Allgemeinsymptomen, wie Kopfschmerzen, Schwindel, Appetitlosigkeit, Schlafstörungen, nachlassende psychische Leistungsfähigkeit und Belastbarkeit, Antriebsminderung und Verstimmung mit erhöhter Reizbarkeit und Affektlabilität sowie schließlich nachlassender intellektueller und anderer psychischer Leistungsfunktionen äußert. Mit zunehmender In-

---

[24] BSG, 28. 10. 1965, SGb 1965, 367; Ludolph, MedSach 84 (1988) 85, 87.
[25] BSG, 22. 7. 1960, unveröffentlicht: Keine ständige Bereitschaft erforderlich, wenn ein Verletzter sich lediglich bei Schnee- und Eisglätte nicht ohne fremde Hilfe in den Straßenverkehr begeben kann.
[26] LSG Niedersachsen, 9. 7. 1959, Meso B 290/40.

toxikation kommt es zu Bewusstseinsstörungen, amnestischen Syndromen und auch Psychosen, ein Zustandsbild in der Art eines „hirnorganischen Psychosyndroms" mit Leistungsminderung und auch Persönlichkeitsänderungen. Außerdem treten neurologische Ausfallerscheinungen und Störungen in der Art spastischer Paresen, extrapyramidalmotorischer Bewegungs- und Koordinationsstörungen auf, so dass nach Krankheitsverlauf und Symptomatik eine Encephalomyelitis disseminata (multiple Sklerose) vorgetäuscht werden kann.

5.4.4 Nicht epileptische Anfälle

Nicht epileptische Anfälle können körperlichen Ursprungs sein oder eine psychische Ursache haben („dissoziative Anfälle"). Erstrangiger nicht epileptischer Anfall ist die Synkope, durch eine vorübergehende Minderdurchblutung des Gehirns infolge einer Gefäßregulationsstörung hervorgerufen. Mit dem Erscheinungsbild und den klinischen Symptomen können Anfälle von epileptischen Anfällen unterschieden werden, Abgrenzungen sind schwierig.

Hinweise für die Unterscheidung zwischen Synkopen und epileptischen Anfällen:

	Synkope	**Generalisierter tonisch-klonischer Anfall**
Dauer	meist < 30 s	1–2 min
Auslöser	ca. 50 %	keiner
Sturz	schlaff oder steif	steif
Myoklonien	~ 80 %	100 %
	mittel bis heftig meist kurz arrhythmisch multifokal/generalisiert	meist heftig 1–2 min rhythmisch generalisiert
Augen	offen transiente Blickwendung nach oben, seltener zur Seite	offen oft anhaltende Blickwendung nach oben oder zur Seite
Gesichtsfarbe	blass	zyanotisch
Halluzinationen	gegen Ende der Attacke oft angenehm	als Aura vorausgehend meist unangenehm/neutral
Inkontinenz	häufig	häufig
Zungenbiss	sehr selten	häufig
Postiktale Verwirrtheit	< 30 s	2–30 min

Ursachen und Einteilung synkopaler Anfälle

(1) *Herzfunktionsstörungen organischer Ursache,* die über eine Minderung des Herzminutenvolumens zu einer akuten Mangeldurchblutung des Gehirns führen, und zwar zu einer Minderung des Herzvolumens ohne Ventrikelstillstand oder infolge Ventrikelstillstand

(2) *Herz-Kreislauf-Fehlsteuerung*

– neurogen
– Karotissinussyndrom

(3) *Kreislauffunktionsstörungen bei organischen Erkrankungen*

– Thrombose oder Stenose der hirnversorgenden Arterien (Carotisstenosen, Aortenbogensyndrom oder Subclavian-steal-Syndrom)
– pressorisch-postpressorische Synkope (Husten- oder Miktionssynkopen)

(4) *Kreislauffunktionsstörungen funktioneller Ursache*

– orthostatische Synkope
– vasovagale Synkope

Neben den Synkopen stellen psychogene (dissoziative) Anfälle eine wichtige Differentialdiagnose epileptischer Anfälle dar. Sie können auf Grund der Vielfalt motorischer Symptome und plötzlichen Wesens- und Verhaltensänderungen epileptischen Anfällen ähneln und sind klinisch schwer abzugrenzen. Wegweisend ist eine gewissenhafte Erhebung der Eigen- und Fremdanamnese, bei der es auf die Charakteristika epileptischer und dissoziativer Anfälle zu achten gilt. Weiterhin kommen diagnostische Maßnahmen, wie EEG, auch spezielle videogestützte Anfalldokumentation, in Betracht.

Kriterien für die Unterscheidung epileptischer und psychogener Anfälle:[27]

	Dissoziative Anfälle	**Epileptische Anfälle**
Anfalldauer	meist > 5 Minuten	meist < 5 Minuten
Situative Auslösung	typisch	nicht typisch
Auftreten aus dem Schlaf	nie (Cave „Pseudoschlaf")	optional
Aura	sachliche, nüchterne Beschreibung	fakultativ, oft nur schwer in Worte zu fassen, dabei aber semiologisch uniform
Szenario	selten ohne Publikum	nicht selten unbemerkt
Stereotypie der Anfallsabläufe	selten	charakteristisch

---

27 Wolf, u.a., Praxisbuch Epilepsie, Diagnostik, Behandlung, Rehabilitation (2003).

	Dissoziative Anfälle	Epileptische Anfälle
Augen	häufig geschlossen	offen, starr oder Deviation
Handhaltung im Anfall	Faust, eingekrallt, gespreizt	Kloni, Dystonie, Nesteln
Zyanose	extrem selten	nicht selten, bei generalisierten tonisch-klonischen Anfällen typisch
Reagibilität im Anfall	Abwehr, Augen werden bei Versuch, die Lichtreaktion zu prüfen, zugekniffen, Änderung der Anfallsgestalt und -intensität durch äußere Reize	eingeschränkt, aber adäquat bei einfach fokalen Anfällen, ansonsten keine eindeutige Reagibilität
EEG interiktual und iktual	In der Regel unauffällig, sofern nicht zusätzlich eine Epilepsie besteht	epilepsietypische Muster interiktual und iktuales EEG-Muster typisch (aber nicht obligat bei Oberflächen-EEG)
Kopfschmerzen	präiktual, nicht lokalisiert	postiktual, häufig ipsilateral zum epileptischen Fokus
Zungenbiss	optional, dann apikal	optional, dann lateral
Postikaler Anstieg von CK und Prolaktin	möglich, aber absolute Rarität	nach komplex-fokalen und generalisierten tonisch-klonischen Anfällen deutlich häufiger, aber optional
Wirkung von Antiepileptika (vor allem iktual)	extrem selten	in der Regel gut

5.4.5 Leistungen zur Teilhabe am Arbeitsleben

Erhöhtes Unfallrisiko Anfallkranker wird in zahlreichen Untersuchungen verneint. Ein bis zwei Unfälle (in 100 Arbeitsjahren) entsprechen den allgemeinen Fallstatistiken. Dieses Ergebnis wird auf Bestrebungen zurückgeführt, Epilepsiekranke an geeigneten Arbeitsplätzen zu beschäftigen.[28] Hingegen ist der Haushalt verletzungsgeneigt. Unfallmechanismus ist meistens der Sturz; vorwiegend sind Kopf und Gesichtsschädel betroffen.[29]

Das Unfallrisiko kann für den Anfallkranken nur in seiner jeweiligen Arbeitsumgebung beurteilt werden. Hilfe geben die „Empfehlungen zur Beurteilung beruflicher Möglichkeiten von Personen mit Epilepsie" (Stand 1999).[30]

---

[28] LSG Rheinland-Pfalz, 17.4.1997, Meso B 290/202.
[29] Weßling, u.a., Epilepsie Bl. Suppl. 2 (1989) 26; Ritter, u.a., VersMed 45 (1993) 99.
[30] Rehabilitation 40 (2001) 97 ff.

Rechtlich sind in Deutschland Personen mit einer – trotz Behandlung – aktiven Epilepsie nur solche Berufe grundsätzlich verwehrt, die das Führen von Kraftfahrzeugen für Personen und Güterbeförderung beinhalten. Insbesondere wegen der bei den meisten epileptischen Anfällen auftretenden Störungen des Bewusstseins, aber auch wegen zumindest vorübergehend fehlender Kontrolle der Tätigkeit, sind Epilepsiekranke für Berufe wie Dachdecker, Elektriker, Feuerwehrmann, Förster, Pilot, Polizist, Schornsteinfeger, Soldat, Zugführer nicht geeignet. Auch Hitzearbeitsplätze mit starken unmittelbaren thermischen Einwirkungen sind zu meiden, bei Kältearbeiten bestehen gleichfalls Bedenken. Wegen der psychologischen Wirkung auf die Umgebung sind allenfalls Erkrankte mit selteneren Anfällen geeignet für Berufe mit starkem Publikumsverkehr (Kellner, Verkäufer).[31]

Die berufliche Rehabilitation Anfallkranker hängt wesentlich ab von

– medizinischen Gegebenheiten (Anfallbild, Wiederholungsrisiko, zusätzliche Körperbehinderung, psychiatrische und neuropsychologische Störungen)
– Berufsziel
– Ausbildung
– Arbeitsmarktlage
– Beratung

Medizinische und berufliche Maßnahmen für die *Wiedereingliederung:*

(1) Anfalldiagnostik und -behandlung

(2) Bei Wiederaufnahme des bisherigen Berufes

– Arbeitstherapie
– berufliche Anpassung

(3) Bei beruflicher Neuorientierung

– sozialmedizinische Beurteilung
– neuropsychologische und psychiatrische Untersuchung
– Berufsfindung, Arbeitserprobung
– berufsvorbereitende Maßnahmen (Förderlehrgänge, Umschulung)

(4) Hilfe zur Erhaltung/Erlangung eines Arbeitsplatzes.

(5) Für jugendliche Verletzte mit Anfallleiden spezielle Berufsberatung im Hinblick auf berufliche Umorientierung, Eignungsfeststellung und ggf. Umschulung. Vordringlich Beratung der Familie bei Schwierigkeiten im Umgang mit der Krankheit und der Auswahl geeigneter Schulen.[32]

(6) Bei großer Anfallfrequenz und Verhaltensstörungen ist eine berufliche Teilhabe im geschützten Rahmen, z.B. Werkstatt für behinderte Menschen, zu erwägen.

---

[31] BGl. Grundsätze für arbeitsmedizinische Vorsorgeuntersuchungen: G 21 (Kältearbeiten), G 25 (Fahr-, Steuer- und Überwachungstätigkeiten), G 30 (Hitzearbeiten), G 41 (Arbeiten mit Absturzgefahr); Schweingruber, Schweiz. med. Wschr. 1984, 1295.
[32] Hoffmeyer, MedSach 87 (1991) 146.

5.4.6 Fahreignung

Beurteilung der Fahreignung nach den „Begutachtungsleitlinien zur Kraftfahrereignung".[33] Nach den aktuellen Leitlinien sind Personen, die unter persistierenden epileptischen Anfällen oder anderen anfallartig auftretenden Bewusstseinsstörungen leiden, in der Regel nicht in der Lage, den gestellten Anforderungen beim Führen von Kraftfahrzeugen der Gruppe I (Fahrzeuge bis 3,5 t mit Anhänger bis 750 kg) gerecht zu werden, so lange ein wesentliches Risiko von Anfalldefiziten besteht.

Ausnahmen sind u.a. gerechtfertigt bei einfachen fokalen Anfällen, die weder Bewusstseinsstörung, noch motorisch, sensorische, kognitive Behinderung beim Führen eines Fahrzeugs zur Folge haben und bei denen nach mindestens einjähriger Verlaufsbeobachtung weder relevante Ausdehnung der Anfallsymptomatik noch Übergang zu komplex fokalen oder generalisierten Anfällen erkennbar wurden und bei ausschließlich an den Schlaf gebundenen Anfällen nach mindestens dreijähriger Beobachtungszeit.

Kein wesentliches Risiko von Anfallrezidiven:

Anfallart	anfallfreie Zeit
einmaliger Gelegenheitsanfall	3 – 6 Monate
Anfälle nach Hirnverletzung oder -operationen sowie bei Anfallrezidiven	6 Monate
Mehrmalige und/oder nicht an eine definierte Ursache gebundene Krampfanfälle	12 Monate
Langjährig bestehende, therapieresistente Epilepsien	24 Monate

Das Elektroenzephalogramm (EEG) muss nicht von den für die Epilepsie typischen Wellenformen frei sein.

Für die Gruppe II (Kraftfahrzeuge mit Gesamtgewicht über 3,5 t, Omnibusse) ist die Voraussetzung zum Führen von Kraftfahrzeugen nach mehr als zwei epileptischen Anfällen in der Regel ausgeschlossen.

Als Ausnahme gilt eine durch ärztliche Kontrolle nachgewiesene fünfjährige Anfallfreiheit ohne antiepileptische Behandlung. Nach einmaligem Anfall im Erwachsenenalter ohne Anhalt für eine beginnende Epilepsie oder hirnorganische Erkrankung ist für die Gruppe II eine anfallfreie Zeit von zwei Jahren abzuwarten. Nach einem Gelegenheitsanfall entfällt bei Vermeiden der provozierenden Faktoren nach 6 Monaten eine wesentliche Risikoerhöhung.

---

[33] Begutachtungs-Leitlinien zur Kraftfahrereignung des Gemeinsamen Beirats für Verkehrsmedizin beim Bundesministerium für Verkehr, Bau- und Wohnungswesen und beim Bundesministerium für Gesundheit, 6. Aufl. Berichte der Bundesanstalt für Straßenwesen, Heft M 115, 2000; dazu Friedel, Lappe, MedSach 96 (2000) 159.

5.5 Schmerz

Übersicht

5.5.1	Begriffe und Definitionen	203	5.5.5	Objektivierbare Schmerzen 213
5.5.2	Schmerz-Typen	204	5.5.6	Subjektive
5.5.3	Wirkungsmechanismen	205		Schmerzempfindlichkeit. 213
5.5.4	Chronischer Schmerz		5.5.7	Schmerzen als psychische
	(Schmerzkrankheit)	207		Erkrankung 215
5.5.4.1	Komplexes regionales		5.5.8	Begutachtung von
	Schmerzsyndrom (Complex			Schmerzen 216
	regional pain syndrome,		5.5.8.1	Plausibilitätsprüfung 218
	CRPS)	211	5.5.8.2	Sozialmedizinische
5.5.4.2	Posttraumatischer			Beurteilung 219
	Kopfschmerz	211	5.5.8.3	Zusammenfassende
5.5.4.2.1	Chronische Kopfschmerzen			Beurteilung 220
	nach leichter Schädel-Hirn-		5.5.9	Aggravation und Simulation ... 220
	Verletzung	212	5.5.10	Minderung der
5.5.4.2.2	Chronische Kopfschmerzen			Erwerbsfähigkeit 221
	nach Distorsionen an der		5.5.11	Hilflosigkeit (Pflege) 223
	Halswirbelsäule	212	5.5.12	Heilverfahren 224

Das häufigste und allgemein bekannte „subjektive Symptom" ist der Schmerz (Dolor)[1], er ist das meistgenannte Symptom nach einem Unfalltrauma.[2] Bedeutsam ist der Schmerz nicht nur im Zusammenhang mit körperlichen (somatischen) Verletzungen, sondern auch mit Krankheiten, seelischen (psychischen) Störungen und als Symptom eigener Art. „Schmerz ist ein unangenehmes Sinnes- und Gefühlserlebnis, das mit einer tatsächlichen oder drohenden Gewebeschädigung einhergeht oder von betroffenen Personen so beschrieben wird, als wäre eine solche Gewebeschädigung die Ursache".[3] Aus dieser Definition ergibt sich[4]

– Schmerz ist von Gewebeschädigung zu unterscheiden; Schmerz ist ein somatisches und ein psychisches Phänomen
– Schmerz ist eine Sinnesempfindung bzw. ein Gefühl, meist mit starken (negativen) Emotionen verbunden.

Die Wahrnehmung von Schmerzen signalisiert eine wie auch immer geartete Störung körperlicher oder geistig-seelischer Funktionen. Ob Reize, die nach üblichen Vorstellungen

---

[1] Die Darstellung behandelt ausgewählte Fragen, die der Schmerz für die Begutachtung und Verwaltungspraxis aufwirft. Verzichtet wurde auf die Wiedergabe eines auch einigermaßen vollständigen Schemas der Schmerztypen nach ihren verschiedenen neuro-physiologischen Charakteristiken sowie deren Entstehungsweisen; Begutachtung von Schmerz (Hrsg. Kügelgen, Hanisch) 1. Auflage 2001; Zimmermann, Diagnostik 18 (1985) 13 ff.; ders., Internist (1994) 35, 2 ff.; Zenz, u.a., Lehrbuch der Schmerztherapie 2. Aufl. 2001; Hanisch, in: Gutachtenkolloquium 12 (Hrsg. Hierholzer, u.a.) 1997 S. 71 ff.; Widder, in: Begutachtung in der Neurologie (Hrsg. Widder, Gaidzik) 2007 S. 278 ff.; Bonica, The Management of Pain, Third Edition, Philadelphia London 2001.
[2] Neugebauer, u.a., Trauma Berufskrankh Supp 1 (2008) 99, 103.
[3] Definition der International Association for the study of pain, www.iasp-pain.org; Ludolph, Akt Traumatol 35 (2005) 293.
[4] Nilges, u.a., Dtsch Med Wochenschr 132 (2007) 2133.

und Erfahrungen Schmerzen auslösen, auch als schmerzhaft erlebt werden, hängt von vielfältigen Variablen ab, wie Aufmerksamkeit, Stimmung, Erwartung, Konstitution, soziokulturellen Faktoren, subjektiven Vorerfahrungen, Persönlichkeitsvariablen usw.[5]

5.5.1 Begriffe und Definitionen[6]

Algologie bzw. Algesiologie	Lehre vom Schmerz
Allachästhesie (gr. Allache anderswo, aisthesis Gefühl)	Lokalisation eines Reizes an einer anderen als der gereizten Körperstelle
Allästhesie	Änderung der Berührungsqualität
Allodynie	Schmerz, ausgelöst durch einen Reiz, normalerweise nicht als schmerzhaft empfunden
Analgesie	Fehlen von Schmerz auf normalerweise schmerzhafte Reize
Anästhesia dolorosa	Schmerzwahrnehmung in einer anästhetischen Region
Anästhesie	Unempfindlichkeit, Empfindungslosigkeit auf Reize
Coenästhesie	Zentralnervös ausgelöste, abnorme Leibsensation unterschiedlichster Qualität im Rahmen von schizophrenen und affektiven Psychosen; Phänomene Jahre vor dem Ausbruch einer Psychose auftretend, dann häufig verkannt
Dysästhesie	Unangenehme abnorme Missempfindung, entweder ausgelöst oder spontan (Überschneidung mit Allodynie und Hyperalgesie)
Hypalgesie	Verringertes Schmerzempfinden auf normalerweise schmerzhaften Reiz
Hypästhesie	Herabgesetzte Empfindlichkeit der Haut auf Berührungsreize
Hyperalgesie	Verstärktes Schmerzempfinden auf einen schmerzhaften Reiz
Hyperpathie	Verstärkte Reaktion auf schmerzhafte Reize, insbesondere repetitive Reize bei erhöhter Schwelle. Unscharfe Abgrenzung von Hyperästhesie, Hyperalgesie und Dysästhesie
Kausalgie	Syndrom mit brennendem Schmerz, Allodynie und Hyperpathie nach traumatischer Nervenläsion, oft kombiniert mit vasomotorischen, sudomotorischen und trophischen Störungen. Taktile und andere Reize verstärken den Schmerz explosionsartig, feuchte, kühle, Umschläge lindern; meist nach Schussverletzungen auftretend

---

5 Hanisch, in: Kursbuch der ärztlichen Begutachtung (Hrsg. Ludolph, u.a.) 7. Erg. Lfg. September 2007 VI-2.6. S. 1; Schmiedebach, Bundesgesundheitsbl 2002, 419.
6 Modifiziert nach: International Association for the Study of Pain (IASP): Pain, Suppl. 3. Arbeitsgruppe „Psychiatrische Schmerzdiagnostik und -therapie". Med. Report Nr. 6121. Jahrgang (1986).

Algologie bzw. Algesiologie	Lehre vom Schmerz
Neuralgie	Schmerz im Versorgungsgebiet eines oder mehrerer Nerven
Neuritis	Entzündung eines oder mehrerer Nerven
Neuropathie	Funktionsstörung eines Nerven (Mononeuropathie), mehrerer Nerven (Mononeuropathia multiplex), bei diffuser oder bilateraler Lokalisation
Polyneuropathie	nicht entzündliche Erkrankung mehrerer peripherer Nerven
Parästhesien	Spontan auftretende oder induzierte Missempfindungen, im Gegensatz zu Dysästhesien ohne unangenehm-quälenden Charakter
Phantomschmerz	Intensiver Schmerz in amputiertem Körperteil

5.5.2 Schmerz-Typen

Nozizeptorschmerz[7] entsteht nach Gewebeentzündung oder -verletzung durch Reizung freier Nervenendigungen (Schmerzrezeptoren = Nozizeptoren), die zu 90 % in der Haut, auch in vielen anderen Geweben (Schleimhäute, Periost, Muskeln, Knochen, Gelenke, Blutgefäße, Eingeweide) vorkommen. Die Reize können mechanisch, elektrisch oder chemisch sein. Die Impulse werden über schnell leitende A-delta-Fasern (heller Sofortschmerz) und langsam leitende C-Fasern (dumpfer, lang anhaltender Zweitschmerz) gehirnwärts geleitet. Der Schmerz erscheint entweder spontan oder als Hyperalgesie und Allodynie.

Der nozizeptive Schmerz ist somit das physiologische Korrelat intakter nervaler Strukturen, die eine Gewebeschädigung an das Zentralnervensystem leiten.

Es kann sich dabei entweder um eine Läsion peripherer nervaler Strukturen (Nerv, Nervengeflecht, Nervenwurzel) oder um eine zentrale Nervenläsion (Rückenmark, Gehirn) handeln.

Impulse aus A-delta-Fasern geben einen Eindruck über die Stärke und den Entstehungsort des Schmerzes. Das ist die sensotorische Komponente des Schmerzes. Impulse aus C-Fasern bedingen die dumpfe quälende, schwer genauer zu beschreibende emotionale Komponente des Schmerzes.

Neuropathischer Schmerz[8] manifestiert sich nach direkter Schädigung nervalen Strukturen, mechanisch oder toxisch-metabolisch, z.B. Engpasssyndrome, Trigeminusneuralgie, Kausalgie, Phantom- und Stumpfschmerz.

---

[7] Dazu Magerl, in: Begutachtung von Schmerz (Hrsg. Kügelgen, Hanisch) 1. Aufl. 2001 S. 51 ff.; Jakubetz, u.a., Trauma Berufskrankh 5 (2003) 208; Schaible, Orthopäde 36 (2007) 8.
[8] Dazu Baron, u.a., Dtsch Med Wochenschr 132 (2007) 2139.

Deafferenzierungsschmerz entsteht beim Ausriss der Hinterwurzeln aus dem Rückenmark. Typisch sind quälende Schmerzattacken, die nicht primär, sondern nach einigen Wochen auftreten.

Psychogene Schmerzen („Schmerzsyndrom" im eigenen Sinne) werden in Kategorien eingeteilt[9]:

(1) körperlich teilweise begründbare Schmerzen, deren geklagtes Ausmaß jedoch deutlich über das zu erwartende „übliche" Maß hinausgeht (Schmerz bei Gewebeschädigung/ -erkrankung mit psychischer Begleiterkrankung)

(2) körperlich nicht begründbare Schmerzen; der Arzt vermutet zunächst eine Körperkrankheit (= somatoform), die sich bei weiterer Untersuchung als nicht vorhanden erweist (Schmerz als Leitsymptom einer psychischen Erkrankung).

Die meisten chronischen Schmerzsyndrome sind eine unterschiedliche Mischung von nozizeptiven, neuropathischen und psychogenen Anteilen.

5.5.3 Wirkungsmechanismen

Nach der „Gate-Control"-Theorie[10] funktioniert die Übertragung von Nervenimpulsen in den Hinterhörnern des Rückenmarks „wie ein Tor". Mit dieser Theorie erklärt die neuere Schmerzforschung die Wirkungsmechanismen verschiedener Schmerztherapien und chronische Schmerzzustände. Danach wird im Rückenmark ein „Tor" zur Schmerzempfindung angenommen, das Schmerzinformationen aus der Peripherie des Körpers entweder durchlässt oder zurückhält. Dieses „Tor" kann zum Beispiel vorübergehend durch mechanische Hautreize geschlossen werden (Reiben der schmerzenden Stelle). Hier setzt die transkutane Elektrostimulation an: Elektroden werden über der schmerzenden Stelle auf die Haut geklebt und andere Nervenfasern aktiviert, die dann das „Schmerztor" verschließen sollen. Auch die Akupunktur könnte auf dieses „Tor" einwirken.

Der Schmerz kann aber auch durch körpereigene Substanzen, sogenannte Endorphine (Zusammensetzung der Begriffe endogenes Morphin, mit schmerzlindernder Wirkung, wie Morphin), unterdrückt werden.

Die Freisetzung der Endorphine schaltet vorübergehend den Schmerz aus, als „ob ein Schlüssel in einem Schlüsselloch umgedreht wird". Dies kann bei starken Schmerzen, aber auch bei großer körperlicher Anstrengung geschehen.

Die „Schlüssellöcher" für die Endorphine sind Molekülstrukturen der Oberfläche von Nervenzellen des Schmerzsystems. Auch Opiate, wie Morphium und Heroin, passen in diese Schlüssellöcher und lindern den Schmerz.

Nur ein Bruchteil der Nervenaktivität im Schmerzsystem gelangt durch das Rückenmark über das Zwischenhirn (Thalamus) schließlich in die Hirnrinde. Vermutlich ist das Zwischenhirn an der emotionalen Komponente der Schmerzempfindung beteiligt. Reize werden hier als quälend empfunden.

---

[9] Widder, Begutachtung in der Neurologie (Hrsg. Widder, Gaidzik) 2007 S. 279; Siedenberg, Forum Medizinische Begutachtung 1/2009, 52.
[10] Nieder, MedSach 95 (1999) 57.

Demgegenüber könnte das Großhirn verantwortlich sein für die rationale Auseinandersetzung mit dem Schmerz, das heißt mit den Mechanismen der Schmerzlokalisation, der Schmerzerinnerung, der Schmerzbewertung und der Einschätzung der Stärke des Schmerzes: „Wir erinnern uns an den Schmerz und versuchen, künftig die Verletzung zu vermeiden."

Im Gehirn analysieren drei Zentren die Signale:

(1) *Sensorik:* Erste Verarbeitung des Signals; bewusste Wahrnehmung des Schmerzes; die Stärke des Reizes wird registriert
(2) *Kognition:* der Schmerz wird emotional bewertet: Ist er unangenehm, stark; wie lange muss ich noch durchhalten; wann hört es endlich auf?
(3) *Affekt:* Aufmerksamkeit wird dem Schmerz zugelenkt; dieser erhält im Bewusstsein eine hervorgehobene Bedeutung.

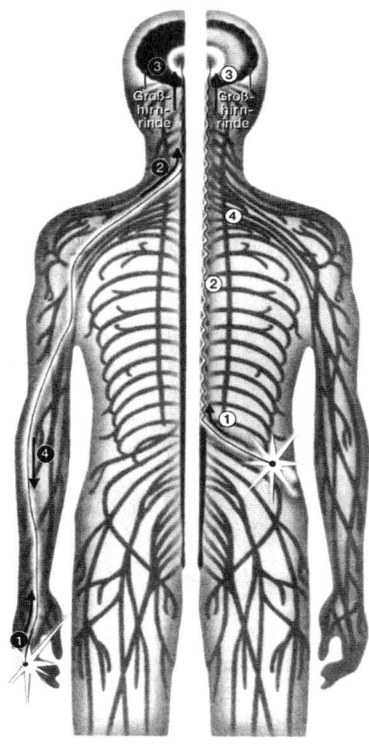

Akuter Schmerz

❶ Nozizeptoren nehmen den Schmerzimpuls auf

❷ Der Impuls wird über spezielle schnellleitende Nervenfasern zum Rückenmark geleitet …

❸ … und von da aus weiter zur Großhirnrinde des Gehirns

❹ Das Gehirn lokalisiert die Körperstelle, von welcher der Schmerzimpuls ausgegangen ist. Die einfachste Reaktion darauf ist ein Reflex, der eine rasche Schutzbewegung auslöst, z.B. schnelles Wegziehen der Hand von heißer Platte

Chronischer Schmerz

① Der Schmerzimpuls wird über langsamleitende Nervenfasern geleitet und erreicht das Rückenmark

② und wird zwischen miteinander verknüpften Nerven hin und her übertragen. Dieser Vorgang moduliert die Schmerzbotschaft auf dem Weg durch das Rückenmark

③ zur Großhirnrinde des Gehirns, wo Emotionen und körperliche Funktionen reaktiv darauf eingestellt werden

④ Schmerzen, die langsam fortgeleitet werden, sind meist dumpf, brennend und anhaltend

Abb. 1: Wirkungsmechanismus

5.5.4 Chronischer Schmerz (Schmerzkrankheit)

Als *chronischer Schmerz* wird der Schmerz definiert, der über die erwartete normale Heilungszeit hinausgeht. Faustregel: akuter Schmerz dauert selten mehr als einen Monat, chronischer Schmerz meist mehr als sechs, bei Rückenschmerz ab drei Monate. Der Schmerz hat dabei seine Warn- und Schutzfunktion verloren; er ist zur eigenständigen Krankheit mit körperlichen, psychischen und sozialen Beeinträchtigungen geworden.[11]

Auf sehr komplexe Weise kann ein akuter Schmerzreiz, wenn er anhaltend oder wiederkehrend ist, auf den verschiedenen Ebenen der Impulsverarbeitung (Peripherie, Rückenmark, Gehirn) zu einer Reizimpulsverstärkung und zur Hinterlassung von „Schmerspuren" führen. Auf Grund der neuronalen Plastizität kann sich rasch ein so genanntes „Schmerzgedächtnis" entwickeln. Schließlich ist der Schmerz auch dann vorhanden, wenn die primär auslösende Ursache – z.B. Verletzung, Operationswunde – nicht mehr besteht[12].

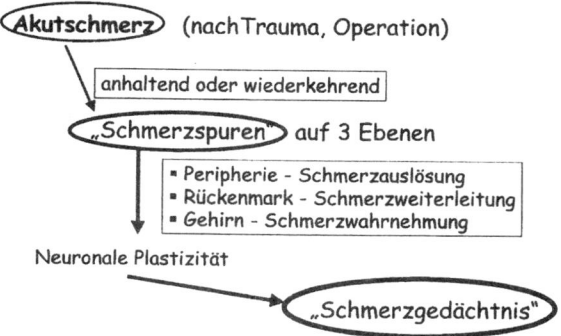

Abb. 2: Chronifizierung von Schmerz über die 3 Ebenen der Schmerzverarbeitung[13]

Am Chronifizierungsprozess haben neben dem initial primären Schmerz weitere Faktoren[14] wesentlichen Anteil:

- Unzureichende Behandlung des Akutschmerzes
- Genetische Veranlagung (Risikogruppe?)
- Somatische Mechanismen (Schwerstarbeit)
- Psychische Einflüsse
  Psychiatrische Erkrankungen (Depression)
  Problem- und Stressbewältigungsstrategien
- Hilflosigkeit als Reaktion auf Schmerz

---
[11] Kügelgen, in: Begutachtung von Schmerz (Hrsg. Kügelgen, Hanisch) 2001 S. 115; Jakubetz, u.a., Trauma Berufskrankh 5(2003) 208, 210; Nilges, u.a., Dtsch Med Wochenschr 132 (2007) 2134; Widder, in: Begutachtung in der Neurologie (Hrsg. Widder, Gaidzik) 2007 S. 278.
[12] Klose, Trauma Berufskrankh 8 (2006) Supp 1 S 40; Zimmermann, Orthopäde 5 (2004) 508, 510.
[13] Klose, Trauma Berufskrankh 8 (2006) Suppl 1 S 40.
[14] Zimmermann, Orthopäde 5 (2004) 508, 510; Neuburger u.a., Trauma Berufskrankh Suppl. 1 (2007) S103

- Soziale Faktoren
  Familiäres Umfeld
  Berufliche Situation
  Alter
- Sekundärer Krankheitsgewinn

Unterscheidung chronischer Schmerzen[15]

- mit adäquatem Ausmaß und adäquater Reaktion
  eine körperliche Erkrankung mit einer Dauer von drei bis sechs Monaten liegt zu Grunde
  Beispiel: Bewegungsschmerz bei Hüftgelenksarthrose
- mit inadäquatem Ausmaß
  nachweisbar sind nur geringe strukturelle Schädigungen, jedoch außergewöhnliche Schmerzintensität mit psychischen und sozialen Einschränkungen
  Beispiel: (CRPS s. 5.5.4.1, S. 211, 8.1.3.1, S. 378), Muskelfunktionsstörungen nach „Distorsionen" an der Halswirbelsäule (s. 8.3.4, S. 458)
- mit inadäquater Verarbeitung und Beeinträchtigung
  Missverhältnis zwischen subjektiv erlebter Schmerzintensität, -frequenz und -ausdehnung sowie nachweisbaren strukturellen Schäden. Unangemessenes Schonungsverhalten, passives bzw. fatalistische Behandlungserwartung, ängstlich-depressive Stimmungslage
- bei psychischer Störung
  Schmerz ist Hauptsymptom einer psychischen Störung

Hinweise auf beginnende Chronifizierung

- Klagen über ständige oder häufige Schmerzen oder schmerzhafte Missempfindungen
- Klagen über Schmerzen auch nach regelrechtem Behandlungsverlauf und Abschluss der erfahrungsgemäß zu erwartenden Heildauer
- Klagen über Schmerzen nicht nur im Verletzungsbereich, sondern über eine zunehmende Ausbreitung des Schmerzes auf etwa ein ganzes Körperglied oder die ganze Körperseite
- Klagen über mannigfache körperliche und seelische Missbefindlichkeit und Störungen, die durch Art, Ausmaß und Lokalisation der Verletzung nicht klärbar erscheinen (depressive Verstimmung, erhöhte Reizbarkeit, Versagen, Schlafstörung)
- häufiger, zunehmender und schließlich ständiger Gebrauch von Schmerz- und Beruhigungsmitteln

Dabei erfordert die Einschätzung der Diagnose, der Funktionsbeeinträchtigungen und der prognostischen Bewertung umfassende und vielschichtige differenzialdiagnostische Erwägungen sowie eine eingehende somatische und psychopathologische Befunderhebung.

---

[15] Häuser, MedSach 98 (2002) 120.

Nach Amputationen

- *Stumpfschmerzen* sind chronische Schmerzen, die den eigentlichen Wundheilungsprozess überdauern; Auftreten bei ca. 60 % aller Amputationen[16], *Phantomschmerzen* beschrieben bei bis zu 80 % der Gliedmaßenamputierten, Entwicklung meist innerhalb der ersten Woche nach der Amputation[17]; *Stumpfhyperpathie*, *Narbenhyperpathie* Schmerzcharakter wie Hyperpathie – auftretend und sich ausbreitend am Amputationsstumpf

- *Neuralgie* und *Hyperpathie* durch Neuromknoten

- *Neurombildung am Nervenstumpf.* Geflecht von Nervensprossen mit gewucherten anderen Zellen in faserreichem Bindegewebe – verursacht durch die Behinderung aussprossender, regenerierender Fasern durch die Nervennarbe. Neuromknoten an sich nicht schmerzhaft, nicht Ursache von Spontan- und Dauerschmerzen, jedoch reizempfindlich wie jede de- und regenerierende Nervenfaser. Bei Druck und Zug, vor allem wenn Neuromknoten in Hautfarbe fixiert, unzureichende Haut- und Muskelpolsterung am Stumpf besteht und Prothese drückt – Auslösen schmerzhafter Missempfindungen vom Neuromknoten mit Ausstrahlung in Umgebung oder Ausbreitungsgebiet des unterbrochenen Nerven. Durch Neuromknoten ausgelöster Schmerz kein für Neurome spezifischer Schmerz, sondern Schmerz vom Typ der Neuralgie und der Hyperpathie.

- *Phantomschmerz*[18]
  unterscheiden vom Phantomgefühl (Phantomglied oder Phantom)

  – Phantomglied[19] – normale Folgeerscheinung einer Amputation – von über 90 % aller Amputierten angegeben, meist innerhalb der ersten drei Wochen; Phantomglied im Allgemeinen schmerzlos

  – Phantomschmerz: schmerzhafte Empfindungen werden in den nicht mehr vorhandenen Körperteil projiziert. Entstehung noch ungeklärt. Diskutiert werden Mechanismen im Zentralnervensystem, Veränderungen in der Körperperipherie und psychische Faktoren („chronische Schmerzpersönlichkeit"). Je rumpfnäher die Amputation, desto öfter treten Schmerzen auf. Vorbestehende Schmerzen erhöhen die Wahrscheinlichkeit des Auftretens[20]

  – keine Wertung des Phantomschmerzes als normale Amputationsfolge. Krampfartiger, oft brennender Schmerz, Dauerschmerz oder auch akute Schmerzattacke im amputierten, nicht mehr vorhandenen Gliedmaßenteil, meist Hand oder Fuß. Durch Phantomschmerz oft erhebliche Beeinträchtigung zu Schmerzmittelmissbrauch und Schmerzmit-

---

[16] Dertwinkel, u.a., Dt. Ärztebl. 91 (1994) C-1104, 1107; I, Zens, u.a., in: Die ärztliche Begutachtung (Hrsg. Fritze, Mehrhoff) 7. Aufl. 2008 S. 790.

[17] zur Nieden, u.a., Trauma Berufskrankh 2 (2000) 333, 337; Jakubetz, u.a., Trauma Berufskrankh 2 (2003) 208, 211.

[18] BSG, 9.10.1987, Meso B 340/43; nach Danke, Schrappe, Stumpfschmerzen Amputierter, Forschungsbericht (Hrsg. Bundesministerium f. Arbeit u. Sozialordnung) 1979 S. 28 klagten 75 % der Oberschenkelamputierten über Phantomschmerz.

[19] Jakubetz, u.a., Trauma Berufskrankh 5 (2003) 208, 211; Danke, Schrappe, Stumpfschmerzen Amputierter, Forschungsbericht (Hrsg. Bundesministerium f. Arbeit u. Sozialordnung) 1979 S. 17: 97 % bei Oberschenkel-Amputierten.

[20] zur Nieden, u.a., Trauma Berufskrankh 2 (2000) 333, 336.

telgewöhnung sowie zur Abhängigkeit (Sucht) von Medikamenten führend; gelegentlich auch Suizid

- Auftreten von Phantomglied und Phantomschmerz auch nach Verletzung von Nervengeflechten und Querschnittlähmung, jedoch seltener als nach Amputation

Nach Schädel-Hirntraumen

- *postcommotionelle oder postcontusionelle Schmerzen*
  Kopfschmerzen, drückend, dumpf, vorwiegend im Stirn-Schläfenbereich oder ringförmig um den Kopf, oft Gefühl der Benommenheit, wie Rausch. Nicht selten – besonders nachts – dadurch Schlafstörung. Ausgelöst oft durch Wärme, Schwüle, Sonnenbestrahlung oder besondere Belastung. Nicht selten – vor allem anfangs – verbunden mit uncharakteristischem Schwindel, besonders beim Bücken, raschem Aufrichten, bei Kopfbewegungen, schnellem Gehen oder Drehen: vegetativ-vasomotorische Störungen

- nach längerem Klagen psychogene Fixierung und sich anbahnende hypochondrische Entwicklung gegeben. Abklingen postcommotioneller Beschwerden in den ersten Wochen, Monaten – Ausnahmen bis gegen Ende des ersten Jahres nach dem Unfall

- *Narbenkopfschmerz*
  vom postcommotionellen bzw. postcontusionellen Kopfschmerz zu unterscheiden; meist von selbst im Bereich einer Knochen- und/oder größeren Hautnarbe auftretende und sich ausbreitende Kopfschmerzen, nach einiger Zeit abklingend

- *Narbenhyperpathie*
  wie Narbenkopfschmerz lokalisiert im Bereich einer Narbe mit typischen ausstrahlenden schmerzhaften Missempfindungen von stechend-elektrisierendem Charakter. Nach Weichteilverletzungen (Riss-, Platz-, Quetschwunden mit oder ohne Nervenverletzung). Nicht selten nach Verletzungen des 1. Astes des Trigeminusnervs, besonders nach Teilschädigung an Austrittsstelle (Verletzungen im Bereich der Augenbraue)

Nach Verletzungen der Wirbelsäule

- *cervico-cephales Syndrom und cervico-brachiales Syndrom*
  schmerzhafte Bewegungseinschränkung der Halswirbelsäule, schmerzhafte Verspannung der Nacken-Schultermuskulatur, Nacken-Hinterkopfschmerzen, auch mit schmerzhaften Missempfindungen im Ausbreitungsgebiet der Hinterhauptnerven, Schulter-Arm-Schmerzen, auch mit Missempfindungen und Empfindungsstörungen an Armen und Händen

Nach Schädigungen des zentralen Nervensystems (zentraler Schmerz)

- *Thalamusschmerz* nach einer Latenz von einigen Wochen bis zu sechs Monaten
- *Deafferenzierungsschmerz nach Rückmarksverletzungen*
- *Deafferenzierungsschmerz nach peripheren Nervenverletzungen* treten im Vorsorgungsgebiet des verletzten Nerven distal der Läsion auf. Bei nachweislicher Läsion des verletzten Nerven muss er im entsprechend vorgegeben Vorsorgungsgebiet lokalisiert sein

5.5.4.1 Komplexes regionales Schmerzsyndrom (Complex regional pain syndrome, CRPS)

Besonders häufig auftretend nach Traumen im klinischen Alltag. Der von der Internationalen Schmerzgesellschaft (IASP) empfohlene Begriff ersetzt die unscharfen Bezeichnungen „Morbus Sudeck", „symphatische Reflexdystrophie", „Algodystrophie", „Kausalgie", posttraumatische Dystrophie".[21]

- *Differenzierung*
  CRPS Typ 1: ohne Nervenläsion
  CRPS Typ 2: mit Nervenläsion

- *Symptome*
  sensorisch: Schmerz, Allodynie, Sensibilitätsstörungen
  autonom: Temperaturdifferenz, Durchblutungsstörungen
  motorisch: Tremor, Koordinierungsstörungen

- *Form der Erstmanifestation*
  primär: Schmerzen unmittelbar nach Trauma
  sekundär (Spätform): Tage bis Wochen später

- *Auslöser*[22]
  häufig: Frakturen (besonders Radiusfrakturen), Operationen (besonders palmare Fasziotomie), Nervenverletzungen
  selten: Herzinfarkte, Herpes zoster, Entzündungen (Tendinitis, Bursitis, Vaskulitis), Thrombosen (arteriell/venös), bösartige Tumoren, zerebrovaskulärer Insult

Nach einem Zeitraum von mehr als zwölf Jahren sind dauerhafte therapeutische Erfolge nur in 5–10 % erreichbar.[23]

5.5.4.2 Posttraumatischer Kopfschmerz

Kopfschmerzen vom Spannungstyp und Migräne sind die häufigsten. Die Pathophysiologie ist nicht vollständig geklärt, zuverlässige objektive Messgrößen fehlen. Die Diagnose stützt sich daher auf die Kopfschmerzanamnese.[24]

Migräne: Häufigkeit bei Frauen 14 %, bei Männern 7 %.[25]

Spannungskopfschmerz: meist beidseitig lokalisiert, dumpfer und drückender Schmerz („als wenn der Kopf von einem Band zusammengeschnürt oder in einem Schraubstock zusammengepresst wird"), episodisch wenige Stunden bei zu sieben Tage chronisch täglich.

---

21 Widder, in: Begutachtung in der Neurologie (Hrsg. Widder, Gaidzik) 2007 S. 280; s. auch 8.1.3.1, S. 378.
22 Zens u.a., in: Die ärztliche Begutachtung (Hrsg. Fritze, Mehrhoff) 7. Aufl. 2008 S. 1039; Springer, in: Kursbuch der ärztlichen Begutachtung (Hrsg. Ludolph, u.a.) 7. Ergänzungslieferung September 2007, VI-1.3.8 S. 2; Jakubetz u.a., Trauma Berufskrankh 2 (2003) 208, 212.
23 Stuttmann, u.a., Trauma Berufskrankh 4 (2002) Suppl. 1 S. 45.
24 Hanisch, in: Kursbuch der ärztlichen Begutachtung (Hrsg. Ludolph, u.a.) 7. Erg. Lfg. September 2007, VI-2.2.2 S. 1.
25 Rasmussen u.a., J. Clin. Epidemol. 44 (1991) 1147.

Nach den Kriterien der Internationalen Kopfschmerzgesellschaft erfordert die Diagnose posttraumatischer Kopfschmerzen Bewusstseinsverlust, posttraumatische Amnesie (Erinnerungslücke) von mehr als zehn Minuten und mindestens zwei Untersuchungen.

5.5.4.2.1 Chronische Kopfschmerzen nach leichter Schädel-Hirn-Verletzung

Chronisch-posttraumatische Kopfschmerzen dauern länger als acht Wochen.

Umstritten, ob es chronische Kopfschmerzen nach leichtem Schädel-Hirntrauma gibt. Einigkeit besteht, dass weder Schweregrad noch Dauer subjektiver posttraumatischer Symptome mit der Dauer der Bewusstlosigkeit korrelierbar ist.[26]

- Nach einer Ansicht[27] handelt es sich um natürliche Kopfschmerzen, posttraumatisch entstanden
- Gutachterlicher Auffassung gemäß liegen Hinweise vor, dass die Dauer (nicht Ausprägung) posttraumatischer Symptome mit der Schwere der Hirnverletzung in Wechselbeziehung steht.[28]

Minderung der Erwerbsfähigkeit nach

- unkomplizierter Commotio

Hartnäckige Kopfschmerzen sind statistisch überwiegend durch psychologische Faktoren (mit)bedingt. Weitere Momente sind Fremdverschulden eines Unfalls und die Aussicht auf finanzielle Entschädigung. Allenfalls ist eine MdE für wenige Monate zuzuerkennen.[29] Die bisweilen beschriebene Zweijahresfrist sei aus einer „Fehlinterpretation rein versicherungstechnischer Verhältnisse" (Umwandlung der „vorläufigen" in eine „Dauerrente" nach altem Recht) entstanden, medizinisch aber nicht begründbar.[30]

- Impressionsfrakturen und ausgedehnten Weichteilverletzungen

Bei besonders schweren Kopfschmerzen MdE in rentenberechtigtem Grade bis zum Ende des zweiten Unfalljahres.[31]

5.5.4.2.2 Chronische Kopfschmerzen nach Distorsionen an der Halswirbelsäule

Akute und chronische Kopfschmerzen nach Distorsionen der Halswirbelsäule sind zu erwägen.[32] Auf die vielfältigen Beziehungen zwischen organischen und psychosozialen Faktoren, im Einzelfall schwer einzuschätzbar, wird hingewiesen.[33]

---

26 Hanisch, in: Kursbuch der ärztlichen Begutachtung (Hrsg. Ludolph, u.a.) 7. Ergänzungslieferung September 2007, VI-2.2.1 S. 1.
27 Haas, Cephalalgia 16 (1996) 486; ablehnend auch Evans, Editorial Commentary Cephalagia 16 (1996) 461; Warner Fenichel, Neurolgy 46 (1996) 915 f.
28 Raskin, Appenzeller, Kopfschmerz 1982.
29 Hanisch, in: Kursbuch der ärztlichen Begutachtung (Hrsg. Ludolph, u.a.) 7. Ergänzungslieferung September 2007, VI-2.2.1 S. 3.
30 Poeck, in: Neurologie in Praxis und Klinik (Hrsg. Hopf, u.a.) 1992.
31 Hanisch, in: Kursbuch der ärztlichen Begutachtung (Hrsg. Ludolph, u.a.) 7. Ergänzungslieferung September 2007, VI-2.2.1 S. 3.
32 Tegenthoff u.a., in: Begutachtung in der Neurologie (Hrsg. Widder, Gaidzik) 2007 S. 341, 342.
33 Klassifikationskriterien der Internationalen Kopfschmerzgesellschaft, 1988.

Posttraumatische zervikogene Kopfschmerzen betreffen meist das Hinterhaupt (okzipital) und strahlen zur Stirn hin (frontal) aus. Schmerzen werden als ziehend beschrieben, Seitenwechsel ist untypisch. Der Kopfschmerz sollte durch bestimmte Kopfstellungen auslösbar sein. Eine chronische Verlaufsform ist auf den Unfall zu beziehen, wenn diskoligamentäre Verletzungen mit bildgebenden Verfahren nachweisbar sind.[34]

Eine Minderung der Erwerbsfähigkeit wegen zervikogener Kopfschmerzen ist allenfalls für wenige Monate anzuerkennen.[35]

5.5.5 Objektivierbare Schmerzen

Objektivierbar sind Schmerzen, wenn gewisse Verletzungsfolgezustände nach allgemeiner gutachterlicher Erfahrung Schmerzen bestimmter Art und Lokalisation für einen definierbaren Zeitraum nach sich ziehen. Durch Benennung der Unfallfolgen sind sie aufgenommen und bewertet. Gegebenenfalls sind sie als „die mit den verbleibenen Unfallfolgen verbundenen Beschwerden" zu bezeichnen.[36] Eine Diskussion, ob Beschwerden glaubhaft sind, ist zu vermeiden. Sie sind nicht Teil der Befundbeschreibung, sondern als „Beschwerden des Betroffenen" aufzunehmen.

5.5.6 Subjektive Schmerzempfindlichkeit[37]

- Unterschiedliches Erleben des Schmerzes und Reagieren auf diesen, bedingt durch die individuelle Persönlichkeit, deren Entwicklung und Erfahrungen, auch durch Art und Lokalisation der Verletzung (z.B. entstellende Verletzung, „lebenswichtiges" Organ, wie Gehirn, Rückenmark)
- Schmerz und Angst ergänzen und verstärken einander

Schmerz selbst wird körperlich erlebt, so

- als ob regelmäßig durch Gewebeschädigung verursacht
- gleichwie ob Verletzung real oder imaginär vorhanden.

Er ist Empfindung, Wahrnehmung und bewusstes Erleben zugleich, gebunden an die biologischen Strukturen und Funktionen des Nervensystems, modifizierbar aber durch individuell psychogene, situative und soziogene Einflüsse.

Faktoren, welche das *subjektive Erleben* des Schmerzes beeinflussen und zu seiner Chronifizierung beitragen:

- Aufmerksamkeit/Ablenkung
- Angst, depressive Verstimmung

---

[34] Hanisch, in: Kursbuch der ärztlichen Begutachtung (Hrsg. Ludolph, u.a.) 7. Ergänzungslieferung September 2007, VI-2.2.1 S 3.
[35] Hanisch, in: Kursbuch der ärztlichen Begutachtung (Hrsg. Ludolph, u.a.) 7. Ergänzungslieferung September 2007, VI-2.2.1 S 3.
[36] Ludolph, in: Kursbuch der ärztlichen Begutachtung (Hrsg. Ludolph, u.a.) 7. Erg. Lfg. September 2007 VI-1.1 S. 13; Kaiser, BG 2007, 137, 142.
[37] Schönberger, akt. traumatol. 1971, 191 ff.; ders., BG-UMed 49 (1982) S. 101 ff.; Mayer, Universitas 1974, 1051 ff.; Jochum, Kary, Orthop. Praxis 8/89, 497–507; Uexküll, Psychosomatische Medizin, 1990; Ludolph, BG 1991, 43 f.; Huber, VersMed 52 (2000) 66.

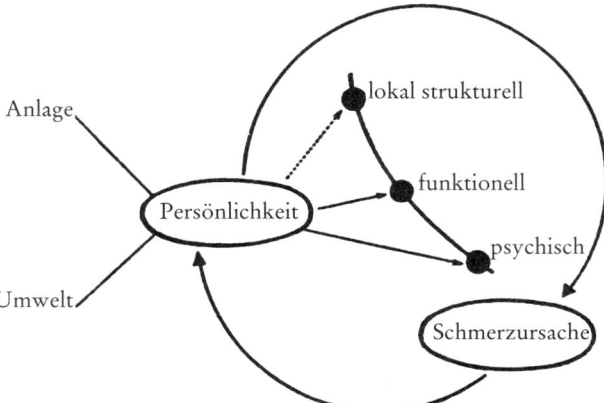

Abb. 3: Wechselwirkung zwischen Schmerz und menschlicher Persönlichkeit. Die möglichen Einflüsse von Seiten der Persönlichkeit sind durch Pfeile verschiedener Intensität dargestellt

- kognitive Prozesse (Kontrollüberzeugungen: z.B. fatalistisch)
- sekundärer Krankheitsgewinn und andere Verstärker
- biographische Disposition
- konflikthaftes Bewusstsein/psychische Abwehr
- kulturelle Faktoren

Das Schmerzphänomen wird unterschiedlich empfunden. Die Schmerzquelle ist qualitativ und quantitativ großen subjektiven Einflüssen (Psyche, Gefühlsleben, Gewöhnung, allgemeines körperliches Befinden, Erregung) unterworfen.[38] Schmerzerleben und Schmerzverarbeitung werden ferner beeinflusst von der Wirkung, die diesen beim einzelnen Menschen aus Tradition, Erziehung und Konvention zukommen. Neben die Zweiteilung des physiologischen Reizes, den der Schmerz auslöst, und der Schmerzbereitschaft, die für die Intensität und Qualität des erlebten Schmerzes mitentscheidend ist, treten zur Schmerzbereitschaft Faktoren aus dem physiologischen und psychologischen Bereich.

Schmerz und Angst stehen häufig in Wechselwirkung, die als echte Rückkoppelung erscheinen kann. *Angst* ist das Unvermögen, sein eigenes Schicksal anzunehmen. Treffen Schmerzen den Menschen ohne ersichtliche äußere Ursache, werden sie als unheimlich empfunden, zumal wenn weder ihr Entstehen noch ihr Ende absehbar ist. Sowohl in der bildlichen als auch in der literarischen Darstellung kommt der Schmerz „von außen" als Strafe für eine Schuld, Rache eines bösen Dämons oder einer Gottheit, die man versöhnen muss, oder auch als übertragener Fluch eines feindlich gesinnten Mitmenschen. Begriffe wie „Hexenschuss" zeugen bis heute von dieser Anschauung.

---

[38] Janzen, DMW 1963, 1494: Der Schmerz ist eingebaut in das körperlich-seelische Gesamt der Person; Mayer, Universitas 1974 S. 1060.

Angst, Spannung und Stress lösen funktionelle Beschwerden aus, die hypochondrisch fehlverarbeitet werden und zur Verstärkung des Spannungszustandes Angst führen: Ein Circulus vitiosus wird in Gang gesetzt.

Der Bewegungsapparat als Kommunikationsmittel[39] oder Ausdrucksorgan der Haltung[40] wird bestimmt von der Psyche, die einer der wichtigsten Faktoren für die Bestimmung der menschlichen Haltung ist[41]:

Der Patient lässt seinen Kopf hängen, weil er „Nackenschläge vom Schicksal" erhalten hat, ihm das „Wasser bis zum Halse steht", er vor „Entsetzen wie gelähmt ist" oder Ähnliches. Bedrücktsein, das in der gedrückten Haltung Ausdruck findet, führt zum Muskelspannungsschmerz mit Schutzfunktion.

Das Übertreiben von Beschwerden ist ein dem Betroffenen weitgehend unbewusstes Phänomen. Nicht er übertreibt, „es" übertreibt ihn. Schonhaltung, einmal nützlich, Hilfsmittel, wie Stöcke, werden beibehalten, weil sie dazu dienen, in der Krankenrolle zu verharren. Für die somatoformen Störungen ist charakteristisch, dass körperliche Beschwerden vorhanden sind, nicht oder nicht hinreichend durch körperliche Erkrankungen erklärbar.

5.5.7 Schmerzen als psychische Erkrankung

Bei körperlich nicht oder nicht hinreichend erklärbaren Schmerzen, für die auf Grund fehlender klinischer und apparativer Befunde organische Ursachen ausschließbar sind[42], kann der Schmerz Leitsymptom einer psychischen Erkrankung sein. Insbesondere sind somatoforme Schmerzstörungen[43] in Betracht zu ziehen, die eine klare Diagnosestellung nach der ICD-Klassifizierung erfordern.

Einteilung nach ICD-10

F 45   somatoforme Störungen

F 45.0   Somatisierungsstörungen (multiple psychosomatische Störung, multiples Beschwerdesyndrom)

F 45.1   undifferenzierte Somatisierungsstörung

F 45.2   hypochondrische Störung (Hypochondrie, hypochondrische Neurose/Nosophobie, nicht wahnhafte Dysmorphophobie, körperdysmorphe Störung)

F 45.3   somatoforme autonome Funktionsstörung

        F 45.30   somatoforme autonome Funktionsstörung des kardiovaskulären Systems (Herzneurose, neurozirkulatorische Asthenie, Da-Costa-Syndrom)

        F 45.31   somatoforme autonome Funktionsstörung des oberen Gastrointestinaltraktes (psychogene Aerophagie, psychogener Singultus, Dyspepsie, Pyloropasmus, Magenneurose)

---

[39] Tilscher, Eder, Z. f. Orthop. 122 (1984) 384 ff.
[40] Isermann, Psychiatr. Neurol., Med. Psychol., 1979, 153 ff.
[41] Weintraub, Psychorheumatologie, 1983.
[42] Egle, MedSach 103 (2007) 128.
[43] Widder, in: Begutachtung in der Neurologie (Hrsg. Widder, Gaidzik) 2007 S. 282 ff.

F 45.32 somatoforme autonome Funktionsstörung des unteren Gastrointestinaltrakts (psychogene Flatulenz, psychogenes Colon irritabile, psychogene Diarrhoe, funktionelle Unterbauchbeschwerden)

F 45.33 somatoforme autonome Funktionsstörung des respiratorischen Systems (psychogene Hyperventilation, psychogener Husten)

F 45.34 somatoforme autonome Funktionsstörung des urogenitalen Systems (psychogene Pollakisurie, Dysurie)

F 45.35 sonstige Organsysteme

F 45.4 anhaltende somatoforme Schmerzstörung (Psychalgie, psychogener Rücken- oder Kopfschmerz, somatoforme Schmerzstörung)

F 45.8 sonstige somatoforme Störung (Globus hystericus, psychogener Torticollis, psychogener Pruritus, psychogene Dysmenorrhoe, Zähneknirschen)

F 45.9 nicht näher bezeichnete somatoforme Störung

5.5.8 Begutachtung von Schmerzen

Für die Begutachtung sind in der Regel chronische, nicht monokausal erklärbare Schmerzen von Bedeutung[44]. Folgende Unterscheidung ist maßgebend[45]:

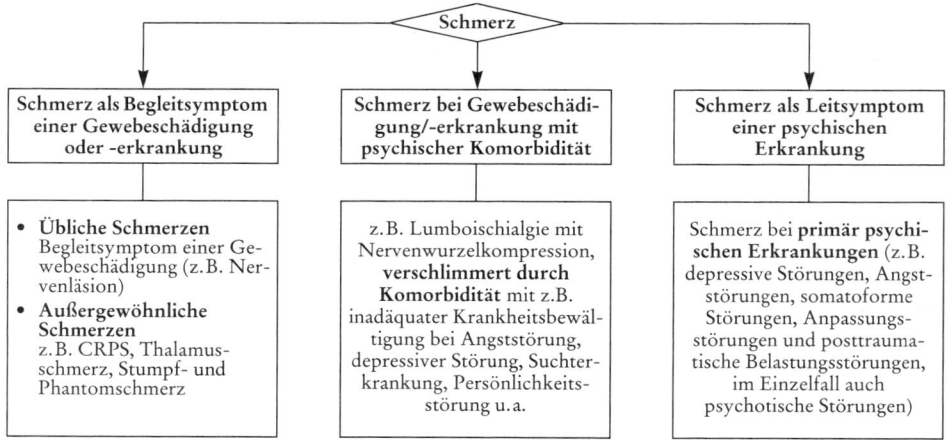

Die Begutachtung von Schmerzen erfordert eingehende körperliche sowie psychopathologische Befunderhebung und ist daher eine interdisziplinäre Aufgabe. Der Sachverständige muss Kompetenz sowohl zur Beurteilung körperlicher als auch psychischer Störungen ausweisen. Das morphologische Substrat sichert das dafür zuständige Fachgebiet (Chirurgie, Unfallchirurgie, Orthopädie, Neurologie, Innere Medizin, usw.) nach dem für jedes Fachgebiet verbindlichen Standard. Den Krankheitswert, die Ursachen und die funktionel-

---

[44] Kaiser, BG 2007, 134; Kaiser, Forum Medizinische Begutachtung 1 (2006) 37; Roller, SGb 5 (2007) 271.

[45] Leitlinie für die Begutachtung von Schmerzen, Leitlinien-Register Nr. 030/102; Widder u.a., Med Sach 103 (2007) 132; Keller, MedSach 105 (2009) 96.

len Auswirkungen des strukturell nicht erklärten Schmerzes, insbesondere bei Abgrenzungsproblemen und Wechselwirkungen körperlicher und psychischer Störungen, sichert das Fachgebiet Psychiatrie auf der Grundlage des vorgegebenen morphologischen Substrats nach dem für dieses Fachgebiet verbindlichen Standard (ggf. Einbeziehung der besonderen Kompetenz des Fachgebietes Anästhesiologie zum krankheitskonformen Verlauf der Schmerzkrankheit).[46] Jedoch fällt die Beurteilung von Schmerz nicht zwingend in ein bestimmtes Fachgebiet. Notwendig sind fachübergreifende Erfahrungen hinsichtlich Diagnostik und Beurteilung von Schmerzstörungen.[47]

Im Rahmen der Anamnese kommt der klinischen Schmerzanalyse[48] besonderes Gewicht zu, bei der das Phänomen, seine Entwicklung und Begleiterscheinungen zu ermitteln sind. Der Betroffene soll von sich aus, unbeeinflusst seine Schmerzen schildern. Auf Grund medizinischer Sachkenntnis muss der Gutachter ergänzend erfragen, was jener vergessen oder noch nicht bemerkt haben könnte. Die Lokalisation des Schmerzes möge vom Arzt in einer umfassenden Schmerzdokumentation verarbeitet werden.[49]

Die Fragen richten sich zunächst auf die Lokalisation, Qualität, Intensität, Häufigkeit, Ausdehnung, Dauer und Beginn des Schmerzes und Begleiterscheinungen vegetativ-somatischer, psychischer oder neurogener Art, auf den Verlauf des Schmerzes (akut, subakut, chronisch, episodisch, rhythmisch, tagsüber und/oder nachts) und seinen Charakter (anfall-, krampf- oder blitzartig, anhaltend usw.) sowie auf schmerzverstärkende und -reduzierende Faktoren, Medikamenteneinnahme, Verhalten, Bewältigungsstrategien, Reaktionen von Bezugspersonen und schmerzbedingte Verhaltensänderungen in Beruf und Freizeit.

Unfallunabhängige Erkrankungen, psychosoziale, zur Verstärkung des Schmerzerlebens führende Bedingungen sind ebenso zu erfragen wie Einzelheiten der Familienanamnese, der persönlichen Entwicklung und der aktuellen Lebenssituation. Schulische und berufliche Entwicklung, Partnerschaft, Ehe, Sexualität, Wohnsituation, finanzielle Verhältnisse, Sozialkontakte und etwaige Veränderungen dieser Faktoren durch den erlebten Schmerz bedürfen der Darstellung.

Mimik und Gestik des Betroffenen sind zu beobachten, oft spiegeln sie den Schmerz in Schwere und Lokalisation charakteristisch wider.

Für „Auslösung", Entstehung, Verschlimmerung und Besserung des Schmerzes können ausschlaggebend sein: Jahreszeit, Wetterlage (Föhn, Sturm, Außentemperatur), Höhenlage, Klima, Lebensgewohnheiten (Nahrung, Genussmittel, Medikamente), körperliche und seelische Belastung.

Chronischer Schmerz hat zwar keinen medizinischen, nicht selten aber einen psychologischen und sozialen Sinn, der ihn unterhält und mitgestaltet. Stimmung, Antrieb, Verhal-

---

[46] Hausotter, Begutachtung somatoformer und funktioneller Störungen, 2. Auflage 2004 S. 66; Freudenberg, Forum medizinische Begutachtung, Ausgabe 1/2006, S. 28, 31; Ludolph, Akt Traumatol 35 (2005) 293, 294; Kaiser, BG 2007, 134.
[47] BSG, 09. 04. 2003, SGb 2003, 341; BSG, 12. 12. 2003, SozR 4-1500 § 160a Nr. 3; Roller, SGb 5 (2007) 271, 273.
[48] Dazu Janzen, DMW 1963, S. 31ff.; Brune, MedSach 1981, 41; Simanski, u.a., Unfallchirurg 72 (2001) 1168; Häuser, Med Sach 98 (2002) 120; Widder u.a., Med Sach 103 (2007) 132.
[49] Friedrich, Tilscher, Platzer, Morphol. Med. 2 (1982) 9–20.

ten, Psychomotorik und Zukunftserwartungen gewähren unter Berücksichtigung der Persönlichkeitsentwicklung im Einzelfall bedeutsame, beurteilungsrelevante Einblicke in die Besonderheiten der individuellen Situation des Schmerzkranken.[50]

Zu berücksichtigen ist auch der wegen der Schmerzen erforderliche Analgetika-, Narkotika- und Psychopharmakakonsum, einerseits ein Indikator für die Intensität der Schmerzen, andererseits – z.B. beim Analgetika-induzierten Kopfschmerz – die Ursache der Schmerzsymptomatik. Soweit möglich, sollten die Serumspiegel der eingenommenen Medikamente überprüft und zu den anamnestischen Angaben in Beziehung gesetzt werden.[51]

Mit dem Versicherten ist zu erörtern, ob und aus welchen Gründen das Schmerzerleben ursächlich durch den Verletzungstatbestand erklärbar ist, und ob und inwieweit er durch die außergewöhnlichen Schmerzen und die mit ihnen einhergehenden Behandlungsmaßnahmen in seiner Leistungsfähigkeit einschließlich seiner Freizeitaktivitäten beeinträchtigt wird.[52] Die Bewertung von Art, Ausmaß und Intensität von Schmerzen erfolgt in den Grenzen der Objektivierbarkeit. Objektive Messmethoden zur Quantifizierung des Schmerzes fehlen. Für die Beurteilung von Schmerzerlebnis, -verhalten und -verarbeitung werden ergänzend wissenschaftlich erarbeitete Fragebögen (idR mit Kontrollfragen zum Ausschluss von Aggravation, Simulation, aber auch Dissimulation) und Schmerzskalen herangezogen, die aber in der Begutachtungssituation nicht valide sind.[53] Der Gutachter vermag daher nur durch eine umfassende und zeitlich umfangreiche Befragung und durch die Beobachtung eine nachvollziehbare und zutreffende Beurteilung abzugeben: Aussagen zur Konsistenz und Plausibilität der geklagten Schmerzen und der dadurch hervorgerufenen Beeinträchtigungen stehen im Vordergrund.[54]

5.5.8.1 Plausibilitätsprüfung[55]

Anders als in der schmerztherapeutischen Behandlung kann der Grundsatz „Schmerzen hat, wer Schmerzen klagt" im Rahmen der Begutachtung keine Geltung beanspruchen. Da Objektivierung und Quantifizierung von Schmerzen problematisch sind, ist bedeutsam, inwieweit anhand der Zusammenschau von Anamnese, klinischen Befunden und Aktenlage die geklagten Beschwerden und Beeinträchtigungen plausibel sind. Hinweise auf Widersprüche geben:

---

[50] Hanisch, in: Kursbuch der ärztlichen Begutachtung (Hrsg. Ludolph, u.a.) 7. Ergänzungslieferung September 2007, VI 2.6 S. 5.
[51] Hanisch, in: Kursbuch der ärztlichen Begutachtung (Hrsg. Ludolph, u.a.) 7. Ergänzungslieferung September 2007, VI 2.6 S. 5.
[52] Hanisch, in: Kursbuch der ärztlichen Begutachtung (Hrsg. Ludolph, u.a.) 7. Ergänzungslieferung September 2007, VI 2.6 S. 5.
[53] Leitlinie für die Begutachtung von Schmerzen, Leitlinien-Register Nr. 030/102; Widder u.a., Med Sach 103 (2007) 132; Häuser, MedSach 98 (2002) 120, 126.
[54] BSG, 9. 4. 2003, SGb 2003, 341.
[55] Deutsche Gesellschaft für Psychotherapeutische Medizin (DGPM): Ärztliche Begutachtung in der Psychosomatik und Psychotherapeutischen Medizin – Sozialrechtsfragen, bei Widder, u.a., MedSach 98 (2002) 27, 28.

Diskrepanz zwischen Beschwerdeschilderung (einschließlich Selbsteinschätzung in Fragebogen) und körperlicher und/oder psychischer Beeinträchtigung in der Untersuchungssituation.

Wechselhafte und unpräzis-ausweichende Schilderung der Beschwerden und des Krankheitsverlaufes.

Diskrepanzen zwischen eigenen Angaben und fremdanamnestischen Informationen (einschließlich Aktenlage).

Fehlende Modulierbarkeit der beklagten Schmerzen.

Diskrepanz zwischen geschilderten Funktionsbeeinträchtigungen und zu eruierenden Aktivitäten des täglichen Lebens.

Fehlen angemessener Therapiemaßnahmen und/oder Eigenaktivitäten zur Schmerzlinderung trotz ausgeprägt beschriebener Beschwerden.

Fehlende sachliche Diskussion möglicher Verweistätigkeiten bei Begutachtungen zur beruflichen Leistungsfähigkeit.

Rückzug von unangenehmen Tätigkeiten (z.B. Beruf, Haushalt), jedoch nicht von den angenehmen Dingen des Lebens (z.B. Hobbys, Vereine, Haustiere, Urlaubsreisen).

Trotz Rückzug von aktiven Tätigkeiten Beibehalten von Führungs- und Kontrollfunktionen (z.B. Überwachung der Haushaltsarbeit von Angehörigen, deren Steuerung des Einkaufsverhaltens).

5.5.8.2 Sozialmedizinische Beurteilung[56]

Bei abschließender sozialmedizinischer Beurteilung sind im Wesentlichen als Konstellationen zu unterscheiden:

- *Konsistente Befunde*: Erwartungsgemäß keine Probleme, wenn die Angaben zur Beeinträchtigung im beruflichen und im außerberuflichen Bereich konsistent und vergleichbar sind
- *Inkonsistente Befunde*: Inkonsistenzen zwischen geklagten Beschwerden und tatsächlicher Beeinträchtigung ergeben Zweifel, ob das tatsächliche Ausmaß der Beeinträchtigung dem der geklagten Beschwerden entspricht
- „*Sekundärer Krankheitsgewinn*": Schwierige Beurteilung beim Nachweis eines sozialen Rückzugs, jedoch Frage, inwieweit ein „sekundärer Krankheitsgewinn" so weit vordergründig ist, dass hierdurch eigentlich kein Leidensdruck besteht und der Betroffene „seine Schmerzen" lediglich dazu benutzt, um (Regressions-)Wünsche gegenüber seiner Umgebung durchzusetzen. Auch zeigt sich, dass mit zunehmender Chronifizierung ein zunächst erheblicher „Krankheitsgewinn" verschwindet und einer dem willentlichen Zugriff entzogenen Störung von Krankheitswert Bedeutung eingeräumt wird. Aufgabe des Sachverständigen ist es, diese Entwicklung zu belegen
- *Primär psychische Erkrankung*: Die geklagten Schmerzen sind Symptom einer primär psychischen Störung
- *Fehlende Kooperation*: Ergibt sich auf Grund fehlender Kooperation keine Beurteilung des Umfangs der tatsächlichen Beeinträchtigungen, ist solches klarzulegen

---

[56] Foerster, Nervenarzt 63 (1992) 129; Widder, u.a., MedSach 98 (2002) 28, 29f.

5.5.8.3 Zusammenfassende Beurteilung[57]

(1) *„Finale" Fragestellungen*: Beschreibung der im Verlauf des Lebens aufgetretenen Gesundheitsstörungen in Verbindung mit beruflicher und sozialer Entwicklung

„Kausale" Fragestellungen: Beschreibung des Unfallvorganges und dessen Folgen unter Berücksichtigung des Vorzustandes

(2) Detaillierte Plausibilitätsprüfung der erhobenen Befunde

(3) Sozialmedizinische Beurteilung (ggf. im Kontext mit Beurteilung vorhandener Gutachten) und Beantwortung der gestellten Fragen

5.5.9 Aggravation und Simulation

Abzugrenzen sind *Aggravation* (absichtliche Übertreibung tatsächlicher Krankheitserscheinungen) und *Simulation* (bewusstes und tatsächliches Vortäuschen oder Nachahmen von Krankheitssymptomen, um für krank zu gelten).

Der bedeutsame Unterschied zwischen somatoformer und vorgetäuschter Störung besteht darin, dass Gründe für die Existenz des Symptoms bei ersterer nicht bewusst, bei der anderen jedoch (relativ) bewusst ausgestaltet sind. Der Somatisierungspatient versucht sich (unbewusst) durch Flucht in eine Krankenrolle aus einer für ihn nicht anders zu bewältigenden Problemlage zu befreien; der krankhaft Vortäuschende erstrebt etwa eine Versicherungsleistung.[58]

Aggravation ist häufig, Simulation selten.

Nach unfallmedizinischen Erkenntnissen kann eine ausgeprägte Aggravation oder sogar Simulation gegeben sein, wenn

– eine auffallende *Diskrepanz* zwischen subjektiver Beschwerdeschilderung und beobachtbarem Verhalten in der Untersuchungssituation besteht
– die *Intensität* der Beschwerdeschilderung zur Vagheit der Beschwerden kontrastiert
– *Angaben zum Verlauf der Erkrankung* nicht präzisierbar sind
– sich zwischen den *Angaben* des Probanden und fremdanamnestischen Informationen erhebliche *Abweichungen* ergeben
– das *Ausmaß* der geschilderten Beschwerden zur Intensität der bisherigen Inanspruchnahme therapeutischer Hilfe *diskrepant* ist
– das *Vorbringen der Klagen* appellativ-demonstrativ wirkt, ohne dass in der Übertragungssituation beim Gutachter die Wertung des Betroffenseins des Patienten entsteht
– sich trotz der Angabe schwerer Beeinträchtigungen das psychosoziale Funktionsniveau im Alltag als weitgehend intakt darstellt.[59]

---

[57] Widder, u.a., MedSach 98 (2002) 27, 28.
[58] Wölk, MedSach 91 (1995) 158, 160.
[59] LSG Rheinland-Pfalz, 30. 9. 1999, HV-Info 8/2000, 696 = Breith. 2000, 547; Foerster, MedSach 98 (2002) 152, 153.

5.5.10 Minderung der Erwerbsfähigkeit

- keine Berücksichtigung allgemeiner, diffuser und unqualifizierter Störungen des körperlichen Wohlbefindens
- entscheidend – tatsächliches und zur Überzeugung des Gutachters nachhaltiges Auswirken subjektiver Behinderungen auf die Erwerbsfähigkeit
- nicht der Schmerz selber – seine Wirkung auf die Erwerbsfähigkeit des Betroffenen fließt in Bewertung ein
- in *Richtwerten* bereits Einschluss der üblicherweise vorhandenen Schmerzen
- höhere MdE bei – über das übliche Maß hinausgehender – Schmerzempfindlichkeit mit Auswirkung auf die Erwerbsfähigkeit
- im Rentenbescheid grundsätzlich präzise und konkrete Aufnahme der Folgen und Auswirkungen des Versicherungsfalls
  indes: bedachte Formulierung beim Anführen subjektiver Beschwerden

Da in der ges. UV die Minderung der Einsatzfähigkeit auf dem allgemeinen Arbeitsmarkt entschädigt wird, können allgemeine, diffuse und unqualifizierte Störungen des körperlichen Wohlbefindens nicht berücksichtigt werden.[60] Das gilt auch für leichtere Schmerzen. Entscheidend ist, ob sich subjektive Behinderungen solcher Art tatsächlich und zur Überzeugung des Gutachters nachhaltig auf die Erwerbsfähigkeit auswirken. Nicht der Schmerz selber, sondern nur seine Wirkungen auf die Erwerbsfähigkeit des vom Schmerz Betroffenen können in die Entschädigung durch den UV-Träger einfließen.[61]

Die prozentuale Einschätzung der MdE durch Schmerzzustände aller Art ist naturgemäß außerordentlich schwierig. Für die „üblichen Schmerzen" ist grundsätzlich davon auszugehen, dass die MdE für körperliche Funktionseinschränkungen eine schmerzbedingte Bewegungseinschränkung mit umfasst und in den Richtwerten erfahrungsgemäße Begleitschmerzen (z. B. beim Bewerten von Amputationen, s. 8.13.4, S. 689) eingeschlossen sind.[62] Nur dort, wo nach Sitz und Ausmaß pathologischer Veränderungen eine über das übliche Maß hinausgehende Schmerzhaftigkeit – mit Auswirkungen auf die Erwerbsfähigkeit – vorliegt, muss von diesen Sätzen abgewichen werden. Bei „außergewöhnlichen Schmerzen", wie bei kausalgieformen Schmerzen und dem komplexen regionalen Schmerzsyndrom, und wenn neben dem Schmerz keine wesentliche Funktionsbeeinträchtigung vorliegt,[63] ist in Abhängigkeit von der Schwere eine eigenständige Berücksichtigung erforderlich. Dabei ist konkret darzustellen, inwieweit das Schmerzsyndrom die für die organische Funktionsbeeinträchtigung eingeschätzte Minderung der Erwerbsfähigkeit erhöht.[64]

---

[60] Anders im Bürgerlichen Recht, vgl. § 847 BGB.
[61] Kaiser, BG 2007, 134, 137.
[62] Vgl. § 30 BVG: Dabei sind seelische Begleiterscheinungen und Schmerzen in ihren Auswirkungen zu berücksichtigen; Noeske, BG 1954, 309: Der Begriff der Erwerbsfähigkeit deckt sich im Wesentlichen mit dem in der UV; bei der Bewertung der MdE sind allerdings Besonderheiten gegenüber der Übung in der UV vorgeschrieben. Hausotter, Begutachtung somatoformer und funktioneller Störungen, 2. Auflage 2004 S. 74; Roller, SGb 2007, 371, 372.
[63] Roller, SGb 2007, 271, 272.
[64] Kaiser, Forum Medizinische Begutachtung, 1 (2006), 37, 39; Zens u. a., in: Die ärztliche Begutachtung (Hrsg. Fritze, Mehrhoff) 7. Aufl. 2008, S. 790.

Das grundsätzliche Verneinen einer Berentung von – insbesondere schweren – Phantomschmerzen über den Rahmen der sonst üblichen Prozentsätze für Amputierte ist nicht bedenkenfrei.[65] Bei kontinuierlichen starken Schmerzen kann die Gesamt-MdE 100 % betragen.[66]

Bedarf es einer zusätzlichen Bewertung des Schmerzes, ist zu prüfen, ob der Gutachter des jeweiligen Fachgebietes dies vornehmen kann oder ein Zusatzgutachter auszuwählen ist. Dies gilt insbesondere für organisch nicht (mehr) begründbare Schmerzen. Bei gesonderten bzw. klar abgrenzbaren Störungsbildern, zum Beispiel einer somatoformen Schmerzstörung neben verbliebenen schmerzhaften organischen Unfallfolgen nach einer Bissverletzung, ist ggf. eine Gesamt-MdE zu bilden.[67]

In der unfallmedizinischen Literatur finden sich auf Grund der notwendigen individuellen Einschätzung nur vereinzelt Richtwerte zu organisch begründeten „außergewöhnlichen Schmerzen".[68] Für die somatoforme Schmerzstörung wird eine differenzierende MdE-Bewertung vorgeschlagen:[69]

Somatoforme Störung (ICD-10 F45), ohne somatoforme Schmerzstörung	**MdE in %**
Leichte bis mittelgradige Ausprägung mit körperlich-funktioneller Einschränkung	bis 20
Stärkergradige körperlich-funktionelle Einschränkung mit erheblicher psychisch-emotionaler Beeinträchtigung	bis 30
Somatoforme Schmerzstörung (ICD-10 F45.4)	
Schmerzzustand mit leicht- bis mäßiggradiger körperlich-funktioneller Einschränkung	bis 10
Chronifizierter Schmerzzustand mit stärkergradiger körperlich-funktioneller Einschränkung und psychisch-emotionaler Beeinträchtigung	bis 30
Chronifizierter Schmerzzustand mit schwer wiegender körperlich-funktioneller Einschränkung und erheblicher psychisch-emotionaler Beeinträchtigung	bis 40

---

65   So offenbar Mifka, Nervenärztliche Begutachtung, Schriftenr. d. AUVA Wien H. 1 S. 177: Besonders der Hinweis, dass die Mehrzahl der Verletzten trotz Amputation einer Arbeit nachgeht, ist im Hinblick auf die im deutschen Rechtssystem geltende Schadensbetrachtung kein überzeugendes Argument. Es ist gerade ein wesentlicher Vorzug des abstrakten Schadensersatzes, dass der Verletzte den Verlust der Rente nicht zu befürchten braucht, wenn er seine vorhandenen Kräfte angemessen einsetzt; ein Faktor, dem erhebliche psychologische Bedeutung beizumessen ist. Vgl. auch Bayer. LVA, 21. 10. 1953, Bayer. ABl. B 1954, 72, wonach „normale Phantomschmerzen" nach Amputation (im Rahmen der KOV) nicht mehr gesondert bewertet werden können.
66   Zens u. a., in: Die ärztliche Begutachtung (Hrsg. Fritze, Mehrhoff) 7. Aufl. 2008, S. 790.
67   Kaiser, BG 2007, 134, 138.
68   Zens, u. a., Die ärztliche Begutachtung (Hrsg. Fritze, Mehrhoff) 7. Aufl. 2008 S. 789 ff.; Hausotter, Begutachtung somatoformer und funktioneller Störungen, 2. Auflage 2004 S. 73.
69   Foerster, u. a., MedSach 103 (2007) 52.

5.5 *Schmerz* 223

Die Rspr. rückt bei der MdE-Bewertung die subjektive Seite in den Vordergrund und berücksichtigt insonderheit die Persönlichkeit[70], d.h. es muss erwogen werden, welche Auswirkungen das Unfallereignis gerade bei dem Versicherten infolge der Eigenart seiner Persönlichkeit hat. Eine Begrenzung für die Höhe der MdE wird in einer eindeutig abnormen Reaktionslage gesehen. Die erhöhte Einschränkung auf dem allgemeinen Arbeitsmarkt liegt vor, wenn der Betroffene nur unter besonderem Energieaufwand und unter Hinnahme außergewöhnlicher Schmerzen arbeiten kann.[71] Das setzt einen dauernden Schmerzzustand voraus; Schmerzen allein bei häuslicher Ruhe beeinflussen die Bewertung der MdE in der Regel nicht.

Besserungen der Schmerzsymptomatik durch Medikamente sind MdE-mindernd zu berücksichtigen, wenn der Therapieerfolg von anhaltender Dauer ist.[72] Eine Schmerzmittelabhängigkeit bei einem Schmerzsyndrom im Falle einer berufsbedingten Krebserkrankung kann dagegen bei der MdE-Bemessung besonders zu berücksichtigen sein.[73]

Ergeben sich häufig Veränderungen im Gesundheitszustand und nimmt das Leiden einen schwankenden Charakter an, kann dies beim Bemessen der MdE in Form einer „Durchschnittsrente" beachtet werden.[74]

Bei vielen Schmerzsyndromen empfiehlt sich eine Gesamtvergütung (s. 3.6.9, S. 109). Diese kann einer Verschlimmerung des Zustandsbildes vorbeugen; wesentlicher psychologischer Faktor ist, dass der Verletzte nicht zum Rentenempfänger wird. Zudem ergibt sich eine Verwaltungsvereinfachung durch Wegfall von Nachuntersuchungen, weiterer Bescheide u.a.

5.5.11 Hilflosigkeit (Pflege)

Schmerzen und seelische Begleiterscheinungen allein können den Anspruch auf Pflege nur ausnahmsweise begründen, wenn[75]

- diese bei den Verrichtungen des täglichen Lebens ständig auftreten und so stark sind, dass sie deren Vornahme verwehren
- diese Tätigkeiten wohl körperlich, aber nur mit außergewöhnlicher Energie, Anstrengung und großen Schmerzen ausführbar sind
- unfallbedingte psychische Veränderungen wesentliche Mitursache einer so weitgehenden Altersschwäche sind, dass der Versicherte seine – ihm verbliebenen – Körperkräfte ohne dauernden Anlass von außen nicht einzusetzen vermag.

---

70 BSG, 29.10.1958, Breith. 1959, 152 (zu § 30 BVG); vgl. auch BSGE 18, 166 (18.12.1962).
71 Vgl. BSG, 24.8.1960, Meso B 10/36; 24.2.1966, Meso B 10/117 (zu § 1246 RVO); 25.11.1965, Meso B 10/123 (zu § 35 BVG).
72 Kaiser, BG 2007, 134, 138.
73 BSG, 22.06.2004, SozR 4 – § 56 Nr. 1.
74 Rauschelbach, Vortrag 18. Tagung der Dtsch. Ges. für Hirntraumatologie u. klinische Hirnpathologie, Bad Homburg 1979; zur Durchschnittsrente vgl. 8.11.3.
75 Vgl. BSG, Breith. 1967, 1928; LSG Baden-Württemberg, 29.8.1991, HV-Info 11/1992, 982 = Meso B 310/104.

5.5.12 Heilverfahren

Um eine *unverzügliche Behandlung* zu gewährleisten, muss die exakte Frühdiagnose erfolgen, damit der „chronische" Schmerz von dem üblicherweise bei Verletzungen bestehenden, rückbildungsfähigen „normalen" Schmerz zu unterscheiden ist.

Dieses Ziel soll durch ein Beratungsverfahren erreicht werden: Die Berufsgenossenschaften können Beratende Ärzte bestellen bei Unklarheit über Art und Lokalisation des Schmerzes und über das weitere Vorgehen.[76]

Für Unfallversicherte sind in den Berufsgenossenschaftlichen Unfallkliniken spezielle Schmerzabteilungen eingerichtet, um im Heilverfahren durch frühzeitige Diagnostik und Therapie einer Chronifizierung von Schmerzen vorzubeugen.[77]

---

[76] Dazu Schönberger, BG 1983, 224ff.; Hinweise f. d. Sachbearbeiter, BG 1983, 332; zur „Schmerzklinik" vgl. Frey, Gerbershagen, jeweils BG-UMed 23 (1974) S. 142, 143; Gerbershagen, Diagnostik 18 (1985) S. 18ff.

[77] Jakubetz u.a., Trauma Berufskrankh 5 (2003) 208; Maier, BG 2005, 692; Klose, Trauma Berufskrankh Suppl 1 (2006) S 40; Neuburger u.a., Trauma Berufskrankh Suppl 1 (2007) S 103.

5.6 Verletzungen des peripheren Nervensystems[1]

(Nervenwurzel, Nervengeflecht und einzelne Nerven)

Nervensystem
- verbindet die Organe und fasst sie zu aufeinander abgestimmten Funktionen zusammen
- umfasst Empfangsstationen (Rezeptoren), Leitungsbahnen (periphere Nerven) und Schaltstellen (Gehirn und Rückenmark)
- wird unterteilt in
  - autonomes oder vegetatives Nervensystem, regelt die Tätigkeit der inneren Organe

  differenziert in
  - Sympathicus, „Leistungsnerv", regt zu Entfaltung aktueller Energie, Tätigkeit und Arbeit an
  - Para- (= neben) Sympathicus, „Erholungsnerv", bremst Arbeit und Stoffverbrauch, sorgt für Aufnahme und Speicherung von Nährstoffen
  - zerebrospinales Nervensystem, regelt Beziehungen des Körpers zur Umwelt, gegliedert in
  - zentrales Nervensystem: Gehirn und Rückenmark
  - peripheres Nervensystem: Gesamtheit der zum Gehirn oder Rückenmark führenden Nerven, d. h. außerhalb von Gehirn und Rückenmark liegende Nerven

Periphere Nerven
- haben die Aufgabe, nervöse Erregungen weiterzuleiten
- sind: Hirnnervenpaare mit Ausnahme des 1. und 2. Hirnnerven; aus dem Rückenmark austretende Spinalnerven, welche sich als gemischte Nerven zusammensetzen aus den vorderen (motorischen) und hinteren (sensiblen) Wurzeln und den sympathischen Fasern aus den Ganglien des Grenzstranges
- verlaufen meist mit den Blutgefäßen: An vielen Körperstellen finden sich von einer gemeinsamen bindegewebigen Scheide umschlossene Gefäß-Nervenstränge
- Nomenklatur der peripheren Nerven ist oft identisch mit derjenigen des Gefäßsystems
- Wurzeln werden benannt nach den entsprechenden Rückenmarksegmenten, aus denen sie austreten (C 1 bis S 5); der Grenzstrang bezieht seine Wurzeln aus den Segmenten C 8 bis L 2
- Wurzeln bilden im Arm- und Beckenbereich Geflechte (Plexus)

---

[1] Dazu: Schwenkreis, Tegenthoff, in: Begutachtung in der Neurologie (Hrsg. Widder, Gaidzik) 2007 S. 239 ff.; Manz in: Neurologische Begutachtung (Hrsg. Suchenwirth, Kunze, Krasney) 3. Aufl. 2000 S. 531 ff.; Hopf in: Das neurologische Gutachten (Hrsg. Rauschelbach, Jochheim, Widdern) 4. Aufl. 2000 S. 369 ff.; Mumenthaler u. a., Läsionen peripherer Nerven, 8. Aufl. 2003; Bühren, Trauma Berufskrankh 4 (2002) Suppl. 1 S 37.

Einzelne periphere Nervenlähmungen[2]

Nerv	Ursache	Folgen
N. accessorius XI Hirnnerv	meist iatrogen, bei chirurgischer Exzision von Halslymphknoten	Trapeziuslähmung: hängende Schulter
N. thoracicus longus langer Brustkorbnerv	gelegentlich iatrogen (Ausräumung von Axillarlymphknoten)	Serratuslähmung: Scapula alata
N. axillaris Achselnerv	gelegentlich bei Luxationen und Frakturen der Schulter oder bei Operationen	Deltoideuslähmung
N. radialis Speichennerv	„Krückenlähmung" in der Axilla, Begleitverletzung von Humerusfrakturen	evtl. Lähmung des Trizeps, Lähmung der Hand- und Fingerstrecker: „Fallhand"
N. medianus Mittelnerv	Verletzung, meist offene, seltener am Ellbogen, häufiger am Handgelenk. Karpaltunnelsyndrom	Sensibilitätsverlust an den 4 radialen Fingern: schwere Funktionsstörung der Hand. Opponenslähmung
N. ulnaris Ellennerv	häufigste Nervenläsion an der oberen Extremität, meist am Ellbogen: z. B. Spätlähmung bei Valgusdeformitäten nach Frakturen oder angeboren, Drucklähmung. Arbeitsschaden.	Ausfall der kleinen Handmuskeln, schwere Beeinträchtigung der Handfunktion
N. femoralis Schenkelnerv	gelegentlich iatrogene Schäden bei Operationen	Quadrizepslähmung
N. ischiadicus Hüftnerv	Lähmung durch direktes Trauma (z.B. Hüftluxationen), offene Verletzungen, Spritzenlähmung bei unkorrekter Intraglutaealinjektion! (zu weit medial oder kaudal, statt in den oberen äußeren Quadranten, senkrecht zur Oberfläche)	Fußlähmung, sensibel und motorisch, instabiler Hängefuß, trophische Störungen am Fuß, Gehfähigkeit erhalten
N. tibialis Schienbeinnerv	proximal selten distal gelegentlich traumatisch	Fuß- und Zehenflexoren gelähmt Sensibilität der Fußsohle aufgehoben (trophische Ulzera an Fußsohle)
N. fibularis = peronaeus communis untere Ischiadikusschädigung	*häufigste* Nervenlähmung, meist *Druckschaden*. Hinter dem Fibulaköpfchen (Gipsdruck, unzweckmäßige Lagerung usw.) Differentialdiagnose: Tibialis anterior-Syndrom: Ischämische Muskelnekrose	Lähmung der Fuß- und Zehenheber. Hängefuß, Fußspitze schleppt am Boden, Knie muss höher angehoben werden beim Gehen (Steppergang). Unangenehme Gangstörung

---

[2] Nach Debrunner, Orthopädie, Orthopädische Chirurgie, 4. Aufl. 2005 S. 552; s. auch Schwenkreis, Tegenthoff, in: Begutachtung in der Neurologie (Hrsg. Widder, Gaidzik) 2007 S. 239 ff.

Nerv	Ursache	Folgen
Plexus brachialis Nervengeflecht am Schlüsselbein (Vereinigung der Äste des 5.–8. Halsnervs und 1. Brustnervs), von dem u. a. die Armnerven ausgehen	Zerrung bzw. Zerreißung der Nervenwurzel bei Sturz auf Schulter (Schulterluxation), Kopf	schwerste Form Nervenläsion
obere Armplexuslähmung (häufig)	Zug nach unten, außen, plötzliche Vergrößerung des Hals-Schulter-Winkels	Abduktion und Außenrotation nicht möglich, Arm fällt schlaff herunter, Kontraktur in Adduktion und Innenrotation
untere Armplexuslähmung (selten)	Zug nach oben	Lähmung, Sensibilitätsaufälle an Hand
Plexus lumbosacralis (Plexus lumbalis, Plexus sacralis, N. pudendus, Plexus coccygeus)	Beckenverletzung (zentrale Hüftgelenks- und Kreuzbein-Fraktur), Hüftgelenkendoprothese	Plexus lumbalis: Parese der Hüftbeugung, Kniestrckung und Oberschenkeladduktion
		Plexus sacralis: Parese der Hüftstreckung und -abduktion, der Kniebeuger, und aller Unterschenkel/Fußmuskeln, Sensibilitätsstörung Oberschenkelrückseite und Unterschenkel/Fuß

Verletzungsarten[3]

Primär durch spitzes oder stumpfes Trauma; sekundär mit Latenz zum Trauma auftretend, hervorgerufen durch Hämatome, Kallusbildung, traumatische Aneurysmen

Schädigung des Nerven (in 20 bis 30 % aller Unfälle) durch

- vollständige oder teilweise Durchtrennung
- Prellung oder Quetschung
- chronischen Druck oder Zerrung
- chemische, elektrische und thermische Einwirkungen

bewirkt

- Neurapraxie – gering ausgeprägte Gewebezerstörung – häufig bei Drucklähmung – keine Unterbrechung der Erregungsleitung – Sensibilität meist nicht oder nur gering gestört – motorische Funktionen in der Regel innerhalb von Tagen oder wenigen Wochen zurückbildend

---

[3] Dazu Hierner, Berger, Akt Neurol 24 (1997) 150.

- Axonotmesis – Unterbrechung der Kontinuität der Nervenfasern bei erhaltener Hülle – nach Zerrungen und stumpfen Verletzungen sowie bei chronischer Druckschädigung durch Narbengewebe oder Kallusbildung nach Knochenbruch – periphere Nervenlähmung – im Allgemeinen Regeneration der motorischen Funktionen

- Neurotmesis – Unterbrechung der Erregungsleitung – meist durch scharfe Durchtrennung oder Zerreißung – Ausfall aller motorischen und sensiblen Funktionen – Regeneration spontan nur in Ausnahmefällen – schwerste Form der Nervenverletzung

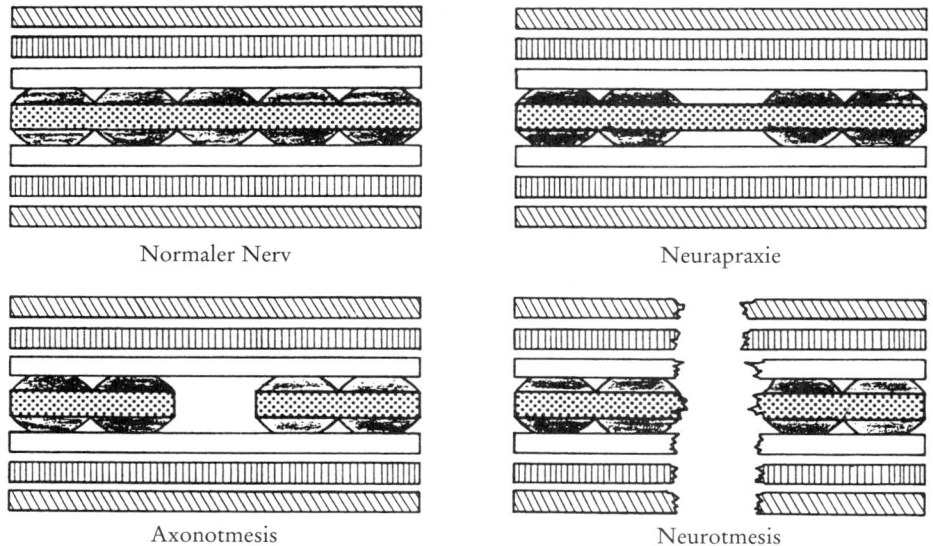

Abb. 1: Klassifikation traumatischer Nervenschäden

Behandlung

Therapie notwendig bei

- vollständiger oder teilweiser Durchtrennung des Nerven
- sekundärer Kompression durch Narbengewebe, Verwachsungen oder Veränderungen an Knochen nach Fraktur

Behandlungsmaßnahmen sind

- Primärnaht – nach Nervendurchtrennung – mikrochirurgischer Eingriff – meist Einsetzen eines Transponats – sehr langsamer Heilprozess (Faustregel: 1 mm/Tag)
- Sekundärnaht – nach Nervendurchtrennung – falls Primärnaht nicht durchführbar war
- Neurolyse – Lösung des Nervs aus einengender Umgebung
- regelmäßige Kontrolle zur Feststellung einer Reinnervation – mit Hilfe von Elektromyographie und Neurographie

5.6 Verletzungen des peripheren Nervensystems

Zusammenhangsbeurteilung[4]

- primäre akute Nervenverletzung: unproblematisch bei charakteristischer Schädigungssituation, Übereinstimmung des Schädigungsortes und zeitlichem Zusammenhang
- Spätlähmung mit mehrjähriger Latenz: Darlegung des kausalitätsbegründenden Schädigungsmusters, differentialdiagnostische Abgrenzung

Minderung der Erwerbsfähigkeit

Die *MdE-Erfahrungswerte*[5] beziehen sich auf den vollständigen Ausfall des betroffenen Nervs. Teillähmungen (Paresen) sind geringer zu bemessen.

Beschädigter Nerv	MdE in %[6]
I. Obere Extremitäten	
N. accessorius (XI Hirnnerv)	20
Plexus brachialis (Armplexuslähmung), Totalausfall	75
Plexus brachialis, unterer Bereich	50–60
Plexus brachialis, oberer Bereich	40–50
N. axillaris (Achselnerv)	30
N. thoracicus longus (langer Brustkorbnerv)	20
N. suprascapularis (Schulterblattnerv)	10
N radialis (Speichennerv), ganzer Nerv	30
N. radialis, mittlerer Bereich	25
N. radialis, unterer Bereich	20
N. musculocutaneus	25
N. ulnaris (Ellennerv), oberer	25
N. ulnaris, unterer	20
N. medianus (Mittelarmnerv), oberer	35
N. medianus, unterer	25
N. medianus, sensibel	20
N. medianus, mit starken troph. Störungen	60
Nn. radialis et axillaris (Speichen- und Achselnerv)	60
Nn. radialis et ulnaris (Speichen- und Ellennerv)	50–60
Nn. radialis et medianus (Speichen- und Mittelnerv)	60
Nn. ulnaris et medianus (Ellen- und Mittelnerv)	60
Nn. radialis, ulnaris et medianus (in Schulterhöhe)	75

---

[4] Schwenkreis, Tegenthoff, in: Begutachtung in der Neurologie (Hrsg. Widder, Gaidzik) 2007 S. 245 f.
[5] Nach Suchenwirth, Neurologische Begutachtung (Hrsg. Suchenwirth, Kunze, Krasney) 3. Aufl. 2000 S. 660; Widder, Begutachtung in der Neurologie (Hrsg. Widder, Gaidzik) 2007 S. 437 ff.
[6] Zutreffend ist die Unterscheidung zwischen Gebrauchs- und Gegenhand aufgegeben (s. 8.7.3).

Beschädigter Nerv	MdE in %
Nn. radialis, ulnaris et medianus (im Bereich des Unterarmes)	60
Partielle Radialis-, Medianus- oder Ulnarisparese (unvollständige Lähmung)	20
II. Untere Extremitäten	
Plexus lumbosacralis (Beinnerven), Totalausfall	75
N. ischiadicus (Hüftnerv), oberer Bereich mit N. glutaeus (Gesäßnerv), inferior	60–70
N. ischiadicus, oberer Bereich ohne N. glutaeus inferior	50
N. ischiadicus, unterer Bereich (Ausfall der Nn. peroneus communis und tibialis)	45
N. ischiadicus, Teilschädigung	30
N. femoralis (Schenkelnerv), totaler	30–40
N. femoralis, partielle Läsion (z.B. nur M. iliopsoas)	20–25
N. obturatorius (Hüftlochnerv)	10
N. glutaeus (Gesäßnerv), superior	20
N. glutaeus inferior	20
N. cutaneus femoris lateralis (Hautnerv, Oberschenkel)	0–10
N. peronaeus communis (gemeinsamer Wadenbeinnerv)	20
N. peronaeus profundus (tiefer Wadenbeinnerv)	20
N. peronaeus superficialis (oberflächlicher Wadenbeinnerv)	15
N. tibialis (Schienbeinnerv)	25
Nn. peronaeus communis et tibialis (untere Ischiadikusschädigung)	45
Kausalgie	50

Bei allen Extremitätenverletzungen mit Nervenschädigungen ist eine neurologische Zusatzbegutachtung erforderlich. Gutachterlich ist festzustellen, ob der periphere Nerv selbst oder das vegetative System bzw. die dazugehörigen nervenführenden Organe das Symptom Schmerz an das zentrale Nervensystem melden.[7] Die Schmerzmessung gelingt durch vielfältige neurophysiologische Untersuchungsmethoden.

BK-Nr. 21 06 *Druckschädigung der Nerven* s. 5.7, S. 231

---

[7] Suchenwirth, Ritter MedSach 93 (1997) 184, 187.

5.7 Druckschädigung der Nerven (BK-Nr. 21 06)
Übersicht

5.7.1	Vorkommen und Gefahrenquellen............. 231		5.7.5	Nervenschäden an der unteren Extremität............ 237
5.7.2	Krankheitsbilder und Diagnosen................... 232		5.7.6	Sonstige Nervenschäden........ 237
5.7.3	Konkurrierende Ursachen...... 234		5.7.7	Minderung der Erwerbsfähigkeit.............. 237
5.7.4	Nervenschäden an der oberen Extremität................... 234			

Nerven[1] erfahren sowohl akut als auch chronisch Schädigungen durch mechanische Druckeinwirkungen. Einmalige Druckeinwirkung oder sich wiederholende Druckbelastung kann es sein.[2] Druckeinwirkungen vermögen von der Körperaußenseite her auf den Nerv einzuwirken oder es handelt sich um Druckeinwirkungen auf den Nerven innerhalb einer intakten Körperhülle (z.B. Anschwellungen des Weichteilgewebes, Dehnungsvorgänge).

Gegenstand dieser Berufskrankheit sind nicht akute traumatische Nervenschädigungen, das Carpaltunnel-Syndrom (s. 8.7.7.6.2, S. 560) bzw. Nervenschäden durch bestimmte Erkrankungen, die über andere Berufskrankheiten erfasst sind (z.B. bandscheibenbedingte Erkrankungen der Hals- oder Lendenwirbelsäule, s. 8.3.6.6, S. 477).

5.7.1 Vorkommen und Gefahrenquellen

Eine arbeitsbedingte Druckschädigung eines Nerven im Sinne dieser Berufskrankheit setzt eine sich wiederholende mechanische und durch Druck schädigende Einwirkung voraus. Betroffen sind meist relativ oberflächlich verlaufende Nerven, die einer von außen kommenden anhaltenden Einwirkung gut zugänglich sind. Eine Druckschädigung tritt ggf. ein, wenn ein Nerv diesen wiederholten mechanischen Einwirkungen auf Grund einer anatomischen Enge nicht genügend ausweichen kann, z.B. über einer knöchernen Unterlage, innerhalb eines knöchernen oder fibrösen Kanals (z.B. Sulcus-ulnaris-Syndrom) oder an Sehnenkreuzungen. Sowohl motorische als auch sensorische Nerven oder Nervenanteile können geschädigt werden.

Gefährdend sind vor allem Tätigkeiten mit körperlichen Zwangshaltungen, Haltungskonstanz, einseitigen Belastungen oder Arbeiten mit hohen Wiederholungsraten.[2]

Schädigungsmechanismen

– ständig sich wiederholende, gleichartige Körperbewegungen im Sinne mechanischer Überbelastungen[3],
– überwiegend haltungskonstante Arbeiten mit nicht oder nur schwer korrigierbaren Zwangshaltungen, z.B. Daueraufstützen des Handgelenks oder der Ellenbogen, Andrücken eines Werkzeugs, oder bestimmte Gelenkstellungen, die längere Zeit beibehalten werden müssen.[4]

---
[1] Aus der wissenschaftlichen Begründung der BK-Nr. 2106, BArbBl 9/2001,59ff.
[2] Löffler, u.a., Zbl Arbeitsmed 46 (1996) 220.
[3] Menger, Dt Z Sportmed 43 (1992) 44.
[4] Dupuis, in: Handbuch der Arbeitsmedizin (Hrsg. Konietzko, Dupuis) III 4.1.1.

- Überbeanspruchung von Muskeln mit nachfolgender Druckeinwirkung auf Nerven[5]
- Dehnungs- und Traktionswirkungen mit indirekter Einwirkung auf den Nerven[6]
- von außen kommende direkte Druck- oder Zugbelastungen[7]
- wiederholte Einwirkungen von Schlag- und Reibungskräften[8]
- häufiges Greifen mit hohem Kraftaufwand[9]

Auch durch Ausüben bestimmter Sportarten können Schäden hervorgerufen werden (von ätiologischem Interesse auch beim berufsmäßigen Ausüben bestimmter Sportarten zu beachten: Radfahrer, Golfer, Kegler, Reiter).

Für das Vorliegen einer Berufskrankheit kennzeichnend ist eine eindeutige Beziehung zwischen der Lokalisation des einwirkenden Drucks und dem anatomisch zuzuordnenden klinisch-neurologischen Befund. Der periphere Nerv reagiert relativ uniform auf unterschiedliche Noxen, bei jeder Nervenläsion ist die Nervenleitung gestört. Eine spontane Wiederherstellung der Nervenleitung hängt von Art und Ausmaß der Läsion und der Beseitigung der schädigenden Einwirkung ab.

Jede Druckschädigung am peripheren Nerv beginnt mit einer Neurapraxie. Bei chronischem oder intermittierendem Weiterwirken der Druckbelastung kommt es jedoch zum umschriebenen Untergang der Myelinscheide (segmentale Demyelinisierung).

Gleichzeitig oder später kann eine Axonotmesis auftreten. Eine Neurotmesis ist nicht zu erwarten.

5.7.2 Krankheitsbilder und Diagnosen

Das typische pathophysiologische und klinische Bild einer durch Druck verursachten Nervenschädigung ist ein Nebeneinander von segmentaler De- und Remyelinisierung. Betroffen sind die Nervenwurzel, ein Plexusbereich (z.B. Plexus cervicalis, Plexus brachialis, Plexus lumbosa-cralis) und periphere Nerven. Isolierte Ausfälle peripherer Nerven (Mononeuropathien) haben nahezu immer mechanische Ursachen. Unterbrechungen im peripheren motorischen Neurom zwischen der Vorderhornzelle und der Endaufzweigung des Neuriten führen zu einer schlaffen Lähmung, deren Symptomatik vom Schweregrad der Schädigung abhängig ist. Frühsymptome sind Reizerscheinungen, Sensibilitätsstörungen und Kraftminderung in den betroffenen Regionen. Bei fortgeschrittener Schädigung sind Muskelhypotonie und -atrophie sowie ausgeprägte Paresen oder Paralysen zu beobachten.

Bei Druckschädigungen von Nerven erfolgen schon in frühen Stadien anamnestische Angaben über „Kribbeln, pelziges Gefühl, Ameisenlaufen, eingeschlafener Körperteil u.a." oder „allgemeines Ermüdungsgefühl". Insbesondere bei Kompressionssyndromen finden sich ebenfalls schon früh Schmerzen im Versorgungsgebiet des Nerven. Diese treten auch in Ruhe und nachts auf und können über den unmittelbar schädigenden Druckbereich hinausgehen. Typischerweise erscheinen bei diesen Nervenläsionen auffällige elektromyogra-

---

[5] Thürauf, Begutachtung der Haltungs- und Bewegungsorgane (Hrsg. Rompe u.a.) 5. Aufl. 2009 S. 571.
[6] Tackmann u.a., Kompressionssyndrome peripherer Nerven, 1989.
[7] Neundörfer, ASU 27 (1992) 357.
[8] Schäcke in: Berufliche Schädigung des Nervus ulnaris (Hrsg. Schäcke, Wolf) 1986.
[9] Hagberg, u.a., Scand I Work Environ Health 18 (1992) 337.

phische und elektroneurographische Befunde, beispielsweise eine herabgesetzte Nervenleitgeschwindigkeit.

Sensibilitätsstörungen

- *Reizsymptome* (z. B. Schmerzen, Parästhesien, Dysästhesien, Neuralgien, Hyperpathien)
- *Ausfallsymptome* (z. B. Anästhesie, taktile Hypästhesie, thermische Hypästhesie oder Anästhesie, Hypalgesie oder Analgesie, Oberflächen- oder Tiefensensibilitätsstörungen)
- *partielle Leitungsstörungen* mit pathologischem Funktionswandel (z. B. Kausalgien, Phantomschmerzen)

Meist bestehen Reiz- und Ausfallsymptome sowie trophische Störungen nebeneinander. Partielle Leitungsstörungen sind bei arbeitsbedingten Druckschädigungen kaum zu erwarten. Bei Plexusschäden oder Läsionen peripherer Nerven, die auch autonome Fasern führen, können Reiz- oder Ausfallserscheinungen der vegetativen Innervation auftreten. Eine vollständige Unterbrechung eines peripheren Nerven verursacht dann beispielsweise eine Anhidrose. Die Symptome sind auf das Versorgungsgebiet des jeweiligen Nerven begrenzt; sie haben somit hohe diagnostische Bedeutung.

Histologisch ist zu beachten, dass die Symptomatik auf Grund der Markscheidenveränderungen über dem Bereich der unmittelbaren Druckeinwirkung auch hinausreicht.

Symptome bei Nervenschäden

- Spontanschmerzen mit Ausstrahlung
- Klopfschmerzen im Nervenverlauf
- Druckschmerzempfindlichkeit
- Überempfindlichkeit
- Missempfindungen
- Unempfindlichkeit
- Muskelschwäche, -atrophie
- Reflexausfälle, -abschwächungen
- Gestörte Schweißsekretion
- Trophische Störungen von Haut- und Hautanhangsgebilden
- „Elektrisierende Sensationen" durch Beklopfen des Nervenkompressionsortes
- Herabsetzung der Nervenleitgeschwindigkeit
- Veränderungen im Elektromyogramm
- Entartungsreaktion in der Reizstromdiagnostik

5.7.3 Konkurrierende Ursachen

Störungen sind im Allgemeinen vorübergehend. Beruflich bedingte länger anhaltende Nervenänderungen erfordern eine Disposition.[10] Da diese den Nervenschaden auch allein zu verursachen vermögen, ist – bei Vorliegen von arbeitsbedingten Faktoren – deren jeweilige Bedeutung zu werten.

Zusammenfassung der wichtigsten differenzialdiagnostischen Erwägungen[11]

- Anatomische Varianten (z. B. suprakondyläre Prozesse, Halsrippe etc.)
- angeborene Schäden (z. B. Geburtslähmung des Plexus)
- Erkrankungen des zentralen Nervensystems (z. B. Neuritis, multiple Sklerose, Syringomyelie, Vorderhornprozesse etc.)
- idiopathische Facialisparese
- Tenodvaginitiden und andere Erkrankungen des Sehnengleitgewebes
- primäre Muskelerkrankungen
- Infiltration durch Tumoren (z. B. Pancoast-Tumor)
- Bandscheibenschäden
- Blutkrankheiten
- Frakturen und Frakturfolgen (z. B. Druckschäden durch Gipsbandage, Fehlstellung),
- Schnitt-, Scher-, Stich- und Quetschverletzungen
- Schwangerschaft
- Stoffwechselstörungen oder Einwirkung toxischer Substanzen (z. B. Polyneuropathie bei Diabetes mellitus, Alkoholabusus, Urikämie etc.)
- Stromeinwirkung
- thermische Schäden
- iatrogene Schäden (z. B. Injektionen, Operation, Anwendung von Röntgenstrahlen, medikamentöse Therapie).

5.7.4 Nervenschäden an der oberen Extremität

Der Nervenschaden muss mit dem Ort der beruflich bedingten Druckbelastung übereinstimmen.

---

[10] Thürauf, in: Begutachtung der Haltungs- und Bewegungsorgane, 5. Aufl. 2009 S. 571 f.
[11] Wissenschaftliche Begründung für die BK-Nr. 21 06, BArbBl. 9/2001, 59 ff.

5.7 *Druckschädigung der Nerven (BK-Nr. 21 06)*

Betroffene Nerven	Typische morphologische Schädigungen ggf. mit Hinweis auf anatomische Varianten	Arbeitsbedingte Belastungen ggf. Krankheitsbilder
Armplexusschaden im Wurzelbereich (C4) C5 – Th1 („thoracic outlet"-Syndrom)	Engpassproblematik im Bereich der Skalenuslücken, der kostoklavikulären Passage und/oder des Korakoids	Lastendruck auf der Schulter, Lastenzug am Arm, repetitive Abduktions- und Adduktionsbewegungen im Schultergelenk, Überkopfarbeiten mit nach hinten gestrecktem Arm, Spielen von Streichinstrumenten
N. axillaris Nerv der Achselhöhle	Einengung der lateralen Achsellücke	Passiver Druck in der Axilla durch Hebel
N. medianus (mit Ausnahme des Karpaltunnelsyndroms) Mittelnerv	Beeinträchtigung der A. brachialis und des Muskelbauches des M. brachialis, suprakondyläre Prozesse („Struthers ligament"), M. pronator teres, Muskelkopf M. flexor pollicis longus, M. interosseus anterior. Wird der Nerv in der Ellenbeuge oder proximal davon geschädigt, fallen die Hand- und die langen Fingerbeuger aus („Schwurhand") Bei einer Schädigung distal der Ellenbeuge kommt es vorwiegend zu Sensibilitäts- und vegetativ-trophischen Störungen, aber auch zu motorischen Störungen	*Pronator-teres-Syndrom*: Repetitive Pro- und Supinationsbewegungen bei gleichzeitigen repetitiven Fingerbewegungen, insbesondere Fingerflexion Interosseus-anterior-Syndrom: forcierte Pronation mit gleichzeitiger Beugung, Tragen von Lasten auf dem gebeugten Unterarm; Druck von Werkzeugen gegen das Handgelenk oder die Hohlhand
N. musculocutaneus Nervenast aus dem Nervengeflecht am Schlüsselbein	Meist im Rahmen einer Armplexusschädigung	Tragen schwerer Lasten, am gebeugten Unterarm hängendes Gewicht, exzessives fortlaufendes Schrauben
N. radialis Speichennerv	Axilla, Humerusschaft, M. triceps brachii, Radialistunnel bzw. M. supinator (Supinatorsyndrom), Kompression des Ramus superficialis N. radialis. Wird der Nerv proximal der Ellenbeuge geschädigt, finden sich muskuläre Störungen bei der Unterarmstreckung bis zu einem Totalausfall, Sensibilitätsauffälligkeiten und Supinationsstörungen („Fallhand"). Beim Supinatorsyndrom finden sich motorische Ausfälle der Hand- und Fingerstrecker, aber keine Sensibilitätsausfälle	*Axilla und Oberarmkompression*: Druck von Hebeln („Krückenlähmung"), chronische Überbeanspruchung des M. triceps brachii, z.B. bei Maurern, Zimmerleuten *Supinatorsyndrom*: Repetitive Pro- und Supinationsbewegungen bei extendiertem Ellbogengelenk *Ramus superficialis (Cheiralgia paraesthetica)*: Repetitive Pro- und Supination mit Drehbewegungen, z.B. Wickeln, Blumenbinden; Druck auf den Unterarm bei gestrecktem Handgelenk, z.B. Steinetragen, Spielen von Tasteninstrumenten

Betroffene Nerven	Typische morphologische Schädigungen ggf. mit Hinweis auf anatomische Varianten	Arbeitsbedingte Belastungen ggf. Krankheitsbilder
N. suprascapularis Schulterblattnerv	Relative Fixation des Nerven in der Incisura scapulae mit mechanischem Reibungsschaden	Repetitive kombinierte Außen-/Innenrotationsbewegungen in Abduktion zur Gegenseite, z.B. Spielen von Musikinstrumenten, repetitive Überkopfarbeiten, einseitiges Heben und Tragen schwerer Lasten über der Schulter
N. thoracicus longus langer Brustkorbnerv	Untere Armplexusschädigung (C8, Th 1) oder klavikulärer Engpass	Tragen starrer und schwerer Lasten auf den Schultern („Rucksacklähmung"), Arbeiten im Liegen mit Zwangshaltungen (z.B. Untertage), wuchtige Schläge mit schwerem Werkzeug
N. ulnaris Ellennerv	Medialer Epikondylus bzw. Sulcus ulnaris, Muskelkopf M. flexor carpi ulnaris (Kubitaltunnelsyndrom), Guyon'sche Loge. Die motorischen Ausfälle bei Nervenschädigungen proximal des Handgelenkes sind unter dem Begriff „Krallenhand" bekannt.	*Sulcus-ulnaris-Syndrom*: von außen einwirkender Druck, z.B. bei aufgestütztem Ellbogen, Friktionstrauma im Sulcus durch repetitive Flexion und Extension im Ellbogengelenk, z.B. bei Pianisten, Bläsern und Saiteninstrumentalisten *Kubitaltunnel-Syndrom*: Repetitive Bewegungen im Ellbogengelenk und Druckeinwirkungen am proximalen Unterarm bei gebeugtem Ellbogengelenk, z.B. Hämmern, Heben/Tragen *Guyon'sche Loge*: Druck von Arbeitsmitteln im Hohlhandbereich, gelegentlich mit Hyperextension im Handgelenksbereich verbunden, z.B. Kristallglasschleifer, Elektronikarbeiter, Kellner

5.7.5 Nervenschäden an der unteren Extremität

Beinplexusschaden im Wurzelbereich Th12 – S5	N. ilioinguinalis beim Durchtritt durch die Mm. transversus abdominis und obliquus internus abdominis, N. cutaneus femoris lateralis, N. obturatorius, N. ischiadicus	Anhaltende Ventralbeugung des Rumpfes, anhaltend angespannte Bauchmuskulatur, Hyperflexion oder Hyperextension im Hüftgelenk, selten Druckparesen des N. ischiadicus, z. B. bei Reitern
N. tibialis Schienbeinnerv	Kompression unter dem Retinaculum flexorum (Tarsaltunnelsyndrom)	Enges Schuhwerk, langes Gehen unter Belastung, repetitive Fußbeugung und -streckung, z. B. Pedalbetätigungen, Arbeiten im Knien mit zurückgelegter Körperhaltung, Arbeiten im Sitzen mit hängenden Beinen
N. peronaeus (N. fibularis) gemeinsamer Wadenbeinnerv	Oberflächliche Lage des Nerven am Capitulum fibulae	Hocken und Knien, z. B. Fliesenlegen, Asphaltieren; längerdauernde Kälteexposition

5.7.6 Sonstige Nervenschäden

Betroffene Nerven	Typische morphologische Schädigungen ggf. mit Hinweis auf anatomische Varianten	Arbeitsbedingte Belastungen ggf. Krankheitsbilder
N. facialis, N. trigeminus Gesichtsnerv, Hirnnerv	Druckneuropathie	Druckbelastungen im Versorgungsbereich des Nerven, z. B. beim Gebrauch von Blasinstrumenten, Ansatzstörung, fokale Dystonie

5.7.7 Minderung der Erwerbsfähigkeit

s. 5.6, S. 229

5.8 Erkrankungen des Nervensystems durch organische Chemikalien*

Übersicht

5.8.1	Chemische Substanz, Zielorgan und Berufskrankheit 239		5.8.3	Synoptische Wertung für die Anerkennung einer BK-Nr. 13 17 242
5.8.2	Diagnose und Differenzialdiagnose neurotoxischer Krankheitsbilder 240		5.8.4	Schweregrade und MdE-Bewertung der Enzephalopathie 243
			5.8.5	Schweregrade und MdE-Bewertung der Polyneuropathie............. 246

Das zentrale, periphere und teilweise das vegetative (autonome) Nervensystem kann durch organische Chemikalien geschädigt werden.[1] Im Hinblick auf die Neurotoxizität differenziert man generell zwischen den akuten Wirkungen von z.B. leichtflüchtigen organischen Lösungsmitteln und den chronischen Effekten, die häufig Folge mehrjähriger Expositionen gegenüber Stoffen mit längerer biologischer Halbwertzeit sind. Dementsprechend kann das Krankheitsbild akut oder chronisch schleichend beginnen. Der Krankheitsverlauf wird determiniert von der Schwere der initialen Läsion, dem Schädigungsmuster und der individuellen Regenerationsfähigkeit des Nervensystems sowie Kompensationsmechanismen.

Einteilung neurotoxischer Krankheitsbilder durch organische Chemikalien

(1) Periphere Neuropathie/Polyneuropathie

(2) Enzephalopathie (Synonyma: Organisches Psychosyndrom, Hirnleistungsschwäche, zerebrale Insuffizienz, „Demenz")

(3) Verschiedene
Parkinson-ähnliche Erkrankungen[2], z.B. durch Schwefelkohlenstoff, Methanol und MPTP[3], Polyneuritis cranialis und Trigeminusneuralgie durch Trichlorethen

---

*   Mitarbeit Prof. Dr. med. Dipl.-Chem. *G. Triebig*, Direktor des Instituts und Poliklinik für Arbeits- und Sozialmedizin des Universitätsklinikums Heidelberg.

1   Baker, A Review of Recent on Health Effects of Human Occupational Exposure to Organic Solvents. J. Occup. Med. 36 (1994) 1079–1092; Bleecker, Hansen: Occupational Neurology and Clinical Neurotoxicology, Baltimore, 1994; Cranmer, Golberg: Proceedings of the Workshop on Neurobehavioral Effects of Solvents, Neurotoxicol. 7 (1986) 1–95; Köhler, Münch, ASU 2000 (35) 248 ff.; Lundberg, Hogstedt, Lidén, Nise: Organic Solvents and Related Compounds, in: L. Rosenstock, M.R. Cullen: Textbook of Clinical Occupational and Environmental Medicine. Saunders Company, Philadelphia, 1994; Spencer, Schaumburg: Ludolph, Experimental and Clinical Neurotoxicology, 2000; Triebig, Lehnert, Neurotoxikologie in der Arbeitsmedizin und Unweltmedizin, 1998; WHO: Chronic Effects of Organic Solvents on the Central Nervous System and Diagnostic Criteria. WHO, Document 5, Copenhagen, 1985; Amtliches Merkblatt, Bek. des BMGS, BArbBl. 2005, H.3 S. 49; Triebig, in: Arbeitsmedizin (Hrsg. Triebig, Kentner, Schiele) 2. Aufl. 2008 S. 163 ff.; Mehrtens, Brandenburg, M 1317 S. 10 ff. mit ausführlicher Angabe des Schrifttums; wissenschaftliche Begründung: Bek. des BMA v. 24. 6. 1996, BArbBl. 9/1996, 44, dort Hinweise zu Patomechanismen, Krankheitsbilder, Epidemiologie; BK-Report 2/2007 – BK 13 17 – (Hrsg. DGUV) 2007; Triebig, in: Handbuch der Arbeitsmedizin (Hrsg. Letzel, Nowak) Lfg. 7/2008.

2   LSG Niedersachsen 22. 6. 1999, HV-Info 30/2000, 2811, bestätigt durch BSG, 27. 6. 2000, ebenda: keine Anerkennung nach BK-Nr. 13 17; dazu Triebig, MedSach 97 (2001) 99.

3   MPTP = 1-Methyl-n-phenyl-1,2,3,6,-tetrahydropyridin.

5.8 Erkrankungen des Nervensystems durch organische Chemikalien

Neurologische Krankheitsbilder, die nicht durch Intoxikation verursacht werden: Myopathien, Tetraplegie-Syndrom, alle Formen der degenerativen Demenz (z.B. Multiinfarkt-Demenz, M. Alzheimer), M. Parkinson, endogene Depression, Psychosen, amyotrophische Lateralsklerose, Multiple Sklerose, Pick'sche Erkrankung, Huntington'sche Erkrankung.

Neurotoxische Krankheitsbilder durch organische Lösungsmittel
(1) *Periphere Neuropathie/Polyneuropathie*
  klinisch   distal betonte, meist symmetrische, sensomotorische PNP
  morphologisch   primär Axonopathie mit sekundärer Demyelinisierung
  neurophysiologisch Nervenleitgeschwindigkeiten normal bis verzögert

(2) *Neuropathie des ZNS/Enzephalopathie*
  klinisch   Pseudoneurasthenisches Syndrom, organisches Psychosyndrom, Demenz
                   Einteilung in 3 Schweregrade
  morphologisch   Befunde beim Menschen nicht bekannt
  radiologisch   Diffuse Hirnatrophie bei Schnüfflern mit chronischem Lösungsmittel-Missbrauch und bei Alkoholikern beobachtet

5.8.1 Chemische Substanz, Zielorgan und Berufskrankheit

In der Übersicht sind die organischen Chemikalien als Einzelsubstanz und als Gemisch, das Zielorgan und die Zuordnung im Hinblick auf die BKV aufgeführt.

Übersicht der neurotoxisch-wirksamen Organika, der Zielorgane (PNS = peripheres Nervensystem, ZNS = zentrales Nervensystem) und die Zuordnung zu einer bestehenden BK-Nummern bzw. § 9 Abs. 2 SGB VII

Substanz	Zielorgan	BK-Nr.
Einzelstoffe		
Halogenierte Kohlenwasserstoffe		
– Trichlorethylen (Trichlorethen)	ZNS, PNP (?)	13 02
– Perchlorethylen (Tetrachlorethen)	ZNS	13 02
– Dichlormethan (Methylenchlorid)	ZNS	13 02
Aromatische Kohlenwasserstoffe		
– Benzol[4]	ZNS	13 03
– Toluol, Xylole	ZNS	13 03
– Styrol	ZNS	13 03
– höhere, substituierte Benzole, z.B. Trimethylbenzol	ZNS	—
– substituierte Doppelbenzole, z.B. Naphthalene	ZNS	—

im Falle der PNP/ENZ. hat die BK-Nr. 13 17 Priorität

---
[4] LSG Baden-Württemberg, 10.1.1991, HV-Info 8/1992, 675: keine Dauerschäden.

Substanz	Zielorgan	BK-Nr.
Aliphatische und zyklische Kohlenwasserstoffe		
– n-Hexan	PNP, ZNS (?)	13 17
– n-Heptan	ZNS	13 17
– Oktane, etc.	ZNS	—
– Cyclohexan	ZNS	—
Alkohole, Ester, Ketone		
– Ethanol	ZNS	13 17
– Methanol	ZNS	13 06/13 17
– Methylethylketon (MEK)	ZNS	13 17
– MEK + n-Hexan	PNP	13 17
– Methyl-n-butylketon	PNP	13 17
Organische Phosphorsäureester		
z.B. Triorthokresylphosphat	PNP, ZNS (?)	13 07
Sonstige		
Acrylamid	PNP	§ 9 Abs. 2 SGB VII
Acrylnitrilmethyl	ZNS	13 17
Dimethylaminopropionitril	PNP	13 17
Ethylenoxid	PNP	§ 9 Abs. 2 SGB VII
1-Methyl-n-Phenyl-1,2,3,6-tetrahydro-pyridin (MPTP)	ZNS	kein Arbeitsstoff
Schwefelkohlenstoff	ZNS, PNP	13 05/13 17
Gemische		
Benzine und Testbenzine	ZNS, PNP	13 17
Verschiedene industrielle Lösungsmittelgemische	ZNS	13 17

5.8.2 Diagnose und Differenzialdiagnose neurotoxischer Krankheitsbilder

Die peripher neurotoxisch wirksamen organischen Chemikalien verursachen in der Regel eine sensible bzw. senso-motorische *Polyneuropathie* vom axonalen Typ. Die Diagnose kann auf der Basis typischer klinischer Befunde (Paresen, Muskelatrophien, erloschene Muskeleigenreflexe, Sensibilitätsstörungen in Form handschuh- und sockenförmiger Hypästhesie) und mittels neurophysiologischer Methoden (EMG, Neurographie, evozierte Potentiale) gestellt werden.[5]

Differentialdiagnostisch sind insbesondere Myopathien, Wurzelreizsyndrome und Restless-Legs-Syndrome auszuschließen.

Die Schädigung des Zentralnervensystems infolge einer Chemikalien-Intoxikation wird im internationalen Schrifttum vorwiegend als *Enzephalopathie* bezeichnet. Klinisch liegt dem

---

[5] Neundörfer, Heuß, Polyneuropathien 2007.

Krankheitsbild ein organisches Psychosyndrom zu Grunde. Zentral bedingte neurologische Symptome, wie Ataxie, Tremor, Dysdiadochokinese, sind eher selten und treten meist in fortgeschrittenen Krankheitsstadien auf. Die Bezeichnung „Demenz" erscheint im Hinblick auf die Definition der traditionellen deutschen Psychiatrie nicht zutreffend, da hierunter irreversible Störungen der Intelligenz verstanden werden.[6] Moderne bildgebende Verfahren können einen Beitrag zur Eingrenzung der Diagnose leisten. Die „morphometrischen" Methoden der kranialen Computertomographie und der Magnetresonanztomographie liefern zwar keine artdiagnostischen Befunde, dienen aber dem Ausschluss anderer zerebraler Erkrankungen und der exakten Verlaufsbeobachtung. Keine enge Korrelation von Befund und Symptomatik zeichnet „funktionsabbildende", nuklearmedizinische Verfahren der „Single-photon-emission-computertomography" (SPECT) und „Positronen-Emission-Tomography" (PET) aus.[7]

Die Polyneuropathie und die Enzephalopathie haben *unterschiedliche Krankheitsverläufe* und unterschiedliche Prognosen.

Es besteht grundsätzlich ein enger zeitlicher Zusammenhang zwischen der krankmachenden Exposition und dem Krankheitsbeginn, d.h. die Krankheit entwickelt sich während oder kurz nach der beruflichen Exposition. Ein längeres Intervall zwischen letzter Exposition und Krankheitsbeginn ist toxikologisch nicht plausibel, was auch auf die kurzen biologischen Halbwertzeiten der neurotoxischen Lösungsmittel zurückzuführen ist.

Eine toxische Polyneuropathie kann nach Expositionsende zeitlich begrenzt über wenige Monate eine Verschlechterung der Symptomatik zeigen. Langfristig kommt es nicht zu einer weiteren Verschlechterung, sondern zu einer weitestgehenden Rückbildung der klinischen und neurophysiologischen Symptomatik, wobei im Einzelfall Reststörungen insbesondere bei anfangs schwer Erkrankten auch dauerhaft persistieren können.[8]

Zum Verlauf der Enzephalopathie ist festzuhalten, dass ein Fortbestehen oder leichte Minderungen des Symptomerlebens sowie ein Fortbestehen oder leichte Minderungen vorhandener psychischer Leistungsdefizite nach Expositionsende der häufigst beobachtete Verlauf der Erkrankung sind. Eine Progression des Symptomerlebens und der psychischen Funktionsminderungen wurde bei den methodisch gesicherten Studien deutlich überwiegend nicht beobachtet. Deshalb ist die Progredienz einer toxischen Enzephalopathie nach Expositionsende nicht der wahrscheinliche Verlauf dieser Erkrankung. Nur für den Fall sehr hoher und langer Lösungsmittelexpositionen wäre zur Erklärung eines progredienten Verlaufs eine sich gegenseitig verstärkende Wirkung von Alterungs- und Expositionseffekten zu bedenken.[9]

Diskrepanzen zur Prognoseeinschätzung im Merkblatt zur BK-Nr. 13 17 beruhen auf Unterschiede in der Bewertung der hierzu publizierten wissenschaftlichen Studien.[10]

---

[6] Huber, Nervenheilkunde 4 (1985) 128 ff.
[7] Heipertz, u.a., ASP 1992, 407; Übersicht zu den bildgebenden Verfahren (CT, MRT, SPECT) Lang, in: Neurotoxikologie in der Arbeitsmedizin und Umweltmedizin (Hrsg. Triebig, Lehnert) 1998; s. auch S. 191.
[8] BK-Report 2/2007 – BK 13 17 – (Hrsg. DGUV) 2007; LSG Baden-Württemberg, 13.12.2007, UVR 2008, 214 = Rdschr. DGUV Berufskrankheiten 39/2008.
[9] BK-Report 2/2007 – BK 13 17 – (Hrsg. DGUV) 2007.
[10] BArbBl 2005 H.3 S. 49; s. auch BSG, 27.6.2006, UVR 8/2006, 564; dagegen LSG-Baden-Württemberg, 13.12.2007, UVR 2008, 214.

5.8.3 Synoptische Wertung für die Anerkennung einer BK-Nr. 13 17

Arbeitstechnische Voraussetzungen: regelmäßige Einwirkung neurotoxischer Lösungsmittel in ausreichender Höhe und Zeitdauer

Medizinische Voraussetzungen: gesicherte Diagnose einer Enzephalopathie oder Polyneuropathie

Synopsis arbeitsmedizinisch-neurotoxikologischer Kriterien für oder gegen eine beruflich bedingte Polyneuropathie/Enzephalopathie[11]

Argumente für eine berufliche Ursache

- Typisches Krankheitsbild
- Hohe Expositionen (indikativ sind wiederholt bei der Arbeit aufgetretene pränarkotische Effekte)
- Lange Expositionsdauer, bei Enzephalopathie in der Regel mehr als zehn Jahre, denn die schädigenden Stoffe sind flüchtig und haben eine Halbwertzeit von wenigen Stunden bis zu zwei Tagen[12]
- Ausschluss bekannter außerberuflicher Ursachen
- Nachweis von Lösungsmittelinduzierten Wirkungen in anderen Organen (Brückensymptome)
- Manifestation der Erkrankung während oder kurz nach Expositionsende

Argumente dagegen

- Untypisches Krankheitsbild
- Geringe Exposition
- Kurze Expositionsdauer, insbesondere bei Enzephalopathie
- Längere Latenzzeit zwischen Ende der Exposition und Beginn der Krankheit

Konkurrierende Ursachen schließen eine Mitverursachung durch Lösungsmittel nicht aus; sorgfältige Würdigung der Gesamtumstände ist jedoch notwendig.

Eine Verschlimmerung der Krankheit im Langzeitverlauf nach Beendigung der gefährdenden Tätigkeit ist für eine toxische Polyneuropathie oder Enzephalopathie untypisch, schließt aber eine Mitverursachung durch eine zurückliegende Lösungsmittelexposition nicht aus.

Ist die Einwirkung von neurotoxischen Lösungsmitteln mit Wahrscheinlichkeit Ursache oder wesentliche Mitursache für das Krankheitsbild, kann in der Regel keine Trennung zwischen lösungsmittelbedingten und nicht lösungsmittelbedingten Anteilen getroffen werden, es sei denn, durch konkrete Befunde lässt sich eine unabhängige Schädigung abgrenzen.

---

[11] BK-Report 2/2007 – BK 13 17 (Hrsg. DGUV) 2007; s. auch Triebig, MedSach 89 (1993) 90, 93; ders. Nervenarzt 70 (1999) 306.
[12] LSG Baden-Württemberg, 21. 7. 2005, HV-Info 9/2005, 852.

5.8.4 Schweregrade und MdE-Bewertung der Enzephalopathie

Begriffe wie „Enzephalopathie, Demenz oder organisches Psychosyndrom" stellen keine Krankheits-Entität dar. Die Ätiologie dieser psychischen Störungen ist multifaktoriell und die Pathogenese bislang unbekannt.[13] Demzufolge wird empfohlen, die Diagnose „toxische Enzephalopathie" anhand der klinischen und neuropsychologischen Befunde entsprechend ihrem Schweregrad zu präzisieren.

Schweregrade der toxischen Enzephalopathie[14]

- **Schweregrad I (leichte Form)**

Beim Schweregrad I werden unspezifische Befindlichkeitsstörungen wie verstärkte Müdigkeit, Nachlassen von Erinnerung und Initiative, Konzentrationsschwierigkeiten, erhöhte Reizbarkeit angegeben. Es handelt sich dabei um häufige und unspezifische Symptome. In der Regel liegen keine objektivierbaren Zeichen eines Funktionsdefizits kognitiver Fähigkeiten sowie neuropsychiatrisch konsistent nachweisbarer Persönlichkeitsveränderungen vor. Bei der leichten Form der Enzephalopathie sind neuropsychologische Symptome explorativ festzustellen. Es können Schwierigkeiten in der Lebensbewältigung auftreten, die als affektive Störung im Sinne einer gesundheitlichen Relevanz aufzufassen sind.

- **Schweregrad II (mittlere Form)**

Beim Schweregrad II ist die Symptomatik stärker ausgeprägt und langzeitig vorhanden. Im Vordergrund stehen Müdigkeit, Konzentrations- und Merkfähigkeitsstörungen (Kurzzeitgedächtnis), emotionale Labilität, Antriebsstörungen und Veränderungen von Stimmung und Motivation im Sinne einer andauernden Beeinträchtigung der Persönlichkeit.

Des Weiteren können unspezifische neurologische Befunde in Form von Koordinationsstörungen vorkommen, die mit ungerichteter Ataxie, Ruhe- und Intentionstremor und/oder Dysdiadochokinese verbunden sind. Die begleitend bestehenden objektivierbaren Leistungseinschränkungen kognitiver Funktionen finden sich insbesondere im Bereich der Aufmerksamkeit und des Gedächtnisses. Ausgeprägtere soziale Rückzugstendenzen treten bei diesem Schweregrad ebenfalls schon auf.

Der Nachweis einer diffusen oder umschriebenen Hirnatrophie spricht weder für noch gegen die Annahme einer mittelschweren toxischen Enzephalopathie. Nach den bislang hierzu vorliegenden wissenschaftlichen Erkenntnissen ist ein Ursachenzusammenhang zwischen einer chronischen Lösungsmittelexposition am Arbeitsplatz und einer diffusen und über das Altersmaß hinausgehenden Hirnatrophie nicht eindeutig nachgewiesen worden.

- **Schweregrad III (schwere Form)**

Der Schweregrad III entspricht dem Krankheitsbild der schweren Demenz mit ausgeprägten globalen Einschränkungen der intellektuellen Leistungen und des Gedächtnisses. Bei der schweren Form der toxischen Enzephalopathie kann eine diffuse innere und äußere Hirnatrophie vorliegen. Das Ausmaß der hirnatrophischen Veränderungen korreliert nicht notwendigerweise mit dem klinischen Krankheitsbild bzw. den neuropsychologischen

---

[13] Kapfhammer, Internist 42 (2001) 1387; Gross, u.a., Das neurologische Gutachten (Hrsg. Rauschelbach, u.a.) 2000 S. 294.
[14] BK-Report 2/2007 – BK 13 17 – (Hrsg. DGUV) 2007.

Defiziten. Eine schwere toxische Enzephalopathie, auch mit Hirnatrophie, ist bei Lösungsmittel-Schnüfflern mit mehrjährigem Missbrauch beobachtet worden. Eine berufliche Verursachung dieses Schweregrades ist bei den heutigen Expositionsverhältnissen unwahrscheinlich.

Häufige psychische Erkrankungen und Gesundheitsstörungen, von denen eine beruflich bedingte Enzephalopathie abzugrenzen ist:

- Primär degenerative Demenz, insbesondere präsenile Demenz
- Multiinfarkt-Demenz und andere zerebrovaskuläre Erkrankungen
- M. Parkinson und Parkinson-Syndrome
- Alkoholtoxische Enzepalopathie
- Organische Psychosyndrome anderer Ursachen, z.B. posttraumatische Wesensänderung, frühkindliche Hirnschädigung, Hydrozephalus, bestimmte internistische Krankheitsbilder
- Affektive Störungen (früher: endogene Depressionen)
- Angststörungen und phobische Störungen
- Belastungsstörungen
- Somatoforme Störungen
- Schlafapnoesyndrom

Krankheitserscheinungen im Sinne eines „Multiplen-Chemikalien-Überempfindlichkeits-Syndroms" (MCS-Syndrom, s. 5.1.19, S. 160) gehören weder zur BK-Nr. 13 17 noch kann nach § 9 Abs. 2 SGB VII Anerkennung erfolgen.[15]

Die Frage nach der Verursachung einer diffusen Hirnatrophie durch berufliche Expositionen gegenüber organischen Chemikalien ist nach aktuellem Erkenntnisstand dahin zu beantworten, dass über das Altersmaß hinausgehende hirnatrophische Zeichen nicht typisch für eine toxische Enzephalopathie sind. In kontrollierten Studien bei Lösungsmittel-exponierten Beschäftigten sind keine vermehrten Raten abnormer Hirnatrophien beschrieben.[16] In einer dänischen Arbeit wird eine Dosis-Wirkung-Beziehung zwischen Lösungsmittel-Exposition und Hirnatrophie gefordert.[17] Kasuistische Berichte sind wegen unterschiedlicher Qualität und zu berücksichtigender nicht-beruflicher Faktoren schwierig zu bewerten.[18]

---

[15] LSG Rheinland-Pfalz, 18. 12. 2001, HVBG VB 25/2002; Nasterlack, u.a., Dtsch Ärztebl 99 (2002) C 1981.

[16] Orbaek, u.a., Computed tomography and psychometric test performances in patients with solvent induced chronic toxic encephalopathy and healthy controls, Br. J. Ind. Med. 44 (1987) 175–179; Triebig, Erlanger Malerstudie, ASP Sonderheft 9, 1986; ders., Die Erlanger Spritzlackierer-Studie, ASP Sonderheft 13, 1989.

[17] Mikkelsen, u.a., Mixed solvent exposure and organic brain damage, Acta Neurol. Scand. 78 (1988) Suppl. 118.

[18] Gregersen, u.a., Chronic Toxic Encephalopathy in Solvent-Exposed painters in Denmark 1976–1980: Clinical Cases and Social Consequences After a 5-Year Follow-Up; Am J. Ind. Med. 11 (1987) 399–417.

Eine pathologisch-anatomische Studie hat keine vermehrte Hirnatrophie oder andere Auffälligkeiten bei Verstorbenen, die an einer Lösungsmittel-verursachten Enzephalopathie erkrankt waren, ergeben.[19]

Die Frage, ob es im Zusammenhang mit einer toxischen Enzephalopathie auch Veränderungen der Hirndurchblutung gibt, kann derzeit nicht abschließend beurteilt werden. Bislang vorliegende Untersuchungen erbrachten uneinheitliche Resultate.[20]

- MdE-Bewertung[21]

Schweregrad	Symptome	MdE in %
Leicht	Unspezifisches Beschwerdebild, das individuell unterschiedlich stark ausgeprägt sein kann ohne ausreichend spezifische Persönlichkeitsveränderung oder kognitive Leistungsminderungen organisch-psychischen Ursprungs	bis 10
Leicht bis mittelgradig	Deutliche Befindlichkeitsstörungen sowie Persönlichkeitsveränderungen mit Antriebs- und Affektstörungen sind nachweisbar; leichte kognitive Leistungsminderungen organisch-psychischen Ursprungs können die Persönlichkeitsveränderungen begleiten	20–30
mittelgradig	Deutliche kognitive Leistungsminderungen organisch-psychischen Ursprungs sind nachgewiesen. Befindlichkeitsstörungen liegen begleitend vor, auch Persönlichkeitsveränderungen sind in der Regel erkennbar. Vielfach sind auch neurologische Befunde (ataktische Störungen, Tremor) vorhanden	40–50
Schwer	Erheblich ausgeprägte psychopathologische Störungen, so z.B. des Gedächtnisses, der Merkfähigkeit, der Aufmerksamkeit und auch einer Wesensänderung, mit zusätzlichen zentralneurologischen Störungen	60–100
	Dieser Schweregrad ist bei beruflich bedingten Lösungsmittel-Enzephalopathien in der Regel nicht zu erwarten.	

Kombiniertes Krankheitsbild
Die Gesamteinschätzung bei lösungsmittelbedingter Enzephalopathie und Polyneuropathie erfolgt nicht in Addition der aufgeführten MdE-Sätze, sondern als Gesamtbeurteilung der Leistungsfähigkeit unter Berücksichtigung der verschiedenartigen Funktionsstörungen.

---

[19] Klinken, u.a., Acta Neurologica Scandinavica 87 (1993) 371.
[20] Arlien-Sborg, u.a., Cerebral blood flow in chronic toxic encephalopathy in house painters exposed to organic solvents, Acta Neurol. Scand. 66 (1982) 41–43; Hagstadius, u.a., Regional cerebral blood flow at the time of diagnosis of chronic toxic encephalopathy induced by organic-solvent exposure and after the cessation of exposure, Scand. J. Work Environ. Health 15 (1989) 130–135; Orbaek, u.a., Effects of long-term exposure to solvents in the paint industry, Scand. J. Work Environ. Health 11 (1985) suppl. 2, 28 p.
[21] Nach BK-Report 2/2007 – BK 13 17 – (Hrsg. DGUV) 2007.

5.8.5 Schweregrade und MdE-Bewertung der Polyneuropathie[22]

Wesentlich sind Ausmaß der sensomotorischen Störungen; von untergeordneter Bedeutung sind Reflexbefunde und die Ergebnisse der apparativen Zusatzdiagnostik.

Schweregrad	Symptome	MdE in %
Sehr leicht	Klinisch nur gering in Erscheinung tretende Polyneuropathie mit leichten sensiblen Störungen einschließlich Reizerscheinungen ohne funktionelle Beeinträchtigung	unter 10
Leicht	Sensible Störungen einschließlich Reizerscheinungen und/oder beginnende körperferne motorische Störungen, die insgesamt die Geh- und Stehfähigkeit noch nicht wesentlich beeinträchtigen	10
Leicht bis mittelschwer	Sensible Störungen, einschließlich beeinträchtigender Reizerscheinungen und/oder leichte motorische Störungen mit leichtgradiger Auswirkung auf die Geh- und Stehfähigkeit	20
Mittelschwer	Ausgeprägte sensible Störungen und/oder sensible Reizerscheinungen und distal betonte motorische Störungen mit deutlicher Auswirkung auf die Geh- und Stehfähigkeit	30

Höhergradige MdL-Einschätzungen kommen bei lösungsbedingten Polyneuropathien nur in seltenen Ausnahmefällen in Betracht.

Zu berücksichtigen ist auch die Rückbildungsfähigkeit lösungsmittelbedingter Polyneuropathien, die eine zeitliche Abstaffelung der MdL-Einschätzung erwarten lässt.

Bei fortbestehenden polyneuropathiebedingten Störungen ist die Frage BK-unabhängiger Ursachen im Sinne rechtlich konkurrierender Ursachen zu prüfen, die etwa mit zunehmendem Zeitabstand zum Expositionsende in den Vordergrund treten.

Die Gesamteinschätzung bei lösungsmittelbedingter Enzephalopathie und Polyneuropathie erfolgt nicht in Addition der aufgeführten MdL-Sätze, sondern als Gesamtbeurteilung der Leistungsfähigkeit unter Berücksichtigung der verschiedenen Funktionsstörungen.

---

[22] Nach BK-Report 2/2007 – BK 13 17 – (Hrsg. DGUV) 2007.

5.9 Multiple Sklerose

Übersicht

5.9.1 Krankheitsbild................. 247
5.9.2 Unfallrechtliche Beurteilung 248
5.9.3 Minderung der Erwerbsfähigkeit... 249

5.9.4 Medizinische Rehabilitation
und Leistungen zur Teilhabe
am Arbeitsleben 249

5.9.1 Krankheitsbild[1]

Die multiple Sklerose (MS, auch disseminierte Enzephalomyelitis, disseminierte Sklerose oder Polysklerose) ist eine schwere entzündliche Erkrankung des zentralen Nervensystems. Morphologisch ist sie gekennzeichnet durch örtlich und zeitlich disseminiert auftretende Entmarkungsherde, die zu Narbenbildung führen und der Krankheit ihren Namen gaben. Der klassische Krankheitsverlauf besteht in Schüben und symptomfreien Perioden (Remissionen); erst später kommt es zu einer chronischen Progredienz. Daneben gibt es primär chronische Verläufe. Die klinische Symptomatologie ist vielfältig und wechselhaft, dementsprechend auch die Prognose. In seltenen Fällen kann die MS in wenigen Monaten bzw. Jahren zum Tode führen. Die benignen Verlaufsformen weisen nach schubförmigem Beginn langjährige, fast symptomfreie Intervalle auf. Die mittlere Erkrankungsdauer liegt bei über 30 Jahren. Die Häufigkeit der Erkrankung beträgt in Mitteleuropa etwa 0,1 %.

Einteilung: a) schubförmig, b) zuerst schubförmig, danach chronisch-progredient und c) primär chronisch-progredient. Der Schub wird definiert als relativ plötzliches Auftreten alter oder neuer Symptome mit deutlicher Remission in unterschiedlich langen Zeiträumen bis zu Monaten, soweit es sich nicht lediglich um Symptomverschlimmerungen auf Grund äußerer Einflüsse handelt. Ein neuer Schub setzt sich von einem alten ab, wenn das Intervall mindestens vier Wochen beträgt.

Der Übergang in einen chronisch-progredienten Verlauf kann zu jeder Zeit erfolgen. Die Häufigkeit nimmt zu mit der Zahl der abgelaufenen Schübe und der Krankheitsdauer.

Die Prozessaktivität der MS lässt sich an der jährlichen Progressionsrate (Schweregrad/Krankheitsdauer) messen.

Von maligner MS wird gesprochen, wenn die Krankheitsentwicklung entsprechend ist, nicht dagegen, wenn nach der Lokalisation eines Krankheitsherdes schwere Ausfälle resultieren.

Gesicherte Erkenntnisse fehlen, wodurch die multiple Sklerose im Grunde hervorgerufen wird und welchen Einfluss von außen wirkende Faktoren für das Auftreten und den weiteren Verlauf der Erkrankung haben.[2] Wahrscheinlich ist eine entsprechende genetische Veranlagung Voraussetzung für die Entwicklung einer MS. Diskutiert wird eine Exposi-

---
[1] Frick, Multiple Sklerose, 1989 IX, Reihe „Praktische Neurologie", edition medizin S. 1, 39, 40, 43; Mumenthaler, Mattle, Neurologie, 11. Aufl. 2002 S. 471 ff.; Poser, in: Neurologische Begutachtung (Hrsg. Suchenwirth, Kunze, Krasney) 3. Aufl. 2000 S. 353 ff.; Mauch, in: Begutachtung in der Neurologie (Hrsg. Widder, Gaidzik) 2007 S. 379 ff.; Flachenecker, Toyka, VersMed 52 (2000) 119; Kittel, in: Kursbuch der ärztlichen Begutachtung (Hrsg. Ludolph, u. a.) 7. Erg. Lfg. 2007 VI–2.5.1.
[2] BSG, 26. 6. 1958, Breith. 1958 S. 929, m. Verweisung auf Döring, in: Fischer, Herget, Molineus, Das ärztliche Gutachten im Versicherungswesen, 1955 Bd. 2 S. 1207.

tion gegenüber verbreiteten Viren und Bakterien in relativ jungem Lebensalter als mögliche Ursache. Eine einfache Ursache-Wirkung-Beziehung zwischen einem bestimmten Mikroorganismus und der MS konnte bislang nicht aufgezeigt werden. Vermutlich führen mehrere verschiedene pathogenetische Mechanismen zum Ausbruch der Krankheit.[3] Meist wird angenommen, die multiple Sklerose entstehe entweder als Folge einer Virusinfektion oder auf Grund einer Immunreaktion. Verursachung durch Schädeltrauma oder durch lumbale Diskushernienoperation ist nicht belegt.[4]

Hauptsymptome der Krankheit: temporale Abblassung der Sehnervenscheiben, zentrales Skotom (Gesichtsfeldausfall), Augenzittern, Intentionszittern (grobes Zittern bei Ansetzen einer willkürlichen Bewegung und Zunahme gegen Ende der Bewegung), Fehlen der Bauchdeckenreflexe, Pyramidenzeichen (spastische Reflexe) infolge Beteiligung der motorischen Pyramidenbahnen, Missempfindungen in den Händen, Schwindel, flüchtige Sehstörungen, abgehackte Sprechweise, Blasenstörungen, rasche Ermüdbarkeit (*MS-Fatigue*), mangelnde körperliche Leistungsfähigkeit. Das Erkrankungsalter liegt meist zwischen 15 und 40 Jahren, im Durchschnitt bei 30 Jahren.

5.9.2 Unfallrechtliche Beurteilung

Die Zusammenfassung beleuchtet zugleich den Stand der Rspr.

(1) Nach bisherigen Kenntnissen über die multiple Sklerose ist eine *Verursachung* der Krankheit durch äußere Schädigungen aller Art als unwahrscheinlich abzulehnen.[5]

(2) Verletzungen, die zu einer Läsion des Gehirns oder Rückenmarks oder zu hochgradiger Herabsetzung der Widerstandskraft geführt haben, können einen klinisch stummen Herd früher offenbar werden lassen und einen Schub der Krankheit in Gang bringen. Ein Ursachenzusammenhang im Sinne einer *Verschlimmerung* ist anzunehmen, wenn ein enger zeitlicher Zusammenhang (ein bis vier Wochen[6]) zwischen erheblicher Krafteinwirkung und gravierendem Krankheitsschub (schwere Veränderung der immunologischen Lage[7]) der multiplen Sklerose besteht und die Lokalisation der entzündlichen Herde mit dem Trauma übereinstimmt.[8] Der von außen wirkende Faktor muss zur Verschlimmerung geeignet sein.[9] Mitbetroffensein des Zentralnervensystems ist zu fordern.[10] Außergewöhnliche Unfallereignisse sind grobe Krafteinwirkungen auf Kopf und vorwiegend Wirbelsäule sowie große Blutverluste (einfache Hirnerschütterungen oder Rippenprellungen

---

[3] Regenauer, VersMed 57 (2005) 115, 116.
[4] Mumenthaler, Mattle, Neurologie, 10. Aufl. 1997 S. 481.
[5] BSG, 26. 6. 1958, SGb 1958, 255 = Breith. 1958, 929; BSG, 14. 12. 1961, KOV 1962, 90; Malin, in: Die ärztliche Begutachtung (Hrsg. Fritze, Mehrhoff) 7. Aufl. 2008 S. 224; m. Hinweis auf fundierte Studien aus den USA; Mauch, in: Begutachtung in der Neurologie (Hrsg. Widder, Gaidzik) 2007 S. 381.
[6] Baust, Med. Welt 27 (1976) 611.
[7] Kittel, in: Kursbuch der ärztlichen Begutachtung (Hrsg. Ludolph, u. a.) 29. ErgLfg. 6/06 Abschnitt VI – 2.7.5.1.
[8] LSG Baden-Württemberg, 28. 9. 1967, Breith. 1968, 140; Malin, in: Die ärztliche Begutachtung (Hrsg. Fritze, Mehrhoff) 7. Aufl. 2008 S. 224: bis zu drei Monaten; Mumenthaler, Mattle, 11. Aufl. 2002 S. 481; Baust, Med. Welt 1976, 611: ein bis vier Wochen; Schejbal, Mehrhoff, MedSach 87 (1991) 111, 114: sechs Wochen.
[9] LSG Hessen, 6. 11. 1958, Meso B 290/19.
[10] LSG Rheinland-Pfalz, 3. 12. 1962, Meso B 290/47.

5.9 Multiple Sklerose

genügen nicht), schwere septische Erkrankungen durch Wundinfektionen, große Blutverluste.[11] In diesen Fällen ist die Unfallkausalität des einzelnen Schubes annehmbar. Weitere Schübe sind indessen nicht mehr auf das erlittene Trauma zu beziehen, sondern dem unfallunabhängigen Grundleiden zuzuordnen.[12]

Abgelehnt wurde die Verschlimmerung bei Wehrdiensteinflüssen, Ruhr[13], Starkstromunfällen[14], Erkältung und Anstrengung an einem Arbeitstag[15], Stress[16], Gewaltübergriffe.[17]

Neuerer wissenschaftlicher Darstellung[18] gemäß werden diese Erkenntnisse bestätigt:

Die MS erweist sich als Erkrankung, die auf Grund innerer Gesetzmäßigkeit abläuft und durch äußere Faktoren in Manifestation und Verlauf nicht verschlimmert wird. Dies schließt nicht aus, dass es im Einzelfall nach großen Belastungen, Traumen, Operationen zu einer Verschlechterung kommt, die nicht nur passager ist, bedingt durch Fieber oder allgemeine Körperschwäche, sondern eine echte Progredienz darstellt, oft in Form eines Krankheitsschubes. Die Frage nach dem Zusammenhang ist meistens nicht eindeutig zu beantworten; ein entscheidender, d.h. schicksalsmäßiger Einfluss auf die MS wird jedoch nicht ausgeübt. Deshalb: „präzipitierende" Faktoren, die zu einer Verschlimmerung im Sinne eines vorgezogenen Krankheitsverlaufs führen – eine sich später ausgleichende Verschlimmerung.

(3) Der Zusammenhang zwischen MS-Entstehung und neurotoxischen Substanzen[19] (Blei, Quecksilber, Wismut, Palladium, Zink, Kupfer) oder Lösungs-, Schädlingsbekämpfungsmitteln, Formaldehyd[20] wird abgelehnt.

5.9.3 Minderung der Erwerbsfähigkeit

Die Höhe der MdE richtet sich vor allem nach den zerebralen und spinalen Ausfallerscheinungen und der Krankheitsaktivität. Bei chronisch fortschreitendem Verlauf der Krankheit ist eine zeitliche Begrenzung der Verschlimmerung anzuerkennen, die in der Regel ein bis zwei Jahre beträgt.[21]

Bei den Beurteilungsmaßstäben für den *Schweregrad der MS* sind subjektive Faktoren nicht auszuschließen, die in der Mitarbeit der Kranken liegen; auch ist zu berücksichtigen, dass verschiedene Untersucher zu abweichenden Bewertungen gelangen.

5.9.4 Medizinische Rehabilitation und Leistungen zur Teilhabe am Arbeitsleben

Die Gestaltung der Leistungen zur Teilhabe am Arbeitsleben hängt ab von Verlauf, Schwere und spezieller Symptomatologie der Erkrankung. Mäßige, körperliche Belastung – ein-

---

11 Mauch, in: Begutachtung in der Neurologie (Hrsg. Widder, Gaidzik) 2007 S. 382.
12 Scherzer, H. Unfallh. 130 (1978) S. 117; Mauch, in: Begutachtung in der Neurologie (Hrsg. Widder, Gaidzik) 2007 S. 265.
13 LSG Hessen, 6.11.1958, Meso B 290/19.
14 LSG Niedersachsen, 11.1.1957, Meso B 290/48.
15 LSG Hessen, 9.7.1957, BG 1958, 292; vgl. auch Finkelnburg, MfU 1924, 1925; Grömig, ZfS 1947, 123.
16 BSG, 10.11.1993, HV-Info 11/1994, 807 „keine BK".
17 LSG Hessen, 4.8.2003, L 3 U 1051/03.
18 Mauch, in: Begutachtung in der Neurologie (Hrsg. Widder, Gaidzik) 2007 S. 380f.
19 LSG Niedersachsen-Bremen, 23.10.2003, HV-Info 2/2004, 119: „Halogenkohlenwasserstoff".
20 LSG Rheinland-Pfalz, 21.2.2001, Meso B 290/258.
21 Mifka, Nervenärztliche Unfallbegutachtung, Schriftenr. der AUVA H. 1 S. 101.

fache sitzende Tätigkeit – ist besser als Untätigkeit. Berufe, in denen überwiegend im Stehen, unter Hitzeeinwirkung und an Maschinen gearbeitet wird, scheiden aus.

Zunehmende Krankheitsdauer schränkt die Arbeitsfähigkeit ein. Die Geschwindigkeit, mit der sich dieser Vorgang vollzieht, ist individuell verschieden, entsprechend der Eigenart des jeweiligen Verlaufes und der beruflichen Tätigkeit.

Vorschnelle Berentung, kurz nach Stellung der Diagnose, ist unbedingt zu vermeiden.[22]

Wissenschaftliche Untersuchungen zur *Therapie* der MS gelten als „undankbar", denn die Krankheit kann nicht ausgeheilt werden. Dem wird entgegengehalten *(Frick)*, dass auch geringe Erfolge wertvoll sind und ausgenutzt werden müssen, kann es doch gelingen, die Krankheit gleichsam in eine benigne Verlaufsform zu drängen.

Die MS ist ein chronisches, nicht heilbares Leiden. Hierin liegt die Problematik der Behandlung und Betreuung.

Zu den *ärztlichen Aufgaben* gehört es[23], bei der Bewältigung Hilfestellung zu leisten; fallweise ist eine Krisenbetreuung vorzunehmen. Entscheidend für das Leben mit der Krankheit ist das Gelingen einer prospektiven Adaption. Hinzuweisen ist auch auf die erreichbaren sozialen Hilfen und deren gesetzliche Regelungen.

---

[22] Mauch, in: Begutachtung in der Neurologie (Hrsg. Widder, Gaidzik) 2007 S. 383.
[23] Frick, Multiple Sklerose, 1989 IX, Reihe „Praktische Neurologie", edition medizin S. 169f.

5.10 Entstellung[1]

Übersicht

5.10.1	Minderung der Erwerbsfähigkeit 251		5.10.2	Heilverfahren 252
			5.10.3	Hilfsmittel 253

5.10.1 Minderung der Erwerbsfähigkeit

Die MdE ist danach zu bewerten, inwieweit der Verletzte mit der ihm verbliebenen Erwerbsfähigkeit auf dem allgemeinen Arbeitsfeld Verwendung finden und mit gesunden Personen in Wettbewerb treten kann. Insbesondere ist die Integritätseinbuße zu berücksichtigen, die der Verletzte durch den Unfall erleidet und die sich unmittelbar oder mittelbar auswirken kann.[2] Erhebliche Entstellungen, vor allem bei „Kontaktberufen" (Verkäufer, Kellner, Vertreter), bedingen Beeinträchtigungen des Arbeitsfeldes.[3]

Entstellungen (= Abweichen von der Norm unserer ästhetischen Vorstellungen) führen häufig zu erheblichen seelischen Schwierigkeiten, die sich in depressiver Gemütslage, Mangel an Unternehmensgeist und Hemmungsgefühl im Umgang mit Menschen äußern. Die Einbuße des Selbstwert- und Sicherheitsgefühls, von Verletzten beklagt, ist eine seelische Beeinträchtigung, die tatsächlich vorhanden sein kann und dem Gutachter oft erst in der vertieften Exploration (diagnostisches ärztliches Gespräch) deutlich wird, auch wenn der objektive Befund zunächst nicht auffällig schwer ist.[4]

Erhebliche Verstümmelungen sichtbarer Körperteile[5] und augenfällige Gesichtsentstellung bedingen das Erschweren von Arbeit und Fortkommen: Dem Verletzten ist seine „Angebotsfähigkeit" eingeschränkt.[6] Belastend kann sich bei Versicherten in leitender Stellung auswirken, dass durch die Entstellung die Fähigkeit persönlicher Einwirkung auf Verhandlungspartner, Vorgesetzte und nachgeordnete Mitarbeiter leidet. Zu berücksichtigen ist also, ob Außenstehende durch den Anblick in ihrem Verhalten beeinflußt und dadurch beim Verletzten Verlegenheitsgefühl, Ängstlichkeit, Depression, Verringerung der Konzentrationsfähigkeit und somit ein Absinken der Arbeitsleistung hervorgerufen werden.[7]

Im Schrifttum wird darauf verwiesen, weibliche Verletzte seien durch Entstellungen in ihrer Erwerbsfähigkeit mehr beeinträchtigt als Männer, die „Angebotsfähigkeit" sei in aller Regel geringer.[8] Vorwiegend bei Frauen können reaktive Depressionen auftreten, die von abnormen neurotischen Reaktionen abzugrenzen sind (s. 5.1, S. 141 ff.). Das Erschweren einer Heiratsmöglichkeit kann jedoch bei der Bewertung der MdE nicht berücksichtigt

---
1 S. Werth, Chirurg 1983, 823 ff.; Schönberger, BG-UMed 8 (1969) S. 145 ff.; ders., MfU 1970, 246–249; ders., Akt. Traumatol. 1971, 191–195; Möllhoff, ASP 1982, 301 ff.; ders., Beiträge zur gerichtlichen Medizin, Bd. XL (Hrsg. Holczabek) 1982, S. 351 ff.; ders., Lebensversicherungsmedizin 1982, 206 ff.
2 Schroeder-Printzen, SozSich 1962, 231; Schieke, BG 1962, 70.
3 RVA, AN 1894, 276.
4 RVA, ebenda; Möllhoff, Lebensversicherungsmedizin 1982, 206.
5 Unter bestimmten Voraussetzungen können auch nicht sichtbare Unfallfolgen berücksichtigt werden, sofern sie mittelbar durch seelische Belastungen die Leistungsfähigkeit beeinträchtigen, SG Speyer, 6. 2. 1956.
6 SG Karlsruhe, 16. 2. 1966, Breith. 1966, 754 f.; RVA, AN 1894, 276.
7 LSG Rheinland-Pfalz, 15. 6. 1999, HV-Info 26/2000, 2432.
8 Frentzel, SGb 1968, 83; Werth, Chirurg 1983, 823 ff.

werden, wie dies bei anderen persönlichen Eigenschaften und Fähigkeiten, die einen wirtschaftlichen Vorteil bedeuten mögen, zutrifft.[9]

Nur erhebliche Entstellungen werden entschädigt. Auf die Einzelpersönlichkeit ist abzustellen.

Erfahrungswerte:

Art der Entstellung	MdE in %
Gesichtsentstellung	
kosmetisch nur wenig störend	10
kosmetisch störend, ohne Korrektur und Epithese	20
abstoßend, ohne Korrektur und Epithese	30–50
Gesichtsnervenlähmung (S. 320)	
einseitig, kosmetisch wenig störend	bis 10
ausgeprägte Störungen oder Kontrakturen	20–30
komplette Lähmung oder entstellende Kontrakturen	40
beidseitig, komplett	50
Skalpierung bei Frauen (mit Perücke)	30
Skalpierung bei Männern (mit Perücke)	10–20
Vollständiger Verlust der Nase (ohne Korrektur)	40
Verlust der Nasenspitze	10–20
Stark entstellende Sattelnase	20–30
Lippendefekt mit Speichelfluss	10
Verlust einer Ohrmuschel	10
Verlust beider Ohrmuscheln	20

5.10.2 Heilverfahren

Dem UV-Träger ist – im Grundsatz – nicht eingeräumt, Leistungen zum Zwecke der bloßen kosmetischen Zustandsverbesserung zu erbringen: dennoch erscheint bei einer als Entstellung empfundenen Verletzungsfolge eine weite Auslegung des Gesetzes angebracht. Neben ästhetisch-kosmetischen Aspekten sind organ- und psychopathologische Gründe vom Plastischen Chirurgen zu beurteilen.[10] Wünscht der Verletzte das Beseitigen relativ geringfügiger Narben, die – wenngleich – nur subjektiv störend wirken, sollte das Heilverfahren übernommen werden. Eine Ablehnung der Heilbehandlung mit bloßem Hinweis,

---

[9] Schulte-Holthausen, Unfallversicherung 1929 S. 105; Kaufmann, Handbuch der Unfallmedizin, 1919 Bd. 1 S. 98 u. 315; etwas anderes gilt hinsichtlich des subjektiven Schadensbegriffes im Zivilrecht.
[10] Riotte, MedSach 91 (1955) 44 ff.; Spitalny, u.a., ebenda, S. 48 f.

5.10.3 Hilfsmittel

Hilfsmittel, die eine Entstellung mildern oder verdecken sollen, sind nach den *„Gemeinsamen Richtlinien der UV-Träger über Hilfsmittel"* zu stellen, wenn das Erlangen von Arbeit ohne sie ernstlich erschwert ist oder berechtigte kosmetische Rücksichten dies erfordern. Die Beschaffung ist berechtigt, wenn die Entstellung die berufliche Wettbewerbsfähigkeit und damit die Erwerbsfähigkeit wesentlich beeinträchtigt oder so erheblich ist, dass sie das Lebensgefühl des normal empfindenden Menschen herabzusetzen geeignet ist. Weiblichen Verletzten wird beim Verlust der Kopfhaut eine Perücke beschafft. Auch bei Männern kann eine solche veranlasst sein.[12] Eine Ersatzperücke ist angebracht, wenn der Verletzte die Perücke eine gewisse Zeit getragen und dieselbe sich bewährt hat. Bei erheblichen Verletzungen der Augenhöhle ist mitunter das Tragen eines Kunstauges verwehrt. Der entstellende Gesichtsausdruck soll durch plastische Hilfsmittel ausgeglichen werden.

---

[11] RVA, 14.10.1930, AN 1930, 438; Schönberger, MfU 1970, 249.
[12] Vgl. LSG Baden-Württemberg, 29.6.1979, Breith. 1980, 360.

5.11 Selbsttötung

Übersicht

5.11.1	Feststellungsverfahren 254	5.11.2.2	Selbsttötung als Folge eines Versicherungsfalls mit psychischen Gesundheitsschäden. 259
5.11.2	Rechtliche Beurteilung 256		
5.11.2.1	Selbsttötung als Folge eines Versicherungsfalls mit körperlich organischen Gesundheitsschäden 256	5.11.3	Beweislast 260

Bei Selbsttötung wirken gewöhnlich mehrere Gründe zusammen.[1] Am Anfang der suizidalen Entwicklung steht in der Regel das relative Unvermögen: angestrebte Ziele werden nicht erreicht, Schwierigkeiten nicht gemeistert, Angst- und Versagensvorstellungen verallgemeinert und auf alle Lebensgebiete ausgeweitet. In der letzten Phase wendet sich der Betroffene von der Umwelt ab, Selbstaggression oder explosive Verzweiflung folgen. Die Entwicklung kann schnell bzw. über Tage ablaufen (Kurzschlussreaktion) oder sich über Monate oder Jahre erstrecken (chronisch suizidale Entwicklung).

Bei Hirntraumatikern ist nur bedingt von einer freien Willensbestimmung auszugehen: Nicht um das Ergebnis einer abgewogenen, kritischen Bilanz handelt es sich, denn kaum ein Betroffener ist frei von nachhaltigen hirnorganischen psychischen Einbußen.[2]

5.11.1 Feststellungsverfahren

Umstände, die der Selbsttötung zu Grunde liegen, sind bis zu bestmöglicher Durchschaubarkeit zurückzuverfolgen. Die Sachaufklärung ist so breit wie möglich anzulegen; alle erreichbaren Unterlagen über den Verstorbenen sind beizuziehen:

(1) Staatsanwaltschaftliche Ermittlungsakten

(2) Sektionsprotokolle können Umstände aufzeigen, die der klinischen Beobachtung entgangen waren (z.B. Malignome – bösartige Geschwülste, hirnorganische Schäden, Intoxikationen, Alkohol, Drogen)[3]

(3) Schul-, Lehr- und sonstige Ausbildungszeugnisse

(4) Personalunterlagen

(5) Akten der Sozialversicherungsträger, Versorgungsämter usw.

(6) Krankengeschichten

(7) Mitteilungen der behandelnden Ärzte über Beschwerden und Krankheiten, Therapie, Krankheitsverlauf, wechselnde körperliche und seelische Veränderungen

(8) Persönliches Befragen von Personen aus dem engeren Lebenskreis

---

[1] Venzlaff, in: Psychiatrische Begutachtung (Hrsg. Venzlaff, Foerster) 4. Aufl. 2004 S. 729 ff.; Möllhoff, Beiträge zur Gerichtl. Medizin, Bd. XXXIII (1975) S. 118; ders., VersMed 41 (1989) S. 175 ff.; Rauschelbach, MedSach 85 (1989) 4; Felber, Reimer, Klinische Suizidologie, 1991; Wolfersdorf, Bundesgesundheitsbl 51 (2008) 443 ff.

[2] Möllhoff, Suizid und Euthanasie (Hrsg. Eser), 1976 S. 194; ders., VersMed 41 (1989) S. 177.

[3] Bei Alkoholikern steigt die Gefährdung um 14 %, bei Medikamenten- und Drogenabhängigkeit ist das Risiko noch höher, Venzlaff, in: Psychiatrische Begutachtung (Hrsg. Venzlaff, Foerster) 4. Aufl. 2004 S. 732.

5.11 *Selbsttötung*

Selbsttötung ist immer Symptom einer schweren psychischen Störung, die zwingend schon vorher auffällig war.[4]

Zeugen deuten ein besonderes Verhalten des Verstorbenen bisweilen erst im Nachhinein im Sinne einer Depression.

(9) Art des Unfallereignisses

Gliederung der Erhebung[5]

(1) Analyse der Selbsttötung: Tötungsart, Mittel und Methodik, Ursächlichkeit für den Tod, Abgrenzen gegenüber Einwirkungen von dritter Hand, Mord, Totschlag

Bei der Frage nach den angewandten Methoden finden sich jeweils Hinweise, dass Frauen „weichere" bevorzugen, Männer „harte" wählen. Reihenfolge nach statistischen Erfahrungen: Erhängen/Erdrosseln, Schlafmittel/Gift, Sturz in die Tiefe, Erschießen, sich vor Zug oder Auto werfen.[6]

(2) Biographische Anamnese unter Einbeziehung des sozialen Umfeldes

(3) Darstellung der vorgegebenen Leiden, ggf. der anerkannten Schädigungsfolgen, der psychologischen Fakten in ihrer pathogenen (krankheitserregenden) und pathoplastischen (Krankheitszeichen-gestaltenden) Bedeutung in allgemeiner und individueller Hinsicht für die Neigung zur Selbsttötung

(4) Stellungnahme zur Frage der „Willensfreiheit" in der Belastungssituation unter Berücksichtigung der individuellen, seelischen Tragfähigkeit

(5) Diskussion der Kausalität

Kriterien für und gegen eine freie Willensbestimmung beim Suizid[7]:

dafür:	dagegen:
Arrangement des Suizidmittels und der Umgebung	Mittel und Ort meist zufällig
Vorbereitung zur Vermeidung frühzeitiger Entdeckung	keine Vorkehrungen gegen Entdeckung
weiche/passive Methode	harte/aktive Methode
längere Vorbereitungszeit	stark verkürzte Entschlusszeit
Abschiedsbrief häufig	Abschiedsbrief selten
psychische Erkrankungen seltener einschließlich Suchterkrankungen	häufiger psychische Erkrankungen einschließlich Alkoholismus/Drogensucht

---

4 LSG Baden-Württemberg, 24. 1. 2002, HV-Info 11/2002, 1000.
5 Möllhoff, Suizid und Euthanasie (Hrsg. Eser), 1976 S. 194, 205.
6 Statistiches Bundesamt, Wirtschaft und Statistik 10 (2007) 965: Todesursachenstatistik 2006.
7 Mittmeyer, VersMed 49 (1997) 109, 111.

5.11.2 Rechtliche Beurteilung

Da die Unfreiwilligkeit zum Unfallbegriff gehört (s. 1.2.1, S. 11), ist der Tod aus freiem Willen („Freitod") grundsätzlich kein Arbeitsunfall[8]. Betriebsbedingte Umstände können aber wesentlich zur suizidalen Willensbildung führen als Folge eines Versicherungsfalls mit körperlichen oder psychischen Gesundheitsschäden. Selbsttötung ist somit stets mittelbare Folge eines Versicherungsfalls[9], wobei die Einwirkungen und durch sie bewirkte Änderungen entweder im organischen Bereich bestanden haben oder auch psychische Reaktionen und deren Auswirkungen als Zwischenglieder eingeschaltet waren.[10]

5.11.2.1 Selbsttötung als Folge eines Versicherungsfalls mit körperlich organischen Gesundheitsschäden[11]

Der Selbsttötung vorausgehend liegt ein Versicherungsfall mit gesundheitlichen Folgen vor.

Die Selbsttötung ist mittelbare Folge eines Versicherungsfalls, wenn dieser

– zu einer Willensbeeinträchtigung geführt[12] oder
– den Entschluss zur Selbsttötung wesentlich mitbedingt hat.[13]

Überwiegend ereignen sich Suizide im ersten Jahr nach dem Versicherungsfall. Nach leichten Unfällen klingen unmittelbare Angst- und Schreckreaktionen im Allgemeinen rasch und ohne bleibende Folgen ab. Schwere Traumen können hingegen schlagartig den bedrohlichen Charakter des Daseins freilegen, vornehmlich das schuldlose Betroffenwerden und die eigene ohnmächtige Unterlegenheit gegenüber dem Geschehen. Solche Abläufe führen zu Erwartungsspannungen und depressiv getönten Unruhezuständen, die sich dem Willenszugriff immer mehr entziehen und eine Reaktionskette in Gang setzen, welche die Selbsttötung als einen möglichen Endpunkt haben.

Hirntraumatiker sind – wenn ein posttraumatisches chronisch-organisches Psychosyndrom vorliegt – suizidgefährdet. Nach schweren Mehrfachtraumen können beim Verletzten depressive Verstimmungen auftreten, jeweils Monate bzw. Jahre nach der Verletzung, nie unmittelbar danach. Bei Selbsttötung auf dem Boden einer Hirnverletzung mit Wesensveränderung und Demenz ist der Unfallzusammenhang gegeben.[14]

Querschnittgelähmte und Verletzte mit Extremitätenverlust, Genitalschäden und Phantomschmerzen neigen zu Identitätseinbußen und letztlich zum „Krüppelgefühl". Sie erleben eine Sinnentleerung des Daseins und zugleich die Furcht, dass ein schmerzlich empfundener sozialer Abstieg bevorsteht. Eine reaktive Depression, letztlich zu einer Einengung der freien Willensbestimmbarkeit führend, kann – überdurchschnittlich oft

---

[8] H. M., a. A. Köhler, SGb 2001, 481, 484.
[9] Hauck-Keller, K § 9 Rdnr. 328; Lauterbach-Schwertfeger, § 8 Rdnr. 249.
[10] BSGE 18, 163, 164 (18. 12. 1962); Brackmann/Krasney, § 8 Rdnr. 416.
[11] Möllhoff, BG 1981, 237, 275; ders., H. Unfallh. 1984 (163) 297 ff.; s. auch Benz, WzS 1987, 161 ff.; Krokowski, MedSach 85 (1989) 9 ff.
[12] BSGE 18, 163 ff. (18. 12. 1962); LSG Nordrhein-Westfalen, 21. 6. 1989, L 17 U 41/86, unveröffentlicht.
[13] BSGE 66, 156 (18. 1. 1990) = SozR 3-2200 § 589 Nr. 1, unter Aufgabe von BSGE 54, 184, 185 (24. 11. 1982); Münzer, SGb 1990, 498 f.; Meyer, BG 1991, 48 f.; Benz, NZS 1999, 435.
[14] Griebnitz, u. a., VersMed 45 (1993) 74, 76 f.

5.11 Selbsttötung

noch nach 10 bis 20 Jahren (Spätsuizide) – folgen. Andere Risiken steigen: zerebrale Gefäßleiden, Bluthochdruck, Fettstoffwechselstörungen, Herzleistungsminderung, die in ihrem Stellenwert bei der Kausalitätsprüfung – gegebenenfalls als Nachschaden – zu bewerten sind.

Nach Summationstraumen durchleben die Betroffenen die Klinikzeit mit besonderer Schmerzresonanz, falls bereits geschädigte Organsysteme oder Extremitäten belangt sind. Alle früheren Leidensphasen, Fehlschläge und Funktionseinbußen werden oft in Form von „Rückblenden" wieder gegenwärtig.

Rechtlich wesentlicher Zusammenhang ist gegeben, wenn ein Leiden in der Anlage oder in fortgeschrittener Entwicklung vorhanden war und durch die Folgen des Unfalls zu Tage tritt oder sich verschlimmert, sofern die *berufsbedingte* Beeinträchtigung des psychischen Zustandes ihrer Eigenart und Stärke nach unersetzlich ist. Anhaltspunkte geben die Schwere der psychischen Beeinträchtigung, ob eine latente Anlage bestand, diese sich bereits in Symptomen festgelegt hatte, deren Entwicklung durch die betriebsbedingte Einwirkung dauernd oder nur vorübergehend beeinflusst worden ist.[15]

Die Rspr. anerkannte den ursächlichen Zusammenhang bei qualvollen Schmerzen nach Amputationen (Kausalgie, Neurom, Phantomschmerz)[16], ebenso nach unerträglich gewordenem, quälenden Leiden[17], erheblichen Dauerschmerzen und Befürchtungen, die Arbeitskraft nicht wieder zu erlangen und damit die Familie nicht unterhalten zu können[18], bei berufsbedingter Silikose[19] oder bei Aussichtslosigkeit auf Heilung der Unfallfolgen.[20]

Beim Bilanzselbstmord liegt eine Beeinträchtigung des freien Willens vor. Gelangt der Betroffene nach einem Versicherungsfall mit schwer wiegenden Folgen unter nüchterner Abwägung der Lebensperspektiven zu einer negativen Bilanz und wählt den Freitod, so hat der Versicherungsfall diesen Entschluss wesentlich mitbedingt. Der Zurechnungszusammenhang ist gegeben.[21]

Schmerzlosigkeit nach dem Unfall spricht gegen einen Zusammenhang mit der Selbsttötung.[22] Ist Letztere in der akuten Phase einer konstitutionsbedingten Depression verübt, ist sie auf die Depression, nicht aber auf eine, durch Unfallfolgen eingeschränkte freie Willensbildung zurückzuführen.[23]

---

15 BSGE 18, 173 (18.12.1962); Hess. LSG, 25.10.1978, unveröffentlicht; Martineck, Breith. 1950, 1133, 1137; Bayer. LSG, 6.7.2005, 3 U 263/04.
16 LSG Bremen, 25.6.1954, LAP S. 262.
17 BSG, 24.11.1982, Rdschr. HVBG 24/83; LSG Hamburg, 9.10.1963, Breith. 1964, 107; zurückhaltend LSG Hamburg, 14.1.1958, Breith. 1958, 923; 11.8.1954, BG 1954, 491; LSG Niedersachsen, 9.5.1957, BG 1958, 513 m. abl. Anm. Schieke.
18 Bayer. LSG, 10.5.1989, Breith. 1991, 17 = Meso B 320/42.
19 BSGE 66, 156 = SozR 3-2200 § 589 Nr. 1 (18.1.1990); LSG Nordrhein-Westfalen, 20.1.1994, Meso B 320/47; LSG Saarland, 20.10.2005, L 4 KN 37/03 U.
20 LSG Hamburg, 26.4.1955, Breith. 1955, 917; Hess. LSG, 14.6.1955, Breith. 1956, 30: Depression nach Scheitern der Wiedereingliederung in den alten Beruf.
21 BSGE 60, 156, 158 (18.1.1990); Hauck-Keller, K § 8 Rdnr. 328; Lauterbach-Schwertfeger, § 8 Rdnr. 248; a. A. Krasney/Brackmann, § 8 Rdnr. 418.
22 LSG Nordrhein-Westfalen, 2.2.1977, unveröffentlicht.
23 LSG Niedersachsen, 12.2.1957, LAP S. 44ff.

Zeitlicher Zusammenhang zwischen Unfall und erstmalig aufgetretene *Depression* reicht nicht, die Depression rechtlich mit dem Unfallereignis in Zusammenhang zu bringen.[24] Auszuschließen ist vielmehr, dass die Depression endogener Art ist. Diese beruht auf innerer Ursache, wenn sie auch im Übrigen nicht erklärbar ist. Auch erblich kann sei bedingt sein.

Insgesamt sind endogene Depressionen für das Suizidgeschehen insoweit bedeutsam, als das Gesamtrisiko ca. 20-mal höher liegt als bei der Durchschnittsbevölkerung.[25] Gewichtig ist, dass endogene Depressionen im Mittel 6 Monate dauern, 90 % heilen innerhalb eines Jahres ab. Sie können auch mehrphasig ablaufen, unterbrochen von längeren Zeiträumen des Wohlbefindens und fehlender Behandlungsbedürftigkeit.[26]

Treten zu den anlagebedingten Ursachen Nebenumstände, die von den Betroffenen überbewertet werden, aber mit anderen alltäglich vorkommenden Ereignissen austauschbar sind, liegt eine Gelegenheitsursache vor. Vor allem eine endogene Depression kann bei „Bagatellunfällen" manifest werden.[27] Der in einem „Abschiedsbrief" genannte Grund (Streit, Ermahnung, Kündigung, Arbeitslosigkeit) sollte deswegen nicht überbewertet werden.[28] Oft handelt es sich um sachlich unerhebliche, übersteigerte Vorstellungen, die eigentliche Gründe verschütten: Die Anlage ist als rechtlich allein wesentliche Ursache ansprechbar.

Ist eine krankhaft depressive Veranlagung für die Selbsttötung von überragender Bedeutung, liegt kein Arbeitsunfall vor.[29]

Für die Verneinung rechtlich wesentlichen ursächlichen Zusammenhanges zwischen Unfall und Selbsttötung genügt es nicht, dass die seelische Belastung durch Auswirkung des Unfalls das „normale" Maß menschlicher Leidensfähigkeit nicht überschritten hat. Vielmehr ist unter Berücksichtigung der Persönlichkeit des Versicherten zu prüfen, welche Bedeutung diese seelische Belastung für *ihn* hatte und in welchem Maße seine Fähigkeit, Entschlüsse unter vernünftiger Abwägung aller Umstände zu fassen, durch diese Belastung beeinträchtigt war. Also: Zu erwägen ist, welche Folgen die Auswirkungen des Unfalls gerade bei ihm infolge seiner Eigenart gehabt haben.[30]

---

[24] SG Reutlingen, 21. 8. 1975, unveröffentlicht; vgl. auch LSG Rheinland-Pfalz, 7. 12. 1983, HV-Info 2/1985 S. 49.
[25] Möllhoff, Suizid und Euthanasie (Hrsg. Eser) 1976 S. 194, 197; vgl. RVA, 4. 10. 1943, Breith. 1944, 19: nicht unfallbedingt; LSG Baden-Württemberg, 13. 9. 1978, unveröffentlicht: Sichere und eindeutig wissenschaftlich erweisbare Auslösesituation für eine endogene Depression liegt derzeit nicht vor.
[26] Mitteilung Möllhoff.
[27] LSG Baden-Württemberg, 13. 9. 1978, unveröffentlicht.
[28] Bayer. LSG, 6. 7. 2005, 3 u 263/04: im Abschiedsbrief nicht genannte schwierige gesundheitliche Situation erlaube nicht den Schluss auf Wesentlichkeit unfallunabhängiger Faktoren.
[29] BSG, 22. 11. 1988, Meso B 320/40.
[30] BSGE 18, 163, 165 (18. 12. 1962); kritisch dazu Witter, NJW 1963, 1691; BSG, 29. 5. 1964, Kartei Lauterbach Nr. 5381 zu § 537 RVO; 24. 2. 1967, SGb 1967, 542 m. zust. Anm. Schieckel; Bayer. LSG, 10. 5. 1989, Meso B 320/42 s. auch BSGE 18, 173 (18. 12. 1962); BSG, 15. 12. 1972, BG 1973, 160; Brackmann/Krasney, § 8 Rdnr. 419.

5.11.2.2 Selbsttötung als Folge eines Versicherungsfalls mit psychischen Gesundheitsschäden

Das BSG[31] hat die Selbsttötung anerkannt, wenn betriebsbedingte Umstände

- zu einer Willensbeeinträchtigung führen oder
- eine rechtlich wesentliche Teilursache für den Entschluss bilden.

Sie ist dann Unfallfolge und gehört nicht zum Unfalltatbestand.[32]

Betriebsbedingte Umstände können bei dem Versicherten einen Schock, d.h. eine schlagartig auftretende schwere psychische Erschütterung bzw. reaktive Depression mit der Vorstellung bewirken, sich in einer aussichtslosen Situation zu befinden.[33]

Die versehentliche Tötung eines Mitarbeiters kann bei dem Schädiger starke seelische Belastung und Depression hervorrufen: Die versicherte Tätigkeit verursacht eine „Schädigung" im seelischen Bereich. Kommt es infolge der Nachwirkungen des schweren psychischen Traumas zum Freitod, ist der Zusammenhang gegeben.[34]

Als betriebsbedingte Umstände wurden ferner anerkannt ein durch die versicherte Tätigkeit verursachtes seelisches Trauma eines Betriebsratsvorsitzenden mit zur Selbsttötung führender depressiver Verstimmung[35], Personalgespräch mit Entbindung von der Leistungsfunktion, Gehaltskürzung und Abmahnung mit Androhung der Beendigung des Arbeitsverhältnisses[36] sowie Hänseleien von Mitschülern.[37]

Das Ausmaß der dadurch hervorgerufenen Erregung muss zu einer psychischen Regression führen, so dass z.B. die zwanghaften Persönlichkeitsanteile, die nach psychiatrischer Erfahrung einen Schutz gegen eine Selbsttötung darstellen, ihren Einfluss verlieren.[38]

Betriebliche Ereignisse, die nicht im Einzelnen, sondern erst in ihrer Gesamtheit (Summationswirkung) eine messbare Gesundheitsstörung zur Folge haben, stellen indessen keinen Arbeitsunfall dar, wenn sie in einer über eine Arbeitsschicht hinausgehenden Zeit eintreten. Die letzte körperliche oder seelische Belastung am Todestag ist dann nur das Endglied einer Kette von alltäglichen Ereignissen, die allmählich eingewirkt haben, ohne dass einem die Bedeutung eines Arbeitsunfalles beigemessen werden kann.[39] Waren die Besonder-

---

[31] BSG, SozR 2200 § 548 Nr. 71 (30.5.1985); s. auch Krasny, in: Schulin HS-UV § 8 Rdnr. 97 „Beitrag zur Rechtsfortbildung".
[32] BSG, 8.12.1998, HV-Info 3/1999, 238 = Meso B 320/49.
[33] BSGE 61, 113 (18.12.1986) = SozR 2200 § 1252 Art. 6 = Meso B 320/39; BSG, 30.5.1985, SozR 2200 § 548 Nr. 71; BSG, 29.2.1984, Soz. Sich 1984, 390; Hess. LSG, 6.11.1974, unveröffentlicht; Hess. LSG, 25.10.1978, Breith. 1979, 862 (Beschwerde gegen Nichtzulassung der Revision zurückgewiesen), BSG, 5.2.1980, Rdschr. HVBG VB 56/80; Schönberger, DVZ 1966, 33ff.
[34] Bayer. LSG, 19.7.1968, Breith. 1969, 475; ähnlich LSG Baden-Württemberg, 6.12.1978, Kartei Lauterbach Nr. 10 597/8 zu § 548 Abs. 1 RVO.
[35] BSG, 5.2.1980, Meso B 320/35 = HVBG VB 108/79 und VB 56/80.
[36] Bayer. LSG, 29.4.2008, UVR 17/2008, 1247 = NZS 2009, 232.
[37] BSG, SozR 2200 § 548 Nr. 71 (30.5.1985).
[38] Hess. LSG, 25.10.1978, Breith. 1979, 862.
[39] BSG, 8.12.1998, HV-Info 3/1999, 238 = Meso B 320/49: UV-Schutz verneint für Selbsttötung eines Geschäftsführers bei wirtschaftlichem Niedergang des Betriebs; BSG, 30.5.1985, SozR 2200 § 548 Nr. 71: Kein Schulunfall bei Sprung aus dem Fenster einer Schule bei Versagensangst anlässlich einer Lateinarbeit; Hess. LSG, 6.11.1974, unveröffentlicht.

heiten der Einwirkungen einer Schicht für den individuellen Entschluss zur Selbsttötung maßgeblich, sind sie als wesentlich zu werten.[40]

5.11.3 Beweislast

Eine Frage des Kausalzusammenhanges ist, ob ein Versicherungsfall – auch als psychisches Trauma – die Fähigkeit zur Willensbildung des Versicherten im Zeitpunkt des Entschlusses zur Selbsttötung wesentlich beeinträchtigt hat. Die Folgen der Nichtfeststellbarkeit tragen – nach dem Grundsatz der objektiven Feststellungslast – die Anspruchsberechtigten, da sich ihr Anspruch auf das Vorliegen dieses Zusammenhanges stützt.[41]

Sind aber keine für einen Suizid sprechende unternehmensfremde Umstände feststellbar oder können solche sogar mit Wahrscheinlichkeit ausgeschlossen werden, ist von einem Arbeitsunfall auszugehen, wenn der Tod bei versicherter Tätigkeit eintrat; dies gilt auch bei nicht erlangter Feststellbarkeit des gesamten Unfallherganges.[42]

---

[40] LSG Niedersachsen, 25. 11. 1997, HV-Info 20/1998, 1882 = Breith. 1998, 664, bestätigt durch BSG, 8. 12. 1998, HV-Info 3/1999, 238.
[41] BSG, 28. 11. 1978, Meso B 320/34; BSG, 15. 12. 1972, BG 1973, 160, 161; BSGE 30, 278 (30. 1. 1970); BSG E 59, 76 = SozR 2200 § 548 Nr. 70 (30. 4. 1985); BSGE 61, 127 (20. 1. 1987) = SozR 2200 § 548 Nr. 84; LSG Baden-Württemberg, 24. 1. 2002, HV-Info 11/2002, 100.
[42] BSGE 61, 127 = BSG, SozR 2200 § 548 Nr. 84 (20. 1. 1987); BSGE 93, 279 = BSG, SozR 4-2700 § 8 Nr. 9 (26. 10. 2004); BSG, 4. 9. 2007, UVR 3/2008, 142; a. A. Hauck-Keller, K § 8 Rdnr. 341.

5.12 Riech- und Schmeckstörungen

Die Organe beider Sinnesempfindungen haben anatomisch keine Gemeinsamkeiten. Obwohl sie unabhängig voneinander arbeiten, führt ihr Zusammenwirken zu einer vereinten Sinneswahrnehmung, so dass bei der Nahrungsaufnahme beides kaum zu trennen ist.

(1) Der *Geruchsinn* hat vielfältige Bedeutung für den Menschen. Er beteiligt sich an gewissen für das Leben wichtigen Bedingungen, beeinflusst den Komfort der Umgebung, erhöht die Unterscheidungsfunktionen des Geschmacks, warnt ggf. vor giftigen Stoffen, hilft bei der Überwachung verschiedener Industrieeinrichtungen, ermöglicht die erfolgreiche Leistung mancher Berufsarten und hat eine entscheidende Rolle in der Parfümerie. In der Industrie haben Kenntnisse über den Geruchsinn, seine Schärfe und ihre Änderungen praktische Bedeutung.[1]

Riechstörungen treten auf als
- völlige Aufhebung *(Anosmie)*
- Herabsetzung *(Hyposmie)*
- gesteigertes Riechvermögen *(Hyperosmie)*

Bei *partieller Anosmie* bzw. *Hyposmie* betrifft die Störung nur bestimmte Riechstoffe. Bei der *Dysosmie* (Störung des Geruchsinns) ist die Qualität der Wahrnehmung verändert; bei der *Parosmie* (Geruchtäuschung) werden Gerüche verändert wahrgenommen, bei der *Phantosmie* (Geruchhalluzination) erfolgt die Wahrnehmung ohne entsprechende Duftstoffe. Bei der *Pseudosmie* wird ein Gerucheindruck bei psychischen Erkrankungen umgedeutet. Mit der *Agnosmie* wird der Verlust der Fähigkeit der Geruchwiedererkennung bezeichnet.

Geruchsempfindungen werden von der Riechspalte im oberen Nasengang, die Filia olfactoria und dem Bulbus und Tractus olfactorius vermittelt. Traumatisch bedingte neuronale Riechstörungen entstehen durch Abriss des Riechnervs (Nervus olfactorius), Zerreißung der Filia olfactorii oder Quetschung des den Riechnerv aufnehmenden Bulbus olfactorius. Ursache ist meist ein stumpfes – auch geringes (Bagatell-) – Schädeltrauma an Stirn oder Hinterkopf.[2] Posttraumatische Anosmien sind um so häufiger, je länger die posttraumatische Amnesie gedauert hat. Traumatische Anosmien sind in 80–90 % irreversibel. Bei den seltenen posttraumatischen Hyposmien bildet sich die Störung in einem Drittel der Fälle im ersten Jahr nach dem Unfall zurück.[3]

Riechstörungen nach Verletzungen und Erkrankungen der Nase und der Nasennebenhöhlen sind häufig einseitig und führen nur zu einer Herabsetzung der Funktion (Hyposmie).

Ursächlich können ferner sein: Einwirken von Blei, Kadmium, Chromaten, Nickel, Quecksilber, Zement, Stäube von Harthölzern, Schwefelkohlenstoff, Schwefelwasserstoff, Kohlenmonoxid, Nitrose-Gase, Ammoniak, Schwefeldioxid, Dämpfen und Stäuben, Schweißrauche, infektiöse Riechstörungen (Virusgrippe, Meningitis, Lues, Abszess im Frontalhirnbereich)[4], endokrine Erkrankungen (z. B. Diabetes mellitus) sowie Leber- und Nierenerkrankungen.[5]

---
1 Nauš, Zbl. Arbeitsmed. 38 (1988) 355; Rohlfing, König, ErgoMed 14 (1990) 78–85.
2 Feldmann, Das Gutachten des Hals-Nasen-Ohren-Arztes, 6. Aufl. 2006 S. 310.
3 Mumenthaler, Mattle, Neurologie, 10. Aufl. 1996 S. 565.
4 Muttray, u. a., ASU 2001(36) 111; Muttray, u. a., ErgoMed 27 (2003) 106.
5 Scheibe, Hummel, in: Handbuch der Arbeitsmedizin (Hrsg. Letzel, Nowak) 1. Erg. Lfg. 3/07 S. 6.

Schätzungen gemäß sollen bei 30 % der Arbeiter in der Metall- und chemischen Industrie pathologisch erhöhte Riechschwellen (Hyposmien) vorhanden sein; mit zunehmendem Alter und zunehmender Expositionszeit auf 50 % ansteigend.[6]

Erfahrungen zu gesundheitlichen Wirkungen von organischen Lösungsmitteln gemäß ist die grundsätzliche Verursachung einer Anosmie zu verneinen.[7] Im Einzelfall wäre unter Berücksichtigung besonderer Expositionsbedingungen und individueller Risikofaktoren ein Ursachenzusammenhang diskutierbar.

Aus der Rechtsprechung
Es gibt derzeit keine gesicherte medizinisch-wissenschaftliche Erkenntnis, wonach die Einwirkung von Holzstäuben, Lacken und Spritzlacken sowie Formaldehyd gehäuft zu einem Ausfall des Geruchsinns führt.[8]

Die beidseitige Aufhebung der Geruchempfindung stellt den Ausfall eines zentralen Sinnesorganes dar:

- warnende Gerüche (Gase, Dämpfe) werden nicht erkannt[9]
- Speisen und Getränke schmecken lediglich sauer, süß, bitter, salzig – das spezifische Aroma ist verloren
- Duftstoffe werden nicht wahrgenommen.

Beim Verlust des Riechvermögens kommt es im Allgemeinen gleichzeitig zur Verschlechterung – nicht zum Ausfall – des Schmeckvermögens (Wegfall des olfaktorischen Inputs) und der trigeminalen Empfindlichkeit der Nasenschleimhaut. Diese Kombinationsschäden sind individuell nachzuweisen.[10]

(2) Die *Geschmacksempfindung* wird über drei verschiedene Nervenpaare vermittelt: von den vorderen Zweidrittel der Zunge über die Chorda tympani, von der Zungenwurzel über den N. glossopharyngeus und vom Hypopharynx über den N. vagus.

Schmeckstörungen (Ageusie) durch Einwirkung beruflicher Schadstoffe (z.B. Tetrachlorethan, Chrom[11]) sind selten. Periphere Schäden nach Ohroperationen und in Verbindung mit Fazialislähmungen bei Pyramidenbrücken sind bekannt. Da hierdurch nur jeweils die vorderen Zweidrittel einer Zungenhälfte betroffen sind, wird der teilweise Funktionsausfall, nach einer kurzen Gewöhnungszeit, nicht bemerkt. Die Funktionsausfälle nach vollständiger Durchtrennung der Chorda tympani werden in der Regel besser kompensiert als Störungen durch Zerrung oder Quetschung, die oft lang anhaltende Missempfindungen zur Folge haben.[12]

Eine reine Ageusie als Unfallfolge kommt nicht vor.

---

[6] Herberhold, Arch.Ohr-, Nas.-u.Kehlk.-Heilk. 210 (Kongressbericht 1975) 67; Muttray, u. a., Anm. J. Rhinol 18 (2004) 113.
[7] A.A. Muttray, Konietzko, ASU 29 (1994) 409; Muttray, u.a., Zbl. Arbeitsmed. 48 (1998) 66ff.; LSG Baden-Württemberg, 31.7.1975, Breith. 1976, 27: § 551 Abs. 2 RVO.
[8] LSG Niedersachsen, 1. 6. 1999, HV-Info 21/2000, 1971.
[9] LSG Rheinland-Pfalz, 16.10.1974, Breith. 1975, 576, 577; 13.8.1975, Breith. 1976, 30, 31 („Sicherheitsfaktor"); LSG Nordrhein-Westfalen, 3.2.1976, Breith. 1977, 753, 754; Losch, MedSach 97 (2001) 16.
[10] Hummel, Welge-Lüssen, Riech- und Schmeckstörungen, 2009 S. 130.
[11] Seeber, u.a., Z. ges. Hyg. 36 (1990) 33.
[12] Feldmann, Das Gutachten des Hals-Nasen-Ohren-Arztes, 6. Aufl. 2006 S. 313.

5.12 Riech- und Schmeckstörungen

Die Übermittlung von Geschmackempfindungen in das Gehirn ist ein überaus komplizierter biologischer Vorgang. Forschungen zeigen, dass die Geschmackknospen der Zunge nicht einfach passive Rezeptoren von süßem, saurem, salzigem und bitterem Geschmack sind, sondern aktiv mit chemischen und elektrischen Signalen an der Bildung des Geschmacks teilhaben.

Endergebnis einer Geschmackempfindung ist eine Reihe winziger elektrischer Signale, die an die Geschmackzentren im Gehirn übermittelt werden. Die Rolle des Geruchsinns für den Geschmack ist bislang ungeklärt. Geruch- und Geschmacksinn sind unabhängig voneinander arbeitende Systeme.

(3) *Kombinierter Ausfall von Geruch und Geschmack (Anosmie-Ageusie-Syndrom)* kommt in 0,5 % nach Schädel-Hirn-Traumen vor. Immer ist ein schweres Trauma mit einer Kontusion und länger andauernder Bewusstlosigkeit vorausgegangen.[13] Ein HNO-ärztliches Gutachten schließt den Verdacht auf Simulation bzw. psychologische Überlagerung aus, insbesondere wenn neben dem völligen Verlust des Schmecksinns (Süß-, Sauer-, Salzig- und Bitterwahrnehmung) zusätzlich angegeben wird, Trigeminusreizstoffe nicht riechen zu können.[14]

Minderung der Erwerbsfähigkeit[15]

	MdE in %
Anosmie (völliger Verlust des Riechvermögens)	15[16]
Hyposmie (teilweiser Ausfall des Riechvermögens) SDI-Wert L < 20 und > 15*	10
Ageusie (völliger Verlust des Schmecksinns)	10
Anosmie-Ageusie-Syndrom	20[17]
Parosmie (Geruchstäuschung) bzw. Parageusie (verfläschte Geschmacksempfindung) bei gleichzeitiger Schädigung des Riech- bzw. Schmeckvermögens mit psychovegetativen Folgeerscheinungen (Appetitlosigkeit, Schluckstörung, Mangelernährung)[18]	bis 10

* Bildung eines Summenwertes aus den Ergebnissen von 3 Einzeltests
 (**S**chwelle + **D**iskrimination + **I**dentifikation = SDI-Wert)

---

13 Feldmann, Das Gutachten des Hals-Nasen-Ohren-Arztes, 6. Aufl. 2006 S. 312.
14 Feldmann, Das Gutachten des Hals-Nasen-Ohren-Arztes, 6. Aufl. 2006 S. 113.
15 Mitteilung der Arbeitsgemeinschaft Olfaktologie und Gustologie der Dt. Ges. für HNO-Heilkunde zur Begutachtung von Riech- und Schmeckstörung in der Ges. UV in: Riech- und Schmeckstörungen (Hrsg. Hummel, Welge-Lüssen) 2009 S. 130
16 So auch Feldmann, Das Gutachten des Hals-, Nasen-, Ohren-Arztes, 6. Aufl. 2006 S. 312; a. A. LSG Rheinland-Palz, 16. 10. 1974, Breith. 1975, 576, 577; Mehrhoff, Meindl, Muhr, Unfallbegutachtung, 11. Aufl. 2005 S. 157: 10 % sowie Muttray, u. a., ASU 2001 (36) 412 unter Hinweis auf Fikentscher, Z. gesamte Hyg. 35 (1989) 78, der für die ehemalige DDR 20% angab: so auch Losch, MedSach 97 (2001) 16, 17.
17 A. A. Feldmann, Das Gutachten des Hals-, Nasen-, Ohren-Arztes, 6. Aufl. 2006 S. 312: 15 %.
18 Ist die wesentliche Bedingung für Parosmie oder Parageusie nicht die Schädigung des chemischen Sinnes, sondern eher eine in der Persönlichkeit des Versicherten begründete Raktionsweise, ist ein neuropsychiatrisches Zusatzgutachten angezeigt.

In bestimmten Berufen, vorrangig in der Nahrungs- und Genußmittelbranche, ist ein gutes Geruch- und Geschmackvermögen erforderlich: z.B. Prüfer von Bieren und Säften[19], Kaffeeprüfer[20], Hersteller von Spezialitäten in der Fleischwarenindustrie, Koch (Kosten von Speisen).

„Besonderes berufliches Betroffensein" (mit der Folge einer Erhöhung der MdE) kann sich ergeben, wenn spezielle Kenntnisse, Erfahrungen und Fertigkeiten, zum Lebensberuf geworden, nicht mehr ausgeübt und Nachteile angesichts des Lebensalters und einer langen Berufsausübung nicht ausgleichbar sind.[21]

---

[19] LSG Rheinland-Pfalz, 13. 8. 1975, Breith. 1976, 30, 31.
[20] BSG, 26. 6. 1970, Breith. 1971, 22.
[21] Hess. LSG, 10. 2. 1965, Breith. 1965, 999.

5.13 Störungen der Geschlechtsfunktionen

Störungen der geschlechtlichen Vermehrungsfähigkeit des Mannes können ihre Ursache in einer Störung der Spermiogenese oder der Zusammensetzung des Ejakulats haben (*Impotentia generandi*) oder in einer Störung des sehr komplizierten Funktionsablaufs Libido, Erektion, Emission (Bereitstellung des Samens in der hinteren Harnröhre) und Ejakulation. Probleme, die männliche Erektion betreffend, werden unter dem Begriff „Erektile Dysfunktion" (*Impotentia coeundi*) zusammengefasst. Es handelt sich jeweils um Krankheiten im Rechtssinne.[1] Die organisch bedingten Störungen verhalten sich zu den psychischen 10:15 %.

Berufsbedingte Ursachen[2]:

- *Verletzungen* im Genital- und Beckenbereich (Beckenmuskulatur, Schwellkörperverletzung, Harnröhrenabriss), insbesondere bei nachfolgenden arteriellen Durchblutungsstörungen und venösen Schäden
- Commotio und Contusio cerebri (s. 5.3.4, S. 172)
- toxische Schäden, z.B. Kohlenmonoxid, Trichlorethen, Schwefelkohlenstoff, Blei, Quecksilber, Mangan, Arsen, Insektizide); für die Zellschädigung entscheidend sind Art und Dauer der Einwirkung

Auch können Schäden an anderen Körperbereichen, etwa Entstellungen im Gesicht oder Verlust von Extremitäten, das Selbstwertgefühl stören und sekundär zu einer Impotentia coeundi führen.

Zum Nachweis des *Kausalzusammenhanges* sind Art und Ausmaß der Störungen festzustellen.

Die Unfähigkeit, den Geschlechtsverkehr überhaupt auszuüben, ist objektiv nicht nachweisbar.[3] Auszuschließen sind daher für die Störung in Betracht kommende nicht berufsbedingte Ursachen, so auch degenerative Veränderungen am Zentralnervensystem (multiple Sklerose, Tabes, Syringomyelie), vegetativ-nervöse Beschwerden, toxische Schäden, Medikamente, Drogen-, Nikotin- und Alkoholabusus. Der zeitliche Zusammenhang zwischen Schädigung und Funktionsstörung muss medizinischer Erfahrung entsprechen.

Unfallbedingte Störungen können die Libido (sexuelle Erlebnisfähigkeit), Erektion und die Ejakulation betreffen. Orgasmusstörungen beziehen sich auf das emotionale Erleben vor, während und nach dem Geschlechtsverkehr. Sie betreffen Gefühle im engeren psychologischen Sinne und sind nicht auf Unfallfolgen, sondern auf die Persönlichkeitsstruktur oder das partnerschaftliche Verhältnis zu beziehen.[4] Das Aufdecken organischer Veränderungen darf nicht dazu führen, diese primär als alleinige Ursache zu werten. Wenn auch der Beginn von Potenzstörungen seine Ursache im organischen Leiden haben kann, so folgt oft Verselbständigung der psychischen Störungen und psychogene Fixierung. Der Schock

---

[1] BSG, 28. 4. 1967, Breith. 1967, 909.
[2] Doepfmer, Ullrich, Berufsdermatosen 14 (1966) 113, 134.
[3] Doepfmer, Ullrich, Berufsdermatosen 14 (1966) 115 ff.; Rauschke, Spann, Penning, Med. Begutachtung (Hrsg. Marx) 6. Aufl. 1992 S. 703; s. auch Köhn, u.a., Z. Hautkr. 66 (1991) 1026.
[4] Vogt, H. Unfallh. 121 (1975) 522, 526.

beim Versagen kann Unsicherheit und Angst bedingen. Die Erwartungsangst mag zu psychogenen Störungen führen. Treten diese im Zusammenhang mit einem Unfall auf, können sie Unfallfolge sein[5] (s. 5.1).

Die Beurteilung der Zeugungsfähigkeit gelingt unter Anwenden andrologisch bewährter diagnostischer Verfahren. Unerlässlich sind Untersuchungen des Ejakulats. Hodenbiopsie (als „invasive Methode" nicht zumutbar) und Bestimmung des chromosalen Geschlechts können erforderlich sein.

Die Begutachtung erfordert eine gemeinsame Betrachtung aus urologischer und neurologischer Sicht, ggf. in Zusammenarbeit mit Psychiater bzw. Psychosomatiker.[6]

Die Unfähigkeit, den Geschlechtsverkehr auszuüben (Impotenz an sich), beeinträchtigt als solche nicht die Leistungsfähigkeit im allgemeinen Erwerbsleben. Sie kann jedoch – ebenso wie die Zeugungsunfähigkeit – die Persönlichkeit im Kern beeinträchtigen und zu seelischen Störungen führen (Beeinträchtigung des Selbstbewusstseins, Minderwertigkeitskomplex, Depression)[7], die normalerweise auch die Lebensführung, den Kontakt mit der Umwelt und die Leistungen sowie den Erfolg im Berufsleben beeinflussen (Kommunikationsangst, Motivationsdefizit)[8]. Dabei handelt es sich nach der Rspr. um einen „typischen Geschehensablauf", der nach der „Regel des Lebens ohne weitere Beweiserhebung als erwiesen" angesehen werden kann.[9] Dieser „Beweis des ersten Anscheins" wird entkräftet, wenn die Möglichkeit eines atypischen Geschehensablaufs zur Überzeugung des Gerichts aufgezeigt wird. Seelische Begleiterscheinungen dürfen nur verneint werden beim Nachweis von Umständen, die in Frage stellen, dass der Versicherte in typischer Weise mit psychischen Beeinträchtigungen auf den Verlust der Zeugungsfähigkeit reagiert hat.

Trotz dieser Beweisregel ist es notwendig, die zu verzeichnenden psychischen Reaktionen fachgutachterlich zu erfassen und zu bewerten. Im Vorfeld der MdE-Einschätzung sind nicht nur etwaige persönlichkeitsgebundene psychische Störungen und ereignisunabhängige Lebensbelastungen herauszufiltern; auch ist zu klären, ob extreme psychische Reaktionen noch im Sinne einer rechtlich wesentlichen Ursache auf die Störung der Geschlechtsfunktion zurückzuführen sind.

Zur Einschätzung der MdE bei diesen Störungen sind für den Bereich der ges. UV Tabellen entwickelt worden, die sich bezüglich der bestimmten Verletzungen zugeordneten MdE-Grade erheblich unterscheiden. Zurückzuführen ist dies zum Teil auf die naturgemäß erhebliche Bandbreite der zu erwartenden psychischen Reaktionen. Darüber ist bei der Bewertung psychischer Folgezustände ein relativ weiter Beurteilungsspielraum gegeben. Der Grad der MdE wird bei diesen Störungen maßgeblich davon bestimmt, welche Überwindung bzw. welchen Energieaufwand der Betroffene aufbringen muss, um trotz der psychischen Beeinträchtigung weiter erwerbstätig sein zu können.[10] Kritiker, welche den im

---

[5] Vogt, ebenda.
[6] Fabra, MedSach 97 (2001) 4, 6f.
[7] BSGE 9, 291, 294 (22. 4. 1959) zu § 30 BVG; BSG 31. 10. 1968, Breith. 1969, 568, 569: MdE 15 %; dazu Asanger, Münch. med. Wschr. 1970, 975.
[8] Mehrtens, Arens, ZSR 1988, 474, 475; Fabra, Beurteilung und Begutachtung von Wirbelsäulenschäden, 2002 S. 43, 51.
[9] BSGE 9, 294 (Fn. 7); LSG Rheinland-Pfalz, 25. 3. 1992, Meso B 190/9.
[10] BSG, SozR 2200 Nr. 6 zu § 581 (27. 1. 1976).

5.13 Störungen der Geschlechtsfunktionen

Schrifttum zusammengefaßten MdE-Erfahrungswerten generell ablehnend gegenüberstehen und statt dessen – zu Gunsten der Versicherten – eine Ermittlung von MdE-Graden rein nach arbeitsmarkt-statistischen Methoden fordern[11], bieten für solche Formen entschädigungswürdiger Beeinträchtigungen schon vom Ansatz her keine Alternative.

Wegen der Eigenart der zu entschädigenden Tatbestände muss akzeptiert werden, dass MdE-Erfahrungswerte nur relativ grobe Anhaltspunkte aufzeigen und eine Spannbreite der zu einzelnen Verletzungen angegebenen MdE-Grade nicht gegen die Plausibilität einer MdE-Tabelle spricht. Ohne eingehende Erhebung vor allem auch der psychischen und vegetativen Befunde, ist im Einzelfall keine der individuellen Betroffenheit gerecht werdende Einschätzung der MdE vornehmbar.[12]

Bei der Bewertung der MdE findet die Erschwerung einer Heirat keine Relevanz.

Weibliche Geschlechtsorgane	**MdE in %**
Lageveränderungen der Gebärmutter	
ohne Komplikation	0
mit Beschwerden	10–20
Senkung der Scheide allein	10
Vorfall der Scheide allein	20–30
Vorfall der Gebärmutter, mittlerer Schweregrad	20
Vorfall der Scheidenwandung oder Gebärmutter, durch Ringe oder Bandagen zurückhaltbar	10–20
Völliger Vorfall von Scheide und Gebärmutter, nicht zurückhaltbar	60
Scheidenfistel	30

Männliche Geschlechtsorgane, MdE in %

	Mehrhoff, Meindl, Muhr[a]	Bereiter-Hahn[b]	Doepfmer und Ullrich[c]	Bichler[d]
Verlust oder Schwund des Hodens bei Gesundheit des anderen	10	10		
Verlust oder Schwund beider Hoden			30–80	30–60
– vor Abschluss der körperlichen Entwicklung	50	50	40–80	je nach Lebensalter
– nach Abschluss der körperlichen Entwicklung bis zum 60. Lebensjahr	30	30	30–60	
– nach dem 60. Lebensjahr	10	10	20–40	

---

11 Vgl. Schimanski, SozVers 1985, 10 ff., 34 ff., 127 ff.; Elsner, ZSR 1988, 340 ff., dazu u. a. Mehrtens, Arens, ZSR 1988, 474; Ricke, BG 1989, 288; Watermann, ASP 1990, 105; s. aber auch BSG, SozR 2200 Nr. 22 zu § 581 RVO (14. 11. 1984).
12 Brandenburg, Gutachter-Kolloquium 6 (Hrsg. Hierholzer, Ludolph, Hamacher) 1991 S. 97 ff.

	Mehrhoff, Meindl, Muhr[a]	Bereiter-Hahn[b]	Doepfmer und Ullrich[c]	Bichler[d]
Verlust eines Nebenhodens	0	0	0	0
Verlust beider Nebenhoden (= Unfruchtbarkeit), je nach Alter	30–40	30	35–40	20
Wasserbruch (Hydrozele)	0–20	0–20		10
Krampfaderbruch (Varikozele)	0–20	0–20	10–35 nach Dystrophie	0–20
narbige Veränderungen am Glied	10–20	10–20		0–20
Teilverlust des Gliedes (je nach Alter und Ausmaß)	10–40	10–40	20–40	10–40
Verlust des Gliedes (je nach Alter)	bis 40	40	30–50	30–60
Krankhafte Gliedsteife (Priapismus)	10–20	10–20		10–20
Beischlafunfähigkeit (je nach Alter)	20–40	20–40	25–50	20–40
Libidoverlust	20	20	20–40	
Schwäche der Gliedsteife (erektile Dysfunktion)	10–20	10–20		10–20
Ausfall der Gliedsteife	30–40	30–40	30–50	20–30
Störung der Gliedeinführung	10–20	10–20	10–50	
Vorzeitiger Samenerguss	10–20	10–20	20–30	
Zeugungsunfähigkeit – ohne endokrine Ausfallerscheinungen – mit endokrinen Ausfallerscheinungen	30–40 40–50	30–40 40–50	30–40 40–80	30–40 20–50

a Unfallbegutachtung, 11. Aufl. 2005 S. 162
b Gesetzliche Unfallversicherung, 5. Aufl. Stand 2009 Anl. 12.
c Berufsdermatosen 14 (1966) 115 ff.
d In: Das urologische Gutachten (2004) 2. Aufl. sowie: Medizinische Begutachtung (Hrsg. Marx) 6. Aufl. 1992 S. 438, 440.

5.14 Sucht und Alkohol

Übersicht

5.14.1	Alkoholeinfluss außerhalb des Straßenverkehrs	269
5.14.1.1	Leistungsausfall	269
5.14.1.2	Leistungsabfall	270
5.14.2	Alkoholeinfluss im Straßenverkehr	270
5.14.2.1	Leistungsausfall	270
5.14.2.2	Leistungsabfall	271
5.14.2.3	Versicherungsschutz des Mitfahrers	273
5.14.2.4	Krankheitsbedingter Alkoholkonsum	273
5.14.2.5	Drogen...................	273
5.14.2.6	Medikamente................	273
5.14.3	Alkoholgenuss aus betrieblichem Anlass...........	274
5.14.4	Suchterkrankungen als Unfallfolgen.................	274

Zu unterscheiden sind Unfälle unter Alkoholeinfluss

- außerhalb des Straßenverkehrs
- im Straßenverkehr

5.14.1 Alkoholeinfluss außerhalb des Straßenverkehrs

5.14.1.1 Leistungsausfall

Alkoholgenuss allein löst den inneren Zusammenhang zur versicherten Tätigkeit, wenn der UV-Träger nachweist, dass der Versicherte infolge einer sehr hohen Blutalkoholkonzentration keine sachgerechte, dem Betrieb noch dienliche Verrichtung erfüllen konnte.[1] Nicht die Unfähigkeit zu jeglicher Arbeit ist entscheidend, sondern nur die zu einer dem Unternehmen an sich förderlichen Tätigkeit. Selbst für Unfälle, die nicht mit dem Rauschzustand zusammenhängen (z. B. Kesselexposition), besteht kein Versicherungsschutz.[2] Wegen der nicht überschaubaren Möglichkeit für versicherte Tätigkeiten kann dabei nicht auf einen bestimmten Blutalkoholwert abgestellt werden. Die „Lösung vom Betrieb" ist abhängig von der Tätigkeit. Dabei ist der Arbeitsvorgang im Einzelnen mit seinen Anforderungen an Merk-, Reaktionsfähigkeit sowie körperlichen Einsatz zu berücksichtigen.[3] Durch Zeugenaussagen sind die Symptome der Alkoholisierung zu belegen. Sofern eine sachverständige Äußerung ergibt, dass der Versicherte eine den Anforderungen des Arbeitsplatzes genügende Leistung noch verrichten konnte, besteht der Versicherungsschutz grundsätzlich weiter.

Auch die Verletzung der Fürsorgepflicht des Unternehmers, der den betrunkenen Versicherten vom Betriebsgelände entfernen lässt, sich aber nicht um seinen Heimweg kümmert, führt zu keiner anderen Bewertung[4]: Der Versicherte befindet sich nicht oder nicht mehr

---

[1] BSGE 12, 242, 245 (30. 6. 1960) = SozR Nr. 27 zu § 542 RVO; BSG, SozR 4-2700 § 8 Nr. 22 (30. 1. 2007) = SGb 2008, 52 m. Anm. Holstraeter; BSGE 97, 54 = SozR 4-2700 § 8 Nr. 18 (5. 9. 2006) = NZS 2007, 543, dazu Plagemann, Radtke-Schwenzer, NJW 2008, 2150, 2152.
[2] BSG, 20. 9. 1977, BG 1978, 495.
[3] BSGE 48, 224 (28. 6. 1979) = SozR 2200 § 548 Nr. 45 = SGb 1979, 477 m. Anm. Behn ebenda S. 280; 17. 12. 1998, HV-Info 12/1998, 1094; Benz, BG 1979, 575, 579.
[4] So aber LSG Baden-Württemberg, 21. 5. 1981, HVBG 198/84; LPK-Ziegler, § 8 Rn. 142; KassKomm-Ricke, § 8 RdNr. 107.

auf der Arbeitsstätte, um eine versicherte Tätigkeit wahrzunehmen. Ggf. kommt ein zivilrechtlicher Schadensersatzanspruch in Betracht[5]

Aus der Rechtsprechung
Eine Blutalkoholkonzentration (BAK) von 3,5 Promille bei einem im Rangierdienst Beschäftigten allein begründet noch keinen Vollrausch. Hinzukommen müssen Verlängerung der Reaktionszeit, erhebliche Störungen der Gleichgewichtsfunktion, der Aufmerksamkeit, des Sehvermögens sowie der Augenbewegungen zum Unfallzeitpunkt.[6]

5.14.1.2 Leistungsabfall

Von einem Leistungsausfall ist ein durch berauschende Mittel herbeigeführter Leistungsabfall zu unterscheiden. Da der Beschäftigte hier noch fähig ist, eine wirksame Arbeit zu verrichten, seine Leistungsfähigkeit aber gemindert ist, steht er grundsätzlich noch unter UV-Schutz. Daher entfällt der Versicherungsschutz nur, wenn der rauschmittelbedingte Leistungsabfall im Einzelfall die rechtlich allein wesentliche Unfallursache darstellt[7] (Frage der Unfallkausalität).[8]

Dies setzt voraus:

– Ein rauschbedingter Leistungsabfall muss unter Beiseitestellen von nur theoretischen anderen Möglichkeiten mit an Sicherheit grenzender Wahrscheinlichkeit nachgewiesen sein. Bei Würdigung aller Umstände dürfen nur solche Verhaltensweisen als Anzeichen eines alkoholbedingten Leistungsabfalls gewertet werden, die typisch für die unter Alkoholeinfluss stehende Person sind; dabei kann die Höhe des Blutalkohols wesentlich sein.[9]

– Der rauschbedingte Leistungsabfall ist im Sinne der Bedingungstheorie für den Unfall ursächlich geworden.

– Bei wertender Betrachtung ist das rauschbedingte Verhalten als die rechtlich allein wesentliche Unfallursache anzusehen.[10]

5.14.2 Alkoholeinfluss im Straßenverkehr

Die Grundsätze gelten sowohl für Betriebswege oder Dienstreisen (§ 8 Abs. 1 SGB VII) als auch für Wegeunfälle (§ 8 Abs. 2 Nr. 1 bis 4 SGB VII)

5.14.2.1 Leistungsausfall

Dieser liegt vor, wenn der Betroffene derart betrunken ist, dass er zu dem zweckgerichteten Zurücklegen eines Weges nicht mehr imstande ist.[11] Eine allgemein gültige Promillegrenze für Verkehrsteilmehmer jeglicher Art gibt es nicht. Die Grundsätze bei 5.14.1.1, S. 269 gelten.

---

5   Brackmann/Krasney, § 8 Rdnr. 171; Hauck-Keller, K § 8 Rdnr. 276.
6   BSG, 28.6.1979, Breith. 1980, 564; LSG Niedersachsen, 25.3.1980, HVBG VB 277/80.
7   BSG, SozR 2200 § 548 Nr. 4 (19.9.1974); SozR 3-2200 § 548 Nr. 9 (30.4.1991).
8   BSG, SozR 4-2700 § 8 Nr. 22 (30.1.2007) = SGb 2008, 52 m. Anm. Holstraeter.
9   BSGE 45, 285, 288 (2.2.1978); 6.4.1989, Blutalkohol 26 (1989) 356 = Meso B 330/55.
10 BSGE 98, 79 = SozR 4-2700 § 8 Nr. 22 (30.1.2007) = SGb 2008, 52; BSGE 12, 242, 245 (30.6.1960); 30.4.1991, HV-Info 21/1991, 1861 = Meso B 330/58.
11 BSG, 21.9.1960, Breith. 1961, 217, 220 (27.11.1985).

Ein Fußgänger ist nicht wegefähig, wenn er sich alkoholbedingt nicht zielgerecht fortzubewegen vermag, z.B. wenn er sich nur planlos bewegen kann.[12] Auch bei motorisierten Verkehrsteilnehmern oder Radfahrern reicht es nicht, dass sie verkehrsuntüchtig sind und ihr Fahrzeug noch – wenn auch infolge des Alkoholgenusses nicht mehr verkehrssicher – führen können.

5.14.2.2 Leistungsabfall

Auf Alkoholgenuss zurückzuführende Fahruntüchtigkeit schließt den UV-Schutz nur aus, wenn sie das Zurücklegen des der versicherten Tätigkeit zuzurechnendes Weges derart in den Hintergrund drängt, dass sie als rechtlich allein wesentliche Bedingung und damit als alleinige Ursache des Unfalls anzusehen ist.[13] Der rauschbedingte Leistungsabfall muss mit an Sicherheit grenzender Wahrscheinlichkeit nachgewiesen sein (s. 5.14.1.2, S. 270).

Die Rspr. hat bezüglich dieses Nachweises bei Unfällen im Straßenverkehr *besondere Beweisregeln entwickelt,* die an die festgestellte BAK anknüpfen.

- **Absolute Fahruntüchtigkeit**

Absolute Fahruntüchtigkeit bedeutet, dass die Unfähigkeit, das Fahrzeug sicher im Straßenverkehr zu bewegen, ohne weitere Beweisanzeichen unwiderlegbar vermutet wird.

Für den Fall des Erreichens oder Überschreitens bestimmter Promillegrenzen wird bei Kraftwagenfahrern, Fahrern motorisierter Zweiräder und bei Radfahrern eine *absolute* Verkehrsuntüchtigkeit angenommen. Grenzwerte sind es, bei deren Erreichen nach gesicherten medizinischen Erkenntnissen auch unter günstigsten Bedingungen die Fähigkeit zum sicheren Fahren aufgehoben ist.

Auf Grund vor allem aus Fahrversuchen gewonnener wissenschaftlicher Erkenntnisse über die Konzentrationsanforderungen im heutigen Straßenverkehr sowie über die Beeinträchtigung des Fahrvermögens durch Alkohol, aber auch verfeinerter Messmethoden für die Feststellung der BAK, wird die Grenze, ab der die Unfähigkeit des *Kraftfahrers* (auch Kraftradfahrers, Mofa-Fahrer), sein Fahrzeug im Straßenverkehr sicher zu bewegen, unwiderlegbar vermutet wird, bei 1,1 Promille gezogen.[14] Dieser Grenzwert setzt sich aus einem Grundwert von 1,0 Promille und einem Sicherheitszuschlag von 0,1 Promille zusammen. Bei *Radfahrern* liegt die absolute Fahruntüchtigkeit bei 1,6 Promille.[15]

In der Regel ist eine korrekt vorgenommene Bestimmung der BAK zuverlässigstes Beweismittel für das Ausmaß der Alkoholisierung und Leistungsminderung. Das BSG hat indes festgestellt, dass *Blutalkoholgutachten nicht unwiderlegbar sind*[16], wenn das Ergebnis des BAK-Gutachtens (3,13 Promille) mit den sonstigen Ermittlungen (Sektion, Vernehmung von Augenzeugen), die gegen eine erhebliche Alkoholisierung sprechen, nicht in Übereinstimmung gebracht werden kann. Nicht ausräumbaren Zweifel an der Verwertbarkeit des Gutachtens gehen zu Lasten des UV-Trägers.

---

[12] LSG Rheinland-Pfalz, 31. 5. 1995, BB 1995, 2483 = Breith. 1996, 207.
[13] BSGE 59, 193, 195 SozR 2200 § 548 Nr. 77 (27. 11. 1985) BSG, SozR 4-2700 § 8 Nr. 22 (30. 1. 2007) = SGb 2008, 52 m. Anm. Holtstraeter.
[14] BSG, 25. 11. 1992, HV-Info 4/1993, 305; BSG, SozR 4-2700 § 8 Nr. 22 (30. 1. 2007).
[15] LSG Berlin, 8.2.200, HV-Info, 26/2001, 2427.
[16] BSG, 6. 4. 1989, Blutalkohol 26 (1989) 356 = Meso B 330/55.

- **Werkverkehr**

Für Bereiche außerhalb des Straßenverkehrs, auch den Werkverkehr, wurden wegen der Vielgestaltigkeit der Arbeitsverhältnisse bisher ebenfalls keine BAK-Grenzwerte anerkannt.[17]

- **Relative Fahruntüchtigkeit**

Werden die BAK-Grenzwerte nicht erreicht oder liegt keine BAK-Bestimmung vor, bedarf es zur Feststellung der Verkehrsuntüchtigkeit eines Nachweises von Auffälligkeiten im Verhalten des Versicherten vor, während oder nach dem Unfall, welche typisch für ein rauschbedingtes Fehlverhalten sind und nicht ebenso auf andere Ursachen, wie Leichtsinn, Übermüdung, Krankheit zurückzuführen sind (sog. *relative Fahruntüchtigkeit*).[18] Entsprechendes gilt bei Fußgängern, für die mangels gesicherter wissenschaftlicher Erkenntnisse eine Promillegrenze als absolute Verkehrsuntüchtigkeit nicht festgelegt ist.[19]

- **Ursächlichkeit**

Für den Nachweis des ursächlichen Zusammenhanges zwischen Leistungsabfall und Unfallereignis (Unfallkausalität) ist eine hinreichende Wahrscheinlichkeit genügend. Die für den Zusammenhang sprechenden Umstände müssen deutlich überwiegen.[20] Stellt sich ein Unfallgeschehen als typische Folge eines rauschbedingten Fehlverhaltens dar, wird der Ursachenzusammenhang zwischen festgestelltem Leistungsabfall und Unfall im Wege eines *Anscheinsbeweises* (s. 1.14.5, S. 49) unterstellt. An die Stelle des Anscheinsbeweises tritt eine freie Beweiswürdigung, sobald andere Umstände bewiesen sind, die ebenfalls als Unfallursache in Betracht kommen und über die normale Verkehrsgefahr hinausgehen: defekte Steuerung des Fahrzeuges, Fehlverhalten eines anderen Fahrzeugführers[21], Unaufmerksamkeit, Leichtsinn, Übermüdung, körperliche Verfassung.[22] Es gelten die Grundsätze der objektiven Beweislast.

Beweisanzeichen für alkoholbedingte Fahr- bzw. Verkehrsuntüchtigkeit (Betrachtungsweise summativ – Summationsbeweis[23]):

- Fahrweise des Versicherten, wie überhöhte Geschwindigkeit, Fahren in Schlangenlinien, plötzliches Bremsen, Missachten von Vorfahrtzeichen oder Ampel, Überqueren einer großen Kreuzung ohne Reduzierung der Geschwindigkeit
- Verhalten vor, bei und nach dem Unfall, Benehmen bei Polizeikontrolle.

Je geringer die festgestellte BAK, desto höhere Anforderungen an den Wert der Beweisanzeichen.

---

17 BSGE 43, 293, 295 (26. 4. 1977) = SozR 2200 § 550 Nr. 29.
18 BSGE 98, 79 = SozR 4-2700 § 8 Nr. 22 (30. 1. 2007); BSGE 45, 176 (25. 11. 1977).
19 BSGE 43, 293, 294f. (26. 4. 1977); BSG, 30. 10. 1979, USK 79201 = HVBG VB 33/80; 25. 6. 1992, HV-Info 22/1992, 1972; LSG Rheinland-Pfalz, 31. 5. 1995, Meso B 330/69 = SGb 1995, 546 = Breith. 1996, 207; Bayer. LSG, 11. 12. 2007, UVR 14/2008, 1037.
20 BSGE 12, 242, 246 (30. 6. 1990); BSG, SozR 2200 § 548 RVO Nr. 37 (25. 11. 1977).
21 Keller, SGb 1999, 120, 121.
22 BSGE 12, 242, 246 (30. 6. 1990); BSG, SozR 2200 § 548 Nr. 37 (30. 6. 1977); 30. 4. 1991, HV-Info 21/1991, 1861; 23. 9. 1997, Meso B 330/42 (Fehlverhalten des Unfallgegners) = SGb 1998, 600 m. abl. Anm. Keller.
23 BSGE 98, 79 = SozR 4-2700 § 8 Nr. 22 (30. 1. 2007).

5.14 Sucht und Alkohol

Abwägung konkurrierender Unfallursachen

Alkoholbedingte Fahruntüchtigkeit, die bei der Entstehung des Unfalls mitgewirkt hat, ist gegenüber den betriebs- und wegebedingten Umständen jedenfalls dann als rechtlich allein wesentliche Ursache zu werten, wenn der Verunglückte (nicht jedoch ein nicht alkoholisierter Verkehrsteilnehmer) ohne Alkoholeinfluss bei sonst gleicher Sachlage wahrscheinlich nicht verunglückt wäre. Dabei scheiden hypothetische Ursachen von vornherein aus, da sie an der Entstehung des Unfalls nicht beteiligt sind.[24]

Anders als bei Unfällen aus innerer Ursache (s. 1.6.3, S. 28) ist unerheblich, ob Art und Umfang der eingetretenen Verletzungen durch betriebsbedingte Umstände geprägt wurden.[25]

5.14.2.3 Versicherungsschutz des Mitfahrers

Kein UV-Schutz, wenn dessen Alkoholgenuss allein wesentlich ist, z. B. Behinderung des Fahrers.

Bei Alkoholisierung des Fahrers als allein wesentliche Ursache des Unfalls ist zu unterscheiden[26]:

– kein UV-Schutz, wenn der Unfall wesentlich allein durch die freie Entscheidung des Beifahrers bedingt ist, sich einem ersichtlich fahruntüchtigen Fahrer anzuvertrauen und dieser Umstand alle anderen betriebsbedingten Umstände zurückdrängt
– UV-Schutz, wenn die Fahruntüchtigkeit für den Mitfahrer nicht erkennbar war.

5.14.2.4 Krankheitsbedingter Alkoholkonsum

Auf die Ursache des Alkoholgenusses vor dem Unfall kommt es nicht an[27]

5.14.2.5 Drogen

Die Grundsätze zum alkoholbedingten Leistungsausfall bzw. -abfall gelten entsprechend für die Einnahme von Drogen. Im Unterschied zu Alkohol gibt es indessen keine gesicherte Dosis-Wirkungsbeziehung, so dass ein Wert für absolute Fahruntüchtigkeit fehlt.[28]

Gleiches trifft zu für die Kombination zwischen Alkohol mit einer BAK von weniger als 1,1 Promille und Drogen. Es gelten daher die Grundsätze der relativen Fahruntüchtigkeit.

5.14.2.6 Medikamente

Von Ausnahmen abgesehen geht die Rspr. davon aus, dass der Anlass für den Alkoholgenuss oder die Einnahme berauschender Mittel unerheblich ist.[29]

Die gegenüber Unfällen aus innerer Ursache abweichende Wertentscheidung – besondere Gefährlichkeit des Mittels in Bezug auf die Fahruntüchtigkeit von Kraftfahrern und dessen

---

[24] BSGE 13, 9 (16. 8. 1960); 59, 193, 195 (27. 11. 1985).
[25] BSGE 38, 127, 129 (19. 9. 1974); BSG, SozR 2200 § 548 Nr. 77 (27. 11. 1985) = Meso B 330/48; a. A. Schulin, HS-UV § 30 Rdnr. 108; Krasney VSSR 1993, 81, 108: die präventive Zielsetzung geht über die Risikoabgrenzung im UV hinaus.
[26] Brackmann/Krasney § 8 Rdnr. 345; Hauck-Keller, K § 8 Rdnr. 287.
[27] BSGE 59, 193, 196 (27. 11. 1985) = SozR 2200 § 548 Nr. 77.
[28] BSGE 98, 79 = SozR 4-2700 § 8 Nr. 22 (30. 1. 2007).
[29] BSGE 59, 193, 195 (27. 11. 1985) = SozR 2200 § 548 Nr. 77.

möglichen Auswirkungen auf die Sicherheit des Straßenverkehrs – greift bei Medikamenten auf Grund medizinischer Indikation nur, wenn es sich für den Betroffenen aufdrängen musste, dass diese mit einer ganz erheblichen Gefahr der Verursachung eines Unfalls verbunden ist. Ist dies nicht der Fall, so sind *bei medizinischer Indikation* von nicht berauschenden und berauschenden Medikamenten die Grundsätze des *Unfalls aus innerer Ursache* anzuwenden.[30]

Aus der Rechtsprechung
Der Versicherte verunglückte tödlich mit seinem Pkw auf einem Betriebsweg. Zum Unfallzeitpunkt war er infolge Einnahme der Medikamente „Valium" und „Betadorm" fahruntüchtig. Als Eigenart dieser Medikamente wurde festgestellt, dass diese schon bei relativ niedriger, therapeutischer Dosis einen dem Alkoholrausch gleichzusetzenden Zustand hervorrufen können. Nicht auf die Einnahme dieser Medikamente, sondern primär auf das Fahren in dem dadurch bedingten fahruntüchtigen Zustand wurde die Versagung des Versicherungsschutzes gestützt.[31]

5.14.3 Alkoholgenuss aus betrieblichem Anlass

Versagung des Versicherungsschutzes unterbleibt *ausnahmsweise*, wenn der Alkoholgenuss nach Art und Umfang betrieblich veranlasst war. Die Rspr. bejaht diesen Ausnahmetatbestand selten. Bei dem gegenwärtigen Stand der allgemeinen Erkenntnisse über die Gefährlichkeit übermäßigen Alkoholgenusses und der arbeitsrechtlich abgesicherten Entscheidungsfreiheit des Versicherten sind entsprechende Fälle kaum denkbar[32], auch wenn sich der Alkoholgenuss aus der Eigenart des Betriebes ergibt und somit im direkten Zusammenhang mit der Betriebstätigkeit besteht: Barmixer, Barfrauen, Spirituosenvertreter, Weinhändler, u.U. auch Handelsvertreter.[33]

Nicht ausreichend für einen inneren Zusammenhang mit der betrieblichen Tätigkeit ist es, wenn

– der Arbeitgeber alkoholhaltige Getränke selbst ausgibt oder den Alkoholgenuss duldet[34]
– der Alkohol im Rahmen einer betrieblichen Gemeinschaftsveranstaltung konsumiert wird[35]
– der Beschäftigte Alkohol trinkt, um Entzugserscheinungen zu überwinden und damit seine Arbeit verrichten zu können
– der Alkoholgenuss zur Dämpfung einer durch betriebliche Umstände veranlassten Erregung erfolgt.

5.14.4 Suchterkrankungen als Unfallfolgen

Unter psychischer Abhängigkeit wird ein zwanghaftes, unabweisbares Verlangen nach den psychischen, oft euphorisierenden Effekten einer Droge verstanden. Diesem Verlangen

---

[30] Hauck-Keller, § 8 Rdnr. 289; KassKomm-Ricke § 8 Rdnr. 91; Mehrtens, Brandenburg, MedSach 1990, 68.
[31] BSGE 59, 193, 195 (27. 11. 1985) = SozR 2200 § 548 Nr. 77.
[32] Vgl. Brackmann/Krasney, § 8 Rdnr. 341.
[33] BSG, 30. 11. 1956, Breith. 1957, 314.
[34] BSG, 12. 8. 1958, SGb 1958, 285.
[35] LSG Baden-Württemberg, 20. 5. 1981, HVBG VB 198/81.

5.14 Sucht und Alkohol

wird der Verstand untergeordnet. Damit ist die psychische Abhängigkeit nahe mit Sucht gleichzusetzen.[36]

Das Suchtkrankenproblem wird im Rahmen der Unfallbegutachtung akut bei der Frage des Zusammenhanges eines Mittelmissbrauchs und von Suchterscheinungen mit Unfallfolgen (toxikomane Reaktionen). Der von der WHO eingeführte Begriff „drug dependence" erklärt klinisch und pharmakologisch die Sonderform der somatischen und/oder psychischen „Suchtstoffabhängigkeit".

Für die Anerkennung eines Suchtleidens als *Folge* eines *Versicherungsfalls* gilt:

(1) Wahrung des zeitlichen und ursächlichen Zusammenhanges zwischen Unfall und Auftreten der Abhängigkeit.

(2) Gewöhnung auf Gebrauch derjenigen Mittel bzw. Präparategruppen beruhend, die wegen schmerzhaften Unfallfolgezustandes ärztlicherseits verordnet wurden. Eine Begriffsbestimmung, welches Leiden als „schmerzhaft" zu betrachten ist, lässt sich auch hier nicht finden; immerhin kann die Entscheidung unter Beiziehen von Arzt oder Pflegepersonal im Einzelfall getroffen werden.

(3) Kein Ausschluss inneren Zusammenhanges allein dadurch, dass ein „normaler" Mensch auf das Ereignis nicht mit dem „Hineinleben in eine Sucht" reagiert hätte.[37]

Der Versicherungsfall ist dann als Gelegenheitsursache zu werten, wenn eine Schadensanlage oder ein Vorschaden so ausgeprägt war, dass anstelle des Unfalls jederzeit ein anderes alltägliches Ereignis die Sucht hätte auslösen können.[38]

Exakte, „detektivistische" Erhebung tut not, vor allem dahingehend, ob schon früher Suchtzeichen bestanden (Anforderung einschlägiger Unterlagen, auch Beurteilungen der Vorgesetzten und Äußerungen von Arbeitskollegen) und ob das Verabreichen von Suchtmitteln wegen des „schmerzhaften Grundleidens" erfolgte (Eignung der Verletzungsfolgen und Beschwerden nach ihrer Art; erhöhte Schmerzbereitschaft infolge Vorerkrankung).

Die Anregung, man solle sich ernstlich Gedanken darüber machen, wie der Suchtgefährdete, der Süchtige schon am Beginn seiner Suchtkrankheit, notfalls mit gesetzlichen Mitteln der Zwangsbehandlung, daran gehindert werden kann, sich und am Ende auch die Umgebung zu gefährden[39], erscheint der Überlegung wert: Allein im Rahmen der ges. UV reichen die Mitwirkungspflichten keineswegs aus, in allen Fällen den Erfolg in Form einer optimalen Entziehungskur herbeizuführen.

Im Rechtsbereich der ges. UV besteht kein Anhalt, eine beim Eintritt eines Arbeitsunfalls bereits vorhandene Suchtkrankheit, die den Schaden später ebenfalls herbeigeführt hätte, dahin haftungsbegrenzend zu berücksichtigen, dass von diesem Zeitpunkt an die Haftung entfiele. Erleidet z.B. ein chronischer Alkoholiker einen leichteren Arbeitsunfall, der die

---

36   Zens, Strumpf, Kompass 1991, 376; s. auch Wiesbeck, Täscher, VersMed 45 (1993) 82.
37   Krasney, Sozialrechtliche Vorschriften bei der Betreuung Suchtkranker, 6. Aufl. 1989, S. 133, 134.
38   BSGE 18, 173, 176 (18.12.1962); s. dazu 5.1.14.2, S. 153.
39   Dubitscher, NJW 1964, 434; vgl. auch Rommeney, Suchtkrankheiten und süchtige Verhaltensweisen in ihrer Auswirkung auf die Versicherung, Versicherungsmedizin und Versicherungsrecht, Festgabe für Göbbels, 1964.

Krankenhausaufnahme und damit die sofortige Entziehung des Alkohols erfordert, und kommt es, dadurch bedingt, zu einem *Entziehungdelir*, an dessen Folgen der Verletzte stirbt, ist der UV-Träger für den Tod leistungspflichtig: Dem Unfall ist die Bedeutung einer wesentlich mitwirkenden Teilursache für den Eintritt des Todes beizumessen.[40]

Aus der Rechtsprechung:
Nach Verlust beider Oberschenkel steigerte der Versicherte zur Verdrängung einer reaktiven Depression und zur Beherrschung von Phantomschmerzen den Alkoholgenuss sowie den Verbrauch von ärztlich verordneten Medikamenten (Psychopharmaka, Schlafmittel) exzessiv. Der Tod infolge Vergiftung wurde rechtlich wesentlich auf die schweren Folgen des Arbeitsunfalls zurückgeführt.[41]

Nach einer Ellenbogenverletzung mit schwerer Komplikation (Staphilokokkensepsis und hirnorganisches Syndrom) entwickeln sich beim Versicherten ein zunehmender Alkoholmissbrauch und eine Depression. Der spätere Suizid wird als weiterer Folgeschaden der mehrjährigen unfallbedingten Suchterkrankung und psychischen Störung bewertet.[42]

---

[40] Vgl. LSG Baden-Württemberg, 5. 5. 1964, Breith. 1965, 199; dazu Probst, MfU 1968, 313 ff., 317; s. auch LSG Niedersachsen, 15. 1. 1980, Breith. 1980, 371 ff.
[41] Hess. LSG, 4. 7. 1979, Rdschr. HVBG VB 85/80.
[42] Bayer. LSG, 6. 7. 2005, L 3 U 263/04.

6 Auge

Übersicht

6.1	*Das Sehorgan*	277
6.2	*Arbeitsunfall*	278
6.2.1	Hornhautverletzungen	278
6.2.2	Prellungsverletzungen	278
6.2.3	Durchdringende Verletzungen	279
6.2.4	Verätzungen und Verbrennungen	279
6.2.5	Elektrounfall	280
6.2.6	Verletzungen und Erkrankungen durch Strahlen	281
6.2.6.1	Ultraviolette Strahlung	281
6.2.6.2	Infrarot-Strahlung	282
6.2.6.3	Mikrowellenkatarakt	283
6.2.7	Einzeltatbestände	283
6.2.7.1	Herpetische Hornhautentzündung (Herpes corneae)	283
6.2.7.2	Parenchymatöse Hornhauttrübung	283
6.2.7.3	Netzhautablösung (Ablatio retinae)	284
6.2.7.3.1	Entstehung	284
6.2.7.3.2	Direkte Einwirkungen	285
6.2.7.3.3	Indirekte Einwirkungen	285
6.2.7.4	Glaukom (grüner Star)	286
6.2.7.5	Sympathische Ophthalmie	287
6.2.7.6	Sehnervenschwund	287
6.3	*Berufskrankheit*	288
6.4	*Minderung der Erwerbsfähigkeit*	291
6.4.1	bei Herabsetzung der Sehschärfe	292
6.4.2	bei Verlust eines Auges	293
6.4.3	bei Gesichtsfeldausfällen	294
6.4.4	bei Linsenlosigkeit (Aphakie – Pseudophakie)	295
6.4.5	bei Störung des Binokularsehens	297
6.4.6	bei mehreren Ausfällen am Auge	298
6.4.7	bei anderen Minderungen des Sehvermögens	299
6.4.8	Vorschaden	299
6.4.8.1	am unverletzten Auge (heterolateraler Vorschaden)	299
6.4.8.2	am verletzten Auge (homolateraler Vorschaden)	300
6.4.8.3	an anderen Organen	301
6.4.9	Nachschaden	301
6.4.10	„Labiler Vorschaden"	304
6.4.10.1	Spontane Funktionsschwankungen vor dem Unfall	304
6.4.10.2	Änderung des Vorschadens nach dem Unfall bis zum Beginn der Arbeitsfähigkeit	304
6.4.10.3	Änderung des Vorschadens nach Rentenfestsetzung	304
6.4.11	Besondere berufliche Betroffenheit	305
6.5	*Hilflosigkeit (Pflege)*	306

6.1 Das Sehorgan

Das Sehorgan besteht aus den beiden Augen mit ihren Schutz- und Hilfsorganen, aus den Sehbahnen und Sehzentren.

Der Bau des Auges ist im Wesentlichen dem eines optischen Gerätes vergleichbar. Die Lichtstrahlen treffen zunächst auf die durchsichtige Hornhaut (Cornea), das Fenster des Auges. Die Hornhaut bricht wie die Linse die Richtung der Lichtstrahlen und lenkt sie auf die Netzhaut (Retina). Dort befinden sich etwa 135 Millionen lichtempfindliche Sehzellen, die Leuchtdichteunterschiede und zum Teil Farben registrieren. Lichtempfindungen werden von den Sehzellen über den Sehnerv und die Sehbahnen an das Gehirn weitergegeben.

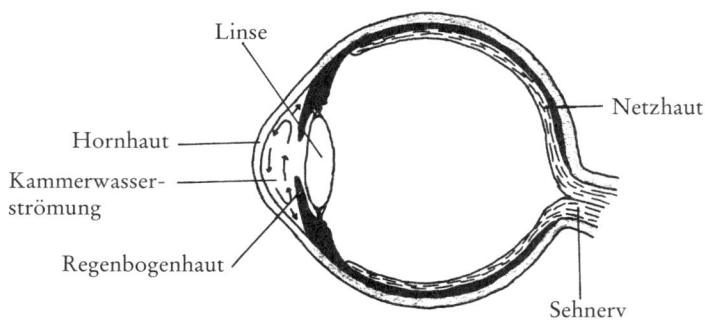

Abb. 1: Auge

Die Linse sorgt durch Veränderungen ihrer Form dafür, dass sowohl nahe als auch entfernte Gegenstände klar zu erkennen sind. Diese Fähigkeit nimmt mit zunehmendem Alter – deutlich spürbar vom 45. Lebensjahr an – ab (Alters- oder Weitsichtigkeit). Zwischen Hornhaut und Linse reguliert die Pupille die Menge der einfallenden Strahlen. Die Regenbogenhaut (Iris) bildet als Umgrenzung der Pupille die Blende des optischen Systems. Sie liegt auf der Linsenkapsel lose auf, verengt sich bei Licht und erweitert sich bei Dunkelheit.

Dieses kostbare Präzisionsinstrument wird auf vielfältige Weise geschützt. Der Augapfel (Bulbus) liegt – in Fett gepolstert – in einer knöchernen Höhle, der Augenhöhle (Orbita). Gegen die Außenwelt schützen die Augenlider, die sich bei Gefahr reflexartig schließen. Zugleich halten sie die Hornhaut feucht, indem sie durch ihr rhythmisches Öffnen und Schließen – etwa 15 bis 20 mal pro Minute – die Tränenflüssigkeit gleichmäßig verteilen.

6.2 Arbeitsunfall

Ein Viertel aller Augenverletzungen werden auf Arbeitsunfälle zurückgeführt. Ursächlich sind handwerkliche und maschinelle Arbeitsvorgänge, Wegeunfälle sowie die Beteiligung des Auges beim Schädeltrauma.

6.2.1 Hornhautverletzungen

Geringfügige Verletzungen der Hornhaut (winziges Schleifkorn, feiner Metallspan) können zur Hornhautabschürfung (Erosion), bei Hinzutreten einer Infektion zu Narbenbildungen und Hornhauttrübungen führen, welche unter Umständen die Sehschärfe beeinträchtigen.

Beim Schweißen und Schleifen treffen oft sehr kleine, glühende Teilchen die Hornhaut. Nach längerem Verweilen zeigt sich im Fremdkörperbett zunehmende Verrostung.

6.2.2 Prellungsverletzungen

Durch stumpfe, klein- oder großflächige Prellungen (Schlag, Stein, Holzstück usw.) wird im Moment der Krafteinwirkung der Augapfel in die Augenhöhle zurückgestoßen, der sich dabei verformt und charakteristische Schädigungen erfährt. Bei sehr heftiger Krafteinwirkung (z.B. Verkehrsunfall) können Augenhöhlenrand oder isoliert Augenhöhlenboden sowie -dach einbrechen („blow out-Fraktur").

Kommt es vor dem Aufschlag nicht mehr zum reflektorischen Lidschluss (wie bei kleinflächiger Kraft), sind Regenbogenhaut und Linse erheblichen Druck- und Zugbelastungen

6.2 Arbeitsunfall

ausgesetzt. Lidhämatome, Einrisse der Lidhäute und vor allem Verletzungen im Augeninneren treten auf: Einrisse des Pupillenschließmuskels (Sphinkterriss), Abrisse der Iriswurzel (Iridodialyse), Abrisse des Strahlenkörpers an seiner vorderen Anhaftungsstelle (traumatische Cyclodialyse), Aderhautrisse, Netzhautschwellungen (Berlinsches Ödem), ferner Netzhautrisse, die oft erst nach Wochen nachweisbar sind.

6.2.3 Durchdringende Verletzungen

Perforierende Augenverletzungen entstehen überwiegend am Arbeitsplatz (39 %) und durch Windschutzscheiben (30 %).[1] Mit etwa 80 % ragen Splitterverletzungen hervor (Metall- und Glassplitter). Seltener sind Perforationen durch Stoß oder Schlag (Drahtenden, Äste, Zweige).

Fast immer wird das Sehvermögen dauernd herabgesetzt; schwere Fälle führen zu Erblindung oder Verlust des Auges. Verkehrsunfälle zeigen die schlechtesten funktionellen Ergebnisse.

Eine kleine Perforation ist meist schwer erkennbar, vor allem wenn die Wunde durch Bindehaut oder Lider verdeckt ist. Infektionen erscheinen mit und ohne Fremdkörper.

Fremdkörper im Auge sind in der Regel durch Röntgenaufnahmen nachzuweisen. Allerdings vermag bereits ein Fremdkörper von 0,2 mg Masse, der im Röntgenbild nicht nachweisbar ist, eine Siderosis zu bewirken; auch kann der Fremdkörper sich aufgelöst haben.[2] Die Computertomographie lokalisiert metallische Fremdkörper.

Fremdkörper sind zu entfernen, weil sie Infektionskeime tragen und je nach Material Spätschäden setzen. Kupferhaltige Metalle verursachen u. U. einen Glaskörperabszess und können zur Verkupferung *(Chalcosis bulbi)* führen; eisenhaltige Fremdkörper rufen noch nach Jahren eine Verrostung des Augeninnern *(Siderosis)* hervor. Von dieser exogenen Siderosis durch Fremdkörpermetallintoxikation ist die endogene Siderosis zu unterscheiden, die nach Abbau von Blut innerhalb des Auges vorkommen kann.

Der Kausalzusammenhang der exogenen Siderosis ist nur bei Vorliegen einer perforierenden Splitterverletzung zu bejahen.[3]

Der Gutachter sollte den technischen Arbeitsablauf beim Unfall kennen: Feststellung von Körper-, Kopfhaltung, Arbeitsabstand. Bei unklarem Befund einer Fremdkörperverletzung geben Handwerkzeug (Werkzeugsplitter) und Proben des bearbeiteten Materials Aufschluss.

6.2.4 Verätzungen und Verbrennungen

Heiße Flüssigkeiten, geschmolzene Metalle und Chemikalien schädigen meist Lider und die vorderen Augenabschnitte, Säuren und Laugen (letztere mit schwerer wiegenden Folgen) das Augeninnere (Regenbogenhaut, Linse, Aderhaut). Häufig sind Verletzungen durch Mörtel-, Betonspritzer, Zement-, Kalk- und Gipsstäube, selten durch Reinigungs-[4] und Waschmittel.

---

[1] Seit Einführung der Gurtpflicht haben die Perforationen nach Windschutzscheiben-Durchbruch drastisch abgenommen.
[2] Kain in: Medizinische Grundlagen der augenärztlichen Begutachtung (Hrsg. Gramberg-Danielsen) 2. Aufl. 1996 S. 77.
[3] LSG Niedersachsen, 17. 5. 1979, L 6 U 265/77, unveröffentlicht.
[4] Hess. LSG, 29. 10. 1986, Meso B 30/74.

Durch Gewebs- und Gefäßverfall kommt es häufig zu erheblichen Dauerschäden, deren zu erwartendes Ausmaß insbesondere beim Einwirken basischer Substanzen zu Beginn kaum beurteilt werden kann. In der Regel sind Laugenverätzungen prognostisch ungünstiger als Säureverätzungen. Ausnahme: Fluss- und Salpetersäure, die in die Tiefe dringen und stark toxisch wirken.

Der Schweregrad der Verätzung hängt von den Eigenschaften der chemischen Substanz, dem betroffenen okulären Gebiet, der Expositionsdauer (Retention von Chemikalien auf der Bulbusoberfläche) und assoziierten Effekten, wie einer Wärmeschädigung, ab.

Einteilung[5]
- I: Klare Hornhaut und keine Limbusischämie (exzellente Prognose)
- II: Hornhauttrübung, aber sichtbare Irisdetails und weniger als ein Drittel Limbusischämie (gute Prognose)
- III: Vollständiger Hornhautepithelverlust, Stromatrübung, welche die Irisdetails verdeckt, und zwischen einem Drittel und der Hälfte Limbusischämie (eingeschränkte Prognose)
- IV: Trübe Hornhaut und mehr als die Hälfte Limbusischämie (sehr schlechte Prognose)

Mehr oder weniger ausgedehnten Verwachsungen zwischen Augapfel und Lid erfordern in der Regel mehrere plastische Maßnahmen, die wegen der besonders langsam abklingenden Narbenreaktionen erst nach zwei bis drei Jahren zum Abschluss kommen.

6.2.5 Elektrounfall

Allgemeine Hinweise s. 20.6, S. 1190.

Elektrischer Strom hat die Eigenschaft, beim Durchfließen des Körpers Wärme zu erzeugen. Daneben kann sich ein Kurzschlusslichtbogen bilden und zur Hitze- und Lichteinwirkung führen.

Bekannt ist die Mitbeteiligung des Auges bei Verletzungen durch Blitzschlag, Lichtbogenüberschlag oder Hochspannungsunfall. In der Regel liegt das geschädigte Auge zwischen Eintritts- und Austrittsmarke.[6] Blitz- bzw. Lichtbogenüberschlag können eine *Keratokonjuktivitis photoelectrica* („Verblitzen des Auges") – ähnlich wie durch den Lichtbogen beim Elektroschweißen – verursachen.

Verbrennungen von Haut, Binde- und Hornhaut durch Hitzeeinwirkungen – gelegentlich bis zum 3. Grad – können mit Knochennekrosen der Augenhöhle verbunden sein.

Elektrischer Strom verursacht bei genügender Intensität Verbrennungen verschiedenen Grades. Am Auge speziell entstehen u.a. Glaskörpertrübungen, Netzhautödeme (z.B. *Berlinsches* Ödem), Vorderkammer-, Netzhaut- und Chorioidalblutungen (infolge Infrarotwirkung), Neuritis n. optici mit anschließender Optikusatrophie, Sehbahnschäden.

Eine *Cataracta electrica* (Elektrostar) entwickelt sich nach Verletzungen an Starkstromleitungen ab 500 V, meist innerhalb von 2 bis 8 Monaten, selten sofort oder nach

---
[5] Kanski, Klinische Ophthalmologie, Lehrbuch und Atlas, 6. Aufl. 2008 S. 890.
[6] Neubauer, Lehrbuch und Atlas der Augenheilkunde (begr. v. Axenfeld, Hrsg. Pau) 13. Aufl. 1992 S. 517.

6.2 Arbeitsunfall

Jahren.[7] Häufig zeigt sich am Ort des Eindringens der elektrischen Energie eine Strommarke in Form eines verbrannten, begrenzten Hautbereiches. Sofern die Kontaktfläche sehr groß und die Haut stark durchblutet oder feucht war, kann eine Strommarke fehlen.

6.2.6 Verletzungen und Erkrankungen durch Strahlen[8]

Allgemeine Hinweise s. 20.4.

Strahlen wirken nur schädigend im durchstrahlten dort resorbiertem Gewebe. Werden sie durchgelassen oder reflektiert, haben sie keinerlei Wirkung auf das bestrahlte Objekt.

Strahlenverletzungen haben unfallartigen Charakter, wenn die Einwirkung die Dauer einer Arbeitsschicht nicht überschreitet. Daneben kommt Anerkennung als Berufskrankheit in Betracht (s. 6.3, S. 288).

6.2.6.1 Ultraviolette Strahlung

Der Einsatz von *Ultraviolettstrahlung* zu technischen, gewerblichen, medizinischen und kosmetischen Zwecken nimmt zu: Trocknen von Farbe, Härten von Lack, Entkeimung von Verpackungsmaterial, Sterilisation der Luft, medizinische Behandlung von Hautkrankheiten, Bräunungsstudios, Elektroschweißen.

Wirkungsmechanismen nichtionisierender Strahlung auf lebende Strukturen:

(1) *unspezifisch thermisch,* vorwiegend im langwelligen Infrarotbereich
(2) *mechanisch-akustisch,* insbesondere bei energiereichen Lasersystemen
(3) *photochemisch* durch spezifische Energieabsorption in Chromophoren

Wirkungen am Auge[9]

Wellenlänge	Quelle	Symptome	Augenabschnitt
UV-C 100–280 nm	Sonne	Latenzzeit (5 h)	Konjunktiva
UV-B 280–315 nm	Höhensonne	danach heftige Schmerzen Photophobie Tränenfluss Blepharospasmus	Kornea (Keratokonjunktivitis mit Exfoliatio des Hornhautepithels)
	Licht beim Elektroschweißen elektrischer Kurzschluss Excimer Laser		
UV-B 295–315 nm	Sonne	Verschwommensehen	Linse (Katarakt)
UV-A 315–400 nm	Sonnenbäder Solarien spezielle Lampen He-Cd-Laser	Kornealer Schmerz	Retina (bei Aphakie) Kornea

---

[7] Pau in: Medizinische Grundlagen der augenärztlichen Begutachtung (Hrsg. Gramberg-Danielsen), 2. Aufl. 1996 S. 47.
[8] Dazu: Lommatzsch, Schastak, Wirkungen elektromagnetischer Strahlen auf das Auge, in: Medizinische Grundlagen der augenärztlichen Begutachtung (Hrsg. Gramberg-Danielsen), 2. Aufl. 1996 S. 155 ff.
[9] Nach Brennan: Ocular assessment of light induced problems. In: Cronley-Dillon, u.a. (Hrsg.), Hazards of light. Myths and realities. Eyes and skin, 1986.

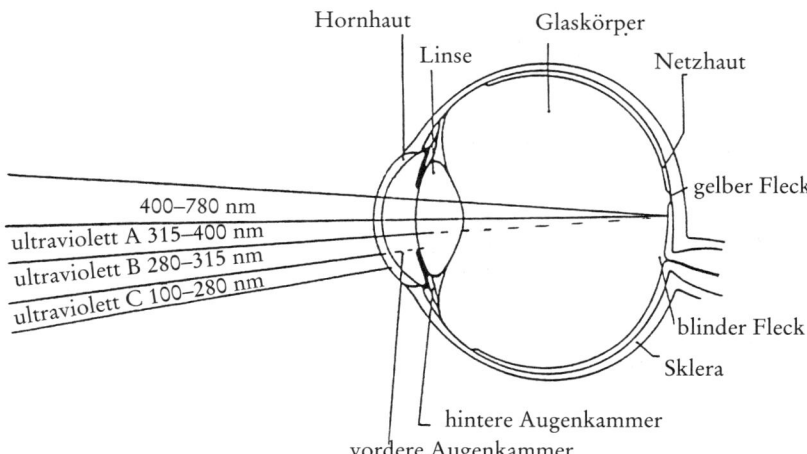

Abb. 2: Schematischer Aufbau des Auges. Die Eindringtiefe der UV-Strahlung nimmt mit zunehmender Wellenlänge gleichfalls zu. Während im UV-C-Bereich ausschließlich die Horn- und Bindehaut betroffen sind, tritt im Bereich der UV-B- und UV-A-Strahlung ein erheblicher Anteil der Absorption in der Linse auf. Im Grenzbereich zum sichtbaren Licht wird sogar die Netzhaut von der UV-Strahlung erreicht. (*Matthes*, Bundesgesundhbl. Sonderheft 10/1994, 27, 29)

6.2.6.2 Infrarot-Strahlung

Wirkungen auf das Auge (*Brennan*)				
Wellenlänge	Quelle		Symptome	Augenabschnitt
	Andere	Laser		
IR-A 780–1400 nm	Sonne Feuer Lampen Glasbläser Schmelzofen	Alexandrit 710–800 nm Arsenid 850–950 nm Gallium Neodym YAG 1064 nm (1313 nm) Helium Neon 1150 nm Jod 1315 nm	Roter Blitz Schwaches Nachtbild Skotom Schmerz Schnelles Skotom ohne Lichtblitz Schockwelle bei Q-switched Schmerz	Retina (RPE) Iris (Linse, Katarakt) Netzhautödem bis zur Blutung tiefe Netz- und Aderhautkoagulation Linsen- und Glaskörperbeteiligung verlängerte Läsionsherde bei CW
IR-B 1400–3000 nm	Sonne Lampe Schmelzofen	Erbium 1540 nm Holmium 2060 nm	Schmerz Blepharospasmus Visusverlust	Kornea Linse
IR-C 3000–10000 nm	Lampen Schmelzofen	Deuterium Fluorid 3800–4000 nm Carbondioxid	Weißer Blitz Intensiver Schmerz Blepharospasmus Hornhauttrübung Perforation	Kornea Konjuntiva Haut

6.2.6.3 Mikrowellenkatarakt

Der *Mikrowellenkatarakt* entsteht in der Linse am Ort der stärksten Erwärmung, der von der Frequenz der Strahlung abhängig ist, wenn die Temperatur der Linse auf mindestens 44 °C ansteigt. Der Schwellenwert für eine sicher noch nicht kataraktogene Einzelbestrahlung des Kopfes beträgt bei 2450 MHz-Wellen 29 mW/cm².[10]

6.2.7 Einzeltatbestände

6.2.7.1 Herpetische Hornhautentzündung (Herpes corneae)

Unfallbedingte Hornhautschäden durch eine Infektion mit dem Herpes simplex-Virus (Keratitis dendritica) machen etwa 1 % der Gesamtzahl aus.[11] Die Seltenheit zwingt zur kritischen Würdigung. In den meisten Fällen, in denen eine Verletzung als Ursache angeschuldigt wird, beruht dies auf dem subjektiven Fremdkörpergefühl, das ein beginnender Hornhautherpes hervorruft.

Voraussetzungen des Zusammenhanges:

(1) Nachweis der Hornhautverletzung.

(2) Die Erkrankung darf nicht früher als zwei Tage nach dem Unfall feststehen und muss spätestens sieben Tage nach Epithelschluss nachweisbar sein.

(3) Der Unfall muss nicht den späteren Manifestationsort der Hornhaut treffen, sondern im Verlauf der „Latenzkette" des Trigeminusnerven von der Hornhaut bis zum Ganglion Gasseri nachgewiesen sein, z.B. herpetische Manifestation an der Hornhaut nach blow out-Fraktur (durch Schlag auf das Auge entstandene Fraktur des Bodens der Orbita bzw. des Daches der Kieferhöhle).[12] Auch ein Zusammenbruch der Abwehrkräfte durch Unfallfolgen oder Fieber bei einer Berufskrankheit können den Herpes auslösen. Nach der Erstinfektion ruht das Virus im Ganglion Gasseri, weder züchtbar noch elektronenmikroskopisch nachweisbar. Erst der Unfall lässt aus der latenten Erstinfektion die Erstmanifestation werden. Dabei ist im Einzelfall abzuwägen, ob das Unfallereignis gegenüber der Erstinfektion rechtlich wesentlich oder nur als Gelegenheits(anlass)ursache zu werten ist.[13] Wird der Unfallzusammenhang anerkannt, sind Wiedererkrankungen (Rezidive) Unfallfolge: die unfallbedingte Erstinfektion bzw. -manifestation[14] bahnte die nachfolgende Infektion.

6.2.7.2 Parenchymatöse Hornhauttrübung

Entzündliche Trübungen des Hornhaut(gewebes)parenchyms werden durch verschiedene Krankheitserreger selbst, aber auch durch Prozesse im Rahmen der körpereigenen Infekt-

---

10 Wortmann, Mikrowellenkatarakt am menschlichen Auge. Schwellenwert für zulässige Bestrahlung und Schutzmöglichkeit. Diss. Gießen 1979.
11 Sachsenweger, Augenärztliche Begutachtung, 1976 S. 99; Sundmacher, Fortschr. Ophthalmol. 81 (1984) 409; Rassow, Grundlagen augenärztlicher Begutachtung (Hrsg. Berggraf), 1984, S. 180ff.
12 Grundlegend Sundmacher, Fortschr. Ophthalmol. 81 (1984) 409; Kaufman, Ophthalmology 90 (1983) 700; 92 (1985) 533; Am. J. ophthalm. 94 (1982) 119.
13 Gramberg-Danielsen, Rechtliche Grundlagen der augenärztlichen Tätigkeit, Stand 2008, 4.3.8.2; ders., Medizinische Grundlagen der augenärztlichen Begutachtung (Hrsg. Gramberg-Danielsen), 2. Aufl. 1996 S. 41f.
14 Gramberg-Danielsen, Rechtliche Grundlagen der augenärztlichen Tätigkeit, Stand 2008, 4.3.8.2.

abwehr, sog. Antigen-Antikörperreaktionen, hervorgerufen (z.B. Keratitis parenchymatosa bei Lues und Tuberkulose, Keratitis metaherpetica oder disciformis im Gefolge einer Infektion mit Herpes simplex-Viren). Beschrieben werden auch Fälle unmittelbar nach operativen Eingriffen, die gegebenenfalls mittelbare Unfallfolge sind.[15]

Durch Rissbildungen im Endothel (Descemet-Membran), welche das Hornhautparenchym zum Kammerwasser abgrenzt, kann Flüssigkeit in die Hornhaut eindringen und zu einer Quellung und Trübung des Hornhautparenchyms führen. Diese Defektbildungen der Hornhautinnenschicht können direkte Verletzungsfolge sein (z.B. durch Wasserstrahl bei Feuerwehreinsatz, Prellung) oder nach operativen Eingriffen auftreten (gegebenenfalls mittelbare Unfallfolge). Die Descemet-Membran ist sehr widerstandsfähig. Schwierigkeit der Begutachtung liegt im Bewerten des Unfallereignisses.

Voraussetzungen:[16]

(1) Das Trauma muss nachgewiesen sein (wenn möglich durch Augenarzt).

(2) Vor der Verletzung dürfen keinerlei Symptome einer parenchymatösen Hornhauttrübung vorhanden gewesen sein.

(3) Die Verletzung muss die Hornhaut selbst getroffen haben mit eindeutiger Gewebstrennung oder -quetschung und tiefgreifender Störung der Lymph- und Blutzirkulation des angrenzenden Randschlingennetzes (Erosio, Fremdkörperverletzung); Dampf oder Luftzug genügen nicht.

(4) Augenärztlicherseits muss einige Tage nach dem Unfall der Beginn der parenchymatösen Hornhauttrübung nachgewiesen sein; zwischen Unfall und ihrem Ausbruch muss das Auge in einem gewissen Reizzustand verharrt haben: Nach der Hornhautverletzung bildet sich sofort eine entzündliche Reaktion mit unmittelbarem Übergang in die Hornhauttrübung.[17] Ein Zeitraum von sechs Monaten zwischen Unfall und der Erkrankung ist zu lang.[18]

(5) Die weitere Erkrankung am anderen, unverletzten Auge kann bei schwerer Hornhautverletzung als Unfallfolge gewertet werden, sofern das verletzte Auge noch entzündet ist.

6.2.7.3 Netzhautablösung (Ablatio retinae)

6.2.7.3.1 Entstehung

Die Netzhaut ist mit dem Pigmentepithel, das mit der Aderhaut verwachsen ist, nur lose verbunden. Die Lage des Augapfels in der knöchernen Augenhöhle schützt die Netzhaut: Einwirkungen sind nur aus wenigen Richtungen möglich. Am Entstehen der Netzhautablösung wirken eine Reihe von Faktoren mit. Die wichtigsten sind: Entartung des inneren Netzhautblattes, hier insbesondere die sog. äquatorialen Netzhautdegenerationen und physiologische Abbauvorgänge im Glaskörpergerüst bei vorhandenen festen Verbindungen zwischen Netzhaut und Glaskörper. Erbliche Faktoren spielen eine Rolle.

---

[15] Sachsenweger, Augenärztliche Begutachtung, 1976 S. 103.
[16] Remler, Klin. Mbl. Augenheilk. 121 (1952) 602–609.
[17] Rauh, in: Fischer, Herget, Mollowitz, Das ärztliche Gutachten im Versicherungswesen, 3. Aufl. 1968 Bd. 1 S. 750.
[18] LSG Nordrhein-Westfalen, 20.7.1954, Kompass 1954, 108.

6.2 Arbeitsunfall

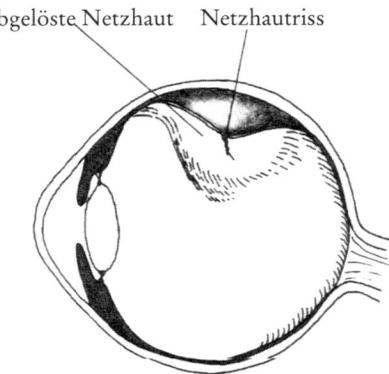

Abb. 3: Netzhautablösung: Die Netzhaut ist an einer Stelle eingerissen und hat sich von ihrer Unterlage abgehoben.

6.2.7.3.2 Direkte Einwirkungen

Nach perforierenden Augenverletzungen und direkten Augapfelprellungen[19] mit erkennbaren Verletzungszeichen (z.B. Ablösung der Regenbogenhaut von der Basis, Einriss des Irismuskels, Vertiefung des Kammerwinkels, Einblutung in die Vorderkammer, Trübung der Hornhaut, Vorderkammer oder Linse oder Schwellungen im Netzhautbereich)[20] ist der Zusammenhang in der Regel anzuerkennen.

Eine akute Netzhautlochbildung mit anschließender Netzhautablösung führt nicht zu einer sofortigen Sehverschlechterung, sondern zu einer langsam abnehmenden Sehkraft.

6.2.7.3.3 Indirekte Einwirkungen

Richtlinien:[21]

– Schwere körperliche Anstrengung ist niemals Ursache einer Netzhautablösung

– Stets ist eingehend zu prüfen, ob bei dem angegebenen indirekten Trauma doch eine direkte Krafteinwirkung auf das Auge erfolgt ist bzw. mit Wahrscheinlichkeit angenommen werden muss. Bei schweren Unfällen liegt dies nahe.

– Indirektes Trauma und Erschütterung können ausschließlich als Ursache einer Netzhautablösung betrachtet werden, wenn Knochenbrüche im Schädel und eindeutige Gehirnerschütterungen vorliegen.[22] Traumatische Optikusschädigungen oder Korpuseinblu-

---

[19] Vgl. Hess. LSG, 28. 3. 1984, SozVers 1985, 49.
[20] LSG Niedersachsen, 16. 8. 2001, HV-Info 34/2001, 3205 = Meso B 30/130.
[21] Sachsenweger, Augenärztliche Begutachtung, 1976 S. 116; ders., Fol. ophth. 4, 1979; vgl. auch Gramberg-Danielsen, Hülsmeyer, Augenarzt und gesetzliche Unfallversicherung, 1979 S. 51 f.; Anhaltspunkte für die ärztliche Gutachtertätigkeit im sozialen Entschädigungsrecht und nach dem Schwerbehindertenrecht (Teil 2 SGB IX) (Hrsg. BMAS) 2008 Ziff. 80.
[22] LSG Niedersachsen, 26. 9. 1989, HV-Info 32/1989, 2601 = Meso B 30/83, bestätigt von BSG, 15. 5. 1990, HV-Info 11/1991, 947: Bei hoher Kurzsichtigkeit sind Netzhautdefekte und -rissbildungen bekannte Vorgänge; vgl. ferner LSG Rheinland-Pfalz, 30/83; Breith. 1977, 773; Sachsenweger, Klin. Mbl. Augenheilk. 154 (1968) 575.

tungen treten auf.²³ Als Latenzzeit werden bis zu 6 Wochen anerkannt. In dieser Zeit muss nach einer traumatischen Netzhautablösung entweder eine nachfolgende Ablösung eingetreten oder aber die Verletzungsstelle durch Vernarbungsvorgänge verheilt sein.

Das BSG²⁴ hält es für sachgerecht, wenn nach kritischer Würdigung aller Gutachten der herrschenden medizinischen Lehrmeinung gefolgt wird, nach der sich das indirekte Trauma als vollkommen wirkungslos bei der Einschätzung einer Netzhautablösung erwiesen habe.

6.2.7.4 Glaukom (grüner Star)

Als Glaukom werden verschiedene Krankheiten bezeichnet, deren gemeinsames Kennzeichen die schädliche Steigerung des Augeninnendrucks ist. Der Stoffwechsel im Auge erfolgt durch sich frei bewegende Flüssigkeitsströme. Zwischen Kammerwasserbildung und -abfluss besteht ein Gleichgewicht. Vor allem Störungen des Abflusses lassen den Augeninnendruck steigen. Zunächst werden bestimmte Fasern der Sehnervs geschädigt, so dass es zu charakteristischen Ausfällen im Gesichtsfeld kommt, bis schließlich alle Sehnervenfasern zerstört sind und vollständige Erblindung eintritt. Vom Glaukom sind zwei von hundert aller über Vierzigjährigen in der Bundesrepublik betroffen. Mit zunehmendem Alter steigt die Zahl der Erkrankten steil an.

Im Allgemeinen wird man bei einer nachgewiesenen schweren Augenverletzung (Prellung, Perforation, Verätzung, Entzündung) – selbst bei langem zeitlichen Abstand zwischen Unfall und Glaukom – dieses als Unfallfolge anerkennen, wenn durch den Unfall Kammerwinkelveränderungen infolge Ätzwirkung, Narben nach Schnitt und Risswunden, Ziliarkörper- oder Linsenveränderungen entstanden sind. Bei leichten Verletzungen ist ein kurzes Intervall von Tagen bis höchstens einigen Monaten zu fordern.²⁵

Wenn der Glaukomanfall sich Stunden nach einer Körpererschütterung oder nach schwer wiegenden Erregungszuständen ereignet, kann gegebenenfalls ein Zusammenhang vorliegen.²⁶

Andauernde Lärmbelästigung ist allerdings nicht Ursache, da sich Blut- und Augendruckanstieg 60 Sekunden nach der Belastung wieder normalisieren.²⁷

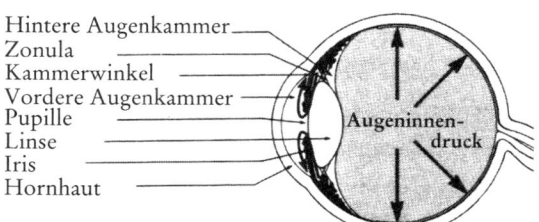

Abb. 4: Das Kammerwasser wird im Auge der Iris gebildet und fließt im Kammerwinkel ab (s. schwarzer Pfeil)

---

23 Pietruschka, Fol. ophthalm. 1977, 84.
24 BSG, 20. 9. 1977, Meso B 30/51.
25 Sachsenweger, Augenärztliche Begutachtung, 1976 S. 105.
26 Sachsenweger, Augenärztliche Begutachtung, 1976 S. 107; a. A. Hager; in: Die ärztliche Begutachtung (Hrsg. Fritze, Mehrhoff) 7. Aufl. 2008 S. 244.
27 Vick, Klink. Mbl. Augenheilk. 153 (1968) 356–360.

6.2 Arbeitsunfall

Ein Glaukom am nichtverletzten Auge ist nach bestrittener Ansicht ausnahmsweise als Unfallfolge anzuerkennen, wenn

- zur Zeit der Begutachtung noch gleichsinnige Druckveränderungen am verletzten Auge vorhanden sind
- verlässliche Augenbefunde des unverletzten Auges ohne Glaukomsymptome aus der Zeit vor dem Unfall vorliegen
- das Glaukom spätestens zwei Jahre nach Glaukombeginn am verletzten Auge festgestellt wurde.[28]

Durch ein Schädel-Hirn-Trauma wird ein Glaukom weder verursacht, noch ein chronisches Glaukom verschlimmert.[29]

6.2.7.5 Sympathische Ophthalmie

Nach penetrierender Verletzung oder Operation eines Auges kann sich eine Entzündung der Iris (Iritis) oder des Strahlenkörpers (Zyklitis) oder beider gemeinsam entwickeln (Iridozyklitis). In seltenen Fällen greift eine solche Entzündung auf das zweite Auge über. Da dieses „mitleidet", spricht man von einer sympathischen (sympathein = mitleiden) Ophthalmie. Sie tritt kaum vor 14 Tagen nach der Verletzung, meist innerhalb von drei Monaten (65 %), in 90 % innerhalb des ersten Jahres auf.[30]

Bei Spätmanifestation ist ein sicheres Abgrenzen gegen endogene Ursachen nur gegeben, wenn das verletzte Auge histologisch untersucht wird und dieses typische Befunde aufweist.[31]

Sympathische Ophthalmie führt ohne oder bei ungenügender Behandlung zur beidseitigen Erblindung.

Die Erkrankung ist heute sehr selten.[32]

6.2.7.6 Sehnervenschwund

Der Sehnervenschwund (Optikusatrophie) ist – histologisch nachweisbare – Folge eines Zerfalls der Sehnervenfasern. Er beruht in der Regel auf innerer Ursache (Entzündung, Neoplasma, Aneurysma, Tabes, Knochenbruch, Schädelmissbildung usw.). Zusammenhang mit einem Unfallereignis kann gegeben sein, wenn im Anschluss an die Augenverletzung entzündliche Erscheinungen auftreten oder ausgedehntere unfallbedingte Schädigungen der Netzhaut zu einem sog. aufsteigenden Schwund der Sehnervenfaser führen. Die Doppelseitigkeit des Leidens deutet auf eine innere Ursache.[33] Eine direkte Schädigung des Sehnervs tritt auch durch Starkstromverletzung, Schädelbasisbruch, Blutung oder Ödem

---

28 Leydhecker, Beckers, Klin. Mbl. Augenheilk. 129 (1956) 266; Leydhecker, Glaukom, 1973 S. 320f.; Sachsenweger, Augenärztliche Begutachtung, 1976 S. 106.
29 Leydhecker, Klin. Mbl. Augenheilk. 162 (1973), 262.; Kothe, Zbl. Chirurgie 109 (1984), 428; Casari, Klin. Mbl. Augenheilk. 126 (1955), 248; a. A. Todes, Klin. Mbl. Augenheilk. 165 (1974), 828.
30 Kanski, Klinische Ophthalmologie, Lehrbuch und Atlas, 6. Aufl. 2008 S. 890.
31 Gramberg-Danielsen, Thomann, Medizinische Begutachtung (Hrsg. Marx) 6. Aufl. 1992 S. 452.
32 Kain in: Medizinische Grundlagen der augenärztlichen Begutachtung (Hrsg. Gramberg-Danielsen), 2. Aufl. 1996 S. 77; Hager in: Die ärztliche Begutachtung (Hrsg. Fritze, Mehrhoff) 7. Aufl. 2008 S. 244.
33 LSG Nordrhein-Westfalen, 22. 3. 1957, LAP S. 239.

im knöchernen Sehnervenkanal ein. Ein Sehnervenschwund kann schließlich Folge chronischer Vergiftungen sein (s. 6.3).

6.3 Berufskrankheit

Eine große Gruppe bilden die durch *chemische* oder *physikalische* Einwirkungen hervorgerufenen krankhaften Veränderungen.[34] Toxische Schadstoffe können in gasförmiger, flüssiger oder fester Form einwirken. Auch eine allergische Komponente ist bekannt. Oft wird der Krankheitsprozess durch thermische oder mechanische Reize auf das Gewebe in Gang gebracht.

- **Ausgewählte chemische Noxen**[35]

BK-Nr.	Schadensquelle	Verursachte Erkrankung
11 01	Blei	Binde- und Hornhautentzündungen, Hornhauttrübung, Amaurose, toxische Schädigung zerebraler Anteile des Sehorgans oder der Sehnerven, Retinopathia angiospastica, Pupillenstörungen, Augenmuskellähmungen
11 02	Quecksilber	Konjunktivitiden, Blepharitiden, Augenmuskellähmungen, Nystagmus, Linsenverfärbungen und -trübungen, Sehnervenschädigung
11 03	Chrom	Lidekzeme, Bindehautentzündungen, gelegentlich braune Verfärbungen der Bindehaut und Verätzungen, Hornhauterosionen und Ödeme, Optikusatrophie, Xanthopsie
11 04	Cadmium	Bindehautreizung
11 05	Mangan	Blaurote Verfärbung der Bindehaut, Hornhauterkrankungen, Konvergenzschwäche, retrobulbäre Neuritis
11 06	Thallium	Katarakt, toxische Sehnervenschädigung, erworbene Rot-Grün-Blindheit, Augenmuskelstörungen
11 07	Vanadium	Konjunktivitis, Blepharitis (Entzündung des Augenlidrandes)
11 08	Arsen	Lidentzündung und -schwellung, Bindehautentzündungen, Hornhautgeschwüre, Pupillen- und Augenmuskellähmungen, toxische Optikusneuropathie
11 09	Phosphor	Ikterus conjunctivae, Netzhautblutungen, Pupillenerweiterung, Bindehaut- und Hornhautentzündungen
11 10	Beryllium	Blepharitis und Konjunktivitis

---

[34] Dazu Struck, in: Medizinische Grundlagen der augenärztlichen Begutachtung (Hrsg. Gramberg-Danielsen), 2. Aufl. 1996 S. 184 ff. (chemische Einwirkungen); Lommatzsch, ebenda, 235 ff. (physikalische Einwirkungen); Heydenreich, Klin. Mbl. Augenheilk. 194 (1966) 145 ff.
[35] Fröhlich, u. a., in: Handbuch der Arbeitsmedizin (Hrsg. Letzel, Nowak) 1. Erg.-Lfg. 3/07.

6.3 Berufskrankheiten

BK-Nr.	Schadensquelle	Verursachte Erkrankung
12 01	Kohlenmonoxid	Blutungen in Bindehaut, Glaskörper und Netzhaut, Netzhautödem, erweiterte geschlängelte Venen, Papillenschwellung, Optikusneuropathie, zentral bedingte Amaurose nach akuten Vergiftungen, Exophthalmus
12 02	Schwefelwasserstoff	Binde- und Hornhautentzündungen, Blepharospasmus, Sehnervenschädigung
13 02	Halogenkohlenwasserstoffe	Bindehaut- und Hornhautentzündungen, Linsentrübungen
13 03	Benzol	Bindehaut- und Hornhautentzündungen, Retrobulbärneuritis, Neuroretinitis, Netzhautblutungen, Nystagmus
13 04	Nitro- oder Aminoverbindungen	Bindehaut- und Hornhautreizungen, Linsentrübungen, Retrobulbärneuritis
13 05	Schwefelkohlenstoff	Verätzung von Bindehaut und Hornhaut, Erosionen und Ulzera der Hornhaut, Pupillenstörungen, Sehnervenschädigungen, Lähmung der inneren und äußeren Augenmuskeln, Nystagmus
13 06	Methylalkohol (Methanol)	Reizungen im vorderen Augenabschnitt, Netzhautblutungen, toxische Optikusneuropathie
13 09	Salpetersäureester	Bindehautentzündungen, Hornhauttrübungen, Augenmuskellähmungen
13 13	Benzochinon	Braune Verfärbung von Bindehaut und Hornhaut, schwerste Entzündungen und Verätzungserscheinungen, Hornhautulzera
51 02	Ruß, Rohparaffin, Teer, Anthrazen, Pech oder ähnliche Stoffe	Präkanzerosen und Lidkrebse, Entzündungen der Lidhaut, Bindehaut und Hornhaut, gelegentlich auch Iritiden und Optikusneuropathien

- Physikalische Einwirkungen

BK-Nr.	Schadensquelle	Verursachte Erkrankung
22 01	Druckluft	Ab 1 bar: Caisson-Krankheit (Lidschwellung, Lidemphysem, Lid-, Bindehaut- und Netzhautblutungen, Papillenstauung, Gesichtsfelddefekte, transitorische Amaurose, Pupillenstarre, Lähmung der äußeren Augenmuskeln, Ptosis)

BK-Nr.	Schadensquelle	Verursachte Erkrankung
24 01	Infrarot-Strahlung Der die Augenlinse schädigende Wellenlängenbereich liegt zwischen 750 nm und 2400 nm	Allg.: Trübung der Linse nach langjähriger Einwirkung (Expositionsdauer: 10 bis über 20 Jahren), „Glasbläserstar", „Feuerstar", „Wärmestar", „Infrarotstar"
	„Wärmestrahlung" umfasst *alle Strahlungsarten*, die typischerweise von einem *unter hohen Temperaturen glühenden Material* ausgehen. Als Wärmestar gelten auch die durch Kurzwellenbestrahlung, Ultraschall, Mikro- und Radiowellen sowie Laserstrahlen erzeugten Linsentrübungen.[36]	Es ist noch nicht abschließend geklärt, ob die infraroten Strahlungsanteile selbst oder die von Ihnen bei der Absoption durch die Iris erzeugte Erwärmung des Kammerwassers die Augenlinse schädigen.[37]
24 02	Ionisierende Strahlen	Je nach Intensität der Strahlung und Intervall der Einwirkung (Latenzzeit sechs Monate bis vier Jahre): Schädigung konjunktivaler und episkeraler Gefäße, Entzündungen, Geschwüre der Hornhaut, Madarosis, Linsentrübung, Strahlenretinopathie mit Mikroinfakten und Blutungen im Bereich der Nervenfaserschicht, vaskuläre Optikusneuropathie
§ 9 Abs. 2 SGB VII	Der Kausalzusammenhang zwischen Netzhautveränderung und Infrarotbestrahlung ist seit langem bekannt. Das Nichtaufführen in der Anlage zur BKV wird dadurch erklärt, dass seit Anfang des 20. Jahrhunderts, als die schädliche Wirkung der Infrarotstrahlen auf Linse und Netzhaut erkannt wurde, das Tragen von Schutzbrillen bei den gefährdeten Arbeitern eingeführt wurde, und damit die Infrarot-Netzhautschädigung praktisch verschwand. Bei der Prüfung, ob eine Anerkennung „wie eine BK" in Betracht kommt, steht der Begriff der „bestimmten Personengruppe"[38] im Vordergrund.	

---

[36] LSG Niedersachsen, 14. 12. 1995, HV-Info 13/1996, 1014, bestätigt durch BSG, 23. 9. 1997, NZS 1998, 388 = Meso B 30/109: Grauer Star nach Einwirkung von UV-B-Strahlen; s. auch Kujath, u. a., ASU 37 (2002) 544. („Literaturstudie").
[37] Leitlinie der DGAUM: Arbeit unter Wärmestrahlung, 2004.
[38] BSGE 52, 272 = SozR 2200 § 551 Nr. 20 (29. 10. 1981); BSGE 59, 295 = SozR 2200 § 551 Nr. 27 (30. 1. 1996); s. auch Lerman, Radiant energy and the eye, 1980 S. 228; Brackmann/Becker, § 9 BK-Nr. 24 01 Anm. 4; Lauterbach-Koch, § 9 Anh. 4 BK 24 01 Anm. 6.

6.4 *Minderung der Erwerbsfähigkeit*

- **Infektionskrankheiten**

BK-Nr.	Ereger	Inkubations-zeit (Tage)	Erkrankung
31 01	Adenovirus	5–10	epidemische Keratokonjunktivitis
31 01	Herpes-Simplex-Virus	3–8	Keratitis dendritica, Korneatrübung
31 01	Variella-Zoster-Virus	7–21	Gürtelrose, Zoster ophthalmicus, Zoster oticus, Keratits disciformis, Augenmuskellähmungen, Sekundärglaukom
31 01	Meningokokken	1–8	Meningitis epidemica, Seh- und Hirnnervenstörungen
31 01	Shigella	2–7	Konjunktivitis
31 02	Alphavirus der Togaviridae	4–21	Pferdeenzephalitis, Blindheit
31 03	Rickettsia prowazekii (Kleiderlaus) R. typhi (Rattenfloh)	10–14	Erblindung
31 04	Vibrio cholerae	2–5	Cholera, Hornhauttrübung
31 04	Trachom	4–12	Keratokonjunktivitis, Vernarbung mit Erblindung

Sofern durch eine Infektionskrankheit lediglich eine Binde- oder Hornhauterkrankung verursacht wird, ist sie als Augenerkrankung gem. BK-Nrn. 31 01, 31 02, 31 04, nicht nach BK-Nr. 51 01 (Hautkrankheit) zu werten.

Anerkennung „wie eine Berufskrankheit" (§ 9 Abs. 2 SGB VII) kommt in Betracht: Augenschädigung durch Silber (Argyrose), n-Hexan, Dimethylsulfat, Störungen des Linsenstoffwechsels durch organische Lösungsmittel oder -gemische und Desinfektionsmittel.

6.4 Minderung der Erwerbsfähigkeit[39]

Der Funktionstüchtigkeit des Auges kommt eine herausragende Bedeutung hinsichtlich der Sicherheit und Leistung am Arbeitsplatz zu: Der überwiegende Teil menschlicher Arbeitsvorgänge erfordert eine Kontrolle durch das Auge. Das Sehorgan verarbeitet 90 % aller Eindrücke aus der Umwelt.[40]

---

[39] Nach: Grundsätze zur Beurteilung der Minderung der Erwerbsfähigkeit bei Augenverletzungen, HVBG VB 29/94 = HV-Info 13/1994, 103. Die Anpassung der Erfahrungswerte erfolgte auf Grund geänderten Bedingungen in der Arbeitswelt mit entsprechenden Auswirkungen auf modifizierte Arbeitsgegebenheiten für betroffene Verletzte und Erkrankte, s. BSG, 19. 12. 2000, HV-Info 6/2001, 499.

[40] Gedik, ASP 1989, 159.

Die MdE richtet sich vornehmlich nach dem Ausmaß der Sehschädigung (Sehschärfe, Gesichtsfeldausfälle). Darüber liegende MdE-Werte kommen in Betracht, wenn zusätzlich erhebliche Beschwerden vorliegen (Reizerscheinung, Kopfschmerz, Entstellung: s. 5.6).

6.4.1 bei Herabsetzung der Sehschärfe

Die aktuelle Sehschärfe ist festzustellen, nicht deren Verlust.[41] Das Ergebnis ist nur nachvollziehbar, wenn nach den Methoden und Kriterien der DIN 58 220 untersucht wird. Nur falls bei höheren Graden der Myopie (Kurzsichtigkeit) unerlässlich, kann die Prüfdistanz auf 1 m verkürzt werden. Bei Ermittlung der MdE sind die Sehschärfewerte der Tabelle Abb. 5 entsprechend umzurechnen. Eine andere Methode als DIN 58 220 ist nur zulässig, aber auch erforderlich, wenn es um Vergleichsuntersuchungen („wesentliche Änderung") geht und die rechtlich wesentliche vorhergehende Untersuchung mit einem anderen Verfahren durchgeführt wurde. Dann muss die frühere Methode benutzt werden.

Sehschärfe		1.0	0.8	0.63	0.5	0.4	0.32	0.25	0.2	0.16	0.1	0.08	0.05	0.02	0
bG	sA	5/5	5/6	5/8	5/10	5/12	5/15	5/20	5/25	5/30	5/50	1/12	1/20	1/50	0
1,0	5/5	0	0	0	5	5	10	10	10	15	20	20	25	25	25*
0,8	5/6	0	0	5	5	10	10	10	15	20	20	25	30	30	30
0,63	5/8	0	5	10	10	10	10	15	20	20	25	30	30	30	40
0,5	5/10	5	5	10	10	10	15	20	20	25	30	30	35	40	40
0,4	5/12	5	10	10	10	20	20	25	25	30	30	35	40	50	50
0,32	5/15	10	10	10	15	20	30	30	30	40	40	40	50	50	50
0,25	5/20	10	10	15	20	25	30	40	40	40	50	50	50	60	60
0,2	5/25	10	15	20	20	25	30	40	50	50	50	60	60	70	70
0,16	5/30	15	20	20	25	30	40	40	50	60	60	60	70	80	80
0,1	5/50	20	20	25	30	30	40	50	50	60	70	70	80	90	90
0,08	1/12	20	25	30	30	35	40	50	60	60	70	80	90	90	90
0,05	1/20	25	30	30	35	40	50	50	60	70	80	90	100	100	100
0,02	1/50	25	30	30	40	50	50	60	70	80	90	90	100	100	100
0	0	25*	30	40	40	50	50	60	70	80	90	90	100	100	100

* Bei Komplikationen durch äußerlich in Erscheinung tretende Veränderungen, wie Beweglichkeitseinschränkung, Ptose, entstellende Narben, chronische Reizzustände oder Notwendigkeit, ein Kunstauge zu tragen, beträgt die MdE, sofern hierdurch der Einsatz des Betroffenen auf dem allgemeinen Arbeitsmarkt erschwert ist, 30 %.

Abb. 5: Sehschärfentabelle 1981

---

[41] Dazu ausführlich Gramberg-Danielsen, Rechtliche Grundlagen der augenärztlichen Tätigkeit, Stand 2008, 1.3 und 4.3.8.; Anger, MedSach 93 (1997) 173 ff.

6.4 Minderung der Erwerbsfähigkeit 293

Die Augen werden als paariges Organ begutachtet. Entsprechend ist die Sehschärfentabelle aufgebaut. Sie orientiert sich nicht mehr am rechten und linken Auge, sondern an der „beidäugigen Gesamtsehschärfe" bG („mit beide Augen wird gleichzeitig gesehen") zum einen und der Sehschärfe des schlechteren Auges (sA) zum anderen. Die augenärztliche Untersuchung der Sehschärfe soll einäugig und beidäugig erfolgen. Bei unterschiedlichen Ergebnissen dieser Prüfungsarten ist im Rahmen der Bewertung die beidäugige Gesamtsehschärfe (bG) als Sehschärfewert des besseren Auges anzusetzen. Der Tabellenwert für das schlechtere Auge ist der Spalte sA zu entnehmen.

Die Sehschärfentabelle entspricht der Rspr.[42], folgt den Erfahrungen der Praxis und berücksichtigt die Behinderung im heutigen Erwerbsleben. Sie orientiert sich an

MdE-Eckwerten:

25 % bei unkomplizierter einseitiger Erblindung und uneingeschränktem Sehvermögen des zweiten Auges
50 % bei doppelseitigem Herabsetzen der Sehschärfe auf 0,2
50 % bei einseitiger Erblindung mit Herabsetzen der Sehschärfe auf dem anderen Auge auf 0,4
100 % bei doppelseitigem Herabsetzen der Sehschärfe auf 0,05.

Einer starren Anwendung von „Richtlinien" wohnt die Gefahr von Ungerechtigkeit inne, da wesentliche Bemessungselemente, die ihrem Begriff gemäß bei der Beurteilung der MdE zu berücksichtigen sind, außer Betracht bleiben. Die Hilfstafel kann daher nur als Anhalt und Grundlage dienen, nicht mit maßgebender, sondern mit hinweisender Bedeutung.

6.4.2 bei Verlust eines Auges

Die MdE bei unkomplizierter einseitiger Erblindung und uneingeschränktem Sehvermögen des zweiten Auges beträgt 25 %, und 30 %, wenn sowohl *Komplikationen* als auch die zumindest wahrscheinliche Beeinträchtigung auf dem allgemeinen Arbeitsmarkt vorliegen.

Ein Kunstauge oder gelegentliches Absondern klebriger Flüssigkeit sind in diesem Sinne keine Komplikationen, jedoch chronische Eiterung der Augenhöhle, Gesichtsentstellung, Unverträglichkeit, eine Prothese zu tragen.[43]

Erhöhte Blendempfindlichkeit, Verlust des räumlichen Sehens, aphakie-bedingte Gesichtsfeldeinschränkungen u.ä. sind bereits in der Sehschärfentabelle enthalten und daher nicht gesondert zu bewerten.

Eine *„Übergangsrente"* in Höhe von 33 1/3 % – gerechnet vom Tage des Unfalls ab – bis zum Ablauf des ersten Jahres nach dem Unfall (danach 25 %) kommt in Betracht, wenn im Hinblick auf die Einsatzfähigkeit auf dem allgemeinen Arbeitsmarkt und der hieraus abzuleitenden MdE eine Anpassung und Gewöhnung an den Unfallfolgezustand Berücksichtigung finden muss.[44] Aus ophthalmologischer Sicht sei die „Übergangsrente" nicht gerechtfertigt.[45]

---

[42] BSG, 27.5.1986, HV-Info 13/1986, 977 = Meso B 30/73.
[43] SG Lübeck, 27.9.1984, S 3 U 151/83 – unveröffentlicht.
[44] HVBG VB 29/94.
[45] Gramberg-Danielsen, Rechtliche Grundlagen der augenärztlichen Tätigkeit, Stand 2008, 1.3 und 4.3.9.3.

6.4.3 bei Gesichtsfeldausfällen

Während das Blickfeld die überschaubare Fläche bei bewegtem Auge ist, wird unter dem Gesichtsfeld jenes Wahrnehmungsfeld verstanden, das bei fixierter Blick-, Kopf- und Rumpfstellung erfasst wird. Das Gesichtsfeld eines Auges reicht bei Geradeausblick schläfenwärts (temporal) etwa bis 90°, nach nasal und oben bis 60°, nach unten bis 70°.

Das Beurteilen von Gesichtsfelddefekten neben der Sehschärfe ist bedeutsam, weil letztere normal sein, während sich die Gesichtsfeldaußengrenze so weit verengen kann, dass eine praktische Erblindung vorliegt.[46] Bei den Ergebnissen der Funktionsprüfung des Gesichtsfeldes handelt es sich um subjektive Angaben des Untersuchten, die als objektiv richtig anzusehen sind, wenn sie dem morphologischen Befund entsprechen.[47]

Ausfälle im Gesichtsfeld bezeichnet man als *Skotom* (Skotos = Schatten). Das *zentrale* Skotom setzt stets die Sehschärfe herab und beeinträchtigt die Farbwahrnehmung.

Ausfälle von außen (= Beschränkungen, Einengungen) sind z.B. der Quadranten- oder Halbseitenausfall. Bei der Hemianopsie (Halbseitenblindheit) fehlt eine Seite des Gesichtsfeldes, entweder auf beiden Augen gleichseitig die rechte oder linke Hälfte (homonym), gekreuzt (heteronym) die beiden Nasen- (binasal) oder die beiden Schläfenhälften (bitemporal).

Das Gesichtsfeld ist in der ges. UV ausschließlich mit einer kinetischen Methode zu untersuchen. Die Prüfmarke soll eine Leuchtdichte von 320 cd/m² und einen Durchmesser von ca. 30 Minuten haben, das entspricht beim Goldmann-Perimeter der Marke III/4.

Aequokausal bedingte und der Sehschärfenminderung etwa in ihrem Ausmaß gleichwertige Schäden sind in den Sätzen der Sehschärfentabelle 1981 bereits enthalten. Für Gesichtsfeldausfälle gelten im Übrigen Tabelle Abb. 6 und 7.

Gesichtsfeldausfälle	MdE in %
Homonyme Hemianopsie	40
Bitemporale Hemianopsie	30
Binasale Hemianopsie mit Binokularsehen*	10
Binasale Hemianopsie mit Verlust des Binokularsehens	30
Homonymer Quadrant oben	20
Homonymer Quadrant unten	30
Ausfall einer Gesichtsfeldhälfte (lateral) bei Verlust oder Blindheit des anderen Auges	60–70

* Binasale Hemianopsie mit erhaltenem Binokularsehen ist ein erheblich geringerer Funktionsverlust als der gleiche Ausfall mit Verlust des Binokularsehens

Abb. 6: MdE bei Gesichtsfeldausfällen
Vollständige Halbseiten- und Quadrantenausfälle

---

[46] Bedeutsam für Pflege, Blindenzulage.
[47] Burmeister, MedSach 89 (1993) 168, 171.

6.4 Minderung der Erwerbsfähigkeit

Bei unvollständigen Halbseiten- und Quadrantenausfällen sind die MdE-Sätze entsprechend niedriger anzusetzen.

Gesichtsfeldeinengungen	MdE in %
Einengung bei normalem Gesichtsfeld des anderen Auges auf	
10° Abstand vom Zentrum	10
5° Abstand vom Zentrum	25
Einengung doppelseitig auf	
50° Abstand vom Zentrum	10
30° Abstand vom Zentrum	30
10° Abstand vom Zentrum	70
5° Abstand vom Zentrum	100
Einengung bei Fehlen des anderen Auges auf	
50° Abstand vom Zentrum	40
30° Abstand vom Zentrum	60
10° Abstand vom Zentrum	90
5° Abstand vom Zentrum	100
Unregelmäßige Gesichtsfeldausfälle	
Große Skotome im 50°-Gesichtsfeld binokular oder bei Fehlen des anderen Auges	
mindestens 1/3 ausgefallene Fläche	20
mindestens 2/3 ausgefallene Fläche	50

Abb. 7: MdE bei Gesichtsfeldeinengungen (die Gradzahlen bedeuten den Radius und nicht den Durchmesser der Gesichtsfeldreste)

6.4.4 bei Linsenlosigkeit (Aphakie – Pseudophakie)

Die *Aphakie* ist im Allgemeinen Folge einer Operation: Entfernung einer getrübten oder aus ihrem Aufhängeapparat herausgerissenen Linse. In Form einer in den Glaskörperraum weggetauchten Linse oder als Spontanverlust durch Unfall tritt sie auch auf.

Aufgabe der Linse ist, die von der Umwelt ausgehenden elektromagnetischen Wellen derart zu sammeln, dass sie auf der Netzhaut zu einem scharfen Bild vereinigt werden. Fehlt die Linse, so entsteht eine diffuse Reizung der Netzhaut. Bei der nicht korrigierten Linsenlosigkeit ist die Sehschärfe im Regelfall auf 1/20 bis 1/35 herabgesetzt.

Wesentlich für die MdE ist der Verlust des zweiäugigen plastischen Sehens.[48]

---
[48] LSG Berlin, 8. 3. 1956, bei Gramberg-Danielsen, BG 1976, 286.

Die Korrektur der Linsenlosigkeit erfolgt z.B. intraokular (Implantation einer Kunstlinse aus Glas oder Kunststoff in der Vorder- oder Hinterkammer = *Pseudophakie*) oder mit Haftschale. Das Ersetzen der entfernten Linse durch eine Starbrille ist bei normalem zweiten Auge nicht durchführbar. Die Starbrille erzeugt ein gegenüber dem linsenhaltigen Auge um etwa 25 % vergrößertes Bild; sich überlagernde, größenunterschiedliche Doppelbilder können entstehen.

Die MdE-Bewertung (Abb. 8) beruht auf dem Vergleich zum einseitigen Augenverlust und dem Fortschritt bei der Herstellung und Anpassung von Kontaktlinsen und Linsenimplantaten zur optimalen Versorgung der Versicherten.[49] Da die derzeit verwendeten Materialien höchst biokompatibel sind und das Linsendesign so individuell anpassbar ist, dass die Linsen selbst an den Rändern reizlos am Auge anliegen, ist eine hohe Verträglichkeit gewährleistet. Grundsätzlich ist davon auszugehen, dass eine Kontaktlinse vertragen wird: Die MdE ist daher im Normalfall mit Kontaktlinse zu schätzen.

Unverträglichkeit ist vom Gutachter festzustellen (z.B. Hornhautnarben oder Schielstellung mit kontaktlinsengeförderten Doppelbildern). Neben okularen gibt es auch extraokulare Anlässe, wie Unfähigkeit, eine Kontaktlinse einzusetzen (z.B. Ohnhänder oder an Parkinson Erkrankte) und beruflich bedingte Gründe (Schmutz, Staub).

MdE bei Linsenverlust *eines Auges* (korrigiert durch Kunst- oder Kontaktlinse)	in %
Sehschärfe 0,4 oder mehr	10
Sehschärfe 0,1 bis weniger als 0,4	20
Sehschärfe weniger als 0,1	25
am letzten Auge, wenn eine Sehschärfe von wenigstens 0,63 besteht	40
Die MdE-Werte setzen Verträglichkeit der Linsen voraus. Maßgebend ist der objektive Befund.	
Bei Unkorrigierbarkeit richtet sich die MdE nach der Restsehschärfe.	

Abb. 8: MdE bei einseitigem Linsenverlust

Mitenthalten sind alle Begleiterscheinungen, die der Verlust der Linse mit sich bringt: z.B. Verlust der Akkommodation (Anpassung) und des Stereosehens, der konzentrische, optisch bedingte Gesichtsfeldausfall und weitere, unerhebliche unfallbedingte Gesichtsfeldausfälle in der Ausdehnung von nicht mehr als einem Viertel, erhöhte Blendempfindlichkeit.

MdE bei beidseitiger Linsenlosigkeit[50]	MdE in %
– intraokular korrigiert, sofern die Sehschärfe mindestens 0,63 beidseits beträgt	15
– nicht intraokular korrigiert: Die sich aus der Sehschärfe (Abb. 5) ergebende MdE ist wegen des verlorenen Anpassungsvermögens zu erhöhen um	10

Abb. 9: MdE bei beidseitiger Linsenlosigkeit

---

[49] HVBG VB 29/94; Vgl. auch LSG Niedersachsen, 14.8.1995, HV-Info 8/1996, 574; Anger, MedSach 93 (1997) 173, 174; Gramberg-Danielsen, VersMed 53 (2001) 142.
[50] Gramberg-Danielsen, Rechtliche Grundlagen der augenärztlichen Tätigkeit, Stand 2008, 4.3.9.5.

6.4.5 bei Störung des Binokularsehens

Ein *Nystagmus* (Augenzittern) soll nach der Sehschärfe bei einer Lesezeit von höchstens einer Sekunde für ein einzelnes Sehzeichen in Reihe unter Verwendung von Abb. 10 bewertet werden.

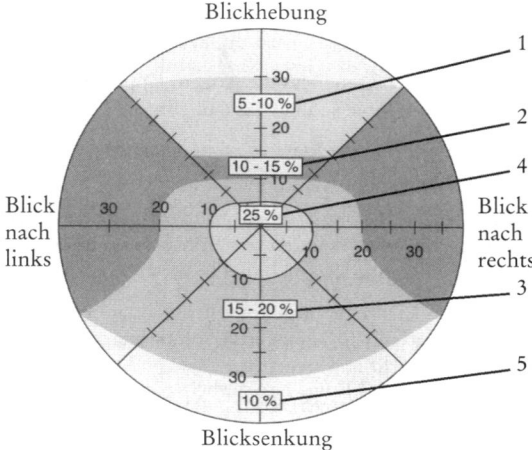

Abb. 10: Schema von *Haase* und *Steinhorst*. Beurteilung von Doppelbildern entsprechend ihrer Ausdehnung im beidäugigen Blickfeld nach Messung an der Tangentenskalenwand nach *Harms*.

Liegen Störungen der Okulomotorik (Augenbewegungen) vor, ist zu prüfen, in welchem Bereich des Blickfeldes Doppelbilder bestehen. Die Beurteilung traumatisch erworbener Doppelbilder richtet sich nach ihrer Ausdehnung und Richtung im beidäugigen Blickfeld. Bestehen über das gesamte Blickfeld Doppelbilder, ist eine normale Lebensführung nur durch permanente Okklusion eines Auges möglich. Es besteht also unter funktionellem Aspekt *Einäugigkeit*. Folgerichtig sollte die gutachterliche Einschätzung dem Verlust eines Auges entsprechen.

Für die Lebensführung gravierend sind Doppelbilder *im unteren Blickfeld*, da sie Gehen, Treppensteigen und Lesen in hohem Maße behindern.

Das Schema zur Schätzung der MdE von *Haase* und *Steinhorst* (Abb. 10) geht nicht unmittelbar von den Augenmuskelstörungen aus, sondern stellt auf die Ausdehnung der Doppelbilder im beidäugigen Blickfeld ab.

Zusätzliche Empfehlungen der Bielschowsky-Gesellschaft zur MdE bei Störungen des Binokularsehens

1. Bei *Doppelbildern in allen Blickrichtungen* beträgt die MdE 25 %. Sie ist mit 30 % zu bewerten, falls Abdeckung eines Auges notwendig ist *und* diese in Erscheinung tretende Entstellung den Einsatz des Betroffenen auf dem allgemeinen Arbeitsmarkt erschwert.

    Hierbei ist unwichtig, ob Diplopie durch Parese oder eine (z. B. postkontusionelle) Fusionsstörung verursacht wird.

    Der Betroffene ist darauf hinzuweisen, dass die Augenklappe bei Führung eines Kraftfahrzeugs getragen werden muss, weil Diplopie solches ausschließt.

2. Besteht *Diplopie nur in einigen Blickfeldbereichen*, in den anderen normales Binokularsehen, ergibt sich die MdE aus dem Schema.

3. Kommt es bei einer Störung des Binokularsehens nach einiger Zeit zu *einseitiger Bildunterdrükkung* (Exklusion), mithin zum Verschwinden von Konfusion und Diplopie (auch beim Autofahren in Dunkelheit), ist Augenklappe also nicht mehr notwendig, beträgt die MdE 10 %.

4. Die *Funktionseinbuße* bei vollständiger einseitiger Ptosis oder bei erheblicher Entstellung durch einen *großen Schielwinkel* wird mit 30 % bewertet, *sofern* hierdurch der Einsatz des Betroffenen auf dem allgemeinen Arbeitsmarkt erschwert ist.

5. Dauernde *Mydriasis* des führenden Auges (z. B. N.-III-Parese) erhöht die MdE um 5 % (subjektive Folgen, wie Blendungsgefühl, sind abgegolten).

6. *Akkomodationslähmung* des führenden Auges erhöht die MdE um 5 %, falls sie mit zusätzlicher Funktionseinbuße verbunden ist (hierbei kommt der Akkomodationslähmung also nur bei jüngeren Menschen, die vor dem Unfall keine Brille benötigten, MdE-Bedeutung zu).

7. Bei *Kopfzwanghaltungen* ist zu unterscheiden, welche Ursache zu Grunde liegt:
    – Dient sie der Vermeidung von Diplopie, richtet sich die MdE nach dem Ausmaß der Diplopiezone (1/2) bei Kopfgeradehaltung.
    – Bei nystagmusbedingter Kopffehlhaltung ergibt sich die MdE aus der Sehschärfe in Kopfgeradehaltung, z. B. binokular Visus 0,4–>20 % (0,4/0,4 nach DOG-Tabelle).

8. Bei *Blicklähmung* richtet sich die MdE danach, welche Blickrichtungen nicht eingenommen werden können. Analog gelten die Grenzen der Diplopiefreiheit (s. 1. und 2.).

6.4.6 bei mehreren Ausfällen am Auge

Oft liegen mehrere Ausfälle vor, vornehmlich Sehschärfenherabsetzung und Gesichtsfeldeinengung oder Linsenlosigkeit, aber auch Augenmotalitätsstörungen, Entstellungen, Pupillenanomalien.

Wenn überhaupt eine Addition der MdE bei multiplen Schädigungen von Partialfunktionen des Sehvermögens in Frage kommt, ist der zweitgroße Schaden mit etwa 1/2, der drittgroße mit etwa 1/4 usw. zu bewerten. Dabei kann bei einseitigen Schäden der addierte Wert nie höher sein als der für den Verlust eines Auges und muss in angemessener Relation zum Verlust eines Auges stehen.

6.4.7 bei anderen Minderungen des Sehvermögens

	MdE in %	
	einseitig	beidseitig
Entstellende Verletzung der Lider	10	25
Verletzung der Tränenwege	10	25
Chronischer Bindehautkatarrh	10	15
Unzureichender Lidschluss (s. auch Gesichtsnervenlähmung 7.2.5) je nach Gefährdung des Auges und Entstehungsgrad	10–20	20–30
Schließunfähigkeit des Auges	25	30–40
Lähmung des Oberlides mit		
geringem Herabsinken ohne Sehbehinderung	0	10
geringem Herabsinken mit Sehbehinderung	10–20	20–30
vollständigem Verschluss des Auges	30	70
Augenmuskellähmung		
an einem Auge ohne wesentliche Störung des zweiäugigen Sehens	10	
und Störungen des beidseitigen Sehens, die ständige Okklusion (Verschließung) eines Auges erfordern	30	
Blendempfindlichkeit ohne sonstige Minderung des Sehvermögens	bis 10	
Isolierte beidseitige Farbsinnstörungen	bis 10	

6.4.8 Vorschaden

Allgemeine Hinweise s. 3.6.4, S. 104.

6.4.8.1 am unverletzten Auge (heterolateraler Vorschaden)

Hat ein Versicherter bereits unfallunabhängig ein Auge verloren und erblindet er durch einen Unfall auch auf dem anderen Auge, so kann dieser Verlust nicht mit der üblichen MdE entschädigt werden. Da er durch den Unfall vollkommen blind geworden ist, erhält er die Vollrente.[51] Wer durch Arbeitsunfall erst das eine Auge, dann das andere verliert, erhält zunächst eine Rente von 25 %, sodann eine weitere von 100 %.

---

[51] Vgl. BSG, Soz R 4-2700 § 56 Nr. 2 (5. 9. 2006) = Breith. 2007, 499 = MedSach 103 (2007) 216 = UVR 2007, 163; Köhler, SdL 2000, 188, 218. Kritisch dazu Gramberg-Danielsen, BG 1989, 610, 612, der eine niedere MdE empfiehlt, weil das Sehorgan nicht 100 % leistungsfähig war: es fehlte z.B. die Fähigkeit des stereoskopischen Sehens und auf einer Seite der schläfenseitige Anteil des Gesichtsfeldes: im Regelfall 75 %.

Anhalt nach *Gramberg-Danielsen*[52]

Herabsetzung der Sehschärfe des zweiten Auges auf	MdE in %
0,8	0
0,6	20
0,5	40
0,4	50
0,32	50
0,25	60
0,2	70
0,16	80
0,1	90
0,08	90
0,05 und weniger	100

Ist das andere Auge nicht blind oder ohne wirtschaftlichen Wert gewesen, so ist zu prüfen, welche Auswirkungen der völlige oder teilweise Verlust des Sehvermögens des zweiten Auges individuell für den Betroffenen hat: Der Schaden ist abstrakt zu schätzen. Auch hier sollte bei Werten unter 0,5 an beiden Augen voll der Sehschärfentabelle der DOG 1981 (Abb. 5) gefolgt werden. War das Unfallauge zum Unfallzeitpunkt das bessere Auge, wird die MdE höher und ab 0,4 nach der Tabelle zu schätzen, war es das schlechtere, wird die MdE niedriger anzunehmen sein.

Kann der Vorschaden ganz oder teilweise durch eine Brille ausgeglichen werden, bleibt dieser bei der Höhe der MdE insoweit außer Betracht, weil sich die Unfallfolgen nicht in stärkerem Maße auf die Erwerbsfähigkeit auswirken.[53]

6.4.8.2 am verletzten Auge (homolateraler Vorschaden)

Zunächst ist zu prüfen, ob durch die Unfallfolgen eine Minderung der Leistungsfähigkeit eingetreten ist. Die Umstände des Einzelfalles sind daraufhin zu würdigen, welche Bedeutung das in seiner Sehfähigkeit geminderte Auge für das Leistungsvermögen und somit für die Erwerbsfähigkeit noch gehabt hätte und in welchem Maße diese Fähigkeit durch Folgen des späteren Unfalls eingeschränkt ist.[54]

Der unfallbedingte Verlust eines Auges ist geringer, wenn dessen Gebrauchsfähigkeit schon vorher vermindert war: War das Auge infolge grünen Stars praktisch blind, so kann

---

[52] Rechtliche Grundlagen der augenärztlichen Tätigkeit, Stand 2008, 4.3.9.6.2.2.
[53] LSG Niedersachsen, 25.6.1974, unveröffentlicht; Gramberg-Danielsen, Hülsmeyer, Augenarzt und gesetzliche Unfallversicherung, 1979 S. 67.
[54] BSG, 24.8.1966, Kartei Lauterbach Nr. 6720 zu § 581 RVO; Hess. LSG, 28.3.1984, SozVers 1985, 49.

die nach dem Unfall erfolgte Entfernung des Auges nicht als Ursache der MdE durch Verlust des Auges anerkannt werden, denn durch die praktische Blindheit war die Erwerbsfähigkeit schon vorher um 25 % eingeschränkt.[55] War das Auge in seiner Sehschärfe mit 0,05 dpt erheblich eingeschränkt, so kann die völlige Erblindung dieses Auges bzw. die Resektion des Augapfels nicht zu einer MdE von über 10 % führen.[56]

Handelt es sich um ein zuvor nicht auffällig blindes Auge, das nach dem Unfall durch eine kosmetisch unzureichende Prothese ersetzt wurde und erscheinen zusätzliche Beschwerden, kann dieser Schaden mit einer MdE von 10 % bemessen werden.

Muss bei vorbestehender Linsenlosigkeit das Auge nach einem Unfall entfernt werden, darf der erhebliche Vorschaden nicht auf dem Wege über eine geringfügige Unfallfolge berentet werden. Eine MdE von 10 % erscheint zutreffend.[57]

Unberücksichtigt bleibt ferner, dass ein linsenloses Auge beim Verlust des anderen eine wertvolle „Reserve" bilden würde, dieses „Reserveauge" durch die Folgen des Unfalles dem Verletzten nunmehr genommen wurde. Für die MdE kommt es allein darauf an, in welchem Umfang der Verletzte im Zeitpunkt der MdE-Bemessung in seiner Erwerbsfähigkeit beeinträchtigt ist.[58] Eine Ausnahme mag gelten, wenn die Erblindung durch konservative oder operative Therapie später mit hinreichender Wahrscheinlichkeit hätte beseitigt werden können.[59] Bei der vor dem Unfall vorhandenen individuellen Erwerbsfähigkeit, die mit 100 % zu bewerten ist, muss einfließen, dass ein geringfügiger und sicherer Eingriff das Auge zum Sehen gebracht hätte, dies nunmehr durch den Unfall aber verhindert wird.

6.4.8.3 an anderen Organen

Beim Einäugigen kann die Gesichtsfeldeinschränkung teilweise durch Kopfbewegungen ausgeglichen werden. Bei eingeschränkter Beweglichkeit der Halswirbelsäule wird daher eine höhere MdE in Betracht kommen.[60] Zur Kompensation der verlorengegangenen Tiefenwahrnehmung wird daneben der Tastsinn herangezogen, so dass sein Fehlen den Funktionsverlust vergrößert.

6.4.9 Nachschaden

Die viel erörterte Frage der Höhe der MdE für den unfallabhängigen Verlust eines Auges bei nachfolgendem unfallunabhängigen Verlust des anderen Auges beinhaltet eine Parallele

---

55 LSG Rheinland-Pfalz, 28. 9.1992, HV-Info 30/1992, 2707 = Meso B 30/89; Bayer. LVA, 16. 2.1951, Breith. 1951, 1119; RVA, 8.12.1938, BG 1939, 311.
56 Hess. LSG, 28. 3.1984, SozVers 1985, 49; BSG, 24. 8.1966, Kartei Lauterbach Nr. 6720 zu § 581 RVO: Verlust eines zuvor erblindeten Auges: keine MdE.
57 Zustimmend Gramberg-Danielsen, BG 1989, 612, sofern „das linsenlose Auge vor dem Unfall tatsächlich einen wirtschaftlichen Wert hatte. Das kann nur angenommen werden, wenn eine Korrektur ge- und vertragen und mit ihr eine Sehschärfe von wenigstens 0,63 erreicht wurde und das Gesichtsfeld nach temporal frei war. Lag zum Unfallzeitpunkt eine Pseudophakie mit einer Sehschärfe von 0,63 oder mehr vor, wäre die MdE auf 15–20 % zu schätzen. Wäre das Auge schließlich nicht nur linsenlos, sondern erheblich sehgemindert gewesen (Visus weniger als 25), wäre die MdE auf weniger als 10 % zu schätzen.
58 BSGE 4, 147, 150 (29.11.1956); s. 6.4.9.
59 Gramberg-Danielsen, BG 1976, 288; auch Sachsenweger, Augenärztliche Begutachtung, 1976 57, 87; Keerl, Klin. Mbl. Augenheilk. 138 (1961) 107.
60 LSG Rheinland-Pfalz, 28. 9.1992, HV-Info 30/1992, 2707 = Meso B 30/89.

zum Problem der „überholenden Kausalität". Die Rspr. hat die Unbeachtlichkeit hypothetischer Schadensursachen klar ausgesprochen.[61] Der Schadensfall findet mit der Entschädigung für den Verlust der Sehfähigkeit des einen Auges seinen Abschluss; ein unfallunabhängiger Verlust des zweiten Auges kann die Verhältnisse, die für die Feststellung der Unfallentschädigung maßgebend gewesen sind, nicht mehr beeinflussen.[62]

Bei einer Neufeststellung oder Verschlimmerung ist auf die Verhältnisse im *Zeitpunkt des Versicherungsfalls* abzustellen. Der Nachschaden steht außerhalb der Kausalität vom schädigenden Ereignis und dem Gesundheitsschaden. Daher hat er keinen rechtserheblichen Einfluss auf die MdE.[63]

Die Ansichten:

(1) Von der Besonderheit der Erblindung ausgehend wird eingewandt[64], die spätere Gesundheitsstörung sei rechtlich nicht als „Verlust eines Auges", sondern „des Sehvermögens" bzw. der optischen Sinneswahrnehmung, d.h. „als Blindheit" zu werten. Dafür sei aber der unfallbedingte Augenverlust eine „gleichwertige oder annähernd gleichwertige" Mitursache oder eine rechtlich wesentliche Folgewirkung, da er von vornherein den Eintritt der späteren Erblindung in sich trage, wenn auch nur bedingt durch die weitere Schädigung des verbliebenen Auges.

(2) Dieser Ansicht liegt die zunächst zutreffende Erwägung zu Grunde, dass – rein kausal betrachtet – für die Blindheit der Verlust des Sehvermögens sowohl des linken als auch des rechten Auges gleichwertige Bedingungen bildet.[65] Indessen ist der Ursachenbegriff der ges. UV enger: Unter den beteiligten Bedingungen wird die ausgewählt, der der Versicherte infolge seiner beruflichen Tätigkeit ausgesetzt ist. Diese Ursache setzt sich nicht über das schädigende Ereignis hinaus – in oder mit einer neuen Ursache – ganz oder teilweise fort. Sinn der Lehre von der wesentlichen Verursachung ist, Tatbestände auszusondern, die dem persönlichen Lebensbereich des Einzelnen und seinem allgemeinen Lebensrisiko zuzuschreiben sind. Somit endet auch die versicherungsrechtlich erhebliche Ursachenkette mit dem unfallbedingten Verlust des ersten Auges.[66] Das einseitige Ausrichten auf ein Ergebnis, das auch den unfallunabhängigen Schaden weitgehend erfasst, verkennt die haftungsbegrenzende Funktion der Lehre von der wesentlichen Ursache. Dabei handelt es sich – entgegen *Schulin* – nicht um einen Zirkelschluss. Der Verlust des ersten Auges ist für den weiteren Augenverlust weder im Sinne der Entstehung noch der Verschlimmerung rechtlich wesentlich. Keinesfalls trägt der Verlust des einen Auges bereits von vornherein die

---

61 BSGE 14, 176 (25. 4. 1961); 17, 114, 116f. (19. 6. 1962); s. auch 1.7.
62 BSGE 17, 99 (29. 5. 1962); 27, 142 (21. 9. 1967); 41, 70 (10. 12. 1975); 48, 187, 189 (31. 5. 1979); Urt. v. 25. 6. 1976, Kartei Lauterbach Nr. 10 029 zu § 548 Abs. 1 S. 1 RVO; LSG Rheinland-Pfalz, 20. 5. 1992, HV-Info 22/1992, 1999.
63 BSG, 17. 3. 1992, HV-Info 16/1992, 1445; dazu Griese, BG 1992, 776.
64 LSG Saarland, 13. 1. 1966, Breith. 1966, 297, 298f. (aufgehoben durch BSGE 27, 142 v. 21. 9. 1967); Schulin, HS-UV § 29 Rdnr. 21ff.; Rompe, Erlenkämper, Begutachtung der Haltungs- und Bewegungsorgane, 4. Aufl. 2004, S. 34, anders 5. Aufl. 2009, S. 40 f.; Wallerath, VSSR 1974, 233, 246ff.; Kurz, SGb 1983, 233; Gitter, Schadensausgleich im Arbeitsunfallrecht, 1969, 137ff.
65 BSGE 41, 70, 72 (10. 12. 1975) = Meso B 30/46.
66 So die bei Fn. 62 angegebene Rspr.; ferner Ruppelt, in: Schulin, HS-UV § 48 Rdnr. 38; Hennies, in: Medizinische Begutachtung innerer Krankheiten, 7. Aufl. 1996 S. 113, 115, 121; Anlage zu § 2 der Versorgungsmedizin-Verordnung v. 10. 12. 2008, Teil C Nr. 12 b; Bereiter-Hahn, Mehrtens, § 48 SGB X Anm. 5.10.

6.4 Minderung der Erwerbsfähigkeit

spätere Erblindung in sich, denn der Eintritt der Blindheit ist nicht schon durch den Verlust des einen Auges in seiner Grundlage geschaffen. Vielmehr ist das neue Unfallereignis so ungewiss, dass bei natürlicher Betrachtungsweise die Erblindung nicht als Folge des ersten Augenverlustes aufgefasst werden kann.[67] Auch wenn sich die Auswirkungen des Nachschadens mit den anerkannten Unfallfolgen wesentlich überlagern, so beruht dies allein auf dem unfallabhängigen Zustand des zweiten Organs (Auge), der die Verhältnisse im Zeitpunkt der MdE-Festsetzung nicht mehr beeinflussen kann.

(3) Eine andere Frage ist die *MdE-Bewertung*. Nach einer Auffassung sei die MdE mit 50 % zu bewerten.[68] Diese Ansicht verkennt, dass die MdE die direkt eingeschlossene Folge des Unfalls und nicht eine weitere der dadurch eingetretenen Gesundheitsstörung ist. Die Schädigungsfolgen lassen sich nicht von dem schädigenden Ereignis sondern.[69] Eine teilbare Kausalität gibt es nicht. Die Kausalbetrachtung für das Feststellen der MdE endet dort, wo sich die Auswirkungen des Unfalls zu einem konsolidierten Leidenszustand verdichtet haben. Dieser Zustand – in einem bestimmten Grad der MdE ausgedrückt – ist dann unter den kausalen Aspekten des Unfalls endgültig fixiert.[70] Dies gilt auch in Bezug auf paarige Organe. Das BSG[71] weist darauf hin, dass der menschliche Körper als ein einheitlich Ganzes zu sehen ist; jener wird bei jeder Verletzung eines Teiles in seiner Ganzheit getroffen. „Die Aufgabenergänzung durch gesunde Organe gelingt mal leichter, mal weniger leicht, und ist von individuellen Besonderheiten abhängig. Die Unterschiede im Mangel des Funktionsausgleichs sind aber – so erheblich sie auch sein mögen – generell nicht so deutlich und verallgemeinerungsfähig, dass eine Ausnahmebehandlung für dieses oder jenes Organ als normgemäß erschiene." Bei Augenverletzungen darf die Höhe der MdE deshalb nicht nach anderen Grundsätzen festgesetzt werden als bei Schädigungen anderer Organe.[72]

(4) Da sich die Unfallfolgen durch den Nachschaden – wie dargetan – nicht verschlimmern, kann auch eine Neufeststellung der Leistung nicht erfolgen.

Insbesondere:

Hat ein Versicherter durch einen Arbeitsunfall zunächst ein Auge und später – unfallunabhängig – die Sehkraft auch des anderen Auges (Nachschaden) verloren, ist ein auf die Blindheit zurückzuführender Unfall mittelbare Folge der unfallbedingten einseitigen Erblindung: Der schädigungsbedingte Verlust der Sehkraft des einen Auges ist in seiner ursächlichen Tragweite für den Eintritt der Blindheit dem – schädigungsunabhängigen – Verlust des anderen Auges gleichwertig.[73]

Der Nachschaden ist beim Bewerten der besonderen beruflichen Betroffenheit nicht zu berücksichtigen. Anders als im Bundesversorgungsgesetz[74] sind in der ges. UV nur die Ver-

---

[67] BSGE 17, 99 (29. 5. 1962) = Meso B 30/12.
[68] Gitter, Schadensausgleich im Arbeitsunfallrecht, 1969, S. 139; Wallerath, VSSR 1974, 233, 249f.
[69] BSG, 6. 8. 1963, Dtsch. med. Wschr. 1964, 1559.
[70] BSGE 41, 70, 72 (10. 12. 1975) = Meso B 30/46; Watermann, Die Ordnungsfunktionen von Kausalität und Finalität im Recht, 1968 S. 124.
[71] BSGE 41, 70, 74f. (10. 12. 1975) = Meso B 30/46 S. 74f.
[72] BSGE 17, 99, 103 (29. 5. 1962) = Meso B 30/12.
[73] BSGE 48, 187, 18 (31. 5. 1979).
[74] § 30 Abs. 2 BVG, dazu BSGE 36, 285, 289ff. (29. 11. 1973).

hältnisse maßgebend, die bei Eintritt des Versicherungsfalls bestanden haben, nicht aber später eintretende Umstände.

Zur Berücksichtigung des Nachschadens bei der Pflegeleistung s. 6.5.

6.4.10 „Labiler Vorschaden"

Ein solcher[75] liegt vor, wenn die durch ihn bedingte Minderleistung nicht konstant bleibt, sondern sich

– vor dem Unfall oder
– über den Zeitpunkt des Unfalls hinaus

ändert.

6.4.10.1 Spontane Funktionsschwankungen vor dem Unfall

Für die Bewertung des Vorschadens ist entsprechend der „Durchschnittsrente" ein durchschnittlicher Wert zu Grunde zu legen, der sich aus der Zeit vor dem Unfall (etwa ein Jahr) ergibt.[76]

6.4.10.2 Änderung des Vorschadens nach dem Unfall bis zum Beginn der Arbeitsfähigkeit

Bessert sich der Vorschaden, ist dies bei der MdE-Bewertung zu beachten. Nicht berücksichtigt wird seine Verschlimmerung (s. 6.4.10.3 bei 2).

6.4.10.3 Änderung des Vorschadens nach Rentenfestsetzung[77]

Der „labile Vorschaden" wurde bereits bei der Bemessung der Unfallfolgen berücksichtigt und hat sich später geändert.

Fallkategorien:

(1) Der Vorschaden heilt – teilweise oder vollständig – aus, so dass nunmehr die Unfallverletzung als solche vermehrt ausgeglichen werden kann. Da sich die bei der Feststellung maßgebenden Verhältnisse geändert haben, ist die MdE entsprechend der Kompensationsfähigkeit herabzusetzen.

(2) Verschlimmert sich der Vorschaden nach eigener Gesetzlichkeit, ließe sich für eine Erhöhung der MdE geltend machen, dass sich die Unfallfolgen durch Fortschreiten einer bereits bei der Verletzung vorliegenden Ursache (Vorschaden) und nicht durch das Ingangsetzen einer weiteren Kausalreihe im Sinne eines neuen Ereignisses geändert haben.[78] Dies widerspricht indessen der Nachschadentheorie, nach der die Ursächlichkeit des Arbeitsun-

---

[75] Der Begriff wurde erstmals verwendet von Gramberg-Danielsen, Dtsch. Ärzteblatt 38 (1980) 2239.
[76] Gramberg-Danielsen, Rechtliche Grundlagen der augenärztlichen Tätigkeit, Stand 2008, 4.3.9.6.1, m. Hinweis auf LSG Baden-Württemberg, Breith. 1979, 689.
[77] Schönberger, Mehrtens, Grundsatzfragen der sozialen Unfallversicherung, Bd. II, FS Lauterbach 1981, S. 286, 294; s. auch Rompe, Erlenkämper, Begutachtung der Haltungs- und Bewegungsorgane, 4. Aufl. 2004, S. 34.
[78] Nehls, BG-UMed 53 (1984) S. 161 ff.; Spohr, in: Gutachtenkolloquium 3 (Hrsg. Hierholzer, u.a.), 1989, S. 125, 133; BSGE 19, 201, 203 (25.6.1963) zu § 30 BVG.

6.4 Minderung der Erwerbsfähigkeit

falles gleichsam mit dem Bewirken der gesundheitlichen Schädigung und der unmittelbar an ihr haftenden „gesundheitlichen und wirtschaftlichen" Folgen vergeht und sich nicht über das schädigende Ereignis hinaus fortsetzt. Sie „trennt die an sich endlose Kausalverflechtung auf", indem solche Fälle ausgesondert werden, in denen das Schwinden der Erwerbsfähigkeit dem persönlichen Lebensbereich des Einzelnen zuzuschreiben ist.[79] Dazu gehört aber auch das vom Unfall unabhängige Fortschreiten eines Vorschadens.[80]

(3) Zwischen diesen beiden Situationen liegt diejenige, in welcher der Vorschaden zunächst vollständig oder teilweise ausheilt und die MdE für den Unfallschaden herabgesetzt wird. Kommt es hinsichtlich des Vorschadens zu einem Rückfall, müsste dieser nach den Darlegungen zu (2) als Nachschaden unberücksichtigt bleiben.

Wechselnde Gesundheitsstörungen sind beim Bemessen der MdE keine Seltenheit. Liegt kein stabiler Dauerzustand vor, wird das rasch und regelmäßig wechselnde Krankheitsgeschehen mit einer durchschnittlichen MdE („Durchschnittsrente") bewertet.[81]

Zeigt der labile Vorschaden erst nach dem Unfall eine zunächst reizfreie und später – nach Rentenherabsetzung – eine sich wieder verschlimmernde Tendenz, so hat sich – retrospektiv – der durch den Unfall herbeigeführte und mit einer MdE bewertete Zustand nicht gebessert. Da der im Unfallzeitpunkt festgestellte Zustand Vergleichsmaßstab ist, muss der Rückfall des vorübergehend geheilten Vorschadens bis zu der Höhe berücksichtigt werden, die zum Unfallgeschehen als Vorschaden erkannt wurde.[82] Soweit jedoch die Verschlimmerung darüber geht, greift die haftungsbegrenzende Funktion der „Nachschadenstheorie".

6.4.11 Besondere berufliche Betroffenheit
Allgemeine Hinweise s. 3.6.6, S. 107.

Aus der Rechtsprechung:

Die Augenverletzung eines Seemannes, die den Aufstieg in die Offizierslaufbahn verwehrt, bedingt keine Höherbemessung der MdE: Zu berücksichtigen sind allein die vor dem Unfall erworbenen beruflichen Kenntnisse, nicht aber der Verlust künftig höherer Verdienstmöglichkeiten.[83]

Der Augenverlust eines 43-jährigen technischen Zeichners führt nicht zu einem besonderen beruflichen Betroffensein, weil eine berufliche Anpassung und Umschulung zumutbar ist.[84]

Die durch den Augenverlust verursachte Einschränkung des Tiefenschätzvermögens und der Zielsicherheit stellt für einen Berufsschlosser – der nunmehr seine bisherige Tätigkeit aufgeben muss – ein besonderes berufliches Betroffensein dar.[85]

---

[79] BSGE 41, 73 f. (10. 12. 1975) = Meso B 30/46.
[80] So bereits RVA, 26. 6. 1902, AN 1902, 560; zustimmend BSGE 17, 99, 100 (29. 5. 1962).
[81] So bereits RVA, 16. 10. 1893, AN 1896, 218 Nr. 1484; LSG Baden-Württemberg, 30. 8. 1978, BG 1979, 461.
[82] Gramberg-Danielsen, Dtsch. Ärzteblatt 1980, 2239, 2241.
[83] BSGE 31, 185 (27. 5. 1970).
[84] BSG, 31. 10. 1972, Kartei Lauterbach Nr. 8896 zu § 581 Abs. 2 RVO.
[85] BSG, 29. 6. 1962, Rdschr. HVBG VB 120/62.

6.5 Hilflosigkeit (Pflege)

Allgemeine Hinweise s. 3.8, S. 117.

Anders als bei der Kausalbetrachtung im Hinblick auf das Maß der MdE ist bei der Leistung der Pflege die Ursachenkette um eine weitere Anspruchsvoraussetzung verlängert: die Hilflosigkeit. Diese muss zwar ursächlich mit dem Unfallereignis verbunden sein („infolge des Versicherungsfalls"), jedoch braucht die Unfallfolge nicht die zeitlich letzte, die Hilflosigkeit herbeiführende Ursache gebildet haben. Kommen nachträglich unfallunabhängige Gesundheitsstörungen hinzu, wird eine weitere Kausalitätsbetrachtung eröffnet.[86] Dabei ist nicht auf die Gesamt-MdE in ihrer Beziehung zur schädigungsbedingten MdE abzustellen.[87] Vielmehr ist der unfallbedingte Verlust des anderen Auges wesentlich im Hinblick auf die Pflegebedürftigkeit.[88] Der Nachschaden ist daher nicht zu berücksichtigen, wenn er gegenüber der unfallbedingten Schädigung allein wesentlich ist.[89]

Nicht zugestimmt werden kann der Auffassung, Hilflosigkeit könne nur bei restloser Erblindung angenommen werden. Hilflos ist auch der *„praktisch" Erblindete*, also der Verletzte mit geringem Sehvermögen, der sich in seiner ihm bekannten Umwelt allein nicht zurechtfinden kann.

Dies trifft im Allgemeinen zu, wenn auf dem besseren Auge eine Sehschärfe von nicht mehr als 1/50 besteht oder wenn andere Störungen des Sehvermögens von einem solchen Schweregrad vorliegen, dass sie dieser Beeinträchtigung der Sehschärfe gleichzuachten sind (§ 72 Abs. 1 und 5 SGB XII).[90] Eine der Herabsetzung der Sehschärfe auf 1/50 oder weniger vergleichbare Sehschädigung ist nach den Richtlinien der DOG gegeben bei

(1) konzentrischer Einengung des Gesichtsfeldes, wenn bei einer Sehschärfe von 0,033 (1/35) oder weniger die Grenze des Restgesichtsfeldes in keiner Richtung mehr als 30° vom Zentrum entfernt ist; Gesichtsfeldreste jenseits von 50° bleiben unberücksichtigt

(2) konzentrischer Einengung des Gesichtsfeldes, wenn bei einer Sehschärfe von 0,05 (1/20) oder weniger die Grenze des Restgesichtsfeldes in keiner Richtung mehr als 15° vom Zentrum entfernt ist; Gesichtsfeldreste jenseits von 50° bleiben unberücksichtigt

(3) konzentrischer Einengung des Gesichtsfeldes, auch bei normaler Sehschärfe, wenn die Grenze der Gesichtsfeldinsel in keiner Richtung mehr als 5° vom Zentrum entfernt ist; Gesichtsfeldreste jenseits von 50° bleiben unberücksichtigt

(4) großen Gesichtsfeldausfällen im zentralen Gesichtsfeldbereich, wenn die Sehschärfe nicht mehr als 0,1 (1/10) beträgt und im 50°-Gesichtsfeld unterhalb des horizontalen Meridians mehr als die Hälfte ausgefallen ist

---

[86] BSGE 27, 142, 145 (21.9.1967); 41, 70, 76 (10.12.1975); 28.2.1990, Meso B 30/81; Urt. v. 25.6.1976, Kartei Lauterbach Nr. 10 029 zu § 548 Abs. 1 S. 1 RVO; Watermann, Die Ordnungsfunktionen von Kausalität und Finalität im Recht, 1968 S. 124; Bereiter-Hahn, Mehrtens, § 44 SGB VII Anm. 6.4; a.A. Benz, in: Schulin, HS-UV § 64 Rdnr. 37.
[87] Bayer. LSG, 3.8.1961, Meso B 30/18.
[88] BSG, 27.2.1989, HV-Info 13/1990, 1023.
[89] BSGE 48, 248 ff. (5.7.1979).
[90] Vgl. auch SG Koblenz, 14.9.1954, SGb 1955, 58: Die Entscheidung nimmt eine praktische Erblindung an, wenn als Sehvermögen nur noch Fingerzählen vor den Augen feststellbar ist.

6.5 Hilflosigkeit (Pflege)

(5) homonymen Hemianopsien (gleichseitige Halbseitenblindheit) mit Verlust des zentralen Sehens beidseits, wenn die Sehschärfe nicht mehr als 0,1 (1/10) beträgt und das erhaltene Gesichtsfeld in der Horizontalen nicht mehr als 30° Durchmesser hat

(6) bitemporalen Hemianopsien (beidseitige Halbseitenblindheit im Schläfenbereich) mit Verlust des zentralen Sehens beidseits, wenn die Sehschärfe nicht mehr als 0,1 (1/10) beträgt und das erhaltene binokulare Gesichtsfeld in der Horizontalen nicht mehr als 30° Durchmesser hat.

7 Ohr*

Übersicht

7.1	Bau und Funktion des Hörorgans	310
7.2	Verletzungen und Erkrankungen des Ohres	312
7.2.1	Äußeres Ohr	312
7.2.1.1	Ohrmuschel	312
7.2.1.2	Othämatom (Otserom)	312
7.2.1.3	Perichondritis der Ohrmuschel	312
7.2.1.4	Äußerer Gehörgang	312
7.2.2	Mittelohr	313
7.2.2.1	Trommelfellperforation	313
7.2.2.2	Mittelohrentzündung	313
7.2.2.2.1	Akute Mittelohrentzündung	313
7.2.2.2.2	Chronische Mittelohrentzündung	314
7.2.2.2.3	Zusammenhangsbeurteilung	314
7.2.2.3	Otosklerose (Fixierung des Steigbügels)	314
7.2.3	Innenohr	314
7.2.3.1	Stumpfes Innenohrtrauma ohne ohrnahe Fraktur (Commotio labyrinthi)	314
7.2.3.2	Felsenbeinfraktur	315
7.2.3.3	Elektrotrauma	316
7.2.3.4	Mittelbare Unfallfolge	316
7.2.3.5	Berufskrankheiten	316
7.2.3.6	Hörsturz	317
7.2.3.7	Fensterruptur	317
7.2.3.8	Menièresche Krankheit	317
7.2.4	Gleichgewichtsorgan	318
7.2.5	Gesichtsnerv	320
7.3	Lärmschwerhörigkeit	321
7.3.1	Grundbegriffe und Maßeinheiten der Schallvorgänge	321
7.3.2	Akute akustische Traumen	323
7.3.2.1	Knalltrauma	323
7.3.2.1.1	Zusammenhangsbeurteilung	323
7.3.2.1.2	Fortschreiten der Innenohrschädigung	324
7.3.2.2	Explosionstrauma	324
7.3.2.3	Akustischer Unfall	325
7.3.2.4	Akutes Lärmtrauma	325
7.3.3	Berufskrankheit (BK-Nr. 2301)	326
7.3.3.1	Entwicklung der Lärmschwerhörigkeit	326
7.3.3.2	Nachweis des Kausalzusammenhanges	326
7.3.3.2.1	Vorgeschichte	327
7.3.3.2.2	Lärmexposition	328
7.3.3.2.3	Gehörschutz und Lärmschwerhörigkeit: Tragegewohnheiten	329
7.3.3.2.4	Kongruenz zwischen Lärmexpositionszeitraum und Entwicklung der Schwerhörigkeit	330
7.3.3.2.5	Das tonaudiometrische Bild	331
7.3.3.2.6	Nachweis einer Hochtonsenke	333
7.3.3.2.7	Symmetrisches Bild	335
7.3.3.2.8	Nachweis eines Recruitments (Lautheitsausgleich)	336
7.3.3.2.9	Das Sprachgehör	339
7.3.3.2.10	Keine Gleichgewichtsstörungen	342
7.3.3.2.11	Keine Röntgenuntersuchung	342
7.3.3.2.12	Verlaufskontrolle	342
7.3.3.2.13	Plausibilitätsprüfung der audiometrischen Befunde	343
7.3.3.3	Minderung der Erwerbsfähigkeit	344
7.3.3.3.1	Hörverlust und MdE-Bewertung	345
7.3.3.3.2	Erfahrungswerte	347
7.3.3.3.3	Beschreibung des prozentualen Hörverlustes	349
7.3.3.3.4	Altersschwerhörigkeit	349
7.3.3.3.5	Ohrgeräusche (Tinnitus)	350
7.3.3.3.6	Versorgung mit Hörhilfen	352

* Mitarbeit Prof. Dr. med. T. Brusis, Institut für Begutachtung Köln.

7.3.3.3.7	MdE-Bewertung für zurückliegende Zeiten 353	7.3.3.4.1.3	Nicht abgrenzbare Hörstörungen	355
7.3.3.4	Lärmschwerhörigkeit und Vorschaden 353	7.3.3.4.1.4	Vorliegen der Erkrankung bei Beginn der Lärmeinwirkung (Verschlimmerung)	355
7.3.3.4.1	Entstehung einer Innenohrschwerhörigkeit durch gleichlaufende versicherte und nicht versicherte Faktoren: „Parallelschaden" 354	7.3.3.4.2	Vorschaden...............	356
		7.3.3.4.2.1	Mittelohrerkrankungen.....	356
		7.3.3.4.2.2	Einseitige Taubheit	356
		7.3.3.5	Arbeitsplatzwechsel	357
7.3.3.4.1.1	Lärmeinwirkung und disponierende Faktoren 354	7.4	*Anhang: Funktionelle Stimmstörung*.............	358
7.3.3.4.1.2	Lärmeinwirkung und Hörstörung anderer Ursache 354			

7.1 Bau und Funktion des Hörorgans

Das Ohr dient der Aufnahme und Umwandlung von physikalischen Schallschwingungen in elektrische Nervenimpulse.

Der Schall, d.h. Schwingungen der Moleküle eines elastischen Stoffes, etwa Luft (Luftschall), breitet sich wellenförmig aus und wird vom äußeren Ohr aufgefangen. Durch den *äußeren Gehörgang*, der eine S-förmige Krümmung aufweist, gelangt er an das Trommelfell. Dieses perlmuttfarbene, ca. 1 cm² große Häutchen (Membran) hat die Form eines flachen Trichters und bildet die Grenze zwischen äußerem Ohr und dem ebenfalls luftgefüllten Mittelohr. Struktur und Schwingungsform ermöglichen die Weiterleitung der Schallenergie im Frequenzbereich des Hauptsprachfeldes (Abb. 1).

Das *Mittelohr* besteht aus der Paukenhöhle und den fein ausgebildeten Gehörknöchelchen, ihrer Form nach mit Hammer, Amboss und Steigbügel benannt. Sie bilden eine gelenkartig verbundene Kette, die Gehörknöchelchenkette, und führen – nach dem Prinzip der Hebelwirkung arbeitend – insgesamt zu einer zwanzigfachen Schalldruckverstärkung.

Mit der Fußplatte sitzt der Steigbügel im Ringband des ovalen Fensters, welches 2 × 3 mm misst. Die Schallschwingungen werden vom Trommelfell über Hammer, Amboss und Steigbügel zum Innenohr übertragen, indem auch diese in Schwingungen geraten. Dabei werden die Vibrationen des Trommelfells transformiert, d.h. verstärkt oder – bei sehr starken Schalleinflüssen – gedämpft.

Das *Innenohr* – aus dem statischen (Vorhof und Bogengänge) und dem akustischen Teil bestehend – wird wegen seiner verwirrenden Vielgestalt Labyrinth genannt. Es liegt im festen Knochen der Felsenbeinpyramide und besteht aus miteinander verbundenen Knochenkanälen (knöchernes Labyrinth), die mit Flüssigkeit (Perilymphe) gefüllt sind. Im knöchernen Gangsystem liegt ein von dünnen Häuten umgebenes zweites System (häutiges Labyrinth), in dem ebenfalls Flüssigkeit (Endolymphe) ist.

Das Sinnesorgan für die Umwandlung von Schallereignissen in Nervenimpulse befindet sich in drei übereinanderliegenden, schneckenförmig aufgerollten Kanälen, der Schnecke (Cochlea).

7.1 Bau und Funktion des Hörorgans

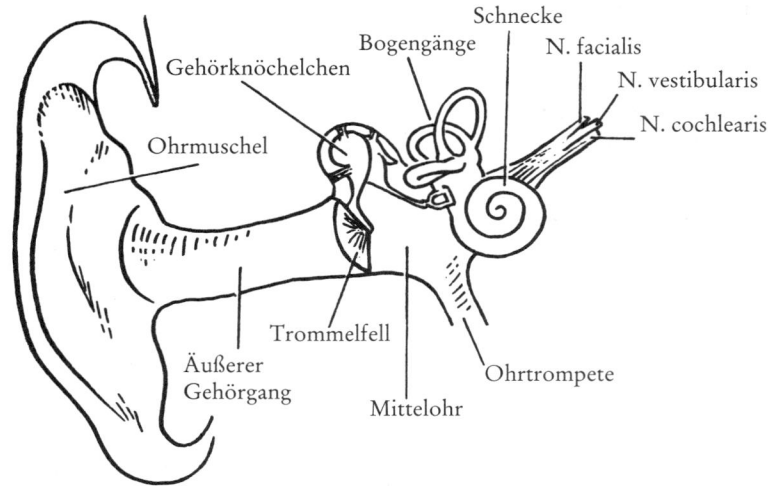

Abb. 1

Die schwingende Steigbügelplatte setzt die Flüssigkeit des Innenohres sowie das in der Schnecke liegende Membransystem in Bewegung und führt die Schallwellen an das Sinnesorgan heran, nach seinem ersten Beschreiber Cortisches Organ (A. Corti, 1822–1876) genannt. Es erstreckt sich beinahe von der Basis bis zur Spitze der Schnecke und liegt der Basilarmembran auf. Diese führt bei Beschallung Wellenbewegungen aus, ähnlich einer Welle an einem horizontal aufgespannten Seil. Zur Schneckenspitze (Helicotrema) wird die Fortpflanzungsgeschwindigkeit der Welle immer kleiner, gleichsam einer auf den Strand aufgelaufenen Meereswelle. Ursache sind die Dämpfungseigenschaften der Flüssigkeit (Abb. 2).

Das auf der Basilarmembran liegende Cortische Organ führt zwangsläufig die Bewegungen mit aus. Dadurch werden die Sinneszellen (3500 innere und 12 000 äußere Haarzellen) erregt und in chemo-elektrische Nerven- und Neuronenerregung umgewandelt.

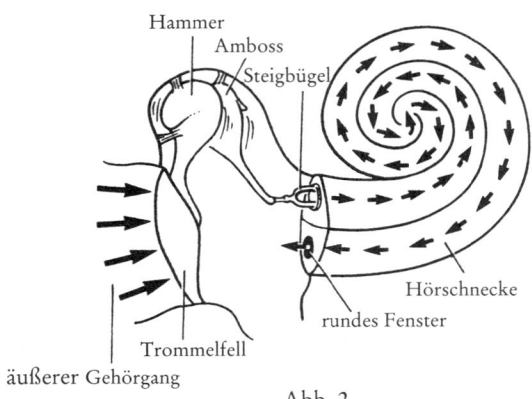

Abb. 2

Die Impulse werden von Hörnerven dem Gehirn zugeleitet und treten dort in das Bewusstsein.

Je nach Schwingungszahl wird ein begrenzter Teil der Sinneszellen erregt, und zwar jeweils nur die, welche ihrer Frequenz entsprechen. Die Tonhöhen sind – wie auf dem Klavier die Tasten – hintereinander angeordnet, hohe Töne an der Schneckenbasis, tiefe in der Schneckenspitze.

Die beschriebene Schallzuführung wird als *Luftleitung* bezeichnet. Daneben trifft der Schall auf den ganzen Schädel. Dieser wird in Schwingungen versetzt, die auf das Innenohr treffen. Gleichfalls im Innenohr werden dadurch Flüssigkeitsbewegungen ausgelöst *(Knochenleitung)*.

Im Innenohr befinden sich auch der Vorhof und die drei Bogengänge des *Gleichgewichtsorganes*. Letzere sind in den drei Ebenen des Raumes angeordnet und mit Flüssigkeit gefüllt. Wie eine Wasserwaage registrieren sie jede Lageveränderung des Kopfes und signalisieren diese zum Gehirn.

7.2 Verletzungen und Erkrankungen des Ohres
7.2.1 Äußeres Ohr
7.2.1.1 Ohrmuschel
Verlust und Verunstaltungen der Ohrmuschel durch Erfrieren, Verätzen, Verbrennen, Stich-, Riss-, Hieb- und Quetschwunden können die einfallenden Schallbilder dämpfen oder bestimmte Frequenzbereiche hervorheben. Auch das Unterscheiden räumlicher Schallereignisse (Richtungshören) kann beeinträchtigt werden. Eine relevante Hörbehinderung ist mit dem Ohrmuschelverlust nicht verbunden. Für das Maß der MdE gelten die Grundsätze bei Entstellungen (s. 5.10, S. 251).

7.2.1.2 Othämatom (Otserom)
Es handelt sich um eine blau-rötliche Flüssigkeitsansammlung im oberen Drittel der Außenseite des Ohres, zwischen Perichondrium (bindegewebiger Überzug des Knorpels) und dem Knorpel der Ohrmuschel selbst. Die Verletzung ist Folge einer – einmaligen oder häufig wiederkehrenden – tangential abscherenden Krafteinwirkung, die gering sein kann und dem Betroffenen nicht bewusst wird. Obwohl das Othämatom häufig beim Tragen von Lasten auf den Schultern erscheint[1], ist dieses keine Berufskrankheit. Der Arbeitsunfall erfordert das Entstehen innerhalb einer Arbeitsschicht. In ungünstigen Fällen kommt es zu einer Entstellung der Ohrmuschel („Blumenkohlohr").

7.2.1.3 Perichondritis der Ohrmuschel
Die Entzündung entsteht nach mechanischen Verletzungen, Erfrierungen und Verbrennungen der Ohrmuschel als Folge einer Infektion des Perichondrium.

7.2.1.4 Äußerer Gehörgang
Verletzungen nach Eindringen von Fremdkörpern (auch Insekten) oder nach Verbrennungen durch Schweißperlen sind selten. Im Vordergrund stehen chronische Ekzeme (Hinde-

---
[1] Boenninghaus, ASA 1967, 245.

7.2 Verletzungen und Erkrankungen des Ohres

rungsgrund für Gehörschutz), Entzündungen durch hautreizende Stäube und Gase und häufig wiederkehrende Hautentzündungen *(Otitis externa)*. Ein Zusatzgutachten des Hautarztes ist einzuholen.

Sturz oder Schlag auf das Kinn kann zu einer Fraktur des Kieferköpfchens und der Gelenkpfanne im vorderen Bereich des knöchernen Gehörganges führen.

7.2.2 Mittelohr
7.2.2.1 Trommelfellperforation

Bei einem Loch im Trommelfell (Perforation) wird dessen schallübertragende Funktion eingeschränkt. Die Schwerhörigkeit tritt sofort auf.[2] Sie ist durch Abdecken des Defektes zu beheben (Trommelfellschienung).

Unfallbedingte Ursachen sind direkte mechanische Einwirkungen (Strohhalm, Ästchen), Abspringen kleiner Teile bei der Bearbeitung, glühende Metallteilchen (Schweißperlenverletzung), Verbrennungen und Verätzungen. Bleibende Innenohrschäden sind gering (4 %).[3] Typische Unfallfolge ist eine Infektion des Innenohr, insbes. nach Schweißperlenverletzung.

Indirekt kann eine Ruptur nach Schlägen auf das Ohr mit der flachen Hand, bei Explosionstraumen (s. 7.3.2.2, S. 324) und bei Änderungen des Außendrucks (Barotrauma) entstehen.

Minderung der Erwerbsfähigkeit	in %
Bleibende Trommelfellperforation ohne oder mit nur zeitweise auftretender Sekretion	0
Einseitig andauernde oder beidseitig zeitweise auftretende Sekretion	10
Andauernde beidseitige Sekretion	20

Zuzüglich ist die MdE durch Schwerhörigkeit (ohne Addition) anzusetzen.

7.2.2.2 Mittelohrentzündung

Die Mittelohrentzündung (Otitis media) ist die häufigste Ohrenerkrankung.

7.2.2.2.1 Akute Mittelohrentzündung

Zunächst ist die Schleimhaut entzündet und das Trommelfell gerötet. Ohne Behandlung setzt die Mittelohr-Eiterung ein. Der Eiter wölbt das Trommelfell vor und kann es zum Platzen bringen.

Arbeitsbedingte Ursachen: Erkältung, Durchnässung, Schwimmen (Badeotitiden – besonders bei Schnupfen und Nasennebenhöhlenentzündungen), Sekundärinfektion nach Trommelfellrissen, glühende Eisenteilchen, die durch den Gehörgang in die Paukenhöhle gelangen.

---
[2] Plath, Das Hörorgan und seine Funktion, 5. Aufl. 1992; ders., Lärmschäden des Gehörs und ihre Begutachtung, 1991.
[3] Mertens, u. a., Laryngo-Rhino-Otol. 70 (1991) 405.

7.2.2.2.2 Chronische Mittelohrentzündung

Solche sind Entzündungen des Mittelohres, die mit einer Dauerperforation des Trommelfells verbunden sind. Unterschieden werden chronische Schleimhauteiterung und chronische Knocheneiterung mit Cholesteatom (Perlgeschwulst).

Überwiegend entsteht sie anlagebedingt durch eine biologische Minderwertigkeit der Mittelohrschleimhaut und durch akute Entzündungsprozesse, besonders im Kindesalter (Masern, Scharlach, Diphtherie). Eine zum Stillstand gekommene Entzündung kann bei Infekten (harmloser Schnupfen) aufflackern.

Ursächlich können auch traumatische Trommelfellperforationen durch Druckstöße oder Felsenbeinlängsbrüche sein. Besteht die chronische Mittelohrentzündung beidseitig, ist der Zusammenhang weniger wahrscheinlich (Ausnahme: Explosionstrauma).[4]

7.2.2.2.3 Zusammenhangsbeurteilung[5]

Im Warzenfortsatz, der hinter dem äußeren Gehörgang liegt und hinter der Ohrmuschel tastbar ist, befinden sich große, lufthaltige Zellen. Zeigt die Röntgenaufnahme eine normale Pneumatisation (Durchsetzen des Knochens mit lufthaltigen Zellen), so spricht dies gegen anlagebedingte Faktoren. Eine anlagebedingte Minderwertigkeit der Mittelohrschleimhaut (oft auch im Kindesalter durchgemachte schwere akute Mittelohrentzündung) lässt keine oder nur eine ungenügende Knochenzellbildung im Warzenfortsatz zu. Daher weist ein spongiöser (schwammiger) oder kompakter Warzenfortsatz auf endogene Mitbeteiligung.

Verstärkt wird dieser Hinweis, wenn die Pneumatisation nur auf der erkrankten Seite behindert, auf der anderen Seite aber normal ausgebildet ist. In diesen Fällen ist eine Neigung zur chronischen Mittelohrentzündung seit früher Kindheit anzunehmen und eine traumatische Entstehung unwahrscheinlich.

Minderung der Erwerbsfähigkeit s. 7.2.2.1, S. 313.

7.2.2.3 Otosklerose (Fixierung des Steigbügels)

Die Otosklerose erscheint zunächst als Schallleitungs-, später auch in unterschiedlichem Maße als Schallempfindungsschwerhörigkeit, in vielen Fällen auch beiderseits – aber mit unterschiedlicher Ausprägung. Das Trommelfell ist unversehrt, die Warzenfortsatz-Pneumatisation ausgedehnt. Ertaubung kann eintreten.

Die Ursache der Erkrankung ist weitgehend ungeklärt. Vermutet werden erbliche Faktoren, die wahrscheinlich hormonell aktivierbar sind. Durch exogene (äußere) Einwirkung (z.B. Anstrengung) entsteht die Otosklerose nicht.[6]

7.2.3 Innenohr

7.2.3.1 Stumpfes Innenohrtrauma ohne ohrnahe Fraktur (Commotio labyrinthi)

Stumpfe Kraft auf den Schädel kann eine Commotio labyrinthi hervorrufen. Die Energieübertragung auf das Labyrinth entspricht der einer Knallschädigung, wobei die einmalig

---

[4] Feldmann, Das Gutachten des Hals-Nasen-Ohren-Arztes, 6. Aufl. 2006, S. 148.
[5] Feldmann, Das Gutachten des Hals-Nasen-Ohren-Arztes, 6. Aufl. 2006, S. 147f.
[6] Hess. LSG, 22. 4. 1964, Meso B 40/6.

schädigende Druckwelle auf dem Knochenleitungsweg an das Innenohr gelangt. Das Ausmaß der Schwerhörigkeit ist meist unabhängig von der Stärke der Kraft. Bedeutsam sind jedoch Ort und Richtung der Einwirkung auf den Schädel:

seitlich	– Innenohr-Schwerhörigkeit des gleichseitigen Ohres, auch des Gegenohres mit schwächerem Ausmaß
von vorn oder hinten	– symmetrisches Bild der Schwerhörigkeit

In leichteren Fällen kann sich die Schwerhörigkeit zurückbilden, in stärkeren behält diese überwiegend ihren Umfang bei.[7] Als Ausnahme gilt das Fortschreiten der Hörstörung bis zur Ertaubung.[8]

Differentialdiagnostisch ist zu bedenken, dass das tonaudiometrische Bild dem einer Lärmschwerhörigkeit oder eines Knalltraumas ähnelt.

Bei der *Zusammenhangsbeurteilung* sind zu berücksichtigen[9]:

(1) Ort und Art der Verletzung, Platzwunden, Schürfungen, Anhalt für Pyramidenbruch (hochauflösendes Felsenbein-CT)

(2) Chirurgische und neurologische Befunde

(3) Hörbefund aus der Zeit vor dem Unfall

(4) Schwerhörigkeit sofort nach dem Unfall bzw. der Bewusstlosigkeit

(5) Reine Innenohrschwerhörigkeit

(6) Asymmetrie des Hörbefundes, Form der Hörkurve, Recruitment, Übereinstimmung mit Ort des Aufpralles

(7) Ausschluss anderer Ursachen der Hörstörung

(8) Schwindelbeschwerden, Art und zeitliche Entwicklung

(9) Objektive Symptome einer Gleichgewichtsstörung

7.2.3.2 Felsenbeinfraktur

Felsenbeinfrakturen sind Schädelbasisbrüche. Auf Übersichtsaufnahmen des Schädels kommen sie meistens nicht zur Darstellung. Mittels der hochauflösenden Computertomographie lassen sich Frakturen und ihr Verlauf diagnostizieren. Der Frakturspalt bleibt zeitlebens bestehen. Die Innenohrschwerhörigkeit nach Felsenbeinbruch kann fortschreiten und bis zur Ertaubung führen.[10]

Zwischen Felsenbeinlängsbruch und -querbruch (10:1) ist zu unterscheiden. Der Felsenbeinlängsbruch verläuft parallel zur Felsenbeinpyramidenkante und strahlt in die Schläfenbeinschuppe oder den Warzenfortsatz aus – mit oder ohne Beteiligung des Mittelohres oder des äußeren Gehörganges. Der Querbruch verläuft senkrecht zur Achse der Felsen-

---

[7] Brusis, Die Lärmschwerhörigkeit und ihre Begutachtung, 1978, S. 130.
[8] Dazu Münker, Z. Laryng. Rhinol. 51 (1972) 506.
[9] Nach Feldmann, Das Gutachten des Hals-Nasen-Ohren-Arztes, 6. Aufl. 2006, S. 151.
[10] Brusis, Die Lärmschwerhörigkeit und ihre Begutachtung, 1978, S. 133; Escher, Pract. oto-rhinolaryng (Basel) 10 (1948) Supp. I. 1; Lehnhardt, Hesch, HNO 28 (1980) S. 73, 76: Die Progredienz entsteht in den neuralen bzw. zentralneuralen Strukturen des Hörsystems.

beinpyramide mit häufigen Verletzungen des Innenohres (äußerer Querbruch) oder des inneren Gehörganges (innerer Querbruch). Insgesamt führt der Querbruch zu größeren Verletzungsfolgen.

Verletzungen:

- Hämatotympanon
- Trommelfellriss (meist hinten oben), evtl. Gehörgangsstufe
- Luxation oder Bruch der Gehörknöchelchen
- Periphere Fazialislähmung (s. 7.2.5, S. 320)
- Schädigung des Innenohres
- Schädigung der Hörnerven
- Schädigung des Gleichgewichtsorganes
- Störung der Augenbeweglichkeit (Abduzenslähmung)
- Verletzung der Hirnhaut und des anliegenden Gehirnteiles (Liquorfluss aus dem Ohr, Hirnbrei im Ohr)
- Traumatisches Cholesteatom als Spätfolge nach Jahren

Folgen: Schallleitungs-, Innenohrschwerhörigkeit, kombinierte Schwerhörigkeit, Taubheit, Vestibularisausfall, Fazialislähmung usw.

7.2.3.3 Elektrotrauma

Eine stromnahe Ohrbeteiligung verursacht Blutungen am Trommelfell und Funktionseinschränkungen unter Einschluss der Hörbahnen. Es kann zu einer kombinierten Schallleitungs- und Schallempfindungsstörung kommen. Ein Blitztrauma vermag gleiche Folgen herbeizuführen. Die klinischen Erscheinungen müssen unmittelbar im Anschluss an das Trauma und ohne freies Intervall auftreten.[11]

7.2.3.4 Mittelbare Unfallfolge

Werden ototoxische Medikamente (z. B. bestimmte Antibiotika wie Refobacin) nach berufsbedingten Infektionen (Arbeitsunfall oder Berufskrankheit) eingenommen, so sind darauf zu beziehende Hörstörungen mittelbare Folgen.

7.2.3.5 Berufskrankheiten

Chemische Schadstoffe (z.B. Kohlenmonoxid, Benzol, Anilin, Blei, Halogenkohlenwasserstoffe, Quecksilber, Schwefelkohlenstoff, Thallium, Kadmium, Mangan, Beryllium, Haarfärbemittel mit Anteilen von Paraphenylendiamin) können Hör- und Gleichgewichtsstörungen verursachen.[12] Beide Ohren sind meist gleichstark betroffen. Für einen Zusammenhang sprechen nachweisbare weitere neurologische Symptome und Schäden an Leber, Niere und Knochenmark.[13] Höreinschränkungen auf allergischer Basis werden beschrieben.

Infektionskrankheiten (BK-Nr. 31 01–31 04) mit möglichen Innenohrschäden: Tuberkulose, Typhus, Ruhr, Masern, Scharlach, Sepsis, Brucellose, Herpes zoster, Lues, Aktino-

---

[11] Lob, Handbuch der Unfallbegutachtung, 2. Bd. 1968, S. 202.
[12] Zenk, Handb. d. BKen (Hrsg. Kersten) 4. Aufl. Teil II 1972, S. 624f; s. auch 7.2.4, S. 318
[13] Brusis, Trauma Berufskrankh 3 (2001) 127.

mykose (Strahlenpilz-Krankheit), Malaria, Fleckfieber, Beriberi und Pellagra (Vitamin-Mangel-Krankheit), Milzbrand, Röteln, Coxsackie-, Zytomegalie- und Adenoviren[14], Mycoplasma pneumoniae, Borreliose.

Bei der Brucellose (BK-Nr. 31 02) wurden Hörstörungen bis zur Ertaubung beobachtet.

Der Nachweis des Zusammenhanges lässt sich meist nur dadurch erbringen, dass eine lückenlose zeitliche Beziehung aufgezeigt wird mit folgenden Gliedern[15]:

(1) Vorher keinerlei Anzeichen einer Innenohrstörung

(2) Nachweis, dass angeschuldigte Erkrankung oder Intoxikation tatsächlich abgelaufen sind und nach Art und Schwere generell geeignet waren, eine Innenohrschädigung zu verursachen

(3) Auftreten der Innenohrschädigung im angemessenen zeitlichen Zusammenhang mit dem angeschuldigten Ereignis

(4) Nachweis einer Innenohrstörung

(5) Ausschluss anderer Innenohrerkrankungen

7.2.3.6 Hörsturz

Die Erkrankung hat ihre Bezeichnung von der plötzlich einsetzenden, meist einseitigen Innenohrschwerhörigkeit. Entstehung und Diagnose sind noch nicht geklärt.[16] Ursache soll überwiegend eine Durchblutungsstörung des Innenohres sein, welche die Sauerstoffzufuhr einschränkt; seltener ein Virusinfekt.[17] Geschädigt werden die Haarzellen.

Zum Abgrenzen gegenüber dem akustischen Unfall s. 7.3.2.3, S. 325.

7.2.3.7 Fensterruptur

Durch Druckänderungen im Mittel- oder Innenohr (Tauchen, Fliegen, Pressen, Husten) kann die Membran des runden Fensters oder das Ringband des ovalen Fensters reißen. Folge ist eine hörsturzartig eintretende Schwerhörigkeit oder Taubheit, evtl. mit Beteiligung des Gleichgewichtsorgans. Ist die Druckänderung durch eine versicherte Tätigkeit aufgetreten, kommen Folgen als Arbeitsunfall in Betracht.[18]

7.2.3.8 Menièresche Krankheit[19]

Es handelt sich um eine anfallartig auftretende Krankheit mit Drehschwindel, Brechreiz bis zum Erbrechen, Schwerhörigkeit und Ohrensausen. Ursache der Schädigung ist wahrscheinlich ein Überdruck im Labyrinth. Lärm soll eine zusätzliche Innenohrbelastung mit einem möglicherweise rascheren Abfall des Hörvermögens darstellen.

---

14 Diehl, Holtmann, Laryngo-Rhino-Otol 68 (1989) 81; Weidauer, Kolloquium Berufliche Lärmschwerhörigkeit Bad Reichenhall 1980 (Hrsg. HVBG) 1980, S. 59, 71.
15 Nach Feldmann, Das Gutachten des Hals-Nasen-Ohren-Arztes, 6. Aufl. 2006, S. 214; vgl. auch Zenk, Handb. d. BKen (Hrsg. Kersten) 4. Aufl. Teil II 1972, S. 625.
16 Vgl. Hess. LSG, 9. 12. 1971, Breith. 1972, 588; vgl. auch LSG Nordrhein-Westfalen, 20. 3. 1979, Breith. 1980, 107, 109: Arbeitsunfall.
17 LSG Nordrhein-Westfalen, 21. 1. 1998, HV-Info 19/2000, 1787; Michel, Der Hörsturz, 1994; Feldmann, Z. Allg. Med. 1982, 1023.
18 Boenninghaus, Gülzow, Laryng. Rhinol. 60 (1981), 49ff.
19 Dazu: Michel, Morbus Menière und verwandte Gleichgewichtsstörungen, 1998.

Die Menièresche Krankheit ist von posttraumatischen Schwindelzuständen abzugrenzen. Gekennzeichnet sind diese durch Provokations- und Lageschwindel, beschwerdefreies Intervall wird kaum erreicht.

Wird nach Verlauf und Befund eine typische Menièresche Krankheit diagnostiziert, ist ein ursächlicher Zusammenhang mit angeschuldigten äußeren Ereignissen, wie Erkältung, Unterkühlung, Anstrengung, Schalltrauma, nicht anzunehmen. Beim Behaupten eines Zusammenhanges mit einem stumpfen Schädeltrauma muss wahrscheinlich sein, dass

– vor dem Trauma keinerlei Menière-Symptome vorgelegen haben, auch nicht isoliert und abgeschwächt (nur Schwerhörigkeit oder nur gelegentliche Schwindelzustände)
– die Symptomatik unmittelbar im Anschluss an das Trauma aufgetreten ist.

Ursächlicher Zusammenhang ist mit der Einschränkung anzunehmen, dass es sich nicht um eine echte Menièresche Krankheit, sondern um einen „traumatischen Morbus Menière" handelt.[20]

7.2.4 Gleichgewichtsorgan[21]

Gleichgewichtsstörungen treten insbesondere nach Schädeltraumen (s. 5.3, S. 169) oder HWS-Distorsionen (s. 8.3.4.2.2, S. 465) auf. Eine Funktionsstörung des Gleichgewichtsorganes liegt vor, die meist mit Schwindel (Dreh-, Schwank- oder Liftschwindel) einhergeht. Ohnmachtähnliche Zustände sind kreislaufbedingt oder als diffuser Hirnschwindel anzusehen.

Schwierig ist zu beurteilen, ob die Gleichgewichtsstörungen im späteren Verlauf durch zentrale Kompensationsvorgänge ausgeglichen werden. Mit fortschreitendem Lebensalter nimmt die Fähigkeit zur zentralen Kompensation erheblich ab. Eingehende Nachuntersuchung[22] muss den Ausgleich im Gesamtsystem erfassen; u. U. ist eine computernystagmographische Untersuchung (CNG) angezeigt.

Minderung der Erwerbsfähigkeit **bei objektivierbarer Labyrinthstörung**

Für die MdE-Bewertung vestibulärer Störungen ist die Auswirkung auf die Körpergleichgewichtsregulation maßgebend. Objektiviert wird die vestibuläre Störung durch Nystagmusbefund und experimentelle Erregbarkeit.

Die Gradeinteilung nach Stoll (1979, 1982, 2004)[23] hat sich durchgesetzt. Sie gründet auf der Erwägung, dass durch geeignete Belastungen (z. B. gleichzeitiges Drehen in verschiedenen Ebenen) Schwindel, Nystagmus und vegetative Erscheinungen jeweils auslösbar sind.

Bei genauer Beurteilung vestibulärer Störungen kommt es darauf an, welcher Grad von vestibulärer Reaktion bei welchem Grad der Belastung auftritt. Fünf Intensivitätsstufen der labyrinthären Reaktion werden unterschieden (Tab. A) und fünf Stufen der Belastung des gleichgewichtsregulierenden Systems gegenübergestellt, die im alltäglichen Leben verschieden häufig auftreten, teils vermeidbar, teils unvermeidbar sind (Tab. B).

---

20 Feldmann, Das Gutachten des Hals-Nasen-Ohren-Arztes, 6. Aufl. 2006, S. 151.
21 Dazu Stierlen-Schwartz, ASP 1979, 254 ff; Feldmann, MedSach 89 (1993) 163, 167.
22 Prüfung auf Spontan- u. Provokations-Nystagmus; unter vestibulärem Nystagmus versteht man rhythmische Bewegungen des Augapfels, die durch Reizen des Labyrinths bzw. provozierende Maßnahmen hervorgerufen werden können; dazu Minnigerode, MfU 1971, 282 ff.
23 Stoll, Laryng. Rhinol. 58 (1979) S. 509–515; ders., Akt. Neurol. 9 (1982) 121; ders. u. a., Schwindel und Gleichgewichtsstörungen, 4. Aufl. 2004.

Tabelle A: **Intensitätsstufen der vestibulären Reaktion**

	Intensitätsstufen	subjektive Angaben
0	Weitgehend beschwerdefrei	Gefühl der Unsicherheit
1	Leichte Unsicherheit, geringe Schwindelbeschwerden	Schwanken, Stolpern
2	Deutliche Unsicherheit, starke Schwindelbeschwerden	Fallneigung, Ziehen nach einer Seite
3	Erhebliche Unsicherheit, sehr starke Schwindelbeschwerden	Fremder Hilfe bedürftig. Unfähig, Tätigkeiten allein auszuüben
4	Heftiger Schwindel, vegetative Erscheinungen	Übelkeit, Erbrechen, Orientierungsverlust

Tabelle B: **Belastungsstufen des gleichgewichtsregulierenden Systems im Alltag und im Untersuchungs-Labor**

Stufe	Belastung	Attribute	Beispiele aus dem Alltag		Beispiele aus dem Untersuchungslabor
0	keine		Ruhelage		keine Belastung
1	niedrig	alltäglich, ständig, kaum vermeidbar	langsame Kopf- und Körperbewegungen, Drehen im Bett, Aufrichten aus sitzender oder liegender Haltung, leichte Arbeiten im Sitzen (Schreiben)	👁 👁	Romberg (Posturographie)
2	mittel	alltäglich, häufig, schwer vermeidbar	Waschen und Anziehen, Bücken und Aufrichten, Gehen, Treppen steigen, leichte Arbeiten im Stehen	⌢ ⌢ 👁 👁	Romberg Unterberger zielorientiertes Gehen
3	hoch	nicht alltäglich, selten, vermeidbar	Heben von Lasten, Gehen im Dunkeln, Autofahren (nachts, im Nebel oder auf unebener Straße), Fahren auf vibrierenden Maschinen (Baggerfahrer)	⌢ ⌢	Unterberger Kippbühne Tandem-Romberg
4	sehr hoch	ungewöhnlich, absolut vermeidbar (sofern derartige Belastung nicht mit Ausübung des Berufs verbunden ist)	rasche Körperbewegungen, Stehen und Gehen auf Gerüsten (Kranführer), Karussellfahren, sportliche Übungen (Radfahren, Tanzen, Reiten, Skifahren, Schwimmen)	⌢ ⌢	Seiltänzergang Balancieren rasche Drehbewegungen

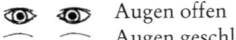 Augen offen
⌢ ⌢ Augen geschlossen

Aus der Kombination der Belastungs- und Intensitätsstufen ergibt sich die MdE für vestibuläre Störungen (Tab. C). Die Tabelle ist derart angelegt, dass die Reaktionsweise des Betroffenen durch eine Reihe von Feldern dargestellt wird, in denen der systematische Zusammenhang zwischen steigender Belastung und zunehmender vestibulärer Reaktion deutlich wird. Die Felder einer diagonalen Reihe haben demzufolge gleiche MdE-Werte (Abb. 3).

Tabelle C: **MdE-Tabelle für vestibuläre Störungen der Gleichgewichtsregulation**

Intensitätsstufen			Belastungsstufen				
	Heftiger Schwindel / Vegetative Erscheinungen	4	100	80	60	40	30
	Sehr starker Schwindel / Erhebliche Unsicherheit	3	80	60	40	30	20
	Starke Schwindelbeschwerden / Deutliche Unsicherheit	2	60	40	30	20	10
	Geringe Schwindelbeschwerden / Leichte Unsicherheit	1	40	30	20	10	< 10
	Weitgehend beschwerdefrei (mit und ohne objektivierbare Symptome)	0		< 10	< 10	< 10	< 10
			0	1	2	3	4
			Ruhelage	Niedrige Belastung	Mittlere Belastung	Hohe Belastung	Sehr hohe Belastung

Abb. 3

7.2.5 Gesichtsnerv

Der Fazialis-Nerv verläuft in einem Knochenkanal durch Innen-, Mittelohr und hinterer äußerer Gehörgangswand. Er kann geschädigt werden durch einen Längs- bzw. Querbruch des Felsenbeines und nach Mittelohrentzündungen sowie außerhalb des Felsenbeines und des Ohres durch Schuss-, Schnitt-, Stich- und Bissverletzungen im Bereich der Ohrspeicheldrüse und der Wange. Differentialdiagnostisch ist die Erkrankung abzugrenzen von der idiopathischen Lähmung, als Folge einer individuellen Disposition, eines Virusinfektes, einer Borreliose oder eines Zoster oticus (Entzündung der Gesichtsnerven durch Zostervirus mit Bläschenbildung der Ohrmuschel).

7.3 *Lärmschwerhörigkeit*

Die Lähmungen befallen stets die gesamte oder einen Teil der mimischen Muskulatur einer Gesichtshälfte.

Erscheinen die Lähmungen unmittelbar nach dem Unfall, ist der Nerv meist direkt verletzt (Frühlähmung). Die am 2. bis 14. Tag nach dem Unfall auftretenden Lähmungen sind hingegen Folge einer Blutung im knöchernen Fazialiskanal (Spätlähmung); in diesen Fällen kehrt überwiegend (90 %) die Funktion spontan wieder.[24]

Minderung der Erwerbsfähigkeit	in %
einseitig, wenig störend	bis 10
ausgeprägte Störungen oder Kontrakturen	20–30
komplette Lähmung oder entstellende Kontraktur	40
beidseitig, komplette Lähmung	50

Bei schweren Gesichtsentstellungen ist eine Erhöhung nach den Erfahrungswerten angezeigt (s. 5.10, S. 251).

7.3 Lärmschwerhörigkeit

Eine Schwerhörigkeit ist keine Krankheit eigener Art, sondern ein Symptom vielfältiger und ganz verschiedenartiger pathologischer Veränderungen des Hörorgans. Der Begriff „Lärmschwerhörigkeit" verknüpft Ursache und Symptom. Wissenschaftlich korrekt erscheint „Innenohrerkrankung durch Lärm".

7.3.1 Grundbegriffe und Maßeinheiten der Schallvorgänge

Lärm ist Schall, der das Gehör schädigen kann. *Schall* wird definiert als Schwingungen der Moleküle eines elastischen Stoffes (Luft-, Körper-, Flüssigkeitsschall), die sich wellenförmig ausbreiten. Schallwellen sind *Druckwellen*, welche die von der Schallquelle (z.B. Maschinenteile, Lautsprecher) ausgehende Energie (= *Schallleistung*) transportieren. Die Schallleistung, die durch eine bestimmte Fläche hindurchtritt, ist die *Schallintensität*.

Wie die Spektralfarben des Lichts haben Schallschwingungen eine eigene Schwingungszahl. Man misst die Anzahl der Schwingungen pro Sekunde und bezeichnet dieses Maß als *Frequenz*. Ihre Einheit ist das Hertz (Hz). Je größer die Wellenlänge, desto kleiner ist die Frequenz und um so tiefer wird der Ton empfunden.

Der hörbare Bereich liegt zwischen 20 Hz (weniger = Infraschall) und 16 000 Hz bzw. 20 000 Hz (mehr = Ultraschall). Die Obergrenze ist altersabhängig. Der junge Mensch kann bis maximal 20 000 Hz hören, mit zunehmendem Alter verschiebt sich die Obergrenze zu den niedrigen Frequenzen (Abb. 4).

Hörschwelle ist der Punkt, an dem gerade eben ein Höreindruck ausgelöst wird. Ist die Hörschwelle überschritten, so wird unabhängig von der Frequenz mit zunehmendem Schalldruck ein Ton immer lauter empfunden. Die Stärke des Schalls, der *Schalldruckpegel*,

---

[24] Boenninghaus, Lenarz, Hals-Nasen-Ohren Heilkunde, 11. Aufl. 2001 S. 121.

wird – zumal auch das Ohr eine annähernd logarithmische Empfindlichkeit aufweist – als logarithmischer Maßstab in *Dezibel* (Kurzzeichen dB) angegeben (= Zehntel Bel, benannt nach dem Erfinder des Telefons A. G. Bell, 1847–1922).

Zwei gleiche Schallquellen erzeugen mehr Lärm als eine. Da das dB keine Einheit im physikalischen Sinne, sondern logarithmisch abgestuft ist, lassen sich die dB-Werte nicht einfach algebraisch addieren; vielmehr entspricht eine Verdoppelung des Schalls (Addition zweier gleicher Schallquellen) einer Erhöhung von 3 dB[25], 90 dB + 90 dB ergeben also 93 dB.

Bezugswert des Schalldruckpegels ist der Schalldruck der Hörschwelle, der mit 0 dB angegeben wird. Dieser ist für jede Frequenz verschieden; der Pegelwert 0 dB bedeutet nach der Frequenz einen anderen physikalischen Schallpegel. International wird zur Definition der Hörschwelle der Schalldruck bei 1000 Hz verwendet.

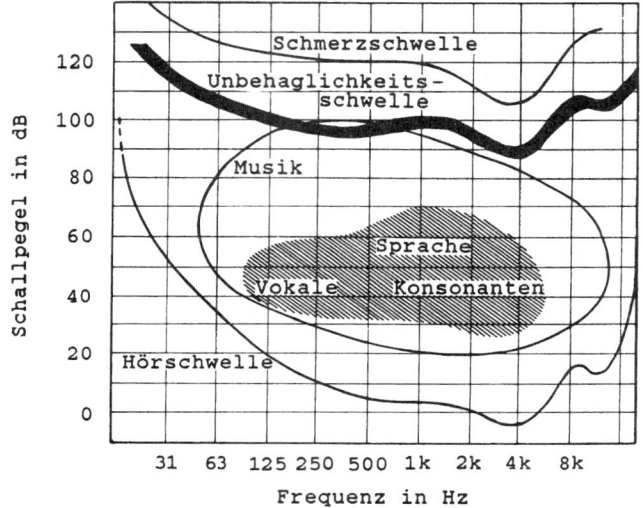

Abb. 4: Das Hörfeld
Die untere Berandung zeigt die Hörschwelle (Absolutdarstellung), die als Mittelwert einer Vielzahl von Messungen an normalhörenden Versuchspersonen gewonnen wurde. Aufgetragen ist der Freifeldschalldruckpegel für beidohriges Hören. Die obere Kurve bei Schallpegeln um 120 dB ist die Schmerzschwelle, bei der ein akustisches Signal als schmerzhaft empfunden wird. Eingezeichnet sind der Bereich der sprachlichen Verständigung (Sprachfeld) und der musikalischen Informationen. Lärmbedingte Hörminderungen betreffen zunächst nur die hohen Frequenzen und damit beim Sprachhören vorzugsweise die Konsonanten. Hörverluste im Sprachfeld bedingen die soziale Behinderung des Schwerhörigen.

Da sich einzelne Töne in der menschlichen Empfindung anders zu einem Gesamteindruck fügen als im Messgerät, sind die Schalldruckpegelmesser mit frequenzabhängigen Dämpfungsfiltern versehen. Dadurch wird der zu messende Schall hinsichtlich seiner Frequenzlage bewertet. Das Messgerät ist für verschiedene Frequenzen unterschiedlich empfindlich, ähnlich wie das menschliche Ohr. Dem so *bewerteten Schallpegel* ist – entsprechend dem

---

[25] Hoffmann, v. Lüpke, Maue, 0 Dezibel plus 0 Dezibel = 3 Dezibel, 9. Aufl. 2009.

verwendeten Filter A oder C – der jeweilige Buchstabe hinzuzufügen. Die A-Bewertung – dB (A) – bewertet den Frequenzbereich von 1000 bis 6000 Hz nahezu linear und dämpft die sehr tiefen und sehr hohen Frequenzen. Sie wird der Eigenart der akustischen Wahrnehmung des menschlichen Ohres am besten gerecht und ist deshalb in der Praxis vorherrschend. Die C-Bewertung erfasst mehr die tieferen Frequenzen; mit ihr werden Spitzenschallpegel gemessen.

7.3.2 Akute akustische Traumen

Das Gehörorgan kann durch Schalleinwirkung von hoher Energie bei kurzer Einwirkungszeit geschädigt werden. Je nach Art der schädigenden Schallwellen, der Begleitumstände und den Auswirkungen auf das Ohr unterscheidet man Knall-, Explosionstrauma, akustischen Unfall und akutes Lärmtrauma. Gemeinsames Merkmal ist plötzliches Auftreten eines Hörverlustes.[26]

Die innerhalb einer Arbeitsschicht auftretende Gehörschädigung ist nach der Respr. nicht der BK-Nr. 23 01 zuzuordnen. Diese Berufskrankheit stellt auf die dauerhafte Einwirkung von Lärm ab. Ein Arbeitsunfall liegt vor.[27]

7.3.2.1 Knalltrauma

Charakteristisch für das Knalltrauma (kurzdauernde – 1 ms bis 3 ms –, einmalige oder wiederholte Einwirkung einer sehr starken Druckwelle zwischen 160 dB und 180 dB, z.B. Mündungsknall, Knallkörper, Tätigkeiten mit Pressluftnaglern und Bolzenschussgeräten) ist die ausschließliche Innenohrschwerhörigkeit *ohne* Verletzung des Trommelfells oder Zerreißung der Gehörknöchelchen.[28] Bisweilen tritt sie einseitig auf. Die doppelseitige Symptomatik zeigt oft Unterschiede im audiometrischen Bild, bedingt durch den Schallschatten des Kopfes. Das Ausmaß der Innenohrschädigung wird durch Druckspitze, Sprengladung und Kaliber bestimmt.[29] Pathologisch besteht eine Haarzellschädigung des Cortischen Organs, durch ein Recruitment nachweisbar (= Schädigung des Hörorgans im Hochfrequenzbereich).

7.3.2.1.1 Zusammenhangsbeurteilung

Anders als im frühen Stadium bereitet die Zusammenhangsbeurteilung Schwierigkeiten, wenn eine längere Zeit seit dem Trauma verstrichen ist. Zu beachten ist[30]:

---

[26] LSG Nordrhein-Westfalen, 19. 2. 1997, HV-Info 26/1997, 2479.
[27] BSG, SozR 4-2700 § 9 Nr. 5 (12. 4. 2005) = HV-Info 6/2005, 522. Diese Rspr., wonach ein isoliertes Lärmtrauma von der BK-Nr. 23 01 nicht erfasst wird, ist durch die Neufassung des Merkblattes zur BK-Nr. 23 01 (GMBl. 2008, 798) überholt. Den Hinweis, dass auch bei akustischen Traumen im Sinne von Knalltraumen oder bei anderen Schallereignissen hoher Intensität eine Berufskrankheitenanzeige erstattet werden soll, enthielt die Merkblattfassung, auf die sich die Rspr. des BSG bezieht, noch nicht. Der Hinweis im aktuellen Merkblatt, dass ggf. zu prüfen ist, ob es sich um einen Arbeitsunfall oder um eine Berufskrankheit handelt, lässt Raum für eine Anwendung des Günstigkeitsprinzips (s. 2.5, S. 72).
[28] Brusis, Laryngo-Rhino-Otol 2007; 86, 1, 2; Pfander, Das Knalltrauma, 1975 S. 86.
[29] Ey, ASA 1967, 251.
[30] Nach Feldmann, Das Gutachten des Hals-Nasen-Ohren-Arztes, 6. Aufl. 2006 S. 164.

(1) Eignung des Ereignisses, ein Knalltrauma des Ohres zu verursachen; Schallpegel mehr als 150–160 dB.[31]

(2) Typisch ist sofortige völlige Vertäubung, verbunden mit Ohrensausen, oft auch mit stechendem Schmerz. Danach tritt allmähliche Besserung ein.

(3) Typischer Hörbefund ist die c^5-Senke oder der Steilabfall.

(4) Andere Ursachen sind auszuschließen, vor allem eine chronische Lärmschwerhörigkeit.

(5) Keine Schädigung des Gleichgewichtsorgans.

7.3.2.1.2 Fortschreiten der Innenohrschädigung

Die Progredienz der Innenohrschwerhörigkeit[32] nach reinem Knalltrauma ist unter folgenden Gesichtspunkten zu erwägen:

(1) Hat es sich um eine schwere primäre Schädigung mit Hörverlust von 80 dB und mehr[33] gehandelt?

(2) Wie genau ist die primäre Schädigung dokumentiert?

(3) Ist gegenüber den primären Befunden eine Verschlechterung eingetreten und überschreitet diese das nach der Altersentwicklung zu erwartende Maß?

(4) Bestehen zwischen primärer Schädigung und jetzigem Zustand Brückensymptome[34], z.B. in Form von Ohrensausen oder andauerndem Fortschreiten? Gegen Zusammenhang spricht, wenn die Hörstörung über viele Jahre konstant war und dann erst (meist im zunehmenden Alter) fortschreitet.

(5) Ist das Fortschreiten auf der mehr betroffenen Seite und im Bereich der am stärksten betroffenen Frequenz am deutlichsten?

(6) Sind andere Ursachen wahrscheinlicher, z.B. Altersschwerhörigkeit, fortgeschrittene Zerebralsklerose?

7.3.2.2 Explosionstrauma

Handelt es sich beim Knalltrauma um ein ausschließlich akustisches Geschehen des Innenohres, so setzt die Explosion zusätzlich im Mittelohr einen Schaden.

Entscheidend für die Explosionswirkung gegenüber dem Knalltrauma ist die größere Dauer des auftretenden Druckstoßes: länger als 3 ms; die tieferen Frequenzen im Spektrum der Schallenergie überwiegen. Die Verletzungsfolgen sind schwerer wiegend als beim Knalltrauma. Typische Situationen sind technische Unfälle mit Explosionen in chemischen Fabriken, Platzen von großen Druckbehältern oder großen Kfz-Reifen, Sprengungen. Die

---

[31] Brusis, Die Lärmschwerhörigkeit und ihre Begutachtung, 1978 S. 95.
[32] Feldmann, Das Gutachten des Hals-Nasen-Ohren-Arztes, 6. Aufl. 2006 S. 164: zeitliche Latenzzeit beträgt wenige Monate bis Jahre.
[33] Chüden, MedSach 1975, 61, 66: Wahrscheinlichkeit einer Progredienz ist um so größer, je mehr Trauma einer Explosion gleichend.
[34] Dazu LSG Niedersachsen, 17. 5. 2001, HV-Info 25/2001, 2337 = Meso B 40/88.

7.3 Lärmschwerhörigkeit

Druckwelle ist oft so stark, dass der Betroffene zu Boden geschleudert wird. Zusätzliche Verletzungen durch den Sturz sind häufig.[35]

Das Mittelohr ist mitbeteiligt; vielmals weist das Trommelfell ausgestanzte Defekte mit blutigem Rand auf, manchmal ist es eingedrückt oder fehlt gänzlich. Zusätzlich können die Gehörknöchelchen verschoben oder zerbrochen sein. Zum Ohrenlaufen kommt es.[36]

Audiometrisch erscheint meist eine Schallleitungs- und Schallempfindungsstörung. Positives Recruitment lässt sich überwiegend nachweisen.

Die typische C5-Senke des Knalltraumas fehlt meist, dagegen findet man einen Steilabfall oder einen flachen Kurvenverlauf.

Die sekundäre Verschlechterung des Hörvermögens wurde beobachtet. Unter Zugrundelegung der bei 7.3.2.1.2 (S. 324) angeführten Gesichtspunkte ist der Zusammenhang zu bejahen.[37]

7.3.2.3 Akustischer Unfall

Als solcher wird das Auftreten einer einseitigen, oft hochgradigen Schwerhörigkeit (selten vollständige Ertaubung) bezeichnet, die Symptome eines Hörsturzes (s. 7.2.3.6, S. 317) aufweist. Ursächlich ist eine Minderdurchblutung des Ohres in Verbindung mit gleichzeitiger Lärmbelastung von mindestens 90 db (A).[38]

Ursächlicher Zusammenhang erfordert[39]:

(1) Schallpegel von mindestens 90 dB (A)
(2) Verdrehen des Kopfes in einer Zwangshaltung (Halswirbelsäulen-Fehlbelastung)
(3) Akutes Auftreten der Hörstörung in dieser Situation (nicht Stunden später)
(4) Einseitiges Auftreten der Hörstörung.

Nach anderer Ansicht soll der Nachweis einer Halswirbelsäulen-Fehlbelastung nicht immer notwendig sein, da auch auf dem Boden einer Mangelversorgung des Innenohres durch arteriosklerotische Gefäßveränderungen oder -einengungen eine Sensibilisierung des Gehörs gegen Lärm auftreten und zu einem akustischen Unfall führen kann.[40] Solches lässt sich jedoch kaum gegen einen zufällig während einer Lärmexposition aufgetretenen Hörsturz abgrenzen.

7.3.2.4 Akutes Lärmtrauma

Ekzessiv hohe Schallstärken über die Dauer einiger Minuten zwischen 130 bis 160 dB können zur ein- oder doppelseitigen akuten Schwerhörigkeit führen, ohne dass eine besondere Empfindlichkeit des Gehörs vorliegt.[41]

---

35 Brusis, Laryngo-Rhino-Otol 2007; 86, 1, 2.
36 LSG Niedersachsen, 22. 3. 1990, Meso B 40/44.
37 Chüden, MedSach 1975, 61, 66.
38 Boenninghaus, Lenarz, Hals-Nasen-Ohren Heilkunde, 11. Aufl. 2001 S. 180.
39 Feldmann, Das Gutachten des Hals-Nasen-Ohren-Arztes, 6. Aufl. 2006 S. 173; Bayer. LSG, 19. 11. 2002, Meso B 40/101.
40 Plath, Neveling, Z. Laryng. Rhinol. 44 (1965) 754.
41 VDI-Richtlinie 2058 Bl. 2.

Die Hörstörung muss sofort nach Beenden der Lärmexposition vorhanden sein. Der Befund entspricht dem einer fortgeschrittenen Lärmschwerhörigkeit. Spätere Progredienz der Innenohrschädigung kann sich ergeben.[42]

7.3.3 Berufskrankheit (BK-Nr. 23 01)

Die Bezeichnung „Lärmschwerhörigkeit" entspricht insoweit wissenschaftlicher Erkenntnis, als Lärm nur zu hochgradiger Schwerhörigkeit, nicht aber zur Taubheit führen kann. Lärm im Sinne der BK ist jeder Schall (Geräusch), der das Gehör schädigen kann und der gleichmäßig als Dauerlärm, stark schwankend oder als Impulslärm auf die Versicherten eingewirkt hat. Sehr kurze Spitzenschalldruckpegel (Dauer < 10 msec) hoher Intensität (> 137 dB(C)), die unter anderem beim Schießen, bei Explosionen oder beim Richten von Metallen mit Hammerschlägen entstehen können, sind gesondert zu betrachten (s. 7.3.2, S. 323), weil sich deren Schädigungsmechanismus von dem einer chronischen Lärmeinwirkung niedriger Intensität unterscheidet.[43]

7.3.3.1 Entwicklung der Lärmschwerhörigkeit[44]

In den Anfangsjahren ungeschützter Lärmarbeit wird häufig geklagt über *Vertäubungsgefühl nach Schichtende*, alsbald verschwindend.

Um eine *reversible Vertäubung der Innenohren* handelt es sich, ohne Dauerschaden. Nach längerer Lärmbelastung (bis über Jahre) kommt es zu einer *Erschöpfung des Innenohrstoffwechsels*, die zu bleibendem Haarzell- bzw. Sinneszellschaden führen kann. Eine unmittelbare Zerstörung der Sinneszellen tritt nur bei akuten Lärmschäden durch sehr hohe Lärmpegel auf (z. B. Knall-, Explosions-, Lärmtrauma). Bei weiterer Lärmbelastung kann es zu bleibenden Hörverlusten im Hochtonbereich kommen, die nach ungeschützter Lärmbelastung bis zu einem Sättigungsgrad zunehmen. Meistens führt der Berufslärm „nur" zu *geringgradiger Schwerhörigkeit*, die sich auf die hohen Frequenzen beschränkt. Eine *Mittelgradige* Schwerhörigkeit durch berufliche Lärmeinwirkung stellt den seltenen Einzelfall dar. *Hochgradige Innenohrschwerhörigkeit* allein durch Lärmeinwirkung ist nahezu ausgeschlossen. Übereinstimmung besteht, dass *Ertaubung* durch chronische Lärmeinwirkung nicht entsteht. Umkehrschluss: Schwerhörigkeit kann auch andere Ursachen aufweisen trotz jahrelanger erheblicher beruflicher Lärmbelastung.

7.3.3.2 Nachweis des Kausalzusammenhanges

Lärmschwerhörigkeit liegt vor, wenn sich eine Innenohrschwerhörigkeit in einem Zeitraum entwickelt hat, in dem eine adäquate Lärmexposition bestand (Tatbestandswürdigung) und die Lärmeinwirkung wahrscheinlich ursächlich ist (Würdigung des Zusammenhanges).

Zahlreiche Faktoren erschweren Diagnostik und Beurteilung[45]:

---

[42] Feldmann, Das Gutachten des Hals-Nasen-Ohren-Arztes, 6. Aufl. 2006 S. 168.
[43] Merkblatt zur BK-Nr. 23 01, GMBl. 2008/39 S. 798.
[44] Nach Brusis, Trauma Berufskrankh 8 (2006) 65, 70.
[45] Brusis, Z. Laryng. Rhinol. 57 (1978) 331–345.

7.3 Lärmschwerhörigkeit

(1) Schwerhörigkeit kann das Symptom vieler, teilweise unklärbarer Krankheiten sein.

(2) Bestimmte Gesundheitsstörungen können allein eine Innenohrschwerhörigkeit hervorrufen[46], aber auch die Entstehung einer Lärmschwerhörigkeit begünstigen.

(3) Hörstörungen anderer Ursache (Ätiologie) täuschen mitunter das Bild einer Lärmschwerhörigkeit vor.

(4) Das menschliche Gehör reagiert unterschiedlich auf Lärm. Die Disposition lässt sich jedoch nicht messen.

(5) Der zeitliche Erkrankungsbeginn ist nicht feststellbar.

(6) Für die Messmethodik der Lärmschwerhörigkeit, das audiometrische Untersuchungsverfahren, sind kaum praktikable objektive Tests vorhanden.

(7) Der Umfang des Krankheitsschadens ist schwer abgrenzbar.

7.3.3.2.1 Vorgeschichte

Arbeits- und Krankheitsgeschichte erstrecken sich im Allgemeinen über lange Zeiträume. Sie sollten vom UV-Träger zusammengestellt und fortgeschrieben werden.

Der Ermittlung bedürfen durchgemachte Ohrenerkrankungen, Schädelunfälle, Kohlenmonoxidvergiftungen, Knall- und Detonationstraumen (Wehr- bzw. Kriegsdienst), Schwindelzustände. Innenohrschwerhörigkeiten, die mit Lärmschwerhörigkeit verwechselt werden, sind nicht zu erwarten bei Diabetes, Bluthoch- und -unterdruck, Kreislaufstörung, Herzerkrankung.[47]

Auch Nachforschungen über eine vorausgegangene Behandlung mit gehörschädigenden Medikamenten (z.B. Tuberkulose, Hirnhautentzündung, Nieren- und Lebererkrankungen) haben Bedeutung. Private Lärmbelastungen (Sportschütze, Jäger, Musiker[48], Walkman[49], Beat-Fan) sind zu erfragen. Der Effekt von lauter Musik auf das Hörvermögen junger Erwachsener wird im Allgemeinen eher überschätzt.[50] Deutliche Einflüsse auf das Hörvermögen haben aber Rock- und Popkonzerte, Diskobesuche, insbesondere im Nahbereich von Großlautsprechern, Partylärm, Walkman.[51]

Studien bezüglich Hörverlust bei Klassikmusikern erbrachten uneinheitliche Erkenntnisse. Zahlreiche Forschungsarbeiten ergaben, dass das Hörvermögen von Musikern etwa dem der nicht derart exponierten Bevölkerung entspricht. In einigen Studien wurden durch audiometrische Messungen Anzeichen eines lärmbedingten Hörverlustes festgestellt. Im Ergebnis ist indes zu vermerken, dass der Hörverlust bei Klassikmusikern weniger stark als erwartungsgemäß ausgeprägt ist.[52]

---

[46] Vgl. LSG Berlin, 19.1.1990, HV-Info 2/1990, 123.
[47] Boenninghaus, Kolloquium, Berufliche Lärmschwerhörigkeit Bad Reichenhall 1980 (Hrsg. HVBG) 1980, S. 18, 25; Brusis, ebenda, S. 74; ders., Laryngo-Rhino-Otol 68 (1989) 557 ff.; Brusis, Kesternich, Arch. Ohr.- Nas.- u. Kehlk. Heilk. 1982, 637 ff.; Brusis, Busmann, ebenda, 1981, 672.
[48] Irion, Musik als berufliche Lärmbelastung? Forschungsbericht Nr. 174, BAU Dortmund 1978.
[49] Krähenbühl, u.a., Laryng. Rhinol. Otol. 66 (1987) 286 ff.
[50] Hoffmann, Musikphysiologie und Musikermedizin 6 (1999) 11.
[51] Metternich, Brusis, Laryngo-Rhino-Otol 78 (1999) 614.
[52] Toppila, u.a., Lärm bei der Arbeit, Magazin der Europäischen Agentur für Sicherheit und Gesundheitsschutz Nr. 8 2005.

Die genaue Schilderung von Beginn und Entwicklung der Schwerhörigkeit aus der Sicht des Betroffenen ist zu beachten. Da die Lärmschwerhörigkeit nicht plötzlich entsteht, kann der Beginn der Höreinbuße selten spontan angegeben werden. Der Gutachter muss danach gezielt fragen.

7.3.3.2.2 Lärmexposition

Lärmschwerhörigkeit entwickelt sich nur bei *ausreichend hoher und ausreichend langer Lärmbelastung*.

Erforderlich ist der Nachweis, dass die Lärmbelastung entsprechend hoch war. Maßgebend für die Beurteilung der beruflichen Lärmexposition ist der auf *8 Stunden bezogene äquivalente Dauerschallpegel* (LAeq/8h; Tages-Lärmexpositionspegel; früher: Beurteilungspegel).[53] Als Zusatzinformation sollte vom Aufsichtsdienst die *Genauigkeitsklasse der Messung* und ggf. die *Impulshaltigkeit* (nicht: Impulszuschlag) angegeben und berücksichtigt werden: *Genauigkeitsklasse 1* bedeutet eine Streuung bis zu 1,5 dB (nur unter Laborbedingungen erreichbar), Genauigkeitsklasse 2 eine Streuung bis zu 3 dB (Regelfall bei Messungen am Arbeitsplatz), Genauigkeitsklasse 3 eine Streuung bis zu 6 dB (Ausdruck einer ungenau informierenden Messung).[54]

Impulshaltigkeit bedeutet die Berücksichtigung impulsartigen Lärms im Endergebnis.

Ein- bis zweijährige Lärmarbeit verursacht im Allgemeinen keine – nicht rückbildungsfähige – Innenohrschwerhörigkeit.[55]

Die Lärmempfindlichkeit schwankt individuell. Gehörschädigend ist eine Lärmeinwirkung von mehr als 85 dB(A) als äquivalenter Dauerschallpegel bei einem 8-Stunden Tag über viele Arbeitsjahre.[56] Je höher der Schallpegel, desto kürzere Einwirkungszeiten sind bereits gehörschädigend. Besonders schädigend sind Impulsgeräusche[57] und Frequenzen über 1000 Hz.[58] Frühschäden können durch die Hochfrequenz-Audiometrie nachgewiesen werden.[59]

Gleichzeitige Belastungen durch Lärm und arbeitsbedingte ototoxische Substanzen (Ototoxine) können sich auf lärmbedingte Hörstörungen negativ auswirken.

Gefahrstoffen mit bekanntem ototoxischen Potential: Blei, Quecksilber, Benzol, n-Hexan, Kohlenstoffdisulfid, Styrol, Toluol, Trichlorethylen, Xylol, Lösungsmittelgemische, Kohlenmonoxid, Zyanide.[60]

---

[53] Lärm- und Vibrations- Arbeitsschutzverordnung v. 6. März 2007; dazu Maue, BG 2009, 178; Empfehlungen des HVBG für die Begutachtung der beruflichen Lärmschwerhörigkeit („Königsteiner Merkblatt") 4. Aufl. 1996 Ziff. 4.1. Dazu Blome, Brusis, Feldmann, HNO 45 (1997) 356ff., in einer Replik zu Plath, HNO 44 (1996) 431 ff. Wenngleich die Empfehlungen nicht bindend sind, können sie als Ergebnis langjähriger ohrenärztlicher Erfahrung der Gleichbehandlung der Versicherten dienen und daher von UV-Trägern und Gerichten für die Beurteilung der Lärmschwerhörigkeit herangezogen werden (LSG Niedersachsen, 30. 10. 1996, HV-Info 15/1997, 1396).
[54] Plath, Lärmschaden des Gehörs und über Begutachtung, 1991.
[55] Brusis, Z. Laryng. Rhinol. 52 (1973) 915–929.
[56] Feldmann, Das Gutachten des Hals-Nasen-Ohren-Arztes, 6. Aufl. 2006 S. 210.
[57] Maue, in: Handbuch der Arbeitsmedizin (Hrsg. Konietzko, Dupuis) 1991 Abschn. IV-3.7.1.
[58] Brusis, Die Lärmschwerhörigkeit und ihre Begutachtung, 1978 S. 27.
[59] Dieroff, u.a., Laryngo-Rhino-Otol 70 (1991) 594ff.
[60] Milde, Ponto, ASU 43 (2008) 70, 74; s. auch 7.2.3.5, S. 316.

7.3 Lärmschwerhörigkeit

Hat die Lärmexposition durchweg unter 85 dB (A) gelegen, ist eine Lärmschwerhörigkeit ausgeschlossen[61], es sei denn, der Geräuschpegel enthält stark hochfrequente Frequenzanteile, die für das Gehör besonders schädigend sind. Ist die Exposition kurzzeitig, hat das Gehör ausreichende Erholungszeiten, so dass ein Lärmschaden nicht eintritt. Lärmbelastung und Hörschaden sollen den üblichen Erfahrungswerten entsprechen, andernfalls sind – Nachweis einer Haarzellschädigung vorausgesetzt – eine anders geartete Komponente des Hörschadens oder eine Aggravation auszuschließen.

Selten handelt es sich bei einem zu bestimmenden Lärmpegel um ein konstantes Geräusch. Meist schwankt dieser. Außerdem ist die Periodizität kurzer Schalleinwirkungen von hohem Schalldruck (Impuls) mitzuerfassen. Schneller Wechsel zwischen Lärmexposition und Lärmpausen ist günstiger als ununterbrochen andauernder Lärm und nicht so lärmschädigend wie ein geringer Wechsel mit langen Einwirkungszeiten. Das Gehör kann sich um so mehr erholen, je niedriger der Lärmpausenpegel liegt.[62]

Eine Frequenzanalyse (Schallgutachten mit Oktavspektrum) gibt Hinweis, ob bei Vorhandensein hoher Frequenzanteile ein schädigender Einfluss wahrscheinlich ist.

Wenn Lärmmessungen nicht oder nur unzureichend durchgeführt wurden und nicht nachgeholt werden können (z.B. Wegfall des Lärmarbeitsplatzes), sind Vergleichswerte heranzuziehen. Die Lärmbelastung kann dann nur annähernd geschätzt werden.[63]

7.3.3.2.3 Gehörschutz und Lärmschwerhörigkeit: Tragegewohnheiten

Argumentation: Lärmschwerhörigkeit liegt nicht vor, da seit Jahren persönlichen Gehörschutz getragen wurde. Aus diesem Grunde kann die bestehende Innenohrschwerhörigkeit nicht lärmbedingt sein, die Zunahme einer evtl. vorbestehenden Schwerhörigkeit lässt sich daher nicht auf die weitere berufliche Lärmbelastung zurückführen. Diese Auffassung beruht auf der Erkenntnis, dass die Entstehung einer beruflichen Lärmschwerhörigkeit ausscheidet, wenn der einwirkende Lärm durch geeignete Maßnahmen dauernd auf ein nicht gehörschädigendes Ausmaß reduziert wird.

Gegenargumentation[64]: Die Wirksamkeit von Gehörschützern kann durch eine Reihe von Fehlern und Unzulänglichkeiten in der Anwendung reduziert oder völlig aufgehoben werden.

Innenohrschädigung kann auftreten, wenn – bezogen auf den Beurteilungspegel am Arbeitsplatz – zu schwache Gehörschützer verwendet werden (z.B. Gehörschutzwatte in ei-

---

[61] LSG Rheinland-Pfalz, 28. 4. 1982, SozSich 1983, 126; Feldmann, Das Gutachten des Hals-Nasen-Ohren-Arztes, 6. Aufl. 2006, S. 211.
[62] Klosterkötter, Forschungsbericht F 130 der Bundesanstalt f. Arbeitsschutz u. Unfallforschung, 1974; vgl. auch Pausendiagramm in VDI 2058 Bl. 2.
[63] Ruof, Arbeitsm. Tagung über die berufliche Lärmschwerhörigkeit, Bad Reichenhall 1974, Schriftenr. HVBG 1975 S. 55f.; Husmann, SozVers 1985, 239, 242f.; LSG Nordrhein-Westfalen, 5. 2. 1980 (L 5 U 37/77): Reichen ungefähre Schätzwerte – insbesondere bei der Abgrenzung zwischen der berufsbedingten und außerberuflichen Komponente – nicht aus, wirkt diese Beweislosigkeit nach dem Grundsatz der objektiven Beweislast (s. 1.7.7) zu Ungunsten des Versicherten.
[64] Brusis, Trauma Berufskrankh 8 (2006) 65, 69; Feldmann, Das Gutachten des Hals-Nasen-Ohren-Arztes, 6. Aufl. 2006 S. 213; Baldus, ASP 19 (1984) 217.

ner Gesenkschmiede) oder bei nicht optimaler Anpassung der Gehörschutzstöpsel (offene Verbindung zwischen äusserem Schallfeld und Trommelfell). So kann der Schall weiter ungeschützt auf das Innenohr einwirken. Dies trifft auch zu, wenn Stöpsel überaltern, hart und rigide werden und dadurch an Sitz verlieren. Ähnliche Wirkung kann eintreten, wenn ein Gehörgangsstöpsel nicht sorgfältig in den Gehörgang eingepresst wird und ziemlich lose im Gehörgangseingang liegt. Kapselgehörschützer erfordern ausreichenden Bügeldruck, um eine Schallabdichtung zu gewährleisten. Gealterter, verhärteter Dichtungsrand kann Schallöffnungen begründen. Weiteres Schädigungsrisiko: Gehörschutz wird nicht konsequent, d. h. nicht dauernd getragen (Absetzen bei schweißtreibender Arbeit, Verständigung, akustische Kontrolle von Arbeitsgeräuschen; Anwendung nur bei Selbstausführung lautstarker Arbeiten). Wird der Gehörschutz z. B. nur während der halben Lärmeinwirkungsdauer getragen, reduziert sich der Beurteilungspegel am Ohr nur um 3 dB, zur Verhütung eines Gehörschadens oft nicht ausreichend.

Die Gefährdung durch kurzes Nicht-Tragen von Gehörschutz im Lärm ist hoch. Wird der Gehörschutz für eine Minute je halbe Stunde abgenommen, beträgt die Tragezeit 97 %. Die tatsächliche Lärmexposition des Gehörs wird jedoch um 10 dB erhöht. In Abhängigkeit vom Schallpegel am Arbeitsplatz, vom Gehörschützer und von der langfristigen Lärmbelastung über Jahre, kann durch diese kurzfristige Lärmbelastung ohne Gehörschützer (Zeitanteil: 3 % der gesamten Lärmexposition) das Risiko eines Hörschadens um bis zu 9-mal erhöht werden.[65] Der Klärung bedarf es, wann und für welchen Zeitraum regelmäßiger Gehörschutz getragen wurde.

Die Wirkung der Gehörschutzer wir also vermindert oder aufgehoben bei nicht ständigem Tragen während der gesamten Einwirkungszeit sowie durch Fehler bei Handhabung und Pflege. Bei kritischer Würdigung der Angaben zu Tragegewohnheiten ist zu beachten: Nach langjähriger gehörschädigender Einwirkung und Vereinbarkeit des audiometrischen Bildes und der Erkrankung kann allein aus zweifelhaftem Vorbringen, Gehörschutz ordnungsmäßig getragen zu haben, eine Lärmschwerhörigkeit nicht verneint werden.

7.3.3.2.4 Kongruenz zwischen Lärmexpositionszeitraum und Entwicklung der Schwerhörigkeit

Die Schwerhörigkeit muss sich während der Lärmarbeit entwickeln. Der Vorgeschichte ist zu entnehmen, ob der Betroffene bereits bei Aufnahme der lärmgefährdenden Tätigkeit schwerhörig war. Ist die Schwerhörigkeit nach Beenden einer beruflichen Lärmexposition aufgetreten, müssen andere Ursachen vorliegen.[66]

Auch ohne weitere Lärmbelästigung kann sich bei gleichbleibendem Tongehör das Sprachverständnis im Alter etwas verschlechtern. Dies hängt nicht mit der primär lärmbedingten Haarzellenschädigung zusammen, sondern ist durch die Abnahme der individuellen Kompensationsfähigkeit bedingt: Bei älteren Menschen ist die Fähigkeit, Hörfunktionsstörun-

---

65 Liedtke, TÜ Bd. 44 (2003) Nr. 3 S. 50–53.
66 BSG, 8. 12. 1998, Meso B 40/39; LSG Niedersachsen, 19. 12. 1996, HV-Info 28/1997, 2680; Hess. LSG, 16. 7. 1997, HV-Info 20/1998, 1903 = Meso B 40/76; Hess. LSG, 16. 7. 1997, Meso B 40/76; LSG Nordrhein-Westfalen, 10. 8. 2005, HV-Info 1/2006, 47.

gen zu kompensieren, eingeschränkt.⁶⁷ Ist die Lärmexposition beendet, darf die Schwerhörigkeit nur altersentsprechend fortschreiten.⁶⁸

7.3.3.2.5 Das tonaudiometrische Bild

Als Tonaudiogramm wird die Hörschwellenkurve für Sinustöne (reine Töne) bezeichnet. Es dient vor allem zur differentialdiagnostischen Beurteilung der Schwerhörigkeit bzw. zum Ausschluss einer andersartigen Schwerhörigkeit oder Schwerhörigkeitskomponente. Für jedes Ohr getrennt ist mit Hilfe eines elektro-akustischen Hörmessgerätes die Tongehörschwelle aufzusuchen, d.h. der Schalldruck, bei dem der Betroffene gerade eine Hörempfindung angibt. Die Hörschwelle erfordert für die einzelnen Tonhöhen (Frequenzen) verschiedene Schalldrucke, die sich in Form einer Hörschwellenkurve in einem Audiogramm darstellen lassen (Abb. 5).

In diesen Diagrammen ist die normale Hörschwelle als gerade Linie angegeben, die mit „0 dB" bezeichnet wird. Höhere Schwellenwerte werden nach unten abgetragen. Sie geben an, um wieviel dB die Hörschwelle über der normalen liegt. Die Werte sind nicht mit dem Schalldruckpegel zu verwechseln, der in dB (A) angegeben wird. Liegt die Hörschwelle um X dB über dem normalen Wert, beträgt der Hörverlust X dB.

Die Untersuchung wird für Luft- und Knochenleitung gesondert durchgeführt. Zur Ermittlung des prozentualen Hörverlustes aus dem Tonaudiogramm wird der Kurvenverlauf der Luftleitung herangezogen, wenn die Schallleitungskomponente nicht mehr als 10 dB beträgt.

Nach dem Kurvenverlauf des Audiogramms werden verschiedene Grundtypen von Hörstörungen unterschieden.

(1) Mittelohr- oder Schallleitungsstörung:

Der Antransport des akustischen Reizes zum Innenohr ist gestört; das eigentliche Sinnesorgan ist unversehrt. Während die Knochenleitungskurve im Bereich der Norm liegt (0 dB), weist die Luftleitungskurve einen Hörverlust auf. Die Ursache dieser Differenz liegt darin, dass bei einer Störung im Bereich des Gehörganges, des Trommelfells oder des Mittelohrs der über Luftleitung zugeführte Schall das Innenohr gemindert erreicht, wohl aber über Knochenleitung, da dabei das Mittelohr umgangen wird.

Die Mittelohrschwerhörigkeit lässt sich durch Stimmgabelprüfung nach *Rinne* (Rinne „negativ") und bei einseitiger Schwerhörigkeit nach *Weber* (der Ton wird im schwerhörigen Ohr wahrgenommen) nachweisen.

Eine Schallleitungsstörung im tiefen und mittleren Frequenzbereich ist niemals durch chronische Lärmeinwirkung verursacht; sie wirkt im Gegenteil als natürlicher Schallschutz.⁶⁹ In den hohen Frequenzen (oberhalb 4000–6000 Hz) soll sich indessen regelmäßig eine leichte Luftleitungs-Knochenleitungs-Differenz finden, die mit zunehmendem Alter

---

[67] Tymnik, Kessler, Trautmann, Geriatrische Aspekte in der HNO-Heilkunde (Hrsg. Kaiser-Meinhardt, Wendler) 1976.
[68] LSG Nordrhein-Westfalen, 25. 10. 1979, Kompass 1980, 255; Bayer. LSG, 11. 3. 1987, VB 72/87; Feldmann, Das Gutachten des Hals-Nasen-Ohren-Arztes, 6. Aufl. 2006 S. 212; Brusis, Trauma Berufskrankh 3 (2001) 127, 128.
[69] Feldmann, Das Gutachten des Hals-Nasen-Ohren-Arztes, 6. Aufl. 2006 S. 215.

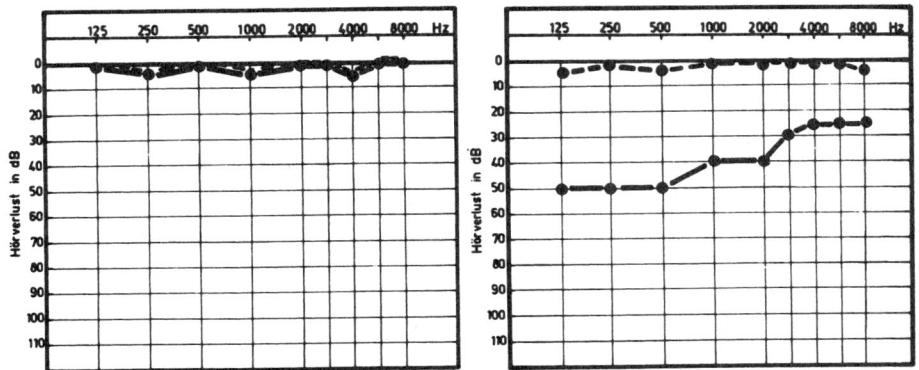

Normales Audiogramm:
Luft- und Knochenleitung decken sich im Rahmen der Messfehlergrenze und mit der normalen Hörschwelle (0 dB-Linie)

Schallleitungsschwerhörigkeit:
Knochenleitungskurve normal; Luftleitungskurve zeigt Hörverlust.

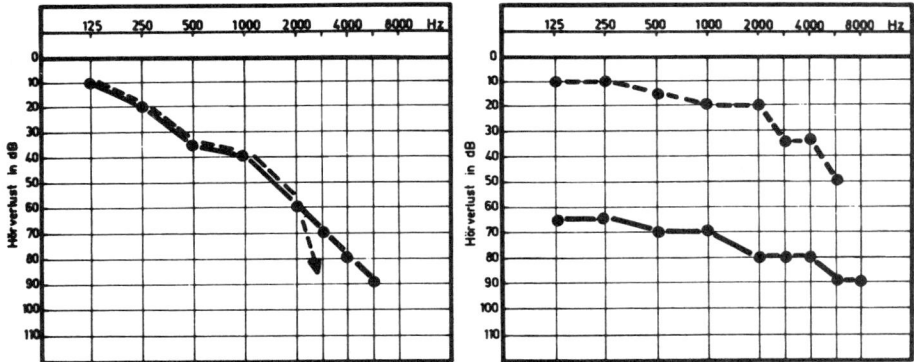

Schallempfindungsschwerhörigkeit:
Luft- und Knochenleitungskurve decken sich und weisen einen gleichgroßen Hörverlust auf; Hörverlust wird nach den hohen Frequenzen zu größer (Schrägverlauf).

Kombinierte Schwerhörigkeit:
Knochenleitungskurve zeigt Hörverlust (Schallempfindungskomponente); Luftleitungskurve zeigt einen noch stärkeren Hörverlust (Schallleitungskomponente).

Abb. 5

und mit größer werdendem Ausmaß der Hörschädigung zunimmt. Die Schallleitungskomponente in den hohen Frequenzen dürfte vor allem von der Dauer der Lärmeinwirkung abhängen und wird mit der Veränderung der Elastizität des Trommelfells und der Gehörknöchelchenkette erklärt[70]; möglicherweise handelt es sich aber um einen messtechnischen Artefakt.

---

[70] Plath, Das Ton- und Sprachgehör bei Lärmschäden des Ohres, 1971 S. 25, 66.

Zum Ausschluss einer Schallleitungsstörung wird eine *tympanometrische Untersuchung* verlangt.[71]

(2) Schallempfindungsschwerhörigkeit:

Bei unversehrter Schallleitung ist das Sinnesorgan nicht imstande, den empfangenen Reiz richtig zu verarbeiten und/oder zum Gehirn weiterzuleiten. Die Ursache der Schwerhörigkeit kann im Innenohr (Innenohrschwerhörigkeit) oder im Hörnerven (Hörnervenschwerhörigkeit) liegen.

Der Kurvenverlauf ist bei der lärmbedingten Innenohrschwerhörigkeit durch einen Abfall zum höheren Frequenzbereich charakterisiert. Die Schwellenwerte für Luft- und Knochenleitung sind – im Rahmen der Messfehlergrenze – identisch.[72]

(3) Kombinierte Schwerhörigkeit:

So wird das gleichzeitige Auftreten einer Schallleitungsschwerhörigkeit und einer Innenohrschwerhörigkeit auf einem Ohr bezeichnet. Wegen der üblichen Fehlerbreite audiometrischer Messwerte sollte die Differenz größer als 10 dB sein.

7.3.3.2.6 Nachweis einer Hochtonsenke

Beruflicher Lärm schädigt das Innenohr, audiometrisch besteht das Bild einer *Schallempfindungsschwerhörigkeit*. Eine *Schallleitungsschwerhörigkeit* kann dagegen *nicht lärmbedingt* sein, da weder Berufs- noch Freizeitlärm zu einer Schädigung des Trommelfells oder Beeinträchtigung der Gehörknöchelchenkette führt. Der „Sitz" einer Lärmschwerhörigkeit ist immer das Innenohr (die Hörschnecke bzw. das in der Schnecke gelegene Corti-Organ). Deshalb handelt es sich bei der Lärmschwerhörigkeit stets um eine Innenohrschwerhörigkeit. Die Vorstellung, zu einer Innenohrschwerhörigkeit könne eine aufsteigende Degeneration mit einer *Hörnervenschwerhörigkeit* hinzukommen, gilt als spekulativ.[73] *Besonders empfindlich sind die Haarzellen*, die für die Schalltransformation *im Hochtonbereich* verantwortlich sind. Dies ist der Frequenzbereich um 4000 Hz. Aus diesem Grunde kommt es zum Beginn einer Lärmschwerhörigkeit stets zur Entstehung einer sogenannten c^5-*Senke*.[74] Nach länger dauernder Lärmbelastung kann sich die Senke vertiefen und verbreitern. Meist besteht oberhalb 2000 Hz oder nach weiterem Fortschreiten oberhalb 1000 Hz ein Steilabfall. Der maximale Hörverlust im Hochtonbereich beträgt oft nicht mehr als 60 dB. Im Bereich der ganz hohen Frequenzen steigt die Hörverlustkurve wieder an, so dass sich das Bild einer Senke ergibt. Ein *Hochtonschrägabfall* ist dagegen nicht typisch für eine Lärmschwerhörigkeit, eher für einen anders gearteten Innenohrschaden bzw. eine *degenerative Schwerhörigkeit* (Abb. 6).

---

[71] Lärm- und Vibrations- Arbeitsschutzverordnung v. 6. März 2007; Empfehlungen des HVBG für die Begutachtung der beruflichen Lärmschwerhörigkeit („Königsteiner Merkblatt") 4. Aufl. 1996 Ziff. 3.5.1.
[72] LSG Bremen, 19. 6. 1986, Breith. 1987, 454.
[73] Brusis, Trauma Berufskrankh 8 (2006) 65, 701.
[74] c^5 entspricht in der Musik einer Frequenz von 4096 Hz.

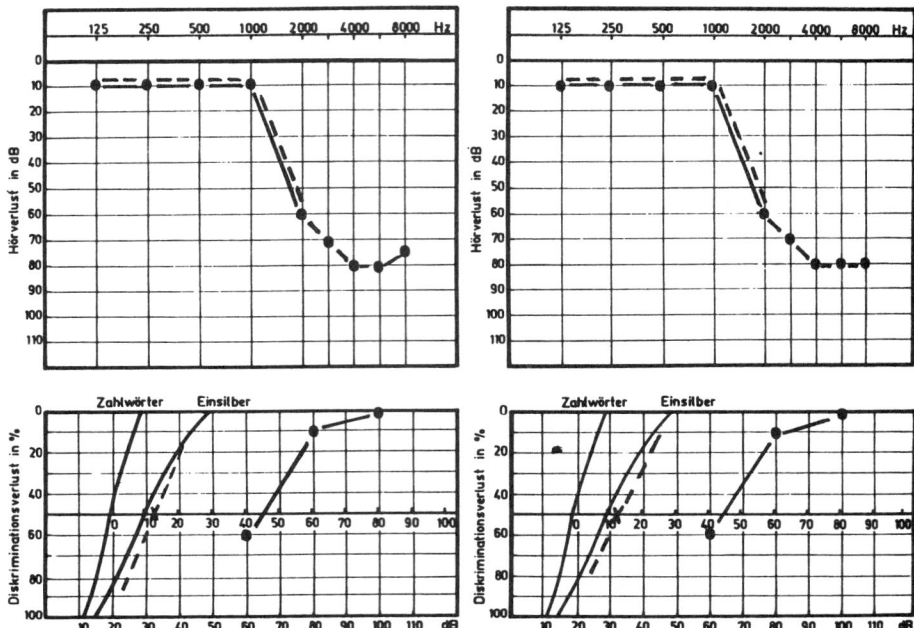

Abb. 6: Knapp geringgradige lärmbedingte Innenohrschwerhörigkeit beidseits mit lärmtypischer, symmetrischer Hochtonsenke. Tonaudiogramm oben, Sprachaudiogramm unten: mittlerer Hörverlust für Zahlwörter beidseits 10 dB. Gesamtwortverstehen beidseits 230 = MdE unter 10 % – Gesamtwortverstehen nach Feldmann beidseits 200, daher prozentualer Hörverlust beidseits 20 % und MdE 10 %.

Der statistische Mittelwert des Hörverlustes bei 4000 Hz liegt bei 60 dB. Beträgt er mehr als 90 dB, bedarf es einer Erklärung durch außergewöhnliche Arbeitsplatzverhältnisse; als Folge einer zusätzlichen Schädigung ist er anzusehen.[75]

Die c^5-Senke allein reicht nicht zum Nachweis einer Lärmschädigung aus: Sie erscheint auch nach Schädelunfällen, bei toxischen Innenohrschäden, Durchblutungsstörungen, erblichen Innenohrschwerhörigkeiten oder auch ohne nachweisbare Ursache. Da in der Mehrzahl aller Lärmschädigungen der Hörverlust auf die Frequenz oberhalb von 1000 Hz beschränkt bleibt, erweist sich der 1000 Hz-Ton oft als unterer Grenzwert des Schädigungsbereiches im Tonaudiogramm (Abb. 6). Die meisten tonaudiometrischen Bilder zeigen demzufolge eine nur geringgradige Form der Hörminderung: Die typische Hochtonsenke liegt oberhalb von 1000 Hz.

In wenigen Fällen kann im zweiten und dritten Jahrzehnt der Lärmexposition das Tongehör bei 1000 und dann bei 500 Hz zunehmend absinken. Das Sprachgehör ist empfindlich beeinträchtigt: Bei Abstandsprüfung erscheint die Hörweite für Flüster- und Umgangssprache eingeschränkt.

---

[75] Plath, Das Ton- und Sprachgehör bei Lärmschäden des Ohres, 1971 S. 22.

Hörverluste im tiefen und mittleren Frequenzbereich können ebenfalls lärmbedingt sein.[76] Im mittleren Frequenzbereich (bei 1000 Hz) sind sie erst nach jahre- bzw. jahrzehntelanger und erheblicher Lärmbelastung denkbar. Entgegen abweichender Ansicht[77] ist es nicht zulässig, Hörverluste im Tieftonbereich stets anderen, nicht nachweisbaren Ursachen zuzuschreiben.[78] Sie sind aber nur dann lärmbedingt, wenn eine jahrzehntelange Lärmexposition mit Lärmeinwirkungen, meist über 85 dB (A) bzw. extrem hohen Schallpegeln, gegeben war.[79] Aber auch dann wird ein Hörverlust von 30 dB selten erreicht.[80]

7.3.3.2.7 Symmetrisches Bild

Die Lärmschwerhörigkeit weist im Tonaudiogramm grundsätzlich ein symmetrisches Bild auf, da die Ohren im diffusen Schallfeld annähernd gleich belastet werden. Ursächlich für seitendifferente Hörverluste sind[81]:

- unterschiedliche Lärmexposition beider Ohren (z.B. bei Kesselschmieden, Schallschatten des Kopfes), wenn der Kopf über den wesentlichen Teil der Arbeitszeit in ungefähr demselben Winkel zur Schalleinfallsrichtung gehalten wird und zeitweise auftretende, zusätzliche, gerichtete Schalleinwirkungen diese nicht aufheben

- abweichende Verwundbarkeit der Innenohren

- zusätzliche cochleäre Hörstörung (Morbus Menière, s. 7.2.3.7, S. 317; Hörsturz, s. 7.2.3.6, S. 317; traumatische oder infektiös-toxische Schädigung des Innenohres)

- Schallschutzeffekt durch vorbestehende Schallleitungsschwerhörigkeit (Otosklerose, Tubenkatarrh, chronische Mittelohrentzündung), da die Schallenergie nur abgeschwächt auf das Innenohr übertragen wird.

Differenzen kommen im Hochtonbereich eher vor als im mittleren Frequenzbereich. Einseitige Tieftonhörverluste sind jedoch keine Folge beruflicher Lärmeinwirkung.[82] Die Seitendifferenz darf nicht mehr als einen Schwerhörigkeitsgrad betragen[83] (z.B. rechts geringgradig – links mittelgradig), der Hörverlust somit nicht um mehr als 20 % differieren.

---

[76] Hess. LSG, 17.8.1988, HV-Info 4/1989, 274; Brusis, Laryngo-Rhino-Otologie 75 (1996) 732, 733; Luckhaupt, Brusis, Tieftongehör und Asymmetrie bei der beruflich-bedingten Lärmschwerhörigkeit. Vortrag 68. Versammlung der Vereinigung Südwestdeutscher HNO-Ärzte in Bad Homburg, 28.9.1984; Plath, Das Ton- und Sprachgehör bei Lärmschäden des Ohres, 1971 S. 25, 66; Feldmann, Das Gutachten des Hals-Nasen-Ohren-Arztes, 6. Aufl. 2006 S. 145; Hülse, Partsch, Laryng. Rhinol. 54 (1975) 398; Steps, Die Begutachtung der berufsbedingten Lärmschwerhörigkeit, Berlin 1982.

[77] Lehnhardt, Z. Laryng. Rhinol. Otol. 51 (1972) 221; Schwetz, Raber, Laryng. Rhinol. Otol. 61 (1982) 452.

[78] Chüden, Laryng. Rhinol. Otol. 62 (1983) 481.

[79] Bayer. LSG, 24.8.1994, HV-Info 1/1995, 51 = Meso B 40/57.

[80] Brusis, HNO 1999 (47) 140, 148.

[81] Vgl. LSG Nordrhein-Westfalen, 25.10.1979, Kompass 1980, 255; BSG, 8.12.1988, HV-Info 6/1989, 410; Brusis, Die Lärmschwerhörigkeit und ihre Begutachtung, 1978 S. 66ff., 77.

[82] Feldmann, Das Gutachten des Hals-Nasen-Ohren-Arztes, 6. Aufl. 2006, S. 219.

[83] LSG Nordrhein-Westfalen, 19.2.1997, HV-Info 26/1997, 2479 = Meso B 40/70; Brusis, HNO 1999 (47) 148; Feldmann, Das Gutachten des Hals-Nasen-Ohren-Arztes, 6. Aufl. 2006 S. 219.

Die einseitige Beschallung am Arbeitsplatz gilt als sehr seltenes Ereignis.[84] Im Einzelfall ist eine Stellungnahme des Aufsichtsdienstes zur seitendifferenten Lärmbelastung einzuholen.[85]

Bei jeder festgestellten Seitendifferenz ist zu prüfen, ob andere Einflüsse oder spezielle Eigenschaften der Lärmeinwirkung vorliegen, ehe eine alleinige Lärmschädigung mit Wahrscheinlichkeit angenommen werden kann.

7.3.3.2.8 Nachweis eines Recruitments (Lautheitsausgleich)

Liegt eine Schallempfindungsschwerhörigkeit vor, gilt es festzustellen, ob es sich um einen Haarzellenschaden (Schwerhörigkeit mit labyrinthärem Sitz = cochleäre Schwerhörigkeit = Innenohrschwerhörigkeit) oder um einen Hörnervschaden (Schwerhörigkeit mit retrolabyrinthärem Sitz = retrocochleäre Schwerhörigkeit = Nervenschwerhörigkeit) handelt. Letztere ist nicht lärmbedingt.

Ein Recruitment tritt bei Ausfall der äußeren und erhaltener Funktion der inneren Haarzellen auf: Die Schwelle der äußeren Haarzellen ist niedriger als die der inneren. Daher sprechen sie auf weniger laute Töne an und werden leichter und häufiger geschädigt als die inneren Haarzellen. Letztere sind widerstandsfähiger; erst bei größerer Lautstärke werden sie tätig.

Bei Innenohrschwerhörigkeit mit Schäden an den äußeren Haarzellen erweist sich das erkrankte Ohr beim Prüfen mit Tönen nahe der Hörschwelle als deutlich schwerhörig. Je lauter der Ton angeboten wird, desto mehr gleicht die Lautheit, mit welcher der Ton am kranken Ohr wahrgenommen wird, derjenigen am gesunden Ohr. Vom Innenohrhörigen werden daher laute Töne so wie von Normalhörigen empfunden. Liegt ein solcher Lautheitsausgleich vor, spricht man von einem positiven, fehlt er, von einem negativen Recruitment.

Da die chronische Lärmeinwirkung fast ausschließlich die äußeren Haarzellen schädigt, bleiben die meisten Lärmschwerhörigkeiten bei 60 dB Hörverlust stehen. Aus dieser Beobachtung erwuchs der Grundsatz: Bei einem nachgewiesenen *negativen Recruitment* ist die Verursachung der Hörstörung durch Lärm unwahrscheinlich. Aber ein *positives Recruitment* beweist nicht das Vorliegen einer Lärmschwerhörigkeit. Nahezu alle Innenohrschwerhörigkeiten der verschiedensten Ursachen betreffen die äußeren Haarzellen mehr und früher als die inneren: Morbus Menière, idiopathischer Hörsturz, toxische Schäden, virale oder bakterielle Infektionen, traumatische Einwirkungen, hereditäre endogene Degeneration, usw.[86]

Bei kombinierten Hörschäden gelingt der Nachweis eines Recruitments nicht, z.B. bei alten Menschen mit einer Innenohrschädigung und einer zentralen Hörschädigung infolge von Durchblutungsstörungen, so dass das Fehlen nicht immer durch eine ausschließlich retrocochleäre Hörstörung erklärt werden kann.[87]

---

[84] LSG Nordrhein-Westfalen, 13.10.1995, HV-Info 30/1995, 2560; Baldus, Wittgens, ASP 1983, 294ff.; Pfeiffer, Maue, ASP 1983, 268ff.
[85] Schröter, Brusis, Luckhaupt, ASP 1985, 32.
[86] Feldmann, Das Gutachten des Hals-Nasen-Ohren-Arztes, 6. Aufl. 2006 S. 236f.
[87] Brusis, Die Lärmschwerhörigkeit und ihre Begutachtung, 1978 S. 120.

7.3 Lärmschwerhörigkeit

Das Recruitment wird durch verschiedene Untersuchungsmethoden nachgewiesen. Zur Unterscheidung genügen zwei Tests, wenn diese in ihrem Ergebnis übereinstimmen. Bei Widersprüchen sind weitere Tests durchzuführen, um den Sitz der Hörstörung möglichst sicher zu identifizieren, insbesondere auch bei vermuteten unterschiedlichen Schädigungsursachen.[88]

Als *überschwellige Audiometrie* werden Messverfahren bezeichnet, die das Hörvermögen für Töne prüfen, welche höhere Lautstärken als Schwellenwerte haben, d.h. im hörbaren Bereich liegen.[89]

Als einzige Methode, die ein Recruitment direkt nachweist oder ausschließt, erweist sich der *Fowler-Test*, der aber nur bei einseitiger Schwerhörigkeit angewandt werden kann; außerdem muss die Differenz zwischen beiden Ohren bei der zu messenden Frequenz mindestens 30 dB betragen.[90]

Beim Lautstärkevergleich nach Fowler wird ein Ton abwechselnd links und rechts angeboten und auf dem einen Ohr so lange in seiner Lautstärke verändert, bis der Betroffene das Empfinden hat, auf beiden Ohren den Ton gleich laut zu hören. Der Fowler-Test ist positiv (Recruitment positiv), wenn die Lautstärke rechts und links bei gleicher Lautheitsempfindung übereinstimmt.

Alle anderen Untersuchungsmethoden weisen das Recruitment indirekt nach.

Der weit verbreitete SISI-Test und das Békésy-Audiogramm geben in einem hohen Prozentsatz richtige Hinweise auf das Recruitment. Gleiches gilt für den Lüscher-Test.

Der *SISI-Test*[91] (Short Increment Sensitivity Index) prüft die Anzahl der erkannten gleichlauten Tonschwankungen und drückt das Erkennen kurzer Lautstärkeerhöhungen von 1 dB eines Dauertons prozentual aus.

Bei einer Nervenschwerhörigkeit nimmt der Betroffene – wie der Normalhörende – keine oder nur wenige Lautstärkeerhöhungen (Incremente) wahr (SISI negativ). Bei der chronischen Lärmschwerhörigkeit ist der SISI-Test bei 1 kHz gewöhnlich negativ, wenn bei dieser Frequenz noch kein oder nur ein geringer Hörverlust vorliegt, und bei 4 kHz positiv.

Mit dem *Békésy-Audiogramm* wird das Vorliegen eines Recruitments durch eine Lautstärken-Unterschiedsschwellen-Bestimmung geprüft. Die Audiogramme können bestimmten Arten der Hörschädigung zugeordnet werden; gleichzeitig wird mit der Hörschwellenkurve das Ermüdungsverhalten aufgezeichnet. Bei Verdacht auf eine Nervenschwerhörigkeit ist diese Untersuchung zur Sicherung der Diagnose angezeigt.

Der *Lüscher-Test* nutzt die Beobachtung, dass der Normalhörige und der Innenohrschwerhörige mit Haarzellschaden in Hörschwellennähe bei 10 dB Lautstärke eine Lautstärkeschwankung erst erkennt, wenn diese 3 dB und mehr beträgt. Bei großen Lautstärken ist die Unterschiedsschwelle erheblich verringert (0,6 dB bei 80 dB Lautstärke), während sie beim Hörnervgeschädigten deutlich vergrößert ist (2–3 dB bei 80 dB Lautstärke).

---

[88] „Königsteiner Merkblatt", 4. Aufl. 1996 Ziff. 3.5.2.
[89] Dazu LSG Bremen, 19. 6. 1986, Meso B 40/35.
[90] Brusis, Die Lärmschwerhörigkeit und ihre Begutachtung, 1978 S. 110.
[91] Dazu Arbeitsmedizinische Leitlinie „Audiometrie in der Arbeitsmedizin", ASU 41 (2006) 308.

Die *Geräuschaudiometrie* nach *Langenbeck* beruht auf dem Effekt, dass ein Geräusch einen Ton verdecken kann. Das Verhalten des Tongehörs unter Geräuscheinfluss ist beim Haarzellschaden anders als bei der Hörnervschädigung. Lässt sich bei einer Haarzellschädigung im hohen Tonbereich ein Prüfton durch ein gleichzeitig gegebenes Geräusch minder verdecken, wird bei einer Hörnervschädigung der hohe Ton im Geräusch schlechter wahrgenommen.

Die *tympanometrische Untersuchung* ist ein audiometrisches Verfahren, das eine zusätzliche Schallleitungsstörung ausschließt. Die Messung kann z. B. von Bedeutung sein, wenn neben einer Lärmschwerhörigkeit ein Tubenkatarrh vorliegt. Mit einer tympanometrischen Untersuchung kann sich auch nachweisen lassen, ob tatsächlich eine bei der tonaudiometrischen Untersuchung gemessene Schallleitungsschwerhörigkeit besteht oder der gesamte Schaden lärmbedingt ist.[92]

Nach dem Königsteiner Merkblatt ist die *Stapediusreflexschwellenmessung* in Verbindung mit der Tympanometrie zur Differentialdiagnose zwischen Innenohrschwerhörigkeit und Hörnervenschwerhörigkeit anzuwenden.

Die Paukenhöhle enthält zwei kleine, in Knochenkanälen verlaufende Muskeln, die am Hammergriff (M. tensor tympani) und am Steigbügelköpfchen (M. stapedius) ansetzen. Durch das Gegenwirken der Muskeln kommt es zur Versteifung der Gehörknöchelchenkette. Die Muskelkontraktionen können durch akustische und mechanische Reize ausgelöst werden, wobei die Reizschwelle des M. stapedius niedriger liegt. Die Reaktion ist nur selten willkürlich auslösbar. Die Stapediusreflexschwellenmessung nutzt die Beobachtung, dass die Reflexschwelle beim Haarzellschaden des Innenohres im Vergleich zum Hörnervschaden erniedrigt ist. Das Ergebnis der Stapediusreflexschwellenmessung ist bedeutsam, wenn eine Innenohrschwerhörigkeit mit anderen Tests nicht nachzuweisen ist. Auch eine simulierte Schwerhörigkeit kann aufgezeigt werden. Indessen sind Unsicherheitsfaktoren vielfältig.[93]

Die *BERA-Messung* (Audiometrie der Hirnstammpotentiale) ist ein objektives Verfahren mit dem der Nachweis eines Recruitments am sichersten zu führen ist.[94]

Mit der Notched-Noise-BERA kann ein objektives Tonaudioprogramm über Luftleitung erstellt werden, vorzugsweise bei 500, 1000, 2000 und 4000 Hz. Diese (aufwändige) Methode kommt bei Simulation und Aggravation in Betracht.[95]

Die Messung der *otoakustischen Emissionen* ist gleichfalls ein objektives Verfahren, mit dessen Hilfe zwischen Innenohr- und Hörnervenschwerhörigkeit unterschieden werden kann. Darüber hinaus vermag der Gutachter in Einzelfällen den Grad der Hörstörung eingrenzen. Zur Verifizierung und Differenzierung von Tinnitus soll eine Vergleichsmessung mit Tönen und Geräuschen durchgeführt werden. Dieses Untersuchungsverfahren dient der Feststellung der Tonhöhe des Tinnitus. Gleichzeitig kann ein Zusammenhang zwischen lärmbedingter Schwerhörigkeit und Tinnitus wahrscheinlich gemacht werden.[96]

---

[92] Brusis, SGb 1999, 340, 341.
[93] Brusis, Die Lärmschwerhörigkeit und ihre Begutachtung, 1978 S. 65, 117f.
[94] Lenarz, Laryng. Rhinol. Otol. 67 (1988) 123ff.; Brusis, HNO 2 (1999) 140, 142.
[95] Nach Streppel, Brusis, HNO 2007 (Suppl 1) e-HNO 1 55: e 7–e 14 bei der Begutachtung der Lärmschwerhörigkeit mit 58 % sehr häufig.
[96] Brusis, SGb 1999, 340, 341.

7.3.3.2.9 Das Sprachgehör[97]

Im Gegensatz zum tonaudiometrischen Bild der Lärmschwerhörigkeit gibt es keinen charakteristischen sprachaudiometrischen Befund. Die Ergebnisse der sprachaudiometrischen Untersuchung müssen sich in das Gesamtbild einer symmetrischen Schallempfindungsstörung vom Haarzelltyp einordnen lassen.

In der Regel hat der Lärmgeschädigte gegenüber anderen Innenohrgeschädigten ein relativ gutes Sprachgehör. Das Sprachverständnis ist solange nicht eingeschränkt, wie sich der Hörverlust im Tonaudiogramm auf einen umschriebenen Hochtonbereich beschränkt. Wird der Grenzwert von 40 dB bei 3000 Hz überschritten, so empfindet der Betroffene meist erstmals die Hörstörung.

(1) Bei der *sprachaudiometrischen Untersuchung* wird der *„Freiburger Sprachtest"* angewendet. Das Sprachverständnis wird geprüft, indem dem Betroffenen über Tonträger und Kopfhörer zweistellige Zahlwörter und einsilbige Hauptwörter dargeboten werden.

Mit dem *Zahlwortverständnis-Test* wird festgestellt, wie groß der Schalldruckpegel ist, bei dem Sprache verstanden wird. Maßstab ist das 50%ige Verständnis, da von dieser Grenze ab die Zahlen zunehmend erraten werden können. Der erhaltene Messwert – der sprachaudiometrische Hörverlust – gibt an, um wieviel dB der Wert für das 50%ige Zahlenverständnis schlechter liegt als beim Normalhörenden.

Das *Einsilberverständnis* liegt auch beim Gesunden deutlich schlechter als das Zahlwortverständnis, da die Einsilber vollständig erfasst werden müssen und Näherungswerte (Lied statt Glied) zu verwerfen sind. Ziel des Tests ist, denjenigen Sprachschallpegel zu ermitteln, bei dem alle Einsilber verstanden oder ein Optimalwert erreicht wird, der bei weiterer Verstärkung nicht zu überschreiten ist. Wird ein 100%iges Einsilberverständnis nicht erreicht (95% in der Praxis mit 100 zu werten), liegt ein Diskriminationsverlust vor. Beispiel: Werden 90% verstanden (maximale Verständlichkeit), beträgt der Diskriminationsverlust 10%.

Für das Errechnen des prozentualen Hörverlustes nach der Tabelle von *Boenninghaus* und *Röser* (Abb. 7) *ist die Kenntnis des Gesamtwortverstehens* erforderlich. Dieses erhält man durch Addition der Einsilberverständniswerte bei 60, 80 und 100 dB. Werden stattdessen die Verständniswerte bei anderen Lautstärken berücksichtigt, z.B. bei 50, 65 und 80 dB[98], kann diese Tabelle nicht verwendet werden, da sie ausschließlich für das Gesamtwortverstehen bei 60, 80 und 100 dB Lautstärke entwickelt wurde.[99]

---

[97] Nach Brusis, Die Lärmschwerhörigkeit und ihre Begutachtung, 1978 S. 80–82.
[98] Husmann, SozVers 1984 H. 10 u. 11; a.A. ders., in: SozVers 1988, 69, 71; ähnlich Schimanski, SozVers 1981, 140–147, 172–182; 40, 80 und 100 dB.
[99] Brusis, SozVers 1985, 94f.

		Hörverlust für Zahlen in dB (a_1)										
		< 20	ab 20	ab 25	ab 30	ab 35	ab 40	ab 45	ab 50	ab 55	ab 60	ab 65	ab 70
Gesamtwortverstehen (w_s)	< 20	100	100	100	100	100	100	100	100	100	100	100	100
	ab 20	95	95	95	95	95	95	95	95	95	95	95	100
	ab 35	90	90	90	90	90	90	90	90	90	90	95	100
	ab 50	80	80	80	80	80	80	80	80	80	90	95	100
	ab 75	70	70	70	70	70	70	70	70	80	90	95	100
	ab 100	60	60	60	60	60	60	60	70	80	90	95	
	ab 125	50	50	50	50	50	50	60	70	80	90		
	ab 150	40	40	40	40	40	50	60	70	80			
	ab 175	30	30	30	30	40	50	60	70				
	ab 200	20	20	20	30	40	50	60					
	ab 225	10	10	20	30	40	50						
	ab 250	0	10	20	30	40							

Abb. 7: Berechnung des prozentualen Hörverlustes aus dem Sprachaudiogramm (*Boenninghaus* und *Röser* 1973)

Liegt eine erhebliche Differenz zwischen Hörverlust aus dem Tonaudiogramm und Hörverlust aus dem Sprachaudiogramm vor, ist in Fällen der geringgradigen Schwerhörigkeit die MdE gemäß der Methode des „*Gewichteten Gesamtwortverstehens (Ws)*" nach *Feldmann*[100] zu bewerten (Abb. 8).

Das Gewichtete Gesamtwortverstehen

Ws = [3 x (% bei 60 dB) + 2 x (% bei 80 dB) + 1 x (% bei 100 dB)] : 2

wurde vorgeschlagen, um die häufig zu niedrig bewertete geringgradige Schwerhörigkeit höher einzustufen; es soll jedoch nicht dazu dienen, mittelgradige Schwerhörigkeit (rechnerisch) als hochgradige Schwerhörigkeit oder hochgradige Schwerhörigkeit als an Taubheit grenzende Schwerhörigkeit zu bewerten. Daher gilt die Empfehlung des gewichteten Gesamtwortverstehens für Fälle bis zur geringgradigen Schwerhörigkeit. Mit dem Verfahren soll geprüft werden, ob eine für den Versicherten günstigere MdE von 10 % bzw. 20 % vorliegt.

Beispiel:
Gesamtwortverstehen durch Addition der Einsilberverständniswerte bei 60, 80 und 100 dB : 30 + 70 + 90 = 190. Der prozentuale Hörverlust beträgt 30 % (vgl. Abb. 9).

Gewichtetes Gesamtwortverstehen: (3 x 30 + 2 x 70 + 1 x 90) : 2 = 160. Der prozentuale Hörverlust beträgt 40 %.

Die beiden Parameter „50 %iges Zahlwortverständnis" und „Gesamtwortverstehen" liefern den *prozentualen Hörverlust* nach dem *Sprachaudiogramm*.

Liegt der prozentuale Hörverlust unter 20 %, ist das Tonaudiogramm noch einmal unter Verwendung der Drei-Frequenz-Tabelle von Röser (1980) für die Bewertung heranzuziehen (Abb. 10). Wird nach der Drei-Frequenz-Tabelle ein prozentualer Hörverlust von

---
[100] Laryng. Rhinol. 67 (1988) 319–325; „Königsteiner Merkblatt", 4. Aufl. 1996 Ziff. 4.2.1; BSG, 25. 11. 1992, Meso B 40/49; LSG Niedersachsen, 7. 11. 1988, Rdschr. HVBG VB 86/90; Jeremie, BG 1989, 214.

7.3 Lärmschwerhörigkeit

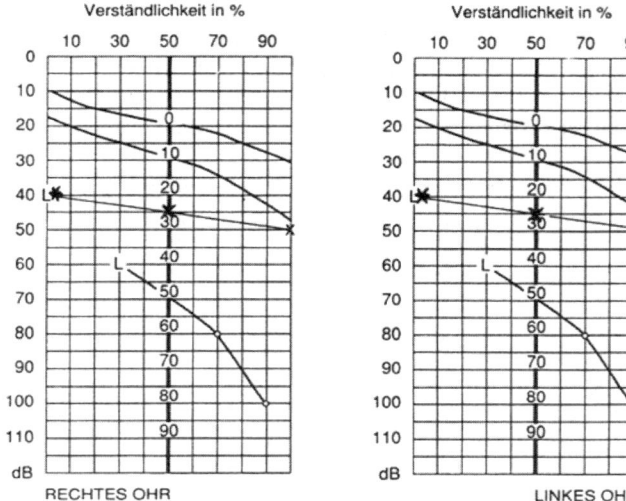

Abb. 8: Berechnung von Gesamtwortverstehen und
prozentualem Hörverlust aus dem Sprachaudiogramm
a_1-Wert: 25 dB, einfaches Gesamtwortverstehen:
30 + 70 + 90 = 190, proz. HV bds. 30%
a_1-Wert: 25 dB, gewichtetes Gesamtwortverstehen:
(3× 30 + 2× 70 + 1× 90) : 2 = 160, proz. HV, bds. 40%

20 % erreicht, beträgt die MdE 10 %. Mit diesem Verfahren wird eine MdE von 10 % viel häufiger erlangt als durch Verwendung des gewichteten Gesamtwortverstehens. Dadurch wird die Hürde einer MdE von 10 % früher bzw. leichter überschritten als bisher.[101]

(2) Die *Hörweitenbestimmung mit Umgangs- und Flüstersprache* hat ihre Bedeutung nur noch als Plausibilitätsprüfung, damit sich der Gutachter einen Eindruck über das Ausmaß der Hörstörung machen kann. Als Hörweite gilt die Entfernung, in der Zahlwörter zu mehr als die Hälfte verstanden und richtig nachgesprochen werden. Für eine Innenohrschwerhörigkeit ist charakteristisch eine große Differenz zwischen Umgangs- und Flüstersprache bei der Hörweitenprüfung. Letztere wird eher herabgesetzt als das Verständnis für die Umgangssprache.[102] Zwischen dem Ergebnis der Hörweitenbestimmung und dem der tonaudiometrischen und sprachaudiometrischen Untersuchung muss sich eine ausreichende Übereinstimmung ergeben. Die Hörweitenbestimmung wird indessen nicht (mehr) für die Feststellung des Schwerhörigkeitsgrades herangezogen, da es sich nicht um ein standardisiertes Verfahren handelt, und das Ergebnis der Hörweitenprüfung von zusätzlichen Faktoren wie Sprachlautstärke des Untersuchers, akustische Beschaffenheit des Prüfraumes, abhängig ist. Die Ergebnisse für eine präzise Hörverlustberechnung sind ungenau, die Hörweiten-Tabelle wurde nicht (mehr) in das neue Königsteiner Merkblatt aufgenommen.[103]

---

[101] Brusis, SGb 1999, 340, 341.
[102] LSG Mecklenburg-Vorpommern, 16. 7. 1997, Meso B 40/75.
[103] Brusis, SGb 1999, 340, 341.

(3) Zeigt die sprachaudiometrische Untersuchung keine verlässlichen Werte (Versicherter verfügt nur über geringe Deutschkenntnisse; bei Aktengutachten liegt verlässliches Sprachaudiogramm nicht vor), kann der prozentuale Hörverlust hilfsweise aus dem *Tonaudiogramm* nach der Drei-Frequenz-Tabelle (Abb. 9) ermittelt werden. Dabei ergibt sich zumeist ein etwas höherer prozentualer Hörverlust als aus dem Sprachaudiogramm.

	dB				Tonhörverlust bei 1 kHz						
			5	15	25	35	45	55	65	75	85	95
		0	10	20	30	40	50	60	70	80	90	100
Summe der Hörverluste bei 2 und 3 kHz	0– 15	0	0	0	0	5	15		Hörverlust in Prozent			
	20– 35	0	0	0	5	10	20	30				
	40– 55	0	0	0	10	20	25	35	45			
	60– 75	0	0	10	15	25	35	40	50	60		
	80– 95	0	5	15	25	30	40	50	60	70	80	
	100–115	5	15	20	30	40	45	55	70	80	90	100
	120–135	10	20	30	35	45	55	65	75	90	100	100
	140–155	20	25	35	45	50	60	75	85	95	100	100
	160–175	25	35	40	50	60	70	80	95	100	100	100
	180–195	30	40	50	55	70	80	90	100	100	100	100
	ab 200	40	45	55	65	75	90	100	100	100	100	100

Abb. 9: Berechnung des prozentualen Hörverlustes aus dem Tonaudiogramm nach der Drei-Frequenz-Tabelle (*Röser* 1980)

7.3.3.2.10 Keine Gleichgewichtsstörungen

Vestibuläre Störungen gehören nicht zum Bild der chronischen Lärmschwerhörigkeit. Sie beweisen, dass eine zusätzliche andere Erkrankung vorliegt. Akustikusneurinom (z.B. Tumor im inneren Gehörgang mit langsamem, verdrängenden Wachstum), Menièresche Krankheit (7.2.3.7, S. 317), Schädeltrauma (7.2.4, S. 318).

Eine thermische Vestibularisprüfung ist durchzuführen, wenn ein Spontan- oder Provokationsnystagmus festgestellt wurde: das gilt auch bei starker Seitendifferenz des Hörvermögens. Vollständige Vestibularisprüfung ist erforderlich bei Klagen über Schwindel.

7.3.3.2.11 Keine Röntgenuntersuchung

Eine Röntgenuntersuchung nach *Schüller* oder *Stenvers* ist in keinem Fall notwendig. Bei Verdacht auf ein Akustikusneurinom ist eine Computertomographie oder kernspinresonanztomographische Untersuchung vorzunehmen; Einverständnis des UV-Trägers ist erforderlich, da die Abklärung zusätzlicher nichtberuflicher Schwerhörigkeit nicht dessen Aufgabe ist.

7.3.3.2.12 Verlaufskontrolle

Der Verdacht auf eine anlagebedingte Schwerhörigkeit besteht bei

– atypischem Kurvenverlauf des Tonaudiogramms
– Seitendifferenz
– Diskrepanz zwischen Lärmexposition und Ausmaß der Hörstörung
– negativem Recruitment

7.3 Lärmschwerhörigkeit

– Missverhältnis zwischen relativ gutem Tongehör und schlechtem Sprachverständnis
– pathologischer Hörermüdung
– erblicher Belastung.

In schwierigen Fällen kann eine endgültige Beurteilung erst nach einer Verlaufsbeobachtung erfolgen. Der Versicherte ist aus der Lärmarbeit zu nehmen. Zeigen Kontrolluntersuchungen nach 1 oder 2 Jahren ein Fortschreiten der Hörstörung, ist eine endogene Schwerhörigkeit als wesentlicher Mitwirkungsfaktor gesichert.[104]

7.3.3.2.13 Plausibilitätsprüfung der audiometrischen Befunde[105]

Das *audiometrische Gesamtbild* muss stimmen.

Besonderer Wert wird im Königsteiner Merkblatt auf Genauigkeit der audiometrischen Hörprüfergebnisse gelegt. Zu diesem Zweck soll eine Plausibilitätsprüfung der Hörbefunde erfolgen. Der Untersucher muss feststellen, ob die Ergebnisse der Hörweitenbestimmung, der tonaudiometrischen und der sprachaudiometrischen Untersuchungen korrelieren. Das heißt: Die Einzelergebnisse der verschiedenen Untersuchungsmethoden müssen in ausreichender Übereinstimmung stehen.

Die *Hörweite* für Umgangssprache muss mit dem Hörverlust für Zahlwörter im *Sprachaudiogramm* korrelieren. Die Hörweite für Flüstersprache hat etwa dem Hörverlust bei 3000 Hz im Tonaudiogramm zu entsprechen.

Der Hörverlust für Zahlwörter im Sprachaudiogramm sollte mit dem mittleren Hörverlust im Tonaudiogramm für die Frequenz 250, 500 und 1000 Hz korrelieren (Abb. 10).

Ergibt sich z.B. im Sprachaudiogramm ein Hörverlust für Zahlwörter von 20 dB, muss dieser Wert mit dem mittleren Hörverlust bei 250, 500 und 1000 Hz im Tonaudiogramm übereinstimmen. Der durchschnittliche Hörverlust im Tonaudiogramm darf nicht mehr als 5 dB abweichen, im Beispiel darf der Hörverlust zwischen 15 und 25 dB liegen.

Das Ergebnis des *Einsilbertests* entspricht dem *Hörverlust im Hochtonbereich* des Tonaudiogramms. Bei wenig ausgeprägten Hochtonsenken ist ein gewichtetes Gesamtwortverstehen von 250 und mehr zu erwarten. Sind die mittleren Frequenzen um 1000 Hz mitbetroffen, ergibt sich in der Regel ein Gesamtwortverstehen von weniger als 250. Genaue Umrechnungsanleitungen stehen aus. Ein Diskriminationsverlust ist beim Vorliegen überdurchschnittlicher Hörverluste im Hochtonbereich zu erwarten.

Ergeben sich *Widersprüche zwischen den Ergebnissen der verschiedenen Hörprüfungen*, sind die Untersuchungen nach einer Pause – evtl. an einem anderen Untersuchungstag – zu wiederholen. Gelingt es nicht, die Widersprüche aufzuklären bzw. zu beseitigen, muss auf diese Unstimmigkeiten hingewiesen werden.

---

[104] Weidauer, ASP 1979, 275, 278.
[105] Brusis, HNO 1999 (47) 140, 143.

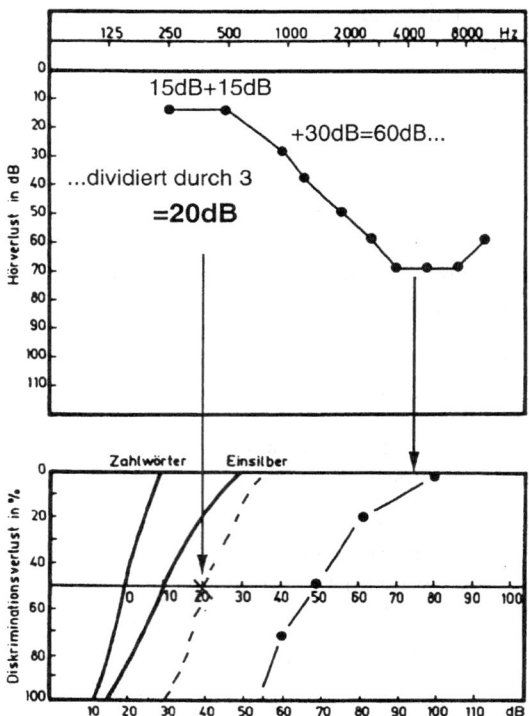

Abb. 10: Plausibilitätsprüfung zwischen Ton- und Sprachaudiogramm: Der mittlere Hörverlust für Zahlwörter im Sprachaudiogramm soll dem durchschnittlichen HV bei 250, 500 und 1000 Hz im Tonaudiogramm entsprechen. Zwischen dem Ergebnis des Einsilbertests und dem Hörverlust im Hochtonbereich gibt es gleichfalls Beziehungen.

7.3.3.3 Minderung der Erwerbsfähigkeit

Das Bemessen der MdE setzt ein genaues Beurteilen der Funktionseinbuße des Gehörs voraus, als prozentualer Hörverlust angegeben. Mit den im *„Königsteiner Merkblatt"* erläuterten Richtlinien wird eine weitgehende Gleichheit in der Bemessung des lärmverursachten Hörverlustes und eine möglichst objektive Beurteilung angestrebt. Deren Anwendung dient zugleich der Rechtssicherheit.[106]

Für die Erwerbsfähigkeit kommt es weniger auf die Flüstersprache, als in hohem Maße auf die Umgangssprache an.[107] Vor allem die Frequenzen von 500–3000 Hz sind bedeutsam.

Vorrang hat somit der aus der *Sprachaudiometrie* gewonnene prozentuale Hörverlust. Dieser ist entscheidende Grundlage für das quantitative Bestimmen des Hörschadens. Danach

---

[106] BSG, 15. 12. 1982, Meso B 40/24; LSG Nordrhein-Westfalen, 21. 3. 1990, Breith. 1991, 112; LSG Berlin-Brandenburg, 13. 11. 2008, UVR 4/2009, 237.
[107] LSG Rheinland-Pfalz, 8. 7. 1966, Breith. 1967, 471.

7.3 Lärmschwerhörigkeit

richtet sich im Wesentlichen die Höhe der MdE.[108] Das *Tonaudiogramm* wird für das Beurteilen an der Grenze zwischen Normalhörigkeit und geringgradiger Schwerhörigkeit zugezogen, wenn das Sprachaudiogramm normal ist, aber ein erheblicher Tongehörverlust in den hohen Frequenzen besteht.[109]

Dem Stellenwert der Hörprüfmethoden gemäß ist die Tonaudiometrie nicht gleichgewichtig neben der Sprachaudiometrie, sondern schwächer.[110]

Die Tabellen für den prozentualen Hörverlust aus dem Sprachaudiogramm (Abb. 7) gründen auf der einohrigen Prüfung mit zusammenhanglosen zweistelligen Zahlwörtern über Kopfhörer bei Fehlen von Störschall. Daraus ergeben sich für das Bewerten der MdE Probleme, weil das natürliche Sprachverstehen das beidohrige Verstehen von Sätzen im freien Schallfeld unter Störgeräuschen darstellt. Für die Lärmschwerhörigkeit ist der Abfall im hohen Frequenzbereich kennzeichnend, deshalb ist der Lärmschwerhörige für das Sprachverständnis auf sein noch gutes Gehör in den unteren und einem Teil der mittleren Tonlagen angewiesen. Gerade hier sind aber auch die Umweltgeräusche angesiedelt.

Bei schematischem Anwenden der Tabelle kann es vorkommen, dass die Hörstörung in einem normal geräuscherfüllten Raum nicht genügend beachtet wird. Daher empfehlen *Boenninghaus* und *Röser*: „Zeigt das Sprachaudiogramm noch keinen zu bewertenden Hörverlust, das Tonaudiogramm aber einen stärkeren Verlust im Hochtonbereich, so ist der Befund des Tonaudiogramms bei der Festsetzung der MdE zu berücksichtigen."

7.3.3.3.1 Hörverlust und MdE-Bewertung

Bei Ermittlung des prozentualen Hörverlustes für beide Ohren lässt sich unter Verwendung der MdE-Tabelle (Abb. 11) ein bestimmter MdE-Satz „entwickeln". Es ist eine herkömmliche Bewertungsmethode, die den derzeitigen Erkenntnissen der medizinischen Wissenschaft auf ohrenfachärztlichem Gebiet entspricht. Den symmetrischen Schwerhörigkeitsgraden sind bestimmte MdE-Sätze zugeordnet. Indessen dürfen die Erfahrungswerte nicht schematisch für die individuelle MdE angewendet werden. Für den Vorschlag ist entscheidend, in welchem Umfange dem Versicherten der allgemeine Arbeitsmarkt mit seinen vielfältigen Erwerbsmöglichkeiten verschlossen ist.[111]

Liegt der prozentuale Hörverlust aus dem Sprachaudiogramm (Abb. 7) zwischen 20 und 40 %, ist daraus der MdE-Vorschlag (MdE 10 %, 15 % bzw. 20 %) zu entwickeln (Abb. 11). Liegt der prozentuale Hörverlust über 40 %, ist der Hörverlust noch einmal unter Berücksichtigung des einfachen Gesamtwortverstehens zu ermitteln. Dieses ist zu Grunde zu legen, wenn der Hörverlust 50 % oder mehr beträgt. Liegt der prozentuale Hörverlust aber unter 20 %, ist das Tonaudiogramm unter Verwendung der Drei-Frequenz-Tabelle (Abb. 9) für die Bewertung heranzuziehen.[112] Wird ein prozentualer Hörverlust von 20 % erreicht, beträgt die MdE nicht mehr als 10 % (MdE-Skala, Abb. 12). Tatsächlich werden die Hörschäden im Bereich der beginnenden bis knapp geringgradigen

---

[108] BSG, 31. 3. 1976, Meso B 40/19; 15. 12. 1982, Meso B 40/24; LSG Niedersachsen, 10. 6. 1981, Rdschr. HVBG VB 188/82; LSG Nordrhein-Westfalen, 7. 2. 1984, Kompass 1984, 189; Bayer. LSG, 11. 3. 1987, Rdschr. HVBG VB 72/87; LSG Niedersachsen, 20. 2. 1986, Breith. 1986, 933.
[109] Hess. LSG, 17. 8. 1988, HV-Info 4/1989, 274 = Meso B 40/40.
[110] LSG Nordrhein-Westfalen, 25. 10. 1979, Kompass 1980, 255.
[111] LSG Rheinland-Pfalz, 11. 11. 1981, Breith. 1982, 577; BSG, 15. 12. 1981, Meso B 40/24.
[112] „Königsteiner Merkblatt", 4. Aufl. 1996 Ziff. 4.2.1.

Schwerhörigkeit mittels der Drei-Frequenz-Tabelle deutlich günstiger bewertet: Eine MdE von 10 % wird eher erreicht.[113]

Rechtes Ohr	Normalhörigkeit	0–20	0	0	10	10	15	20
	Geringgradige Schwerhörigkeit	20–40	0	15	20	20	30	30
	Mittelgradige Schwerhörigkeit	40–60	10	20	30	30	40	40
	Hochgradige Schwerhörigkeit	60–80	10	20	30	50	50	50
	An Taubheit grenzende Schwerhörigkeit	80–95	15	30	40	50	70	70
	Taubheit	100	20	30	40	50	70	80
		Hörverlust in %	0–20	20–40	40–60	60–80	80–95	100
			Normalhörigkeit	Geringgradige Schwerhörigkeit	Mittelgradige Schwerhörigkeit	Hochgradige Schwerhörigkeit	An Taubheit grenzende Schwerhörigkeit	Taubheit
					linkes Ohr			

Abb. 11: Ermittlung der MdE aus den Schwerhörigkeitsgraden beider Ohren (*Feldmann* 1995)

Meistens bestehen bei der Lärmschwerhörigkeit im Tieftonbereich keine Hörverluste. Der Grad der Hörbeeinträchtigung wird dagegen durch den Hörverlust im Hochtonbereich bestimmt. Daher ist das Ergebnis des Zahlwörtertests im Sprachaudiogramm gegenüber dem Ergebnis des Einsilbertests nachrangig. Die Hörbeeinträchtigung wird allein bzw. überwiegend durch das erhaltene Gesamtwortverstehen für Einsilber bestimmt.

Ein MdE-Vorschlag lässt sich daher – ergänzend – auch direkt aus dem gewichteten Gesamtwortverstehen aus einer einfachen Tabelle entwickeln (Abb. 13). Eine Hörverlustberechnung ist nicht erforderlich. Zeigt das gewichtete Gesamtwortverstehen beidseits den gleichen Wert, so kann daraus direkt die MdE abgeleitet werden. Überschneidungen gibt es in der Tabelle nicht, da die Bereiche für das Gesamtwortverstehen zahlenmäßig exakt abgegrenzt sind. Besteht auf beiden Ohren jedoch ein unterschiedlicher Wert, wird eine bloße Mittelung der Ergebnisse beider Seiten durchgeführt. Dieses Vorgehen ist jedoch nur erlaubt, wenn es sich um eine ausschließliche Lärmschwerhörigkeit beider Ohren handelt. Die Tabelle reicht von der Normalhörigkeit bis zur mittelgradigen Schwerhörigkeit und umfasst somit fast alle Fälle beruflicher Lärmschwerhörigkeit: ein unkompliziertes Verfahren, welches sicherstellt, dass eine Schwerhörigkeit nicht mehr als „geringgradig" bezeichnet wird, wenn das Gesamtwortverstehen auf unter 200 abgesunken ist.[114]

---

[113] Brusis, Laryngo-Rhino-Otologie 75 (1996) 733.
[114] Brusis, Laryngo-Rhino-Otologie 75 (1996) 737.

7.3 Lärmschwerhörigkeit

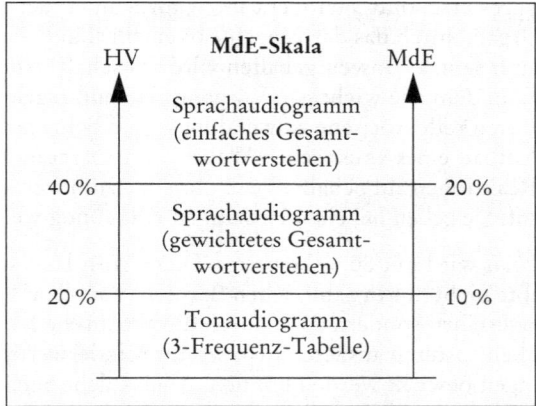

Abb. 12: Skala für die Schätzung der MdE aus den prozentualen Hörverlusten (HV) bei symmetrischer Lärmschwerhörigkeit. Die Abbildung zeigt, bei welchen Hörverlusten das einfache bzw. gewichtete Gesamtwortverstehen oder aber das Tonaudiogramm für die MdE-Einschätzung zu Grunde zu legen sind (*Brusis* 1996)

Gew. Gesamtwortverstehend bds.	MdE
> 250–300	0 %
> 225–250	10 %
> 200–225	15 %
>175–200	20 %
> 150–175	25 %
– 150	30 %

Abb. 13: MdE-Berechnung aus dem gewichteten Gesamtwortverstehen bei symmetrischer Lärmschwerhörigkeit (*Brusis* 1996)

7.3.3.3.2 Erfahrungswerte

(1) Eckpfeiler sind die einseitige und die beidseitige Taubheit.

Die einseitige Taubheit wird mit einer MdE von 20 % bewertet. Dem liegt die medizinische Erkenntnis zu Grunde:

Unter den Bedingungen des täglichen Lebens, bei denen die Sprache regelmäßig gegen den Hintergrund von Störgeräuschen aufgefasst werden muss, ist der einseitig Taube behindert. Dies hat insbesondere Gewicht bei Besprechungen, Sitzungen, Tagungen, Versammlungen, Konferenzen, Kongressen, bei denen mehrere Gespräche gleichzeitig geführt werden, bei sprachlicher Verständigung im Betriebs- oder Straßenlärm und beim Sprachverstehen in halligen Räumen.

Die Funktion des Ohres erschöpft sich nicht im Wahrnehmen der Sprache. Das Ohr ist darüber hinaus ein Organ, durch das der Einzelne in einem ständigen, meist unterbewusst bleibenden Kontakt mit seiner Umwelt gehalten wird. Es schafft einen dreidimensionalen Wahrnehmungsraum, in dem alle wichtigen Vorgänge laufend registriert und alle auffälligen Erscheinungen durch reflektorische Zuwendungs- und Schreckreaktionen beantwortet werden. Dieser Aufbau eines akustischen Wahrnehmungsraumes um das Individuum und die gerichteten Reaktionen auf Schallreize in diesem Raum werden durch das zweiohrige Hören ermöglicht: Sie gehen bei einer einseitigen Ertaubung weitgehend verloren.

Die beidseitige Taubheit wird mit 80 % bewertet. Diese MdE lässt sich damit begründen, dass der völlig Ertaubte nicht nur in zahlreichen Berufen (vor allem Dienstleistungen) eine schwere Behinderung erfährt, sondern auch durch die akustische Isolierung von der Umwelt gewissen seelischen Insulten ausgesetzt ist, womit Minderwertigkeitsgefühle und andere Folgeerscheinungen bewirkt werden können. Auch solche Schädigungen des Seelenlebens haben im Rahmen der MdE gebührend Berücksichtigung zu finden, soweit sie die Erwerbsfähigkeit beeinträchtigen.

Vereinzelt wird das Maß der MdE bei der beidseitigen *geringgradigen* Lärmschwerhörigkeit – ihr Anteil soll mehr als die Hälfte aller gemeldeten und anerkannten Lärmschwerhörigkeiten betragen – mit 15 %[115] als zu gering bezeichnet.[116] Da dem Betroffenen das Entfernungsschätzen kaum gelinge, sei er mit dem Einäugigen vergleichbar, dessen räumliches Sehen verloren gegangen ist (MdE 25 %).

Allerdings wird aus medizinischer Sicht hervorgehoben, im Erwerbsleben komme es weniger auf das ungestörte Hörvermögen an; das Sehvermögen sei ungleich wichtiger.[117]

Auf Grund dieser Erwägung wird von anderer Seite – im Blick auf das Maß chirurgischer Unfallfolgen – der Entschädigungsrahmen als zu hoch bezeichnet.[118]

Wenn auch ein Vergleichen der MdE-Werte zu fordern ist, so verdeutlicht der Meinungsstreit, dass sich die Frage, welcher Grad der Lärmschwerhörigkeit eine Einbuße der Erwerbsfähigkeit zu einem Fünftel hervorruft, nicht durch Gegenüberstellung mit anderen Verletzungsfolgen lösen lässt. Nicht bestimmbar ist z.B., ob der Übergang von der gering- zur mittelgradigen Schwerhörigkeit eher einer einseitigen Linsenlosigkeit oder dem einseitigen Augenverlust oder gar dem Verlust des Daumens entspricht.

Deshalb erscheint der Ansatzpunkt der Tabelle zutreffend, die das Maß der MdE in ein Verhältnis zum ein- und beidseitigen Hörverlust setzt. Da die Eckwerte medizinisch begründbar sind, bieten die insoweit abgeleiteten Zwischenstufen derzeit zutreffende Anhaltspunkte.

(2) Der versicherungsrechtlich bedeutsame Eckwert (MdE 20 %) wird gelegentlich als „unbestimmt" bezeichnet, da er ohne genaue Abgrenzung zwischen gering- und mittelgradiger Schwerhörigkeit liege. Indessen handelt es sich um einen bestimmten, definierbaren Begriff: Hörverlust 40 % (s. 7.3.3.3.3, S. 309).

---

[115] So BSG, 25. 8. 1982, bei Seifert, MedSach 1984, 86, 90.
[116] Schimanski, SozSich 1978, 299 ff.; Seifert, MedSach 1984, 86, 90; SG Lüneburg, 16. 1. 1985, Breith. 1985, 579.
[117] Wittgens, Z. Laryng. Rhinol. 57 (1978) 345, 349.
[118] Elster, Berufskrankheitenrecht 1991, Nr. 2301 S. 138/22.

7.3 Lärmschwerhörigkeit

7.3.3.3.3 Beschreibung des prozentualen Hörverlustes

Der Umfang jeder Schwerhörigkeit lässt sich verständlich beschreiben und in den Rentenbescheid aufnehmen. Die *Korrelationstabelle* (Abb. 14) zeigt die Beziehungen zwischen prozentualem Hörverlust, Schwerhörigkeitsgrad und MdE. Das Einhalten der Terminologie erleichtert das Verständnis.

Hörverlust (%)	MdE (%)	Schwerhörigkeitsgrad
0	0	Normalhörigkeit
< 20	< 10	beginnende Schwerhörigkeit
20	10	knapp geringgradige Schwerhörigkeit
30	15	geringgradige Schwerhörigkeit
40	20	gering- bis mittelgradige Schwerhörigkeit
45	25	knapp mittelgradige Schwerhörigkeit
50	30	mittelgradige Schwerhörigkeit
60	40	mittel- bis hochgradige Schwerhörigkeit
65	45	knapp hochgradige Schwerhörigkeit
70	50	hochgradige Schwerhörigkeit
80	60	hochgradige Schwerhörigkeit bis an Taubheit grenzend
85	65	knapp an Taubheit grenzend
90	70	an Taubheit grenzend
95	80	Taubheit mit Hörresten
100	80	Taubheit

Abb. 14: MdE und Schwerhörigkeitsgrad bei symmetrischen Hörschäden in Abhängigkeit vom Hörverlust (*Brusis/Mehrtens* 1996)

7.3.3.3.4 Altersschwerhörigkeit

Schematischer Abzug bei einer Altersschwerhörigkeit ist nicht zulässig. Die bei alten Menschen vermehrt anzutreffenden Funktionsstörungen sind Folgen verschiedener Alterskrankheiten des Innenohres, die unterschiedlich ausgebildet sind, weil die Summe der während des Lebens auf das Gehör einwirkenden Schadstoffe gleichfalls individuell verschieden ist.[119] Damit ist die Altersschwerhörigkeit auch nicht als zwangsläufig und in annähernd gleichem Ausmaß jeden alten Menschen treffende Gehöreinbuße anzusehen.[120] Die rechtliche Beurteilung orientiert sich daran, ob ein objektiver Hinweis auf das Vorliegen eines Altershörverlustes vor oder nach Eintritt des Versicherungsfalles gegeben ist. Bei noch im Lärm Tätigen erfolgt eine Alterskorrektur grundsätzlich nicht.

---

[119] Brusis, Schwerhörigkeit im Alter, in: HNO-Praxis Heute (Hrsg. Ganz, Schätzle) 1987.
[120] Lehnhardt, BG 1978, 632f.; Feldmann, MedSach 1986, 12, 13.

7.3.3.3.5 Ohrgeräusche (Tinnitus)[121]

Als Ohrensausen bezeichnet man eine spontane ein- oder beidseitige Geräuschempfindung, die nicht durch Geräusche aus der Umgebung hervorgerufen wird. Es kann sich dabei sowohl um eine Wahrnehmung von Geräuschen handeln, die im Körper selbst entstehen, als auch um eine Geräuschempfindung, die ohne eine Schallquelle im Gehörorgan oder seinen zentralen Bahnen bewirkt wird. Ursache ist eine Störung der Mikrozirkulation. Durch verengte Haargefäße zirkuliert nicht mehr genügend Blut bis zu den Hörzellen. Werden Hochtongeräusche glaubhaft als sehr belästigend geschildert und lassen sie sich durch audiometrische Verdeckungstests objektivieren, ist der lärmbedingte Tinnitus bei der Bewertung des Gesamtschadens zu berücksichtigen.[122]

Bei Erhebung der Vorgeschichte ist zu vermerken, ob der Versicherte spontan oder erst nach gezieltem Befragen über Ohrgeräusche klagt. Ausführungen über Art, Häufigkeit und Belästigungscharakter der Ohrgeräusche sollten wörtlich im Gutachten wiedergegeben werden. Dadurch lässt sich die Bedeutung eines Ohrgeräusches besser nachvollziehen und bewerten. Die bloße Angabe, ein Ohrton liegt vor, besagt nicht, dass ein im versicherungsrechtlichen Sinn erhebliches Ohrgeräusch besteht. Das Vorhandensein einseitiger Ohrgeräusche bei symmetrisch ausgeprägter Lärmschwerhörigkeit spricht nicht gegen eine Lärmgenese.

Bei der audiometrischen Untersuchung sollen Ohrgeräusche durch Vergleichsmessungen der subjektiv empfundenen Frequenz zugeordnet werden. Vielfach zeigt sich, dass lärmbedingte Ohrgeräusche in der Regel frequenzstabil sind und als Hochtongeräusche von Ton- oder Geräuschcharakter empfunden werden. Meist liegen sie in dem Frequenzbereich, in dem sich der Hochtonabfall befindet, z.B. bei 3000 Hz, selten im Bereich des maximalen Hörverlustes, z.B. im Tiefpunkt der c^5-Senke bei 4000 oder 6000 Hz. Ohrgeräusche im mittleren Frequenzbereich können auch lärmbedingt sein, wenn ein – auch leichter – lärmbedingter Schaden nachweisbar ist. Wird ein Ohrgeräusch im Tieftonbereich, z.B. bei 250 Hz angegeben, so spricht dies eher gegen eine Lärmgenese.

Nach der Frequenzzuordnung sollte eine Verdeckungsmessung vorgenommen werden. Dabei wird der Ton bzw. das Schmalbandgeräusch solange in das Überschwellige gesteigert, bis das eigene Ohrgeräusch nicht mehr empfunden wird. Dieser Wert liegt meist nur 10 bis 15 dB über der individuellen Schwelle. Aus der erforderlichen Verdeckungslautstärke kann nicht auf die individuell empfundene Lautstärke bzw. den Belästigungsgrad geschlossen werden. Beträgt die Verdeckungslautstärke z.B. 10 dB über der Schwelle, so ist daraus nicht abzuleiten, es handele sich um ein leises Ohrgeräusch.

Bei Zweifel hinsichtlich des Bestehens von Ohrgeräuschen sollte die Vergleichsmessung und Verdeckungsmessung – nach ausreichend langer Pause – wiederholt werden. Liegen tatsächlich fixierte Ohrgeräusche vor, können diese bei einer Nachmessung vom Betroffenen wieder bei der gleichen Frequenz angegeben werden. Im Einzelfall mag erforderlich sein, eine vollständige Verdeckungskurve nach *Feldmann* zu erstellen. Solche Unter-

---

[121] Dazu: Brusis, Michel, Laryngo-Rhino-Otol 88 (2009) 449 ff.; Feldmann, Tinnitus, 2. Aufl. 1998; Müller, Keller, SozVers 1993, 232 ff.; Rosanowski, u.a., VersMed 53 (2001) 29 ff., 60 ff.
[122] LSG Baden-Württemberg, 20. 11. 1997, Meso B 40/78.

suchung dient der Prüfung, ob Ohrgeräusche wirklich vorhanden sind: der typische Verlauf einer Verdeckungskurve ist schwer zu simulieren. Allerdings ist andererseits der differentialdiagnostische Wert einer Verdeckungskurve dadurch eingeschränkt, dass auch anders geartete Hörstörungen den bei der Lärmschwerhörigkeit vorliegenden Konvergenztyp bedingen.

Die Befunde der Vergleichs- und Verdeckungsmessung sollten mit entsprechenden Symbolen in das Tonaudiogramm eingetragen werden. Liegt zum Zeitpunkt der Untersuchung kein messbares Ohrgeräusch vor, obwohl bei Erhebung der Vorgeschichte solches angegeben wurde, ist dies auf dem Audiogrammformular zu vermerken (zur Zeit keine Ohrgeräusche).

Schwerhörigkeit und Ohrgeräusche sind zwei Symptome des lärmgeschädigten Innenohres. Daher ist der gesamte lärmbedingte Schaden des Innenohres (Hörverlust und Ohrgeräusch) bei der MdE-Einschätzung im Rahmen einer Gesamt-MdE zu bewerten. Der Tinnitus ist mit einer MdE bis zu 10 % – integrierend, nicht additiv – zu berücksichtigen.[123] Intermittierende (zeitweilige) Ohrgeräusche bedingen keine MdE, da sie gering beeinträchtigen.

Aus einer MdE von 15 % für den Hörschaden und einer Einzel-MdE von 10 % für den Tinnitus kann z.B. eine Gesamt-MdE von 20 % gebildet werden, wenn dies angemessen erscheint. Auch eine MdE-Einschätzung mit 25 % wäre gegeben. Die MdE kann des Weiteren auf insgesamt 10 % geschätzt werden, wenn sie für den Hörschaden weniger als 10 % und für den Tinnitus ebenfalls weniger als 10 % beträgt.

Bei zusätzlichen psychischen Befindungsstörungen (depressive Stimmung, Gereiztheit, Konzentrations- und Schlafstörungen) ist eine neurologisch-psychiatrische Zusatzbegutachtung angezeigt.[124] Dadurch ergeben sich im Einzelfall höhere MdE-Werte. Eine vorläufige Rente kann gegeben sein bei Erfolg zu erwartender Therapie (Behandlung in Tinnitusklinik) mit Aussicht, den dekompensierten Tinnitus in einen kompensierten zu überführen. Der HNO-Gutachter sollte Hauptgutachter bleiben; aus HNO-ärztlicher und evtl. neurologisch-psychiatrischer MdE ist eine Gesamt-MdE zu bilden.[125]

„Isolierte" Ohrgeräusche ohne lärmbedingten Hörverlust sind ausgeschlossen. Tonaudiometrisch lässt sich stets eine Senkenbildung im Hochtonbereich erkennen (Ausnahme: Knalltrauma).

Für Distorsionen an der Halswirbelsäule gilt: Ein Tinnitus ist mit Wahrscheinlichkeit auf ein solches zurückzuführen, wenn gleichzeitig weitere pathologische Befunde am Hör- oder Gleichgewichtsorgan aufgetreten sind.[126]

---

[123] „Königsteiner Merkblatt", 4. Aufl. 1996 Ziff. 4.3.5; Brusis, Michel, Laryngo-Rhino-Otol 88 (2009) 449 ff.; LSG Nordrhein-Westfalen, 10. 10. 1989, Meso B 40/41; 28. 8. 1996, HV-Info 19/1998, 1766 = Meso B 40/72; LSG Berlin, 14. 1. 2003, HV-Info 16/2003, 1625.
[124] LSG Rheinland-Pfalz, 22. 2. 1995, Breith. 1996, 228 = Meso B 40/61; LSG Hamburg, 27. 9. 1995, HV-Info 11/1996, 802 = Meso B 40/66; LSG Niedersachsen, 30. 10. 1996, HV-Info 15/1997, 1396 = Meso B 40/68; LSG Niedersachsen, 6. 9. 2001, Meso B 40/94; Losch, MedSach 94 (1998)183, 186; Jäger, u.a., ebenda S. 187 ff.
[125] Brusis, SGb 1999, 340, 343.
[126] LSG Schleswig-Holstein, 14. 4. 2005, HV-Info 1/2006, 25 = Meso B 40/106; Michel, Brusis, in: Klinik der menschlichen Sinne (Hrsg. Stoll) 2008 S. 257; s. auch 8.3.4.2.2, S. 423.

7.3.3.3.6 Versorgung mit Hörhilfen

Dem Königsteiner Merkblatt gemäß ist eine Hörgeräteanpassung indiziert, wenn eine geringgradige Schwerhörigkeit beider Ohren (MdE 15 %) besteht. Im Übrigen können die in den Heilmittel- und Hilfsmittelrichtlinien der kassenärztlichen Bundesvereinigung maßgeblichen Kriterien für die Notwendigkeit einer Hörgeräteanpassung angewandt werden. Das heißt, eine Hörgeräteanpassung ist bereits dann vom UV-Träger zu leisten, wenn die MdE 10 % oder unter 10 % beträgt. Damit ist die Schwelle für die Verordnung eines Hörgerätes deutlich herabgesetzt. Eine Hörgeräteversorgung kann in leichten Fällen erfolgen, soweit der Versicherte diese wünscht und hierdurch eine wirkungsvolle Minderung der Hörstörung erreichbar ist. Die Kosten gehen auch dann zu Lasten des UV-Trägers, wenn eine multifaktorielle Genese der Lärmscherhörigkeit vorliegt bzw. die Lärmeinwirkung wesentliche Teilursache für die Hörgeräteversorgung ist.[127] Auch für die Finanzierung von Hörgeräten durch den UV-Träger gilt, dass diese bis zur Höhe von Festbeträgen übernommen werden (§ 31 Abs. 1 S. 3 SGB VII). Eine Versorgung von Hörgeräten, die nicht von der Festbetragsregelung erfasst sind, kann zu Lasten des UV-Trägers erforderlich sein.[128] Zusätzlicher ärztlicher Begründung bedarf es. Die Versorgung mit teueren digitalen Hörgeräten ist umso eher zweckmäßig und erforderlich, je höher der Schwerhörigkeitsgrad ist. Für eine Lärmschwerhörigkeit, die in der Regel nur „geringgradig" ausgeprägt ist, trifft dies meist nicht zu.[129]

Für DGUV und Hörgeräteakustiker bestehen Rahmenverträge betr. Direktversorgung (Auswahl der Hörgeräte nach Kategorie 1–3; Kategorie 1 = Festbetragsgerät, Kategorie 2 = digitales 2–6 Kanal-Hörgerät; Kategorie 3 = digitales mehr als 6 Kanal-Hörgerät. Für die Lärmschwerhörigkeit kommt Kategorie 2 in Betracht. Festpreise sind vereinbart).

Messbare Besserung der Hörfähigkeit durch ein Hörgerät beeinflusst die Höhe der MdE nicht. Nur wenn Hilfsmittel einen physiologisch vollwertigen Ersatz darstellen bzw. Ausgleich schaffen, ist es berechtigt, dies bei der MdE zu berücksichtigen. Das Hörgerät erfüllt diese Bedingungen nicht.

Der Vergleich mit einem Brillenträger geht fehl: Auch bei bester Ausnutzung lässt sich durch den Gebrauch eines Hörgerätes nicht der gute Effekt wie bei einer Brille erzielen, da bei Innenohrschwerhörigkeiten stets auch eine Fehlhörigkeit vorliegt. Außerdem stellt eine Brille kaum eine Belästigung dar, während das Hörgerät eine Prothese ist.[130] Bei beidseitiger Ertaubung ist die Elektrostimulation des Gehörs mit einem Cochlear Implant einsetzbar.[131]

Die Rspr. zur kontaktlinsenkorrigierten Aphakie (s. 6.4.4, S. 295) lässt sich entgegen anderorts vertretener Ansicht[132] nicht für das Herabsetzen, sondern für das Beibehalten der MdE anführen. Das Hörgerät ist nicht stets im Erwerbsleben verwendbar. Auch ist das Tragen oft

---

[127] SG Dresden, 6. 9. 2001, Breith., 2002, 543 = Meso B 40/105.
[128] LSG Schleswig-Holstein, 19. 12. 2001, HV-Info 8/2002, 729 = Meso B 40/90.
[129] Brusis, HNO 49 (2001) 670.
[130] Hess. LSG, 28. 4. 1971, Breith. 1972, 121, 123; Majerski-Pahlen, MedSach 100 (2004) 98, 101.
[131] Banfai, Das Cochlear Implant, 1985; Waltzmann Cochlear implants, 2000.
[132] Elster, Berufskrankheitenrecht 1991, Nr. 2301 S. 138/26; vgl. auch LSG Niedersachsen, 31. 8. 1956, Breith. 1957, 349; die innere Rechtfertigung für die Beibehaltung des bisherigen Grades der MdE sei nicht mehr gegeben, wenn ein Hörgerät eine messbare Besserung der Hörfähigkeit bewirke.

7.3 Lärmschwerhörigkeit

nicht verträglich: Kopfschmerzen können hervorgerufen werden. Wegen nicht objektiven Nachweises hinge eine MdE-Korrektur von der Behauptung des Betroffenen ab.

7.3.3.3.7 MdE-Bewertung für zurückliegende Zeiten

Sie bereitet Schwierigkeiten, da bis zum In-Kraft-Treten der UVV „Lärm" (1974)[133] das Gehör vor Beginn der Lärmarbeit und später in Abständen nicht untersucht wurde. Ohne frühere Untersuchungsbefunde kann nicht mit ausreichender Wahrscheinlichkeit rückwirkend der Grad der MdE angegeben werden. Wenngleich gutachterlich unter Berücksichtigung der Vorgeschichte und der Arbeitsanamnese eine Rückbewertung bis zu drei Jahren als durchführbar gilt[134], handelt es sich dennoch lediglich um grobe Schätzwerte im Sinne einer Empfehlung.

Typische Daten, an die bei der Rückbewertung der MdE angeknüpft werden kann, sind

– erste subjektive Beschwerden, die der Erwartung genügen; sie entsprechen im Allgemeinen einer MdE von mindestens 10 %
– Änderung des Arbeitsplatzes, Beginn oder Ende besonders lärmintensiver Tätigkeiten.[135]

Als Beginn der MdE bietet sich in anderen Fällen der Tag der ersten Untersuchung mit entsprechendem Befund an.[136] Dies folgt aus dem Grundsatz der Feststellungs- bzw. objektiven Beweislast (s. 1.14.7, S. 50). Der zeitliche Eintritt einer MdE in rechtserheblichem Umfang gehört zu den anspruchsbegründenden Tatsachen, deren Nichtbeweisbarkeit zu Lasten des Versicherten geht.

Dieses Verfahren ist unbefriedigend, wenn eine rückwirkende Betrachtung zu erfolgen hat, weil zur Zeit der ersten Untersuchung die MdE mehr als 20 % beträgt oder eine Stütz-MdE vorliegt. Angesichts der Verlaufsform der Lärmschwerhörigkeit muss irgendwann die MdE 10 % bzw. 20 % betragen haben. Jedoch verbietet der phasenhafte Verlauf einen einfachen, gewissermaßen geradlinigen Rückschluss von dem jetzt festgestellten Schweregrad auf einen früheren Zustand.[137]

7.3.3.4 Lärmschwerhörigkeit und Vorschaden

Allgemeine Hinweise s. 3.6.4, S. 104

Vorschaden ist nicht allein die Gesundheitsstörung, die bereits vor der Lärmeinwirkung bestanden hat. Der für die Beurteilung maßgebende Zeitpunkt ist nicht der Eintritt des Versicherungsfalls[138], sondern des Leistungsfalls.[139]

---

[133] Abgelöst durch die „Lärm- und Vibrations-Arbeitsschutzverordnung" v. 6. März 2007; dazu Milde, Ponto ASU 43 (2008) 70; Maue, BG 2009, 178.
[134] So die gutachterliche Praxis.
[135] Feldmann, Das Gutachten des Hals-Nasen-Ohren-Arztes, 6. Aufl. 2006 S. 186.
[136] Hülsmeyer, BG 1974, 225, 226; Lawnitzak, BG 1974, 224, 225.
[137] Feldmann, ASA 1967, 264; s. auch Welleschik, Raber, Z. Laryng. Rhinol. 57 (1978) 1037–1048.
[138] „Königsteiner Merkblatt", 4. Aufl. 1996 Ziff. 4.3.4; LSG Rheinland-Pfalz, 4. 9. 1991, HV-Info 10/1992, 872 = Meso B 40/47 m. Hinweis auf die Unterscheidung zwischen Versicherungs- und Leistungsfall, in: BSG, SozR 2200 § 551 Nr. 35 (27. 7. 1989).
[139] Schönberger, Mehrtens, BG 1982, 469, 470f.; Brusis, Mehrtens, Laryng.-Rhinol. 60 (1981) 168–177; Baldus, u.a., ASP 1988, 65ff.

7.3.3.4.1 Entstehung einer Innenohrschwerhörigkeit durch gleichlaufende versicherte und nicht versicherte Faktoren: „Parallelschaden"

Das Bewerten des Vorschadens ist ein Problem der MdE-Bemessung, da das vorbestehende Leiden die individuelle Erwerbsfähigkeit beeinflussen kann. Vorrangig ist indessen die Kausalität zu prüfen.

Der Beurteilung des Zusammenhanges erwachsen Schwierigkeiten, wenn über einen längeren Zeitraum gleichlaufende (beruflich bedingte und nicht versicherte) Schädigungsprozesse in einen Schaden münden.

Die Problematik zeigt sich vor allem bei der Lärmschwerhörigkeit, weil Schwerhörigkeit keine Krankheit eigener Art ist, sondern ein Symptom vielfältiger und ganz verschiedenartiger pathologischer Veränderungen des Hörorgans.

Unterscheidung nach allgemeinen kausalrechtlichen Grundsätzen:

7.3.3.4.1.1 Lärmeinwirkung und disponierende Faktoren

Lärmexposition führt nicht bei jedem Versicherten zur Lärmschwerhörigkeit, sondern nur, wenn eine entsprechende Disposition vorliegt. Bei der Beurteilung der Wesentlichkeit einer Lärmeinwirkung gegenüber disponierenden Faktoren ist zu berücksichtigen, dass Letztere allein keine Schallempfindungsschwerhörigkeit zu verursachen in der Lage sind. Jene wird lediglich durch anlagebedingte Umstände begünstigt, z.B. eine besondere Lärmempfindlichkeit infolge mangelnder Durchblutungsverhältnisse des Innenohres. Ihrer Wertigkeit nach tritt die Anlage daher hinter der Lärmeinwirkung zurück.

Gesundheitsstörungen wie Herzerkrankung, Bluthoch- oder -unterdruck bzw. Diabetes mellitus sind allenfalls disponierende Faktoren, welche die Entstehung einer Lärmschwerhörigkeit vielleicht begünstigen (s. 7.3.3.2.1, S. 327). Über keine dieser Krankheiten bestehen jedoch gesicherte Erkenntnisse, dass sie alleine eine erhebliche Innenohrschwerhörigkeit bestimmbaren Ausmaßes hervorrufen.[140]

7.3.3.4.1.2 Lärmeinwirkung und Hörstörung anderer Ursache

Schwieriger gestaltet sich die Beurteilung der Kausalität, wenn konkurrierende Ursachen vorliegen, die allein eine Schallempfindungsschwerhörigkeit herbeiführen können und diese sich gegebenenfalls parallel zur Lärmschwerhörigkeit ergibt. Neben Hörstörungen auf Grund exogener Ursachen (unversicherte Lärmarbeit im Ausland, Sportschießen, ototoxische Medikamente) können solche Faktoren ursächlich sein, die rechtlich als „innere Ursachen" bezeichnet werden (z.B. endogene Schwerhörigkeit). Der Begriff stellt klar, dass die Schwerhörigkeit wesentlich im Gesundheitszustand und in der Konstitution des Betroffenen begründet ist und Lärmeinwirkungen als unerheblich in den Hintergrund treten. Weitere Erkrankungen, die allein eine Innenohrschwerhörigkeit verursachen können, sind: Menièresche Krankheit, Otosklerose nach Stapesplastik bzw. nach Übergreifen auf das Innenohr, Felsenbeinfraktur, Infektionskrankheiten, erbliche Schwerhörigkeit sowie alle Erkrankungen, die eine Stoffwechselstörung der Haarzellen herbeizuführen vermögen, wie chronische Halswirbelsäulenerkrankung, „Distorsionen" an der Halswirbelsäule (s. 8.3.4, S. 458), Stoffwechselerkrankungen (z.B. Nierenschäden), zentrale Altersveränderungen, wie Zerebral-Sklerose, Durchblutungsstörungen, Stoffwechselveränderungen.

---

[140] LSG Berlin-Brandenburg, 29. 1. 2009, UVR 11/2009, 652; Brusis, Laryngo-Rhino-Otol. 68 (1989) 557 ff.; ders. HNO 1999 (47) 140, 147.

Gutachterlich ist zunächst eine sorgfältige Differenzierung beider Krankheitsbilder auf Grund audiometrischer Diagnostik (Ton-, Sprachaudiometrie, überschwellige Tests, Impedanzaudiometrie), von Erfahrungswerten und unter Berücksichtigung von Intensität, Frequenzcharakteristik und Zeitgang der beruflichen Lärmeinwirkung im Vergleich zum Ausmaß des Hörschadens erforderlich. Gelingt dies, wird nur die durch die Lärmeinwirkung verursachte Hörstörung als Lärmschwerhörigkeit anerkannt und die MdE – gegebenenfalls unter Berücksichtigung zusätzlicher Schwerhörigkeit als Vorschaden – bewertet. Dies setzt jedoch voraus, dass nicht nur die Krankheitsbilder abzugrenzen sind, sondern auch deren Beziehung zu den in Frage kommenden Ursachen.

7.3.3.4.1.3 Nicht abgrenzbare Hörstörungen

Sind die Kausalreihen nicht erfassbar, weil sich die Einwirkungen untrennbar gegenseitig beeinflussen und sie das Hörorgan gleichlaufend befallen, ist der gesamte Gesundheitsschaden einheitlich zu beurteilen. Beide Einwirkungen sind in ihrer Beziehung zur Schwerhörigkeit zu bewerten. Daraus folgt, dass die gesamte Schwerhörigkeit entweder durch die Lärmeinwirkung wesentlich verursacht oder eine solche rechtlich bedeutsame Kausalität zu verneinen ist.

Die Lärmeinwirkung muss bei vernünftiger und lebensnaher Betrachtung zu der Schwerhörigkeit in einer besonders engen Beziehung stehen und so zu ihrem Entstehen wesentlich beigetragen haben.[141] Das trifft nicht zu, wenn die schädigungsunabhängigen Faktoren die Lärmeinwirkung an Bedeutung völlig zurückdrängen. Beim Hörsturz sind die Durchblutungsstörungen allein wesentlich (7.2.3.6, S. 317), beim akustischen Unfall stellt die gleichzeitige Lärmbelastung (7.3.2.3, S. 325) eine wesentliche Teilursache dar.

Unzulässig ist daher bei einem einseitigen Anlageleiden das Anwenden der *Symmetrieregel,* wonach der Hörverlust des lärmgeschädigten Ohres fiktiv auf das andere Ohr übertragen wird.[142] Das schematische Vorgehen widerspricht dem unfallversicherungsrechtlichen Grundsatz, dass es eine teilbare Kausalität nicht gibt; es bemisst im Übrigen die MdE in unzulässiger Weise nach einem hypothetischen Schaden, nicht aber nach der tatsächlich vorhandenen Lärmschwerhörigkeit.

7.3.3.4.1.4 Vorliegen der Erkrankung bei Beginn der Lärmeinwirkung (Verschlimmerung)

Allgemeine Hinweise s. 1.8.2, S. 34

Lag eine – die Lärmschwerhörigkeit beeinflussende – Erkrankung bei Beginn der Lärmeinwirkung vor, so ist zu unterscheiden:

(1) Hatte diese – bereits gegebene Hörstörung – noch keinen Krankheitswert, d.h. keine MdE von mindestens 10 %, ist sie unwesentlich.

(2) Um eine *Verschlimmerung* handelt es sich, wenn die Hörstörungen mit einer MdE von 10 % zu bemessen sind und der Krankheitswert dieses Leidens durch die Lärmeinwirkung erhöht wurde. Zu entschädigen ist der allein durch die Lärmeinwirkung verursachte Anteil.

---
[141] Bayer. LSG, 1995, Meso B 40/67.
[142] „Königsteiner Merkblatt", 4. Aufl. 1996 Ziff. 4.3.4; Feldmann, Das Gutachten des Hals-Nasen-Ohren-Arztes, 6. Aufl. 2006 S. 222f.; Baldus, u.a., ASP 1988, 65f.

Indessen kann auch hier bei einseitigen Erkrankungen die Symmetrieregel nicht angewendet werden. Vielmehr ist die Schwerhörigkeit des vorgeschädigten Ohres daraufhin zu untersuchen, ob der Verschlimmerungsanteil wesentlich durch die Lärmeinwirkung oder die Vorerkrankung verursacht wurde. Ist die Lärmeinwirkung insoweit wesentliche (Teil)Ursache, bestimmt sich das Maß der MdE nach der Differenz zwischen gegenwärtiger und vor der Lärmeinwirkung bestehender MdE.

7.3.3.4.2 Vorschaden

Daraus folgt, dass sich das Bemessungsproblem des Vorschadens nur stellt, wenn die lärmunabhängige Erkrankung – von ihrer Art her – nicht geeignet ist, eine Lärmschwerhörigkeit mitzuverursachen.

Der Vorschaden muss bei Eintritt des Leistungsfalls vorhanden sein (s. 7.3.3.4, S. 353); sonst handelt es sich um einen rechtlich unbeachtlichen Nachschaden.

7.3.3.4.2.1 Mittelohrerkrankungen

Liegt eine Schallleitungsstörung im tiefen und mittleren Frequenzbereich vor, ist diese in vollem Umfang lärmunabhängig. Sie kann weder zur Entstehung eines Lärmschadens beitragen, noch vermag die Lärmeinwirkung diese Hörstörung zu verschlimmern. Vielmehr wirkt die Mittelohrerkrankung als „natürlicher Gehörschutz"[143], wenngleich das Auftreten einer Lärmschwerhörigkeit nicht immer verhindert oder deren Ausmaß gemildert wird.

Viele Erkrankungen, die primär eine Schallleitungsstörung verursachen (chronische Mittelohrentzündung, Paukensklerose, Otosklerose), führen in ihrem natürlichen Verlauf zu einer Innenohrschwerhörigkeit. Für diesen Anteil gelten die Erwägungen bei 7.3.3.4.1.2, S. 354.

Bei dem Bemessen der MdE bleibt die Schallleitungskomponente als lärmunabhängig zunächst außer Betracht. Der quantitativen Beurteilung ist das Sprachverständnis, bezogen auf die Innenohrfunktion, zu Grunde zu legen. Dieses kann direkt durch die Knochenleitungs-Sprachaudiometrie gemessen werden. Ein anderes Verfahren: Man liest aus dem Tonaudiogramm die Luftleitungs-Knochenleitungs-Differenzen bei 500, 1000 und 2000 Hz ab, bildet daraus den Mittelwert und überträgt die über Luftleitung gemessenen sprachaudiometrischen Kurven auf diesen Wert nach links (Abb. 7).[144]

Allein der Innenohranteil ist als Maß der MdE zu Grunde zu legen. Jedoch vermag die vorbestehende Schallleitungsstörung die Folgen der Lärmschwerhörigkeit zu verstärken: Die vor Eintritt der Lärmschwerhörigkeit vorhandene individuelle Erwerbsfähigkeit ist mit 100 % in Ansatz zu bringen. Die Schallleitungsstörung kann insoweit den Wert der verbliebenen Restfunktion des Ohres steigern und eine höhere MdE begründen.

7.3.3.4.2.2 Einseitige Taubheit

Ist bei Eintritt des Versicherungsfalls auf einem Ohr eine konstitutionell bedingte Taubheit, auf dem anderen Ohr eine geringgradige Lärmschwerhörigkeit gegeben, so bemisst

---

[143] Dieroff, Z. Laryng. Rhinol. 43 (1964) 690; Gerth, Tamm, HNO 21 (1973) 268.
[144] Feldmann, Das Gutachten des Hals-Nasen-Ohren-Arztes, 6. Aufl. 2006, S. 215.

7.3 *Lärmschwerhörigkeit*   357

sich die MdE nicht nach einer beidseitigen geringgradigen Schwerhörigkeit (15 %). Zunächst ist der Funktionsverlust des lärmgeschädigten Ohres (MdE 0 %) zu bewerten. Infolge der Taubheit des anderen Ohres wirkt sich die einseitige Lärmschwerhörigkeit jedoch stärker aus als bei einem Gesunden, da das erhaltene Gehör das Gesamtvermögen darstellt. Die MdE beträgt 15 % (= geringgradige Schwerhörigkeit bei Einohrigkeit; das gleiche Ergebnis der „Symmetrieregel" ist zufällig)[145] (Abb. 15).

Vorschaden des Gegenohres	Normalhörigkeit	0	0	10	10	15	20
	Geringgradige Schwerhörigkeit	0	0	10	10	20	30
	Mittelgradige Schwerhörigkeit	0	10	20	20	30	40
	Hochgradige Schwerhörigkeit	0	10	20	40	50	50
	An Taubheit grenzende Schwerhörigkeit	0	15	30	50	70	70
	Taubheit	0	15	30	50	70	80
		Normalhörigkeit	Geringgradige Schwerhörigkeit	Mittelgradige Schwerhörigkeit	Hochgradige Schwerhörigkeit	An Taubheit grenzende Schwerhörigkeit	Taubheit
		zu entschädigende BK					

Abb. 15: Berechnung der MdE bei Vorschaden des anderen Ohres (*Brusis/Mehrtens* 1996)

Entsteht die Taubheit erst nach Eintritt des Versicherungsfalls, bleibt sie als Nachschaden unbeachtlich. Indes ist die Symmetrieregel anwendbar, weil der Nachschaden das insoweit lärmgeschädigte Ohr betroffen hat.

7.3.3.5 Arbeitsplatzwechsel

Da eine Lärmschwerhörigkeit nach Ende der Lärmeinwirkung nicht fortschreitet, ist die Anwendung persönlicher Gehörschutzmittel überwiegend ausreichend. Gleichwohl gibt es Einschränkungen.[146] Schallreduzierende Gehörschutzsysteme ebnen gleichzeitige sprachliche Kommunikation.[147]

---

[145] Vgl. BSG, 16. 5. 1984, SozSich 1984, 389; Erhöhung von 10 % auf 25 %.
[146] Baldus, ASP 1984, 217f.
[147] Matschke, u. a., Laryngo-Rhino-Otol. 70 (1991) 586ff.

Arbeitsplatzwechsel ist geboten[148]

1. bei jugendlichen und jüngeren Versicherten mit offensichtlich rasch sich entwickelnder Lärmschwerhörigkeit (Annahme einer abnorm starken Lärmempfindlichkeit)

2. beim Fortschreiten der Schwerhörigkeit – nach wiederholten Nachuntersuchungen oder Begutachtungen – trotz richtig und konsequent angewendeter Schutzmaßnahmen

3. beim Zusammentreffen mit anderen schwerwiegenden Hörstörungen, z.B. endogen degenerative Schwerhörigkeit, operierte Otosklerose, Hörsturz, Schädeltrauma mit Hörschädigung. Andererseits ist erhöhte Lärmempfindlichkeit eines endogen vorgeschädigten Ohres nicht erwiesen[149]

4. wenn persönlicher Gehörschutz wegen einer Behinderung (allergische Hautreaktion der Ohrmuschel, Gehörgangsentzündung) nicht getragen werden kann.

Zurückhaltung ist angezeigt bei

1. unerheblichen Hörstörungen, sofern diese nicht in den ersten Jahren der Lärmarbeit bei Jugendlichen aufgetreten sind

2. älteren Versicherten, bei denen nach bisherigem Verlauf keine wesentliche Änderung zu erwarten ist

3. Versicherten, bei denen nicht alle Wege des individuellen Lärmschutzes genutzt wurden.

7.4 Anhang: Funktionelle Stimmstörung

Zum Sprechvorgang[150]: Beim Sprechen und Singen trifft das Gehirn unbewusst bis zu 150.000 einzelne Entscheidungen. Etwa 100 Muskeln sind an der Entstehung eines Tons beteiligt. Die Stimmbänder, Stimmlippen, sitzen im Kehlkopf. Sie werden durch die Atemluft zum Schwingen gebracht. Das funktioniert wie bei einem Luftballon, wenn langsam die Luft entweicht. Das Öffnen und Schließen der Stimmlippen geschieht ein paar hundertmal pro Sekunde. Die Häufigkeit bestimmt die Höhe des Tons und wird mit der Messeinheit Herz beschreibbar gemacht. 440 Schwingungen pro Sekunde bedeuten 440 Hz.

Wie jedes Instrument braucht auch die Stimme einen Resonanzraum, damit ein Ton entstehen kann. Der „Vokaltrakt" besteht aus Mund, Nase, Rachen und Luftröhre. Er beeinflusst den Ausdruck einer Stimme. Die kontrollierte Atmung ist der notwendige Motor. Kombinierte Brust- und Bauchatmung gilt als optimal.

Die „Feinmotorik" der Stimme, die Steuerung von Lippen, Zunge, Gaumen und Kehlkopf, liegt in der linken Gehirnhälfte. Im motorischen Sprachzentrum ist die Steuerung für Mund und Kehlkopfmuskel verankert. Ist er beschädigt, können nur langsam Worte und Silben gebildet werden. Bei Schädigung des sensorischen Sprachzentrums kommt es meist zu einer überschießenden Sprachproduktion, ohne dass der Inhalt der Worte verstehbar ist. Das Sprachverständnis ist gestört. Doch ohne Zusammenspiel mit der rechten Gehirnhälfte, für Gefühle, Kreativität und Sprach-Melodie zuständig, würde die Stimme steril klingen. Normal ausgedrückte Sprache ist ein Zusammenspiel beider Gehirnhälften.

---
[148] Nach Feldmann, Das Gutachten des Hals-Nasen-Ohren-Arztes, 6. Aufl. 2006 S. 231.
[149] Swoboda, Welleschik, Laryngo-Rhino-Otol. 70 (1991) 463ff.
[150] Nach Hess, hessen service: gesundheit 2/2002.

Lärm beeinflusst die Stimmbildung mittelbar über die Kopplung zwischen Gehör und Stimmapparat. Bei Berufsgruppen, die im Lärm arbeiten und gleichzeitig viel sprechen müssen, können sich Stimmstörungen einstellen, die entweder auf organischen Veränderungen beruhen, oder auch rein funktioneller Art sind.[151] Ferner werden entwicklungsbedingte und hormonelle Ursachen unterschieden.

Funktionelle Stimmstörungen sind Krankheiten der Stimme, die als Störung des Stimmklanges und der stimmlichen Leistungsfähigkeit – ohne krankhafte primär organische Veränderungen – erscheinen. Sie treten auch bei Personen auf, die nicht in klassischen „Sprechberufen" (Lehrer, Erzieher, Schauspieler, Sänger und Sprecher) tätig sind. Hyper- und hypofunktionelle Formen werden unterschieden, die konstitutionell, gewohnheitsmäßig (habituell), durch stimmliche Arbeit (phonogen) oder psychogen (Stresssituation, psychische Belastung) verursacht sein können. Meist sind mehrere dieser Formen für die Entstehung oder den Schweregrad der Stimmstörung verantwortlich.[152] Funktionelle Stimmstörungen können als sekundäre Überbelastung der Stimmlippen in organische Funktionsstörungen übergehen.

Als *Ursachen*[153] werden vermutet: Über- und Fehlbeanspruchung der Stimme (Stimmissbrauch), fehlerhafte Stimmtechnik, Konflikte, psychovegetative Faktoren, ungünstige Raumverhältnisse (Störgeräusche, trockene Luft), Mängel der individuellen Leistungsfähigkeit und Belastbarkeit. Von geringer Bedeutung sind Erkrankungen der oberen Luftwege und Allgemeinerkrankungen, insbesondere Schädigungen der Schleimhaut der oberen Luftwege durch allgemein verbreitete Schadstoffe.

Statistisch gesichertes Material fehlt, wonach die Sprachstörung eine, einem bestimmten Berufszweig eigentümliche, die dort Beschäftigten mit gewisser Regelmäßigkeit befallende Erkrankung ist. Vor allem der hohe Anteil nicht berufstätiger Hausfrauen[154] lässt vermuten, dass der Erkrankung die gesamte Bevölkerung gleichermaßen ausgesetzt und nicht eine bestimmte Personengruppe erheblich größer gefährdet ist. Dieses Ergebnis wird erhärtet durch vergleichende Untersuchungen[155] von Personen mit und ohne Sprechberuf. Die funktionellen Leistungen waren ähnlich; eher war die Stimmfunktion bei „Berufssprechern" besser, was darauf hindeutet, dass beruflicher Stimmgebrauch der Stimme nicht schadet, sondern sie eher kräftigt.

Ergreifen Personen mit anlagemäßig vorhandener Stimmschwäche oder sonstigen ungünstigen Voraussetzungen einen Sprechberuf und tritt nach kurzer Zeit eine Stimmstörung auf, so ist die berufliche Tätigkeit nicht ursächlich: sie ist ein „auslösendes Moment"[156] (Stimmstörungen nicht „durch", sondern „bei" Sprechberufen).

---

[151] Böhme, Klinik der Sprach-, Sprech- und Stimmstörungen, 3. Aufl. 1994; Meyer-Biesalski, Stimm-, Sprech- und Sprachstörungen (Hrsg. Arbeitsgemeinschaft für Gemeinschaftsaufgaben der KV), 3. Aufl. Essen 1981; Wirth, Stimmstörungen, 4. Aufl. 1995; Pascher, Bauer, Differentialdiagnose von Sprach-, Stimm- und Hörstungen, 1998.
[152] Heinemann, Rehabilitation 1982, Blatt 21; Böhme, Klinik der Sprach-, Sprech- und Stimmstörungen, 3. Aufl. 1994.
[153] Wirth, Stimmstörungen, 4. Aufl. 1995 S. 134; s. auch Wendler, Lehrbuch der Phoniatrie, 1977.
[154] Nessel, Arch. Ohr.-, Nas.- u. Kehlk. Heilk. 185 (1965) 379,421.
[155] Ackermann, Pfau, Folia-Phoniat Basel 26 (1974) S. 95ff.
[156] Wirth, Stimmstörungen, 4. Aufl. 1995 S. 146.

Nach derzeitigem Stand der medizinischen Wissenschaft handelt es sich *nicht* um eine von außen einwirkende *berufsbedingte* Schädigung. Stimmstörungen sind vielmehr Ausdruck dafür, dass der Stimmapparat den besonderen Anforderungen, die der Beruf mit sich bringt, nicht gewachsen oder jener nicht genügend dafür ausgebildet worden ist.[157]

Anerkennung „wie eine Berufskrankheit" kann im Einzelfall (§ 9 Abs. 2 SGB VII) bei Handwerkern erfolgen, die bei Störungsbeseitigung in chemischen Betrieben in besonders starkem Maße schleimhautschädigenden Stoffen ausgesetzt sind und sich eine *chronische Kehlkopfentzündung* zuziehen.[158, 159]

Minderung der Erwerbsfähigkeit	in %
je nach Ausmaß	10–30
vollständiger Verlust der Stimme	bis 50

---

[157] Feldmann, Das Gutachten des Hals-Nasen-Ohren-Arztes, 6. Aufl. 2006 S. 334; Brusis, Die Lärmschwerhörigkeit und ihre Begutachtung, 1978 S. 130.
[158] Dieroff, u.a., Hals-Nasen-Ohrenheilkunde und Arbeitsmedizin, Berlin 1979 (DDR) S. 160–168, 200f.
[159] Auf die Problematik des Zusammenhanges zwischen funktionellen Stimmstörungen und funktionellen Kopfgelenkstörungen wird verwiesen.

8 Stütz- und Bewegungsorgane*

Übersicht

8.1	Knochen- und Gelenkverletzungen, Gelenkerkrankungen	365	8.8	Becken, Hüftgelenk und Oberschenkelhals............. 574
8.2	Sehnenriss	390	8.9	Oberschenkel hier: Venenthrombose 589
8.3	Wirbelsäule	423	8.10	Knie...................... 600
8.4	Schulter und Schultergelenk.....	513	8.11	Unterschenkel hier: Unterschenkelgeschwür 657
8.5	Oberarm	525	8.12	Fuß 663
8.6	Ellenbogengelenk und Unterarm .	526	8.13	Amputation 682
8.7	Hand	532		

Das Bewegungssystem besteht aus einem passiven und einem aktiven Teil. Das *Knochen- oder Skelettsystem* (passiver Teil) umfasst alle Knochen, Gelenke und Bänder des Stützgerüstes und der Gliedmaßen.

Das *Skelett* ist das Gerüst des Körpers. Es verleiht ihm Stütze sowie Stabilität, schützt die empfindlichen Organe und dient auch als Speicher lebenswichtiger Stoffe, wie Kalzium und Phosphor. Seine Knochen enthalten Knochenmark, gelbes Fettmark ohne blutbildende Funktion und rotes Knochenmark, in dem die roten Blutkörperchen gebildet werden.

Das Skelett setzt sich aus rund zweihundert *Knochen* zusammen. Diese sind durch Gelenke miteinander verbunden und bilden Hebel, an denen die Muskeln angreifen.

Zwei Arten von Knochengewebe gibt es: spongiöses (Schwammgewebe) und kompaktes (Knochenrinde).

Spongiöses Knochengewebe – wie ein Badeschwamm aufgebaut – bildet ein Geflecht feinster Knochenbälkchen, die sich der mechanischen Belastung entsprechend verteilen. Ändert sich die Belastung, wird das Gewebe umgebaut. Nicht mehr benötigte Knochenbälkchen gehen zu Grunde, neue entstehen, wo erhöhte Festigkeit erforderlich ist. *Kompaktes Knochengewebe* sieht wie eine durchgehend feste Masse aus. Nur unter dem Mikroskop sind Hohlräume zu erkennen.

Die Knochenbälkchen bestehen aus feinen Lamellen, konzentrisch um Kanäle für die Blutgefäße angeordnet. Die äußersten Lamellen *(Grundlamellen)* liegen parallel zur Oberfläche des Knochens.

An den *Gelenkflächen* ist der Knochen mit einer *Knorpelschicht* bedeckt. Der Rest der Oberfläche ist von der grauweißen *Knochenhaut* überzogen. Diese Bindegewebsschicht, reich an Blutgefäßen und Zellen, wird befähigt, Knochensubstanz zu bilden. Die Knochenhaut spielt daher eine wesentliche Rolle für Wachstum und Heilung der Knochen.

---

* Mitarbeit Dr. med. *V. Grosser*, Berufsgenossenschaftliches Unfallkrankenhaus Hamburg-Boberg.

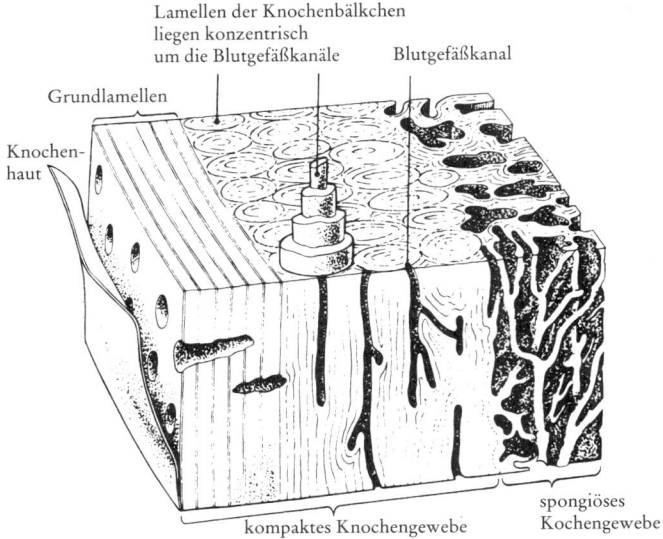

Abb. 1: Aufbau des Knochengewebes

Im Inneren einiger Knochen befindet sich eine weiche Substanz, das *Knochenmark*. Im roten Knochenmark bilden sich die roten Blutkörperchen (s. 14) und die Blutplättchen. Der Körper eines Erwachsenen enthält etwa 2,5 kg rotes Knochenmark – in den Rippen, den Schädelknochen, der Wirbelsäule und dem Becken. Gelbes Knochenmark besteht aus einem fetten Material, das in den Langknochen enthalten ist.

Knochenarten:

Kurze Knochen (die unregelmäßigen Hand- und Fußwurzelknochen) haben eine sehr dünne kompakte Außenschicht, das Innere besteht aus spongiösem Gewebe.

Ähnlich aufgebaut sind die gelenknahen Anteile der langen Röhrenknochen (z.B. Ober- und Unterarm, Ober- und Unterschenkel, Schlüsselbein). Das Mittelstück dieser Knochen hat hingegen eine dicke äußere Schicht aus kompaktem Knochengewebe, eine dünne innere Schicht aus Schwammgewebe und einen Kern von gelbem Knochenmark.

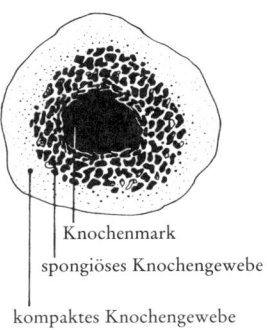

Abb. 2: Oberschenkelknochen im Querschnitt

Flache Knochen (z.B. Brustbein, Rippen, Hüftknochen) verfügen über zwei kompakte Außenschichten mit einer dazwischenliegenden Schicht aus Schwammgewebe. Ist der Knochen sehr dünn, wie Teile des Schulterblatts, kann die Zwischenschicht fehlen. Bei den Schädelknochen enthält die Zwischenschicht kommunizierende Kanäle, zwischen denen gröbere und feinere Knochenbälkchen laufen.

Gelenke sind die *Verbindungen zwischen* einzelnen Knochen, welche die verschiedenen Teile des Körpers beweglich machen. Ein Gelenk besteht aus knöchernen Gelenkpartnern (z.B. Ober- und Unterschenkel im Kniegelenk), der Gelenkkapsel, dem Bandapparat und der Funktionsmuskulator. Fehlen ein oder mehrere Gelenkteile, heißt das Gelenk *unechtes Gelenk*.

Bei *unechten* Gelenken sind zwischen die Knochenstücke entweder Knorpel (z.B. die Symphysenscheibe zwischen den Schambeinen), Bindegewebe oder Knochen eingeschaltet.

Bei *echten* Gelenken sind die im Gelenk zusammentreffenden Knochenteile von einer glatten Gelenkknorpelschicht überzogen. Diese ermöglicht zusammen mit der Gelenkflüssigkeit eine reibungs- und verschleißarme Bewegung. Solche Gelenkflächen sind entweder eben oder (konvex bzw. konkav) gewölbt. Die konvexen Gelenkkörper heißen Gelenkkopf, die konkaven Gelenkpfanne. Bestehen stärkere Inkongruenzen zwischen den Gelenkkörpern, werden diese durch Gelenkscheiben oder Halbringe (z.B. die Menisken des Kniegelenks) aus Faserknorpel ausgeglichen.

Die Gelenkkapsel bildet eine Hülle um das Gelenk und schließt die Gelenkhöhle luftdicht ab. Die innere Schicht der Gelenkkapsel *(Synovialis)* bildet die Gelenkschmiere *(Synovia)*, die äußere fibröse Schicht ist vielfach durch zusätzliche Bänder (Ligamenta) verstärkt. Sie stabilisieren das Gelenk und können sich im Inneren eines Gelenks befinden (etwa die Kreuzbänder des Kniegelenks), mit der Gelenkkapsel verwachsen sein oder außerhalb des Gelenks liegen. Muskeln und Sehnen verstärken den Aufbau zudem.

Gelenkkapsel und Bandapparat enthalten neben Schmerzrezeptoren auch Mechanorezeptoren, über welche die Gelenksteuerung erfolgt.

Die Form des Gelenks bestimmt die Freiheitsgrade der Gelenkbeweglichkeit. Die meisten Gelenke sind *Scharniergelenke*. Diese erlauben nur Bewegungen um eine Achse, wie bei den Fingern oder Sprunggelenken. *Kugelgelenke* hingegen ermöglichen Bewegungen in alle Richtungen (Schulter-, Hüftgelenke). Wichtige Gelenke sind daneben *Dreh-* (Verbindung zwischen Ellenbogen und Speiche) sowie *Sattelgelenke*.

Die Statik (Belastbarkeit) und Dynamik (Bewegung) des Skeletts wird durch die Muskulatur gewährleistet. Zum Muskelsystem (aktiver Bewegungsapparat) gehören die Muskeln mit ihren Hilfseinrichtungen, wie Sehnen, Muskelbinden (Fascien), Schleimbeutel usw.

Der Muskel hat die Fähigkeit, sich zu verkürzen und dadurch zwei in einem Gelenk verbundene Knochen, an denen er mit je einer Sehne befestigt ist, gegeneinander zu bewegen. Die Skelettmuskulatur ist willkürliche Muskulatur, d.h. aktiv mit dem Willen zu steuern.

Skelettmuskelgewebe besteht aus *Muskelfasern* – langen, dünnen Zellen mit zahlreichen Zellkernen. Jede Muskelfaser ist mit einer Zellmembran bedeckt. Ein Bündel mehrerer Muskelfasern ist in eine weitere Membran eingehüllt, mehrere solcher Bündel bilden zusammen einen Muskel. Dieser ist mit einer dritten Gewebeschicht bedeckt. Die Muskelfasern bestehen aus vielen zusammenziehbaren *Myofibrillen*, die dem Muskel sein gestreiftes Aussehen geben.

Das überdeckende Bindegewebe geht am Ende des Muskels in eine Sehne über, mit welcher der Muskel mit einem oder meist mehreren Knochen verbunden ist.

Einander unterstützende Muskeln sind *Synergisten*, Muskeln mit entgegengesetzter Funktion *Antagonisten*. Antagonistische Muskeln sind z. B. Bizeps und Trizeps des Oberarms, die den Unterarm beugen und strecken.

Etwa vierhundert nach Form und Größe stark verschiedene Skelettmuskeln gibt es, die gemeinsam 40 bis 50 Prozent des Körpergewichts ausmachen. Neben ihrer Bewegungsfunktion erzeugen sie auch einen großen Teil der Körperwärme.

Anatomische Orientierung
Die Lagebezeichnung erfolgt durch Beschreibung der *Körperebenen* und *Körperrichtungen*

- Körperebenen

- *Medianebene:* durch die Körpermitte gelegene Ebene, teilt den Körper in eine rechte und linke Hälfte von vorne und hinten
- *Frontalebene* (frons = Stirn): parallel zur Stirn durch den Körper gelegt steht sie senkrecht zur Medianebene
- *Transversalebene* (transversus = querverlaufend): steht waagerecht auf der Median- und Frontalebene, beim aufrecht stehenden Menschen parallel zum Boden
- *Sagittalebene* (sagitta = Pfeil): Verlauf parallel zur Medianebene durch den Körper hindurch

- Richtungsbeschreibungen
  - medial: zur Mitte
  - lateral: zur Seite
  - kranial: zum Kopf
  - caudal: zum Steiß
  - proximal: zur Körpermitte
  - distal: zum Gliedmaßenende
  - ventral: zum Bauch
  - dorsal: zum Rücken
  - anterior: nach vorne
  - posterior: nach hinten
  - superior: oberhalb von
  - inferior: unterhalb von
  - superficial: oberflächlich
  - fundus: tief
  - externus: außen
  - internus: innen

- Bewegungsrichtungen
  - Extension: Streckung
  - Flexion: Beugung
  - Abduktion: Abspreizen vom Körper
  - Adduktion: Anspreizen zum Körper
  - Innenrotation: Einwärtsdrehen
  - Außenrotation: Auswärtsdrehen
  - Elevation: Hochheben über die Horizontale
  - Anteversion: Neigung nach vorn
  - Retroversion: Zurückführen nach hinten
  - Supination: Auswärtsdrehen
  - Pronation: Einwärtsdrehen

8.1 Knochen- und Gelenkverletzungen, Gelenkerkrankungen
Übersicht

8.1.1	Definition und Einteilung der Frakturen.................	365	8.1.3.2	Verzögerte Knochenbruchheilung – Pseudarthrose ("nicht verheilte Fraktur")..... 381
8.1.1.1	Entstehungsmechanismus und Bruchformen................	367	8.1.3.2.1	Krankheitsbild............... 381
8.1.1.2	Einteilung der Frakturen nach klinisch-röntgenologischen Gesichtspunkten.............	369	8.1.3.2.2	Einteilung................... 382
			8.1.3.2.3	Minderung der Erwerbsfähigkeit (Erfahrungswerte)............ 383
8.1.1.3	Ursachen einer Fraktur.......	371	8.1.3.3	Osteitis (Knocheninfektion, Ostitis, Osteomyelitis)........ 384
8.1.1.3.1	Pathologische Fraktur........	371		
8.1.1.3.2	Refraktur (Wiederbruch)......	373	8.1.3.3.1	Exogene (posttraumatische) Osteitis...................... 384
8.1.1.3.3	Ermüdungsbruch.............	373		
8.1.2	Überblick zur Frakturbehandlung...........	375	8.1.3.3.2	Endogene (hämatogene) Osteitis (Osteomyelitis)....... 385
8.1.2.1	Konservative Frakturbehandlung...........	375	8.1.3.3.3	Traumatische Reaktivierung einer inaktiven Osteitis (Verschlimmerung)........... 387
8.1.2.2	Operative Frakturbehandlung (Osteosynthese).............	375	8.1.3.3.4	Krankheitsbild............... 387
8.1.3	Störungen im Heilverlauf......	378	8.1.3.3.5	Minderung der Erwerbsfähigkeit............. 388
8.1.3.1	Komplexes Regionales Schmerzsyndrom (CRPS; Morbus Sudeck)......	378	8.1.3.3.6	Spondylitis, Spondylodiszitis, Diszitis..................... 388
8.1.3.1.1	Ursachen...................	380	8.1.3.4	Gelenkverletzungen.......... 388
8.1.3.1.2	Zusammenhangsbeurteilung...	380	8.1.3.5	Gelenkinfektionen............ 389

Die Verletzungsart „Kochenbruch" macht in der ges. UV mit über 60 % (geschlossener Knochenbruch) und über 5 % (offener Knochenbruch) etwa zwei Drittel aller Verletzungen, die zur Berentung führen, aus.

8.1.1 Definition und Einteilung der Frakturen

Als Knochenbruch *(Fraktur)* wird jede Kontinuitätstrennung eines Knochens durch Brechung oder Stauchung bezeichnet. Sie besteht aus zwei oder mehreren Bruchstücken, den Fragmenten, in Haupt- und Nebenfragmente unterscheidbar. Der traumatisch, d.h. durch Krafteinwirkung entstandenen Fraktur stehen die pathologischen oder spontanen Frakturen (Spontanfraktur) gegenüber (s. 8.1.1.3.1, S. 371). Solche Frakturen ereignen sich am krankhaft veränderten Skelett gleichsam von selbst, d.h. ohne eine adäquate Krafteinwirkung.

Unter den traumatisch bedingten Frakturen wird dem Unfallmechanismus entsprechend die *direkte* von der *indirekten* Fraktur abgegrenzt.

Der *direkte Knochenbruch* ist das Ergebnis ganz umschriebener Krafteinwirkung. Gleichzeitig kann eine Mitbeteiligung der Haut und anderer Weichteile vorliegen; typisches Beispiel ist die Stoßstangenverletzung des angefahrenen Fußgängers mit Fraktur des Schien- und Wadenbeines in Höhe der Stoßstange des Fahrzeugs und Weichteilkontusion oder Wunde in gleicher Höhe.

Beim *indirekten Knochenbruch* wird die einwirkende Kraft über einen oder mehrere Skelettabschnitte fortgeleitet. Am schwächsten Punkt dieser Kette bricht der Knochen, wie bei der Faktur des unteren Speichenendes, des Schlüsselbeines, des Schienbeinkopfes, an der Wirbelsäule und beim Drehbruch des Unterschenkelhalses. Beim Sturz auf die Hand wird die Kraft über den Unterarm weitergeleitet und das Speichenköpfchen gegen den Oberarmknochen geschoben.

Die *offene Fraktur*, auch Wundfraktur, entsteht dadurch, dass ein Fragment von innen her die Haut perforiert oder ein Gegenstand Haut und Weichteile von außen schädigt und den Knochen bricht.

Schweregrade der offenen Fraktur[1]

O I: Fehlende oder geringe Kontusion, unbedeutende bakterielle Kontamination, einfache Bruchformen. Die Haut ist gewöhnlich nur durch ein Knochenfragment durchspießt.

O II: Umschriebene Haut- und Weichteilkontusion, mittelschwere Kontamination, alle Frakturformen.

O III: Ausgedehnte Weichteildestruktion, häufig Gefäß- und Nervenverletzungen, starke Wundkontamination, ausgedehnte Knochenzertrümmerung, Ischämie (Arterienverletzung). Schussbrüche, Landwirtschaftsunfälle.

O IV: Totale und subtotale Amputation: Durchtrennung der wichtigsten anatomischen Strukturen, insbesondere der Hauptgefäße mit Ischämie. Für die Replantationschirurgie gibt es differenzierte Unterteilungen.

Der Begriff *geschlossene Fraktur* besagt, dass der Bruch vollständig mit Weichteilen bedeckt ist und keine freie Verbindung nach außen besteht. Zu dieser Gruppe gehören vor allem indirekte Brüche, bei denen ein bestimmter Bruchmechanismus zu Grunde liegt.

Schweregrade der geschlossenen Fraktur[2]

Grad 0: Keine oder nur unbedeutende Weichteilverletzung; einfache Bruchformen, die durch einen indirekten Verletzungsmechanismus entstanden sind, wie die Unterschenkeldrehfraktur des Skifahrers.

Grad 1: Oberflächliche Schürfung oder Kontusion durch Fragmentdruck von innen. Die Verletzungen sind begleitet von einfachen bis mittelschweren Frakturformen. Als typisches Beispiel gilt die nicht reponierte Pronations-Luxationsfraktur des oberen Sprunggelenks, bei der die Weichteilschädigung durch die Bruchkante am Innenknöchel entsteht.

---

[1] Debrunner, Orthopädie, Orthopädische Chirurgie, 4. Aufl. 2005 S. 654.
[2] Meeder, Weller, in: Chirurgie (Hrsg. Reifferscheid, Weller), 8. Aufl. 1989 S. 714.

8.1 Knochen- und Gelenkverletzungen, Gelenkerkrankungen

Grad 2: Tiefe kontaminierte Schürfung sowie lokale Haut- oder Muskelkontusionen auf Grund eines entsprechenden direkten Traumas. Auch das drohende Compartmentsyndrom (Druckerhöhung innerhalb der Fascienhüllen) wird hier eingeordnet. Typischerweise liegen mittelschwere bis schwere Bruchformen vor, wie bei einer Zweietagenfraktur des Schienbeins durch Stoßstangenanprall.

Grad 3: Ausgedehnte Hautkontusion, subcutanes Décollement, Zerstörung der Muskulatur sowie jedes dekompensierte Compartmentsyndrom oder eine Verletzung eines Hauptgefäßes. Die Frakturen umfassen schwere Bruchformen und Knochenzertrümmerungen.

Obgleich die Verletzung der Haut eine Infektion begünstigt, ist für die Beurteilung der Schwere einer Verletzung das Ausmaß der gesamten Weichteilschädigung (auch bei einer „geschlossenen Fraktur") wichtig.

Der Ausdruck „komplizierte Fraktur" sollte im Zusammenhang mit der offenen Fraktur nicht verwendet werden.

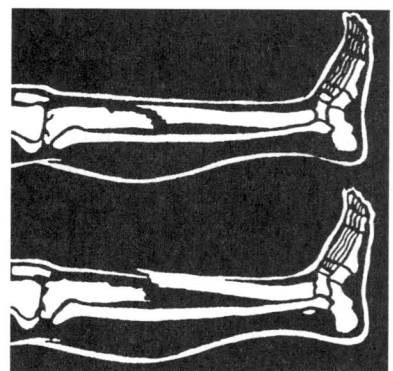

geschlossene Fraktur = die Haut wird nicht von Knochen durchspießt

offene Fraktur = Wunde über dem Knochenbruch mit direkter Verbindung zwischen Knochen und äußerer Umgebung

Abb. 1

8.1.1.1 Entstehungsmechanismus und Bruchformen

Die direkte Fraktur entsteht am Ort, die indirekte Fraktur fern der Krafteinwirkung. Unterschiede der einwirkenden Kräfte in Größe und Richtung sowie die Festigkeit des belasteten Knochenabschnittes bewirken verschiedene Bruchformen, aus denen gewisse Rückschlüsse auf Ausmaß und Richtung der Krafteinwirkung zu ziehen sind.

Biegungsbruch   Bei der Beanspruchung eines Röhrenknochens auf Biegung werden an der Konvexseite längsgerichtete Zugspannungen und auf der Konkavseite Druckspannungen bewirkt. Bei Überschreiten der Elastizitätsgrenze kommt es auf der Höhe der Konvexität zur Ausbildung eines unterschiedlich langen, queren Risses und auf der Konkavseite entsteht bei weiterem Durchbiegen ein Biegungsdreieck, der sog. Biegungskeil.

Drehbruch	Die Torsionsfraktur (Spiralbruch oder Drehbruch) erfolgt bei einseitig fixiertem Knochen durch Drehung in der Längsachse. Schraubenförmige Zugspannungen treten auf; je rascher die Torsion verläuft, desto flacher wird der Winkel der spiralförmigen Frakturlinie. Bei zusätzlicher Stauchung und Biegung kann es zur Aussprengung eines weiteren Fragmentes kommen, des Drehkeils. Der Drehkeil ist länger als der Biegungskeil.
Stauchungsbruch	Der Stauchungsbruch (Kompressionsfraktur) erfolgt durch axiale Krafteinwirkung, vorzugsweise im Bereich spongiöser Knochen. Gekennzeichnet ist er durch einen irreversiblen Strukturverlust des Knochens; so führt die Kompressionsfraktur z.B. zur keilförmigen Deformierung der Wirbelkörper.
Abscherungsbruch	Der Knochen wird von entgegengesetzt wirkenden etwa gleich starken Kräften getroffen. Meistens sind es Quer- oder kurze Schrägbrüche. Abscherungen können auch bei Verrenkungen (Luxationen) auftreten.
Zugbruch	Der Zugbruch ist identisch mit der Abrissfraktur und wird durch Muskelzug hervorgerufen. Hier verläuft die Frakturebene senkrecht zur Zugspannung. Typisch sind der Querbruch der Kniescheibe oder Abrissfrakturen am inneren und äußeren Knöchel sowie der Ausriss kleinerer Corticalisfragmente (Corticalis = Knochenrinde) an Sehnen- und Bandansätzen an den Oberschenkelknochen, am großen Rollhügel.
Berstungsbruch	Der Berstungsbruch ist eine Sonderform des Kompressionsbruches im Bereich der Schädelkalotte. Bei bitemporaler – etwa äquatorialer – Kompression kommt es zur Ausbildung von Frakturen im Verlauf der Meridiane; Biegungsbrüche verlaufen hier äquatorparallel.
Impressionsfraktur	Die Impressionsfraktur des Schädels ist eine Folge isolierter direkter Krafteinwirkung, gekennzeichnet durch das Tiefertreten des getroffenen Knochenstückes. Lamina externa und interna (äußere und innere Schädeldecke) sind gebrochen. Auch im Bereich von Gelenkflächen kann es zu Impressionen mit Verschiebungen kommen (z.B. Schienbeinkopf).
Infraktion	Eine Infraktion stellt einen umschriebenen, also nur unvollständigen Knochenbruch dar. Dabei durchzieht der Bruchspalt lediglich einen Teil des Knochenquerschnitts.
Epi- und Apophysenfugenlösung	Bei dieser Bruchform erfolgt die Kontinuitätstrennung in der Wachstumszone, sie tritt also nur am wachsenden Skelett auf. Die Epiphysenlösung kann *spontan* auf Grund innerer Ursachen, z.B. endokriner Störungen, erfolgen. Dies trifft auf die Epiphysenlösung am Schenkelkopf zu. Diese kann schleichend, ohne besondere Krafteinwirkung (Epiphysiolysis capitis femoris lenta) oder plötzlich – selten – ohne vorausgehende Krankheitszeichen (Epiphysiolysis capitis femoris acuta) auftreten.[3]

---

[3] Imhäuser, Spontane Epiphysendislokation am koxalen Femurende. In: Orthopädie in Praxis und Klinik. Spezielle Orthopädie. Bd. VII (Hrsg. Witt, u.a.) 1987 S. 115.

8.1 Knochen- und Gelenkverletzungen, Gelenkerkrankungen

Oft wird zu Unrecht ein Unfallereignis ursächlich angeschuldigt, wenn die Krafteinwirkung die bereits gelockerte Epiphyse traf. Auch ohne Unfall wäre es in absehbarer Zeit zur Epiphysenlösung gekommen. Hat eine gröbere Krafteinwirkung, die den Schenkelhals traf, zur Epiphysenlösung geführt, ist zu prüfen, ob der Unfall als Gelegenheitsanlass oder mitwirkende Ursache zu werten ist.

Von dieser spontanen Epiphysenlösung ist die *traumatische*, auch Epiphysenbruch genannt, abzugrenzen. Der Häufigkeit nach sind betroffen:

– untere Speichen-, untere Oberarm-, untere Schienbeinepiphyse.

Die Unterscheidung der spontanen von der traumatischen Epiphysenlösung ergibt sich im Wesentlichen aus der Lokalisation, den Röntgenbefunden und der Art der Krafteinwirkung.

Nach Anzahl der Fragmente (Bruchstücke) werden einfache Brüche, Mehrfragment- und Trümmerbrüche unterschieden.

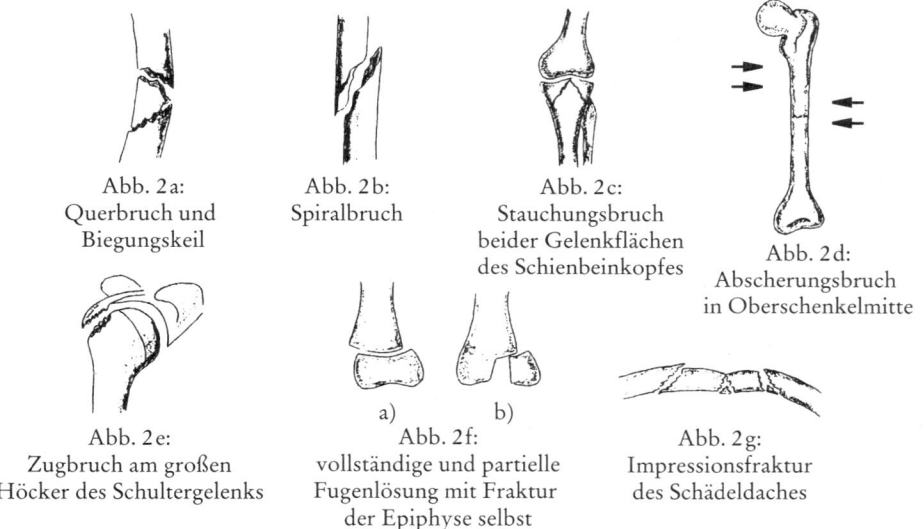

Abb. 2a: Querbruch und Biegungskeil

Abb. 2b: Spiralbruch

Abb. 2c: Stauchungsbruch beider Gelenkflächen des Schienbeinkopfes

Abb. 2d: Abscherungsbruch in Oberschenkelmitte

Abb. 2e: Zugbruch am großen Höcker des Schultergelenks

Abb. 2f: vollständige und partielle Fugenlösung mit Fraktur der Epiphyse selbst

Abb. 2g: Impressionsfraktur des Schädeldaches

8.1.1.2 Einteilung der Frakturen nach klinisch-röntgenologischen Gesichtspunkten

Bisweilen ist es schwierig, alle an der Frakturentstehung beteiligten Mechanismen zu erkennen. Deshalb wird oft die Fraktur im klinischen Alltag nach der Bruchform, die aus dem Röntgenbild abgelesen werden kann, beschrieben: Quer-, kurzer und langer Schrägbruch sowie Spiral-, Längs- und Trümmerbruch.

Der Mehrfragmentbruch unterscheidet sich vom Trümmerbruch dadurch, dass mehr als zwei größere Bruchstücke vorliegen, während beim Trümmerbruch neben den beiden Hauptfragmenten eine Trümmerzone angetroffen wird, die aus zahlreichen kleinen bis kleinsten Fragmenten besteht.

- *Doppelbruch*

Der Doppelbruch (Fracture en deux étages) gilt als Sonderform des Mehrfragmentenbruches. Er zeichnet sich dadurch aus, dass zwischen den beiden Hauptfragmenten ein zusammenhängendes, nicht frakturiertes Mittelstück besteht (Stückbruch, auch segmentaler Bruch).

Ein eingekeilter Bruch liegt vor, wenn die beiden Hauptfragmente ineinander eingestaucht sind; diese Fraktur ist oftmals stabil.

- *Mehretagenbruch*

Frakturen der großen Röhrenknochen auf mehreren Höhen (3, 4-Etagenbruch), z.B. Kombination von körperfernem Oberschenkel-, Schaft-, Rollhügel- und Schenkelhalsbruch (4-Etagenbruch).

- *Ab- und Adduktionsbruch*

Der Begriff Ab- und Adduktionsbruch wird bei Brüchen des Schenkelhalses verwendet. Diese Differenzierung hat Bedeutung für die Behandlung und Prognose.

Entsprechend der Dislokation der Bruchstücke lassen sich verschiedene Formen unterscheiden, die häufig neben- und miteinander vorkommen. Unter Dislokation einer Fraktur versteht man die Verschiebung der Bruchstücke gegeneinander. Sie kann entweder primär durch Krafteinwirkung oder sekundär durch Muskelzug, Lagerung und vorzeitige Belastung eintreten. Eine Dislokation ist in mehrfacher Hinsicht gegeben:

Achsenknickung = Dislocatio ad axim

Seitenverschiebung = Dislocatio ad latus

Rotationsverschiebung = Dislocatio ad peripheriam

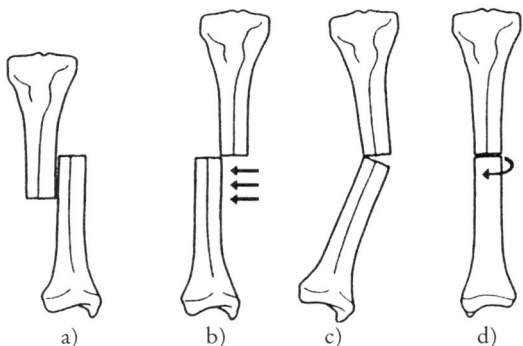

Abb. 3: Möglichkeiten der Dislokation. a) Fragmentverschiebung mit Verkürzung und Seitverschiebung; b) Seitverschiebung; c) Achsenknickung; d) Rotationsverschiebung

8.1 Knochen- und Gelenkverletzungen, Gelenkerkrankungen

Verschiebung mit Verkürzung = Dislocatio cum contracione
- mit Verlängerung = Dislocatio cum distractione
- mit Ineinanderstauchung der Bruchstücke = Dislocatio cum implantatione

Zur allgemeinen Verständigung genügt es nicht, Bruchform, Dislokation und betroffenen Skelettabschnitt zu nennen. Für die Behandlung und besonders auch die Prognose ist bedeutungsvoll, ob ein Bruch sich in Gelenknähe bzw. unter Einbeziehung eines Gelenks oder im Schaftbereich ereignet hat. Deshalb teilt man die einzelnen Extremitätenabschnitte in Drittel ein und spricht, je nach Lokalisation, von einer Fraktur im oberen, mittleren oder unteren Drittel. Frakturen eines oberen und unteren Drittels erhalten den Zusatz „mit oder ohne Gelenkbeteiligung". An weiteren Skelettabschnitten, wie an der Wirbelsäule oder den Rippen, sind andere Bezugspunkte gebräuchlich. Bei Wirbelfrakturen wird der betroffene Wirbel angegeben, bei Rippenfrakturen die Rippe. Die Lage der Fraktur wird bei Rippenfrakturen bezogen auf die vordere, mittlere und hintere Axillarlinie. An der Clavicula (Schlüsselbein) unterteilt man das innere, mittlere und äußere Drittel (auch sternales, mittleres und acromiales Drittel).

8.1.1.3 Ursachen einer Fraktur

Die traumatische Fraktur hat ihre Ursache in kurzzeitiger einmaliger Krafteinwirkung.

Begriffsbestimmungen

Trauma: durch mechanische, thermische, chemische oder aktinische (Strahlen) entstandene körperliche Schäden in Form von Gewebszerstörungen mit entsprechenden Funktionsausfällen

akutes Trauma: der Gewebsschaden ist ausschließlich unfallbedingt entstanden, ohne Vorschaden

schweres Trauma: die Gewebszerstörungen betreffen lebenswichtige Organe, lassen gravierende Defektheilungen mit schweren Funktionseinbußen erwarten oder die Systembelastung ist so groß, dass auch primär nicht traumatisierte Organe oder Funktionssysteme beeinträchtigt werden

Polytrauma: Syndrom von Verletzungen mehrerer Körperregionen oder Organe mit konsekutiven systemischen Funktionsstörungen. Dabei können sich auch sonst chirurgisch beherrschbare Verletzungskomponenten in ihrer Systembelastung bis zur Lebensbedrohlichkeit kumulieren.

Die therapeutische Unterscheidung zwischen subakuten und chronischen Verletzungen („Traumata") ist aus gutachterlicher Sicht nicht sinnvoll.

8.1.1.3.1 Pathologische Fraktur

Von *pathologischer* Fraktur spricht man, wenn ein Bruch in einem Knochenabschnitt auftritt, dessen mechanische Materialeigenschaften durch krankhafte Prozesse verändert waren. Die *Spontanfraktur* wird unterschieden, wenn der Knochenbruch ohne jede traumatische Krafteinwirkung sich einstellt, allein durch geringste Zug- oder Druckbelastung, z.B. Muskelzug.[4]

---

[4] Maurer, u.a., Langenbecks Arch Chir 380 (1995) 207, 208; Mutschler, Unfallchirurg 100 (1997) 410.

Ursachen

- *Knochentumoren* (primäre Knochentumoren, also gutartige oder bösartige Tumoren des Knochengewebes selbst oder sekundäre Knochentumoren, also Metastasen anderer Tumoren im Knochengewebe)
- *Knochenstoffwechselerkrankungen* (Osteoporose, Osteopetrose, Osteogenesis imperfecta)

Fehlt ein adäquates Unfallereignis und liegt gleichzeitig ein weiteres Kriterium (Röntgenmorphologie, Grunderkrankung) vor, ist die Diagnose einer pathologischen Fraktur gesichert. Auf eine Spontanfraktur hinweisend sind Schmerzen schon vor dem Bruch, Vorgeschichte, mottenfraßartiges Aussehen der Bruchränder. Neben Röntgenbild lassen sich mittels Computer und Magnetresonanztomographie das Ausmaß der Zerstörung von Vaskularisation, Knochennerven und das Ausmaß eines Begleithämatoms vor allem bei hochvaskularisierenden Tumoren beurteilen.[5]

Nicht selten ist der Spontanbruch erstes Anzeichen einer bis dahin unbekannten Erkrankung. Bei fortlaufender Zerstörung des Knochengewebes kommt eines Tages der Zeitpunkt, zu dem es den normalen Belastungen nicht mehr gewachsen ist und an der erkrankten Stelle einbricht.

Beruht das Grundleiden auf einem Arbeitsunfall oder einer Berufskrankheit, ist der Spontanbruch als mittelbare Folge anzuerkennen. Entsteht der Spontanbruch *ohne* erkennbare *äußere* Ursache, wird ein Arbeitsunfall lediglich behauptet, ist dies zu widerlegen. Das Missverhältnis zwischen Art, Sitz und Schwere des Bruches und den beim Hergang des Unfalls einwirkenden Kräften (geringe oder fehlende Schmerzhaftigkeit usf.), weisen auf eine pathologische Fraktur.

Das RVA hat sich wiederholt mit solchen Zusammenhangsfragen befasst und die Entschädigungspflicht der ges. UV abgelehnt, wenn die vorhandenen krankhaften Knochenveränderungen auch ohne die versicherte Tätigkeit in absehbarer Zeit zu einem Bruch geführt hätten, ohne dass es hierzu eines besonderen Ereignisses bedurfte („Gelegenheitsursache", vgl. 1.5.2, S. 26). Als Beispiele werden Spontanfraktur bei bestehendem Tumor und solche des Oberschenkels bei weit vorgeschrittener Krankheit[6] genannt.

Dem folgt die Rspr., wenn sie darauf abstellt, dass die Fraktur in der natürlichen Entwicklung einer schon weit vorgeschrittenen Krankheit voraussichtlich zu ungefähr der gleichen Zeit bei irgendeiner anderen Gelegenheit eingetreten wäre. So wurde ein Spontanbruch des Oberschenkels bei bestehender Tabes dorsalis (Lues) als Gelegenheitsursache gewertet[7], ein Spontanbruch des Oberarmes bei ungenügender Festigkeit infolge verzögerter Heilung eines vorausgegangenen Bruches als Unfallfolge ebenso verneint[8].

Eine pathologische Fraktur ist jedoch zu entschädigen, wenn das Trauma die Eignung hat, auch einen gesunden Knochen zu brechen.[9]

---

5   Freyschmidt, Trauma Berufskrankh 10 (2008) Suppl 2 S. 165 f.
6   RVA, 3. 5. 1928, Rostock S. 178; RVA, 17. 7. 1935, MfU 1937, 328.
7   LSG Nordrhein-Westfalen, 14. 6. 1960, BG 1961, 171.
8   Bayer. LSG, 13. 4. 1954, Breith. 1954, 781, 782; Die Verwendung der Bezeichnung „Rückfallbruch" ist missverständlich, vgl. dazu 8.1.3.2, S. 381.
9   Zur Begründung vgl. die gleichgelagerte Fragestellung beim Sehnenriss (8.2.2.3, S. 395 ff.).

8.1 Knochen- und Gelenkverletzungen, Gelenkerkrankungen

8.1.1.3.2 Refraktur (Wiederbruch)

Es handelt sich um die Fraktur eines Knochens, der bereits Sitz eines vorherigen, inzwischen konsolidierten Bruches gewesen ist. Der Charakter des neuen Unfalls zeichnet sich dadurch aus, dass er einem gesunden Knochen keine Fraktur zufügen würde, d. h. meistens ein leichtes, eher nicht adäquates Trauma, eine falsche Bewegung, eine Prellung, ein Sturz zu ebener Erde, usw. Der Bruchspalt zeigt entweder dieselbe Lokalisation oder findet sich in enger Nachbarschaft der ursprünglichen Fraktur, nämlich dort, wo frakturbedingte Umbauvorgänge stattgefunden haben („Nachbarschaftsfraktur" bzw. „Grenzzonenbruch"). Die Lokalisation ist meistens diaphysär. Die Refraktur ist als Folge des ersten Unfalls zu werten.

Das *Röntgenbild* zeigt die Frakturlinie, die den vorhergehenden Bruch reproduziert oder sich in einer sklerotisch umgewandelten und verdichteten Zone der Umgebung befindet.

Die *Häufigkeit* bewegt sich ungefähr bei 1/100. Vorwiegend betroffen sind die langen Röhrenknochen: Radius (Speiche), Ulna (Elle), Humerus (Oberarm), Tibia (Schienbein), Femur (Oberschenkel). Die Erstbehandlung bestand meistens in einer Plattenosteosynthese, wenn auch die Refraktur nach konservativen Behandlungen vorkommt, in typischer Weise z. B. bei der Unterarmfraktur des Kindes (drei Drittel aller Refrakturen betreffen den Unterarm).

Nach Entfernung eines Fixateur externe sind sie nicht selten zu beobachten, da die Beurteilung der Knochenheilung im Zusammenhang mit dieser Methode besonders schwierig ist.

Die *Refraktur bei einliegendem Osteosynthesematerial* stellt einen Sonderfall dar. In zwei Ausprägungen kann sie vorkommen:

Der Sitz der Refraktur befindet sich im mittleren Abschnitt des Materials. In dieser Situation kann kaum mit Sicherheit eine Refraktur von einem ungenügend konsolidierten Erstbruch unterschieden werden.

Die Fraktur besteht am Übergang des Materials zum unbehandelten Knochen. Meist wird diese Frakturform durch eine schwere Krafteinwirkung verursacht, wobei sich die spezielle Lokalisation durch die Steifigkeitsdifferenz zwischen verplattetem und normalem Knochen erklärt.

8.1.1.3.3 Ermüdungsbruch

Ein Ermüdungsbruch[10] ist eine Kontinuitätsdurchtrennung des Knochens ohne adäquates Trauma. Die Entstehung ist ungeklärt. Überwiegend werden Ermüdungsbrüche als Überlastungsschäden gesehen, die aus einem Missverhältnis zwischen Belastbarkeit und Belastung des Knochens bei ungewohnten bzw. übermäßigen Beanspruchungen entstehen.

Die Analogie zur Materialermüdung in der Technik erfährt im biologischen Substrat Knochen durch die Stoffwechselprozesse und die damit verbundenen Reparaturmechanismen eine wesentliche Einschränkung. In der Regel treten Ermüdungsbrüche als Folge lokaler Überlastungen z. B. während militärischer Übungen, im Sport oder im Arbeitsleben auf.[11]

---

10 Auch: Stress Fracture, Fatigue Fracture, Insufficency Fracture (Inzuffizienzfraktur), Compression Fracture, Distraction Fracture, Marschfraktur, Dauerfraktur, Ermüdungsfraktur, Shin Soreness.
11 Bräunlich, u. a., Z. Orthop. 134 (1996) 553, 559.

Endogene Faktoren (verminderte Knochendichte, Störungen im Knochenstoffwechsel u.a.) begünstigen den Ermüdungsbruch.

Bei der Beurteilung der *Zusammenhangsfrage* werden oft pathogenetische Vorgänge bei der Fraktur vernachlässigt und versicherte äußere Krafteinwirkungen überbewertet. Sorgfältiger Überprüfung bedürfen deshalb ärztliche Bescheinigungen, wonach das „Unfallereignis" den Bruch „ausgelöst", zumindest aber seine Entstehung „begünstigt" haben soll.

Für die Lokalisation des Ermüdungsbruches sind Skelettabschnitte vorbestimmt, an denen der Knochen besonders auf Biegung beansprucht wird: Dornfortsatz des 7. Halswirbels, Wirbelbögen der unteren Lendenwirbel, Rippen, Unterkiefer, am Arm das Olekranon (Ellenhaken), an der Hand das Kahnbein, Schenkelhals, Beckenknochen, Scheitelpunkt des nach vorn gekrümmten Oberschenkels, Wadenbein, vor allem nach Sprungübungen, am Fuß die Mittelfußknochen II bis IV, die körpernahen Abschnitte von I und V, Keil-, Kahn- und Fersenbein. Die stärkere Gefährdung der Mittelfußknochen durch kurzzyklische Biegebelastung bei Märschen dürfte mit dem besonderen Bau des Fußes als „ein nach innen höher gespanntes Gewölbe" (s. 8.12.1, S. 663) zusammenhängen.[12] Charakteristisch ist ferner die Bruchform, meist Querbruch mit glatt begrenzten Fragmentenden.

Erstreckt sich die Überbelastung über längere Zeit, so reagiert der Knochen mit – durch Knochenneubildung bedingten – Umbauvorgängen, welche die Abstützung des sich anbahnenden, schleichenden Knochenbruches (schleichende Ermüdungsfraktur) bezwecken. Bei dieser Fraktur sind im Röntgenbild reparatorische Umbauprozesse des gesunden Knochens gut ersichtlich und stellen sich als umschriebene keil- oder bandförmige Verdichtungszonen im Knochen und Periost dar. Sie können den Bruchspalt völlig überdecken (frakturloser Kallus). Meistens ist aber der Ermüdungsbruchspalt als quere Aufhellungslinie zu sehen, die nicht wie beim Kraftbruch schmal und scharfzackig ist, sondern sich breiter und mehr glattrandig darstellt. Die Ermüdungsfrakturen des kranken Knochens bei Mangelerkrankungen zeigen auch ein dem Bruchspalt entsprechendes, quer verlaufendes breites Aufhellungsband, aber keine oder nur geringe reparatorische Vorgänge. Sie treten häufig an symmetrischen Knochenstellen auf (*Looser-Umbauzonen*).

Dem Vorgang der Ermüdung oder Zerrüttung des Knochens kommt am Skelett eine nicht unbedeutende Rolle zu beim Mondbein- (s. 8.7.7.4.2, S. 553), Kahnbeinbruch (s. 8.7.7.4.1, S. 548) und bei der Berufskrankheit „Abrissbrüche der Wirbelfortsätze" (BK-Nr. 21 07, s. 8.3.6.4, S. 476).

Fehlt bei einem Knochenbruch eine entsprechende Krafteinwirkung oder gingen rheumaähnliche Beschwerden der betroffenen Körpergegend voraus oder wurde gar deshalb schon ärztliche Behandlung durchgeführt, ist das Vorliegen eines Spontan- oder Ermüdungsbruches zu erwägen.

Neben exakter Ermittlung des Unfallherganges und sorgfältig erhobener Arbeitsanamnese bedarf es der Feststellung irgendwelcher Vorerkrankungen und Körperschäden sowie sonstiger Zeichen einer Gewebeschwäche, wie Überdehnbarkeit der Gelenke und Hernien. Das Ergebnis der Erhebung der Vorgeschichte und des Unfallherganges kann aber auch irreführen: Nicht selten kommt es vor, dass z.B. als erste Auswirkung einer Knochenerkrankung oder Ermüdungsfraktur, etwa des Schenkelhalses, ein Sturz erfolgt und dann Ursache

---

12 Bräunlich, u.a., Z. Orthop. 134 (1996) S. 554.

8.1 Knochen- und Gelenkverletzungen, Gelenkerkrankungen 375

und Wirkung verwechselt werden. Am zuverlässigsten bietet die Röntgenuntersuchung eine Klärung; im Zweifel sind die konventionellen Untersuchungsmethoden durch Schichtaufnahmen, Kernspin- oder Computertomographie zu ergänzen. Die histologische Diagnose mittels Knochenbiopsie wird meist den Tumorverdacht ausschließen.

8.1.2 Überblick zur Frakturbehandlung

Die drei Grundsätze der Knochenbruchbehandlung sind: Reposition (Einrichtung der Knochenfragmente); Retention (Erhalten der Reposition und Ruhigstellung); funktionelle Behandlung unter Einsatz aller nicht ruhiggestellten Gelenke.

8.1.2.1 Konservative Frakturbehandlung

L. Böhler[13] hat sie systematisch bearbeitet und dargestellt. Als Prinzipien fordert er: Einrichten, Ruhigstellung und aktive ärztlich kontrollierte Übungen aller nicht ruhiggestellten Gelenke. Die Ruhigstellung erfolgt mit Schienen (Gipsverband) oder Zugverband (Extensionsbehandlung) bzw. in Kombination beider Methoden.

Ist bei einer Fraktur weder eine Reposition noch eine Retention erforderlich, so wird *funktionell* behandelt.

8.1.2.2 Operative Frakturbehandlung (Osteosynthese)

Jedes operative Verfahren, ob gedeckt oder offen, ist mit erhöhtem Infektionsrisiko verbunden. Die Forderung, die an jede Osteosynthese gestellt werden muss, ist zumindest die Erzielung einer Übungsstabilität. Nur wenn der Verletzte sofort nach der Operation – unter dem mechanischen Schutz der jeweiligen Osteosynthese – mit aktiven Bewegungsübungen beginnen kann, wird der Muskel- und Skelettatrophie, d.h. der sog. Frakturkrankheit, vorgebeugt, werden die Gelenke funktionstüchtig bleiben und die Zirkulationsstörungen sich bessern. Dieser Gewinn an Funktionen rechtfertigt das Infektionsrisiko (zwischen 0,5 % und 10 %).

- **Indikationen für eine operative Knochenbruchbehandlung**
- Mediale Schenkelhalsfrakturen vom Adduktionstyp
- Gelenkfrakturen
- Offene Frakturen
- Pseudarthrosen
- Oberschenkelschaftfrakturen
- zahlreiche Frakturen langer Röhrenknochen beim Erwachsenen
- Distraktionsfrakturen (Patella = Kniescheibe, Olekranon = Ellenhaken, Epicondylus lateralis humeri = äußerer Oberarmknochen, etc.)
- Wirbelfrakturen mit neurologischen Ausfällen, operationsbedingten Instabilitäten oder Verformungen
- instabile Beckenfrakturen
- Frakturen, die sich im Gips- oder Extensionsverband nicht halten lassen
- Multiple Frakturen (zur Gewährleistung der Pflegefähigkeit)

Die *Indikation* zum operativen Vorgehen richtet sich nach den biomechanischen Prinzipien der Osteosynthese.

---

13 Sonderdruck aus Technik der Knochenbruchbehandlung, 1957 S. 2420.

- **Kontraindikationen**
- *Allgemeine Kontraindikationen:* Schock, schweres Schädel-Hirn-Trauma, Fettembolie, Pneumonie, nicht eingestellter Diabetes mellitus, dekompensierte kardiale Insuffizienz, Alkoholkrankheit, Drogenabhängigkeit, mangelnde Mitarbeit des Patienten (Compliance)
- *Lokale Kontraindikationen:* Schlechte Weichteilverhältnisse am Ort des Zugangs zum Knochen (Kontusionsmarken, Spannungsblasen, Nekrosen, Hauterkrankungen, wie Psoriasis vulgaris, Ulcus cruris usw.)

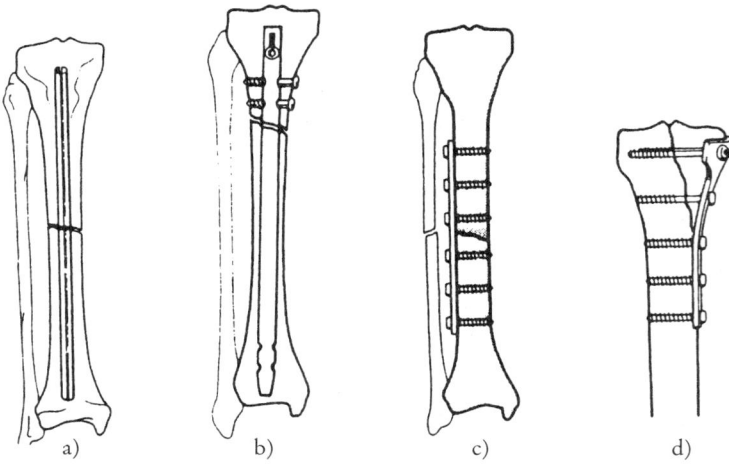

Abb. 4: a) Marknagelung nach *Küntscher* (unaufgebohrt oder aufgebohrt); b) Dynamische Verriegelung einer proximalen Unterschenkelfraktur; c) Kompressionsplatte bei Pseudarthrose des Schienbeins; d) Abstützplatte bei medialem Schienbeinkopfbruch

- *Übungsstabilität gewährleistende* Osteosyntheseverfahren

(1) *Schenkelhalsnagelung und Schenkelhalsverschraubung:* trotz aller Bemühungen lässt sich im Einzelfall die Kopfnekrose als Spätkomplikation nicht verhindern.

(2) Die *Marknagelung (Küntscher)* ist für Quer-, Schräg- und manche Splitterbrüche im mittleren Schaftdrittel, aber auch im proximalen und distalen Drittel des Oberschenkelknochens und des Schienbeins die Methode der Wahl. Auch die verzögert heilenden Frakturen und die Pseudarthrosen in diesen Abschnitten sind Indikation für die Marknagelung. Marknagelung ohne Eröffnung der Bruchstelle bezeichnet man als gedeckte, mit Freilegung der Fraktur als offene Marknagelung. Es gibt Verfahren mit und ohne Aufbohrung der Markhöhle.[14] Die Aufbohrung wird durchgeführt, um die sanduhrförmig gestaltete Markhöhle der Form des intramedullären Kraftträgers anzupassen. Der Indikationsbereich der Marknagelosteosynthese ist durch den Verriegelungsnagel (unaufgebohrt oder aufgebohrt) erweitert worden. Eine Sonderform ist die Bündelnagelung. Hierbei werden so viele

---

[14] Weise, u.a., Trauma Berufskrankh 2000 (2) 67ff.

Rundnägel eingebracht, bis die Markhöhle aufgefüllt ist. Gegen die primäre Aufbohrung wird geltend gemacht, die Gefäßversorgung des Knochens werde geschädigt mit den Gefahren der Infektion und Heilungsverzögerung.[15]

(3) *Schraubenosteosynthese* ist indiziert bei Schräg- und Drehfrakturen mit langer Bruchfläche. Zur Durchführung einer Schraubenosteosynthese stehen entsprechend der Struktur des Knochens zwei Arten von Schrauben zur Verfügung, die Spongiosaschraube mit größerem und die Kortikalisschraube mit kleinerem Gewindedurchmesser.

(4) *Plattenosteosynthese* wird vorzugsweise dort vorgenommen, wo eine Markraumschienung nicht in Frage kommt, insbesondere im oberen und unteren Drittel der langen Röhrenknochen und bei Drehbrüchen im mittleren Schaftdrittel. Plattenosteosynthesen werden ausgeführt mit geraden Platten, Winkelplatten und dynamischen Kompressionsplatten, neuerdings durch Plattenfixateursysteme mit winkelstabilen Schrauben-Plattensystemen.[16] Sie haben den Vorteil einer weitgehend ungestörten kortikalen Durchblutung sowie erhöhten Stabilität bei verminderter Knochenqualität.

(5) Bei der *Zuggurtung* werden die Bruchstücke auseinanderhaltenden Zugkräfte zu Druckkräften transformiert. Als Osteosynthesematerial wird eine Platte oder starker Draht, unter Umständen in Kombination mit Bohrdrähten, verwandt. Indikationen sind Brüche der Kniescheibe, des Hakenfortsatzes der Elle (Olecranonfraktur) sowie des Innen- und Außenknöchels.

(6) Die Anwendung äußerer *Fixateur externe* (Spanner) ermöglicht die Stabilisierung von Fragmenten durch eine Vorrichtung, die fern vom Ort des Geschehens am Knochen angreift. Der Fixateur externe lässt sich als einseitiger (unilateraler), sogenannter Klammer-Fixateur externe oder in zwei- oder drei-dimensionaler Anordnung verwenden. In Abhängigkeit von der Frakturform erfolgt eine interfragmentäre Kompression. Als wenig invasives, leicht und schnell anwendbares sowie jederzeit korrigierbares Stabilisierungsverfahren kommt ihm vermehrt Bedeutung zu.

Ein besonderer Fixateur externe ist der *Ringfixateur nach Ilisarow*.[17] Dabei werden gekreuzte Kirschnerdrähte in äußeren Stahlringen fixiert, die untereinander durch Gewindestangen verbunden sind. Er ist gewebeschonend und biomechanisch günstig. Indikationsgebiete des Ilisarow-Ringfixateure sind komplexe Fehlstellungen, Gelenkkontrakturen, Extremitätenverlängerungen und Segmenttransporte zum Knochenaufbau.

Der unilaterale Fixateur externe (Monofixateur) eignet sich zur Versorgung einfacher Bruchformen ohne wesentliche Weichteilschädigung, vorzugsweise am Unterschenkel oder als Ausnahmeindikation am Oberschenkel, während die zwei und drei-dimensionale Anordnung des Fixateur externe vorwiegend zur Stabilisierung offener oder infizierter Frakturen, Pseudathrosen und Arthrodesen sowie bei Osteotomien (Knochendurchtrennung) gewählt wird.

---

15 S. dazu Maatz, Lenz, Arens, Beck, Die Marknagelung und andere intramedulläre Osteosynthesen, 1983; Haas, BG-UMed 97 (1997) 25 ff.
16 Wolter, u. a., Externe und interne Fixationssysteme, 1995; Tiemann, u. a., Trauma Berufskrankh 11 (2009) Suppl 1 S. 77.
17 Ilisarow, in: Die Plattenosteosynthese und ihre Konkurrenzverfahren (Hrsg. Wolter, Zimmer), 1991, 67 ff.; ders., Transosseous Osteosynthesis, 1991; Baumgartl, u. a., Unfallchirurg 99 (1996), 84 ff.; Glatzel, u. a., Trauma Berufskrankh 4 (2002) 404; Schmidt, u. a., ebenda S. 413.

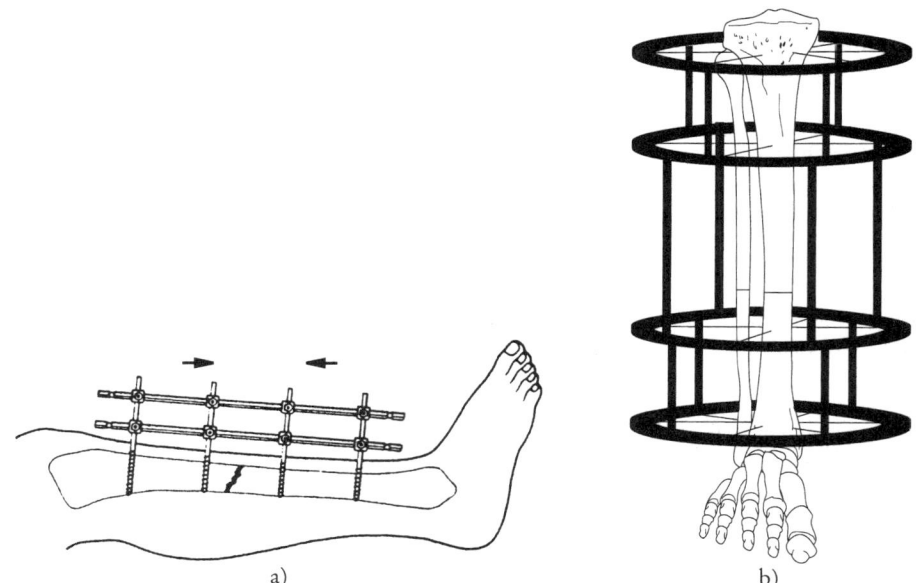

Abb. 5: Fixateur externe. a) als unilateraler Klammer-Fixateur externe;
b) als Ringfixateur nach *Ilisarow*

(7) Werden die Fragmente nicht stabil fixiert, sondern lediglich durch Hemicerclagen, Schrauben, Rush-pins oder Bohrdrähte miteinander verbunden, spricht man von einer *Adaptationsosteosynthese*. Solches Vorgehen wird gelegentlich bei Kindern angewandt, wenn eine Fraktur mit konservativen Maßnahmen nicht zu reponieren bzw. retinieren ist. Hier finden auch resorbierbare Materialien Anwendung.[18]

(8) *Alloarthroplastik*: teilweiser oder vollständiger Ersatz eines Gelenks durch körperfremdes Material. Die *Endoprothese* ist das künstliche Ersatzteil. Sie übernimmt im Organismus die Funktion des geschädigten bzw. entfernten Körperabschnittes.

8.1.3 Störungen im Heilverlauf

8.1.3.1 Komplexes Regionales Schmerzsyndrom (CRPS; Morbus Sudeck)
Allgemeine Hinweise s. 5.5.4.1, S. 211

Das CRPS wird definiert als eine an Weichteilen und Knochen ablaufende neurogene Durchblutungs- und Stoffwechselstörung mit Entzündungscharakter und der Neigung zur Chronizität. Alle klinischen und röntgenologischen Symptome seien auf diese beiden pathologischen Mechanismen zurückzuführen.

---

[18] Vecsey, u.a., Knochenbruchbehandlung, 1995.

8.1 Knochen- und Gelenkverletzungen, Gelenkerkrankungen

Symptomenkonstellation[19]

- *sensorisch* (Brenn-, Spontanschmerz, Überempfindlichkeit auf Berührungsreize, herabgesetzte Schmerzschwelle, Allodynie)
- *vaskulär* (asymmetrische Hauttemperatur, Veränderungen der Hautfarbe, Vasodilatation/Vasokonstriktion)
- *sudomotorisch* (Ödem, gestörte Schweißsekretion)
- *motorisch/trophisch* (Bewegungseinschränkung, Schwächegefühl, Zittern, Dystonie, Paresen, Tremor, Nagelveränderungen, Veränderungen des Haarwuchses, trophische Störungen der Haut).

Nach früherer Definition liegt ein dreizeitiger Ablauf – mit fließenden Übergängen – vor. Am Beginn steht die *akute* oder *hyperämische Phase* (= Entzündungsstadium). Zwei bis vier Monate nach dem Unfall kann sich die *Dystrophie* entwickeln: Die akute Entzündung geht in eine chronische über. Gelenkbeweglichkeit ist dauerhaft eingeschränkt. Im Laufe von acht Monaten bis 2,5 Jahren endet die Krankheit entweder in einer deutlich verzögerten Heilung oder einer Defektheilung, der *Endatrophie*: Es liegt eine Atrophie (Schwund) aller Gewebsteile vor. In diesem Stadium sind allenfalls noch plastisch-chirurgische Ersatzoperationen durchzuführen.

Klinik[20]

Stadium	Hyperämie	Dystrophie	Atrophie
Klinik	Brennender Dauerschmerz Überempfindlichkeit Erhöhte Durchblutung Rötung Ödem Hyperhidrose Hypertrichose Eingeschränkte Beweglichkeit	Persistierender Schmerz Kühle, glänzende, livide Haut Brüchige Nägel Haarwuchsminderung Ödem Hyperpathie (besonders Kälte) Verhaltensänderung Übertriebene Schonung Gemütsstörung Gestörte Gelenkbeweglichkeit	Haut- und Muskelatrophie Schrumpfung der Gelenkkapsel Sehnenverkürzung Einsteifung der Gelenke
Radiologie	Zu Beginn uncharakteristisch. Nach 2-3 Wochen gelenknahe, feinfleckige Entkalkung	Herdförmige fein- bis grobfleckige Entkalkung	Hochgradige, grobwabige, teilweise fleckige Osteoporose

Unter der Nomenklatur CRPS wird lediglich unterschieden

akutes Stadium (einige Tage bis Wochen nach dem auslösenden Ereignis) mit klassischen Entzündungszeichen: Rötung, Überwärmung, Schwellung, Spontanschmerz, Funktionseinschränkung der betroffenen Extremität

chronisches Stadium (Monate bis Jahre nach Krankheitsbeginn) mit Dystrophie und Atrophie aller Gewebe mit trophischen Veränderungen der Haut, Verkürzung von Muskeln und Entkalkungen des Knochens

---

19 Harden, Brühl, in: Ludwig, u. a., Kursbuch der ärztlichen Begutachtung (Hrsg. Ludolph, u. a.) 35. Erg.-Lfg. 12/2007 VI –1.3.7 S. 5; s. auch Weber, u.a., Dtsch med Wochenschr 2002, 384, 385 f.
20 zur Nieden, u.a., Trauma Berufskrankh 2 (2000) 333, 338.

- Entstehungsmechanismen
- *Entzündungstheorie*: Klassische Entzündungszeichen im akuten Stadium weisen auf eine lokale Entzündungsreaktion[21]
- Ausdruck einer *systemischen Erkrankung* des zentralen Nervensystems (Rückenmark, Hirnstamm): Eine – an sich harmlose – äußere Einwirkung setzt einen Regelkreis in Gang, der über eine Sympathikusdysregulation zur typischen Symptomatik führt[22]
- Interaktion beider Komponenten[23]

8.1.3.1.1 Ursachen

- *Häufig* (mehr als 90 %): Traumen im Bereich der betroffenen Extremität: Frakturen, Nervenverletzungen, Operationen, vor allem der Hände, Arthroskopien, Weichteilverletzungen, Bagatellverletzungen

- *Selten:* Herpes zoster, Entzündungen (Tendinitis, Bursitis, Vaskulitis), Tumoren, Herz- und Lungenerkrankungen, mikrobielle Infektionen (Borrelien)

Die Symptomatik hält sich an regionale Grenzen. Jeweils die ganze Region einer Extremität wird betroffen, z.B. CRPS einer Hand[24], eines Fußes, eines Knie- oder Schultergelenks, nie aber der Stamm oder der Kopf.[25]

Abgrenzung des CRPS von

- *Osteoporosen*
- *Gelenk- und Weichteilentzündungen* durch mikrobielle Infektionen oder im Rahmen von Systemerkrankungen, z.B. chronische Polyarthritis, Kollagenosen
- *chronischen Erkrankungen nach peripheren Nervenschädigungen*
- *Pseudodystrophien* (Folgen psychischer Fehlentwicklung im Sinne nicht bewältigter Belastungssituation)

8.1.3.1.2 Zusammenhangsbeurteilung

Die Beteiligung einer Anlage an der Entstehung hindert nicht die Anerkennung als Schädigungsfolge, da der Gesundheitsschaden (erst) durch die schädigende Einwirkung als Krankheit eintritt. Daher ist der Einfluss des Unfallereignisses bei gleichzeitig bestehenden unfallfremden, klinisch fassbaren Ursachen zu bewerten. Diese können als Entzündungen spezifischer und unspezifischer Art, vorbestehende traumatische Veränderungen, Entzündungen peripherer Nerven, Gefäß- und Hauterkrankungen, zentraler Nervengewebe – sowie periphere neurogene Erkrankungen erscheinen.[26]

Der Beurteilung des ursächlichen Zusammenhanges erwachsen keine Schwierigkeiten, wenn das CRPS sich im Anschluss an eine erhebliche Verletzung (z.B. Fraktur) entwickelt:

---

[21] Schürmann, u. a., Vortrag 66. Tagung DGU, 14. 11. 2002 Berlin; Schinkel, u. a. Clin.J. Pain 22 (2006) 235.
[22] Janig, Baron, Clin.Auton.Res. 12 (2002) 150.
[23] Ludwig, Kursbuch der ärztlichen Begutachtung (Hrsg. Ludolph, u. a.) 35. Erg.-Lfg. 12/2007 VI –1.3.7 S. 3 f.
[24] Dammann, MfU 1972, 13: isoliertes Sudeck-Syndrom nur an drei Fingern.
[25] Lempp, MfU 1962, 282, unter Hinweis auf Kessler, Dtsch. med. Wschr. 83 (1958), 565.
[26] Cotta, Rauterberg, Lebensversicherungsmedizin 1979, 98, 102.

8.1 Knochen- und Gelenkverletzungen, Gelenkerkrankungen 381

Der Arbeitsunfall stellt hier zumindest die wesentliche Teilursache dar. Die beschriebenen Symptome treten meist in engem zeitlichen Zusammenhang mit dem auslösenden Trauma auf (Minuten bis Stunden), manchmal aber auch erst Tage bis Wochen später. Selten ist ein Zusammenhang mit einem Trauma oder einer anderen Läsion nicht feststellbar.

Bei geringfügigen Verletzungen (z. B. leichte Prellungen) gilt es, stets den Grad der Mitwirkung des Traumas an der Entstehung eines CRPS – in angemessener Berücksichtigung der individuellen Umstände – sorgfältig abzuwägen und Stellung zu nehmen, ob und warum die leichte Gewebsschädigung *ausnahmsweise* wesentliche Teilursache oder ob – wie meistens – rechtsunerhebliche Gelegenheitsursache ist.

Der Grad der *Minderung der Erwerbsfähigkeit* ist nach den *üblichen* Kriterien – insbesondere der Stärke der Funktionsstörung – einzuschätzen.

8.1.3.2 Verzögerte Knochenbruchheilung – Pseudarthrose („nicht verheilte Fraktur")

Die ungestörte Knochenbruchheilung lässt sich klinisch und histologisch in Phasen einteilen:

(1) Die Fragmente sind beweglich, Ausbildung eines Bruchhämatoms, einsprossendes Granulationsgewebe.

(2) Die Fraktur gewinnt durch Einwachsen von Knorpel- und Knochenzellen zunehmend an Stabilität, sie „zieht an". Die Bruchstelle ist schmerzlos und mehr federnd elastisch.

(3) Schließlich erfolgt die endgültige Rekalzifizierung (Verknöcherung) und klinische Festigung der Fraktur.

Pseudarthrose im Sinne gestörter Knochenbruchheilung ist gegeben, wenn die reparativen Vorgänge nach einem Knochenbruch ohne knöcherne Verbindung der Frakturenden zum Abschluss gekommen sind. Folge ist eine Beeinträchtigung der betroffenen Extremität.

Im angelsächsischen Bereich wird zwischen „verzögerter" und „ausbleibender" Heilung (delayed and non-union) der Fraktur unterschieden. Nachdem früher im deutschsprachigen Bereich meist nur der Begriff Pseudarthrose verwendet worden ist, wird nunmehr zwischen *verzögerter knöcherner Heilung* und *Pseudarthrose* differenziert. Dabei wird der Begriff „Pseudarthrose" analog zur englischen „non-union" verwendet, während im Angelsächsischen die Bezeichnung „pseudarthrosis" meist die Sonderform einer „synovialen Pseudarthrose" (Pseudarthrose mit Gelenkschleimhaut) bezeichnet.

8.1.3.2.1 Krankheitsbild

Bei verzögerter Konsolidierung wird die übliche Zeit der Heilung (keine ausreichende knöcherne Überbrückung) überschritten. Im Gegensatz zur Pseudarthrose, bei der die Konsolidierung definitiv ausbleibt, handelt es sich hier lediglich um die Verzögerung dieses Prozesses, der letzten Endes doch eine Verfestigung der Fraktur bringt. Alle Therapieformen können zu einer verzögerten Knochenbruchheilung führen. Bei ausbleibender knöcherner Konsolidierung kann von einer Pseudarthrose gesprochen werden, wenn ohne weitere Therapie nach allgemeiner Erfahrung keine knöcherne Konsolidierung zu erwarten ist.[27] Diese zeitunabhängige Definition erfasst auch Fälle, bei denen nicht erst nach einer willkürlich definierten Zeitangabe von sechs bis acht Monate nach Beginn der Frakturbehandlung, sondern bereits relativ unfallnah erkennbar ist, dass es ohne zusätzliche Maßnahmen nicht zu einer knöchernen Durchbauung kommen wird, z. B. auf Grund eines großen Knochendefekts oder einer Knocheninfektion (Osteitis).

Ursächlich sind[28]:

- *Mechanische Ursachen:* fehlender Fragmentkontakt durch Knochendefekte, Muskelinterponate oder Frakturdistraktion; Instabilität, bei welcher die Dehnungsbelastung im Bruchspalt die regeneratorische Potenz des fixierenden Kallusgewebes übersteigt
- *Biologische Ursachen:* kortikale Durchblutungsstörungen durch Trauma, Behandlungsmaßnahmen oder Infektionen

Die Kombination von Instabilität, Infektion und biologischem Defekt stellt die komplizierteste Störungsform der Knochenbruchheilung dar: die infizierte Pseudarthrose.

8.1.3.2.2 Einteilung

- *Aseptische Pseudarthrosen*
- *Defektpseudarthrosen*
- *Infizierte Pseudarthrosen oder Infekt-Pseudarthrosen*

Aseptische Pseudarthrosen sind je nach Reaktionslage biologisch vitale, *hypertrophe Arthrosen* oder biologisch reaktionslose, *atrophe* oder *dystrophe Pseudarthrosen*.

- Die *hypertrophe* (hypervasculäre = überschießende) Form entsteht – bei im Wesentlichen ungestörter Blutversorgung und uneingeschränkter Heilungspotenz des Bruchgebietes – auf der Grundlage einer ungenügenden Ruhigstellung der Fraktur. Die ehemaligen Bruchenden sind kolbig aufgetrieben (Elefantenfußform).
- Die *hypotrophe* (hypovasculäre = wenig Kallus) Form erscheint oft nach schweren Direkttraumen mit Durchblutungsstörungen im Bruchgebiet.
- Der *atrophen* (avasculären = kein Kallus) Form liegen in der Regel Knochenmarkentzündungen (Osteitis, Osteomyelitiden) oder traumatische Zerstörungen, oft Durchblutungsverschlechterungen nach Osteosynthese, zu Grunde.

Die Unterscheidung zwischen *straffer* und *schlaffer Pseudarthrose* richtet sich nach der Stärke der Beweglichkeit zwischen den Fragmentenden. Bei der straffen Pseudarthrose besteht eine starke bindegewebige, fibröse Verbindung (Wackelbewegungen kaum nachweisbar), während die schlaffe, funktionell stark beeinträchtigende Pseudarthrose nur lockeres Bindegewebe enthält.

Bevorzugte Stellen der Pseudarthrose sind Kahnbein, Unterschenkel und Schenkelhals. Prinzipiell kann aus jeder Fraktur eine Pseudarthrose entstehen (s. Abb. 6).

---

[27] Weber, Cech Pseudarthrosen. Pathophysiologie, Biomechanik, Ergebnisse, 1973.
[28] Beickert, Smieja, Trauma Berufskrankh 3 (2001) 195; Runkel, Rommens, Unfallchirurg 103 (2000) 51; Weise, Trauma Berufskrankh 3 (Suppl. 4) 2001, S. 491.

8.1 Knochen- und Gelenkverletzungen, Gelenkerkrankungen 383

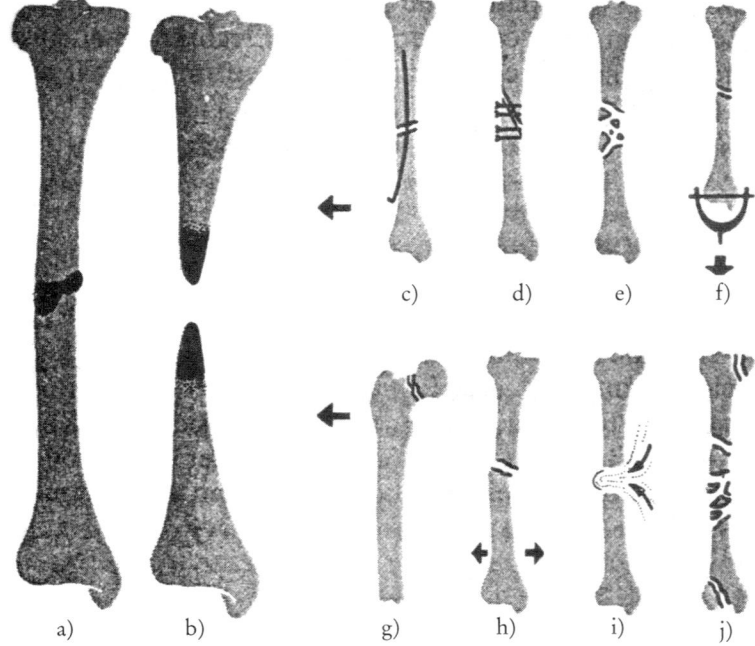

Abb. 6: a) verzögerte Frakturheilung; b) Pseudarthrosenbildung, Ursachen; c)–d) instabile Osteosynthese; e) Gewebsverlust; f) Distraktion der Fragmente; g) Fehlstellung durch Scherkräfte; h) fehlende konsequente Ruhigstellung und häufige Repositionsversuche; i) Weichteilinterposition; j) Trümmerbruch

8.1.3.2.3 Minderung der Erwerbsfähigkeit (Erfahrungswerte)[29]

Rechts- und linksseitige Verletzungen werden gleich bewertet, s. 8.7.3, S. 537

	MdE in %
Schlüsselbein, instabil	10–20
Oberarm, mit Hülsenapparat	30–40
am Ellenhöcker	10–20
Unterarm, mit Hülsenapparat	30–40
Unterarm, ohne Hülsenapparat, straff	30
Speiche, je nach Funktionseinbußen	20–30
Elle, je nach Funktionseinbußen	10–30
Kahnbein, je nach Funktionseinbußen	20–30

---

[29] Es handelt sich um Mittelwerte, die sich bei einer schlaffen Pseudarthrose erhöhen, bei einer straffen aber auch verringern können.

	MdE in %
mehrere Mittelhandknochen, mit Beeinträchtigung der Fingerbeweglichkeit	20–30
Schenkelhals (Hüfte), mit Stützapparat	60
Schenkelhals, ohne Stützapparat	40–50
Oberschenkel, schlaff, mit Stützapparat	60–70
Oberschenkel, straff, ohne Stützapparat	50–70
Oberschenkel, mit stabil einliegendem Marknagel	20
Kniescheibe, straff und ohne Funktionsbehinderung des Streckapparates	10–20
Kniescheibe, straff mit Funktionsbehinderung des Streckapparates	20–30
Unterschenkel (Schienbein), mit Stützapparat	40
Unterschenkel (Schienbein), straff, ohne Stützapparat	20–30
Unterschenkel (Schienbein), mit stabil einliegendem Marknagel	20
Wadenbein	0–10

8.1.3.3 Osteitis (Knocheninfektion, Ostitis, Osteomyelitis)

Die Osteitis ist eine durch Bakterien verursachte, eitrige Entzündung des Knochens und betrifft in der Regel das Mark, die knöcherne Substanz, die Knochenhaut sowie die umgebenden Weichteile. Die Infektion des Knochens kann auf verschiedenen Wegen erfolgen: von außen durch eine Wunde *(exogen)* oder auf dem Blutwege von innen her *(endogen, hämatogen = Osteomyelitis)*.

8.1.3.3.1 Exogene (posttraumatische) Osteitis[30]

Sie entsteht nach

- *Operation* (Osteosynthese) *oder offener Fraktur* mit oder ohne Gewebeverlust. Weichteil- und Knochenschaden, verbunden mit einer Störung der Durchblutung von Weichteil und Knochen, sind günstiger Nährboden für die Ansiedlung und Vermehrung von Keimen (Umgebungskeime bei Verletzungen, Hautkeime bei Operationen) durch herausgelöste Fragmente, nekrotische Weichteile, Hämatome. Die Infektion der Wunde kann im Verlauf des Unfalls im frühen postoperativen Verlauf oder als Spätinfektion erfolgen

- *konservativer Behandlung geschlossener Frakturen:* hämatogene Keimbesiedlung des Frakturbereichs. Ein längerer Zeitraum zwischen Unfall und klinischer Manifestation der Osteitis tritt auf, da die sekundäre Keimbesiedelung auch im Zeitraum der kallösen Frakturheilung erscheint.

- *Weichteiltraumen*

---

[30] Muhr, Russe, in: Die ärztliche Begutachtung (Hrsg. Fritze, Mehrhoff) 7. Aufl. 2008 S. 777; Bonnaire, u.a., Unfallchirurg 73 (2002) 716; Weber, u.a., Trauma Berufskrankh 3 (2002) 306; Böhm, Kortmann, ebenda S. 340; Kälicke, u. a., Orthopäde 33 (2004) 405.

Zusammenhangsbeurteilung

(1) *Erhebliches,* zur Weichteilquetschung oder Hämatombildung führendes Trauma

Beurteilung geringer Weichteiltraumen: Die sekundäre Keimabsiedlung im Bereich geschädigter Weichteile mit Fortleitung der Entzündung direkt oder über Lymphbahnen auf den Knochen muss grundsätzlich als wahrscheinlich angesehen werden. Die sekundäre Infektion von Weichteilhämatomen kann auch über geringste Epitheldefekte eintreten. Bei kleinen Weichteiltraumen hat die Annahme eines ursächlichen Zusammenhanges äußerst zurückhaltend zu erfolgen.

(2) *Örtliche Krafteinwirkung* im Bereich der nachfolgenden Osteitis

(3) *Zusammenhang:* Die klinischen Symptome einer Entzündung sind frühestens am zweiten posttraumatischen Tag erkennbar, radiologische Veränderungen mit periostaler Reizung und fleckiger Entkalkung ehestens nach zwei Wochen sichtbar. Sind diese radiologischen Veränderungen bereits innerhalb der ersten Woche zu sehen, ist ein Unfallzusammenhang abzulehnen.

Frischer Knochenbruch mit erheblichem Weichteilschaden (nicht operativ behandelt): Eine später auftretende Osteitis ist posttraumatisch, wenn typische exogene Eitererreger vorliegen, die sich üblicherweise nicht hämatogen ausbreiten, auch wenn sich erste Symptome der Infektion erst nach mehreren Wochen einstellen. Verzögertes Auftreten von Symptomen ist zu erwarten bei Kontamination durch offene Fraktur bei guter allgemeiner und lokaler Abwehrlage, stabiler Osteosynthese und mehrtägiger/mehrwöchiger Antibiotikagabe. Bestand keine Knochenbruchverletzung, heilte eine primär bestehende erhebliche Weichteilquetschung/Weichteilwunde zeitgerecht ab und treten erst nach einem Monat die ersten klinischen Symptome auf, sind Zweifel am kausalen Zusammenhang gerechtfertigt, auch wenn der Erstmanifestationsort der eitrigen Knochenerkrankung mit dem der Kraftentwicklung übereinstimmt.[31]

8.1.3.3.2 Endogene (hämatogene) Osteitis (Osteomyelitis)

Die Infektionskrankheit entsteht in weit überwiegendem Maße aus innerer Ursache durch Ansiedlung von Bakterien – überwiegend Staphylococcus aureus (85 %) und albus (5 %)[32], aber auch Enterokokken oder Anaerobier[33] – die auf dem Blutwege angeschwemmt werden. Eitererregende Bakterien können in Verbindung mit einer Erkrankung (Mandelentzündung, Furunkel, Weichteilläsion, Bissverletzung, Wespenstich) vorkommen. Streuherde dieser Bakterien sind aber stets auch ohne Erkrankung im menschlichen Körper in einer gewissen Bereitschaftsstellung vorhanden.

Die Krankheitsentstehung setzt voraus, dass die Erreger in die Blutbahn gelangen, dort nicht vernichtet oder ausgeschieden werden (*Bakteriämie*), sondern durch die Wand der Blutgefäße in das anliegende Gewebe und damit in den Organismus eindringen können. Die Entwicklung der Allgemeininfektion aus eine Bakteriämie bedingt[34]

---

[31] Diefenbeck, Beickert, Hofmann, Trauma Berufskrankh 11 (2009) Suppl 2 S. 222, 224.
[32] Strecker, u. a., Orthopäde 33 (2004) 273, 274.
[33] Schmelz, u. a., Unfallchirurg 110 (2007) 1039, 1042.
[34] Niedhart, u. a., Orthopäde 33 (2004) 297; LSG Niedersachsen, 6. 3. 1968, Kartei Lauterbach Nr. 7346 zu § 548 Abs. 1 S. 1 RVO.

- als primäre Ursache: Vorhandensein und genügend starke Virulenz der Erreger
- als sekundäre Ursachen: Herabsetzung der lokalen Widerstandskraft des Gewebes und Begünstigung der Infektion durch die allgemeine Immunitätslage der Körpers.

Zusammenhangsbeurteilung

(1) *Erhebliche Einwirkung*[35]

Dieses Erfordernis beruht auf der Beobachtung, dass bei einer hämatogenen Ansiedlung von Krankheitserregern diese darüber hinaus noch krankmachende Kräfte entfalten müssen. Gleiches kann dadurch geschehen, dass ein genügend schweres Unfallereignis den örtlichen Gewebswiderstand verringert, so dass im Blut kreisende, hoch virulente Keime die Möglichkeit der Absiedlung und der krankmachenden Kraft zur Herdbildung finden. Schwere Unfallereignisse (z. B. Mehrfachverletzungen) können ferner im Einzelfall die allgemeine Widerstandskraft des Organismus herabsetzen.[36]

Das Kriterium eines erheblichen Traumas ist auch deshalb zu fordern, weil klinische Praxis und Statistik zeigen, dass traumatische Schädigungen ganz selten von einer hämatogenen Absiedlung von bakteriellen Keimen am Ort des Traumas gefolgt werden.[37] Im deutschsprachigen Bereich sind nur wenige Fälle beschrieben, Häufigkeitsangaben im Schrifttum schwanken zwischen etwas über 0 bis 5 %.[38]

Die primäre Verletzung wird als wesentliche Teilursache gewertet.[39]

(2) *Übereinstimmung von Ort der Krafteinwirkung und Erkrankungsart*

Die hämatogene Absiedlung der Bakterien muss durch äußere Krafteinwirkung im Bereich der späteren Manifestation der Osteomyelitis herbeigeführt sein.

(3) *Angemessenes zeitliches Intervall zwischen Trauma und Erkrankung*

Die Herdsetzung, d. h. Haftung der im Blut zirkulierenden Keime am Ort der Krafteinwirkung ist nicht identisch mit der Herdbildung. Deshalb wird angenommen, dass mit längeren Fristen zu rechnen ist. Der Zeitraum wird unterschiedlich beurteilt. Einigkeit besteht darin, dass mindestens zwei Tage zu fordern sind.[40] Ausdehnung über einen Zeitraum von einigen Tagen darf nicht sein.[41]

Da die Erkrankung durch Anwendung antibiotischer Mittel verlangsamt wird, sind entsprechende Ermittlungen im Rahmen der Vorgeschichte anzustellen. Grundsätzlich gilt

---

[35] LSG Niedersachsen, 6. 3. 1968, Kartei Lauterbach Nr. 7346 zu § 548 Abs. 1 S. 1 RVO; BSG, wiedergegeben bei Harrfeldt, MfU 1963, 75; Bilow, Weller, Medizinische Begutachtung (Hrsg. Marx), 6. Aufl. 1992 S. 395; Ludolph, BG 1987, 336; Böhm, Trauma Berufskrankh 3 (2002), 340.
[36] Lob, Handbuch der Unfallbegutachtung, 3. Bd. (1973) S. 722.
[37] Klemm, BG-UMed 25 (1975) 22.
[38] Lenz, BG-UMed 25 (1975) 248; der Kausalzusammenhang dieses Falles wird ebenfalls bejaht von Fischer, Das ärztliche Gutachten im Versicherungswesen (Hrsg. Fischer, Herget, Mollowitz) 3. Aufl. 1968 Bd. 1 S. 208; Ziesche, MfU 1965, 414, unter Hinweis auf Fischer (0–1 %) u. Blumensaat (3–5 %).
[39] Niedhart, u. a., Orthopäde 33 (2004) 273, 302.
[40] Klemm, BG-UMed 25 (1975) 24; Hipp, BG-UMed 10 (1970) S. 89f.; LSG Niedersachsen, 6. 3. 1968, Kartei Lauterbach Nr. 7346 zu § 548 Abs. 1 S. 1 RVO; a. A. noch: 1. 3. 1955, ZfS 1956, 16.
[41] Muhr, Russe, in: Die ärztliche Begutachtung (Hrsg. Fritze, Mehrhoff) 7. Aufl. 2008 S. 778 mit Hinweis auf Lininger, Molineus.

8.1 Knochen- und Gelenkverletzungen, Gelenkerkrankungen

aber die Regel, dass der Zusammenhang um so unwahrscheinlicher ist, je länger der Zeitraum zwischen Unfallereignis und dem Auftreten der ersten Erkrankung dauert.[42] Eine Zeitspanne von fünf Monaten ist in jedem Fall zu lang.[43]

8.1.3.3.3 Traumatische Reaktivierung einer inaktiven Osteitis (Verschlimmerung)[44]

Da ein spontanes Rezidiv einer chronischen Osteitis häufiger auftritt als eine traumatische Reaktivierung, sind dieselben strengen Kriterien wie bei der akuten hämatogenen Osteitis anzulegen. Die Erheblichkeit des Traumas muss zu Einblutungen in den Knochen geführt haben, die eine Reaktivierung abgekapselter pathogener Keime ermöglichte.

Es handelt sich um eine *vorübergehende Verschlimmerung*, wenn die Osteitis nach dem Trauma erneut aktiviert ist. Eine *richtunggebende Verschlimmerung* liegt nur vor, wenn die Belastungsfähigkeit des Knochens auf Grund osteitischer Höhlen- und Sequesterbildungen verringert ist oder die Funktion der betroffenen Gliedmaße erneut verschlechtert wurde.

8.1.3.3.4 Krankheitsbild

Die *akute* Osteitis tritt innerhalb vier Wochen nach Operation oder Trauma auf, die *chronische* umfasst zwei Krankheitsbilder: einerseits die mehr als vier Wochen dauernde symptomatische Infektion, die gelegentlich mit langjährigen sezernierenden Fisteln und lokalen Entzündungszeichen einhergeht, und andererseits jene, die sich nach langem asymptomatischen Intervall erneut wieder manifestiert.[45]

Die chronische Osteitis ist daher eine Erkrankung auf Lebensdauer, aus pathomorphologischen Gründen ist eine Ausheilung im Sinne einer „Restitutio ad integrum" nicht erreichbar. Während bei einer abszedierenden Weichteilinfektion die Spontanheilung über Nekrotisierung, Nekrolyse, Kollaps der entstandenen Höhle und Proliferation von Narbengewebe verläuft, ist der Organismus bei einer Knocheninfektion nicht in der Lage, das nach Nekrolyse der organischen Bestandteile des Knochens verbleibende Apatitgerüst *(Sequester)* zu eliminieren. Nach Abstoßen oder operativem Entfernen des Sequesters verbleibt eine Höhle mit starrer Wand aus bradytrophem Knochen, die nur sehr langsam von Granulationsgewebe ausgefüllt wird.

Winzige Sequester, die bei guter Abwehrlage vom Organismus nicht eliminiert, aber durch Abkapselung im Narbengewebe isoliert werden, sind das Keimreservoir für Rezidive, die nach symptomfreien Intervallen von Jahren und Jahrzehnten auftreten.

Fisteleiterung ist das Leitsymptom der chronischen Osteitis; sie nimmt ihren Ausgang und wird unterhalten von Sequestern in der als Totenlade bezeichneten Knochenhöhle. Erlauben die anatomischen Verhältnisse die spontane Abstoßung von Sequestern oder werden diese operativ entfernt, dann verschließt sich die Fistel durch Ausfüllung mit Granulationsgewebe ohne weitere Maßnahmen von selbst. Daraus ergibt sich, dass die in Operationsbe-

---

42 Lob, Handbuch der Unfallbegutachtung, 3. Bd. (1973) S. 724.
43 LSG Niedersachsen, 6. 3. 1968, Kartei Lauterbach Nr. 7346 zu § 548 Abs. 1 S. 1 RVO; Hipp, BG-UMed 10 (1970) S. 89f.
44 Muhr, Russe, in: Die ärztliche Begutachtung (Hrsg. Fritze, Mehrhoff) 7. Aufl. 2008 S. 778.
45 Flückiger, Zimmerli, Orthopäde 33 (2004) 416. Die Zeitgrenze ist willkürlich festgelegt. Andere Autoren erweitern die Zeitgrenze auf 2 (Schmelz, u. a., Unfallchirurg 2007, 1039, 1043) bis 3 Monate (Hofmann, u. a., Chirurg 1997, 1175).

richten häufig erwähnte Fistelausschneidung für sich allein ein sinnloser Eingriff ist, weil die Ursache der chronischen Fisteleiterung nicht beseitigt wird. Nur durch *radikale Sequestrotomie* kann es gelingen, die chronisch *fistelnde Osteomyelitis in eine im Ruhezustand befindliche chronische Osteitis* überzuführen.

8.1.3.3.5 Minderung der Erwerbsfähigkeit

Eine Osteitis kann über viele Jahre so beschwerdefrei sein, dass die MdE bei 10 % oder weniger liegt. Die Möglichkeit eines Rezidivs darf nicht in die Bewertung einfließen (vgl. 3.6.1). Nach Aufflackern mit schwerer Gebrauchsbeeinträchtigung ist die MdE neu festzustellen.[46] Sie richtet sich nach den Funktionseinbußen (s. S. 384 – Pseudarthrosen). Bei akuter Osteitis mit chronischen Fisteln ist ein Aufschlag von 10 bis 20 % (je nach Ausmaß) gerechtfertigt.[47]

8.1.3.3.6 Spondylitis, Spondylodiszitis, Diszitis[48]

Spondylitis ist die Osteomyelitis der Wirbelsäule, also der bakterielle Knochenbefall mit Destruktion von Wirbelkörpergrund- und -bodenplatte und sekundärem Kollaps des Wirbels selbst.

Greift die entzündliche Erkrankung auf die benachbarte Bandscheibe über, liegt eine *Spondylodiszitis* vor. Die alleinige Entzündung der Bandscheibe *(Diszitis)* ist eine Rarität.

Im klinischen Alltag werden die Begriffe Spondylitis und Spondylodiszitis oft nicht unterschieden, sondern synonym verwendet, da zum Zeitpunkt der Diagnosestellung meist ein *Mischbild* vorliegt.

8.1.3.4 Gelenkverletzungen

- *Prellungen* (= Kontusionen): geschlossene, durch Kompression bedingte Verletzungen, die sämtliche Gelenkanteile vom umgebenden Weichteilmantel bis zum Gelenkknorpel treffen können

- *Zerrungen* und *Überdehnungen* (= Distorsionen): Meist liegt eine indirekte Krafteinwirkung vor, die zu unvollständiger Zerreißung des Kapselbandapparates führt. Kommt es zu einer Verletzung der Gelenkinnenhaut, kann ein blutiger Gelenkerguss *(Hämarthros)* entstehen; größere blutige Gelenkergüsse müssen durch Punktion entfernt werden, da sie zu Gelenkflächenschäden führen können. Bei der klinischen Untersuchung findet sich eine örtliche Schwellung mit Dehnungsschmerz. Beim vollständigen Bänderriss *(Ligamentruptur)* entsteht eine Gelenkinstabilität (s. Verrenkung).

- *Bänderriss* (= Ligamentruptur): Der Mechanismus der Dehnung führt zu einer Durchtrennung eines oder mehrerer Gelenkbänder. Die Bänder können mit dem Knochenansatz ausreißen oder im Bandverlauf durchtrennt werden. Bei der klinischen Untersuchung findet sich – wie auch bei der Distorsion – neben dem Dehnungsschmerz eine

---

46 Bayer. LSG, 16. 1. 2002, Meso B 250/176.
47 Diefenbeck, Beickert, Hofmann, Trauma Berufskrankh 11 (2009) Suppl 2 S. 222, 227.
48 Dazu: Cramer, u. a., Trauma Berufskrankh 5 (2003) 336; Mückley, u. a., Trauma Berufskrankh 6 (2004) 41; Weinhardt, u. a., Akt Traumatol 34 (2004) 198; Schmelz, u. a., Unfallchirurg 110 (2007) 1039, 1054; Scheffer, u. a., Orthopäde 37 (2008) 709, 714..

8.1 Knochen- und Gelenkverletzungen, Gelenkerkrankungen

Schwellung, häufig auch ein Gelenkerguss. Bei einem Bänderriss besteht darüber hinaus eine Gelenkinstabilität, d.h. das Gelenk ist durch passive Bewegungen gegenüber der Norm aufklappbar (Röntgenbild).

- *Verrenkungen* (= Luxationen): Die Kapselbandhaft ist durch äußere Krafteinwirkung soweit zerstört, dass sich die Gelenkkörper gegeneinander verschieben können. Die Verrenkung kann partiell (Subluxation) oder vollständig sein und führt zu einer aufgehobenen Gelenkfunktion (federnde Fixierung) und nach Einrichtung (Reposition) oft zu einer Überbeweglichkeit in physiologischer Bewegungsrichtung oder einer abnormen Beweglichkeit (Nachweis im Röntgenbild durch gehaltene Aufnahmen).

8.1.3.5 Gelenkinfektionen[49]

Sie stellen sich dar als Entzündung eines Gelenks durch pathogene Erreger, welche selten hämatogen (Bakteriämien, Osteomylitiden, Immunsupression), in der Regel aber exogen (offene Fraktur, postoperativ, Punktion, Arthroskopie, Arthrotomie) eingebracht werden. Bei der hämatogenen Form liegen Entzündungsherde im subchondralen Knochen, bei der exogenen Form ist die Synovia Sitz der Entzündung.

- *Frühinfektionen* in der unmittelbar postoperativen/posttraumatischen Phase
- *Spätinfektionen* nach der 6. Woche
- *Chronische Infektionen*

Die Gelenkinfektion verläuft in Abhängigkeit von den betroffenen Gelenkstrukturen in vier fließend ineinander übergehenden Stadien. Das prinzipiell reversible Stadium der „*Synovialitis*" betrifft zunächst nur die Gelenkschleimhaut (Reizerguss). Das Gelenk ist geschwollen, überwärmt und schmerzt. Reflektorische Schonhaltung wird eingenommen.

Im Stadium des „*Gelenkempyems*" findet sich ein eitriger Gelenkerguss mit zusätzlicher Schwellung auch der periartikulären Region. Jede aktive oder passive Bewegung ist hochgradig schmerzhaft und wird ängstlich vermieden.

„*Panarthritis*" ist der Befall aller Schichten des Gelenks und Mitbefall des paraartikulären Gewebes. Oft bestehen neben der Zunahme aller klinischen Symptome septische Temperaturen. Mit raschem Auftreten von Schleimhautnekrosen und Knorpeldefekten (irreversible Veränderungen) ist zu rechnen.

Hat sich die mittlerweile chronifizierte Entzündung auf den gelenkbildenden Knochen ausgedehnt, liegt eine „*destruierende oder chronische Arthro-Osteitis*" vor. Sie führt zur fortschreitenden Zerstörung des Gelenks durch Nekrosen und Sequestrierungen. Beweglichkeit ist durch Verklebungen massiv eingeschränkt; es kommt zur „Lötsteife" des Gelenks, bei Befall des Kapselbandapparates zur schmerzhaften Instabilität.

---

[49] Schneider, u.a., Unfallchirurg 99 (1996) 789, 797f.; Simank, u.a., Orthopäde 33 (2004) 327; Schmelz, u. a., Unfallchirurg 110 (2007) 1039, 1050.

8.2 Sehnenriss
Übersicht

8.2.1	Entstehung	391
8.2.1.1	Außergewöhnliche Kraftanstrengung als willentlicher Akt	391
8.2.1.1.1	Degeneration	391
8.2.1.1.2	Altersbedingte Veränderungen	392
8.2.1.1.3	Erkrankungen	393
8.2.1.1.4	Mikrotraumen	393
8.2.1.2	Plötzliche passive Bewegung eines muskulär festgestellten Gelenks	393
8.2.1.3	Direkte äußere Krafteinwirkung – scharf –	393
8.2.1.4	Direkte äußere Krafteinwirkung – stumpf –	393
8.2.2	Versicherungsrechtliche Beurteilung	394
8.2.2.1	Sehnenriss durch geeignetes Unfallereignis	394
8.2.2.2	Sehnenriss ohne geeignetes Unfallereignis	395
8.2.2.3	Sehnenriss nach Degenerationszeichen und geeignetem Unfallereignis	395
8.2.2.4	Verschlimmerung	397
8.2.3	Riss der Achillessehne	398
8.2.3.1	Diagnose	399
8.2.3.2	Ursachen	400
8.2.3.3	Heilverfahren	402
8.2.3.4	Minderung der Erwerbsfähigkeit	402
8.2.4	Riss der Bizepssehne	402
8.2.4.1	Riss der langen körpernahen Bizepssehne	403
8.2.4.1.1	Anatomie und Funktion	403
8.2.4.1.2	Krankheitsbedingte Ruptur	404
8.2.4.1.3	Unfallbedingte Ruptur	404
8.2.4.1.4	Heilverfahren	406
8.2.4.2	Riss der kurzen körperfernen Bizepssehne	406
8.2.5	Riss der Rotatorenmanschette	409
8.2.5.1	Degeneration	410
8.2.5.2	Unfallereignis	412
8.2.5.3	Vorgeschichte	414
8.2.5.4	Bildgebende Verfahren	415
8.2.5.5	Histologische Untersuchungen	416
8.2.5.6	Zusammenhangsbeurteilung	417
8.2.5.7	Minderung der Erwerbsfähigkeit	419
8.2.5.8	Berufskrankheit	419
8.2.6	Riss der Quadrizeps- und Kniescheibensehne	419
8.2.7	Sehnenriss und Berufskrankheit	421
8.2.8	Sehnenverrenkung (Sehnenluxation)	421
8.2.9	Riss von Muskelhüllen (Faszienriss)	421
8.2.10	Sehnenscheidenentzündung (Tendovaginitis crepitans, Peritendovaginits crepitans, Paratendinitis, Tendovaginitis stenosans)	421
8.2.11	Muskelverknöcherung (Myositis ossificans)	422

Sehnen und Hüllgewebe haben die Aufgabe, Bewegungsabläufe reibungslos zu ermöglichen und zu übertragen, ohne selbst aktiv an dem Bewegungsvorgang beteiligt zu sein. Die Sehnen dienen der Übertragung der Zugwirkung des Muskels auf die Skelettelemente, an denen sie sich anheften. Zur Kraftübertragung vom elastischen Muskelgewebe auf ein starres Erfolgsorgan – den Knochen – ist erforderlich, dass die Sehne sowohl in der Lage ist, passiv auf sie einwirkende Zugkräfte genau auf den knöchernen Ansatzpunkt zu lenken, als auch diese Zugkräfte durch ein viskoelastisches Eigenverhalten zu dämpfen. Als Verbindungsglied zwischen zwei Systemen sehr unterschiedlicher Elastizität hat sie einen speziellen Strukturaufbau. Histologisch handelt es sich um kollagenes Bindegewebe (Kollagenfibrillen = Eiweißkörper und Zellen, die diese Fibrillen herstellen), das nur in einer

8.2 Sehnenriss

Richtung auf Zug beansprucht wird. Der Faserverlauf ist parallel. Das Kollagen nimmt eine Schlüsselstellung hinsichtlich der Reißfestigkeit der Sehne ein.

Zu unterscheiden ist der *Riss* (Ruptur) in der Kontinuität und der Ab- bzw. Ausriss an den Ansatzstellen der Sehne.

8.2.1 Entstehung

Der Versicherte empfindet den Sehnenriss bei seiner Bewertung in der Laiensphäre in der Regel als „Arbeitsunfall". Der Riss tritt meist mit einer schlagartigen Empfindung ein. Da der Betroffene bis dahin in der Regel subjektiv beschwerdefrei war, mag er die gerade ausgeübte Tätigkeit als Ursache des Sehnenrisses anschuldigen. Den behaupteten „Unfällen" liegen im Wesentlichen vier Entstehungsmechanismen zu Grunde:

8.2.1.1 Außergewöhnliche Kraftanstrengung als willentlicher Akt[1]

Bei der Zusammenhangsbeurteilung ist nicht auf die Kraftanstrengung und damit die Schwere der Sehnenbelastung abzustellen, sondern auf die Zugfestigkeit der Sehne. Nach dem funktionellen Bauplansystem liegt die Zug- oder Hebefestigkeit der Sehne über der Kraftbildungsfähigkeit des Muskels. Ist daher die Last für den Muskel zu schwer, so versagt dieser. Die Last wirkt somit gar nicht auf die Sehne ein, „Überbelastung der Sehne" kommt nicht zustande.

Eine Sehne, die weniger zugfest ist, als ihr Muskel an Kraft aufzubringen vermag, ist krankhaft verändert; eine *pathologische Sehnenruptur* liegt vor in Analogie zur pathologischen Knochenfraktur.[2] Ursächlich sind meist Sehnengewebsnekrosen infolge örtlicher Durchblutungsstörungen, von degenerativen oder altersbedingten Veränderungen (Atrophie) zu unterscheiden.

8.2.1.1.1 Degeneration

Das in allzu vereinfachter Gedankenführung herangezogene Gleichnis von dem ausgedienten morschen Schnürsenkel, der sich in der rauhen Schuhöse zunehmend aufgescheuert hat und eines Tages von selbst „durch" ist, kann nur einen Teil der für die Zerrüttungsruptur verantwortlichen Verschleißprozesse erfassen; es ist untauglich, das Wesen der krankhaften Zertrennungsvorgänge hinreichend zu erschließen: am ehesten noch, wenn die Sehne über scharfe Knochenkanten verläuft, die aus inneren Ursachen im Verlaufe einer Arthrose oder bei der Ausheilung eines Bruchs entstanden sind (lange Daumensehne bei Speichenbruch, Riss der langen Bizepssehne nach Oberarmkopffraktur).

Bei der Sehne handelt es sich um vielfältige morphologische Veränderungen mit Gewebsnekrose, reparativen Veränderungen und Atrophieerscheinungen („Alterung"). Es kann zur Verfettung, Verkalkung, Verknöcherung und Verquellung der kollagenen Fasern und auch abakteriellen entzündlichen Veränderungen mit Ersatz abgestorbener Gewebsanteile durch Granulationsgewebe kommen.

---
[1] Probst, BG-UMed 23 (1974) 205 ff.; 32 (1977) 145 ff.; Ruidisch, BG-UMed 25 (1975) 207; Müller, Rehn, Chirurg 1984, 11 ff.; Bilow, Weller, Med. Begutachtung (Hrsg. Marx) 6. Aufl. 1992 S. 392; Geldmacher, Köckerling, Sehnenchirurgie, 1992; Grosser, Trauma Berufskrankh 7 (2005) 180.
[2] Witt, Sehnenverletzungen und Sehnen-Muskeltransplantationen, 1953; s. 8.1.1.3.1, S. 371.

Als *Degeneration* werden zum Zelltod führende Veränderungen von Gewebestrukturen – einer Schädigung folgend – bezeichnet. Bradytrophe Gewebe, die nicht mit einem reparativen Prozess zum vollwertigen Ersatz des untergegangenen Gewebes reagieren, sind erstrangig betroffen.

Als Ursache der degenerativen Sehnenveränderungen wird vielfach eine mangelhafte Durchblutung der Sehne angenommen, die entweder aus einer primären Gefäßarmut der Sehne, überwiegend jedoch aus einer sekundären, nach dem 25. Lebensjahr eintretenden Gefäßverarmung oder Gefäßverengung entsteht.[3] Sie häufen sich mit zunehmendem Lebensalter und sind bei den über 40-Jährigen in 50 bis 60 % nachweisbar.[4] Neuere Untersuchungen zeigen, dass bei Spontanrupturen alle Sehnen degenerative Veränderungen aufweisen[5], vorausgesetzt, es wird genügend Gewebe aus dem Rissbereich ausreichend fein untersucht.

4 bis 6 Wochen nach einer Ruptur kann histologisch (feingeweblich) zwischen reaktiven Veränderungen nach Riss und einer vorbestehender Degeneration unterschieden werden; nach drei Monaten versagt eine entsprechende Aussage.[6]

Da die Sehne eher degeneriert als die reaktionsfreudige und äußerst stoffwechselaktive Muskulatur, kommt es zu einer Minderung der Zugfestigkeit der Sehne unter das Maß der Hubkraft des zugehörigen Muskels. Begrenzte ursprünglich die Muskelkraft die Tragfähigkeit des Muskel-Sehnensystems, ist es bei der degenerierten Sehne die nunmehr verminderte Zugfestigkeit. Sobald dieser Grenzwert unterschritten wird und der Muskel seine Kraft ausschöpft, muss die Sehne zwangsläufig reißen.

Der am Sehnengewebe ablaufende Degenerationsprozess verläuft zunächst klinisch stumm. Bei Gewebsdefekten können Schmerzen offenbar werden. Selbst ausgeprägte Degenerationsherde bleiben klinisch „stumm".[7] Eine „leere Anamnese" ist daher kein Argument für einen traumatischen Gewebeschaden; allenfalls gilt eine positive Anamnese als Ausschlusskriterium für solchen.[8]

8.2.1.1.2 Altersbedingte Veränderungen

Alterung ist ein physiologischer Vorgang: *Gewebsatrophie* mit Reduktion der Zellzahl, Größenabnahme der Zellen und biochemischen Veränderungen der Grundsubstanz. Die viskoelastischen Eigenschaften des Gewebes verändern sich hierdurch jedoch nur gering. Sehnenrisse werden mit zunehmendem Alter deshalb eher seltener.[9]

---

[3] Scharf, u.a., Akt. Traumatol. 15 (1985) 155ff.; Könn, Löbbecke, BG-UMed 32 (1977) 137–143 (Mikrorisse); dies. H. Unfallh. 121 (1975) 297–301; Literatur bei Fn. 1.
[4] Gschwend, u.a., Arch. Orthop. Unfallchir. 83 (1975) 129; Jerosch, Acta Orthop. Belg. 57 (1991) 124.
[5] Arner, Acta Chir. Scand. 116 (1988) 484; Böhm, u.a., Sportverl.-Sportschaden 41 (1990) 22; Kannus, J. Bone Jt. Surgery 73 A (1991) 1507.
[6] Grosser, Trauma Berufskrankh 7 (2005) 180.
[7] LSG Nordrhein-Westfallen, 14. 12. 2005, HV-Info 7/2006, 856.
[8] Weber, MedSach 89 (1993) 113; Zimmer-Anrhein, u.a., Hefte zur Unfallchir 232 (1993) 329.
[9] Wilhelm, Das Verhalten der menschlichen Achillessehne im Experiment bei statischer und dynamischer Belastung. Res. exp. Med. 162 (1974) 281.

8.2.1.1.3 Erkrankungen

Durch Entzündungen, Geschwülste, neurogene Dystrophie, Diabetes[10] usw. kann eine Sehne vorgeschädigt sein. Dann mag eine Beanspruchung, die von einer gesunden Sehne toleriert würde, zum Riss führen.

8.2.1.1.4 Mikrotraumen

Mechanische Gesichtspunkte werden unter dem Begriff des Mikrotraumas berücksichtigt. Es handelt sich um Mikrorisse, die entweder durch übermäßige Zugspannung oder auf dem Boden degenerativer Schädigung entstehen (s. 8.2.3.2, S. 400).

8.2.1.2 Plötzliche passive Bewegung eines muskulär festgestellten Gelenks

Die plötzliche passive Bewegung eines muskulär festgestellten Gelenks weist andere anatomische und physiologische Voraussetzungen auf als die willentliche Kraftanstrengung.[11] Zum einen ist die Sehne plötzlich einer Spitzenbelastung unterworfen, ohne dass sich die Zugspannung – koordiniert gesteuert und gedämpft von der vorgeschalteten Muskulatur – systematisch aufbauen kann. Dabei wird die der muskulären Belastung eigentümliche, nacheinander ablaufende Spannung der elastischen Fasern (des Muskels) vor den kollagenen (der Sehne) zeitlich unterlaufen. Die volle Last trifft von Anfang an die kollagenen Fasern in der Sehne. Zum anderen wird durch die überraschende Belastung die Bremsfunktion der Muskulatur ausgeschaltet. Durch die ruckartige Belastung entfällt das verzögernde Moment der allmählichen Aufladung der Last auf die Sehne. Die Sehne zerreißt unter dieser überfallartigen Spitzenlast, da sie in ihrem Bauplan Nicht-Vorgeplantes erleidet. Vorgesehen ist nämlich, dass körpereigene, willentlich eingeleitete und bewusst vorprogrammierte Muskelspannleistungen durch ein Reglersystem kontrolliert werden, das im Zentralnervensystem untergebracht und für die Koordinierung der Muskelzüge eingerichtet ist: Dämpfung der plötzlichen Zugbelastung auf die Sehne durch die Muskulatur.

8.2.1.3 Direkte äußere Krafteinwirkung – scharf

Ist die Sehnenverletzung durch Stich oder Schnitt verursacht, erwachsen der Begutachtung und rechtlichen Bewertung wenig Schwierigkeiten. Das Unfallereignis einer *scharfen*, offenen Sehnenverletzung ist eindeutig.

8.2.1.4 Direkte äußere Krafteinwirkung – stumpf

Bei der *stumpfen* Verletzung ist zwischen Sehnen mit und ohne Sehnenscheide zu trennen. In einer Scheide liegen im Wesentlichen die Beugesehnen der Finger und die Peroneussehne (Wadenbein), während die übrigen Sehnen praktisch von Bindegewebe umgeben sind und von diesem ernährt werden.

Nach stumpfen Verletzungen können Veränderungen am Sehnengewebe eintreten, die pathologisch-anatomisch der Degeneration ähneln. Der Kurbelrückschlag, der Fall einer scharfkantigen Ladung auf den Unterschenkel sind typische stumpfe Verletzungen, welche die Entstehung eines Sehnenknotens provozieren, sogar zu einem Sehnenriss führen.[12]

---

[10] LSG Nordrhein-Westfalen, 24. 6. 1997, Meso B 250/153.
[11] Probst, H. Unfallh. 91 (1967) 276f.; Hegelmeier in: Die ärztliche Begutachtung (Hrsg. Fritze, Mehrhoff) 7. Aufl. 2008 S. 734.
[12] Pall, Über die traumatische Sehnenverdickung. Bruhns Beiträge klin. Chir. 63 (1906) 644.

Freie Sehnen und die *Achillessehne*, die keine Sehnenscheide, sondern ein Hüll- oder Gleitgewebe haben, *regenerieren* im Allgemeinen nach stumpfer Verletzung. Wenn aber eine erheblich quetschende Kraft die Sehne verletzt (z.B. Einklemmen des Ellenbogengelenks), kann dies zur Degeneration führen. Mehrfach beschrieben wurde auch die Verletzung der langen Daumenstrecksehne als Spätfolge (3–56 Wochen) nach dem Unfall.[13] Der Riss ist mittelbare Unfallfolge.

8.2.2 Versicherungsrechtliche Beurteilung

Die Darstellung orientiert sich an der derzeit herrschenden Lehrmeinung, der auch die Rspr.[14] folgt. Danach ist bei der Zusammenhangsbeurteilung zu unterscheiden:

8.2.2.1 Sehnenriss durch geeignetes Unfallereignis

Geeignet bedeutet im medizinischen Sinne, dass bei dem Unfallereignis das gerissene Gewebe involviert und die *einwirkende* Kraft groß genug war, einen Schaden zu verursachen. Quantitative Angaben über Größe der Kraft, die erforderlich ist, das Gewebe zu zerreißen, liegen nicht vor. Untersuchungen der Reißfestigkeit sind für die Begutachtung des Zusammenhanges nicht beweisend[15]; sie beruhen auf Experimenten an Knochen-Sehnen-Präparaten (ohne Muskulatur), da Messungen der Festigkeit am lebenden Menschen nicht durchführbar sind. Bei Sehnenrupturen handelt es sich vor allem um dynamische Vorgänge, welche die physiologische Reißfestigkeit der Sehne im Leichenexperiment überschreiten.

Da die Reißfestigkeit der Muskulatur nur etwa ein Drittel des Sehnengewebes beträgt, erscheinen überwiegend Muskelrisse als schwächstes Glied in der Kette „Knochen-Sehnen-Muskulatur". So ist denn die äußere Krafteinwirkung selten Ursache einer Sehnenruptur; meist entsteht diese durch Muskelzug.[16]

(1) Zunächst kommt die erwähnte plötzliche passive Bewegung eines muskulär fixierten Gelenks in Betracht. Neben Vorgeschichte und Befunden ist insbesondere auf den Unfallmechanismus abzustellen und zu prüfen, ob eine entsprechende überraschende Einwirkung auf das Sehnen-Muskelsystem vorliegt. Das Trauma muss geeignet sein, die Verletzung zu verursachen. Nicht ausreichend ist eine, das Maß des gewöhnlichen und gewohnten überschreitende Bewegungs- und Belastungsphase. Gefordert wird das plötzliche, überfallartige Überdehnen der Sehne.[17] Allein die Eignung des Ereignisses genügt jedoch nicht. Dies wäre nur eine Tatbestandswürdigung. Zur Feststellung der wesentlichen Teilursache sind nicht nur der zeitliche Zusammenhang zwischen geeignetem Unfallereig-

---

13 Maurath, Franke, MfU 1960, 417; Fleischer, MfU 1965, 224 jeweils m.w.N.; Stöberl, Unfallh. 1976, 323–325.
14 BSG, 6. 12. 1989, HV-Info 8/1990, 638 = Meso B 240/23; LSG Niedersachsen, 6. 2. 1962, Meso B 240/22 = MfU 1967, 41 mit Anm. Hohorst; Hess. LSG, 11. 6. 1969, Breith. 1970, 23; Bayer. LSG, 10. 7. 1974, Breith. 1974, 835.
15 Weber, MedSach 89 (1993) 113, 116; ders. Vers.Med. 45 (1993) 155, 156. Die Angaben zur maximalen Bruchlast menschlicher Sehnen schwanken zwischen 6 und 30 kp/mm.
16 Weber, MedSach 89 (1989) 113, 116.
17 BSG, 6. 12. 1989, HV-Info 8/1990, 638 = Meso B 240/23; Hess. LSG, 6. 2. 1962, Meso B 240/22 = MfU 1967, 41; Hess. LSG, 14. 6. 1972, Kartei Lauterbach Nr. 9237 zu § 548 Abs. 1 S. 1 RVO; Bayer. LSG, 10. 7. 1974, Breith. 1974, 835; dazu Ruidisch, BG-UMed 25 (1975) 211 ff.; LG Frankfurt, 8. 5. 1958, bei Mollowitz, in: Fischer, Herget, Mollowitz, Das ärztliche Gutachten im Versicherungswesen, 3. Aufl. Bd. 1 1968 S. 315.

8.2 Sehnenriss

nis und Sehnenriss, sondern die klinische und pathologisch-anatomische Rissmorphologie zu überprüfen (Ort des Sehnenrisses, Aussehen der Rissränder, Alter der Ruptur, Nachweis mehrzeitiger Rupturen, Alter der reparativen Veränderungen).

(2) Nach *stumpfer Verletzung* kommt es in der Regel durch Regeneration zu vollständiger Heilung. Die Abgrenzung gegenüber eigenständigen Sehnenerkrankungen (Tendovaginitis stenosans) kann schwierig sein.

8.2.2.2 Sehnenriss ohne geeignetes Unfallereignis

Fehlt es an einem geeigneten Unfallereignis (die Kraftanstrengung geschah willentlich), liegt eine „Überbelastung" der Sehne nicht vor. Steht Sehnenmaterial vom Rissrand zur Verfügung, sind Zeichen ausgeprägter Degeneration gewöhnlich feststellbar.

Keinesfalls scheitert der Versicherungsschutz daran, dass das Ereignis bei „üblicher" Tätigkeit eingetreten ist. Auch diese ist betriebsbezogen und damit versichert (s. 1.2.1, S. 11). Soll aus der Herbeiführung eines Sehnenrisses durch ein geringfügiges Unfallereignis der Umkehrschluss gelten, dass die Krankheitsanlage erheblich und damit allein wesentlich sei, ist dies unter Beachtung des Muskel-Sehnensystems medizinisch abzusichern.

Wirkt neben willentlicher Kraftanstrengung eine zusätzliche Zugbelastung der Sehne durch eine exzentrische Bewegung, z.B. Abkippen des gehobenen Gegenstandes oder beim Versuch, herunterfallende Last aufzufangen, gilt Gleiches. Der Muskel passt sich grundsätzlich durch Isometrie und Isotonie den jeweiligen Belastungen an. Diese Anpassung findet ihre Grenze in der Muskelkraft und Dehnungsfähigkeit der Muskulatur, die stets geringer als die Zugfestigkeit der zugehörigen Sehne ist.[18] Ursache des Sehnenrisses sind innere Gefügestörungen oder mechanisch bedingter Verschleiß. Die Sehne wäre bei jeder anderen Belastung gerissen, die ihre noch verbliebene, fortschreitend absinkende Zugfestigkeit überschreitet. Die Bewertung des angeschuldigten Unfallereignisses ergibt, dass es austauschbar ist mit jeder anderen normalen Verrichtung des privaten täglichen Lebens; der Sehnenriss wäre zu etwa derselben Zeit in ungefähr gleichem Ausmaß eingetreten. Wegen der Austauschbarkeit ist das Unfallereignis hinsichtlich des Sehnenrisses rechtlich nicht wesentlich (z.B. Achillessehnenriss eines Versicherten beim Übergang vom Gehen in den Lauf, um ein Verkehrsmittel zu erreichen; anders bei zusätzlichem Ausrutschen auf glattem Boden).[19]

Die Gesamtheit mehrerer, auf eine längere Zeit verteilter Krafteinwirkungen, die zu kleinen Rissen *(Mikrorisse)* führen, dann bindegewebig vernarben und die Rissbereitschaft ständig erhöhen, gilt nur als Summierung mehrerer Gelegenheitsursachen.

8.2.2.3 Sehnenriss nach Degenerationszeichen und geeignetem Unfallereignis

Diese Gruppe schiebt sich zwischen die beiden extremen Fälle. Da zwei Ursachen im medizinisch-naturwissenschaftlichen Sinne vorliegen, muss die wesentliche Ursache im

---

[18] Isometrisch = gleichbleibende Länge bei zunehmender Muskelspannung, z.B. Halten eines Gewichtes auf der ausgestreckten Hand; isotonisch = Kontraktion eines Muskels bei gleichbleibender Spannung, z.B. Heben einer Last, diese erfolgt entweder konzentrisch, also unter Verkürzung, oder exzentrisch, also unter Verlängerung.
[19] Gelegenheitsanlass, vgl. BSG, 13. 12. 1960, BG 1961, 222.

Rechtssinne festgestellt werden. Zu werten sind sowohl die Degeneration als auch das Unfallereignis.

Die Degeneration muss bewiesen sein.

Zum Ausschluss eines Unfallereignisses als Mitursache für den Sehnenriss ist es nicht zulässig, den zur Risszeit bestehenden Zustand des Sehnengewebes mit der Beschaffenheit einer Sehne zu vergleichen, die jung und noch nicht vorgeschädigt ist.[20] Dies wäre ein Verstoß gegen den Grundsatz, dass jeder Versicherte in dem Zustand geschützt ist, in dem er sich bei Antritt der Arbeit befand, d.h. auch mit einer degenerierten Sehne.

Daher sind Ausmaß und Wert der zum Unfallzeitpunkt bestehenden Degeneration zu prüfen. Von Gewicht sind *histologische (feingewebliche) Untersuchungen*. Jedoch ist die gutachterliche Beurteilung für den Pathologen schwierig, weil meist zu wenig Material vom Rissrand zur Verfügung steht. Immerhin wird er oftmals das Alter eines Sehnenrisses und Ausmaß einer Sehnendegeneration beschreiben können. Allerdings ist in der Regel nur in den ersten vier bis sechs Wochen nach einem Riss zu entscheiden, ob die Sehne zum Zeitpunkt des Risses vor- oder nicht vorgeschädigt war und ob der Sehnenriss bei über die pyhsiologische Alteration des Gewebes hinausgehender Degeneration eintrat.[21] Auch das Lebensalter spielt eine Rolle. Degenerative Veränderungen beginnen meist im 3. bis 4. Jahrzehnt. Stimmen Rupturalter und Verletzungszeitpunkt nicht überein, ist bei der Zusammenhangsbeurteilung „höchste Vorsicht" geboten.[22]

Mit *Kernspintomographie* und *Sonographie*[23] sind am Sehnengewebe Oberflächen-, Formveränderungen und Veränderungen der Signalgebung bzw. Echogenität als Ausdruck krankhafter Gewebeprozesse objektiv erfassbar. Spezifität, Sensitivität und Gesamtgenauigkeit dieser Untersuchungsmethoden erweisen sich als groß.

Die modernen bildgebenden Verfahren sind nicht nur wegen des zuverlässigen Nachweises von Gewebeschäden für die Begutachtung von wesentlicher Bedeutung, auch deshalb, weil sie ohne invasive Maßnahmen Gewebsveränderungen außerhalb des verletzten Bereiches und auf der Vergleichsseite erkennen lassen. Der stadienhafte Ablauf degenerativer Erkrankungen (Nekrobiose, Degeneration und Defekt, Reparation) kann bildlich dargestellt werden.

Lässt sich nicht begründen, dass der Sehnenriss mit Wahrscheinlichkeit ohne das angeschuldigte Unfallereignis in annähernd dem gleichen Zeitraum und im gleichen Umfang auch außerhalb des geschützten Risikobereichs eingetreten wäre (= Gelegenheitsursache), so sind Einwirkung und Degeneration zumindest gleichwertige Teilursachen. Aus der Gleichwertigkeit folgt rechtlich, dass sie nebeneinanderstehende Mitursachen sind. Keine der gleichwertigen Ursachen hebt die andere auf. Die versicherte Tätigkeit ist also wesentlich.

Ergibt die Wertung des Unfallablaufs, dass dieser auch ohne degenerierte Sehne den gleichen Schaden verursacht hätte, muss der Vorschaden außer Betracht bleiben.

---

20 SG Frankfurt, 21.1.1977, Breith. 1977, 875, 877; a.A. Hess. LSG, 11.6.1969, Breith. 1970, 23.
21 Walter, BG-UMed 61 (1987) 243ff.; Mohr, u.a., BG-UMed 77 (1991) 21ff.; Könn, Everth, H. Unfallh. 91 (1967) 267; Grosser, Trauma Berufskrankh 7 (2005) 180.
22 Weber, MedSach 89 (1993) 113, 114.
23 Nach Weber, MedSach 89 (1993) 113, 114f.; ders. VersMed 45 (1993) 155, 157f.

Dagegen wird eingewandt: Wenn die Degeneration schon so weit fortgeschritten war, dass auch eine unwesentliche Gelegenheitsursache für die Verletzung ausgereicht hätte, könne auch das für den Riss einer gesunden Sehne geeignete Unfallereignis nicht als wesentlich angesehen werden.[24] Nach dieser Ansicht verdrängt der fiktive Riss der Sehne unter den normalen Bedingungen des täglichen Lebens den tatsächlichen Schadenseintritt durch das konkrete Unfallereignis. Eine solche „überholende Kausalität" ist aber in der ges. UV nicht anwendbar (s. 1.7, S. 32).

Außerdem bewertet diese Beweisführung das Unfallereignis unzutreffend.[25] Bei einer Gelegenheitsursache steht die Degeneration in Konkurrenz zum Unfallereignis. Von zwei im medizinisch-naturwissenschaftlichen Sinne ursächlichen Bedingungen wird das Unfallereignis deshalb als unwesentlich bewertet, weil es mit einer normalen Verrichtung des täglichen Lebens austauschbar ist. Dieser Gesichtspunkt greift nicht bei einem so schweren Unfallereignis, das auch eine gesunde Sehne in ungefähr gleicher Weise geschädigt hätte. Die Austauschbarkeit setzt vielmehr voraus, dass tatsächliches und fakultatives Unfallereignis qualitativ und quantitativ gleichwertig sind. Gegenüber letzterem ist das geeignete Unfallereignis jedoch ein „aliud", also kein austauschbarer Vorgang; es ist stärker gewesen.

Zudem sind Degeneration und Unfallereignis hinsichtlich der eingetretenen Verletzung keine konkurrierenden Bedingungen. Das Unfallereignis hatte keine Degeneration notwendig, um den Riss der Sehne herbeizuführen. Die Degeneration ist verzichtbar, ohne dass der eingetretene „Erfolg" entfiele. Wenn aber auf eine Ursache verzichtet werden kann, ist diese auch nicht als wesentlich zu werten. Wesentlich ist allein das Unfallereignis.

Das Ergebnis ist auch sachgerecht. Eine andere Auffassung würde dahin gelangen, dass bei gleichem Unfallereignis und gleichem Schaden ein Gesunder versichert wäre, ein bereits Vorgeschädigter jedoch keine Entschädigung erhielte. Solches wäre ein Verstoß gegen den Grundsatz, dass jeder Versicherte in dem Gesundheitszustand versichert ist, in dem er sich befindet. Er unterliegt mit allen Gesundheitsschwächen dem Schutz der ges. UV, wenn ihn ein entsprechendes Unfallereignis trifft.

Hingegen wird der Versicherte bei einer Gelegenheitsursache nicht gegenüber einem Gesunden benachteiligt. Denn während bei gleichem Unfallereignis ein Gesunder keinen oder nicht diesen Schaden nimmt, tritt bei einem entsprechend Vorgeschädigten hauptsächlich wegen des Vorschadens der weitere Gesundheitsschaden ganz oder teilweise ein.

8.2.2.4 Verschlimmerung

Allgemeine Hinweise s. 1.8.2, S. 34; 3.6.5, S. 107

Auf die Anwendung des Begriffs der Verschlimmerung als Verursachungsform ist bei einer bereits bestehenden krankhaften Sehnenveränderung zu *verzichten*.[26]

---

[24] Bayer. LSG, 28. 7. 1966, Breith. 1967, 830.
[25] Vgl. Bayer. LSG, 12. 10. 1988, HV-Info 19/1989, 1502.
[26] Schröter, MedSach 97 (2001) 107, 110; Grosser, Trauma Berufskrankh 7 (2005) 180; nicht zutreffend daher Klems, Talke, Gaudin, akt. traumatol. 7 (1977) 381, die die Veränderungen mit 20–75 % als mitwirkenden Faktor einbeziehen, und Westermann, Zbl. Chir. 87 (1962) 1424, in der Regel mit 50 %.

Verschlimmern kann sich nur eine Krankheit im Rechtssinne, d.h. ein regelwidriger Zustand, der klinisch manifest ist. Selbst wenn die degenerative Sehne pathologisch-anatomisch fassbar ist, ist sie noch nicht klinisch manifest, sondern zunächst stumm.[27] Vielmehr handelt es sich um eine Anlage, die durch den Riss rechtlich erst zur Krankheit wird. Kommt es aber durch das Unfallereignis zu einem manifesten Krankheitsgeschehen, ist der eingetretene Schaden als im Sinne der Entstehung verursacht zu beurteilen. Nicht die Degeneration wird durch den Unfall verschlimmert, ein unfallbedingter Riss einer vorgeschädigten Sehne liegt vor (s. 1.8.1, S. 33).

Wird in der gutachterlichen Praxis wegen der starken ursächlichen Beteiligung der degenerativen Faktoren der Sehnenriss nur als „im Sinne der Verschlimmerung durch das Unfallereignis verursacht" beurteilt, liegt dem meist die Erwägung zu Grunde, den Schaden in degenerative und unfallabhängige Anteile zu zerlegen. Es wird in einen Kompromiss ausgewichen, welcher der unfallversicherungsrechtlichen Kausalität widerspricht. Im Sinne der Entstehung ist entweder die Degeneration oder das Unfallereignis (bzw. beide Faktoren) rechtlich wesentlich. Einer anderen Betrachtungsweise ist beim Sehnenriss nicht zu folgen.

Soweit als Argument für die Anwendung des Begriffs der Verschlimmerung vorgetragen wird, die Sehnenverletzung sei infolge des Unfalls früher oder in wesentlich größerem Maße eingetreten, als das bei einer schicksalmäßigen Weiterentwicklung des Leidens der Fall gewesen wäre[28], wird das Unfallereignis unzutreffend beurteilt.

8.2.3 Riss der Achillessehne

Die Achillessehne ist die stärkste Sehne des menschlichen Körpers. Mit einer Länge von ca. 18 cm (= 49 % der Wadenbeinlänge) verbindet sie die Köpfe der dreiköpfigen Wadenmuskulatur (M. triceps surae) mit dem Fersenbein. Das dadurch gebildete funktionelle Teilsystem ist für das Steh-, Lauf- und Sprungvermögen bedeutsam. Im Bereich des Muskel-Sehnenüberganges sowie des knöchernen Ansatzes am Fersenbein ist die Belastbarkeit am höchsten. Am schwächsten ist diese im Bereich der sogenannten Sehnentaille, der sanduhrförmigen Verjüngungszone etwa 3 bis 5 cm oberhalb des Sehnenansatzes am Fersenbein mit einem Durchmesser von ca. 1 cm, dort wo der Gesamtquerschnitt der Blutgefäße am geringsten ist und sich Durchblutungsminderungen sofort auswirken. Hier sind Achillessehnenrisse – unabhängig von deren Ursache – am häufigsten lokalisiert (90 %), seltener am Muskel-Sehnenübergang (10 %).[29]

Im Schrifttum werden überwiegend reine Rupturen im Sehnenbereich behandelt. Sehr selten sind partielle Archillessehnenrupturen. Komplette Rupturen werden oft als partielle fehlgedeutet: Die Sehne des M. plantaris ist auf der medialen Seite der Achillessehne angelagert und reißt bei der Achillessehnenruptur nicht oder nur äußerst selten mit. Bekannt ist der Rissbruch (Entenschnabelbruch) sowohl in isolierter Form als auch in Kombination

---

[27] Weber, MedSach 89 (1993), 113, 114.
[28] LSG Baden-Württemberg, 27. 2. 1963, Kartei Lauterbach Nr. 4836/7 zu § 548 RVO (Meniskusschaden); LSG Niedersachsen, 14. 12. 1965, BG 1967, 77; Asanger, BG-UMed 18 (1973) 135, 139.
[29] Arndt, Achillessehnenruptur und Sport, Leipzig 1976 S. 77; Zwipp, Amlang, H. zu „Der Unfallchirurg" 249 (1995) 392, 394; Paar, u.a., Akt Traumatol 2001, 241; Lindemann-Sperfeld, Trauma Berufskrankh (2001) 344.

8.2 Sehnenriss 399

mit zusätzlichen Frakturen im Sprunggelenkbereich.³⁰ Beim Vorliegen knöcherner Begleitverletzungen kann die Ruptur übersehen werden.

Die Belastbarkeit ist abhängig von Lebensalter, Geschlecht und Körpergröße des Betroffenen. Die Reißfestigkeit bei statischer Belastung (z. B. im Zehenstand) wird mit etwa 400 kp angegeben, bei dynamischer Belastung (z. B. beim Spurt oder Hochsprung) mit bis zu 930 kp.³¹ Die Werte übersteigen die Kraftbildungsgrenze der dreiköpfigen Wadenmuskulatur.

Bei Abschätzung der Belastung der Achillessehne durch ein Unfallereignis ist bedeutsam, dass die auf sie einwirkende Kraft während des Wechseln vom Fußstand in den Zehenstand und damit auch beim Ausbalancieren nach einer äußeren Gewalteinwirkung auf das 3fache der Bodenreaktionskraft ansteigt. Beim geübten Sprung aus 1 m Höhe bleibt die Belastung für die Achillessehne mit knapp 300 kp sicher unterhalb des kritischen Bereichs, da aus der gestreckten Haltung in die Hocke der Bremsweg optimal verlängert wird. Daneben wird die Belastung auf beide Beine verteilt. Andererseits kann unter ungünstigen Bedingungen bereits das Treten in ein 20 cm tiefes Loch eine Belastung von 900 kp bedeuten und damit ausreichen, eine normal belastbare Achillessehne zu zerreißen.³²

8.2.3.1 Diagnose

Beim frischen Riss ist gewöhnlich eine Delle zu sehen oder zu tasten, die durch das Auftreten eines Hämatoms vorübergehend oder dauernd verschwindet. Die Ferse kann beim Einbein-Zehenballenstand nicht oder kaum vom Boden abgehoben werden. Die Plantarbeugung (nach der Sohle zu) des Fußes ist kraftlos, aber möglich. Aus ihrem Vorhandensein darf nicht gedeutet werden, dass die Achillessehne nicht völlig gerissen sei. Zu bedenken ist, dass sechs Hilfsmuskeln (M. peroneus longus und brevis, M. tibialis posterior, M. flexor hallucis longus, M. flexor digitorum longus und M. plantaris) die aktive Plantarbeugung des Fußes teilweise übernehmen können. Der „Achillessehnenreflex" fehlt. Die Sprunggelenkbeweglichkeit ist gewöhnlich etwas schmerzhaft, mäßig eingeschränkt. Die Sonographie ermöglicht das Unterscheiden der kompletten von der Teilruptur.

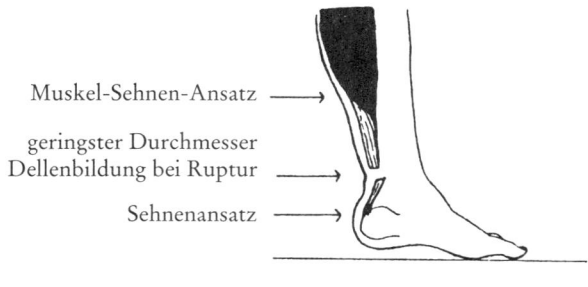

Abb. 1

---

30 Schink, H. Unfallh. 121 (1975) 313; Arndt, Achillessehnenruptur und Sport, Leipzig 1976 S. 78 ff.
31 Wilhelm, Res Exp Med 162 (1974) 281 ff.; neuere Untersuchungen infolge verbesserter Techniken kommen zu geringeren Unterschieden: Thermann, Z. Orthop 136 (1998) 0a20; ders., Der Unfallchirurg 4 (1998) 299 ff.; Zwipp, Amlang, H. zu Der Unfallchirurg 249 (1995) 392, 394.
32 Grosser, Trauma Berufskrankh 7 (2005) 180, 182.

8.2.3.2 Ursachen

Zwei Theorien stehen sich gegenüber, wobei im Einzelfall Ursache und Wirkung nicht klar abgrenzbar sind.

Theorie der Degeneration[33]

Danach ist die degenerative Vorschädigung der betroffenen Sehne wesentliche Ursache für eine spontane Ruptur.

Auf Grund von Stoffwechselfunktionsstörungen, aseptischen Entzündungen (Tendinitis oder Peritendinitis) sowie reduzierter Blutgefäßbildung (Vaskularisation) kommt es zu degenerativen Veränderungen mit Zellverlust und Störung des Mukopolysaccharidgehaltes (Gerüstsubstanz des Bindegewebes) bis hin zur myxoiden, fettigen und verkalkenden Degeneration. Dadurch wird die physiologische Belastbarkeit der Sehne verringert. Aber auch Altersveränderungen mit Verlust von Wasserbindung und Grundsubstanz bei erhaltenen mechanischen Eigenschaften beeinträchtigen die Funktionskette Muskel-Sehne-Knochen (s. 8.2.1.1.2, S. 392).

Mechanische Theorie

Aus wiederholten oder einzelnen Überbeanspruchungen entstehen kleinste Mikrotraumen, die in Summation schließlich zur Ruptur führen, falls die reparativen Heilungsprozesse nicht Schritt halten. Den Spontanrupturen gehen gelegentlich schmerzhafte Erkrankungserscheinungen voraus (Achillodynie, Schmerzen im Verlauf der Sehne beim Auftreten und Gehen). Insgesamt ist die Bedeutung des Mikrotraumas als Vorschaden medizinisch noch ungewiss. Nach einer Ansicht soll eine besondere Zugbelastung an der gesunden Sehne zu Mikrorissen führen.[34] Eine andere Hypothese sieht primär degenerative Veränderungen als Ursache an; bei entsprechender Belastung treten dann sekundär Mikrorisse auf.[35] Klärung durch weitere Untersuchungen bleibt abzuwarten.

Rupturmechanismus

Ganz herrschend ist heute die Lehrmeinung, bei entsprechender Unfallmechanik könne auch eine gesunde Achillessehne einreißen.[36] Da jedoch nach dem normalen Bauplan die Zugfestigkeit der Sehne größer als die vom zugehörigen Muskel aufzubringende Kraft ist, wird es im Einzelfall schwierig, die jeweils beim Verletzungsmechanismus auftretenden Kräfte zu analysieren.

---

[33] Böhm, u.a., Z. Sportverl Sportschad 4 (1990) 22; Könn, Everth, H. Unfallh. 91 (1967) 255; Könn, Löbbecke, H. Unfallh. 121 (1975) 297, mit der Einschränkung, dass der Riss einer gesunden Achillessehne nicht erbracht wurde; Zwipp, u.a., Unfallchirurg 92 (1989), 554; Neusel, u.a., Z. Sportverl Sportschad 4 (1990) 36; Mayer, u.a., Akt. Traumatol. 19 (1989) 6; Hegelmaier, u.a., Aktuel Chir 11 (1991) 163.

[34] Wilhelm, Herzog, Med. Welt 25 (1974) 825; nach Paulini, Sonntag, Z. Orthop. 117 (1979) 403–408, führen wiederholte Mikrorisse zu einer vorübergehenden ischiämischen Schädigung (mangelnde Versorgung) der Achillessehne.

[35] Könn, Löbbecke, H. Unfallh. 121 (1975) 255.

[36] LSG Berlin-Brandenburg, 3. 4. 2008, UVR 9/2008, 631; Wilhelm, Herzog, Med. Welt 25 (1974) 827; Jekić, H. Unfallh. 126 (1976) 413; Arndt, Achillessehnenruptur und Sport, Leipzig 1976 m.w.N.; Hertel, u.a., Chirurg 65 (1994) 934; Koss, MedSach 98 (2002) 10, 11; Schwarz, Heisel, Orthop. Praxis 1986, 67 ff. m.w.N.; Schwarz, u.a., akt. traumatol. 14 (1984) 8; Zwipp, Amlang, Unfallchirurg 249 (1995) 392, 394; Tiling, Dtsch Med Wochenschr 2002, 1401.

8.2 Sehnenriss

Grundlage des Traumas ist eine plötzliche Verlängerung der Muskel-Sehnen-Einheit mit gleichzeitiger Kontraktion des Muskels.[37] Die Ursache der Sehnenruptur beim Gesunden ist ein Versagen des neuromuskulären Regler- und Sicherheitssystems. Dieses wird überwunden durch hohe Belastungsspitzen bestimmter Muskeln und Sehnen bei zunächst physiologischem Bewegungsablauf, durch äußere Störfaktoren (Boden, Hindernisse, Kälte, Nässe), innere Störfaktoren (Ermüdung, Fehlinnervation) und/oder durch Ausfall der Reflexsicherung, die zur Innervation sämtlicher Muskelfasern gleichzeitig führt, obwohl die von außen einwirkenden Kräfte nicht überwunden werden können.[38]

Mechanismen, welche die Sehne unter Belastungsspitzen setzen können, ohne dass sich die Zugspannung – koordiniert gesteuert und „gebremst" von der vorgeschalteten Muskulatur – systematisch aufbauen kann:[39]

– Auf- und Absprung bei fußrückenwärtiger Belastung des Fußes
– sehr schneller Sprint und Anstoßen oder Aufsetzen des Fußes auf einer Matte[40]
– Sprung über eine Hürde mit folgendem Sturz und Aufkommen auf dem Rand einer Vertiefung[41]
– plötzliches Ausrutschen beim Tragen von Lasten (plötzliches Überdehnen der Sehne und Zusammenziehen der Beinmuskulatur)[42]
– Sturz nach vorn bei fixiertem Fersenbein sowie aus der Höhe unter fußrückenwärtiger Belastung des Fußes
– Abrutschen bzw. Verfehlen einer Stufe oder Tritt in nicht erkennbare Vertiefung, so dass mehr oder weniger das gesamte Körpergewicht auf der Sehne lastet
– direktes Trauma, z. B. Schlag auf die gespannte Sehne

Hingegen sind Abläufe, wie Schieben, Entgegenstemmen, Heben und Tragen,[43] Sprung aus der Hocke[44], Tritt in die Wade des Standbeins[45] oder auf eine Bordsteinkante[46], willkürlich gesteuerte Belastungen der Sehne (Gelegenheitanlass).

Soweit teilweise der schnelle Antritt (im Sinne eines Abstoßes) mit fußsohlenwärtiger Belastung im oberen Sprunggelenk bei gleichzeitiger Streckung des Kniegelenks (50 bis 60 % aller Achillessehnenrupturen) als „typischer Unfallmechanismus" gesehen wird, ist zu differenzieren: Es handelt sich nicht um eine unphysiologische Bewegung, da die Achillessehne hierfür gebaut und funktionell vorgesehen ist; daher ist grundsätzlich der schnelle Antritt für eine eingetretene Zusammenhangstrennung unbeachtlich. Allerdings ist im

---

[37] Franke, Med. Sport 12 (1972) 340; Schmidtsdorf, Betr. Orthop. Traumatol. 18 (1971) 357.
[38] Bayer. LSG, 10. 5. 2005, HV-Info 1/2006, 32.
[39] LSG Berlin-Brandenburg, 3. 4. 2008, UVR 9/2008, 631; Thermann, Zwipp, Orthopäde 18 (1989) 321; Lindemann-Sperfeld, u.a., Trauma Berufskrankh 4 (2001) 344, 349; ders. Trauma Berufskrankh 5 (2003) 186; Holz, Ascherl, chir. praxis 28 (1981) 511–526 ; Wilhelm, Zbl. Chir. 102 (1977) 794–801.
[40] Bayer. LSG, 10. 5. 2005, HV-Info 1/2006, 32.
[41] Bayer. LSG, 7. 12. 1976, Kartei Lauterbach Nr. 10187 zu § 548 Abs. 1 S. 1 RVO, zit. bei Ruidisch, BG-UMed 25 (1975) 207.
[42] LSG Niedersachsen, 6. 2. 1962, Meso B 240/22 = MfU 1967, 41.
[43] Stock, BG-UMed 64 (1988) 183, 192.
[44] LSG Thüringen, 12. 12. 1996, Meso B 240/189.
[45] LSG Nordrhein-Westfalen, 24. 6. 1997, Meso B 250/123.
[46] LSG Nordrhein-Westfalen, 14. 12. 2005, HV-Info 7/2006, 856.

Einzelfall zu prüfen, ob nicht ungeplante Änderungen des Bewegungsablaufs (z. B. durch eine Bodenunebenheit) zu einer zusätzlichen Belastung der Achillessehne geführt haben, welche diese bei maximaler physiologischer Anspannung nicht mehr kompensieren konnte.[47]

Ursache und Entstehung sowie zahlenmäßige Zunahme der Achillessehnenruptur sind noch ungeklärt. Fast einhellig wird die Ausbreitung des Massensports (alpiner Skisport, Mannschaftsspiele, Leichtathletik), aber auch Alkohol- und Nikotinabusus, Medikamente (Cortison, Immunsuppressiva), rheumatische sowie Autoimmunerkrankungen als Ursache angeschuldigt. Erhöhtes Betroffensein von Gelegenheits- und Freizeitsportlern lässt eine stärkere Rupturdisposition für Untrainierte vermuten, während bei Leistungssportlern die Muskulatur sich an höhere mechanische Belastungen anpasst und die Bewegungen flüssiger, koordinierter und dadurch weniger belastend für die Sehne ausgeführt werden. Andererseits spielt bei Hochleistungssportlern der Erfolgsdruck mit Missachtung gebotener Trainingspausen eine Rolle.

8.2.3.3 Heilverfahren

Neben der konservativen Therapie gibt es die operative Versorgung durch eine Sehnennaht in verschiedenen Techniken.[48]

8.2.3.4 Minderung der Erwerbsfähigkeit

	MdE in %
nur durch narbiges Bindegewebe ausgeheilt, je nach Funktionsbehinderung	20–30 %
gut und ohne Funktionsbehinderung verheilt, trotz einer gewissen Muskelminderung	bis 10 %

8.2.4 Riss der Bizepssehne[49]

Die Bizepssehnen – zwei körpernahe und eine körperferne – stellen die Verbindung des Bizepsmuskels mit Schultergürtel und Unterarm her. Neben der Stabilisierung des Oberarmkopfes in der Schulterpfanne ist vorrangige Aufgabe des Bizepsmuskels die Beugung des Unterarmes im Ellenbogengelenk und die Auswärtsdrehung des Unterarms (Supination).

Die häufigste Form der Bizepssehnenzerreißung ist mit 96 % an der langen (Caput longum) körpernahen (proximalen) Bizepssehne lokalisiert, 3 % betreffen die körperferne (distale) Sehne. Die Ruptur der kurzen (Caput breve) körpernahen (proximalen) Sehne ist äußerst selten (1 %).

---

[47] Thermann, Zwipp, Orthopädie 18 (1988) 321, 322.
[48] Weber, u. a., Trauma Berufskrankh 1 (1999) 258.
[49] Bizeps = 2köpfig; s. dazu: Träger, Unfallchirurg 88 (1985) 20; Mehrhoff, Kompass 1990, 394 ff.; Lohsträter, Ludolph, BG 1995, 268.

8.2 Sehnenriss 403

Abb. 2: Die beiden körpernahen Bizepssehnen und die körperferne Bizepssehne

8.2.4.1 Riss der langen körpernahen Bizepssehne

8.2.4.1.1 Anatomie und Funktion

Der knöcherne Ansatz der langen körpernahen Bizepssehne liegt am Schulterblatt oberhalb der Schulterpfanne (Tuberculum supraglenoidale sowie Labrum glenoidale). Als Gleitsehne zieht sie frei durch das Schultergelenk – in unmittelbarer Nachbarschaft zur Rotatorenmanschette – verläuft im knöchernen Bizepssehnenkanal (Sulcus intertubercularis) unmittelbar dem Oberarmkopf und dem Oberarmhals anliegend und geht am Übergang vom körpernahen zum mittleren Oberarmdrittel in den Muskel über.

Funktionell dient der lange Bizepssehnenanteil der Seitwärtshebung (Abduktion) und ist gering an der Anteversion beteiligt. Zudem zentriert die Sehne den Oberarmkopf in der Pfanne.[50] Ihre normale Belastbarkeit beträgt 3237, 3N (330 kp).

Durch Riss des schultergelenknahen bizipitalen Sehnenzügels entspannt sich unter kugeliger Verformung der lange Kopf des Bizepsmuskels und rückt näher zur Ellenbeuge hin, weil dort noch eine Verbindung zum Knochen durch die körperferne Sehne besteht. Dadurch wird gewöhnlich eine Delle oberhalb des Muskels sicht- und tastbar, in deren Grund der Oberarmknochen und mitunter der Strang der gerissenen Sehne zu tasten sind.

Abb. 3: Zusammenhangstrennung der langen (körpernahen) Bizepssehne mit dem nach körperfern verlagerten Muskelbauch

---

50 Großstück, u.a., Trauma Berufskrankh 2 (2000) 298; ders., Trauma Berufskrankh 4 (2002) Suppl. 1 S 59.

8.2.4.1.2 Krankheitsbedingte Ruptur

Überwiegend (90 %) ist die Ruptur der langen Bizepssehne nicht unfallbedingt. Ursächlich ist die wiederholte mechanische Belastung im Sulcus intertubercularis: Die Sehne verläuft wie das Seil über eine Winde in der Gleitrinne des Oberarmkopfes. Sie wird dadurch an ihrer Umlenkstelle mit Zugkräften, Druck, Reibung und Scherkräften belastet. Die funktionsmechanische Beanspruchung ist deutlich verstärkt, wenn sklerosierte, aufgerauhte arthrotische Strukturveränderungen der Rinne vorliegen.

Folge der mechanischen Dauerbelastungen sind degenerative Sehnenveränderungen, gleichlaufend mit dem Verlust der Ordnung sowie der histologischen und chemischen Zustandsänderung der Kollagenfibrillen der Sehne. Ein geändertes physikalisches Verhalten der Sehne ist die Nachwirkung: Die Zugfestigkeit der Sehne nimmt ab; im Bauplan der Funktionseinheit Muskel–Sehne–Knochen ist sie nicht viel größer als die vom Muskel aufzubringende Kraft. Der Sehnenriss tritt ein, wenn die einwirkende Belastung die fortschreitend absinkende Zugfestigkeit der Sehne überschreitet.

Degenerative Veränderungen erscheinen im vierten Lebensjahrzehnt; überwiegend ist der Gebrauchsarm betroffen; gehäuft sind sie am körperfernen Sulcusausgang und der labrumnahen (pfannenrandnahen) Ursprungszone der langen Bizepssehne.[51]

Nicht unfallbedingte Abläufe

Eine *physiologische Belastung* liegt vor, d. h. geplante und koordinierte Belastung.

– Anheben von Gewichten (auch schweren) *ohne* zusätzliche Einwirkungen[52]
– gewöhnliche Verrichtungen harter Arbeit, oft als „Überheben" bezeichnet
– willentliche (gewollte) Armbelastungen (weil das Zusammenwirken von Muskel-Sehne-Knochen eine abgestimmte Belastbarkeit der Einzelkomponenten voraussetzt).

8.2.4.1.3 Unfallbedingte Ruptur

Direkt einwirkende Kraft (Schlag, Quetschung) kann eine Sehne zerreißen. Nachweis dafür ist meist eine Hautquetschung oder -abschürfung. Nicht beweiskräftig sind kurzfristig nach der oberen Sehnenruptur auftauchende Blutunterlaufungen. Auch nach einem unfallfremden degenerativen Sehnenriss zerreißt mit dem minderwertigen Ersatzgewebe das in die Entartungszone eingesprossene Gefäßnetz; es kommt zur Blutung mit Blutergussverfärbung.

Geeignete *indirekte Unfallmechanismen*[53]

Eine unphysiologische Belastung liegt vor, die überfallartig die muskular gespannte Struktur trifft und diese beansprucht.

1. Plötzliche passive Bewegung bei muskulär fixiertem Gelenk oder abnorme Kontraktion infolge einer überfallartigen Belastung. Die Muskulatur und dir ihr nachgeordneten Sehen können die aufzubringende Kraft nicht aufbauen, die einwirkende Kraft nicht aufnehmen und sich ihr nicht anpassen oder

---

51 Sowa, u.a., Z. Orthop. 133 (1995) 568, 571.
52 LSG Baden-Württemberg, 28. 6. 1986, HV-Info 1/1987, 45 = Meso B 240/98.
53 Ludolph, in: Kursbuch der ärztlichen Begutachtung (Hrsg. Ludolph u. a.) 1998 VI-1.2.2 S. 10.

2. unkoordinierte, ungeplante, überfallartige passive Belastung und damit verbundene reflektorische Kontraktur:
   – Anheben eines etwa 60–80 kg schweren Gegenstandes und *Nachfassen* desselben (sofern physikalisch möglich), als dieser aus den Händen glitt[54]
   – Anheben eines etwa 40 kg schweren Gegenstandes; dabei Schlag eines Kantholzes auf den Muskel im rechten Armbereich[55]
– Reißleinenverletzungen bei Fallschirmspringern[56]
– Heben eines Torflügels von unten und oben, wobei beide Hände maximal voneinander entfernt und die Bizepssehnenmuskulatur maximal eingespannt waren[57]
– Abfangen eines Sturzes

Zur Bewertung der Tätigkeit als rechtlich wesentliche (Teil-)Ursache:

(1) Die *Überbeanspruchung*[58] des Bizepsmuskels gilt als Grund für den Sehnenriss. Deshalb reißt überwiegend zuerst der Muskel, dann die Sehne. Ein nicht rupturierter Muskel spricht gegen die rechtlich wesentliche Ursache des Unfalls.[59] Sind Bizepssehne und -muskel nicht maximal angespannt (z.B. beim gestreckten Arm), ist gleichfalls eine unfallbedingte Sehnenzerreißung unwahrscheinlich.

(2) *Begleitverletzungen* anderer Weichteilstrukturen, die zu dem durch das Ereignis belastenden Funktionsverbund gehören (Muskeln/Kapsel-Bandapparat, Schleimbeutel, Haut, Unterhaut), sprechen für eine traumatische Entstehung.[60]

(3) Ein *Zeitintervall* zwischen Unfallereignis und Sehnenriss von Tagen[61] deutet gegen den ursächlichen Zusammenhang. Eine Verletzung führt in der Regel zum sofortigen Funktionsverlust. Aber auch bei degenerativer Ursache ist dies möglich.

(4) Dem indirekten Unfallhergang sollte eine *außergewöhnliche Kraftanstrengung* zu Grunde liegen, nicht übliche Tätigkeit z.B. im Rahmen eines Umzugs oder bei Gartenarbeit; auch auf das Gewohntsein schwerer Hebearbeit kommt es an.[62]

Fragen an den Versicherten[63]:

– Wurde mit dem betroffenen Arm etwas gehoben oder eine Bewegung ausgeführt?
– Welcher Gegenstand wurde gehoben, gehalten oder geführt?
– Wie schwer war der Gegenstand?
– Welche Bewegung sollte ausgeführt werden, welcher Arbeitserfolg sollte erzielt werden?

---

54 BSG, 6.12.1989, HV-Info 8/1990, 638 = Meso B 240/123.
55 LSG Saarland, 23.1.1992, HV-Info 12/1992, 1049 = Meso B 240/139.
56 BSG, 6.12.1989, HV-Info 8/1990, 638 = Meso B 240/123.
57 SG München, 11.3.1965, SozSich H. 3 (Kartei).
58 Mehrhoff, Kompass 1990, 394, 395f.
59 Schimanski, SozVers 1982, 96, 100; BSG, 6.12.1989, HV-Info 8/1990, 638 = Meso B 240/123.
60 Lohsträter, Ludolph, BG 1995, 270.
61 Bayer. LSG, 28.7.1966, Breith. 1967, 830.
62 Mehrhoff, Kompass 1990, 396.
63 Nach Lohsträter, Ludolph, BG 1995, 272.

- Inwiefern und aus welchem Grund wich der tatsächliche Bewegungsablauf von dem geplanten Bewegungsablauf ab?

(5) Das Beurteilen der *physikalischen Krafteinwirkung* auf die Bizepssehne während des Unfallgeschehens erfolgt durch Ermittlung von Körpergewicht und -größe als Masse im physiologischen Sinne sowie der Beschleunigung des Körpers durch den Unfallhergang und die Länge des Hebelweges.[64]

(6) Der *histologische* Befund ist bedeutsam. *Einblutungen* können auf eine unfallbedingte Ursache weisen. Aber auch die degenerativ bedingte Zusammenhangstrennung kann Sehnenanteile schädigen, die gefäßversorgt sind und vielleicht isoliert noch belastbar gewesen wären, nach Wegfall der degenerativ veränderten Anteile der physiologischen Belastung aber nicht mehr standhalten konnten (vergleichbar einem Seil, das auf Grund der Vielzahl der Fasern die erforderliche Belastbarkeit erreicht, nach teilweiser Durchtrennung einzelner Faserstränge aber insgesamt reißt, obwohl die Restfasern – in ihren Grenzen – noch belastbar waren).[65] Fehlen indes Einblutungen, deutet dies gegen den Unfallzusammenhang.

(7) Degenerative Veränderungen der *knöchernen* Strukturen im Bereich des Schultereckgelenks[66] (Nativ-Röntgen, Computertomographie) und des Sehnengewebes (Sonographie, Kernspintomographie, s. 8.2.2.3, S. 395) sprechen gegen den ursächlichen Zusammenhang.

Nicht der Hergang, der histologische Befund oder die bildgebenden Verfahren für sich allein führen zu korrekter Beurteilung; aber: In ihrer Gesamtheit ebnen die Ergebnisse eine zutreffende Aussage.

8.2.4.1.4 Heilverfahren

Konservatives und operatives Vorgehen halten sich die Waage. Eine Naht der Bizepssehne kommt nicht in Betracht, vielmehr wird der abgerissene Bizepskopf auf den stehengebliebenen Teil geheftet oder in Schlüssellochtechnik am Oberarmknochen fixiert.

8.2.4.2 Riss der kurzen körperfernen Bizepssehne[67]

Die 5 bis 6 cm lange körperferne Bizepssehne setzt als gemeinsame Endsehne des Bizepsmuskels an der Speichenrauhigkeit (Tuberositas radii) an und geht in Höhe des Ellenbogengelenks in den Muskelbauch über (s. 8.2.4, Abb. 2, S. 403).

---

[64] LSG Baden-Württemberg, 28. 8. 1986, HV-Info 1/1987, 45 = Meso B 240/98.
[65] Lohsträter, Ludolph, BG 1995, 268, 270.
[66] LSG Baden-Württemberg, 28. 8. 1986, HV-Info 1/1987, 45 = Meso B 240/98.
[67] Weiterführende Literatur: Bilow, Weller, Med. Begutachtung (Hrsg. Marx) 6. Aufl. 1992; Meyer-Clement, in: Gutachtenkolloquium 6 (Hrsg. Hierholzer, u.a.) 1991, S. 199ff.; Hegelmaier, u.a., Unfallchirurg 1992, 9ff.; Baker, Rupture of the Distal Tendon of the Biceps Brachii, J. Bone Jt. Surg. 67 A (1985) 414; Bindl, u.a., Akt. Traumatol. 18 (1988) 68; ders. Unfallchir. 14 (1988) 259; ders. Akt. Traumatol. 25 (1995) 177; Bourne, Partial Rupture of the Distal Biceps Tendon, Clin. Orthop. 271 (1991) 143; Groher, Arch. Orthop. Unfallchir. 64 (1968) 1986; Krüger-Franke, u.a., Z. Orthop. 130 (1992) 31; Matschke, u.a., Trauma Berufskrankh 1 (1999) 264; Weber, MedSach 89 (1993) 113; Wilhelm, Arch. Orth. Traumatol. Surg. 91 (1978) 223.

8.2 Sehnenriss

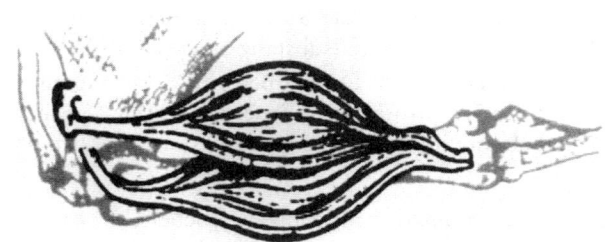

Abb. 4: Zusammenhangstrennung der körperfernen Bizepssehne mit dem nach körpernah verlagerten Muskelbauch

Da nach einer Zusammenhangstrennung die körpernahe Sehnenverbindung zum Schulterblatt bestehen bleibt, rutscht der Bizepsmuskel nach oben. An der Ellenbeuge ist deshalb meist eine Lücke zu tasten.

Althergebrachter Ansicht[68] nach habe im Gegensatz zur körpernahen degenerativen Ruptur die körperferne Bizepssehnenruptur mit Verschleißprozessen seltener etwas zu tun. Ein Vorschaden wird überwiegend verneint. Die meist traumatische Ursache der distalen Bizepssehnenrisse sei durch die Lage derselben bedingt: Vom Ansatz an der Speiche bis zum Bizepsmuskel finden sich keine „belastenden Einengungen".

Funktionell bewirkt der Bizepsmuskel mit über 50 % die Auswärtsdrehung (Supination) des Unterarms, die Beugung (Flexion) des Ellenbogens wird mit etwa 30–40 % beeinflusst.[69]

Nahezu ausschließlich betroffen sind körperlich aktive, muskelkräftige männliche Patienten mittleren Lebensalter. Die Bizepssehne reißt dabei fast ausnahmslos von ihrem Ansatz an der Speichenrauhigkeit (Tuberositas radii = kleiner Knochenvorsprung an der Speiche) ab. Seltener sind Sehnendurch- und -abrisse am Übergang vom sehnigen zum muskulären Anteil.[70]

Neuen Erkenntnisse gemäß sind etwa 50 % der Läsionen auf einen degenerativen Vorschaden zurückzuführen.[71] Als Begründung wird angeführt, dass

– histologischer Aufbau und Blutversorgung dem anderer Gleitsehnen, die der Degeneration unterliegen, entsprechen
– ein Riss auch nach alltäglicher Belastung eintritt
– Biopsien Zeichen der Degeneration und Reparation zeigen
– der Riss jeweils ansatznah und selten vor dem 40. Lebensjahr auftritt

---

[68] Geldmacher, Köckerling, Sehnenchirurgie 1992; Schumpelik, u.a., Chirurgie 4. Aufl. 1999; Siewert, Chirurgie 6. Aufl. 1998; Weber, MedSach 89 (1993) 113f.; Wolf, Müller, Unfallh. 86 (1989) 388.
[69] Klonz, u. a., Orthopäde 29 (2000) 209; ders. Trauma Berufskrankh 2 (2000) 110.
[70] Seitz, u.a., Handchirurgie 9 (1977) 143.
[71] Matschke, u.a., Trauma Berufskrankh 1 (1999) 264ff.; Bindl, Koch, Akt Traumatol 25 (1995) 177; Großstück, Trauma Berufskrankh 2 (2000) 298, 299; Klonz, u.a., Orthopäde 29 (2000) 209; Peter, u.a., Unfallchirurg 102 (1999) 74; Rose, Chir Prax 53 (1997/8) 637; Jung, Kortmann, Trauma Berufskrankh 7 (2005) 153.

– nahe liegt, den überwiegenden Abriss der Sehne an der Speichenrauhigkeit mit der biochemischen Änderung der Sehnengrundsubstanz zu erklären
– eine mechanische Belastung vorliegt: Der körperferne Sehnenanteil wickelt sich bei der Einwärtsdrehung des Unterarms um den körpernahen Teil der Speiche; zwischen der kurzen Sehne als Hebelarm und dem sechsmal längeren Unterarm besteht ein Missverhältnis.

Genaue Unfallanamese in Kombination mit feingeweblicher Untersuchung klären die Entstehung der Ruptur.

Für Verschleißerscheinungen sind ursächlich bestimmte Überlastungen (z.B. Sport) oder eine konstitutionsbedingte Anlage: Es kommt zu Einrissen einzelner Fibrillen (Sehnenfasern), die mehr oder weniger gut narbig verheilen. Bei langdauernder Überbeanspruchung dieses Sehnenanteils schreiten solche narbigen Umformungen fort; die Sehne verändert sich degenerativ und wird entsprechend geschwächt.

Geeignete Unfallmechanismen[72]

– plötzliche, auf die vorgespannte Muskulatur einwirkende Kraft, z. B. Auffangen einer schweren Last mit gebeugtem und supiniertem Unterarm
– direkter Schlag eines Gegenstandes in die Ellenbeuge
– Fehlschlag mit schwerem Hammer
– plötzliche passive Bewegung von muskulär fixierten Gelenken
– direkte Krafteinwirkung durch Quetschungen, Schläge oder Stiche

Ungeeignete Abläufe

– plötzlicher Schmerz beim Anheben eines Gegenstandes
– Schmerz beim Schippen mit Schaufel
– willentliche Kraftanstrengung ohne zusätzliche Einwirkung

Kontinuitätsunterbrechungen der körperferner Bizepssehne führen zu einem Verlust der Maximalkraft für die Beugung des Ellenbogengelenks um 30 bis 40 %, der Kraftverlust für die Unterarmauswärtsdrehung beträgt über 50 %. Für die Wiederherstellung einer kräftigen Supinationsbewegung ist operatives Vorgehen notwendig.[73]

---

[72] Lohsträter, Ludolph, BG 1995, 272.
[73] Bacher, u.a., Akt Traumatol 30 (2000) 184; Jung, Kortmann, Trauma Berufskrankh 7 (2005) 153.

8.2 Sehnenriss

8.2.5 Riss der Rotatorenmanschette[74]

Das Missverhältnis zwischen der kleinen und flachen Gelenkpfanne und dem größeren Oberarmkopf (s. 8.4, S. 513) bedarf zur ausreichenden Fixierung im Gelenk eines kräftigen Muskelmantels. Die wichtigsten aktiven Stabilisatoren des Schulter-Hauptgelenks sind Rotatorenmuskeln: so bewirken Musculus

subscapularis (Unterschulterblattmuskel)	Innenrotation und Adduktion des Oberarms
supraspinatus (Obergrätenmuskel)	Adduktion und Außenrotation des Oberarms
teres minor (kleiner Rundmuskel)	Außenrotation und Adduktion des Oberarms
infraspinatus (Untergrätenmuskel)	Außenrotation und geringe Abduktion des Oberarms

Die Muskulatur bildet eine Einheit und dient der Haltefunktion des Oberarmes im Schultergelenk. Die aus den Sehnen dieser Muskeln gebildete kurze, flache Sehnenhaube zieht

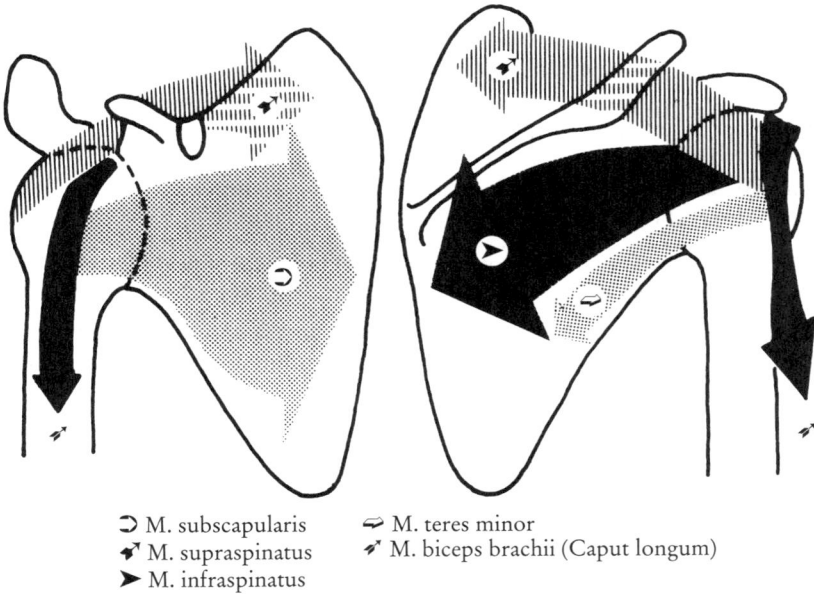

⊃ M. subscapularis   ⇌ M. teres minor
↗ M. supraspinatus   ↗ M. biceps brachii (Caput longum)
▶ M. infraspinatus

Abb. 4: Die Muskeln der Rotatorenmanschette, links: von vorn, rechts: von hinten. Wie eine Manschette überziehen vier Muskeln und ihre Sehnen das Schultergelenk

---

[74] Pänitz, MedSach 96 (1990) 184, 185; Lohsträter, Ludolph, BG 1991, 144; Barnbeck, Hierholzer, BG 1991, 214 ff.; Schmelzeisen, Vers. med. 42 (1990) 154 f.; Scheuer, in: Gutachtenkolloquium 6 (Hrsg. Hierholzer, u.a.) 1991 S. 207 ff.; Chylarecki, Hierholzer, in: Gutachterkolloquium 11 (1996) 9; Hansis, BG 1997, 580; Loew, u.a., Unfallchirurg 103 (2000) 417; Weber, Z. Orthopädie 125 (1987) 108; ders. Hefte z. Unfallheilk. 180 (1986) 15; Beickert, Bühren, Trauma Berufskrankh 1 (1998) 61; Brandenburg, Trauma Berufskrankh 1 (1999) 415; Hansis, Mehrhoff, BG 2000, 98; Weber, u.a., Deutsche Gesellschaft für Unfallchirurgie – Mitteilungen und Nachrichten, 10/2002, 26 = HV-Info 23/2002, 3147; Koss, MedSach 108 (2002) 10; Bonnaire, Trauma Berufskrankh 10 (Suppl 1) 2008, 16.

über dem Oberarmkopf zum großen und kleinen Muskelhöcker am Oberarmkopf (Tuberculum majus und minus).

Die Rotatorenmanschette liegt zwischen Oberarmkopf und dem knöchern-bindegewebigen Schulterdach, gebildet von der Schulterhöhe (Akromion), dem Rabenschnabelfortsatz (Processus coracoideus) und einem straffen Band (Ligamentum coracoacromiale), das dazwischen verläuft. Sie bildet eine Sekundärpfanne zwischen Oberarmkopf und Schulterhöhe, hält den relativ großen Oberarmkopf in korrekter Stellung zur vergleichsweise kleinen Pfanne (*Haltefunktion*) und kontrolliert die Roll-Gleit-Bewegungen des Oberarmkopfes (*Bewegungsfunktion*).

Verletzungen der Rotatorenmanschette

- knöcherne Ausrisse der Rotatorenmanschette am Oberarmkopf, häufig im Zusammenhang mit einer Schulterverrenkung (s. 8.4.1, S. 514)
- traumatische Lähmung eines oder mehrerer Muskeln der Rotatorenmanschette
- isolierter Riss der Supraspinatussehne, d.h. der Riss der Rotatorenmanschette

8.2.5.1 Degeneration

Die Rotatorenmanschette unterliegt im hohen Maße der Degeneration, d. h. ein die altersentsprechende Norm deutlich übersteigender Zustand. Sie führt zu einer herabgesetzten mechanischen Belastbarkeit. Beginn ab dem dritten Lebensjahrzehnt. Untersuchungen im Rahmen von Sektionsbefunden ergaben:[75]

- unter dem 40. Lebensjahr sind symptomlose Defekte an der Supraspinatussehne selten, die Wahrscheinlichkeit liegt bei unter 5 %
- zwischen dem 40. und 50. Lebensjahr nehmen die „Partialrupturen" zu: Es bestehen inkomplette, meist gelenkseitige Teildefekte und Ausdünnungen des Sehnengewebes; symptomloser Defekt bleibt die Ausnahme
- zwischen dem 50. und 60. Lebensjahr treten die meisten Rotatorenmanschettenschäden mit Krankheitsmerkmalen auf (Behandlungsbedürftigkeit, Arbeitsunfähigkeit)
- nach dem 60. Lebensjahr steigt die Wahrscheinlichkeit eines Rotatorendefekts rasch an; sie liegt – je nach Studie, Alter u.a. – zwischen 20 und 100 %.

Hypothesen zur Entstehung der Rupturen der Rotatorenmanschette neben dem traumatischen Riss:

- lokale Minderdurchblutung im Bereich der Sehnenansätze am Oberarmkopf[76]
- zunehmender Verschleiß der Sehnen – mit Bevorzugung der Sehne des Obergrätenmuskels – durch Abrieb in der Enge des subakromialen Raumes (Engpass- bzw. *Impinge-*

---

[75] Fuchs, Langenbrinck, Akt Traumatol 29 (1999) 1, 6; Beickart, Bühren, Trauma Berufskrankh 1 (1998) 62; Schmelzeisen, Vers.Med. 42 (1990) 154f.; Barnbeck, Hierholzer, BG 1991, 214; vgl. auch Radas, u.a., Akt. Traumatol. 26 (1996) 56ff.

[76] Macnab, Orthopädie 10 (1985) 191.

8.2 Sehnenriss

ment-Syndrom,[77] s. 8.4.4, S. 521, impingere = anstoßen – gemeint ist das Anstoßen des Oberarmkopfes an der Unterseite des Akromion).

Dabei handelt es sich um eine Störung der Gleitbewegung zwischen Oberarmkopf einschließlich der Rotatorenmanschette und dem Schulterdach (Akromion). Die Bewegung findet physiologischerweise zwischen den Blättern des Schleimbeutels (Bursa subacromialis) statt. Jede Veränderung des Inhalts und der Begrenzung des subakromialen Raumes kann zu einem Engpass des Schultergelenks führen: degenerative Erscheinungen der Rotatorenmanschette einschließlich von Teilrupturen, Kalkeinlagerungen, vorzeitiger Verschleiß des Schultereckgelenks.[78] Korrelation zwischen Degeneration und körperlicher Beanspruchung besteht.[79]

Stadien des Impingement-Syndroms[80]:

I: Ödem und Einblutung
II: Fibrose und Verdickung
III: Sehnenruptur und knöcherne Veränderungen

Morphologische Ursachen des Impingement in unmittelbarer Nähe der Rotatorenmanschette, auf Röntgenaufnahmen zu erkennen:[81]

- kongenitale Stenose (angeborene Enge)
- Akromion Typ III (hakenförmiges knöchernes Schulterdach)
- Akromioklavicular-Gelenkarthrose (Abnutzungsprozesse im Schultereckgelenk mit Knochenneubildung = Osteophyten)
- Fehlform des Korakoids (Rabenschnabelfortsatz des Schulterblatts)
- Verdickung des korakoakromialen Bands (fibröses Schulterdach)
- Bursitis subacromialis (Entzündung des Schleimbeutels unter dem Schulterdach)

Auf Grund histologischer Untersuchungen werden Rupturen der Sehne des Obergrätenmuskels auf primäre Tendopathien zurückgeführt.[82]

Schmerzen nach Sehnenriss hängen davon ab, ob ein der Ruptur zu Grunde liegender Prozess zu einem Ausfall der Schmerzrezeptoren geführt hat.[83] „Leere Anamnese" kann deshalb weder eine Schadensanlage noch einen Vorschaden ausschließen[84]; eine positive Anamnese gilt allenfalls als Auschlusskriterium für einen rein traumatischen Gewebeschaden.[85]

---

[77] Neer, J. Bone Joint Surg (Am) 54 (1972) 41; Sperner, Unfallchirurg 98 (1995) 301–319; Panitz, MedSach 86 (1990) 184; Lohsträter, Ludolph, BG 1991, 144 und Barnbeck, Hierholzer, BG 1991, 214 sprechen vom „Hobelmechanismus" s. auch 8.4.4.
[78] Chylarecki, Hierholzer, Gutachtenkolloquium 10 (Hrsg. Hierholzer, u.a.) 1995, 15, 16.
[79] Fuchs, Langenbrinck, Akt Traumatol 29 (1999) 1, 6.
[80] Neer, J. Bone Joint Surg (Am) 54 (1972) 41.
[81] Beickart, Bühren, Trauma Berufskrankh 1 (1998) 62.
[82] Uhthoff, u.a., H. Unfallh. 180 (1986) 3.
[83] Loew, Rompe, Unfallchirurg 97 (1994) 121, 126.
[84] Weber, VersMed 45 (1993) 155, 156; ders. MedSach 89 (1993) 113; a.A. Lohsträter, Ludolph, BG 1991, 144.
[85] Weber, MedSach 89 (1993) 113.

8.2.5.2 Unfallereignis

Den isolierten, ausschließlich traumatischen Supraspinatussehnenriss gibt es nicht. In Frage kommt allein ein Verletzungsmechanismus im Sinne der wesentlichen Teilursache bei bestehender Degeneration.[86]

Eine isolierte Verletzung der Rotatorenmanschette ist die Ausnahme. Wird hingegen das Schultergelenk in seiner Gesamtheit geschädigt, kann es zu Mitverletzungen der Rotatorenmanschette kommen.[87]

Aus biomechanischen Modelluntersuchungen und Einzelfallstudien werden geeignete und ungeeignete Verletzungsmechanismen als Anhaltspunkte für die Begutachtung gegenübergestellt.

Geeignete Verletzungsmechanismen

(Zugbeanspruchung mit unnatürlicher Längendehnung der Sehne des Supraspinatus ist nicht auszuschließen[88])

1. Das Schultergelenk muss unmittelbar von der Einwirkung muskulär fixiert gewesen sein und
2. es muss plötzlich eine passive Bewegung hinzukommen, die überfallartig eine Dehnungsbelastung der Suprinatussehne bewirken kann[89]:

- Schulterverrenkung
- massives plötzliches Hoch- oder Rückwärtsreißen des Armes, z. B. beim Hängenbleiben mit dem Arm bei erheblicher Beschleunigung des Körpers oder Sturz auf den nach hinten ausgestreckten Arm.[90]
- Sturz beim Fensterputzen aus der Höhe nach vorn mit noch festhaltender Hand: Das gesamte Körpergewicht fällt in die Schulter
- Treppensturz mit Hand am Geländer
- stehender Fahrgast bei abrupter Bremsung oder Beschleunigung des Fahrzeugs[91] (z. B. Frontal- oder Heckkollision eines Busses)
- starke Zugbelastung bei gewaltsamer Rotation des Armes
- Verdrehung des Armes, wenn dieser in laufende Maschine gezogen wird
- abrupte, gewaltsame passive Bewegungen des Arms nach körperwärts.[92] Da hierbei das gewaltsame Heranführen (Adduktion) des Arms so gut wie immer nur bis zum

---

[86] LSG Rheinland-Pfalz, 27. 7. 1999, HV-Info 8/2000, 705; LSG Baden-Württemberg, 15. 4. 2002, HV-Info 34/2002, 3220 = Meso B 250/169; Weber, Orthopädische Mitteilungen 2 (1994) 87; Weber, Rompe, Z.Orthop. 125 (1987) 108; Ludolph, u.a., Akt Traumatol 27 (1997) 31.
[87] Hierholzer, Gutachtenkolloquium 11 (1996) S. 38, 39; Beickart, Bühren, Trauma Berufskrankh 1 (1998) 65.
[88] So auch LSG Rheinland-Pfalz, 27. 7. 1999, HV-Info 8/2000, 705.
[89] LSG Baden-Württemberg, 15. 4. 2002, HV-Info 34/2002, 3220; Hansis, BG 1997, 580; Ludolph, Trauma Berufskrankh 10 (2008) Suppl 3 S. 316, 318.
[90] Grosser, in: Orthopädisch-unfallchirurgische Begutachtung (Hrsg. Thomann, Schöter, Grosser) 1. Aufl. 2009 S. 74.
[91] Beickart, Bühren, Trauma Berufskrankh 1 (1998) 65.
[92] Ludolph, Trauma Berufskrankh 10 (2008) Suppl 3 S. 316, 318; Chylarecki, u.a., Gutachtenkolloquium 10 (Hrsg. Hierholzer, u.a.) 1995 S. 15, 16; LSG Baden-Württemberg, 19. 7. 2002, Meso B 250/182.

Körper erfolgt, das physiologische Bewegungsausmaß somit nicht überschritten wird, können derartige Einwirkungen nur in den seltenen Fällen als geeignet angesehen werden, in denen das Schultergelenk muskulär in Abduktion fixiert war.[93]

Diese Unfallhergänge sind für die Verursachung geeignet, aber nicht beweisend. Die Voraussetzung für weitergehende Kausalitätsüberlegungen ist gegeben; die wesentliche (Teil-)Ursache ist zu ermitteln.

Ungeeignete Hergänge

(Zugbeanspruchung mit unnatürlicher Längendehnung der Sehne des Supraspinatus tritt nicht ein):

- direkte Krafteinwirkung auf die Schulter (Sturz, Prellung, Schlag), da die Rotatorenmanschette durch den knöchernen Schutz der Schulterhöhe (Akromion) und Delta-Muskel gut geschützt ist[94]
- Sturz auf den ausgestreckten Arm oder den angewinkelten Ellenbogen[95]
- fortgeleitete Krafteinwirkung bei seitlicher oder vorwärtsgeführter Armhaltung (Stauchung)[96]
- aktive Tätigkeiten, die zu einer abrupten aber planmäßigen Muskelkontraktion führen (Heben, Halten, Werfen): Das Zusammenspiel von Muskel-Sehne und Knochen setzt eine abgestimmte Belastbarkeit der Einzelkomponenten voraus[97]
- plötzliche Muskelanspannungen: Die in den Muskeln der Rotatorenmanschette entwickelten Kräfte sind zu gering[98]

Bewertung

Gutachterlich wird eine detaillierte Schilderung des Unfallmechanismus verlangt, insbesondere die Stellung des Oberarms zum Schultergelenk, aus der in der gedanklichen Analyse auch die Art und Richtung der auf die Schulter eingewirkten Kraft rekonstruierbar sein sollte. Dieser aufbereitete Verletzungsmechanismus ist sodann mit den Bedingungen der funktionellen Anatomie am Schultergelenk in Beziehung zu bringen.

Bei jeder aktiven oder passiven Armbewegung kann es zu einer Zugbelastung unterschiedlicher Anteile der Rotatorenmanschette kommen. Ob durch diese indirekte Kraft ein Sehnenriss entsteht, hängt von verschiedenen Faktoren ab. Die Ursachenabwägung erfordert Kenntnis

---

[93] Grosser, in: Orthopädisch-unfallchirurgische Begutachtung (Hrsg. Thomann, Schöter, Grosser) 1. Aufl. 2009 S. 74.
[94] LSG Baden-Württemberg, 10. 3. 2008, UVR 7/2008, 450; LSG Baden-Württemberg, 18. 9. 1997, HV-Info 26/1998 2450 = Meso B 250/112; und 15. 4. 2002, HV-Info 34/2002, 3220; Bayer. LSG, 15. 1. 2003, B 250/179; Lohsträter, Ludolph, BG 1991, 146.
[95] LSG Mecklenburg-Vorpommern, 14. 10. 1999, HV-Info 19/2000, 1775; Contzen, BG-UMed 61 (1987) 251, 255; Loew, Rompe, Unfallchirurg 97 (1994) 122; Palma, Surg Clin North Am 43 (1967) 1507; Weber, VersMed 45 (1993); Ludolph, u.a., BG 1991 S. 33.
[96] Beickart, Bühren, Trauma Berufskrankh 1 (1998) 66.
[97] Loew, Rompe, Unfallchirurg 97 (1994) 126; Barnbeck, Hierholzer, BG 1991, 214; Lohsträter, Ludolph, BG 1991, 146; Hansis, BG-UMed 97 (1997) 131.
[98] Lohsträter, Ludolph, BG 1991, 146.

- des Unfallherganges
- von Art, Alter und Lokalisation des Risses
- der Beschaffenheit des Sehnengewebes, des Schultergelenks und der Schulternebengelenke.

Das Unfallereignis ist als gleichwertige Teilursache neben der Anlage zu werten, wenn die Reißfestigkeit der Supraspinatussehne um die Hälfte gemindert ist. Die Reißfestigkeit wurde mit etwa 400 kp errechnet, so dass eine Belastung mit 200 kp vorauszusetzen ist. Da andererseits die Reißfestigkeit der Muskulatur nur ein Drittel der des Sehnengewebes beträgt, also beim Musculus supraspinatus etwa 130 kp, bedeutet dies, dass die einwirkende Kraft nicht die Sehne, sondern das schwächste Glied der Kette, nämlich die Muskulatur zerreißt. Fehlt der Gegenhalt der kontrahierten Muskulatur, kann es allerdings bei Luxationen zur Sehnenzerreißung kommen.[99]

8.2.5.3 Vorgeschichte

- Sorgfältige Anamnese der letzten zehn Jahre mit Blick auf Schultererkrankungen, Schulter-, Armschmerzen
- Vorlage sämtlicher Röntgenbilder
- Auszug aus der Leistungskarte der KV
- Mitteilung über durchgeführte Kuren
- Ausgeübte Sportarten, vor allem mit stereotyp sich wiederholendem Bewegungsablauf: Speerwurf, Kugelstoß, Skilanglauf, Tennis
- Verhalten des Verletzten nach dem Unfall, Schmerzverlauf

Auf traumatische Rotatorenmanschettenläsion weisende Eigenanamnese[100]	**Gegen traumatische Rotatorenmanschettenläsion deutende Eigenanamnese**
keine Vorerkrankungen, unauffälliges Röntgenbild	Omarthrose, AC-Gelenkarthrose, Oberarmkopfhochstand, frühere Luxationen oder andere Traumen der Schulter

Schwere und mit einer Zusammenhangstrennung der Rotatorenmanschette einhergehende Verletzungen haben das Schmerzmaximum in den frühen Tagen und Wochen nach dem Ereignis; Zusammenhangstrennungen der Rotatorenmanschette ohne inneren Bezug zum Unfall können einen zweiphasigen Schmerzverlauf aufweisen – mit (zweitem) Schmerzmaximum Wochen oder Monate nach dem Unfall, als Ausdruck eines sekundär entstehenden Impingementsyndroms.

---

[99] Weber, VersMed 45 (1993), 155, 156.
[100] Hansis, Mehrhoff, BG 2000, 98, 99.

8.2 Sehnenriss

Auf traumatische Rotatorenmanschettenläsion weisende Schmerzsymptomatik	Gegen traumatische Rotatorenmanschettenläsion deutende Schmerzsymptomatik
Arbeitseinstellung und Arztbesuch am selben oder nächsten Tag, sofortiges Schmerzmaximum, in den folgenden Wochen abklingend	Arbeitseinstellung und/oder Arztbesuch nach Tagen oder Wochen, Schmerzmaximum nach Wochen oder Monaten, zweiphasiger Schmerzverlauf

8.2.5.4 Bildgebende Verfahren

Bildgebende Verfahren bringen Aussagen zu Veränderungen, nicht über deren Ursache. Immerhin lassen knöcherne Sekundärveränderungen eine vorbestehende Schädigung der Schulterweichteile als wahrscheinlich erscheinen[101], ihr Fehlen deutet auf eine traumatische Entstehung.[102]

Zunehmend als unverzichtbar gilt die Schultersonographie[103], mit welcher Veränderungen an den Gleitschichten, Oberflächen der Rotatorenmanschette, Veränderungen innerhalb des Sehnengewebes sowie Teilrupturen erkennbar sind. Die nachweisbaren Veränderungen sind ein Abbild der an der kranken Sehne ablaufenden degenerativen und reparativen Prozesse, kleine Rotatorenmanschetten-Rupturen (unter 1,5 cm) sind somit sonographisch nicht von degenerativen Gewebsveränderungen unterscheidbar: Der gleiche pathologische Prozess liegt zu Grunde. Die diagnostische Genauigkeit der Schultersonographie liegt bei 90 %, jene der Kernspintomographie zwischen 80 und 90 %.[104] Die Arthrographie dient gezielten Fragestellungen.

Auf frische traumatische Rotatorenmanschettenläsion weisendes unfallnahes Kernspintomogramm[105]	Gegen frische traumatische Rotatorenmanschettenläsion deutendes Kernspintomogramm
Frische Bankart-Läsion, frischer Hill-Sachs-Defekt (bone bruise im Bereich des Defekts), fettige Atrophie des vom Sehnenschaden betroffenen Muskels, Einblutungen im Bereich des Sehnenschadens	Stark retrahierter Muskel mit fettiger Degeneration, Omarthrose, AC-Gelenksarthrose, fehlende Einblutung

Makroskopischer intraoperativer Befund

Auf eine traumatische Rotatorenmanschettenläsion weisender intraoperativer Befund	Gegen eine traumatische Rotatorenmanschettenläsion deutender intraoperativer Befund
Wenig aufgefaserte, eingeblutete, leicht adaptierbare Sehnenränder.	Stumpfe, abgerundete und mit der Umgebung verwachsene Ränder

---

101 Loew, Rompe, Unfallchirurg 97 (1994) 112; Weber, VersMed 45 (1993) 155, 157; ders. MedSach 89 (1993) 113, 114.
102 Schmelzeisen, Versmed. 42 (1990) 155.
103 Hedtmann, u.a., Hefte 2 Unfallchir 172 (1998) 415.
104 Hertel, u.a., Z Orthop 138 (2000) 478.
105 Hansis, Mehrhoff, BG 2000, 98, 100; Grosser, in: Orthopädisch-unfallchirurgische Begutachtung (Hrsg. Thomann u.a.) 1. Aufl. 2009 S. 73.

8.2.5.5 Histologische Untersuchungen

Zur Klärung des Kausalzusammenhanges können intraoperative Gewebeentnahmen aus dem Rupturbereich und der unverletzten Region behilflich sein. Daher ist notwendig, bei operativer Versorgung von Rotatorenmanschetten-Rupturen Gewebeentnahmen mit anschließender histologischer Untersuchung durchzuführen. Der Beweiswert solcher Gewebeproben ist jedoch eingeschränkt. Nur wenn die Operation in einem relativ engen zeitlichen Zusammenhang (bis zu sechs[106], nach anderer Ansicht bis zu zwölf[107] Wochen) nach dem „angeschuldigten" Ereignis erfolgte, sind die durch die Proben gewonnenen Erkenntnisse verwertbar. Über diesen Zeitraum erlauben die entnommenen Proben keine tragende Unterscheidung.

Namentlich Einblutungen und Veränderungen an benachbarten Strukturen, bedingt durch Lokalisation und Ausprägung des Rotatorenmanschettenschadens, sind Entscheidungskriterien zur Abgrenzung zwischen Folgen einer Krafteinwirkung und rein degenerativen Veränderungen.[108] Siderinablagerungen als Zeichen der ehemaligen Einblutung finden sich noch lange nach dem Trauma.

Das Alter des Risses ist histologisch zuverlässig zu bestimmen. Eine „frische Ruptur" („akute Ruptur") mit einer „traumatischen Ruptur" gleichzusetzen, ist nicht statthaft. Stimmen jedoch Rupturalter und Verletzungszeitpunkt nicht überein, ist bei der Zusammenhangsbeurteilung Vorsicht geboten.[109]

Histologie im Zeitverlauf

Alter der Defekt-bildung/Ruptur	Histologisches Bild
Wenige Tage	Sehnengewebenekrosen mit Zellkernverlust, Fragmentation der Fasern, Ödem mit Desintegration der Sehnenfasern, Hämorrhagien mit Fibrinexsudation, Infiltration durch neutrophile Granulozyten.
Etwa 2 Wochen	Junges Granulationsgewebe, Einsprossen von Kapillaren, Proliferation von Fibroblasten mit hohem Kernvolumen, Bildung von Kollagen und kollagenen Fasern, lympho-histiozytäres Infiltrat
Etwa 3 Monate	Älteres Granulationsgewebe, Rückbildung der Kapillaren, Abnahme der Kernschwellung der Fibroblasten, Ausrichtung der kollagenen Fibrillen, Abnahme des entzündlichen Infiltrats
Alter	Ersatz der Sehnennekrose durch faserreiches, funktionsgerecht ausgerichtetes Narbengewebe

---

[106] Lohsträter, Ludolph, BG 1991, 145; ähnlich Mohr, BG-UMed 77 (1991) 211: bis etwa zum 2. Monat.
[107] Walther, BG-UMed 61 (1987) 243.
[108] Lohsträter, Ludolph, BG 1991, 145.
[109] Weber, Orthopädische Mitteilungen 2 (1994) 87.

8.2.5.6 Zusammenhangsbeurteilung

Die Beurteilung des Zusammenhanges geschieht nach den Grundsätzen beim Sehnenriss.

Wenn die Degeneration – wie sehr häufig – bis zum Ereignis stumm bleibt, ist die Verschlimmerung eines anlagebedingten Leidens beim Riss der Rotatorenmanschette nicht anzunehmen. Vielmehr ist zu prüfen, ob die Degeneration oder das Unfallereignis (bzw. beide Faktoren) rechtlich wesentlich sind. (s. 1.8, S. 33 und und 8.2.2.4, S. 397).

Bei Abwägung der Ursachen kommt es auf die Wesentlichkeit der Einzelursachen an. Deswegen wird empfohlen[110], bei der Begutachtung von Sehnenrupturen *spontane, pathologische* und *traumatische Ruptur* zu trennen.

Bei der *spontanen* Ruptur handelt es sich um den degenerativen Manschettendefekt, für rotatorenmanschettenbedingte Schultererkrankungen („*Periarthritis humeroscapularis*") typisch. Unter diesen Begriff fallen weitaus die meisten Rotatorenmanschettenrupturen.

Eine *pathologische* Rotatorenmanschettenruptur liegt vor, wenn die Reißfestigkeit der Sehne herabgesetzt war und eine zusätzliche Verletzung vorliegt. Der Gutachter muss entscheiden, welche der Ursachen als wesentlich in Betracht kommt.

Unfallbedingte Verletzungen der Rotatorenmanschette führen in der Regel zu Begleitverletzungen: im Bereich des Tuberculum majus, des Schulterdaches, der Schulterpfanne oder der langen Bizepssehne.[111]

Auf vorbestehenden Schaden weisen[112]

- einschlägige Vorerkrankung (Leistungsverzeichnis KV)
- einschlägige Vorverletzung
- Lebensalter (deutliche Zunahme der Defekthäufigkeit ab 50. Lebensjahr)
- dominanter Arm
- Geschlecht (Männer häufiger als Frauen)
- Gegenseite ebenfalls betroffen (Sonographie)
- Röntgenmorphologie am Unfalltag
    - Oberarmkopfhochstand
      (nach frischer Verletzung erst nach drei Monaten)
    - Akromioklavicular (AC)-Gelenkarthrose
    - Akromion Typ III
    - Os acromiale
    - Osteophyten
    - Sklerose der Akromionunterseite
    - Verkalkungen der Sehne
    - Tuberkulum verwaschen
    - Tuberkulum entkalkt
    - Fehlstellung des Korakoids
    - Röntgenmorphometrie

---
[110] Weber, Orthopädische Mitteilungen 2 (1994) 87.
[111] LSG Rheinland-Pfalz, 27. 7. 1999, HV-Info 8/2000, 705.
[112] Beickart, Bühren, Trauma Berufskrankh 1 (1998) 66.

- Kernspintomographiebefunde
  - inkomplette „Rupturen"
  - AC-Gelenkarthrosen
  - lateraler Akromionwinkel
- feingewebliche Untersuchung (falls rechtzeitig entnommen).

Bedeutsame Anküpfungstatsachen[113]

Erkrankung der Rotatorenmanschette (mit Rotatorenmanschettendefekt)	Verletzung der Rotatorenmanschette (mit Rotatorenmanschettenruptur)
fehlen	klinische Zeichen eines frischen Risses („akute Ruptur") sind vorhanden: starker initialer abklingender Schmerz sofortige Arbeitsniederlegung baldiger Arztbesuch Reißgefühl Pseudoparalyse passiv freie Beweglichkeit bei unauffälliger Muskulatur
klinische Zeichen eines Defektes der Rotatorenmanschette bzw. einer Tendopathie: schmerzhafter Bogen positive Widerstandsteste positive Impingementteste Bewegungseinschränkung im Schultergelenk Muskelatrophie und Kraftminderung	fehlen
konventionelle radiologische Zeichen der PHS (Oberarmkopfhochstand, Einengung des subakromealen Raumes, reaktive knöcherne Veränderungen der Akromeonunterseite und am Tuberkulum majus, Schultereckgelenkarthrose, Weichteilverkalkungen) sind vorhanden	fehlen
positive Schulteranamnese	leere Schulteranamnese
sonographisch, kernspintomographisch und pathologisch anatomisch nachgewiesene degenerative Veränderungen am Sehnengewebe und der Muskulatur, Sehnengewebsnekrosen	fehlen
fehlen	Zeichen der Schultergelenkluxation (anamnestisch, klinisch, röntgenologisch [knöcherne Begleitverletzungen])
fehlt	Übereinstimmung des Schadensbildes mit Verletzungsmechanismus
gleichartige Veränderungen an der gegenseitigen Schulter	fehlen

---

[113] Empfehlungen zur Begutachtung von Schäden der Rotatorenmanschette, zusammengestellt von Weber, DGU-Mitteilungen und Nachrichten, Suppl/2004.

8.2 Sehnenriss

8.2.5.7 Minderung der Erwerbsfähigkeit

Beurteilungswerte

- Beweglichkeit des Arms beim Vorwärts- und Rückwärtsdrehen
- Beweglichkeit des Arms beim Seitwärtsdrehen
- Drehbeweglichkeit des angelegten Oberarms nach ein- und auswärts
- Ausführung von Hinterhaupt-, Nacken- und Schürzengriff
- Umfangmaße des Arms
- Ausbildung der Schultermuskulatur, insbesondere, wenn die Einsetzbarkeit des Arms unterhalb der Horizontalen noch gut ist (beim Impingement beginnt der schmerzhafte Bogen ab ca. 80°)

Beweglichkeit (Flexion = Armvorwärtshebung)	MdE in %
bis 120°	10
bis 90°	20

Stärkere schmerzhafte Funktionseinschränkungen führen zu einer Verschmächtigung der Muskulatur der betroffenen oberen Organe, zumindest der Schultermuskulatur.

8.2.5.8 Berufskrankheit

Aus biomechanischer Sicht kommen mechanisch bedingte degenerative Defektbildungen der Rotatorenmanschette in Betracht, vor allem in Berufen mit regelmäßiger Überkopfarbeit (Dekorateur, Stuckateur, Elektriker, Einschaler, Verpacker, Maler). Gesichertes epidemiologisches Wissen über den Zusammenhang steht aus.[114] Derzeit liegen keine neuen wissenschaftlichen Erkenntnisse im Sinne des § 9 Abs. 2 SGB VII vor.[115]

8.2.6 Riss der Quadrizeps- und Kniescheibensehne[116]

Quadrizeps- und Patellarsehne bilden zusammen mit der Oberschenkelmuskulatur und der Kniescheibe den Streckapparat des Kniegelenks.

Die geschlossene Zerreißung des Kniestreckapparates ist eine seltene Verletzung, die trotz klarer klinischer und röntgenologischer Hinweise überwiegend verspätet erkannt wird. Unterschieden werden

- Zerreißung am Muskel-Sehnenübergang
- intraligamentäre Zerreißung
- Abriss (nahe des Ansatzes)
- Ausriss (mit Ausrissfragment)

---

114 Barnbeck, Hierholzer, BG 1991, 214; Ludolph, u.a., Akt Traumatol 15 (1985) 175; van der Windt, u.a., Occup Environ Med 57 (2000) 433; Elsner, Zbl Arbeitsmed 53 (2003) 536: „BK-Nr. 21 01".
115 Bayer. LSG, 21. 6. 2006, UVR 4/2007, 228.
116 Weiterführendes Schrifttum: Stein, u.a., Unfallchirurg 102 (1999) 733; Weber, MedSach 89 (1993) 113–117; Schofer, Kortmann, Trauma Berufskrankh 7 (2005) 157.

- **Quadrizepssehnenrupturen**

Überwiegend handelt es sich um eine Spontanzerreißung. Insbesondere bei älteren Menschen (88 % jenseits des 40. Lebensjahres, bevorzugt im 7. Lebensjahrzehnt) ist der Gelegenheitsanlass in einer geringfügigen Bewegung des Kniegelenks ohne wesentliche Krafteinwirkung (Treppensteigen, Bordsteinkante) zu finden.

Einseitige und doppelseitige Rupturen bei systemischen Grunderkrankungen werden beschrieben[117]: Diabetes, Gicht, Lupus erythematodes, primär chronische Polyarthritis, Hyperparathyreodismus, M. Wilson, Nierenerkrankungen, Cortison-Behandlung; derartige Schadensanlagen verdeutlicht der histologische Befund.

Unfallereignisse sind indirekte Verletzungen unter stärkerer Beugung des Kniegelenks und maximaler Anspannung des Muskelquadrizeps gegen das Körpergewicht (Gewichtheberposition; plötzliche Anspannung der Quadrizepssehne beim Versuch, einen Sturz mit gebeugtem Knie abzufangen[118]); der Unterschenkel wirkt hierbei wie ein Hebelarm, durch welchen die Sehne maximal vorgespannt wird.[119] Seltener direkte Traumen (z.B. Hufschlag, Tritt gegen die Sehnen bei Kampfsport, Absturz aus größerer Höhe auf das extrem gebeugte Kniegelenk).

Bei der Beurteilung ist zu beachten, dass für unfallbedingte Rupturen der kräftigen Quadrizepssehne eine hohe kinetische Energie erforderlich ist.

- **Patellasehnenruptur**

Der Kniescheibensehnenriss tritt überwiegend am Übergang vom Patellaknochen zur Sehne auf[120], mehrheitlich aus einem Gelegenheitsanlass heraus. Der Altersgipfel liegt etwas niedriger als bei den Quadrizepssehnenrissen.

Unfallbedingt ist der Riss eine seltene Verletzung bei jüngeren Sportlern, wenn das Knie mit hoher Rasanz gewaltsam in die Beugung gezwungen wird. Häufig sind es knöcherne Sehnenausrisse; eine normale Knochenstruktur vorausgesetzt weist bereits das Schadensbild auf eine unfallbedingte Ursache hin.

Bei der Zusammenhangsbeurteilung gelten die gleichen Beurteilungskriterien wie bei Quadrizepssehnenrupturen.

Minderung der Erwerbsfähigkeit	MdE in %
nur durch narbiges Bindegewebe ausgeheilt, je nach Funktionsbeeinträchtigung	20–30
gut und ohne Funktionsbeeinträchtigung verheilt, trotz gewisser Muskelminderung	bis 10

---

[117] Schofer, Kortmann, Trauma Berufskrankh 7 (2005) 157; Rüter, Chirurg 55 (1984) 7ff.
[118] Petersen, Unfallchirurg 102 (1999) 543; Schofer, Kortmann, Trauma Berufskrankh 7 (2005) 157, 158.
[119] Rickert, u. a., Orthopäde 34 (2005) 560, 562.
[120] Kiene, u. a., Trauma Berufskrankh 7 (2005) 162.

8.2.7 Sehnenriss und Berufskrankheit

Die Sehnenrisse sind weder versicherungsrechtlich noch nach pathologisch-anatomischen Begriffen Erkrankungen der Sehnenscheiden, des Sehnengleitgewebes oder der Sehnen- und Muskelansätze (BK-Nr. 21 01). Denn die Risse der großen Sehnen treten entweder in Bereichen auf, in denen keine Sehnenscheiden vorhanden sind, oder aber das Gleitgewebe ist nicht erkrankt und kann somit auch nicht Ursache des Sehnenrisses sein.[121] So ist die Anerkennung eines Sehnenrisses als Berufskrankheit bislang nicht bekannt. Mit gleicher Erkenntnis wurde eine Schädigung der Supraspinatussehne an beliebiger Stelle nicht als Berufskrankheit nach Nr. 21 01 anerkannt: Voraussetzung sei, dass der Sehnenansatz betroffen ist.[122]

8.2.8 Sehnenverrenkung (Sehnenluxation)

Sehnenverrenkungen treten als Unfallfolge, wie auch als angeborenes Leiden (z. B. Peroneussehnenverrenkung als Folge von Knickfußbildung) auf. Meistens sind Peroneussehnen und Fingerstrecksehnen betroffen.

Durch direkte Krafteinwirkung oder starke ruckartige Muskelanspannung kann das Sehnenfach aufgerissen werden und die Sehne aus ihrem Lager springen.

Die Luxation der Peroneussehne erfolgt durch eine maximale Kontraktion der Pereonalmuskulatur bei gleichzeitiger Dorsalflexion-Abduktion und Eversion des Vorfußes. Derselbe Mechanismus wird als Ursache für die Pronations-Eversions-Form der Knöchelfraktur aufgezeigt (s. 8.12.2.1, S. 668). Charakteristisch ist der Sturz über das fixierte Bein nach vorne außen.[123]

Das Unfallereignis braucht nicht durchweg schwer wiegend zu sein, ärztliche Hilfe wird oft erst nach einiger Zeit in Anspruch genommen. Eine verbleibende Peroneussehnenverrenkung kann mit einer MdE von 10 % (in Ausnahmefällen 20 %) bewertet werden.

8.2.9 Riss von Muskelhüllen (Faszienriss)

Durch direkte und indirekte Krafteinwirkung können Faszienrisse entstehen, gelegentlich kombiniert mit Muskelrissen. Das Hervortreten der Muskulatur durch einen Faszienriss wird als Muskelbruch bezeichnet.

Die Muskelhüllen reißen bei angeborener Schwäche des Bindegewebes auch unter normaler Beanspruchung.

8.2.10 Sehnenscheidenentzündung (Tendovaginitis crepitans, Peritendovaginits crepitans, Paratendinitis, Tendovaginitis stenosans)

BK-Nr. 21 02 s. 20.1, S. 1163

---

[121] Probst, H. Unfallh. 91 (1967) 276.
[122] LSG Berlin-Brandenburg, 19. 2. 2009, UVR 13/2009, 786.
[123] Orthner, u. a., Unfallchirurg 92 (1989) 589.

8.2.11 Muskelverknöcherung (Myositis ossificans)[124]

– traumatisch
 Bei Gelenkverrenkungen oder Gelenkfrakturen sowie nach Weichteilquetschungen kommt es im Bereich der Muskulatur auch zur Knochenbildung. Nach operativen Eingriffen treten solche Verknöcherungen gelegentlich auf. Nach Lage und Ausdehnung der Verknöcherung ist die Beweglichkeit der Gelenke behindert, die Muskulatur geschwächt.

– chronisch-traumatisch
 Dauernder Druck oder Erschütterung kann in umschriebenen Muskelbezirken Verknöcherungen verursachen („Reiterknochen" an der Innenseite der Oberschenkel, „Exerzierknochen" im Deltamuskel).

– nach Nervenstörungen
 Verletzungen oder Erkrankungen des Gehirns und des Rückenmarks (Schädel-Hirn-Trauma, Verrenkungsbrüche der Wirbelsäule mit Querschnittlähmung, Tabes, Syringomyelie) können für die Myositis ossificans ursächlich sein.

– Bestimmte Berufsgruppen sind für diese Veränderungen prädisponiert (Sattler, Schuhmacher).

Unterscheidung nach Lokalisation und zeitlicher Entwicklung ist gegeben (Gewebsverkalkungen entstehen zwei bis vier Wochen nach dem Unfall, das ausgereifte Stadium entsteht bis zur 14. Woche und die komplette Verknöcherung fünf Monate nach dem Unfallereignis).[125]

---

[124] Rieger, u.a., Unfallchirurg 94 (1991) 144 ff.
[125] Hughston, u.a., Southern Med. J. 55 (1962) 1167.

8.3 Wirbelsäule

Übersicht

8.3.1	Anatomische Bemerkung ...	424
8.3.2	Verletzungen der Wirbelsäule	426
8.3.2.1	Isolierter Wirbelkörperbruch	428
8.3.2.2	Wirbelstauchungs- und -quetschbrüche	430
8.3.2.3	Vollausgebildete Wirbelsäulenverletzungen ..	431
8.3.2.4	Wirbelverrenkung	431
8.3.2.5	Abrissbrüche der Wirbelsäule	431
8.3.2.6	Bandscheibenverletzungen..	432
8.3.2.6.1	Anatomische Bemerkung ...	432
8.3.2.6.2	Schädigungstatbestände	434
8.3.2.6.3	Der traumatische hintere Bandscheibenvorfall (Bandscheibenverletzung) ..	435
8.3.2.6.4	Verheben im Kreuz	438
8.3.2.6.5	Sekundärschäden nach Bandscheibenverletzungen..	439
8.3.2.6.6	Zusammenhangsbeurteilung	440
8.3.2.6.7	Minderung der Erwerbsfähigkeit	441
8.3.2.7	Luxation, Luxationsfraktur in Verbindung mit Bandscheibenverletzung	441
8.3.2.8	Minderung der Erwerbsfähigkeit nach Wirbelsäulenverletzung	441
8.3.2.9	Messbeispiele mit „Normalwerten"	445
8.3.3	Bedeutsame Wirbelerkrankungen im Blickfeld traumatischer Einflüsse.....	446
8.3.3.1	Scheuermannsche Erkrankung	446
8.3.3.2	Osteopathien	447
8.3.3.2.1	Zur Entstehung	447
8.3.3.2.2	Spontanverformung	448
8.3.3.2.3	Zusammenhangsbeurteilung................	449
8.3.3.3	Skoliose	450
8.3.3.4	Wirbelgleiten	451
8.3.3.5	Bandscheibenschäden	453
8.3.3.6	Wirbelsäulensyndrom.......	456
8.3.3.7	Arthrosis deformans und Unfallereignis	456
8.3.3.8	Spondylosis deformans und Unfallereignis	457
8.3.3.9	Zur MdE-Bewertung bei einem Vorschaden	457
8.3.4	„Distorsionen" an der Halswirbelsäule – „posttraumatisches Zervikalsyndrom"	458
8.3.4.1	Verletzungsmechanismus ...	459
8.3.4.2	Das klinische Bild..........	462
8.3.4.2.1	Einteilung der Verletzung in Schweregrade	462
8.3.4.2.2	Zu den klinischen Befunden.................	465
8.3.4.3	Zusammenhangsbeurteilung	468
8.3.4.4	Mittelbare Unfallfolge	471
8.3.4.5	Minderung der Erwerbsfähigkeit	471
8.3.5	Querschnittlähmung	472
8.3.5.1	Definition	472
8.3.5.2	Epidemiologie.............	473
8.3.5.3	Ursachen................	473
8.3.5.4	Umfassende Behandlung....	474
8.3.5.5	Lebenslange Nachsorge.....	474
8.3.5.6	Berufliche und soziale Reintegration	474
8.3.5.7	Minderung der Erwerbsfähigkeit	474
8.3.6	Berufskrankheiten	475
8.3.6.1	durch chemische Einwirkungen.............	475
8.3.6.2	durch Strahlen.............	476
8.3.6.3	durch Infektionskrankheiten...............	476
8.3.6.4	infolge Glukokortikoidtherapie	476
8.3.6.5	Abrissbrüche der Wirbelsäule (BK-Nr. 2107)	476
8.3.6.6	Bandscheibenbedingte Erkrankungen der Lenden- bzw. Halswirbelsäule (BK-Nrn. 21 08/21 09/ 21 10)	477

8.3.6.6.1	Begutachtung bei den BK-Nrn. 21 08 bis 21 10 – Gutachtenauftrag.........	478	8.3.6.6.5	Ursachenzusammenhang ...	499
			8.3.6.6.5.1	Individuelle Kausalitätsbeurteilung......	499
8.3.6.6.2	Befunderhebung und Diagnose der bandscheibenbedingten Erkrankung......	479	8.3.6.6.5.1.1	Kriterien zur Zusammenhangsbeurteilung..........	500
			8.3.6.6.5.1.2	Ausreichende Exposition und zeitliche Korrelation mit der Krankheitsentwicklung.....	500
8.3.6.6.3	Befunderhebung und Klassifikation der bandscheibenbedingten Erkrankung......	482	8.3.6.6.5.1.3	Lokalisation des Schadens ..	501
8.3.6.6.4	Arbeitstechnische Voraussetzungen...........	487	8.3.6.6.5.1.4	Degenerationszustand der gesamten Wirbelsäule	502
8.3.6.6.4.1	Tatbestandliche Einwirkungen.............	487	8.3.6.6.5.1.5	Begleitspondylose	503
8.3.6.6.4.2	Qualifizierungsmerkmale der Exposition.............	488	8.3.6.6.5.1.6	Prädispositionelle Faktoren.................	504
8.3.6.6.4.3	Bewertung der arbeitstechnischen Voraussetzungen bei der BK-Nr. 21 08 (Mainz-Dortmunder-Dosismodell) ..	491	8.3.6.6.5.1.7	Rechtsfolgen für die Einzelfallentscheidung bei Vorliegen einer nicht im Konsens beurteilten Fallkonstellation	508
8.3.6.6.4.4	Heben oder Tragen schwerer Lasten auf der Schulter – BK-Nr. 21 09......	494	8.3.6.6.5.2	Berücksichtigung der Gesamtbelastungsdosis bei BK-Nrn. 21 08 und 21 10 ...	508
			8.3.6.6.6	Unterlassungszwang	509
8.3.6.6.4.5	Einwirkung von vorwiegend vertikalen Ganzkörperschwingungen – BK-Nr. 21 10..............	495	8.3.6.6.7	Minderung der Erwerbsfähigkeit..........	511
			8.3.6.6.8	Anwendung des § 3 BKV ...	512

8.3.1 Anatomische Bemerkung

Die Wirbelsäule ist das Achsenorgan des ganzen Körpers. Auf ihr ruht der Kopf; sie stützt den Brustkorb ab; Beine und Arme sind mit ihr durch den Schulter- und Beckengürtel verbunden. So ist die Wirbelsäule an den meisten Körperbewegungen direkt oder indirekt beteiligt. Gleichzeitig schützt sie Rückenmark und austretende Nervenwurzeln. Jede Änderung im Aufbau und in ihrer Funktion kann daher zu einer Störung im motorischen, sensiblen oder vegetativen Geschehen des Körpers führen.

Statische (vorwiegend die Lendengegend treffend) und dynamische Kräfte (vorwiegend auf die Halswirbelsäule wirkend) beanspruchen die Wirbelsäule. Entsprechend wechseln schichtweise feste knöcherne und halbelastische Bauelemente. Die Federeigenschaft wird durch die S-förmige Biegung erhöht. Dadurch werden Stoßwirkungen auf den Kopf und die Bauelemente der Wirbelsäule selbst vermindert. Außerdem gibt die Krümmung Sicherheit gegen Störungen des Gleichgewichts. Eingeschaltet in die Gliederkette des Rückgrates sind Zwischenwirbelscheiben, die mit ihrem hohen Flüssigkeitsgehalt als elastische, wasserkissenartige Puffer angesehen werden können. Durch sie werden sowohl die Federung bei Senkrechtbelastung wie auch Biegung und Drehung im vorgegebenen Rahmen ihrer Elastizität ermöglicht. Wichtig für den Aufbau und ihre Eigenschaft als federnder Stab sind die Bänder. Das kräftigere vordere Längsband zieht an der Vorderseite der Wirbelsäule von

8.3 Wirbelsäule

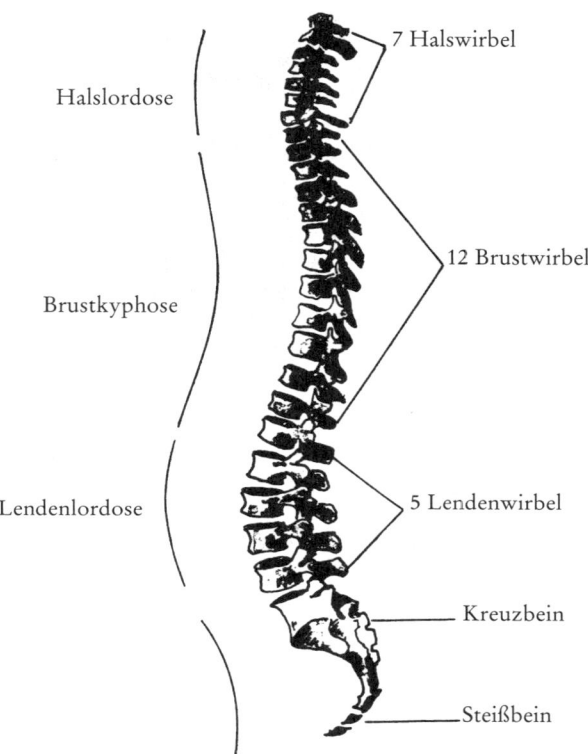

Abb. 1: Schematische Darstellung der Wirbelsäule von der Seite gesehen mit den normalen Krümmungen. Die Länge der Wirbelsäule beträgt ungefähr 45 % der gesamten Körpergröße. Sie besteht aus 7 Halswirbeln, 12 Brustwirbeln, 5 Lendenwirbeln und dem Kreuzbein, das entwicklungsmäßig aus 5 Wirbeln zu einer Knochenplatte verschmolzen ist. Das körperferne Ende bildet das Steißbein, aus 2 bis 4 rückgebildeten verkümmerten Wirbeln bestehend.

der Schädelbasis bis zum Kreuzbein. Das hintere Längsband an den Rückflächen der Wirbelkörper ist schmaler; es ist besonders mit den Zwischenwirbelscheiben verbunden.

Seltener gibt es Wirbelsäulen, die der anatomischen Idealform entsprechen (etwa 20 %). Die Variabilität der Wirbelsäule wird daher als ihr beständigster Zustand betrachtet. Konstitutionsbedingte Abweichungen kommen in Form des „Flach-" und „Hohlrundrückens" vor. Die Haltung der Wirbelsäule ist nicht nur von der anlagebedingten Form und Gestalt abhängig, sondern auch von der statischen und dynamischen Belastung und Beanspruchung sowie der Psyche. So ist die Haltung der Wirbelsäule Ausdruck der seelischen und körperlichen Ganzheit, der Persönlichkeit und ein Maßstab ihrer Kraft.

Verletzungen betreffen die *gesamte* Wirbelsäule, am häufigsten den Übergang von beweglichen zu weniger beweglichen Abschnitten (Brust-Lendenwirbelsäulenübergang) und hier insbesondere die Bandscheiben und Wirbelkörper. Folgen können sich auf das Bewegungssegment (kleinste funktionelle Einheit der Wirbelsäule) auswirken. Dazu zählen der

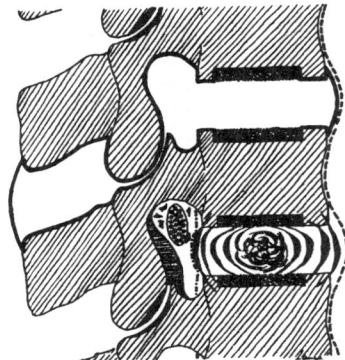

Abb. 2: Schematische Zeichnung des zwischen zwei Wirbeln eingelagerten „Bewegungssegments" (stark umrandet), der Zwischenwirbelscheibe mit Gallertkern und Faserring (unten im Bild) und des Zwischenwirbellochinhaltes (Nerven, Gefäße, gelbes Band)

Raum zwischen den Wirbelkörpern, der von der Bandscheibe als Halbgelenk ausgefüllt wird, Zwischenwirbelloch (Foramen intervertebrale), Wirbelbogengelenke, der Raum zwischen den Dorn- und Querfortsätzen, aber auch die Bänder und zugehörige Muskulatur. So wie diese Teile physiologisch zusammenwirken, beeinflussen sie sich auch in der Krankheit. Verletzungen des Bewegungssegments bewirken ebenfalls ernste Auswirkungen auf die benachbarten Nerven und Gefäße.

Das Bewegungssegment steht im Zentrum gutachterlicher Überlegungen (s. 8.3.6.6.2, S. 479). Eine ungestörte Segmentfunktion ist auch abhängig von einer ausreichenden (suffizienten) Muskulatur, deren Insuffizienz Lockerungen im Gefüge des Bewegungssegments mit sich bringt. „Erst die Gesamtheit der Segmente ergibt das Organsystem-Bewegungssegment, das der Gliederkette Wirbelsäule die für ihre zentrale Stellung notwendige modulationsreiche Bewegungsfähigkeit ermöglicht."[1]

8.3.2 Verletzungen der Wirbelsäule

Mit gewissen regionalen Unterschieden machen Verkehrsunfälle (Pkw und Motorrad) rund ein Drittel der Unfallursachen aus, je ein weiteres Drittel entsteht bei Sportunfällen (Wintersport und Paragliding) sowie Stürzen aus größerer Höhe (Hafen, Bergbau).

Frakturen treten in allen Höhen der Wirbelsäule auf. Die Übergangszonen sind wegen ihrer biomechanischen Belastung besonders gefährdet: thorakolumbal und zervikothoral (Scheitelpunkt der S-Konfiguration, Übergang des starren zum flexiblen Bereich), aber auch C0/C1 durch die enge Beziehung zur A.vertebralis und der Medulla ablongata.

Wirbelsäulenverletzungen betreffen seltener nur den Knochen, die Gelenke oder Weichteile: häufiger handelt es sich um eine „gemeinsame Wirbelsäulenverletzung". Erstrangige Verletzungsart bei den Rentenfällen ist mit 80 % der geschlossene Knochenbruch; von geringerem Gewicht sind Kontusionen, Distorsionen und Luxationen.

---

[1] Junghanns, Die Wirbelsäule unter den Einflüssen des täglichen Lebens, der Freizeit, des Sports, in: Die Wirbelsäule in Forschung und Praxis, Bd. 100 (1986); Schröter, in: Grundkurs orthopädisch- und unfallchirurgischer Begutachtung (Hrsg. Weise, Schiltenwolf) 2008 S. 169.

8.3 Wirbelsäule

Bei der Begutachtung von Wirbelsäulenverletzungen wurde früher die Einteilung von *Lob*[2] zu Grunde gelegt. Sie berücksichtigt ausschließlich pathomorphologische Aspekte.

(1) Kontusion (Quetschung) und Distorsion (Zerrung)
(2) Isolierte Bandscheibenverletzung
(3) Isolierter Wirbelkörperbruch
(4) Wirbelkörperbruch mit Bandscheibenverletzung
(5) Voll ausgebildete Wirbelsäulenverletzung
   a) Wirbelkörperbruch mit Bandscheiben-, Bogen-, Querfortsatz-, Bänder- und Muskelbeteiligung
   b) Luxationsfraktur (Verrenkungsbruch)
(6) Luxation (Verrenkung)
(7) Isolierter Bogen- und Fortsatzbruch

Biomechanische Analysen der Wirbelsäulenfunktion unter Berücksichtigung der „Dreisäulentheorie" (vordere, mittlere, hintere) und computertomographische Untersuchungen verletzter Wirbelsäulen ließen zu, „voll ausgebildete Wirbelsäulenverletzungen" weiter zu differenzieren. Die Klassifikation von *Magerl, Harms* und *Wolter* tragen nicht nur dem Formenreichtum der Wirbelsäulenverletzungen Rechnung, sie berücksichtigen auch die Pathomechanik der Frakturformen und sich ergebende therapeutische und gutachterliche Folgerungen.[3]

Einteilung der Wirbelsäulenverletzungen mit Einbeziehung des Wirbelkanals.[4] Diese ABCD-0123 Klassifikation besagt:

A: Verletzung der Wirbelkörpervorderwand und der Wirbelkörpermitte; häufig mit Verletzung verbunden, die durch das Zusammendrücken des Körpers entsteht, also Kopfverletzungen durch Aufschlagen oder Beckenverletzungen durch hartes Aufschlagen auf das Gesäß.

B: Verletzung der Wirbelkörperhinterwand; diesen Verletzungen liegt ein Mechanismus zu Grunde, bei dem der Wirbelkörper über eine der genannten 3 Säulen als Hypomochlion (Stütze) auseinandergerissen wird. Die sich hieraus ergebenden Begleitverletzungen stellen schwerpunktmäßig Überdehnungen und Verletzungen des Brustkorbes und des Myelons (Rückenmarks) dar.

C: Verletzung der Wirbelkörperbögen und -gelenke, hervorgerufen durch Verdrehen des Körpers in Kombination mit Distraktions- und Kompressionsverletzungen der weiteren Wirbelstrukturen. Begleitverletzungen ergeben sich aus der Verdrehung des Körpers, schwerpunktmäßig als Brustkorb-, Mesenterialverletzungen und Aortenrupturen.

---

[2] Lob, Handbuch der Unfallbegutachtung, 3 Bd. 1973, 582 ff.
[3] Weber, u.a., Die klinische und radiologische Begutachtung von Wirbelsäulenverletzungen nach dem Segmentprinzip. Unfallchir. 17 (1991) 200, dort auch Literaturhinweise; Hennig, BG-UMed 87 (1995), 111 ff.; Bühren, Unfallchirurg 2003, 55, 58 ff.
[4] Vorschlag Wolter, Unfallchirurg 88 (1985) 481 ff., unter Verwendung des Schemas von Mc Afee, J. Bone, Jt. Surg 65 A (1983) 461; s. auch Eggers, Stahlenbrecher, Unfallchirurg 101 (1998) 779.

D: Verletzung der Zwischenwirbelscheiben und der Bänder

0: Keine Einengung des Spinalkanals
1: Einengung bis zu 1/3
2: Einengung bis zu 2/3
3: Einengung über 2/3

Typ A0 bedeutet einen stabilen Bruch ohne Einengung des Spinalkanals, Typ AB1 einen instabilen Bruch des Wirbelkörpers und der Wirbelkörperhinterwand mit Einengung des Rückenmarkkanals um 1/3.

Operiert werden häufig instabile Brüche mit einer Einengung des Spinalkanals um über 1/3.

8.3.2.1 Isolierter Wirbelkörperbruch

Nach der Dreisäulentheorie *(Denis)* ist eine Wirbelfraktur als instabil zu bezeichnen, wenn mehr als ein Tragpfeiler der Wirbelsäule verletzt ist. Meist handelt es sich hierbei um eine Wirbelkörperfraktur mit Beteiligung der Wirbelkörperhinterkante. Instabilität lässt sich auch definieren als „Verlust der Fähigkeit der Wirbelsäule, unter physiologischen Belastungen das normale Bewegungsspiel so beizubehalten, dass keine neuen oder auch zusätzliche neurologische Defizite, keine Deformitäten oder Schmerzen auftreten".[5]

Der isolierte Wirbelkörperbruch ereignet sich vorrangig (mehr als 50 %) im Bereich der Lendenwirbelsäule bzw. am Übergang von der unteren Brust- zur Lendenwirbelsäule.

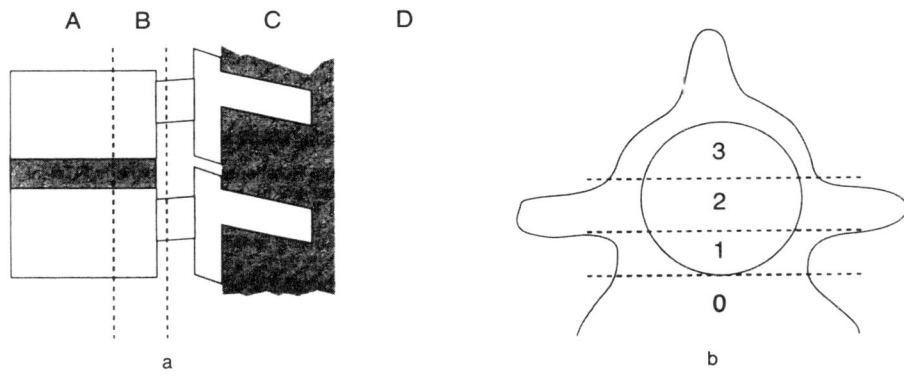

Abb. 3: Radiologische Klassifikation von Wirbelsäulenverletzungen nach *Wolter* (1985)

Knöcherne Wirbelsäule (a)
A: Ventrale Säule
B: Mittlere Säule mit Wirbelkörperhinterkante und Bogenwurzel
C: Hintere Säule (Wirbelbögen und Fortsätze)
D: Diskoligamentäre Strukturen

Einengung des Spinalkanals (b)
0: Keine Einengung
1: Einengung bis maximal 1/3
2: Einengung bis maximal 2/3
3: Einengung um mehr als 2/3 bis zu völliger Einengung.

---

[5] Schittig, Trauma Berufskrankh 2000 (2) Suppl. 2, 264 m. Hinweis auf White, Panjabi, The Problem of clinical instability in the human spine, Philadelphia (1990) 277 ff.

8.3 Wirbelsäule

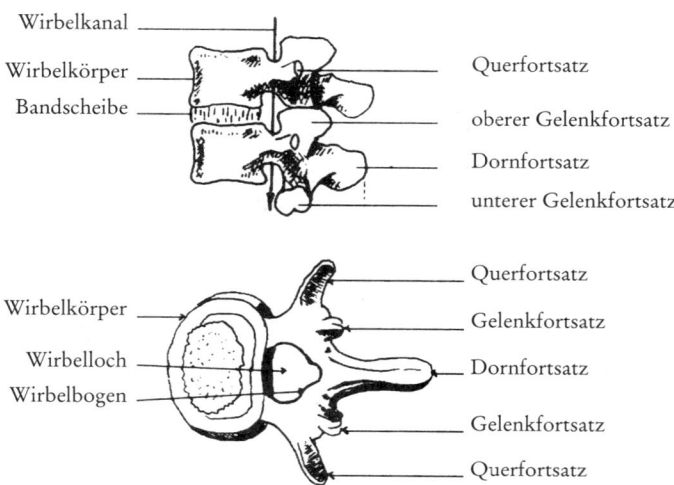

Abb. 4: Wirbelkörper, Seitenansicht und Aufsicht

Eine Höhenminderung mit Keilbildung mit oder ohne Zertrümmerung liegt vor. Der Fraktur geht meist eine axiale Kompression oder Flexion voraus.

Die leichteste Form der Wirbelkörperverletzung ist der *Kantenabbruch*, fast immer in Form einer Abscherung der vorderen oberen Kante des Wirbelkörpers. Um eine Art des abgeschwächten Kompressionsbruches handelt es sich, der wie dieser durch Überbiegung der Wirbelsäule nach vorn (Hyperflexion) entsteht.

Der isolierte Wirbelkörperbruch verursacht häufig uncharakteristische und auch relativ leichte Beschwerden. Daher ist bekannt, dass bei entsprechender Toleranz die Betroffenen nicht zur Behandlung gehen oder bei den Untersuchungen derartige Schäden wegen der oft nur gering ausgebildeten klinischen Zeichen nicht beachtet und übersehen werden. Röntgenaufnahmen, Computertomographie und ggf. Magnetresonanztomographie sind erforderlich, um stabile von instabilen Verletzungen zu unterscheiden und eine exakte Klassifizierung der Fraktur vorzunehmen.

Minderung der Erwerbsfähigkeit

Der unter keilförmiger Verbildung ausgeheilte Stauchungsbruch führt im Brustwirbelbereich zu einer Verstärkung der Kyphose, d.h. verstärkten Rundrückenbildung. Im Lendenbereich kann es durch eine Keilform des Wirbelkörpers zu einer mehr oder weniger starken Aufhebung der physiologischen Lordose bzw. umschriebenen Buckelbildung (Gibbusbildung) kommen. Bei mäßiger keilförmiger Deformierung ist eine Rente als vorläufige Entschädigung von 20 %, danach eine MdE unter 10 % anzunehmen[6], bei statisch wirksamer Achsabweichung oder Instabilität eine MdE von 20 % zu erwägen. Treffen beide zusammen, ergeben sich 30 %. Erheblich ist ein Knickwinkel von 15 bis 20 Grad.[7] Eine schema-

---
[6] Probst, BG-UMed 62 (1987) 73, 75.
[7] Beier, u. a., Trauma Berufskrankh 5 (2003) 220, 223.

tische Bewertung nach dem Grundsatz „jede Achsenabknickung von 10 Grad ist mit einer MdE-Erhöhung von 10 % usw. zu berenten" ist eine vordergründige Vereinfachung. Für die Bewertung sind die Lokalisation der Achsenknickung, das Ausmaß der Beeinträchtigung auf die Wirbelsäule sowie die Kompensation der entstandenen Funktionsminderung durch körpereigene Kräfte bedeutsam. Achsenfehlstellungen im Bereich der Brustwirbel gelten als leichter gegenüber solchen im Lendenabschnitt.[8]

Verbleibende Instabilität nach Wirbelsäulenverletzungen kann zu bleibender Schmerzhaftigkeit führen und muss in die MdE-Bewertung einfließen.

Bei vorbestehenden Veränderungen der Wirbelsäule, die eine verminderte Funktion bedeuten, ist eine individuelle Betrachtung erforderlich. Die Kompensationsfähigkeit kann so herabgesetzt sein, dass nunmehr die traumatische Abknickung eine weitere funktionelle Einbuße bewirkt. Wenn die Folgen des Arbeitsunfalls schwerer sind als bei einem Gesunden, ist auch die MdE höher einzuschätzen. Eine MdE von 10 bis 20 % über das zweite Unfalljahr ist gerechtfertigt, sofern eine verminderte funktionelle Leistung auf Grund klinischer und röntgenologischer Untersuchung nachzuweisen ist.[9] Andererseits können sich die Folgen des Arbeitsunfalls auch geringer auswirken, falls auf Grund des Vorschadens bereits erhebliche Bereiche des Arbeitsmarktes verschlossen waren. Zur MdE-Bewertung bei Vorhandensein eines Vorschadens s. 8.3.3.9, S. 457.

Die Erfahrung lehrt, dass groteske Verformungen der Wirbelkörper und damit auch der Wirbelsäule mit relativ geringer Funktionsbehinderung einhergehen können. Bei der Einschätzung der MdE ist ferner zu berücksichtigen, in welchem Wirbelsäulenabschnitt der Unfallschaden sich am meisten auswirkt. Zwei Zonen werden unterschieden: die vordere, relativ schmerzlose und die hintere – neurale – Zone. Verformungen im hinteren Abschnitt sind dadurch schwerer wiegend als im Bereich des vorderen Wirbelsäulenanteils.

Keilbildungen um über 15 bis 20° führen zu starker Dehnung der hinteren Bandstrukturen mit daraus resultierender Schmerzhaftigkeit, solange keine knöcherne Verfestigung mit Nachbarwirbeln eingetreten ist.

8.3.2.2 Wirbelstauchungs- und -quetschbrüche

Ursachen der *Wirbelstauchungsbrüche* (Kompressionsbrüche) sind vor allem Biegungsmechanismen in Form der Hyperflexion, wie sie bei taschenmesserartigem Zusammenklappen zustandekommen. Durch starke außergewöhnliche Biegung nach vorn greifen im Bereich des Scheitelpunktes der stärksten Biegung abscherende Kräfte am Wirbelkörper an und deformieren ihn. Dabei wirkt gleichzeitig ein verstärkter Druck der Bandscheiben auf die Deckplatten der Wirbelkörper ein. Diese werden eingedellt, meist ist die obere Deckplatte am stärksten betroffen. Durch diese Stauchung wird der Wirbelkörper – vor allem die Vorderkante – mehr oder weniger stark erniedrigt: Das typische Bild der Keilform des Wirbelkörpers entsteht. Eine Verformung der Hinterwand des Wirbelkörpers ist Hinweis für eine Instabilität mit der Gefahr einer Rückenmarkschädigung. Diese Verletzung gilt als Operationsindikation.

---

8 Weller, Akt. Traumatol. 1 (1971) 143f.; 174; Bilow, Weller, Chirurg 48 (1977) 513.
9 Bilow, Weller, Chirurg 48 (1977) 514.

8.3 Wirbelsäule 431

Ein solcher Biegungsmechanismus entsteht bei Stürzen aus großer Höhe auf das Gesäß, bei Auftreffen schwerer Kräfte auf Nacken oder Brustwirbelsäule, Herausschleudern aus oder Überschlagen von Fahrzeugen, Verschüttungen, im Bergbau und bei ähnlichen Tätigkeiten auftretend sowie bei ruckartigem Anheben eines schweren Gegenstandes durch große Kraftanstrengung.

Extensionsfrakturen sind im Bereich der Brust- und Lendenwirbelsäule selten. An der Halswirbelsäule treten sie als Folge einer Beschleunigungsverletzung auf (s. 8.3.4, S. 458).

8.3.2.3 Vollausgebildete Wirbelsäulenverletzungen

Diese bedeuten neben dem stets vorhandenen Wirbelkörperbruch die Mitbeteiligung von Bogen- und Gelenkfortsätzen und schließlich auch von zusätzlichen Verletzungen der Bandscheiben, Bänder und Muskeln. In der Regel liegen schwere Zertrümmerungen des Wirbelkörpers in mehrere Bruchstücke vor, die Wirbelverschiebungen ermöglichen. Vor allem zeigt sich dies bei den Schräg- bzw. Schubbrüchen. Weitere Komplikationen können eintreten, insbesondere Mitschädigungen des Rückenmarks.

Schwerste Form der vollausgebildeten Wirbelverletzung sind die *Verrenkungsbrüche*. Sie führen nicht nur zu Verschiebungen von Wirbelstücken, sondern zu vollkommener Verrenkung ganzer Wirbel gegeneinander mit gleichzeitiger Fraktur einzelner Gelenkfortsätze.

8.3.2.4 Wirbelverrenkung

Diese erscheint überwiegend an der Halswirbelsäule als Verschiebung eines Wirbelkörpers einschließlich seiner Gelenkverbindungen.

Solche Verrenkungen führen zu Mitverletzungen der Bandscheiben und Bandverbindungen, schließlich auch der Muskel- und Sehnenansätze; sie gehen meist mit einer Beteiligung des Rückenmarks bzw. Schädigung der Nervenwurzel einher. Die Schädigung des Nervensystems hängt ab von Art und Schwere der Wirbelverrenkung. In günstiger Weise kommt es lediglich zu Quetschungen mit vorübergehenden Nervenausfallserscheinungen durch Hämatome und Ödembildungen, die reversibel sind, aber auch Querschnittlähmungen bedingen (s. 8.3.5, S. 472).

Minderung der Erwerbsfähigkeit

Wirbelluxationen treffen gewöhnlich mit Bogen- und Gelenkfortsatzfrakturen zusammen. Bei folgenloser Ausheilung ist bis zum Ende des ersten Jahres eine MdE von 20 % angebracht. Bei einer Verschiebung um Wirbelbreite im Bereich der unteren Halswirbelsäule und mit Abknickung der Halswirbelsäule um 5 Grad nach vorn ohne neurologische Ausfälle beträgt die Rente als vorläufige Entschädigung 30 bis 40 %, die Rente auf unbestimmte Zeit 20 %.

8.3.2.5 Abrissbrüche der Wirbelsäule

Isolierte Abbrüche der Wirbelfortsätze werden am häufigsten gesehen in Form der Querfortsatzabbrüche im Bereich der oberen und mittleren Lendenwirbelsäule, meist nach Sturz oder großer direkter Krafteinwirkung. Daneben sind Abbrüche der Dornfortsätze gegeben, vor allem im Halswirbelsäulenbereich, weil hier die Dornfortsätze am stärksten exponiert sind.

Diese isolierten traumatischen Wirbelfortsatzbrüche sind relativ leichte Verletzungen. Sie heilen ohne Folgeerscheinungen ab. Differentialdiagnostisch ist von den traumatischen Fortsatzabbrüchen zu trennen der *Ermüdungsbruch*, fast ausschließlich im Bereich der Dornfortsätze. Betroffen wird nach Häufigkeit der 1. Brust-, der 7. Hals-, der 2. Brust-, der 6. Hals- oder 3. Brustwirbeldornfortsatz. Auch mehrere Dornfortsätze können gleichzeitig abbrechen.[10] Derartige Brüche treten durch außergewöhnliche Beeinflussung auf – z.B. Tätigkeiten, die zu starker und langdauernder muskulärer Beanspruchung der Nackenmuskulatur führen. Plötzlich oder allmählich einwirkende Muskelzugkräfte treffen einen nicht mehr voll belastungsfähigen Knochen. Bei fortgeschrittenem Ermüdungsschaden ist der endgültige Bruch im degenerierten Knochengewebe zu jeder Zeit bei belangloser Gelegenheit möglich. Daneben sind solche Ermüdungsbrüche im Sinne der BK-Nr. 21 07 (s. 8.3.6.5, S. 476) zu nennen.

Auch bei Ermüdungsbrüchen der Dornfortsätze ist allenfalls eine vorübergehende MdE für einige Monate zu erwarten, weil sie – selbst bei bindegewebiger Abheilung – keine Funktionsbehinderungen auf Dauer bringen.

8.3.2.6 Bandscheibenverletzungen

8.3.2.6.1 Anatomische Bemerkung

23 Bandscheiben (Zwischenwirbelscheiben) befinden sich vom 2. Halswirbel bis zum Kreuzbein und machen etwa ein Viertel der Gesamtlänge der Wirbelsäule aus. Sie sind jeweils in eine Funktions- und Bewegungseinheit eingebaut; diese ist aus der oberen bzw.

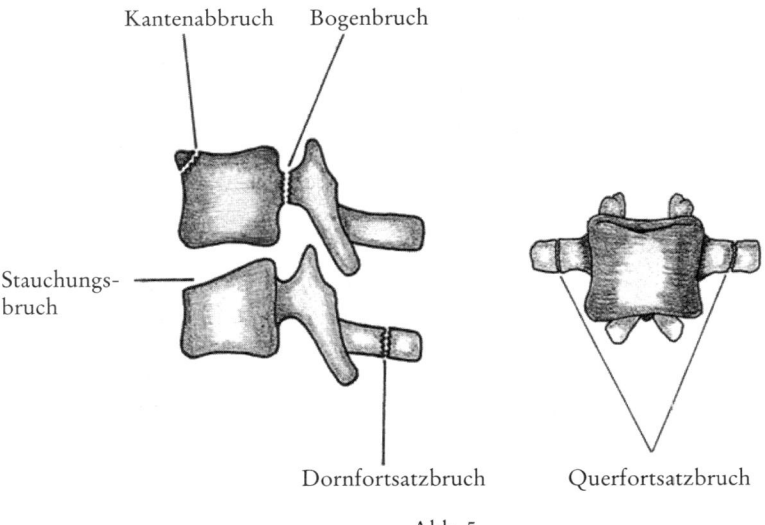

Abb. 5

---

10 Mollowitz, Der Unfallmann, 12. Aufl. 1998, S. 161; Laarmann, BKen nach mechanischen Einwirkungen, 2. Aufl. 1977, S. 92.

8.3 Wirbelsäule

unteren Hälfte zweier benachbarter Wirbelkörper, den Wirbelbögen mit den Gelenkfortsätzen sowie der Zwischenwirbelregion zusammengesetzt.

Die knorpelige Bandscheibe (Discus intervertebralis) ist ein elastisches Verbindungsstück mit gelenkartigem Charakter, aus dem hochelastischen Gallertkern (Nucleus pulposus) und den ihn umgebenden Fasermassen (Anulus fibrosus) bestehend. Teile dieser Fasern verankern sich in den Randleisten der Wirbelkörper und gehen darüber hinaus in die Knorpelplatten der benachbarten Wirbelkörper über. Man kann die Bandscheiben deshalb auch nicht als Eigengebilde betrachten. Funktionell stehen sie im Rahmen des jeweiligen Bewegungssegments: Jede Schädigung eines der beteiligten Gewebe der Zwischenverbindung führt zu Veränderungen auch der anderen Gebilde.

Die Struktur der Bandscheiben und ihrer benachbarten hyalinen Endplatten schließt ein komplexes und sensibles Stoffwechselsystem ein, darauf vorbereitet, unter seinen besonderen Ernährungsbedingungen wechselnden Belastungen standzuhalten. Der hohe Flüssigkeitsdruck des Nucleus pulposus und die straffe kollagene Faserstruktur des Anulus fibrosus bilden einen funktionellen Zusammenhang: Kurze Stoßbelastungen werden abgefangen, langzeitig wirkende Dauerbelastungen kompensiert.[11] Bandscheiben dienen daher gleichsam als Stoßdämpfer. Bei Belastung fangen sie Stöße ab und geben Flüssigkeit an die Wirbelsäule weiter, die sie in Ruhelage wieder aufnehmen („Wasserkissensystem").

Zum Bandscheibenschaden s. 8.3.3.5, S. 453.

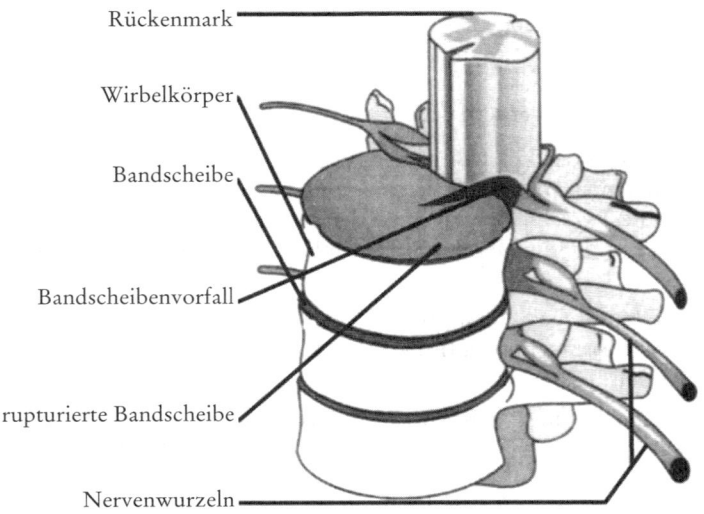

Abb. 6: Wirbelsäule und Rückenmark mit Bandscheibenvorfall

---

11   Kössler, Hartmann, Zbl Arbeitsmed 51 (2001) 74; Herget, u.a., Vers. Med. 52 (2000) 179.

8.3.2.6.2 Schädigungstatbestände

(1) Bandscheibenverletzungen entstehen unfallmäßig meist mit Wirbelkörperfrakturen. Die Bandscheibenbeteiligung ist eine häufige Begleitverletzung des Wirbelkörperbruchs. Der isolierte Wirbelkörperbruch ist relativ selten.

(2) Ältere Lehrmeinungen über das Vorliegen isolierter traumatischer Bandscheibenvorfälle sind auf Grund moderner bildgebender Verfahren (Computer-, Kernspintomographie) nicht zu halten. Als Unfallfolge erscheinen Bandscheibenvorfälle stets mit begleitenden (minimalen) knöchernen oder Bandverletzungen im betroffenen Segment[12]:

– Segmentale Scherungs-, Torsions- und Kippbewegungen werden durch Bandapparat und Gelenke des Bewegungssegments auf etwa die Hälfte des möglichen Bewegungsumfangs einer Bandscheibe begrenzt[13]; vor einer unfallbedingten mechanischen Schädigung der Bandscheibe müssen diese sichernden, gelenkigen und ligamentären Strukturen verletzt werden.

– Experimentell wurde bei unversehrten Bändern und Wirbelgelenken über Scherungs- und Torsionsbelastungen keine einzeitige Bandscheibenschädigung herbeigeführt.[14] Dies gelang erst beim Überschreiten der durch einen intakten Bandapparat vorgegebenen Grenze normaler Bewegung nach Durchtrennung der Bänder: Hyperflexion, d. h. Vorbeugung über die physiologische Grenze hinaus, bei gleichzeitiger hoher axialer Belastung. Typisches Unfallereignis: missglückter Absprung vom Sportgerät mit hoher Belastung beim Auftreffen auf dem Boden und gleichzeitiger Hyperflexion des Oberkörpers.[15]

– Kompressionsbelastung (Hebevorgänge *mit* plötzlicher und unerwarteter Krafteinwirkung) strafft den Faserring, der damit undurchlässiger wird.[16] Mit Erhöhung des Drucks kommt es zunächst zur Frakturschädigung im Deckplattenbereich; Faserringverletzung oder Bandscheibenvorfall werden nicht erzeugt.[17]

Je nach Schwere und Ort der Zerreißung des Faserringes tritt Verschiebung von Anteilen der Bandscheibe ein. Anteile des Gallertkernes können sich dabei verlagern (vorfallen). Relativ harmlos sind die Verschiebungen bzw. der Vorfall von Bandscheibenanteilen nach vorn oder zur Seite. In diesem Bereich sind nämlich keine nervösen Anteile, die zu Beschwerden führen.

Verlagerungen von Bandscheibengewebe nach vorn bzw. zur Seite bringen lediglich im Laufe der Zeit reaktive osteochondrotische und spondylotische Veränderungen. Dadurch treten vielleicht bei stärkeren Schädigungen sekundär Beschwerden auf.

(3) Klinisch und versicherungsrechtlich ist von wesentlicher Bedeutung die Zerreißung des hinteren Anteils des Faserringes, mit der Folge von Druckschädigungen auf die Ner-

---

[12] LSG Nordrhein-Westfalen, 21. 2. 2007, UVR 10/2007, 678; Brinckmann, in: Beurteilung und Begutachtung der Wirbelsäule, 2002, S. 1-9; Lehmann, ebenda S. 10, 17; Grosser, Trauma Berufskrankh 3 (2000) 182, 186; Rompe, in: Wirbelsäule und Statik-Praktische Orthopädie, Bd. 28 (1997) S. 206 ff.; Weber, Orthopäde 23 (1994) 171; Grosser, in: Orthopädisch- unfallchirurgische Begutachtung (Hrsg. Thomann, u. a.) 1. Aufl. 2009 S. 77 ff.
[13] Brinkmann, Hefte zur Unfallheilkunde H. 225 (1992) S. 9ff.
[14] Duncan, Ahmed, Spine 16 (1991) 1089.
[15] Adams, Hutton, Spine 7 (1982) 184ff.; Mazzotti, Castro, MedSach 106 (2006) 206, 209.
[16] Farfan, Mechanical Disorders of the Low Back, Philadelphia 1973.
[17] Brinckmann, u. a., Clinical Biomechanics 4 (1989) Suppl. 2 S. 1ff.

8.3 Wirbelsäule

venwurzel bzw. das Rückenmark. Dieser hintere Bandscheibenschaden erscheint am häufigsten.

(4) Vereinzelt kommt es bei Deckplatteneinbrüchen zur Verlagerung von Bandscheibengewebe in den Wirbelkörper (zentraler Bandscheibenvorfall). Solche intraspongiöse Hernien sind von „*Schmorl* Knorpelknötchen" bei Morbus Scheuermann zu unterscheiden (s. 8.3.3.3.1, S. 446).

(5) Beim zentralen Bandscheibenvorfall handelt es sich um eine Vorwölbung und Verlagerung von Bandscheibengewebe durch die Deckplatte in den Wirbelkörper. Derartige Veränderungen finden sich im Sinne anlagebedingter Veränderungen, als „*Schmorl* Knorpelknötchen" bezeichnet. Selten kommt es durch Traumen zu derartig umschriebenen zentralen Bandscheibenverlagerungen mittels umschriebener Einbrüche der Deckplatten der Wirbelkörper.

(6) Schließlich ist die *Scherverletzung* des Bewegungssegmentes zu erwähnen, die in krankhafte Instabilität ausmünden kann (s. 8.3.4.1, S. 459).

8.3.2.6.3 Der traumatische hintere Bandscheibenvorfall (Bandscheibenverletzung)

Grundlage gutachterlicher Beurteilung sind die Prüfkriterien (Lob[18]):

(1) Unfallereignis schwer genug, um Rissbildungen in der Bandscheibe zu verursachen

(2) Ablauf in seiner Mechanik, um die Entstehung derartiger Rissbildungen aufzuklären

(3) Schmerzhafte Funktionsstörungen an der Lendenwirbelsäule (Lumbago = Hexenschuss, Lumbalgie, Lendenwirbelsäulensyndrom) im Anschluss an den Unfall

(4) Beschwerdefreiheit, zumindest Beschwerdearmut vor dem Unfall

(5) Klinische Symptome für einen hinteren Bandscheibenvorfall sprechend

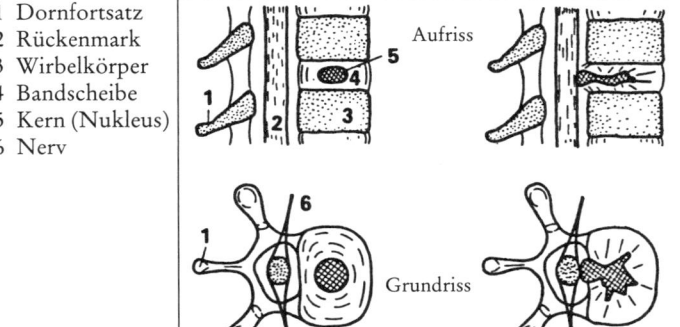

1 Dornfortsatz
2 Rückenmark
3 Wirbelkörper
4 Bandscheibe
5 Kern (Nukleus)
6 Nerv

Aufriss

Grundriss

Normale Bandscheibe

Bandscheibenvorfall (Diskushernie)

Abb. 7: Bandscheibenvorfall

---

[18] Lob, Handbuch der Unfallbegutachtung, 3 Bd. 1973, 582 ff.; dazu LSG Nordrhein-Westfalen, 21. 2. 2007, UVR 10/2007, 678; LSG Rheinland-Pfalz, 24. 6. 2003, Meso B 240/365.

Mit Blick auf neuere Forschungen und Erkenntnisse aus Computer- und kernspintomographischen Untersuchungen sind diese Kriterien zu modifizieren[19]:

- **Geeignetes Unfallereignis**

Bewegungen mit Scher-, Rotationswirkung, Überbeugung, Überstreckung sowie Zugbelastung (Distraktion) können eine gesunde Bandscheibe zerreißen, wobei je nach Art der Einwirkung die Begleitverletzungen ligamentärer oder knöcherner Art sind. Vom Unfallhergang ausgehende Rekonstruktionen der Unfallschwere und Unfallmechanik sind unsicher und entgegen der Kriterien 1 und 2 nicht hinreichend. Vielmehr ergeben sich nach der Analyse des Schadensbildes Rückschlüsse auf die biomechanische Einwirkung durch das Unfallereignis und damit auf dessen Geeignetheit.

Begleitende, wenn auch minimale, knöcherne oder Bandverletzungen im – vom Bandscheibenvorfall betroffenen Segment – müssen vorliegen (s. 8.3.2.6.2 bei 2, S. 434). Wird der zeitliche Zusammenhang bejaht, ist – auch bei vorbestehenden degenerativen Veränderungen – der Unfall wesentliche Teilursache. Ohne Begleitverletzungen ist die Schadensanlage wesentlich (Unfall als Gelegenheitsanlass).[20]

Hinweise auf die Stärke der Krafteinwirkung, die eine Bandscheibenverletzung bewirken kann, geben begleitende knöcherne Verletzungen im Bereich der Wirbelsäule, Schädel-Hirn-Traumen, Extremitäten- oder Rumpfverletzungen sowie Bandverletzungen. Das „bone bruise" (Knochenödem) ist als Signalanhebung mit dem Kernspintomograph nachweisbar. Bei Kraftfahrzeugunfällen empfiehlt sich unter Umständen das Heranziehen eines Kfz-Sachverständigen.

Der Vorgang dehnt sich vom Gallertkern in das benachbarte Fasergewebe aus. Bei traumatischen Bandscheibenschäden erscheinen somit die ersten Risse im Kern der Bandscheibe. Durch die plötzlich auftretende Kraft wird der prall flüssigkeitsdurchtränkte Gallertkern gegen benachbarte Faserringschichten gedrückt. Das Einpressen von Gallertkernflüssigkeit in die trockenen Faserringschichten erzeugt ein Auseinanderdrängen der Schichten, Überspannung der Fasern und schließlich kleinere oder größere Einrisse.

Aus der Rechtsprechung
(Nicht das Schadensbild, der Unfallhergang steht überwiegend im Vordergrund der Zusammenhangsbeurteilung.)

– Arbeitsunfall bejaht: schwere Stauchung der Lendenwirbelsäule bei einem Sturz, Überschlag, Hinausschleudern aus offenem Wagen[21]; ungewöhnliche, überraschende, daher unkoordinierte Kraftanstrengung, z.B. beim Ausrutschen oder Beinahesturz mit schwerer Last, so dass das Überraschungsmoment im Vordergrund steht[22]; schwere Krafteinwirkung auf den Rücken mit Überstreckung oder Stauchung im Lenden-Wirbelsäulen-Bereich.[23]

---

[19] Ludolph, Schadenspraxis 2007, 63, 65.
[20] Grosser, Trauma Berufskrankh 3 (2000) 182, 186.
[21] LSG Nordrhein-Westfalen, 20. 9. 1954, BG 1955, 173.
[22] BSG, 28. 8. 1990, HV-Info 25/1990, 2136 = Meso B 240/1; OLG München, VersR 1965, 126; LSG Baden-Württemberg, 13. 8. 1997, HV-Info 30/1997, 2848; SG Hildesheim, 30. 5. 1996, Breith. 1997, 203; LSG f. d. Saarland, 10. 2. 1998, HV-Info 35/1999, 3323; Bayer. LSG 25. 7. 2006, UVR 2007, 287.
[23] LSG Mecklenburg-Vorpommern, 11. 6. 1997, Meso B 240/211; 29. 1. 1998, Meso B 240/225.

8.3 Wirbelsäule 437

– Arbeitsunfall verneint (Gelegenheitsanlass): Ausziehen eines Schuhs, plötzliches ruckartiges Sichumdrehen im Bett, Absetzen eines 2 Ztr. schweren Sackes, Aufhalten eines auseinandergeschweißten Eisenbahnrads[24], Rollen und Kippen eines 90 kg schweren Bierfasses[25], willkürliches und planmäßiges Heben *ohne* plötzliche und unerwartete äußere Krafteinwirkung[26], gezieltes Anheben einer Last[27], Ausrutschen beim Verladen einer Kiste und Aufschlagen mit dem Rücken auf diese, Herabrollen einer 10 kg schweren Tonscholle aus niedriger Höhe auf das Genick, Anschieben eines PKW auf einem verschneiten und teilweise vereisten Parkplatz bzw. auf der Straße[28], Anheben einer abgerutschten Kohlen-Absackmaschine[29], einer 170 kg schweren Eisenplatte von 1,70 m hohem Drehteller gemeinsam mit drei Arbeitskollegen[30] und einer 35,5 kg schweren Pumpe von 1,18 m hohem Arbeitstisch[31], Herablassen eines ca. 1,30 m hohen und ca. 200 kg schweren Heizkessels, der seitlich verrutschte, mittels Sackkarre auf einer Stufe nach unten[32].

- **Funktionsstörungen nach dem Unfall**

Unmittelbar nach dem Unfall treten Lumbagosymptome (Kreuzschmerzen), nach einem Intervall sodann Ischiasbeschwerden auf. Die Symptome zeigen sich sowohl beim Bandscheibenvorfall auf Grund degenerativer Veränderungen als auch eines Traumas. Daher sind die Beschwerden allein im zeitlichen Zusammenhang mit einem Unfallereignis für den Zusammenhang nicht beweisend.

- **Beschwerdearmut vor dem Unfall**

Sorgfältiges Erheben der Vorgeschichte auf Grund der persönlichen Aussage des Verletzten und der Angaben der Krankenkasse (Hexenschuss, Kreuzschmerzen, Ischias, Migräne, Schulter-, Arm-, Halsbeschwerden) ist zu fordern. Entsprechende frühere Beschwerden weisen auf eine Degeneration (Prolapsbereitschaft) und gegen den ursächlichen Zusammenhang. Dabei ist zu beachten, dass sich auch körpereigene Erkrankungen irgendwann zum ersten Mal bemerkbar machen. Die Feststellung, vor einem angeschuldigten Hergang war eine Bandscheibenschädigung klinisch noch nicht erkennbar, ist demnach nicht allein als Hinweis für eine traumatische Entstehung zu werten.

- **Klinische Symptome**

Eindeutige klinische Symptome für den hinteren Bandscheibenvorfall sind nach derzeitigen Erkenntnisstand nicht zu belegen. Mehr als die Hälfte bleiben klinisch stumm.

Der objektive Befund eines frischen Bandscheibenvorfalls wird durch die spinale Computertomographie und Kernspintomographie erbracht. Abgesehen von dem intraoperativen Nachweis begleitender Bandverletzungen geben Operations- und patho-histologischer

---

[24] LSG Nordrhein-Westfalen, 20. 9. 1954, BG 1955, 173; LSG Schleswig, 10. 9. 1954, BG 1955, 173; LSG Hamburg, 23. 7. 1964, Breith. 1964, 938.
[25] LSG Hamburg, 23. 7. 1964, Breith. 1964, 938.
[26] LSG Niedersachsen, 26. 1. 1996, HV-Info 4/1996, 273.
[27] LSG Niedersachsen, 29. 6. 1995, HV-Info 4/1996, 279; SG Augsburg, 7. 11. 2005, HV-Info 5/2006, 565.
[28] BSG, 29. 2. 1968, Breith. 1968, 823.
[29] Hess. LSG, 11. 6. 1969, SGb 1969, 472.
[30] LSG Nordrhein-Westfalen, 21. 9. 1971, Meso B 20/55.
[31] LSG Baden-Württemberg, 28. 8. 1986, Meso B 240/98.
[32] LSG Nordrhein-Westfalen, 21. 2. 2007, UVR 2007, 678.

Befunde Hinweise auf das Alter des Vorfalls, den zeitlichen – nicht ursächlichen – Zusammenhang.[33] Myelo- und Diskographie beantworten spezielle Fragen.

Demgegenüber geben Röntgenbilder nur wenig Auskunft über den tatsächlichen geweblichen Sachverhalt. Merkliche Höhenminderung eines bestimmten Bandscheibenraumes kommt vor, ist aber nicht die Regel. Innere Zerrüttungen, Spaltbildungen u. a. im Zentrum der Bandscheibenmasse bleiben röntgenologisch weitgehend stumm, ebenso das Heraustreten eines Bandscheibenvorfalls aus dem Verband des Bandscheibenkörpers nach dorsal. Bei Röntgenfunktionsaufnahmen fällt das betroffene Bewegungssegment gelegentlich dadurch auf, dass es sich an der (für die Rückwärtsbeugung kennzeichnenden) Kippbewegung nicht beteiligt, sondern in Neutralstellung verharrt.

Beim traumatischen Bandscheibenvorfall besteht auf Grund der erforderlichen Krafteinwirkung und Begleitverletzungen stets eine starke lokale Schmerzsymptomatik. Bedrängt das ausgetretene (vorgefallene) Bandscheibengewebe eine Nervenwurzel, liegen klinisch Nervenwurzelreiz- oder Ausfallsymptome vor. Neurologische Untersuchung ist daher gewichtig.

Veraltete Ischiaserkrankungen zeigen außer Reflexausfällen eine begleitende Atrophie bestimmter Muskelgruppen der unteren Extremität, die grobklinisch eine Messung der Umfangmaße absichert. Ischialgie, die bereits am Unfalltag deutliche Muskelverschmächtigung aufweist, muss entstehungsmäßig älter sein; als Unfallfolge scheidet sie aus.[34]

8.3.2.6.4 Verheben im Kreuz

„Verheben" bezeichnet zunächst nur die medizinisch registrierbare Situation, dass die betreffende Person während eines willentlich eingeleiteten, eigentätigen Hebeaktes, gegebenenfalls auch während schweren Hebens, einen plötzlich einsetzenden Rückenschmerz erlitten hat. Der Laie spricht vom „Hexenschuss". Schmerzen dieser Art sind Ausdruck einer persönlichkeitsgebundenen Hexenschussneigung und damit zusammenhängender, ungewollter Fehlinnervation, ähnlich wie Verschlucken, Auf-die-Zunge-beißen, Versprechen im Satz oder Verschütten beim Transport von Flüssigkeit. Die Fehlinnervation gründet auf dem Vorhandensein der krankhaften Lockerung in einem bestimmten Bewegungssegment, im Falle der Lumbago auf der Lockerung in einem lumbalen Bewegungssegment. Da schweres Heben (wie Heben überhaupt) für sich allein kein Unfallereignis ist, kommt der Hebeakt auch als geeignetes Unfallereignis nicht in Betracht.[35] Die Wortverbindung „Verhebe-Trauma" ist unfallmedizinisch ein Widerspruch.[36]

Verheben bei Personen mit gesunder Wirbelsäule ist nicht üblich: Muskulatur und Skelettsystem sind in der Regel so aufeinander abgestimmt, dass ihr Zusammenwirken keine Schä-

---

33 Grosser, Trauma Berufskrankh 3 (2000) 185.
34 Erdmann, Die Wirbelsäule in Forschung und Praxis Bd. 83 (1979) S. 214–215.
35 BGH, 23. 11. 1988, HV-Info 15/1989, 1192; vgl. auch Mohing, Vers. med. 1989, 129ff.
36 Lehmann, Beurteilung und Begutachtung der Wirbelsäule, 2002, S. 18.; Bilow, Weller, Gutachtenkolloquium 4 (Hrsg. Hierholzer, u.a.), 1989 S. 19; LSG Schleswig, 10. 9. 1954, BG 1955, 173; Bayer. LSG, 9. 9. 1954, BG 1955, 221; LSG Nordrhein-Westfalen, 20. 9. 1954, BG 1955, 173; LSG Rheinland-Pfalz, 5. 3. 1956, Meso B 240/20; KnOVA Dortmund, 29. 10. 1953, Kompass 1954, 47; LSG Nordrhein-Westfalen, 4. 7. 1956, LAP S. 30; LSG Hamburg, 23. 7. 1964, Breith. 1964, 938; vgl. auch BSG, 31. 1. 1958, Meso B 10/14; Bayer. LSG, 22. 3. 2006, UVR 2006, 182; Bayer. LSG, 4. 2. 2003, L 3 U 319/02, juris.

8.3 Wirbelsäule   439

digung eines der Teile bedingen kann. Der Mensch kann nur so viel anheben, wie sich die
ihm zur Verfügung stehende Muskelkraft durch Zuleitung entsprechender Nervenreize
aktivieren lässt. Das nervale Reglersystem, vorzugsweise im Rückenmark (aber auch in anderen Teilen des ZNS) untergebracht, hat nicht nur anheizende, also zur Lieferung von
Muskelspannleistung anregende, sondern auch drosselnde, das Aktivierungsausmaß beschränkende Funktion. So ist zu erklären, dass sich der Mensch bei der Durchführung aktiver Hebeleistungen auch keine Selbstbeschädigung (etwa an den Wirbelknochen oder
Bandscheiben) zufügt. Das nervale Reglersystem schützt davor.[37]

Gesunde Verhältnisse in den betreffenden Organsystemen sind Voraussetzung.

Ausnahmen: Die Osteoporose, welche den Deformierungswiderstand in den knöchernen
Elementen der Wirbelsäule krankhaft vermindert[38], die Lockerung im Bewegungssegment,
wie sie mit dem Krankheitsbild der Chondrosis disci oder der Osteochondrosis intervertebralis verknüpft ist[39], unvorhersehbare Überraschungsmomente während des Hebevorgangs.

Unter Berücksichtigung von Schwere der unfallbedingten Krafteinwirkung und der Ausprägung der Osteoporose ist abzuwägen, ob letztere allein wesentlich ist (osteoporotische
Sinterungsfraktur) oder ob eine wesentliche Teilursächlichkeit des Unfalls vorliegt. Bei
Osteoporose Grad 1 (WHO-Klassifikation) besteht häufig eine solche für den Wirbelbruch, bei Osteoporose Grad 2 und 3 ist der Unfall für den Wirbelbruch in der Regel unwesentlich.[40]

Die Chondrosis disci ist sehr häufig der eigentliche Grund für das Eintreten eines Hexenschusses. Gerade das Heben aus gebückter Stellung ist eine typische, den Bandscheibenvorfall „auslösende" Gelegenheitsursache, da bei diesem Vorfall besonders starke – aber
durchaus physiologische – statische und dynamische Kräfte auf die Zwischenwirbelscheiben der Lendenwirbelsäule einwirken.

Eine andere Beurteilung greift, wenn zusätzliche Kräfte zum Tragen kommen. Neben den
erwähnten Scher-, Rotations-, Überbeugungs- und Überstreckungseinwirkungen kann ursächlich auch eine plötzliche Mehrbelastung in vorgebeugter Stellung sein.

8.3.2.6.5 Sekundärschäden nach Bandscheibenverletzungen

Der Bandscheibenvorfall kann zu erheblicher Druckschädigung im Bereich der Kauda
(Schwanzanteil des Rückenmarks) führen (sofortige Operation). Gelegentlich kommt es
zur teilweisen oder vollkommenen Lähmung der Beine und evtl. zu Blasen- und Mastdarmlähmungen. Solche Komplikationen werden auch durch mechanische Behandlungen
hervorgerufen, wobei der Bandscheibenvorfall mit seiner ganzen Masse nach hinten zum
Wirbelkanal herausquillt. Bei unfallbedingtem Bandscheibenvorfall ist auch dieser sekundäre Schaden durch den Unfall verursacht.

---

[37] Reckling, Rdschr. Verband d. f. BGen tätigen Ärzte I/72; Probst, Akt. Traumatol. 1 (1971) 160–
    161; vgl. auch BGH, 23. 11. 1988, HV-Info 15/1989, 1192; kritisch dazu Schimanski, SozVers
    1993, 97, 103.
[38] Probst, Akt. Traumatol. 1 (1971) 155–161 und 182–185; Ludolph, Unfallh. 1984, 390.
[39] Junghanns, Die Begutachtung der verletzten Wirbelsäule, in: Die Wirbelsäule in Forschung und
    Praxis, Bd. 40 (1968) S. 34–37 und 68–73.
[40] Grosser, Trauma Berufskrankh 3 (2000) 184; Schröter, MedSach 106 (2006) 212, 215.

8.3.2.6.6 Zusammenhangsbeurteilung

Gleiche Erwägungen gelten wie beim Sehnen- oder Meniskusriss (s. 8.2.2, S. 394; 8.10.5.4.3, S. 629), da es sich bei der Bandscheibe ebenfalls um eine „bradytrophe" (spärlich versorgte) Gewebeart handelt. Es sind „passiv tätige Organe", deren Funktion in einem gewissen Deformierungswiderstand gegen von außen kommende mechanische Belastungen besteht.

- **Entstehung**

Im medizinischen Schrifttum[41] wird auch von einer „Verschlimmerung" ausgegangen. Indessen ist zu beachten: Bandscheibenbedingte Veränderungen sind in eine klinisch stumme und eine klinisch manifeste Verlaufsphase zu ordnen. Die klinisch stumme bandscheibenbedingte Veränderung ist versicherungsrechtlich eine Schadensanlage; allein die Entstehung (s. 1.8.1, S. 33) einer Bandscheibenverletzung ist zu erörtern.[42]

- **Verschlimmerung**

Hingegen kann die Bandscheibenverletzung bei geeignetem Unfallereignis während des klinisch manifesten Verlaufs als Verschlimmerung gewertet werden (s. 1.8.2, S. 34):

Unfallereignis während der Vorwölbung des Gallertkerns („Protrusion"), Verlagerung außerhalb des Faserrings („Extrusion"), Vorwölbung zunächst des hinteren Längsbandes („subligamentärer Bandscheibenvorfall"), schließlich Durchbrechung des hinteren Längsbandes und Eindringen in den Rückenmarkskanal („Sequestrion").

Der Vorgang der „Diskose" bis zum Bandscheibenvorfall entwickelt sich mehrzeitig im Bandscheibenraum von innen nach außen über einen langen Zeitraum.[43] Auch durch ein geeignetes Unfallereignis wird er plötzlich herbeigeführt.

Für den traumatischen hinteren Bandscheibenvorfall ist charakteristisch, dass die Sequestrationsphase mit ihren abortiven klinischen Merkmalen jäh abgebrochen wird, um alsbald in die zweite Phase, also das klinische Vollbild der radikulären Ischias einzumünden. Wenn der Unfall zur sofortigen Rückverlagerung des vorbereiteten Bandscheibentrümmerstückes führt, tritt auch die radikuläre Ischias sofort (innerhalb von 1 bis 3 Tagen spätestens) ein. Kennzeichnend für die Verneinung des Zusammenhanges ist dagegen die Beobachtung, dass sich die Phase der Chondrosis disci (ohne Kombination mit radikulärer anhaltender Ischias) auch nach dem Unfall fortsetzt, um dann Monate später im Sinne nachträglicher Befundverschlechterung in die zweite Phase (mit dem Vollbild der radikulären Ischias) zu wechseln. Der Unfallzusammenhang ist zu verneinen.

Folgende Verletzungsformen sind streng zu unterscheiden[44]:

– totale Bandscheibensprengung, die namentlich auf Höhe des 5. Bewegungssegmentes zur sofortigen Kaudalähmung führt, exzessive Verletzungsmechanismen zur Vorausset-

---

[41] Tönnis, Akt. Traumatol. 1 (1971) 176; Junghanns, Die Begutachtung der verletzten Wirbelsäule, in: Die Wirbelsäule in Forschung und Praxis, Bd. 40 (1968) S. 201–203; Frowein, Terhaag, in: Wüllenweber, Brock (Hrsg.) Adv. Neurosurg. 4 (1977) 84; Lob, Handbuch der Unfallbegutachtung, 3 Bd. 1973, S. 780; Breitenfelder, in: Neurologische Begutachtung (Hrsg. Suchenwirth, Kunze, Krasney) 2000 S. 507, 516.
[42] Ludolph, Akt. Traumatol. 24 (1994) 95, 97.
[43] Brinckmann, Porter, Spine 19 (1994) 228.
[44] Tönnis, Schildhauer, Akt. Traumatol 1 (1971) 145.

8.3 Wirbelsäule

zung hat und hinterher unter dem Bild des „Ballonreifenphänomens" zur narbigen Abheilung gelangt

- typischer Bandscheibenvorfall, nicht den gesamten Bandscheibenkörper betreffend, sondern lediglich einen eng umschriebenen Bezirk am hinteren Bandscheibenumfang, eben den erwähnten Durchlasskanal. Die Beschränkung der Kontinuitätstrennung (Oberfläche des Faserringes) auf ein umschriebenes Segment der Bandscheibenfigur spricht für degenerative Vorschädigung des geweblichen Terrains vor dem endgültigen Durchtritt des Vorfallgewebes.

8.3.2.6.7 Minderung der Erwerbsfähigkeit
Bis zur Feststellung der Rente auf unbestimmte Zeit   20 bis 30 %

Die Einschätzung der MdE berücksichtigt reparatorische Vorgänge nach einer Bandscheibenverletzung. Meist sprießen Blutgefäße von den Längsbändern und der Knochenhaut in die sich rückbildende Bandscheibe. Dadurch bildet sich als Zwischenstadium ein derbes Narbengewebe, das letztlich zu einer bindegewebigen narbigen Verbindung der Wirbelkörper führt und genügend festen Halt gibt.

Bei instabiler Heilung kommt es zur gelenkartigen Umwandlung. Beweglichkeit bleibt erhalten, Festigkeit ist vermindert. Alter und degenerativer Vorschädigung entsprechend können Funktionsverlust und vermehrte Verletzungsanfälligkeit bleiben. Rente auf unbestimmte Zeit kommt in Betracht.

8.3.2.7 Luxation, Luxationsfraktur in Verbindung mit Bandscheibenverletzung
Da mit reiner Luxation und Luxationsfraktur fast immer eine Bandscheibenschädigung verbunden ist, heilen auch beide bei unvollständiger Wiedereinrichtung in der Regel durch mächtige Spondylophytenbildung stabil aus. Knöcherne Zacken- und Wulstbildungen ergeben sich; in ausgeprägter Form vermögen sie spangenförmig zwei benachbarte Wirbel zu verbinden. Diese reaktiven Abstützungsvorgänge und Spangenbildungen sind positiv zu betrachten. Je vollständiger die Spangenbildung, desto besser die Abstützung. Die MdE beträgt dann anfangs 30 %, im zweiten Unfalljahr 20 % und danach 10 %.[45]

Instabile Ausheilungen sind selten, da sie wegen ihrer Schmerzhaftigkeit meist operativ behandelt werden.

8.3.2.8 Minderung der Erwerbsfähigkeit nach Wirbelsäulenverletzung
Zur Beurteilung eines Folgezustands nach Wirbelsäulenverletzung – auch unter Berücksichtigung eines solchen nach operativer Verfahrenswahl – steht die Wirbelsäulenfunktion im Vordergrund. Analog zur Beurteilung peripherer Gelenkschäden steht die segmentale Gesamtbeweglichkeit und die Störung eines oder auch mehrerer Bewegungssegmente allein im Mittelpunkt der MdE-Einschätzung.[46]

---

[45] Bilow, Weller, Chirurg 48 (1977) 515.
[46] Schittig, Trauma Berufskrankh 2000 (2) Suppl. 2, 264 m. Hinweis auf White, Panjabi, The Problem of clinical instability in the human spine, Philadelphia (1990) 266.

Kriterien für das Einschätzen der MdE nach Wirbelsäulenverletzung:

(1) *stabile oder instabile Ausheilung:* Mechanische Instabilität ist definiert als abnorme Beweglichkeit, also Beweglichkeit in unphysiologischer Richtung. Auch die Überbeweglichkeit in physiologischer Richtung kann der Instabilität zugerechnet werden.[47]

(2) Ankylose oder Instabilität des Bewegungssegments: Je tiefer das betroffene Segment, desto stärker wirken sie sich aus, da weniger Bewegungssegmente dies kompensieren.[48]

(3) *Achsenabweichung;* erheblich ist ein Knickwinkel von 15–20°

(4) ungenügende Wiederertüchtigung der Wirbelsäulen-Haltemuskulatur

(5) Beurteilung[49] nach Frakturtyp, funktioneller Ausheilung, Veränderung der Statik sowie unterschiedlichen Graden der Bandscheibenbeteiligung:

Fallgruppe 1: Bandscheibenmasse weitgehend erhalten, Ausheilung stabil

Fallgruppe 2: Bandscheibenmasse aufgesprengt, Spannungszustand des Gewebes (Turgor) erloschen, Zerreißungen in rückseitigen Abschnitten des zwischen den Wirbeln liegenden (intervertebralen) Haftapparates. „Gelenkige Umwandlung" der Bandscheibenmasse durch nicht heilbare Risse. Zeitweilige Instabilität. Ausheilung durch manschettenförmige, vorwiegend bindegewebige Versteifung im Nachhinein erreichbar

Verletzungsart	Ausheilungsergebnisse	MdE in %
isolierter WK-bruch	ohne Bandscheibenbeteiligung	unter 10
WK-bruch mit Bandscheibenbeteiligung	Fallgrp. 1 (stabil)	unter 10
	Fallgrp. 1 u. statisch wirksamer Achsenknick	10–20
	Fallgrp. 2 (instabil)	20
	Fallgrp. 2 u. statisch wirksamer Achsenknick	20–30
Voll ausgebildete WS-Verletzung	Stückbruch mit Bandscheiben-Interposition (Zwischenlagerung) – stabil	10–20
	Stückbruch mit Bandscheiben-Interposition – instabil	20–30

---

[47] Weber, Die klinische und radiologische Begutachtung von Wirbelsäulenverletzungen nach dem Segmentprinzip. Unfallchir. 17 (1991) S. 202.
[48] Liljenquist, Beurteilung und Begutachtung von Wirbelsäulenschäden, 2002 S. 20, 27f.
[49] Erdmann, H. Unfallh. 129 (1977), 293–296; ders., Unf.-Chir. 3 (1977) 70–72; vgl. auch Rompe, MedSach 1989, 126, 128ff.; Bilow, H. Unfallh. 220 (1991) 639.

8.3 Wirbelsäule

Diese Werte gelten nicht bei zusätzlichen Rückenmarkserkrankungen (Myelopathie), z. B. bei einer Schädigung des Conus (Schädigung der untersten Teil des Rückenmarks, der die Funktion von Blase und Darm kontrolliert) oder bei Verletzung der den unteren Rückenmarkssegmenten entspringenden Spinalnerven (Cauda), welche Beine und Füße versorgen. Beim Cauda-Conus-Syndrom ist auf die Erfahrungswerte bei Rückenmarksverletzungen (s. 8.3.5.7, S. 474) abzustellen.[50]

Mit Hilfe des *Segmentprinzips* können Verletzungen an der Wirbelsäule weiter differenziert werden. In Analogie zur Begutachtung peripherer Gelenkschäden werden Schäden am Bewegungssegment und segmentale Beweglichkeit berücksichtigt. Entsprechend seiner funktionellen Bedeutung hat jedes Bewegungssegment der gesamten Wirbelsäule einen Segmentwert (s. Tabelle). Sind mehr als 2 Segmente betroffen, so führen die Empfehlungen von *Weber* und *Wimmer* häufig zu unplausiblen Ergebnissen, da nur eine rechnerische Addition und nicht die – gebotene – Betrachtung vorgesehen ist. So ergäbe sich z. B. nach den Empfehlungen von *Weber* und *Wimmer* rechnerisch eine MdE von 100 % bereits dann, wenn die Wirbelsäule zu 1/3 versteift ist.

Die vollständige Versteifung der Wirbelsäule wird mit einer MdE von 100 % bewertet. Legt man den prozentualen Anteil der einzelnen Bewegungssegmente an der Gesamtbeweglichkeit der Wirbelsäule zu Grunde, so bedeutet der vollständige Bewegungsverlust in einem Segment im Mittel einen Verlust an Wirbelsäulenbeweglichkeit von 4 %. Da nach den Empfehlungen von Weber und Wimmer bei segmentaler Ankylose der Segmentwert zu verdreifachen ist, würde sich daraus im Mittel eine MdE von 12 % errechnen. Weil der Beitrag der verschiedenen Bewegungssegmente an der Gesamtbeweglichkeit unterschiedlich ist, werden bei der Ermittlung der MdE statt eines Mittelwertes die von *R. Louis* ermittelten Bewegungsausschläge zu Grunde gelegt.

Bei

- stabil ausgeheilten Frakturen ohne Deformierung kommen die einfachen Segmentwerte als Prozentsätze zur Anwendung
- zwei betroffenen Bewegungssegmenten sind die entsprechenden Segmentwerte zu addieren
- posttraumatischen Wirbelsäulendeformitäten mit Verkrümmungen in der Scheitel- oder Frontalebene sind die Werte der betroffenen Segmente zu verdoppeln und zu addieren
- segmentaler Ankylose oder Hypomobilität ist der Segmentwert zu verdreifachen
- segmentaler Instabilität je nach Schweregrad ist mit dem Faktor vier (bis 1/4 Wirbelverschiebung) bis sechs zu multiplizieren.
- Jedes Segment darf nur einmal, dann aber mit dem jeweils höchsten Segmentwert, bei der Addition gewertet werden.

Eine mit Ankylose im Segment T 12/L1 und kyphotischer Fehlstellung von T12-L2 stabil verheilte LWK1-Fraktur ergibt demnach eine MdE von 20 % (2 × 3,3 + 3 × 3,6 = 17,4): Die errechneten Endwerte sind auf die nächste 5 % Stufe auf- oder abzurunden. Je nach klinischen Befund kann die MdE in den ersten beiden Jahren verdoppelt werden.

---
[50] LSG Nordrhein-Westfalen, 7. 2. 2007, Breith. 2008, 117, 119.

Die ermittelten Werte sollten mit den Ergebnissen der „Verletzungsarten-Tabelle" korrelieren. Eine schematische Übernahme der nach den Empfehlungen errechneten MdE kann zu unplausiblen Ergebnissen führen, sie wäre auch nicht systemkonform.

Segment	Bewegungsmaß in °	%	Segment	Bewegungsmaß in °	%
C0/C1	50	7,8	T5/6	14	2,2
C1/2	46	7,2	T6/7	16	2,5
C2/3	37	5,8	T7/8	12	1,8
C3/4	39	6,1	T8/9	12	1,8
C4/5	46	7,2	T9/10	12	1,8
C5/6	42	6,6	T10/11	14	2,2
C6/7	39	6,1	T11/12	12	1,8
C7/T1	32	5,0	T12/L1	23	3,6
T1/2	14	2,2	L1/2	21	3,3
T2/3	14	2,2	L2/3	23	3,6
T3/4	14	2,2	L3/4	29	4,5
T4/5	14	2,2	L4/5	36	5,6
			L5/S1	30	4,7

Segmentbezogene Beurteilung von Wirbelsäulenschäden (nach *Weber, Wimmer*, Unfallchirurgie 17 [1991] 200, 205). Für jedes Bewegungssegment wird analog zur physiologischen Beweglichkeit der prozentuale Anteil an der Wirbelsäulenbeweglichkeit (= 100 %) dargestellt.

Die ermittelten Prozentsätze und mit Zuschlägen versehenen Werte bilden die Grundlage zur Feststellung der Rente auf unbestimmte Zeit.

Das Segmentprinzip baut ausschließlich auf radiologischen und biomechanischen Kriterien auf. Wegen der Nichtberücksichtigung klinischer Auswirkungen und Untersuchungsverfahren, mit denen die theoretischen Einschränkungen reproduziert und objektiviert werden können, auch weil das Segmentprinzip „kaum wirklich handhabbar" sei, wird es kritisiert.[51]

---

[51] Schröter, Fitzek, in: Begutachtung der Haltungs- und Bewegungsorgane (Hrsg. Rompe, Erlenkämper) 4. Aufl. 2004 S. 555; Thomann, in: Orthopädisch- unfallchirurgische Begutachtung (Hrsg. Thomann, Schröter, Grosser) 1. Aufl. 2009 S. 109; nach Rompe, in: Begutachtung der Haltungs- und Bewegungsorgane (Hrsg. Rompe, Erlenkämper u. a.) 5. Aufl. 2009 S. 676 decken sich die errechneten Werte „erstaunlich gut mit den bisher bekannten Literaturangaben".

8.3 Wirbelsäule

8.3.2.9 Messbeispiele mit „Normalwerten"

Halswirbelsäule

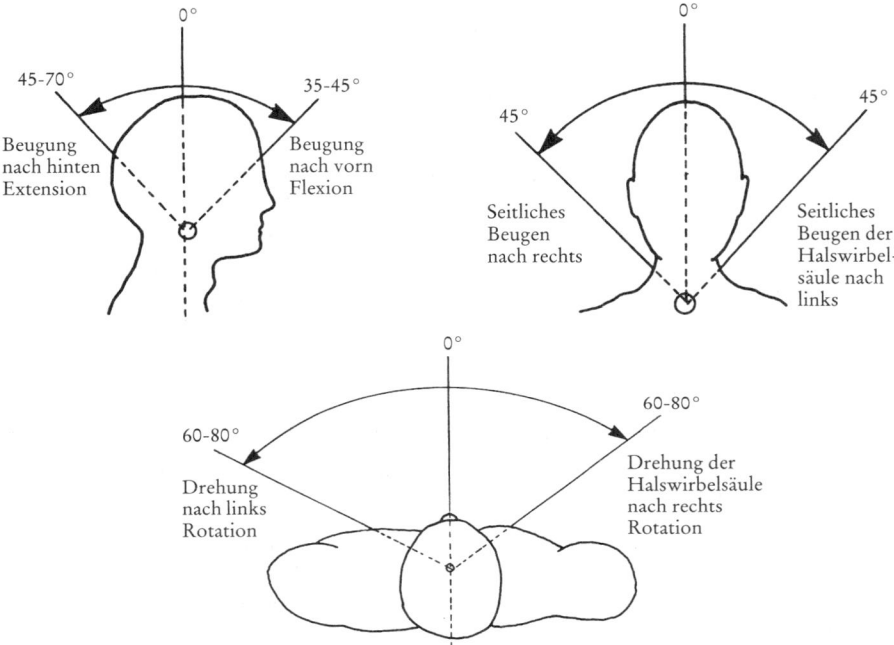

Brust- und Lendenwirbelsäule

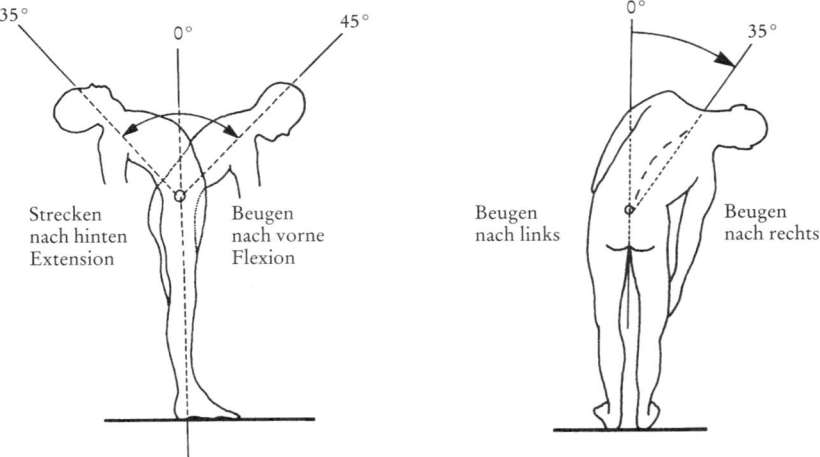

Gemessen wird der Winkel zwischen der Verbindungslinie C^7-S^1 und der Senkrechten.

8.3.3 Bedeutsame Wirbelerkrankungen im Blickfeld traumatischer Einflüsse

Nach Verletzungen der Wirbelsäule sind Folgen von Veränderungen der Wirbelsäule anderer Ursache zu unterscheiden.

Das Übersehen von Vorschäden und deren falsche Einschätzung sind neben der Fehldeutung von Röntgenaufnahmen Fehlerquellen bei der Begutachtung von Wirbelsäulenverletzungen. Kenntnis wichtiger Erkrankungen und ihrer Wechselwirkungen mit Unfallfolgen ist unentbehrlich.

Wirbelsäulenfehlformen sind von -fehlhaltungen zu trennen. Fehlhaltungen haben allenfalls geringen Krankheitswert, sie können konstitutionell, im Wesentlichen durch die Eigenform der Wirbelsäule und den Körperbau und durch psychische Faktoren bedingt sein. Jedoch gehen Wirbelsäulenerkrankungen auch mit Haltungsveränderungen einher (z.B. Morbus Scheuermann, Skoliose, bandscheibenbedingte und entzündliche Wirbelsäulenerkrankungen).

8.3.3.1 Scheuermannsche Erkrankung

Zeichen dieser Erkrankung sind bei fast einem Drittel der Bevölkerung zu finden. Pathologisch-anatomisch liegen Verknöcherungsstörungen an den Wirbelkörperabschlussplatten vor, deren Ursache bisher nicht geklärt ist.[52]

Diese Störungen führen zu Keilwirbeln, Wirbelkörperkantenabtrennungen und „Schmorl Knorpelknötchen" (Verlagerung von Bandscheibengewebe in den Wirbelkörper). Die Wachstumsstörungen an der Brustwirbelsäule verursachen eine Hyperkyphose (Rundrücken), an der Lendenwirbelsäule eine Abflachung der lumbalen Lordose (Flachrücken). Die knöchernen Wirbelveränderungen gehen mit einer vermehrten Bandscheibendegeneration einher.[53]

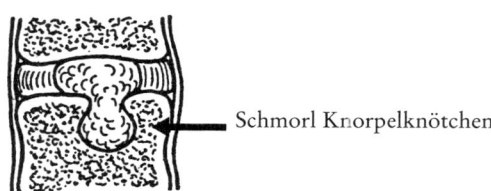

Abb. 8: Zentraler Bandscheibenvorfall

In mehr als der Hälfte der Fälle entwickeln sich zugleich seitliche Verbiegungen im Sinne leichter Skoliosen. Derartige Wirbelsäulen neigen zu einem vorzeitigen und vermehrten Verschleiß. Dadurch, dass die *Scheuermann*sche Erkrankung auch zu mehr oder minder starken keilförmigen Verformung führt, können differentialdiagnostische Schwierigkeiten im Hinblick auf traumatische Verbildungen entstehen – allerdings nur, wenn vom Unfalltag Röntgenbilder nicht vorhanden sind. Daher ist wichtig, auch bei leicht erscheinenden Verletzungen der Wirbelsäule grundsätzlich Röntgenbilder anzufertigen, um späteren Un-

---

52 Halm, Beurteilung und Begutachtung von Wirbelsäulenschäden, 2002 S. 92, 108.
53 Liljenquist, Versicherungsmedizin 57 (2005) 3, 5.

klarheiten vorzubeugen. Gerade diese Wirbelsäulenerkrankungen schreiten mit zunehmendem Lebensalter fort. Nach Jahren wird ein früherer Unfall als Ursache angeschuldigt.

8.3.3.2 Osteopathien

Knochenerkrankungen treten durch Vitaminmangel, endokrine Störungen oder bei Nierenerkrankungen auf. Zu den Osteopathien mit verminderter Knochendichte gehören die Osteoporose und Osteomalazie. Bei der Osteoporose liegt eine gleichmäßige Verminderung der Knochensubstanz, bei der Osteomalazie vorwiegend eine Verringerung des Mineralanteiles vor.

8.3.3.2.1 Zur Entstehung

Osteoporose ist eine Systemerkrankung des Skeletts, die neben Verminderung der Knochensubstanzmenge durch Verschlechterung der Architektur des Knochengewebes mit entsprechend erhöhtem Frakturrisiko charakterisiert ist.[54] In Deutschland sind 30 % der Frauen und 10 % der Männer nach dem 50. Lebensjahr betroffen.[55]

Die Knochendichte kann mit der DXA (dual-energy X-ray absortiometry) gemessen werden. Üblicherweise wird das Messergebnis als sog. T-score angegeben, d. h. als Standardabweichung (SD = standard deviation) von der Knochendichte junger erwachsener Frauen (PBM = peak bone mass). Auf normalen Röntgenaufnahmen ist eine Knochendichteminderung erst erkennbar, wenn sie ca. 30 % erreicht.

Stadieneinteilung (WHO[56]):

A. Altersassoziierter Knochenmasseverlust („Osteopenie"),
   T-score zwischen –1 SD und –2,5 SD (10–25 % Verlust Knochendichte);
   entspricht Grad 0 nach *Minne*.[57]

B. Präklinische Osteoporose mit potentieller Frakturgefährdung,
   T-score bei oder unter –2,5 SD (über 25 % Verlust Knochendichte);
   entspricht Grad 1 nach *Minne*.

C. Manifeste Osteoporose mit eingetretenen Frakturen,
   ein bis vier Wirbelkörperfaktoren; entspricht Grad 2 nach Minne;
   mehr als vier Wirbelkörperfaktoren = Grad 3 nach *Minne*.

Im Allgemeinen unterscheidet man die *präsenile* Form, die – um das 5. Lebensjahrzehnt beginnend – Wirbelsäule, Rippen und Becken betrifft, und die *senile* Form, bei der der Knochengewebsschwund langsam das ganze Skelett erfasst.

Diese „Involutionsosteoporosen" sind überwiegend hormonell bedingt und erscheinen gewissermaßen bei jedem Menschen im Rahmen altersmäßigen Abbaues und Atrophie des Gewebes, der Konstitution entsprechend. Bisweilen arten sie in eine krankhafte Form – bei zusätzlichen krankhaften Faktoren – aus. Weitere Risikofaktoren sind Calcium- und Vi-

---

54   Willburger, Knorth, Dtsch Ärztebl 2003; 100:A 1120; Peters, Dtsch Ärztebl 2008, 105: 573.
55   Pollähne, u. a., Bundesgesundheitsbl. 2001, 37.
56   WHO Technical Report Series 843, 1994.
57   Minne, Therapiewoche 4 (1995) 236.

tamin-D-arme Ernährung, Bewegungsmangel, familiäre Belastung, medikamentöse Therapie mit Glukokortikoiden (s. 8.3.6.4, S. 476), Antiepileptika, Antikoagulanzien oder Laxantien.[58]

Osteoporose bewirkt eine Verminderung der Knochenbruchfestigkeit, weswegen bis zum 75. Lebensjahr 30 % der Bevölkerung Frakturen erleiden. Osteoporose der Wirbelsäule führt zu chronischen Rückenschmerzen, die nicht als genau lokalisierbar in der Tiefe angegeben werden. Röntgenologisch kommt eine Osteoporose erst zur Darstellung, wenn etwa ein Drittel der Knochenmasse verloren ist. Verstärkung der Rahmenstruktur der Wirbelkörper und vermehrte Strahlentransparenz sind typisch. In fortgeschrittenen Stadien kommt es zu „spontanen Wirbelkörperverformungen" mit Entwicklung von Keil- oder Fischwirbeln. Mit Knochendichtemessungen und laborchemischen Untersuchungen ist die Osteoporose objektivierbar.

Zwischen Minderung der Knochenmasse und Schmerzhaftigkeit oder Funktionseinschränkung besteht kein Zusammenhang. Akute Schmerzen erfolgen erst bei Eintritt einer osteoporosebedingten Fraktur.[59]

Osteoporose nach Verletzung der Wirbelsäule mit anschließender langzeitiger Bettruhe kann als mittelbare Folge eines Arbeitsunfalls gewertet werden.

Die *Osteomalazie* führt wie die Osteoporose zu Keil- und Fischwirbeln mit Vermehrung der thorakalen Kyphose (Rundrücken), zudem kann es unter mechanischer Belastung zu erhöhtem Knochenumbau mit der Entstehung von Pseudofrakturen (Loosersche Umbauzonen) kommen. Auf Grund von Lokalisation (meist an den Schenkelhälsen und am Schienbeinkopf) und Aussehen sind sie von echten Frakturen zu unterscheiden.

Nach Verabreichung „schädigender Medikamente" zur Heilung oder Linderung von Arbeitsunfall-/Berufskrankheitenfolgen sind entsprechende Krankheitserscheinungen als mittelbare Folgen zu entschädigen.[60]

8.3.3.2.2 Spontanverformung

Bei Osteoporosen kann durch unwesentliche Belastung bereits ein Wirbeleinbruch geschehen. Je nach Lokalisation finden sich *typische* osteoporotische Wirbelkörperverformungen. Im oberen und mittleren Brustwirbelabschnitt bestehen auf Grund der schon physiologischen Kyphose andere Belastungsverhältnisse als im unteren Anteil des Brust- und Lendenwirbelsäulenbereiches. Deshalb bilden sich im Bereich der Brustkyphose *spitze Keilwirbel*. Im Krümmungsmittelpunkt sind die kyphosierenden Kräfte besonders stark. Die Keilform ist hier deutlich ausgeprägt, so dass innerhalb der mittleren Brustwirbelsäule derartige spontane Zusammensinterungen (Pressung) am häufigsten vorliegen. Im Bereich der Lendenwirbelsäule wirkt hingegen der Ausdehnungsdruck des Gallertkernes der Bandscheibe auf die angrenzenden Wirbeldeckplatten. Als Folge entsteht bei dem osteoporotischen Wirbelkörper an der Lendenwirbelsäule und der unteren Brustwirbelsäule eine zunehmende, mehr *fischwirbelartige Verformung*. Bei ausgeprägten Formen der Osteoporose findet man sog. *Plattwirbel*.

---

[58] Pollähne, u.a., ASU 36 (2001) 286.
[59] Sabo, in: Begutachtung der Haltungs- und Bewegungsorgane (Hrsg. Rompe, u.a.) 5. Aufl. 2009 S. 444.
[60] Schmidt, u.a., ASU 30 (1995) 9ff.

8.3 Wirbelsäule

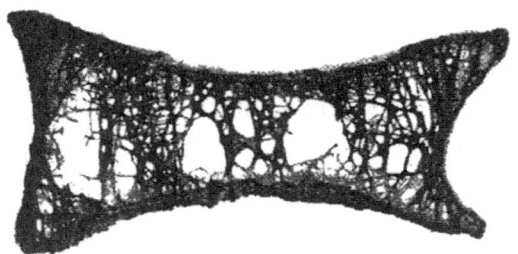

Abb. 9: Senile Osteoporose, Wirbelsagittalschnitt. Grobwabig aufgelockerte Spongiosa, Einwölbung der Wirbelkörper-Abschlussplatten und der vorderen Kortikalis (Fischwirbelkonfiguration)

Durch das Kausalitätsbedürfnis bedingt, wird vielfach eine *unwesentliche* Belastung als Ursache der Veränderungen der Wirbelsäule gedeutet. Bei genauer Erhebung der Anamnese muss jedoch meist festgestellt werden, dass ein rechtlich beachtliches Trauma als Ursache fehlt. Daher sollen Wirbelkörperverformungen bei Osteoporose nicht als Spontanfrakturen bezeichnet werden.

Der Unkundige verbindet nämlich mit dem Begriff Fraktur die Vorstellung einer erheblichen Krafteinwirkung. Formveränderungen der Wirbelkörper auf Grund der Osteoporose werden daher *Spontanverformung* genannt.[61] Erfahrungsgemäß beginnt eine Zusammensinterung der Wirbelkörper bei Osteoporose der Wirbelsäule zunächst bei *einem* Wirbelkörper. Das Krankheitsbild der Osteoporose muss demnach nicht sogleich zur Zusammensinterung mehrerer Wirbelkörper führen. Wie bei anderen Erkrankungen kommt es zu einem Fortschreiten mit weiterer Zusammensinterung anderer Wirbelkörper.

8.3.3.2.3 Zusammenhangsbeurteilung

Folgende Überlegungen sind anzustellen:

(1) Handelt es sich überhaupt um einen Belastungsvorgang ohne eigene Beeinflussung oder aber um einen Hebevorgang aus eigenem willentlichen Entschluss?

(2) Sind frische Bruchzeichen vorhanden und ist nur der Wirbelkörper betroffen oder sind auch „harte Teile" (Bogenwurzel, Gelenkfortsatz, Randleiste) gebrochen? Auf eine frische Verletzung weist ein Hämatom (Bluterguss) im Frakturbereich im unfallnahen Computer- oder Kernspintomogramm; die Knochenszintigraphie (im Verlauf sowohl 1 bis 2 Tage als auch etwa 1 Woche nach dem Unfall) zeigt im Vergleich einen deutlichen Anstieg der Aktivität.[62]

(3) Abschätzen der Widerstandsfähigkeit von Knochen und Stärke der Krafteinwirkung: Bei Osteoporosen Grad 1 (*Minne* 1995) besteht häufig eine wesentliche Teilursächlichkeit, bei Grad 2 und 3 ist der Unfall für den Wirbelbruch in der Regel unwesentlich.[63] Die Tragfähigkeit des Wirbelkörpers muss noch so beschaffen sein, dass sie zumindest der gegebenen Hebekraft der auf den Wirbel einwirkenden Muskulatur entsprach.

---

61 Rompe, in: Begutachtung der Haltungs- und Bewegungsorgane, 5. Aufl. 2009 S. 673.
62 Grosser, u.a., Trauma Berufskrankh 3 (2000) 183.
63 Grosser, u.a., Trauma Berufskrankh 3 (2000) 184; Minne, Therapiewoche 4 (1995) 236.

Unfallbedingte Wirbelverletzung ist demnach nur anzunehmen, wenn eine nicht kontrollierte Belastung plötzlich erfolgte. Anschieben eines Pkw, ruckartiges Anheben schwerer Last.[64] Zeichen eines Kraftbruches (Mitbeteiligung „harter Teile" des Wirbels) stützen die Annahme eines Ursachenzusammenhanges. Ein Ereignis, das auch bei einer gesunden Wirbelsäule eine Fraktur verursacht hätte, wird gleichfalls bei osteoporotischer Wirbelsäule als Arbeitsunfall anerkannt:

Fehlen älterer Spontanbrüche ist – im Gegensatz zu anderer Begründung – für sich kein Beweis für die unfallweise Verursachung eines ersten Wirbelbruches, da es einerseits im Wesen der Osteoporose liegt, fortzuschreiten, andererseits die bisherige Tragbelastung des Wirbels trotz Osteoporose nur ein relatives Maß darstellt, d.h. keine Aussage über die Tragfähigkeit erlaubt.

Kritischer Prüfung bedarf der Unfallzusammenhang einer sich im Anschluss an einen Unfall allmählich einstellenden Osteoporose.

8.3.3.3 Skoliose

Sie bedeutet eine fixierte seitliche Verkrümmung der Wirbelsäule mit Verdrehung der Wirbelkörper gegeneinander. Von echten Skoliosen sind skoliotische Fehlhaltungen zu unterscheiden, also nicht fixierte Verkrümmungen der Wirbelsäule. Infolge Beinlängendifferenz kann es zum Beckenschiefstand mit folgender Fehlhaltung der Wirbelsäule kommen. Diese führt über lange Zeit hinweg zu strukturellen Veränderungen an der Wirbelsäule mit fixierter Verkrümmung, die bei traumatischer Beinlängendifferenz als mittelbare Unfallfolge in Betracht zu ziehen ist.

Unterschieden wird die *idiopathische* Form, die etwa 90 % aller Wirbelsäulenverbiegungen ausmacht und sich während des Wachstums der Wirbelsäule entwickelt. Die Pathogenese ist ungeklärt; diskutiert wird ein multifaktorielles Geschehen mit einer Störung der Neuroregulation.[65] Erhebliche Deformierung der Wirbelsäule und des Brustkorbes sowie Fehl-

Abb. 10: Thorakolumbale Skoliose

---

[64] Bedenklich daher die Beschreibung nicht geeigneter Ereignisse bei Keller, Z. Orthop. 1983, 334; Linde, Unfallh. 1983, 455; LG München, VersR 1973, 1060.
[65] Liljenquist, Versicherungsmedizin 57 (2005) 3.

stellungen der unteren Gliedmaßen können die Folge sein. Der Schweregrad wird nach dem Krümmungswinkel bestimmt (bis 30° leichte, bis 50° mittelgradige, darüber schwere Skoliose).

Daneben gibt es andere Ursachen, wie Missbildungen der Wirbelsäule (angeborene Keilwirbel). Verformungen des Brustkorbes nach Erkrankungen oder Verletzungen vermögen mittelbar ebenso eine Skoliose herbeizuführen, wie Muskelerkrankungen (z.B. die Muskeldystrophie) und neurologische Erkrankungen (z.B. Poliomyelitis – spinale Kinderlähmung s. 9.5; Syringomyelie – Höhlenbildung innerhalb der grauen Rückenmarksubstanz durch Zerfall von umschriebenen Gliawucherungen; Neurofibromatose – Bindegewebsgeschwulst der Nervenscheiden).

Anlagebedingte Skoliosen sind in der Regel großbogig (arkuär), nach Fraktur ist die Seitverbiegung eher knickförmig (angulär), die Deformierung auf ein Segment beschränkt.

Die Skoliose führt zu typischen röntgenologischen Veränderungen, deshalb ist die Abgrenzung von Unfallfolgen weniger schwierig; wird etwa durch eine Wirbelfraktur eine Fehlform der Wirbelsäule verschlimmert, sind die Verletzungsfolgen nach dem Segmentprinzip abgrenzbar; die Unfallfolgen erfahren unter Umständen eine höhere Bewertung. In schweren Fällen mit Winkeln über 60 Grad treten Einschränkungen der Lungenfunktion auf.

8.3.3.4 Wirbelgleiten

Die Spondylolisthesis, Wirbelgleitverschiebung nach vorne, ist im Erwachsenenalter ein abgeschlossener Vorgang, also nicht etwa ein noch im Fortschreiten begriffener Gleitvorgang. Deshalb bezeichnet die Wortwahl „Verschiebung" (für einen abgeschlossenen Prozess) die Situation besser als der missverständliche Ausdruck „Wirbelgleiten".

Das Wirbelgleiten nach vorne spielt sich in der Kindheit (Schulkindalter, Adoleszenz), am häufigsten in der Pubertät ab und kommt zwischen dem 20. und 25. Lebensjahr zum Stillstand. Im Erwachsenenalter anlässlich einer Wirbelsäulenverletzung aufgedeckte Fälle von Olisthesis sind meist nur Rückstände eines vor Abschluss des Skelettwachstums unbemerkt abgelaufenen und inzwischen stabilisierten Prozesses, also nicht das Ergebnis einer frischen Verletzung.[66]

Von Wachstumsstörungen an der Wirbelsäule sind Missbildungen (Halbwirbel, Keilwirbel, Wirbelbogenspalten) und angeborene Entwicklungsstörungen (Dystrophie, Skelettdysplasien) zu unterscheiden. Beim *angeborenen Wirbelgleiten* ist in der Regel nur die Anlage dazu angestammt. Der Gleitvorgang setzt später ein, über lange Zeit kann Beschwerdefreiheit bestehen. Nicht selten wird deshalb ein späterer Unfall für das Entstehen verantwortlich gemacht. Nur ausnahmsweise kann eine Verschlimmerung und kaum eine traumatische Ursache anerkannt werden.

Die Olisthesis wird durch verschiedene Veränderungen am Zwischengelenkstück (Isthmus) des Wirbelbogens ermöglicht, u.a. durch eine Spaltbildung in diesem Stück (*Spondylolyse*). Es handelt sich um eine Kontinuitätstrennung des Knochens, mutmaßlich auf dem Boden eines Ermüdungsbruches zustandegekommen, inzwischen unter Hinterlas-

---

[66] Junghanns, Die gesunde u. die kranke Wirbelsäule in Röntgenbild u. Klinik, 5. Aufl., 1968 S. 420–432.

sung eines Spaltes abgeklungen, die nunmehr die Erscheinungsform glatt konturierter, reaktionsloser bzw. blander Knochenstümpfe angenommen hat. Da absolut symmetrische Kraftfrakturen in diesem Stück des Wirbelbogens nicht üblich sind, stellt sich die Frage nach einer unfallbedingten Entstehungsweise der Spondylolysen (im Kindesalter) kaum[67], die Neuerwerbung kommt im Erwachsenenalter im Hinblick auf das blande Erscheinungsbild der Lyse auf den Röntgenbildern vom Unfalltermin von vornherein nicht in Betracht. Lysen werden also durch einen Unfall, jedenfalls beim Erwachsenen, nicht erworben.[68]

Erfahrungen an Hochleistungssportlern haben die Diskussion angefacht, ob Ermüdungsbrüche im Zwischengelenkstück des Bogens nicht auch jenseits des 20. Lebensjahres frisch entstehen können, freilich nun nicht im Zuge eines Kraftbruches, wohl aber als Ergebnis eines Dauertraumas.[69] Diese Vermutung liegt nahe, wenn die Sportler ihr Hochleistungstraining tatsächlich erst nach dem 20. Lebensjahr begonnen haben; eine Voraussetzung, die in den geeigneten Sportarten meist nicht erfüllt wird. Bei bestimmten Artisten (Kontorsionisten) beginnt das aktive, vor allem auch das passive Dehnungstraining[70] sogar üblicherweise schon im frühen Schulkindalter. Gerade bei dieser Personengruppe sind Spondylolysen gehäuft bzw. in mehreren Etagen der Lendenwirbelsäule bekannt. Insofern als das Dauertrauma jedenfalls seinem Wesen nach dem Begriff der einmaligen Unfallverletzung widerspricht, sind auch diese Lysen keine Unfallfolge.

Im Durchschnitt liegt die Häufigkeit der Spondylolisthesen bei 2 bis 3 %, diejenige der Spondylolysen bei 5 bis 7 %.[71] Am Gleitprozess beteiligt sind nur die vorderen Anteile des Wirbels (meist des 5. Lendenwirbels), die hinteren Anteile (die beiden unteren Gelenkfortsätze, der hintere Abschnitt des Bogens und der Dornfortsatz) bleiben unverschoben. Der vordere Anteil des Wirbels nimmt im Gleiten die gesamte darüberliegende Wirbelsäule mit nach vorne.[72]

Nur ein Bruchteil der Träger dieser Veränderung hat Beschwerden oder weist Leistungsminderungen auf. Wenn Beschwerden überhaupt eintreten, stehen die Betroffenen in der Regel im Alter von 20 bis 40 Jahren; das Maximum des Beschwerdebeginns liegt bei einem Lebensalter von etwa bis 25 Jahren. Die Verschlimmerung des zur Olisthesis „gehörenden" Beschwerdebildes durch die Unfallfolgen wird erörtert, verlangt aber, da dies außerordentlich selten ist, vom Gutachter ein hohes Maß an Erfahrung und kritischer Einstellung. Bezeichnenderweise wurden eindeutig dokumentierte Wirbelsäulenverletzungen beobachtet, bei denen das Vorhandensein einer Olisthesis in der nahen Umgebung des Verletzungsterrains entdeckt wurde und der Grad der Gleitverschiebung trotz der Einwirkung vehementer mechanischer Kraft von außen keinerlei Veränderung erfahren hat.[73]

---

[67] Taillard, Die Spondylolisthesen (1959) S. 114–119; Suezawa und Jacob, Die Wirbelsäule i. Forschung u. Praxis Band 94, 89–90.
[68] Taillard, Die Spondylolisthesen (1959) S. 93–119.
[69] Schreiber, u.a., in: Neuroorthopädie 4 (Hrsg. Hohmann, Kügelgen, Liebig), 1988, S. 223: mehr als 30 % der Hochleistungssportler sind betroffen; s. auch Schüepp, u.a., ebenda, 281ff.
[70] Junghanns, Die gesunde u. die kranke Wirbelsäule in Röntgenbild u. Klinik, 5. Aufl. 1968 S. 442 u. 422.
[71] Missler, MedSach 1989, 120, 121.
[72] Junghanns, Die gesunde u. die kranke Wirbelsäule in Röntgenbild u. Klinik, 5. Aufl. 1968 S. 421–427.
[73] Taillard, Die Spondylolisthesen (1959) S. 122–126.

Den begrifflichen Gegensatz zur Spondylolisthesis bildet die Pseudospondylolisthesis.[74] Bei ihr sind die Zwischengelenkstücke des Bogens intakt und es kommt zur Verschiebung des gesamten Wirbels nach vorne (nach hinten: *Retrolisthese*). Ursache ist die Liquidierung des mechanischen Zusammenhaltes im Bewegungssegment der betroffenen Etage. Deshalb kombiniert sich die Pseudospondylolisthesis zumeist mit einer Höhenminderung des betroffenen Bandscheibenraumes und ausgeprägten Arthrose der zugehörigen Wirbelbogengelenke. Der Bandscheibenkörper unterliegt einer fortschreitenden Zermürbung und die räumliche Einstellung der Gelenkspaltebene der Wirbelbogengelenke verlagert sich im Rahmen der deformierenden Arthrose zu Gunsten einer abnormen Flachstellung. Die Umlagerung der Gelenkspaltebenen begünstigt den Gleitprozess nach vorne. Auch die Pseudospondylolisthesis ist keine direkte Unfallfolge. Aber die Verschlimmerung einer vorbestehenden Pseudoolisthese, etwa im Gefolge statischer Umstellungen der Wirbelsäulenachse durch deformierende Verletzungsfolgen, wird erörtert. Der Zusammenhang ist selten anzunehmen.[75]

Luxationsfrakturen im untersten Bewegungssegment der Lendenwirbelsäule, also gewaltsame Verschiebung des fünften Lendenwirbels auf der Kreuzbeindeckplatte, kommen vor. Wenn die Begleitverletzungen der Wirbelbogengelenkfortsätze nachweisbar sind, besteht an der unfallbedingten Entstehung der Wirbelverschiebung kein Zweifel; aber es ist nicht erlaubt, diese Verletzungsformen als unfallbedingte Spondylolisthesis zu bezeichnen, weil die morphologischen Fakten (Wirbelbogengelenke, Isthums des Wirbelbogens) völlig andere sind. Der Begriff „traumatische Spondylolisthesis" ist ein Widerspruch in sich.[76]

8.3.3.5 Bandscheibenschäden

Krankhafte Veränderungen des Bandscheibengewebes, von den Zeichen einer physiologischen Alterung zu unterscheiden, führen zur Höhenminderung der Bandscheibe durch Abnahme des Wasserbindungsvermögens im Kern der Bandscheibe (Nucleus pulposus) und zu Rissen im Anulus fibrosus (ringförmiger äußerer Anteil der Bandscheibe) mit Nekrosen des Bandscheibengewebes. Diese Vorgänge, röntgenologisch an einer Verminderung des Abstandes zwischen zwei benachbarten Wirbelkörpern erkennbar, werden als *Chondrose (Chondrosis intervertebralis)* bezeichnet.

Die Häufigkeit dieser Erkrankung ist unter anderem auf frühzeitige Degeneration und ungenügende Regenerationsfähigkeit der Zwischenwirbelscheibe zurückzuführen: Als bradytrophes Knorpelgewebe (Ernährung durch Diffusion, d.h. nur durch Übertritt von ernährender Gewebsflüssigkeit aus der Umgebung – nicht durch eigene Blutgefäße – gelangen notwendige Nahrungsstoffe in das Gewebe) ist sie vom 10. Lebensjahr an der Regression (zu Grunde gehen mit Verschwinden der charakteristischen Zellen) und der Involution (Rückbildung) unterworfen. Dies äußert sich vor allem in zunehmendem Elastizitätsverlust durch Herabsetzen des Turgors (Spannungszustand des Gewebes) und erhöht die Lädierbarkeit dadurch um so mehr (biologisches Altern und natürlicher Verschleiß). Der Druck auf das flüssigkeitsverarmte Gewebe wirkt sich ungünstig sowohl auf

---

[74] Junghanns, Die gesunde u. die kranke Wirbelsäule in Röntgenbild u. Klinik, 5. Aufl. 1968 S. 432–435; Kohlbach, Röntgen-Bl. 34 (1981) 397.
[75] Brussatis, Akt. Traumatol. 1 (1971) 167 u. 185.
[76] Taillard, Die Spondylolisthesen (1995) S. 18; Junge und Pfeiffer, Handb. d. medizin. Radiologie, Bd. 6, Teil 1 (1974) S. 663.

die Bandscheibe selbst als auch – durch Vermindern der Abfederung der hier zur Wirkung kommenden Stöße – auf benachbarte Wirbel aus. Der individuell unterschiedlich fortschreitende Alterungsprozess der Bandscheibe wird von zahlreichen Faktoren beeinflusst (mechanische äußere Einwirkungen, Stoffwechselerkrankungen und ihre Folgen, Wirbelsäulendeformitäten, lumbosakrale Übergangsstörungen, Spondylolisthese).

Tritt Bandscheibengewebe aus dem Intervertebralum aus, spricht man nach Ausprägungsgrad dieses Vorganges von *Bandscheibenprotrusion* (Vorwölbung ohne völlige Zerstörung des Faserrings) oder *Bandscheibenprolaps* (Austritt von Gewebe des Nucleus pulposus aus der Faserring, ggf. mit Druck auf Rückenmark oder Spinalnerven). Die Höhenminderung des Zwischenwirbelraumes bewirkt eine segmentale Instabilität *(Instabilitas intervertebralis)* mit Verknöcheruneng des Bandapparates *(Traktionsosteophyten)*.

Am häufigsten machen sich die klinischen Symptome der degenerativen Veränderungen zwischen dem 30. und 40. Lebensjahr bemerkbar.[77] Der objektive Befund einer Bandscheibendegeneration nimmt mit wachsendem Alter stetig zu, besonders ausgeprägt zwischen dem 50. und 65. Lebensjahr.[78] Die untere Lendenwirbelsäule (3. und 5. Zwischenwirbelscheibe) wird eher betroffen als andere Teile, denn auf diesem Abschnitt lastet das Hauptgewicht des oberhalb gelegenen Rumpfes, bevor es im „Lendenknick" auf Beckenring und untere Extremität abgeleitet wird.[79]

Unmittelbar nach einem Bandscheibenvorfall zeigen sich in 50 % plötzlich auftretende Beschwerden. Schmerzen können ausschließlich auf den Lendenbereich beschränkt sein; man spricht von einer *Lumbago* (Kreuzschmerzen), die der Volksmund als „*Hexenschuss*" bezeichnet. Es handelt sich um ein akutes lokales Lumbalsyndrom ohne segmentale Nervenwurzel-Irritationserscheinungen (s. 8.3.2.6.4, S. 438).

Daneben stellen sich oft weitere Beschwerden mit Ausstrahlung in die Beine ein. Da der Bandscheibenschaden meistens im Bereich der unteren Lendenwirbelsäule eintritt, sind vor allem Nervenwurzeln des Ischiasnerves beteiligt: Das Bild der Ischialgie oder der ausgeprägten Ischias zeigt sich, d.h. der Nervenschmerzen im Versorgungsbereich des Ischiasnerven (Lumbo-Ischialgie). Diese Beschwerden sind verschiedenartig, je nach unterschiedlichem Druck auf die Nervenwurzeln. Gelegentlich treten akute Blasen- und Mastdarmstörungen auf. Neurologische Ausfallerscheinungen erfordern operative Entlastung der nervalen Strukturen.

Krankhafte Prozesse an der Bandscheibe selbst können auch zur Entstehung von Randzacken an den Wirbelkörpern *(Spondylophyten = Spondylose)* führen. Vermehrte Druckbelastung der Abschlussplatten ober- und unterhalb der Bandscheibe bewirkt vermehrten Knochenanbau mit röntgenologisch erkennbarer Sklerosierung *(Osteochondrose)*. *Spondylarthrose* bedeutet arthrotische Veränderungen an den Wirbelgelenken, die oft sekundär infolge der *Chondrose* durch Stellungsänderung der Gelenkfortsätze und Instabilität des

---

[77] Bayer. LVA, 1.2.1951, Breith. 1951, 794.
[78] Wagenhäußer, Die Rheumamorbidität in einer Züricher Landgemeinde, 1969, S. 115–126, 135–171.
[79] Bayer. LVA, 1.2.1951, Breith. 1951, 794; Kössler, Heuchert, in: Erkrankungen der Wirbelsäule bei körperlicher Schwerarbeit und Ganzkörperschwingungen, Schriftenreihe der Bundesanstalt für Arbeitsmedizin, Sonderschrift 3 (1993) S. 7, 15; Hoffmann-Daimler, Z. Orthop. 113 (1975) 130, 131.

8.3 Wirbelsäule

Bewegungssegmentes entstehen. Auch eine Spondylarthrose ohne Chondrose ist möglich (anlagebedingt; bei erheblichem Hohlkreuz, Asymetrieen der Wirbelgelenke). Das Ausmaß der Beschwerden bei der Chondrose ist vom Erkrankungsstadium abhängig und röntgenologisch nicht bestimmbar: Ein Bandscheibenvorfall mit heftigen Schmerzen kann sich ergeben ohne erkennbare reaktive Veränderungen im Röntgenbild; auch erhebliche osteochondrotische und spondylotische Veränderungen liegen vor (noch) ohne Angabe von Kreuzschmerzen.

75 % der Männer und 40 % der Frauen über 50 Jahre zeigen Veränderungen im Sinne der Spondylosis deformans. Klinisch verläuft die Spondylosis meist stumm. Röntgenologisch ist sie oft durch Randzacken und Randwulstbildungen an den vorderen und seitlichen Rändern der Wirbelsäule zu diagnostizieren (Knochenzackenkrankheit).

Die Spondylarthrose kann ebenfalls Kreuzschmerzen mit Ausstrahlung in die Gliedmaßen hervorrufen („übertragener Schmerz" = pseudoradikuläre Schmerzen).

Die Geltung einer Chondrose als Krankheit entscheidet sich also nicht an der Betrachtung von Röntgenbildern, sondern auf der Basis ärztlicher Aufzeichnungen aus der Vor-Unfall-Zeit (Leistungskartei, Heilverfahrensakten, Untersuchungsergebnisse früherer Sprechstundentermine). Arbeitsunfähigkeit, Beschwerden oder Behandlungen gelten als Krankheitszeichen, auch wenn das röntgenologische Erscheinungsbild der Chondrose noch nicht überzeugt.

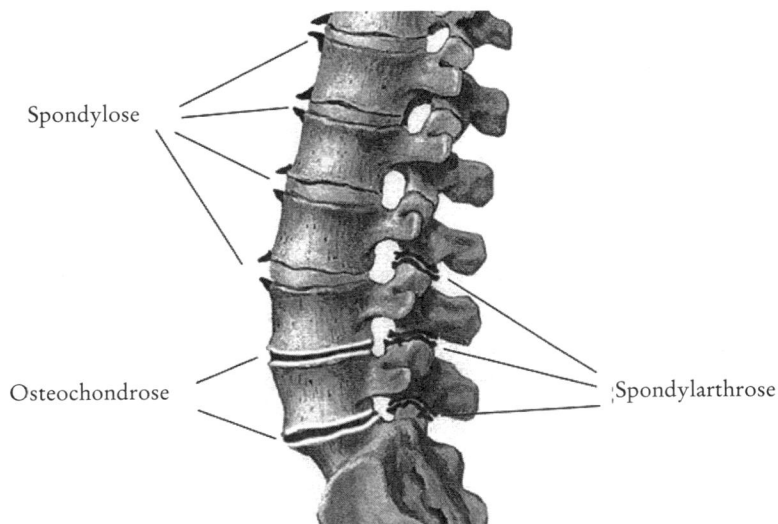

Abb. 11: Lendenwirbelsäule, *Osteochondrose:* Verschmälerung der Zwischenwirbelräume und Sklerosierung der Deckplatten; *Spondylose:* Randzackenbildungen an den Wirbelkörperkanten; *Spondylarthrose:* Deformation der kleinen Wirbelgelenke

Der Zustand der Muskulatur ist bedeutsam. Schwaches „Muskelkorsett" lässt eine Instabilität frühzeitig deutlich werden; ein kräftiges Muskelkorsett kann die Instabilität lange Zeit kompensieren. Deshalb werden degenerative Veränderungen nicht selten erst anlässlich der Beurteilung von Unfallfolgen zufällig erkannt und vom Betroffenen als Unfallfolge aufgefasst.

Fortgeschrittene Osteochondrosen können zu einer besonderen Form des Wirbelgleitens (Pseudospondylolisthesis, s. 8.3.3.4, S. 451) führen, wenn es durch erhebliche Zermürbung und Erniedrigung der Bandscheibe zu einer Lockerung im Bewegungssegment und damit vermehrten gegenseitigen Verschiebung der Wirbelkörper gekommen ist.[80] Verschiebung eines Wirbelkörpers nach hinten wird als *Retrolisthese* bezeichnet.

8.3.3.6 Wirbelsäulensyndrom

Der Ausdruck Zervikal-, Thorakal- oder Lumbalsyndrom richtet sich nach der Lokalisation der Beschwerden. Beim oberen Zervikalsyndrom wird neben Halswirbelsäulenschmerzen auch über Kopfschmerz, Schwindel, Ohrensausen, Übelkeit und andere Befindlichkeitsstörungen geklagt; beim unteren Zervikalsyndrom bestehen Schmerzen im Bereich des Schultergürtels und der Arme, unter Umständen mit Schultergelenkschmerzen und Bewegungsstörungen des Schultergelenks. Neurologische Ausfallerscheinungen (sensible oder motorische Lähmungen) gehören ebenfalls zum Krankheitsbild. Im Einzelfall muss durch subtile Untersuchung geklärt werden, ob ein „Wirbelsäulensyndrom" durch Veränderungen im Bereich des Bewegungssegmentes, Tumoren oder Entzündungen oder extravertebrale Erkrankungen bedingt ist. Posttraumatische Wirbelsäulensyndrome setzen eine Beschädigung des Bewegungssegmentes voraus.

8.3.3.7 Arthrosis deformans und Unfallereignis

Mechanismen zur Entstehung einer posttraumatischen Arthrose an den Wirbelbogengelenken[81]:

(1) Isolierte Knorpelschädigungen: Dieser „Binnenschaden im Gelenk" bleibt röntgenologisch stumm und kann erst im weiteren klinischen Verlauf nachgewiesen werden. Der eingetretene örtliche Schaden musste so gewebeverletzend sein, dass es dem lebendigen Organismus nicht gelingen konnte, den entstandenen Defekt wieder auszugleichen (mangelnde Reparierbarkeit).

(2) Zu den Ursachen einer traumatischen *unmittelbaren knöchernen Gelenkbeteiligung und Luxation* gehören vor allem die mit Fragmentfehlstellung verheilten intraartikulären (im Gelenk gelegenen) Knochenfrakturen. Zu berücksichtigen sind ferner kurzfristige Verrenkungen, die sich spontan reponiert, aber trotzdem zu erheblichen Zerreißungen geführt haben.

(3) Mittelbare Folgen der Gelenkbeteiligung werden verursacht, wenn die Fraktur in Fehlstellung bzw. Achsenknickung oder nur mit Bandscheibenerniedrigung fest geworden ist. Die Fehlstellung bringt das angrenzende Gelenk unter abweichende Funktionsbedingungen, auf Dauer zur Arthrose führend.

---

[80] Vgl. auch BSG, 26. 4. 1962, BG 1963, 213.
[81] Nach Erdmann, Probst, Arens, Hinz, MfU 1973, 498–510.

8.3.3.8 Spondylosis deformans und Unfallereignis

Posttraumatische Spondylose setzt Wirbelkörperbruch, Bandscheibenverletzung oder Wirbelverrenkung voraus. Auch erhebliche Krafteinwirkung kann ohne diese Verletzung nicht zu einer Spondylose führen. Für eine traumatische Spondylose spricht rasch fortschreitende Randzackenbildung in etwa vier bis zwölf Wochen nach dem Unfall.

Innerhalb von ein bis drei Jahren bildet sich die Spondylosis in ihrer endgültigen Form aus. Sie stellt eine Selbstheilung des Körpers dar. So wie ein wackeliges Gerüst durch Klammern und Haken vor dem Zusammenbruch bewahrt wird, verstärkt sich die Wirbelsäule bei anlagebedingten, statischen oder durch Verletzung entstandenen Schwächen durch Zacken und Spangen. Je vollständiger die Spangenbildung, desto besser ist die Abstützung.

Eine posttraumatische Spondylose kann deswegen nur eine Minderung der Erwerbsfähigkeit bewirken, wenn sie messbare Bewegungseinschränkung des betroffenen Bewegungssegmentes bringt.

Pfropft sich die Spondylosis deformans traumatica auf eine nicht unfallbedingte auf, so kann einmal die Randwulstbildung abbrechen: Eine vorübergehende Verschlimmerung, die nach 9–12 Monaten abgeschlossen ist.[82] Indessen ist die Spondylosis deformans für sich von geringer klinischer Bedeutung, ihr kommt im Allgemeinen kein Krankheitswert zu.[83] Allenfalls mag man von der Entstehung eines bestimmten Verletzungsschadens sprechen. Bei der Entwicklung der Spondylosis deformans handelt es sich eher um örtliche Heilungsvorgänge auf der Höhe eines bestimmten Verletzungsschadens, welche die Tragfähigkeit der Wirbelsäule insgesamt verbessern.[84] Höherbewertung der MdE erfolgt nicht.

Gleiche Erwägungen gelten, wenn sich neue Randwulstbildungen entwickeln oder durch einen Unfall ein Osteophyt abbricht (selten).

8.3.3.9 Zur MdE-Bewertung bei einem Vorschaden[85]

Die *Abgrenzung* eines Vorschadens ist nach dem *Segmentprinzip* (s. 8.3.2.8, S. 441) erreichbar.

Höherbewertung der MdE setzt voraus[86]:

(1) Der Vorschaden hat bereits vor dem Unfall die physiologischen Kompensationskräfte des Körpers nennenswert in Anspruch genommen mit messbarer Beeinträchtigung der Erwerbsfähigkeit.

(2) Die Unfallfolgen haben an umschriebener Stelle zu einer Defektheilung geführt. Das Ergebnis muss die restlichen Kompensationskräfte des Körpers überschreiten, während sie ohne den schon kompensationsbedürftigen Vorschaden ausgereicht hätten; z.B. bei einem in ungünstiger Form ausgeheilten Wirbelbruch im Lendenbereich, einer schweren *Scheuermannschen* Kyphose oder beim *M. Bechterew* im Brustwirbelsäulenbereich. Wechsel-

---

[82] Lob, u.a., Die Wirbelsäule in Forschung und Praxis, Bd. 62 (1976) S. 19 ff.
[83] Erdmann, Der Vorschaden in sozialrechtlicher Sicht, H. 1 Bgl, Forschungsinstitutes f. Traumatol., 1974, S. 50, 52 f.
[84] Erdmann, ebenda.
[85] Weiterführendes Schrifttum: Erdmann, Arch. Orthop. Unfallchir. 70 (1971), 152–168; ders., Lewin, Ingelmark, Stofft, Junghanns, Schlegel, Arens, von Andrian-Werburg, Torklus, alle in: Die Begutachtung der verletzten Wirbelsäule, in: Die Wirbelsäule in Forschung und Praxis, Bd. 40 (1968) S. 74–130.
[86] Nach Meinecke, Lebensversicherungsmedizin 1979, 17–23.

wirkung zwischen Vorschaden und Unfallfolge ist an der Wirbelsäule um so unwahrscheinlicher und deshalb eingehend zu begründen, je weiter der Vorschaden (z.B. obere Brustwirbelsäule) vom Ort des Unfallschadens (z.B. Lendenwirbelsäule) entfernt ist.

Nach schweren *Beckenbrüchen* unter Verschiebung des Beckenringgefüges und bleibenden Lockerungen der Kreuzdarmbein- und Schoßfugen vermögen sich erhebliche Sekundärschäden an der Wirbelsäule infolge der Instabilität des Beckens einzustellen (Spondylosis deformans, Skoliose).[87] Ebenso kann bei ungünstig verheilten *Hüft-, Knie- und Fußgelenksbrüchen* die Statik des Beckenringes und der Wirbelsäule gestört werden. Zur Frage der Sekundärschäden an der Wirbelsäule nach Amputation s. 8.13.5, S. 693.

8.3.4 „Distorsionen" an der Halswirbelsäule – „posttraumatisches Zervikalzyndrom"

Der bis in die 50er Jahre im deutschen Sprachraum gebräuchliche Begriff „Distorsion" der Halswirbelsäule für die Folgen einer Beschleunigungswirkung wurde mit der Veröffentlichung von *Gay* und *Abbot*[88] abgelöst. Ihre Bezeichnung „whiplash injury" wurde mit „Peitschenschlagverletzung" übersetzt. Man ging davon aus, dass ein Peitschenschlag nachgeahmt wird, wenn eine beliebige Stoßrichtung am Kopf ansetzt und die Hals- und Kopfgelenke darauf primär mit einer entgegengesetzten Biegung sowie mit einer gleichgerichteten Biegung sekundär reagieren. Diese biomechanische Vorstellung trifft jedoch für die isolierten Heck- oder Frontalanprall nicht zu. Begriffsbildungen wie „Schleuderverletzung", „Beschleunigungsverletzung" und vor allem „Schleudertrauma"[89] folgten und beherrschten das Schrifttum.

Die Ausdrücke vermengen Unfallmechanismus und Körperverletzung und subsumieren beides unter einem Begriff.[90] Ohne eine Differenzierung der in Betracht kommenden Verletzungsmechanismen und der klinisch festgestellten Verletzung ist eine genaue Beschreibung nicht gegeben: z.B. „HWS-Distorsion infolge Beschleunigungsmechanismus"[91] oder „leichte bzw. schwere Zerrung ...", „Verrenkung ...", „Fraktur ...", mit Einbeziehen und Bezeichnung der verletzten Strukturen, der Verletzungshöhe sowie des Verletzungsausmaßes.[92] Die Deutsche Gesellschaft für Orthopädie und Orthopädische Traumatologie empfiehlt den Begriff „*posttraumatisches Zervikalsyndrom*".[93] Der Schmerzausstrahlung entsprechend wird unterschieden: lokales Zervikalsyndrom oder bei fortgeleiteter Beschwerdesymptomatik zervikozephales bzw. zervikobrachiales Syndrom.

Der beeindruckende „Schleudertraumabegriff" plakatiert ein „Versehrtsein"[94] und dient oft als Zieldiagnose zur Durchsetzung von Ansprüchen. Dabei stellen sich realitätsferne

---

[87] Marquardt, BG-UMed 7 (1969) 197.
[88] Gay, Abbott, Amer. J. med. Ass. 152 (1953) 1698–1704; dazu Thomann, Rauschmann, VersMed 56 (2004) 131; Eisenmenger, MedSach 104 (2008) 56.
[89] Erdmann, Schleuderverletzung der Halswirbelsäule, in: Die Wirbelsäule in Forschung und Praxis, Bd. 56 (1973), S. 28–39; Kügelgen, u.a., Trauma Berufskrankh 2001 (Suppl. 3) S 321.
[90] LSG Nordrhein-Westfalen, 7. 2. 2001, Meso B 240/280.
[91] Wyrwich, Heyde, Orthopäde 35 (2006) 319, 320; Walz, in: Schleudertrauma der Halswirbelsäule (Hrsg. Hierholzer, Heitemeyer), Traumatologie aktuell Bd. 14, 1994, S. 12, 15; Mazzotti, u.a., Beurteilung und Begutachtung von Wirbelsäulenschäden, 2002 S. 69.
[92] Scheuer, in: Gutachtenkolloquium 12 (Hrsg. Hierholzer, u.a.) 1997, S. 21, 28.
[93] Grifka, u.a., Dt. Ärztebl. 1998: 95: A-152.
[94] Weber, in: Schleudertrauma der Halswirbelsäule (Hrsg. Hierholzer, Heitemeyer) Traumatologie aktuell Bd. 14, 1994, S. 10, 11; Grifka, u.a., Dt. Ärztebl. 1998: 95: A-152; Scheuer, in: Gutachtenkolloquium 12 (Hrsg. Hierholzer, u.a.) 1997, S. 27.

8.3 Wirbelsäule

Vorstellungen über die Schwere der Betroffenheit und das Ausmaß der zu erwartenden Entschädigung ein.[95] Hypochondrische Fokussierung der Aufmerksamkeit auf körperliche Prozesse und Symptome kann einhergehen; ängstliche Spannungshaltungen setzen einen Circulus vitiosus von muskulärer Verspannung mit Schmerz und folgend massiverer Verspannung und intensiverem Schmerz[96] in Gang.

8.3.4.1 Verletzungsmechanismus

Der *biomechanische Ablauf* muss eine nicht muskulär kontrollierte, energiereiche, sagittale, freie Bewegung des Kopfes gegenüber dem fixierten Rumpf beinhalten und darf nicht in einen Kopfanprall enden[97] (non contact-Verletzung). Zu unterscheiden ist der *Kopfanprall* (Abknicken der Halswirbelsäule durch Kopfanprall und gleichzeitigem „Nachschieben" des Oberkörpers = Hyperextension oder Hyperflexion der Halswirbelsäule).[98]

Beschleunigungsmechanismus: Die Bezeichnung ist nur zulässig, wenn kein Kopfanprall stattfand. Das verursachende Ereignis wird bezogen auf das Fahrzeug des Geschädigten dargestellt. Der Begriff „Auffahrunfall" ist zu meiden; er definiert nicht, ob die Insassen des auffahrenden Fahrzeuges (Schaden an der Front) oder des angestoßenen Fahrzeuges (Schaden am Heck) gemeint sind.[99]

- **Heckkollision**[100]

Anstoßen des Fahrzeuges von hinten, wodurch es beschleunigt wird. Die Beschleunigung wird auf den Oberkörper über die Sitzlehne übertragen. Mit deren zunehmender Schräglage erfolgt ein verstärktes Aufrutschen des Körpers und somit eine Anhebung des Körperschwerpunktes. Die Fahrgastzelle wird „unter dem Insassen" nach vorne geschoben, der nicht fixierte Kopf verharrt auf Grund seiner Trägheit und bleibt somit relativ zum Oberkörper zurück. Für den Betroffenen stellt dies eine Bewegung des Kopfes nach hinten dar, erst begrenzt durch zeitlich verzögerten Kontakt gegen die Kopfstütze. Eine richtig eingestellte Kopfstütze kann die Überstreckung der Halswirbelsäule verhindern.[101]

---

95 Brandenburg, in: Gutachtenkolloquium 12 (Hrsg. Hierholzer, u.a.) 1997, S. 43, 44.
96 v. Hagen, in: Schleudertrauma der Halswirbelsäule (Hrsg. Hierholzer, u.a.) 1997, S. 55, 58f.
97 LSG Nordrhein-Westfalen, 15. 12. 2000, HV-Info 33/2001, 3042; LSG Nordrhein-Westfalen, 7. 2. 2001, Meso B 240/280.
98 Walz, in: Schleudertrauma der Halswirbelsäule (Hrsg. Hierholzer, Heitemeyer), Traumatologie aktuell Bd. 14, 1994, 14; ders. Hefte 2 Unfallchir 272 (1998) 84; Weber, ebenda, S. 10; Müller, Muhr, Wirbelsäulenverletzungen, 1997, S. 98.
99 Weber, in: Schleudertrauma der Halswirbelsäule (Hrsg. Hierholzer, Heitemeyer), Traumatologie aktuell Bd. 14, 1994, S. 10, 11; Münker, u.a., Vers. Med. 47 (1995) 26, 29.
100 Walz, in: Schleudertrauma der Halswirbelsäule (Hrsg. Hierholzer, Heitemeyer), Traumatologie aktuell Bd. 14, 1994, S. 15; Weber, Die Aufklärung des KFZ-Versicherungsbetrugs, Schriftenreihe Unfallrekonstruktion, 1995; Mazzotti, u.a., Beurteilung und Begutachtung von Wirbelsäulenschäden, 2002 S. 70; Mazzotti, Castro, MedSach 106 (2006) 206, 207; Wyrwich, Heyde, Orthopäde 35 (2006) 322.
101 Becke, u.a., Neue Zeitschrift für Verkehrsrecht, 2000, 225, 231 sowie Castro, u.a., Zeitschrift für Schadensrecht 2002, 365 vertreten hingegen die Auffassung, die Kopfstütze verhindere die Überstreckung: Es trete eine Gleit-/Streckbewegung der HWS auf, gefolgt von einer Beugebewegung. Nover, Battiato, Kursbuch der ärztlichen Begutachtung (Hrsg. Ludolph, u.a.), 5. Erg. Lfg. 1999, VI – 1.2.8.2, weisen allerdings darauf hin, dass Kopfstützen oft nur für Personen mittlerer Körperlänge (ca. 175 cm) geeignet sind.

Erste Bewegungsphase: Scherbewegung im oberen Halswirbelsäulenbereich (C0, C1, C2) durch reine Kopftranslation möglich, da dort die Gelenkwinkel relativ flach sind.

Zweite Bewegungsphase: Anschließende Kopfrotation und Halswirbelsäulen-Hyperextension.

Bei ausreichender kollisionsbedingter Geschwindigkeitsänderung kann ein Heckaufprall insbesondere bei falsch eingestellter Kopfstütze[101] zu einer primären Überstreckungsbewegung (Hyperextension) des Kopfes mit maximaler Reklination (Zurückbiegung) vor allem in den Kopfgelenken mit Überdehnung, seltener Zerreißung der zerebral liegenden Weichteilstrukturen führen. Eine Kompression kann auch auf das Rückenmark sowie Gelenk- und Dornfortsätze einwirken.

Unter einer kollisionsbedingten Geschwindigkeitsänderung von 11 km/h sind keine organischen Schäden zu erwarten.[102]

Seltene Hyperextensionsverletzungen[103]:

Überdehnung des Ösophagus ggf. mit Einblutungen

Zungenbeinabrissfrakturen

Zerrung, Einriss der prävertebralen Muskulatur

Zerrung, Ruptur des vorderen Längsbandes

Bandscheibenruptur

Quetschung des Rückenmarks

Gelenkfortsatzfrakturen

Dornfortsatzfrakturen

Die Häufigkeit von HWS-Distorsionen bei Heckkollisionen wird mit dem „*Überraschungseffekt*" erklärt[104]: Bei plötzlicher unverhofft auftretender Krafteinwirkung ist die Verletzungsgefahr größer, beim Frontalunfall kann sich der Betroffene mehr oder weniger mit einer Nackenmuskelanspannung und Abwehrreaktion schützen. Indessen liegen keine wissenschaftlich gesicherten Beweise aus spezifischen Studien vor. Vielmehr zeigt eine Analyse von 600 Gutachten keine erhöhte Verletzungsanfälligkeit von überraschten im Vergleich zu vorgewarnten Personen. Auch bei Überraschten kommt es zu einer reflexiven Muskelanspannung, bevor eine größere Relativbewegung zwischen Kopf und Oberkörper eingesetzt hat.[105]

Das Verletzungsrisiko erhöht sich

- durch ungünstige Sitz- Kopfstützenkonstruktion um das Zweifache
- bei leichtem Fahrzeug um das Fünffache gegenüber schwerem Pkw.[106]

---

[102] Mazzotti, Castro, MedSach 106 (2006) 206, 207.
[103] Dávid, Hahn, Schleudertrauma der Halswirbelsäule (Hrsg. Hierholzer, Heitemeyer), Traumatologie aktuell Bd. 14, 1994, S. 70.
[104] Scheuer, in: Gutachtenkolloquium 12 (Hrsg. Hierholzer, u.a.) 1997, S 22; Moorahrend, in: Die Beschleunigungsverletzung der Halswirbelsäule, 1993; Poeck, Med Sach 95 (1999) 181, 182; nach Castro, u.a., Zeitschrift für Schadensrecht 2002, 365 sei dies nicht erwiesen: Verletzungen kommen sowohl bei vorgewarnten als auch bei überraschten Personen vor.
[105] Castro, NZV 7 (2004) 335 ff.; Mazzotti, Castro, MedSach 106 (2006) 206, 208.
[106] Hell, u.a., Hefte z. Unfallchir 272 (1998) 79.

- **Frontalkollision**

Auftreffen der Fahrzeugfront gegen ein stehendes oder bewegtes Objekt. Primär kommt es zu einer Bewegung des Insassen nach vorne. Ist er angeschnallt, wird sein Kopf zurückgehalten, während die „freischwebende" HWS eine Hyperflexion durchführt.[107] Auch hier tritt vor der Flexion eine reine Kopftranslation (Gleitbewegung) im Bereich C0 bis C2 ein, die bereits zu Verletzungen führt.

Im Vergleich zu Heckkollision soll die HWS belastbarer sein; die biomechanische Toleranzgrenze wird mit einer kollisionsbedingten Geschwindigkeitsänderung von 20 km/h angegeben.[108] Auch soll eine reaktive Anspannung der Nackenmuskulatur des Fahrzeuglenkers beim Frontalaufprall die passive Überbeugung des Kopfes dämpfen.[109]

Die Überbeugung, bei Frontalaufprall ausgelöst, bringt eher Zerreißungen der dorsalen Weichteilstrukturen.

Seltene Hyperflexionsverletzungen[110]:
Zerrung, Ruptur des hinteren Längsbandes
Bandscheibenprolaps (nur mit begleitenden knöchernen und/oder Bandverletzungen)
Rückenmarksüberdehnung
Zerrung, Ruptur der Gelenkkapseln, Subluxation, Luxation
Zerrung, Ruptur des Ligamentum flavum, interspinosum und supraspinosum

Der dumpfe Knall der *Airbag-Auslösung* (vergleichbar mit Gewehrschuss oder Feuerwerkskörper) erreicht einen bewerten Schallpegel von 115–120 db(A).[111]

- **Seitenkollision**

Der seitliche Aufprall (durch Fahrzeug, beim seitlichen Schleudern gegen Baum) wird mit der Zifferblattmethode definiert, 12 Uhr entspricht der zuletzt eingehaltenen Fahrtrichtung.[112]

- *Betroffener sitzt an der stoßabgewandten Seite*

Durch die Kollision schwingt der Kopf „in den freien Innenraum des PKW", Relativbewegungen zwischen Kopf und Rumpf belasten die Halswirbelsäule.[113]

- *Betroffener sitzt an der stoßzugewandten Seite*

Relativbewegungen zwischen Kopf und Rumpf führen zu einer kurzzeitigen Halswirbelsäulenbelastung, vergleichbar einer (eingeschränkten) Heckkollision. Abknickmechanis-

---

[107] Mazzotti, Castro, MedSach 106 (2006) 206, 207.
[108] Schuller, Eisenmenger, Unfall- und Sicherheitsforschung Straßenverkehr 89 (1993) 193 ff.
[109] LSG Niedersachsen, 16. 9. 1999, HV-Info 10/2000, 920; kritisch Castro, Zeitschrift für Schadensrecht 2002, 365.
[110] Dávid, Hahn, Schleudertrauma der Halswirbelsäule (Hrsg. Hierholzer, Heitemeyer), Traumatologie aktuell Bd. 14, 1994, S. 70.
[111] Nover, Battiato, Kursbuch der ärztlichen Begutachtung (Hrsg. Ludolph, u.a.), 5. Erg. Lfg. 1999, VI – 1.2.8.2.
[112] Weber, in: Schleudertrauma der Halswirbelsäule (Hrsg. Hierholzer, Heitemeyer), Traumatologie aktuell Bd. 14, 1994, S. 10, 11.
[113] Becke, u.a., Neue Zeitschrift für Verkehrsrecht, 2000, S. 233.

men der Halswirbelsäule mögen deren Strukturen verletzen.[114] Ein Kopfanprall ist denkbar.

Verletzungen der Halswirbelsäule sind selten, da diese über eine gute innere Abstützung gegen seitliche Überbelastungen verfügt.[115]

- **Mehrfachkollisionen**

Z.B. Heckkollision mit nachfolgender Frontalkollision: Komplexe Verletzungsmuster können auftreten (multisegmentales Verletzungsgeschehen).

Zusammenfassend liegt die Ursache in einer Kombination mehrerer Krafteinwirkungen, wie Hyperextension, Hyperflexion, Rotation und Scherung, Abknickung und Stauchung.[116]

8.3.4.2 Das klinische Bild

Die Distorsionen an der Halswirbelsäule entsprechen denen anderer Wirbelsäulenabschnitte, so dass die Einteilung nach *Lob* (s. 8.3.2, S. 426) und die segmentbezogene Beurteilung nach *Weber, Wimmer* (s. 8.3.2.8, S. 441 ff.) auch hier gelten.

8.3.4.2.1 Einteilung der Verletzung in Schweregrade

So frühzeitig und definitiv wie möglich ist der primäre Verletzungsschweregrad zu klassifizieren. Dieser Verletzungsgrad kann sich durch sekundäre Beschwerdeausweitungen nicht mehr ändern.[117] Die Einteilung und Schweregradbestimmung erfolgt entweder in Anlehnung an *Erdmann*[118] (im deutschen Sprachraum[119]) oder an die *Quebek Task Force*[120] (international). Die Tabellen entsprechen sich nicht exakt. Näherungsweise gilt: Erdmann 0 = QTF 0, Erdmann 1 = QTE I/II, Erdmann II = QTF II, Erdmann III QTF III/IV, Erdmann IV hat keine gute QTF-Entsprechung.

In der Überzahl befinden sich die leichten Fälle (Schweregrad I): Muskeln, Bänder und Teile des Kapselbandapparates sind lediglich gezerrt oder gedehnt, haben aber ihren mechanischen Zusammenhalt im Wesentlichen behalten. Sie sind von den schweren Fällen (Schweregrad III) abzugrenzen: Die Bänder sind vollkommen durchgerissen und die Gelenkkapseln gesprengt, der mechanische Zusammenhalt des passiven Halteapparates ist total liquidiert. Dazwischen schieben sich die mittelschweren Fälle (Schweregrad II). Diese Stufe ist identisch mit der definierbaren mikrostrukturellen Weichteilläsion, der hieraus re-

---

[114] Becke, Castro, Zur Belastung von Fahrzeughalterung bei leichten Seitenkollision, Teil II, Verkehrsunfall und Fahrzeugtechnik 12 (2000).
[115] Walz, in: Schleudertrauma der Halswirbelsäule (Hrsg. Hierholzer, Heitemeyer), Traumatologie aktuell Bd. 14, 1994, 17.
[116] Scheuer, in: Gutachtenkolloquium 12 (Hrsg. Hierholzer, u.a.) 1997, 23.
[117] Lang u. a., Leitlinie: Begutachtung der Halswirbelsäulendistorsion, Akt Neurol 35 (2008) 1.
[118] Keidel, u. a. Schmerz 12 (1998) 352; Lang, u. a. Leitlinie: Begutachtung der Halswirbelsäulendistorsion, Akt Neurol 35 (2008) 1; Erdmann, Schleuderverletzung der Halswirbelsäule, in: Die Wirbelsäule in Forschung und Praxis, Bd. 56 (1973), S. 28–39; Kügelgen, u.a., Trauma Berufskrankh 2001 (Suppl. 3) S 321.
[119] LSG Nordrhein-Westfalen, 7. 2. 2001, Meso B 240/280.
[120] Spitzer, u. a. Spine 20 (1995) 8 Supp: 1 S – 73 S; Lang, u.a., Leitlinie: Begutachtung der Halswirbelsäulendistorsion, Akt Neurol 35 (2008) 1.

8.3 Wirbelsäule

sultierenden Hämatombildung mit eventueller temporärer Raumforderung usw., durchweg kernspintomographisch nachweisbar.[121]

Entbehrlich ist der Schweregrad IV, da bei reinen Beschleunigungseinwirkungen auf die HWS ohne Kontakttrauma des Kopfes keine tödlichen Verletzungen eintreten.[122] Beim Schweregrad 0 fehlt die Verletzung trotz unstreitigem Unfallgeschehen und Kraftfahrzeugschaden gänzlich.[123]

Von besonderer Bedeutung ist das *beschwerdefreie bzw. -arme Intervall* während der posttraumatischen Frühperiode. Es handelt sich um eine Latenz, bis nach dem Unfallereignis Beschwerden und Befunde auftreten. Das Phänomen ist letztlich nicht eindeutig erklärbar, wird jedoch allseits akzeptiert. Während des Intervalls soll es zu einer Änderung des Stoffwechsels im Muskel kommen; die Beschwerden treten vom Trainingzustand abhängig auf.[124]

Der Beginn von Hinterkopf- und Nackenschmerzen sowie schmerzhaften Bewegungseinschränkungen von Kopf und Hals verhält sich gemäß des Schweregrades der Verletzung unterschiedlich. Bei den leichten Fällen (Schweregrad I) ist eine symptomfreie bzw. beschwerdearme Zeitspanne von Stunden bis zu einem Tag festzustellen.[125] Während dieses Intervalls können die Verletzten ihrer Arbeit nachgehen, eine begonnene, auch längere Fahrt fortsetzen, einen LKW be- oder entladen, auch Kundenbesuche durchführen. Ein Intervall von mehr als 24 Stunden erweckt für den Ursachenzusammenhang der Beschwerden mit dem Unfall schwer wiegende Bedenken[126], mehr als 48 Stunden sind unplausibel.[127]

---

[121] Schröter, Neuroorthopädie 6 (Hrsg. Kügelgen) 1995, S. 39.
[122] Schröter, Neuroorthopädie 6 (Hrsg. Kügelgen) 1995, S. 30.
[123] Vorschlag Schröter, Neuroorthopädie 6 (Hrsg. Kügelgen) 1995, S. 39.
[124] Kügelgen, u. a., Trauma Berufskrankh 2001, Suppl. 3 S. 334, 335.
[125] Scheuer, in: Gutachtenkolloquium 12 (Hrsg. Hierholzer, u.a.) 1997, S. 24; Leidel, u. a., Orthopäde 37 (2008) 414, 420: bis zu 36 Stunden.
[126] Enzensberger Konsensuspapier, Wawro Trauma Berufskrankh 5 (2003) 544.
[127] Lang, u. a., Leitlinie: Begutachtung der Halswirbelsäulendistorsion, Akt Neurol 35 (2008) 1.

Klinische und morphologische Klassifikation von Störungen bei Halswirbelsäulendistorsion (modifiziert nach *Erdmann*)

Kriterien	Grad 0 (kein Trauma)	Grad I (leicht)	Grad II (mittel)	Grad III (schwer)	Grad IV (sehr schwer)
Symptomatik	keine	Schmerzen der Halsmuskulatur und/oder HWS, die bewegungseingeschränkt sein kann, meist nach Intervall („steifer Hals")	wie I, aber meist ohne Intervall; möglich sind sekundäre Insuffizienz der Halsmuskulatur, Schmerzen im Mundboden-/Interskapularbereich, Parästhesien der Arme	wie I und II, primäre Insuffizienz der Halsmuskulatur möglich: Brachialgien, Armparesen, evtl. kurze initiale Bewusstlosigkeit	hohe Querschnittlähmung, Tod im zentralen Regulationsversagen, meist am Unfallort, Bulbärhirnsyndrom
symptomfreies Intervall	entfällt	häufig, meist > 1 Stunde, max. 48 Stunden, typisch 12-16 Stunden	selten, meist < 1 Stunde, bis 8 Stunden möglich	fehlt meist	nicht vorhanden
Beschwerdedauer	entfällt	meist Tage bis Wochen, < 1 Monat	Wochen bis Monate	oft Monate, selten > 1 Jahr	meist Tod am Unfallort
Bettlägerigkeit	entfällt	meist nicht gegeben	häufig	sehr häufig	dauerhaft möglich
Anhaltspunkt für die Dauer der Arbeitsunfähigkeit	keine	0–4 Wochen	0–6 Wochen	mehr als 6 Wochen	entfällt
Anhaltspunkte für dauerhafte Minderung der Erwerbsfähigkeit	nein	nein	ja (sehr gering, bis 10 %)	ja (unter 20 % bei radikulärer, 30–100 % bei medullärer Symptomatik)	entfällt
Neurostatus	normal bzw. unverändert	keine Ausfälle, evtl. Bewegungseinschränkung der HWS	keine Ausfälle, schmerzhafte Bewegungseinschränkung der HWS	sensible und/oder motorische Reiz- und Ausfallserscheinungen	Tetrasymptomatik, Schädigung vitaler Medulla-oblongata-Zentren möglich
Morphologie	keine Läsion	Distorsion, Dehnung und Zerrung des HWS-Weichteilmantels	wie Gelenkkapseleinrisse, Gefäßverletzungen möglich (retropharyngeales Hämatom, Muskelzerrungen)	wie II über mehr als ein Segment, Diskusblutung oder -riss, Bandruptur, Wirbelkörperfraktur, Luxation, Nerv-, Wurzel-, Rückenmarksläsion	Markkontusion, evtl. sogar Markdurchtrennung, Schädigung der Medulla oblongata bzw. des untersten Hirnstamms, Schädelbasis- und Kopfgelenkbrüche möglich
HWS-Röntgen	unverändert	unverändert, evtl. neu aufgetretene Steilstellung	evtl. neu aufgetretene Steilstellung, kyphotischer Knick, leichte Instabilität	Fraktur, Fehlstellung, Aufklappbarkeit bei Funktionsaufnahmen	Frakturen mit Dislokationen

8.3 Wirbelsäule 465

Klinische Klassifikation von Störungen bei Halswirbelsäulendistorsion (Quebec Task Force = QTF)

Unter HWS-Beschwerden sind solche zu verstehen, die sich auf die vordere (Hals-) oder hintere (Nacken-)zervikale Muskulatur oder den passiven Bewegungsapparat beziehen. Innerhalb aller Schweregrade wird eine Dauer von weniger als 4 Tagen, 4–21 Tagen, 22–45 Tagen, 46–180 Tagen und mehr als 6 Monaten (chronisch) unterschieden

Schweregrad	0	I	II	III	IV
klinisches Erscheinungsbild	keine HWS-Beschwerden, keine objektivierbaren Ausfälle	nur HWS-Beschwerden in Form von Schmerzen. Steifigkeitsgefühl oder Überempfindlichkeit, keine objektivierbaren Ausfälle	HWS-Beschwerden wie unter I und muskuloskelettale Befunde (Bewegungseinschränkung, palpatorische Überempfindlichkeit)	HWS-Beschwerden wie unter I und neurologische Befunde (abgeschwächte oder aufgehobene Muskeleigenreflexe, Paresen, sensible Defizite)	HWS-Beschwerden wie unter I und HWS-Fraktur oder -Dislokation

8.3.4.2.2 Zu den klinischen Befunden

Die Beschleunigungsverletzung ist in der Regel ein *multisegmentales* Geschehen der HWS. Schädigungsrelevant sind in den Kopf-/oberen HWS-Segmenten (vor allem C0/1 und/oder C1/2) überwiegend Scherkräfte bei Heckkollision, bei Frontalaufprall hingegen Rotations- und Flexionskräfte.[128] Die hohe Innervationsdichte afferenter Fasern im zerviko-zephalen Übergangsbereich (Kopfgelenke) mit ihrer hohen Informationsweitergabe zu vestibulospinalen, vestibulookulomotorischen und anderen Neuronen des Vestibularkerngebietes ist Mit-Ursache für die in der Akutphase diagnostisch schwer fassbaren, „vegetativen" Symptome. Weit überwiegend zeigt die Standard-Röntgenaufnahme der HWS in zwei Ebenen in diesem Bereich keine pathologischen Befunde. Die Diagnose ergibt sich vielmehr aus Anamnese und klinischem, vor allem Vestibularisbefund.

In den unteren HWS-Segmenten (z. B. C5/6 oder C6/7) wirken vermehrt Traktionskräfte bei Frontalaufprall sowie Rotations- und Flexionskräfte bei Heckkollision. Besonders gefährdet sind das vordere und hintere Längsbandsystem und die damit verbundenen Bandscheiben, Rückenmark, Muskeln und Gefäße (A. vertebralis)[129], Nervenwurzeln sowie die Gelenkkapseln der Wirbelgelenke, weniger die Gelenkkörper und die segmental beteiligten Knochen.

Bei vorgeschädigter HWS mit erheblichem Beweglichkeitsverlust einzelner Segmente kann der Kopf durch Ausbleiben einer „steifungsbedingten" Pendelbewegung leichter zu Scherbelastungen in einzelnen HWS-Segmenten beitragen. Infolgedessen sind monosegmentale Verletzungen am Übergang versteifter HWS-Abschnitt/bewegter HWS-Abschnitt eher wahrscheinlich.[130]

Die Bandführung der Halswirbelsäule ist im Vergleich zur Brust- und Lendenwirbelsäule weniger straff, somit die gute Beweglichkeit der Halswirbelsäule ebnend. Discoligamentäre

---
[128] Konsensuspapier, Wawro Trauma Berufskrankh 5 (2003) 544.
[129] Saternus, Traumatologie aktuell Bd. 14, 1994, S. 35, 43; Kehr, ebenda, S. 79, 82.
[130] Konsensuspapier, Wawro Trauma Berufskrankh 5 (2003) 544.

Verletzungen (gleichzeitige Verletzungen von Bändern und Bandscheiben) sind deshalb an der Halswirbelsäule deutlich häufiger als an der Rumpfwirbelsäule. Gelegentlich können an der Halswirbelsäule – im Gegensatz zur Brust- und Lendenwirbelsäule – bei ausreichend hoher unfallbedingter Einwirkung auch isolierte Bandscheibenverletzungen im Sinne von Teilablösungen der Bandscheibe von der Grund- oder Deckplatte auftreten.[131] Bei vorbestehenden degenerativen Bandscheibenveränderungen und ausreichend unfallinduzierter Bewegungsdynamik realisieren sich – frühestens ab der 4. Lebensdekade zu erwarten – strukturelle Läsionen entlang der Luschka'schen Spalten, schon in der 3. Lebensdekade altersbedingt an Ausdehnung zunehmend, daher als „Ersatzgelenk" bezeichnet. Etwa ab der 7. Lebensdekade werden gelegentlich auch zwei- oder mehretagige Verletzungsbilder dieser Art beobachtet, die jedoch – ohne subluxierende oder luxierende Verschiebung – in einem relativ überschaubaren Zeitraum narbig stabil auszuheilen pflegen.[132] Unfallbedingte Bandscheibenvorfälle treten allerdings nicht isoliert auf, sondern gehen mit begleitenden Bandverletzungen und/oder begleitenden – zumindest minimalen – knöchernen Verletzungen einher.

Minimale Begleitverletzungen an knöchernen Teilen (kleine Frakturen an den Gelenkfortsätzen eines bestimmten Wirbels, Schrägbrüche im Dornfortsatz) sind Ausdruck eines frischen Zerreißschadens im angrenzenden Bewegungssegment. Beschrieben werden auch Vorderkantenabbruch sowie Rotationssubluxationen im 3. bis 6. Bewegungssegment der Halswirbelsäule oder an den Halskopfgelenken.[133] Die Kontaktverletzung des Schädels weist auf einen Mischunfall, nicht auf ein reines Schleudertrauma hin.

Dehnung oder Verletzung der Arteria vertebralis, Nervenwurzeln und des Rückenmarks können verschiedene Erscheinungsformen des posttraumatischen zervikalen Syndroms verursachen.[134] Das Abgrenzen zum degenerativen Zervikalsyndrom gestaltet sich im Laufe von Jahren zunehmend schwieriger.[135] Frühzeitig klinische und röntgenologische Untersuchung, ggf. mit weiterführenden bildgebenden Techniken[136] sowie Kontrolluntersuchungen sind erforderlich. Veränderungen der Weichteile werden mit der Magnetresonanz-Tomographie (MRT) dargestellt.

Zu den zervikalen Nebenbefunden[137] gehören Blutungen und deren Begleitödeme in den Bindegewebsschichten, im Bandapparat und in der Muskulatur, ferner Blutungen im Wirbelgelenk und auf der Rückenmarkshaut; diese greifen gelegentlich entlang der Durascheide bis auf den Gleitkanal des Nervs im Zwischenwirbelloch über.

---

[131] Saternus, Kernbach-Wighton, Moritz, H. 271 zu „Der Unfallchirurg" (Hrsg. Wilke, Claes) 1999, 65 ff.
[132] Kathrein, H. 272 zu „Der Unfallchirurg" (Hrsg. Kinzl, Rehm) 1999, 88 ff.
[133] Erdmann, Schleuderverletzung der Halswirbelsäule, in: Die Wirbelsäule in Forschung und Praxis, Bd. 56 (1973) S. 90, 91 ff.
[134] Kehr, Graftiaux, in: Traumatologie aktuell Bd. 14 (1994) S. 79 ff.
[135] Scheuer, in: Gutachtenkolloquium 12 (Hrsg. Hierholzer, u.a.) 1997, S. 25.
[136] Sievers, Riediger, Gutachtenkolloquium 12 (Hrsg. Hierholzer, u.a.), 1997, S. 9 ff.; Blauth, u.a., Verletzungen der Wirbelsäule (Hrsg. Szyskowitz, Schleifer) 1995, S. 62 ff.
[137] Erdmann, Schleuderverletzung der Halswirbelsäule, in: Die Wirbelsäule in Forschung und Praxis, Bd. 56 (1973) S. 148; Samii, u.a., BG-UMed (1988) 123 ff.; Kehr, ebenda, S. 137 ff.

Häufig werden Beschwerden im Sinne eines Schwindels – in der Regel als unsystematische Stand- und Gangunsicherheit – angegeben. Die „zervikogene Unsicherheit"[138] ist ein *unspezifischer klinischer* Befund. Sie kann bei Funktionsstörungen der Halswirbelsäule – gleich welcher Ursache – auftreten, insbesondere bei den in der Normalbevölkerung spontan erscheinenden Funktionsstörungen („Blockierungen") von Kopfgelenken. Teilweise gehen die Beschwerden mit einem Drehschwindel einher, der nicht so schwer wiegend empfunden wird wie vom Gleichgewichtsorgan ausgehend.

Drehschwindel und Nystagmus im Sinne eines Menière-Sydroms sind nicht zu erwarten.

Posttraumatischer Drehschwindel beruht auf einer Schädigung der Otolithen (Gleichgewichtsteinchen) des Gleichgewichtsorgans (Otolithenschwindel). Bei diesem gutartigen anfallartigen Lagerungsschwindel wird überwiegend (über 90 %) durch ein mehrfach täglich durchgeführtes, physikalisches Lagerungstraining innerhalb von zwei bis drei Wochen Beschwerdefreiheit erzielt.

Symptome und Befunde im HNO-Bereich nach HWS-Distorsion[139]

	subjektive Beschwerden	objektive Befunde
Schwindelbeschwerden	1. Drehschwindel, selten genau zu präzisieren 2. Schwankschwindel 3. Unsicherheitsgefühl 4. Trunkenheitsgefühl 5. Stolpern	1. Posturographie/CCG (kooperationsabhängig[140]): Schwankungsparameter vergrößert, Lateropulsion verstärkt, Körpereigenspin pathologisch 2. horizontaler/vertikaler Zervikalnystagmus
Cochleäre Symptome	rezidivierend, meist einseitig: 1. Hörminderung 2. Tinnitus 3. Ohrdruckgefühl 4. Otalgie 5. Lärmüberempfindlichkeit	1. Audiogramm: Tieftonschwerhörigkeit 2. Tinnitus mit 10 dB verdeckbar 3. Ohrdruckgefühl im Tympanogramm nicht verifizierbar 4 Unbehaglichkeitsschwelle erniedrigt
Pharyngeale und laryngeale Symptome	1. Globusgefühl 2. Heiserkeit 3. verstärkter Würgereflex	auffällige Stroboskopie bei der Laryngoskopie
Augensymptome	1. Verschwommensehen 2. Flimmern vor den Augen 3. Akkomodationsschwäche	1. eingeschränkte Fusionsfähigkeit? 2. Vergrößerung des blinden Flecks?

---

[138] Nach Hülse, MedSach 97 (2001) 81; Hülse, Hölzl, HNO 48 (2000) 295 könne ein Zentralnystagmus durch Kopfgelenkblockierungen ausgelöst werden. Auf Grund tierexperimenteller Befunde seien Gangunsicherheit und Fallneigung zu erwarten, keinesfalls Nystagmus und Drehschwindel i. S. eines Menière-Symdroms; Dieterich, in: Schleudertrauma der Halswirbelsäule [Hrsg. Hierholzer, Heitemeyer] 1994 S. 30 ff.
[139] Hülse, MedSach 97 (2001) 81, 84.
[140] Dazu Poeck, MedSach 95 (1999) 181, 184.

Gleichgewichtsstörungen gehen typischerweise einher mit einseitigen Schallempfindungsstörungen mit flachem Kurvenverlauf, also unter Beteiligung aller Frequenzen.[141]

Tinnitus als Folge eines Traumas kann nur wahrscheinlich sein, wenn gleichzeitig andere objektivierbare pathologische Befunde auftreten, etwa messbare Hörstörung, objektivierbare Gleichgewichtsstörungen, neurologische Ausfälle oder Schädelbasisfraktur. Tinnitus als alleiniges Symptom lässt sich in der Regel nicht als Unfallfolge begründen.[142] Ohrgeräusch als Folge einer Halswirbelsäulendistorsion ist wahrscheinlicher je schwerer die Primärschädigung ist. Unmittelbarer zeitlicher Zusammenhang muss nicht vorliegen.[143]

8.3.4.3 Zusammenhangsbeurteilung

Erstgutachter sollte ein Chirurg oder Orthopäde sein, weil diese Fachärzte über die meisten dokumentierten Untersuchungs-, Behandlungs- und Begutachtungskenntnisse verfügen. Neurologen, Neuropsychologen, Neurochirurgen, Ophthalmologen und HNO-Ärzte sind bei entsprechenden Befunden Zusatzgutachter.[144]

Der Unfallanalytiker bewertet die Belastung und damit die Verletzungsgrundlage, der medizinische Gutachter würdigt im Anschluss die Wahrscheinlichkeit der Folgen.[145]

Sicherung von Unfallfolgen ist Unfallrekonstruktion, d.h. Darstellung der unfallbedingten

– Bewegung der Fahrzeuge (Unfallmechanik) durch Unfallanalytiker
– Bewegung der Fahrzeuginsassen (Biomechanik), gemeinsam durch Unfallanalytiker, Biomechaniker, Orthopäde, Unfallchirurg
– biomechanischen Gefährdung/Belastung (Pathomechanik) durch Orthopäde, Unfallchirurg.[146]

Allgemein anerkannter Kenntnisstand und Beurteilungsstandard nach geringen Belastungen – auf wissenschaftlicher Basis erarbeitet – sind nicht gegeben.

Bei der technisch-biomechanischen Unfallanalyse ist die kollisionsbedingte Geschwindigkeitsänderung der aussagekräftigste technische Kollisionsparameter zur Beurteilung der biomechanischen Insassenbelastung.[147] Er beschreibt die Be- bzw. Entschleunigung, denen die Fahrgastzelle – und damit der Betroffene – im Verlauf der Unfallereignisses (vor- und nach dem Anstoß) ausgesetzt ist. Von untergeordneter Bedeutung sind: Geschwindigkeit der einzelnen Fahrzeuge (Kollisionsgeschwindigkeit) oder Differenz der Kollisionsgeschwindigkeiten beider Fahrzeuge (Relativgeschwindigkeit); die Übertragung auf den Verletzten hängt in erheblichem Unfang von den äußeren Bedingungen der Fahrzeuge („Knautschzone", Gewichtsverhältnisse zwischen beiden Fahrzeugen) ab.

---

141 LSG Schleswig-Holstein, 14. 4. 2005, HV-Info 1/2006, 25 = Meso B 40/106.
142 Feldmann, Das Gutachten des Hals-Nasen-Ohren-Arztes, 6. Aufl. 2006 S. 280.
143 LSG Schleswig-Holstein, 14. 4. 2005, HV-Info 1/2006, 25 = Meso B 40/106.
144 Konsensuspapier, Wawro Trauma Berufskrankh 5 (2003) 544; Mazzotti, Castro, MedSach 106 (2006) 206.
145 Becke, u. a., Neue Zeitschrift für Verkehrsrecht, 2000, S. 235.
146 Ludolph, in: Das „Schleudertrauma" der Halswirbelsäule (Hrsg. Castro, u.a.) 1998.
147 Becke, u. a., Neue Zeitschrift für Verkehrsrecht, 2000, S. 226; Meyer, u. a., Verkehrsunfall und Fahrzeugtechnik 1 (199) 13; Mazzotti, Beurteilung und Begutachtung von Wirbelsäulenschäden, 2002 S. 70; Wyrwich, Heide, Orthopäde 35 (2006) 319, 320; Tegentthoff, Schwenkreis, in: Begutachtung in der Neurologie (Hrsg. Widder, Gaidzik) 2007 S. 334.

Fehlen verletzungstypische bzw. -spezifische Veränderungen, ist die Unfallanalyse unverzichtbar. Lässt sich ein unfallbedingtes morphologisches Substrat für Beschwerden sichern, erübrigt es sich: Das Verletzungsbild ist die sicherste Ursachen-Information.[148]

Bei Prüfung der Kausalität sind die Umstände des Einzelfalls zu berücksichtigen. Dies gilt insbesondere hinsichtlich der Annahme von Richtwerten, wonach bei einer bestimmten, im Niedriggeschwindigkeitsbereich liegenden kollisionsbedingten Geschwindigkeitsänderung (Heckkollision 11/km/h; Frontalkollision 20 km/h, s. 8.3.4.1, S. 459 ff.) eine Verletzung der Halswirbelsäule auszuschließen sei. Die Rspr. weist darauf hin, dass die Beantwortung der Kausalitätsfrage nicht allein von der kollisionsbedingten Geschwindigkeitsänderung, sondern auch von anderer Faktoren abhängt, wie Sitzposition der Fahrzeuginsassen oder unbewusste Drehung des Kopfes: Weder bei einer Frontal- noch bei einer Heckkollision gibt es eine „Harmlosigkeitsgrenze".[149] Unfallanalytische Gutachten sollten daher nicht überbewertet werden. Hinweise auf die Kausalität von Verletzungsfolgen mögen sie geben, beweisend oder ausschließend sind sie jedoch nicht; Sachverständige für Unfallanalyse und Biomechanik verfügen regelmäßig nicht über die erforderliche medizinische Fachkompetenz, auf die es letztlich für die Frage der Ursächlichkeit ankommt.[150]

Die Halswirbelsäule als komplexes inhomogenes strukturelles Gebilde hat nicht eine, sondern viele Belastbarkeitsgrenzen: der Zahl unterscheidbarer Strukturen als unterscheidbare Quelle von Beschwerden infolge von Verletzungen angeglichen. Für die meisten Strukturen sind die Belastbarkeitsgrenzen nicht bekannt und kaum zu untersuchen. Sie sind von angeborenen und erworbenen Eigenschaften der belasteten Strukturen abhängig und daher individuell höchst unterschiedlich.[151]

Unfallmechanismus und kollisionsbedingte Geschwindigkeitsänderung sind der individuellen Belastbarkeit des Versicherten gegenüber zu stellen. Anhand Aktenlage, Anamneseserhebung, körperlicher Untersuchung sowie der zur Verfügung stehenden Bildgebung sind verletzungsfördernde Faktoren, welche die Belastbarkeit der Halswirbelsäule zum Unfallzeitpunkt reduzieren, zu ermitteln: anlagebedingte Veränderungen, Vorerkrankungen, Voroperationen, aber auch Allgemeinerkrankungen, mit Muskel- oder Bindegewebsschwäche oder verminderter Knochendichte einhergehend.

Die Verletzungsanfälligkeit der degenerativ veränderten Halswirbelsäule wird unterschiedlich bewertet. Im Einzelfall sind Art und Ausmaß des Verschleißes, sonstige individuelle Gegebenheiten sowie die biomechanische Belastung einzubeziehen.[152]

Beachtlich sind die individuellen Kollisionsumstände. Bedeutsam können eine von der Norm abweichende (gedrehte, geneigte, vorgebeugte) Kopfhaltung, zumindest oberhalb

---

148 Ludolph, Kurzbuch der ärztlichen Begutachtung, 5. Erg. Lfg. 1999.
149 BGH, 28. 1. 2003, VersR 2003, 474, 475 (Heckkollision); BGH, 8. 7. 2008, VersR 2008, 1126 = NJW 2008, 2845 (Frontalkollision); dazu Staab, VersR 2003, 1216; Nover, Battiato, Kursbuch der ärztlichen Begutachtung (Hrsg. Ludolph, u. a.), 5. Erg. Lfg. 1999; ähnlich Expertengespräch v. 11. 11. 1997, „ADAC-Zentrale" 13–15 km/h; Walz, Hefte z. Unfallchir. 172 (1998) 84, 86; Auer, Krumbholz, NZV 2007, 273, 274.
150 BGH, 3. 6. 2008, VersR 2008, 1133 = UVR 16/2008, 1201; Leidel, u. a., Orthopäde 37 (2008) 414, 420.
151 Mattem, MedSach 98 (2002) 98; Müller, VersR 2003, 137, 146.
152 Mazzotti, Castro, MedSach 106 (2006) 206, 209.

der „Richtwerte",[153] sowie die Sitzposition der Fahrzeuginsassen sein. Bei der Gesamtbetrachtung ist die unfallnahe Symptomatik in Korrelation zum bildgebenden Befund das entscheidende Beurteilungskriterium.[154] Zu berücksichtigen sind

1.	Zustand des Verletzten nach dem Unfall	Konnte er den Wagen aus eigener Kraft verlassen? Hatte er sofort Nackenschmerzen, Schluckbeschwerden, gegebenenfalls ab wann? Bestand sofort das Vollbild der kompletten Haltungsinsuffizienz der Kopfhaltemuskulatur?
2.	Erstbefund der Verletzung	Beweglichkeitsprüfung Ertasten von Schmerzpunkten Versuch, wirbelsäulenabhängige Schmerzsensationen in Körperteilen abseits der Halswirbelsäule hervorzurufen Untersuchung der gesamten Wirbelsäule Einschränkung der groben Muskelkraft Umfangsminderungen Reflexausfälle Durchblutungsstörungen Einschränkungen der Schultergelenksbeweglichkeit Zeichen der Arthrose im gleichseitigen Schulter-Eckgelenk Klaviertasten-Symptome
3.	Röntgenologische Untersuchung	Sichere posttraumatische Veränderungen selten erkennbar, da 90 % der Fälle reine Weichteilverletzungen darstellen. Standardaufnahmen (Vorder- und Seitenbild), Ergänzungsaufnahmen, Sondertechnik, z.B. gehaltene Aufnahmen, Schichtaufnahmen, Röntgenfunktionsaufnahmen Injektion von Röntgen-Kontrastmitteln fast immer entbehrlich Röntgenverlaufsserien bei chronischen Beschwerden, zunächst im Abstand von 6 Wochen, später 3 Monaten
4.	Kernspintomographie	Auch in den Funktionsstellungen Flexion und Extension durchführbar, direkte Darstellung von Bandscheibenvorfällen und Weichteilverletzungen wird ermöglicht. Bandscheibendegenerationen im Anfangsstadium erkennbar. Bei neurologischen Ausfallen sowohl im Akut- wie im chronischen Beschwerdestadium angezeigt[155]
5.	Befund der Nachuntersuchung	Überwachung des Heilverfahrens in der Frühperiode in 8- bis 14tägigen Abständen Feststellen von Merkmalen, die geeignete Bindeglieder von Unfallereignis und späteren Beschwerden sein können

---

[153] BGH, 28. 1. 2003, VersR 2003, 474, 475 mit Hinweis auf Mazzotti, Castro NZV 2002, 499, 500; BGH, 8. 7. 2008, VersR 2008, 1126 = NJW 2008, 2845.
[154] Mazzotti, Castro, MedSach 106 (2006) 206, 209 f.
[155] Friedburg, Hefte z. Unfallchir 172 (1998) 96, 98.

8.3 Wirbelsäule

6. Neurologische Zusatzbegutachtung[156]
Zervikales Rückenmark
Rückenmarkwurzeln
Halsmark, Hirnstamm, zervikale Nervenwurzeln
Armnervenplexus, periphere Nerven
am Hals und unmittelbar der Halswirbelsäule benachbart verlaufende extrakranielle Hirngefäße (A. carotis, A. vertebralis)
Veränderung der Hirnstromaktivität

7. Vorgeschichte, Krankheiten, besondere Behandlungen (Bäder, Massagen)
Wegen Wechselbeziehung zwischen degenerativen Vorschäden der Halswirbelsäule und sich damit ändernder Grenze der Verletzbarkeit der Halsgebilde sorgfältige Untersuchung bei der Diagnostik unfallunabhängige Halswirbelsäulenschäden und betroffener Segmente. Ausschluss relevanter Vorschäden, die kausal für die Beschwerden seit dem Unfall sind. Klinische Einzelheiten sind nach Ablauf von 1 bis 2 Jahren nicht mehr eindeutig auf ein Unfallereignis zurückzuführen, da rein degenerative Veränderungen das gleiche Zustandsbild bewirken.

8. Verletzungskonformer Verlauf
Finden die in Bezug auf den zeitlichen Verlauf und die Schwere geschilderten Beschwerden ihren Niederschlag in der Frequenz der Arztbesuche, Dauer der Arbeitsunfähigkeit und der erforderlichen Behandlungen?
Bei Zerrungen: Liegt ein unfalltypischer Decrescendo-Verlauf (abnehmendes Beschwerdebild mit zunehmendem Abstand vom Unfall) vor?

9. Plausibilität der Beschwerden in Bezug auf die erhobenen Befunde zum Gutachtenzeitpunkt.

8.3.4.4 Mittelbare Unfallfolge

Treppensturz in Folge eines Irritationssyndroms der Halswirbelsäule mit Muskelverspannungen und Schwindelgefühlen nach chiropraktischer Behandlung – Distorsion an der Halswirbelsäule vorausgehend – ist mittelbare Unfallfolge.[157]

8.3.4.5 Minderung der Erwerbsfähigkeit

Im Gegensatz zu den Gliedmaßen kann an der Wirbelsäule nicht seitig verglichen werden. Dadurch sind Aussagen über den Grad des allmählich ansteigenden Leistungsangleiches während der Rehabilitation nicht gegeben.

Jeder Sachverhalt ist zu analysieren und individuell zu beurteilen. Jedoch gilt als Grundsatz, dass nach den weit überwiegenden Angaben in der Literatur die Annahme eines Dau-

---

[156] Dazu: Tegenthoff, Schwenkreis, in: Begutachtung in der Neurologie (Hrsg. Widder, Gaidzik) 4. Aufl. 2007 S. 333 ff.
[157] LSG Schleswig-Holstein, 23.9.1997, HV-Info 2/1998, 103, bestätigt durch BSG, 23.9.1997, ebenda.

erschadens auf Grund einer HWS-Distorsion die Ausnahme darstellt und einer schlüssigen Untermauerung bedarf.[158]

Schweregrad nach QTF	Grad 0	Grad I	Grad II	Grad III
Höhe der MdE	entfällt	entfällt	20 % für 3(–6) Monate, 10 % für weitere 6 Monate	30 % für 6 Monate, 20 % für weitere 6–18 Monate, 10–20 % Dauer-MdE möglich, ggf. zusätzliche Bewertung funktionell relevanter neurologischer Defizite

8.3.5 Querschnittlähmung[*]

8.3.5.1 Definition

Querschnittlähmungen sind Folge einer durch angeborene Fehlbildungen, Erkrankungen oder durch Unfälle hervorgerufenen Funktionsstörung des Rückenmarks. Dieses stellt die Verbindung zwischen dem Gehirn und den Erfolgsorganen in der Peripherie (z. B. Muskeln, Blase, Darm, Haut) her und leitet die von dort aufgenommenen Wahrnehmungen in die höher gelegenen Zentren zurück. Die Funktionsstörung führt in Abhängigkeit von Höhe und Ausmaß der Läsion zur teilweisen oder vollständigen Aufhebung von Willkürmotorik und Sensibilität. Darüber hinaus werden autonome Funktionen beeinträchtigt, Störungen der Regulation von Atmung, Kreislauf sowie von Blasen-, Mastdarm und Sexualfunktionen können folgen.

Querschnittlähmung im Halsmarkbereich werden als Tetraplegie bezeichnet. Schädigungen in Höhe des Brust- oder Lendenmarkes und darunter als Paraplegie. Bei der Tetraplegie sind alle vier Gliedmaßen, der Brustkorb und die Rumpfmuskulatur, bei der Paraplegie ist die Muskulatur des Rumpfes und der unteren Gliedmaßen betroffen.

Das funktionelle Ausmaß der Läsion wird nach der ASIA-Skala (American Spinal Injury Association)[159] klassifiziert, wobei die Läsionshöhe dem tiefsten vollkräftigen Kennmuskel entspricht.

---

[*] Mitarbeit *Dr.med. R. Thietje*, Berufsgenossenschaftliches Unfallkrankenhaus Hamburg-Boberg.
[158] Nordrhein-Westfalen, 25. 2. 1998, HV-Info 21/1999, 1961; Lang, u. a. Leitlinie: Begutachtung der Halswirbelsäulendistorsion, Akt Neurol 35 (2008) 1, 6; Erdmann, Schleuderverletzung der Halswirbelsäule, in: Die Wirbelsäule in Forschung und Praxis, Bd. 56 (1973) S. 169; Bilow, Weller, Chirurg 48 (1977) S. 513; Obelieniene, u.a., I Neurol Neurosurg Psychiatry 66 (1999) 279; Schlegel, Med. Orth Tech 112 (1992) 220; ders. A propos Schleudertrauma, Die Wirbelsäule in Forschung und Praxis, Bd. 62 (1976) S. 12: Die Auswirkung des Schleudertraumas darf keineswegs klinisch und gutachterlich überbewertet werden.
[159] American Spinal Injury Association: Standard for neurological classification of spinal injured patients, *http://www.asiaspinalinjury.org/pubblications/2001_classif_worksheet.pdf*, American Spinal Injury Association, 2002.

8.3 Wirbelsäule

A: Komplette Läsion. Keine sensible oder motorische Funktion in den tiefsten Segmenten S4-S5 (perianal)
B: Inkomplette Läsion. Sensible Funktion bis in die tiefsten Segmente S4-S5, jedoch keine motorische Funktion unterhalb des Lähmungsniveaus
C: Inkomplette Läsion. Motorische Funktion unterhalb des Lähmungsniveaus überwiegend kleiner Kraftgrad 3
D: Inkomplette Läsion. Motorische Funktion unterhalb des Lähmungsniveaus überwiegend gleich oder größer Kraftgrad 3
E: Kein Nachweis sensibler oder motorischer Ausfälle.

8.3.5.2 Epidemiologie

In Deutschland sind etwa 80 000 Personen querschnittgelähmt. Trotz großer Erfolge in der Prävention, im Arbeitsumfeld und in der Verkehrssicherheit nimmt die Anzahl der Betroffenen stetig zu. Ursachen hierfür sind vielfältig; zum einen erhöht die steigende Lebenserwartung der Bevölkerung das Risiko, krankheitsbedingte Läsionen des Rückenmarks zu erwerben; daneben bringt zunehmend risikobehaftetes Freizeitverhalten Verletzungen dieser Art.

Rasante Entwicklungen in der Medizin haben dazu geführt, dass sich die Lebenserwartung Querschnittgelähmter nur geringfügig vom Durchschnitt der Bevölkerung unterscheidet. Jährlich werden etwa 1800 Patienten mit frisch eingetretener Querschnittlähmung in den Behandlungszentren aufgenommen. Der Anteil der erkrankungsbedingten Querschnittlähmungen liegt im langjährigen Mittel bei 32 % (Männer 70 %, Frauen 30 %, Kinder etwa 1 %), steigt jedoch in Beziehung zum Durchschnittsalter. Bei 63 % der Patienten sind Rumpf und Beine betroffen (Paraplegiker), bei 37 % zusätzlich die Arme (Tetraplegiker).

Der Anteil mit inkompletten Lähmungsformen wächst dem Anstieg nicht verletzungsbedingter Lähmungen entsprechend und beträgt derzeit 65 %. Etwa 1–2 % der Patienten sind auf Grund der Höhe des Lähmungsniveaus dauerhaft zu beatmen.

Bei 46 % aller unfallbedingten Querschnittlähmungen finden sich Begleitverletzungen, insbesondere an Thorax, Schädel, Becken, Abdomen und Extremitäten. 56 % aller frisch diagnostizierten Querschnittlähmungen weisen zusätzlich wesentliche Vorerkrankungen auf.

8.3.5.3 Ursachen

Ursächlich für den Eintritt einer Querschnittlähmung sind strukturelle Veränderungen oder funktionelle Störungen des Rückenmarks, auf angeborene oder erworbene Erkrankungen sowie Gewalteinwirkungen zurückzuführen.

Verteilung der Ursachen

Erkrankungen*	32 %	Suizidversuch	4 %
Verkehr	29 %	Badeunfall	3 %
Haushalt, Freizeit	14 %	Tötungsversuch	1 %
Arbeit	12 %	Fehlbildungen	1 %
Sport	4 %		

* Häufigste Ursachen krankheitsbedingter Querschnittlähmungen sind Infektionen, Tumore, Einblutungen oder Durchblutungsstörungen im Rückenmark bzw. in dessen unmittelbarer Umgebung im Rückenmarkkanal.

8.3.5.4 Umfassende Behandlung

Im Vergleich zu anderen Erkrankungen und Verletzungen ist das Bild der frischen Querschnittlähmung nicht häufig. Deshalb ist das für die spezifische Behandlung erforderliche multidisziplinäre Fachwissen flächenweit nicht ausreichend vorhanden. Aus diesem Grund wurden entsprechend ausgestattete Querschnittgelähmtenzentren aufgebaut. Mittlerweile stehen in Deutschland 25 Zentren zur Verfügung, die 1 220 Betten bereithalten.[160]

Das Ergebnis der medizinischen Behandlung, der Rehabilitation und beruflichen bzw. sozialen Reintegration hängt wesentlich davon ab, dass die Betroffenen möglichst frühzeitig in ein geeignetes Zentrum verlegt werden. Reibungsloses Funktionieren der Schnittstelle zwischen erstversorgendem Krankenhaus und Querschnittgelähmtenzentrum ist von entscheidender Bedeutung. Intensive Zusammenarbeit zwischen diesem und einem Zentrum für Wirbelsäulenchirurgie ist unerlässlich.

8.3.5.5 Lebenslange Nachsorge

Diese ist geprägt durch ein regelhaftes präventives Nachsorgeprogramm, dessen Inanspruchnahme nachweislich dafür sorgt, dass das Auftreten querschnittlähmungstypischer Komplikationen, soweit erreichbar, vermieden wird. Typische Komplikationen:

Druckgeschwüre	Spastik
Urin- und Stuhlinkontinenz	Störungen vegetativer Funktionen
Neurourologische Probleme	Sekundärschäden am Bewegungsapparat (z. B. Skoliosen, Arthrosen, Gelenkkontrakturen)
Lungenentzündungen, insbesondere bei beatmungspflichtigen Patienten	
Schmerzsyndrome	Probleme der Heil- und Hilfsmittelversorgung

8.3.5.6 Berufliche und soziale Reintegration

Größtmögliche Unabhängigkeit von Fremdhilfe und die erforderlichen Umbauten und Hilfsmittel im häuslichen und beruflichen Umfeld sind Voraussetzung für eine erfolgreiche Reintegration. Intensive Zusammenarbeit – Querschnittgelähmtenzentrum, Patient, Angehörige, Reha- bzw. Kostenträger, Arbeitgeber – ist Voraussetzung. Ggf. bedarf es der Auswahl und Einarbeitung eines Pflegedienstes.

Telekommunikation eröffnet Perspektiven.

8.3.5.7 Minderung der Erwerbsfähigkeit

Die Einschätzung der Minderung der Erwerbsfähigkeit erfolgt in Abhängigkeit von Lähmungsniveau, -ausmaß und hieraus resultierenden Funktionsstörungen. Besonderen Einfluss auf die MdE hat der Umfang der Blasen- und Mastdarmentleerungsstörung.

---

[160] Denkschrift der DGUV zur Behandlung Querschnittgelähmter (Entwurf 2009).

8.3 Wirbelsäule

Ausmaß des Schadens	MdE in %
Vollständige Halsmarkschädigung mit vollständiger Lähmung von Körperstamm, Armen und Beinen sowie Blasen- und Mastdarmentleerungsstörung	100
Unvollständige Halsmarkschädigung mit ausgeprägter Teillähmung von Armen und Beinen sowie Blasen- und Mastdarmentleerungsstörung	80–100
Unvollständige Halsmarkschädigung mit mäßigen motorischen und sensiblen Defiziten sowie Blasen- und Mastdarmentleerungsstörung	60–80
Unvollständige Halsmarkschädigung mit mäßigen motorischen und sensiblen Defiziten ohne Blasen- und Mastdarmentleerungsstörung	40–60
Vollständige Brustmark-, Lendenmark- oder Kaudaschädigung mit vollständigen Lähmungen von Körperstamm und Beinen sowie Blasen- und Mastdarmentleerungsstörung	100
Unvollständige Brustmark-, Lendenmark- oder Kaudaschädigung mit ausgeprägter Teillähmung beider Beine sowie Blasen- und Mastdarmentleerungsstörung	60–80
Unvollständige Brustmark-, Lendenmark- oder Kaudaschädigung mit mäßiger Teillähmung beider Beine sowie Blasen- und Mastdarmentleerungsstörung	40–60
Unvollständige Brustmark-, Lendenmark- oder Kaudaschädigung mit mäßiger Teillähmung beider Beine ohne Blasen- und Mastdarmentleerungsstörung	20–40
Notwendigkeit dauerhafter oder teilweiser invasiver Beatmung ggf. auch ohne wesentliche weitere Lähmungserscheinungen	100
Notwendigkeit nicht-invasiver Beatmung über 12 Stunden täglich ggf. auch ohne wesentliche weitere Lähmungserscheinungen	100
Notwendigkeit nicht-invasiver Beatmung bis zu 12 Stunden täglich ggf. auch ohne wesentliche weitere Lähmungserscheinungen	50

8.3.6 Berufskrankheiten[161]

Erkrankungen des Knochengerüstes befallen auch die Wirbelsäule.

8.3.6.1 durch chemische Einwirkungen

Blei (BK-Nr. 11 01): Bleiintoxikation am Knochen im Wachstumsalter

Cadmium (BK-Nr. 11 04): Osteoporose und -malazien (s. 8.3.3.2, S. 447)

Phosphor (BK-Nr. 11 09): verstärkte Knochendichte im Wachstumsalter, Osteoporose

Benzol (BK-Nr. 13 03): Schädigung von Knochenmarkgewebe, Wirbelsäule bevorzugt

Fluor (BK-Nr. 13 08): Verkalkungshemmung mit Osteoporose, Osteosklerose (Marmorknochenkrankheit)

Die Krankheitsbilder sind äußerst selten.

---
[161] LSG Niedersachsen, 11. 2. 1997, HV-Info 21/1997, 1988 = Meso B 290/207; Steeger, Handbuch der Arbeitsmedizin (Hrsg. Konietzko, Dupuis), Stand 1990, IV-7.8.1 S. 14 ff.; Junghanns, Die Wirbelsäule in der Arbeitsmedizin, in: arbeitsmedizin aktuell (Hrsg. Valentin) 3. Lfg. 1979; ders., Die Wirbelsäule in der Arbeitsmedizin, Teil II Einflüsse der Berufsarbeit auf die Wirbelsäule, 1979.

8.3.6.2 durch Strahlen

Ionisierende Strahlen (BK-Nr. 24 02) verursachen Knochenveränderungen im Sinne einer Osteoporose. Bei Karzinombildung in der Lunge kann die Metastasierung in den Knochen und hier insbesondere in der Wirbelsäule erfolgen. Radioaktive Substanzen gelangen durch Einatmen oder Mundspeichel in den Körper und rufen Knochensarkome mit Beteiligung der Wirbelsäule hervor.

8.3.6.3 durch Infektionskrankheiten

Bei Infektionskrankheiten (BK-Nrn. 31 01, 31 02), wie Tuberkulose, Brucellose, Salmonellose, ist der Übergang auf die Wirbelsäule die schwerste Komplikation; erhebliche Verschlimmerung bei Ausbreitung auf die Weichteile (bevorzugt Bandscheibe).

8.3.6.4 infolge Glukokortikoidtherapie[162]

Eine Osteoporose kann im Rahmen der medikamentösen Behandlung einer allergischen oder asthmatischen Berufskrankheit auftreten. Patienten mit täglichen Prednisolondosen von 7,5 mg und mehr erleiden im ersten Jahr der Einnahme den größten Knochendichteverlust, besonders im Bereich der Wirbelsäule. Zwischen 2,5 und 7,5 mg täglich ist die Risikoerhöhung mit abhängig vom Vorliegen anderer genetischen, hormonellen ernährungsbedingten oder exogenen Risikofaktoren. Ein erhöhtes Risiko unterhalb eines Prednisolonäquivalentes von 2,5 mg pro Tag besteht offensichtlich nicht.

8.3.6.5 Abrissbrüche der Wirbelsäule (BK-Nr. 21 07)

Im gebräuchlichen Namen „Schipperkrankheit" liegt die Ursache: Das Schaufeln mit häufigen – oft überhohen und überweiten – Würfen. Es handelt sich um Ermüdungsbrüche des altersentsprechenden Knochengewebes. Der schleichende Schaden im Knochengewebe führt – gelegentlich belangloser Tätigkeit – durch heftigen Schmerz zur Arbeitsunfähigkeit, wenn es in der allmählich entwickelten spaltartigen „Zerrüttungszone" (Umbauzone) zur Ablösung des Knochenstücks kommt. Untere Hals- und obere Brustwirbelsäule sind bevorzugt betroffen.

Abrissbrüche von Wirbelbogenfortsätzen entstehen auch im Hochleistungssport: Gewichtheben, Diskus-, Hammerwurf, Ringen. Bei langzeitiger berufsmäßiger Ausübung sind Schädigungen als Berufskrankheit zu werten[163], sofern der von der versicherten Tätigkeit ausgehende Muskelzug gerade auf die vom Ermüdungsbruch betroffenen Dornfortsätze eine gewisse Intensität der Belastung erreicht und die Erkrankung im unmittelbaren zeitlichen Zusammenhang auftritt.

Differenzialdiagnostisch abzugrenzen sind kritische traumatische Verletzungen, Pseudarthrosen nach alten Frakturen des Dornfortsatzes, persistierende Apophysen sowie pathologische Frakturen.

---

[162] Schröter, MedSach 102 (2006) 212, 216; Braun, Sieper, Orthopäde 30 (2001) 444.
[163] Groh, Sportverletzungen und Sportschäden, 1975; Steeger, Handbuch der Arbeitsmedizin (Hrsg. Konietzko, Dupuis), Stand 1990, IV-7.8.1 S. 14ff.

8.3.6.6 Bandscheibenbedingte Erkrankungen der Lenden- bzw. Halswirbelsäule* (BK-Nrn. 21 08/21 09/21 10)[164]

Den BK-Nrn. 21 08/21 09/21 10 ist gemeinsam das Krankheitsbild einer bandscheibenbedingten Erkrankung und eine langjährige Überbeanspruchung der Wirbelsäule. Die Unterschiede zwischen den BK-Tatbeständen betreffen die *Arten der gefährdenden Einwirkungen*

- Nr. 21 08: langjähriges Heben oder Tragen schwerer Lasten und/oder langjährige Tätigkeiten in extremer Rumpfbeugehaltung
- Nr. 21 09: langjähriges Tragen schwerer Lasten auf der Schulter
- Nr. 21 10: langjährige, vorwiegend vertikale Einwirkung von Ganzkörperschwingungen im Sitzen

und die *Lokalisation der Erkrankung*

- Nr. 21 08 und Nr. 21 10: LWS
- Nr. 21 09: HWS.

Die BK-Tatbestände setzen voraus, dass die Erkrankung zur Unterlassung aller Tätigkeiten gezwungen hat, die für die Entstehung, die Verschlimmerung oder das Wiederaufleben der Krankheit ursächlich waren oder sein können.

Nach der Begründung zur Einführung dieser BK-Tatbestände konnten Ursache-Wirkungs-Beziehungen zwischen schädigenden Einwirkungen und bandscheibenbedingten Erkrankungen der Lenden- und Halswirbelsäule für bestimmte Berufsgruppen in epidemiologischen Studien wiederholt statistisch gesichert werden. Das erhöhte Risiko ließ sich sowohl in Querschnitt- und Fall-Kontrollstudien als auch in prospektiven Studien reproduzieren. Darüber hinaus sei für die Belastungen der Wirbelsäule durch Heben oder Tragen auch eine Dosis-Häufigkeitsbeziehung methodisch nachvollziehbar. Im Vergleich zu den altersbezogenen Befundhäufigkeiten ergebe sich bei den in den BK-Nrn. 21 08–21 10 genannten Belastungen eine erhebliche „Linksverschiebung".

Von anderer Seite wird die epidemiologische Absicherung dieser BK-Tatbestände, insbesondere der Nrn. 21 08/21 09, in Frage gestellt.[165] Das BSG hat in zwei Urteilen (1999)[166] die These von der Rechtsungültigkeit der BK-Nr. 21 08 verworfen. Die Bundesregierung habe das ihr nach der Ermächtigungsnorm des § 551 Abs. 1 RVO (§ 9 Abs. 2 SGB VII) zustehende normative Ermessen nicht überschritten. Entgegen der Auffassung des LSG

---

* Mitarbeit *Prof. Dr. jur. S. Brandenburg* und *K. Palsherm,* Berufsgenossenschaft für Gesundheitsdienst und Wohlfahrtspflege, Hamburg.

[164] Eingefügt mit Wirkung vom 1. 1. 1993, 2. VO zur Änderung der BKV, BGBl. 1992, 2343; Begründung der BReg. BR-Drucks. 773/92; über die Rückwirkungsklausel des Art. 2 Abs. 2 der 2. ÄndVO bzw. § 7 Abs. 2 BKV werden auch Versicherungsfälle erfasst, die nach dem 31. 3. 1988 eingetreten sind; dazu Eilebrecht, BG 1993, 187; BSG, 19. 1. 1995, HV-Info 16/1995, 1331; 25. 8. 1994, HV-Info 27/1995, 2290; LSG Baden-Württemberg, HV-Info 21/1994, 2460.

[165] LSG Niedersachsen, 5. 2. 1998, HVBG VB 60/98 = HV-Info 13/1998, 1184; dazu Schwarze, Notbohm, ErgoMed 1998, 237; Weber, in Begutachtung der neuen Berufskrankheiten der Wirbelsäule (Hrsg. Weber, Valentin) 1997, S. 101; Pöhl, Eilebrecht, Hax, Römer, BG 1997, 670.

[166] BSGE 80, 30 (23. 3. 1999) = SozR3-2200 § 551 Nr. 12 = Meso B 240/248 = SGb 1999, 576; 10. 8. 1999, SGb 1999, 556.

Niedersachsen verlangt das BSG für eine erheblich höhere Gefährdung im Sinne von § 551 Abs. 1 RVO nicht den Nachweis einer Verdoppelung des Erkrankungsrisikos der exponierten Berufsgruppe im Vergleich zur allgemeinen Bevölkerung. Nicht für alle Berufskrankheitenarten ist der Verzicht auf ein Verdoppelungsrisiko sachgerecht.[167] Ein solches ist für die Einführung einer Berufskrankheit zu fordern, wenn auch die individuelle Kausalitätsprüfung im Wesentlichen auf die epidemiologische Risikobewertung gestützt werden muss. Für die BK-Nrn. 21 08–21 10 ist dem BSG zu folgen. Bei diesen Berufskrankheiten sind epidemiologische Daten nicht die wesentlichen Grundlagen bei der Kausalitätsprüfung im Einzelfall, sondern werden nur ergänzend zu einzelfallbezogenen Beurteilungskriterien herangezogen. Bei multifaktoriellen degenerativen Erkrankungen können die zur Begründung der BK-Tatbestände herangezogenen epidemiologischen Untersuchungen über Ursache-Wirkungs-Beziehungen – auch wenn diese den Anforderungen des § 9 Abs. 1 S. 1 SGB VII hinsichtlich der generellen Eignung bestimmter Einwirkungen zur Krankheitsverursachung sowie der besonderen Betroffenheit einer Personengruppe genügen – die für die Einzelfallentscheidung relevanten Zusammenhänge zwischen genau definierten Einwirkungen und bestimmten Krankheitsbildern sowie die Beeinflussung durch konstitutionelle Faktoren allenfalls ungenau wiedergegeben.[168] Wegen der Vielgestaltigkeit der Belastungsparameter gilt dies insbesondere für die BK-Nrn. 21 08/21 09.[169] Auch die Hinweise in den Merkblättern für die ärztliche Untersuchung[170] liefern insoweit nur grobe Anhaltspunkte.[171] Erforderlich sind daher umfassende Ermittlung der Arbeits- und Krankheitsanamnese und Abwägung aller Umstände des Einzelfalles im Rahmen der gutachterlichen Zusammenhangsbeurteilung.

8.3.6.6.1 Begutachtung bei den BK-Nrn. 21 08 bis 21 10 – Gutachtenauftrag

Fragen an den Gutachter:

1.1 Welche Beschwerden werden vom Versicherten vorgebracht?

1.2 Welche Befunde haben Sie erhoben?

1.3 Stimmen Beschwerden und Befunde überein?

2.1 Wie lautet die Diagnose?

2.2 Handelt es sich um eine bandscheibenbedingte Erkrankung?

2.3 Welche anderen für die Zusammenhangsbeurteilung bedeutsamen Erkrankungen oder Veränderungen haben Sie festgestellt?

3.1 Sind die festgestellten beruflichen Einwirkungen als wesentliche Ursache (Teilursache) für die Entstehung oder Verschlimmerung der beschriebenen Wirbelsäulenerkrankung aus medizinischer Sicht anzusehen?

---

[167] Brandenburg, BG 2001, 365, 367.
[168] Brandenburg, BG 1993, 791, 795; nach der Begründung der BReg., BR-Drucks. 773/92, entheht die Einführung der neuen BK-Nrn. 21 08–21 10 nicht von der individuellen Kausalitätsprüfung.
[169] LSG Nordrhein-Westfalen, 4. 12. 1996, Meso B 240/183 = HV-Info 29/1997, 2761; LSG Niedersachsen, 29. 7. 1997, HV-Info 25/1997, 2374.
[170] Merkblätter für die ärztliche Untersuchung bei der BK-Nr. 21 08, BArbBl. 10/2006, 30 und bei der BK-Nr. 21 09, BArbBl. 3/1993, 50.
[171] Brandenburg, in: Berufskrankheit 21 08 – Kausalität und Abgrenzungskriterien (Hrsg. Wolter, Seide) 1995, S. 16, 17 m. w. N.

8.3 Wirbelsäule 479

3.2 Sind neben diesen Ursachen weitere Ursachen (Teilursachen) in Form von anlagebedingten Faktoren oder außerordentlichen Einwirkungen festzustellen?

3.3 Im Fall einer Verschlimmerung:

Liegt eine vorübergehende oder eine dauernde Verschlimmerung vor?

Ist es eine abgrenzbare oder eine richtunggebende Verschlimmerung?

4.1 Zwingt die Erkrankung objektiv zum Unterlassen aller Tätigkeiten, die für die Entstehung, die Verschlimmerung oder das Wiederaufleben der Krankheit ursächlich waren oder sein können?

4.2 Welche der gefährdenden Tätigkeiten sind zu unterlassen und welche Tätigkeiten können ggf. unter Beachtung welcher Präventionsmaßnahmen weiter ausgeübt werden?

4.3 War eine eventuell vollzogene Aufgabe der bisherigen Tätigkeit auch unter Beachtung von Präventionsmaßnahmen notwendig?

5.1 Welche Folgen einer anzuerkennenden Berufskrankheit liegen zum Zeitpunkt der Untersuchung vor?

5.2 Wie hoch ist die MdE durch die Folgen der Berufskrankheit seit Aufgabe der gefährdenden Tätigkeit bzw. aktuell einzuschätzen? (ggf. abgestuft angeben)

5.3 Ist mit einer wesentlichen Änderung der Folgen der BK zu rechnen?

5.4 Wann halten Sie eine Nachuntersuchung für erforderlich?

6. Empfehlen Sie Maßnahmen zur medizinischen oder beruflichen Rehabilitation? Wenn ja, welche?

7.1 Sofern Sie die Voraussetzungen für die Anerkennung einer BK als nicht erfüllt ansehen:

Besteht eine konkrete Gefahr gemäß § 3 BKV zur Entwicklung einer BK?

7.2 Wenn ja, sind medizinische oder sonstige Maßnahmen zur Prävention erforderlich und ausreichend, um diese Gefahr zu beseitigen? Ggf. welche?

7.2 Zwingt diese Gefahr zur Aufgabe aller oder bestimmter gefährdender Tätigkeiten?

8.3.6.6.2 Befunderhebung und Diagnose einer bandscheibenbedingten Erkrankung
S. 8.3.6.6.1 Fragen 1.1 bis 1.3 und 2.1 bis 2.3

Art und Umfang der Befunderhebung werden bei Wirbelsäulen-Erkrankungen bestimmt durch die

- notwendigen Feststellungen zur Objektivierung einer bandscheibenbedingten Erkrankung der LWS/HWS
- dabei in Betracht kommenden umfangreichen differentialdiagnostischen Abgrenzungen
- Notwendigkeit, auf Grund der Erheblichkeit der Befunde das Krankheitsbild von einem altersüblichen Degenerationszustand zu unterscheiden (s. 8.3.6.6.3, S. 482)

– Notwendigkeit, für das versicherungsrechtliche Merkmal des Unterlassungszwangs und ggf. für die Einschätzung der MdE das Ausmaß der funktionellen Beeinträchtigungen vollständig zu erfassen (s. 8.3.6.6.5, S. 499 und 8.3.6.6.6, S. 509).

Aus rechtlicher Sicht sind bandscheibenbedingte Erkrankungen im Sinne der BK-Nrn. 21 08 bis 21 10 zu definieren als Krankheiten, die mit einer Bandscheibenschädigung in ursächlicher (Wechsel-)Beziehung stehen.[172] Bewegungssegment (s. 8.3.1 Abb. 2, S. 426) ist die funktionelle Einheit zwischen zwei Wirbelkörpern, bestehend aus der unteren Deckplatte des oberen Wirbelkörpers und der oberen Deckplatte des unteren Wirbelkörpers sowie der dazwischen liegenden Bandscheibe mit den dazu gehörigen Wirbelgelenken.

Pathomechanismen:
– indirekte Schädigungen der Bandscheiben über durch dauernde Kompression ausgelöste Stoffwechselreduzierungen,
– direkte Schädigungen der Bandscheibe durch extreme Druckbelastungen.

Morphologische Befunde, als Folge eines solchen pathologischen Prozesses radiologisch sichtbar:
– knöcherne Veränderungen:
  – Osteochondrose
  – Spondylarthrose
  – Spondylose
– Bandscheibenprotrusion
– Bandscheibenprolaps

Die Ernährung der nicht durch Blutgefäße versorgten Bandscheiben ist von regelmäßiger Be- und Entlastung, die zum Flüssigkeitsaustausch führt, abhängig. Die Bandscheiben sind daher anfällig für mechanische Dauerbelastungen, die den Flüssigkeitsaustausch behindern (z. B. durch Heben und Tragen schwerer Lasten, Haltungskonstanz in extremer Rumpfbeugehaltung oder Ganzkörperschwingungen).

Neben belastungsabhängigen Ernährungs- und Diffusionsstörungen des Bandscheibengewebes werden auch Bandscheibenschäden in Form von Mikrotraumatisierungen im Zusammenhang mit der BK-Nr. 21 08 in Betracht gezogen.[173] Derartige extreme intradiskale Druckanstiege wurden bei typischen Tätigkeiten in der Pflege nachgewiesen.[174] Nach dem Merkblatt bewirken eingetretene Schäden am Bandscheibengewebe einen komplexen Pathomechanismus, in dem die Bandscheibendegeneration und degenerative knöcherne Veränderungen vor allem der Wirbelkörperabschlussplatten einschließlich der vorderen und seitlichen Randleisten sowie der Wirbelgelenke in einem ätiopathogenetischen Zusammenhang zu betrachten sind.

Den Tatbestand der BK-Nrn. 21 08/21 09/21 10 erfüllen nur solche Schäden der Wirbelsäule, die sich als das Resultat einer langjährigen schädigenden Einwirkung auf den ent-

---

[172] Brandenburg, BG 1993, 791, 794.
[173] Seide, Grosser, Wolter, in: Berufsbedingte Erkrankungen der Lendenwirbelsäule (Hrsg. Wolter, Seide) 1998 S. 337.
[174] Jäger, u. a., Zbl Arbeitsmed 2006, 228.

8.3 Wirbelsäule

sprechenden Wirbelsäulenabschnitt darstellen. Ein morphologisch objektivierbares Schadenssubstrat ist daher zwingend erforderlich. Die ausgelösten degenerativen Prozesse – zu denen anlagebedingte Wirbelsäulenstörungen und Fehlhaltungen nicht gehören – finden sich in durch bildgebende Verfahren objektivierbaren Formen wieder, die auch gemeinsam auftreten können: Chondrose, Osteochondrose, Spondylose, Spondylarthrose, Bandscheibenprotrusion und Bandscheibenprolaps. Sie können auf bandscheibenbedingte Erkrankungen hinweisen. Neben einem objektivierten Bandscheibenschaden muss die klinische Relevanz dieses Schadens gesichert sein, damit der Begriff einer bandscheibenbedingten *Erkrankung* erfüllt ist. Neben einem objektivierten Bandscheibenschaden muss ein korrespondierendes klinisches Beschwerdebild mit Funktionseinschränkungen vorliegen. Dies folgt aus einer sinnorientierten Auslegung des BK-Tatbestands, der ein Krankheitsbild fordert, welches zum Unterlassen der gefährdenden Tätigkeiten zwingt.[175] Dies ist nur bei klinischen Beschwerden mit Funktionseinschränkungen möglich.[176] Zutreffend wird insoweit auch in den Merkblättern für die ärztliche Untersuchung bei den BK-Nrn. 21 08/21 09/21 10[177] gefordert, dass ein chronisches oder chronisch-rezidivierendes Beschwerdebild mit Funktionseinschränkungen vorliegt. Bezüglich des ätiopathologenetischen Zusammenhangs wird ausgeführt, dass es durch Einengung der Foramina intervertebralia infolge einer Höhenminderung der Bandscheiben, durch Spondylose oder einen Bandscheibenprolaps zur Kompression einer oder mehrerer Nervenwurzeln kommt. Hinsichtlich der dadurch verursachten Beschwerdesymptomatik wird zwischen den klinischen Beschreibungen differenziert

– Lokales Lumbalsyndrom
– Mono- und polyradikuläre lumbale Wurzelreizsyndrome
– Kaudasyndrom.

Unterscheidung nach klinischen Krankheitsbildern[178]:

– Typ 1: Lokales Lumbalsyndrom
– Typ 2: Lumbales Wurzelsyndrom.

Typ 1 und 2 können auch als Mischform vorliegen. Das Kaudasyndrom ist eine Sonderform des lumbalen Wurzelsyndroms.

Es bewirkt Schmerzzustände, die bei beidseitigem massiven Druck auf die Spinalnerven im LWS-Bereich (dem Kaudasyndrom) zu Blasen- und Darmentleerungsstörungen führen. Neben diesem lumbalen oder zervikalen Wurzelsyndrom mit Zuordnung der Beschwerden zu einer oder mehreren Nervenwurzeln können lokale Schmerzzustände ohne ausstrahlende Beschwerden auftreten (HWS- und LWS-Syndrom). Wurzelsyndrome sind in der Regel diagnostisch durch Feststellung von Schmerzausstrahlungen und Sensibilitäts-

---

[175] BSG, SozR 4-5671 Anl. 1 Nr. 2108 Nr. 2 (31. 5. 2005) = NZS 2006, 323; Brandenburg, BG 1993, 791; zustimmend Becker, SGb 2000, 116, 118.
[176] Bolm-Audorff, Brandenburg, u. a., Konsensempfehlungen Teil 2, Trauma Berufskrankh 7 (2005) 320 ff.
[177] Merkblätter für die ärztliche Untersuchung bei der BK-Nr. 21 08, BArbBl 10/2006, 30, bei der BK-Nr. 21 09, BArbBl. 3/1993, 53, bei der BK-Nr. 21 10 BArbBl 7/2005, 43.
[178] Bolm-Audorff, Brandenburg, u. a., Konsensempfehlungen Teil 1, Trauma Berufskrankh 7 (2005) 211 ff.

ausfällen, Kraftminderungen in wurzelspezifischen Kennmuskeln sowie Reflexausfällen objektivierbar.

8.3.6.6.3 Befunderhebung und Klassifikation der bandscheibenbedingten Erkrankungen[179]

Befunderhebung

- Anwendung geeigneter bildgebender Verfahren zur vollständigen und altersstandardisiert auswertbaren morphologischen Befunderhebung
- differenzierte klinische Erhebung und Beschreibung des Wirkungsgrades der morphologischen Veränderungen auf die Funktionen der betroffenen Bewegungssegmente einschließlich der topographisch zugehörigen Nerven
- ggf. Prüfung der Korrelation dieser Befunde mit der Schmerzausprägung.

Belastungskonformes Schadensbild[180]

(1) Bildtechnisch (Röntgenbild, Computertomographie, Magnetresonanztomographie) nachweisbare segmentale Bandscheibenveränderungen und deren Folgen überschreiten deutlich das altersdurchschnittlich zu erwartende Ausmaß.

(2) Lokalisation der bildtechnisch nachweisbaren Veränderungen korrelieren mit Funktionseinschränkung und beruflicher Exposition:

- Der nach dem BK-Tatbestand mit einer bestimmten Einwirkung korrespondierende WS-Abschnitt ist besonders betroffen. Die Bandscheibenschäden im beruflich belasteten Abschnitt müssen sich vom Degenerationszustand belastungsferner Abschnitte deutlich abheben. Für die BK-Nr. 21 08 ist ein in der Regel von oben nach unten in der Ausprägung zunehmender Befund erforderlich.
- Bei einem mono- oder bisegmentalen Schadensbild ohne Spuren der Belastung (z. B. Begleitspondylose oder „black disc" im Kernspintomogramm) in weiteren Segmenten bedarf es einer plausiblen Begründung für die Wahrscheinlichkeit eines Ursachenzusammenhangs. Dieser kann wahrscheinlich sein, wenn es dafür anhand des Erkrankungsverlaufs, Art und im Einzelfall festgestellter Intensität der Einwirkung sowie unter Berücksichtigung von verwertbaren epidemiologischen Erkenntnissen überzeugende Gründe gibt. Eine Übereinstimmung des konkreten Schadensbildes mit dem in der Allgemeinbevölkerung typischen Degenerationsmuster stellt somit kein Ausschlusskriterium dar.

Das belastungskonforme Schadensbild wird definiert durch den Vergleich der Veränderungen/Degenerationen der Versicherten mit hoher Wirbelsäulenbelastung einerseits und den Erkenntnissen über das Ausmaß entsprechender Veränderungen in der Bevölkerung klassifiziert nach

- Lebensalter beim Auftreten der Schädigung
- Ausprägungsgrad in einem bestimmten Alter.[181]

---

[179] Nach Bolm-Audorff, Brandenburg, u. a., Konsensempfehlungen Teil 1 und 2, Trauma Berufskrankh 7 (2005) 211–252, 320–332.
[180] Nach BK-Report 2/03 Wirbelsäulenerkrankungen (Hrsg. HVBG) 2004 S. 138 f.
[181] Bolm-Audorff, Brandenburg, u. a., Konsensempfehlungen Teil 1, Trauma Berufskrankh 7 (2005) 211, 212.

8.3 Wirbelsäule

Liegt im Einzelfall kein auffälliger gradueller Befund im Sinne der Konsensempfehlungen vor, ist die Wahrscheinlichkeit des Kausalzusammenhangs nicht zu begründen.

Im Einzelnen wird hinsichtlich des Kriteriums „altersuntypischer" bzw. „auffälliger" Befund zwischen den knöchernen Umbauvorgängen Chondrose, Sklerose, Spondylose, dorsale Spondylophyten (Retrospondylose) und Spondylarthrose einerseits und den Verlagerungen des Bandscheibengewebes in Form von Protrusion, Prolaps sowie Prolaps mit Sequester andererseits unterschieden:

Während bei den knöchernen Umbauvorgängen mit einer Ausnahme bezüglich aller in Frage kommenden Befunde der im bildgebenden Verfahren festzustellende Ausprägungsgrad zum Alter des Versicherten in Bezug gesetzt wird (vgl. Tabelle „Graduierung der Höhenminderung bei Chondrose der HWS"), wird bei den im Magnetresonanztomogramm (MRT) oder Computertomogramm (CT) festzustellenden Verlagerungen des Bandscheibengewebes nur die Protrusion altersmäßig differenziert, während der Bandscheibenprolaps als „auffälliger" bzw. „altersuntypischer" Befund beurteilt wird. Entsprechendes gilt für die im MRT festzustellende sog. „black disc".

Bildgebende Befunde[182]

- **Chondrose (Bandscheibenverschmälerung)**
Höhenminderung einer Bandscheibe. Diese ist bei der radiologischen Befundung zur Prüfung des Kriteriums „*alterstypisch/altersuntypisch*" in definierten Graden anzugeben.

In einem ersten Schritt werden die Bandscheibenhöhen beziehungsweise der Wirbelkörperabschnitt für jedes Bewegungssegment der LWS angegeben. Sowohl konventionelle seitliche Röntgenaufnahmen als auch Darstellungen der Sagittalebene bei CT- oder MRT-Aufnahmen können herangezogen werden.

Im zweiten Schritt werden die individuellen Bandscheibenhöhen mit den in der nachfolgenden Tabelle genannten segmentspezifischen Korrekturfaktoren[183] multipliziert. Dabei werden alle Bandscheibenhöhen auf die Höhe der Bandscheibe des Segments L4/L5 bezogen. Ergebnis sind korrigierte Bandscheibenhöhen, die den Messfehlern durch Projektionsverzerrungen Rechnung tragen.

Im dritten Schritt wird das Segment mit der höchsten Bandscheibenhöhe festgestellt. Alle korrigierten Bandscheibenhöhen werden mit 100 % multipliziert und das Ergebnis durch den Wert der korrigierten Bandscheibenhöhe der höchsten Bandscheibe geteilt. Dieses Segment wird somit als Referenzsegment herangezogen.

Die resultierenden relativen Bandscheibenhöhen lassen sich als Prozentwerte der „normalen" Bandscheibenhöhe dieses Versicherten interpretieren.

---

[182] Nach Bolm-Audorff, Brandenburg, u. a., Konsensempfehlungen Teil 1 und 2, Trauma Berufskrankh 7 (2007) 211, 212.
[183] Roberts u. a., Magn Reson Imaging 7 (1997) 880–886.

Beispiel für die Berechnung der normierten relativen Bandscheibenhöhe

Schritt	Segment	L1/2	L2/3	L3/4	L4/5	L5/S1
1	Messung der Höhe nach *Hurxthal*[184] [mm]	11	12	15	12	9
2	Multiplikation mit Korrekturfaktor nach *Roberts* u.a.[185]	x 1,26	x 1,13	x 1,05	x 1,00	x 1,16
Zwischen- ergebnis	Korrigierte Bandscheibenhöhe	= 13,9	= 13,6	= 15,8 100 %	=12,0	= 10,4
3	Division durch größte korrigierte Bandscheibenhöhe	13,9 : 15,8 x 100 %	13,6 : 15,8 x 100 %	15,8 : 15,8 x 100 %	12,0 : 15,8 x 100 %	10,4 : 15,8 x 100 %
Ergebnis	Normierte relative Bandscheibenhöhe	88 %	86 %	100 %	76 %	66 %

Interpretation: *Im Segment L4/5 liegt eine leichtgradige Chondrose (Grad I; $\geq$ 20, < 33 % im Vergleich mit dem „Referenzsegment" L3/4), im Segment L5/S1 eine mittelgradige Chondrose (Grad II; $\geq$ 33 %, < 50 % Zwischenwirbelraumerniedrigung im Vergleich mit dem „Referenzsegment" L3/4) vor. Die übrigen Segmente (L 1/2, L2/3, L3/4) weisen keine relevante Chondrose auf.*

Auf dieser Grundlage wird für die übrigen (reduzierten) Bandscheiben der Grad der Höhenminderung nach Maßgabe folgender Tabelle ermittelt:

Grad	Befundbeschreibung	Altersuntypisch
I	Höhenminderung > 1/5–1/3	< 50 Jahre ja
II	Höhenminderung > 1/3–1/2	ja
III	Höhenminderung > 1/2	ja
IV	Ankylosierende Chondrose	ja

Tabelle „Graduierung der Höhenminderung bei Chondrose der LWS"

Ergibt die Beurteilung nach der rechten Spalte einen „altersuntypischen" Befund, ist eine Prüfung der Expositionsbedingungen sowie ggf. eine Fortsetzung der medizinischen Kausalitätsbeurteilung erforderlich.

Die in der nachfolgenden Tabelle vorgenommene Graduierung einer Chondrose an der HWS kann von Bedeutung sein bei gleichzeitigem Vorliegen einer Degeneration an der LWS und HWS im Hinblick auf die bei den Beurteilungskriterien diskutierte Relevanz eines gleich stark ausgeprägten Bandscheibenschadens an der HWS.

---

[184] Hurxthal, Am Radiol 103 (1968) 635 ff.
[185] Roberts, u. a., J Magn Reson Imaging 7 (1997) 880 ff.

8.3 Wirbelsäule

Grad	Befundbeschreibung
I	Höhenminderung nicht ausgeprägt (≤ 1/2)
II	Höhenminderung ausgeprägt (> 1/2)

Tabelle „Graduierung der Höhenminderung bei Chondrose der HWS"

- Sklerose(Osteose)

Vermehrte Sklerosierung der Wirbelkörperabschlussplatten bei höherem Grad in die Spongiosa der Wirbelkörper hineinziehend.

Mit dieser morphologischen Umschreibung wird eine differenziertere Erfassung der Osteochondrose ermöglicht. Die Graduierung im Hinblick auf das Kriterium „altersuntypischer Befund" erfolgt unter Berücksichtigung des Umfangs der Tangierung der Spongiosa der betroffenen Wirbelkörper:

Grad	Befundbeschreibung	Altersuntypisch
I	Optisch wahrnehmbare vermehrte Sklerosierung	< 45 Jahre ja
II LWS/BWS	In die Spongiosa > 2 mm hineinziehende Sklerosierung	ja
II HWS	In die Spongiosa > 1 mm hineinziehende Sklerosierung	ja

Tabelle „Graduierung der Sklerose (Osteose)"

Die Beurteilung einer Sklerose erfolgt unabhängig von einer ggf. gleichzeitig vorliegenden Chondrose, d. h. auch ohne gleichzeitige Verschmälerung des Zwischenwirbelraumes liegt danach eine bandscheibenbedingte Erkrankung vor.

- Spondylose

Vordere und seitliche Randzackenbildungen an den Wirbelkörpern, die von der *Retrospondylose* sowie dem *Morbus Forestier* abzugrenzen sind.

Die Graduierung der Spondylose erfolgt nach dem Ausmaß der Randzackenausziehungen in Millimetern:

Grad	Befundbeschreibung	Altersuntypisch
I LWS und untere BWS	Bis 2 mm	nein
I HWS und obere BWS	Bis 1 mm	nein
II LWS und untere BWS	3–5 mm	< 50 Jahre ja
II HWS und obere BWS	2–3 mm	< 50 Jahre ja

Grad	Befundbeschreibung	Altersuntypisch
III/IV LWS und untere BWS	> 5 mm/tendenzielle und vollständige Brückenbildung	ja
III/IV HWS und obere BWS	> 3 mm/ tendenzielle und vollständige Brückenbildung	ja

Tabelle „Graduierung der Spondylose"

Ein gleichzeitiges Vorliegen einer Chondrose wird auch bei der Spondylose für die Erfüllung der Merkmale einer bandscheibenbedingten Erkrankung der LWS nicht verlangt.

- **Dorsale Spondylophyten (Retrospondylose)**

Hintere Randzackenbildungen der Wirbelkörper, die das hintere Längsband und dahinter liegende Strukturen irritieren können. Sie sind von den als konkurrierende Faktoren in Frage kommenden vorgetäuschten Retrospondylosen infolge Reposition des Wirbelkörpers abzugrenzen. Spondylophyten werden sowohl in der Ausprägung Grad I (< 2 mm) als auch Grad II (> 2 mm) als altersuntypische Befunde gewertet.

- **Spondylarthrose**

Degeneration der Wirbelgelenke.

Für eine Beurteilung als altersuntypisch ist maßgeblich, ob und inwieweit eine Sklerosierung der Wirbelgelenke im bildgebenden Verfahren feststellbar ist:

Grad	Befundbeschreibung	Altersuntypisch
I	≤ 2 mm	ja
II	> 2 mm	ja

Tabelle „Graduierung der Spondylarthrose"

- **Feststellung altersuntypischer Befunde im Magnetresonanztomogramm (MRT)**

Für die Feststellung eines altersuntypischen Befundes ist eine „black-disc" in der T2-Gewichtung des MRT nicht ausreichend; im Nativröntgenbild muss zusätzlich eine Höhenminderung des betroffenen Segments sichtbar sein.

- **Feststellung einer Verlagerung des Bandscheibengewebes im MRT oder CT**

Der *Prolaps* wird gemäß den Konsensempfehlungen definiert als Vorwölbung des Bandscheibengewebes um mindestens 5 mm über die Verbindungslinie der dorsalen Begrenzung der Wirbelkörperhinterkante (Grad II). Auch ohne begleitenden Sequester handelt es sich generell um einen altersuntypischen Befund. Von einer *Protrusion* wird bei Vorwölbungen bis 3 mm gesprochen (Grad I), die nur bei jüngeren Versicherten (< 40 Jahre) als „auffälliger" Befund beurteilt werden. Im Grenzbereich zwischen 3 und 5 mm obliegt dem medizinischen Sachverständigen die Zuordnung zu Grad I oder II.

8.3 Wirbelsäule

8.3.6.6.4 Arbeitstechnische Voraussetzungen

8.3.6.6.4.1 Tatbestandliche Einwirkungen

- **Heben**

Einhändiges oder beidhändiges Aufnehmen und anschließendes Absetzen einer Last bzw. eines Gegenstands ohne körperliche Fortbewegung

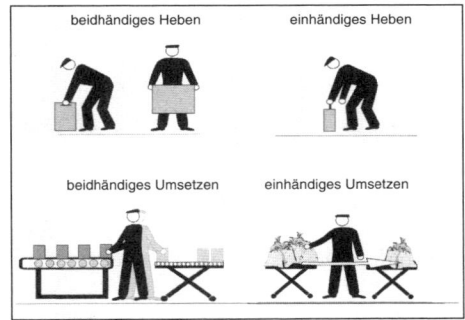

Abb. 12   Schematische Darstellung von Hebearten[186]

- **Tragen**

Halten einer Last/eines Gegenstands bei gleichzeitiger Fortbewegung des Akteurs, wobei die Last vor und neben dem Körper, verteilt beiderseits des Körpers oder auf der Schulter und auf dem Rücken gehalten/getragen werden kann

Abb. 13   Schematische Darstellung von Tragearten[187]

---
[186] BK-Report 2/03 Wirbelsäulenerkrankungen (Hrsg. HVBG) 2004 S. 84.
[187] BK-Report 2/03 Wirbelsäulenerkrankungen (Hrsg. HVBG) 2004 S. 84.

- **Ziehen und Schieben**

Bei vielen Tätigkeiten ist Heben oder Tragen mit Ziehen und Schieben von Lasten verbunden, z. B. in der Pflege und im Transportwesen. Die dabei auftretenden Wirbelsäulenbelastungen sind insgesamt zu erfassen.[188] Diese Berücksichtigung als erschwerende Begleitfaktoren beim Heben oder Tragen von Lasten widerspricht nicht der Beschränkung des BK-Tatbestands auf das Heben und Tragen.

Alleiniges Ziehen oder Schieben von Lasten ohne damit zusammenhängendes Heben oder Tragen von Lasten ist nicht Gegenstand der Berufskrankheit.[189]

- **Rumpfbeugung**

Beugung des Oberkörpers aus der aufrechten Haltung (zu dem Qualifizierungsmerkmal „extrem" s. 8.3.6.6.4.2, S. 490).

Nur der Vorgang der Rumpfbeugung im Gegensatz zu einem Anziehen der Oberschenkel, auch zu einem rechten Winkel zwischen Oberkörper und Oberschenkel führend (z. B. im Sitzen oder Knien), wird von den Definitionskriterien erfasst.

8.3.6.6.4.2 Qualifizierungsmerkmale der Exposition („Schwere" der Last; Langjährigkeit der Einwirkung; extreme Rumpfbeugehaltung)

- **Schwer**

Das auf die Last bezogene Attribut „schwer" ist ein unbestimmter Rechtsbegriff. Das Merkblatt zur BK-Nr. 21 08 nennt als Anhaltspunkte für den Begriff *„schwere Lasten"* Lastgewichte (in kg) und Aktionskräfte (in N) beim Heben, Umsetzen und Tragen bzw. Aktionskräfte beim Ziehen oder Schieben:

Tätigkeit	Frauen	Männer
beidhändiges Heben	10 kg	20 kg
einhändiges Heben	5 kg	10 kg
beidhändiges Umsetzen	20 kg	30 kg
einhändiges Umsetzen	5 kg	10 kg
beidseitiges Tragen neben dem Körper, auf den Schultern oder dem Rücken	20 kg	30 kg
Tragen vor oder einseitig neben dem Körper	15 kg	25 kg
Ziehen	250 N	350 N
Schieben	300 N	450 N

Hinsichtlich der unteren Relevanzgrenze für Frauen besteht eine Diskrepanz zwischen dem Merkblatt und dem Mainz-Dortmunder-Dosismodell (MDD)[190]. Da die Halbierung des unteren Wertes von Männern zu Frauen Zweifel hinsichtlich der Plausibilität aufkom-

---

[188] Jäger, Luttmann, Wortmann, Kuhn u. a., ZblArbeitsmed 2006, 228.
[189] Mehrtens, Brandenburg, M 2108 Anm. 2.2.1.
[190] Mehrtens, Brandenburg, M 2108 Anm. 2.2.2.

8.3 Wirbelsäule

men lässt[191], ist von den Werten des MDD auszugehen, solange keine neuen Forschungsergebnisse Anerkennung gefunden haben:

– *Frauen:*

lumbale Druckbelastung von 2,5 Kilo-Newton (kN); dies entspricht für einhändige Lastenhandhabungen einem Gewicht von etwa 7,5 kg

– *Männer:*

lumbale Druckbelastung von 3,2 kN; dies entspricht für einhändige Lastenhandhabungen einem Gewicht von etwa 10 kg.[192]

- **Langjährigkeit**

Der Begriff „*langjährig*" ist der BK-Liste der DDR[193] entnommen. Übereinstimmend mit der Auslegung dieses Merkmals sind nach den Merkblättern[194] etwa zehn Berufsjahre als die im Durchschnitt untere Grenze der belastenden Tätigkeit zu fordern. Im Einzelfall soll auch eine kürzere Expositionsdauer zur Verursachung eines Verschleißschadens der Wirbelsäule ausreichen.[195] Dazu ist anzumerken: Ebenso wenig wie das Qualifizierungsmerkmal „schwer" kann das Merkmal „langjährig" allein im Wege einer sprachlich-begrifflichen Auslegung konkretisiert werden. Allenfalls ergäbe sich insoweit, dass die Untergrenze über eine mehrjährige Einwirkung im Sinne anderer BK-Tatbestände wie z. B. BK-Nr. 21 02, worunter eine mindestens zweijährige Einwirkung subsumiert wird, hinausgehen muss. Die Untergrenze ist bei einer Einwirkungsdauer zu ziehen, die nach aktuellen wissenschaftlichen Erkenntnissen mindestens erforderlich ist, um einen degenerativen Bandscheibenschaden zu verursachen. Die Funktion dieses Merkmals besteht also darin, die Pathogenese von allen Formen akuter Schädigungen der Wirbelsäule abzugrenzen.

Von diesen Grundsätzen geht auch das *Mainz-Dortmunder-Dosismodell* (MDD) aus (s. 8.3.6.6.4.3, S. 491). Der Zeitfaktor wird in dem MDD als Bestandteil der Gesamtbelastungsdosis differenziert, d. h. in Abhängigkeit von den übrigen Belastungsfaktoren (vor allem Schwere der Lasten, Dauer und Häufigkeit der belastenden Tätigkeiten) bewertet. Dabei kann zum Erreichen des „Beurteilungsrichtwerts" eine längere Einwirkungsdauer als die Mindestzeit von zehn Jahren erforderlich sein. Bei bestimmten hoch belastenden Tätigkeiten reicht – in Übereinstimmung mit dem Merkblatt – auch eine kürzere Einwirkungsdauer aus.

---

[191] Zu geschlechtsspezifischen Differenzierungen hinsichtlich der Belastungsgrenzen vgl. Jäger, Luttmann, Bolm-Audorff, ASU 1999, 101, 109.
[192] Jäger, Luttmann, Bolm-Audorff, ASU 1999, 112, 115.
[193] Empfehlungen des Zentralinstituts für Arbeitsmedizin der DDR, Obergutachtenkommission „Berufskrankheiten", Nr. 70 VB 35/92; Krüger, in: Arbeitsmedizin im Gesundheitsdienst (Hrsg. Hofmann, Stößel) Bd. 5, 1990, 21.
[194] Vgl. bisherige Merkblätter für die ärztliche Untersuchung bei den BK-Nrn. 21 08/21 09/21 10, BArbBl. 3/1993, 50 und die aktuellen Merkblätter BArbBl 10/2006, 30, BArbBl 7/2005, 43.
[195] BSGE 96, 291 (27. 6. 2006) = SozR 4-2700 § 9 Nr. 7 = UVR 2006, 564; LSG Bremen, 13. 2. 1997, Meso B 240/195 = HV-Info 18/1997, 1683; Solbach, Römer, Zbl. Arbeitsmed. 44 (1994) 378; Bekker, SozSich 1995, 100/102.

Da die Krankheitsbilder bei der BK-Nr. 21 08 und der BK-Nr. 21 10 im Einzelfall nicht voneinander unterscheidbar sind[196], ist eine Zusammenfassung von aufeinander folgenden Zeiträumen mit Einwirkungen im Sinne der BK-Nr. 21 08 einerseits und der BK-Nr. 21 10 andererseits sachgerecht. Trotz verschiedenartiger Einwirkungen kommt in der Regel nur die Anerkennung einer Berufskrankheit nach den beiden Nummern 21 08 und 21 10 in Betracht (synergetisch wirkende Belastungen).[197] Zeiträume mit Wirbelsäulenbelastungen werden auch dann addiert, wenn dazwischen längere belastungsfreie Zeiträume liegen.[198] Teilzeittätigkeiten werden für das Merkmal „Langjährigkeit" gleichermaßen angerechnet wie Vollzeittätigkeiten.[199] Die geringere Einwirkungsintensität wird ggf. im Rahmen der Ermittlung der Belastungsdosis (s. 8.3.6.6.4.3, S. 491) berücksichtigt.

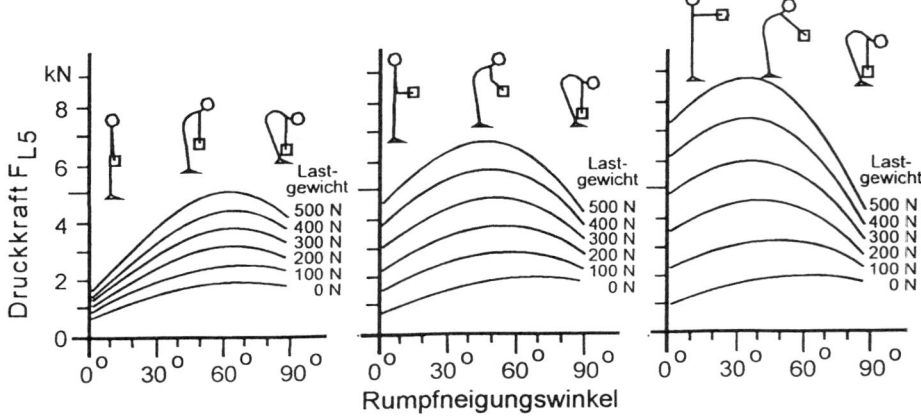

Abb. 14: Veränderung der Druckkraft bei L5/S 1 bei der Handhabung von Lasten in Abhängigkeit von Körperhaltung[200]

- **Extreme Rumpfbeugehaltung**

Das Merkblatt zur BK-Nr. 21 08[201] enthält als Umschreibungen für Tätigkeiten in extremer Rumpfbeugehaltung:

1) Arbeiten in Arbeitsräumen, die niedriger als 100 cm sind und dadurch eine ständig gebeugte Körperhaltung erzwingen

2) Arbeiten mit einer Beugung des Oberkörpers aus der aufrechten Haltung um mehr als 90°

Dabei muss es sich um Tätigkeiten „in Bodennähe oder unter der Standfläche" handeln. Widersprüchlich ist, wenn im Merkblatt zu den weniger als 100 cm hohen Arbeitsräumen ausgeführt wird, dass derartige Räumlichkeiten u. a. andauernde Zwangshaltungen mit Ar-

---

[196] Brandenburg, BG 1993, 791, 794.
[197] LSG Berlin, 25. 8. 1999, Meso B 240/263 = Breith. 2000, 286 = HV-Info 2000, 1003.
[198] Solbach, Römer, Zbl. Arbeitsmed. 44 (1994) 378, 381.
[199] Brandenburg, BG 1993, 791, 794.
[200] Jäger, Luttmann, MedSach 90 (1994) 160/161.
[201] BArbBl. 10/2006, 30.

8.3 Wirbelsäule

beiten im Knien, Hocken und im Fersensitz sowie in verdrehter Körperhaltung bedingen. Wenn die aus dem Merkblatt zitierte Definition einer extremen Rumpfbeuge zutrifft, erfüllen die letztgenannten Körperhaltungen diesen Begriff nicht. Eine gleichzeitige Hebe- oder Tragebelastung bei der Rumpfbeugung wird nicht vorausgesetzt. Umgekehrt sind beim Heben und Tragen von Lasten für die konkrete Ermittlung der Wirbelsäulenbelastungen alle für die Belastung relevanten typischen Körperhaltungen (insbes. Vorbeugung/ Verdrehung) zu berücksichtigen, auch wenn der Vorbeugewinkel nicht die vorgenannte Definition von „extrem" erfüllt.[202]

Die hier fokussierten Körperhaltungen sind typisch bei Stahlbetonarbeitern und Verbundsteinlegern, die ohne wirksame Unterbrechung über mehrere Minuten (mindestens 2–3 Minuten) eine so starke Rumpfneigung einnehmen. Dagegen werden die zuvor genannten Voraussetzungen weder bei Tätigkeiten in vorgebeugter Haltung im Sitzen, bei der Tätigkeit von Friseuren noch bei der zahnärztlichen Tätigkeit erfüllt.[203]

Die im Merkblatt genannte Beschreibung der Rumpfbeugehaltung erfüllt auch das Qualifizierungsmerkmal „extrem", da es sich insoweit um die maximal mögliche Rumpfvorbeuge handelt.

Bezogen auf die Frage, ob auch geringer ausgeprägte Rumpfvorneigungen noch als extrem angesehen werden können, gilt: Mit diesem Qualifizierungsmerkmal sollen solche Rumpfvorbeugen erfasst werden, bei denen allein auf Grund der Ausprägung des Vorbeugewinkels Druckkräfte an der LWS auftreten, die bei längerem Verbleiben in dieser Haltung während einer Arbeitsschicht nachweislich erhebliche Ernährungsstörungen der Bandscheibe verursachen. Auch die Konkretisierung dieses Tatbestandsmerkmals erfolgt somit letztlich nach Maßgabe des aktuellen Standes naturwissenschaftlicher – hier arbeitsphysiologisch-pathomechanischer – Erkenntnisse.

8.3.6.6.4.3 Bewertung der arbeitstechnischen Voraussetzungen bei der BK-Nr. 21 08 (Mainz-Dortmunder-Dosismodell)

Gewerbezweige bzw. Tätigkeiten mit Wirbelsäulenbelastungen im Sinne der BK-Nr. 21 08[204]:

- **im untertägigen Bergbau**

- **Baugewerbe**

– Maurer (großvolumige Steine)

– Gerüstbauer

– Stahlbetonbauer (Armierer)

– Steinsetzer

– Verbundsteinpflasterer

---

[202] Brandenburg, MedSach 90 (1994) 156, 157.
[203] LSG Nordrhein-Westfalen, 25. 2. 1997, HV-Info 1997, 2931; BSG, 1. 7. 1997, HV-Info 1997, 2934; LSG Baden-Württemberg, 2. 3. 1994, HV-Info 1994, 1134; „auch keine Anerkennung wie eine Berufskrankheit".
[204] BK-Report 2/03, Wirbelsäulenerkrankungen (Hrsg. HVBG) 2004, Abschnitt 2.1.2.2.

- **Metallherstellung und -verarbeitung**
  – Tätigkeiten in Gießereien
  – Tätigkeiten in Gesenkschmieden
  – Gussputzer usw.
  – Be- und Verarbeitung von schweren Werkstücken
  – Transport oder Verarbeitung schwerer Werkstücke oder Geräte unter engen räumlichen Verhältnissen

- **Lagerei und Transportgewerbe**
  – Arbeiter im Hafenumschlag
  – Transportfahrer, die regelmäßig Be- und Verladearbeiten durchführen
  – Möbelträger, z. B. im Umzugsgewerbe
  – Kohlen- und andere Lastenträger

- **Land- und Forstwirtschaft, Fischereibetriebe, Garten- und Landschaftsbau**
  – landwirtschaftliche Haupterwerbsbetriebe mit geringem Mechanisierungsgrad bei der Viehhaltung und der Selbstvermarktung
  – forstwirtschaftliche manuelle Holzernte mit der Motorkettensäge mit häufigem Einsatz von Fällheber oder Wendehaken beim Zufallbringen, manuelles Vorliefern im Schwachholz, Schichtholzaufarbeitung; Steinarbeiten im Garten-, Landschafts- und Sportplatzbau

- **Gesundheitsdienst und Wohlfahrtspflege**
  – stationäre oder ambulante Pflege; regelmäßiges Heben/Umlagern/Mobilisieren von pflegebedürftigen oder in der Mobilität stark eingeschränkten Personen, insbesondere bei der Grundpflege in Krankenhauspflegestationen, Altenpflegeheimen, in der häuslichen Pflege und in Behindertenpflegeheimen
  – Krankentransportwesen.[205]

Für die BK-Nr. 21 08 wurde ein Verfahren entwickelt, in welchem die in Frage kommenden Wirbelsäulenbelastungen nach den Kriterien (Schwere der Lasten, Häufigkeit und Dauer belastender Vorgänge, Gesamtzeit der belastenden Einwirkungen, Körperhaltung, Häufigkeit und Dauer von Tätigkeiten in extremer Rumpfbeugehaltung) erfasst und bewertet werden (sog. Mainz-Dortmunder Dosismodell).[206]

Gestuftes Ermittlungs- und Beurteilungsverfahren – Schema

(1) Zunächst werden aus dem Tätigkeitsfeld des Versicherten auf der Grundlage eines biomechanischen Berechnungsmodells die Hebe- und Tragetätigkeiten herausgefiltert, bei denen ein geschlechtsspezifischer Belastungsgrenzwert (Druckkraft am Übergang der Len-

---

[205] Weitere Literatur zu Tätigkeitsbereichen: Bolm-Audorff in: Handbuch der Arbeitsmedizin [Hrsg.: Konietzko, Dupuis], Abschn. IV-7.8.31; Hartung, in: Handbuch der Arbeitsmedizin, [Hrsg.: Konietzko, Dupuis], Abschn. IV-7.8.3.1, 17 Tab. 5; Schäfer, Luttmann, Jäger, SGb 2002, 549; Jäger u. a., ASU 34 [1999] 101 ff., 112 ff.; dieselben ASU 37 [2002] 582.

[206] Jäger, Luttmann, Bolm-Audorff u. a., ASU 34 (1999) 101 ff. (Teil 1), ASU 34 (1999) 112 ff. (Teil 2); Schäfer, Luttmann, Jäger, SGb 2002, 549; Jäger, u. a., ASU 37 (2002) 582.

denwirbelsäule zum Kreuzbein) erreicht/überschritten wird. Dieser Grenzwert beträgt bei Frauen 2,5 Kilo-Newton (kN), bei Männern 3,2 kN. Ebenso werden Tätigkeiten, welche die Kriterien einer extremen Rumpfbeugehaltung erfüllen, ermittelt. Insoweit wird eine Druckbelastung von 1,7 kN zu Grunde gelegt.

(2) Die gemäß (1) zu berücksichtigenden Tätigkeiten werden nach ihrer Häufigkeit pro Arbeitsschicht erfasst. Auf dieser Grundlage erfolgt eine Zusammenrechnung der Druckkräfte. Solche Tätigkeiten werden berücksichtigt, bei denen eine definierte Belastungsdosis pro Arbeitsschicht erreicht oder überschritten wird. In der dabei verwendeten Berechnungsformel bilden Lastgewichte, Häufigkeit und Dauer der Hebe- und Tragevorgänge sowie Häufigkeit und Dauer von Tätigkeiten in extremer Rumpfbeugehaltung die Berechnungsfaktoren für die Belastungsdosis.

(3) Im letzten Schritt erfolgt eine Aufaddition der in den vorangegangenen Verfahrensschritten berechneten durchschnittlichen Tagesbelastungsdosis für die Gesamtdauer der entsprechenden Tätigkeit. Die daraus errechnete individuelle Gesamtbelastungsdosis wird mit einem geschlechtsspezifischen Beurteilungsrichtwert für die Gesamtbelastungsdosis verglichen.

Richtwerte für die Gesamtbelastungsdosis im Sinne der BK-Nr. 21 08

– Frauen: 17×10^6 Nh (Newton/Stunden)
– Männer: 25×10^6 Nh (Newton/Stunden).

Diese Beurteilungsrichtwerte kennzeichnen die Gesamtbelastungsdosis, bei deren Überschreitung nach aktuellem Stand epidemiologischer Erkenntnisse ein erhöhtes Risiko für eine bandscheibenbedingte Erkrankung der LWS anzunehmen ist.

Bei der Ermittlung der durchschnittlichen Belastungsdauer pro Schicht werden auch Tätigkeiten bzw. Tätigkeitsabschnitte in extremer Rumpfbeugehaltung, bei denen über einen längeren Zeitabschnitt eine Körperhaltung mit einer Rumpfneigung von 90 Grad und mehr aus der aufrechten Körperhaltung eingenommen wird, berücksichtigt.

Dieses Ermittlungs- und Beurteilungsverfahren erscheint grundsätzlich sachgerecht:[207]

– Die Herausfilterung von Hebe- und Tragetätigkeiten aus dem Tätigkeitsfeld der Betroffenen, bei welchen ein geschlechtsspezifischer Belastungsgrenzwert (Druckkraft bei L5/S1) erreicht/überschritten wird, entspricht dem Grundprinzip dieser Berufskrankheit. Der Belastungsgrenzwert wird wissenschaftlich begründet.
– Die Erfassung der relevanten Teiltätigkeiten nach Häufigkeit sowie Dauer der Hebe- und Tragevorgänge entspricht ebenfalls den von der BK-Nr. 21 08 erfassten Pathomechanismen.
– Die das Mainz-Dortmunder-Dosismodell charakterisierende überproportionale quadratische Gewichtung der Bandscheibenkompression in Relation zur Häufigkeit und Dauer der belastenden Vorgänge[208] wird sowohl biomechanisch als auch epidemiologisch überzeugend dargetan. Gerade dem Schädigungsmechanismus durch Mikrotraumatisierungen bei übermäßigen Kompressionsbelastungen wird Rechnung getragen.

---

[207] Brandenburg, BG 2001, 365, 368.
[208] Vgl. Jäger, Luttmann, Bolm-Audorff u. a. ASU 34 (1999) 112.

– Auch der empfohlene Richtwert für die Gesamtbelastungsdosis wird anhand von Berufsfeldern, bei denen auf Grund epidemiologischer Studien ausreichend Hinweise für ein erhöhtes LWS-Erkrankungsrisiko gegeben sind, nachvollziehbar verdeutlicht.

Die im Merkblatt zur BK-Nr. 21 08 genannten (Mindest-)Lastgewichte (s. 8.3.6.6.4.2, S. 488) müssen mit einer „gewissen Regelmäßigkeit und Dauer" gehandhabt worden sein. Als entsprechende Anhaltspunkte werden eine Häufigkeit von 250 Hebe- oder Umsetzungsvorgänge sowie eine Gesamttragedauer von 30 Minuten pro Schicht genannt.

Als konkurrierende Faktoren – neben den nach Maßgabe des MDD ermittelten und bewerteten beruflichen Wirbelsäulenbelastungen – sind Über- oder Fehlbelastungen der LWS durch nicht versicherte Verrichtungen zu berücksichtigen, die vergleichbar den o. g. Tätigkeiten mit dem Heben oder Tragen schwerer Lasten oder extremer Rumpfbeugehaltung verbunden sind, wenn diese ebenfalls langjährig ausgeübt werden (Hausbau, schwere Gartenarbeit oder wirbelsäulenbelastende sportliche Aktivitäten wie Gewichtheben). Ggf. ist im Rahmen der Kausalitätsprüfung abschließend eine Bewertung nach den Grundsätzen der rechtlich wesentlichen Ursache erforderlich.

- **Aktuelle Entwicklungen**

Die Validierung des Mainz-Dortmunder-Dosismodells durch die Deutsche Wirbelsäulenstudie (DWS)[209] hat ergeben, dass es nicht das am besten geeignete Modell ist, um Dosis-Wirkungsbeziehungen bei bandscheibenbedingten Wirbelsäulenerkrankungen abzubilden. Die Ergebnisse deuten darauf hin, dass auch unterhalb des Orientierungswertes nach dem MDD ein erhöhtes Risiko für band-scheibenbedingte Erkrankungen bestehen kann. Die am besten anpassenden Modelle können allerdings das MDD im Rahmen der bestehenden BK-Nr. 21 08 noch nicht ersetzen. Denn in der Studie wurden schwerpunktmäßig Modelle untersucht, die losgelöst von den rechtlich vorgegebenen Kriterien *schweres Heben und Tragen* und *extreme Rumpfbeugehaltung* Dosis-Wirkungsbeziehungen für Bandscheibenvorfälle bzw. für Chondrosen zeigten. Da diese Modelle über die geltende Legaldefinition der BK-Nr. 21 08 hinausgehen, ist zunächst das MDD in seinen Grundsätzen als Verfahren zur Bewertung der arbeitstechnischen Voraussetzungen in den BK-Feststellungsverfahren heranzuziehen.

Auch das BSG[210] hält weiterhin an der Anwendbarkeit des MDD zur Beurteilung der arbeitstechnischen Voraussetzungen in modifizierter Form fest (s. 8.3.6.6.5.1.2, S. 500).

8.3.6.6.4.4 Heben oder Tragen schwerer Lasten auf der Schulter – BK-Nr. 21 09

Typisches Beispiel für einen Anwendungsfall der BK-Nr. 21 09 ist die Tätigkeit der Fleischträger, die Tierhälften auf dem Kopf bzw. dem Schultergürtel tragen. Nach vorn und seitwärts erzwungene Kopfbeugehaltung und gleichzeitiges Anspannen der Nackenmuskulatur stellen die maßgeblichen schädigenden Faktoren dar. Nicht erfasst werden Tä-

---

[209] Einzelheiten zum Studiendesign Hofmann, Reschauer, Stößel (Hrsg.) „Arbeitsmedizin im Gesundheitsdienst", Band 17, S. 194 ff.; Linhardt, u. a., Zbl Arbeitsmed 57/2007, 243-250; Bolm-Audorff, u. a., Epidemiologische Fall-Kontroll-Studie zur Untersuchung von Dosis-Wirkungs-Beziehungen bei der Berufskrankheit 21 08 (Deutsche Wirbelsäulenstudie), Abschlussbericht. (Hrsg. HVBG) 2007.

[210] BSGE 99, 162 (30. 10. 2007) = SozR 4-5671 Anl. 1 Nr. 2108 Nr. 5 = SGb 2009, 246 mit Anm. Römer, Brandenburg, Woltjen S. 192.

8.3 Wirbelsäule

tigkeiten, bei denen die Last nicht auf der Schulter aufliegt, sondern über Kopf und Schulter hochgehalten bzw. gestützt wird. Insoweit kommt nur die BK-Nr. 21 08 in Betracht.[211] So ergibt sich für diesen BK-Tatbestand ein enger Anwendungsbereich. Für das Lastgewicht wird in dem Merkblatt[212] ein Grenzwert von 50 Kilo angegeben. Daneben sind Art und Weise der Schulterung der Lasten bzw. Größe und Form der getragenen Gegenstände für die spezifische Fehlbeanspruchung der Halswirbelsäule von Bedeutung.

8.3.6.6.4.5 Einwirkung von vorwiegend vertikalen Ganzkörperschwingungen – BK-Nr. 21 10

Bei den Einwirkungen im Sinne der BK-Nr. 21 10[213] handelt es sich um Ganzkörperschwingungen mit Frequenzen zwischen 3 und 5 Hz, die zu Resonanzschwingungen des Rumpfes und der Wirbelsäule führen und auch Torsionen der Wirbelsegmente sowie horizontale Segmentverschiebungen veranlassen. Dies betrifft vor allem die Fälle, in denen neben den vertikalen Frequenzen dorsoventrale stochastische Schwingungen auf die Wirbelsäule einwirken. Wegen der unmittelbaren Schwingungsübertragung vom Becken auf die Wirbelsäule wird diese in sitzender Körperhaltung besonders stark belastet. Stoßhaltige Schwingungsbelastungen, also Schwingungsverläufe mit einzelnen oder wiederholten, stark herausragenden Beschleunigungsspitzen, stellen eine besonders hohe Gefährdung dar. Nach biomechanischen Berechnungen können dabei Kompressionskräfte erreicht werden, die im Experiment an menschlichen Wirbelsäulenpräparaten Mikrofrakturen der Deckplatten der Wirbelkörper sowie Einrisse am Anulus fibrosus der Bandscheibe verursachen.

Derartigen arbeitsbedingten Belastungen der LWS können insbesondere Fahrer von folgenden Fahrzeugen und fahrbaren Arbeitsmaschinen ausgesetzt sein:[214]

– Baustellen-LKW
– land- und forstwirtschaftliche Schlepper
– Forstmaschinen im Gelände
– Bagger bei intensiver Schwingungsbelastung, z. B. bei Abbrucharbeiten
– Grader (Straßenhobel, Bodenhobel, Erdhobel), nur bei intensiver Schwingungsbelastung, z. B. Überwiegen von Grobplanierungen (Grobplanum)
– Scraper (Schürfwagen)
– Dumper und Muldenkipper
– Rad- und Kettenlader
– Gabelstapler auf unebenen Fahrbahnen (Hofflächen, Pflaster usw.)
– Militärfahrzeuge im Gelände
– Raddozer
– Wasserfahrzeuge bei Gleitfahrt bei Seegang

---

[211] Brandenburg, BG 1993, 791, 796.
[212] Merkblatt für die ärztliche Untersuchung bei der BK-Nr. 21 09, BArbBl 3/1993, 53.
[213] Eingefügt mit Wirkung vom 1. 1. 1993, 2. VO zur Änderung der BKV, BGBl. 1992, 2343; Begründung der BReg. BR-Drucks. 773/92; über die Rückwirkungsklausel des Art. 2 Abs. 2 der 2. Änd-VO bzw. § 7 Abs. 2 BKV werden auch Versicherungsfälle erfasst, die nach dem 31. 3. 1988 eingetreten sind; dazu Eilebrecht, BG 1993, 187; BSG, 19. 1. 1995, HV-Info 16/1995, 1331; 25. 8. 1994, HV-Info 27/1995, 2290; LSG Baden-Württemberg, HV-Info 21/1994, 2460.
[214] Merkblatt für die ärztliche Untersuchung bei der BK-Nr. 21 10, BArbBl 7/2005, 43.

Dagegen wurden bei Fahrern von Taxis, Gabelstaplern auf ebenen Fahrbahnen, Baggern im stationären Einsatz, LKW und Omnibussen mit schwingungsgedämpften Fahrersitzen keine hinreichend gesicherten gesundheitsschädigenden Auswirkungen durch Schwingungen beobachtet.

Voraussetzung für die Annahme eines arbeitsplatzbezogenen Kausalzusammenhanges ist eine langjährige (fünf- bis zehnjährige oder längere), wiederholte Einwirkung von (vorwiegend vertikalen) Ganzkörperschwingungen in Sitzhaltung mit einer „Tagesdosis" in Form der Beurteilungsbeschleunigung $a_{w(8)}$ von im Regelfall 0,63 m/s² in der vertikalen z-Achse.[215] In Ausnahmefällen können auch schon bei geringeren Beurteilungsbeschleunigungen Gesundheitsrisiken auftreten. Das Merkblatt zur BK-Nr. 21 10 enthält Hinweise, ab welchen Beurteilungsbeschleunigungen und Tätigkeitsdauern mit einem Gesundheitsrisiko zu rechnen und eine Annahme der Voraussetzungen für eine Anzeige als Berufskrankheit angebracht ist. Bei der Berechnung der $a_{w(8)}$ Werte, welche die Gesamtbelastung während eines Tages kennzeichnen, sind die Maschinenart und zahlreiche weitere Faktoren wie z. B. der befahrene Untergrund, die individuelle Fahrgeschwindigkeit und Fahrweise und/oder Zuladung zu berücksichtigen:

---

[215] Der bisher in der Bundesrepublik Deutschland verwendete Begriff der Beurteilungsschwingstärke Kr wird in Anpassung an internationale Definitionen durch $a_{w(8)}$ (in m/s) ersetzt. Für horizontale und vertikale Schwingungsrichtungen gilt:
$a_{w(8)}$ x 20 (m/s) ≈ K_r
Für die vertikale z-Achse wurde die Frequenzbewertung geändert, sodass je nach Frequenzbereich bis zu 20 %, höhere, gleich hohe oder bis 20 % niedrigere Beträge eintreten werden (VDI 2057-Blatt 1, 2002).
Falls sich erweisen sollte, dass die Einwirkung in horizontaler Richtung die stärkste Schwingungsrichtung ist, so ist diese mit zu berücksichtigen (vgl. EU Richtlinie 2002/44/EG).

8.3 Wirbelsäule

Risiko der Entstehung einer bandscheibenbedingten Erkrankung der LWS durch Ganzkörper-Schwingungen

Bezeichnung	Beurteilungs- beschleunigung $a_{w(8)}$	Hinweise für eine Expositions- dauer von in der Regel ≥ 5 – < 10 Jahren	Hinweise für eine Expositionsdauer von in der Regel ≥ 10 Jahren
Untergrenze der Zone erhöhter Gesundheits- gefährdung (VDI 2057-1)	0,45 ms²	Ein Gesundheitsrisiko ist wenig wahrscheinlich.	Ein Gesundheitsrisiko kann bestehen, falls die Exposition mit anderen risiko- erhöhenden Faktoren einhergeht, wie Alter zum Beginn der Exposition > 40 Jahre, vorgeneigte[216] oder ver- drehte Haltung[217], Stoßhaltigkeit[218], kurze tägliche Expositionsabschnitte mit hoher Intensität[219], längerdauernde Expositionszeiten mit hoher Intensität in Verbindung mit längerdauernden Expositionspausen oder Zeiten mit sehr geringer Intensität[220]. (vgl. VDI 2057-1)
Auslösewert der EU-Richtlinie 2002/44/EG	0,5 ms²		
Wert etwa in der Mitte der Zone erhöhter Gesundheits- gefährdung (VDI 2057-1)	0,63 ms²	Ein Gesundheitsrisiko kann bestehen. falls die Exposition mit anderen risikoerhöhenden Fakto- ren einhergeht, wie Alter zum Beginn der Exposition > 40 Jahre, vorgeneigte oder verdrehte Hal- tung, Stoßhaltigkeit, kurze tägliche Expositionsabschnitte mit hoher Intensität, längerdauernde Exposi- tionszeiten mit hoher Intensität in Verbindung mit längerdauernden Expositionspausen oder Zeiten mit sehr geringer Intensität.	Von einem Gesundheitsrisiko ist aus- zugehen.
Obergrenze der Zone erhöhter Gesundheits- gefährdung (VDI 2057-1)	0,8 ms²	Siehe vorstehend. Die Wahrschein- lichkeit des Gesundheitsrisikos nimmt mit steigender Beurteilungs- beschleunigung zu.	Von einem Gesundheitsrisiko ist auszu- gehen.

---

216 Eine vorgeneigte Haltung liegt vor, wenn während der Schwingungsexposition durch Vornei- gung des Oberkörpers überwiegend kein Kontakt zur Rückenlehne besteht, wie z. B. bei Fahrern von Erdbaumaschinen, Brückenkranfahrern oder Hubschrauberpiloten, die sich zur visuellen Kontrolle ihrer Tätigkeit vorbeugen müssen.
217 Eine verdrehte Haltung liegt vor, wenn die Tätigkeit während der Schwingungsexposition eine Verdrehung des Oberkörpers (Kopf, Schulter, Thorax) um die Körperlängsachse erfordert, wie z. B. bei Fahrern von Maschinen. deren Arbeitsplatz so angeordnet ist, dass der Fahrer quer zur Fahrtrichtung sitzt. Eine während der GKS-Exposition vorliegende Seitneigung des Rumpfes, z. B. durch Neigung der Sitzfläche in der Frontalebene bei Arbeiten am Hang, kann der verdreh- ten Haltung als besondere Bedingung hinsichtlich der Risiko erhöhenden Wirkung gleichgestellt werden.
218 Stoßhaltigkeit liegt vor, wenn Belastungsabschnitte hohe Spitzen der frequenzbewerteten Be- schleunigung aufweisen, s. VDI 2057-1 S. 22 Abs. 4.4.
219 Kurze tägliche Expositionsabschnitte mit hoher Intensität sind tägliche Expositionen mit einer täglichen Einwirkungsdauer unter 2 Stunden und einem $a_{w(8)}$ – Wert > 0 9 ms².
220 Länger dauernde Expositionszeiten mit hoher Intensität sind Zeiten mit vorwiegend täglichen Expositionen mit einem $a_{w(8)}$ – Wert > 0 8 ms², Expositionspausen oder Zeiten mit sehr geringer Intensität sind Zeiten mit vorwiegend täglichen Expositionen mit einem $a_{w(8)}$ – Wert < 0,45 ms².

Maschinenspezifische Faktoren, mit denen früher (vor 2002) ermittelte Kr-Werte an die jetzt gültigen Beurteilungsbeschleunigungswerte $a_{w(8)}$ näherungsweise angepasst werden können (Merkblatt zur BK-Nr. 21 10):

Faktoren zur näherungsweisen Umrechnung von Messwerten in z-Richtung nach VDI 2057:1987 in Messwerte, die nach der neuen Frequenzbewertung (VDI 2057-1:2002) zu erwarten wären.

Fahrzeug/fahrbare Arbeitsmaschine	Faktor alte zu neue Frequenzbewertung z-Richtung
Baustellen-Lkw	0,95
Land- u. forstwirtschaftliche Schlepper	0,90
Bagger	1,15
Grader	0,95
Scraper	0,95
Muldenkipper	0,95
Radlader	0,95
Kettenlader	1,20
Raddozer	0,95
Planierraupe	1,20
Gabelstapler auf unebenem Gelände	1,0

Die Faktoren sind (aufgerundete) Mittelwerte auf der Basis von VDI 2057-1:2002, Berufsgenossenschaftliches Institut für Arbeitsschutz – BIA (im HVBG) Fachbereich: Arbeitsgestaltung, Physikalische Einwirkungen. Referat: Vibration *Dr. E. Christ*

Kriterien für die Erstattung der Anzeige

Als medizinische Voraussetzungen für die Anzeige eines Verdachtes auf das Vorliegen der BK-Nr. 21 10 sind chronische oder chronisch-rezidivierende Beschwerden und Funktionseinschränkungen zu fordern:

– Lokales Lumbalsyndrom, LWS-Syndrom. Lumboischialgie (akute Beschwerden – Lumbago – oder chronisch-rezidivierende Beschwerden in der Kreuz-Lendengegend)
– Mono- und polyradikuläre lumbale Wurzelsyndrome, radikuläres Syndrom, pseudoradikuläres Syndrom (Ischias)
– Kaudasyndrom

Die Unterlassung der gefährdenden Tätigkeiten ist nicht Voraussetzung für eine Anzeige als Berufskrankheit.

Ist der Krankenkasse bekannt, dass das Leiden psychosomatisch verursacht ist oder ausschließlich eines der nachfolgenden Krankheitsbilder vorliegt, soll eine Meldung nicht erfolgen:

8.3 Wirbelsäule

– Angeborene oder erworbene Fehlbildungen der Lendenwirbelsäule wie z. B. Spondylolisthesis, Spondylolyse, Morbus Scheuermann, Wirbelfehlbildungen, Idiopathische Wirbelkanalstenose
– Spondylitis
– Osteoporose, Osteomalazie
– Fraktur
– Kokzygodynie
– Morbus Paget
– Morbus Bechterew
– Hüftbedingte Schmerzen (Koxalgie)
– Erkrankungen der Iliosacralgelenkes.

8.3.6.6.5 Ursachenzusammenhang
S. Fragen 3.1, 3.2 und 3.3, S. 478 ff.

8.3.6.6.5.1 Individuelle Kausalitätsbeurteilung
Die Anwendung der Beweiserleichterungsregelung des § 9 Abs. 3 SGB VII bei den BK-Nrn. 21 08–21 10 wird derzeit für ausgeschlossen erachtet[221], da es sich um ein multifaktorielles Geschehen handelt.[222] Die Grundlage der individuellen Kausalitätsprüfung wird durch § 9 Abs. 3 SGB VII nicht berührt. Das BSG hat in Kenntnis des Meinungsstreits eine Anwendbarkeit der Grundsätze über den Anscheinsbeweis bei der BK-Nr. 21 08 verneint.[223]

Für bandscheibenbedingte Erkrankungen ist eine multifaktorielle Verursachung typisch. Die Entstehung oder Verschlimmerung ist vielfach geprägt durch das Zusammenwirken von endogenen (prädispositionellen) und exogenen Faktoren (belastende Einwirkungen im privaten und versicherten Lebensbereich). Individuelle Kausalitätsbeurteilung erfordert daher Berücksichtigung und Abwägung einer Vielzahl einzelfallbezogener Kriterien:

– Bewertung der Art, Intensität und Dauer der Exposition ausgedrückt in einer Gesamtbelastungsdosis (für BK-Nr. 21 08 s. 8.3.6.6.4.3, S. 491; für BK-Nr. 21 10 s. 8.3.6.6.4.5, S. 495),
– Merkmale eines für die nachgewiesene Einwirkung charakteristischen (typischen), zumindest eines mit der Einwirkung konformen Krankheits- und Schadensbildes
– Art und Ausprägung individueller Prädispositionsfaktoren
– individueller Erkrankungsverlauf.

Zu sämtlichen Kriterien stehen inzwischen – insbesondere auf der Grundlage der Konsensempfehlungen zur Zusammenhangsbegutachtung bei den BK-Nrn. 21 08 – 21 10[224] diffe-

---

[221] Pohl, u. a., BG 1997, 670, 677; Brandenburg, in: Begutachtung der neuen Berufskrankheiten der Wirbelsäule (Hrsg. Weber, Valentin) 1997 S. 13, 18; LSG Rheinland-Pfalz, 24. 7. 1997, HV-Info 1998, 524; LSG Rheinland-Pfalz, 3. 12. 1997, HV-Info 1999, 750. Anwendung des § 9 Abs. 3 SGB VII befürwortend: Erlenkämper, SGb 1997, 610 ff.; vgl. auch Plagemann, VersR 1977, 9, 12.
[222] LSG Niedersachsen, 20. 7. 2000, Breith. 2000, 1031 = HV-Info 2001, 276.
[223] BSG, 18. 11. 1997, SGb 1999, 39 m. zust. Anm. Ricke = HV-Info 1998, 1178; BSGE 84, 30 (20. 3. 1999) = BG 1999, 426.
[224] Bolm-Audorff, Brandenburg, u. a., Trauma Berufskrankh 7 (2005) 211–252, 320–332.

renzierte Erkenntnisse vor, die auch den Anforderungen des BSG an gesicherte medizinische Erkenntnisse, die nach Möglichkeit bei der medizinischen Beurteilung zu Grunde zu legen sind[225], genügen dürften. Da die Funktion des § 9 Abs. 3 SGB VII nicht darin besteht, eine an sich mögliche einzelfallbezogene Zusammenhangsbegutachtung hinsichtlich der anzuwendenden Kriterien zu verkürzen[226], hat das BSG für die BK-Nr. 21 08 eine Anwendbarkeit dieser Regelung verneint.

8.3.6.6.5.1.1 Kriterien zur Zusammenhangsbeurteilung

Als Grundvoraussetzung für die Wahrscheinlichkeit eines Kausalzusammenhangs ist zu fordern

- bandscheibenbedingte Erkrankung der LWS in der Ausprägung eines altersuntypischen Befundes
- ausreichende berufliche Exposition nach Maßgabe des MDD sowie plausible zeitliche Korrelation von Exposition und Krankheitsentwicklung
- weitere Kriterien der Plausibilität eines Ursachenzusammenhangs, die sich beziehen auf
  - Lokalisation des morphologischen Schadens
  - Degenerationszustand der gesamten Wirbelsäule
  - Vorhandensein einer Begleitspondylose als Positivkriterium
  - Art und Ausprägung prädispositioneller Faktoren
  - spezielle Ausprägung der beruflichen Exposition.

8.3.6.6.5.1.2 Ausreichende Exposition und zeitliche Korrelation mit der Krankheitsentwicklung

Maßgeblicher Anknüpfungspunkt für eine differenzierte Einbeziehung der Expositionsverhältnisse in die individuelle Kausalitätsbeurteilung ist nach dem MDD der Grad der Erreichung des Orientierungswertes für die Gesamtbelastungsdosis. Zu berücksichtigen ist, ob und inwieweit der Beurteilungsrichtwert für die Gesamtbelastungsdosis über- oder unterschritten wird.[227] Ein unteres Abschneidekriterium gemessen an den Beurteilungsrichtwerten für die Gesamtbelastungsdosis bei Männern und Frauen ist nicht definiert.

Grundsätze[228]

- Der im MDD formulierte Orientierungswert einer Gesamtdosis von 25×10^6 Nh stellt keinen Grenzwert dar, unterhalb dessen das Vorliegen einer Berufskrankheit ausgeschlossen sei.
- *Unterhalb* des hälftigen Orientierungswertes und somit bei Nichterreichen einer Gesamtdosis von $12,5 \times 10^6$ Nh kann das Vorliegen einer Berufskrankheit bereits mangels Vorliegens der arbeitstechnischen Voraussetzungen ausgeschlossen werden. Weitere Ermittlungen – insbesondere eine medizinische Begutachtung – erübrigen sich.

---

[225] BSG, 9. 5. 2006, UVR 2006, 497; 27. 6. 2006, SozR 4-2700 § 9 Nr. 9 = UVR 2006, 572; BSGE 96, 297 (27. 6. 2006) = SozR 4-5671 § 6 Nr. 2 = NZS 2007, 325 = Breith. 2007, 414.
[226] Brandenburg, in: Gutachtenkolloquium 13 (Hrsg. Hierholzer, Kunze) 1998.
[227] BK-Report 2/03 Wirbelsäulenerkrankungen (Hrsg. HVBG) 2004 S. 16 f.
[228] Nach BSGE 99, 162 (30. 10. 2007) = SGb 2009, 246 m. Anm. Römer, Brandenburg, Woltjen S. 192; bestätigt durch BSG, 18. 11. 2008, UVR 5/2009, 287.

- *Ab Erreichen des hälftigen Orientierungswertes* (Gesamtdosis von 12,5 x 10^6 Nh) muss eine Einzelfallbewertung mit medizinischer Begutachtung und kritischer Prüfung des Kausalzusammenhangs erfolgen. Dieser dürfte umso schwieriger zu begründen sein, je weiter die im Einzelfall festgestellte Gesamtdosis unterhalb des Orientierungswertes nach MDD liegt.
- Für die Ermittlung der Gesamtdosis ist kein *Tagesdosis-Richtwert* zu beachten: Selbst wenn also an einigen Tagen nur einzelne Hebe- oder Tragevorgänge mit schweren Gewichten stattgefunden haben, sind diese in die Ermittlung der Gesamtdosis einzubeziehen.
- Sowohl die Klarstellung zu den Begriffen *Orientierungswert* und *Grenzwert* als auch der *Verzicht* auf einen *Tagesdosis-Richtwert* gelten für *Männer* wie für *Frauen*. Bei Männern sind bereits Druckkräfte ab 2,7 kN zu berücksichtigen; bei Frauen ist der bisher schon geltende Druckkraft-Richtwert von 2,5 kN beizubehalten. Eine unmittelbare Übertragung der Überlegungen des BSG auf Frauen würde dazu führen, dass in diesen Fällen bereits annähernd alltägliche Belastungen beim Heben geringer Gewichte zu berücksichtigen wären. Dieses wäre wiederum nicht mit dem Verordnungstext dieser BK-Ziffer, der „schwere" Lasten fordert, in Einklang zu bringen.

8.3.6.6.5.1.3 Lokalisation des Schadens

Nach den Konsensempfehlungen[229] spricht eine Betonung der Bandscheibenschäden an den unteren drei Segmenten der LWS eher für einen Ursachenzusammenhang mit der beruflichen Exposition, eine Aussparung der unteren LWS-Segmente eher dagegen. Diese tendenziellen Aussagen werden in den Konsensempfehlungen im Rahmen der Darstellung typischer Fallkonstellationen konkretisiert.

Im Falle eines bei L2/3 und höher lokalisierten Schadens wird die Wahrscheinlichkeit einer exogenen Verursachung verneint (Fallkonstellationen C 1 und C 2), es sei denn eine *Begleitspondylose* liegt vor.

Kein Konsens besteht bei einer Lokalisation im angrenzenden Segment L3/L4 (Fallkonstellation C 2, 2. Alt.): Nach einer Auffassung sei auch insoweit zusätzlich eine *Begleitspondylose* zu fordern; nach anderer Ansicht sei diese nicht erforderlich.

Ein weitergehender, aber nicht umfassender Konsens wurde erreicht bei einer Schadenslokalisation bei L4/L5 oder L5/S1 (Fallkonstellationen B 1 bis B 10). Ausgangspunkt ist die Konstellation B1:

Wesentliche konkurrierende Ursachenfaktoren erkennbar: Nein
Beqleitspondylose: Ja
Beurteilung im Konsens: Zusammenhang wahrscheinlich

---

[229] Trauma Berufskrankh 7 (2005) 200, 217 ff.

Konsens wurde darüber hinaus für eine Abwandlung dieser Konstellation dahingehend erzielt, dass keine „Begleitspondylose" vorliegt, aber eines der folgenden Kriterien erfüllt ist (Konstellation B 2):

- Mehrsegmentaler Schaden in Form von Chondrose oder Prolaps unter Einbeziehung von MRT-Befunden im Sinne einer sog. „black disc".
- Besonders intensive Belastung, wobei als Anhaltspunkt das Erreichen des Richtwerts für die Gesamtbelastung innerhalb eines Zeitraums von weniger als 10 Jahren genannt wird. Hier liegt der Gedanke zu Grunde, dass die Entwicklung eines mehrsegmentalen knöchernen Schadens beziehungsweise eines mehrsegmentalen Belastungsmusters längere Zeit in Anspruch nimmt und dieser Prozess durch eine beschleunigte direkte Bandscheibenschädigung überholt werden kann.
- Für das Belastungsprofil sind Tätigkeiten mit einem besonders hohen Gefährdungspotential durch hohe Belastungsspitzen prägend. Als Anhaltspunkt für Belastungsspitzen gelten bei Männern 6 kN und bei Frauen 4,5 kN. Insoweit wird als Pathomechanismus neben Ernährungsstörungen eine direkte Schädigung der Bandscheiben durch sog. Mikrotraumatisierungen in Betracht gezogen.

Ist keine der vorgenannten besonderen Bedingungen erfüllt (Fallkonstellation B 3), vermag nach einer Meinung nur eine *Begleitspondylose* ein Fehlen solcher besonderer Umstände zu überspielen, während nach der Gegenansicht bei dieser Schadenslokalisation keine besonderen Umstände zur Begründung der Wahrscheinlichkeit eines Ursachenzusammenhangs hinzukommen müssen.

8.3.6.6.5.1.4 Degenerationszustand der gesamten Wirbelsäule

Ein Befall der HWS oder BWS kann je nach Fallkonstellation gegen einen Ursachenzusammenhang sprechen. Maßgeblich für den ggf. erforderlichen Vergleich des Degenerationszustands der Wirbelsäulenabschnitte sind nur *Chondrosen* und *Vorfälle*, während *Spondylosen* an den belastungsfernen Wirbelabschnitten die Indizwirkung einer altersuntypischen Degeneration an der LWS nicht in Zweifel ziehen. Diese Grundsätze werden in den Konsensempfehlungen anhand mehrerer beschriebener Fallkonstellationen bezüglich der Schäden an der HWS konkretisiert. Ein Bandscheibenschaden der HWS der geringer ausgeprägt ist als der Schaden an der LWS, steht einem Ursachenzusammenhang zwischen LWS-Schaden und beruflicher Einwirkung nicht entgegensteht (Fallkonstellationen B 4 und C 3). Nur teilweise Konsens besteht bei einer HWS-Degeneration gleich starker Ausprägung wie an der LWS. Während nach einer Auffassung kein Grund zur Ablehnung eines nach den weiteren Kriterien begründeten Ursachenzusammenhangs darstellt, wird nach der Gegenansicht der Ursachenzusammenhang nur bei gleichzeitigem Vorliegen einer Begleitspondylose an der LWS bejaht (Fallkonstellationen B 6 und B 7). Entsprechendes gilt auch für einen an der HWS stärker als an der LWS ausgeprägten Schaden, während nach der Gegenmeinung eine darauf gegründete Ablehnung des Ursachenzusammenhangs nur berechtigt ist, wenn mit der HWS-Schädigung auch eine klinische Erkrankung verbunden ist (Fallkonstellationen B 5 und B 8). Eine Begründung für diese Differenzierung wird nicht genannt; möglicherweise ist insoweit der Gedanke leitend, dass ein nicht klinisch relevanter HWS-Schaden und ein klinisch relevanter LWS-Schaden als unterschiedliche Phänomene anzusehen sind, die keine wechselseitigen Schlussfolgerungen zulassen.

8.3.6.6.5.1.5 Begleitspondylose

Als Begleitspondylose im Sinne der Konsensempfehlungen wird definiert eine Spondylose, die

- entweder das von dem eigentlichen Bandscheibenschaden (Chondrose oder Vorfall) betroffene Segment gar nicht betrifft oder
- nachweislich schon vor dem Eintritt der bandscheibenbedingten Erkrankung vorhanden war.

Zur Begründung einer positiven Indizwirkung wird ferner gefordert, dass der Grad der Spondylose das alterstypische Maß überschreitet und mindestens zwei Segmente der LWS betroffen sind. Die Begleitspondylose wird als Zeichen dafür gewertet, dass eine langjährige Belastung/Beanspruchung der LWS tatsächlich in Form belastungsadaptiver Umbauvorgänge wirksam geworden ist.[230] Diese „belastungsadaptiven Reaktionen" sollen umso ausgeprägter sein, je höher die Wirbelsäulengelenke beansprucht werden. Für die klinische Symptomatik sind diese Befunde danach ohne Bedeutung.[231] Hinsichtlich der Bedeutung einer Begleitspondylose als *Positivkriterium* enthalten die Konsensempfehlungen die Aussage:

Bei Vorliegen einer Begleitspondylose ist eine Anerkennung als Berufskrankheit auch möglich, wenn konkurrierende Ursachenfaktoren erkennbar werden, die jedoch das Schadensbild nicht durch eine überragende Qualität erklären.

„*Positivkriterium*" bedeutet, dass das Vorhandensein einer Begleitspondylose eine negative Indizwirkung anderer einzelfallbezogener Beurteilungskriterien aufheben kann. Während über diese Grundaussage zur Begleitspondylose Konsens erzielt wurde, ist umstritten, ob das Vorliegen einer Begleitspondylose zusätzlich auch zu fordern ist, wenn im Einzelfall keine konkreten einzelfallbezogenen Umstände, die gegen einen Ursachenzusammenhang sprechen, festgestellt wurden („negative Indizwirkung"; Konstellationen B 3 und C 3). In diesen Zusammenhang gehört auch die nicht im Konsens beantwortete Frage, ob bei gleich starker Degeneration an der HWS eine Begleitspondylose zu fordern ist. Ein teilweiser Konsens konnte in Bezug auf die „*negative Indizwirkung*" der Begleitspondylose dahingehend erzielt werden, dass bei beruflichen Belastungen, bei denen sich die Gefährdung hauptsächlich aus wiederholten Spitzenbelastungen ergibt, das Fehlen einer Begleitspondylose keine negative Indizwirkung hat. Diese Aussage ist unter anderem für die durch hohe Einzelbelastungen geprägten Expositionsbedingungen in den Pflegeberufen von Bedeutung.[232] Ungeachtet des grundsätzlichen Streits um die Konsequenzen für die Zusammenhangsbeurteilung bei Fehlen einer Begleitspondylose ist diese „Ausnahme" jedenfalls begründet. Bei extremen Druckbelastungen der Wirbelsäule wird als Pathomechanismus eine direkte Schädigung der Bandscheiben durch Mikrotraumatisierungen angenommen. Ein derartiger Pathomechanismus in Form einer Vielzahl von Minimalläsionen direkt an der Bandscheibe muss jedenfalls nicht mit einer gleichzeitigen vermehrten knöchernen Be-

---

[230] Vgl. auch Schröter, Münsteraner Sachverständigengespräche, 2001 S. 152, 162.
[231] LSG Niedersachsen, 6. 4. 2000, HV-Info 2000, 2826 = Breith. 2000, 818.
[232] BK-Report 2/03, Wirbelsäulenschäden (Hrsg. HVBG) 2004 Abschnitt 3.1.3. und 3.2.4.; Jäger, Luttmann, Wortmann, Kuhn u. a. ZblArbeitsmed. 2006, 228.

anspruchung, die in Gestalt der Begleitspondylose ihren sichtbaren Ausdruck finden soll,[233] assoziiert sein.

8.3.6.6.5.1.6 Prädispositionelle Faktoren

Besondere anlagebedingte prädisponierende Faktoren, wie *„prädiskotischen Deformitäten"*, können gegen, aber auch für die Annahme eines ursächlichen Zusammenhangs zwischen den beruflichen Einwirkungen und der Bandscheibenerkrankung sprechen. Berücksichtigung einer besonderen *individuellen Prädisposition* im Rahmen der für die individuelle Kausalitätsbeurteilung geforderten Abwägung aller für oder gegen einen Ursachenzusammenhang sprechenden Umstände des Einzelfalles setzt nicht den positiven Nachweis voraus, dass dieser individuelle Risikofaktor mit Wahrscheinlichkeit die Bandscheibenerkrankung mit verursacht hat. Schon die Feststellung einer – ebenfalls als Ursache der bandscheibenbedingten Erkrankung in Frage kommenden – Prädisposition kann dazu führen, dass die Wahrscheinlichkeit einer Verursachung bzw. Mitverursachung der Bandscheibenschädigung durch die berufliche Einwirkungen nicht schlüssig zu begründen ist.[234]

Andererseits ist zu beachten, dass ein Zusammenwirken endogener und exogener Faktoren für die Entwicklung degenerativer bandscheibenbedingter Erkrankungen als typisch gilt. Eine Bewertung der individuellen Expositionsintensität nach Maßgabe eines dafür geeigneten Verfahrens, wie das Mainz-Dortmunder-Dosismodell, hat insoweit Bedeutung. Sofern ein nach epidemiologischen Erkenntnissen relevanter Beurteilungsrichtwert für eine Gesamtbelastungsdosis überschritten ist, muss in Betracht gezogen werden, dass gerade aus dem Zusammenwirken der erheblichen Exposition einerseits und der die Schadensentwicklung begünstigenden Prädisposition andererseits die konkrete bandscheibenbedingte Erkrankung resultiert und ein rechtlich wesentlicher Ursachenzusammenhang dann gegeben ist.

Zeitlicher Zusammenhang zwischen Exposition und ersten Manifestation sowie Verlauf der bandscheibenbedingten Erkrankung müssen nachvollziehbar sein. Zu beachten sind vor allem:

– Zustand vor Aufnahme der belastenden Tätigkeit im Vergleich zum gegenwärtigen Befinden

– Zeitraum bis zur ersten Manifestation der bandscheibenbedingten Erkrankung

– Verlauf der Erkrankung während längerer belastungsfreier Intervalle.

Bandscheibenbedingte Erkrankungen sind auch in der allgemeinen Bevölkerung ohne ausgeprägte Belastungen weit verbreitet. Zahlreiche prädispositionelle Faktoren werden dafür verantwortlich gemacht.[235] Nach den Kausalitätsprinzipien der ges. UV dürfen aber nur solche konstitutionellen Faktoren einbezogen werden, bei denen die Annahme wissenschaftlich begründet ist, dass diese tatsächlich geeignet sind, entweder allein oder im Zu-

---

[233] Schröter, Gutachtenkolloquium 13 (Hrsg. Hierholzer, Kunze) 1998.
[234] Brandenburg, MedSach 1998, 111, 114.
[235] Vgl. Nachemson, Back Pain in the Workplace: A Threat to our Welfare States; in: Berufsbedingte Erkrankungen der Lendenwirbelsäule (Hrsg. Wolter, Seide) 1998. S. 191.

sammenwirken mit anderen Faktoren das betreffende Krankheitsbild zu verursachen oder zu verschlimmern.[236]

Relevanz prädispositioneller Faktoren[237]

Faktor	Ausprägung	Konkurrierende Ursache zu BK 21 08/21 10	Anmerkungen
Spondylolisthesis mit Spondylolyse bei Bandscheibenschaden (BSS) im betroffenen Segment	Typ Meyerding I	nein	Erkenntnisse über prädispositionelle Wirkung für vorzeitige Bandscheibenschädigung liegen nicht vor.
	Typ Meyerding ≥ II	ja	Als prädispositionierender Faktor in der Literatur beschrieben, BSS in der Regel nicht als wahrscheinliche Belastungsfolge begründbar, erfahrungsgemäß ist bei annähernd 80 % der Spondylolisthesen vom Typ ≥ Meyerding II mit BSS zu rechnen.
Spondylolisthesis mit Spondylolyse bei BSS im unmittelbar benachbarten Segment	Typ Meyerding ≥ I	In der Regel nein	BSS im unmittelbar benachbarten Segment nicht regelhaft als Folge der Spondylolisthesis anzusehen. Ausreichende Belastung spricht eher für Wirksamwerden exogener Faktoren, soweit nicht im Einzelfall erheblich ausgeprägte statische Veränderungen durch Spondylolisthesis hervorgerufen wurden. Achtung: Grundsätzlich ist Spondylolisthesis differenzialdiagnostisch gegenüber Pseudospondylolisthesis/degenerativem Wirbelgleiten zu sichern.
• Segmentversteifung durch Spondylitis	Ohne Blockwirbelbildung	nein	Gesicherte wissenschaftliche Erkenntnisse liegen nicht vor. Expertenmeinung hält im Konsens für plausibel, dass bei Vorliegen der genannten Faktoren die anlagebedingten biomechanischen Überlastungen der unteren LWS an deren Bandscheiben wirksam werden. Individuelle Bewertung erforderlich.
	Mit Blockwirbelbildung	ja	
• angeborene Blockwirbelbildung		ja	
• Spondylodese		ja	
Asymmetrische lumbosakrale Übergangswirbel bei BSS im ersten „freien" Segment		In der Regel ja	
Symmetrische lumbosakrale Übergangswirbel		nein	

---

[236] BSGE 61, 127, 130 (20. 1. 1987); BSG, 6. 12. 1989, HV-Info 1990, 638; BSG, 9. 5. 2007, Breith. 2007, 223 = UVR 2006, 398: bezüglich aller in Frage kommenden Ursachenfaktoren ist auf den Stand der diesbezüglichen wissenschaftlichen Erkenntnisse abzustellen.
[237] Bolm-Audorff, Brandenburg, u. a., Konsensempfehlungen, Trauma Berufskrankh 7 (2005) 211, 250 ff.

Faktor	Ausprägung	Konkurrierende Ursache zu BK 21 08/21 10	Anmerkungen
Lendenwirbelkörperfrakturen	Achsengerecht verheilt ohne Bandscheibenbeteiligung	nein	
	In Fehlstellung verheilt	ja	
Strukturelle Lumbalskoliosen mit BSS in L4/5 oder L5/S1	10 bis < 25° nach Cobb	nein	Skoliosen in dieser Ausprägung sind nach den vorliegenden wissenschaftlichen Erkenntnissen nicht als Prädisposition im Sinne grundsätzlich wesentlicher Ursache eines BSS anzusehen. Individuelle Kausalitätsbeurteilung erforderlich unter Beachtung 1. Ausmaß der Bandscheibenschädigung/ bandscheibenbedingten Erkrankung 2. Krümmungsgrad der Skoliose 3. Ausmaß der beruflichen Belastung
Sonderfälle: tiefe Lumbalskoliosen mit Scheitelpunkt in der unteren LWS	10 bis <25° nach Cobb	Eher ja	Gesicherte wissenschaftliche Erkenntnisse liegen nicht vor. Expertenmeinung hält im Konsens für plausibel, dass bei Vorliegen der genannten Faktoren anlagebedingte biomechanische Überlastungen der unteren LWS an deren Bandscheiben wirksam werden. Individuelle Bewertung erforderlich.
	≥ 25° nach Cobb	ja	Skoliosen dieser Ausprägung dürften im Einzelfall (25–30°) noch die Ausübung einer im Sinne BK 2108/2110 ausreichend belastenden Tätigkeit zulassen. Dies ist bei Skoliosen > 30° nicht mehr zu erwarten. Die vorliegenden Erkenntnisse begründen die Annahme, dass derart ausgeprägte Skoliosen regelhaft die wesentliche Ursache von bandscheibenbedingten Erkrankungen darstellen. Eine Berufskrankheit lässt sich hier nicht hinreichend wahrscheinlich machen.
Beckenschiefstand mit statischer Skoliose/skoliotischer Fehlhaltung (z. B. Beinverkürzung um ≥ 3 cm)	Nach Eintritt fixierter Skoliose	ja	Gesicherte wissenschaftliche Erkenntnisse liegen nicht vor. Expertenmeinung hält im Konsens für plausibel, dass bei Vorliegen der genannten Faktoren anlagebedingte biomechanische Überlastungen der unteren LWS an deren Bandscheiben wirksam werden. Individuelle Bewertung erforderlich.
Hyperlordotische Fehlhaltungen		In der Regel nein	Gesicherte wissenschaftliche Erkenntnisse liegen nicht vor. Expertenmeinung hält im Konsens für plausibel, dass bei Vorliegen der genannten Faktoren anlagebedingte biomechanische Überlastungen der unteren LWS an deren Bandscheiben wirksam werden. Typischerweise sind hier aber Spondylarthrosen zu erwarten, die nicht unmittelbar für eine bandscheibenbedingte Erkrankung sprechen. Individuelle Bewertung erforderlich.

8.3 Wirbelsäule

Faktor	Ausprägung	Konkurrierende Ursache zu BK 21 08/21 10	Anmerkungen
Pathologische Lendenlordosen		In der Regel nein	
Juvenile Aufbaustörung einschließlich Morbus Scheuermann		In der Regel nein	Die vorhandenen Hinweise in der wissenschaftlichen Literatur lassen nicht die Annahme zu, dass ein thorakaler Morbus Scheuermann gesichert zu lumbalen Bandscheibenschäden führen würde. Er kann somit nicht als Prädisposition und wesentliches Argument gegen eine BK 2108/2110 herangezogen werden. Allenfalls bei mehrsegmental fixierter Kyphose könnte eine hyperlordotische Ausgleichs-/Fehlhaltung resultieren. Vgl. hierzu obige Überlegungen.
Morbus Bechterew		nein	Morbus Bechterew ist weder eine bandscheibenbedingte Erkrankung noch führt er erwartungsgemäß zu einer solchen. Bei gemeldetem Verdacht auf eine bandscheibenbedingte Wirbelsäulenerkrankung sollte differenzialdiagnostisch ein Morbus Bechterew mit abgeklärt werden.
Morbus Forestier		nein	Wie zum Morbus Bechterew
Morbus Paget		nein	Wie zum Morbus Bechterew
Asymmetrische Facettengelenke		In der Regel nein Einzelfallentscheidung	Die Literatur lässt deutliche Hinweise für den gehäuften Eintritt vorzeitiger Bandscheibenschäden im betroffenen Segment erkennen. Abschließend gesicherte Erkenntnisse liegen nicht vor.
Persistierende Wirbelbogenspalten (Spina bifida occulta)		nein	Hinweise auf – vorzeitigen – Eintritt bandscheibenbedingter Erkrankungen bei persistierenden Wirbelbogenspalten liegen nicht vor.
Hypersegmentierte Lendenwirbelsäulen (6 freie Segmente)		nein	Relevante Erkenntnisse zu hierdurch verursachten – vorzeitigen – Bandscheibendegenerationen liegen nicht vor.
Adipositas		nein	
Arteriosklerose		nein	Gesicherte Hinweise, dass Auswirkungen auf Herz-/Kreislaufsystem bzw. Stoffwechselveränderungen zu Versorgungsstörungen der Bandscheiben und damit vorzeitiger Degeneration führen, liegen nicht vor.
Nikotinabusus		nein	
Diabetes mellitus		nein	

8.3.6.6.5.1.7 Rechtsfolgen für die Einzelfallentscheidung bei Vorliegen einer nicht im Konsens beurteilten Fallkonstellation

Nach der Rspr.[238] muss jede Zusammenhangsbeurteilung auf dem Boden des anerkannten Standes der wissenschaftlichen Erkenntnisse erfolgen. Daraus ist allerdings nicht zu folgern, dass eine positive Entscheidung über den Kausalzusammenhang ausgeschlossen wäre, wenn über die betreffende medizinische Zusammenhangsfrage kein Konsens (im Sinne einer überwiegenden Anerkennung) besteht. „Gibt es keinen aktuellen allgemeinen wissenschaftlichen Erkenntnisstand zu einer bestimmten Fragestellung, kann in Abwägung der verschiedenen Auffassungen einer nicht nur vereinzelt vertretenen Auffassung gefolgt werden".[239] Diese Auffassung entspricht den Grundsätzen der freien Beweiswürdigung des § 128 SGG, die auch im Verwaltungsverfahren Gültigkeit haben.[240]

8.3.6.6.5.2 Berücksichtigung der Gesamtbelastungsdosis bei BK-Nrn. 21 08 und 21 10

Bei Anwendung des Mainz-Dortmunder-Dosismodells (s. 8.3.6.6.4.3, S. 491) konzentriert sich die individuelle Kausalitätsprüfung, soweit es um die Berücksichtigung des Schädigungspotentials der individuellen Einwirkungen geht, im Wesentlichen auf die nach diesem Verfahren ermittelte Gesamtbelastungsdosis. Maßstab ist der „Beurteilungsrichtwert". Dieser hat die Funktion eines Orientierungswertes (kein Grenzwert).[241] Neben den übrigen bei BK-Nr. 21 08 relevanten Beurteilungskriterien (Krankheitsbild, individueller Erkrankungsverlauf, Prädispositionsfakoren, außerberufliche konkurrierende Faktoren; s. 8.3.6.6.5.1, S. 499) fließt in die Gesamtbewertung also ein, ob und inwieweit der geschlechtsspezifische Beurteilungsrichtwert[242] über- oder unterschritten ist. Eine Unterschreitung führt zu erhöhten Anforderungen an die Begründung eines Ursachenzusammenhanges mit Hilfe der übrigen Kriterien. Eine feste Grenze für die Gesamtbelastungsdosis, bei deren Unterschreitung ein Ursachenzusammenhang unabhängig von den übrigen Kriterien ausgeschlossen ist, wurde bislang nicht definiert. Entsprechendes gilt für den Dosis-Richtwert bei der BK-Nr. 21 10 (s. 8.3.6.6.4.5, S. 495).

Da die Krankheitsbilder bei der BK-Nr. 21 08 und der BK-Nr. 21 10 im Einzelfall nicht voneinander unterscheidbar sind[243], ist eine Zusammenfassung von aufeinander folgenden Zeiträumen mit Einwirkungen im Sinne der BK-Nr. 21 08 einerseits und der BK-Nr. 21 10 andererseits sachgerecht. Die MdE-Bemessung ist einheitlich vorzunehmen: bei den BK-Nrn. 21 08 und 21 10 gibt es nur eine in ihren Auswirkungen auf die Erwerbsfähigkeit einheitlich zu beurteilende Erkrankung.

---

[238] BSGE 61, 127, 130 (20. 1. 1987); BSG, 6. 12. 1989, HV-Info 1990, 638; BSGE 96, 196 = SozR 4-2700 § 8 Nr. 17 (9. 5. 2007) = Breith. 2007, 223 = UVR 2006, 398.
[239] BSGE 96, 196 = SozR 4-2700 § 8 Nr. 17 (9. 5. 2007) = Breith. 2007, 223 = UVR 2006, 398 unter Hinweis auf BSG, 17. 7. 1958, SozR Nr. 33 zu § 128 SGG.
[240] Brandenburg, SGb 2005, 535.
[241] Einzelheiten bei Brandenburg, BG 2001, 36.
[242] Vgl. Jäger, Luttmann, Bolm-Audorff u. a. ASU 34 (1999) 112.
[243] BSG, SozR 4-2700 § 9 Nr. 8 (27. 6. 2006); Brandenburg, BG 1993, 791, 794.

8.3.6.6.6 Unterlassungszwang

Die Fragen im Muster-Gutachtenauftrag (s. 8.3.6.6.1 Fragen 4.1 bis 4.3, S. 479) verdeutlichen, dass vorrangig zu erörtern ist, ob eine Reduzierung der Wirbelsäulenbeanspruchung im notwendigen Umfang durch andere Mittel als eine Unterlassung der gefährdenden Tätigkeiten realisierbar ist. Geeignete Mittel zur Vorbeugung eines Unterlassungszwangs:

– Technische Maßnahmen, z. B. Hebehilfen
– Änderung der Arbeitsabläufe oder der Arbeitsorganisation
– Berufsspezifisches Verhaltenstraining[244]
– Ergänzende Maßnahmen der medizinischen Rehabilitation[245]

Zu den übrigen Merkmalen des Unterlassungszwangs s. 2.2, S. 55.

Der Unterlassungszwang ist nicht vollzogen, wenn die Wirbelsäulenbelastungen zwar reduziert, aber noch nicht alle wirbelsäulenbelastenden Tätigkeiten im Sinne der BK-Nrn. 21 08, 21 09 oder 21 10 aufgegeben wurden.[246] Vom Einzelfall unabhängig ist eine fortbestehende Gefährdung anzunehmen, solange die weiter ausgeübte Tätigkeit mit einer Überschreitung der Tagesdosis nach dem Mainz-Dortmunder-Dosismodell verbunden ist (s. 8.3.6.6.4.3, S. 491) oder besondere Belastungsspitzen bei der Tätigkeit auftreten. Bei fortbestehenden geringeren Belastungen ist individuell eine weiterhin vorliegende Gefährdung zu beurteilen.

Eine beruflich verursachte bandscheibenbedingte Erkrankung im Sinne der BK-Nr. 21 08 zieht nicht zwangsläufig einen Zwang zur Unterlassung der sie verursachenden versicherten Tätigkeiten nach sich. Einerseits kann durch kombinierte Maßnahmen der Verhältnis- und Verhaltensprävention (Individualprävention im Sinne von 3 Abs. 1 S. 1 BKV) eine Reduzierung der Bandscheibenbelastungen auf ein vertretbares Maß erreicht werden.[247] Anderseits wird davon ausgegangen, dass im Einzelfall bei nur gering ausgeprägten radiologischen und klinischen Befunden nach erfolgreicher konservativer oder operativer Behandlung eine vollständige Wiedereingliederung am bisherigen Arbeitsplatz möglich ist.

Für Versicherte, bei denen im Sinne der MdE-Beurteilung auf Dauer erhebliche Leistungsbeeinträchtigungen festzustellen sind, wurden geschlechtsspezifische Richtwerte für zulässige, d. h. Obergrenzen für arbeitsmedizinisch unbedenkliche Belastungen abgeleitet.[248] Sie stellen Anhaltswerte für den Regelfall dar. Maßgeblich ist letztlich die individuelle Restbelastbarkeit.

---

[244] Höhnke, Stratmann, u. a., ASU 32 (1997), 435 m. w. N.; Krämer, ASU 29 (1994), 70, 73; Bilow, in: Gutachtenkolloquium 9 (Hrsg. Hierholzer, Kunze, Peters) 1994, S. 203, 207.
[245] Plinske in: Gutachtenkolloquium 9 (Hrsg. Hierholzer, Kunze, Peters) 1994, S. 227, 231; Solbach, Römer, Zbl. Arbeitsmed. 44 (1994), 378, 385.
[246] BSG, 22. 8. 2000, Meso B 240/277 = HVBG-Info 2000, 3218.
[247] Speziell zu Pflegeberufen Jäger, u. a., Zbl. Arbeitsmed. 2006, 228.
[248] Bolm-Audorff, Brandenburg, u. a., Konsensempfehlungen, Trauma Berufskrankh 7 (2005) Teil 2, 320, 323 (Tabellen 13, 14).

Richtwerte für die Anzahl von zulässigen Hebe-, Umsetz- und Tragevorgängen für Männer mit einer Erkrankung im Sinne der BK-Nr. 21 08

Lastgewicht [kg]	5	10	15
Umsetzen beidhändig	1-mal/min	1-mal/2 min	1-mal/5 min
Umsetzen einhändig	1-mal/2 min	–[a]	–[a]
Heben beidhändig	1-mal/2 min	1-mal/5 min	1-mal/10 min
Heben einhändig	1-mal/2 min	–[a]	–[a]
Tragen beiderseits des Körpers, auf der Schulter oder dem Rücken	1-mal/5 min	1-mal/10 min	1-mal/10 min
Tragen vor dem Körper, einseitig neben dem Körper	1-mal/5 min	1-mal/10 min	1-mal/10 min

[a] *Aufgrund der ungünstigen Ausführungsbedingungen beim einhändigen Heben oder Umsetzen sollten derartige Handhabungen nicht mit Lastgewichten von 10 kg und mehr durchgeführt werden. Als Maximallast wird für diese Handhabungsarten ein Gewicht von 8 kg und als Anzahl von zulässigen Hebe- oder Umsetzvorgängen ein Richtwert von 1 -mal/5 min empfohlen*

Richtwerte für die Anzahl von zulässigen Hebe-, Umsetz- und Tragevorgängen für Frauen mit einer Erkrankung im Sinne der BK-Nr. 21 08

Lastgewicht [kg]	5	8
Umsetzen beidhändig	1-mal/2 min	1-mal/5 min
Umsetzen einhändig	1-mal/5 min	–[a]
Heben beidhändig	1-mal/5 min	1-mal/10 min
Heben einhändig	1-mal/5 min	–[a]
Tragen beiderseits des Körpers, auf der Schulter oder dem Rücken	1-mal/10 min	1-mal/15 min
Tragen vor dem Körper, einseitig neben dem Körper	1-mal/15 min	1-mal/15 min

[a] *Aufgrund der ungünstigen Ausführungsbedingungen beim einhändigen Heben oder Umsetzen sollten derartige Handhabungen nicht mit Lastgewichten von mehr als 5 kg durchgeführt werden*

8.3.6.6.7 Minderung der Erwerbsfähigkeit[249]

Stufe	1	2	3	4
Leistungseinschränkung	Leicht	Mittel	Schwer	Schwerst
MdE [%]	10	20	30–40	$\geq 50\,\%$
Diagnose	Lokales LWS-Syndrom oder lumbales Wurzelkompressionssyndrom mit leichten (auch anamnestischen) belastungsabhängigen Beschwerden und leichten Funktionseinschränkungen, auch nach – ggf. operiertem – Prolaps	Lokales LWS-Syndrom oder lumbales Wurzelkompressionssyndrom mit mittelgradigen belastungsabhängigen Beschwerden; Lumboischialgie mit belastungsabhängigen Beschwerden, deutliche Funktionseinschränkungen; mittelgradige Funktionseinschränkungen und Beschwerden nach Operation	Lumbales Wurzelkompressionssyndrom mit starken belastungsabhängigen Beschwerden und motorischen Störungen funktionell wichtiger Muskeln; starke Funktionseinschränkungen und Beschwerden nach Operation	Lumbales Wurzelkompressionssyndrom mit schwersten motorischen Störungen; persistierendes, gravierendes Kaudasyndrom; schwerste Funktionseinschränkungen und Beschwerden nach Operation
Einschränkungen hinsichtlich möglicher Belastungen[250]	Häufiges • Arbeiten in gebückter Haltung • Handhaben schwerer Lasten	Dauerhafte Zwangshaltung im Sitzen oder im Stehen Mehr als gelegentliches • Arbeiten in gebückter Haltung • Handhaben schwerer Lasten Hohe Schwingungsbelastung im Sitzen	Gelegentliches Arbeiten in gebückter Haltung Gelegentliches Handhaben schwerer Lasten	Erhebliche Einschränkung für folgende Tätigkeiten • Handhaben von Lasten • Gehen • Stehen • Beugen • Bücken • Knien und Hocken • Überkopfarbeit • Sitzen • Schwingungsbelastung im Sitzen

^a Die Feststellung einer MdE setzt die Annahme einer durch versicherte Belastungen verursachten und zur Unterlassung relevanter Tätigkeiten zwingenden Erkrankung im Sinne der BK Nrn. 21 08 oder 21 10 voraus. Zur Bemessung der MdE vertritt abweichend von der Mehrheitsmeinung in der Arbeitsgruppe Frau Prof. Elsner die Auffassung, dass sich bereits mit der Feststellung des „Zwangs zur Unterlassung ..." eine rentenberechtigende MdE von mindestens 20 % begründe und dementsprechend die Vorschläge zur MdE-Bewertung wie folgt anzuheben seien: Stufe 1: MdE 20 %, Stufe 2: MdE 30 %, Stufe 3: MdE 40 % und Stufe 4: MdE 50 %.

Der bei Schätzung der MdE zu berücksichtigende Schaden ist bezüglich der BK-Nrn. 21 08/21 09/21 10 auf den jeweils genannten Wirbelsäulenabschnitt begrenzt, die Bewegungssegmente in den Übergangsbereichen sind allerdings komplett einzubeziehen. Sind im Einzelfall auf Grund derselben Einwirkungen sowohl BK-Nr. 21 08, 21 09 oder 21 10 erfüllt, ist nach dem Grundsatz zur „Systemerkrankung" (s. 8.10.5.5.3, S. 640) eine Gesamt-MdE für die Schädigung der Wirbelsäulenabschnitte sachgerecht.[251] Dies gilt erst recht bei übereinstimmender Betroffenheit des Wirbelsäulenabschnitts und gleichem Krankheitsbild.

---

[249] Bolm-Audorff, Brandenburg, u. a., Konsensempfehlungen, Trauma Berufskrankh 7 (2005) 320, 327 (Tabelle 15).
[250] Definitionen s. Bolm-Audorff, Brandenburg, u. a., Konsensempfehlungen, Trauma Berufskrankh 7 (2005) 320, 328 (Tabelle 16).
[251] Brandenburg, BG 1993, 791, 798.

8.3.6.6.8 Anwendung des § 3 BKV

Die Voraussetzungen für vorbeugende Maßnahmen nach § 3 BKV sind in der Regel gegeben, wenn eine Anerkennung einer Berufskrankheit nach Nrn. 2108/2109/2110 ausgeschlossen ist, weil ein Zwang zum Unterlassen der gefährdenden Tätigkeiten – noch – nicht vorliegt (s. 8.3.6.6.6, S. 509). § 3 BKV kommt auch in Betracht, wenn die übrigen Tatbestandsmerkmale noch nicht vollständig erfüllt sind.

Nur eine Gesamtbetrachtung aller Risikofaktoren wird dem Anliegen des § 3 BKV gerecht, insbesondere

– mit der Berufstätigkeit verbundenen Belastungen der Wirbelsäule (soweit diese einen der Tatbestände der BK-Nr. 2108 erfüllen)
– aktuelles Krankheitsbild
– Art und Ausprägung von anlagebedingten Erkrankungen und Funktionsbeeinträchtigungen sowie
– Erkrankungsverlauf.

Eine chronische oder chronisch-rezidivierende Wirbelsäulenerkrankung mit Funktionseinschränkungen muss vorliegen und über einen hinreichend langen Zeitraum eine Verschlechterung der objektiven Befunde im Zusammenhang mit berufsbedingten Wirbelsäulenbelastungen erkennbar sein. Bedeutung kommt somit der Objektivierung einer bereits eingetretenen Funktionsstörung durch geeignete Untersuchungsmethoden, insbesondere auch neurologische Untersuchungen, zu. Ebenso wichtig sind umfassende Ermittlungen zum Erkrankungsverlauf.[252]

Kriterien für konkret-individuelle Gefahr (§ 3 Abs. 1 BKV):

- Objektivierung eines – beginnenden – Krankheitsbildes im Sinne der BK-Nr. 2108 einschließlich röntgen-morphologischer Veränderungen

- Chronischer oder chronisch-rezidivierender Krankheitsverlauf mit beginnenden Funktionsbeeinträchtigungen

- Nachweis beruflicher Wirbelsäulenbelastungen, die nach Art und Intensität die Voraussetzungen der BK-Nr. 2108 erfüllen; für das Merkmal der Langjährigkeit geforderte Mindestdauer der Einwirkung (s. 8.3.6.6.4.2, S. 488) muss nicht bereits vorliegen; Beobachtung des Erkrankungsverlaufs über mehrere Jahre ist jeweils erforderlich

- Anhaltspunkte für Verschlechterung der objektiven Befunde infolge der beruflichen Wirbelsäulenbelastungen

oder

- sonstige besondere Risikofaktoren für die Entwicklung einer belastungsbedingten Wirbelsäulenerkrankung, z. B. ausgeprägte Segmentinstabilität nach Bandscheibenvorfall.

---

[252] Brandenburg, BG 1993, 791, 797.

8.4 Schulter und Schultergelenk
Übersicht

8.4.1	Verrenkung des Oberarmkopfes im Schultergelenk.............	514	8.4.3	Schmerzhafte Schulterversteifung............	521
8.4.1.1	Traumatische Verrenkung......	514	8.4.4	Impingementsyndrom (Engpasssyndrom)	521
8.4.1.2	Willkürliche Verrenkung.......	517	8.4.5	Tendinosis calcarea (Kalkschulter)	522
8.4.1.3	Habituelle Verrenkung	518			
8.4.1.4	Gutachterauftrag	518	8.4.6	Frozen shoulder („Schultersteife").............	522
8.4.1.5	Heilverfahren	519			
8.4.1.6	Minderung der Erwerbsfähigkeit	520	8.4.7	Minderung der Erwerbsfähigkeit.............	523
8.4.2	Verrenkungen des Schultereckgelenks (Acromioclaviculargelenk)	520	8.4.8	Messbeispiele mit „Normalwerten".............	523

Architektonischer Besonderheit zufolge ist das Schultergelenk (Articulatio humeri) – trotz gewisser Verstärkungen durch Kapsel, Bänder und Muskelzüge – gegen Verschiebung seiner Gelenkkörper nicht so gesichert wie andere Gelenke. Nicht der im Gelenkraum herrschende geringe negative Druck hält den Oberarmkopf (Caput humeri) in der Gelenkpfanne (Cavitas glenoidalis), sondern die Kraft des Muskelmantels.

Das Schultergelenk ist das beweglichste Gelenk des menschlichen Körpers. Es ermöglicht als Kugelgelenk einen vielseitigen und großen Bewegungsablauf; insbesondere der Hand verleiht es einen großen Aktionsradius. Die Sicherung obliegt mehr als bei anderen Gelenken den Muskeln und Sehnen. Obwohl die ovale Gelenkpfanne durch eine ringsumlaufende faserknorpelige Lippe (Labrum) vergrößert wird, ist der Oberarmkopf viermal so groß

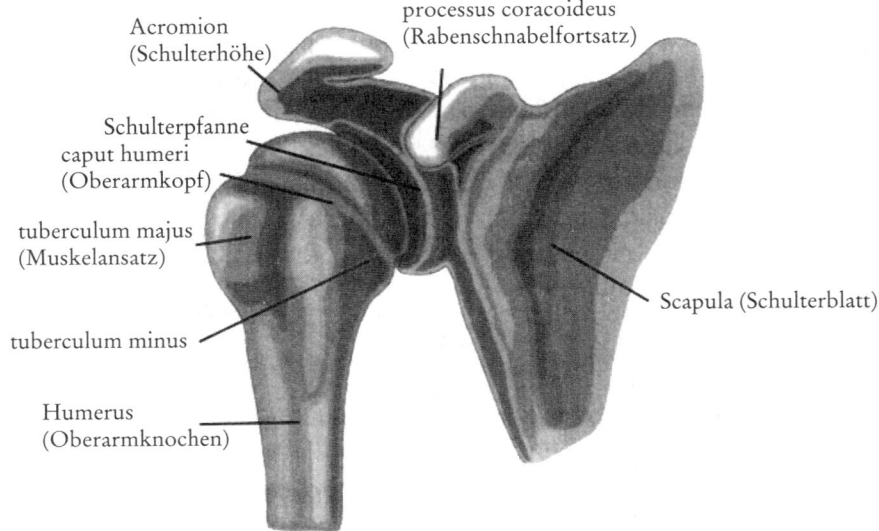

Abb. 1: Schultergelenk

wie die Gelenkpfanne. Hinzu kommt die außerordentliche Weite der Gelenkkapsel, die fast zwei Gelenkköpfen Platz bieten könnte. Die große Beweglichkeit des Gelenks geht damit auf Kosten seiner Stabilität. Bewegungseinschränkungen im Schultergelenk lassen sich kompensieren.

8.4.1 Verrenkung des Oberarmkopfes im Schultergelenk

Im Vergleich zu Knochenverletzungen treten Luxationen seltener auf. Von allen Verrenkungen des menschlichen Körpers sind die des Schultergelenks entsprechend seiner anatomischen Struktur mit fast 50 % die häufigsten.[1] Sie machen ein Drittel aller Schulterverletzungen aus.[2]

Schulterluxation ist ein vollständiger und andauernder Kontaktverlust der artikulierenden Gelenkflächen. Die gutacherliche Bedeutung ergibt sich aus den strukturellen Schäden in Folge der Dislokation der Gelenkflächen.

Im medizinischen Schrifttum wird eine Einteilung der Schultergelenkinstabilitäten unter Berücksichtigung von Luxationsgrad, -richtung, -dauer, -form und -ursache bevorzugt. In der Begutachtungs- und unfallrechtlichen Praxis haben sich die Begriffe bewährt:[3]

8.4.1.1 Traumatische Verrenkung

Einmaliges Geschehen am „normalen" Gelenk durch äußere Krafteinwirkung. Damit ist die Aussage verbunden, dass das fragliche Ereignis als rechtlich wesentliche Bedingung anzusehen ist.

- **nach vorn**

Hauptsächliche Form ist die Verrenkung des Oberarmkopfes nach vorn (etwa 95 %), weil die schwächste Kapselstelle vorn liegt. Entweder rückt der Gelenkkopf unter den Rabenschnabel (Luxatio subcoracoidea, häufigste Verrenkung), oder er bleibt unter der Pfanne stehen (Luxatio axillaris, in der Häufung folgend). *Verletzungsmuster bei traumatischer Erstluxation* und normaler Gelenkinstabilität: Der nach vorn austretende Oberarmkopf ruft Schädigungen von Gelenkkapsel, Bandapparat, Pfannenrand und Labrum (Lippe der Gelenkpfanne) hervor.[4] Diese führen – vor allem bei Jugendlichen – zu einer Rezidivneigung. Bei der sehr häufigen klassischen *Bankart*- bzw. *Perthes-Läsion* reißen Kapsel und Labrum zusammen vom vorderen unteren Pfannenrand ab mit der Folge einer vorderen Instabilität der Schulter (Unfähigkeit, den Gelenkkopf in der Gelenkpfanne unter Belastung zu zentrieren).[5]

Bei der Beurteilung von Verrenkungen des Oberarms im Schultergelenk ist von der Erfahrung auszugehen, dass die Widerstandsfähigkeit eines normalen Schultergelenks so groß

---

[1] Kohlfahrt, Stegmann, Muhr, Tscherne, Akt Traumatol 14 (1984), 164; Habermeyer, u.a., Unfallchirurg 101 (1998) 328; Gohlke, Janßen in: Orthopädie und orthopädische Chirurgie (Hrsg. Gohlke, Hedtmann) 2002 S. 393.
[2] Lichtenberg, u. a., Unfallchirurg 108 (2005) 299, 301.
[3] In Anlehnung an Rompe, Corell, MedSach. 1981, 108; Kaiser, Akt. Traumatol. 24 (1994), 195, 196; s. auch Echtermeyer, Ludolph, in: Gutachtenkolloquium 6 (Hrsg. Hierholzer, u.a.) 1991, S. 217ff.
[4] Lobenhoffer, Trauma Berufskrankh 3 Suppl. 4 (2001) S. 519.
[5] Wiedemann, u. a., Orthopäde 38 (2009) 16.

8.4 Schulter und Schultergelenk

ist, dass es besondere Arbeitsbelastungen des täglichen Lebens ohne Schaden erträgt und nur erhebliche Einwirkungen geeignet sind, die Haltevorrichtungen für den Oberarmkopf dergestalt zu verletzen, dass dieser luxieren kann: Entweder sind die von außen einwirkenden Kräfte stärker als die stabilisierenden Momente oder sie wirken in einem Augenblick auf das Schultergelenk ein, in dem diese Muskeln keine aktive Funktion ausüben. Es handelt sich immer um eine Hebel- oder Drehbewegung des Oberarmkopfes gegen die Pfanne.

Der typische Unfallmechanismus ist die Schulterabduktion bis 90° mit zusätzlich von außen einwirkender Außenrotationskraft.[6] Oft sind es indirekte Krafteinwirkungen, wie Stürze auf den nach hinten oder vorne ausgestreckten Arm, Hebel- und Drehbewegungen, die den normalen Bewegungsumfang überschreiten (forcierte Außendrehung und Seithebung, wie durch das Eingreifen und Abblocken des Wurfarms im Ballsport), sowie Hängenbleiben bei erheblicher Beschleunigung des Körpers (Unfall bei festgestelltem Skistock, Treppensturz mit der Hand am Geländer[7]) oder an schnell bewegten Maschinenteilen.

Seltener sind direkte, auf den Oberarm einwirkende Kräfte, die den Kopf über den vorderen Rand der Pfanne hinaustreiben oder kräftige willkürliche Muskelaktionen (Peitschenknallen, Schleudern oder Werfen von Gegenständen, Sturz auf die Schulter).

Probleme für den Nachweis des Kausalzusammenhanges stellen heftige *unwillkürliche Muskelkontraktionen* bei Krämpfen (zerebrales Anfallleiden, elektrische Unfälle, Schockbehandlung, Muskelkrämpfe, wie nach Tetanus).

Grundsätzlich gehört zur unfallbedingten Erstverrenkung eine Weichteilverletzung im Kapsel-Band-Sehnenbereich, die den Betroffenen zumindest in den ersten 24 Stunden nach der Reposition schmerzbedingt stärker als endgradig im Schultergelenk beeinträchtigt.

- **nach hinten**

Die Schulterverrenkung nach *hinten* (dorsale Schulterluxation) ist selten (1 bis 5 %[8]), weil die Gelenkpfanne nach vorn zeigt und die Rückwand der Gelenkkapsel durch kräftige Bandmassen verstärkt ist. Auch die Richtung der Krafteinwirkung von vorn innen nach außen hinten ist mehr vereinzelt. Die hintere Verrenkung wird im Rahmen der Erstdiagnose zu über 50 % fehlgedeutet[9] (häufigste Fehldiagnose: Schulterprellung oder -zerrung, vordere Schulterluxation), übersehen oder verspätet diagnostiziert.[10]

Die hintere Luxation bis zu einer Dauer von sechs Wochen wird als akut bezeichnet, danach als persistierend, chronisch, Dauerluxation oder „locked dislocation".[11]

---

[6] Mazotti, in: Grundkurs orthopädisch unfallchirurgische Begutachtung (Hrsg. Weise, Schiltenwolf) 2008 S. 191.

[7] Gohlke, Janßen, Orthopädie, in: Orthopädie und orthopädische Chirurgie (Hrsg. Gohlke, Hedtmann) 2002 S. 386.

[8] Je nach Literaturangabe: Becker, Weyand, Unfallchirurg 93 (1990) 66; Thomsen, u.a., Z. Orthop. 133 (1995) 333; Kirchhoff, u.a., Unfallchirurg 110 (2007) 1059, 1062.

[9] König, Trauma Berufskrankh 10 (2008) Suppl 3 S. 290 (50 bis 80 %); Heller, u.a., Unfallchirurg 98 (1995) 6f.; Gohlke, Janßen, in: Orthopädie und orthopädische Chirurgie (Hrsg. Gohlke, Hedtmann) 2002 S. 425.

[10] Loew, in: Begutachtung der Haltungs- und Bewegungsorgane (Hrsg. Rompe, Erlenkämper) 5. Aufl. 2009 S. 451; ders. in: Schulterchirurgie (Hrsg. Habermeyer) 3. Aufl. 2002 S. 603.

[11] Hawkins, u.a., J Bone Joint Surg (Am) 69 (1987) 9ff.; Rowe, u.a., J Bone Joint Surg (Am) 64 (1982) 494ff.

Häufige pathologische Veränderungen sind eine hintere (reversed) *Bankart-Läsion*, eine Überweitung der hinteren sehr dünnen Kapsel, und knöcherne Veränderungen am hinteren Pfannenrand.

Die Schulter verrenkt nach hinten durch

- Einwirken direkter Kräfte auf den Oberarmkopf oder den proximalen (schulternahen) Oberarmschaft von ventral (bauchwärts): Boxhieb auf die ventrale Schulterpartie, Anheben einer Person aus der Bauchlage an den Schultern[12]
- Einwirken indirekter Kräfte: zum einen über Hebelarme fortgeleitet schulterfern (Oberoder Unterarm) ansetzend, des weiteren solche, die auf Ellenbogen oder Hand einwirken und indirekt auf das Schultergelenk fortgeleitet werden (heftiger Sturz auf die nach vorne ausgestreckte Hand, so dass der Arm nach innen und hinten gedrückt wird[13] oder passives gewaltsames Verreißen des Lenkrades, Abstützen mit innenrotiertem Arm bei Auffahr- oder Motorradunfällen[14]); zum anderen: bei Störungen des Muskelgleichgewichts, meist aus Anlass von epileptischen Krampfanfällen[15], Stromunfällen, Alkoholabusus[16]; im Rahmen der generellen Muskelkontraktion wird eine Kontraktion aller am Schultergelenk angreifenden Muskeln bewirkt. Durch Überwiegen der starken Innenrotatoren und Adduktoren über die schwächeren Außenrotatoren kommt es zu der typischen Luxationsstellung, d.h. Adduktion, Anteversion und Innenrotation. Wegen der knöchernen Begrenzung nach medial und kranial bleibt als einziger Freiheitsgrad die Bewegung nach hinten.

Bei Elektrounfällen ist jeweils nur die stromdurchflossene Schulter betroffen.[17]

- **beidseitig**

Sehr selten sind *beidseitige Schulterverrenkungen*[18] als Summation zweier Verrenkungen, meist infolge symmetrischer Krafteinwirkungen: Emporreißen an beiden Armen, Fall durch engen Kamin, seitliche Kompression beider Schultergürtel, Rotation des Körperstammes um die Schulterachse bei fixierten Armen, symmetrisch angreifende Muskelkrämpfe im Zusammenhang mit zerebralem Anfall[19], Starkstromunfall oder „Festklammern während eines Sturzes".[20]

- **Posttraumatisch rezidivierende Verrenkung**

Die Wiederholung einer schon einmal erfolgten Luxation kann wesentliche Folge der vorangegangenen Verrenkung sein und damit deren unfallrechtliche Bewertung teilen. Durch die erste traumatische Verrenkung ist es zu einer nachhaltigen Schädigung des Gelenkapparates gekommen: Schaden am vorderen Gelenkpfannenrand („*Bankart-Läsion*", Ablösung oder Einriss des vorderen unteren Labrums vom vorderen Pfannenrand), Im-

---

[12] Heller, u.a., Unfallchirurg 85 (1995) 6, 7.
[13] Wiedemann, Orthopädie und orthopädische Chirurgie (Hrsg. Gohlke, Hedtmann) 2002 S. 644.
[14] Rowe, J Bone Joint Surg (Am) 64 (1982) 494ff.; Heller, u.a., Unfallchirurg 85 (1995) 6, 7.
[15] Porteous, u.a., J Bone Joint Surg (Br) 72 (1990) 468.
[16] Kirchhoff, u.a., Unfallchirurg 110 (2007) 1059, 1062.
[17] Ansorge, Zentralbl. Chir. 105 (1989) 465.
[18] Dazu Becker, Weyand, Unfallchirurg 93 (1990) 66.
[19] Cyffka, u.a., Unfallchirurg 107 (2004) 327.
[20] Pestessy, Feczkó, MfU 1974, 283, 284.

8.4 Schulter und Schultergelenk

pressionsfraktur am rückseitigen Oberarmkopf („*Hill-Sachs-Läsion*"). Die Ausprägung der knöchernen knorpeligen oder kapsulären Sekundärschäden bestimmt das Auftreten einer posttraumatisch rezidivierenden Schulterverrenkung.

Jede Verrenkung kann rezidivieren. Mit zunehmendem Alter nimmt die Häufigkeit ab.

Häufigkeit[21]

Alter in Jahren	in %
< 20	70 – 92 (Schultersport)
> 25	37
> 35	16

- **Rezidivierende Verrenkung nach vorangegangener, versicherter Erstluxation**

Kausalzusammenhang mit dem Erstereignis ist anzunehmen. Eine Ausnahme kann sich ergeben, wenn beispielsweise die erste Luxation unfallbedingt war, aber folgenlos ausgeheilt ist, viele Jahre später der gleiche Arm beim Sport luxiert und nun die Verrenkung gewohnheitsmäßig wird: Hier ist zu prüfen, ob wirklich die erste Kraftluxation, über Jahre hinaus, eine Bereitschaft für rückfällige Verrenkungen schaffen konnte oder ob – gemäß unfallärztlicher Regelerfahrung – die längst folgenlos ausgeheilte traumatische Erstluxation die Bedeutung einer wesentlich mitwirkenden Teilursache inzwischen eingebüßt hat. Auch eine nach traumatischer Schultergelenksverrenkung verbleibende Gelenkinstabilität mit wiederkehrenden, unter Umständen auch gewohnheitsmäßigen, also vom Betroffenen selbst ausgelösten Verrenkungen, sind definitionsgemäß „rezidivierende" Schultergelenksverrenkungen.

- **Reluxation nach vorangegangener, nicht versicherter Erstluxation**

Liegt eine Erstausrenkung vor, die nicht bei einem Arbeitsunfall geschah, und wird in der Serie später, gewohnheitsmäßig auftretender Luxationen eine beliebige als Folge eines versicherten Arbeitsunfalles bezeichnet, so ist der Zusammenhang grundsätzlich abzulehnen. Eine andere Entscheidung kann sich ergeben, wenn etwa in jungen Jahren ein einziges Mal eine Ausrenkung beobachtet wurde und sehr viel später unfallbedingt eine zweite eintritt und der Zustand rezidivierend wird: m. a. W., wenn eine schon vorhandene, nicht auf einem Arbeitsunfall beruhende *Neigung* zu Rückfällen durch ein bedeutsames äußeres Geschehen, das mit einer versicherten Tätigkeit zusammenhing, ungünstig beeinflusst, also wesentlich wird. In der Regel handelt es sich um vorübergehende Verschlimmerungen.

8.4.1.2 Willkürliche Verrenkung

Aus- und Ein„kugeln" des Schultergelenks durch selbsttätig willkürliche Verrenkung auf dem Boden ausgeprägter Gelenkinstabilität: dysplastische Wachstumsstörungen von Oberarmkopf oder Schulterpfanne, generelle Kapsellaxizität, neuromuskuläre Fehlsteuerung. Ungeachtet, ob die Manipulation durch einen anlagemäßigen oder traumatisch bedingten Schulterdefekt ermöglicht wird, besagt „willkürlich" mit hinreichender Be-

---

[21] Lobenhoffer, Trauma Berufskrankh 2 Suppl. 1 (2000) S. 102.

stimmtheit, dass im Ergebnis kein „Unfall" vorliegt: es fehlt an der Unfreiwilligkeit des Unfallgeschehens.[22]

8.4.1.3 Habituelle Verrenkung

Der gewohnheitsmäßigen, wiederholt auftretenden Luxation liegen anlagebedingt luxationsbegünstigende Faktoren zu Grunde:

- angeborene Fehlentwicklung (Dysplasie) der Schultergelenkpfanne
- anlagebedingte Kapselbandlaxizität
- Lähmung der Schultermuskulatur

Die Beanspruchungsfähigkeit des Gesamtgelenks leidet: Der Oberarmkopf kann schon bei normalen Armbewegungen und geringfügigen Einwirkungen ausrenken. Bei diesen Anlässen fehlen signifikante strukturelle Schäden an Gelenkknorpel, -kapsel und -bändern[23]

8.4.1.4 Gutachterauftrag[24]

(1) Vorbestehende Gelenkverhältnisse

- Ist eine Anlage oder ein Vorschaden bewiesen (einschließlich Art und Ausmaß sowie funktioneller Bedeutung)?
- Insbesondere: anatomisch-funktionelle Formvarianten des Schultergelenks bzw. Gelenkdeformität, gravierender Defekt des Gelenkapparates (gewebliche, knöcherne Schäden), Ausmaß der Gelenkinstabilität?

(2) Frühere Verrenkungen

- Sind solche Verrenkungen gesichert (einschließlich Anzahl, Art und Ausmaß sowie Schadensfolgen)?
- Insbesondere: einmalige, gelegentliche oder wiederholte Verrenkungen, Manipulationen oder sonstige Ursachen bzw. Vorgänge, medizinische Verrenkungsform, zwischenzeitliche Defektheilung oder Dauerschaden?

(3) Abzugrenzende Vorerkrankungen

- Welche differentialdiagnostisch- bzw. kausal-relevante Erkrankungen liegen vor (Vollbeweis hinsichtlich Art und Ausmaß)?
- Insbesondere: Anfallleiden (Epilepsie) und Krämpfe (nach elektrischen Unfällen, Schockbehandlungen usw.) mit Muskelkontraktionen, arbeitsbedingte Gelenkveränderungen (Abnutzungserscheinungen), Sportverletzungen?

(4) Zu beurteilender Schadensvorgang

- Ist ein äußeres Ereignis gegeben und mit welchem Verletzungsgeschehen (Beweis von Art und Ausmaß)?

---

[22] Loew, in: Begutachtung der Haltungs- und Bewegungsorgane (Hrsg. Rompe, Erlenkämper) 5. Aufl. 2009 S. 452.
[23] Loew, in: Schulterchirurgie (Hrsg. Habermeyer) 3. Aufl., 2002 S. 604; Lobenhoffer, Trauma Berufskrankh 2 Suppl. 1 (2000) S. 102.
[24] Kaiser, Akt. Traumatol. 24 (1994), 195, 196.

- Insbesondere: lediglich Schulterprellung oder -zerrung, typisches Bild oder nur schwache Indizien eines willkürlichen Geschehens, sonstige Einzelumstände des äußeren Hergangs, Art sowie Richtung und Stärke der Krafteinwirkung, völlig wirkungsloser („ungeeigneter") Mechanismus, Art und Weise der Verrenkung (nach vorn usw.)?
- Aus der Arbeitssituation lässt sich häufig die Armstellung bei Unfallbeginn schließen.

(5) Zu begutachtende Luxation

- Liegt eine erstmalige oder bereits wiederholte Verrenkung vor und welche medizinische Erscheinungsform und Art der Verursachung sind zu erörtern?
- Insbesondere: willkürliche Verrenkung, traumatische oder habituelle Verrenkung, Entstehen oder Verstärken einer habituellen Gelenksituation?

(6) Dem Arbeitsunfall nachfolgende Verrenkung

- Welches Gewicht haben die einzelnen, für die Zusammenhangsbeurteilung maßgeblichen Umstände?
- Insbesondere: bisher einmalige, gelegentliche oder wiederholte Luxation, medizinische Form der Verrenkung, Art und Ausmaß des durch die Arbeitsunfall-Luxation bewirkten Gelenkschadens, Art und Gewicht sowie Häufigkeit des neuen Geschehens („Minimaltrauma" oder erhebliche Krafteinwirkung)?

(7) Minderung der Erwerbsfähigkeit

Wie ist die gegebenenfalls durch Arbeitsunfall verursachte MdE einzuschätzen bzw. mit welcher MdE (Höhe und Zeitdauer) ist die durch Arbeitsunfall bedingte vorübergehende Verschlimmerung bei vorbestehender habitueller Schultergelenkluxation zu werten?

8.4.1.5 Heilverfahren

Die Luxationsdauer sollte so kurz wie möglich sein. Ziel der Heilbehandlung ist deshalb die baldige Reposition. Eine Abhängigkeit von der Dauer der Ruhigstellung und der Entstehung einer rezidivierenden Verrenkung wird erörtert:

Die ältere Auffassung[25], nach der die Häufigkeit rezidivierender Luxationen durch eine längerdauernde Ruhigstellung des Schultergelenks verhindert werden könnte, wird nunmehr in Frage gestellt.

Neueren Nachuntersuchungen gemäß wird eine über 8 bis 10 Tage[26] oder 3 Wochen[27] hinausgehende Ruhigstellung nicht empfohlen. Bei Älteren soll wegen geringerer Rezidiv-, aber größerer Gefahr einer Einsteifung eine Ruhigstellung über wenige Tage in einem Gilchrist-Verband oder einer Trauma-Weste erfolgen.

Bei jüngeren Betroffenen (bis 40 Jahre) soll bereits im Rahmen der Primärbehandlung durch Kernspintomographie die Operationsindikation abgeklärt werden. Für über 40-jährige ist eine Sonographie zum Nachweis oder Ausschluss eines Rotatorenmanschettenschadens angezeigt. Bei dessen Vorliegen: kernspintomographische Abklärung einer

---

25 Hovelius, u. a., J Bone Joint Surg (Am) 78 (1996) 1677–1684.
26 Kralinger, u. a., Am J Sports Med 20 (2002) 116–120.
27 Rüter, Trentz, Wagner, Unfallchirurgie (2004) S. 744; Ehgartner, Arch. Orthop. Unfallchir. 89 (1977) 187; Otto, Trauma Berufskrankh 3 Suppl. 4 (2001) S. 529.

frischen oder vorbestehenden Ruptur. Operative Versorgung frischer Rotatorenmanschettenrupturen nach traumatischer Schulterluxation.

Die operative Behandlung erfordert eine differenzierte Indikationsstellung. Zu den absoluten Operationsindikationen gehört die nicht retinierbare Schulterluxation durch Interposition von Kapselgewebe, langer Bizepssehne oder Teilen der rupturierten Rotatorenmanschette. Die knöcherne *Bankart-Fraktur* am vorderen unteren Pfannenrand sowie primär oder sekundär dislozierte Frakturen des Tuberculum majus von mehr als 5 mm nach kranial und/oder dorsal sind weitere Indikationen zur operativen Versorgung. Die primäre Stabilisierung bei jungen und sportlichen Patienten bis ca. dem 30. Lebensjahr kann bei entsprechender Compliance arthroskopisch mit Refixation des abgerissenen Labrum glenoidale erfolgen. Eine postprimäre Stabilisierung erfolgt bei persistierender Instabilität über einen offenen Zugang mit Refixation des Pfannenlimbus sowie Raffung des Unterschulterblattmuskels (M. subscapularis). Ggf. ist bei großem *Hill-Sachs-Defekt* des Oberarmkopfes eine Drehosteotomie des Oberarmes nach *Weber* angebracht.[28]

Die postoperative Immobilisation beträgt zwischen zwei und drei Wochen. Die operative Behandlung der rezidivierenden Schulterluxation ist indes kein zumutbarer Eingriff (§ 65 SGB I).

8.4.1.6 Minderung der Erwerbsfähigkeit

Unkomplizierte Schultergelenksverrenkungen heilen ohne nennenswerte Schäden aus. Eine Gesamtvergütung nach einer MdE von 20 % für drei bis sechs Monate wird empfohlen. Funktionsbehinderungen gelten als Ausnahme. Sie sind in Form von Bewegungsmaßen, Umfangmaßen der Arme, Röntgenbefund und Funktionsbeschreibung (Hinterhauptgriff, Schürzengriff) im Gutachten aufzuführen.

Schulterluxation	MdE in %
nicht reponiert	30–40
– beidseitig	50–70
gewohnheitsmäßig, je nach Häufigkeit der Rezidive	10–30

Rechts- und linksseitige Verletzungen sind gleich zu bewerten, s. 8.7.3.

8.4.2 Verrenkungen des Schultereckgelenks (Acromioclaviculargelenk)

Typischer Verletzungsmechanismus ist der Sturz auf die Schulter bei angelegtem Arm, überwiegend während des Freizeitsports (Fußball), aber auch infolge eines Verkehrsunfalles.[29] Die auf das Acromion (Schulterhöhe) einwirkende Kraft versucht, die Schulter nach caudal (seitwärts) und medial (zur Mitte hin) zu verlagern; dies wird durch die hohe Festigkeit der sterno-claviculären Bänder verhindert. Als Folge dieses Mechanismus kommt es zu einer Verletzung der Bandstrukturen des Schultereckgelenks. Stärke und

---

[28] Habermeyer, u.a. Unfallchirurg 1998, 327.
[29] Thielke, u. a., Trauma Berufskrankh. 6 (Suppl 3) S. 334.

8.4 Schulter und Schultergelenk 521

Richtung der einwirkenden Kraft bestimmen Ausmaß der Bandverletzung und Richtung der Verrenkung.[30]

8.4.3 Schmerzhafte Schulterversteifung[31]

Periarthritis humeroscapularis (Duplay 1892) bezeichnet alle schmerzhaften Bewegungsstörungen des Schultergelenks, deren Ursachen nicht *im*, sondern *außerhalb des Gelenks* liegen.

Später wurde die Erkrankung auf die mechanische Abnutzung mit der Folge einer entzündlichen Reaktion zurückgeführt.[32] Derzeit werden unterschiedliche anatomisch-pathologische Erkrankungen unter diesen Begriff subsumiert, so dass auch das von der Deutschen Vereinigung für Schulter- und Ellenbogenchirurgie eingeführte „Subakromiale Schmerzsyndrom"[33] entbehrlich ist. Allen Krankheitsbildern ist gemeinsam, dass eine multikausale Entstehung (genetisch, anatomisch, metabolisch, mechanisch) diskutiert wird, ohne dass nach dem gegenwärtigen Erkenntnisstand die Qualität der Ursachenbedeutung einzelner Faktoren gewichtet werden kann.[34] Für die Begutachtung ist nicht das Syndrom, sondern die zu Grunde liegende Erkrankung maßgebend.

8.4.4 Impingementsyndrom (Engpasssyndrom)

Verletzungen und Erkrankungen der Rotatorenmanschette und der Bizepssehne können zu Einklemmungserscheinungen im subacromialen Raum, also dem Raum zwischen Schulterdach und Oberarmkopf führen (*subacromiales Impingementsyndrom*[35]: infolge Einengung des Raumes an sich durch knöcherne Anbauten am Acromoin oder am Oberarmkopf im Bereich des Tuberculum majus und im Bereich des Schultereckgelenks, sei es durch eine Verdickung der Sehnen infolge krankhafter Prozesse – Tendopathie – oder funktionell durch das Höhertreten des Oberarmkopfes infolge einer Insuffizienz der Rotatorenmanschette, meist infolge einer Rotatorenmanschettenruptur, s. 8.2.5, S. 409). Vereinfacht dargestellt lässt sich der Subacromialraum als eine geschlossene Schachtel verstehen, deren Volumen entweder durch Dickerwerden der Wandanteile verkleinert (äußeres Impingement), aber auch durch Volumenzunahme des Schachtelinhalts eingeengt wird (Bursitis, sekundäre Aufwulstung einer gerissenen Rotatorenmanschette).[36] Das *subkorakoidale Impingement* wird differentialdiagnostisch abgegrenzt bei Beschwerden verursachender Einengung der Rotatorenmanschette zwischen Tuberculum minus und Korakoid. Das Impingementsyndrom ist keine Diagnose, sondern bezeichnet nur eine Einengung der Rotatorenmanschette unterhalb des coraco-acromialen Bogens. Das pathomorphologische Substrat beim Schulterimpingement ist vielfältig. Im Vordergrund stehen Schädigungen der Rotatorenmanschette infolge ihrer knöchernen oder bindegewebigen Einengung. Nach

---

30   Wentzensen, BG-UMed 75 (1992) 61, 63ff.
31   Gschwend, Oprthopäde 10 (1981) 185; Wallny, u.a., Z. Orthop. 135 (1997) 222; Neer, Shoulder reconstruction. Saunders Philadelphia (1990); Rowe, The Shoulder. Livingston, New York (1988); Rockwood, u.a., The Shoulder. Saunders (1990); Celli, u.a. (Hrsg.): The Shoulder. Wien, New York (1990).
32   Payr, Zbl Chir 47 (1931) 2993.
33   Loitz, Unfallchirurg 102 (1999) 870.
34   Schröter, ASU 41 (2006) 26, 29.
35   Neer, Clin Orthop 173 (1983) 70ff.
36   Wiedemann, Löhr in: Schulterchirurgie (Hrsg. Habermeyer) 3. Aufl. 2002 S. 33, 36.

klinischem Befund und pathologisch-anatomischen Veränderungen werden bis zu fünf Impingement-Stadien angegeben.

Gesicherte Erkenntnisse zur Verursachung liegen nicht vor. Mechanische Ursachen, die jedoch uneinheitlich sind, werden erwogen:

- „Abrieb" der Sehne durch Anstoßen des Oberarmkopfes an der Unterseite des Akromion[37]
- „reparative" Mikroverkalkungen[38]
- subakromiale Einengung bei Überkopfarbeit[39]
- Mikroläsionen durch Sport und Schwerarbeit[40]
- Blutgefäße werden „ausgewrungen"[41]
- Mikrotraumata durch Sport und Belastung, aber nur „multikausal" vorstellbar, keine Dosis-Wirkung-Beziehung erkennbar[42]
- lang dauernder Umgang mit sehr schweren Lasten über Schulterniveau.[43]

8.4.5 Tendinosis calcarea (Kalkschulter)

Es handelt sich um Verkalkungen der Rotatorenmanschette; am häufigsten ist der Ansatz der Supraspinatussehne betroffen. Die Ätiologie ist unklar. Degenerationen, reaktive Veränderungen und Nekrotisierung infolge Minderdurchblutung, Altersveränderungen, mechanische Affektionen der Sehne durch chronische Einengung oder Trauma werden erörtert. Die Verkalkung entsteht reaktiv im vitalen Sehnengewebe und durchläuft sequentiell definierte Stadien, als geschlossener Zyklus zu betrachten.[44] Bei akuter Schmerzsymptomatik wird synonym der Begriff *Tendinitis calcarea* verwendet. Ein ursächlicher Zusammenhang zu einer beruflichen Belastung ist nicht erkennbar.[45]

8.4.6 Frozen shoulder („Schultersteife")

Die Gelenkkapsel ist betroffen. Passive Beweglichkeit des Gelenks in allen Ebenen (vor allem Außenrotation) ist eingeschränkt. Die Erkrankung beginnt mit langsamer über Monate zunehmende, schmerzhafte Einsteifung, die sich nach einem Intervall von einigen Monaten spontan ebenso langsam löst.[46]

Primäre Form: keine Hinweise auf Traumatisierung, erhöhte Erkrankungshäufigkeit bei Diabetikern, vorwiegend wenn sie Insulin bedürfen. Die Entstehungsart ist unbekannt.

---

[37] Neer, Clin, Orthop 173 (1983) 70; s. auch 8.2.51.1.
[38] Uthoff, u. a. H. Unfallheilkunde 195 (1988) 125.
[39] Keyl, H. Unfallheilkunde 206 (1989) 12.
[40] Scheuer, Gutachtenkolloquium 11 (1996) 29.
[41] Katzer, u. a. Unfallchirurg 23 (1997) 52.
[42] Ludolph, Kursbuch der ärztlichen Begutachtung 1998, VI-1.2.3 S. 1 ff.
[43] Hartmann, in: Arbeitsmedizin (Hrsg. Triebig, Kentner, Schiele) 2. Aufl. 2008 S. 214 f; Schröter, ASU 41 (2006) 26; s. auch 8.2.5.8.
[44] Uhthoff, in: The shoulder (Hrsg. Rockwood, Matsen) 1998 S. 989ff.
[45] Loew, Z Orthop 141 (2003) 518, 520; Magosch, Habermeyer in: Schulterchirurgie (Hrsg. Habermeyer) 3. Aufl. 2002 S. 153.
[46] Wiedemann, Orthopädie und orthopädische Chirurgie: Schulter (Hrsg. Gohlke, Hedtmann) 2002 S. 644f.

8.4 Schulter und Schultergelenk 523

Sekundäre Form: im Anschluss an direkte Prellungstraumen, Luxationen, Operationen auf Grund Immobilisierung des Gelenks, nach überschießender Narbenbildung oder schmerzbedingter Schonhaltung.[47]

8.4.7 Minderung der Erwerbsfähigkeit

Rechts- und linksseitige Verletzungen werden gleich bewertet, s. 8.7.3, S. 537

	MdE in %
Schulterverrenkung	s. 8.4.1.6
Schultergelenkversteifung (30° Abduktion), Schultergürtel nicht eingeschränkt	30
– Bewegungseinschränkung, vorwärts/seitwärts bis 90 Grad, Rotation frei	20
– Bewegungseinschränkung, vorwärts/seitwärts bis 120 Grad, Rotation frei	10
– Konzentrische Bewegungseinschränkung um die Hälfte	25
Versteifung von Schultergelenk und Schultergürtel	40
Lähmung des Deltamuskels und des kleinen Rundmuskels (Mm. deltoideus, teres minor)	30
Funktionseinschränkung der Rotatorenmanschette (Impingement)	10
Oberarmkopfprothese (gute Funktion)	20
– Bewegungseinschränkung Kraftminderung	30

Wegen vielfältiger dreidimensionaler Bewegungseinschränkung ist die Schultervorhebung als Hauptkriterium zu werten. Der Raum zwischen der unbedeutenden Beeinträchtigung der Verletzung und der Vorhebungsbeeinträchtigung bei operativer Schulterversteifung wird zwischen einer MdE unter 10 % bis 30 % plausibel gegliedert.

Eine voll funktionsfähige Hand an einem schwergeschädigten Schultergelenk ist so wichtig, dass die „schlimmste Schulter maximal nicht höher als 40 % bewertet werden" sollte[48], Andere[49] sehen die Hauptbedeutung des Schultergelenks in dem „in Stellung bringen" der Hand. Kann die Hand in Gebrauchsstellung gebracht werden, wird die MdE auf 0 bis 10 %, andernfalls auf 20 bis 25 % geschätzt.

8.4.8 Messbeispiele mit „Normalwerten"

Funktionsstellung

seitliche Elevation (Abduktion): etwa 45°
Vorheben (Elevation vorwärts): 30°
Außenrotation: etwa 10°

---

[47] Fett, Hedtmann, Orthopädie und orthopädische Chirurgie (Hrsg. Gohlke, Hedtmann) 2002 S. 340; Schultheis, u. a., Orthopäde 37 (2008) 1065 ff.
[48] Arens, Unfallh. 126 (1976) 195, 196; Winter, BG-UMed 52 (1983) 31, 41; Rundtischgespräch, ebenda, S. 55.
[49] Krösl, Zrubecky, Die Unfallrente, 4. Aufl. 1992, S. 95; Krösl, H. Unfallh. 126 (1976) 198ff.

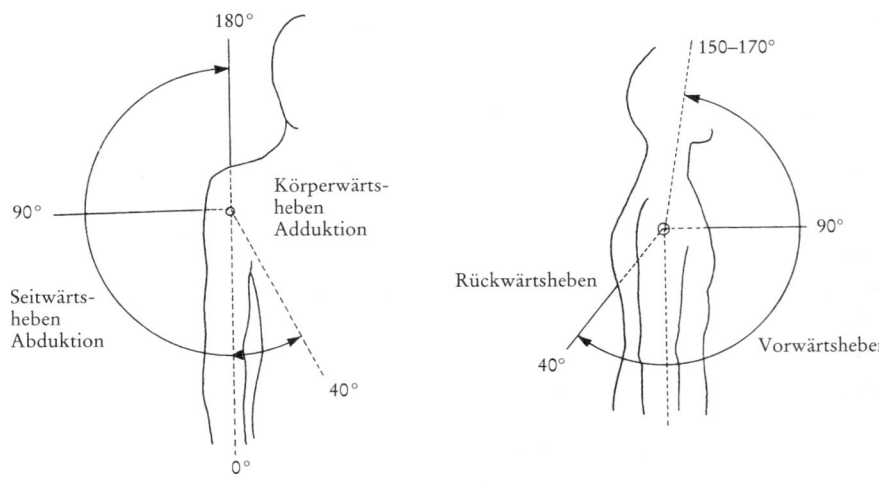

Seitwärts-/Körperwärtsheben 180–0–40

Rückwärts-/Vorwärtsheben 40–0–170

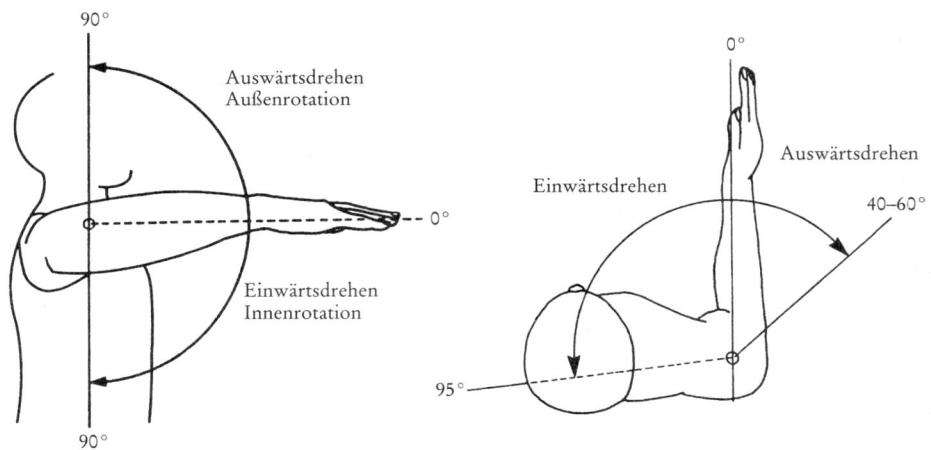

Auswärts-/Einwärtsdrehen 90–0–90

Einwärts-/Auswärtsdrehen 95–0–60 (Oberarm anliegend)

8.5 Oberarm

Der Arm ermöglicht die vielfältigen Funktionen der Hand.

Schultergelenknahe Oberarmbrüche sind häufige Verletzungen. 5 % aller Extremitätenfrakturen entfallen auf diese Verletzungsart mit einer Häufung bis zum 20. (Spiel- und Raufalter) und um das 70. Lebensjahr (Osteoporose).[1]

Erstrangige Unfallursache der Oberarmschaftbrüche ist der Sturz auf den gestreckten Arm oder Ellenbogen. Diese *indirekte* Krafteinwirkung führt zu Spiralfrakturen mit und ohne Drehkeil. Die seltene *direkte* Krafteinwirkung verursacht je nach Rasanz und Aufschlagfläche Quer-, Biegungs- oder Stückfrakturen mit mehr oder weniger starkem Weichteilschaden.[2] Mit 10 bis 15 % ist die Radialislähmung die wichtigste Nebenverletzung.[3]

Die Begutachtung[4] richtet sich nach der Art des Bruches und dem Heilverlauf. In guter Achsenstellung und störungsfrei abheilende Frakturen bedingen eine Behandlungsbedürftigkeit von drei bis fünf Monaten und haben meist nur eine vorübergehende MdE zur Folge. Zur Rente auf unbestimmte Zeit führen mittelbare Versteifungen im Schulter- und Ellenbogengelenk und sonstige dystrophische Veränderungen. Die Bildung eines Falschgelenks bringt eine mehr oder weniger starke Halt- und Führungslosigkeit des Armes und eine MdE von 30 bis 50 %. Bei nicht operativer Beseitigung ist überwiegend die Verordnung eines Schienenapparates (*Brace*) erforderlich.

---

[1] Tscherne, Muhr, BG-UMed 16 (1972) 115.
[2] Käch, Trentz, Unfallchirurgie (Hrsg. Rüter, u.a.) 1995 S. 496; Schittko, Unfallchirurg 106 (2003) 145.
[3] Wawro, u.a., Trauma Berufskrankh 2 (2000) 284.
[4] Betzel, Handbuch der ges. Unfallheilk. (Hrsg. Bürkle de la Camp u. Schwaiger), 3. Aufl., 3 Bd. 1965 S. 62f.

8.6 Ellenbogengelenk und Unterarm
Übersicht

8.6.1	Epikondylitis (Periostalgie, Epikondylose, Periostose)....... 527		8.6.4	Minderung der Erwerbsfähigkeit..................... 529
8.6.1.1	Unfall 528		8.6.4.1	Ellenbogen.................. 529
8.6.1.2	Berufskrankheit 528		8.6.4.2	Unterarm.................... 530
8.6.2	Frakturen im Überblick 528		8.6.5	Messbeispiel mit „Normalwerten" 531
8.6.3	Verrenkungen im Überblick 528			

Etwas über 15 % aller zur Rente führenden Verletzungen betreffen das Ellenbogengelenk bzw. den Unterarm.

Im Ellenbogengelenk (Articulatio cubiti) sind drei Knochen verbunden: das körperferne Oberarmende und die beiden Unterarmknochen: Speiche (Radius) und Elle (Ulna).

Das körpernahe Ellenende verfügt über eine Einkerbung (Incisura trochlearis), die vorn von dem Kronenfortsatz, hinten von dem Ellenhaken (Olekranon) begrenzt wird. Diese Inzisur umfasst zangenförmig die korrespondierende Trochlea (Oberarmrolle). Das typische Beispiel eines Scharniergelenks ergibt sich, das lediglich Beuge- und Streckbewegungen sowie – in einer funktionellen Einheit mit dem distalen Radioulnargelenk – auch Ein- und Auswärtsdrehung erlaubt.

Das Ellenbogengelenk bereitet die Gesamtfunktion des Armes und ermöglicht die zahllosen notwendigen individuellen Gebrauchsfunktionen. Verletzungsfolgen können zum unterschiedlich schweren Bewegungsverlust dieses Arm-Hauptgelenkes führen. Die meisten Basisaktivitäten des täglichen Lebens benötigen einen Bewegungsumfang im Ellenbogengelenk von etwa 100° für Streckung/Bewegung und etwa 100° Unterarmdrehung.[1]

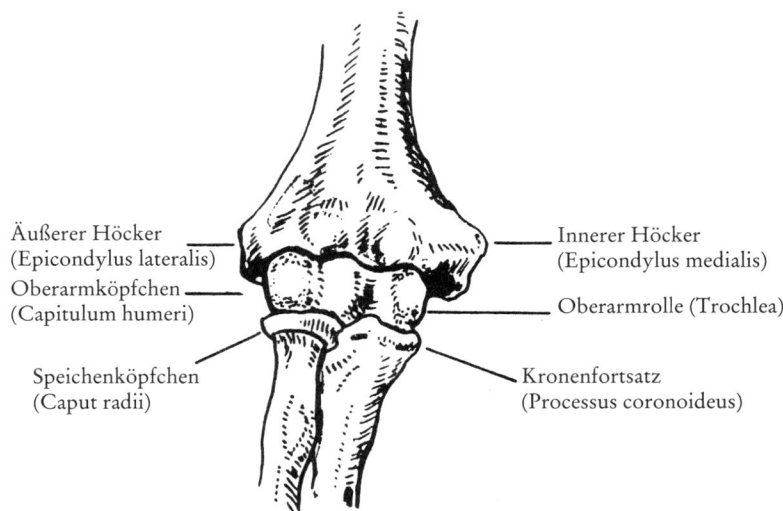

Abb. 1: Ellenbogengelenk in der Aufsicht

---
[1] „100°-Regel" nach Morrey, Schofer u. a., Trauma Berufskrankh 6 (2004) 292.

8.6 Ellenbogengelenk und Unterarm

Bei der klinischen Untersuchung darf das Ellenbogengelenk nicht isoliert betrachtet werden; es ist als funktionelle Einheit der oberen Exremität im Verbund mit dem Schultergelenk, der Membrana interossea und dem Handgelenk zu sehen, da durch die angrenzenden Gelenke sehr häufig Bewegungseinschränkungen des Ellenbogens kompensiert und eine normale Funktion des Ellenbogengelenks vorgetäuscht werden können.[2]

8.6.1 Epikondylitis (Periostalgie, Epikondylose, Periostose)

Hinsichtlich Ätiologie und Pathogenese ist die Epikondylitis bisher noch nicht vollständig geklärt. Offensichtlich liegt ein Missverhältnis von Belastung und Belastbarkeit der sehnigen Ansatzstelle der gemeinsamen Fingerstrecker bzw. des kurzen Handstreckers am äußeren Höcker des Ellenbogengelenkes vor. Berufliche und sportliche Beanspruchungen durch einseitige Tätigkeit, insbesondere statische Haltearbeit oder wiederkehrende Bewegungsabläufe, erhöhen die Belastung der Strukturen, vor allem bei ungewohnter Dauerbeanspruchung.[3] Vielfach erscheinen gleichgeartete umschriebene *Sehnenansatzschmerzen* (Tendinosen, Tendopathien) an anderen Körperteilen (Ansatzstellen der Sehnen der zwei langen Handstrecker und -beuger im Bereich des Handgelenks, medialer Fersenhöcker mit „Fersenspornschmerz", Dornfortsatz des 7. HWK, oberer und unterer Rand der Kniescheibe, usw.).

Tennis-Ellenbogen (Epikondylitis humeri radialis): Reizzustände an den Epikondylen (äußerer Epikondylus) oder den Unterarmsehnen.

Golfer-Ellenbogen (Epikondylitis humeri ulnaris): Betroffen ist meist der innere Epikondylus.

Werfer-Ellenbogen: Überlastung des medialen Kollateralbandes am Ellenbogen.

Oft wird die Epikondylitis als Teilsymptom des Schulterarmsyndroms gesehen und wie dieses ursächlich bezogen auf schicksalmäßige Verschleißerscheinungen an der unteren Halswirbelsäule.[4] Erklärbar damit, dass an Epikondylitis Erkrankte in der Regel über – vom Ellenbogen in den Ober- und Unterarm ziehende – Schmerzen klagen, ähnlich wie Betroffene mit einem HWS-Syndrom. Jedoch: Für die Epikondylitis ist der auf ein fingernagelgroßes Druckfeld am Epikondylus lokalisierte Sehnenansatzschmerz bei Druckschmerzfreiheit des übrigen Armes und die Schmerzhaftigkeit der Hebung der palmar abgesenkten Hand (gebeugtes Handgelenk) charakteristisch. Meist besteht eine klinische Beschwerdefreiheit im Nacken-Schulterbereich. Hingegen sind wirbelsäulenbedingte, in den Arm ausstrahlende Schmerzen viel diffuser und gewöhnlich abhängig von der Stellung und Bewegung der Halswirbelsäule. Epikondylitis und verschleißbedingte und weichteilrheumatische Veränderungen an den örtlichen Strukturen: einmal an den bei den Epikondyli ansetzenden Sehnen, zum anderen im Bereich der Halswirbelsäule.

---

[2] Brutscher, BG-UMed 81 (1993), 27 ff.
[3] Pförringer, u.a., Orthop. Praxis 1983, 923; Heese, ASP 1985, 9, 11.
[4] Zum Streitstand Kleining, Ludolph, Unfallchirurgie 5 (1979) 5–9; Schirmer, u.a. Zbl. Chir. 1982, 853.

8.6.1.1 Unfall

Äußerst selten liegt ein Trauma der Epikondylitis als Ursache zu Grunde. Zum Nachweis des Kausalzusammenhanges sind zu fordern[5]

- stärkeres Trauma direkt auf den Epikondylus
- gesicherte Gewebeschädigungen (Nachweis eines Hämatoms, sichtbare Weichteilschwellung, Blutergussverfärbung, Prellmarke, Druckschmerz)
- vorherige Bewegungs- und Schmerzfreiheit
- enger zeitlicher Zusammenhang

8.6.1.2 Berufskrankheit

s. 20.1 (1), S. 1163

8.6.2 Frakturen im Überblick

- Seltene Verletzung (ca. 7 % aller Frakturen)
- *Knöcherne Verletzungen* des körperfernen Oberarmendes nach
  - Sturz auf das gestreckte oder gebeugte Ellenbogengelenk (indirekte Kraft)
  - direktem Trauma auf das Ellenbogengelenk selbst
- *Olekranonfraktur* (häufigste knöcherne Verletzung am Ellenbogengelenk)
  - nach Sturz auf das gebeugte Ellenbogengelenk (direkte Kraft)
  - durch kräftigen Muskelzug als Abrissfraktur (meist Querfraktur)
  - oft mit Dislokation der Fragmente durch Zug der Sehne des Musculus triceps, der am gebrochenen Ellenhaken ansetzt
- *Kronenfortsatzbrüche* als Abscherfraktur bei Ellenbogengelenkluxationen
- Frakturen des *Radiusköpfchens*, überwiegend durch Sturz auf den gestreckten Vorderarm.

8.6.3 Verrenkungen im Überblick

- Im Kindes- und Jugendalter häufigste Verrenkung großer Gelenke, bei Erwachsenen nach Schulterluxationen an 2. Stelle. In bis zu 50% ist sportliche Betätigung ursächlich.
- Beschreibungen anhand der Stellung des Unterarms zum Oberarm
  - Posteriore (Elle luxiert nach hinten) und posterolaterale (Elle rutscht zur Seite und nach hinten) Ellenbogenluxationen ereignen sich meist beim Sturz auf die ausgestreckte Hand bei gestrecktem oder überstrecktem Ellenbogen (75% aller Ellenbogenverrenkungen)

---

[5] LSG Berlin-Brandenburg, 10. 11. 2008, UVR 3/2009, 125; Böhm, u. a., Trauma Berufskrankh 2003 (5) 21; Zimmermann, u. a., Trauma Berufskrankh 2004 (6) 225; vgl. LSG Baden-Württemberg, 20. 10. 1982, Rdschr. HVBG VB 47/83.

8.6 *Ellenbogengelenk und Unterarm*

- Die seltenere anteriore Ellenbogenluxation (Ellengelenk luxiert nach vorne raus) resultiert aus einer Krafteinwirkung auf den hinteren Unterarm in leichter Beugestellung des Ellenbogens
- Bricht der Kronenfortsatz (processus coronoideus) weg, ist das Gelenk immer hochgradig instabil; dies spricht für eine stattgehabte Luxation
- Für die Stabilität des Ellenbogens sind Kongruenz und Integrität des Humeroulnargelenks (Gelenk zwischen Oberarm und Elle) bedeutsam. Letzteres ist für 55% der Varusstabilität (Stabilität nach innen) in Streckung und bis zu 75 % in Beugung verantwortlich
- Der Beitrag des Radiusköpfchens für die Valgusstabilität (Stabilität nach außen) beträgt bei intaktem medialen Bandapparats ca. 30% und kann bei dessen Ruptur auf 75% zunehmen. Bis zu 60% der axialen Kräfte werden über das Radiusköpfchen übertragen.

8.6.4 Minderung der Erwerbsfähigkeit

Rechts- und linksseitige Verletzungen werden gleich bewertet, s. 8.7.3, S. 537

8.6.4.1 Ellenbogen

Die funktionelle Wertigkeit des Ellenbogengelenks schlägt sich in den MdE-Sätzen bei Bewegungseinschränkungen nieder. Bei einer Bewegungseinschränkung auf 90° Beugung kann das Gesicht mit der Hand nur bei normaler Beweglichkeit im Handgelenk und in der Halswirbelsäule erreicht werden, bei Beugungstellung über 90° ist das Tragen von Lasten verwehrt.[6]

Das normale Bewegungsausmaß des Ellenbogens beträgt für die Beugung 145°, für die Streckung 0°, für die Einwärts-(Pronation) und Auswärtsdrehung (Supination) 80–85°. Für die meisten Tätigkeiten des täglichen Lebens werden lediglich die Scharnierbewegungen im Ellenbogen zwischen 30° und 130° sowie die Pro- und Supinationsbewegung von je 55° benützt: Streckdefizite behindern daher weniger als Beugedefizite.[7]

Bei Versteifung der Unterarmdrehbewegung ist eine Einwärtsdrehstellung von 20 bis 40° am günstigsten. Hiermit kann die Hand noch für einen großen Teil handwerklicher Tätigkeiten in Gebrauchsstellung gebracht, auch zum Schreiben eingesetzt werden. Eine Einwärtsdrehstellung von 70° wäre für beidhändige Arbeiten an Computertastaturen günstiger, aber um den Preis stärkerer Einschränkung bei handwerklicher Tätigkeit. Zu berücksichtigen: Ein Mangel an Einwärtsdrehung ist durch das Schultergelenk ausgleichbar, für einen Mangel an Auswärtsdrehung gilt dies nicht.

Die gleichzeitige Versteifung des Ellenbogens und der Unterarmdrehung in günstiger Stellung bedingt eine starke Einschränkung. Da die Hand aber funktionsfähig und trotz der Verssteifungen für ein relevantes Tätigkeitsspektrum einsetzbar ist, wird MdE von mehr als 40 v. H. nicht begründet.[8]

---

[6] Winkler, Trauma Berufskrankh (1999) 1 (Suppl. I) S 24ff.
[7] Kortmann, u.a., Trauma Berufskrankh Bd. 2 Suppl. 1 (2000) S. 67, S 73.
[8] So aber Hoheisel in: Kompendium der medizinischen Begutachtung (Hrsg. Paul, Peters, Eckernkamp) 2007 III-9.2 S. 7: 50 %.

	MdE in %
Versteifung in Streckstellung 0-0-0, Unterarmdrehung frei	50
Versteifung bei 0-30-30	40
Versteifung 0-90-90 (Funktionsstellung, Unterarmdrehung frei)	30
Versteifung 0-90-90 und Verlust der Unterarmdrehung in günstiger Stellung	40*
Versteifung 0 - 90 - 90, Unterarmdrehbeweglichkeit aufgehoben	50
Bewegungseinschränkung 0-30-90 (Streckung/Beugung), Unterarmdrehung frei	20*
Bewegungseinschränkung 0-30-120 (Streckung/Beugung), Unterarmdrehung frei	10
in günstiger Stellung (20–40° Pronation) versteifte Unterarmdrehung bei freier Scharnierbewegung des Ellenbogens	25

* HVBG Rdschr. Reha 34/20 07

8.6.4.2 Unterarm

Aufhebung der Unterarmdrehungen	MdE in %
Versteifung in Mittelstellung 0-0-0	30
in Einwärtsdrehstellung 0-20-20 bis 0-40-40	25
in Auswärtsdrehstellung 70-70-0	40
Speichenbruch s. 8.7.7.2.3	
Versteifung des Handgelenks in Streckung/Beugung 10-10-0, Ulnarabduktion 0–10°, bei freier Unterarmdrehung	25
in Streckstellung 0-0-0, bei freier Unterarmdrehung	30

8.6.5 Messbeispiel mit „Normalwerten"

Ellenbogengelenk
Funktionsstellung: 90°

Unterarm

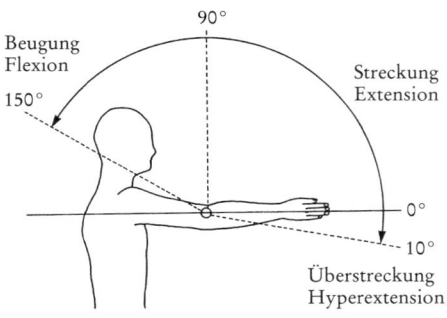

Beugung/Streckung (Überstreckung) 150–0–10

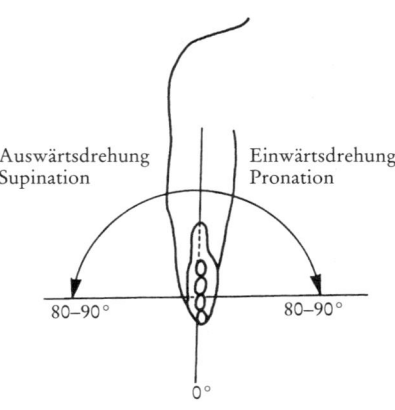

Auswärts-/Einwärtsdrehung 90–0–90

8.7 Hand*

Übersicht

8.7.1	Funktionen der Hand........	534
8.7.2	Wertigkeit der Finger	536
8.7.3	Rechts- und linksseitige Verletzungen	537
8.7.4	Vorschaden	537
8.7.5	Anpassung und Gewöhnung ..	538
8.7.6	„Besonderes berufliches Betroffensein"	539
8.7.7	Besondere Verletzungen und Erkrankungen der Hand......	540
8.7.7.1	Wundinfektion	540
8.7.7.2	Speichenbruch an typischer Stelle (distale Radiusfraktur) ..	540
8.7.7.2.1	Unfallmechanismus..........	541
8.7.7.2.2	Heilverfahren...............	542
8.7.7.2.3	Begutachtung und Minderung der Erwerbsfähigkeit.........	543
8.7.7.3	Chondromatose.............	544
8.7.7.4	Schädigung der Handwurzelknochen und Bandverbindungen	544
8.7.7.4.1	Kahnbein (Skaphoid)	548
8.7.7.4.1.1	Frischer oder alter Kahnbeinbruch bzw. Kahnbeinpseudarthrose	551
8.7.7.4.1.2	Berufskrankheit (BK-Nr. 21 03).............	552
8.7.7.4.1.3	Verrenkungen des Kahnbeins................	552
8.7.7.4.2	Mondbein (Os lunatum)	553
8.7.7.4.2.1	Anatomische Bemerkung	553
8.7.7.4.2.2	Mondbeinnekrose	554
8.7.7.4.2.3	Nachweis des Kausalzusammenhanges zwischen Mondbeinnekrose und Unfall................	555
8.7.7.4.2.4	Berufskrankheit (BK-Nr. 21 03)	556
8.7.7.4.2.5	Absprengung vom Dreiecksbein...............	557
8.7.7.5	Dupuytren'sche Kontraktur ..	557
8.7.7.6	Carpaltunnel-Syndrom	557
8.7.7.6.1	Arbeitsunfall...............	559
8.7.7.6.2	Berufskrankheit	560
8.7.7.6.3	Heilverfahren	562
8.7.7.7	Hypothenar-Hammer-Syndrom	562
8.7.7.8	Chronisches Handrückenödem	563
8.7.7.9	BK-Nr. 21 04	564
8.7.8	MdE-Erfahrungswerte.......	565
8.7.9	Messbeispiele mit „Normalwerten"	573

Die Hand ist ein wichtiger Teil des Bewegungssystems. In ihrer Bedeutung darf sie nicht isoliert betrachtet werden, da sie auf vielfältige Weise in den Bewegungsapparat selbst eingefügt ist und in ständiger wechselseitiger funktioneller Einwirkung und Abhängigkeit vom Nervensystem, vom System der inneren Sekretion und von den Kreislauforganen steht.

Die funktionelle Anwendung der Hand in Verbindung zum Werkzeug des Menschen hebt deren soziale Bedeutung als Arbeit ausführendes und gestaltendes Organ des menschlichen Geistes hervor. Das Hautgefühl mit dem feinen Unterscheidungsvermögen für unterschiedliche Berührungsqualitäten, für Oberflächenstrukturen, Formen und Dichte gibt der Hand den Wert eines Sinnesorgans. Das reine Greiforgan befähigt erst durch diese sensiblen Eigenschaften zum „Begreifen" im weitesten Sinne des Wortes. Diesen sozialen Aspekt darf die Handchirurgie nicht aus den Augen verlieren: Nicht die Wundvernarbung, vielmehr die Wiedereingliederung in das Berufsleben muss am Ende der Behandlung stehen. Daneben ist die ästhetische Seite von der Handchirurgie zu berücksichtigen. Die Hand

---

* Mitarbeit Dr. med. *K. Rudolph* Berufsgenossenschaftliches Unfallkrankenhaus Hamburg-Boberg.

8.7 Hand 533

ist neben dem Gesicht – dem Antlitz – ein Körperteil, der den Mitmenschen unbekleidet gezeigt wird. Gleichzeitig ist sie Ausdrucksorgan („mit den Händen reden").

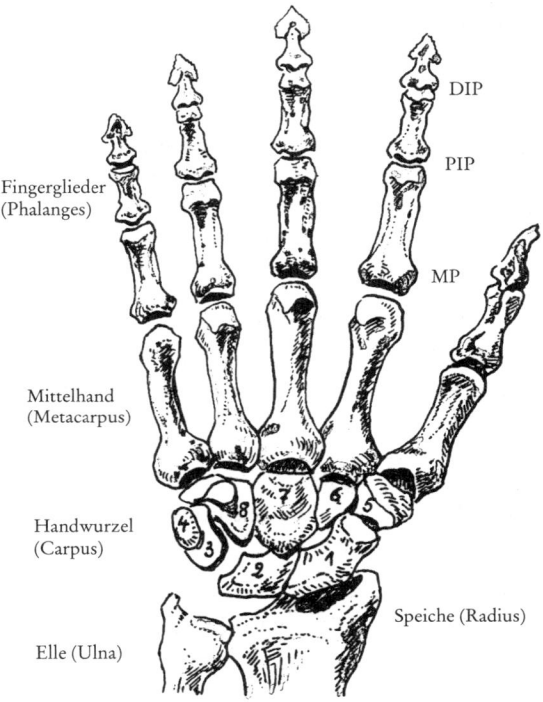

Abb. 1: Handskelett in der Aufsicht von unten

Proximale Reihe
1 = Kahnbein (Os scaphoideum)
2 = Mondbein (Os lunatum)
3 = Dreiecksbein (Os triquetrum)
4 = Erbsenbein (Os pisiforme)

Distale Reihe
5 = Großes Vieleckbein (Os trapezium)
6 = Kleines Vieleckbein (Os trapezoideum)
7 = Kopfbein (Os capitatum)
8 = Hakenbein (Os hamatum)

DIP = distales Interphalangealgelenk
   (= Fingerendgelenk)
PIP = proximales Interphalangealgelenk
   (= Fingermittelgelenk)
MP = metacarpales Phalangealgelenk
   oder Metakarpophalangealgelenk

Eine Sonderstellung nimmt das Kahnbein zusammen mit dem Mond- und Dreiecksbaim ein. Sie stellen ein zwischengeschaltetes Segment („intercalated segment") einer instabilen Gelenkkette dar, auch als „knöcherner Meniskus" bezeichnet. An diesen 3 Knochen setzen keine Sehnen oder Muskeln an, sie werden lediglich von Bändern gehalten und bewegen sich in ihrem Gleitraum zwischen der Gelenkpfanne des Unterarms und dem Gelenkkopf der distalen Reihe, d. h. sie werden bei Bewegungen im Handgelenk von den umgebenden Knochen mitbewegt.

8.7.1 Funktionen der Hand

In der Reihenfolge der Bedeutung wird die Hand als Greif-, Druck-, Tast- und Ausdrucksorgan bewertet. Die funktionelle Wechselwirkung aller Einzelleistungen macht sie zu einem intelligenten Universalorgan für die sinnvolle Behauptung im Alltags- und Arbeitsleben.

(1) *Greiforgan*[1]

Die wichtigste Funktion der Hand ist die des Greifens. Erkenntnisse über die Zugehörigkeit der einzelnen Finger zu den Greifformen sind für die Beurteilung von Handverletzungen bedeutsam. Die wichtigsten Greifformen (Abb. 2) beschreiben die verbliebenen oder durch Wiederherstellungsmaßnahmen wiedergewonnenen Funktionen und damit den Gebrauchswert.

Die Greiffunktion ist nur wenig beeinträchtigt, wenn der Ausfall eines an einer Greifform beteiligten Fingers von einem anderen Finger übernommen werden kann.

Für die Bewertung von Funktionsstörungen reicht in der Regel die Unterscheidung nach Grob- (Ellenseite) und Feingriff (Speichenseite). Beide Funktionen sind gleichwertig.[2]

- **Grobgriff** (synonym: Umfassungs-, Breitgriff)

Er dient dem Umgreifen. Zeige-, Mittel-, Ring- und Kleinfinger werden gegen die Handfläche gebeugt. Der Daumen dient als Widerlager.

Den ellenseitigen Fingern kommt eine höhere Wertigkeit als den speichenseitigen zu. Der Verlust von Mittel-, Ring- und Kleinfinger entspricht dem vollständigen Ausfall des Grobgriffs.

Der Totalverlust des groben Griffs wird der Hälfte des Gesamtverlustes einer Hand gleichgesetzt (30 %), bei teilweisem Verlust dieser Funktion (auch ohne Gliedverlust) entsprechend abgestuft.

Wichtiges Merkmal des Grobgriffs ist die grobe Kraft der Hand. Die Messung erfolgt durch ein Kraftmesser (Dynamometer, Vigorimeter).

- **Feingriff** (synonym: Spitzgriff)

Der Daumen greift zur Zeigefingerkuppe, beispielsweise zum Halten eines Nagels. Von hoher Bedeutung für den Feingriff ist eine intakte Oberflächensensibilität der Fingerspitzen von Daumen und Zeigefinger.

Der Totalausfall des Feingriffs (Verlust von Daumen und Zeigefinger) wird mit der Hälfte des Gesamtverlustes der Hand bewertet. Bei alleinigem Verlust des Zeigefingers kann der Mittelfinger dessen Wertigkeit für den Feingriff weitgehend übernehmen (Ersatzspitzgriff).

---

[1] Izbicki, in: Gutachtenkolloquium 10 (Hrsg. Hierholzer, u.a.) 1995 S. 217, 221; Spohr, Rompe, in: Gutachtenkolloquium 11 (Hrsg. Hierholzer, u.a.) 1996 S. 153, 155ff.; Debrunner, Orthopädie, Orthopädische Chirurgie, 4. Aufl. 2005 S. 756, 758; Krösl, Zrubecky, Die Unfallrente, 4. Aufl. 1992 S. 38.

[2] Reill, in: Gutachtenkolloquium 10 (Hrsg. Hierholzer, u.a.) 1995 S. 223, 225; Spohr, Rompe, in: Gutachtenkolloquium 11 (Hrsg. Hierholzer, u.a.) 1996 S. 153, 155ff.

8.7 Hand

- **Schlüsselgriff, Dreipunktegriff**

Im Einzelfall kann die Einbeziehung weiterer Griffformen der Bewertung gerecht werden: Schlüsselgriff (Griff zwischen Daumen und der Daumenseite des Zeigefingers), Dreipunktgriff (Griff zwischen Daumen-, Zeigefinger- und Mittelfingerkuppe), Hakengriff (Langfinger wirken wie starre Haken).

Die Funktion der Greifform der Hand des Menschen ist auf die Koordinierung von Bewegung und Gefühl aufgebaut. Bei jeder der beiden funktionellen Einheiten der Hand, dem Grob- und Feingriff, kommen jedoch der Bewegung und dem Gefühl wieder unterschiedliche funktionelle Wertigkeit zu. Feingriff bezeichnet die Gewichtung des Fein- oder Fingerspitzengefühls, Grobgriff hebt die grobe Kraft als entscheidendes Merkmal hervor.

Grobgriff/Umfassungsgriff, Zeige- bis Kleinfinger gegen den Handteller gebeugt

Feingriff, zwischen Daumen- und Zeigefingerkuppe

Schlüsselgriff, zwischen Daumen und der Daumenseite des Zeigefingers

Abb. 2: Greifformen

(2) *Tastorgan*

Diese Funktion betrifft das räumliche Erkennungsvermögen (Größe, Form und stoffliche Beschaffenheit eines Gegenstandes), die Schutzreflexe (Empfindung für grobe Berührung, Kälte und Wärme) sowie die Sensibilität und das Schmerzempfinden. An die Fingerbeere und die Greifflächen der Hand ist sie eng geknüpft. Der komplette Verlust des Tastgefühls kann dem Gliedmaßenverlust in der Auswirkung gleichgestellt sein.

(3) *Druckorgan*

Als zehnteiliges Druckorgan sind die Hände im Arbeitsleben vorrangig bedeutsam. Die fünf Finger befähigen, mit den Fingerkuppen bzw. den Fingerbeeren zehnmal einen umschriebenen Druck in unterschiedlicher Dosierung gleichzeitig bzw. in beliebiger Aufeinanderfolge oder im Wechsel auszuüben in einem Arbeitsbereich, der durch die Spreizfähigkeit und den Bewegungsumfang gegeben ist. Die Funktion als Druckorgan steuert die Kraftdosierung, die Schnelligkeit des Bewegungsablaufs und Bewegungswechsels.

(4) *Ausdrucksorgan*

Die Ausdrucksfähigkeit der Hände gibt die Struktur der eigenen Persönlichkeit wieder und vermittelt den sozialen Umgang der Menschen untereinander.

Für die MdE-Bewertung sind diese Gesichtspunkte nachrangig, da sie die praktischen Auswirkungen auf die Erwerbsmöglichkeit am allgemeinen Arbeitsmarkt kaum widerspiegeln kann.[3] Ausnahme: entstellende Verletzungsfolgen (s. 5.10, S. 251).

---

[3] LSG Rheinland-Pfalz, 12. 12. 1984, Meso B 250/113.

8.7.2 Wertigkeit der Finger

(1) *Daumen:* Die Sonderstellung des Daumens ergibt sich aus seiner funktionellen Wichtigkeit für die Breite der Hand. Ihm kommt zur Abstützung der Hand und als seitliche Auflagefläche sowohl in mechanischer als auch in sensibler Hinsicht eine besondere Funktion zu. Von überragender Bedeutung ist der Daumen nicht nur beim Feingriff (Finger 1 und 2), sondern auch beim Grobgriff (Finger 3 bis 5) in seiner Funktion als Widerlager. Für beide Greifformen ist die Möglichkeit des Daumens von entscheidender Bedeutung. Die volle Gebrauchsfähigkeit ist nicht nur an die Länge, sondern auch auf das Vorhandensein eines mit normaler Sensibilität versehenen Endglieds *mit Fingernagel* gebunden. Der *Fingernagel* ist zum Aufsammeln und Halten vieler kleiner Gegenstände von größter Bedeutung, so dass sein Verlust auch bei dadurch bedingter nur geringer Beeinträchtigung gröberer Arbeiten bei feineren Tätigkeiten deutlich ins Gewicht fällt. Er schützt die empfindlichen Fingerkuppen und dient beim Tasten als passives Widerlager („Assistent des Tastsinns"). Wichtig ist daher die spätere Rekonstruktion bei Daumenverlust, wobei der Qualität der Weichteilpolsterung, der Schmerzfreiheit sowie der Sensibilität erstrangige Bedeutung zukommt.

(2) *randständige Langfinger (2 und 5):* Der Zeigefinger (2) hat eine selbständige Funktion. Er ist nach dem Daumen der wichtigste Finger. Weil seine Fingerbeere dem Daumenendglied gegenübersteht, ist er der Greifer und gibt bei vielen Präzisionsverrichtungen dem benutzten Werkzeug oder Gerät die Führung (Schreibgerät, Schraubenzieher). Voraussetzung für diese Funktionen sind nicht nur eine genügende Länge und eine voll erhaltene Sensibilität, sondern im Gegensatz zum Daumen auch eine zumindest teilweise erhaltene Funktion im Mittel- und Grundgelenk. Fein- und Grobgriff bleiben bis zur Höhe des Fingermittelgelenks erhalten und gehen bei Amputation des Grundgliedes verloren.[4] Der Kleinfinger (5) hat als sehr beweglicher, mit zusätzlichen Muskeln ausgestatteter Randstrahl beim Abstützen der Hand und als Führungsfinger beim Grobgriff eine besondere Bedeutung. Er ist sehr wesentlich bei bestimmten beruflichen Verrichtungen, z.B. beim Ausbeinen: Der Fleischer hält das Messer so, dass die Klinge an der Ellenseite der Hand vorragt. Der Kleinfinger muss das Messer gut führen können.

(3) *mittelständige Langfinger (3 und 4):* Diese können sich funktionell gegenseitig ersetzen. Das Fehlen des 3. oder 4. Strahls führt aber zu einer Minderung der Handfläche. Beim Halten kleiner Gegenstände (Nägel oder Schrauben) können diese durch die entstehende Lücke (fehlender Finger) fallen.

Der Mittelfinger gewinnt bei Amputation des Zeigefingers an Bedeutung, da er hinsichtlich des Feingriffs dessen Position und damit Wertigkeit einnehmen kann.

Funktionsausfälle, möglicherweise auch Verlust des Tastgefühls, können hinsichtlich der Bewertung ihrer Auswirkung je nach Schweregrad den entsprechenden Gliedverlusten in der MdE gleichgestellt werden.

Finger, die in Funktionsstellung der Gelenke versteift sind, haben einen – wenn auch geminderten – Wert.

---

4   Dazu LSG Rheinland-Pfalz, 12.12.1974, Meso B 250/79.

Beim Verlust einzelner Mittelhandknochen oder Anteile derselben ist zu berücksichtigen, ob es sich um einen solchen 1., 2. oder 5. Finger handelt, da bei diesen Fingern der Verlust des Mittelhandknochens für das gesamte Gefüge der Hand nicht so nachteilige Folgen hat wie etwa der des Mittelhandknochens der Mittelfinger (3. und 4. Finger).

Als „Faustregel" bei der Schätzung der MdE sollte sich der Gutachter die Frage vorlegen, ob der Zustand der Verletzungsfolgen gleichgesetzt werden kann mit entsprechenden Fingerverlusten bzw. ob dieser besser oder schlechter zu bewerten ist.

Im Einzelnen s. 8.7.8, S. 565.

8.7.3 Rechts- und linksseitige Verletzungen

Eine seitendifferente MdE-Schätzung nach Gebrauchs- und Hilfshand ist nicht mehr zu begründen. Das Bewerten der Hilfshand in Höhe der Gebrauchshand folgt aus der Erwägung, dass heute im allgemeinen Arbeitsleben der Versicherte auf das Benutzen beider Hände stärker angewiesen ist als früher. Arbeiten, die den differenzierten Einsatz der Hände und Finger erfordern, verdrängen schwere körperliche Tätigkeiten. Der Wandel in der Arbeitswelt fordert zunehmend Geschicklichkeit und Feinmotorik beider Hände in einem sinnvollen Zusammenspiel. Schließlich werden viele Tätigkeiten wechselnd links wie rechts ausgeführt.[5]

Bei der *Rente als vorläufige Entschädigung* (§ 62 Abs. 1 SGB VII) ist die MdE grundsätzlich höher. Während dieser Zeit ist die Funktionsbehinderung an der Gebrauchshand schwierig zu kompensieren: frische Stumpfverhältnisse, größere Empfindlichkeit der Narben oder noch bestehende Muskelschwäche sowie noch fehlende Geschicklichkeit, die verletzte Hand einzusetzen.

8.7.4 Vorschaden

Allgemeine Hinweise s. 3.6.4, S. 104.

Nach einhelliger Auffassung ist beim Festsetzen der Höhe der durch einen Unfall bedingten Minderung der Erwerbsfähigkeit von der individuellen Erwerbsfähigkeit des Verletzten vor dem Unfall auszugehen. Für den gleichen Schaden ist hiernach bei einem schon vor dem Unfall körperlich Geschädigten eine höhere Rente als bei einem völlig Gesunden zu gewähren, wenn der Vorschaden eine wesentliche Bedeutung für die Unfallfolgen und deren Einfluss auf die Erwerbsfähigkeit hat.[6] Zum Risiko der ges. UV gehört, dass sie auch für solche Folgen eines Arbeitsunfalles einzustehen hat, die darauf beruhen, dass die unmittelbaren Unfallfolgen bei einem Vorgeschädigten eine höhere MdE verursachen. Das gilt auch, wenn der Vorschaden (Verlust des rechten Kleinfingers) überhaupt noch keine

---

[5] LSG Schleswig-Holzstein, 31.10.2005, UVR 6/2006, 423; 15.3.2006, NZS 2007, 42; Bereiter-Hahn, Mehrtens, Anhang 12; Reill, in: Gutachtenkolloquium 10 (Hrsg. Hierholzer, u.a.) 1995 S. 223, 224 ff.; Spohr, ebenda S. 237 ff.; Diskussion, ebenda S. 245 ff.; Spohr, Rompe, Gutachtenkolloquium 11 (Hrsg. Hierholzer, u.a.) 1996 S. 153 ff.; Wiborg, Das kleine Buch für Linkshänder, 1988; Mollowitz, Der Unfallmann, 12. Aufl. 1998 S. 231.

[6] BSG, 29.4.1964, Breith. 1964, 850; RVA, 21.10.1889, AN 1890, 505; 22.3.1902, AN 1902, 376; Bayer. LVA, 17.11.1950, Bayer. ABl. 1951, 164; LVA Baden-Württemberg, 13.6.1951, Breith. 1951, 1037; OVA Nürnberg, 20.11.1953, Breith. 1954, 493; Asanger, Probst, in: Lob, Handbuch der Unfallbegutachtung, 1961 Bd. 1 S. 72, 380 m.w.N.

messbare MdE verursacht und die zu beurteilende Unfallverletzung (Verlust des rechten Ringfingers) ebenfalls keine messbare MdE verursacht hätte, wenn sie nicht gerade auf eine solche Vorschädigung getroffen wäre (MdE 20 v. H.).[7]

Verliert ein Versicherter, dessen rechte Hand bereits gelähmt ist, durch einen Arbeitsunfall die linke Hand, dann reicht das für den Verlust der linken Hand übliche Bemessen der MdE nicht aus, da der vor dem Unfall bestehende Krankheitszustand die Folgen des Unfalles zu verstärken geeignet ist.

Bei Verletzung einer bereits vor dem Unfall beschädigten Hand ist die Fortzahlung der früheren Rente angezeigt.[8] Der unfallbedingte Schaden erschöpft sich gleichsam mit dem schädigenden Ereignis, d.h. mit dem Bewirken des gesundheitlichen Schadens und den unmittelbar an ihm haftenden gesundheitlichen und wirtschaftlichen Folgen. Diese Ursache setzt sich nicht über das schädigende Ereignis in oder mit einer späteren Ursache ganz oder teilweise fort. Für das Bemessen der MdE bleibt der zur Zeit des Unfalles bestehende Zustand „ein für alle Mal" der maßgebliche Zeitpunkt.[9]

Im Rahmen der Schätzung der Erwerbsfähigkeit ist ferner zu beachten, dass der unfallbedingte Schaden einer Hand geringer zu bewerten ist, wenn „schon vorher die Gebrauchsfähigkeit ... eine verminderte war".[10]

8.7.5 Anpassung und Gewöhnung

Allgemeine Hinweise s. 3.6.10.2.4, S. 113.

Die Erfahrung lehrt, dass die funktionelle Anpassungsfähigkeit des menschlichen Organismus eine außerordentlich große ist, bei jüngeren schneller und vollkommener als bei älteren Menschen. Für Handverletzungen hat das Begriffspaar „Anpassung und Gewöhnung" erstrangige Bedeutung. Die Analyse des Greifaktes legt dar, dass die menschliche Hand beim Zerstören oder Verlust der typischen bzw. primären Greifform *Ersatz*greifformen oder *„sekundäre Greifformen"* entwickelt, und diesen Möglichkeiten des Greifens und Tastens auch funktionell praktische Bedeutung – auch bei der Festsetzung der MdE – beigemessen werden muss (physiologische Adaption). Teilverluste und vollständige Verluste oder Bewegungsstörungen einzelner oder mehrerer Finger können aus eigenem Antrieb durch Leistungsreserven benachbarter Finger nach ein bis zwei Jahren weitgehend ausgeglichen werden. Selbst bei erheblichen Handverstümmelungen, Versteifungen und Verlust mehrerer Finger können Berufe, wie Schreiner, Schlosser, Schmied oder sogar der einer Operationsschwester, ausgeübt werden.[11]

Das RVA räumte gerade bei Fingerverletzungen der weiter fortschreitenden Anpassung an den durch den Unfall hervorgerufenen Zustand eine erneute Bedeutung für die Beurteilung der Erwerbsfähigkeit ein; deshalb wurde die rechtliche Möglichkeit bejaht, die Gewöh-

---

[7] BSG, 13. 5. 1966, BG 1967, 35.
[8] RVA, 27. 9. 1913, Breith. 1914, 267 (Armverlust bei Vorbeschädigung am Daumen); RVA, 6. 6. 1907, AN 1908, 577 (Beinverlust bei Vorbeschädigung).
[9] BSGE 43, 208, 210 (24. 2. 1977) unter Berufung auf RVA, AN 1902, 560; s. 6.4.9.
[10] RVA, 9. 10. 1897 in Bd. 11, 319 Anl. z. „Der Kompass"; Bayer. LVA, 2. 9. 1948, Breith. 1946/49, 49.
[11] Haas, BG-UMed 55 (1985) 249, 260.

nung *mehrfach* als Besserungsmoment zu werten.[12] In der Literatur[13] wird auch die Meinung vertreten, die UV-Träger sollten die Gewöhnung als Besserungsmoment nur einmal heranziehen, wenn der Endzustand in den Unfallfolgen erreicht sei.

Das BSG[14] (Verletzungsfolge in dem der Entscheidung zu Grunde liegenden Tatbestand: Verlust des 5. Fingers und Gebrauchsunfähigkeit der versteiften Finger 2 bis 4 links, teilweise Versteifung des linken Handgelenks) hielt den vom RVA vertretenen Standpunkt für fraglich, erklärte die Erwägungen, die zum Verneinen des mehrfachen Heranziehens der Gewöhnung führten, aber für beachtenswert; eine Entscheidung hierüber erfolgte allerdings nicht. Aus dem Blickfeld der Praxis erscheint es in Bezug auf Fingerverletzungen gerechtfertigt, der Auffassung[15] den Vorzug zu geben: Innerhalb der Gewöhnung sind Stufen vorstellbar; diese können nach Erreichen eines ersten wesentlichen Grades und später nach weiterer Gewöhnung, wenn allerdings auch nur ausnahmsweise, wiederholt als Merkmal der Besserung gesetzt werden.

8.7.6 „Besonderes berufliches Betroffensein"

Allgemeine Hinweise s. 3.6.6, S. 107.

Aus ärztlicher Sicht wird hervorgehoben, der erlernte und ausgeübte Beruf müsse bei besonderer beruflicher Betroffenheit vermehrt Berücksichtigung finden. Bei rechtlicher Betrachtungsweise ist daneben zu fordern, dass sich die Handverletzung so auswirkt, dass eine spezielle Betätigung, die zum Lebensberuf geworden ist, nicht mehr ausgeübt werden kann und angesichts des Lebensalters des Verletzten sowie der Art und der jahrzehntelangen Ausübung des Berufes vielerlei Schwierigkeiten begegnet.[16]

Diese Voraussetzungen sind in erheblichem Maße bei Handverletzungen in qualifizierten Berufen gegeben; Bergmann[17], Ofensetzer[18], Landwirt (Melken, Mähen[19]), Geiger.[20]

Eine Erhöhung der MdE um 10 % erscheint angemessen.[21]

Auch bei *weiblichen Verletzten* kann einer Entstellung der Hand (z.B. durch Verlust des Mittel-, Ring- und Kleinfingers, Verlust des Zeigefingers im Mittelglied stark verkrüppelt) unfallrechtlich keine relevante Bedeutung zuerkannt werden.[22] Daher werden Finger-

---

12 RVA, in: „Kompass-Sammlung" Bd. 25 Nr. 28; zahlreiche Entscheidungen b. Claus, Die Gewöhnung an Unfallfolgen als Besserung, 4. Aufl. 1910; eine wesentliche Besserung durch Anpassung und Gewöhnung an den unfallbedingten Zustand der Hand bejahte auch LSG Nordrhein-Westfalen, 8. 9. 1960, Meso B 250/21.
13 Podzun, ZfS 1957, 203; vgl. auch Lange, Die Arbeiterversorgung 1912, 289; 1913, 217.
14 11. 9. 1958, Meso B 10/12.
15 Asanger, MfU 1960, 441, 446.
16 BSG, 22. 8. 1974, BG 1975, 521, 522 m. w. N.; Rdschr. HVBG VB 139/61.
17 BSG, 15. 5. 1966, SozR Nr. 12 zu § 581 RVO; 10. 9. 1971, Breith. 1972, 27; 23. 11. 1976, Kartei Lauterbach Nr. 10 178 zu § 581 Abs. 2 RVO; LSG Baden-Württemberg, 13. 8. 1997, HV-Info 10/1998, 947.
18 LSG Hamburg, 13. 5. 1965, Breith. 1965, 823.
19 Bayer. LSG, 8. 9. 1965, Breith. 1966, 1000; Bayer. LVA, 7. 12. 1951, Breith. 1952, 1112.
20 BSGE 4, 60 (26. 2. 1957). Eine andere Betrachtung greift, wenn der Geiger weiterhin als Dozent an einer Musikakademie tätig sein kann.
21 BSG, 10. 9. 1971, Breith. 1972, 27.
22 BSG, 29. 11. 1973, Kartei Lauterbach Nr. 9259 zu § 581 Abs. 2 RVO; zu weitgehend RVA, 2. 7. 1888, 291.

verluste in der Rspr. bei männlichen und weiblichen Verletzten gleich bewertet.[23] Allein in Anbetracht der Tatsache, dass einer weiblichen Verletzten noch geringe Unbequemlichkeiten bei der Verrichtung einzelner hauswirtschaftlicher Arbeiten erwachsen, kann nicht angenommen werden, dass hierdurch die Erwerbsfähigkeit auf dem allgemeinen Arbeitsmarkt noch messbar beeinträchtigt ist.

Körperliche Entstellungen können zu psychischen Störungen bei Männern und Frauen gleichermaßen führen (s. 5.10, S. 251). Für solche Störungen bedarf es einer Feststellung im Einzelfall, die bei der MdE zu berücksichtigen ist. Es gibt jedoch keinen medizinisch abgesicherten Erfahrungssatz, dass schwere und auffallende Verletzungen bei Frauen regelmäßig zu solchen Störungen führen.[24]

In Einzelfällen hat indes das RVA darauf abgehoben, dass weibliche Versicherte „feinere Arbeiten zu verrichten haben und dabei auf die Geschicklichkeit ihrer Hand und ein gutes Zusammenspiel der Finger vornehmlich angewiesen sind" (Verletzung des rechten Zeigefingers). Die Erfahrung lehrt aber, dass selbst bei „feineren Arbeiten" der Mittelfinger relativ bald die Funktion des Zeigefingers in weitgehendem Maße zu übernehmen in der Lage ist.[25]

8.7.7 Besondere Verletzungen und Erkrankungen der Hand

8.7.7.1 Wundinfektion

S. 9.10.2, S. 788.

8.7.7.2 Speichenbruch an typischer Stelle (distale Radiusfraktur)

Die Speichenbrüche an typischer Stelle (2 cm oberhalb des Handgelenkes) sind mit 10 bis 25 % aller Knochenbrüche oder 2,5 % aller Unfallverletzungen die häufigsten Brüche des menschlichen Körpers.[26] Typisch für den handgelenksnahen Speichenbruch ist nur die Lokalisation. Die Bruchform ist mannigfaltig und hängt von der Größe der Kraft, dem individuellen Bau des Knochens und seiner Festigkeit ab: Quer- (10 %), Längs-, Keil- oder Kanten-, Mehrfragment- und Trümmerbrüche. Brüche der körperfernen Speiche sind nicht isoliert zu betrachten. Das Handgelenk bildet ein komplexes strukturelles Gefüge, das sich nicht nur auf die Speiche reduzieren lässt. Es wird neben der Speiche, von der Elle, den Handwurzelknochen und deren Bänder, der Gelenkkapsel und dem ulnokarpalen Komplex gebildet.

So treten als Begleitverletzungen Abriss des Ellengriffels, Subluxationen oder Luxationen mit Verletzungen der Handwurzelknochen (Karpalknochen) und deren verbindende Bänder und dem ulnakarpalen Komplex auf. Zerreißung der Bänder, welche die Handwurzelknochen stabilisieren können und nicht adäquat versorgt werden, führen innerhalb von Jahren zur Arthrose des Handgelenks.

Durch Luxationen, Schwellung und Einblutungen in den Karpalkanal treten Druckschäden der Nerven auf. Wegen direkter Beziehung zum Handgelenk, der Handwurzel und dem distalen Radioulnargelenk handelt es sich um eine Gelenkfraktur.

---

[23] BSG, 29. 11. 1973, Kartei Lauterbach Nr. 9259 zu § 581 Abs. 2 RVO; RVA, 20. 5. 1921, BG 1922, 84.
[24] BSG, 29. 11. 1973, Kartei Lauterbach Nr. 9259 zu § 581 Abs. 2 RVO.
[25] Schönberger, BG 1960, 66.
[26] Petračić, u.a., Trauma Berufskrankh 1 (1998) 33; Rennekampff, u.a., Akt Traumatol 33 (2003) 109.

8.7 Hand   541

8.7.7.2.1 Unfallmechanismus[27]

Der *Überstreckungsbruch* (Extensionsfraktur) ist häufiger als der Überbiegungsbruch (6:1). Verursacht wird er durch Sturz auf die überstreckte und einwärts gedrehte (pronierte) Hand. Beim Aufprall auf den Boden wird die Hand fixiert. Gleichzeitig entstehen jedoch durch die Schwerkraft des Körpers zwei Kräfte,

(1) eine rotierende, die den Unterarm maximal auswärts dreht (supiniert) und

(2) eine vertikal stauchende, die über die Handwurzel auf die Speichengelenkfläche einwirkt.

Dabei wirkt das Mondbein in der proximalen Handwurzelreihe wie die Spitze eines Keils auf die Gelenkfläche der Speiche (Radius).

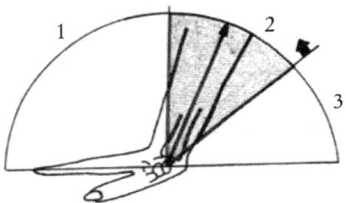

Abb. 3: Abhängigkeit der Frakturlokalisation vom Winkel zwischen Hand und Unterarm beim Sturz auf die ausgestreckte Hand. Bei einem Winkel von 40 bis 90° (2) entsteht eine Radiusfraktur an typischer Stelle, bei einem Winkel unter 40° (3) eine Unterarmfraktur und bei einem Winkel über 90° (1) eine Verletzung der Handwurzelknochen.

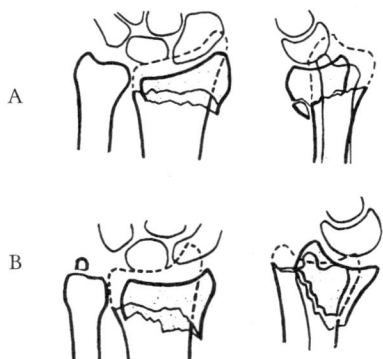

Abb. 4: Speichenbrüche am peripheren Ende.
A = Bruch der Speiche an „typischer Stelle" mit typischer dorsaler und radialer Knickung (97 %). Ausbruch eines dorsalen Biegungskeiles; Ellengriffel in diesem Fall unversehrt. Leichte Subluxatio radio-ulnaris centralis.
B = Bruch der Speiche an „typischer Stelle" mit atypischer palmarer Verschiebung der Knickung (3 %). Abriss des Ellengriffels.

---

27 Debrunner, Orthopädie, Orthopädische Chirurgie, 4. Aufl. 2004 S. 752.

Die Hand ist im Handgelenk zwischen 40° und 90° gestreckt. Geringere Streckgrade verursachen Unterarmschaftfrakturen, darüberliegende Handwurzelluxationen und -luxationsfrakturen.

Der *Überbiegungsbruch (Flexionsfraktur)* entsteht meist indirekt durch Sturz auf die nach hinten ausgestreckte und auswärts gedrehte Hand.

Neben diesen indirekten ist die direkte Krafteinwirkung (z.B. Kurbelrückschlag) seltener.[28]

8.7.7.2.2 Heilverfahren

Die AO-Klassifikation nach morphologischen Kriterien einschließlich der Ellen-Mitbeteiligung erleichtert eine standardisierte Heilbehandlung.

Konservativ werden vorwiegend extraartikuläre (AO-Klassifikation: A1, A2) und einfache intraartikuläre (B1) Frakturen ohne Verschiebung behandelt. In Abhängigkeit vom Frakturtyp stehen für das operative Vorgehen winkelstabile Plattenosteosynthese (Standardosteosynthese), bei Sonderindikation Kirschner-Draht-Osteosynthese, Schraubenosteosynthese, konventionelle Plattenosteosynthese oder Fixateur externe zur Verfügung.[29]

Ziel der Heilbehandlung ist das Wiederherstellen des physiologischen Speichenschaftgelenkwinkels von a.p. 30° und seitlich plus 10°, unter Vermeidung von Stufenbildung im Gelenk und gleichzeitig möglichst freier Beweglichkeit aller Finger und Armgelenke.

Die posttraumatischen Fehlstellungen erfordern eventuell einen sekundären operativen Korrektureingriff.

Hauptsächliche Spätschäden[30]:

Achsenknickung in Dorsalrichtung
Achsenknickung in radialer Richtung mit Ellenvorschub
Lockerung oder Sprengung des distalen radio-ulnaren Gelenks
Schädigung des Discus triangularis
Verwerfung der beteiligten Gelenkflächen
Bandinstabilität
Arthrose des distalen radio-ulnaren Gelenkes und des Radiokarpalgelenks
Complex regional pain syndrome („Morbus Sudeck")
Nervenschäden (N. radialis, Ramus superficialis), N. medianus (Carpaltunnel-Syndrom durch Kompression des N. medianus im Karpaltunnel)
Begleitverletzungen der Bänder der Handwurzelknochen (unbehandelt ggf. karpaler Kollaps mit Arthrose)
Verletzung des ulno-karpalen Komplexes

---

[28] Eingartner, u.a., Akt Traumatol 2000 (30) 32ff.; Meyer-Marcotty, u.a., Unfallchirurg 105 (2002) 532.
[29] Kuner, u.a., Unfallchirurg 105 (2002) 199; Oezokyay, Muhr, u.a., Trauma Berufskrankh (Suppl 3) 2004 S. 293.
[30] Rether, Weise, Trauma Berufskrankh 9 (2007) 47; Rennekampff, Akt Traumatol 33 (2003) 109; Matschke, u.a., Trauma Berufskrankh 2004 (6) 204.

8.7 Hand 543

Sehnenkomplikationen (Verklebung, Ruptur, Tendinitis, insbesondere Ruptur der langen Daumenstrecksehne

Dem Schrifttum gemäß muss auch ein erfahrener Chirurg mit durchschnittlich 20–30 % schlechten Ergebnissen rechnen.[31]

Klinisch äußern sich die Spätfolgen durch

Funktionsverlust
Bewegungseinschränkung
Subjektive Beschwerden
Kraftminderung
Instabilität im distalen radio-ulnaren Gelenk des Unterarms

Röntgenologisch-anatomische Spätfolgen

- Dorsale Achsenfehlstellung (rückseitige, bis 25°) und palmare (zur Hohlhand hin)
- Radiale Fehlstellung (Einstauchung zum Daumen)
- Speichenverkürzung bis 11 mm.
- Fehlstellungen des distalen radio-ulnaren Gelenks
- Verkippung der Handwurzelknochen

Ursachen sind ungenügende Primärreposition, sekundäres Abrutschen der Fraktur mit Speichenverkürzung nach zunächst befriedigender Primärreposition.

Für lang anhaltende Schmerzen nach knöchern geheilten Speichenbrüchen kann ein Riss der Gelenkscheibe (Discus articularis) ursächlich sein, der arthrographisch oder arthroskopisch nachweisbar ist.[32]

8.7.7.2.3 Begutachtung[33] und Minderung der Erwerbsfähigkeit

Der distale Radius ist die Basis der Hand. Ein Verlust von Funktionen im Basisbereich bewirkt daher auch einen Wertverlust der Hand selbst. Die MdE-Schätzung richtet sich vorwiegend nach den Bewegungsmaßen im Handgelenk (Vergleich zur unverletzten Hand).

Die Begutachtung darf den Knochenbruch an der Radiusbasis nicht als isoliertes Geschehen betrachten: Weichteil-, Nervenschäden, Band-, Kapsel-, Diskusverletzungen, benachbarte gelenkige Verbindungen – auch das Schultergelenk – sind einzubeziehen.

Hilfsmittel der gutachterlichen Diagnostik sind Röntgenbild, Arthroskopie, Arthrographie, Computer- und Kernspintomographie.

---

[31] Bühren, Trauma Berufskrankh 1 (1998) 5.
[32] Brüser, Arthroskopie des Handgelenkes, in: Handgelenksverletzungen (Hrsg. Nigst) 1988.
[33] Dazu Probst, BG-UMed 73 (1990) 251–261.

Erfahrungswerte	MdE in %
Speichenbruch mit Achsenabknickung und Einschränkung der Handgelenksbewegungen um insgesamt 40 Grad	10
Speichenbruch mit erheblicher Achsenabknickung und Einschränkung der Handgelenksbewegungen um insgesamt 80 Grad*	20–30
Isolierte Radius-Pseudarthrose	20–30
Handgelenksversteifung	
in Neutralstellung	25
in Beugung oder Überstreckung von je 45°	40
Versteifung der Unterarmdrehung	
in Mittelstellung	30
in Einwärtsdrehstellung	20
in Auswärtsdrehstellung	40
Funktionsstörungen im Bereich der Langfinger und des Daumens	10–25

* bei Einschränkung auch der Unterarmdrehfähigkeit ist je nach deren Schwere die MdE höher zu bewerten

Die Dauer der Arbeitsunfähigkeit beträgt im Durchschnitt 68 Tage mit einer Streuung zwischen 45 und 125 Tagen. Heilverfahrenkontrolle wird empfohlen, wenn nach 6 Wochen (A-Verletzung) bzw. nach 3 Monaten (B- und C-Verletzungen) noch Arbeitsunfähigkeit besteht.[34]

8.7.7.3 Chondromatose

Bei diesem Krankheitsbild handelt es sich um multiple Bildungen von gutartigen Geschwülsten aus Knorpelgewebe (Chondrome) in den Knochen oder Gelenken. Differentialdiagnostisch hat die Chondromatose der Handgelenke, meist – mindestens im Beginn – verkannt, erhebliche Bedeutung.

Erfahrungsgemäß entstehen bei diesem anlagebedingten Gelenkleiden (rezessives Erbleiden mit schwacher Penetranz) zunächst in der Gelenkinnenhaut an vielen Stellen kleine Knorpelknoten, die als solche im Röntgenbild noch nicht sichtbar sind, aber bereits Reizerscheinungen der Gelenke verursachen. Diese Chondromknoten verkalken später und werden erst dann röntgenologisch erkennbar.

8.7.7.4 Schädigung der Handwurzelknochen und Bandverbindungen[35]

Das Handgelenk besteht aus 15 Skelettanteilen, davon acht Handwurzelknochen. Die proximale Reihe mit ihrer relativ größeren Beweglichkeit setzt sich aus Kahn-, Mond-, Dreiecks- und Erbsenbein zusammen. Sie bilden einen eiförmigen Gelenkkopf kongruent zur Gelenkpfanne des Radius- und Ulnaendes. Ein dichtes Bändergeflecht, sowohl streckseitig als auch beugeseitig, verhindert ein „Ausscheren" einzelner Knochen aus dem Verband.

---

[34] Rether, Weise, Trauma Berufskrankh 9 (2007) 47, 48.
[35] Kleinschmidt, MedSach 87 (1991) 123, 124; Kuderna, Orthopädie 1986, 95 ff.; Hempfling, Trauma Berufskrankh 10 (2008) 286, 288.

8.7 Hand

Das gesunde Handgelenk lässt *drei* Bewegungsebenen zu:

- Beugen/Strecken (= Palmarflexion/Dorsalextension)
- Seitkanten bzw. Abwinkeln (= radiale/ulnare Deviation)
- Umwendung (= Rotation).

Weitere Bandverbindungen sowohl zu den Unterarmknochen (Elle, Speiche) als auch zur distalen (körperfernen) Handwurzelreihe (großes und kleines Vieleck-, Kopf-, Hakenbein) sorgen für *straffe* Knochenanordnung, aber auch für gewisse *Elastizität*.

Die Neigung der distalen Radiusgelenkfläche würde ein Abgleiten der Handwurzel mit der ganzen Hand bewirken, wenn nicht der aus palmarem Tragband (Abb. 5), Gelenkschleuder (Abb. 6) und extraartikulärer Schleuder (Abb. 7) bestehende Bandapparat dieses bei den verschiedenen Bewegungen der Hand verhinderte.

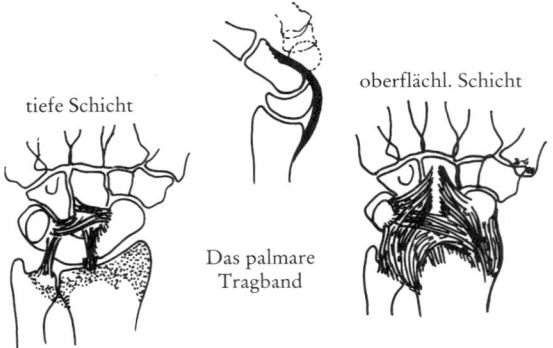

Abb. 5: Abstützung der Handwurzel durch das aus der Summe der beugeseitigen Ligamente gebildete palmare Tragband. Es zügelt das Kopfbein und hält die Handwurzelknochen bei der Streckung (Extension)

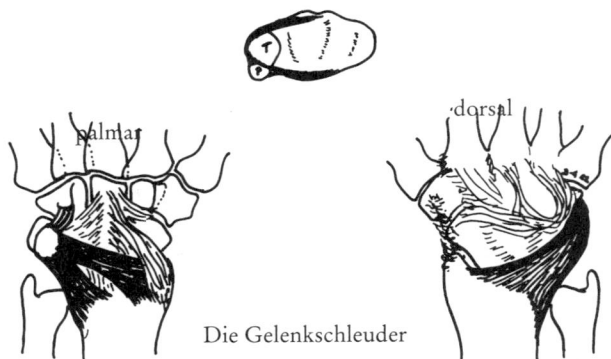

Abb. 6: Das Abgleiten der Handwurzel nach ulnar durch die Neigung der Radiusgelenkfläche wird durch die GelenksGelenkschleuderchleuder mit dem Triquetrum (T) als „Stein in der Schleuder" verhindert. Die „Schleuder" führt das Handgelenk sowohl bei der Radial- als auch bei der Ulnarduktion und fungiert als ulnare Stütze bei Flexion und Extension

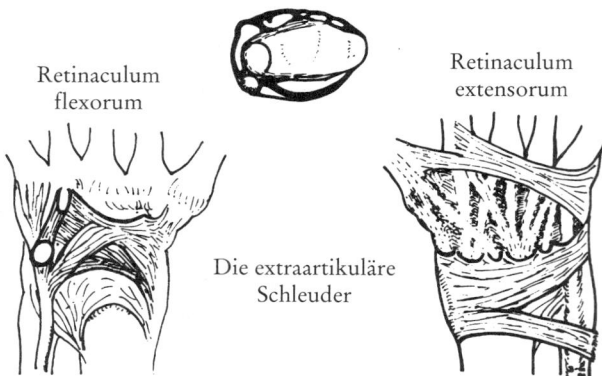

Abb. 7: Durch die extraartikuläre Gelenkschleuder mit den Retinacula flexorum und extensorum wird die Funktion der Gelenkschleuder (Abb. 6) verstärkt

Schwer wiegende Handwurzelverletzungen:

- *Frakturen der Handwurzelknochen:* Sie gehören aus anatomischen Gründen hinsichtlich ihrer Heilungsneigung zu den ungünstigen Brüchen.

Jeder Handwurzelknochen kann durch direkte Krafteinwirkung brechen. Indirekte Kräfte führen überwiegend zu Brüchen des Kahn- und Dreieckbeins, selten des Mondbeins, aber auch zu

- *Handwurzelverrenkungen* (Luxationen) mit und ohne Knochenverletzung(en), oft mit bleibender Bandinstabilität der Handwurzel: Entstehung nach traumatischer Schädigung der Knochen und des Bandapparates oder durch chronische Überdehnung der Ligamente bei entzündlichen und degenerativen Erkrankungen

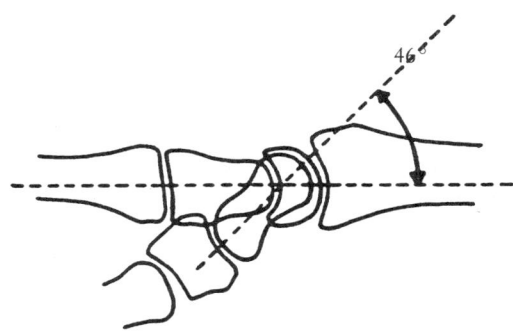

Abb. 8: Normales Handgelenk mit skapholunärem, kapitolunärem und radiolunärem Winkel, von 46° bzw. jeweils Null

8.7 Hand

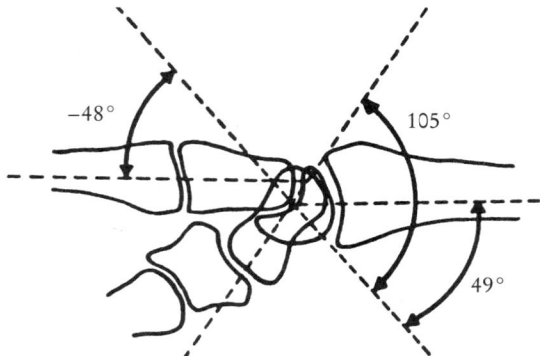

Abb. 9: Schematische Darstellung einer dorsalen Instabilität (DISI = dorsi-flexed intercalated segment instability von *Dobyns*, u.a., sowie *Linscheid*, u.a.) mit skapholunärem Winkel von 105°, radiolunärem Winkel von 49° und kapitolunärem Winkel von −48°

- statische Instabilität: fixierte Fehlstellung der Handwurzelknochen nach − in dorsaler Fehlstellung − verheilter Radiusfraktur, Mondbeinnekrose oder perilunärer Verrenkung
- dynamische Instabilität: nur bei bestimmten Bewegungen = ulnare Abwinkelung bei Unterarmpronation auslösbar (Klickphänomen).

• Ein- und Abrisse des Discus articularis, einer Art Meniskus auf dem Ulna-Ende

• skapho-lunare Dissoziation (Diastase)

• *Stauchungen/Absprengungen* der übrigen Handwurzelknochen mit ihren Bandverbindungen.

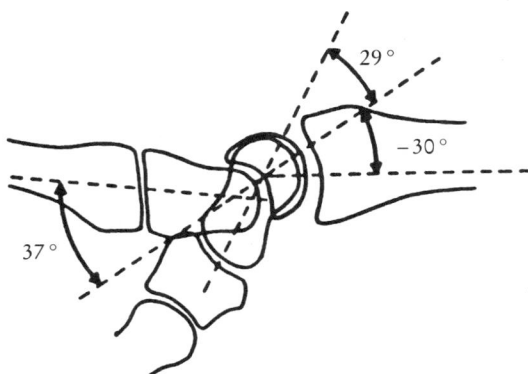

Abb. 10: Schematische Darstellung einer palmaren Instabilität (PISI bzw. VISI = palmar [volar-]-flexed intercalated segment instability) mit skapholunärem Winkel von 29°, radiolunärem Winkel von −30° und kapitolunärem Winkel von 37°

8.7.7.4.1 Kahnbein (Skaphoid)

Das Kahnbein liegt an der Daumenseite der Handwurzel. Es stabilisiert beide Handwurzelreihen im Sinne einer „Kardanwelle". Damit nimmt es für die Funktion des Handgelenks eine zentrale Rolle ein. Biomechanisch hat es von allen Handwurzelknochen die größte Beweglichkeit. Möglich sind Flexions-, Translations- und Rotationsbewegungen, ein Grund für die häufige Verletzung.

Von allen Knochen des menschlichen Körpers hat es die längste Heilungszeit: Bei konservativer Therapie beträgt die Ruhigstellungszeit, je nach Frakturtyp, 4–12 Wochen. Bei verschobenen oder instabilen Frakturen, Brüchen des körpernahen Kahnbeinpols und Kombinationsverletzungen mit Zerreißungen von Bändern oder Brüchen anderer Handwurzelknochen ist die Verschraubung des Kahnbeins notwendig.

Bei guter Stellung des Bruchs kann auf Wunsch nach kürzerer Ruhigstellung die perkutane Verschraubung erfolgen. Gipsruhigstellung ist nicht zwingend. Operationsrisiken sind abzuwägen. Die größte Gefahr bei der leicht zu übersehenden Kahnbeinfraktur besteht in der Ausbildung einer Pseudarthrose, die unbehandelt nach einigen Jahren zum karpalen Kollaps führen kann. 35 % der Frakturen im Handwurzelbereich betreffen das Kahnbein.

Typische Unfallmechanismen sind der Sturz auf die rückwärts gestreckte (dorsalextendierte) und nach außen zur Speiche hin abgewinkelte (radial abduzierte) Hand (88 % aller Arbeitsunfälle) und ein direktes Ereignis, wie Kurbelrückschlag und Verkehrsunfall.

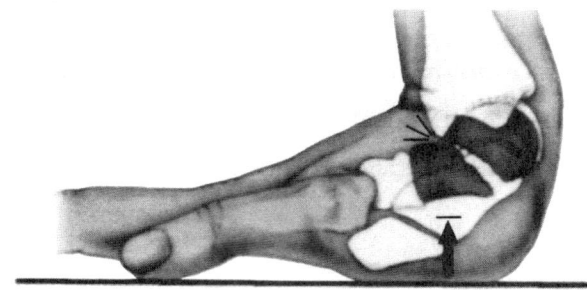

Abb. 11: Indirekte Krafteinwirkung beim Sturz auf das überstreckte Handgelenk:
Unter Scherwirkung bricht das Kahnbein

Bei Stürzen auf das überstreckte Handgelenk wird das Kahnbein zwischen Radiusende und Dreiecksbein geradezu „wie zwischen Amboss und Meißel" eingeklemmt – fast zwangsläufig folgt eine Kahnbeinfraktur, wenn nicht zuvor schon das distale Radiusende zerbricht.

Lokalisation sowie Art der Fraktur sind von der Stellung des Handgelenks beim Sturz, der individuellen Anatomie des Kahnbeins sowie dem Alter des Betroffenen abhängig.

Die Einteilung der Kahnbeinfraktur erfolgt in aller Regel nach Lokalisation und Form des Bruchs: horizontal schräge, quere und vertikal schrägverlaufende Fraktur.

8.7 Hand

AO-Klassifikation: A-Frakturen (Abriss- und Abscherverletzungen), B-Frakturen (Quer-, Schrägfrakturen und Frakturen parallel zur Unterarmachse) und C-Frakturen (Mehrfragment- und Trümmerfrakturen).

Bruchart in bezug auf die Längsachse der Knochen	Verteilung der Druck- und Scherkraft		Bruchort		Bruchart		Ruhig-stellung	Pseudarthro-serate in %
horizontal-schräg		Druck-kraft		distaler Anteil 10%		Horizontal-schräg 35–47%	6 Wochen	2
quer				Mitte 70%		quer 50–60%	6 Wochen	< 15
vertikal-schräg		Scher-kraft		proximaler Anteil 20%		vertikal schräg 3–5%	10–12 Wochen	> 50
a			b					c

Abb. 12: a) Bruchspalt- und Scherkraftanalyse am Kahnbein, analog zum Schenkelhals; b) Häufigkeitsverteilung der Bruchspaltzone und -schräge am Skaphoid: durchschnittliche Ruhigstellung im Gips sowie C: Pseudarthrosenrate

Die Einteilung nach *Herbert*[36] (Abb. 13) kombiniert Frakturanatomie, Stabilität und Krankheitsgeschichte, um daraus prognostische und therapeutische Kriterien abzuleiten, verzögerte Heilungen und Pseudarthrosen werden berücksichtigt.

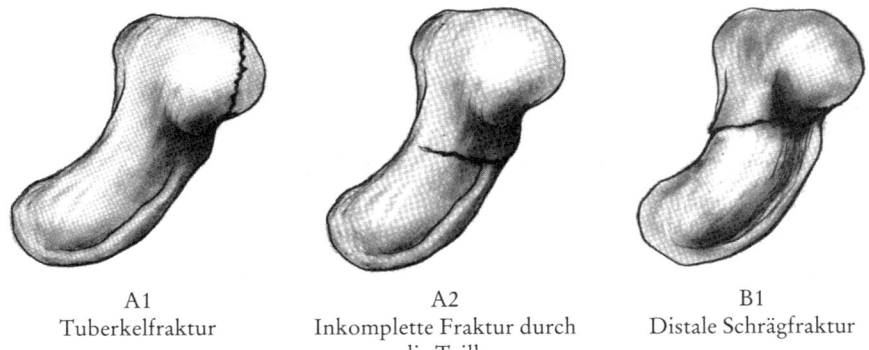

A1
Tuberkelfraktur

A2
Inkomplette Fraktur durch die Taille

B1
Distale Schrägfraktur

---

36 Herbert, Surgical techniques for fixation of scaphoid and other small bones, 1993.

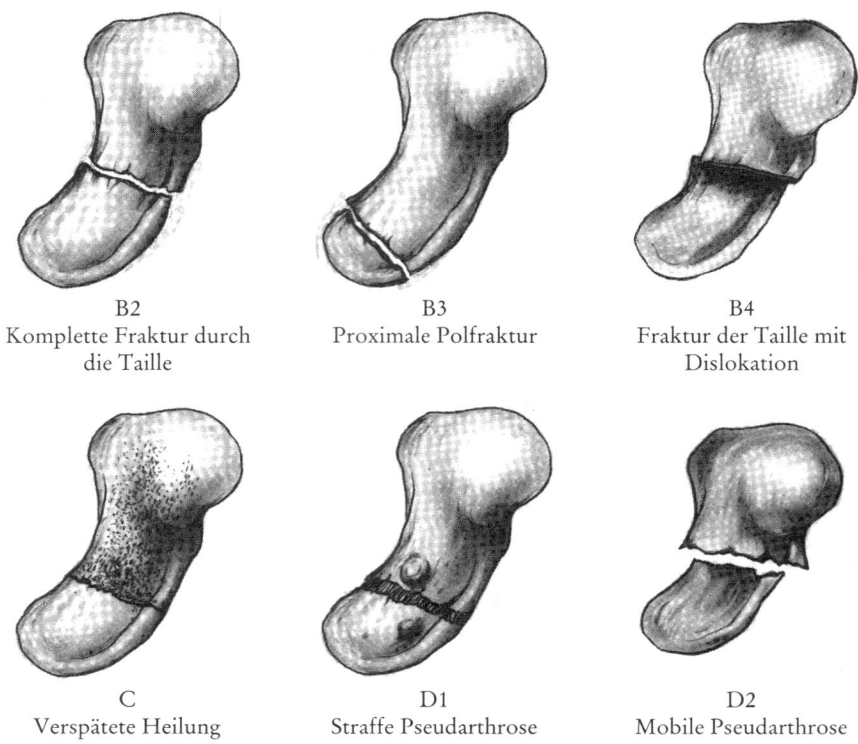

Abb. 13: Einteilung der Kahnbeinfrakturen

Typ A: Akute stabile Frakturen

Frakturen sind inkomplett (nur eine Kortikalis ist involviert), schnelle Verheilung, minimale Versorgung notwendig (Gips)

Typ B: Akute instabile Frakturen

Frakturen verschieben sich bevorzugt bei konservativer Behandlung; verzögerte Verheilungen treten oft auf; operative Fixation empfohlene Behandlungsmethode

Typ C: Verspätete Heilung

Aufweitung des Frakturspalts; Bildung von Zysten in der Nähe des Frakturspalts; zunehmende Knochenverdichtung des proximalen Fragments

Typ D: Pseudarthrosen

Typ D1: Straffe Pseudarthrose, oft nach konservativer Behandlung im Gips

Typ D2: Mobile Pseudarthrose, in der Regel instabil, fortgeschrittene Deformität; führt zur Arthrose; resultiert wahrscheinlich aus Typ D1; operativer Eingriff empfohlen

8.7 Hand 551

Beim *Kahnbeinbruch* sind die Tatsachen genau zu ermitteln. Sodann ist abzuwägen, ob eine frische, traumatische Fraktur vorliegt, bei Vorhandensein struktureller älterer Veränderungen das Unfallereignis eine wesentlich mitwirkende Teilursache ist oder ein älterer, nicht ausgeheilter Bruch mit verzögerter Bruchheilung – vielleicht schon Pseudarthrose – besteht oder ob eine angeborene Anomalie (os bipartitum – zweigeteiltes Kahnbein, das auch an nur einer Seite vorliegen kann) in Betracht kommt.

Die *Kahnbeinpseudarthrose* (Häufigkeit bis zu 10 %) entsteht insbesondere bei proximalen Frakturen, häufig auf Grund der schlechten Vaskularisation des Kahnbeins, sowie auf dem Boden übersehener oder ungenügend behandelter Frakturen (zu kurze Immobilisation, weiter bestehende Fragmentdislokation trotz Operation.[37]

Für eine Pseudarthrose des Kahnbeins als Unfallfolge sprechen die anamnestischen und röntgenologischen Zeichen:[38]

– handwurzel-typische Unfallanamnese (zeitlupenartige Schilderung!)
– Rarefizierung im Spalt, Sintern eines Fragments
– eindeutiger Frakturnachweis schon in den Erstaufnahmen
– „typische" klinische Erstbefunde im Skapho-Radialbereich
– erweiterte Primärdiagnostik wegen Schmerz unmöglich.

Gegen eine *Pseudarthrose*, aber *für* ein Bipartitum (konstitutionelle Zweiteilung) sprechen:

– inadäquate/negative Unfallanamnese
– *glatt* begrenzter Trennungsspalt
– Röntgenbefund schon am Unfalltag
– keine Beschwerden
– freie Beweglichkeit, normale Kraft
– Beidseitigkeit (also links *und* rechts positiv)
– geringe oder keine sekundär-arthrotischen Veränderungen.

Berufskrankheit (BK-Nr. 21 03)

Allgemeine Hinweise s. 20.1 bei 3, S. 1163

Ermüdungsbrüche des Kahnbeins können nach wenigen Wochen Tätigkeit mit Druckluftwerkzeugen erscheinen.[39]

8.7.7.4.1.1 Frischer oder alter Kahnbeinbruch bzw. Kahnbeinpseudarthrose

In der Praxis stellt sich das Problem, ob es sich bei dem gemeldeten Unfall um einen frischen oder alten Kahnbeinbruch bzw. eine Kahnbeinpseudarthrose handelt. Der frische Bruch des Kahnbeins verursacht vielfach nur geringe Beschwerden über wenige Tage, so dass der Betroffene den Arzt nicht oder erst verspätet aufsucht.[40] Kahnbeinbrüche sind auf den Röntgenbildern häufig nicht zu erkennen (schlechte Bildqualität, Röntgenaufnahmen

---

37 Frangen, u.a., Trauma Berufskrankh 9 (2007) 216.
38 Kleinschmidt, MedSach 87 (1991) 123, 124.
39 LSG Rheinland-Pfalz, 5.10 1959, Meso B 240/8.
40 Scharizer, Akt. Traumatol. 1982, 134 ff.; Belusa, Geufke, Beitr. Orthop. Traumatol. 35 (1988) 621.

nur in zwei Ebenen, Kahnbeinfissuren). Aus dem frischen Bruch des Kahnbeins entwickelt sich bei fehlender Ruhigstellung in den folgenden Wochen und Monaten eine traumatische Höhle. Deren Ausbildung weist hin, ein nur wenige Tage zurückliegendes Trauma als ursächlich für die vorliegende Veränderung abzulehnen. Mehrere Wochen bis Monate zurückliegendes Unfallereignis gilt hingegen als wahrscheinlich ursächlich. Nach mehreren Monaten oder Jahren entsteht durch Abgrenzen der Bruchstücke mit kalkdichten Knochendeckeln das klassische Bild der Kahnbeinpseudarthrose. Auch daraus ergeben sich zeitliche Zusammenhangsfragen zum angeschuldigten Unfallereignis.

Die angedeuteten Schwierigkeiten lassen sich meist vermeiden, wenn bei klinischem Verdacht auf einen Bruch Röntgenaufnahmen des Handgelenks in zwei Ebenen und eine Stecher-Aufnahme angefertigt werden. Bei Unklarheiten folgen Computer- oder Kernspintomographie.

Allgemein ist bekannt, dass Kahnbeinfrakturen leicht übersehen werden und häufig wegen sich daraus ergebender Funktionsschädigung des Handgelenks nicht unerhebliche Behandlungskosten entstehen. Weniger geläufig ist, dass wegen einfacher Prellungen – ohne Fraktur – unter irrtümlicher Annahme einer solchen mehrmonatige Gipsruhigstellung durchgeführt wird, so dass neben erheblicher Belastung (Gipsverband und Funktionsminderung des Armes) auch beträchtliche Kosten entstehen.

Bei der Bewertung der MdE sind von der Versteifung des Handgelenks ausgehend entsprechende Abschläge vorzunehmen.[41]

MdE bei Versteifung des Handgelenks in guter Stellung: 30 %

8.7.7.4.1.2 Berufskrankheit (BK-Nr. 21 03)

Allgemeine Hinweise s. 20.1 bei (3), S. 1163.

Nach intensiver Schwingungsbelastung kann als Folge einer Ermüdungsfraktur eine Kahnbeinpseudarthrose entstehen. Hierbei wird das Kahnbein durch sich wiederholende Handgelenksbewegungen auf Biegung beansprucht – als besonders charakteristische Arbeitsbewegung wird das seitliche Losbrechen von Kohlenlagen mit dem tief eingetriebenen Drucklufthammer angesehen[42] und über den Griffelfortsatz der Speiche in seitlicher Richtung gebogen. Es bildet sich zunächst eine „Ermüdungszyste", die schließlich durch Einbruch der Zystenwand eine Ermüdungsfraktur bewirkt.

Tritt die Kahnbeinpseudarthrose erstmals 18 Monate nach Aufgabe der Tätigkeit auf, ist der Schaden nicht auf die Arbeit zurückzuführen.[43]

8.7.7.4.1.3 Verrenkungen des Kahnbeins

Kahnbeinverrenkungen und Teilverrenkungen sind seltene Verletzungen, die infolge dadurch bedingter geringer Erfahrung oft übersehen werden. Ursächlich für diese Verlet-

---

[41] Gross, Z. Unfallchir. Vers. med. Berufskr. 1984, 47 ff.
[42] Laarman, Die chirurgischen Berufskrankheiten, 2. Aufl. 1977 S. 31 ff.
[43] Dupuis, Handbuch der Berufskrankheiten (Hrsg. Konietzko, Dupuis) 1999 IV – 3.4.1.5.3; Thürauf, Begutachtung der Haltungs- und Bewegungsorgane (Hrsg. Rompe, Erlenkämper) 5. Aufl. 2009 S. 569.

8.7 Hand

zungsart sind die direkte Kraft, Fall oder Schlag oder gewaltsame Beugung der Hand oder des Handgelenks. Meist ist die Luxation mit einer Fraktur kombiniert.

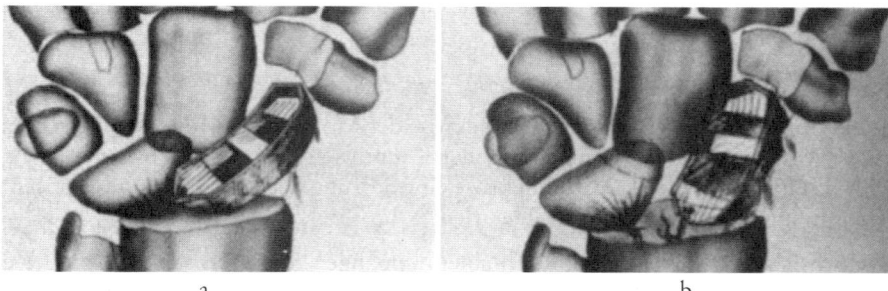

Abb. 14a und b: Normale Lage und Rotationssubluxation des Kahnbeins
aus: Mettler, *Die Skaphoid- und skaphlunären Subluxationen*, in: Frakturen, Luxationen und Dissoziationen der Karpalknochen (Hrsg. *Nigst*), Stuttgart 1982: Hippokrates

Neben Anamnese und klinischem Befund steht das Röntgenbild im Vordergrund der Diagnose (konventionelle Bilder in zwei Richtungen, die seitliche am meisten aussagekräftig, sowie gehaltene Aufnahmen). Zur weiterführenden Diagnostik stehen Computertomographie und Kernspintomographie zur Verfügung. Vergleichsaufnahmen der gesunden Seite können hilfreich sein.[44] Kriterium ist die Achsenkippung des Kahnbeins mit Überschneidung der Konturen der einzelnen Knochen im radialen Handgelenksbereich.

Das Verschieben der Knochen kann bis in die Mittelhand reichen. Charakteristisch für die Bandzerreißung zwischen Radius, Kahnbein und Mondbein sind im Röntgenbild sichtbare Diastasen (Auseinanderweichen der Knochen) zwischen Mond- und Kahnbein.

8.7.7.4.2 Mondbein (Os lunatum)

8.7.7.4.2.1 Anatomische Bemerkung

Das Mondbein nimmt unter den Handwurzelknochen eine Sonderstellung ein. Es stellt den Schlussstein eines romanischen Rundbogens dar, den die Knochen der proximalen Handwurzelreihe bilden. Diese Architektonik ist funktionell bedingt. Das Mondbein ist in der Lage, einem starken Flächendruck standzuhalten. Bei jeder Stellung der Hand ist die Druckbelastung vorwiegend achsengerecht und somit auf die ganze Fläche des Mondbeins verteilt.

Heben und Senken der Hand sowie das Führen zur Ellen- und Speichenseite werden ausschließlich im Speichen-Handwurzelgelenk (Radiokarpal-) und im Handwurzelgelenk (zwischen den drei Handwurzelknochen der proximalen Reihe und den vier Handwurzelknochen der distalen Reihe – Interkarpalgelenk) ausgeführt. Diese Gelenke müssen bewegungsmechanisch wie zwei Klammern eines funktionell einheitlichen Gelenkes gemeinsam

---

[44] Nigst, Buck-Gramcko, Handchirurgie 7 (1975) 81–90; vgl. dazu auch Scharizer, Handchirurgie 7 (1975) 105–108.

betrachtet werden. Dabei sind die drei Knochen des proximalen Handwurzelgelenkkörpers (Kahn-, Mond-, Dreiecksbein) mit den Kugeln eines Kugellagers vergleichbar, die sich zwischen bewegten Lagerschalen drehen. Die proximale Handwurzelreihe als knöcherne Zwischenscheibe gestattet enge und straffe Gelenkkapselführung, die dem Handgelenk eine erhebliche Festigkeit gibt.

8.7.7.4.2.2 Mondbeinnekrose

Die Lunatumnekrose ist eine aspetische Nekrose des Mondbeins (Mondbeinnekrose, auch *Kienböck-Krankheit*). Neuerer medizinischer Kenntnis gemäß geht nach fast jeder Erklärung für das Entstehen der Lunatumnekrose eine Störung der arteriellen und venösen Gefäßversorgung voraus.[45] Diskutierte Theorien:[46]

- *Primärtraumatische* Entstehung nach einer einmaligen *Kompressionsfraktur* oder einer *Fissur* des Mondbeins: Die Gestalt des Mondbeins lässt eine Kompression des an sich sehr elastischen Knochens zu
- *sekundäre* Entstehung nach *primärer Zerreizung blutgefäßführender Ligamente*
- Entstehung durch wiederholte *Mikrotraumatisierung* (Presslufthammerschaden) und auf dem Boden *anatomischer Besonderheiten* als *prädisponierender Faktor*:
Wesentlicher Faktor ist die veränderte Druckbelastung des Mondbeins, die durch eine verkürzte Elle hervorgerufen wird (Minusvariante). Das Mondbein „reitet" gleichsam auf einem zu hohen Radiusfirst (= ulnare Minus-Variante), so dass es fast zwangsläufig im Verlaufe von Monaten bis Jahren zu einer „Zermörserung" des Lunatum kommt. Die Ernährungsstörung des Knochengewebes führt zu seinem allmählichen Absterben (Mondbeintod) mit daraus sich ergebender Deformierung und isoliertem Dichterwerden des Kalksalzgehaltes nur dieser Handwurzelknochen.

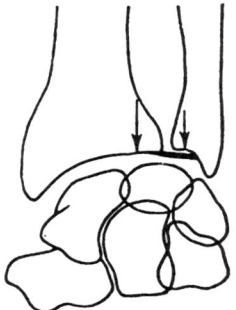
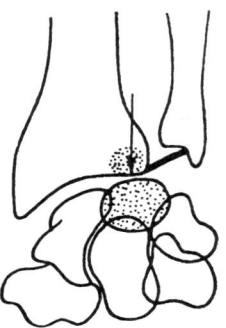

Abb. 15a: Die Druckkräfte der Elle und Speiche mit dem dazwischenliegenden Diskus triangularis sind gleichmäßig auf das Mondbein verteilt

---

[45] Sauerbier, u.a., Trauma Berufskrankh 3 (2000) 232; Schiltenwolf, u.a., Handchir Mikrochir Plast Chir 28 (1996) 215.
[46] LSG Nordrhein-Westfalen, 19. 4. 1999, HV-Info 24/1999, 2221 = Meso B 240/261.

In der Literatur werden namentlich Mondbeinnekrosen ohne vorangegangenes Trauma beschrieben; die spontane, schicksalsmäßige Entstehung beruht auf einem in der medizinischen Wissenschaft bislang unbekannten Gefäßprozess.[47] Röntgenologisch wird die Mondbeinnekrose in verschiedene Stadien eingeteilt – beginnend von lediglich einer Verdichtung bis zum völligen schollingen Zerfall des Mondbeins verbunden mit erheblichen arthrotischen Veränderungen.

8.7.7.4.2.3 Nachweis des Kausalzusammenhanges zwischen Mondbeinnekrose und Unfall

Wegen Seltenheit der Mondbeinbrüche sind strenge Anforderungen an den Nachweis des Kausalzusammenhanges zu stellen:[48]

(1) Geeignetes Unfallereignis, vor allem Sturz auf die ausgestreckte Hand und schwere Kontusion der Handwurzel

(2) Sofortiges Auftreten der klinischen Erscheinungen mit dem Unfall (Schmerz, Schwellung, Bewegungsbehinderung)

(3) Fissur- oder Frakturnachweis unmittelbar oder innerhalb der ersten drei bis vier Wochen danach

(4) Regelrechter Röntgenbefund unmittelbar nach dem Unfall und Beginn der Lunatumnekrose nicht vor vier Wochen nach dem Unfall mit Fortschreiten der nekrotischen Vorgänge

Das Mondbein kann bei heftigem Unfall zusammengedrückt werden, sich aber zunächst wegen seiner Elastizität wieder zur alten Gestalt ausdehnen. Erst später im Verlauf von Wochen und Monaten sind für die mit Ernährungsstörungen einhergehende Lunatumnekrose charakterisitischen Röntgenbilder nachzuweisen.

(5) Brückensymptome zwischen Unfall und Zeitpunkt der röntgenologischen Erkennbarkeit des Leidens

(6) Fehlen einer verkürzten Elle (je deutlicher der Vorschub/die Verkürzung der Elle, umso zurückhaltender ist ein angeschuldigter Sturz als wesentliche Ursache zu bewerten) und arthrotischer Veränderungen

Gegen einen Unfallzusammenhang sprechen:

(1) Röntgenmanifeste Veränderungen, die älter sind als das Unfallereignis

(2) Nicht geeignetes Unfallereignis (Distorsion des Handgelenks, „Überanstrengung")

(3) Stillstand der röntgenologischen Erscheinungen

(4) Formvarianten

(5) Doppelseitiges Auftreten der Erkrankung

---

[47] LSG Nordrhein-Westfalen, 19. 4. 1999, Meso B 240/261.
[48] Maurer, Langenbecks Arch. Chir. 298 (1960) 414; vgl. auch Rompe, Erlenkämper, Begutachtung der Haltungs- und Bewegungsorgane, 5. Aufl. 2009 S. 666 f.; Josef, Sextro, chir. praxis 27 (1980) 711.

Die Rspr hat bisher überwiegend eine unfallbedingte Entstehung abgelehnt.[49]

Minderung der Erwerbsfähigkeit
Mondbeintod, mit Arthrose und Funktionseinbußen   10 – 20 %

8.7.7.4.2.4 Berufskrankheit (BK-Nr. 21 03)

Allgemeine Hinweise s. 20.1 bei (3), S. 1167.

Die Gefäßversorgung des *Mondbeins* ist bei Pressluftarbeitern besonders gefährdet. Dabei dürfte eine Mikrotraumatisierung des Mondbeins dadurch hervorgerufen werden, dass in der Andruckstelle die Elle teleskopartig hin und her federt und damit – wahrscheinlich in viel größerem Maße als bei der Minusvariante der Elle – eine unphysiologische Beanspruchung des Mondbeins hervortritt.[50] Nach anderer Ansicht wird die Gefäßversorgung des Mondbeins in der leichten Streckstellung des Handgelenks bei der Arbeit unterbrochen; manchmal erscheint auf diese Weise unter Schwingungsbelastung die Nekrose des Mondbeins.[51] Überwiegend erscheint die Mondbeinnekrose an der Gebrauchshand.[52] Kausal wird sie mit einer Gefäßabdrosselung bei der Arbeitshaltung am Werkzeug in Verbindung gebracht. Aktiver Faustschluss und selbständiges Strecken und Spreizen der Finger können gestört sein, wobei während der Bewegungen oft Schmerzen angegeben werden. Das röntgenologische Erscheinungsbild kann differenziert sein.[53]

Bei Beurteilung der arbeitstechnischen Voraussetzungen ist davon auszugehen, dass degenerative Veränderungen von Dauer und Intensität der Schwingungsbelastung sowie der Stärke der Ankopplung der Hände an den vibrierenden Handgriffen abhängen. Eine kumulative Dosis der Schwingungsbelastung des Hand-Arm-Systems, lässt sich nach dem Erkenntnisstand ebenso wenig wie eine Mindestexpositionszeit festlegen.[54] Erforderlich ist eine Gesamtbetrachtung von Art und Ausmaß der Erschütterungen, die auf den Versicherten einwirkten, das zeitliche Ausmaß ihrer Nutzung und weitere mögliche Besonderheiten, wie z. B. Ankoppelung der Hände an die Maschinen (s. 20, S. 1163).

Der Mondbeintod ist nicht mehr auf die berufliche Tätigkeit zurückzuführen, wenn seit der Aufgabe der gefährdenden Beschäftigung mehr als fünf Jahre vergangenen sind.[55] Der Nachweis von Zysten im Röntgenbild ist in der Regel ein Zeichen für ein anlagebedingtes Krankheitsbild.

Auch nach Ablauf mehrerer Jahre (bis zu 15) ergibt sich eine wesentliche Besserung der Beweglichkeit des betroffenen Gelenks.[56]

---

[49] RVA, 17. 4. 1929, EuM 24, 437; LSG Niedersachsen, 11. 6. 1959, Meso B 240/31; LSG Hamburg, 18. 8. 1954, BG 1955, 133; anders LSG Nordrhein-Westfalen, Breith. 1956, 34: Anerkennung bei nachgewiesenem Unfall und Brücken-Symptomen.
[50] Weller, Holz, Chirurg 52 (1981) 297.
[51] Dupuis, u.a., ASU 33 (1998) 490, 491.
[52] Lederer, in: Koelsch, Handbuch der Berufserkrankungen (Hrsg. Kersten) 4. Aufl. Teil 2 1972 S. 524 mit Hinweis auf Betzel: 63:37 %.
[53] Dupuis, ASU 33 (1998) 490; Steinhäuser, u.a., Z. Orthop 113 (1975) 663 ff.
[54] Bayer. LSG, 29. 1. 2008, UVR 11/2008, 826.
[55] LSG Nordrhein-Westfalen, 12. 11. 1971, bei Bonnermann, BG-UMed 66 (1987) 114.
[56] Amtliches Merkblatt für die ärztliche Untersuchung zu Nr. 2103, BArbBl 2005 H.3 S. 51; LSG Nordrhein-Westfalen, SGb 1954, 162; SG Koblenz, Breith. 1964, 1039.

8.7.7.4.2.5 Absprengung vom Dreiecksbein

Häufig sind kleinere Absprengungen von der Streckseite des Dreiecksbeins, die in der Regel nach 3–4-wöchiger Ruhigstellung folgenlos verheilen. Diagnostiziert werden diese Verletzungen auf den streng seitlich aufgenommenen Röntgenbildern des Handgelenks und der Handwurzel. Zu unterscheiden sind sie von akzessorischen Knochenkernen, die an dieser Stelle vorhanden sind.

8.7.7.5 Dupuytren'sche Kontraktur

Die Dupuytren'sche Kontraktur ist Ausdruck einer Stoffwechselstörung des Bindegewebes im Sinne einer Fibromatose. Dieses neugebildete, veränderte Bindegewebe führt sekundär zu Funktionsstörungen. Sie hat nach begründeter Ansicht konstitutionelle Ursachen.[57] Oft wird familiäres Auftreten beobachtet; in einem Drittel der Fälle tritt die Erkrankung doppelseitig auf. Bestimmte Erkrankungen, wie Epilepsie, Lungentuberkulose, chronischer Alkoholismus, Stoffwechselstörungen, Diabetes mellitus, chronisches Leberleiden, Gicht, Rheuma, HWS-Veränderungen, Herzinfarkt, Angina pectoris und Schädigungen peripherer Nerven, sind vielfach mit der Dupuytren'schen Erkrankung kombiniert; jedoch sind Zusammenhänge bisher nicht erwiesen. Wahrscheinlich gibt es keine isolierte Ursache, sondern ein Zusammenwirken mehrerer dieser Komponenten. Beruf und wiederholtes Trauma haben keinen Einfluss auf die Erkrankung, zumal diese nicht nur bei Handarbeiten, sondern in etwas höherem Maße auch bei Menschen ohne jegliche handwerkliche Tätigkeit vorkommt.[58] Die Dupuytren-Kontraktur ist hauptsächlich eine Erkrankung des fortgeschrittenen Alters, kommt aber bei Jugendlichen vor und reagiert hier aggressiv. Männer werden eher befallen als Frauen (5:1).

Die Zusammenhangsfrage war vereinzelt Gegenstand der Rspr. In den Entscheidungen[59] wird *unfallweise* Entstehung bzw. Verschlimmerung der Erkrankung – entsprechend dem in der medizinischen Wissenschaft vertretenen Standpunkt – *ausgeschlossen*.

Das RVA[60] hatte der *Dupuytren'schen Kontraktur* die Anerkennung als Berufskrankheit versagt. Weiterhin gilt das seinerzeit herangezogene Argument, ein Einfluss durch die Arbeit mit Druckluftwerkzeugen sei nicht als wahrscheinlich zu werten.

8.7.7.6 Carpaltunnel-Syndrom[61]

Der Begriff bezeichnet Schmerzen und Taubheitsgefühl an Hand und Armen, verursacht durch Druckschädigung (Kompressionsneuropathie) des Mittelhandnervs (N. medianus) im Carpaltunnel(-kanal). Pathogenetisch ist als Missverhältnis zwischen Raumangebot des Carpaltunnel und seinem Inhalt definierbar. Eine Nervenkompression innerhalb dieser

---

[57] Marx, Schunk, Beitr. Orthop. u. Traumatol. 29 (1982), 477–483; Hoffmann, Handchirurgie 1997, 198.
[58] Berger, u.a., Unfallchirurg 93 (1990) 181 ff.; s.a. Pöllmann, Arbeitsmed. im Gesundheitsdienst II (Hrsg. Hofmann, Stössel), 1988 S. 95 ff. m.w.N.
[59] LSG Celle, 13.1.1955, LAP S. 50: Speichenbruch durch Unfall, komplikationslose Verheilung. Nach Angabe des Verletzten nach Unfall eingetretene D. K.; s. auch Wulle, Handchirurgie 18 (1986) 216.
[60] 29.11.1931, Kompass 1931, 174.
[61] Synonyme: Brachialgia paraesthetica nocturna, Beschwerden häufig während der Nachtruhe beginnend; distales Medianuskompressionssyndrom; Handgelenkstunnelsyndrom.

anatomisch-räumlichen Enge kann sowohl bei Einengung des Carpaltunnels als auch bei Volumenzunahme des Tunnelinhalts erfolgen.[62]

Ausmaß der Nervenschädigung hängt von Stärke und Dauer der Kompression ab.

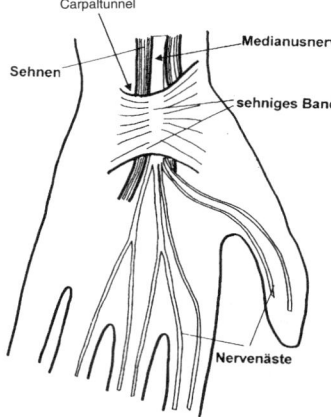

Abb. 16: Schematische Darstellung der Lage des Carpaltunnels

Ursachen für eine Vermehrung des Carpaltunnelinhaltes[63]

- Schwellungszustände des Sehnengleitgewebes bei degenerativen, rheumatischen, hormonellen und stoffwechselbedingten Erkrankungen (Myxödem, Akromegalie, Gicht, Mukopolysacharidose u.a.), in der Gravidität oder überlastungsbedingt
- Traumata (Radiusfraktur, Handwurzelluxation, posttraumatische Handgelenksarthrose mit Osteophyten, Einblutung)
- Handgelenksarthrose anderweitiger Ursache
- tumoröse und tumorähnliche Raumforderungen (Lipome, Ganglien, Osteophyten)
- multifaktoriell bei Dialysepatienten

---

[62] Spallek, in: Erfahrungen mit der Anwendung von § 9 Abs. 2 SGB VII (5. Erfahrungsbericht), Hrsg. HVBG 2006 S. 93; Vogt, Karpaltunnelsyndrom (Hrsg. Schweiz. UV-Anstalt) 1998 S. 6; Jung, u. a., Zbl Arbeitsmed 53 (2003) 52; Friedebold, u. a., Zbl Arbeitsmed 59 (2009) 242, 243.

[63] Diagnostik und Therapie des Karpaltunnelsyndroms. Leitlinien der Dt. Gesellschaftenf. Handchirurgie, Neurochirurgie, Neurologie, Orthopädie und Orthopädische Chirurgie; AWMF-Leitlinien-Register Nr. 005/003 (2008).

8.7 Hand

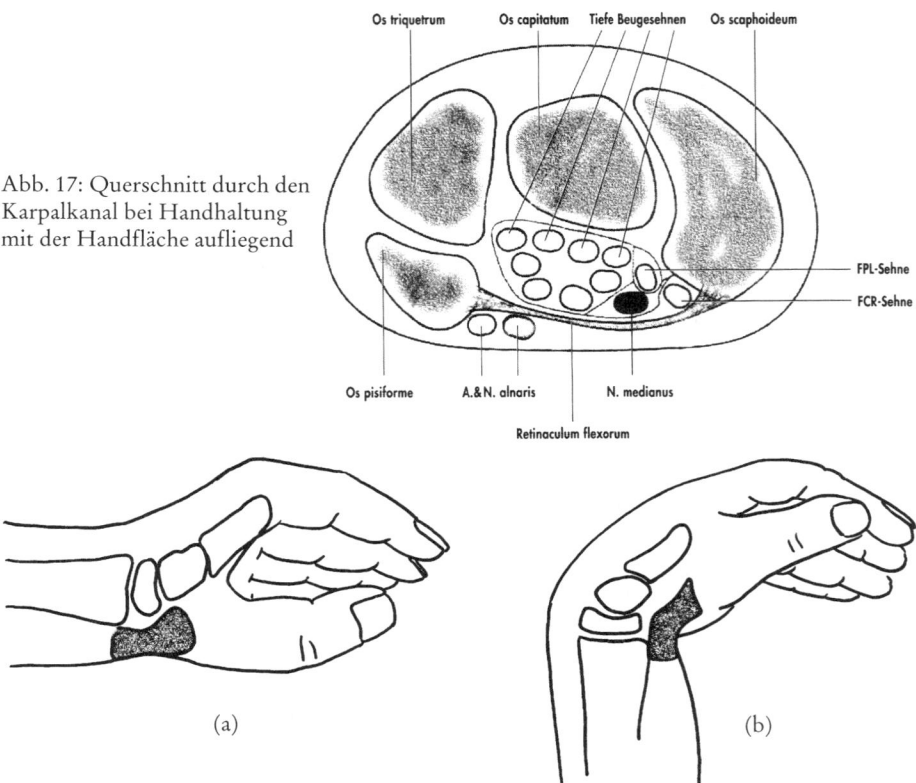

Abb. 17: Querschnitt durch den Karpalkanal bei Handhaltung mit der Handfläche aufliegend

Abb. 18: Veränderungen der Form des Carpaltunnels bei Bewegungen des Handgelenks: Die größte Enge des Kanals liegt bei Streckung (a) relativ weit zur Körpermitte (proximal), bei der Bewegung (b) weiter zum Ende (distal).

8.7.7.6.1 Arbeitsunfall

In 10 bis 15 % ist das Carpaltunnel-Syndrom Folge durch

- überwiegend distale Radiusfraktur (meist in Fehlstellung verheilt)
- stumpfes Handgelenkstrauma oder Weichteilquetschungen des distalen Vorderarms
- Frakturen oder Luxationen von Handwurzelknochen

Unfallzusammenhang erfordert

- Nachweis direkter Schädigung des Mittelhandnervs mit anschließender Brückensymptomatik oder
- sekundär entstandene Nervenkompression durch eine anatomisch fassbare Ursache (z. B. Fehlstellung)
- normale Nervenleitung auf nicht verletzter Gegenseite

Elektrophysiologische Verlaufsuntersuchungen sowie Seitenvergleiche geben wertvolle Hinweise zur Klärung unfall-/anlagebedingter Schädigung.[64]

8.7.7.6.2 Berufskrankheit

„Druckschädigung des Nervus medianus im Carpaltunnel (Carpaltunnel-Syndrom) durch repetitive manuelle Tätigkeiten mit Beugung und Streckung der Handgelenke, durch erhöhten Kraftaufwand der Hände oder durch Hand-Arm-Schwingungen"

Der Ärztliche Sachverständigenbeirat „Berufskrankheiten" beim Bundesministerium für Arbeit und Soziales empfiehlt, eine neue Berufskrankheit mit der vorgenannten Legaldefinition in die Anlage 1 zur Berufskrankheiten-Verordnung aufzunehmen.[65] Damit ist die Erkrankung „wie eine Berufskrankheit als Versicherungsfall" im Einzelfall anzuerkennen. (§ 9 Abs. 2 SGB VII).

Charakteristik der ursächlich schädigenden Einwirkungen

Die schädigenden Einwirkungen sind gekennzeichnet durch

- repetitive manuelle Tätigkeiten mit Beugung und Streckung der Hände im Handgelenk oder
- erhöhten Kraftaufwand der Hände (kraftvolles Greifen) oder
- Einwirkung von Hand-Arm-Schwingungen, z. B. durch handgehaltene vibrierende Maschinen (handgeführte Motorsägen und Steinbohrer),

die zu einer Volumenzunahme mit Druckerhöhung im Carpaltunnel führen. Das Risiko erhöht sich bei einer Kombination dieser Faktoren. Insbesondere beim Umgang mit handgehaltenen vibrierenden Werkzeugen ist davon auszugehen, dass diese mit Kraftaufwand der Fingerbeuger und entsprechenden Zwangshaltungen der Finger und im Handgelenk festgehalten werden müssen, so dass sich hier mehrere Expositionskomponenten überlagern.

Die arbeitsbedingten Belastungen führen zu Überbeanspruchung des Sehnengleitgewebes, Hyperplasie des Synovialgewebes und Verdickung der Sehnenscheiden. Folge: Druckerhöhung im Carpaltunnelkanal und Kompression des N. medianus mit Funktionsstörungen.

---

[64] Schwenkreis, Tegenthoff, in: Begutachtung in der Neurologie (Hrsg. Widder, Gaidzik) 2007 S. 240.

[65] Wissenschaftliche Begründung für die Berufskrankheit v. 1.5.2009, GMBl 2009, 573 ; s. auch Bernhard, Musculoskeletal disorders and workplace factors. A critical review of epidemiologic evidence for work-related musculoskeletal disorders of the neck, upper extremity, and low back. US Department of Health and Human Services, National Institute for Occupational Safety and Health, 1997, Report Nr. 97–141; s. auch Giersiepen, u. a., Dokumentationsband 41. Jahrestagung der DGAUM 2001 S. 85; Silverstein, u. a., Br. J. Ind. Med 11 (1987) 343; Chiang, u. a., Scand J. Work Environ. Health 19 (1993) 126; Schottland, u. a., J. Occup. Med 33 (1991) 627; Stetson, Am. J. Ind. Med. 24 (1993) 175; Friedebold, u. a., Zbl Arbeitsmed 59 (2009) 242–251.

8.7 Hand

Beispiele beruflicher Tätigkeit[66]

Polsterer, Kassierer

Lebensmittelverarbeitung und -verpackung, insbesondere in Kühlräumen (Fleischverpakker, Geflügelverarbeiter)

industrielle und landwirtschaftliche Schleifarbeiten

Fließbandarbeiter in der Autoindustrie

Montagearbeiten in der Elektronik-, Flugzeug-, Möbel-Automobilindustrie, Musiker

Ganz überwiegend ist die dominante Hand befallen. Bei bestimmten Berufen können unabhängig von der Händigkeit auf Grund der Belastungssituation auch an der nichtdominanten Hand Beschwerden auftreten: über Schlachter liegen Aussagen aus der Literatur zum überwiegend linksseitigen Carpaltunel-Syndrom vor. Ein bilaterales Auftreten ist möglich; dann ist aber die Intensität der Beschwerden in der mehr beanspruchten Hand höher.

Ursächlichkeit von Arbeit am Personalcomputer bzw. Schreibmaschinentätigkeit ist nicht belegt[67]

Latenzzeit: überwiegend innerhalb eines Jahres[68]

Kausalzusammenhang ist plausibel, wenn der Erkrankungsbeginn in engem zeitlichen Zusammenhang mit der Exposition steht.

Frauen erkranken doppelt so häufig wie Männer. Neben hormonellen Faktoren wird darauf verwiesen, dass Frauen öfter in Berufen mit entsprechenden Anforderungen tätig sind; auch Haushaltstätigkeiten zeigen ähnliche Expositionen.[69]

Differenzialdiagnosen

Differenzialdiagnostisch kommen hauptsächlich in Betracht:

- Traumata (Radiusfraktur, Handwurzelluxation, posttraumatische Handgelenksarthrose mit Osteophyten, Einblutung)
- Schwellungszustände des Sehnengleitgewebes bei degenerativen, rheumatischen, hormonellen und stoffwechselbedingten Erkrankungen (Diabetes mellitus, Myxödem, Akromegalie, Gicht, Mukopolysacharidose u. a.), in der Gravidität oder überlastungsbedingt
- Handgelenksarthrose anderweitiger Ursache
- tumoröse und tumorähnliche Raumforderungen (Lipome, Ganglien, Osteophyten)
- multifaktorielle Neuropathie bei Dialysepatienten

---

[66] Spallek, Erfahrungen mit der Anwendung von § 9 Abs. 2 SGB VII (5. Erfahrungsbericht) Hrsg. HVBG 2006 S. 93,94; Jung, Rose, Zbl Arbeitsmed 53 (2003) 52, 53; Palmer u. a, Occupational Medicine 57 (2007) 57ff.
[67] Leitlinie der Dt. Ges.f. Handchirurgie, Neurochirurgie, Neurologie, Orthopädie und Orthopädische Chirurgie (2008); Jung, Rose, Zbl Arbeitsmed 53 (2003) 52, 53.
[68] Gorsche, u.a. Occp. Med 56 (1999) 417 ff; Chiang, u.a., Scand J Work Environ Health 19 (1993) 126ff.
[69] McDiarmid, u.a. Environ Res 83 (2000) 23ff.

– zervikale Radikulopathie der Wurzeln C6 und C7
– Polyneuropathie

Seltenere Differenzialdiagnosen umfassen:

– Läsionen oder anderweitige Kompressionen des N. medianus (Pronator-Syndrom)
– Thoracic-outlet-Syndrom, Skalenussyndrom
– Spinale Erkrankungen (zervikale Myelopathie, Syringomyelie, spinale Muskelatrophie)
– Nicht-neurogene bzw. anderweitige Erkrankungen (Unterarm-Kompartment-Syndrom)
– Polymyalgie, Raynaud-Syndrom, Borrelliose u. a.

8.7.7.6.3 Heilverfahren

Behandlung durch – offene oder endoskopische – chirurgische Durchtrennung des Bindegewebsbandes (Retinaculum flexorum) ist in 80 % erfolgreich. Im Übrigen können die Symptome nach Rückkehr in die bisherige Tätigkeit rezidivieren.[70]

8.7.7.7 Hypothenar-Hammer-Syndrom

Die seltene arterielle Durchblutungsstörung betrifft meist die Finger 3 bis 5.

Als Arbeitsunfall erscheint sie nach einmaliger Krafteinwirkung im Bereich der Handinnenfläche bzw. -kante. Anerkennung „wie eine Berufskrankheit" (§ 9 Abs. 2 SGB VII) nach wiederholter Verwendung der ulnaren Handseite als Schlagwerkzeug bzw. Hammer oder durch Rückschläge von Bedienteilen an Maschinen (Mechaniker, Monteur, Installateur, Zimmermann, Schreiner).[71]

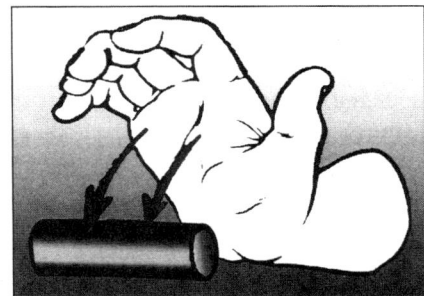

Abb. 19: Auslösemechanismus des Hypothenar-Hammer-Syndroms

Im Hypothenarbereich (Kleinfingerballen am äußeren Rand der Mittelhand) kommt es zur Thrombosierung oder Aneurysmabildung der Ellenschlagader (A. ulnaris) und des oberflächlichen Hohlhandbogens (Arcus palmaris superficialis). Diese Gefäßabschnitte sind

---

[70] Al-Quattan, u.a., J. Hand Surg. 19 B (1994) 622; Owen, Ergonomics 37 (1994) 449.
[71] LSG Niedersachsen, 17. 9. 1998, BB 1998, 2530 = HV-Info 10/1999, 1866; dazu HV-Info 34/1999, 3225; („Fußbodenverleger"); Letzel, Kraus, ASU 33 (1998) 502; Letzel, u.a., Zbl Arbeitsmed 53 (2003) 48.

verletzungsanfällig, da zur Handfläche hin nur eine sehr geringe Weichteilabdeckung vorhanden ist und zur Tiefe hin der Rand des Hakenbeins (8. Handwurzelknochen, Os hamatum) als Amboss fungiert. Symptome bestehen in einem akuten, lanzierenden Schmerz im Hypothenarbereich, der sich in der Folgezeit zu einem dumpfen Dauerschmerz der ulnaren Handkante mit Ausstrahlung in den kleinen Finger wandelt. Hautverfärbungen kommen vor, Ulzerationen und Nekrosen im Endstromgebiet der Ellenarterie sind selten, Paresen treten nicht auf.[72]

Die Diagnose erfordert

(1) regelmäßige Verwendung der ulnaren Seite der Hand als Hammer

(2) angiographischen Nachweis von Okklusion oder Aneurysma der distalen A. ulnaris

(3) Ausschluss anderer Erkrankungen, wie Vaskulitiden (z.B. rheumatoide Arthritis, Lupus erythematodes, Dermatomyositis), Vaskulopathien (z.B. Mikroangiopathie bei Diabetes mellitus, Thrombangiitis obliterans), rheologische Veränderungen (z.B. Kryoglobulinämie, Kälteagglutinine, Polyzythämie) und Traumen anderer Genese (Erfrierungen, iatrogene Ursachen wie Shunt oder AV-Fistel) sowie Weichteiltumore.[73]

Anerkennungen in Rahmen des § 551 Abs. 2 RVO a.F. bzw. § 9 Abs. 2 SGB VII[74]

Zwischen 1987 und 2008 wurden 35 Erkrankungen „wie eine Berufskrankheit" anerkannt, davon 26 seit 2004.

Die Dauer der Beschäftigung im jeweiligen Beruf bis zum Auftreten der Erkrankung wird mit 14 bis 42 Jahren (im Mittel 28 Jahre) angegeben.[75]

8.7.7.8 Chronisches Handrückenödem

Krankheitsbild: kissenartige, harte Schwellung des Handrückens, nur selten auf den Unterarm ausdehnend. Finger sind meist nicht verdickt, wohl aber aktiv und passiv nur schwer oder gar nicht beweglich. Rechte Hand häufiger betroffen.

Ursachen: Unfallfolge (meist wird geringfügiges Trauma angegeben = Gelegenheitsanlass), mechanische Einwirkungen. Hinweis im Schrifttum, dass jedes chronische Handrückenödem zunächst den Verdacht auf einen Artefakt erweckt, wenn das angeschuldigte Trauma nicht nachweisbar ist. Beweisführung nur durch sorgfältige Überwachung.[76]

Aus der Rechtsprechung:
Klage eines Hammerschmieds über Schmerzen und Kraftlosigkeit in der rechten Hand sowie Witterungs- und Kälteempfindlichkeit in diesem Bereich. Gutachterlich wurde ein chronisches Handrü-

---

72 Heitmann, u.a., Trauma Berufskrankh 3 (2001) 148, 150; ders. Unfallchirurg 105 (2002) 833.
73 Letzel, u.a., Zbl Arbeitsmed 53 (2003) 48, 49.
74 Mehrtens, Brandenburg, R 20 Gruppe B.
75 Letzel, u.a., Zbl Arbeitsmed 53 (2003) 48, 49.
76 Block, in: Handbuch der gesamten Unfallheilkunde, 3. Aufl. Bd. 1 (Hrsg. Bürkle de la Camp) 1963; Clemens, Zentralbl. Chir. 76 (1951) 433–442; Scharizer, ASP 1985, 56–58; Lob, Probst, Schultergürtel und obere Gliedmaßen, in: Klinische Chirurgie für die Praxis Bd. IV (Hrsg. Diebold, Junghanns, Zuckschwerdt 1966); Blauth, MfU 1960, 189, 193.

ckenödem festgestellt, ursächlich auf chronisch-mechanische Einwirkungen des Bügels der Schmiedezange auf den Handrücken zurückgeführt: Anerkennung „wie eine BK".[77]

8.7.7.9 BK-Nr. 21 04

Allgemeine Hinweise s. 20.1 bei (4)

Die Symptome der Durchblutungsstörungen sind örtlich begrenzt auf den Teil der Hand, der die Vibration überwiegend aufnimmt. Meist sind die Finger 2 bis 5 der Halte- und Bedienungshand betroffen. Mechanische Schwingungen tieferer Frequenz können zu Veränderungen des Handskeletts führen: Zystenbildung, Osteonekrose, Veränderungen des Kalksalzgehaltes.[78]

---

[77] BSG, 29. 10. 1981, Breith. 1982, 767.
[78] Valentin, u. a., Arbeitsmedizin, 3. Aufl. Bd. 2 1985 S. 130 ff.

8.7.8 MdE-Erfahrungswerte

Bei Finger(teil)verlusten wird davon ausgegangen, dass

– Amputationsstümpfe der betroffenen Finger gut einsetzbar sind
– Durchblutungs- und Sensibilitätsstörungen sowie Neurome nicht vorliegen
– vorhandene Gelenke der teilamputierten Finger sowie nicht betroffene Nachbarfinger frei in der Bewegung sind.

Bei Bewertung der Amputationsverletzungen mit einer MdE unter 20 v. H. auf Dauer empfiehlt sich bei kurzer Arbeitsunfähigkeit eine Gesamtvergütung (= GV).

Vergleich der Verletzungen mit dem jeweiligen Finger(teil)verlust. Prüfung ob etwa gleich, besser oder schlechter zu bewerten sind.[79]

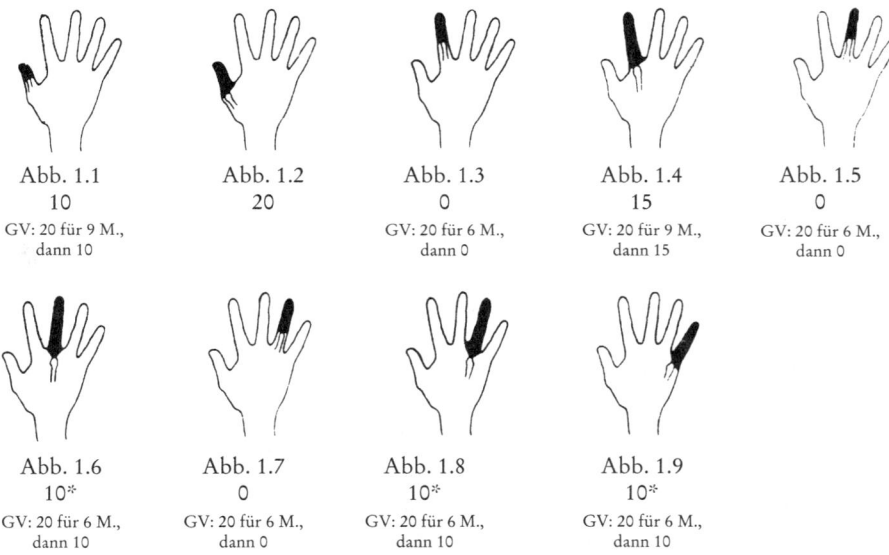

Tafel 1: Verletzung an einem Finger

Abb. 1.1 — 10 — GV: 20 für 9 M., dann 10
Abb. 1.2 — 20
Abb. 1.3 — 0 — GV: 20 für 6 M., dann 0
Abb. 1.4 — 15 — GV: 20 für 9 M., dann 15
Abb. 1.5 — 0 — GV: 20 für 6 M., dann 0
Abb. 1.6 — 10* — GV: 20 für 6 M., dann 10
Abb. 1.7 — 0 — GV: 20 für 6 M., dann 0
Abb. 1.8 — 10* — GV: 20 für 6 M., dann 10
Abb. 1.9 — 10* — GV: 20 für 6 M., dann 10

* Bei Verlust des Mittelhandköpfchens: 15

---

[79] LSG Nordrhein-Westfalen, 7. 3. 2007, NZS 2008, 98, 100.

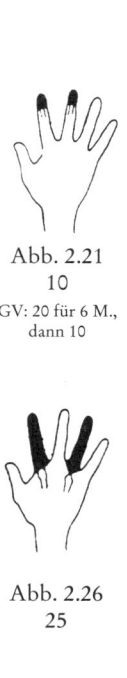

Abb. 2.21
10
GV: 20 für 6 M.,
dann 10

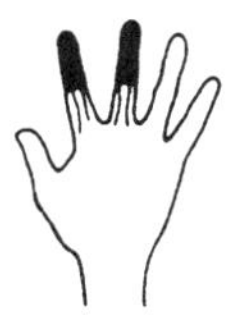

Abb. 2.22
20

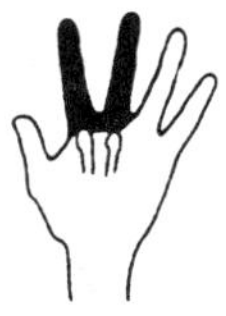

Abb. 2.23
25

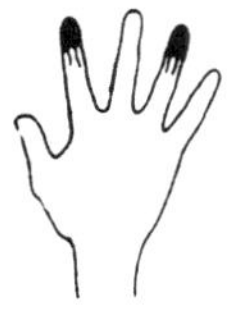

Abb. 2.24
10
GV: 20 für 6 M.,
dann 10

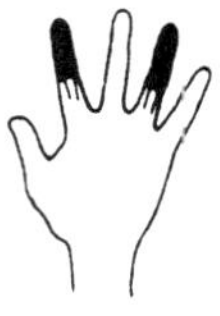

Abb. 2.25
20

Abb. 2.26
25

Abb. 2.27
0
GV: 20 für 4 M.,
dann 0

Abb. 2.28
20

Abb. 2.29
25

Abb. 2.30
10
GV: 20 für 6 M.,
dann 10

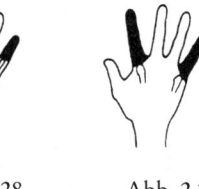

Abb. 2.31
15
GV: 20 für 12 M.,
dann 15

Abb. 2.32
20

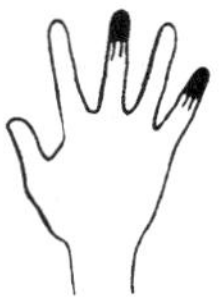

Abb. 2.33
0
GV: 20 für 4 M.,
dann 0

Abb. 2.34
15
GV: 20 für 12 M.,
dann 15

Abb. 2.35
25

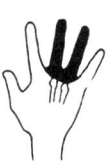

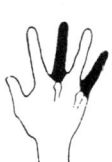

Abb. 2.36
0
GV: 20 für 4 M.,
dann 0

Abb. 2.37
15
GV: 20 für 12 M.,
dann 15

Abb. 2.38
20

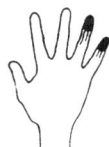
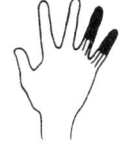

8.7 Hand

Tafel 2: Verletzungen an zwei Fingern

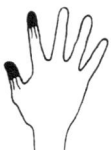

Abb. 2.1
10
GV: 20 für 9 M.,
dann 10

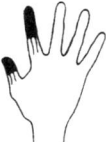

Abb. 2.2
20

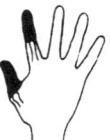

Abb. 2.3
30

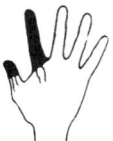

Abb. 2.4
25

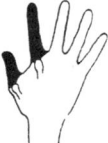

Abb. 2.5
30

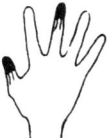

Abb. 2.6
10
GV: 20 für 9 M.,
dann 10

Abb. 2.7
15
GV: 20 für 9 M.,
dann 15

Abb. 2.8
20

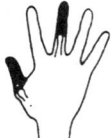

Abb. 2.9
25

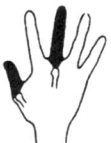

Abb. 2.10
30

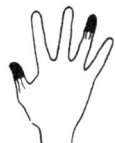

Abb. 2.11
10
GV: 20 für 9 M.,
dann 10

Abb. 2.12
15
GV: 20 für 9 M.,
dann 15

Abb. 2.13
20

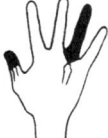

Abb. 2.14
15
GV: 20 für 9 M.,
dann 15

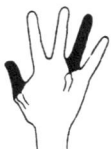

Abb. 2.15
30

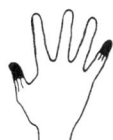

Abb. 2.16
10
GV: 20 für 9 M.,
dann 10

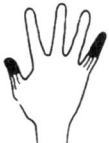

Abb. 2.17
15
GV: 20 für 9 M.,
dann 15

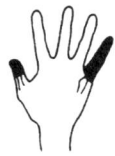

Abb. 2.18
15
GV: 20 für 9 M.,
dann 15

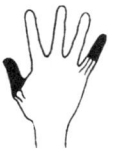

Abb. 2.19
25

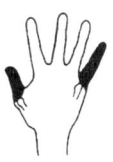

Abb. 2.20
30

568   8 *Stütz- und Bewegungsorgane*

Tafel 3: Verletzungen an drei Fingern

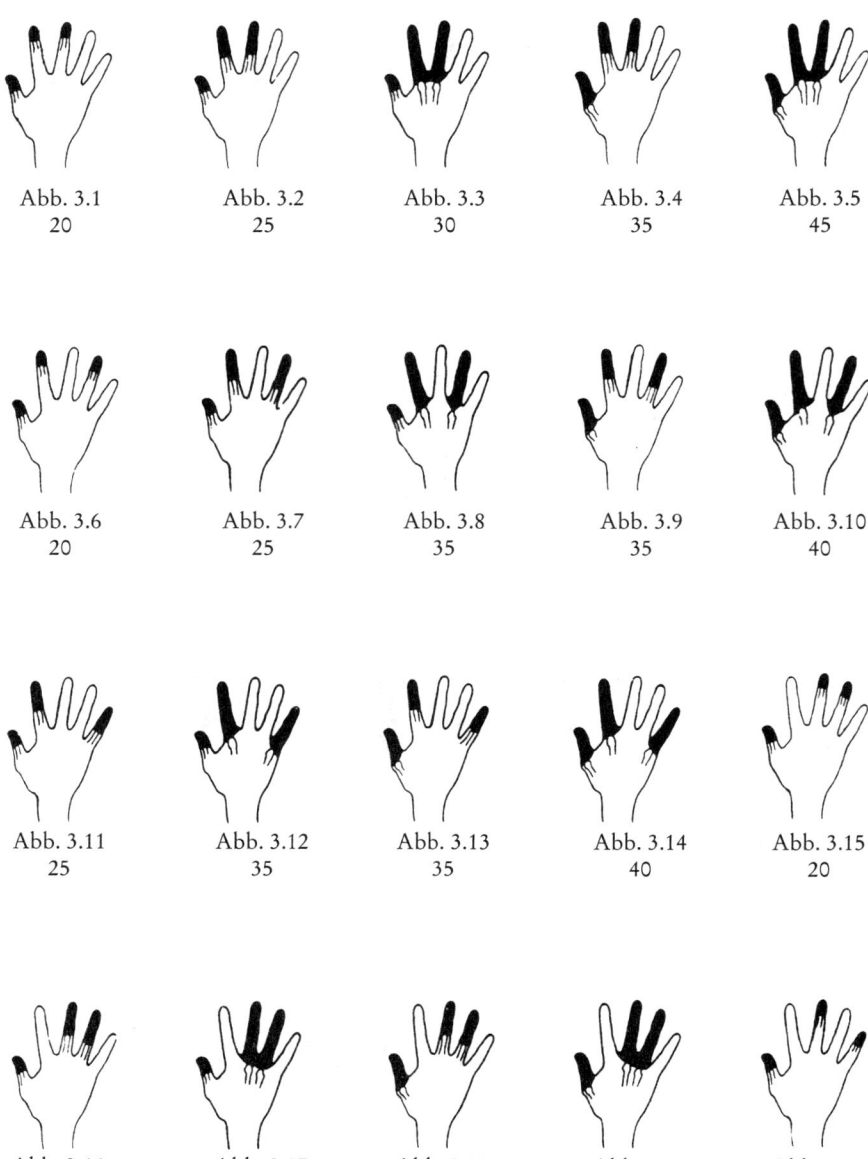

8.7 Hand

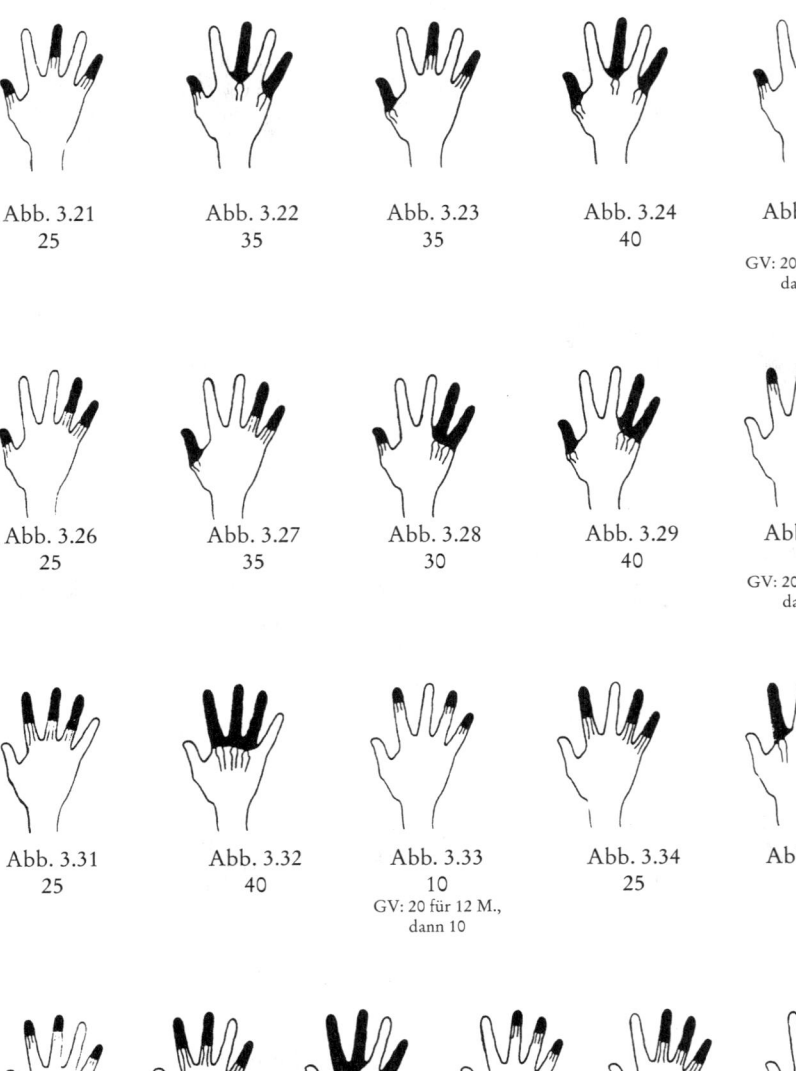

Abb. 3.21
25

Abb. 3.22
35

Abb. 3.23
35

Abb. 3.24
40

Abb. 3.25
10
GV: 20 für 12 M.,
dann 10

Abb. 3.26
25

Abb. 3.27
35

Abb. 3.28
30

Abb. 3.29
40

Abb. 3.30
10
GV: 20 für 12 M.,
dann 10

Abb. 3.31
25

Abb. 3.32
40

Abb. 3.33
10
GV: 20 für 12 M.,
dann 10

Abb. 3.34
25

Abb. 3.35
40

Abb. 3.36
10
GV: 20 für 12 M.,
dann 10

Abb. 3.37
25

Abb. 3.38
40

Abb. 3.39
10
GV: 20 für 12 M.,
dann 10

Abb. 3.40
20

Abb. 3.41
35

Tafel 4: Verletzungen an vier Fingern

Abb. 4.1	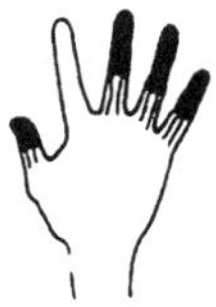 Abb. 4.2	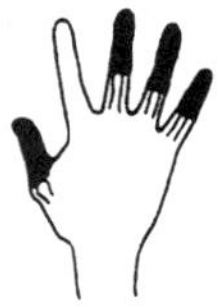 Abb. 4.3	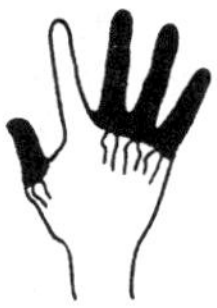 Abb. 4.4	 Abb. 4.5
20	30	40	50	20

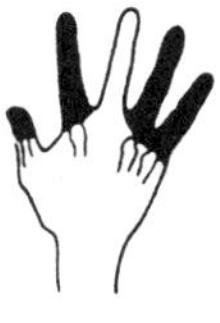

 Abb. 4.6	Abb. 4.7	Abb. 4.8	Abb. 4.9	Abb. 4.10
45	30	35	20	30

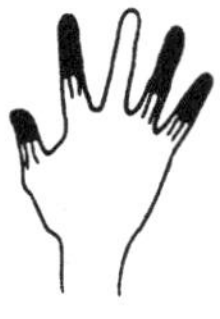

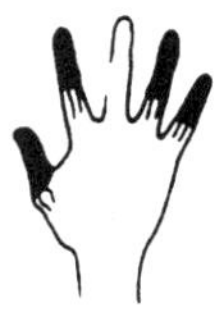

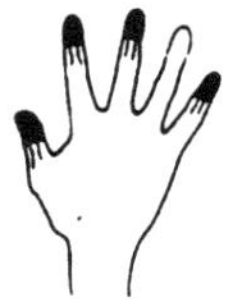

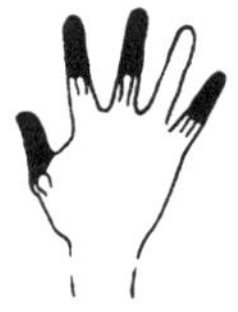 Abb. 4.11	 Abb. 4.12	 Abb. 4.13	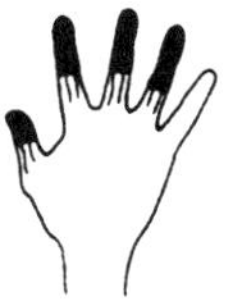 Abb. 4.14	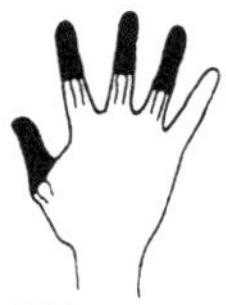 Abb. 4.15
35	50	20	30	40

 Abb. 4.16	 Abb. 4.17	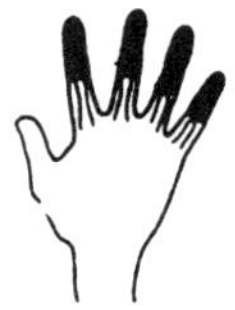 Abb. 4.18	 Abb. 4.19
50	25	35	45

Tafel 5: Verletzungen an fünf Fingern

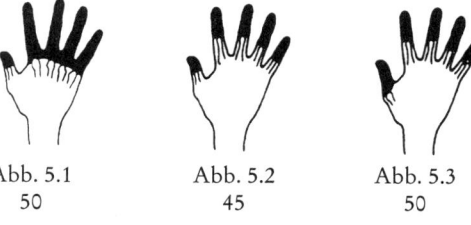

Abb. 5.1	Abb. 5.2	Abb. 5.3
50	45	50

Tafel 6: Verletzungen mit Beteiligung der Mittelhandknochen

Bei Amputationsverletzungen mit Beteiligungen der Mittelhandknochen sind auch die jeweiligen Fingerstrahlen funktionell mit betroffen (Bewegungseinschränkungen, [Teil-]Verlust an Sensibilität und Einschränkung der Feinmotorik). Gegenüber dem Substanzverlust ist die MdE zu erhöhen.

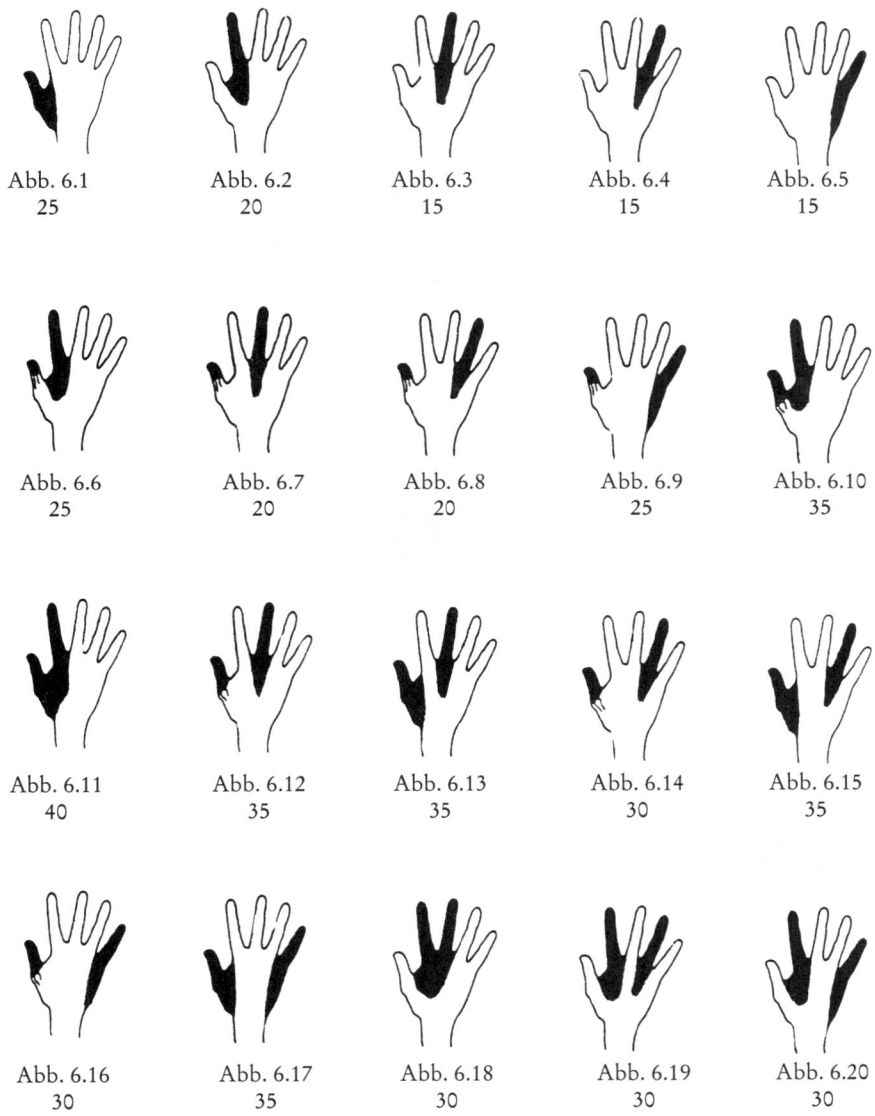

Abb. 6.1 — 25
Abb. 6.2 — 20
Abb. 6.3 — 15
Abb. 6.4 — 15
Abb. 6.5 — 15
Abb. 6.6 — 25
Abb. 6.7 — 20
Abb. 6.8 — 20
Abb. 6.9 — 25
Abb. 6.10 — 35
Abb. 6.11 — 40
Abb. 6.12 — 35
Abb. 6.13 — 35
Abb. 6.14 — 30
Abb. 6.15 — 35
Abb. 6.16 — 30
Abb. 6.17 — 35
Abb. 6.18 — 30
Abb. 6.19 — 30
Abb. 6.20 — 30

Abb. 6.21
35

Abb. 6.22
30

Abb. 6.23
35

Abb. 6.24
40

Abb. 6.25
40

Abb. 6.26
40

Abb. 6.27
40

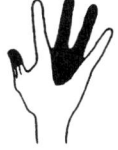
Abb. 6.28
30

Abb. 6.29
40

Abb. 6.30
40

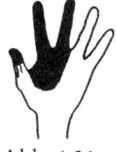
Abb. 6.31
40

Abb. 6.32
45

Abb. 6.33
40

Abb. 6.34
45

Abb. 6.35
50

Abb. 6.36
50

Abb. 6.37
50

8.7.9 Messbeispiele mit „Normalwerten"

Handgelenk

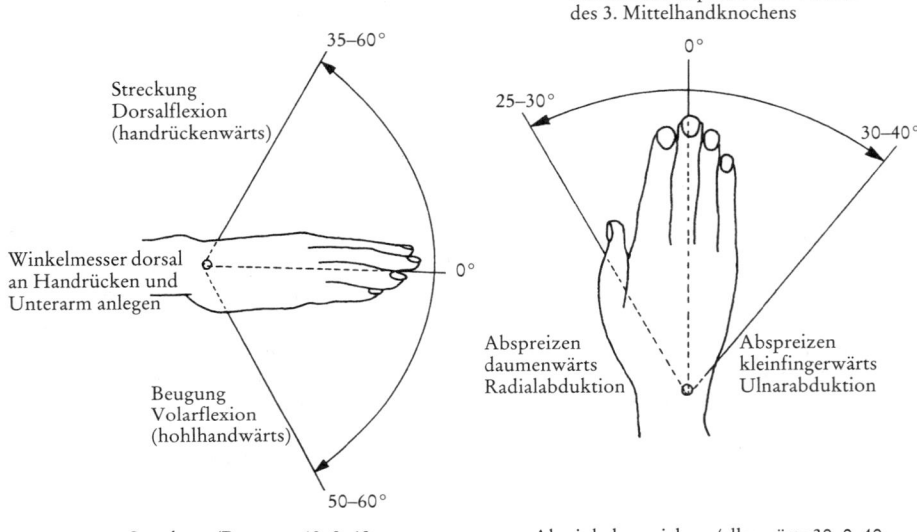

Fingergelenke

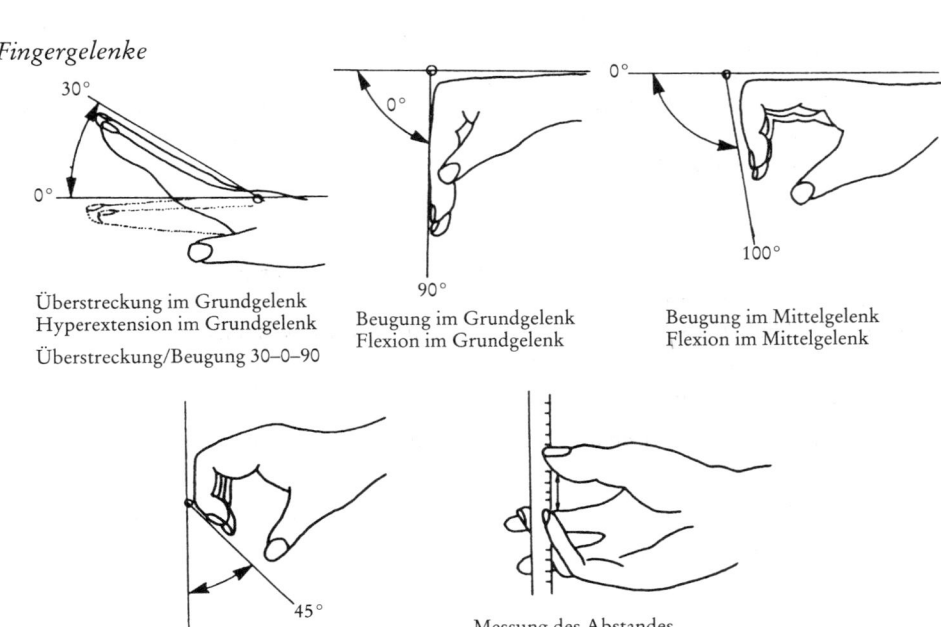

8.8 Becken, Hüftgelenk und Oberschenkelhals
Übersicht

8.8.1	Anatomie	574	8.8.5.2.1	Entstehung................ 582
8.8.2	Beckenringbrüche	575	8.8.5.2.2	Auswirkungen.............. 583
8.8.2.1	Einteilung der Bruchformen am Bekkenring	576	8.8.5.3	Coxarthrose................ 583
8.8.2.2	Minderung der Erwerbsfähigkeit	578	8.8.5.3.1	Entstehung der posttraumatischen Arthrose.... 583
8.8.3	Hüftgelenkverrenkungen	579	8.8.5.3.2	Auswirkungen.............. 584
8.8.3.1	Anatomische Bemerkung	580	8.8.5.3.3	Berufskrankheit............. 584
8.8.3.2	Entstehungsmechanismen......	580	8.8.5.3.4	Minderung der Erwerbsfähigkeit................... 584
8.8.3.3	Minderung der Erwerbsfähigkeit	581	8.8.6	Totalendoprothese (Ersatz von Hüftkopf und Hüftpfanne) 585
8.8.4	Schenkelhalsbrüche	581	8.8.6.1	Indikation 585
8.8.5	Komplikationen und Spätfolgen................	582	8.8.6.2	Problemhüfte.............. 586
8.8.5.1	Verletzung des Nervus ischiadicus................	582	8.8.6.3	Minderung der Erwerbsfähigkeit................... 586
8.8.5.2	Hüftkopfnekrose (Femurkopfnekrose)	582	8.8.7	Schnappende Hüfte.......... 586
			8.8.8	Messbeispiele mit „Normalwerten".............. 587

Beinahe 3 % der meldepflichtigen Arbeitsunfälle und mehr als 7 % der Rentenfälle betreffen Becken, Hüfte, Oberschenkelhals. Geschlossener und offener Bruch stehen im Verhältnis 9:1. Etwa 60 % der Verletzungen bedingen eine MdE über 20 %.

Bei rund 80 % aller Beckenbrüche handelt es sich um Mehrfachverletzungen (Polytraumen). Heilbehandlung und Begutachtung erfordern eine interdisziplinäre Zusammenarbeit von Unfall-, Abdominal-, Thorax-, Gefäßchirurgen und Urologen.

8.8.1 Anatomie[1]

Der Beckenring ist das anatomisch und funktionelle Bindeglied zwischen dem Achsenskelett und den unteren Extremitäten. Er entsteht durch ringförmige Anordnung von Kreuz-Darm-, Sitz- und Schambein, zusammengehalten durch kräftige Bandstrukturen. Eine geringe Elastizität gewinnt er durch die zwischengeschaltete Schoßfuge (Symphyse) und die beiden Kreuzbein- und Darmbeinfugen (iliosakrale Halbgelenke).

Funktionen des Beckens sind charakterisiert durch die Begrenzung des Körperstamms nach unten

- Stützung des Beckenraumes
- Übertragung der biomechanischen Kräfte vom Rumpf über die Hüftgelenke auf die unteren Gliedmaßen.

Der Weg der Kraftübertragung beginnt mit dem 5. Lendenwirbelkörper. Nach anatomischer Systematik gehört dieser zur Wirbelsäule und stellt das Bindeglied zwischen der Wir-

---

[1] Böhm, u.a., Gutachten-Kolloquium 10 (Hrsg. Hierholzer, u.a.) 1995 S. 117ff.; Euler, u.a., Trauma Berufskrankh 2 (2000) 2ff.

belsäule und dem Becken dar. Durch ihn wird die Last über das entsprechend stark beanspruchte Zwischenwirbelfach L 5/S 1 auf das Kreuzbein übertragen. In unmittelbarer Fortsetzung des Kreuzbeins nach unten liegt das Steißbein: bewegliche, wirbelähnliche Einzelsegmente.

8.8.2 Beckenringbrüche

Zwischen Verletzungsmechanismus und Bruchform sowie Ausmaß der posttraumatischen Instabilität des Beckenrings besteht ein gesetzmäßiger Zusammenhang.[2] *Beckenrandbrüche* (Beckenschaufel-, Sitz-, Steißbeinbruch, Fraktur des Kreuzbeins in seinem freien Teil) entstehen entweder indirekt durch Muskel- und Bandzug oder durch direkte Krafteinwirkung. Sowohl bei der seitlichen Kompression als auch von vorn oder hinten kommt es zu typischen Frakturen und Rupturen des Beckenrings. *Fugenzerreißungen* haben die Bedeutung ligamentärer Frakturen: An Stelle einer Fraktur kann auch eine Ruptur der Schambeinfuge bzw. der Kreuzdarmbeinfuge auftreten, insbesondere bei langsamer (statischer) Krafteinwirkung.[3] Bei dynamischer Krafteinwirkung reagiert das tragende Gerüst wie ein starrer Balken; Abscherfrakturen einer Beckenhälfte sind die Folge.[4]

Unabhängig von Art, Richtung und Größe der einwirkenden Kraft entstehen zuerst Frakturen im Bereich des vorderen Beckenrings, bei weiterer Krafteinwirkung Rupturen oder Frakturen des hinteren Beckenrings. Trümmerfrakturen einer Hälfte des vorderen Beckenrings, beidseitige Trümmerfrakturen des Beckenrings und Symphysenzerreißung mit einer Diastase über 15 bis 20 mm oder mit Verkürzung (Überlappung der Schambeine) gehen mit einer Verletzung des hinteren Beckenringes einher.[5]

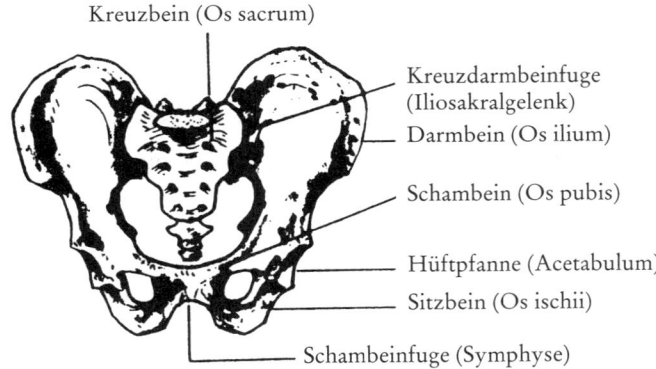

Abb. 1: Beckenknochen

---

[2] Poigenfürst, Unfallh. 82 (1979) 309.
[3] Vasey, H. Unfallh. 140 (1979) 7.
[4] Poigenfürst, Unfallh. 82 (1979) 309; ders., Beckenbrüche, in: Spezielle Frakturen- und Luxationslehre (Hrsg. Nigst) 1972 Bd. I, 2; ders., H. Unfallh. 140 (1979) 1.
[5] Poigenfürst, Beckenbrüche, in: Spezielle Frakturen- und Luxationslehre (Hrsg. Nigst) 1972 Bd. I, 2.

Hintere Beckenringbrüche führen zu einer biomechanischen Schwächung des Ringsystems, sie ergeben einen „instabilen" Beckenring.[6] Ihre Ursache haben sie oft in einer starken Stauchung des Beckens, z.B. Pressung zwischen zwei Wagen, Sturz aus großer Höhe, Überfahrenwerden.[7] Bei alten Menschen treten Frakturen des vorderen Beckenrings schon leichter durch Sturz auf die Hüfte auf.

Partielle und komplette Rupturen der Kreuzdarmbeinfugen setzen das Einwirken hoher kinetischer Energie voraus[8] und führen zur Unterbrechung auch des schwächeren vorderen Beckenrings. Die mechanische Schwächung des Rings ist gering, ein „stabiler" Beckenring verbleibt.

Die Behandlung der Beckenbrüche wird neben den Begleitverletzungen (Urogenitaltrakt, Darm-, Gefäß- und Nervenverletzungen) bestimmt durch die Verletzungsfolgen: Hüftkopfnekrose, posttraumatische Arthrose, Verletzungen des Nervus ischiadicus (s. 8.8.5.1, S. 582) sowie Thrombose-Embolie-Gefahr (s. 8.9.2, S. 590).

8.8.2.1 Einteilung der Bruchformen am Beckenring

International wird die von Einteilung nach dem ABC-Prinzip der AO-Frakturklassifikation angewendet.[9] Sie berücksichtigt sowohl die Richtung der Krafteinwirkung als auch die hinsichtlich der Stabilität entscheidende Integrität des sakroiliakalen Ringsegments. Dieses ist funktionell für die Kraftübertragung zwischen Wirbelsäule und unterer Extremität entscheidend, so dass mit zunehmendem Stabilitätsverlust eine entsprechende Funktionseinbuße folgt. Nach ansteigendem Schwere- und Instabilitätsgrad werden jeweils drei Hauptkategorien unterschieden.

Rückseitige Beckenringinstabilitäten sind ohne Zerstörung des bauchwärtigen (ventralen) Rings nicht angängig. Die ventrale Instabilität wird bei den A2-, B- und C-Verletzungen weiter subklassifiziert:

Typ 1   einseitige Verletzung (eines oder beide Schambeine, Symphyse)

Typ 2   beidseitige Verletzung des ventralen Ringsegments

Typ 3   beidseitig ventraler Beckenring mit Azetabulumbeteiligung

- **Typ A**

A1   Beckenrandfraktur ohne Beteiligung des Rings; Abrissfraktur

A2   vordere Beckenringfraktur

A3   tiefe bzw. hohe Querfraktur des Kreuzbeins; Fraktur des Steißbeins
      (Os coccygis)

---

[6] Culemann, Trauma Berufskrankh 9 (2007) Suppl. 2 S. 514.
[7] Poigenfürst, H. Unfallh. 140 (1979) 1 ff.; Rudolph, u.a., H. Unfallh. 164 (1984) 299 ff.; Pohlemann, u.a., Unfallchirurg 95 (1992), 197, 202.
[8] Poigenfürst, H. Unfallh. 140 (1979) 1.
[9] Dazu Wirbel, Mutschler, Verletzungen des Beckens, in: Praxis der Unfallchirurgie (Hrsg. Mutschler, Haas) 1999 S. 358 f; Kälicke, u.a., Trauma Berufskrankheit 2 (2000) 12 f.; Culemann, u. a., Unfallchirurg 107 (2004), 1169; ders. Trauma Berufskrankh 9 (2007) Suppl. 2 S. 155.

8.8 Becken, Hüftgelenk und Oberschenkelhals

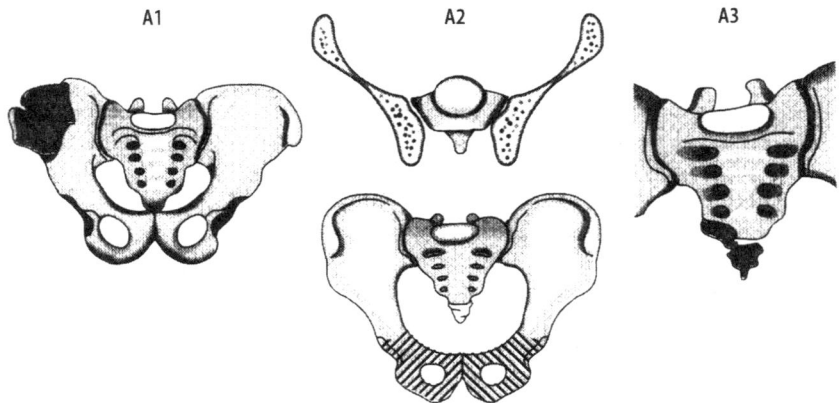

Abb. 2: Klassifikation der Typ-A-Beckenringverletzungen: Stabile Beckenringverletzungen

- **Typ B**

Neben der vorderen Läsion liegt eine meist durch a.-p. (von vorn nach hinten) oder laterale Kompression hervorgerufene Läsion des dorsalen Rings mit Rotationsinstabilität bei erhaltener Vertikalstabilität vor.

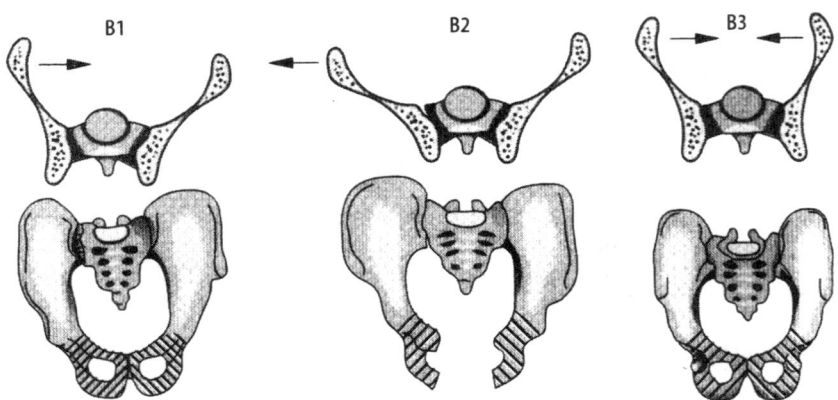

Abb. 3: Klassifikation der Typ-B-Beckenringverletzungen: Teilstabile Beckenringverletzungen

B1	Innenrotationsverletzungen mit einseitiger dorsaler Läsion
B2	Außenrotationsverletzungen, dorsal ein- bzw. beidseitig (open book)
B3	beidseitige dorsale Rotationsverletzung mit:
	B3.1: bilateraler Sakrumkompressionsfraktur
	B3.2: beidseitiger Außenrotation durch inkomplette IS-Läsion
	B3.3: unilateraler Innenrotation mit kontralateraler Außenrotation

- Typ C

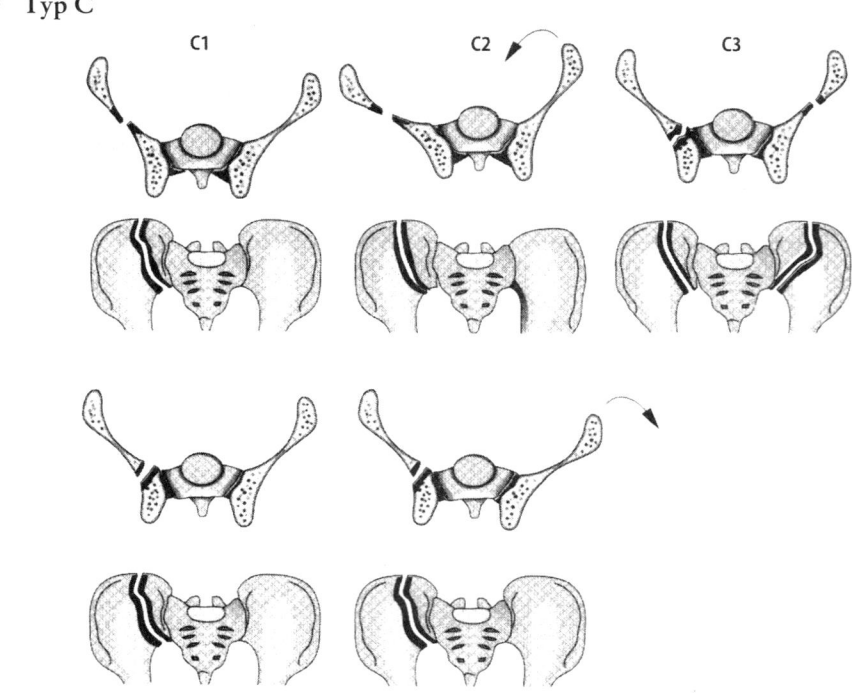

Abb. 4: Klassifikation der Typ-C-Beckenringverletzungen: Instabile Beckenringfrakturen (Rotation und vertikal)

Das dorsale Ringsegment ist ligamentär oder ossär vollständig zerstört.

C1 unilaterale komplette Durchtrennung des dorsalen Ringsegments
C2 unilaterale Typ-C-Verletzung mit kontralateraler Typ-B-Verletzung
C3 bilaterale Typ-C-Verletzung

8.8.2.2 Minderung der Erwerbsfähigkeit

Ein großer Teil der Beckenbrüche heilt folgenlos ab. Bleibende Sprengungen der Schoßfuge und der Kreuzdarmbeinfuge und Verschiebungen in diesem Bereich können jedoch zu nicht unerheblichen Deformierungen mit Belastungsstörungen des Beckenrings (auch Geburtsstörungen) führen und eine MdE von 20 bis 40 % bedingen.

Die MdE darf nicht allein auf Grund des Röntgenbefundes bemessen werden. Im Vordergrund stehen die Folgen der Verletzung für die Statik und Dynamik der Wirbelsäule und der unteren Gliedmaßen (Beeinträchtigung der Wirbelsäule – Instabilität – Leistungsminderung der unteren Gliedmaßen).

8.8 Becken, Hüftgelenk und Oberschenkelhals

Erfahrungswerte[10]

	MdE in %
Beckenknochen-, Kreuz- und Steißbeinbruch (isoliert)	0
Stabile Beckenringfrakturen	
vordere Beckenringfrakturen (ein- oder beidseitig)	0
– Schoßfugenerweiterung (unter 15 mm)	10
Schoßfugenversteifung	10
Instabile Beckenringfrakturen	
ohne Schoßfugenerweiterung	0
mit Schoßfugenerweiterung	
– unter 15 mm	10
– über 15 mm	20
mit Arthrose in den Kreuz-Darmbein-Gelenken	20
einseitige Verschiebung einer Beckenhälfte über 10 mm	20
beidseitige Verschiebung jeweils über 10 mm	20
– mit Arthrose	30

Konventionellen Beckenübersichtsaufnahmen ist besondere Bedeutung beizumessen. Die symphysale Diastase (Schoßfugenerweiterung) ist Ausdruck der Instabilität im hinteren Beckenring. Je weiter die Diastase desto stärker sind die Veränderungen am hinteren Beckenring. Diese haben entscheidende Wertigkeit, weil die Kraftübertragung vom Rumpf auf die unteren Gliedmaßen beeinträchtigt ist und entsprechende funktionelle Störungen zur Folge hat.

8.8.3 Hüftgelenkverrenkungen

Es gibt eine Vielfalt von Hüftgelenkverrenkungen ohne und mit knöcherner Beteiligung:

Reine Hüftgelenkverrenkungen
Verrenkungsbrüche mit Pfannenrandabsprengung
Pfeilerbrüche (zentrale Luxation)

Die traumatische Hüftgelenkverrenkung ohne knöcherne Beteiligung ist eine seltene, aber ernst zu nehmende Verletzung.[11] Ursache der geringeren Zahl ist die tiefe Lage des Hüftgelenks und seine starke Muskel- und Bänderführung.

---

10 Modifiziert nach Weber, Z. Orthop. 130 (1992) 157, 161.
11 Probst, BG-UMed 6 (1969) 31: „Die Schwere wird häufig verkannt"; Niederwieser, H. Unfallh. 220 (1991) 59.

8.8.3.1 Anatomische Bemerkung

Der Oberschenkelkopf (Caput femoris) stellt den Gelenkkopf dar. Etwa 2/3 des Kopfes werden wie der Kern einer Nussschale von der knöchernen und bindegewebigen Pfanne umfasst (Nussgelenk = Sonderform eines Kugelgelenks). Der Schenkelkopf wird durch die bindegewebigen Züge der Gelenkkapsel in der Pfanne fixiert. Die Bänder sind die stärksten des menschlichen Körpers. Unterstützt werden die Kapselzüge durch die rings um das Gelenk angeordnete Muskulatur zwischen Becken und Oberschenkel.

Die Ernährung des Schenkelkopfes wird wesentlich über Gefäße gewährleistet, die vor allem auf der Rückseite in Kapsel und Schenkelkopf einstrahlen. Bei Ernährungsstörung kommt es zur Hüftkopfnekrose (s. 8.8.5.2, S. 582). Diese entsteht bei Verletzung oder Druck auf die ernährenden Gefäße.

Die Skizze erläutert die anatomischen Verhältnisse:

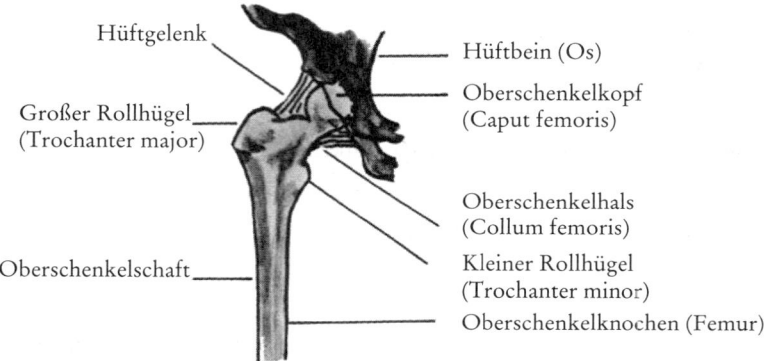

Abb. 5: Hüftgelenk und Oberschenkelknochen

8.8.3.2 Entstehungsmechanismen

Die anatomisch äußerst stabile Anordnung des Hüftgelenks erfordert eine starke Krafteinwirkung. Hüftgelenkverrenkungen entstehen durch Hebel- und Drehwirkung, wenn am Oberschenkel eine starke Kraft angreift (z.B. Sturz aus größerer Höhe, auch bei hoher Geschwindigkeit, Verschüttung, Überfahrenwerden), oder durch Stoßwirkung (z.B. bei plötzlichem Bremsen und Anschlag an das Armaturenbrett mit dem Knie und dem Unterschenkel [„dashboard-injury"], während sich Becken und Oberkörper noch weiter bewegen).[12]

Nach der Lage des Oberschenkelkopfes zum Becken unterscheidet man vordere (das Bein ist nach außen gedreht) und hintere (das Bein ist nach innen gedreht) Luxationen, bei beiden wieder obere und untere. Am häufigsten ist die Luxation des Hüftkopfs aus dem Hüftgelenk nach hinten.

---

[12] Rüter, u.a., Unfallchirurgie, 1995, 646; Jungbluth, Mommsen, BG-UMed 33 (1978) 69, 70f.; Pannike, H. Unfallh. 140 (1979) 205, 216.

8.8 Becken, Hüftgelenk und Oberschenkelhals

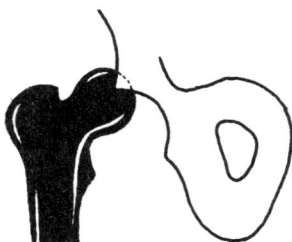

Abb. 6: Hintere Luxation des Hüftgelenks
Der Schenkelkopf ist nach hinten oben auf das Darmbein verschoben

8.8.3.3 Minderung der Erwerbsfähigkeit

	MdE in %
Versteifung	
beider Hüftgelenke	60 – 80
eines Hüftgelenks in Funktionsstellung	30
eines Hüftgelenks in ungünstiger Stellung	40
Bewegungseinschränkung eines Hüftgelenkes	
Streckung/Beugung (0/10/90)	10
Streckung/ Beugung (0/30/90)	20
Verlust des Hüftgelenks (Girdlestone)	50

8.8.4 Schenkelhalsbrüche

Schenkelhalsbrüche entstehen durch Sturz auf die Hüfte (Biegungsbrüche), gewaltsame Drehung (Drehbrüche), Kombination (Biegungs-, Drehbrüche) und Abscherung (unvermutetes Tiefertreten). Es handelt sich in der Regel um schwere Unfälle. Die Krafteinwirkung bewirkt jeweils typische Verläufe der Bruchebene, von *Pauwels* wie folgt eingeteilt:

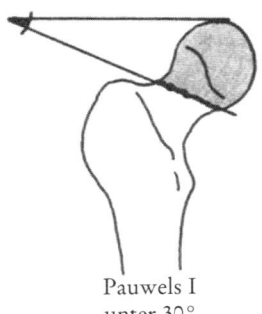
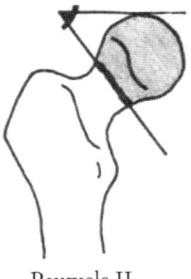
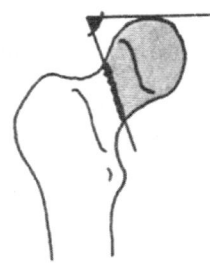

Pauwels I   Pauwels II   Pauwels III
unter 30°   50°   über 70°

Abb. 7

Die Schenkelhalsfraktur im Alter wird durch die „senile Osteoporose" begünstigt. Zur Abgrenzung einer unfallbedingten Entstehung von der Spontan- oder Ermüdungsfraktur (s. 8.1.1.3.3) ist auf die Schwere des Unfallereignisses und die Beurteilung des Unfallmechanismus abzustellen.[13] Das Röntgenbild zeigt bei den nicht unfallbedingten Frakturen einen atypischen Bruchlinienverlauf mit unscharfen, weichen Rändern und krankhafte Strukturveränderungen des Schenkelhalses.[14]

8.8.5 Komplikationen und Spätfolgen

8.8.5.1 Verletzung des Nervus ischiadicus

Die Verletzung des Nervus ischiadicus[15] ereignet sich infolge direkter Kompression des Nerven durch Einklemmen unter dem Hüftkopf oder zwischen Fragmente, durch Überdehnung bei der Luxation oder nach Jahren durch zunehmende Kallusmassen. Auch an Verletzung bei Operation ist zu denken. Mehrfach wird die Verletzung des Nervus ischiadicus bei der Erstuntersuchung übersehen. Wegen der nervösen Versorgungsleistung wirkt sich die Schädigung auf das ganze Bein aus.

8.8.5.2 Hüftkopfnekrose[16] (Femurkopfnekrose)

Die traumatische Hüftkopfnekrose (Hüftkopftod) ist ein gefürchteter Spätzustand nach Verrenkungen und Frakturen des Hüftgelenks sowie nach Oberschenkelhalsbrüchen.

Pathomechanisch handelt es sich um eine Knochengewebsnekrose infolge Zerreißung der den Hüftkopf versorgenden Blutgefäße. Es besteht Abhängigkeit von Bruchform und Fragmentstellung bzw. Dislokation. Gefährdet sind vor allem die medialen Schenkelhalsbrüche (Abb. 6), weniger die lateralen. Mit dem Auftreten einer Hüftkopfnekrose ist bis zu fünf Jahren nach dem Unfall zu rechnen. Erste Anzeichen erscheinen meist nach drei bis vier Monaten. Röntgenologische Hinweise sind durchschnittlich nach 17 Monaten feststellbar.[17]

8.8.5.2.1 Entstehung

Bei der medialen Schenkelhalsfraktur ist das Zerreißen der Arteria circumflexa femoris ursächlich.

Bei der *Luxation* und bei *Luxationsfrakturen* wird überwiegend die Zerstörung der ernährenden Gefäße und die dadurch bedingte Zirkulationsstörung als Ursache gewertet.[18]

Seltener ist die Druckerhöhung bei ausgedehntem Bluterguss innerhalb der Kapsel oder die verspätete Reposition.[19] Reposition oder Druckentlastung müssen daher sofort erfolgen.

---

[13] Steinmüller, Unfallchirug (1989) 92, 21–25; Schulte-Bockholt, Trauma Berufskrankh 4 (2002) 461.
[14] Bürkle de la Camp, u.a., Handbuch der ges. Unfallheilkunde (Hrsg. Bürkle de la Camp u. Rostock), 2. Aufl. 3. Bd. 1956 S. 217f.
[15] Der Abstand des Nervus ischiadicus vom hinteren Pfannenrand beträgt minimal 1,5 cm.
[16] Stuhler (Hrsg.), Hüftkopfnekrose, 1991.
[17] Rüter, Unfallchirurgie, 1995, S. 657.
[18] Rettig, H. Unfallh. 110 (1972) 175; Probst, BG-UMed 6 (1969) S. 39; Geduldig, H. Unfallh. 126 (1976) 390.
[19] Rüter, Unfallchirurgie, 1995, S. 646.

8.8 Becken, Hüftgelenk und Oberschenkelhals

Die traumatisch verursachte Hüftkopfnekrose ist von der *idiopathischen* (primär entstandenen) zu trennen. Als Ursachen werden das Anhäufen von Stoffwechselstörungen unterschiedlicher Art, namentlich aber auf Grund von Alkoholmissbrauch in Verbindung mit Übergewicht und Nikotinabusus genannt. Zusammenhänge sind weitgehend noch unbekannt. Erörtert werden solche bei erhöhter Nickel-, Cadmium-, Blei- und Chromkonzentration im Knochen.[20]

8.8.5.2.2 Auswirkungen

Die Hüftkopfnekrose führt zur Verformung des Hüftkopfes mit Inkongruenz der Gelenkflächen und Einbrechen des Gelenkknorpels. Hierdurch entsteht eine Coxarthrose mit Hüftschmerzen, Bewegungseinschränkung des Hüftgelenks und Fehlstellung des Beines. Heilung tritt nicht ein.

8.8.5.3 Coxarthrose

Die Arthrose des Hüftgelenks (Coxarthrose) ist eine degenerative Gelenkerkrankung, einhergehend mit Abnahme des Gelenkknorpels im Hüftgelenk, subchondralem Knochenumbau mit Sklerose, Zystenbildung und Pfannendachosteophyten, Bewegungseinschränkung sowie Schmerzen im Hüftgelenk. Primäre Formen werden von sekundären unterschieden. Sekundäre Formen der Coxarthrose entstehen nach einer zu Grunde liegenden präarthrotischen Gelenkveränderung, z.B. angeborener Hüftluxation, Epiphyseolysis capitis femoris juvenilis, rheumatischer Hüftgelenksentzündung oder bakterieller Coxitis, Morbus Perthes, Trauma oder metabolisch bedingte Arthrosen, z.B. Gichtarthropathie.[21] Alle Erkrankungen an Coxarthrose ohne präarthrotische Deformitäten werden als primäre Coxarthrose, etwa 75 % als sekundär eingestuft.[22]

Ungefähr 4 bis 5 % aller Coxarthrosen werden als traumatisch bedingt gewertet; zwei Drittel davon sind auf Luxationsfrakturen im Bereich des Hüftgelenks zurückzuführen. Das unfallunabhängige doppelseitige Leiden und allgemeine Verschleißerscheinungen überwiegen. Letztere werden mit einem Missverhältnis zwischen Beanspruchbarkeit und tatsächlicher Beanspruchung des Gelenks in Verbindung gebracht.[23] Beim Nachweis einer traumatischen Schädigung muss im Allgemeinen auch nach Jahren der Zusammenhang anerkannt werden, wenn keine sicheren Anzeichen für eine anlagebedingte Ursache vorhanden sind.[24] Das Trauma kann auch eine anlagebedingte Coxarthrose verschlimmern (Seitenvergleich!).

8.8.5.3.1 Entstehung der posttraumatischen Arthrose

Mit ihr ist zu rechnen bei direkter Knorpelschädigung oder falls keine exakte, anatomiegerechte Rekonstruktion der Pfannengelenkverhältnisse und kein einwandfreier Gelenkschluss zu erreichen sind.[25] Auch nach einer Kopfnekrose ist die Coxarthrose als Sekun-

---

20 Milachowski, Schramel, Z. Orthop. 126 (1988) 408–412.
21 Bolm-Audorff, ASU 35 (2000) 471.
22 Puhl, u.a., Praktische Orthopädie 22 (1990) 339; Hackenbroch, Bruns, in: Praxis der Orthopädie (Hrsg. Jäger, Wirth) 1986 S. 931.
23 Legal, Ruder, Z. Orthop. 115 (1977) 215.
24 Bürkle de la Camp, Handbuch der ges. Unfallheilkunde (Hrsg. Bürkle de la Camp u. Rostock), 2. Aufl. 3. Bd. 1956 S. 242.
25 Rüter, Unfallchirurgie, 1995, 646.

därfolge zu erwarten. Um die Ausbildung der Arthrose zu verhindern, ist daher eine anatomische und vor allem stufenlose Reposition anzustreben.

8.8.5.3.2 Auswirkungen

Die im Rahmen der Arthrose sich fortentwickelnden Verschleißerscheinungen der gelenkbildenden Anteile beziehen zwangsläufig das um die Kapsel liegende Gewebe ein und führen zu Kontrakturen sowie Atrophien und Fehlhaltungen mit einer bereits äußerlich erkennbaren Gehbehinderung unter dem Bild des Hüfthinkens.[26] Coxarthrose-Schmerzen beschränken den Aktionsradius und die Erwerbsfähigkeit erheblich.

8.8.5.3.3 Berufskrankheit

Die Mitbeteiligung langjährigen Tragens und Hebens schwerer Lasten (> 22 kg) bei verlängertem Stehen und Gehen auf unebenem Boden wird erörtert, wenngleich konkurrierende Risikofaktoren (genetische Prädisposition, Übergewicht, frühere Gelenkverletzungen) zu berücksichtigen sind.[27]

Aus der Rechtsprechung
Tätigkeiten mit langjährigem Heben und Tragen schwerer Lasten sowie die Berufsbelastung eines Zahnarztes verursachen keine Coxarthrose.[28]
Neue, gesicherte medizinisch-wissenschaftliche Erkenntnisse i.S. des § 9 Abs. 2 SGB VII liegen im Hinblick auf die berufliche Verursachung der Coxarthrose durch das Heben und Tragen schwerer Lasten nicht vor.[29]

8.8.5.3.4 Minderung der Erwerbsfähigkeit

	MdE in %
Leicht, mit geringer Verschmälerung des Gelenkspaltes und subchondraler Sklerosierung des Pfannendaches ohne Bewegungseinschränkung, ohne Muskelminderung des Beines	0
Deutlich, mit Bewegungseinschränkung im Hüftgelenk bis 30–50°, Muskelminderung mehr als 2 cm, leichte Gangbehinderung	20
Deutliche Verschmälerung des Gelenkspaltes, Randwulstbildungen am Oberschenkelkopf, Bewegungseinschränkung um die Hälfte, Muskelminderung des Beines mehr als 3 cm, Gangbehinderung und Verkürzung des Beines um 1–1,5 cm	30

---

[26] Biehl, Hort, akt. traumatol. 4 (1974) 127, 129.
[27] Swoboda, Orthopäde 30 (2001) 835, 838; Cooper, J. Rheumatol 22 (Suppl. 43) 1995, 10; Coggon, u.a., Am J Epidemiol 147 (1998) 523; Steeger, Zbl Arbeitsmed 53 (2003) 55; Bolm-Audorff, ASU 2000 (471) empfiehlt auf der Grundlage von 14 epidemiologischen Studien die Anerkennung nach § 9 Abs. 2 SGB VII.
[28] Hess. LSG, 29. 9. 1993, HVBG-Info 3/1994, 133 = Meso B 240/154.
[29] LSG-Baden-Württemberg, 24. 1. 2005, HVBG VB 55/2005.

	MdE in %
Stark, mit weitgehender Aufhebung des Gelenkspaltes, Bewegungsmöglichkeit gegenüber der Norm um 1/3, Muskelminderung um mehr als 4 cm, Gangbehinderung mit Schonhinken und leichter Fehlstellung des Beines, Verkürzung um 2 cm	40
Schmerzhafte Wackelbeweglichkeit im Hüftgelenk, weitgehende Aufhebung des Gelenkspaltes, Fehlstellung des Hüftgelenks, Muskelminderung ab etwa 5 cm, Gangbehinderung und Verkürzung um mehr als 3 cm	50
Schmerzhafte Wackelsteife des Hüftgelenks, Fehlstellung des Hüftgelenks, Verkürzung um mehr als 5 cm, starke Muskelminderung, Gehunfähigkeit	70

8.8.6 Totalendoprothese (Ersatz von Hüftkopf und Hüftpfanne)

Bei Personen bis etwa 60 Jahren sind zementfreie Prothesen die Regel, da auf Grund der zu erwartenden Lebenszeit davon ausgegangen wird, dass eine zementierte Prothese nach mehr als zehnjähriger Implantation wegen aseptischer Lockerung wechselbedürftig wird. Menschen über 70 Jahre werden mit zementierten Prothesen versorgt, da solche sofort belastet werden können. Der Prothesenwechsel ist jedoch problematisch.[30]

Bei Patienten mit einem Alter von 60 bis 70 Jahren wird die zementfreie Pfanne und der zementierte Schaft empfohlen. Die Ergebnisse nach zementfreier Pfannenimplantation lassen langfristig bessere Resultate erwarten als nach zementierter Pfannenverankerung; die Probleme der zementfreien Schaftkomponente (Schmerzen) entfallen. Die verbesserte Zementierungstechnik im Schaftbereich lässt eine geringere Lockerungsrate der zementierten Stücke erhoffen.

8.8.6.1 Indikation

Zur Indikation im Einzelnen[31]:

- frische, mediale Schenkelhalsfraktur vom Typ *Pauwells* III (vertikaler Verlauf des Bruchspaltes) ab einem biologischen Alter von 60 Jahren, das in speziell gelagerten Fällen unterschritten werden kann
- frische Schenkelhalsfraktur in Verbindung mit schon bestehender gleichseitiger Coxarthrose
- Hüftkopfnekrose und Schenkelhalspseudarthrose unabhängig vom Alter
- pathologische Frakturen
- instabile Trümmerbrüche
- intraoperative Katastrophen
- Misserfolge bei isolierten Hüftkopfprothesen
- besondere Fälle von Verrenkungsbrüchen des Hüftgelenks bei älteren Betroffenen

---

[30] Runkel, u.a., Akt. Traumatol. 24 (1994) 173–179.
[31] Stürmer, u.a., Hefte zu der Unfallchirurg 232 (1993) 95, 109; Wolf, Z. Orthop. 109 (1972) 408, 411.

8.8.6.2 Problemhüfte

Als Problemhüfte nach einer Totalendoprothese gelten Lockerungen von zementierten und nichtzementierten Hüftgelenkprothesen, Verknöcherungen mit Kontrakturen und Fehlstellungen, Störungen der Nervenversorgung, infizierte Endoprothesen, Thrombosen u.a. In jährlichem Abstand sind daher klinische und röntgenologische Kontrollen angezeigt.

8.8.6.3 Minderung der Erwerbsfähigkeit

Hüftendoprothesen erlauben in der Regel eine gute und schmerzfreie Funktion: volle Streckung, Beugung von 100°, Abspreizung von ca. 20°.[32] Nach einer Eingewöhnungsphase (etwa 1 Jahr) ist schmerz- und hinkfreies Gehen, Treppensteigen und Wandern möglich.

	MdE in %
bei freier Funktion	
für drei Monate nach Arbeitsfähigkeit	40
für weitere drei Monate	30
danach	20
nach Austausch einer Prothese (bei freier Funktion)	20
beidseits (da kein zusätzlicher Funktionsverlust)	20
mit 30 Grad Bewegungseinschränkung	30
mit 80 Grad Bewegungseinschränkung	40
gelockert	40 – 60
infizierte Endoprothese	60 – 80

Die Grenze von 80 % (Verlust eines Beines im Hüftgelenk) sollte nur bei der infizierten Hüfte, die zum völligen Funktionsverlust und zur Amputation führen kann, erreicht werden.[33] Die Infektionsrate liegt zwischen 0,5 und 1 % und ist wenig beeinflussbar.[34]

8.8.7 Schnappende Hüfte

Bei der schnappenden oder schnellenden Hüfte (Coxa saltans) handelt es sich um ein ruckartiges Hin- und Hergleiten eines verstärkten Stranges des Tractus iliotibialis (d.h. eines Teils des über den großen Rollhügel nach unten ziehenden Muskel-Sehnenstranges, der an der Außenseite des Oberschenkels verläuft und bis zum Schienbeinkopf reicht) über den großen Rollhügel (Trochanter major) am oberen Ende des Oberschenkelknochens, meist während des Gehens oder bei bestimmten extremen Gelenkstellungen. Unter dem Strang und über der seitlichen Gleitfläche des großen Rollhügels bildet sich im Allgemeinen ein Schleimbeutel, der durch ständiges Gereiztwerden zur Entzündung neigt und damit Schmerzen hervorruft.

---

[32] Casser, Z Orthop 2003 (141) 129, 130.
[33] Arens, BG-UMed 31 (1977) S. 121.
[34] Beck, BG-UMed 31 (1977) 125.

8.8 Becken, Hüftgelenk und Oberschenkelhals

Das häufige Auftreten im jugendlichen Alter (bis zum 30. Lebensjahr), überwiegend beim weiblichen Geschlecht, zahlreiche Fälle der Doppelseitigkeit und die oft zu beobachtende Kombination mit einer Coxarthrose (s. 8.8.5.3, S. 583) unterstreichen die Bedeutung anlagebedingter Faktoren.

Der *Unfallzusammenhang* auch einer einseitig schnappenden Hüfte kann nur anerkannt werden bei[35]

- nachweisbarem Ereignis: typische Unfallmechanismen sind nicht bekannt
- erheblicher Krafteinwirkung, die zu Zerreißungen und Blutergüssen im betroffenen Gewebe führte (Sehnen-, Muskel- oder Knochenhautverletzungen)
- überprüfbarem zeitlichen Zusammenhang
- Fehlen konstitutioneller Momente

Minderung der Erwerbsfähigkeit	in %
mit Funktionsbeeinträchtigung	10
mit erheblicher Funktionstörung	20

8.8.8 Messbeispiele mit „Normalwerten"

Funktionsstellung der Hüfte
Extension = 0° (volle Streckung)
Ab-/Adduktion = 0° (Mittelstellung)
Außenrotation = 5°

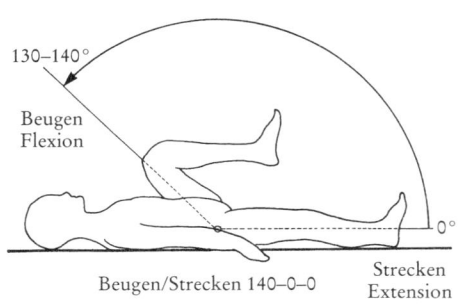

Beugen/Strecken 140–0–0

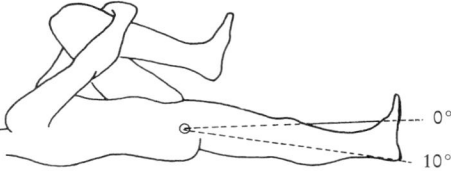

Die Lendenlordose wird durch das Halten des nicht zu untersuchenden Beines in maximaler Beugestellung ausgeglichen

Überstreckung/Streckung im Hüftgelenk
Hyperextension/Extension
Messung in Seitenlage

---

[35] Nach Rompe, Z. Orthop. 108 (1971) 594ff.; Sarkis, u.a., Orthop. Praxis 14 (1978) 618; vgl. auch Hegelmaier in: Die ärztliche Begutachtung (Hrsg. Fritze, Mehrhoff) 7. Aufl. 2008 S. 733.

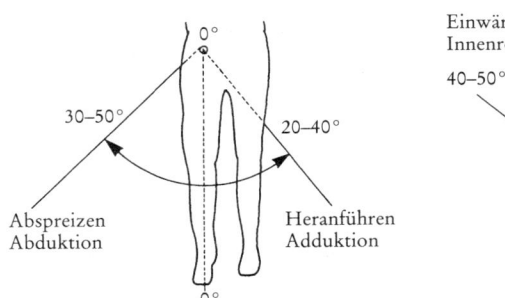

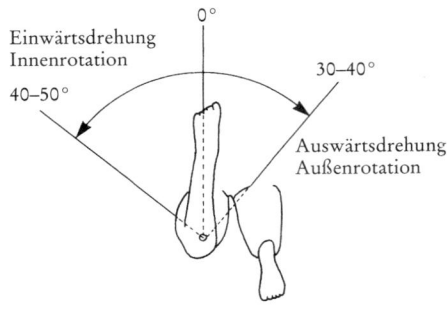

bei gestrecktem Hüftgelenk

des Hüftgelenkes in 0-Stellung
und Bauchlage des Untersuchten

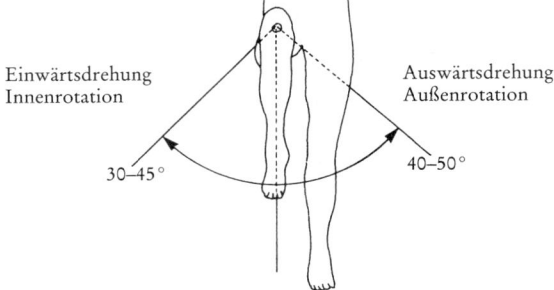

des Hüftgelenks in 90° Beugung
und Rückenlage des Untersuchten

8.9 Oberschenkel
hier: Venenthrombose
Übersicht

8.9.1	Anatomische und physiologische Bemerkung	589	8.9.5.1.3	Veränderungen in der Zusammensetzung des Blutes	594
8.9.2	Begriffsbestimmung	590	8.9.5.1.4	Gewebszerfall	594
8.9.3	Diagnostik	591	8.9.5.1.5	Postoperative Thrombosebereitschaft mitbestimmende	
8.9.4	Entstehung	592		Faktoren	594
8.9.5	Unfallrechtliche Beurteilung ...	593	8.9.5.2	Nachweis des	
8.9.5.1	Ursachen	593		Kausalzusammenhanges	595
8.9.5.1.1	Gefäßwandschädigung (Endothelschädigung)	593	8.9.6	Berufskrankheit	598
			8.9.7	Begutachtung	598
8.9.5.1.2	Verlangsamung des Blutstromes	594	8.9.8	Minderung der Erwerbsfähigkeit	599

Venenthrombosen können sich überall im Körper bilden. Überwiegend (mehr als 90 %) sind die tiefen Venen der unteren Gliedmaßen betroffen (vena cava inferior = untere Hohlvene, Becken-Beinvenen)[1]; seltener zeigen sich Thrombosen der Beckenvenen und der Venen der oberen Gliedmaße.

8.9.1 Anatomische und physiologische Bemerkung

Der Rückfluss des venösen Blutes aus den unteren Extremitäten erfolgt über zwei Abflusssysteme, die eine funktionelle Einheit bilden: das *oberflächliche* und das *tiefe* Venensystem.

Die *oberflächlichen* (epifaszialen) *Venen* liegen präfaszial in dem lockeren, von Haut und Muskelfaszie (Umhüllung) begrenzten Unterhautzellgewebe (Subkutis) und sammeln sich in zwei Hauptstämmen: in der Vena saphena magna (große Rosenvene, die auf der Innen-

Abb. 1–3: Der Schnitt durch eine Beinvene zeigt die Entstehung einer Thrombose. Ein winziges Blutgerinnsel setzt sich hinter der Venenklappe fest ①. Es wächst langsam, wodurch sich die Venenklappe verengt ②. Schließlich ist der Abschnitt zwischen zwei Venenklappen ganz verschlossen, die Thrombose ist da ③. Wird der Blutpfropf dann vom Blutstrom losgerissen, kann er über das Herz in die Lunge geraten – es besteht Lebensgefahr

---

[1] Diehm, u. a., Dt. Ärztebl. 1977; 94: A-301.

seite des Beines verläuft) und Vena saphena parva (kleine Rosenvene, die auf der Außenseite des Unterschenkels verläuft und in der Kniekehle in die Vena poplitea mündet).

Die *tiefen* (subfaszialen) *Venen* sind größtenteils in die Muskulatur eingebettet. Sie gehen einher mit den gleichnamigen Arterien in einer gemeinsamen, bindegewebigen Faszientasche und sind am Unterschenkel doppelt vorhanden. In verschiedener Höhe münden sie in die Vena poplitea, die als Vena femoralis (Oberschenkelvene) – oft doppelt angelegt – sich weiter in den Oberschenkel erstreckt. Tiefe Venenthrombosen nehmen ihren Ausgang meist von den Muskelvenen am Unterschenkel und setzen sich in die Unterschenkelvenen fort. Vom Unterschenkel aus steigt die Thrombose über die Vena poplitea in den Oberschenkel auf.

Beide Systeme sind funktionell durch zahlreiche (90 pro Bein) Verbindungsvenen (Perforans-Venen, Vv. communicantes) verbunden. Diese spielen beim Fortschreiten einer Thrombose von den oberflächlichen in die tiefen Venen eine wichtige Rolle.

Die Venen leiten das Blut zum Herzen zurück und regulieren die Blutverteilung, indem sie jederzeit den wechselnden Bedarf des Herzens decken. Letzteres ist möglich, weil die Venen wegen des geringen Innendrucks und infolge ihrer Dünnwandigkeit ihr Fassungsvermögen ändern können. Der Blutstrom wird durch Venenklappen bei Muskelkontraktion herzwärts gelenkt.

8.9.2 Begriffsbestimmung

Die Thrombose wird allgemein als Blutgerinnung innerhalb des Gefäßsystems bezeichnet. Die dabei entstehende, mehr oder weniger feste Masse heißt Thrombus.

Der Venenthrombus ist meist nur im „Kopfteil" ein Abscheidungsthrombus, im Übrigen aber ein Gerinnungsthrombus.

- **Systematische Einteilung der Venenerkrankungen**[2]:

degenerative, dilatierende Venenerkrankungen des

- oberflächlichen Systems (primäre Varizen)
- transfaszialen Systems (Perforansinsuffizienz)
- tiefen Systems („tiefe Varikosis"= krankhafte Erweiterung der Vene mit Funktionsverlust)

entzündliche, thrombosierende Venenerkrankungen des

- oberflächlichen Systems (oberflächliche *Thrombophlebitis*)
- tiefen Systems (tiefe Venenthrombose) = *Phlebothrombose*; sie beginnt definitionsgemäß in den tiefen Leit- oder Muskelvenen der Bein- und Beckenregion und kann im weiteren Krankheitsverlauf auf die oberflächlichen Gefäße übergreifen.

---

[2] Marshall, Praktische Phlebographie, 1987; ders., arbeitsmedizin aktuell (Hrsg. Brenner, u.a.), Lfg. 38 7/1996 Abschn. 8.5 S. 261 ff.

8.9 Oberschenkel hier: Venenthrombose 591

Anlageanomalien
– arteriovenöse Kurzschlüsse
– Klappenagenesie u.a.

- **Komplikationen und Folgeschäden der Venenerkrankungen**

– akut: Lungenembolie, in über 95 % durch eine Phlebothrombose verursacht
– subakut: Stauungs- und Kollateralvarizen (sekundäre Varikosis)
– chronisch: chronische Veneninsuffizienz (CVI); chronisch venöse Stauungsinsuffizienz; postthrombotisches Syndrom (mit CVI)

Ernste Komplikation der Venenthrombose ist die *Lungenembolie*, deren Ausgangspunkt in 90 % die tiefen Bein- und Beckenvenen sind. Sie entsteht nach Ablösen der Thromben von der Venenwand (Embolisierung) durch plötzliche Drucksteigerung im Venensystem, z.B. beim Husten, ersten Aufstehen, Bauchpressen beim Stuhlgang.[3] Das Risiko beträgt 0,2 bis 0,4 %.[4] Der zeitliche Zusammenhang zwischen Thrombose und Embolie ist schwankend. Embolie kann während der Thromboseentstehung, aber auch nach sechs bis acht Wochen auftreten[5] sowie als Folge eines postthrombotischen Syndroms nach langer Latenzzeit[6].

Chronische Folge einer Venenthrombose ist das *„postthrombotische Syndrom"* der unteren Extremität. Der Begriff umfasst eine Reihe von Symptomen, die nach einer Thrombose der tiefen Bein- und Beckenvenen bestehen bleiben oder sich im Laufe von Jahren ausbilden. Die Entstehung hängt vor allem von dem Ausmaß der primären Thrombose und der durch sie bedingten Venen-Etagenzerstörung ab. Das vielgestaltige Krankheitsbild reicht von der diskreten Schwellneigung bis zu den manschettenförmigen Ulzerationen des chronischen Faszienkompressionssyndroms. Jede Thrombose der tiefen Extremitäten geht zumindest mit dem Verlust der Venenklappen einher (Stadium I nach *May*). Das Stadium II stellt eine partielle Rekanalisation dar. Im Stadium III sind tiefe Venen dauerhaft verschlossen.

Latenzzeit: Sechs Monate bis zwei Jahre; aber auch ein krankheitsfreies Intervall von fünfzehn Jahren kann vorliegen.[7]

8.9.3 Diagnostik[8]

Die Diagnostik der tiefen Beinvenenthrombose auf Grund klinischer Zeichen und Symptome ist unzuverlässig. Deshalb muss bei Verdacht zum objektiven Nachweis oder Ausschluss unverzüglich eine apparative Diagnostik eingesetzt werden. Je nach Fragestellung

---

[3] Vgl. BSG, 29.2.1968, Breith. 1968, 823 (Gelegenheitsursache); nach Mittermayer, BG-UMed 31 (1977) 34, handelt es sich wahrscheinlich um einen einzeitigen Vorgang, d.h. eben entstandene Thrombosen reißen bei Mobilisation ab.
[4] Wennmacher, u.a., Hefte zur Unfallchir 275 (1999) 26.
[5] Dürr, in: Gutachtenkolloquium 3 (Hrsg. Hierholzer, u.a.) 1989 S. 17, 19.
[6] LSG Berlin, 27.2.2003, Meso B 90/148: „10 Jahre".
[7] Dürr, in: Gutachtenkolloquium 3 (Hrsg. Hierholzer, u.a.) 1989 S. 17, 19.
[8] Leitlinien zur stationären und ambulanten Thromboembolie-Prophylaxe in der Chirurgie, Beilage zu den Mitteilungen der Deutschen Gesellschaft für Chirurgie, Heft 3/2000; s. auch Hierholzer, u.a., Gutachtenkolloquium 8 (Hrsg. Hierholzer, u.a.) 1993 S. 179ff.; Diehm, u.a., Dt. Ärztebl. 1997; 94: A 301; Dietrich, u.a., Dtsch. med. Wschr. 2002, 567; Grotewohl, MedSach 102 (2006) 32.

und Lokalisation (Becken, Ober- und Unterschenkel) der Thrombose gehören hierzu die aszendierende Phlebographie (Röntgenuntersuchung mit Kontrastmittel der Beinvenen) die Duplexsonographie, die B-Bild-Sonographie und gegebenenfalls die Computer- und Magnetresonanztomographie. Die farbkodierte Duplexsonographie (FKDS) kann bei Erfahrung des Untersuchers vielfach die Phlebographie ersetzen.

8.9.4 Entstehung

Für die Entstehung gilt noch die Dreierregel (Trias) von *Virchow*:

(1) Blutstromverlangsamung

(2) Gefäßwandschädigung

(3) Änderung der Blutzusammensetzung mit der Folge gesteigerter Gerinnbarkeit des Blutes

Grundsätzlich besteht enge Wechselbeziehung zwischen Gefäßendothel (zellige Auskleidung der Gefäßinnenband), Durchströmungsgröße und Gerinnbarkeit des Blutes. Das Gleichgewicht kann durch Trauma oder Operation gestört werden.[9] Nach neueren Forschungsergebnissen scheinen die Störungen in der Blutzusammensetzung eine bedeutsame Rolle einzunehmen.[10] Genetisch bedingte Defekte im Gerinnungssystem führen zu erhöhter Thromboseneigung („*Thrombophilie*").[11]

Situationen und Erkrankungen mit erhöhtem Risiko für venöse Thrombosen und Thromboembolien[12]

Ursachen	*Anamnestische Hinweise*
Immobilisation	Alter über 50 Jahre, Reisen, Bettlägerigkeit, zerebrale Infarkte, Herzinfarkt, Operationen mit Narkosedauer über 30 Min.
Traumata	Frakturen von Wirbelsäule, Becken, Femur oder Tibia
Blutfluss-Verlangsamung	Herzinsuffizienz, arterielle Durchblutungsstörungen
Blutgerinnungsneigung	
– endogen	Schwangerschaft, postpartale Phase, AT III-Mangel, Protein S- oder C-Mangel, Hypofibrinolyse, Lupus erythematodes, Sepsis
– exogen	Östrogen-Therapie (auch orale Kontrazeptiva), Rauchen, Korticoid-Therapie
Blutviskositätssteigerung	Exsikkose, Diuretika-Therapie, Polycythämia vera, Polyglobulie, Hyperfibrinogenämie, Hypergammaglobulinämie, paroxysmale Hämoglobinurie
Lokale Venenkompression	Operative und diagnostische Eingriffe, Schwangerschaft, komprimierende abdominelle Prozesse
Intravasale Fremdkörper	zentraler Venenkatheter

---

[9] Scholze, BG-UMed 31 (1977) 39, 41; nach Haid-Fischer, Z. Orthop. 1984, 538, in bis zu 45 %.
[10] Thomas, tägl. Praxis 1984, 407; Hiller, Münch. med. Wschr. 1985, 68.
[11] Gerometta, MedSach 96 (2000) 111.
[12] Stäblein, Böhm, Notfallmedizin 21 (1995) 249, 250.

8.9 Oberschenkel hier: Venenthrombose

Ursachen	Anamnestische Hinweise
Maligne Grunderkrankungen	Pankreas-, Lungen-, Urogenital-, Magen- und Mamma-Malignome
Venulitiden	Thrombangiitis obliterans
Venöse Stase nach erfolgten Thrombosen	anamnestische Lungenembolien, Venenthrombosen, postthrombotisches Syndrom

8.9.5 Unfallrechtliche Beurteilung

Ohne medikamentöse Thromboseprophylaxe sind bei Versicherten mit hohem Risiko (Schenkelhalsbruch) tiefe Unterschenkelvenenthrombosen in 40 bis 80 %, tiefe Oberschenkelvenenthrombosen in 10 bis 20 % und Lungenembolien in 4 bis 10 % (1 bis 5 % tödlich) zu erwarten.[13]

8.9.5.1 Ursachen

Die für die Entstehung der Thrombose angeführten Bedingungen sind durch verschiedenartige Traumen gegeben. Die Venen können direkt geschädigt werden; auch erscheint die Thrombose als Reaktion auf die durch den Unfall bedingten Prozesse der Blutgerinnung oder der Blutstromdysregulation.

Zu trennen sind daher

(1) Lokale Thrombosen, die infolge örtlicher Gefäßwandschädigungen entstehen

(2) Fernthrombosen, die sich ohne primäre Gefäßwandveränderungen als Folge besonderer Zirkulations- und Gerinnungsverhältnisse entwickeln, wobei entweder die Veränderungen der Zirkulations- oder das andere Mal die der Gerinnungsverhältnisse überwiegen (sog. blande, d.h. nicht bakteriell infizierte Fernthrombosen).

8.9.5.1.1 Gefäßwandschädigung (Endothelschädigung)

Der Beginn der Thrombosebereitschaft wird oft durch das Ausmaß der Gewebszerstörungen und damit durch das Unfallgeschehen vorbestimmt. Bei jedem Unfall, der mit Weichteilquetschung und Frakturen einhergeht, ist eine Thrombose zu erwägen.

Ursache der Thrombose kann die direkte Verletzung der Gefäßwand sein. Diese wird nicht selten übersehen, weil der Funktionsausfall der oberflächlichen Venen durch zahlreiche Verzweigungen des Venengeflechts ausgeglichen wird. Die dünn gebaute Venenwand ist gegen mechanische Einflüsse besonders empfindlich. Kontusionen und Distorsionen können Zerrungen und Quetschungen der Gefäße verursachen. Frakturen, Hämatome, Ödeme und Verbände sind in der Lage, größere Gefäße einzudrücken bzw. einzuengen und dadurch zur Verlangsamung des Blutstroms und Stauung zu führen. Knochenfragmente verletzen auch Gefäße durch Anspießung und Druck (kombinierte Gefäß- und Knochenverletzung).

Wandschädigungen werden ferner durch Tumoren der Gefäße, subkutane Entzündungen, Infektionen (Bakterien, chemische Substanzen, Metalle, Produkte der inneren Sekretion)

---

[13] Geerts, N Engl. J Med 331 (1994) 1601.

sowie ungenügende Sauerstoffzufuhr bei mangelhaftem Blutumlauf oder auch durch elektrischen Strom hervorgerufen.

Die *Flugreise-Thrombose* wird durch Abknickung der Vena poplitea in beengter Sitzhaltung bei Langstreckenflügen oder Busreisen und zusätzliche Blutverteilungsstörungen in der peripheren venösen Strombahn bewirkt.

Eine Venenkompression durch zu enges Schuhwerk kann zur *Stiefelthrombose* führen. Sehr selten sind die *Thrombose par effort* durch ungewohnte Anstrengung sowie die *Überlastungsthrombose (Thrombose d'effort)*.[14]

8.9.5.1.2 Verlangsamung des Blutstromes
Neben mechanischen Verletzungen werden Entstehung und Wachstum von venösen Thromben durch Verlangsamung der Blutströmung induziert: Anordnung strenger Bettruhe, Ruhigstellung der unteren Extremitäten im Gipsverband.

8.9.5.1.3 Veränderungen in der Zusammensetzung des Blutes
Bedeutsam sind sie für die Thrombogenese im Venensystem. Die gesteigerte Gerinnbarkeit des Blutes (Hyperkoagulabilität) kann durch erhöhte Aktivität von Thrombozyten und Gerinnungsfaktoren oder durch verminderte Fibrinolyse verursacht sein (Thrombophilie). Die Defekte sind angeboren oder durch Krankheit (Malignome, septische Krankheitsprozesse) erworben.

8.9.5.1.4 Gewebszerfall
Mechanische Verletzungen führen zu Hämatomen, Kontusionsherden und geben eine Voraussetzung für die Thromboseentstehung: Das Unfallgeschehen bringt größere Mengen vom Körpergewebe zum Absterben, so dass der Blutkreislauf mit körpereigenen Zerfallprodukten überschwemmt wird. Die durch Gewebszerfall und Zellmauserung bedingte Einsaugung (Resorption) von Eiweißkörpern verschiebt die Blutzusammensetzung und erhöht die Gerinnungsbereitschaft. Neben Gewebszerstörungen setzen auch Verbrennungen, Kälteschäden oder ein Kreislaufschock Gerinnungs- und Entzündungsfaktoren frei.[15]

8.9.5.1.5 Postoperative Thrombosebereitschaft mitbestimmende Faktoren
Außer Bettruhe sind insbesondere die Art des Narkoseverfahrens und die Infusionsbehandlung zu nennen.[16] Eine Rolle nehmen ferner ein die allgemeine Widerstandsfähigkeit der Gefäßintima (innere Gefäßwandschicht), Veränderungen der Ernährung (Krankenhaus), Klimafaktoren, die über das vegetative Nervensystem Blutzusammensetzung und Kreislauf beeinflussen, und Veränderungen im Hormongleichgewicht.

---

[14] Vgl. Hess. LSG, 30. 8. 1988, SozVers 1989, 110, 112.
[15] Fischer, Berufsdermatosen 18 (1970) 1, 10; Hohlbaum, MfU 1971, 377ff.
[16] Scholze, BG-UMed 31 (1977) S. 40; nach Schoenmackers, H. Unfallh. 107 (1971) 116, scheinen die infizierten Thromben zuzunehmen, weil beispielsweise die Resistenz der Erreger im Rahmen des Hospitalismus ansteigt.

8.9 *Oberschenkel hier: Venenthrombose*

8.9.5.2 Nachweis des Kausalzusammenhanges

Aus medizinischer Sicht wird hingewiesen, dass es nicht immer gelingt, die Bedeutung des Einzelfaktors bei einem gegebenen Sachverhalt genau zu bestimmen. Der Nachweis, ob ein Unfall wahrscheinlich die Thrombose mindestens wesentlich mitverursacht hat, muss unter folgender Würdigung geschehen:

- **Unfallhergang**

Detaillierte Angaben zum Unfallhergang und zu den eingetretenen Verletzungen sind stets erforderlich. Hat eine Gefäßwandverletzung vorgelegen oder war das Unfallgeschehen geeignet, eine teilweise frische Zerreißung der Veneninnenhaut zu verursachen oder ist ein Bluterguss in der Gefäßwand oder seiner näheren Umgebung diagnostiziert, so liegt ein gewichtiges Indiz für den Kausalzusammenhang vor.[17]

- **Ruhigstellung**

Ruhigstellung des Körpers (Bettruhe) oder eines größeren Gliedmaßenabschnitts (Gipsverband) wegen Unfallfolgen sind mitbestimmende Faktoren der Thrombose.

Indessen spricht nicht jede Beinschwellung in der Nachbehandlung für eine solche. Die meisten Beinschwellungen sind vorübergehend durch die Bettruhe statisch bedingt.[18] Ist die Schwellung vor der Thrombose zurückgegangen, so deutet dies mehr gegen als für einen Zusammenhang.[19]

- **Örtlicher und zeitlicher Zusammenhang**

Die Frage der lokalen Thrombose als Unfallfolge bereitet keine Schwierigkeiten, wenn sich jene auf die verletzte Stelle und deren unmittelbare Nachbarschaft beschränkt. Der zeitliche Zusammenhang wird mit 24 bis 28 Stunden, auch mit ein bis zwei Wochen angegeben.[20]

Anders bei Fernthrombosen: Die Thrombose stellt eine Erkrankung dar, die weder örtlich noch zeitlich abzugrenzen ist.[21] Sie greift über die betroffene Stelle hinaus und kann auch von den Gliedmaßen sowohl auf andere Körperregionen als auch auf andere Gliedmaßen übergreifen. In einem Beispiel wird der Zusammenhang zwischen einer Verletzung des rechten Unterschenkels und einer neun Wochen später auftretenden Thrombophlebitis des linken Unterschenkels für gegeben erachtet, nachdem es zwischenzeitlich zu einer Thrombophlebitis auch des rechten Unterschenkels gekommen war.

---

[17] Vgl. Mehrhoff, Meindl, Muhr, Unfallbegutachtung, 11. Aufl. 2005 S. 213; Müller-Färber, BG-UMed 58 (1985) 175, die – wohl zu weitgehend – allein die Tatbestandswürdigung für den Kausalzusammenhang zulassen.
[18] LSG Nordrhein-Westfalen, 19. 4. 1966, Meso B 90/40.
[19] LSG Nordrhein-Westfalen, ebenda; LSG Niedersachsen, 26. 6. 1958, Meso B 90/23.
[20] Hess. LSG, 30. 8. 1988, SozVers 1989, 110, 112; LSG Niedersachsen, 21. 11. 1996, HV-Info 28/1997, 2642 = Meso B 90/112.
[21] Fischer, Berufsdermatosen 18 (1970) S. 9; nach Moeschlin, zit. b. Matis, Lüders, H. Unfallh. 107 (1971) 136, tritt in 20 % der Fälle nach einer Verletzung des rechten Beins am linken Bein eine Thrombose auf; vgl. auch LSG Schleswig-Holstein, 4. 12. 1964, Breith. 1965, 548: Zusammenhang bejaht zwischen Prellung des rechten Oberschenkels, Thrombose des linken (nach drei Wochen) und später des rechten Beines und anschließender Lungenembolie.

Aus der Rechtsprechung

In einem ähnlichen Tatbestand bejaht das SG Oldenburg[22] den Zusammenhang zwischen schwerer Weichteilquetschung und Spätnekrosebildung im Bereich der linken Hand und der in diesem Zeitraum erfolgten Ausbildung einer Fernthrombose im rechten Bein.

Demgegenüber verneint das LSG Niedersachsen[23] den Zusammenhang zwischen Weichteilverletzung am rechten Finger mit komplikationslosem Heilverlauf sowie einfacher Prellung (Bluterguss) in der linken Fersengegend und alsbald danach auftretender Venenthrombose zunächst am rechten und dann auch am linken Bein. Gegen das Vorliegen einer Fernthrombose sprach das leichte Krankheitsbild sowie die kurze Bettruhe von zehn Tagen.

An den zeitlichen Zusammenhang sind nach dem Gesundheitsschaden, der mit einer Risikoerhöhung verbunden ist, keine strengen Anforderungen zu stellen. Klinische Zeichen einer Thrombose können verzögert auftreten.[24] Postthrombotische Folgeschäden erscheinen bis zu 15 Jahre nach dem Unfall. Die Geringfügigkeit der Brückensymptome erschwert die Beurteilung des Zusammenhanges: Schwere und Müdigkeit der Beine, abendliches Knöchelödem.[25]

- **Beachtung degenerativer Faktoren**

Für die Prüfung, inwieweit degenerative Schäden als Ursache einzubeziehen oder auszuschalten sind, müssen Vorerkrankungen ermittelt werden. Thrombosebereitschaft kann durch vorhandene Leiden konstitutionell bedingt sein: Krampfadern, Unterschenkelgeschwüre, schwere Herzfehler, toxische und infektiöse Erkrankungen (z.B. Anginen, Erysipele), angeborene Fehlbildungen der Gefäßwand, allgemeine Gewebsschwäche. Auch bei einer Fußpilzerkrankung dringen Infektionserreger durch Risse und Wundstellen ein; sie können über Zellgewebsentzündungen zur Thrombose führen.[26] Stehende Tätigkeit und Übergewicht sind Risikofaktoren.[27]

Insbesondere bei Entzündungen ist das Abgrenzen gegenüber degenerativen Erkrankungen auch histologisch schwierig. Dabei ist zu prüfen, ob es sich um echte bakterielle oder allergische Entzündungen handelt.

Hat der Verletzte bereits thrombophlebitische Schübe durchgemacht, ist ein Abgrenzen zwischen altem Leiden und einer unfallbedingten Neuerkrankung gutachterlich nicht einfach. Immerhin können die Schübe als indirekter Hinweis auf eine chronische Venenstauung gelten.[28]

- **Rethrombose**

Hat eine Thrombose zu einem posthrombotischen Syndrom geführt, ist dieses wesentlich für das Entstehen einer Rethrombose.[29]

---

[22] S 7 U 169/72, unveröffentlicht.
[23] 21.11.1996, HV-Info 28/1997, 2642 = Meso B 90/112.
[24] Schlicht, Herz + Gefäße 1992, 246.
[25] Marshall, ASP 1988, 34, 35.
[26] LSG Nordrhein-Westfalen, 19.4.1966, Meso B 90/40.
[27] Grotewohl, Tautz, ErgoMed 2006, 47.
[28] Fischer, Berufsdermatosen 18 (1970) S. 5.
[29] Bönner, in: Die ärztliche Begutachtung (Hrsg. Fritze, Mehshoff) 7. Aufl. 2008 S. 397.

• Chronisch-venöse Insuffizienz

Sie ist in der Regel Folge einer Thrombose. Der Rücktransport des Blutes zum Herzen ist dauerhaft gestört. Beurteilungsschwierigkeiten erwachsen, wenn die Thrombose im Gipsverband oder bei längerer Bettruhe klinisch unbemerkt verläuft. Das postthrombotische Syndrom folgt dann erst nach einem symptomarmen Verlauf vieler Monate bis Jahre. Leichtgradige Brückensymptome (Phlebographie) sind zu berücksichtigen.

• Zur unmittelbaren, mittelbaren Verursachung und Verschlimmerung

Der Gutachter soll beantworten, ob das Unfallereignis und posttraumatische Faktoren die Thrombose wesentlich verursacht haben. Die Formulierung „mittelbare Verursachung"[30] ist in dieser Beziehung unrichtig: Tritt die Thrombose im Anschluss an eine Verletzung auf, gilt sie als *unmittelbar* verursacht. Gleiches trifft zu für postthrombotische Zustände.

Eine *mittelbare* Unfallfolge liegt aber vor, wenn während der Behandlung eine Phlebographie (Venendarstellung) aus diagnostischen Gründen durchgeführt wird, die über eine Venenwandreizung eine Thrombose erst verursacht.[31] Auch die Angiographie kann eine Gefäßwandschädigung herbeiführen.[32]

Sind konstitutionell bedingte Faktoren einer Thrombosebereitschaft vorhanden, erscheint der Begriff der Verschlimmerung nicht angezeigt. Die Thrombosebereitschaft hat keinen selbständigen Krankheitswert. Die Varikose (Ursache: vererbte Bindegewebsschwäche, minderwertige Venenklappen, überstandene tiefe Thrombose) ist in diesem Sinne ebenso keine Krankheit. Solange die tiefen Venen und Verbindungsvenen hinreichend intakt sind und der venöse Abfluss ausreichend gewährt ist, macht sich die Varikose oft klinisch funktionell nicht bemerkbar: dann ist sie juristisch nicht als Krankheit zu bezeichnen (s. 1.8.1, S. 33).[33]

Nicht das anlagebedingte Leiden wird verschlimmert, sondern auf dem Boden einer anlagebedingten Thrombosebereitschaft entsteht die Erkrankung. Ist dafür das Unfallereignis wesentlich, so handelt es sich rechtlich um die Entstehung der Thrombose. Im Rentenbescheid sind jedoch eine Thrombosebereitschaft fördernde Anlageleiden (Krampfadern) aufzunehmen.

Der Begriff der Verschlimmerung ist daher auf Fälle zu beschränken, in denen eine thrombophlebitische Erkrankung mit Krankheitswert vor dem Unfallereignis vorgelegen hat, z.B. wenn bei einer Varikosis durch insuffiziente tiefe Venen Stauungen entstanden sind. Die Verschlimmerung ist *richtunggebend*, wenn sich über Brückensymptome ein Ulkus ausbildet[34] (s. 8.11.2.1.4, S. 660).

---

[30] Fischer, Berufsdermatosen 18 (1970) S. 21.
[31] BSGE 17, 60, 61 f. (17.5.1962).
[32] Zeitler, Exogene Faktoren bei arteriellen Gefäßerkrankungen und venösen Thrombosen, 10. angiologisches Symposium, Verhandlungsbericht 1976 S. 80 f.
[33] Haid-Fischer, Venenerkrankungen, 3. Aufl. 1973 S. 238; wohl kann sich die Varikosis verstärken, so dass insoweit eine Verschlimmerung eintritt. Davon zu unterscheiden ist jedoch die „Entstehung der Thrombose auf der Grundlage einer Varikosis"; a.A. wohl Matis, Lüders, H. Unfallh. 107 (1971) S. 133 ff., die jedoch hervorheben, dass die anlagebedingte Varikosis für das Auftreten einer Venenthrombose nicht überschätzt werden darf (S. 139).
[34] Bönner in: Die ärztliche Begutachtung (Hrsg. Fritze, Mehrhoff) 7. Aufl. 2008 S. 398.

Vor dem bescheidmäßigen Anerkennen einer Venenthrombose (meist im Sinne von „venösen Blutumlaufstörungen") ist auf Abklärung unfallabhängiger und -unabhängiger Wandveränderungen (spezielle Gefäßwanduntersuchung) zu achten. Werden unfallunabhängige krankhafte Gefäßveränderungen bei der Bescheiderteilung nicht erkannt, so bedeutet die Unfallfolge „venöse Blutumlaufstörungen beider Beine" – wegen der rechtlichen Bindung – die Anerkennung eines unfallbedingten thrombophlebitischen Schubes; sie bewirkt zudem, dass das gesamte anlagebedingte Gefäßleiden zu entschädigen ist.[35]

8.9.6 Berufskrankheit

Tiefe Bein-Beckenvenenthrombosen sind eine häufige Erkrankung, hervorgerufen durch verschiedenartige Ursachen. Gruppentypische besondere Gefährdung ist nicht ersichtlich.[36] Eine Beteiligung des Venensystems kann gegeben sein bei

- Druckfall- bzw. Caisson-Krankheit (BK-Nr. 22 01)
- Einwirkungen durch Salpetersäureester, Nitroglyzerin und Nitroglykol
  (BK-Nr. 13 09).

8.9.7 Begutachtung[37]

(1) Die klinische Untersuchung sollte am Vormittag erfolgen, um allein das beurteilungsrelevante chronisch-persistierende Ödem zu erfassen und nicht die im Tagesablauf zusätzlich auftretende reversible Schwellung. Der Untersuchungszeitpunkt ist im Gutachten anzugeben.

(2) Die Messhöhen für die Umfangsbestimmung müssen exakt, ausgehend vom medialen Kniegelenkspalt, angezeichnet werden, die Messung hat streng seitenvergleichend zu erfolgen. Andernfalls erreicht die Messfehlerbreite Größenordnungen von +/– 1 bis 2 cm, für eine begründete Einschätzung der MdE nicht zulässig. Wiederholte Messungen im Verlauf der klinischen Untersuchung werden in Anbetracht der speziellen Problematik angeraten, um den Messfehler gering zu halten.

(3) Der Zustand des Hautmantels mit Konsistenz, Färbung, Induration, sekundärer Besenreiserzeichnung oder Krampfadern sowie evtl. bestehenden Narben und Ulzerationen muss detailliert beschrieben werden. Photodokumentation kann erleichtern.

(4) Grunddaten, wie Körpergröße und Körpergewicht, sind ebenso anzuführen wie Angaben zur Krankheitsvorgeschichte und übrigen relevanten allgemeinen Krankheitsanamnese. Ödemreduzierende Medikamente sind zu vermerken.

(5) Die Indikation für das Tragen eines Kompressionsstrumpfes ist anhand der klinischen Kriterien kritisch zu überprüfen. Sinnvoll ist dieses, wenn ohne tägliche Kompression Stauungsödeme unvermeidbar sind. Beim Träger eines Kompressionsstrumpfes sind thera-

---

[35] BSG, 31. 7. 1964, Meso B 90/38.
[36] BVerfG, 14. 7. 1993, SozVers 1993, 277 = Meso B 90/97, in Bestätigung von BSG, 11. 6. 1990, Meso B 90/91: Fernfahrer; BSG, 30. 7. 1987, HVBG VB 74/87 = Meso B 90/81: stehende Tätigkeit eines Gießereiarbeiters bei langjähriger Hitzeeinwirkung; LSG Nordrhein-Westfalen, 25. 2. 2003, HV-Info 34/2003, 3073 = Meso B 90/147: Tätigkeit als Friseur.
[37] Nach Schröter, Koch, Gutachtenkolloquium 8 (Hrsg. Hierholzer, u.a.) 1993 S. 179ff.

8.9 Oberschenkel hier: Venenthrombose

peutischer Erfolg, Reduktion der Schwellung und damit die Minderung der Blutumlaufstörung ebenso zu berücksichtigen wie Nachteile des Strumpftragens in der Wärme.

(6) Die Grenzen einfacher klinischer Beurteilungskriterien müssen auch im Frühstadium bedacht werden; im Zweifel, besonders bei Thrombosefolgen an beiden Beinen, werden die aufwändigeren dermatologisch-phlebologischen und apparativen Untersuchungen empfohlen.

Abschließend ist der Befund nach abgelaufener Thrombose zu erheben. Der Begriff „posttraumatisches Syndrom", in der Fachliteratur gebräuchlich, ist als Befund nicht geeignet. Da sich Syndrome nicht vergleichen lassen, ist ein Verschlimmerungs- oder Besserungsnachweis mit dieser Formulierung nicht zu führen. Zu den für die MdE-Schätzung bedeutsamen Funktionsminderungen gehören klinische Symptome.[38]

8.9.8 Minderung der Erwerbsfähigkeit[39]

Die am Ausmaß des chronischen Stauungsödems und Zustand des Weichteilmantels klinisch orientierte Bemessung der MdE kann auch durch Chirurgen oder Orthopäden erfolgen, wenn die Untersuchung sorgfältig standardisiert und reproduzierbar durchgeführt wird.

Bewertungen ohne getragenen Kompressionsstrumpf

Mittlerer Mehrumfang am Ober- und Unterschenkel	Weichteilmantel	MdE in %
<1 cm	Unauffällig	nicht messbar
1–2 cm	Besenreiserzeichnung	10
>2 cm	mit Pigmentablagerungen	20
	mit ausgeprägten trophischen Störungen	30
	mit therapieresistenten Ulzerationen	40

Bewertungen mit getragenem Kompressionsstrumpf

Situationsbeschreibung	MdE in %
Kompressionsstrumpf als „Psychoorthese"	nicht messbar
Indizierter Kompressionsstrumpf mit gut beherrschbarer Schwellneigung	10
Schwellung und leichte trophische Störungen	20
Schwellung mit ausgeprägten trophischen Störungen	30
Schwellung mit therapieresistenten Ulzerationen	40

---

38 Ludolph, Spohr, Akt. Traumatol. 22 (1992) 126.
39 Nach Schröter, Koch, Gutachtenkolloquium 8 (Hrsg. Hierholzer, u.a.) 1993 S. 179ff.; s. auch Müller-Färber, BG-UMed 58 (1985) 180.

8.10 Knie
Übersicht

8.10.1	Anatomie und Gelenkmechanik	601
8.10.2	Prellungen, Quetschungen, Zerrungen	602
8.10.3	Verletzungen der Kniescheibe	603
8.10.3.1	Brüche	603
8.10.3.2	Verrenkungen	604
8.10.3.3	Chondromalazia patellae und Chondropathia patellae	607
8.10.4	Verletzungen der Gelenkbänder	608
8.10.4.1	Seitenbänder	608
8.10.4.1.1	Zur Mechanik	608
8.10.4.1.2	Verletzungsformen	608
8.10.4.1.3	Verletzungsmechanismus	609
8.10.4.2	Kreuzbänder	610
8.10.4.2.1	Zur Mechanik	610
8.10.4.2.2	Verletzungsmechanismus	611
8.10.4.3	Kombinationsverletzungen	612
8.10.4.4	Bänderriss und Gelegenheitsursache	612
8.10.4.5	Zur Bewertung der MdE	612
8.10.5	Meniskusverletzungen und -schäden	613
8.10.5.1	Zum gelenkmechanischen Verhalten der Menisken	613
8.10.5.2	Zur Statistik	615
8.10.5.3	Geeignete und nicht geeignete Verletzungsmechanismen	615
8.10.5.3.1	Spontanlösung	615
8.10.5.3.1.1	Alterung und Degeneration	615
8.10.5.3.1.2	Meniskopathie	616
8.10.5.3.1.3	Anlagebedingte Ursachen	617
8.10.5.3.2	Der frische Unfallriss	617
8.10.5.3.2.1	Direkte Verletzungsmechanismen	617
8.10.5.3.2.2	Indirekte Krafteinwirkungen	618
8.10.5.3.2.2.1	Passive Rotation des gebeugten Kniegelenks	618
8.10.5.3.2.2.2	Plötzliche Streckung des gebeugten und rotierten Unterschenkels (Drehsturz)	619
8.10.5.3.2.2.3	Beispiele für ungeeignete Ereignisabläufe	620
8.10.5.3.3	Spätschaden nach Unfallriss	621
8.10.5.3.4	Spätschaden infolge gestörter Gelenkmechanik	621
8.10.5.4	Nachweis des Kausalzusammenhanges	621
8.10.5.4.1	Sicherung der Diagnose	622
8.10.5.4.2	Nachweis der wesentlichen Ursache	622
8.10.5.4.2.1	Geeigneter Unfallhergang	623
8.10.5.4.2.2	Begleitverletzungen	624
8.10.5.4.2.3	Vorerkrankungen	625
8.10.5.4.2.4	Alsbaldige Arbeitsniederlegung	625
8.10.5.4.2.5	Veränderungen der Muskulatur	626
8.10.5.4.2.6	Gelenkerguss	626
8.10.5.4.2.7	Histologische Untersuchung	627
8.10.5.4.2.8	Form des Meniskusrisses	627
8.10.5.4.3	Zur rechtlichen Bewertung	629
8.10.5.4.3.1	Bersten des gesunden Meniskus durch geeignetes Unfallereignis	629
8.10.5.4.3.2	Körpereigenes Trauma	630
8.10.5.4.3.3	Einriss des degenerierten Meniskus bei gewöhnlichen Bewegungen	630
8.10.5.4.4	Mikrotrauma	630
8.10.5.4.5	Degenerationszeichen und Unfalleinwirkung	631
8.10.5.4.6	Verschlimmerung	632
8.10.5.5	Berufskrankheit (BK-Nr. 21 02)	632
8.10.5.5.1	Krankheitsbild	632
8.10.5.5.2	Zum Nachweis des Kausalzusammenhanges	634
8.10.5.5.2.1	Andauernde oder häufig wiederkehrende, die Kniegelenke überdurchschnittlich belastende Tätigkeiten	634
8.10.5.5.2.2	Mehrjährig	635
8.10.5.5.2.3	Beweis des ersten Anscheins nach dreijähriger regelmäßiger Tätigkeit unter Tage	636
8.10.5.5.2.4	Ausschluss anderer Ursachen	638

8.10.5.5.2.5	Histologische Untersuchung	639	8.10.8.5	Berufskrankheit (BK-Nr. 21 12)	647
8.10.5.5.2.6	Belastungskonformes Schadensbild	639	8.10.8.5.1 8.10.8.5.2	Krankheitsbild .... Tätigkeit im Knien oder	647
8.10.5.5.2.7	Meniskusschaden nach Beendigung der belastenden		8.10.8.5.3	vergleichbare Kniebelastung . Exposition................	648 648
	Tätigkeit................	639	8.10.8.5.4	Konkurrierende	
8.10.5.5.3	Bewertung der MdE	640		Ursachenfaktoren..........	649
8.10.6	Osteochondrosis dissecans..	640	8.10.8.5.5	Belastungskonforme Lokalisation des Knorpelschadens ...	650
8.10.7	Erguss, Gelenkempyem	642	8.10.8.6	Bewertung der MdE........	650
8.10.8	Gonarthrose.............	643	8.10.9	Kniegelenktuberkulose	650
8.10.8.1	Primäre Form.............	644	8.10.10	Feststellungsverfahren......	651
8.10.8.2	Sekundäre Form	645	8.10.11	Minderung der	
8.10.8.3	Zusammenhangsbeurteilung	645		Erwerbsfähigkeit	653
8.10.8.4	Unfallbedingter		8.10.12	Messbeispiel mit	
	Knorpelschaden...........	646		„Normalwerten"	656

Das Kniegelenk, an dessen Statik und Dynamik bedeutende Anforderungen gestellt werden, ist das größte Gelenk und wegen seiner komplizierten Konstruktion zugleich eines der empfindlichsten des menschlichen Körpers. Schwierige Kausalfragen ergeben sich, weil es auf Grund seiner tragenden und bewegenden Funktionen starken Abnutzungs- und Verschleißerscheinungen ausgesetzt ist. Daneben wird es infolge seiner exponierten Lage von vielfältigen äußeren und inneren Krafteinwirkungen betroffen. Die Verletzungen des Kniegelenks treffen

- den Bandapparat und die Gelenkkapsel
- die Menisken
- den Knorpelbelag der Gelenkflächen
- die gelenkbildenden Knochenabschnitte selbst.

8.10.1 Anatomie und Gelenkmechanik[1]

Das Kniegelenk hat eine statische und eine dynamische Aufgabe und ist anatomisch auf diese Funktion hin aufgebaut. Es besteht aus zwei Teilgelenken, dem Tibiofemoralgelenk (Kniehauptgelenk) und dem Patellofemoralgelenk (Knienebengelenk). Die Gelenkkörper des Oberschenkels und des Schienbeinkopfes sowie die Kniescheibe bilden somit das Kniegelenk, in dem die längsten Knochen, Oberschenkel und Schienbein, miteinander verbunden sind. Das Wadenbein hat am Kniegelenk keinen funktionellen Anteil. Am Kniegelenk setzen mit dem Ober- und Unterschenkel die längsten Gelenkarme aller menschlichen Gelenke an. Die Menisken vergrößern die kraftübertragenden Flächen zwischen Oberschenkel und Schienbein (Stoßdämpferfunktion); als wichtige Hilfsgelenke sorgen sie in jeder Gelenkstellung für einen guten Gelenkschluss.

---
[1] Witt, Rettig, Schlegel, Orthopädie in Praxis und Klinik, Bd. VII Teil 1, 2. Aufl. 1987; Debrunner, Orthopädische Chirurgie, 4. Aufl. 2005 S. 1025 ff.; Burri, Mutschler, Das Knie, 1982; Müller, Das Knie, 1982; Wagner, Schabus, Funktionelle Anatomie des Kniegelenks, 1982; Strobel, Stedtfeld, Diagnostic Evaluation of the Knee, 3. Aufl. 1995; Baumgartl, Thiemel, Untersuchung des Kniegelenks, 1992; Rüter, u.a., Unfallchirurgie, 1996 S. 725 ff.

Das Kniegelenk lässt sich bei vereinfachter Betrachtungsweise als Dreh-Scharniergelenk auffassen. Es bewirkt die Streck- und Beugestellung. In der Streckstellung sind Drehungen (Kreiselungen) nicht auszuführen. Mit zunehmender Beugung vergrößert sich der Umfang der Kreiselungsmöglichkeiten des Unterschenkels.

Gelenkbänder und Sehnen im Zusammenhang mit der Streck- und Beugemuskulatur gewährleisten die Stabilisierung des Kniegelenks und die Führung seiner Bewegungen. Seitenbänder sperren Verschiebungen des Unterschenkels in seitlicher Richtung und begrenzen die seitlichen Abbiegungen (Ab-, Adduktionen) des Unterschenkels, Kreuzbänder Verschiebungen in dorso-ventraler Richtung (Schubladenzeichen) und Innendrehbewegungen des Unterschenkels sowie die Streckung des Kniegelenks. Etwa 30 Schleimbeutel (Gleitbeutel) befinden sich zwischen den Gelenkteilen, wo größere Druck-, Schub- und Scherkräfte entstehen.

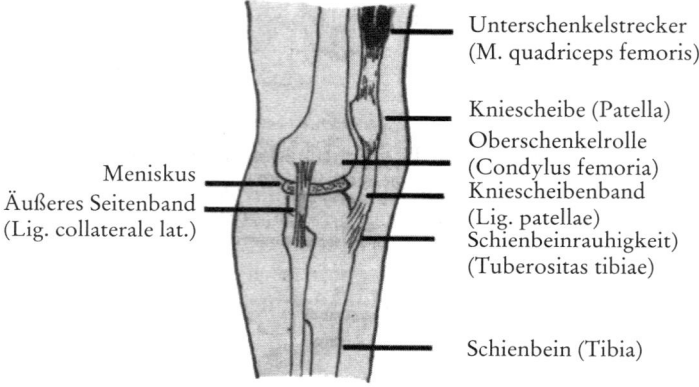

Abb. 1: Kniegelenk seitlich

Bewegungsanalysen des Kniegelenks[2] haben gezeigt, dass die Oberschenkelgelenkrollen auf den Schienbeingelenkflächen Drehung in der Pfeilebene, Kreiselungen und Rollgleitbewegungen durchführen. Die ersten 20 Grad der Beugebewegung aus der Streckstellung vollziehen sich vorwiegend als Rollbewegung, dann – durch Straffung der Kreuzbänder – zunehmend als Drehgleiten unter Verschiebung der Menisken, weil mit zunehmender Beugung der Kontakt zwischen den spiralförmigen Oberschenkelrollen und den Schienbeintellern immer kleiner wird. Diese Besonderheit der funktionellen Anatomie ermöglicht die Dreh- und Kreiselungsbewegungen des Unterschenkels bei optimaler Gelenkführung mit Hilfe der Menisken.

8.10.2 Prellungen, Quetschungen, Zerrungen

Prellungen (Kontusionen) und Quetschungen des Knies durch Fall oder Stoß auf das Gelenk zählen zu den häufigsten Verletzungen. Sie haben kleinere Hämatome und ödematöse

---

[2] Grundlegend Walker, Hajek, J. Biomechanics 5 (1972) 581–589; Draenert, Schenk, H. Unfallh. 128 (1976) 3ff. m.w.N.; Kentner, MedSach 104 (2008) 228.

8.10 Knie 603

Weichteilschwellungen (Haut- und Subkutangewebe, Band- und Kapselapparat) zur Folge. Starke Krafteinwirkungen können auch Knochen, Bänder und Knorpel schädigen.

Zu dem Sammelbegriff der Zerrungen (Distorsionen) gehören eine Reihe von Verletzungen, wenn durch direkte oder indirekte Krafteinwirkung die physiologischen Bewegungsumfänge überschritten werden. Da es sich bei dem Kniegelenk im Wesentlichen um ein Scharniergelenk ohne jede knöcherne Führung und knöchernen Anschlag handelt und nur der Bandapparat die Bewegungen begrenzt, werden in erster Linie der Bandapparat, seltener die Menisken oder die Knorpelbezüge der Gelenkflächen geschädigt.

Die Beurteilung des ursächlichen Zusammenhanges bietet nach schweren Prellungen und Zerrungen keine größeren Schwierigkeiten, soweit einwandfreie Zeichen einer äußeren Krafteinwirkung erkennbar sind (Schürfwunden, Prellmarken). Ergussbildungen im Gelenk führen zum Symptom der „tanzenden Kniescheibe".

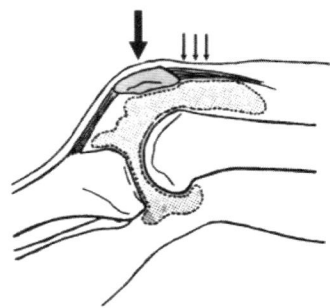

Abb. 2: Nachweis eines Flüssigkeitsergusses im Kniegelenk

Leichte Verletzungen nach Prellungen und Zerrungen, bei denen äußerlich keine Verletzungszeichen bestehen, machen ein genaues Festlegen des Erstbefundes, gegebenenfalls die Punktion und Untersuchung eines Gelenkergusses, unerlässlich. Auch in belanglos scheinenden Fällen sind Röntgenaufnahmen angezeigt. Das Erkunden der Vorgeschichte bezüglich früherer Erkrankungen und Verletzungen ist wichtig. Bei fraglichen Unfällen ist eine Unfalluntersuchung einzuleiten.

8.10.3 Verletzungen der Kniescheibe

Die Kniescheibe bildet mit den Oberschenkelrollen das Knienebengelenk. Sie ist als Sesambein (= Knochen, in große Sehnen eingeschaltet; größtes des menschlichen Körpers) in die Sehne der Oberschenkelstreckmuskulatur eingelagert und sorgt für eine optimale Gleitfähigkeit und die Verlängerung des Hebelarmes für maximale Kraftübertragung. Gleichzeitig ist sie eine mechanische Schutzvorrichtung für die Sehne und das Gelenk selbst.

8.10.3.1 Brüche
Der Kniescheibenbruch gehört zu den häufigsten knöchernen Verletzungen im Bereich des Kniegelenks.

Einteilung
- *Querbrüche* mit geringer oder starker Versetzung – je nach Muskelzug während des Traumas
- *Längs-, Schrägbrüche*
- *Mehrfragment-, Trümmerbrüche*
- *Knorpelabschlagfragmente*, z.B. bei Kniescheibenverrenkung

Die *indirekte* Entstehung eines Bruches der Kniescheibe durch plötzliche Kontraktur des Oberschenkelmuskels ist selten. Typisch für den Unfallhergang ist dagegen der *direkte* Knieanprall, der überwiegend die Kniegelenksregion selbst betrifft: Sturz auf das (gebeugte) Kniegelenk, Anpralltraumen bei Verkehrsunfällen („dash board injury").[3] Manchmal wirken Stauchungskräfte in der Längsachse des Oberschenkelknochens fort und führen zu Fernverletzungen im Schaft- und Hüftgelenksbereich. Diese Fernverletzungen werden – insbesondere bei zu sparsamen Röntgenaufnahmen und zu kleinen Filmformaten – oft übersehen.

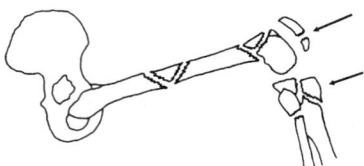

Abb. 3: Schema der Knieanprallverletzungen

Begleitverletzungen sind Band-, Meniskus-, Knorpelverletzungen, Absprengungen und Frakturen an den benachbarten Knochen.

8.10.3.2 Verrenkungen

Traumatische Verrenkungen der Kniescheibe (Patellaluxationen) sind seltene Verletzungen.[4] Bei einer Verrenkung verlässt die Kniescheibe ihre normale Lage zwischen den Oberschenkelrollen und „reitet" entweder auf einer der Rollen oder ist über eine der Rollen hinaus weiter verschoben. Zur Diagnose gehören gestörte Bewegungsfunktion, starke Schmerzen und meist Kniegelenkerguss.

Nur starke, in der Regel indirekte (seltener direkte auf die Innenseite der Patella in Streck- oder leichter Beugestellung oder plötzlicher starker unkontrollierter Muskelanspannung) Krafteinwirkungen sind geeignet, eine Verrenkung zu verursachen[5]:

- Außenrotation des Unterschenkels bei Innenrotation des Oberschenkels unter voller Belastung des Beines, wenn gleichzeitig der Zug des Quadrizepsmuskels noch durch eine Neigung des Körpers zur Gegenseite erhöht wird

---

[3] Wendl, u.a., Trauma Berufskrankh 4 (2002) 30.
[4] Nach Weller, Schmelzeisen, BG-UMed 23 (1994) 71 ist die Kniescheibenverrenkung häufiger als die reine Verrenkung zwischen Oberschenkel und Schienbeinkopf, die mit 3 % aller Verrenkungen angegeben wird.
[5] Ludolph, Trauma Berufskrankh 4 (2002) S. 206, 209; Ost, u.a., Trauma Berufskrankh 4 (2002), 2, 3: Hochrasanztraumen (Verkehrsunfälle, Sturz aus größer Höhe), Niederenergietraumen (Sport, Sturz aus geringer Höhe); Gaudernak, Die instabile Kniescheibe, 1992.

- Vergrößerung des Valguswinkels des Streckapparates (Q-Winkel) und plötzliche, überraschende Anspannung der Streckmuskulatur führen zur seitlichen Dislokation der Kniescheibe.

Überwiegend luxiert die Kniescheibe bei alltäglicher kraftvoller Streckbewegung des Kniegelenks, wenn die Disposition besteht (s. unten). Von außen auf den Körper einwirkende Kraft fehlt. Ein Sturz ist nicht Ursache, sondern Folge der Verrenkung.[6] Ausschließlich anlagebedingt ist die Luxation „beim Hochkommen aus der Hocke" oder beim „Anstoßen des Kniegelenks im Schulbus bzw. beim Rempeln".[7]

Die Kniescheibe luxiert zwischen 30° und 50° Beugestellung im Kniegelenk. Die kraftvolle Streckung lässt die Kniescheibe im Sulcus terminalis über einen kritischen Punkt gleiten.

Die Kniescheibe wird durch den Muskelzug aktiv in die Luxationsstellung gezogen. Unterstützt wird dies durch Innenrotation des Oberschenkels und Außenrotation des Unterschenkels bei leicht gebeugtem Kniegelenk. In dieser Stellung wird die Kniescheibe weit lateralisiert. Durch einen schwachen M. vastus medialis und den so entstandenen ungünstigen Hebelarm überwiegt die auf die Kniescheibe wirkende Kraft des M. lateralis um ein Vielfaches.

Aus der Rechtsprechung:
Plötzliche Verlagerung der Kniescheibe, anlagebedingt eine Fehlform aufweisend, durch Grätschsprung über einen quergestellten Kasten: Arbeitsunfall anerkannt.[8]
Kniescheibenverrenkung bei anlagebedingter Fehlform der Kniescheibe mit Luxationsneigung während eines Basketballspiels ohne sichtbare Einwirkung: Arbeitsunfall verneint.[9]

Die habituelle Patellaluxation ist die zum Habitus, zum Körper des Betroffenen gehörende Verletzung. Wenn ein leichtes Verdrehen des Kniegelenks bereits ausreicht, eine Kniescheibenverrenkung herbeizuführen, ist es unerheblich, ob tatsächlich eine erhebliche Krafteinwirkung auf das Kniegelenk infolge der Arbeitsverrichtung vorgelegen hat. Die habituelle Luxation renkt sich im Gegensatz zur traumatischen spontan wieder ein (reponiert).[10]

Bei der *habituellen* Form finden sich Spontan- oder Pendelluxationen auf der Grundlage entwicklungsbedingter Formabweichungen im Kniegelenk. Die Kniescheibe verrenkt bei Beugestellung und kehrt bei Streckung in ihre Normallage zurück. Danach bestehen meist weder Kniegelenkerguss noch Schmerzen; die Belastbarkeit ist voll erhalten. Sorgfältige Erhebung von Befund und Vorgeschichte ist erforderlich; oft wird bei mangelnder Kenntnis ein Unfallereignis angenommen, so, wenn die Luxation zu einem „Giving-way-Symptom" (s. 8.10.5.4.2.1, S. 623) führt.

---

6   Kording, Thaiss, chir. praxis 44 (1991) 703, 706.
7   Ludolph, u. a., Akt. Traumatol 17 (1987) 160.
8   Bayer. LSG, 12.10.1988, HV-Info 19/1989, 1502; kritisch dazu Schröter, Ludolph, Unfallchirurg 1992, 36.
9   Bayer. LSG, 24.1.1989, HV-Info 19/1989, 1508; kritisch dazu Schröter, Unfallchirurg 1992, 36.
10 LSG Nordrhein-Westfalen, 23.4.1997, HV-Info 28/1997, 2652 = Meso B 250/151.

Im Rahmen einer gewohnheitsmäßigen Kniescheibenverrenkung können Knorpel-Knochenfrakturen („flake fractures") erscheinen. Sie beweisen keine traumatische Luxation. Die Fraktur entsteht nicht beim Aus-, sondern beim Wiedereinrenken der Kniescheibe.[11]

Einteilung der Verrenkungen
– frische Verrenkung
– rückfällige, habituelle oder rezidivierende (wiederholende) Verrenkung
– Dauerluxation, sowohl in Form der Pendelluxation, bei der die Kniescheibe bei jeder Beugung verrenkt und bei jeder Streckung zur Normallage zurückkehrt, als auch in der starken Form. Bei der Pendelluxation bestehen meist weder Schmerzen noch Kniegelenkerguss; Belastbarkeit ist voll erhalten.

Die versicherungsrechtliche Beurteilung der „habituellen" und „rezidivierenden" Luxation der Kniescheibe ist vergleichbar mit der ähnlichen Problematik der Verrenkung des Schultergelenks (s. 8.4.1, S. 514). Bei der rezidivierenden Verrenkung richtet sich die Kausalitätsbeurteilung nach dem Ersterignis.

Abklären des mechanischen Ereignisablaufs
Handelt es sich um eine *alltägliche* oder *relevante* Fehlgängigkeit mit dem Fuß?

Erfolgte ein *physiologischer* oder *gewaltsamer* (mit Überschreiten der physiologischen Beweglichkeit) Valgus-Torsionsstress („Verdrehen")?

Lag eine *normale* oder *maximal-abrupte* Muskelanspannung vor?

Klärung der anatomischen Gegebenheiten
Alle „dispositionellen" Faktoren für einen habituellen Luxationsvorgang sind zu prüfen:

– Dysplastische Abflachung der femoralen Gleitrinne
– Dysplasie der Kniescheibe
– Kniescheiben-Hoch- oder Tiefstand
– X-Beine
– Torsionsanomalie zwischen Ober- und Unterschenkel
– Innenrotationsfehler des Oberschenkels
– Außenrotationsfehler des Unterschenkels
– Verkürzung des Quadrizepsmuskels
– relative Hypoplasie des Musculus vastus medialis
– bandlockeres Kniegelenk

Je ausgeprägter die anatomische Variante ausfällt und je mehr Einzelfaktoren zutreffen, um so höher ist das Risiko, dass schon die Richtungsänderung beim normalen Gehvorgang – z.B. in einem Treppenhaus – zum „Einknicken" des Kniegelenks infolge habitueller Luxationsverschiebung der Kniescheibe führt.

Riss des Kniestreckapparates s. 8.2.6, S. 419

---

11   Müller, Das Knie, 1982 S. 88.

8.10.3.3 Chondromalazia patellae und Chondropathia patellae

Es handelt sich um Knorpelerweichungsherde an der Hinterseite der Kniescheibe (Retropatellarknorpel), die zunächst beschwerdelos verläuft. Erst wenn Schmerzen auftreten, also ein Leidenszustand entsteht, spricht man von Chondropathie.

Meist beherrschen dumpfe Knieschmerzen das Krankheitsbild, manchmal plötzlich beim Gehen auftretende Schmerzen, die bis zu einem Instabilitätsgefühl des Kniegelenks führen.

Ursachen: Erhebliche Krafteinwirkung, die mit Knorpelläsionen einhergeht, chronische Überlastung beim Sport (alpines Skifahren, Gewichtheben), häufig während des Wachstums infolge Formveränderungen der Kniescheibe ohne bleibende Schäden, sekundär bei Dysplasien des Kniestreckapparates und der Kniescheibe, Gelenkentzündungen und neuromuskulären Erkrankungen. Auch eine einfache Oberschenkelmuskelatrophie durch Schonung kann zur Chondropathie als mittelbare Folge führen, wenn die Muskelatrophie nach einem Unfall entstanden ist.

Einteilung

Grad I: Der Gelenkknorpel ist gelbbräunlich verfärbt und in seiner Elastizität gemindert. Er kann so weich sein, dass eine Faltenbildung erscheint. Der Proteoglykangehalt der Grundsubstanz nimmt ab.

Grad II: Der Knorpel weist umschriebene Risse und Schuppen auf, die noch auf die oberen Schichten begrenzt sind. Histologisch sind eine Demaskierung der fibrillären Struktur, ein verstärkter Verlust an Grundsubstanz und teilweise degenerierte Chondrozyten nachzuweisen.

Grad III: Die Fissuren am Knorpel reichen bis an den Knochen. Charakteristisch sind im histologischen Präparat sog. Brutnester oder Cluster als Ausdruck eines frustranen Knorpelregenerationsversuchs. In diesem Stadium lösen abgeschliffene Knorpelpartikel eine hypertrophe aseptische Synovitis aus.

Anerkennung als Unfallfolge ist gerechtfertigt, wenn

– Beschwerdefreiheit vor dem Unfall gegeben war
– einwandfreies, geeignetes Trauma voran ging
– unmittelbar nach dem Unfall starke Beschwerden bei Kniebewegungen bestanden, die zur Arbeitsniederlegung und Unfallmeldung führten
– baldige Ergussbildung auftrat
– Knochenverletzungen an der Patella vorlagen, welche die Anerkennung der Chondropathie als Unfallfolge erleichtern.

Nachgehende Befunderhebung von unfallnahen Kernspintomogrammen kommt in der Begutachtung von Knorpelschäden herausragende Bedeutung zu. Da der Knorpel elastischer ist als der subchondrale Knochen, entsteht bei einer axialen Krafteinwirkung auf den Knorpel zunächst ein subchondrales bone bruise (Knochenprellung, Knochenödem), bei höherer Krafteinwirkung kommt es zusätzlich zur Knorpelfraktur. Bei der Knorpelverletzung durch axiale Einwirkung ist deshalb ein unterhalb des Knorpelschadens liegendes bone bruise zwingend; der Nachweis gelingt allein mittels Kernspintomogramm.[12]

Bei tangentialer Einwirkung auf den Knorpel kann eine Knorpelabscherung ohne begleitendes bone bruise eintreten, allerdings selten, da meist auch eine axiale Kraftkomponente vorliegt. Derartige Knorpelabscherungen durch tangentiale Einwirkungen setzen jedoch begleitende Verletzungen von Weichteilen, Bändern oder Kapseln voraus, da eine adäquate Beweglichkeit der Gelenkanteile gegeneinander sonst nicht erklärbar ist. Diese Begleitverletzungen sind ebenfalls im Kernspintomogramm nachweisbar.

Knorpelabscherungen am lateralen Femurkondylus und an der medialen inneren Kante der Patella treten bei Patellaluxationen in etwa 5 % auf. Die Bewertung der Knorpelabscherungen als unfallbedingt erfordert zunächst die Abklärung der Entstehungsweise der Patellaluxation.

8.10.4 Verletzungen der Gelenkbänder

Die Kniescheibe ist in die Quadrizepssehne des vierköpfigen Oberschenkelmuskels und das Ligamentum patellae (Kniescheibenband), das zum Schienbeinkopf zieht, eingebettet und stützt das Kniegelenk nach vorne. Stabilisiert wird das Gelenk durch die Kreuzbänder (gekreuzter Verlauf im Zentrum des Kniegelenks). Das vordere und das hintere Kreuzband verhindern eine Verrenkung des Kniegelenks nach vorne bzw. nach hinten (Schubladenbewegung). Weitere Stabilisierung erfolgt durch das Außenband, das zwischen Epicondylus lateralis und Wadenbeinköpfchen, sowie dem Innenband, welches zwischen Epicondylus medialis und Schienbeinkopf verläuft. Die straffe Gelenkkapsel sichert das Kniegelenk vor allem im Bereich der Kniekehle.

8.10.4.1 Seitenbänder

8.10.4.1.1 Zur Mechanik

Die Seitenbänder (Lig. collateralia) unterbinden Verschiebungen des Unterschenkels in seitlicher Richtung und seinen Kantungen (Ab- und Adduktion des Unterschenkels). Das innere (mediale) Seitenband verhindert die innere Aufklappbarkeit des Kniegelenks (Abduktion des Unterschenkels), das äußere (laterale) unterbindet entsprechend seinem Verlauf die seitliche Aufklappbarkeit des Kniegelenks (Adduktion des Unterschenkels). Die anatomischen Verhältnisse beider Seitenbänder sind nicht gleich: das laterale Seitenband zeigt eine größere Beweglichkeit und ist nicht mit dem Außenmeniskus verbunden, während das Innenband eine straffere Fixierung aufweist und auch anatomisch mit seinen inneren Schichten mit dem Innenmeniskus verwachsen ist.

8.10.4.1.2 Verletzungsformen

Seitenbandverletzungen treten am häufigsten bei Distorsionen auf. Leichteste Form ist die *Zerrung*, bei der die Stabilität erhalten ist. Bei der *Dehnung (und Überdehnung)* reißen mehrere Faserzüge des Seitenbandes; die seitliche Festigkeit ist leicht gelockert, aber nicht aufgehoben. Bei totaler *Zerreißung* kommt es unter Mitbeteiligung der Kniegelenkkapsel

---

[12] Hempfling, Bohndorf, Trauma Berufskrankh 9 (2007) 284–295.

zu einer klaffenden Zusammenhangstrennung des nahezu bleistiftstarken Außenbandes, das seltener reißt als das Innenband. Die Stabilität ist aufgehoben.

8.10.4.1.3 Verletzungsmechanismus[13]

Auf Grund der unterschiedlichen biomechanischen Verhältnisse und des Verletzungsmechanismus kommt es beim inneren Seitenband viel häufiger zur Verletzung (10:1 bis 15:1): Das innere Seitenband ist bei jeder Bewegung im Kniegelenk mit irgendwelchen Faserzügen hemmend beteiligt.

Ein Band erscheint für eine Verletzung anfälliger, je stärker es vorgespannt und damit vorbelastet ist: Je fester und enger ein Band mit benachbarten Strukturen verbunden ist, um so weniger kann es Kraftverletzungen ausweichen. Das gestreckte, besonders das überstreckte Knie ist für eine Bandläsion anfällig.

Unmittelbare Krafteinwirkung auf das Kniegelenk von außen führt durch X-Abknickung zu einer Verletzung des inneren Knieseitenbandes: Dabei wird das bereits gespannte Seitenband überspannt und zerreißt bei entsprechender Kraftgröße. Eine Verletzung des äußeren Knieseitenbandes ereignet sich unter den gleichen Bedingungen, jedoch mit umgekehrten Vorzeichen, d.h. durch O-Verbiegung des Gelenks. Diese Verletzungsart tritt auch deshalb viel seltener auf, weil die Innenseite des Knies für direkte seitliche Kräfte durch das andere Bein gut geschützt ist.

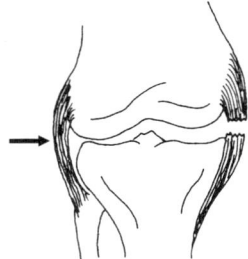

Abb. 4: Entstehung eines Innenbandrisses durch indirekte Krafteinwirkung (Zug)

Verletzungen der Knieseitenbänder entstehen kaum durch eine rein in Ab- oder Adduktion einwirkende Kraft. Fast immer ist eine wesentlich rotatorische Komponente mitverantwortlich. Dabei hat der Drehsturz mit dem Auftreten von Torsionskräften eine entscheidende Rolle: Adduktion und Einwärtsdrehung des Unterschenkels in leichter Beugestellung; Außendrehung des Körpers bei fixiertem Unterschenkel, gleichfalls in leichter Beugung und Adduktion des Unterschenkels (z.B. beim Skifahren, Fußballspiel) oder häufiger Abduktion des Unterschenkels und Außenrotation desselben in Beugestellung bzw. Einwärtsrotation des Rumpfes mit Oberschenkel bei fixiertem Fuß (durch Ski im tiefen Schnee, Stollen der Schuhsohle im Stadionrasen).

Bei geeigneter Krafteinwirkung kommt es zu einem knöchernen Ausriss des Seitenbandes. Während dieser beim inneren Seitenband fast immer an der oberen Ansatzstelle (Ober-

---

[13] Holz, Weller, H. Unfallh. H. 125 (1975) 17ff.; Biaggi, Chirurg 1984 (55) 717ff.; Weise, Weller (Hrsg.), Kapsel-Band-Verletzungen des Kniegelenks, 1991.

schenkelknorren) eintritt, erfolgt der knöcherne Ausriss beim äußeren Seitenband häufiger an der unteren Ansatzstelle (Wadenbeinköpfchen). Der Innenbandausriss an der Oberschenkelrolle hat oft eine reaktive Verknöcherung zur Folge. Diese röntgenologisch als *Stieda-Schatten* bezeichnete Verkalkung im Bandverlauf (prox.: Stieda I, intermediär: Stieda II, distal: Stieda III) ist stets Beweis für eine vorausgegangene traumatische Innenbandverletzung und deshalb unfallrechtlich bedeutsam.

8.10.4.2 Kreuzbänder

8.10.4.2.1 Zur Mechanik[14]

Wird der Unterschenkel nach innen gedreht, so wickeln sich die Kreuzbänder stärker umeinander, da sich ihre sagittal hintereinander liegenden Ursprungsfelder weiter von den frontal nebeneinander liegenden Insertionsfeldern entfernen. Bald ist die Grenze erreicht, bei der die Kreuzbänder sich nicht mehr aufwickeln, weil die Knochen durch sie zu stark aneinander geknebelt werden. Umgekehrt wird bei Rotation des Unterschenkels nach außen die Kreuzung der Kreuzbänder aufgehoben. Sie wickeln sich ab.

Bei gestrecktem Knie sind die beiden Seitenbänder gespannt, bei gebeugtem haben die Kreuzbänder für die Festigkeit der Verbindung aufzukommen.

In jeder Beugestellung des Kniegelenks ist ein Teil des vorderen und des hinteren Kreuzbandes gespannt. Wenn die Seitenbänder versagen, übernehmen sie die Führung des Gelenks in sämtlichen Beugestellungen. Die Spannung des vorderen Kreuzbandes wächst mit zunehmender Streckung und Einwärtsdrehung des Unterschenkels. Bei maximaler Kniestreckung, im Verlaufe der Ausführung der Schlussrotationskreiselung („screw home" der Anglo-Amerikaner, „Zudrehen der Schraube") wird der Unterschenkel um 5 bis 10 Grad nach außen gedreht, weil dadurch das vordere Kreuzband entspannt und die Länge der Seitenbänder voll nutzbar wird.

Hauptfunktion des – durchschnittlich 3,9 cm langen – vorderen Kreuzbandes (Lig. cruciatum anterius) ist die Kontrolle der Außendrehung des Schienbeins in der Endphase der Streckung bei indirekter Mitwirkung des M. quadrizeps, besonders seines inneren Kopfes (Vastus medialis) und die Begrenzung des Vorwärtsgleitens des Unterschenkels (bei Riss des vorderen Kreuzbandes: vordere Schublade) sowie die Begrenzung der Abduktion des Unterschenkels.

Hauptfunktion des – etwa 1 cm kürzeren, wesentlich kräftigeren – hinteren Kreuzbandes (Lig. cruciatum posterius) ist die Kontrolle der Einwärtsdrehung des Schienbeins in der Beugestellung und die Begrenzung des Rückwärtsgleitens des Unterschenkels (hintere Schublade bei Riss des hinteren Kreuzbandes) sowie die Hemmung der Adduktion des Unterschenkels.

Mediales Seitenband, medialer Meniskus, vorderes Kreuzband und hinterer Kapsel-Bandapparat sowie Außenband, lateraler Meniskus, hinteres Kreuzband wirken jeweils funktionell zusammen.

---

[14] Smillie, Injuries of the knee joint, 5. Aufl. 1978, Churchill Livingstone Edinburgh, London, New York, S. 208; ders., Kniegelenksverletzungen, 1985; Börner, Z. Orthop. 126 (1988) 617 ff.

8.10 Knie 611

Die Schublade kann bei Gesunden an beiden Knien verschieden groß sein. Deshalb deutet nur eine Verschieblichkeit von mehr als 1 cm relativ sicher auf eine Kreuzbandruptur, wobei aber auch bei erst- (3 bis 5 mm) und zweitgradigen (6 bis 10 mm) Schubladen an Kreuzbandverletzungen gedacht werden muss. Ein fehlender Anschlag ist ein weiteres Zeichen.[15]

8.10.4.2.2 Verletzungsmechanismus

Das anatomisch schwächere vordere Kreuzband wird häufiger verletzt als das hintere. Bei schweren Knieverletzungen ist das hintere Kreuzband als wichtiger Kniestabilisator in fast 40 % der Fälle mitbeteiligt.[16] Isolierte Kreuzbandrisse sind selten (im Verhältnis zu Kombinationsverletzungen 25-mal weniger) und klinisch oft schwer nachweisbar, weil sie nur geringe funktionelle Ausfälle verursachen, vor allem wenn die Muskulatur kräftig entwickelt ist.

- *Direkte Einwirkung* (meist von vorn, selten von hinten): oft mit Verletzungszeichen der Haut und Unterhaut; die direkte Kraft wirkt in der Regel auf den Schienbeinkopf ein:
  - Armaturenbrettverletzung (dashboard) beim nicht angegurteten Kfz-Insassen oder bei Intrusion (Eindringen) der Fahrgastzelle
  - Sturz auf Bordsteinkante oder Treppenstufe

- *Indirekte Einwirkung beim vorderen Kreuzbandriss*:[17]
  - plötzliche kraftvolle Überstreckung (Hyperextension) bei Einwärtsdrehung des Unterschenkels und hoher kinetischer Energie
  - plötzliche passive Überstreckung des Kniegelenks
  - Rotationsbewegungen, Hyperflexion, Dezeleration, Translation, Aufklappung

- *Indirekte Einwirkung beim hinteren Kreuzbandriss*:[18]
  - Beugstellung (etwa 90° Kniewinkelung) und gewaltsame Verschiebung des Schienbeinkopfes nach hinten.
  - forcierte Außenrotation des Unterschenkels bzw. Innenrotation des Oberschenkels
  - Überstreckung mit gleichzeitig von vorn nach hinten auf das Schienbein gerichtetem Zug.

Aus der Rechtsprechung[19]
Teilabriss des nicht vorgeschädigten vorderen Kreuzbandes beim Stand auf die Zehenspitzen – und einem leichten Federn –, um Gegenstand auf einen Schrank zu legen. Aus ärztlicher Sicht wird die physiologische, alltäglich Belastung als nicht ausreichend gesehen und die Auseinandersetzung mit konkurrierenden Ursachen verlangt.

---

15 Krenn, bei Zippel, Meniskusverletzungen und -schäden, Leipzig 1973 S. 189, fand bei kniegesunden Sportlern in 22 % ein positives Schubladenzeichen, oberhalb des 18. Lebensjahres in 30 %, unterhalb 14 Jahren in 47 %.
16 Jäger, Linke, Trauma Berufskrankh 9 (2007) 301.
17 LSG Niedersachsen, 21. 8. 1997, HV-Info 17/1998, 1574 = Meso B 25/154; Bayer. LSG, 15. 5. 2002, Meso B 250/172; Müller, Das Knie 1982 S. 22ff.; ders., in: Kniegelenk und Kreuzbänder (Hrsg. Jacob, Stäubli) 1991; Hertel, BG-U Med 99 (1977) 43ff.
18 Jost, Kleingrewe, in: Gutachten-Kolloquium 4 (Hrsg. Hierholzer, u.a.) 1989 S. 107, 111; Hertel, BG-U Med 99 (1977) 43ff.
19 LSG Baden-Württemberg, 24. 1. 1996, HV-Info 12/1996, 905 = Meso B 250/146.

8.10.4.3 Kombinationsverletzungen

Bei größeren Krafteinwirkungen führt derselbe Hergang oft nicht zu einer isolierten, sondern mehrfachen Bandverletzung. Neben dem Riss des inneren (medialen) Seitenbandes durch direkte Kraft von außen (lateral) auf das Knie und die dadurch erzwungene vermehrte Abduktion des Unterschenkels kommt es dabei gleichzeitig zu einem Abriss des Innenmeniskus von seiner Anheftung an der inneren Schicht des Seitenbandes und auch zu einem Riss des vorderen Kreuzbandes. Dies geschieht, wenn die sich gleichzeitig vollziehende Innenrotation des Unterschenkels durch das vordere Kreuzband nicht mehr beherrscht wird (mediales Seitenband, medialer Meniskus, vorderes Kreuzband verletzt = „unhappy triad"). Häufiger Unfallhergang ist der seitliche Knieanprall („Stoßstangenverletzung" des Fußgängers) oder bei indirekter Kraft (z.B. Verkantung des Bergskis mit Sturz nach talwärts und extremer Außenrotation und Abduktion des gebeugten Unterschenkels). Reißt auch das hintere Kreuzband, kann eine Verrenkung des Kniegelenks folgen.

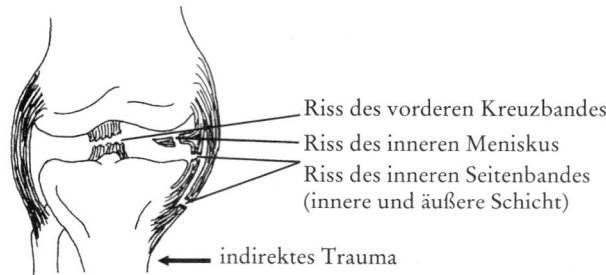

Abb. 5: „Unhappy Triad"

8.10.4.4 Bänderriss und Gelegenheitsursache

Ereignisse wie „mit dem Knie gegen einen Schreibtisch gestoßen" werden als ursächlich mit einer Bandverletzung in Verbindung gebracht. Dieser Unfallhergang ist jedoch nicht geeignet, da er nicht den geschilderten Verletzungsmechanismen entspricht und nicht annähernd die zu fordernde Kraft aufgebracht wird. Ursächlich ist vielmehr ein vorgeschädigtes Band, z.B. als Folge einer neurologischen Erkrankung oder als postoperative Erscheinung.

8.10.4.5 Zur Bewertung der MdE

Das Maß der Minderung der Erwerbsfähigkeit hängt von vorhandenem Funktionsausfall (Restschaden: tatsächliche Gebrauchswertminderung des verletzten Beines) ab; es bedarf der Erhebung eines genauen klinischen Befundes.

	MdE in %
Endgradige Behinderung der Beugung/Streckung mit muskulär kompensierbaren instabilen Bandverhältnissen	10
mit muskulär nicht kompensierbarer Seitenbandinstabilität	20
mittelgradige Behinderung der Bewegung (nur bis 90 Grad bewegbar) und der Streckung (bis 20 Grad) und muskulär nicht kompensierbare Seitenbandinstabilität, Notwendigkeit des Dauergebrauchs von Hilfsmitteln	30

8.10.5 Meniskusverletzungen und -schäden

Die Menisken bilden mit der Kniegelenkkapsel eine erweiterte Kniegelenkpfanne.

Die Funktion der Menisken besteht darin,

- Inkongruenzen der Oberschenkel- und Schienbein-Gelenkflächen auszugleichen
- vor allem bei sprungartigem Belastungsanstieg als Puffer zu wirken
- den Roll-Gleit-Vorgang der Oberschenkelrolle auf dem Schienbeinplateau zusammen mit dem Bandapparat zu führen
- die Gelenksstabilität zu sichern.

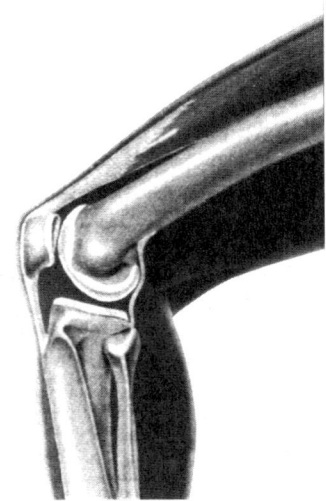

Abb. 6: Die Menisken bilden auf den Unterschenkelknochen die Gelenkpfanne für den Oberschenkelkopf

8.10.5.1 Zum gelenkmechanischen Verhalten der Menisken[20]

Im Kniegelenk finden sich – eingeschaltet zwischen dem inneren und äußeren Oberschenkelkondylus (Oberschenkelgelenkrolle = Knorren) einerseits und den entsprechenden Teilen des Schienbeinkopfes andererseits – annähernd halbmond-, sichel- oder C-förmig gestaltete, aus Faserknorpel bestehende Zwischenscheiben, die – wegen ihrer Elastizität und nur lockeren Befestigung am Schienbeinkopf – mit der Bewegung des Gelenks Form und Lage verändern. Die offenen Seiten dieser „Halbmonde" zeigen zur Mitte des Schienbeinkopfes und sind einander zugekehrt. Die Rücken der im Querschnitt keilförmigen Zwischenscheiben schauen nach außen und sind mit der Gelenkkapsel verwachsen, von der aus feine Blutgefäße in die Menisken einziehen. Die Menisken umkreisen also bogenförmig die ebene Gelenkfläche des inneren (etwas konkaven) und des äußeren (etwas konvexen) Schienbeinkopfes. Ihre freien Enden – Vorder- und Hinterhorn – sind in dem Feld zwi-

---
20 Dazu Draenert, Schenk, H. Unfallh. 128 (1976) 1ff.; Zippel, Meniskusverletzungen und -schäden, 1973 S. 25 ff.; Besig, u.a., in: Gutachtenkolloquium 3 (Hrsg. Hierholzer, u.a.) 1989 S. 97ff.; Kummer, Orthopäde 23 (1994) 90; Müller, ebenda S. 93.

schen den beiden Schienbeinkopfplateaus – hinter bzw. vor der Kreuzbandhöckerplatte – verankert. Der Innenmeniskus umgreift in Halbmondform die Haftstellen des äußeren Meniskus, der mehr kreisförmig ist. Deshalb, und weil der Innenmeniskus mit dem inneren Seitenband verwachsen ist, wird seine Verschieblichkeit gehemmt, seine Verletzlichkeit vermehrt im Vergleich zum Außenmeniskus, der diese Fesselung nicht aufweist.

Bei der Kniebeugung verschieben sich die Menisken auf der Unterlage nach hinten, beim Strecken nach vorn. Das Ausmaß der Verschiebung beträgt etwa 1 cm. Außerdem drehen sich die Menisken gleichzeitig um eine durch ihren Krümmungsmittelpunkt gedachte Achse. Dabei sind sie so plastisch anpassungsfähig, dass sie beim Wandern der Oberschenkelrollen bei jeder Position der gelenkbildenden Knochenenden den Raum zwischen den ungleichen Gelenkflächen von Oberschenkel und Unterschenkel ausfüllen, eine flache Gelenkpfanne bilden und so an der Führung des Gelenks wesentlichen Anteil haben. Sie stützen die Oberschenkelrollen gegen den Schienbeinkopf ab wie ein Hemmschuh ein Rad am Fortrollen hindert („Bremsklotzeffekt). Durch sie wird der Druck des Oberschenkels auf eine größere Kontaktfläche des Schienbeins verteilt und dadurch gemindert. Gleichzeitig gewähren die Menisken in Verbindung mit dem zum Teil sehr kräftigen Knorpelbelag der Gelenkflächen die Stauchungselastizität des Kniegelenks.

Aktiven und passiven Bewegungen des Kniegelenks müssen die Menisken folgen. Hierbei schiebt sich bei starker Beugung und Außenrotation des Unterschenkels der innere Meniskus nach hinten-außen; sein Hinterhorn gerät dabei unter erheblichen Druck des Oberschenkelkondylus. Die vorderen Abschnitte des Meniskus werden dagegen mehr zum Gelenkinneren verlagert und sein Vorderhorn vermehrter Zugspannung ausgesetzt. Bei gleicher Bewegung wird der äußere Meniskus nach vorn verschoben, die hintere Wurzel wird angespannt. Bei Beugung und Innenrotation des Unterschenkels wird umgekehrt der mediale Zwischenknorpel vorn aus dem Gelenkspalt herausgedrängt und hier für den Finger tastbar, während der laterale sich nach hinten und etwas nach innen verschiebt und dabei vorn die äußere Schienbeingelenkfläche ein Stück freigibt. Bei Innendrehung und Beugung des Unterschenkels erfolgen die Verschiebungen in gewendeter Richtung: Die Exkursionen des äußeren Meniskus übertreffen die des inneren jeweils erheblich.

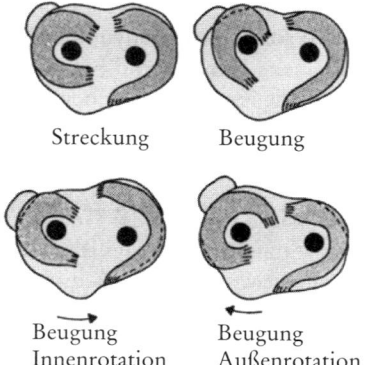

Abb. 7: Verschiebung der Menisken rechtes Knie, Tibiaaufsicht

8.10 Knie 615

Untersuchungen der Zugfestigkeit spiegeln die höhere Belastung des äußeren Meniskus wider: beim inneren Meniskus verursacht eine Höchstkraft von 25 kg den Riss, beim äußeren hingegen eine solche von ca. 30 kg.[21]

Physiologisch ist festzuhalten, dass die Ernährung der Menisken überwiegend auf Diffusionen (Durchsaftung) durch die Gelenkflüssigkeit beruht. Nur der Randanteil, mit der Kapsel verbunden, ist mit ernährenden Blutgefäßen versorgt: Sehnen und Wirbelbandscheiben ähnlich.

8.10.5.2 Zur Statistik[22]
Meniskusverletzungen und -schäden treten bevorzugt zwischen dem 20. und 40. Lebensjahr auf, selten im Kindesalter und über dem 50. Lebensjahr. Das Verhältnis der Meniskusrisse bei Männern und Frauen beträgt 4 bzw. 5:1. Infolge stärkerer Inanspruchnahme des rechten Knies sind die Menisken des linken Knies seltener belangt (1,2 bis 1,4:1). Da der innere Meniskus auf Grund der gelenkmechanischen Situation einer größeren mechanischen Beanspruchung unterliegt, ist er häufiger betroffen (1:3 bis 20 und mehr).

8.10.5.3 Geeignete und nicht geeignete Verletzungsmechanismen
Die Darstellung folgt der klassischen Unterscheidung der Meniskusschäden und -verletzungen entsprechend deren Entstehung:

(1) Spontanlösung des Meniskus bei primärer Degeneration

(2) frischer Unfallriss

(3) Spätschaden des Meniskus nach Unfalleinwirkung auf das Gelenk, z.B. Fraktur (sekundäre Degeneration)

(4) Spätschaden des Meniskus beim Schlotterknie (pseudoprimäre Degeneration)

8.10.5.3.1 Spontanlösung
Die Rissbereitschaft des Meniskus kann durch vorzeitigen Verschleiß und erhebliche Degeneration erhöht sein. Ein alltägliches Ereignis (Hinknien, Aufrichten aus der Hocke, Anstoßen des Fußes an ein Hindernis, Besteigen eines Fahrrades) bringt den Meniskus zum Reißen.

8.10.5.3.1.1 Alterung und Degeneration
Bei deutlicher Übersteigerung der altersentsprechenden Norm spricht man von Degeneration. Vom Alter, Ausmaß der körperlichen Belastung und „anlagebedingter Bereitschaft" zum Meniskusriss hängt sie ab.

---
[21] Jaeger, BG-UMed 23 (1974) 194.
[22] Nach Zippel, Meniskusverletzungen und -schäden, 1973 S. 50 ff.

Einteilung altersbedingter Abnutzungserscheinungen[23]
Zwischen den Lebensjahren

20 und 39	keine, geringe, höchstens leichtgradige
40 und 50	leichtgradige
51 und 60	gut leichtgradige
ab 61	mittelgradige.

Kernspintomographische Untersuchungen weisen nunmehr vermehrt auf höhergradige Meniskusdegenerationen und lange klinisch stummen Verlauf des Vorganges der Degeneration. Untersuchungen dieser Art bei 82 beschwerdefreien Personen von 8–62 Jahren zeigen Meniskusveränderungen vom Grad 3 und 4 (bis zur Oberfläche des Meniskus reichende Risse) in 5,2 % (SE-Sequenzen), 17 % (PS-Sequenzen) bzw. 7,6 % (STIR-Sequenzen), bei den über 50-jährigen waren es 28,5 % (SE-Sequenzen), 40,7 % (PS-Sequenzen) bzw. 25 % (STIR-Sequenzen).[24]

Alterung und Degeneration führen zu Veränderungen der elastomechanischen Eigenschaften des Meniskusgewebes. Vom Ausmaß der Meniskusdegeneration auf die Reißfestigkeit des Meniskusgewebes zu schließen ist problematisch, da Degeneration und Abnahme der Reißfestigkeit nicht immer parallel verlaufen. Bindegewebe kann auch trainiert werden, bei Überlastung kommt es jedoch zur „vorzeitigen örtlichen Vergreisung".

Bis zum 50. Jahresalter nimmt die Reißfestigkeit zu, im Alter von 25 und 45 Jahren ist der Innenmeniskus „stabiler" als der äußere, bei 35 Jahren gleicht sich die Reißfestigkeit innen und außen.

8.10.5.3.1.2 Meniskopathie

Zum Krankheitsbild gehören degenerative Veränderungen mit Zerstörung der Grundsubstanz und Knorpelzellzusammenschlüsse sowie reparative bindegewebige Vernarbungen (s. 8.10.5.5, S. 632).

Als Folge ständiger Fehlbelastung durch Extrembeanspruchung der Kniegelenke können sich Degenerationserscheinungen verstärken: „vorzeitige Verschleißerscheinungen".

Mikroskopisch nachweisbare Aufbrauch- und Degenerationserscheinungen werden teils mit einer Dauerdruckbelastung des Meniskus erklärt[25], auch mit einer Störung des physiologischen Abnutzungs- und Erneuerungsprozesses des Gewebes[26] und dem Überschreiten der Schwingungselastizität desselben.[27]

---

[23] Könn, Rüther, H. Unfallh. 128 (1976) 7; ähnlich Müller, BG-UMed 56 (1985) 185 ff.
[24] Jerosch, Castro, Halm, Assheuer, Unfallchirurg 96 (1993) 457–461.
[25] „Dauerdrucktheorie", Andreesen, Chir. Orthop. 30 (1937) 24; Laarmann, Arch. orthop. Unfall-Chir. 68 (1970) 243, 244; Gössner, BG-UMed 47 (1982) 35, 37.
[26] „Funktionsschaden – Theorie", Baetzner, Meniscus, Trauma und Schaden, auch in unfallmed. Hinsicht, Med. Klin. 1934 II/1145.
[27] „Schwingungstheorie", Henschen, Schweiz. med. Wschr. 59 (1929) 1368.

8.10.5.3.1.3 Anlagebedingte Ursachen

Neben altersbedingten und vorzeitigen Verschleißerscheinungen erhöhen weitere anlagebedingte oder erworbene Eigentümlichkeiten des Meniskus oder des Kniegelenks die Rissbereitschaft: Fehlbildung des Meniskus (z.B. Scheibenmeniskus), Anomalien der Meniskusansätze – namentlich am vorderen Ende des inneren Meniskus –, Statik des Beines; schmaler Schienbeinkopf; Gelenkschlaffheit (Bindegewebeschwäche)[28], ein zystisch umgewandelter und verdickter Meniskus – sog. Meniskusganglion.[29] Stoffwechselstörungen innerhalb des Gelenks führen zu Ernährungsstörungen des Gelenkknorpels und der Menisken und zu deren vorzeitigem degenerativen Aufbrauch, z.B. nach ausgedehnten und rezidivierenden intraartikulären Blutergüssen sowie bei Gelenkentzündungen.

8.10.5.3.2 Der frische Unfallriss

Der frische Unfallriss setzt ein geeignetes Unfallereignis im Sinne eines ganz bestimmten Ablaufs voraus.

8.10.5.3.2.1 Direkte Verletzungsmechanismen

Geeignete Verletzungsmechanismen sind

– perforierende Gelenkverletzungen
– Brüche der Gelenkkörper mit Meniskusbeteiligung[30]
– direkte mittelbare Krafteinwirkung

Bei direkter mittelbarer Krafteinwirkung beruht der Verletzungsmechanismus auf der indirekten Wirkung, der das gestreckte oder mehr oder weniger gebeugte Kniegelenk auf der anderen Gelenkseite durch die von außen auftretende Kraft ausgesetzt wird. Verletzt wird dabei so gut wie nie der Außenmeniskus: wegen besserer Ausweichmöglichkeit infolge geringerer Fixierung und weil die Innenseite des Knies durch das andere Bein gegen hier von außerhalb auftretender Kraft geschützt ist. Die Kraft kann durch schwere Gegenstände auf das leicht gebeugte Kniegelenk oder das gewaltsame seitliche Abbiegen des Knies im X-Sinne bei fixiertem Unterschenkel und Fuß (Verschüttungen im Untertagebergbau, umstürzende oder herabfallende Lasten) gegeben sein.

Direkte Einwirkung auf das Kniegelenk gefährdet die Menisken deutlich nachrangig gegenüber anderen Kniegelenkstrukturen. Voraussetzung für ein unfallweises Entstehen sind daher Verletzungszeichen an Strukturen, die nicht bevorzugt degenerativen Veränderungen unterliegen (Knochen-, Kapsel-Bandstrukturen). Der *isolierte „Meniskusriss"* ohne verletzungsspezifische Veränderungen an anderen Strukturen des betroffenen Kniegelenks ist daher nicht gegeben; es handelt sich um einen isolierten Meniskus*schaden*.[31]

---

[28] Vgl. Zippel, Meniskusverletzungen und -schäden, 1973 S. 62 ff.
[29] Schleimige Degeneration von meniskuseigenem Bindegewebe.
[30] Weber, Orthopäde 23 (1994) 171, 172.
[31] Ludolph, Weber, Besig, BG 1995, 563, 567; Ludolph, Weber, Akt. Traumatol. 25 (1995) 241, 242; Weber, Orthopäde 23 (1994) 171 ff.; kritisch Mazzotti, u.a., Versicherungsmedizin 54 (2002) 172; ders. in: Grundkurs orthopädisch-unfallchirurgische Begutachtung (Hrsg. Weise, Schiltenwolf) 2008 S. 199 „sehr selten"; Koss, MedSach 100 (2004) 197, 198.

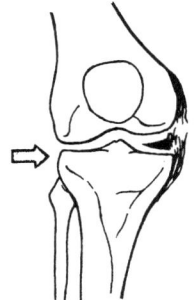

Abb. 8: Direkte mittelbare Krafteinwirkung auf den medialen Meniskus durch Anspringen des Gegners beim Fußballspiel und durch Anfahren

8.10.5.3.2.2 Indirekte Krafteinwirkungen

Die isolierte Beugung oder Streckung des Kniegelenks sowie die Krafteinwirkung auf das Kniegelenk gelten als nicht geeignete Verletzungsmechanismen. Allen Verletzungsmechanismen, die zu isolierter Zerreißung eines Meniskus führen, ist die Verwindung des gebeugten Kniegelenks gemeinsam (Verwindungstrauma, Drehsturz). Für den Meniskusriss sind ursächlich

– passive Rotation des gebeugten Kniegelenks oder
– plötzliche passive Streckung des gebeugten und rotierten Unterschenkels bei gleichzeitiger Verhinderung der physiologischen Schlussrotation.[32]

Isolierte Verreißung des Meniskus bedeutet hier, dass makroskopische begleitende Bandverletzungen fehlen. Die Verletzung geht aber immer mit Zerrungen von Bandstrukturen einher, welche unfallnah eine starke Beschwerdesymptomatik verursachen. Der bildgebende Nachweis derartiger Zerrungen gelingt mit einem zeitnahen Kernspintomogramm.

8.10.5.3.2.2.1 Passive Rotation des gebeugten Kniegelenks

Als gesichert gilt, dass allein durch den Mechanismus des Drehsturzes, durch übermäßige Rotation bei gebeugtem Knie, Meniskusverletzungen entstehen können, ohne Beteiligung einer plötzlichen Streckung.[33]

Geeignete Ereignisabläufe[34]

– fluchtartige Ausweichbewegung unter Drehung des Oberkörpers bei fixiertem Fuß
– Sturz bei fixiertem Fuß des Standbeins

---

[32] LSG Baden-Württemberg, 17. 10. 2006, UVR 9/2009, 656; 10. 3. 2008, UVR 7/2008, 449.
[33] Bayer. LSG, 23. 7. 1998, Meso B 250/161; Hofmann, Probst, BG-UMed 56 (1985) 195, 200; Breitenfelder, Orthop. Praxis 1983, 417ff.; Besig, u.a., in: Gutachtenkolloquium 3 (Hrsg. Hierholzer, u.a.) 1988 S. 97, 102; Weber, Orthopädie 23 (1994) 171, 172; Hegelmaier, in: Die ärztliche Begutachtung (Hrsg. Fritze, Mehrhoff) 7. Aufl. 2008 S. 739.
[34] Besig, u.a., in: Gutachtenkolloquium 3 (Hrsg. Hierholzer, u.a.) 1988 S. 103 f.; LSG Nordrhein-Westfalen, 24. 11. 1999, HV-Info 22/2000, 2037; SG Gelsenkirchen, 18. 3. 2002 HV-Info 16, 2002, 1500.

– „Schwungverletzungen", z.B. schwungvolle Körperdrehung bei Hängenbleiben des Standbeins im Sport (Hochsprung, Weitwurf, Fußball) oder Absprung von fahrendem Zug.

Der Verletzungsmechanismus wird bei gebeugtem Kniegelenk durch – mit Kraft ausgeführten – Rotationen (Drehungen) zwischen Unterschenkel und Oberschenkel bewirkt. Dies tritt ein, wenn bei feststehendem Fuß der Unterschenkel dem Drehschwung des Körpers nicht folgen kann oder bei fixiertem Oberschenkel der Unterschenkel gewaltsam, vom Muskelbandapparat unkontrolliert, übermäßig gedreht wird. Die passive Rotation des gebeugten Kniegelenks verursacht den Meniskusriss.

Die einwirkende Kraft führt zur Zugbelastung des Meniskuskörpers in querer Richtung und damit zum Längsriss des Meniskus, zumal in querer Richtung die Reißfestigkeit des Meniskusgewebes am geringsten ist.[35]

Die Bedeutung der Kreuzbänder wird hervorgehoben. Bei forcierten Rotationsbewegungen kommt es infolge der engen ligamentären Verbindung von Kreuzbändern und Meniskushörnern zu Rissen der Kreuzbänder und Menisken. Ursache des Meniskusrisses sei eine Störung des „rotator mechanism", die zum Korbhenkelriss, Querriss am Vorderhorn, Vorderhornabriss, Riss des vorderen Kreuzbandes oder zu Kombinationsformen führt.[36]

8.10.5.3.2.2.2 Plötzliche Streckung des gebeugten und rotierten Unterschenkels (Drehsturz)

Die plötzliche passive Streckung des gebeugten und rotierten Unterschenkels verursacht den Meniskusriss.[37] Wird das gebeugte und rotierte Kniegelenk bei fixiertem Unterschenkel passiv in die Streckung gezwungen, kann die physiologische Schlussrotation nicht ablaufen. Die Bewegung wird brüsk und wuchtig durch die Fixierung des Unterschenkels unterbrochen.[38] Beispiel: festgestellter Fuß in einer tiefen Wagenfurche und starke Drehung des Oberkörpers.

Beim Stolpern, Ausrutschen usw. ist wesentlich, dass die maximalen Streckungen plötzlich sehr schnell, reflektorisch und aus gewissen Rotationsstellungen des Unter- zum Oberschenkel erfolgen; die maximale Streckung im Knie wird unter vollem Einsatz der riesigen Muskelkraft des Quadrizeps erzwungen, ohne dass Zeit und Ausführung der physiologischen Schlussrotation bleibt. Die Schlussrotation wird gleichsam überspielt, Innenmeniskus und vorderes Kreuzband gefährdend.

Nach der „klassischen" Theorie wird bei der Kniebeugung der Innenmeniskus zwischen die knöchernen Gelenkenden von Oberschenkel und Unterschenkel (Knorren- bzw. Kondylenzange) hineingezogen und bei der unvermittelten plötzlichen Strekkung von den aufeinandergepressten Gelenkkörpern in einer Art Kneifzange erfasst, gequetscht und bei genügender Kraftaufwendung in seiner Längsrichtung geteilt und in das Gelenkinnere

---

[35] Weber, Orthopäde 23 (1994) 173.
[36] Vgl. LSG Sachsen-Anhalt, 14. 5. 2003, HV-Info 32/2003, 2900; Helfet, J. Bone Joint Surg (Br) 41 (1959) 319; Smillie, Injuries of the knee joint, 5. Aufl. 1978, Churchill Livingstone Edinburgh, London, New York, S. 208.
[37] Weber, Orthopäde 23 (1994) 172.
[38] Ludolph, u.a., BG 1995, 563, 566.

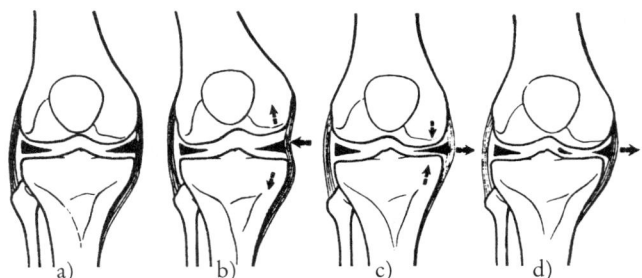

Abb. 9: Mechanismus der Meniskuszerreißung. a) Normallage des Meniskus,
b) bei Kniebeugung wird der Meniskus in den Gelenkspalt hineingezogen,
c) Zuschlagen der Knorrenzange beim plötzlichen Übergang in die Streckbewegung,
d) Verlagerung des abgerissenen Meniskusfragments zur Gelenkkopfgrube (Fossa intercondylica)

verlagert.[39] Der Außenmeniskus soll dabei wegen seiner großen Beweglichkeit und andersartigen Insertion nicht betroffen sein.[40]

8.10.5.3.2.2.3 Beispiele für ungeeignete Ereignisabläufe[41]

Mit physiologischem Bewegungsablauf im Kniegelenk einhergehende Ereignisse sind für eine isolierte Schädigung eines altersentsprechenden Meniskus nicht geeignet:

– *isolierte* Beugung oder Streckung des Kniegelenks sowie Krafteinwirkung auf das Kniegelenk in Streckstellung (auch nicht in axialer Richtung); sie führen allerdings zu Frakturen oder Kniebandverletzungen, da in Kniestreckung infolge der Form der Gelenkkörper und der ligamentären Sicherung Drehbewegungen nicht ausführbar sind[42]
– Stoß des Kniegelenks an einer Kante im Sinne einer Knieprellung
– Hochkommen aus der Hocke[43]
– axiale Stauchung des Gelenks, z.B. bei einem Absprung mit Aufkommen auf den Füßen
– Wegrutschen des Fußes mit Krafteinwirkung auf das Kniegelenk im X- oder O-Sinne ohne gleichzeitiges „Verdrehen" des Gelenks unter Fixierung des Ober- bzw. Unterschenkels[44]
– plötzliche Drehbewegungen[45], z.B. beim Öffnen einer Tür, wenn sich das Gelenk dabei in Streckstellung befindet bzw. eine Fixierung des Unterschenkels etwa infolge gleichzeitigen Hängenbleibens mit dem Fuß
– Sturz auf das nach vorn gebeugte Knie[46]

---

39 Hegelmaier, in: Die ärztliche Begutachtung (Hrsg. Fritze, Mehrhoff) 7. Aufl. 2008 S. 739; Besig, u.a., in: Gutachtenkolloquium 3 (Hrsg. Hierholzer, u.a.) 1988 S. 97, 102; Baumgartl, Untersuchung des Kniegelenks, 1992; Rüter, u.a., Unfallchirurgie, 1996 S. 768; Pressel, Handbuch der Arbeitsmedizin (Hrsg. Konietzko, Dupuis) 1989 Abschn. IV-3.3.
40 Weber, Orthopäde 23 (1994) 174.
41 Dazu Besig, u.a., in: Gutachtenkolloquium 3 (Hrsg. Hierholzer, u.a.) 1988 S. 104; Koss MedSach 100 (2004) 197, 198.
42 Weber, Orthopäde 23 (1994) 172 m.w.N.
43 Hess. LSG, 26. 2. 1997, HV-Info 22/1997, 2068; LSG Niedersachsen, 13. 9. 1956, LAP S. 160.
44 LSG Baden-Württemberg, 17. 10. 2006, UVR 9/2007, 656.
45 Bayer. LSG, 29. 2. 1956, LAP S. 158.
46 OVA Augsburg, 30. 1. 1952, LAP S. 156.

8.10 Knie

– einfaches Stolpern und Ausrutschen[47]
– Vertreten[48]
– Treppensteigen
– Hängenbleiben mit dem Fuß und Einknicken im Kniegelenk[49]

In diesen Gegebenheiten zerreißt der Meniskus nur, wenn degenerative Veränderungen soweit fortgeschritten waren, dass eine unwesentliche Belastung ausreicht (Gelegenheitsanlass).

8.10.5.3.3 Spätschaden nach Unfallriss

Der Spätschaden nach Unfallriss (veraltete Meniskusverletzung) ist Folge einer primären Verletzung des Meniskusgewebes, die zunächst leicht und unauffällig erscheint und nicht diagnostiziert wurde. Infolge der Besonderheit des Gewebes heilt die Gewebestelle meist nicht aus. Zurück bleibt eine Schwäche des Meniskus in seinem Gefüge, die zunehmend degenerative Veränderungen bewirkt. Diese Sekundär-Degeneration zeigt sich zunächst deutlich an der primären Verletzungsstelle. Weitere Druck- und Zugbelastungen führen zu fortschreitenden Einrissen an der geschwächten Stelle, bis die Gefügestörung schließlich so stark ist, dass der Bewegungsablauf durch Einklemmung gestört wird, bis hin zur totalen Gelenkblockierung bei einem Korbhenkelriss.

Zur unfallversicherungsrechtlichen Wertung s. 8.10.5.4.3.1, S. 629.

8.10.5.3.4 Spätschaden infolge gestörter Gelenkmechanik

Eine Lockerung des Kniebandapparates führt zu erhöhter Verletzungsanfälligkeit der Menisken.[50] Neben Bandschäden kann auch die Lockerung des Gelenkschlusses durch Muskelminderung – vor allem des Quadrizeps – die Sicherung der Gelenkführung gegenüber statischen und dynamischen Belastungen herabsetzen.[51] Durch schlechte Gelenkführung werden die Zwischenscheiben vermehrt unter der Alltagsbelastung gequetscht und gezerrt und degenerieren infolge dieser Mehrbelastung vorzeitig. Auch wird dadurch ein vermehrter Verschleiß der übrigen Gelenkanteile, wie Knorpel und Gelenkinnenhaut, bewirkt. Für Meniskusspätschäden beim „Schlotterknie" wurde die „pseudoprimäre Degeneration" geprägt.

8.10.5.4 Nachweis des Kausalzusammenhanges
Beurteilungskriterien im Überblick[52]

(1) Liegt – arthroskopisch und/oder bildtechnisch (z.B. Kernspintomographie) gesichert – eine isolierte Meniskusveränderung vor oder sind verletzungsspezifische Befunde an Nachbarstrukturen zu sichern (verletzungsspezifisches makroskopisches Schadensbild)?

---

47 LSG Baden-Württemberg, 9.11.1955, LAP S. 157.
48 LSG Niedersachsen, 25.4.1957, LAP S. 161.
49 LSG Rheinland-Pfalz, 6.11.1964, BG 1965, 462; LSG Niedersachsen, 14.12.1965, BG 1967, 77.
50 Besig, u.a., in: Gutachtenkolloquium 3 (Hrsg. Hierholzer, u.a.) 1988 S. 103f.; Burri, H. Unfallh. 128 (1976) 73; Smillie, Injuries of the knee joint, 5. Aufl. 1978, Churchill Livingstone Edinburgh, London, New York, S. 208.
51 Zippel, Meniskusverletzungen und -schäden, 1973 S. 63f.
52 Nach Ludolph, Weber, Akt. Traumatol. 25 (1995) 241, 242.

(2) Liegt feingeweblich ein altersentsprechender /-korrigierter oder ein deutlich dem Alter des Betroffenen vorauseilender Befund vor? Finden sich Verletzungszeichen (verletzungsspezifisches mikroskopisches Schadensbild)?

(3) Entsprach der klinische Erstbefund dem bei einer frischen Verletzung zu erwartenden Funktionsverlust (verletzungsspezifischer Erstkörperschaden)?

(4) Entsprach das Verhalten des Versicherten dem nach einer frischen Kniebinnenverletzung zu erwartenden Funktionsverlust (verletzungsspezifischer Funktionsverlust)?

(5) Sind vorbestehende Veränderungen/Verletzungen/Funktionseinbußen gesichert – Vorerkrankungsverzeichnis (verletzungsspezifischer Verlauf)?

(6) Führte der angegebene/gesicherte Schadensmechanismus unter Berücksichtigung der Befunde an den Nachbarstrukturen zu einer Beteiligung/Gefährdung der Menisken (Kausalität im medizinisch-naturwissenschaftlichen Sinn)?

Sodann folgt die rechtliche Wertung:

(7) Lässt sich – unter Berücksichtigung dieser Beurteilungskriterien eine wesentliche Ursache des angegebenen Schadensmechanismus begründen (Kausalität der ges. UV)?

8.10.5.4.1 Sicherung der Diagnose

Verschiedene Meniskussymptome (26) liegen vor: Die klinischen Symptome beruhen alle auf einem Bewegungsschmerz im Bereich der Gelenkspalte. Zahlreiche Tests und Zeichen werden beschrieben, die eine manipulierte Schmerzauslösung über der entsprechenden Gelenkspalte hervorrufen (Druck- und Zugtest).

Wenn es auch insgesamt keine für eine Meniskusverletzung spezifische Kennzeichen bei einer klinischen Untersuchung gibt, so vergrößert sich die Zuverlässigkeit der Meniskuszeichen entsprechend der Erfahrung des Untersuchenden. Zur Diagnose ist jeweils das Zusammentreffen mehrerer klinischer Symptome und Zeichen mit entsprechender Schmerzangabe und Anamnese notwendig. Bei großer Erfahrung kann eine klinische Sicherheit der Diagnose von über 90 % erreicht werden.[53]

8.10.5.4.2 Nachweis der wesentlichen Ursache

Der Meniskusriss beruht auf einem Missverhältnis von Krafteinwirkung und Reißfestigkeit der Zwischenscheibe. Sowohl die einwirkenden Kräfte als auch die Degenerationserscheinungen können in allen Graden vorkommen.

Die Abbildung zeigt den Zustand zwischen dem Meniskus und der Intensität der Krafteinwirkung bei Meniskusverletzungen. Je weniger die Zwischenscheibe von degenerativen Veränderungen durchsetzt ist, desto intensiver muss die einwirkende Kraft sein, um den Meniskus zu zerreißen. Mit zunehmender Degeneration sinkt die Widerstandsfähigkeit des Knorpels. Geringe Kräfte genügen, schließlich banale Belastungen, um die Zwischenscheibe zu zerlegen.

Ob einem Ereignis das Merkmal der wesentlichen (Teil-)Ursache an einer Meniskusverletzung zukommt, hängt in hohem Maße ab von der Relation zwischen Degeneration und an-

---
[53] Zippel, Meniskusverletzungen und -schäden, 1973 S. 25 ff.

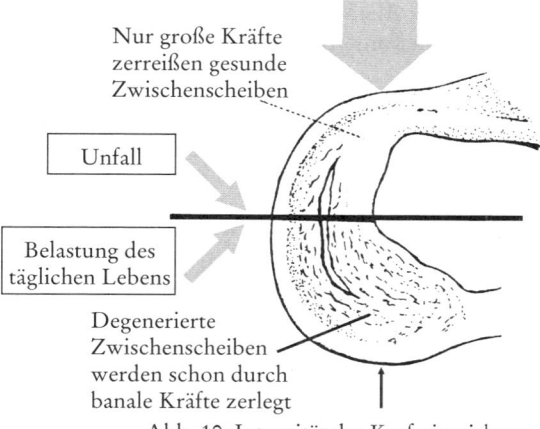

Abb. 10: Intensität der Krafteinwirkung

geschuldigtem Unfallereignis. Schwierigkeiten bei der Klärung der Zusammenhangsfrage ergeben sich daraus, dass einige Faktoren mehr auf eine Meniskusverletzung, andere auf eine Rissbildung wegen degenerativer Veränderungen deuten: Eine Zuordnung kann schwierig werden, scharfe Trennung ist selten möglich.

Die Rspr.[54] trägt der Meinungsverschiedenheit Rechnung und weist darauf hin, dass von einer endgültig gesicherten Lehrmeinung nicht die Rede sein könne. Es gehöre jedoch zur sachgerechten Beweiswürdigung, „dass sich das Gericht mit den im Gutachten von ärztlichen Sachverständigen vertretenen, voneinander abweichenden medizinischen Lehrmeinungen im Einzelnen auseinandersetzt und darüber entscheidet, welche von ihnen richtig sind". Das Gericht bewegt sich innerhalb der Grenzen seines Rechts, wenn es „unter abwägender und sachgerechter Würdigung des Einzelfalles einer nicht nur vereinzelt vertretenen medizinischen Auffassung folgt, mögen auch anerkannte Wissenschaftler eine andere Lehrmeinung vertreten".[55] In einer späteren Entscheidung[56] stellt das BSG fest, die Frage des Wirkungsmechanismus sei noch immer höchst umstritten, allgemein gültige Erfahrungssätze könnten deshalb vom Gericht nicht aufgestellt werden. Insgesamt kommt es an auf die Gesamtbeurteilung aller maßgebenden Faktoren, Vorgeschichte, Art des Unfallereignisses, erste Symptome, klinischen Verlauf, Operationsbefund und histologisches Untersuchungsergebnis.[57]

Zur Klärung der Zusammenhangsfrage ist von nachstehenden *Kriterien* auszugehen.

8.10.5.4.2.1 Geeigneter Unfallhergang

Richtungweisend für die Anerkennung eines Meniskusrisses als Unfallfolge ist das geeignete Unfallereignis. Dieses ist möglichst im „Zeitlupentempo" niederzulegen. Dabei ist die biomechanische Situation des Vorganges zu zerlegen. Oft geben die Beschreibungen des

---

[54] BSG, BG 1962, 255 (26. 9. 1961) = NJW 1962, 702.
[55] BSG, 27. 2. 1963, Breith. 1963, 651, 652f.
[56] 19. 12. 1968, Kartei Lauterbach Nr. 7412 zu § 548 Abs. 1 S. 1 RVO.
[57] BSG, BG 1962, 255 (26. 9. 1961) = NJW 1962, 702; LSG Rheinland-Pfalz, 6. 11. 1964, BG 1965, 492.

Arbeitsplatzes oder auch spezielle berufliche Tätigkeitsmerkmale wichtige Hinweise. Bei Zweifel am Unfallhergang wird die Rekonstruktion des Ereignisses vor Ort empfohlen.

Zeitnahen Angaben zum Unfallereignis wird größere Bedeutung zugemessen als späteren, vor allem, wenn sie ausführlicher und dramatischer sind als die Erstangaben.[58] Gutachterlich wird darauf hingewiesen, im Einzelfall sei der Schädigungsmechanismus ohnehin nicht genau zu ermitteln.[59]

Bedeutung kommt dem Auswerten der Unfallanamnese durch den erstbehandelnden Arzt zu. Empfohlen wird, den Verletzten zu Beginn der Untersuchung über Unfallhergang und den weiteren Verlauf ohne Zwischenfragen berichten zu lassen. Durch Fragen ist sodann der vom Verletzten gegebene grobe Überblick in der Weise zu ergänzen, dass ein lückenloses Bild entsteht, das alle Einzelheiten geordnet wiedergibt. Suggestivfragen sind zu vermeiden.

Der „Ergänzungsbericht bei Knieverletzungen oder Knieschäden" – Anlage zum D-Arzt-Bericht –, der bei Verdacht auf Kniegelenkbeteiligung (nicht jedoch bei offenen Kniegelenkverletzungen, -verrenkungen, zweifelsfreien Kniescheiben-, Oberschenkelrollen- und Schienbeinkopfbrüchen) zu erstatten ist, führt die Fragen so auf, dass ihre Beantwortung in der Gesamtheit ein genaues Bild des Unfallhergangs und des derzeitigen Befundes darstellt, wenn der Untersuchende erfahren in der Beurteilung von Kniebefunden ist und die Eintragungen sorgfältig erfolgen.

Der „Drehsturz" ist zu beachten. Nicht statische Kräfte, sondern kinetische Energien werden wirksam. Für diese sind nicht nur das Körpergewicht und seine Lasten, sondern seine Geschwindigkeit im Quadrat maßgebend; die am Körper wirksamen Kräfte können sich nach dem Hebelgesetz am Meniskus vervielfachen.

Plötzliche Knieschmerzen und dadurch bedingtes „Umknicken" mit dem Kniegelenk (Giving-way-Symptom) beim Gehen ohne jede von außen veranlasste Fehlgängigkeit haben gelegentlich neben einem Riss im Hinterhorn des medialen Meniskus ihre Ursache in einer Knorpelzotte bei der Chondropathia patellae, in der Berührung ungleicher Gelenkflächen bei der Arthrose auch des übrigen Gelenks, in einer Subluxation der Kniescheibe, aber auch allein in einer Schwäche des Quadrizeps.[60] Daher ist kritisch zu prüfen, ob eines dieser häufigen Vorleiden des Kniegelenks als innere Ursache für die plötzlichen Kniebeschwerden, die Funktionshemmung und auch den dadurch u. U. herbeigeführten Sturz verantwortlich ist; letzterer kann nun seinerseits Verletzungen hervorrufen.

8.10.5.4.2.2 Begleitverletzungen

Gleichzeitige Verletzungen der Seiten- und Kreuzbänder beweisen ein Unfallgeschehen. Wenngleich es beim Drehsturz biomechanisch begründbar ist, dass makroskopisch objektivierbare Verletzungszeichen am Kapsel-Bandapparat nicht auftreten, müssen Hinweise auf eine Mitbeteiligung des Kapsel-Bandapparates – Einblutungen – vorliegen, auch wenn

---

58 Contzen, Unfallchirurg 88 (1985) 66.
59 Ludolph, Unfallchirurgie 12 (1986) 215; ders., Begutachtung der Meniskusverletzung (1988) S. 85ff.; ders., Akt. Traumatol. 22 (1992) 38; Smillie, Injuries of the knee joint, 5. Aufl. 1978, Churchill Livingstone Edinburgh, London, New York, S. 208.
60 Smillie, Injuries of the knee joint, 5. Aufl. 1978, Churchill Livingstone Edinburgh, London, New York, S. 3; Dürr, BG-UMed 56 (1985) 129, 130.

8.10 Knie 625

diese im Einzelfall gering ausgeprägt sind.[61] Den isolierten Meniskusriss, ohne verletzungsspezifische Veränderungen an anderen Strukturen, gibt es nicht. Auch beim „Drehsturz" (s. 8.10.5.3.2.2.2, S. 619) lassen sich in einem unfallnahen Kernspintomogramm Zeichen einer Distorsion des Kniegelenks nachweisen.[62]

Auch ist zu bedenken, dass die fast immer gleichzeitig erlittenen Kapselbandverletzungen vielfach durch Ruhigstellung ausheilen und lediglich der nicht geheilte Meniskus Ursache weiterer Beschwerden ist.[63]

Schürfwunden und Prellmarken an der Haut deuten auf eine äußere, meist mäßige Krafteinwirkung hin. Aber auch sehr starke Krafteinwirkungen können vorgelegen haben. Tangential einwirkende Kräfte zerreißen das Unterhautzellgewebe und bewirken oft größere Blutunterlaufungen. Die Gelenkinnenhaut wird häufig mitverletzt, aus kleinen offenen Gefäßen kann es in die Gelenkhöhle bluten.[64]

8.10.5.4.2.3 Vorerkrankungen

Die Leistungskarte der Krankenversicherung gibt Aufschluss. Bei Vorerkrankungen ist auf frühere Kniegelenksverletzungen und -erkrankungen, den damaligen Unfallhergang, die Bezeichnung durch Ärzte, Behandlungsweise und Dauer zu achten. Berufliche Tätigkeit und sportliche Übungen (vor allem Fußball und Ski) sind zu berücksichtigen.

8.10.5.4.2.4 Alsbaldige Arbeitsniederlegung

Die im älteren Schrifttum erhobene Forderung, eine Meniskusverletzung müsse unbedingt von starken Schmerzen, den Zeichen schwerer körperlicher Beeinträchtigung und sofortiger bzw. baldiger Arbeitsniederlegung begleitet sein[65], ist nach neueren Ansichten umstritten.[66] Sicherlich ist das Auftreten entsprechender Schmerzen ein gewichtiges Indiz für den Meniskusriss traumatischen Ursprungs. Eine kleine Längslösung oder ein kleiner Flachriss im Hinterhorn – zumal im degenerativ veränderten Gewebe (nach *Trillat* und *Smillie* beginnen hier die Degenerationen) – verursachen als solche hingegen keine erhebliche Beschwerden, welche die Arbeitsniederlegung erzwängen. Der Riss unter einer bestimmten Größe (wenige Millimeter) kann als solcher praktisch stumm bleiben; zu berücksichtigen ist also, dass je nach Befund (Größe der Rissbildung, Ausdehnung der Aufbrauchsveränderungen) und Schwere des Unfallhergangs mit Nebenverletzungen verschiedene Krankheitsbilder zu erwarten sind. Zumindest eine relevante zerrungsbedingte Beschwerdesymptomatik muss nach dem Unfall vorgelegen haben.

Einklemmungserscheinungen, die meist zur Streck- und seltener zur Beugehemmung führen, treten indessen nicht immer auf[67], sie sind auch bei zahlreichen anderen Gelenkschä-

---
61 Ludolph, u.a., BG 1995, 566; Weber, Orthopäde 23 (1994) 171.
62 Grosser, in: Orthopädisch – unfallchirurgie Begutachtung (Hrsg. Thomann, u.a.) 1. Aufl. 2009 S. 50.
63 Mollowitz, Der Unfallmann, 12. Aufl. 1998 S. 172.
64 Baumgartl, BG-UMed 18 (1973) 93.
65 LSG Niedersachsen, 25. 4. 1957, LAP S. 161.; Contzen, Unfallchirurg 88 (1985) S. 69: alsbaldige Arbeitsniederlegung; vgl. auch Dürr, BG-UMed 56 (1985) 129, 131.
66 Gegen ein solches Erfordernis: Zippel, Meniskusverletzungen und -schäden, 1973 S. 25ff.
67 Die Angaben im Schrifttum schwanken zwischen 23 und 75 %, Zippel, Meniskusverletzungen und -schäden, 1973 S. 124; liegt der Riss außen im dickeren Teil des Meniskuskeils, so treten selten Einklemmungen auf, Thomsen, Z. Orthop. 111 (1973) 394, 395.

den zu beobachten (z.B. durch Einklemmen freier Gelenkkörper bei der Osteochondrosis dissecans, s. 8.10.6, oder sonstigen Gelenkdeformierungen).

So steht auch nach der Rspr. der Anerkennung einer unfallbedingten Meniskusruptur nicht entgegen, wenn der Versicherte erst einige Tage nach dem Unfall die Arbeit eingestellt hat.[68] In diesen Fällen ist jedoch eine besonders kritische Prüfung unter Berücksichtigung der Anforderungen an die berufliche Tätigkeit erforderlich.

8.10.5.4.2.5 Veränderungen der Muskulatur

Ist bei frischen Verletzungen die Muskulatur gegenüber der gesunden Seite unverändert, findet sich bei degenerativen Veränderungen von Menisken und Gelenk, die stets bereits länger bestehen, als Zeichen der Schonungsatrophie eine Minderung der Oberschenkelmuskulatur. Eine Schonungsschwäche der Quadrizepsmuskulatur – namentlich seines inneren Kopfes – kann demnach als Begleitsymptom eines älteren Meniskusschadens gewertet werden.[69] Nicht selten werden Atrophie und der Spannungs- (Tonus-)verlust des inneren Kopfes (Vastus medialis) schon 14 Tage nach der Verletzung des Kniegelenks bemerkbar.

8.10.5.4.2.6 Gelenkerguss

Ein Gelenkerguss tritt bei Meniskusrissen meist erst viele Stunden nach dem Unfall auf, da es sich gewöhnlich nur um seröse Ergüsse handelt. Allein Blutergüsse können sich in Minuten bis wenigen Stunden entwickeln. Ein Gelenkerguss 12 bis 24 Stunden nach dem Unfall wurde in 24 bis 50 % beobachtet.[70] Er ist daher ein häufiges, aber nicht charakteristisches Meniskussymptom, zumal er nur bei Meniskusrissen im Bereich der äußeren und mittleren (blutgefäßversorgten) Meniskuszone zu erwarten ist.[71] Der Nachweis der Flüssigkeitsansammlung kann auf Grund des „Tanzens der Kniescheibe" (s. 8.10.2 Abb. 2, S. 603) geführt werden.

Jeder stärkere Erguss sollte aus therapeutischen und diagnostischen Gründen punktiert und sodann bakteriologisch untersucht werden, sofern das Gelenk voroperiert bzw. vorpunktiert wurde. Menge und Aussehen des Punktats sind im Befundbericht zu vermerken.

Eindeutige diagnostische Schlüsse erlauben jedoch weder das Vorhandensein noch die Beschaffenheit des Gelenkergusses. Dieser kann sowohl für einen Reizzustand im Gelenk (Reizerguss) als auch für eine Blutung nach einer Gefäßverletzung (Bluterguss) sprechen, ohne dass aber das Symptom für sich allein beweisend wäre.

Häufiger als der rein blutige Erguss bei Meniskusverletzungen ist ein blutig seröser oder rein seröser Reizerguss.

Der seröse Erguss kann nach Trauma oder Meniskopathie auftreten. Ein blutiger Erguss zeigt sich beim frischen Meniskusriss, wenn der Riss in der gefäßhaltigen Randzone erfolgt oder weitere Gelenkteile, z.B. Bänder oder Kapsel, mitverletzt sind. Andererseits kann es

---

[68] LSG Nordrhein-Westfalen, 20. 1. 1970, Meso B 240/54.
[69] Zippel, Meniskusverletzungen und -schäden, 1973 121 m.w.N.; Czipott, Herpai, Z. Orthop. 109 (1972) 768 ff.: primär Folge einer neurogenen Störung, sekundär Folge der Einengung der Inaktivität.
[70] Zippel, Meniskusverletzungen und -schäden, 1973 126.
[71] Weber, Orthopäde 23 (1994) 176.

auch bei Spontanlösungen des degenerierten Meniskus im Gelenk bluten, wenn gefäßhaltige Anteile zerreißen.[72]

8.10.5.4.2.7 Histologische Untersuchung.

Pathologisch ist aus den sich nach frischem Unfallriss entwickelnden Heilungs- und Reparationsvorgängen das Alter des Risses in den ersten Monaten recht genau abschätzbar[73]:

frischer Riss	bis zu 5 Tagen
nicht ganz frischer Riss	bis zu 12 Tagen
älterer Riss	bis zu 2 Monaten
alter Riss	über 2–3 Monate

Bedeutung des Zeitintervalls zwischen Unfall und morphologischer Untersuchung[74]:

bis zu 2 Monaten	sichere Aussage
2 bis 5 Monate	Aussage mit Wahrscheinlichkeit
nach 5 Monaten	Aussage unsicher

Wird der Meniskus erst einige Monate nach dem angeschuldigten Ereignis entfernt, kann der histologische Befund meist nicht weiterhelfen, zumal die Voraussetzung für das pathologische Beurteilen des Meniskus – das Erstellen von zusammenhängenden Ganzschnitten durch den Meniskus[75] – bei derzeitiger Athroskopietechnik selten erfüllt wird.[76] Der Aussagewert der athroskopisch gewonnenen Meniskusfragmente ist eingeschränkt, wenn ein Vergleich mit den verbliebenen (rissfernen), meist besser erhaltenen oder unversehrten Anteilen entfällt.[77]

8.10.5.4.2.8 Form des Meniskusrisses

Aus der Form des Meniskusrisses lassen sich keine sicheren Schlüsse auf eine traumatische oder nicht traumatische Entstehung ziehen.[78] 90 % der Meniskusrisse beginnen im Bereich des *Innenmeniskushorns*[79], dort wo der Meniskus mit dem hinteren schrägen Teil des Seitenbandes fest verwachsen und entsprechend weniger beweglich ist. Aus diesem Anfangsriss ergeben sich dann die verschiedenen klassischen Verletzungsformen.

Entsprechend ist der Hinterhornschaden eher degenerativ bedingt.[80] Davon zu unterscheiden sind *Ein-* und *Abrisse* im Vorder- oder Hinterhornbereich. Sie sprechen überwiegend

---

[72] Betzel, BG-UMed 2 (1976) 79; Mittelmeier, Z. Orthop. 111 (1973) 394; LSG Niedersachsen, 25. 4. 1957, LAP 161.
[73] Walther, BG-UMed 23 (1974) 185.
[74] Müller, BG-UMed 56 (1985) 185, 192.
[75] Könn, Oellig, Pathologe 1 (1980) 206 ff.
[76] Müller, Gutachtenkolloquium 3 (Hrsg. Hierholzer, u.a.) 1988 S. 113; Hegelmaier, in: Die ärztliche Begutachtung (Hrsg. Fritze, Mehrhoff) 7. Aufl. 2008 S. 831.
[77] Müller, Fisseler, U-Med 85 (1981) 295 ff.; Contzen, Unfallchirurg 88 (1985) 66; Hegelmaier, in: Die ärztliche Begutachtung (Hrsg. Fritze, Mehrhoff) 7. Aufl. 2008 S. 831.
[78] Smillie, Injuries of the knee joint, 5. Aufl. 1978, Churchill Livingstone Edinburgh, London, New York, S. 208; Andreesen, H. Unfallh. 52 (1956) 214; Breitenfelder, Unfallheilkunde Beiheft 57 (1958) 1 ff.
[79] Smillie, Injuries of the knee joint, 5. Aufl. 1978, Churchill Livingstone Edinburgh, London, New York, S. 208; Müller, H. Unfallh. 129 (1976) 39 ff.
[80] Contzen, Unfallchirurg 88 (1985) 66; Herrmann, Orthopäde 19 (1990) 36.

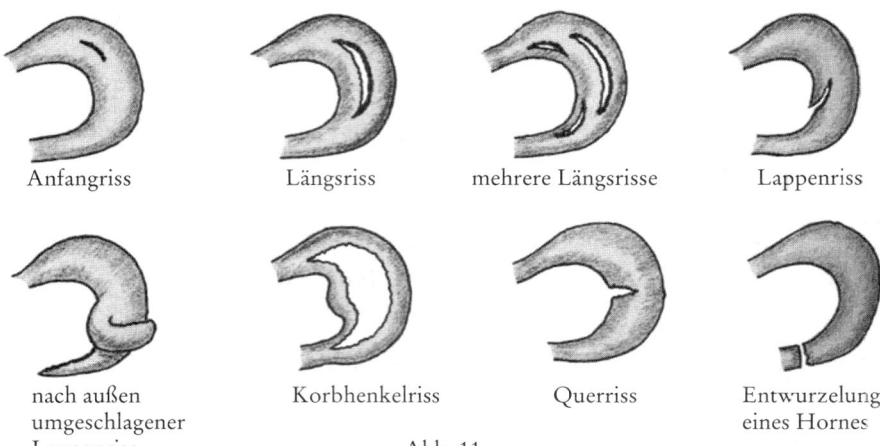

Abb. 11

für eine Krafteinwirkung in diesen Bereichen, für eine übermäßige Quetschung bei maximaler Kniebeugung (Hinterhorn) oder Stauchung des Beins in Längsrichtung (Vorderhorn).[81] Auch aus Längsrissen am Vorder- oder Hinterhorn entwickeln sie sich.

Der *Längsriss* ist am häufigsten[82], er stellt die klassische Form der Meniskusruptur dar. Dies ist aus der histologischen Feststellung erklärbar, nach der die kollagenen Fasern des Meniskus in Längsrichtung verlaufen und bei geeigneter Einwirkung auseinanderweichen. Sie sind eher nicht traumatisch bedingt.[83] In degenerativ veränderten Menisken werden oft mehrere Längsrisse nebeneinander beobachtet.

Der *Korbhenkelriss* ist typischerweise degenerativer Natur.[84] Er soll sich nach überwiegender Ansicht „mehrzeitig", „schubweise" entwickeln. Beim „ersten Trauma" entsteht nur ein kleiner Spalt *(Anfangsriss),* der bei neuerlichen, mitunter geringfügigen Anlässen allmählich länger wird (Längsriss) und schließlich zum Korbhenkelriss oder Lappenriss führt.[85] Demgegenüber halten sich nach anderen Untersuchungen „einzeitig" (52 %) und „mehrzeitig" entstandene Korbhenkelrisse die Waage.[86]

Der seltene *Querriss*[87] entsteht vorwiegend bei plötzlicher Dehnung des konkav gebogenen freien Meniskusinnenrandes bei starker Verlagerung des Meniskus. Entsprechend der

---

[81] Zippel, Meniskusverletzungen und -schäden, 1973 S. 55, 92f.; Müller, U-Med 85 (1981) 295ff.; Weber, Orthopäde 23 (1994) S. 174.
[82] Die Angaben in der Literatur schwanken zwischen 30–80 %, je nach Art des Untersuchungsmaterials, Zippel, Meniskusverletzungen und -schäden, 1973 S. 90; Smillie, Injuries of the knee joint, 5. Aufl. 1978, Churchill Livingstone Edinburgh, London, New York, S. 208.
[83] Mazzoti, in: Grundkurs orthopädisch-unfallchirurgische Begutachtung (Hrsg. Weise, Schiltenwolf) 1. Aufl. 2009 S. 201.
[84] Hess. LSG, 26. 2. 1997, HV-Info 22/1997, 2068; Contzen, Unfallchirurg 88 (1985) 66; Baumgartl, BG-UMed 18 (1973) 93.; a.A., Pässler, Vers. Med. 52 (2000) 13, 15 „posttraumatisch".
[85] Krömer, Der verletzte Meniskus, 1955; Trillat, Rev. Chir. Orthop. 48 (1962) 551; Zippel, Meniskusverletzungen und -schäden, 1973 S. 56, 91.
[86] Smillie, Injuries of the knee joint, 5. Aufl. 1978, Churchill Livingstone Edinburgh, London, New York, S. 208.
[87] Krömer, Der verletzte Meniskus, 1955; Zippel, Meniskusverletzungen und -schäden, 1973 S. 55, 92f.; die Häufigkeitsangaben schwanken zwischen 5 bis 58 %.

stärkeren Krümmung des zentralen Randes kommen Querrisse am äußeren Meniskus häufiger vor als am inneren. Vorwiegend sind Querrisse im Mittelteil des Meniskus (Hauptbelastungszone) lokalisiert. Meist sind sie Folgen eines ausschließlich degenerativ bedingten Horizontalrisses.[88] Zweifel entstehen daher bei Stauchungen und Quetschungen als angeschuldigte Ereignisse.

Dem *Lappenriss*[89] können alle bisher geschilderten Rissformen zu Grunde liegen. Variationen sind vielfältig (Verlagerungen zum Gelenkinneren, ohne Verdrehung dem Meniskus aufliegend = umgeschlagener Lappenriss, Drehung um seine Längsachse). Ganz selten ist der horizontal gerissene Meniskus *(Flachriss)*.

Gelten kleine Ein- und Querrisse – insbesondere radialer peripherer Lokalisation – eher als traumatisch, sind ausgedehnte Risse fast immer degenerativ bedingt.[90]

8.10.5.4.3 Zur rechtlichen Bewertung

Beim Meniskus handelt es sich um ein „bradytrophes" Gewebe. Daher gelten ähnliche Erwägungen wie beim Sehnenriss (s. 8.2.2, S. 394) und Bandscheibenvorfall (s. 8.3.2.6, S. 432 ff.).

8.10.5.4.3.1 Bersten des gesunden Meniskus durch geeignetes Unfallereignis

Zu dieser Gruppe gehört der *frische Unfallriss*. Der Zusammenhang ist zu bejahen. Das geeignete Unfallereignis muss allerdings in zeitlicher Beziehung belegt sein. Im histologischen Befund werden sich meist keine oder nur geringfügige Degenerationszeichen finden, allenfalls solche altersentsprechenden Grades.

Auch ist hier der „*Spätschaden nach Unfallriss*" einzuordnen. Dabei muss ein in der Regel länger zurückliegendes geeignetes Unfallereignis als Ursache für den Riss und die folgende Degeneration erwiesen sein. Meist wird der Meniskusriss zunächst übersehen und als Riss konservativ behandelt.[91] In der Folge treten häufiger Gelenkstörungen und Einklemmungserscheinungen auf. Durch mechanische Irritation stellen sich im Bereich des ursprünglichen Unfallrisses langsam degenerative Strukturveränderungen ein. Am stärksten erscheinen sie in der Nähe der unfallbedingten Primärverletzung, während der übrige Bereich einen altersmäßigen Gewebebefund zeigen kann. Außerdem sind aus Art und Stärke der reaktiven und reparativen Gewebeumbauvorgänge im Rissbereich für den mit der Meniskushistologie erfahrenen Pathologen Rückschlüsse auf den zeitlichen Ablauf und Zusammenhang zu ziehen.

Schließlich gehört hierher der „*Spätschaden infolge gestörter Kniegelenkmechanik*" nach Schädigung von Seiten- und Kreuzbändern und anderen Instabilitäten, d.h. beim sog. Schlotterknie, sofern die Bandverletzung unfallbedingt war (s. 8.10.5.3.4, S. 621).

---

88 Weber, Orthopäde 23 (1994) S. 174; Pässler, Vers. Med. 52 (2000) 13, 15 „posttraumatisch"; Herrmann, Orthopäde 19 (1990) 36.
89 Zippel, Meniskusverletzungen und -schäden, 1973 S. 94: Häufigkeit zwischen 2,8 bis 18 %.
90 Weber, Orthopäde 23 (1994); Mazzoti, in: Grundkurs orthopädisch-unfallchirurgische Begutachtung (Hrsg. Weise, Schiltenwolf) 1. Aufl. 2009 S. 201.
91 Schneider, Z. Orthop. 113 (1975) 667; Hess, Z. Orthop. 113 (1975) 671.

8.10.5.4.3.2 Körpereigenes Trauma

Da Meniskusverletzungen vorwiegend durch indirekte, körpereigene Kraft entstehen, erfordert diese besonders kritische Untersuchung in Richtung auf Schwere und Eignung. Nicht die Wucht direkter äußerer Einwirkung ist hier die Ursache des Meniskusrisses, sondern es sind dies durch äußere Einwirkung im Körper auftretende und indirekt auf den Meniskus zur Wirkung kommende Kräfte: Plötzlichkeit und Koordinationsstörung stehen im Vordergrund. Wenn der Bewegungsablauf durch plötzliche und nicht vorgesehene Störung des Bewegungsmechanismus eine Unterbrechung oder Änderung erfährt und eine korrigierend-reflektorisch einsetzende Kraftanstrengung zu unkontrollierten Ausweich-, Flucht- oder Abwehrbewegungen führt, spricht man auch vom *„körpereigenen Trauma"*.

In der Rspr.[92] werden „körpereigene" Kräfte für geeignet befunden, eine Meniskusverletzung zu verursachen, soweit besondere Bedingungen des Unfallvorganges erfüllt sind, z.B. außergewöhnliche Einwirkung körpereigener Muskel- und Bänderkräfte am Kniegelenk durch diesen Vorgang.

8.10.5.4.3.3 Einriss des degenerierten Meniskus bei gewöhnlichen Bewegungen

Nach Einriss des zermürbten oder degenerierten Meniskus bei gewöhnlichen Bewegungen (Gelegenheitsanlässe) ist Verneinung des Zusammenhanges mit dem vorgetragenen Unfallereignis geboten. Das geeignete Unfallereignis im zeitlichen Zusammenhang fehlt. Im histologischen Befund finden sich meist Zeichen einer ausgeprägten Degeneration. Sie können aber auch fehlen, zumal bei der üblichen athroskopischen Befunderhebung von Meniskusrissen häufig nur noch kleine Gewebeproben zur histologischen Untersuchung eingesandt werden. Die „Spontanlösung" bei primärer Degeneration ist zu nennen, ferner bei pseudoprimärer Degeneration als Spätschaden beim Schlotterknie, sofern die Ursache in einer fehlerhaften Statik und Dynamik des Gelenks liegt (z.B. bei angeborenen und anlagebedingten Anomalien der Gelenkkörper oder nach früheren Erkrankungen bzw. Schäden des Gelenks oder auch des Beines im Allgemeinen).

8.10.5.4.4 Mikrotrauma

Die Bedeutung der „Mikrorisse" ist in der Meniskuspathologie unbestritten.[93] Sie entwickeln sich im Bereich degenerativer Aufbrauchveränderungen mit ödematöser Aufquellung schleimiger Entartung der Grundsubstanz und führen durch Degeneration von Knorpelzellen an den Stellen nekrotischer Zerfallshöhlen zu Spaltbildungen, die mit der Zeit konfluieren und bis zu makroskopisch wahrnehmbaren Spalten und Lösungen sich erweitern. Indes kann die chronische Degeneration des Meniskus, der ein erstes, bestimmtes, aber unbeachtet gebliebenes „Trauma" zu Grunde liegen soll, das einen kleinen Riss am (nach Annahme) gesunden Meniskus verursacht hätte, der durch weitere geringe „Traumen" allmählich vergrößert wird, nicht als Arbeitsunfall gewertet werden. Bei diesen „Traumen" handelt es sich gewöhnlich um Vorgänge erheblich unter der Eignung für eine unfallweise

---

[92] LSG Hamburg, 23. 10. 1956, Breith. 1957, 316; LSG Niedersachsen, 25. 4. 1957, LAP S. 161; LSG Niedersachsen, 14. 12. 1965, BG 1967, 77; LSG Nordrhein-Westfalen, 24. 11. 1999, HV-Info 22/2000, 2067; s. auch Schürmann, Gutachtenkolloquium 8 (Hrsg. Hierholzer, u.a.) 1993 S. 109, 110.
[93] Krömer, Der verletzte Meniskus, 1955 S. 14, 105; Hess, Z. Orthop. 113 (1975) S. 671; Schneider, Z. Orthop. 113 (1975) S. 666; Zippel, Meniskusverletzungen und -schäden, 1973 S. 102.

Entstehung eines Meniskusrisses; ein klinisch fassbarer und in Erscheinung tretender Riss stellte sich nicht ein.

Anerkennung ist juristisch auch nicht begründbar mit den Begriffen „mehrzeitiger Meniskusriss"[94], „schubweise entstandener Meniskusriss"[95], „Mikrotrauma"[96] (bzw. „fortgesetzte Mikrotraumatisierung").

Die Gesamtheit mehrerer, auf längere Zeit verteilter Krafteinwirkungen stellt keinen Unfall im Rechtssinne dar.[97] Das Summieren von Gelegenheitsanlässen ist es. Andere Betrachtung darf nur erfolgen, wenn sich eine einzelne Krafteinwirkung aus der Gesamtheit derart hervorhebt, dass sie sich nur als letzte von mehreren, für den „Erfolg" gleichwertigen Krafteinwirkungen darstellt.[98]

Mit der unfallrechtlichen Kausalitätsnorm ist endlich nicht vereinbar die Annahme, mehrere Unfälle seien zwar kaum geeignet gewesen, einen gesunden Meniskus zu schädigen. Da jedoch von einer berufsbedingten Aufbrauchschädigung schon vor dem Zeitpunkt des ersten Unfalls auszugehen sei, müsse das geringe „Trauma" zur Rechtfertigung eines Entschädigungsanspruches als geeignet erachtet werden (Mischform von Arbeitsunfall und Berufskrankheit).[99]

8.10.5.4.5 Degenerationszeichen und Unfalleinwirkung

Diese Gruppe liegt zwischen den erwähnten Extremfällen. Da es zwei Ursachen gibt, muss zur Entscheidung die wesentlich mitwirkende Teilursache festgestellt werden.

Bei *nicht geeignetem* Unfallereignis und ohne zeitlichen Zusammenhang sowie Degenerationszeichen, die das altersentsprechende Maß vielleicht sogar übersteigen, ist die Unfallursache zu verneinen.

Bei *geeignetem* Unfallereignis im zeitlichen Zusammenhang muss trotz vorhandener Degeneration die Unfallursache als wesentlich mitwirkende, unter Umständen sogar alleinige Bedingung bejaht werden.

Auf das Maß der Degeneration kommt es nicht an. Manchmal wird jedoch angeführt: Wenn die Degeneration schon so weit fortgeschritten ist, dass auch ein unwesentlicher Gelegenheitsanlass für die Verletzung ausgereicht hätte, sei auch der für den Riss eines gesunden Meniskus geeignete Unfall nicht als wesentlich anzusehen.[100] Nach dieser Ansicht verdrängt der fiktive Riss des Meniskus unter den Gegebenheiten des täglichen Lebens den tatsächlichen Schadenseintritt durch das konkrete Unfallereignis. Eine solche „überholende Kausalität" kommt aber im Recht der ges. UV nicht zum Tragen.[101]

Diese Beweisführung bewertet auch das Unfallereignis nicht zutreffend (vgl. 8.2.2.3, S. 395).

---

[94] Krömer, Der verletzte Meniskus, 1955.
[95] Linde, MfU 1930, 60.
[96] Dieser Begriff wird überwiegend verwendet, Zippel, Meniskusverletzungen und -schäden, 1973 S. 102.
[97] BSG, 26. 9. 1961, BG 1962, 255, 256f.; RVA, 25. 11. 1938, EuM 44, 13.
[98] Bayer. LVA, 1. 2. 1951, Breith. 1951, 794.
[99] BSG, 26. 9. 1961, BG 1962, 255, 256f.
[100] Bayer. LSG, 28. 7. 1966, Breith. 1967, 830; LSG Niedersachsen, 25. 4. 1957, LAP S. 78.
[101] BSGE 17, 157 (29. 6. 1962); Kaiser, Akt. Traumatol. 23 (1993) 142.

8.10.5.4.6 Verschlimmerung

Verschlimmern kann sich nur eine Krankheit im Rechtssinne, das ist ein regelwidriger Körper- oder Geisteszustand.[102]

Die geweblichen Veränderungen des Meniskus verlaufen latent. Sie spielen sich im Inneren ab und stören weder den Funktionsablauf noch rufen sie subjektive Erscheinungen hervor[103], sie bleiben stumm.[104] Krankheitsanlage und Unfallereignis rufen gemeinsam eine Gesundheitsstörung im Sinne der *Entstehung* hervor (s. 1.8.1, S. 33).

Auf den Begriff der Verschlimmerung sollte grundsätzlich *verzichtet* werden, da nicht die Degeneration verschlimmert wird, sondern ein Riss in einem vorher degenerativ veränderten Meniskus vorliegt.[105] Einem Unfallereignis kommt für den Eintritt der Gesundheitsstörung die alleinige oder überragende Bedeutung zu, wenn der Unfall geeignet ist, auch einen gesunden Meniskus zu zerreißen.[106]

8.10.5.5 Berufskrankheit (BK-Nr. 21 02)

- Die 5. BKVO vom 26.7.1952 realisierte die Anerkennung der „Meniskopathie" (s. 8.10.5.3.1.2) als Berufskrankheit für Bergarbeiter.
- Die 6. BKVO vom 28.4.1961 erweiterte den Versicherungsschutz auf alle Untertagearbeiter (Tunnelbau, Stollenvortrieb, Brunnen-, Bahn- und Straßenbau), die mindestens regelmäßig eine dreijährige Untertagearbeit verrichtet haben.
- Die BK-Nr. 21 02 (i.d.F. der Änderungsverordnung vom 22.3.1988) macht die Anerkennung von einer mehrjährigen oder häufig wiederkehrenden, die Kniegelenke überdurchschnittlich belastenden Tätigkeiten abhängig. § 6 Abs. 3 BKV verhindert die Anerkennung der Berufskrankheit, wenn der Versicherungsfall vor dem 1.1.1977 eingetreten ist.[107]

8.10.5.5.1 Krankheitsbild

- **Primäre Meniskopathie**

Die *primäre Meniskopathie* ist *unmittelbar* belastungsabhängig. Der vorzeitige Verschleiß setzt im Bereich des Meniskusgewebes ein mit einer Einbuße an Elastizität und Gleitfähigkeit des gesamten Meniskussystems. Die Menisken können soweit zerstört werden, dass es zu Zusammenhangstrennungen kommt. Die „spontane" Lösung oder Berstung des Meniskus ist unter den in der BK-Nr. 21 02 genannten Voraussetzungen eine Berufskrankheit, sofern andere Faktoren als ausschließliche Ursachen ausscheiden.

Anhaltspunkte für ein altersentsprechendes Schadensbild s. 8.10.5.3.1.1, S. 615

---

[102] BSG, SozR 2200 § 551 Nr. 35 (27.7.1989), dazu 1.3.7.2.
[103] Laarmann, Arch. orthop. Unfall-Chir. 68 (1970) 243–248.
[104] Andreesen, Schramm, Münch. med. Wschr. 117 (1975) 974.
[105] Ludolph, u.a., BG 1995, 563, 566, „fauler Kompromiss"; Reckling, Rdschr. I/72 Verb. b. f. BGen tätigen Ärzte, 10; Dammann, BG-UMed 21 (1974) 86; Ludolph, BG-UMed 47 (1982) 129, 134.
[106] So bereits Art. 3 Abs. 3 der Änderungsverordnung.
[107] BSGE 75, 51 (25.8.1994) = SGb 1995, 347 m. Anm. Ricke, bestätigt die Verfassungsmäßigkeit der Rückwirkungsklausel.

- **Belastungskonformes Schadensbild**[108]

Bei Kniebeuge wandern die Kontaktzonen von Schienbein (Tibia) und Oberschenkelknochen (Femur) nach hinten (Abb. 12a und b). Der Außenmeniskus folgt der Bewegung auf der Schienbeinkonsole zwanglos, da die Knorpelscheibe nur am Ansatz von Vorder- und Hinterhorn fest verwachsen ist. Der Innenmeniskus – im mittleren Abschnitt zusätzlich an der Gelenkkapsel haftend – wird bei extremer Kniebeuge im Bereich des Hinterhorns vom medialen Gelenkknorren (Kondylus) aufgewalzt (Abb. 12 c und d); Scherkräfte wirken durch die Innenrotation des Unterschenkels zusätzlich ein:

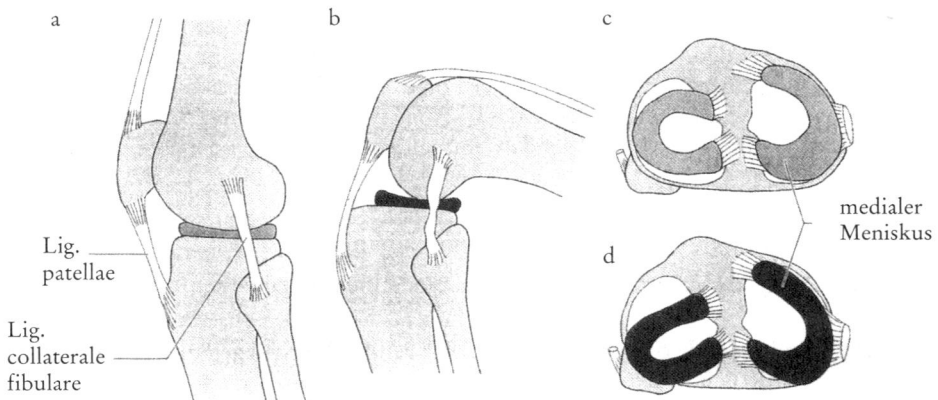

Abb 12: Kniegelenk in Streckung seitlich (a) und von oben (c) in Beugung seitlich (b) sowie oben (d) (nach *Kentner*, MedSach 104 (2008) 228,230)

Der „belastungskonforme" Meniskusschaden der BK-Nr. 21 02 ist die Degeneration des Innenmeniskushinterhorns, häufig ausgewalzt und aufgefasert. Risse in der Übergangszone des Meniskuszwischenstücks (Pars intermedia) zum Hinterhorn sind typisch, auch mit großem Defekt in Form eines Korbhenkelrisses.

Schäden am Außenmeniskus durch Knien sind selten und zusammen mit der begleitenden Innenmeniskusdegeneration von geringerer Schwere.

Es handelt sich um eine richtunggebende und bleibende Verschlimmerung körpereigener Minderbelastbarkeit durch berufliche Einwirkung, die bei entsprechender Belastung auftreten kann, nicht ohne weiteres in der Regel aufzutreten pflegt oder gar auftreten muss.

Im weiteren Verlauf können sekundär Gelenkknorpel und Gelenkbinnenhaut in Mitleidenschaft gezogen werden. Diese Knorpelschäden sind im Allgemeinen auf die Meniskopathie zurückzuführen, sofern sie am Ort des Meniskusschadens beginnen.

- **Sekundäre Meniskopathie**

Bei der *sekundären Meniskopathie* wird der Meniskusschaden durch andere Veränderungen vermittelt. Zunächst erscheinen ausgedehnte Knorpelschäden im Gelenk. Ursächlich sind: Minderwertigkeit des Gelenkknorpels, Folgen arthrotischer Veränderungen bei anlagebe-

---
[108] Dazu Kentner, MedSach 104 (2008) 228.

dingten oder posttraumatischen Achsenfehlstellungen, posttraumatischen Stufenbildungen im Bereich der Gelenkkörper nach Frakturen, posttraumatische Instabilität des Gelenks nach Kapsel-Bandverletzungen. Sekundär folgt der Meniskusschaden. Eine BK-Nr. 21 02 liegt nicht vor, weil die versicherte Tätigkeit keine rechtlich wesentliche Ursache für den Meniskusschaden ist.[109] Ggf. sind die Tatbestandsmerkmale der BK-Nr. 21 12 erfüllt.

BK-Nr. 21 02 erlaubt zwar die Anerkennung eines Meniskusschadens, wenn sich die kniestrapazierende versicherte Tätigkeit auf eine arbeitsunabhängig entstandene Kniegelenkarthrose dergestalt verschlimmernd auswirkt, dass diese ihrerseits (als kausales Bindeglied) einen Meniskusschaden herbeiführt. Anerkannt und berentet wird dann nicht der geschädigte Gesamtzustand des Kniegelenks (Gonarthrose und Meniskopathie), sondern – entsprechend dem Wortlaut der BK-Nr. 21 02 – allein die Meniskopathie.[110] Diese berufliche Verschlimmerung einer Gonarthrose mit der Folge eines Meniskusschadens ist indessen in der medizinischen Wissenschaft umstritten.[111] Auch das BSG hat diese Streitfrage nicht geklärt, sondern ist insoweit von bindenden Tatsachenfeststellungen der Vorinstanzen ausgegangen.

8.10.5.5.2 Zum Nachweis des Kausalzusammenhanges
Stets ist die berufliche Verursachung der Meniskopathie nachzuweisen.

8.10.5.5.2.1 Andauernde oder häufig wiederkehrende, die Kniegelenke überdurchschnittlich belastende Tätigkeiten[112]

Die Auslegung orientiert sich an der historischen Entwicklung, die sich auf die Arbeit unter Tage gründet.

Charakteristisch waren Arbeitsweisen und Fortbewegung unter räumlich engbegrenzten Verhältnissen. Während einer Dauerzwangshaltung in physiologisch ungünstiger Position der Kniegelenke (Hocke, im Knien, liegend, halbliegend) erfolgt „aktive Gelenkarbeit" (Arbeit mit Druckluftwerkzeug, Schaufeln).

Auf den Meniskus wirken ein

– Druckkräfte, die zu einer Quetschung des Knorpelgewebes führen

– Zugkräfte, die das Gewebe beanspruchen

– Scherkräfte, die eine gegenseitige Verschiebung der Gewebsschichten untereinander zur Folge haben.

---
[109] BSG, 21.2.1980, Breith. 1980, 961; Ludolph, Schürmann, Hierholzer, BG 1991, 87; Ludolph, Trauma Berufskrankh 1 (1999) 139, 141; a.A. Greinemann, Unfallchirurg 91 (1988), 374ff. und 93 (1990) 105; ders., Kompass 1989, 262ff.
[110] BSG, 7.6.1988, SozR 2200 § 551 Nr. 33 = Meso B 240/109 = Breith. 1989, 205; LSG Nordrhein-Westfalen, HV-Info 6/1997, 522; Bayer. LSG, 5.12.2007, UVR 13/2008, 964; Bonnermann, Kompass 1990, 564, 566; Erlenkämper, ASP 1991, 440, 441; a.A. (keine BK) Hess. LSG, 26.9.2001, Meso B 240, 295; Ludolph, u.a., BG 1991, 86.
[111] Bayer. LSG, 26.2.2003, Meso B 240/350; Kentner, MedSach 104 (2008) 228, 230f.
[112] Grundlegend Pressel, Der chronische Meniskusschaden als Berufskrankheit, Hrsg. Bau-BG Frankfurt 1985; Wittgens, Pressel, BG-UMed 62 (1987) 99ff.; Pressel, Gutachtenkolloquium 4 (Hrsg. Hierholzer, u.a.) 1989, S. 117ff.

Daraus sind als „belastende Tätigkeit" zu sehen

- *statische Belastung:* Dauerzwangshaltung, vor allem bei Belastungen durch Fersensitz, Hocken oder Knien bei gleichzeitiger Kraftaufwendung
- *dynamische Belastung:* vielfach wiederkehrende erhebliche Bewegungsbeanspruchung, insbesondere Laufen oder Springen mit häufigen Knick-, Scher- oder Drehbewegungen auf grob unebener Unterlage.

Es handelt sich um Arbeiten, die verrichtet werden

- überwiegend im Knien: Fußboden-, Teppich-, Fliesenleger, Gärtner
- unter räumlich engbegrenzten Verhältnissen: Ofenbauer, gelegentlich auch Monteure, Maurer, Schreiner, Anstreicher
- in Zwangshaltung: Dachdecker, Bergmann, Bodenleger, Ofenbauer
- mit häufig wiederkehrender erheblicher Bewegungsbeanspruchung im Hochleistungssport oder bei sportähnliche Tätigkeit mit reflektorisch unkoordinierten Bewegungsabläufen: Fußball-, Handball-[113], Basketball-, Sport-, Skilehrer, Bergführer; Laufen oder Springen, auch mit Scherbewegungen, auf grob unebener Unterlage.

Nicht meniskusbelastend im Sinne der BK-Nr. 21 02 sind

- kniende Positionen (rechtwinklige Beugung des Kniegelenks, da die Menisken weder stark verschoben, noch stark verformt, noch erheblich druckbelastet sind
- Einzeltätigkeiten, kurzfristige Arbeiten, obwohl grundsätzlich meniskusbelastend (keine Dauerzwangshaltung).[114]

8.10.5.5.2.2 Mehrjährig

Dem Wortlaut der BK-Nr. 21 02 gemäß muss die belastende Tätigkeit mindestens zwei Jahre durchgeführt werden. Die Frist dient der Abgrenzung der Meniskusschäden beruflicher und sonstiger Genese. Die nach altem Recht bestehende dreijährige Frist erschien als willkürlich.[115] Zum einen wurde die Zeitspanne für zu kurz erachtet[116], andererseits wurde geltend gemacht, unter bestimmten Voraussetzungen könne eine Meniskopathie auch früher entstehen.[117]

Ein Meniskusschaden ist nunmehr theoretisch bereits nach zweijähriger Exposition anerkennungsfähig. Da jedoch die Kniegelenksbelastungen bei den Übertageberufen in der Regel qualitativ wie quantitativ nicht wesentlich die des Bergmanns unter Tage übertreffen dürften, ist eine Orientierung an den hier festgestellten durchschnittlichen Expositionszeiten gegeben. Sie liegen wesentlich höher als jene drei Jahre und sind inzwischen auf über 20 Jahre angestiegen.

Werden belastende Tätigkeiten nicht in einem ununterbrochenen Zeitraum von mindestens zwei Jahren, sondern mit Unterbrechungen verrichtet, so wird man zu einer Gesamtbe-

---

113 LSG Schleswig-Holstein, 21. 2. 2007, UVR 15/2007, 1043.
114 Ludolph, Blome, in: Kurzbuch der ärztlichen Begutachtung (Hrsg. Ludolph, u.a.) Stand 2001 III 1.14.13.3 S. 10ff.
115 Andreesen, MfU 1969, 217; Laarmann, Berufskrankheiten nach mechanischer Einwirkung, 2. Aufl. 1977.
116 Bürkle de la Camp, MfU 1964, 15.
117 Soddemann, MfU 1963, 21.

trachtung der Expositionszeit gelangen.[118] Der Verordnungstext bietet für das Erfordernis eines zusammenhängenden Zwei-Jahres-Zeitraumes keine Stütze. Fehlzeiten (Tarifurlaub, Krankheit, Freischichten) stellen keine Unterbrechung der Expositionszeit dar, wenn sie sich im Rahmen der Norm bewegen. Die Bedeutung größerer Intervalle ist allerdings ungeklärt.

Soweit Internationales Recht ausländische Tätigkeiten mit inländischen gleichstellt, kann die Frist auch durch Zusammenrechnung von in- und ausländischen Tätigkeiten erfüllt werden, wenn die Meniskusschädigung in den betreffenden Staaten als Berufskrankheit anerkannt oder die Berufskrankheit wenigstens teilweise im Inland mitverursacht ist.[119]

Der Versicherte muss während eines wesentlichen Teiles seiner täglichen Arbeitszeit in Zwangshaltungen gearbeitet haben.[120] Ist die zeitliche Belastung geringer als ein Drittel der Schicht, haben die Menisken ausreichend Zeit, sich zu erholen.[121]

8.10.5.5.2.3 Beweis des ersten Anscheins nach dreijähriger regelmäßiger Tätigkeit unter Tage

Entsprechend der BK-Nr. 21 02 i.d.F. der Änderungsverordnung v. 8.12.1976 hatte die Rspr. den Beweis des ersten Anscheins und damit den Nachweis des Zusammenhanges zwischen versicherter Tätigkeit und schädigender Wirkung als erbracht gesehen, wenn der Versicherte während seiner Untertagetätigkeit mindestens drei Jahre lang regelmäßig irgendeine Tätigkeit in hockender, kniender oder liegender Körperhaltung verrichtet oder in schräger Lage in niederen (geringmächtigen) Flözen gearbeitet hat.[122]

Der Beweis des ersten Anscheins kann durch konkrete andere Ursachen durchbrochen werden. Wie für den Nachweis des ursächlichen Zusammenhanges ist auch für das Entkräften des Anscheinsbeweises die Wahrscheinlichkeit der ernsthaften anderen Gegebenheit ausreichend.[123] Dies erfordert das Feststellen

- von Bedingungen, die unabhängig von der versicherten Tätigkeit zum Eintritt des Meniskusschadens beigetragen haben können (andere kniestrapazierende äußere Einflüsse im unversicherten Bereich, körpereigene Anomalien, wie O-Bein-Fehlstellung, anlagebedingte Erkrankungen, z.B. allgemeine Arthrose)
- der ernsthaften Möglichkeit des atypischen Geschehensablaufs. Die unabhängige Bedingung muss so gewichtig sein, dass sie als allein wesentliche Ursache des Meniskusschadens in Betracht zu ziehen ist.[124]

---

[118] Pressel, Gutachtenkolloquium 4 (Hrsg. Hierholzer, u.a.) 1989, S. 117, 119; vgl. auch LSG Nordrhein-Westfalen, 27.10.1988, HV-Info 21/1989, 1669 = Meso B 240/117.
[119] BSGE 8, 245 (21.11.1958); Raschke, BG 1988, 222, 223; BSG, 24.11.1982 = Breith. 1983, 961 = HVBG VB 32/83.
[120] BSGE 8, 245 (21.11.1958).
[121] LSG Nordrhein-Westfalen, 15.6.2000, Meso B 240/196 = VB 90/2001.
[122] BSGE 8, 245, 247 (21.11.1958); BSG, 21.2.1980, Rdschr. HVBG VB 105/80 = Meso B 240/79; SozR 5670 Anl. 1 Nr. 2102 Nr. 2 (27.11.1986); Pöhl, Kompass 1987, 433; LSG Nordrhein-Westfalen, 9.3 1989, Meso B 240/120, mit krit. Anm. Bonnermann, Kompass 1989, 629; ders., BG 1992, 384.
[123] BSG, 21.2.1980, Rdschr. HVBG VB 105/80 = Meso B 240/79.
[124] LSG Nordrhein-Westfalen, 27.10.1988, SGb 1989, 198 Nr. 4 mit Hinweis auf BSG, 27.11.1986, 9.3 1989, Meso B 240/120; LSG Nordrhein-Westfalen, 19.2.1987, Kompass 1988, 391; LSG Nordrhein-Westfalen, 20.2.1995, Kompass 1995, 498.

8.10 Knie

Die Rspr.[125] sieht den Beweis des ersten Anscheins als erschüttert an, wenn zwischen der Aufgabe der Untertagetätigkeit und der Feststellung eines Meniskusschadens ein großer zeitlicher Abstand (über 12 Jahre) liegt. Die in Betracht kommende Anzahl der auf den Meniskus einwirkenden Kräfte sei so groß, dass eine Abgrenzung zum Berufsschaden außerordentlich schwierig und nur in Ausnahmefällen gegeben ist.

Liegen Anhaltspunkte vor, dass – entgegen normalem Lauf der Dinge – ein atypischer Geschehensablauf ernsthaft möglich ist, ist dem Anscheinsbeweis die Grundlage entzogen. Der Beweisbelastete kann sich dann auf den Ablauf nach der Lebenserfahrung nicht mehr berufen, sondern bedarf zur Durchsetzung seines Anspruchs vollständig des Beweises aller anspruchsbegründenden Tatsachen.[126]

Keine Ausdehnung des Anscheinsbeweises auf andere Tätigkeiten

Die Änderung der BK-Nr. 21 02 entspricht medizinischen Erkenntnissen der Verursachung durch bisher nicht versicherte Tätigkeiten.

Die Einführung des Begriffs „mehrjährig" und die Ergänzung von „andauernden" durch „häufig wiederkehrende Tätigkeiten" lassen erkennen, dass jeder Einzelfall zu würdigen ist. Zudem sind denkbare kniestrapazierende Arbeitsabläufe mannigfaltig. Bestanden über den Schädigungsmechanismus unter Tage bestimmte Vorstellungen, ist die Einwirkung außerhalb dieses Arbeitsbereiches unterschiedlich: es mag weniger starke Einwirkungen über einen längeren Zeitraum geben[127], aber auch solche extremer Art für kurze Zeit. Eine Ausdehnung des Anscheinsbeweises außerhalb des Untertagebereichs ist mangels entsprechender typischer Geschehensabläufe nicht zulässig.[128]

Die Anerkennung eines Meniskusschadens als Berufskrankheit ist ausgeschlossen, wenn

– die belastende Tätigkeit weniger als zwei Jahre
– keine den Meniskus mehr als normal beanspruchende Arbeit

verrichtet wurde.

In diesen Fällen beruht das Meniskusleiden nicht auf der versicherten Tätigkeit, sondern auf anderen Arbeiten und Verrichtungen oder einer krankhaften Anlage.

Weitergelten des Anscheinsbeweises nach Untertagearbeit

Die Rspr. hat unter bestimmten Voraussetzungen bei der Untertagetätigkeit den Anscheinsbeweis seit langem für anwendbar erkannt. Auch nach Neufassung der BK-Nr. 21 02 ist davon auszugehen, dass weiterhin in diesem Teilbereich typische Geschehens-

---

[125] Nachweise der unveröffentlichten Urteile bei Bonnermann, BG-UMed 62 (1987) 87, 90; ders., Kompass 1995, 498, 499; Pöhl, Kompass 1987, 433 ff.
[126] BSG, 12. 2. 1998, HV-Info 27/1998, 2561.
[127] Nach Hess, Z. Orthop. 1975, 669, 672, erfordert der Meniskusschaden eines Sportlers eine aktive sechsjährige Zeit; a. A. Schneider, Z. Orthop. 1975, 666, 668.
[128] BSG, SozR 3-5679 Art. 3 Nr. 6 (20. 6. 1995) = HV-Info 26/1995, 2204 = Meso B 240/159 = SGb 1996, 433 m. zust. Anm. Brandenburg; Bonnermann, Kompass 1989, 629; ders., SGb 1989, 416, 419; Keller, SGb 1999, 120, 121; a. A. Krasney, Kolloquium Krebserkrankungen und berufliche Tätigkeit, 1988: der erste Anschein spricht für einen wahrscheinlichen Kausalzusammenhang mit der versicherten Tätigkeit, wenn die Arbeiten über mehrere Jahre andauern und häufig wiederkehrend die Kniegelenke überdurchschnittlich belastet haben.

abläufe vorliegen,[129] zumal sich die Rspr. nicht allein auf das Vorliegen der Tatbestandmerkmale der BK-Nr. 2102, sondern auf entsprechende gesicherte Erfahrungssätze stützt.[130] Ein den Anscheinsbeweis tragender typischer Geschehensablauf ist auch anzunehmen, wenn die kniebelastende Übertagetätigkeit in ihrer die Menisken schädigenden Qualität gegenüber der Tätigkeit eines Bergmanns in geringmächtigen Flözen zumindest gleichwertig ist.

8.10.5.5.2.4 Ausschluss anderer Ursachen

Innere und äußere Schädigungen, die – ohne berufliche Überbeanspruchung – zu einem vorzeitigen Verschleiß des Zwischenknorpels führen, sind auszuschließen:

- Meniskusanomalien
- Osteochondrosis dissecans
- primäre Arthropathien spezifischer oder unspezifischer Genese
- retropatellare Chondromalazien
- Chondrokalzinose (Pseudogicht)
- Einklemmungen von Synovialfalten und -zotten des Hoffa'schen Fettkörpers
- stoffwechselbedingte Veränderungen.
- Gelenkerguss („Schwimmknie") mit einer Erweiterung des Gelenkspiels und Belastung der Menisken
- Achsenabweichungen der Beine, zu einer Verlagerung der Hauptbelastungszone führend.[131]

Das konstitutionelle O-Bein kann, abgesehen von stark ausgeprägten O-Beinstellungen, nicht als konkurrierende Ursache für die Entstehung von Meniskusschäden eingeschätzt werden. Das mäßig ausgeprägte O-Bein ist zwar biomechanisch und anatomisch eine Schadensanlage, bislang fehlen jedoch Belege für seine ursächliche Relevanz.[132] Jedoch können degenerative Veränderungen der Menisken zu einer Verschmälerung des Gelenkspalts führen und damit ihrerseits die Ursache geringer Achsenabweichungen sein.[133]

Verwechslungen mit der akut-traumatischen Form lassen sich oft durch die histologische Untersuchung des Operationsproduktes richtigstellen (Kapillarsprossung, bindegewebliche Vernarbung).

Vorerkrankungen und Vorschäden des Kniegelenks und des Meniskus sind zu ermitteln, sportliche Vergangenheit ist abzuklären.

---

[129] Bejahend: LSG Rheinland-Pfalz, 7.2.1992, HV-Info 25/1992, 2263; LSG Nordrhein-Westfalen, 26.2.1992, HV-Info 29/1992, 2589; 20.2.1995, Kompass 1995, 498; 5.9.1996, HV-Info 6/1997, 522; Lauterbach Schur/Koch § 9 Anh. IV 2102 Rdn. 7b; a. A. Brackmann/Becker § 9 BK Nr. 2102 Anm. 3: „Im Lichte des § 9 Abs. 3 ist es schwer, an der alten Rspr. festzuhalten, zumal es gerade für Meniskuserkrankungen außer der beruflichen Verursachung zahlreiche andere Ursachen geben kann"; offen gelassen in: BSG, 20.6.1995, HV-Info 26/1995, 2204 = Meso B 240/159 = SGb 1996, 433.
[130] BSG, 18.11.1997, SGb 1999, 39, 41.
[131] Müller, Orthopäde 23 (1994) 93.
[132] Schiltenwolf, Rompe, Trauma Berufskrankh 2000, 195.
[133] Ludolph, Blome, in: Kurzbuch der ärztlichen Begutachtung (Hrsg. Ludolph, u.a.) Stand 2001 III 1.14.13.3 S. 10ff.

8.10.5.5.2.5 Histologische Untersuchung

Die histologische Untersuchung kann die Grenze zwischen physiologischer Abnutzung und Degeneration mit Hilfe der üblichen Untersuchungsmethoden nur schwer bestimmen.

Die feingewebliche Untersuchung sollte einen das Altersmaß überschreitenden Verschleiß des Meniskus erkennen lassen, systemische Grunderkrankungen des Meniskusgewebes sind auszuschließen.[134] Die Rspr. erkennt jene Meniskusschäden nicht als Berufskrankheit an, bei denen die feingewebliche Untersuchung keine oder das altersübliche Maß nicht übersteigende Degenerationserscheinungen aufweist.[135]

Meniskusschäden der BK-Nr. 21 02 sind meist größere Risse oder Zerreibungen des Meniskus, die eine Teilresektion erfordern. Die bei der therapeutischen Arthroskopie gewonnenen Geweberesakte sind indessen oft nur wenige Millimeter groß, der Vergleich von gesunden und degenerierten Meniskusanteilen entfällt.[136] Kleine, isolierte Einrisse bei sonst unauffälligen Befunde reichen für die Anerkennung nicht aus.[137]

8.10.5.5.2.6 Meniskusschaden nach Beendigung der belastenden Tätigkeit

Eine Meniskopathie kann klinisch lange „stumm" bleiben und nach Beenden der belastenden Tätigkeit offenbar werden. Eine starre zeitliche Grenze zwischen Eintritt der Schädigung oder Aufgabe schädigender Tätigkeiten und dem Auftreten der ersten Beschwerden lässt sich nicht ziehen. Die Latenzzeit ist abhängig vom Grad der Meniskusschädigung, auch von der Belastung, die das Kniegelenk trifft. Je stärker die Meniskusschädigung ausgeprägt ist und je länger das Knie meniskusschädigend belastet wird, desto früher stellen sich Rissbildungen mit entsprechender klinischer Symptomatik ein. Je weniger ausgeprägt dagegen der Meniskusschaden und die Kniegelenksbelastung sind, desto länger dauert das Auftreten von Beschwerden.[138] Für den Nachweis des Kausalzusammenhanges gelten die für die Untertagearbeit erstellten Kriterien.[139]

Für Anerkennung:

- langer Zeitraum der belastenden Tätigkeit (Durchschnitt 16 Jahre)
- Zeitraum der besonderen Beanspruchung der Kniegelenke (Durchschnitt 73 Monate)
- kurzes beschwerdefreies Intervall (bis zu 5 Jahren)
- geringeres Lebensalter (Durchschnitt 34 Jahre)

Histologisch lassen sich neben degenerativen Veränderungen mehr oder weniger ausgeprägte bindegewebige Zellverbände oder gar bindegewebige Abrundungen der Lösungsstellen nachweisen.

---

[134] Grosser, in: Orthopädisch-unfallchirurgische Begutachtung (Hrsg. Thomann, Schröter, Grosser) 1. Aufl. 2009 S. 361.
[135] Nachweise bei Bonnermann, BG-UMed 62 (1987) 87, 90; Schürmann; Gutachtenkolloquium (Hrsg. Hierholzer, Ludolph, Hamacher)1989 S. 155, 156.
[136] Müller, in: Gutachtenkolloquium 3 (Hrsg. Hierholzer u. a.) 1988.
[137] Wenzl, Fuchs, Trauma Berufskrankh 3 (2001) 138.
[138] LSG Rheinland-Pfalz, 7. 2. 1992, HV-Info 25/1992, 2263.
[139] Andreesen, Schramm, Münch. med. Wschr. 117 (1975) 973; LSG Niedersachsen, 23. 11. 1983, L 6 Kn 17/83, nicht veröffentlicht.

Für Ablehnung:
- kurze Gesamtarbeitszeit (8 Jahre)
- kurze Tätigkeit mit besonderer Beanspruchung der Kniegelenke
- langer Zeitraum zwischen Beendigung der belastenden Tätigkeit und dem Auftreten der ersten Beschwerden (12 Jahre und mehr)[140]
- höheres Lebensalter (45 Jahre)

8.10.5.5.3 Bewertung der MdE

Ein Meniskus(teil-)verlust bedingt bei komplikationslosem Verlauf keine wesentliche MdE. Kommt es zu sekundären Knorpelschäden, kann sich eine relevante MdE ergeben. Die Einschätzung richtet sich nach dem Ausmaß der Funktionseinschränkungen.

Die Meniskopathie bei ungewöhnlicher Kniebeanspruchung kann unter Zugrundelegung der Rspr. als Systemschaden gelten, der alle vier Menisken befällt.[141] Sie sollte deshalb *nur einmal* als Berufskrankheit gewertet werden, auch wenn die Meniskuslösungen im zeitlichen Abstand erfolgen. Der zweite Meniskusriss stellt dann eine Verschlimmerung der bereits anerkannten Berufskrankheit dar. Funktionsausfälle sind als Gesamt-MdE zu schätzen.

8.10.6 Osteochondrosis dissecans

Die Erkrankung tritt am häufigsten in Gelenken zwischen langen Hebelarmen (Knie, Ellenbogen) auf.

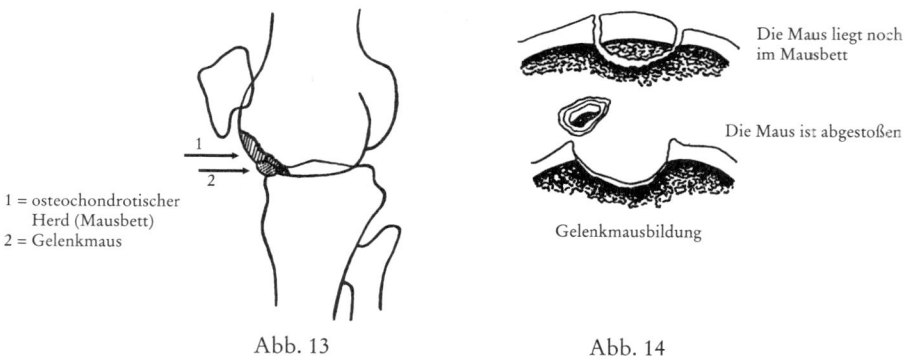

1 = osteochondrotischer Herd (Mausbett)
2 = Gelenkmaus

Die Maus liegt noch im Mausbett

Die Maus ist abgestoßen

Gelenkmausbildung

Abb. 13   Abb. 14

Beim Zusammenhang zwischen Unfallereignis und Osteochondrosis dissecans, der Bildung von freien Gelenkkörpern und „Gelenkmäusen" durch Abstoßen von Teilen des Gelenkkörpers, werden als Leitsätze erkannt[142]:

---

[140] LSG Rheinland-Pfalz, 7. 2. 1992, HV-Info 25/1992, 2263; LSG Nordrhein-Westfalen, 26. 2. 1992, HV-Info 29/1992, 2589.
[141] BSG, 13. 5. 1966, Breith. 1967, 112; LSG Saarland, 15. 6. 1977, Meso B 240/73 = HVBG VB 190/77, bestätigt durch BSG, 24. 8. 1978, SozR 5677 Anl. 1 Nr. 42 Nr. 1 = SGb 1978, 469; Laarmann, BKen nach mechanischen Einwirkungen, 2. Aufl. 1977 S. 26 ff.; Schiltenwolf, Rompe, Trauma Berufskrankh 2000, 195, 196.
[142] Hegelmaier, in: Die ärztliche Begutachtung (Hrsg. Fritze, Mehrhoff) 7. Aufl. 2008 S. 737.

- *echte Gelenktraumen:* eine schwere Krafteinwirkung kann eine Knorpel-Knochen-Absprengung (flake fracture) verursachen

- *Osteochondrosis dissecans:* Gelenkerkrankung, die zu umschriebenen aseptischen Knorpel-Knochen-Nekrosen mit sekundärer Ausbildung von freien Gelenkkörpern führt. Als Ursachen werden Ernährungsstörungen, örtliche Überlastungen von Knorpel-Knochen-Abschnitten sowie endogene, endokrine, traumatische und infektiöse Einwirkungen erörtert. Eigenart der „Gelenkmaus" ist, dass sie sich – Gesetzen folgend – weder durch Schonen, Schienen oder Bewegen in ihrer Lage im Gelenk beeinflussen lässt. Ihre Lage ändert sich entsprechend mechanischer Kräfte, sie schiebt sich bis dicht unter die Haut, ist dann zu tasten, rutscht oft zwischen die sich bewegenden Gelenkteile, wobei sie schmerzhafte Einklemmungen und dadurch auch einen Sturz verursacht oder verschwindet in einer Gelenktasche. Dort kann sie gelegentlich lange stumm ruhen. Ein so durch innere Ursachen entstandener Sturz darf nicht als Arbeitsunfall gedeutet werden: Die „Gelenkmaus" war durch eine konstitutionelle Osteochondrosis dissecans entstanden.

Ausnahmsweise mag ein geeignetes, unmittelbar oder mittelbar angreifendes, einmaliges Trauma die Ursache einer Osteochondrosis dissecans sein[143], wenn

- der sichere Nachweis der erheblichen Gelenkverletzung erbracht ist
- die betreffende Stelle des Gelenkknorpels in einer Weise geschädigt wurde, die eine subchondrale Knochenschädigung zulässt (z.B. Schlag auf die Kniescheibe bei gebeugtem Kniegelenk). Falls ein unfallnahes Kernspintomogramm angefertigt wurde, ist der Nachweis eines bone bruise zu fordern.
- im Unfallzeitpunkt Zeichen einer Osteochondrosis fehlen
- die ersten Symptome nicht früher als drei Wochen und nicht später als ein Jahr nach dem Unfall aufgetreten sind;
- blutiger Gelenkerguss ist für die Beurteilung nicht richtungsweisend, da er sich auch bei Spontanlösung und Spontaneinklemmungen einer „Gelenkmaus" darstellt.[144]

- *Gelenkchondromatose:* tumorähnliche Knorpelgewebswucherungen, wahrscheinlich aus versprengten Knorpelgewebswucherungen der synovialen Membran entstehend. Chondrome können sich als freie Gelenkkörper in das Gelenkinnere lösen. Bei Einklemmungserscheinungen wird oft ein Bagatelltrauma angeschuldigt. Verschlimmerung ist abzulehnen.

- *Arthrosis deformans:* Ablösen von subchondralen Nekrosen oder Randzacken kann traumatisch oder spontan erfolgen: Wurde die Arthrosis deformans unfallbedingt durch Gelenkfrakturen, statisch durch in Achsenfehlstellung verheilte Schaftbrüche oder unfallbedingte Wackelgelenke hervorgerufen, sind die freien Gelenkkörper auch ohne zusätzliches Trauma als Unfallfolge anzuerkennen.

Bis 80 % der freien Gelenkkörper werden arthroskopisch, die übrigen durch Arthrotomie entfernt.[145]

---

143 LSG Baden-Württemberg, 22. 1. 1987, HV-Info 7/1987, 538 = Meso B 250/118.
144 Mollowitz, Der Unfallmann, 12. Aufl. 1998 S. 165.
145 Kieser, BG-UMed 75 (1992) 123.

8.10.7 Erguss, Gelenkempyem

Bei gröberer Krafteinwirkung auf das Kniegelenk kommt es infolge Gefäßzerreißung auch zu einem *Bluterguss* in das Gelenk. Die Blutung erfolgt gewöhnlich aus der zarten gefäßreichen Gelenkinnenhaut (Synovialis). Gelegentlich genügt schon eine geringe Prellung des Knies, um eines der zahlreichen kleinen Gefäße zu verletzen und Blut in den Gelenkinnenraum austreten zu lassen (Gelenkblutung = Hämarthros), vor allem, wenn die Synovialis schon entzündlich geschwollen ist (Synovialitis), etwa bei einer Arthrosis deformans, Meniskopathie, Gicht (Arthritis urica). Seröse, wässrige Gelenkergüsse haben verschiedene Ursachen. Blutig gefärbter Gelenkerguss spricht nicht unbedingt für einen unfallbedingten Riss und nicht gegen eine unfallfremde Entstehung; seröser Gelenkerguss deutet nicht gegen Unfallriss und nicht gegen unfallfremde Verursachung. Das Fehlen eines Ergusses spricht weder gegen einen Unfallriss noch gegen eine unfallfremde Erkrankung. Dies gilt auch für die Beurteilung eines Meniskusschadens (s. 8.10.5.4.2.6, S. 626).

Zur Abgrenzung sollte der Erguss punktiert werden. Farbe und Trübung des Punktates werden beurteilt (seröser Erguss, Blut, Eiter), dieses sodann auf Zellzahl und Verteilung, bakteriologisch, evtl. auch zytologisch, serologisch und auf Kristalle (Chondrokalzinose) untersucht. Aus dem Gelenkpunktat ist aber nicht stets die Ursache erkennbar. Diskutiert wird die Arthroskopie an Stelle der Kniegelenkpunktion.

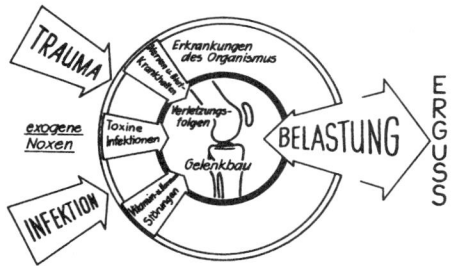

Abb. 15: Ursachen des Kniegelenkergusses

Die eitrige Gelenkentzündung (Empyem) kann nach offenen Gelenkverletzungen, aber auch nach therapeutischen Injektionen entstehen. Bei stumpfer Krafteinwirkung[146] muss zur Anerkennung des ursächlichen Zusammenhanges das Unfallereignis klar erwiesen und so beschaffen sein, dass eine Schädigung im Gelenkinnern in Betracht kommt.[147] Auch die Infektionsquelle (beispielsweise für die Umwandlung eines Blutergusses oder serösen Ergusses zu einem Empyem) soll erkennbar sein. Sie ist eventuell in einer infizierten Schürfwunde oder einem Furunkel in der Umgebung des verletzten Knies gegeben. Zeitlicher Zusammenhang zwischen Unfallereignis und Auftreten der Gelenkentzündung ist ebenso Voraussetzung.

Frühzeitige Punktion erscheint aus therapeutischen und diagnostischen Gründen auch hier angezeigt. Chronische und unspezifische Gelenkentzündungen sind im Allgemeinen Begleiterkrankungen.

---

[146] Muhr, Orthopädie 18 (1989) S. 786.
[147] LSG Niedersachsen, 21. 6. 1957, LAP S. 122f.

8.10 Knie   643

8.10.8 Gonarthrose

Arthrose ist eine Gelenkfehlfunktion auf Grund struktureller Schäden, letztlich zum Versagen des „Organs" Gelenk führend. Im Mittelpunkt steht der Knorpelschaden. Klinische Merkmale der Gonarthrose sind Knorpelabbau, subchondraler Knochenumbau mit Sklerose, subchondrale Zystenbildung, Osteophytenbildung im Bereich der beteiligten Knochen, Bewegungseinschränkungen und Schmerzen. Schmerzen, Schwellung sowie Steifigkeit sind klinische Korrelate einer Entzündung der Synovialmembran und der späteren Gelenkkapselfibrose. Möglicherweise gehen Schmerzen zusätzlich auch vom subchondralen Knochen aus.

Betroffen sind:

– mehr oder weniger isoliert der mediale oder laterale tibio-femorale Gelenksspalt bzw. das Femoro-Patellagelenk
– im fortgeschrittenen Stadium alle drei Gelenkabschnitte

Die Arthrose hat eine multifaktorielle Genese. Systemische Faktoren sollen die Empfänglichkeit für die Arthrose bedingen, lokale biomechanische Faktoren beeinflussen die Lokalisation und Ausprägung.

Risikofaktoren[148]

Systemische Faktoren		Lokale biomechanische Faktoren
Alter		Gelenkverletzung
Geschlecht		Meniskus(teil)verlust
Ethnische Charakteristika	Empfäng-	Inkongruenz der Gelenkflächen
Genetik	lichkeit	Achsenabweichung
Metabolisches Syndrom	⇨ für ⇨	Instabilität
Mangel an Vitamin D oder C?	Arthrose	Patellahochstand
Knochendichte		Neuromuskuläre Imbalance
Östrogenmangel nach Menopause		Muskelschwäche
Andere systemische Faktoren		*Übergewicht*
		Kumulative unphysiologische Belastungen des Kniegelenks (Sport, Beruf)

⇩

Lokalisation und Ausprägung
der Arthrose

---

[148] Grosser, Kursbuch der ärztlichen Begutachtung (Hrsg. Ludolph u. a.) 5. Erg.-Lfg. 3/2007 III – 1.14.6.5.1 S. 2.

Stadieneinteilung auf Grund bildgebender Verfahren[149]

Grad 1: fragliche Verschmälerung des Kniegelenkspalts und mögliche Osteophytenbildung

Grad 2: definitive Osteophyten und mögliche Verschmälerung des Kniegelenkspalts

Grad 3: multiple Osteophyten und definitive Verschmälerung des Kniegelenkspalts, Sklerose und mögliche Verformung der Tibia und des Femurs

Grad 4: ausgeprägte Osteophyten, starke Verschmälerung des Kniegelenkspalts, ausgeprägte Sklerose und definitive Verformung der Tibia und des Femurs

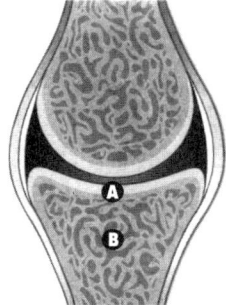 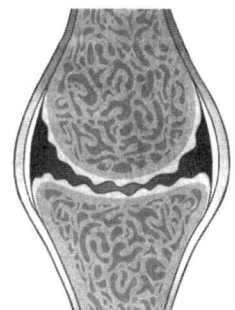 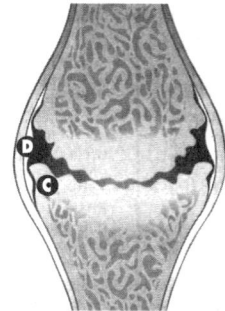

Abb. 16: Gesundes Gelenk: Die Knorpelschicht (A) schützt den Knochen (B) und sorgt für reibungslose Bewegungen.

Abb. 17: Beginnende Arthrose: Die Knorpelschicht wird dünner, rauer und rissiger. Bereits jetzt können Entzündungen zu Arthroseschmerzen führen.

Abb. 18: Spätstadium: Die Knorpelschicht ist abgetragen, die Knochen haben sich verdichtet und verhärtet. Anbauten am Gelenkrad (Osteophyten (C)), drücken gegen die Gelenkinnenhaut (D). Kalkablagerungen blockieren die Bewegung.

Die Kniegelenkarthrose nimmt ihren Ausgang vom Knorpel: dieser ist bei Schädigung des Gelenks jedweder Art – statisch, mechanisch, chemisch, konstitutionell – wegen schlechter Ernährung besonders gefährdet. Der Knorpel hat keine Blutgefäße, er wird deshalb nur indirekt durch Diffusion über die von der Synovialis (Gelenkkapsel) abgesonderte Gelenkflüssigkeit (Synovia) ernährt.

8.10.8.1 Primäre Form

Man spricht von primärer Form, wenn eine spezielle Ursache nicht ersichtlich ist. Diese ist also Ausdruck von Abnutzungs- und Verschleißvorgängen, die auf Grund mehrfacher Faktoren (genetische, hormonelle, altersabhängige Ursachen, angeborene Minderwertigkeit oder Schädigung des Knorpels, Ernährungsstörungen durch mangelnde Synovialflüssigkeit) wirksam werden. Sie pflegt unbemerkt zu bleiben, bis sie scheinbar ohne ersichtlichen Grund oder durch einen Gelegenheitsanlass zutage tritt. Ein Drittel aller Kniegelenke weisen Formabweichungen auf, welche die Belastung des täglichen Lebens auch ohne Verletzungen nicht ertragen können und deshalb durch degenerative Veränderungen zu ar-

---

[149] Kellgren, u. a., in: Wissenschaftliche Begründung zur BK-Nr. 21 12 Bekanntmachung des BMGS v. 1. 10. 2005, BArbBl 2005 H. 10.

throtischen Gelenken werden. Hierauf beruht die irrtümliche Annahme, das angeschuldigte Bagatelltrauma, die leichte „Distorsion" und die geringe „Prellung" seien wesentliche Ursache für langanhaltende Beschwerden; tatsächlich sind diese meist unwesentlicher Gelegenheitsanlass.

8.10.8.2 Sekundäre Form

Als sekundäre Form gelten Folgezustände bei[150]

- Inkongruenzen und Instabilitäten nach Kniegelenktraumen
- Meniskusschäden
- Meniskopathie
- Meniskektomie
- Kreuzbandinsuffizienz
- Osteochondrosis dissecans
- entzündlichen Kniegelenkerkrankungen (rheumatoide Arthritis, Kniegelenktuberkulose)
- Übergewicht
- Knorpelverletzung
- Fehlstellung des Gelenks, z. B. bei posttraumatischen O- oder X-Fehlstellungen.

8.10.8.3 Zusammenhangsbeurteilung[151]

Die Anerkennung der sekundären Arthrosis deformans als Unfallfolge setzt voraus:

- erhebliches Trauma; leichte Gelenkverletzungen, Prellungen, Zerrungen führen im Allgemeinen nicht zur sekundären Arthrosis deformans
- direktes Betroffensein des erkrankten Gelenks
- kein freies Intervall, nachweisbare Brückensymptome zwischen Unfallereignis und Auftreten der Arthrosis deformans
- gesundes Gelenk vor dem Unfallereignis; Arbeitsfähigkeit vor dem Unfall beweist indes nicht gesundes Gelenk

Auch eine lange Ruhigstellung im Gipsverband kann Ursache sein: Durch Bewegungsmangel der Gelenkschmiere wird der Knorpel unterversorgt, so beim Unterlassen isometrischer Muskelübungen im Bereich des fixierten Gelenks.

Wird ein arthrotisches Kniegelenk nachweislich von erheblicher Krafteinwirkung betroffen, die geeignet ist, auch ein gesundes Kniegelenk zu verletzen, kann eine unfallbedingte vorübergehende *Verschlimmerung* anerkannt werden (meistens im Sinne einer „erhöhten Schmerzempfindlichkeit", bis zum Abklingen der *vermehrten*, unfallbedingten Reizerscheinungen). Unter Umständen mag auch eine dauernde, richtunggebende Verschlimmerung durch Unfalleinwirkung gegeben sein, wenn es durch einen intraartikulären Bluterguss (Hämarthros) z.B. zu einer nachhaltigen weiteren Schädigung der den Knorpel indirekt ernährenden Gelenkinnenhaut (Synovialis) durch die beim Abbau des Blutergusses entstehenden Zerfallsprodukte gekommen war.

---

[150] Debrunner, Orthopädie, orthopädische Chirurgie, 4. Aufl. 2005 S. 1068.
[151] Mollowitz, Der Unfallmann, 12. Aufl. 1998 S. 172.

Die beidseits gleichmäßige Ausbildung der Arthrosis deformans an den Kniegelenken spricht gegen einen Zusammenhang mit einem Unfallereignis, das *ein* Kniegelenk betroffen hat.[152]

8.10.8.4 Unfallbedingter Knorpelschaden[153]

Kriterien zum Nachweis des Zusammenhanges

Bei Eröffnung der Knorpeloberfläche durch Unfall ist der Beginn der Arthrose vorgezeichnet.

- Liegt eine Knorpeleröffnung nicht vor und kommt es zu einer Abscherung oberflächlicher Knorpelpartikel mit Chondrolyse (Auflösung von Knorpelgewebe), wird dies meist eine reaktive Synovialitis mit Gelenkerguss verursachen. „Gelenkknorpelkontusionsschäden" mögen direkt nach der Verletzung starke Schmerzen verursachen und innerhalb von Stunden zum Gelenkerguss führen.

- Bei Erhalt der Knorpel auf Grund seiner Elastizität kann eine Verletzung des unter dem Knorpel liegenden Knochens vorliegen. Ernährungsstörungen – verursacht durch eine Blutblase, die sich zwischen Knochen und Knorpel bildet – führen zur Knorpelerweichung und schließlich – nach mindestens 2 bis 3 Monaten – zum Knorpeltod. Traumatische Knorpelschäden zeigen ein „schmerzfreies Intervall" von 2 bis 4 Monaten.

- Bei *direkter* (unmittelbarer) Krafteinwirkung auf das Gelenk ist eine Weichteilschädigung am Schädigungsort zu erwarten. Isolierte Knorpelverletzungen durch direktes Trauma sind selten.

- Da der Knorpel elastischer ist als der (darunter liegende) subchondrale Knochen, entsteht bei axialer Krafteinwirkung auf Grund der Knochenprellung zunächst ein subchondrales Knochenödem (Flüssigkeitsansammlung), im Kernspintomogramm als „bone bruise" nachweisbar. Trotz Kraft von oben entwickelt sich die Verletzung subchondral und weitet sich mit zunehmende Krafteinwirkung von unten nach oben bis zum Knorpelbruch aus.

- Bei *indirekter* tangentialer Krafteinwirkung entstehen oberflächlich auf den Knorpel einwirkende Schubkräfte, die Verletzungen allein im Knorpel bringen; bei zusätzlicher axialer Krafteinwirkung treten auch subchondrale Verletzungszeichen (bone bruise) auf. Ligamentäre Begleitverletzungen sind vorhanden durch: Scherkräfte zwischen Kniescheibe und Oberschenkelknochen (ähnlich einer Patellaluxation), zwischen Schienbein und Oberschenkel (ähnlich der vorderen Kreuzbandruptur).

Kriterien zum Nachweis des Zusammenhanges[154]

- Ereignis/Hergang/Ablauf (direkte/indirekte Krafteinwirkung von außen)
- Verhalten nach dem Schadenseintritt (sofortige schmerzhafte Funktionseinbuße)

---

[152] LSG Niedersachsen, 25. 2. 1955, LAP 15.
[153] Hempfling, Weise, DGU-Mitteilungen und Nachrichten, Supplement 1/2007 S. 3 ff.; Hempfling, Bohndorf, Trauma Berufskrankh 9 (2007) 284 ff.
[154] Hempfling, Bohndorf, in: Kursbuch der ärztlichen Begutachtung (Hrsg. Ludolph u. a.) 33. Erg.-Lfg. 2007 VI – 1.2.0.

8.10 Knie

- Klinischer Befund (Schwellung, blutiger Gelenkerguss, Begleitverletzungen, deutliche Bewegungseinschränkung)
- Intraoperativer Befund (Begleitverletzungen, blutiger Gelenkerguss, Form des Knorpelschadens)
- Feingeweblicher Befund (verletzungstypisches Schadensbild im Bereich des Knorpelstücks, Blutspuren).
- Bildtechnischer Befund:

Die Röntgenologie (Projektionsradiographie oder Computertomographie) ist vor allem zur Feststellung des Arthrosestadiums zum Zeitpunkt des Unfalls geeignet. Veränderungen der Arthrose im zeitlichen Verlauf oder deren Entstehung bei unauffälligem Erstbefund sind ebenfalls wichtige Hinweise auf einen traumatischen Knorpelschaden.

Die Arthroskopie ist die exakteste Methode zur Beurteilung der oberflächlichen Knorpelschichten. In den ersten 6 bis 12 Wochen erlaubt sie die Unterscheidung zwischen akutem und vorbestehendem Schaden. Typisch für den traumatischen Knorpelschaden sind scharfe Bruchkanten, welche sich nach 6 Wochen abrunden.[155]

Mit der Magnetresonanztomographie werden Knorpel- und Weichteilverletzungen direkt visualisiert. Das subchondrale Knochenödem und deren zeitlicher Verlauf lässt sich nachweisen.

Allerdings behindert eine große Interobservervarianz bei der Knorpelbeurteilung die gutachterliche Verwendung von Arthoskopiebefunden und belegt die Notwendigkeit einer bildlichen Dokumentation.[156]

8.10.8.5 Berufskrankheit (BK-Nr. 21 12)

„Gonarthrose durch eine Tätigkeit im Knien oder vergleichbare Kniebelastung mit einer kumulativen Einwirkungslauer während des Arbeitslebens von mindestens 13 000 Stunden und einer Mindesteinwirkungsdauer von insgesamt einer Stunde pro Schicht."

8.10.8.5.1 Krankheitsbild[157]

Die Diagnose setzt voraus

- chronische Kniegelenkbeschwerden
- Funktionsstörungen bei der orthopädischen Untersuchung in Form einer eingeschränkten Streckung oder Beugung im Gelenk
- die röntgenologische Diagnose einer Gonarthrose entsprechend Grad 2-4 (s. 8.10.8, S. 644).

In Zweifelsfällen sind Standard für die Feststellung des Knorpelschadens Kernspintomographie und Arthroskopie (s. 8.10.8.4, S. 646)

Bei beidseitigem Knien und vergleichbare Kniebelastung tritt die Gonarthrose in der Regel beidseitig auf. Sofern die Kniegelenkbelastung jedoch überwiegend einseitig erfolgt, wird auch eine einseitige Gonarthrose in dem belasteten Kniegelenk beobachtet.

---
155 Henche, Die Arthroskopie des Kniegelenks, 1978.
156 Hempfling, Bohndorf, Trauma Berufskrankh 9 (2007) 284.
157 Wissenschaftliche Begründung, BArbBl Heft 10 (2005) S. 46; Empfehlungen zur Anamnese, Befunderhebung sowie zur Röntgen- und MRT-Empfehlung Rdschr. DGUV 310/2009.

Weder die *Chondropathia patella* noch die *Condromalacia patella* (s. 8.10.3.3) sind Erkrankungen im Sinne dieser Berufskrankheit. Letztere kann jedoch in schweren Fällen in eine Retropatellararthrose übergehen.

Bei Beschäftigten mit *Menikopathie*, Zustand nach *Meniskektome* und anerkannter BK-Nr. 21 02 ist zu prüfen, ob später auftretende Gonarthrose im Sinne der Verschlimmerung anerkannt werden kann (s. 8.10.5.5.1, S. 632).

8.10.8.5.2 Tätigkeit im Knien oder vergleichbare Kniebelastung

- Tätigkeit im Knien

Es handelt sich um eine Arbeit, bei welcher der Körper durch das Knie und die Vorderseite des Unterschenkels abgestützt wird und der Winkel zwischen Ober- und Unterschenkel etwa 90° beträgt. Dabei kann es sich um einseitiges oder beidseitiges Knien sowie um Knien mit oder ohne Abstützung des Oberkörpers durch die Hände handeln.

- Vergleichbare Kniebelastung sind Tätigkeiten

  – im *Hocken*: Arbeit, bei der der Beschäftigte bei maximaler Beugung der Kniegelenke das Körpergewicht auf den Vorfußballen oder den Füßen abstützt.

  – im *Fersensitz*: Kniegelenke und die ventralen Anteile des Unterschenkels liegen auf der Arbeitsfläche auf und der Beschäftigte sitzt bei maximaler Kniegelenkbeugung auf der Ferse.

  – beim *Kriechen* (Vierfüßlergang): Fortbewegung im Knien, in dem ein Knie vor das andere Knie gesetzt wird.

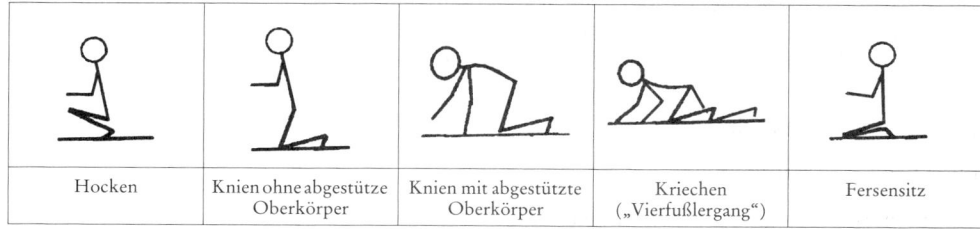

Abb. 17: Arbeiten Im Knien, Hocken und Fersensitz sowie Kriechen

8.10.8.5.3 Exposition[158]

Als kumulative Einwirkungsdauer während des Arbeitslebens wurden mindestens 13 000 Stunden und eine Mindesteinwirkungsdauer von insgesamt einer Stunde pro Schicht festgesetzt. Beide Grenzwerte sind voneinander unabhängig. Die Mindestdauer pro Arbeitsschicht stellt den unteren Grenzwert dar, bei dem die einzelne tägliche Belastung überhaupt geeignet ist, Kniegelenksschädigungen zu verursachen. Dauerhafte Arbeitsschichten mit der Mindestbelastungszeit allein reichen aber regelmäßig nicht aus, um die erforderliche kumulative Gesamtbelastung von 13.000 Stunden zu erreichen. So wäre

---

[158] Grosser, Kursbuch der ärztlichen Begutachtung (Hrsg. Ludolph u. a.) 5. Erg.-Lfg. 3/2007 III – 1.14.6.5.1 S. 2.

bei einer durchschnittlich nur einstündigen Belastung bei 200 Arbeitstagen jährlich erst nach mehr als 60 Jahren ununterbrochener Tätigkeit die Gesamtbelastung erreicht.

Für die arbeitstechnischen Ermittlungen durch die Präventionsdienste ist wichtig, dass die Belastung durch kniende und kriechende Tätigkeiten einerseits und durch Tätigkeiten im Hocken und im Fersensitz andererseits gesondert gemessen und erfasst werden. Neben der kumulativen Dauer während des Arbeitslebens und pro Schicht sollte auch ermittelt werden, ob die verschiedenen Positionen über längere Zeiträume ohne wesentliche Unterbrechungen oder jeweils nur kurzzeitig mit Erholungsphasen eingenommen wurden. Besonderheiten der beruflichen Tätigkeit, welche möglicherweise mit einem erhöhten Mikrotraumatisierungspotential einhergehen, sollten photographisch abgebildet werden.

8.10.8.5.4 Konkurrierende Ursachenfaktoren

Das Zusammenwirken zwischen beruflichen Einwirkungen im Sinne dieser Berufskrankheit und anderen konkurrierenden Faktoren (Prägonarthrosen) wie Zustand nach Meniskektomie bei außerberuflich bedingter Meniskopathie, Zustand nach außerberuflichem Kniegelenktrauma oder unbehandelter außerberuflichen Kreuzbandruptur, in Bezug auf das Gonarthroserisiko ist unbekannt. Im Einzelfall ist in Abhängigkeit vom Ausmaß des konkurrierenden Faktors (z. B. Größe des resezierten Meniskusanteils, Art des Kniegelenktraumas und Höhe der beruflichen Einwirkungen) festzustellen, ob die Wahrscheinlichkeit für eine Berufskrankheit gegeben ist.[159]

Abwägend ist zu berücksichtigen, wie stark die Prägonarthrose ausgeprägt ist. Bei erworbenen Veränderungen wie Verletzungsfolgen ist der Zeitpunkt deren Eintritts zu beachten. Häufig gibt bereits das Schadensbild Hinweise, ob sich ein konkurrierender Ursachenfaktor ausgewirkt hat. So spricht bei 0-Beinstellung ein ausschließlich oder überwiegend medialer Befall, bei X-Beinstellung ein ausschließlich oder überwiegend lateraler Befall dafür, dass die Achsabweichung wesentlicher Ursachenfaktor ist. Kniegelenkverletzungen wirken sich einseitig am betroffenen Knie aus, bei berufsbedingter Gonarthrose ist in der Regel beidseitiger Befall zu erwarten.[160]

Eine generalisierte Arthrose (Gonarthrose und Polyarthrose) sowie bilaterale Cox- oder bilaterale Handgelenksarthrosen sind bei Ausschluss einer Sekundärarthrose dieser Gelenke, ebenso eine positive Familienanamnese für Gonarthrosen, Indizien, die gegen berufsbedingte Gonarthrose weisen.

- Übergewicht

Nach der wissenschaftlichen Begründung ist die BK-Nr. 21 12 bei Vorliegen der beruflichen Voraussetzung und des geeigneten Krankheitsbildes auch bei Adipösen anzuerkennen, weil zwischen beruflicher Einwirkung und Adipositas ein multiplikatives Zusammenwirken in Bezug auf das relative Gonarthroserisiko besteht. Dies soll nach anderer Ansicht nur bei belastungskonformer Lokalisation des Knorpelschadens (s. 8.10.8.5.5) zutreffen. Belangen die Knorpelschäden überwiegend die „Hauptbelastungszone" des Kniegelenks

---

[159] S. Wissenschaftliche Begründung zur BK-Nr. 21 12 Bekanntmachung des BMGS v. 1. 10. 2005, BArbBl 2005 H. 10; BR-Drs. 242/09 S. 19.
[160] Grosser, Kursbuch der ärztlichen Begutachtung (Hrsg. Ludolph u. a.) 5. Erg.-Lfg. 3/2007 III – 1.14.6.5.1 S. 2.

– bei normalen Aktivitäten des alltäglichen Lebens, wie Gehen, am stärksten belastet –, ist eine wesentliche Teilursache der beruflichen Belastungen nicht wahrscheinlich.

- Meniskektomie, Kreuzbandruptur

Wegen stark erhöhtem Gonarthroserisiko bei Zustand nach außerberuflich bedingter Meniskektomie oder unbehandelter außerberuflich bedingter Kreuzbandruptur wird bei Vorliegen dieser konkurrierenden Faktoren auch bei gegebenen beruflichen Voraussetzungen mangels Hinweise für ein multiplikatives Zusammenwirken in Bezug auf die Entwicklung einer Gonarthrose die Anerkennung als Berufskrankheit ausscheiden.

Bei Beschäftigten mit Meniskektomie oder Meniskusteilresektion und anerkannter BK-Nr. 21 02 ist zu prüfen, ob eine später aufgetretene Gonarthrose als mittelbare Folge dieser BK zu werten ist.

8.10.8.5.5 Belastungskonforme Lokalisation des Knorpelschadens

Beim Vorliegen der beruflichen Voraussetzungen und eines geeigneten Krankheitsbildes ohne das Bestehen von konkurrierenden Faktoren ist diese Berufskrankheit anzuerkennen. Zum geeigneten Krankheitsbild gehört indessen ein belastungskonformes Schadensbild.

Aus Gründen biomechanischer Plausibilität sollten bei Tätigkeiten im Hocken und im Fersensitz die Knorpelschäden im hinteren Anteil des Kniehauptgelenks medial und lateral und im Patellofemoralgelenk betont sein. Bei Tätigkeiten im aufrechten Kriechen sollten die Knorpelschäden im Patellofemoralgelenk betont sein. Bei knienden Tätigkeiten mit deutlicher Überschreitung des rechten Winkels durch den Kniebeugewinkel kann eine Knorpelschädigung auch im hinteren Anteil des Kniehauptgelenks in Betracht kommen.

Bei Berufen, die in relevantem Umfang mit Tätigkeiten im Knien und Kriechen bzw. im Hocken und im Fersensitz einhergehen, sind in der Regel beide Knie in vergleichbarem Ausmaß belastet. Entsprechend ist bei einem belastungskonformen Schadensbild zu erwarten, dass beide Kniegelenke betroffen sind. Eine einseitige Gonarthrose spricht gegen eine berufliche Verursachung. Ausnahme: plausible Darlegung beruflicher Belastung des betroffenen Knies.

8.10.8.6 Bewertung der MdE

Ausschlaggebend sind objektiv feststellbare, funktionelle Behinderung: Bewegungs-, Umfangmaße, Fußsohlenbeschwielung.[161]

8.10.9 Kniegelenktuberkulose

Die Rspr. folgt der herrschenden Auffassung in der Unfallmedizin[162], dass es eine primär traumatische Skelett-Tuberkulose, die wissenschaftlicher Kritik standhält, nicht gibt. Anders verhält es sich mit einer unfallbedingten Verschlimmerung eines ruhenden, tuberkulösen Knochengelenkleidens. Bei einwandfrei erwiesenem und erheblichem Unfall, der in zeitlichem Zusammenhang zu einem Wiederaufflackern einer ruhenden oder zur Verschlechterung einer vorbestandenen Gelenktuberkulose führt, wird allgemein der ursäch-

---

[161] RVA, EuM 14, 417; BG 1926, 103; 1927, 313; 1929, 485; MfU 1930, 323; Scheibe, MedSach 1979, 99, 101.
[162] LVA Baden-Württemberg, 17. 1. 1953, LAP S. 124.

liche Zusammenhang anerkannt. Begründet darin, dass im ehemals tuberkulös erkrankten Organ auch nach klinischer Heilung noch abgekapselt und abgeschirmt virulente Tuberkelbakterien vorhanden sind.

Gegen die Anerkennung spricht:

Fehlen äußerer Zeichen einer Verletzung oder Krafteinwirkung; Fortsetzen der Arbeit; verspätete Unfallmeldung; keine sofortige Inanspruchnahme ärztlicher Hilfe.

Steht beim Nachweis großer abgestorbener Knochenteile fest, dass

– eine floride Knochentuberkulose vor dem angeschuldigten Unfall bestanden hat
– eine operative Kniegelenkversteifung retrospektiv das beste Verfahren war
– die Kniegelenkresektion auch ohne das Trauma allein auf Grund des schicksalhaften, krankhaften Entwicklungsstandes zweckmäßigerweise im wesentlich gleichen Zeitraum hätte vorgenommen werden müssen

so ist der Unfall der rechtlich unbeachtliche Gelegenheitsanlass.

8.10.10 Feststellungsverfahren

Da die Beurteilung der Zusammenhangsfrage bei Knieschäden vielgestaltige Schwierigkeiten bereitet, haben zur Vermeidung von Fehlentscheidungen die Ermittlungen zielstrebig und sorgfältig zu erfolgen. Auf exakte und sachliche Unterlagen ist zu achten.

Die Beiziehung des „Ergänzungsberichtes bei Knieverletzungen bzw. Knieschäden" (Anlage zum D-Arzt-Bericht) ist zu veranlassen.

Eine Verletzungsdiagnose darf nur nach objektivem Verletzungsbefund und nicht nach subjektiver Verletzungsangabe gestellt werden. Eine gesicherte Diagnose ist an Kniegelenken auf Grund einmaliger Untersuchung häufig nicht zu stellen. Um vorzeitige Festlegung auf eine mangelhafte Anfangdiagnose zu vermeiden, empfiehlt sich, dass der Erstuntersucher im D-Arzt-Bericht die Diagnose nur einträgt, wenn diese *einwandfrei* feststeht. Andernfalls ist in den folgenden Tagen – nach Abklingen der anfänglich stärkeren Schmerzen – durch klinische Kontrolluntersuchungen die Vermutungsdiagnose zu überprüfen. Deshalb ist oft unzweckmäßig, das Knie sofort „unter einem Gipsverband zu verstecken" *(Smillie)*. Die nicht unerhebliche Mühe der Erhebung eingehender Vorgeschichte nach Akten und Eigenschilderung und der anschließende Vergleich beider ist nicht zu entbehren. Bei den Angaben des Verletzten sind gerade vermeintliche Kleinigkeiten von Bedeutung.

Feststellungen im Einzelnen:
Knickte der Versicherte im X-Sinne oder im O-Sinne ein?

Machte der Oberschenkel im Kniegelenk bei feststehendem Fuß eine Einwärts- oder Auswärtsdrehung?

Fiel der Verletzte hin, und wenn, in welche Richtung, nach vorne, hinten oder nach der Seite, und mit welcher Stelle des Kniegelenks schlug er auf den Boden oder auf einen anderen Gegenstand? Kam der Körper auf den abgeknickten Unterschenkel zu liegen?

Bis zu welchem Zeitpunkt war das Kniegelenk lokal oder diffus geschwollen?

Fanden sich sichtbare Verletzungszeichen in Form von Schürfwunden oder Prellmarken am Kniegelenk?

Konnte das Kniegelenk nach dem Unfall noch bewegt und belastet werden?

In welcher Weise begab sich der Verletzte nach Hause oder zum Arzt?

Wann wurde die Arbeit nach dem Unfall eingestellt?

Welche unfallunabhängigen Veränderungen lagen vor?

In jedem von vornherein nicht klaren Fall sind Ermittlungen dahin auszudehnen, ob der Versicherte Sport betrieben hat, gegebenenfalls wann, wie lange und welchen. Auch auf Tätigkeit in früheren Berufen sowie Verhältnisse am Arbeitsplatz ist zu achten.

Das Festlegen der Muskelmaße beider Oberschenkel und vor allem die Beurteilung der Beschaffenheit der Oberschenkelstreckmuskulatur (Quadrizeps) – insbesondere seines inneren Kopfes (Vastus medialis) – in bezug auf Tonus (Spannung) und Profilierung sind anlässlich der ersten Vorstellung wichtig: Das Auge und die tastende Hand erfassen gewöhnlich viel genauer die Differenz als das Bandmaß. Etwaige Muskelatrophie mit Herabsetzung der Muskelspannung kann einen wichtigen Anhaltspunkt geben.

Eingehendes Befragen ist von Bedeutung, wenn der Kniegelenkschmerz auch durch unfallfremde Ursachen aufgetreten sein kann (häufig). Die Diagnose „Distorsion" verbirgt oft einen spontanen Schmerz aus innerer Ursache als Folge einer Arthrose. Bei Fraktur, Chondropathie oder Subluxation der Kniescheibe, Meniskopathie und Tendomyose sind diese Fragen ohne Bedeutung. Erfahrungen zeigen, dass die Distorsionen ohne röntgenologisch nachweisbare knöcherne Schädigungen und ohne schwere Kniebinnenverletzungen überwiegen.

Nicht selten handelt es sich also um Kniegelenkschmerzen, die ohne jegliche Unfalleinwirkung eingetreten sind. Zufälliges Auftreten *während* der Arbeit wird häufig vom Betroffenen, auch vom Arzt als Beweis für eine Unfallfolge angesehen (Kausalitätsbedürfnis).

Solches Schlussfolgern auf die ursächliche Verknüpfung zweier Gegebenheiten, lediglich auf Grund des zeitlichen Zusammentreffens oder der zeitlichen Folge, hält medizinischer und juristischer Kritik nicht stand (Suggestion durch die Sachlage, der Fehler des „post hoc, ergo propter hoc"– nach dem Ereignis ist durch das Ereignis).

Die spätere Beurteilung wird erleichtert, wenn vom D-Arzt festgehalten wird, dass die Schmerzen, das Knacken und Nachgeben („giving-way") ohne äußere Krafteinwirkung bei normalem Bewegungsablauf des Kniegelenks zuerst spürbar waren und die Fehlgängigkeit bis hin zum Sturz – wenn dieses Bein gerade noch voll belastet war – *nachher* stattfand. Der Sturz und die durch ihn möglicherweise hervorgerufenen Verletzungen sind nicht als Arbeitsunfall zu betrachten. Der überzeugende Nachweis ist bei diesen Gegebenheiten nicht leicht.

Nach einem fragwürdigen Vorkommnis induzierend (hineinfragend) vorzugehen und dem Gelenkkranken ein gegenüber seinen ursprünglichen Bekundungen wesentlich verschärftes Darstellen des angeblichen Unfallgeschehens nahezubringen, bedeutet einen Verstoß gegen die Regeln.

Röntgenaufnahmen des Kniegelenks in zwei Strahlenrichtungen und tangentiale Aufnahme der Kniescheibe sind erforderlich, um die Dysplasie der Kniescheibe und die Femoropatellaarthrose (Arthrose des Kniescheibengleitlagers) zu erfassen. Röntgen-Vergleichsaufnahmen auch des anderen Knies, Unterschenkelaufnahmen sowie Ergänzungsaufnahmen in Sondertechniken einschließlich Schichtaufnahmen können nötig werden.

Die Gesamtgenauigkeit der *Kernspintomographie* in der *Meniskusdiagnostik* wird mit 72 bis 95 % angegeben.[163] Pathologisch-anatomische Veränderungen können genau wiedergegeben und interpretiert werden, da der stadienhafte Ablauf der degenerativen Prozesse bildlich dargestellt wird.[164] Gewebeschäden sind bereits nachweisbar, wenn noch keine klinischen Veränderungen oder Beschwerden vorhanden sind. Insgesamt handelt es sich um ein hochaussagekräftiges bildgebendes Verfahren zur Darstellung von Menisken, Kreuz- und Seitenbänder, Osteochondrosis dissecans sowie Osteonekrosen. Als nichtinvasive Untersuchung macht sie die *diagnostische* Arthroskopie weitgehend überflüssig.

Das *Computertomogramm* liefert bei unklaren Knochenläsionen und Veränderungen der umgebenden Weichteile zusätzliche Informationen.

Die *Arthroskopie* erzielt die direkte Betrachtung von Bandstrukturen, Menisken und Knorpeloberfläche. Dennoch ist sie – weil invasiv – ohne therapeutische Maßnahmen (Operation) in gleicher Sitzung die Ausnahme.

Gelenkknorpel- und Meniskusschäden sind arthroskopisch sehr sicher (90 bis 100 %) nachweisbar.

Die *Arthrographie* des Kniegelenks wird noch selten praktiziert. Auch die Szintigraphie bleibt Ausnahmeindikationen vorbehalten (unklare Symptomatik und fragliche Relevanz bildgebender Befunde), Ausschluss einer Infektion (Empyem).

8.10.11 Minderung der Erwerbsfähigkeit

Die Überprüfung der Funktion legt die Bewegungsausmaße des Kniegelenks nach der Neutral-O-Methode bei gleichzeitiger Überprüfung der Messwerte der gesunden Seite fest.

Das Maß der Minderung der Erwerbsfähigkeit bei Kniegelenkschäden gibt vornehmlich den Endzustand; bis zum Erreichen desselben (meistens mehr als zwei Jahre) sind Nachuntersuchungen erforderlich. Die Höhe der Minderung der Erwerbsfähigkeit wird hauptsächlich bestimmt durch Verminderung der Beweglichkeit, unphysiologische Zunahme der Beweglichkeit (Überstreckbarkeit, Wackelbeweglichkeit, Verschieblichkeit oder Bereitschaft zu Teilverrenkungen) und Schmerzhaftigkeit (objektive Grundlage).

Zu beachten ist[165], dass eine Streckbehinderung von 5 bis 10 Grad für die meisten Betroffenen einschneidender ist als eine Beugebehinderung von 30 bis 40 Grad, denn zu den meisten Arbeiten genügt eine Beugefähigkeit bis 80 Grad. Der Ausschluss voller Streckung – auch Schlussrotation – verhindert, das Bein muskelentspannt als Standbein zu benutzen.

---

[163] Boeree, J. Bone Jt. Surgery 73 B (1991) 452–457 (95 %); Weber, Vers. Med. 45 (1993) 155, 156; Ahlers, u.a., Akt. Traumatol. 24 (1994) 310; v. Recum, Wentzensen, Trauma Berufskrankh 10 (2008) Suppl. 3 S. 352, 354.

[164] Herrmann, Orthopädie 19 (1990) 36; Weber, Orthopäde 23 (1994) S. 175.

[165] Dazu Arens, BG-UMed 8 (1969) 65–69.

Deshalb steht das Kniescheibengleitlager unter verstärktem Druck durch die Kniescheibe; dies kann zur vorzeitigen Arthrose in diesem Gelenkabschnitt (Femoropatellaarthrose) führen. „Mäßige Bandlockerungen", die muskulär durch einen gut entwickelten, sogar hypertrophierten Quadrizeps (z.B. Fußballspieler) ausgeglichen werden, sollten nicht überschätzt werden. Eine Muskelschwäche von mehr als 2,5 cm am Oberschenkel über zwei Jahre nach dem Unfall deutet auf eine Funktionsschwäche.

Früher wurde der offen und in der Regel ganz entfernte Meniskus mit einer MdE von 20 % für sechs Monate bewertet.[166] Geltender Standard ist die gewebeschonende – teilweise ambulant – durchgeführte arthroskopische Operation (Kniegelenksspiegelung, die sich auf Minimaleingriffe – Teilentfernung des Meniskus nur im veränderten Bereich und Wiedereintritt der Arbeitsfähigkeit nach (teilweise) wenigen Tagen – beschränkt. Eine MdE liegt in der Regel nicht vor.[167]

Der nicht operierte Meniskus, gelegentlich mit Einklemmungserscheinungen, ist mit einer MdE von 10 % zu bewerten.[168]

Erfahrungswerte	MdE in %
Versteifung beider Kniegelenke in Funktionsstellung	80
Versteifung eines Kniegelenks (Streckung/Beugung)*	
0/5–15/5–15	30
0/20/20**	35[169]
0/30/30	40
in ausgesprochener Beugestellung 0/60/60	60
in günstiger Stellung mit Beinverkürzung***	
bis zu 3 cm	30
bis zu 4 cm	35
bis zu 5 cm	40
Bewegungseinschränkung eines Kniegelenks (Streckung/Beugung)	
0/0/120	10
0/0/90****	15[170]
0/0/80	20
0/10/90	20
0/30/90	30[171]

---

[166] Vgl. LSG Berlin, 5.10.1989, HV-Info 4/1990, 338.
[167] Ludolph, in: Kursbuch der ärztlichen Begutachtung (Hrsg. Ludolph u.a.) 1998 VI. –1.2.1 S. 14.
[168] Arens, BG-UMed 18 (1973) 120.
[169] So auch Kurzbuch der ärztlichen Begutachtung (Hrsg. Ludolph, u.a.) Stand 2001 III – 1.11; a. A. Mehrhoff, Meindl, Muhr, Unfallbegutachtung, 11. Aufl. 2005 S. 169; Thomann, Schröter, Grosser, orthopädisch-unfallchirurgische Begutachtung 1. Aufl. 2009 S. 545: 40 %.
[170] So auch Kurzbuch der ärztlichen Begutachtung (Hrsg. Ludolph, u.a.) Stand 2001 III – 1.11; Thomann, Schröter, Grosser, orthopädisch-unfallchirurgische Begutachtung 1. Aufl. 2009 S. 545; a. A. Rompe, Erlenkämper, Begutachtung der Haltungs- und Bewegungsorgane, 5. Aufl. 2009 S. 721: 10 %; Mehrhoff, Unfallbegutachtung, 11. Aufl. 2005 S. 169: 20 %.
[171] a. A. Rompe, Erlenkämper, Begutachtung der Haltungs- und Bewegungsorgane, 5. Aufl. 2009 S. 721: 20 %; wie hier auch Kurzbuch der ärztlichen Begutachtung (Hrsg. Ludolph, u.a.) 1988 III – 1.11; Thomann, Schröter, Grosser, orthopädisch-unfallchirurgische Begutachtung 1. Aufl. 2009 S. 545.

8.10 Knie

Erfahrungswerte	MdE in %
Lockerung des Kniebandapparates (Wackelknie)	
muskulär kompensiert	10
muskulär nicht kompensiert	20
mit Knieführungsschienen	30[172]
Straffe Kniescheibenpseudarthrose ohne Funktionsbehinderung des Streckapparates	10–20
Straffe Kniescheibenpseudarthrose mit Funktionsbehinderung des Streckapparates	20–30
Arthrose, je nach Funktionsbehinderung	10–30
Kniescheibenverlust, aktive Streckung möglich	10
Kniescheibenbruch	
nicht knöchern verheilt bei intaktem Streckapparat	10–20
mit Funktionsunfähigkeit des Streckapparates	30
knöchern verheilt ohne wesentliche Behinderung	0
Rezidivierende Synovialitis (Reizknie)	20
Totalendoprothese	
regelrecht funktionierend	20[173]
gelockert	40–60
infiziert	60–80
Teilendoprothese, gute Funktion*****	20
Mit Verunstaltung des Beines abgeheilter Gelenkbruch	
mit stärkerer X-Stellung (O-Stellung, Rekurvation)	35
und entsprechenden Gelenkstörungen	20–40
mit stärkerer O-Stellung und entsprechenden Gelenkstörungen	20–40
mit stärkerer Rekurvation und entsprechenden Gelenkstörungen	20–40

*   Mit der Beugung bei einer Knieversteifung wird eine funktionelle Beinverkürzung erreicht, so dass der Fuß der eingesteiften Extremität beim nach Vorneführen (Durchschwung) nicht über den Boden schleift. Eine Einstufung in einem Bereich der Bewegung zwischen 5° und 15° ist als günstig anzusehen.
Ausgenommen sind übermäßige Beinverkürzungen durch Knochenverlust an Oberschenkelkondylen und/oder Schienbeinkopf: je stärker der Knochenverlust, desto weniger Beugung (bis zur vollständigen Streckstellung) ist angezeigt, um der Beinverkürzung entgegenzuwirken. Die angegebenen Werte erhöhen sich daher bei zusätzlicher übermäßiger Beinverkürzung.

**   Bei einer Versteifung von 20° ist eine MdE von 35 % gerechtfertigt, wenn das Bein nicht gleichzeitig erheblich verkürzt ist (dann 40 %).

***   Einer Kniegelenksversteifung in günstiger Stellung kann bei einer Beinverkürzung bis 4 cm ohne größere funktionelle Nachteile durch Schuhzurichtung ausgeglichen werden: Eine MdE von 30 % bei Kürzung bis 3 cm und von 35 % bei Kürzung von 4 cm ist daher sachgerecht.

****   Bei dieser Bewegungseinschränkung können die meistern beruflichen (auch körperlichen) Tätigkeiten noch ausgeführt werden.

*****   Dem Betroffenen wird sowohl bei der Teil- als auch bei der Totalendoprothese gleichermaßen empfohlen, aus präventiven Gründen keine kniebelastenden Tätigkeiten auszuführen. Die MdE ist daher gleich zu bewerten.

---

[172] Thomann, Schrötter, Grosser, orthopädisch-unfallchirurgische Begutachtung 1. Aufl. 2009 S. 545; a. A. Mehrhoff, Muhr, Unfallbegutachtung, 10. Aufl. 1999, S. 153: starkes Wackelknie mit Schienenhülsenapparat 30–50 %.

[173] Rdschr. HVBG VB 91/2006.

8.10.12 Messbeispiel mit „Normalwerten"

Funtionsstellung
Extension = 0° (volle Streckung)

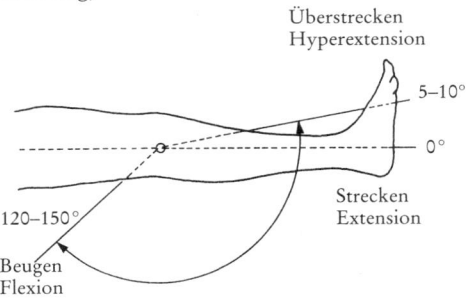

Beugen/Strecken (Überstreckung) 150–0–10

8.11 Unterschenkel hier: Unterschenkelgeschwür

Übersicht

8.11.1	Krankheitsbild.............	657	8.11.2.1.5	Latenzzeit – Brückensymptome........... 660
8.11.2	Ermittlung und Nachweis des Zusammenhanges........	658	8.11.2.1.6	Übereinstimmung zwischen Ort der Krafteinwirkung und Lokalisation des Geschwürs... 661
8.11.2.1	beim Unterschenkelgeschwür primär variköser Ursprungs ..	658	8.11.2.2	beim Unterschenkelgeschwür als postthrombotisches
8.11.2.1.1	Unfallhergang..............	659		Syndrom................... 661
8.11.2.1.2	Vorerkrankungen...........	659	8.11.3	Minderung der
8.11.2.1.3	Ursächlicher Zusammenhang..	659		Erwerbsfähigkeit............ 662
8.11.2.1.4	Insbesondere: „Erheblichkeit" des Unfalls.................	660	8.11.4	Teilhabe am Arbeitsleben..... 662

8.11.1 Krankheitsbild

Das Geschwür ist ein Substanzverlust im pathologischen Gewebe, die Wunde ein solcher im gesunden Gewebe. Die Wunde hat die Neigung zu heilen, das Geschwür tendiert zum „Schwären".

Als *Ulcus cruris venosum* wird ein Geschwür am Unterschenkel bezeichnet, dessen Ursache in irgendeiner Form die chronische Venenstauung mit Steigerung des Venendrucks ist.[1] Es stellt das Endstadium einer chronischen Gewebsschädigung dar. Venöse Geschwüre erscheinen nur am Unterschenkel (überwiegend im Innenknöchelbereich lokalisiert). Bei jeder zehnten Beinvenenthrombose entwickelt sich ein Ulcus cruris.[2]

Das chronische Unterschenkelgeschwür bereitet sowohl hinsichtlich des ursächlichen Zusammenhanges als auch der Schätzung der MdE Schwierigkeiten.

Sachgerechte Bewertung setzt ein genaues Abgrenzen der Krankheitsbegriffe voraus, insbesondere des varikösen (krampfaderigen) Symptomenkomplexes vom postthrombotischen Syndrom.

Unterscheidung[3]:

Variköser Symptomenkomplex, bei dem es sich mehr oder minder um einen Endzustand der chronisch-venösen Insuffizienz handelt, wird in Ekzem-, Ödem- und Geschwürbildung unterteilt. Durch erhöhten hydrostatischen Druck der venösen Seite der Kapillaren wird ein Filtrationsödem hervorgerufen; diese Ödembildung verursacht in einem Circulus vitiosus eine mangelnde Blutzufuhr (Ischämie) sowie Behinderung des venösen Rückflusses, schließlich kommt es zur Ausbildung von Ekzemen und Exulzerationen an der Haut. Wesentlich ist auch die mangelnde Sauerstoffversorgung des Gewebes durch rückgestautes Blut.

---

1 Smola, Korge, Z. Hautkr. 74 (1999) 642, 644.
2 Diehm, u.a., Dt Ärztebl 1997; 94: A-301.
3 Wienert, Müller, Epidemiologie der Venenerkrankungen, 1992; Sigg, Varizen, Ulcus cruris und Thrombose, 1976; Brunner, Der Unterschenkel, 1987; Martin, Phlebologische Krankheitsbilder, 1989.

Postphlebitisches oder *postthrombotisches Syndrom* bringt eine andere Entstehungsursache dieser Unterschenkelgeschwüre im Gegensatz zu den varikösen zum Ausdruck. Schwere und Verlauf dieses Zustandes sind weitgehend von dem Ausmaß der tiefen Beinvenenthrombose, der Intensität der entzündlichen Reaktion und der Therapie zu Beginn des Leidens abhängig. Die sich in der Vene und dem perivenösen Gewebe abspielenden sekundär-entzündlichen Erscheinungen können außerdem Stauungszustände an den die Gefäße begleitenden Lymphbahnen bewirken. (Das sekundäre Lymphödem ist aber eine in Verlauf und Prognose eigene Erkrankung, nicht zu Ulzerationen führend.) Wenn auch mit der Zeit eine Rekanalisation des Venenlumens erfolgt, so bleiben doch die Klappen dauernd funktionsuntüchtig (chronische tiefe Veneninsuffizienz).

Meist erstreckt sich der Ablauf der Rekanalisierung einer tiefen Vene über einen Zeitraum von 1/2 bis 2 Jahren. Das symptomfreie Intervall bis zum Erscheinen von Sekundärvarizen kann bis zu 15 Jahre betragen.[4] Wie der Klappenapparat der tiefen Venen werden auch die Klappen der Vv. communicantes (perforantes), welche die tiefen mit den oberflächlichen Venen verbinden, insuffizient. Infolge Stauungsdrucks kommt es in den oberflächlichen, oberhalb der Muskelfascie liegenden Venen zur Entwicklung von „sekundären Varizen". Die Durchtrittstellen der gestauten Perforantes sind als „Löcher" in der Faszie zu tasten und als rundliche, linsen- bis centgroße Vorbuckelungen zu sehen (blow out). Sie finden sich, anatomisch begründet, an charakteristischen Stellen und werden mit Eigennamen bezeichnet (s. Abb. 1 bei 8.9.1). Die chronische venöse Insuffizienz führt mitunter zum Ulcus cruris postphlebiticum, durchweg über eine umschriebene Thrombose einer oberflächlichen Vene, die abszediert (eitert) und sich durch die dünne Haut entleert, aber auch durch Geschwürbildung der ekzematös und stauchungsgeschädigten Haut. Bestgeeignete Therapie im Einzelfall: konservativ mit komprimierenden Binden oder Strümpfen, Verödung (Sklerosierung), Operation – konstitutionelle, primäre Varizen und solche postthrombotischer, sekundärer Entstehung sind zu unterscheiden.

Daneben wird das *traumatische* Unterschenkelgeschwür auf *nichtvenöser* Grundlage genannt. Der Anteil beträgt 10 %. Das Geschwür (Narbenulkus) tritt in Regionen mit geringer Weichteildeckung auf (Schienbein). Nach einer Fraktur entsteht das Geschwür vorwiegend direkt über der Bruchstelle. Durch äußere Einwirkung – Verbrennung, Röntgenstrahl, chemische Substanzen (Flusssäure) – entstandene Geschwüre bilden differentialdiagnostisch keine Schwierigkeiten. Artefakte (Selbstschädigung) können Unklarheiten schaffen. Die Abklärung erfordert Einsatz des Behandelnden.

8.11.2 Ermittlung und Nachweis des Zusammenhanges

8.11.2.1 beim Unterschenkelgeschwür primär varikösen Ursprungs

Gewisse Kenntnis der medizinischen Voraussetzungen ist für die rechtliche Entscheidung über den Zusammenhang unerlässlich. Auf der anderen Seite ist der Gutachter auf eine Erforschung des Sachverhalts unter Berücksichtigung vielgestaltiger Umstände angewiesen:

---

[4] Marshall, arbeitsmedizin aktuell (Hrsg. Brenner, u.a.) Lfg. 38 7/1996 Fach 8.5 S. 296; Diehm, u.a., Dt. Ärzteblatt 1997; 94: A-301.

- subtile Aufklärung des Unfallherganges
- sorgfältig erhobener Anfangsbefund und
- gründliche Darlegung der Vorgeschichte erforderlich, ob
- für die Entstehung eines Geschwürs Krampfadern mit Geschwürbereitschaft überwiegende Teilursache sind,
- die durch ein Unfallereignis erlittene Verletzung eine wesentlich mitwirkende Ursache darstellt oder
- das Trauma nur den Gelegenheitsanlass für die Geschwürbildung abzugeben in der Lage ist.

8.11.2.1.1 Unfallhergang

Bei vorliegenden Krampfadern (Erweiterung der Venen) muss zur Anerkennung eines Geschwürs als Unfallfolge der Nachweis einwandfreier Krafteinwirkung geführt werden, da Krampfadergeschwüre häufig auch ohne jede äußere Verletzung auftreten. Zeichen, wie Schürfung oder Prellung am Ort der späteren Geschwürbildung, müssen aktenkundig sein. Beim Bewerten von Zeugenaussagen ist zu beachten, dass vom medizinischen Laien ein schon bestehendes Geschwür von einer frischen Wunde kaum unterscheidbar ist. Bei der Zeugeneinvernahme mag man auf die Wahrnehmung einer blutenden Wunde abheben. Bedeutsam ist eine sorgfältige Befundfestlegung des erstbehandelnden Arztes. Genaue Angaben über Sitz, Form, Ausdehnung und Beschaffenheit des Geschwürs sowie über dessen Beziehung zu dem Unfallereignis sind herbeizuführen.

Bewährt hat sich, bei unfallmäßig entstandenen Krampfadergeschwüren dem Aktenvorgang Photogramme oder Skizzen von Geschwür und Krampfadern beizugeben, damit auch nach Jahren bewiesen werden kann, dass es sich um dieselbe Verletzungsstelle handelt. Wichtig sind im Rahmen der Ersten Hilfe im Betrieb durchgeführte Ermittlungen, wann der Verletzte die Ambulanz aufgesucht, welche Beschwerden er geäußert und worauf er diese zurückgeführt hat, welche Verletzungsfolgen anlässlich der ersten Inanspruchnahme der Ambulanz festgestellt wurden und worin die Erste Hilfe bestand (Aufzeichnungen im Verbandbuch).

8.11.2.1.2 Vorerkrankungen

Für genügend weit zurückliegenden Zeitraum ist erkennbar zu machen, ob der Verletzte an einschlägigen Vorerkrankungen an dem Körperteil, an welchem die Geschwürbildung aufgetreten ist, gelitten hat. Dabei bedarf es der Klärung, ob bereits zuvor Varizen bestanden oder Thrombosen durchgemacht wurden; auch frühere Stürze und scharfe Verletzungen sowie Knochenbrüche am betroffenen Bein müssen ermittelt werden. Schließlich sollen aktenkundig erscheinen: venöse Erkrankungen in der Familie sowie frühere berufliche Tätigkeit und Lebensweise, bei Frauen auch Anzahl, Abstände und Komplikationen bei Graviditäten.

8.11.2.1.3 Ursächlicher Zusammenhang

Anhalt gibt die ältere Rspr.[5] Danach lautet bei der Feststellung der wesentlich mitwirkenden Ursache die Frage: Hätte die Erkrankungsbereitschaft nach ärztlicher Voraussicht

---

5 RVA, 12.10.1942, zit. bei Jaeger, Krampfadern, 1958 S. 199.

auch ohne das Unfallereignis zu der Erkrankung geführt? Wesentliche Teilursache bedeutet also nicht wichtigste oder vordringliche, sondern für den Erfolg unerlässliche Ursache. Der Unfallzusammenhang wurde vom RVA bejaht bei einem nicht „harmlosen und alltäglichen Stoß", der einen „pfennigstückgroßen frischen Hautdefekt im Bereich einer alten Krampfadernarbe" bedingt und dadurch schwer wiegende Veränderungen des Krampfaderleidens herbeigeführt hatte.

8.11.2.1.4 Insbesondere: „Erheblichkeit" des Unfalls

Bei bestehendem variköser Symptomkomplex, bei dem jederzeit sowohl durch eine unbedeutende Verletzung als auch spontan ein Unterschenkelgeschwür auftreten kann, ist ein strenger Nachweis der unfallweisen Entstehung oder Verschlimmerung zu verlangen. Indessen scheinen die Meinungen zur „Erheblichkeit" des Unfalls nicht ganz übereinzustimmen: Ein Unterschenkelgeschwür ist auch bei bestehendem Krampfaderleiden Unfallfolge, wenn eine schwere Krafteinwirkung, die auch bei einem nicht varikös veränderten Bein eine erhebliche Gewebsschädigung herbeigeführt hätte, auf den Unterschenkel einwirkte (komplizierter Knochenbruch, große Weichteilzerreißung). Die Auffassung[6], der Kausalzusammenhang mit dem Trauma sei unterbrochen, sobald das angeschuldigte Ereignis durch jedes andere – auch außerbetriebliche – ersetzbar gedacht werden kann, ist bedenklich. Bei der leichten Verletzbarkeit der Krampfaderhaut braucht demgegenüber die zusätzliche traumatische Einwirkung nicht einmal „von erheblicher Natur" zu sein.

Nach überwiegender medizinischer Ansicht spielt die Erheblichkeit des Unfallereignisses bei der leichten Verletzlichkeit des mit Krampfadern befallenen Beins „keine so große Rolle", vor allem bei Disposition oder vorgeschädigter Haut (Dermatoliposklerose).[7]

Dem Ursachenbegriff gemäß ist *diese* Auffassung[8] richtig: Eine oberflächliche Hautabschürfung, die auf gesunder Haut in kürzester Zeit abgeheilt wäre, am Krampfaderbein aber zu langwierigem Geschwürprozess führt, kann nicht als wesentlich mitwirkende Teilursache gelten. Gegenüber dem Krampfaderleiden mit seinen Folgen ist hier die Verletzung im Kausalkomplex für so gering zu erachten, dass das Geschwür nicht als Unfallfolge gelten kann (Ausnahme: Wundinfektion).

Bewirkt das Unfallereignis eine Wunde oder ein Hämatom im Bereich ausgeprägter chronischer Veneninsuffizienz, kann dies zur Entstehung eines Ulcus cruris führen. Gutachterlich ist abzuklären, ob die *Verschlimmerung* vorübergehend, anhaltend oder richtunggebend (s. 1.8.2, S. 34) ist.[9]

8.11.2.1.5 Latenzzeit – Brückensymptome

Darauf ist zu achten, dass sich der vorliegende Zustand zu dem schädigenden Ereignis „zeitlich hinführen lässt bzw. in einem erfahrungsgemäßen Verhältnis" steht. Wurde die Thrombose anerkannt und bestanden Brückensymptome, wie Beinödem, Sekundärvarizen, Phlebitiden und typische trophische Störungen mit höchstens zwei Jahren Abstand zu

---

[6] Dietrich, Med. Klin. 1963, 792.
[7] Marshall, arbeitsmedizin aktuell (Hrsg. Brenner, u. a.) Lfg. 38 7/1996 Fach 8.5 S. 291.
[8] Probst, H. Unfallh. 91 (1968) 133; Matis, Lüders, H. Unfallh. 107 (1971) 136; Bayer. LSG, 19. 6. 1957, LAP S. 127; LSG Nordrhein-Westfalen, 10. 3. 1955, zit. b. Probst, a.a.O.; LSG Schleswig-Holstein, 4. 12. 1964, Breith. 1965, 548.
[9] Marshall, arbeitsmedizin aktuell (Hrsg. Brenner, u. a.) Lfg. 38 7/1996 Fach 8.5 S. 297.

8.11 Unterschenkel hier: Unterschenkelgeschwür

dem Unfallereignis, ist auch bei langer Latenzzeit (bis zu 15 Jahre) das Ulkus als Unfallfolge anzuerkennen.[10]

8.11.2.1.6 Übereinstimmung zwischen Ort der Krafteinwirkung und Lokalisation des Geschwürs

Schließlich ist für die Anerkennung des ursächlichen Zusammenhanges das Übereinstimmen zwischen dem Ort der Krafteinwirkung und der Lokalisation des Geschwürs (identische Lokalisation bei neu auftretenden Krampfadergeschwüren im Sinne mittelbarer Unfallfolgen) erforderlich. Dem hat sich bereits die ältere Rspr. angeschlossen.[11] Fernthrombosen (s. 8.9.5.1, S. 593; 8.9.5.2, S. 595) sind in die Begutachtung einzubeziehen.

Zu weit geht eine Entscheidung des RVA[12], nach der die Unfallfolge bestehen soll in der Schaffung einer Disposition, die zunehmende Unbrauchbarkeit des Beines bringt.

8.11.2.2 beim Unterschenkelgeschwür als postthrombotisches Syndrom

Fragen zum Zusammenhang[13]:

(1) Wie war der Vorzustand? Dabei ist die unfallunabhängige und -abhängige Vorgeschichte zu erheben mit Einzelangaben zum Unfallhergang und zu den eingetretenen Verletzungen.

(2) Trat nach dem Unfall eine Thrombose auf? Zu würdigen sind Art der Behandlung, erfolgte Operation, Dauer der Liegezeit, eventuelle Gipsbehandlung.

(3) Wann wurden die ersten Zeichen eines postthrombotischen Syndroms beobachtet? Liegen Brückensymptome vor: *Rezidive* thrombotischen Geschehens, zeitweilig wiederauftretende Stauungserscheinungen mit entsprechenden Beschwerden, Beinödem, Sekundärvarizen, Phlebitiden und typische trophische Störungen mit höchstens zwei Jahren Abstand zu dem Unfallereignis.[14]

Fehlen Brückensymptome, ist sorgfältige differentialdiagnostische und pathogenetische Abklärung durch Spezialuntersuchungen zu veranlassen.[15]

Freies Intervall ist für die Thrombose-Spätfolgen charakteristisch.

(4) Bei der Untersuchung postthrombotischer Folgezustände[16] sind subjektive Beschwerden, wie Stauungs- und Spannungsgefühl, Wadenkrämpfe, verminderte Belastbarkeit infolge Ermüdung sowie Störung des Gangbildes, zu würdigen. Hinweise für die Lokalisation eines venösen Gefäßverschlusses geben Ausbildung und Anordnung von Weichteilschwellungen und Krampfadern. Schwellungen des Unterschenkels weisen auf ein Hindernis im Bereich des Oberschenkels, Schwellungen des Fußes und Sprunggelenks auf ein körperfernes (distales) Hindernis hin. Genaue Beurteilung einer venösen Abflussbehinde-

---

10 Marschall, arbeitsmedizin aktuell (Hrsg. Brenner, u.a.) Lfg. 38 7/1996 Fach 8.5 S. 296.
11 Vgl. RVA, 27. 10. 1903, Kompass-Sammlung, Bd. 17 Nr. 256.
12 Vom 29. 8. 1907, Kompass-Sammlung, Bd. 21 Nr. 162.
13 Ernst, BG-UMed 31 (1977) 71.
14 Marshall, Praktische Phlebologie, 1987.
15 Marschall, arbeitsmedizin aktuell (Hrsg. Brenner, u.a.) Lfg. 38 7/1996 Fach 8.5 S. 295ff.
16 Nach Ernst, BG-UMed 31 (1977) 66f.

rung erlaubt die farbkodierte Duplexsonographie, die auch dynamische Untersuchungsmöglichkeiten hat.

(5) Liegt ein geeignetes Unfallereignis vor und haben dickes Bein oder Krampfadern vorher nicht bestanden oder wurde sogar während stationärer Liegezeit eine Thrombose diagnostiziert, ergeben sich hinsichtlich des Zusammenhanges keine Schwierigkeiten. Auch unfallbedingte Verschlimmerung vorbestehender Weichteilschäden kommt in Betracht.

8.11.3 Minderung der Erwerbsfähigkeit

Für die Einschätzung der MdE bei *Unterschenkelgeschwüren* lassen sich allgemeine Anhaltspunkte nicht geben. Deshalb wird geraten, stets von den speziellen Gegebenheiten auszugehen, auch den allgemeinen Zustand und die Leistungsfähigkeit in Bezug zum Lebensalter zu erwägen.

An das unfallrechtliche Problem des Unterschenkelgeschwürs ist der Begriff der *„Durchschnittsrente"* geknüpft. Bei diesen Unfallfolgen mit erheblichen Schwankungen ist ein dem wechselnden Zustand entsprechender Satz der Rentenbemessung zu Grunde zu legen.

Im geltenden Recht hat diese Rentenart an Bedeutung verloren, weil bei Wiedererkrankung Verletztengeld gezahlt wird und unregelmäßige Veränderungen im künftigen Krankheitsverlauf zu einer Rentenänderung zwingen. Beeinträchtigt aber die durch die Unfallfolge gesetzte Gefahr einer vorübergehenden, regelmäßigen Verschlimmerung die Verwendbarkeit des Verletzten auf dem Gebiet des gesamten Erwerbslebens, ist dies bei der Schätzung der MdE[17] in Form eines, der Schwankung entsprechenden Satzes zu berücksichtigen.[18]

Die Prognose für eine Verschlimmerung bis zur Arbeitsunfähigkeit wird beeinflusst durch Lokalisation und Tiefe (Mitbeteiligung von Sehnen, Knochen, Gelenkkapseln) des Geschwürs, Umfang der Durchblutungsstörung, Konstitution, berufliche Tätigkeit (langes Stehen und Sitzen) und vor allem Bereitschaft, nach ärztlicher Anleitung selbst eine ständige Kompressionsbehandlung (geeigneter Kompressionsstrumpf, Kompressionsverbände) durchzuführen.

Die MdE bei *postthrombotischem Syndrom* richtet sich nach den funktionellen Auswirkungen von Blutrückflussstörungen.[19]

8.11.4 Teilhabe am Arbeitsleben

Bei den mit Beingeschwür Behafteten hat die Arbeitstätigkeit großes Gewicht. Negativ wirken – neben individuellen Momenten – Arbeitsform im Stehen und Sitzen, einseitige Beanspruchung des Beins, Überanstrengung, Wasserarbeit u.a. Namentlich durch langes Stehen und Sitzen werden Ulkusrezidive begünstigt. Wechsel zwischen Gehen, Stehen und Sitzen ist nötig. Nur durch Betätigen der Muskelpumpen der Beinregion bei angelegtem Kompressionsstrumpf oder getragener -binde sind Erhaltung des venösen Kreislaufs und subjektive Beschwerdefreiheit erreichbar.[20]

---

[17] Vgl. dazu BSG, 27. 1. 1976, HVBG VB 137/76.
[18] LSG Baden-Württemberg, 30. 8. 1978, BG 1979, 461 f.
[19] Spohr, Ludolph, BG 1992, 254, 256.
[20] Hinweise f. d. Arbeitsmediziner s. Schmieds, ASP 1983, 34 ff.

8.12 Fuß

Übersicht

8.12.1	Anatomie und Biomechanik....	663	8.12.6.2	Unfall infolge innerer Ursache 674
8.12.2	Sprunggelenksverletzungen	665	8.12.6.3	Unfall infolge innerer Ursache und betriebsbedingter Umstände................... 675
8.12.2.1	Frakturen des Sprunggelenks (Knöchelbrüche, Malleolarfrakturen)	666	8.12.6.4	Check-liste für die gutachterliche Beurteilung von Unfällen beim Sichfortbewegen 676
8.12.2.2	Bandverletzungen	669	8.12.7	Hinweise für das Feststellungsverfahren 677
8.12.2.3	Verrenkungsbrüche	669		
8.12.3	Sprungbeinbrüche	670		
8.12.4	Fersenbeinbrüche............	672		
8.12.5	Fußwurzel-, Mittel- und Vorfußverletzungen..........	673	8.12.8	Minderung der Erwerbsfähigkeit (Erfahrungswerte)............. 678
8.12.6	Rechtliche Würdigung des „Umknickens"	674	8.12.9	Messbeispiele mit „Normalwerten"............. 680
8.12.6.1	Unfall und körpereigene Bewegungen	674		

Jeder 6. Arbeitsunfall ist der Gruppe der Stolper-, Rutsch- und Sturzunfälle zuzuordnen. Unter Einbeziehung des oberen Sprunggelenks betreffen mehr als 20 v.H. der Frakturen den Fuß.

Die Darstellung über den Unfallhergang ist oft widerspruchsvoll: Ist aus den ersten Angaben nach dem Vorkommnis eine von außen erfolgte Einwirkung nicht ersichtlich, so erscheint später eine ganz bestimmte Schilderung einer solchen. Meistens kommt es zu leichteren Verletzungen, die bald abklingen; immerhin liegt auch eine Reihe von Schäden mit rentenberechtigendem Ausmaß vor (über 3 %).

8.12.1 Anatomie und Biomechanik[1]

Der Fuß ist gelenkig im oberen Sprunggelenk mit dem Unterschenkel verbunden. Dieses Gelenk stellt eine funktionelle Einheit aus den Gelenkflächen des körperfernen Schienbeins mit Innenknöchel, Außenknöchel sowie der Gelenkfläche des Sprungbeins (Gelenkrolle, Trochlea tali) dar. Es handelt sich um ein Scharniergelenk, in dem nur fußrückenwärtige (Dorsalflexion) und fußsohlenwärtige (Plantarflexion) Bewegungen ausführbar sind; daneben erfolgen geringe Wackelbewegungen in Plantarflexion, weil das von den Knöcheln in der Knöchelgabel eingefasste Sprungbein (Talus) hinten etwas schmäler ist als vorn. In dieser Stellung ist die Fixation im oberen Sprunggelenk nur federnd, erleichternd für das Abwickeln des entlasteten Fußes. In maximaler Dorsalextension ist der Fuß fixiert. Die Knöchelgabel wird in dieser Stellung durch den Talus noch um 1–2 mm auseinandergedrängt. Das lässt die nur bandartige Verbindung, die Syndesmose, zwischen dem unteren Ende des Schienbeins und Wadenbeins zu.

Das untere Sprunggelenk besteht aus einer vorderen Kammer mit gelenkigen Verbindungen zwischen der Unterseite des Sprungbeins, dem Fersenbein (Calcaneus) und vorn zum

---

[1] Debrunner, Orthopädie, Orthopädische Chirurgie, 4. Aufl. 2005 S. 1122 ff.; Brunner, Unfallchirurg 99 (1996) 136 ff.; Wülker, Schulze, Fachlexikon Orthopädie – Fuß, 1998; Zwipp, Trauma Berufskrankh 2001 (Suppl. 2) 183.

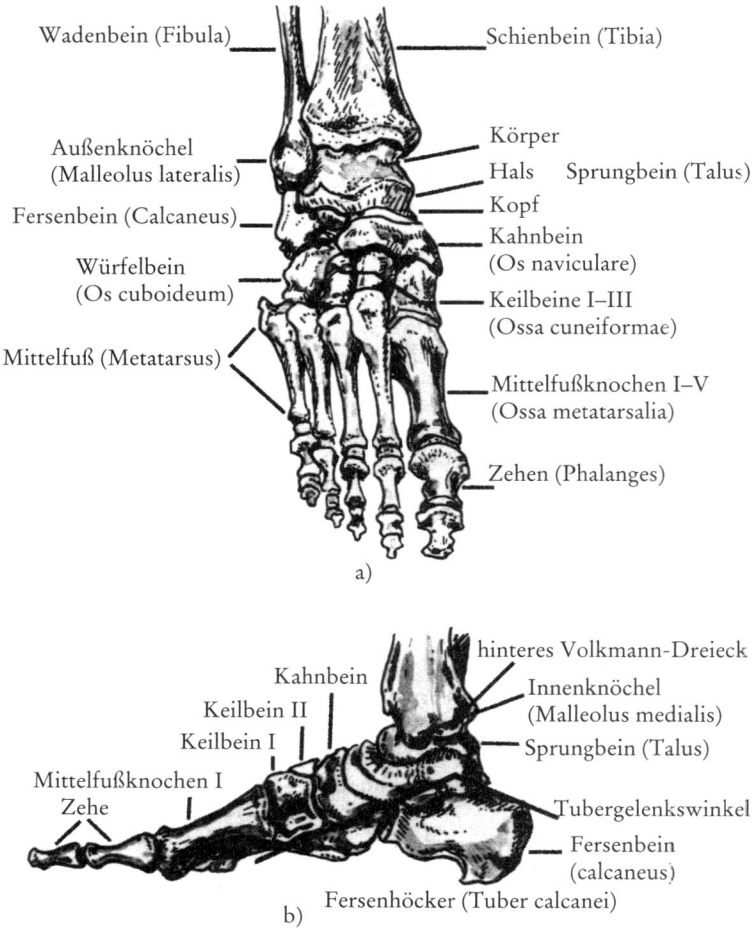

Abb. 1: Skelett des rechten Fußes
a: Aufsicht; b: von innen

Kahnbein (Naviculare) und aus einer davon getrennten hinteren Kammer, die hinten Sprungbein und Fersenbein gelenkig verbinden. Anatomisch bilden die beiden Komponenten des unteren Sprunggelenks ein „doppeltes Zapfengelenk", in dem Drehbewegungen ausführbar sind. Oberes und unteres Sprunggelenk wirken zusammen und lassen insgesamt Bewegungen nach Art eines Kugelgelenks oder eines komplexen Kardangelenks zu.

Der Fuß stellt eine Gewölbekonstruktion dar: mit einem Längsgewölbe, dessen Schlussstein das Sprungbein bildet, und einem Quergewölbe im Vorfuß. Die Körperlast wird vom Sprungbein aufgenommen und über die beiden Gewölbe auf den Höcker des Fersenbeins im Rückfuß und auf die Köpfchen des I. und IV. Mittelfußknochens im Vorfuß übertragen. Während der hintere Gewölbepfeiler nur aus Sprungbein und Fersenbein

8.12 Fuß

besteht, gehören zum vorderen das Kahnbein, Würfelbein (Cuboid), die drei Keilbeine (Ossa cuneiformia), fünf Mittelfußknochen und die Zehen. Die Fußknochen sind durch Gelenkkapseln und straffe Bänder verbunden, die nur geringe Bewegungen gestatten.

Wichtig sind insbesondere wegen häufiger Verletzung im Zusammenhang mit den Knöchelfrakturen die Bänder unterhalb der Knöchel, die beide aus drei Portionen bestehen und den Innen- bzw. Außenknöchel jeweils mit einem vorderen und hinteren Band mit dem Sprungbein und mit den mittleren Anteilen mit dem Fersenbein verbinden. Der Tendenz der Körperlast, das Fußgewölbe einzudrücken, wirken passiv die kräftigen Bänder und die Sehnenplatte der Fußsohle sowie aktiv die kurzen Fußmuskeln und die Sehnen der langen, am Unterschenkel liegenden, Fußmuskeln entgegen. Die Gewölbebildung des Fußes wird mit einem untergurteten Spannwerk in der Technik verglichen, wobei Fersenbein und Mittelfußknochen die Pfeiler, die genannten Muskeln die Untergurtung bilden. Das Übernehmen der Körperlast beim Gehen und Stehen durch den Fuß wird durch das abgewogene Zusammenspiel seines Knochen-, Band- und Muskelverbundes bei gleichzeitigem Anpassen des Fußes an die Bodenunebenheiten in allen Gangarten machbar.

Bewegungen des Fußes:

Fußheben   (Dorsalextension)

Fußsenken   (Plantarflexion)

Heben des inneren Fußrandes
        im Vorfuß als Supination
        im Rückfuß als Adduktion

Heben des äußeren Fußrandes
        im Vorfuß als Pronation
        im Rückfuß als Abduktion

Drehung der Fußspitze zur Längsachse des Unterschenkels
        Inversion = nach einwärts, tibial
        Eversion = nach auswärts, fibular

8.12.2 Sprunggelenksverletzungen

Das Sprunggelenk gibt dem Fuß seine Beweglichkeit. Alle Sprunggelenksverletzungen zeichnen sich durch mehr oder weniger starke Beeinträchtigung der Gelenkmechanik infolge Veränderung der Knöchelgabel aus. Die Bedeutung der Fußverletzungen liegt in deren Folgen für die Statik: Fehlstellung, Bewegungseinschränkung in den Gelenken, Muskelatrophien, Durchblutungsstörungen und sekundäre Arthose bedingen Spätschäden.

Der Funktionsausfall des oberen Sprunggelenks beeinträchtigt den Bewegungsablauf eher als derjenige des unteren Sprunggelenks. Bei Versteifung des unteren Sprunggelenks kann nicht balanciert werden, Gehen im schrägen oder unebenen Gelände wird gestört, Laufen verhindert.[2]

---

[2] Brunner, Schweiberer, Unfallchirurg 99 (1996) 136.

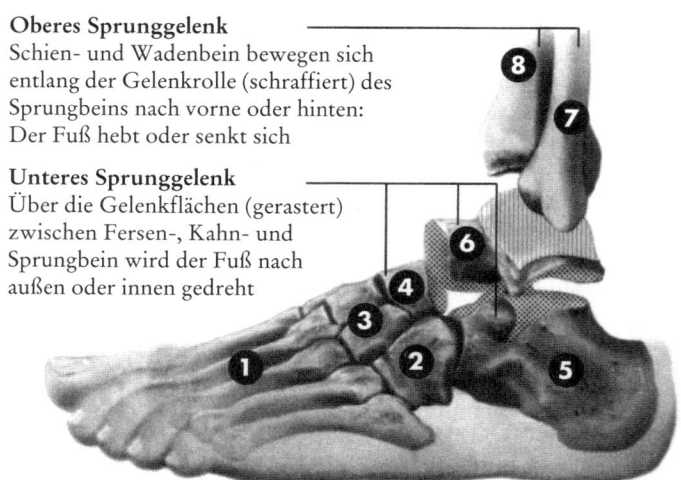

Abb. 2: Sprunggelenk
1: Mittelfußknochen, 2: Würfelbein, 3: Keilbeine (drei),
4: Kahn-, 5: Fersen-, 6: Sprung-, 7: Waden-, 8: Schienbein

8.12.2.1 Frakturen des Sprunggelenks (Knöchelbrüche, Malleolarfrakturen)

Frakturen des Sprunggelenks gehören zu den häufigsten knöchernen Verletzungen. Im Rahmen von Sportverletzungen ist der Umknickmechanismus häufig, während die Stauchung bei Stürzen aus größerer Höhe oder bei Verkehrsunfällen wirksam wird. Sie entstehen als Folge von Luxationen und Subluxationen der Sprungbeinrolle aus der Knöchelgabel, ein Mechanismus, der vor allem bei Fehltritt oder Sturz gegeben ist. Infolge des Bandapparates des Sprungbeins überwiegen Abscher- und Abrissfrakturen.

„Unfallquellen" aus technischer Sicht: Ausgleiten, hervorgerufen durch fehlende Haftreibung; Stolpern, bedingt durch zu hohe Haftreibung; Verlust des Gleichgewichtes, bewirkt durch plötzliche Verlagerung des Körperschwerpunktes; Störung der körperlichen Integrität, verursacht durch endogene Momente.

Verletzungen des oberen Sprunggelenks sind häufig und vielgestaltig. Der Bereich mit Knöchelgabel und Bandapparat ist auf Grund der Gelenkanatomie mit hoher axialer Belastung während der Abrollphase und schwachen passiven Bandstabilisatoren für Verletzungen empfänglich[3]:

- Außen- und Innenknöchel
- Volkmann-Dreieck (hinteres Schienbeinkantenfragment[4])
- Medialer und lateraler Bandapparat
- Membrana interossa

---

[3] Ochs, u.a., Trauma Berufskrankh 4 (2001) 338; Richter, Muhr, Chirurg 71 (2000) 489.
[4] Volkmann, Beiträge zur Chirurgie, Leipzig 1875, beschrieb jedoch nicht den Abbruch der hinteren, sondern der vorderen Schienbeinkante.

8.12 Fuß

Die komplizierte Biomechanik lässt eine vollständige Wiederherstellung der Beweglichkeit und Belastbarkeit nur erwarten, wenn die Läsionen an Knochen, Knorpel und Bandapparaten anatomisch exakt zur Ausheilung gebracht werden. Voraussetzung ist der genaue Schluss der Knöchelgabel. Sofern keine örtliche und allgemeine Gegenindikation besteht, wird die chirurgische Versorgung gefordert, um eine für die Gelenke schädliche lange Ruhigstellung zu vermeiden.

- **Genetische Frakturanalyse** *(nach Lauge-Hansen)*[5]
Für die Analyse des Verletzungsmechanismus, das Ausmaß der Verletzung und die Therapieplanung bedeutsam.

Morphologie und Ausmaß der Verletzung werden von der Stellung des Fußes (Pro- oder Supination) und der Richtung der einwirkenden Kraft zum Unfallzeitpunkt bestimmt. Dabei entstehen vier Verletzungstypen, je nach Dauer und Intensität der Krafteinwirkung in mehreren Stadien ablaufend. Diesen lassen sich 95 % aller Knöchelbrüche zuordnen; ausgenommen sind direkte mediale oder seitliche Einwirkungen.

Richtung der Krafteinwirkung	Stellung des Fußes zum Unfallzeitpunkt	
	Supination	Pronation
Außenrotation des Sprungbeins (Eversion)	Supination-Eversion	Pronation-Eversion
seitlich	Supination-Adduktion	Pronation-Abduktion
	Beginn der Zerstörung	
	Außenknöchel	Innenknöchel

Supinations-Eversions-Fraktur (Auswärtsdrehungs- Außenrotations-Bruch)
Mit „Eversion" wird die Außenrotation des Sprungbeins in der Knöchelgabe („external rotation") beschrieben, durch die bei der Supinations-Eversions- und Pronations-Eversions-Fraktur die typische Sequenz der knöchernen und ligamentären Verletzungen entstehen.

Mehr als 70 % aller klinisch vorkommenden Knöchelbrüche sind den Supinations-Eversionsfrakturen zuzuordnen. Der erste dieser Begriffe bezeichnet jeweils die Stellung des Fußes im Moment des Unfalls, der zweite die zur Verletzung führende Bewegung. Bei der Supinations-Eversionsfraktur ruft demnach eine Auswärtsdrehung des Fußes (bzw. Einwärtsdrehung des Unterschenkels) bei in Supination (Einwärtskantung des Vorfußes und Adduktion des Rückfußes) auf dem Boden fixierten und durch den Körper belasteten Fuß in abgestufter Weise – je nach Kraft und Fortdauer der Verletzungskraft – zunächst eine Ruptur des vorderen Syndesmosenbands (vorderes tibiofibulares Band der Bandhaft) hervor (Stadium I), ggf. mit Ausriss eines bohnengroßen Knochenstücks aus der vorderen Schienbeinkante (Tubercule de Chaput) oder am Wadenbein (Wagstaffe-Fragment). Bei Fortdauer des Fußaußendrehungsdruckes stellt sich unter Drehen des Wadenbeins die typische Schrägfraktur des Wadenbeins ein (Stadium II); unter Subluxation des Sprungbeins folgt der Abbruch der hinteren Kante des Schienbeins (Volkmann Dreieck), das mit dem hinteren Syndesmosenband (hinteres tibiofibulares Band) in Verbindung steht: instabile

---
5   Rammelt, Grass, Zwipp, Unfallchirurg 111 (2008) 421, 423 ff.

Verletzung (Stadium III); schließlich bei Fortwirken der Kraft in gleicher Richtung reißt das mediale Seitenband (liggamentum deltoideus); auch dabei kann es zu einem Abbruch des Innenknöchels mit Luxation des Sprungbeins kommen (Stadium IV).

Pronations-Eversions-Fraktur
Sie folgt dem gleichen Mechanismus, aber auf Grund der Pronationsstellung des Fußes beginnt die Krafteinwirkung nicht am Außen-, sondern am Innenknöchel (der zur Mitte weggeschlagen wird) und setzt sich durch die Sprungsbeinrotation zirkulär zur Seite fort. Die Wadenbeinfraktur entsteht indirekt und liegt – nach Sprengung des Syndesmose – oberhalb als hohe Quer- oder Schrägfraktur. Alternativ kann es im Stadium I statt zur Innenknöchelfraktur auch zur Zerreissung des Innenbands (Deltabands) kommen.

Supinations-Adduktions-Fraktur
Bei seitlicher Kraft wirkt der Druck, der den Fuß nach innen dreht (Adduktion), jeweils auf den angehobenen inneren Fußrand (Supination): Eine Außenbandruptur oder distale Wadenbeinfraktur entsteht unterhalb der tibiafibularen Syndesmose (Stadium I). Fortgesetzter Adduktionsdruck bewirkt eine senkrecht verlaufende Innenknöchelfraktur (seltener Deltabandruptur) mit der Folge einer instabilen Knöchelgabel (Stadium II) und oft einer Impression der innenseitigen Gelenkfläche des Schienbeins (medialer Tibiaplafond).

Pronations-Abduktions-Fraktur
Demgegenüber wird bei Druck von innen, der den Fuß nach außen dreht (Abduktion), zunächst eine Innenband- oder waagerechte Fraktur am Innenknöchel (Stadium I) bewirkt. Bei fortgesetzter Abduktion kommt es zum knöchernen oder ligamentären Ausriss der vorderen und hinteren Syndesmosenbänder (Stadium II). Durch die forcierte Valgusstellung des Sprungbeins entsteht eine indirekte, irreguläre Wadenbeinfraktur auf Syndesmosehöhe mit lateralem Biegungskeil oder einer zentralen Trümmerzone (Stadium III).

- **Danis-Weber-Einteilung, ergänzt durch AO-Klassifikation**

Aus der Erkenntnis, dass das Wadenbein (Fibula) der Leitstab des oberen Sprunggelenks sei und es nicht so sehr auf den Innenknöchel ankomme, hat sich im deutschsprachigen Raum die Einteilung der Knochenbrüche nach *Danis* und *Weber* bewährt: A-, B- und C-Frakturen – je nach Höhe der Wadenbeinfrakturen im Verhältnis zur Syndesmose: A- unterhalb, B- in Höhe und C- oberhalb derselben – bei der A-Fraktur ist die Syndesmose nie, bei der B-Fraktur vielleicht, bei der C-Fraktur stets verletzt. Diese Grundtypen haben zahlreiche Varianten.

Die AO-Klassifikation fügt zwei Untergruppen hinzu:

A1- und B1-Frakturen stellen isolierte Außenknöchelfrakturen dar, bei A2- und B2-Frakturen tritt eine mediale Läsion (Innenköchelfraktur/Deltabandruptur) hinzu (instabil).

8.12 Fuß

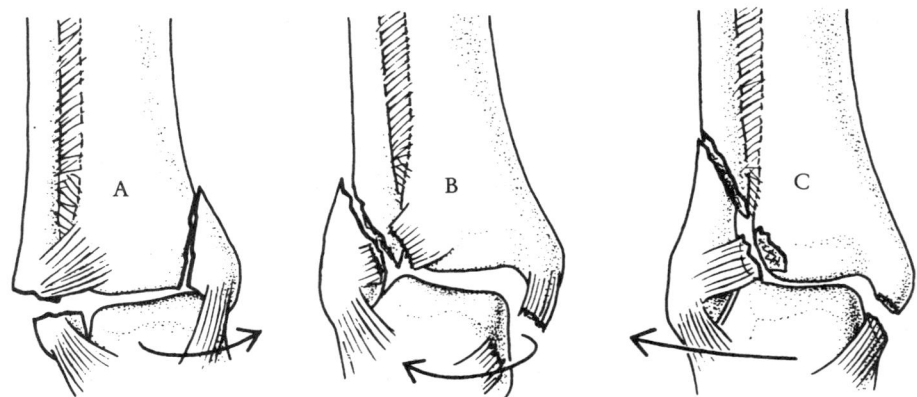

Abb. 3: Einteilung der Malleolarfrakturen

Typ A Das Wadenbein ist quer auf Gelenkhöhe oder distal davon gebrochen, evtl. Abscherfraktur des Innenköchels

Typ B Schrägfraktur auf Höhe der Syndesmose mit partieller oder kompletter Ruptur des ventralen Bandes. Ruptur des Ligamentum deltoideum oder Abrissfraktur des Innenknöchels

Typ C Schrägfraktur des Wadenbeins oberhalb der Syndesmose. Ruptur der vorderen oder beider Syndesmosenbänder, evtl. dorsaler Kantenabriss

8.12.2.2 Bandverletzungen

Der Bandapparat des oberen Sprunggelenks einschließlich der knöchernen Ansatzstellen ist als der anfälligere Teil dem einwirkenden Trauma in stärkerem Maße ausgesetzt als das untere Sprunggelenk. Distorsionen des Sprunggelenks verursachen in 16 bis 20 % Knöchelbrüche, in 60 % Bandrupturen.[6] Kontinuitätsunterbrechungen im Kapselbandapparat bedingen eine Störung der Mechanik des oberen Sprunggelenks im Sinne einer Instabilität.[7]

95 % der isolierten Bandverletzungen des oberen Sprunggelenks entstehen durch gewaltsame Einwärtsdrehung des Fußes.[8] Seltener sind die Verletzungsmechanismen der Auswärtsdrehung und der plantaren (fußsohlenwärtigen) Dehnung. Den Bandverletzungen liegt eine übersteigerte Zugbeanspruchung zu Grunde. Wesentlicher Faktor ist dabei das Überraschungsmoment, das die Spannkraft der – das Gelenk umgebenden und stabilisierenden – Muskelgruppe wegfallen lässt.

8.12.2.3 Verrenkungsbrüche

Reine Verrenkungen sind selten, Verrenkungsbrüche dagegen mannigfach. Eine Verrenkung des Fußes gegen den Unterschenkel geht fast immer mit Abrissbrüchen der Knöchel einher. Durch die starke Weichteilspannung an der Seite, auf welcher der Knöchel gelenkfern abknickt, wird die Haut häufig zerrissen. Offene und geschlossene Verrenkungsbrüche sind besonders nekrosegfährdet.

---

[6] Deshalb muss bei jeder Distorsion sorgfältig nach einer Bandverletzung gesucht werden (gehaltene Röntgenaufnahmen). Hofmann, BG-UMed 50 (1983) 157ff.
[7] Heim, Z. Unfallm. u. Berufskr. 1981, 39ff.
[8] Schmit-Neuerburg, u.a., BG-UMed 30 (1977) 32; vgl. ferner Rockenstein, H. Unfallh. 131 (1978) 105: Dabei besteht der Unfallmechanismus aus einer Zwangsbewegung des Fußes i. S. e. Supination, Adduktion und Plantarflexion.

Ursache einer Verrenkung des oberen Sprunggelenks ist eine im Zeitpunkt des Unfalls bewirkte Feststellung des Fußes, wobei der Körper durch Sturz, Fall oder Drehung als Hebelarm wirkt: Rückwärtsfallen bei fixiertem Fuß oder Hängenbleiben des Fußes beim Laufen.

Luxationen im unteren Sprunggelenk[9] setzen starke Krafteinwirkung, beispielsweise nach Stürzen aus großer Höhe voraus. Bei Kfz-Unfällen wird der Fuß im eingedrückten Fußraum eingeklemmt, häufig mit Verwringung zwischen der Pedalerie. Meistens luxiert der Fuß nach innen hinten, seltener nach außen und vorne. Die Fußdynamik ist beeinträchtig; schwere Funktionsverluste können vorliegen.

8.12.3 Sprungbeinbrüche[10]

Talus(Sprungbein)frakturen sind selten (3 bis 5 % aller Fußverletzungen), wegen Komplikationen und Ausmaß der daraus entstehenden Behinderungen jedoch bedeutsam.

Biomechanisch spielt das Sprungbein beim aufrechten Gang eine zentrale Rolle. Als Kraftüberträger zwischen Waden- und Fersenbein überträgt es beim Einbeinstand oder Sprung ein Mehrfaches der gesamten Last des Körpers. Eingebettet zwischen oberem und unterem Sprunggelenk hat es keine eigenen Sehnen oder Muskelansätze, somit keine eigene Beweglichkeit. Etwa drei Fünftel seiner Oberfläche sind Gelenkflächen. Meist sind Frakturen daher Gelenkfrakturen. Als Bindeglied zwischen Unterschenkel und Fuß im oberen und unteren Sprunggelenk gewährt das Sprungbein einen großen Bewegungsumfang. Geringe Fehlstellungen führen zur Arthrose im oberen und unteren Sprunggelenk oder zu erheblichen Bewegungseinbußen.

Die Blutversorgung ist differenziert. Mit dem Grad der Fragmentdislokation steigt die Gefahr der Durchblutungsstörung durch Zerreißen oder Kompression der Gefäße mit drohender Nekrose.

Am häufigsten ist die Fraktur am Hals (schwächste Stelle) lokalisiert. Die Talushalsfraktur wird durch Einklemmen in die Zange zwischen Fersenbein und Schienbeinvorderkante bei Dorsalflexion (Verkehrsunfall, Sturz aus großer Höhe) bewirkt.

Abscherfrakturen am Sprungbeinkopf oder Körper entstehen durch Scherbewegungen, meist Inversionen, oft verbunden mit Bandverletzungen oder Verrenkungen im Chopart-Gelenk (anatomische und funktionelle Einheit aus Sprung- und Kahnbeingelenk sowie Fersen- und Würfelbein[11]).

---

[9] Rammelt, u.a., Trauma Berufskrankh 2001 (Suppl. 2) S. 208.
[10] Rüter, u.a., Unfallchirurgie, 1996 S. 881ff.; Zwipp, Chirurgie des Fußes, 1994 S. 86; Bonnaire, u.a., Trauma Berufskrankh 2001 (Suppl. 2) S 192; Eberl, u. a., Trauma Berufskrankh 2004 (6) 158.
[11] Dazu Rammelt, u.a., Unfallchirurg 105 (2002) 371.

8.12 Fuß

Fraktur	Sprungbeinfrakturen in Verbindung mit Begleitverletzungen:
– Sprunggelenk	15 %
– Fersenbein	10 %
– Fußwurzel	7 %
– Mittelfuß	7 %
– Unterschenkel	7 %
– offene Verletzung	20 %

Klassifizierung der Talusfraktur[12]:

	Zirkulation	Nekrose
Typ I periphere Fraktur: Processus fibularis, Processus posterior, Kopf- bzw. distale Halsfraktur	intakt	keine
Typ II zentrale nicht dislozierte Fraktur: nicht dislozierte proximale Hals- oder Körperfraktur	weitgehend intakt	selten
Typ III zentrale dislozierte Fraktur: dislozierte proximale Hals- oder Körperfraktur	intraossär unterbrochen	häufig
Typ IV Luxationsfrakturen: proximale Hals- oder Körperfraktur mit Luxation des Taluskörpers im oberen und/oder unteren Sprunggelenk	intraossär und auxiliär unterbrochen	fast immer

---

[12] Marti, Talus- und Calcaneusfrakturen, in: Die Frakturbehandlung bei Kindern und Jugendlichen (Hrsg. Weber, Brunner, Freuler), 1978.

8.12.4 Fersenbeinbrüche

Kalkaneus(Fersenbein)frakturen sind zu etwa 60 % an den Fußverletzungen beteiligt. Zwei Drittel betreffen das untere Sprunggelenk (intraartikuläre Fraktur), ein Drittel weist keine Beteiligung des unteren Sprunggelenks auf (extraartikuläre Fraktur). Die durchschnittliche MdE beträgt 25 %.

Das Fersenbein ist der größte Knochen des Fußskeletts. Dieser ist wesentlich an der Bildung des Fußgewölbes beteiligt und überträgt als hinterer Hauptpfeiler des Fußes das Körpergewicht auf den Boden. Seine Gelenkanteile sind für ein reguläres Gangbild von Bedeutung. Eine Verletzung führt oft zu einer Störung der Gelenkmechanik mit verbleibendem Körperschaden nach Ausheilung.

Überwiegend entstehen Fersenbeinbrüche durch Stauchung bei Sprung oder Sturz auf die Ferse oder durch äußere direkte Krafteinwirkung. Beim PKW-Auffahrunfall entscheidet zusätzlich der Grad der Beugung im Knie- und Hüftgelenk über die auf den Kalkaneus einwirkende Kraft. Die Stellung des Fußes zum Zeitpunkt der Einwirkung, die Intensität der längsgerichteten Stauchung sowie die Knochenstruktur bestimmen den Frakturtyp und das Ausmaß des Gelenkschadens.[13]

Einteilung (L. Böhler):

Gruppe I	Entenschnabelbruch
Gruppe II	Brüche des Processus medialis tuber calcanei
Gruppe III	Brüche des Sustentaculum tali
Gruppe IV	Brüche des Fersenbeinkörpers ohne Verschiebung
Gruppe V	Brüche des Fersenbeinkörpers mit Verrenkung der lateralen Gelenkfläche
Gruppe VI	Brüche des Fersenbeinkörpers mit Verrenkung der ganzen Gelenkfläche
Gruppe VII	Brüche des Fersenbeinkörpers mit Verrenkung zum Sprung- und Teilverrenkung zum Kahn- und Würfelbein
Gruppe VIII	Brüche des Fersenbeinkörpers mit Verrenkung zum Würfelbein

Fortsatzbrüche (Abrissfrakturen) erscheinen am vorderen Fersenbeinfortsatz nach Distorsionen (Treppensturz, Umknicken), am hinteren Fersenbeinfortsatz als Entenschnabelbruch (Bruchspalt ähnlich einem Entenschnabel – operative Behandlung). Kriterien der Begutachtung: Dystrophie, Achsenfehlstellung, Beweglichkeit und Kongruenz im Unterschenkelgelenk, Muskelminderung des Unterschenkels, Gangbild, Vorfußfunktion, Rückfußverkürzung, Arthrose. Bedeutsam ist das Messen des Tubergelenkwinkels (Winkel zwischen dem hinten gelegenen Höcker des Fersenbeins und der Gelenkfläche des unteren Sprunggelenks), der normalerweise 30 bis 40 Grad beträgt. Je mehr dieser Winkel abnimmt, um so eher ist das Fersenbein zusammengestaucht und um so wahrscheinlicher verbleibt eine Bewegungsstörung im unteren Sprunggelenk.

---

[13] Josten, Korner, Trauma Berufskrankh 2001 (Suppl. 2) S. 201.

8.12 Fuß

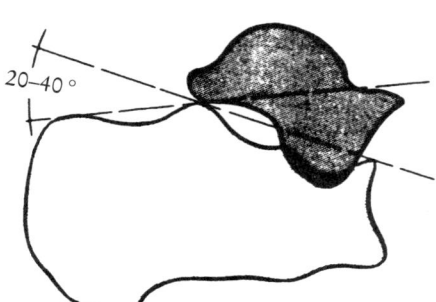
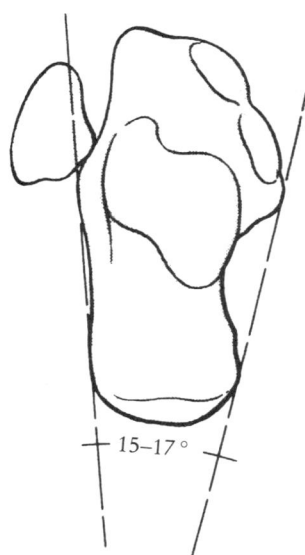

Abb. 4a: Der Tubergelenkwinkel nach L. Böhler gibt keinen Hinweis auf das Ausmaß der Gelenkzerstörung im unteren Sprunggelenk. Er erlaubt jedoch die Kontrolle nach einer Aufrichtung.

Abb. 4b: Der axiale Winkel gibt einen Hinweis auf die Schwere der Kompression. Er beträgt beim Gesunden 15–17°

8.12.5 Fußwurzel-, Mittel- und Vorfußverletzungen

Mittelfußknochen (Metatarsalia) und Zehen sind wichtige Elemente des Fußgewölbes und statisch sowie dynamisch-funktionell extrem beansprucht. Im Mittelfußbereich haben der I. und der V. Strahl statische Belastungen aufzunehmen (Basis für die Fußstatik). Der II. Strahl wird beim Abrollen des Fußes im Rahmen des Gehvorgangs dynamisch belastet. Während also die Mittelfußknochen Strebpfeilern bzw. Streben in einer Gewölbekonstruktion gleichen, übernehmen die Metatarsophalangealgelenke und Zehen eher eine dynamische Puffer- bzw. Dämpfungsfunktion. Besondere statisch-funktionelle Bedeutung kommt dem I. Strahl in seiner Gesamtheit (Mittelfußknochen und Großzehe) zu. Er ist wichtig für das physiologische Abrollverhalten und nimmt die Hauptkraftvektoren der Belastung auf.[14] Durch die Vielzahl der Knochen und ihrer Gelenkverbindungen verteilen sich die auf Zehen, Mittel- und Vorfuß einwirkenden Kräfte meist auf zahlreiche Einzelstrukturen. Die Großzehe überträgt beim Gehen wesentliche Kräfte auf den Boden.[15]

Unterteilung der Unfallmechanismen (*Main* und *Jowett*[16]):

– Mediale Stauchungsverletzungen als Folge von Adduktionsbewegungen des Vorfußes
– Laterale Stauchungsverletzungen als Folge von Abduktionsbewegungen des Vorfußes

---

14 Otto, Trauma Berufskrankh 2001 (Suppl. 2) S. 217; ders. Trauma Berufskrankh 2001 (3) 213.
15 Ochs, u. a., Trauma Berufskrankh 6 (2004) 165.
16 Rüter, u. a., Unfallchirurgie, 1996, 911.

- Longitudiale (längsgerichtete) Stauchung als Folge von Längsbelastungen des Vorfußes
- Plantare Stauchung als Folge von über den Vorfuß in Körperlängsrichtung einwirkenden Kräften
- Quetschverletzungen („Crush-Verletzung")

Die auslösenden Kräfte bewirken Kombinationsformen: kraftvolles Vertreten in Bodenunebenheiten, Anschlagen der Zehen an harten Gegenständen, Sprünge aus mittlerer Höhe, Zweirad- und PKW-Unfälle.

Die *Marschfraktur* ist ein Ermüdungsbruch (s. 8.1.1.3.3, S. 373) der Mittelfußknochen.

8.12.6 Rechtliche Würdigung des „Umknickens"

Auch das Umknicken ohne jegliche äußere Veranlassung auf völlig ebenem Boden – mit körperlicher Schädigung als Folge – ist grundsätzlich ein Arbeitsunfall.[17]

8.12.6.1 Unfall und körpereigene Bewegungen

Die rechtliche Bewertung eines „Umknickunfalls" hängt davon ab, ob die Ursache, die zum Umknicken geführt hat, dem Versicherungsschutz unterliegt. Das ist sowohl die versicherte Tätigkeit als auch der damit zusammenhängende Weg, der als ein „Sichfortbewegen" des Versicherten umschrieben wird.[18] Somit sind auch Ereignisse als Arbeitsunfälle anzuerkennen, die ihre Ursache in den eigenen Bewegungen des Versicherten haben (Stolpern, Ausrutschen, Hängenbleiben im Umschlag des Hosenbeines).[19] Wesentliche Unfallursache ist das Zurücklegen des Weges. Zudem stößt der Boden beim Auffall gegen den Körper, so dass Stolpern und Hinfallen ein Unfallereignis bilden.[20] Soweit gefordert wird, das Unfallereignis müsse „von außen" auf den Menschen einwirken, soll ausgedrückt werden, dass ein aus innerer Ursache, aus dem Betroffenen selbst kommendes Ereignis, kein Unfall ist (s. 1.2.1, S. 11). Auch das Stolpern kann aus innerer Ursache herbeigeführt sein.

8.12.6.2 Unfall infolge innerer Ursache

Erfolgt der Unfall aus innerer Ursache, so besteht im Allgemeinen kein wesentlicher Zusammenhang zur versicherten Tätigkeit. Der Unfall hätte auch bei jeder anderen alltäglichen Verrichtung in naher Zukunft eintreten können; eine Gelegenheits(anlass)ursache liegt vor.

Leiden im Sinne der inneren Ursache: unfallfremder Band- oder Gelenkschaden (z. B. nach altem Bänderriss). Chronische Bandschwäche kann zu Unsicherheit beim Gehen und häufigem Umkippen des Fußes führen.[21] Als Spätschaden nach ungenügender Behandlung

---

[17] BSG, SozR 2200 § 550 Nr. 23 (28.7.1977); Sächs. LSG, 12.12.2000, HV-Info 31/2001, 2882; Kaiser, akt. traumatol. 1990, 272.
[18] BSG, SozR 2200 § 550 Nr. 23 (28.7.1977).
[19] BSG, 20.1.1987, SGb 1987, 425, 426.
[20] BSG, 26.1.1982, HV-Info 2/1983, 13.
[21] SG München, 7.12.1983, HV-Info 5/1984 S. 25f.; BSG, 26.1.1982, HV-Info 2/1983; Huggler, H. Unfallh. 133 (1978) 159.

8.12 Fuß

fibularer (zum Wadenbein gehörend) Bandrupturen sowie bei fibularer Bandinsuffizienz kann die „habituelle Fußdistorsion" entstehen: Der Betroffene übertritt den Fuß immer wieder in Auswärtsdrehung.[22]

Auch auf Herzleiden, Schwindelanfälle, Kollapszustände oder Epilepsie ist zu achten.

Verminderte Straffung des Kapselapparates: Ist die Kapsel erschlafft, mangelt es dem Fuß an der nötigen Führung. Diese Führung wird nur zum Teil auch aktiv von der Muskulatur geleistet. Aber diese kann ermüden oder in ihrer Koordination aus irgendeinem Grunde versagen (reflektorisch, unbewusst sich vollziehendes Spiel wechselnder Kontraktion der agonistischen und antagonistischen Muskelgruppen).

Nervenstörungen; knöcherne Minderbildung; Sehnendegeneration, auf rheumatischer Basis, die plötzlich Schmerzen macht und den Betroffenen veranlasst, den gespannten Bandapparat des Standbeins zu lockern, unter dem Bild des Umknickens geschehend; Bandscheibenschaden.

Fehlform des Fußskeletts.

Durch Fehlbelasten geschädigte Fußgewölbe, wie beim Senk- und Hohlfuß; durch unphysiologische Belastung des Bandapparates hat dieser einen Teil seiner Elastizität verloren. Das normale Abrollen des Fußes leidet unter dauernder Schonstellung des Längs- und Querfußgewölbes. Der Gang verlagert sich auf den Außenrand des Fußes und nicht, wie physiologisch, vom Fersenbein auf den Großzehenballen. Dadurch wird der Fuß gering nach einwärts geschwenkt. Bei Ermüdung sind die Voraussetzungen für das Umknicken gegeben.

Aus der Rechtsprechung
Kein UV-Schutz für einen Gehbehinderten anlässlich des Sturzes beim Begehen einer Treppe auf Grund des Bruches einer Gehstütze. Der Unfall sei einem Unfall aus innerer Ursache gleichzustellen. Die Gehstütze habe die krankheitsbedingt fehlende Funktion des linken Beines ersetzt. Der Unfall sei deshalb so zu betrachten, als wäre im Bereich des linken Beins eine innere, den Sturz nach sich ziehende Schwäche eingetreten.[23]

8.12.6.3 Unfall infolge innerer Ursache und betriebsbedingter Umstände
Zur rechtlichen Bewertung s. 1.6.3, S. 28.

---

22 Kehr, BG-UMed 30 (1977) 61; Müller, H. Unfallh. 133 (1978) 145; Magerl, Marti, ebenda, S. 167.
23 LSG Baden-Württemberg, 20. 3. 1992, HV-Info 14/1992, 1254.

8.12.6.4 Checkliste für die gutachterliche Beurteilung von Unfällen beim Sichfortbewegen[24]

(1) Welcher *äußere Vorgang* steht fest? (als Ausgangssachverhalt, mit Vollbeweis: z.B. Umknicken beim normalen Gehen)

- nach gesonderter Vorgabe im Gutachtenauftrag, Akteninhalt, informatorische Befragung des Versicherten
- ggf. Alternativbeurteilung

→ im Ausnahmefall: Nachermittlung des UV-Trägers.

(2) Kann der festgestellte Vorgang gemeinhin den Gesundheitsschaden verursachen? (Prüfung der *generellen Eignung* des äußeren Geschehens als Schadensursache, z.B. normales Gehen ohne Tragen eines Gegenstandes und ohne Meniskusschaden)

- wenn *ja*:
  u.U. nur in Verbindung mit einem Vorschaden bzw. Schadensanlage
- nach anerkannten medizinischen Erkenntnissen

→ wenn *nein*:
keine (naturwissenschaftliche) Kausalität und damit kein Unfall (von innerer Ursache ist auszugeben)
keine weitere Prüfung

(3) Hat das generell geeignete Geschehen für sich den Gesundheitsschaden *unter den konkreten Umständen im naturwissenschaftlichen Sinn* verursacht? (Prüfung der Kausalität im naturwissenschaftlichen Sinn im Einzelfall, z.B. Umknicken mit dem Fuß bei normalem Gehen und Bänderdehnung, diese Kausalität steht zumeist zugleich fest mit der Bejahung von Ziff. 2)

→ wenn *nein*:
keine (naturwissenschaftliche) Kausalität und damit kein Unfall (von innerer Ursache auszugeben)
weitere Prüfung entfällt

(4) Lässt sich *Vorschaden* bzw. Schadensanlage feststellen? (z.B. vorbestehende Bänderschwäche für Bänderdehnung nach Stolpern beim Gehen aus Unachtsamkeit)

- Vorschaden als mitwirkende Ursache im naturwissenschaftlichen Sinn
- Feststellung des Vorschadens mit Vollbeweis

→ wenn *nein*:
äußeres Ereignis ist (allein) rechtlich wesentliche Ursache, Unfall gegeben (insoweit entfällt sonstige Prüfung)
im Weiteren: Prüfung der Unfallkausalität nachfolgenden Gesundheitsschäden (zumeist problemlos)

(5) Kommt dem Vorschaden *allein* rechtlich wesentliche Bedeutung zu gegenüber dem äußeren Geschehen? (Abwägung der Kausalbeiträge der verschiedenen – versicherten und nichtversicherten – naturwissenschaftlichen Bedingungen, z.B. vorbestehende Bänderschwäche und „ungeschicktes" Auftreten mit dem Fuß beim Gehen hinsichtlich einer Bänderdehnung)

→ wenn *ja*:
innere Ursache gegeben bzw. äußerer Vorgang keine rechtlich wesentliche (Teil-) Ursache
kein Unfall: weitere Prüfung entfällt

→ wenn *nein*:
äußeres Ereignis zumindest rechtlich wesentliche Teil-Ursache, Unfall gegeben

(6) Hat der Unfall die weiteren Gesundheitsschäden verursacht? (über Erstschaden hinausgehende Gesundheitsstörungen, z.B. chronische Bänderschwäche)

- in Problemfällen differenzierte Kausalprüfung: naturwissenschaftliche Verursachung, Kausalität gemäß der Theorie der rechtlich wesentlichen Bedingung
- Vorschäden bzw. Krankheitsanlagen auch hier von Bedeutung

---

[24] Nach Kaiser, Akt. Traumatol 28 (1998) 235, 238 ff.

8.12.7 Hinweise für das Feststellungsverfahren

Angaben über Unfallhergang und Reaktion auf den Unfall sind im Erstbefund (Durchgangsarztbericht) sorgfältig festzuhalten. Wenn der Durchgangsarzt ausdrücklich „kein Unfallereignis" feststellt, wohl aber meint, die Diagnose „eindeutig unfallbedingter" Schaden auf Grund des Erstbefundes träfe zu, entspricht dies nicht medizinisch- und juristisch-kausalen Gedankengängen.

Gibt der Verletzte an, er könne sich einer besonderen Ursache nicht entsinnen, so sollte sich der Arzt bei der Unfallaufnahme mit der bloßen Wiedergabe dieser Darstellung nicht begnügen. Die Mühe, dem Verletzten – freilich nicht aus induktiven Gründen – die Situation zu erklären, lohnt: Oft kann eine Ursache ermittelt werden, die zwar dem Verletzten nicht erheblich scheint, aber ausreicht, um die Voraussetzung des Unfallbegriffs ohne Schwierigkeit zu erfüllen.

Im klinischen Befund ist zwischen Bandzerrung und Bandzerreißung zu unterscheiden.

Aussagen über eine Bandlockerung oder eine angeborene Schwäche des Kapselapparates im Bereich der Sprunggelenke können als gültig angesehen werden, wenn vergleichende Angaben über die Beschaffenheit des Kapselapparates der unverletzten Seite gemacht werden. Eine Bindegewebsschwäche dokumentiert sich auch an anderen Körperstellen (angeborene Subluxation, Hernien, Varizen).

Angeborene Fußdeformitäten sind festzuhalten, da diese zu einer Schädigung bzw. Lockerung des Kapselapparates der Sprunggelenke führen.

Bei schweren Zerrungen, die klinisch den Verdacht auf eine Bandzerreißung begründen (Anschlagphänomen), müssen Röntgenaufnahmen in pathologischer Stellung der Gelenke (gehaltene Aufnahmen) durchgeführt werden (wieder im Verhältnis zur Vergleichsseite).

Die entscheidende Funktion des Beins ist der schmerzfreie Gang: Bein- und Fußgelenke müssen in Funktionsstellung schmerzfrei belastungsfähig sein.

Von dieser Funktion ist die Gebrauchstellung des Beins – Stellung aller Beingelenke, die das schmerzfreie Stehen, Sitzen und Liegen ermöglichen – zu unterscheiden und gutachterlich einzuschätzen.

> **Merkpunkte für die Begutachtung**[25]
>
> (1) Fußverletzungen sind generell *keine „Bagatellverletzungen"*. Dies gilt auch für die Begutachtung von mehrfach Unfallverletzten, deren geschädigter Fuß bereits bei relativ geringen Dauerschäden ebenfalls erhebliche funktionelle Beeinträchtigungen bewirken kann.
>
> (2) Bei der Befunderhebung sind aufwendige *radiologische Untersuchungen* (MR) gezielt einzusetzen, wenn bedeutsame Erkenntnisse für Therapie, Kausalitätsbeurteilung, Schadensbewertung zu erwarten sind.
>
> (3) Ungeachtet technischer Methoden ist die *klinische Untersuchung* Kernstück der Begutachtung und funktionellen Beurteilung des Verletzungsschadens.

---

25 Kaiser, Akt. Traumatol 28 (1998) 239.

(4) Zu beachten sind bei der *Feststellung des Schadens* die aufwendige Anatomie des Fußes, der komplizierte Ablauf des Gehvorgangs und die mannigfach möglichen Störungen dieses Gefüges. Die konkrete Kompensation der unmittelbaren Verletzung sowie der funktionelle Erfolg einer orthopädietechnischen Versorgung muss festgestellt und berücksichtigt werden.

(5) Generelle Parameter der *gutachterlichen Funktionsbeurteilung* sind Achsenverhältnisse im Seitenvergleich, Beweglichkeit und Muskulatur (auf der Basis des Messblattes), Gangbild und Gehstrecke.

(6) „Äußere Ereignisse" als (versicherte) Ursachen für eine Verletzung des Fußes können auch *körpereigene Bewegungen* und *gewohnte Arbeitsverrichtungen* sein.

(7) Ein Arbeitsunfall liegt auch vor beim „normalen" *Sichfortbewegen* (Gehen), etwa mit „Umknicken" und ohne Feststellung eines weiteren äußeren Anlasses, z.B. Unebenheit, (Ausschluss: innere Ursache [Krankheitsanlage, Vorschaden] wird festgestellt und als allein rechtlich wesentlich bewertet).

(8) Bei Zweifel an Unfallverursachung – im Hinblick auf (vorbestehende) Krankheitsanlagen oder Vorerkrankungen – Prüfung, ob das Ereignis generell (nach allgemeinen bio- bzw. pathomechanischen Erfahrungssätzen) den konkreten Schaden herbeiführen kann.

(9) Bei wesentlicher und dauerhafter Steigerung der Funktionstüchtigkeit des verletzten Fußes: Berücksichtigung bei MdE.

(10) Festsetzung der Rente auf unbestimmte Zeit oft bereits vor Ablauf von drei Jahren (Eintritt eines Dauerzustands mit entsprechender MdE).

8.12.8 Minderung der Erwerbsfähigkeit (Erfahrungswerte)

	MdE in %
Fußgelenk	
Sprunggelenksverrenkungsbruch	
in guter Stellung unter Erhaltung der Knöchelgabel verheilt	0–10
mit Verbreiterung der Knöchelgabel oder Sprengung	
der Bandverbindung, sekundärer Verkantung des Sprungbeins	
oder sekundärer Arthrose mit wesentlicher Funktionsstörung	30
Bewegungseinschränkung oberes Sprunggelenk 0-0-30 Grad	10
Versteifung des oberen und unteren Sprunggelenks in Funktionsstellung	25
Versteifung des oberen Sprunggelenks	
im Winkel von 90–100 Grad zum Unterschenkel	20
bei mehr als 100 Grad (Spitzfuß)	25
bei mehr als 110 Grad (Spitzfuß)	30
schmerzhaft wackelsteif	30
Hackenfuß	
Winkel 80 Grad	30
Winkel 70 Grad oder weniger	40

8.12 Fuß

	MdE in %
Versteifung des unteren Sprunggelenks	
in Funktionsstellung	15
schmerzhaft wackelsteif	20–30
Versteifung des unteren Sprunggelenks und des Vorfußes	25
Versteifung des oberen und (hinteren) unteren Sprunggelenks	25
Versteifung des vorderen unteren Sprunggelenks	10
Sprungbeinbruch mit Verformung desselben und Sekundärarthrosis	bis 30
Sprungbeinnekrose mit Schienenhülsenapparat	40
Fuß	
Fersenbeinbruch	
geringfügig erniedrigter Tubergelenkwinkel, geringe sekundärarthrotische Veränderungen im unteren Sprunggelenk	10
deutliche Abflachung des Tubergelenkwinkels, mittelgradige Arthrose und schmerzhafte Wackelsteife des unteren Sprunggelenks, Fehlstellung des Rückfußes im Varus- oder Valgussinn, noch ausreichende Beweglichkeit im oberen Sprunggelenks und in der Fußwurzel	20
erhebliche Deformierung des Fersenbeins (Aufhebung des Tubergelenkwinkels, gravierende Deformierung des Rückfußes) Wackelsteife des unteren Sprunggelenks, Anschlussarthrose des oberen Sprunggelenks und/oder der Fußwurzel mit deutlicher Funktionsbeeinträchtigung des Fußes	30
weitgehend belastungsunfähige untere Extremität nach Fersenbein-Osteitis und/oder dystrophem Syndrom	40
Plattfuß, je nach Störung	bis 30
Klumpfuß, je nach Störung	bis 40
Hohlfuß, je nach Störung	bis 30
Kahnbeinbruch mit erheblicher Verformung und Sekundärarthrosis	20
Folgen von Fußwurzel-, Mittelfußbrüchen mit Fehlstellungen verheilt	10–30
Versteifung des Großzehengrundgelenks	
in leichter Überstreckung	< 10
in Neutralstellung	10
Versteifung aller Zehengrundgelenke (2–5)	
in leichter Überstreckstellung	10
in Neutralstellung	20

Kriterien bei Beidseitigkeit
- Summe der Einschätzungen: Die MdE ergibt sich im Wesentlichen aus Bewegungseinschränkungen
- Abweichung von der Summenbildung nach unten: Die MdE beruht überwiegend auf einer verminderten Belastbarkeit.
  Beispiele: Arthrosen, in Fehlstellung verheilte Fersenbein- und Fußfrakturen. Beim Gehen werden – abgesehen von Gehstützen – immer beide Beine eingesetzt. Liegt am rechten Sprunggelenk eine schwere Arthrose mit ausgeprägter Belastungsminderung vor (MdE 30 %), so kommt eine leichte Arthrose mit leichter verminderter Belastbarkeit am linken Sprunggelenk (MdE 10 %) kaum noch zum Tragen, da die Unfallfolgen rechts das Gehen und Stehen so sehr einengen, dass die Belastbarkeitsgrenze des linken Sprunggelenks nicht erreicht wird.

8.12.9 Messbeispiele mit „Normalwerten"

Oberes Sprunggelenk

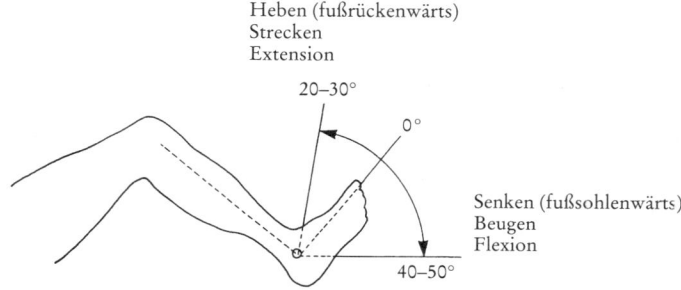

Heben/Senken des Fußes 20–0–50

Vorfuß
(Gesamtbeweglichkeit in Bruchteilen der normalen Beweglichkeit ausdrücken)

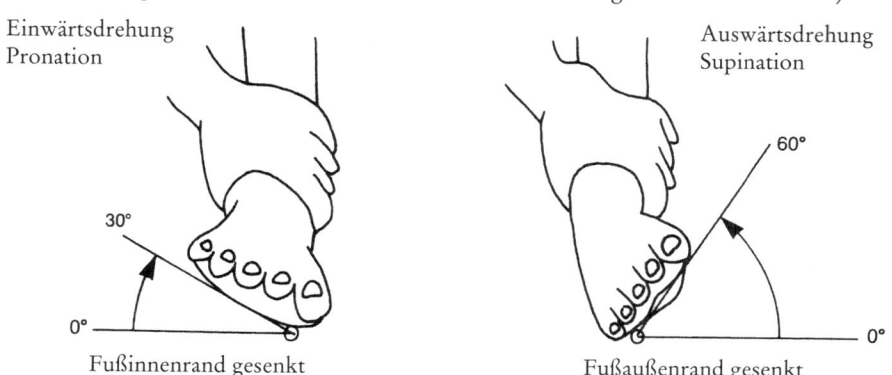

Fußinnenrand gesenkt   Fußaußenrand gesenkt

8.12 Fuß

Zehen

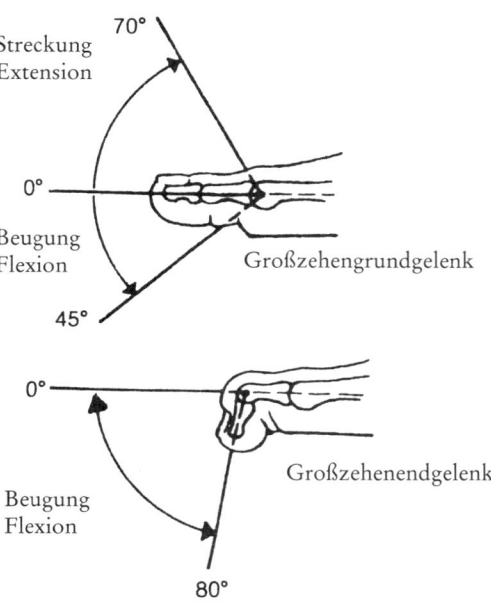

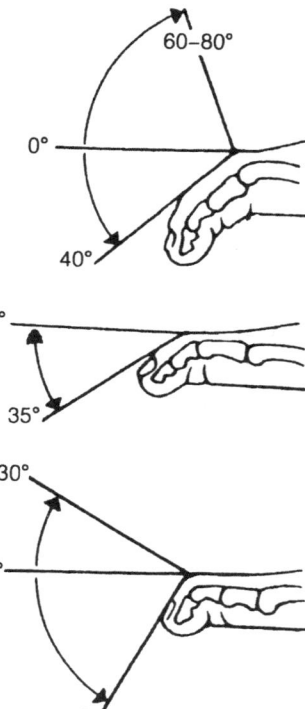

Beweglichkeit der übrigen, d. h. dreigliederigen Zehen im Grund-, Mittel- und Endgelenk

8.13 Amputation

Übersicht

8.13.1	Prothetische Versorgung der oberen Extremitäten........ 683		8.13.4	Grundsätze der Begutachtung und Minderung der Erwerbsfähigkeit 689
8.13.2	Prothetische Versorgung im Bereich der unteren Extremitäten 685		8.13.5	Überlastungsschäden als Amputationsfolge 693
8.13.3	Amputation und Rehabilitation im Überblick.............. 689		8.13.6	Schätzung der MdE........ 697
			8.13.7	Hilflosigkeit (Pflege)....... 698
			8.13.8	Replantation abgetrennter Gewebsanteile 699

Die Amputation verkörpert kein eigenes Krankheitsbild, sondern stellt die unausweichliche Endsituation bei verschiedenartigen Verletzungen und Erkrankungen dar. Amputationen[1] (= ringförmiges Abtrennen von Gliedmaßen) erfolgen durch das Unfallereignis selber (traumatische Amputation), aber auch im Rahmen der Behandlung von Unfallfolgen.

Die Amputation ist ein wichtiger Bestandteil des unfallchirurgischen Therapiespektrums: Einerseits braucht die akute Verletzung in allen auftretenden Mustern ein einheitliches Behandlungskonzept, andererseits müssen schon in dieser Phase die Voraussetzungen zu wiederherstellenden Maßnahmen angelegt werden. Entscheidende Schlüsselrolle für den langfristigen Rehabilitationserfolg kommt der Wahl des richtigen Amputationszeitpunktes zu: Der primären Amputation (innerhalb von 24 Stunden nach dem Unfallereignis) ist der Vorzug zu geben.

Die Amputation stellt einen schwer wiegenden Eingriff in die körperliche und seelische Sphäre des Betroffenen dar und bedingt deshalb in intensiver Art medizinische, soziale und berufliche Rehabilitation.

Ziel der Amputation

ist der schmerzfreie, muskelkräftige, gut durchblutete, gesunde und dauerhaft leistungsfähige Gliedmaßenstumpf, der so zu konfigurieren und zu modifizieren ist, dass er möglichst viele Funktionen des verloren gegangenen Körperteils kompensieren kann („Multifunktionsstumpf").

Ursachen traumatischer Amputationen

- Traumatische Gliedmaßenabtrennung, ggf. Zustand nach nicht erfolgreicher Replantation
- Traumatisierung mit nicht rekonstruierbarer Weichteil-Knochen-Gelenkverletzung
- Gasbrandinfektion
- thermische Verletzungen

---

[1] Weiterführendes Schrifttum: Baumgartner, Botta, Amputation und Prothesenversorgung der unteren Extremität, 2. Aufl. 1995, dies. Amputation und Prothesenversorgung der oberen Extremität, 1999; Debrunner, Orthopädie, Orthopädische Chirurgie, 4. Aufl. 2005 S. 1186 ff.; Probst, in: Tscherne Unfallchirurgie (Hrsg. Nerlich, Berger) Weichteilverletzungen und -infektionen (2003) S. 407 ff.; Rack, Hoffmann, Akt Traumatol 33 (2003) 228; Taeger, Nast-Kolb, Chirurg, 71 (2000) 727; dies. Unfallchirurg 103 (2000) 1097; Greitemann, u. a., Rehabilitation Amputierter, 1. Aufl. 2002.

8.13 Amputation

- chemische Verletzungen
- posttraumatische Gangrän, Kompartmentsyndrom
- posttraumatische Nekrose, Gefäßabriss
- posttraumatische Osteomyelitis, Arthritis, Panarthritis
- posttraumatische maligne Gewebsentartungen.

Amputation bedeutet zum einen den endgültigen Verlust eines Teiles der Extremität und damit zunächst den Gesamtverlust ihrer Funktion. Daneben ist es das Ziel, an die Stelle der Unbrauchbarkeit, der Behinderung oder des Krankheitsherdes den funktionellen Gewinn zu setzen und die Funktionstüchtigkeit wiederherzustellen (*funktionelle Amputation*).

Am Arm steht neben Greif- und Tastaufgaben die kosmetische Funktion im Vordergrund, am Bein können Stütz- und Bewegungsfunktion auch nur bei minimal erhaltener Restextremität gewährleistet sein.

Ausmaß und Höhe der Schäden an Haut, Muskeln und Nerven bestimmen die Amputationshöhe. Grundsätzlich ist der Operateur bestrebt, an Stumpflänge – wie irgend möglich – zu erhalten. Je kürzer der Stumpf desto schwieriger gestaltet sich die spätere aktive Prothesenbenutzung. Lange Amputationsstümpfe sind prothetisch versorgbar und führen zu guter Funktion des Systems. Der Mensch ist nicht der Prothese, die Prothese ist dem Menschen anzupassen.

Exartikulation

Sie unterscheidet sich von der Amputation dadurch, dass die Absetzung in der Gelenklinie erfolgt. Durchtrennung von Muskeln, ausgedehnte Muskelwunden und deren Blutungsfläche entfallen. Der Weichteilanteil besteht fast nur aus dem Hautorgan. Lange Hebelarme werden gebildet.

Orthopädische Hilfsmittel

- *Prothesen* ersetzen das Fehlen (pränatal) oder den Verlust (postnatal) von Gliedmaßen oder -abschnitten (orthopädische Schuhe, Schienen, Hülsen)
- *Orthesen* kompensieren (stellen ruhig, schienen, entlasten, stabilisieren) Defekte der Haltungs- und Bewegungsorgane. Sie werden an Körperabschnitten nach Art eines „Außenskeletts" getragen
- *Technische Hilfsmittel* werden nicht direkt am Körper getragen, sondern stellen – ähnlich einem Werkzeug – eine indirekte Hilfe dar (Gehstützen, Gehwagen, Rollstuhl)

8.13.1 Prothetische Versorgung der oberen Extremitäten[2]

Amputation im Bereich der oberen Extremität von den Fingerspitzen zum Brustkorb bedeutet

- Verlust an Tastorganen, die an den Fingerspitzen am dichtesten, an den körpernahen Gliedabschnitten am weitesten auseinander liegen

---

[2] Nach Probst, in: Tscherne Unfallchirurgie (Hrsg. Nerlich, Berger) Weichteilverletzungen und -infektionen (2003) S. 477 f.; Biglari, Kaps, Trauma Berufskrankh 8 (2006) 103; Schilgen, Knoche, in: Begutachtung der Haltungs- und Bewegungsorgane (Hrsg. Rompe, Erlenkämper) 5. Aufl. 2009 S. 399 ff.

- Verlust an „arbeitsfähigen" Gliedabschnitten und Gelenken mit der Folge schwieriger Einstellung des Tast- und Greiforgans
- Verengung des „Arbeitsraumes" des Restgliedes, bis eine koordinierte Tätigkeit mit dem Stumpf bei hoher Oberarmamputation und gesunder anderer Extremität schwierig, bei doppelter Oberarmamputation unausführbar wird
- Verlust an Ausdrucks- und Kommunikationsorganen („mit den Händen reden")

- **Passive, aktive und Hybridprothese**

Ihnen ist gemeinsam, dass nicht alle Greif- und Bewegungsarten der Hand nachempfunden werden können. Im Wesentlichen beschränken sich die Funktionen auf Spitz- und Faustgriff. Hinzu kommt eine aktive und passive Drehbeweglichkeit zwischen Unterarm und Hand. Ellenbogen- und Schultergelenke sind durch Scharnier- bzw. Kugelgelenke ersetzt.

- **Passive Prothesen**

Sie sind von geringem Gewicht, haben einen erhöhten Tragekomfort und sehen der verlorenen Extremität bezüglich der Form und Farbgebung möglichst ähnlich

- Schmuckarme (kosmetischer Ausgleich)
- Arbeitsarme (robuste Arbeitsgeräte für bestimmte Arbeitsabläufe, z. B. Ringhaken Spatenhaken in der Landwirtschaft, Tupfer für technisches Gerät)
- Silikonprothesen

Indikation nach Schultergürtelamputation mit Verlust des Schulterblattes: Drei Gelenke (an Hand, Ellenbogen und Schultergelenken) sind zu ersetzen. Die Prothese macht eine Abstützung am Becken oder alternativ eine Befestigung an der gegenüberliegenden Schulter notwendig.

Sinnvoller ist die Verordnung einer Schmuck- bzw. Arbeitsprothese als die einer aufwändigen Myoelektrik, vom Patienten zwar gewünscht, aber nicht genutzt.

- **Aktive Prothesen**

Sie befähigen zu verschiedenen Funktionen, wie Greifen, Festhalten und Tragen; zum Antrieb wird die Eigenkraft des Trägers und/oder durch eine fremde Quelle (Myoelektrik) bereitgestellte Energie benötigt.

- Eigenkraftprothese

Der Vorteil liegt in der Natürlichkeit des Bewegungsablaufs: Die Gelenke werden ohne Muskelanspannung dosiert bewegt, je nachdem, wie differenziert der Muskelzug vom Patienten aufgebaut werden kann; nützlich auch die Robustheit und Unempfindlichkeit der Mechanik. Nachteilig wirkt sich die aufwändige und teilweise störende Bandagenführung auf die Kosmetik aus. Die Versorgung setzt die Fähigkeit des Patienten voraus, sich auf den Bewegungsvorgang zu konzentrieren und Koordinationsvermögen zu entwickeln.

Beispiel für die Eigenkraftprothese ist der Hook-Arm. Die von der Muskulatur des Schultergürtels entwickelte Kraft und Bewegung werden über Bandagen und Kabelzüge auf Hand und Ellbogen der Prothese übertragen.

- Fremdkraftprothese (myoelektrische Prothese)
Konstruktionsmerkmale:
Muskelströme, die bei Betätigung bestimmter Muskeln, z. B. Bizeps, Trizeps, Flexoren und Extensoren entstehen, werden von Hautelektroden in der Prothese aufgenommen und einem Verstärker zugeleitet. Dieser steuert die Prothese.
Elektromotoren sorgen für das Öffnen und Schließen der Hand sowie für die Pro- und Supination, ebenfalls für Streckung und Beugung des Ellbogengelenkes.
Vorteil: Eleganz der Bewegung und gute Steuerbarkeit der Funktion. Nachteil: Empfindlichkeit, vor allem gegen Verschmutzung und Feuchtigkeit; für grobe Arbeiten nur sehr bedingt einsetzbar.

- Hybridprothese
Kombination aus Kraftzug- und myoelekrischer Prothese, z. B. Myoelektrik für die Hand und mechanische Steuerung für das Ellbogengelenk; vorrangig bei höherer Amputation sowie beidseitiger Armamputation.

Bei Ohnhändern sind durch stumpfplastische Operationen (Krukenbergstumpf, Sauerbruchkanal) deutliche Funktionsgewinne mit und ohne prothetische Versorgung erreichbar.

8.13.2 Prothetische Versorgung im Bereich der unteren Extremitäten[3]

Aufrechter Gang und Stand sind für den Menschen eine wesentliche Funktion. Die untere Extremität nimmt neben statischen wichtige Funktionen im Bewegungsablauf des Ganges wahr.

Die prothetische Versorgung muss sich an diesen Funktionen orientieren. Grundsätzlich gilt auch hier, funktionsfähige Reste zu erhalten und Endbelastbarkeit im Rahmen der Amputation anzustreben. Korrigierende plastische Eingriffe verbessern die Endbelastbarkeit. Jedes erhaltene funktionstüchtige Gelenk ist wertvoll.

Bei der Oberschenkelamputation hat die Stumpflänge entscheidende Bedeutung. Je kürzer der Stumpf und damit der Hebelarm, um so größer ist seine Tendenz zur Abduktion, Flexion und Außenrotation durch ein Übergewicht der Abduktoren und des Musculus iliopsoas.[4]

Bei der Unterschenkelamputation sinkt mit zunehmender Stumpflänge die Weichteildeckung, jedoch steigt der am Kniegelenk ansetzende Hebelarm, zu besserer Funktion führend. Bei zu nahem Stumpf am Kniegelenk ist ausreichende Führung der Prothese nicht gewährleistet.

---

[3] Baumgartner, Botta, Amputation und Prothesenversorgung der unteren Extremität, 2. Aufl. 1995; Debrunner, Orthopädie, Orthopädische Chirurgie, 4. Aufl. 2005 S. 1190; Taeger, Nast-Kolb, Unfallchirurg 103 (2000) 1097 ff.; Kristen, Die Unfallrente (Hrsg. Krösl, Zrubecky) 4. Aufl. 1992 S. 103 ff.; Handke, Trauma Berufskrankh 4 (2002) 266; Schofer, u. a., Trauma Berufskrankh 2004 (6) 19.

[4] Böhm, Klose, Gutachtenkolloquium 14 (Hrsg. Hierholzer u.a.) 2001 S. 179.

Ein kurzer Unterschenkelstumpf mit erhaltener Kniefunktion ist jedem Oberschenkelstumpf vorzuziehen. Die Amputation im Kniegelenk (Exartikulation) bietet neben schonendem Eingriff einen sicher endbelastbaren Stumpf. Bei Kindern und Heranwachsenden sollten distale Wachstumsfugen unter allen Umständen erhalten bleiben, ggf. in plastischen Eingriffen replantiert werden.

Fußstümpfe sind Unterschenkelstümpfen vorzuziehen: besseres Bodengefühl, Gehen ohne Hilfsmittel über kürzere Strecken (zu Hause). Beschaffenheit von Haut und Weichteilen bedingen die Länge des Stumpfes und die Amputationstechnik. Umfangreiche frei übertragene gestielte Lappen mit Gefäßanschluss sind mit Blick auf erreichbarer Endbelastbarkeit fraglich.

Ziel des statischen Aufbaus einer Beinprothese ist der minimale Aufwand an Muskelenergien während der Stand- und Schwungphase. Dies gelingt mittels annähernder Festlegung der statisch richtigen Belastungslinie, sodass es bei der Belastung der Prothese nicht zu einem Kippen des Prothesenrands oder Einknicken im Kniegelenk kommt.

Prothetik[5]

Nach Konstruktion und Bauweise werden unterschieden:

- Prothesen in Schalenbauweise, sog. konventionelle oder exoskelettale Prothesen. Diese werden meist aus Holz oder Kunststoff hergestellt, die Prothesenanwendung übernimmt formgebende und tragende Funktion zugleich.
  Die bei der neuen Schaftgeneration entwickelte *längsovale Schaftform*, unter kurzform Cat-Cam (»contoured, adducted, trochanteric, controlled alignment method«) bekannt, umfasst das Sitzbein trichterförmig und ebenso das Trochantermassiv. Der Vorteil dieser Schaftform liegt darin, dass die Stumpfmuskulatur nicht atrophiert, sondern die verbliebenen Muskeln angeregt werden, die Prothese zu halten und damit auch das Stumpfvolumen stabil erhalten wird.
  Es ist die Schaftform, welche die anatomischen Gegebenheiten besser berücksichtigt.

- Modularprothesen, sog. Rohrskelett- oder endoskelettale Prothesen. Hier übernimmt eine Rohrkonstruktion die Tragefunktion, während die äußere Form von einer flexiblen Ummantelung aus Schaumstoff gebildet wird (Vollkosmetik).
  Am Knie finden mechanische, hydraulische und pneumatisch gesteuerte Gelenke Verwendung. Damit lässt sich die Streck- und Beugebewegung individuell justieren. Während früher Stabilität nur bei gestrecktem Kniegelenk erreicht wurde, ist dies bei der neuen Generation von Kniegelenken auch z. B. bis zu einem Winkel von 25° möglich. Die Patienten erhalten mehr Sicherheit, das Gangbild wird dem natürlichen angeglichen. Hochleistungswerkstoffe, wie Karbonfaser und Titan, sorgen für hohe Stabilität bei geringem Gewicht.

Kniegelenksystem („C-leg")

Eine neue Entwicklung bei den Kniegelenkssystemen stellt das sog. »C-leg« dar. Dieses wird mikroprozessor-gesteuert. Elektronische Sensoren geben Informationen für die

---

[5] Nach Probst, in: Tscherne Unfallchirurgie (Hrsg. Nerlich, Berger) Weichteilverletzungen und -infektionen (2003) S. 478 f.

Standphasensicherung und die Schwungphasensteuerung. Durch Softwarevorgaben wird das C-leg intelligent gesteuert.

Versorgung bei Hüftexartikulation

Die Exartikulation im Hüftgelenk lässt dem Patienten nicht mehr die Möglichkeit, das Kunstbein durch die Funktion der Hüftbeugemuskulatur nach vorne zu bringen. Dies ist nur durch eine Kippbewegung des gesamten Beckens und eine frontale Bewegung ausführbar. Hier findet die Beckenkorbprothese Verwendung, bestehend aus Weichwandinnenschaft sowie einem harten Kontaineraußenkorb, der großflächig gefenstert ist. Das Hüftgelenk ist mit einer Sperre versehen, das Kniegelenk als Bremsknie gearbeitet. Als Fußteil wird ein »seattle lightfoot« benutzt.

Versorgung bei Knieexartikulation

Durch die Anfertigung einer oberschenkelumfassenden Vollkontaktprothese mit innerem Weichwandschaft und äußerem, harten Gießharzschaft wird dem Vorteil der hohen Endbelastbarkeit des Knieexartikulationsstumpfes Rechnung getragen.

Amputation im Rückfuß

Amputation im Rückfuß ist ein Sammelbegriff für Absetzungen im Fersenbereich zwischen Chopart-Gelenk und oberem Sprunggelenk. Alle Stümpfe im Rückfußbereich sind endbelastbar. Somit kann mit einer Schaftprothese und integriertem Schuh (gelenkloser Schuh mit Federmechanismus) die Gehfähigkeit wiederhergestellt werden.

Die klassischen Amputationslinien halten sich weitgehend an Gelenklinien. Die dabei entstehenden Fußstümpfe werden zweckmäßig in Mittelfuß- und Fußwurzelstümpfe eingeteilt.

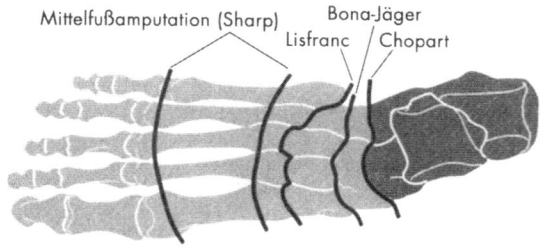

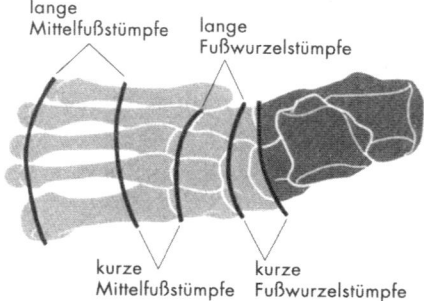

Übersicht zur prothetischen Versorgung

Amputationshöhe	Art der Versorgung
Hüftgelenk (Exartikulation)	Exartikulationskunstbein mit Beckenkorb, passivem Hüft- und Kniegelenk, passivem Fuß
Oberschenkel, Kurzstumpf	Oberschenkelkunstbein mit Kippschaft in längs- oder querovaler Einbettungstechnik, Schaft aus Holz (gute Trageeigenschaft) oder Kunststoff, auch als Weichwandschaft, *Kniegelenk* als Einachsgelenk, als Bremsknie, als Knie mit pneumatischer oder hydraulischer Pendelphasensteuerung. Fuß mit und ohne Rotationsadapter. Aufbau in konventioneller Holztechnik, in Modularbauteiltechnik mikroprozessorgesteuertes Kniegelenksystem (insbesondere C-leg-Gelenk[6])
Kniegelenk (Exartikulation)	Oberschenkelkunstbein mit Endbelastung in der Stumpfspitze und nach oben auslaufendem Weichwandschaft ohne Tuberaufsitz
Unterschenkel	Unterschenkelkunstbein mit Oberschenkelhülse (Manschette) oder schienenlos als Unterschenkelkurzbein mit verschiedenen Kniefixationsmöglichkeiten Kondylenbettung-Münster-Kurzprothese
Unterschenkel, Kurzstumpf	Unterschenkelkunstbein mit Schlupf- oder Schaukeltrichter
Sprunggelenk	Pirogoff-Stumpf, Versorgung mit Fußprothese mit Innenschuh (Mobilisator), gelegentlich auch Pirogoff-Versorgung
Mittelfuß	Kork- und Kunststoffersatzstück mit Stahlsohle und Konfektionsschuh
Fußwurzel	orthopädischer Schuh, Schuhprothese in Konfektionsschuh
Zehen	Sohlenverstärkung, ggf. Zehenersatz durch Kork oder Vulkollan

Zur prothetischen Versorgung am Bein gehören – mit Ausnahmen – eine Zweitversorgung, Reisestockstützen, Stumpfstrümpfe, Hautpflegemittel, gelegentlich Maßeinlagen für den erhaltenen Fuß, Handstock nach Körperzustand, wasserfeste Gehhilfe (Badeprothese) bei Bedarf.

Zur Bewegung bei Nacht ist ein Uniroll erforderlich. Ein Selbstfahrer ist für die Versorgung von einseitig Amputierten im Ausnahmefall notwendig.

---

[6] Dazu Thoele, Boltze, Orthopädie-Technik 5/2003; Koss, Medbach 100 (2004) 92, 93.

8.13.3 Amputation und Rehabilitation im Überblick[7]

	Kinder	Erwachsene
Ätiologie (hauptsächlich)	– kongenital – traumatisch – Tumoren	– traumatisch – Tumoren
Ausgangslage – physisch	– sehr gute Heilung – sehr gute funktionelle Anpassung – weiteres Wachstum verändert Stumpfform	– gute Heilung – meist gute funktionelle Anpassung
– psychisch	– ausgezeichnete Adaption und Umstellung – Kooperation meist noch mangelhaft – noch starke Abhängigkeit von der Umgebung	– gute Kooperation
Konsequenzen für die Therapie 1. Amputation	– möglichst sparsam – evtl. endgültige Versorgung erst nach Wachstumsabschluss – am besten in speziellen Zentren	– sparsam – gute Stumpfversorgung möglich und nötig – evtl. plastische und Mikrochirurgie
2. Prothesenversorgung	– anspruchsvoll	– meist gut möglich
3. Rehabilitation	– braucht Kenntnis, Einfühlung, Geduld – Teamarbeit – Aussicht auf Erfolg, aber stark von Einstellung der Umwelt abhängig	– meist gut möglich

8.13.4 Grundsätze der Begutachtung[8] und Minderung der Erwerbsfähigkeit

Die Amputation schafft ein neues Endglied, das von der Natur Aufgaben zu übernehmen hat. Hautbeschaffenheit und Muskelkraft entsprechen nicht den erhöhten Anforderungen. Die Versorgung der Gefäße und Nerven ist oft unzureichend. Der wenig beanspruchte Knochen atrophiert und wird kalkarm. Phantom- und Stumpf*schmerz* machen sich bemerkbar (s. 5.5.4, S. 207). Der Umformungsprozess des Stumpfes und der Vorgang der Funktionalisierung ziehen sich über einen längeren Zeitraum; unveränderlicher Dauerzustand wird nie erreicht. Dabei durchläuft der Stumpf Änderungen, die Gegenstand der Begutachtung sein müssen.

Schlechte und ungünstige *Stumpfnarben* beeinträchtigen die Gebrauchsfähigkeit eines Stumpfes. Sie sind zu korrigieren.

---

[7] Nach Debrunner, Orthopädie, Orthopädische Chirurgie, 4. Aufl. 2005 S. 1187.
[8] Probst, BG-UMed 26 (1975) 117–121; Merten, Unfallchirurg 1985, 416ff.; ders., BG-UMed 58 (1985) 255ff.; Boltze, ebenda, S. 133ff.; Greitemann, Rehabilitation Amputierter, 1. Aufl. 2002 S. 481ff.

Bei der Begutachtung des Hautmantels lassen *Hautfarbe* und *Stumpfweichheit* Rückschlüsse auf die Durchblutung des Stumpfes zu. Stumpfekzem und Blauverfärbung sind Zeichen für gestörten Blutabfluss. Die muskel-plastisch-geformten Stümpfe gelten als die günstigsten. Aufmerksamkeit im Hinblick auf eine akute Behandlung und auf krankheitsmäßige Verschlimmerung ist bei *Stumpfgeschwüren* und bei den am Prothesenrand auftretenden Hautentzündungen (Prothesenrandknoten) angezeigt.

Die Beschaffenheit der Weichteile weist auf Passform und Statik der Prothese hin. Durchblutungsstörungen (chronische Stauungen), Stumpfgeschwüre und Randknoten werden ausschließlich durch schlechte und nicht passende Prothesen hervorgerufen. Sie bedingen in der Regel keine dauernde Verschlimmerung der Unfallfolgen.

Die *Gefäßversorgung* spielt an Hand- und Fingerstümpfen eine große, an Unterarmstümpfen eine ebensolche Rolle. Besonders wichtig ist sie an den Unterschenkelstümpfen und bei Amputationszuständen am Fuß. Die Durchblutungsart des Unterschenkelstumpfes zwingt zur Stellungnahme gegenüber der Indikation zur Oberschenkelamputation: Der unzulänglich ernährte Unterschenkelstumpf kann das ganze Bein gebrauchsunfähig machen und unmittelbar sowie mittelbar über die mangelhafte Körperbewegung *Kreislaufschäden* verursachen.

Klinische Untersuchung kann in Ausnahmefällen ergänzt werden durch die Angiographie (Arterio-, Veno-, Lymphographie = röntgenologische Darstellung nach Kontrastmittelfüllung). Dazu kommt die Untersuchung mit der Ultraschall-Doppelsonde, welche die Arteriographie zum Teil abgelöst hat.

Bei Begutachtung des *Knochenstumpfes* verdienen Beachtung: das Auftreten von Kronensequestern (abgestorbene Knochenstücke, die sich kronenförmig vom Ende eines amputierten Knochens abstoßen), Veränderungen bei der chronisch-eitrigen Osteomyelitis (Knochenmarksentzündungen), Exostosen (knöcherne Auswüchse am Stumpfende) sowie Verkalkungen und Verknöcherungen in den Weichteilen.

Zur Beurteilung der *Kunstgliederversorgung* gehören: Beschaffenheit, Passform und Sitz des Ersatzstückes selbst, Funktion der Gliedmaße mit dem Kunstglied und Gangbild.

Führt eine optimierte prothetische Versorgung eines Extremitätenverlustes zu einer dauerhaften Funktionsverbesserung, steigen die Vermittlungschancen eines Amputierten auf dem Arbeitsmarkt. Die Herabsetzung der MdE wird deshalb erörtert.[9]

Indessen hebt das Gesetz (§ 56 Abs. 2 S. 1 SGB VII) nicht auf den Funktionsausgleich oder die Funktionsverbesserung durch Heil- und Hilfsmittel ab, sondern auf die fortbestehende Beeinträchtigung des Leistungsvermögens des Unfallverletzten auf dem gesamten Gebiet des Erwerbslebens.[10] Dem entsprechen die jahrzehntelang bewährten MdE-Erfahrungssätze, die sich beinahe ausschließlich an der Amputationsstelle orientieren. Der objektive funktionelle Körperschaden wird dabei unabhängig von dem Erfolg der prothetischen Versorgung beurteilt, da eine Prothese für die Gliedmaßen den Schaden derzeit bei weitem noch nicht voll kompensieren kann. Auch die Frage, ob der Verletzte eine Prothese ver-

---

[9] Schütz, Trauma Berufskrankh 3 (2001) Suppl 3 S. 348; Koss, ebenda S. 358; ders. MedSach 100 (2004) 92.
[10] Dazu: Majerski-Pahlen, MedSach 100 (2004) 98, 101.

8.13 Amputation

wendet, geht nicht in die Einschätzung der MdE ein. Der Gutachter kann nicht beurteilen, wie oft der Verletzte eine Prothese trägt. In der gutachterlichen Praxis wird nach Amputationen der Einschätzung der MdE die Strukturverletzung zu Grunde gelegt, ohne sie von der Funktion abhängig zu machen. Die Funktionsbewertung bleibt bei dieser Begutachtungspraxis nicht völlig unberücksichtigt, sie wird nur im Sinne einer Durchschnittsbewertung einbezogen. Das Vorgehen ist pragmatisch, unabhängig von dem Problem der Objektivierung subjektiver Beschwerden und damit vorteilhaft.[11] Liegen besondere Funktionsstörungen vor, sind diese zu berücksichtigen.

Die in der Übersicht angegebenen *Richtwerte* für die Bewertung entsprechen einem Erfahrungsgut über lange Jahrzehnte. Sie sollten *beibehalten* werden, auch wenn sie teilweise aus einer Zeit stammen, als andere Arbeitsbedingungen und eine ungünstigere prothetische Versorgung vorlagen. Die Sätze beziehen sich auf glatte Gliedverluste mit guten Stumpfverhältnissen. Bei schlechten Narbenverhältnissen, Durchblutungsstörungen am Stumpf, schlechter Weichteildeckung und anderen Störungen (Schmerz s. 5.5, S. 202 ff.) kommen Erhöhungen bis zu 20 % in Betracht.

	MdE in %
Verlust des Armes	
– im Schultergelenk oder Schultergürtel	80
– im Oberarm	75[12]
– im Ellenbogengelenk	70
– im Unterarm	65[13]
– beide Arme oder Hände	100
Verlust der Hand	60
Verlust des Oberschenkels	
– im Hüftgelenk	80
– bis zum kleinen Rollhügel	70
– im mittleren und unteren Drittel	60
– beide Oberschenkel	100

---

[11] Hierholzer, Gutachtenkolloquium 14 (Hrsg. Hierholzer u.a.) 2001 S. 213; Handke, u.a., Trauma Berufskrankh 4 (2002) 266, 272; Schwerdtfeger, Trauma Berufskrankh 2001, Suppl. 3 S. 353; Badke, ebenda, S. 361; Thomann, in: Orthopädisch-unfallchirurgische Begutachtung (Hrsg. Thomann, u.a.) 1. Aufl. 2009 S. 221.

[12] So auch Rompe, Begutachtung der Haltungs- und Bewegungsorgane (Hrsg. Rompe, Erlenkämper) 5. Aufl. 2009 S. 717; a.A. Mehrhoff, Meindl, Muhr, Unfallbegutachtung, 11. Aufl. 2005 S. 164: 70 %. Grosser, Gutachtenkolloquium 14 (Hrsg. Hierholzer u.a.) 2001 S. 193 weist darauf hin, dass die sonst eher problematische MdE-Abstufung in Fünferschritten hier wegen der funktionellen Nachteile dieser Amputationshöhe im Vergleich zur Ellenbogengelenksexartikulation gerechtfertigt ist.

[13] So auch Rompe, Begutachtung der Haltungs- und Bewegungsorgane (Hrsg. Rompe, Erlenkämper) 5. Aufl. 2009 S. 717; Grosser, Gutachtenkolloquium 14 (Hrsg. Hierholzer u.a.) 2001. a.A. Mehrhoff, u.a., Unfallbegutachtung, 11. Aufl. 2005 S. 164: 60 %. Die Schätzung berücksichtigt die funktionelle Nachteile dieser Amputationshöhe im Vergleich zur Handgelenksexartikulation.

	MdE in %
Verlust des Unterschenkels	
– im Kniegelenk	50[14]
– Unterschenkel und Versteifung des Knies	60[15]
– kurzer Unterschenkelstumpf (< 10 cm Stumpflänge)	50
– an typischer Stelle am Übergang vom mittleren zum unteren Drittel	40[16]
– beider Unterschenkel bei frei beweglichen Kniegelenken	80[17]
Verlust des Fußes	
– im Sprunggelenk mit Erhaltung der Ferse (Pirogoff-, Syme-Stumpf)	35
– in der Fußwurzel (nach Chopart)	30
– bei Spitzklumpfußstellung	40–50
– in der Fußwurzel (nach Lisfranc)	25
– im Bereich der Mittelfußknochen (nach Sharp)	25
Verlust der Zehen 1–3 oder 2–5	20
Verlust einer Zehe	unter 10
Verlust der Großzehe	10[18]
– mit MT-1-Köpfchen	20
Verlust an verschiedenen Extremitäten	
Arm und Oberschenkel	100

Nach anderer Ansicht sei die Minderung der Erwerbsfähigkeit unter Berücksichtigung von Prothesen und Implantaten und deren positiven Auswirkungen auf die Leistungsfähigkeit des Versicherten zu bemessen.

---

[14] Die Kniegelenksexartikulation bietet gegenüber dem Oberschenkelstumpf den wesentlichen Vorteil der Endbelastungsfähigkeit: bessere Ausdauer, Verzicht auf Tuberaufsitz bei prothetischer Versorgung. Deshalb hat sich dieser MdE-Wert (früher 60 %) durchgesetzt, Grosser, Gutachtenkolloquium 14 (Hrsg. Hierholzer u.a.) 2001 S. 194.

[15] Marquardt bemerkt, dass bei Unterschenkelamputation mit versteiftem Knie Stumpf und Prothese beim Sitzen sehr hinderlich und die statischen Bedingungen für die Prothese ungünstig sind. Dies trifft bei Kniegelenksartikulationen nicht zu, da die Endbelastungsfähigkeit höher ist als beim Oberschenkelstumpf; vgl. Grosser, u.a., Gutachtenkolloquium 14 (Hrsg. Hierholzer u.a.) 2001 S. 194.

[16] BSG, 26.6.1985, Breith. 1986, 67 = Meso B 250/114; Schreiber, Börner, Gutachtenkolloquium 6 (Hrsg. Hierholzer, u.a.) 1991 S. 67, 74; a.A. Mollowitz, Der Unfallmann, 12. Aufl. 1998 S. 357: 50 %.

[17] Nach Marquardt ist die andernorts angeführte Bemessung von 70 % im Vergleich zu jener des Einseitig-Unterschenkelamputierten zu niedrig; zumal der Beidseits-Unterschenkelamputierte voll auf seine Prothesen angewiesen ist. Anders als der Einseitig-Unterschenkelamputierte kann er sich nicht auf ein gesundes Bein verlassen und ohne Prothese nicht im privaten Milieu kurze Strecken auf dem gesunden Bein hüpfen.

[18] Eine MdE von unter 10 % verkennt die wichtige Funktion der Großzehe beim Abrollen.

8.13 Amputation

Die Geltung für

- Linsenverlust an einem Auge mit Kunst- oder Kontaktlinse (s. 6.4.4, S. 295)
- prothetischer Versorgung eines Hüftgelenks (s. 8.8.6.3, S. 586) oder Knieendoprothese (s. 8.10.11, S. 653)

sei „angesichts der auf die funktionellen Auswirkungen von Beeinträchtigungen gerichteten sozialmedizinischen Leistungsbeurteilung" auf den Verlust von Gliedmaßen zu übertragen.[19] Verwiesen wird auf die Bewertung von prothetischen Versorgungen[20]:

Arm-Hand-System

Verletzung	Prothese	MdE in %
Armverlust	(nur Schmuckprothese)	80
Handverlust	(nur Schmuckprothese)	70
Hand-/Armverlust	– konventionelle mechanische Greifproth.	60
	– myoelektrische Prothese	50

Bein-Fuß-System

Behinderung	Versorgung	
Nicht-prothesenfähige Amputation	(Gehstützen)	70
Oberschenkelamputation	– mit konvent. Saugproth. und Tuberaufsitz	60
	– Endolitesystem	50
	– Endolitesystem und „Computerknie"	40
Unterschenkel-Fußverlust	– mit geschnürter Oberschenkelprothese	40
	– KBM-Kurzprothese	30

8.13.5 Überlastungsschäden als Amputationsfolge

• **am erhaltenen Bein**

In früheren Untersuchungen bereits wurden bei Amputierten weniger Arthrosen (15–20 %) am unverletzten Bein (Hüft-, Knie- und Fußgelenk) als bei Nichtamputierten gefunden.[21] Dies liegt daran, dass der Amputierte nur etwa ein Drittel (Oberschenkel) bzw. die Hälfte (Unterschenkel) der Zeit eines Gesunden geht und steht. Da zudem das Gewicht des Kunstbeines geringer ist als das des natürlichen Beines, hätten sich die Arthrosen auch ohne Amputation entwickelt.

---

[19] Becker, MedSach 105 (2008) 142, 145; Plagemann, MedSach 100 (2004) 94, 96.
[20] Koss, MedSach 100 (2004) 92, 93.
[21] Arens, MedSach 1957, 26, 28 f.; s. auch Probst, BG-UMed 26 (1975) 117; Rompe, Niedhard, MedSach 76 (1980) 8.

Das Risiko von Arthrosen der Gelenke am kontralateralen Bein wird somit durch die Amputation nicht erhöht. Die Anerkennung von Arthrosen als Folgeschaden einer Amputation kommt deshalb in aller Regel nicht in Betracht. Ausnahmen ergeben sich beim Nachweis, dass über viele Jahre auf Grund schlechter prothetischer Versorgung erhebliche Fehlbelastung vorgelegen hat und das Degenerationsmuster biomechanisch zu dieser Fehlbelastung passt.[22]

Die Häufigkeit der *Krampfadern* bei Amputierten entspricht derjenigen bei Nichtamputierten, ebenso die Häufigkeit der *Senk-Spreizfüße*.

Bei einer Reihe Amputierter wurden keine Überlastungsschäden an den Gelenken des gesunden Armes festgestellt.

- **an der unverletzten Wirbelsäule**

Der menschliche Körper gleicht Ausfälle oder Verbiegungen vielfach aus. Mit typischen Verbiegungen der Hals- und Brustwirbelsäule zur amputierten Seite eines Ober- und Unterarmes wird beispielsweise die Amputation kompensiert, ohne dass diesem Vorgang ein Krankheitswert beizumessen ist.[23] Neueren Untersuchungen gemäß seien eine Torsion des Rumpfes mit Vorbringen der amputationsseitigen Schulter und gegenläufigem Vorschub der gegenseitigen Beckenhälfte, Rumpfüberhang zur amputierten Seite, Schulterhochstand auf der amputierten Seite und eine zur amputierten Seite hin konvex liegende Seitverbiegung der brustseitigen Wirbelsäule mit lumbaler Gegenschwingung ausgeprägter als bislang angenommen.[24]

- **nach Oberschenkelamputation**

Anders sind die Sekundärschäden nach Oberschenkelamputation infolge veränderter Statik zu beurteilen. Vereinzelt vertretener Auffassung, nicht die Amputation, sondern allein die „endogene Konstitutionslage" des Behinderten sei Ursache für Wirbelsäulenschäden, kann nicht beigetreten werden.[25] Ebenso muss die Ansicht als widerlegt gelten, veränderte Funktionsabläufe würden allenfalls einen „verschlimmernden Einfluss" auf die Anlagebereitschaft ausüben.[26]

---

[22] Probst, BG-UMed 26 (1975) 117; Rompe, MedSach 76 (1980) 8; Grosser, Gutachtenkolloquium 14 (Hrsg. Hierholzer u.a.) 2001 S. 202.

[23] Arens, in: Die Begutachtung der verletzten Wirbelsäule, Die Wirbelsäule in Forschung und Praxis, Bd. 40 (1968) 118–130; Holland, Reiter, H. Unfallh. 102 (1970) 277; Vogelberg, MedSach 1989, 138, 141; Lack, Kelaridis, Orthop. Praxis 25 (1989) 131 ff.

[24] Greitemann, u.a., Z. Orthop. 134 (1996) 498 ff.; ders., Asymetrie der Haltung und der Rumpfmuskulatur nach einseitige Armamputation, Habilitationsschrift Münster 1995; ders., Rehabilitation Amputierter, 1. Aufl. 2002 S. 489.

[25] So aber Theiss, Arch. orth. Unf. Chir. 49 (1957) 207; Belz, Kriegsopferversorgung 11 (1962), 40 u. 56; Holland, Wölck, Arch. f. Orth. u. Unf. Chir. 63 (1967) 325.

[26] So aber Borgmann, Verh. dt. orth. Ges. 45 (1957) 346; ders., Z. Orthop. 91 (1959) 502; ders., Arch. orth. Unf. Chir. 58 (1965) 230; ders., Verh. dt. orth. Ges. 53 (1967) 464; Warmuth, Kriegsopferversorgung 8 (1959) 159; Grosser, Gutachtenkolloquium 14 (Hrsg. Hierholzer u.a.) 2001 S. 222.

8.13 Amputation

Auf der Grundlage einer großen Reihe Beinamputierter weisen nach *Arens*[27] rund 80 % eine Verbiegung der Wirbelsäule auf, überwiegend zur amputierten Seite hin. Die Verbiegungen liegen vornehmlich im Bereich der Lendenwirbelsäule. Im Bereich der Brustwirbelsäule finden sich Ausgleichsverbiegungen zur anderen Seite hin. Die Zahl ist ungleich höher als bei den Gesunden (32,6 bzw. 25,6 %).

Diese Angaben stimmen im Wesentlichen überein mit anderen Untersuchungen, die sich mit dem Beckenschiefstand, skoliotischen Fehlhaltungen der Lendenwirbelsäule[28] sowie typischen Sekundärschäden in der Lendenkreuzbeinregion[29] befassen.

Die ausgleichende Verbiegung der Wirbelsäule, mit welcher der Körper versucht, den Beckenschiefstand zu kompensieren, kann mit der Zeit durch Fixation in eine echte Skoliose übergehen. Durch die hiermit verursachte Fehlbelastung wird eine spondylotische Degeneration an Bandscheiben und Wirbel, vor allem an der Bogeninnenseite hervorgerufen oder in ihrer Ausprägung verschlimmert.[30]

Als Ursache gilt u. a. ein über einen Zeitraum von Jahren getragenes, wesentlich zu kurzes Kunstbein für die Ausbildung einer später fixierten Skoliose und vorzeitigen Spondylarthose.[31] Können die Statikstörungen – Seitverbiegung der Lordosierung der Lendenwirbelsäule – durch Anlage oder altersbedingte Muskelinsuffizienz nicht mehr kompensiert werden, kommt es zur Überlastung der lumbalen Bewegungssegmente, bevorzugt im Bereich der Wirbelgelenke.

Daneben kommen schlechte Stumpfverhältnisse als Ursache in Betracht; auch ist auf eine anlagebedingte Binde- und Stützgewebsschwäche, die mit den veränderten statischen Verhältnissen schlechter zurecht kommt, zu achten.[32]

Bei amputationsbedingt fixierter Skoliose – von anlagebedingter abzugrenzen – ist eine Höherbewertung der MdE um 10 % vertretbar.[33]

Als Unfallfolge nach Amputationen werden Osteochondrose, Spondylarthrose und Spondylosis deformans überwiegend abgelehnt[34], es sei denn, sie sind mittelbare Folge einer amputationsbedingten Skoliose (Betonung der Veränderungen konkavseitig).

27 MfU 1955, 225, 229; ders., Kriegsopferversorgung 8 (1959), 17; ders., Med. Welt, 1960, 1270–1275; ähnlich Krämer, MedSach 72 (1979) 801: 71 % Lendenwirbelsäulenbeschwerden und 34 % Seitenausbiegungen.
28 Wilcke, MfU 1974, 132 (77 %); Holland, Wölck, Arch. f. Orth. u. Unf. Chir. 63 (1967) 325 (95 %); Heisel, Spätschäden an der Wirbelsäule nach einseitiger Oberschenkelamputation, Diss. Düsseldorf 1976 (48 %); Danke, Schrappe, Stumpfschmerzen Amputierter, Forschungsbericht (Hrsg. Bundesministerium für Arbeit u. Sozialordnung) 1979, 59 (92,5 %: Skoliose); Imhäuser, Steinhäuser, Orthop. Praxis 1982, 655; Vogelberg, MedSach 1985, 53; Koss, MedSach 89 (1993) 19.
29 Arens, in: Die Begutachtung der verletzten Wirbelsäule, Die Wirbelsäule in Forschung und Praxis, Bd. 40 (1968) 118–130; Borgmann, Verh. dt. orth. Ges. 45 (1957) 346; Holland, Wölck, Arch. f. Orth. u. Unf. Chir. 63 (1967) 325; Heipertz, Verh. dt. orth. Ges. 53 (1967) 451.
30 Vgl. Heisel, Spätschäden an der Wirbelsäule nach einseitiger Oberschenkelamputation, Diss. Düsseldorf 1976 S. 32.
31 Kristen, u. a., Orthopädische Praxis 1983, 500; Ludolph, MedSach 1988, 85, 86.
32 Heisel, Spätschäden an der Wirbelsäule nach einseitiger Oberschenkelamputation, Diss. Düsseldorf 1976 S. 32.
33 Krämer, u. a. in: Die ärztliche Begutachtung (Hrsg. Fritze, Mehrhoff) 7. Aufl. 2008 S. 437.
34 Holland, Czopnik, Orthop. Praxis 13 (1977) S. 551ff.; Rompe, u.a., MedSach 1980, 8; Dürr, Gutachtenkolloquium 4 (Hrg. Hierholzer, u. a.) 1989 S. 39.

Zusammenhangsbeurteilung

(1) Da je nach Gewebsqualität gewisse statische Störungen eine Zeitlang ausgeglichen werden, muss ein Mindestzeitraum verlangt werden, um den Zusammenhang zu rechtfertigen. Dieser beträgt in Abhängigkeit vom Alter 5 bis 15 Jahre.[35]

(2) Nach der Amputation sollten rasch Röntgenbilder der Wirbelsäule angefertigt werden, um so einen wichtigen Hinweis für die Begutachtung zu erhalten.[36] Die Zusammenhangsbegutachtung erfordert richtige Deutung des Röntgenbildes sowie Beherrschung der Untersuchungstechnik.

(3) Wird der Prothesengang als Ursache einer Wirbelsäulenveränderung angeschuldigt, muss die wesentliche Ursache im gewohnheitsmäßigen Prothesengang liegen. Es darf sich nicht um degenerative Veränderungen handeln, denen ein, aus eigenem Entwicklungsimpuls ablaufender Krankheitsprozess zu Grunde liegt. Bei fehlerfreier Prothesenversorgung und intakter Hüfte auf der amputierten Seite entwickeln sich die Verschleißerscheinungen meist unabhängig vom Prothesenstatus.[37] Hier kommt es darauf an, welchen Einfluss die angeführte Schwerpunktverlagerung hat.

- **nach Amputation der oberen Extremität**[38]

Der gesunde Arm erhält durch die vermehrt beanspruchte Muskulatur ein relatives Übergewicht. Er zieht die Halswirbelsäule in eine Fehlhaltung. Bei längerem Bestehen der Asymmetrie und Nachlassen der Muskelkraft entwickelt sich aus der funktionellen eine strukturelle Störung mit fixierter Seitverbiegung der Hals- und Brustwirbelsäule als erworbene Skoliose. Die Röntgenaufnahme zeigt eine Seitverbiegung, auch auf Funktionsaufnahmen bei maximaler Seitneigung nach rechts und links nicht ausgleichbar.

Ständige asymmetrische Beanspruchung der zervikalen Bewegungssegmente führen zu Überlastungserscheinungen der frontal gelegenen Bandscheibenanteile und Wirbelgelenke mit Beschwerden im Sinne eines lokalen Zervikalsyndroms.

Analog der Bewertung an der Lendenwirbelsäule erscheint eine Höherbewertung der MdE um bis zu 10 % gerechtfertigt.

- **Die gewichttragende Schulter („Krückengangschulter")**

Die Schulter trägt normalerweise kein Gewicht. Nach langjähriger Gehstützenbenutzung können Überlastungsschäden vornehmlich im subakromialen und akromioklavikularen Gelenk auftreten (Rotatorenmanschettendefekt bis zur Rotatorendektarthropathie, Bursa, lange Bizepssehne).

Auch Humeruskopfnekrosen wurden berichtet.[39] Deren Anerkennung ist nur nach Ausschluss sonstiger Dispositionsfaktoren zu erwägen.

---

[35] Breitenfelder, MfU 1974, 567, unter Hinweis auf Borgmann, Lob und Warmuth; kritisch Wilcke, MfU 1974, 132.
[36] Cotta, BG-UMed 7 (1969) 197 ff.
[37] Erdmann, BG-UMed 26 (1975) 123, 127 ff.
[38] Krämer, u. a., in: Die ärztliche Begutachtung (Hrsg. Fritze, Mehrhoff) 7. Aufl. 2008 S. 439.
[39] Pringle, in Surgery of shoulder (Hrsg. Batemann, Welsh) 1984; Baylay, Cochran, Sledge, J Bone Joint surg Am 69 (1987) 676.

Angesichts der Häufigkeit degenerativer Schulterbeschwerden setzt die Anerkennung den kombinierten Nachweis der funktionellen Störung und anatomisch-strukturellen Schädigung voraus und orientiert sich an den *Kriterien*[40]:

mindestens 5-jähriger Gehstützen- oder Rollstuhlgebrauch

doppelseitiger Befall

chronisch-persistierender, nichtepisodischer Verlauf

keine Schulterbeschwerden bei Eintritt der Schädigung

klinisch eindeutige Zeichen der Rotatorenmanschettenaffektion (schmerzhafter Bogen, positives Impingementzeichen, Schmerz bei resistiver Abduktion/Außenrotation, ggf. Kraftverlust bei Abduktion und Außenrotation, ggf. Pseudoparalyse, ggf. Bewegungseinschränkung, Atrophie der Supra- und/oder Infraspinatusmuskulatur)

sonographisch (evtl. arthrographisch) nachgewiesene Schäden an Rotatorenmanschette und Bursa subacromialis

funktionelle Desintegration des skapulohumeralen Muskelkomplexes: Der in Ruhe noch im Glenoid zentrierte Humeruskopf wird unter Körpergewichtsbelastung kranialisiert; Nachweis sonographisch oder röntgenologisch

röntgenologisch nachgewiesene Sekundärschäden (Hochstand des Humeruskopfes, Tuberkulumsklerosierung und Spornbildung)

röntgenologische Zeichen der Rotatorendefektarthropathie: Humeruskopfhochstand mit subacromialer Arthrose, Konturunregelmäßigkeiten des Humeruskopfes mit Erosionen, sekundäre glenohumerale und akromioklavikuläre Arthrose.

Höherbewertung der MdE	*in %*
Periarthropathia simplex oder adhaesiva	10
Rotatorenmanschettendefekt mit Funktionsschwäche (Kraftverlust)	20

8.13.6 Schätzung der MdE

Im Schrifttum wird auch vertreten, die Sekundärfolgen würden von den festgestellten Amputationsfolgen mit erfasst.[41] Als Argument wird angeführt, das Auftreten der Sekundärschäden sei so typisch, dass fehlende Verbiegungen aus dem Rahmen fallen. Zum anderen seien die Bewertungen bei Ober- und Unterschenkelverlust so hoch, dass ein Einbeziehen der Sekundärschäden an der Wirbelsäule gerechtfertigt sei.

Selbst wenn die MdE-Bewertung bei Ober- und Unterschenkelamputation zu hoch sein sollte, wäre allein durch das Einbeziehen von Sekundärschäden ein „Ausgleich" nicht zulässig. Eine Änderung müsste bei der MdE-Bewertung im Grundsatz greifen.

---

40 Krämer, u. a., in: Die ärztliche Begutachtung (Hrsg. Fritze, Mehrhoff) 7. Aufl. 2008 S. 438.
41 Arens, Med. Welt 1960, 1270–1275; ders., Kriegsopferversorgung 1959, 16, 17.

Im Übrigen ist nicht gerechtfertigt, bei Amputierten mit Sekundärschädigung die gleiche MdE anzunehmen wie bei vielen Verletzten ohne eine Beeinträchtigung der Wirbelsäule. Auch ist eine andere Behandlung der Verletzungsarten nicht angezeigt, bei denen es ohne Amputation zu sekundären Wirbelsäulenschädigungen kommt. Bei diesen wird ein grundsätzliches Einbeziehen jener Schäden in die MdE-Bewertung nicht vertreten. Wenn in einzelnen schweren Fällen eine MdE-Erhöhung befürwortet wird, so ergibt sich das problematische Abgrenzen von schweren und weniger schweren Fällen (Grad der MdE).

Entscheidend ist jedoch, dass bei der Festsetzung der MdE nur die vergangenen und die gegenwärtigen Unfallfolgen berücksichtigt werden dürfen, nicht aber vielleicht künftig eintretende.[42] Am Tage der Schätzung der Amputationsfolgen liegen indessen noch keine Sekundärschäden an der Wirbelsäule vor. Treten diese später im wesentlichen Umfang ein, ist der UV-Träger gesetzlich gehalten, eine neue Feststellung zu treffen.

Nach alldem ist bei wesentlicher Änderung in den Verhältnissen der Wirbelsäule ein Anheben der MdE gerechtfertigt.[43]

Die Veränderungen müssen von Dauer sein. Gelegentlich auftretende, bei Schonung und Erholung abklingende Beschwerden rechtfertigen keine Rentenerhöhung.[44]

Um „wesentlich" zu sein, muss die durch den Sekundärschaden begründete Verschlimmerung eine MdE von mindestens 10 % verursachen. Da die Folgen an der Wirbelsäule und am Bein in eine Gesamt-MdE einfließen, kommt es darauf an, ob es ausreicht, dass allein die Einzel-MdE der Wirbelsäule 10 % beträgt, auch wenn sich die Gesamt-MdE nur um 5 % erhöht. Da deshalb von der Schätzung der MdE nicht um nur 5 % abzuweichen ist, weil derartig geringe Abweichungen innerhalb der natürlichen, für jede Schätzung bestehenden Schwankungsbreite liegen[45], könnte die Auffassung vertreten werden, bei der Einschätzung einer Einzel-MdE der Wirbelsäulenschädigung in Höhe von 10 % handele es sich bereits um eine wesentliche Änderung.

Diese Argumentation würde jedoch verkennen, dass jeweils die *gesamten* Unfallfolgen zu schätzen sind und diese wesentlich über dem bisherigen Ergebnis liegen müssen.[46] Das trifft aber nur zu, wenn sich die Gesamt-MdE um 10 % erhöht.

Selbstverständlich ist der UV-Träger durch die Bindungswirkung des Rentenbescheides nicht gehindert, zu Gunsten des Verletzten die Rente nach einem MdE-Grad festzustellen, welcher als gerecht erscheint. In Würdigung des Einzelfalles kann (nicht muss) daher eine Rente um 5 % erhöht werden.[47]

8.13.7 Hilflosigkeit (Pflege)

Allgemeine Hinweise s. 3.8, S. 117.

---

42   BSGE 4, 147, 150 (29. 11. 1956); BSG 27. 1. 1976, HVBG VB 137/76.
43   So auch Roenick, Z. Orthop. 114 (1976) 327, 329; Imhäuser, Verh. dt. orth. Ges. 1966, 440; Erdmann, BG-UMed 26 (1975) 125.
44   LSG Nordrhein-Westfalen, 3. 12. 1963, Kartei Lauterbach Nr. 5905 zu § 622 RVO; Erdmann, BG-UMed 26 (1975) 125.
45   BSGE 32, 245, 246 (2. 3. 1971).
46   BSG, 2. 3. 1971, Meso B 30/32.
47   BSG, ebenda.

8.13 Amputation

Die Voraussetzungen für das Vorliegen der Hilflosigkeit sind gegeben beim Verlust von zwei oder mehr Gliedmaßen.

Der Verlust eines Oberschenkels kann Hilflosigkeit verursachen, wenn weitere Leiden in ungünstiger Wechselbeziehung zu dem Hauptleiden stehen, z.B. Versteifung des linken Armes ohne Ausführbarkeit des Faustschlusses. Der Verlust beider Unterschenkel rechtfertigt bei den Fortschritten der prothetischen Versorgung die Annahme von Hilflosigkeit im Allgemeinen nur, wenn die Hüft- und Kniegelenke versteift sind, so dass eine erhebliche Bewegungseinschränkung besteht, falls schwere Entzündungen oder sonstige Erscheinungen an den Stumpfnarben das Tragen von Prothesen für längere Zeit verhindern. Bei Versteifung des Knie- und Hüftgelenks mit Bewegungsbehinderung des Fußgelenks nebst Verkürzung des Beins, wodurch das Bedürfnis nach fremder Hilfe *nur* beim An- und Auskleiden der Beinkleider und zur Körperpflege am Bein verusacht wird, besteht keine Hilflosigkeit.

8.13.8 Replantation abgetrennter Gewebsanteile[48]

Die planmäßige Fortentwicklung der Mikrochirurgie (Schwerpunkt im peripheren Nervensystem, im Bereich von Transplantation, in der plastischen Chirurgie sowie bei Gefäßoperationen) hat die erfolgreiche Naht von Arterien und Venen mit sehr kleinem Durchmesser geebnet. Abgetrennte Gewebsanteile können mit Mikrogefäßnähten wieder an den Blutkreislauf angeschlossen und damit zur Einheilung gebracht werden (zwischen 60 und 95 %).

Glatte Amputationen oder Abquetschungen ohne starke Gewebsschädigung haben die beste Aussicht auf Erfolg. Die Indikation zur Replantation sollte vom Operateur nach eingehendem Gespräch mit dem Patienten gestellt werden.

Sinnvoll ist eine Replantation wegen der langen Operations- und Nachbehandlungsdauer insbesondere bei Abtrennung von

> Daumen
> mehreren Langfingern
> Handteilen
> ganzen Händen
> größerer Anteil von Hand oder Arm
> Skalpierungsverletzungen
> Ausriss wichtiger Gesichtsanteile (Ohr, Nase, Mund-, Wangenanteile)
> Penis.

Die Replantation einzelner Finger oder von Fingeranteilen hat Berechtigung vorwiegend bei Kindern.

Replantation bei Abtrennung distal des Handgelenk heißt *Mikroreplantation*, im Übrigen gilt der Begriff *Makroreplantation*.

---

[48] Steen, in: Rehabilitation Amputierter, 1. Aufl. 2002 S. 389 ff.; Meyer, in: Unfallchirurgie (Hrsg. Rüter, u.a.) 1996 S. 924 ff.; Buck-Gramcko, H. Unfallh. 138 (1979) 81 ff.; Millesi, BG-UMed 37 (1979) 227 ff.; Haas, ebenda, 261 ff.; zur Indikation und ihren Grenzen, Brug, ebenda, S. 243 ff.; Rüdiger, Partecke, BG-UMed 54 (1984) 209 ff.

Wesentliche Voraussetzung für eine erfolgreiche Replantation sind

>   Amputatsicherung am Unfallort[49]
>   richtige Behandlung des Amputats (gekühlter Transport)
>   schnelle Weiterleitung an eine Klinik, in der die technischen und personellen
>   Voraussetzungen für Replantationen bestehen (Replantationszentren).

Die Aufgabe der Replantationschirurgie liegt im Wesentlichen nicht mehr in der Einheilung eines replantationswürdigen Amputats, sondern in dessen funktionell optimaler Wiederherstellung. Nicht das technisch Machbare, das funktionell Sinnvolle ist entscheidend für die Durchführung einer Replantation.

Sekundäreingriffe zur Funktionsverbesserung nach Replantationen sind bei mehr als einem Drittel notwendig (vorwiegend Sehnen- und Nervenwiederherstellungen, Tenolysen, Korrekturen von Frakturfehlstellungen, instabilen oder kontraktilen Narben, Pseudarthrosen sowie Beseitigung von Osteitiden).

Die Replantationschirurgie kann vor allem die Folgen schwerster Handverletzungen mildern, zudem berufliche Wiedereingliederung ebnen.

Minderung der Erwerbsfähigkeit
- Rente als vorläufige Entschädigung – entsprechend Gliedverlust
- Rente auf unbestimmte Zeit – abhängig von Funktion und Sensibilität.

---

[49] OLG Celle, 16. 5. 1983, MedR 1983, 225; Kern, Chirurg 1984, 128; Brüser, Notfallmedizin 1984, 633.

9 Infektionskrankheiten

Übersicht

9.1	*Von Mensch zu Mensch übertragbare Krankheiten (BK-Nr. 31 01)*	703
9.1.1	Infektionskrankheiten	704
9.1.2	„Privilegierter" (geschützter) Personenkreis	704
9.1.3	Nachweis der besonderen Infektionsgefährdung	707
9.1.4	Arbeitsunfall	709
9.1.5	Mittelbare Unfallfolge	710
9.2	*Hepatitis*	710
9.2.1	Übersicht: Hepatitisviren A bis E	710
9.2.2	Epidemiologie und Krankheitsbild	712
9.2.2.1	Hepatitis A (HAV)	713
9.2.2.2	Hepatitis B (HBV)	714
9.2.2.3	Hepatitis C	717
9.2.2.4	Hepatitis D	719
9.2.2.5	Hepatitis E	720
9.2.3	Nachweis des Zusammenhangs (besonders erhöhte Infektionsgefahr)	720
9.2.3.1	bei der Hepatitis A-Infektion	720
9.2.3.2	bei der Hepatitis B-Infektion	721
9.2.3.3	bei der Hepatitis C-Infektion	722
9.2.3.4	Beweiserleichterung bei beruflich erworbenen HBV und HCV-Infektionen	723
9.2.3.5	bei der Hepatitis D-Infektion	728
9.2.3.6	bei der Hepatitis E-Infektion	728
9.2.4	Krankheit	728
9.2.5	Rechtliche Bewertung als Arbeitsunfall	728
9.2.6	Minderung der Erwerbsfähigkeit bei Virushepatitis	729
9.2.7	Meldepflicht	730
9.3	*AIDS*	730
9.3.1	Berufskrankheit	733
9.3.1.1	Nachweis der besonderen Gefährdung	734
9.3.1.1.1	Kontakt zu einer nachweislichen Infektionsquelle	734
9.3.1.1.2	Kontakt zu einer Gruppe von Menschen mit gegenüber der Normalbevölkerung deutlich erhöhtem Anteil infektiöser Personen	735
9.3.1.1.3	Gefährdung nach Art der Tätigkeit	741
9.3.2	Mittelbare Unfallfolge	741
9.3.3	Minderung der Erwerbsfähigkeit	741
9.3.4	Heilverfahren	742
9.3.5	Meldepflicht	742
9.3.6	Berufsausübung HIV-Infizierter	743
9.4	*Tuberkulose*	743
9.4.1	Ursachen	744
9.4.2	Krankheitsbild	745
9.4.3	Diagnose	746
9.4.4	Differentialdiagnose	746
9.4.5	Krankheitsfolgen	746
9.4.6.	Rechtliche Bewertung als Berufskrankheit	747
9.4.6.1.	Infektionskrankheit (BK-Nr. 3101)	747
9.4.6.2	Von Tieren auf Menschen übertragbare Krankheiten (BK-Nr. 31 02)	751
9.4.6.3	Arbeitsunfall	752
9.4.7	Tuberkulose der Knochen, Gelenke, Weichteile	753
9.4.8	Sehnenscheidentuberkulose	753
9.4.9	Minderung der Erwerbsfähigkeit	754
9.4.10	Meldepflicht	756
9.5	*Weitere von Mensch zu Mensch übertragbare Infektionskrankheiten im Überblick*	757
9.6	*Von Tieren auf Menschen übertragbare Krankheiten (BK-Nr. 31 02)*	760

9.7	Wurmkrankheit der Bergleute, verursacht durch Ankylostoma duodenale oder Strongyloides stercoralis (BK-Nr. 31 03)	770	9.10	Krankenhaus- und Wundinfektion	787
			9.10.1	Nosokomiale Infektionen	787
9.8	Tropenkrankheit (BK-Nr. 31 04)	771	9.10.2	Wundinfektionen	788
			9.10.2.1	Pyogene Infektionen	789
			9.10.2.2	Putride Infektionen	790
9.9	Insektenstich und Tierbiss	783	9.10.2.3	Hochdruckinjektionsverletzungen	791
9.9.1	Tiergift – Bisswunde – Bisskrankheit	783	9.10.2.4	Gasbrand (Gasödeminfektion, Gasgangrän)	791
9.9.2	Rechtliche Bewertung als Arbeitsunfall	784	9.10.2.5	Wundstarrkrampf – Tetanus	791
			9.10.2.6	Rechtliche Bewertung	792
9.9.3	Rechtliche Bewertung als Berufskrankheit	786	9.11	Impfschäden	793

Als *Infektion* wird bezeichnet das Eindringen von Krankheitserregern in den menschlichen Körper und deren dort erfolgende Vermehrung mit oder ohne Auftreten von Krankheitszeichen. Im weiteren Verlauf werden Abwehrmechanismen des Immunsystems in einer für jeden Erreger typischen Weise wirksam. Treten dabei Krankheitssymptome auf oder bleibt die vollständige Immunantwort aus (s. 9.2.4, S. 728), liegt – bei Vorliegen weiterer in BK-Nr. 31 01 bis 31 04 genannten Voraussetzungen – der Versicherungsfall vor.[1]

Berufskrankheiten, in deren Rahmen Infektionskrankheiten anerkannt werden	
BK-Nr. 31 01	von Mensch zu Mensch übertragbare Infektionskrankheit
BK-Nr. 31 02	von Tier auf Mensch übertragbare Infektionskrankheit, auch wenn bei Tätigkeit nach BK-Nr. 31 01 erworben
BK-Nr. 31 03	Wurmkrankheiten der Bergleute
BK-Nr. 31 04	Tropenkrankheiten, Fleckfieber, auch wenn bei Tätigkeit nach BK-Nr. 31 01 erworben

---

[1] Bezüglich Einzelheiten der Infektionskrankheiten (Meldepflicht, Inkubation, Epidemiologie, Symptomatologie, Laborbefunde, Serologie, Therapie, Prophylaxe, Komplikationen und Spätschäden) s. Darai, Hinz, Sonntag, Lexikon der Infektionskrankheiten des Menschen, 2. Aufl. 2003; Hahn, Falke, Kaufmann, Ullmann, Medizinische Mikrobiologie und Infektionsepidemiologie, 5. Aufl. 2005; Hoffmann (Hrsg.) Handbuch der Infektionskrankheiten, 2. Aufl. 2003; Hofmann, Tiller, Praktische Infektiologie, 2000; Valentin, u.a., Arbeitsmed., 3. Aufl. 1985, Bd. 2, S. 156 ff.; Hofmann, Infektiologie, 1997; Weber, Valentin, u.a., Allgemeine und berufsbedingte Infektionskrankheiten – Diagnose und Therapie, ASP Sonderheft Nr. 3 (1983); Schwegler, Die ärztliche Begutachtung (Hrsg. Fritze, Mehrhoff) 7. Aufl. 2008 S. 625 ff.; Haas, Knobloch, in: Handbuch der Arbeitsmedizin (Hrsg. Konietzko, Dupuis) 1991, Abschn. IV-4.2; Blutübertragene Infektionskrankheiten, Tagungsband, Paris 1995 (Hrsg. Internationale Vereinigung für Soziale Sicherheit, Genf, Sektion f. d. Verhütung von Arbeitsunfällen und Berufskrankheiten im Gesundheitswesen) 1996; BGlicher Grundsatz für arbeitsmedizinische Vorsorgeuntersuchungen, G 42 Tätigkeiten mit Infektionsgefährdung, September 2007.

- **Konkurrenzen**

Bei Vorliegen mehrerer BK-Tatbestände sind auch die Voraussetzungen für Versicherungsfälle der verschiedenen Berufskrankheiten erfüllt.[2]

Jedoch stehen die Vorschriften der BK-Nrn. 31 01 bis 31 04 in einem logischen Verhältnis der Spezialität zueinander. Die speziellere Norm verdrängt für ihren engeren Anwendungsbereich die allgemeinere, da im umgekehrten Fall die speziellere Norm keine Bedeutung hätte. Liegt der Tatbestand der BK-Nr. 31 04 vor, entfallen die aufwändig zu ermittelnden Voraussetzungen der BK-Nr. 31 01 oder 31 02[3], letztere ist wiederum lex specialis zur BK-Nr. 31 01. Die BK-Nr. 31 03 ist die speziellste Vorschrift.

Stellt sich die Erkrankung als Hautkrankheit dar, sind – mangels Konkurrenzregel – BK-Nrn. 31 01, 31 02, 31 04 auch dann anzuerkennen, wenn die besonderen Voraussetzungen der BK-Nr. 51 01 nicht gegeben sind.[4]

Einteilung der Infektionserkrankungen nach den verursachenden *Erregern*		
(1) Bakterien	Beispiele:	Tuberkulose
(2) Viren		Hepatitis, Poliomyelitis, AIDS
(3) Protozoen = Einzeller		Malaria
(4) Rickettsien		Fleckfieber
(5) Pilze		Soor
(6) Würmer		Echinokokken
(7) Spirochäten		Syphilis

9.1 Von Mensch zu Mensch übertragbare Krankheiten (BK-Nr. 31 01)

„Infektionskrankheiten, wenn der Versicherte im Gesundheitsdienst, in der Wohlfahrtspflege oder in einem Laboratorium tätig oder durch eine andere Tätigkeit der Infektionsgefahr in ähnlichem Maße besonders ausgesetzt war."

Die Infektion mit einer übertragbaren Krankheit erfüllt regelmäßig auch die Voraussetzungen des Unfallbegriffs, weil das auslösende Ereignis die einmalige Ansteckung ist (z.B. Stichverletzung an kontaminierter Kanüle). Diese ist jedoch rückblickend häufig nicht zu ermitteln, insbesondere bei zunächst klinisch stumm verlaufenden Erkrankungen.[5] Meist kommen verschiedene Infektionsquellen und Übertragungswege in Betracht, ohne dass sich feststellen lässt, bei welcher Gelegenheit es tatsächlich zu der Ansteckung gekommen ist.

---

[2] BSG, SozR 3-2200 § 592 Nr. 1 (18. 12. 1990).
[3] So auch Merkblatt zur BK-Nr. 31 01 vom 1. 12. 2000, BArbBl 1/2001 S. 35; a . A. Koch, BG 2005, 138,142; Koch-Lauterbach, § 9 Anh. IV 3101 Anm. 9, der – mangels entsprechender Kollisionsnorm – von einer Idealkonkurrenz ausgeht.
[4] Brackmann/Becker, § 9 BK-Nr. 3101 Anm. 4: Koch-Lauterbach, § 9 Anh. IV 3101 Anm. 9.
[5] BSG, 21. 3. 2006, UVR 2006, 216 mit Hinweis auf Richter, AN 1929, IV 90, 91.

Dem trägt BK-Nr. 31 01 Rechnung, indem als Einwirkung (i. S. d. § 9 Abs. 1 S. 2 SGB VII) ausreichend ist, dass der Versicherte einer der versicherten Tätigkeit innewohnenden Infektionsgefahr besonders ausgesetzt war. Die besondere Infektionsgefahr ersetzt – als eigenständiges Tatbestandsmerkmal – die Einwirkung (s. 9.1.3, S. 707).

9.1.1 Infektionskrankheiten

Es handelt sich um eine offene Berufskrankheiten-Bezeichnung. Erfasst werden alle Arten von berufsbedingten Infektionskrankheiten. Diese zeigen bezüglich Krankheitsbild, Pathogenese, Diagnose und Therapie keine Besonderheiten gegenüber Erkrankungen durch außerberufliche Infektionsquellen.

9.1.2 „Privilegierter" (geschützter) Personenkreis

Der geschützte Personenkreis ist auf vier Tatbestandsalternativen beschränkt. In den ersten drei Varianten werden Einrichtungen aufgezählt, von denen der Verordnungsgeber annimmt, dass für die dort Tätigen dem Grunde nach ein besonderes Infektionsrisiko besteht. Diesen werden Versicherte gleichgestellt, deren Tätigkeit zwar nicht in einer der genannten Einrichtung verrichtet wird, aber dennoch ein vergleichbares Gefährdungspotential aufweist.

Die Begrenzung des Versichertenkreises beruht auf der Erwägung, dass nicht jede zufällig erworbene Infektionskrankheit erfasst werden soll, sondern nur Erkrankungen, bei denen sich mit der Infektion ein generelles Gruppenrisiko dieser Versicherten realisiert. Die Infektion eines nicht dem „privilegierten" Personenkreis angehörenden Versicherten, der keiner besonderen Ansteckungsgefährdung ausgesetzt war und sich damit für seine Tätigkeit atypisch und zufällig infiziert, kann sich jedoch als Arbeitsunfall oder dessen mittelbare Folgen darstellen.

- **Gesundheitsdienst**

Wesentlicher Inhalt des Begriffs „*Gesundheitsdienst*" ist der Dienst zum Schutz, zur Erhaltung, Förderung oder Wiederherstellung der Gesundheit gefährdeter Menschen oder zur Pflege unheilbar Kranker oder Gebrechlicher.

Alle Tätigkeiten im Rahmen der „geschlossenen" Gesundheitsfürsorge sind darunter zu verstehen (z.B. Krankenhäuser, Heil- und Pflegeanstalten, Entbindungsheime, betriebsärztliche Dienststellen, Anstalten, die Personen zur Kur und/oder Pflege aufnehmen[6]). Die Einordnung des *gesamten* Personals (z.B. Reinigungskräfte, Haushandwerker,[7] Küchenpersonal,[8] Verwaltungsangestellte[9]) rechtfertigt sich bei diesen festumschriebenen Einrichtungen, in denen bei *jedem Beschäftigten* Ansteckungsgefahren in höherem Maße vorhanden sind als in anderen Institutionen des Gesundheitsdienstes und der Wohlfahrtspflege.[10]

---

[6] So ausdrücklich 2. BKVO v. 11. 2. 1929 Nr. 2 (RGBl I S. 27).
[7] LSG Baden-Württemberg, 13. 9. 1989, HV-Info 3/1990, 199.
[8] BSG, 15. 11. 1982, SozSich 1983, 189 = VersR 1983, 370.
[9] LVA Baden-Württemberg, 11. 1. 1950, Breith. 1950, 257; LSG Berlin-Brandenburg, 27. 9. 2007, UVR 20/2007, 1386.
[10] BSGE 6, 186 (11. 12. 1957).

9.1 *Von Mensch zu Mensch übertragbare Krankheiten (BK-Nr. 31 01)*

Außerhalb dieses „geschlossenen" Bereichs sind Einrichtungen und Tätigkeiten einbezogen, welche

– die Beseitigung oder Besserung eines krankhaften Zustandes
– die Pflege eines Pflegebedürftigen
– den Schutz der Gesundheit oder der Allgemeinheit vor unmittelbar drohenden Gefahren

bezwecken. Da es sich um den Grad der Infektionsgefährdung handelt, ist die vorwiegend unmittelbare Betreuung durch persönlichen Kontakt entscheidend[11]: Arzt, Zahnarzt-, Heilpraktikerpraxen[12], Apotheken[13], Physiotherapie- und ähnliche Einrichtungen, Desinfektionsabteilungen und -betriebe[14], Krankentransport- und Rettungsdienste[15], Schädlingsbekämpfer[16], Betriebs- und Werksärzte, amts- und beratungsärztliche Dienststellen, soweit der Bereich der Gesundheitspflege betroffen ist.[17]

Keine Tätigkeiten des Gesundheitsdienstes sind solche

– denen Unterrichts- und Erziehungszwecke ein bestimmendes Gepräge geben[18]
– zur Förderung und Stärkung der Gesundheit an sich gesunder, nicht behandlungsbedürftiger Personen, es sei denn, der gesundheitsfördernde bzw. krankheitsverhütende Erfolg ist nicht nur eine nebenher erzielte Begleiterscheinung.[19]

- **Wohlfahrtspflege**

Wohlfahrtspflege ist die planmäßige, zum Wohle der Allgemeinheit und nicht des Erwerbs wegen ausgeübte vorbeugende oder abhelfende *unmittelbare* Betreuung von gesundheitlich, sittlich oder wirtschaftlich gefährdeten Personen.[20] Kennzeichnend ist die Verhütung oder Beseitigung von Notständen, von denen Menschen bedroht oder betroffen sind. Maßgebend ist die Zweckbestimmung der Einrichtung. Abzugrenzen sind Tätigkeiten, die allein verwaltender Art sind[21] und nicht der unmittelbaren Betreuung dienen.

Damit der Begriff der „Wohlfahrt" erfüllt ist, muss die persönliche Unterstützung und Förderung des Betreuten und nicht eine Erwerbsabsicht für das Handeln bestimmend sein:

Betreuungseinrichtungen für Kinder, Behinderte oder Senioren, Suchtberatungsstellen, Sozialberatungsstellen, AIDS-Beratungsstellen.

Die Abgrenzung zum Gesundheitsdienst ist fließend.

---

11 BSG, 30. 5. 1988, HV-Info 23 1988,1798 = Meso B 170/27 = NZA 1988, 823.
12 Hess. LSG, 21. 2. 1968, Breith. 1968, 825; LSG Hamburg, 25. 7. 1952, Breith. 1959, 113.
13 Bayer. LVA, 20. 7. 1951, Breith. 1951, 915.
14 LSG Niedersachsen, 20. 11. 1978, Breith. 1979, 619.
15 LSG Niedersachen, 20. 11. 1978, Breith. 1979, 619.
16 Hess. LSG, 21. 2. 1968, Breith. 1968, 825.
17 Hess. LSG, 7. 12. 1970, Breith. 1955, 1048; LSG Baden-Württemberg, 7. 12. 1970, Breith. 1972, 916; LSG Rheinland-Pfalz, 28. 1. 2003, HV-Info 33/2003, 2995 = Meso B 150/44.
18 Vgl. auch LSG Bremen, 17. 11. 1960, BG 1962, 38: Eine Sprachheilschule gehört zum Gesundheitsdienst, wenn nicht Unterricht, sondern Heilung der Sprachfehler im Vordergrund steht.
19 Mehrtens, Brandenburg, M 3101 Anm. 6.3 m.w.N.
20 BSGE 15, 190 (27. 10. 1961); LSG Bremen, 23. 4. 1987, HV-Info 19/1987, 1545 ff.: Kindergarten.
21 BSGE 15, 116 (29. 9. 1961); 18, 133 (30. 11. 1962).

- **Laboratorien**

Laboratorien sind solche für wissenschaftliche oder medizinische Untersuchungen und Versuche.[22] Dort Tätige müssen entweder mit Kranken unmittelbar in Berührung kommen oder mit Stoffen umgehen, die kranken Menschen zur Untersuchung entnommen wurden.

- **Ähnlich exponierte Bereiche**

„*Oder eine andere Tätigkeit*" beinhaltet keinen Auffangtatbestand für jene Fälle, die nicht unter die genauer genannten Einrichtungen einzuordnen sind. Die Gefährdungstatbestände stehen insofern in einem von der sozialen Schutzwürdigkeit bestimmten Zusammenhang, als nur die dem Gesundheitsdienst u. a. typischen Infektionskrankheiten erfasst werden.[23] Der Versicherte muss *in ähnlichem Maße* der Infektionsgefahr ausgesetzt sein, so dass die abstrakte Gefährdung in Art und Grad derjenigen in den bezeichneten Einrichtungen vergleichbar ist.

Die Tätigkeit muss jedoch nicht wesensgleich sein. Erforderlich ist allein

– dass dem versicherten Tätigkeitsbereich eine abstrakte Gefahrenlage innewohnt und
– sich die generelle Gefahr auf Grund der im Gefahrenbereich konkret ausgeübten Verrichtungen auch tatsächlich realisiert hat[24] (z. B. Tätigkeiten in einer Behörde mit häufigem Kontakt zu Besuchern aus dem Vorderen Orient und Afrika[25]).

Keine ähnlich gearteten Bereiche sind Einrichtungen, in denen sich vorwiegend gesunde Menschen treffen, wie Kindergarten, Schule, Gemeinschaftsunterkunft.[26]

Erhöhte Ansteckungsgefahr kann auch in den klimatischen. hygienischen, sozialen und sonstigen Verhältnissen des Tätigkeitsortes begründet sein. Entscheidend sind die Einsatzbedingungen im Einzelfall, nicht die allgemeine geomedizinische Klassifikation. Das Risiko einer Infektion muss bei der versicherten Tätigkeit im Ausland höher sein als dasjenige der Gesamtbevölkerung in Deutschland und in etwa so hoch wie das des Pflegepersonals in hiesigen Krankenhäusern.[27]

Bei beruflich veranlassten Auslandsaufenthalten stehen Risiken des privaten Bereichs nicht unter dem Schutz der ges. UV, auch wenn es sich um auslandsspezifische Gefahren handelt, die im Heimatland nicht oder nicht in demselben Ausmaß vorhanden sind.[28]

---

22 Hess. LSG, 21. 2. 1968, Breith. 1968, 825.
23 LSG Rheinland-Pfalz, 7. 4. 1976, Breith. 1976, 825.
24 BSG, 2. 4. 2009, B 2 U 33/07 R, UVR 17, 2009, 1048.
25 BSG, 30. 5. 1985, SGb 1985, 507 Nr. 8.
26 LSG Rheinland-Pfalz, 18. 1. 1984, Breith. 1984, 952; Hess. LSG, 30. 6. 1993, Meso B 260/27: Klärwärter üben keine ähnlich geartete Tätigkeit aus, s. S. 706.
27 BSG, 18. 1. 1983, HVBG VB 81/83: Hepatitis A bei Flugbegleiter im fernen Osten; BSG, 2. 2. 1978, HVBG VB 93/78: Typhus in Nordafrika; BSG, 26. 1. 1982, HVBG VB 81/83: Hepatitis A bei einem Piloten im Indieneinsatz; BSG. 21.3 2006, UVR 3 2006, 216: HIV bei Nigeria-Einsatz; Hess. LSG, 23. 7. 2003, HVBG VB 73/2003 = Meso B 150/46: Hepatitis A während Messebau in Neu-Delhi.
28 BSG, 27. 6. 2006, UVR 3/2006, 216.

9.1.3 Besonders hohe Infektionsgefahr

Die Zugehörigkeit zum „privilegierten" Versichertenkreis belegt nur das generelle Gruppenrisiko. Daneben muss eine besondere Infektionsgefährdung unter den konkreten Bedingungen der individuellen Tätigkeit festgestellt werden. Bloße Zugehörigkeit zum „privilegierten" Personenkreis genügt nicht.[30]

Die besonders erhöhte Infektionsgefahr ersetzt – nach jüngster Rspr. des BSG[31] – bei der BK-Nr. 31 01 das bei anderen Berufskrankheiten geforderte Tatbestandsmerkmal „Einwirkung". Mit dem weiteren Tatbestandsmerkmal „Verrichtung einer versicherten Tätigkeit" ist es durch einen wesentlichen Kausalzusammenhang verbunden.

Liegt eine erhöhte Infektionsgefahr vor, sei nach Auffassung des BSG[32] die haftungsbegründende Kausalität grundsätzlich gegeben, da der Verordnungsgeber typisierend nach Tätigkeitsbereichen den Ursachenzusammenhang unterstellt habe. Soweit das BSG[33] in einem weiteren Urteil im Zusammenhang mit der erhöhten Infektionsgefahr von der Möglichkeit einer Schädigung spricht, ist zu beachten, dass das BSG nicht schon eine „schlichte Infektionsgefahr" genügen lässt, sondern eine „besonders erhöhte Infektionsgefahr" fordert. Es kommt also insbesondere darauf an, welche einzelnen Arbeitshandlungen mit Blick auf den Übertragungsweg der jeweiligen Infektion besonders gefährdet sind.

Unter diesen Voraussetzung ist von der Wahrscheinlichkeit und nicht von der Möglichkeit eines Ursachenzusammenhangs auszugehen.[34]

„Besonders erhöhte Infektionsgefahr" muss im Vollbeweis vorliegen.

- **Stufenmodell**

Eine der versicherten Tätigkeiten zuzuordnende besondere Gefährdung ist nach dem vom BSG[35] zur Hepatitis B entwickelten „Stufenmodell" anzunehmen, wenn während der Inkubationszeit

---

[29] BSG, 27. 6. 2006, UVR 3/2006, 216.
[30] BSG, 29. 1. 1974, SozSich Kartei Nr. 2844; LSG Baden-Württemberg, 26. 5. 1965, Breith. 1965, 906.
[31] BSG, 2. 4. 2009, B 2 U 30/07 R, UVR 17/2009, 1055.
[32] BSG, 2. 4. 2009, B 2 U 7/08 R, UVR 15/2009, 895.
[33] BSG, 2. 4. 2009, B 2 U 30/07 R, UVR 17/2009, 1055: „Die besondere Infektionsgefahr ersetzt als eigenständiges Tatbestandsmerkmal die Einwirkungen und ist mit dem weiteren Tatbestandsmerkmal „Verrichtung einer versicherten Tätigkeit" durch einen wesentlichen Kausalzusammenhang, hingegen mit der „Erkrankung" nur durch die Möglichkeit eines Kausalzusammenhangs verbunden."
[34] Brandenburg, in: Virushepatitis als Berufskrankheit (Hrsg. Selmair, Manns) 3. Aufl. 2007 S. 199, 202 unter Berücksichtigung des § 9 Abs. 3 SGB VII.
[35] BSG, SozR 4-5671 Anl. 1 Nr. 3101 Nr. 1 (24. 2. 2004) = HV-Info 6/2004, 481.

– unmittelbarer oder mittelbarer Kontakt zu einer nachweislich infizierten Person[36] oder
– unmittelbarer oder mittelbarer Kontakt zu einer Gruppe von Menschen mit einem gegenüber der Normalbevölkerung deutlich erhöhten Anteil infektiöser Personen – (ausreichend, wenn ein gewisser Prozentsatz der Kontaktpersonen unerkannt an der Infektion erkrankt ist[37]) oder
– der Art nach besonders infektionsgefährdende Tätigkeit[38]

vorgelegen hat.

- **Wechselbeziehung zwischen Arbeitsbedingungen und Durchseuchung des Arbeitsumfeldes**

In Fortentwicklung des „Stufenmodells" durch das BSG[39] ergibt sich die besondere Infektionsgefahr auf Grund der

– Durchseuchung (Prävalenz) des Umfeldes der Tätigkeit und/oder
– Übertragungsgefahr der ausgeübten Verrichtungen.

Beide Risikosphären stehen in einer Wechselbeziehung. Je gefährdender die spezifischen Arbeitsbedingungen sind, umso niedrigere Anforderungen sind an den Grad der Durchseuchung zu stellen; je weniger die Arbeitsbedingungen mit dem Risiko der Infektion behaftet sind, umso bedeutsamer ist das Ausmaß der Durchseuchung.

Der *Grad der Durchseuchung* des Arbeitsumfeldes ist sowohl hinsichtlich der kontaktierten Person als auch der Objekte festzustellen, mit oder an denen gearbeitet wurde. Lässt sich das Ausmaß der Durchseuchung nicht aufklären, kann aber das Vorliegen eines Krankheitserregers am Arbeitsplatz nicht ausgeschlossen werden, ist vom Durchseuchungsgrad der Gesamtbevölkerung auszugehen.

Die *Übertragungsgefahr der ausgeübten Verrichtungen* richtet sich nach dem spezifischen Übertragungsweg der Infektionskrankheit sowie der Art, Häufigkeit und Dauer der verrichteten gefährdenden Tätigkeit, d. h. den potentiell übertragungsgeeigneten Kontakten, aber auch nach einem besonders hohen Verletzungs-/Inokulationsrisiko bei diesen Tätigkeiten. Heranzuziehen sind[40]

– generelle, insbesondere statistische Erkenntnisse über ein erhöhtes Infektionspotenzial im Arbeitsumfeld des Versicherten, d. h. Erkenntnisse über die zu erwartende Anzahl von Patienten, Betreuten, sonstigen Kontaktpersonen mit positiven Befunden bzw. von infektiösen Untersuchungsmaterialien während der in Frage kommenden Ansteckungszeit
– die medizinische, naturwissenschaftliche und ggf. technische Sachkunde nach dem im Entscheidungszeitpunkt aktuellen wissenschaftlichen Erkenntnisstand. Es handelt sich um solche, die durch Forschung und praktische Erfahrung gewonnen wurden und von

---

[36] BSG, SozR Nr. 1 zu Anl. 37 6. BKVO (9. 12. 1964); BSG, 30. 5. 1988, NZA 1988, 823 = Meso B 150/27 = HV-Info 1988, 1798.
[37] BSG, 30. 5. 1988, NZA 1988, 823.
[38] BSG, SozR 4-5671 Anl. 1 Nr. 3101 Nr. 1 (24. 2. 2004) = HV-Info 6/2004, 481.
[39] BSG, 2. 4. 2009, B 2 U2 U 30/07 R, UVR 17/2009, 1055.
[40] BSG, 2. 4. 2009, B 2 U 30/07 R, UVR 17/2009, 1055.

9.1 Von Mensch zu Mensch übertragbare Krankheiten (BK-Nr. 31 01)

der großen Mehrheit der auf dem Gebiet tätigen Fachwissenschaften anerkannt werden und über die – von vereinzelten, nicht ins Gewicht fallenden Gegenstimmen abgesehen – Konsens besteht
- Schematas, die in der fachwissenschaftlichen Literatur für die Beurteilung der Übertragungsgefahr ausgearbeitet wurden (s. 9.2.3.4, S. 723), sofern sie sich auf dem neuesten Stand befinden. Ihnen kommt indes keinerlei rechtliche Verbindlichkeit zu; sie ersetzen nicht die Ermittlung der erhöhten Infektionsgefahr anhand der Umstände des zu beurteilenden konkreten Einzelfalls.

Tatsachen, die die Möglichkeit eines Infektionsvorgangs – und damit die Annahme einer Gefahr von vornherein – ausschließen, dürfen nicht vorliegen:

- trotz eines hohen Durchseuchungsgrades steht die Art der konkret ausgeübten Tätigkeit einem Infektionsvorgang entgegen
- unter Berücksichtigung der Inkubationszeit der Krankheit kann die Infektion nicht während der Dauer der Ausübung einer gefährdenden Tätigkeit erfolgt sein
- die Erkrankung wurde durch eine Infektion im unversicherten Lebensbereich verursacht.

Die tatsächlichen Voraussetzungen für das Vorliegen dieser Ausschlussgründe müssen nachgewiesen sein. Die objektive Beweislast tragen die Träger der ges. UV[41].

Sind keine Ausschlussgründe gegeben, ist somit eine Infektion möglich, sind die das Arbeitsumfeld und die versicherte Tätigkeit betreffenden beiden Risikobereiche unter Berücksichtigung des spezifischen Übertragungsweges und Verbreitungsgrades der jeweiligen Infektionskrankheit zu werten. Auf Grund dieser Gesamtwürdigung ist festzustellen, ob sich im Einzelfall eine Infektionsgefahr ergibt, die nicht nur geringfügig erhöht ist, sondern im besonderen Maße über der Infektionsgefahr in der Gesamtbevölkerung liegt.

Die Wahrscheinlichkeit des Kausalzusammenhanges kann durch medizinische Ermittlungsergebnisse erhöht werden. So mag die beruflich bedingte Infektionsgefahr durch die individuelle gesundheitliche Disposition verstärkt werden, wenn z.B. die Hautbarriere nicht intakt ist und Krankheitserreger daher leichter aufgenommen werden.[42]

9.1.4 Arbeitsunfall

Stellt sich bei „nicht privilegierten" Versicherten (s. 9.1.2, S. 704) das Infektionsereignis als derart atypisch für die verrichtete Tätigkeit und/oder den Arbeitsbereich dar, dass ein Ausschluss der Gefährdung im Sinne der BK-Nr. 31 01 gegeben ist, bedarf es der Prüfung, ob ein Arbeitsunfall mit einer Infektionskrankheit als unmittelbare Unfallfolge vorliegt.

---

41 BSG, 2. 4. 2009, B 2 U 7/08 R, UVR 15/2009, 895; BSG, 2. 4. 2009, B 2 U 30/07 R, UVR 17/2009, 1055.
42 BSG, SozR 4-5671 Anl. 1 Nr. 3101 Nr. 1 (24. 2. 2004) = HV-Info 6/2004, 481: rissige Hände einer hepatitisinfizierten Krankenschwester.

9.1.5 Mittelbare Unfallfolge

Mittelbare Unfallfolge liegt vor, wenn die Infektion infolge der Heilbehandlung nach einem Arbeitsunfall erfolgt, z.B. durch Bluttransfusion oder Fremdorganübertragungen. Durch Kontrollen des Spendematerials kann dieses Risiko jedoch deutlich verringert werden.

War bei Schwangeren die Leibesfrucht gleichfalls infiziert, greift § 12 SGB VII: Während der Schwangerschaft wurde der Nasciturus durch den Versicherungsfall mittelbar geschädigt (s. 1.13, S. 45).

9.2 Hepatitis*

In Deutschland sind wahrscheinlich knapp 1 Million Menschen von einer chronischen viralen Hepatitis betroffen, weltweit sind ca. 170 Millionen mit dem Hepatitis C-Virus und mehr als 350 Millionen mit dem Hepatitis B-Virus infiziert. Damit ist die Virushepatitis global eine der häufigsten Infektionskrankheiten nach Malaria und Tuberkulose.

9.2.1 Übersicht: Hepatitisviren A bis E

Als Hepatitisviren werden Viren bezeichnet, die sich vornehmlich in der Leber vermehren. Identifiziert sind bis heute die Hepatitisviren A, B, C, Delta (D) und E als Leberpathogen. Diskutiert werden noch weitere, bisher nicht identifizierte Erreger. Die Viren unterscheiden sich grundsätzlich voneinander in ihrer Genomstruktur, ihrem Verbreitungsgebiet und ihrem Übertragungsweg. Gemeinsam ist ihnen lediglich der Ort ihrer primären Replikation: die Leber.

Hepatitisvirus A (HAV)

RNS-Einzelstrang-Virus
Fulminante (tödliche) Krankheitsverläufe unter 0,2 % (bei über 50 Jährigen über 2 %), sonst gutartiger selbstlimitierender Verlauf und folgenlose Heilung mit lebenslanger Immunität
Chronische Verläufe: keine
Carrier: keine

Hepatitisvirus B (HBV)

Inkomplettes DNS-Doppelstrang-Virus
Bildung von Mutanten möglich
Fulminante (tödliche) Verläufe: 1 %
Folgenlose Heilung mit Immunität: über 90 %
Chronische Verläufe: 5–10 %
Carrier (klinisch gesunde oder chronisch kranke Virusträger): 0,3–0,8 % der Bevölkerung in Deutschland (= 250.000 bis 650.000)

---

* Mitarbeit Dr. med. T. Remé, Berufsgenossenschaft für Gesundheitsdienst und Wohlfahrtspflege, Hamburg.

Hepatitisvirus C (HCV)

RNS-Einzelstrang-Virus
Typisierung verschiedener Virusvarianten durch Virus C-Genomanalyse (Genotypen 6 und mehr als 20 Subtypen).
Mutantenbildung: häufig
Fulminante (tödliche) Verläufe: sehr selten
Folgenlose Heilung: ca. 20 %
Chronische Verläufe: bis ca. 80 %
Carrier (klinisch gesunde oder chronisch kranke Virusträger): 0,6 % der Bevölkerung in Deutschland

Hepatitisvirus Delta (D)

RNS-Einzelstrang-Virus
Simultaninfektion mit Virus B oder Superinfektion bei HBsAg-Carrier, häufig mit fulminantem (tödlichem) Verlauf
Bei Superinfektion überwiegend chronische Verläufe (70 bis 90 %)

Hepatitisvirus E

RNS-Einzelstrang-Virus
Selbstlimitierter Verlauf mit folgenloser Heilung
Fulminante (tödliche) Verläufe nur bei Schwangeren beschrieben
Chronische Verläufe: keine
Carrier: keine

„Kandidaten" Hepatitisviren G, TTV und SEN-V

Vermutet wird, dass neben den bekannten und definierten menschenpathogenen Hepatitisviren noch weitere existieren. Die 1995/96 entdeckten Viren GB-Virus-C (GBV-C) und Hepatitis-G-Virus (HGV) sind zwei unterschiedliche Isolate desselben Virus.

Übertragung: durch Blut, Blutprodukte, Sexualkontakt.

Das TT-Virus (transfusion transmitted virus) ist möglicherweise ein Beispiel eines humanen Virus mit fehlender klarer Assoziation mit einer Erkrankung.

Übertragung: parenteral, fäkal-oral.

Beide Viren können mit hoher Wahrscheinlichkeit keine akuten, chronischen oder gar fulminanten Hepatitiserkrankungen verursachen.

Das sog. SEN-Virus ist ein einzelsträngiges, zirkuläres DNS-Virus (1998 von einer firmeneigenen Forschergruppe in Italien entdeckt). Es wird, bisher noch unbewiesen, in Zusammenhang mit selten auftretenden Posttransfusionshepatitiden Non A bis Non E gebracht.

Das bisherige „Alphabet" der Virushepatiden A bis E muss vorerst (noch) nicht fortgeschrieben werden. Bei Meldungen von Infektionen mit einem der drei Viren ist kein Feststellungsverfahren nach BK-Nr. 31 01 einzuleiten.[43]

9.2.2 Epidemiologie und Krankheitsbild

Das klinische Bild der einzelnen Hepatitis-Arten ist – abgesehen von unterschiedlicher Dauer der Inkubationszeit – vergleichbar. Nach uncharakteristischen rheumatoiden, gastrointestinalen oder grippeähnlichen Prodromi zeigt sich in einem Teil der Fälle eine Gelbfärbung der Skleren (Lederhaut der Augen) und Haut (Ikterus) sowie eine Leber- und Milzvergrößerung. Inapparente (klinisch stumme) und anikterische (ohne Gelbsucht verlaufende) subklinische Verläufe kommen bei allen Hepatitis-Formen vor, bei der Hepatitis A insbesondere im Kindesalter in 90 bis 98 %, bei der Hepatitis B in bis zu 50 %.

In allen Hepatitis-Fällen kommt es morphologisch zu diffuser Schädigung und zum Untergang von Leberparenchym mit einer nachfolgenden Entzündungsreaktion, wobei besonders schwere Krankheitsverläufe (1 %) mit subtotaler oder totaler Lebernekrose im Leberausfallkoma tödlich verlaufen können.

Chronische Verläufe bis zur *Zirrhose* (s. 12.6.2.3, S. 917) stellen sich ein bei Hepatitis B (bis 10 %) und Hepatitis C (bis 80 %).

Als gesichert gelten heute die floride Leberzirrhose als Präkanzerose sowie das Hepatitis B-Virus als Co-Kanzerogen eines primären Leberzellkarzinoms (HCC). Das Risiko eines HCC ist gegenüber nicht HBV-induzierten Zirrhosen um den Faktor 100 erhöht.[44] Ebenfalls gibt es starke Hinweise für die Onkogenität des Hepatitis C-Virus. Bei HCV-induzierter Leberzirrhose liegt die Rate des primären Leberzellkarzinoms bei 1–5 %.[45]

Die *derzeitige Klassifikation der chronischen viralen Hepatitis*[46] berücksichtigt gleichermaßen klinische, serologische, immunologische und histomorphologische Erkenntnisse und integriert auch wissenschaftliche Anforderungen (z.B. die Beurteilung der Effektivität therapeutischer Maßnahmen) insofern, als eine Quantifizierung der Veränderungen *(Scoring)*, die histologische Aktivität als Grad einer nekroinflammtorischen Aktivität *(Grading)* und Art und Ausmaß der Fibrose als Parameter für das histologische Studium *(Staging)* abschätzbar bleiben.

Stufen der Klassifikation:

- Diagnose (z.B. chronische Hepatitis B)
- entzündliche Aktivität – „grading" – (vier Stufen: minimal bis stark)
- bindegewebiger Umbau – „staging" – (fünf Stellen: keine Fibrose bis Zirrhose)

Mit genauerer Erfassung von „Grading" und „Staging" kann die zeitliche Progredienz der Erkrankung bzw. der Therapieerfolg abgeschätzt werden. Von zentraler Bedeutung ist die

---

[43] Ohlen, Selmair, in: Virushepatitis als Berufskrankheit (Hrsg. Selmair, Manns) 3. Aufl. 2007 S. 146.
[44] Robert Koch Institut, Hepatitis B, Merkblätter für Ärzte, August 2004.
[45] Robert Koch Institut, Hepatitis C, Merkblätter für Ärzte, April 2004.
[46] Desmet, u.a., Classification, Grading and Staging, Hepatology 19 (1994) 1513 ff.; Wiese, MedSach 94 (1998) 6, 8 m.w.N.; Selmair, u.a., MedSach 94 (1998) 132; dies. in: Virushepatitis als Berufskrankheit (Hrsg. Selmair, Manns) 3. Aufl. 2007 S. 250.

9.2 Hepatitis

histologische Erfassung der chronischen Hepatitis für Diagnose, Therapie und Prognoseabschätzung.

Neben den histopathologischen Kriterien sind eine fortbestehende Virämie, erhöhte Aktivitäten der Serumtransaminasen und klinische Komplikationen der Leberzirrhose zu bewerten: damit ergänzen mehrere Parameter die bisherigen primär rein morphologisch definierten Diagnosegruppen einer chronisch-persistierenden, -lobulären oder -aggressiven Hepatitis. Weitere Einzelheiten s. 9.2.6, S. 729 (Minderung der Erwerbsfähigkeit).

Die Festlegung des histologischen Stadiums einer chronischen Hepatitis ergibt sich aus der auf dem Boden Leberparenchymzelluntergängen entstandenen entzündlichen Bindegewebsneubildung (Fibrose) mit folgender Gradeinteilung:

Geringe Fibrose	Fibrose auf portale Felder beschränkt
Mäßige Fibrose	Portale Fibrose mit portalen Septen ohne Störung der Architektur
Starke Fibrose	Zahlreiche portale Septen, zum Teil mit porto-portalen und porto-zentralen Brückenbildungen sowie entsprechenden Störungen der Architektur
Zirrhose	Bindegewebiger pseudolobulärer Umbau der Leber

9.2.2.1 Hepatitis A (HAV)

Die Durchseuchung mit dem Hepatitisvirus A ist weltweit hoch, sie nimmt von den tropischen Regionen nach Norden zu kontinuierlich ab. Im südeuropäischen Bereich ist ein erhöhtes Infektionsrisiko gegeben, insbesondere im östlichen Mittelmeerraum. Aktuelle epidemiologische Situation in Deutschland (anti-HAV-IgG-positiv): Durchseuchungsgrad unter 6 % bei den 20-Jährigen, etwa 20 % bei Personen bis zum 40. Lebensjahr und ca. 45 % bei den über 50-Jährigen.

Inkubationszeit: 2 bis 6, im Mittel 4 Wochen.
Ca. 80 % inapparente subklinische Verläufe, vor allem bei Kindern gehäuftes endemisches Auftreten.

Übertragung: überwiegend fäkal-oral. Das Virus bleibt auch außerhalb des Körpers, z.B. in Lebensmitteln oder (See)Wasser (Kanal- und Rohrleitungsbauer), bis zu 4 Wochen virulent (infektiös). Durch die lange Virämiephase (36 bis 391, im Mittel 95 Tage) kann Blut als Übertragungsweg durchaus eine Rolle spielen.[47]

Erhöhtes Ansteckungsrisiko: Beschäftigte in Kindergärten und Heimen, medizinisches Personal (Kinderkrankenschwestern), Kanal- und Klärgrubenarbeiter, Homosexuelle[48], bei Hotelaufenthalt in Endemiegebieten 3/1000 Reisende/Reisemonat, „Rucksacktouristen" 20/1000 Reisende/Reisemonat.[49]

---

[47] Selmair, in: Handbuch der Arbeitsmedizin (Hrsg. Letzel, Nowak) 7. Erg. Lfg. 5/08 D I –6.1 S. 11.
[48] Rumler, Papenfuß, ASU 35 (2000) 252.
[49] Steffen, Vaccine 11 (1993) 518.

Sofern Infizierte erkranken, handelt es sich, von seltenen schweren Krankheitsverläufen abgesehen, überwiegend um eine gutartige, selbstlimitierte Krankheit mit folgenloser Heilung. Es gibt weder gesunde Virusträger noch chronische Krankheitsverläufe. Bei Erwachsenen sind jedoch rezidivierende und langwierige Verläufe bekannt.

Durch verbesserte Hygienemaßnahmen ist die Durchseuchungsrate der Bevölkerung und damit das Infektionsrisiko in den Zivilisationsländern der nördlichen Erdhälfte deutlich rückläufig. Eine zunehmende Empfänglichkeit, auch für Erwachsene, z.B. als Reiseinfektion, resultiert hieraus.

Die *Diagnose* erfolgt durch den Nachweis von anti-HAV-IgM zum Höhepunkt der klinischen Krankheit, während anti-HAV-IgG auf einen zurückliegenden, mit Immunität beendeten Viruskontakt hinweist.

Nach der Infektion verbleibt eine lebenslange *Immunität* (gegen alle Genotypen).

Prävention

Impfung zur *Aktivimmunisierung* empfiehlt sich bei noch nicht immunen Reisenden bzw. Langzeitaufenthalten in Endemieländern (südöstlicher Mittelmeerraum, Afrika, Südostasien, Südamerika), bei medizinischem Personal in der Pädiatrie, Personal in medizinisch-bakteriologischen Laboratorien, in Kinderheimen, bei Klärwerkarbeitern.

Postexpositionell bei Nichtimmunen (anti-HAV negativ) im Falle des Kontakts mit an Hepatitis A Erkrankten oder Personen in der späten Inkubationsphase einer Hepatitis A bzw. im Falle des Kontakts mit infektiösem Material – sofortiger Beginn der Schutzimpfung.

9.2.2.2 Hepatitis B (HBV)

Nach Tuberkulose und Malaria ist sie weltweit dritthäufigste Infektionskrankheit.

In Mitteleuropa am weitesten verbreitet in Risikogruppen (z.B. bei Drogenabhängigen), jedoch sind auch sporadische Erkrankungen in der Allgemeinbevölkerung bekannt. Sie gilt als typische Berufskrankheit der Heil- und Pflegeberufe.

Inkubationszeit: 1–6 Monate, im Mittel 60–90 Tage
Inapparente subklinische Verläufe in ca. 50 %; anikterische Verläufe in 30 % der Erkrankungen

Chronische Verläufe: 5–10 % der Fälle, von denen in einem Teil mit Entwicklung einer Leberzirrhose gerechnet werden muss. Es gibt jahrelange Verläufe mit minimaler Progression und weitestgehender Beschwerdefreiheit und ebenso rasch progressive Fälle, in denen es innerhalb weniger Jahre zur Zirrhose und deren lebensbedrohlichen Komplikationen kommt.[50]

---

[50] Manns, in: Klinische Gastroenterologie (Hrsg. Eckhard, u.a.) 3. Aufl. Bd. II 1996.

Okkulte HBV-Infektionen[51]

Der Begriff wurde für Infektionen geprägt, bei denen die heute sehr empfindlichen HBsAg-Tests negativ sind, aber die noch empfindlicheren Nukleinsäuretests HBV-DNA nachweisen können. Diese Definition ist problematisch, da die Ursachen für die negative HBsAg-Bestimmung unterschiedlich sein können und nicht unbedingt durch tatsächliches Fehlen auch messbarer HBsAg-Mengen verursacht werden. Außerdem differiert die Empfindlichkeit der HBV-DNA-Nachweisverfahren erheblich. Dementsprechend schwanken die Berichte über die Prävalenz in bestimmen Untersuchungskollektiven in weiten Grenzen. Damit wäre die Definition einer okkulten HBV-Infektion abhängig von der wechselnden Sensitivität von Testverfahren bei gleichzeitiger Nichtbeachtung der zellulären Persistenz des HBV-cccDNAg, was insgesamt den Infektionsstatus nur oberflächlich beschriebe. Der Begriff okkulte Infektion sollte nur dann verwendet werden, wenn es Gründe für die Annahme gibt, dass die Leber HBV-Genome enthält, aber HBV-Partikel nur in sehr geringer, zum Teil unmessbarer, Menge in das Blutplasma gelangen und das HBsAg definitiv negativ ist. Dieser Zustand ist anzunehmen, wenn anti-HBc in mehreren verschiedenen Testsystemen positiv ist – unabhängig davon, ob im Serum auch anti-HBs vorliegt oder HBV-DNA, auch mit den empfindlichsten Methoden, nicht nachweisbar ist. Andererseits schließt ein negativer anti-HBc-Befund eine okkulte HBV-Infektion nicht aus.

Okkulte HBV-Infektion als Berufskrankheit[52]

Die Prävalenz überstandener und somit mutmaßlich okkult persistierende HBV-Infektion liegt in der Gesamtbevölkerung bei etwa 7 % mit starker Zunahme im Alter. Die Wahrscheinlichkeit, dass bei medizinischem Personal eine solche okkulte Infektion durch die berufliche Tätigkeit erworben werden kann, ist demnach relativ hoch. Bei irgendwann später auftretender Immunsubpression oder zytostatischer Therapie kann es zu einer Reaktivierung kommen. Anders als bei opportunistischen Erregern, wie Zytomegalie-Virus, ist die Reaktivierung des HBV meistens mit Wahrscheinlichkeit auf die beruflich erworbene okkulte HBV-Infektion zurückzuführen.

Eine Serokonversion und Viruselimination ist bei der chronischen Hepatitis B auch im fortgeschrittenen Krankheitsstadium durch eine Änderung im Immunverhalten noch möglich (nach [im Mittel] 14-jährigem Krankheitsverlauf); es resultiert dann ggf. ein Narbenstadium (Restfibrose).

Der Virusträger ist für seine private und berufliche Umgebung kein Infektionsrisiko.[53]

Vorkommen: WHO-Schätzungen gemäß gibt es derzeit weltweit über 300 Mio. chronische HBV-Träger mit Schwerpunkten in Afrika (12 % der Bevölkerung) und Südostasien (10 % der Bevölkerung) mit bis zu 2 Mio. Todesfällen jährlich.

---

[51] Gehrlich, Schlüter, in: Virushepatitis als Berufskrankheit (Hrsg. Selmair, Manz) 3. Aufl. 2007 S. 129.
[52] Gehrlich, Schlüter, in: Virushepatitis als Berufskrankheit (Hrsg. Selmair, Manz) 3. Aufl. 2007 S. 133.
[53] Selmair, in: Handbuch der Arbeitsmedizin (Hrsg. Letzel, Nowak) 7. Erg. Lfg. 5/08 D I – 6.1 S. 21.

In der in *Deutschland* lebenden Bevölkerung wird von gegenwärtig jährlich ca. 50 000 HBV-Neuinfektionen ausgegangen, etwa ein Drittel während Auslandsreisen erworben. Nach aktueller Bewertung leiden mindestens 500 000 Menschen an chronischer Hepatitisvirus B-Infektion, oft ohne Wissen.

Bei *Risikoberufen im Krankenhausbereich:* jährliche Risikosteigerung ohne Aktivimmunisierung für eine HBV-Infektion 1 bis 2 % (nach 30 Berufsjahren HBV-Infektionsrisiko über 30 %).

Gegenwärtige HBV-Durchseuchung in Deutschland (anti-HBs positiv):[54]

- Normalbevölkerung 7,4 %
- medizinisches Personal 13,9 %
- Homosexuelle 54,5 %
- Drogensüchtige 64,4 %

Besondere Infektionsrisiken für HBV:

- Neugeborene (Mutter HBV-Carrier)
- enge Familienangehörige mit HBV-Carrierstatus
- Strafgefangene (Gewaltbereitschaft, Drogen)
- Patienten in psychiatrischen Anstalten
- Hämodialysepatienten
- Asylbewerber aus Risikoländern
- Reisende in Endemiegebiete
- Homosexuelle und promiskuitive Personen
- Personen mit i.-v.-Drogenabhängigkeit („Fixer")

Übertragung: überwiegend durch Blut, auch Speichel, Sperma, Muttermilch, Tränenflüssigkeit, Ascites und Liquor, mit Blut oder Körperflüssigkeit verunreinigte Gegenstände. Im medizinischen Bereich: Verletzungen mit Nadelstich (Übertragungsrisiko 20 bis 30 %) oder andere spitze oder scharfe Gegenstände, Einbringen (Inokulation) von infiziertem Blut oder Körperflüssigkeit auf Schleimhäute, Hautverletzungen[55], Verbrennungen. Keine Übertragung durch Schmierinfektion: Im Urin liegen keine infektionstüchtigen Quantitäten des Erregers vor; im Stuhl wird das Virus zerstört. Klärwerkarbeiter sind daher nicht infektionsgefährdet.

Zur *Primärdiagnostik* bzw. zum Screening ist die Bestimmung von HBsAg und anti-HBc sowie der Serumtransaminasen zunächst ausreichend.

Sofern erforderlich, Diagnosesicherung mittels serologischem Nachweis aller im Serum bestimmbarer viraler Antigene und Antikörper des Hepatitisvirus B sowie durch den hochsensiblen Nachweis von HBV-DNS im semiquantitativen Dotblot-Verfahren oder in der Polymerase-Kettenreaktion.

---

[54] Jilg, u.a., Hepatology 23 (1995) 14.
[55] LSG Rheinland-Pfalz, 15. 10. 2002, Breith. 2003, 48.

9.2 Hepatitis

Ankündigung der Serokonversion zuerst durch Auftreten von anti-HBs („partielle Serokonversion"). Ausdruck der bleibenden lebenslangen Immunität ist der Nachweis von anti-HBs.

Das Virus selbst ist nicht zytopathogen (zellschädigend). Für den Krankheitsverlauf ist die individuelle Immunreaktion (Bildung von Virusmutanten?) wesentlich (subklinischer Verlauf, akute Hepatitis, chronische Hepatitis in verschiedenen Erscheinungsbildern).

Primäres Leberzellkarzinom als Spätrisiko: Ganz überwiegend bei der aktiven Leberzirrhose (wichtigste Präkanzerose) gegeben (5 %, 10 bis 12 Jahre nach der Diagnosestellung Zirrhose).[56]

Bei Virus B-verursachten Erkrankungen kommt es bei der Lebertransplantation fast immer zur Neuinfektion des Transplantates.

Extrahepatische Manifestationen, ausgelöst durch zirkulierende Antigen-Antikörper-Komplexe: Panarteriitis nodosa, Immunkomplexnephritis.

Prävention

Postexpositionell: Im Rahmen wahrscheinlich erfolgter Inokulation (Übertragung) bei nichtimmunen Personen kann als sofortige passive Immunisierungsmaßnahme Hepatitis B-Immunglobulin (HBIg) gegeben werden. Die Gabe von HBIg muss unverzüglich nach der mutmaßlichen Inokulation, möglichst innerhalb von 6 Stunden, längstens aber 12 Stunden durchgeführt werden. Bei beruflich erworbener potentieller Inokulation wird diese Maßnahme durch die ges. UV getragen. Das „Angehen" der Infektion wird hiermit aber nicht sicher verhindert.

Präexpositionell: Die vollständige aktive Impfung (0/1/6 Monate) mit den zur Verfügung stehenden Impfstoffen ist effektiv (3 % Non-Responder; in diesen Fällen kann der Impfversuch mehrfach, ggf. mit höheren Dosen wiederholt werden), Immunität mindestens für die Dauer von 10 Jahren.

9.2.2.3 Hepatitis C

Ähnliche epidemiologische Eigenarten wie Hepatitis B; in der Vergangenheit vorwiegend als Posttransfusionshepatitis, heute in Risikogruppen und als Berufskrankheit bei Heil- und Pflegeberufen, aber auch sporadisch auftretend (ca. 40 %). Durchseuchung in der Bevölkerung der nördlichen Erdhälfte gering (bis 1 %), in Deutschland 0,2 bis 0,4 %, in West-Afrika hoch (10 %).

Inkubationszeit: 15 bis 150 Tage.
Ikterischer Verlauf: bei ca. 35 % der akut Erkrankten.
Akuter selbstlimitierter Verlauf: ca. 20 %. Zu beachten: nach ausgeheilter akuter Hepatitis C kann der verbliebene anti-HCV-Antikörper nicht vor einer Reinfektion mit Hepatitis C-Viren schützen.

---

[56] Ohlen, Selmair, in: Blutübertragene Infektionskrankheiten, Tagungsband, Paris 1995 (Hrsg. Internationale Vereinigung für Soziale Sicherheit, Genf, Sektion für die Verhütung von Arbeitsunfällen und Berufskrankheiten im Gesundheitswesen) 1996 S. 287.

Übertragung: wie die Hepatitis B, jedoch sehr selten durch sexuelle oder Alltagskontakte. Bei Angehörigen der Heil- und Pflegeberufe überwiegend durch Blut und Blutprodukte, insbesondere Nadelstichverletzungen und ausgedehnten Haut- und Schleimhautkontakt. Das Risiko der Übertragung einer Hepatitis C durch Verletzungen ist beim Klinikpersonal aber um ein Vielfaches geringer als bei der Hepatitis B, weil die Konzentration der Hepatitis B-Viren um mehrere Zehnerpotenzen höher ist[57]:

Nach vorliegenden Erfahrungswerten ist das Infektionsrisiko bei einer Stichverletzung mit einer für einen nachweislich infektiösen Patienten gebrauchten Nadel vergleichsweise wie folgt einzuschätzen:

- HBV = 20 bis 30 %
- HCV = mit Schwankungen um 3 %
- HIV = 0,3 %

Iatrogene oder nasokomiale Übertragungen sind bei der replizierenden Virushepatitis B daher weit häufiger als bei der Hepatitis C.[58]

HCV-RNS wurde regelmäßig in Tränenflüssigkeit von chronischen HCV-Trägern nachgewiesen[59], die Möglichkeit einer hierdurch bedingten Schmierinfektion ist zu beachten.

Die HCV-RNS ist in Sperma, Vaginalsekret, Schweiß, Speichel, Stuhl und Urin nicht in infektionstüchtigen Quantitäten nachzuweisen. Klärwerkarbeiter sind daher auch durch dieses Virus nicht gefährdet.

Spontane Viruselimination und damit Selbstlimitierung der chronischen Infektion zählt wohl zur Seltenheit. Fraglich auch, ob ein reiner Virus C-Trägerstatus ohne chronisch entzündliche Veränderungen (evtl. nur histologisch erfassbar) vorkommt. In der Mehrzahl entwickeln sich blande chronische Krankheitsverläufe mit über Jahre gleichbleibendem Befund oder nur langsamer Progredienz. Die chronische Hepatitis C kann alle histologischen Stadien bis zur Leberzirrhose und zum Leberkarzinom durchlaufen.

Die chronische HCV-Infektion erlangt zunehmend Bedeutung auch außerhalb der Hepatologie bei der Verursachung zahlreicher extrahepatischer Erkrankungen (u.a. Kryo-Globulinämie [40 %], membranoproliferative Glomerulonephritis [10 %], Porphyria cutania tarda [8 %], Autoimmunthyreoiditis und Lichen ruber planus).

Zur Sicherung der *Diagnose* steht der Antikörpernachweis anti-HCV zur Verfügung; er wird einige Wochen bis Monate nach der Infektion positiv. Bei akuten, selbstlimitierten Verlaufsformen bleibt der Test positiv für die Dauer von 10 bis 15 Jahren, bei chronischen Krankheitsverläufen bleibt der anti-HCV-Test lebenslang positiv. Bei gleichzeitiger HIV-Infektion oder Niereninsuffizienz können niedrige anti-HCV-Titer verursacht werden. In diesen Fällen ist die HCV-RNS-Bestimmung notwendig, im Rahmen der Primärdiagnostik ist diese sonst zunächst entbehrlich.

---

57 Hess. LSG, 18. 3. 1998, Meso B 150/34: „Faktor 1000"; Hauptlorenz, u.a., GIT Labormedizin 1–2 (1991) 16; s. auch Hofmann, u.a., Gesundheitswesen 59 (1997) 452ff.; Kaufmann, Bode, Versmed 49 (1997) 132.
58 Hofmann, u.a., Virushepatitis als BK (Hrsg. Selmair, Manns) 3. Aufl. 2007 S. 70.
59 Feucht, J Clin Microbiol 33 (1995) 2202; nach Laufs, u.a., Dt. Ärzteblatt 91 (1994) 285ff. und Hahn, u.a., MedSach 94 (1998) 16 bleibt in etwa 50 % der Infektionsweg unbekannt.

9.2 Hepatitis

Virus C-Genomanalyse erlaubt eine Erfassung von Geno- und Subtypen. In Deutschland ist der Genotyp 1 vorherrschend (ca. 82 %), während der Genotyp 3 bei etwa 7 % der Untersuchten beobachtet wurde; der Rest verteilt sich auf andere Genotypen.[60] In Süd- und Osteuropa dominieren der Subtyp 1b, in Nord- und Westeuropa die Subtypen 1a, 1b und 3a. Der Subtyp 3a ist vor allem unter i. v.-Drogenabhängigen zu finden, die in Europa 35 % der HCV-Infizierten stellen. Eine HCV 1b-Infektion ist häufigste Ursache bei der sog. sporadischen Hepatitis C, die über 40 % aller Fälle ausmacht. Der Übertragungsweg ist bislang ungeklärt. Die Bestimmung von HCV-Subtypen gewinnt an klinischer Relevanz wegen unterschiedlichen Sensitivitäten gegenüber einer antiviralen Therapie.

Etwa 20 % aller chronisch Infizierten entwickeln nach 5 Jahren bis mehreren Jahrzehnten eine *Leberzirrhose*.

Das Risiko der Entwicklung eines primären *Leberkarzinoms* wird höher als bei der Hepatitis B gesehen, betrifft aber ebenso in erster Linie den an einer aktiven Zirrhose (wichtigste Präkanzerose) Erkrankten nach 6 bis 11 Jahren[61]. In bis zu 10 % tritt das Leberkarzinom ohne vorbestehende Zirrhose auf.

Bei der chronischen Hepatitis C besteht besondere Alkoholempfindlichkeit. Die Prognose der chronischen Hepatitis C mit gleichzeitigem und regelmäßigem Alkoholkonsum verschlechtert sich auffällig.

Nach Lebertransplantation kommt es wie bei der Hepatitis B fast immer zur Neuinfektion des Transplantates.

Eine Prophylaxe gegen die HCV-Infektion steht derzeit nicht zur Verfügung.

9.2.2.4 Hepatitis D[62]

Inkubationszeit: Simultaninfektion 4 bis 20 Wochen, bei Superinfektionen 3 bis 6 Wochen.

Vorkommen: hohe Durchseuchung der Bevölkerung (über 30 %) in den tropischen und subtropischen Ländern Afrikas und Südamerikas (Übertragung zumindest als Superinfektion); mäßiggradige Durchseuchung (10 bis 30 %) in den Anrainerstaaten des Mittelmeers und in Asien; unter 10 % liegende Durchseuchungsrate in kühleren Regionen von Fernost sowie im nordeuropäischen und nordamerikanischen Bereich (Übertragung vor allem als Simultaninfektion). Im nordeuropäischen und nordamerikanischen Bereich überwiegend in Risikogruppen oder als Reiseinfektion auftretend. In Deutschland bisher ohne wesentliche Bedeutung als Komplikation einer Berufskrankheit.

Übertragung: wie bei der Hepatitis B. Eine Delta-Infektion tritt nur bei einem Virus B-Träger auf, entweder in Form einer Simultaninfektion mit dem Hepatitisvirus B oder als Superinfektion beim klinisch gesunden HBsAg-Träger oder beim chronisch Kranken.

---

[60] Palitsch, u. a., Eur J Gastroenterol Hepatol 11 (1999) 1215.
[61] Ohlen, u. a., Wartenberg-Studie, 1995: 20 % der Fälle; s. auch Hahn, u. a., MedSach 94 (1998) 16.; von Oberbeck, Walther, VersMed 51 (1999) 111, 112
[62] Selmair, in: Handbuch der Arbeitsmedizin (Hrsg. Letzel, Nowak) 7. Erg. Lfg. 5/08 D I – 6.1 S. 16f.

Eine Simultaninfektion mit HBV und HDV-Viren verläuft zumeist selbstlimitiert, nur in etwa 2 % der Fälle kommt es zu einem Übergang in eine chronische Verlaufsform, insbesondere wenn das Virus D dominiert.

Die später erfolgende Superinfektion von chronischen HBV-Trägern mit HDV führt oftmals zu schweren, rasch progredienten Verläufen der Delta-Hepatitis. Spontane Viruselimination und Ausheilung nach HDV-Superinfektion sind zwar möglich, in 70 bis 90 % jedoch verbleibt eine chronische Hepatitis D. 15 bis 20 % entwickeln in wenigen Jahren eine Leberzirrhose.

Diagnostik: direkter Erregernachweis (HDV-RNS-PCR) und Antikörpernachweis anti-Delta-IgM sowie anti Delta-IgG.

Die Prävention bei Nicht-HBV-Immunen entspricht der Prävention der Hepatitis B.

9.2.2.5 Hepatitis E

Inkubationszeit: 2 Wochen bis zu 2 Monate, im Mittel 40 Tage.

Vorkommen: In tropischen und subtropischen Ländern, insonderheit Südostasien (Indien, Kaschmir, Nepal, Teile von Afrika, Mittel- und Südamerika), in Mitteleuropa als importierte Infektion; in Deutschland gegenwärtig kein relevantes Problem.

Übertragung: durch fäkal kontaminiertes Trinkwasser, Kontaktinfektion von Mensch zu Mensch ist die Ausnahme.

Diagnostik: direkte Genomnachweise (HEV-RNS-PCR) sowie anti-HEV-Antikörper-Nachweise (IgM und IgG).

Vorbeugende Maßnahmen: keine.

9.2.3 Nachweis des Zusammenhangs (besonders erhöhte Infektionsgefahr)

Entscheidend für die rechtliche Beurteilung des Ursachenzusamenhangs ist die auf medizinisch-wissenschaftlicher Erkenntnis und Erfahrung beruhende Tatsache, dass das Hepatitisvirus, im Blut Hepatitiserkrankter vorhanden, die Krankheit überträgt und damit das Infektionsereignis verursacht. Da die ges. UV den Menschen – so wie er ist – erfasst (s. 1.5.2, S. 24), ist unbeachtlich, ob vielleicht eine besondere genetische Konstellation bezüglich der Leber das Infektionsereignis ermöglicht hat. Ebenso kommt es nicht darauf an, ob fahrlässig oder grob fahrlässig etwa Hygienevorschriften nicht beachtet wurden.

9.2.3.1 bei der Hepatitis A-Infektion

Da die Hepatitis A weltweit verbreitet, eine der häufigsten Infektionskrankheiten und die Bevölkerung hochgradig durchseucht ist (60 %[63]), erscheint eine außerberufliche Infektion jederzeit möglich[64], sie ist – auch bei Angehörigen der medizinischen und Pflegeberufe – zumindest gleichwertig einzuschätzen.

---
[63] Bayer. LSG, 22. 4. 1997, HV-Info 25/1997, 2382.
[64] BSG, 27. 2. 1985, HV-Info 11/1985, 31 ff. = Meso B 150/25.

9.2 Hepatitis

Die Anerkennung als Berufskrankheit hängt davon ab, ob

- das Vorliegen einer Hepatitis-A-Endemie, z.B. durch Bestätigung des Gesundheitsamts, gesichert ist
- in der Beschäftigungseinrichtung derartige Erkrankungsfälle vorgekommen sind
- die Gelegenheit, durch die eine Ansteckung wahrscheinlich ist (unmittelbarer oder mittelbarer Kontakt mit an Hepatitis Erkrankten), konkret bestanden hat, wenn auch der individuelle Patient nicht nachgewiesen sein muss.[65]

Auf die Ermittlung einer außerberuflichen Ansteckungsgefährdung ist Wert zu legen, speziell bei privaten Aufenthalten in Ländern Südeuropas, den Tropen und Subtropen mit höherer Durchseuchung als in mitteleuropäischen Ländern.

9.2.3.2 bei der Hepatitis B-Infektion

(1) *Nachweis* einer Hepatitis B-Infektion: Diagnose und gefährdende Einwirkung bei der versicherten Tätigkeit (*Vollbeweis*)

(2) Nachweis der *erhöhten Infektionsgefahr* (Vollbeweis)

Parameter für eine besondere über das normale Maß hinausgehende Infektionsgefahr sind Häufigkeit von

- Arbeitsvorgängen, die unter Berücksichtigung der bei Hepatitis B in Betracht kommenden Übertragungswege das Risiko einer Virusübertragung begründen (Übertragungsgefahr der ausgeübten Verrichtung)
- Hepatitis B-infektiösen Personen, namentlich Patienten bzw. infektiösem Material im Arbeitsumfeld des Versicherten, bezogen auf die Ansteckungszeit (Durchseuchung des Arbeitsumfelds).

Gefährdende Merkmale

- invasive Tätigkeit bei medizinischer Behandlung und Diagnostik, z.B. Umgang mit Skalpellen, chirurgischen Nadeln, Venen- und Aterienkathetern, Injektionskanülen und zahnmedizinischen Instrumenten (auch bei Assistenztätigkeit) mit Gefahr penetrierender Verletzung, Inokulation infizierten Blutes
- Tätigkeiten, typischerweise verbunden mit Hautkontakt des Versicherten zu Blut oder anderen Körpersekreten (Wundsekrete, Speichel, Tränenflüssigkeit, Sperma):
- Versorgung von
  - Verletzten oder Notfallpatienten mit Blutungen
  - Patienten mit Operationswunden oder Blutausscheidungen
  - Pflegebedürftigen, soweit ebenfalls Kontakt zu Blut oder Körpersekreten vorhanden.

Ein besonderes Infektionsrisiko ist gegeben, wenn unter Berücksichtigung der Prävalenzrate sowie der zu schätzenden Zahl von betreuten Patienten ein – gelegentlicher, nicht

---

[65] LSG Niedersachsen, 26.5.1997, HV-Info 25/1997, 2387.

regelmäßiger[66] – Kontakt mit HBs-AG-positiven Patienten oder anderen Kontaktpersonen während der Ansteckungszeit nach statistischen Maßstäben wahrscheinlich ist. Ob dieses Mindestkriterium zur Bejahung der Wahrscheinlichkeit eines Ursachenzusammenhanges im Einzelfall ausreicht, hängt davon ab, in welchem Umfang auf Grund der Art der verrichteten Tätigkeit eine Gefährdung durch Kontakte mit Blut oder anderen Körperflüssigkeiten von Patienten usw. bestanden hat. In Bezug auf das Ausmaß der Infektionsgefährdung stehen beide Kriterien also in wechselseitiger Abhängigkeit. Die über das normale Maß hinausgehende Hepatitis-Gefährdung kann begründet sein durch

- besonders hohes Risiko eines unmittelbaren Kontaktes mit Blut oder anderen Körperflüssigkeiten infolge der Häufigkeit gefährdender Tätigkeiten oder eines ebenso hohen Verletzungs-/Inokulationsrisikos bei den Tätigkeiten

oder

- generelle, vor allem statistische Erkenntnisse über ein erhöhtes Infektionspotential im Arbeitsumfeld des Versicherten (Erfahrungen über die zu erwartende Anzahl von Patienten/Betreuten/sonstigen Kontaktpersonen mit HBs-AG-positiven Befunden bzw. von infektiösen Untersuchungsmaterialien während in Betracht kommender Ansteckungszeit).[67]

Umstände aus dem privaten Lebensbereich mögen im Einzelfall – auch bei besonderem beruflichen Infektionsrisiko – gegen die Wahrscheinlichkeit eines Ursachenzusammenhanges mit der versicherten Tätigkeit sprechen: z.B. Hepatitis-Erkrankungen von Lebenspartnern unter Beachtung der zeitlichen Abläufe. Inwieweit unter regelmäßiger Beachtung von Schutzmaßnahmen (Gesichts- und Mundschutz, Schutzhandschuhe) ein erhöhtes Infektionsrisiko verbleibt, hängt von der Art der Infektionsgefährdung ab.

Beweiserleichterungen s. 9.2.3.4, S. 723.

9.2.3.3 bei der Hepatitis C-Infektion

Die Übertragung der für die Beurteilung des Ursachenzusammenhanges bei der Hepatitis B entwickelten Kriterien der Beweisführung auf die Hepatitis C wird in Zweifel gezogen.[68] Zum einen wird die epidemiologische Datenlage hinsichtlich eines generellen Nachweises eines erhöhten Infektionsrisikos bei Beschäftigten im Gesundheitsdienst unterschiedlich beurteilt und zum Teil ein solches Risiko nicht gesehen. Zudem wird darauf hingewiesen, dass das Risiko einer Infektion im Falle einer Inokulation von infiziertem Material etwa um den Faktor 10 geringer sei als bei der Hepatitis B.

Nach geltendem Erkenntnisstand ist das Risiko für Pflegekräfte und Ärzte deutlich niedriger als bei einer Hepatitis B-Infektion. Dies gilt hauptsächlich für Personen, die ohne

---

[66] So aber BSG, 30.5.1988, NZA 1988, 823 = Meso B 150/27 = HV-Info 1988, 1798; im Ergebnis zutreffend wurde ein besonderes Infektionsrisiko in einem Altenheim verneint; wegen der geringen Fluktuationsrate von Altenheimbewohnern ist auch ein nur gelegentlicher Kontakt mit HBs-AG-positiven betreuten Personen während der durchschnittlichen Inkubationszeit (s. 9.2.2.2, S. 714) statistisch nicht wahrscheinlich.
[67] LSG Rheinland-Pfalz, 15.10.2002, Meso B 150/41; 28.1.2003, Meso B 150/44.
[68] Vgl. Kaufmann, Bode, VersMed 49 (1997) 132, 133; LSG Niedersachsen, 13.8.1996, L 3 U 271/94; Hess. LSG, 18.3.1998, Meso B 150/34 = HV-Info 20/1999, 1832.

9.2 Hepatitis

Verletzung lediglich Kontakt mit Blut oder Körperflüssigkeiten von Patienten mit Hepatitis C-Infektionen hatten.

Die vorhandenen epidemiologischen Untersuchungen geben allein keinen sicheren Aufschluss über ein erhöhtes Infektionsrisiko in bestimmten Bereichen des Gesundheitsdienstes. Die der Hepatitis B nach heutigen Erkenntnissen vergleichbare Spezifität des Übertragungsweges spricht dennoch dafür, die für die Hepatitis B entwickelten Grundsätze der Beweiserleichterung in modifizierter Form auch bei der Hepatitis C anzuwenden. Abweichend von der Hepatitis B kommen als gefährdend nur solche Tätigkeiten in Betracht, die erfahrungsgemäß mit der konkreten Gefahr von häufigen parenteralen Inokulationsereignissen im Sinne von Verletzungsereignissen, bei denen es zu einer relevanten Blutinokulation kommt, verbunden sind.[69] Die Notwendigkeit für diese Einschränkung ergibt sich aus den Erkenntnissen über das wesentlich geringere Infektionsrisiko bei der Hepatitis C im Vergleich zur Hepatitis B, welches vor allem bei der Gefahr von nur geringfügigen Blutkontakten berücksichtigt werden muss. Eine über das übliche Maß hinausgehende Gefährdung kann somit insbesondere bei Tätigkeiten, die im Allgemeinen nur mit oberflächlichen Hautkontakten zu Patienten, Pflegebedürftigen usw. verbunden sind, nicht angenommen werden.[70]

9.2.3.4 Beweiserleichterung bei beruflich erworbenen HBV und HCV-Infektionen[71]

Das Risiko, sich im Gesundheitsdienst durch einen Patienten mit HBV/HCV zu infizieren, ist bestimmt von

- der Durchseuchungsrate für HBV und HCV in der allgemeinen Bevölkerung (HBV>HCV)
- der Gegebenheit, überhaupt einen HBV- bzw. HCV-infektiösen Patienten zu untersuchen, zu behandeln oder zu pflegen
- der Selektion in bestimmten Behandlungseinheiten (z.B. Infektionsstationen/Dialyseeinheiten)
- der Frequenz behandelter Patienten pro Zeiteinheit
- den am Patienten durchgeführten Maßnahmen, welche die Möglichkeit des Blutkontaktes einschließen
- der Art und Frequenz dieser Maßnahmen

Diese Einflussfaktoren bestimmen die Kriterien der Beweiserleichterung.

---

[69] Vgl. auch LSG Rheinland-Pfalz, 20. 1. 1993, Meso B 150/30, bestätig durch BSG, 11. 6. 1993, HV-Info 24/1993, 2155.
[70] Brandenburg, in: Virushepatitis als Berufskrankheit, (Hrsg. Selmair, Manns) 3. Aufl. 2007 S. 205.
[71] Remé, in: Virushepatitis als Berufskrankheit, (Hrsg. Selmair, Manns) 3. Aufl. 2007 S. 227ff.; s. auch LSG Rheinland-Pfalz, 15. 10. 2002, Breith. 2003, 48 = Meso B 150/41.

- **Zuordnung zu einem Gefährdungsniveau (Empfehlung)**

(Commitee 4 des UNESCO-Kolloquiums „AIDS and the Workplace" 1990):

Gefährdungsniveau	Betroffene Berufsgruppen
Kategorie I: Regelmäßige berufliche Exposition gegenüber Blut, Körperflüssigkeiten, humanem Gewebe und mit Hepatitis B, Hepatitis C oder HI-Viren kontaminiertem Material vorhanden.	• Ärzte • Zahnärzte • Krankenpflegepersonal • Zahnarzt- und Arzthelferinnen • Rettungsdienste
Kategorie II: Gewöhnlich keine berufliche Exposition wie bei Kategorie I, aber gelegentlich Tätigkeiten, die eine Exposition gegenüber Blut, Körperflüssigkeiten, humanem Gewebe und kontaminiertem Material (Hepatitis B, Hepatitis C und HIV) möglich machen.	• Feuerwehr • Polizei • Strafvollzug • Drogenberatung • Ärzte und Krankenpflegepersonal mit ausschließlich nicht invasiver Tätigkeit • Laborpersonal (MTA) • Reinigungspersonal in medizinischen Einrichtungen
Kategorie III: Keine berufliche Exposition gegenüber blutübertragenen Infektionserregern.	

- **Weitere Differenzierung für die Risikobewertung der jeweiligen Kategorie**

Kategorie I a = hohes Risiko
Kategorie I b = geringeres Risiko
Kategorie II a = hohes Risiko
Kategorie II b = geringeres Risiko

Dabei bedeutet Kategorie I b ein höheres Risiko als Kategorie II a. Für die Kategorie 1a ist die Beweiserleichterung weitestgehender.

9.2 Hepatitis

- Fallgruppen für Beweiserleichterung bei HBV- und HCV-Infektionen im Gesundheitsdienst

Fallgruppe 1 (Kategorie I a)

Im Hinblick auf das besonders hohe Risiko eines Kontaktes mit Blut oder anderen als infektiös in Frage kommenden Körperflüssigkeiten ist der haftungsbegründende Ursachenzusammenhang in der Regel unter folgenden Voraussetzungen anzunehmen:

Arbeitsbereich	Besonders gefährdete Personengruppen durch HBV	Besonderheiten bei HCV
Operationseinheiten (ambulante oder in stationären Einrichtungen)	An den operativen Eingriffen unmittelbar beteiligte Ärzte einschließlich Anästhesisten	keine
Notfallaufnahmen von stationären Behandlungseinrichtungen, Intensivstationen	Behandelnde Ärzte	
Rettungsdienste	Notärzte, Rettungsassistenten, keine Rettungssanitäter	
Zahnärztliche Behandlungseinheiten (nicht nur diagnostische Einrichtungen)	Behandelnde Zahnärzte	
Dialyseeinrichtungen	Behandelnde Ärzte und mit der Durchführung der Behandlung beauftragtes medizinisches Personal	

Regelmäßige und häufige Verrichtung von gefährdenden Tätigkeiten, die ein besonders hohes Verletzungs- und entsprechend hohes Infektionsrisiko begründen, ist bei den genannten Personengruppen grundsätzlich gegeben. Im Zweifel sind Ermittlungen erforderlich.

Die Bejahung des haftungsbegründenden Ursachenzusammenhanges auch bei Beachtung von Schutzmaßnahmen ist gerechtfertigt, da ein hohes Risiko bezüglich Stich- oder Schnittverletzungen besteht.

Fallgruppe 2 (Kategorie I a)

Ein vergleichbares besonderes Infektionsrisiko auf Grund von häufigen Kontakten mit Blut oder sonstigen infektiösen Flüssigkeiten ist auch bei anderen Personengruppen in Betracht zu ziehen (zusätzlich Prüfung von Tätigkeitsmerkmalen):

Arbeitsbereich	Personengruppen	Tätigkeitsmerkmale HBV	Einschränkungen HCV
Operationseinheiten (ambulant oder stationär) Notfallaufnahmen zahnärztliche Behandlungseinheiten (nicht nur diagnostische Einrichtungen)	Assistenzpersonal*	regelmäßige und häufige Ausübung von Tätigkeiten, die erfahrungsgemäß mit unmittelbarem Kontakt mit Patienten oder verunreinigten Gegenständen oder Körperflüssigkeiten verbunden sind. (Tätigkeiten nach Schutzstufe 2, TRBA 250, Abschnitt 3.2.3.1)**	nur bei regelmäßiger und häufiger Ausübung von Tätigkeiten, die ein konkretes Risiko bzgl. Verletzungsereignissen mit Blutaustausch darstellen, z.B. – Kanülenstichverletzungen 1. Tätigkeiten nach Schutzstufe III für Erreger der Risikogruppe 3** (TRBA 250, Abschn. 3.2.4, Stand 11/2007). 2. Tätigkeiten der Schutzstufe II, die als Schutzmaßnahmen den Einsatz sicherer Instrumente nach TRBA 250, Abschn. 4.2.4, Ziff. 1–7 (Stand 11/2007) erforderlich machen.** – Verletzungen durch spitze oder scharfe OP-Instrumente
Intensivstationen	medizinisches Hilfspersonal bzw. Pflegepersonal		
Krankenhausstationen mit frisch operierten oder verletzten Patienten (Patienten mit Blutungen) z.B. – chirurgische – unfallchirurgische – orthopädische – HNO-ärztliche – urologische Stationen	Stationsärzte, medizinisches Hilfspersonal bzw. Pflegepersonal		
gynäkologische Stationen/Geburtskliniken	behandelnde Ärzte und Stationsärzte, Hebammen; medizinisches Hilfs- bzw. Pflegepersonal		
internistische Stationen/Praxen	behandelnde Ärzte und Assistenzpersonal*		

* Unter Assistenzpersonal ist das nicht-ärztliche Fachpersonal in Funktionsbereichen wie z.B. OP, Endoskopie, Angiographie, Test-Labor gemeint.
** Technische Regeln für Biologische Arbeitsstoffe: Biologische Arbeitsstoffe im Gesundheitsdienst und in der Wohlfahrtspflge.

Fallgruppe 3 (Kategorie I b, besonderes Infektionsrisiko auf Grund des Ausmaßes der Infektionsgefährdung im Arbeitsumfeld des Versicherten)

Erkenntnisse über ein erhöhtes Infektionspotential im Arbeitsumfeld können ebenfalls die Wahrscheinlichkeit des ursächlichen Zusammenhanges mit der versicherten Tätigkeit rechtfertigen, weil der Versicherte einer besonderen, über das normale Maß hinausgehenden Infektionsgefahr ausgesetzt war.

9.2 *Hepatitis* 727

Sofern sich die Infektionsgefährdung auf den unmittelbaren Kontakt zu Patienten, Pflegebedürftigen usw. gründet, setzen diese Erkenntnisse eine deutlich erhöhte Prävalenz von HBsAG- bzw. HCV-positiven Befunden im Vergleich zur Normalbevölkerung voraus. Anhaltspunkte für ein auf diesem Wege erhöhtes Infektionsrisiko ergeben sich aus

- typischen Indikationen für die Aufnahme von Patienten auf bestimmten Stationen (z.B. Lebererkrankungen, Stoffwechselerkrankungen bzw. internistische Stationen mit entsprechender Ausrichtung; Infektionsabteilungen) – Fallgruppe a
- Erfahrungen oder epidemiologischen Erkenntnissen über eine erhöhte „Durchseuchung" (z.B. Abteilungen zur Behandlung von Suchtkranken; psychiatrische und vergleichbare Einrichtungen für geistig behinderte Menschen) – Fallgruppe b
- sonstigen milieu-spezifischen Umständen (z.B. ambulante oder stationäre Behandlungseinrichtungen in einem „sozialen Brennpunkt") – Fallgruppe c

Bei Hepatitis C-Infektionen ist insoweit zu beachten:

Nur bei gleichzeitig gegebenem konkreten Risiko bezüglich Verletzungsereignissen mit abzunehmender Blutinokulation im Rahmen der versicherten Tätigkeit sind diese Umstände relevant. Die Fallgruppen b und c scheiden daher in der Regel für eine Beweiserleichterung bei Hepatitis C-Infektionen aus.

Fallgruppe 4 (Kategorie II a, erhöhte Infektionsgefährdung auf Grund besonderer Umstände des Einzelfalles)

Betroffen sind Tätigkeiten, bei denen nicht typischerweise, aber unter bestimmten Umständen ein besonders erhöhtes Infektionsrisiko gegeben ist. Detaillierte Ermittlungen zu der ausgeübten Tätigkeit sowie zu den für das Infektionsrisiko relevanten Begleitumständen sind unerlässlich (ggf. durch den Aufsichtsdienst). Entscheidungserhebliche Gesichtspunkte sind

- Nachweis von konkreten Arbeitsbedingungen, unter denen ein unmittelbarer Kontakt mit Blut oder anderen als infektiös in Frage kommenden Körperflüssigkeiten in Betracht kommt
- Häufigkeit der Tätigkeiten, bei welchen sich dieses Risiko realisieren kann
- besondere Verletzungs- oder Inokulationsrisiken auf Grund der Art der Tätigkeit
- Erkenntnisse über ein erhöhtes Infektionspotential der betreffenden Kontaktpersonen bzw. mit Blut oder anderen Körperflüssigkeiten verunreinigte Gegenstände.

Eine entsprechende Prüfung kann z.B. angezeigt sein bei Tätigkeiten in medizinischen und zahntechnischen Labors oder pathologischen Instituten, beim Personal in Pflegeheimen und ähnlichen Einrichtungen sowie bei Entsorgungstätigkeiten in medizinischen Behandlungseinrichtungen.

Bei Hepatitis C-Infektionen ist insoweit zu beachten:

Ein besonderes Risiko hinsichtlich des Eintritts von Verletzungsereignissen, bei denen es zu einer Blutinokulation kommen kann, muss auf Grund der Umstände des Einzelfalles nachvollziehbar sein. Ein Risiko eines nur oberflächlichen (Haut-)kontaktes mit kontaminierten Flüssigkeiten reicht nicht aus.

Die Kategorie II b erfordert den Nachweis der Indexperson, die Dokumentation des Übertragungsereignisses einschließlich Zeitpunkt.

Die Kategorie III schließt eine Anerkennung als Berufskrankheit aus.

9.2.3.5 bei der Hepatitis D-Infektion[72]

Bei der Beurteilung des haftungsbegründenden Ursachenzusammenhanges zwischen einer Hepatitis D und der beruflichen Tätigkeit muss differenziert werden, ob eine *Simultaninfektion* zusammen mit dem Hepatitisvirus B oder eine *Superinfektion* bei einem klinisch gesunden HBsAg-Träger oder chronischem Hepatitis B-Kranken vorliegt.

Bei einer *Simultaninfektion* sind die Voraussetzungen einer Hepatitis B-Infektion heranzuziehen. Für die Anerkennung einer Hepatitis D als *Superinfektion* ist der Nachweis des Infektionsherganges zu fordern, also die einwandfreie Aufklärung der Infektionskette. Da in Deutschland nur etwa 2 % der HBsAg-Träger mit HBV kontaminiert sind, ist der infektionsermöglichende Kontakt eines chronischen HBsAg-Trägers im Gesundheitsdienst mit einem Delta-Virus-Träger seltener Zufall.

9.2.3.6 bei der Hepatitis E-Infektion

Die epidemiologische Situation in Deutschland ist derzeit nur teilweise geklärt, die gefundenen Prävalenzraten sind nicht vollkommen schlüssig interpretierbar. Unabhängig von weiteren noch aufzuklärenden Fragen sollte für die Anerkennung als Berufskrankheit der Nachweis des Infektionsherganges bzw. das Aufdecken der Infektionskette gefordert werden. Eine Berufskrankheit ist anzuerkennen, wenn eine labormäßig/klinisch dokumentierte akute Hepatitiserkrankung vorlag und im Verlauf HEV-RNS-PCR und/oder anti-HEV (IgM) positiv nachgewiesen wurden.

9.2.4 Krankheit

Allein die Aufnahme des Hepatitis-Virus mit vollständiger Immunantwort (Antikörperbildung) ist keine Krankheit im Sinne der ges. UV (= regelwidriger Gesundheitszustand s. 1.2.2, S. 13), da es sich um einen regelhaften Ablauf handelt. Regelwidrig ist dagegen der Status des Hepatitis Carriers, bei dem eine ausreichende Immunantwort innerhalb des regelhaften Zeitraumes ausbleibt (= Krankheit).[73]

9.2.5 Rechtliche Bewertung als Arbeitsunfall

Liegen sowohl die Voraussetzungen einer Berufskrankheit als auch eines Arbeitsunfalls vor (z.B. Stichverletzung eines Arztes im Operationssaal) und entwickelt sich daraufhin eine Hepatitis, hat die Anerkennung als Berufskrankheit Vorrang.

Die Verursachung einer Hepatitis durch Bluttransfusion oder Injektion im Zusammenhang mit einem Unfallereignis ist als mittelbare Unfallfolge zu werten (s. 1.9, S. 36).

---

[72] Ohlen, Selmair, in: Virushepatitis als Berufskrankheit, 3. Aufl. 2007 S. 139.
[73] Brandenburg, Remé, Virushepatitis als Berufskrankheit 3. Aufl. 2007 S. 210.

9.2 *Hepatitis* 729

Die Nahrungsaufnahme während einer Dienstreise (z.B. Genuss von Austern) gehört zu den, zumindest überwiegend dem privaten Lebensbereich zuzurechnenden Tätigkeiten. Für die Anerkennung als Berufskrankheit geltende Beweiserleichterungen, bei denen die erhöhte Gefahr einer Einwirkung auf den Körper ausreicht, gelten nicht beim Arbeitsunfall.[74]

9.2.6 Minderung der Erwerbsfähigkeit bei Virushepatitis

Auf der Grundlage der Klassifikation der Virushepatitis (s. 9.2.2, S. 712), die eine umfassende Bewertung des aktuellen klinischen Krankheitsbildes unter Berücksichtigung der serologischen Parameter sowie des histopathologischen Befundes des Leberpunktates erlaubt, lässt sich die MdE-Einschätzung in einem komprimierten Bewertungsschema darstellen.[75]

Grundvoraussetzungen für die Annahme einer chronischen Virushepatitis B oder C entsprechend einer MdE von mindestens 20 v.H. sind aus klinischer Sicht

– Virämie länger als 6 Monate
– erhöhte GPT-Aktivität (permanent oder zeitweilig) und/oder entsprechende
– Leberhistologie.

Unter Einbeziehung der bisherigen MdE-Erfahrungssätze für die MdE-Einschätzung in der ges. UV, die im Wesentlichen auf der Einteilung in eine chronisch persistierende Hepatitis und eine chronisch aggressive Hepatitis beruhten, können die neue Klassifikation prägenden quantitativen Bewertungen von entzündlicher Aktivität und morphologischem Stadium (Ausmaß der Fibrose) in einem MdE-Bewertungsschema korreliert werden:

Entzündliche Aktivität	MdE in %			Zirrhose*
	Fibrose			
	null – gering	mäßig	stark	
gering	20	30	40	50
mäßig	30	40	50	60
stark	40	50	60	≥ 70

* Die klinischen Komplikationen sind zu berücksichtigen (portale Hypertension, Ösophagusvarizen [-blutung], Aszites, hepatische Enzephalopathie, primäres Leberzell-Ca) und erhöhen die MdE unter Umständen bis auf 100 %.

In die klinische Gesamtdiagnose gehen weitere Parameter ein, welche die vorstehenden morphologischen Kriterien und vorgeschlagenen Empfehlungswerte für die MdE ergänzen. Die Möglichkeit einer individuell begründeten modifizierten MdE-Bewertung ergibt sich vor allem unter Berücksichtigung folgender Befunde:

– Klinisches Befinden und klinischer Untersuchungsbefund
– Serologische und molekularbiologische Befunde

---

[74] BSG, 2. 4. 2009, B 2 U 29/07 R, UVR 13/2009, 763.
[75] Selmair, u.a., MedSach 94 (1998) 132.

– Transaminasenaktivitäten, Dysproteinämie, Prokollagen-III-Peptid-Konzentration, Syntheseleistung, Entgiftungsfunktion
– Aktuelle Beeinflussung durch therapeutische Maßnahmen (antivirale Therapien).

Die bioptische Überprüfung des aktuellen Leberbefundes bei chronischen Hepatitiden B und C ist vielfach unverzichtbar bei der Erstdiagnose der Erkrankung, deren Schweregrad bzw. Stadium ohne bioptischen Untersuchungsbefund oft schwer abschätzbar ist. Dabei ist zu beachten, dass zwischen dem klinischen Bild sowie den klinisch-chemischen Parametern einerseits und dem histopathologischen Befund andererseits erfahrungsgemäß nicht selten erhebliche Diskrepanzen bestehen. Die Leberbiopsie unterliegt aber nicht der Zumutbarkeit für den Versicherten. Ist eine Biopsie nicht durchführbar, erfolgt die Einstufung der „entzündlichen Aktivität" anhand von Transaminasenaktivitäten und evtl. Immunglobulin-Konzentrationen sowie die Abschätzung der „Fibrose" anhand des Tastbefundes sowie der sonographischen Kriterien und der Konzentration des Prokollagen-III-Peptids.[76]

9.2.7 Meldepflicht

Die namentliche Meldung eines Krankheitsverdachtes ist zur schnellen Aufdeckung von Infektionsquellen erforderlich (§ 6 Abs. 1 e Infektionsschutzgesetz).

9.3 AIDS

Infektionen mit HIV-1 und HIV-2 (*Humanes Immunodeficiency Virus*) verursachen die Entstehung der als erworben bezeichneten Defekte der Immunabwehr, deren schwerste Form AIDS (*Acquired Immune Deficiency Syndrome*) ist. Die Letalität der HIV-Infektion ist im Vergleich zu anderen Infektionskrankheiten sehr hoch. Unbehandelt versterben innerhalb von 15 Jahren etwa zwei Drittel der Infizierten an den Folgen ihrer HIV-Infektion. Dies und die beängstigend rasch ablaufende weltweite Ausbreitung des Erregers machen die HIV-Infektion zu einer der großen Herausforderungen unserer Zeit.

Wie bei allen Retroviren wird die in der RNA enthaltene genetische Information von HIV mittels der reversen Transkriptase in DNA umgeschrieben und in das Wirtsgenom integriert, d.h. lebenslange Infektion und Infektiosität des Menschen. Die Zielzellen des HIV sind spezifische Zellen des körpereigenen Immunsystemes mit CD4-Rezeptoren – hier insbesondere die T-Helferzellen und Makrophagen, aber auch andere Zellen z.B. im zentralen Nervensystem oder in der Darmschleimhaut. HIV wird durch die CD4-Zellen vermehrt. Die Zellen selbst werden dabei zerstört.

Die fortschreitende Unterdrückung der immunologischen Reaktion (Immunsuppression) ist die Ursache opportunistischer Infektionen und maligner Neubildungen.

HIV-1 (pandemisch) und HIV-2 (Westafrika) unterscheiden sich vorwiegend in den Glykoproteinen der Virushülle.

---

[76] LSG Niedersachsen, 24. 4. 1985, Rdschr. HVBG VB 72/85, bestätigt von BSG, 30. 7. 1985, ebenda; Bayer. LSG, 24. 10. 1985, HV-Info 17/1990, 1357, bestätigt von BSG, 25. 5. 1990, ebenda.

- **Übertragungswege**

Berufliche HIV-Übertragungen sind bisher nur durch Blut oder Viruskonzentrat (Viruskultur) dokumentiert. Nicht im „normalen" Umgang, sondern erst durch Kontakt mit infektiösem Blut besteht ein Übertragungsrisiko. Dabei muss der Erreger in die Blutbahn des „Empfängers" eindringen:

- Stich- und Schnittverletzungen
- Kontakt solcher Materialien mit einer offenen Wunde oder nicht-intakter (aufgerissener, nässender, dermatitisch veränderter) Haut
- Schleimhautexposition (inklusive Blutspritzer ins Auge[77]). Serokonversionen nach Schleimhaut- oder Hautkontakt mit HIV-positivem Blut sind beschrieben.[78] Für die Übertragung scheint dabei die Menge und der lang andauernde Blutkontakt entscheidend.

Bei *sexuellen Expositionen* können HIV-Übertragungen erfolgen bei

- ungeschütztem eindringenden oder aufnehmenden Anal- oder Vaginalverkehr (hohes Risiko)
- Aufnahme von Samenflüssigkeit in den Mund (geringes Risiko).

Bei i. v.-Drogengebrauch kommt es zu HIV-Übertragungen beim

- Benutzen HIV-kontaminierter Spritzbestecke.

Weitere Infektionswege

- Verabreichung HIV-kontaminierter Blutkonserven oder -produkte sowie Transplantation von Organen eines HIV-infizierten Spenders
- Kinder vor, unter und nach (durch Stillen) der Geburt.

Hochinfektiös sind: Blut, Sperma, Vaginalsekret und die Oberfläche der Darmschleimhaut; sie haben die höchste Viruskonzentration bei HIV-Infizierten

Niedriges bis kein Infektionsrisiko: Schweiß, Speichel, Nasensekret, Tränenflüssigkeit, Stuhl, Urin, Erbrochenes. Übertragungen sind theoretisch denkbar.[79]

Körperkontakte im alltäglichen sozialen Miteinander, die gemeinsame Benutzung von Geschirr, Besteck sowie sanitärer Einrichtungen stellen kein Infektionsrisiko dar. HIV wird weder über Tröpfcheninfektion noch durch Insektenstiche übertragen.

- **Entwicklung von HIV und AIDS-Prävalenz in Deutschland**

Die Zahl in Deutschland lebender HIV-Infizierter steigt seit 1996 kontinuierlich an. Ursachen: Rückgang der Todesfälle auf Grund verbesserter Behandlungsmöglichkeiten, aber auch eine deutliche Zunahme von Neuinfizierten seit dem Jahr 2000.[80] Neu diagnostizierte AIDS-Fälle werden auf jährlich 1100 geschätzt.[81]

---

[77] Heese, ASU 347 (1999) 553.
[78] Centers for disease Control, MMWR Morb Mortal Wkly Rep 41 (1992) 823.
[79] RKI Postexpositionelle Prophylaxe der HIV-Infektion (Stand Januar 2008). Deutsch-österreichische Empfehlungen S. 6; Vernazza, u.a., Bundesgesundheitsbl 45 (2002) 156ff.
[80] RKI Bull Nr. 47 (2005) 443.
[81] RKI Epi Bull Sonderausgabe A 2008 S. 4.

Infektionsrisiko (2005–2007)[82]

Infektionsrisiko	männlich	weiblich
Männer Sex mit Männern	714 (56,7 %)	0
i. V. Drogenabhängige	101 (8 %)	44 (16,7 %)
Hämophile/Empfänger von Bluttransfusionen und Blutprodukten	5 (0.4 %)	1 (0.4 %)
Heterosexuelle Kontakte	48 (3,8 %)	25 (9.5 %)
Personen aus Hochprävalenzgebieten	79 (6,3 %)	115 (43,7 %)
Prä- oder perinatale Infektion	1 (0,1 %)	1 (0,4 %)
keine Angaben*	312 (24,8 %)	77 (29,3 %)

* Verteilung zu unbekannten Anteilen im Wesentlichen.
  männlich: Sex mit Männern, Drogengebrauchern, heterosexuelles Infektionsrisiko
  weiblich: Drogengebraucherinnen, heterosexuelle Kontakte

Die Entwicklung eines klinisch manifesten Immundefekts kann nach 6 Monaten bis 10 Jahren erfolgen.[83]

Angenommen wird die Entwicklung der Immundefizienz (AIDS) in 2 % der HIV-Infizierten innerhalb von 2 Jahren, 10 % innerhalb von 4 Jahren, 48 %[84] (nach anderen Angaben[85] 80 %) innerhalb von 10 Jahren. 20 % sind nach 15 Jahren noch nicht an AIDS erkrankt.

Bei fortgeschrittener HIV-Erkrankung der Indexperson (schwerer zellulärer Immundefekt mit weniger als 200 CD4-Zellen/μl und/oder medikamentös nicht kontrollierter Virämie) kann das Übertragungsrisiko bis auf das 17fache erhöht sein[86]

In Deutschland leben derzeit ca. 40.000 Menschen mit HIV/AIDS: 39.500 Männer, 9.500 Frauen, 300 Kinder; darunter 8000 AIDS-Kranke.[87]

- **Diagnostik**[88]

Einleitung nur zulässig nach Aufklärung und Beratung mit Zustimmung der Patienten.

Routinemäßige Diagnostik einer Infektion mit HIV-1 oder HIV-2 basiert auf der Bestimmung von Antikörpern im Serum oder Plasma durch einen Suchtest, bei reaktiven oder grenzwertigem Ergebnis mit nachfolgendem Bestätigungstest. Die Zeitspanne zwischen

---

82 RKI Epi Bull Sonderausgabe A 2006 S. 14.
83 Merkblatt für die ärztliche Untersuchung, Bek. des BMA v. 1. 12. 2000, BArbBl 1/2001 S. 35.
84 Imdahl. MMWV-Fortschr. Med. Sonderheft 1 (2008) 81.
85 Merkblatt für die ärztliche Untersuchung, Bek. des BMA v. 1. 12. 2000, BArbBl 1/2001 S. 35.
86 RKI Postexpositionelle Prophylaxe der HIV-Infektion (Stand Januar 2008) Deutsch-Österreichische Empfehlungen S. 7.
87 RKI Epi Bull Nr. 45 (2005) S. 439.
88 RKI, Postexpositonelle Prophylaxe der HIV-Infektion (Stand Januar 2008) – Deutsch-Österreichische Empfehlung.

9.3 AIDS

der Infektion bis zur Antikörperbildung (diagnostische Lücke) beträgt bis zu 16 Wochen (ca. 95 %), in wenigen Fällen länger als sechs Monate (ca. 3 %).

Nach berufsbedingtem Ereignis ist – auch aus Gründen einer unverzüglichen postexpositionellen Prophylaxe – das Virus direkt nachzuweisen. Experimentellen Untersuchungen gemäß wird bezüglich der Zeitspanne

- zwischen der HIV-Aufnahme bis zu deren Anlagerung an die Wirtszelle mit zwei Stunden
- bis zur ersten Übertragung der Virus-RNA mit zwölf Stunden
- bis zur ersten Bildung von Viruspartikeln mit weiteren zwölf Stunden gerechnet.

Tiermodelluntersuchungen zeigen den Nachweis einer virusspezifischen Immunantwort in Form spezifischer T-Zellen 72 Stunden nach Schleimhautexposition: virusproduzierende Zellen sind am Eintrittsort identifizierbar.

Neben diesen qualitativen dienen quantitative Tests der Bestimmung der Viruslast einer Steuerung der antiretrovialen Therapie.

- **Klinik**

Eine 1993 von den amerikanischen Centers for Disease Control and Prevention vorgeschlagene Stadieneinteilung beruht auf einer Kombination klinischer und labormedizinischer Parameter. Die klinischen Manifestationen werden in Kategorien (A, B, C) eingeteilt. Nach der Zahl der noch vorhandenen T-Helferzellen wird eine solche zwischen 1 und 3 zugewiesen. Die Stadien A3, B3 und C1–3 gelten als AIDS.

CDC-Stadieneinteilung für die HIV-Krankheit (1993)

Laborkategorie (CD4-Zellen)		Klinische Kategorien*		
		A	B	C
1	> 500/ml	A1	B1	C 1
2	200–499/ml	A2	B2	C 2
3	< 200/ml	A3	B3	C 3

*A: akute und asymptomatische HIV-Infektion

B: symptomatische HIV-Infektion; HIV-assoziierte Symptome und Erkrankungen, die nicht unter die Kategorie der AIDS-definierenden Erkrankungen fallen

C: AIDS-definierende Erkrankungen (schwerer Imundefekt)

9.3.1 Berufskrankheit

Die Gefahr, während ärztlicher, pflegerischer oder Labortätigkeit eine HIV-Infektion zu erwerben, ist nach dem Erkenntnisstand relativ gering.[89] Von 1982 bis 2001 wurden 43 Berufskrankheiten bei Beschäftigten im Gesundheitsdienst anerkannt sowie die eines mittel-

---

[89] Hofmann, u.a., ASP 1986, 43 ff.; Burkhard, ASP 1986, 77 ff.; Goebel, Dt. Ärzteblatt 1987, B-763; Laufs, NJW 1987, 225 f.; Enquête-Kommission des 11. Dtsch. Bundestages, AIDS-Forschung (AIFO) 1991, 614, 620.

bar infizierten Kindes (§ 12 SGB VII). Weitere 20 HIV-Infektionen bei im Ausland Beschäftigten mit anderer Tätigkeit wurden ebenfalls nach BK-Nr. 31 01 oder nach § 10 Abs. 1 S. 1 EhfG betätigt.[90]

Zwischen 2002 und 2007 wurden von der BG für Gesundheitsdienst und Wohlfahrtspflege 3 weitere Berufskrankheiten festgestellt.

- **Krankheit**

War der Versicherte im Gesundheitsdienst, in der Wohlfahrtspflege, einem Laboratorium tätig oder durch eine andere Tätigkeit der Infektionsgefahr in ähnlichem Maße besonders ausgesetzt und wurde er bei dieser Tätigkeit infiziert, ist eine Berufskrankheit Nr. 31 01 in allen Stadien der Krankheit gegeben. Dies trifft auch bei dem Versicherten zu, der HI-Virusträger im Anfangsstadium ist.[91] Ein regelwidriger Körperzustand liegt bereits vor. Zudem ist der Betroffene derzeit zwar nicht behandlungsfähig, objektiv aber behandlungsbedürftig. Im Übrigen kann der Virusträger auch im Anfangsstadium diskrete klinische Veränderungen zeigen.

- **Nachweis der HIV-Infektion**

s. 9.3 „Diagnostik", S. 730

9.3.1.1 Nachweis der besonderen Gefährdung

Anknüpfungspunkt der BK-Nr. 31 01 ist die beruflich bedingte „besondere, über das normale Maß hinausgehende Infektionsgefahr" (s. 9.1.3, S. 707)

9.3.1.1.1 Kontakt zu einer nachweislichen Infektionsquelle[92]

Hatte der Versicherte während in Betracht kommender Ansteckungszeit einen potentiell geeigneten Kontakt zu einer nachweislichen Infektionsquelle (Person mit HIV-positivem Befund oder infektiöse Untersuchungsmaterialien), liegt die besondere Ansteckungsgefährdung nahe. Zwingend ist dieser Schluss nicht.

Dieser Nachweis wird erhärtet, wenn direkt nach der Exposition (Nadelstich- oder Schnittverletzung, Schleimhaut- oder Wundkontamination mit Blut) eine Blutprobe entnommen wird und zu diesem Zeitpunkt keine HIV-Antikörper nachweisbar (Nullserum) sind, diese jedoch bei späteren Nachuntersuchungen auftreten (Serokonversion).[93]

Gehören potentiell infektionsgeeignete Kontakte, wie Schnitt- und Nadelstichverletzungen, nachweislich zum Tätigkeitsprofil, kann, je nach den Umständen, der Nachweis eines solchen Ereignisses gegenüber der nachweislich infizierten Person entbehrlich sein.[94]

---

[90] Jarke, in: Jäger (Hrsg.) AIDS, 2000 S. 433 f.; diese Statistik erfasst jedoch das tatsächliche berufliche Infektionsgeschehen nicht lückenlos, Jarke, Marcus, ASU 2002, 218, 225.
[91] Brocke, SGb 1990, 437, 439 f.
[92] 1. Stufe des Stufenmodells, s. 9.1.3, S. 707.
[93] Linder, MedSach 103 (2007) 194, 196: Besondere Gefährdung ergibt sich aus dem Nachweis ihrer Realisierung.
[94] LSG Nordrhein-Westfalen, 22. 1. 1997, HV-Info 14/1997, 1294, bestätigt durch BSG, 18. 11. 1997, HV-Info 4/1998, 351 = Meso B 260/34.

9.3 AIDS

Die Infektion muss auf die berufsbedingte Gefährdung mit Wahrscheinlichkeit zurückgeführt werden. Fragen zur Bewertung:

- Wann hat der mögliche Kontakt mit HIV stattgefunden?
- Von welcher Indexperson stammt das Material?
- Wie wurde HIV möglicherweise übertragen ? (z.B. durch Hohlraumkanülen? durch Schleimhautkontakte?)
- Wie tief sind vorliegende Verletzungen (immer erst nach Blutungsinduktion und Antiseptik)? Wurden Blutgefäße eröffnet?
- Trägt das verletzende Instrument Spuren der Kontamination mit Blut?
- Ist die Indexperson nachweislich infiziert bzw. wie wahrscheinlich ist eine HIV-Infektion?
- In welchem Stadium der HIV-Erkrankung (klinische Manifestation, CD4-Zellzahl) befindet sich die Indexperson?
- Wie hoch ist aktuell die Virämie der Indexperson gemessen an den HIV-RNA-Kopien/ml?
- Wird die Indexperson mit antiretroviralen Medikamenten behandelt? Wenn ja, mit welchen Medikamenten über welchen Zeitraum?

9.3.1.1.2 Kontakt zu einer Gruppe von Menschen mit gegenüber der Normalbevölkerung deutlich erhöhtem Anteil infektiöser Personen

Ohne den Nachweis einer konkreten, infizierten Person kommt eine besondere Gefährdung in Betracht, wenn „davon auszugehen ist, dass jedenfalls regelmäßig ein gewisser Prozentsatz der Patienten unerkannt infiziert ist".[95]

Parameter: Häufung von

- Arbeitsvorgängen, welche unter Berücksichtigung der bei HIV in Betracht kommenden Übertragungswege das Risiko einer Virusübertragung begründen (gefährdende Tätigkeiten)
- HIV-infektiösen Personen, insbesondere Patienten, bzw. von infektiösem Material im Arbeitsumfeld[96]

Bei solcher Bewertung ist die besondere Gefährdung umso höher, je mehr folgende *Kriterien* belegbar sind:

(1) Art, Dauer und Häufigkeit der Exposition

Internationale Studien bestätigen wiederholt das statistische Ansteckungsrisiko für die Schnitt- und Stichverletzung mit 0,3 % (eine HIV-Exposition bei 330 Expositionen) und für die Wund- und Schleimhautexposition mit 0,03 % (eine HIV-Exposition bei 3300 Expositionen). Individuelle Unterschiede werden durch infektiöse Blutmenge, Viruskon-

---

[95] 2. Stufe des Stufenmodells, s. 9.1.3, S. 707; BSG, 18.11.1997, HV-Info 4/1998, 351 = Meso B 260/64; 21.3.2006, UVR 3/2006, 216, jeweils zur HIV-Infektion.
[96] Brandenburg, in: Virushepatitis als Berufskrankheit (Hrsg. Selmair, Manns) 3. Aufl. 2007 S. 202.

zentration, Expositionsdauer und Häufigkeit der Expositionen (kumulatives Risiko) bestimmt.

Nach Erfahrungen sind Verletzungen durch möglicherweise noch Blut enthaltende Hohlnadeln, wie Kanülen und Braunülen, gefährlicher als Stichverletzungen durch chirurgische Nadeln. Verletzungen durch Spritzen, deren Gebrauch bereits einige Zeit zurückliegt und bei denen das Blut bereits angetrocknet ist, sind wahrscheinlich weniger riskant als Verletzungen durch frisch verwendete Instrumente.

Je länger die Verweildauer infektiöser Flüssigkeiten auf Wunden, geschädigter Haut oder auf Schleimhäute ist, desto höher wird die Wahrscheinlichkeit einer Übertragung.

Risiko für eine HIV-Übertragung nach Art der Exposition dargestellt im Verhältnis zum Durchschnitt[97]

Art der HIV-Exposition	Expositionsrisiko in Relation zum mittleren Risiko
tiefe Stich- oder Schnittverletzungen	16:1
sichtbare, frische Blutspuren auf dem verletzenden Instrument	5:1
verletzende Kanüle oder Nadel war zuvor in einer Vene oder Arterie platziert	5:1
Indexperson hat hohe Viruslast (akute HIV-Infektion, AIDS ohne ART)	6:1
Exposition von Schleimhaut	1:10
Exposition von entzündlich veränderten Hautpartien	1:10

Blutmenge

Blut ist grundsätzlich als infektiös zu betrachten. Geschätzt wird, dass eine „infektiöse Mindestmenge" von 10 µl (Mikroliter) infektiösen Blutes für eine HIV-Übertragung erforderlich ist („sichtbares Blut"). Zum Vergleich: nur 1 µl Blut zur Übertragung der Hepatitis B (HBV). 1 µl Blut haftet an einer verunreinigten Kanüle.

Viruskonzentration

Die Gefahr einer Ansteckung steigt mit der Erregerzahl. Die Viruskonzentration hängt neben der Art des übertragenen Materials (s. 9.3, S. 730 „Übertragungswege") von der Virusvermehrung ab.

- Am höchstens ist sie kurz nach der Infektion (Primärinfektion, auch ohne Antikörpernachweis) und bei fortgeschrittenem Immundefekt.
- Ein hoher Anteil der Infektionen wird in der Phase der akuten HIV-Infektion weitergegeben, vor allem bei Sexualkontakt.[98] Beschriebene berufsbedingte HIV-Infektionen waren überwiegend auf Personen, die sich bereits im AIDS-Stadium befanden, zurückzuführen.

---

[97] RKI Postexpositionelle Prophylaxe der HIV-Infektion (Stand Januar 2008). Deutsch-österreichische Empfehlungen S. 14.
[98] RKI Epi Bull Nr. 47 (2005) S. 438.

– Erfolgreiche antiretrovirale Therapie verringert die Infektiösität deutlich, so im Blut, Ejakulat und in der Vaginalflüssigkeit. Hinweise für eine etwa 80 %ige Schutzwirkung nach Verletzungen mit kontaminierten Instrumenten liegen vor.[99] Das statistische Risiko einer Übertragung nach Nadelstichverletzungen wäre von 0.3 % auf etwa 0.18 bis 0,03 reduziert. In Fallberichten wurden auch Serokonversionen unter frühzeitiger HIV-Postexpositionsprophylaxe dokumentiert.[100]

Durch quantitative Bestimmung von HIV im Blut infizierter Personen kann davon ausgegangen werden, dass (Blut-)Plasma von Patienten mit symptomatischem AIDS ungefähr eine TCID (Tissue-Culture-Infective-Dose) pro 0,3 µl enthält und im Plasma von Personen ohne Symptome eine etwa 100-fach geringere Konzentration des HIV vorhanden ist.[101]

(2) Vorkommen von AIDS-Erkrankten/HIV-Infizierten in der Beschäftigungseinrichtung – Prävalenz-HIV

Erhöhte Prävalenz (über dem Bevölkerungsdurchschnitt von 0,1 %) kann im Allgemeinen nur im Gesundheitswesen in den großstädtischen Zentren der HIV-Epidemie angenommen werden. Umstände des Einzelfalls in anderen Konstellationen mögen ähnlich gelagert sein. Dies ist durch Analyse der HIV-Prävalenz zu überprüfen. Erhöhtes Aufkommen an Infizierten in diesen Arbeitsbereichen:

– Dialyseeinrichtungen

– Intensivpflegestationen

– Operationseinheiten

– Notfallaufnahmen

– hämatologisch-onkologische Abteilungen

– Krankenhäuser der Schwerpunkt-/Maximalversorgung und Universitäts-Kliniken (Epizentren der HIV-Epidemie)[102]

– Rettungsdienste (in Epizentren der HIV-Epidemie)

– AIDS-Stationen/HIV-Ambulanzen

– alle medizinischen Arbeitsbereiche in Endemie- und Hochprävalenzgebieten.

(3) Gefährdende Tätigkeiten (Tätigkeitsprofil)

Die Art der Tätigkeit trägt umso mehr zur besonderen Gefährdung bei, je häufiger sie mit hinreichend Erregeraufnahme ermöglichenden Verletzungen verbunden ist (kumulatives Risiko). Nachweis größerer oder sichtbarer Verletzungen beim Empfänger ist nicht erforderlich. Die Lebenserfahrung zeigt, dass kleine Verletzungen, dem Träger nicht sichtbar, vorhanden sein können.

---

[99] Cardo, u.a., N Engl J Med 337 (1997) 1485.
[100] RKI Postexpositonelle Prophylaxe der HIV-Infektion (Stand Januar 2008). Deutsch-Österreichische Empfehlungen S. 8 m.w.N.
[101] Ho, u.a., N. Engl. J. Med. (1989) 321: 1621ff.
[102] BSG, 18. 11. 1997, Meso B 260/34: „Tätigkeit als unständige Nachtwache und Famulantin in den Bereichen Hämatologie, Onkologie, Nephrologie-Dialysestation, Innere Allgemeinstation".

Gefährdend sind:

- Regelmäßig invasive Tätigkeiten bei medizinischer Behandlung und Diagnostik, z.B. Umgang mit Skalpellen, chirurgischen Nadeln, Venen- und Arterienkathetern sowie Injektionskanülen mit der Gefahr der penetrierenden Verletzung und Inokulation infizierten Blutes.
- Regelmäßige Tätigkeit, die typischerweise mit Hautkontakt zu Blut oder anderen Körpersekreten (Wundsekreten, Speichel, Tränenflüssigkeit, Sperma) verbunden ist (d.h. Versorgung von mehreren Schwerst-Pflegebedürftigen).
- Tätigkeiten mit häufigem Kontakt zu einem Personenkreis, bei dem auf Grund gesicherter Erfahrungen von einer erhöhten HIV-Prävalenz auszugehen ist, z.B.: Bevölkerung/Patienten in Hochprävalenzgebieten, Drogenabhängige, wenn der Umgang mit diesem Personenkreis eine Virusübertragung durch infektionsgefährdende Situationen möglich erscheinen lässt (bloßer Sozialkontakt reicht nicht aus). In jedem Einzelfall sind detaillierte Ermittlungen zu Art, und Umfang der gefährdenden Tätigkeit erforderlich.

Berufsgruppen mit erhöhtem Infektionsrisiko

- operativ tätige Ärzte, Zahnärzte, Assistenzpersonal
- Ärzte und Pflegepersonal in Notfallaufnahmen und Intensivstationen
- Notärzte und Rettungssanitäter
- Ärzte und Hebammen in geburtshilflichen Abteilungen
- medizinisches Personal in Dialyseeinrichtungen

Insbesondere: Chirurgen

Berufsgruppe des medizinischen Personals der höchster Gefährdung. Bei 100 Operationen soll es zu fünf bis sechs Verletzungen der Haut kommen. Entsprechend vermuteter Prävalenz der Erkrankung, Häufigkeit der Verletzung und der Frequenz an Notfalleingriffen wird ein Berufsrisiko zwischen 0.12 und 50 % bei angenommener Tätigkeitsdauer von 30 Jahren und 300 Eingriffen pro Jahr errechnet.[103]

(4) Hochprävalenzgebiete

Hochprävalenzgebiete sind Gebiete, in denen HIV relativ zur hiesigen Situation oder im absolut weltweiten Vergleich gehäuft vorkommt (Subsahara – Afrika, Teile Südostasiens sowie der Karibik). Dabei sind Beschäftigte am Tätigkeitsort typischerweise Risiken ausgesetzt, die für hiesige Verhältnisse nicht typisch sind: So ist die Wahrscheinlichkeit, in Alltagssituationen auf HIV-infizierte Menschen zu treffen, je nach HIV-Prävalenz zwischen Faktor 5 und > 100 gegenüber Deutschland erhöht. Das Ansteckungsrisiko steigt statistisch auch mit der Länge des Aufenthaltes und der Häufigkeit ansteckungsgefährdender Tätigkeiten/Situationen.

Für Beschäftigte im Gesundheitswesen kann sowohl das Übertragungsrisiko pro einzelner Exposition als auch die Häufigkeit von Expositionen gegenüber einer HIV-Infektion höher sein als bei gleicher Tätigkeit in Deutschland. Außerdem gilt für in Hochprävalenzlän-

---

[103] Imdahl, MMW-Fortschr. Med. Sonderheft 1 2006 81.

9.3 AIDS 739

dern Arbeitende und Lebende, dass es ansteckungsgefährdende Situationen gibt, die in Deutschland weitgehend auszuschließen sind:[104]

- *Blutkontakte* bei gleichzeitig vorhandenen Eigenverletzungen und/oder Schädigungen der Haut, z.B. bei Erster Hilfe und/oder durch Kontakte/Verletzungen mit blutig verunreinigten Gegenständen
- *Bluttransfusionen* und/oder invasive *ärztliche/zahnärztliche Eingriffe* unter unzureichenden medizinischen Standards bzw. Hygienebedingungen.

Risiken des privaten Bereichs stehen bei beruflich veranlasstem Aufenthalt in einem Hochprävalenzgebiet – abgesehen von Tropenkrankheiten (BK-Nr. 31 04) – nicht unter dem Schutz der ges, UV, auch nicht bei auslandsspezifischen Gefahren, die im Heimatland nicht oder nicht in demselben Ausmaß vorhanden sind.[105] Die HIV-Infektion ist keine Tropenkrankheit (s. 9.8, S. 771).

Ausnahme für Entwicklungshelfer: Liegt weder Arbeitsunfall noch Berufskrankheit vor, wird diesen Absicherung gewährt (§ 10 Abs. 1 S. 2 EntwicklungshelferG).[106] Analoge Anwendung auf andere Personen ist nicht zulässig.[107]

- **Wahrscheinlichkeit des Kausalzusammenhanges zwischen beruflicher Exposition und Infektion**

medizinisch zu ermittelnde Indizien – Ansteckungszeitraum

Die Zeit zwischen Kontakt mit dem HIV und serologische Nachweisbarkeit von Antikörpern ist individuell sehr unterschiedlich. Sie bedingt die „diagnostische Lücke" der indirekten HIV-Tests (s. 9.3, S. 730 „Diagnostik").

- *Nullserum (keine HIV-Antikörper nachweisbar = negativer HIV-Test)*

Ein Nullserum in der Nähe des Expositionstages beweist wegen der „diagnostischen Lücke" nur, dass mit etwa 95%iger Wahrscheinlichkeit bis vier Monate vor der Blutentnahme keine HIV-Infektion bestanden hat.

Wird eine Serokonversion innerhalb von vier bis sechs Monaten im Zusammenhang mit einer bestimmten Exposition beobachtet und dokumentiert, so hat dies ähnlichen Beweiswert wie ein dokumentiertes Nullserum.

- *Klinischer Verlauf*

Anhand der klinischen Entwicklung sowie bestimmter Laborparameter (CD4-Zellen und p24-Antigen, Viruslastbestimmung) sind in begrenztem Umfang statistische Aussagen über die mögliche Dauer des Bestehens einer HIV-Infektion erreicht. Der ungefähre Infektionszeitraum kann also möglicherweise geschätzt werden. Angesichts des uneinheitlichen Verlaufs der HIV-Infektion sind auch diese Schätzungen als Indiz zu werten.

---

[104] Jarke, ASU 37 (2002) 214.
[105] BSG, 21.3.2006, UVR 2006, 216.
[106] LSG Niedersachen. 21.6.1995, HIV-Info 1995, 2793 = Meso B 260/29: HIV-Infektion nach Geschlechtsverkehr gem. § 10 EhfG anerkannt.
[107] BSG, 21.3.2006, UVR 2006, 216.

– *Genetische Übereinstimmung des Virus bei Indexperson und Versichertem*

Neuerdings kann aus dem Blut der betroffenen Person und der Indexperson Erbinformation das HIV (RNS, provirale DNS) isoliert werden. Damit ist ein Vergleich der genetischen Verwandtschaft beider Virusstämme gegeben. Hohe genetische Übereinstimmung der Virusstämme gilt als biologischer und hier auch Beweis des Kausalzusammenhanges. Diese Methode ist jedoch aufwändig und an Voraussetzungen gebunden: in das Beweisverfahren kaum einführbar.

- **Außerberufliche Risikofaktoren**

Eine außerberufliche Gefährdung liegt erstrangig vor bei Fixern, sexuellen Kontakten mit einem bereits infizierten Partner oder Zugehörigkeit zum Personenkreis mit ausgiebigen homo- oder heterosexuellen Kontakten.

Der Versicherte ist im Rahmen seiner Mitwirkungspflicht (§ 65 SGB I) verpflichtet, entsprechende Fragen wahrheitsgemäß zu beantworten. Notwendige und ethisch vertretbare Auskünfte über den Lebenswandel dürfen bis an die Grenze der Intimsphäre eingeholt werden. Gefragt werden muss nach der Verabreichung von Bluttransfusionen und Blutprodukten, intravenösem-Drogenkonsum sowie nach homo- und/ oder heterosexuellen Kontakten. Die Beurteilung der Glaubhaftigkeit der Angaben kann nur subjektiv erfolgen.

Ein gewisses Korrektiv bieten die „Marker für sexuelles Verhalten": serologische Untersuchungen auf Lues, Gonorrhoe, Herpesviren (HSV 2), Hepatitis B (HBV). Letztere ist allerdings wegen der hohen Infektionsrate beim Gesundheitspersonal in dieser Gruppe als Marker geringer geeignet. Der Nachweis von Antikörpern gegen HSV 2 spricht mit hoher Wahrscheinlichkeit für ein Sexualverhalten, das mit erhöhtem Risiko für sexuell übertragbare Krankheiten einhergeht. Beweiswert im Einzelfall erlangt ein solcher Marker nicht. Hilfestellung bei der Würdigung der erhaltenen Aussagen geben Informationen über Art und Dauer der sexuellen Beziehungen und den HIV-Serostatus der Partner (Freiwilligkeit der HIV-Tests!).

- **Ursachenkonkurrenz**

Kommen sowohl berufliche als auch außerberufliche Verrichtungen als Ansteckungsquelle in Betracht, von denen aber nur eine allein die Infektion ausgelöst haben kann, muss die unter UV-Schutz stehende Handlung als Infektionsursache identifizierbar sein. Nach sachgerechter Abwägung aller wesentlichen Umstände gegenüber den anderen in Frage kommenden Möglichkeiten muss ihr ein deutliches Übergewicht zukommen.[108] Halten sich berufliche und außerberufliche Risiken die Waage, ist die Wahrscheinlichkeit des Kausalzusammenhanges zu verneinen: außerberufliche Risikofaktoren lassen die Wahrscheinlichkeit einer beruflich bedingte Infektion als konkurrierende Ursache entfallen.[109]

---

[108] BSGE 45, 285, 286 = SozR 2200 § 548 Nr. 38 (2. 2. 1978).
[109] BSG, 21. 3. 2006, UVR 2006, 216: Versorgung blutender Wunden von Mitarbeitern konkurrierend mit Geschlechtsverkehr mit einer Afrikanerin.

9.3 AIDS

9.3.1.1.3 Gefährdung nach Art der Tätigkeit

Auf Grund geringer Prävalenz der Erkrankung in Deutschland (0,1 %) und gleichfalls in der Regel geringer statistischer Wahrscheinlichkeit einer HIV-Übertragung ist die 3. Stufe des „Stufenmodells" auf

- Einsätze in Ländern mit hoher HIV-Prävalenz und
- großstädtische Zentren der HIV-Epidemie

im Einzelfall beschränkt.

9.3.2 Mittelbare Unfallfolge

Bei Infektion nach einem Arbeitsunfall während der Heilbehandlung durch

- Blutkonserven (Risiko derzeit kleiner als 1:1 000 000)
- Frischblutübertragung (Risiko – siehe Blutkonserven)
- Fremdhaut- bzw. Fremdorganübertragung (alle Organspender werden vor der Organspende auf HIV-Antikörper untersucht)

liegt eine mittelbare Unfallfolge vor.

Wurde nach Arbeitsunfall einer schwangeren Versicherten die Leibesfrucht gleichfalls infiziert, greift § 12 SGB VII: Während der Schwangerschaft wurde der Nasciturus durch den Arbeitsunfall seiner Mutter, also durch mittelbare Folgen, geschädigt (s. 1.13, S. 45).

9.3.3 Minderung der Erwerbsfähigkeit[110]

Bei der Schätzung der MdE orientiert sich der Gutachter an der CDC-Klassifikation.

Für die individuelle Stadienzuordnung gilt die jeweils weitest fortgeschrittene Kategorie, eine Rückstufung findet nicht statt. Dennoch wird die Klassifikation auch für das Staging, d.h. die Einordnung eines aktuellen gesundheitlichen Zustandes, z.B. unter antiretroviraler Therapie (ART), benutzt. Die verschiedenen Stadien der HIV-Infektion begründen unterschiedliche Therapiestrategien und prognostische Voraussagen.

Individuelle, natürliche Verläufe der chronischen HIV-Infektion, aber auch Entwicklung unter ART, unterliegen erheblicher Varianz und können extrem unterschiedlich sein. Deshalb ergeben sich im Einzelfall Abweichungen der MdE von den „Erfahrungswerten". Wesentlich sind die Funktionseinschränkungen durch die HIV-Grunderkrankung, deren Folgen und/oder durch die ART bzw. deren Begleittherapien. Bei einigen Angehörigen von Gesundheitsberufen kann eine besondere Einschränkung der Berufsausübung auf Grund nationaler und internationaler Empfehlungen sowie subjektiver Barrieren auftreten. Besondere berufliche Betroffenheit (§ 56 Abs. 2 S. 3 SGB VII) kommt selten in Betracht.

---

[110] Dazu Jarke, Dt. Ärzteblatt 90 (1993) G 281, G 283 ff.; ders., ASU 37 (2002) 214, 228 f.

Erfahrungswerte zur Minderung der Erwerbsfähigkeit (MdE)[111]				
Klinische Stadienbezeichnung			Labor	MdE
Allgemein[1]	CDC[2] 1987	CDC 1993	CD 4+ Zellen/µl	%
Symptomfreie HIV-Infektion	II	A 1 A 2 (A 3)	> 500 200–499 < 200	10–40
LAS Lymphadenopathie-syndrom	III	B 1 (B 2) B 3	> 500 200–499 < 200	50–60
ARC AIDS Related Complex	IV A IV B	(C 1) C 2 C 3	> 500 200–499 < 200	60–80
AIDS	IV B–E	C 1 C 2 C 3	> 500 200–499 < 200	100

[1] Diese allgemeinen klinischen Stadienbezeichnungen sind mit den klinischen Kategorien der CDC-Klassifikation von 1993 nicht gleichzusetzen; das Schema kann nur einen groben Bezug herstellen.
[2] Klassifikation der Centers for Desease Control – CDC und der Weltgesundheitsorganisation von 1987 (nicht aufgenommen wurde die akute HIV-Infektion = CDC I).

9.3.4 Heilverfahren

Die HIV-Infektion ist weiterhin nicht heilbar, aber behandelbar geworden. HIV/AIDS hat sich von der lebensbedrohlichen zur chronischen Krankheit gewandelt. Bislang konnten nur die meisten AIDS-definierenden Erkrankungen behandelt werden. Eine Behandlung der HIV-Infektion mit nur einer Substanz (Monotherapie) wird nicht mehr durchgeführt. Eine Kombination von mehreren verschiedenen Substanzen erzielt[112] ungleich bessere Ergebnisse: Senkung der Viruslast, Anstieg der CD4-Zellen und dadurch insgesamt eine *Verlängerung der krankheitsfreien Zeit*. Ziel der Therapie ist eine möglichst lang anhaltende Senkung der Viruslast unter die Nachweisgrenze der Messmethoden. Die antiretrovirale Therapie-(Art) ist zeitlich unbegrenzt durchzuführen.

9.3.5 Meldepflicht

Nichtnamentliche Meldung des Erregernachweises (§ 7 Abs. 3 Infektionsschutzgesetz).

---

[111] Jarke, Marcus, ASU 37 (2002) 218, 229.
[112] RKI Postexpositionelle Prophylaxe der HIV-Infektion (Stand Januar 2000). Deutsch-Österreicher Empfehlung S. 21; Lange, u.a., Dt. Ärzteblatt 99 (2002) A 570.

9.3.6 Berufsausübung HIV-Infizierter

HIV-Tests für Beschäftigte im Gesundheitswesen sind freiwillig.[113]

Arbeitsvertragliche Regelungen zur Duldung von Untersuchungen auf HIV sind zulässig. Strittig sind nachträgliche Vereinbarungen bei bestehenden Verträgen.

Eine Verpflichtung des HIV-infizierten Arztes, seine Patienten über den Infektionsstatus aufzuklären, besteht nicht.[114]

HIV-infizierte Mediziner sollten keine Eingriffe vornehmen, bei denen eine Verletzungsgefahr für den Operator besteht. Andere ärztliche Tätigkeiten können vorbehaltlos ausgeübt werden.[115]

9.4 Tuberkulose*

Die Inzidenz der Tuberkulose-Erkrankung[116] stagniert weltweit nach Jahren des Anstiegs auf hohem Niveau, während sie in Deutschland seit Jahren rückläufig ist (ca. minus 7 % pro Jahr). Jedoch wächst die Zahl der Resistenzen gegenüber antituberkulösen Medikamenten.[117]

Die Prävalenz der latenten Tuberkulose-Infektion (LTBI) ist mit durchschnittlich 10 % in der deutschen Bevölkerung geringer als bisher angenommen. Sie ist abhängig vom Alter. Bei unter 30-Jährigen beträgt die Prävalenz der LTBI 6 %, bei über 50-Jährigen 20 %.[118]

Das Risiko, nach einem positiven Tuberkulin-Hauttest gemäß *Mendel-Mantoux* (THT) während des gesamten Lebens zu erkranken, wird mit 5–10 % beziffert. Die Hälfte erkrankt in den ersten beiden Jahren nach der Infektion, die andere im Laufe des Lebens.[119] Eine klinisch nicht auffällige Infektion mit *M. tuberculosis* wird latente Tuberkulose (TB) Infektion (LTBI) genannt. Sie ist deshalb wegen der Gefahr der späteren Entwicklung einer aktiven, behandlungsbedürftigen Tuberkulose ein regelwidriger Körperzustand und bei Verdacht auf berufliche Versuchung, z.B. Diagnosestellung im Rahmen betriebsärztlicher

---

* Mitarbeit Prof. Dr. med. *A. Nienhaus*, Berufsgenossenschaft für Gesundheitsdienst und Wohlfahrtspflege, Hamburg.
113 Im bglichen Grundsatz für arbeitsmedizinische Vorsorgeuntersuchungen (G 42) sind HIV-Antikörpertests Teil des Untersuchungsangebotes an Ärzte, Pflege- und Laborpersonal, deren Nichtbeachtung ohne Sanktionen bleibt. Der Umfang der mikrobiologischen Diagnostik zu den verpflichtenden Vorsorgeuntersuchungen gem. § 15 Abs. 1 BioStoffV ist im Anhang IV der VO abschließend beschrieben; HIV ist dort nicht genannt. Damit ist auch im medizinischen Arbeitsschutz das Prinzip der Freiwilligkeit einer HIV-Antikörpertestung durchgängiges Prinzip.
114 RKI-Epi Bull 34/99.
115 BMG, Dt Ärztebl 1991, 2962.
116 Weiterführendes Schrifttum: Konietzko, Loddenkemper Tuberkulose 1999; Nienhaus, Brandenburg, Teschler, Tuberkulose als Berufskrankheit, 2. Aufl. 2009.
117 Robert Koch Institut: Bericht zur Epidemiologie der Tuberkulose in Deutschland im Jahr 2006 RKI 2008.
118 Nienhaus, Schablon u.a., Int Arch Occup Environ Health 81 (2008) 295–300; Nienhaus, Schablon u.a., Plos ONE 2008 3(7): e2665.
119 Cromstock, Edwards, The competing risks of tuberculosis and hepatitis for adult tuberculin reactors. Am Rev Respir Dis 111 (1975) 573–7; Vynnycky, Fine, Lifetime Risks, Incubation Period, and Serial Interval of Tuberculosis. American Journal of Epidemiology 152 (2000) 247–63.

Vorsorgeuntersuchungen nach der Biostoffverordnung in Ergänzung mit der Verordnung zur Arbeitsmedizinischen Vorsorgeuntersuchung, den UV-Trägern zu melden.[120]

Tuberkulose ist eine durch Mykobakterien – als säurefeste Stäbchen im Sputum mikroskopisch sichtbar – hervorgerufene Infektionskrankheit; der Krankheitsprozess entwickelt sich primär vornehmlich in der Lunge (etwa 85 %), kann sich dann aber in nahezu allen Organen des Körpers manifestieren. Häufigster Erreger ist Mycobacterium tuberculosis (heute fast nicht mehr Mycobacterium bovis oder sog. atypische Mykobakterien, wie M marinum, M avium).

Aktive Tuberkulosen können „offen" (infektiös) oder „geschlossen" (nicht infektiös) sein; sie sind behandlungsbedürftig. Die aktive Tuberkulose heilt mit Hilfe der heute zur Verfügung stehenden Medikamenten vollständig aus.

9.4.1 Ursachen

Die Übertragung erfolgt bei M. tuberculosis, vereinzelt auch bei M. bovis, von Mensch zu Mensch durch Tröpfcheninfektion, selten über Schmierinfektionen auf Haut und Schleimhäuten, über kontaminierte Staubpartikel oder Schnitt- und Stichverletzungen bei kontaminierten Kanülen oder Skalpellen.[121] Umgebungsfaktoren, hygienische Verhältnisse, Massivität der Keimausscheidung und Virulenz der Erreger entscheiden das Ausmaß der Infektionsgefährdung; persönliche Faktoren, wie Ernährungszustand, Alter und Resistenzlage, auch Begleiterkrankungen, bestimmen die Empfänglichkeit und den Krankheitsverlauf.

Eine aktive Tuberkulose kann durch eine Erstinfektion, Reinfektion oder Reaktivierung verursacht sein. Reaktivierungen werden vor allem bei alten Menschen sowie bei Immungeschwächten (z.B. HIV, Tumoren) oder bei Gabe von Immunsuppressiva (z.B. Tumor-Nekrose-Faktor-(TNF)-α-Antikörper bei rheumatoider Arthritis) beobachtet.

Der Anteil frischer Infektionen als Ursache für eine Tuberkulose beträgt entsprechend diverser Fingerprintstudien 30–40 % (bisher vermutet 10 %). Reinfektionen sind abhängig von Land und Studie für 10–75 % aller zweiten Tuberkulose-Erkrankungsepisoden verantwortlich.[122]

Clusteranalysen mittels Fingerprinting zeigen, dass in Ländern mit niedriger Tuberkulose-Inzidenz 32–80 % aller Tuberkulose-Erkrankungen, die bei Beschäftigten im Gesundheitswesen auftreten, durch Infektionen am Arbeitsplatz verursacht werden.[123]

Eine berufliche Infektionsgefährdung im Gesundheitswesen besteht bei der Behandlung und Betreuung von Tuberkulose-Patienten bzw. der Untersuchung von Proben auf M tuberkulosis, bei Tätigkeiten mit engen Kontakten zur Atemluft der Patienten (Bronchoskopien, Notfallintubationen), Kontakt zu hustenden Patienten mit noch unklarer Differentialdiagnose (Notaufnahme), der Betreuung von Risikogruppen (Obdachlose, i.v.

---

[120] Kolleker, Nienhaus, in: Tuberkulose als Berufskrankheit (Hrsg. Nienhaus, u.a.) 2. Aufl. 2009 S. 78.
[121] Diel, Seidler u.a., Resp. Research 6 (2005) 35.
[122] Nienhaus, Gefährdungsprofile – Unfälle und arbeitsbedingte Erkrankungen in Gesundheitsdienst und Wohlfahrtspflege 2005 S. 150–80.
[123] Nienhaus, Tuberkulose im Gesundheitswesen, Pneumologie 35 (2009) 236–244.

Drogenabhängige, HIV-Infizierte, Gefangene), Tätigkeit in der Altenpflege oder Auslandseinsätzen in Gebieten mit hoher Tbc-Inzidenz.

Da in der Bevölkerung der Kontakt zu TB-Patienten sehr selten geworden ist, ergibt sich auch eine berufliche Gefährdung, wenn im Arbeitsgebiet wiederholt TB-Erkrankungen diagnostiziert wurden ohne Spezialisierung der Einrichtung auf die Behandlung von TB-Patienten.

Für alle anderen Bereiche und Tätigkeiten im Gesundheitswesen kann auf Grund des starken Rückgangs der TB-Erkrankungen in der Bevölkerung nicht pauschal von einer erhöhten Infektionsgefährdung ausgegangen werden. Hier ist im BK-Verfahren der Nachweis einer Indexperson als Infektionsquelle notwendig.

Die Genotypisierung mittels Fingerprinting kann bei offenen Tuberkulose-Erkrankungen Infektionswege aufzeigen oder Übertragungswege ausschließen.[124] Da es in Deutschland kein bundesweites Fingerprint-Register gibt, ist im BK-Verfahren ein Abgleich zwischen Indexfall und Verdachtsfall nur selten gegeben.

9.4.2 Krankheitsbild

Primär-Tuberkulose

Das Risiko der Infektion steigt mit der Dauer und der Enge des Kontaktes zur Infektionsquelle. Aber auch kurze Gelegenheitskontakte – also schon einmaliger gesprächsweiser Kontakt – können zur Infektion führen.[125] Nach einer Inkubationszeit von im Mittel fünf bis sechs Wochen (im Durchschnitt 37 ± 3 Tage) kommt es zu entzündlicher Reaktion in der Regel in der Lunge (Primärherd) und in den regionalen Lymphknoten (Primärkomplex). Meistens heilt dieser Prozess ohne bedeutsame klinische Symptome aus; manchmal mit Verkalkung, so dass Primärherd und evtl. die zugehörigen Lymphknoten später röntgenologisch erkennbar bleiben. Aber auch die Entwicklung zu einem fortschreitenden infiltrativen und kavernisierenden Prozess und/oder zu bronchogener, hämatogener oder lymphogener Streuung und damit weiteren Organmanifestationen ist gegeben.

Im Primärkomplex, der häufig nicht sichtbar gemacht werden kann, verbleiben teilungsfähige Mykobakterien, was zur Bildung von sensibilisierten Monozyten führt, die im peripheren Blut zirkulieren. Das Vorhandensein dieser sensibilisierten Monozyten kann mit dem Tuberkulin-Hauttest (THT) oder mit den neuerlich verfügbaren Interferon-γ Release Assays (IGRA) gemessen werden. Beide Tests beruhen auf der zellvermittelten Immunantwort auf *M. tuberculosis* Antigene. Jedoch ist der IGRA wesentlich spezifischer als der THT, da er nur mit 2-3 Antigenen von *M. tuberculosis,* statt mit ca. 200 Antigenen wie im Tuberkulin, für den THT arbeitet. Daher wird zukünftig der THT kaum mehr eine Rolle spielen. Eine Konversion – ein vorher negativer Test wird bei der erneuten Messung positiv – im THT oder im IGRA kann eine frische Infektion mit *M. tuberculosis* signalisieren. Ein positiver THT sollte allerdings immer von einem IGRA überprüft werden, um unspezifische Reaktionen auszuschließen. Ist unter Berücksichtigung der Vorbefunde und

---

[124] Niemann, in: Tuberkulose als Berufskrankheit (Hrsg. Nienhaus, u.a.) 2. Aufl. 2009 S. 94.
[125] DZK: Empfehlungen für die Umgebungsuntersuchungen bei Tuberkulose, Pneumologie 58 (2007) 657–65.

der Infektionsgefährdung eine Konversion belegt, ist diese wie oben ausgeführt der Unfallversicherung bei Verdacht auf beruflicher Verursachung zu melden.

Postprimär-Tuberkulose

In der Generalisierungsphase kommt es zur Ausbreitung der Mykobakterien auf dem Blut- oder Lymphweg mit der Entwicklung zunächst zumeist klinisch stumm bleibender Herdsetzung in der Lunge oder anderen Organen. Durch Reaktivierung solcher Herde in den Lungen, meist im Spitzenbereich, kann sich nach Monaten und Jahrzehnten eine aktive, behandlungsbedürftige Lungentuberkulose oder z.B. eine Nieren-, Genital- oder Knochentuberkulose entwickeln. Derartige Tuberkuloseformen sind Folge der primären Tuberkulose auf Grund einer Reaktivierung. Auch durch eine Reinfektion können sie verursacht werden.

9.4.3 Diagnose[126]

Für eine Tuberkulose fehlen spezifische Symptome. Auf Verdacht weisende Umstände

- Tuberkulose in der Anamnese
- berufliche oder private Exposition gegenüber Tuberkulose
- tuberkulöse Exposition
- positiver Tuberkulintest, der im Interferon-y-Release Assay bestätigt wird
- auf Tuberkulose verdächtige Röntgenbefunde
- subjektive Beschwerden, wie Husten, Auswurf, Gewichtsverlust, Müdigkeit, Nachtschweiß, Fieber, atemabhängige Thoraxschmerzen.

Die Diagnose wird durch den Nachweis von Tuberkuloseerregern aus Untersuchungsmaterial, wie Sputum, Bronchialsekret, Magensaft, Urin, Abszesseiter gesichert. Schnellstes Verfahren ist die mikroskopische Untersuchung. Diese ist allerdings grob und bringt erste positive Ergebnisse bei ca. 10^4–10^5 Keimen/ml Material. Kulturell erfolgt der Keimnachweis bei etwa 50–100 Keimen/ml. Der Tierversuch für besonders keimarmes Material wurde ersetzt durch radiometrische und gentechnologische Methoden. Auf dieser Basis finden weitere Untersuchungen, wie Typen- und Resistenzbestimmungen, statt.

9.4.4 Differentialdiagnose

Die Differentialdiagnose der Tuberkulose ist nicht selten schwierig. Erkrankungen durch „atypische Mykobakterien" – im Zusammenhang mit Berufskrankheiten von untergeordneter Bedeutung – können eine Tuberkulose vortäuschen. Differentialdiagnostisch zu erwägen sind Pneumonien, Abszesse, Mykosen, Pneumokoniosen, Sarkoidose, Tumoren u.a.

9.4.5 Krankheitsfolgen

Bei rechtzeitiger Diagnose heilt heute eine Tuberkulose unter konsequenter und ausreichend langer antituberkulöser Behandlung im Allgemeinen folgenlos aus; sie ist als chroni-

---

[126] Böttger, Internist 3611995) 120ff.: Richtlinien zur Tuberkulosediagnostik. Dt. Ärzteblatt 1996, 93: 1199–1201.

9.4 Tuberkulose 747

sche Erkrankung daher nicht mehr ansprechbar. Die Rezidivrate ist mit unter 5 % gering; die Rezidivgefahr belastet die Prognose nicht und hat damit auch für die gutachterliche Beurteilung keine Bedeutung. Größere narbige Restbefunde, selbst die Folgen von Resektionsbehandlungen, werden in hohem Grad funktionell meistens ausgeglichen, so dass eine Lungentuberkulose kaum eine tatsächlich spürbare und messbare Funktionseinschränkung hinterlässt. Gleiches gilt für extrapulmonale Tuberkulose-Erkrankungen. Insbesondere bei der Knochen- und Gelenks-Tuberkulose sind schmerzhafte oder die Funktion beeinträchtigende Folgezustände möglich. Eine tuberkulöse Meningitis kann ebenfalls zu folgenschweren Veränderungen führen. Eventuelle Folgen sind differenziert zu betrachten. Die Silikose ist prädisponierend sowohl für die Infektion als auch für die Krankheitsprogression. Die Tuberkulose selber kann wiederum negative Auswirkungen auf den Verlauf der Silikose nehmen. Hier ist eine differenzierte Begutachtung notwendig. Andere Begleiterkrankungen, wie Diabetes mellitus, haben für die Prognose des tuberkulösen Prozesses selbst kaum Gewicht; anderes trifft zu bei Einflüssen, die eine konsequente Behandlung beeinträchtigen oder verhindern. Zu nennen sind hier vorbestehende Leber- und Nierenfunktionsstörungen.

9.4.6. Rechtliche Bewertung als Berufskrankheit

9.4.6.1. Infektionskrankheit (BK-Nr. 3101)

Da eine Infektion mit M. tuberculosis auch außerberuflich erworben werden kann, ist eine erhöhte berufliche Gefährdung zu bestätigen. Nachweis auf vier Arten:

A: Besonderheit der Patienten oder der untersuchten Proben

B: epidemiologisch begründetes Risiko bei bestimmen Tätigkeiten und Bereichen

C: ansteckungsfähige Tuberkulose-Fälle während der Tätigkeit[127] ohne Nachweis einer bestimmten Ansteckungsquelle oder eines bestimmten Ansteckungsvorganges[128]

D: Nachweis einer Infektionsquelle

Die Beurteilung der Infektionsgefährdung bei einer Primärinfektion gleicht der einer Reinfektion.[129]

---

[127] LSG Baden-Württemberg, 3. 4. 1997, HV-Info 29/1997, 2737 = Meso B 260/32.
[128] BSG, 30. 5. 1988, HV-Info 23/1988, 1798 = NZA 1988, 823; LSG Baden-Württemberg, 20. 3. 2001, Breith. 2001, 529, 530 = Meso B 260/39.
[129] Nienhaus, in: Tuberkulose als Berufskrankheit (Hrsg. Nienhaus, u.a.) 2. Aufl. 2009 S. 305.

Tätigkeiten kategorisiert nach Infektionsgefährdung[130]

	Kategorie A	Kategorie B	Kategorie C	Kategorie D
Tätigkeit/Einsatzbereich	Tbc-Station Lungenfachklinik Mikrobiologische Labors, die Sputum untersuchen	Bronchoskopien Kehlkopfspiegelung Notfallintubation, Sektionen, Tätigkeit auf Infektionsstation, im Rettungsdienst, in Notfallaufnahme, in Geriatrie und Altenpflege[131], sofern der Anteil pflegebedürftiger Patienten in der Altenpflege überwiegt, Betreuung von Risikogruppen, Auslandseinsätze in Gebieten mit hoher Inzidenz	Allgemeinkrankenhäuser, Allgemeinarztpraxen, Zahnarztpraxen	Alle anderen Tätigkeiten im Gesundheitsdienst und der Wohlfahrtspflege
Indexperson erforderlich	Nein	Nein	Ja, Ausnahmen sind möglich	Ja
Begründung	Spezifisches Patientengut	Epidemiologische Begründung ausreichend	Epidemiologische Begründung nicht ausreichend	Kein epidemiologisch begründetes Risiko

Besondere Probleme bereitet heute der Nachvollzug der beruflichen Verursachung einer *M. bovis* Tuberkulose, zumal diese äußerst selten geworden ist. Da die Rinderbestände seit vielen Jahren M. bovis frei sind, ist eine Erkrankung mit M. bovis lediglich als Reaktivierung einer alten Primärinfektion wahrscheinlich.[132] Da sich der Primärherd einer radiologischen Diagnose oft entzieht, ist sein Fehlen kein hinreichender Grund, eine frühere M. bovis Infektion, z. B. bei einem Melker, als Berufskrankheit abzulehnen.

Primärinfektionen (Frische Infektionen)

Eine Infektion mit M tuberculosis (LTBI) ist nur anzunehmen, wenn der Interferon-y-Bluttest (IGRA) positiv ist. Ein positiver Tuberkulinhaut-Test (THT) begründet unter bestimmten Voraussetzungen den Verdacht auf Vorliegen einer Berufskrankheit bzw. eines regelwidrigen Körperzustandes. Auf Grund der geringen Spezifität des THT ist die Diagnose einer LTBI bei einem positiven THT nicht bewiesen. Wegen der geringen Verbrei-

---

[130] Nienhaus, in: Tuberkulose als Berufskrankheit (Hrsg. Nienhaus, u. a.) 2. Aufl. 2009 S. 299.
[131] Nienhaus, Schablon u. a. Pneumologie 61 (2007) 613-6.
[132] Kropp, u. a., in: Tuberkulose als Berufskrankheit (Hrsg. Nienhaus, u. a.) 2. Aufl. 2009 S. 30.

tung der LTBI in der jungen deutschen Bevölkerung ist bei begründeten betriebsärztlichen Untersuchungen nach Kontakt zu einem Tuberkulose-Patienten ein positiver Interferon-y-Bluttest als frische Infektion (Primärinfektion) zu bewerten, sofern es keine Hinweise auf eine alte Infektion gibt (z.B. Tbc in der Familie, Geburt oder längere Aufenthalte in Hochinzidenz-Gebieten). Bei älteren Beschäftigten im Gesundheitswesen, bei denen bereits Tuberkulinhaut-Tests durchgeführt wurden, ist die Beurteilung abhängig vom Ergebnis dieser Tests. Bedacht werden muss dabei jedoch, dass ein Stempeltest (Tine-, Tubergen-, Tuberkulintest *Mérieux*) nur bei jeder dritten und ein Tuberkulinhaut-Test nach *Mendel-Mantoux* nur bei jeder zweiten Person, die positiv getestet wurde, auch tatsächlich eine Infektion mit M tuberculosis anzeigt.[133] Der Stempeltest ist vom deutschen Markt genommen.

Eine frische Infektion liegt wahrscheinlich vor, wenn

- der Versicherte bei Einstellung gesund war (z.B. negativer IGRA)
- eine berufliche Ansteckgefährdung – durch Patienten, Mitarbeiter oder Umgang mit infektiösem Material[134] – gegeben war
- der zeitliche Zusammenhang zwischen Aufnahme der Bakterien und Nachweis eines spezifischen Herdes von zumindest 4 Wochen gewahrt ist. Die früher übliche Vorgehensweise, lediglich bei Brückensymptomen eine über 8 Monate hinausgehende Latenz zwischen Infektion und Erkrankungsbeginn anzunehmen,[135] ist auf Grund neuerer Krankheitsprogressionsstudien sowie Fingerprintstudien nicht länger gerechtfertigt.[136] Vielmehr kann eine stumm verlaufende Primärinfektion noch Jahre bis Jahrzehnte später reaktivieren. Ferner muss bedacht werden, dass eine Thoraxübersichtsaufnahme weder besonders sensitiv noch sehr spezifisch für die Diagnose eines spezifischen Herdes ist. Es sind sowohl falsch positive als auch falsch negative Befunde möglich. Insofern kann die Röntgenübersicht lediglich Indizien liefern. Die Computertomographie liefert für die Diagnose eines Primärkomplexes wesentlich bessere Ergebnisse, steht im Berufskrankheitenverfahren jedoch selten zur Verfügung.[137]

Reinfektion

Reinfektion ist eine Tbc-Infektion, die nach einer behandelten und ausgeheilten Tbc oder bei einer bekannten LTBI auftritt. Der Verlauf der Tuberkulin-Testreaktion oder des Interferon-y-Bluttests ist dabei ohne Bedeutung. Diese Teste müssen also nicht wieder nach vorherigem positiven Befund negative werden, um eine erneute Infektion zu ermöglichen.

Superinfektion

Sie ist eine Ansteckung mit einem weiteren Mycobakterien-Stamm bei bestehender aktiver Tbc, z.B. während der Therapie.

---

[133] Nienhaus, Loddenkemper, u.a., Pneumologie 61 (2007) 219–23.
[134] LSG Berlin, 31. 8. 1989, HV-Info 2/1990, 135.
[135] Jentgens, Wandelt-Freerksen, MedSach 89 (1993) 117–22.
[136] Nienhaus, in: Tuberkulose als Berufskrankheit (Hrsg. Nienhaus, u. a.) 2. Aufl. 2009 S. 306.
[137] Hüttemann, in: Tuberkulose als Berufskrankheit (Hrsg. Nienhaus, u.a.) 2. Aufl. 2009 S. 81 ff.

Reaktivierung

Diese bezeichnet die Entwicklung einer Tuberkulose nach überstandener, alter Tuberkulose-Erkrankung oder die Progredienz einer alten latenten Tuberkulose-Infektion. Reaktivierungen alter, behandelter Tuberkulose-Erkrankungen sind selten. Das Risiko für Personen mit einem positiven THT nach *Mendel-Mantoux* jenseits der ersten beiden Jahre nach Exposition, irgendwann eine aktive Tuberkulose zu entwickeln, ist im Vergleich zur Allgemeinbevölkerung etwa 5–10-fach höher.[138] Eine erste Progredienzstudie mit dem IGRA legt nahe, dass mit deutlich höheren Erkrankungsrisiken bei Bestehen einer LTBI gerechnet werden muss als bisher angenommen.[139] Für eine Reaktivierung spricht das Vorhandensein alter spezifischer radiologischer Residuen, die sich im Verlauf verändern. Eine Differenzierung zwischen Reaktivierung und Reinfektion kann mit dem Fingerprint gelingen, setzt jedoch voraus, dass von beiden Erkrankungsphasen Kulturen zur Genotypisierung vorhanden sind.[140] Der Begriff Exazerbation ist veraltet.[141]

Beurteilungsgrundlagen

(1) *Vorgeschichte:* Im Einzelfall ist sorgfältig zu prüfen, ob eine frühere Erkrankung an Tuberkulose bestanden hat.

Neben eingehender Anamnese und Einsicht in alle Aktenunterlagen und Krankendokumente ist eine möglichst vollständige Röntgenverlaufsserie auszuwerten. Wichtig sind Angaben zum Ergebnis früherer Tuberkulintestungen und schließlich die Frage nach außerberuflicher Infektionsgefährdung.

(2) *Röntgenverlaufsserie:* Soweit erreichbar, sollten alle älteren Röntgenaufnahmen herangezogen und für die Beurteilung nicht nur jüngere Röntgenberichte verwertet werden. Auch ältere Bilder lassen den Krankheitsbeginn Monate und Jahre zurückverfolgen, damit auch den Infektionszeitraum zurückverlegen; dies lässt den Zusammenhang mit einer kürzlichen Infektionsgefährdung ausschließen oder mit lange zurückliegender Infektionsgefährdung herstellen. Eine Differenzierung zwischen Reaktivierung und Reinfektion ergibt sich oft nur anhand einer Röntgenverlaufsserie: alte tuberkulöse Restbestände müssen röntgenologisch indes nicht immer erkennbar sein. In manchen Fällen lässt auch die Art und Geschwindigkeit der Entwicklung eines Prozesses zwischen Reaktivierung und Reinfektion unterscheiden.

(3) *Zeitliche Zusammenhänge:* Diesen Zeitverhältnissen entsprechend kann frühestens nach Ablauf von etwa vier Wochen seit Aufnahme einer gefährdenden Tätigkeit ein röntgenologisch erkennbarer tuberkulöser Prozess erwartet und darauf bezogen werden. Andererseits vermag eine Tuberkulose noch Monate nach Beendigung der gefährdenden Tätigkeit sich zu manifestieren. Innerhalb der ersten beiden Jahre ist die Erkrankungswahr-

---

[138] Eigene Berechnung nach Marks, Bai, u.a.: Incidence of Tuberculosis among a cohort of Tuberculin-positive refugees, in: Australia Am J Respir Crit Care Med 2000 162; 1851-4.
[139] Diel, Nienhaus, in: Tuberkulose als Berufskrankheit (Hrsg. Nienhaus, u. a.) 2. Aufl. 2009 S. 205.
[140] Niemann, in: Tuberkulose als Berufskrankheit (Hrsg. Nienhaus, u.a.) 2. Aufl. 2009 S. 93 ff.
[141] Nienhaus, in: Tuberkulose als Berufskrankheit (Hrsg. Nienhaus, u.a.) 2. Aufl. 2009 S. 307; der begriffliche Inhalt der Exazerbation entwickelte sich im Kontext des deutschen Berufskrankheitenrechts von „durch Reinfektion aktivierte alte Tbc-Erkrankung" (Niederling, in: Handbuch der gesamten Arbeitsmedizin [Hrsg. Baader] 1961 S. 703) zu „Reaktivierung einer alten Tbc ohne Infektionsgefährdung" (LSG Baden-Württemberg, 20. 3. 2001, Breith. 2001, 529).

9.4 Tuberkulose

scheinlichkeit höher als in den folgenden Jahren. Deshalb ist es sinnvoll, nach Expositionen in den letzten beiden Jahren vor der Erkrankung zu suchen. Bestand ein alter Restherd bereits bei Antritt der gefährdenden Tätigkeit, ist zu prüfen, ob bei Entwicklung einer aktiven Tuberkulose eine Reinfektion vorliegt. Liegt eine neuerliche Infektionsgefährdung vor, spricht das für eine Reinfektion, sofern in der Röntgenverlaufserie nicht gezeigt werden kann, dass sich die aktive Tuberkulose im Bereich alter spezifischer Residuen entwickelt hat.

Folgende zeitliche Zusammenhänge zwischen der Exposition und dem Auftreten von Befunden im Röntgen sowie Tuberkulin-Hauttest oder IGRA ergeben Anhaltspunkte für die Begutachtung[142]

- von der Erstinfektion bis zur röntgenologischen Erstmanifestation des Primärkomplexes vergehen mindestens drei bis sechs Wochen
- von der Infektion bis zur Konversion der Tuberkulin-Hauttests oder IGRA vergehen vier bis acht Wochen
- von der Infektion bis zur ersten klinischen Erscheinung vergehen etwa zehn Wochen
- von der Infektion bis zur Lymphknotenperforation als Folge langsam progressiver Entwicklung eines Primärkomplexes vergehen bis zu zwei Jahre
- von der Erstinfektion bis zur Lymphknotenperforation als Folge einer späten Reaktivierung vergehen zwei Jahre und mehr.

(4) „*Fingerprinting*": vergleichende Genomanalyse der bei dem Versicherten und der fraglichen Indexperson entnommenen Bakterien. Ergibt die Genomanalyse einen gleichen Bakterienstamm, kann dies für die Identifikation der Infektionsquelle sprechen; bei verschiedenen Tuberkelstämmen ist diese Person dagegen als Infektionsquelle auszuschließen.[143]

9.4.6.2 Von Tieren auf Menschen übertragbare Krankheiten (BK-Nr. 31 02)

Überwiegend von Rindern, gelegentlich von Schweinen, Ziegen, Hunden, Katzen und Fischen, kann eine Tuberkulose übertragen werden. Als Erreger kommen in Betracht M. bovis, M. avium oder M. marinum. Die Erreger werden durch Einatmen bakterienhaltigen Staubes oder Hustentröpfchen infizierter Tiere oder über Schmierinfektionen aufgenommen. Die Erkrankung verläuft meistens unter dem Bild einer Lungentuberkulose, seltener sind Haut oder z. B. nach Verletzungen Weichteile betroffen. Der Nachweis des Kausalzusammenhanges erfordert neben Erhebung der Vorgeschichte, Einschätzung des Ausmaßes der Infektionsgefährdung und Beurteilung des Krankheitsprozesses vor allem Feststellung derselben Bakterienart bei dem betroffenen Versicherten und dem als Ansteckungsquelle vermuteten Tier.[144]

---

[142] Siemon, Marx, Medizinische Begutachtung innerer Krankheiten (Hrsg. Marx, Klepzig) 7. Aufl. 1997 S. 321.
[143] Diel, Schneider u.a.: Epidemiology of tuberculosis in Hamburg, Germany; long-term population-based analysis applying classical and molecular epidemiological techniques. I Clin Microbiol 2002 Feb 40 (2): 532-9; Niemann, in: Tuberkulose als Berufskrankheit (Hrsg. Nienhaus, u.a.) 2. Aufl. 2009 S. 93 ff.
[144] Zu berücksichtigen ist, dass die Rinderbestände der Bundesrepublik Deutschland seit 1960 Tuberkulose-frei sind und bei älteren Versicherten eine bovine Primärinfektion noch aus der Kindheit stammen kann. Wertvolle Angaben sind über die Amtstierärzte zu erhalten; Jentgens, Pneumologie 43 (1988) 433–439.

Aus der Rechtsprechung
Werden bei einem an Lungen-Tbc leidenden Tierpfleger Bakterien bovinen Typs festgestellt, muss bei erwiesener, länger dauernder beruflicher Verrichtung in einem nicht Tbc-freien Rinderstall eine Infektion angenommen werden, sofern nicht begründeter Verdacht oder Beweise dafür vorliegen, dass die Infektion durch einen mit boviner Tbc infizierten Menschen stattfand. Darüber hinaus braucht nicht geklärt zu werden, dass mindestens ein Tier im Stall an offener Tbc gelitten hat.[145]

9.4.6.3 Arbeitsunfall

Die Übertragung von Krankheiten ist als Arbeitsunfall zu werten, wenn die Infektion innerhalb einer Arbeitsschicht an einem bestimmten, wenn auch nicht kalendermäßig genau bestimmbaren Tag eingetreten ist.[146]

Als „plötzlicher" Schädigungsvorgang ist das Eindringen der Tuberkelbakterien in den Körper, seine Aufnahme sowie die Rezeption durch den menschlichen Organismus (d.h. die Infizierung des Körpers) anzusehen. Das Eindringen der Bakterien in die Lunge allein ist nicht ausreichend, vielmehr müssen sich diese im Organismus ansiedeln. Unerheblich ist, ob zwischen Infektion und Manifestation der Krankheit längere Zeiträume liegen, da nur das zum Schaden führende Ereignis als Ursache sich innerhalb einer Arbeitsschicht zugetragen haben muss, nicht aber die Schädigung als Wirkung. Medizinischer Erkenntnis[147] gemäß tragen in erster Linie die *Primärinfektion* und die *Reinfektion* hinsichtlich der zeitlichen Begrenzung des Infektionsvorganges die wesentlichen Merkmale des Unfalls, da bereits eine einmalige Infektionsdosis, z.B. bei kurzem gesprächsweisen Kontakt, für eine Erkrankung bzw. Wiedererkrankung als ausreichend erachtet wird. Für die *Superinfektion* wird der Tatbestand des Arbeitsunfalls nur bei nachweislich massiver Infektionsgefährdung[148] im Sinne einer „*Überfallinfektion*"[149] erfüllt.

Zusammenfassung: Die Voraussetzungen zur Anerkennung einer Lungentuberkulose als Arbeitsunfall liegen vor, wenn[150]

(1) die Erst- oder Reinfektion im Rahmen der versicherten Tätigkeit erfolgte bzw. im Falle einer Superinfektion die tuberkulöse Exposition im Arbeitsbereich massiv war

(2) die Infektionsquelle zweifelsfrei nachgewiesen ist

(3) die Infektion innerhalb einer Arbeitsschicht an einem bestimmten, wenn auch kalendermäßig nicht genau bestimmbaren Tag eintreten konnte und die zeitlichen Zusammenhänge, wie für die Entwicklung einer Tuberkulose typisch, gewahrt sind

(4) der klinische und röntgenologische Befund des Infizierten nicht gegen eine Primär-, Re- oder Superinfektion deutet

---

145 Bayer. LSG, 24. 3. 1961, Breith. 1961, 1009.
146 BSGE 15, 112 (26. 9. 1961); LSG Baden-Württemberg, 26. 9. 1957, Breith. 1958, 316; Godau, BG 1970, 311; Schönberger, DVZ 1963, 175 ff.; Drefahl, SGb 1961, 1 ff., 73 ff.
147 Jensen, Bremer Ärzteblatt 1979, 22 ff.; vgl. aber auch LSG Nordrhein-Westfalen, 29. 10. 1962, Breith. 1963, 772 ff.; LSG Niedersachsen, 23. 9. 1959, BG 1960, 288.
148 LSG Baden-Württemberg, 27. 10. 1965, BG 1966, 319; s. auch BSGE 15. 112 (26. 9. 1961).
149 Simon, Redeker, Praktisches Lehrbuch der Kindertuberkulose, 1930.
150 Siemon, Marx, Medizinische Begutachtung innerer Krankheiten (Hrsg. Marx, Klepzig) 7. Aufl. 1997 S. 325.

9.4 Tuberkulose

(5) außerberufliche Infektionsquellen, namentlich im Familien- oder Bekanntenkreis, weitgehend auszuschließen sind.

9.4.7 Tuberkulose der Knochen, Gelenke, Weichteile

Tuberkulöse Erkrankungen der Knochen, Gelenke und anderer Organe entstehen durch bakterielle Streuung aus einem meist in den Lungen gelegenen Primärherd oder über eine infizierte Wunde.

Entstehungsarten durch Unfall [151]

(1) Erreger dringen über eine Wunde ein

(2) Von einem Erstinfekt geht eine hämatogene Streuung aus. Während dieser Streuung schafft ein Trauma als Lokalisationsfaktor die örtliche Disposition für eine hämatogene Herdsetzung

(3) An einem Knochenabschnitt liegt ein latenter Herd vor, der durch ein Unfallereignis zum Aufflackern gebracht wird (*Kontusionstuberkulose*).

Voraussetzungen des Zusammenhanges [152]

(1) Einwandfreier Nachweis des Unfalls

(2) Betroffensein der erkrankten Stelle

(3) Gesicherter Nachweis der Tuberkulose

(4) Entstehung der Tuberkulose nicht vor 4 Wochen und nicht später als 6 Monate nach der Verletzung

(5) Nachweis von Brückenzeichen (Schmerz, Schwellung, schlechte Wundheilung, Atrophie)

(6) Übereinstimmung des Erregers mit jenem der in Betracht kommenden Infektionsquelle

9.4.8 Sehnenscheidentuberkulose [153]

Die Anerkennung einer *Sehnenscheidentuberkulose* kann nur erfolgen, wenn eine Schnitt- oder Stichverletzung wenigstens in der näheren Umgebung der Sehnenscheide vorliegt. Gefährdung durch den Beruf (z.B. Schlachten von tuberkulösen Rindern) ist zu berücksichtigen.

Anerkennung der Sehnenscheidentuberkulose als *Berufskrankheit durch unfallweise Entstehung* setzt im Einzelnen voraus:

---

[151] Lob, Handbuch der Unfallbegutachtung, 2. Bd. 1968 S. 404; vgl. auch Hermannsdorfer, KOV 1954, 125; Drefahl, SGb 1961, 1ff.

[152] Vgl. Bayer. LVA, 11.1.1952, Breith. 1952, 864; LSG Baden-Württemberg, 9.11.1960, Breith. 1961, 617ff.; 24.3.1953, LAP S. 110f.; Probst, H. Unfallh. 107 (1971) 239.

[153] Geißendörfer, Ungeheuer, Handbuch der gesamten Unfallheilkunde (Hrsg. Bürkle de la Camp u. Schwaiger), 3. Aufl. Bd. 1 S. 654f.; Wilhelm, BG-UMed 18 (1973) 218ff; Mollowitz, Der Unfallmann, 12. Aufl. 1998 S. 250f.

(1) Histologische Bestätigung der Diagnose einer Sehnenscheidentuberkulose durch Erregernachweis

(2) Erwiesenes Unfallereignis

(3) Geeignetes Unfallereignis für die Entstehung einer Impftuberkulose der Sehnenscheiden, d.h. die Verletzung muss die Sehnenscheide erreicht haben bzw. der fortschreitende tuberkulöse Weichteilprozess diese einbeziehen

(4) Übereinstimmung von Verletzungsstelle und Lokalisation bzw. Ausgangspunkt der Sehnenscheidentuberkulose

(5) Der Unfallvorgang muss die ausreichende Wahrscheinlichkeit für das Vorhandensein einer tuberkulösen Infektionsquelle bieten. Alle außerhalb und nach dem eigentlichen Schlachtvorgang im Fleischereigewerbe behaupteten tuberkulösen Infektionen, vor allem bei der späteren Zerlegung, Fleischverarbeitung sowie im Ladenbetrieb, gelten in der Regel als unwahrscheinlich

(6) Auftreten objektiver Anzeichen der Sehnenscheidentuberkulose zwischen einer Mindestzeit von 4 Wochen und einer Höchstzeit von 6 Monaten nach dem angeschuldigten Unfallereignis

(7) Erfolgte Typendifferenzierung mit Nachweis eines bovinen Erregers der Sehnenscheidentuberkulose. Der Nachweis eines humanen Erregers der Sehnenscheidentuberkulose schließt den Unfallzusammenhang aus.

9.4.9 Minderung der Erwerbsfähigkeit

Maßstab für die Einschätzung der MdE sind der im Röntgenbild ermittelte pathologische Befund und das Ausmaß objektivierbarer Funktionseinschränkung; dies gilt auch für extrapulmonale Tuberkuloseformen. Ist solches nicht erfassbar, liegt keine MdE nach Tuberkulose mit Wiedereintritt der Arbeitsfähigkeit vor. Vergleicht man die Leitlinien für die MdE bei Staublungenerkrankungen (s. 17.2.9, S. 1016) mit der bei der Tuberkulose herkömmlichen Einschätzung[154], so lässt sich die frühere Bewertungspraxis nicht mehr rechtfertigen. Behandlungsbedürftigkeit allein kann keine MdE mit 50 % begründen.[155] Der Begriff der „Nichtansteckungsfähigkeit" der Tuberkulose ist nicht mehr gleichzusetzen mit der früheren Beschreibung, derzufolge drei negative Kulturen im Abstand von je einem Monat oder negative bakteriologische Befunde über zwölf Monate nach dem letzten Bakteriennachweis vorliegen müssten.[156] Im Allgemeinen kommt es bei antituberkulöser Chemotherapie zu rascher und weitgehender Befundrückbildung und Rückgang bzw. Aufhören der Bakterienausscheidung nach wenigen Tagen; nur bei ausgedehnter Tuberkulose bedarf es dazu mehrerer Wochen.[157]

---

[154] Marx, Prax. Pneumol. 35 (1981) 600ff.
[155] Wandelt-Freerksen, Begutachtung der Tuberkulose, Handbuch d. Inn. Medizin 4. Bd., Teil 3 Lungentuberkulose, 1981; Jentgens, Wandelt-Freerksen, MedSach 89 (1993) 117.
[156] Bereits 1972 erklärte die Weltgesundheitsorganisation (WHO) zur Ansteckungsfähigkeit der Tuberkulose, dass ein Kranker, bei dem nur kulturell Bakterien nachgewiesen werden könnten, in seuchenhygienischer Hinsicht irrelevant sei; dies beinhaltet zudem, dass ohne Gegengründe nichts gegen die berufliche Einsatzfähigkeit spricht.
[157] Jentgens, Wandelt-Freerksen, MedSach 89 (1993) 117, 120; Krieger, Zbl. Arbeitsmed. 46 (1996) 146ff.

9.4 Tuberkulose

Erfahrungen zeigen, dass eine, wenn auch noch behandlungsbedürftige, Tuberkulose ohne begleitende Funktionseinschränkungen oder stärkere negative Auswirkungen der Medikation die volle berufliche Einsatzfähigkeit nicht beeinträchtigt.

Meistens ist eine Beurteilung aus Kenntnis des Krankheitsverlaufes und der röntgenologischen und spirometrischen Befunde, also nach Aktenlage, angängig.

Die ältere Vorstellung, Befundänderungen seien im Laufe der Rückbildung pulmonaler tuberkulöser Prozesse als Zeichen noch bestehender Aktivität („aktiv im Sinne der Rückbildung") zu werten, ist nicht aufrechtzuerhalten; eine höhere Einschätzung der MdE ist damit nicht begründbar.

Bei bleibender oder länger anhaltender Funktionseinschränkung vermag nur eine Beurteilung des im Röntgenbild objektivierten Befundes mit eingehender spirometrischer Untersuchung der Situationseinschätzung gerecht zu werden. Funktionseinschränkungen können durch Restbefunde nach abgeheilter Lungentuberkulose verursacht, aber auch Folge durch sie verursachter Begleit-Krankheiten sein, wie chronische Bronchitis oder Lungenemphysem. Letztere können aber auch von der Lungentuberkulose unabhängige Krankheiten sein, die ggf. BK-unabhängige Funktionseinschränkungen bewirken. Der erfahrene Gutachter muss im Einzelfall Stellung nehmen.

- **Richtwerte**

Die Einstufung der Minderung der Erwerbsfähigkeit (MdE) orientiert sich an den objektivierbaren Funktions- und Leistungseinschränkungen. Auf Grund der Effektivität der medikamentösen Therapie sind Risiken zum Wiederaufleben der Erkrankung nicht zu berücksichtigen:

Nach Wiedereintritt der Arbeitsfähigkeit ohne verbleibende Funktionseinschränkungen beträgt die MdE 0 %.

Negative Auswirkungen der Medikamente können eine MdE von 10-20 % begründen. In seltenen Fällen auch mehr. Bei starker Unverträglichkeit der Medikamente besteht Arbeitsunfähigkeit. In der Regel treten Unverträglichkeiten aber zu Beginn der Therapie auf und sind im weiteren Verlauf mit wenigen Ausnahmen reversibel. Gelegentlich kann es notwendig sein, die Medikation zu ändern.

Für die Dauer der Infektiosität sowie der Arbeitsunfähigkeit beträgt die MdE 100 %. Für diese Zeit wird in der Regel Verletztengeld gezahlt (§ 72 SGB VII).

Ausgeprägte Veränderungen der Lunge – Parenchymverlust, Pleuraschwarte – können in Ausnahmefällen zur Beeinträchtigung der kardiopulmonalen Funktion führen. Hier erfolgt die Abschätzung der MdE entsprechend anderer die Lunge betreffender Erkrankungen.

MdE-Einschätzung bei kardiopulmonaler Funktionseinschränkung[158]

MdE	0–20 %	20–30 %	30–50 %	50–80 %	80–100 %
Dyspnoe (Anamnese/Befund)	Ø	Ø	bei Belastung	in Ruhe, verstärkt bei Belastung	schon ausgeprägt in Ruhe
Rechtsherz-belastung (EKG, Katheter)	Ø	Ø	Ø	häufig erkennbar	meist vorhanden
restriktive Ventilations-störung IVC	80 %	um/unter 80 %	um 60 %	um/unter 50 %	40 %
PO_{2a}	über	über	in Ruhe über, bei Belastung um/unter	bei Belastung unter, in Ruhe um/unter	in Ruhe deutlich unter

Extrapulmonale Schäden als Folge der Tuberkulose oder deren Behandlung sind gesondert – entsprechend der Organ- und Funktionsschäden, die sie verursachen – zu berücksichtigen. Solange mit Befundänderungen im Sinne einer Besserung zu rechnen ist, sind gutachterliche Nachuntersuchungen angezeigt, bei stabilisierten Restbefunden können diese entfallen. Bei Verschlimmerungen, durch zunehmende Funktionseinschränkung verursacht, vermag eine Synopsis aller spirometrischen und kardialen Befunde über mehrere Jahre sinnvoll zu sein.

Unveränderte Röntgenbefunde sind nicht alleiniger Grund, die MdE bei funktioneller Verschlechterung beizubehalten; auch altersbedingt nachlassende Kompensationsfähigkeit muss unter Umständen berücksichtigt werden.

Die Prüfung, ob eine Bronchitis oder ein asthmoides Beschwerdebild Folge tuberkulöser Veränderungen ist, bedarf großer Sorgfalt. Ausgedehnte Schwartenbildungen können zu rezidivierender Bronchitis als Folge der „gefesselten Lunge" führen. Bei Entwicklung einer *obstruktiven Atemwegserkrankung* lehnt sich die MdE-Schätzung an die Silikose-Erfahrungswerte (s. 17.2.9, S. 1016) an. Bronchiektatische Veränderungen bei tuberkulösen Restbefunden erweisen sich im Unterlappenbereich als gravierende Krankheitsfolge; im Oberlappenbereich zeigen sie häufig keine Symptomatik.

Eine Rechtsherzbelastung kann sich namentlich bei ausgedehnten Restbefunden entwickeln, aber auch indirekt als Folge einer BK-abhängigen Emphysembronchitis auftreten.

Bei Ansteckungsfähigkeit (mehr als 6 Monate) beträgt die MdE 100 %.

9.4.10 Meldepflicht

Nicht der Verdachtsfall, sondern die *Erkrankung* und der Tod an einer behandlungsbedürftigen Tuberkulose ist meldepflichtig (§ 6 Abs. 1 Nr. 1 Infektionsschutzgesetz). Unerheblich ist, ob die Tuberkulose ansteckungsfähig ist.

Hauttuberkulose s. 11.4.1.4, S. 889; Ileozökal-Tuberkulose s. 12.4.3, S. 908; Siliko-Tuberkulose s. 17.3, S. 1019.

---

[158] Jentgens, Wandelt-Freerksen, MedSach 89 (1993) 117 in Anlehnung an Kentner, MedSach 1982, 46; Nienhaus, u. a., Tuberkulose als Berufskrankheit, 2. Aufl. 2009 S. 309.

9.5 Weitere von Mensch zu Mensch übertragbare Infektionskrankheiten im Überblick[159]

Krankheit Erreger	Inkubationszeit	Infektionsweg	Krankheitsbild
Chlamydien-Infektionen *Chlamydia pneumoniae*	wenige Tage	Tröpfcheninfektion	relativ mild verlaufende Pneumonien bei jungen Erwachsenen, untypische Atemwegserkrankungen bei Kinder (Bronchitis, Tracheobronchitis); als atiologisches Agens für die Arteriosklerose diskutiert
Cholera *Vibrio cholerae*	1–4 Tage (24–48 Stunden)	Kontaktinfektion oder verseuchtes Wasser und Lebensmittel	Durchfall, Erbrechen; ab Flüssigkeitsverlust von ca. 5 % Körpergewicht schweres Krankheitsbild mit Herzrhythmusstörungen, Exsikkose, Elektrolytverlust, „Kahnbauch", Muskelkrämpfe, Nierenversagen. Letalität unbehandelt ca. 60 %.
Coxsackie-Viruskrankheit *Coxsackie-Virus A und B*	2–14 Tage	fäkal-oral oder Tröpfcheninfektion	Fieber, Nackensteife, Erbrechen, Muskelschwäche Spätschäden: Enzephalitis, Myokarditis, Hepatitis, Pankreatitis, Orchitis
Diphtherie *Corynebacterium diphtheriae* Selten C. ulceras, C. pseudotuberculosis	2–5 Tage gelegentlich länger	Tröpfcheninfektion infizierte Gegenstände	Rachen-, Nasen-, Kehlkopf-, Hautdiphtherie. Komplikationen: Toxische Verlaufsform: Kreislauf-, Herzmuskel-. Nieren- und Nervenaffektionen; Glottisödeme, Pneumonie, Croup. Spätschäden: Myokardschäden, Paresen
Dysenterie *Shigella dysenteriae, -flexneri -boydii, -sonnei*	Stunden bis 7 (2–3) Tage	direkt fäkal-oral, indirekt: Nahrung, seltener Wasser	Erbrechen, schleimige, blutige Durchfälle, Tenesmen, Exsikkose. Komplikationen: chronische Ruhr, Reitersches Syndrom (Arthritis, Konjunctivitis), Rheumatoide, Arthritis
Helicobacter-Infektionen *Helicobacter pylori*	Serokonversionszeit bis ca. 4 Wochen	Schmier- oder Tröpfcheninfektion (Magensekret, Zahnplaques und Stuhl gelten als infektiös), Re-Infektion ist möglich	Gastritis Typ B
Infektiöse Mononukleose (Pfeiffersches Drüsenfieber) *Epstein-Barr-Virus*	Jugendliche 10–60 Tage, Erwachsene 4–8 Wochen	Kontakt zu Speichel, Sperma, Vaginalsekret, Transfusionen, Transplantaten, Tröpfcheninfektion	Fieber, Phayngitis, Tonsillitis, Lympfknotenschwellung. Komplikationen: Pneumonie, Meningitis, Meningoenzephalitis, Glomerulonephritis, Lymphknotenschw. (schmerzh.), Fieber, hämorrhag. Enanthem, weißgelbe, flächenhafte, zuckergussart. Beläge, über d. Grenzen d. vergr. Tonsillen herausgehend, Splenomegalie, Meningismus
Keuchhusten *Bordetella pertussis*	1–3 Wochen	Tröpfcheninfektion, Schmierinfektion	Stakkatohusten, verlängertes Erstickungsgefühl. Nach dem Anfall Erbrechen; Speichel- und Tränenfluss (Dauer 3-6 Wochen) Katarrhalische Erscheinungen (1-2 Wochen). Komplikationen: Bronchopneumonien, Enzephalopathie

---

[159] Merkblatt für die ärztliche Untersuchung, BArbBl 2001 H. 1 S. 35, modifiziert durch Falldefinitionen des Robert-Koch-Instituts gem. § 4 Abs. 2 InfektionsschutzG, Bundesgesundheitsbl 49 (2006) 1236 sowie BGlicher Grundsatz für arbeitsmedizinische Vorsorgeuntersuchungen 42 „Tätigkeiten mit Infektionsgefährdung".

Krankheit Erreger	Inkubationszeit	Infektionsweg	Krankheitsbild
Legionellose (Legionärskrankheit) *Legionella pneumophila (versch. Serotypen)*	2–10 Tage	aerogen (wahrscheinlich), Tröpfcheninfektion (Klimaanlage, Duschköpfe)	Lungenentzündung
Masern *Masern-Virus*	7–18 Tage	Tröpfcheninfektion, Schmierinfektion	generalisierter Ausschlag (makulopapulös), Fieber, Katarrh, Rötung der Bindehaut
Meningokokken-Infektionen *Neisseria meningitidis*	ca. 4 Tage (2–10 Tage)	Tröpfcheninfektion	überwiegend von Keimträgern mit Besiedlung der Nasopharynx-Schleimhaut
Mumps (Ziegenpeter) *Mumps-Virus*	ca. 18 Tage (12–35 Tage)	Tröpfcheninfektion (Nasensekret, Speichel), Schmierinfektion (Urin)	Fieber, Schwellung d. Parotis (einseitig oder beidseitig). Komplikationen: Orchitis, Oophoritis, Pankreatitis, Meningoenzephalitis
Mykoplasmen-Infektionen *Mykoplasmen*	1–3 (–5) Wochen	Tröpfcheninfektion, Sexualkontakt, Stichverletzung	M. pneumoniae: anfangs Infekt obere Atemwege, später Tracheobronchitis, Bronchiolitis, interstitielle („atypische") Pneumonie. Komplikationen (selten) Pleuritis, Otitis media, Arthritis, Hepatitis, Pankreatitis, Myokarditis, Perikarditis, Myelitis, fokale Enzephalitis M. hominis, U. urealyticum: Infektion der ableitenden Harnwege und des Genitaltraktes
Poliomyelitis[160] *Poliomyelitis-Viren Typ I, II, III*	3–35 Tage	fäkal-oral, selten Tröpfcheninfektion, Wasser ist wesentliches Vehikel, Schmierinfektion	akut eintretende schlaffe Lähmung einer oder mehrerer Extremitäten (Blasen-Mastdarm-Lähmung), verminderte oder fehlende Sehnenreflexe in den betroffenen Extremitäten, keine sensorischen oder kognitiven Defizite
Ringelröteln *Parvovirus B19*	13–17 Tage	Tröpfcheninfektion, parenteral durch Blut, diaplazentar in ca. 10 % der Fälle	prodromale grippeähnliche Beschwerden, Schmetterlingsexanthem im Gesicht, absteigendes makulopapulöses, ring-, girlandenförmiges Exanthem an Rumpf, Extremitäten (Streckseiten); i.d.R. folgenlose Abheilung

---

[160] *Rechtliche Bewertung:* Bereits im Kranken haftende oder in ihm ruhende oder auch schon krankhaft wirkende Erreger können durch örtliche oder allgemeine Schädigung des Befallenen unter günstige Entwicklungsbedingungen gesetzt werden. Dies bedeutet, dass zwischen der rechtlich unbeachtlichen „Verschlimmerung aus unspezifischer Ursache" und dem für den Entschädigungsanspruch beachtlichen Verschlimmerungsfaktor zu unterscheiden ist.
Ein verschlimmernder Einfluss auf die Lokalisation und die Schwere des poliomyelitischen Krankheitsgeschehens kann angenommen werden bei außergewöhnlicher körperlicher Anstrengung oder Erschöpfung (LSG Niedersachsen, 27. 5. 1955, LAP S. 224; Bayer. LVA, 21. 10. 1949, Kartei Lauterbach Nr. 23 zu § 542 [alt]) Erkältung (OVA Freiburg, 14. 4. 1953, Breith. 1953, 836) schwerem Trauma, das einen erheblichen Eingriff in die Stoffwechselabläufe oder sonstigen Funktionen des Organismus darstellt und engem zeitlichen Zusammenhang mit der Krankheit (Kn OVA Dortmund, 16. 10. 1953, Kompass 1954, 33).

9.5 Weitere von Mensch zu Mensch übertragbare Infektionskrankheiten im Überblick

Krankheit Erreger	Inkubationszeit	Infektionsweg	Krankheitsbild
Röteln *Röteln-Virus*	14–23 Tage	Tröpfchen-, Kontakt- oder Schmierinfektion (Blut, Urin, Stuhl, Konjunktival-/ Zervixsekret, Synovialflüssigkeit, Sputum), diaplazentar	Fieber, Exanthem, Lymphknotenschwellung (bes. nuchal), Splenomegalie
Rotavirus-Infektionen *Rotaviren der Gruppe A-C*	ca. 4 Tage (1–10 Tage)	fäkal-oral, Schmierinfektion, Inhalation von virushaltigem Staub	bis 2. Lebensjahr schwerer Verlauf, ggf. lebensgefährliche Exsikkose, im Erwachsenenalter selten. Leitsymptome: plötzlich einsetzende Durchfälle, Erbrechen, Fieber, Enzephalitis, hämorrhagischer Schock
Salmonella-Enteritis *Salmonella enteritidis sp., S. typhi murium*	Stunden bis wenige Tage	Hauptweg: kontaminierte Nahrungsmittel, z.B. Eier, selten durch Dauerausscheider	Durchfall, krampfartige Bauchschmerzen, Erbrechen, Fieber. generalisierte (Sepsis) oder lokalisierte Infektionen außerhalb des Darmtrakts (z.B. Arthritis, Endokarditis, Pyelonephritis)
Scharlach *Streptocorrus pyogenes (β-hämolysierende Streptokokken der Serogruppe A)*	12–36 Stunden	Tröpfchen- oder Schmierinfektion	akuter Beginn, Hals- Gliederschmerzen, Übelkeit, Fieber, Erbrechen, gerötete Tonsillen, Himbeerzunge, Enanthem am weichen Gaumen, Exanthem (freies Kinndreieck), Tachykardie. Komplikationen: Otitis media, interstitielle Frühnephritis, Pankarditiden, Polyarthritis, Glomerulonephritis
Syphilis *Treponema pallidum*	ca. 3 Wochen (Primäraffekt)	sexuell, diaplazentar, sowie seltener durch direkten Kontakt, Übertragung durch Blut (Stichverletzung) möglich	Frühsyphilis (Lues I) (≤ 1 Jahr, hochinfektiös) Sekundäre Syphilis (Lues II): lymphohämatogene Aussaat mit vielfältiger Symptomatik, entzündlich verhärtete Lymphknoten, spez. Exantheme/Enantheme (Syphilide). Syphilis kann nahezu jede Hautkrankheit vortäuschen.
Typhus *Salmonella typhi*	ca. 10 Tage (3–60 Tage)	fäkal-oral, primär durch verunreinigte Nahrungsmittel oder Trinkflüssigkeiten, sekundär durch Körperflüssigkeiten und kontaminierte Gegenstände	Kopf-, Gliederschmerzen, Mattigkeit, Fieber (Kontinua), Benommenheit, Typhuszunge, rel. Bradykardie, Bronchitis, Splenomegalie, Roseolen, erst Obstipation, später erbsenbreiartige Stühle Komplikationen: Hirnödem, Darmblutungen, Perforationen, Osteomyelitis, Cholangitis, Peritonitis, Bronchopneumonie, Kreislaufschock, Myokarditis, Endokarditis
Virusgrippe *Influenza-Virus (A, B oder C)*[161]	18 Stunden bis 4 Tage 1 bis 3 Tage	Tröpfcheninfektion, seltener Infektion durch kontaminierte Staubpartikel, nur ausnahmsweise durch Gebrauchsgegenstände	akuter Krankheitsbeginn, Husten, Fieber, Muskel-, Glieder-, Rücken- oder Kopfschmerzen. Chronische Bronchitis, Bronchiektasen, Herz-, Nierenschäden. Die Postinfluenza-Enzephalitis kann bis zu einem Jahr nach der Infektion auftreten.

---

[161] Dazu BSG, 28. 8. 1990, HV-Info 25/1990, 2141 = Meso 260/16, Süss, Bundesgesundhbl 1992, 35, 36. Gürtler u.a., VersMed 43 (1991) 44, 45.

Windpocken *Varicella-Zoster-Virus*	14–16 Tage	Tröpfcheninfektion, Kontakt- und Schmierinfektion durch Bläscheninhalt, diaplazentar	Fieber, Exanthem: Stamm, Gesicht, Gliedmaßen, zunächst rötliche Fleckchen, Knötchen, Bläschen, Pusteln; alle Stadien gleichzeitig vorhanden. Komplikationen: Otitis media, Pneumonie, Keratitis, Iridozyklitis, Neuritis retrobulbaris, Hämatemesis
Zytomegalie (Speicheldrüsenkrankheit) *Cytomegalie-Virus*	4–12 Wochen, nach Bluttransfusion 2–6 Wochen	Schmierinfektionen, Schleimhautkontakt, sexuell, diaplazentar, durch Blut- und Blutprodukte, Sekrete, Urin, Muttermilch	Tonsillitis, Pharyngitis, Bronchitis, Pneumonie, Karditis

9.6 Von Tieren auf Menschen übertragbare Krankheiten (BK-Nr. 31 02)

Zoonosen sind Krankheiten, die sowohl beim Tier als auch beim Menschen vorkommen und durch gegenseitige Ansteckung übertragen werden. Über 200 Krankheiten sind bekannt (WHO). Nicht selten sind die Erreger für den Menschen stärker pathogen (krankmachend) als für das Tier.[162]

Die Ansteckung erfolgt nicht allein durch unmittelbaren Kontakt mit den Tieren, sondern auch durch tierische Teile, Ausscheidungen[163], Produkte oder durch verunreinigte Gegenstände und Arbeitsgeräte.

Die Erreger gelangen über die intakte oder verletzte Haut, über die Atemwege oder mit kontaminierter Nahrung in den Körper. Beschäftigte in Schlachthöfen, Metzgereien, Laboratorien, Tierärzte und -pfleger, Land- und Forstwirte aber auch Köche[164] sowie Straßenkehrer[165] sind besonders gefährdet. Da sich beruflich erworbene Infektionen nicht von außerberuflichen unterscheiden lassen, kommt der Arbeitsanamnese besondere Bedeutung zu.

- **Ursachenzusammenhang**

Die Anerkennung einer Berufskrankheit nach BK-Nr. 31 02 setzt voraus:

(1) Gesicherte *Diagnose;* Nachweis des Krankheitserregers. Nicht nur solche Krankheiten sind entschädigungspflichtig, die bereits als Tierkrankheiten gelten: Es genügt, wenn das übertragende Tier selbst nicht sichtbar erkrankt, also nur Keimträger ist: Das Schutzbedürfnis gebietet dies.[166]

(2) Klärung der beruflichen Infektion durch erschöpfende Tatsachenfeststellung.[167] Der bei der Erkrankung erhobene Befund muss auf Ansteckung während der beruflichen Tätigkeit hinweisen. Dabei ist der zeitliche Zusammenhang zwischen Gefährdung im Be-

---

[162] Krauss, Weber, Zoonosen, 2. Aufl. 1997; Weber, Von Tieren auf Menschen übertragbare Krankheiten, in: arbeitsmedizin aktuell, 1983 Fach 8.4 S. 79 ff.; Weber, Valentin u.a. ASP 1993, Sonderheft.
[163] LSG Baden-Württemberg, 13. 9. 1989, HV-Info 31/1989, 2538.
[164] BSG, 4. 5. 1999, HV-Info 1999, 2377 = BB 1999, 2305.
[165] LSG Baden-Württemberg, 13. 9. 1989, HV-Info 31/1989, 2538.
[166] LSG Nordrhein-Westfalen, 7. 2. 1989, HV-Info 12/1990, 94; Bayer. LSG, 23. 11. 1983, Breith. 1985, 30, 32.
[167] BSG, 21. 9. 1960, Meso B 70/29; andernfalls Verfahrensmangel.

9.6 *Von Tieren auf Menschen übertragbare Krankheiten (BK-Nr. 31 02)*

ruf, Auftreten der ersten klinischen Symptome und dem Zeitpunkt der Diagnosestellung (Inkubationszeit) bedeutsam.

Eine Beschränkung einzelner Berufsgruppen auf bestimmte Tierarten, die Gegenstand der Beschäftigung sind (etwa für Landwirte nur Haustiere als Krankheitsträger), ist gesetzlich nicht begründet.[168]

(3) Die für die Wahrscheinlichkeit des ursächlichen Zusammenhanges bei der BK-Nr. 31 01 genannten Grundsätze (s. 9.1.3, S. 707) gelten auch bei der BK-Nr. 31 02[169]:

Vorliegen einer besonderen, über das normale Maß hinausgehenden Ansteckungsgefahr bei der beruflichen Tätigkeit.[170]

Ausgewählte von Tieren auf Menschen übertragbare Infektionskrankheiten mit Inkubationszeit, Infektionsweg und Krankheitsbilder[171]

Krankheit Erreger	Inkubationszeit	Reservoir (hauptsächliche sind unterstrichen)	Infektionswege	Krankheitsbild
Balantidiose (Balantidienruhr) *Balantidium coli*	Stunden bis Tage	Schwein, Kaninchen, Ratte (Dickdarmkommensale), selten Affe, Rind, Schaf	Oral (Schmierinfektion), Fliegen als mechanische Überträger	Ulzeröse Colitis mit Tennesmen und schleimig-blutigen Stühlen
Bläschenkrankheit des Schweines (SVD) SVD-Virus (Rhabdovirus)	2 bis 9 Tage	Schwein	Enger Kontakt zu infizierten Schweinen; Bremsen	Bläschen an Kontaktstellen, Aphten, klinisch inapparente Infektion
Brucellosen *Brucella abortus* (Bang-Krankheit, Morbus Bang) *B. melitensis* (Malta-Fieber) *B. suis* (Schweinebrucellose) *B. canis* (Hundebrucellose)	5 bis 60 Tage	Rind Schaf, Ziege, Rind Schwein, Hase Hund	Schmierinfektion (Sekret, Lochien), inhalativ (Staub, Aerosol), oral (Lebensmittel: insbesondere Rohmilch, Schafs- und Ziegenkäse, Fleisch)	Granulome in Leber, Milz, Knochen (Arthritis) Komplikation: Endokarditis, Osteomyelitis, Meningoenzephalitis

---

168 LSG Nordrhein-Westfalen, 7. 2. 1989, HV-Info 12/1990, 940.
169 BSG, 25. 10. 1989, HV-Info 1990, 950, 952 = Meso B 260/17.
170 BSG, 30. 5. 1988, HV-Info 1988, 1798; 25. 10. 1989, HV-Info 12/1990, 950.
171 Merkblatt für die ärztliche Untersuchung, BArbBl 2003 H. 10 S. 26, modifiziert durch Falldefinitionen des Robert-Koch-Instituts gem. § 4 Abs. 2 Infektionsschutzgesetz, Bundesgesundheitsbl 49 (2006) 1236.

Krankheit Erreger	Inkubationszeit	Reservoir (hauptsächliche sind unterstrichen)	Infektionswege	Krankheitsbild
Campylobacter-Infektionen *Campylobacter jejuni* *C. coli*	1 bis 10, gewöhnlich 2 bis 5 Tage	Schwein, Rind, Schaf, Zootiere, Katze, Goldhamster, Meerschweinchen, Maus	Oral (kontaminierte Lebensmittel insbesondere Rohmilch, Trinkwasser), Badegewässer; Schmierinfektion von infizierten Tieren (Kot), auch von Mensch zu Mensch (Fäzes)	Gastritis, Colitis, Enteritis, Proktitis, Arthritis, Meningitis, Guillain-Barré-Syndrom, Peritonitis, Harnwegsinfekt, Abort, Sepsis
C. lari		Möwen, Hund		
Chlamydiosen *Chlamydophila psittaci* (Ornithose, Papageienkrankheit, Psittakose)	7–21 Tage (bis 3 Monate)	Vögel, Haus- und Wildtiere	Hauptsächlich inhalativ (Staub), ferner Schmierinfektion (Fäzes), direkter Kontakt (Katzenkonjunktivitis), über Konjunktiva; auch von Mensch zu Mensch	leichte „Grippe" bis „atypische" interstitielle Pneumonie, Orchitis, Endo- oder Myokarditis, Glomerulonephritis, Fehlgeburt
Chl. pecorum		Rind, Schaf, Wildtiere		
Chl. felis		Katze		
Chl. abortus		Schaf		
Echinokokkosen Alveoläre Echinokokkose[172] *Echinococcus multilocularis* (Fuchsbandwurm)	< 5 bis 15 Jahre	Fuchs (zu 50 % infiziert), Hund, Katze (< 5 % infiziert), Feldmaus (< 1 % infiziert) in Endemiegebieten (in Deutschland: Mittelgebirgsregionen)	Oral über kontaminierte Lebensmittel (mit Fuchskot kontaminierte Beeren und Pilze)	metastasierende Zysten in Leber, Lunge und Gehirn
Zystische Echinokokkose *E. granulosus* (Hundbandwurm)		Hund (zu < 1 % infiziert)	oral (Schmutz- und Schmierinfektion) nach Kontakt mit Fäzesausscheidungen von Hunden	expansive Zysten (keine Metastasen) in Leber, Lunge, Milz, Peritoneum, Gehirn, nach Ruptur anaphylaktische Reaktion
Enterohämorrhagische Escherichia coli (EHEC)-Infektionen Verotoxin-bildende *Escherichia coli* (VTEC) Besonders gefährliche Serovar O 157:H7 und O 157:H-	2 bis 10 Tage	Rind, Schaf, Ziege, rohe oder halb gare tierische Lebensmittel (Rinderhackfleisch, nicht pasteurisierte Milch, Joghurt, Frischkäse), ungechlortes Wasser, Kartoffeln, Salatsauce, Apfelmus	Schmierinfektion Fäzes, oral (Nahrung, Rohmilch), Streichelzoo, Badegewässer, auch von Mensch zu Mensch	Durchfall, Fieber, Erbrechen; Komplikationen HUS-hämolytisch-urämisches Syndrom (Niereninsuffizienz) und TTP – thrombozytopenische Purpura (Bewusstseinstrübung, Krämpfe, zentralnervöse Herdzeichen, Hemiplegie)

---

[172] LSG Baden-Württemberg, 17. 11. 1964, Breith. 1965,731; Bayer LSG, 23. 11. 1983, Breith. 1985, 50: cerebrale Zystizerkose durch Finnen des Schweinebandwurms.

9.6 Von Tieren auf Menschen übertragbare Krankheiten (BK-Nr. 31 02)

Krankheit Erreger	Inkubationszeit	Reservoir (hauptsächliche sind unterstrichen)	Infektionswege	Krankheitsbild
Fleckfieber (Flecktyphus) R. Prowazekii (Kleiderlaus) R. typi (Rattenfloh)	ca. 1–2 Wochen	Läuse, Rattenfloh	Schmierinfektion	Fieber (Kontinua), Konjunktivitis, hämorrhag. Exanthem, Splenomegalie, enzephalitische Erscheinungen
Frühsommer-Meningoenzephalitis (FSME) Mitteleuropäische Enzephalitis, Flaviviren	ca. 7 bis 14 Tage	Zecken, Igel, Spitzmaus, Maulwurf, (Endemiegebiete)	Zeckenstich (Höhengrenze: 600 m), Kontaktinfektion, aerogen, selten oral (Rohmilch)	klinisch inapperent bis Grippe-ähnlich bis 40°C Fieber und Meningitis bis Enzephalomyelitis mit Paresen und Paralysen
Giardiasis (Lambliasis) Giardia lamblia	3 bis 25 Tage, gelegentlich länger	Hund, Katze, Rind, Schaf, Nagetier (Mensch)	Oral (Schmierenfektion), Trinkwasser und Nahrungsmittel (Fliegen als mechanische Überträger)	symptomlos oder: faulig riechender Durchfall, Brechreiz, Anorexie, Flatulenz, Kopfschmerz, leichtes Fieber, Inappetenz; auch chronisch rezidivierend
Hantavirus-Erkrankungen (HPS – Hantavirus Pulmonary Syndrome, NE – Nephropathia epidemica) Hantaviren (Bunyaviridae)	14–21 Tage	Nagetiere (Feldmaus, Rötelmaus, Ratte)	Schmierinfektion über Ausscheidungen (Urin, Fäzes, Speichel) infizierter Mäuse oder Ratten, aerogen (Aerosol), kontaminierte Lebensmittel	hohes Fieber, Atemnot, Arthralgien, Rükken- und retrosternale Schmerzen, generalisiertes Ödem, proteinreiches Lungenödem
Katzenkratzkrankheit Bartonella henselae, B. clarridgeiae, Afipia felis	1–2 Wochen	Katze, sehr selten Hund oder Eichhörnchen	Kratzverletzung oder Biss, (Katzenflohstich)	Papel an Eintrittspforte, regionale Lymphadenitis, vereinzelt Fieber, Anorexie, general. Exanthem, selten schwere Komplikationen, Enzephalopathie, Erblindung u.a.
Kryptosporidiose Cryptosporidium parvum, C. baileyi (sehr selten)	1 bis 12 Tage, gewöhnlich 7 Tage	Kalb, Lamm Vögel	Orale Übertragung der Oozysten (Schmierinfektion) auch von Mensch zu Mensch	Enterokolitis mit nachfolgender Exsikkose, vorwiegend opportunistisch

Krankheit *Erreger*	Inkubationszeit	Reservoir (hauptsächliche sind unterstrichen)	Infektionswege	Krankheitsbild
Leptospirosen[173] *Leptospira interrogans*, die am häufigsten nachgewiesenen Serovare sind: *L. icterohaemorrhagiae* (Weilsche Krankheit) *L. grippotyphosa* (Feld-, Ernte-, Schlamm-, Wasserfieber) *L. pomona* *L. tarassovi* *L. hardjo* *L. canicola* (Canicola Fieber)	ca. 2 bis 30 Tage, gewöhnlich 10 Tage	Ratte, Maus, Schwein, Rind, Pferd, Hund, Fuchs, Hase, Igel	Über verletzte Haut und Schleimhäute z.B. nach Tauchen, Sturz in Kanalwasser	1. Phase: Hohes Fieber (34-40°C) Schüttelfrost, Kopf- und Muskelschmerzen 2. Phase: Hepatitis, Nephritis, Meningitis, Myokarditis, Iridozyklitis, intrauteriner Fruchttod, Fehl- oder Frühgeburt
Listeriose *Listeria monocytogenes*	1–3 Tage bis 4 Wochen	Rind, Schaf, Ziege, Schwein, Huhn, Hund, Katze, Reh, Zoo-, Pelz- und Labortiere, Vögel, Kaltblüter, Insekten	Schmierinfektion (Fäzes), über Konjunktiven, Inhalation (Staub), diaplazentar Wichtigster Infektionsweg oral (Rohmilch, Weichkäse, Salate)	lokal: Papeln, Pusteln (Hände, Arme, Brust, Gesicht) systemisch: septisch-typhöse Monozytenangina, Endokarditis, Neuritis, Pneumonie, Urethritis, Leberabszess, Meningitis, Enzephalitis, Neugeborenenlisteriose
Lyme-Borreliose *Borrelia burgdorferi sensu stricto* *B. garinii* *B. afzelii* (syn. Gruppe VS 461)	4–7 (3–14) Tage	Zecken, wild lebende Nager, Igel, Reh, Rotwild, Vögel	Stich vorwiegend von Zecken (Höhengrenze: 1000 m), transplazentar; auch nach Biss durch ein infiziertes Pferd beschrieben	Erythema migrans, wandernde Arthralgien, Herzbeschwerden, Magen-Darm-Symptome, Lymphadenosis, Arthritis (s. 19.1.5, S. 1158), Akrodermatitis chronica atrophicans, Enzephalomyelitis, Bannwarth-Syndrom (Meningoradikulitis), transplazentare Infektion

---

[173] LSG Nordrhein-Westfalen, 7. 2. 1989, HV-Info 12/1990, 940: Rattenurin bei der Rübenaufbereitung; LSG Baden-Württemberg, 13. 9. 1989; HV-Info 31/1989, 2538: durch infizierten Hundekot bei einem Straßenkehrer.

9.6 Von Tieren auf Menschen übertragbare Krankheiten (BK-Nr. 31 02)

Krankheit *Erreger*	Inkubationszeit	Reservoir (hauptsächliche sind unterstrichen)	Infektionswege	Krankheitsbild
Lymphozytäre Choriomeningitis LCM-Virus (*Arenavirus*)	6–13 Tage	<u>Hausmaus</u>, Hamster, Labortiere	Biss, Schmierinfektion; aerogen bei Laborinfektionen	Photophobie, Schnupfen, Bronchitis, Meningitis, Meningoenzephalitis, Enzephalitis, pränatale Infektionen, Fehlbildungen bei Neugeborenen
Maul- und Klauenseuche (Stomatis epidemica) MKS-Virus (*Picomaviridae*)	2–8 Tage	Paarhufer (<u>Rind</u>, <u>Schaf</u>)	Schmierinfektion über belebte und unbelebte Vektoren, aerogen	allgemeine Krankheitssymptome, Primäraphthe an Eintrittspforte, schmerzhafte Bläschen in Mund und Rachen, an Fingern und Zehen
Melkerknoten (Milkers nodules, Pseudopocken, Paravakzineknoten) Melkerknotenvirus (*Parapoxvirus*)	5–7 Tage	<u>Rind</u> (Euterpocken)	Direkter Kontakt	erbsgroße, halbkugelige, blaurote Knoten an den Händen
Mikrosporie *Microsporum canis*	Mehrere Tage bis wenige Wochen	<u>Katze</u>, Hund, sehr selten Pferd, Schwein, Schaf, Ziege, andere Tierarten	Häufiger direkter Kontakt mit erkrankten oder latent infizierten Tieren (auch gesund erscheinende, langhaarige Katzen sind bis zu 90 % latent mit M. canis infiziert)	Dermatomykose: Tinea capetis oder Tinea corporis
Milzbrand (Anthrax) *Bacillus anthracis*	1–7 Tage (gelegentlich nach einigen Stunden, aber auch bis zu 60 Tage)	<u>Rinder, Schafe, Ziegen, Pferde, Büffel, Kamele, Rentiere</u>, Nerze, sehr selten Schweine und Fleischfresser	Über Hautschunden und Hautrisse nach Kontakt mit Futtermitteln, Fellen, Häuten, Tierprodukten, Abwässern von Gerbereien, Wollfabriken; biologische Waffe	Hautmilzbrand: nekrotisierende Karbunkel mit Lymphadenose, evtl. Sepsis, Schock oder Meningitis, S. 890 Lungenmilzbrand: schwere Bronchopneumonie Darmmilzbrand: Karbunkel im Dünndarm, bei Perforation Peritonitis
Newcastle-Krankheit (atypische Geflügelpest) Newcastle Disease-Virus (NDV	1–2 (4) Tage	<u>Huhn</u>, Hausgeflügel und wild lebende Vögel	Aerogen oder konjunktival nach Kontakt mit infiziertem Geflügel; auch Infektion mit Impfstoff (apathogen für Hühner) möglich (z.B. Sprayvakzine)	folliküläre Konjunktivitis, präaurikuläre Lymphknotenschwellung

Krankheit Erreger	Inkubationszeit	Reservoir (hauptsächliche sind unterstrichen)	Infektionswege	Krankheitsbild
Pasteurellosen *Pasteurella multocida* vereinzelt auch *P. damatis* *P. canis* oder *Mannheimia haemolytica* (frühere Bezeichnung *P. haemolytica*)	2–14 Tage	latent im Nasopharynx von Säugetieren (bei 75-90 % der Katzen und bei bis 55 % der Hunde) und Vögeln physiologisch im oberen Respirationstrakt bei Mäusen, Ratten, Hunden und Katzen	Über Biss- oder Kratzverletzungen durch infizierte Tiere, Schmierinfektion, aerogene Tröpfcheninfektion, oral (sehr selten)	nach Biss: Phlegmone, Abszess, Nekrose, Periostitis, Osteomyelitis akut und subakut: Bronchitis, Pneumonie oder Asthma, Konjunktivitis, Stomatitis, Enteritis, Peritonitis, intraabdomineller Abszess, Harnwegsinfektion, Myositis
Pneumozystose *Pneumocystis carinii* (die Zuordnung zu Pilzen oder Parasiten ist noch nicht endgültig geklärt)	4–8 Wochen	Maus, Ratte (die meist nicht erkranken), Haus- und Zootiere	Aerogen (kontaminierte Tröpfchen, Staub), diaplazentar	Pneumonie, selten: in Lymphknoten, Leber, Milz und Knochen
Q-Fieber (Queensland-Fieber, Balkangrippe) *Coxiella burnetii*	2–4 Wochen	Nager, Zecken, Schaf, Ziege, Rind, Wildtiere	Aerogen mit kontaminiertem Staub (monatelang infektiös), direkter Kontakt mit Ausscheidungen, Lochien infizierter Tiere (insbesondere Schaf)	hohes Fieber, retrobulbärer Kopfschmerz, Gewichtsverlust, atypische Pneumonie, Endocarditis, Komplikation: granulomatöse Hepatitis
Rattenbisskrankheit (Soduko) *Spirillum minus* *Streptobacillus moniliformis*	2–3 Wochen bis 4 Monate 3–5 Tage	Ratte, Wiesel, Eichhörnchen, Frettchen, Maus, Schwein, Katze, Hund Ratte (bukkopharyngealer Saprophytismus), andere Nagetiere	Durch Biss eines infizierten Tieres	Ödem, Bläschen, Ulzeration, Exanthem an Bissstelle, Fieber, Begleitsymptome Fieber, dunkelrotes moniliformes Exanthem, pharyngolaryngeale Symptome
Rotlauf (Erysipeloid) *Erysipelothrix rhusiopathiae*	2–5 Tage	Schwein, Fisch, Geflügel, selten andere Vogelarten und Säugetiere	Über Verletzung (Schnitt-, Stich-, Riss- und Bisswunden), durch Kontakt mit infektiösem Material oder kontaminierten Instrumenten, auch nach Hundebiss beobachtet	peripher fortschreitende Rötung, Quaddeln, Juckreiz, Schmerz, Lymphangitis, selten Arthritis, Sepsis, Endokarditis

9.6 Von Tieren auf Menschen übertragbare Krankheiten (BK-Nr. 31 02)

Krankheit *Erreger*	Inkubationszeit	Reservoir (hauptsächliche sind unterstrichen)	Infektionswege	Krankheitsbild
Salmonellosen Verschiedene Serovare vor allem: *S. Typhimurium* *S. Enteritidis*	5–72 Stunden	Schlachttiere, Geflügel, frei lebende Vögel (Möwen, Tauben) Stubenvögel, Heimtiere, Nager, kontaminierte Lebensmittel	In erster Linie oral (Schmutz- und Schmierinfektion) durch kontaminierte Nahrungsmittel (Hühnereier sowie daraus hergestellten Produkten: Eipulver, Konditoreiwaren; Schlachtgeflügel; Hackfleisch) vereinzelt auch nach direktem Kontakt mit Salmonellen-ausscheidenden Tieren (Zier-, Stubenvögel, Hund, Katze, Schildkröte)	plötzliches Erbrechen, Übelkeit, wässrige faulige Stuhlentleerung, Fieber; Komplikationen: Sepsis, Osteomyelitis, Peritonitis, Harnwegsinfektion, Aortenklappenendokarditis
Sporotrichose *Sporothrix schenkii*	3–21 Tage (bis 3 Monate)	verrottetes Holz, verfaulte Pflanzen, Erdboden sowie infizierte Tiere, vor allem <u>Katzen</u>, seltener Hund, Pferd, Maultier oder Eichhörnchen	Kratz- und Bisswunden von infizierten Tieren, vor allem Katzen, beschrieben auch Eichhörnchen und Dachs, Verletzung durch kontaminierte Holzsplitter, Pflanzendornen u.a., Insektenstiche, (Übertragung von Mensch zu Mensch ist sehr selten)	<u>kutane Form:</u> Initialherd: schmerzlose Papel, fluktuiert, ulzeriert, serös oder pustulös; weitere Knötchen entlang Lymphbahn <u>Schleimhautsporotrichose:</u> knotige Veränderungen (Nase, Mund, Pharynx, Larynx, Trachea), regionale Lymphknotenschwellung <u>Organsporotrichose:</u> Lunge, Knochen, Gelenke, Muskeln, Augen, Hoden, Nebenhoden
Streptococcus equi-Infektionen *Streptococcus equi subsp. zooepidemicus, Str. equi subsp. equi*	2–3 Tage	Heim- und Haustiere, besonders <u>Pferd</u>, auch latente Träger	Direkter intensiver Kontakt mit infizierten Tieren und deren Ausscheidungen z.B. Nasen-, Eitersekret, durch Biss (Hund, Katze)	Wundinfektion, Pharyngitis, Lymphadenopathie, Pneumonie, Pleuritis, Endokarditis, Sepsis, Meningitis, Arthritis, Glomerulonephritis
Streptococcus suis-Infektionen *Streptococcus suis*	wenige Stunden bis 2 Tage	<u>Schwein</u>, auch Wildschwein	direkter Kontakt (Schmierinfektion) über Konjunktiven oder Hautläsionen durch infizierte Tiere oder kontaminierte Instrumente	meningitische Symptome, Hörverlust, Gleichgewichtsstörungen, Spätschaden z.B. Taubheit

Krankheit *Erreger*	Inkubationszeit	Reservoir (hauptsächliche sind unterstrichen)	Infektionswege	Krankheitsbild
Tierpocken (Orthopockenvirus) Affenpocken Elefantenpocken Kamelpocken Kuhpocken Parapocken Schafpocken	7–14 Tage	Affen Elefanten <u>Kamel</u>, Dromedar <u>Rind</u>, Katze <u>Schaf</u>, <u>Rind</u>, Ziege	Tröpfchen- und Schmierinfektion, (infizierte Gegenstände)	pockenähnliche, meist gutartige Lokalerkrankung, Stomatitis papulosa; bakterielle Sekundärinfektion, u. U. Generalisation
Spongiforme Enzephalopathie (BSE) pathologisches Prionprotein	ca. 10 Jahre	wahrscheinlich durch Prionen-kontaminiertes Kraftfutter, Milchaustauschern, Verwendung von hohem Erregergehalt (Hirn, Rückenmark) bei Lebensmittelherstellung[174]	derzeit keine gesicherten Erkenntnisse, dass BSE von Tieren auf Menschen übertragen werden kann sowie über Übertragswege von BSE-befallenen Tieren auf Menschen	frühe Anzeichen: Verhaltensstörung, dann vermehrte Ängstlichkeit, Ruhelosigkeit, weiterhin Hypersalivation und Hypersensitivität, spät Ataxie, Verlauf länger als 1 Jahr
Tollwut[175] Rabiesvirus (*Rhabdoviridae*)	Tage – 3 Monate (auch bis zu 1 Jahr möglich in Abhängigkeit von der Eintrittsstelle des Erregers)	<u>Fuchs</u>, Hund, Katze selten: Marder, Dachs zunehmend: Fledermaus	Biss, über Hautverletzungen und Konjunktiven, auch aerogen möglich	Parästhesie im Bereich der Verletzung, Unruhe, Tremor, Krämpfe, Hypersalivation, Hydrophobie, überempfindlich gegenüber Luftbewegung und Lärm, Exzitation, Paralyse, Tod

---

[174] Rdschr. HVBG BK 25/2001; Conrath, Selhorst, Groschup, BGesundheitsBl 2002, 527.
[175] BSG, SozR 5670 Anl. 1 Nr. 3102 Nr. 1 (24. 6. 1985) = NZA 1986, 343 = HVBG VB 89/85: Schon der Verdacht einer Tollwutinfektion ist eine Krankheit, weil nur dann die Impfung eine erfolgversprechende Behandlung darstellt und Behandlungsbedürftigkeit für das Vorliegen einer Krankheit genügt. Die Infektion wird unterstellt, Impffolgeschaden oder Behandlungsfolgen stehen im rechtlich-wesentlichen Zusammenhang.

9.6 Von Tieren auf Menschen übertragbare Krankheiten (BK-Nr. 31 02)

Krankheit Erreger	Inkubationszeit	Reservoir (hauptsächliche sind unterstrichen)	Infektionswege	Krankheitsbild
Toxoplasmose[176] *Toxoplasma gondii*	Wochen bis Monate	Katze, Schwein, Schaf, Ziege	Schmierinfektion (Fäzes), oral (rohes oder ungenügend erhitztes Fleisch), diaplazentar	akut: asymptomatisch bis lokalisierte oder generalisierte Lymphadenopathie, Grippe-ähnlich bis Meningoenzephalitis chronisch: schubw. Fieber, Arthralgien, psych. Alteration, Organmanifestation in Lymphknoten, Leber, Milz, Auge, ZNS in der Gravidität: bei Erstinfektion Fehlbildungen und Infektion der Neugeborenen
Trichopythie *Trichopython mentagrophytes*	14 Tage bis 4 Wochen	Maus, Goldhamster, Meerschweinchen, Chinchilla, Ratte, Kaninchen, Hund, Katze, Zootiere (bes. Affen)	Direkter Kontakt mit infizierten Tieren, indirekt über kontaminierte Gegenstände (Zaum- und Sattelzeug, Stallpfosten, Bürsten, Holzsplitter, Stroh, Einstreu), evtl. über Fliegen, Milben, Läuse, Flöhe, Spinnen	tiefe Trichophytie: tief greifende, abszedierende knotig-tumoröse Entzündung, regionäre Lymphknotenschwellun oberflächl. Trichophytie: Herpes tonsurans, Herpes circinatus, Folliculitis acuminata, Tinea corporis
T. verrucosum		Rind (Schaf, Pferd)		
T. equinum		Pferd		
T. quinckeanum (*T. mentagrophytes var. Quinckeanum*)		Maus, Meerschweinchen, Ratte, Kaninchen, (Hund, Katze)		Erkrankungsherde riechen nach Mäuseharn
T. erinacei (*T. mentagrophytes var. Erinacei*)		Igel		fulminant sich entwickelndes Krankheitsbild
T. gallinae (syn. *Microsporum gallinae*)		Huhn		

---

[176] LSG Nordrhein-Westfalen, 3. 2. 1998, HV-Info 28/1998, 2656; bestätig durch BSG, 4. 5. 1999, HVBG VB 113/99 = HV-Info 25/1999, 2377 = Meso B 260/37: Erhöhtes Risiko bei einem Koch, an Toxoplasmose zu erkranken: Abschmecken von Fleisch, hohe Durchseuchung mit Toxoplasmoseerregern. Keine Realisierung des berufliches Risikos, da der Versicherte dieses Fleisch auch verzehrt hat, Nahrungsaufnahme aber dem privaten Bereich zuzuordnen ist.

Krankheit Erreger	Inkubationszeit	Reservoir (hauptsächliche sind unterstrichen)	Infektionswege	Krankheitsbild
Tuberkulose *Myrobacterium tuberculosis,* *M. bovis,* *M. africanum*	4-6 Wochen	Rind, Ziege, Hund, Katze, Zootiere (insbesondere Affen)	Aerogen (in Staub und eingetrocknetem Sputum monatelang infektiös), Schmierinfektion (Sputum, Milch, Urin und Fäzes infizierter Tiere), oral, über Wunden	Primärtuberkulose (Primärherd und zugeh. Lymphknoten) in der Lunge; Pleuritis exsudativa; hämatogene Streuung: Miliartuberkulose, Meningitis, Peritonitis, Knochen-, Gelenk-, Haut- und Genitaltuberkulose
Tularämie (Hasenpest) *Francisella tularensis*	2-10 Tage	Hase, Wildkaninchen, seltener landwirtschaftliche Nutztiere und Haustiere (insbesondere Katzen)	Kontakt mit Ausscheidungen, Blut oder Organen infizierter Tiere, über kleine Wunden perkutan und über Konjunktiven, Biss, Kratzen, Stich Blut saugender Insekten, inhalativ, oral	äußere Form: ulzeröse Primärläsion, regionäre Lymphknotenschwellung oder Perinaudsche Konjunktivitis innere Form: Pleuritis, Milzschwellung, Durchfall, intermittierendes Fieber, Exanthem, pectanginöse Symptome (infolge Endotoxin)
(Entenale) **Yersiniose** *Yersinia enterocolitica,* *Y. pseudotuberculosis*	3-10 Tage 7-21 Tage	Schweine (in Tonsillen sowie im Darminhalt), (in Fäzes von) Hund und Katze; ferner Nager (Meerschweinchen, Kaninchen) sowie Vögel; ferner im Erdboden (z.B. Gartenerde, verunreinigt durch Fäzes infizierter Tiere)	Oral (Schmutz- und Schmierinfektion), Lebensmittel, Tierkontakt	Enteritis, Enterokolitis Komplikationen: Arthritis, Erythema nodosum, ferner möglich: perinaudsche Konjunktivitis, Leberzirrhose, fernöstliches Scharlach-ähnliches Fieber

9.7 Wurmkrankheit der Bergleute, verursacht durch Ankylostoma duodenale oder Strongyloides stercoralis (BK-Nr. 31 03)

Die in der BK-Definition genannten Parasiten treten in warmen Ländern auf, vor allem in den Tropen und Subtropen, bei ähnlichen feucht-warmen Bedingungen auch in bestimmten Produktionsstätten in Deutschland (Bergbau, Tunnelbau). Verbreitung erfolgt durch fäkale Umgebungs-Kontamination.

- *Infektionsweg:* Larven durchdringen die Haut, orale Infektion durch verunreinigtes Trinkwasser
- *Inkubationszeit:* 14 bis 30 Tage
- *Krankheitsbild:*
- *Ankylostoma duodenale:* Magen-Darmbeschwerden, Übelkeit, Erbrechen; bei fortgeschrittener Anämie Kreislaufstörungen, Ödeme.

- *Strongyloides stercoralis:* Oberbauchbeschwerden, Koliken, Übelkeit, allergische Erscheinungsbilder (insbesondere Urticaria, Eosinophilie)

Nach dem Willen des Verordnungsgebers sind nicht nur Bergleute versichert; der Begriff „Wurmkrankheit der Bergleute" bezieht sich auf die anerkennungsfähigen Krankheiten, nicht auf den versicherten Personenkreis. [177]

9.8 Tropenkrankheit (BK-Nr. 31 04)[178]

Die Tropen werden geographisch begrenzt als das Gebiet beiderseits des Äquators bis zu den Wendekreisen (23° 27' nördlicher und südlicher Breite), die Subtropen umfassen die Gebiete des thermischen Übergangs von den Tropen zur gemäßigten Klimazone (30° nördlicher und südlicher Breite).

Diese Länder haben Probleme mit der Hygiene. Das Klima begünstigt Vorkommen und Vermehrung von Insekten als Krankheitsüberträger und von Zwischenwirten parasitärer Infektionen. Viele Tiere – auch Haustiere – dienen als Erreger-Reservoir.

Tropenkrankheiten sind solche, die infolge der klimatischen, sanitären und hygienischen Verhältnisse der Tropen und Subtropen dort besonders häufig vorkommen, diesen Gebieten also eigentümlich sind.

Der Begriff umfasst somit[179]

- ausschließlich in den Tropen/Subtropen auftretende Krankheiten
- für diese Gebiete typische Krankheiten, auch wenn sie sporadisch bzw. ab und an auch außerhalb der Tropen/Subtropen beobachtet werden

nicht jedoch

- Erkrankungen, die überall heimisch sind, nicht der Bedingungen der Tropen/Subtropen bedürfen (z.B. Tuberkulose, Hepatitis, Poliomyelitis, HIV-Infektion, Typhus, Ruhr, Paratyphus) und deshalb als kosmopolitische oder ubiquitäre Krankheiten bezeichnet werden, mögen sie auch in den Tropen bzw. Subtropen gehäuft vorkommen.

Hat sich ein Versicherter während eines beruflich bedingten Auslandaufenthaltes eine solche Krankheit zugezogen, so kann eine Anerkennung als „fakultative Tropenkrankheit" nicht erfolgen. Die Rspr. sah keine Veranlassung, die Tropenkrankheit in zwei derartig verschiedene Gruppen zu unterteilen, zumal dieser Begriff weder im Gesetz erwähnt noch international gebräuchlich ist.[180]

---

[177] BR-Drs. 115/61 S. 6; Brackmann/Becker, 9 BK-Nr. 3103 Anm. 4
[178] Haas, Knobloch, Handbuch der Arbeitsmedizin (Hrsg. Konietzko, Dupuis), 7. Lfg. 4/92, IV–4.3; Knobloch, Tropen- und Reisemedizin, 1996; Lang, Tropenmedizin in Klinik und Praxis, 3. Aufl. 1998, s. auch: BGlicher Grundsatz für arbeitsmedizinische Vorsorgeuntersuchungen „Arbeitsaufenthalt im Ausland unter besonderen klimatischen und gesundheitlichen Belastungen"; dazu Koch, BG 1992, 318.
[179] BSG, 19. 9. 1974, BG 1975, 155; 28. 7. 1977, WzS 1977, 309; 2. 2. 1978, Meso B 260/8.
[180] BSG, 19. 9. 1974, BG 1975, 155; 28. 7. 1977, WzS 1977, 309; s. auch Wagner, BG 1968, 347, 350; ders., H. Unfallh. 99 (1969) 315, 317; a.A. Mohr, H. Unfallh. 99 (1969) 321, 325; Bücken, ASA 1971, 314.

Zwar hat die Rspr. – insbesondere bei Erkrankungen vor der Tatbestanderweiterung der BK-Nr. 31 01 auf „ähnlich exponierte Bereiche"[181] – Hepatitis A[182] sowie Bazillenruhr[183], als BK-Nr. 31 04 anerkannt. Diese Judikatur ist mit Inkrafttreten der 7. BKVO überholt. Anerkennung erfolgt nunmehr nach BK-Nr. 31 01 Alternative 4: Typhus[184], Hepatitis[185], HIV[186].

Ursächlicher Zusammenhang zwischen beruflicher Exposition und Infektion

Anders als bei BK-Nr. 31 01 eröffnet die Zugehörigkeit zur Risikogruppe nicht erst den Einstieg in die Kausalitätsprüfung. Bei einem Arbeitsaufenthalt in den Tropen/Subtropen muss nicht nachgewiesen werden, dass die Infektion im Rahmen oder zur Zeit einer versicherten Tätigkeit erfolgte. Eine Unterscheidung zwischen betrieblichen und eigenwirtschaftlichen Risiken würde bei der Eigenart der in den Tropen bestehenden Verhältnisse und der in der Regel unbemerkbaren Ansteckung den BK-Schutz unterlaufen[187]: Die – widerlegbare – Vermutung für den ursächlichen Zusammenhang der Erkrankung mit dem Aufenthalt besteht.

Ausgewählte Tropenkrankheiten mit Vorkommen, Inkubationszeit, Infektionsweg und Krankheitsbilder[188]

Krankheit Erreger	Vorkommen	Inkubations- oder Präpatenzzeit*	Reservoir	Infektionswege	Krankheitsbild
Amöbiasis (Amöbenruhr) *Entamoeba histolytica*	weltweit, besonders in den Tropen	1 Woche bis mehrere Monate und Jahre	Mensch	fäkal-oral über mit Zysten verunreinigte Lebensmittel (Salat etc.) und kontaminiertes Wasser	Sehr vielgestaltig: symptomlose Zystenträger/ akute/ chronische Amöbenenteritis bzw. -kolitis; Amöbom. Komplikation: Amöbenulkus mit Perforation, Amöben-Leberabszess (ggf. mit Perforation), andere hämatogene extraintestinale Absiedlung

* Zeit bis zum Auftreten nachweisbarer Geschlechtsprodukte von Parasiten.

---

[181] 7. BKVO v. 20. 6. 1968, dazu BR-Drs. 128/68 S. 1.
[182] BSG. SozR 5676 Anh. Nr. 44, 6. BKVO Nr. 2 = SozSich 1976, 27 (22. 10. 1975): Anerkennung einer 1964 in Nigeria erworbenen Hepatitis A als Tropenkrankheit; ebenso wohl auch BSG, 28. 7. 1977, HVBG VB 40/78 = WzS 1977,309.
[183] BSG, SozR 5676 Anh. Nr. 44, 6 BKVO Nr. 1 = BG 1975, 155 = ZfS 1974, 313 (19. 9. 1974) „Shigellose" (Bazillenruhr) ist eine Tropenkrankheit; zweifelnd Brackmann/Becker, BK-Nr. 31 04 Anm. 2. Das Merkblatt zur BK-Nr. 31 01 führt diese Krankheit als BK-Nr. 31 01 auf.
[184] BSG. 2. 2. 1978, HVBG VB 93/78: Typhus als Folge einer 1974 durchgeführten Geschäftsreise durch Nordafrika.
[185] Hess. LSG. 23. 7. 2003, HVBG VB 73/2003.
[186] BSG, 31. 3. 2006, UVR 3/2006, 216: HIV in Nigeria, abgelehnt.
[187] Brackmann/Becker, § 9 BK-Nr. 31 04 Anm. 1; Lauterbach-Koch, § 9 Anh. 4, 31 04 Anm. 4
[188] Merkblatt, BArbBl 2005 H. 7 S. 48, modifiziert durch Falldefinitionen des Robert-Koch-Instituts gem. § 4 Abs. 2 Infektionsschutzgesetz, Bundesgesundheitsbl 49 (2006) 1236.

9.8 Tropenkrankheit (BK-Nr. 31 04)

Krankheit Erreger	Vorkommen	Inkubations- oder Präpatenzzeit*	Reservoir	Infektionswege	Krankheitsbild
Angiostrongylose *Angiostrongylus cantonensis* *Angiostrongylus costaricensis*	Südostasien, Latein- und Mittelamerika, einige Regionen Afrikas, Ägypten	1–2 Wochen	Ratten, Krabben	perorale Aufnahme der Larven durch Verzehr von rohen infizierten Schnecken und Krabben	Kopfschmerzen, Parästhesien, Meningitis, Iridozyklitis
Borreliose epidemisches Läuserückfallfieber *Borrelia recurrentis*	fokal in einigen Ländern Lateinamerikas, Afrikas, Osteuropas und des Nahen und Mittleren Ostens	2–15 Tage, gewöhnlich 8 Tage	Mensch	transkutan durch Zerreiben der zerdrückten Kleiderlaus (Pediculus humanus varietas corporis)	beide ähnlich, Läuserückfallfieber verläuft schwerer; rezidivierendes Fieber (5–9 Tage Intervall) hämorrhagische Diathese, zentralnervöse Komplikationen, Multiorganversagen
endemisches Zeckenrückfallfieber *Borrelia duttoni* und 15 andere *Borrelia*-Spezies	gebunden an Zeckenbiotop		Nagetier, Kaninchen, Lederzecke	Biss infizierter Zecken	
Buruli-Ulcus *Mycobacterium ulcerans*	Zentralafrika (Uganda, Zaire)	1–2 Wochen	Schilf, Erdboden	vornehmlich nach Schnittverletzungen an scharfrandigem Schilf	chronisch ulzerierende Hautkrankheit, Ränder tief unterminiert, unbehandelt nach Monaten bis Jahren Narbenkontrakturen
Chikungunya *Chinkungunya-Virus* (Togavirus)	Asien, Afrika, Mittlerer Osten	2–4 Tage	Meerkatzen, Paviane, Nager	Stich infizierter Stechmücken	Fieber, starke Muskel- und Gelenkschmerzen, Komplikationen: Hämorrhagien (vor allem in Asien), gelegentlich Myokarditis, ZNS-Beteiligung
Dengue-Fieber *Denguevirus 1-4*	weltweit zwischen dem 30. Grad nördl. u. 40. Grad südl. Breite	3–14 Tage, gewöhnlich 4–7 Tage	Affen	Stich infizierter Stechmücken	mehrgipfliges Fieber, Glieder- und Muskelschmerzen, flüchtiges Exanthem; schweres Krankheitsbild: hämorrhagisches Dengue-Fieber/Dengue-Schocksyndrom
Dracunculose *Dracunculus medinensis* (Guinea- oder Medinawurm)	Zentralafrika bis Südsudan, Indien, Pakistan, Iran, Saudi-Arabien, Jemen, Irak	9–12 Monate	Tümpel und Fließgewässer	Stehen in kontaminiertem Wasser	sichtbares Wurmende in bullös-ulzerativer Hautläsion, meist an unterer Extremität, häufig Sekundärinfektion, Phlegmonen
Ebola-Virus-Fieber *Ebolavirus* (Filovirus)	(vor allem West-)Afrika	2–21 Tage	noch nicht identifiziert	Transmission von Mensch zu Mensch über Ausscheidungen, nosokomial	schweres, hochfieberhaftes Krankheitsbild mit hamorrhagischer Diathese, gastrointestinaler Symptomatik, Exanthem, Multiorganversagen

Krankheit Erreger	Vorkommen	Inkubations- oder Präpatenzzeit*	Reservoir	Infektionswege	Krankheitsbild
Fascioliasis *Fasciola hepatica, Fasciola giganta (großer Leberegel)*	weltweit	1–3 Wochen	Schaf, Rind, Mensch (in Gallengängen)	oral durch Verzehr enzystierter Zerkarien an Wasserpflanzen (Brunnenkresse, u. a.), gelegentlich durch Trinken von kontaminiertem Wasser	akut: Allgemeinsymptome, Oberbauchbeschwerden rechts; nach Monaten/Jahren chronische obstruktive Gallengangserkrankung
Fasciolopsiasis *Fasciolopsis buski (großer Darmegel)*	China, Ostasien	4–8 Wochen	Mensch, Schwein (im Dünndarm)		meist asymptomatisch bis gelegentlich wechselnde Durchfälle, abdominale Beschwerden
Filariosen – lymphatische Filariose, Elephantiasis *Wucheria bancrofti*	tropische Länder	3–16 Monate	Mensch (einige Brugia-Erreger auch in Affen und Haustieren)	Stich infizierter Arthropoden	akute Phase: rezidivierendes Fieber mit Lymphangitis, -adenitis, Lymphknotenschwellungen (Filarienfieber), abdominale Beschwerden, Orchitis; chronisch: Lymphstauung, Lymphödem (Elephantiasis)
Brugia malayi	Süd-, Südost-, Ostasien	8–16 Monate			rezidivierende Lymphangitis, -adenitis, vor allem an Extremitäten
Brugia timori	Indonesien				
– Loiasis, Augenwurm *Loa loa*	afrikanischer Regenwald	> 6 Monate			initiale Lokalreaktion auf Larven; durch wandernde adulte Würmer vorübergehende lokale Ödeme (zum Beispiel Calabar-Schwellungen, unter anderem periorbital), Wurm gelegentlich sichtbar in der Konjunktiva.
– Onchozerkose, Flussblindheit *Onchocerka volvulus*	tropisches Afrika, Lateinamerika, Jemen	> 1 Jahr			a) subkutane Knoten um Adultwürmer (Onchozerkome); durch Mikrofilarien ausgelöst b) Onchodermatitis, Lymphadenopathie c) Augenläsionen (in allen Abschnitten möglich)
– *Mansonella streptocera* *Mansonella perstans*	tropisches Afrika	6–12 Monate			oft symptomlos, unspezifische allergische Erscheinungen, andominale Beschwerden
– *Mansonella ozzardi*	Süd- und Mittelamerika				
Fleckfieber Typhus exanthemicus *Rickettsia prowazekii*	Süd-, Mittelamerika, Afrika, Asien	10–14 Tage	Mensch, Nager	transdermale Inokulation aus erregerhaltigem Läusekot	hohes Fieber, Kopf-, Muskel-, Gliederschmerzen, Exanthem, Lymphknotenschwellungen, gelegentlich hamorrhagische Komplikationen, Myokarditis; Rezidiv noch nach Jahren möglich (Brill-Zinser-Krankheit)

9.8 Tropenkrankheit (BK-Nr. 31 04)

Krankheit Erreger	Vorkommen	Inkubations- oder Präpatenzzeit*	Reservoir	Infektionswege	Krankheitsbild
– Typhus murinus Rickettsia typhi murium *(synonym Rickettsia mooseri)*	Trop. Gebiete in Vietnam, Thailand, Mexiko, Guatemala, Ägypten, Äthiopien, Birma, Indonesien, Pakistan, China und Australien	10–14 Tage	Ratte	Ausscheidung erregerhaltiger Faeces von Rattenflöhen beim Saugakt	wie Typhus exanthemicus
– Rocky Mountain spotted fever (Neue-Welt-Fleckfieber, amerikan. Felsengebirgsfleckfieber) *Rickettsia rickettsii*	Nord- und Südamerika	3–14 Tage	wilde Nager, Hund, Zecken	Zeckenbiss	asymptomatisch bis schwer; sichtbare Primärläsion (Eschar), bei Fièvre boutonneuse: an der Bissstelle „tache noir". Allgemeine Symptome wie oben, Exanthem, ZNS-Beteiligung, Gerinnungsstörungen
– Fièvre boutonneuse (unter anderem Alte-Welt-Fleckfieber) *Rickettsia conori* *Rickettsia conori varietas pijperi*	Mittelmeerraum, Afrika, Asien	1 Woche	wilde Nager		
– Queensland-Zecken-Fieber *Rickettsia australes*	Australien	3–14 Tage	Beuteltier, wilde Nager		
– Nordasiatisches Zecken-Fieber *Rickettsia sibirica*	Sibirien, Mongolei		wilde Nager		
Frambösie (Yaws) *Treponema pallidum Subspecies pertenue*	Ghana, Togo, Benin, Senegal, Burkina Faso, Elfenbeinküste, Nigeria, Surinam, Kolumbien, Ekuador, Brasilien, Karibische Inseln	3–4 Wochen	Mensch	direkter Kontakt (Schmierinfektion)	Primärläsion: granulomatöse Hautläsion; Sekundärläsion: multiple juckende Papeln (Frambösiome), häufig schubweise, Periostitis; Tertiärläsion: Osteitis, Knochendestruktion, ulzeröse gummöse Läsion, Rhinopharyngitis mutilans (so genannte Gangosa)

Krankheit *Erreger*	Vorkommen	Inkubations- oder Präpatenzzeit*	Reservoir	Infektionswege	Krankheitsbild
Fünftagefieber (Wolhynisches Fieber) *Bartonella quintana*	Afrika (Ost-), Europa, Nord- und Südamerika	10–30 Tage	Mensch	übertragen durch infizierte Kleiderlaus	periodisch rezidivierende Fieberanfälle alle 4 bis 5 Tage, selten Endokarditis
Oroya-Fieber (Carrion-Krankheit) *Bartonella bacilliformis*	Bolivien, Chile, Ekuador, Kolumbien, Peru			übertragen durch infizierte Phlebotomen	akut: rezidivierendes Fieber, Hämolyse Spätstadium: Verruga peruana
Gelbfieber *Gelbfieber-Virus (Flavivirus)* – sylvatisches (Dschungel-)	Afrika (zwischen dem 15. Grad nördl. und dem 10. Grad südl. Breite), nördliche Hälfte Südamerikas	3–6 Tage	Antilopen, Affen	Stich infizierter Aedes-Mücken	biphasischer Verlauf, 1. Phase: hohes Fieber, Kopf-, Gliederschmerzen, relative Bradykardie, beginnende Blutungsneigung (rote Phase); kurze Remission; 2. Phase: zunehmender Ikterus, Blutungsneigung (Haut, Gaumen), Leber- und Nierenversagen
– urbanes (Stadt-) Gelbfieber			Mensch		
Histoplasmose, afrikanische *Histoplasma capsulatum varietas duboisii*	Amerika, Europa, Asien, Afrika	10–18 Tage		nicht sicher bekannt, vermutlich inhalativ durch konidienhaltigen Staub	granulomatöse Veränderungen an Haut, Schleimhaut; osteomyelitische Herde; hämatogene Generalisation (Systemmykose)
Japan-Enzephalitis *JE-Virus (Flavivirus)*	Ost- und Südostasien, GUS-Staaten, Indien	5–15 Tage	Schweine, Vögel, Pferde	Stich infizierter Stechmücken, insbesondere Culex-, Anopheles-, Aedes-Arten	grippale/gastrointestinale Prodromi, danach meningitische oder enzephalitische Symptome
Krim-Kongo-Fieber *CCHF-Virus*	Krim, Afghanistan, Bulgarien, Ungarn, China, Irak, Iran, Pakistan, Syrien, Kosovo, Kongo, Kenia, Uganda	7–12 Tage	Wild- und Haustiere, Zecken	Zeckenbiss	grippale Allgemeinsymptome, remittierendes Fieber Komplikation: massive Hämorrhagien, Multiorganversagen (insbesondere Leber)
Lassa-Fieber *Lassavirus*	Tropisches (vor allem West-) Afrika	6–21 Tage	Nagetiere, hauptsächlich Vielzitzenratte (Mastomys natalensis)	primär über infektiösen Nagetierurin, später von Mensch zu Mensch durch engen körperlichen Kontakt (Blut, besonders Urin)	Verlauf häufig subklinisch, schleichender Beginn mit Fieber, Pharyngitis, Gesichtsödem. Komplikation: schwere allgemeine Symptome mit Blutungsneigung in allen Organen, ZNS-Beteiligung

9.8 Tropenkrankheit (BK-Nr. 31 04)

Krankheit *Erreger*	Vorkommen	Inkubations- oder Präpatenzzeit*	Reservoir	Infektionswege	Krankheitsbild
Leishmaniose *Leishmanien* kutane Leishmaniose (Orientbeule, Aleppobeule, Chiclero-Ulkus, Uta) *Leishmania tropica, Leishmania major, Leishmania aethiopica, und andere mehr*	Asien, Vorderer Orient, Ostafrika, Mittelmeerraum	(2)4–6(8) Wochen	Nagetiere, Mensehen	infektiöse Phlebotomenstiche	einzelne oder multiple, z.T. nekrotische Hautläsionen, z.T. rezidivierend; Narbenbildung
viszerale Leishmaniose (Kala-Azar) *Leishmania donovani, Leishmania infantum, Leishmania chagasi*	Indien, Pakistan, China, Vorderer Orient, Mittelmeerraum, Ostafrika, Mittel- und Südamerika		Hunde, Mensch		langsam fortschreitende schwere Allgemeinerkrankung, rezidivierendes Fieber, Kachexie, Hepatosplenomegalie, Panzytopenie, Hyperpigmentierung
mukotutane Leishmaniose (Espundia) *Leishmania braziliensis, Leishmania mexicana, Leishmania diffuse und andere mehr*	Mittel- und Südamerika	2-6 Monate	Hunde, Nagetiere		kutane Läsionen mit lymphohämatogener Aussaat, massiv entstellende z.T. lebensbedrohliche Affektionen von Haut und Schleimhaut (Nase/Mund)
Lepra *Mycobacterium leprae*	Gebiete mit schlechten Hygienebedingungen vor allem in Asien, Afrika, Lateinamerika	9 Monate – 20 Jahre	Mensch	Tröpfchen- oder Schmierinfektion durch infektiöses Nasensekret bei engem Kontakt	tuberkuloide Lepra: (bei intakter Immunantwort) granulomatöse, sensibilitätsgestörte Hautläsionen, Verdickung peripherer Nerven (oft N. ulnaris) Folge: sensorische, motorische, autonome Ausfälle, chronischer Verlauf; Borderline Lepra: in der Regel Befall peripherer Nerven, vielgestaltig, Zwischenformen unterschiedlicher Ausprägung; lepromatöse Lepra: knotige, infiltrative Hautläsionen, flächenartige Verdickung der Gesichtshaut (Facies leontina), Ulzerationen im Bereich von Haut, Knorpel, Knochen; Sensibilitätsverlust, Verstümmelungen (Lepra mutilans); Allgemeinerkrankung bei fehlender Immunantwort.

Krankheit Erreger	Vorkommen	Inkubations- oder Präpatenzzeit*	Reservoir	Infektionswege	Krankheitsbild
Malaria Malaria tropica *Plasmodium falciparum*	Afrika (bes. südl. der Sahara), Süd- und Mittelamerika, Pazifikregion, Süd- und Südostasien	7–15 Tage bis 3 Monate, Rekrudeszenz bis zu etwa 1 Jahr möglich	Mensch	Stich der infizierten Anopheles-Mücke	hohes Fieber, Schüttelfrost, Kopf- u. Gliederschmerzen, gastro-intestinale Symptome; Komplikationen: hämolytische Anämie, Thrombopenie, Hypoglykämie, nephrotisches Syndrom, zerebrale Malaria; praterminales Multiorganversagen
Malaria tertiana *Plasmodium vivax*, *Plasmodium ovale*		12 Tage bis 18 Monate, Rekrudeszenz noch nach vielen Jahren möglich			Fieberanfälle mit typischer Periodizität, allgemeine Symptome wie Malaria tropica, aber schwächer, zunehmende Splenomegalie
Malaria quartana *Plasmodium malariae*					
Marburg-Virus-Fieber Marburg-Virus *(Filovirus)*	Zentralafrika	2–21 Tage	Primaten, urspr. Grüne Meerkatze (Cercopithecus aethiops)	hochinfektiös, Kontaktinfektion durch virushaltiges Material (Blut, Affenorgane), Affe zu Mensch, Mensch zu Mensch	hochfieberhaltiges, schweres Krankheitsbild mit Myalgien, Kopfschmerzen, gastrointestinalen Symptomen, generalisiertem Exanthem, später schwerste Hämorrhagien, Koma, Multiorganversagen
Myzetom (Madurafuß) bakteriell: durch verschiedene Pilzarten	Afrika, Südasien, Mittelamerika	Wochen oder Monate	Savannengebiete mit vorherrschendem Akazienbewuchs	Inokulation der Erreger in die Haut	subkutane Mykose mit Fistelbildung, Ausbreitung auf Muskulatur, Knochen und selten lymphogen (sporotrichoide Variante)
Opisthorchiasis *Opisthorchis viverrini*, *Clonorchis sinensis* (chinesischer Leberegel)	China, Südostasien	Inkubation 1–3 Wochen, Präpatenz einige Wochen	Mensch, Hund, Katze, Schwein	Verzehr roher kontaminierter Süßwasserfische (aus fäkal kontaminierten Fischteichen)	akutes Stadium: Fieber, Durchfall, epigastrische Beschwerden (selten); chronisches Stadium: uncharakteristische intestinale Beschwerden infolge Verlegung der Gallengänge (intermittierende Cholestase), gelegentlich Sekundärinfektion
Opisthorchis felineus (Katzenleberegel)	Eurasien, Zentral-, Ost- und Südosteuropa				
Pappatacifieber Sandly-fiver, Phlebotomus-Fieber *(Sandfliegen-Fieber-Virus)*	trockene und warme Gegend Europas, Asien, Südafrika	3–6 Tage	Sandfliege	Biss	akuter Beginn, Kopf- u. Leibschmerzen, Schwindel, Fieber, Konjunktivitis, Nackensteife, Bradykardie

9.8 Tropenkrankheit (BK-Nr. 31 04)

Krankheit *Erreger*	Vorkommen	Inkubations- oder Präpatenzzeit*	Reservoir	Infektionswege	Krankheitsbild
Paragonimiasis *Paragonimus westermani, Paragonimus africanus, Paragonimus mexicanus (Lungenegel)*	Südostasien, Westafrika, Südamerika	Inkubation Tage – Wochen. Präpatenz 8–10 Wochen	Mensch, Schwein, Karnivoren	Verzehr von infektiösen rohen Meeresfrüchten/ Fleisch (Schwein, Wildschwein, Kaninchen, Hühner), Schmierinfektion, kontaminiertes Trinkwasser	akutes (Migrations-)Stadium (selten): Fieber, uncharakteristische allgemeine und allergische Symptome, Husten, Dyspnoe; chronisches pulmonales Stadium (nach Monaten): chronischer Husten, blutig tingiertes Sputum; ektopische Formen: abdominale, zerebrale, kutane Paragonimiasis
Pest *Yersinia pestis* Beulenpest, Bubonenpest	Herdgebiete in Afrika (Angola, Kongo, Madagaskar, Südafrika, Tansania), Amerika (Brasilien, Peru, USA), Asien (China, Kasachstan, Mongolei, Myanmar, Vietnam, Indien)	2–8 Tage	wild lebende Nager selten Katze, Hund	Stich infizierter Nagetier- oder Menschenflöhe	regionale schmerzhafte Lymphadenitis (Bubonen); septikämischer Verlauf: hochfieberhafte Allgemeinerkrankung mit Kopf- und Gliederschmerzen, Hämorrhagie, Myokarditis, Meningoenzephalitis
primäre Lungenpest		(1)2–4 Tage		Tröpfcheninfektion bei Pestpneumonie	fulminanter Verlauf: mit blutig-serösem Sputum (hochkontagiös), Dyspnoe, Schock, Lungenversagen
Rift-Tal-Fieber *Rift-Valley-Fieber-Virus*	fokal in Gebieten vor allem Zentral- und südliches Afrika, gelegentlich Epidemien in Ägypten	2–6 Tage	Wiederkäuer: besonders Schaf, Rind	direkter Kontakt (Blut, Organe) mit infizierten Tieren, aerogen	meist kurze fieberhafte Erkrankung mit grippeähnlichen Symptomen; selten hämorrhagischer oder enzephalitischer Verlauf, Hepatopathie; gelegentlich Uveo-Retinopathie

Krankheit Erreger	Vorkommen	Inkubations- oder Präpatenzzeit*	Reservoir	Infektionswege	Krankheitsbild
Schistosomiasis (Bilharziose) uro-genitale Schistosomiasis *Schistosoma haematobium*	Afrika, Naher Osten, Indien	1–2 Tage (Zerkariendermatitis), Invasionsstadium 2–8 Wochen Präpatenz (Eiausscheidung) ab 30–40 Tage typische Symptome nach 10–12 Wochen	Mensch	infektiöse Zerkarien penetrieren die Haut des Menschen im Wasser	lokale Zerkariendermatitis (selten), Invasionsstadium mit vor allem allergischen Allgemeinsymptomen (Katayama-Syndrom vor allem Schistosoma japonicum); gegebenenfalls bereits transverse Myelitis. Chronisches Stadium: – uro-genitale Schistosomiasis: Dyshämaturie, obstruktive Uropathie, Blasenkarzinom, genitale Schistosomiasis bei Frauen; – intestinale Schistosomiasis: intermittierende abdominale Beschwerden, allgemeine Schwäche, Hepatosplenomegalie; – hepatolienale Schistosomiasis: Hepatosplenomegalie, Zeichen portaler Hypertension; – zentralnervöse Schistosomiasis: (vor allem bei Schistosoma japonicum) vor allem zerebrale Herdsymptome – myelitische Form (vor allem bei Schistosoma haematobium und mansoni): zum Teil intermittierende, transverse Myelitis, unter Umständen Querschnittssymptomatik; – kardio-pulmonale Form: vor allem bei hepatolienaler Schistosomiasis; pulmonale Hypertonie, Cor pulmonale
intestinale Schistosomiasis *Schistosoma Mansoni*	tropisches Afrika, Karibik, südamerikanische Ostküste, fokale Herde Naher Osten				
Schistosoma intercalatum	Zentral- und Westafrika				
Schistosoma japonicum	Ostasien				
Schistosoma mekongi	Laos, Kambodscha				
– hepatolienale Schistosomiasis *Schistosoma japonicum*	Ostasien		Rind, Schwein, Wasserbüffel		
Schistosoma mansoni	Tropisches Afrika, Karibik, Ostküste Südamerika, fokale Herde Naher Osten				
St.-Louis-Enzephalitis *SLE-Virus (Flavivirus)*	USA	1–2 Wochen	Vogel, Fledermäuse	Stich infizierter Mücken (Culex-Arten)	Meningo-Enzephalitis, Meningitis, Enzephalomyelitis
Trachom *Chlamydia trachomatis Serovare A, B, Ba und C*	Afrika, Arabien, Indien, Südostasien sowie in kleinen Gebieten in Südamerika, Australien und auf den Pazifischen Inseln	48 Stunden	Mensch	Schmier- und Kontaktinfektion	schwere (blinding trachoma) und leichte (non-blinding trachoma) lokale Entzündung der Augen, vermehrter Tränenfluss und eitriges Sekret, chronische Keratokonjunktivitis, narbige Veränderungen der Kornea (Erblindung nach Jahrzehnten), der Konjunktiva, Vaskularisation (Pannus), Trichiasis und Entropium

9.8 Tropenkrankheit (BK-Nr. 31 04)

Krankheit Erreger	Vorkommen	Inkubations- oder Präpa- tenzzeit*	Reservoir	Infektionswege	Krankheitsbild
Trypanoso- miasis (Schlafkrank- heit) westafrikanische Trypanoso- miasis *Trypanosoma brucei gambiense*	herdförmig in West- und Zentralafrika (an Fluss- ufern)	nach 2– 5 Tagen Pri- märaffekt, Parasitämie 2–3 Wochen	Haus- schwein, Hund, Mensch	Erregerinokula- tion durch Stich von Fliegen der Glossina-palpa- lis-Gruppe (Tsetsefliege)	1. Primäraffekt an Stich- stelle („Trypanosomen- schanker") 2. akute Phase: (haemolym- phatisches Stadium): re- zidivierendes Fieber, Lymphknotenschwel- lung v. a. nuchal (Winter- bottomzeichen), Spleno- megalie, kardiale Manifestation und ande- re uncharakteristische Symptome 3. meningoenzephaliti- sches Stadium: Zeichen einer chronischen Enze- phalitis mit Schlafstörun- gen, mentalen, psycho- motorische und neurologischen Störun- gen; finales Koma
– ostafrikani- sche Trypa- nosomiasis *Trypanosoma brucei rhode- siense*	herdförmig (vor allem in Savannenge- bieten) Ost- und Zentral- afrikas		Antilope, Rind	wie oben durch Fliegen der Glossina-mor- sitans-Gruppe	
– amerikani- sche Trypa- nosomiasis (Chagas- Krankheit) *Trypanosoma cruzi*	Mittel- und Südamerika, vor allem in Slum-Regio- nen	2–4 Wochen (Beginn Para- sitämie)	Mensch, Haustier, Opossum, Gürteltier	transkutan durch Einreiben infizierten Kots der Raubwanze (selten direkt durch Blut- oder Organ- spenden)	1. an der Eintrittsstelle (meist periorbital) Ödem, Rötung, lokale Lymphknotenschwel- lung (Romana-Syndrom) oder Chagom. 2. akute Phase (Parasitä- mie): mit uncharakteri- stischen Symptomen (Fieber, Lymphknoten- Schwellungen, kardiale Symptome; unter ande- rem Exanthem) 3. chronisches Stadium (10- 30 Jahre postinfektio- nem): Kardiomyopathie, Megaorganbildung im Bereich des Gastrointe- stinaltraktes; gelegnlich neurologische Störungen; Lungenbetei- ligung
Tsutsugamushi- Fieber *Rickettsia orientalis*	Asien, Australien, Pazifische Inseln	4 Tage bis 3 Wochen	Nager, Vögel, Milben	infektiöse Milbenarten	Primärläsion, hohes Fieber, Kopf- und Gliederschmer- zen, Exanthem, Lympha- denitis, ZNS-Beteiligung
West-Nil(e)- Virus-Fieber *West-Nile-Virus*	Uganda, Ägypten, Israel, Indien, seit kurzem auch im Süden der USA, Mittel- amerika, Karibik, Kanada	3–6 Tage	wild lebende Vögel (Tau- ben, Krähen), Halbaffen, Kamel, Pferd, Rind	Stich infizierter Mücken (Culex-Arten)	Fieber (gelegentlich bi- oder mehrphasig), Kopf-, Muskel- und Gelenk- schmerzen, generalisierte Lymphadenitis, gelegent- lich ZNS-Beteiligung

Tropentauglichkeit und Tropenuntauglichkeit

Tropenklima und Akklimatisation[189]

Als Tropen im klimatologischen Sinne werden Zonen zu beiden Seiten des Äquators innerhalb der 20°C-Jahresisotherme oder Gebiete bezeichnet, in denen der Tagesgang der Temperatur größere Schwankungen aufweist als der Jahresgang. Regenzeit und Trockenzeit beherrschen in den Tropen die Natur.

Das Tropenklima lässt sich grob in drei Typen unterteilen, die vom Menschen unterschiedliche Anpassungsfähigkeiten verlangen:

- Tropisch-humides Klima: subjektives Schwüle-Empfinden, geringe Tag-Nacht- und jahreszeitliche Temperaturschwankungen, hoher sichtbarer Schweißverlust.
- Tropisch-arides Klima: Belastung durch hohe Sonneneinstrahlung, Lufttrockenheit und große Tag-Nacht-Temperaturschwankungen. Hoher unsichtbarer Schweißverlust.
- Tropisches Höhenklima: in den Tropen werden Höhenlage bis über 4000 m über dem Meer bewohnt. Kurzzeitreisende können Höhenadaptationsstörungen ab 2000 m vor allem im Herz-Kreislauf-Bereich bekommen.

Die Akklimatisation erfolgt meist problemlos innerhalb von 4-6 Wochen

Tropentauglichkeit

Jeder gesunde Mensch gilt im Berufsalltag generell als tropentauglich. Hierbei ist zu differenzieren, ob es sich bei dem Tropenaufenthalt um langfristige Aufenthalte (länger als 3 Jahre), mittelfristige Aufenthalte (bis 3 Jahre) oder kurzfristige Aufenthalte (bis 6 Monate) handelt. Seit vielen Jahren hat es sich aber als zweckmäßig erwiesen, vor Antritt der Reise eine Tropentauglichkeitsuntersuchung durchzuführen. Informationsaustausch zwischen Hausarzt, Betriebsarzt und zur Durchführung der Tropentauglichkeit ermächtigtem Arzt ist wünschenswert.

Bgl. Grundsatz für Arbeitsmedizinische Vorsorgeuntersuchungen G 35 regelt die Vorsorgeuntersuchungen durch hierfür ermächtigte Ärzte. Hierbei soll die Tauglichkeit für einen Einsatz in den Tropen festgestellt werden. Die Problematik lautet, ob ein Ausreisender seine normale berufliche Tätigkeit auch unter den spezifischen Belastungen des Tropenaufenthaltes ohne Schaden für die Gesundheit längere oder kürzere Zeit auszuüben in der Lage ist.

Zu der ärztlichen Untersuchung gehört die sorgfältige Feststellung der Anamnese, eine eingehende körperliche Untersuchung im Hinblick auf den Arbeitsaufenthalt im Ausland sowie ein großes Laborprogramm.

---

[189] Diesfeld, Krause, Praktische Tropen- und Reisemedizin, 1997; Koch, BG 2000, 412; Weihrauch, Lehnert, Valentin, Weltle, Entwicklung und derzeitiger Stand arbeitsmedizinischer Vorsorgeuntersuchungen nach berufsgenossenschaftlichen Grundsätzen, Bundesanstalt für Arbeitsschutz und Arbeitsmedizin, 1998; Knoblauch (Hrsg.) Tropen- und Reisemedizin, 1996; Lang, Löscher, Tropenmedizin in Klinik und Praxis, 2000; Meyer, Tropenmedizin, Infektionskrankheiten, 2001.

Tropenuntauglichkeit

Dauernde gesundheitliche Bedenken bestehen bei Personen, die ständiger ärztlicher Betreuung bedürfen und bei denen unter den Belastungen des Auslandsaufenthaltes mit einer Verschlimmerung ihrer Erkrankung zu rechnen ist. Weitere Kriterien der Beurteilung sind vor allem die Schwere der Erkrankung, Funktionsbeeinträchtigungen, Leistungseinschränkungen sowie Behandlungsmöglichkeiten vor Ort.

Auf Erkrankungen folgender Organsysteme ist insbesondere zu achten:
- Herz-Kreislauf
- Verdauungstrakt
- Leber und der Gallenwege
- Pankreas
- Nieren und ableitende Harnwege
- Sinnesorgane
- Immunsystems
- endokrines System
- blutbildendes System
- Haut
- Nervensystem und Psyche
- Suchtkrankheiten

Im Allgemeinen ist bei entsprechenden Befunden Tropenuntauglichkeit anzunehmen.

9.9 Insektenstich und Tierbiss

9.9.1 Tiergift – Bisswunde – Bisskrankheit

Insektenstiche und Bisse bestimmter Tierarten bewirken abakterielle toxische Infektionen. Unter den Insekten der gemäßigten Zone (Mücken, Schnaken, Flöhe, Läuse, Wanzen) sind bedeutsam die Stiche der Bienen, Wespen, Hornissen und Hummeln. In der Regel erscheint lediglich eine geringfügige Schwellung an der Einstichstelle. Schwere Folgen sind der Erstickungstod durch ein Kehlkopfödem auf Grund der Lokalisation des Insektenstiches sowie Tod infolge hoher Giftmenge (Hämolyse = Auflösung der roten Blutkörperchen, Nierenversagen).

Wegen ihrer Gefährlichkeit nimmt die *Insektengiftallergie* unter den allergischen Reaktionen eine Sonderstellung ein. Systemische Reaktionen, wie Urtikaria, Atemnot oder Larynxödem sowie anaphylaktischer Schock, können sich innerhalb einer Latenzzeit von 10 bis 20 Minuten entwickeln.[190] Schädigungen durch sonstige Tiergifte, etwa von Fischen, Quallen, Muscheln, Schlangen, Skorpionen, Raupen und Spinnen, ereignen sich gelegentlich. Gifte der Vipern, zu denen die Kreuzotter gehört, wirken vornehmlich hämolytisch, die der Kobra und Klapperschlange überwiegend neurotoxisch (toxische Bissverletzungen).

---
[190] Müller, Insektenstichallergie. Klinik, Diagnostik und Therapie, 1988 S. 33; Fuchs, Ippen, Dermatosen 34 (1986) 144ff.; dies., Dermatosen 35 (1987) 130; Kühl, u.a., Dermatosen 39 (1991) 168f.

Bisswunden werden eingeteilt in oberflächliche Riss-Kratzwunden, tiefere Riss-Quetschwunden und ausgedehnte Gewebeläsionen. Nach tieferen Weichteilbissen und ausgedehnten Bisswunden ist die Gewebenekrosegefahr groß. Bissverletzungen von Hunden, Raubtieren oder Schlangen haben die Merkmale einer Stichwunde (scharfes Gebiss), von Pferden die einer Quetsch-Risswunde (stumpfes Gebiss). Die meisten Bissverletzungen sind oberflächlicher Art; sie werden nicht ernst genommen und ungenügend behandelt.

Kratzverletzungen betreffen oft nur die oberflächlichen Hautschichten und verursachen selten Infektionen. Bei Bisswunden von Katzen dringen durch die nadelähnlichen Fangzähne Keime in die Tiefe des Gewebes ein. Verletzungen durch Hunde gehen in Folge der hohen Bisskraft häufig mit einer erheblichen Weichteilquetschung einher.[191]

Hauptverursacher von Bisswunden ist der Hund (85 %), dem Katzen und Nagetiere (je 5 %) und das Pferd (2 %) folgen.[192]

Erfahrungsgemäß ist die Infektionsgefahr nach Hundebiss gering, Bisswunden von Katzen sind durch erhöhte Infektionsbereitschaft gekennzeichnet.

Bissverletzungen verursachen zunächst mechanische Gewebeläsionen. Sodann droht dem Organismus Gefahr von chemisch-toxischen Substanzen, wie sie gelöst im Speichel oder in giftproduzierenden Organen vorkommen. Schließlich stellen bakterielle und virale Infekte die bei weitem häufigste Komplikationsform dar.[193]

Den Bissverletzungen an der Hand wird eine Sonderstellung eingeräumt. Auf Grund der anatomischen Gegebenheit mit mehreren dicht nebeneinander angeordneten Gelenkketten in Kombination mit Sehnenscheiden als Infektionsstraßen, Nerven und Gefäße sind schwere Infektionen, wie septische Arthritis, Osteomyelitis und Handphlegmone, häufig.[194]

9.9.2 Rechtliche Bewertung als Arbeitsunfall

Insektenstiche sind „Unfälle durch Gefahren des täglichen Lebens" (s. 1.6.1, S. 26), weil jedermann – ohne Rücksicht auf die berufliche Tätigkeit – der Gefahr ausgesetzt ist, von einem Insekt gestochen zu werden.[195] Der persönliche, örtliche und zeitliche Zusammenhang der Schädigung mit der beruflichen Tätigkeit ist nicht ausreichend. Der innere Zusammenhang (s. 1.3, S. 14) ist gegeben, wenn der mit der Beschäftigung zusammenhängende Umstand erheblich dazu beigetragen hat, den Versicherten in die Lage zu bringen, in der das schädigende Ereignis wirksam wurde. Er muss durch seine versicherte Tätigkeit an die Stelle geführt sein, an der zu dieser Zeit die Gefahr wirksam wurde, der er erlegen ist, und der er sonst wahrscheinlich nicht erlegen wäre. Insektenstiche bei einer eigenwirt-

---

[191] Oliver, u.a., Akt. Traumatol. 29 (1999) 70.
[192] Greinemann, BG-UMed 37 (1979) 182.
[193] Aigner, u.a., Unfallchirurg 99 (1996) 346.
[194] Martin, u.a., Orthopedics 14/5 (1991) 571 ff.
[195] BSG, 22. 8. 1990, SGb 1991, 184 m. Anm. Brandenburg = Meso B 330/57, zustimmend Hauck-Keller, K § 8 Rdnr. 44; Bayer. LSG, 7. 5. 1980, Breith. 1981, 1241(a.A. Revisionsentscheidung BSG, 29. 10. 1981, HVBG VB 18/82); Hess. LSG, 30. 4. 1997, HV-Info 32/1997, 3040; LSG Baden-Württemberg, 21. 5. 1987, HV-Info 16/1987, 1250 = Meso B 330/54; Hess. LSG, 26. 10. 1966, Kartei Lauterbach Nr. 8511 zu § 548 RVO; RVA, AN 1892, 319; AN 1890, 153.

schaftlichen Tätigkeit (Trinken auf der Arbeitsstätte, Kantinenessen) sind daher nicht versichert. Es fehlt bereits am inneren Zusammenhang.[196]

Eine – die Einwirkungskausalität ausschließende – Allgemeingefahr (s. 1.6.1, S. 26) liegt nicht vor: der Nachweis, dem Versicherten wäre ein ebensolcher Unfall zur gleichen Zeit an jedem anderen Ort – auch in seinem privaten Lebensbereich – zugestoßen, kann in der Regel nicht erbracht werden.

Rechtsunerheblich ist die Forderung nach „erhöhter Betriebsgefahr" (1.2.1, S. 11) durch die berufliche Verrichtung.[197] Auch unter Heranziehen des Begriffs der Gelegenheitsursache ist das Erfordernis einer durch die Betriebstätigkeit erhöhten Gefährdung nicht zu begründen.[198]

Die unfallrechtliche Bewertung von *Tierbissen* ergibt sich aus den Umständen des Einzelfalles. Meist ist auf Grund des Unfallherganges der Versicherungsschutz gegeben. Beim *Necken* von Tieren mit hierdurch bedingter Bissverletzung fehlt es im Allgemeinen an den Erfordernissen der Entschädigungspflicht. Verbots- oder vernunftwidriges Handeln schließt wohl die Annahme des Arbeitsunfalls nicht aus, jedoch darf der ursächliche Zusammenhang nicht aus betriebsfremden Motiven gelöst sein. Die rechtliche Beziehung zwischen dem Necken eines Tieres und der geschützten Tätigkeit vermag im Rahmen der Wertung der Unfallursachen nicht als erheblich gelten. Ausnahmsweise kann es vielleicht die Betriebstätigkeit sein, auf Grund derer der Versicherte gehalten ist, im Bereich eines vorher geneckten Tieres zu verbleiben und solches auch daran hindert, das Tier entsprechend im Auge zu behalten.

Aus der Rechtsprechung

Anerkennung:
Das Halten eines Wachhundes im Unternehmensbereich ist betriebsbezogen, gleichfalls das Ausführen[199]; der Hundebiss[200] steht also unter Versicherungsschutz.[201]

Wird ein Versicherter auf dem Heimweg von der Arbeitsstätte von seinem oder einem fremden Hund angefallen und verletzt, liegt ein Wegeunfall vor.[202]

---

[196] BSG, 29.10.1981, HVBG VB 18/82: Wespenstich beim eigenwirtschaftlichen Trinken auf der Arbeitsstätte; a. A. KassKomm-Rieke, § 8 Rdnr. 27, der den UV-Schutz bejaht, weil sich der Versicherte im Arbeitsbereich aufhält.
[197] BSG, 22.8.1990, Breith. 1991, 471; BSG, SozR 2200 Nr. 75 zu § 548 RVO (31.7.1985); Hess. LSG, 30.4.1997, HV-Info 32/1997, 3040; RVA, GS AN 1914, 411; RVA, Breith. 1935, 281; Bereiter-Hahn/Mehrtens, § 8 Anm. 7.25; Lauterbach-Schwerdtfeger, K § 8 Rdnr. 92; a.A. im Hinblick auf damals erhobene Forderung nach „erhöhter Betriebsgefahr": LSG Nordrhein-Westfalen, 26.6.1969, BG 1970, 116: bei einer Verkäuferin während der Bedienung; RVA, 8.10.1889, AN 1890, 153: bei einem Forstaufseher wegen des Vorkommens verwesender Tierleichen im Wald; 24.4.1912, Breith. 1912, 150: im Fuhrwerksbetrieb bestehe eine erhöhte Gefahr; Sächs. LVA, 14.6.1930, Breith. 1932, 27: erhöhte Betriebsgefahr bei der Heuernte; RVA, 23.5.1892, AN 1892, 319: bei der Arbeit eines Maurers in der Stadt bestehe keine durch den Betrieb in besonderem Maße hervorgerufene Gefahr.
[198] So aber BSG, 22.8.1990 SGb 1991, 184; Benz, WzS 1992, 39, 44f.
[199] BSG, 27.10.1987, HV-Info 2/1988, 131.
[200] LSG Thüringen, 17.2.1999, Breith. 2000, 63: Auf die steuerliche Anerkennung als Wachhund kommt es nicht an.
[201] LSG Rheinland-Pfalz, 25.2.1970, Breith. 1970, 573.
[202] Bayer. LSG, 12.7.1978, Breith. 1980, 197ff.

Ablehnung:
Der Versicherte wollte einen Hund nicht deshalb verscheuchen, weil dieser eine fahrende Zugmaschine gefährden konnte, sondern nur, weil er sich selbst über den Hund ärgerte oder seine spielerische Freude daran hatte, ihn zu verjagen.[203]

Der Tierhalter nimmt bei der Beruhigung und Betreuung des Tieres während der Untersuchung und Behandlung durch einen Tierarzt seine eigenen Aufgaben als Tierhalter wahr.[204]

9.9.3 Rechtliche Bewertung als Berufskrankheit

Unter gewissen Gegebenheiten erfüllen Insektenstich und Tierbiss auch die Voraussetzungen einer Berufskrankheit.

In den Fällen, die den Tatbestand des Arbeitsunfalls *und* der Berufskrankheit erfüllen, ist nach dem Recht der Berufskrankheiten zu verfahren (s. 2.5, S. 72). Als Berufskrankheiten zu werten sind demnach auch die unter akuten Bedingungen eintretenden Biss*krankheiten* (Fleckfieber, Malaria). Folgezustände nach Bisswunden, bei denen es ausschließlich beim *Wund*charakter verbleibt, sind in der Regel *nicht* unter dem Begriff der Berufskrankheit zu erfassen (Zustand nach Schlangenbiss keine Tropen„krankheit"): die Merkmale des Arbeitsunfalls überwiegen.[205]

Im Einzelnen ist zu prüfen, ob es sich um Krankheiten handelt, die in der BKV als Infektions-, von Tieren auf Menschen übertragbare-, Tropenkrankheiten oder Hauterkrankungen aufgeführt sind.

Von Tieren auf Menschen übertragbare Krankheiten, die als Hauterkrankungen in Erscheinung treten, sind auch ohne die Voraussetzungen der Schwere oder wiederholten Rückfälligkeit oder des Unterlassens der gefährdenden Tätigkeit entschädigungspflichtig.

Die gleiche Rechtslage ergibt sich beim Zusammentreffen von Infektionskrankheiten und Hauterkrankungen.

Keine Stütze erweist sich dafür, bei *diesen* konkurrierenden Tatbeständen der Vorschrift für Hauterkrankungen rechtlichen Spezialcharakter einzuräumen.[206] Dies folgt für die genannten Berufskrankheiten aus dem *Fehlen* einer Kollisionsnorm des Inhalts, dass Hauterkrankungen als Krankheiten im Sinne der Anlage zur BKV nur insoweit gelten, als sie Erscheinungen einer Allgemeinerkrankung sind, die durch Aufnahme der schädigenden Stoffe in den Körper verursacht werden oder als Hauterkrankungen ohnehin zu entschädigen sind[207] (s. 11.3, S. 840).

---

[203] LSG Niedersachsen, 24. 9. 1957, Breith. 1958, 232.
[204] LSG Rheinland-Pfalz, 28. 3. 1990, HV-Info 16/1990, 1274.
[205] Ähnliche Problematik: Bissverletzung durch leptospireninfiziertes Tier als AU; über besondere Voraussetzungen für die Anerkennung einer Leptospirose als BK s. Gsell, Steigner, Kathe, Stoll (Fundstellen in ASA 1967, 288).
[206] BSG, 18. 12. 1962, Breith. 1963, 314; LSG Niedersachsen, 25. 2. 1958, 13. 4. 1955, beide Kartei Lauterbach Nr. 1787 u. 2984 zu § 545 (alt) RVO = Meso B 280/3; Koetzing, Linthe, Die BKen, 1962 S. 143.
[207] BSG, 18. 12. 1962, Breith. 1963, 314.

9.10 Krankenhaus- und Wundinfektion

9.10.1 Nosokomiale Infektionen[208]

Die nosokomiale (Klinik-bedingte) Infektion wird definiert als Infektion mit lokalen oder systemischen Infektionszeichen als Reaktion auf das Vorhandensein von Erregern oder ihrer Toxine, die im zeitlichen Zusammenhang mit einem Krankenhausaufenthalt oder einer ambulanten medizinischen Maßnahme steht, soweit die Infektion nicht bereits vorher bestand (§ 2 Nr. 8 Infektionsschutzgesetz).[209]

Eine *epidemische* Krankenhausinfektion ist gegeben, wenn Infektionen mit einheitlichem Erregertyp im zeitlichen, örtlichen und kausalen Zusammenhang mit einem Krankenhausaufenthalt nicht nur vereinzelt auftreten.

Die Infektionsrate in Deutschland beträgt etwa 2 bis 3 % (450 000 bis 900 000 Vorfälle). Die Steigerung krankenhauserworbener Infektionen gründet sich auf verbesserter Intensivmedizin und die Zunahme großer Eingriffe. Besonders anfällig sind intensivpflegebedürftige, polytraumatisierte, postoperative und alte Patienten (erhöhte Disposition), die durch verschiedene, zum Teil lebensrettende medikotechnische Maßnahmen (z.B. Blasen- und Venenkatheter, Intubation) einer Vielzahl pathogener Keime ausgesetzt werden (erhöhte Exposition). Bis zu 29 % der stationären chirurgischen Patienten erhalten Antibiotika, wodurch die Resistenzzunahme der Erreger gefördert wird.

Häufigkeit[210]

1. Harnwegsinfektionen
2. Wundinfektionen
3. Atemwegsinfektionen
4. Sepsis

Infektionsquellen

Grundsätzlich ist die Übertragung von Erregern im Krankenhaus gegeben[211]

– von Patient zu Patient (z.B. *Pneumokokken, M. tuberculosis*)
– von Personal auf Patient (z.B. *B. pertussis, Staphylokokken*)
– von Patient auf Personal (z.B. Herpes-simplex-Virus, Varicella-Zoster-Virus)
– über unbelebte Vektoren (z.B. unsterile Instrumente, kontaminierte Flächen)
– durch mangelhafte Lebensmittelhygiene (z.B. *Salmonellen*).

Infektionsquellen und Ursachen sind also entweder der Betroffene selbst, andere Patienten, Geräte, Lebensmittel, Wasser, Luft und bauliche Mängel bzw. Umbaumaßnahmen, auch das gesunde ärztliche und pflegerische Personal, sonstige Mitarbeiter oder Besucher.

---

[208] Thofern, Botzenhart, Hygiene und Infektionen im Krankenhaus, 1983; Beck, Schmidt, Hygiene in Krankenhaus und Praxis, Berlin, Heidelberg, 1986; s. auch Anforderungen der Krankenhaushygiene, Bundesgesundheitsblatt 28 (1985) H. 6; Sander, ebenda, 31 (1988) H. 3 S. 88.
[209] Nassauer, Mielke, Bundesgesundheitsbl 2000 (43) 459ff.; Weiß, Hyg Med 27 (2002) Suppl. 1 S. 36.
[210] Zastrow, u.a., Bundesgesundheitsbl. 39 (1996) H. 1 S. 5.
[211] Nassauer, Mielke, Bundesgesundheitsbl 2000 (43) 459.

Dauer-Blasenkatheter (massiver Keimausscheider für alle Hospitalkeime), Venenkatheter und Langzeitbeatmung sind Schwerpunkte der Krankenhaushygiene. Neben dem Personal als Träger von Keimen (80 %) sind speziell bei Nasskeimen Keimreservoire bekannt. In ruhenden Wasserresten vermehren sie sich. Dazu gehören Befeuchter von Narkoseapparaten, Beatmungsgeräten, Dialyse-Geräte, Inhalatoren, Umlaufsprühbefeuchter in Klimaanlagen, Raumluftbefeuchter, feuchte Putzutensilien, Waschbecken- und Badewannenausläufe (Überläufe), Blumenvasen und Topfblumen.

Erreger

Eine Vielzahl verschiedener Keime kommt in Betracht. Neben den Erregern klassischer Infektionskrankheiten sind speziell Keime der körpereigenen physiologischen Flora zu berücksichtigen. Derzeit am häufigsten beteiligte Erreger sind Staphylococcus aureus und gramnegative Stäbchenbakterien. Unter den letzteren bilden die Enterobacteriaceae (z.B. Escherichia coli, Klebsiella sp., Enterobacter sp., Serratia sp., Proteus sp.) die Hauptgruppe; auch Pseudomonas aeruginosa nimmt eine bedeutende Rolle ein.

Infektionen durch multiresistente Keime (z.B. multiresistente Staphylococcus aureus-Stämme [MRSA]) nehmen zu.

Infektionsweg

Im Luftwege werden 10 % aller Keime übertragen, 90 % dagegen auf dem Kontaktweg: Personal, vor allem die Hand und Bekleidung, Gerätschaften und der Patient selbst.

9.10.2 Wundinfektionen

Die Verletzung durch Unfall oder Operation führt zu einer unvermeidlichen Kontamination (Verunreinigung) der Wunde durch Mikroorganismen. Die Häufigkeit der Wundinfektion schwankt zwischen 1 % und 10 % und mehr.[212] Infektionen der Hand sind oft Folge eines Bagatelltraumas.

Einteilung

- bakteriell verursachte „primäre Wundinfektion"
- nicht bakteriell ausgelöste, aber sekundär infizierte „sekundäre Wundinfektion" (z.B. Wundrandnekrose)
- nicht bakteriell verursachte, nicht pathogen besiedelte Wundinfektion

Der Ausbruch einer Wundinfektion ist abhängig von Art, Entstehung und Ort der Wunde, der Zahl und Virulenz der Erreger sowie der Widerstandskraft und Abwehrlage des Verletzten.

Die Infektion kann sich auf die Wunde selbst bzw. ihre Umgebung beschränken oder sich auf dem Lymph- oder Blutweg auf den ganzen Organismus ausbreiten und zu einer Allgemeininfektion führen. Grundsätzlich ist bei Allgemeininfektionen auszuschließen, ob an-

---

[212] Muhr, Russe, in: Die ärztliche Begutachtung (Hrsg. Fritze, Mehrhoff) 7. Aufl. 2008 S. 776; Lob, Burri, BG-UMed 49 (1982) 207; Mutschler, BG-UMed 72 (1989) 19, 20.

dere vorbestandene, unfallfremde Infektionsherde, etwa an Tonsillen, Adnexen, Prostata, Appendix, Zahnwurzeln, ursächlich in Betracht kommen.

9.10.2.1 Pyogene Infektionen

Es handelt sich um Entzündungen, durch Eitererreger ausgelöst.

Trotz überwiegender Mischbesiedelung infizierter Wunden wird der Entzündungsprozess meist durch Staphylokokken und Streptokokken bestimmt, seltener durch weitere Erreger (Kolibakterien, Pneumokokken, zunehmend Bakterioides). Diese Mischinfektionen führen oft durch Beteiligung von Fäulniskeimen zum Bild der putriden (fauligen) Infektion.

Bei der Beurteilung der pyogenen Infektionen der Haut ist zu berücksichtigen, dass sie zum Teil ohne unfallbedingte Schädigung auftreten.

Die Infektion kann auch unter ungünstigen Bedingungen nicht vor Ablauf von sieben bis acht Stunden makroskopisch wahrnehmbar sein, die klinische Erscheinung der Infektion in der Regel zwischen dem 2. und 4. Tag. Eine Inkubationszeit von zwei bis drei Wochen setzt Brückensymptome für eine Anerkennung als Arbeitsunfall voraus.[213]

Bei Staphylokokken und Koliinfektionen ist die Abszessbildung klinisch ausgeprägter. Überwiegend nach Streptokokken erscheinen die *Phlegmone* (Zellgewebsentzündung) als flächenhaft fortschreitende Entzündung im Unterhautzellgewebe (aber auch durch putride Erreger) sowie das *Erysipel* (Wundrose, Rotlauf).

Phlegmone

Die Rspr. sah für eine *Hohlhandphlegmone* Schaufelarbeit als ursächlich an, welche die Haut rissig und zur Eintrittspforte für Eiterkeime und Entzündungserreger machte[214], sowie ständige Arbeit mit schweren Eisenschöpflöffeln, die zu einem Schwielenabszess führte.[215]

Weitere Ursachen für die Phlegmone: Schmutzarbeit[216], vorrangig in der Landwirtschaft[217], eisenverarbeitende Tätigkeit, Steinschleiferei.

Hoch virulente Erreger (überwiegend Staphylokokken und Streptokokken) dringen in die aufgerissenen Lymphspalten ein und breiten sich nach zunächst oberflächlichem Verlauf in tieferen Gewebsschichten aus, bis es zum Vollbild der Hand- und Unterarmphlegmone kommt.

Auf Grund der Handanatomie mit Sehnenscheiden und der senkrecht zu den Knochen und der Hohlhandsehne verlaufenden Lagueschen Septen entwickelt sich typischerweise eine V-Phlegmone oder eine Abszedierung des Thenar- (Daumenballen) beziehungsweise des Hypothenarraumes (Kleinfingerballen) sowie des Hohlhand- und Peronarschen Raumes.

---

213 Muhr, Russe, in: Die ärztliche Begutachtung (Hrsg. Fritze, Mehrhoff) 7. Aufl. 2008 S. 776.
214 Bayer. LVA, 26. 10. 1951, Breith. 1952, 974; 18. 12. 1952, Breith. 1953, 392.
215 OVA München, 4. 1. 1950, Breith. 1950, 838.
216 Bayer. LVA, 29. 3. 1949, Breith. 1949, 146.
217 OVA Württemberg-Hohenzollern, 15. 12. 1948, Breith. 1949, 318; OVA Augsburg, 14. 10. 1949, Amtsbl. Bayer. Arb. Min. 1950, 228.

Unter Umständen greift die Infektion auf die Knochen oder Gelenkknorpel der Hand über.[218]

Erysipel

Es handelt sich um eine Streptokokken-Erkrankung der Lymphräume in Haut und Unterhaut. Die Erreger dringen durch kleinste Verletzungen der Haut – sich oft dem Nachweis entziehend – ein. Rezidivneigung über viele Jahre .

Abzugrenzen als Ursache sind Diabetes mellitus, an den unteren Extremitäten Varikosis, postthrombotisches Symptom, chronische Pilzinfektionen im Bereich der Fußnägel.[219]

Die Inkubationszeit beträgt wenige Stunden bis maximal zwei Tage bis zur Manifestation des Erysipels mit begleitenden schweren Symptomen (starke Schmerzen, Fieberanstieg mit Schüttelfrost, Kopfschmerzen).[220] Komplikationen: nekrotisierende Fasziitis, Sepsis, Lymphstauung, Thrombophlebitis, sowie Hirnvenentrombose und Meningitis bei Auftreten im Gesicht.[221]

- Ein *Erysipel* kann *Unfallfolge* sein[222], wenn
  - Instrumente, die mit hochvirulenten Streptokokken beladen sind, die Wunde setzen
  - Wunden oder traumatisch bedingte Geschwüre bzw. Fisteln durch Streptokokken infiziert werden
  - von einer durch Arbeitsunfall entstandenen infizierten alten Wunde sich das Erysipel entwickelt
  - dieses von einem unfallbedingten Herd in der Tiefe lymphogen in die Haut eindringt (z.B. bei einer Osteomyelitis nach infizierter Fraktur)
- *Berufskrankheit*[223] bei
  - Berufen (z.B. Maurer, Friseure, Bäcker, Köche, Reinigungspersonal, Metallarbeiter oder Schreiner) mit häufigem Kontakt zu reizenden Stoffen, wie Lösemittel, Reinigungsmittel oder Verdünner: Mikroläsionen stellen eine Prädisposition für ein Erysipel dar
  - Tätigkeiten, in denen Hautallergien auftreten.

Staphylokokken verursachen die *bakterielle Endokarditis* (s. 10.4.1, S. 818).

9.10.2.2 Putride Infektionen

Sie werden durch Fäulniserreger (Koli-, Pyocyaneus-Proteusbakterien) bestimmt. Flächenhaft ausbreitender nekrotischer Gewebezerfall sowie faulig (putrid) riechendes Wundsekret, ggf. mit Gasbildung in Körperhöhlen sind charakteristisch. Schlecht durchblutetes Gewebe begünstigt das Fortschreiten. Betroffenes und gesundes Gewebe lassen sich nicht abgrenzen.

---

[218] Axmann, u.a., Dt. Ärzteblatt 90 (1993) C-927.
[219] Röllinghoff, u.a.; Z Orthop 144 (2006) 639.
[220] BSG, 28. 1. 1993, HV-Info 11/1993, 942.
[221] Hegelmaier, in: Die ärztliche Begutachtung (Hrsg. Fritze, Mehrhoff) 7. Aufl. 2008 S. 728.
[222] Lob, Handbuch der Unfallbegutachtung 1968 S. 361; s. auch LVA Baden-Württemberg, 20. 4. 1953, LAP S. 71 und die Entscheidungen bei Wagner, Der Arbeitsunfall, Stand 1979 S. 294–303.
[223] Reinert, in: Handbuch der Infektionskrankheiten (Hrsg. Hofmann) 8. Erg. Lfg. 10/2004 VIII – 1.13.

9.10.2.3 Hochdruckinjektionsverletzungen[224]

Mit Hochdruck betriebene Maschinen, wie Pressluftbohrer, Sandstrahlgebläse, Abschmier-, Lackierpistolen, Kunststoffspritzmaschinen, entwickeln am Schlauch- oder Düsenende einen Druck bis zu 3000 atü. Der nadelfreie Strahl (Öl, Benzin, Farbe) durchschlägt auch einen gepolsterten Lederhandschuh.

9.10.2.4 Gasbrand (Gasödeminfektion, Gasgangrän)

Erreger sind verschiedene Arten von Clostridien mit allgemeiner Verbreitung im Erdreich, Staub und Wasser, aber auch als Saprophyten auf der Haut und im Darm des tierischen und menschlichen Organismus. Die Gefahr einer Wundinfektion besteht nur bei Sauerstoffmangel im Gewebe; damit ist das Infektionsrisiko gering. Die Inkubationszeit liegt zwischen wenigen (1 bis 6) Stunden und zwei Tagen.[225] Der nicht behandelte Gasbrand ist innerhalb weniger Stunden bis Tage tödlich.

Neben relativ häufiger Wundverunreinigung (38–39 %: schlecht durchblutete tiefe Wunden oder offene Frakturen), Operation am Magen-Darm-Trakt, Gallenblase, erscheinen als Ursachen Nekrosen, Erfrierungen, Gewebezerstörungen, Quetschungen, arterielle Durchblutungsstörungen oder Gefäßverletzungen, lokale Ischämie durch strangulierende Verbände, Fragment- und Hämatomdruck, Amputation wegen Durchblutungsstörungen.

Die Entwicklung der Erreger im Gewebe kann mit Gasbrandentwicklung verbunden sein. Daneben tritt regelmäßig ein Ödem auf.

Der Nachweis erfolgt durch die gaschromatographische Toxinbestimmung im Blut.[226]

9.10.2.5 Wundstarrkrampf – Tetanus[227]

Die Erreger können durch kleinste Hautverletzungen eindringen. Jede Wunde ist tetanusgefährdet, vor allem erdverschmutzte Verletzungen sowie Schürf-, Kratz-, Biss- und Stichwunden (rostige Nägel). Auch nach Erfrierungen und Verbrennungen kann die Tetanus-Infektion eintreten.

Tetanus ist eine schwerwiegende und stets mögliche Folge einer Verletzung, die trotz moderner Erkenntnisse und Behandlungsmethoden zu einem langen und bedrohlichen Krankheitszustand führt. Noch immer gibt es nicht rettbare Tetanuskranke.

Der deutsche Begriff „Wundstarrkrampf" veranschaulicht die Auswirkungen der Infektion: Die Bakterien scheiden ein Gift (Toxin) aus, das sich über die Nervenbahnen ausbreitet, das Rückenmark angreift und schon in geringsten Mengen fürchterliche Krämpfe und Schmerzen hervorruft. Diese Muskelkrämpfe mit starken Schmerzen bei vollem Bewusst-

---

[224] Frank, u. a., Trauma Berufskrankh 10 (2008) 221; Scharizer, akt. traumatol. 11 (1981) 84ff.; ders., ASP 1984, 227; Lehmköster, Zellner, Unfallchirurg (1986) 89, 62ff.
[225] Henze, in: Handbuch der Infektionskrankheiten (Hrsg. Hofmann) 22. Erg. Lfg. 10/2007 VIII – 1.16; Rasch, u.a., Bundesgesundhbl. 5/1998, 203.
[226] Rakebrand, Krull, akt. traumatol. 1979, 331.
[227] Hofmann, Handbuch der Infektionskrankheiten, 2. Aufl. 2003 Abschn. VIII – 1.50; Brede, Münch. med. Wschr. 1986, 83; Bade, ErgoMed 1989, 153ff.; Stirnemann, Tetanus, 1966; BAD, BG 1979, 149.

sein können zu Knochenbrüchen und Muskelverletzungen bis zur Atemlähmung und zum Erstickungstod führen.

Die Inkubationszeit beträgt 2 bis 60 Tage (meist 5 bis 10). Wesentlich längere Zeiten werden nach Operationen beobachtet. Daneben gibt es Fälle, in denen sich die Erreger monate- bis jahrelang an Fremdkörpern bzw. in Narbengeweben lebensfähig halten. Spätfolgen: Frakturen, Muskelrisse, Torsionen, Thrombosen.

Bei durch Unfall verursachter Tetanus-Infektion bzw. Virulenz latent vorhandener Erreger ist der Zusammenhang anzunehmen, wenn der zeitliche Abstand zwischen Erstinfektion und nachfolgender Erkrankung nicht über drei bis fünf Jahre hinausgeht.

Tetanus ist nur durch *aktive Schutzimpfung*[228] des Gesunden, d.h. Impfung zum Zeitpunkt der Wahl, zu vermeiden. Als vorbeugende Maßnahme stellt sie keine Leistung der ges. UV dar. Dennoch beteiligen sich UV-Träger an den Kosten sowohl für die Grundimmunisierung als auch Auffrischungsimpfung.

Aus der Rechtsprechung
Für das Eindringen des mit Tetanus verseuchten Schmutzes in eine Wundverletzung bestehen vielfältige und gleichwertige Gegebenheiten, die „im täglichen Leben ungleich größer sind als in einem ‚gut aufgezogenen' Betrieb". Bei Gleichrangigkeit mehrerer Verletzungsanlässe kann keine bevorzugt werden.[229]

9.10.2.6 Rechtliche Bewertung

Die Wundinfektion kann zur Anerkennung als Arbeitsunfall führen:

(1) Eindringen eines Infektionserregers als Unfallereignis (= Entstehung)

(2) Eindringen eines Infektionserregers in eine im privaten Bereich gesetzte Wunde bei versicherter Tätigkeit (= Verschlimmerung)

(3) Eindringen eines Infektionserregers bei nichtversicherter Tätigkeit in eine durch Arbeitsunfall entstandene Wunde (= mittelbare Unfallfolge)

Befristete gesundheitliche Bedenken bestehen bei Personen mit wesentlichen Gesundheitsstörungen, soweit eine Wiederherstellung oder ausreichende Besserung zu erwarten oder bis eine ergänzende Untersuchung abgeschlossen ist.

Keinen gesundheitlichen Bedenken begegnen unter bestimmten Voraussetzungen Erkrankungen, die am Ort des Arbeitseinsatzes ärztlich betreut werden können und bei denen die Gefahr einer Verschlimmerung unter den Belastungen des Aufenthaltes nicht wahrscheinlich ist.

Nachuntersuchungen sind nach einem Tropenaufenthalt notwendig und wünschenswert.

---

[228] Dazu: Empfehlungen des Wissenschaftlichen Beirates der Bundesärztekammer, Dt. Ärzteblatt 89 (1992) C-755ff.; Hassler, u.a., Dtsch. med. Wschr. 2002, 308.
[229] LSG Schleswig, 25. 6. 1954, BG 1955, 218.

Zusammenhangsbeurteilung[230]

(1) Nachweis der Verletzung und Infektion. Dieser ist erschwert, da allerkleinste, oft nicht beachtete Hautverletzungen (Risse, Stiche, Schrunden) ausreichend sind und sowohl im täglichen Leben als auch bei der beruflichen Beschäftigung entstehen. Das Vorliegen einer eigenwirtschaftlich erworbenen Infektion gegenüber der Annahme einer beruflichen muss derart in den Hintergrund treten, dass nach allgemeiner Lebenserfahrung die Wahrscheinlichkeit für eine betriebliche Entstehung der Hautschädigung spricht. Hierbei hat der Umstand, dass die Berufstätigkeit des Verletzten in besonderem Maße geringfügige und meist unbeachtliche Hautschädigungen mit sich bringt, eine wesentliche Rolle: eisenverarbeitende Tätigkeit, Verrichtung in Steinschleiferei, Einpressen von Eiterkeimen infolge Schaufelarbeit.

Landwirtschaftliche Arbeit bringt von vornherein eine gewisse Wahrscheinlichkeit für den Zusammenhang mit der beruflichen Tätigkeit.[231]

Bei mangelndem Zeugenbeweis müssen die Angaben des Versicherten von Anfang an ohne wesentlichen Widerspruch und auch sonst unwiderlegt sein.

(2) Identität zwischen Verletzungsquelle und Erregereintrittspforte.

(3) Die Infektion muss in dem Zeitraum offenbar geworden sein, welcher der Art des Erregers entspricht.

(4) Mikrobiologische Typisierung des Keimträgers und Keimnachweis am Ort der Verletzung.

(5) Wird bei latenter Infektion mit abgeschlossener Wundheilung die Entzündung durch ein neues Unfallereignis relativiert, ist die genaue Übereinstimmung des abgeheilten Infektionsprozesses mit der neu entstandenen Wunde erforderlich.

(6) Der Grad der Wahrscheinlichkeit des Ursachenzusammenhanges lässt sich nur durch Prüfen aller pathologischen Daten und Vergleich mit beruflichen und außerberuflichen Faktoren beurteilen. Im Übrigen kann die Kenntnis relativer Häufigkeit dieser Erkrankungen im speziellen Berufsbereich ein weiterer, indirekter Anhaltspunkt für die Beweisführung sein.

9.11 Impfschäden[232]

Impfungen stellen einen beträchtlichen Eingriff in das Immungeschehen des Organismus dar – bisweilen mit Nebenreaktionen verknüpft. Selten sind allerdings *Impfschäden*.

Als *Impfschaden* wird im Allgemeinen der Gesundheitsschaden bezeichnet, der nach einer Impfung aus einer über das übliche Maß einer Impfreaktion gehenden Gesundheitsschädi-

---

230 Vgl. LSG Baden-Württemberg, 14.9.1955, Soz. E. Slg. § 542 (b) Nr. 64; Bayer. LVA, 26.10.1951, BG 1952, 116ff. m. Anm. Noeske.
231 RVA, Breith. 1935, 633; LVA Baden-Württemberg, 2.8.1950; Breith. 1951, 69.
232 Weiterführendes Schrifttum: Illing, Ledig, Impfungen, 1998; Spies, Impfkompendium, 1999; Ehrengut, u.a., in: Das neurologische Gutachten (Hrsg. Rauschelbach, Jochheim, Widder) 4. Aufl. 2000 S. 454ff.; Dittmann, Bundesgesundhbl 45 (2002) 316.

gung entstanden ist.[233] Impfung, Schädigung durch Impfung und verbliebener Schaden müssen voll bewiesen sein. Gemessen an der Zahl durchgeführter Impfungen ist ein Impfschaden selten. Sorgfältige differentialdiagnostische Abklärungen sind erforderlich.

Abzugrenzen ist die *Impfreaktion* (Impfkrankheit): Geringfügig überschießende Wirkungen des Impfstoffes, welche immunologische Auseinandersetzung des Körpers mit dem verabreichten Antigen erkennen lassen.

Prinzipien der Schutzimpfung

Gegenüber einem Infektionserreger wird eine (humorale wie zelluläre) Immunität erzeugt.

Unterscheidung nach Vakzine-Arten

- *Lebendimpfung* mit vermehrungsfähigen, hinsichtlich der Pathogenität abgeschwächten (attenuierten) Erregern. Sie können die – meist harmlosen – Symptome der echten Infektionskrankheit auflösen.

  Beispiele: Tuberkulose (BCG-Impfung), Gelbfieber, Poliomyelitis (Impfung nach SABIN), Masern, Mumps, Röteln, Windpocken, Adenovirus-Infektionen

- *Totimpfung* mit abgetöteten Erregern

  Beispiele: Poliomyelitis (Spritzimpfung IPV), FSME, Keuchhusten (Ganzkeimvakzine), Pest, Tollwut, Fleckfieber, Influenza oder auch Hepatitis A

- *Totimpfung* mit Erregerbestandteilen

  Beispiele: Pneumokokken, Meningokokken

- Toxoidimpfung: Immunität nicht gegenüber dem Erreger selbst, sondern dessen Giftstoffen (Toxinen).

  Beispiele: Tetanus, Diphtherie

Nach jeder Impfung tritt eine Reaktion des Organismus auf. Zu unterschiedlichen örtlichen oder allgemeinen Erscheinungen kann sie sich äußern.

Individuelle Reaktionsbereitschaft und Immunität spielen eine Rolle. Für die Stärke der Allgemeinreaktion ist auch der Gehalt des Impfstoffes an Fremdeiweiß und zusätzlichen Inhaltsstoffen von Bedeutung.

Nach Impfungen kann es zu allergischen Reaktionen kommen, die durch wiederholte Zuführung des Impfantigens oder eine bereits vorhandene Allergie gegenüber zusätzlichen Inhaltsstoffen bedingt sind.

Impfreaktionen führen auch zu Aktivierungen ruhender Prozesse oder vorübergehenden Änderungen der Abwehrlage und sind demzufolge Mitursache der Manifestation einer anderen Krankheit. Die gleichzeitige Anwendung von Impfstoffen hat bisherigen Erfahrungen gemäß kein größeres Impfrisiko als die einzelnen Impfungen. Bei der Beurteilung eines Impfschadens wird es schwierig, den dafür ursächlich in Betracht kommenden Bestandteil des Kombinationsimpfstoffes zu identifizieren.

---

[233] § 2 Nr. 11 Infektionsschutzgesetz; BSG, 26. 6. 1985, Meso B 10/432; 19. 3. 1986, Meso B 290/135.

9.11 Impfschäden 795

Das übliche Bild der Impfreaktion wird abgewandelt, wenn gleichzeitig Immunglobuline verabreicht wurden.

Bei der Feststellung des ursächliches Zusammenhanges zwischen Impfung und Gesundheitsschaden ist die erleichterte Bedingung der Wahrscheinlichkeit erforderlich.[234]

(1) Pocken-Schutzimpfung

Übliche Impfreaktionen nach Erst- und Wiederimpfung

Impfschäden

- Komplikationen an der *Haut*: Pocken, Vaccinia serpinigosa, Impfulkus, Impfkeloid, Vaccinia progressiva, Vaccinia secundaria, Vaccinia translata, Vaccinia generalisata, Ekzema vaccinatum.
- Komplikationen am *Nervensystem*: Postvakzinale Enzephalopathie und postvakzinale Enzephalitis nach einer Inkubationszeit von 3 Tagen bis 3 Wochen, meist 7 bis 10 Tage.
- Dauerfolgen: spastische Lähmungen, organische, psychische Entwicklungsstörungen oder Veränderungen, hirnorganische Anfälle, extrapyramidale Hyperkinesen, seltener Sprachstörungen, Hirnnervenstörungen und dienzephale Störungen; am peripheren Nervensystem als Seltenheit Neuritis oder Polyradikulitis.
- Allgemeine Komplikationen: Selten Impfangina, Myokarditis (9 bis 15 Tage), Pneumonie (7 bis 10 Tage), Nierenschädigungen, Osteomyelitis und Ostitis

(2) Poliomyelitis-Schutzimpfung

- mit Lebendimpfstoff
  Impfschäden: Poliomyelitis-ähnliche Erkrankungen mit schlaffen Lähmungen von wenigstens 6 Wochen Dauer (Inkubationszeit: 3 bis 30 Tage), Guillain-Barré-Syndrom (10 Wochen), Meningoenzephalitis und/oder Manifestation eines hirnorganischen Anfallleidens zwischen dem 3. und 14. Tag.
- mit Impfstoff aus inaktivierten Viren
  Impfschäden: Einzelfälle allergischer Reaktionen

(3) Masern-Schutzimpfung

- mit Lebendimpfstoff
  Impfschäden: akut entzündliche Erkrankungen des ZNS, zwischen dem 7. und 14. Tag nach der Impfung. Sehr selten auch akute thrombozytopenische Purpura ohne Spätfolgen
- mit Spaltimpfstoff
  Impfschäden: Außer sehr seltenen allergischen Reaktionen keine Schäden bekannt

(4) Röteln-Schutzimpfung

Impfschäden: Sehr selten chronische Arthritiden. Gefahr der Fruchtschädigung innerhalb der ersten 3 Schwangerschaftsmonate

---

[234] BSG, 12. 4. 1988, Meso B 260/14.

(5) Influenza-Schutzimpfung

Impfschäden: Selten akute thrombozytopenische Purpura. Selten Guillain-Barré-Syndrom sowie andere akut entzündliche Erkrankungen des ZNS

(6) Gelbfieber-Schutzimpfung

Impfschäden: Äußerst selten Meningoenzephalitis, selten Thrombozytopenien

(7) Tollwut-Schutzimpfung

Impfschäden: Bei früher eingesetzten Hirngewebe-Impfstoffen nach einigen Tagen bis zu mehreren Wochen Enzephalomyelitis oder Polyneuritis, gelegentlich Phlegmone, Nephritis. Bei heute verwendeten Zellkultur-Impfstoffen selten Neuritis, Polyneuritis, Guillain-Barré-Syndrom.

(8) Cholera-Schutzimpfung

Impfschäden: Magen-Darm-Beschwerden, Hauterscheinungen, ZNS-Symptome[235]

(9) Typhus-Schutzimpfung

- bei *oraler* Impfung: Keine Impfschäden
- bei *parenteraler* Impfung:
  Impfschäden: Gelegentlich Thrombosen, Neuritis, Enzephalomyelitis, Nierenschäden, Reaktivierung tuberkulöser Erkrankungen

(10) Tuberkulose-Schutzimpfung (BCG)

Impfschäden: Länger dauernde und ausgedehnte Ulkusbildung, manchmal mit Lymphknoteneinschmelzung. Sehr selten Keloide, Lupoide, Tuberkulide, auch Generalisation, Ostitis oder Osteomyelitis

(11) Pertussis-Schutzimpfung

- *Vollbakterienimpfstoff*
  Impfschäden: Enzephalopathie, oft mit hirnorganischen Anfällen, gelegentlich auch Dauerschäden. Selten Neuritis oder Nephrose

- *Azelluläre Impfstoffe*
  Impfschäden: Langzeiterfahrungen stehen aus

(12) Diphtherie-Schutzimpfung

Impfschäden: Sehr selten akut entzündliche Erkrankungen des ZNS, Neuritiden, vor allem der Hirnnerven, Thrombose, Nephritis

---

[235] Braun, u.a., Dtsch med Wschr 128 (2003) 540.

(13) Tetanus-Schutzimpfung

Impfschäden: Sehr selten periphere Nervenschädigung (Neuritis, Plexusneuritis, Brachialneuritis), Guillain-Barré-Syndrom

(14) Mumps-Schutzimpfung

Impfschäden: Sehr selten Meningitis ohne Dauerschäden, Orchitis

(15) Hepatitis-A-Schutzimpfung

Impfschäden: Langzeiterfahrungen stehen aus

(16) Hepatitis-B-Schutzimpfung

Impfschäden: Vorübergehende bis zu mehreren Wochen anhaltende Arthralgien. Sehr selten Neuritis, Polyneuritis oder Guillain-Barré-Syndrom

(17) Haemophilus-influenzae-b-Schutzimpfung

Impfschäden: Extrem selten Guillain-Barré-Syndrom

(18) Frühsommer-Meningoenzephalitis-Schutzimpfung[236]

Impfschäden: Extrem selten periphere Nervenschäden, (Neuritis, Plexusneuritis, Brachialneuritis), Guillain-Barré-Syndrom

Jeder Impfschaden sowie der Verdacht darauf muss namentlich dem zuständigen Gesundheitsamt und formlos der Arzneimittel-Kommission der deutschen Ärzteschaft gemeldet werden.

Bei anerkannten Impfschäden erfolgen Behandlung, Rehabilitation und/oder Berentung zu Lasten des Versorgungsamtes,[237] evtl. des UV-Trägers. Schmerzensgeldansprüche bestehen nicht. Bei grobfahrlässigem Verhalten seitens des Impfarztes kann sich gegen diesen Schadensersatz- und Schmerzensgeldanspruch ergeben. Wurde der Schaden durch Herstellung oder Art des Impfstoffs verursacht, hat der Hersteller im Rahmen der Produkthaftung einzutreten.

Im letzten Jahrzehnt sind die Untersuchungen über G 42 „Tätigkeiten mit Infektionsgefährdung" und G 43 „Biotechnologien" der Berufsgenossenschaftlichen Grundsätze für Arbeitsmedizinische Vorsorgeuntersuchungen stark angestiegen. Über hieraus resultierende Impfungen und Impfschäden liegen keine Zahlen vor.

Versicherungsschutz durch die ges. UV

Grundsätzlich sind Maßnahmen zur Erhaltung der Gesundheit auch dann dem unversicherten Bereich zuzurechnen, wenn betriebliche Spezialeinrichtungen in Anspruch genommen werden.[238] So steht eine allgemeine Grippeschutzimpfung, die im Betrieb durch-

---

[236] Petersen, MedSach 2000 (96) 114.
[237] § 60 Infektionsschutzgesetz.
[238] BSGE 4, 219, 223 (22. 1. 1957); 9, 222, 225 (13. 3. 1959); 27. 10. 1965, BG 1966, 199.

geführt wird, nicht schon deshalb mit der versicherten Tätigkeit im ursächlichen Zusammenhang, weil sie vom Unternehmer empfohlen und finanziert wird.[239]

Ausnahmsweise ist ein rechtlich wesentlicher *Zusammenhang* mit der versicherten Tätigkeit gegeben, wenn

- das Unternehmen bei einer gehäuft auftretenden Erkrankung (Grippeepidemie) der in der Berufsarbeit begründeten Ansteckungsgefahr beggnen will[240]
- durch die berufliche Tätigkeit (Tetanus-Impfung bei Gärtnern, Dienst- oder Geschäftsreisen ins Ausland, Hepatitis-Schutzimpfung bei Personen im Gesundheitsdienst) eine Schutzimpfung erforderlich wird
- die Durchführung der Impfung im Betrieb erfolgt, um den erheblich größeren Ausfall an Arbeitszeit durch Aufsuchen des Hausarztes zu vermeiden: Versicherungsschutz auf dem *Weg* zum Impfen oder im Impfraum kann bestehen[241]
- die Impfung nach § 4 UVV „Gesundheitsdienst" oder § 15 Abs. 4 BioStoffV erfolgt.

Die Konkurrenzlage zwischen Entschädigung nach dem Recht der ges. UV und dem Infektionsschutzgesetz hat der Gesetzgeber zu Lasten der Leistungen aus der ges. UV geregelt.[242]

---

[239] BSG, 31.1.1974, SozR 2200 § 548 Nr. 2; Hess. LSG, 1.8.1973, BB 1974, 42; Rieger, DMW 1976, 677; vgl. 20.7.3.5.
[240] BSG, 31.1.1974, SozR 2200 § 548 Nr. 2; LSG Niedersachsen, 9.11.1961, Breith. 1962, 690; OVA Minden, 30.6.1949, Breith. 1949, 588; Schönberger, SozVers 1962, 341.
[241] Vgl. auch BSG, 26.5.1977, Kartei Lauterbach Nr. 10 215 zu § 548 Abs. 1 S. 1 RVO.
[242] § 63 Infektionsschutzgesetz; dazu Trenck-Hinterberger, FS für O.E. Krasney, 1997 S. 663, 669.

10 Herz und Kreislauf*

Übersicht

10.1	*Verletzungen des Herzens*	799
10.1.1	Perikardverletzungen	800
10.1.2	Myokardverletzungen	802
10.1.3	Koronararterienverletzungen	803
10.1.4	Verletzungen am Klappenapparat	803
10.1.5	Verletzungen der thorakalen Aorta	803
10.1.6	Zusammenhangsbeurteilung	806
10.2	*Herzinfarkt (Myokardinfarkt)*	807
10.2.1	Ätiologie und Pathogenese	807
10.2.2	Häufigkeit	808
10.2.3	Diagnose	808
10.2.4	Komplikationen	809
10.2.5	Differentialdiagnose	809
10.2.6	Zur rechtlichen Bewertung des Herzinfarktes	809
10.2.6.1	Koronarsklerose als rechtlich allein wesentliche Ursache	810
10.2.6.2	Körperliche Anstrengung und akute psychische Überbelastung	812
10.2.6.3	Insbesondere: Einsätze von Feuerwehrleuten	814
10.2.6.4	Erfassung des Beweisthemas	816
10.2.6.5	Berufskrankheiten	816
10.3	*Herzschäden durch elektrischen Strom*	817
10.4	*Entzündliche Herzerkrankungen*	818
10.4.1	Bakterielle Endokarditis	818
10.4.2	Kardiomyopathien	819
10.5	*Hypertonie und Hypotonie*	821
10.5.1	Hypertonie (Bluthochdruck)	821
10.5.2	Hypotonie (Blutunterdruck)	822
10.6	*Herz- und Kreislaufschäden nach Amputation*	822
10.7	*Teilhabe am Arbeitsleben*	822
10.8	*Stress, Dysstress, Belastung, Beanspruchung*	824
10.8.1	Definitionen	824
10.8.2	Krankheitswert der Stressreaktion	825
10.8.3	Psychische Belastung als Unfallfaktor	826
10.8.4	Anerkennung der Folgeschäden als Arbeitsunfall	826
10.8.5	Burnout-Syndrom	827

10.1 Verletzungen des Herzens

Nach dem Verletzungsmechanismus werden penetrierende und nicht-penetrierende kardiale Verletzungen unterschieden.

Die nicht-penetrierende kardiale Verletzung (synonym: stumpfe kardiale Verletzung, kardiale Kontusion) ist eine der Folgen eines Thoraxtraumas, gehäuft bei Arbeits- und typischerweise bei Verkehrsunfällen.

Die Herzschädigung ist mit der plötzlichen Verzögerung eines beschleunigten menschlichen Körpers an einem Hindernis oder mit dem Aufprall eines beschleunigten Gegenstandes auf den Brustkorb verbunden. Dabei wird das Herz sowohl durch auftretende Scherkräfte als auch durch Kompression gegen Brustbein oder Wirbelsäule oder zwischen

---

* Mitarbeit Prof. Dr. med. R. *Schiele*, Direktor des Instituts für Arbeits-, Sozial- und Umweltmedizin der Universität Jena.

beiden Skelettanteilen geschädigt (Coup- oder Contrecoup-Verletzungen). Zusätzlich kann eine Verlagerung der intrathorakalen Organe durch eine Erhöhung des intraabdominalen Druckes zur Verletzung beitragen.[1]

Verletzungsmechanismen

Stumpfe Krafteinwirkung	Scharfe (penetrierende) Krafteinwirkung
Uni- und bidirektionale Krafteinwirkung (Stoß, Schlag, Kompression)	Schuss- und Stichverletzungen
Direkte und indirekte Krafteinwirkung (Kompression des Abdomens)	Indirekt durch frakturierte Rippen- bzw. Sternumanteile
Beschleunigungskräfte (Akzeleration/Dezeleration)	Iatrogen durch z.B. zentrale Venenkatheter, Verletzung durch Schrittmachersonden

Manifestationsformen

Traumatisch bedingte Herzläsionen können isoliert einzelne anatomische Strukturen betreffen, jedoch sind kombinierte Läsionen verschiedener Strukturen des Herzens nicht selten.

10.1.1 Perikardverletzungen

Herzbeutelrupturen werden durch schwere, plötzliche Einwirkungen auf den Brustkorb (Überfahren- und Angefahrenwerden, Hufschlag, Brustkorbprellschüsse) sowie durch länger dauernde, komprimierende (Verschüttungen) verursacht. Die Zerreißung erfolgt nach Überschreiten der Elastizitätsgrenze des vorne und unten mit Bändern verwachsenen Herzbeutels, in dem das Herz gegen die fixierte Herzbeutelwand gepresst wird.[2]

Wird die über dem Herzen liegende Brustwand stoßartig getroffen, kann die dadurch entstehende Druckwelle das Herz erreichen. Es kommt zur Prellung des – der Brustwand anliegenden – Herzteils, zu einer Art Schleuderbewegung des Herzens nach rückwärts oder zur Einquetschung des Herzens zwischen Wirbelsäule und Brustbein.

Beim Fall aus größerer Höhe sind hydrodynamische Wirkung und die kinetische Energie des locker fixierten Gesamtherzens, das in seiner Schleuderrichtung verharrt, für die Zerrungsruptur ursächlich.

Fragmente von Rippen oder des Brustbeins sind geeignet, das Herz an beliebiger Stelle anzuspießen.

---

[1] Huth, Barth, Trauma Berufskrankh 2 (2002) 344, 345; Vastmanns, u.a., Trauma Berufskrankh 6 (2004) 64.
[2] Baumgartl, Derra, Handbuch der gesamten Unfallheilkunde (Hrsg. Bürkle de la Camp, Schwaiger) 3. Aufl. 2. Bd. 1966 S. 416f.

10.1 *Verletzungen des Herzens*

Lokalisation	Manifestationsform	Lokalisation	Manifestationsform
Perikard	Perikarditis, Postkardiotomiesyndrom, Konstriktion	Klappenfunktion	Papillarmuskelabriss/-dysfunktion
	Lazeration		Klappenausriss/Perforation
	Ruptur		Chordaeabriss
	Hämorrhagie		Klappenprothesenausriss
	Tamponade	Koronargefäße	Kompression (Hämatom, Ödem)
	Herniation		Okklusion (Thrombose, Embolie, Spasmus)
Myokard	Commotio		
	Kontusion		Ruptur, Fistelbildung
	Lazeration	Aorta	Aneurysma spurium
	Rhythmusstörungen		Aneurysma dissecans
	Ruptur		Transsektion
	Hämoperikard/Tamponade		
	Septumperforation		
	Aneurysma-/Pseudoaneurysmabildung		
	Schädigung des Reizleitungssystems		
	Thrombenbildung/Embolien		

Hämoperikard und *Herzbeuteltamponade* können Folgen von Herzwandruptur, Myokardkontusionsherden und auch Koronargefäßverletzungen sein, wenn der Herzbeutel unverletzt bleibt.

Nach Erreichen eines gewissen Schwellendrucks im Verhältnis von Innendruck und Elastizität des Herzbeutels tritt eine Tamponade des Herzens ein, die zum Absinken des arteriellen und Ansteigen des venösen Drucks führt. Ohne Behandlung endet jede starke Herztamponade über Ernährungsstörungen des Myokards unter dem Bild des Herzblocks oder des Kammerflimmerns tödlich.

Die Gefahr einer Herzbeuteltamponade besteht auch bei kleinen Perikardeinrissen, da diese verkleben oder tamponiert werden können.[3]

Bei größeren Perikardeinrissen kann es noch einige Tage nach dem Unfall zu einer teilweisen oder vollständigen *Herzluxation* kommen. Das klinische Bild entspricht dem der Herzbeuteltamponade und erfordert wie diese schnellstmögliche operative Behandlung.

Die *traumatische Perikarditis* (entzündliche Erkrankung des Herzbeutels) wird durch breit eröffnende Wunden der Brustwand, durch lymphogene Fortleitung von traumatisierten, keimhaltigen Organen in der Brust-, Bauchhöhle u. a. oder auch von infizierten Verletzungen abgelegener Körperstellen (z.B. Fingereiterung) verursacht. Differentialdiagnostisch

---

[3] Baumgartl, Handbuch der gesamten Unfallheilkunde (Hrsg. Bürkle de la Camp, Schwaiger) 3. Aufl. 2. Bd 1966 S. 222; Glinz, Haldemann, ebenda, S. 224.

ist sie von der *akuten Perikarditis* nach Infektion, Rheumatismus und Tuberkulose abzugrenzen.

10.1.2 Myokardverletzungen

Die *Commotio cordis* („Herzerschütterung") bewirkt eine funktionelle Symptomatik von meist vorübergehenden Rhythmusstörungen ohne morphologisches Substrat und verläuft nur selten letal.[4]

Stumpfe, umschriebene, scheinbar geringfügige Einwirkungen auf die vordere Brustwand der Herzgegend können dabei sofort oder nach kurzem Intervall zu *Funktionsstörungen* des Herzens führen, obwohl keine erheblichen organischen Veränderungen der Brustwandung oder der Binnenorgane vorliegen. Ursächlich sind Huf- oder Boxschlag, Stoß mit Deichsel, Besenstiel, Aufprall auf Autolenker oder Armaturenbrett, Absturz, Anprall eines Fußgängers u. a.

Meist klingt die Commotio cordis ohne Folgeerscheinungen ab. Tritt ein Herzinfarkt ein[5], ist für die Zusammenhangsbeurteilung der Nachweis von Anfangssymptomen unerlässlich: Benommenheit, Schwindelgefühl, Kopfschmerzen, Amnesie, Bewusstlosigkeit, Atemstörungen. Entsprechendes gilt für Dauerbeeinträchtigungen (Aneurysmen, intrakardiale Thromben).

Die *Contusio cordis* („Herzprellung/-quetschung") ist eine *Substanzverletzung* des Herzens, die Folgen in Kammer und Vorhofwänden, Herzscheidewand, Herzklappen, Koronargefäßen, Reizleitungssystem und/oder im Perikard zeigt. Meist entwickelt sich ein bleibender Herzschaden, häufig mit erheblicher Beeinträchtigung der myokardialen Pumpfunktion. Die Symptomatik entspricht oft dem Herzinfarkt.

Die Symptome sind schwerer wiegend als bei der Commotio und im Einzelfall durch charakteristische Zeichen der morphologischen Schädigung (Blutverlust, Herzbeuteltamponade, Geräuschphänomene, Verlagerung des Herzschattens, EKG-Veränderungen, Erhöhungen von Enzymaktivitäten wie beim Infarkt u. a. m.) gekennzeichnet. Die funktionellen Auswirkungen (erhöhter zentraler Venendruck, Blutdruckabfall, Herzinsuffizienz) der Contusio sind häufig nur diskret. Traumatische Herzinfarkte und Rupturen von Perikard und/oder Herzwand erweisen sich als seltene Komplikationen.[6]

Herzwandverletzungen durch hydrodynamische Sprengwirkung, Quetschung oder Zerrung betreffen die Wandungen aller Herzhöhlen gleich häufig. Die inneren Wandschichten sind meist stärker geschädigt als die äußeren. Wandzerreißungen zeigen sich als teilweise oder totale; die partiellen können sekundär durch Nekrose oder Degeneration zu totalen werden.

Zerreißungen von *Herzscheidenwänden* sind wegen der plötzlichen Shuntbildung (abnorme Verbindung zwischen dem großen und kleinen Kreislauf bzw. dem linken und rechten Herzen) gefährlich. Am Vorhof-Cava-Winkel können sie das Reizleitungssystem verletzen oder Ödeme bzw. Narbenbildungen stören.

---

[4] Hauff, Lönne, in: Herzkrankheiten (Hrsg. Roskamm, u.a.) 1989 S. 1422; Raab, Trauma Berufskrankh 2001, Suppl 3 S. 396, S. 399.
[5] OVA Schleswig, 27. 10. 1950, Breith. 1951, 1238.
[6] Weinel, u.a., Chirurg 61 (1990) 672f.

10.1 Verletzungen des Herzens

Traumatische *Herzwandaneurysmen* entwickeln sich Wochen oder Monate posttraumatisch im Bereich kontusionell geschädigter Myokardbezirke.[7]

10.1.3 Koronararterienverletzungen

Unmittelbare Verletzungen der Koronararterien und das Entstehen einer Koronarthrombose oder aneurysmatischer Erweiterungen als Folge sind selten. Meist handelt es sich um zufälliges Zusammentreffen mit einem unfallunabhängigen Herzinfarkt.[8]

10.1.4 Verletzungen am Klappenapparat

Herzklappenverletzungen können nach schweren Kompressionen und Kontusionen des Brustkorbes, Stößen durch Hufe, Puffer, Motorkurbeln, Abstürze u.a. auftreten. Eine gleichwertige Prellwirkung mit Drucksteigerung ist zu unterstellen, wenn ein Geschoss abseits vom Klappenapparat das Herz trifft und nebenbei eine Klappenruptur entsteht.

Die Schädigungen offenbaren sich als umschriebene Blutungen, Einrisse, Klappenausrisse und Zerreißungen der Sehnenfäden oder Papillarmuskeln (Tensorapparat).

Ihre Entstehung wird erklärt durch plötzliche Änderung der Hämodynamik im Sinne eines Druckanstieges in Herzhöhlen und großen Schlagadern als Folge einwirkender Kraft oder bei Glottis-(Stimmritzen)schluss angehaltener Atmung.

Der Schaden kann bei Bettruhe, körperlicher Schonung oder Überdeckung durch andere Gebrechen für ein geraumes Intervall stumm bleiben. Zeigt sich daher nach geeignetem Unfallereignis erst im Zeitpunkt der Arbeitsaufnahme eine Herzklappeninsuffizienz, ergibt sich der Zusammenhang.

Schwierigkeiten in der Begutachtung erwachsen

– infolge der Latenzzeiten von einigen Wochen bis zu drei Jahren
– wenn sich auf eine Klappenschädigung später eine bakterielle Endokarditis aufpflanzt.

10.1.5 Verletzungen der thorakalen Aorta

Die Aortenruptur stellt die häufigste Manifestationsform traumatischer Läsionen der großen herznahen Gefäße dar. Vorbestimmend für diese Verletzung ist ein arteriosklerotisch geschädigtes Gefäß. Im Wesentlichen werden unterschieden:

- akute Transsektion bzw. Aneurysma spurium,
- Aneurysma dissecans

10.1.6 Zusammenhangsbeurteilung

Da ein beliebiges Ereignis „der Tropfen sein kann, der ein gefülltes Glas zum Überlaufen bringt" und die Störungen sowohl als Unfallfolge als auch unfallunabhängig auftreten, ist die Klärung der Zusammenhangsfrage meist problematisch.

---

[7] Schildberg, BG-UMed 28 (1976) 35, 46.
[8] Fritze, Rosenkranz, Handbuch der gesamten Unfallheilkunde (Hrsg. Bürkle de la Camp, Schwaiger) 3. Aufl. 2. Bd 1966 S. 448f.

Anhaltspunkte:[9]

(1) Nachweis des Unfallereignisses

(2) Möglichst unmittelbares Betroffensein der Herzgegend; jedoch führen gelegentlich auch schwere Prellungen des Bauches und des Rückens zu gleichen Folgen. Gröbere Brustkorbverletzungen müssen nicht immer äußerlich sichtbar sein

(3) Der Unfallhergang muss nach Einwirkungsort und -weise der Verletzung entsprechen, d.h. für diese adäquat erscheinen:

(a) Schlag oder Stoß fester Gegenstände gegen den Brustkorb mit Prellung des Herzens können zur Peri-, Epi- und Myokardverletzung führen

(b) Hydraulische Sprengwirkungen des Herzblutes bei Kompression des Brustkorbes verursachen Klappenabrisse, Gefäßrupturen und Zerreißungen der Vorhöfe oder Herzkammern

(c) Druckwellen bei Explosionen und Detonationen lassen Peri-, Epi- und Myokardverletzungen, Herzklappen- und Gefäßzerreißungen durch Schleuderwirkung entstehen

(d) Beschleunigungseinwirkungen infolge abrupter Geschwindigkeitsänderungen im Sinne der Dezeleration führen über Schleuderbewegungen des Blutes im Herzen zu Kontusionen und Rupturen der Herzwände, zu Klappenläsionen und Zerreißungen der großen Gefäße.

Typische Unfallfolgen sind Hämoperikard, Myokardabszess, Verletzungen der Pulmonalklappe, Aortenaneurysma an typischer Stelle, arteriovenöse Fistel im Unfallbereich.

(4) *Zeitlicher Zusammenhang:* Störungen der Herzfunktion treten unmittelbar nach dem Trauma oder, namentlich bei traumatischer Thrombose einer Kranzarterie, nach einigen Tagen auf. In Ausnahmefällen darf das symptomfreie Intervall länger als 24 Stunden andauern.

Bereits eine, wenige Tage bestehende Latenzzeit zwischen Unfall und Auftreten der ersten Herzbeschwerden schränkt die Wahrscheinlichkeit eines Zusammenhanges ein. Brückensymptome sind daher zu fordern. Währt die Latenzzeit einige Wochen oder sogar Monate, ist ein Einfluss des Unfallereignisses auf den Herzbefund in der Regel abzulehnen.

Die primäre, durch Kreislaufschädigung bedingte Funktionsstörung des Herzens kann in seltenen Fällen unmittelbar oder nach kurzer Latenz (innerhalb zwei Wochen) zum Tode führen.

(5) *Vorerkrankungen*[10]: Die Wahrscheinlichkeit von Vorschäden wächst mit steigendem Lebensalter. Je mehr disponierende Faktoren („Risikofaktoren"), wie erhöhter Blutfettspiegel, Bluthochdruck, Diabetes, Nikotinabusus, sich bei Herzstörungen im Bereich des

---

[9] Rosenkranz, Die traumatische Herzschädigung, 1970 S. 43; Zimmermann, VersMed 30 (1978) 95; Barmeyer, Das kardiologische Gutachten, 1998.
[10] Dazu Kreuzer, H. Unfallh. 121 (1975) 289; Schmahl, Hanke, Zbl. Arbeitsmed. 43 (1992) 224 ff.

Myokards nachweisen lassen, um so größer wird die Wahrscheinlichkeit einer vorbestehenden Herzerkrankung. Auf der anderen Seite darf das Fehlen jeglicher Risikofaktoren für einen Unfallzusammenhang herangezogen werden.

Herzvergrößerung bei deutlichem Alkoholabusus deutet auf alkoholische Kardiomyopathie hin; Lues kann ursächlich sein für Aortenaneurysma, Myokardnekrose oder Aorteninsuffizienz.

Als Hinweis auf einen Vorschaden gilt ferner ein konstanter Befund. Die meisten unfallbedingten Herzstörungen lassen in ihrem Verlauf rückläufige Tendenz oder ein rasches Fortschreiten erkennen. Einen Vorschaden können u.a. anzeigen:

– röntgenologisch nachweisbare Verkalkungen der Perikards, der Klappen, der Koronararterien oder der peripheren Gefäße
– schwere Lungengefäßveränderungen, zentrale Cyanose, prominenter Pulmonalbogen als Ausdruck lange dauernder Störung oder Hinweis für inneres Leiden
– einige Rhythmusstörungen.

Nach dem Unfall durchgemachte bakterielle Endokarditis ist selten unfallbedingt, sie spricht für eine Vorschädigung des Klappenapparates. Die Zusammenhangsbeurteilung erfordert den Ausschluss der üblichen Infektionsherde (Nasennebenhöhle, Mittelohr, Gaumenmandel, Prostata, Gallenblase) als Ursache.

(6) Detaillierte Untersuchungsmethoden (EKG, Belastungs-EKG, Langzeit-EKG, Tele-EKG, Echokardiographie, Röntgenuntersuchungen, Koronarangiographie, Rechtsherzeinschwemmkatheter) erlauben Aussagen zum myokardialen Funktionszustand. Die elektrokardiographischen Untersuchungen dienen der Feststellung und Beschreibung von Herzrhythmusstörungen; echokardiographisch werden die Myokardkontraktilität und Klappenfunktion beurteilt; Einschwemmkatheteruntersuchungen ermöglichen Aussagen zur Leistungsfähigkeit nach Herztrauma. Die Koronarangiographie dokumentiert Verletzungen der Koronararterien; sie ist ferner bedeutsam bei der Feststellung unfallunabhängiger koronarer Vorerkrankungen (stenosierende Herzgefäßerkrankung im Rahmen schicksalhafter allgemeiner Angiosklerose).[11] Magnetresonanztomographie und EKG-getriggerte Computertomographie geben eine hervorragende Darstellung des gesamten Herzens, großer Gefäße sowie weiterer mediastinaler Strukturen.[12]

(7) Die Minderung der Erwerbsfähigkeit

orientiert sich an der kardial begründeten Leistungsbegrenzung und Symptomatik sowie der objektiv festgestellten hämodynamischen Funktionseinschränkungen (Klassifikation nach Empfehlung der New York Heart Association – NYHA) und den erhobenen morphologischen Daten.[13]

---

[11] Huth, Barth, Trauma Berufskrankh 2 (2002) 344, 350f.
[12] Sandstede, u.a., Dt. Ärzteblatt 2002; 99: A 1836; A 1892 808/2; Meinertz, Goldmann, in: Handbuch der Arbeitsmedizin (Hrsg. Letzel, Nowak) 8. Erg. Lfg. 7/08 DI-4.1.
[13] Barmeyer, Das kardiologische Gutachten, 1998.

Hämodynamisches Stadien
I: Anstieg des linksventrikulären Füllungsdruckes, regionale Wandbewegungsstörung
II: relative Herzinsuffizienz, pathologische Relation zwischen Ventrikelgröße und maximaler Leistung
III: Belastungsinsuffizienz mit vermindertem Anstieg des Herzminutenvolumens bei Belastung
IV: Ruheinsuffizienz

Pathologischer Befund bei	Hämodynamisches Stadium	Komplexe ventrikuläre Rhythmusstörungen	MdE in %	
200 Watt	I I	nein ja	unter	10 10
200 Watt	II II	nein ja	unter	10-10 20-40
200 Watt	III III	nein ja		20-30 30-50
100-150 Watt	I I	nein ja	unter	10 10
100-150 Watt	II II	nein ja	unter	10-20 30-50
100-150 Watt	III III	nein ja		30-50 50-70
75-150 Watt	I I	nein ja		10 20
75-150 Watt	II II	nein ja		30-50 60-80
75-150 Watt	III III	nein ja		50-70 100
50-75 Watt	I I	nein ja		20 30
50-75 Watt	II II	nein ja		50-60 100
50-75 Watt	III III	nein ja		100 100
25-50 Watt	I I	nein ja		40 50
25-50 Watt	II II	nein ja		100 100
25-50 Watt	III III	nein ja		100 100
Im Stadium IV beträgt die Minderung der Erwerbsfähigkeit generell				100

10.2 Herzinfarkt (Myokardinfarkt)[14]

Herzinfarkt ist ein durch Sauerstoffmangel (Hypoxie) in einem Gefäßgebiet der Herzkranzgefäße (Koronararterien) hervorgerufener Untergang eines Teils des Herzmuskelgewebes (Myokardnekrose). Die Grenzen zwischen einem Herzinfarkt und einem akuten Herztod sind fließend. Bei Herzinfarkten, die überlebt werden, sind in der Regel kleinere Äste der Herzkranzgefäße verlegt. Hingegen ist beim Herztod meist ein Hauptast der Herzkranzgefäße zumindest vorübergehend verschlossen, so dass reflektorisch ein Herzstillstand eintreten kann.[15] Der *plötzliche Herztod* („PHT" oder „Sudden Cardiac Death SCD") ist definiert als ein „kardialer Tod aus vollem Wohlbefinden innerhalb der ersten 24 Stunden nach Auftreten der ersten Symptome". Beim *Sekundenherztod* tritt der Tod innerhalb weniger Sekunden – meist auf Grund von Kammerflimmern bei koronarer Herzkrankheit (KHK) oder reflektorisch (Schlag in die Bauchwand, Badeunfall, Bolustod) bzw. durch einen Herzblock – ein.

Bei jüngeren Menschen werden häufiger auch atypischer Verlauf der Koronararterien oder angeborene Kardiomyopathien (s. 10.4.2, S. 819) als Ursachen von Herzinfarkten bzw. Sekundenherztod festgestellt.

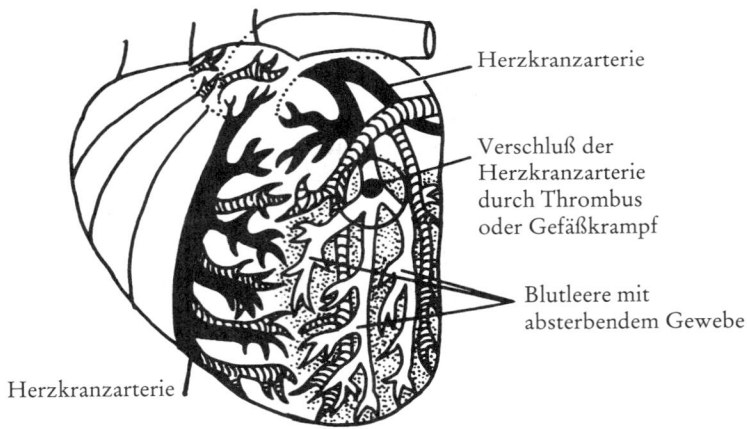

Abb. 1: Herzinfarkt

10.2.1 Ätiologie und Pathogenese

Die zu Grunde liegende Ursache stellt in der Regel die Minderdurchblutung der Herzkranzgefäße (Ischämie) infolge von Wandablagerungen und Bindegewebsvermehrung (Koronarsklerose) dar. Als Risikofaktoren der Koronarsklerose gelten vor allem Zigaret-

---

14 „Infarcire" (lat.) = verstopfen.
Weiterführendes Schrifttum: Schmitz, Sigl in: Das medizinische Gutachten (Hrsg. Dörfler, Eisenmenger, Lippert) 2001, Teil 3; Gieretz, Ludolph, in: Kursbuch der ärztlichen Begutachtung (Hrsg. Ludolph, u.a.) 7. Erg. Lfg. 6/00 VI – 3.1.1; Trappe, Internist 2008.49: 3 Sonderheft S. 33ff.; Hartung, u.a., ASP 1979, 240; Diagnostik und Beurteilung von Herz und Kreislauf am Arbeitsplatz, ASA 1970, 165ff.; Krauss, MedSach 1978, 51ff.
15 LSG Rheinland-Pfalz, 13. 11. 1985, HV-Info 9/1985 S. 652.

tenrauchen, Bluthochdruck (Hypertonie), Störungen des Fett-, Harnsäure- und Zuckerstoffwechsels (Hyperlipoproteinämie, insbesondere Hypercholesterinämie, Hyperurikämie, Diabetes mellitus), Übergewicht (Adipositas), Bewegungsmangel u.a. Vermindertes Sauerstoffangebot in der Atemluft (z.B. Höhenaufenthalt) bzw. im Blut (z.B. Vergiftungen durch Kohlenmonoxid oder Methämoglobinbildner, plötzlicher Blutverlust) können ebenso wie herabgesetzte Durchblutung der Herzkranzgefäße infolge eines Blutdruckabfalls im Schock oder verstärkter Sauerstoffbedarf (z.B. körperliche Überanstrengung, seelische Erregung und psychische Überbeanspruchung – „Stress"[16]) als wesentliche Teilursache bei einem Herzinfarkt mitwirken. In etwa 30 bis 60 % soll ein Blutgerinsel (Thrombus) über einen akuten Verschluss eines Herzkranzgefäßes einen Herzinfarkt hervorrufen. Die Thromben entstehen meist auf dem Boden eines arteriosklerotischen Polsterrisses.[17] Für eine Unfallfolge spricht der Nachweis von atheromatösem Material im Thrombus.[18]

10.2.2 Häufigkeit

Der Herzinfarkt gehört zu den häufigsten Todesursachen (ca. 10 % aller Sterbefälle). In der Bundesrepublik Deutschland sterben jährlich ca. 80 000 Personen an Herzinfarkt.

Vor dem 50. Lebensjahr sind Männer etwa doppelt so häufig von Herzinfarkten betroffen wie Frauen. Ungefähr 6 % aller Herzinfarkte sollen sich während der Arbeitszeit ereignen, so dass sich öfter die Frage nach einer beruflichen Ursache (Folge von Arbeitsunfall oder Berufskrankheit) stellt. Die überwiegende Zahl der Herzinfarkte tritt in der Ruhe (ca. 50 %) oder sogar aus dem Schlaf heraus (ca. 10 %) auf. Ungewohnte Anstrengungen gehen in ca. 20 % allen Herzinfarkten voraus. Etwa 5 % sollen sich nach Operationen ereignen. Im Übrigen können außergewöhnliche psychische Überlastungen (unter 10 %), Infekte und andere Ereignisse diese Erkrankung hervorrufen (s. 5.2.1, S. 162).

Bei den Berufen stehen Bauarbeiter an der Spitze; es folgen Angehörige des Sicherheits- und Wachpersonals, im Transportgewerbe Tätige (Fernfahrer), Manager im weiteren Sinne.[19]

10.2.3 Diagnose

Der Verdacht auf einen Herzinfarkt ergibt sich aus der Krankheitsvorgeschichte mit schweren und lang anhaltenden Schmerzen im Brustkorb, in den Armen, im Hals und mitunter auch im Bauch. In etwa der Hälfte der Fälle bestanden schon längere Zeit vorher Herzanfälle (Angina pectoris). Herzinfarkte können aber ohne Vorerscheinungen und sogar ohne besondere Schmerzzustände auftreten. Jeder plötzliche Tod im mittleren bis höheren Lebensalter lässt zunächst einen Herzinfarkt als Todesursache vermuten. Veränderungen der Herzmuskulatur treten bei der Obduktion nur in Erscheinung, wenn der Patient den Infarkt mehr als sechs Stunden überlebt hat. Eine ähnlich lange Latenzzeit weisen die infarkttypischen elektrokardiographischen Veränderungen auf. Als wichtigste Komplikation kann es infolge eines Herzinfarktes sofort zu lebensbedrohlichen Herzrhythmusstörungen kommen. Die Messung von – aus dem Herzmuskel – in das Blut frei-

---

[16] Otto, Valentin, ASP 1967, 207.
[17] Hort, VersMed 43 (1991) 151ff.
[18] Adebahr, Gutachtenkolloquium (Hrsg. Hierholzer, u.a.) 1989, 27, 30.
[19] Brettel, u.a., VersMed 46 (1994) 15, 16.

10.2 *Herzinfarkt (Myokardinfarkt)*

gesetzten Proteinen (Troponin T und I) und Enzymen (Kreatininkinase des Herzmuskels: CK-MB. Glutamat-Oxalacetat- Transaminase: GOT und α-Hydroxibutyrat-Dehydrogenase: α-HRDH bzw. LDH_1) ist nach einer Mindestzeit von etwa drei bis sechs Stunden noch bis zu einigen Tagen nach dem Infarktereignis zur Sicherung der Diagnose ebenfalls wertvoll. Die Darstellung der Herzkranzgefäße mit Röntgenkontrastmitteln (Koronarangiographie) hat vorrangig auf Grund moderner kardiologischer (PTCA: perkutane transluminale coronare Angioplastie mit Rallondilatation und evtl. Stenteinlage) und koronarchirurgischer Möglichkeiten (Aorto-Coronarer Bypass) und zur Abschätzung des weiteren Infarkt-Risikos große Bedeutung erlangt.

10.2.4 Komplikationen

Die Prognose des Herzinfarktes ist noch immer recht ungünstig. Gut ein Drittel der Betroffenen stirbt sofort oder innerhalb eines Tages an den Infarktfolgen („Sekundenherztod" durch Herzstillstand oder Herzrhythmusstörungen oder am kardiogenen Schock infolge akuter Herzschwäche), ein weiteres Zehntel im Verlauf des folgenden Jahres vor allem an Herzinsuffizienz, Rhythmusstörungen, Herzwandruptur mit Herzbeuteltamponade, Septumperforation, Papillarmuskelabriss oder peripheren Embolien. Die übrigen Erkrankten überleben länger. Dauerschäden durch bewegungsunfähige Narben (akinetische Bezirke) oder narbige Aussackungen der Herzwand (Aneurysmen) können bestehen.

10.2.5 Differentialdiagnose

Der Herzinfarkt ist von anderen Krankheiten abzugrenzen, die mit akuten Schmerzen im Brustraum und auch im Bauchraum einhergehen. In Betracht kommen insbesondere Lungenembolien, Angina pectoris, Perikarditis, Nervenentzündungen, vegetative Herzbeschwerden. Eine Differenzierung dieser Krankheitsbilder ist in der Regel durch das Elektrokardiogramm und den Krankheitsverlauf gegeben.

10.2.6 Zur rechtlichen Bewertung des Herzinfarktes

Problematisch für die arbeitsmedizinische Begutachtung ist die multifaktorielle Genese der koronaren Herzkrankheit. Das Vorhandensein einer Krankheitsanlage allein schließt nicht aus, den Gesundheitsschaden als durch das Unfallereignis verursacht zu werten, es sei denn, die Krankheitsanlage erlangt „überragende Bedeutung".[20] Auf den Begriff *Verschlimmerung* ist zu verzichten. Nicht die Koronarerkrankung wird verschlimmert, vielmehr liegt ein Herzinfarkt bei vorher gegebener Koronarerkrankung vor.[21]

Mechanismen:[22]

(1) *Thoraxschädigung:* Verkehrsunfall, Verschüttung, Aufschlagen auf Eisenplatte aus 80 cm Höhe[23], plötzliche Beschleunigung bzw. Abbremsung des gesamten Brustkorbes ge-

---

20 BSG, 6. 12. 1989, USK 8987.
21 LSG Schleswig, 5. 7. 1972, SozSich 1973, 280; a.A. Schmitz, Sigl, Das medizinische Gutachten (Hrsg. Döfler, u.a.) 2001 Teil 3. S. 15.
22 Klepzig, in: Medizinische Begutachtung innerer Krankheiten (Hrsg. Marx, Klepzig) 7. Aufl. 1996 S. 236, 247.
23 BSG, 17. 8. 1966, bei Gromoll, WzS 1978, 236, 238.

gen das Brustbein. Das spitze oder stumpfe Brusttrauma verursacht einen direkten Herzschaden (Kranzgefäßriss oder Dissektionen, akuter Gefäßverschluss) und löst – selbst bei zuvor anatomisch unauffälligem Kranzgefäßsystem – den Herzinfarkt aus, der elektrokardiographisch und enzymatisch zu sichern ist.

(2) *Herzferne Einwirkung:* Im Krankheitsverlauf treten Komplikationen ein, die bei vorbestehender koronarer Herzkrankheit zum Herzinfarkt führen (schwere Blutungsanämie, Lungenembolie, schwerer Infekt, ausgeprägte Inaktivität und mentale Stresssituation wegen sozialer Isolierung und Arbeitsplatzverlust bei Querschnittlähmung[24], Ausfall eines Herzschrittmachers durch fehlerhaftes Ultrathermgerät). Auch körperliche Anstrengungen gehören hierher (s. 10.2.6.2, S. 812).[25]

(3) *Psychische Belastungen:* s. 5.2.1, S. 162

10.2.6.1 Koronarsklerose als rechtlich allein wesentliche Ursache[26]

(1) *Vollbeweis der vorbestehenden koronaren Herzkrankheit*

Der Beweis kann nachträglich erbracht werden durch vorangegangene koronarangiographische Untersuchungen, Belastungstests, dokumentierte oder durch Zeugenaussagen belegte Symptome bzw. Obduktion.

(2) *Todesursächliche Bedeutung der stenosierenden Koronarsklerose*

Der Schweregrad einer stenosierenden Koronararteriensklerose erlaubt im Einzelfall keine zuverlässigen Aussagen hinsichtlich des Auftretens etwa eines Herzinfarktes oder eines akuten Herztodes.[27] Auch statistische Mitteilungen lassen den Arbeitsunfall als rechtlich wesentliche Mitursache des plötzlichen Herztodes Koronarsklerose nicht pauschal ausschließen, zumal wenn sie unzulässigerweise auf die generelle Eignung der stenosierenden Koronarsklerose als Ursache des plötzlichen Herztodes abstellen. Es bleibt zum Ausschluss der wesentlichen Ursächlichkeit des Arbeitsunfalls dessen Qualifikation als Gelegenheits(anlass)ursache.

(3) *Belastbarkeit des Versicherten vor dem Unfall als wesentliches Kriterium*

Morphologisch-autoptisch oder auch zuvor koronarangiographisch nachgewiesene schwere Koronarsklerose reicht für die Annahme einer Gelegenheitsursache nicht aus. Erforderlich sind auf den Einzelfall bezogene Feststellungen zur „Belastbarkeit" des Versicherten vor dem Unfall (dazu 1.7, S. 29).

Die vorbestehende Koronarsklerose ist allein wesentliche Bedingung des *Herztodes,* wenn die Belastbarkeit schon vor dem Unfall infolge der Vorerkrankung derart herabgesetzt war, dass der akute Herztod „jederzeit" hätte eintreten können. Bei vorbestehender symptomatischer koronarer Herzkrankheit mit eingeschränkter Belastbarkeit wird auf das Ausmaß der Erkrankung bzw. die Intensität der Symptome abzustellen sein. Lag ein nach medizinischer Beurteilung symptomatischer therapiebedürftiger Befund vor, so hat sich der Ver-

---

[24] LSG Rheinland-Pfalz, 20.1.1993, HV-Info 11/1993, 935.
[25] BSG, 24.6.1981, Breith. 1982, 23.
[26] Dazu: Dettmeyer, Madea, Z. Vers. Wiss. 1997, 465, 472 ff. = HV-Info 24/1997, 2278.
[27] Otto, VersMed 47 (1995) 233.

10.2 Herzinfarkt (Myokardinfarkt)

sicherte offenbar trotz der Symptome nicht zum Arzt, sondern an seinen Arbeitsplatz begeben: Bewertung des Ereignisses als Gelegenheitsursache.[28]

Kriterien zur rückschauenden Abschätzung der Belastbarkeit des Verstorbenen vor dem Unfalltod bei vorbestehender Koronarsklerose
- Anamnese (vorangegangene Bypass-OP, Angina pectoris, Herzinfarkt, Kurzatmigkeit, Schweißausbrüche, Schmerzen u. a.)
- Dokumentierte klinische Symptome (Belastungs-EKG, Belastbarkeit in Alltagssituationen, z.B. Treppensteigen)
- Medikamenteneinnahme/Compliance
- Regelmäßiges ärztliches Kontrollerfordernis
- Dokumentierte Symptomatik unmittelbar vor dem Unfallereignis
- Autoptisch-morphologische Zeichen vorbestehender chronischer Herzinsuffizienz (z.B. Ulcus cruris, Stauungsdermatitis, Dilatation der Herzventrikel, Endokardfibrose)
- Krankschreibungen, Kuren, Reha-Maßnahmen wegen kardialer Beschwerden

(4) *Berufs- bzw. Betriebsüblichkeit der vorangegangenen Belastung kein entscheidendes Kriterium*[29]

Belastbarkeit ist maßgebend. Versicherte, die berufsüblich z.B. regelmäßig schwere körperliche Belastungen auf sich nehmen, wären bei zu strenger Auslegung dieses Kriteriums im Falle eines plötzlichen Herztodes bei Koronarsklerose vom Versicherungsschutz im Grunde ausgeschlossen, somit vergleichsweise benachteiligt.

(5) *Enger zeitlicher Zusammenhang*

In der Regel wird ein enger zeitlicher Zusammenhang von Minuten bis 24 Stunden zwischen dem Arbeitsunfall und Eintritt des Todes vorausgesetzt.

Krankheits- bzw. verletzungsspezifische Ausnahmen können den zeitlichen Zusammenhang auf längstens 72 Stunden ausdehnen:[30]

- für Herzbeschwerden ursächliche Veränderungen entwickeln sich allmählich (unfallbedingter Perikarderguss)
- Herzbeschwerden als Warnzeichen werden auf Grund eines krankheitsbedingt veränderten Schmerzempfindens (Diabetiker) nicht wahrgenommen
- vorbestehende Veränderungen führen dazu, dass die apparative Diagnostik erschwert bis unmöglich ist.

Fehlen bis zum Ablauf von 72 Stunden – trotz regelhafter Diagnostik – Hinweise auf Unfallfolgen im Herzbereich, besteht in der Regel kein Kausalzusammenhang.[31]

---
28 BSG, SozR 3-2200 § 539 Nr. 7 (4. 12. 1991).
29 So aber: Fritze, Müller, VersMed 47 (1995) 143 ff.; Otto, ebenda, S. 233.
30 Fritze, VersMed 43 (1991) 88 ff; LSG Mecklenburg-Vorpommern, 14. 4. 1998, Meso B 90/124.
31 Gieretz, Ludolph, in: Kursbuch der ärztlichen Begutachtung (Hrsg. Ludolph, u. a.) 7. Erg. Lfg. 6/00 VI – 3.1.1

Spättodesfälle können als Folgen funktioneller oder thrombotisch bedingter Infarkte noch Jahre nach dem Unfall eintreten. Brückenerscheinungen weisen auf die Herzmuskelschädigung hin.[32]

Bei der Zusammenhangsbeurteilung ist zu bedenken, dass es vom Ausmaß vererbter Disposition und vorhandener Schädigung der Herzkranzarterien abhängt, welche Rolle ein Ereignis einzunehmen vermag. Die Antwort hängt von der Schwere der übermäßigen Anstrengung ab. Eine Ablehnung des Zusammenhanges wird erfolgen, wenn das betroffene Herz eine so ausgeprägte Versagensdisposition erreicht hat, dass mit Wahrscheinlichkeit bei einem alltäglichen Ereignis die Herzschädigung etwa zur selben Zeit eingetreten wäre (Gelegenheitsanlass). Das Feststellen der individuellen Belastbarkeit des Betroffenen ist unabdingbar (s. 1.7, S. 29; 10.2.6.2 bis 4, S. 812).

Aus der Rechtsprechung

Tod eines Arztes mit Herzschrittmacher, der bei der Behandlung eines Patienten mit fehlerhaftem Ultrathermgerät aussetzte: Arbeitsunfall anerkannt.[33]

Ursächlicher Zusammenhang zwischen Tätigkeit als Fernfahrer und Herzinfarkt: gesicherte arbeitsmedizinische Erkenntnisse liegen nicht vor.[34]

10.2.6.2 Körperliche Anstrengung und akute psychische Überbelastung

Der äußere Tatbestand des Arbeitsunfalls setzt weder ein normwidriges Ereignis noch eine außerhalb des Betriebsüblichen liegende schädigende Tätigkeit voraus. Jedoch gewinnt die Erörterung, ob eine Verrichtung leicht oder schwer war, im Rahmen regelmäßiger Berufstätigkeit lag oder darüber hinausging, für die Würdigung des Kausalzusammenhanges Bedeutung.[35] Überanstrengung liegt demnach erst beim Überschreiten der Leistungsgrenze durch eine akute außergewöhnliche oder ungewohnte Belastung seelischer oder körperlicher Natur vor.[36]

Dazu gehören[37]:

(1) Schwere, jedoch geläufige Arbeit, unter ausnahmsweise ungünstigen Umständen verrichtet (unrichtige Verteilung der Last)

(2) Gänzlich ungewohnte schwere Anstrengung

(3) Außergewöhnliche Anstrengung im Hinblick auf Alter und allgemeinen Kräftezustand.

Zu berücksichtigen ist: Bei körperlicher Beanspruchung zwischen Herz, Kreislauf, Skelettmuskulatur, Lunge, Stoffwechsel und den psychischen Kräften besteht harmonisches Gleichgewicht, so dass die Leistungsgrenze der verschiedenen Systeme etwa gleichzeitig erreicht und keines isoliert überbeansprucht wird. Zum Zeitpunkt der Leistungsgrenze des

---

32	Fritze, VersMed 43 (1991) 88 ff.; Bayer. LSG, 30. 9. 1981, Meso B 90/73; Thüringer LSG, 29. 7. 2008, UVR 6/2009, 333.
33	BSG, 24. 6. 1981, Breith. 1982, 23.
34	BSG, 11. 6. 1990, HV-Info 24/1990, 2079.
35	Hess. LSG, 26. 4. 1960, Breith. 1960, 878, 879; RVA, MfU 1935, 405.
36	LSG Niedersachsen, 28. 3. 1957, LAP S. 97; 19. 9. 1957, LAP S. 98.
37	Otto, Valentin, ASP 1967, 207.

10.2 Herzinfarkt (Myokardinfarkt)

Herzens hat z. B. die Skelettmuskulatur ihren Dienst bereits versagt. Bei Beeinträchtigung dieser Harmonie durch krankhafte Veränderungen des Herzens ist deren Leistungsgrenze herabgesetzt.[38]

Zu fordern ist, dass die körperliche Belastung als ungewöhnliche erscheint, also für die Kraft des Betroffenen besonders „außergewöhnlich" ist.[39] Ungünstige Witterungseinflüsse (Außentemperaturen, Feuchtigkeitsgehalt der Luft, Druckschwankungen) während der Arbeit sind im Zusammenwirken mit einer außergewöhnlichen Überanstrengung zu beachten.

Die Belastbarkeit eines Versicherten mit Vorschädigung richtet sich nach den bei 1.7 (S. 31) dargestellten Grundsätzen.

Zwischen beruflicher Belastung und Infarkt muss ein enger zeitlicher Zusammenhang bestehen, der in der Regel Minuten bis 24 Stunden nicht überschreiten soll.[40]

Aus der Rechtsprechung

Trotz vorbestehender Herzerkrankung wurde das Vorliegen eines entschädigungspflichtigen Arbeitsunfalls auf Grund der mit der versicherten Tätigkeit zusammenhängenden körperlichen und/oder psychischen Belastung *anerkannt*:

- Verladen von Langholz bei großer Hitze durch einen 64-Jährigen[41]
- Ankämpfen eines Radfahrers gegen Sturm[42]
- akuter Herztod nach 5 ½ stündiger Radfahrt (Motivationstraining mit psychischen Stressfaktoren) mit erheblichen und andauernden Steigungen, hohem Eigengewicht und Untrainiertheit[43]
- seelische und körperliche Stresssituation (psychische Belastung[44])
- außergewöhnliche Anstrengung in einer betriebsbezogenen Stresssituation mit Vorschäden am Herzen beim Schlachten[45]
- mehrstündige, besonders anstrengende Drainagearbeit, den Eintritt des Todes um mindestens ein Jahr beschleunigend[46]
- normales Maß weit überschreitende seelische und körperliche Stresssituation (termingebundene Fahrt bei extremem Winterwetter und mehrfachem Freischaufeln des LKW)[47]
- körperliche Anstrengung eines Tierarztes beim Versuch, ein Kalb in eine andere Lage zu bringen[48]
- Versuch, von schwerer körperlicher Anstrengung begleitet, im Rahmen der Geburtshilfe die Lage von Kalb oder Gebärmutter der Kuh zu versetzen[49]
- große Kraftanstrengung anlässlich der Hilfeleistung beim Kalben einer Kuh und seelische Erregung beim Tod des Kalbes[50]

---

38 Spiegelhoff, Watrin, MfU 1955, 193.
39 Valentin, ASP 1967, 207.
40 Fritze, VersMed 43 (1991) 88ff.; LSG Mecklenburg-Vorpommern, 14. 5. 1998, Meso B 90/124; s. 10.2.6.1 (5).
41 Bayer. LVA, 10. 11. 1950, Breith. 1951, 785.
42 LSG Niedersachsen, 28. 3. 1957, LAP S. 97.
43 LSG Berlin-Brandenburg, 6. 5. 2008, UVR 11/2008, 804.
44 BVerwG, 3. 2. 1970, bei Wagner, Der Arbeitsunfall, Stand 1979 S. 204.
45 Offen gelassen in BSGE 62, 220 (27. 10. 1987) = SozR 2200 § 589 Nr. 10.
46 BSG, SozR Nr. 12 zu § 542 RVO a.F. (30. 10. 1962).
47 LSG Schleswig-Holstein, 5. 7. 1972, SozSich 1973, 280.
48 LSG, Nordrhein-Westfalen, 20. 1. 1997, Meso B 90/115.
49 LSG Niedersachsen, 20. 1. 1997, HV-Info 18/1997, 1673.
50 LSG Hamburg, 8. 10. 1970, VersR 1971, 461 = Meso B 90/55.

– Herzinfarkt eines 70-Jährigen im Zusammenhang mit nächtlichem Krankenbesuch bei großer Außenkälte und körperlich anstrengendem Fußweg mit Treppensteigen und Vorliegen einer stenosierenden koronararteriosklerotischen Herzkrankheit[51]
– akuter Herztod eines Möbeltransporteurs nach Zustellen einer Waschmaschine in das dritte Stockwerk bei Vorliegen subtotaler Stenosen aller drei Herzkranzgefäße sowie Hinweis auf hochdruckbedingte Linksherzhypertrophie.[52]

Gelegenheits(anlass)ursache
– Transport eines 1 Zentner schweren Sackes über wenige Meter[53]
– Durchführen eines Radwechsels[54]
– ungewohnt schwere Berufsarbeit bei vorhergehendem (wenige Stunden) ersten Herzinfarkt mit Herzthrombose[55], fortgeschrittenem Herzleiden[56] und vorbestehender Koronarsklerose[57]
– körperlich und nervlich besonders anstrengende Arbeit bei vorbestehender schwerer stenosierender koronararteriosklerotischer Herzkrankheit[58]
– drei Kilometer langer Fußmarsch bei ca. 200 Meter Höhenunterschied[59]
– hohe Belastung während Hallenfußballspiels bei vorbestehender hypertropher Kardiomyopathie (Herzmuskelerkrankung) und gleichzeitig anlagebedingten Veränderungen der Herzkranzarterien[60]
– seelische Eregung bei bestehender Arteriosklerose der Herzkranzgefäße[61]
– Herztod während versichertem Lauftraining durch Herzrhythmusstörung auf dem Boden weit fortgeschrittener arrhythmogener rechtsventrikulärer Kardiomyopathie (früher bezeichnet auch als arrhytmogene rechtsventrikuläre Dysplasie).[62]

Akute *psychische Überforderungen* werden vor allem als wesentliche Mitursache angesehen, wenn Angst, Not, Entsetzen oder Sorge als existentielle Bedrohung – individuell, akut und überraschend – bedeutsam werden und in ihrer tatsächlichen Dramatik ein Ereignis „akzidentieller" (unfallartig und vom Vorschaden abgrenzbar) Prägung darstellen. Der zeitliche Zusammenhang zwischen psychischer Überforderung und Herzinfarkt muss mit Wahrscheinlichkeit gegeben sein. Brückensymptome sind erforderlich.[63] Einzelheiten s. 5.2.1, S. 162.

10.2.6.3 Insbesondere: Einsätze von Feuerwehrleuten

Neben direkter Belastung des Herz-Kreislauf-Systems kommt extrem hoher und schneller Flüssigkeitsverlust durch Schwitzen in der Hitzeschutzkleidung hinzu.

---

51 LSG Nordrhein-Westfalen, 5. 4. 1995, HV-Info 4/1996, 249.
52 Fritz, Müller, VersMed 47 (1995) 143, 144.
53 LSG Niedersachsen, 20. 3. 1956, LAP S. 94 = SozSich 1956, Rspr Nr. 587.
54 Bayer. LVA, 4. 5. 1953, LAP S. 96; vgl. auch Bayer. LSG, 15. 11. 1978, Breith. 1979, 510; LSG Hamburg, 8. 10. 1970, VersR 1971, 411.
55 LSG Hamburg, 11. 1. 1955, Breith. 1955, 1246.
56 LSG Hamburg, 17. 3. 1959, Breith. 1959, 797.
57 Hess. LSG, 15. 3. 1978, Meso B 90/66.
58 LSG Nordrhein-Westfalen, 15. 11. 1993, HVBG-Info 7/1994, 463 = Meso B 90/104.
59 SG Reutlingen, 18. 1. 1978, Breith. 1978, 826.
60 Bayer. LSG, 20. 1. 1988, HV-Info 29/1988, 2242; bestätigt durch BSG, 2. 11. 1988, ebenda.
61 BSG, 13. 12. 1960, BG 1961, 222.
62 LSG, Nordrhein-Westfalen, 21. 11. 2000, HV-Info 21/2001, 2012.
63 Hartung, ASP 1979, 240, 243; s. auch Halhuber, Schweiz. med. Wschr. 114 (1984) 1822.

10.2 *Herzinfarkt (Myokardinfarkt)*

Weitere Gefährdungen:[64]

- Stressbelastung durch Alarmierung, Nacht-, Bereitschaft- und Schichtdienst
- Schädigung der Blutgefäße durch Kohlenmonoxid in Brandgasen führt zu vorzeitig eintretender koronarer Herzkrankheit; Aufnahme von Kohlenmonoxid durch hohe Atemfrequenz und Atemminutenvolumen stark erhöht
- bedrohliche, schreckliche, „kritische" Erlebnisse

Spezielle psychische und physische Belastungssituationen ergeben sich bei ehrenamtlich im Rahmen der freiwilligen Feuerwehr Tätigen (§ 2 Abs. 1 Nr. 12 SGB VII): Da Brandeinsätze nur in geringem Umfang und oft nach vollschichtigem Arbeitstag erfolgen, kann bei Alarmierung die Belastung das Maß des alltäglichen eher deutlich überschreiten.

Aus der Rechtssprechung:

Arbeitsunfall anerkannt

- Das Vorliegen einer hochgradig verengenden Koronararteriensklerose sowie eines chronischen arteriellen Bluthochdruckes schließt nicht aus, dass die einsatzbedingte psychische Belastung bei einem Angehörigen der freiwilligen Feuerwehr den wesentlichen zum Tode führenden Faktor i.S. eines Triggers oder des Auslösens von Triggermechanismen darstellt; vor allem bei fehlender Einsatzroutine, für den Biorhythmus ungünstigem Zeitpunkt des Einsatzalarms und bis zuletzt vollschichtiger Tätigkeit ohne erkennbare gesundheitliche Probleme.[65]
- Akuter Herztod eines Feuerwehrmannes bei Teilnahme an einer wettkampfmäßig durchgeführten Feuerwehrübung: 12 km langer Marsch in voller Ausrüstung bei hohen Außentemperaturen, eingeschobene feuerwehrtechnische Aufgaben, wie Sandsäcke, Wassereimer füllen, 300 m tragen. Die Gesamtbelastung lag bei weitem über dem des Berufsalltags.[66]
- Tödlicher Herzinfarkt eines Feuerwehrmannes während unvermuteter, erstmals nach mehreren Jahren durchgeführter Feuerwehrübung mit drei Feuerwehrmännern. Tragen einer ca. 180 kg schweren Motorspritze mehrere Meter weit, Ankurbeln des Spritzenmotors. Die körperliche Belastung (225 Watt) übertraf die Belastungsgrenze (120 Watt): wesentliche Mitursache für den Tod.[67]
- Extreme körperliche und psychische Belastung beim Feuerwehreinsatz bei vorbestehender Herzerkrankung.[68]

Gelegenheits(anlass)ursache

Akuter Herztod eines Feuerwehrmannes bei Teilnahme an angeordneter Übungsfahrt. Eintritt des Todes nach Fahren des Feuerwehrfahrzeugs aus Gerätehaus und Abschließen des Tores. Im Rahmen der Übungsfahrt sollte lediglich für eine Veranstaltung ein Wasserbehälter gefüllt werden.[69]

---

[64] Wagner, Handbuch der Arbeitsmedizin (Hrsg. Konietzko, Dupuis) 2001 Abschn. IV – 9.6.2; dazu Kales, u. a., The New England Journal of Medicine 356 (2007) 1207–1215.
[65] LSG Niedersachsen, 20. 7. 1998, Meso B 90/121.
[66] LSG Niedersachsen, 26. 9. 1984, HV-Info 19/1984, 50 = Meso B 90/76.
[67] LSG Rheinland-Pfalz, 15. 11. 1995, HV-Info 17/1996, 1397; bestätigt durch BSG, 18. 3. 1997, HV-Info 14/1997, 1279 = Meso B 90/111.
[68] LSG Saarland, 15. 6. 1999, HV-Info 2/2000; ablehnend Gieretz, Ludolph, in: Kursbuch der ärztlichen Begutachtung (Hrsg. Ludolph, u.a.) 7. Erg. Lfg. 6/00 VI – 3.1.1.
[69] LSG Baden-Württemberg, 9. 4. 1987, HV-Info 19/1987, 1255 = Meso B 90/104.

10.2.6.4 Erfassung des Beweisthemas

(1) Hat die Betriebtätigkeit nur den äußeren Anlass, die Gelegenheitsursache, für das plötzliche Hervortreten der ggf. bereits bestehenden Versagensbereitschaft des Herzens gegeben?

Diese Frage erfordert sorgfältiges Auseinandersetzen mit dem tatsächlichen Verlauf des Geschehens, das mit dem Herzschaden in Verbindung gebracht wird.

(2) Wäre dies nach menschlichem Ermessen in naher Zukunft auch bei anderem Anlaß, außerhalb beruflicher Tätigkeit oder ohne besondere Veranlassung, zum Ausbruch gekommen?

(3) Kann der Berufstätigkeit die Bedeutung einer wesentlich mitwirkenden Teilursache für die Entstehung bzw. Verschlimmerung des Gesundheitsschadens beigemessen werden?

Hier ist zu erwägen, welcher pathogenetische Rang neben den endogenen (inneren) Faktoren exogenen (äußeren) Momenten zuerkannt werden muss. Dass sich Herzinfarkte im Anschluss an körperliche Überanstrengungen einstellen, ist eine geläufige Erfahrung. Auf Grund des großen Anteils bagatellhafter Belastungen, die den Unfallbelastungen des täglichen Lebens angehören, ist kritische Würdigung geboten, ehe diesen Momenten wesentliche Bedeutung zuerkannt wird.

(4) Steht der Gesundheitsschaden mit der vorangegangenen Tätigkeit unter Berücksichtigung der Rspr., wonach das Ereignis plötzlich, nicht allmählich während mehrerer Arbeitsschichten abgelaufen sein muss, mit Wahrscheinlichkeit in ursächlichem Zusammenhang?

10.2.6.5 Berufskrankheiten

Erkrankungen durch *Kohlenmonoxid* (BK-Nr. 12 01)

Kleine, aber ständige Einwirkungen können zu Dauerschäden der Herzmuskulatur und des Reizleitungssystems führen.

Ein Herzinfarkt in Folge der Verschlimmerung einer Arteriosklerose nach jahrzehntelanger Einwirkung ist als beruflich verursacht zu werten.

Erkrankungen durch *Schwefelwasserstoff* (BK-Nr. 12 02)

Längere Einwirkungen, die nicht zur Bewusstlosigkeit oder zum Tode führen, tragen u.a. zu Schädigungen des Herz-Kreislauf-Systems bei und zwar durch Störung der inneren Zellatmung. Bei bestehender koronarer Herzkrankheit kommt es ggf. zum Herzinfarkt.[70]

Erkrankungen durch *Nitro- oder Aminoverbindungen des Benzols* oder seiner Homologe oder ihrer Abkömmlinge (BK-Nr. 13 04)

---

[70] Drexler, u.a., ASU 33 (1998) 498, 499.

Sie führen nach Einwirkung zur Bildung von Methämoglobin. Störung der Sauerstoffversorgung und Verstärkung der myokardialen Sauerstoffuntersättigung bis hin zum Herzinfarkt stellen sich ein.

Erkrankungen durch *Schwefelkohlenstoff* (BK-Nr. 13 05)

Schwefelkohlenstoff begünstigt bei langzeitiger Einwirkung die Entstehung einer Arteriosklerose und somit auch koronarer Herzkrankheit mit Komplikation eines Herzinfarktes.

Erkrankungen durch *Salpetersäureester* (BK-Nr. 13 09)

Salptersäureester führen zur Blutdrucksenkung systolisch und diastolisch mit langsamer Gegenregulation durch Erhöhung des diastolischen Blutdrucks; als Folge dieser Regulation kommt es zu einer Verkleinerung der Blutdruckamplitude. Plötzliche Todesfälle nach Kreislaufkollaps und akutem Herzversagen treten auf, gehäuft nach Arbeitspausen („Montagssterbefälle").

Erkrankungen durch halogenierte Alkyl-, Aryl- oder Alkylaryloxide (BK-Nr. 1310)

2,3,7,8-Tetrachlordibenzo-p-dioxin (TCDD) ist generell geeignet, eine koronare Herzerkrankung zu verursachen.[71]

Quarzstaublungenerkrankung (Silikose) (BK-Nr. 41 01)

Silikosebedingte Hypoxämie (Sauerstoffmangel) ist geeignet, eine silikoseunabhängige Koronarsklerose so zu verschlimmern, dass die Lebenserwartung um wenigstens ein Jahr verkürzt wird.[72] Dies gilt ebenso für die Silikotuberkulose (BK-Nr. 41 02)

Asbeststaublungenerkrankungen (Asbestose) oder durch *Asbeststaub verursachte Erkrankungen der Pleura* (BK-Nr. 41 03)

Krankheitsbedingte Sauerstoffuntersättigung führt zur Verstärkung einer bestehenden koronaren Herzkrankheit und vermag das Auftreten eines Herzinfarktes zu begünstigen.

Berufsbedingte Tumorerkrankungen im Bereich des Brustkorbes können bei Einwachsen des Tumors in den Herzbeutel und Schädigung der Herzkranzgefäße zur Ausbildung eines Herzinfarktes führen; dieser ist Folge der Berufskrankheit.

Körperliche und seelische *Dauer*belastungen, z.B. ständige körperliche Schwerarbeit oder chronischer psychischer „Stress" bzw. „Dysstress" als in Betracht kommende Ursache eines Herzinfarktes können bisher nicht als Berufskrankheit anerkannt werden.[73]

10.3 Herzschäden durch elektrischen Strom

s. 20.6.2.3, S. 1200

---

[71] LSG Hamburg, 29. 8. 2001, Meso B 90/136 = HVBG VB 68/02.
[72] LSG Nordrhein-Westfalen, 23. 10. 1962, Breith. 1964, 946.
[73] Kentner, VersMed 40 (1988) 163 ff.; BSG, 11. 6. 1990, HV-Info 24/1990, 2079; bestätigt durch BVerfG, 14. 7. 1993, SozVers 1993, 277 („Fernfahrer").

10.4 Entzündliche Herzerkrankungen

Es handelt sich um Erkrankungen des Herzbeutels (*Perikarditis*), des Herzmuskels (Myokarditis) oder der Herzinnenhaut (Endokarditis) einschließlich der Herzklappen, unter Umständen auch aller Strukturen (Pankarditis) durch

– Erregerbefall (Protozoen, Pilze, Bakterien, Rickettsien, Viren)
– infektiöse toxische Prozesse
– Stoffwechselstörungen
– allergische hyperergische Reaktionen
– systemische Bindegewebs- sowie granulomatöse Erkrankungen.[74]

Ursächliche Zusammenhänge mit beruflichen Einwirkungen im Sinne von Arbeits-, Wegeunfällen sowie Berufskrankheiten kommen in Betracht, wenn diese zu entsprechenden Infektionskrankheiten (z. B. Wundinfektion, Sepsis, Tuberkulose, Tropenkrankheit) geführt haben (s. 9, S. 701 ff.).

10.4.1 Bakterielle Endokarditis

Pathogenetisch ist neben einer Bakteriämie eine lokale Vorschädigung des Endokards, oft verursacht durch eine vorher abgelaufene rheumatische Karditis, Voraussetzung für das Angehen einer bakteriellen Endokarditis. Daneben werden häufig allgemein disponierende Faktoren, die eine Schwächung des Immunsystems zur Folge haben, in Verbindung mit der Erkrankung beobachtet. Nach Ausmaß der Bakteriämie, Virulenz der Erreger, Ausmaß der kardialen Vorschädigung und Immunantwort verläuft die bakterielle Endokarditis mehr oder weniger fulminant, ihre Folgeschäden sind unterschiedlich ausgeprägt.[75]

„Entzündliche Karditis" ist nicht gleichbedeutend mit „bakterieller Karditis". „Entzündlich" ist ein Oberbegriff, der neben der bakteriellen Genese noch weitere Krankheitsentitäten, wie rheumatische Karditis oder Endokarditis bei Lupus erythematodes, umfasst.

Die Inkubationszeit der bakteriellen Endokarditis (Zeitraum zwischen auslösender Bakteriämie und Einsetzen erster Symptome) soll ein bis zwei, höchstens vier Wochen betragen.[76]

Der Zeitraum, in dem eine entzündliche Endokarditis zu einem Vitium cordis führt, ist abhängig von der Art der Endokarditis.

Eine bedrohliche Herzinsuffizienz infolge mangelnder Ventilfunktion von Herzklappen, die durch eine bakterielle Endokarditis geschädigt wurden, bildet sich in der überwiegenden Zahl in einem Zeitraum von ein bis sechs Monaten nach Einsetzen der Symptome aus.[77]

---

[74] Hery, MedSach 1986, 36.
[75] S. Maisch, Klinik der infektiösen Endokarditis. Internist 30, 483–491 (1989).
[76] Starkebaum, u.a., The „Incubation Period" of Subacute Bacterial Endocarditis, Yale J. Biol. Med. 50, 49–58 (1977).
[77] Mills, u.a., Heart Failure in Infective Endocarditis: Predisposing Factors, Course, and Treatment, Chest 66, 151–157 (1974).

10.4 Entzündliche Herzerkrankungen

Fragen zur Klärung des Ursachenzusammenhanges[78]:

(1) Ist der Arbeitsunfall mit Wahrscheinlichkeit Ursache der Bakteriämie, d.h. hat er eine adäquate Eintrittspforte für Bakterien im Allgemeinen geschaffen, und ist über diesen Weg ein Eindringen der spezifischen Krankheitserreger – soweit identifizierbar – wahrscheinlich?

(2) Liegt der zeitliche Zusammenhang zwischen Arbeitsunfall und Endokarditissymptomen vor?

(3) Ist der zeitliche Zusammenhang zwischen Endokarditissymptomen und Auftreten von Komplikationen (z.B. Vitien) gegeben?

(4) Gibt es weitere Ereignisse, die für eine Bakteriämie oder Komplikationen der bakteriellen Endokarditis in Betracht kommen?

10.4.2 Kardiomyopathien

Kardiomyopathien sind Herzmuskelerkrankungen, die mit Vergrößerung, Verdickung oder Versteifung der Herzkammern einhergehen. Sie führen zu einer Beeinträchtigung der Herzarbeit durch Abnahme der Pumpleistung, Störung der Dehnbarkeit oder des Herzrhythmus. Die Einschränkung der kardialen Belastbarkeit hängt vom Stadium der Herzinsuffizienz und von der Schwere der Herzrhythmusstörung ab.[79]

Definitionen und Klassifikationen sind vielfältig.[80] Die Darstellung folgt der Einteilung nach hämodynamischen Kriterien.

- *Dilatative Kardiomyopathie*

  – Eigenständige Erkrankung des Herzmuskels, vor allem des linken, seltener auch des rechten Ventrikels. Charakteristisch: Vergrößerung der Herzhöhlen, insbesondere der linken Herzkammer, verminderte Pumpleistung (Kontraktilität) mit Herzmuskelschwäche (Herzinsuffizienz).

  – Ursachen
  Häufig keine erkennbar. Genetische, familiär-vererbliche Faktoren in 20 bis 35 %.[81] Mechanische wie Bluthochdruck, Herzklappenfehler, Herzinfarkt, Contusio Cordis, Infektionen mit Protozoen, Typhus, Lues, Poliomyelitis, Zytomegalie, Tuberkulose, HIV, Grippe (Influenza).[82] Stoffwechsel- und hormonelle Störungen, wie Diabetes mellitus, Schilddrüsenerkrankungen und Nebennierenüberfunktion. Mangelerscheinungen durch Unterernährung bzw. Vitamin B1-Mangel. Toxische Einflüsse: Alkohol, Medikamente (meist in hohen Dosen: Zytostatika, Antibiotika, Psychopharmaka, Amphetamine), sehr selten Arsen, Blei, Kobalt, Nickel, Tetrachlorkohlenstoff[83], Quecksilber, Wismut, Phosphor sowie hohe Strahlenbelastung.

---

78 Wendler, Schmahl, Beurteilung der Kausalitätsfrage bei bakt. Endokarditis, MedSach 1991, 116ff.
79 Machraoui, VersMed 54(2002) 3.
80 Dazu Tillmanns, in: Die ärztliche Begutachtung (Hrsg. Fritze, Mehrhoff) 7. Aufl. 2008 S. 342f.
81 Thierfelder, Med Klin 15 (1998) 210.
82 Kunkel, u.a., Z. Kardiol 74 (1985) 360.
83 Schultheiss, u.a., Internist 46 (2005) 1245, 1248.

– Minderung der Erwerbsfähigkeit richtet sich nach Ausmaß (Einteilung nach Empfehlungen der New York Heart Association NYHA), Symptomatik sowie linksventrikulärer Funktion.[84]

NYHA (New York Heart Assiciation) -Klasse	linksventrikuläre Funktionsstörung	MdE in %
Stadium I: normale körperliche Leistungsfähigkeit, nur technische Hinweise auf Herzinsuffizienz	1: Kleinkreislaufdrücke nur unter Belastung erhöht; Herzzeitvolumen unter Belastung normal.	bis 10
Stadium II: leichte Einschränkung der Leistungsfähigkeit, Spaziergänge bis zu 5 km ausführbar	Stadium 1 2: Kleinkreislaufdrücke in Ruhe sowie unter Belastung erhöht; Herzzeitvolumen unter Belastung normal.	20–30 40–50
Stadium III: erhebliche Einschränkung der Leistungsfähigkeit, nur noch leichte Belastungen	3: Herzzeitvolumen in Ruhe noch normal; unter Belastung jedoch unzureichender Anstieg.	60–90
Stadium IV: jede körperliche Belastung verursacht Beschwerden, Einhaltung von Bettruhe	4: Herzzeitvolumen bereits in Ruhe unzureichend	100

- *Hypertrophe Kardiomyopathie*

– Asymmetrisch angeordnete Herzmuskelverdickung (hypertroph = verdickt) ungeklärter Ursache mit und ohne Ausflussbahnobstruktion (hypertrophe obstruktive bzw. nichtobstruktive Myokardiopathie)
– Exogene, diese Erkrankung auslösende Noxen wurden im Gegensatz zur dilatativen Myokardiopathie nicht nachgewiesen
– Traumatische Entstehung oder Verschlimmerung ist nicht bekannt. Tritt jedoch ein Unfallereignis auf einen krankheitsbedingt belasteten Organismus, hat dies Auswirkungen auf die Unfallfolgen. Eine Brustkorpprellung mit contusio cordis (Herzprellung) kann das vorbestehende Krankheitsbild verschlechtern bis hin zum Kammerflimmern mit nachfolgenden Tod. Der Tod ist Unfallfolge.[85]

---

[84] Roskamm, Reindell, Herzkrankheiten, 1996.
[85] Gieretz, Ludolph, in: Kursbuch der ärztlichen Begutachtung (Hrsg. Ludolph, u.a.) 20. Erg. Lfg. 3/04 S. 5.

10.5 Hypertonie und Hypotonie

- *Restriktive Kardiomyopathie*
- Erkrankung mit Versteifung und Unelastizität des Herzmuskels
- Ausgeprägte diastolische Funktionsstörung und Myokarddickezunahme durch Einlagerung von Stoffwechselprodukten oder sonstigen Substanzen
- Ursachen
  Störungen des Kohlenhydratstoffwechsels, Fettstoff-Eiweißstoff- und Eisenstoffwechsels
  Kollagenosen
  granulomatöse Erkrankungen
  physikalische Myokardschäden
  häufig: Amyloidose, Sarkoidose, Sklerodermie

Durch die Erkrankung kann ein Unfallereignis verursacht werden, vor allem wenn eine begleitende Herzrhythmusstörung zu einem Kollaps und Unfall führt, Es gelten die Grundsätze über den Unfall aus innerer Ursache (s. 1.6.3, S. 28; 1.7, S. 29)

- Minderung der Erwerbsfähigkeit[86]

Hämodynamisches Funktionsstadium (s. 10.1.6, S. 806)	in %
I	30–50
II	60
III	70–90
IV	100

Rhythmusstörungen sind zusätzlich zu berücksichtigen.

10.5 Hypertonie und Hypotonie

10.5.1 Hypertonie (Bluthochdruck)

Hypertonie ist die krankhafte Blutdruckerhöhung im großen und kleinen Herzkreislauf. Der arterielle Druck wird im Liegen oder Sitzen und in Körperruhe auf dem Höhepunkt (Systole) wie auch auf dem Tiefpunkt (Diastole) gemessen. Die Weltgesundheitsbehörde empfiehlt, bei einem ständigen systolischen Druck von > 140 und/oder > 90 mm Hg diastolisch einen Bluthochdruck anzunehmen.

Einteilung nach *Entstehungsursachen*:

Als *essentielle* (primäre) Hypertonie wird die Hochdruckform bezeichnet, bei der ätiologisch für die Blutdrucksteigerung keine Veränderungen an den Gefäßen oder Organen festgestellt werden. Ursächlich sind die konstitutionelle körperliche Disposition mit ihrer vegetativen Reaktionsform und die Persönlichkeitsstruktur, Störungen des natürlichen Lebensrhythmus in beruflicher und privater Sphäre.[87]

---

[86] Machraoui, VersMed 54 (2002) 3, 10.
[87] Reindell, Klepzig, Roskamm, in: Innere Medizin (Hrsg. Kühn) 3. Aufl. 1. Band 1971 S. 541f.

Die Formen des *sekundären* Bluthochdruckes sind zurückzuführen auf Nierenerkrankungen (renal), Kreislaufstörungen (kardiovaskulär), Erkrankungen der Drüsen (endokrin) und der Nerven (neurogen). Die rechtliche Bewertung orientiert sich an dem Grundleiden.

Der Zusammenhang zwischen chronischer Lärmeinwirkung und Hypertonie wird abgelehnt.[88]

Aus der Rechtsprechung:
Eine 17 Jahre nach einem Schädelbruch erstmals auftretende Hypertonie ist keine Unfallfolge.[89]

10.5.2 Hypotonie (Blutunterdruck)

Die Hypotonie (systolischer Blutdruck bei Erwachsenen unter 110 mm Hg) ist in der Regel nicht als Krankheit, sondern als konstitutionelles Problem zu werten, das jedoch erhebliche Beschwerden bereiten kann. Um Unfallfolgen kann es sich handeln nach schweren schädigungsbedingten Erkrankungen oder nach Verletzungen, welche die Kreislaufregulation dauerhaft beeinträchtigen.

10.6 Herz- und Kreislaufschäden nach Amputation

Hypothesen und Vorstellungen, eine starke Belastung der Amputierten führe zu Herz- und Kreislaufschäden, ließen sich durch zahlreiche Nachprüfungen[90] nicht bestätigen.

Ergebnis: Im Alter von 40 Jahren und mehr zeigen Amputierte und Nichtamputierte keine wesentlichen Unterschiede; unwahrscheinlich ist, dass der Oberschenkelamputierte durch Belastung zu vorzeitiger Arteriosklerose, vermehrter Übergewichtigkeit und Hochdruck neigt, ebenso, dass Laufen mit Prothesen als wesentliche Herzbelastung anzusehen ist. Keine Anhaltspunkte bieten sich endlich für eine psychische Belastung auf das Herz; ähnlich lassen starke Schmerzen und Wetterempfindlichkeit keine Beziehung zum pathologischen EKG erkennen.

10.7 Teilhabe am Arbeitsleben

Direkt nach dem Klinikaufenthalt ist das Frühanschlussheilverfahren in spezialisierten Rehabilitationszentren und Sanatorien einzuleiten.[91] Schon zu Beginn der Rehabilitation ist eine arbeitsphysiologische Beurteilung des Arbeitsplatzes anzustreben und ggf. eine Umschulung vorzubereiten.[92] Bei der arbeitsmedizinischen Beurteilung sind Tagesrhythmik, Akkordarbeit, Schichtwechsel sowie übermäßiger Stress am Arbeitsplatz zu berücksichtigen. Während der Rehabilitation ist gesundheitserzieherische Aufklärung hinsichtlich der Risikofaktoren unerlässlich.

---

[88] Resnekov, Circulation 63 (1981) 1; Szadkowski, Arbeitsmed. Kolloquium der BG d. keramischen und Glas-Industrie, Bad Reichenhall 1982; s. auch 7.3.3.4.1.1.
[89] LSG Nordrhein-Westfalen, 19. 1. 1965, Meso B 90/37.
[90] Imhäuser, Ärztl. Wschr. 1954, 52; Menger, Schröder, Arch. Kreislaufforschung 1957, 324; Meyeringh, Stefani, Cimbal, DMW 1960, 9.
[91] Maetzel, Hamburger Ärztebl. 1991, 352ff.; Weiß, Donat, Ziegler, Herz/Kreisl. 14 (1982), 438; Halhuber, Herz/Kreisl. 21 (1989) S. 3, IV; Deeg, Dt. Ärzteblatt 1985, 1241.
[92] Angster, Münch. med. Wschr. 116 (1974) 46.

10.7 *Teilhabe am Arbeitsleben* 823

„Anhaltspunkte für die berufliche Rehabilitation"[93] – unter Einschränkung unzulässiger Verallgemeinerung – verwertbar.

MdE %	Geeignet für	Berufliche Wiedereingliederung anzustreben?	Berufliche Reha-Maßnahme	Gesundheitliches Risiko
20–30	mittelschwere Arbeit im Sitzen und im Stehen ununterbrochen	unbedingt	Rückkehr an bisherigen Arbeitsplatz; ggf. Leistungen zur Förderung der Arbeitsaufnahme	nicht erheblich
bis 50	mittelschwere Arbeit im Sitzen ununterbrochen und leichte Arbeit im Stehen mit Unterbrechung	im Regelfall: ja	Umschulung oder ähnliche qualifizierte Berufshilfemaßnahme erwägen	deutlich
bis 70	leichte Arbeit im Sitzen ununterbrochen, wobei kurze Wegstrecken von und zur Arbeitsstätte Voraussetzung sind	auf eigenen Wunsch	Arbeitsplatzhilfe	Verschlimmerung zu befürchten
über 70	leichte Arbeit nur im Sitzen und nur mit Unterbrechungen	nur nach sorgfältigster Prüfung und Abwägung	Heimarbeit, Werkstatt für Behinderte	jedes Ereignis während der Arbeit ist „leicht" ersetzbare Teilursache

---

[93] Vgl. Kauderer-Hübel, Rehabilitation 25 (1986) 9.

10.8 Stress, Dysstress, Belastung, Beanspruchung[94]
10.8.1 Definitionen

In der Technik bezeichnet man im englischen Sprachgebrauch die Kraft, die Körper verformt, als *Stress*. In der Biologie und Medizin bezieht sich dieser Begriff regelmäßig auf Reaktionsmuster, über die der menschliche Körper verfügt, um sich an externe Einwirkungen, Veränderungen, Beanspruchungen und Belastungen anzupassen, denen er ausgesetzt ist. Man beschreibt dies gelegentlich als den *kleinsten gemeinsamen Nenner* der Reaktionen des Organismus auf alle denkbaren Anforderungen. Es handelt sich also um das Grundmuster oder die allgemeinen Merkmale des menschlichen Reaktionsverhaltens: Stress ist eine Art „Gasgeben" oder „Aufdrehen", um den Körper aktionsbereit zu machen und auf Muskeltätigkeit oder andere Aktivitäten vorzubereiten.

Arbeitsbedingter Stress wird als „Gesamtheit emotionaler und psychophysiologischer Reaktionen auf widrige und schädliche Aspekte der Arbeit, des Arbeitsumfelds und der Arbeitsorganisation" verstanden. Dieser Zustand ist durch hohe Aktivierungs- und Belastungsniveaus gekennzeichnet und mit dem Gefühl verbunden, man „könne die Situation nicht bewältigen".[95]

Stress wird durch eine Vielzahl von Einflüssen arbeitsbedingter und sonstiger Art *(Stressoren)* verursacht: z.B. Angst, Ärger, Zeitdruck, Lärm, Hitze, körperliche Extrembelastung, Krankheit und auch deren Auswirkung auf den Organismus, also die dadurch hervorgerufenen *Beanspruchungen* (engl. strain). Stress entwickelt sich nur, wenn bestimmte Bedürfnisse und Ziele, die der Mensch (z.B. in der Arbeitstätigkeit) hat, in Frage gestellt sind: als wichtig und notwendig bzw. unlösbar müssen diese Vorhaben und Probleme erscheinen; Kontrolle in solchem Spannungsfeld fehlt (Abb. 2).[96]

Im modernen Sprachgebrauch hat sich die Bezeichnung Stress für die Beschreibung eigentlich aller Beanspruchungserlebnisse durchgesetzt. Neben objektiven Veränderungen (Anstieg von Blutdruck und Herzschlagfrequenz, vermehrter Ausschüttung von Kortisol und Katecholaminen u.a.) stellt Stress vor allem eine subjektive Beurteilung der Beanspruchung dar. Diese kann positiv oder negativ sein. Bei negativer Tönung spricht man auch von Dysstress oder – sprachlich weniger korrekt – von Distress (von Bedrohung induzierenden Stressoren ausgelöst). Positiv erlebter Stress wird als Eustress bezeichnet: Reize, die als angenehm empfunden werden, führen zwar auch zu neuroendokrinen Reaktionen, sollen aber für den Organismus weniger schädlich, sogar nützlich sein.

---

[94] Weiterführendes Schrifttum: Levi, Strasser, Diebschlag, jeweils ASP 1974, 209–222; Radl, u.a., Psychische Beanspruchung und Arbeitsunfall, Schriftenreihe der BAU Nr. 145, 1975; Valentin, u.a., Die Analyse des Streß aus arbeitsmed. Sicht, Forschungsbericht der BAU Nr. 159, 1977; Schiele, Streß am Arbeitsplatz, Forschungsbericht der BAU Nr. 339, 1983; Kolmer, „Mobbing" im Arbeitsverhältnis, 1997; Greif, u.a., Psychischer Streß am Arbeitsplatz, 1991; Müller-Limmroth, Streß, Streßreaktion, Stressoren, Distreß. In: Schmidtke (Hrsg.) Ergonomie, 1993; Richter, u.a., Belastung und Beanspruchung – Streß, Ermüdung und Burnout im Arbeitsleben, 1998; ders. Psychische Belastung und Beanspruchung, Schriftenreihe der BAU Fa 36, 2. Aufl. 1998; Oppolzer, BG 1999, 735; Esch, Das Gesundheitswesen 64 (2002) 73.
[95] Europäische Kommission, Generaldirektion V, 1997; Freude, u.a., ErgoMed 2002, 82, 83.
[96] Scheuch, Zbl Arbeitsmed 52 (2002) 127, 130.

10.8 Stress, Dysstress, Belastung, Beanspruchung

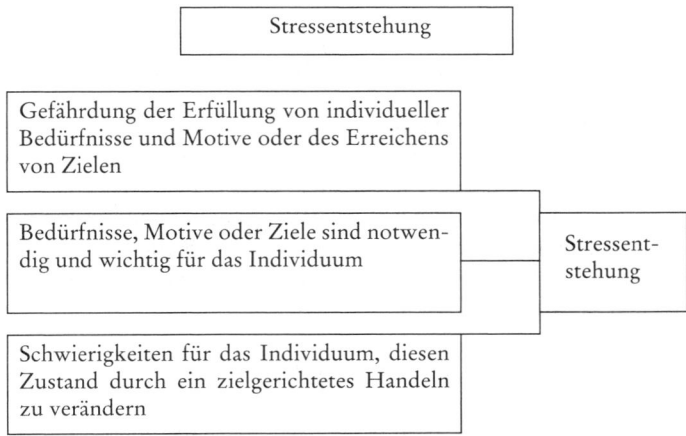

Abb. 2: Bedingungen der Stressentstehung[97]

Stadien der Stressreaktion: die Alarmreaktion, das Widerstandsstadium und das Erschöpfungsstadium (*Selye*). Unter Arbeitsbedingungen ist eine derartige Differenzierung nur selten gegeben.

In der Arbeitsmedizin haben sich die gegenüber dem Stresskonzept deutlicheren und neutraleren Begriffe „Belastung (engl. stress)" und „Beanspruchung (engl. strain)" bewährt. Wird unter Belastung die Summe aller Einwirkungen verstanden, kennzeichnet die Beanspruchung alle dadurch hervorgerufenen Veränderungen im Organismus.

10.8.2 Krankheitswert der Stressreaktion

Stress selbst ist keine Krankheit, sondern unspezifische Anpassungsaktivität. Es gibt mögliche Auswirkungen auf die unterschiedlichsten Organ- und Funktionssysteme des Organismus. Da psychischen Prozessen eine wesentliche, jedoch nicht die alleinige, Rolle zukommt, stehen psychosomatisch geprägte Erkrankungen im Vordergrund. Dazu gehören ischämische Herzkrankheiten, Hypertonie, Arrhythmien, Magengeschwüre, Colitis ulcerosa, Allergien, gehäufte Infektionen, Migräne, Tinnitus, Menstruationsstörungen, Neurosen, Depressionen, Angstzustände, Phobien, Hauterkrankungen. Die Kenntnis über Grund und Begründung der Auswirkung auf unterschiedliche Organsysteme ist noch unzureichend.[98] Unbestritten ist hingegen die Bedeutung akuter Stressreaktionen für die „Auslösung" – auch wesentliche Mitverursachung – von Herzinfarkten (s. 5.2.1, S. 162 und 10.2.6.2, S. 812) sowie von Bluthochdruck-Krisen mit evtl. Folge des Zerreißens (Ruptur) eines Hirngefäßes (Hirnschlag, Schlaganfall).[99]

---

[97] Scheuch, Zbl Arbeitsmed 52 (2002) 127.
[98] Scheuch, in: Erfahrungen in der Anwendung von § 9 Abs. 2 SGB VII (Hrsg. HVBG) 2006.
[99] Sächsisches LSG, 9. 2. 2006, HV-Info 5/2006, 590.

10.8.3 Psychische Belastung als Unfallfaktor

Bereits der Schöpfer des Stress-Konzeptes *Selye*[100] hat den Stress – freilich als bloße Vermutung – mit dem Unfall in Verbindung gebracht.

Wahrscheinliche Interpretation der Statistik aller Arbeitsunfälle soll sein, dass ein „inneres Moment" im Menschen zum Unfall führt und den Heilungsverlauf weitgehend bestimmt. Diese „inneren Ursachen" – auch *psycho-sozialer Stress (Levi)* oder emotionale Störungen genannt – weisen eine große Vielfalt von Realisationsmöglichkeiten auf. Indessen ist keine Aussage darüber gegeben, welche quantitativ bestimmbare Rolle solche Faktoren haben, da ihre weite Verbreitung in wechselnder Intensität einer zufälligen Verteilung der Unfälle nicht widersprechen würde.

10.8.4 Anerkennung der Folgeschäden als Arbeitsunfall

Neben der Existenz einer außergewöhnlichen, das betriebsübliche Maß erheblich überschreitenden akuten Stresssituation[101] ist auch ein enger zeitlicher Zusammenhang (maximal 48 Stunden) zwischen dem Ereignis und dem geltend gemachten Schaden (Herzinfarkt, Schlaganfall) zu fordern.[102] Für die krankmachende Wirkung chronischer Stresssituationen gibt es in besonders beanspruchten Berufsgruppen bisher keine eindeutigen Hinweise oder sogar Beweise (s. auch 5.2.1, S. 162). Keine Anerkennung nach § 9 Abs. 2 SGB VII.

Aus der Rechtsprechung

Arbeitsunfall anerkannt

- Psychischer Stress durch Arbeitsunfall bewirkt, mit körperlicher Anstrengung beim Wegschieben des Autos verbunden, tödliches Herzkammerflimmern[103]

- Die psychische Anspannung bei einer Feuerwehr-Alarmübung führt zu einer – das Maß des Alltäglichen deutlich überschreitenden – Stressbelastung. Diese ist gegenüber einer schweren Herzerkrankung mit hochgradigen Stenosen im Bereich aller drei großen Herzkranzgefäße mitursächlich[104]

- Psychischer Stress bei Zeugenvernehmung und Herzklappenerkrankung, die in absehbarer Zeit nicht zum Tode geführt hätte[105]

- Herzinfarkt nach berufsbedingtem Stress am gleichen Tag[106]

---

[100] Industr. Med. Surg. 33 (1964) 621.
[101] LSG Schleswig-Holstein, 3. 4. 2003, Meso B 310/239; Sächsisches LSG, 9. 2. 2006, HV-Info 5/2006, 590.
[102] SG Chemnitz, 14. 3. 2000, HV-Info 22/2000, 2050. Bedenklich daher die Anerkennung eines Herzinfarktes nach langwährendem chronischen Stress eines Architekten bei Planung von Neu- und Umbauten an Krankenhäusern in Schweden, Amtl. Mitteilungen der Bundesanstalt für Arbeitsschutz 1987 Nr. 15, 12; nach deutschem Recht liegen die Voraussetzungen des § 9 Abs. 2 SGB VII nicht vor.
[103] BSG, 4. 12. 1991, HV-Info 7/1992, 586 = Meso B 90/93 mit Hinweisen zur Wirkungsweise des Stress; Zurückverweisung; LSG Niedersachsen, 16. 9. 1993, HV-Info 4/1994, 201 = Meso B 90/103; LSG Niedersachsen, 17. 1. 1991, Breith. 1991, 462.
[104] LSG Niedersachsen, 20. 7. 1998, Breith. 1999, 2 69 = Meso B 90/121.
[105] BSG, 18. 3. 1997, Meso 90/113 = HV-Info 15/1997, 1370 = SGb 1997, 587 m. Anm. Wolber.
[106] SG Chemnitz, 14. 3. 2000, HV-Info 22/2000, 2050.

10.8 Stress, Dysstress, Belastung, Beanspruchung

Gelegenheits(anlass)ursache

- Stresssituation beim Abladen eines LKW keine wesentliche Mitursache gegenüber einer vorbestehenden Arteriosklerose[107]
- Besondere berufliche Stresssituation (Nachricht über Tod eines Arbeitskollegen) bei hochgradiger Einengung der Herzkranzgefäße, rückschauend mit Arbeitsunfähigkeit als Folge[108]
- Freches Verhalten von Arbeitskollegen[109]

Feststellungen im Rahmen von

Unfallkausalität

- War die Stresssituation belastend genug, um eine individuelle Stressreaktion hervorzurufen? Nicht auf ein bestimmtes schweres Ausmaß der Stresseinwirkung von außen, sondern – den Grundsätzen bei der Feststellung der Kausalität entsprechend – auf die subjektive individuelle Stressreaktion in Folge der äußeren Belastung kommt es an. Stress wird subjektiv empfunden und verarbeitet, er lässt sich objektiv nicht graduieren.[110]

haftungsbegründender Kausalität

- Enge zeitliche Verbindung zwischen diesen Einwirkungen und dem Zusammenbruch
- Grundsätzliche Eignung dieser Einwirkungen, vor allem der psychischen Anstrengung als Bedingung des tödlichen Herzkammerflimmerns
- Ursächlicher Zusammenhang zwischen Arbeitsunfall und Herzkammerflimmern im Sinne der ges. UV; dazu muss der Versicherungsfall im Vergleich zur vorbestandenen schweren Herzerkrankung als weiterer Mitbedingung auch von wesentlicher Bedeutung sein. Notwendig ist die Wertung aller Umstände, um zur Beantwortung der Frage, ob die der versicherten Tätigkeit zuzurechnende psychische Belastung das tödliche Herzkammerflimmern wesentlich mitbestimmt hat, den dazu juristisch erforderlichen Schweregrad der vorbestehenden Krankheit festzulegen.

10.8.5 Burnout-Syndrom

Burnout (Durchbrennen, Ausbrennen) kann als eine Funktion von Stress gelten, der von arbeitsplatzbezogenen, individuellen und gesellschaftlichen Faktoren herrührt.[111] Allgemein lässt es sich beschreiben als Reaktion auf langdauernde stresshafte Bedingungen, wenn diese nicht auf aktive Weise gelöst werden.[112] Das ICD-10 kennt Burnout nicht als Diagnose, sondern nur als – undefinierte – Z(usatz)-Kodierung („Z 73 Probleme verbunden mit Schwierigkeiten bei der Lebensbewältigung, Z 73.0 Erschöpfungssyndrom

---

[107] LSG Nordrhein-Westfalen, 16. 12. 1997, HV-Info 1998, 3319, bestätigt durch BSG, 2. 2. 1999, HV-Info 12/1999, 1099 = VersR 2000,789.
[108] LSG Nordrhein-Westfalen, 4. 3. 1992, Meso B 90/102.
[109] LSG Rheinland-Pfalz, 13. 11. 1985, Meso B 90/83.
[110] Sächsisches LSG, 9. 2. 2006, HV-Info 5/2006, 590.
[111] Barth, Burnout bei Lehrern, 1992.
[112] Ewald, in: Handbuch der Arbeitsmedizin (Hrsg. Konietzko, Dupuis) 1998 Abschn. IV – 10.12.6; s. auch Bühler, u.a., ASU 37 (2002) 240; Schmidt, u.a., Zbl Arbeitsmed 53 (2003) 577.

[Burnout-Syndrom], Z 73.1 Akzentuierte Persönlichkeit [einschließlich Typ-A-Verhalten] usw."). Eine einheitliche Definition fehlt.

Burnout ist gekennzeichnet durch ein Gefühl

- emotionaler Erschöpfung,
- Depersonalisation
- reduzierter persönlicher Leistungsfähigkeit.

Betroffene Berufsgruppen[113]

- Sozial- und „Helferberufe"
- Journalisten
- Manager
- Programmierer
- Feuerwehrleute

Die Betroffenen sind zur „Verausgabe" außerstande, weil ihre emotionalen Reserven verbraucht sind. Sie entwickeln eine distanziert negative Sichtweise gegenüber den bei ihnen „Hilfesuchenden" und sind schließlich selbst davon überzeugt, nicht mehr leisten zu können und in ihrem Beruf zu versagen. Die mit Burnout assoziierte Symptomatik betrifft als Bereiche: körperliche Beschwerden, psychische Auffälligkeiten und soziale Schwierigkeiten. Die physischen Symptome sind letztlich Ausdruck eines psychosomatischen Zusammenhanges, der psychische Zustand ist überwiegend geprägt von depressiven Symptomen und es treten z.B. Ehe- und Familienprobleme auf. Der Verlauf wird durch unterschiedliche Stadien gekennzeichnet. Insgesamt handelt es sich um einen schleichend einsetzenden und langwierigen Prozess. Bei der Entwicklung des Burnout-Syndroms haben sowohl individuelle als auch arbeitsorganisatorische und gesellschaftliche Faktoren Bedeutung.

Zunehmend wird infrage gestellt, ob das Syndrom tatsächlich eine eigenständige Erkrankung unabhängig von bekannten Diagnosen der Medizin ist.[114]

Die generelle Eignung, das Burnout-Syndrom verursachender, bestimmter Einwirkungen ist derzeit nicht belegbar. Eine Anerkennung nach § 9 Abs. 2 SGB VII ist abzulehnen.[115]

---

[113] Unrath, u.a., ASU 43 (2008) 349, 350 m.w.N.
[114] Scheich, DMW 132 (2007) 601, 602; Hillert, VersMed 60 (2008) 163 ff.
[115] LSG Rheinland- Pfalz, 10. 6. 2003, Meso B 310/246.

11 Haut*

Übersicht

11.1	Verätzungen	832
11.2	Verbrennungsunfall	833
11.2.1	Örtliche Verbrennungen	835
11.2.1.1	Ausdehnung	835
11.2.1.2	Verbrennungsgrade	836
11.2.2	Verbrennungskrankheit	836
11.2.3	Minderung der Erwerbsfähigkeit	837
11.3	Hauterkrankungen als Berufskrankheit nach BK-Nr. 51 01	840
11.3.1	Kontaktekzeme	841
11.3.1.1	Akut-toxisches Kontaktekzem	842
11.3.1.2	Chronisch-toxisches Kontaktekzem	843
11.3.1.3	Allergisches Kontaktekzem	844
11.3.1.3.1	Mechanismus	847
11.3.1.3.2	Allergienachweis	861
11.3.1.3.3	Photoallergisches Kontaktekzem	862
11.3.2	Berufliche Akne	862
11.3.3	Urtikaria	863
11.3.4	Anlagebedingte, berufliches Entstehen einer Hautkrankheit begünstigende Dermatosen	864
11.3.4.1	Atopische Dermatitis (Neurodermitis constitutionalis, endogenes Ekzem, atopisches Ekzem, Neurodermitis atopica)	864
11.3.4.2	Sklerodermie	865
11.3.4.3	Dyshidrose	865
11.3.4.4	Seborrhoisches Ekzem	865
11.3.4.5	Psoriasis	865
11.3.5	Begutachtung im Rahmen der BK-Nr. 51 01	866
11.3.5.1	Gutachtenauftrag	866
11.3.5.2	Befunderhebung und Diagnose	867
11.3.5.3	Schädigende Einwirkungen	868
11.3.5.4	Zusammenhangsbeurteilung	868
11.3.5.5	Schwere oder wiederholt rückfällige Hauterkrankung	872
11.3.5.5.1	„Schwere"	872
11.3.5.5.2	„Wiederholt rückfällig"	874
11.3.5.5.3	Wahlfeststellung	875
11.3.5.6	Unterlassung aller gefährdenden Tätigkeiten	875
11.3.5.6.1	Unterlassungszwang bei Hauterkrankungen	875
11.3.5.6.2	Tatsächliche Unterlassung der gefährdenden Tätigkeiten	877
11.3.5.6.3	Ausnahmen vom Unterlassungszwang	877
11.3.5.6.4	Zwang zum Unterlassen aller künftigen Tätigkeiten	879
11.3.5.6.5	Gefährdungen im unversicherten Bereich	879
11.3.5.6.6	Hinweise im Bescheid	880
11.3.5.7	Minderung der Erwerbsfähigkeit	880
11.3.5.7.1	Kriterien	880
11.3.5.7.2	Empfehlungen für die Einschätzung der MdE	881
11.3.5.7.3	Neufeststellung der MdE	886
11.3.5.8	Voraussetzungen für vorbeugende Maßnahmen (§ 3 Abs. 1 BKV)	887
11.4	Infektiöse Hauterkrankungen	888
11.4.1	Bakterielle Hauterkrankungen	888
11.4.1.1	Hautmilzbrand (Anthrax)	888
11.4.1.2	Schweinerotlauf (Erysipeloid)	888
11.4.1.3	Rotz (Malleus, Hautwurm)	889
11.4.1.4	Hauttuberkulose	889
11.4.1.5	Pyodermien	889
11.4.2	Virale Hauterkrankungen	890
11.4.2.1	Melkerknoten (Paravakzineknoten)	890

* Mitarbeit Prof. Dr.med. *S. M. John*, Universität Osnabrück, Fachbereich Dermatologie.

11.4.2.2	Schafpocken (Orf, Ekthyma contagiosum)................	890	11.4.3	Hautpilzkrankheiten (Hautmykosen).............. 891
11.4.2.3	Herpes-simplex-Virus-Infektionen	890	11.4.3.1	Trichophytie 891
			11.4.3.2	Mikrosporie................ 891
11.4.2.4	Gürtelrose (Herpes zoster)	891	11.4.4	Parasitäre Hauterkrankungen.. 892

Die Haut ist ein wichtiges Organ des Menschen. Sie schützt vor chemischen, physikalischen und bakteriellen Einwirkungen und sorgt für die Temperaturregulierung.

Bedeutung der Haut

Träger von Wahrnehmungsfunktionen

- Tastsinn
- Berührungsempfindung
- Schmerzempfindung
- Temperaturempfindung

Daneben ist die Haut unter psychischen und sozialen Aspekten von Bedeutung. Sie schafft zugleich Abgrenzung und Nähe zur Umwelt, ist die nach außen sichtbare Hülle des Körpers und so ein wichtiger Faktor für das Selbstwertgefühl. Irritationen, Verletzungen und Erkrankungen dieser äußeren Hülle führen oft zu Ablehnung und Ausgrenzung bis hin zu sozialer Isolation.

Aufbau und Funktion der Haut

Oberhaut (Epidermis)

Die Oberhaut stellt die Grenze des Körpers zu seiner Umwelt dar. Damit dient sie als Schutz gegen äußere Einflüsse. Die Oberhaut setzt sich aus mehreren, ineinander übergehenden Schichten zusammen.

Von der innersten Schicht, der *Keimschicht*, geht die Zellerneuerung aus. Im Zuge natürlicher Regeneration werden in ihr ständig neue Zellen gebildet. Diese werden von nachrückenden Zellen zur Hautoberfläche geschoben. Nach einem Zeitraum von ca. vier bis acht Wochen haben sie die äußerste Schicht, die Hornhaut, erreicht.

Die für die Schutzfunktion bedeutsame *Hornschicht* (Stratum corneum) setzt sich aus 10 bis 20 Zellschichten zusammen. Die Hornschichtzellen erweisen sich durch ihren hohen Anteil an Hauteiweiß (Keratin) als sehr hart und können somit u.a. mechanische Einflüsse abfangen. Die obersten Hornschichtzellen sind locker an die tieferen Zellschichten gebunden, von denen tote Hornschuppen kontinuierlich abgestoßen werden.

Die Hornschicht ist von einem dünnen Wasser-Fett-Film überzogen. Auf Grund seines sauren pH-Wertes wird dieser auch als „Säuremantel" der Haut bezeichnet. Der Säuremantel hat hauptsächlich folgende Aufgaben: Er schafft ein leicht saures Milieu, in dem die meisten Krankheitserreger, wie Bakterien, Pilze und Viren, relativ schlechte Vermehrungs- und Lebensbedingungen vorfinden. Dadurch wird Hautinfektionen vorgebeugt. Sodann dient er der Stabilisierung der Wasserbindefähigkeit der Hornschicht. Die Hornschichtzellen und das Hauteiweiß Keratin speichern die Hautfeuchtigkeit am besten im leicht sauren pH-Bereich. Die Hornschicht trägt mit der Erfüllung dieser Teilaufgabe „Feuchtigkeitsspeicherung" wesentlich zur Gesunderhaltung der Haut bei. Zunehmend wird die Bedeutung des sauren Haut-pH für die Funktion der Hautbarriere deutlich. Insbesondere für die komplexe Architektur der epidermalen Lipidschichten, die für die funktionelle Integrität der Hornschicht bedeutsam ist, ist ein saures Milieu essenziell (pH-abhängige Enzymsysteme).[1]

Ihrer Schutzfunktion kann die Haut nur dann in vollem Umfang nachkommen, wenn das System aus Hornschicht und Wasser-Fett-Film intakt ist. Bei dessen Störung können Hauterkrankungen auftreten. Die Hornschicht ist der eigentliche Sitz der Hautbarriere. Sie weist eine komplexe Architektur auf, vereinfachend als Zweikompartment- oder Backsteinmauermodell dargestellt. Die Ziegelsteine entsprechen dabei den kernlosen, proteinreichen Zellen der Hornschicht (Corneozyten), der Mörtel besonderen, zwischen den Zellen befindlichen, lamellär angeordneten Fetten.

In der Oberhaut befinden sich die immunologisch kompetenten Zellen (Langerhanszellen), die als Vorposten des Immunsystems für die Auslösung entzündlicher und allergischer Reaktionen verantwortlich sind.

Lederhaut (Corium)

Unter der Epidermis liegt die Lederhaut, ein faserreiches Bindegewebe. In diesem Bereich finden sich Haarfollikel und Schweißdrüsen. Der obere Teil ist mit der Epidermis fest verzahnt und besonders reich an Blutgefäßen, die auch die gefäßlose Epidermis versorgen.

Unterhaut (Subkutis)

Die unterste Hautschicht, das Unterhautfettgewebe, besteht aus Fettgewebe und einem lockeren Bindegewebe. Hier sind Haarwurzeln und Schweißdrüsen verankert.

Überblick:

Hautfläche:	beim erwachsenen Menschen ca. 1,5–2 m^2
Hautgewicht:	durchschnittlich ca. 7 kg oder 10 % des Körpergewichtes (nur Corium und Epidermis)
Hautdicke:	ca. 1–4 mm
	Epidermis: 0,1mm (0,4–0,6 mm an der Handinnenfläche)
	Hornschicht: 0,01 mm (deutlich höher in den Handinnenflächen und im Bereich der Fußsohlen)
Regenerationszeit:	bei einer Schädigung oder Erkrankung ca. 4–8 Wochen (entspricht der Wanderungsgeschwindigkeit für neu gebildete Oberhautzellen bis zur Hornschicht)
pH-Wert:	beim gesunden Menschen 5
Hautschuppe:	sichtbare Hautschuppe birgt etwa 500 Hornschichtzellen.

---

[1] Hachem, Crumrine, Fluhr, pH directly regulates epidermal permeability barrier homeostasis, and stratum corneum integrity/cohesion. J. Invest Dermatol 121 (2003) 345–353.

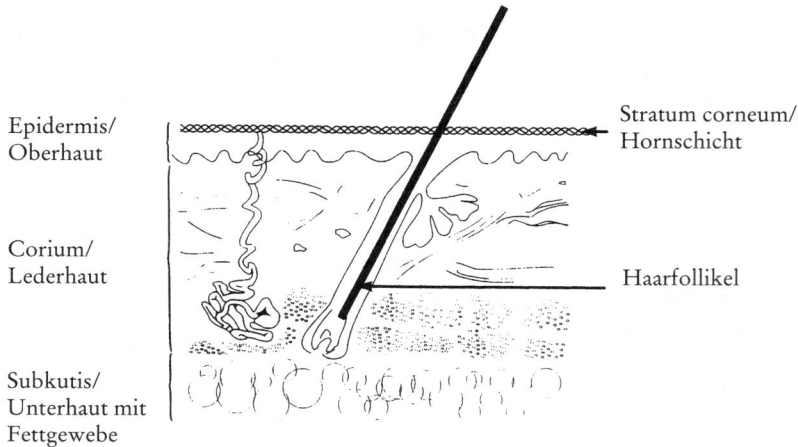

Abb. 1: Schematische Darstellung der menschlichen Haut

Berufsbedingte Hautschäden sind im Blickfeld des Versicherungsfalls der ges. UV bekannt als

(1) Folgen von Unfällen mit grob mechanischen, chemischen oder thermischen Einwirkungen

– Wunden

– Verätzungen

– Verbrennungen; Verbrühungen

– Hitze- und Kälteeinwirkungen (s. 20.8, S. 1208)

(2) infektiöse bzw. parasitäre Schädigungen (s. 11.4, S. 888)

(3) Ausdruck einer durch Aufnahme eines Listenstoffs in den Körper verursachten Allgemeinerkrankung[2]

(4) Schwere oder wiederholt rückfällige Hauterkrankungen, die zur Unterlassung aller Tätigkeiten gezwungen haben, die für die Entstehung, die Verschlimmerung oder das Wiederaufleben der Krankheit ursächlich waren oder sein können (BK-Nr. 5101).

(5) Hautkrebs oder zur Krebsbildung neigende Hautveränderungen durch Ruß, Rohparaffin, Teer, Anthrazen, Pech oder ähnliche Stoffe (BK-Nr. 5102, s. 18.7.3, S. 1137).

11.1 Verätzungen

Die Wirkungsweise der alkalischen und metallischen Ätzmittel ist in einer Verbindung mit dem Gewebeeiweiß zu sehen, durch die der Zelltod eintritt.

---

[2] Vgl. den Hinweis zu den BK-Nrn. 1101 bis 1110, 1201, 1202, 1303 bis 1309, 1315 in der Anlage 1 zur BKV sowie 11.3, S. 840 ff.

Klinisch können chemische Verätzungen eingeteilt werden in das Erythem, das Erythem mit Blasenbildung und die Verschorfung. Die Voraussetzungen, welche für die Anerkennung eines unfallbedingten malignen Tumors notwendig sind, werden von den Karzinomen, die auf dem Boden von Verätzungsnarben entstehen, in „idealer Weise" erfüllt.

Verätzungen werden durch Säuren und Laugen hervorgerufen; letztere haben im Allgemeinen schwer wiegende Folgen. In der Industrie übersteigt die Verwendung starker Säuren diejenige der Laugen; infolgedessen stehen der Häufigkeit nach die Säureverätzungen an erster Stelle; die durch Salpetersäure, Schwefelsäure und Flusssäure verursachten sind besonders gefürchtet.[3]

Bedeutsam sind Verätzungen durch *Flusssäure*, einem starken Reiz- und Ätzstoff für die Haut (und Schleimhäute). Die Dämpfe verursachen auf der Haut schlecht heilende Geschwüre. Vor allem höhere Konzentrationen sind stark ätzend und führen bereits nach 24 Stunden zu tiefen Nekrosen.[4] Bei einer chronisch resorptiven Vergiftung können gelegentlich Veränderungen am Skelett auftreten.

Obwohl es sich um eine Fluorverbindung handelt, kann die Verätzung nicht als Berufskrankheit (BK-Nr. 13 08), wohl aber als Arbeitsunfall anerkannt werden. Hauterkrankungen lassen sich nur dann als Erkrankung nach BK-Nr. 13 08 werten, „als sie Erscheinungen einer Allgemeinerkrankung sind, die durch Aufnahme der schädigenden Stoffe in den Körper verursacht werden" (vgl. Anlage zur BKV).

11.2 Verbrennungsunfall*

Verbrennung ist die Schädigung der Körperoberfläche durch Hitzeeinwirkung. Je nach Art der Hitzequelle und Dauer der Hitzeeinwirkung kommt es zu unterschiedlichen Verbrennungstiefen: Es können entweder die Hautschichten in verschiedener Ausprägung oder auch unter der Haut gelegene anatomische Strukturen bis hin zum Knochen betroffen sein.

Verbrennungen sind durch vielfältige Unfallmechanismen auslösbar:

Direkte und indirekte Verbrennung

Direkte Verbrennungen entstehen durch Einwirkung von offener Flamme auf den Körper, indirekte Verbrennungen durch erhitzte Luft in unmittelbarer Umgebung offener Flammen. Beide sind meist durch einen fließenden Verlauf der Verbrennungstiefen gekennzeichnet, abnehmend vom heißesten Zentrum der Hitzeeinwirkung.

Kontaktverbrennung

Kontaktverbrennungen, die durch direkten Kontakt der Haut zu heißen Gegenständen, z. B. heißem Metall, wie Bügeleisen und Herdplatte, aber auch in der metallverarbeitenden

---

*   Mitarbeit Dr. med. F. Bisgwa, Berufsgenossenschaftliches Unfallkrankenhaus Hamburg-Boberg.
[3]   Kleine-Natrop, MfU 1966, 218–227 (besondere Berücksichtigung der Verätzung durch Flusssäuren); Bartels, u. a., Handchirurgie 14, 65–68 (1982).
[4]   Valentin, u. a., Arbeitsmedizin, 3. Aufl. Bd. 2 1985 S. 108; Tremel, u. a., Med. Klinik 86 (1991) 71; Scharizer, ASP 1984, 199 ff.; Haussmann, Handchirurgie 8 (1976) 199–201; Hoos, Suhr, Unfallheilkunde 1979, 384.

Industrie entstehen, zeigen in der Regel ein scharf begrenztes Verbrennungsmuster ohne wesentliche Tiefenunterschiede.

Explosionsverbrennung

Explosionsverbrennungen entstehen durch Verpuffung brennbarer Dämpfe. Begleitende Augen- und Ohrenschaden sowie innere Verletzungen sind bei diesem Unfallmechanismus stets in Betracht zu ziehen.

Verbrühung

Verbrühungen entstehen durch heiße Flüssigkeiten, wie Wasser, Fett u.a. Sie sind die meisten Ursachen thermischer Schäden im Kindesalter. Bei Erwachsenen treten sie häufig bei Köchen und Heizungsbauern auf.

Begleitverletzungen

Unter dem dramatischen Eindruck einer schweren Brandverletzung werden Begleitverletzungen nicht selten übersehen. In etwa 5 % ist bei Verbrennungspatienten in Abhängigkeit vom Unfallmechanismus mit ernsthaften Begleitverletzungen unterschiedlicher Schwere zu rechnen.[5] Es finden sich Prellungen und Quetschungen, Platz- und Schürfwunden, Sehnenabrisse, Knochenbrüche, Verletzungen innerer Organe u. v. m. Sorgfältige Eruierung des genauen Unfallherganges sowie ein systematischer Untersuchungsablauf sind gerade bei schweren Brandverletzungen von essentieller Bedeutung.

Systemische Schäden

Bei Verbrennungsunfällen kommt es neben der eigentlichen lokalen Haut-Weichteilschädigung ab einer bestimmten Ausdehnung der betroffenen Körperoberfläche (KOF) zur sogenannten Verbrennungskrankheit (s. 11.2.2, S. 836) mit Flüssigkeitsaustritt aus den Blutgefäßen in das umgebende Gewebe, so dass durch die resultierende Schocksymptomatik nahezu alle Organsysteme betroffen sein können.

Erfrierungen

Erfrierungen zählen ebenfalls zur Gruppe der thermischen Hautschäden, wenngleich sieh die Therapieprinzipien von denen der durch Hitzeeinwirkung entstandenen Verletzungen deutlich unterscheiden (s. 20.8.3, S. 1212). Vergleichbar ist die Behandlung abgestorbener Gewebeanteile im Sinne deren frühestmöglicher operativer Entfernung und Deckung der resultierenden Defekte durch Eigengewebetransplantation.

Zu den Verbrennungen gehören auch elektrothermische und solche durch ionisierende Strahlen sowie photogene und lichtenergetische Wirkungen als besondere physikalische Formen (s. 20.4, S. 1179).

---

[5] Schultz u.a., Unfallchirurg 98 (1995) 224.

11.2.1 Örtliche Verbrennungen

Für die Unfallbegutachtung ist das Festlegen des örtlichen Verbrennungsschadens wichtig: Im Durchgangsarztbericht und in der Krankengeschichte sind Umfang und Grad der Verbrennung genau zu beschreiben. Eine digitale Fotodokumentation des Aufnahmebefundes ist zu empfehlen.

Charakteristisch für Verbrennungswunden sind:

1. Schädigung der Blutkapillaren; dies führt zu einem exzessiven Plasmaverlust, der wiederum einen Verbrennungsschock auslösen kann.
2. Totes Gewebe, das den idealen Nährboden für Bakterien bildet.
3. Ausdehnung der Wunde über ein großes Körperareal, das eine ungeschützte, großflächige Öffnung für eine invasive Infektion darstellt,

11.2.1.1 Ausdehnung

Die Ausdehnung einer Brandverletzung wird in Prozentanteilen der gesamten Körperoberfläche (KOF) angegeben. Zur Abschätzung dient bei Erwachsenen die Neunerregel nach *Wallace* (Abb. 2a).

Exaktere Einstufungen einschließlich der unterschiedlichen Prozentanteile bei Kindern finden sich in den altersadaptierten Tabellen auf dem „Ergänzungsbericht schwere Verbrennungen" der Berufsgenossenschaften.

Zur raschen orientierenden Einschätzung bei Patienten jeden Alters ist die „Handflächenregel" hilfreich (Abb. 2b). Dabei entspricht die Fläche einer Hand des Patienten ca. 1 % seiner gesamten Körperoberfläche (1 % KOF).

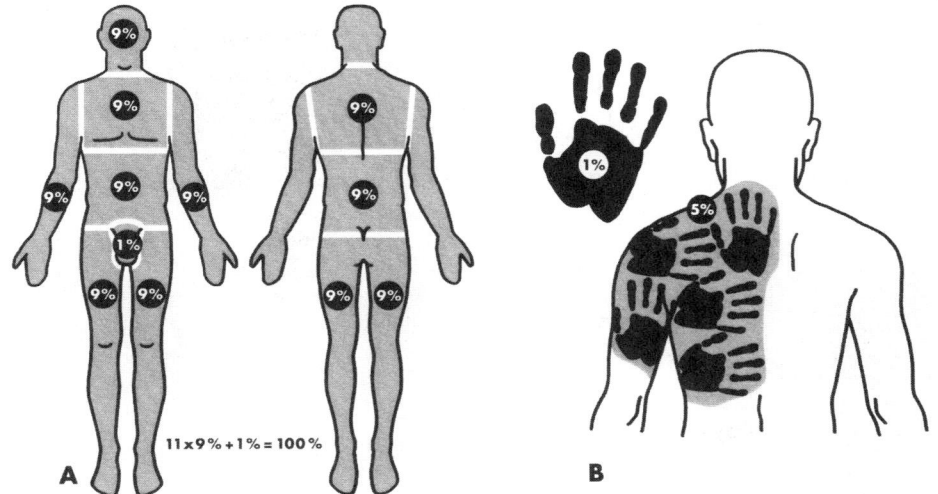

Abb. 2 a-b[6] Abschätzung der Verbrennungsoberfläche. A: Neunerregel nach Wallace bei Erwachsenen; B: Abschätzung mittels Handflächenregel.

---

6 Pallua, Low, Plastische Chirurgie (2003) 350.

11.2.1.2 Verbrennungsgrade

Grad I: *Hautrötung* (Erythem): Nur oberflächliche Schichten sind betroffen. Des Weiteren besteht Hyperämie (Blutüberfülle). Die Verbrennung heilt bis spätestens Ende der 3. Woche ab.

Grad IIa: *Brandblasen:* Zerstörung der Epidermis (Oberhaut). Hautanteile verbleiben.

Grad IIb: Zusätzlich liegt eine weitgehende Nekrose der Dermis (Haut) vor.

Grad III: *Hautnekrose:* Hautanhangsgebilde (wie Haarfollikel) bleiben erhalten.

Oberflächlich: Totale Zerstörung der Haut bis auf die Fettschicht.

Tief: Haut und subkutanes Gewebe sind zerstört; Thrombosierung der subkutanen Gefäße. Die Haut ist trocken, dunkelrot, weiß oder braun. Die Verbrennung verursacht keine Schmerzen; die Sensibilität ist verloren. Regeneration ist ausgeschlossen.

Verkohlung: Jedes unter der Haut liegende Gewebe kann zerstört sein (bisweilen als 4. Grad bezeichnet).

Die Grenze zwischen zweit- und drittgradigen Verbrennungen kann fließend sein und beinhaltet den Übergang von Nekrosen zu weniger stark geschädigten Hautanteilen. In diesem Grenzzonenbereich entscheidet sich das Ausmaß des Gesamtschadens, da ein Teil der Zellschäden zumindest noch heilbar ist; bei unzulänglicher Therapie kann es aber zu nicht heilbaren hypoxischen Schäden (Sauerstoffmangel im Gewebe) kommen.

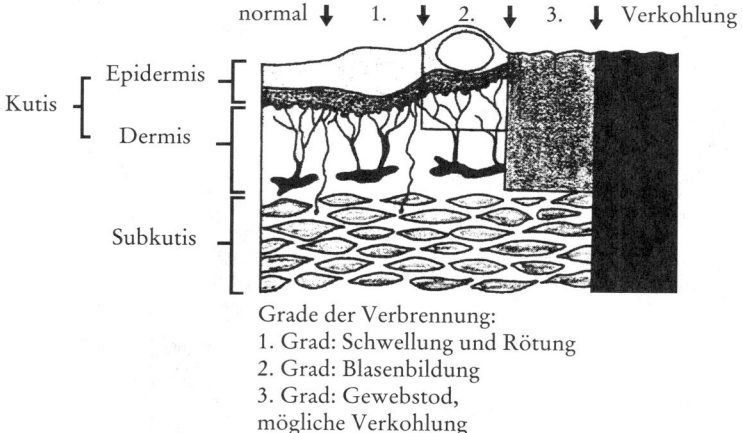

Grade der Verbrennung:
1. Grad: Schwellung und Rötung
2. Grad: Blasenbildung
3. Grad: Gewebstod, mögliche Verkohlung

Abb. 3

11.2.2 Verbrennungskrankheit

- entsteht bei umfangreicher Verbrennung
- zu erwarten bei Verbrennungen/Verbrühungen ab oberflächlich-zweitgradig (II°-a)
- wenige Minuten nach Hitzeschädigung abnorme Durchlässigkeit der Blutkapillaren – Ausfließen von Wasser, Eiweiß und Salzen aus geschädigter Haut – Ödembildung (Aufschwellung des Gewebes)

11.2 Verbrennungsunfall

Merkmale der Verbrennungskrankheit:

1. Generalisiertes Ödem infolge vermehrter Durchlässigkeit der Blutgefäße während der ersten Tage nach Unfallereignis.
2. Degenerative Vorgänge im Bereich der Verbrennungswunde.
3. Drohende Wundinfektion bei verminderter Abwehrlage.
4. Steigerung des Energiestoffwechsels bei erhöhtem Energiebedarf.
5. Komplikationen im Bereich lebenswichtiger Organe, wie Lungen, Nieren, Magen-Darmtrakt.

Prognose

abhängig von

- Ausdehnung des Gewebeschadens
- Verbrennungstiefe
- Alter des Verletzten
- vorbestehenden Leiden – insbesondere Kreislauf- und Stoffwechselerkrankungen sowie Leber- und Nierenleiden
- Zeitspanne zwischen Unfall und Therapiebeginn

Das Syndrom *Inhalationstrauma* vereint thermische und chemische Schädigungen der Luftwege und des Lungengewebes, die zusätzlich mit systemischen Intoxikationen einhergehen können.[7]

Die *Atmungsorgane* (Bronchien, Lungengewebe) können nicht nur durch Hitze- und Raucheinwirkungen sowie durch toxische Substanzen – etwa bei Verbrennung von Kunststoffen in geschlossenen Räumen – direkt, sondern auch indirekt geschädigt werden: Die durch Mikrothromben und Sauerstoffdiffusionsstörungen verursachte „Schocklunge" sowie bakteriell bedingte Lungenentzündung sind lebensbedrohende Komplikationen. Ferner treten chronische Atemwegserkrankungen nach Beatmung in der Akutphase auf.

Bei einem Viertel der Schwerbrandverletzten entwickeln sich Magen-Darmgeschwüre (Stressulcera s. 12.3.4.1, S. 905) mit Blutungsneigung; Darmwandödeme können Darmlähmungen verursachen.

Als Spätfolgen kommen auch Durchblutungsstörungen und Thrombosen in Betracht.

11.2.3 Minderung der Erwerbsfähigkeit

Die Verbrennungsnarben werden nach Ausdehnung, Qualität und Lokalisation bewertet: Hinzu kommen bei tieferen Brandverletzungen flächige Narben im Bereich der Entnahmestellen von Spalthauttransplantaten, Narben im Bereich von Vollhautentnahmestellen sowie nach gestielten und freien Lappenplastiken.

Die Ausdehnung der Narbenbezirke wird in Prozentanteilen der Körperoberfläche (% KOF) angegeben.

---

[7] Dazu Voeltz, Unfallchirurg 98 (1995) 187ff.; Germann, Hartmann, in: Traumatologische Praxis (Hrsg. Durst) 1997 S. 621ff.; Vogt, Unfallchirurg 109 (2006) 270; Jester, Hoppe, Trauma Berufskrankh 10 (2008) Suppl 3 S. 322, 324.

Zur Einschätzung dienen die Handflächenregel, die altersadaptierten Tabellen der Berufsgenossenschaften sowie die 9er-Regel nach *Wallace* (s. 11.2.1.1, S. 835).

Bei der Begutachtung der Qualität einer Narbe ist zu achten auf Pigment- oder Texturveränderungen, wie sie z.B. nach „Gittertransplantaten" (Meshgrafts) in Abhängigkeit von der Expansionsrate auftreten. Narbenstränge werden berücksichtigt, desgleichen Instabilitäten, Atrophien im Narbenbereich und überschießendes Narbenwachstum (Hypertrophie).

Für die Lokalisation gilt, dass Narbenbildungen im Gesichts- und Halsbereich, an Armen und Händen, sowie der Brust schwerer wiegen als im Bereich der übrigen Körperregionen.

Somatische und vegetative Komponenten sind zu berücksichtigen.

[A]: Funktionseinschränkungen

Folgen ausgedehnter Vernarbungen der Haut im Bereich verbrannter Areale und der Entnahmestellen von Transplantaten

- Beeinträchtigung der normalen Temperaturregulation von Haut und Unterhaut
- Störung der Sensibilität
- Reduzierung der Elastizität und Gleitfähigkeit auf Muskel- und Sehnengewebe
- Fehlen von Hautanhangsgebilden, wie Schweiß- und Talgdrüsen
- Funktionelle Auswirkungen von Narbenkontrakturen und Narbenhypertrophien

[B]: Lokalbefund der Narbenfläche oder des Narbenstranges

Ausdehnung in % der Körperoberfläche (KOF)

Narbenqualität (Multiplikator 1–3)

Der Faktor Q gewichtet die besondere Lokalisation der Narbenareale: Bei Narben an Brust und Armen Multiplikator 2, im Gesicht und an den Händen Multiplikator 5 (in Einzelfällen bis 10).

Multiplikation von Ausdehnung in KOF, Narbenqualität und ggf. besonderer Lokalisation

[C]: Berücksichtigung somatischer und vegetativer Beschwerden

5, 10 oder 20 Punkte nach Zahl der Nennungen

MdE-Ermittlung

Erster Schritt: Addition der Punkte aus [B] und [C] und Errechnung der Teil-MdE (0–40)

Zweiter Schritt: Gesamt-MdE durch Addition der Teil-MdE zu der unter [A] bewerteten MdE aus Funktionseinschränkungen.

11.2 Verbrennungsunfall

Einen Anhalt gibt das folgende, in Absprache mit der DGV (Dt. Ges.f. Verbrennungsmedizin) erarbeitete Schema[8]:

[A]	MdE aus Funktionseinschränkung ((Neutral-Null):	
[B]	Bewertung des Lokalbefundes in Narbenarealen:	
	– Ohne Pigment und wesentliche Texturveränderungen	KOF x 1 x Q =
	– Ohne Pigment-, aber mit Texturveränderungen (z.B. Meshgraft)	KOF x 1,5 x Q =
	– Ohne Pigmentveränderungen, mit Narbensträngen	KOF x 2 x Q =
	– Mit Pigmentveränderungen*, Instabilität oder Hypertrophie	KOF x 3 x Q =
		Summe = [B]
[C]	Fragen nach somatischen und vegetativen Beschwerden	
	– Trockenheit der Haut	
	– Kälteempfindlichkeit	
	– Wärmeempfindlichkeit	
	– Verletzlichkeit der Haut	
	– Juckreiz	
	– Taubheitsgefühl	
	– Gelenk- und Gliederschmerzen	
	– Spannungsgefühl	
	– Schweißneigung	
	Zahl der Nennungen: 1 – 2 = 5 Punkte	Punkte aus [C]
	3-5 = 10 Punkte	
	> 5 = 20 Punkte	
Summe der Punkte aus [B] und [C]:		

Punkte	< 20	20– 40	40– 70	70– 100	>100
MdE aus [B] + [C]	0 %	10 %	20 %	30 %	40 %
MdE aus [A] +[B +[C] = Gesamt-MdE					

* Bzgl. der Einschätzung zur Pigmentveränderung ist eine feinere Abstufung angezeigt. So findet sich z.B. beim Erwachsenen einige Monate nach Spalthauttransplantation im Bereich der Entnahmestellen in der Regel häufig nur noch leichte Hyperpigmentierung, 1–2 Jahre nach der Operation lediglich eine ganz diskrete Hypopigmentierung. Diese leichte Veränderung des Hautkolorits ist in der Bewertung nicht gleichzusetzen mit der oft erheblichen Hyperpigmentierung einer hypertrophen Narbe. Allein diese rechtfertigt den Multiplikator 3.

---

[8] Aus: Bruck u.a., Handbuch der Verbrennungstherapie (2002) S. 432–433, modifiziert nach Henckel v. Donnersmarck, Hörbrandt: Jahrbuch der Verbrennungsmedizin (1995).

Erläuterung

Der zu Begutachtende zeigt eine flächenhafte Narbe auf der Wange von 0,5 % KOF Ausdehnung mit Pigment –, ohne Texturveränderungen, Narbenstränge oder Instabilitäten	0,5 % x 3 = 1,5 Q = 5 1,5 x 5 = 7,5
Den gesamten Handrücken und die Streckseite der Langfinger, d.h. knapp 1 % KOF, bedeckt eine Narbenfläche mit einzelnen Narbensträngen	1 % x 2 = 2 Q = 5 2 x 5 = 10
Dazu kommt eine Narbenfläche von 5 % KOF am Thorax mit instabilen Arealen	5 % x 3 = 15 Q = 2 15 x 2 = 30
	Summe = 47,5

Nennt der Betroffene Juckreiz, Kälteempfindlichkeit und Wärmeüberempfindlichkeit (3 Nennungen = 10 Punkte), erreicht er eine Gesamtpunktzahl von 57,5. Aus der Tabelle resultiert – im Beispiel ohne funktionelle Einschränkungen – eine MdE von 20 %.

Neben lokalen Unfallfolgen durch die Brandverletzung selbst sind Begleitverletzungen sowie mittelbare Unfallfolgen, die sich aus dem Gesamtbild der Verbrennungskrankheit, einem Inhalationstrauma oder den Folgen der Intensivbehandlung ableiten, ebenso zu berücksichtigen, wie während der Behandlung aufgetretene Komplikationen.

Als mögliche langfristige Folge sollte die Entwicklung von *Narbenkarzinomen* berücksichtigt werden (s. 18.10.2, S. 1147).

11.3 Hauterkrankungen als Berufskrankheit nach BK-Nr. 51 01

Spezielle *Rechtsgrundlage* für berufsbedingte Hauterkrankungen

BK-Nr. 51 01:
„*Schwere oder wiederholt rückfällige Hauterkrankungen, die zur Unterlassung aller Tätigkeiten gezwungen haben, die für die Entstehung, die Verschlimmerung oder das Wiederaufleben der Krankheit ursächlich waren oder sein können.*"

Konkurrenzen

- *Hautkrebserkrankungen*

BK-Nr. 51 02 als besondere Norm ist zu beachten.

- *Infektiöse Hauterkrankungen*

BK-Nrn. 31 01, 31 02 und 31 04 sind in Betracht zu ziehen.

- *Durch chemische Einwirkungen verursachte Krankheiten*

Zu den Nrn. 11 01 bis 11 10, 12 01 und 12 02, 13 03 bis 13 09 und 13 15 ist geregelt, dass Hauterkrankungen ausgenommen sind. Diese gelten als Krankheiten im Sinne der Anlage 1

11.3 *Hauterkrankungen als Berufskrankheit nach BK-Nr. 51 01* 841

zur BKV nur insoweit, als sie Erscheinungen einer allgemeinen Erkrankung oder gemäß BK-Nr. 51 01 zu entschädigen sind. Daraus folgt, dass *primäre* Hauterkrankungen durch einen der genanten Stoffe nur unter den erschwerten Voraussetzungen der Nr. 51 01 entschädigt werden können. Damit wird verhindert, dass die besonderen medizinischen und versicherungsrechtlichen Merkmale bei einer Reihe von hautschädigenden Einwirkungen letztlich leerliefen.

Hautkrankheiten als (Begleit-) Erscheinung einer Allgemeinerkrankung entsprechend den angeführten BK-Nrn. sind darunter zu prüfen.

- *Chlorierte Aryloxide*

Die Beurteilung von Chlorakne und anderer durch chlorierte Aryloxide (z.B. durch „Dioxine") verursachten Berufsdermatosen erfolgt nach BK-Nr. 13 10.

- *Einwirkung durch ionisierende Strahlen*

Anerkennung nach BK-Nr. 24 02.

Statistik

Bei den Meldungen auf Verdacht einer Berufskrankheit liegen Hautkrankheiten mit ca. 18.000 im Bereich der ges. UV (2007) an der Spitze des BK-Geschehens.

Überwiegend sind betroffen:

- Hände und Finger (ca. 80 %, vorwiegend im Friseur-, Bau- und Malergewerbe sowie in der Krankenpflege)
- zusätzlich (Unter-)Arme (vorwiegend metall- und nahrungsmittelverarbeitende Industrie, Baugewerbe, chemische und pharmazeutische Industrie)

Seltener: Gesicht und behaarter Kopf (z.B. aerogen durch Glasfasern)

Auf Grund der versicherungsrechtlichen Voraussetzungen (schwere oder wiederholt rückfällige Hauterkrankung, Unterlassungszwang) kann nur ein Teil der beruflich verursachten Hautkrankheiten als Berufskrankheit anerkannt werden (ca. 10 %). In der überwiegenden Zahl erfolgt mangels MdE in rentenberechtigendem Grade (s. 3.6) keine Berentung.

11.3.1 Kontaktekzeme[9]

90 % aller Berufsdermatosen erscheinen als Kontaktekzem. Die Bezeichnung bringt das Entstehen des Ekzems zum Ausdruck: durch Kontakt des Hautorgans mit Allergenen oder einer toxischen Substanz: Berührung oder Benetzung der Haut mit festen bzw. flüssigen Stoffen, aber auch in Form von Nebel, Dampf, Staub oder Gas. Endogene Komponenten (z.B. Atopie) können hinzutreten. Überschneidungen und Kombinationen sind häufig

---

9   S. dazu: Merkblätter zu der Berufskrankheitenliste der EG (Hrsg. Kommission der EG) 1972 S. 183f.; Brasch, u.a., Kontaktekzem, Leitlinien der Deutschen Dermatologischen Gesellschaft, Allergologie 30 (2007) 249; Valentin, u.a., Arbeitsmedizin, 3. Aufl. Bd. 2 1985 S. 308 ff.; Zschunke, Grundriß der Arbeitsdermatologie, 1985 S. 14 ff.; Bähr, BG 1988, 335 ff.; Konietzko, Dupuis, Handbuch der Arbeitsmedizin, 6. Erg. Lfg. 5/90, Kap. IV–6.2; Schwanitz, John, Berufsdermatosen, in: T&E Dermatologie, Sonderheft Berufsdermatosen 1997, 3; Frosch, Hautirritation und empfindliche Haut, 1985; Fregert, Kontaktdermatitis, 2. Aufl. 1982; Braun-Falco, u.a., Dermatologie und Venerologie, 4. Aufl. 1996 Kapitel 12; Hornstein, MedSach 88 (1992) 163 ff.

(z.B. sekundär aufgepropftes allergisches Kontaktekzem auf ein primär irritatives Kontaktekzem).

Nach zeitlichem Ablauf der entzündlichen Antwort der Haut bzw. Einwirkungszeit der Noxe werden akute, subakute und chronische Erscheinungsbilder unterschieden.

Dabei entspricht der Einwirkungsort schädigender Einflüsse der Lokalisation der Hauterkrankung.

Nach dem *zeitlichen Verlauf* sind zu unterscheiden[10]

- akut-toxisches Kontaktekzem (auch toxisches Kontaktekzem)
- chronisch-toxisches Kontaktekzem (auch chronisch-degeneratives, toxisch-degeneratives, kumulativ-toxisches bzw. subtoxisch-kumulatives Ekzem, ekzematisierte Abnutzungsdermatose)
- allergisches Kontaktekzem
  (auch: allergische Kontaktdermatitis, Kontaktallergie)

11.3.1.1 Akut-toxisches Kontaktekzem

Es entwickelt sich nach Einwirkung mit einem obligat (= unvermeidlich) toxischen Stoff (= Irritanzien):

– Säuren: Chrom-, Fluss-, Salpeter-, Salz-, Schwefel-, Oxalsäure

– Laugen: Natronlauge, Ätzkalk, gelöschter Kalk, Ammoniak, quaternäre Ammoniumverbindungen und andere Amine

– Lösungsmittel: Xylol, Benzol, Benzin, Aceton, Trichlorethylen, Tetrachlorkohlenstoff

– Strahlen: UV-Licht, Wärmestrahlung, Röntgen-, Laser-, ionisierende Strahlen

– Gase: Tränengas, Lost

– Thermische und mechanische Reize

– Kombination physikalischer und chemischer Wirkprinzipien wie bei der phototoxischen Reaktion. Dabei wirken mit Hilfe eines Lichtsensibilisators (z.B. Furocumarine) sonst unbedenkliche UV-Intensitäten toxisch

– Aerogen irritatives Kontaktekzem z.B. bei Verarbeitung von Glaswolle, die als Staub durch die Luft auf unbekleidete Hautflächen gelangt, oder bei Kontakt mit Stäuben von Hölzern oder Kunststoffen

Ausmaß und Stärke des klinischen Erscheinungsbildes sind abhängig von der Konzentration/Dosis des Schadstoffes und der Einwirkungszeit. Epidermis und Dermis können geschädigt werden. Erste Symptome treten innerhalb von wenigen Minuten bis 24 Stunden auf. Erkrankungsverlauf und Abheilung erfolgen stadienhaft: Rötung, Ödem, Bläschen, Erosionen, Krustenbildung und Schuppung, in besonders schweren Fällen auch Nekrosen (Beispiel: Zementnekrose). Eine vollständige Abheilung gelingt meist innerhalb von Tagen bis einigen Wochen. Wirkt die Kontaktnoxe nicht erneut ein, unterbleiben Rezidive.

---

10 Schwanitz, Ekzemklassifikation, in: Neue Wege zur Prävention (Hrsg. Schwanitz, Uter, Wulfhost) 1996 S. 42.

11.3 Hauterkrankungen als Berufskrankheit nach BK-Nr. 51 01 843

Insgesamt treten akut-toxische Ekzeme vergleichsweise selten auf.[11]

11.3.1.2 Chronisch-toxisches Kontaktekzem

Nicht eine einzelne Exposition (wie beim akut-toxischen Kontaktekzem) führt zur Entzündung; im Vordergrund steht der Zeitfaktor: Beständig wiederkehrende Schadstoffeinwirkungen über einen längeren Zeitraum können selbst bei geringen Dosen allmählich zu einer Schädigung der Haut und damit zu einer Insuffizienz der physiologischen Schutz- und Abwehrfunktion führen. Schließlich wird ein zur Ekzematisierung notwendiger Schwellenwert überschritten.

Einwirkungen

Mechanische Reize (z.B. ständiges Scheuern), Säuren, Laugen, Wasch-, Reinigungs- und Spülmittel, beständige Wasserkontamination (Feuchtarbeit), organische Lösungsmittel (Alkohol, Benzol, Toluol, Aceton, Benzin, Tetrachlorkohlenstoff, Trichloretyhlen), technische Öle, Kühlschmierstoffe und mechanische Noxen (Wolle, Staub, Sand u.a.).

Zwischen Hautempfindlichkeit und Einwirkungsdauer des Schadstoffes besteht eine potenzierende Wirkung. Begünstigende Individualfaktoren sind: sebostatische Haut, atopische Hautdisposition, Hyperhidrosis, vor allem Pompholyx, Mazeration, Hautinfektion, erhöhte Reizbarkeit der Haut nach vorangegangenen Dermatosen.

Im ersten Erkrankungsstadium erscheint eine rauhe, trockene oder schuppende Haut (= *Abnutzungsdermatose*).

Im weiteren Verlauf treten Rötung, Infiltration und Rhagade (Schrunde, kleine, oft sehr schmerzhafte, tiefe, z.T. blutende Spalten) hinzu. Schließlich kommt es zur Verdickung der Oberhaut mit übermäßig starker Verhornung und Schwielenbildung (Hyperkeratose) und zu einer Vergrößerung des Hautoberflächenreliefs mit Abschuppung (Licheninfikation).

Das voll ausgebildete toxisch-degenerative Kontaktekzem hat eine lange Entwicklungsdauer; Hautveränderungen bilden sich allmählich aus. Auch nach Wegfall irritierender Einflüsse kann das Ekzem weiterbestehen. Die physiologischen Schutz- und Abwehrmechanismen erreichen nur langsam wieder ihre volle Funktionsfähigkeit. Streuherde an sonstigen Körperteilen kommen nicht vor.[12]

Hautphysiologische Untersuchungsmethoden sollen die individuelle Hautempfindlichkeit objektivieren. Bewährt hat sich die Bestimmung des transepidermalen Wasserverlustes als Maß für die Hornschichtbarrierefunktion im Zusammenhang mit einem modifizierten Alkaliresistenztest (SMART).

Durch kombinierte Anwendung des SMART vergleichend an zwei Körperlokalisationen, von denen eine ehemals kontinuierlich beruflich (Handrücken), die andere nicht exponiert war (Unterarmbeugeseite), kann der Test als differentieller Irritationstest (DIT) für die Beurteilung irritativer Folgeschäden (sekundäre Hyperirritabilität) angewendet werden. Der DIT, der z.Zt. an größeren Kohorten validiert wird, ist der erste methodische Ansatz der

---

[11] Becker, Allergologie 30 (2007) 201, 202.
[12] Hess. LSG, 19. 3. 1997, Meso B 280/80

gutachterlichen Objektivierung einer resultierenden subklinischen Minderbelastbarkeit der Haut der Hände nach früherem, abgeheiltem Berufsekzem.[13]

Eine Reihe klassischer Hautbelastungsproben sollten nicht mehr verwendet werden in der berufsdermatologischen Diagnostik (z.B. Alkalineutralisationstest, Nikotinsäurebenzylester-Test/RubrimentTest, Chloroform-Methanol-Schmerz-Test), auch hautphysiologische Einmalmessungen (z.B. Sebumetrie, Corneometrie usw.) sind nicht indiziert.[14]

Ein toxisch-degeneratives Ekzem ist nicht selten der Wegbereiter für ein allergisches Kontaktekzem, indem das Eindringen von Allergenen durch die vorgeschädigte Haut begünstigt wird.

Insbesondere: Erkrankungen der Zwischenfingerhaartaschen bei Friseuren

Das Krankheitsbild erscheint zunächst damit, dass kurze, scharfe Haarabschnitte durch die relativ dünne und häufig vorgeschädigte Epidermisschicht der Zwischenfingerfalte dringen. Dadurch bilden sich zunächst kleine Papeln bei geringfügiger Verdickung der Epidermis. Im weiteren Verlauf kommt es zu Zysten und Grübchen und tieferdringenden epithelialisierten Fisteln, die im Bereich des Coriums zu Fremdkörperreaktionen führen können. Diese vermögen im Verlauf der Erkrankung kontinuierlich weiter in die Tiefe zu dringen, so dass möglicherweise auch Schichten unterhalb des Hautorgans betroffen werden.

Pathogenetisch handelt es sich um einen *Krankheitsprozess,* der durch langfristige, wiederholte Schädigungen durch Fremdhaare und die Reaktion des Organismus darauf ausgelöst und unterhalten wird. Die Erkrankung hat darin Ähnlichkeit mit einem traumiterativen Kontaktekzem und ist deshalb auch versicherungsrechtlich nach der BKV zu beurteilen. Bei eingetretenen Superinfektionen (Abszess, Phlegmone) ist die gesundheitliche Gefährdung des Patienten größer als durch Kontaktekzeme. In der Literatur[15] sind schwere Verläufe mit gewerbedermatologisch objektivem Zwang zur Berufsaufgabe beschrieben. Eine Aufgabe der gefährdenden Tätigkeiten ist nicht immer vermeidbar: Eine BK-Nr. 51 01 liegt vor.

11.3.1.3 Allergisches Kontaktekzem

Der Begriff „Allergie" besagt, dass der Körper einen Reiz anders als normal beantwortet: immunologisch bedingte, spezifische, potentiell krankmachende Überempfindlichkeitsreaktion.

Das allergische Kontaktekzem ist dadurch gekennzeichnet, dass die oberen Hautschichten nicht durch direkte Wirkungen (oft in niedrigen Konzentrationen) geschädigt werden, sondern durch die auf den Boden einer Sensibilisierung provozierten Entzündung. Dies setzt eine Sensibilisierung gegen ein Kontaktallergen voraus, eine Reaktion vom verzöger-

---

[13] John, in: Berufsdermatologie (Hrsg. Szliska, Brandenburg, John) 2. Aufl. 2006 S. 581 ff.; Blome, u.a., Bamberger Merkblatt: Begutachtungsempfehlungen für die Begutachtung von Haut- und Hautkrebserkrankungen, Konsensuskonferenz Potsdam 12. 6. 2008 (Hrsg. DGUV) 2009 = Dermatosen in Beruf und Umwelt 56 (2008) 132, 136.
[14] John, u.a., Dermatologie in Beruf und Umwelt / Occup Environ Dermatol 54 (2006) 108.
[15] Gartmann, Berufsdematosen 15 (1967) 189 ff.; Metz, Z Haut-Geschl. Kr 12 (1970) 463 ff.; John, u.a., Z. Hautkr 69 (1994) 622, 625.

11.3 *Hauterkrankungen als Berufskrankheit nach BK-Nr. 51 01*

ten Typ, die nach Aufnahme des Antigens durch dendritische Zellen (*Langerhanszellen*) durch eine T-Zell-vermittelte Immunantwort hervorgerufen wird.[16]

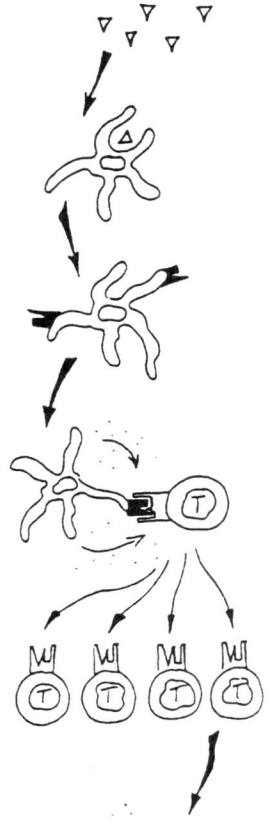

Erstkontakt (Auslösephase)
In lebende Epidermisschichten eingedrungenes Antigen (sog. Hapten, z.B. Nickel).

Das Hapten wird von Langerhanszellen der Oberhaut aufgenommen und verarbeitet.

Verarbeitetes Hapten erscheint auf der Zelloberfläche der Langerhanszellen. Diese wandern über Lymphgefäße zum Lymphknoten.

Im Lymphknoten suchen sie die T-Zelle mit passendem Antigenrezeptor und binden sich an ihn. Zusätzlich schütten sie einen Botenstoff aus. Diese beiden Signale führen zur Teilung der T-Zelle. Es entsteht ein haptenspezifischer T-Zell-Klon. Die Sensibilisierung ist nun abgeschlossen. Die neuen T-Zellen sind u.a. Gedächtniszellen, die im Lymphknoten, im Blut und in der Lymphflüssigkeit sowie in der Haut patrouillieren.

Zweitkontakt (Effektorphase)
Gelangt erneut Hapten in die Haut, werden dort eingewanderte haptenspezifische T-Zellen über eine Reihe von Zwischenschritten aktiviert. Seit neuerem ist bekannt, dass an dieser Aktivierung maßgeblich die Zellen der Haut beteiligt sind. Über Botenstoffe werden schließlich auch weitere T-Zellen angelockt. Dies bedarf einige Zeit. Eine Entzündungsreaktion, in deren Verlauf Hautzellen vernichtet werden, wird ausgelöst – *das allergische Kontaktekzem*. Im Allgemeinen wird es erst nach 24 – 48 Stunden sichtbar, persistiert dann aber über 72 Stunden (auch deutlich darüber).

Vier immunologisch definierte Basisreaktionen bzw. Allergietypen lassen sich vereinfacht unterscheiden *(Coombs* und *Gell)*. Größte Bedeutung haben solche vom Typ I und Typ IV b.

---

[16] Knop, Kontaktallergie, in: Fortschritte der praktischen Dermatologie und Venerologie (Hrsg. Plewig, Deglitz) 2001 S. 15 ff.; Enk, Allergologie 30 (2007) 189, 190.

Übersicht[17]			
Typ	Klinik	Führend beteiligte Faktoren	Erkrankungen
I	anaphylaktische Sofortreaktion	IgE, vasoaktive Amine (Mastzellen)	Atopie, Urtikaria, Quincke-Ödem, Asthma bronch., Rhinitis allerg., anaphylakt. Schock
II	zytotoxische Reaktion	IgG, IgM, Komplement i.S.	Leukozytopenie, Agranulozytose, Thrombozytopenie, hämolyt. Anämie, Autoimmunkrankh.
III	Arthus-Reaktion sog. Serumkrankheit	IgG, IgM, Komplement i.S. Neutrophile	Vasculitis allerg., Alveolitis (Quincke-Ödem, Urtikaria-Vaskul.)
IVa	Tuberkulinreaktion	T-Lymphozyten, Lymphokine, Makrophagen	Allerg. Exantheme, Transplantatabstoßung
IVb	Ekzemreaktion	T-Lymphozyten, Langerhanszellen	Allergisches Kontaktekzem, Photoallerg. Ekzem

Allergien vom Soforttyp (Typ I)

Sie werden durch rasches Auftreten der typischen Symptome nach Kontakt mit dem Allergen gekennzeichnet. Dazu gehören

- Hautjucken, Hautrötung, Quaddelbildung
- Fließschnupfen, Niesen, Augenjucken
- möglicherweise Asthma

Immunglobuline (Ig) spielen eine zentrale Rolle, insbesondere jene der Klasse E. Die auch als Antikörper bezeichneten Immunglobuline IgE werden von speziellen weißen Blutkörperchen produziert, den B-Lymphozyten. Sie richten sich gegen das Eindringen fremder Substanzen in den Körper. Der Vorgang dieser Empfindlichkeitssteigerung heißt *Sensibilisierung*. Dies bedeutet die Bereitschaft des Körpers zur Allergie mit körperlichen Veränderungen. Dieses Stadium ist klinisch stumm und ohne jede Krankheitserscheinung: Eine Hauterkrankung liegt noch nicht vor.[18] Die Antikörper bilden Y-förmige, langkettige Moleküle, die spezifisch auf jeweils eine Sorte von Eindringlingen ausgerichtet sind – quasi ein lebenslanges „Gedächtnis" für Gefahrstoffe. Wenn das bekannt gewordene Allergen erneut auftaucht, „alarmieren" sie in einer Kette von Reaktionen das Immunsystem. Die Abwehrreaktion kann sofort auftreten (Soforttypreaktion).

Allergisches Kontakt-Ekzem (Typ IV-Allergie)

Stoffe in der Umwelt und bei der Arbeit können Allergien vom Spättyp auslösen, z.B. im Gesundheitswesen, verursacht durch Inhaltsstoffe von medizinischen Schutzhandschuhen (Vulkanisationsagenzien oder andere Zusatzstoffe bei der Gummiherstellung als Aller-

---

[17] Hornstein, MedSach 88 (1992) 163.
[18] Cronemeyer, Dtsch. med. Wschr. 1961, 298.

gene). Das Ekzem wird durch schuppende Hautrötung, Bläschenbildung und/oder Verdikkung der Haut sowie durch erhöhte Verletzbarkeit (Auftreten von Rhagaden) gekennzeichnet. Bei Allergien vom Soforttyp (Typ I) tritt die Reaktion auf das Allergen innerhalb weniger Minuten ein; bei der Typ IV Allergie entwickelt sich die ekzematöse Antwort der Haut erst innerhalb von Stunden sogar bis zu zwei Tagen („Allergie vom Spättyp", Mechanismus s. 11.3.1.3, S. 844).

Überwiegend tritt das allergische Kontaktekzem nur bei einer begrenzten Zahl von exponierten Personen auf. Dabei sind bedeutsam

- spezifische Reaktionsbereitschaft der Haut (Allergie)
- Sensibilisierungsfähigkeit der Substanz
- Konzentration der Substanz in Beziehung zur Größe der exponierten Hautfläche; gegebenenfalls ist der Vehikel(Träger-)substanz eine vergleichbare Bedeutung beizumessen
- Dauer, Häufigkeit und flächenmäßiger Umfang des Kontaktes
- Fläche, Permeabilität (Durchlässigkeit) und Zustand der dem Allergen ausgesetzten Haut. Bedeutsam auch ein eventueller irritativer Vorschaden.

Je höher der Sensibilisierungsgrad und potenter das Allergen, desto geringer sind die Allergenmenge und die Zeit der Einwirkung, die zur Auslösung eines allergischen Kontaktekzems benötigt werden.

11.3.1.3.1 Mechanismus

Das allergische Ekzem entsteht durch äußere (exogene) Sensibilisierung (= *Kontaktekzem*), selten „von innen her" durch Allergenzufuhr (z.B. Medikamente) über den Verdauungsweg oder parenteral (= hämatogenes Kontaktekzem).

Das Eindringen sensibilisierender Substanzen in die unversehrte Haut gelingt in hohem Ausmaß bei Lipoidlöslichkeit (Fette und fettähnliche Stoffe, die im Wasser unlösbar, in organischen Lösungsmitteln aber löslich sind), weniger bei Wasserlöslichkeit.

Ist jedoch die Epidermis (Oberhaut) infolge von Kratzeffekten, Rhagaden (Schrunden) und Schürfwunden verletzt, so können auch wasserlösliche Substanzen leicht in die Haut gelangen. Häufig ist ein degeneratives Ekzem Wegbereiter eines allergischen: Diese Erscheinungsform wird als *Zweiphasen-Kontaktekzem* bezeichnet. Hier ist auch das durch irritativen Vorschaden induzierte proinflamatorische Milieu in der Haut von großer Bedeutung.

Während manche Stoffe fast obligat eine Sensibilisierung hervorrufen oder doch sehr hohe Allergenpotenz haben, lösen andere nur selten allergische Erscheinungen aus. Die Fähigkeit von Allergenen, Sensibilisierung auszulösen (sog. Potenz), ist substanzspezifisch.

Wichtige Antigene für die *Kontaktsensibilisierung*:

Die höchste allergene Potenz weisen die Ionen von Nickel, Kobalt und Chrom auf. Gleichzeitige Sensibilisierung auf diese drei Metalle beruht auf nebeneinander bestehenden Sensibilisierungen gegenüber weit verbreiteten Allergenen.[19]

---
[19] Renn, u.a., Z HautKr 77 (2002) 230, 231.

- **Nickel (bestimmte Nickel-Legierungen und lösliche Nickelverbindungen)**

Nickel[20] ist ein weißliches, silberglänzendes Metall, das in vielen Legierungen und für die Vernickelung anderer Metalle eingesetzt wird.

Die Nickel-Allergie ist bei Erwachsenen, besonders unter Frauen (20 % gegenüber 2 bis 4 % bei Männern) häufig, auch wenn diese frei von Dermatosen sind; die Tendenz ist steigend.[21] Etwa 80 % der Nickel-Allergie-Fälle sind nicht berufsbedingt.[22] Unter Frauen mit ‚Ohrlöchern' ist die Allergierate dabei vier- bis fünfmal höher.[23] Die Sensibilisierung ist generell Folge des Tragens von Ohrringen[24], anderem Modeschmuck und Jeans-Knöpfen.

Nickel wirkt praktisch nur in metallischer Form nach intensivem und länger andauerndem Metallkontakt. In metallischer Form ist Nickel – wie auch Kobalt – biologisch träge und für die Haut ungefährlich. Allein die *Ionen* können Allergien und – bei eingetretener Sensibilsierung – Ekzeme hervorrufen[25]. In Stahl, Edelstahl und Metalllegierungen sind Nickel und Kobalt fest gebunden.[26] Nur Säuren (nicht also Laugen, Wasser, Seewasser), wie die Milchsäure und Fettsäuren des menschlichen Schweißes, können die Ionen herauslösen; bei der meisten hochlegierten Stählen ist aber auch unter diesen Bedingungen keine relevante Nickelfreisetzung gegeben. Erforderlich ist der Dauerkontakt des Metalls mit der Hautoberfläche; flüchtige Metallkontakte provozieren kein Ekzem.[27] Das Zusammenwirken von Metallauflage plus Reibung plus Schweißbildung liegt bei langfristiger Metallauflage durch Schmuck[28] und Kleidungsverschlüsse[29] vor.

Typischerweise manifestiert sich das Ekzem an den *Kontaktstellen*, d.h. den direkten Berührungsstellen der Haut mit nickelhaltigen Werkzeugen oder Materialien.[30]

Streureaktionen in der Umgebung sind charakteristisch, in entfernteren Körperregionen selten.[31]

---

[20] Budde, Schwanitz, Dermatosen 39 (1991) 41 ff.; Grothaus, u.a., Z. Hautkr. 66 (1991) 951, 952; Tanko, JDDG 6 (2008) 346.
[21] Diepgen, Drexler, ASU 35 (2000) 136.
[22] Romaguera, u.a., Contact Derm. 19 (1988), 52 ff.; Cronin, Contact Dermatitis, London 1980; Cavelier, Foussereau, Dermatosen 43 (1995) 152, 153; Braun-Falco (Abschiedsvorlesung, 24. 7. 1991, München) fand bei 861 Schulanfängern folgende „Metallallergien": 7,1 % Nickel, 4,1 % Dichromat, 2,2 % Kobalt; s. aber auch Cork, Brit. Med. J. 125, 15 (1991): Von 500 Untersuchten wiesen 21 % eine Nickel-Allergie auf. 92 % der nickel-allergischen Frauen hatten in der Vorgeschichte Kontaktreaktionen auf Schmuckstücke. Die Berufsanamnese ergab aber einen eindeutigen Zusammenhang zwischen dem nickel-bedingten Handekzem und dem ausgeübten Beruf, da bei den 102 Kontrollpersonen, von denen 11 % nickel-allergisch waren, nur 1 % ein Handekzem vor Auftreten der Schmuckreaktion zeigte.
[23] Prystowsky, u.a., Arch. Derm. 115 (1979) 959.
[24] Renn, u.a., Z. HautKr 77 (2002) 230, 231.
[25] Hess. LSG, 10. 9. 1997, HV-Info 29/1998, 2722.
[26] Fischer, Cutis 24 (1979) 28.
[27] Barrot, ErgoMed 22 (1998) 176; Christensen, Möller, Contact Dermatitis 1 (1975) 136.
[28] Jarisch, u.a., Z. Hautkr. 50 (1979), 33, 53: 0,963 mg Nickel werden von 1 cm^2 Ohrclip durch 2 Tropfen Schweiß innerhalb von 24 Std. freigesetz.
[29] Menne, u.a., Contact Dermatitis 5 (1979) 82.
[30] Barrot, ErgoMed 22 (1998) 176.
[31] Diepgen, Drexler, ASU 2000 (35) 136, 138; a. A. Barrot, ErgoMed 22 (1998) 176.

Beeinflussende Faktoren für die Freisetzung von Nickelionen und Auslösung eines allergischen Kontaktekzems:[32]

- Art und Menge des Schweißes, ph-Wert der Haut, Temperatur, Sauerstoff-Zutrittsmöglichkeiten, Vorhandensein von Chloridionen, Kontaktzeit
- Zusatznoxen (Detergentien, Feuchtarbeit, u.a.)
- Zustand der Barrierefunktion (irritativer Vorschaden)
- genetische Disposition (atopische Hautdiathese)

Voraussetzungen für ein nickelallergisches Kontaktekzem:[33]

- Tragen metallischer Gegenstände in direktem Dauerkontakt mit der Haut (Okklusionsbedingungen)
- beruflicher Hautkontakt mit nickelhaltigen Gegenständen, z.B. Münzen, 1 oder 2 €-Stücke, von täglich mindestens 1–2 Stunden Dauer
- wiederholtes Hantieren mit nickelhaltigem Werkzeug während einer Schicht (Druck, Reibung, schweißige Hände)
- Hautkontakt mit nickelhaltigen Gegenständen und gleichzeitiger Feuchtarbeit oder Okklusionsbedingungen (z.B. Handschuhe)
- gleichzeitiger Umgang mit Irritanzien (Reinigungs-, Desinfektionsmittel)
- begünstigende Bedingungen: vorgeschädigte oder entzündete Haut
- bloße Feuchtarbeit oder kurzdauernde, flüchtige Kontakte mit nickelhaltigen Gegenständen stellen keine Risikofaktoren dar: Die freigesetzte Nickelmenge erreicht Schwellenwert nicht.

In Bezug auf das Friseurgewerbe wird wegen beruflichen Kontaktes mit nickelhaltigen Gegenständen auf häufig vorgeschädigter Haut sowie vermehrter Freisetzung von Nickelionen durch Dauerwellflüssigkeit[34] die Typ IV-Allergie vereinzelt als beruflich bedeutsam gewertet.[35] Jüngere Untersuchungen bestätigen entsprechende Zusammenhänge nicht.[36]

Hingegen wird aus berufsdermatologischer Sicht[37] hervorgehoben, Sensibilisierungszeitpunkt sowie vorhandene Allergenquellen seien zu erkunden, da

- man heute überwiegend kunststoffüberzogene Scheren verwendet[38]
- der Anteil vorberuflich erworbener Nickelsensibilisierungen bei Berufsanfängern im Vergleich zu anderen Berufsgruppen besonders hoch ist[39] (junge, modebewußte Frauen).

---

[32] Diepgen, Drexler, ASU 35 (2000) 136, 137.
[33] Barrot, ErgoMed 22 (1998) 176, 179.
[34] Dahlquist, u.a., Contact Dermatitis 5 (1979) 52.
[35] Guerra, u.a., Contact Dermatitis 26 (1992) 101; Lindemayr, Dermatosen 32 (1984) 5; ders., Hautarzt 35 (1984) 292.
[36] Diepgen, Drexler, ASU 35 (2000) 136, 137; Uter, Lessmann, in: Berufsdermatologie (Hrsg. Slizka, Brandenburg, John) 2. Aufl. 2006 S. 271.
[37] Peters, u.a., Dermatosen 42 (1994), 50, 53.
[38] LSG Baden-Württemberg, 25. 8. 1994, HV-Info 26/1995, 2247.
[39] Uter, u.a., Contact Dermatitis 48 (2003) 33; Sutthipisal, Contact Dermatitis 29 (1993) 206; LSG Baden-Württemberg, 25. 8. 1994, HV-Info 26/1995, 2247.

- **Chrom(VI)-Verbindungen**

Chrom ist ein silbrig-glänzendes, leicht bläuliches Metall, das wegen seiner Beständigkeit gegen atmosphärische Oxidation bzw. Korrosion vielfach verwendet wird (Korrosionsschutz von Stahl u.a.).

Vorkommen: in Metallegierungen (zur Steigerung der Korrosionsbeständigkeit) und als Verunreinigung in Metallen, deswegen in zahlreichen Gegenständen des täglichen Bedarfs, wie Werkzeug, Instrument, Strumpfhalter, BH-Schließe, Haarklemme, Kochtopf, Rasierklinge, Münze[40], Musikinstrument, Brillengestell, Armbanduhr, Mode-, Silber- und Weißgoldschmuck (als Anlaufschutz[41]), Zement, Farbe, Kunststoff, Waschmittel, Druckfarbe, Mineralölprodukte, galvanische Oberflächenveredelung, chromatgegerbte Lederhandschuhe.

Bei beruflicher Verursachung überwiegen Berufsgruppen mit Nassarbeit bzw. Umgang mit Stoffen, die den Säuremantel und den Fettgehalt der Haut erheblich beeinflussen, also zu einem kumulativ-subtoxischen Ekzem führen können (Baugewerbe).

Im Gegensatz zu Nickelionen können *Chrommoleküle* selber keine Sensibilisierungen hervorrufen, nur deren Salze vermögen dies.

Verchromte Gegenstände sollen bisher nicht als Auslöser eines allergischen Kontaktekzems zu identifizieren sein, vermutlich weil sie in Schweiß nicht löslich sind.[42] Auch *metallisches* Chrom ist nicht sensibilisierend. Daher ist davon auszugehen, dass durch Umgang mit metallischen Werkzeugen weder eine Chromatsensibilisierung ausgelöst noch ein allergisches Kontaktekzem bei bereits sensibilisierten Personen verursacht wird.[43]

2-, 4- und 5-wertige Chromverbindungen werden, mit Ausnahme von Chromdioxid bei magnetischen Speichermedien, industriell wegen ihrer Instabilität nicht verwendet. Das *3-wertige Chrom* ist, wie seine Verbindungen (z.B. Chromoxid, Chromsulfat, Chromtrichlorid) kaum sensibilisierend, da es praktisch die Epidermis nicht durchdringt. Eine Oxidation von dreiwertigem zu sechswertigem Chromat auf der Haut findet sich nicht. Nur bei intradermaler Injektion von dreiwertigem Chromat konnte bei chromatsensibilisierten Personen eine Typ-IV Allergie vom verzögerten Typ ausgelöst werden.[44]

Das *6-wertige Chrom* indessen durchdringt die Epidermis sehr leicht.[45] Die Vermutung, es werde danach enzymatisch in dreiwertiges reduziert und verbinde sich mit Proteinen als Hapten[46], liegt nahe.

Infolge weitreichender Anwendung in Frischbeton, Zementmörtel und mineralischen Klebern[47] ist es ein häufiges Allergen im Baugewerbe; auch nach jahrelanger Kaliumdichromat-Exposition (Zement) tritt es auf. Sonstige exponierte Berufe: Metallindustrie (Ver-

---

40   S. OVG Saarland, 29.5.1989, HV-Info 3/1991, 235: Nickelsensibilisierung nach Kontakt mit Münzgeld; dazu Fischer, Zorn, ASP 1989, 62.
41   Fischer, Cutis 24 (1979) 28.
42   Rietschel, Fowler, Fisher's Contact Dermatitis, Fifth Edition, 2001 S. 618.
43   Diepgen, HV-Info 26/1995, 2245.
44   Fregert, Rorsman, Arch Dermatol 90 (1964): 4–6.
45   Diepgen, HV-Info 26/1995, 2245.
46   Cavelier, Foussereau, Dermatosen 43 (1995), 100, 103.
47   Elliehausen, u.a., ASU 33 (1998) 539.

chromer, Schweißer, Gießer, Kontakt mit Schneidölen oder Kühlschmiermitteln), Gerberei, Reinigung, Laborbereich.

Das *allergische Maurerekzem* erscheint oft erst nach jahrelanger Kaliumdichromat-Exposition (Zement). Gleichzeitige Sensibilisierung gegen Kobalt- und Nickelsalze und die Salze der Chrom-(VI)-Säuren sind recht häufig. Im Zuge der Umsetzung der TRGS 613 (Ersatzstoffe ... für chromhaltige Zemente und chromathaltige zementhaltige Zubereitungen) hat sich die deutsche Bauindustrie zur Herstellung nur noch chromatarmer Sackware verpflichtet.

- **Kobalt und Kobaltverbindungen**

Kobalt ist ein hartes Metall, das für die Herstellung zahlreicher Legierungen und Hartmetalle verwendet wird. Kobalt-Verbindungen werden als meist blaue Pigmente und Kobaltnaphthenat als Sikkativ (Trockenstoff, ‚Kobalt-Beschleuniger') in Farben verwendet.

Eine isolierte Kobalt-Allergie, d.h. ohne gleichzeitige Allergie gegen Chrom und/oder Nickel, ist selten.[48]

- **Weitere Stoffe/Stoffgruppen mit bekanntem Risiko für die Entstehung eines allergischen Kontaktekzems**[49]

Sensibilisierende Stoffe/Stoffgruppen	Vertreter	Vorkommen (A) und Beispiele für Berufe/Berufszweige/Tätigkeiten, in denen die Stoffe eingesetzt werden (B)
1. Kunststoffe/Kunstharze/-komponenten, wie:		
Acrylatharze und Methacrylatharze (unausgehärtet)	Methyl-, Ethyl-, Butylacrylat/ Ethylenglykoldiacrylat u.a.; Methyl-, Ethyl-, Hydroxyethyl-, Hydroxypropylmethacrylat/ Ethylenglykoldimethacrylat u.a.	A: Ein- und Mehrkomponenten-Kleber und Füllstoffe B: Kunststoffverarbeitung, Montagearbeiten, Restaurateure, Werkstoffprüfer
		A: Lacke B: Maler, Lackierer
		A: UV-härtende Lacke, Kleber und Kunststoffe B: Drucker, Lackierer, Kosmetiker, Zahnärzte
		A: Zahnprothesenmaterial (vor allem Methacrylate) B: Zahntechniker

---

48 Rystedt, u.a., Contact Derm. 5 (1979) 233; Fregert, Contact Dermatitis 10 (1984) 50.
49 TRGS 401 „Gefährdung durch Hautkontakt", Anlage 3, v. 24. 6. 2008, GMBl 2008, 818 ff.

Sensibilisierende Stoffe/Stoffgruppen	Vertreter	Vorkommen (A) und Beispiele für Berufe/Berufszweige/Tätigkeiten, in denen die Stoffe eingesetzt werden (B)
Aminkomponenten von Epoxidharzen (Aminhärter)	1,2-Diaminoethan/ Diethylentriamin/ Triethylentetramin/ m-Xylylendiamin/ Isophorondiamin u.a.	A: Laminiermittel, Gießharze B: Kunststoffverarbeitung (z.B. Bootsbau, Rotorfertigung für Windkraftanlagen), Baugewerbe (z.B. Fußbodenleger, Restauratoren, elektro- und Elektronikindustrie, Modellbau)
		A: Zweikomponenten-Kleber, Schraubensicherung B: Metallarbeiter
Epoxidharze (unausgehärtet) auf Basis des Bisphenol A- und Bisphenol F-diglycidylethers und Reaktivverdünner	Reaktivverdünner: Phenylglycidylether/ p-tert-Butylphenyl-glycidylether/Cresylglycidylether/ 1,4-Butandioldiglycidylether/ 1,6-Hexandioldiglycidylether u.a.	A: Laminiermittel, Gießharze B: Kunststoffverarbeitung, Baugewerbe, Fußbodenleger, Elektro- und Elektronikindustrie, Modellbau
		A: Zweikomponenten-Kleber, Schraubensicherungen B: Metallarbeiter
		A: Lacke B: Lackierer
Formaldehyd- Kondensationsprodukte (niedermolekular) mit p-tert-Butylphenol	4-tert-Butyl-2- (hydroxymethyl)phenol/ 4-tert-Butyl-2,6- bis(hydroxymethyl)phenol/ 4-tert-Butyl-2-(5-tert-butyl-2-hydroxybenzyloxymethyl)-6-(hydroxymethyl)phenol u.a.	A: (Leder-)Klebstoffe B: Lederberufe
Formaldehyd- Kondensationsprodukte (niedermolekular) mit Phenol, Melamin oder Harnstoff	2-(Hydroxymethyl)phenol/4 [(4-Hydroxy-3,5- bis(hydroxymethyl)phenyl) methyl]-2-(hydroxymethyl) phenol u.a.	A: zahlreiche unausgehärtete Kunstharze und Kunststoffe, Hochveredelungsmittel für Textilien (Knitterfreiausrüstung) B: Kunststoffverarbeitung, Beschichtungen, Bindemittel für Spanplatten, Textilveredelungsindustrie
Isocyanate	Diphenylmethan-4,4'- diisocyanat/ Isophorondiisocyanat/ 2,4-Toluylendiisocyanat u.a.	A: Polyurethan-Herstellung, Komponenten für Beschichtungen, Kleber, Gießharze, Montageschäume, Lacke B: Verarbeiter von ungehärteten PUR-Produkten

11.3 Hauterkrankungen als Berufskrankheit nach BK-Nr. 51 01

Sensibilisierende Stoffe/Stoffgruppen	Vertreter	Vorkommen (A) und Beispiele für Berufe/Berufszweige/Tätigkeiten, in denen die Stoffe eingesetzt werden (B)
2. Gummiinhaltsstoffe/Hilfsstoffe in der Gummiproduktion[50], wie:		
p-tert-Butylbrenzkatechin		A: Stabilisator für Synthesekautschuk B: Gummiherstellung
Dithiocarbamate	Natrium- oder Zinksalze von Dibenzyl-, Dibutyl- oder Diethyldithiocarbamat u.a. Dithiocarbamaten	A: Gummihandschuhe und andere Gummiartikel aus Natur- und Synthesegummi B: Gesundheitsberufe und andere Träger von Schutzhandschuhen
IPPD und andere aromatische (Di-)Aminoverbindungen	N,N'-Diphenyl-p-phenylendiamin/N-Isopropyl-N'-phenyl-p-phenylendiamin (IPPD) u.a.	A: technische Gummisorten („Schwarzgummi") B: Gummiherstellung, Kabelindustrie, Berufe mit Kontakt zu Reifen oder anderen technischen Gummiartikeln Drucker, Melker
Kolophonium		A: modifiziertes Kolophonium als Emulgator in der Gummiindustrie B: Gummiherstellung
Mercaptobenzothiazol (MBT) und MBT-Derivate	N-Cyclohexyl-2-benzothiazyl-sulfenamid/Mercaptobenzothiazol/Morpholinylmercaptobenzothiazol	A: Rohgummi, Gummihandschuhe und andere Gummiartikel aus Natur- und Synthesegummi B: Gummiherstellung und -verarbeitung, Drucker, Bauberufe, Gesundheitsberufe und andere Träger von Schutzhandschuhen
Thiurame	Dipentamethylenthiuramdisulfid, Tetraethylthiuramdisulfid (Disulfiram), Tetramethylthiuramdisulfid, Tetramethylthiurammonosulfid u.a.	A: Rohgummi, Gummihandschuhe und andere Gummiartikel aus Natur- und Synthesegummi B: Gummiherstellung und -verarbeitung, Gesundheitsberufe und andere Träger von Schutzhandschuhen

---

[50] Neben Naturlatex als einem sehr bedeutenden Auslöser von Typ I-Allergien sind solche Substanzen ursächlich, die den Mischungen zugesetzt werden: Carbamate, Thiurame, Benzothiazole, Thioharnstoffe. Hauptauslöser der Latex-Allergie Typ IV ist ein Eiweißstoff (Gummiverlängerungsfaktor), der besondere Affinität zum Handschuhpuder aufweist.

Sensibilisierende Stoffe/Stoffgruppen	Vertreter	Vorkommen (A) und Beispiele für Berufe/Berufszweige/Tätigkeiten, in denen die Stoffe eingesetzt werden (B)
3. Biozide (Konservierungsstoffe/ Desinfektionsmittel), wie		
1,2-Benzisothiazol-3(2H)-on		A: wässrige Zubereitungen wie Dispersionskleber und Dispersionsfarben B: Drucker
		A: wassergemischte Kühlschmierstoffe B: spanende Metallbearbeitung
Benzylalkoholmono(poly)hemiformal		A: wassergemischte Kühlschmierstoffe B: spanende Metallbearbeitung und weitere Branchen
2-Brom-2-nitropropan-1,3-diol		A: Körperreinigungs- und -pflegemittel, B: Friseure, Altenpflege A: Feuchtwasser, B: Druckindustrie A: Dispersionskleber B: Bau
Chloracetamid, N-Methylol-chlor-acetamid		A: Farben B: Maler, Drucker
Chlorkresole		A: Konservierung von Leder B: Lederverarbeitende Industrie
(Chlor-)Methylisothiazolinon (CMI/MI)		A: wässrige Lösungen, Lotionen und Emulsionen B: Drucker, Masseure, medizinische Bademeister, Gesundheitsberufe, Reinigungsberufe
		A: wassergemischte Kühlschmierstoffe B: spanende Metallbearbeitung
		A: Tapetenkleister, Wandfarben B: Maler, Lackierer

Sensibilisierende Stoffe/Stoffgruppen	Vertreter	Vorkommen (A) und Beispiele für Berufe/Berufszweige/Tätigkeiten, in denen die Stoffe eingesetzt werden (B)
Formaldehyd und Formaldehyd-Abspalter	Formaldehydabspalter: Benzylalkoholmono(poly)hemiformal; N,N-Methylen-bis-(5-methyloxazolidin); N-Methylolchloracetamid; N,N',N"-Tris(ß-hydroxyethyl)hexahydro-1,3,5-triazin u.a.	A: Desinfektionsmittel, Fixiermittel B: Gesundheitsberufe, Reinigungsberufe, Präparatoren, Anatomen, Pathologen, Tierhaltung
		A: Konservierungsmittel, die in wässrigen Systemen eingesetzt werden, z.B. in wassergemischten Kühlschmierstoffen B: spanende Metallbearbeitung
Glutardialdehyd		A: Desinfektions- und Konservierungsmittel B: Gesundheitsberufe, Reinigungsberufe, Tierhaltung
		A: Gerbstoff B: Lederherstellung
Glyoxal		A: Desinfektions- und Konservierungsmittel B: Gesundheitsberufe, Reinigungsberufe
N,N-Methylen-bis-(5-methyloxazolidin)		A: wassergemischte Kühlschmierstoffe B: spanende Metallbearbeitung
N,N',N"-Tris(ß-hydroxyethyl)-hexahydro-1,3,5-triazin		A: wassergemischte Kühlschmierstoffe B: spanende Metallbearbeitung
4. Aroma- und Parfümöle		
	Atranol und Chloratranol in Eichenmoos-Extrakten/Citral/Eugenol/Hydroxycitronellal/Isoeugenol/Hydroxymethylpentylcyclohexencarboxaldehyd/Zimtaldehyd Zimtalkohol u.a.	A: parfümierte Arbeitsstoffe (z.B. Pflegeprodukte), parfümierte Reinigungsmittel, parfümierte Hautpflege-, Hautreinigungs-, Hautschutzmittel B: Friseure, Kosmetiker, Masseure, medizinische Bademeister, Pflegeberufe, Reinigungsberufe, Anwender von Hautschutz-, Hautreinigungs-, Hautpflegemitteln
5. Metallionen (Metallverbindungen) s. S. 847–851		

Sensibilisierende Stoffe/Stoffgruppen	Vertreter	Vorkommen (A) und Beispiele für Berufe/Berufszweige/Tätigkeiten, in denen die Stoffe eingesetzt werden (B)
6. Friseurchemikalien		
Glycerylmonothioglykolat		**A:** sog. „saure Dauerwelle" **B:** Friseure (früher)[51]
Persulfate		**A:** Blondiermittel **B:** Friseure
p-Phenylendiamin, p-Toluylendiamin, 4-Aminophenol und zahlreiche andere aromatische Mono- und Diaminoverbindungen		**A:** Oxidationshaarfarben und Tönungsmittel **B:** Friseure, Maskenbildner
7. Weitere relevante Stoffe/Stoffgruppen		
Abietinsäure: Inhaltsstoff von Kolophonium und Tallöldestillaten		**A:** Harzkomponente in Klebstoffen und Haftmitteln, Löthilfsmittel **B:** Elektroniker (Löttätigkeiten); Tischler
		A: Inhaltsstoff von Nadelhölzern (Koniferen) **B:** Floristen, Forstwirte
		A: Bogenharz **B:** Musiker
		A: Papier, Druckfarben in Wachsen, Polituren, Kosmetika **B:** Druck und Papierverarbeitung
		A: wassergemischte Kühlschmierstoffe **B:** spanende Metallbearbeitung
2-Aminoethanol (Monoethanolamin)		**A:** wassergemischte Kühlschmierstoffe **B:** Metallbe- und -verarbeitung
polyfunktionale Aziridin-Vernetzer		**A:** Vernetzer für 2-Komponenten Dispersionslacke und -farben (Beschichtungsstoffen) **B:** Lederherstellung (Zurichtung), Dekorherstellung, Sieb-/Tiefdruck

---

[51] Seit 1995 in Deutschland nicht mehr verwendet, seitdem Sensibilisierung stark rückläufig: Uter, u.a., Dermatology 200 (2000) 132.

Sensibilisierende Stoffe/Stoffgruppen	Vertreter	Vorkommen (A) und Beispiele für Berufe/Berufszweige/Tätigkeiten, in denen die Stoffe eingesetzt werden (B)
Dithiocarbamate	Natriumdiethyldithiocarbamat u.a.	A: Zusatz in Kühlschmierstoffen B: spanende Metallbearbeitung
Glutardialdehyd		A: Gerbstoff B: Lederherstellung
einige tropische Hölzer	Chlorophora excelsa (Iroko, Kambala), Dalbergia-Arten (z.B. ostindischer Palisander, Rio Palisander, Honduras Palisander), Khaya anthoteca (afrikanisches Mahagoni), Machaerium scieroxylon (Santos Palisander), Mansonia altissima (Mansonia, Bété), Paratecoma peroba (Peroba do campo, Trompetenbaum), Tectona grandis (Teak), Thuja plicata (Riesenlebensbaum, Rotzeder, Western Red Cedar), Triplochiton scleroxylonl (Abachi, Ayous, Obeche, Samba, Wawa) u.a.	B: Tischler, Holzindustrie, Instrumentenbauer, Musiker, Polstermöbelindustrie
Kolophonium (siehe Abietinsäure)		A: (siehe Abietinsäure) B: (siehe Abietinsäure)
Limonen (und ähnliche ungesättigte Terpene)		A: Lösemittel, Reinigungsmittel B: Maler, Lackierer, Reinigungsberufe, Holzbearbeitung (Naturöle)
Mercaptobenzothiazol		A: Korrosionsschutzmittel B: spanende Metallbearbeitung
Pflanzeninhaltsstoffe (Primin, Tulipalin und einige Sesquiterpenlactone)	Sesquiterpenlactone: Alantolacton, Anthecotulid, Arteglasin A, Carabron, Costunolid, Dehydrocostuslacton, Helenalin, Isoalantolacton, Lactucin, Laurenobiolid, Parthenin, Parthenolid, a-Peroxyachifolid, Pyrethrosin	A: Primin in Primeln; Tulipalin in Alstromerien, Tulpen; Sesquiterpenlactone in Korbblütler-Arten (z.B. Chrysanthemen-Arten) und einigen anderen Pflanzen (z.B. Lorbeer (Laurus nobilis)) B: Gärtner, Floristen
Tallöldestilate (siehe Abietinsäure)		A: (siehe Abietinsäure) B: (siehe Abietinsäure)

Sensibilisierende Stoffe/Stoffgruppen	Vertreter	Vorkommen (A) und Beispiele für Berufe/Berufszweige/Tätigkeiten, in denen die Stoffe eingesetzt werden (B)
Terpentinöl (natürliches)		A: Lösemittel
		B: Restauratoren, Kunstmaler, Porzellanmaler, Holzbearbeitung (Naturöle)
Tierische und pflanzliche Proteinen[52]		A: Nutz- und Labortierhaare und -ausscheidungen, Fische, Krustentiere Naturkautschuklatex
		B: Lebensmittelherstellung, -verarbeitung und -verkauf, Landwirtschaft, Tierpfleger, Tierärzte, Fischer, Laboranten, Träger von Einmalhandschuhen aus Latex
Formaldehyd		A: Leiterplattengalvanik
		B: Galvaniseure

- Häufigkeit von beruflich relevanten Kontaktsensibilisierungen bei untersuchten Risikoberufen[53]

Berufsordnungsgruppe	BK-Anzeigen [N]	Typ IV-Sensibilisierung		
		nachgewiesen [n]	berufliche Relevanz [n]	[%]
Friseure	997	1.138	363	32
Bäcker	205	87	7	8
Floristen	45	34	3	9
Konditoren	61	32	3	9
Fliesen- und Estrichleger	55	77	44	57
Galvaniseure	27	41	27	66
Löter	21	34	13	38
Zahntechniker	44	28	6	21

[52] Intensiver Hautkontakt mit Proteinen tierischer oder pflanzlicher Herkunft kann eine IgE vermittelte Allergie vom Typ-I (Soforttyp) induzieren. Spezifische Antikörper sind im Blut nachweisbar. Nach wiederholtem Kontakt treten nach kurzer Zeit Juckreiz, Rötung und Quaddeln (Kontakturtikaria) an der Haut und gelegentlich auch Schleimhautreaktionen (Luftnot, Schluckbeschwerden) und Allgemeinbeschwerden bis zum Schock auf. Menschen mit einer Veranlagung zu Atopie sind häufiger betroffen. In der Folge kann am Kontaktort eine Proteinkontaktdermatitis unter dem Bild eines allergischen Kontaktekzems entstehen. Auch einige andere Stoffe, wie Persulfate und Antibiotika, können Typ-I-Allergien hervorrufen.

[53] Diepgen u.a., Epidemiologie von Berufsdermatosen. In: Berufsdermatologie (Hrsg. Slizka, Brandenburg, John) 2. Aufl. 2006 S. 45ff.: Raum Nordbayern; Zeitraum 1990–1999, nur Versicherte, bei denen eine BK-Anzeige erfolgte (N = 4112).

11.3 Hauterkrankungen als Berufskrankheit nach BK-Nr. 51 01

Berufsordnungsgruppe	BK-Anzeigen [N]	Typ IV-Sensibilisierung		
		nach-gewiesen [n]	berufliche Relevanz [n]	[%]
Maschinisten	73	63	17	27
Metalloberflächenbearbeiter	321	223	56	25
Beschäftigte im Gesundheitsdienst	607	711	182	26
Köche	147	102	9	9
Maler und Lackierer	146	127	32	25
Metallerzeuger	177	197	39	20
Mechaniker	65	54	10	19
Montierer	73	87	27	31
Bau- und Betonhersteller	195	274	149	54
Leder- und Fellverarbeiter	37	43	16	37
Beschäftigte in der Hauswirtschaft, im Gaststätten- und Reinigungsgewerbe	288	314	62	20
Beschäftigte in der Lebensmittelindustrie	65	52	11	21
Holzverarbeiter	123	96	36	38
Schlosser und Kfz-Mechaniker	179	117	28	24
Hilfsarbeiter	43	48	17	35
Beschäftigte im Elektrogewerbe	118	117	38	32

- **Beurteilung der Auswirkung ausgewählter Allergene**[54]

Acrylate

- gering bei Vorliegen einer isolierten Kontaktallergie gegenüber einem einzelnen Acrylat
- mittelgradig bei Sensibilisierungen gegenüber mehreren Acrylaten

Methacrylate

- gering

Epoxidharzsysteme

- in der Regel mittelgradig
- schwer wiegend bei klinisch sehr hochgradiger Sensibilisierung (z.B. bei einem aerogenen allergischen Kontaktekzem)

Formaldehyd

- in der Regel mittelgradig
- schwer wiegend bei Vorliegen einer hochgradigen Sensibilisierung mit zusätzlichen positiven Reaktionen gegenüber Formaldehyd-Abspaltern

---

54 Skudlik, Schwanitz, u.a., in: Gutachten Dermatologie (Hrsg. Schwanitz, u.a.) 2003 S. 89 ff.; Diepgen, u.a., Hautarzt 56 (2005) 207 ff.; Diepgen, u.a., Dermatologie, Beruf und Umwelt / Occup Environ Dermatol 56 (2008) 11 ff.

Dichromat

- in der Regel mittelgradig
- schwer wiegend bei klinisch hochgradiger Sensibilisierung. Hinweise geben Streureaktionen des allergischen Kontaktekzems, Kontaktekzem nach aerogener Exposition, Unverträglichkeit von ledernen Schuhen/Handschuhen

Kolophonium

- in der Regel gering bis mittelgradig
- gering bei isolierter Sensibilisierung gegen ein modifiziertes Harz ohne Gruppenreaktion
- schwer wiegend bei klinisch hochgradiger Sensibilisierung (Kontaktekzem bei üblichen Papiersorten und Druckerzeugnissen)

Latex

- gering bei ausschließlicher Kontakturtikaria im Kontaktareal
- mittel bis schwer wiegend bei Hauterscheinungen durch flüchtige Kontakte oder aerogener Exposition; bei klinisch höhergradigen Stadien des Kontakturtikaria-Syndroms mit generalisierter Urtikaria, Atemwegssymptomatik im Sinne rhinokonjunktivaler oder asthmatischer Beschwerden; bei anaphylaktischem Schock

p-Phenylendiamin

- gering bei isolierter Sensibilisierung
- mittelgradig bei Kreuzreaktionen gegenüber weiteren Azo- oder Anilinfarbstoffen
- schwer wiegend bei Vorliegen einer Vielzahl von Kreuzreaktionen gegenüber diversen Para-substituierten Anino-Verbindungen und klinisch ausgeprägtem Sensibilisierungsgrad

- **Sensibilisierung**

Die *Sensibilisierungszeit*[55] (Latenzperiode = Zeit vom Erstkontakt bis zum möglichen Nachweis der Sensibilisierung) ist abhängig von der Art des Allergens und von individuellen Faktoren des Betroffenen.

Nach Eintritt einer Sensibilisierung können Krankheitserscheinungen überall auftreten, wo ein erneuter Kontakt mit dem Allergen erfolgt, sehr selten auch durch Zufuhr des Allergens mit der Nahrung, das die Haut auf dem Blutweg erreicht (*hämatogenes Kontaktekzem*[56]).

Frühfälle sind *monovalente* Allergien, d.h. Sensibilsierung richtet sich nur gegen ein Berufsallergen bzw. eine, in naher chemischer Verwandtschaft stehende Stoffgruppe (Gruppenallergie z.B. durch Anilin oder Azofarbstoffe). Bei längerer Erkrankung vermag sich das „Allergiespektrum" schnell auszubreiten; weitere Stoffe werden in die Allergie einbezogen, die nicht miteinander verwandt sind (*polyvalente* Allergie, z.B. nach Chrom, Nickel oder Kobalt).

---

[55] Ruhrmann, BG 1977, 480.
[56] Tronnier, Diagnostik 17 (1984) 12; Hofer, Schweiz. med. Wschr. 115 (1985) 1437ff.

11.3 Hauterkrankungen als Berufskrankheit nach BK-Nr. 51 01

Die Allergie kann sich bei einer Typ I-Sensibilisierung auf andere Organe (Atemwege) ausdehnen und zu einer Verschlimmerung des Gesamtkrankheitsbildes führen.

Nach längerer Schädigung der Haut kann Fixierung des Hautschadens eintreten. Die Erkrankung besteht auch noch weiter fort, wenn die eigentliche primäre Berufsschädigung ausgeschaltet wird.[57] Auch bei klinischer Abheilung verbleibt teilweise eine latente Minderbelastbarkeit der Haut; derartige Phänomene sind durch hautphysiologische Verfahren objektivierbar.[58]

11.3.1.3.2 Allergienachweis

Hauttestungen haben die Aufgabe, die physiologischen Eigenschaften der Haut (z.B. im Kontakt mit Irritanzien) sowie deren mögliche Einschränkungen zu objektivieren und Sensibilisierungen (insbesondere vom Spät-, aber auch vom Soforttyp) zu identifizieren.[59]

Die Diagnostik[60] des allergischen Kontaktekzems stützt sich wesentlich auf den *Epikutantest*. Dieser bestätigt oder widerlegt den anamnestisch und klinisch begründeten Verdacht zur Ursache einer epikutanen Sensibilisierung. Dabei lässt sich das Vorliegen eines toxischen oder toxisch-degenerativen Kontaktekzems in der Regel abklären.

Substanzen werden getestet, die nach allgemeiner Erfahrung häufig als Auslöser eines allergischen Kontaktekzems auffallen („Standardreihe"), charakteristisch für einen Beruf („Berufsreihe") oder typische Allergene einer Substanzgruppe (z.B. „Salbengrundlagen") sind. Festlegung der Testsubstanzen in Konzentrationen und Vehikel, der Art der Testpflaster, des Zeitpunktes der Ablesung bis hin zu integrierten Testsystemen haben zu einer weitgehenden Vereinheitlichung geführt[61]. Die Standardreihen lassen sich ergänzen durch Schadstoffe, die der Erkrankte zur Testung mitbringt. Ihre erforderliche Verdünnung setzt große allergologische Erfahrung voraus. Bei positiver Reaktion müssen Kontrollprobanden getestet werden, um toxische Reaktionen auszuschließen[62].

Ableseparameter: Die zu testenden Substanzen werden 24 bis 48 Stunden am Testort belassen (24 Stunden verhindern unter Umständen das Erkennen schwacher Sensibilisierungen, nach 48 Stunden erhöht sich das Risiko des Verrutschens von Testpflaster). Die zweite Ablesung erfolgt obligat nach 72 Stunden, ggf. sind danach bei bestimmten Testsubstanzen weitere Ablesungen erforderlich.[63] Das Belassen der Testsubstanz über 72 Stunden und länger am Testort ist obsolet und führt auch bei industriemäßig standardisierten Testsubstanzen häufig zu falsch-positiven, d.h. irritativen Testreaktionen. Spätablesungen weit über 72 Stunden hinaus sind sinnvoll, um Spätreaktionen nicht zu übersehen.[63] Bei man-

---

57 Düngemann, Borelli, ASP 1977, 262; vgl. auch Raithel, ASP 1987, 268, 273.
58 John, Klinische und experimentelle Untersuchungen zur Diagnostik in der Berufsdermatologie, 2001, S. 247ff.; ders. in: Berufsdermatologie (Hrsg. Szliska, Brandenburg, John) 2. Aufl. 2006 S. 581ff.
59 Schwanitz, in: Gutachten Dermatologie (Hrsg. Schwanitz, u.a.) 2003 S. 70.
60 Dazu: Schwanitz, u.a., Dermatosen 46 (1998) 253, 255.
61 Dazu: Schnuch, u.a., Leitlinien der Deutschen Dermatologischen Gesellschaft (DDG) zur Durchführung der Epikutantests mit Kontaktallergenen, Hautarzt 10 (2001) 864.
62 Frosch, u.a., in: Fortschritte der praktischen Dermatologie und Venerologie (Hrsg. Plewig, Przybilla) 1997 S. 166.
63 Wehrmann, John, in: Die ärztliche Begutachtung (Hrsg. Fritze, Mehrhoff) 7. Aufl. 2008 S. 169, 170.

chen Allergenen, wie den Corticosteroiden, ist bekannt, dass Reaktionen im Test oft verzögert auftreten.

Multiple positive Testbefunde sind vorsichtig zu bewerten. Nicht immer muss es sich um allergische Kontaktreaktionen handeln. Auch eine unspezifische gesteigerte Reaktionsbereitschaft der Haut („angry back") kann vorliegen: Viele Hautkranke weisen positive Hauttests gegen zahlreiche Allergene auf, ohne dass diesen klinische Relevanz zukommt.

Die *intrakutane Hauttestung* dient dem Nachweis von Typ I-Allergenen (Inhalations- und alimentäre Allergene).

Modifikationen dieses Tests mit geringerem Risiko systemischer Reaktionen sind der *Scratch*- und der weit verbreitete *Pricktest*.

Häufig finden sich Sensibilisierungen, die zwar durch die berufliche Tätigkeit hervorgerufen sein könnten, für die es aber im Verlauf der Begutachtung nicht gelingt, den Zusammenhang zwischen der gefundenen Allergie und der beruflichen Tätigkeit nachzuweisen: positive Reaktionen auf Kathon CG in Shampoos (Friseur), Kosmetika und Pflegemittel (Masseur) oder in technischen Ölen (Metallberufe); nur wenn diese Stoffe tatsächlich in den beruflichen Kontaktsubstanzen, mit denen der Versicherte noch Umgang hatte, enthalten sind, sollte der Zusammenhang bejaht werden.

Hier hilft ggf. die Testung der Arbeitsstoffe weiter. Schwierigkeiten treten auf, wenn das Allergen in einem früher verwendeten Arbeitsstoff enthalten und nachträglich nicht mehr eindeutig zu klären ist, ob der Erkrankte mit diesem Stoff Kontakt hatte.

Der Präventionsdienst der Berufsgenossenschaft soll zur Klärung beitragen.

Arbeitsplatzbezogene Provokations-/Expositionsteste sind sowohl im Labor als auch am Arbeitsplatz durchführbar (s. 17.11.15).

11.3.1.3.3 Photoallergisches Kontaktekzem[64]

Erst über die Einwirkung von UV-Strahlen wird eine Substanz zu einem Allergen. Bevorzugt erscheinen die „Sonnenterrassen" des Gesichts (Stirn, Nase, Wangen, Unterlippe), Hals, Décolleté und Handrücken.

Berufliche Photosensibilisatoren sind insbesondere Desinfektionsmittel, Zierpflanzen, Medikamente, Mastfutterzusätze, zu den außerberuflichen zählen Parfums und Deodorantien.

11.3.2 Berufliche Akne

Für das Entstehen sind u.a. verantwortlich Mineralöle, Teer, bestimmte chlorhaltige aromatische Verbindungen und kleine Teilchen, z.B. aus Glas und Metall, vorrangig in nicht wassermischbaren Kühlschmierstoffen[65] enthalten.

---

[64] Ippen, ASU 32 (1997) 56, 60.
[65] Ippen, Dermatosen 26 (1978) 25.

Die Ölakne entsteht durch lang anhaltende epidermale Einwirkung von Öl. Follikelentzündungen, Komedonen und flächenhafte Hautentzündungen erscheinen.[66]

Chlorakne[67] (Erkrankung des Follikel-Talgdrüsensystems der Haut) wird durch polychlorierte Naphthaline, Di- und Polyphenyle, mehrfach chlorierte Dibenzodioxine (PCDD) sowie Dibenzofurane (PCDF) erzeugt (BK-Nr. 13 02 und 13 10). Neben Hautveränderungen können schwere Erkrankungen an den inneren Organen auftreten.

Seltene Formen: Teer-, Pech-, Rußakne.

11.3.3 Urtikaria[68]

Die Erkrankung gehört zu den meist verbreiteten Dermatosen (20 bis 30 % der Bevölkerung). Trotz ihres monomorphen klinischen Bildes wird die Ursache der Krankheit bis zu 70 % nicht aufgedeckt.[69]

Der Schadstoff greift beim Ekzem die Epidermis (Oberhaut) an, bei der Urticaria den Gefäßapparat. Quaddeln (Urticae) erscheinen, die in Bereichen lockeren Bindegewebes starke Schwellungen hervorrufen. Der zu Grunde liegende allergische Mechanismus ist vom Typ I. Die Stoffe werden mit der Atemluft, dem Speichel, der Nahrung sowie durch Kontakt (Kontakturtikaria) aufgenommen: Typische Allergene sind pflanzliche Bestandteile, tierische Haare, Medikamente, Gewürze, verschiedene tierische Eiweiße und einige chemische Arbeitsstoffe, Naturgummilatex[70] sowie Platin-Salze[71]. Der Entzug der Noxe führt zur raschen Abheilung und Erscheinungsfreiheit.

Berufstypische Ursachen einer Kontakturtikaria[72]

Exponierte Berufe	*Kontaktallergene*
Fisch- oder Fleischverarbeitung (Industrie, Verkauf, Zubereitung)	Tierische Proteine
Bäcker	Mehlproteine
Tierärzte/Zoologen u.a.	Fruchtwasser, Tierepithelien (Haare u.a.)
Landwirte (Viehzüchter)	Verschiedene Gemüsearten, Tierepithelien, Chlorpromazin, Olaquindox
Holzverarbeitung	Exotische Hölzer
Gärtner	Blumen
Medizinalberufe	Latexhandschuhe Bestimmte Medikamente

---

66 Bähr, BG 1998, 335 ff.
67 Schulz, u.a., Dermatosen 46 (1998) 206.
68 Valentin, Arbeitsmedizin, 3. Aufl. Bd. 2 1985 S. 314.
69 Wedi, JDDG 6 (2008) 306.
70 Allmers, u.a., Trauma Berufskrankh 10 (Suppl 1) 2008, 72 ff.
71 Cavelier, u.a., Dermatosen 43 (1995) 251.
72 Kleinhans, in: Aktuelle Beiträge zu Umwelt- und Berufskrankheiten der Haut (Hrsg. Hornstein, Klaschka), Bd. 1 (1988) S. 40 ff.

11.3.4 Anlagebedingte, berufliches Entstehen einer Hautkrankheit begünstigende Dermatosen

11.3.4.1 Atopische Dermatitis (Neurodermitis constitutionalis, endogenes Ekzem, atopisches Ekzem, Neurodermitis atopica)

Sie gehört – wie auch das Asthma bronchiale und die allergische Rhino-Konjunktivitis – zu den Erkrankungen des atopischen Formenkreises. Die Entstehung ist multifaktoriell: Neben erheblicher Belastung führen bestimmte Modulationsfaktoren (Stress, Hitze, Hormone, Aeroallergene, Klima, Nahrungsmittel, Mikroorganismen, Kontaktirritanzien) zum Ausbruch des atopischen Ekzems.[73]

Atopiker tragen ein ca. 110-fach erhöhtes Risiko für die Entwicklung einer Berufsdermatose.[74] Die Haut des Atopikers ist vermindert belastbar. Ein genetischer Barrieredefekt (Strukturprotein Filaggrin) bei Atopikern, der Hauterscheinungen und Schleimhautallergien begünstigt, wurde nachweisbar[75]; auch eine Bedeutung dieses Barrieredefekts für Betroffene mit Berufsdermatosen konnte gezeigt werden.[76] Irritativen Noxen, physikalischen und chemischen Einwirkungen kann nur reduziert begegnet werden. Häufiges und intensives Reinigen belastet die Haut zudem und führt zu einer Verschlechterung des Krankheitsbildes.[77]

Atopiker sind daher je nach Ausprägung der Disposition wenig oder gar nicht geeignet für Tätigkeiten mit Kontakt zu Haaren, Pelzen, Pflanzen, Chemikalien, Parfüms, Kosmetika sowie Tätigkeiten im feuchten Milieu.[78] Bei Erkrankungen in diesen Bereichen handelt es sich entweder um die Erstmanifestation atopischer Hautekzeme oder um kumulativ-subtoxische Hautekzeme oder allergische Kontaktekzeme bei atopischer Hautdisposition.[79] Betroffene mit atopischer Hautdisposition können ihr Erkrankungsrisiko in hautbelastenden Berufen (z.B. Friseurgewerbe) durch Anwendung adäquaten Hautschutzes erheblich senken.[80]

Das Verhältnis von Disposition und Exposition variiert in Abhängigkeit von der genetisch geprägten „Schwellenhöhe" der dermalen Irritabilität und der Stärke und Dauer der einwirkenden Irritanzien. Dies erschwert die Begutachtung von Ekzempatienten mit atopischem Hintergrund, vor allem bei zusätzlichen Kontaktallergien.

---

[73] Pratsch, u.a., Zschr. für Dermatologie 185 (1999) 107 ff.; s. auch Williams, Z. HautKr 76 (2001) 6 ff.
[74] Vetter, Dt. Ärzteblatt 95 (1998) A – 2972.
[75] Weidinger, u.a., J Allergy Clin Immunolo 121 (2008) 1203 ff.
[76] de Jongh, u.a., Br J Dermatol 159 (2008) 621 ff.
[77] John (2008) Optionen für eine vernetzte interdisziplinäre Prävention am Beispiel berufsbedingter Hautkrankheiten. GMS Ger Med Sci 6: doc06 (Online-Publikation: http//www.egms.de/en1gms/2008-6/000051.shtml).
[78] Fartasch, Berufsdermatosen (Hrsg. Kühl, Klaschka) 1990, 152; ders., Aktuelle Beiträge zu Umwelt- und Berufskrankheiten der Haut 2 (1989) 32, 36.
[79] Bäurle, Dermatosen 35 (1985), 161; Diepgen, u.a., Dermatosen 39 (1991) 79; Schwanitz, Atopic Palmoplantar Eczema 1988; Borelli, Dermatosen 42 (1994) 179, 182.
[80] Uter, in: Berufsdermatologie (Hrsg. Sliska, Brandenburg, John) 2. Aufl. 2006 S. 27 ff.; Skudlik, u.a., Int Arch Occup Environ Health 81 (2008) 1045 ff.; Skudlik, John, Trauma Berufskrankh 9 (2007) 296 ff.; Skudlik, u.a., Hautarzt 59 (2008) 690 ff.

Erleidet der Versicherte mit atopischer Disposition im Rahmen hautbelastender Tätigkeiten ein Hautleiden, welches nach Wegfall des Schadstoffes abheilt, handelt es sich um ein beruflich verursachtes kumulativ-toxisches Ekzem auf dem Boden einer atopischen Diathese.[81] Beharrt es hingegen auch nach Aufgabe der belastenden Tätigkeit, kann dies konstitutionell bedingt sein.

11.3.4.2 Sklerodermie

Chronisch entzündliche Erkrankung des kollagenen Bindegewebes, durch eine Hautsklerose (Verhärtung und gleichzeitig Schrumpfung des Hautbindegewebes) charakterisiert.[82] Die Hautsklerose begünstigt das Entstehen von Hautveränderungen.[83]

Sklerodermie-ähnliche Krankheitsbilder (Pseudosklerodermien) sind bekannt, z.B. durch Vinylchloridmonomere, Silikate oder Silikone ausgelöst.

11.3.4.3 Dyshidrose

Diese aggregierte Bläschenbildung, vorwiegend an seitlichen Fingerpartien, an Handtellern und Fußsohlen, ist häufig die palmare oder plantare Manifestation der atopischen Dermatitis. Sekundäre Kontaktallergien werden begünstigt. Zu prüfen ist die richtunggebende Verschlimmerung.[84]

11.3.4.4 Seborrhoisches Ekzem

Konstitutionelle Faktoren sind für das Entstehen maßgebend. Als befallen gelten die seborrhoischen Zonen: vordere und hintere Schweißrinne, mittlere Gesichtspartie (Augenbrauenregion).

11.3.4.5 Psoriasis

Disposition zur Erkrankung wird vererbt.[85] Die Erkrankungshäufigkeit beträgt etwa 2 % der Bevölkerung.[86]

Exogene Reize (mechanische Belastungen, Reibungen und Schwitzen) können eine Psoriasis auslösen und unterhalten.[87]

---

81 Dazu Kühl, Dermatosen 39 (1991) 170, 171; John, Schwanitz, in: T & E Dermatologie, Sonderheft Berufsdematosen 1997, 3.
82 Fritsch, Dermatologie und Venerologie, 1998 S. 466–480.
83 LSG Baden-Württemberg, 30. 6. 1999, HV-Info 18/2000, 1657.
84 Schwanitz, Atopic Palmoplantar Eczema, 1988.
85 LSG Niedersachsen, 5. 11. 1996, Meso B 280/79.
86 Fritsch, Dermatologie und Venerologie, 1998 S. 466 ff.
87 Moroni, u.a., Derm Beruf Umwelt 36 (1988) 163 ff.

11.3.5 Begutachtung im Rahmen der BK-Nr. 5101

11.3.5.1 Gutachtenauftrag

Die Anforderungen an die medizinische Begutachtung ergeben sich aus dem Katalog der an den Gutachter zu richtenden Fragen[88]

(1) Welche Erkrankungen der Haut wurden diagnostiziert?

(2) Welche sonstige auffällige beurteilungsrelevante Befunde wurden erhoben?

(3) Welchen hautbelastenden Einwirkungen und welchen Allergeneinwirkungen war der Versicherte am Arbeitsplatz ausgesetzt?

(4) Welchen hautbelastenden Einwirkungen und welchen Allergeneinwirkungen war der Versicherte außerberuflich ausgesetzt?

(5) Welche der unter (1) genannten Erkrankungen sind mit Wahrscheinlichkeit durch die unter (3) genannten Einwirkungen im Sinne der Entstehung oder Verschlimmerung verursacht/wesentlich mitverursacht worden?

Im Falle der Verschlimmerung: Handelt es sich um eine vorübergehende oder dauerhafte (abgrenzbare oder richtunggebende) Verschlimmerung?

(6) War die Hauterkrankung schwer im Sinne der BK-Nr. 5101?

(7) War die Hauterkrankung wiederholt rückfällig im Sinne der BK-Nr. 5101?

(8) Sofern ein Ursachenzusammenhang besteht und Frage (5) oder (6) bejaht wird: Besteht bzw. bestand auf Grund der berufsbedingten Hauterkrankung ein Zwang zur Unterlassung von Tätigkeiten, die für die Entstehung, die Verschlimmerung oder das Wiederaufleben dieser Erkrankung ursächlich waren oder sein können? Darzulegen ist, welche gefährdenden Tätigkeiten zwingend zu unterlassen sind bzw. waren, weil andere Maßnahmen im Sinne von Ziff. 10.3 für einen Schutz vor weiteren Hautschädigungen nicht ausreichen.

(9) Sofern es sich um eine Berufskrankheit nach BK-Nr. 5101 handelt:

(9.1) Welche Folgen der Berufskrankheit liegen vor?

(9.2) Welche Krankheitserscheinungen bestehen unabhängig von der berufsbedingten Hauterkrankung?

(9.3) In welcher Höhe ist die Erwerbsfähigkeit ab Aufgabe der schädigenden Tätigkeit bei Zugrundelegung des „Bamberger Merkblatts"[89] durch die Hauterkrankung gemindert?

(9.4) Ist mit einer wesentlichen Änderung der Erkrankungsfolgen zu rechnen und wann ist eine Nachuntersuchung angezeigt?

---

[88] Vgl. Brandenburg, in: Berufsdermatosen, Prävention-Exposition-Begutachtung-Rehabilitation-Therapie (Hrsg. Schwanitz, Szliska) 2001; Schwanitz, John, Brandenburg, Dermatosen 46 (1998) 253 ff.; 47 (1999) 109 ff.

[89] Bamberger Merkblatt: Begutachtungsempfehlungen für die Begutachtung von Haut- und Hautkrebserkrankungen. Konsensuskonferenz Potsdam 12.6.2008 (Hrsg. DGUV) 2009 = Dermatosen in Beruf und Umwelt 56 (2008) 132 ff.

11.3 *Hauterkrankungen als Berufskrankheit nach BK-Nr. 51 01*

(10) Sofern die Voraussetzungen für eine Berufskrankheit nach BK-Nr. 51 01 nicht erfüllt sind:

(10.1) Liegen Folgen einer beruflich verursachten Erkrankung vor oder bestanden solche zum Zeitpunkt der Aufgabe der Tätigkeit als ... am ...?

(10.2) Besteht bzw. bestand auf Grund der erhobenen Befunde im Falle einer Fortsetzung der Tätigkeit als ... die konkrete Gefahr der Entstehung einer solchen Berufskrankheit?

(10.3) Welche Maßnahmen zur Beseitigung dieser Gefahr sind erforderlich:

    a) Geeigneter Körperschutz/Arbeitsschutzmaßnahmen
       Welcher Hautschutz?
       Welcher Handschuh?

    b) Beratung/Unterweisung über hautschonende Arbeitsweise

    c) Sanierung/Überprüfung des Arbeitsplatzes

    d) Ambulante hautärztliche Heilbehandlung

    e) Stationäres Heilverfahren

    f) Unterlassung der gefährdenden Tätigkeiten, da die Gefahr nicht anders zu beseitigen ist (genaue Bezeichnung der zu unterlassenden Tätigkeit erforderlich).

11.3.5.2 Befunderhebung und Diagnose

Die Bestimmung des Begriffs „Hautkrankheiten" orientiert sich nicht am medizinisch-wissenschaftlichen Sprachgebrauch, sondern am Schutzzweck der BK-Nr. 51 01. Dieser liegt im Schutz gegen die Folgen aller beruflich bedingten Erkrankungen im Bereich der Haut unabhängig von der Schadensursache und der Art der krankhaften Veränderungen. Die Bindehaut wird mit erfasst.[90] Entsprechendes muss auch für solche Bereiche der Schleimhaut gelten, die in vergleichbarer Weise äußeren Einwirkungen unmittelbar ausgesetzt sind.

Hauterkrankungen können nicht nur mittels äußerer Einwirkungen (Berührungen) schädigender Arbeitsstoffe, sondern auch durch Aufnahme schädigender Stoffe in den Körper verursacht werden.[91]

Keine Hauterkrankung im Sinne der BKV sind Veränderungen der Haut auf Grund grob mechanischer oder chemischer Einwirkungen auf das Gewebe, die keine spezifischen Reaktionen des Hautorgans hervorgerufen haben (z.B. Schnitt-, Stichverletzungen, Verbrennungen, Verätzungen): Entschädigung als Arbeitsunfall kommt in Betracht (s. 11.1, S. 832 und 11.2, S. 833).

Die Anerkennung einer berufsbedingten Hauterkrankung als Berufskrankheit kann erst erfolgen, wenn Hauterscheinungen tatsächlich vorliegen oder aufgetreten sind. Bloße Bereitschaft zur Entwicklung von Hauterscheinungen infolge einer beruflich erworbenen

---

[90] BSG, 30. 4. 1986, SozR 5670 Anl. 1 Nr. 5101 Nr. 4 = Meso B 280/46 = SGb 1987, 213ff. m. Anm. Stuzky.
[91] BSG, 28. 4. 2004, Breith. 2005, 39, 40: „Durchblutungsstörungen der kapillaren Endstrombahn in der Haut".

Sensibilisierung reicht zur Begründung einer Berufskrankheit im Sinne der BK-Nr. 5101 noch nicht aus. Präventivmaßnahmen zur Verhinderung des Entstehens einer Berufskrankheit (§ 3 BKV) kommen aber bereits in diesem Stadium zur Anwendung (11.3.5.8, S. 887).

Umfassende und detaillierte Bezeichnung des diagnostizierten Krankheitsbildes ist Voraussetzung für eine nachvollziehbare Zusammenhangsbeurteilung und die je nach Einzelfall vorzunehmenden Differenzierungen.[92] Entsprechendes gilt für sonstige Befunde, die für die Beurteilung der Genese der Hauterkrankung relevant sein können. Von besonderer Bedeutung ist eine Differenzierung des Krankheitsbildes bei Kontaktekzemen (s. 11.3.1, S. 841). Ekzematische Erscheinungen werden oft verfrüht ursächlich auf eine gleichzeitig vorgefundene Sensibilisierung gegen einen beruflichen Schadstoff zurückgeführt. Eingehender Erörterung bedarf es, ob es sich

– tatsächlich um ein allergisches Kontaktekzem
– oder um ein Zusammentreffen eines Abnutzungsekzems mit bisher klinisch stummer beruflicher Schadstoff-Sensibilisierung

handelt.[93]

11.3.5.3 Schädigende Einwirkungen

(s. 11.3.5.1 Frage 3)

Für die Beurteilung des Ursachenzusammenhanges muss mit an Sicherheit grenzender Wahrscheinlichkeit (Vollbeweis) feststehen, ob und welchen zur Verursachung einer Hauterkrankung geeigneten Einwirkungen (s. 11.3.1, S. 841 und 11.3.1.3.1, S. 847) über welche Zeiträume der Versicherte ausgesetzt war. Auf der Grundlage der vom UV-Träger durchgeführten Ermittlung ist festzustellen, welchen für die diagnostizierte Erkrankung relevanten hautschädigenden Einwirkungen der Betroffene ausgesetzt war. Entsprechendes gilt für außerberufliche Einwirkungen. Im Einzelfall können sich bei der Erhebung der Berufsanamnese durch den Gutachter Abweichungen von aktenkundigen Feststellungen ergeben. Bei erheblichen Abweichungen ist vor Erledigung des Gutachtenauftrages eine Rückfrage bei dem auftraggebenden UV-Träger zur Klärung der Expositionsverhältnisse nötig. Vollständige Erfassung aller hautschädigenden Einwirkungen ist auch für die Entscheidung, inwieweit ein Zwang zum Unterlassen von Tätigkeiten besteht, unerlässliche Voraussetzung.

11.3.5.4 Zusammenhangsbeurteilung

(s. 11.3.5.1 Frage 5)

Die Hauterkrankung muss durch die berufliche (versicherte) Tätigkeit im Sinne der Entstehung oder Verschlimmerung verursacht sein. Nach der „*Lehre von der wesentlichen Bedingung*" (s. 1.5, S. 22) ist eine rechtlich wesentliche Mitwirkung beruflicher Einflüsse ausreichend.

---

[92] Wehrmann, in: BK-Haut in der Begutachtung (Hrsg. HVBG) 1994 S. 89; Schwanitz, ebenda S. 93.
[93] Fartasch, u.a., JDDG 6 (2008) 34; John, Schwanitz, in: Berufsdermatosen (Hrsg. Schwanitz, Szliska) 2001, 9.1–9.13.

Verursachung eines Gesundheitsschadens im Sinne der *Entstehung* liegt vor, wenn es durch die schädigende Einwirkung erstmals zu einem manifesten Krankheitsgeschehen gekommen ist (s. 1.8.1, S. 33).

Mit dem Begriff *Verschlimmerung* werden Tatbestände erfasst, in welchen eine berufsunabhängige Gesundheitsstörung vor Eintritt des Versicherungsfalls als Krankheitszustand bereits nachweisbar vorhanden war (s. 1.8.2, S. 34).

- **Fallgruppen der *Entstehung***

a) Toxisch-degenerative Ekzeme, sofern berufsspezifische toxische Einwirkungen erstmals zur Manifestation des Hautschadens geführt haben.

b) Allergische Kontaktekzeme, sofern auch die Sensibilisierung beruflich erworben wurde.

c) Atopische (Hand-)Ekzeme, die erstmals während der Berufstätigkeit aufgetreten und mit Wahrscheinlichkeit (mit-)ursächlich auf diese zurückzuführen sind; vorberuflich vorhandene atopische Hautdisposition ist nicht zu entschädigen.

- **Fallgruppen der *Verschlimmerung***

d) Wesentliche Verstärkung vorberuflich schon festgestellter Hauterscheinungen (z.B. atopisches Handekzem) durch berufsbedingte toxisch-degenerative Einwirkungen.

e) Wesentliche Verstärkung eines vorbestehenden außerberuflich erworbenen allergischen Kontaktekzems durch berufsbedingten erneuten Kontakt mit demselben Allergen. Dabei ist zu klären, ob auch die außerberuflich erworbene Sensibilisierung durch den erneuten beruflichen Allergenkontakt eine für das Ausmaß der MdE (s. 11.3.5.8, S. 887) relevante Intensivierung erfahren hat.[94]

Von der Betrachtungsweise hängt es ab, ob von Verschlimmerung zu sprechen ist, wenn auf dem Boden einer außerberuflich erworbenen Sensibilisierung erst durch zusätzliche schädigende berufliche Einwirkungen eine Hauterkrankung hervorgebracht wurde. Sachlich zwingend ist dies, soweit die Hauterkrankung mit einer berufsbedingten wesentlichen Verstärkung der außerberuflich erworbenen Sensibilisierung zusammenhängt.[95] Wird auch in anderen Fällen der Begriff der Verschlimmerung angewendet, muss deutlich werden:

– keine relevante berufsbedingte Veränderung des Sensibilisierungszustandes ist festzustellen: Zu entschädigen sind nur die durch berufliche Einwirkung verursachten Hauterscheinungen, nicht vorbestehende Sensibilisierungen

– Hauterscheinungen sind auf nachweisbare und wesentliche Verstärkung einer außerberuflich angelegten Sensibilisierung zurückzuführen oder stehen mit berufsbedingter Aufpropfungssensibilisierung in Verbindung (zur MdE-Bewertung s. 11.3.5.7.3, S. 886).

---

[94] Vgl. LSG Rheinland-Pfalz, 19. 12. 1988, Dermatosen in Beruf und Umwelt 40 (1992) 120 m. Anm. Wehrmann.
[95] Vgl. Brandenburg, in: BK-Haut in der Begutachtung, (Hrsg. HVBG) 1994 S. 111.

Um *vorübergehende* Verschlimmerung handelt es sich im Fall d), wenn die Hauterscheinungen – ggf. nach Aufgabe der gefährdenden Tätigkeiten – abgeklungen sind. Dauernde Verschlimmerung kann bei degenerativ-toxischem Ekzem gegeben sein, wenn auch nach Unterlassung der gefährdenden Tätigkeiten die Hauterscheinungen auf Grund einer besonders schweren Schädigung fortbestehen oder durch geringfügige Schädigungen, die bei gesunder Haut unschädlich wären, unterhalten werden.

Richtunggebende Verschlimmerung liegt vor, wenn der ganze Ablauf der Erkrankung offensichtlich nachhaltig beschleunigt und gefördert wird und einen anderen schweren Verlauf nimmt (s. 1.8.2, S. 34), d.h. falls das gesamte Erkrankungsgeschehen durch die berufliche Einwirkung geprägt wird. Dies trifft zu, wenn vorberuflich zwar gelegentlich Hauterscheinungen auf unterschiedliche irritative Einwirkungen zu beobachten waren, diese sehr geringe Intensität aufwiesen (deutlich unterhalb einer messbaren MdE) und nunmehr aber durch berufliche chemisch-irritative Einflüsse ein Hauterscheinungsbild vorliegt, das einer messbaren MdE entspricht.

Sofern die Entstehung oder Verschlimmerung auch durch außerberufliche hautschädigende Einwirkungen oder anlagebedingte Risikofaktoren mitverursacht wurde, bedarf es einer Bewertung der beruflichen hautschädigenden Einwirkungen nach den Grundsätzen der rechtlich wesentlichen Ursache (s. 1.5, S. 22). Rechtlich wesentlicher Ursachenzusammenhang ist zu verneinen, falls eine Hauterkrankung auslösende oder unterhaltende berufliche Einwirkungen in ihrer Bedeutung für das Erkrankungsgeschehen austauschbar sind gegen andere im täglichen Leben auftretende Hautbelastungen. Dies erweist sich, wenn die für das Erkrankungsgeschehen mitursächlichen außerberuflichen Faktoren (anlagebedingte Prädisposition oder außerberuflich erworbene Hauterkrankung) bereits so ausgeprägt und leicht ansprechbar waren, dass es zur Auslösung akuter Krankheitserscheinungen besonderer äußerer Einwirkungen nicht bedurfte. Vom Gutachter ist bei Anhaltspunkten Antwort zu erwarten, ob schon alltäglich vorkommende Einwirkungen auf die Haut (Körperpflege, Haushalt, Sport) mit Wahrscheinlichkeit geeignet waren, jederzeit vergleichbare Hauterscheinungen hervorzurufen oder ohne jegliche äußere Einwirkungen jederzeit mit dem Auftreten solcher Hauterscheinungen zu rechnen war. Daraus folgt, dass dem individuellen Erkrankungsverlauf maßgebliche Bedeutung zukommen muss. Sofern Entstehung und Abheilung der Erkrankungserscheinungen mit dem Wirksamwerden bzw. Entfallen beruflicher Hautbelastungen zeitlich übereinstimmen, bedarf es der Begründung, um mitwirkende berufliche Faktoren als rechtlich nicht wesentlichen Gelegenheitsanlass zu werten.

Medizinische Beurteilung des Ursachenzusammenhanges setzt große Erfahrung, namentlich genaue Kenntnis der pathologischen Vorgänge sowie deren sorgfältige Klärung und Trennung voraus.

Neben üblicher Familien- und Eigenanamnese ist eine gründliche Arbeitsanamnese erforderlich, zu ergänzen durch Analyse der Produktionstechnologie, Arbeitsplatzbesichtigung, Resultate von Einstellungs- und gegebenenfalls periodischer Untersuchungen. Schilderung der Arbeitsvorgänge beinhaltet: Aufzählung der Gefahrstoffe einschließlich Reinigungsmittel, Zeit und Form des Kontaktes, Auftreten von Reizerscheinungen bei einem bestimmten Arbeitsvorgang. Verhalten der Hautveränderungen während des Urlaubs und am Wochenende ist zu erfragen.

11.3 Hauterkrankungen als Berufskrankheit nach BK-Nr. 51 01

Abklären der Ursachen verlangt die Berücksichtigung außerberuflicher Schadstoffe, wie Wasch- und Abwaschmittel, Nickel- und Chromverbindungen, Enzymzusätze zu Wasch-, Reinigungs- und Bodenpflegemitteln, private Tierhaltung, Körperpflege sowie bei Freizeitgestaltung verwendete Chemikalien.

Das klinische Bild muss der beruflichen Beschäftigung entsprechen. Lokalisation und Verlauf der Erkrankung können Hinweise auf die Entstehungsursache geben. Hauterscheinungen durch nichtinfektiöse berufliche Schadstoffe sind – speziell beim Erstauftreten – vorwiegend auf den Ort der Einwirkung begrenzt.[96]

Bei manuellen Arbeiten werden – naturgemäß – vor allem die Hände befallen, namentlich im Bereich der Handrücken. Die Handteller bleiben oft verschont, weil die Hornschicht das Eindringen von Schadstoffen verhindert. Durch gewohnheitsmäßiges Reiben der Gesichtshaut mit den Händen sind Schadstoffe übertragbar.

Das Gesicht kann durch Dämpfe, Stäube und Ausspritzen schädigender Flüssigkeiten betroffen sein.

Ekzematöse Veränderungen an anderen Körperstellen – vor allem solchen mit zarter empfindlicher Haut und stärkerer Schweißentwicklung – schließen berufliche Verursachung nicht aus:

Flächenhaftes Ausbreiten nichtinfektiöser Hauterkrankungen setzt entsprechend ausgedehnten Kontakt mit dem Schadstoff voraus.

Bei Kontaktekzemen, die auf größere Hautbereiche ausgebreitet sind, ist der primäre Erkrankungsherd oft am intensiven Ekzembefall zu erkennen.[97]

Zerstreut erscheinende Krankheitsherde können durch Stäube hervorgerufen sein, die durch die Arbeitskleidung über das Hautorgan verteilt werden und bei geringer Hornschichtdicke und hoher Hautfeuchtigkeit „krankheitsauslösend" wirken.

Beim Befall unbedeckter Körperpartien insgesamt sind Strahlen, Dämpfe, Stäube und Gase als Ursachen in Betracht zu ziehen (z.B. Epoxidharze, Kühlschmiermittelaerosole, Glasfaserstäube).[98]

Wesentliche Kriterien bei Beurteilung des Ursachenzusammenhanges

– Art und Intensität beruflicher Einwirkungen
– Relevanz berufsspezifischer Sensibilisierungen für das Erkrankungsgeschehen
– Schwerpunkt der Lokalisation der Hauterscheinungen
– Erkrankungsverlauf vor, während und nach Beendigung der gefährdenden Tätigkeiten bzw. in belastungsfreien Intervallen
– Art und Intensität konkurrierender Einwirkungen

---

[96] Klaschka, Berufsdermatosen, (Hrsg. Kühl, Klaschka) 1990, 48; Norpoth, Einführung in die Arbeitsmedizin 1991 S. 278.
[97] Düngemann, Unfallh. 121 (1976) 474, 480.
[98] Valentin, u.a., Arbeitsmedizin, 3. Aufl. Bd. 2 1985 S. 312.

11.3.5.5 Schwere oder wiederholt rückfällige Hauterkrankung

(s. 11.3.5.1 Fragen 6 und 7)

Die Hauterkrankung muss schwer oder wiederholt rückfällig aufgetreten sein (alternative Verknüpfung).

11.3.5.5.1 „Schwere"

Beurteilungskriterien für die „Schwere" der Hauterkrankung sind die klinische Symptomatik nach Morphe und Beschwerdebild, Ausdehnung, Verlauf und Dauer der Erkrankung sowie die Ausprägung der beruflich verursachten Allergie.[99] Die genau dokumentierte Behandlungsbedürftigkeit bringt Aufschluss über die „Schwere".

Anhaltspunkte für eine „schwere" klinische Symptomatik[100]:

- *Klinisches Bild*
  Akutes Ekzem: Bläschenschübe, Ödeme, Rötung, Erosionen und Superinfektionen
  Chronisches Ekzem: tiefe Rhagaden, Erosionen, Licheninfikationen (bei subtoxisch-kumulativen Handekzemen)

- *Beschwerdebild*
  Schmerzhaftigkeit, Bewegungseinschränkung, Juckreiz und Brennen, Beeinträchtigung des Allgemeinbefindens

- Ausdehnung
  - über Kontaktorgan hinaus: z.B. streuendes allergisches Kontaktekzem (Arme, Stamm, Gesicht)
  - oder Exposition großer Areale, z.B. aerogenes allergisches Kontaktekzem
  - bei Typ-I-Reaktionen, z.B. generalisierte Urtikaria (auch Auswirkung auf Allgemeinbefinden)

- *Verlauf*
  Schlechte Heilungstendenz (trotz Therapie und Hautschutz) bei Notwendigkeit stationärer Heilbehandlung oder Einsatz systemischer Corticoide
  Rezidivneigung (unabhängig von Arbeitsunfähigkeit) und zeitliche Ausdehnung, auch mehrfach über ein halbes Jahr hinweg

- *Dauer*
  Die Rspr.[101] wertet eine berufliche Hauterkrankung auch dann als „schwer", wenn sie zwar in medizinisch nicht schwerer Erscheinungsform verlaufen ist, jedoch längere Zeit ununterbrochen bestanden hat und behandlungsbedürftig war: Das Tatbestandsmerkmal „schwer" wird im Blick auf die Gruppe der medizinisch schweren Fälle den leichten, aber wiederholt rückfälligen Erkrankungen gegenübergestellt. Da es bei einem wiederholten Rückfall der Krankheitserscheinungen nicht darauf ankommt, ob der einzelne Krankheitsschub medizinisch schwer oder leicht gewesen ist, wäre es unbillig, eine

---

[99] Merkblatt für die ärztliche Untersuchung bei der BK-Nr. 5101, BArbBl. 6/1996, 22.
[100] Vgl. Fartasch, Schmidt, in: BK-Haut in der Begutachtung (Hrsg. HVBG) 1994 S. 61, 62.
[101] BSGE 10, 286 (30.10.1959); BSG, 13.12.1962, Breith. 1963, 777; BSGE 38, 17 (27.6.1974) = Meso B 280/20a.

11.3 Hauterkrankungen als Berufskrankheit nach BK-Nr. 51 01

mehrfach beseitigte Hauterkrankung als „wiederholt rückfällig" zu entschädigen, nicht jedoch das Leiden, das in der gleichen Zeit noch nicht einmal vorübergehend beseitigt wurde.[102] Als Zeitfaktor wird eine Spanne von mindestens sechs Monaten zu Grunde gelegt.[103]

Der Faktor der Zeit sollte jedoch nicht überbewertet werden, so dass eine geringfügige und harmlose Hautveränderung, durch fortdauernde berufliche Exposition unterhalten, stets als „schwer" bezeichnet wird. Das klinische Krankheitsbild darf nicht außer acht bleiben.[104] Bei leichteren Hauterscheinungen ist daher ein längerer Zeitraum angemessen, während bei Hauterkrankungen, die zwar im medizinischen Sinne noch nicht „schwer" sind, aber diese gesetzliche Voraussetzung eben noch nicht erfüllen, unter Umständen eine kürzere Frist in Betracht zu ziehen ist. Daher ist notwendig, dass der Gutachter das Ausmaß der berufsbedingt entstandenen bzw. verschlimmerten Hauterscheinungen beschreibt.

Nach dem Merkblatt[105] sind auch die Auswirkungen einer beruflich erworbenen Allergie bei der Beurteilung der Schwere zu berücksichtigen. Konkretisierung dieses Kriteriums verlangt, dass die klinische Relevanz der Sensibilisierung für die festgestellten Hauterscheinungen nachgewiesen ist. Nach zutreffender Ansicht kann eine Sensibilisierung nur bei anamnestisch nachgewiesener klinischer Relevanz einen solchen Schweregrad erreichen, dass eine MdE in rentenberechtigendem Grade resultiert (s. 11.3.5.7.3, S. 886). Damit übereinstimmend sollte eine schwere Hauterkrankung nur angenommen werden, sofern das klinisch manifeste Krankheitsgeschehen durch die Sensibilisierung mit einem beruflichen Schadstoff nachweisbar beeinflusst worden ist. Bei nachgewiesener klinischer Relevanz stellt eine Sensibilisierung auch nach Abheilung der akuten Hauterscheinungen eine dauerhafte Beeinträchtigung dar.[106] Bloße Sensibilisierungen als Folge eines toxisch-degenerativen Ekzems, die noch nicht zu einem allergischen Kontaktekzem geführt haben, bleiben zur Begründung einer „schweren" Hauterkrankung außer Betracht. Darüber hinaus setzt eine Bejahung der „Schwere" unter dem Gesichtspunkt der Sensibilisierung voraus, dass der Betroffene durch die Allergie über die derzeitig ausgeübte berufliche Tätigkeit auch in anderen Bereichen des Arbeitslebens erheblich beeinträchtigt ist.[107]

Vereinzelt mag sich ein Krankheitsbild den herkömmlichen Kriterien für die Beurteilung der Schwere entziehen. Das BSG[108] hat eine Argyrie[109] (die keine Arbeitsfähigkeit zur Folge hatte) deshalb als schwer angesehen, weil diese nicht behandlungs- und rückbildungsfähig war und bei Fortsetzung der Tätigkeit schwer wiegende Schäden an inneren Organen drohten. In diesem speziellen Fall war eine Anerkennung als Berufskrankheit

---

102 RVA, EuM 47, 113, 114; dazu Nauroth, MedSach 88 (1992), 175, 178.
103 BSGE 38, 17 (27. 6. 1974) unter Hinweis auf § 30 Abs. 1 S. 3 BVG.
104 BSGE 38, 19 (27. 6. 1974); so auch Groetschel, Berufsdermatosen 1963, 168; Asanger, Berufsdermatosen 1968, 103, 113.
105 BArbBl 6/1996, 22.
106 Fartasch, u.a., JDDG 6 (2008) 34.
107 LSG Saarland, 25. 5. 1993, HV-Info 24/1993, 2157; LSG Rheinland-Pfalz, 22. 9. 1998, HV-Info 27/1999, 2565 = Meso B 280/88.
108 BSGE 51, 251, 253 (20. 3. 1981) = Meso B 280/39.
109 Verfärbung durch Ablagerung von Silber, dazu Wölbling, u.a., ASP 1988, 293 ff.; Müller, u.a., Zbl Arbeitsmed 2007, 391 ff.

geboten, weil das Fehlen einer Behandlungsmöglichkeit bei einer berufsbedingten und die Tätigkeitsaufgabe erzwingenden Gesundheitsstörung sich nicht zum Nachteil des Versicherten auswirken darf. Bei Krankheitsbildern, die diese Besonderheiten nicht aufweisen, sind das klinische Bild der Erkrankung und ggf. das Ausmaß der Allergisierung die für die Beurteilung der Schwere zutreffenden Kriterien. Sonst liefe der medizinische Tatbestand der „Schwere" der Erkrankung neben dem Merkmal des „Unterlassens der gefährdenden Tätigkeit" letztlich leer.

Im Hinblick auf den Eintritt des Versicherungsfalls ist der Zeitpunkt bedeutsam, von dem an eine „schwere" Hauterkrankung vorliegt. Maßgeblich ist die Beurteilung, die sich bei nachträglicher Betrachtung als objektiv zutreffend erweist.[110] Der Beginn der schweren Erkrankung ist daher der erste Tag des behandlungsbedürftigen Zustandes, der sich im Nachhinein als „schwer" werten lässt.

Die Schwere muss durch eine versicherte Tätigkeit wesentlich „verursacht" sein. Hat die Tätigkeit zunächst eine leichte Erkrankung zur Folge, die sich durch nicht berufsbedingte Einflüsse verschlimmert, liegt eine wesentliche Mitursache vor, falls ohne die berufliche Gefährdung das Hautleiden keinen „schweren" Verlauf genommen hätte. Desgleichen ist andererseits der Kausalzusammenhang zu bejahen, wenn eine bereits vorhandene, nicht berufsbedingte Hauterkrankung durch die versicherte Tätigkeit – wesentlich verschlimmernd – sich zu einer „schweren" entwickelt.[111]

11.3.5.5.2 „Wiederholt rückfällig"

Dieses Tatbestandsmerkmal setzt begrifflich mindestens drei gleichartige Krankheitsschübe, d.h. den zweiten Rückfall voraus: es bedarf einer weitgehenden Besserung oder Abheilung des vorangegangenen Krankheitsschubes; der Versicherte muss also zunächst wieder einige Zeit weder behandlungsbedürftig noch arbeitsunfähig gewesen sein. Zudem ist erforderlich, dass der neue Krankheitsfall mit der früheren Erkrankung zusammenhängt, mag er auch andersartige klinische Erscheinungen bieten oder in einem anderen Beruf hervorgerufen sein. Exakte Dokumentation der Arbeitsunfähigkeit ist daher wichtig.

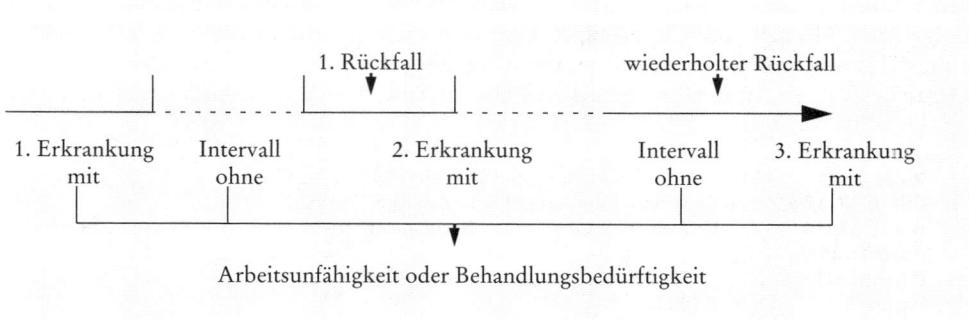

---

[110] BSG, 13.12.1962 Breith. 1963, 777; Drefahl, SGb 1969, 144f.; Spinnarke, BG 1972, 103; Mehrtens, BG 1977, 475.
[111] Vgl. LSG Baden-Württemberg, 27.10.1969, Breith. 1971, 18 = Meso B 280/19.

Kausaler Zusammenhang ist gegeben, wenn – von drei zusammenhängenden Erkrankungsfällen – einer durch berufliche Tätigkeiten herbeigeführt wurde und dieser den dritten Krankheitsfall – auch aus der Natur des Leidens auftretend – wesentlich mitverursacht hat.[112] Für ein zusammenhängendes Erkrankungsgeschehen ist auch ausreichend, wenn alle drei Erkrankungsschübe auf dieselbe epidermale Überempfindlichkeit zu beziehen sind. Auch solche Rückfälle, die erst nach der Aufgabe der gefährdenden Tätigkeit eintreten, können zur Anerkennung als Berufskrankheit führen.[113] Entscheidend ist der ursächliche Zusammenhang mit dem früheren beruflich bedingten Erkrankungsfall.

Keinen Rückfall stellt die „Verschlimmerung" bei noch nicht abgeklungenen Hauterscheinungen dar. Auch eine „Neuerkrankung" ist zu unterscheiden: die gleiche Krankheit tritt wieder auf, nachdem der frühere Erkrankungsfall völlig abgeheilt war, dieser also auch keinerlei Überempfindlichkeit zurückgelassen hat. Das bedeutet, dass der Versicherte wieder längere Zeit unter den früheren Arbeitsbedingungen beschwerdefrei arbeiten konnte oder die neue Erkrankung durch andere schädigende Arbeitsstoffe hervorgerufen wurde.

11.3.5.5.3 Wahlfeststellung

Ist eine eindeutige Zuordnung des Krankheitsbildes zur Schwere oder wiederholten Rückfälligkeit nicht möglich, ohne dass die Frage der Kausalität an sich in Frage gestellt wird, ist nach dem Rechtsinstitut der „Wahlfeststellung" (s. 1.14.6, S. 50) wahlweise die Schwere oder wiederholte Rückfälligkeit anzuerkennen.

11.3.5.6 Unterlassung aller gefährdenden Tätigkeiten

Allgemeine Hinweise s. 2.2.2, S. 60.

11.3.5.6.1 Unterlassungszwang bei Hauterkrankungen

(s. 11.3.5.1 Frage 8)

Der Zwang zur Aufgabe *einzelner* Tätigkeiten ist ausreichend.[114] Erfasst werden sämtliche vom Versicherten auf seinem Arbeitsplatz verrichteten Tätigkeiten, unabhängig von ihrer Wertigkeit für die Gesamtheit aller Verrichtungen am Arbeitsplatz und unabhängig, ob sie eine Vorbildung, Ausbildung oder berufliche Erfahrung erfordern.[115]

Selbst wenn ein Versicherter an einer berufsbedingten schweren oder wiederholt rückfälligen Hauterkrankung leidet, liegt eine Berufskrankheit nicht vor, falls durch geeignete Schutzmaßnahmen der Aufgabe der Tätigkeiten wirksam zu begegnen ist. Das Unterbinden einer Einwirkung lediglich durch den Einsatz persönlicher und technischer Schutzausrüstung, insbesondere Schutzhandschuhe[116], Hautschutz[117], Ersatz eines gesundheitsschä-

---

[112] RVA, EuM 34, 20: Fortentwicklung des monovalenten zu einem polyvalenten Ekzem.
[113] Brandenburg, u.a., Dermatosen 47 (1999) 109, 113; a.A. LSG Nordrhein-Westfalen, 30. 9. 1988, HV-Info 12/1989, 946.
[114] BSGE 53, 17 = SozR 2200 § 551 Nr. 21 (15. 12. 1981).
[115] BSGE 53, 17 = SozR 2200 § 551 Nr. 21 (15. 12. 1981); Mehrtens, SozVers. 1978, 151, 152; Stork, SdL 1977, 521.
[116] LSG Niedersachsen, 24. 10. 1961, Meso B 280/9; LSG Saarland, 25. 5. 1993, HV-Info 24/1993, 2157, 2167; LSG Baden-Württemberg, 13. 12. 2007, UVR 5/2008, 320.
[117] LSG Baden-Württemberg, 20. 12. 1989, HV-Info 14/1990, 1097.

digenden Arbeitsstoffes[118] durch einen nicht schädigenden, sprengt den Wortsinn des Begriffs der Tätigkeitsunterlassung gemäß § 9 Abs. 1 SGB VII sowie BK-Nr. 51 01. Es handelt sich um Präventionsmaßnahmen, die eine Tätigkeitsunterlassung gerade verhindern (Ausnahmen s. 11.3.5.6.3, S. 877). Auch in § 3 Abs. 1 BKV stellt der Einsatz geeigneter Mittel zur Gefahrenabwehr kein Unterlassen der gefährdenden Tätigkeit dar.[119]

Maßgebend ist allein, ob objektiv, d.h. aus Sicht der medizinischen und technischen Sachverständigen, ein Unterlassungszwang besteht, nicht die Einschätzung des Versicherten. Ein Zwang zum Unterlassen der bisher ausgeübten hautbelastenden Tätigkeiten ist nur zu bejahen, wenn andere Möglichkeiten der Abhilfe nicht genügen oder nicht realisierbar sind.[120] In dem Gutachten ist daher darzulegen, welche Tätigkeiten zu unterlassen sind, weil andere Maßnahmen für einen Schutz vor weiteren Hautschädigungen nicht ausreichen (s. Ziff. 8 der Gutachtenfragen bei 11.3.5.1).

Feststellung im Einzelfall

- Bei welchen Arbeitsvorgängen ist der Versicherten den hautschädigenden Einwirkungen/allergisierenden Stoffen in relevantem Umfang ausgesetzt?
- Welche dieser Tätigkeiten sind weiter ausführbar, wenn andere Möglichkeiten der Gefahrbeseitigung ausgeschöpft werden?

Abhilfemaßnahmen[121]

– Ersatzstoffprüfung
– technischer und organisatorischer Art (Verhältnisprävention)
– persönliche Schutzmaßnahmen (geeignete Handschuhe, sonstiger Hautschutz); mit genauer Bezeichnung
– Beratung/Schulung über hautschonende Arbeitstechniken/Gesundheitspädagogik (Verhaltensprävention)[122]
– ambulante oder stationäre hautärztliche Behandlung oder Heilverfahren/ med. Rehabilitation (wie lokale PUVA-Therapie „Creme-PUVA-Therapie")[123]

Die Wirksamkeit derartigen Vorgehens bei der Sekundär-Prävention von berufsbedingten Hauterkrankungen ist belegt.[124]

---

[118] BSG, 27. 4. 1972, SozR Nr. 2 zu Anl. 46 der BKVO = SGb 1973, 268, m. Anm. Wittmann; im Ergebnis ebenso Kühl, Dermatosen 40 (1992) 164.
[119] Die Unterscheidung einer Tätigkeitsunterlassung von sonstigen arbeitsplatzbezogenen Präventionsmaßnahmen gilt abw. von BSG, 26. 3. 1986, HV-Info 1986, 883, seit Inkrafttreten des SGB VII auch dann, wenn bei Anerkennung einer BK nach Nr. 51 01 eine MdE in rentenberechtigendem Grade begründet wäre.
[120] LSG Berlin-Brandenburg, 16. 8. 2005, Rdschr. HVBG BK 19/2006.
[121] Rojahn, Brandenburg, Remé, ErgoMed 2001, 193; Wulfhorst, u.a., in: Berufsdermatologie (Hrsg. Szliska, Brandenburg, John) 2. Aufl. 2006 S. 547ff.
[122] LSG Berlin-Brandenburg, 16. 8. 2005, Rdschr. HVBG BK 19/2006.
[123] LSG Nordrhein-Westfalen, 28. 9. 2005, HV-Info 1/2006, 55: Mitwirkungspflicht von Anerkennung einer BK.
[124] Schwanitz, in: Berufsdermatosen (Hrsg. Schwanitz, Szliska) 2001, 12.1–12.9; Wulfhorst, Sekundäre Prävention von Hauterkrankungen im Friseurhandwerk, 2001; Riehl, Interventionsstudie zur Prävention von Hauterkrankungen bei Ausbildenden des Friseurhandwerks, 2001; Skudlik, u. a., Hautarzt 59 (2008) 690 ff.

Das „Stufenverfahren Haut" dient der systematischen Frühprävention bei berufsbedingten Hauterkrankungen.[125]

11.3.5.6.2 Tatsächliche Unterlassung der gefährdenden Tätigkeiten

Der Versicherungsfall tritt erst mit dem tatsächlichen Unterlassen der gefährdenden Tätigkeiten ein („gezwungen haben"). Der Geschehensablauf ist rückschauend danach zu beurteilen, ob objektiv ein Zwang zum Unterlassen der Tätigkeit vorgelegen und der Versicherte diese tatsächlich und endgültig aufgegeben hat.[126]

Nicht erforderlich ist die subjektive Vorstellung des Erkrankten, wegen der Hauterkrankung seine Tätigkeit aufzugeben. Das Abstellen auf seinen Beweggrund würde zu unbilligen und Zufallsergebnissen führen.[127] Unbeachtlich sind daher

- willensunabhängige Umstände[128]: Kündigung des Arbeitgebers, Insolvenz, Produktionseinstellung, Erreichen der Altersgrenze, Tod
- willensabhängige Umstände[129]: Berufswechsel vor Feststellung der Krankheit, Hinausschieben der Tätigkeitsaufgabe für eine Übergangszeit aus triftigem Grund.

Erfolgt die Aufgabe der gefährdenden Tätigkeit in einem Zeitraum, in welchem der Versicherte arbeitsunfähig ist, so ist der erste Tag der Arbeitsunfähigkeit – als klar bestimmbarer Zeitpunkt – der Beginn des Unterlassens und bei Vorliegen aller anderen Tatbestandsmerkmale der Eintritt des Versicherungsfalls.[130]

11.3.5.6.3 Ausnahmen von Unterlassungszwang

Das Tatbestandsmerkmal „Unterlassung der gefährdenden Tätigkeit" ist seinem Sinn und Zweck gemäß einschränkend auszulegen: Das Verlangen nach Aufgabe der Berufstätigkeit ist – bei einer Erkrankung mit einer rentenberechtigenden MdE – unverhältnismäßig, wenn es weder zur Ausgrenzung von Bagatellerkrankungen noch zur Vermeidung weiterer Gesundheitsschäden erforderlich ist.[131]

Fallkonstellationen[132]

(1) Arbeitsplatz muss aufgegeben werden (da keine Prävention möglich) oder ändert seinen Charakter, der Betroffene erledigt also eine andere Arbeit und ist nicht mehr gefährdet:

---

125 Skudlik, John, Trauma Berufskrankh 9 (2007) 296; Skudlik, u.a., Hautarzt 59 (2008) 690.
126 BSG, 28.7.1983, SozR 5677 Anl. 1 Nr. 46, 7. BKVO; 28.4.1967, BG 1967, 358; LSG Bremen, 25.3.1999, HV-Info 33/1999, 3109 = Meso B 280/89.
127 BSG, 28.7.1983, SozR 5677 Anl. 1 Nr. 46, 7. BKVO mit Hinweis auf Mehrtens, SozVers. 1978, 151, 152; a.A. noch BSGE 52, 35 (4.6.1981); 26.6.1980, Breith. 1981, 396, 397.
128 BSGE 50, 187 (29.8.1980); BSG, 28.7.1983, SozR 5677 Anl. 1 Nr. 46, 7. BKVO; BSGE 56, 94 (8.12.1983).
129 BSG, 28.7.1983, SozR 5677 Anl. 1 Nr. 46, 7. BKVO; Hess. LSG, BG 1972, 191.
130 BSG, 31.5.1967; SGb 1969, 142; LSG Rheinland-Pfalz, 10.3.1993, HV-Info 1993, 1409; Mehrtens, BG 1977, 472, 476.
131 BSG, SozR 4-5671 Anl. 1 Nr. 5101 Nr. 1 (9.12.2003) = Rdschr. HVBG VB 28/2004.
132 Bamberger Merkblatt: Begutachtungsempfehlungen für die Begutachtung von Haut- und Hautkrebserkrankungen, Konsensuskonferenz Potsdam 12.6.2008 (Hrsg. DGUV) 2009 = Dermatosen in Beruf und Umwelt 56 (2008) 132, 146 ff.

Anerkennung als BK, wenn alle anderen Merkmale, wie „schwer" oder „wiederholt rückfällig" erfüllt sind, unabhängig vom Vorliegen einer MdE.

(2) Die versicherte Person ist noch gefährdend tätig (durch Schutzmaßnahme kann die Gefahr verringert, aber nicht beseitigt werden). Es treten weiterhin berufsabhängige Hautveränderungen auf:
Keine Anerkennung, solange die gefährdende Tätigkeit nicht unterlassen wird.

(3) Keine Gefährdung mehr am bisherigen Arbeitsplatz infolge Präventionsmaßnahmen; Versicherter ist wie andere, Beschäftigte tätig:
Anerkennung, wenn alle anderen Voraussetzungen vorliegen.

(4) Der Erkrankte könnte unter Präventionsmaßnahmen weiter arbeiten, gibt aber seinen Arbeitsplatz auf:
Wie Fall 3, jedoch weder Minderverdienstausfall noch Leistungen zur Teilhabe am Arbeitsleben, da keine Kausalität vorliegt.

(5) Der Versicherte könnte an seinem Arbeitsplatz weiter arbeiten, verliert ihn jedoch aus sonstigen Gründen:
Wie Fall 3

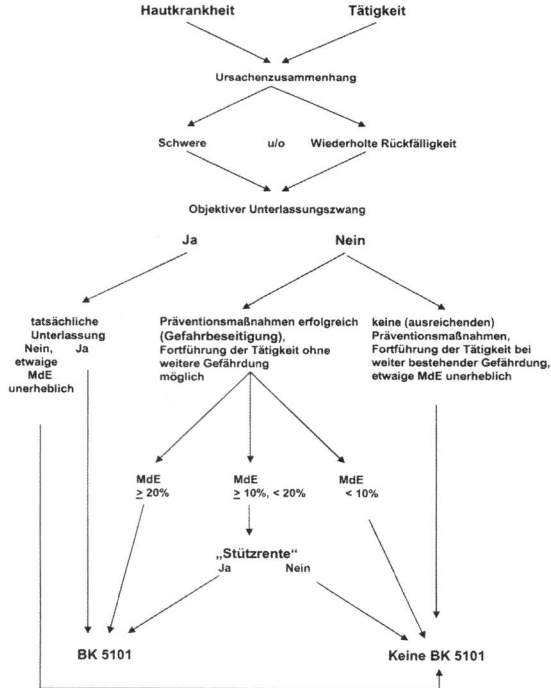

Flussdiagramm zur Begutachtung bei der BK 5101 unter Berücksichtigung des BSG-Urteils vom 9.12.2003. (Zeitpunkt für die Festlegung der MdE im rentenberechtigenden Bereich (z.B. 26 Wochen nach letztmaliger Gefährdung; ggf. seit 1. Tag AU) nicht berücksichtigt.[133]

---
[133] John, Skudlik, Berufsdermatologie (Hrsg. Szliska, Brandenburg, John) 2. Aufl. 2006 S. 433, 455.

11.3.5.6.4 Zwang zum Unterlassen aller künftigen Tätigkeiten

Der Versicherungsfall tritt nicht ein, solange Tätigkeiten, die soeben ausgeübt werden oder demnächst ausgeübt werden sollen, nach herrschenden wissenschaftlichen Erkenntnissen geeignet sind, die Krankheit wiederaufleben oder verschlimmern zu lassen.[134] Diese arbeitsmedizinische Prognose darf indes nicht so weit gespannt werden, den Arzt zu umfangreichen Testungen zu veranlassen.[135]

Erweist sich erst später, dass der Versicherte bei der aufgenommenen Tätigkeit mit gefährdenden Substanzen in Berührung kommt, liegt bei rückschauender Betrachtung kein Versicherungsfall vor: der Tatbestand des Unterlassens aller gefährdenden Tätigkeiten ist nicht vollendet.

(1) Wurde der Versicherungsfall noch nicht bescheidmäßig festgestellt, kann eine Entschädigung erst nach Aufgabe der neuen gefährdenden Tätigkeit erfolgen.

(2) Hat der Versicherte *von sich aus* eine nach seiner Vorstellung ungefährliche Beschäftigung aufgenommen, die sich nach rechtskräftiger Feststellung der Rente als gefährdend erweist, ist die Rente durch Bescheid mit konstitutiver Wirkung zu entziehen.[136] Wenn die gefährdende Tätigkeit bei der Rentenfeststellung noch nicht aufgenommen war oder zu der Tätigkeit später neue gefährdende Stoffe getreten sind, liegt eine „wesentliche Änderung der Verhältnisse" vor: das Abweichen von einem nur gedachten Geschehensablauf, dem künftigen Unterlassen der gefährdenden Tätigkeit.

(3) Haben aber Staatlicher Gewerbearzt, UV-Träger oder sonst zuständige Stelle die vom Versicherten aufgenommene Tätigkeit als unschädlich betrachtet, wäre es unvertretbar, dem Versicherten das Risiko für eine unzutreffende Beurteilung aufzubürden. Das Vertrauen des Versicherten auf ein die Tätigkeitsaufnahme begünstigendes Verhalten der genannten zuständigen Stellen ist schutzbedürftig.[137] Die Rente kann erst nach Umschulung in eine nicht gefährdende Tätigkeit bzw. Zuweisung einer solchen entzogen werden.[138]

Wusste der UV-Träger bei der förmlichen Feststellung bereits von der neuen gefährdenden Tätigkeit, wurde jedoch die Gefährdung durch diese Stoffe erst später erkannt, so haben sich nicht die objektiven Verhältnisse, sondern unter Umständen die für eine Rentenentziehung nicht ausreichende medizinische Beurteilung geändert. Der Zustand, der mit dem anerkannten Versicherungsfall verknüpft ist, muss – solange er andauert – weiter entschädigt werden.

11.3.5.6.5 Gefährdungen im unversicherten Bereich

Umstritten ist, ob zum Unterlassen aller gefährdenden Tätigkeiten auch das Vermeiden gefährdender Stoffe im privaten Bereich gehört. BK-Nr. 51 01 verlangt, dass die Tätigkeit ursächlich war. Rechtlich ursächlich sind jedoch nur die versicherungsrechtlich geschütz-

---
[134] BSG, 27. 11. 1985, Breith. 1986, 486, 488.
[135] BSG, 20. 10. 1983, HVBG VB 16/84.
[136] Mehrtens, SozVers 1978, 153.
[137] LSG Rheinland-Pfalz, 10. 3. 1993, HV-Info 16/1993, 1409; 20. 4. 1994, HV-Info 31/1994, 2654 = Meso B 280/68.
[138] BSGE 40, 72 (19. 6. 1975).

ten Tätigkeiten.[139] Das Meiden gefährdender Substanzen im versicherungsrechtlich nicht geschützten Bereich kann sich aber im Einzelfall als Mitwirkungspflicht des Erkrankten bei Durchführung einer Maßnahme der medizinischen Rehabilitation darstellen. Soweit in diesen Fällen die Hauterkrankung durch das Verhalten des Versicherten fortbesteht, wiederauflebt oder sich verschlimmert, können Entschädigungsleistungen gem. § 66 Abs. 2 und 3 SGB I versagt bzw. entzogen werden. Im Übrigen können außerberufliche nachteilige Beeinflussungen der Hauterkrankung nach den Grundsätzen über die selbstgeschaffene Gefahr von der Entschädigung auszunehmen sein. Aus dem Gutachten bzw. der gewerbeärztlichen Stellungnahme muss sich daher ergeben, ob und in welchem Umfang die Hauterkrankung durch außerberufliche Belastungen unterhalten wird.

11.3.5.6.6 Hinweise im Bescheid

Schwierigkeiten lassen sich weitgehend mindern, wenn der UV-Träger im Rentenbescheid die Tätigkeiten und schädigenden Stoffe aufzeigt, die der Versicherte künftig meiden muss. Dies setzt Hinweise im Gutachten voraus (negatives Tätigkeitsprofil). Auch kann der Versicherte im Rahmen seiner Mitwirkungspflicht veranlasst werden, jeden Arbeitsplatzwechsel dem UV-Träger anzuzeigen, damit dieser eine Überprüfung vornehmen kann.

Nachgehende Leistungen zur Teilhabe am Arbeitsleben sind bedeutsam. Mit Aufnahme des neuen Arbeitsplatzes darf der Versicherte nicht sich selbst überlassen bleiben. Vielmehr ist die „Belastbarkeit" der Haut zu überwachen, so dass die Gefahr einer Wiederholung frühzeitig erkennbar wird.

11.3.5.7 Minderung der Erwerbsfähigkeit

(s. 11.3.5.1 Frage 9)

11.3.5.7.1 Kriterien

Bei berufsbedingten Hauterkrankungen wird der Grad der MdE nicht nur von verbliebenen Hauterscheinungen, sondern auch durch Art und Ausmaß etwaiger beruflich verursachter oder beruflich wesentlich verschlimmerter Sensibilisierungen bestimmt. Eine MdE in rentenberechtigendem Grade (20 v.H.) kann sich allein aus dem Fortbestehen einer beruflich verursachten Allergie nach Abheilung der Hauterscheinungen ergeben, sofern Umfang und Intensität der Allergie entsprechend ausgeprägt sind.[140]

Bei Feststellung der rechnerisch mit 100 v.H. anzusetzenden, ohne die Berufskrankheit sich ergebenden Erwerbsfähigkeit vor Eintritt des Versicherungsfalls ist zu berücksichtigen, ob und inwieweit die Erwerbsfähigkeit z.B. durch früher erworbene, nicht berufsbedingte Sensibilisierungen unabhängig von der Berufskrankheit bereits eingeschränkt war. Soweit – gemessen an diesem individuellen Maßstab – durch die berufsbedingte Erkrankung oder Verschlimmerung der Erkrankung die Erwerbsfähigkeit um mindestens ein Fünftel, in den „Stützrentenfällen" des § 56 Abs. 1 S. 2 und 2 SGB VII um mindestens ein Zehntel, gemindert wird, ist eine Rente zu gewähren. Die Berücksichtigung etwaiger vor-

---

[139] Freischmidt, BArbbl. 1977, 52; Keller, SozVers 1995, 264, 268.
[140] BSG, 29. 4. 1980, Breith. 1981, 210 = Meso B 280/36; BSGE 47, 249 (6. 12. 1978); SozR 2200 Nr. 22 zu § 581 RVO (14. 11. 1984).

handener außerberuflicher Sensibilisierungen kann dazu führen, dass der Grad der MdE gegenüber einem nicht in dieser Weise vorbelasteten Versicherten niedriger oder höher zu bewerten ist. Dies ist eine Frage des Einzelfalles und richtet sich vor allem danach, ob und inwieweit sich die Verbreitungsgebiete der betreffenden Allergene im allgemeinen Arbeitsleben decken.

Der objektive Zwang zur Aufgabe der gefährdenden Tätigkeit als solcher begründet keine MdE in rentenberechtigendem Grade, vielmehr sind dafür – wie bei anderen Berufskrankheiten – Art und Ausmaß der Gesundheitsstörungen maßgeblich.[141] Wie generell in der ges. UV kommt es auch bei Hauterkrankungen für eine Rentengewährung auf einen konkreten Einkommensverlust nicht an; so bleibt der Rentenanspruch unberührt, wenn der Versicherte unmittelbar nach Aufgabe der gefährdenden Tätigkeit oder nach erfolgreicher Berufshilfe eine sozial und wirtschaftlich gleichwertige Erwerbsmöglichkeit findet. Für den Fortbestand einer MdE in rentenberechtigendem Grade ist desgleichen ein endgültiges Ausscheiden aus dem Erwerbsleben wegen erkrankungsunabhängiger Gründe ohne Belang.[142]

11.3.5.7.2 Empfehlungen für die Einschätzung der MdE

Die Deutsche Dermatologische Gesellschaft hatte 1977 eine „Empfehlung für die Einschätzung der MdE bei Berufskrankheiten nach Nr. 51 01 der BKV" herausgegeben[143], 1987 ersetzt durch „Gemeinsame Empfehlungen der Träger der ges. UV sowie der Arbeitsgemeinschaft Berufsdermatologie der Deutschen Dermatologischen Gesellschaft für die Einschätzung der Minderung der Erwerbsfähigkeit bei Hauterkrankungen nach der BKV".[144] Vom BSG[145] wurden die damaligen Empfehlungen der Deutschen Dermatologischen Gesellschaft als geeignetes, wenn auch nicht als einziges Hilfsmittel zur Einschätzung der MdE in typischen Hauterkrankungsfällen bezeichnet. Später hat das BSG ausgeführt, es handele sich um ein antizipiertes Sachverständigengutachten (s. 3.6.2)[146]; der Höchstwert für die MdE von 40 v.H. stellt einen auch von den Gerichten zu beachtenden allgemeinen Erfahrungssatz dar, der eine höhere Bewertung der MdE in besonderen Einzelfällen allerdings nicht ausschließt.[147] Den in den MdE-Empfehlungen aufgestellten Einzelwerten für die Kriterien Hauterscheinungen, Umfang und Intensität der Sensibilisierungen sowie Verbreitung der Allergene komme eine gleiche begrenzende Wirkung allerdings nicht zu. Es sei nicht ausgeschlossen und könne sogar geboten sein – mit Hilfe hierzu gehörter Sachverständiger –, das gegenseitige Verhältnis der Kriterien untereinander im Einzelfall abweichend von der Tabelle zu gewichten, um zu einer angemessenen MdE-Bewertung zu gelangen.

---

141 BSG, SozR 2200 § 622 Nr. 23 (16.5.1984).
142 BSG, SozR 5676 Nr. 4 zur Anl. Nr. 46-6. BKVO (22.11.1984).
143 Berufsdermatosen 25 (1977) 131.
144 Dermatosen 35 (1987) 103 ff.; HVBG VB 76/87; dazu Tronnier, Dermatosen 40 (1992) 200.
145 BSG, 29.4.1980, HVBG VB 135/81.
146 BSGE 82, 212 = SozR 3-2200 § 581 Nr. 5 (30.6.1998); 2.5.2001, Breith. 2001, 783, 788.
147 BSGE 63, 207 (30.5.1988).

Im Interesse gleichmäßiger Behandlung aller Versicherten darf von den Gemeinsamen Empfehlungen 1995[148] nur in wissenschaftlich begründeten Fällen abgewichen werden.[149]

Die Empfehlungen wurden in das „Bamberger Merkblatt"[150] aufgenommen, das gleichfalls als antizipiertes Sachverständigengutachten bewertet wird.[151] Es handelt sich um eine vollständige Begutachtungsempfehlung für Haut- und Hautkrebserkrankungen.

- **Ausmaß der Hauterscheinungen**

	Ausmaß der Hauterscheinungen, auch nach irritativer Schädigung			
	keine	leicht	mittel	schwer
Auswirkungen einer Allergie				
keine	0 %	10 %	20 %	25 %
geringgradig	0 %	10 %	20 %	25 %
mittelgradig	10 %	15 %	25 %	30 %
schwerwiegend	20 %	20 %	30 %	>=30 %

Dabei werden alle MdE-Grade unterhalb von 10 % als nicht messbar mit „0" angegeben. Ein Abgleich der verschlossenen Arbeitsmöglichkeiten durch die Auswirkungen der Allergie(n) und/oder das Ausmaß der Hauterscheinungen kann eine Abweichung um 5 Prozentpunkte begründen.
Eine MdE von 15 % sollte besonders dargelegt werden.

Erläuternde Hinweise

– In der waagerechten Spalte der Tabelle finden sich Hinweise für die Beurteilung von Hauterscheinungen. Diese können durch erneute Einwirkung von Allergenen verursacht sein und/oder auch bei adäquater Therapie persistieren. Das Persistieren nicht-allergischer Ekzeme ist eher die Ausnahme und betrifft Versicherte mit schweren Hautveränderungen auf Grund jahrelanger Einwirkung von irritativen Noxen.

– In der waagerechten Spalte finden sich außerdem Hinweise zur Beurteilung einer irritativen Schädigung, wenn seit der Tätigkeitsaufgabe keine floriden Hauterscheinungen mehr aufgetreten sind, aber auf Grund von diskreten Befunden bei Hautbelastung eine irritative Schädigung zu diagnostizieren ist. Kann eine irritative Schädigung bzw. der Zwang zur Meldung irritativer Belastung für die MdE relevant sein, ist die zur Auslösung von Hauterscheinungen notwendige Intensität der irritativen Wirkung zu beurteilen und zuvor, soweit möglich, hautphysiologisch zu objektivieren.

– Grundlage der Beurteilung sind ärztlich dokumentierte Befunde; die Beurteilung erfolgt unter adäquaten therapeutischen Maßnahmen.

---

[148] Empfehlungen der Arbeitsgemeinschaft für Berufs- und Umweltdermatologie (ABD) und der Spitzenverbände der UV-Träger für die Einschätzung der MdE bei Berufskrankheiten der Haut nach Nr. 51 01 der Anlage zur BKV, HVBG VB 83/95; dazu Blome, Dermatosen 46 (1998) 29.
[149] LSG Baden-Württemberg, 11. 3. 1998, bestätigt durch BSG, 2. 7. 1998, Meso B 280/90.
[150] Bamberger Merkblatt: Begutachtungsempfehlungen für die Begutachtung von Haut- und Hautkrebserkrankungen. Konsensuskonferenz Potsdam 12.06.2008 (Hrsg. DGUV) 2009 = Dermatosen in Beruf und Umwelt 56 (2008) 132, 144.
[151] Blome, u.a., JDDG 5 (2007)312.

– Eingang in die MdE-Bewertung finden nur die Gesundheitsstörungen, für die der Ursachenzusammenhang mit der beruflichen Tätigkeit im Rahmen der Begutachtung festgestellt wurde.

Leichte Hauterscheinungen:

– Krankhafte Hautveränderungen, die bis zu dreimal pro Jahr auftreten und bei adäquater dermatologischer Therapie und Mitwirkung des Patienten schnell wieder abheilen und/oder
– gering lichenifizierte oder gering atrophische Haut als Folgezustand eines langwierigen beruflichen Ekzems oder nach Kortikosteroid-Behandlung und/oder
– dokumentierte krankhafte Hautveränderungen nach intensiver (irritativer, toxischer usw.) Hautbelastung.

Leichte Hauterscheinungen verschließen erfahrungsgemäß Tätigkeiten (Arbeitsplätze), bei denen Beschäftigte regelmäßig mehr als ein Viertel der Vollschicht mit ihren Händen Arbeiten im feuchten Milieu ausführen oder einen entsprechenden Zeitraum feuchtigkeitsdichte Schutzhandschuhe tragen oder häufig bzw. intensiv ihre Hände reinigen müssen.

Mittlere Hauterscheinungen:

– Krankhafte Hautveränderungen, die mehr als dreimal pro Jahr auftreten und trotz adäquater dermatologischer Therapie und Mitwirkung des Patienten mehrere Wochen bestehen und/oder
– lichenifizierte oder dünne, leicht vulnerable Haut als Folgezustand eines langwierigen beruflichen Ekzems oder nach Kortikosteroid-Behandlung und/oder
– dokumentierte krankhafte Hautveränderungen nach mäßiger (irritativer, toxischer usw.) Hautbelastung.

Mittlere Hauterscheinungen verschließen erfahrungsgemäß auch Tätigkeiten (Arbeitsplätze), bei denen Beschäftigte regelmäßig bis zu einem Viertel der Vollschicht mit ihren Händen Arbeiten im feuchten Milieu ausführen oder feuchtigkeitsdichte Schutzhandschuhe tragen oder häufig bzw. intensiv ihre Hände reinigen müssen.

Schwere Hauterscheinungen:

– Ausgedehnte dauerhafte oder chronisch rezidivierende Hautveränderungen von erheblichem Krankheitswert mit z.B. tiefen Rhagaden, ausgeprägter Lichenifikation und Infiltration

   und

– dokumentierte krankhafte Hautveränderungen schon nach geringer Hautbelastung.

Schwere Hauterscheinungen verschließen erfahrungsgemäß sämtliche Tätigkeiten (Arbeitsplätze), bei denen Beschäftigte mit ihren Händen Arbeiten im feuchten Milieu ausführen oder feuchtigkeitsdichte Schutzhandschuhe tragen oder ihre Hände reinigen müssen.

- **Auswirkung der Allergie**

In der senkrechten Spalte der Tabelle finden sich Hinweise zur Beurteilung der Allergie. Positive Ergebnisse von Allergietestungen sind sorgfältig auf ihre klinische und berufliche Relevanz anhand der Anamnese und des klinischen Befundes zu überprüfen; die Prüfung ist zu dokumentieren.

Die Auswirkung der Allergie ist zu beurteilen nach Umfang und Intensität, beides im Hinblick auf die verschlossenen Arbeitsmöglichkeiten. Die Stärke der Testreaktion kann ein Hinweis auf eine intensive Sensibilisierung sein, wesentlicher ist jedoch der klinische Befund bei Exposition. Auf keinen Fall kann allein aus einer „+++-Reaktion" auf eine besonders intensive Sensibilisierung geschlossen werden. Beim Umfang der Sensibilisierung dürfen positive Testreaktionen nicht einfach addiert werden, der Umfang der verschlossenen Arbeitsmöglichkeiten ist zu beurteilen.

Eingang in die MdE-Bewertung finden nur die Gesundheitsstörungen, für die der Ursachenzusammenhang mit der beruflichen Tätigkeit im Rahmen der Begutachtung festgestellt wurde.

- **Zur Anwendung der Empfehlungen**

Der Rspr. des BSG gemäß waren zu jedem – nach den Gemeinsamen Empfehlungen aus 1987 – maßgebenden Kriterium (Hauterscheinungen, Umfang und Intensität der Sensibilisierungen, Verbreitung des Allergens) tatsächliche Feststellungen erforderlich: dazu musste im Regelfall die Stellungnahme eines medizinischen Sachverständigen vorliegen.[152] Diese Vorgaben werden auch bei Anwendung des Bamberger Merkblatts zu beachten sein. Insbesondere ist weiterhin die Forderung des BSG aktuell, konkrete Feststellungen auch zu dem Kriterium „Verbreitung der Allergene in krankheitsauslösender Form auf dem Arbeitsmarkt" zu treffen. Bei deren Bewertung ist auf den Stand der berufsdermatologisch-wissenschaftlichen Erkenntnisse zurückzugreifen.[153]

Art, Ausmaß und Lokalisation der zum Zeitpunkt der Untersuchung verbliebenen Hauterscheinungen müssen unter zu Grunde legen der Definitionskriterien nachvollziehbar beschrieben und in das Bewertungsschema eingeordnet werden. Mit Einsatz moderner hautphysiologischer Methoden wurden Messverfahren entwickelt, um eine verbliebene, latente Minderbelastbarkeit in früher von Ekzemen betroffenen Hautarealen zu objektivieren (differentieller Irritationstest).[154]

Entsprechendes gilt für die Auswirkungen der Allergie: den Kriterien gemäß ist vor allem auf die Verbreitung des Allergens Rücksicht zu nehmen; die Intensität der Sensibilisierung ist ausnahmsweise („besonders intensive Sensibilisierung") speziell zu beachten. Klinisch stumme Sensibilisierungen rechtfertigen nur bei bestimmten Voraussetzungen eine Erhöhung der MdE-Bewertung.

---

[152] Zuletzt BSG, 29. 9. 1992, HV-Info 1992, 2694.
[153] Dazu Diepgen, u.a., Hautarzt 56 (2005) 207; Diepgen, u.a., Dermatologie Beruf und Umwelt / Occup Environ Dermatol 56 (2008) 11.
[154] John, Klinische und experimentelle Untersuchungen zur Diagnostik in der Berufsdermatologie. Konzeption einer wissenschaftlich begründeten Qualitätssicherung in der sozialmedizinischen Begutachtung, 2001.

- **Klinisch stumme Sensibilisierung**

Eine solche allein kann den Tatbestand der BK-Nr. 5101 nicht begründen (das Monosymptom einer positiven Epikutantestreaktion ist keine Hautkrankheit im Sinne der Verordnung). Daraus ergibt sich, dass die stumme Sensibilisierung BK- und MdE-Relevanz nur im Rahmen der haftungsausfüllenden Kausalität erlangen kann. Klärung ist nötig, ob

1. ohne Berücksichtigung der stummen Sensibilisierung die Vorraussetzungen für eine BK-Anerkennung gegeben sind und
2. die stumme Sensibilisierung mit Wahrscheinlichkeit kausal auf die als BK anzuerkennende Hautkrankheit zurückzuführen ist.

Typisches Beispiel ist eine anerkannte BK in Form eines schweren irritativen Handekzems, das den Unterlassungszwang begründet und Wegbereiterfunktion für die Entwicklung einer (bisher) klinisch stummen (Pfropf-)Sensibilisierung gegenüber einem Berufsallergen erlangt hat. Nach wissenschaftlichem Kenntnisstand kann eine (beruflich induzierte) Barriereschädigung durch Penetrationsförderung oder andere diskutierte Mechanismen (proinflammatorischer Stimulus) die Entstehung von Sensibilisierungen begünstigen (s. 11.3.1.3). Somit ist hier der kausale Zusammenhang mit den als BK anzuerkennenden Hauterscheinungen (irritatives Handekzem) gegeben; die stumme Pfropfsensibilisierung ist (mittelbare) Folge der BK und damit grundsätzlich entschädigungsfähig.[155]

Erst nach Bejahung umfasst der Entschädigungsumfang auch die stumme Sensibilisierung unter folgenden Maßgaben:

Nach der MdE-Tabelle geht nicht nur die Verbreitung der Allergene in die MdE-Bemessung ein, sondern auch die Auswirkung der Allergie nach ihrem Umfang und nach ihrer Intensität, also im Wesentlichen der klinische Befund zum Zeitpunkt beruflicher Exposition als Zeichen der Ansprechbarkeit durch die Sensibilisierung. Definitionsgemäß fehlt bei einer stummen Sensibilisierung aber ein klinisches Korrelat (im Sinne eines allergischen Kontaktekzems); deshalb werden bei einer stummen Sensibilisierung die Auswirkungen der Allergie niedriger, d.h. in der Regel nur als geringgradig zu bewerten sein. Dies möge allerdings nicht schematisch erfolgen, sondern im Gutachten sollte ggf. dargelegt werden, dass wegen der geringen Ansprechbarkeit durch die Sensibilisierung die Auswirkungen auf dem allgemeinen Arbeitsmarkt tatsächlich geringer als bei einer klinisch relevanten Sensibilisierung einzuschätzen sind. Dies trifft zu, wenn dem von einer stummen Sensibilisierung Betroffenen weniger Berufstätigkeiten verschlossen sind als einem Versicherten mit klinisch relevanter Allergie.[156]

Es genügt nicht, ein Allergen im Einzelfall als gering oder mittelgradig verbreitet zu bezeichnen. Dies ist unter Nennung der wesentlichen Verbreitungsbereiche im Arbeitsleben zu begründen.

---

[155] Fartasch, u.a., JDDG 6 (2008) 34.
[156] Fartasch, u.a., JDDG 6 (2008) 34; Bamberger Merkblatt: Begutachtungsempfehlungen für die Begutachtung von Haut- und Hautkrebserkrankungen. Konsensuskonferenz Potsdam 12.6.2008 (Hrsg. DGUV) 2009 = Dermatosen in Beruf und Umwelt 56 (2008) 132, 145 f.

Zu berücksichtigen ist, dass z.B. bei

– Nickelallergien nicht die Verbreitung von Nickel bedeutsam ist; verschlossene Berufe sind allein jene, bei denen Metallauflage plus Reibung plus Schweißbildung zusammenwirken[157] (s. 11.3.1.3.1)
– Epoxidharz-Allergien allein der Umgang mit nicht ausgehärtetem Epoxidharz gefährdend ist; vollständig ausgehärtetes Epoxidharz verursacht keine Allergien, bisweilen können allerdings noch relevante Mengen von Restmonomeren in frisch gehärtetem Harz enthalten sein
– Chromallergien allein der Kontakt mit VI-wertigen Chromatsalzen entscheidend ist (s. 11.3.1.3.1).

Werden Hauterscheinungen und/oder Allergie beruflich – nicht richtunggebend – verschlimmert (s. 11.3.5.4, S. 868), ist lediglich der – abgrenzbare – Verschlimmerungsanteil nach Maßgabe der Tabelle zu bewerten.

Das Bamberger Merkblatt gibt den aktuellen Erkenntnis- und Erfahrungsstand zur Einschätzung der MdE bei Hauterkrankungen wieder.

Gleichwohl ist es anwendbar für bereits vor seiner Veröffentlichung eingetretene Versicherungsfälle. Es handelt sich um eine Verarbeitung neuer Erkenntnisse, deren Anwendung auch rückblickend richtig gewesen wäre (s. 3.6.10.2.3, S. 112).[158]

11.3.5.7.3 Neufeststellung der MdE

Der Nachweis einer Besserung für Herabsetzung oder Entziehung der Rente mag schwierig sein. Wurde anlässlich der Rentenfeststellung weder im Bescheid noch im medizinischen Gutachten das Ausmaß der berufsbedingten Hauterscheinungen exakt beschrieben, ist es im Falle der Abheilung bei Fortbestand der Sensibilisierung nicht einfach, den Nachweis der wesentlichen Änderung zu führen. Beurteilungsfragen stellen sich in Verbindung mit positiven Epikutantestergebnissen, die bei Testungen im Rahmen der Nachbegutachtung zur Überprüfung der MdE nicht reproduzierbar sind.[159] Dem Umstand, dass eine Epikutantestung abweichend von früheren Ergebnissen nunmehr negativ erscheint, wird zum Teil keine ausschlaggebende Bedeutung für einen Besserungsnachweis beigemessen.[160] Für den UV-Träger ist es indes entscheidend, welche Schlussfolgerungen im Einzelfall aus einer solchen Entwicklung der Testreaktionen zu ziehen sind. Kernfrage an den medizinischen Sachverständigen ist, ob und inwieweit von einem „verborgenen" Fortbestehen der einmal angelegten Allergisierung ausgegangen werden muss und ob dies ggf. aus arbeitsmedizinischer Sicht der Feststellung einer wesentlichen Besserung der beruflichen Einsatzmöglichkeiten entgegensteht.[161] Auch bei zu Grunde legen des „Bamberger Merkblatts" kann allein schon die Reduzierung der Intensität einer

---

[157] Hess. LSG, 10. 9. 1997, HV-Info 29/1998, 2722: Verbreitung in „krankheitsauslösender Form".
[158] LSG Baden-Württemberg, 19.3.1997, HV-Info 19/1997, 1806; LSG Nordrhein-Westfalen, 22.3.2002, HVBG VB 82/02; s. auch BSGE 82, 212 (30.6.1998) = SGb 1999, 258 m. Anm. Colditz.
[159] Vgl. Agathos, Mily, Dermatosen 42 (1994) 97.
[160] LSG Nordrhein-Westfalen, 16. 8. 1989, Dermatosen 38 (1990) 169 = Meso B 280/50.
[161] Vgl. LSG Schleswig-Holstein, 25. 2. 1994, HV-Info 1994, 1129 = Meso B 280/65.

beruflich erworbenen Sensibilisierung für den Grad der MdE maßgeblich sein (s. Definitionskriterien bei 11.3.5.7.2, S. 881).

Aus allergologischer Sicht ist von einer langfristigen, in der Regel lebenslangen Persistenz einer einmal eingetretenen, klinisch manifesten Sensibilisierung auszugehen. Im „Bamberger Merkblatt" wird deshalb erstmals bei zweifelsfrei nachgewiesener Allergie von Wiederholungstestungen abgeraten. Dazu wird angemerkt, dass Substanzen, die in Vortestungen zu sehr starken Reaktionen (dreifach positiv) geführt haben, nur in Einzelfällen und mit besonderer Begründung erneut getestet werden sollten. Generell wird ferner festgestellt, dass wenn als Folge der Berufskrankheit lediglich persistierende Sensibilisierungen ohne eine manifeste Hauterkrankung vorliegen oder sich bei konstantem Sensibilisierungsspektrum in einer Beobachtungsphase von etwa 4 Jahren mit 1–2 Nachbegutachtungen keine sonstigen Änderungen ergeben haben – weitere Wiederholungsgutachten in aller Regel nicht erforderlich sind. Das allergologische Faktum wird berücksichtigt, wonach Sensibilisierungen nicht nur zeitlebens persistieren, sondern sich auch durch wiederholten intensiven Allergenkontakt (etwa im Rahmen der Testung) in ihrer Ausprägung verstärken. („Boosterung") bzw. durch wiederholte Applikation im Rahmen von Testungen iatrogen neu induziert werden können.[162]

Unerheblich ist das Erlangen neuer Erwerbsmöglichkeiten, sofern die Rente nicht wegen „besonderer beruflicher Betroffenheit" (s. 3.6.6, S. 107) höher festgesetzt war.[163] Auch nach Erschließen eines neuen Tätigkeitsfeldes für den Versicherten muss daher bei der Neufeststellung geprüft werden

– mit welchem Anteil die medizinischen Erscheinungen der Berufskrankheit die MdE in dem vorhergehenden maßgebenden Rentenbescheid mitbedingen und
– ob dieser Krankheitszustand und die verschlossenen Arbeitsmöglichkeiten eine so wesentliche Änderung erfahren haben, dass eine Herabsetzung der MdE gerechtfertigt ist.[164]

11.3.5.8 Voraussetzungen für vorbeugende Maßnahmen (§ 3 Abs. 1 BKV)

(s. 11.3.5.1 Frage 10)

Vorbeugende Leistungen wegen der konkreten Gefahr der Entstehung einer BK nach Nr. 5101 kommen vor allem in Betracht, wenn[165]

- eine durch *berufliche Einwirkung verursachte* Hautschädigung *bereits vorliegt*
- eine Anerkennung als Berufskrankheit aber ausgeschlossen ist, weil die Erkrankung
  – noch nicht schwer oder wiederholt rückfällig ist
  – und/oder
  – noch nicht zum Unterlassen der gefährdenden Tätigkeiten zwingt.

---

[162] Schröder, John, Schwanitz, Dermatol Beruf und Umwelt / Occup Environ Dermatol 49 (2001) 269; Hillen, u. a., Br J Dermatol 154 (2006) 665.
[163] BSG, SozR 2200 § 622 Nr. 21 (29. 4. 1980); LSG Nordrhein-Westfalen, 16. 8. 1989, Dermatosen 38 (1990) 169 = Meso B 280/50.
[164] BSG, 29. 4. 1982, HVBG VB 158/82.
[165] Skudlik, John, Trauma Berufskrankh 9 (2007) 296; Skudlik, u. a., Hautarzt 59 (2008) 690.

Sonstige Anwendung kann sich im Einzelfall bei Feststellen einer *beruflich verursachten* Sensibilisierung ergeben, sofern diese zwar zu Hauterscheinungen noch nicht geführt hat, nach medizinischer Erfahrung mit deren Auftreten aber bei weiterem Kontakt mit den Allergenen am Arbeitsplatz gerechnet werden muss.

Die Umstände, welche die Gefahr der Entstehung einer Berufskrankheit begründen, bedürfen im Gutachten eingehender Darlegung.

11.4 Infektiöse Hauterkrankungen

Es handelt sich entweder um Infektionskrankheiten nach BK-Nr. 31 01 (s. 9.1 bis 9.5, S. 703 ff.), Tier zu Mensch übertragbare Zoonosen nach BK-Nr. 31 02 (s. 9.6, S. 760) oder Tropenkrankheiten nach BK-Nr. 31 04 (s. 9.8, S. 771). Die besonderen Voraussetzungen der BK-Nr. 51 01 müssen daher nicht vorliegen.

11.4.1 Bakterielle Hauterkrankungen

11.4.1.1 Hautmilzbrand (Anthrax)

Erreger: Bacillus anthracis

Übertragung: Direkter Kontakt mit kranken, wild lebenden Tieren oder Haustieren (Rinder, Ziegen, Schafe, Pelztiere), häufig auch indirekt durch Sporen an Häuten und Haaren; aerogen, oral oder Hautkontakt (Eindringen der Sporen in die verletzte Haut). Sporen werden von erkrankten Tieren ausgeschieden und sind außerordentlich umweltresistent: Unterschieden wird zwischen einer industriellen Verbreitung (Infektion bei Verarbeitung importierter kontaminierter Häute) und einer nicht industriellen Verbreitung (Ausbringen kontaminierter Dünger, z.B. Huf- und Hornmehl).

Inkubationszeit: 3 bis 10 Tage

Krankheitsbild: Pustula maligna an Händen, Unterarmen, Gesicht, Hals (juckende Papel mit schwarzem Zentrum umgeben von wallartigem roten Hof)

Risikogruppen: in der verarbeitenden Industrie von importierten Häuten, Leder, Tiermaterialien (Horn, Hufe)

11.4.1.2 Schweinerotlauf (Erysipeloid)

Erreger: Erysipelothrix rhusiopathiae (auch insidiosa)

Übertragung: über Schnitt-, Stich- und Risswunden durch infektiöses Tiermaterial oder kontaminierte Instrumente. Der Erreger kommt vor bei Schweinen, Geflügel (Puten, Enten), Fisch, vereinzelt bei Schaflämmern, Pferden, Rindern, Hunden, Mäusen, Ratten, Pelztieren.

Inkubationszeit: 2 bis 7 Tage

Krankheitsbild: Hauterysipeloid (mild und lokal oder schwer und generalisiert)

Komplikationen: Chronische Arthritis der benachbarten Gelenke, z.B. in Form einer Handgelenksversteifung, der Arthritis deformans. Gelegentlich kommt es zu Sepsis (Blutvergiftung), die bei vorgeschädigten Herzen zur Endokarditis (s. 10.4, S. 818) führen kann.

Risikogruppen: Tierärzte, Metzger, Fischer, Fischhändler, Austernöffner, fleisch- und fischverarbeitende Industrie

11.4.1.3 Rotz (Malleus, Hautwurm)

Erreger: Pseudomonas mallei

Übertragung: beim Umgang mit erkrankten Einhufern (besonders Pferde, Esel, Maultiere) oder infizierten Labortieren durch direkten Kontakt mit infektiösem Nasenausfluss, Geschwürsekret, Eiter oder Schleim über Schleimhäute (Schmierinfektion) oder durch kleinste Hautverletzungen.

Inkubationszeit: 3 bis 5 Tage, bei chronischem Rotz über eine Woche

Krankheitsbild: Pusteln mit anschließender Geschwulstbildung und Geschwür mit spezifischer Lymphangitis und Lymphadenitis. Später zahlreiche Geschwüre. Chronischer Rotz kann sich über mehrere Jahre erstrecken. Sonderform: Nasenrotz.

Die Letalität des unbehandelten akuten Rotz liegt bei 100 %, der chronischen Form bei 50 %.

11.4.1.4 Hauttuberkulose

Übertragung: durch Mycobacterium tuberculosis, Typus humanus (Mensch), bovis (Rind), avium (Geflügel), balnei (wechselwarme Tiere)

Krankheitsbild: Papeln, die sich zu einem plattenartigen Herd umwandeln. Hauttuberkulosen können mit und ohne klinisch nachweisbarer innerer Organtuberkulose vorkommen.

Einzelheiten: s. 9.4, S. 743

11.4.1.5 Pyodermien

Übertragung: durch Staphylokokken und Streptokokken

Krankheitsbild: Blasen, Papeln, Knoten (Furunkel), Ulzera, großflächige (Erysipel) und umschriebene Entzündungen (Paronychien)

Brucellose s. 9.6, S. 760

Tularämie s. 9.6, S. 760

11.4.2 Virale Hauterkrankungen

11.4.2.1 Melkerknoten (Paravakzineknoten)

Übertragung: Kontakt mit infizierten Kuheutern

Inkubationszeit: 5 bis 7 Tage

Krankheitsbild: Bläschen, Papeln an Hand, Unterarm, Stamm; Entzündung der Lymphknoten; gelegentlich Urtikaria

11.4.2.2 Schafpocken (Orf, Ekthyma contagiosum)

Übertragung: Umgang mit erkrankten Schafen (Schmierinfektion)

Inkubationszeit: 4 bis 8 Tage

Krankheitsbild: Kokardenartige Knoten mit papillomatöser Oberfläche an Händen und/oder Armen

11.4.2.3 Herpes-simplex-Virus-Infektionen

Erreger: Familie Herpesviren; Gattung Herpes-simplex-Virus (HSV) Typ 1 („Oraltyp"), Typ 2 („Genitaltyp")

Übertragung: von Mensch zu Mensch durch Tröpfchen- oder Schmierinfektion (Tränenflüssigkeit, Speichel, Genitalsekret, Bläscheninhalt). Die Durchseuchung der Bevölkerung wird mit 85 bis 90 % (bei Erwachsenen) angegeben.

Inkubationszeit: 2 bis 12 Tage

Krankheitsbild: An der Haut durch gruppierte Bläschen auf gerötetem Infiltrat; an der Schleimhaut des Nasen-, Rachen-Raumes durch Aphthen (Geschwüre).

Risikogruppen: Ärzte, Zahnärzte, Pflege- und Laborpersonal

Der an Hand und Fingern lokalisierte Herpes simplex wurde früher als berufstypisch gesehen. Heute gilt als gesichert, dass die Primärinfektion häufiger durch Kontakt mit oralen oder genitalen Schleimhäuten während aktiver Virusausschüttung bei demselben Patienten erfolgt.[166]

Eine *berufliche Verursachung* wird anerkannt bei Pflege von Kranken, die an Herpes simplex leiden, wenn der örtliche Zusammenhang gegeben ist, z.B. in Form einer Herpes-Paronychie (Nagelbett-Herpes), aber auch an Hand, Finger, Unterarm.[167] Infektionen anderer Lokalisation sind auch nach beruflichem Kontakt mit infizierten Personen nicht von möglichen reaktiven latenten Infektionen abzugrenzen.

---

[166] Schieferstein, Reill, Chirurg 62 (1991) 897; Adams, Occupational Skin Disease, 2. Aufl. 1990.
[167] Wassilew, Dermatosen 43 (1995) 179, 182.

11.4.2.4 Gürtelrose (Herpes zoster)

Erreger: Varizellen-Zoster-Virus (Humanes Herpesvirus 3)

Übertragung: Direkt von Mensch zu Mensch oder durch Tröpfcheninfektion, auch von an Windpocken erkrankten Personen, da der Erreger der gleiche ist. Eintrittspforte sind die Schleimhäute des Nasen-Rachen-Raumes.

Bei medizinischem Personal nach beruflichem Kontakt ist dies eine Berufskrankheit.

Inkubationszeit: Unsicher (7 Tage bis 3 Wochen?)

Krankheitsbild: Neuralgien, Restzustände nach Glomerulonephritis oder Meningoenzephalitis; Hornhautnarben nach Zoster ophthalmicus; Sekundärglaukom; Augenmuskellähmungen

11.4.3 Hautpilzkrankheiten (Hautmykosen)[168]

Dermatomykosen (Dermatophytosen)

Erreger: Dermatophyten (Fadenpilze)

Candidose (Hefepilzmykosen)

Erreger: Hefe- oder Sprosspilze

Voraussetzung für das Entstehen einer Pilzerkrankung (Mykose):

- Kontakt mit Pilzen
- Eindringen in den Organismus
- Günstiges Terrain für die Ausbreitung im Gewebe

11.4.3.1 Trichophytie

Die Hauterkrankung wird durch Hautpilze (Dermatophyten) der Gattung Trichophyton (26 Erreger sind bekannt) verursacht. Gefährdet sind insbesondere Landwirte bzw. Landarbeiter mit Kontakt zu Großtieren, speziell Kühen und Kälbern, aber auch Tierpfleger und Laboranten beim Umgang mit Nagern.

Übertragung: Direkt oder indirekt durch kontaminierte Gegenstände

Inkubationszeit: 14 Tage bis 4 Wochen

Krankheitsbild: Oberflächliche (Infiltrationen, Schuppung, Pusteln) oder tiefe entzündliche Prozesse

11.4.3.2 Mikrosporie

Die Hauterkrankung wird durch Hautpilze der Gattung Microsporum (16 Erreger sind bekannt) verursacht.

---
[168] Zienicke, Korting, Dermatosen 38 (1990) 2ff.

Übertragung: Direkter Kontakt mit erkrankten und latent infizierten Tieren (Katzen) oder indirekt durch kontaminierte Gegenstände

Inkubationszeit: Mehrere Tage bis wenige Wochen

Krankheitsbild: Herde im Bereich der behaarten Kopfhaut sowie an unbedeckten Körperstellen (Hände, Unterarm, Hals, Gesicht).

11.4.4 Parasitäre Hauterkrankungen: Krätzemilbenbefall (Skabies)

Skabies[169] ist eine ausschließlich durch die Krätzemilbe (*Sarcoptes scabiei*) verursachte Hauterkrankung, regelmäßig mit starkem Juckreiz einhergehend. Übertragung erfolgt nur vom Mensch zu Mensch; Pflegepersonal ist häufig betroffen.[170]

Die Schädigung der Haut[171] resultiert aus der Reizung und Gewebezerstörung durch diese Grabmilben, hauptsächlich durch die Weibchen auf Grund deren Bohrtätigkeit im Stratum corneum. Schädigende Wirkung wird verstärkt durch aus den Bohrgängen auf die Haut in kleine Bohrtaschen auswandernden Larven. Diese und sich entwickelnde Nymphen sowie die dort lebenden Männchen und jungen Weibchen üben ebenfalls Reizwirkung auf die Haut aus. Von den Taschen aus sich in das Stratum corneum einbohrende, bereits begattete Weibchen setzen weitere Gewebeschäden. Die erste Phase des Befalls ist in zwei bis sechs Wochen nach Befallbeginn abgeschlossen. Eine zweite Befallphase folgt, oft durch allergische Abläufe bestimmt.

Zunächst tritt eine Allergie vom Soforttyp auf. Eine vom Spättyp kann folgen. Ausgelöst wird sie durch Allergene, die über die Ausscheidungen oder über zerfallende Körper toter Milben in das Gewebe gelangen. Hautreaktionen beschränken sich oft nicht nur auf das Gewebe und den Sitz bzw. die Zerfallstelle der Milben oder die Orte ihrer Ausscheidungen, sie erstrecken sich gelegentlich auf Stellen, die vor längerer Zeit mit Milben bzw. anderen parasitären Gliedertieren befallen waren oder durch Verschleppen der Milben auf andere Körperpartien.[172] Ausnahmsweise können die mit Milben hineingetragenen Erreger ursächlich für Abzessbildung, Lymphangitis (Sepsis) oder akute Glomerulonephritis sein.

---

[169] Scabere = kratzen, schaben.
[170] Hassler, u.a., Dtsch Med Wochenschr 127 (2002) 891.
[171] Dazu: Merkblatt für Ärzte, Bundesgesundheitsbl 43 (2000) 550.
[172] Hassler, u.a., Dtsch Med Wochenschr 127 (2002) 891: „Die Krätze beginnt häufig am Handrücken".

12 Verdauungsorgane, Pankreas, Leber und Gallenblase*

Übersicht

12.1	Anatomische und funktionelle Bemerkungen	894
12.2	Unfallbedingte abdominale Verletzungen................	895
12.2.1	Offene Verletzungen	895
12.2.2	Stumpfe Verletzungen	896
12.2.3	Leistenbruch (Hernia inguinalis)	897
12.3	Verletzungen und Erkrankungen des Magens und des Zwölffingerdarms.........	898
12.3.1	Zwerchfellruptur	898
12.3.2	Hiatushernien	899
12.3.3	Magenschleimhautentzündung (Gastritis)..................	901
12.3.4	Magen- und Zwölffingerdarmgeschwür (Ulcus ventriculi bzw. duodeni)	904
12.3.4.1	Stressulkus.................	905
12.3.4.2	Traumatisch bedingte Perforation und Blutung aus vorbestehendem Geschwür	905
12.3.5	Postoperative Komplikationen im Bereich des Magen-Darmtraktes	906
12.4	Verletzungen und Erkrankungen des Dünndarms..............	907
12.4.1	Dünndarmverletzung.........	907
12.4.2	Malassimilations-Syndrome ...	907
12.4.3	Ileozökal-Tuberkulose........	908
12.5	Verletzungen und Erkrankungen des Dickdarms...............	909
12.5.1	Verletzungen des Dickdarms...	909
12.5.2	Chronisch entzündliche Darmerkrankungen	909
12.5.2.1	Colitis ulcerosa	909
12.5.2.2	Enterocolitis regionalis (Morbus Crohn)	909
12.5.3	Blinddarmentzündung (akute Appendizitis).........	910
12.6	Verletzungen und Erkrankungen der Leber und der Gallenblase	910
12.6.1	Verletzungen der Leber und extrahepatischen Gallenwege...	911
12.6.2	Lebererkrankungen...........	911
12.6.2.1	Fettleber	913
12.6.2.2	Leberzirrhose................	914
12.6.2.2.1	Krankheitsbild...............	984
12.6.2.2.2	Zusammenhangsbeurteilung....	985
12.6.2.3	Diagnosesicherung bei Lebererkrankungen...........	917
12.6.2.4	Labordiagnostik bei Lebererkrankungen...........	918
12.6.2.5	Minderung der Erwerbsfähigkeit	919
12.6.3	Erkrankungen der Gallenwege.................	919
12.6.3.1	Dyskinesien	919
12.6.3.2	Gallensteinleiden (Cholelithiasis)...............	920
12.6.3.3	Entzündungen der Gallenblase und der Gallengänge (Cholecystitis und Cholangitis)	922
12.7	Verletzungen und Erkrankungen der Bauchspeicheldrüse (Pankreas)..................	922
12.7.1	Verletzungen der Bauchspeicheldrüse	923
12.7.2	Bauchspeicheldrüsenentzündung (Pankreatitis)	923
12.7.3	Pankreaskrebs	925
12.8	Ausgewählte Wirkstoffe mit möglichen Schädigungen des Verdauungssystems im Überblick	926
12.9	Minderung der Erwerbsfähigkeit (Erfahrungswerte)............	927

Der ges. UV stellen sich Fragen des ursächlichen Zusammenhanges auch zu den Erkrankungen des Gastrointestinaltraktes, der Leber, der Gallenblase sowie der Bauchspeicheldrüse (Pankreas). Die Berufskrankheitenliste enthält unter den einzelnen Rubriken der verschiedenen exogenen Noxen und Organsysteme in einem Drittel der Fälle den Hinweis auf eine Mitbeteiligung des Gastrointestinaltrakts.[1] Daher ist es begründet, Häufigkeit, Ursachen, pathologische Zusammenhänge und Symptomatik auch solcher Erkrankungen dieser Organe aufzuzeigen, bei denen die Kausalität bezüglich Arbeitsunfall und Berufskrankheit nicht oder nur selten zur Diskussion steht. Eine eigenständige Anlage zu gastrointestinalen Berufskrankheiten gibt es nicht.

Die detaillierte Beschreibung dieser Erkrankungen soll Hilfe bei der Abgrenzung einer in Betracht kommenden berufsbezogenen Ursache bieten.

12.1 Anatomische und funktionelle Bemerkungen

Der Verdauungsapparat ist ein langer, von Schleimhaut ausgekleideter Kanal, dem mehr oder weniger umfangreiche Drüsen zugeordnet sind. Ihre Sekrete dienen dem Abbau der aufgenommenen Nahrung.

Verdauung ist die Zerkleinerung der Nahrung, ihre Lösung in Wasser bzw. Säure und der Abbau durch Enzyme in einfache Bestandteile, welche von der Schleimhaut des Magen-Darm-Traktes resorbiert werden.

Einteilung des Verdauungstraktes

Zum Verdauungstrakt gehören die Mundhöhle, der mittlere und untere Abschnitt des Schlundes (Pharynx), die Speiseröhre (Oesophagus), der Magen (Ventriculus, Gaster), der Dünndarm (Intestinum tenue), die Leber (Hepar), die Gallenblase (Vesica fellea) und Bauchspeicheldrüse (Pankreas), der Dickdarm (Colon), Mastdarm (Rektum) und Analkanal (Canalis analis).

Funktionen des Verdauungstraktes sind

– Prüfung der Nahrung durch Geschmack

– Zerkleinerung der Nahrung

– Transport der zerkleinerten Nahrung

– Zerlegung der Nahrung in einfache Stoffe mit Hilfe von Verdauungsenzymen und Mikroorganismen (Darmflora)

– Resorption der einfachen Stoffe

– Ausscheidung der unverdaulichen Schlackenreste

---

[*] Mitarbeit Prof. Dr. med. *T. Kraus*. Institut und Poliklinik für Arbeitsmedizin, Universitätsklinikum, RWTH Aachen und Prof. Dr. med. Dr. rer. nat. *H. I. Raithel*, Institut und Poliklinik für Arbeits-, Sozial- und Umweltmedizin der Universität Erlangen-Nürnberg.

[1] Kirchhoff, u.a., Zbl Arbeitsmed 50 (2000) 258.

12.2 Unfallbedingte abdominale Verletzungen

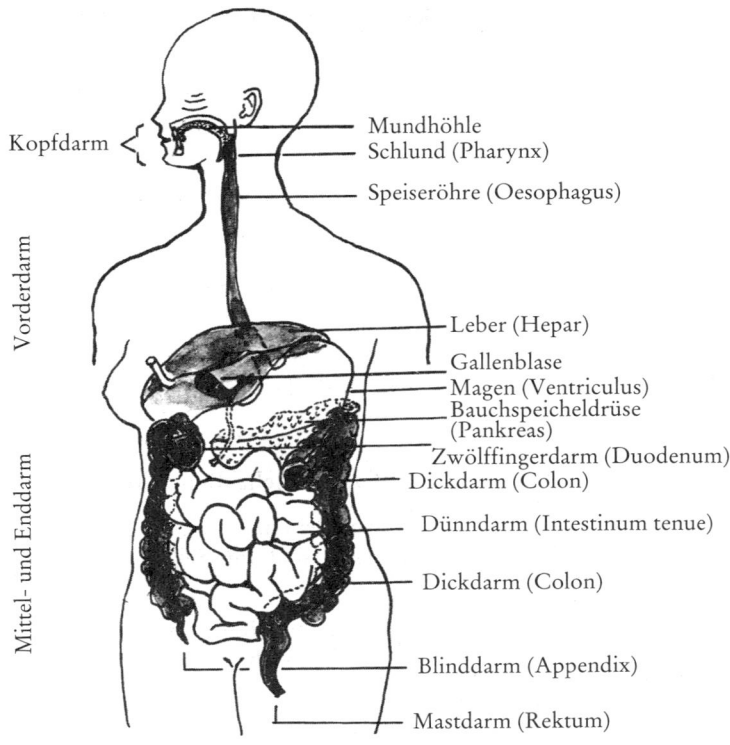

Abb. 1: Verdauungstrakt

12.2 Unfallbedingte abdominale Verletzungen

Unfallbedingte Verletzungen im Bereich der Bauchorgane können durch Krafteinwirkung sehr verschiedener Art verursacht werden. Oft werden begleitend Nachbarregionen, insbesondere der Brustkorbraum und der Urogenitaltrakt erfasst. Die Symptomatik manifestiert sich dadurch häufig nicht ausschließlich organbezogen. Eine fundierte Diagnostik ist daher sowohl bei offenen, penetrierenden als auch stumpfen Verletzungen des Abdomens unabdingbare Voraussetzung für ein adäquates therapeutisches Vorgehen.

12.2.1 Offene Verletzungen

Offene und penetrierende Verletzungen des Abdomens können unfallbedingt durch Stich oder Pfählung, in seltenen Fällen durch Schuss entstehen. Das Ausmaß der Verletzungsfolgen wird im Wesentlichen von Art, Weg und Intensität der penetrierenden Krafteinwirkung bestimmt. Ein hoher Prozentsatz zeigt traumatische Eröffnungen der Intestinalorgane. Aus diesem Grunde ist ein unverzügliches operatives Vorgehen angezeigt, das sowohl der diagnostischen Abklärung als auch der chirurgischen Versorgung dient. Auf sog. Zwei-Höhlenverletzungen bei thorakaler Mitbeteiligung ist im Besonderen zu achten.

Darmverletzungen und begleitende Perforationen im Bereich des Urogenitaltraktes neigen in hohem Maße zu sekundären Entzündungen des Bauchfells und zu Wundinfektionen.

Die Frage der Kausalität kann in aller Regel eindeutig beantwortet werden.

12.2.2 Stumpfe Verletzungen

Stumpfe Bauchtraumen stellen ca. 2–4 % aller Verletzungen dar.[2]

Ursachen: Straßenverkehrsunfälle, Schlag auf den Bauch, Sturz aus großer Höhe (höher als drei Meter), Aufprall gegen unnachgiebigen Gegenstand (z.B. Lenkrad), Hufschlag, Einklemmung, Sportunfall, Schlagverletzung.[3]

Umschriebene stumpfe Traumen führen im Allgemeinen zu isolierter Organverletzung, während großflächige Krafteinwirkungen in der Regel Mehrfachverletzungen bedingen. Als Verletzungsformen sind Quetschung, Berstung und Abriss zu nennen. Kombinationen ergeben sich häufig. Diese Verletzungen sind fast immer mit lebensbedrohlichen inneren Blutungen und konsekutiven Schockzeichen (kalter Schweiß, Herzrasen, Schwindel, Übelkeit u. s. w.) verbunden.

Durch *Quetschung* der vorderen Bauchwand gegen die Wirbelsäule sind bevorzugt der Zwölffingerdarm, der die Galle ableitende Kanal (Ductus choledochus) und die Bauchspeicheldrüse (Pankreas) gefährdet.

Nach plötzlichen intraabdominellen Drucksteigerungen kann es zu *Berstungsrupturen* des Verdauungstraktes und der parenchymatösen Organe kommen. Dabei steht die Krafteinwirkung in Relation zum Füllungszustand und zur Elastizitätsgrenze der Bauchorgane. Somit kann zunächst eine primäre Berstung ausbleiben und sich sekundär infolge lokaler Durchblutungsstörungen eine Zweit- oder Spätperforation der Intestinalorgane einstellen. Sekundär erfolgt mitunter ein Kapselriss bei parenchymatösen Organen infolge zunehmender Überschreitung der Elastizitätsgrenze (Vergrößerung des subkapsulären Hämatoms), z.B. zweizeitige Milzruptur.

Vor allem bei Sturz aus großer Höhe (ab ca. drei Meter) vermag es zu *Abrissverletzungen an den Bauchorganen kommen, die besonders an ihren Fixationspunkten auftreten.*

Symptomatisch steht der traumatische Schock häufig im Vordergrund. Die Bekämpfung bzw. Prophylaxe dieser akuten lebensbedrohlichen Kreislaufdysregulation sind zunächst oberstes Gebot medizinischen Handelns. Zur weiteren diagnostischen Abklärung bedarf jedes stumpfe Bauchtrauma der stationären Überwachung. Der gezielte Einsatz moderner bildgebender Verfahren ist entscheidend für die Indikation zur Laparotomie, die Art des chirurgischen Vorgehens, aber auch für den Entschluss zum konservativen Zuwarten. Die Sonographie als Erstuntersuchung kann eine Blutung in die freie Bauchhöhle und Organverletzungen nachweisen. Konventionelle Röntgenuntersuchungen, insbesondere Thorax- und Abdomenübersicht, erfassen Nachbarschaftsveränderungen wie Frakturen und die freie Perforation (z.B. freie Luft unter dem Zwerchfell nach Perforation von Hohlorganen), Zwerchfellverletzungen und Lungenveränderungen. Die Angiographie ist bei Verdacht auf primäre Gefäßverletzung indiziert. Die Punktion der Bauchdecke und Spülung

---

[2] Durst, Traumatologische Praxis, 1997 S. 327.
[3] Kuner, Schlosser, Traumatologie, 5. Aufl. 1995 S. 244.

12.2 Unfallbedingte abdominale Verletzungen   897

der Bauchhöhle mit physiologischer Kochsalzlösung (Peritoneallavage) zur Abklärung intraabdomineller Blutungen kann derzeit durch Sonographie und Computertomographie weitgehend ersetzt werden.

12.2.3 Leistenbruch (Hernia inguinalis)

Bei einem Leistenbruch treten oberhalb des Leistenbandes Eingeweide aus der Bauchhöhle in die abnorme Ausstülpung des parietalen (wandseitigen) Bauchfells (Bruchsack). Ursächlich sind entweder eine entsprechende konstitutionelle Veranlagung (z.B. Bindegewebsschwäche) oder sich wiederholende Einflüsse. Das Krankheitsbild tritt überwiegend auf, wenn sich durch inneren Druck, durch ruckartige, plötzliche Anspannung der Bauchmuskulatur und eine Pressung des Unterbauches das Leistenband dehnt und Teile der Eingeweide auf Grund der Öffnung des Bauchfells im Unterband nach außen gedrückt werden. Dieser Pressbruch ist ein Gelegenheitsanlass.

- Ursachen
  - *Angeboren*, d.h. von der fötalen Entwicklung (descensus testis) her bleibt ein Bauchfellsack im Processus vaginalis inguinalis als sog. indirekte Hernie bestehen
  - *Erworben*, als Folge einer Bindegewebsschwäche von Faszien und Muskeln. Hierbei kann es ebenfalls zur direkten oder indirekten Hernierung kommen. Davon zu unterscheiden sind die Femoralhernien, wenn sich der Femoralkanal infolge starken Bauchinnendruckes erweitert
  - *Unfallfolge*, als Einriss der Bauchdecken durch eine von außen auf die Bauchdecke des Inguinalkanals einwirkende stumpfe oder spitze Kraft.

Treten Leistenhernien nach Bauchtraumen auf, ist ursächlich von einem schicksalhaften Geschehen auszugehen. Die Bindegewebsschwäche hätte auch ohne Bauchtrauma zu einer Hernienbildung geführt.

Ausnahmsweise kann ein Arbeitsunfall vorliegen, wenn es durch einen Stoß, Tritt oder Stich in den Unterleib zu einem Rissbruch kommt, der durch Ödeme, Blutungen, Zerreißungen oder Hämatome nachweisbar ist. Kennzeichnend ist ein Riss (Bruchpforte) in der Bauchwand.[4]

- **Kriterien für ein unfallmäßiges Entstehen** (zur Anerkennung müssen ein obligates und zwei fakultative oder zwei obligative Kriterien vorliegen):[5]

(1) *Adäquates Trauma*
Plötzliche stumpfe Krafteinwirkung auf den Bauchraum (bevorzugt im Unterbauch), deren Fläche groß genug ist, die Oberflächenhaut nicht zu durchdringen (obligat). Druckerhöhung ist ausreichend, um ein Zerreißen der Bauchwandmuskulatur und der Faszie zu erzielen.[6]

Der Defekt liegt vielfach vom Punkt der Krafteinwirkung entfernt. Scherkräfte – tangentiale Krafteinwirkungen – auf Bauchdecke, Muskulatur, Faszie und Bauchfell spielen häu-

---

[4] OLG Hamburg, 15.9.1988, Zeitschrift für Schadensrecht, 1988, 401.
[5] Mollowitz, Der Unfallmann, 12. Aufl. 1998 S. 197; Koch, u.a., MedVers 52 (2000) 87.
[6] Brett, u.a., Unfallchirurg 111 (2008) 361.

fig eine zusätzliche Rolle: Bei unversehrter Oberflächenhaut (als elastische Schicht) ergibt sich eine subkutane Herniation von Baucheingeweiden.[7]

Fokale Hernien nach autopenetrierenden Verletzungen (z. B. Rippenbruch) sind meist klein, mit weniger Begleitverletzungen

(2) *Adäquate Verletzung*
Isolierte traumatische Bauchwandhernien sind selten. Begleitverletzungen: Organverletzungen des Bauchraums, Frakturen im Rippen- oder Beckenbereich und der Extremitäten.

Prellmarken oder Hämatombildung im Bruchbereich, gegebenenfalls Riss im Bruchsack (*fakultativ*). Die Diagnose gelingt auf Grund klinischer und sonographischer Untersuchungen. Standard ist die Computertomographie mit Kontrastmittel.

Histologische Zeichen der Verletzung und Blutung (*obligat*): Fibrinexsudation, kapillarreiches Granulationsgewebe, Rundzellen, disseminiert Siderophagen, Fibrozyten und Fibroplastenproliferate.

(3) *Adäquates Verhalten*
In der Regel Arbeitsniederlegung posttraumatisch (*fakultativ*).

Spätestens 24 Stunden posttraumatisch Behandlungsbeginn durch Arzt (*fakultativ*).

Bei stets notwendiger Operation findet sich eine blutige Durchtränkung des Gewebes; ein angeborener Bruchsack ist auszuschließen.

Eine Narbenhernie nach Laparotomie, die Beschwerden verursacht, rechtfertigt eine *MdE* von 10 bis 30 %.[8]

12.3 Verletzungen und Erkrankungen des Magens und des Zwölffingerdarms

12.3.1 Zwerchfellruptur

Ca. 10 % aller polytraumatisierten Patienten weisen eine Zwerchfellverletzung auf. Neben penetrierenden Verletzungen kann ein plötzlicher abdominaler Druckanstieg bei stumpfem Abdominaltrauma für die Perforation des Zwerchfells ursächlich sein. Ca. 95 % aller Verletzungen finden sich linksseitig; die rechte Zwerchfellseite ist durch die Leber gut geschützt.

Zwerchfellverletzungen werden häufig übersehen. Die CT-Untersuchung sichert die Diagnose.

Folgen der Zwerchfellruptur sind häufig Hernien abdominaler Organe, meistens des Magens oder auch von Darmteilen, die durch das Zwerchfell in den Brustraum gleiten. Dies kann direkt nach dem Unfall geschehen, aber auch nach einer Latenz von mehreren Tagen (12.3.2, S. 899)

---

[7] Nast-Kolb, u. a., Unfallchirurg 101 (1998) 82.
[8] Enke, Wenisch, in: Die ärztliche Begutachtung (Hrsg. Fritze, Mehrhoff) 7. Aufl. 2008 S. 770.

12.3.2 Hiatushernien

Definition und Ursachen:

Als Hiatushernie wird ein Vorfall von Teilen des Magens durch den Hiatus oesophageus des Zwerchfells in den Brustraum bezeichnet.

Unterscheidung nach Form und Lage des vorgefallenen Magenanteils und Länge der Speiseröhre:

1. *Axiale Gleithernie* (oesophagogastrische Gleithernie)

Sie ist mit ca. 90 % die häufigste Form der Hiatushernien.

Hierbei schieben sich das abdominelle Segment des Oesophagus und nachfolgend ein Teil des Magengewölbes (-fornix) durch die als Hiatus oesophageus bezeichnete Muskellücke in den Brustraum. Dies erfolgt unter Mitnahme von Teilen des Bauchfells (Peritoneum), sodass die Kardia (Mageneingang) oberhalb des Zwerchfells liegt.

2. *Paraoesophageale Hernie* (Abb. 2)

Sie entsteht, indem sich ein Teil des Magens durch den Hiatus oder eine zusätzliche Lücke des Zwerchfells unter Mitnahme von Bauchfellanteilen (Peritoneum) in den Thoraxraum verlagert. Der Mageneingang (Kardia) liegt subdiaphragmal. Das Extrem dieses Bruches wird als „upside down stomach" bezeichnet.

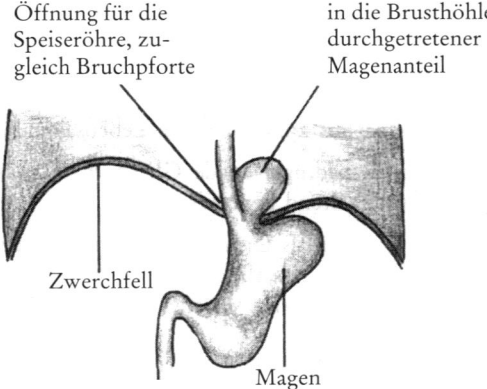

Abb. 2: Paraoesophageale Hernie: Durch die Zwerchfellücke, die der Speiseröhre zum Durchtritt vom Brust- in den Bauchraum dient, ist ein Teil des Magens in den Brustraum aufgestiegen.

3. *Mischformen*

Gleithernien mit mehr oder weniger großem paraoesophagealen Anteil.

4. *Kurzer Oesophagus* (Brachyoesophagus)

Angeborene oder infolge Schrumpfung der Oesophaguswand bedingte Verkürzung der Speiseröhre mit konsekutiver Verlagerung proximaler Magenanteile in den Thoraxraum.

Häufigkeit

Die Hiatushernie ist der häufigste röntgenologisch zu objektivierende pathologische Befund im Magen. Angegebene prozentuale Anteile schwanken zwischen 9 und 45 %. Etwa 50 % der Menschen über 50 Jahre haben eine Hiatusgleithernie.

Krankheitsbild

Charakteristisch sind lageabhängige Lokalbeschwerden, wie Druckgefühl, „Krämpfe" oder Schmerzen im linken Oberbauch sowie hinter dem unteren Drittel des Brustbeins. Vor allem in Horizontallage kommt es zu einem Reflux von Magensaft in die Speiseröhre infolge Schlussunfähigkeit der Kardia (Kardiainsuffizienz) mit Sodbrennen und Regurgitation. Diese Symptomatik ist jedoch nicht zwingend, oft besteht Beschwerdefreiheit.

Diagnose

Die Diagnose wird durch Röntgenkontrastuntersuchungen in Kopftieflage oder endoskopisch gestellt.

Differentialdiagnostisch ist vor allem an einen Krampf des Mageneingangs (Achalasie bzw. Kardiospasmus), ein Speiseröhren- und Magenkarzinom, Ulkuserkrankungen des Magens und Zwölffingerdarms, Gallenstein-bedingte Erkrankungen, chronische Bauchspeicheldrüsenentzündungen sowie funktionelle Oberbauchbeschwerden bei Herzinfarkt und Angina pectoris zu denken.

Entstehung durch Unfall

Axiale Hiatushernien treten mit zunehmendem Lebensalter häufiger auf. Angenommene traumatisch bedingte axiale Gleithernien müssen daher gutachterlich äußerst kritisch und zurückhaltend beurteilt werden. Nur heftige Krafteinwirkungen vermögen die primär anlagebedingte Erkrankung (Bindegewebsschäche, Übergewicht) entscheidend zu beeinflussen.[9]

Ein stumpfes Bauchtrauma kann als Ursache insbesondere einer *paraoesophagealen* Hernie in Betracht kommen. Ein enger zeitlicher Zusammenhang zwischen Trauma und dem Auftreten typischer Beschwerden wird verlangt.[10]

Axiale Hiatushernien können im Zusammenhang mit operativen Eingriffen am Zwerchfell und am Magen entstehen (ggf. mittelbare Unfallfolge).[11]

Minderung der Erwerbsfähigkeit[12]

Eine MdE von 10 bis 15 %, in Ausnahmefällen 20 bis 50 %, ist angemessen.

---

[9] Bayer. LSG, 24. 4. 2002, Meso B 170/4.
[10] Hartmann, Medizinische Begutachtung innerer Krankheiten (Hrsg. Marx, Klepzig) 7. Aufl. 1997 S. 371; Fabian, u.a., Vers.Med. 43 (1991) 122ff.
[11] Grabner, in: Das medizinische Gutachten (Hrsg. Dörfler, Eisenmenger, Lippert) 2001 Teil 5 S. 24.
[12] Encke, Wenisch, in: Die ärztliche Begutachtung (Hrsg. Fritze, Mehrhoff) 7. Aufl. 2008 S. 770.

Aus der Rechtsprechung

Beim Sturz auf eine Leiter war die rechte Brustkorbseite betroffen. Durch die erhöhte reflektorische Abwehrspannung und die Steigerung des Bauchinnendrucks kam es zu einer Schädigung des Zwerchfells. Während der ersten Tage traten typische Merkmale eines Zwerchfellschadens auf. Die seltenen traumatischen Zwerchfellbrüche sind im Frühstadium an den akuten Brucherscheinungen, im Spätstadium u.a. an Entzündungszeichen im Bruchbereich (Rippenfellentzündung) erkennbar.[13]

12.3.3 Magenschleimhautentzündung (Gastritis)

Definition und Ursachen

Unter dem Begriff „Gastritis" wird das morphologische Substrat für einen am Magen ablaufenden unspezifischen Entzündungsvorgang, der auf die Magenschleimhaut beschränkt ist, verstanden.

Sie kann *exogen* durch vermehrten Genuss vor allem konzentriert alkoholischer Getränke, verdorbene Speisen, schwer verdauliche fettreiche Nahrung und Medikamente (Salizylsäure, Antirheumatika, Antibiotika, Corticoide, Zytostatika) sowie Stress oder *endogen* durch infektiöse Allgemeinerkrankungen (früher häufig Diphtherietoxine, Staphylokokkentoxine, Salmonellen) ausgelöst werden und örtlich umschrieben oder diffus ausgebreitet sein. Ihr Verlauf ist häufig rezidivierend, so dass ein Neben- und Ineinanderfließen akuter, subakuter und chronischer Läsionen histphathologisch zu beobachten. Diese *akute*, in Schüben verlaufende, die Schleimhaut betreffende Entzündung ist von der *chronischen* Gastritis zu trennen. Vor allem eine Assoziation zwischen dem histologischen Nachweis von Helicobacter pylori in der Magenschleimhaut (v.a. Antrum) und dem Auftreten chronischer Gastritiden wurde beschrieben.[14]

Unterscheidung nach der revidierten Sydney-Klassifikation[15]

Typ	Ätiologie	Gastritis Synonyme
Nichtatrophische Gastritis	Helicobacter pylori	oberflächlich diffuse Antrumgastritis chronische Antrumgastritis interstitiell-follicular hypersekretorisch (ehemals Typ B)
Atrophische Gastritis Autoimmungastritis	autoimmun	diffuse Corpusgastritis perniziöse Anämie assoziiert (ehemals Typ A)
Multifokal atrophische Gastritis	Helicobacter pylori diätetisch Umweltfaktoren	Umwelt metaplastisch (ehemals Typ B, AB)

---

13   Bayer. LVA, 9.6.1950, Breith. 1951, 51.
14   Vogt, u.a. Zbl Arbeitsmed 49 (1999) 332.
15   Dazu Kirstein, u.a., Zbl Arbeitsmed 49 (1999) 318, 320 f.

Fortsetzung: Klassifikation der Gastriden

Typ	Ätiologie	Gastritis Synonyme
Spezielle Formen Chemische Gastritis	Chemikalien Galle Nichtsteroidale Antirheumatika (NSAR) andere Noxen	reaktiv duodenogastraler Reflux NSAR (ehemals Typ C)
Strahlengastritis	ionisierende Strahlen	
Lymphozytäre Gastritis	idiophatisch Gluten Medikamente (Ticlopidin) Helicobacter pylori?	Sprue
Nichtinfektiöse granulomatöse Gastritis	M. Crohn Sarkoidose M. Wegener u. a. Vaskulitiden Fremdkörper Idiophatisch	isolierte Granulome
Eosinophile Gastritis	Nahrungsmittelallergie andere Allergene	allergische
weitere infektiöse Gastritiden	Bakterien Viren Pilze Parasiten	

Bezüglich der Beziehungen zum Magenkarzinom ist zu vermerken, dass der kontinuierliche Schleimhautumbau mit beschleunigter Regeneration zu einer Dedifferenzierung des Epithels mit Entwicklung von Dysplasien führen kann. Diese sind dann als Präkanzerosen zu werten.

Krankheitsbild

Im Vordergrund des Beschwerdebildes stehen bei der akuten Gastritis fader Mundgeschmack, Inappetenz/Appetitlosigkeit, epigastrischer Druckschmerz, Übelkeit und Erbrechen. Sofortschmerz nach Nahrungsaufnahme ist kennzeichnend. Als Komplikationen sind eine erosive Gastritis mit Magenblutung und ein Stressulcus zu nennen.

Bei strenger Einhaltung diätetischer Maßnahmen sowie der Gabe von Protonenpumpeninhibitoren (PPI) verläuft die chronische Gastritis meist beschwerdefrei. Jedoch können schon bei geringgradigen Diätfehlern („empfindlicher Magen") akute gastritische Schübe mit deutlichem Druck- und Völlegefühl nach dem Essen auftreten.

Diagnose

Die Diagnose der Gastritis ist mit Hilfe endoskopischer Methoden sowie vor allem aus der Histologie bioptischer Gewebeentnahmen zu stellen. Dazu gehört auch die Diagnostik auf Helicobacter pylori (HP).

Differentialdiagnostisch sind eine Refluxoesophagitis, ein „Reizmagen", Magenerosionen, Magen- und Duodenalulzera sowie insbesondere bösartige Erkrankungen des Gastrointestinaltraktes auszuschließen.

Zusammenhangsbeurteilung

Das häufige Auftreten der Gastritis erfordert eine eingehende und kritische Beurteilung des Zusammenhanges. Sorgfältige allgemeine und Familienanamnese sind wichtig. Alle früheren ärztlichen Befundberichte sind heranzuziehen.

Konkurrierend in Betracht zu ziehen ist die Verursachung durch Alkohol, Helicobacter pylori (außerberufliche Infektion), inhalativen Zigarettenkonsum, Arzneimittel (Antirheumatika, Corticosteroide, Analgetica usw.) und Nahrungsmittel (Toxine, Allergene).

Ursächlich können in sehr seltenen Fällen bei sehr hoher akuter Exposition Quecksilber oder dessen Verbindungen (BK-Nr. 11 02) sowie halogenierte Alkyl-, Aryl- und Alkylaryl-sulfide (BK-Nr. 13 11: atrophische Gastritis) sein. Diskutiert wird der Zusammenhang bei einzelnen Berufsgruppen (Krankenpflege-, Endoskopiepersonal) und Helicobacter pylori (BK-Nr. 31 01).[16]

Eine akute (erosive oder korrosive) Gastritis kann bei Einnahme oder kurzdauernder hochgradiger Inhalation chemisch reizender Substanzen, bei Vergiftungen, Verbrennungen oder Verätzungen sowie im Einzelfall nach operativen Eingriffen oder Hirntraumen als Unfallfolge auftreten. Meist ist die Speiseröhre stärker betroffen als der Magen. Die Ausheilung erfolgt häufig unter Narben- und Stenosenbildung in beiden Organen. Auch im Zusammenhang mit Hautverbrennungen, wahrscheinlich durch den erhöhten Eiweißzerfall, können gelegentlich Gastritiden entstehen.

Infektionskrankheiten sind in der Lage, eine *Begleitgastritis* hervorzurufen. Als ursächlich werden eine Schädigung der Magenschleimhaut durch Bakterientoxine (z.B. Staphylokokken) sowie hierdurch bedingte toxische Stoffwechselprodukte angenommen. Langdauernde Infektionskrankheiten, wie Tuberkulose oder Osteomyelitis, können ebenfalls eine Begleitgastritis verursachen.

Begleitgastritiden treten auch bei peptischem Magenulcus, Magenkarzinom, Leber- und Gallenwegsleiden, endokrinen Erkrankungen und Stoffwechselstörungen (Diabetes mellitus, Urämie) auf.

Die Zusammenhangsbeurteilung richtet sich nach dem Grundleiden.

---

16   Sander, u.a., Zbl Arbeitsmed 50 (2000) 273, 276.

Minderung der Erwerbsfähigkeit

Die chronische Gastritis allein bewirkt keine messbare MdE. Bei akuter Gastritis nach Magenresektion richtet sich die MdE nach dem Ausmaß der Resektion und des Funktionsverlustes.

12.3.4 Magen- und Zwölffingerdarmgeschwür (Ulcus ventriculi bzw. duodeni)

Definition und Ursachen

Als Ulkus („Geschwür") wird im Bereich des oberen Gastrointestinaltraktes jede, meist multifaktoriell bedingte Schleimhautnekrose bezeichnet, die unter dem Einfluss peptischer Aktivitäten des Magensaftes in die Intestinalwand vordringt und sie gelegentlich durchbricht.

Die Entstehung von Ulzera ist Ausdruck einer Störung des Gleichgewichtes zwischen den die Schleimhaut schützenden, „defensiven" und „protektiven" Faktoren (ausreichende epitheliale Schleimproduktion durch ein unversehrtes, stoffwechselaktives Epithel) und den „aggressiven" Faktoren (z.B. bakterielle Besiedlung mit Helicobacter pylori, Salzsäureausschüttung bei Vagusreiz, Gastrinsekretion und Histaminausschüttung). Auch besteht eine Assoziation zwischen dem Nachweis von Helicobacter pylori in der Magenschleimhaut und dem Auftreten eines Ulcus ventriculi, sodass das Ulcus häufig eine Komplikation der HP-Gastritis darstellt.

Das einzelne Geschwür zeigt meist eine gute Heilungstendenz, die Ulkuskrankheit insgesamt wird jedoch durch ihre Neigung zu Rezidiven bestimmt, so dass man von einem „Ulkusleiden" spricht. Gefährliche Komplikationen, wie Blutungen, Perforationen und Magenausgangsstenosen, sind nicht selten. Bösartige (maligne) Degenerationen werden nur beim Ulcus ventriculi, nicht jedoch beim Duodenalulkus beobachtet. Die Helicobacter-assoziierte Gastritis bzw. Ulkuskrankheit geht mit erhöhtem Magenkarzinomrisiko einher. Jedes Magenulcus sollte vor und nach der Therapie endoskopisch-bioptisch kontrolliert werden, um ein Magenkarzinom nicht zu übersehen.

Ursächlich können sehr selten (in der Regel nicht unter heutigen Arbeitsbedingungen) Blei oder seine Verbindungen (BK-Nr. 11 01) sowie Quecksilber oder seine Verbindungen (BK-Nr. 11 02) sein.[17] Bei Wechselschichtarbeitern mit gleichzeitig schwerer körperlicher Tätigkeit werden Magengeschwüre als Folge unregelmäßiger und zu kurzer Nahrungsaufnahme erörtert.[18] Alkohol und Medikamente, wie nichtsteroidale Antirheumatika – NSAR – (z.B. Acetylsalicylsäure, Diclofenac, Phenylbutazon, Indometacin), Zytostatica und Corticosteroide, können allein und vor allem in Kombination die Entstehung eines Magenulkus fördern. Dabei entsteht das „Steroidulcus" meist im Antrum unter Langzeittherapie. Es neigt vermehrt zu Penetration und Perforation. Im Einzelfall ist ein Steroidulcus auch mittelbare BK-Folge einer höherdosierten Korticoidtherapie, vor allem bei den Berufskrankheiten nach BK-Nrn. 42 01, 43 01 und 43 02.

---

[17] Sander, u.a. Zbl Arbeitsmed 50 (2000) 273, 274.
[18] Mann, u.a., Zbl Arbeitsmed 49 (1999) 326; Rutenfranz, Knauth, Angersbach, ASP 1980, 32, 37 m.w.N.

12.3 Verletzungen und Erkrankungen des Magens und des Zwölffingerdarms

Differentialdiagnostisch sind Gastritiden, relativ selten vorkommende Magen- bzw. Duodenaldivertikel sowie vor allem bösartige Erkrankungen des Magen-Darm-Traktes auszuschließen. Bei therapierefraktärer Ulkusdiathese ist das Vorliegen eines Gastrin-sezernierenden Pankreasadenoms *(Zollinger-Ellison-Syndrom)* zu erwägen.

Schließlich sollen Krankheiten der übrigen Oberbauchorgane, vor allem Hepato- und Cholezystopathien, kardial bedingte Schmerzen, die sich selten in den Oberbauch lokalisieren können, Intoxikationen, Stoffwechselkrankheiten sowie Wurmbefall und Wirbelaffektionen mit Wurzelkompression, in Betracht gezogen werden.

12.3.4.1 Stressulkus

Ein akutes Stressulkus kann nach schweren Verletzungen (Poly-, Hirntrauma), postoperativ nach großen Operationen, Verbrennungen, Erfrierungen und Infektionen auftreten. Der Kausalzusammenhang ist zu bejahen, wenn charakteristische Krankheitszeichen, wie Schmerzen, Blutung oder Perforation, in engem zeitlichen Zusammenhang einsetzen. Endoskopische und histologische Abklärung ist anzustreben.

12.3.4.2 Traumatisch bedingte Perforation und Blutung aus vorbestehendem Geschwür

Die Entwicklung eines Magengeschwürs als Folge einer Krafteinwirkung auf den Magen ist meist unwahrscheinlich.[19] Für die Annahme ist ein enger zeitlicher Zusammenhang zwischen erheblicher Krafteinwirkung auf die Magengegend und Krankheitserscheinungen unabdingbar.[20] Stellen sich die Geschwürszeichen erst nach Wochen oder Monaten ein und bestehen keine Brückensymptome, ist der Zusammenhang zu verneinen.

Bisweilen erhebt sich die Frage des Durchbruchs oder der Blutung bei einem Magen- bzw. Duodenalgeschwür durch einen Arbeitsunfall. Die Abgrenzung des angeschuldigten Ereignisses von einer „Gelegenheitsursache" erfordert eine sorgfältige Untersuchung des Unfalls.

Der Zusammenhang im Sinne einer vorübergehenden Verschlimmerung kann bejaht werden, wenn bei[21]

1. einem Magengeschwür ein erheblicher Stoß den Leib getroffen hat, konsekutiv eine Perforation entstanden ist und die Perforationsstelle im Sinne eines Risses ausgebildet ist

2. vorbestehendem Geschwür ein Stoß gegen den Leib oder eine akute, über das normale Maß hinausgehende physische Überlastung (z.B. Heben oder Schieben schwerer Lasten) zweifelsfrei nachgewiesen ist und konsekutiv eine Ulkusblutung resultiert.

Enger zeitlicher Zusammenhang ist jeweils zu fordern.

---

[19] Fischer, Handbuch der gesamten Unfallheilkunde (Hrsg. Bürkle de la Camp, Schwaiger) 3. Aufl. 2. Bd. 1966 S. 541 ff.
[20] OVA Münster, 13.6.1932, LAP S. 142; Bayer. LVA, 3.5.1950, Breith. 1950, 1085; LSG Baden-Württemberg, 28.2.1957, LAP S. 145; Bayer. LSG, 13.4.1954, Breith. 1954, 1171 ff.; s. auch Bayer. LSG, 15.3.1955, Breith. 1955, 1197.
[21] Fischer, Handbuch der gesamten Unfallheilkunde (Hrsg. Bürkle de la Camp, Schwaiger) 3. Aufl. 2. Bd. 1966 S. 543 ff. S. 543 ff.

Aus der Rechtsprechung

Ein bereits bestehendes Magengeschwür kann bei Vorliegen besonderer Umstände durch einen Arbeitsunfall verschlimmert werden: Geschwürsblutung nach erheblicher Krafteinwirkung auf den Magen[22], nach ruckhaftem Einholen eines Fischernetzes, das wegen großen Fangs über die übliche körperliche Beanspruchung hinausging.[23]

Trifft eine Prellung des Unterleibes auf ein vorher noch nicht bemerktes, operables Magengeschwür, das ohnehin kurz vor dem Durchbruch stand, und wurde so eine zeitgerechte Diagnose verhindert, ist der dadurch verursachte Tod als mittelbare Unfallfolge anzuerkennen.[24]

Dagegen wurde der Kausalzusammenhang zwischen Methylenchlorid, Quecksilber, Formaldehyd und Magengeschwür verneint.[25]

12.3.5 Postoperative Komplikationen im Bereich des Magen-Darmtraktes

Die häufigste Erkrankung hierbei ist die *Magenstumpf-Gastritis*, die bei etwa 2/3 der resezierten Mägen angetroffen wird. Vorwiegend wird sie auf eine „Irritation" der Schleimhaut durch Reflux oder Influx von Dünndarminhalt (Galle, Pankreassekret) zurückgeführt. Zum „*Anastomosenulcus*" kommt es häufiger nach einfacher Gastroenterostomie, selten auch nach *Billroth-II-Resektion*. Dieses peptisch induzierte Geschwür ist meistens nahe der Anastomose in der angrenzenden Dünndarmschleimhaut und weniger im Magenstumpf lokalisiert. Die Bezeichnung „*Ulcus pepticum jejuni*" trifft also nur für einen Teil dieser postoperativen Ulzera zu. Die Kardinalsymptome sind Blutungen und auch sehr heftige Schmerzen, vorwiegend im linken Ober- und Mittelbauch. Dauerschmerzen können auf eine Penetration hinweisen.

Mit einer Häufigkeit von 3 bis 10 % wird nach Magenoperationen das *Dumping-Syndrom* beobachtet. Durch plötzliche Dehnung des obersten Dünndarmanteils und Hyperosmolarität des Inhalts kommt es zu einer Kreislaufhypovolämie mit reflektorischer Sympathicuserregung (Adrenalinausschüttung). Als Symptome treten Sofortschmerzen, Übelkeit, Hyperperistaltik, Schwäche und vasomotorische Erscheinungen, wie Blässe und Schwindel, auf.

Relativ vereinzelt werden das Syndrom der *afferenten Schlinge* und „*blind-loop*" Syndrom gefunden. Beide Syndrome entstehen durch Passagestörungen im Dünndarm und bedingen eine Malabsorption und Malnutrition.

Die in vielen Fällen nach Magenoperationen erworbene *Milchintoleranz* erklärt sich wohl durch einen Laktasemangel im Bürstensaum der geschädigten Dünndarmzotten. Die Beschwerdesymptomatik gehört zu den postoperativen Mangelsyndromen.

Die folgenschwerste Komplikation ist das *Magenstumpf-Karzinom*, das fast nur nach *Billroth-II-Resektionen* auftritt. Langjährige statistisch epidemiologische Erhebungen zeigen, dass Karzinome des Magens unter zu Grunde legen einer Latenzzeit von 25 Jahren etwa 6-mal häufiger als in einem nicht operierten Vergleichskollektiv auftreten. Beträgt der postoperative Beobachtungszeitraum 15 oder weniger Jahre, lässt sich die höhere Krebs-

---

22 LSG Niedersachsen, 19. 1. 1956, LAP S. 141.
23 OVA Hamburg, ZfS 1948, 189.
24 LSG Hamburg, 1. 2. 1955, Breith. 1955, 821.
25 Hess. LSG, 18. 2. 1998, Meso B 140/54.

rate am operierten Magen statistisch meist nicht eindeutig sichern. Bei mehr als 90 % aller Magenkarzinompatienten geht eine HP-Gastriris voraus.

Ist die Ursache für die Operation ein Arbeitsunfall oder eine Berufskrankheit, sind die Funktionsstörungen des operierten Magens mittelbare Folgen.

12.4 Verletzungen und Erkrankungen des Dünndarms

12.4.1 Dünndarmverletzung

Bei stumpfen Bauchtraumen wird der Dünndarm – ausgenommen bei Beckenfrakturen (85 %) – ziemlich selten verletzt. Häufigste Ursache ist der Aufprall des Autofahrers auf das Lenkrad.

Verletzungsmechanismen

- Quetschung des Dünndarms, insbesondere des Duodenums, gegen die Wirbelsäule
- Berstung von flüssigkeits- oder gasgefüllten, durch Abknickung verschlossenen Darmschlingen. Dabei ist das Verhältnis zwischen dem zeitlichen Verlauf des Druckanstiegs und der Ausweichmöglichkeit für den Darminhalt bedeutsam
- „*Seat belt Syndrom*": bei nicht straff fixiertem Beckengurt taucht die angeschnallte Person gleichsam unter dem Gurt hinweg („Submarineffekt"); auf den Bauchraum einwirkende Scherkräfte durch Kompression der luft- und stuhlgefüllten Darmabschnitte führen zu Aus- und Einrissen der Darmschlingen
- Abriss des Dünndarms an physiologischen Fixpunkten bei tangential angreifenden Kräften

12.4.2 Malassimilations-Syndrome

Definition und Ursachen

Klinisch ist die Einteilung der Malassimilation (Nahrungsverwertungsstörungen) in Verdauungsstörungen (Maldigestion) und Störungen der Resorption (Malabsorption) üblich.

Pathogenetische Unterscheidung:

(1) Die *primäre Maldigestion* zeigt einen Mangel an Wirkstoffen der Digestion (Verdauung) bei exkretorischer Pankreasinsuffizienz, Störung der Gallensekretion oder Acidität (Säuregrad) im Duodenum nach Magenresektion.

(2) Die *sekundäre Maldigestion* ist Folge einer Passagebeschleunigung. Somit steht nicht genügend Zeit für eine ausreichende Digestion und Resorption zur Verfügung. Dieses Erscheinungsbild tritt vermehrt nach Magenresektion mit konsekutiver Sturzentleerung und beschleunigter Dünndarmpassage sowie beim Karzinoidsyndrom auf.

(3) Die *primäre Malabsorption* ist durch Epithelstörungen mit daraus resultierenden veränderten Membrantransportvorgängen in der Dünndarmschleimhaut gekennzeichnet. Weitere morphologische Abweichungen fehlen.

Die dem Krankheitsbild zu Grunde liegenden Epithelstörungen sind auch bedingt durch Infektionen (Cholera, Salmonellosen, Ruhr, Hepatitis, Enteroviren), Medikamente (Neomycin u.a.) sowie Röntgenstrahlen.

Bei chronischem Krankheitsverlauf können eine tropische Sprue, eine Gluten-induzierte Enteropathie, bei Kindern auch Zöliakie genannt (Peptidasendefekt und konsekutive Intoleranz gegenüber Weizen, Roggen, Gerste, Hafer), die nichttropische Sprue des Erwachsenen sowie die A-ß-Lipoproteinämie mit gestörter Chylomikronenbildung verantwortlich sein.

(4) Das *sekundäre Malabsorptionssyndrom*, das mit morphologischen Veränderungen der Dünndarmmucosa einhergeht oder eine Abflussbehinderung voraussetzt, wird in erster Linie verursacht durch Entzündungen des Dünndarms, wie Tuberkulose, Morbus Crohn, Tumoren des Dünndarms (Lymphosarkom, Karzinoid), Fisteln und multiple Divertikel, durch Resektionen, Zirkulationsstörungen bei Whipple'scher Krankheit, Herzinsuffizienz, Ischämie durch Verschluss der Arteria mesenterica oder Kollagenosen und schließlich hormonale Störungen, wie sie bei Diabetes mellitus und Hypoparathyreoidismus auftreten.

12.4.3 Ileozökal-Tuberkulose

Definition und Ursachen

Bei oraler Ansteckung kann diese Erkrankung als intestinale Primärinfektion auftreten, wie es früher nicht selten durch infizierte Milch (*Typus bovinus*) zu beobachten war. Mehrheitlich handelt es sich jedoch um einen sekundären Darmbefall bei offener Lungentuberkulose, hervorgerufen durch verschluckte Tuberkelbakterien. Dabei wird der Befall der Ileozökal-Region durch Stauung und Ansammlung lymphatischen Gewebes begünstigt.

Symptomatisch sind Unterleibsschmerzen nach dem Essen, Gewichtsverlust, Appetitmangel, Fieber und Durchfall sowie bei Stenosen Meteorismus („Blähsucht") und Stuhlverhaltungen.

Diagnostische Hinweise ergeben sich häufig schon bei der röntgenologischen Untersuchung durch auffällige Füllungsdefekte sowie eine polypöse Veränderung der Schleimhaut im Ileozökal-Bereich. Der Beweis kann schließlich durch Nachweis von Tuberkelbakterien im Sputum, Magensaft oder Stuhl erbracht werden. Spezifische Befunde bei der röntgenologischen Thoraxuntersuchung sowie verkalkte Mesenteriallymphknoten stützen die Diagnose.

12.5 Verletzungen und Erkrankungen des Dickdarms

12.5.1 Verletzungen des Dickdarms

Ein stumpfes Bauchtrauma führt in 20 bis 25 % zu einer Dickdarmverletzung.[26] Die Krafteinwirkung kann direkt (Überfahrenwerden, Hufschlag, Fußtritt) oder indirekt (Sturz aus größerer Höhe) erfolgen.

Entstehungsmechanismen sind überwiegend Berstungen, wobei das Unfallereignis einen mehr oder weniger gas- bzw. flüssigkeitsgefüllten Dickdarm trifft. Daneben können Quetschungen auftreten, bei denen der Darm gegen die Wirbelsäule oder das Becken gedrückt wird. Schließlich werden Wandhämatome oder Mesocoloneinrisse oder Abrisse durch Zug beobachtet.

Die begleitende Dünndarmruptur ist häufig.

Die Prognose hängt vom Schweregrad und der Latenzzeit zwischen Verletzung und Operation ab.

12.5.2 Chronisch entzündliche Darmerkrankungen

12.5.2.1 Colitis ulcerosa[27]

Die Colitis ulcerosa ist eine chronische Entzündung, die Darm-Abschnitte kontinuierlich oder den gesamten Dickdarm befällt. Fast immer ist das Rektum beteiligt. Die Krankheit tritt bei beiden Geschlechtern und in allen Altersstufen, bevorzugt jedoch zwischen dem 2. und 4. Lebensjahrzehnt auf. Der Verlauf ist schubweise oder kontinuierlich fortschreitend. Bei totalem Colonbefall und vieljährigem Verlauf besteht ein hohes Karzinomrisiko. Die unspezifische, entzündliche Gewebsreaktion betrifft nur die Mucosa und Submucosa. Neben den Darmsymptomen kommt es zu allgemeinen Krankheitserscheinungen und systemischen Komplikationen. Ätiologisch werden vor allem Autoimmunmechanismen,[28] aber auch psychische Faktoren erörtert. Infektionen mit Bakterien und Viren spielen wahrscheinlich nur eine sekundäre Rolle. Die Diskussion ist jedoch keineswegs abgeschlossen.

Der endoskopische und histologische Befund sichert die Diagnose.

12.5.2.2 Enterocolitis regionalis (Morbus Crohn)

Definition

Die regionale Enteritis ist eine chronische Entzündung des Gastrointestinaltraktes, die bevorzugt den Dünndarm und/oder den Dickdarm diskontinuierlich mit Neigung zu Stenose, Abszess- und Fistelbildungen befällt. Grundsätzlich kann jedoch jeder Teil des Magen-Darm-Kanals erkranken. Das Leiden kommt bei beiden Geschlechtern und in allen Altersstufen vor, vermehrt jedoch bei 20 bis 30-Jährigen. Die unspezifische, entzündliche Gewebereaktion betrifft alle Anteile der Darmwand und ist u. a. durch Granulombildung gezeichnet. Die Erkrankung geht mit allgemeinen Krankheitserscheinungen und systemi-

---

[26] Durst, Traumatologische Praxis, 1997 S. 353.
[27] Adler, Morbus Crohn – Colitis ulcerosa, 1993 S. 288 ff.
[28] Reinshagen, Adler, MedSach 96 (2000) 173; Stange, Colitis ulcerosa – Morbus Crohn, 1. Aufl. 1999; Sprenger-Klasen, MedSach 96 (2000) 188; ders. MedSach 98 (2002) 135.

schen Komplikationen einher. Wie bei der Colitis ulcerosa sind Ätiologie und Pathogenese letztlich unbekannt.[29]

Ein *Unfall* kann als Ursache eines Morbus Crohn nicht angenommen werden.

12.5.3 Blinddarmentzündung (akute Appendizitis)

Die Appendizitis ist die häufigste Darmentzündung und weist einen Altersgipfel in der 2. und 3. Lebensdekade auf. Durch Kotsteine, Parasiten, starke Wucherung des lymphatischen Gewebes oder durch ungewöhnliche Lage im Bauchraum kann es zu einer Entleerungsbehinderung mit konsekutiver pathologischer Keimbesiedlung kommen. Die Appendizitis beginnt meist als katarrhalische Entzündung und geht dann in eine eitrige über. Ohne rechtzeitige Diagnose und chirurgische Intervention droht als gefürchtete Komplikation die Abszedierung bzw. Perforation.

Das unfallweise Entstehen gilt in hohem Maße als unwahrscheinlich.[30] Geeignete Verletzungen können zwar zur Quetschung oder zum Abriss ganzer Darmteile – so auch des Wurmfortsatzes – führen. Die Befunde sind jedoch von der akuten Appendizitis abzugrenzen.

12.6 Verletzungen und Erkrankungen der Leber und der Gallenblase

Die Leber ist das größte innere Organ des Körpers. Sie ist die große „Entgiftungsstation" des Organismus und reinigt das Blut von schädlichen Stoffen, die mit der Nahrung und der Atemluft aufgenommen werden. Schadstoffe in der Luft müssen in Gas- oder Dampfform übergehen, um durch die Blutbahn zur Leber zu gelangen. Die Leber baut Chemikalien ab und macht diese wasserlöslich, so dass sie mit dem Harn ausgeschieden werden können. Auch werden in der Leber Nahrungsbestandteile, die vom Dünndarm durch eine große Blutader (Pfortader) kommen, umgewandelt und gespeichert, z. B. Glukose, Vitamine, Hormone und Eisen. Zu den zahlreichen Stoffwechselfunktionen zählt ferner die Produktion lebenswichtiger Eiweißstoffe (z. B. Gerinnungsfaktoren). Die Leberkapsel ist sensibel innerviert, bei einer Lebervergrößerung deshalb zu einem Druckgefühl im Bereich des Oberbauches führend.

Lichtmikroskopische Unterteilung in Zell- und Gewebstypen[31]

- Leberparenchym (Parenchymzelle = Hepatozyt, Sitz der Stoffwechselleistung)
- intrahepatisches Gefäßsystem, aus den zuführenden Gefäßsystemen der V.portae und A.hepatica sowie den abführenden Ästen der Vv.hepaticae zusammengesetzt
- Stützgewebe (Stroma; Leberkapsel, perivaskuläres Bindegewebe, Glisson'sche Portalfelder, retikuläres Netzwerk)
- sinusoidale Zellen (Sinusendothelzellen, Kupffer-Zellen, Ito-Zellen und Pit-Zellen) mit immunologischen und informativen Aufgaben.

---

[29] Vgl. BSG, 29. 8. 1990, Meso B 140/41; Reinshagen, Adler, MedSach 96 (2000) 173.
[30] RVA, 3. 5. 1930; 20. 12. 1929 bei Wagner, Der Arbeitsunfall, Stand 1987 S. 164/1.
[31] Selmair, Einführung in die Erkrankung der Leber, in: Handbuch der Arbeitsmedizin (Hrsg. Letzel, Nowak) 7. Erg. Lfg. 5/08 DI – 6.1. S. 3.

12.6 *Verletzungen und Erkrankungen der Leber und der Gallenblase*

Unter der Leber sitzt die Gallenblase; in ihr wird die in der Leber gebildete Galle gespeichert. Die Galle hat die Funktion, Fette während des Verdauungsprozesses zu emulgieren („abzumelken").

12.6.1 Verletzungen der Leber und extrahepatischen Gallenwege

Bei stumpfen Traumen des Bauches und des rechten unteren Brustkorbbereichs sind Leber- und Gallenwegsystem gefährdet.

Das Ausmaß der Verletzungsfolgen reicht von subkapsulären Blutergüssen, Lebereinrissen bis zur Zertrümmerung des Organs und ist begleitet von Hämorrhagien mit exzessivem Blutungsschock und galliger Peritonitis. Unmittelbare Lebensgefahr besteht. Längere Schockzustände können zum Coma hepaticum führen. Weitere gefürchtete Komplikationen sind Schockniere und das *„hepatorenale Syndrom"*.

Verletzungen der Gallenblase und der ableitenden Gallenwege führen zur galligen Peritonitis; im weiteren Verlauf zu narbigen Verengungen der Gallenwege. Eine seltene Komplikation ist die posttraumatische Bildung von Gallensteinen nach Einblutungen in den Gallengang.

Postoperativ können sekundär schwere Komplikationen eintreten: Blutungen in zerstörtes Lebergewebe trotz Lebernaht und sekundäre Nekrosen des Lebergewebes, Lungenembolien durch Gewebstrümmer, diffuse Eiterungen und Abszessbildungen, gallige Peritonitiden und bei Mitverletzungen des Zwerchfells gallige Pleuritiden.

Im Rahmen sekundärer Blutungen kommt der zweizeitigen Leberruptur ursächlich große Bedeutung zu. Infizierte Galle und altes Blut entleeren sich in die Bauchhöhle und bringen erneut Lebensgefahr. Relaparotomie ist indiziert.

12.6.2 Lebererkrankungen[32]

Mit Blick auf die BK-Nrn. 11 01 (s. 21.3, S. 1227), 11 08 (s. 21.3, S. 1227), 11 09 (s. 21.3, S. 1227), 13 02 (s. 21.5, S. 1226), 13 03 (s. 21.5, S. 1226), 13 10 (s. 21.5, S. 1226), 13 16 (s. 21.5) und 31 01 (s. 9, S. 701) sind bei einer angezeigten beruflich verursachten Lebererkrankung gewerblich chemische Einwirkungen oder beruflicher Kontakt mit Infektionserregern zu prüfen.

Wichtigste Klassen potentiell leberschädigender Arbeitsstoffe

– Lösungsmittel
– Insektizide
– Metallverbindungen

---

[32] S. dazu Weber, Lehnert, Forschungsbericht Leber und Beruf, Hinweise für die medizinische Sachaufklärung, Schriftenreihe HVBG 1991; HVBG VB 5/92; Hallier, Dtsch Med Wochenschr 132 (2007) 865.

Wichtigste chemische Stoffgruppen potentiell leberschädigender organischer Arbeitsstoffe (s. 21.2.2)
- Halogenkohlenwasserstoffe
- aromatische Kohlenwasserstoffe
- aromatische Amine
- Phenole
- Alkohole

Gewerbliche Aufnahme durch
- Inhalation
- relevante Hautresorption bei einigen Stoffen, vor allem organischen Lösungsmitteln

Mögliche Formen chronisch-toxischer Leberschäden

Toxische Hepatitis:	Halogenkohlenwasserstoffe (Chloroform, TRI u. PER) aromatische Kohlenwasserstoffe (Toluol, Kresol) aromatische Amine (Anilinderivate)
Fettleber:	Methylalkohol – Hydrazin – DDT – HCH –Arsenverbindungen – Dimethylformamid (DMF)
Steatose u. Nekrose:	weißer Phosphor – CCl_4 – Dinitrobenzol – Anilin
Leberfibrose/Zirrhose:	Methylalkohol – Arsenverbindungen – Vinylchlorid – Tetrachlorkohlenstoff – TNT
Leber-Malignome:	Arsenverbindungen – Vinylchlorid – Aflatoxine B1

Art der Leberschädigung und häufigste Ursachen

Direkter zytotoxischer Typ:

Akuter Verlauf:	Alkohol – Arbeitsstoffe – Medikamente
Chronischer Verlauf:	Alkohol – Fehlernährung – Arbeitsstoffe – Medikamente

Immunologischer Typ:

Akuter Verlauf:	infektiöse Hepatitiden – Medikamente
Chronischer Verlauf:	infektiöse Hepatitiden – Medikamente – evtl. Arbeitsstoffe (Alkohol)

Primär cholest. Typ: insbesondere Medikamente

Grad der Lebertoxizität

Stark toxisch:	weißer Phosphor – Arsenverbindungen – Dichlorethan – 1,1,2,2-Tetrachlorethan
Relativ toxisch:	Trichlorethylen (TRI) – Tetrachlorethylen (PER) – Pentachlorethan – chlorierte Naphthaline und Biphenyle – Trinitrotoluol – Dimethylformamid – Pentachlorphenol – Trichlormethan (Chloroform)
Gering toxisch:	Toluol – Xylole – 1,1,1-Trichlorethan – Dichlormethan (Methylenchlorid) – Alkohole

12.6.2.1 Fettleber

Definition und Ursachen

Unter Fettleber versteht man einen erhöhten Fettgehalt der Leber, der sich in einer histologisch nachweisbaren Ablagerung von Fett-Tropfen in den Leberzellen äußert. Die Fettleber ist ein sehr häufiger histopathologischer Befund. Die Diagnose wird in etwa 1/5 aller Leberbiopsien gestellt.

Zeitlicher Ablauf der Fettleberentwicklung[33]

In der Folge einer über mehrere Jahre einwirkenden Noxe, insbesondere wenn noch weitere Noxen vorliegen (Adipositas, Störungen im Kohlenhydrat- oder Fettstoffwechsel), kommt es bei einer Fettspeicherung der Leber zu einer weiteren Fettaufnahme der Parenchymzellen, bis sich das Vollbild einer Fettleber (über 50 % der Hepatozyten sind dann fettbeladen) ausbildet. Speichern weniger als 50 % der Leberparenchymzellen Fett, wird von einer *Leberverfettung* gesprochen.[34]

Im Prinzip kann eine Leberparenchymverfettung aus einer vermehrten Fettsynthese, einem verminderten Fettabbau, einem vermehrten Fettantransport bzw. verminderten Fettabtransport erfolgen. Auch eine verstärkte metabolische Belastung einzelner Stoffwechselwege bei Mangel- bzw. Fehlernährung kann eine Leberepithelverfettung bedingen.

Ätiologische Faktoren für eine Parenchymverfettung

1. Toxische oder bakterielle Störungen
   Chronischer Alkoholismus, exogene Toxine, endogene Darmtoxine, endogene Gewebsabbauprodukte und Eiweißzerfallprodukte, wie sie bei Sepsis, Status toxicoinfektiosus, bei proteolytischen und lipolytischen Nekrosen und bei ausgeprägten nekrotischem Tumorzerfall auftreten.

2. Diätetisch, endokrin oder vegetativ bedingte Stoffwechselstörungen
   Chronische Überernährung, Luxusalimentation, Diabetes mellitus, aber auch allgemeine Unterernährung, Fehl- oder Mangelernährung (einschließlich der Mangelernährung bei chronischem Alkoholismus), allgemeiner oder relativer Eiweißmangel (Kwashiorkor) bzw. Mangel an essentiellen Aminosäuren, Maldigestions- und Malabsorptions-Syndrome, Anorexia nervosa.

Krankheitsbild

Die Symptomatik der Fettleber stellt sich häufig uncharakteristisch dar. Sie beruht einerseits auf der stets vorhandenen Größenzunahme des Organs, andererseits auf der erstaunlich geringen funktionellen Beeinträchtigung durch die Fetteinlagerung. Die Hepatomegalie führt nur bei wenigen Betroffenen zu Beschwerden, die aber auch dann niemals ein Ausmaß mit wesentlicher Beeinträchtigung des Allgemeinbefindens erreichen. Über ein Druck- oder Völlegefühl im rechten Oberbauch wird geklagt, das charakteristisch ist, wenn es nur bei bestimmten Gelegenheiten verspürt wird, beispielsweise nach opulenten

---

[33] Selmair, in: Handbuch der Arbeitsmedizin (Hrsg. Letzel, Nowak) 7. Erg. Lfg. 5/08 DI – 6.1. S. 8.
[34] Dancygier, VersMed 54 (2002) 11.

Mahlzeiten oder beim Vornüberbeugen. So ist die Lebervergrößerung sehr häufig ein Zufallsbefund anlässlich einer ärztlichen Routineuntersuchung. Weitere Beschwerden, wie Appetitlosigkeit, Blähungen, Stuhlunregelmäßigkeit, Aufstoßen, Übelkeit, Brechreiz, Abnahme der körperlichen und sexuellen Leistungsfähigkeit, gehen in der Regel auf die Ursache(n) der Fettleber, nicht aber auf diese selbst zurück.

Befunde

Palpatorisch zeigt sich der Rand der vergrößerten Leber meist plump oder stumpf. Die Konsistenz erscheint leichtgradig vermehrt, über Druckschmerz wird selten geklagt. Leberkrankheitsverdächtige Hautveränderungen, wie Gefäßspinnen (Spider naevi), Palmarerytheme, Weißfleckung usw., fehlen bei unkomplizierter Fettleber ebenso wie Aszites oder Milzvergrößerung.

Die sog. leberspezifischen laborchemischen Untersuchungen erbringen meist negative Ergebnisse. Wichtige Hinweise kann die sonographische Untersuchung geben. Die Urobilinogenurie und ein pathologischer Bromthaleintest als Indikator sind empfindliche Parameter. Hochpathologische Werte gehören nicht zum Bild der gewöhnlichen Fettleber. Werden solche gefunden, spricht dies für eine schwerwiegende Leberveränderung im Sinne einer Fettleberhepatitis oder Zirrhose.

Die endgültige Diagnose kann nur histologisch gestellt werden.

Differentialdiagnostisch kommen zwar grundsätzlich alle Krankheiten in Frage, die mit einer gleichmäßigen, nicht knotigen Vergrößerung des Organs einhergehen. Das gute Allgemeinbefinden und die Symptomarmut der Störung schließen aber bereits alle schweren Krankheiten (z.B. Leukämieleber, kardiale Stauungsleber), bei denen die Leber mitbeteiligt und vergrößert ist, mit einiger Wahrscheinlichkeit aus.

Grundsätzlich gilt, dass sich eine Fettleber erstaunlich schnell zurückbilden kann, wenn die zu Grunde liegende Noxe beseitigt wird. Übergänge zur Leberzirrhose sind vereinzelt bekannt. Häufig steht die Fettleber auch im Zusammenhang mit einem metabolischen Syndrom.

12.6.2.2 Leberzirrhose

Sie stellt das irreversible Endstadium einer chronischen Lebererkrankung dar.

Definition und Ursachen

Als Leberzirrhose („Schrumpfleber") wird ein Organumbau der Leber verstanden, gekennzeichnet durch

1. zeitlich wechselnd rasch fortschreitenden Parenchymuntergang
2. entzündlich-zellige Infiltrate und Bindegewebsneubildung (Narbenbildung)
3. unregelmäßige, fein- oder grobknotige Parenchym-(Epithel-)regeneration
4. Störungen der intrahepatischen Zirkulation (Ausbildung intrahepatischer-systemischer Shunts).

12.6 *Verletzungen und Erkrankungen der Leber und der Gallenblase* 915

Man spricht von Leberzirrhose nur, wenn alle vier Veränderungen gleichzeitig gegeben sind. Intensität, Akutizität und Gesamtdauer der Einwirkung einer schädigenden Noxe sind für das Ausmaß der Parenchymschädigung und -nekrose wichtig. Bei nur einmaliger Einwirkung (z.B. akute Vergiftung) kommt es im Gefolge der Parenchymnekrose zur Vernarbung und Epithelregeneration. Histologisch wird das Bild einer stationären Leberzirrhose *(Narbenleber)* beobachtet. Wirkt die Noxe jedoch chronisch ein, so laufen nekrotisierende, reparative und regenerative Vorgänge in einem stetigen chronischen Umbauprozess ab, der histologisch durch das Nebeneinander von Parenchymuntergängen und Parenchymregeneration, von entzündlich-proliferativer Aktivität und Ausheilungsvorgängen aller Stadien gekennzeichnet ist (floride, progrediente oder aktive Leberzirrhose).

Die Leberzirrhose ist von der Leberfibrose zu trennen. Letztere geht mit einer Bindegewebsvermehrung ohne nennenswerte Parenchymveränderung und ohne Organumbau einher.

Einteilung der Leberzirrhose bezüglich Ätiologie und Pathogenese

1. Die *alkoholische Leberzirrhose* ist in westlichen Industrienationen der häufigste Zirrhosetyp (50 %). Vorbestehende alkoholtoxische Leberschäden, wie Fettleber und Alkoholhepatitis, sind bei Karenz noch voll rückbildungsfähig. Erst der zirrhotische, meist feinknotige Umbau der Leber ist irreversibel.

2. Die *posthepatitische Leberzirrhose* ist weltweit der häufigste Typ, in Mitteleuropa tritt sie in etwa 45 % auf. Erreger sind Viren, u.a. Hepatitis Virus Typ B, C und D (s. 9.2). In der Regel heilen Virushepatitiden folgenlos aus. In 5 bis 10 % (Typ B) bzw. in bis zu 50 % (Typ C) muss mit chronischen Verläufen und der Entwicklung einer Zirrhose gerechnet werden. In Verbindung mit einer Hepatitis B kann eine zusätzliche Infektion mit dem Hepatitis Delta-Virus den Verlauf und die Prognose ungünstig beeinflussen. Hier kann es in bis zu 90 % der Fälle zu chronischen Verläufen kommen. Nach Hepatitis A-Erkrankungen werden keine chronischen Verläufe beobachtet.

3. Die *biliäre Zirrhose* kann entweder als primär-biliäre oder sekundär-biliäre Zirrhose auftreten.

    Die *primär-biliäre Zirrhose* ist ein ätiologisch unklares Krankheitsbild bei Frauen mit Hautjucken und Ikterus; idiopathische, posthepatitische, toxische und Autoimmunreaktionen werden als Pathomechanismen diskutiert. Mittelbare Unfallfolge bei toxischmedikamentöser Schädigung kann sie auch in Sinne einer Idiosynkrasie sein.

    Die *sekundär-biliären Zirrhosen* treten bei Erkrankungen der extrahepatischen Gallengänge (Tumoren, Steinleiden, Missbildungen, narbigen Strukturen) auf.

4. Die *Stauungszirrhose* (Cirrhose cardiaque) bildet sich bei chronischer Rechtsherzinsuffizienz (z.B. Trikuspidalklappeninsuffizienz) aus, ist jedoch insgesamt relativ selten. Das gleiche pathomorphologische Substrat entsteht bei Thrombosierung und somit Verschluss der Lebervenen. Dieses Krankheitsbild wird auch als *Budd-Chiari-Syndrom* bezeichnet.

5. *Medikamentös-toxisch bedingte Leberzirrhosen* treten gelegentlich, u.a. bei der Therapie der Tuberkulose mit Isoniazid, und in der zytostatischen Krebsbehandlung mit Methotrexat auf. Auch nach Intoxikationen mit Tetrachlorkohlenstoff und weißem Phosphor wird das Bild einer Zirrhose beobachtet.

6. *Metabolische Leberzirrhosen* im Endstadium seltener angeborener Stoffwechselerkrankungen, wie Hämochromatose, Morbus Wilson, Mukoviszidose und Galaktosämie.

12.6.2.2.1 Krankheitsbild

Subjektiv sind Schwäche, Impotenz, Gewichtsabnahme, Zunahme des Leibumfanges bei Aszites, plötzliche Blutungen sowie ein ikterisches Hautkolorit, das jedoch nicht obligat ist, auffällig.

Objektiv sind bei der körperlichen Untersuchung häufig Gefäßspinnen (Spider naevi), Palmarerythem, Weißnägel und Weißfleckung der Haut, eine glatte rote Zunge, das Fehlen der männlichen Sekundärbehaarung (Abdominalglatze), Gynäkomastie und Hodenatrophie, Parotisschwellung, Dupuytren'sche Kontraktur, eine verstärkte Venenzeichnung mit Caput medusae, Hautblutungen, Leberschwellung oder -schrumpfung, Milzvergrößerungen mit konsekutiver Leuko- und Thrombopenie sowie Oesophagusvarizen, Aszites und Beinödeme zu beobachten.

Relativ charakteristisch sind die laborchemischen Befunde mit Vermehrung der Gamma-Globuline bei gleichzeitiger Albuminverminderung, häufig leicht, im Schub stärker erhöhte Bilirubinspiegel im Blut, pathologisch veränderten Transaminasen und erniedrigte Gerinnungsfaktoren (u.a. Faktoren II, VII, IX und X) trotz Vitamin K-Gabe. Der Bromsulfalein-Test sowie die Galaktose-Probe fallen meist stark pathologisch aus. Sekundär kommt es zu Elektrolytstörungen (Hypokaliämie) und schließlich sind im Präkoma und Koma die Ammoniak-Konzentrationen im Blut erhöht.

Diese laborchemischen Abweichungen sind erklärbar durch die Leberparenchymschaden-bedingte Hypalbuminämie mit Absinken des kolloidosmotischen Druckes im Serum, die verminderte Bildung von Gerinnungsfaktoren sowie den verzögerten Abbau von Hormonen, besonders Aldosteron und Östrogenen. Durch die Stauung im Pfortaderkreislauf kommt es zur portalen Hypertension sowie Phlebosklerose der Vena portae. Konsekutiv werden Umgehungskreisläufe (Oesophagus- und Nabelvenen) eröffnet. Die oft erkennbare Stauungsmilz mit Indurationen muss über den gleichen Pathomechanismus gedeutet werden. Neigung zu Ödemen und Aszites ist Folge des Kombinationseffektes aus portaler Hypertension, Hypalbuminämie und Hyperaldosteronismus. Schließlich sind allgemeine Infektanfälligkeit sowie die reduzierte Entgiftungsfähigkeit der Leber für Ammoniakkörper, welche aus dem Darm resorbiert werden und zur chronischen Ammoniakvergiftung des Gehirns mit Persönlichkeitsveränderungen führen können, von klinischer Bedeutung.

Befund

Zur Sicherung der Diagnose und zur Verlaufskontrolle wird die Leberblindpunktion oder bei Laparoskopie die Punktion unter Sicht vorgenommen. Wird die Diagnose durch klini-

12.6 *Verletzungen und Erkrankungen der Leber und der Gallenblase*

sches Bild, Ultraschall und/oder Computertomographie und Laboruntersuchungen ausreichend geklärt, ist Verzicht auf invasiv-diagnostische Maßnahmen erlaubt.[35]

Als Aktivitätszeichen der Zirrhose müssen Ikterus, Transaminasenerhöhungen, hohe Blutsenkungswerte, Fieber sowie Dekompensationszeichen mit Aszites, Ödem, Präkoma und Koma bewertet werden.

Insgesamt ist die Leberzirrhose ein Leiden mit ernster Prognose. Überlebenszeiten von mehr als ein oder zwei Jahrzehnten sind bei fortgeschrittenen Stadien nur in Einzelfällen bekannt. Ca. 4 % der Zirrhosepatienten erkranken im Jahr an einem hepatozellulären Karzinom (HCC).

12.6.2.2.2 Zusammenhangsbeurteilung

Die direkte Entstehung einer Leberzirrhose durch ein Unfallereignis wird überwiegend für unwahrscheinlich gehalten[36], für annehmbar wohl die Verschlimmerung einer vorhandenen Zirrhose infolge des mit einer Verletzung (z.B. schwere Verbrennung) verbundenen Eiweißzerfalls. Chronische Zirrhose kann mittelbare Unfallfolge sein, wenn es nach einer Bluttransfusion oder Injektion in Verbindung mit einem Unfallereignis zu einem chronischen Leberleiden kommt.

Verschiedene chemische Schadstoffe können entweder über eine Leberverfettung oder auch direkt zur Leberzirrhose (zirrhogen wirkende Stoffe) führen.[37]

Gegebenenfalls ist die Zirrhose als Berufskrankheit nach BK-Nr. 31 01 (s. 9.2, S. 710) anzuerkennen, wenn der Erkrankte zu dem dort beschriebenen Personenkreis gehört und die Zirrhose nach Inokulation von Hepatitisviren der Gruppe B bzw. C bei einer Bluttransfusion oder Injektion auftritt. Schließlich ist darauf hinzuweisen, dass ein primäres Leberzellkarzinom auch mittelbare Unfallfolge einer berufsbedingten chronischen Virushepatitis (Typ B, C und D) sein kann.

12.6.2.3 Diagnosesicherung bei Lebererkrankungen

Anamnestische Angaben	
Familienanamnese:	Zirrhose/Krebs/Hepatitis?
eigene Anamnese:	Vorerkrankungen/Gelbsucht?
vegetative Anamnese:	Alkohol/Medikamente/Drogen/Sexualpraktiken/Tourismus?
Arbeitsanamnese:	Schadstoffexposition?

Körperlicher Untersuchungsbefund
Leberhautzeichen, Lebergröße, Milzgröße, Zeichen für Pfortaderhochdruck, endokrine Ausfälle, Gewichtsverlust, Hautfarbe, Behaarungsmuster

---

[35] Swobodnik, Internist 34 (1993) 279, 286.
[36] Mollowitz, Der Unfallmann, 12. Aufl. 1998 S. 140; Kalk, Das medizinische Gutachten im Versicherungswesen (Hrsg. Fischer, Herget, Mollowitz) 3. Aufl. 2. Bd. 1969 S. 572 m. Hinweis auf die Gegenansicht.
[37] Raithel, u.a., Innere Med. 10 (1983) 16–24.

Laborparameter
Enzymmuster, Immunologie, Hepatitis-Serologie, Viren-Screening, eventuell Biological Monitoring, Drug-Monitoring, Drogen-Screening, Screening auf Autoimmunphänomene, Tumorausschluss; eine CDT (Carbohydrate-Deficient-Transferrin)-Erhöhung kann als Hinweis auf einen chronischen Alkoholabusus angesehen werden (Spezifität > 90 %; Sensitivität bei Männern gut, bei Frauen eher schlecht)[38]

Sonographie
Lebergröße, Milzgröße, Zeichen für portale Hypertension, Strukturmuster, Gallenblase, Gallenwege

Computertomographie
DD: Adenom (Hämangiom/FNH)

Pathohistologie
Leberblindpunktion (ultraschallgesteuert), laparoskopische Gewebeentnahme, histologische Sicherung der Diagnose bei Erstbefund anzustreben (nicht duldungspflichtiger Eingriff)

12.6.2.4 Labordiagnostik bei Lebererkrankungen

Grob-Screening:
- ☐ SGPT
- ☐ Gamma-GT
- ☐ CHE

Partialfunktionen

A Integrität der Leberzelle:
- ☐ SGPT
- ☐ SGOT
- ☐ Gamma-GT
- ☐ LDH/GLDH

B Syntheseleistung:
- ☐ CHE
- ☐ Albumin
- ☐ Quick

C Sekretionsleistung:
- ☐ Gamma-GT
- ☐ AP
- ☐ LAP
- ☐ Bilirubin

D Mesenchymale Reaktion:
- ☐ Immunglobuline
- ☐ (IgA, IgM, IgG)
- ☐ Gamma-Globuline
- ☐ SGPT

---

[38] Herold, Innere Medizin, 2009.

12.6.2.5 Minderung der Erwerbsfähigkeit

Lebererkrankungen – durch die Virushepatitis einerseits und durch industrielle Chemikalien andererseits – weisen gewisse Abweichungen auf. In der Reaktionsbereitschaft der Leber besteht aber eine relative Einförmigkeit auf einwirkende Noxen, so dass sich Parallelen in späteren Verläufen ergeben.

Die Höhe der MdE (s. 9.2.6, S. 729) ist abhängig von

- dem Grad der entzündlichen Aktivität
- der Funktionseinschränkung der Leber (Sekretions-, Synthese-, Entgiftungsleistung)
- den Folgezuständen chronischer Lebererkrankungen (portale Hypertension, Hypersplenismus, Enzephalopathie, endokrine Störungen).

Für das Beurteilen der *wesentlichen Änderung* (§ 48 SGB X) ist der Zeitablauf bedeutsam, wenn während einer ausreichend langen Verlaufsbeobachtung mit gleichbleibender Normalität der maßgeblichen Laborwerte mit hoher Wahrscheinlichkeit eine Abheilung der Erkrankung angenommen werden kann.[39]

12.6.3 Erkrankungen der Gallenwege

12.6.3.1 Dyskinesien

Definition und Ursachen

Gallenwegsbeschwerden funktioneller Natur ohne Entzündung und ohne Steinbildung in den Gallenwegen.

Normalerweise stimuliert der in das Duodenum gelangende Speisebrei die Freisetzung von Cholecystokinin, welches die Kontraktion der Gallenblase und die Erschlaffung des distalen Sphincter des Choledochus (Sphincter Oddi) bewirkt.

Unterscheidung motorischer Störungen bei der Dyskinese

Hypertonische Dyskinesie

Entleerungsstörung der Gallenblase infolge Kontraktion des Sphincter Oddi oder des Collum-Cysticus-Abschnittes.

Hyperkinetische Dyskinesie

Parasympathisch übererregbare Gallenwege mit schneller und ausgiebiger Entleerung der Gallenblase. Beschwerden meistens gering. Nachweis durch Röntgenuntersuchung.

Hypotonische Dyskinesie

Herabsetzung der Motilität mit verzögerter Kontraktion der Gallenblase nach Reizmahlzeit. Bei der Cholecystographie abnorm lange verweilende Restgalle in der Gallenblase.

---

[39] LSG Niedersachsen, 24.5.1985, Rdschr. HVBG VB 72/85; bestätigt von BSG, 30.6.1985, Rdschr. a.a.O.

Krankheitsbild

Symptomatisch stehen Koliken im rechten Oberbauch (hypertonische Form), Schwere- oder Völlegefühl, dyspeptische Störungen (hypotone Form) im Vordergrund. Häufig zusätzlich Zeichen einer vegetativen Labilität (vasomotorische Kopfschmerzen, Migräne, spastische Obstipation) und Psycholabilität.

Diagnose durch Kontrastmitteldarstellung nach Reizmahlzeit.

Keine *unfallweise* Entstehung.[40]

12.6.3.2 Gallensteinleiden (Cholelithiasis)

Definition und Ursachen

Die Morbidität der Gallenblasen-Gallenwegserkrankungen ist in Mitteleuropa auf rund 25 % gestiegen. 80 bis 90 % aller kolikartigen Oberbaucherkrankungen werden durch Gallensteine verursacht. In der weitaus überwiegenden Zahl der Erkrankungen sind Frauen mit zunehmendem Alter betroffen. Autoptisch gesicherte Statistiken haben ergeben, dass etwa 20 bis 30 % der Frauen Mitteleuropas und Nordamerikas Steinträgerinnen sind.

Bestandteile der Galle sind Bilirubin, Gallensäuren- und Gallensalze, Cholesterin, Phospholipide, Neutralfett und -seifen, Harnstoff, Kalzium, Magnesium, Phosphate, Karbonate und Eisen. Sowohl Cholesterin, Lecithin, Gallensäuren und Bilirubin sind damit in einer unstabilen Lösung vorhanden und von Stabilisatoren abhängig. Wirken auf dieses physikochemische Gleichgewicht Stase und Entzündung ein, so kommt es über einen Pathomechanismus, der im Wesentlichen kolloidphysikalischer Natur ist, zur Steinausfällung. Die Verschiebung des physiologischen Gleichgewichts in der Gallenflüssigkeit erfolgt meist schon in der Leber mit Ausscheidung einer sog. lithogenen Galle.

Als Hauptformen der Gallensteine werden entsprechend die Grundtypen unterschieden:

1. „*Reine Steine*", hauptsächlich aus einer Substanz, meistens aus Cholesterin (Cholesterinsteine) und seltener aus Kalziumbilirubinat oder Kalziumcarbonat bestehend. Diese Steine werden auch als hepatogene Steine bezeichnet, da sie sich als Folge einer abnormen Zusammensetzung der von der Leber sezernierten Galle bilden.

2. „*Gemischte Steine*", mindestens zwei, häufig drei steinbildende Substanzen enthaltend. Da sie meistens bei Entzündungen und/oder einer Gallestauung in den ableitenden Gallenwegen, vor allem aber in der Gallenblase entstehen, werden sie auch zystogene oder entzündliche Steine genannt.

3. „*Kombinationssteine*" setzen sich in der Regel aus einem Cholesterinkern (hepatogen) und einer gemischten zystogenen-entzündlichen Schale zusammen. Bei diesen Steinen haben sich die Entstehungsbedingungen offenbar während der Entwicklung geändert.

Mit einer Häufigkeit von 80 % sind die Cholesterin- und gemischten Gallensteine überwiegend vertreten.

---

[40] Hartmann, Medizinische Begutachtung innerer Krankheiten (Hrsg. Marx, Klepzig), 7. Aufl. 1997 S. 387; zurückhaltend Kalk, Das medizinische Gutachten im Versicherungswesen (Hrsg. Fischer, Herget, Mollowitz) 3. Aufl. 2. Bd. 1969 S. 574 (Verschlimmerung durch Gehirnverletzungen).

Krankheitsbild

Die Cholelithiasis verläuft überwiegend, besonders beim Vorliegen großer Solitärsteine, klinisch stumm.

Gallensteinkoliken setzen vielfach aus voller Gesundheit ein, meist nachts, mit heftigen Schmerzen in der Gallenblasengegend und Ausstrahlung in die rechte Schulter bzw. den rechten Arm. Daneben kommt es auch zu einem heftigen kurzen Schüttelfrost mit – für einige Stunden nachfolgendem – Fieber von 38 bis 39 °C sowie Übelkeit und Erbrechen ohne subjektive Erleichterung. Bei der körperlichen Untersuchung ist die außerordentliche Druckempfindlichkeit unterhalb des rechten Rippenbogenrandes mit lokalisierter Abwehrspannung, Vergrößerung der Gallenblase (in der Spätphase der Erkrankung eher „Schrumpfgallenblase") und evtl. Leberschwellung auffällig. Nach dem Anfall fühlt sich der Patient uneingeschränkt wohl und verfügt über seine Arbeitsfähigkeit. Am folgenden Tag tritt gelegentlich ein leichter Subikterus auf.

Ursache der Gallensteinkoliken sind meist Diätfehler in Form schwerer, fettreicher Speisen sowie manchmal ortsferne Infekte (Grippe, Angina, Erkältungskrankheiten usw.) oder auch schwere seelische Erschütterungen. Heftige Kontraktionen der Gallenblase treten ein, wodurch der Stein in den Ductus cysticus gerät, sich dort verfängt und den Abfluss der Blasengalle versperrt. Somit kommt es zu immer stärkeren krampfhaften Anstrengungen der Gallenblasenmuskulatur, ihren Inhalt zu entleeren. Die Kolik endet, wenn die Muskulatur erschlafft und der Stein wieder in die Gallenblase zurückfallen kann oder über den Ductus choledochus und die Papilla Vateri in den Zwölffingerdarm abwandert.

Steinwanderung und Steineinklemmung, Steindurchbruch, Cholecystitis, Pankreatitis und im weitesten Sinne auch das Gallenblasenkarzinom führen zu verschieden häufigen Komplikationen, wobei die prognostische Beurteilung von der Steinzahl, Steinart und Lokalisation sowie der Wanderungsmöglichkeit abhängt. Die entzündungsfreie Lithiasis ist selten. Ihre Häufigkeit beträgt nur etwa 10 %.

Diagnose

Sie stützt sich auf die Anamnese, das klinische Bild mit den Symptomen und deren Reihenfolge des Auftretens sowie entscheidend auf die risikolose Sonographie. Im CT ist eine Differenzierung von Cholesterin- und Bilirubin- bzw. Pigmentsteinen durch Dichtemessung möglich. Die zu erhebenden, häufig stark wechselnden laborchemischen Befunde, wie Leukozytose, Senkungsbeschleunigung, Serumbilirubinerhöhung und Anstieg der Transaminasen, können die mit den diagnostischen Methoden erhobenen Befunde nur stützen.

Differentialdiagnostisch kommen alle Erkrankungen, die sich in den rechten Oberbauch lokalisieren können, wie Magen- und Duodenalulcera, Leberveränderungen, Pankreaserkrankungen, Appendizitis, aber auch rechtsseitige Nieren- und Colonerkrankungen in Betracht. Schließlich ist auch an eine koronare Herzkrankheit oder rechtsseitige pleuropulmonale Erkrankungen zu denken.

Mittelbare Unfallfolge

Direkte traumatische Steinentstehung scheidet aus.

Indirekt kann gelegentlich bei lang anhaltender Stase (Stauung) und/oder Entzündung in den Gallenwegen das Leiden entstehen, z.B. bei traumatisch bedingter Verengung (Stenose) des Ductus choledochus, nach Blutung in den Gallenwegen oder nach Leberverletzung.[41]

Lag eine Infektion der Gallenblase bereits vor, kann der Unfall eine wesentliche Verschlimmerung verursachen.

12.6.3.3 Entzündungen der Gallenblase und der Gallengänge (Cholecystitis und Cholangitis)

Diese Erkrankung muss in 90 bis 95 % als Begleiterscheinung der Cholelithiasis angesehen werden. Vereinzelt kann sie auch als primäre bakterielle Infektion bei Salmonellosen auftreten. Pathomorphologisch sind als Formen dieser entzündlichen Erkrankung der Gallenblase und Gallenwege die seröse Entzündung (Hydrops), die eitrige (Empyem) und die gangränöse Entzündung zu beobachten.

Klinisch stehen heftige Dauerschmerzen im rechten Oberbauch und Druckempfindlichkeit im Vordergrund. Symptomatisch treten Übelkeit, Erbrechen und Fieber hinzu. Auf Symptome der Mitbeteiligung von Leber und Pankreas ist zu achten. Als häufigste Komplikation zeigen sich Perforation mit diffusen Peritonitiden. Selten kommt es zu cholangitischen Leberabszessen, akuten Pankreatitiden sowie pericholecystischen Abszessen. Wegen der Gefahr der Entwicklung einer chronischen Cholangitis mit Übergang in eine cholangitische Leberzirrhose ist die frühzeitige Beseitigung der Ursache erforderlich.

Bei der *Zusammenhangsbeurteilung* sind vor allem Infektionskrankheiten zu berücksichtigen, die mit einer Streuung von Bakterien auf dem Blutweg einhergehen und zu einer hämatogenen Entstehung führen können.

Der Zusammenhang zwischen *stumpfem Bauchtrauma* und akuter Cholecystitis wurde mehrfach bejaht, obgleich die Entstehung ungeklärt ist und unterschiedlich dargestellt wird.[42] Unbestritten kann die Cholecystitis nach einem Riss oder Durchbruch der Gallenblase oder als direkter Ausriss aus dem Leberbett Unfallfolge sein.

12.7 Verletzungen und Erkrankungen der Bauchspeicheldrüse (Pankreas)

Die Bauchspeicheldrüse (das Pankreas) liegt im oberen Bauchraum in Höhe der ersten zwei Lendenwirbel (Nierenhöhe). Sie ist 13–15 cm lang, wiegt etwa 70–90 g und erstreckt sich von der ersten großen Zwölffingerdarmkrümmung hinter dem Magen bis zur Milz.

Die Bauchspeicheldrüse produziert Verdauungsenzyme (früher „Fermente" genannt), die zur Verdauung der Nahrung unentbehrlich sind. Zum anderen werden in der Bauchspeicheldrüse die Hormone Insulin und Glukagon gebildet. Diese beeinflussen den Kohlenhydratstoffwechsel (Zuckerkrankheit). Während die Enzyme durch die Ausführungsgänge in den Zwölffingerdarm gelangen und sich dort mit dem Speisebrei vermischen, werden die Hormone direkt aus den „Inselzellen" in das Blut abgegeben.

---

[41] Colombo, Wien, med. Wschr. 115 (1965) 265; Mollowitz, Der Unfallmann, 12. Aufl. 1998 S. 200.
[42] Dazu Alawneh, Akt. Traumatol. 1974, 45, 47ff.; Allendorf, MfU 1971, 385ff.; Schweiberer, u.a., H. Unfallh. 200 (1988) 315; Dürig, Harder, ebenda S. 358, 359.

12.7 *Verletzungen und Erkrankungen der Bauchspeicheldrüse (Pankreas)*

12.7.1 Verletzungen der Bauchspeicheldrüse

Auf Grund ihrer geschützten Lage im Bauch sind Verletzungen der Bauchspeicheldrüse selten. Vorwiegend entstehen sie durch Quetschung des Organs gegen die Wirbelsäule. Häufigster Unfallmechanismus sind die Steuerrad- bzw. Lenkstangenkompression gegen den Oberbauch und das Überfahrenwerden.[43] In diesen wenigen Fällen kann eine akute Pankreasnekrose oder als Folge eines Pankreasrisses eine Zystenbildung auftreten.[44]

Komplikationen nach operativ versorgter Pankreasverletzung: Abszesse, Fistelungen, Pankreatitis. Ausgeprägte Destruktionen im Bereich des Pankreaskopfes können einen pankreopriven Diabetes mellitus bedingen.

Das Vorbestehen chronischer Erkrankungen der Bauchspeicheldrüse, Gallenleiden, Magenleiden sowie Alkoholismus vermindert die Annahme des Zusammenhanges zwischen Unfall und nachgewiesener Pankreasnekrose oder Pankreaszyste.

Einteilung nach Schweregraden

I. Kontusion, Hämatom, Kapselriss
II. Parenchymverletzung (inkomplette Ruptur)
III. Komplette Ruptur
IV. Organzertrümmerung bzw. Kombinationsverletzung mit Duodenum, Colon und evtl. weiteren Organen

Verletzungen des Pankreaskopfes sind schwer wiegender als jene des Pankreasschwanzes.

12.7.2 Bauchspeicheldrüsenentzündung (Pankreatitis)

Definition und Ursachen

Als akute Pankreatitis wird ein Krankheitsbild bezeichnet, bei dem das hohe enzymatische Potential der Bauchspeicheldrüse zur entscheidenden pathogenen Noxe für das Pankreasgewebe selbst wird. Das exokrine Pankreas verdaut sich gleichsam selbst i.S. einer Autodigestion.

Unterteilung der Pankreatitis:

1. akute
2. rezidivierende akute
3. chronisch-rezidivierende, definiert als chronische Pankreatitis mit akuten Exazerbationen
4. chronische

Bei 1 und 2 ist klinische und biologische Restitution des Pankreas möglich. Die chronische Pankreatitis kann sich aus der chronisch-rezidivierenden Pankreatitis entwickeln oder eigenständig als primär chronische Pankreatitis entstehen. Gelegentlich ist sie Folge der aku-

---

[43] Feifel, Hildebrandt, H. Unfallh. 163 (1984) 50, 51.
[44] Mollowitz, Der Unfallmann, 12. Aufl. 1998 S. 197 f.

ten Pankreatitis. Sie vermag mit und ohne Verkalkung einherzugehen. Die Unterteilung zwischen Gruppe 3 und 4 ist klinisch, nicht morphologisch. Bei beiden chronischen Formen bleibt eine anatomische Schädigung des Pankreas bestehen, auch bei Ausschaltung der Ursache.

	Schweregrade der Pankreatitis	Häufigkeit	Letalität
I.	Akute interstitielle (ödematöse)	80–85 %	0 %
II.	Akute nekrotisierende		
	– mit Teilnekrose	15–20 %	ca. 15 %
III.	– mit Totalnekrose		>50 %

Die ätiologischen Faktoren der akuten und chronischen Pankreatitis stimmen weitgehend überein.

Wesentliche Faktorengruppen für die Pathomechanik der Pankreatitis

1. Alkoholabusus
2. Erkrankungen der Gallenwege, insbesondere Choledocholithiasis, Cholecystitis und Cholangitis
3. Einengung bzw. Verschluss des Pankreasganges durch Steine (Kalzinose), Tumoren, entzündliche Strikturen mit Sekretrückstau
4. Erkrankungen des Zwölffingerdarms (Duodenum), wie penetrierendes Ulcus, Divertikulitis, Obstruktion mit Reflux
5. Hämatogene Infektionen vor allem bei Mumps, Mononukleose und Sepsis
6. Endokrine Störungen bei Hyperparathyreoidismus mit konsekutiven Kalkniederschlägen in den Ausführungsgängen bzw. Sekreteindickung sowie iatrogener Prednisonüberdosierung
7. Metabolische Störungen, wie primäre und sekundäre Hyperlipidämien. Hypothese: Fettembolien in den kleinen Pankreasgefäßen
8. Traumatische Schädigungen nach stumpfen Bauchtraumen und nicht selten bei großen abdominalen Operationen
9. Gefäßerkrankungen mit Arterienverschluss durch Atherom, Embolus oder entzündlich (Arteriitis)
10. Opulente Mahlzeiten, anscheinend über den Pathomechanismus einer Stimulation der Pankreassekretion bei gleichzeitiger Abflussbehinderung mit Sekretrückstau wirkend

Krankheitsbild und Diagnostik

Bei der Beschwerdesymptomatik der akuten Pankreatitis stehen sehr intensive, meist gürtelförmig lokalisierte Schmerzen im mittleren und linken Oberbauch sowie Übelkeit, Erbrechen und Stuhlverhaltung im Vordergrund.

Klinisch sind auffällig Druckschmerzhaftigkeit, Abwehrspannung, die Zeichen des paralytischen Ileus mit Peritonitis, häufig Aszites, Kollaps, Schock, Fieber, Sekundärinfektion, Hyperglykämie mit Glucosurie, Albuminurie sowie Hypokalzämie mit konsekutiver Tetanie.

12.7 Verletzungen und Erkrankungen der Bauchspeicheldrüse (Pankreas)

Laborchemisch sind bei der akuten Pankreatitis Entgleisungen der Pankreasenzyme, Amylase und Lipase wegweisend. Elektrolytverschiebungen mit einem Absinken der Serumspiegel von Kalzium, Kalium und Magnesium treten nach einer Latenzzeit von einem bis zu mehreren Tagen auf und sind als bedrohliches Zeichen zu werten. Im Blutbild fällt eine Leukozytose mit Linksverschiebung sowie eine Erhöhung der Blutsenkungsgeschwindigkeit auf.

Aus der Synopsis von klinischen und Laboratoriumsbefunden kann die Diagnose der akuten Pankreatitis in den allermeisten Fällen gestellt werden. Im Gegensatz dazu kann die primär chronische Pankreatitis klinisch völlig stumm verlaufen. Sie wird meist erst bemerkt, wenn sich eine Verdauungsinsuffizienz durch Steatorrhoe und Gewichtsverlust manifestiert. Durch die laborchemische Pankreasfunktionsprüfung lässt sich hier jedoch eine exkretorische Pankreasinsuffizienz nachweisen.

Differentialdiagnose

Differentialdignostisch muss die akute Pankreatitis gegen alle Erkrankungen abgegrenzt werden, die eine ähnliche Schmerzlokalisation haben. Vor allem sollte auch eine atypische Symptomatik des Herzinfarktes, vor allem des Hinterwandinfarktes, sowie eine Lungenembolie in Betracht gezogen werden. Wichtig sind auch anamnestische Hinweise auf chronisches Magengeschwürsleiden, Magenkarzinom, Hepatitis, Affektionen der Gallenblase sowie manifesten oder latenten Diabetes mellitus.

Prognose

Prognostisch sind bei der akuten Pankreatitis die Ausdehnung des entzündlichen Prozesses in der Bauchspeicheldrüse, das Alter des Patienten, Vorschädigung und Komplikationen mit Einbeziehung anderer Organe entscheidend. Während leichtere und mittelschwere Formen ohne bleibenden Schaden ausheilen können, liegt die Letalität subtotaler und totaler Pankreasnekrosen bei etwa 20 %.[45] Eine chronisch-rezidivierende oder auch kalzifizierende Pankreatitis ist in der Regel progredient, die Letalität ist hoch.

12.7.3 Pankreaskrebs[46]

Zur Ätiologie des Pankreaskrebses und dessen Pathophysiologie ergeben sich zahlreiche Hypothesen, so im Hinblick auf hereditären Syndrome (z. B. Peutz-Jeghers), die Wirkung von Tabak, Kaffee, Alkohol und Ernährungsfaktoren. Die Ergebnisse epidemiologischer Studien sind widersprüchlich. Chemische Karzinogene wurden als mögliche Risikofaktoren angeschuldigt. In Tierversuchen wurde die Bedeutung verschiedener Chemikalien untersucht. Mit Ausnahme von Nitrosaminen (s. 18.7, S. 1136) war eine kanzerogene Wirkung für das Pankreas nicht nachweisbar. Mehrere Studien erfolgten bei verschiedenen Berufsgruppen. Einige erbrachten eine erhöhte Rate für Pankreaskrebserkrankungen, insbesondere bei Beschäftigten der chemischen und petrochemischen Industrie. Eine abschließende Feststellung im Hinblick auf die Kanzerogenität ist derzeit nicht zu treffen.[47]

---

45 Kiehne, u. a., Dtsch Med Wochenschr 127 (2002) 1025.
46 Pietri, Brit. J. Ind. Med. 48 (1991) 583 (Die Literaturstudie berücksichtigt 24 Kohortenstudien des Zeitraums 1967 bis 1989 und 9 Fall-Kontroll-Studien der Jahre 1986 bis 1990).
47 Rieder, u. a., Dt. Ärzteblatt 2002; 99: A 2489.

12.8 Ausgewählte Wirkstoffe mit möglichen Schädigungen des Verdauungssystems im Überblick[48]

Wirkstoff	Expositionsquelle, Beruf oder Industriezweig	Folgen
Polyzyklische aromatische Kohlenwasserstoffe	Petroleum	Krebserkrankungen der Nasenhöhle, Nebenhöhle, Haut, Zunge, des Gaumen
andere Petroleumprodukte	Petroleum	Krebserkrankung des Oesophagus*
Gummimischungen	Vulkanisation	Krebserkrankung des oberen Oesophagus und Larynx*
Formol und Formaldehyd	Krankenhaus	Varioliforme Gastritis*
Staub	Zimmermann, Möbeltischler, Backsteinbauer, Metallgießer, Zementarbeiter, Dachdecker, Holzarbeiter	Krebserkrankung des Magen*
Synthetische Schleif- und Poliermittel	Polierer, Blechschmiede, Schleifer	Krebserkrankung des Magen*
Thallium	Krankenhaus	Leiomyosarkom*
Trichlorethylen	Lösungsmittel	Pneumatosis cystoides intestinalis*
Polypropylen	Petroleum	Adenome des Kolon*
Synthetische Faser	Teppichfasern	Krebserkrankungen des Kolon und des Rektum*
Koks	Stahlarbeiter	Krebserkrankungen des Kolon und des Rektum*
Tetrachlorkohlenstoff	Reinigungsmittel, Lösungsmittel, Getreideentwesungsmittel	zentrizonale akute Lebernekrose
Styrol	Lösungsmittel	subakute Lebererkrankung
1,1,1-Trichlorethan	Lösungsmittel	Lebersteatose u. -nekrose
Dimethylformamid (DMF)	Polyurethanherstellung, Acrylprodukte, pharmazeutische Produkte, Pestizide	akute Hepatitis
Dinitrophenol	Lösungsmittel	akute Hepatitis
Dinitrobenzol	Lösungsmittel	akute Hepatitis
Trinitrotoluol (TNT)	Lösungsmittel	akute Hepatitis
Chlororganische Pestizide	Landwirtschaft	Induktion hepatischer mischfunktioneller Oxidasen
Phosphor	Kunstdünger, Halbleiter, lumineszierende Anstriche, chemische Produktion, Feuerwerke	Lebernekrose
Arsen	Insektizide, hausgemachter Schnaps, Winzer	Zirrhose, Angiosarkom
Thorotrast® (wird nicht mehr verwendet)	Röntgenkontrastmittel	hepatozelluläres Karzinom, Cholangiokarzinom, Angiosarkom
Vinylchlorid	Reinigungsmittel-, Poliermaterialien-Herstellung	Angiosarkom der Leber

---

[48] Nach Di Palma, u.a., arbeitsmedizin aktuell (Hrsg. Brenner, u.a.), Lfg. 32 5/1993 S. 223, 236f.; die Aufstellung beinhaltet häufig allenfalls Vermutungen über einen Kausalzusammenhang (mit * gekennzeichnet) und stellt keinesfalls gesicherte Kausalitäten dar. Weitere Hinweise s. Kap. 18.

12.9 Minderung der Erwerbsfähigkeit (Erfahrungswerte)

Erfahrungswerte	MdE in %
Leisten- oder Schenkelbruch	
einseitig	10
beidseitig	20
Nabelbruch oder Bruch in der linea alba (weißen Linie)	bis 10
Narbenbruch der Bauchwand	
ohne wesentliche Beeinträchtigung	0
bei mäßiger Beeinträchtigung	10
bei ausgedehnter Bauchwandschwäche mit fehlender oder stark eingeschränkter Bauchpresse	20
Narbenverwachsungen	
mit leichten Passagestörungen	10
mit erheblichen Passagestörungen je nach Schwere	20–30
mit häufigen rezidierenden Ileuserscheinungen und deutlicher Beeinträchtigung des Ernährungs- und Kräftezustands	40–50
Zwerchfellbruch	20–50
Magen- und Zwölffingerdarmgeschwür	30–40
Chronische Magenschleimhautentzündung mit erheblicher Minderung des Ernährungs- und Kräftezustandes	30–50
Magenresektion	0–20
Künstliche Magen-Darmverbindung (Gastro-Enteroanastomose)	
mit guter Funktion	10–20
mit Störungen und Komplikationen	30–50
Chronische Erkrankung des Darms mit erheblicher Beeinträchtigung des Ernährungs- und Kräftezustandes	30–50
Bauchfellverwachsungen mit Störung der Darmtätigkeit	bis 30
Mastdarmvorfall	30
Speiseröhren-Divertikel je nach Größe, Behinderung der Nahrungsaufnahme und Beeinträchtigung des Ernährungs- und Kräftezustands	10–30
Erkrankungen und Verletzungen der Leber- und Gallenwege	
mit Beeinträchtigung der allgem. Leistungsfähigkeit	20–40
mit starker Beeinträchtigung der Leistungsfähigkeit	40–60
mit starker und dauernder Beeinträchtigung der Leistungsfähigkeit	60–100
Chronische Gallenfistel	20–30
Verlust des Afterschließmuskels oder völliger Funktionsausfall desselben	30
Verlust des Afterschließmuskels mit erheblichem Darmvorfall	40–70

Erfahrungswerte	MdE in %
Kunstafter	
Dünndarm (Ileostoma) bei guter Versorgungsmöglichkeit	30
Dickdarm (Kolostoma) bei guter Versorgungsmöglichkeit	20
Fistel in der Umgebung des Afters, je nach Absonderung	20–30
Darmfistel	20–40
Verlust von Dünndarmteilen	
mit geringen Auswirkungen	10
stärkere und häufig rezividierende oder anhaltende Symptome (Durchfall, leichte Minderung des Ernährungszustandes)	20–30
erhebliche Minderung des Kräfte- und Ernährungszustandes	40–50
Kurzdarmsyndrom	bis 100
Verlust von Kolonanteilen bei normalem After	10–30
Pankreasschädigung	
mit schweren Funktionseinschränkungen	50–70
Pankreasfistel, abhängig von ihrer Produktivität	50–100
Narbenleber bzw. Leberzirrhose	
ohne Oesophagusvarizen	30–40
mit Oesophagusvarizen	60–100
Erkrankungen und Verletzungen der Leber- und Gallenwege mit	
Reduzierung der allgemeinen Leistungsfähigkeit	20–40
starker Beeinträchtigung der Leistungsfähigkeit	40–60
massiver und dauernder Beeinträchtigung/Verlust der Leistungsfähigkeit	60–100
Gallenfistel, chronische	20–30

13 Diabetes mellitus – Schilddrüsenerkrankungen*

Übersicht

13.1	Physiologisch-anatomische Bemerkungen	929
13.2	Diabetes mellitus	930
13.2.1	Ätiologie und Klassifikation....	931
13.2.1.1	Erblicher (primärer, essentieller) Diabetes mellitus	931
13.2.1.2	Sekundärer Diabetes mellitus ...	931
13.2.2	Komplikationen	932
13.2.2.1	Coma diabeticum (ketoacidotisches Koma).......	932
13.2.2.2	Hyperosmolares Koma	932
13.2.2.3	Lactatazidose	932
13.2.2.4	Gefäßkrankheiten bei Diabetes mellitus	932
13.2.2.5	Polyneuropathie.............	933
13.2.2.6	Sonstige Komplikationen	934
13.2.3	Traumatischer Diabetes mellitus.....................	934
13.2.3.1	Entstehung..................	935
13.2.3.2	Verschlimmerung	936
13.2.4	Minderung der Erwerbsfähigkeit.............	937
13.3	Schilddrüsenverletzungen und -erkrankungen................	938
13.3.1	Schilddrüsenverletzungen	938
13.3.2	Schilddrüsenerkrankungen	938
13.3.2.1	Hypothyreosen (Schilddrüsenunterfunktion)....	938
13.3.2.2	Hyperthyreosen (Schilddrüsenüberfunktion).....	939
13.3.2.3	Thyreoiditiden	939
13.3.2.4	Maligne Strumen.............	940

13.1 Physiologisch-anatomische Bemerkungen

Die endokrinen Drüsen (solche mit innerer Sekretion) erzeugen Wirkstoffe (Hormone), die sie unmittelbar ins Blut abgeben, so dass diese über den Kreislauf verbreitet werden und an das jeweilige Ziel- oder Erfolgsorgan gelangen. Damit regeln sie in Form einer chemischen „Fernsteuerung" die Funktionen bestimmter Organe oder Organgruppen („hormonale Steuerung").

Die Bauchspeicheldrüse erstreckt sich an der hinteren Bauchwand vom Zwölffingerdarm bis zur Milz. Der exokrine Anteil der Bauchspeicheldrüse produziert den für die Verdauungsprozesse erforderlichen enzymreichen Pankreassaft, der über einen Ausführungsgang in den Zwölffingerdarm ausgeschüttet wird. Inselartig in das Pankreasgewebe eingestreute Gewebsgruppen stellen ein inkreterisches Organ dar, welches zwei Hormone, Insulin und Glukagon, bildet.

Die Schilddrüse, ein kleines, schmetterlingsförmiges Organ, liegt zusammen mit den vier paarig angeordneten Epithelkörperchen am Hals unterhalb des Kehlkopfes, die Nebenniere am oberen Pol der Nieren und das Inselorgan innerhalb der Bauchspeicheldrüse. Verstreut endokrin tätige Zellgruppen finden sich in den Keimdrüsen und im Magen-Darm-Kanal (s. 12.1, S. 894).

---

* Mitarbeit Prof. Dr. med. *M. Kentner,* Institut für Medizinische Begutachtung und Prävention, Karlsruhe.

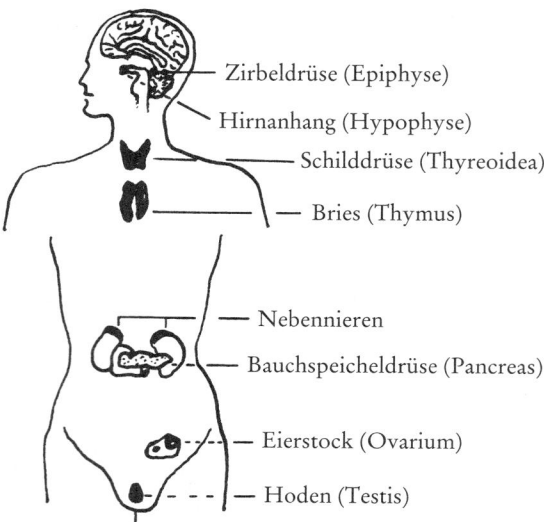

Abb. 1: Schema Inkretsystem

Oberstes Steuerungszentrum des endokrinen Systems ist das Hypophysen (Hirnanhangsdrüse)-Zwischenhirn-System. Dieses regelt die Hormonproduktion der großen endokrinen Drüsen (Schilddrüse, Nebenniere, Keimdrüsen). In Zellen und Organen werden die Hormone wirksam. Ihr Verbrauch oder Nichtverbrauch beeinflusst dann wieder den Blutspiegel und wirkt damit hemmend bzw. fördernd auf die Aktivität des übergeordneten Hypophysen-Zwischenhirn-Systems ein.

Endokrine und metabolische Steuerung lassen sich bei der Zusammenhangsbeurteilung nicht trennen und stellen die Begutachtung vor besondere Aufgaben.

13.2 Diabetes mellitus[1]

Der Diabetes mellitus (Zuckerkrankheit) ist überwiegend eine erbliche chronische Stoffwechselkrankheit, die durch einen absoluten oder relativen Insulinmangel, verbunden mit Störungen des Fett- und Eiweißstoffwechsels und einem vaskulären Syndrom bedingt ist.

Potentielle Diabetiker sind mindestens jene 25 % der Bevölkerung, die ein Diabetesgen tragen. In Deutschland wird von ca. 6 Millionen Diabetikern (8% der Gesamtbewölkerung) ausgegangen: Nur etwa die Hälfte bis 2/3 der Betroffenen wissen aber, dass sie an einem Diabetes leiden.[2]

---

[1] Weiterführendes Schrifttum: Lehnert, Küstner, Diabetes mellitus in: Innere Medizin (Hrsg. Lehnert, Schuster) 1998; Rose, Jung, Ergomed 2003, 179; Diabetes heute (Schriftenreihe der Deutschen Diabetes-Union e. V.) 1995; Hehrmann, in: Medizinische Begutachtung innerer Krankheiten (Hrsg. Marx, Klepzig) 7. Aufl. 1997 S. 401 ff.

[2] vom Dahl, Dtsch Med Wochenschr 127 (2002) 689.

13.2.1 Ätiologie und Klassifikation

13.2.1.1 Erblicher (primärer, essentieller) Diabetes mellitus

Er ist die häufigste Form des Diabetes mellitus. Ein genetischer Defekt des Inselapparates mit ungeklärtem Vererbungsmodus liegt vor. Die Mitwirkung autoimmunologischer Prozesse (Antikörper gegen endokrines Pankreasgewebe) wird diskutiert.

Manifestationsfaktoren:

- Überernährung
- Infektion
- Traumen (s. 13.2.3, S. 934)
- operative Eingriffe
- Schwangerschaft
- Geburt
- Erkrankungen, die zum sekundären Diabetes mellitus führen s. 13.2.1.2.

Die Unterteilung des primären Diabetes mellitus in Diabetes vom juvenilen Typ (Typ I) und Erwachsenendiabetes (Typ II) hat sich bewährt.

Typisierung des Diabetes mellitus		
	Diabetes vom juvenilen Typ	Erwachsenendiabetes
prozentuale Verteilung	5–7 %	> 90 %
Insulinabhängigkeit	meist vorhanden	seltener
Manifestation	rasch	verzögert
Fettsucht	untypisch	häufig
Stoffwechsel	labil	stabil
Glucosurie	typisch	häufig fehlend
Ketoseneigung	groß	gering
Serumlipide	wechselnd	stabil erhöht
Insulin im Blut	sehr niedrig	wechselnd
Ansprechen auf Sulfonamidderivate	nein	häufig gut
Spätkomplikationen altersentsprechend	bevorzugt Mikroangiopathie	bevorzugt Makroangiopathie

13.2.1.2 Sekundärer Diabetes mellitus

Es besteht kein genetischer Defekt, sondern die sekundäre Zerstörung oder Erschöpfung der Insulin-produzierenden Betazellen in den Langerhansschen Inseln.

Ursachen:

- Pankreatitis und Pankreaszerstörung
- Hungerzustand

- Überproduktion von
  - Adrenalin (Phäochromozytom)
  - Glucagon
  - Glucocorticoiden (Cushing-Syndrom)
  - STH (Akromegalie)
  - Schilddrüsenhormonen (Hyperthyreose, toxisches Adenom)
- Medikamente (Cortison, Saluretika vom Thiazid-Typ)
- hepatogener Diabetes mellitus (Leberzirrhose).

13.2.2 Komplikationen

13.2.2.1 Coma diabeticum (ketoacidotisches Koma)
Ursache: absoluter Mangel an Insulin

Symptome:

- Erbrechen
- Abdominalschmerz
- große Kussmaul-Atmung
- völlige Apathie, Somnolenz
- typischer obstartiger Acetongeruch der Ausatemluft
- extreme Exsikkose
- weiche Augenbulbi

13.2.2.2 Hyperosmolares Koma
Spontan oder durch Zweiterkrankungen (Infekte, Herzinfarkte, Traumen) kommt es zu starker Hyperglykämie (Erhöhung des Blutzuckers) mit osmotischer Diurese. Eine Ketoacidose besteht nicht. Auch Acetongeruch und Kussmaul-Atmung fehlen.

13.2.2.3 Lactatazidose
Diese Form der Übersäuerung des Blutes wird zu einem Teil der Fälle einer oralen Diabetestherapie durch Biguanide angelastet. Deshalb sind biguanidhaltige Präparate (Phenformin und Buformin) seit Mitte 1978 aus dem Handel gezogen. Das klinische Bild beginnt uncharakteristisch mit Müdigkeit, Schwäche und gastrointestinalen Beschwerden. Stets liegt eine ausgeprägte Azidose mit stark erhöhten Blutalaktatwerten vor. Die Prognose ist mit einer Mortalität von 40 bis 80 % schlecht.

13.2.2.4 Gefäßkrankheiten bei Diabetes mellitus

(1) Makroangiopathie

Identisch mit einer unspezifischen, jedoch accelerierten Arteriosklerose der mittleren und großen Arterien. Ihre Folgen nehmen für die Mortalität des Diabetes eine überragende Rolle ein.

13.2 Diabetes mellitus

Folgen:

- Koronare Herzkrankheit mit Infarkt (zwei- bis dreimal häufiger als bei Nicht-Diabetikern)
- Arterio- und Arteriolosklerose der Nierengefäße: Glomerulosklerose und Pyelonephritis
- Periphere Durchblutungsstörungen häufig als Kombination von Mikro- und Makroangiopathie. In schwersten Fällen Gangränbildung, wobei der „auslösende" Faktor häufig ein lokales Trauma ist.

(2) Mikroangiopathie
Diabetesspezifische Gefäßläsion mit Manifestierung an den kleineren und kleinsten Gefäßen. Zunahme mit Dauer und Schwere des Diabetes.

(3) Retinopathie
Stadium 1: Auftreten von Mikroaneurysmen
Stadium 2: Zusätzliches Auftreten kleiner Blutungen und lipoider Degenerationsherde
Stadium 3: Präretinale- und Glaskörperblutungen; Gefäß- und Bindegewebsproliferation oft in den Glaskörper hinein; Endresultat Erblindung.
Symptomatische Therapie mit Laser- oder Lichtstrahlkoagulation.

(4) Glomerulosklerose (Kimmelstiel-Wilson)
Verdickung der Basalmembran der Glomerulumschlingen, Arteriosklerose. Manifestationszeichen: Proteinurie, Ödem, Hypertonie. Sekundärinfektion mit Übergang in chronische Pyelonephritis ist möglich. Eine Nephropathie ist mit großer Wahrscheinlichkeit keine Glomerulosklerose, wenn nicht bereits Veränderungen am Augenhintergrund i.S. einer Retinopathie bestehen.

13.2.2.5 Polyneuropathie
Sie ist zum geringeren Teil Folge der Mikroangiopathie. Ursächlich wird ein noch unbekannter metabolischer Faktor angenommen.

(1) Polyneuritis
Sensible Reizerscheinungen, Abschwächung des Vibrationsempfindens und Lagegefühls, Abschwächung oder Fehlen von Achillessehnen- und Patellarsehnenreflex.

(2) Radikuläre und spinale Nervenläsionen (selten)
Ischias-, Peronaeus- und Ulnarislähmung, Augenmuskelparesen.

(3) Störungen des autonomen Nervensystems
Orthostatische Hypotonie, Magen- und Blasenatonie, Obstipation oder gehäufte Durchfälle, regionale Störungen der Schweißsekretion.

13.2.2.6 Sonstige Komplikationen

(1) Augenerkrankungen:

- flüchtige Refraktionsanomalien
- gehäuft Katarakte
- Gefäßneubildung an der Iris (Rubeosis Iridis)
- Abflussstörung des Kammerwassers (Glaukombildung)

(2) Hautkrankheiten:

- Necrobiosis lipoidica
- Resistenzminderung gegenüber Infektionen der Kutis (Pyodermien, Pilzerkrankungen, interdigitale Epidermophytie)

(3) Leber- und Gallenwege:

- Leberverfettung
- bei Hepatitisendemien erkranken Diabetiker vergleichsweise häufiger
- gehäuft Cholecystis und Cholelithiasis

(4) Erkrankungen des Knochens:

- Fußskelettdestruktionen
- Hyperostosen an Brust- und Lendenwirbeln

(5) Potenzstörungen

13.2.3 Traumatischer Diabetes mellitus

Über die Manifestation eines Diabetes durch ein psychisches Trauma, s. 5.2.2, S. 163.

Der echte traumatische Diabetes ist eine Ausnahme. Seine Begutachtung muss daher individuell unter kritischer Würdigung der besonderen Umstände im Einzelfall erfolgen.

Übereinstimmung besteht, dass in speziell gelagerten Fällen durch äußere Einwirkungen (Hirnverletzungen) eine Zuckerkrankheit bei vorhandener Erbunterwertigkeit der Bauchspeicheldrüse vorzeitig manifest werden kann.

Zu unterscheiden sind[3]:

(1) Trauma und Diabetes als zufälliges Zusammentreffen

(2) Trauma als Entstehungsursache eines Diabetes (echter traumatischer Diabetes)

(3) Trauma als Manifestation eines Diabetes (traumatisch bedingte vorzeitige Manifestation der diabetischen Erbanlage)

(4) Trauma als Verschlimmerungsursache eines schon vorhandenen manifesten Diabetes.

---

[3] Petzoldt, Schöffling, in: Handbuch der Inneren Medizin, 7. Bd., Stoffwechselkrankheiten, Teil 2 B, 1977 S. 1179ff.

13.2.3.1 Entstehung

Die Annahme eines *kausalen* Zusammenhanges zwischen Trauma und Diabetes ist im Einzelfall berechtigt, wenn[4]

(1) es sich um einen echten, d.h. permanenten Diabetes handelt, und

(2) vor einem als Manifestationsursache angeschuldigten Trauma keine diabetischen Symptome bestanden, und

(3) zwischen dem angeschuldigten Trauma und dem Diabetes eine unmittelbare zeitliche Beziehung besteht, wobei zur Anerkennung einer traumatisch bedingten, vorzeitigen Manifestation der nachfolgende Diabetes spätestens innerhalb der ersten drei Monate nach dem Trauma aufgetreten sein muss, und

(4) das Trauma hinsichtlich seines behaupteten Einflusses auf den Kohlenhydratstoffwechsel als „geeignetes Trauma" angesehen werden kann. Das traumatische Entstehen des Diabetes setzt das Ausschalten der Insulinproduktion voraus. Dies ist nur möglich, wenn die Bauchspeicheldrüse durch äußere Krafteinwirkungen, wie Quetschungen, Prellungen oder Verwundungen, zu neun Zehntel zerstört ist. Da die Bauchspeicheldrüse an geschützter Stelle liegt, sind solche Traumen selten[5];

(5) nach dem Trauma ein permanenter Diabetes nachweisbar bleibt, und

(6) neben der Zuckerkrankheit eine Störung der endokrinen Funktionen des Pankreas erkennbar ist.

Die Computertomographie des Pankreas dient der Sicherung des Zusammenhanges, die endoskopische retrograde Pankreatographie (ERP) klärt das Ausmaß einer Pankreasschädigung.

Aus der Rechtsprechung
Ablehnung des Zusammenhanges nach

– Quetschungen von Schulter und Hüfte[6]
– Prellungen und Quetschungen am Bein[7]
– Blutergüssen über den Brustseiten und der Magengegend nach Sturz[8]
– Erfrierungen der Füße, sonstigen Frostschäden, Verlust von Extremitäten.[9]

---

[4] Schifferdecker, u.a., in: Die ärztliche Begutachtung (Hrsg. Fritze, Mehrhoff) 7. Aufl. 2008 S. 481; Schifferdecker, in: Kompendium der medizinischen Begutachtung (Hrsg. Paul, Peters, Ekkernkamp) Stand März 2004 III–2.2.3; Mehrhoff, Meindl, Muhr, Unfallbegutachtung, 11. Aufl. 2005 S. 208.
[5] LSG Niedersachsen, 22. 4. 1997, HV-Info 31/1997, 2927 = Meso B 120/11; LSG Niedersachsen, 18. 11. 1969, Breith. 1970, 104; s. aber auch Hess. LSG, 23. 2. 1960, Breith. 1960, 681: Entstehung durch schweren Schock; aus der Rspr. des RVA: 6. 3. 1926, EuM 19, 430; 17. 10. 1928, BG 1930, 75; 6. 3. 1931, MfU 1932, 127; 9. 6. 1934, EuM 36, 508; 12. 12. 1939, MfU 1941, 171, Zusammenhang jeweils verneint.
[6] RVA, 17. 10. 1928, BG 1930, 75.
[7] RVA, 12. 12. 1939, Kompass 1940, 4.
[8] RVA bei Pagels, BG 1939, 19ff.
[9] OVA Landshut, 23. 3. 1950, Breith. 1950, 872.

13.2.3.2 Verschlimmerung

Sofern ein Trauma für die Verschlimmerung des (bis dahin latenten oder schon manifesten) Diabetes verantwortlich gemacht werden kann, muss bei seiner Bewertung unterschieden werden:

(1) *Vorübergehende* Verschlimmerung ist anzunehmen, wenn eine traumatisch bedingte Verschlechterung der manifest diabetischen Stoffwechsellage durch geeignete Maßnahmen in absehbarer Zeit wieder ausgeglichen (kompensiert) werden konnte. Die hierzu oder später erforderliche Insulindosis ist bei insulinbedürftigem Diabetes für die Bewertung des Traumas ohne Bedeutung.

(2) Einmalige, *abgrenzbare* Verschlimmerung ist anzunehmen, wenn

- infolge eines Traumas ein bis dahin Insulin nicht bedürfender zum solches erfordernden Diabetiker wird und bleibt
- das Trauma wesentliche Teilursache der (vorzeitigen) Manifestation des bis dahin latenten Diabetes ist. Diese Bewertung soll erfolgen, auch wenn sie den pathogenetischen Voraussetzungen der „vorzeitigen Manifestation" nicht völlig entspricht.

Es muss sich um außergewöhnliche (schwere) Traumen handeln, denen nach Art, Lokalisation und Auswirkung überzeugend die Fähigkeit zur Mobilisierung diabetogener Faktoren zuzuerkennen ist („geeignetes Trauma").

Schädel- und Hirntraumen können nur bei besonders schwerer Ausprägung über eine zentrale Regulationsstörung für die vorzeitige Manifestierung eines Diabetes wirksam werden. Nachzuweisen sind: Symptome der Hirnkontusion, Schädel- und Schädelbasisbrüche (Blutungen aus Mund, Nase und Ohren, Liquorfluss, Bewusstlosigkeit) oder einer Stammhirnschädigung.[10]

(3) *Richtunggebende* Verschlimmerung ist anzunehmen, wenn das Trauma

- zu einer Verschlechterung der diabetischen Stoffwechsellage oder
- zu Komplikationen, durch therapeutische Maßnahmen nicht ausgleichbar, geführt hat und infolgedessen der sonst vorausschaubare, eigengesetzliche Ablauf

- des einmal manifest gewordenen

oder

- des schon manifest gewesenen Diabetes

eine ungünstige, den Erfahrungen nicht entsprechende Richtung nimmt.

---

[10] Schifferdecker, u.a., in: Die ärztliche Begutachtung (Hrsg. Fritze, Mehrhoff) 7. Aufl. 2008 S. 481; Dörfler, Haslbeck in: Das medizinische Gutachten (Hrsg. Dörfler, Eisenmenger, Lippert) 2001 Teil 6 S. 24.

13.2 Diabetes mellitus

Aus der Rechtsprechung
Verschlimmerung abgelehnt

- durch elektrischen Unfall[11]
- bei schweren Handverletzungen, Narkose, Wundheilung und seelischer Erschütterung[12]
- nach geringfügiger Brustquetschung.[13]

Arbeitsunfall abgelehnt

Anzeichen einer vor einer leichten Vergiftung bestehenden diabetischen Stoffwechselstörung deuten auf erbliche Anlage als allein wesentlichen Faktor hin. Nur eine schwere CO-Vergiftung ist geeignet, einen Diabetes hervorzurufen oder wesentlich zu verschlimmern, wenn diese Veränderungen in Gestalt zahlreicher Erweiterungsherde im Gehirngewebe verursacht wurden.[14]

13.2.4 Minderung der Erwerbsfähigkeit

Die MdE richtet sich nach der Schwere des Diabetes mellitus, Belastung durch Therapie (Blutzuckerselbstkontrolle, Insulininjektion, Handhabung von Insulinpumpe), seiner Einstellbarkeit mit Medikamenten (z.B. Neigung zu Azidose und Hypoglykämie) und nach dem Grad der Komplikationen.

Erfahrungswerte[15]	MdE in %
Behandelt mit Diät	
• ohne blutzuckerregulierende Medikation	10
• und Kohlenhydratresorptionsverzögerern oder Biguaniden (d. h. orale Antidiabetika, die allein nicht zur Hypoglykämie führen)	20
• und Sulfonylharnstoffen (auch bei zusätzlicher Gabe anderer oraler Antidiabetika)	30
• und einer Insulininjektion pro Tag (auch bei zusätzlicher Gabe anderer oraler Antidiabetika)	40
• mit zwei und mehr Insulininjektionen pro Tag oder mit Insulininfusionssystemen, je nach Häufigkeit der notwendigen Stoffwechselselbstkontrollen	50–60
Häufige, ausgeprägte Hypoglykämien sowie Organkomplikationen sind in ihren Auswirkungen entsprechend zusätzlich zu bewerten.	

---

11 Hess. LSG, 30. 4. 1969, Meso B 110/3.
12 Vgl. RVA, 6. 3. 1926, EuM 19, 428.
13 RVA, Kompass 1923, 243.
14 LSG Niedersachsen, 18. 9. 1958, Meso B 160/1.
15 Ausschuss Soziales der Deutschen Diabetesgesellschaft, Diabetes und Stoffwechsel 7 (1998) 35–38.

13.3 Schilddrüsenverletzungen und -erkrankungen

13.3.1 Schilddrüsenverletzungen

Verletzungen sind selten: Krafteinwirkungen werden meist durch das obere Brustbein (Sternum) und die Halsmuskulatur aufgefangen. Auch kann die Schilddrüse infolge ihrer Beweglichkeit leicht ausweichen.

Quetschungen wesentlichen Umfanges ergeben sich, wenn die Drüse durch eine schwere Krafteinwirkung von vorn gegen die Wirbelsäule gepresst wird.

Gefährdet ist die vergrößerte Schilddrüse (Struma). Je nach ihrem Umfang, ihrer Lage und Fixation können Verletzungen erscheinen: Ruptur von Kropfzysten, Zerreißungen von Arterien mit Blutungen.

13.3.2 Schilddrüsenerkrankungen[16]

26 Schilddrüsenkrankheiten mit 51 Unterformen sind bekannt. In der Bundesrepublik Deutschland stehen die Schilddrüsenerkrankungen mit durchschnittlicher Häufigkeit von 15 % an der Spitze der endokrinen Erkrankungen. Die Hyperthyreose tritt bei ca. 2 %, die Hypothyreose bei etwa 1 % der Bevölkerung auf.

13.3.2.1 Hypothyreosen (Schilddrüsenunterfunktion)

Hypothyreosen sind Krankheitszustände, die durch den Mangel von Schilddrüsenhormon in der Peripherie hervorgerufen werden: Die Schildrüse produziert zu wenig Hormone.

(1) Angeborene primäre Hypothyreose

Ein Schilddrüsenhormonmangel während der Fetalzeit bewirkt irreversible Schäden am Skelett und Zentralnervensystem, den Begriff *Kretinismus* prägend.

(2) Erworbene primäre Hypothyreose

Beim Auftreten im Kindesalter resultieren Entwicklungsstörungen, die z.T. denen der angeborenen Hypothyreose gleichen, jedoch reversibel sind. Im Erwachsenenalter hat die erworbene primäre Hypothyreose fast ausschließlich metabolische Störungen zur Folge.

Ätiologie

Ursachen: Schwere Schilddrüsenentzündungen, Schilddrüsenresektion bzw. Zustand nach Radiojodtherapie, Kaliumjodexposition[17], Thyreostatika, Immunthyreopathien, hereditäre Faktoren unklarer Ursache, Neoplasmen.

---

[16] Weiterführendes Schrifttum: Kessler, Krüskemper, Krankheiten der Schilddrüse, in: Innere Medizin in Praxis und Klinik (Hrsg. Hornbostel, u.a.), Bd. 1 1978; Pfannenstiel, Therapie von Schilddrüsenerkrankungen, Berlin, 1979; Hehrmann, Medizinische Begutachtung innerer Krankheiten (Hrsg. Marx, Klepzig) 7. Aufl. 1997 S. 410 ff.; Schifferdecker, in: Die ärztliche Begutachtung (Hrsg. Fritze, Mehrhoff) 7. Aufl. 2008 S. 488 ff.

[17] Otto, u.a., ASU 37 (2002) 84: Anerkennung nach § 9 Abs. 2 SGB VII empfohlen.

(3) sekundäre (hypophysäre) Hypothyreose
Sie ist bedingt durch den Ausfall des thyreotropen Hormons aus dem Hypophysen-Vorderlappen. Ätiologisch kommen eine Vielzahl krankhafter Prozesse im Bereich der Hypophyse und des Hypothalamus in Betracht (z.B. Hypophysentumor, Zysten). Das klinische Bild ist meist weniger ausgeprägt als bei der primären Hypothyreose. Oft fehlen die myxödematösen Organmanifestationen. Wichtiges diagnostisches Mittel ist der TRH-Test (thyrotropin realeasing hormone). Therapeutisch hat die Bekämpfung der Grundkrankheit Vorrang.

Arbeitsunfall und Berufskrankheit
Direkte Halsstich- und Schussverletzungen – vor allem mit chronischen Eiterungen – können zu primärer, Schädel-Hirn-Traumen und Operationen im Hypophysenbereich zu sekundärer Hypothyreose führen.[18]

Auch nach Enzephalitis (Fleckfieber) oder CO-Vergiftung erscheinen Hypothyreosen.

13.3.2.2 Hyperthyreosen (Schilddrüsenüberfunktion)

Klinisch sind Hyperthyreosen Krankheitszustände, durch einen Überschuss von Schilddrüsenhormonen im Organismus hervorgerufen. Die pathophysiologisch begründete Definition bezieht sich auf die Störung des thyreohypophysären Regelkreises. Bei bestimmten Verlaufsformen auftretende Begleitsymptome Ophthalmopathie und prätibiales Myxödem sind wahrscheinlich nicht durch überhöhten Schilddrüsenhormonspiegel bedingt.

Schädigt ein schweres Schädel-Hirn-Trauma das Zwischenhirn, kann in seltenen Fällen die Hyperthyreose erscheinen. Weitere Ursachen: Blei-, Quecksilber-, Kohlenmonoxidvergiftungen, elektrische Unfälle[19], Jodzufuhr (Röntgenkontrastmittel, iodhaltige Medikamente).[20]

Zum Ursachenzusammenhang mit einem psychischen Trauma s. 5.2.3, S. 164.

13.3.2.3 Thyreoiditiden

Unter Thyreoiditiden werden einheitliche Krankheitszustände zusammengefasst, denen als gemeinsames Merkmal die Entzündung zu Grunde liegt, oft mit Organvergrößerung einhergehend.

Die *akute Thyreoiditis* ist selten und erscheint meist im Rahmen einer bakteriellen Allgemeininfektion. Iatrogen kann sie sich als Bestrahlungsthyreoiditis nach einer hoch dosierten Radiojodbehandlung manifestieren.

Im Verlauf einer viralen Erkrankung (Masern, Mumps, Grippe u.a.) wird die *subakute Thyreoiditis (de Quervain)* beobachtet. Chronische Thyreoiditen sind die *Thyreoiditis lymphomatosa (Hashimoto)* und die *fibröse Thyreoiditis (Riedel)*. Die erstere beruht auf

---

[18] Schifferdecker, in: Die ärztliche Begutachtung (Hrsg. Fritze, Mehrhoff) 7. Aufl. 2008 S. 489; Hehrmann, in: Medizinische Begutachtung innerer Krankheiten (Hrsg. Marx, Klepzig) 7. Aufl. 1997 S. 417.
[19] Zukschwerdt, Bay, Handbuch der gesamten Unfallheilkunde (Hrsg. Bürkle de la Camp, Schwaiger) 3. Aufl. 2. Bd. 1966 S. 296.
[20] Schifferdecker, u.a., in: Die ärztliche Begutachtung (Hrsg. Fritze, Mehrhoff) 7. Aufl. 2008 S. 489.

einer Autoaggressionskrankheit unbekannter Ätiologie. Bei 50 % führt hier eine fibröse Umwandlung der Schilddrüse zur Hyperthyreose. Die eisenharte *Riedel*'sche Thyreoiditis ist morphologisch Granulationsgewebe, welches unter Überschreitung der Organgrenzen eine Verwachsung der Halsorgane bewirkt.

Unfallereignisse mit Zerfall von Schilddrüsengewebe sind für eine Entstehung der chronischen Thyreoiditis geeignet.[21]

13.3.2.4 Maligne Strumen

In der Krebsstatistik der Bundesrepublik Deutschland rangiert die Schilddrüse mit weniger als 1 % aller bösartigen Geschwülste an 11. Stelle der Krebstodesfälle. Die histomorphologischen Erscheinungsformen sind vielfältig. Große Diskrepanz besteht zwischen der Malignität und dem biologischen Verhalten der Geschwulst. Pathophysiologisch resultiert jedoch aus dem Tumorbefall der Schilddrüse meist keine klinisch bedeutsame Funktionsstörung.

Metastasen in der Schilddrüse werden am häufigsten bei bösartigen Tumoren mit Primärsitz in Mamma, Nieren und Bronchien gefunden. Die Mehrzahl der Schilddrüsenmalignome zeigt sich anlässlich einer Strumektomie. In solitären Knoten ist die Malignomrate größer. Ein gehäuftes Auftreten von Malignomen in Rezidivstrumen ist gesichert.

Im Szintigramm erscheinende kalte Knoten sind immer differentialdiagnostisch auf eine maligne Struma mittels Gewebsentnahme abzuklären.

Bei umschriebenen operablen Geschwülsten steht die Strumektomie mit Nachbestrahlung im Vordergrund der therapeutischen Bemühungen. Jodspeichernde Tumoren und Metastasen werden mit einer hohen Radiojoddosis behandelt.

Die Zusammenhangsbeurteilung nach einem *Unfall* folgt den allgemeinen Maßstäben einer berufsbedingten Krebserkrankung (s. 18.10, S. 1147).

Erfahrungen zeigen, dass bei bestehendem Schilddrüsenkarzinom geringe Krafteinwirkungen genügen, um schwerste Blutungen hervorzurufen.[22]

---

[21] Zukschwerdt, Bay, Handbuch der gesamten Unfallheilkunde (Hrsg. Bürkle de la Camp, Schwaiger) 3. Aufl. 2. Bd. 1966 S. 297f.
[22] Zukschwerdt, Bay, Handbuch der gesamten Unfallheilkunde (Hrsg. Bürkle de la Camp, Schwaiger) 3. Aufl. 2. Bd. 1966 S. 298.

14 Blut*

Übersicht

14.1	Erkrankungen des Blutes, des blutbildenden und des lymphatischen Systems durch Benzol (BK-Nr. 13 18)	944	14.5.2	Anämien durch Störung der Erythropoese	965
14.2	Hämophilie	948	14.5.2.1	Eisenmangel-Anämie (hypochrome Anämie)	965
14.3	Non-Hodgkin-Lymphome (NHL)	950	14.5.2.2	Aplastische Anämie (Panmyelophthise, Panmyelopathie, Panzytopenie, aplastisches Syndrom)	966
14.3.1	Klassifikation und Nomenklatur	951			
14.3.2	Klinisches Bild	951	14.5.2.3	Sideroachrestische Anämien (Sideroblasten-Anämien)	967
14.3.3	Ursächliche berufliche Faktoren	952	14.5.2.4	Megaloblastäre Anämien	967
14.3.4	Minderung der Erwerbsfähigkeit	954	14.5.2.5	Hämoglobinopathien	969
			14.5.3	Anämien durch gesteigerten Erythrozyten-Abbau	969
14.4	Leukämie	954			
14.4.1	Akute Leukämie	956	14.5.3.1	Korpuskulär bedingte hämolytische Anämien	969
14.4.2	Benzol-induzierte akute Leukämie	956	14.5.3.2	Extrakorpuskulär bedingte hämolytische Anämien	970
14.4.3	Weitere Ursachen	959			
14.4.4	Chronisch myeloische Leukämie	960	14.5.3.3	Symptomatisch erworbene hämolytische Anämien	970
14.4.5	Chronisch lymphatische Leukämie	961	14.5.3.4	Toxisch bedingte Hämolysen ...	970
14.4.6	Arbeitsunfall	962	14.5.4	Symptomatische Anämien bei verschiedenen Erkrankungen	971
14.5	Anämie	963			
14.5.1	Anämien durch Blutverluste ...	963	14.5.5	Zusammenhangsbeurteilung	971

Blut ist das wichtigste Transportmedium des Körpers. Es besteht aus Zellen, die zusammen rund 40 bis 45 % des Blutvolumens ausmachen, und aus Blutplasma. Das Blutplasma, eine goldgelbe, klebrige Nährstofflösung, die u.a. Salze, Eiweißstoffe, Kohlenhydrate und Fette enthält, bildet den Lebensraum der Zellen. Die nach einer Blutgerinnung verbleibende Flüssigkeit, d.h. das Blutplasma ohne Fibrinogen und andere Gerinnungsfaktoren, wird als Blutserum bezeichnet.

Rote Blutkörperchen (Erythrozyten) besorgen den Sauerstofftransport im Organismus. Sie nehmen den Sauerstoff in den Lungen auf und befördern ihn in die Zellen des ganzen Körpers. Der Sauerstoff wird in den Zellen für die Verbrennung von Kohlenstoffverbindungen aus der Nahrung benötigt; das dabei entstehende Kohlendioxid wird zum größeren Teil

---

* Mitarbeit Prof. Dr. med. *E. Hallier*, Institut für Arbeits- und Sozialmedizin, Georg-August-Universität Göttingen.

von den Erythrozyten, zum kleineren Teil vom Plasma, in die Lunge transportiert und dort abgeatmet. Im Erythrozyten ist der Sauerstoff an den roten Blutfarbstoff Hämoglobin gebunden, im Hämoglobin wiederum an zweiwertiges Eisen. Verschiedene Gefahrstoffe am Arbeitsplatz können die Funktion des Sauerstofftransports beeinträchtigen und dadurch auch bei normaler Lungenatmung eine „innere" Erstickung verursachen: Kohlenmonoxid verdrängt den Sauerstoff vom Hämoglobin, Methämoglobinbildner wandeln das zweiwertige Eisen in funktionsloses dreiwertiges Eisen um, verschiedene Schwermetalle können das Eisen verdrängen und ersetzen.

Weiße Blutkörperchen (Leukozyten) sind Träger der unspezifischen und spezifischen Abwehr des Organismus. Die wichtigsten Leukozyten sind die *Granulozyten* und die *Lymphozyten*. Granulozyten setzen bei einer Entzündung wichtige Botenstoffe (Zytokine) frei und wirken beim Abtransport von Material (z.B. Bestandteile toter Zellen) mit. Lymphozyten bewirken die spezifische Abwehr von Viren, Bakterien und Fremdeiweiß indem sie diese (z.B. als „Killerzellen") direkt vernichten oder indem sie Antikörper produzieren.

Die Thrombozyten (Blutplättchen) haben eine zentrale Funktion im Rahmen der Blutgerinnung.

Die Blutkörperchen werden im Knochenmark ständig neu gebildet. Das Knochenmark enthält Stammzellen, die den Ursprung aller Blutzellen darstellen. Einem Stammbaum entsprechend differenzieren sich die Zellen mit jeder Teilung und erhalten nach mehreren Generationen (Teilungen) schließlich eine spezialisierte Funktion und ein bestimmtes Aussehen. Je nach Bedarf werden bestimmte Zweige oder Zellinien dieses Stammbaums verstärkt gebildet, z.B. Erythrozyten nach einem Blutverlust oder Granulozyten bei einer Entzündung. Die vorliegende Zellzahl ist eine Resultante aus Bildung und Abbau bzw. Verbrauch. Die Blutbildung wird über verschiedene Faktoren gesteuert; der wichtigste ist das Erythropoetin, welches in der Niere gebildet wird. Einige Nierenerkrankungen gehen daher mit einer Anämie einher. Das Erythropoetin hat als Dopingmittel im Sport allgemeine Beachtung gefunden. Die Blutbildung ist auch von der ausreichenden Zufuhr einiger Vitamine und Mineralien abhängig, insbesondere Vitamin B12, Folsäure und Eisen.

Blutkrankheiten können ein Zuviel oder ein Zuwenig einer oder mehrerer Blutzellarten aufweisen. Eine reaktive (symptomatische) Vermehrung wird als „-zytose" bezeichnet (z.B. Leukozytose, Lymphozytose), eine reaktive Verminderung als „-penie" (z.B. Leukopenie).

Hierbei handelt es sich um keine Bluterkrankung; die Zellzahl normalisiert sich wieder, wenn die Ursache der Vermehrung oder der Verminderung (z.B. Blutung, Infektion, Organerkrankung) wegfällt. Eine Vermehrung durch eine (maligne) Bluterkrankung wird als „-ämie" bezeichnet (z.B. Leukämie, Erythrämie).

Nicht alle im Knochenmark gebildeten Blutzellen sind dazu bestimmt, sich nach der Reifung (Differenzierung) in der Blutflüssigkeit aufzuhalten. Ein Teil der weißen Blutkörperchen wandert auf einer frühen Entwicklungsstufe in den Thymus (ein hinter dem Brustbein gelegenes Organ) und in die Lymphknoten aus und entwickelt sich erst dort zu den reifen Lymphozyten. Aufenthaltsort der reifen Lymphozyten sind die Lymphknoten, die Lymphgefäße und das Blut, wobei diese Zellen zwischen diesen Systemen wandern. Eine bestimmte Form der reifen lymphatischen Zellen, die Plasmazellen (welche Antikörper produzieren), halten sich zeitweilig wieder im Knochenmark auf.

Berufskrankheiten mit hämatologischen Folgen		
BK-Nr.		Art der hämatologischen Folgen
11 01	Erkrankungen durch Blei oder seine Verbindungen	Toxisch-hämolytische Anämie, Störung des Hämoglobinstoffwechsels mit Porphyrinurie (Koproporphyrin III). Vermehrung der basophil getüpfelten Erythrozyten (nicht spezifisch für Bleiintoxikation)
11 08	Erkrankungen durch Arsen oder seine Verbindungen	Toxisch-hämolytische Anämie durch Arsen-Wasserstoff, Hämoglobinurie
12 01	Erkrankungen durch Kohlenmonoxid	Kohlenoxidhämoglobin
13 02	Erkrankungen durch Halogenkohlenwasserstoffe	Aplastische Anämie, Granulozytopenie bis zur Agranulozytose, Thrombozytopenie, Panmyelophthise
13 04	Erkrankungen durch Nitro- oder Aminoverbindungen des Benzols oder seiner Homologe oder ihrer Abkömmlinge	Toxisch-hämolytische Anämie, Innenkörperanämie, Methämoglobinbildung, Porphyrinurie
13 09	Erkrankungen durch Salpetersäureester	Methämoglobinbildung, Innenkörperanämie
13 18*	Erkrankungen des Blutes, des blutbildenden und des lymphatischen Systems durch Benzol	s. 14.1
24 02	Erkrankungen durch ionisierende Strahlen	Aplastische Anämie, Granulozytopenie bis zur Agranulozytose, Thrombozytopenie, Panmyelophthise. Chronische myeloische, akute Leukämie.

---

* Die durch die 2. VO zur Änderung der BKV definierte BK-Nr. 13 18 nimmt Erkrankungen des hämolymphatischen Systems aus der bisherigen BK-Nr. 13 03 heraus und bezeichnet sie als „lex specialis" in einer eigenständigen BK-Nr. Es handelt sich nicht um eine neue BK-Nr. Deshalb besteht keine zeitliche Begrenzung einer rückwirkenden Anerkennung (BR-Drs. 242/09).

14.1 Erkrankungen des Blutes, des blutbildenden und lymphatischen Systems durch Benzol (BK-Nr. 13 18)

– Erläuterung der wissenschaftlichen Begründung für die Sachbearbeitung[1] –

(1) Grundsätzlich anerkennungsfähig sind sowohl nichtmaligne als auch maligne Erkrankungen des Blutes und des Lymphsystems

- *Toxische Schädigungen (Knochenmarksdepression)*
  Verminderung einzelner/aller Zellpopulationen

  – Leukozytopenie (D70.3, D70.7, D72.9)
  – Thrombozytopenie (D69.4-, D69.57-69.59, D69.6)
  – Anämie (D 61.9, D64.9)
  – Panzytopenie (D 75.9)

- *Maligne Erkrankungen des Blutes und des Lymphsystems*
  Aplastische Anämie (D60.-, D61.2, D61.8, D61.9)
  Myelodysplastische Syndrome (MDS) (D46.-)

  – Refraktäre Anämie (RA) (D46.0)
  – Refraktäre Anämie mit Ringsideroblasten (RARS) (D46.1)
  – Refraktäre Anämie mit Exzess von Blasten (RAEB) (D46.2)
  – Refraktäre Anämie mit Exzess von Blasten in Transformation (RAEB-t) (D46.3)
  – Chronische myelomonozytäre Leukämie (in Abhängigkeit von der Leukozytenzahl Klassifizierung als MDS oder MPE) (D46.7, D46.9)

  Akute myeloische Leukämie (AML) (C92.0, C92.3, C92.4, C92.5, C92.7, C92.9, C93.0, C93.7, C93.9, C95.0, C95.9)

  Myeloproliferative Erkrankungen (MPE)

  – Chronische myeloische Leukämie (CML) (C92.1, C95.1)
  – Polycythaemia vera (PV) (D45)
  – Essentielle Thrombozythämie (ET) (D47.3)
  – Idiopathische Myelofibrose (IF) bzw. Osteomyelosklerose (C94.5, C96.9, D47.9)

  Non-Hodgkin-Lymphome

  – Akute lymphatische Leukämie (ALL) (C91.0)
  – Lymphoblastisches Lymphom (C85.9, C 91.0)
  – Chronische lymphatische Leukämie (CLL) (C91.1)

---

[1] Rdschr. DGUV Berufskrankheiten 43/2008. Konkretisierung der medizinischen und arbeitstechnischen Voraussetzungen für die Anerkennung einer BK-Nr. 13 18. Die in Klammern angegebenen ICD-10 Diagnoseschlüssel sind mit den pathologischen Klassifikationen nicht vollständig kompatibel. Die Bezeichnungen in der wissenschaftlichen Begründung (GMBl 2007, 974 ff.) – basierend auf der WHO Klassifikation – sind auch im Berufskrankheitenverfahren zu verwenden; dazu Henry, Brüning, DGFA-Info 1/09 S. 6 ff.

- Prolymphozytäre Leukämie (C91.3)
- Lymphoblastozytisches Lymphom (C83.5, C83.9, C85.9)
- Mantelzell-Lymphom (C85.-)
- Follikuläres Lymphom (C82.-)
- Marginalzonen-Lymphom (C85.-)
- Haarzellleukämie (C91.4)
- Plasmozytom/Multiples Myelom (C90.-)
- (Diffus) großzellige Lymphome (C83.-)
- Burkitt-Lymphom (C83.7)

Nicht anerkennungsfähig sind Hodgkin-Lymphome (Morbus Hodgkin) (synonym: Lymphogranulomatose)

(2) Ableitung einer Dosis-Wirkungsbeziehung für die Malignome des hämatopoetischen und lymphatischen Systems

- *Anerkennungsfähige Erkrankungen mit hinreichend gesicherter epidemiologischer Datenlage*

Folgende Erkrankungen können bei einer kumulativen Benzolexposition „im hohen einstelligen bzw. unteren zweistelligen Bereich" der ppm-Benzoljahre (durchschnittliche Expositionskonzentration am Arbeitsplatz in ppm als Schichtmittelwert mal Expositionsdauer in Jahren) anerkannt werden; dabei werden in der wissenschaftliche Begründung „ab einem Bereich von 10 ppm-Jahren" als auch „oberhalb circa 8 ppm-Jahre" genannt.

- ALL (akute lymphatische Leukämie)
- AML (akute myeloische Leukämie)
- CLL (chronische lymphatische Leukämie)
- MDS (Myelodysplastische Syndrome)
- Lymphoblastisches Lymphom (stammzellnahes Non-Hodkin-Lymphom)
- Aplastische Anämie

Bei diesen Erkrankungen ist nach dem gegenwärtigen Kenntnisstand ab der o. g. Benzolbelastung von einer Verursachungswahrscheinlichkeit über 50 Prozent auszugehen.

Hinweis: Die geforderte Benzolbelastung liegt etwa beim 70-fachen der umweltbedingten Lebenszeitbelastung einer Person ohne berufliche Benzolexposition. Diese beträgt ca. 0,11 ppm-Benzoljahre. (Schätzung basiert auf städtischer Grundbelastung von 2 µg/m Benzol in der Außenluft, der Einatmung von 12 m³/24 h, einer 24-stündigen Benzolaufnahme in der Umwelt in einem 80-jährigen Lebenszeitraum).

- *Anerkennungsfähige Erkrankungen mit unzureichender epidemiologischer Datenlage*

Für die Verursachung der folgenden Erkrankungen lässt die gegenwärtige epidemiologische Datenlage keine präzise Beschreibung des Dosis-Wirkungszusammenhangs zu. Erforderlich ist eine Einzelfallbeurteilung (s. 14.4.2, S. 956):

- übrige Non-Hodgkin-Lymphome, einschließlich multiples Myelom/Plasmozytom
- Myeloproliferative Erkrankungen, inklusive CML (chronische myeloische Leukämie)

(3) Erforderliche Unterlagen

Für eine Beurteilung müssen folgende Unterlagen zwingend vorliegen:

- Zur Expositionsbeurteilung[2]:

  Stellungnahme zur Arbeitsplatzexposition des Präventionsdienstes mit Bewertung der kumulativen Benzoldosis. Diese sollte vorzugsweise durch eine Abschätzung der ppm-Jahre oder durch Zuordnung der Tätigkeit in die unter 3.2 der wissenschaftliche Begründung genannten relevanten Expositionsszenarien (s. 14.4.2, S. 956) unterstützt werden.

  Insbesondere zu beachten sind:

  – intensiver Hautkontakt
  – körperliche Arbeit mit erhöhter inhalativer Aufnahme
  – jugendliches Expositionsalter
  – hohe Belastungsspitzen
  – ungewöhnlich lange Dauer der Einwirkung.

- Zur Erkrankung:

  Kompletter Befund der pathologischen Untersuchung (In Arztberichten genannte Diagnosen oder übernommene Befunde reichen nicht aus!). In Zweifelsfällen Referenzpathologie eines anerkannten Referenzzentrums einholen.

  Laborbefunde, insbesondere Blutbildbefunde soweit wie möglich in die Vergangenheit reichend, da manche der Erkrankungen bereits frühzeitige Blutbildveränderungen zeigen können bzw. Blutbildveränderungen Hinweise für eine relevante Exposition sein können.

  Unterlagen über arbeitsmedizinische Untersuchungen. Aktuelle Befunde zur Diagnose und Therapie der Erkrankung. Befunde zur allgemeinen Krankheitsvorgeschichte, insbesondere mit Medikamentenanamnese, Angaben über chronische Virusinfekte, Vitaminmangelerkrankungen etc. sind zur Beurteilung konkurrierender Faktoren ebenfalls erforderlich. Dies gilt auch für ein BK- Feststellungsverfahren nach Tod des/der Versicherten.

(4) Begutachtung

Die Hinweise beziehen sich auf die malignen Erkrankungen des blutbildenden und lymphatischen Systems.

Reversible Veränderungen des blutbildenden Systems sind im Einzelfall zu beurteilen.

---

[2] Hilfestellung bieten hierzu die *„Anwendungshinweise* zur retrospektiven Beurteilung der Benzolexposition", BGIA-Ringbuch Nr. 9105 (vgl. insbesondere Abschnitt 13 mit Hinweisen zur Berufskrankheit „Erkrankungen des Blutes, des blutbildenden und des lymphatischen Systems durch Benzol"), wobei in der derzeitigen Fassung (BGIA 2006) für retrospektive Schätzung bei besonders intensivem Hautkontakt mit Benzol kein ausreichender Hinweis gegeben werden kann.

14.1 Erkrankungen des Blutes, des blutbildenden und lymphatischen Systems durch Benzol   947

- Bei einer gesicherten Exposition und sicherer Diagnose der Erkrankung *mit hinreichend gesicherter Datenlage* ist das Vorliegen einer BK wahrscheinlich. Es sollte eine Stellungnahme durch einen onkologisch und arbeitsmedizinisch erfahrenen Arzt eingeholt werden, da die Diagnosestellung dieser Erkrankungen oft komplex ist. Bei Unstimmigkeiten in der Diagnose sollte eine Referenzpathologie eines anerkannten Referenzzentrums erfolgen. Eine Begutachtung ist immer dann erforderlich, wenn der Kausalzusammenhang klärungsbedürftig ist, insbesondere bei einer Exposition im Grenzbereich um ca. acht/zehn ppm-Jahre oder wenn nach dem Ermittlungsergebnis eine Krankheitsverursachung durch andere Faktoren als Benzol in Betracht kommt.

- In den Fällen der Erkrankungen *mit unzureichender epidemiologischer Datenlage* ist bei den in der wissenschaftlichen Begründung aufgeführten Expositionsszenarien (s. 14.4.2) eine Begutachtung durch eine onkologisch und arbeitsmedizinisch erfahrenen Arzt/Gutachter erforderlich.

- Bei Expositionen deutlich unterhalb dieser Expositionsszenarien ist eine Begutachtung in der Regel nicht erforderlich, da nach derzeitigem Wissensstand nicht von einer versicherungsrechtlich relevanten Exposition ausgegangen werden kann. Eine BK liegt dann nicht vor.

(5) Modellhafte Entscheidungsabläufe für maligne Erkrankungen des blutbildenden und lymphatischen Systems

- *Modellhafte Entscheidungsabläufe für Erkrankungen mit hinreichend gesicherter epidemiologischer Datenlage*

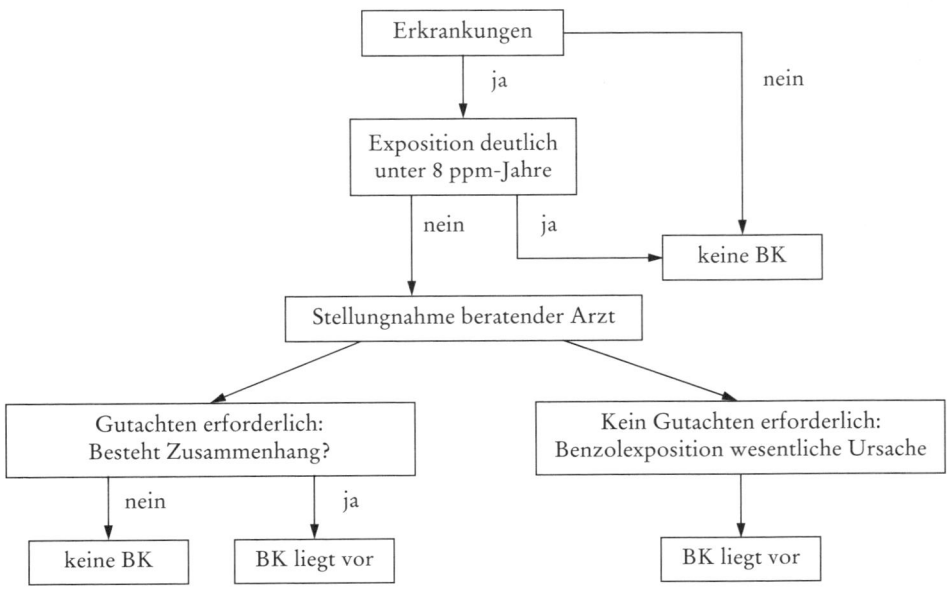

- *Modellhafte Entscheidungsabläufe für Erkrankungen mit unzureichender epidemiologischer Datenlage*

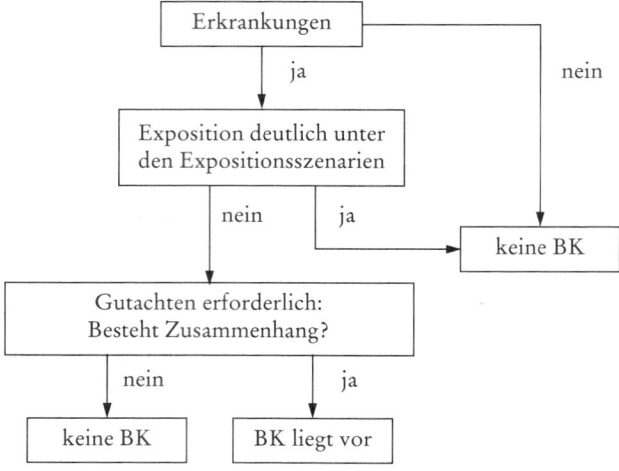

14.2 Hämophilie[3]

Die Hämophilie (Bluterkrankheit) nimmt in der Praxis der ges. UV zahlenmäßig eine nachgeordnete Position ein; hingegen erwachsen aus der Bewertung des Einzelfalles durchweg Probleme.

Unter Hämophilien versteht man geschlechtsgebunden rezessiv-erbliche hämorrhagische Diathesen, die durch Molekulardysplasien des Faktors VIII *(Hämophilie A)* bzw. verminderte Synthese des Faktors IX *(Hämophilie B)* im Plasma bedingt sind.

Etwa 85 % der Hämophilien entfallen auf die Hämophilie A und rund 15 % auf die B-Form. Die verabreichten Gerinnungsfaktorenkonzentrate waren teilweise mit dem HIV-Virus kontaminiert. Dies führte zu einer hohen AIDS-Infektionsrate.

- **Ursachen**

Mutationen von Genkomplexen am X-Chromosom, die sporadisch aus ungeklärten Gründen erscheinen, verursachen die Hämophilie. Der Gen-Defekt bewirkt die Bildung eines funktionell inaktiven Faktor VIII- oder IX-Moleküls, einem Mangel des entsprechenden Faktors gleichkommend. Auf Grund des rezessiv geschlechtsgebundenen Erbganges wird die Hämophilie in der Regel nur bei Männern beobachtet, ganz selten auch bei Frauen.

---

[3] Weiterführendes Schrifttum: Begemann, Praktische Hämatologie, 11. Aufl. 1999; Begemann, Klinische Hämatologie, 4. Aufl. 1993; Heimpel, u.a., Hämatologie in der Praxis, 2. Aufl. 1996; Steinke in: Medizinische Begutachtung innerer Krankheiten (Hrsg. Marx, Klepzig) 1996 S. 445; Fritze, Matzdorff, Hämatologie in: Innere Medizin (Duale Reihe) 1998.

14.2 *Hämophilie* 949

- **Klinisches Bild**

Das klinische Bild beider Hämophiliearten ist nicht voneinander zu unterscheiden. Es ist gekennzeichnet durch eine rezidivierende Blutungsneigung sowie schwerste verlängerte posttraumatische Nachblutungen.

Milde Hämophilien äußern sich besonders in Form von protrahierten Blutungen nach Routineoperationen im Mund-, Nasen- und Rachenbereich. Unter den relativ seltenen Spontanblutungen ist das Nasenbluten am häufigsten.

Bei schweren Hämophilien, ungefähr 50 % der diagnostizierten Fälle, treten als Leitsymptom größere Blutungen – oft nach stumpfen Bagatelltraumen und Gelenkblutungen vorwiegend der großen Gelenke, mit nachfolgenden degenerativen Gelenkveränderungen auf. Muskelblutungen können infolge Kompression von Nerven oder Arterien zu Lähmungserscheinungen oder ischämischen Kontrakturen bzw. Muskelatrophien führen.

Selten sind intraossäre Blutungen in Form von hämophilen Pseudotumoren und intrakranielle Blutungen sowie Blutungen in das Rückenmark. Häufig zeigen sich hingegen Hämaturien, die Nierenkoliken verursachen können. Abdominelle Blutungen unter der Symptomatik des akuten Abdomens erfordern differentialdiagnostische Abklärung.

- **Diagnose**

(1) Aus klinischem Erscheinungsbild und Familienanamnese

(2) Gerinnungsanalytisch

- verlängerte Vollblutgerinnungszeit
- deutlich verlängerte Rekalzifizierungszeit
- eingeschränkter Prothrombinverbrauch im Serum
- Verlängerung der partiellen Thromboplastinzeit
- pathologischer Thromboplastinbildungstest

- **Prognose**

Die Prognose ist insbesondere beim Vorliegen der schweren Hämophilie ungünstig. Die Lebenserwartung hat sich allerdings durch die Anwendung moderner therapeutischer Verfahren gebessert.

- **Zusammenhangsbeurteilung**[4]

Die vorherrschende Meinung der medizinischen Wissenschaft geht dahin, dass im *Allgemeinen* bei der Bluterkrankheit als erbliche Gerinnungsstörung der konstitutionelle Faktor derart hochgewichtig ist, dass nur *schwere* Traumen, die auch auf Gesunde schädigend wirken, unter Berücksichtigung des Anteils der idiopathischen Verschlimmerung entschädigungspflichtig sein können.

---

[4] Dazu Hennemann, MedSach 1964, 193 ff.; Begemann, Praktische Hämatologie, 11. Aufl. 1999; Probst, Handbuch der Unfallbegutachtung (Hrsg. Lob) 2. Bd. 1968 S. 63; Gross, u. a., Die innere Medizin, 1994 S. 138 f.; MSD-MANUAL der Diagnostik und Therapie, 4. Aufl. 1988 S. 612 ff.; Schettler, Taschenbuch der praktischen Medizin, 1980 S. 627.

Auch körperliche *Anstrengungen* führen bei Blutern nicht eher zu Verletzungen innerer Gefäße als bei Nichtblutern. Der Unterschied liegt nicht in der Verletzung des Gefäßes selbst, sondern in der durch die Verletzung auftretenden anhaltenden Blutung infolge der herabgesetzten Gerinnungsfähigkeit. Grund für eine massive Blutung ist in aller Regel nicht eine Kraftanstrengung, die auch beim Gesunden gelegentlich zu kleinen Blutergüssen führt, sondern das Grundleiden, die Hämophilie. Rechtlich resultiert hieraus, dass die körperliche Anstrengung nicht als wesentlich mitwirkende Teilursache, sondern als Gelegenheitsanlass der Blutung anzusehen ist.

Naturgemäß gelten die angeführten Gesichtspunkte auch für die Kausalreihe Hämophilie – Trauma – nachfolgender *Tod*. Es empfiehlt sich, im Rahmen der Beurteilung dieses Zusammenhanges in das *Beweisthema* aufzunehmen:

- Bestand die Neigung zu Spontanblutungen?
- War das angeschuldigte Ereignis geeignet, die nachgewiesene Blutung zu verursachen?
- Ist wahrscheinlich, dass der Tod durch die Blutung verursacht wurde?
- Ist das angeschuldigte Ereignis unter Berücksichtigung der bestehenden Blutkrankheit als Gelegenheitsursache (Bagatell-Alltagstrauma) oder als wesentlich mitwirkende Teilursache der zum Tode führenden Blutung anzusehen?

Als Schlüssel zur Differenzierung bietet sich die Prüfung an, ob bei einem nicht an Hämophilie Erkrankten durch das Ereignis eine ernste Gefährdung, eine schwere Belastung oder gar der Tod hätte erfolgen können.

Die Frage, ob ein Ereignis auf ein nicht unfallbedingtes Leiden derart beschleunigend eingewirkt hat, dass die vermutliche Lebensdauer mindestens um ein Jahr verkürzt wurde, ist bei der Bluterkrankheit nur dann sinnvoll, wenn infolge von Bluttransfusionen auf dem Wege über eine Sensibilisierung eine Hemmkörper-Hämophilie mit tödlicher Blutung eingetreten ist. Dann liegt ein Ereignis vor, das die Krankheit selbst entscheidend ungünstig beeinflusst hat. Sonst überwiegt die im Erbgang verankerte, äußeren Einflüssen weitgehend entzogene, innere Gesetzmäßigkeit des Leidens so stark, dass ein äußeres Ereignis die *innere Entwicklung* der Bluterkrankheit wahrscheinlich niemals richtunggebend bewirkt. Das ist bei Infektions-, den meisten Stoffwechselkrankheiten, auch bei bösartigen Geschwülsten insofern anders, als diese Krankheiten zumindest mitunter durch äußere Ereignisse in ihrem *Wesen* beeinflusst werden: ein relativ gutartiger Verlauf kann im Zusammenhang mit einem äußeren Ereignis bösartig werden und zum Tode führen. Die Bluterkrankheit wird dagegen – vielleicht im Sonderfall der Hemmkörper-Hämophilie – niemals im Sinne der Gut- oder Bösartigkeit ihres weiteren Verlaufs abgewandelt. Aus eigener, ihr selbst innewohnender Gesetzmäßigkeit führt sie nicht zum Tode.

14.3 Non-Hodgkin-Lymphome (NHL)

Bösartige Neubildungen der lymphatischen Gewebe, die nicht dem Morbus Hodgkin (Lymphogranulomatose) zugerechnet werden können, werden unter dem Begriff Non-Hodgkin-Lymphome (NHL) zusammengefasst. Der Begriff „Lymphom" kennzeichnet eine erhebliche Schwellung der Lymphknoten, die ein charakteristisches Symptom vieler NHL ist.

14.3.1 Klassifikation und Nomenklatur

Während die Non-Hodgkin-Lymphome früher einen recht diffusen Sammelbegriff für diverse lymphatische Tumorerkrankungen darstellten, haben Fortschritte in den diagnostischen Verfahren der Zytologie, Histologie, Immunzytochemie und Molekularbiologie eine Einteilung der Krankheitsbilder mit klinischer Zielsetzung ermöglicht. Die Einordnung einer Erkrankung in eine von den inzwischen mehr als 42 Formen der NHL hat eine beträchtliche Bedeutung für die Wahl der Therapie und für die Prognose. Die Unterteilung erlaubt jedoch nach heutiger Kenntnis keine Rückschlüsse auf etwaige Kausalursachen.

In der Vergangenheit wurden in Deutschland, dem übrigen Europa und den angelsächsischen Ländern unterschiedliche Systeme der Einteilung von Non-Hodgkin-Lymphomen verwendet. Die Folge war eine mangelnde Vergleichbarkeit klinischer und wissenschaftlicher Ergebnisse und eine Behinderung der internationalen Zusammenarbeit in der Erforschung und Therapieentwicklung der Lymphome. Die früher gebräuchlichen Systeme der „Working Formulation" und der „Kiel-Klassifikation" wurden schließlich von der Revised European American Lymphoma (R:E:A:L)-Klassifikation abgelöst, welche die Grundlage für eine 1997 durch die Weltgesundheitsorganisation WHO verabschiedete internationale Standardklassifikation bildetete.[5] Die WHO-Klassifikation findet auf alle Neubildungen Anwendung, die von Zellen des lymphatischen Systems ausgehen, und schließt sowohl nodale (in Lymphknoten lokalisierte) als auch primär extranodale Lymphome, akute und chronische Leukämien (bei denen die Vermehrung lymphatischer Zellen überwiegend im Blut zu sehen ist), multiple Myelome (Plasmozytome), den Morbus Hodgkin und die von Histiozyten (Makrophagen) und dendritischen Zellen abgeleiteten Tumoren ein. Die WHO-Klassifikation hat sich inzwischen in der Hämatologie und Onkologie weitgehend durchgesetzt. Allerdings wurde früher und wird meist auch heute noch in der Krankenversicherung und in epidemiologischen Studien die ebenfalls von der WHO entwickelte „Internationale Statistische Klassifikation der Krankheiten und verwandter Gesundheitsprobleme" ICD angewandt. Diese Klassifikationsproblematik erschwert den Vergleich aktueller Fälle mit den Ergebnissen früher durchgeführter epidemiologischer Studien und der Studien untereinander.

Die Mehrzahl der Non-Hodgkin-Lymphome gehört zur B-Zellreihe. T-Zell-Lymphome werden häufig mit extralymphatischer Lokalisation (z.B. Haut, Gehirn, Magen-Darm) angetroffen und haben eine schlechtere Prognose.

14.3.2 Klinisches Bild

Die insgesamt inhomogene Gruppe der Non-Hodgkin-Lymphome hat vieles mit dem M. Hodgkin gemeinsam. Dies gilt für die Frühsymptome in Form von Lymphknotenschwellungen und mit Abschwächung auch für die meist geringer ausgeprägten unspezifischen Allgemeinsymptome. In Analogie zur Lymphogranulomatose werden deshalb die prognostisch bedeutsamen Allgemeinerscheinungen, wie Gewichtsabnahme (über 10 % innerhalb eines Jahres), Fieber, Nachtschweiß, als B-Typ den von diesen Allgemeinerscheinungen freien A-Typen gegenübergestellt. Häufiger als beim M. Hodgkin findet man primär atypische Lokalisationen, welche die Differentialdiagnose erschweren. Dazu gehören Skelett-

---

[5] Stein, Hiddemann, Die neue WHO-Klassifikation der malignen Lymphome. Dt. Ärzteblatt 96 (1999) A 3168.

herde (Abgrenzung gegen primär osteogene Tumoren anderer Art), Mediastinaltumoren, Befall der Tränen- oder Speicheldrüsen (Mikulicz-Syndrom), atypische, meist zunächst als Karzinome angesprochene Lokalisationen an Pharynx, Magen, Kolon, Rektum, die Beteiligung der Augen („okulodermale Lymphome") oder der Haut mit knotigen oder papulösen Infiltraten und/oder Hautblutungen.[6]

14.3.3 Ursächliche berufliche Faktoren

(1) *Benzol (BK-Nr. 13 18)*
Als *wichtigste berufliche Noxe* wurde *Benzol* für das Auftreten von myelo- und lymphoproliferativen Systemerkrankungen erkannt.[7] Infolge seines patho-physiologischen Schädigungsmusters ist Benzol *generell geeignet*, alle malignen hämolymphatischen Systemerkrankungen, deren Zellreihen sich von der omnipotenten Stammzelle ableiten, zu verursachen: Expositionsbedingungen mit erheblicher und länger dauernder beruflicher Benzolbelastung müssen vorliegen. Die Prüfung des Kausalzusammenhanges erfordert erhebliche Sorgfalt, auch arbeitsmedizinisch-toxikologisches wie hämatologisches Detailwissen, um konkurrierende Faktoren zu bewerten. Im Rahmen der arbeitstechnischen Ermittlungen sind ungünstige arbeitshygienische Bedingungen (unter anderem intensiver Hautkontakt, z.B. Händereinigung mit benzolhaltigen Kraftstoffen und Lösungsmitteln) besonders zu beachten.

Zu beachten ist, dass Non-Hodgkin-Lymphome durch Benzol offenbar eine wesentlich längere Latenzzeit haben als akute Leukämien. Dies kann in epidemiologischen Studien mit zu kurzen Beobachtungszeiten zu einer Untererfassung führen. Einige niedrig malignen Lymphome haben Überlebenszeiten von mehreren Jahren oder gar Jahrzehnten, so dass konkurrierende Todesursachen ebenfalls bedeutsam sein können.

Aus der Rechtsprechung
Ein Anhalt fehlt, dass die Exposition gegenüber *Toluol* und Xylol (als Homologe des Benzols) eine chronisch lymphatische Leukämie hervorruft.[8]

(2) *Ionisierende Strahlen (BK-Nr. 24 02)*
Nach Anwendung ionisierender Strahlen wird über vermehrtes Auftreten von Lymphomen berichtet; eine Radiogenese bei allen Non-Hodgkin-Lymphomen ist allerdings nicht gesichert. Vor allem gilt dies für die chronisch-lymphatische Leukämie, die wohl nicht durch ionisierende Strahlung induziert wird. Ein vermehrtes Auftreten von akuten Leukämien (Latenzzeit mindestens 2 Jahre nach Exposition) und chronisch-myeloischen Leukämien (Latenzzeit mindestens 10 Jahre) nach Einwirkungen ionisierender Strahlen ist belegt.

Aus der Rechtsprechung
Ist nur das Zusammenwirken von ionisierenden Strahlen und Benzol für die Bluterkrankung verantwortlich, sind Entschädigungsansprüche begründet. Indessen ist eine Risikobeurteilung für das Zusammenwirken nach Stand von Wissenschaft und Forschung nicht quantifizierbar.[9]

---

[6] Gross, Heimpel, in: Die innere Medizin (Hrsg. Gross, Schölmerich, Gerok) 1994.
[7] Wissenschaftliche Begründung zur BK-Nr. 13 18 v. 1. 9. 2007, GMBl 2007, 974 ff.; BR-Drs. 242/09 S. 13.
[8] LSG Schleswig-Holstein, 20. 7. 2000, Meso B 100/34.
[9] LSG Nordrhein-Westfalen, 13. 5. 1998, Meso B 100/33 = HV-Info 29/1999, 2733.

(3) *HIV-Infektion (BK-Nr. 31 01)*
Personen mit HIV-vermitteltem Immundefekt haben ein gesichertes, um ein Vielfach erhöhtes Risiko (30- bis 300fach), an einem malignen Lymphom zu erkranken. Die hierbei beobachteten Non-Hodgkin-Lymphome sind meist den hochmalignen Subtypen der B-Zellreihe zuzuordnen. Nach geltendem Forschungsstand stellt der Immundefekt jedoch nicht zwangsläufig eine „Conditio sine qua non" für die Onkogenese dar; eher ist dieser als Risikomultiplikator zu werten.

(4) *Medikamente (mittelbare Folgen des Grundleidens)*
Auch nach internen Belastungen mit bestimmten immunotoxischen oder myelosuppressiven Medikamenten über längere Zeiträume (Immunsuppressiva und Zytostatika) wurden vermehrt – auf indirekte Wirkung dieser Agentien zurückgeführt – Lymphome beobachtet.

(5) *Haarfärbemittel (Anerkennung „wie eine BK", § 9 Abs. 2 SGB VII)*
Haarfärbemittel werden neuerdings als Mitauslöser von Non-Hodgkin-Lymphomen erörtert; das Risiko soll mit der Dauer der Anwendung (Benutzerjahre) ansteigen.

(6) *Asbest (Anerkennung „wie eine BK", § 9 Abs. 2 SGB VII)*
Ursächlicher Zusammenhang zwischen beruflicher Asbestexposition und Entstehung lymphoplasmazellulärer Neoplasien ist umstritten:

Nach einer Fallstudie aus hämato-onkologischer, klinischer und arbeitsmedizinischer Sicht kann eine meist langjährige arbeitsbedingte Asbestfaserstaub-Einwirkung zur Entstehung peripherer B- und T-Zell-Lymphome führen. Nicht erkennbar war ein Zusammenhang bei lymphoblastischen Präkursor-Lymphomen, Präkursor-Leukämien, Hodgkin-Lymphomen und myeloischen Leukämien einschließlich Myelosarkome.[10]

In einer zusammenfassenden Analyse und Auswertung epidemiologischer Ergebnisse ergab sich keine eindeutige Risikoerhöhung für Non-Hodgkin-Lymphome, chronisch-lymphatische Leukämien und Plasmozytome bei Asbeststaubexposition.[11]

(7) Erhöhte Non-Hodgkin-Lymphomrisiken wurden bei zahlreichen *weiteren Berufsgruppen* beschrieben: in der metallverarbeitenden Industrie, chemischen Industrie (Lösungsmittel, Schmieröle) einschließlich Gummi- und Kunststoffindustrie, Druck-Industrie, bei Malern, Wald-Transportarbeitern, in Gießereien, bei Köchen, in der Bestattungsbranche, in Kfz-Reparaturwerkstätten, chemischen Reinigungen sowie in der Landwirtschaft (Pestizide, Phenoxyherbizide, wie Chlorphenole). Grundlegende Schlussfolgerungen bezüglich ursächlicher Zusammenhänge sind indes nicht abzuleiten.

(8) Auch *elektromagnetische Felder* wurden als mitursächliche Faktoren in der Genese von Non-Hodgkin-Lymphomen und Leukämien in Betracht gezogen. Vorliegende Studien konnten eine Risikoerhöhung bislang nicht wahrscheinlich machen (s. 20.7, S. 1205).

---

10 Hausmann, Calavrezos, Woitowitz, Hillerdal, Zbl Arbeitsmed 50 (2000) 358 (ohne peer review).
11 Becker, u.a., Int. Arch. Occup. Environ. Health 74 (2001) 459 (6 Kohorten und 16 Fall-Kontroll-Studien); mit peer review.

14.3.4 Minderung der Erwerbsfähigkeit[12]

		MdE in %
I	Für den Zeitraum chemotherapeutischer Behandlung, Strahlentherapie oder Knochenmarktransplantation sowie bei fortschreitendem Krankheitsgeschehen	100
II	Bei Vollremission: zwei Jahre nach Abschluss der Behandlung für die Dauer von ca. drei Jahren; in der Folgezeit Schätzung unter Berücksichtigung individueller Einschränkungen und Krankheitszeichen	50
IIIa	Bei nicht kurativer Behandlung und komplikationslosem Verlauf	20
IIIb	Bei Komplikationen: in Abhängigkeit der Auswirkungen auf den Allgemeinzustand und der Behandlungsbedürftigkeit höhere Einstunfung:	
	Bei Auswirkungen, wie B-Symptomen (Fieber, Gewichtsverlust, Nachtschweiß), erhöhter Infektneigung, gelegentlichem Transfusionsbedarf	30–70
	Bei ausgeprägter Anämie mit dauerndem Transfusionsbedarf Thrombozytopenien mit Blutungsneigung	80–100

14.4 Leukämie[13]

Im Gegensatz zur Leukozytose, die einen reversiblen Zustand von vermehrt vorkommenden weißen Blutkörperchen beschreibt, sind die Leukämien irreversibel. Entgegen ursprünglicher Auffassung gehen sie aber nicht immer mit einer erhöhten Anzahl weißer Blutzellen einher, sondern weisen mitunter auch das Bild einer Leukopenie oder Agranulozytose auf. Sie gehören den Neoplasien an. Eine Verdrängung der normalen Leukozytopoese, bei schweren Formen auch der Erythrozytopoese und der Thrombozytopoese findet statt. Man unterscheidet zwischen akuter myeloischer und akuter lymphatischer Leukämie sowie chronisch myeloischer und chronisch lymphatischer Leukämie. Die chronisch myeloische Leukämie wird zu den myeloproliferativen Syndromen, die chronisch lymphatische Leukämie zu den Non-Hodgkin-Lymphomen geordnet.

Auf eine Million Menschen treffen pro Jahr ca. 40 bis 50 Leukämieerkrankungen. Die akute myeloische Leukämie hat zwei Altersgipfel, nämlich im Kindesalter und im hohen Seniorenalter. Chronische Formen sind eine Erkrankung des mittleren und höheren Lebensalters. Mit Ausnahme der chronisch myeloischen Leukämie sind Männer häufiger betroffen.

Präleukämische Zustände

Klinisch manifesten Leukämieformen gehen häufig pathogenetisch unklare therapieresistente Panzytopenien voraus. Meist bestehen Reifungsstörungen mit Linksverschiebung der Myelopoese und der Erythropoese. Zu den präleukämischen Zuständen gehören auch die *aplastische Anämie* und die *myelodysplastischen Syndrome* (MDS). Diese beiden Er-

---

[12] Hoffmann, u.a., ASU 36 (2001) 475, 481f.
[13] Buske, Hiddemann, u.a., Internist 43 (2002) 1177–1258.

krankungen sind als Frühstadien einer malignen Erkrankung anzusehen, wobei es sich bei MDS um klonale Stammzellerkrankungen handelt. Verlaufsuntersuchungen zeigten, dass innerhalb von fünf Jahren ca. 15 % aller aplastischen Anämien in ein MDS oder eine akute myeloische Leukämie übergehen, während myelodysplastische Syndrome in ca. 30 % in eine akute myeloische Leukämie übergehen. Beide präleukämischen Zustände werden nach Benzoleinwirkung beobachtet und in vielen epidemiologischen Studien über Benzolwirkungen mit der akuten myeloischen Leukämie bzw. mit der synonymen akuten nichtlymphatischen Leukämie zu einer Entität zusammengefasst.

Klinische Symptome

Sie sind bei allen Leukämieformen gleichartig und ergeben sich aus der Insuffizienz des Knochenmarks und den extramedullären leukämischen Infiltraten.

- Anämiefolgen: Müdigkeit, Schwäche
- Leukopeniefolgen: gehäufte Infekte
- Thrombopeniefolgen: Spontanblutungen der Schleimhäute, petechiale Blutungen, Hämatome, usw.
- Extramedulläre Infiltrate: Lymphknoten-, Milz- und Leberschwellung

Differenzialdiagnose der akuten Leukämie

- Aplastische Anämie
- Panmyelopathie
- Agranulozytose
- Mononucleosis infectiosa
- Perniziöse Anämie
- Systemerkrankungen des lymphatischen Systems
- Leukämoide Reaktion bei septisch verlaufenden Infektionskrankheiten
- Akuter Myeloblastenschub bei chronisch myeloischer Leukämie

Prognose und Komplikation

Die akute Leukämie ist von allen malignen Systemerkrankungen in höchstem Maße bösartig. Unbehandelt führt sie meist innerhalb eines Jahres zum Tod. Die Lebenserwartung ist in erster Linie durch Komplikationen, wie Blutungen (Hirnblutung) und lebensbedrohliche Infekte, bestimmt.

Während die akute Leukämie noch bis vor wenigen Jahren als unheilbar galt, gibt es neuerdings eine vielversprechende Entwicklung der Therapie mit einer Stammzelltransplantation bzw. Knochenmarkstransplantation nach drastischer Chemotherapie und evtl. Bestrahlung. So konnten bei Erwachsenen mehrjährige Remissionen (Symptomfreiheit) oder gar dauerhafte Heilungen bewirkt werden. Bei der akuten lymphatischen Leukämie im Kindesalter beträgt die Heilungsrate inzwischen sogar weit über 90 %.

14.4.1 Akute Leukämie

Die *Einteilung* erfolgt nach morphologischen und zytochemischen Gesichtspunkten: Über die morphologische Definition besteht international keine Einigkeit. Therapeutische und prognostische Bedeutung hat vor allem die Differenzierung in akute lymphatische und akute myeloische Leukämie.

Die größte *Häufigkeit* besteht zwischen dem 1. und 5. Lebensjahr als überwiegend akute lymphatische Leukämie und nach dem 50. Lebensjahr als überwiegend akute myeloische Leukämie.

Anamnese

Hauptsymptome bei kurzer Anamnese und aus voller Gesundheit sind Fieber, Blutungsneigung und zunehmende Müdigkeit sowie Hautblässe.

Klinische Symptome

Bei Lymphknoten- und Milzvergrößerung handelt es sich meist um eine akute lymphatische Leukämie.

Hämatologischer Befund: Leitsyndrom ist der *Hiatus leukämicus* (im Differentialblutbild werden neben wenigen reifen Formen ganz unreife Elemente gesehen). In erster Linie bestehen eine Anämie und Thrombozytopenie, aber auch eine Granulozytopenie bei verminderter oder erhöhter Gesamtleukozytenzahl (leukämische oder aleukämische akute Leukose).

Im *Sternalpunktat* findet eine Wucherung des jeweiligen Leukämiezelltypus und eine Verdrängung der normalen hämatopoetischen Elemente statt; das zytologische und histologische Bild ist dabei durch eine Uniformität der Zellen gekennzeichnet.

Laboratoriumsbefunde

- BSG erhöht, uncharakteristische Veränderungen der Elektrophorese
- Lactatdehydrogenase erhöht
- Harnsäure im Serum und Urin erhöht
- Hyperkalzämie und Hypokaliämie möglich
- Störungen der Blutgerinnung

14.4.2 Benzol-induzierte akute Leukämie

Ein direkter Zusammenhang ist gesichert.[14] Benzol kann alle Formen der Leukämie verursachen, wobei Dosis-Wirkungs-Beziehungen in epidemiologischen Studien für die akute myeloische Leukämie und die chronisch lymphatische Leukämie dokumentiert sind. Die krankheitsverursachende Wirkung wird auf zwei Mechanismen zurückgeführt:

---

[14] IARC: Benzene. In: IARC monographs an the evaluation of carcinogenic risks to humans. Vol. 29, 1982. Suppl. 7, 198; Wissenschaftliche Begründung zur BK-Nr. 13 18, GMBl 2007, 974ff.

- Spezifische Benzolmetabolite, insbesondere Benzochinonradikale, hemmen das Enzym Topoisomerase II, welches bestimmte Schäden (Doppelstrangbrüche) der Erbsubstanz DNA repariert. Infolgedessen kommt es zu einer klastogenen Wirkung (strukturellen Chromosomenschädigungen).
- An mehreren Stellen im Benzolmetabolismus entstehen Sauerstoffradikale (oxidativer Stress), welche die DNA schädigen können.

Besonders vulnerabel sind auf Grund hoher Teilungsfrequenz die Stammzellen des blutbildenden Knochenmarks. Die Vulnerabilität der Lymphozyten wird darauf zurückgeführt, dass diese im Rahmen der Immunabwehr ihre DNA ständig neu kombinieren (um z.B. Krankheitserregern spezifisch zu begegnen), so dass die Erbsubstanz in dieser Phase von den gentoxischen Radikalen angreifbar wird.

Neben der Gentoxizität spielen epigenetische Wirkungen des Benzols für die Erhöhung des Krebsrisikos auch eine Rolle. Infolge der toxischen Knochenmarksdepression durch Benzol wird die „normale" bzw. „gesunde" Zellbildung unterdrückt, während die unempfindlichen Tumorzellen sich praktisch ungehindert vermehren können.

- **Exposition**

Ein definierter Grenzwert mit signifikant erhöhtem Erkrankungsrisiko kann nicht abgeleitet werden.

Neuere epidemiologische Studien mit Anwendung einer modernen Messmethodik für Benzol (insbesondere die australische „Health-Watch-Kohortenstudie" in der Mineralölindustrie) und eine große in China in Zusammenarbeit mit den nationalen Krebsforschungseinrichtungen der USA durchgefühte Studie zeigen ein gegenüber der Allgemeinbevölkerung erheblich erhöhtes Erkrankungsrisiko für die akute myeloische Leukämie (akute nichtlymphatische Leukämie) einschließlich der Frühstadien aplastische Anämie und myelodysplastisches Syndrom sowie für die chronisch lymphatische Leukämie ab einer kumulativen Dosis im hohen einstelligen oder niedrigen zweistelligen Bereich der „ppm-Jahre". Aus Analogieüberlegungen hinsichtlich des Verursachungsmechanismus ist dies auch auf „stammzellnahe" Non-Hodgkin-Lymphome übertragbar (s. 14.1 unter 2, S. 945).[15]

Für die chronisch myeloische Leukämie und andere myeloproliferative Syndrome sowie für die übrigen (peripheren) Non-Hodgkin-Lymphome einschließlich Multiples Myelom (Plasmozytom) ist keine epidemiologische Information zur Dosis-Wirkungs-Beziehung, insbesondere wegen der Seltenheit dieser Erkrankungen, vorhanden. Da die generelle Geeignetheit einer Verursachung durch Benzol auch für diese Krankheitsbilder besteht, ist eine Einzelfallbeurteilung erforderlich. Beachtung finden ungünstige arbeitshygienische Bedingungen der Exposition.

Ungeachtet der unzureichenden Erkenntnislage wird eine ausreichende Exposition bei einer
- extremen Belastungsintensität über einen Zeitraum von in der Regel zwei bis 5 Jahren oder
- hohen Belastungsintensität über einen Zeitraum von in der Regel sechs und mehr Jahren bejaht.

---

[15] Wissenschaftliche Begründung zur BK-Nr. 13 18, GMBl 2007, 974, 1005; dagegen Frank, Kentner, ASU 44 (2009) 254, 261.

- Zuordnung beispielhafter Tätigkeiten zu unterschiedlichen Belastungsintensitäten[16]

Extreme Belastungsintensität (Expositionsintensität)*

offener Umschlag von Ottokraftstoffen oder hinsichtlich des Benzolgehaltes vergleichbaren Kohlenwasserstoffgemischen auf Tankschiffen, Tank- und Kesselwagen sowie Tankcontainern bis 1982 (S)

Benzolalkylierung und Ethylbenzolherstellung in Chemiebetrieben der DDR (z. T. bis 1990) (S)

Reinigen von Gegenständen (auch Hände waschen) mit Ottokraftstoffen oder hinsichtlich des Benzolgehaltes vergleichbaren Kohlenwasserstoffgemischen bis ca. 1985 (T)

Spritzauftrag von benzolhaltigen Beschichtungen oder Oberflächenbehandlungsmitteln vor 1970 (T)

Arbeiten in Teer-, Pech- und Asphaltlaboratorien (Kalt- und Heißextraktion mit Benzol) bis 1980 (S)

Reinigung von Tankanlagen für Ottokraftstoffe bis 1980 (T)

Innenreinigung von Behältern für Benzol bzw. Ottokraftstoffen oder hinsichtlich des Benzolgehaltes vergleichbaren Kohlenwasserstoffgemischen ohne geeignete Schutzmaßnahmen

Hohe Belastungsintensität

Arbeiten in Nebengewinnungsanlagen der Kohlechemie (Kokerei und Gaswerk) vor 1990 (zwei Jahre) oder vor 1999 (vier Jahre) (S)

Roh- und Reinbenzolherstellung vor 1999 (vier Jahre) (S)

Arbeiten in Anlagen zur Herstellung von Ethylen bis 1990 (S)

Bedienen von Tanks für Ottokraftstoffe durch Pumpen, Peilen, Aufmischen, Öffnen von Schiebern, Tankstandsmessungen, Wartung und Ziehen von Labormustern im Tankfeld bis 1999 (vier Jahre) (S)

Warten und Instandhaltung von benzolführenden Rohrleitungsteilen und Pumpen (nicht Kfz) bis 1999 (vier Jahre) (S)

Arbeiten im Kfz-Handwerk an ottokraftstoffführenden Teilen bis 1980 (zwei Jahre) (T)

Arbeiten im Kfz-Handwerk an Vergasern bis 1985 (zwei Jahre) (T)

Arbeiten im Kfz-Handwerk an ottokraftstoffführenden Teilen bis 1985 (vier Jahre) (T)

Arbeiten im Kfz-Handwerk an Vergasern bis 1990 (fünf Jahre) (T)

Reinigung von Tankanlagen für Ottokraftstoffe bis 1990 (T)

Funktionsprüfung von kraftstoffführenden Motorkomponenten (z. B. Benzinpumpen) bis 1999 (T)

Spritzauftrag von Beschichtungen oder Oberflächenbehandlungsmitteln vor 1970 bis 1979 (T)

* Bei der Ermittlung der Expositionszeit ist die tätigkeits- (T) und schichtbezogene (S) Differenzierung zu beachten. Die betreffenden Tätigkeiten können im Einzelfall der nächst höheren Kategorie zuzuordnen sein, wenn regelmäßig ohne die üblichen Arbeitsschutzmaßnahmen gearbeitet und dadurch eine der nächst höheren Kategorie entsprechende Belastungsintensität erreicht wurde. Unter solchen außergewöhnlichen Umständen kann bei den zu einer hohen Belastungsintensität genannten Tätigkeiten eine Einordnung als extreme Belastungsintensität gerechtfertigt sein.

---

[16] Wissenschaftliche Begründung zur BK-Nr. 13 18, GMBl 2007, 974, 1007 f.

- **Latenzzeit**

Die Zeit von Beginn der Exposition bis zur Diagnose beträgt im Durchschnitt 18 bzw. 24 Jahre, im Einzelfall nur wenige Jahre.[17] Für die chronisch lymphatische Leukämie und andere Non-Hodgkin-Lymphome ist von wesentlich längeren Latenzzeiten auszugehen.

- **Interimszeit**

Sie ist die zwischen dem Expositionsende und der Krankheitsmanifestation vergangene Zeitspanne. Das Risiko für eine Benzol-induzierte Leukämie wird mit zunehmenden zeitlichen Abstand zur Exposition geringer. Nach einer Zeitspanne von 15 Jahren war für die akute myeloische Leukämie eine statistisch signifikante Risikoerhöhung nicht mehr nachweisbar.[18] Diese Beobachtung ist allerdings nicht auf chronische hämolymphatische Erkrankungen übertragbar.

14.4.3 Weitere Ursachen

(1) Virusinfektion

Angenommen wird, dass durch die Integration eines onkogenen Virusgenoms in Stammzellen diese zur leukämischen Transformation disponiert werden können. Diese Arbeitshypothese gründet sich auf den Nachweis virusinduzierter Tierleukämien.

(2) genetische Faktoren

Leukämien treten beim Down-Syndrom (Trisomie 21, Mongolismus) vermehrt auf. Familiäre Leukämiehäufungen werden beobachtet. Bei eineiigen Zwillingen besteht eindeutige Konkordanz.

(3) ionisierende Strahlen

Nach den Atombombenexplosionen in Hiroshima und Nagasaki stieg die Leukämiehäufigkeit der unmittelbar betroffenen Bevölkerung sprunghaft an. Die erhöhte Leukämierate betraf nicht die chronisch lymphatische Leukämie. Daher wird für diese Form keine strahlenbedingte Erhöhung angenommen.[19] Vor der Auswirkung entsprechender Strahlenschutzmaßnahmen lag die Leukämierate bei Röntgenologen signifikant höher als bei weniger exponierten Personen.

Bei einer Aufnahme von über 100 rem (= 1 Sv [Sievert]) in den Blutbildungsorganen ist ein linearer Zusammenhang zwischen Dosis und Erhöhung der Leukämiefälle statistisch gesichert. Dies gilt für strahlensensible Gewebe (Schilddrüse, Harnblase, Ovar, Brust, Haut). Weniger empfindliche Gewebe (Pankreas, Leber, Prostata) erfordern wesentlich höhere

---

17 Vgl. LSG Nordrhein-Westfalen, 21. 10. 1997, HV-Info 28/1998, 2643 = Meso B 100/31: 10 Jahre und mehr.
18 Finkelstein, Am. I. Ind. Med 38 (2000) 1.
19 Streffer, Handbuch der Arbeitsmedizin (Hrsg. Konietzko, Dupuis) 1997 Abschn. IV-3.8.1.

Organdosen. Unterhalb einer Organdosis von 0,02 Sv ist der ursächliche Zusammenhang unwahrscheinlich.[20]

Latenzzeit: 2 bis 15 Jahre

14.4.4 Chronisch myeloische Leukämie

Entstehungsursachen

Bei mehr als 90 % der Betroffenen mit chronisch myeloischer Leukämie wird das *Philadelphia-Chromosom* nachgewiesen, das sich durch ionisierende Strahlen und chemische oder andere mutagene Einflüsse als Chromosomendefekt manifestieren kann. Die Unterscheidung von Ursache und Folgeerscheinungen ist noch nicht mit Sicherheit gegeben. Der Chromosomendefekt betrifft die multipotenten Stammzellen des Knochenmarks. Die mutierte Stammzelle hat einen ungeklärten Proliferationsvorteil, die Wachstumskapazität der granulozytären Vorstufen dominiert.

Der *Häufigkeitsgipfel* liegt zwischen dem 25. und 45. Lebensjahr. Eindeutige Geschlechtsbevorzugung besteht nicht.

Symptome

Hauptsymptom ist ein *großer Milztumor* mit Völlegefühl im linken Oberbauch. Die Leber ist meist ebenfalls vergrößert und konsistenzvermehrt. Lymphknotenvergrößerungen kommen vor. Leukämische Infiltrationen, Blutungen oder Thrombosen in verschiedenen Organen führen zu einem bunten Symptomenbild.

Blutbild und Knochenmark

Charakteristisch ist die Vermehrung der Gesamtleukozytenzahl im Blut. Im Verlauf kommt es im Allgemeinen zu einer Linksverschiebung des Differential-Blutbildes. Fast immer besteht eine Basophilie und häufig eine Eosinophilie. Im Knochenmarkpunktat liegt eine starke Zunahme der Granulopoese vor.

Laboratoriumsbefunde

- LDH erhöht
- Hyperurikämie
- Anstieg des Vitamin B_{12} im Serum, Zunahme des Vitamin B_{12}-bindenden Proteins
- niedrige Aktivität oder völliges Fehlen der alkalischen Leukozyten- bzw. Granulozytenphosphatase

---

[20] Rdschr. BMA v. 13. 3. 2002, BArbBl. 7-8/2002, 157; Valentin, Arbeitsmedizin, 3. Aufl. 1985 Bd. 2 S. 151 ff.; IARC Study Group an Cancer Risk among Nuclear Industry Workers, Lancet 344 (1994) 1039-1043; vgl. auch Hess. LSG, 8. 12. 1971, Kartei Lauterbach Nr. 8535 zu § 548 Abs. 1 S. 1 RVO.

Differentialdiagnose

- Osteomyelofibrosklerose
- leukämische Reaktion bei bakteriellen Infektionen
- Agranulozytose
- akuter Myeloblastenschub
- akute myeloische Leukämie

Prognose und Komplikation

Die mittlere Überlebenszeit nach vielfach zufälliger Diagnosestellung beträgt durchschnittlich zwei bis drei Jahre. Je größer die Anzahl der klinischen Symptome, desto schlechter ist die Prognose. Nach einer Progredienz der Erkrankung über mehrere Jahre tritt häufig eine akute Verschlechterung durch einen Myeloblastenschub auf. Das Terminalstadium dauert oft nur wenige Monate. Weitere Komplikationen sind Milzinfarkt, Milzruptur, Osteoporose und Herzinsuffizienz durch chronische Anämie.

14.4.5 Chronisch lymphatische Leukämie

Die chronisch lymphatische Leukämie (CLL) ist ein leukämisches Non-Hodgkin-Lymphom der B-Zellreihe.

Entstehungsursachen

Benzol ist generell geeignet, eine chronisch lymphatische Leukämie zu verursachen, wobei insbesondere die australische Health-Watch-Kohortenstudie eine Dosis-Wirkungsbeziehung belegt (Näheres s. 14.4.2, S. 956). Wie bei anderen Non-Hodgkin-Lymphomen sind Infektionen mit lymphotropen Viren (HIV, HTLV, aktuelle Epstein-Barr-Virusinfektion) als Kausalfaktor zu beachten.

Klinisches Bild

Die chronisch lymphatische Leukämie ist die häufigste Leukämieform in Europa und Nordamerika (3/100.000 Einwohner). Unterschieden werden die aggressive – meist zwischen dem 30. und 50. Lebensjahr auftretende – Form und die oligosymptomatische und weitaus weniger gravierende chronisch lymphatische Leukämie jenseits des 60. Lebensjahres. Hauptsymptome sind schmerzlose Lymphknotenschwellungen und gesteigerte Infektbereitschaft infolge Antikörpermangel. Nicht selten sind auch Hautveränderungen (Pruritus, Urticaria, Zoster, lymphozytäre Hautinfiltrate). Sehr oft bestehen Milz- und Leberschwellungen. Auch andere Organe können von einer leukämischen Zellinfiltration befallen sein. Als Folge der chronisch lymphatischen Leukämie können auch Antikörpermangelsyndrom oder Autoimmunopathie, meist in Form einer autoimmunhämolytischen Anämie, auftreten.

Hämatologischer Befund

Im peripheren Blutausstrich dominieren die Lymphozyten, manchmal etwas größer und unreifer als normale Lymphozyten. Bei der Präparation entstehen die Gumprecht'schen

Kernschatten. Später treten progrediente Anämie und Thrombozytopenie auf. Auch im Knochenmark überwiegen unreife Lymphozyten.

Laboratoriumsbefunde

- die absolute Zahl der Granulozyten ist manchmal leicht erhöht; Lymphozyten dominieren
- γ-Globuline vermindert
- Immunglobuline vermindert
- später progrediente Anämie

Differenzialdiagnose

- Infektbedingte Lymphknotenerkrankungen
- Lymphosarkome
- Kollagenosen
- Makroglobulinämie Waldenström
- Hämolytische Anämien

Prognose und Komplikation[21]

Die mittlere Überlebenszeit ab dem Diagnosezeitpunkt schwankt abhängig vom Stadium zwischen zwei und mehr als zehn Jahren.

Parameter, die unabhängig vom Stadium auf einen ungünstigen Verlauf deuten

- Lymphozytenverdoppelungszeit von weniger als zwölf Monaten
- erhöhte Serum-LDH-Aktivität
- erhöhte Serum-ß$_2$-Mikroglobulinkonzentration
- erhöhte Serum-Thymidinkinase-Aktivität
- erhöhter Serumspiegel des löslichen CD23
- Aberrationen der Chromosomen 11 (11q-) und 17 (17p-)
- Fehlen von somatischen Hypermutationen der Immunglobulin-VH-Genregion
- CD38-Positivität der CLL-Zellen
- diffuses oder nichtnoduläres Knochenmarkinfiltrationsmuster

14.4.6 Arbeitsunfall

Rechtzeitig ist ein Gutachter zu beauftragen, der über Erfahrung bei der Beurteilung der Zusammenhänge zwischen traumatischen Einwirkungen und Bluterkrankungen verfügt.

Ähnliches gilt für die Blutuntersuchungen, die eine verwertbare Grundlage zur gutachterlichen Äußerung schaffen sollen: Auch hier ist wichtig, zuverlässige und mit den Untersuchungsverfahren vertraute hämatologische Institute in Anspruch zu nehmen.

---

[21] Hallek, u.a., Dt. Ärzteblatt 2002; 99: A 1294.

Es wird nicht für wahrscheinlich erachtet, dass „banale" stumpfe Krafteinwirkungen eine bereits im Gange befindliche Leukämie messbar ungünstig zu beeinflussen vermögen.[22]

Inwieweit ausnahmsweise auf Grund erheblicher Sonderart des Einzelfalles (chronische Alterungen, Virusinfektion) ein Zusammenhang als wahrscheinlich anzuerkennen ist, bedarf äußerst kritischer Betrachtung, vor allem wegen des eigentümlichen Wesens der Krankheit, der Besonderheiten hinsichtlich des Unfallgeschehens, der Krankheitszeichen und des Krankheitsverlaufs.

Die rechtliche *Beweisführung*[23] erfordert im Einzelfall die Klärung in folgender Richtung:

– Kann am Unfalltag bereits eine latente Leukämie bzw. eine besondere Reaktionsbereitschaft des Knochenmarks vorgelegen haben?
– Wäre der Verletzte bei diesem Zustand ohne traumatische Einwirkung voraussichtlich noch länger als ein Jahr am Leben geblieben?
– Konnte gerade die Unfallverletzung bzw. die hierdurch bewirkte Folgeerscheinung die Progredienz der Leukämie wesentlich begünstigen?

14.5 Anämie[24]

Mit Anämie bezeichnet man generell Blutarmut, wobei das Hämoglobin und der Erythrozytengehalt im Blut vermindert sind. Als Allgemeinsymptome ergeben sich Müdigkeit, Schwäche, Leistungsabfall, Schwindelgefühl und Blässe der Haut und sichtbaren Schleimhäute. Bei Belastung treten Palpitationen auf. Mit zunehmender Anämie wird das Symptomenbild bunter: Appetitlosigkeit, Magen-Darm-Beschwerden, Schlaflosigkeit, Nachlassen von Libido und Potenz u.a. können sich einstellen.

Wichtige Anämieformen

14.5.1 Anämien durch Blutverluste

Akute wie chronische Blutverluste führen zur Anämie. Ihr Grad, die morphologischen Charakteristika und die zellulären Indizes sind von Ausmaß und Zeitdauer der Blutung abhängig.

- **Pathophysiologie**

Bei akuten Blutverlusten stehen die hämodynamischen Auswirkungen im Vordergrund. Die Verminderung der Erythrozytenmasse verursacht kompensatorisch zunächst eine Erhöhung des Herzzeitvolumens. Durch herabgesetzten venösen Rückfluss resultiert jedoch eine Abnahme des Herzzeitvolumens mit Blutdruckabfall und gesteigerter Herzschlagfre-

---

22 Mollowitz, Der Unfallmann, 12. Aufl. 1998 S. 214; Link, MfU 1961, 167 m. Hinw. auf Heilmeyer, Begemann, u.a.
23 BSG, 27. 10. 1961, Soz.E.Slg. § 542 (b) Nr. 10; Gegenstand der Entscheidung ist die Kausalreihe: Unfall – Zahnextraktion – Leukämie – Tod, mit genauer Analyse der Beweisfragen, Zurückweisung an Vorinstanz.
24 Weiterführendes Schrifttum: Begemann, Praktische Hämatologie, 11. Aufl. 1999; ders., Erkrankungen der Erythropoese, in: Innere Medizin in Praxis und Klinik (Hrsg. Hornbostel, u.a.) Bd. 3 1978; Steinke in: Medizinische Begutachtung innerer Krankheiten (Hrsg. Marx, Klepzig) 7. Aufl. 1997 S. 430 ff.

quenz bis hin zum Schock. Erst nach zwei bis vier Stunden kommt es zum progressiven Abfall von Hämoglobin, Hämatokrit und Erythrozytenzahl als Folge des Einströmens interstitieller Flüssigkeit in die Blutbahn. Akut erfolgt eine Ausschwemmung von Retikulozyten aus dem Knochenmark als Versuch des Organismus, das Erythrozytenvolumen wieder herzustellen.

Chronische Blutverluste führen zum Bild einer hypochromen mikrozytären Anämie als Resultat des defizitären Eisenstoffwechsels. Die Hämoglobinsynthese ist bei noch erhaltener Zellbildung ungenügend.

- **Ursachen**
- traumatische äußere und innere Blutverluste
- verstärkte Periodenblutungen
- gastrointestinale Blutungen
- Epistaxis, Gingivablutungen, Hämaturie, Hämorrhoidalblutungen, u.a.
- hämorrhagische Diathesen

- **Klinisches Bild**

Neben den bekannten Allgemeinsymptomen treten periphere Ödeme auf. Magen-Darm-Blutungen führen bei einem chronischen Verlauf im Allgemeinen zu einer Schwarzfärbung des Stuhles. Bei akuten, auch hoch gelegenen Gastrointestinal-Blutungen wird rotes Blut rektal ausgeschieden.

Laboratoriumsbefunde

akuter Blutverlust:

- Abfall von Hämoglobin, Hämatokrit, Erythrozytenzahl nach mehreren Stunden
- initialer Retikulozytenanstieg
- in der ersten Woche Erhöhung des Färbeindexes und des durchschnittlichen zellulären Erythrozytenvolumens

chronischer Blutverlust:

- Erythrozyten: hypochrom, mittlere Anisocytose
- vermindert sind: Färbeindex, mittlere zelluläre Hämoglobin-Konzentration, mittlerer Hämoglobingehalt der Erythrozyten
- durchschnittliche Erythrozytenvolumen unter die Norm erniedrigt
- Serumeisen erniedrigt
- Eisenbindungskapazität erhöht
- totales Serumbilirubin im unteren Normbereich
- Erythropoese normoblastisch

14.5 Anämie

14.5.2 Anämien durch Störung der Erythropoese

14.5.2.1 Eisenmangel-Anämie (hypochrome Anämie)

Eisenmangel-Anämien sind eine inhomogene Gruppe von Blutarmut, bei der die Verminderung der Hämoglobinkonzentration im Blut höher ist als die Herabsetzung der Erythrozytenzahl. Die ätiologische Gemeinsamkeit dieser Anämieformen besteht in der Verminderung der Erythropoese durch Störungen im Eisenhaushalt oder Eisenstoffwechsel. Die hypochrome Anämie ist die meist verbreitete Form der Blutarmut.

- Ursachen

Eisenverluste (chronische und akute Blutungen) oder mangelhafte Eisenzufuhr (herabgesetzter Eisengehalt der Nahrung, Eisen-Resorptionsverminderung im Darm) stehen an erster Stelle.

Hypochrome Anämien treten auch bei Hämoglobinopathien und sideroachrestischen Anämien auf.

- Pathophysiologie

Die tägliche Kost enthält etwa 10 bis 20 mg Eisen, von dem 5 bis 10 % resorbiert werden und damit den täglichen Eisen-Bedarf von 0,7 bis 2,0 mg decken.

Der genaue Mechanismus der Eisen-Aufnahme im menschlichen Organismus ist noch nicht bekannt. Die Eisen-Aufnahme erfolgt vor allem im oberen Dünndarm. Voraussetzung für die intestinale Resorption ist die Reduktion des dreiwertigen Nahrungseisens durch reduzierende Substanzen (u.a. Salzsäure).

Im Plasma wird das Eisen in dreiwertiger Form an Transferrin gebunden und vor allem in das Knochenmark transportiert; dort steht es dann nach einem stoffwechselabhängigen Transport in das Zellinnere zur Häm-Synthese zur Verfügung. Im retikuloendothelialen System (RES) kann Eisen gespeichert werden.

Die Konstanthaltung der Eisenbilanz wird namentlich über die Eisenresorption, nicht durch die Ausscheidung gesteuert, da das durch den Blutumsatz freigesetzte Eisen fast vollständig für die Blutneubildung wieder verwendet wird. Bei negativer Eisenbilanz entwickelt sich eine hypochrome Anämie langsam und erst nach vollständiger Entleerung der Eisenspeicher.

- Krankheitsbild

Neben allgemeinen anämiebedingten Erscheinungen treten mit zunehmender Anämie oft Nagelveränderungen, trockenes schütteres Haar, Mundwinkelrhagaden, Zungenbrennen, Schluckbeschwerden und Magen-Darm-Störungen auf. Herzinsuffizienz mit Ödemen an den unteren Extremitäten kann sich einstellen. Das Plummer-Vinson-Syndrom zeichnet sich durch die Trias Glossitis, Dysphagie und Eisenmangelanämie aus.

Hypochrome Anämien ergeben sich auch bei Infekten und Tumorleiden.

Laboratoriumsbefunde

Hämatologisches Leitsymptom sind die mikrozytären hypochromen Erythrozyten im Blutausstrich bei schwerer Anämie. Die Hämoglobinbeladung des einzelnen Erythrozyten ist erniedrigt. Bei starkem Eisenmangel findet sich neben einer leichten Leukopenie auch eine Thrombozytopenie. Die Erythrozytopoese zeigt vermehrt unreife Vorstufen. Das Plasmaeisen ist erniedrigt, die Eisenbindungskapazität erhöht.

14.5.2.2 Aplastische Anämie (Panmyelophthise, Panmyelopathie, Panzytopenie, aplastisches Syndrom)

Sie äußert sich in einer Verminderung aller drei geformten Blutelemente, also der roten und weißen Zellreihe sowie der Blutplättchen. Als Ursache wird ein Versagen des hämatopoetischen Stammzellsystems vermutet. Die aplastische Anämie (AA) ist vielmals eine Vorstufe des myelodysplastischen Syndroms (MDS) oder der akuten myeloischen Leukämie; AA und MDS werden mitunter als „Präleukämie" bezeichnet. Ihre Häufigkeit wird auf 0,5/100 000 Einwohner pro Jahr geschätzt. Eine Disposition wird angenommen. Bei etwa der Hälfte ist das Mitwirken einer potentiellen Noxe mindestens wahrscheinlich. Die Toxizität ist für benzolhaltige Lösungsmittel und verschiedene Medikamente gesichert.

Das Krankheitsbild ist durch eine allgemeine anämische Symptomatik, herabgesetzte Infektabwehr (Leukopenie) und eine hämorrhagische Diathese (Thrombopenie) gekennzeichnet. Letztere äußert sich meist durch petechiale Blutungen der Haut und Schleimhäute. Die Diagnose wird durch das Blutbild und das Knochenmarkpunktat gestellt.

Ursächliche, die Blutbildung schädigende Einwirkungen sind Benzol, ionisierende Strahlen, Zytostatika.

Benzol kann bereits bei Expositionskonzentrationen unter 1 ppm eine akute Knochenmarksdepression und eine Verminderung der Zellzahlen im Blut bewirken.[25] Diese in der Regel nach Expositionsende reversible Wirkung sollte nicht mit einer aplastischen Anämie gleichgesetzt werden. Für die aplastische Anämie ist analog zur akuten myeloischen Leukämie von einer unfallversicherungsrechtlich relevanten Risikoerhöhung bei einer, kumulativen Benzolbelastung im hohen einstelligen ppm-Jahr-Bereich auszugehen.[26] Als besonders gefährdend sind hohe Belastungsspitzen anzusehen.

Weitere (vermutete) Ursachen (auf Grund von Fachberichten) ohne Nachweis eines kausalen Zusammenhangs:[27]

- Industriechemikalien, als Insektizide, Herbizide, Pestizide, u.a., (chlorierte Kohlenwasserstoffe) eingesetzt
- Dichlor-Diphenyl-Trichlorethan (DDT)

---

[25] Lan, u.a., Hematotoxicity in workers exposed to low levels of benzene. Science 306 (2004) 1774–1776.
[26] Näheres siehe Wissenschaftliche Begründung des Ärztlichen Sachverständigenbeirats „Berufskrankheiten" beim Bundesministerium für Arbeit und Soziales: „Erkrankungen des Blutes, des blutbildenden und des lymphatischen Systems durch Benzol", Bek. d. BMAS v. 1. 9. 2007 (GMBl 2007, 974 ff.).
[27] Seidel, in: Handbuch der Arbeitsmedizin (Hrsg. Konietzko, Dupuis) 1992, Absch. IV-7.5.

14.5 Anämie

- Hexachlorcyclohexan
- Pentachlorphenol

14.5.2.3 Sideroachrestische Anämien (Sideroblasten-Anämien)

Darunter wird eine ätiologisch heterogene Gruppe von hyperchromen oder normochromen Anämien zusammengefasst, denen bei erhöhter Serum-Eisen-Konzentration eine Eisenverwertungsstörung zu Grunde liegt.

Diese Störungen der Häm-Synthese sind kongenital (angeboren) oder erworben.

- **Bleianämie**

Unter den erworbenen sideroachrestischen Anämien ist die *Bleianämie* wesentlich bedeutsam. Sie entsteht bei chronischer und hoher Exposition gegenüber Blei und seinen anorganischen Verbindungen (Blutbleispiegel oberhalb 800 µg/l).

- **Pathophysiologie**

Neben den Zeichen einer sideroachrestischen Anämie treten bei der Bleianämie Symptome der Hämolyse auf. Bis jetzt wurde eine Hemmung der Delta-Aminolävulinsäure-Dehydratase und der Hämsynthetase nachgewiesen. Dadurch kommt es zu einer Anhäufung von Vorstufen der Porphyrinsynthese in den Erythrozyten und einer erheblichen Steigerung der Ausscheidung der Delta-Aminolävulinsäure im Urin.

- **Krankheitsbild**

Müdigkeit, Kopfschmerzen und hartnäckige Obstipation sind neben der Anämie Frühsymptome. Das Vollbild der noch selten zu beobachtenden Intoxikation besteht in Dickdarmkoliken, Polyneuropathie, Erregungszuständen, depressiven Verstimmungen und evtl. zerebralen Paroxysmen. Bei längerer Exposition ist ein typischer Bleisaum am Gingivarand beschrieben.

Laborbefunde

- normochrome bis hypochrome Anämie
- zahlreiche Erythrozyten mit basophiler Tüpfelung im Blutausstrich
- deutliche Hyperplasie der Erythropoese im Knochenmarkausstrich
- Serum-Eisen-Konzentration erhöht
- Delta-Aminolävulinsäure-Ausscheidung im Urin erhöht
- Koproporphyrin-III-Ausscheidung im Urin erhöht

14.5.2.4 Megaloblastäre Anämien

Dies ist eine Gruppe von hyperchromen, makrozytären Anämien, deren Ursache in einer Störung der Erythropoese mit Megaloblastenbildung durch Hemmung der Proliferation und Reifung erythropoetischer Vorstufen liegt.

- **Perniziöse Anämie (Biermer'sche Anämie)**

Die in Mitteleuropa am häufigsten vorkommende megaloblastäre Anämie ist die perniziöse Anämie. Durch die Trias megaloblastäre Anämie, Achylie des Magens und Störungen des Zentralnervensystems ist sie gekennzeichnet.

- **Pathogenese**

Im Magen erfolgt die Bindung des – mit der Nahrung aufgenommenen Vitamin B_{12} – an ein von den Belegzellen sezerniertes Glykoproteid, den Intrinsic-Faktor. Aus dem B_{12}-Intrinsic-Faktor-Komplex wird das Vitamin B_{12} im unteren Ileum von spezifischen Schleimhautzotten resorbiert. Bei Kranken mit perniziöser Anämie besteht eine Atrophie der Magenschleimhaut und funktionell eine Achylie mit stimulationsrefraktärer Anacidität. Durch unzureichende Bildung des Intrinsic-Faktors kann Vitamin B_{12} nicht in ausreichendem Maße resorbiert werden. Die Bedeutung von Autoantikörper ist für die Pathogenese der perniziösen Anämie noch nicht eindeutig geklärt.

- **Krankheitsbild**

Abneigung gegen Fleisch und Wurst, Durchfälle, Gewichtsverlust, Parästhesien und Schwäche in den Beinen können schon vor den hämatologischen Symptomen auftreten. Leitsymptom ist das Zungenbrennen.

(1) Hämatologisches Syndrom:

Blaßgelbliches Hautkolorit. Im Blutbild ist eine hyperchrome makrozytäre Anämie mit ausgeprägter Aniso- und Poikilozytose zu sehen. Im Blutausstrich finden sich charakteristische Megalozyten. Eine Leukopenie mit übersegmentierten Granulozyten und eine relative Lymphozytose sowie eine mäßige Thrombopenie ohne Blutungsneigung liegen vor. Das Knochenmarkpunktat zeigt ein hyperplastisches Mark mit megaloblastärer Erythropoese.

(2) Gastrointestinales Syndrom:

Die Zunge ist durch eine Papillenatrophie glatt und lackartig gerötet. Schleimhautatrophie des Magens, histaminrefraktärer Anacidität und dyspeptische Beschwerden bestehen. Das Magenkarzinom-Risiko ist erhöht.

(3) Spinales Syndrom:

Eine Degeneration der Markscheiden, später auch der Achsenzylinder führt zu funikulärer Spinalerkrankung in den Hinter- und Seitensträngen. Als Symptome stehen Paraesthesien, Störungen des Vibrationsempfindens, Ataxie, Tonusminderung und spastische Zeichen an oberster Stelle.

- **Diagnose**

Sie erfolgt durch den Knochenmarksbefund und die Anacidität bei pathologischem Ausfall des Schilling-Testes. Gastroskopisch wird die atrophische Gastritis nur im Fundus und Corpusbereich bei intaktem Antrum gefunden.

14.5.2.5 Hämoglobinopathien

Die durch angeborene Störungen des Aufbaus und der Funktion des Hämoglobins hervorgerufenen klinischen Syndrome werden als Hämoglobinopathien bezeichnet.

Von den Strukturgenen für jedes der zwei Polypeptitkettenpaare des Hämoglobins gibt es sehr verschiedene erbliche Varianten. Dabei hat nur ein kleiner Teil der ca. 250 bekannten Hämoglobin-Anomalien eine pathogene Bedeutung. Als Auswirkungen pathologischer Strukturanomalien können unterschieden werden

- verminderte Sauerstoff-Affinität: Sauerstoff-Sättigung der Erythrozyten ist herabgesetzt
- erhöhte Sauerstoff-Affinität: Kompensatorische Erythrozytose, da weniger Sauerstoff ins Gewebe abgegeben wird
- Hämoglobin-Instabilität: Hämylose
- Aggregation des Hämoglobins: Erythrozytenumgestaltung.

Wichtige Hämoglobinopathien sind die *Sichelzellanämien* und die *Thalassämie*. Erstere tritt vorwiegend bei Schwarzen auf, letztere ist vorrangig bei den Mittelmeeranrainern anzutreffen.

14.5.3 Anämien durch gesteigerten Erythrozyten-Abbau

Allgemeine Symptomatik der Hämolyse

- Hyperbilirubinämie: Skeleren- und Hautikterus, Urobilinogen in Stuhl und Harn vermehrt, sekundäre Cholelithiasis
- starker Erythrozytenzerfall: Hämoglobinämie, Hämoglobinurie, Hämosiderinurie
- Anstieg der Serumlactatdehydrogenase
- Verkürzung der Halblebenszeit der ^{51}Cr-markierten Erythrozyten
- Anämie: bei entsprechender Steigerung der Erythropoese fehlend
- Milzschwellung

14.5.3.1 Korpuskulär bedingte hämolytische Anämien

Durch hereditäre oder erworbene Defekte der Erythrozyten ist deren Lebensdauer verkürzt. Sie unterliegen daher einer vermehrten intravasalen Auflösung bzw. einem verstärkten Abbau im RES. Diesen Vorgängen liegen Membran- und Stoffwechseldefekte bzw. Anomalien des Blutfarbstoffs zu Grunde.

Die *hereditäre Sphärozytose* (Kugelzellenikterus) ist die in der Bundesrepublik Deutschland häufigste Form der korpuskulären hämolytischen Anämie, insgesamt erscheint sie aber selten. Durch einen Membrandefekt kommt es zur vermehrten Wasseraufnahme der Erythrozyten und damit zur Kugelzellbildung mit verminderter osmotischer Resistenz. Die Sphärozyten werden vorwiegend in der dadurch vergrößerten Milz abgebaut. Nach Milzexstirpation normalisiert sich die Erythrozytenlebensdauer weitgehend. Offenbar infolge Knochenmarkhyperaktivität zeigt sich eine Verbreiterung der Markräume mit Verschmälerung der Kompakta und Veränderungen in der Trabekelstruktur.

Der *Glucose-6-Phosphat-Dehydrogenasemangel* ist der häufigste aller Enzymdefekte. Ungefähr 100 Millionen Menschen, in erster Linie orientalische Juden, Schwarze, Chinesen, Inder und Thailänder sind betroffen. Eine hämolytische Manifestation erfolgt meist nur nach Einnahme bestimmter Medikamente, nach Stresssituationen und bei Virusinfekten. Im Mittelmeerraum – besonders auf Sardinien – treten bei Glucose-6-Phosphat-Dehydrogenasemangelträgern schwere Hämolysen nach Genuss der großen Pferdebohne auf (Favismus). Die Therapie besteht in prophylaktischer Vermeidung der hämolyseinduzierenden Stoffe.

Weitere korpuskulär bedingte hämolytische Anämien sind die *nichtsphärozytäre hämolytische Anämie* und die *paroxysmale nächtliche Hämoglobinurie*.

14.5.3.2 Extrakorpuskulär bedingte hämolytische Anämien

Normal strukturierte Erythrozyten liegen vor, die durch eine von außen einwirkende Schädigung vorzeitig zu Grunde gehen. Hierzu zählen die immunhämolytischen Anämien durch Wärme und Kälte-Antikörper sowie erworbene hämolytische Anämien. Diese Anämien können ideopathisch oder in Begleitung verschiedener Grundkrankheiten auftreten.

14.5.3.3 Symptomatisch erworbene hämolytische Anämien

Sie sind durch Antikörper bedingt und werden in ihrer Symptomatik und therapeutischen Beeinflußbarkeit durch die Grundkrankheit bestimmt. Folgende Grundkrankheiten können eine symptomatische hämolytische Anämie hervorrufen:

- Krankheiten des Blutes und der blutbildenden Organe
- chronische lymphatische Leukämie
  - Lymphosarkomatose
  - Makroglobulinämie
  - Lymphogranulomatose
- benigne und maligne Tumoren
- entzündliche bzw. septische Krankheiten
  - Mononukleosis infektiosa
  - Virushepatitis
  - Viruspneumonien
  - bakteriell bedingte Erkrankungen
- Autoaggressionskrankheiten
  - Medikamente

Kälteagglutininbedingten hämolytischen Syndrome, paroxysmale Kältehämoglobinurie, mechanisch und thermisch bedingte Hämolysen bleiben hier außer Betracht.

14.5.3.4 Toxisch bedingte Hämolysen

Der Angriffspunkt einer Vielzahl chemischer Substanzen oder tierischer und pflanzlicher Toxine zeigt sich an der Zellmembran; Haptenmechanismen, Immunkomplexe, Autoanti-

14.5 Anämie

körperinduktion und unspezifische Proteinkoppelungen spielen eine Rolle. Toxisch bedingte Hämolysen sind dosisabhängig.

Substanzen, die auf toxischer Basis eine Hämolyse hervorrufen können (nach *Gehrmann*)

Benzol	Arsen
Xylol	Phenylhydrazin
Toluol	Phenacetin
Nitrobenzol	Acetanilid
Dinitrobenzol	Methylchloride
Trinitrotoluol	Alkohol
Anilin	Wasser
Kupfer	Seponine
Kolloidales Silber	Detergentien

14.5.4 Symptomatische Anämien bei verschiedenen Erkrankungen

Sie sind Folgen des zu Grunde liegenden Krankheitsprozesses:

– Systemkrankheiten der blutbildenden Organe
– Tumoren
– Infektanämie
– Leberkrankheiten
– Urämie
– Avitaminosen
– Endokrinopathien

14.5.5 Zusammenhangsbeurteilung[28]

Die Bewertung erfordert eine sachgerechte Unterscheidung der Krankheitsformen.

Die *akute* Blutungsanämie kann Unfallfolge sein. Am häufigsten sind Blutungen aus dem Magen-Darm-Trakt, gynäkologische Blutungen und solche aus Tumoren.

Die *Eisenmangel*-Anämie entsteht meist als chronische Blutungsanämie nach Blutungen aus dem Magen-Darm- und Genital-Trakt oder Tumoren. Bei Betroffenen aus Mittelmeerländern müssen die endogenen Hämoglobinapathien durch Anamnese, Familienuntersuchung und Hämoglobinelektrophorese ausgeschlossen werden.

Tritt eine *megaloblastäre* Anämie etwa fünf bis zehn Jahre nach einer Magenresektion als Folge eines Versicherungsfalles auf, ist der Zusammenhang anzuerkennen.

Nachzuweisen ist die Einwirkung bei der

– *Hämolyse* durch Stoffe gemäß 14.5.3.4, S. 970
– *Blei*-Anämie durch Blei

---

[28] Strohmeyer, Med. Begutachtung (Hrsg. Marx) 5. Aufl. 1987 S. 303.

15 Harnorgane

Übersicht

15.1	Nierenschäden.............	973	15.2 Schäden der Harnwege.........	981
15.1.1	Unfallmechanismen............	976	15.2.1 Harnleiterverletzung............	981
15.1.2	Berufsbedingte Nierenerkrankungen.................	976	15.2.2 Harnblasenverletzung...........	982
			15.2.3 Harnröhrenverletzung..........	982
15.1.3	Minderung der Erwerbsfähigkeit.....................	979	15.2.4 Harnwegsschädigungen als Berufskrankheit (BK-Nr. 13 01)........	983
			15.2.5 Minderung der Erwerbsfähigkeit .	983

15.1 Nierenschäden

Die bohnenförmige, etwa 11 cm lange und 6 cm breite Niere ist ein doppelt angelegtes Organ. Von einer fettreichen Kapsel umhüllt, liegt sie außerhalb der Bauchhöhle (retroperitoneal) geschützt in der Nische, die aus den Wirbelkörpern und dem sich nach hinten vorwölbenden Bogen des unteren Rippenbogens mit seinen Muskeln gebildet wird.

Die Nieren sind ein Teil des Entwässerungssystems der Körpers. Sie haben vor allem die Aufgabe

– in Form des Urins jene Schlackenprodukte auszufiltern, die das Blut aus den verschiedenen Körperorganen herantransportiert; nach Konzentration der auszuscheidenden Giftstoffe in der zur Verfügung stehenden Flüssigkeitsmenge wird der im Nierengewebe hergestellte Harn in die Hohlraumsysteme des Harntraktes ausgeschieden
– den Salz-Wasser-Haushalt des Körpers zu regeln
– den Säuregehalt des Bluts (pH-Wert) aufrechtzuerhalten.

Die Niere ist aus etwa einer Million Nephronen zusammengesetzt. Das Nephron ist die Funktionseinheit der Niere und besteht aus dem Nierenkörperchen (Glomerulus) und den dazugehörigen Nierenkanälchen (Tubuli).

10 % der stumpfen Bauchtraumen sind mit einer Nierenverletzung verbunden, insbesondere bei Frakturen der benachbarten 10. und 11. Rippe sowie des Querfortsatzes des 1. und 2. Lendenwirbelkörpers.[1] Überwiegend erscheint der Verkehrsunfall als Ursache, Sturz aus der Höhe und Sportunfall folgen.

15.1.1 Unfallmechanismen

Der sorgfältig beschriebene Unfallhergang lässt meist wichtige Rückschlüsse auf die Art der Verletzung zu. Allerdings besteht nicht selten ein Missverhältnis zwischen verletzender Kraft und Ausdehnung der Nierenverletzung: Schwerste Einwirkungen auf den Rumpf haben unter Umständen nur bedeutungslose Erscheinungen der Niere zur Folge;

---

[1] Staedele, u. a., Akt Traumatol 33 (2003) 148, 153.

verhältnismäßig leichte Unfälle können dagegen recht erhebliche Nierenverletzungen verursachen. Die Einwirkungsstelle des Traumas muss nicht mit der Lokalisation des Unfallschadens identisch sein.[2] Das Intervall zwischen Unfall und Manifestwerden der krankhaften Erscheinungen kann zwei Monate und mehr betragen.[3]

Erscheinen erst anlässlich späterer Begutachtung entsprechende Befunde, ist zu bedenken, dass im schweren Schockzustand die Symptomatik der Nierenverletzung vielfach nicht erkannt wird. Auch eine weitere Verschlechterung über Jahre bis zum Eintritt einer erheblichen Funktionseinschränkung der Niere kann symptomlos verlaufen.[4]

(1) Durch unmittelbar auf die Nierengegend einwirkende Kraft (z. B. Überfahrenwerden, Lenkradaufprall) kann es zu einer stumpfen *Nierenprellung* oder *-quetschung* kommen, die häufig eine Nekrose (Gewebstod) ausgedehnter Nierenbezirke zur Folge hat und zur hochgradigen Nierenschrumpfung führt. Klinisch bieten solche Nierenverletzungen auch nach jahrelangem stummen Verlauf das Bild einer Nephrose, u.a. durch Ödeme und Ausscheiden ungelöster roter Blutkörperchen im Urin gekennzeichnet.[5]

(2) Direkte stumpfe Krafteinwirkung führt durch Kompression der Niere gegen die Muskulatur, Wirbelsäule oder andere Organe (z.B. Leber bei Stößen von hinten) zur Kompressions- oder *Berstungsruptur*.[6] Der Gefäßstiel kann sekundär mitbetroffen sein.

(3) Bei indirekter Kraft kommt es zu Schleuderbewegungen des gesamten Körpers, die sich auf die Niere und den Nierenstiel übertragen. Infolge mangelhafter Verankerung der Niere führt dieses Pendel- oder Schleuderphänomen zum Überdehnen der Gefäße und unter Umständen zu einem contre coup-Effekt (Prellung an der dem Stoß gegenüberliegenden Seite) am Nierenparenchym selbst.[7]

(4) Jede schwere Körperverletzung – auch wenn sie die Niere nicht direkt betrifft – kann zu einer *Schockniere* führen, zwar nur dann, wenn der Schockzustand längere Zeit anhält und es zu einem über größere Zeiträume währenden, sehr starken Blutdruckabfall kommt. Infolge des Blutdruckabfalls tritt eine Minderdurchblutung der Niere und hierdurch sofort oder im Laufe von ein bis zwei Tagen eine starke Verminderung der Harnausscheidung ein. Es folgt ein Anstieg der „harnpflichtigen" Substanzen, der spätestens in weiteren zwei bis drei Tagen zu dem schweren klinischen Zustandsbild der Harnvergiftung (Urämie) mit Erbrechen, Kopfschmerzen, Bewusstseinstrübung oder Bewusstlosigkeit führt. Je nach Schwere des Schocks kommt die Nierenfunktion entweder nicht wieder in Gang oder sie setzt wieder ein; bis zum Wiedereintritt der vollen Konzentrationsleistung stellt sich überschießende Harnausscheidung ein.[8]

---

[2] Buckup, Koelschs, Handbuch der Berufserkrankungen (Hrsg. Kersten) 4. Aufl. Teil II 1972 S. 770.
[3] Rosolleck, MfU 1965, 293; Stöhrer, Fortbildungstagung der Berufsrichter der Sozialgerichtsbarkeit, Murnau 1977.
[4] Stöhrer, Fortbildungstagung der Berufsrichter der Sozialgerichtsbarkeit, Murnau 1977.
[5] LSG Niedersachsen, 23. 6. 1964, Kartei Lauterbach Nr. 5539 zu § 548 Abs. 1 S. 1 RVO.
[6] Lutzeyer, H. Unfallh. 107 (1971) 82, 83; Eggers, u.a., Unfallh. 1976, 359, 360; Schwaiger, u.a., Unfallchirurgie 1983, 249.
[7] Lutzeyer, H. Unfallh. 107 (1971) 82; Schwaiger, u.a., Unfallchirurgie 1983, 249.
[8] LSG Niedersachen, 23. 6. 1964, Kartei Lauterbach Nr. 5539 zu § 548 Abs. 1 S. 1 RVO.

15.1 Nierenschäden

(5) Umstritten ist, ob Kälteeinwirkung oder Durchnässung Nierenschäden auslösen.[9] Allerdings kann dadurch die Resistenz gegenüber Infekten erheblich herabgesetzt sein. Zieht sich der Versicherte innerhalb einer Arbeitsschicht eine Erkältung zu, die eine Nierenentzündung verursacht, ist diese Folge des Arbeitsunfalls.[10]

(6) *Spontanrupturen* erscheinen durch plötzlichen Muskelzug, z.B. beim Heben schwerer Lasten.[11] Folgen einem Bagatelltrauma die Symptome einer Nierenverletzung, ist solches als Hinweis auf eine vorbestehende Nierenerkrankung zu werten, die differenzialdiagnostisch abzuklären ist. Spontanrupturen zeigen sich nach Nierentransplantation, unter Marcumar, bei Hämophilie (Fehlen der Gerinnungsfähigkeit des Blutes) sowie bei vorbestehender Nierenerkrankung (Tumor, Zystenniere, Wassersackniere, chronische Infekte).[12]

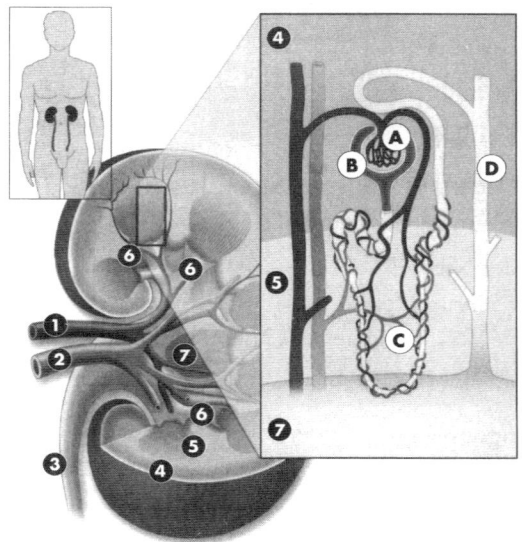

Arbeit der Nieren: Jede Hälfte des Doppelorgans besteht aus Nierenarterie ①, Nierenvene ②, Harnleiter ③, Nierenrinde ④, Nierenmark ⑤, mehreren Nierenkelchen ⑥ und dem Nierenbecken ⑦. In der Nierenrinde ④ befinden sich rund eine Million Nephrone (s. Ausschnitt rechts), jedes davon eine winzige Blutfilteranlage. Die Kapillaren der Nierenkörperchen (A), umgeben von der Bowman'schen Kapsel (B), filtern Stoffwechselprodukte (zum Beispiel Harnstoff und Salze) aus dem Blut und bilden den Primärharn. Im Nierenmark ⑤ fließt er durch ein Rohr (Tubulus-System; C), wo er auf ein Hundertstel konzentriert wird und die vom Körper noch benötigten Stoffe ins Nierenvenen-System zurückgeführt werden. Der so entstandene Restharn gelangt über Sammelrohre (D), Nierenbecken ⑦, Harnleiter ③ in die Blase.

---

[9] Dagegen: Ellbrück, Keller, Das medizinische Gutachten, 2001 Teil 7 S. 7; Bayer. LSG, 13. 3. 2002, Meso B 180/50 bei idiopathischer membranöser Glumerulonephritis; dafür: Tepel, Zidek in: Die medizinische Begutachtung (Hrsg. Fritze, Mehrhoff) 7. Aufl. 2008 S. 506.
[10] LSG Baden-Württemberg, 27. 1. 1960, Meso B 180/2; s. 20.8.1.
[11] Matouschek, Langenbecks Arch Chir 355 (Kongressbericht 1981) S. 361.
[12] Tümmers, akt. traumatol. 1975, 55, 58; Vahlensieck in: Begutachtung und Arztrecht in der Urologie (Hrsg. Bichler) 1986 S. 12.

(7) Eine traumatisch bedingte *Hydronephrose* (sackartige Erweiterung des Nierenbeckens durch angestauten Harn) entsteht einerseits durch Narbenstenosen am Harnleiter bzw. Nierenbecken, andererseits infolge Verlegung des Harnleiters durch Steine oder Blutkoagulat. Für die Anerkennung der traumatischen Entstehung einer Hydronephrose sind notwendig:

Fehlen anderer Ursachen und von Nierensymptomen vor dem Unfall
Nachweis der Erheblichkeit des Traumas
Vorhandensein von Brückensymptomen.

(8) *Offene Nierenverletzungen* treten als Folge von Schuss-, Stich-, Pfählungsverletzungen und schweren Quetschungen auf. Häufig sind Begleitverletzungen von Organen des Bauch- und Brustraumes (70 bis 80 %).

Das akute Nierenversagen kann traumatisch bedingt auftreten nach Verbrennungen und schweren Muskelzertrümmerungen (Crush-Syndrom) sowie im Zusammenhang mit Kreislaufschock.

(9) *Nierenbeckenausgusssteine* bilden sich nach stumpfem Trauma bei *Urokinasedefekt* innerhalb weniger Wochen aus.[13]

(10) *Spätfolgen* in Abhängigkeit von Schweregrad:

– Funktionsverlust der Niere
– Entwicklung einer Schrumpfniere
– narbige, obstruktive Veränderungen des Nierenbeckenkelchsystems mit Abflussstörung
– renaler Hypertonus (selten, 4 %).[14]

15.1.2 Berufsbedingte Nierenerkrankungen

Durch ihre Konzentrierungs- und Ausscheidungsfunktion ist die Niere mehr als andere Organe toxischen Konzentrationen von Chemikalien, Medikamenten und Stoffwechselprodukten ausgesetzt.

Die *chronische Nephritis* (Nierenentzündung) wird fast ausschließlich durch Schwermetalle verursacht: *Blei* (progrediente interstitielle Fibrose der Niere, glomeruläre und arterioläre Gefäßschäden), *Cadmium* (tubuläres Nierenleiden), *Quecksilber* (akutes Nierenversagen, bei chronischen Vergiftungen nephrotisches Syndrom), *Chrom* (akute tubuläre Nekrose), *Arsen, Beryllium*, auch durch *Schwefelkohlenstoff*.[15] Selten sind Lösungsmittel-verursachte Nierenschäden: chlorierte (Tetrachlorkohlenstoff, Trichlorethan) und aromatische Kohlenwasserstoffe (Toluol, Xylole, Styrol) sowie aliphatische Kohlenwasserstoff-Gemische (Erdölraffinate).[16]

Die chronische *Pyelonephritis* (Nierenbeckenentzündung) ist die häufigste[17] – durch lokale Bakterieneinwirkung hervorgerufene – Entzündung der Niere. Sie kann Folge eines Un-

---

[13] BSG, 1.3.1989, Meso B 180/24.
[14] Löchner, Stöhrer, Trauma Berufskrankh 6 (2004) 47, 51.
[15] Schollmeyer, Zimmermann, ASP 1979, 6ff.; Emmerich, in: Begutachtung und Arztrecht in der Urologie (Hrsg. Biehler) 1986.
[16] Triebig, Blume, ASP 1992, 190ff. m.w.N.
[17] Dazu Petrides, H. Unfallh. 121 (1975) 26.

15.1 Nierenschäden

falls sein bei Harnabflusshindernis, Querschnittlähmung, nach unfallbedingtem Nierensteinleiden oder Unterkühlung (Kälte, Nässe, Schlafen im Freien[18]).

Ursachen der *akuten* und *chronischen Glomerulonephritis* (Entzündung der Nierenkörperchen):

- indirekt über eine Infektion mit Bakterien, Viren oder Protozoen, die als Brückensymptom nachzuweisen ist. Enger zeitlicher Zusammenhang ist zu verlangen
- medikamentös-toxische Schädigung der Nieren
- Autoimmunerkrankungen (systemischer Lupus erythematodes, rheumatoide Arthritis, primär biliäre Zirrhose)
- Tumore
- organische Lösungsmittel (selten)
- Metallexposition (z. B. Quecksilber).

Die Rspr. lehnt das berufsbedingte Entstehen durch Chrom oder seine Verbindungen vor allem deswegen ab, weil erfahrungsgemäß Chrom sich nicht auf die Glomeruli (Gefäßknäuelchen der Nierenrinde), sondern eher auf die Tubuli (Harnkanälchen) schädigend auswirkt.[19] Gleichfalls wurde die Tätigkeit als Spritzlackierer (Einwirkung von Homologen des Benzols) nicht als ursächlich gesehen[20], wohl aber eine hohe Exposition eines Bodenlegers nach Lösungsmittelexposition.[21] Auch allergische Formen der Glomerulonephritis sind bekannt. Deren Diagnostik ist außerordentlich schwierig. Eine Probeentnahme von Nierengewebe ist nicht zu umgehen.

Akutes Nierenversagen kann durch Verbrennung, Unfall mit ausgedehnter Gewebszertrümmerung, Vergiftung und durch Transfusion gruppenungleichen Blutes verursacht werden.[22]

Eine *Schrumpfniere* (Nephrosklerose) entwickelt sich aus chronischen (sekundären) Entzündungen oder primär als angeborene Erkrankung. Für das Zustandekommen krankhafter Gefäß- und Nierenprozesse kann der Einwirkung von Blei eine Mitursächlichkeit nicht abgesprochen werden; eine geringe Bleivergiftung macht aber den Kausalzusammenhang nicht wahrscheinlich.[23] Die Expositionsdauer beträgt Jahre.[24] Die nierenschädigende Wirkung von Antibiotika und Analgetika ist gesichert (Analgetikanephropathie).[25] Die Rspr. erkannte eine richtungsweisende Verschlimmerung einer dekompensierten Nieren-

---

[18] Lange in: Medizinische Begutachtung innerer Krankheiten (Hrsg. Marx, Klepzig) 7. Aufl. 1997 S. 477.
[19] LSG Niedersachsen, 19. 11. 1959, Meso B 180/3.
[20] Bayer. LSG, 14. 2. 1989, HV-Info 33/1989, 2694 = Meso B 160/23; vgl. auch Zschiesche, Triebig, ASP 1990, 259.
[21] LSG Rheinland-Pfalz, 28. 8. 2001, Meso B 180/48; LSG Niedersachsen-Bremen, 16. 1. 2003, Meso B 180/53.
[22] Wessely, MedSach 1982, 11.
[23] Lachnit, ASP 1975, 161; BSG, 16. 12. 1958, Meso B 180/1; vgl. auch Bayer. LSG, 18. 3. 1954, Breith. 1954, 1011 (Leberschrumpfung).
[24] Tepel, Zidek, in: Die ärztliche Begutachtung (Hrsg. Fritze, Mehrhoff) 7. Aufl. 2008 S. 507.
[25] Ritz, DMW 118 (1993), 593 f.; Lange, in: Medizinische Begutachtung innerer Krankheiten (Hrsg. Marx, Klepzig) 7. Aufl. 1997 S. 477.

insuffizienz bei Schrumpfnierenbildung mit den Auswirkungen des zur Senkung des Blutbleispiegels (BK-Nr. 11 01) eingesetzten Medikaments Metalcaptase.[26]

Eine *Niereninsuffizienz* kann auch dann selbständig fortschreiten, wenn die Noxe, die den Nierenschaden primär verursacht hat (Immunschädigung, Infektion, Harnstau) nicht fortbesteht. Der fortschreitenden Niereninsuffizienz liegt morphologisch eine unspezifische narbige Veröung des Glomerulins (Glomerulosklerose) zu Grunde.

Die *Nierentuberkulose* erscheint vorwiegend nach Lungentuberkulose oder einem Lymphknotenherd. Krafteinwirkung verschlimmert in seltenen Fällen das Leiden. Nicht geeignet ist eine leichte Nierenprellung.[27]

Das *Crush-Syndrom* (Verschüttungssyndrom, Myorenales Syndrom) ist Folge ausgedehnter Gewebs-, besonders Muskelzerstörungen (z.B. durch Verschüttung, Verbrennung, Erfrierung, Stromeinwirkung, Misshandlung, operativen Eingriff, Transfusionsschäden, zu langes Liegen mit Abschnürbinden an Extremitäten). Im Vordergrund stehen Harnsekretionsstörungen. Der Nierenschaden (auch akute tubuläre Nekrose) ist auf die Einwirkung von Gewebsabbaustoffen und Blutdruckabfall und die damit verbundene vorübergehende Minderdurchblutung und mangelhafte O_2-Versorgung der Niere zurückzuführen.

Die Ätiologie des *Nierenzellkarzinoms* ist unbekannt. Insgesamt wird von einem multifaktoriellen Geschehen ausgegangen. Im Hinblick auf wissenschaftlich kontrovers diskutierte Wege der Krankheitsentstehung des Nierenzellkarzinoms könnte erst dann eine Abwägung der Wahrscheinlichkeit erfolgen, wenn die Wirkungszusammenhänge bekannt und wissenschaftlich vollständig erwiesen sind. Gesichert ist jedoch die Entstehung durch Trichlorethylen (BK-Nr. 13 02, S. 1133).[28]

Weitere Berufskrankheiten im Überblick[29]

- Nierenfunktionsstörung bis hin zu Anurie und Urämie bei einer akuten und chronischen Quecksilberintoxikation (BK-Nr. 11 02). Die Entwicklung einer chronischen Niereninsuffizienz ist eher untypisch.[30]
- Proteinurie als wichtiger Hinweis einer Kadmiumintoxikation (BK-Nr. 11 04), die vorwiegend zu einer Schädigung des proximalen Tubulus führt.
- Beeinträchtigungen der Nierenfunktion durch bestimmte Halogenkohlenwasserstoffe, z.B. Chloroform, 1,1,2-Trichlorethan, Tetrachlorkohlenstoff und Dichloracetylen (BK-Nr. 13 02)
- nephrotoxische Wirkung bei Methanolintoxikation (BK-Nr. 13 06), bei der gewerblich seltenen oralen Aufnahme von Fluorverbindungen (BK-Nr. 13 08) und bei massiver Exposition gegenüber chlorierten Alkyloxiden (BK-Nr. 13 10)

---

[26] Bayer. LSG, 13. 12. 1989, HV-Info 3/1991, 221 = Meso B 180/25.
[27] LSG Nordrhein-Westfalen, 8. 12. 1964, Meso B 180/7: „Werden bereits zwei Stunden nach dem Unfall massenhaft weiße Blutkörperchen (Leukozyten) im Urin und Blut gefunden, so ist die Latenzzeit zu kurz, als dass darin eine Verletzungsfolge gesehen werden kann."
[28] SG Lüneburg, 25. 1. 1995, HV-Info 27/1995, 2294; Hentschler, u.a., Arch. Toxicol 69 (1995) 291; Brüning, Bolt, Critical Reviews in Toxicology, 30 (2000) 253; Vamvakas, u.a., J Cancer Clin Oncol 124 (1998) 374.
[29] Perlekanos, Jonas, Trauma Berufskrankh 3 (2001) 132, 134.
[30] Clackson, u. a., N Engl J Med 349 (2003) 1731.

15.1 Nierenschäden

- Libido- und Potenzbeeinträchtigung durch 2,2-Dichlordiethylsulfid (Schwefellost), das als alkylierende Substanz kanzerogene Wirkung hat und wahrscheinlich Blasenkarzinome verursacht (BK-Nr. 13 11)
- akuter Schaden der Keimdrüsen mit Oligo- bzw. Azoospermie bei akuten lokalen Strahlenschäden nach Teilkörperbestrahlung (BK-Nr. 24 02)
- Nierenkrebs nach langjähriger Röntgenbestrahlung (BK-Nr. 24 02)
- Nierenschaden durch Blei („Bleischrumpfniere") nach jahrelanger Exposition (BK-Nr. 11 01)

15.1.3 Minderung der Erwerbsfähigkeit

Beim *Nierenverlust (ohne weitere Schäden)* ist die medizinische Aussage bedeutsam, eine gesunde Niere verfüge über eine derartige Leistungsbreite, dass ihre Funktion auf das Zweifache ansteigt. Einige Wochen oder Monate nach Entfernung unterscheidet sich die Funktion der Restniere nicht von der zweier normaler Nieren.[31]

Dennoch ist die Fähigkeit des Betroffenen, seine Arbeitskraft im allgemeinen Erwerbsleben zu verwerten, eingeschränkt: Dem Versicherten sind nur noch mittelschwere Arbeiten in geschlossenen Räumen zumutbar, da schwere körperliche Arbeiten mit Schweißverlust, lebensbedrohende Erkrankungen der Restniere begründen können. Diese erforderliche zusätzliche Vorsicht, Zurückhaltung und besondere Anspannung der körperlichen und geistigen Kräfte wird mit einer *MdE von 20 %* bemessen.[32]

Bei Schädigung oder Funktionsstörung der Restniere kann die MdE bis zu 100 % betragen.

Die mit dem Bewusstsein, nur noch eine Niere zu haben, verbundene psychische Belastung erscheint nicht so schwer wiegend, dass sie allein zur Erhöhung der MdE führt.[33]

Die Erwägung, für das Bemessen der Entschädigung biete lediglich der *zur Zeit des Unfalls* bestehende Zustand den ein für allemal feststehenden *Vergleichspunkt*,[34] gilt auch für Nierenschäden. Rechtlich ist es nicht zulässig, eine tatsächlich nicht bestehende MdE nur aus dem Blickfeld einer „Risikoabgeltung" zu begründen: Gefährdung des Einnierigen, der von Erkältungs- und Infektionskrankheiten, auch bei Verletzung oder Erkrankung der Restniere betroffen werden könnte.[35] Andererseits mag eine Vorschädigung der vom Unfall nicht betroffenen Niere die Folgen des Arbeitsunfalls erschweren: erhöhte MdE kann vorliegen.[36]

Die Beurteilung der MdE bei Nierenschäden richtet sich nach der verbliebener Clearence (Entgiftungsleistung), dem Ausmaß der Störungen der Harnproduktion und/oder des Harntransportes.

---

[31] Vgl. BGH, 15. 8. 1978, NJW 1978, 2345; Stahl, u.a., DMW 1986, 350.
[32] BSG, 27. 1. 1976, Breith. 1976, 747, 752, mit dem Hinweis, es handele sich keinesfalls um die Bemessung künftig möglicherweise eintretender Schäden (Gefährdungsrente), vielmehr liege im Zeitpunkt der MdE-Festsetzung eine Einschränkung der Verwendbarkeit vor; LSG Rheinland-Pfalz, 7. 7. 1976, Breith. 1978, 127; Wessely, MedSach 1982, 9.
[33] Stöhrer, Fortbildungstagung der Berufsrichter der Sozialgerichtsbarkeit, Murnau 1977.
[34] Vgl. auch 6.4.9, S. 301.
[35] Bayer. LSG, 21. 9. 1960, BG 1961, 83; s. auch 3.6.1, S. 98.
[36] Sie wird zwischen 30 und 100 % angegeben.

Erfahrungswerte	MdE in %
Nierenverlust und	
keine Funktionsbeeinträchtigung	20
Pyelonephritis mit ausreichender Nierenfunktion	40–80
Schwere Pyelonephritis mit Einschränkung der Nierenfunktion	70–100
Pyelonephritische Schrumpfniere, je nach Grad der Funktionseinschränkung	80–100
Vesiko-renaler Reflux ohne Infekte, ohne Funktionseinschränkung der Niere	0–10
Vesiko-renaler Reflux mit Infektion, mit Funktionseinschränkung der Niere	60–100
Supravesikale Harnabflussbehinderung, je nach Grad der Funktions einschränkung	50–100
Harnleiter-Hautfistel	80–100
Harnleiter-Darm-Anastomose	80–100
Harnableitung über Stoma (künstlicher Darmausgang)	80–100
Neo-Blase	80–100
Schädigung bei Einnierigkeit	
Pyelonephritis mit ausreichender Nierenfunktion	40–60
Schwere Pyelonephritis mit Einschränkung der Nierenfunktion	70–100
Pyelonephritische Schrumpfniere, je nach Grad der Funktionsein schränkung	80–100
Vesiko-renaler Reflux mit Infekten, mit Funktionseinschränkung der Niere	70–100
Supravesicale Harnabflussbehinderung, je nach Grad der Funktions einschränkung	40–100
Harnleiter-Hautfistel	70–100
Harnleiter-Darm-Anastomose	70–100
Harnableitung über Stoma	70–100
Neo-Blase	70–100
Beide Nieren erhalten	
Einseitige Pyelonephritis mit	
– ausreichender Nierenfunktion ohne Hypertension	10–20
– eingeschränkter Nierenfunktion ohne Hypertension	20–30
– eingeschränkter Nierenfunktion und Hypertension	30–40
Einseitige pyelonephritische Schrumpfniere ohne/mit Hypertension	40–70

15.2 Schäden der Harnwege

Erfahrungswerte	MdE in %
Doppelseitige Pyelonephritis mit	
– ausreichender Nierenfunktion ohne Hypertension	40–50
– eingeschränkter Nierenfunktion ohne Hypertension	50–60
– eingeschränkter Nierenfunktion und Hypertension	60–80
Doppelseitige pyelonephritische Schrumpfniere ohne/mit Hypertension	80–100
Einseitiger Vesiko-renaler Reflux ohne Infekte, ohne Funktionseinschränkung der Niere	0–10
Doppelseitiges Vesiko-renaler Reflux ohne Infekte, ohne Funktionseinschränkungen der Niere	0–20
Einseitiger Vesiko-renaler Reflux mit Infekten, mit Funktionseinschränkung der Niere	20–40
Doppelseitiger Vesiko-renaler Reflux mit Infekten, mit Funktionseinschränkung der Niere	50–80
Einseitige supravesikale Harnabflussbehinderung, je nach Grad der Funktionseinschränkung	10–70
Doppelseitige supravesicale Harnabflussbehinderung, je nach Grad der Funktionseinschränkung	40–100
Harnleiter-Hautfistel	60–100
Harnleiter-Darm-Anastomose	60–100
Harnableiter über Stoma	60–100
Neo-Blase	60–100
Steinbildung als Folge von Infekten oder der Harnableitung	
ohne Restkonkremente	0–20
mit Restkonkrementen	20–40
bei Rezidivsteinbildung	30–80
bei Rezidivsteinbildung mit Einschränkung der Nierenfunktion	60–100

15.2 Schäden der Harnwege

Von harnbereitenden Organen (Nieren) verlässt der Harn über die harnableitenden Organe den Körper: Das Nierenbecken sammelt den an den Papillenspitzen austretenden Harn. Es verjüngt sich zum Harnleiter, der den Harn in die Harnblase befördert, aus der dieser durch die Harnröhre entleert wird.

15.2.1 Harnleiterverletzung

Wegen geschützter Lage der Harnleiter sind isolierte Verletzungen selten. In der Regel handelt es sich um Kombinationsverletzungen bei Bauch- und Skelett-Traumen.[37]

---
[37] Matouschek, Langenbecks Arch. Chir 35 (1981) 361 ff.; Vahlensieck, akt. traumatol. 1971, 33, 36; Jungbluth, Huland, Langenbecks Arch. Chir 364 (1984) 95.

Die Diagnostik wird durch die begleitenden Verletzungen und eine unklare Symptomatik erschwert.

Spätfolgen: Harnleiterstrikturen (Verengungen) mit mehr oder weniger ausgeprägter Hydronephrose („Wassersackniere"), chronische Pyelonephritis (s. 15.1.2), Steinbildung, Pyonephrose (Nierenvereiterung), vollständiger Funktionsausfall.

15.2.2 Harnblasenverletzung

Die offene Harnblasenverletzung ist selten, die geschlossene häufiger.

Durch stumpfe Krafteinwirkung können spitze Knochensplitter die Blasenwand durchbohren, hauptsächlich bei schweren Beckenfrakturen. Aber auch ohne Knochenverletzung kann eine den Unterbauch treffende Kraft einen so starken Druckanstieg in der Blase bewirken, dass diese – an der Hinterwand direkt unterhalb der Blasenkuppe – birst.

Dabei nimmt die Verletzlichkeit der Harnblase mit zunehmender Blasenfüllung zu, so dass die das Becken und den Unterbauch treffende Kraft bei entleerter Blase meist nur eine Kontusion, im gefüllten Zustand jedoch eine Berstung (Ruptur)[38] hervorruft.

Spontanrupturen können nach leichten Krafteinwirkungen erscheinen (= Gelegenheitsanlass).

Ursächlich sind[39]:

- zentral-nervöse Störungen (Tabes, Paraplegie, Alkoholrausch)
- örtliche Wanderkrankungen (Ulzera, Tumore, Divertikel, Verletzung, Tuberkulose, Zystiden, Narben)
- Abflussbehinderung und Überdehnung (Prostata-Adenom, Steine, Querschnittlähmung)

Bei der *Zusammenhangsbeurteilung* ist insbesondere die Geeignetheit der Krafteinwirkung (Erheblichkeit) zu bewerten.

Entleerungsstörungen[40] der Harnblase können Folge von traumatischen Veränderungen direkt an der Harnblase, dem zentralen Nervensystem (Rückenmark), der Nervenwurzeln (cauda equina) oder der Beckennervengeflechte sein.

15.2.3 Harnröhrenverletzung

Harnröhrenverletzungen – überwiegend beim Mann, selten bei Frauen (4,6 bis 6 %) auftretend[41] – erscheinen am häufigsten nach Beckenbrüchen, aber auch bei Sprengungen der Schamfuge, unmittelbarer Krafteinwirkung auf die Dammregion (straddle Trauma), wobei die Harnröhre gegen den Schambeinbogen gepresst wird und ein- oder abreißt.

---

[38] Schmiedt, Unfallh. 1979, 331; Prexl, MfU 1971, 362; Pretzer, Diederichs, Trauma Berufskrankh 10 (2008) 192, 196.
[39] Kleinhans, chir. praxis 32 (1983/84) 75, 77.
[40] Dazu Madersbacher, H. Unfallh. 124 (1975) 308 ff.
[41] Pretzer, Diederichs, Trauma Berufskrankh 10 (2008) 192, 198.

15.2 Schäden der Harnwege 983

Spätschäden: Harnröhrenstriktur (abnorme Verengung der Harnröhrenlichtung), Fisteln, paraurethrale (neben der Harnröhre liegende) Abszesse, Inkontinenz, Impotenz, Nierensteine.[42]

15.2.4 Harnwegsschädigungen als Berufskrankheit (BK-Nr. 13 01)

s. 18.6.2.2.1, S. 1122

15.2.5 Minderung der Erwerbsfähigkeit

	MdE in %
Blasenkatarrh oder Blasenschwäche	
leichten Grades	10–20
schweren Grades	20–40
Blaseninkontinenz mit nächtlichem Einnässen	10–30
Völlige Blaseninkontinenz, je nach Begleiterscheinungen	60–100
Schrumpfblase mit Fassungskraft bis zu 50 ccm	70
Blasenfistel	20
Harnröhrenverengung	
gelegentlich ausdehnbar	10–20
wiederholt ausdehnbar	20–30
mit häufigem Harnlassen und geringem Nachträufeln	20
mit schmerzhaftem Harnlassen, Entzündungen der Harnwege und starkem Nachträufeln	50
Harnfistel	
mit Notwendigkeit, Urinal zu tragen	50
am Damm	30–50
dauernd, in der vorderen Harnröhre ohne Harninfektion	20

Störungen der Geschlechtsfunktionen s. 5.13, S. 267 f.

---

[42] Kleinhans, chir. praxis 32 (1983/84) 75, 88; Zwergel, u.a., Unfallchirurgie 1983, 288, 293.

16 Milz

Übersicht

16.1	Ursachen und Formen der Verletzung.................... 985		16.3	Milzentfernung und Minderung der Erwerbsfähigkeit............ 986
16.2	Zum Nachweis des Ursachenzusammenhanges 986			

Die bohnenförmige, etwa faustgroße Milz liegt im linken Oberbauch unter dem Zwerchfell und folgt mit ihrer Längsachse dem Verlauf der zehnten Rippe. In der Art eines Filters entfernt sie giftige Stoffe aus dem Blut, macht Krankheitserreger unschädlich und besorgt den Abbau der verbrauchten Blutzellen. Daneben dient sie als Ergänzungsstätte der weißen Blutkörperchen und als Blutspeicherorgan.[1]

16.1 Ursachen und Formen der Verletzung[2]

Bei schwerem Abdominal-Trauma ist die Milz das am häufigsten verletzte Organ (30 %). Verletzungen erfolgen überwiegend durch stumpfe Krafteinwirkung von links oder von vorn auf den Oberbauch. Von drei Unfällen ist zweimal die Einwirkung direkt (z.B. Fahrradlenker, Hufschlag, umstürzender Holzstapel) und einmal indirekt (breitflächig auf den Bauch wirkende Kraft, Sturz aus großer Höhe). Infolge der geschützten Lage der Milz hinter dem federnden linken Rippenbogen handelt es sich meist um eine erhebliche Krafteinwirkung. Oft werden gleichzeitig Rippen (9–11 links) gebrochen oder andere Organe mitverletzt.[3] Selten werden kleine, zunächst nicht bemerkte Prellungen oder Quetschungen als Ursachen genannt.

Der Mechanismus der Milzverletzung ist nicht einheitlich. Der hydraulische Druck des Eigenblutes der Milz scheint bedeutsam zu sein, der zum Zerreißen der Kapsel führt, wenn das Blut nicht schnell genug durch Abfluss ausweichen kann. Wesentlich für die Ruptur sind die Blutfülle der Milz und der Nachbarorgane.[4]

Verletzungen der Milz zeichnen sich gegenüber denen anderer parenchymatöser (der spezifischen Funktion des Organs dienendes Organgewebe zum Unterschied gegen Binde- und Stützgewebe) Organe dadurch aus, dass sie nicht nur ein, sondern auch (selten) zwei- oder mehrzeitig erscheinen. Ein- und zweizeitige Verletzungen stehen im Verhältnis 6:1.[5]

Wird die Kapsel sofort mitverletzt, so dass Blut in die freie Bauchhöhle gelangt, liegt eine *einzeitige* Milzruptur vor.

---

[1] Seufert, u.a., in: Chirurgie (Hrsg. Berchtold) 2000; Durst, Traumatologische Praxis, 1997 S. 335ff.; Strasser, Holschneider, Die Milz, 1986; Ernst, Gutachtenkolloquium 3 (Hrsg. Hierholzer, u.a.) 1989 S. 41ff.
[2] Streicher, BG-UMed 32 (1977) 59, 60; Glinz, H. Unfallh. 200 (1988) 325, 327.
[3] Belgerden, u.a., Zbl. Chirurgie 109 (1984) 760; Klaue, H. Unfallh. 163 (1984) 88.
[4] Gruenagel, Lehrbuch der Chirurgie (Hrsg. Koslowski, u.a.) 1978 S. 826.
[5] Ekkernkamp, u.a., Unfallchirurgie 95 (1992) 380ff.

Bei der „*scheinbar*" zweizeitigen Milzruptur (= Spätblutung) kommt es im Anschluss an eine Kapsel- und Parenchymruptur zunächst zum Stillstand und nach Erhöhung des Blutdrucks zu einer verstärkten Blutung. Die „*echte*" *zweizeitige* Ruptur zeichnet sich durch eine primäre Parenchymverletzung bei erhaltener Kapsel aus. Nach freiem Intervall von Tagen bis zu wenigen Wochen kommt es durch Ansteigen des subkapsulären Hämatomdrucks zum Kapselriss mit anschließender massiver Blutung in die Bauchhöhle.[6] Bei nachgewiesenem Ersttrauma und fehlendem Nachschaden ist die zweizeitige Milzblutung auch noch Monate später als Unfallfolge anzuerkennen.

Bei pathologisch vergrößerter Milz, z.B. durch chronisch myeloischer Leukämie, Polyzythämie, Morbus *Werlhoff*, Lymphogranulomatose, Lymphosarkom, Malaria, Typhus, kann ein Gelegenheitsanlass die Milzverletzung „auslösen": Heben, plötzliches Bewegen und Anspannen der Bauchdecke.[7] Die *Spontanruptur* ist keine Unfallfolge.

16.2 Zum Nachweis des Ursachenzusammenhanges

Für das Anerkennen einer unfallbedingten Entstehung der Milzzerreißung müssen Arbeitsunfall (Art des Unfallereignisses) und evtl. Verletzungszeichen das direkte Trauma, das zur einzeitigen Milzruptur führt, nachweisen. Die sofortige Ruptur (einzeitig) ist problemlos mit der Sonographie diagnostizierbar, Ausschluss oder Bestätigung weiterer Verletzungen (Leber, Niere, Pankreas, Thorax) erfordern eine Computertomographie. Der Einsatz der Peritoneallavage zum Nachweis von Blut in der freien Bauchhöhle ist heute entbehrlich.[8]

Bestehen Zweifel an der Geeignetheit des Unfallherganges, ist an das Vorliegen einer Spontanruptur zu denken. Finden sich bei der histologischen Untersuchung Bindegewebsbildung und Hämatoidineinlagerungen (eisenfreier Farbstoff des Hämoglobins, der sich bei Austritt von Blut aus den Blutgefäßen bildet), so ist dies ein Indiz für eine ältere Gewalteinwirkung.

Das Risiko einer septischen Erkrankung nach Milzentfernung (Splenektomie) bleibt lebenslang erhöht (8-fach steigend). In 10 % tritt die *Postsplenektomie-Sepsis* nach mehr als 10 Jahren auf.[9]

16.3 Milzentfernung und Minderung der Erwerbsfähigkeit

Die funktionelle Bedeutung der Milz liegt – wie angedeutet – in der Regulation des blutbildenden Gewebes und in der Immunabwehr.[10] Nach dem Verlust der Milz werden diese Funktionen im Wesentlichen von anderen Organen übernommen (lymphoretikuläres Gewebe). Die Reduzierung der Immunglobuline, und zwar der Makroglobuline, die vor allem für die Abwehr bakterieller Infektionen verantwortlich sind, um etwa 1/3 führt jedoch zu einer Einschränkung der Anpassungsvorgänge bei größeren Belastungen und Krisensitua-

---

[6] Reifferscheid in: Chirurgie (Hrsg. Reifferscheid, Weller), 8. Aufl. 1988 S. 508.
[7] Grewe, u.a., chir. praxis 28, 435–442 (1981); vgl. auch RVA, MfU 1933, 79: Selbstzerreißung der Milz im Anschluss an wiederholte, infektiöse Erkrankungen; Scheele, Chirurg (1984) 480.
[8] Leder, in: Kompendium der Medizinischen Begutachtung (Hrsg. Paul, u.a.) 2002 III 6.3.1.
[9] Krismann, Buyken, Kompass 1997, 486, 487 m.w.N.
[10] Ernst, BG-UMed 45 (1981) 105; Schweiberer, u.a., H. Unfallh. 200 (1988) 315, 320; Kleinschmidt, MedSach 1986, 159.

16.3 Milzentfernung und Minderung der Erwerbsfähigkeit

tionen, vor allem in der Zeit unmittelbar nach Entfernen der Milz.[11] Daraus erwachsen *Erfahrungswerte*[12]:

	MdE in %
3. bis 6. Monat nach Milzverlust	50–75
6. bis 12. Monat nach Milzverlust	20–30
13. bis 24. Monat nach Milzverlust	10–20
ab 2. Unfalljahr	10

Die lange vorherrschende[13] – noch gelegentlich vertretene[14] – Ansicht, der Milzverlust bedinge auf Dauer keine MdE, weil dem Milzlosen Arbeitsplätze nicht verschlossen seien, ist auf Grund medizinischer Erkenntnisse überholt. Die Einschränkung des Immunsystems wirkt sich bei größeren Belastungen aus. Tropentauglichkeit ist eingeschränkt; bei infektionsgefährdeten Pflegeberufen ist Vorsicht geboten. Eine MdE von 10 % auf Dauer ist angezeigt.[15]

Die Gefahr häufiger Beeinträchtigung darf nicht im Sinne einer „Risikoabgeltung" mit tatsächlich nicht vorhandener MdE konstruiert werden.[16]

Treten ein bis zwei Jahre nach dem Milzverlust Infektionen auf, die mit gestörter Immunabwehr in Zusammenhang gebracht werden, so wirkt sich dies in der Höhe der MdE bei entsprechenden Krankheitsverläufen aus.[17]

In gleicher Weise sind im Einzelfall festgestellte Spätfolgen zu berücksichtigen[18]:

– Thromboembolien (nach Milzentfernung zu beobachtender extremer Anstieg der Thrombozyten) stellen einen wesentlich begünstigenden Faktor der Erhöhung dar
– Verwachsungsbeschwerden, die zum kompletten mechanischen Darmverschluss führen können
– schmerzhafte Milzimplantate, die Darmstenosen (Verengungen) herbeiführen können.

Verlust der Milz und einer Niere	30 %[19]

---

11 Fritze, BG-UMed 32 (1977) 75 ff.
12 Ernst, BG-UMed 45 (1981) 110.
13 Gutachterliche Aussprache, BG-UMed 32 (1977) 75 ff.; LSG Baden-Württemberg, 30. 6. 1982, Rdschr. I/83 Bundesverband der f. d. BGen tätigen Ärzte S. 10 f.
14 Ludolph, in: Gutachtenkolloquium 3 (Hrsg. Hierholzer, u.a.) 1989 S. 47 ff.; Schwerdtfeger, ebenda S. 53, 58 ff.; Ludolph, akt. traumatol. 21 (1991) 165 f.; Sieber, VersMed 44 (1992) 56, 58 f.
15 Mehrhoff, Meindl, Muhr, Unfallbegutachtung, 11. Aufl. 2005 S. 160; Woltmann, Trentz, Trauma Berufskrankh 6 (2004) 73, 82; Grosser, u.a., Trauma Berufskrankh 2001 Suppl. 3 S. 400, 402; Mollowitz, Der Unfallmann, 12. Aufl. 1998 S. 215; Wiedmann in: Medizinische Begutachtung innerer Krankheiten (Hrsg. Marx, Klepzig), 7. Aufl. 1997 S. 385; LSG Rheinland-Pfalz, 7. 7. 1976, Breith. 1978, 127; Henneking, u.a., H. Unfallh. 174 (1985) 307 ff.; vgl. auch BSG, 30. 8. 1984, Rdschr. HVBG VB 122/84.
16 Bayer. LSG, 21. 9. 1960, BG 1961, 83, 84; LSG Baden-Württemberg, 30. 6. 1982, Rdschr. I/83 Bundesverband der f. d. BGen tätigen Ärzte S. 10 f.; Ludolph, Schürmann, BG 1988, 746, 748.
17 Mollowitz, Der Unfallmann, 12. Aufl. 1998 S. 215; Kleinschmidt, MedSach 1986, 163.
18 Fritze, BG-UMed 32 (1977) 75 ff.; Gutachterliche Aussprache, BG-UMed 32 (1977) 593 f.
19 LSG Rheinland-Pfalz, 7. 7. 1976, Breith. 1978, 127.

17 Atemwege und Lungen*

Übersicht

17.1.	Berufsbedingte Erkrankungen der Atemwege und der Lungen – allgemein	991
17.1.1	Ursachen	991
17.1.2	Pneumokoniosen..........	991
17.1.3	Physiologische Schutzmechanismen des Atemorgans (Selbstreinigung der Atemwege)............	993
17.1.4	Funktionsstörungen	995
17.1.4.1	Obstruktive Ventilationsstörung	995
17.1.4.2	Restriktive Ventilationsstörung	996
17.1.4.3	Lungenfibrose	996
17.1.4.4	Chronisch obstruktive Lungenkrankheit (COPD)..	997
17.1.4.5	Ventilatorische Verteilungsstörung	998
17.1.4.6	Gasaustauschstörung	998
17.1.4.7	Kardiale Belastung.........	999
17.1.5	Röntgenklassifikation	999
17.1.6	Lungenfunktionsdiagnostik .	1000
17.2	Quarzstaublungenerkrankung (Silikose) BK-Nr. 41 01	1003
17.2.1	Arbeitsplatz und Arbeitsvorgeschichte (Ätiologie) ...	1004
17.2.2	Entstehungsweise (Pathogenese)............	1005
17.2.3	Krankheitsbild............	1006
17.2.4	Verlauf	1007
17.2.5	Diagnose................	1008
17.2.6	Pulmokardiale Funktionsstörungen	1009
17.2.6.1	Chronisch obstruktive Lungenerkrankung (COPD)................	1012
17.2.6.2	Linksherzinsuffizienz und Herzinfarkt	1012
17.2.6.3	Differenzialdiagnose granulomatöser Erkrankungen............	1013
17.2.6.4	Zuordnung der Funktionseinschränkungen, Vorschaden, Nachschaden ..	1014
17.2.7	Versicherungsfall	1014
17.2.8	Leistungsfall	1015
17.2.9	Minderung der Erwerbsfähigkeit	1016
17.2.10	Meldung als Berufskrankheit	1018
17.2.11	Diagnosealgorithmus zur Zusammenhangsbegutachtung	1018
17.3	Quarzstaublungenerkrankung in Verbindung mit aktiver Lungentuberkulose (Silikotuberkulose) BK-Nr. 41 02.............	1019
17.4	Progressive systemische Sklerodermie.............	1021
17.5	Chronische obstruktive Bronchitis oder Emphysem von Bergleuten im Steinkohlebergbau (BK-Nr. 41 11)	1022
17.5.1	Steinkohlenbergbau	1022
17.5.2	Dosis-Wirkungs-Beziehung .	1022
17.5.3	Chronische obstruktive Bronchitis	1023
17.5.4	Emphysem	1024
17.5.5	Versicherungsfall	1024
17.5.6	Leistungsfall	1024
17.5.7	Zeitliches Intervall zwischen Beendigung der Staubbelastung und Auftreten der Erkrankungssymptome (Interimszeit)....	1025
17.5.8	Abgrenzung zur Silikose (BK-Nr. 4101)	1025
17.5.9	Rückwirkung	1025

---

* Mitarbeit Prof. Dr. med. *U. Hüttemann*, Göttingen.

17.6	*Asbeststaublungenerkrankung (Asbestose) oder durch Asbeststaub verursachte Erkrankungen der Pleura (BK-Nr. 41 03)* 1026	17.13.1	Allgergisierende Stoffe (BK-Nr. 43 01). 1052
		17.13.1.1	Entstehungsweise (Pathogenese). 1053
17.6.1	Begriffsbestimmung 1027	17.13.1.2	Krankheitsnachweis und Ursachenanalyse 1054
17.6.1.1	Exposition 1029		
17.6.1.2	Diagnose 1030	17.13.2	Chemisch-irritativ oder toxisch wirkende Stoffe (BK-Nr. 43 02). 1056
17.6.1.2.1	Röntgenologischer Befund .. 1032		
17.6.1.2.2	Bestimmung der Asbestfaserkonzentration im Lungengewebe 1031	17.13.3	Krankheitsbilder der BK-Nr. 43 01 1058
		17.13.4	Krankheitsbilder der BK-Nr. 43 02 1059
17.6.2	Asbestinhalationsfolgen im Bereich der Pleura (Brustfell). 1033	17.13.5	Unspezifische Bronchiale Hyperreagibilität (UBH) ... 1062
		17.13.6	Diagnose. 1063
17.6.3	Therapie (Heilverfahren) 1034	17.13.7	Abgrenzung der exogenen-allergischen Asthma bronchiale (BK-Nr. 43 01) von der exogenen-allergischen Alveolitis (BK-Nr. 42 01) ... 1065
17.6.4	Versicherungsfall 1035		
17.6.5	Meldung als Berufskrankheit 1035		
17.6.6	Minderung der Erwerbsfähigkeit. 1036		
		17.13.8	Wahlfeststellung zwischen BK-Nrn. 43 01 und 43 02 ... 1066
17.7	*Aluminiumlunge (BK-Nr. 41 06)* 1038	17.13.9	Physikalische Schleimhautreizungen 1066
17.8	*Erkrankungen an Lungenfibrose durch Metallstäube bei der Herstellung oder Verarbeitung von Hartmetallen (BK-Nr. 41 07)* 1038	17.13.10	Durch Isocyanate verursachte Erkrankungen der Atemwege und Lunge (BK-Nr. 13 15). 1067
		17.13.11	Entstehung – Verschlimmerung 1067
17.9	*Lungenfibrose durch extreme und langjährige Einwirkung von Schweißrauche und Schweißgase – (Siderofibrose) – BK-Nr. 41 15.* 1039	17.13.12	Unterlassen aller gefährdenden Tätigkeiten ... 1069
		17.13.13	Konkrete Gefahr im Sinne des § 3 BKV 1069
		17.13.14	Minderung der Erwerbsfähigkeit 1071
17.10	*Exogen-allergische Alveolitis (BK-Nr. 42 01).* 1042	17.13.15	Vorschaden. 1074
17.11	*Organic Dust Toxic Syndrome (ODTS)* 1048	17.14	*Unfallfolgen im pneumologischen Bereich* ... 1076
17.12	*Erkrankungen der tieferen Atemwege und der Lungen durch Rohbaumwoll-, Rohflachs- oder Rohhanfstaub (Byssinose – BK-Nr. 42 02)* ... 1049	17.14.1	Intoxikation (Gase, Schwebestoffe, Dämpfe) 1076
		17.14.2	Kontusionspneumonie 1077
17.13	*Obstruktive Atemwegserkrankungen (BK-Nr. 43 01, 43 02)* 1051	17.14.3	Pneumothorax-Spontanpneumothorax 1078

17.1 Berufsbedingte Erkrankungen der Atemwege und der Lungen – allgemein

17.1.1 Ursachen

In fast allen Gewerbezweigen gibt es Arbeitsplätze, an denen inhalative Schadstoffe in Form von Stäuben, Rauchen, Dämpfen oder Gasen auftreten. Schwerpunkte liegen in den Bereichen Bergbau, Steine und Erden, Eisen und Metall, der chemischen und Elektroindustrie, Bau, Nahrungsmittel, Textil und Holz.

Ursachen berufsbedingter bronchopulmonaler Erkrankungen

Exogene Ursache	Wirkung
(1) Quarzfeinstaub und quarzhaltige Feinstäube, z.B. Kohlengrubenstaub; Silikatfeinstäube: u.a. Asbest, Talkum, Berylliumoxid; Bauxitfeinstaub; Hartmetallfeinstaub	Lungenfibrose: Silikose, Anthrakosilikose, chronische obstruktive Bronchitis oder Emphysem; Asbestose; Talkose; Berylliose; Aluminose; Hartmetalllunge
(2) Staub von Mehl, Holz, Federn, Haaren, Rizinus u.a.	allergisch verursachte obstruktive Atemwegserkrankungen
(3) Staub von verschimmeltem Heu, Stroh, Getreide, Gemüse	allergisch verursachte Alveolitis (z.B. als „Farmer-[Drescher-]Lunge")
(4) Staub, Rauch oder Dampf von Arsen, Beryllium, Kadmium, Chrom, Diisocyanaten, Fluorverbindungen, Mangan, Thomasphosphat, Vanadium, zahlreiche sog. Reizgase u.a.	chemisch-irritativ oder toxisch verursachte, akute oder chronische obstruktive Atemwegserkrankungen, sog. Bronchopathie, z.T. in Verbindung mit Bronchopneumonie und/oder Lungenödem, sog. Bronchopneumopathie
(5) Staub von Rohbaumwolle, Rohflachs, Rohhanf u.a.	vorwiegend toxisch verursachte, akute obstruktive Atemwegserkrankungen mit Übergang in das chronische unspezifische respiratorische Syndrom (CURS) als „Byssinose"
(6) Staub, Rauch oder Dampf von Arsen, Asbest, Alkalichromaten, Nickel; radioaktive Stäube	insbesondere Malignome der Lunge, der Bronchien und der Pleura, asbestbedingter Kehlkopfkrebs
(7) Staub oder Rauch von Barium, Eisen, Ruß, Zinn u.a.	sog. Speicherkrankheiten: Barytose, Siderose, Rußlunge, Zinnoxidlunge

17.1.2 Pneumokoniosen

Unter Pneumokoniosis[1] versteht man seit *Zenker* (1867) Lungenveränderungen nach Ablagerung von eingeatmetem Staub. Je nach Zusammensetzung des Staubes sind Pneumokoniosen gekennzeichnet durch

– diffuse oder knotige Bindegewebsbildungen
– chronisch entzündliche Prozesse
– Ablagerung des Staubes.[2]

---

[1] Griechisch: pneumo... = atem..., luft...; konis = Staub; dazu Ulmer, Reichel, Pneumokoniosen, Handbuch der inneren Medizin, 5. Aufl. Bd. 4, 1. Teil, 1976, S. 11ff.; Trendelenburg, Prax. Klin. Pneumol. 39 (1985) 698ff.

[2] Baur, u.a., AWMF-Leitlinie Nr. 020/010: Diagnostik und Begutachtung der Berufskrankheit Nr. 41 01 Quarzstaublungenerkrankung (Silikose), ASU 43 (2008) 576, 578.

Übersicht zu den bronchopulmonalen *Erkrankungen* der BKV als *Pneumokoniosen*[3]

Ursache	Erkrankung	BK-Nr.
Anorganische Stäube		
Quarz	Silikose	41 01
	Silikotuberkulose	41 02
Asbest	Asbestose, Erkrankung der Pleura	41 03
	Asbestose (Lunge, Pleura) in Verbindung mit Lungenkrebs oder Kehlkopfkrebs	41 04
	Mesotheliom des Rippenfells[3]	41 05
Aluminium	Aluminose	41 06
Hartmetalle	Hartmetalllunge	41 07
Thomasphosphat	Thomasphosphat-Bronchopneumopathie	41 08
Steinkohlefeinstaub	chronische obstruktive Bronchitis	41 11
Schweißrauche- und -gase	Siderofibrose	41 15
Organische Stäube		
verschimmeltes Heu, Stroh, Pilze u.a.	exogen-allergische Alveolitis	42 01
Rohbaumwolle, Rohflachs, Rohhanf	Erkrankungen der tieferen Atemwege und der Lungen durch Rohbaumwoll-, Rohflachs- oder Rohhanfstaub (Byssinose)	42 02
verschiedene allergisierende Stoffe	obstruktive Atemwegserkrankungen (einschl. Rhinopathie)	43 01
chemisch-irritativ oder toxisch wirkende Stoffe	obstruktive Atemwegserkrankungen	43 02
toxisch bedingte Erkrankungen		
Arsen	Arsenlungenkrebs toxische Bronchopneumopathie	11 08
Beryllium	Berylliose toxische Pneumonie	11 10
Cadmium	toxische Bronchopneumopathie Lungenödem	11 04
Chrom	Chromatlungenkrebs Chromatstaublunge toxische Bronchopneumopathie	11 03

---

[3] Für das durch Asbest verursachte Mesotheliom des Bauchfells trifft der Pneumokoniosebegriff aus Gründen der Lokalisation nicht zu.

Ursache	Erkrankung	BK-Nr.
Fluor	toxische Bronchopneumopathie	
	Lungenödem	13 08
Mangan	toxische Bronchopneumopathie	11 05
Isocyanate	Bronchialobstruktion	
	Alveolitis	
	Lungenödem	13 15
Vanadium	toxische Bronchopneumopathie	11 07

Hinsichtlich der *Häufigkeit* des Vorkommens in Verbindung mit dem Schweregrad ihres Erscheinungsbildes haben besonders hohe *arbeitsmedizinisch-praktische* und *sozialökonomische* Bedeutung Quarz- und Asbestinhalationsfolgen sowie die durch allergisierende und chemisch-irritativ oder toxisch wirkende Stoffe berufsbedingt verursachten obstruktiven Atemwegserkrankungen.

17.1.3 Physiologische Schutzmechanismen des Atemorgans (Selbstreinigung der Atemwege)

Ausmaß und Art der verschiedenen Pneumokoniosen sind abhängig von der Qualität und Konzentration des mit der Atemluft aufgenommenen Staubes. Als weitere Einflussgrößen gelten Dauer und Rhythmik der Schadstoffeinwirkung. Der weitaus größte Teil der eingeatmeten Partikel (80 bis 95 %) wird im Sinne der *Reizantwort durch physiologische Mechanismen* eliminiert, noch bevor die Fremdkörper im Gewebe pathogene Wirkung entfalten können.

In Abhängigkeit vom aerodynamischen Durchmesser werden inhalierte Noxen in unterschiedlichen anatomischen Regionen bevorzugt deponiert. Partikel mit einem aerodynamischen Durchmesser von > 5 µm werden zu mehr als 50 v. H. als Nasen-, Rachen- und Kehlkopfstaub deponiert und gelangen nicht in die Lunge, weitere Staubteilchen werden als Tracheobronchialstaub ebenfalls eliminiert. Lungengängiger Staub oder Alveolarstaub enthält Partikel < 5 µm. Das Maximum der Alveolardeposition liegt bei Partikelgrößen zwischen 1 bis 2 µm. Arbeitsmedizinisch relevante Fasern haben eine Länge (L) von ≥ 5 µm und einen Durchmesser (D) von ≥ 3 µm bei einem Verhältnis L:D von mindestens 3:1.[4]

(1) Ein erster Staubfilter ist die befeuchtete Schleimhaut der Nase und des Rachens.

(2) In den oberen Luftwegen sorgt die Aktivität der Zilien des Flimmerepithels für einen kontinuierlichen Staubabtransport. Sekrete bilden einen Schleimfilm, der durch Zilienbewegungen – gleich einem rollenden Teppich – zur Mundhöhle bewegt wird (*mukoziliare* bzw. *bronchiale Reinigungsfunktion*).

Bronchitis dagegen führt zu ungeordneter Flimmertätigkeit.

Wichtige schädigende Einwirkungen:[5] *toxische Gase* (Verbrennungsgase, Zigarettenrauch) und *Infektionen*. Diese wirken sich hemmend auf die Flimmertätigkeit aus. Die Atemluft

---

4 Kraus, Dtsch Med Wochenschr 132 (2007) 723.
5 Fissan, Trampe, Physikalische Grundlagen gasgetragener partikulärer Kontamination Reinraumtechnik (Hrsg. Gail, Hortig) BFRL Publications 2001 S. 35-55.

strömt über den Kehlkopf in die Luftröhre. Dort teilt sie sich im Brustkorb in zwei Hauptäste (Hauptbronchien), die sich in insgesamt 23 (dichotomen) Teilungsschritten bis in die terminalen Lungenbläschen (Alveolen) verzweigen.[6] Somit finden sich etwa 2^{16} terminale Lungenbläschen-Abschnitte (Acini), die eine Oberfläche für den Gasaustausch von rd. 110 m² aufweisen. Hier erfolgt der alveolare Gasaustausch mit dem Blut durch Diffusion. In den ca. 20 Mio Alveolen wird der Sauerstoff aus den die Lungenbläschen umschließenden Haargefäßen (Kapillaren) aufgenommen und die im Stoffwechsel gebildete Kohlensäure ausgeschieden. Der alveolare Gasaustausch läuft über die physikalischen Gesetze der Diffusion ab und ist somit von den Partialdrucken der Gase (P_{O_2} = Sauerstoffpartialdruck und P_{CO_2} = Kohlendioxidpartialdruck) abhängig.

(3) Ist Staub in die Lungenalveolen (Bläschen) eingedrungen, erfolgt eine Bindung und Entfernung überwiegend durch Phagozytose (Auflösung und Unschädlichmachung) von Alveolardeckzellen, immigrierte interstitielle Zellen der Alveolarsepten (Fibroblasten) und im Bedarfsfall auch Blutmonozyten *(zelluläre Reinigungsfunktion)*.

Grob- und Feinstäube werden unterschieden. Grobstaub hat eine Korngröße > 60 μm und wird über die Schleimhautfilter der Nase, des Rachens und der oberen Luftröhre abgefangen. Bei den Feinstäuben (Schwebstäuben) sind gesundheitlich relevant die Korngrößen < PM 10. Diese dringen bis in die 6. Teilungsgeneration der Bronchiolen vor. Schwebstäube mit der Korngröße PM < 2,5 enthalten die Reizstoffe Ruß und SO_2-Partikel und dringen bis in die 20. Teilungsgeneration vor. PM < 1 gelangen bis in die Lungenbläschen. Sie sind somit *alveolargängig*. Im Schwebstaubbereich oberhalb 2,5 μm Partikeldurchmesser treten zusätzlich Pollen und Sporen als potentielle Allergenträger auf.

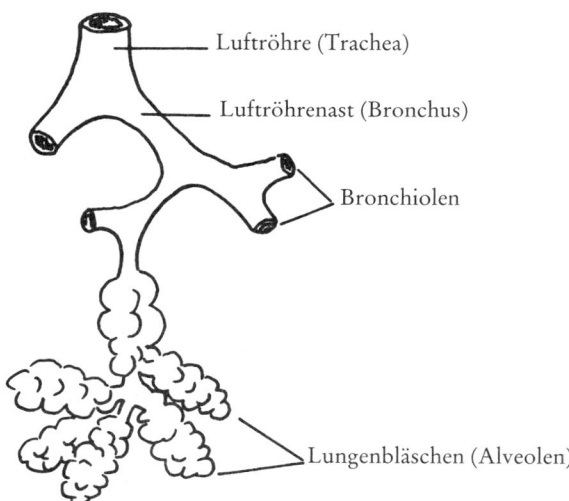

Abb. 1: Bronchialbaum

---

[6] Weibel, Taylor, Design and structure of the human lung. In: Fishman, Pulmonary diseases and disorders, 1988 S. 11-60.

17.1 Berufsbedingte Erkrankungen der Atemwege und der Lungen allgemein

Höheres Alter und das Vorliegen einer Entzündung an anderer Stelle des Organismus wirken sich nachteilig auf die Phagozytoseleistung, d. h. die pulmonale Reinigungsfunktion, aus.

(4) Im Bereich der Alveolen und Bronchiolen (feinere Verzweigungen der Luftröhrenäste) bestehen interzellulär funktionelle Öffnungen zu den Lymphgefäßen des Lungeninterstitiums (Lungenstützgewebe), durch die Staubteilchen in das Lungengewebe eindringen. Der weitere Transport erfolgt über die Lymphwege zu den tracheobronchialen und in kleinerem Maße zu den paratrachealen Lymphknoten, wo sie gespeichert werden *(lymphogener Abtransport)*. Die Reinigung der Lungenalveolen auf diesem Weg bedeutet daher eine Verlagerung des Staubes in das lymphoretikuläre Gewebe.

In Abhängigkeit von Zahl, Größe und Rhythmik ihres Auftretens können die Feinstaubpartikel Lymphbahnen blockieren. Lokal kommt es zu fibrotischen Gewebereaktionen. Diese nehmen mit Lebensalter, kumulativer Tabakrauchbelastung und begünstigt durch Infektexazerbationen zu.

Unter dem Aspekt der arbeitsmedizinischen Vorsorge ist daher der Unversehrtheit der physiologischen Abwehrfunktion des Atemorganes großes Gewicht beizumessen. Erst das Überwinden dieser Schutzmechanismen schafft mit die Voraussetzung für berufsbedingte Erkrankungen der Atemwege und der Lungen.

17.1.4 Funktionsstörungen

Die unterschiedlichen inhalativen Schadstoffe lassen sich unter pathophysiologischen Aspekten nach ihrem bevorzugten Angriffspunkt in solche mit primär bronchialer, primär pulmonaler oder primär bronchopulmonaler Wirkung einteilen. Diesen Wirkungen entspricht das klinische Bild der *Atemwegserkrankungen (Bronchopathie)* und *Lungenerkrankungen (Pneumopathie)*. Beide Krankheitsbilder treten häufig gemeinsam als Mischformen auf. Funktionsanalytisches Kennzeichen der Atemwegserkrankungen ist die obstruktive Ventilationsstörung. Chronische Atemwegserkrankungen führen im weiteren Verlauf wegen der funktionalen Einheit des bronchopulmonalen Systems regelhaft zur Mitbeteiligung der Lunge. Es kommt zur chronisch obstruktiven Lungenerkrankung (COPD = Chronic obstructive lung disease). Dies ist beispielsweise bei der verschwielenden Silikose der Fall. Fortgeschrittene Lungenasbestosen weisen darüber hinaus die Zeichen der Schrumpfung (Fibrose) auf, einer restriktiven Ventilationsstörung entsprechend. Primäre Atemwegserkrankungen können zu einem Lungenemphysem oder fibrotischen Mitbeteiligung des Lungenparenchyms führen. Dabei handelt es sich um entzündliche Vorgänge. In fortgeschrittenen Stadien kommt es zu ausgedehnten Mischbildern, wobei je nach vorrangigen Schädigungsmechanismus die chronisch obstruktive Lungenerkrankung (COPD) oder die Lungenfibrose (interstitielle pulmonale Fibrose, IPF) steht. Funktionsanalytisch findet man das Mischbild der kombinierten obstruktiv-restriktiven Ventilationsstörung.

17.1.4.1 Obstruktive Ventilationsstörung
Behinderung der Strömung der Luft in den Atemwegen, erhöhte Strömungswiderstände

Die obstruktive Ventilationsstörung stellt die zahlenmäßig und prognostisch wichtigste Partialstörung der Lungenfunktion nicht nur bei Pneumokoniosen dar. Sie entsteht infolge einer Verringerung des Atemwegsquerschnittes, welche die gesamte Atemwegsgeometrie umfasst. Die Folge ist die Atemstrombegrenzung in der Ausatemphase (*exspiratorische Atemstrombegrenzung*). Nach dem geometrischen Ort der Atemwegsobstruktion wird zwischen *zentralen* obstruktiven Ventilationsstörungen, die – beim Asthma bronchiale – die muskeltragenden Bronchiolen betreffen und *peripheren* Atemwegsobstruktionen in den kleinsten Atemwegen beim COPD unterschieden. An der Lichtungseinengung sind die Bronchokonstriktion bei gesteigertem Bronchialmuskeltonus, die Sekretverlegung bei Hypersekretion, Dyskrinie und Mukostase sowie ein Ödem der Bronchialschleimhaut in – jeweils – unterschiedlicher Ausprägung beteiligt. Daneben können außerhalb der Bronchien gelegene Ursachen, wie eine Säbelscheidentrachea bei retrosternaler Struma, lokale Verziehungen des Tracheobronchialbaumes durch Narbenschrumpfung, ein Elastizitätsverlust der Lunge, z.B. bei generalisiertem Emphysem, und der Zwerchfellhochstand bei Adipositas das Bild einer obstruktiven Ventilationsstörung herbeiführen.

17.1.4.2 Restriktive Ventilationsstörung

Behinderung der Ausdehnungsfähigkeit der Lunge, Abnahme der Lungendehnbarkeit, Lungentotalkapazität bzw. Vitalkapazität infolge der schrumpfenden (fibrosierenden) Umbauvorgänge im Lungeninterstitium.

Die intrapulmonale restriktive Ventilationsstörung entsteht bei Abnahme der Lungendehnbarkeit. Häufigste Ursachen sind fibrosierende Umbauvorgänge im Lungeninterstitium. Funktionsanalytisch sind differentialdiagnostisch extrapulmonale Ursachen einer Restriktion abzugrenzen, wie Kyphoskoliosen oder höhergradiges Übergewicht. Die berufsbedingten Lungenfibrosen gehen mit Diffusionsstörungen und in fortgeschrittenen Stadien mit Einschränkungen der Lungendehnbarkeit einher. Die Abgrenzung gegen durch Herzerkrankungen der linken Kammer (Lungenstauung) ausgelöste restriktive Ventilationsstörungen ist schwierig und nur mit der Spiroergometrie möglich.

17.1.4.3 Lungenfibrose

Lungenfibrosen sind – pathologisch-anatomisch – herdförmige oder diffuse (über mehrere Abschnitte verteilte) Bindegewebsvermehrungen im Lungengerüst. Die Verdichtung der Bindegewebsfasern in fortgeschritteneren Stadien führt zu Schrumpfungserscheinungen und Aufhebung der normalen lobulären Lungenstruktur. Die Faservermehrung erfolgt sowohl peribronchial (in der Umgebung der Luftröhrenhauptäste) als auch alveolär-septal und kann schließlich in das Bild einer Wabenlunge übergehen.

Ursache der Lungenfibrose ist ein wechselseitiges Zusammenwirken von

– genetischen Faktoren
– erworbenen Dispositionen und
– exogenen Risikofaktoren.

In der Literatur werden mehr als 150 Faktoren, die eine Lungenfibrose verursachen können oder mit einer Lungenfibrose assoziiert sind, beschrieben.

Stets sind differenzialdiagnostisch bekannte Ursachen interstitieller Lungenerkrankungen sowohl aus dem beruflichen als auch aus dem außerberuflichen Umfeld abzugrenzen.

17.1 Berufsbedingte Erkrankungen der Atemwege und der Lungen allgemein

Die American Thoracic Society (ATS) und die European Respiratory Society (ERS) haben sich auf eine internationale einheitliche Klassifikation verständigt.[7]

– Idiopathische Lungenfibrose/kryptogene fibrosierende Alveolitis (IPF)
– Unspezifische interstitielle Pneumonie (vorläufig) (UIP)
– Kryptogene organisierende Pneumonie
– Akute interstitielle Pneumonie (AIP)
– Respiratory bronchiolitis interstitial lung disease (RBILD)
– Desquamative interstitielle Pneumonie (DIP)
– Lymphoide interstitielle Pneumonie (LIP).

Die Krankheitsbilder werden durch eine Vielzahl von toxischen und allergischen Ursachen ausgelöst bzw. verursacht: pneumotrope Virusinfektion, zytotoxische Medikamente, Strahleneinwirkung.

17.1.4.4 Chronische obstruktive Lungenkrankheit (COPD; „chronic obstructive pulmonary disease")

Die COPD ist definiert durch eine nicht vollständig reversible Atemwegsobstruktion. Nach internationaler Konsenslage der wissenschaftlichen Gesellschaften umfasst der Begriff COPD die *chronische obstruktive Bronchitis, Lungenemphysem* und deren Kombinationen.[8] Das durch Infektexazerbationen ausgelöste intrinsische Asthma bronchiale (einschließlich Unspezifischer Bronchialer Hyperreaktivität, UBH) ist regelhaft mit der COPD kombiniert, als selbständiges Krankheitsbild meistens nicht abtrennbar. Die Krankheitsbilder stellen häufig Mischformen mit Überlappung dar. Die COPD ist funktionell durch eine exspiratorische Atemstrombegrenzung und strukturell durch fortschreitende Überblähung der distal der Bronchioli gelegenen Alveolarräume charakterisiert.

Der Begriff „Emphysembronchitis" ist überholt.

Schweregradeinteilung der COPD

Schweregrad	Kriterien
I (leicht)	$FEV_1 \geq 80\%$ Soll, $FEV_1/VC < 70\%$ mit/ohne Symptomatik (Husten, Auswurf)
II (mittel)	50% Soll $\leq FEV_1 < 80\%$ Soll, $FEV_1/VC < 70\%$ mit chronischen Symptomen/ohne chronische Symptome (Husten, Auswurf, Dyspnoe)
III (schwer)	30% Soll $\leq FEV_1 < 50\%$ Soll, $FEV_1/VC < 70\%$ mit chronischen Symptomen/ohne chronische Symptome (Husten, Auswurf, Dyspnoe)
IV (sehr schwer)	$FEV_1 \leq 30\%$ Soll, $FEV_1/VC < 70\%$ oder $FEV_1 < 50\%$ Soll plus chronische respiratorische Insuffizienz

Neu entwickelt wurde eine multidimensionale Schweregradeinteilung, der BODE-Index (**B** für Body-Mass-Index, **O** für Obstruktion, **D** für Dyspnoe, **E** für Exercise capacity:[9]

---

[7] Behr, Lungenfibrose – aktuelle Aspekte in Diagnostik und Therapie, 2003.
[8] Vogelmeier, u. a., Leitlinie der Deutschen Atemwegsliga und der Deutschen Gesellschaft für Pneumologie und Beatmungsmedizin, Pneumologie 63 (2009) 61; Vogelmeier, u. a., Pneumonie 61 (2007) 1–40.
[9] Celli, u. a., N Engl J Med 2004; 340: 1005.

BODE-Skala zur Erfassung des Schweregrads der COPD

Parameter	Punkte auf der BODE-Skala			
	0	1	2	3
FEV_1 (% Soll)	65	50–64	36–49	≥ 35
6-Min.-Gehtest (m)	>350	250–349	150–249	≤ 149
MRC* Dyspnoe (Stufe)	0-1	2	3	4
Body-Mass-Index (kg/m²)	> 21	≤ 21		

* Modifizierter Medical-Research-Council-Score:
0: Atemnot nur bei außergewöhnlicher Belastung
1: Atemnot beim Treppensteigen, Bergaufgehen
2: Atemnot bei Gehen in der Ebene
3: Muss wegen Atemnot nach 100 m anhalten
4: Atemnot bei An- und Ausziehen, zu kurzatmig, um das Haus zu verlassen

17.1.4.5 Ventilatorische Verteilungsstörungen

Hauptaufgabe der Lunge ist ein dem jeweiligen Bedarf angepasster Gasaustausch. Als Voraussetzungen sind hierzu die enge regionale Abstimmung der drei Partialfunktionen Belüftung (Ventilation), Durchblutung (Perfusion) und Gasübertritt an der alveolo-kapillären Membran (Diffusion) zu nennen. Alle bisher aufgeführten pathophysiologischen Befunde bei Pneumokoniosen, d. h. insbesondere die obstruktive Ventilationsstörung, aber auch die restriktive Ventilationsstörung und die Lungenüberblähung, können sich nachteilig auf den Gasaustausch auswirken. Zu Grunde liegt als wesentlichste und häufigste Ursache das Ungleichgewicht im Verhältnis von Ventilation und Perfusion, auch ventilatorische Verteilungsstörung genannt. Hierbei kommt es u. a. zu Abweichungen der exspiratorischen alveolär-kapillären Sauerstoff- und Kohlendioxid-Druckgradienten infolge einer Zunahme des funktionellen Totraumes.

17.1.4.6 Gasaustauschstörung

Die Effizienz der Sauerstoffaufnahme und Kohlendioxidabgabe in der Lunge kann anhand blutgasanalytischer Werte des *arteriellen O_2- und CO_2-Partialdruckes* (paO_2 und $paCO_2$) abgeschätzt werden. Störungen des pulmonalen Gasaustausches sind zunächst als arterielle Hypoxämie durch ein Absinken des arteriellen Sauerstoffpartialdruckes paO_2 gekennzeichnet. Man spricht hierbei von einer *Partialinsuffizienz* des respiratorischen Gasaustausches. Als direkte Ursache gelten in erster Linie ventilatorische Verteilungsstörungen mit ihrer Zunahme des funktionellen Totraumes bzw. indirekt die diesem Befund zu Grunde liegenden pathophysiologischen Störungen. Bei diffusen Lungenfibrosen vom Typ der Asbestose wird darüber hinaus eine Diffusionsbehinderung infolge Verdickung der alveolär-kapillären Membran angenommen. Schwer erniedrigte Werte des paO_2 (< 55 mm Hg) wirken sich stark auf die Erhöhung des Pulmonalarteriendruckes und damit die Entstehung einer Rechtsherzüberlastung aus.

Eine alveoläre Hypoventilation ist anzunehmen, wenn die Hypoxämie mit einer Erhöhung des arteriellen Kohlendioxidpartialdruckes $paCO_2$ (Hyperkapnie) und einem Abfall des pH in den sauren Bereich einhergeht. Diese Befundkonstellation wird als *Globalinsuffizi-*

enz des respiratorischen Gasaustausches bezeichnet. Je nach Höhe des pH kann eine alveoläre Hypoventilation als kompensierte oder nichtkompensierte respiratorische *Azidose* auftreten. Die respiratorische Globalinsuffizienz ist regelhaft Folge des Versagens der muskulären Atempumpe (erhöhte Werte für PO_1).

17.1.4.7 Kardiale Belastung[10]

Die COPD als Volkskrankheit ist nahezu regelhaft mit der koronaren Herzkrankheit und peripherer arterieller Verschlusskrankheit (einschließlich Schlaganfall) vergesellschaftet.[11]

Obstruktive und/oder restriktive Ventilationsstörungen führen zu Sauerstoffmangel (= *Hypoxämie*) und Anstieg der Kohlensäure im Blut, Ansäuerung des Blutes (= *Hyperkapnie*). Hypoxämie und Hyperkapnie sind die pathophysiologischen Determinanten der Engstellung der Lungengefäße im Lungenkreislauf (Widerstandserhöhung im kleinen Kreislauf, pulmonale Hypertension). Dadurch kommt es zu einer erhöhten Nachlast für die rechte Herzkammer. Die rechte Herzkammer nimmt an Muskelsubstanz zu (= Hypertrophie). Diese Veränderungen sind in der Elektrokardiographie (= EKG) und Echokardiographie (= Ultraschalluntersuchung des Herzens) zu erkennen.

Bei andauernder respiratorischer Globalinsuffizienz ist die irreversible Hpyertrophie der rechten Herzkammer und Blutdruckerhöhung im kleinen Kreislauf zwangsläufige Folge: „Lungen-Herz" (= chronisches Cor pulmonale). Unter diesen Bedingungen kommt es häufig auch zur Schädigung der linken Herzkammer mit Linksherzinsuffizienz.

17.1.5 Röntgenklassifikation

Bei der Erkennung und Beurteilung von Pneumokoniosen kommt den röntgenologischen Untersuchungsmethoden in Verbindung mit der Arbeitsvorgeschichte ausschlaggebende Bedeutung zu. Für frühe Stadien beruflicher Lungenerkrankungen, insbesondere durch fibrogene Stäube, kann das Röntgenbild den einzigen objektiven Nachweis bestehender morphologischer Veränderungen erbringen. Das Prinzip der ILO 2000 Staublungenklassifikation[12] beruht auf der Abfrage von Befunden im Bereich von Lunge und Pleura. Typ und Ausdehnung einer Pneumokoniose im Vergleich mit Standardfilmen werden dargestellt. Darüber hinaus sind bei Pneumokoniosen wichtige Zusatzbefunde kodierungsfähig.

Die ILO-Klassifikation stützt sich bei der Beschreibung der Silikose auf zwei formale Hauptelemente:

– kleine runde Schatten   pqr
– große Schatten   ABC

Die rundlichen Schatten werden wie die großen Schatten nach dem Durchmesser des vorherrschenden Schattentyps gekennzeichnet.

Für die Beschreibung der Asbestose und anderer Pneumokoniosen sind drei weitere kleine unregelmäßige Schattentypen zu unterscheiden, und zwar

---

[10] MacNee, State of the art: Pathophysiology of cor pulmonale in obstructive pulmonary disease Amer. J. Crit Care Med 150 (1994) 833.
[11] Dierkesmann, u. a., Pneumologie 63 (2009) 526–537.
[12] Hering, u. a., ASU 38 (2003) 504 ff.; dito Pneumologie 57 (2003) 576.

- s = feine unregelmäßige oder lineare Schatten
- t = mittelgrobe unregelmäßige Schatten
- u = grobe (klecksige) unregelmäßige Schatten.

Die Streuung der kleinen Schatten in der Lunge und deren Dichte in den betroffenen Lungenfeldern wird mit einer Punkteskala ausgedrückt, die von fehlenden bis geringen pneumokoniotischen Herden (0) bis zur höchsten Kategorie (3) reicht. Daraus ergibt sich eine 4-Stufenskala 0, 1, 2 und 3. Die verschiedenen Kategorien selbst sind durch Standardfilme mit der für jede Kategorie zutreffenden Dichte und Intensität der Fleckschatten definiert. Die Standardfilmsätze können über das Internationale Arbeitsamt, Genf, bezogen werden.

Ergänzend zu der Standard-Röntgenübersichtsaufnahme des Thorax in zwei Ebenen (ILO-Klassifikation) – gefordert wird die p. a.-Aufnahme (posterior-anterior) – muss die Indikation zur ergänzenden Computertomographie des Thorax – sowohl für die Diagnosesicherung als auch unter differenzialdiagnostischen Gesichtspunkten – geprüft werden.[13]

Die diagnostische Wertigkeit der HRCT ist der konventionellen Röntgentechnik deutlich überlegen.

Eine Übertragbarkeit des CT-Befundes auf den konventionellen Röntgenbefund und umgekehrt ist beim derzeitigen Erkenntnisstand allerdings nicht ohne Weiteres möglich. Weder liegt eine (erforderliche) Korrelationsstudie zwischen ILO-Staublungenklassifikation und CT-Klassifikation vor[14], noch wurde ein für die Klassifikation der HRCT-Befunde international abgestimmtes Klassifikationsschema von der ILO als obligat übernommen.

Auch die Datenlage zur Wertigkeit von Magnet-Resonanz-Tomografie (MRT) und Positronen-Emissions-Tomografie (PET) reicht nicht aus, um sie in die Standard-Untersuchungsprogramme einzubinden.[15]

17.1.6 Lungenfunktionsdiagnostik[16]

- **Basisuntersuchungen**

- *Messung der Kapazitäten (statische Lungenvolumina):*

    VCin = inspiratorische Vitalkapazität (Fassungsvermögen der Lunge an Atemluft).

    ITGV = intrathorakales Gasvolumen bzw. FRC= funktionelle Residualkapazität

    TLC = totale Lungenkapazität

    RV/TLC = Blähvolumen in %-Anteil der totalen Lungenkapazität.

---

[13] Empfehlungen für die Begutachtung von Quarzstaublungenerkrankungen (Silikosen) „Bochumer Empfehlung", Hrsg. DGUV 2009.
[14] Hering, u. a., Radiologie 44 (2004) 500.
[15] Hering, in: Bewertung und Begutachtung in der Pneumologie (Hrsg. Nowak, Kroidl) 3. Aufl. 2009 S. 114.
[16] Quanjer, u.a., Standardized lung function testing, European Community for Coal and Steel. Eur. Respir. J. 6(Suppl. 16)1993; Angerer, Nowak, in: Arbeitsmedizin (Hrsg. Triebig, u.a.) 2. Aufl. 2008 S. 719 ff.; Kroidl, Nowak, in: Bewertung und Begutachtung in der Pneumologie (Hrsg. Nowak, Kroidl) 3. Aufl. 2009 S. 77 ff.; Leitlinie der DGAUM „Lungenfunktionsprüfungen in der Arbeitsmedizin" (Stand 2005).

– *Messung dynamischer Lungenvolumina:*

FEV$_1$ = forciertes exspiratorisches Volumen in 1 Sek. = Atemstoßtest, Bestimmung des maximal in 1 Sek. ausatembaren Luftvolumens
FVC = forcierte exspiratorische Vitalkapazität
MEFV = maximale exspiratorische Fluss-Volumen-Kurve
Fluss-Volumen-Kurve bei forcierter Exspiration zeigt Strömungsgeschwindigkeit in den verschiedenen Bronchialabschnitten auf: PEF = Peak flow = exspiratorischer Spitzenfluss, MEF$_{50}$ = maximaler exspiratorischer Fluss bei 50 % und MEF$_{25}$ = 25 % der Vitalkapazität

– *Messung der Atemwiderstände, vorzugweise:*

R$_{AW}$ = Resistance (Atemwiderstand) bodyplethysomographisch bestimmt
R$_{IOS}$ = Atemwegswiderstand impulsoszillatorisch bestimmt

Die impulsoszillometrische Impedanzmessung ermöglicht die Bestimmung des geometrischen Ortes der Atemwegsobstruktion (zentral/peripher).

- **Zusatzuntersuchungen nach Fragestellung**
- pharmakodynamischer unspezifischer Broncholysetest
- allergenspezifischer endobronchialer Provokationstest
- arbeitsstoffspezifischer endobronchialer Provokationstest
- Diffusions-(Gasaustausch-)kapazität mit Kohlenmonoxid (CO) bestimmt (TLCO)
- Compliance- (Lungendehnbarkeits-) Untersuchung informiert über die Materialeigenschaften der Lunge, C$_{stat}$ = statische Compliance
- arterielle Blutgasanalyse (BGA) in Ruhe und bei definierter ergometrischer Belastung
- Ergospirometrie zur Beurteilung der kardiopulmonalen Leistungsfähigkeit
- Druckmessung im Lungenkreislauf (Rechtsherzkatheter, nicht mitwirkungspflichtig) selten erforderlich
- Echokardiographie zur nicht invasiven Druckmessung des Blutdruckes in der rechten Herzkammer und im Lungenkreislauf

Spirometrie

Als das zentrale Verfahren zur Lungenfunktionsprüfung dient es dem Erkennen und der Objektivierbarkeit von obstruktiven und restriktiven Atemwegs- und Lungenerkrankungen. Der Patient atmet über ein Mundstück in ein Atemrohr, wobei die Nase mit einer Nasenklemme verschlossen wird. Die mobilisierbaren Lungen- und Atemvolumina, die bei diesen Atemzügen bewegt werden, bildet das Gerät graphisch ab, wobei Volumina und Zeit bestimmt werden.

Spirometrie beantwortet die Fragen:

- Liegt eine Atemwegsobstruktion vor?
- Ist eine nachgewiesene Atemwegsobstruktion teilweise oder sogar vollständig reversibel (Reversibilitätstest mit Bronchodilatatoren)?
- Liegt eine relevante Verringerung der Lungenvolumina vor?

Spirometrische Parameter[17]

Parameter	Definition	Symbol	Einheit
inspiratorische Vitalkapazität	Atemvolumen, welches nach kompletter Exspiration maximal eingeatmet werden kann	IVC (Synonym: VC_{in})	l
forcierte Vitalkapazität	Atemvolumen, welches nach kompletter Inspiration forciert maximal ausgeatmet werden kann	FVC	l
forciertes exspiratorisches Volumen in 1 Sekunde, Einsekundenkapazität	Atemvolumen, welches nach maximaler Inspiration forciert in der ersten Sekunde ausgeatmet werden kann	FEV_1	l
relative Einsekundenkapazität, Tiffeneau-Index	forciertes exspiratorisches Volumen in 1 Sekunde, ausgedrückt in % der inspiratorischen VC	FEV_1/IVC*	%
maximaler exspiratorischer Spitzenfluss, „Peak flow"	Spitzenfluss bei maximaler exspiratorischer Anstrengung	PEF	$l \times s^{-1}$**
maximaler exspiratorischer Fluss bei 50 % der FVC	maximale Atemstromstärke nach Ausatmung von 50 % der FVC	MEF_{50}, Synonym FEF_{50}	$l \times s^{-1}$
maximaler exspiratorischer Fluss bei 25 % der FVC	maximale Atemstromstärke nach Ausatmung von 75 % der FVC	MEF_{25}, Synonym FEF_{75}	$l \times s^{-1}$

* im angloamerikanischen Sprachraum wird häufig FVC statt IVC verwendet
** im Peak-Flow-Meter Angabe in $l \times min^{-1}$

Ganzkörperplethysmografie

Die *Bodyplethysmographie* erlaubt weitgehend mitarbeitsunabhängig die Bestimmung des Atemwegswiderstandes (Rt), des spezifischen Atemwegswiderstandes (sRt) und des intrathorakalen Gasvolumens (IGV). Sie dient der Diagnostik komplexer Funktionsstörungen: insbesondere obstruktiver Verteilungsstörung, Lungenüberblähung und Emphysembildung.

Erst im Rahmen eines funktionsanalytischen Befundmusters unter Einbeziehung der Anamnese und des Ergebnisses der körperlichen Untersuchung kann das Ausmaß der pulmokardialen Funktionseinbuße eingeschätzt werden. Grundlage des Ergebnisses ist dabei die Abweichung der Messwerte vom Streubereich der Norm. Durch die Größe der Abwei-

---

[17] Kroidl, Nowak, in: Bewertung und Begutachtung in der Pneumologie (Hrsg. Nowak, Kroidl) 3. Aufl. 2009 S. 81.

chung des Istwertes vom Sollwert bzw. Normbereich ist bei vielen Funktionsparametern eine Graduierung der Normabweichung und somit eine verbale Quantifizierung des Schweregrades der Funktionseinbuße möglich. Entsprechend der gegenwärtigen Verbreitung werden die Referenzwertformeln der Europäischen Respiratorischen Gesellschaft (ERS) empfohlen.

Spiroergometrie

ermöglicht die Beurteilung des Leistungsvermögens, der Dauerbelastbarkeit sowie der Limitierung im kardiozirkulatorischen, pulmonalen muskuloskeletalen Bereich durch kontinuierliche Messung der Parameter Ventilation ($\dot{V}E$), Sauerstoffaufnahme ($\dot{V}O_2$) Kohlendioxidabgabe ($\dot{V}CO_2$) sowie der Blutgase.

Compliancemessung (C) und Atemkraftmessung (Pimax, PO 1)

Sie dienen speziellen Fragestellungen.

Compliance der Lunge beschreibt die Lungendehnbarkeit. Die von der Mitarbeit des Patienten unabhängige Compliancemessung kommt vorwiegend bei der Diagnostik und, Verlaufsbeurteilung interstitieller Lungenerkrankungen (Verminderung der Compliance), Atemkraftmessung bei COPD, Emphysem (Erhöhung der Compliance), Schlafapnoesyndrom sowie ventilatorischer Insuffizienz zur Anwendung.

Testung der unspezifischen bronchialen Hyperreagibilität

bei anamnestischen Anfällen von Atemnot ohne Funktionskorrelat, Husten unklarer Genese und ungeklärter Belastungsluftnot sowie bei speziellen gutachterlichen, arbeitsmedizinischen und epidemiologischen Fragestellungen.

17.2 Quarzstaublungenerkrankung (Silikose) BK-Nr. 41 01

Erkrankungen an Lungenfibrose durch Einatmung von Staub, welcher in unterschiedlichem Anteil freie kristalline Kieselsäure enthält, sind unter der Bezeichnung Silikose als Berufskrankheit Nr. 41 01 der BKV aufgeführt. Freie kristalline Kieselsäure kommt im Wesentlichen als Quarz (SiO_2), Cristobalit oder Tridymit (selten) an zahlreichen Arbeitsplätzen vor. Weitere Modifikationen existieren.[18] Oft vorhandene Begleitmineralien können als Mischstäube die fibroseerzeugende Wirkung der freien kristallinen Kieselsäure hemmen oder steigern.

Die BK-Nr. 41 01 erfasst

– *Quarzstaubsilikosen* nach Einatmen von nahezu reinem Quarzstaub („reine" Silikose, z. B. Sandstrahler)

– *Mischstaubsilikosen* nach Inhalation von Staubgemischen, die neben Quarz noch andere Bestandteile enthalten (z. B. Anthrakosilikose des Bergmanns nach Kohlengrubenstaub)

---

[18] S. wissenschaftl. Begründung zur BK-Nr. 41 12, BArbBl 9/2001, 37, 38 Abb. 1; BGIA Report 8/2006: Quarzexposition am Arbeitsplatz (Hrsg. HVBG) 2006 S. 23.

17.2.1 Arbeitsplatz und Arbeitsvorgeschichte (Ätiologie)

Dem regelwidrigen Körperzustand „Quarzstaublungenerkrankung" (Silikose) – im Rechtssinn BK-Nr. 41 01 – sind die durch inhalative Einwirkung von Staubgemischen mit unterschiedlich hohen Anteilen von alveolargängigen Quarz-, Cristobalit- oder Tridymit-Staubpartikeln herbeigeführten Lungenkrankheiten zuzuordnen. Das Risiko der Erkrankung ist abhängig von der Staubkonzentration in der Atemluft, dem Anteil der alveolargängigen Staubfraktion, dem Gehalt an freier kristalliner Kieselsäure (SiO_2), der Art der Begleitstäube, der Expositionsdauer, der individuellen Suszeptibilität auf die freie kristalline Kieselsäure und der Reinigungsfähigkeit der Lunge. Die unmittelbaren oder mittelbaren Wirkungen des Anteils kristalliner Kieselsäure sind zu bewerten. Auch die Art anderer Staubanteile, zum Beispiel des Steinkohlenstaubes („coal worker's lung", „BergarbeiterPneumokoniose"), sind zu beachten. Art, Umfang und Dauer der Staubexpositionen und die Arbeitsplatzverhältnisse sind im Feststellungsverfahren durch die Unfallversicherungsträger sowie durch eine qualifizierte Arbeitsanamnese des ärztlichen Sachverständigen zu rekonstruieren und bei der Prüfung der kausalen Zuordnung der festgestellten Krankheitserscheinungen zu berücksichtigen. Kumulative Effektiv-Dosen bezüglich der Entstehung einer BK-Nr. 41 01 aus Staubkonzentration und nach Dauer der Einwirkungsjahre sind durch wissenschaftlich belegte Studien nicht belegt. Das gesicherte medizinische Erfahrungswissen der überwiegend auf diesem Fachgebiet tätigen Sachverständigen ist zu berücksichtigen.[19]

Arbeitsbedingte Gefahrenquellen bestehen durch Staubentwicklung bei der Gewinnung, Bearbeitung oder Verarbeitung insbesondere von Steinkohle, Sandstein, Quarzit, Grauwacke, Kieselerde (Kieselkreide), Kieselschiefer, Quarzitschiefer, Granit, Gneis, Porphyr, Bimsstein, Kieselgur und keramischen Massen.

Arbeitsplätze sind der Steinkohlenbergbau, die Natursteinindustrie (Gewinnung, Verarbeitung und Anwendung von Festgesteinen, Schotter, Splitten, Kiesen, Sanden), das Gießereiwesen (Gießform- und Kernformsande), die Glasindustrie (Glasschmelzsande), die Email- und keramische Industrie (Glasuren und Fritten, Feinkeramik), die Herstellung feuerfester Steine und die Schmucksteinverarbeitung. Weiterhin wird Quarzsand bzw. Quarzmehl als Füllstoff (Gießharze, Gummi, Farben, Dekorputz, Waschpasten), als Filtermaterial (Wasseraufbereitung) und als Rohstoff – z.B. für die Herstellung von Schwingquarzen, Siliziumcarbid, Silikagel, Silikonen bei der Kristallzüchtung – eingesetzt. Die Verwendung als Schleif- und Abrasivmittel (Polier- und Scheuerpasten) oder gar als Strahlmittel ist eher aus historischer Sicht zu erwähnen.

Der Braunkohlen- und Salzbergbau kennt keine Silikosegefährdung.[20]

War der Versicherte verschiedenen Stäuben oder Staubgemischen ausgesetzt, kommt der Feststellung der Art und der Konzentration dieser Stäube bzw. Staubgemische besondere Bedeutung zu, da neben silikogenem Staub auch andere Noxen (z.B. i.S. der BK-Nrn. 41 06 und 41 07) wesentlich die Lungenfibrose mitverursachen können.[21]

---

[19] S2 Leitlinie nach AWMF-Schema der Deutschen Gesellschaft für Pneumologie und Beatmungsmedizin und der Deutschen Gesellschaft für Arbeitsmedizin und Umweltmedizin. Baur, u. a., Diagnostik und Begutachtung der Berufskrankheit Nr. 41 01, Pneumologie 2008; 62: 659-684 = ASU 43 (2008) 579–600
[20] Wohlberedt, Kompass 1988, 274 u. 342.
[21] BSG, 12. 6. 1990, HV-Info 1990, 1906.

17.2 Quarzstaublungenerkrankung (Silikose) BK-Nr. 41 01

In der Regel liegen keine Messergebnisse zur Staubbelastung vor, die auf die individuelle Belastung schließen lassen. Die Arbeitsplätze sind differenziert hinsichtlich der Länge der Belastung, der lüftungstechnischen Gegebenheiten und weiterer Faktoren zu beschreiben, die für die Abschätzung der Belastung bedeutsam sind. Für den Bergbau gehören dazu Angaben, ob und wie lange im Streckenvortrieb, im Schachtbau oder vor Kohle gearbeitet wurde und welche Staubminderungsmaßnahmen ergriffen worden sind. Für die Steinbearbeitung sind Angaben bedeutsam, ob trocken oder nass bearbeitet wurde und welche Stauberfassungsgeräte tatsächlich eingesetzt wurden. Weitere wichtige Hinweise zur Abschätzung der Belastung sind Daten zum Anteil von freier Kieselsäure im bearbeiteten Material, auch branchen- und tätigkeitsspezifische Daten zur Belastung. Für den untertägigen Bergbau haben sich die Schichtbuchauszüge als wichtige Quelle für Expositionsabschätzungen bewährt.[22]

17.2.2 Entstehungsweise (Pathogenese)

Freie kristalline Kieselsäure wirkt silikogen, wenn sie als Staub eingeatmet wird. Der weitaus größte Teil des eingeatmeten Staubes wird wieder ausgeatmet oder durch die physiologischen Reinigungsmechanismen der Atemwege und Lungen ausgeschieden (s. 17.1.3, S. 993). Ein kleiner Teil des jeweils in die Alveolen gelangten Staubes wird im interstitiellen Lungengewebe, u.a. perivaskulär und peribronchial, retiniert.

Da sich die Silikose in den Alveolen entwickelt, kommen nur Staubteilchen in Betracht, die mindestens so klein sind wie die kleinsten Atemwege, d.h. etwa 5 µm (Feinstaub). Grundsätzlich nimmt das Silikoserisiko mit steigendem Anteil von Quarz im Feinstaub (Korngröße < 5 µm) zu.

Die *fibrose-erzeugende Wirkung* wird bestimmt durch

– Feinstaubkonzentration an freier kristalliner Kieselsäure, d.h. Quarz, Cristobalit und Tridymit in der Einatemluft
– qualitative Beschaffenheit der Stäube
– Menge, Einwirkungsdauer und -rhythmik des in den Alveolarbereich gelangenden Staubes
– individuelle Disposition; selbst bei hoher beruflicher Belastung erkrankt nur ein Teil der Exponierten an einer Pneumokoniose
– Reinigungsfähigkeit der Lunge.

Vereinfache Darstellung der Pathogenese:[23]

– quarzhaltige (SiO_2-haltige) Staubpartikel geeigneter Größe gelangen in die kleinen Atemwege und in die Alveolen (Lungenbläschen)
– körpereigene „Fresszellen" (Makrophagen) verleiben sich die Staubpartikel dort ein
– die „Fresszellen" transportieren den Staub in das Lungenstützgewebe (Interstitium) und bringen ihn über Lymphfluss in die Lymphknoten

---

22 Baur, u.a., Diagnostik und Begutachtung der Berufskrankheit Nr. 41 01 Quarzstaublungenerkrankung (Silikose), S2 Leitlinie, ASU 43 (2008) 576, 589.
23 Handbuch für die Bearbeitung von Berufskrankheiten (Hrsg. HVBG) 2001 BK-Nr. 41 01/41 02.

– im Verlaufe dieses Vorganges gehen die „Fresszellen" durch Wirkung des Quarzes zu Grunde und setzen Entzündungsstoffe frei.

Das Ergebnis ist eine „fokale Entzündung", das silikotische Granulom, nach Abheilen der akuten Entzündung die für die Silikose typische Bindegewebsvermehrung (Fibrose/silikotisches Knötchen), so dass in fortgeschrittenen Stadien der Silikose (ILO-Klassifikation 3/2) erhebliche Lungenfunktionseinbußen auftreten.

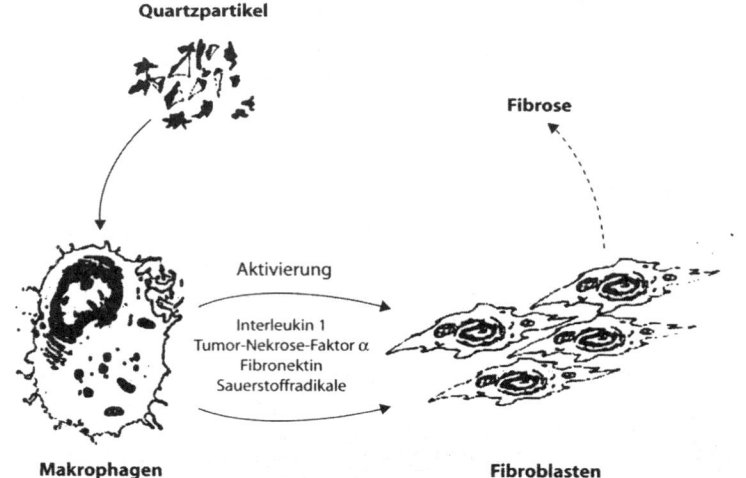

Bild 2: Pathogenese der Frendstoffinkorporation[24]

17.2.3 Krankheitsbild

Die morphologischen Veränderungen der Lunge durch Inhalation von lungengängigen Quarzstäuben, die frei kristalline Kieselsäure enthalten, werden den Pneumokoniosen zugeordnet. Sie sind gekennzeichnet durch diffuse oder knotige Bindegewebsbildung, entzündliche Prozesse und Ablagerungen des Staubes. Die strukturellen Folgen sind silikotische Granulome und Schwielen sowie emphysematöse und bronchiale Veränderungen. Man unterscheidet die Quarzstaubsilikose durch Einatmen von SiO_2 (Kieselsäure) kristallhaltigen Stäuben und die Mischstaubpneumokoniosen, die durch Inhalation von Staubgemischen, welche neben Quarz noch andere Staubbestandteile enthalten, entstehen. Die häufigste Mischstaubsilikose ist die Anthrakosilikose des Bergmannes im Steinkohlenbergbau unter Tage. Der sogenannte Kohlengrubenstaub stellt ein Gemisch verschiedener Mineralien dar. International wird die Silikose streng von der Anthrakosilikose (Bergarbeiter-Pneumokoniose) getrennt (coal worker's pneumoconiosis). Im Deutschen Berufskrankheitenrecht entsprechen sowohl die Quarzstaub-„Silikose" als auch die Anthrakosilikose der Legaldefinition der BK-Nr. 41 01.

Die Silikose wird vorrangig durch das Röntgenbild der Lunge definiert. Die RöntgenThoraxübersichtsaufnahme (Summationsaufnahme, Projektionsradiografie) ist nach wie vor Gold-Standard. Die Einteilung nach der Staublungen-Klassifikation der ILO ist standardi-

---

[24] Schmitz, Raab, Müller, ASU 41 (2006) 296, 297.

siert. Charakteristisch sind disseminierte rundliche Verschattungen unterschiedliche Größe und Dichte sowie Streuung. Die Silikose ist radiologisch eindeutig, wenn kleine rundliche Schatten vom Typ p, q oder r mit einer Streuung von ≥ 1/1 entsprechend ILO 2000 nachgewiesen sind. Große Schatten (Konglomeratschwielen – A, B. C -) kommen häufiger bei der Anthrakosilikose vor. Da frühe Formen des sekundären (durch narbige Schrumpfung herbeigeführten) dissemnierten Lungenemphysems im konventionellen Röntgenbild unerkannt bleiben, ist die Korrelation zwischen projektionsradio-morphologischer Befunde und kardiopulmonaler Funktionseinbußen nur locker. Dieser Nachteil wird durch den Einsatz der modernen überlagerungsfreien multi slice (MSCT) hochauflösenden Computertomografie des Thorax (high resolution CT, HRCT) ausgeglichen. Aus diesem Grunde muss die rechtfertigende Indikation (§ 23 RöV) zu ergänzenden Computertomografie des Thorax auch bei der „unkomplizierten Silikose" geprüft werden. Ist eine gering gestreute Silikose in der überlagerungsfreien HRCT zweifelsfrei nachweisbar, sind auch im Stadium ≥ 1/1 (ILO 2000) die primär uncharakteristischen pulmonalen Krankheitszeichen wie Husten, Auswurf, Belastungsdyspnoe und/oder zunehmende Rechtsherzbelastung ihren strukturmorphologischen Veränderungen zuzuordnen – wie die Studienlage zur kardiopulmonalen Funktionseinschränkung unter Einbeziehung der HRCT deutlich macht: Die positive Assoziation zwischen der kumulativen Belastung gegenüber silikogenen Stäuben einerseits und der Häufigkeit der COPD wie obstruktiven und restriktiven Lungenfunktionseinschränkungen andererseits findet sich sowohl bei der Quarzstaublungenerkrankung als auch bei der Anthrakosilikose. Das Risiko für den Eintritt einer COPD bei Silikose ist mit der kumulativen Quarzstaubbelastung korreliert. Unter Berücksichtigung des Nie-Rauchens ist die Risikoverdopplung der COPD bei einer kumulativen Staub-Belastung von etwa 100 Staubjahren gesichert.[25] Für Raucher liegt die entsprechende Kohlengrubenfeinstaubdosis um 20 bis 60 % höher.[26]

17.2.4 Verlauf

Die Quarzstaublungenerkrankung verläuft meist chronisch progredient. Die Latenzzeiten liegen in fast 70 % aller Fälle über 40 Jahre. Schubweise Verläufe, bei denen es nach jahrelangem Stillstand radiologisch zu einer deutlichen Progredienz kommt, werden beobachtet. Die silikotischen Veränderungen treten auch nach Beendigung der Exposition auf oder schreiten fort. Da die COPD auch bei Silikose ihren typisch chronisch rezidivierenden Verlauf (begünstigt durch Infektexazerbation und Inhalationsrauchen) zeigt, entspricht der Verlauf und die Stadieneinteilung der COPD bei Silikose den GOLD-Leitlinien.[27]

Die neuen Erkenntnisse zu den strukturmorphologischen Veränderungen der Silikose im konventionellen Röntgenthoraxbild sind in die ILO 2000 eingeflossen.[28]

---

[25] Wissenschaftliche Begründung zur BK-Nr. 41 11, BArbBl. 1995 H. 10 S. 39–45.
[26] AWMF-S2 Leitlinie, Baur, u. a., ASU 43 (2008) 576, 580.
[27] COPD-Leitlinie (GOLD = **G**lobal **I**nitiative for **O**bstructive **L**ung **D**isease). Standards for the diagnosis and treatment ofpatients with COPD: a summary of the ATS/ERS position paper, ATS/ERS Task Force, Eur Respir J 2004; 23:932-946.
[28] ILO 2000 Radiologische Diagnostik. Arbeitsgemeinschaft Diagnostische Radiologie, arbeits- und umweltbedingte Erkrankungen der Deutschen Röntgengesellschaft, modifiziert 05-2009.

17.2.4	deutschsprachiger Raum	ILO 1930		
Stadien	0–I verstärkte Lungengrundzeichnung Verdichtungsherde 1/2 – 1 mm	I Fleckschatten 2–4 mm symmetrisch OF//MF	II Knötchen bis 6 mm diffus alle Lungenfelder ausgeprägt	III Ballungen, Schrumpfung, Emphysem

ILO (1958, 1968, 1971) 1980/2000

Typ	rundliche Schatten p (≤ 1,5 mm), q (1,5–3 mm), r (3–10 mm) unregelmäßige Schatten s (Breite ≤ 1,5 mm), t (1,5 – 3 mm), u (3 – 10 mm)		große Schatten A (Σ 1–5 cm)	große Schatten B (Σ 5 cm – reOF) C (Σ > 5 cm – reOF)
Kategorie Streuung	0 0/- 0/0 0/1 kleine Schatten fehlen oder < Kategorie 1	1 1/0 1/1 1/2 kleine Schatten, gering an Zahl	2 2/1 2/2 2/3 zahlreiche kleine Schatten	3 3/2 3/3 3/+(3/4) sehr zahlreiche kleine Schatten
				Cave: Symbol ax kann im CT bereits einer Schwiele entsprechen

Arbeitsplätze mit Einwirkung extrem hoher Quarzfeinstaubkonzentrationen führen auch zur seltenen Erscheinungsform der „Frühsilikose" bzw. „akuten Silikose", welches sich innerhalb von Monaten entwickelt. Derartige Verläufe wurden für Tätigkeiten, wie dem Behauen von Steinen, Sandstrahlen, dem Sägen feuerfester Steine sowie in der Scheuerpulverindustrie und im Stollenbau bei Mineuren, beschrieben.

Todesursachen sind neben der kardiorespiratorischen Insuffizienz bei chronischem Cor pulmonale oftmals bronchopneumonische Entzündungsprozesse.

17.2.5 Diagnose[29]

Die Silikose wird in erster Linie durch das Röntgenbild der Lungen definiert. Charakteristisch sind disseminierte, mehr oder minder rundliche Verschattungen unterschiedlicher Größe und Dichte, evtl. mit zusätzlichen größeren „Schwielenbildungen" vorwiegend lokalisiert in den Ober- und Mittelfeldern, evtl. konfluierend und/oder zerfallend. Die Befundung ist nach der Staublungenklassifikation der ILO standardisiert.

---

[29] S2 Leitlinie: Quarzstaublungenerkrankung (Silikose), ASU 43 (2008) 576, 578.

Eine Silikose ist röntgenologisch als eindeutig anzusehen, wenn die kleinen rundlichen Schatten von Typ p, q oder mit einer gewissen Reichlichkeit und gleichmäßigen Verteilung im Sinne eines Streuungsgrades nach ILO 2000 von 1/1 oder höher im Röntgenthoraxbild nachweisbar sind.[30]

Bei dieser konventionellen Definition bleiben außer acht:

- die geringe Sensitivität und Spezifität des konventionellen Röntgenbilds für die kleineren rundlichen Verschattungen. Studien belegen die Limitationen der konventionellen Röntgentechnik für die Erfassung silikotischer Läsionen der Lungen. In bis zu 30 % werden in der Literatur sowohl falsch positive wie auch falsch negative Befunde sowie graduelle Über- und Unterschätzungen des Streuungsgrades beschrieben
- die Vernachlässigung weiterer morphologischer Veränderungen der Lungen bei Silikose, insbesondere des Lungenemphysems; dieses kann vor allem in frühen Stadien nicht mit ausreichender Sensitivität durch das konventionelle Röntgenbild diagnostiziert werden
- die mangelhafte Korrelation zwischen röntgenmorphologischen Befunden und pulmokardialen Funktionsausfällen.

Diese Gesichtspunkte sind im Rahmen der Diagnostik und Begutachtung der Silikose zu beachten. Insbesondere muss die Indikation zur ergänzenden Computertomographie des Thorax geprüft werden, sowohl für die Diagnosesicherung als auch unter differenzialdiagnostischen Gesichtspunkten.[31]

Eine Silikose kann auch durch *histologische Befunde* definiert werden.

Wegen der häufig bestehenden Unsicherheiten bei der Beurteilung der Röntgenaufnahmen, insbesondere der gering gestreuten Silikose (< 1/1), ist im Rahmen der Erst-Begutachtung grundsätzlich eine Zweit-Beurteilung der Röntgenbilder erforderlich. Die Zweit-Beurteilung sollte von einer Fachradiologin/Radiologen mit nachgewiesenen Kenntnissen in der HRCT-Klassifikation der Silikose vorgenommen werden. Diese ist entbehrlich, wenn in der Gesamtschau aus Exposition, Röntgenverlauf und aktuellem Befund kein Zweifel an der Diagnose besteht.[32]

17.2.6 Pulmokardiale Funktionsstörungen

Zwischen dem Befund der Thoraxübersichtsaufnahme, dem Beschwerdebild und den Funktionseinschränkungen bestehen keine engen Beziehungen. Störungen der pulmonalen, in fortgeschrittenen Fällen auch der kardialen Funktion können bei allen röntgenologischen Streuungskategorien auftreten. Die funktionellen Folgen der Silikose bestehen im Wesentlichen in einer obstruktiven Ventilationsstörung im Sinne einer chronisch-obstruktiven Lungenerkrankung (COPD), während eine restriktive Funktionsstörung im Sinne

---

[30] Abkehr von der „Moerser Konvention" von 1976: „Schweregrad von ≥ 2/3 der ILO-Klassifikation oder Schwielen mindestens der Ausdehnung A" (Smidt, Prax Pneumol 1977, 609).
[31] Hering, Tuengerthal, Kraus, Standardisierte CT/HRCT-Klassifikation der Bundesrepublik Deutschland für Arbeits- und umweltbedingte Thoraxerkrankungen. Radiologe 2004; 44: 500-511.
[32] „Bochumer Empfehlung", Empfehlung für die Begutachtung von Quarzstaublungenerkrankungen (Silikose), Hrsg. DGUV 2009, Rdschr. 0657.

einer fibrosierenden Lungenerkrankung nicht obligat vorliegt. Der Silikosebefund der Thoraxübersichtsaufnahme ist in erster Linie als Expositionsmarker zu bewerten. Dies gilt trotz der unterschiedlichen Zusammensetzung der silikogenen Stäube für alle betroffenen Berufsgruppen.[33]

Studienlage zu Lungenfunktionseinschränkungen[34]

- Trotz healthy-worker-Effekten besteht in allen quarzstaubexponierten Berufsgruppen konsistent eine positive Assoziation zwischen der kumulativen Belastung gegenüber silikogenen Stäuben und der Häufigkeit obstruktiver und restriktiver Lungenfunktionseinschränkungen.

- Verfügbare Untersuchungen der Lungenfunktion in Abhängigkeit von den Streuungskategorien der Silikose in der Thoraxübersichtsaufnahme belegen, dass *bei allen Streuungsgraden* der Silikose wesentlich häufiger *Lungenfunktionsstörungen* auftreten als in nicht quarzstaubexponierten Kontrollgruppen. Dies gilt sowohl für die Parameter VC, FEV_1 und $D_{L,CO}$ bzw. besser geeignet K_{CO} als auch für die Blählunge-Parameter RV bzw. ITGV und spiroergometrische Messgrößen.

- Diese Funktionsstörungen stimmen mit den pathologisch-anatomischen Erkenntnissen überein, nach denen bei einer Silikose häufig ein Emphysem unterschiedlicher Art und Schwere nachzuweisen ist.

- Der HRCT-Grad des Lungenemphysems bei Silikose korreliert eng mit der (volumenbezogenen) CO-Diffusionskapazität K_{CO}, FEV_1 und FEV_1 in % der VC.

- Für die korrekte Einschätzung der Belastbarkeit bzw. der Dyspnoe bei Quarzstaubexponierten müssen neben den klassischen Parametern der Spirometrie und Ganzkörperplethysmographie auch die Parameter des Gasaustausches erfasst werden. Hierfür eignen sich in erster Linie der Sauerstoffpartialdruck unter definierter Belastung, die (volumenbezogene) CO-Diffusionskapazität und die Spiroergometrie.

- Quarzstaublungenerkrankungen können mit einer respiratorischen Insuffizienz einhergehen, in deren Folge eine pulmonale Hypertonie und ein Cor pulmonale mit Zeichen der Rechtsherzinsuffizienz auftreten können.

- Bei einer gesicherten Quarzstaublungenerkrankung infolge einer versicherten Einwirkung von silikogenen Stäuben kommt der arbeitsbedingten Staubbelastung bei gleichzeitigem inhalativem *Zigarettenrauchen* in der Regel ein rechtlich wesentlicher Anteil an der Krankheitsentstehung und der Lungenfunktionsminderung zu.

Die Belastungsluftnot ist ein vieldeutiges Symptom, das unter Berücksichtigung der betroffenen Altersgruppe eine sorgfältige Differenzialdiagnostik erforderlich macht:[35]

---

33 S2 Leitlinie: Quarzstaublungenerkrankung (Silikose), ASU 43 (2008) 576, 579 ff.
34 „Bochumer Empfehlung", Empfehlung für die Begutachtung von Quarzstaublungenerkrankungen (Silikose), Hrsg. DGUV 2009, Rdschr. 0657.
35 S2 Leitlinie: Quarzstaublungenerkrankung (Silikose), Baur, u. a., ASU 43 (2008) 576, 591.

Differenzialdiagnose Dyspnoe

1. Respiratorisch	1.1	**Atemwege:** Asthma bronchiale, COPD, Bronchiolitis, zystische Fibrose, pharyngeale/laryngeale und tracheobronchiale Tumore, Stimmbandlähmung, Tracheomalazie
	1.2	**Parenchymal:** Alveolitiden, Fibrosen, Granulomatosen, Kollagenosen, COP, Vaskulitiden, Infektionen, metastasierende Tumore (Lymphangiosis carcinomatosa), ARDS, Pneumothorax, Emphysem
	1.3	**Pulmonale Zirkulation:** Embolien, pulmonale Hypertonie, pulmonale Arteriitis
	1.4	**Brustwand:** Pleuraerguss, Pleuratumor, Rippenfrakturen, ankylosierende Spondylitis, Kyphoskoliose, neuromuskuläre Erkrankungen, Zwerchfellparese
2. Kardial		Linksherzinsuffizienz, koronare Herzkrankheit, Klappenvitien, Perikarderguss, Perikardschwiele, Rhythmusstörungen
3. Nichtkardio-respiratorisch		Gravidität, Progesteron u. a. Atemstimulanzien, psychogen, Anämie, metabolische Azidose, Hypothalamuserkrankungen

Sofern Zweifel an der Diagnose bestehen, z. B. bei anamnestisch oder durch den Röntgenbefund begründeten Hinweisen auf differenzialdiagnostisch zu erwägende andere Ursachen pulmonaler Verschattungen, ist die weitere Abklärung Bestandteil der gutachterlichen Untersuchung bis zur Bestätigung oder bis zum Ausschluss einer BK-Nr. 41 01. Eine HRCT der Lunge ist angezeigt.

Bei Divergenzen zwischen Röntgenmorphologie (dezent) und Lungenfunktionsbehinderung (deutlich) ist die HRCT hilfreich.

Korrelation Röntgenmorphologie – Lungenfunktion

Wann kann die Lungenfunktionseinschränkung – restriktiv und/oder obstruktiv – auf die Silikose bezogen werden?[36]

Lungenfunktionsstörung kausal durch Silikose?	Röntgenmorphologie
in der Regel zu bejahen	bei Schwielensilikose (mind. A-Schwiele)
in der Regel zu bejahen	bei Streuung ab 3/2 (ILO)
unter Umständen zu bejahen	bei „Pinhead"-Silikose*
unter Umständen zu bejahen	bei Streuung ab 1/1 (ILO)

* Pinhead-Silikose (p/p): z. B. bei Gussputzern, Mineuren, Scheuerpulverindustrie-Arbeitern, Schrifthauern

---

[36] Kroidl, Nowak, in: Bewertung und Begutachtung in der Pneumologie (Hrsg. Nowak, Kroidl) 3. Aufl. 2009 S. 167.

17.2.6.1 Chronisch obstruktive Lungenerkrankung (COPD)

Die chronisch obstruktive Lungenerkrankung (COPD) ist die häufigste Komplikation im Zusammenhang mit der Silikose. Sie liegt vor, wenn anamnestisch Husten und Auswurf an 2 aufeinander folgenden Jahren, mindestens je 3 Monate lang angegeben werden (WHO). Es besteht ein erhöhtes Risiko für die Einschränkung der Lungenfunktion durch COPD, auch bei niedrigen Silikose-Streuungskategorien. Dies gilt auch, obschon zwischen dem Dyspnoegrad und der Standardlungenfunktion keine enge Beziehung besteht. Die kumulative Belastung durch silikogene Stäube spielt die wesentliche Rolle für die Entwicklung der COPD. Allerdings kann es bereits bei geringer Exposition zu Beschwerden und Funktionseinschränkungen kommen.

Spirometrie und Ganzkörperplethysmografie sind nur bedingt geeignet, den Dyspnoegrad zu erfassen. Ergospirometrische Parameter korrelieren signifikant besser. Der HRCT-Grad des Lungenemphysems bei COPD ist eng korreliert mit der CO-Diffusionskapazität, der FEV_1 und der $FEV_1/$ % VC (GOLD).[37]

Gesichert ist, dass die Einschränkung der Lungenfunktion (FEV_1, FVC, FEV_1/FVC) unter Berücksichtigung der radiomorphologischen Befunde sowohl für *Raucher* als auch *Nichtraucher* besteht. Aus diesem Grunde kommt bei der Einwirkung von silikogenen Stäuben bei gleichzeitigem Inhalationsrauchen in der Regel der Staubeinwirkung die rechtlich wesentliche Bedeutung an der Krankheitsentwicklung der COPD zu.

Bei entsprechend fortgeschrittenem Stadium der Silikose gelten im weiteren Verlauf wegen der Schrittmacherfunktion der obstruktiven Atemwegserkrankung auch ihre mittelbaren pulmokardialen Auswirkungen, vorrangig die *ventilatorischen Verteilungsstörungen, das bronchostenotische Emphysem*, die *Störungen des pulmonalen Gasaustausches* sowie das *chronische Cor pulmonale* (rechtskardiale Überlastung) als silikosebedingt.

17.2.6.2 Linksherzinsuffizienz und Herzinfarkt

Eine Globalinsuffizienz des respiratorischen Gasaustausches mit starker Erniedrigung des arteriellen Sauerstoffpartialdruckes und Erhöhung des Kohlendioxidpartialdruckes vermag gerade bei älteren Personen mit degenerativen Koronarveränderungen auch das linke Herz zu gefährden. Bei sehr ausgeprägter Hypoxämie und Hyperkapnie kann es daher zur Linksherzinsuffizienz kommen. Bei Normoxie und Normokapnie in Ruhe ist der Zusammenhang dann nicht auszuschließen, wenn es schon unter den Bedingungen geringer körperlicher Belastung zu schwerer Sauerstoffmangelversorgung der Gewebe kommt. Der Nachweis ist über die Ergospirometrie zu führen.

Für die Pathogenese des Herzinfarktes sind die Gefäßveränderungen in den Koronararterien entscheidender als die durch eine Silikose induzierten respiratorischen Störungen.[38]

Für die bekannten Risikofaktoren der koronaren Herzkrankheit sind Beziehungen zur Einwirkung von Quarzstaub am Arbeitsplatz weder im Sinne der Entstehung noch der Verschlimmerung erwiesen. Folgen der Silikose mit schwerer chronisch obstruktiver Lungenerkrankung (COPD) vermögen jedoch über den ständig erhöhten Sympathikotonus eine höhere Myokardinfarktgefährdung herbeizuführen als bei Risikopersonen in der übri-

---

37 Collins, Dick, Bennet, u. a., Br J Ind Med 45 (1988) 43–55.
38 Merget, in: Die ärztliche Begutachtung (Hrsg. Fritze, Mehrhoff) 7. Aufl. 2008 S. 276.

gen Bevölkerung. Der Anteil wird auf 20 v. H. geschätzt. Bei Versicherten mit koronarer Herzkrankheit und Hypoxie kann eine Teilursächlichkeit nicht ausgeschlossen werden, so dass in diesen Fällen die Silikose als wesentliche Teilursache des Todes angesehen wird.

Aus der Rechtsprechung:
Eine silikosebedingte Hypoxämie (Sauerstoffmangel im Blut) ist geeignet, eine silikoseunabhängige Koronarsklerose (als Infarktgrundlage) so maßgebend zu verschlimmern, dass die Lebenserwartung des Betroffenen um ein Jahr verkürzt wird.[39]

17.2.6.3 Differenzialdiagnose granulomatöser Erkrankungen

Die Studienlage zu feingeweblichen Befunden (Histologie) vs. radiologischen Befunden zeigt überwiegend, dass die langjährig unter Tage beschäftigten Steinkohlenbergleute silikotische Veränderungen aufweisen. Eine gute Übereinstimmung zwischen mikro- und makronodulären pathologischen Befunden ergab sich erst bei höhergradigen pathologisch-anatomischen Befunden entsprechend ILO > 1/1. Ein Drittel der radiologisch diagnostizierten Schwielen lässt sich pathologisch-anatomisch nicht eindeutig bestätigen. Die Differenzialdiagnose granulomatöser Erkrankungen ergibt sich aus der nachfolgenden Tabelle. Ein Ursachenzusammenhang zu den aufgeführten differenzialdiagnostischen Erkrankungen ist nicht bewiesen.

Das „*Caplan-Syndrom*" (s. 19.1.2.3, S. 1154) kann eine besondere Verlaufsform der Silikose vortäuschen. Diese Form der rheumatischen Erkrankung ist von der in Schüben verlaufenden Erscheinungsform der Silikose radiomorphologisch nicht abzutrennen.

Differenzialdiagnose granulomatöser Erkrankungen[40]

Ursache der Granulombildung	Erkrankung
Bakterien	Tuberkulose, atypische Mykobakteriosen, Brucellose, Bartonella henselae (Katzenkratzkrankheit), Chlamydien (Lymphgranuloma venerum), Lepra, Salmonellose
Pilze	Blastomykose, Kokzidiomykose, Histoplasmose, Aspergillose, Kryptokokkose
Viren	Masern
Helminthen	Filariasis, Schistosomiasis, Trichinosis
Metalle	Aluminium, Beryllium, Titanium, Zirconium
Chemische Substanzen	Talkum, Mineralöl, Silikate, Methotrexat, Interferon α und β
Bioaerosole	Exogen-allergische Alveolitis
Unbekannt	M. Crohn, M. Wegener, Churg-Strauss-Syndrom, Langerhans-Zellgranulomatose, Sarkoidose, „sarcoid-like lesions"
Maligne	Lymphangiosis carcinomatosa

---

39 LSG Nordrhein-Westfalen, 9. 11. 1962, Breith. 1966, 486; 23. 10. 1962, Breith. 1964, 946; vgl. auch 19. 5. 1970, Breith. 1970, 923.
40 S2 Leitlinie: Quarzstaublungenerkrankung (Silikose), Baur, u. a., ASU 43 (2008) 576, 591.

17.2.6.4 Zuordnung der Funktionseinschränkungen, Vorschaden, Nachschaden

Da Funktionsstörungen bei Silikose nicht krankheitsspezifisch sind, ist der Zusammenhang zwischen pulmokardialen Einschränkungen und der BK-Nr. 41 01 zu begründen.

Zu prüfen ist insbesondere auch, ob Funktionsstörungen auf unabhängige Leiden zurückzuführen sind. Hierzu gehören Funktionsstörungen, die vor dem erstmaligen Nachweis des Versicherungsfalls (*Vorschaden*) nachweisbar sind, bzw. auf die Einwirkung konkurrierender Ursachen oder auf erst nach Beendigung der gefährdenden Tätigkeit nachgewiesene Ursachen (*Nachschaden*) zurückzuführen sind. Der Zeitraum zwischen der Beendigung der gefährdenden Tätigkeit und dem Erstnachweis der Funktionsstörungen ist bezüglich konkurrierender Ursachen besonders zu überprüfen.

Ein sich nach Unterlassung der gefährdenden Tätigkeit entwickelnder, weitergehender Gesundheitsschaden kann der Berufskrankheit nur zugerechnet werden, wenn der Kausalzusammenhang mit der Berufskrankheit gegeben ist. Bei der Quarzstaublungenerkrankung ist eine *Verschlimmerung* allerdings die Regel; sie kann auch auftreten, ohne dass sie bildgebend nachweisbar ist. Insofern kann auch ein Nachschaden nur selten abgegrenzt werden, zum Beispiel bei lange stabilem Verlauf einer Silikose und plötzlicher Verschlechterung – beispielsweise im Rahmen eines allergischen Asthmas oder durch risikobehaftete Tätigkeit nach Abkehr von dem quarzstaubbelasteten Beruf.

17.2.7 Versicherungsfall

(1) Unter Berufung auf die Entstehungsgeschichte der BK-Nr. 41 01 geht eine ältere Ansicht[41] von einem ungeschriebenen abstrakten Tatbestandsmerkmal aus. Als Auslegung einer Rechtsnorm sei anzusehen, wann eine Quarzstaubeinlagerung eine Silikose im Sinne der BKV bildet. Der Tatbestand der BK-Nr. 41 01 sei erfüllt, wenn kieselsäurehaltiger Staub in röntgenologisch nachweisbarem Umfang in der Lunge abgelagert ist und eine Beeinträchtigung von Lunge oder Kreislauf (i.S. obstruktiver oder restriktiver Ventilationsstörungen) zumindest wesentlich mitverursacht hat. Quarzstaubeinlagerungen in der Lunge ohne Auswirkungen auf Atmung und Kreislauf seien rechtlich nicht als Silikose zu werten. Sie seien bewusst nicht in die Liste der Berufskrankheiten aufgenommen. Der Versicherungsfall sei erst bei einer MdE von 20 % gegeben.[42]

(2) Nach derzeit geltender Ansicht setzt die *Anerkennung* weder eine MdE noch eine messbare Funktionseinschränkung voraus. Dafür spricht das Feststellungsinteresse des Versicherten (vgl. § 9 Abs. 4 SGB VII). Für die Anerkennung einer gering gestreuten Silikose als Berufskrankheit bestehen keine rechtlichen Bedenken, sofern ihre medizinische Diagnose und berufliche Verursachung bewiesen sind.[43]

---

[41] BSG, SozR 2200 § 551 Nr. 34 (8. Senat v. 11.1.1989); 2.11.1988, HV-Info 4/1989, 282; BSG, 10.5.1968, Breith. 1968, 824; Hess. LSG, 19.3.1997, Meso B 70/193 = HV-Info 2/1998, 142.

[42] BSG, 10.5.1968, Breith. 1968, 824; 2.11.1988, HV-Info 1989, 282, 283; LSG Rheinland-Pfalz, 6.8.1987, HV-Info 1988, 229, 230; zweifelnd BSG, 2.11.1988, HV-Info 4/1989, 282 (Revisionsinstanz-Entscheidung zu LSG Rheinland-Pfalz, mit Zurückverweisung an das LSG); Smidt, ASU 32 (1997) 465, 466; ders. ASU 36 (2001) 73.

[43] Brackmann/Becker, § 9 BK-Nr. 41 01 Anm. 3; Lauterbach-Koch, § 9 Anh. IV 4101 Anm. 5; Krasney ASU 2003, 448; Mehrtens, Brandenburg M 4101 Anm. 4; LSG Nordrhein-Westfalen, 26.9.2005, L 2 B 12/05 KN U.

17.2 *Quarzstaublungenerkrankung (Silikose) BK-Nr. 41 01*

Ist die Quarzstaubeinwirkung von kristallinen Kieselsäuren durch die Arbeitsanamnese gesichert, ist der Tatbestand der BK-Nr. 41 01 erfüllt (Versicherungsfall), wenn die röntgenologische (konventionelle!) Diagnose der Thoraxübersichtsaufnahme eine Streuungskategorie von mindestens ≥ 1/1 silikotischer Granulome nach der ILO-Klassifikation 2000 nachweist oder die Verteilung silikotischer Granulome in der HRCT analog ILO 2000 1/1 – gegebenenfalls durch ergänzende pathologisch-anatomische Befunde – gesichert ist.[44]

Bei Feststellung des Versicherungsfalls werden die Funktionseinschränkungen mit der qualitätsgesicherten Lungenfunktionsprüfung objektiviert. Diese ist auf der Basis der Empfehlung der wissenschaftlichen Fachgesellschaften durchzuführen. Im Einzelnen sind dies: Spirometrie und Fluss-Volumen-Kurve, Ganzkörperplethysmografie. Bei Obstruktion und/oder Lungenblähung Bronchodilatationsteste, Bestimmung der CO-Diffusionskapazität, Blutgasanlayse in Ruhe und nach submaximaler Belastung (Spiroergometrie). Außerdem gehört das (Ruhe-) EKG zur Basisuntersuchung, bei Hinweisen auf Druckerhöhung im kleinen Kreislauf auch die Dopplerechokardiografie mit Belastungs-EKG zur obligaten Pflichtuntersuchung. Für die Beurteilung der Lungenfunktionswerte sind der intraindividuelle Verlauf sowie aktuelle valide Referenzwerte zu Grunde zu legen. Im Spätstadium mit respiratorischer Insuffizienz kommt es typischerweise zur Druckerhöhung im kleinen Kreislauf mit Hypertrophie der rechten Herzkammer (chronisches Cor pulmonale) und zur dekompensierten Rechtsherzinsuffizienz.

In der Leitlinie der DGP zur Begutachtung der Silikose[45] wird zutreffend auch ein MdE-Grad von 10 % durch anamnestische Befunde und Ergebnisse von Lungenfunktionsmessungen konkretisiert. Diese sind charakterisiert durch geringe klinische Beschwerden und Testergebnisse bei den Lungenfunktionsmessungen im Grenzbereich zu Normalbefunden. Ein deutliches Absinken des Sauerstoffpartialdrucks unter hoher Belastung auf 80-65 % des Sollwertes ist gemäß den Erläuterungen zu der Tabelle ein weiteres fakultatives Kriterium. Um eine MdE von 10 %, d.h. eine Verschlossenheit des Arbeitsmarktes von 10 %, plausibel zu machen, sollte eine spiroergometrisch nachgewiesene Funktionseinschränkung unter hoher Belastung obligat verlangt werden.

In der Verwaltungspraxis nehmen Rentenfälle mit einer MdE unter 20 %, bei denen aus anderem Anlass bereits eine (stützende) MdE von mindestens 10 % vorgelegen hat, zu (1990: 1 Fall, 1996: 45 Fälle, 2004: 42 Fälle).

17.2.8 Leistungsfall

Sofern a) die Diagnose Quarzstaublungenerkrankung durch qualifizierte Befunde gesichert ist und b) der Zusammenhang zwischen Funktionsstörungen und Silikose wahrscheinlich gemacht werden kann, ist der Leistungsfall zu bejahen. Bei Vorschäden (z.B. funktionellem Nachweis einer COPD ohne röntgenologischen Silikosebefund vor dem Erstnachweis einer Silikose) muss der Anteil der durch die Silikose bedingten Verschlimmerung der weiteren Erkrankung bestimmt werden.[46]

---

44 S2 Leitlinie: Quarzstaublungenerkrankung (Silikose), Baur, u.a., ASU 43 (2008) 576, 593 f.
45 Baur, u.a., ASU 43 (2008) 576, 593.
46 Empfehlungen für die Begutachtung von Quarzstaublungenerkrankungen (Silikosen) „Bochumer Empfehlung", Hrsg. DGUV 2009, Rdschr. 0657.

17.2.9 Minderung der Erwerbsfähigkeit

Der ärztliche Sachverständige ermittelt die medizinisch funktionellen Grundlagen der Minderung der Erwerbsfähigkeit (MdE) und macht einen hierauf beschränkten Vorschlag zur Bemessung der MdE. Die nachfolgende Tabelle sowie die gemeinsamen Empfehlungen der AWMF (DGP und DGAUM) zur Aktualisierung des Reichenhaller Merkblattes[47] und die Empfehlungen für die Begutachtung von Quarzstaublungenerkrankungen (Silikosen)[48] enthalten Richtwerte zur MdE-Einschätzung.

Die Tabelle gibt eine Orientierung für die Abstufung der MdE-Prozentsätze, die – den individuellen Gegebenheiten entsprechend – Entscheidungsspielräume beläßt, sowie eine quantitative Einschätzung ihrer Bedeutung für die Ausübung der im Erwerbsleben typischen Tätigkeiten. Pulmokardial-funktionelle Einschränkungen haben bei der Quarzstaublungenerkrankung einen hohen Stellenwert.

Bei bis zum Begutachtungszeitpunkt progredientem Erkrankungsverlauf ist ggf. eine zeitlich differenzierende, gestufte MdE-Beurteilung erforderlich. Ist eine solche aus medizinischen Gründen angezeigt (z. B. bei variierenden Funktionsausfällen), muss die gestufte MdE durch valide Daten aus einer stabilen Krankheitsphase belegt sein (insbesondere Messwerte von früheren Untersuchungen, z. B. arbeitsmedizinischen Vorsorgeuntersuchungen). Die Abstufung erfolgt in Schritten von mindestens 10 % und bedarf der gutachterlichen Begründung. Veränderungen der MdE von weniger als 10 % können nach derzeitigem medizinisch-wissenschaftlichem Kenntnisstand nicht zuverlässig beurteilt werden.

Anamnestische Angaben, klinische Befunde, Lungenfunktionsdaten, die Ergebnisse von Blutgasanalysen (in Ruhe und unter körperlicher Belastung), Spiroergometrie und Therapie sind neben- und miteinander zu berücksichtigen. Die Tabelle enthält für die einzelnen Teilbereiche jeweils eine grobe Abstufung der MdE-Prozentsätze, wobei durch Stufen bzw. Spannen von 10 – 30 % ein Entscheidungsspielraum gelassen wird, der für den Abgleich zwischen den Spalten/Bereichen zu nutzen ist. Die vergleichende Betrachtung der Spalten/Bereiche ermöglicht zudem Plausibilitätsprüfungen zu den Angaben bzw. Messergebnissen. Als medizinisch begründete MdE ist der Wert zu wählen, für den die Mehrheit der Einzelangaben/-messwerte spricht.

Der Grad der Lungenfunktionsstörung kann sich unter Therapie bessern. Die MdE ist entsprechend herabzusetzen.[49] Umgekehrt können unerwünschte Wirkungen von Medikamenten MdE-relevant sein.

---

[47] S2 Leitlinie: Quarzstaublungenerkrankung (Silikose), Baur, u. a., ASU 43 (2008) 576, 594 ff.
[48] „Bochumer Empfehlung", Hrsg. DGUV 2009, Rdschr. 0657.
[49] Smidt, ASU 36 (2001) 72, 74.

17.2 Quarzstaublungenerkrankung (Silikose) BK-Nr. 41 01

MdE %	Anamnese	Klinik	Lungenfunktion (Spirometrie, Bodyplethysmografie)	Belastungsuntersuchung mit Blutgasbestimmung	Spiroergometrie	Therapie, indiziert nach aktuellen Leitlinien	MdE %
10	Geringe Beschwerden, unter Therapie keine Beschwerden	Normalbefund	Grenzbereich	Normaler Sauerstoffpartialdruck		Keine oder gelegentlich Bronchodilatatoren u./o. Antihistaminika	10
20	Keine völlige Beschwerdefreiheit unter Therapie. Geringgradige Belastungsdyspnoe.	Giemen unterschiedlichen Grades	Geringgradige Veränderungen überwiegen	Normaler oder verminderter* Sauerstoffpartialdruck bei sehr hoher Belastung**	Insuffizienzkriterien* bei hoher Belastung (VO_2max <80-65 % des VO_2-Soll)		20
30	Periodisch auftretende Asthmaanfälle			Normaler oder verminderter* Sauerstoffpartialdruck bei hoher Belastung**		Täglich inhalative Kortikoide und Bronchodilatatoren	30
40							40
50	Mittelgradige Belastungsdyspnoe (Pause nach 2-3 Stockwerken). Tägliche Atembeschwerden. Geringe nächtliche Beschwerden	Cor pulmonale ohne insuffizienzzeichen	Mittelgradige Veränderungen überwiegen	Verminderter* Sauerstoffpartialdruck bei mittlerer Belastung	Insuffizienzkriterien# bei mittlerer Belastung (VO_2max < 65- 50 % des VO_2-Soll)		50
60							60
70	Hochgradige Belastungsdyspnoe (z. B. Pause nach 1 Stockwerk). Tägliche Asthmaanfälle. Regelmäßig nächtliche Atemnotzustände	Cor pulmonale mit reversiblen Zeichen der Rechtsherzinsuffizienz	Hochgradige Veränderungen überwiegen	Verminderter* Sauerstoffpartialdruck bei leichter Belastung	Insuffizienzkriterien# bei leichter Belastung (VO_2max < 50 % des VO_2-Soll)	Zusätzlich orale Kortikoide und/oder sonstige Medikation notwendig	70
80							80
90	Gehstrecke ohne Pause < 100 m oder < 8 Stufen	Cor pulmonale mit irreversibler Rechtsherzinsuffizienz		Verminderter Sauerstoffpartialdruck in Ruhe bei Normokapnie	Belastungsuntersuchung nicht möglich		90
100	Ruhedyspnoe (Hilfe beim Essen und/oder Kleiden nötig). Wiederholt lebensbedrohliche Asthmaanfälle		Forcierte Atemmanöver nicht möglich	Verminderter Sauerstoffpartialdruck und Hyperkapnie in Ruhe		Trotz optimaler Therapie nicht beherrschbare(s) Asthma/COPD	100

* vorrangig bei COPD/Emphysem zu erwarten: in Grenzfällen ist der standardisierte P_{aO2} zu verwenden
** sehr hohe Belastung: 100 % des Sollwertes werden erreicht; hohe Belastung; 80 % des Sollwertes werden erreicht
\# Abweichung von Normwerten, v. a. von V_{O2max}, VO_{2AT}, $P_{(A-a)O2}$, V_E und ventilatorische Reserve, Atemäquivalente

Unter „Grenzbereich" (Tabelle) sind v. a. folgende Konstellationen zu verstehen:
- in Verlaufsuntersuchungen vereinzelt leicht pathologische Werte von FEV_1, FEV_1 % VC, Atemwegsresistance und/oder
- einzelne der folgenden Parameter leicht pathologisch: DL, CO, DL, CO/VA, TLC, RV, $AaDO_2$ unter hoher Belastung und/oder
- signifikant pathologische Werte für FEF_{50} und FEF_{75} bei noch normalen sonstigen spirometrischen und ganzkörperplethysmographischen Befunden.

17.2.10 Meldung als Berufskrankheit

Der Verdacht auf das Vorliegen einer Silikose (§ 202 S. 1 SGB VII) ist im Einzelfall begründet, wenn anhand der Arbeitsvorgeschichte und/oder staubmesstechnischer Informationen eine nach arbeitsmedizinischer Erfahrung ausreichende Einwirkung freier kristalliner Kieselsäure anzunehmen und der Röntgenbefund für eine Silikose eindeutig ist. Im Allgemeinen ist der Verdacht einer Silikose zu melden, wenn die kleinen Schatten p, q und r im Röntgenbild das Stadium 1/1 erreichen.[50]

17.2.11 Diagnosealgorithmus zur Zusammenhangsbegutachtung[51]

In der Zusammenhangsbegutachtung gilt das Beweismaß der hinreichenden Wahrscheinlichkeit. Bei den Funktionsausfällen ist zu beurteilen, ob und in welchem Umfang sie Folge der festgestellten Silikose sind. Dabei ist zu prüfen, ob konkurrierende Faktoren (Co-

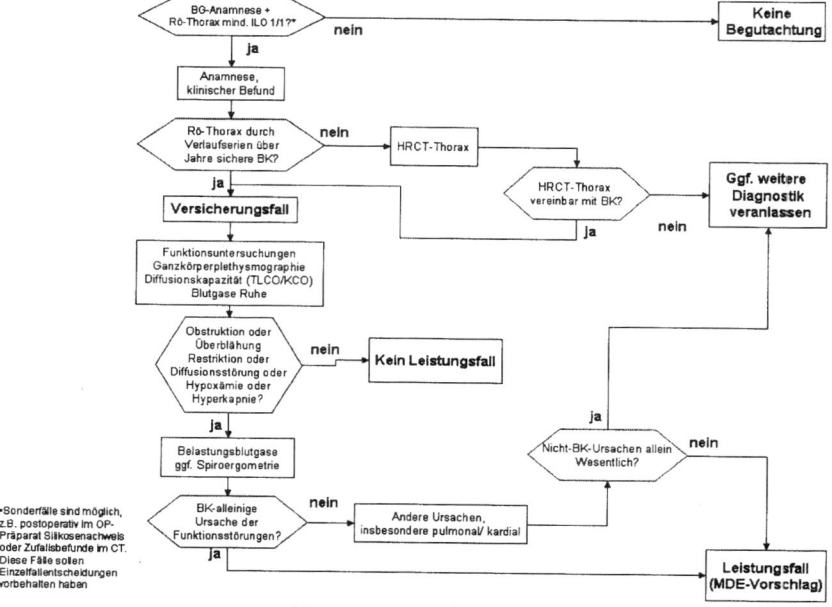

Abb. 3: Diagnosealgorithmus

---

50 Merkblatt zur BK-Nr. 41 01, BArbBl. H. 4/1998, 61, 62.
51 S2 Leitlinie, Baur, u. a., ASU 43 (2008) 576, 590.

Morbidität) Bedeutung für die Funktionsausfälle haben. Die häufigsten Co-Morbiditäten bei den in Rede stehenden zu begutachtenden Fällen sind die im mittleren bis höheren Lebensalter regelhafte koronare Herzkrankheit, COPD, Diabetes mellitus und chronische Nierenerkrankungen. Der medizinisch funktionelle Anteil der MdE ist integrativ aus dem Schweregrad des Beschwerdebildes und den einzelnen funktionellen Einschränkungen zu ermitteln und zu quantifizieren. Ein Diagnosealgorithmus der DGP und DGAUM (Abb. 3) stellt in Kurzform das Vorgehen des ärztlichen Sachverständigen dar.

17.3 Quarzstaublungenerkrankung in Verbindung mit aktiver Lungentuberkulose (Silikotuberkulose) BK-Nr. 41 02

Erkrankungen an Silikose in Verbindung mit aktiver Lungentuberkulose sind als Silikotuberkulose unter Nr. 41 02 Bestandteil der BKV. Silikose und Tuberkulose können in allen Entwicklungsstadien gemeinsam auftreten und sich gegenseitig nachteilig beeinflussen.

- **Arbeitsplatz und Arbeitsvorgeschichte (Ätiologie)**

Gegenüber den Gefahrenquellen für die Silikoseverursachung ergeben sich keine Besonderheiten. Hinsichtlich der Tuberkuloseverursachung sind die beruflichen, familiären und geographischen Verhältnisse oder Durchseuchung mit Tuberkulose-Erregern vom Typ M. tuberculosis zu beachten.

- **Diagnose**

Angesichts der Vieldeutigkeit der Beschwerden, des physikalischen und funktionsanalytischen Bildes stützt sich die klinische Diagnose der aktiven Silikotuberkulose maßgeblich auf die Gesamtheit der röntgenologischen Veränderungen sowie auf den Nachweis von Tuberkelbakterien mit weiteren klinischen Befunden.

Quarzstaubexposition und Silikose gehen mit einem lebenslang erhöhten Risiko für den Eintritt mycobakterieller Infektionen einher. Dies gilt nicht nur für M. tuberculosis, sondern auch atypische Mycobakterien.[52] Die vollbeweisliche Sicherung einer behandlungspflichtigen atypischen Tuberkuloseerkrankung erfüllt die Legaldefinition der BK-Nr. 41 02, solange „Aktivität" mit Behandlungspflicht gegeben ist.[53] Liegt keine Behandlungspflicht mehr vor (inaktive Silikotuberkulose), sind die Voraussetzungen zur fortdauernden Anerkennung einer BK-Nr. 41 02 nicht mehr erfüllt.

Anders als bei der Silikose kann die Berufskrankheit Silikotuberkulose bereits entschädigt werden, wenn – nachweisbar eindeutige – silikotische Einlagerungen und eine Tuberkulose vorliegen. Pulmokardiale Funktionsausfälle werden nicht gefordert. Die silikotischen Veränderungen dürfen indessen nicht so geringfügig sein, dass nach dem Stand der ärztlichen Wissenschaft ein schädigender Einfluss auf eine aktive Tuberkulose generell zu verneinen

---

[52] Pasula, Britigan, u. a., J. Immunol 182 (2009) 7102-9.
[53] Smidt, ASU 36 (2001) 72, 76 „Siliko-Mykobakteriose".

ist.[54] Sind die Staubveränderungen so geringfügig, dass allenfalls eine „Lungenverstaubung" oder nur die Verdachtsdiagnose der Kategorie 0/1 in Betracht kommt, ist ein verschlimmernder Einfluss auf die Tuberkulose nicht anzunehmen.[55]

Die Silikose mit Lymphknoten ist ebenso wie isolierte silikotische Schwielenbildungen als Silikose i. S. d. BK-Nr. 41 02 zu subsumieren.

Liegen beide Krankheitsbilder vor *und* ist nach wissenschaftlicher Erfahrung eine kausale Verknüpfung in der Regel objektiv (wenn auch häufig unbeweisbar) gegeben, wird der Ursachenzusammenhang vermutet.[56]

- **Gesamtkrankheitsbild**

Die Silikotuberkulose ist ein Gesamtkrankheitsbild in Sinne einer eigenständigen Berufskrankheit.[57]

(1) Liegt keine aktive Tuberkulose vor, ist zu prüfen, ob eine Anerkennung nach BK-Nr. 41 01 in Betracht kommt, weil die Silikose die Tuberkulose mitverursacht oder verschlimmert hat.[58]

(2) Wird ein tuberkulöser Begleitprozess inaktiv, liegen die Voraussetzungen zur fortdauernden Anerkennung einer Berufskrankheit der Nr. 41 02 nicht mehr vor. Statt dessen handelt es sich um den Zustand nach früher durchgemachter aktiver Silikotuberkulose, d.h. um eine Erkrankung an Silikose mit inaktiver Tuberkulose: BK-Nr. 41 01 kommt in Betracht. Eine wesentliche Änderung in den Verhältnissen liegt vor (§ 73 SGB VII, § 48 SGB X), die eine Herabsetzung der MdE rechtfertigt.[59] Durch die inaktive Lungentuberkulose verursachte Insuffizienzerscheinungen werden nur dann als Teil der Silikose berücksichtigt, wenn und soweit sie durch die Silikose wesentlich verursacht sind.

Inaktivität der Begleittuberkulose ist anzunehmen, wenn röntgenologisch – außer gewissen Schrumpfungserscheinungen – über längere Zeit ein Bildwandel nicht mehr eintritt. Gemeinhin wird sich der Übergang einer unter der Behandlung inaktiv werdenden Silikotuberkulose (BK-Nr. 41 02) zur Silikose mit inaktiver Tuberkulose (BK-Nr. 41 01) allmählich und im Verlauf von Jahren vollziehen.

(3) Bei der Silikotuberkulose wird ferner für extrapulmonale Tuberkulosen der Kausalzusammenhang im Allgemeinen zu bejahen sein, wenn zuvor nachweislich eine aktive Silikotuberkulose vorgelegen hat, welche als Ausgangspunkt einer hämatogenen Streuung in Betracht kommt. Die Reihenfolge des Auftretens von Lungen- und Organtuberkulose darf dem Kausalzusammenhang nicht entgegenstehen.

---

54 BSGE 6, 29, 38 (3. 10. 1957); 7, 89, 98 (27. 3. 1958); Bayer. LSG, 18. 9. 1964, Breith. 1965, 650; entgegen Nagel, BG 1958, 506, reicht der zeitliche Zusammenhang nicht aus; vgl. ferner Stuzky, MedSach 1978, 123, 125; Bonnermann, Kompass 1987, 89, 94; ders., Kompass 1989, 367.
55 BSGE 6, 29, 37 (3. 10. 1957).
56 BSGE 6, 37 (3. 10. 1957); Bayer. LSG, 18. 9. 1964, Breith. 1965, 650.
57 BSG, SozR 3-2200 § 592 Nr. 1 (18. 12. 1990) = Meso B 70/152.
58 BSGE 9, 104, 107 (29. 1. 1959).
59 BSGE 17, 63 (22. 5. 1962); Brackmann/Becker, § 9 BK-Nr. 41 02 Anm. 5.

17.4 Progressive systemische Sklerodermie

(4) Tritt zu einer Silikose eine aktive Tuberkulose, so handelt es sich nicht um die Verschlimmerung der Quarzstaublungenerkrankung, sondern um ein Gesamtkrankheitsbild im Sinne einer eigenständigen BK.[60]

(5) Führen vorhandene silikotische Veränderungen allein noch nicht zu Insuffizienzerscheinungen, so dass eine Silikose als Berufskrankheit noch nicht vorliegt, tritt aber eine aktive Lungentuberkulose hinzu, ist nur der Tatbestand der Silikotuberkulose erfüllt: Eine kausale Verknüpfung muss nach medizinischen Erkenntnissen objektiv gegeben sein.

- Minderung der Erwerbsfähigkeit

Die Behandlungspflicht der aktiven Silikotuberkulose erstreckt sich auf die Zeit der antituberkulösen Intensivbehandlung (antituberkulöse Mehrfachtherapie) und der antituberkulösen Sicherungsbehandlung (antituberkulöse Zweifachtherapie). Im Allgemeinen gilt für die Zeit der antituberkulösen intensiven Chemotherapie Arbeitsunfähigkeit. Für diesen Zeitraum wird die MdE mit 100 % bewertet. Bei Arbeitsfähigkeit und der Notwendigkeit weiterer antituberkulöser Therapie wird die MdE mit 20 % angesetzt.

Nach dem Ende der Behandlung wird keine über die MdE für die Silikose hinausgehende MdE gewährt. Allerdings sollte zumindest die Silikose nach einer TB-Episode neu beurteilt werden, da die TB zu einem Fortschreiten der Silikose führen kann.[61]

17.4 Progressive systemische Sklerodermie

Die Entstehung einer progressiven systemischen Sklerodermie (PSS)[62] durch die Einwirkung von Quarzstaub lässt sich nach derzeitiger Erkenntnis nicht begründen, da die einem ausreichenden Qualitätsstandard entsprechenden Studien zu gering bzw. deren Ergebnisse widersprüchlich sind.[63]

Aus der Rechtsprechung
Die PSS kann nur dann als BK i.S.d. § 551 Abs. 2 RVO, verursacht durch Quarzstaubeinwirkung, anerkannt werden, wenn sie mit einer nachweislich manifesten Beteiligung der inneren Organe, insbesondere der Lunge, einhergegangen ist.[64]

---

60 BSG, SozR 3-2200 § 592 Nr. 1 (18. 12. 1990) = Meso B 70/152; Brackmann/Becker, § 9 BK-Nr. 41 02 Anm. 4.
61 Nienhaus, in: Tuberkulose als Berufskrankheit (Hrsg. Nienhaus, u. a.) 2. Aufl. 2009 S. 197.
62 Stoffwechselerkrankung des Bindegewebes der inneren Organe, wie Lunge (Lungenfibrose, PAH), können betroffen sein (Bruckner-Tudermann, u. a., Bundesgesundheitsbl 2007, 1541).
63 Schwarze, Ergo Med 2000, 130; kritisch dazu Zieger, ebenda S. 258 mit Erwiderung Schwarze, ebenda S. 262.
64 Hess. LSG, 19. 12. 1995, Meso B 340/72.

17.5 Chronische obstruktive Bronchitis oder Emphysem von Bergleuten im Steinkohlenbergbau (BK-Nr. 41 11)

BK-Nr. 41 11:

„Chronische obstruktive Bronchitis oder Emphysem von Bergleuten unter Tage im Steinkohlenbergbau bei Nachweis der Einwirkung einer kumulativen Feinstaubdosis von in der Regel 100 [(mg/m³) x Jahre]".

17.5.1 Steinkohlenbergbau

Andere Quarzexpositionen sind ausgeschlossen.

Die Beschränkung auf den Steinkohlenbergbau erfolgte, weil dem „Ärztliche Sachverständigenbeirat beim BMAS" (s. 2.2.1, S. 57) anlässlich der Beratungen nur über diese Beschäftigungsgruppe ausreichende dosismetrische Erkenntnisse über kumulative Staubexpositionen sowie zugehörige epidemiologische Untersuchungen vorlagen. Seitdem gibt es wissenschaftliche Hinweise, dass intensive langjährige Staubbelastungen generell eine obstruktive Atemwegerkrankung (COPD) auslösen können.[65] Anerkennung gem. § 9 Abs. 2 SGB VII ist zu erwägen.

17.5.2 Dosis-Wirkungs-Beziehung

Die Aufstellung einer Dosis-Wirkungs-Beziehung zwischen eingeatmeter Staubmenge und dem Auftreten der chronisch obstruktiven Bronchitis und (oder) des Lungenemphysems (= chronisch obstruktive Lungenerkrankung, COPD) grenzt die Volkskrankheiten („Emphysem und Bronchitis") von der COPD der Untertage-Bergleute ab.

Die Legaldefinition der BK-Nr. 41 11 misst als arbeitsbedingte Belastungsgröße „100 Feinstaubjahre" Entscheidungsrelevanz zu. Bei Erreichen der kumulativen Feinstaubdosis ist ungeachtet der nicht arbeitsbedingten Risikofaktoren „Alter" und „Rauchen" von *genereller Eignung* der beruflichen Noxe zur Verursachung einer chronischen obstruktiven Lungenkrankheit (COPD) auszugehen.

Die kumulative Feinstaubdosis errechnet sich aus den jeweiligen Feinstaubkonzentrationen in der Luft am Arbeitsplatz in mg/m³ multipliziert mit der Anzahl der Jahre, in welchen der Versicherte unter den üblichen Arbeitsbedingungen (220 Schichten zu je 8 Stunden pro Jahr) unter Tage verbracht hat. Dabei berücksichtigt sind nicht nur die Staubkonzentrationen im Untertagebetrieb von Steinkohlenbergwerken, sondern auch das Zusammenwirken von besonderen klimatischen Bedingungen mit Exposition gegenüber Hitze, Gasen und Dämpfen, gemeinsam mit schwerer körperlicher Belastung.[66]

---

[65] Positionspapier der DGAUM, Diagnostik und Beurteilung obstruktiver Atemwegserkrankungen (BK-Nr. 43 02), ASU 43 (2008) 516 m. w. N; Zenker, Schneider, Woitowitz, ASU 43 (2008) 546, f. d. Uranerzbergbau.
[66] Literaturhinweise in der wissenschaftlichen Begründung für die Berufskrankheit BArbBl 10/1995, 39; Ulmer, ASU 32 (1997) 22; Baur, Zbl. Arbeitsmed. 47 (1997) 138; Smidt, ASU 32 (1997) 465; Dahm, Kompass 1998, 64 = HV-Info 9/1998, 808; Reichel, Angerer, Nowak, in: Arbeitsmedizin (Hrsg. Triebig, u. a.) 2. Aufl. 2008 S. 311.

Die Dokumentation der Staubexposition im deutschen Steinkohlenbergbau ist seit den 60er Jahren praktisch lückenlos, so dass im Einzelfall nachvollziehbare Abschätzungen der kumulativen Feinstaubdosis möglich sind.

- **In der Regel (Regelvermutung)**

Die Formulierung „in der Regel" lässt als Ausnahmen niedrigere Belastungswerte genügen; auch höhere dürfen gefordert werden.

Die Motive, die Formulierung „in der Regel" zu wählen, waren, dass aus epidemiologischen Studien grundsätzlich nur „Schätzgrößen" mit einem Unsicherheitsbereich innerhalb eines Konfidenzintervalls berechnet werden können und aus den zu Grunde gelegten Studien ein punktueller Expositionswert für eine Risikoverdopplung nicht präzise abgeleitet werden kann. Deshalb täuscht ein absoluter Grenzwert eine wissenschaftlich nicht begründbare Sicherheit vor.

Eine Abweichung von 5 % vom Regelfall schließt den Versicherungsfall nicht grundsätzlich aus.[67] Sie liegt im Unschärfebereich, der mit der Formulierung „in der Regel" für besonders begründbare Ausnahmefälle einbezogen werden sollte. Auch bei einer Abweichung innerhalb des Unschärfebereichs 5 %iger Abweichung sind jedoch für die Annahme hinreichender Exposition zusätzliche Kriterien wie Expositionsdauer, Zeitintervall zwischen Exposition und konkreter Erkrankung heranzuziehen. Bei einer Abweichung von mehr als 5 % vom Grenzwert handelt es sich aber üblicherweise um eine statistisch signifikante Abweichung, die den Versicherungsfall ausschließt.

- **Besonderheit bei Rauchern**

Der Ärztliche Sachverständigenbeirat „Berufskrankheiten" beim BMAS ergänzt[68] auf Grundlage seiner wissenschaftlichen Empfehlung von 1995 die Regelvermutung für Raucher:

„Unter Berücksichtigung des Raucherstatus und einer Unsicherheit der Messwerte von 5 % ergibt sich für Nieraucher ein unterer Grenzwert der Verdoppelungsdosis für das Erkrankungsrisiko von 86 Feinstaubjahren. Für Raucher gilt ein Grenzwert von 100 Feinstaubjahren".

Die „Klarstellung" lässt somit Abweichungen von dem Dosis-Grenzwert in der Legaldefinition für den genannten Personenkreis im beschriebenen Umfang zu.

Bei Erreichen des Dosisgrenzwertes von 100 Staubjahren ist ungeachtet der nicht versicherten Noxen (Rauchen) die Kausalität anzuerkennen.

17.5.3 Chronische obstruktive Bronchitis[69]

Die Diagnose der chronischen Bronchitis ist gemäß WHO-Definition ein Zustand von Husten und Auswurf an mehr als 3 Monaten pro Jahr – 2 Jahre hintereinander. Bei einer obstruktiven Bronchitis liegen zusätzlich Zeichen der Bronchialobstruktion vor (COPD,

---

67 LSG Nordrhein-Westfalen, 13. 5. 2004, VB 16/2005.
68 Bekanntmachung BMAS v. 1. 10. 2006, BArBBl 12/2006, 149.
69 Nowak, Konsenspapier zur Begutachtung der BK 41 11, ASU 34 (1999) 79 = Pneumologie 1999, 150ff.; LSG Nordrhein-Westfalen, 12. 10. 2000, Meso B 70/205.

„chronic obstructive pulmonary disease"). Die Diagnose der chronisch obstruktiven Lungenkrankheit (COPD) basiert auf der bronchopulmonalen Symptomatik mit Husten und/oder in aller Regel behandlungsbedürftiger Atemnot. Sie ist häufig asymptomatisch, geht aber in aller Regel mit einem charakteristischen Auskultationsbefund mit grobblasigen Rasselgeräuschen, Giemen und Brummen beim Husten einher.

Mit dem pathologischen Befund der Obstruktion liegt meist bereits eine MdE vor, so dass in der Regel mit dem Versicherungsfall auch der Leistungsfall vorliegt.[70]

17.5.4 Emphysem

Die *Diagnose* des Emphysems ist primär pathologisch-anatomisch als irreversible Erweiterung der jenseits der distalen terminalen Bronchioli gelegenen Lufträume definiert. Nicht invasiv ist die Diagnose des Emphysems strukturmorphologisch durch bildgebende Verfahren (Computertomographie) mit Hochauflösung (= high resolution).[71]

Das Lungenemphysem ist über Jahrzehnte eine symptomlose Erkrankung. Nach einem beschwerdefreien Intervall von durchschnittlich mehr als etwa 20 Jahren ist es nach den strukturmorphologischen und patho-physiologischen Erkenntnissen außerordentlich schwierig, eine chronisch-obstruktive Bronchitis selbst im Sinne einer wesentlichen Teilursache auf die Staubexposition (schädigende Einwirkung am Arbeitsplatz) zu beziehen: Der haftungsbegründende Kausalzusammenhang ist kritisch zu prüfen. Anhand von Aktenaufzeichnungen sind intervallunterbrechende Brückensymptome und -befunde (Husten, Auswurf, Atemnot, niedrig gestreute Silikose) zu werten.

Eine chronische obstruktive Bronchitis mit einem Lungenemphysem (COPD) kann in fortgeschrittenen Fällen eine Überlastung der rechten Herzkammer (Cor pulmonale) und eine respiratorische Insuffizienz mit verminderter Sauerstoff- und später (bei Versagen der „Atempumpe") auch erhöhter Kohlensäurekonzentration im arteriellen Blut nach sich ziehen. Umgekehrt ist eine Gasaustauschstörung bzw. ein eingeschränkter CO-Transferfaktor bei obstruktiven Atemwegserkrankungen ein spezifischer Hinweis für ein Lungenemphysem.[72]

17.5.5 Versicherungsfall

Der Zeitpunkt der Versicherungsfalls lässt sich ohne Lungenfunktionsprüfung festlegen, wenn amnamestische Angaben über Atembeschwerden, insbesondere unter körperlicher Belastung, in Verbindung mit stützenden Hinweisen (aktenkundige klinische Befunde, Ergebnisse bildgebender Verfahren) eine Datierung ermöglichen.[73]

17.5.6 Leistungsfall

Da die COPD per definitionem in der Regel erst nach eingetretener Leistungseinschränkung diagnostiziert wird, umfasst der Versicherungsfall vielfach den Leistungsfall. Für die Feststellung des Leistungsfalles bei COPD ist es absolut erforderlich, die kardiopulmona-

---

[70] Nowak, Kroidl, Bewertung und Begutachtung in der Pneumologie, 3. Aufl. 2009 S. 146.
[71] Webb, Radiology of obstructive pulmonary disease. Amer. J. Roentgenol. 169 (1997) 637–647.
[72] Merget, in: Die ärztliche Begutachtung (Hrsg. Fritze, Mehrhoff) 7. Aufl. 2008 S. 287.
[73] Nowak, ASU 34 (1999) 79.

len Ausfallerscheinungen durch ergospirometrische Belastungsuntersuchung nachzuweisen.[74]

17.5.7 Zeitliches Intervall zwischen Beendigung der Staubbelastung und Auftreten der Erkrankungssymptome (Interimszeit)

Da der im Atemtrakt gelagerte Staub als Ursache für die chronisch-obstruktive Brochitis bzw. das Lungenemphysem angesehen wird, schließt ein zeitliches Intervall die berufliche Verursachung nicht aus. Indessen können bei längeren Intervallen ohne objektivierte pulmonale Funktionseinschränkung nach dem Unterlassen der arbeitsbedingten Einwirkung andere, nicht arbeitsbedingte, konkurrierende Ursachen eine stärkere Bedeutung insbesondere für die chronische obstruktive Bronchitis erlangen. Das Intervall unterbrechende Brückensymptome und -befunde sind zu bewerten. Bei Erreichen des Dosisgrenzwertes von 100 Staubjahren ist ungeachtet der nicht versicherten Noxen (Rauchen, Alter) die Kausalität anzuerkennen.[75]

17.5.8 Abgrenzung zur Silikose (BK-Nr. 41 01)

Beide eigenständige Berufskrankheiten können untereinander in kausale Wechselbeziehung treten.

Silikoseformen ab Streuungskategorie 1/1 sind geeignet, eine bestehende obstruktive Bronchitis oder ein Lungenemphysem wesentlich mitzuverursachen oder zu verschlimmern (= Anerkennung nach BK-Nr. 41 01).

Liegen die tatbestandsmäßigen Voraussetzungen für beide Versicherungsfälle vor, sind beide anzuerkennen. Die MdE ist gemeinsam integrativ, nicht durch Addition, zu bilden.

17.5.9 Rückwirkung

Die BK-Nr. 41 11 ist im Rahmen der Neukodifikation der BKV im Jahre 1997 in die Berufskrankheitenliste aufgenommen worden. Die rückwirkende Anerkennung bereits eingetretener Erkrankungsfälle wurde auf den 1. 1. 1993 beschränkt. Nach § 6 Abs. 3 S. 2 BKV von 11. 6. 2009[76] sind auch davor liegende Erkrankungsfälle anzuerkennen, wenn sie einem Unfallversicherungsträger bis zum 31. 12. 2009 bekannt geworden sind.

- **Minderung der Erwerbsfähigkeit** s. 17.2.9, S. 1016

---

74 Angerer, Nowak, in: Arbeitsmedizin (Hrsg. Triebig, u. a.) 2. Aufl. 2008 S. 315.
75 Vgl. Merget, in: Die ärztliche Begutachtung (Hrsg. Fritze, Mehrhoff) 7. Aufl. 2008 S. 287.
76 BGBl I S. 1273.

17.6 Asbeststaublungenerkrankung (Asbestose) oder durch Asbeststaub verursachte Erkrankungen der Pleura (BK-Nr. 41 03)

Erkrankungen an Lungenfibrose oder der Pleura durch Einatmen von Staub, der in unterschiedlichem Anteil Asbest enthält, sind unter der Bezeichnung *Asbestose* als Berufskrankheit unter der BK-Nr. 41 03 aufgeführt.

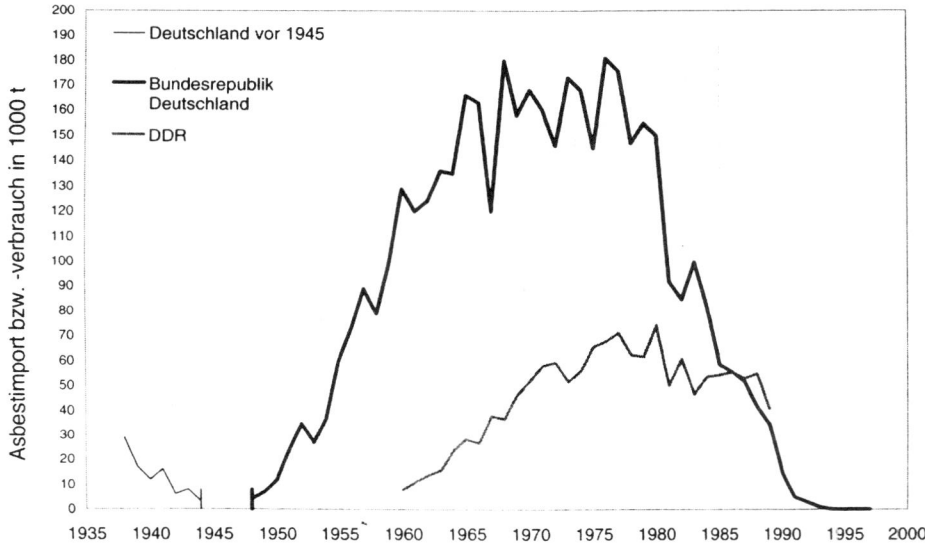

Abb. 3: Asbestimporte bzw. Inlandsverbrauch von Asbest in Deutschland.

Berufliche Exposition gegenüber Asbestfasern besteht seit dem Beginn des industriellen Einsatzes von Asbest. Bereits in der zweiten Hälfte des 19. Jahrhunderts wurde Asbest in verschiedenen Produkten zunehmend eingesetzt. Nach einem Einschnitt durch den Zweiten Weltkrieg begann in den Fünfziger Jahren ein Boom der Asbestanwendung, der erst Ende der Siebziger Jahre mit zunehmend weiteren Verwendungsverboten eingeschränkt wurde. Nach § 15 der Gefahrstoffverordnung (GefStoffV)) besteht in Deutschland seit 1993 ein Herstellungs- und Verwendungsverbot für Asbest. Eine Ausnahme vom Expositionsverbot gilt für Abbruch-, Sanierungs- und Instandhaltungs-(ASI)arbeiten an bestehenden Anlagen, Einrichtungen und Geräten, soweit das Freiwerden von Asbestfaserstaub unvermeidbar ist.

- **Vorkommen und Gefahrenquellen**

Asbest ist ein Sammelbegriff für zwei Gruppen faserförmiger silikatischer Mineralien. In Deutschland kam zu ca. 90–95 % Weißasbest (Chrysotil) und zu etwa 5–10 % Blauasbest (Krokydolith) zum Einsatz. Die übrigen Asbestmodifikationen (Amosit, Antophyllit, Actinolit und Tremolit) spielten in Deutschland keine bedeutsame Rolle.[77]

Industriezweige mit Gefahrenquellen durch Asbest waren u.a. die Asbesttextilindustrie (Herstellung von Garnen, Geweben, Seilen), die Asbestzementindustrie (Herstellung von

---

[77] Kraus, in: Arbeitsmedizin (Hrsg. Triebig, u. a.,) 2. Aufl. 2008 S. 285.

17.6 Asbeststaublungenerkrankung (Asbestose)

Platten, Rohren, Formstücken), die Bauindustrie (Verarbeitung von Asbestzementprodukten, asbesthaltigen Kitten, Spachtelmassen, Feuerschutzmaterialien), die chemische Industrie (Asbesteinsatz als Füllstoff für Farben und Dichtungsmassen, Kunstharzpressmassen, Thermoplaste, Gummireifen), die Isolier-Branche (Wärme-, Schall- und Feuerschutz), die Asbest-Papierindustrie (Asbestpapiere und Pappen) und die Reibbelagindustrie (asbesthaltige Brems- und Kupplungsbeläge).

Als außerberufliche Asbestfaserstaub-Einwirkungen kommen u. a. natürliche Asbest- oder Erionitvorkommen im Erdboden oder die frühere Nachbarschaft zur industriellen Asbestverarbeitung in Frage. Auch weit zurückliegende Einwirkungen aus der Umwelt, vor allem Erionit- und Tremolit-Asbest in der Türkei[78], sind in Betracht zu ziehen. Gleiches gilt für eine inhalative Innenraumgefährdung durch Haushaltkontakte bei – mit Asbest arbeitenden – Angehörigen.[79] Beim Reinigen der Arbeitskleidung sind diese nicht versichert.[80]

Denkbare Asbestkontakte bei früheren Praktikas oder Ferienarbeiten, außerberufliche sowie Kindheitsexpositionen sind im Einzelfall zu überprüfen.[81]

Die elektronenmikroskopische Faseranalytik ermöglicht es, die Konzentration anorganischer Mineralfasern im menschlichen Lungengewebe zu bestimmen und diese Fasern nach ihrer Elementzusammensetzung, ihrer kristallinen Struktur und ihren Abmessungen zu charakterisieren; dies erlaubt im Gutachtenverfahren gelegentlich eine Entscheidung, ob die asbestinduzierten Veränderungen beruflich oder durch natürliche Asbesteinwirkungen verursacht wurden.[82]

17.6.1 Begriffsbestimmung

Pathologisch-anatomisch ist die Asbestose durch eine diffuse interstitielle irreversible, zunächst peribronchial betonte Fibrose charakterisiert, bevorzugt im Mittel- und Untergeschoss der Lunge. Histologisch sind Asbestkörperchen und insbesondere auch elektronenmikroskopisch Asbestfasern sichtbar. Die bloße Anwesenheit von Asbestfasern und Asbestkörperchen[83] ohne fibrogene Gewebereaktion ist nicht als Asbestose zu bezeichnen.[84] Asbestfasern im Lungengewebe sind Korrelat einer entsprechenden Belastung und spiegeln keine Beanspruchung wider.[85]

---

[78] Hess. LSG, 22. 4. 1996, Meso B 70/182; Großgarten, Woitowitz, Dt. Ärzteblatt (90) 1993 A1 708.
[79] Schneider, u. a., Zbl. Arbeitsmed. 45 (1995) 222; SG Marburg, 7. 6. 1994, HV-Info 11/1995, 847.
[80] BSG, 13. 10. 1993, HV-Info 30/1993, 2626, bestätigt durch BVerfG, 13. 3. 2001, HV-Info 10/2001, 921; kritisch dazu Schneider, u. a., SGb 1994, 557.
[81] Müller, u. a., Pathologe 24 (2003) 109.
[82] Merget, in: Die ärztliche Begutachtung (Hrsg. Fritze, Mehrhoff) 7. Aufl. 2008 S. 278.
[83] Asbestkörperchen = Asbestnadel, die infolge der Reaktion des Lungengewebes mit einem Eiweißmantel umschlossen ist. Asbestfaser = reine Faser der entsprechenden Asbestart. Während die Menge der Asbestkörperchen die absolute Zahl der gefundenen Asbestkörperchen darstellt, bezieht sich der Gehalt an Asbestfasern auf ein bestimmtes Materialvolumen (z. B. Lungenwürfel von 1 cm im Quadrat).
[84] Arbeitsmedizinische Leitlinie der DGAUM, Arbeit unter Einwirkung von Asbeststaub, 2004.
[85] Kraus, in: Arbeitsmedizin (Hrsg. Triebig, Kentner, Schiele) 2. Aufl. 2008 S. 287.

Fibroseerzeugende Wirkung wird bestimmt durch die

- Feinstaubkonzentration von lungengängigen Asbestfasern mit einer Länge von wahrscheinlich über 5 µm Länge und unter 3 µm Durchmesser in der Einatemluft[86]

Alveoläre Makrophagen (Fresszellen) des körpereigenen Abwehrsystems können teilweise die pathogene Wirkung der in das Lungengewebe eingedrungenen Asbestfasern mit Längen bis zu 5 µm durch Phagozytose (Aufnahme in das Zellinnere) reduzieren. Fasern von Längen über 5 µm werden aber nur unvollständig von den Makrophagen aufgenommen bzw. abgebaut. Diese Fasern sind häufig von einer eisenhaltigen, segmentierten, gelb gefärbten Eiweißhülle aus Zellresten untergegangener Makrophagen umgeben und stellen die charakteristischen Asbestkörper dar. Im Vergleich zu den nicht umhüllten Asbestfasern haben Asbestkörper nach allgemeiner Lehrmeinung ein deutlich geringeres Schädigungspotential.[87]

- Menge, Einwirkungsdauer und -rhythmik der in den Alveolarbereich gelangenden Asbestfasern der vorgenannten Abmessungen sowie durch
- individuelle Disposition, d.h. unter anderem die Intaktheit aller physiologischen Abwehrmechanismen des Atemorganes.

Als weitere Einflussgrößen für erhöhtes Asbestoserisiko gelten Belastungen durch zusätzlich inhalative Noxen für die ziliare und zelluläre Reinigungsfunktion, z.B. das Inhalationsrauchen. Chronischen Entzündungsprozessen im Bereich des Atemorgans, z.B. der Bronchitis, wird ebenfalls eine nachteilige Wirkung zugeschrieben. Ferner sind das Alter bei Expositionsbeginn sowie die Dauer der Latenzzeit zu beachten.

Differenzialdiagnostisch sind Lungenveränderungen anderer Ätiologie zu erwägen: neben Asbestose in erster Linie idiopathische Lungenfibrose (ILF) oder andere entzündliche an den Alveolen angreifende Umbauvorgänge, wie NSIP (= non-specific-interstitial-pneumonia), UIP (= usual interstitial pneumonia), LIP (= lymphatic interstitial pneumonia), BOOP (= Bronchiolitis obliterans mit organisierender Pneumonie). Unter diesen modernen Definitionen interstitieller Entzündungen verbergen sich differentialdiagnostisch als Berufskrankheiten: Silikose, Kieselgurlunge, Aluminium- und Berylliumlunge, Hartmetallschleiferlunge. Als richtungweisend für die Diagnose „Asbestose" gelten Pleuraverschwielungen und kalkhaltige Pleuraplaques.

Der chronisch progrediente Prozess kann zu einer Lungenschrumpfung mit Ausbildung emphysematöser Zysten in den fibrosierenden Arealen in Form der „Honigwabenlunge" führen. Auskultatorisch imponiert Knisterrasseln. Lungenfunktionell bestehen primär eine restriktive Ventilationsstörung, Diffusions- bzw. Gasaustauschstörungen. Im weiteren Verlauf kommt es zu Einschränkungen der pulmo-kardialen Leistungsbreite. In fortgeschrittenen Stadien können obstruktive Ventilationsstörungen und Verteilungsstörungen hinzutreten. Zu den Komplikation zählen in den Endstadien das Cor pulmonale, Bronchiektasen und rezidivierende Bronchopneumonien.

---

[86] Raab, Stegbauer, Trauma Berufskrankh 3 (2001) 99, 100.
[87] Fischer, Herter, Müller, Kompass 1999, 1, 2.

17.6 Asbeststaublungenerkrankung (Asbestose)

Morphologie der Asbestose[88]

Asbestose-Grad	Morphologie
I (Minimal-asbestose)	Die Fibrose bezieht die Wand wenigstens eines Bronchiolus respiratorius mit ein, mit oder ohne Ausdehnung in die Septen der unmittelbar angrenzenden Alveolen. Die Wände distal gelegener Alveolen sind frei von fibrosierenden Lungenveränderungen.
II	Zusätzlich sind die Alveolargänge oder zwei oder mehr Schichten angrenzender Alveolen in die Fibrose einbezogen. Eine Zone nicht fibrosierter Alveolarsepten ist zwischen benachbarten Bronchiolen vorhanden.
III	Es lässt sich darüber hinaus eine Konfluenz der Fibrosierung belegen.
IV	Es kommen neu gebildete Hohlräume hinzu, deren Größe die eines Alveolus überschreiten. Diese Veränderungen werden auch unter dem Begriff „Wabenlunge" zusammengefasst.

Asbeststaubinhalationsfolgen

Der Begriff bezeichnet geringfügige, wenn auch typische röntgenologische Merkmale einer Asbeststaubexposition an Lunge und/oder Pleura. Sie haben keinen Krankheitswert. Bei einem späterem Nachweis eines Lungen- oder Kehlkopfkrebses wird jedoch eine relevante Exposition gegenüber Asbeststaub mit gesteigertem Krebsrisiko belegt.[89]

17.6.1.1 Exposition

Es gilt eine Dosis-Wirkungs-Beziehung. Der Krankheitsverlauf hängt vom Grad der Staubexposition ab. Die Asbestlungenerkrankung verläuft schleichend. Nach einer Latenzzeit von 10 bis 40 Jahren[90] kommt es zur klinischen Manifestation.

Auch nach Beendigung der Exposition kann die Asbestose auftreten oder fortschreiten. Asbestoseerkrankungen waren nach einer Expositionsdauer von weniger als einem Jahr bei langer Interimszeit nachweisbar („*Spätasbestose*").[91] Der Anteil der röntgenologisch noch nicht weit fortgeschrittenen Asbestosen an den Todesfällen erwies sich verhältnismäßig hoch.

In den Lungen der Normalbevölkerung sind bekannterweise ebenso Asbestkörper nachweisbar. Ein Wert von 7 ± 13 Asbestkörner/cm³ LFG (Lungenfeuchtgewicht) gilt als durchschnittlich.[92]

---

[88] Nach: Pneumokoniose-Komitee des Kollegs nordamerikanischer Pathologen, Craighead u. a., Arch Pathol Lab Med 106 (1982) 544 ff; s. auch Kroidl, Nowak, in: Bewertung und Begutachtung in der Pneumologie (Hrsg. Nowak, Kroidl) 3. Aufl. 2009 S. 160.
[89] Kroidl, Nowak, in: Bewertung und Begutachtung in der Pneumologie (Hrsg. Nowak, Kroidl) 3. Aufl. 2009 S. 161.
[90] Kroidl, Nowak, in: Bewertung und Begutachtung in der Pneumologie (Hrsg. Nowak, Kroidl) 3. Aufl. 2009 S. 159.
[91] Beck, Irmscher, Z. Erkr. Atm. 144 (1976) 107, 109; dies, u.a., Z. ges. Hyg. 25 (1979) 26, 27.
[92] Marten, u.a., ASU 37 (2002) 76, 81.

Richtlinien zur Identifikation von Personen, die mit hoher Wahrscheinlichkeit gegenüber Asbeststäuben exponiert waren[93]

- Nachweis von mehr als 100 000 Amphibolfasern (> 5 µm) pro Gramm Lungentrockengewicht
- über 1 Million Amphibolfasern (> 1 µm) pro Gramm Lungentrockengewicht, elektronenmikroskopisch gemessen
- über 1000 Asbestkörperchen pro Gramm Lungentrockengewicht (100 Asbestkörperchen pro Gramm Lungennassgewicht) oder
- mehr als 1 Asbestkörperchen pro ml BAL, lichtmikroskopisch gemessen.

Bei der Differenzialdiagnose in Bezug auf die Asbeststaubgenese sprechen

- *dafür:* Auftreten oder wesentliche Zunahme der Befunde mehrere Jahre nach Beginn der Asbeststaubgefährdung.
- *dagegen:* Hinweise insbesondere auf tuberkulöse oder Infarktpleuritis, traumatische, entzündliche, tumoröse oder sonstige pleurale Begleitprozesse[94]

17.6.1.2 Diagnose

Die Diagnose erfolgt durch den Nachweis einer hohen Exposition und radiologischen Befund.

Überblick nach vorhandenem Erkenntnisstand[95]

- *konventionell-radiologisch nachweisbar:*
  zumindest leichte Asbestose-Funktionsausfälle können nachweisbar und erfassbar sein
- *nur im HRCT erkennbar:*
  leichte Asbestose-Funktionsschaden nicht auszuschließen, Erfassbarkeit schwierig; Verlaufsbeurteilung wertvoll
- *ausschließlich pathologisch-anatomisch zu diagnostizieren:*
  „Minimalasbestose" – bislang mit Methoden der Lungenfunktion Störungen nicht nachweisbar

17.6.1.2.1 Röntgenologischer Befund

Eine röntgenologisch manifeste Lungenbeteiligung ergibt bei entsprechender Exposition unregelmäßige Schatten mit vorwiegender Anordnung in den Lungenunterfeldern. Nach der ILO-Klassifikation werden sie in Abhängigkeiten von ihrem Kaliber mit s < 1,5 mm, t = 1,5–3 mm und u =3–10 mm bezeichnet und je nach Streuung anhand von vergleichenden Standardfilmen eingestuft. Die Streuung 1/0 nach ILO gilt noch als Normvariante, der sicher pathologische Befund beginnt ab 1/1.[96]

---

[93] Helsinki-Kriterien, Consensus Report 1997.
[94] Kroidl, Nowak, in: Bewertung und Begutachtung in der Pneumologie (Hrsg. Nowak, Kroidl) 3. Aufl. 2009 S. 161.
[95] Kroidl, Nowak, in: Bewertung und Begutachtung in der Pneumologie (Hrsg. Nowak, Kroidl) 3. Aufl. 2009 S. 160 ff.
[96] Hering; in: Bewertung und Begutachtung in der Pneumologie (Hrsg. Nowak, Kroidl) 3. Aufl. 2009 S. 116 m. w. N.

17.6 Asbeststaublungenerkrankung (Asbestose)

Die hochauflösende Computertomographie (HRCT = „high resolution CT") ist unerlässlicher Bestandteil der Diagnostik. Vorschläge über standardisierte Untersuchungstechnik und einheitliche Befundung liegen vor (s. 17.1.5, S. 999). Die ILO hat sich jedoch noch nicht zu einem einheitlichen CT-Schema entschlossen.

Computertomographische Zeichen der Asbestose[97]

a) betonte retikuläre interstitielle Zeichnung mit inter- und intralobulären Verdickungen

b) curvilineare subpleurale Zeichnungsvermehrung parallel (< 1 cm) zur Brustwand, entspricht frühen Veränderungen einer intralobulären Fibrose

c) milchglasartige Trübungsbereiche mit weiterhin vorhandener Sichtbarkeit der Gefäße und Bronchialwände

d) ggfs. (Traktions-)Bronchiektasen und Bronchioloektasien

e) Honigwabenmuster mit zystenähnlicher Konfiguration, aber verdickten Wänden
Verteilung: peripher subpleural, dorsal basal betont; häufig bilateral symmetrisch

Zusätzliche, fakultative CT-Charakteristika:

f) Parenchymbänder von 2 bis 5 cm Ausdehnung mit Pleurakontakt

g) Rundatelektasen nahe pleuraler Verdickung, vielfach mit „Kometenschweif" von Gefäßen und Atemwegen.

17.6.1.2.2 Bestimmung der Asbestfaserkonzentration im Lungengewebe

Techniken der präparativen Gewinnung und Anreicherung von Asbestkörperchen aus Lungengewebe erschließen den Nachweis beruflich bedingter Faserbelastungen des Lungengewebes auch bei negativem Röntgenbefund. Um einheitliche und vergleichbare Ergebnisse zu erzielen, empfiehlt der bgl. Arbeitskreis „Lungenstaubanalytik":

Proben des Lungengewebes werden nach einer Kaltveraschung transmissionselektronenmikroskopisch (z.B. analytisches Raster-Transmissions-Elektronenmikroskop = ARTEM) bzw. mit dem Feldemissions-Rasterelektronenmikroskop (FE-REM-Methode) analysiert. Anhand ihrer Elementzusammensetzung und ggf. ihres Beugungsbildes werden dabei die Faserarten Chrysotilasbest, die verschiedenen Amphibolasbeste und sonstige anorganische Fasern unterschieden. Berücksichtigt werden Fasern mit Längen > 5 µm und einem Länge-zu-Durchmesser-Verhältnis von > 3 : 1.[98]

Am besten standardisierbar erweist sich die Asbestkörperchenzählung in einem Millipore-filter des Lysates eines Lungenwürfels von 1 cm Kantenlänge. Bei typisch röntgenologisch

---

[97] Kroidl, Nowak, in: Bewertung und Begutachtung in der Pneumologie (Hrsg. Nowak, Kroidl) 3. Aufl. 2009 S. 159.

[98] Bestimmung von anorganischen Fasern im menschlichen Lungengewebe. Transmissionselektronenmikroskopische Methode mit Präparation durch Kaltveraschung – TEM-Methode und Methode unter Verwendung eines Feldemissions-Rasterelektronenmikroskops – FE-REM-Methode, in: BIA-Arbeitsmappe Messung von Gefahrstoffen 24. Lfg. III/00 und 26. Lfg. III/01. Hrsg.: Institut für Arbeitssicherheit – BIA, 1989.

erkennbaren Asbestosen sind in 1 ccm Lungengewebe mehr als 10 000 Asbestkörperchen auffindbar.

- **Minimalasbestose**

Der Begriff bezeichnet eine röntgenologisch nicht sichtbare Asbestose. Er ist für die Anerkennung einer BK-Nr. 41 03 und als Brückenbefund für die Anerkennung der BK-Nr. 41 04 bedeutsam (s. S. 1098).

Die Inzidenz der Lungenfibrose nimmt mit zunehmendem Lebensalter zu.[99] Vor dem Hintergrund medizinisch gesicherten Erkenntnisse, wonach für die Diagnose der (auch geringfügigen) Lungenfibrose stets eine positive Korrelation zwischen radiologischen (HRCT) und pathologisch-anatomischen Befunden gefordert wird[100], ist bei der Feststellung der Minimalasbestose ihre Verursachung durch Asbestfaserstaubeinwirkung hinreichend wahrscheinlich zu machen.

(1) Nach der Rspr. ist die Diagnose einer Minimalasbestose an den staubanalytischen Nachweis von ca. 1 000 eiweißumhüllten Asbestkörperchen pro ccm fibrösem Lungengewebe gebunden.[101] Sind weder in der Lungenstaubanalyse noch in histologischen Schnittpräparaten eine erhöhte Zahl von Asbestkörpern oder Asbestfasern nachweisbar, hat die Asbestexposition nicht ausgereicht, um krankhafte Gewebeveränderungen im Sinne einer (Minimal)Asbestose hervorzurufen.[102]

(2) Nach anderer Auffassung[103] soll bei Weißasbestexposition (Chrysotil), für den Brückenbefund „Minimalasbestose" auch der Nachweis von Asbestfaser/-faserteilchen in Beziehung zu fibrosiertem Lungengewebe unter Anwendung von rasterelektronen-mikroskopischen Lungenstaubfaseranalysen genügen.

(3) Lehrmeinung im Fachgebiet der Pathologie: „Die international gültige Definition der Minimalasbestose (Asbestose Grad 1 nach der angloamerikanischen Nomenklatur) beinhaltet den lichtmikroskopischen Nachweis minimaler Fibrosierungsherde im Bereich der Bronchioli respiratorii und der begleitenden Gefäße mit Einstrahlung bis maximal in die direkt angrenzenden Alveolarsepten sowie in diesen Arealen eingelagerten Asbestkörper. Dabei reicht der zufällige (einmalige) Nachweis von Asbestkörpern zur Diagnosestellung einer Minimalasbestose nicht aus. Ein staubanalytischer Grenzwert für die Minimalasbestose ist nicht definiert.[104]

---

[99] Mora, u. a., J. Cell Biochem 15 (2008) 105; 641-7; Fernández Pérez, u. a., Incidence, Prevalence, and Clinical Course of Idiopathic Pulmonary Fibrosis: a Population-Based Study. Chest. 2009 Sep 11, in press; Flaherty, u. a., Radiological versus histological diagnosis in UIP and NSIP: survival implications. Thorax. 2003 Feb; 58/2): 143-8.
[100] ATS Consensus: Am J Respir crit care med 165 (2002) 277–304.
[101] BSG, 6. 4. 1989, HV-Info 15/1989, 1177; LSG Rheinland-Pfalz, 9. 10. 1991, HV-Info 1992,2738, bestätigt durch BSG, 25. 6. 1992, HV- Info 1992, 2794; LSG Nordrhein-Westfalen 22. 1. 1992, HV-Info 1993, 564, bestätigt durch BSG, 29. 9. 1992, HV-Info 1993, 588, 590; LSG Nordrhein-Westfalen, 4. 8. 1992, HV-Info 1992, 668, bestätigt durch BSG, 25. 11. 1992,1-IV-Info 1993, 673, 675. Diese Rspr. (vor allem 1000 Asbestkörper) ist durch die Lehrmeinung Pathologie (s. 3) überholt.
[102] BSG, 23. 1. 1992, HVBG VB 7/92; BSG, 29. 9. 1992, HV-Info 7/1993, 564.
[103] Woitowitz, Vortrag Arbeitsmed. Kolloquium 1990, Bad Reichenhall, S. 15, 29; Marten, u. a., ASU 37(2002) 76, 81.
[104] Dt. Ärzteblatt 94 (1997) A 975; die Definition entspricht im Wesentlichen die der „Helsinki-Kriterien", Henderson, Rantanen, Scand. J. Work Environ. Health 23 (1997) 311.

Da ein staubanalytischer Grenzwert mit quantitativer lichtmikroskopischer Asbestkörperabschätzung weder einen sicheren Rückschluss noch Ausschluss auf die Asbestexposition und die diesbezügliche Ursächlichkeit der Fibrose zulässt, ist bis zur Verabschiedung von allgemein anerkannten Begutachtungsempfehlungen nach Lage des konkreten Einzelfalles zu entscheiden, ob eine Minimalasbestose im Vollbeweis vorliegt und diese mit der zu fordernden hinreichenden Wahrscheinlichkeit auf die berufliche (versicherte) Asbestfaserstaubexposition zu beziehen ist. Weil der Haupt-Anteil des verwendeten Asbestmaterials aus Weißasbest mit Chrysotilfasern – die sich nach einer Latenzzeit von mehreren Jahren dem pathologisch-anatomischen Nachweis entziehen – besteht, wird die Grenzwertdiskussion zur Asbestfaserkonzentration im Lungengewebe durch das sogenannte „Fahrerfluchtphänomen" der Chrysotilfasern (diese haben sich zum Teil aufgelöst) zusätzlich relativiert.[105] Die wissenschaftliche Definition der Minimalasbestose ist vor diesem Hintergrund deutlich ergänzungspflichtig. Die lichtmikroskopische Asbestkörperanalyse ist ggf. durch elektromikroskopische Verfahren zu ergänzen.

Der Sachverständige hat daher bei der Diagnose der Minimalasbestose (unbeschadet der Diskussion um den staubannalytischen Grenzwert) zu prüfen, ob

- die strukturmorphologische Diagnose im Konsens mit Pathologie und Radiologie (HRCT) gesichert ist und
- die konkrete Arbeits-Anamnese die Abgrenzung gegen die im fortgeschrittenen Lebensalter häufigen unspezifischen Lungenfibrosierungen erlaubt.

17.6.2 Asbestinhalationsfolgen im Bereich der Pleura (Brustfell)

Eingeatmeter Asbeststaub weist neben fibrogenen (bindegewebserzeugender) Wirkung eine deutliche *Pleuratropie* (Pleuradrift) auf. Gelangt dieser in den subpleuralen Bereich oder tritt er in den Pleuraspalt über, werden Pleuraveränderungen verursacht, die von den tumorerzeugenden Wirkungen (Mesotheliom – BK-Nr. 41 05) abgrenzbar sind.

Unterteilung asbestassoziierter Veränderungen der Pleura[106]

(1) *Pleuraplaques*, überwiegend an der Pleura parietalis lokalisiert

Asbest kann zu Reaktionen im Bereich des Brustfells, der Pleura, führen, wenn sich Asbestfasern von den Atemwegen in das Brustfell verlagern. Pleuraplaques ohne und mit Verkalkungen sind gutartige Verdickungen des äußeren Brustfells durch kollagenreiches Bindegewebe, überwiegend beidseitig, tafelbergartig wachsend; keine Vorstufe eines Tumors. In der Computertomographie können die Plaques gut dargestellt werden. Plaques führen nicht zu Beschwerden oder einer Funktionseinbuße der Lunge. Sie sind ein Marker für eine frühere relevante Asbesteinwirkung. Die interindividuelle Variabilität für das Auftreten und die Ausprägung dieser Plaques ist groß.

---

[105] Dazu: LSG Nordrhein-Westfalen, 13. 5. 1997, Breith. 1998, 274 = ASP 1997, 219 m. Anm. Schäcke = HV-Info 13/1998, 1218; LSG Rheinland-Pfalz, 25. 1. 2000, VB 97/2001.
[106] Dazu: Kroidl, Nowak, in: Bewertung und Begutachtung in der Pneumologie (Hrsg. Nowak, Kroidl) 3. Aufl. 2009 S. 159, 160.

(2) Veränderungen der *visceralen Pleura*

Asbest kann auch zu ausgedehnten gutartigen Brustfellergüssen führen, nach einer Latenzzeit von 20–30, aber auch nur wenigen Jahren, (Streubreite 1–58 Jahren), einseitig oder beidseitig. Diese Brustfellergüsse sind unspezifisch. Andere Ursachen von Brustfellergüssen sind deshalb auszuschließen. Asbestbedingte Brustfellergüsse können zu ausgedehnten Vernarbungen des Brustfells, einer Fibrose, führen. Einer Behinderung der Ausdehnung der Lunge, eine gefesselten Lunge, kann folgen, oft mit einer restriktiven Ventilationsbehinderung. Dringen solche Vernarbungen in das Lungengewebe vor, entsteht eine Rundatelektase.

Weitere diffuse Pleurafibrosen an der Pleura visceralis (synonym „hyalinosis complicata")

– mit Aussparung des kostophrenischen Winkels
– mit Verlötung des kostophrenischen Winkels (Komplementärraums)
– mit ausgedehnterer Pleuraverschwartung, ggf. Rollatelektasen bzw. Pseudotumoren.

(3) Kombinationen von 1 und 2 (häufig).

Ist die Asbestexposition gesichert und die Pleuraerkrankung differentialdiagnostisch nicht auf andere Ursachen zurückzuführen, sind die Veränderungen als BK-Nr. 41 03 anzuerkennen.

Die funktionellen Rückwirkungen der diffusen Pleurafibrose („Pleurasaum") sowie der umschriebenen hyalinen und verkalkten Pleuraplaques sind gering, da der Pleuraspalt gemeinhin funktionsfähig erhalten bleibt. In der Regel ist keine MdE festzustellen. Im Einzelfall erscheinende leichte Funktionseinbußen durch die Pleuraveränderungen werden von den meist gleichzeitig bestehenden Auswirkungen der Asbestlungenfibrose überlagert.

Lungenfunktionseinbußen in einem MdE-relevanten Ausmaß (bis 40 %) mögen bei Hyalinosis complicata und Rundherdatelektasen auftreten.[107]

Bindegewebige (hyaline) Pleuraplaques im Brustwand- und Zwerchfellbereich erscheinen auch asbestunabhängig, z.B. beim Vorliegen tuberkulöser traumatisch-entzündlicher oder tumoröser Pleuraveränderungen anderer Genese.[108] Bei erheblich Übergewichtigen sind als Ursache der „diffusen Pleurafibrose" beidseitige subpleurale Fettüberlagerungen zu erwägen.[109] Die überlagerungsfreie Schnittbild-Darstellung der Computertomographie ist derzeit als einzige bildgebende Methode in der Lage, Pleuraverdickungen unspezifischer Art – beispielsweise durch Fetteinlagerungen (*Lipomatosis pleuralis*) – abzugrenzen.

17.6.3 Therapie (Heilverfahren)

Frühheilverfahren, auch Heilverfahren bei schon einigermaßen ausgedehnten Fibrosierungen haben den Sinn, Begleit- und Folgekrankheiten (im Wesentlichen asthmoide, bronchitische oder kardiale Komplikationen) auszuheilen oder zu lindern und durch Erlernen einer vernünftigen Atemtechnik mit Einbeziehung der Funktionsreserven der Atmung die Belastung im Lebensalltag atemökonomisch zu gestalten; dies führt zu subjektiv empfun-

---

[107] Hauser-Heidt, u.a. Zbl Arbeitsmed 52 (2002) 295.
[108] LSG Rheinland-Pfalz, 29.7.1992, HV-Info 29/1992, 2595.
[109] Schriftenreihe des HVBG, BK-Report 1/93.

17.6 Asbeststaublungenerkrankung (Asbestose)

dener Linderung der Belastungsdyspnoe und objektiver Entlastung des kardio-zirkulatorischen Organsystems.

Aus dieser Zielvorstellung ergibt sich, dass die entsprechenden medikamentösen und physio-therapeutischen Maßnahmen in einem frühen Stadium (Stadium des Erkennens) beginnen und sodann in regelmäßigen Abständen (nach Schweregrad ein bis drei Jahre) wiederholt werden sollten. Weiteres Ziel der Rehabilitation bei der BK-Nr. 41 03 ist die Entwöhnung des Rauchers mit Minderung der Risikofaktoren für die Entstehung anderer Berufskrankheiten, vor allem BK-Nr. 41 04.

17.6.4   Versicherungsfall

Anders als bei der Silikose (s. 17.2.7, S. 1014) kann die Lungenfunktionseinbuße nicht als ungeschriebenes Tatbestandselement der BK-Nr. 41 03, sondern als Element der üblichen Tatsachenfeststellung erwogen werden.[110]

Der Versicherungsfall der BK-Nr. 41 03 ist bei nachgewiesenen asbestverursachten Veränderungen im Bereich der Lungen oder der Pleura, auch ohne Funktionseinschränkung, gegeben. Das Ergebnis der Röntgenfilmaufnahme der Thoraxorgane entscheidet.[111]

17.6.5   Meldung als Berufskrankheit

Der Verdacht des Vorliegens einer *Asbestose der Lungen* erfordert mindestens den Röntgenbefund (ILO Klassifikation)

Dichte der Schaten	Form	
a) 1/0	s, t bzw. u	und weitere Befunde (Knisterrasseln etc.)
b) 1/1 u. mehr	s, t bzw. u	auch wenn keine Einschränkungen von Atmung und Kreislauf messbar sind

Der Verdacht des Vorliegens von durch Asbeststaub verursachten Veränderungen der Pleura ist begründet bei

- *Pleuraplaques (hyalin)*: In der Regel ab 3 mm Dicke röntgenologisch erkennbar und/oder einer Verbreitung von > 2 cm Gesamtlänge im Bereich der Brustwand (insbesondere doppelseitig), des Zwerchfells, Mediastinums und/oder Herzbeutels
- *Pleuraplaques (verkalkt)*: Bei Hinweisen auf Asbeststaubexposition in der Vorgeschichte sollen auch Kalkplaques geringerer Dicke und Verbreitung angezeigt werden
- *Hyalinosis complicata* bzw. Pleuraerguss: Pleuritis mit Folgezuständen, ein- oder doppelseitig
- *Pleuraverdickungen* (doppelseitig, diffus): In der Regel ab 3 mm Dicke speziell im Bereich der Mittel- und Unterfelder.

---

110   Koch, in: Schulin, HS-UV § 35 Rdnr. 48; Mehrtens, Brandenburg, M 4103 Anm. 4
111   Koch, BG 1990, 749, 752; Hartmann, VersMed. 42 (1990) 49, 50; Rdschr. HVBG VB 38/92; zu eng daher SG Speyer, 11. 7. 1990, Breith. 1991, 20: MdE von 20 %.

17.6.6 Minderung der Erwerbsfähigkeit

Der Röntgenbefund einer Asbestose allein ohne messbare Einschränkungen der kardiopulmonalen Funktion rechtfertigt keine MdE-Einschätzung von 10 %. Eine MdE-Bewertung mit 10 % lässt sich auch nicht damit begründen, dass Versicherten wegen bestehender Asbestose der staubbelastete Teilbereich des Arbeitsmarktes verschlossen ist; bloßer röntgenologischer Staublungenbefund ohne Funktionseinschränkungen kann nicht herangezogen werden, um eine noch nicht bestehende MdE zu begründen. Auch darf ein mit gesicherter Asbestose einhergehendes erhöhtes Krebsrisiko nicht in die MdE-Bewertung einfließen, weil auf die Beeinträchtigung des körperlichen und geistigen Leistungsvermögens im Zeitpunkt der Feststellung der MdE abzuheben ist. Mit dieser Darlegung gibt das BSG[112] klar zu erkennen, dass allein objektivierbare Funktionseinschränkungen Grundlage der MdE-Bewertung sind.

Die MdE orientiert sich überwiegend am Beschwerdebild (z. B. Husten, Kurzatmigkeit, Thoraxschmerzen), an der Lungenfunktionseinschränkung und an der konsekutiven Rechtsherzbelastung.[113] Die Lungenfunktionseinschränkung wird gekennzeichnet durch

– *restriktive Ventilationsstörungen* mit Abnahme der Lungendehnbarkeit (Compliance) und der dadurch bedingten Leistungsbeschränkung
– *Gasaustauschstörung* (repiratorisch, diffusiv) in fortgeschrittenen Fällen.

Wichtigster Messwert, weil am meisten aussagekräftig, ist die Vitalkapazität (VC), freilich von der Mitarbeit des Probanden abhängig. Von mehreren, unter Anleitung gewonnenen Messwerten soll der jeweils beste Wert berücksichtigt werden. Grundsätzlich ist die inspiratorische Vitalkapazität (IVC) zu berücksichtigen; die alleinige Bestimmung der forcierten FVC ist für Gutachtenzwecke nicht geeignet.

Die VC korreliert nicht nur mit den radiologischen Strukturmustern, sondern auch mit Grad und Dauer der vorangegangenen Asbesteinwirkung.[114]

---

[112] 10. 3. 1994, HV-Info 15/1994, 1214.
[113] Kroidl, Nowak, in: Bewertung und Begutachtung in der Pneumologie (Hrsg. Nowak, Kroidl) 3. Aufl. 2009 S. 159, 163.
[114] Staples, in: Webb, u.a., High Resolution CT of the Lung, 2000.

17.6 *Asbeststaublungenerkrankung (Asbestose)*

Bemessung der MdE nach Funktionsdaten und Röntgenbild[115]:

Der Gebrauch der Tabelle setzt eine Synopsis über anamnestische, klinische oder radiologische Daten voraus.

Messwert	Lungenfunktionsstörung			
	fehlt	leicht	mittel	schwer
IVC	> 80 %	≦ 80 %	< 60 %	< 40 %
CL_{stat}*	> 70 %	< 70 %	< 50 %	< 30 %
PAO_{2a} bei Belastung bezogen auf Mindestsoll	über Mindestsoll		um/unter	stark unter
MdE %	< 20	20–30	40–60	> 60
erwartbare ILO 80-Gesamtstreuung**	0–1/1	0/1–1/2	1/2–2/3	> 2/2

* Bei der Compliance wurde die 70 %-Grenze zur Unterscheidung zwischen fehlender und leichter Funktionsstörung deshalb gewählt, weil die Standardabweichung für dieses Messverfahren größer ist als bei den statischen Lungenvolumina. Dies erklärt sich durch größere methodische Variabilität und kleinere Messreihen. Die hier zu Grunde liegenden Sollwerte von *Yernault* (*Quanjer* et al., Standardized lung function testing. European Community for Coal and Steel. Eur. Respir. J. 6, suppl. 16, 1993) werden allgemein als zu hoch angesehen. Die von *Kroidl* und *Nowak* genanten Sollwerte für die Compliance (ohne Berücksichtigung des Altersgangs) werden von vielen Untersuchern verwendet: für den Normalbefund Werte über 2,1 l/kPa, für leichte Abweichungen 1,6-2,1 l/kPa, für mittelschwere Abweichungen 1,2-1,6 l/kPa und für schwere Abweichungen < 1,2 l/kPa. Galetke u. a., teilen neu gewonnene Normwerte zur Compliance mit: Cstat (untere Grenze 5 %): (0,0267 x Größe −1,4385) −1,178; Cstat (obere Grenze 95 %): (0,0267 Größe −1,4385) + 1,956. Cstat spez. (untere Grenze 5 %): (−0,0042 x Alter + 1,0102) −0,325; Cstat spez. (obere Grenze 95 %): (−0,0042 x Alter + 1,0102) + 0,488. Cdyn (untere Grenze 5 %): (−0,014 x Alter + 3,4149) -1,274; Cdyn (obere Grenze 95 %): (−0,014 x Alter + 3,4149) + 1,971. Cdyn spez. (untere Grenze 5 %): (−0,0048 x Alter + 0,9302) −0,303; Cdyn spez. (obere Grenze 95 %): (−0,0048 x Alter + 0,9302) + 0.531.

** Die Erwähnung der ILO 80-Gesamtstreuung ist nur als Darstellung häufiger Befunde zu verstehen, nicht als Rat zur MdE-Festsetzung.

MdE von 10 %

In der Tabelle wird noch davon ausgegangen, dass es unterhalb der MdE-Schwelle 20 % keine abgrenzbaren, sicher krankhaften Messdaten der Funktion gibt. Nach zutreffender Ansicht sind als konkrete Hinweise auf das Bestehen kardiologischer Leistungseinschränkungen (= MdE von 10 %) „röntgenologisch fassbare Staublunge (1/1–1/1 und mehr) und ausgeprägte asbestbedingte Pleuraveränderungen" zu sehen.[116]

---

[115] Konietzko, u. a., Praxis Klinik Pneumol 42 (1998) 439; Kroidl, Nowak, in: Bewertung und Begutachtung in der Pneumologie (Hrsg. Nowak, Kroidl) 3. Aufl. 2009 S. 164 i. V. m. S. 87; Galetke, u. a., Pneumologie 62 (2008) 67–74.
[116] Kroidl, Nowak, in: Bewertung und Begutachtung in der Pneumologie (Hrsg. Nowak, Kroidl) 3. Aufl. 2009 S. 164.

17.7 Aluminiumstaublunge (BK-Nr. 41 06)

Die Aluminose ist eine selten gewordene Erkrankung (jährlich bis zu vier Anerkennungen, im Mittel 1 bis 2). Auftreten

- am häufigsten bei einer Exposition gegenüber gestampften ungefetteten bzw. schwach gefetteten Al-Pulver
- in Einzelfällen auch nach einer Exposition gegenüber gefetteten und gemahlenen Al-Pulver

Krankheitsbild

Diffuse interstitielle Lungenfibrose, bevorzugt in den Ober- und Mittelfeldern. In fortgeschrittenen Stadien können subpleural gelegene Emphysemblasen mit erhöhtem Risiko für die Entstehung von Spontanpneumothoraces (auch rezidivierend und beidseitig) beobachtet werden (s. 17.14.3, S. 1078). Im weiteren Krankheitsverlauf kann es zur kardiorespiratorischen Insuffizienz bei chronischem Cor pulmonale kommen.[117]

Fortschreiten nach Expositionsende seltener als bei der Silikose.

Latenzzeit: zwischen Erstexposition und dem Auftreten des Krankheitsbildes zwischen wenigen Monaten und mehreren Jahren bis Jahrzehnten.

17.8 Erkrankungen an Lungenfibrose durch Metallstäube bei der Herstellung oder Verarbeitung von Hartmetallen (BK-Nr. 41 07)

Hartmetalle[118] sind Werkstoffe, die durch große Verschleißfestigkeit, Temperatur- und Korrosionsbeständigkeit charakterisiert sind. Sie werden pulvermetallurgisch hergestellt und bestehen aus Metallkarbiden sowie Bindemetallen; wesentliche Bestandteile sind Titan-, Tantal- und Wolframcarbid sowie Kobalt als Bindemetall.

Unterscheidung

- Sinterhartmetalle
- Aufschweißlegierungen
- Aufspritzpulver auf Carbidbasis

In der gesamten metallbearbeitenden Industrie sind berufliche Hartmetallstaubexpositionen vereinzelt. Am stärksten betroffen ist die Berufsgruppe der Hartmetallschleifer.

Derzeitigem Kenntnisstand gemäß ist mit einer Gefährdung nur bei der Herstellung und Verarbeitung bzw. Nachbearbeitung von gesinterten Hartmetallen, nicht jedoch bei der Verwendung von hartmetallhaltigen Werkzeugen bzw. Werkstücken zu rechnen.[119]

---

[117] Letzel, in: Arbeitsmedizin (Hrsg. Triebig, u. a.) 2. Aufl. 2008 S. 297.
[118] Hartung, Lungenfibrosen bei Hartmetallschleifern – Bedeutung der Cobalteinwirkung. Schriftenr. HVBG, 1986 S. 58; Kroidl, Nowak, Bewertung und Begutachtung in der Pneumologie, 3. Aufl. 2009 S. 172.
[119] Letzel, in: Arbeitsmedizin (Hrsg. Triebig, u. a .), 2. Aufl. 2008 S. 300, 301.

Lungenfibrose

Die interstitielle Lungenfibrose ist häufig mit einem chronisch unspezifischen respiratorischen Syndrom (CURS) verbunden. Sie tritt in der Regel nach Jahren bis Jahrzehnten auf. Nach einer Auswertung manifestierten sich sämtliche Erkrankungsfälle während der Exposition.[120]

Die ätiologische Einordnung dieser Lungenfibrose bereitet Schwierigkeiten; nicht selten wird die Erkrankung mit einer Silikose verwechselt oder als Lungenfibrose „ungeklärter Genese" bezeichnet. Differenzialdiagnose der Lungenfibrosen und ihre verschiedenen Ursachen sind zu beachten. Das Erscheinungsbild der Hartmetallfibrose der Lunge ist klinisch, röntgenologisch und histologisch zwar einheitlich, es bietet aber kein spezifisches gewebliches Substrat, wodurch eine sichere Unterscheidung von anderen Lungenfibrosen gegeben wäre. Deshalb hat die sorgfältig erhobene Berufsanamnese besondere Bedeutung. Erst bei Ausschluss anderer Erkrankungsursachen und bei nachgewiesener Hartmetallstaubexposition sind die arbeitsmedizinischen Voraussetzungen der BK-Nr. 41 07 gegeben.

Wenngleich durch den Begriff Hartmetallfibrose das Hartmetall als pathogener Faktor impliziert wird, ist nicht sicher geklärt, welche Staubfraktion ursächlich für das Auftreten der Erkrankung verantwortlich ist. Sowohl klinische als auch tierexperimentelle Beobachtungen legen aber den Verdacht nahe, dass den beiden Bestandteilen Wolframcarbid und Kobalt, insbesondere in Kombination, pathogenetisch eine besondere Bedeutung zu kommt.

Da die Erkrankung vor allem bei Hartmetallschleifen beobachtet wird, wird zunehmend diskutiert, ob nicht die hierbei entstehenden lungengängigen Schleifwasseraerosole und die darin enthaltenen Ionen synergistisch wirken.[121]

Nach Einschätzung der Deutschen Forschungsgemeinschaft verursachen Wolframcarbid- und Kobalt-haltige Hartmetalle eine komplexe Lungenerkrankung mit Alveolitis, Lungenfibrose und Atemwegserkrankungen.[122]

17.9 Lungenfibrose durch extreme und langjährige Einwirkung von Schweißrauchen und Schweißgasen – (Siderofibrose) – BK-Nr. 41 15

Schweißen ist das Vereinigen von Werkstoffen in flüssigem oder plastischem Zustand unter Anwendung von Wärme und/oder Kraft, ohne oder mit Zusatzstoffen.

Eine hoch entwickelte Technologie der verschiedenen Schweißverfahren findet Anwendung.

Besondere arbeitsmedizinische Bedeutung haben

- *Lichtbogen-Hand-Schweißverfahren* (E-Handschweißen) mit umhüllten Stabelektroden (Cellulose-, Rutil-, Basische Typen)

---

[120] Hartung, Pneumologie 44 (1990) 49.
[121] Letzel, in: Arbeitsmedizin (Hrsg. Triebig, u. a.). 2. Aufl. 2008 S. 301.
[122] Gesundheitsschädliche Arbeitsstoffe, Toxikologisch-arbeitsmedizinische Begründungen von MAK-Werten (Hrsg. DFG) 39. Lfg. 2004.

- *Schutzgas-Schweißverfahren*
  - Metall-Inert-Gas-Verfahren (MIG-Verfahren), inertes Schutzgas-Argon oder Helium
  - Metall-Aktiv-Gas-Verfahren (MAG-Verfahren), MAGC = Schutzgas CO_2, MAGM = Mischgas aus Argon mit CO_2 oder O_2
  - Wolfram-Inert-Gas-Schweißen (WIG-Verfahren), Wolframelektrode zum Ziehen des Lichtbogens (kann Thorium enthalten), Schutzgas = Argon oder Helium oder Gemische aus beiden.

Kennzeichen aller Schweißverfahren ist die – auf Grund der erforderlichen hohen Temperaturen – erfolgende Freisetzung von Schweißrauche oder -gase:[123]

- Schweißrauche

  Feinste Verteilungen fester Stoffe, die beim Schweißen metallischer Werkstoffe entstehen. Die inhalativen Stoffe sind alveolengängig.

  Bei Lichtboden-Hand-Schweißverfahren und Metall-Aktiv-Gas-Verfahren wirken vor allen Oxide von Eisen und Mangan, daneben u. a. Kupfer, Chrom und Nickel ein, beim Schweißen von Normalstahl vorwiegend Eisenoxide (20 bis 75 %).

  Das MAG-Schweißen mit Fülldraht-Elektroden ist mit sehr hohen Emissionsraten verbunden, in der Regel zu sehr hohen Schweißrauch-Konzentrationen in der Luft am Arbeitsplatz führend. Vergleichbare Expositionen können ebenfalls beim Schneiden, Trennen, thermischen Beschichten und verwandten Verfahren unter extrem ungünstigen Lüftungsbedingungen vorkommen.

- Schweißgase

  Als arbeitsmedizinisch-toxikologisch relevante Agenzien stehen Ozon und Nitrosegase (NO_x) im Mittelpunkt. Unter ungünstigen lüftungstechnischen Bedingungen wurden Ozonkonzentrationen bis in den einstelligen ppm-Bereich gemessen.

  Offen bleibt, ob ultrafeine Schweißrauche oder die Schweißgase (insbes. Ozon) bzw. beide Gemisch-Komponenten gemeinsam zur Lungenfibrose führen.

Extreme Einwirkung

Die Höhe der Schweißrauch- und Schweißgaskonzentrationen in der Luft am Arbeitsplatz hängt ab von

- Expositionsrate
- Lüftungsverhältnissen am Arbeitsplatz
- räumlichen Arbeitsplatzverhältnissen
- Arbeitsposition des Schweißers
- Schweißdauer

---

[123] Wissenschaftliche Begründung, BArbBl 2006 H. 10 S. 35.

Extreme Einwirkung setzt daher voraus

- beengte Raumverhältnisse, die zu besonders hohen Einwirkungen führen: Keller, Tunnel, Behältnis, Tank, Waggon, Container, enger Schiffsraum
- fehlende oder unzureichende Absaugungen und/oder fehlender persönlicher Körperschutz
- mehrstündige Schweißarbeiten.

Langjährige Einwirkung

Die wissenschaftliche Begründung nennt eine mindestens etwa 10-jährige bzw. ca. 15 000-stündige Schweißertätigkeit. Eine Jahresarbeitszeit von mindestens 1 500 Schweißerarbeitsstunden entspricht in 10 Jahren größenordnungsmäßig der 10-Jahresgrenze.[124] Unter extrem ungünstigen Arbeitsbedingungen kann der Expositionszeitraum auch kürzer sein, so dass die Werte nicht als Abschneidekriterium zu verstehen sind.[125]

Bei der Abschätzung der individuellen Exposition muss die technische Schutzwirkung von sogenannten Schweißerhelmen je nach Abhängigkeit von der Umluft, einer Fremdbelüftung, der Standzeit usw. differenziert betrachtet werden.

Entstehungsweise (Pathogenese)

Schweißrauche und Ozon bilden im Alveolarbereich der Lunge reaktive Sauerstoffspezies (oxidativer Stress). Aus den Fresszellen oder in den Lungenbläschen (Alveolarmakrophagen) werden Mediatoren (Überträgerstoffe) freigesetzt; es kommt zu einer die Lungenfibrose charakterisierenden Bindegewebsneubildung.

Krankheitsbild, Diagnose und Differenzialdiagnose

Die interstitielle Siderofibrose der Lunge zeigt

- histologische Befunde
  - Anreicherungen von siderophilen Pigmenten und Eisenoxid in den Lungen, vorwiegend gespeichert in Siderophagen
  - Fibrosierungen bevorzugt in perivasalen und peribronchialen, später im alveolarseptalen Bindegewebe
- lungenfunktionsanalytisch
  - restriktive Ventilationsstörung
  - reduzierte Diffusionskapazität für Kohlenmonoxid
  - herabgesetzte Lungendehnbarkeit
  - Gasaustauschstörung unter Belastung, später in Ruhe
- in der hochauflösenden Computertomographie der Lungen
  - unspezifisch fibrotische Veränderungen, teilweise mit milchglasartigen Bildern
  - Traktionsbronchiektasen in fortgeschrittenen Fällen

---

[124] Kroidl, Nowak, in: Bewertung und Begutachtung in der Pneumologie (Hrsg. Nowak, Kroidl) 3. Aufl. 2009 S. 175.
[125] Wissenschaftliche Begründung, BArbBl 2006 H. 10 S. 35.

Abgrenzung zur reinen Siderose der Lungen

Die alleinige Siderose der Lunge bei Schweißern (Synonyme: Lungensiderose, Schweißersiderose, Schweißerlunge, Eisenstaublunge, Sideropneumokoniose, benigne Eisenoxid-Pneumokoniose) ist nicht Gegenstand der BK-Nr. 41 15. Es handelt sich um eine arbeitsbedingte Eisenoxid-Speicherung im Lungenstützgewebe. Die Veränderungen sind im Röntgenbild oder pathologisch-histologisch festzustellen. Indessen besteht – nach Expositionskarenz – keine Fortschrittstendenz. Auch führen sie nicht zu messbaren Lungenfunktionseinschränkungen oder erkennbaren subjektiven Beeinträchtigungen von Krankheitswert.

Die Siderose der Lunge bei Schweißern ist in der Anlage 1 zur BKV nicht aufgeführt. Sie ist jedoch eine Vorstufe zur BK-Nr. 41 15 (Präventionsmaßnahmen).

Abgrenzung zur obstruktiven Atemwegserkrankung bei Schweißern (BK-Nr. 43 02)

Abgrenzungsschwierigkeiten ergeben sich zur BK-unabhängigen chronisch obstruktiven Lungenerkrankung (COPD), insbesondere bei der Frage, ob die COPD im Sinne der Entstehung durch die angeschuldigte Schweißer-Tätigkeit ausgelöst oder rechtlich wesentlich verschlimmert wurde. Dauerte der Zeitraum der schädigenden Einwirkung nur wenige Monate bzw. < 2 Jahre, ist bei Vorliegen einer COPD die medizinische Datenlage klar: Eine BK-Nr. 43 02 liegt nicht vor. Wird während angeschuldigter Tätigkeit (Schweißen) in direktem zeitlichen Zusammenhang erstmals eine unspezifische bronchiale Hyperreagibilität (UBH) manifest, spricht dieser Tatbestand für eine rechtlich wesentliche Verschlimmerung.

Voraussetzung der BK-Nr. 43 02[126]

– langjährige Tätigkeit als Lichtbogenhandschweißer unter ungünstigen belüftungstechnischen Bedingungen (z.B. Tanks, Doppelbodenzellen von Schiffen)

– langjährige, ausschließliche Tätigkeit als Schutzgasschweißer an reflektierenden Grundwerkstoffen, wie Aluminium und/oder Edelstahl mit dadurch erhöhter Ozonemission

– langjähriges Schweißen von/mit Farben, Ölen, Chlorkohlenwasserstoffen (Entstehung von Phosgen) oder anderen Schadstoffen/verunreinigten Grundwerkstoffen (z.B. bei Reparatur- oder Abbrucharbeiten).

17.10 Exogen-allergische Alveolitis (BK-Nr. 42 01)

Es handelt sich um eine Entzündung der Alveolen der Lunge als Reaktion auf Allergene(Antigene), die mit der Luft eingeatmet werden. Die organischen Stäube müssen alveolengängig (unter 5 µm)[127] sein. Ursächliche Stoffe: Proteine, Glykoproteine und niedermolekuläre Verbindungen (z.B. Isozyanate). Krankheitsbilder werden entsprechend der Tätigkeit („Farmer-, Taubenzüchterlunge") oder des ursächlichen Stoffes („Perlmutt-Alveolitis", „Käsewäscherlunge") benannt.

---

[126] Baur, in: Das medizinische Gutachten (Hrsg. Dörfler, Eisenmenger, Lippert) 2001 Teil 4 S. 10.
[127] Godnic-Cvar, Atemw. -Lungenkrkh 34 (2008) 134, 135.

17.10 Exogen-allergische Alveolitis (BK-Nr. 42 01)

Ca 200 Stoffe sind derzeit bekannt; Tendenz steigend durch neue Technologien und Stoffe.[128]

Von den anerkannten Berufskrankheiten entfallen 75 % auf die Landwirtschaft, nach feuchten Sommern ansteigend, Beschäftigte mit Kontakt zu mikrobiell kontaminierten Aerosolen folgen.[129]

- **Diagnose**

Festgelegt wurden die Diagnosekriterien[130]

1. Exposition zu einem bekannten Antigen
2. Symptome: Exposition oder zeitabhängige Symptome
3. allergenspezifische IgG-Antikörper im Serum
4. Sklerophonie (Knisterrasseln)
5. Röntgenzeichen, ggf. im HR-CT
6. pO_2 in Ruhe und/oder bei Belastung erniedrigt oder DLCO eingeschränkt

Fehlt eines der Kriterien, kann es ersetzt werden durch

– Lymphozytose in der bronchoalveolären Lavage
– mit der exogen-allergischen Alveolitis zu vereinbarender histopathologischer Lungenbefund
– positiver Karenztest
– positive Expositions- oder Provokationstestung

Insgesamt müssen sechs Kriterien erfüllt sein.

Für die Bewertung der serologischen Befunde (IgG-spezifische Antikörper) ist die Standardisierung der Methodik (IgG ELISA, Fluoreszenzmethode) zu beachten: Der alleinige Nachweis präzipitierender Antikörper beweist nicht das Vorliegen einer exogen-allergischen Alveolitis. Andererseits schließt das Fehlen der Antikörper eine exogen-allergische Alveolitis nicht aus.[131]

In der bildgebenden Diagnostik (Radiologie) hat sich die Bewertung der Strukturen („Pattern") in der überlagerungsfreien HRCT durchgesetzt: Typische Pattern sind ground glass-Phänomene, Mikronoduli, Mosaikstrukturen und knospenartige Verdickungen der Bronchioli respiratorii („tree in bud").

Die differenzialdiagnostische Abgrenzung gegen andere interstitielle Lungengerüsterkrankungen mit aktiven Entzündungselementen (COP = BOOP = Bronchiolitis obliterans mit organisierender Pneumonie, DIB = disseminierte interstitielle Pneumonitis, NSIP = non specific interstitial pneurtionitis) kann schwierig sein.

---

128 Rohn, Atemw. -Lungenkrkh. 34 (2008) 130,131.
129 Baur, Zbl Arbeitsmed 46 (1996) 438,439.
130 Sennekamp, u. a. Empfehlungen zur Diagnostik der exogen-allergischen Alveolitis. Arbeitsgemeinschaft exogen-allergischer Alveolitis der Dt. Ges. für Pneumologie und Beatmungsmedizin und der Dt. Ges. für Allergologie und Immunologie, Pneumologie 61 (2007) 52; Hauber, Zabel, Pneumologie 6 (2009) 287–296.
131 Kroidl, Nowak, Bewertung und Begutachtung in der Pneumologie (Hrsg. Nowak, Kroidl) 3. Aufl. 2009 S. 170.

- **Verlaufsformen**

Es handelt sich um einen beruflich bedingten Mischtyp einer Typ-III/Typ-IV-Allergie.

In der Pathogenese spielen nebeneinander die Typ-III-Reaktion (humoral, Immunkomplex-vermittelt) und die Typ-IV-Reaktion (Zell-vermittelt, Spätreaktion vom Tuberkulintyp) eine Rolle:

Eine sorgfältige Anamneseerhebung ebnet die Unterscheidung zwischen der akuten Verlaufsform (massive Allergenzufuhr) und der chronischen Verlaufsform (chronische, eher niedrig dosierte Allergenzufuhr).

Die *akute Form* beginnt entsprechend der Charakteristik des Allergie-Typs III mit einer verzögerten Reaktion etwa 4 bis 12 Stunden nach Exposition. Systemische Krankheitserscheinungen entwickeln sich ähnlich der Serumkrankheit, nämlich allgemeines Krankheitsgefühl, Fieber und Schüttelfrost. Die pulmonale Symptomatik besteht in Dyspnoe, Husten und Auswurf. Der physikalische Befund über den Lungen ist typisch.

Sofern die *chronische Verlaufsform* nicht durch rezidivierende akute Episoden eingeleitet wird, bemerkt sie der Betroffene erst im fortgeschrittenen Stadium an Dyspnoe, Gewichtsverlust und körperlicher Schwäche.

Die ventilatorische Funktionseinschränkung wird bei der exogen-allergischen Alveolitis meistens und überwiegend durch eine *restriktive* Ventilationsstörung, Verminderung der Lungendehnbarkeit und Diffusionskapazität bedingt. Zudem kann aber auch eine *obstruktive* Ventilationsstörung vorliegen. *Spätfolgen* der exogen-allergischen Alveolitis sind fokales honey-combing, zylindrische Bronchiektasen und zentroazinäre Zysten (Emphysemblasen).

- **Gutachterliche Probleme**[132]

   - Der Zeitpunkt der Krankheitsmanifestation und der Zeitpunkt der gutachterlichen Untersuchung liegen auseinander. Erkrankungsmaximum z.B. bei Farmerlunge meist im späten Winter, Begutachtung zu einer anderen Jahreszeit erschwert oft den Krankheitsnachweis.
   - Es gibt gesicherte Fälle von Farmerlunge, die zum Zeitpunkt der Begutachtung seronegativ sind, ein unauffälliges Röntgenbild zeigen und eine normale Lungenfunktion aufweisen.
   - Unsicher wird die Anamnese bei subakuten oder chronischen Verläufen. In solchen Fällen ist der Gutachter in besonderer Weise auf Vorbefunde (Aufzeichnungen des Hausarztes, Röntgenbilder, Lungenfunktionsbefunde, frühere serologische Befunde) angewiesen.
   - Spezifische IgG-Antikörper treten auch bei nicht erkrankten Exponierten auf. Die Beurteilung ist dann besonders schwierig, wenn diese Personen auch eine Alveolitis-ähnliche Symptomatik im Sinne eines Organic Dust Toxic Syndrome aufweisen, ohne an einer exogen-allergischen Alveolitis erkrankt zu sein und ohne ein gesteigertes Risiko für die Entstehung dieser Erkrankung aufzuweisen.

---

[132] Nach Kroidl, Nowak, in: Bewertung und Begutachtung in der Pneumologie (Hrsg. Nowak, Kroidl) 3. Aufl. 2009 S. 171; Nowak, Angerer, in: Arbeitsmedizin (Hrsg. Triebig, u. a.) 2. Aufl. 2008 S. 329 f.

17.10 *Exogen-allergische Alveolitis (BK-Nr. 42 01)*

Mitunter wird eine sichere Aussage aktuell nicht möglich sein, dann muss auf den Verlauf und auf spätere Kontrollen verwiesen werden.

- **Krankheitsbilder**

(1) **Farmerlunge**

Die Erkrankung tritt bevorzugt in regenreichen Gebieten, zumeist im Spätherbst-, Winter und Frühjahr auf. Gefährdet sind Personen, die bei landwirtschaftlichen Arbeiten (z. B. Dreschen, Verfüttern von Heu) Staub von verschimmeltem Heu, Stroh oder Getreide einatmen. Speziell gefährdet sind solche, die in milchproduzierenden landwirtschaftlichen Betrieben arbeiten.

Der Erkrankung liegt eine Immunreaktion im Lungenparenchym zu Grunde. Antigene, die in feucht gelagertem und erwärmtem Heu oder Stroh entstehen (meist Sporen von thermophilen Aktinomyzeten, auch von Aspergillen), werden mit dem Staub eingeatmet. Keine Gefährdung bei Viehfutter in Silageform.

Vermutete bzw. beobachtete symptomauslösende Exposition:	Häufigkeit der Benennung (x)
Heu bzw. schimmliges Heu	142
Stallarbeiten (allgemein)	62
Getreidestaub bzw. (schimmliges) Getreide	16
Stroh bzw. (schimmliges) Stroh	15
(schimmlige) Grassilage	9
Drescharbeiten bzw. Dreschstaub	4
(schimmlige) Maissilage	1
Futterrübentrockenschnitzel	1

Allergenquellen der Farmerlunge in Ostfriesland/ Norddeutschland[133]

(2) **Vogelhalterlunge**

Ursache ist meistens die Exposition mit Tauben, Wellensittichen und anderen Sittichen sowie Papageien. Das Krankheitsbild wird allgemein als Vogelhalter- oder Vogelzüchterlunge bezeichnet. Weltweit soll sie die häufigste exogen allergische Alveolitis darstellen. Als Antigene wurden proteinhaltige Vogelstäube durch Vogelexkremente, Vogel-, insbesondere Daunenfedern und Vogelserum nachgewiesen.[134]

Besondere Formen

- Taubenhalter- bzw. Taubenzüchterlunge (z. B. Brieftauben)
- Bettfedernalveolitis (Gänse-, Entenfedern)
- Hühnerzüchterlunge (selten)

---
[133] Schwarz, in: Sennekamp, Exogen-allergische Alveolitis, 1998.
[134] Koschel, Allergologie 31 (2008) 371 ff.

(3) (Zuckerrohr-Lunge) (Bagasse)

Als Bagasse bezeichnet man den getrockneten, meist zu Ballen oder Platten gepressten Rückstand von Zuckerrohrfasern, aus welchen der Zuckersaft mit Wasser ausgespült worden ist. Dieser pflanzliche Rohstoff findet Verwendung als Heizmaterial, in der Papier- und Holzindustrie, ferner für die Herstellung von Dünger und Futtermitteln.

(4) Pilzarbeiterlunge (Pilzsporen-Alveolitis)

Die Erkrankung befällt Personen, welche sich der Kultivation von Speisepilzen (Austernseitlinge, Shii-Take-Pilze) widmen und die Pilzkeimlinge unter Staubentwicklung in den pasteurisierten Kompost einmischen. Dieser hat während der mehrtägigen Erhitzung einen selektiv günstigen Nährboden für thermotolerante und thermophile Mikroorganismen abgegeben.

(5) Holzarbeiterlunge

Sie wird überwiegend von Schimmel im Holz, der Rinde und im Sägemehl hervorgerufen. Seltener sind Holzfaserantigene. Sonderformen der Holzarbeiterlunge sind *Korkarbeiterlunge, Holzschnitzel-Alveolitis* von verschimmelten Holzschnitzeln und Spänen sowie *Papierarbeiterlunge*: Bei der Verarbeitung des Holzes zu Papier wird Holzstaub in großen Mengen inhaliert.

(6) Winzerlunge

Sie wird durch Schimmel (Botrytis) auf Weintrauben bei der Lese und Verarbeitung verursacht.

(7) Käsewascherlunge

Personen, die in feuchten und kühlen Lagerkellern Käselaibe von Schimmelbefall mit Salzwasser reinigen, können an dieser Alveolitis erkranken. Meistens handelt es sich um eine milde und reversible Form. Das auslösende, inhalativ aufgenommene Antigen stammt wahrscheinlich vom Penicillium casei.

(8) Obstbauernlunge

Bei Obstbauern bilden sich in Kühlräumen für Äpfel leicht Schimmelpilze. Klimaanlagen verursachen den Schimmelpilzsporenflug (Aspergili und Penicillia).

(9) Befeuchterlunge

Im Befeuchterwasser wachsende Schimmelpilze, Bakterien und Algen sind die Ursache für eine verzögerte Allergiereaktion. Beschäftigte in Büroräumen mit Klimaanlagen und Luftbefeuchtern sind belangt, wenn regelmäßige Pflege ausbleibt.[135] Druckereien sind in hohem Maße betroffen, weil das Papier bei der Verarbeitung angefeuchtet wird und Zellulose ein besonders guter Nährboden für Schimmel ist.

---
[135] Baur, u.a., ASU 32 (1997) 9.

17.10 Exogen-allergische Alveolitis (BK-Nr. 42 01)

(10) Getreidestaublunge, „Kornkäferlunge"

Ursache dieser exogen-allergischen Alveolitis sind die vom Kornkäfer produzierten Antigene. Die Erkrankung geht mit den entsprechenden klinischen, röntgenologischen und immunologischen Symptomen einher. Müller, Bäcker und Konditoren sind betroffen.

(11) Staublungen durch Schnupfen organischer Partikel

Die Hormon-Schnupferlunge ist zu nennen. Sie wurde bei Patienten beobachtet, die zur Behandlung ihres Diabetes insipidus Schnupfpulver mit Extrakten aus Hypophysenhinterlappen angewendet hatten.

(12) Weitere seltene exogen-allergische Alveolitiden

Beruf	exogen-allergische Alveolitis
Müller, Bäcker	Mehl-Alveolitis
Fischverarbeiter	Fischmehl-Alveolitis
Schalentierverarbeiter	Schalentier-Alveolitis
Seidenzüchter u. -verarbeiter	Seidenwurm-Alveolitis
Tierpfleger, Laborant	Ratten-Alveolitis, Pankreatinpulver-Alveolitis Penizillin-Alveolitis Paulis Reagenz-Alveolitis
Lebensmittelindustrie	Spinatpulver-Alveolitis, Soja, Erdmandel, Karminrot
Chemiearbeiter, Spritzlackierer	Chemie-Alveolitis
Kosmetik-Industrie	Karminrot-Alveolitis
Kunststoffindustrie	Isozyanate, Trimellith-Anhydrid, Promellith-Anhydrid, Phthalsäure-Anhydrid
Landwirt	Schweine-Alveolitis
Gärtner	Schimmelpilz-Alveolitis
Maschinenarbeiter	Maschinenarbeiterlunge
Zinkschweißer	Zinkdampf-Alveolitis
Wurstarbeiter	Wurstarbeiterlunge
Malzarbeiter	Malzarbeiterlunge
Tabakarbeiter	Tabakarbeiterlunge
Kaffeeverarbeitung	Kaffeearbeiterlunge
Teeverarbeitung	Teearbeiterlunge

Die *Isocyanat-Alveolitis* ist nach BK-Nr. 13 15 anzuerkennen (s. 17.13.10, S. 1067).

Einzelbeobachtungen von organischen Pneumokoniosen liegen vor.

17.11 Organic Dust Toxic Syndrome (ODTS)

Gutachterlich ist die exogen-allergische Alveolitis vom sehr viel häufigeren, sehr ähnlichen Organic Dust Toxic Syndrome abzugrenzen. Es wird durch hohe Expositionen gegenüber organischen Stäuben ausgelöst. Im Unterschied zur EAA lassen sich keine erhöhten spezifischen IgG-Antikörper nachweisen. Das Krankheitsbild geht häufig mit Unspezifischer Bronchialer Hyperreaktivität (UBH, s. 17.13.5, S. 1062) einher.

ODTS – Krankheitsbilder

- Drescherfieber (schimmliges Stroh oder Heu)
- Siloentlader Syndrom (verschimmeltes Heu und Stroh)
- Kornfieber (Getreidestaub, Saatgut von Getreide, Gemüse, Gras)
- Futtermittelfieber (Produktion von Tierfutter)
- Schweinezüchterfieber
- ODTS von Vögeln (Schimmelpilze)
- Befeuchterfieber (Befeuchteranlagen)

Weitere gefährdete Bereiche: Rinder- Pelztierhaltung, Müllsortierung und -verbrennung, Tabakindustrie, Holzverarbeitung, Metallverarbeitung

Die Erkrankung tritt nur bei hohen Expositionen auf.

ODTS ist in der Anlage zur BKV nicht aufgeführt. Es wird aber als Indikator eines beruflich erhöhten Risikos für die Entstehung einer obstruktiven Atemwegserkrankung gesehen.

Bei einzelnen akuten Ereignissen können die Voraussetzung eines Arbeitsunfalls vorliegen.[136]

Differenzialdiagnose ODTS-EAA[137]

	Exogen-allergische Alveolitis	Organic Dust Toxic Syndrome
Mehrere exponierte Personen befallen (Cluster)	ungewöhnlich	ja
Raucheranamnese	Nichtraucher überwiegen	Nichtraucher überwiegen
Expositionsanamnese	Organische Aerosole, schimmeliges Getreide, Silage, Heu, Holzhack-Schnitzel, Dämpfe von kontaminiertem Wasser, Exkremente von Tieren	
	Wiederholte (!) Exposition gegenüber Antigen	Symptomatik kann nach erstmaliger Expositon auftreten
Auslöser	Antigene der EA	Endotoxine, Glucane, Mykotoxine, andere?
Latenzzeit	4–12 Std.	4–12 Std.
Dauer eines Schubs	mehrere Tage bis Wochen	1 Tag, höchstens 2–3 Tage

---

[136] Sennekamp, in: Handbuch der Arbeitsmedizin (Hrsg. Letzel, Nowak) 9. Erg. Lfg. 10/2008, D I – 3.3.2; ders. u. a., Pneumologie 61 (2007) 52–56; Lacasse, u. a., Am J Respir Crit Care Med 168 (2003) 952–958; Bünger, u. a., Int Arch Occup Environ Health 80 (2007) 306–312.

[137] Nowak, Angerer, in: Arbeitsmedizin (Hrsg. Triebig, Kentner, Schiele) 2. Aufl. 2008 S. 329.

17.12 Erkrankungen der tieferen Atemwege und der Lungen 1049

	Exogen-allergische Alveolitis	Organic Dust Toxic Syndrome
Symptomatik	Fieber, Frösteln, Abgeschlagenheit, Husten, Kurzluftigkeit	Husten, Frösteln, Fieber, Abgeschlagenheit, Myalgien, Kopfschmerzen
Körperlicher Untersuchungsbefund	endinspiratorisches Knisterrasseln	normal oder vereinzelte Rasselgeräusche
Röntgen Lunge	häufig pathologische Lungenveränderungen	normal, allenfalls diskrete Infiltrate am 1. Tag
Blutgasanalyse	normal, selten geringe Hypoxämie*	Hypoxämie*
Lungenfunktion	Restriktion, Diffusionsstörung	normal, selten akut leicht restriktiv
Typ-III-Antikörper	meist positiv	meist negativ
Bronchoalveoläre Lavage	obligat Lymphozytose, häufig zusätzlich CD4/CD8-Quotient erniedrigt, in der akuten Phase zusätzlich Neutrophilie	Neutrophilie
Prognose	variabel, Tendenz zur Lungenfibrose	gut, Tendenz zur COPD
Schleimhäute	normal	gerötet
Inzidenz/10 000 und Jahr	2–30 (Farmerlunge)	20–190 (Drescherfieber)

* Der Begriff „verminderter Sauerstoffpartialdruck statt Hypoxämie" ist klarer (s. S. 1077)

Die wesentliche Differenzierung zwischen exogen allergischer Alveolitis (BK-Nr. 42 01), Byssinose (BK-Nr. 42 02) und „organic dust toxic syndrome" (ODTS, als BK-Nr. 43 02), die alle mit Symptomen wie Husten und Atemnot, jeweils unterschiedlichen pathologischen Lungenfunktionsparametern und gegebenenfalls einem auffälligen Röntgen-Thoraxbild einhergehen, liegt in der Differenzierung der Auslöser:

– Eine exogen-allergische Alveolitis ist allergisch bedingt (Typ-III-Sensibilisierung; Auslöser sind Sporen von Actinomyceten, Schimmelpilze u. Ä.) und tritt in der Regel nicht bei Rauchern auf.
– Für die Byssinose wird Baumwolle und/oder deren mikrobielle Verunreinigung verantwortlich gemacht.
– ODTS wird durch Endotoxine und Mykotoxine verursacht. Auch andere toxische Bestandteile von Mikroorganismen werden als Auslöser diskutiert.

17.12 Erkrankungen der tieferen Atemwege und der Lungen durch Rohbaumwoll-, Rohflachs- oder Rohhanfstaub (Byssinose – BK-Nr. 42 02)[138]

Die Byssinose ist im Wesentlichen eine Lungenerkrankung, die durch Einatmung organischer, von Textilpflanzen herrührenden Stäuben in der Regel erst nach mehrjähriger Exposition (5 bis 10 Jahre) auftritt.

---
[138] Nowak, Angerer, in: Arbeitsmedizin (Hrsg. Triebig u. a.) 2. Aufl. 2008 S. 330; Fruhmann, ASP 1988, 146, 151.

- **Gefahrenquellen**

Gefährdet sind fast ausschließlich Personen, die in Vorreinigungswerken von Baumwollspinnereien (Mischräumen, Putzereien, Batteur- und besonders Kardenräumen) oder von Flachsspinnereien (Hechelräume) beschäftigt sind.

- **Tiefere Atemwege**

Tiefere Atemwege beginnen mit der ersten Teilungsgeneration (Bronchialbaum)[139], s. 18.6.2.1.5, S. 1120.

- **Entstehungsweise (Pathogenese)**

Durch Inhalation gelangt Staub von ungereinigter Rohbaumwolle – während der ersten Verfahrensschritte in der Baumwollspinnerei – oder nicht gehecheltem Flachs in die tieferen Atemwege und die Lungen. Der Staub entstammt verschiedenen Teilen der Baumwollpflanze (Stengeln, Blättern, Samenhüllblättern) bzw. der Flachspflanze. Dabei ist bisher nicht geklärt, ob die Symptome durch die Naturfasern, wie z. B. Baumwolle selbst, deren Bestandteile oder die assoziierten Endotoxine aus gramnegativen Bakterien entstehen. Additive oder synergistische Wirkungen sind wahrscheinlich. Immunologische Marker, wie z. B. die Bestimmung von spezifischen Antikörpern, die die Diagnose sichern, gibt es bisher nicht.[140]

Eine pathogenetische Bedeutung immunologischer Faktoren war bisher nicht beweisbar. Die Gründe für die oft langjährige Latenz zwischen Beginn der Exposition und dem Auftreten der Beschwerden sind ungeklärt.

- **Krankheitsbild und Diagnose**

Am ersten Arbeitstag im Anschluss an eine mindestens ein- bis zweitägige Arbeitspause (Wochenende, Urlaub) entwickelt sich nach mehrstündiger Staubexposition die sog. Montagssymptomatik. Sie besteht in Atemnot (Dyspnoe), Engegefühl in der Brust und allgemeiner Abgeschlagenheit. Anstieg der Körpertemperatur ist nicht charakteristisch.

Im Stadium I der Byssinose dauern diese Beschwerden nur am ersten Arbeitstag an, während sie im Stadium II bis zur Mitte der Arbeitswoche anhalten. Diese beiden Stadien sind nach Wegfall der Exposition reversibel.

Im Stadium III, das sich selten und erst nach acht- bis zehnjähriger, meist jahrzehntelanger Exposition aus den vorhergehenden Stadien entwickelt, besteht ein unspezifisches, chronisch-respiratorisches Syndrom mit anhaltender Kurzatmigkeit, Husten und Auswurf.

Die drei Stadien bilden keine fortlaufende Entwicklung ab; von Beginn an kann eine Byssinose im Stadium II oder III vorliegen.

Klinisch und röntgenologisch findet sich in diesem Stadium eine unspezifische obstruktive chronische Bronchitis, durch Lungenemphysem und Hypertrophie des rechten Herzens kompliziert.

---

[139] A. A. Smidt, ASU 36 (2001) 72, 77: ab Trachea.
[140] Liebers, u. a., ASU 42 (2007) 469, 471.

17.13 Obstruktive Atemwegserkrankungen

Für die Byssinose charakteristisches Röntgenbild gibt es ebensowenig wie einen spezifischen Hauttest oder typische immunserologische Befunde. Auch pathologisch-anatomisch findet sich kein krankheitsspezifisches Bild.

- **Arbeitsmedizinische Beurteilung**

Voraussetzung ist die kritische Erhebung einer eingehenden Krankheits- und Arbeitsanamnese. Beachtung verdient dabei die Schilderung des Beginns der Beschwerden mit der typischen „Montagssymptomatik". Diese Symptomatik erleichtert zugleich die Abgrenzung gegen das allergische Asthma bronchiale. Im Gegensatz hierzu tritt bei der Byssinose, zumindest in den Frühstadien, auch unter Fortdauer der Exposition im Verlauf der Arbeitswoche eine Verminderung der Beschwerden ein.

Husten, der häufig die Symptomatik der Stadien I und II begleitet, ist nicht kennzeichnend für die Byssinose. Da chronische Bronchitis, Lungenemphysem und Hypertrophie des rechten Herzens häufig auch anderweitig verursacht vorkommen, ist die Frage des ursächlichen Zusammenhanges mit der Baumwoll- oder Flachsstaubexposition sorgfältig zu prüfen.

Mit einer ständigen Beeinträchtigung der allgemeinen körperlichen Leistungsfähigkeit ist in der Regel im Stadium III der Byssinose zu rechnen. Untersuchungen der Atmungs- und der Herz-Kreislauf-Funktionen, u.a. zum Nachweis restriktiver oder obstruktiver Ventilationsstörungen sowie des chronischen Cor pulmonale, sind erforderlich und bilden im Allgemeinen eine ausreichende Grundlage für die Beurteilung.

17.13 Obstruktive Atemwegserkrankungen (BK-Nr. 43 01, 43 02)

Der Begriff „obstruktive Atemwegserkrankung"[141] umfasst verschiedene akute und chronische Krankheitsbilder. Er ist die Sammelbezeichnung für Krankheiten des broncho-pulmonalen Systems, die mit obstruktiven Ventilationsstörungen einhergehen.[142]

Unter dem Begriff *„obstruktive Atemwegserkrankungen im Sinne der BKV"* fallen allergische Rhinopathie, Asthma bronchiale und chronisch obstruktive Bronchitis bzw. chronisch obstruktive Lungenerkrankung (= COPD). Diese Krankheitsbilder zählen zu den in der Bevölkerung am weitesten verbreiteten Erkrankungen. Die *unspezifische bronchiale Hyperreagibilität* (UBH) ist kein selbständiges Krankheitsbild[143], sondern ein phasenweises saisonal wechselndes Symptom der obstruktiven Atemwegserkrankung und Ausdruck der gesteigerten Bereitschaft der unteren Atemwege, mit Obstruktion zu reagieren (vgl. 17.13.5, S. 1061). Die Diagnose obstruktive Atemwegserkrankung ist bereits zu stellen, wenn im Zusammenhang mit Beschwerden eine unspezifische bronchiale Hyperreagibilität wiederholt außerhalb von Infektperioden nachgewiesen wird.

---

141 Obstruktion = Verstopfung.
142 Reichenhaller Merkblatt, Begutachtungsempfehlungen für die Berufskrankheiten der Nrn. 13 15 (ohne Alveolitis), 43 01 und 43 02 der Anlage zur BKV (Hrsg. HVBG) 2006; Baur, in: Klinische Pneumologie (Hrsg. Matthys, Seeger) 2002 S. 161 ff.; Nowak, Kroidl, Bewertung und Begutachtung in der Pneumologie, 2. Aufl. 2009 S. 130 ff.; Nowak, Angerer, in: Arbeitsmedizin (Hrsg. Triebig, u. a.) 2. Aufl. 2008 S. 333 ff.
143 BSG, SozR 4-1300 § 84 Nr. 1 (21. 3. 2006).

Anerkennungen im Rahmen der BKV

(1) BK-Nr. 43 01: Durch allergisierende Stoffe verursachte obstruktive Atemwegserkrankungen (einschließlich Rhinopathie):

allergisches Asthma bronchiale, allergische Rhinopathie

(2) BK-Nr. 43 02: Durch chemisch-irritativ oder toxisch wirkende Stoffe verursachte obstruktive Atemwegserkrankungen:

Asthma bronchiale, chronische obstruktive Bronchitis (oder COPD), Lungenemphysem, soweit mit einer obstruktiven Ventilationsstörung einhergehend

(3) BK-Nr. 13 15: Erkrankungen durch Isocyanate:

Isozyanat-Asthma, Isozyanat-Alveolitis

Die Erkrankungen müssen zur Unterlassung aller Tätigkeiten gezwungen haben, die für die Entstehung, die Verschlimmerung oder das Wiederaufleben der Krankheit ursächlich waren oder sein können.

(4) BK-Nr. 41 11: Chronische obstruktive Bronchitis oder Emphysem von Bergleuten unter Tage im Steinkohlenbergbau bei Nachweis der Einwirkung einer kumulativen Dosis von in der Regel 100 Feinstaubjahren [(mg/m³) x Jahre

Das alte Recht verwendete den Begriff „Bronchialasthma" (Nr. 41 der Anlage 1 zur 7. BKVO). Der Verordnungsgeber bezweckte mit der Verordnung zur Änderung der 7. BKVO vom 8. 12. 1976 nur eine Neuformulierung des Unterlassungstatbestandes.[144] Mit der Ersetzung des Begriffs „Bronchialasthma" durch „obstruktive Atemwegserkrankungen" sind aber auch die in Betracht kommenden Krankheitsbilder um die COPD erweitert worden. Die Verordnung zur Änderung der BKVO vom 22. 3. 1988 nahm zusätzlich die Rhinopathie auf.

Ist eine Obstruktion nicht vorhanden, sind die Voraussetzungen für eine obstruktive Atemwegserkrankung zu verneinen: Der Verordnungsgeber wollte Atemwegserkrankungen mit einem bestimmten Schweregrad erfassen. Auch ist es für die nicht obstruktive Form in arbeitsmedizinisch-epidemiologischen Studien bislang nicht ausreichend gelungen, ein Verdoppelungsrisiko zu belegen.[145]

17.13.1 Allergisierende Stoffe (BK-Nr. 43 01)

Etwa 10 % der asthmatischen Erkrankungen sind beruflichen Einflüssen zuzuschreiben.

Allergisierende Stoffe als Ursache einer BK-Nr. 43 01 (Reihenfolge in etwa nach Häufigkeit und allgemeiner Bedeutung):[146]

---

[144] BSGE 49, 148, 149, 151 (13. 1. 1978); LSG Rheinland-Pfalz, 9. 10. 1991, HV-Info 14/1993, 1213.
[145] BSG, SozR 4-1300 § 84 Nr. 1 (21. 3. 2006).
[146] Raithel, Zbl. Arbeitsmed. 47 (1997) 178, 180; Fruhmann, Dtsch. med. Wschr. 114 (1989) 306ff.; zur Häufigkeit s. auch Straßburger, u.a., ASU 1996, 461ff. = HV-Info 6/1997, 534.

Stoffe	berufliche Haupt-Exposition	Häufigkeit	Schweregrad
Mehlstaub, Kleien einschl. Soja- und Guarmehl Backzusätze (Amylasen)	Bäcker usw. („Mehlberufe")	+++	+++
Insekten einschl. Bienen, Schmetterlinge, Heuschrecken, Milben	Biologie-Laborpersonal, Arbeiten mit parasitär verunreinigten Futtermitteln	+++	+++
Proteasen und sonst. Enzyme, Papain	Küchenpersonal durch Gewürze, Fleischmürber	++	+++
Diisocyanate	Herstellung und Anwendung von Polyurethan-Schäumen, Lacken, Klebstoffen	+++	++
Platinsalze	Herstellung, Anwendung	++	++
Kolophonium (und Naturharze)	Flussmittel beim Löten	++	+
Getreidestaub, Futtermittel (Pilzsporen, Leguminosen, Milben, Insekten)	Landwirte, Müller	++	+
Holzstaub	Waldarbeiter, Säger, Schreiner	+ ++	+ +
Phthal- und Trimellitsäureanhydrid	Anwendung als Härter und Weichmacher in der Kunststoffindustrie	+	++
Wildseide	Aufarbeitung der Rohseide („Kocher")	+	+

Die Tabelle ist zu ergänzen um Latexexpositionen im Gesundheitswesen.

17.13.1.1 Entstehungsweise (Pathogenese)

Das allergische Asthma bronchiale im Sinne der BK-Nr. 43 01 ist eine Unterform des immunologischen Asthmas. Immunologisches Asthma zeichnet sich in der Regel dadurch aus, dass eine Latenzzeit zwischen erster Exposition und Beschwerdebeginn besteht und dass Exposition gegenüber geringen Konzentrationen der Substanz (die beim Nichtsensibilisierten keine Effekte erzeugt) bei sensibilisierten Personen zu Beschwerden führt. Die immunologisch vermittelten Ursachen werden wiederum in IgE-mediierte (hochmolekulare wie z. B. Tierepithelien, Mehle oder niedermolekulare wie Säureanhydride, Metalle) und nicht IgE-abhängige (z. B. durch Kolophonium) eingeteilt. Bei Letzteren ist der Mechanismus nicht bekannt.[147]

Haupteintrittspforte beruflicher Inhalationsallergene in den Organismus ist das Atemorgan. In Abhängigkeit von allergener Potenz des Gefahrstoffes sowie der Dauer, Häufigkeit und Konzentration des inhalativen Allergeneinstromes können disponierte Personen vermehrt Antikörper, z. B. Immunglobulin E, bilden. Derartige substratspezifische Immunantwort entspricht einer Sensibilisierung.

---
147 Nowak, Angerer, in: Arbeitsmedizin (Hrsg. Triebig, u. a.) 2. Aufl. 2008 S. 334.

Nach der Sensibilisierungsphase führt die Reaktion zwischen dem Antigen und den spezifischen IgE-Antikörpern zu einer komplexen immunologischen Kaskade, die mit einer Freisetzung von Entzündungsmediatoren und einem Einstrom von Entzündungszellen in die Atemwege einhergeht.[148]

Prädisponierende Faktoren beim berufsbedingten Asthma bronchiale durch allergisierende Arbeitsstoffe

– anlagebedingte, vorbestehende Atopie
– Intensität der Allergenexposition am Arbeitsplatz.[149]

Die MAK- und BAT-Werte-Liste der Deutschen Forschungsgemeinschaft enthält eine Kennzeichnung zu sensibilisierenden Arbeitsstoffen. Die Definition „atemwegssensibilisierend" (Kennzeichnung: Sa) bezieht sich in der Regel auf asthmainduzierende Wirkung beim Menschen. Auch Rhinitis, Alveolitis und granulomatöse Erkrankungen der Lunge können subsumiert werden, wenn immunologische Wirkmechanismen zumindest wahrscheinlich sind.

Zwei Drittel der eine BK-Nr. 43 01 auslösenden Stoffe gehören zum Bereich der Nahrungsmittelstäube (insbes. Mehl und Futtermittel), es folgen sensibilisierende Stoffe, die im Gesundheitsdienst (z. B. Latex und im Friseurhandwerk, insbes. Haarfärbemittel, Haarkosmetik)) eine Rolle spielen.

Die Einwirkungsdauer liegt in ca. 28 % der Fälle unter 5 Jahren, in über 52 % bis zu 10 Jahren, die Latenzzeit (Zeitraum zwischen Expositionsbeginn und dem erstmaligen Auftreten von Krankheitsanzeichen) in 21 % innerhalb von 5 Jahren, in 46 % bis zu 10 Jahren.[150]

17.13.1.2 Krankheitsnachweis und Ursachenanalyse[151]

Die Diagnostik des Asthma bronchiale lässt sich in Krankheitsnachweis und Ursachenanalyse unterteilen. Eine umfangreiche allergologische Diagnostik ist immer erforderlich.

Krankheitsnachweis

(1) Anamnese (asthmatische Symptome? Husten, Atembeklemmungen?)

(2) Körperlicher Befund (Giemen?)

(3) Lungenfunktionsprüfung (Atemwegsobstruktion? Überblähung?)

(4) Unspezifische Provokation (Hyperreagibilität der Atemwege)

(5) Röntgen-Thorax (Überblähung, Emphysem?)

---

[148] Nowak, Angerer, in: Arbeitsmedizin (Hrsg. Triebig, u. a.) 2. Aufl. 2008 S. 333.
[149] Nowak, Angerer, in: Arbeitsmedizin (Hrsg. Triebig, u. a.) 2. Aufl. 2008 S. 333.
[150] Dokumentation des Berufskrankheiten-Geschehens in Deutschland. Daten und Fakten zu Berufskrankheiten durch anorganische Stäube, obstruktive Atemwegserkrankungen, Hautkrankheiten (Hrsg. HVBG) 2006 S. 90 f.
[151] Nach Schulze-Werninghaus, in: Die ärztliche Begutachtung (Hrsg. Fritze, Mehrhoff). 7. Aufl. 2008 S. 292.

17.13 Obstruktive Atemwegserkrankungen

(6) Ggf. Echokardiographie, Elektrokardiogramm (Cor pulmonale?)

Ursachenanalyse

(1) Allergieanamnese (Noxen? Arbeitsplatzbezug? Urlaubspause? Außerberufliche Allergien? Rauchgewohnheiten?)

(2) Hauttest (Ubiquitäre Allergene, Berufsallergene)

(3) Ggf. RAST/Spezifisches IgE (Bestätigung/Ergänzung der Hauttestung)

(4) Nasale Provokation (Kausalzusammenhang bei rhinitischer Symptomatik)

(5) Bronchiale Provokation mit Allergenextrakt bzw. arbeitsplatzbezogen (Kausalzusammenhang bei Asthma)

(6) Ggf. Arbeitsplatz-Exposition mit Peakflow-Überwachung (Kausalzusammenhang Erkrankung – Arbeitsplatz)

(7) Ggf. Einschaltung des Aufsichtsdienstes (Messung der Arbeitsplatz-Konzentration der Berufsnoxen)

(8) Selten spezielle Labordiagnostik zur Analyse neuartiger bzw. wenig untersuchter Noxen (Histaminfreisetzung aus basophilen Leukozyten, Immunelektrophoretische Techniken, Immunoblot u. a.)

Die Annahme eines kausalen Zusammenhanges zwischen Erkrankung und Berufstätigkeit gelingt, wenn

- die Allergenexposition auf den Arbeitsplatz beschränkt ist oder
- der außerberufliche Allergenkontakt größenordnungsmäßig unter der massiven Exposition am Arbeitsplatz liegt.

Schwierigkeiten erwachsen,

- wenn das beruflich einwirkende Allergen sowohl am Arbeitsplatz als auch im natürlichen Lebensraum vorhanden ist. Nur durch sehr sorgfältige Abwägung der Entstehung und des Verlaufes der allergischen Atemwegserkrankung sowie in manchen Fällen durch Karenz- und Reexpositionstests am Arbeitsplatz kann die Wahrscheinlichkeit des Zusammenhangs erbracht werden
- bei unzureichender Qualifizierbarkeit der Allergenexposition. Die Einschätzung des Aufsichtsdienstes oder anamnestische Angaben des Versicherten sind gelegentlich weniger zuverlässig.

Differenzialdiagnose

Eine asthmatische Symptomatik (Anfallsatemnot) kann in seltenen Fällen Ausdruck einer andersartigen Grundkrankheit sein:

- Krankheiten im Bereich der *Atemwege*: Obturation durch endotracheale bzw. endobronchiale Tumoren, Fremdkörper, Lymphome; Kompression der Atemwege durch retrosternale Struma, Thymushyperplasie, Mediastinaltumoren; Krankheiten der Atem-

wege im Rahmen von bronchopneumonischen Infektionen, Tumoren, Pneumokoniosen, Alveolitiden, Sarkoidose
- Krankheiten von *Lungenparenchym* oder *Lungengefäßen*: Emphysem, Pneumonien, Lungenfibrosen; Lungenembolie, primär vaskuläre pulmonale Hypertonie
- Krankheiten des *Herzens*: wie Linksherzinsuffizienz mit Lungenstauung bzw. beginnendem Lungenödem („Asthma cardiale") bei koronarer Herzerkrankung, primärer Myokarderkrankung, Vitien, usw.
- Störungen der *Atemregulation*, insbesondere das Hyperventilationssyndrom.

Differenzialdiagnostisch ist der schwere Asthmaanfall vor allem von einer Lungenembolie, einem Pneumothorax, einer lokalisierten Atembehinderung durch Fremdkörperaspiration oder Trachealstenose sowie von akuter Linksherzinsuffizienz mit Prälungenödem abzugrenzen.

17.13.2 Chemisch-irritativ oder toxisch wirkende Stoffe (BK-Nr. 43 02)

Die Stoffe treten in Form von Gasen, Dämpfen, Stäuben oder Rauchen auf.

Die irritative oder toxische Wirkung hängt von ihrer chemischen Struktur, der Zusammensetzung und ihren chemisch-physikalischen Eigenschaften ab. Das Krankheitsgeschehen kann *akut unfallartig* durch das Einatmen toxisch oder irritativ wirkender Gase, Dämpfe oder Stäube in hohen Konzentrationen oder chronisch nach inhalativer Exposition gegenüber entsprechenden Noxen in geringerer Konzentration meist über einen längeren Zeitraum erfolgen. Häufig handelt es sich auch um Gemische entsprechender Substanzen, die unter dem Oberbegriff *Reizgas* beschrieben werden.[152]

Wirkorte von Arbeitsstoffen in Abhängigkeit von deren Wasserlöslichkeit[153]
(nach *Triebig*)

Arbeitsstoff	Reizlokalisation			Weitere Wirkungen
	Augen, Rachen	Bronchien	Alveolen	
Formaldehyd	x	(x)		
Acrolein	x	(x)		
Ammoniak	x	(x)		
Salzsäuredämpfe	x	(x)		
Sulfochloride	x	x		
Cyanurfluorid	x	x		
Phthalsäureanhydrid	x	x		Bronchiale Sensibilisierung
Tertiäre aliphatische Amine	x	x		
Chlorcyan	x	x	(x)	Atemfermenthemmung
Schwefelwasserstoff	x	x	(x)	Atemfermenthemmung
Ethylenimin	x	x	(x)	Erbrechen

---

152 Triebig, in: Die ärztliche Begutachtung (Hrsg. Fritze, Mehrhoff) 7. Aufl. 2008 S. 294 f.
153 Triebig, in: Die ärztliche Begutachtung (Hrsg. Fritze, Mehrhoff) 7. Aufl. 2008 S. 295.

17.13 Obstruktive Atemwegserkrankungen

Arbeitsstoff	Reizlokalisation			Weitere Wirkungen
	Augen, Rachen	Bronchien	Alveolen	
Schwefeldioxid	x	x	(x)	
Phosphorchlorid	x	x	(x)	
Arsentrichlorid	x	x	(x)	
Isocyanate	x	x	(x)	Bronchiale Sensibilisierung
Chlor, Brom, Fluor	(x)	x	(x)	
Fluorwasserstoff	(x)	x	(x)	Kalziumfällung
Selenwasserstoff	x	(x)	(x)	Übelkeit, Leberschäden
Dimethylsulfat	x	x	x	
Perchlormethylmercaptan	x	x	x	Leber- u. Nierenschäden
Chlorpikrin	x	x	x	Met-Hb-Bildung
Ozon	x	x	x	
Vanadiumpentoxid	x	x	x	
Nitrose-Gase	(x)	(x)	x	NO: Met-Hb-Bildung, Hypotonie
Phosgen	(x)	(x)	x	
Chlorameisensäureester	(x)	x	x	
Diazomethan	(x)	x	x	
Zinknebel	(x)	x	x	
Cadmiumoxid	(x)	(x)	x	Leberschäden
Borwasserstoffe (Borane)	(x)	(x)	x	Neurotoxizität
Phosphorwasserstoff		(x)	x	Gastrointestinale Symptome
Methylfluorosulfat		x	x	
Teflon-Verbrennungsprodukte		x	x	
Nickel-/Eisencarbonyle		x	x	ZNS-Schäden
Beryllium/Verbindungen		x	x	Berylliose

Aus der Rechtsprechung
Perchlorethylen bzw. Tetrachlorethylen führen nicht zu einer chronischen obstruktiven Atemwegserkrankung (BK-Nr. 43 02).[154]

Pathophysiologisch handelt es sich bei den Stoffen in der Regel um niedermolekulare Auslöser. Der Mechanismus kann zum Teil immunologisch (jedoch nicht IgE-vermittelt), zum Teil nichtimmunologisch sein. Niedermolekulare immunologisch wirksame Auslöser wie Übergangsmetalle (u. a. Cobalt, Nickel, Platin) bilden Komplexe und können zur Chelatbildung mit Proteinen beitragen, während organische Substanzen, wie beispielsweise Ethylendiamin, bifunktionale Basen haben, die mit Makromolekülen reagieren können.[155]

Zur *Beurteilung des Gefahrstoffpotentials* können die MAK-Wert-Begründungen und die Einstufung des Stoffes nach dem Chemikaliengesetz im Hinblick auf die R- und S-Sätze (z. B. R37, atemwegsreizend) herangezogen werden.

---
154 LSG Bremen, 23. 10. 1997, Meso B 70/194 = HVBG VB 90/95.
155 Nowak, Angerer, in: Arbeitsmedizin (Hrsg. Triebig, u. a.) 2. Aufl. 2008 S. 341.

Toxikologische Daten über die Stoffe, ihre Einstufung durch die Europäische Union als atemwegsreizend (R37) bzw. Struktur-Wirkungsbeziehungen sind hilfreich.[156]

Qualität, Dauer und Höhe der Gefahrstoffeinwirkung sind dosimetrisch abzuschätzen. Mess- bzw. Ermittlungsergebnisse am Arbeitsplatz oder an Vergleichsarbeitsplätzen sind bedeutsam. In vielen Arbeitsbereichen bestehen komplexe Expositionen mit verschiedenen Irritanzien. In der Regel ist eine Koexposition am Arbeitsplatz nachweisbar. Die Beurteilung erfolgt nach TRGS 403 „Bewertung von Stoffgemischen in der Luft am Arbeitsplatz".[157]

Überwiegend verursachen Schweiß-, Schneid-, Gieß- sowie Lötrauch die BK-Nr. 43 02, gefolgt von Stoffen im Friseurhandwerk (Haarfärbe-, -fixiermittel, Haarspray, z. B. Ammoniumthioglycolat), Konservierungs-, Desinfektions-, Löse- und Verdünnungsmittel, Staub von Metallen und deren Legierungen, Lacke, Farben, Epoxidharze.

Die Einwirkungszeit liegt jeweils in 20 % unter 5 sowie zwischen 15 bis 25 Jahren. Die Latenzzeit in 11 % unter 5 Jahren, 16 % zwischen 5 und 10 Jahren und in über 11 % zwischen 35 und 40 Jahren.[158]

17.13.3 Krankheitsbilder der BK-Nr. 43 01

- **Allergisches Asthma bronchiale**

Es ist definiert als IgE-vermittelte chronisch-entzündliche Atemwegserkrankung, die zahlreiche Zellen und zelluläre Elemente umfasst. Die chronische asthmatische Atemwegsentzündung führt zu einer gesteigerten Atemwegsempfindlichkeit, die mit rezidivierenden Episoden von pfeifenden Atemgeräuschen, Husten und Kurzluftigkeit einhergeht. Die asthmatische Atemwegsobstruktion ist variabel und meist reversibel.

- **Allergische Rhinopathie**

Die Erweiterung der BK-Nr. 43 01[159] gründet sich auf der Erwägung, dass Krankheitssymptome durch Allergene und Antigene bevorzugt in den Organsystemen auftreten, in denen Antikörper mit Antigenen in Kontakt geraten; neben den tieferen Atemwegen (allergische Bronchopathie) können auch die oberen Atemwege unter dem Krankheitsbild der allergischen Rhinopathie betroffen sein.[160] In engem örtlichen und zeitlichen Zusammenhang mit der Allergenexposition kommt es zu charakteristischen Symptomen, wie Nasenjucken, Niesreiz und Niessalven, wässerigen Fließschnupfen oder Nasenschleimhautschwellung mit verstopfter Nase *(Nasenobstruktion)*. Eine Mitbeteiligung der Augenbindehäute *(Konjunktivitis)* und der Nasennebenhöhlen *(Sinusitis)* ist nicht ausgeschlossen.[161]

---

[156] www.uke.uni-hamburg.de/institute/arbeitsmedizin → Publikationen.
[157] Schneider, Trauma Berufskrankh 10 (2008) 260.
[158] Dokumentation des Berufskrankheiten-Geschehens in Deutschland. Daten und Fakten zu Berufskrankheiten durch anorganische Stäube, obstruktive Atemswegserkrankungen, Hautkrankheiten (Hrsg. HVBG) 2006.
[159] Verordnung zur Änderung der BKVO v. 22. 3. 1988 (BGBl I S. 400).
[160] BR-Drs. 33/88 S. 9 zu Art. 1 Nr. 9; BSG, SozR 4-5671 Anl 1 Nr. 4302 Nr. 1 (30. 10. 2007) = NZS 2008, 604 = Breith. 2008, 782 = UVR 3/2008, 149.
[161] Raithel, Zbl. Arbeitsmed. 47 (1997) 178, 181; Raulf-Heimsoth, u.a., Bundesgesundheitsbl 2001 (41) 654.

Bei Allergenkarenz heilt die Erkrankung meist folgenlos aus.

Obstruktive Atemwegserkrankungen der oberen Luftwege (im Sinne einer Rhinopathie) durch *chemisch-irritative* oder *toxisch wirkende Stoffe* werden von BK-Nr. 43 02 *nicht* erfasst. Auch eine Anerkennung „wie eine Berufskrankheit" ist nicht zulässig.[162]

Zu den Krankheitsbildern gehören auch nicht Verlust des Geruchsinns, Herabsetzung bzw. Veränderung des Geschmacksinns sowie eine toxische Rhinitis.[163]

Aus der Rechtsprechung
Atrophe Veränderung der Nase und der Nasennebenhöhle mit vermehrter Infektanfälligkeit und sensorischer Minderung von Geruch und Geschmack nach Einwirkung von Formaldehyddämpfen: Anerkennung „wie eine Berufskrankheit".[164]

17.13.4 Krankheitsbilder der BK-Nr. 43 02[165]

Pathogenetisch sind die Krankheitsbilder sehr heterogen, da so unterschiedliche Krankheitsbilder wie das Asthma, die chronische obstruktive Bronchitis und das Lungenemphysem dazugerechnet werden. Das Gemeinsame der Krankheitsbilder ist die Verursachung durch chemisch-irritativ oder toxisch wirkende Stoffe.

Irritanzien können unterschiedliche Effekte auf die Atemwege haben. Der Ort und das Ausmaß der Effekte hängen ab von physikalischen, chemischen und biologischen Eigenschaften der Irritanzien, der Partikelgröße bei partikulären Irritanzien und der Konzentration. Zum Beispiel haben größere Partikel und gut wasserlösliche Irritanzien größere Effekte auf Nase, Pharynx und zentrale Atemwege, während kleinere Partikel oder nicht wasserlösliche und weniger reaktive Gase mehr Effekte an den kleinen Atemwegen verursachen.[166]

- **Asthma bronchiale**

Es ist definiert als chronisch-entzündliche Atemwegserkrankung, die zahlreiche Zellen und zelluläre Elemente umfasst. Die chronische asthmatische Atemwegsentzündung führt zu einer gesteigerten Atemwegsempfindlichkeit, die mit rezidivierenden Episoden von pfeifenden Atemgeräuschen, Husten und Kurzluftigkeit einhergeht. Die asthmatische Atemwegsobstruktion ist variabel und meist reversibel.

- **Reaktive Airways Dysfunction Syndrome (RADS)**

Als eine durch eine irritative Noxe verursachte Unterform des nichtallergischen Asthma bronchiale ist das Reactive Airways Dysfunction Syndrome (RADS) anzusehen. Diagnostische Kriterien:
– vorbestehende respiratorische Beschwerdefreiheit
– Beginn der Symptome nach einer einmaligen definierten Exposition

---

[162] LSG Baden-Württemberg, 18. 2. 1998, Meso B 50/14; Bayer. LSG, 8. 4. 1992, Meso B 50/4; LSG Rheinland-Pfalz, 9. 10. 1991, HV-Info 14/1993, 1213 = ASU 1994, 31.
[163] LSG Rheinland-Pfalz, 19. 9. 2000, VB 18/2001.
[164] LSG Niedersachsen, 23. 3. 1995, HV-Info 26/1995, 2190 = Meso B 50/9.
[165] Nowak, Angerer, in: Arbeitsmedizin (Hrsg. Triebig, u. a.) 2. Aufl. 2009 S. 341 f.
[166] Positionspapier der DGAUM zur BK-Nr. 43 02, ASU 43 (2008) 516, 519.

- Exposition erfolgte gegenüber einem Gas, Rauch oder Dampf oder Aerosol mit irritativen Eigenschaften, wobei die Substanz in sehr hohen Konzentrationen vorhanden war
- Symptombeginn binnen 24 Stunden und Persistenz für mindestens 3 Monate
- Symptome ähnlich Asthma (Husten, Pfeifen/Brummen, Luftnot)
- Atemwegsobstruktion kann vorhanden sein oder fehlen
- Methacholinprovokation sollte positiv sein
- andere Atemwegserkrankungen sollten ausgeschlossen werden (unfallartige RADS s. 17.14.1, S. 1077)

- **Chronisch-obstruktive Bronchitis**

Es handelt sich um eine Erkrankung, bei der eine bronchiale Obstruktion durch eine chronische Bronchitis (vermehrte Schleimsekretion, nach WHO Husten und Auswurf über mindestens 3 Monate im Jahr in zwei aufeinanderfolgenden Jahren) oder ein Lungenemphysem besteht.

- **Lungenemphysem**

Das primäre Vorliegen eines Lungenemphysems ist bei durch chemisch-irritative oder toxische Stoffe induzierten obstruktiven Atemwegserkrankungen bislang wissenschaftlich nicht nachgewiesen (Ausnahmen: Aluminium, Cadmium), kann aber als Sekundärerkrankung in Spätstadien auftreten.[167] Es entwickelt sich häufig aus der Basis einer chronisch-obstruktiven Bronchitis und ist durch eine irreversible Erweiterung des Lungenparenchyms distal der terminalen Bronchiolen mit einer Destruktion alveolärer Strukturen charakterisiert.[168]

- **Verlaufsformen**[169]

Ein enger zeitlicher Zusammenhang mit der Inhalation ist in der Regel gegeben.
- Verlaufsformen
- akutes Krankheitsbild nach massiver, kurzdauernder Einwirkung mit Reversibilität der Symptome
- akutes Krankheitsbild nach massiver, kurzdauernder Einwirkung von Reizgasen wie Phosg mit Irreversibilität der Symptome
- schleichend beginnendes Krankheitsbild nach chronischer Einwirkung, z. B. von schwerflüchtigen anorganischen Säuren, mit Reversibilität Symptome
- schleichend beginnendes Krankheitsbild nach chronischer Einwirkung z. B. von Diisocyan mit Irreversibilität der Symptome.

Unbekannt ist, ob obstruktive Atemwegserkrankungen mit einer Latenz nach Expositionsende auftreten können. Insofern handelt es sich bei der Forderung nach dem Auftreten der Erkrankung während der andauernden Exposition – nach Auffassung des Positions-

---

[167] Positionspapier DGAUM, Diagnostik und Beurteilung obstruktiver Atemwegserkrankungen (BK-Nr. 43 02), ASU 43 (2008) 516, 519.
[168] Nowak, Angerer, in: Arbeitsmedizin (Hrsg. Triebig) 2. Aufl. 2008 S. 342.
[169] Triebig, in: Die ärztliche Begutachtung (Hrsg. Fritze, Mehrhoff) 7. Aufl. 2008 S. 296.

papiers der DGAUM zur BK-Nr. 43 02[170] – „mehr um eine Konvention als um gesichertes Wissen". Dabei sei zu berücksichtigen, dass bei obstruktiven Atemwegserkrankungen vom COPD-Typ häufig Beschwerden erst bemerkt werden, wenn die Erkrankung schon weiter fortgeschritten ist.

Ein direkter Arbeitsbezug der Beschwerden bei obstruktiven Atemwegserkrankungen ist nicht obligat, in Analogie zur COPD des Rauchers als chronischem Summationsschaden ist zumindest nicht grundsätzlich davon auszugehen.[171]

- **Keine Atemwegssensibilisierung**[172]

Da – im Gegensatz zur BK-Nr. 43 01 – die Atemwegssensibilisierung keine Rolle spielt, kommt dieser, in der klinischen Routinediagnostik ansonsten wichtige Baustein – außer unter differenzialdiagnostischen Überlegungen – nicht zur Anwendung. Dies macht die Diagnose einer durch chemisch-irritative Stoffe ausgelösten obstruktiven Atemwegserkrankung oftmals weitaus schwieriger als die Diagnose eines berufsbedingten allergischen Asthmas oder einer allergischen Rhinopathie. Umso stärker rücken anamnestische Angaben und die longitudinale Beurteilung des Lungenfunktionsverlaufs in den Vordergrund der Beurteilung.

17.13.5   Unspezifische Bronchiale Hyperreagibilität (UBH)[173]

Die unspezifische bronchiale Hyperreagibilität (Überempfindlichkeit) ist ein wesentliches Merkmal der obstruktiven Atemwegserkrankung allergischer und nicht allergischer Genese und wurde als wesentlicher Eigenschaftsbestandteil in die Begriffsdefinition der obstruktiven Atemwegserkrankung aufgenommen.[174] Sie ist Variante einer normalen Eigenschaft der Bronchialschleimhaut, die eine physiologische Funktion beinhaltet: die Fähigkeit des Bronchialsystems zur spontanen Verengung seines Innendurchmessers, einem vorgeschalteten Überwachungssystem mit Schutzfunktion vergleichbar. Die UBH bedeutet eine Übersteigerung der *‚Normreagibilität'*. Die Fähigkeit zur Engstellung des Bronchialsystems ist überwiegend nervlich gesteuert und hat Reflexbahnen, die es zu unmittelbarer Engstellung der tieferen Atemwege bei Reizung befähigt. Bei einem Bronchialgesunden dient es einer prompten Abwehr von Schäden jeglicher, d.h. unspezifischer Natur, die Atemwege treffend und die Lungenfunktion bedrohend (‚Reflexbronchokonstriktion'). Eine Schutzfunktion ist gegeben. Die Inaktivierung dieser Funktion bietet andererseits die *gegenregulatorische Weitstellung* der Atemwege. Die unspezifische bronchiale Reagibilität ist daher auch normalerweise Teil eines Regelmechanismus, der die muskuläre Wandspannung des Bronchialsystems, den sog. Tonus, in wichtigem Umfang bestimmt. Die UBH stellt hiernach eine *Übersteigerung der Auslösbarkeit* von Abwehr- und Schutzfunktionsmechanismen des Bronchialsystems dar und kann so die vitalen Funktionen der Lunge durch ‚Überreaktion' beeinträchtigen und gefährden. Insoweit ist diese Eigenschaft des

---
[170]   ASU 43 (2008) 516, 519.
[171]   Positionspapier der DGAUM, ASU 43 (2008) 516, 519.
[172]   Nowak, Angerer, in: Arbeitsmedizin (Hrsg. Triebig, u. a.) 2. Aufl. 2008 S. 342.
[173]   Stresemann, in: Fortbildungs-Kompendium für Berufskrankheiten-Sachbearbeiter der ges. UV (Hrsg. LVBG Rheinland-Westfalen) 1997 S. 29 ff.; Dt. Gesellschaft für Pneumologie, Leitlinien, Pneumologie 1998 214.
[174]   Baur, BG 1996, 306; Fruhmann, Dtsch med Wschr 114 (1989) 3061.

Bronchialsystems eine *Normabweichung ihres Regelmechanismus,* der zu Störungen des Bronchialtonus mit seinen funktionellen Folgen für die Atmung disponiert.

Die Entwicklung dieser Störung kann auf unterschiedliche Faktoren zurückgehen, welche ihre Manifestation ermöglichen. Grundlage ist die *genetische Disposition.* Sie verwirklicht sich spontan bei 15–20 % der Normalbevölkerung. Symptomatischen Ausdruck findet sie in erhöhter Bereitschaft zu unspezifischen – weil nicht gegen einen bestimmten Einfluss gerichteten – bronchialen Reizerscheinungen, wie trockenen Husten und Beklemmungsempfindungen, namentlich bei Einatmung von Luftschadstoffen und nach Atemwegsbesiedelung mit vermehrungsfähigen Krankheitserregern und verursachten Entzündungsreaktionen der Schleimhaut.

Die *Diagnose* der UBH stützt sich auf Anamnese, Beschwerdebild und inhalativen Test mit Methacholin, einer pharmakodynamischen Substanz. Auch Carbachol ist einsetzbar, wenn die Vergleichbarkeit mit dem Methacholintest durch Vergleichsuntersuchungen gewährleistet ist.

Das *Vorliegen einer UBH* begünstigt nicht nur als ihr ‚Vorzeichen' das Entstehen einer obstruktiven Atemwegserkrankung, sondern kann ihren Lauf bestimmen, auch wenn die ursprüngliche Auslösung nicht mehr gegeben und ausgeschaltet ist. Auch dann bleibt in einem größeren Anteil, gleich welcher Ätiologie, eine UBH bestehen und äußert sich klinisch in verstärkter Reizbarkeit des Bronchialsystems mit flüchtigen Bronchialverkrampfungen, die eine therapeutische Einflussnahme bedingen können.

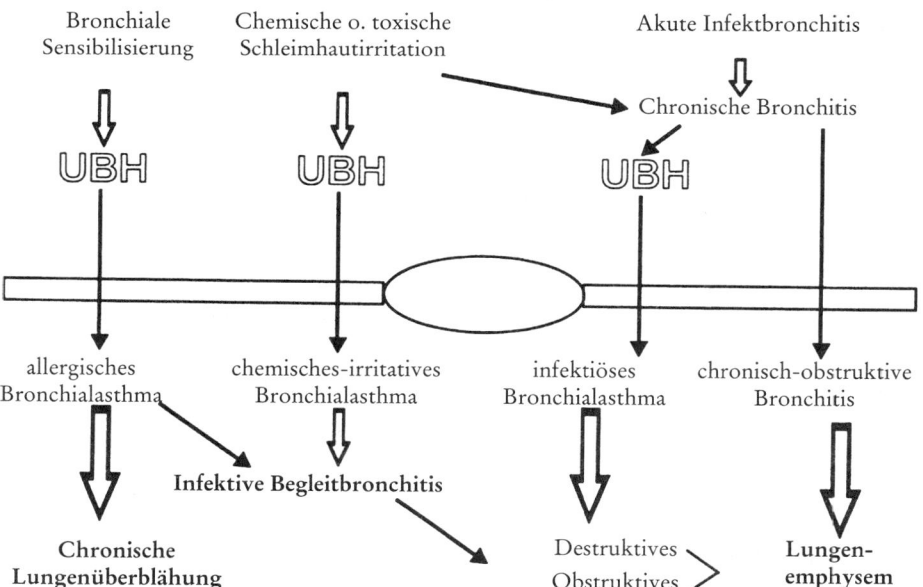

Abb. 5: Pathogenetischer Verlauf der obstruktiven Bronchialkrankheiten

Abgrenzungsprobleme ergeben sich im Rahmen der Stellungnahme, ob die COPD im Sinne der Entstehung durch die angeschuldigte gefährdende Tätigkeit ausgelöst oder *rechtlich wesentlich verschlimmert wurde*.

War der Zeitraum der schädigenden Einwirkung (Exposition) nur wenige Monate bzw. < 2 Jahre, ist bei Vorliegen einer COPD, bei welcher das Vorliegen einer UBH nicht nachweisbar ist, zu prüfen, ob mit geeigneten Messverfahren („*Monitoring Systemen*") am Arbeitsplatz eine unspezifische bronchiale Hyperreagibilität ausgelöst werden kann. Als Monitoring-Systeme bieten sich objektivierbare und überprüfbare Messungen des „*Peak Flows*" an.

EDV-gestützte Kleinstlungenfunktions-Monitoring-Systeme zeichnen nicht nur den *Peak Flow* (maximale Atemstromstärke bei forcierter Ausatmung in Liter pro Sekunde), sondern auch die maximale exspiratorische Fluss-Volumen-Kurve mit Bestimmung der forcierten Vitalkapazität (VC) und der Ein-Sekunden-Kapazität (FEV1, Atemstoßtest) auf. Bei der Beurteilung einer unspezifischen bronchialen Hyperreagibilität mittels dieser Aufzeichnungssysteme – ratsam in Zusammenarbeit mit dem Betriebsarzt – ist zu berücksichtigen, ob andere ubiquitäre „Gelegenheitsursachen" wie z.B. anlagebedingte Sensibilisierungen in der Pollenflug-Saison und pneumotrope obere Atemwegsinfekte in der nasskalten Übergangszeit das Reaktionsverhalten geprägt haben.

17.13.6 Diagnose[175]

Der UV-Träger ist gehalten, frühere Befunde, Berichte über arbeitsmedizinische Vorsorgeuntersuchungen, Lungenfunktionsdaten (mit Messprotokollen im Original) zu ermitteln. Maßgebliche Arbeitsstoffe sind auf Anforderung zur Verfügung zu stellen.

Die Diagnose einer beruflich verursachten obstruktiven Atemwegserkrankung stützt sich auf gezielte Erhebung der Arbeitsplatzvorgeschichte sowie allgemeiner und spezieller Krankheitsanamnese. Arbeitsplatzbezogener Inhalationstest (AIT) oder bronchialer Provokationstest (mitwirkungspflichtig) sind sinnvoll, sofern erforderliche Arbeitsstoffe verfügbar sind und Kontraindikation nicht besteht.[176] Expositionskontrolle mittels Luftmonitoring ist beim Einsatz toxisch wirkender Stoffe unerlässlich.[177] Der inhalative *Methacholin-Test* kann zum Vorliegen einer unspezifischen bronchialen Hyperreagibilität, die häufig mit einer obstruktiven Atemwegserkrankung auftritt, Antwort geben (s. 17.13.5, S. 1062). Der Objektivierung und Quantifizierung pulmo-kardialer Auswirkungen dienen Funktionsprüfungen.

Der Nachweis einer obstruktiven Ventilationsstörung ist lungenfunktionsanalytisch zu führen. Die Messung eines erhöhten Atemwegswiderstandes in Ruhe, nach Belastung, im Rahmen eines unspezifischen Hyperreagibilitätstests oder einer spezifischen Exposition gegenüber Gefahrstoffen am Arbeitsplatz mit einem Atemwegswiderstand (R_t) > 0,35 kPa/l/s erfüllt den Tatbestand einer obstruktiven Atemwegserkrankung.[178]

---

175 Reichenhaller Merkblatt, Hrsg. HVBG 2006, modifiziert 2009; Baur, Allergologie 30 (2007) 277.
176 Dazu BSG, 27. 6. 2006, UVR 7/2006, § 10; LSG Niedersachsen, 15. 5. 2003, Breith. 2004, 29, 31.
177 Baur, u. a., Am. J. Inn. Med. 33 (1998) 144; Gonsior, u. a., Pneumologie 56 (2002) 187.
178 Schneider, Trauma Berufskrankh 10 (2008) 260.

Mindestanforderungen an die Lungenfunktionsdiagnostik mit wichtigen Parametern[179]

Spirometrie:	VC, FEV_1
Fluss-Volumen-Kurve:	FVC, PEF, MEF_{50}, MEF_{25}
Bodyplethysmographie:	sR_t R_t, IGV, RV
Blutgasanalyse in Ruhe und unter Belastung: (nach Möglichkeit mit Spiroergometrie)	Pa,O_2, Pa,CO_2

Bei obstruktiven Funktionsstörungen einschließlich Zeichen der Überblähung: Bronchospasmolysetest.

Bei Obstruktionshinweisen bei normalen Lungenfunktionswerten: Unspezifischer bronchialer pharmakodynamischer Test.

Zusätzlich kann mit der Impulsoszillometrie der Ort der Atemwegsobstruktion „zentral"-„peripher" definiert werden.

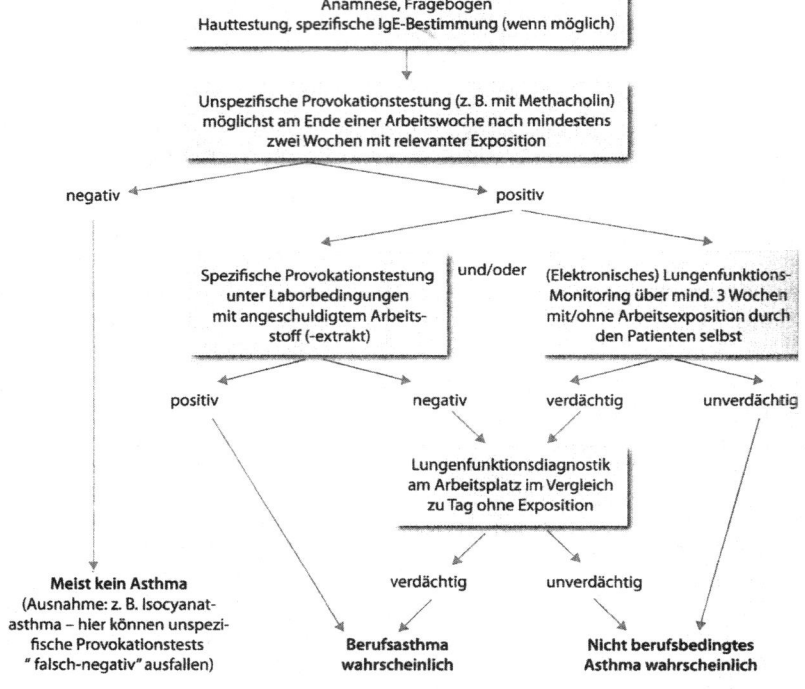

Diagnostischer Ablauf bei Verdacht auf Berufsasthma[180]

---

[179] Reichenhaller Merkblatt, Hrsg. HVBG 2006, modifiziert 2009.
[180] Nowak, Angerer, MedSach 38 (2003) 59, 61.

Das Zusammentreffen mehrerer chemisch unterschiedlich strukturierter inhalativer Arbeitsstoffe kann zur Addition bzw. zum Synergismus, sogar zur Potenzierung ihrer Wirkungen an den Atemwegen führen. Hier mögen Expositionstests am Bronchialsystem mit einzelnen Komponenten solcher Stoffgemische versagen: Untersuchungen über die Stoffwirkungen sind am Arbeitsplatz selbst durchzuführen. Dabei ist zu berücksichtigen, dass inhalative Noxen sich in ihren Wirkungen am Bronchialsystem auch langsam „aufbauen", so dass nach einer Expositionskarenz eine Langzeitmessung mit wiederholten Ermittlungen repräsentativer Lungenfunktionsparameter erforderlich sein kann, um die Ursachenerkennung zu vermitteln.

Differenzialdiagnostisch müssen obstruktive Atemwegserkrankungen infolge außerberuflicher Ursachen berücksichtigt werden. Zu nennen sind: Chronisches Inhalationsrauchens, Atemwegsallergie auf ubiquitär vorkommende Allergene, akute und chronisch-rezidivierende Infektionen der Atemwege, mechanische Verletzungen der Trachea oder der Bronchien, Lungenfibrosen, Pneumokoniosen und Stauungen im Lungenkreislauf infolge Linksherzinsuffizienz (Asthma kardiale) bei u.a. malignem Bluthochdruck.[181]

Allergische Rhinitis und Sinusitis sind nicht grundsätzlich Anfangsstadien einer Berufskrankheit nach BK-Nr. 43 01. Vielmehr müssen sie nach derzeitigem Wissensstand als fakultativ obligatorisches Vorstadium einer Obstruktion der tiefen Atemwege im Sinne eines Asthma bronchiale betrachtet werden.[182]

Das Abgrenzen der allergischen gegenüber nicht-allergischen Rhinopathie ist problematisch.[183]

17.13.7 Abgrenzung des exogen-allergischen Asthma bronchiale (BK-Nr. 43 01) von der exogen-allergischen Alveolitis (BK-Nr. 42 01)[184]

	exogen-allergisches *Asthma bronchiale*	exogen-allergische *Alveolitis*
individuelle Reaktionslage	überhäufig Atopiker	Atopiker und Nicht-Atopiker betroffen
Antikörper	IgE	IgG
immunserologischer Mechanismus	Typ I: Sofortreaktion (verzögerte Reaktion möglich)	Typ III/IV (Arthus- und Tuberkulinreaktion), alternative Komplementaktivierung
	spezifisches IgE ist oft erhöht	spezifisches IgE ist oft erhöht
Mediatoren	hauptsächlich Histamin, SRS-A*	lysosomale Enzyme
Reaktionsdynamik	Sofortreaktion mit Maximum nach 15–30 Min., evtl. zusätzlich verzögerte Reaktion	verzögerte Reaktion mit Maximum nach etwa 5–8 Std.

---

[181] Vgl. auch LSG Nordrhein-Westfalen, 10. 3. 1966, BG 1967, 76.
[182] LSG Baden-Württemberg, 8. 7. 2009, UVR 18/2009, 1067.
[183] Dazu Stresemann, BG 1989, 44.
[184] In Anlehnung an Kentner, arbeitsmedizin aktuell 4/85, Fach 8.5 S. 68f.

	exogen-allergisches *Asthma bronchiale*	exogen-allergische *Alveolitis*
Reaktionsort	Bronchien, Bronchiolen	Alveolen, Bronchioli terminales, Lungeninterstitium
Lungenfunktion	(teil-)reversible *obstruktive* Ventilationsstörung und Lungenüberblähung	*restriktive* Ventilationsstörung, Diffusionsstörung, evtl. obstruktive Ventilationsstörung, Emphysem
systemische Reaktion	Ø	Körpertemperaturanstieg, BSG-Beschleunigung
begleitende unspezifische bronchiale Hyperreagibilität	fast obligatorisch	relativ häufig
Auskultation	Pfeifen, Giemen, produktiver Husten	Knisterrasseln, meist unproduktiver Husten
Blutbild	evtl. Eosinophilie	evtl. Leukozytose (akute Phase)
Thorax-Rö.	in der Regel unauffällig	miliare feinfleckige Herde, später interstitielle Zeichnungsvermehrung
Spätfolgen	(chronisch-)obstruktive Ventilationsstörung	Lungenfibrose, Emphysem

* slow reacting substance of anaphylaxis

17.13.8 Wahlfeststellung zwischen BK-Nrn. 43 01 und 43 02

Sofern nach aktuellem medizinischen Wissensstand im Einzelfall die Zuordnung einer expositionsverursachten obstruktiven Atemwegserkrankung zum allergischen oder chemisch-irritativen Formenkreis offen bleiben muss, schließt dies trotz dualer Tatbestandsstruktur eine Anerkennung als Berufskrankheit nicht von vornherein aus. Wird durch Zweifel bezüglich der pathogenetischen Zuordnung die Feststellung der Wahrscheinlichkeit eines Ursachenzusammenhanges zwischen arbeitsplatzbezogener Exposition und Erkrankung nicht berührt und ist ein anderer, weder unter BK-Nr. 43 01 noch unter BK-Nr. 43 02 subsumierbarer Pathomechanismus (z.B. Staubeinwirkung) auszuschließen, besteht Anspruch auf bescheidmäßige Anerkennung einer Berufskrankheit: gestützt auf die beiden Tatbestände der BK-Nrn. 43 01 und 43 02. Eine solche Wahlfeststellung ist nicht gegeben bei einer Rhinopathie: Dieses Erkrankungsbild erfüllt nur bei der BK-Nr. 43 01 die Voraussetzung zur Anerkennung.[185]

17.13.9 Physikalische Schleimhautreizungen

Physikalische Schleimhautreizungen werden von den BK-Nrn. 43 01 bzw. 43 02 nicht erfasst.[186] Anerkennung und Entschädigung gemäß § 9 Abs. 2 SGB VII kommt in Betracht.

---

[185] Brandenburg, Zbl Arbeitsmed 47 (1997) 188, 190.
[186] Brandenburg, Zbl Arbeitsmed 47 (1997) 188, 190.

17.13.10 Durch Isocyanate verursachte Erkrankungen der Atemwege und Lunge (BK-Nr. 13 15)

Wegen erkannter ätiologischer Bedeutung für die Erkrankung der Lunge und Atemwege wurde den durch Isocyanate verursachten Erkrankungen des Respirationssystems eine Sonderstellung eingeräumt. Isocyanate vermögen unterschiedliche Erkrankungen auszulösen, deren Formen sich unabhängig voneinander bei exponierten Personen entwickeln:

(1) allergisch bedingtes Isocyanat-Asthma

(2) chemisch-irritativ/toxisch bedingtes Isocyanat-Asthma

(3) exogen-allergische Isocyanat-Alveolitis

Isocyanate bilden vorwiegend chemische Verbindungen der Klasse der Diisocyanate, MDI, TDI, HDI, NDI und IPDI-spezifische IgE- (und IgG-) Antikörper, die auch unabhängig hiervon unmittelbare chemisch-irritative bzw. toxische Wirkungen auf das Atemwegsystem ausüben. Fast ausschließlich sind hiervon das Bronchialsystem, nicht die oberen Luftwege betroffen. Das *allergisch verursachte Isocyanat-Asthma* entsteht durch inhalative Kontakte unterschiedlicher Intensität und Dauer, die zu einer Sensibilisierung mit Antikörperbildung führen. Die klinischen Symptome der allergischen Form des Isocyanat-Asthmas gleichen daher vollständig dem durch andere Allergene verursachten Bronchialasthma. Oft sind die Betroffenen hochgradig Isocyanat-empfindlich, so dass sie schon auf Spuren von Isocyanaten in der Umgebungsluft mit einem Asthmazustand reagieren. Fast immer entsteht eine bleibende unspezifische bronchiale Hyperreagibilität, deren Intensität und weitere Entwicklung nicht prognostizierbar ist; dies trifft auch für die Verläufe des Krankheitsbildes selbst zu, die zwischen anhaltenden Remissionen bis zu schleichenden und unaufhaltsamen Verschlimmerungen in Richtung auf eine schwere, irreparable respiratorische Insuffizienz reichen. Die Diagnose so bedingter Asthmaformen stützt sich wesentlich auf die eingehende Arbeitsanamnese und die vom Arbeitgeber zu erstellende Gefährdungsbeurteilung, da lediglich in etwa 20 % der Fälle spezifische IgE-Antikörper nachweisbar sind. Arbeitsplatzsimulationsteste sind auf Grund ihres großen Aufwandes nur in wenigen Zentren möglich.[187]

Die *chemisch-irritativ* verursachten Asthmaformen unterscheiden sich zwar in ihrer Pathogenese, nicht aber in Verlauf und Prognose von den allergisch bedingten Isocyanat-Erkrankungen. Sie entstehen unabhängig von einem Sensibilisierungsmechanismus durch direkte schädigende Einwirkung der biologisch aggressiven Isocyanat-Verbindungen auf sensible zelluläre und nervale Strukturen sowie biochemische Abläufe, die nicht gänzlich geklärt sind und als deren Folge tiefgreifende und oft *irreparable Störungen* der bronchialen Reagibilität entstehen: mit hoher unspezifischer bronchialer Hyperreagibilität und Neigung zu irreversibler chronischer Bronchoobstruktion. Die Prognose des Asthmas ist wegen Therapieresistenz schlecht, in der oft hochgradig eingeschränkten Lungenfunktion reflektierend.

17.13.11 Entstehung – Verschlimmerung

Die Beurteilung ist schwierig, wenn bei bestehender unspezifischer bronchialer Hyperreagibilität (s. 17.13.4, S. 1059) aus nichtberuflicher Ursache eine obstruktive Atemwegser-

---

[187] Baur, Budning, Pneumologie 63 (2009) 651–666.

krankung durch berufliche Exposition gegenüber chemisch-irritativen oder toxisch wirkenden Stoffen entsteht oder sich verschlimmert.

Für die Pathogenese obstruktiver Atemwegserkrankungen ist durchaus typisch, dass anlagemäßig erhöhte Anfälligkeit (Atopie, UBH) eine Vorbedingung für die durch den Kontakt mit allergisierenden oder chemisch-irritativen Stoffen bewirkte Erkrankung darstellt. Der berufliche Zusammenhang der Erkrankung wird dadurch nicht ausgeschlossen. Sofern berufsbedingte Sensibilisierung eine Manifestation einer obstruktiven Atemwegserkrankung erst bewirkt hat, ist eine rechtlich wesentliche Verursachung im Sinne der *Entstehung* festzustellen. Entsprechendes gilt für – durch toxische oder chemisch-irritative Reaktionen hervorgerufene – Atemwegsobstruktionen.

Rechtlicher Zusammenhang kann auch gegeben sein in Form der *Verschlimmerung* eines vorberuflich bereits diagnostizierten Bronchialasthmas, z.B. bei berufsbedingter Verstärkung von chemisch-irritativen Atemwegsobstruktionen oder allergischem Bronchialasthma, das durch die Sensibilisierung mit Arbeitsstoffen eine spezifische Ausprägung erhält.

Ein Gesundheitsschaden darf als Verschlimmerung anerkannt werden, wenn bereits eine „manifeste" Berufskrankheit vorlag, die sich mit Wahrscheinlichkeit durch schädigende berufliche Einwirkungen verschlechtert hat (1.8.2, S. 34). Die Verschlimmerung einer nicht als Berufskrankheit zu qualifizierenden Krankheit ist rechtlich irrelevant. Die Verschlimmerung setzt voraus, dass der Versicherungsfall der Berufskrankheit bereits vorliegt. Mit Wahrscheinlichkeit ist nachzuweisen, dass die Gesundheitsverschlechterung rechtlich wesentlich durch die anerkannten Folgen der BK-Nr. 43 01 (Gegensatz: durch endogene Faktoren oder außerberufliche Umwelteinflüsse) verursacht wurde.[188]

Ergibt jedoch die Beobachtung des Erkrankungsverlaufs, dass vor Aufnahme und ggf. nach Aufgabe der beruflichen Tätigkeit das Erkrankungsbild auf Grund unterschiedlicher Einflüsse einen ähnlichen Verlauf wie während der Berufstätigkeit genommen hat, kommt das Bewerten der beruflichen Einwirkung als rechtlich nicht wesentliche Gelegenheits(anlass)ursache in Betracht.

Fallbeispiel
Ein vorberuflich nachgewiesenes Bronchialasthma wird durch berufsbedingte erneute Kontakte mit den auslösenden Stoffen nur unterhalten, erfährt dadurch keinerlei erkennbare Intensivierung und lässt keine zusätzliche berufsbedingte Sensibilisierung erkennen.

Auch bei Versicherten mit chronisch-obstruktiver Atemwegserkrankung als Vorschaden im Sinne der COPD kann nachfolgend (sekundär) eine durch Einwirkung von Inhalationsallergenen am Arbeitsplatz verursachte zusätzliche sich verschlimmernde obstruktive Ventilationsstörung auftreten. Dabei ist zu beachten, dass die „Systemerkrankung" COPD nur in ihrem Gesamtablauf über mehrer Jahrzehnte verstehbar ist. So benötigen Tabakrauch und rezidivierende Infektion (zumeist klinisch stumm und weder von Betroffenen noch von seinen Ärzten bemerkt) mindestens 2 Jahrzehnte, bis die COPD zur manifesten subjektiv wahrnehmbaren exspiratorischen Atemstrombegrenzung führt (s. 17.1.4.2, S. 997).

---

[188] Benz, Zbl. Arbeitsmed. 47 (1997) 210.

17.13 Obstruktive Atemwegserkrankungen

Grundsätzlich gilt für die angeschuldigte beruflich schädigende Einwirkung derselbe Mechanismus. Das heißt: Es muss erwiesen sein, dass die schädigende Einwirkung nicht nur kurzfristig (z. B. Monate), sondern mindestens Jahre manifest gewesen ist. Während dieser Zeit der schädigenden Einwirkung muss der Nachweis erbracht werden, dass die Verschlechterung der Lungenfunktion mit zunehmender Atemstrombegrenzung während der angeschuldigten Gefährdung stärker war als nach dem natürlichen Verlauf zu erwarten. Der Sachverständige hat also die zeitlich begrenzte Verschlimmerung durch die angeschuldigte Einwirkung der anhaltenden Degression der Atemstrombegrenzung (Verschlechterung der Lungenfunktion) der COPD gegenüber zu stellen.

17.13.12 Unterlassen aller gefährdenden Tätigkeiten

Allgemeine Hinweise s. 2.2.2, S. 60.

Ob und welche Tätigkeiten zu unterlassen sind, hängt ab von dem Erkrankungsbild, von tätigkeitsspezifischen Einwirkungen und den technischen oder organisatorischen Gegebenheiten zu deren Beseitigung. Neben dem medizinischen Gutachter ist ein technischer Sachverständiger häufig erforderlich.

Feststellung im Einzelnen:

(1) Bei welchen Arbeitsvorgängen besteht Kontakt mit den die Erkrankung auslösenden allergisierenden oder reizenden Stoffen?

(2) Inwieweit kann diese Tätigkeit so umgestaltet werden (Auswechseln von Stoffen, Anwendung von Schutzmaßnahmen, wie Filteranlagen, Absaugvorrichtungen, Atemmasken), dass eine gefahrlose Verrichtung zu erreichen ist?

(3) Welche anderen Tätigkeiten im Rahmen des bisher ausgeübten oder eines erwarteten Berufs sind im Hinblick auf den geschädigten Gesundheitszustand als gefährdend anzusehen und welche Maßnahmen der Abhilfe stehen insoweit zur Verfügung?

17.13.13 Konkrete Gefahr im Sinne des § 3 BKV

Liegen die Voraussetzungen zur Anerkennung nach BK-Nr. 43 01 bzw. 43 02 ohne Unterlassungszwang vor, ist die Anwendung des § 3 BKV zu prüfen. Besteht nicht die Notwendigkeit zum Unterlassen der schadensursächlichen bzw. gefährdenden Tätigkeit, sind aber für gefahrlose Fortsetzung der bisherigen Tätigkeit Abhilfemaßnahmen am Arbeitsplatz erforderlich, ist eine konkrete Gefahr im Sinne von § 3 Abs. 1 BKV regelmäßig zu bejahen. Dies gilt auch bei Vorliegen einer allergischen Rhinopathie. Da die BK-Nr. 43 01 dieses Krankheitsbild erfasst, kommt es auf die Prognose einer Obstruktion der tiefen Atemwege nicht mehr an.

Sofern noch keine – berufsbedingte – obstruktive Atemwegserkrankung (einschließlich allergischer Rhinopathie) vorliegt, Befunde aber festgestellt werden, die zur Entstehung einer solchen Erkrankung führen, kann eine konkrete individuelle Gefahr der Entstehung einer BK-Nr. 43 01 oder 43 02 ebenfalls begründet sein. Unterschiedliche Voraussetzungen ergeben sich für die Gefahr bezüglich der BK-Nr. 43 01 gegenüber der BK-Nr. 43 02. Im Hinblick auf „Gefahr der Entstehung" einer BK nach Nr. 43 01 sind wesentlich[189]:

---

[189] Brandenburg, in: Fortbildungs-Kompendium für Berufskrankheiten – Sachbearbeiter der ges. UV (Fn. 138) S. 85 ff.; WHO: Global Initiative for Asthma (Gina), WHO-Report 2001.

- Nachweis einer Sensibilisierung, die zu obstruktiver Atemwegssymptomatik führen kann
- zu erwartender *unmittelbarer* inhalativer Kontakt mit dem betreffenden Allergen bei Fortsetzung der beruflichen Tätigkeit unter unveränderten Arbeitsbedingungen
- anamnestisch gesichertes Auftreten von Symptomen am Arbeitsplatz, die als Vorstadium einer obstruktiven allergischen Atemwegserkrankung zu deuten sind; Aufklärung der Ereignisse, bei denen diese Symptome aufgetreten sind
- Erhebung der Krankheitsanamnese zur Feststellung, ob vor Aufnahme der gefährdenden Tätigkeit eine Atemwegssymptomatik bestand, ggf. Prüfung, ob die Symptomatik unter bestimmten Einwirkungen am Arbeitsplatz sich verstärkte
- Vorhandensein und Ausprägung einer unspezifischen bronchialen Hyperreagibilität (17.11.7); wenn bereits vorberuflich feststellbar: Verstärkung der Symptomatik mit beruflichen Einwirkungen.

Eine durch chemisch-irritative Stoffe bedingte (vasomotorische) Rhinopathie kommt mangels hinreichend differentialdiagnostischer Abgrenzbarkeit als Anknüpfung für eine Anwendung des § 3 BKV nicht in Betracht.[190]

Von Bedeutung für die Anwendung dieser Vorschrift im Rahmen der BK-Nr. 43 02 ist daher umfassende Aufklärung der Krankheitsanamnese, um festzustellen, ob mit chemisch-irritativen Einwirkungen am Arbeitsplatz erhöhte Reizbarkeit der Atemwege erstmals auftrat oder – sofern Symptome vorberuflich schon feststellbar – eine erhebliche Steigerung erfahren hat.

Kriterien sind auch Intensität der chemisch-irritativen Einwirkungen am Arbeitsplatz und Vorliegen einer unspezifischen bronchialen Hyperreagibilität sowie deren klinischer Verlauf im Zusammenhang mit beruflicher Einwirkung.

Nach der Rspr.[191] ist die bereits eingetretene berufsbedingte Verschlimmerung einer anlagebedingten Erkrankung zwar keine generell zwingende Voraussetzung für die Annahme einer konkreten Gefahr. Im Regelfall ist aber der Nachweis konkret-individueller und ggf. nicht anders abwendbarer Gefahr der Entstehung einer berufsbedingten obstruktiven Atemwegserkrankung ohne schon feststellbare Beeinflussung einer anlagebedingten oder außerberuflich erworbenen Gesundheitsstörung durch Allergen oder chemisch-irritative Einwirkung am Arbeitsplatz nicht zu erbringen. Ausnahmen bedürfen eingehender Begründung unter Berücksichtigung von Intensität der Allergeneinwirkung sowie gesicherter medizinischer Erfahrung.

Die Prüfung, eine Gefahrbeseitigung anders als durch Tätigkeitsaufgabe zu erreichen, bereitet bei Auslegung des Gefahrbegriffs durch die Rspr. des BSG[192] Schwierigkeiten. Danach soll für Anwendung des § 3 Abs. 1 BKV ausreichen, dass das Erkrankungsrisiko im Einzelfall „nicht unerheblich über jenes hinausgeht, welches zur Aufnahme der Erkrankung in die Anlage zur BKV geführt hat". Ein entsprechender Nachweis eines erhöhten Risikos könne auch auf rein statistischem Wege („statistisch erhöhte Möglichkeit") erbracht werden. Ein definiertes Erkrankungsrisiko sei bei Erkrankungen, die nicht auf bestimmte

---
[190] Stresemann, Koch, BG 1992, 719, 722.
[191] BSG, 22. 3. 1983, Meso B 70/126 (Asbestose).
[192] BSG, 22. 3. 1983, a.a.O. (Fn. 144); BSG, HV-Info 1990, 260.

Gewerbezweige bezogen sind und typischerweise durch das Zusammenwirken beruflicher und außerberuflicher sowie anlagebedingter Faktoren entstehen (wie obstruktive Atemwegserkrankungen), nicht feststellbar. Die „Risikoerhöhungsformel" – vom BSG sodann nicht wiederholt[193] – ist irrelevant. Bei obstruktiven Atemwegserkrankungen ist gerade eine quantitative Bewertung individueller und betrieblicher Risikofaktoren erforderlich, um unverhältnismäßig eine Aufgabe der Tätigkeit zu vermeiden.[194]

Der alleinige Nachweis von Antikörpern z.B. Latex in unterschwelligen RAST-Stufen 0 – 1 und der Nachweis einer unspezifischen bronchialen Hyperreagibilität (UBH) rechtfertigen Präventionsmaßnahmen der ges. UV einschließlich befristeten Behandlungsauftrag, nicht aber den Aufgabezwang der gefährdenden Tätigkeit.

17.13.14 Minderung der Erwerbsfähigkeit[195]

Anamnestische Angaben, klinische Befunde, Lungenfunktionsdaten, Ergebnisse dermaler und inhalativer Tests sowie von Belastungsuntersuchungen und gegebenenfalls notwendige Therapie neben- und miteinander, sind zu berücksichtigen. Im Gutachten ist die Ableitung der MdE unter Nennung und Diskussion aller Teilbereiche der Tabelle konkret darzustellen. Auf diese Weise werden nachvollziehbare Gesamtbewertungen erreicht.

Die Bezeichnung Normoxämie sowie Hypoxämie in der Spalte Belastungsuntersuchung kann ohne Kenntnis der Sauerstoffbindungskapazität Verwirrung stiften. Klarer wäre die Verwendung des Begriffs „verminderter Sauerstoffpartialdruck statt Hypoxämie" und „normaler Sauerstoffpartialdruck statt Normoxämie" (wie auch in den MdE-Empfehlungen zur Silikose, S. 1017).

---

[193] BSG, 5. 8. 1993, HV-Info 1993, 2314 = Meso 50/5; HV-Info 1994, 496.
[194] Römer, BG 1994, 237.
[195] Reichenhaller Merkblatt (Hrsg. HVBG) 2006, modifiziert 2009.

MdE %	Anamnese	Klinik	Lungenfunktion (Spirometrie, Bodyplethysmographie)	Belastungsuntersuchung	Therapie	MdE %
10	Geringe Beschwerden, unter Therapie keine Beschwerden	Normalbefund	Grenzbereich	Normoxämie	Keine oder gelegentlich Bronchodilatatoren u./o. inhalative Kortikoide u./o. Antihistamika	10
20	Keine völlige Beschwerdefreiheit unter Therapie Geringgradige Belastungsdyspnoe Periodisch auftretende Asthmaanfälle	Giemen unterschiedlichen Grades	Geringgradige Veränderungen überwiegen	Normoxämie oder andere Insuffizienzkriterien bei hoher Belastung	Täglich inhalative Kortikoide und Bronchodilatatoren	20
30				Hypoxämie oder andere Insuffizienzkriterien bei hoher Belastung		30
40						40
50	Mittelgradige Belastungsdyspnoe (z.B. Pause nach 2–3 Stockwerken). Tägliche Atembeschwerden. Geringe nächtliche Beschwerden	Cor pulmonale ohne Insuffizienzzeichen	Mittelgradige Veränderungen überwiegen	Hypoxämie oder andere Insuffizienzkriterien bei mittlerer Belastung		50
60						60
70	Hochgradige Belastungsdyspnoe (z.B. Pause nach 1 Stockwerk) Tägliche Asthmaanfälle Regelmäßig nächtliche Atemnotzustände	Cor pulmonale mit reversiblen Zeichen der Rechtsherzinsuffizienz	Hochgradige Veränderungen überwiegen	Hypoxämie oder andere Insuffizienzkriterien bei leichter Belastung	Zusätzliche orale Kortikoide / Sonstige Medikation notwendig	70
80						80
90	Gehstrecke ohne Pause < 100 m oder < 8 Stufen	Cor pulmonale mit irreversibler Rechtsherzinsuffizienz		Hypoxämie oder andere Insuffizienzkriterien in Ruhe bei Normokapnie		90
100	Ruhedyspnoe (Hilfe beim Essen u. /o. Kleiden notwendig) Wiederholt lebensbedrohliche Asthmaanfälle		Forcierte Atemmanöver nicht möglich	Normoxämie oder andere Insuffizienzkriterien und Hyperkapnie in Ruhe	Trotz optimaler Therapie nicht beherrschbares Asthma	100

Der MdE-Wert ist anzunehmen, für den die Mehrheit der einzelnen Angaben/Befunde spricht; so rechtfertigt z. B. die tägliche (prophylaktische) inhalative Kortikoid-Medikation allein keinesfalls eine MdE von 40 oder mehr Prozent.

Anmerkungen:

Beurteilung der Beschwerden: Deren Ausmaß ist nach Aufgabe der schädigenden Tätigkeit zu Grunde zu legen. Die Plausibilität der Angaben über Beschwerden im Vergleich zu klinischen und funktionsdiagnostischen Befunden ist zu beachten.

In der Spalte Lungenfunktion sind die Ergebnisse der Bronchospasmolyse so zu berücksichtigen, dass bei Irreversibilität der Messwerte jeweils die obere Grenze der Tabellenspannweite gewählt wird; vollständige Reversibilität führt zur unteren Grenze der Spanne.

Wie bei der Hauterkrankung wird auch bei der allergischen obstruktiven Erkrankung Sensibilisierung und Verbreitung des Allergens berücksichtigt.[196] Bei allergischen obstruktiven Atemwegserkrankungen ohne funktionelle Einschränkungen sind Art und Ausmaß der Sensibilisierung derart zu würdigen, dass bei ausgeprägtem allergenen Spektrum und hohem Sensibilisierungsgrad (d.h. starker Einschränkung der Erwerbsfähigkeit auf dem Arbeitsmarkt infolge dieser Sensibilisierung auch ohne manifeste Lungenfunktionsstörungen) eine MdE von 10 % gegeben ist. Additive Berücksichtigung dieses Sachverhaltes bei höheren MdE-Graden infolge funktioneller Einschränkungen erfolgt jedoch nicht. Bei kleinem allergenen Spektrum, geringem Sensibilisierungsgrad und normaler Lungenfunktion beträgt die MdE 0 %.

Die UBH soll je nach Ausprägung mit einer MdE von 10 bis 20 % bewertet werden, wenn der kausale Nachweis der beruflichen Verursachung vorliegt, sie reproduzierbar nachgewiesen ist (d.h. nicht nur beispielsweise Infekt-bedingt vorübergehend vorhanden war) und mit subjektiven Beschwerden einhergeht.

Sensibdisierung gegenüber Berufsallergien	Unspezifische Bronchiale Hyperreagibilität	Bronchopulmonale Symptome	MdE
+	−	−	0 %
+	+	−	10 %
+	+	+	≥ 20 %

Bereitet die UHB aktuell keine Beschwerden (asymptomatische Hyperreagibilität), sind dem Betroffenen aber eine Reihe von beruflichen Tätigkeiten verschlossen, weil diese durch das Vorhandensein von Reizstoffen (auch unterhalb geltender Luftgrenzwerte) Beschwerden in Form obstruktiver Ventilationsstörungen auslösen würden, kann eine MdE von 10 % begründet sein. Die Zuerkennung einer solchen infolge Einschränkungen der Erwerbsfähigkeit durch Sensibilisierung bzw. Hyperreagibilität gilt nur im Sinne der Stütz-MdE, wenn keine höhergradigen Befunde der Atemwege vorliegen. Addition zu anderen Stufen ist nicht gegeben, weil Sensibilisierung und Hyperreagibilität Ausdruck bzw. Teil der obstruktiven Atemwegserkrankung und bei stärkerer Ausprägung des Krankheitsbildes im Tabellenwert enthalten sind.

---

[196] LSG Niedersachsen, 16. 3. 2000, Breith. 2000, 1036; LSG Nordrhein-Westfalen, 28. 3. 2001, HVBG VB 87/2003; BSG SozR 2200 § 622 Nr. 23 (Hauterkrankung)

Als praktisches Beispiel für eine MdE von 20 % gilt: Ein Versicherter hat

- arbeitsplatzbezogene und spezifische (bei Exposition gegen Rauch, Dampf, Kalt-Warm-Unterschiede) Atembeschwerden
- Untersuchungsbefund ohne Medikation: keine Obstruktion, pharmakodynamisch hochgradige, reproduzierbare UBH (kausal arbeitsplatzbezogen), somit behandlungsbedürftig nachweisbar

Bei der notwendigen Therapie ist zu berücksichtigen, dass durch inhalative Therapieformen im täglichen Leben Behinderungen und Beeinträchtigungen verursacht werden. Auch Nebenwirkungen von Medikamenten, die unverzichtbar sind, können MdE-relevant sein. Der Einsatz inhalativer und vor allem oraler Kortikoide, die mit erhöhtem Nebenwirkungsrisiko verbunden sind, gelten als Indiz der Krankheitsschwere. Dabei ist allerdings eine mögliche „Übertherapie", d. h. Kortikoidgabe ohne zwingende Indikation, auszuschließen. Dies kann durch Berücksichtigung von Lungenfunktionsmesswerten vor der Kortikoidtherapie oder im Zweifelsfall durch einen in Zusammenarbeit mit dem behandelnden Arzt durchzuführenden Auslassversuch erfolgen. Ist unter notwendiger Kortikoidtherapie Beschwerdefreiheit und/oder Normalisierung der Lungenfunktion eingetreten, liegt dennoch eine MdE entsprechend der Tabelle vor.

BK-Nrn. 43 01 und 51 01

Berücksichtigung der Auswirkungen der Allergie auch im Rahmen der BK-Nr. 43 01 darf bei allergischen Erkrankungen, die sowohl durch Hautsymptomatik als auch durch Atemwegsbeschwerden klinisch in Erscheinung treten, nicht zur differenzierten Bewertung der Verbreitung des Allergens auf dem allgemeinen Arbeitsmarkt und dadurch verschlossener Arbeitsmöglichkeiten führen (Latex-Allergie mit Haut- und Atemwegssymptomatik). Da es sich um ein einheitliches allergisches Krankheitsgeschehen mit Symptomen an verschiedenen Organen handelt, sind derartige allergische Erkrankungen unter Rückgriff auf den Aspekt der Systemerkrankung als *ein* Versicherungsfall – gestützt auf die BK-Nrn. 43 01 und 51 01 – zu behandeln: Eine Gesamt-MdE mit Einschluss der Auswirkungen der Allergie ist zu bilden.[197]

17.13.15 Vorschaden

Allgemeine Hinweise s. 3.6.4, S. 104.

Typische Vorschäden bei Pneumokoniosen, Silikose, Asbestose und obstruktiven Atemwegserkrankung sind[198]:

– Chronische Bronchitis[199]

– Bronchiektasen (Erweiterung der Bronchialäste)

---

[197] BSG, SozR 5677 Anlage 1 Nr. 42 Nr. 1 (24. 8. 1978); SG Kassel, 7. 10. 1999, HV-Info 27/2000, 2505; LSG Nordrhein-Westfalen, 20. 3. 2001, L 17 U 289/99; s. auch Skudlik, Dermatol Beruf Umwelt 38 (2001) 13, 17; Nowak, u. a., ASU 39 (2004) 328.

[198] Woitowitz, Thürauf, Bad Reichenhaller Kolloquium 1974, BKen in der keramischen und Glas-Industrie H. 26 S. 7, 14f.; Woitowitz, Dtsch. med. Wschr. 1974, 919; vgl. auch Stuzky, MedSach 1978, 123, 125.

[199] SG Koblenz, Breith. 1957, 713.

17.13 Obstruktive Atemwegserkrankungen

- Lungenemphysem[200]
- Herzmuskelschädigung
- Lungentuberkulose[201]
- Pleuraschwarten
- Lungenresektion.

Gutachterlich ist zunächst zu klären, ob die Ausfallerscheinungen durch die Berufskrankheit im Sinne der *Entstehung* oder *Verschlimmerung* verursacht wurden. Bei der Entstehung fließen die gesamten Funktionsstörungen, bei der Verschlimmerung nur der Verschlimmerungsanteil in die MdE-Bewertung ein (s. 3.6.5, S. 107).

Liegen im Zeitpunkt des Versicherungsfalles von der Berufskrankheit unabhängige Gesundheitsstörungen vor, handelt es sich um einen Vorschaden. Dieser ist rechtlich bedeutsam, wenn er zur Berufskrankheit in enger organ- und funktionsbezogener Wechselwirkung steht und nachteilige Auswirkungen auf das als Funktionseinheit zu betrachtende kardiopulmonale Organ ausübt. Bei der individuellen Bewertung der MdE ist somit zu erwägen, inwieweit die Erkrankungsfolgen sich überschneiden, gegenseitig beeinträchtigen oder ihre Folgen kumulieren.

Dem Atopiker oder Versicherten mit hyperreagiblem Bronchialsystem beispielsweise kann ein spürbarer Teil des Arbeitsmarktes verschlossen sein. Wenn diese Einengung schon bei Beginn der Tätigkeit bestand, kann sie sich auf die MdE-Bewertung nicht auswirken, so, wenn die Berufsallergene nur in wenigen Berufsbildern vorkommen.

Diese Grundsätze sind auch zu beachten, wenn vorbestehende nicht beruflich bedingte Allergien festgestellt werden. Hier muss sich der Gutachter äußern, inwieweit sich Gesundheitsbeeinträchtigung durch die versicherte gefährdende Tätigkeit wesentlich verschlimmert, die Allergene gegenseitig beeinflussen und bei bereits bestehenden Allergien eine weitere berufsbedingte Allergie die Chancen auf dem Arbeitsmarkt beeinträchtigt.

Ein Sonderfall des Vorschadens ist der „Begleitschaden": gesundheitliche Beeinträchtigungen, die sich im Zeitraum der Ausübung der gefährdenden Tätigkeit entwickeln, jedoch mit tätigkeitsfremden Ursachen.

Solche können parallel sich entfaltende private Allergien sein (Tierhaare, Hausstaubmilben, „Heuschnupfen"), auch Gesundheitsschäden durch langjähriges, starkes Rauchen. Konkrete Befunde und Feststellungen sind erforderlich. Da es sich um eine Entwicklung durch parallele, ggf. langfristige Einwirkungen aus beruflicher und außerberuflicher Sphäre handelt, gestaltet sich die MdE-Beurteilung schwierig. Der Gutachter muss darlegen, in welchem Umfang der multikausale gesundheitliche Schaden bei der MdE-Einschätzung zu berücksichtigen ist. Ein Splitting erfolgt nur bei erreichbarer Abgrenzung der gesundheitlichen Schäden (beruflicher und außerberuflicher Anteil).

Beim *Nachschaden* geht es um die zeitlich nach dem Versicherungsfall, d.h. nach Unterlassung aller gefährdenden Tätigkeiten eingetretene, von dem Versicherungsfall der BK unabhängige Verschlechterung des Gesundheitszustandes. Diese bleibt bei der MdE-Einschätzung außer Betracht. Ein nach Unterlassung der gefährdenden Tätigkeit sich

---
200 LSG Niedersachsen, 26. 10. 1956, Breith. 1957, 1006 ff.; SG Koblenz, 13. 3. 1958, Breith. 1958, 721.
201 BSGE 9, 104, 107 (29. 1. 1959).

entwickelnder, weitergehender Gesundheitsschaden kann der BK zugerechnet werden, wenn der Zusammenhang mit dieser gegeben ist. Da in der Regel die Unterlassung der gefährdenden Tätigkeit die Kausalkette unterbricht, muss dieser Zusammenhang begründet werden. Solches kann sich ergeben, wenn die berufsbedingte, obstruktive Atemwegserkrankung bereits einen erheblichen Gesundheitsschaden verursacht hat, der trotz Aufgabe der Tätigkeit fortschreitet. Dieses Geschehen ist in der Regel im Rahmen einer Nachuntersuchung relevant.

17.14 Unfallfolgen im pneumologischen Bereich

17.14.1 Intoxikation (Gase, Dämpfe, Schwebestoffe)[202]

Schädigung

- Säure-, Alkali-, Metalldämpfe, organische Verbrennungsprodukte, Aldehyde, Schwefelkohlenstoff u. a.
- Gering wasserlösliche Reizgase, z. B. Phosgen, Nitrosegase

Obere Luftwege sind meist nicht betroffen, vorwiegend Schädigung der distalen Atemwege (Latenzintervall!).

- Gut wasserlösliche Reizgase, z. B. Chlorgas, Ammoniak, Formaldehyd

Deposition vorwiegend in den oberen Luftwegen (Warnsymptome!). Periphere Luftwege werden nur bei außerordentlichen hohen Konzentrationen erreicht.

Partikelgröße

- Partikel > 10µm: Niederschlag in der Nase, im Oropharynx und im Larynx
- Partikel zwischen 0,5 und 10 µm: Deposition im Tracheobronchialbereich, je größer die Partikel, desto zentraler die Deposition
- Partikel kleiner als 0,5 µm: zumeist keine Deposition, werden wieder ausgeatmet.

Schädigungsmechanismen

- **Akute toxische Bronchitis, akute toxische Tracheitis**

Dosisabhängig führt die Inhalation gut wasserlöslicher Noxen zu entzündlichen Schleimhautveränderungen, im Wesentlichen neutrophile Granulozyten beteiligt.

Hohe Expositionen können zu schwerer Tracheobronchitis mit ausgeprägtem Schleimhautödem, massiver Exsudation, Ulzeration, Blutung und Nekrosebildung mit Schleimhautabstoßung führen.

Folgeerkrankungen: Atemwegssymptome und obstruktive Lungenfunktionsstörungen

---

[202] Nach Kroidl, Nowak, in: Bewertung und Begutachtung in der Pneumologie (Hrsg. Nowak, Kroidl) 3. Aufl. 2009 S. 207 ff.

17.14 *Unfallfolgen im pneumologischen Bereich*

- **Bronchokonstriktion**

Akute Reflexbronchokonstriktion nach inhalativer Exposition von Schwefeldioxid und Schwefelsäure, aber auch Isocyanaten und Formaldehyd

Persistierende Symptomatik mit gesteigerter unspezifischer Atemwegsempfindlichkeit und einer meist nur geringfügig reversiblen Obstruktion nach solchen Inhalationstraumen.

- **Reactive Airways Dysfunction Syndrome (RADS)**

Spezialform des nicht-allergischen Asthma bronchiale nach unfallartiger hoher irritativer Exposition.

Geringe Reversibilität der Obstruktion ist oft ein Charakteristikum (diagnostische Kriterien s. 17.13.4, S. 1059)

Im Deutschen: *chemisch-irritativ* oder *toxisch ausgelöstes* Asthma bronchiale nach *Inhalationsintoxikation*.

- **Bronchiolitis obliterans**

Massive Inhalationstraumen mit Stickstoffdioxid, Schwefeldioxid, Ammoniak und Chlorgas (Latenzzeit etwa drei Wochen) zu einer obliterierenden Bronchiolitis infolge überschießender Reparationsvorgänge führend. Sofern mit einer organisierenden Pneumonie einhergehend: *„BOOP"* (*Bronchiolitis obliterans mit organisierender Pneumonie*).

Funktionsanalytisch: restriktive Ventilationsstörung (Verminderung der Vitalkapazität, der totalen Lungenkapazität und des Residualvolumens) in Verbindung mit einer Diffusionsstörung und Hypoxämie, teilweise auch periphere Obstruktion.

- **Schäden im Alveolarbereich**

Insbesondere schlecht wasserlösliche Gase wie Phosgen und Ozon sowie Partikel zwischen 0,5 und 3 µm können die oberen Atemwege weitgehend reaktionslos passieren und zu Schäden im Alveolarbereich führen. Intraalveoläres Ödem, klinisch nach Ablauf einer – dosisabhängigen – Latenzphase; Schädigung der Alveolarmakrophagen in ihrer Abwehrfunktion vermutlich für bakterielle Pneumonien nach Inhalationsintoxikationen verantwortlich.

- **Lungenödem**

Insbesondere nach Inhalationsintoxikationen mit lipophilen Noxen wie Stickoxiden und Phosgen (seltener nach Überdosen wasserlöslicher Noxen wie Chlorgas) kann es zu ausgeprägten Lungenparenchymschäden kommen.

18.14.2 Kontusionspneumonie

Eine *Kontusionspneumonie* nach Verletzung des knöchernen Thorax ist Unfallfolge, wenn
- der Versicherte vor dem Unfall an keinen pulmonal bedingten Beschwerden litt
- ein erhebliches Brustkorbtrauma mit Lungenbeteiligung nachgewiesen ist
- der Zeitpunkt der Manifestation in einem Zeitraum von zwei bis sechs Tagen nach dem Unfallereignis liegt.[203]

---

[203] Dürr, in: Gutachtenkolloquium 3 (Hrsg. Hierholzer, u.a.), 1979 S. 17, 18.

17.14.3 Pneumothorax-Spontanpneumothorax

Häufigstes Krankheitsbild nach Verletzungen des Bronchialsystems ist der Pneumothorax (Gasbrust).

Hauptsymptom ist die Luftansammlung in der Brustfellhöhle, d.h. zwischen Brustwand und Lunge: der normalerweise nur Millimeter breite Brustfellspalt wird durch die eindringende Luft stark verbreitert und vergrößert, so dass die Lunge schließlich mehr und mehr zusammengedrückt werden kann (partieller oder totaler Pneumothorax). Im medizinischen Sprachgebrauch wird abgegrenzt der traumatische Pneumothorax gegen den symptomatischen Spontanpneumothorax einerseits und den idiopathischen Spontanpneumothorax andererseits.

- **Differenzierung der Krankheitsbilder**

Das gesunde Brustfell (Pleura) reißt im Allgemeinen nur bei groben Verletzungen ein. Neben durchbohrenden Stichverletzungen sind namentlich stumpfe schwere Thoraxtraumen mit sichtbaren Folgeerscheinungen zu nennen: Kontusion der Brustwand, Bronchusab- oder -einriss des intrapleural gelegenen Verlaufs des Bronchialsystems, Rippenfrakturen, bei denen das Brustfell durchgespießt wird.

Die Zusammenhangsbeurteilung des so entstandenen *traumatischen* Pneumothorax bereitet infolge des erheblichen Unfallereignisses, z.B.

- Sturz aus großer Höhe
- Überfahrenwerden
- Verschüttung
- schwere Explosion
- plötzliche, ruckartige Muskelanstrengung, die zum Rippenbruch führt,

keine Schwierigkeiten. Dieser Pneumothorax ist mit einem Hämothorax (Blutbrust) kombiniert.[204]

Der *Spontanpneumothorax* entsteht – ohne Krafteinwirkung – durch spontanen Eintritt von Luft in den Pleuraraum.

Die Bezeichnung *symptomatischer* Spontanpneumothorax bedeutet, dass der Pneumothorax sich als Symptom eines bekannten Krankheitsgeschehens entwickelt. Intrapulmonale Prozesse haben zu einer Instabilität der Pleura geführt:

Asthma bronchiale, Lungenfibrose verschiedener Ursache, Pneumokoniose, Bronchiektasen, Emphysemblasen, Abszesse, schrumpfende Narben, Lungentuberkulose[205], Silikotuberkulose[206], Aluminose, primärer oder metastatischer Tumorbefall der Lunge. Die rechtliche Bewertung richtet sich nach dem Grundleiden.

Der *idiopathische* Spontanpneumothorax ist wahrscheinlich Folge einer, in der Konstitution begründeten, leichten Zerreißbarkeit der Alveolenwände. Meist reißt ein bullöses (bla-

---
[204] Simon, Marx, in: Medizinische Begutachtung (Hrsg. Marx, Klepzig) 1997 S. 317; Ferlinz, Lungen- und Bronchialerkrankungen, 1974 S. 439.
[205] LSG Bremen, 17.11.1960, Meso B 70/27; LSG Baden-Württemberg, 23.10.1959, Meso B 70/9.
[206] Bayer. LSG, 18.9.1964, Meso B 70/55.

17.14 Unfallfolgen im pneumologischen Bereich

siges) Emphysem, vorwiegend in den Lungenspitzen und Unterlappen.[207] Zwischen beiden Formen des Pneumothorax sind die Übergänge fließend, so dass oft keine scharfe Grenze zu ziehen ist.

- **Nachweis des Kausalzusammenhanges beim idiopathischen Spontanpneumothorax**

Die Entscheidung, ob ein Arbeitsvorgang als wesentliche Teilursache oder „auslösendes Moment" bei einem Anlageleiden im Sinne einer Gelegenheitsursache zu werten ist, bedarf kritischer Überlegung.

„Anlässe": Drucksteigerung beim Anheben schwerer Lasten – vor allem aus gebückter Stellung –, beim Pressen, Husten, Niesen, kräftigen Lachen und auch ohne jede erkennbare Ursache, z.B. im Schlaf, insbesondere bei Rumpfdrehung.[208]

Zwar reißt eine gesunde Lunge auch bei außergewöhnlicher Belastung und lang andauernder schwerer körperlicher Anstrengung nicht ein. Da jedoch der Versicherte in dem Zustand geschützt ist, in dem er sich bei Aufnahme seiner Tätigkeit befindet, ist die schädigende Einwirkung daraufhin zu werten, ob sie sich nach medizinischen Erkenntnissen als so stark herausstellt, dass demgegenüber das Anlageleiden zurücktritt, zumindest lediglich als gleichwertig anzusehen ist.

Unfallereignis

Wesentlich ist ein Arbeitsvorgang erst beim Überschreiten der Leistungsgrenze durch eine akute, außergewöhnliche oder ungewohnte Belastung:

- schwere, jedoch geläufige Arbeit, die unter ausnahmsweise ungünstigen Umständen verrichtet werden muss (unrichtige Verteilung der Last)
- gänzlich ungewohnte schwere Anstrengung
- außergewöhnliche Anstrengung im Hinblick auf Alter und allgemeinen Kräftezustand.

Aus Rechtsprechung und Praxis

Als *mitursächlich* wurden angesehen

- Aufheben eines 50 kg schweren Werkzeuges bei Vorliegen einer Emphysemblase[209]
- einmalige, übermäßige Anstrengung beim Transport eines schweren Aktenschrankes
- Festhalten an einem Balken beim Abrutschen vom Dach.
- Heben schwerer Lasten.[210]

---

[207] Beckmann, Handbuch der gesamten Unfallheilkunde (Hrsg. Bürkle de la Camp u. Schwaiger), 3. Aufl. 3. Bd. 1966 S. 400ff.; Fuchs, Dtsch. med. Wschr. 107 (1982) 1292 „idiopathischer Spontanpneumothorax beim Fliegen".
[208] Sylla, Lungenkrankheiten (Hrsg. Ganguin u.a.) 1978 S. 463.
[209] BSG, 15.12.1966, SGb 1967, 539.
[210] LSG Rheinland-Pfalz, 17.4.2002, HV-Info 32/2002, 3107.

Als *Gelegenheitsursache* wurden die, das betriebsübliche Maß nicht überschreitenden Arbeitsvorgänge gewertet

- Öffnen eines sich klemmenden Schraubverschlusses und Ausstoßen von Teerrillen bei einem 40-jährigen Heizer in der Kokerei eines Gaswerkes[211]
- gewöhnliches Tragen von Steinen bei einem Bauarbeiter.

Klinisches Bild

Je nach Menge der in den Pleuraraum eingedrungenen Luft können Symptome fehlen. Überwiegend erscheinen: plötzlich auftretender stechender Schmerz in der Brust, verbunden mit akut einsetzender Atemnot und trockenem Reizhusten.

Vorerkrankungen

Aus den Krankenkassenunterlagen können Rezidivneigungen ersichtlich werden. Ursächlich sind Missbildungen, Lungenzysten, Wabenbildungen, subpleurale Emphysemblasen. Entsprechende Vorerkrankungen sind meist nur aus Röntgenaufnahmen erkennbar.

Gegebenenfalls ist eine erbliche Belastung zu erforschen: Wenn der idiopathische Spontanpneumothorax öfter familiär erscheint, ist konstitutioneller Entstehungsfaktor zu vermuten.

Mittelbare Folge

Verfahren, die darauf abzielen, Lungen- oder Pleuragewebe mit Hilfe verschiedenartiger Kanülen zur zytologischen oder histologischen Untersuchung zu gewinnen, bergen die Gefahr, dass ein Spontanpneumothorax entsteht. Dieser ist mittelbare Folge eines Arbeitsunfalles oder einer Berufskrankheit.

- **Minderung der Erwerbsfähigkeit**

Einseitiger Pneumothorax	MdE in %
ohne sonstige traumatische Thoraxschädigung andere Lunge voll leistungsfähig in den ersten 6 Monaten	60–100
nach 6 Monaten bei geringem Restbefund	10–30
bei breiter Pleuraverschwielung eingeschränkter Ventilationsleistung	30–60

---

[211] OVA Schleswig, 24. 2. 1953, BG 1954, 37.

18 Berufsbedingte Krebserkrankungen*

Übersicht

18.1	Allgemeine Grundsätze	1086
18.2	Tumor-Klassifikation	1087
18.3	Zuordnung in Abschnitt III der MAK- und BAT-Werte-Liste	1088
18.4	Kausalität	1092
18.5	Kausalität-Synkanzerogenese	1093
18.6	Krebs als Berufskrankheit	1096
18.6.1	Stäube	1096
18.6.1.1	Asbest und Lungen- oder Kehlkopfkrebs (BK-Nr. 41 04)	1096
18.6.1.1.1	Lungenkrebs durch Asbest (BK-Nr. 41 04 Alt. 1)	1097
18.6.1.1.1.1	Bestimmte Erkrankungen (Brückenbefunde) und Einwirkungen	1097
18.6.1.1.1.2	Expositions- und Latenzzeit	1100
18.6.1.1.1.3	Leistungsfall	1100
18.6.1.1.1.4	Minderung der Erwerbsfähigkeit	1100
18.6.1.1.2	Kehlkopfkrebs durch Asbest (BK-Nr. 41 04 Alt. 2)	1102
18.6.1.2	Durch Asbest verursachtes Mesotheliom des Rippenfells, des Bauchfells oder des Perikards (BK-Nr. 41 05)	1104
18.6.1.3	Andere Krebslokalisation durch Asbest	1107
18.6.1.4	Lungenkrebs durch das Zusammenwirken von Asbestfaserstaub und polyzyklischen aromatischen Kohlenwasserstoffen (BK-Nr. 41 14)	1108
18.6.1.5	Krebserkrankungen durch das Zusammenwirken von Asbest und anderen K1-Stoffen	1112
18.6.1.6	Lungenkrebs durch die Einwirkung von kristallinem Siliziumdioxid (SiO_2) bei nachgewiesener Quarzstaublungenerkrankung (Silikose oder Siliko-Tuberkulose) – BK-Nr. 41 12 –	1112
18.6.1.7	Narben-assoziierte Karzinome	1113
18.6.1.8	Adenokarzinome der Nasenhaupt- und Nasennebenhöhlen durch Stäube von Eichen- oder Buchenholz (BK-Nr. 42 03)	1114
18.6.2	Chemikalien	1116
18.6.2.1	Metalle	1116
18.6.2.1.1	Krebserkrankungen durch Chrom oder seine Verbindungen (BK-Nr. 11 03)	1117
18.6.2.1.2	Krebserkrankungen durch Cadmium und seine Verbindungen (BK-Nr. 11 04)	1117
18.6.2.1.3	Krebserkrankungen durch Arsen und seine Verbindungen (BK-Nr. 11 08)	1118
18.6.2.1.4	Krebserkrankungen durch Beryllium (BK-Nr. 11 10)	1118
18.6.2.1.5	Bösartige Neubildungen der Atemwege und der Lunge durch Nickel oder seine Verbindungen (BK-Nr. 41 09)	1120
18.6.2.2	Organika	1122

---

* Mitarbeit Prof. Dr. med. Dipl.-Chem. G. Triebig, Direktor des Instituts und Poliklinik für Arbeits- und Sozialmedizin des Universitätsklinikums Heidelberg, und Prof. Dr. med. Dr. rer. nat. H. M. Bolt, em. Direktor des Instituts für Arbeitsphysiologie an der Universität Dortmund; seit 1. 1. 2009 Leibniz-Institut für Arbeitsforschung an der TU Dortmund.

18.6.2.2.1	Schleimhautveränderungen, Krebs oder andere Neubildungen der Harnwege durch aromatische Amine (BK-Nr. 13 01) 1122	18.7	Berufsbedingter Hautkrebs..	1136
		18.7.1	Arsen (BK-Nr. 11 08)	1136
		18.7.2	Ionisierende Strahlen (BK-Nr. 24 02)............	1136
18.6.2.2.2	Bösartige Neubildungen der Atemwege und der Lungen durch Kokereirohgase (BK-Nr. 4110)............ 1129	18.7.3	Hautkrebs oder zur Krebsbildung neigende Hautveränderungen durch Ruß, Rohparaffin, Teer, Anthrazen, Pech oder ähnliche Stoffe (BK-Nr. 51 02)	1137
18.6.2.2.3	Lungenkrebs durch PAK (BK-Nr. 4113)............ 1131	18.7.4	Hautkrebs durch UV-Strahlen (§ 9 Abs. 2 SGB VII).......	1139
18.6.2.2.4	Krebserkrankungen durch Halogenkohlenwasserstoffe (BK-Nr. 1302)............ 1133	18.7.5	Empfehlungen zur Schätzung der MdE	1142
18.6.2.2.5	Krebserkrankungen durch halogenierte Alkyl-, Aryl-Alkylaryloxide (BK-Nr. 13 10) 1134	18.8	Krebserkrankungen nach § 9 Abs. 2 SGB VII	1143
		18.8.1	Krebserkrankungen durch K1-Stoffe, die bislang nicht in die BK-Liste aufgenommen wurden	1143
18.6.2.2.6	Krebserkrankungen durch halogenierte Alkyl-, Aryl- oder Alkylarylsulfide (BK-Nr. 13 11) 1135	18.8.2	Krebsrisiken in der Gummiindustrie (Nitrosamine, N-Nitrose-verbindungen)	1143
18.6.2.2.7	Erkrankungen des Blutes, des blutbildenden und des lymphatischen Systems durch Benzol.............. 1135	18.8.3	1,3-Propansulton..........	1145
		18.8.4	Krebserzeugende Arzneistoffe (Zytostatika)..............	1146
18.6.3	Krebserkrankungen durch ionisierende Strahlen (BK-Nr. 24 02) 1135	18.9	Plasmozytom (multiples Myelom)	1146
		18.10	Krebs als Arbeitsunfall	1147
18.6.4	Krebserkrankungen im Rahmen von Infektions- und Tropenkrankheiten (BK-Nrn. 31 01, 31 04)...... 1136	18.10.1	Traumakrebs	1147
		18.10.2	Narbentumoren..........	1147

18.1 Allgemeine Grundsätze

Unter der Bezeichnung Krebs werden verschiedene Krankheiten zusammengefasst, die als Folge unkontrollierten Zellwachstums entstehen. Obwohl ihr Verhalten und ihre klinischen Symptome sehr unterschiedlich sein können, werden alle Krebszellen durch die gemeinsame Eigenschaft, sich zu vermehren, ohne sich den Kontrollmechanismen zu unterwerfen, charakterisiert. Diese Fähigkeit führt zur Verdrängung und Zerstörung normaler Zellen und erklärt die schädliche Wirkung von Krebszellen im Organismus.[1]

Auf Grund praktisch-klinischer Erfahrungen und wissenschaftlicher Erkenntnisse ist von folgenden Grundsätzen, die im Allgemeinen unbestritten sind, auszugehen:

---

[1] Steinke, in: Medizinische Begutachtung innerer Krankheiten (Hrsg. Marx, Klepzig) 7. Aufl. 1997 S. 448 ff.; Müller, in: Die ärztliche Begutachtung (Hrsg. Fritze, Mehrhoff) 7. Aufl. 2008 S. 614 ff.; Drings, Dienemann, Wannenmacher, Management des Lungenkarzinoms, 2003; Drings, Vogt-Moykopf, Lungenkarzinom, 2. Aufl. 1998.

18.1 Allgemeine Grundsätze

(1) Unter *bösartigen Erkrankungen (Neoplasien)* werden Zell- und/oder Gewebevermehrungen verstanden, deren Wachstum überschießt, mit dem normalen Gewebe nicht koordiniert ist und auch dann anhält, wenn der auslösende Reiz nicht mehr wirksam ist.

(2) Man kennt derzeit je nach Klassifikations-Prinzip *etwa 120 bis 150 verschiedene Lokalisationen und histologische Typen bösartiger Erkrankungen.*

(3) Die Bedeutung bösartiger Erkrankungen wird aus der Inzidenz der jährlichen Todesfälle ersichtlich, welche im deutschen Sprachraum in den letzten Jahren um 25 % bei rund 850.000 Todesfällen gelegen hat. Nach den Herz- und Kreislaufkrankheiten (51 %) steht die Krebserkrankung an der zweiten Stelle der Todesursachen.[2]

(4) In der Diagnostik und Therapie bösartiger Erkrankungen sind im letzten Jahrzehnt in vielen Bereichen Fortschritte erzielt worden. Symptomenkomplexe und Krankheitsbilder variieren ganz erheblich. Es bleibt jedoch auch festzuhalten, dass trotz aller moderner diagnostischer Möglichkeiten Frühstadien maligner Erkrankungen auch heute meist nur schwer zu erfassen sind.

(5) Bei der *Ursachen-Analyse* stehen einheitliche Bewertungen verschiedener medizinischer Ansätze und ihrer Resultate häufig aus. In epidemiologischen Forschungen müssen *Selektion, Bias* (Kriterien, die zu einer Verzerung der Ergebnisse beitragen können), *Confounding* (Vermischung verschiedener Faktoren, z.B. unterschiedliche Rauchgewohnheiten der zu vergleichenden Gruppen) und *Zufälle* (mehrere Tests werden in einer Studie durchgeführt) überprüft werden.

(6) Die *Validität* (Gültigkeit) von *Tierexperimenten und Zelltests* wird hinsichtlich ihrer Übertragbarkeit auf den Menschen kontrovers diskutiert bzw. manchmal voreilig als konkludent angesehen. Der Nachweis von Stoffen und Verbindungen im biologischen Material mit Hilfe analytischer Methoden braucht noch nicht unbedingt ein Ursachen-Beweis zu sein.

(7) Aus arbeitsmedizinischer Sicht unterscheidet man je nach den *Wirkungsmechanismen der kanzerogenen Noxen* den Kontakt-Krebs (z.B. Haut), die resorptive System-Erkrankung (z.B. Leukämie), den Krebs nach Trauma und den Krebs im Bereich einer berufsbedingten Organschädigung (z.B. silikotische Schwiele).

(8) *Die Abgrenzung verschiedener Ursachenbereiche* hat zunächst nach epidemiologischen Erkenntnissen sowie klinischen und toxikologischen Erfahrungen zu erfolgen. Daneben ist gerade bei fraglich berufsbedingten Erkrankungen eine individuelle Beurteilung unter Berücksichtigung spezieller Expositionsmuster vorzunehmen, die durch objektive Daten gestützt sein sollten.

(9) *Maligne Erkrankungen in Arbeit und Beruf* können einerseits durch besondere Einwirkungen, wie chemische oder physikalische Noxen am Arbeitsplatz, verursacht werden. Andererseits müssen auch Umwelt-Belastungen der verschiedensten Art sowie gesundheitswidriges Eigenverhalten angemessen berücksichtigt werden.

---

[2] World Health Statistics Annual 1994, WHO Genf 1995; Becker, Der Onkologe 1998, 698; s. auch Valentin, Hartung, BG 2003, 333.

(10) Trotz erheblicher Fortschritte bei der Aufdeckung von Kausalzusammenhängen ist festzuhalten, dass *bei vielen malignen Leiden die Ursachen bisher nicht gefunden* werden konnten. Hier werden endogene oder genetische Faktoren auch als wesentlich angesehen. Man spricht in diesen Fällen vom sog. Spontan-Krebs, Alters-Krebs, auch von schicksalsmäßiger Erkrankung.

(11) Die Grundlagenwissenschaften (Basic Science) liefern eine Fülle von experimentellen Ergebnissen und theoretischen Erkenntnissen. Sie haben nach allgemeiner Auffassung für ihre Bewertungen eine klinische Erprobung (Clinical Evaluation) zu passieren. Nur hierdurch lässt sich in der Humanmedizin *die objektiv wahre Kausalität* nachweisen. Es bedarf somit *eines weiteren Individualisierungsprozesses, um zu einer wissenschaftlichen Verifizierung zu kommen.* Dabei ist *die hierzu erforderliche Transformation allgemeiner naturwissenschaftlicher Erkenntnisse auf den menschlichen Anwendungsbereich ein eigenständiger, typisch medizinischer Beurteilungsakt (Watermann).* Bei dieser Sachlage sind sowohl praktisch-klinische Erfahrungen, also empirische Kasuistiken, als auch epidemiologische Studien nach modernen Vorgaben außerordentlich bedeutsam. Entsprechende Kriterien-Kataloge zur Identifizierung und Klassifizierung von Gefahrenbereichen in der Arbeitswelt liegen vor.

Der berufsbedingte Anteil an Krebserkrankungen lässt sich statistisch nicht exakt erfassen. Dies liegt vornehmlich an der Unzulänglichkeit des Nachweises im Einzelfall. Angaben über den Anteil der Berufskrebse an der Gesamtzahl aller Krebserkrankungen schwanken. In der Weltliteratur werden Zahlen zwischen 1 % und um 30 % aller Erkrankungen genannt. Ernstzunehmenden Schätzungen gemäß scheint der Anteil für die US-Bevölkerung ca. 4 % (2 bis 8 %) zu betragen.[3] Auch wird argumentiert, die Rolle der in der Umwelt und am Arbeitsplatz vorkommenden Kanzerogene werde überschätzt und die Mehrzahl der Krebserkrankungen sei Lebensstilfaktoren (Ernährung, Rauchen, Alkohol) zuzuordnen.[4]

Ein ähnlich kontroverses Bild ist bei der Angabe verschiedener nationaler und internationaler Gremien und Kommissionen zur Anzahl krebserzeugender Substanzen in der Arbeitswelt festzustellen. Es wurden Zahlen von 9 bis 269 Substanzen genannt, die als sicher humankanzerogen einzustufen seien. International am gebräuchlichsten ist die Liste krebserzeugender Stoffe durch die International Agency for Research on Cancer (IARC) in Lyon (s. 18.3, S. 1088).[5]

Aktuellen Abschätzungen zufolge ist davon auszugehen, dass Umweltfaktoren die meisten Krebserkrankungen verursachen und zumindest die Hälfte der Erkrankungsfälle auf Grund der vorliegenden Erkenntnisse vermeidbar wären.[6]

Auch an der Entzifferung des menschlichen Genoms gibt es zu den Ursachen bösartiger Erkrankungen und zur Ermittlung des persönlichen Krebsrisikos im Hinblick auf die zukünftigen Entwicklungen große Unterschiede. Einerseits wird geäußert, dass bei komple-

---

[3] Doll, Peto, The causes of cancer, Oxford Univ. Press, London 1981; Rüdiger, in: Gemeinsam sicher – Sicherheit und Gesundheit am Arbeitsplatz, Schlussbericht des Internationalen Kongresses (Hrsg. Allgemeine Unfallversicherungsanstalt) Wien 1997 S. 195.
[4] Henderson, Ross, Pike, Toward the primary prevention of cancer, Science 254 (1991) 1131–1138.
[5] http://monographs.iarc.fr.
[6] Tomatis, Huff, Hertz-Picciotto, u.a., Avoided and avoidable risks of cancer, Carcinogenesis 18 (1997) 97–105.

18.1 Allgemeine Grundsätze

xen Erkrankungen wie dem Krebs der Nachweis von genetischen Ursachenfaktoren eine untergeordnete Bedeutung habe und solche Krankheiten sich ohnehin nicht besiegen ließen. Andererseits werden bei bösartigen Erkrankungen durch die Genomforschung große Fortschritte im Hinblick auf Diagnose, Therapie und Kausalanalyse erwartet.

- **Krebsentstehung**

Krebsentstehung wird heute als mehrstufiger Prozess verstanden.[7] Stufenweise aufeinander folgende gentoxische Veränderungen (multitage) im Erbgut der Zellen (DNA) spielen hier eine Rolle. Zunächst werden normale Zellen durch ein gentoxisches Ereignis initiert (Initiation). Mit der Initiation erfolgt der erste Schritt auf dem Weg zur Krebsentstehung. Die Zellen mit veränderter DNA sind hinsichtlich Tumorentstehung unauffällig, es sei denn, ein zusätzliches Signal führt zur Zellteilung (Promotion). Die Vermehrung dieser Zellen wird in einer Abfolge weiterer Schritte gegenüber der Vermehrung anderer, nicht gentoxisch geschädigter Zellen bevorteilt. Jede Stufe der Kanzerogenese beinhaltet erneute genetische Veränderungen, wie z. B. die Aktivierung von „Krebsgenen" (Onkogenen) und die Inaktivierung von Antikrebsgenen" (Tumorsuppressorgenen) (Abb. 1).

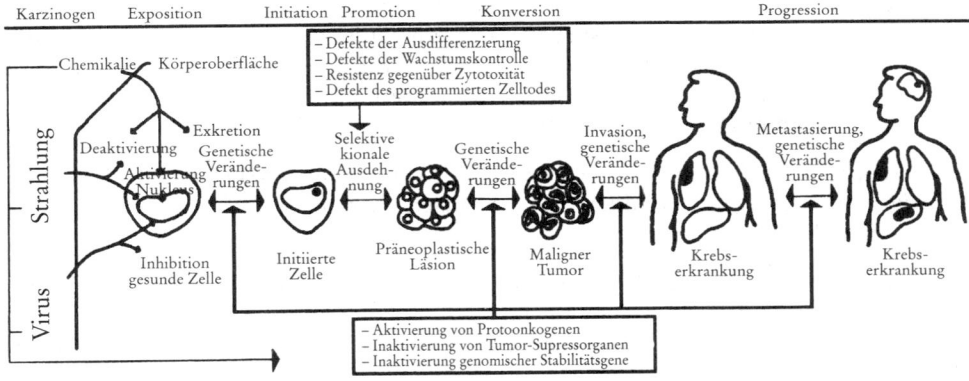

Abb. 1: Mehrstufenmodell (multi stage) der Kanzerogenese am Beispiel des Bronchialkarzinoms [nach *Harris*, u. a., in: *Brugge, Curan, Harlow, Mc Cormick* (Hrsg.): Origins of human cancer. A comprehensive review. New York 1991, 739–744.]

Eine Zelle erwirbt sechs essentielle Eigenschaften, um sich nach entsprechender Vermehrung klinisch als Krebs zu erkennen zu geben[8]

(1) Unabhängigkeit von externen Wachstumssignalen
(2) Unempfindlichkeit gegenüber wachstumshemmenden Signalen
(3) weitgehende Ausschaltung des programmierten Zelltodes (Apoptose)
(4) uneingeschränkte Fähigkeit der Zellvermehrung (Genomreplikation)
(5) eigenständige Steuerung der Blutgefäßbildung
(6) Fähigkeit, in gesunde Gewebe einzudringen und Metastasen zu bilden.

---

[7] Wissenschaftlichen Begründung zur BK-Nr. 41 14, GMBl 2007, 474, 476; Greim, BK-Report 2/2006 Synkanzerogenese (Hrsg. HVBG) 2006, 83; Bolt, ASU 43 (2008) 43.
[8] Hanahan, Weinberg, The hallmarks of cancer. Cell 100 (2000) 57–70.

Die vielfältigen, miteinander vernetzten Signalwege einer gesunden Zelle bieten eine große Zahl von Angriffspunkten für gentoxische K1-Kanzerogene (s. S. 1089). Diesen stehen umfangreiche Schutzfunktionen und Systemredundanzen gegenüber. In der Regel sind daher mehrere gentoxische Erbsprünge (Mutationen, „multi hits") notwendig, um eine der sechs kanzerogenen Eigenschaften herbeizuführen. Selbst ein einzelner Stoff wie Asbestfaserstaub kann eine krebserzeugende Wirkung mehrfach entfalten oder als Promotor wirken.

Neben der Konzentration des einwirkenden krebserzeugenden Arbeitsstoffes spielt die Zeitdauer der Einwirkung für das Wirkungsprodukt als inkorporierte kumulative Dosis eine entscheide Rolle.[9]

Karzinome entstammen den epithelialen Geweben und Organen (oberste Zellschicht des Haut- und Schleimhautgewebes). Hierzu gehören die Oberflächen-Plattenepithelkarzinome (z.B. der Haut, der Mundschleimhaut, der Schleimhäute von Nasennebenhöhlen, des Larynx, der Lungen) und zylinderzellige Adenokarzinome (z.B. der Gallenblase, des Magens, des Dickdarms).

Sarkome leiten sich von mesenchymalen Geweben jeglicher Lokalisation ab und werden daher auch als bösartige Geschwülste des Binde- und Stützgewebes bezeichnet: Fibrosarkome (Bindegewebsgeschwulst), Osteosarkome (Knochengeschwulst), Myosarkome (Geschwulst des Muskelgewebes), Chondrosarkome (vom Knorpelgewebe ausgehende Geschwulst), Retothel-Sarkome (Geschwulst überwiegend in Lymphknoten).

Die mesenchymalen Gewebe machen 82,5 % der Körpermasse aus, liefern jedoch nur 6 % bösartiger Tumore. Dagegen bilden die epithelialen Gewebe ca. 20 % der Körpermasse, aber mehr als 80 % der Krebserkrankungen.[10]

Karzinoidtumoren (auch *Bronchuskarzinoid*) sind niedrig-maligne Karzinome des diffusen neuroendokrinen Systems. Ein Zusammenhang zwischen exogenen Noxen und dem Auftreten eines Karzinoids ist nicht gesichert: Das Vorliegen einer Berufskrankheit ist abzulehnen.

- **Synkanzerogenese und primäre Mehrfachtumoren**

Mit der mehrstufigen Natur der Krebsentstehung sind die Problemkomplexe der Synkanzerogenese und der primären Mehrfachtumoren eng verbunden. Verschiedene Stoffe können in unterschiedlichen Stadien der Tumorentstehung eingreifen und so zu additiven oder multiplikativen Effekten führen (s. 18.5, S. 1093). Andererseits könnte durch einen Stoff der Prozess der Krebsentwicklung simultan oder konsekutiv an mehreren Stellen des Organismus angestoßen werden. Dies führt dann zu primären Mehrfachtumoren.

Die Frage, ob beruflicher Kontakt mit aromatischen Aminen neben den in der Liste der Berufskrankheiten unter Nr. 13 01 genannten Krebserkrankungen der Harnwege Zweit- oder Mehrfachtumoren – primäre Tumoren verschiedener Lokalisation und Gewebestruktur, die nach einem Erst-Tumor unabhängig von diesem aufgetreten sind – verursachen kann, wurde in der Vergangenheit teilweise bejaht.

---

[9] Druckrey, u. a., Zeitschrift für Arznm. Forsch. 13 (1963) 841–851.
[10] Bauer, Langenbecks Arch. klin. Chir. 313 (1965) 417–424.

Der Ärztliche Sachverständigenbeirat hatte sich in den 1980er Jahren auf der Grundlage von betriebsärztlichen Beobachtungen eines Clusters, die eine Häufung primärer Mehrfachtumoren nach Einwirkung aromatischer Amine vermuten ließen, mit der Problematik befasst. Nachdem sich diese Annahme bei weiteren Auswertungen nicht bestätigt hatte[11], wurde seinerzeit von einer entsprechenden Erweiterung der Berufskrankheitenliste abgesehen. Trotz einer Publikation zum Thema[12] und Fällen von Anerkennungen nach § 551 Abs. 2 RVO und § 9 Abs. 2 SGB VII wurden seitdem keine wesentlichen neuen medizinischen oder epidemiologischen Erkenntnisse über einen Zusammenhang gewonnen.

Aus tierexperimentellen Studien wird von Toxikologen abgeleitet, dass bei typischen systemischen Kanzerogenen prinzipiell in jedem Gewebe ein Primärschaden angelegt werden kann, der eine Voraussetzung zur späteren Krebsentstehung ist. Wissenschaftliche Kenntnisse darüber, dass aromatische Amine auch Tumoren außerhalb der ableitenden Harnwege erzeugen können, sind demgemäß zwar in Ansätzen vorhanden, erweisen sich letztlich aber angesichts der Komplexität der Einflussfaktoren als zu lückenhaft und nicht hinreichend systematisierbar, um die Kausalitätskriterien mit der im Unfallversicherungsrecht erforderlichen Beweiskraft erfüllen zu können.

Anerkennungen im Rahmen von § 551 Abs. 2 RVO bzw. § 9 Abs. 2 SGB VII[13]

– Duodenal-(Zwölffingerdarm-)Krebs und Glioblastoma multiforma des Gehirns (1982)
– Bronchialkarzinom (1984, 1994, 1999)
– Magenkarzinom (1989)

18.2 Tumor-Klassifikation

UICC-Klassifikation: T, N, M; G-Einteilung maligner Tumoren

Die T, N, M; G-Klassifikation wurde von der Internationalen Union gegen den Krebs (UICC) als System zur Einteilung von malignen Tumoren erarbeitet. Sie enthält alle Informationen, die zur medizinischen und gutachterlichen Beurteilung gebraucht werden.

pT: Ausdehnung des Primärtumors

N: Fehlen oder Vorhandensein sowie Ausdehnung regionärer Lymphknoten – Metastasen

M: Fehlen oder Vorhandensein von Fernmetastasen

Durch Hinzufügen von Ziffern zu diesen drei Komponenten wird das Ausmaß der malignen Erkrankung angezeigt:

pT0, T1, T2, T3, T4

Der Zusatz „m" soll bei der entsprechenden T-Kategorie verwendet werden, um multiple Läsionen anzuzeigen. Der Zusatz „is" kann zu jeder T-Kategorie verwendet werden, um das Vorhandensein eines assoziierten Carcinoma in situ anzuzeigen.

---

[11] Korallus, Lewalter, Aromatische Amine in: Handbuch der Arbeitsmedizin (Hrsg. Konietzko/Dupuis) 1989, Kap. IV-2.30.2, S. 70–71.
[12] Popp, u. a., ASU 28 (1993) 183–191.
[13] Mehrtens, Brandenburg, P20 S. 3.

N0, N1, N2, N3, N4

M0, M1

Die *Stadien* fassen die drei Angaben des TNM-Systems komprimiert in einem Ausdruck zusammen.

Das pathologische Grading G beschreibt den Malignitätsgrad und damit die zu erwartende Dynamik des Krebsleidens. Es wird in vier unterschiedlichen Malignitätsgraden angegeben: G_1, G_2, G_3, G_4. Je höher der Malignitätsgrad, desto schneller breitet sich der Tumor aus und desto schlechter ist die Prognose. Mit G_0 werden die gutartigen urethelialen Papillome bezeichnet, die als Vorstadien bösartiger Entartungen angesehen werden, G_1: gut differenziert, G_4: undifferenziert.

18.3 Zuordnung in Abschnitt III der MAK- und BAT-Werte-Liste
(Senatskommission zur Prüfung gesundheitsschädlicher Arbeitsstoffe der DFG 2009)

Die international am meisten verwendete und akzeptiert Liste krebsauslösender Faktoren ist die der *International Agency for Research on Cancer* der WHO (IARC)[14]. Vergleichbare Listen für chemische Stoffe werden auf nationaler Ebene durch die MAK-Kommission der Deutschen Forschungsgemeinschaft im Hinblick auf den Arbeitsplatz und von der Europäischen Union für Zwecke der Einstufung und Kennzeichnung von Chemikalien publiziert.[15] Die Kriterien dieser Einstufungen sind qualitativer Art und berücksichtigen – wenn überhaupt – die Wirkstärke nur in untergeordneter Art und Weise. Zielrichtung dieser Einstufungen ist die Prävention, nicht die Kompensation.

Hieraus ergibt sich, dass die erwähnten Listeneinstufungen und deren wissenschaftliche Begründungen zwar wichtige Hinweise für einen möglichen Ursachenzusammenhang liefern können, die aber in jedem Falle weiterer fallspezifischer Betrachtungen bedürfen:

„Ebenso wenig lässt sich aus MAK-Werten oder der Einstufung als krebserzeugender Arbeitsstoff eine festgestellte oder angenommene Schädigung im Einzelfalle herleiten; hier entscheidet allein der ärztliche Befund unter Berücksichtigung aller äußeren Umstände des Fall-Herganges. Angaben in der MAK-Werte-Liste sind daher grundsätzlich nicht als vorgezogene Gutachten für Einzelfallentscheidungen zu betrachten."[16]

Der Prüfgang des UV-Trägers zur generellen Geeignetheit bezieht sich nämlich auf die spezifische Krebslokalisation bzw. Krebsart und auf die bestimmte Personengruppe sowie die besondere Tätigkeit im Sinne des § 9 Abs. 1 SGB VII und nicht allein auf die bloße Kanzerogenität.[17] Ebenso wenig lässt sich aus MAK Werten oder der Einstufung als krebserzeugender Arbeitsstoff eine festgestellte Schädigung im Einzelfall herleiten: Der ärztliche Befund unter Berücksichtigung aller äußeren Umstände des Fallherganges ist entscheidend.[18]

---

[14] http://www.iarc.fr
[15] Bolt, ASU 43 (2008) 485.
[16] Zitiert nach Deutsche Forschungsgemeinschaft: MAK- und BAT-Werte-Liste 2009, Wiley-VCH, S. 10.
[17] BSG, 24. 1. 1990, HV-Info 1990, 793.
[18] BSG, 12. 6. 1990, HV-Info 1990, 2085.

18.3 Zuordnung in Abschnitt III der MAK-und BAT-Werte-Liste

Die Arbeitsstoffkommission hat 1998 ein erweitertes Schema zur Einstufung kanzerogener Substanzen eingeführt, um den fortgeschrittenen Erkenntnissen zu Wirkungsmechanismen und Wirkungsstärke kanzerogener Stoffe Rechnung zu tragen:

Kategorie 1:

Stoffe, die beim Menschen Krebs erzeugen und bei denen davon auszugehen ist, dass sie einen nennenswerten Beitrag zum Krebsrisiko leisten. Epidemiologische Untersuchungen geben hinreichende Anhaltspunkte für einen Zusammenhang zwischen einer Exposition beim Menschen und dem Auftreten von Krebs. Andernfalls können epidemiologische Daten durch Informationen zum Wirkungsmechanismus beim Menschen gestützt werden.

Kategorie 2:

Stoffe, die als krebserzeugend für den Menschen anzusehen sind, weil durch hinreichende Ergebnisse aus Langzeit-Tierversuchen oder Hinweise aus Tierversuchen und epidemiologischen Untersuchungen davon auszugehen ist, dass sie einen nennenswerten Beitrag zum Krebsrisiko leisten. Andernfalls können Daten aus Tierversuchen durch Informationen zum Wirkungsmechanismus und aus In-vitro- und Kurzzeit-Tierversuchen gestützt werden.

Kategorie 3:

Stoffe, die wegen erwiesener oder möglicher krebserzeugender Wirkung Anlass zur Besorgnis geben, aber auf Grund unzureichender Informationen nicht endgültig beurteilt werden können. Die Einstufung ist vorläufig.

3A) Stoffe, bei denen die Voraussetzungen erfüllt wären, sie der Kategorie 4 oder 5 zuzuordnen. Für die Stoffe liegen jedoch keine hinreichenden Informationen vor, um einen MAK- oder BAT-Wert abzuleiten.

3B) Aus In-vitro- oder aus Tierversuchen liegen Anhaltspunkte für eine krebserzeugende Wirkung vor, die jedoch zur Einordnung in eine andere Kategorie nicht ausreichen. Zur endgültigen Entscheidung sind weitere Untersuchungen erforderlich. Sofern der Stoff oder seine Metaboliten keine genotoxischen Wirkungen aufweisen, kann ein MAK- oder BAT-Wert festgelegt werden.

Kategorie 4:

Stoffe mit krebserzeugender Wirkung, bei denen ein nicht-genotoxischer Wirkungsmechanismus im Vordergrund steht und genotoxische Effekte bei Einhaltung des MAK- und BAT-Wertes keine oder nur eine untergeordnete Rolle spielen. Unter diesen Bedingungen ist kein nennenswerter Beitrag zum Krebsrisiko für den Menschen zu erwarten. Die Einstufung wird insbesondere durch Befunde zum Wirkungsmechanismus gestützt, die beispielsweise darauf hinweisen, dass eine Steigerung der Zellproliferation, Hemmung der Apoptose oder Störung der Differenzierung im Vordergrund stehen. Zur Charakterisierung eines Risikos werden die vielfältigen Mechanismen, die zur Kanzerogenese beitragen können, sowie ihre charakteristischen Dosis-Zeit-Wirkungsbeziehungen berücksichtigt.

Kategorie 5:

Stoffe mit krebserzeugender und genotoxischer Wirkung, deren Wirkungsstärke jedoch als so gering erachtet wird, dass unter Einhaltung des MAK- und BAT-Wertes kein nennenswerter Beitrag zum Krebsrisiko für den Menschen zu erwarten ist. Die Einstufung wird gestützt durch Informationen zum Wirkungsmechanismus, zur Dosisabhängigkeit und durch toxikokinetische Daten zum Spezies-Vergleich.

• **Stoffe der Kategorie 1 gemäß DFG (2009)**	BK-Nr.
Aflatoxine	—
4-Aminodiphenyl	13 01
Arsen und anorganische Arsenverbindungen	11 08
Asbest* (Chrysotil, Krokydolith, Amosit, Anthophyllit, Aktinolith, Tremolit) (Faserstaub)	(41 03), 41 04, 41 05
Benzidin und seine Salze	13 01
Benzol	13 18 (vorher 13 03)
Beryllium und seine organischen Verbindungen	11 10
Bis(chlormethyl)ether (Dichlordimethylether)**	13 10
Buchenholzstaub	42 03
1,3-Butadien	—
Cadmium und seine organische Verbindungen (einatembare Fraktion)	11 04
4-Chlor-o-Toluidin	13 01
α-Chlortoluole (Gemisch)	13 02
Chrom (VI)-Verbindungen (einatembare Fraktion; außer Bleichromat und Bariumchromat)	11 03
Dichlordiethylsulfid	13 11
Eichenholzstaub	42 03
Erionit (Faserstaub)	—

| * | Zigarettenraucher tragen ein erhöhtes Bronchialkrebsrisiko. |
| ** | Nicht zu verwechseln mit dem asymmetrischen (Dichlormethyl)-methylether. |

18.3 Zuordnung in Abschnitt III der MAK-und BAT-Werte-Liste   1091

Faserstäube***	—
Hartmetall, Wolframcarbid- und Cobalt-haltig (einatembare Fraktion)	— (41 07)
N-Methyl-bis(2-chlorethyl)amin	—
Monochlordimethylether****	13 10
2-Naphthylamin	13 01
Nickel und Nickelverbindungen***** (in Form atembarer Stäube/Aerosole)	41 09
Passivrauchen am Arbeitsplatz	—
Pyrolyseprodukte aus organischem Material****** (Braun-, Steinkohlenteer, Steinkohlenteerpech, Steinkohlenteeröl, Kokereirohgase)	41 10 51 02
Siliciumdioxid, kristallin (alveolengängiger Anteil) Quarz, Cristobalit, Tridymit	41 12
o-Toluidin	13 01
Trichlorethen	13 02
Vinylchlorid	13 02

Pyrolyseprodukte aus organischem Material

Wenn organisches Material unter Sauerstoffmangel erhitzt wird oder verbrennt, entstehen in Abhängigkeit vom Ausgangsmaterial und von den Reaktionsbedingungen unterschiedlich zusammengesetzte Gemische, die, unter vielen anderen Stoffen, polycyclische aromatische Kohlenwasserstoffe (PAH) beinhalten.

*** Neben den für den Menschen als tumorerzeugend ausgewiesenen Asbestarten muss auch der Faserzeolith Erionit als beim Menschen tumorerzeugend angesehen werden. Darüber hinaus hat eine Reihe von faserförmigen Stäuben in Tierversuchen nach inhalativer, intratrachealer oder unmittelbarer Verabreichung in die Brust- (intrapleural) oder Bauchhöhle (intraperitoneal) Tumoren erzeugt.
Im Vergleich mit nicht faserigen unlöslichen Stäuben ähnlicher Zusammensetzung wird unter Einbeziehung der Gesamtheit der vorliegenden Erfahrungen am Menschen und der Ergebnisse aus Tier- und Zellversuchen geschlossen, dass
– die im Körper beständige faserige Form der Asbeststaubteilchen die Ursache ihrer tumorerzeugenden Wirkung darstellt,
– langgestreckte Staubteilchen jeder Art im Prinzip die Möglichkeit zur Tumorerzeugung wie Asbestfasern besitzen, sofern sie hinreichend lang, dünn und biobeständig sind.
Als weitere Faktoren werden zusätzliche Fasereigenschaften, wie die Oberflächenbeschaffenheit, diskutiert.
Die Tierversuche haben darüber hinaus gezeigt, dass längere oder beständigere Fasern eine stärkere kanzerogene Potenz besitzen als kürzere oder weniger beständige.
**** Die Einstufung bezieht sich auf technischen Monochlordimethylether, der nach vorliegenden Erfahrungen bis zu 7% Dichlordimethylether als Verunreinigung enthalten kann.
***** Bezüglich der beim Menschen eindeutig karzinogen gefundenen Verbindungen s. „Toxikologisch-arbeitsmedizinische Begründung von MAK-Werten" (s. auch 18.6.2.1.5, S. 1120 f.).
****** z.B. bei der Herstellung von Straßenbelägen, wenngleich dabei überwiegend Bitumen (Erdölprodukt) und weniger Teere (Kohleprodukt) eingesetzt werden.

Die äußerst komplexen Gemische enthalten, soweit bisher überprüft, nebeneinander und in sehr unterschiedlichen Anteilen krebserzeugende Komponenten, die Krebsentstehung fördernde Verbindungen sowie bei gleichzeitigem Einwirken die Krebsentstehung hemmende Anteile.

Unter den regelmäßig in Pyrolyseprodukten auftretenden PAH sind zahlreiche Vertreter im Tierversuch krebserzeugend. Ihr Anteil ist in

- Braunkohlenteeren
- Steinkohlenteeren
- Steinkohlenteerpechen
- Steinkohlenteerölen
- Kokereirohgasen

besonders hoch. Für diese Aromatengemische ist die krebserzeugende Wirkung beim gewerblichen Umgang mit epidemiologischen Methoden nachgewiesen worden. Deshalb wurden sie nach Kategorie 1 eingestuft.

Die insbesondere lokal krebserzeugende Wirkung dieser Gemische wird maßgeblich auf den PAH-Gehalt zurückgeführt. Sie ist deshalb auch bei anderen PAH-haltigen Gemischen zu erwarten. Gehalt und Bedeutung anderer krebserzeugender Inhaltsstoffe wurden bisher nur begrenzt untersucht. So enthalten Dieselmotor-Emissionen zwar auch krebserzeugende PAH, in ihrem Fall sind aber wahrscheinlich die Rußpartikeln für den kanzerogenen Effekt ausschlaggebend. Er wurde in Tierversuchen nachgewiesen und Dieselmotor-Emissionen wurden deswegen nach Kategorie 2 eingestuft.

18.4 Kausalität

Rechtlich lässt sich die „Berufskrankheit Krebs" als diejenige Erkrankung bestimmen, die auf berufliche Einwirkung zurückzuführen und als solche durch die Gesetzgebung als entschädigungspflichtig anerkannt ist.

Während der Gesetzgeber über die Entschädigungs*würdigkeit* bestimmter Erkrankungen entscheidet, muss bei der Feststellung der Entschädigungs*pflicht* durch UV-Träger bzw. Gericht geprüft werden, ob eine derartige Erkrankung im Einzelfall vorliegt und diese durch berufliche Einwirkung verursacht wurde (s. 2.3.4, S. 66 ff).

Kriterien für die Zusammenhangsbeurteilung – Übersicht

Bei der Kausalitätsprüfung geht es um die Feststellung, ob nach gegenwärtigem Stand der wissenschaftlichen Erkenntnis die Krebserkrankung allgemein durch berufliche Einwirkung verursacht werden kann und ob diese Voraussetzung im Einzelfall erfüllt ist. Ein exakter Beweis für die berufliche Verursachung ist meist nicht zu erbringen. Daher ist eine Indizienkette aufzubauen. Nach Abwägen aller starken und schwachen Glieder der Kette ist der Zusammenhang zwischen Gefahrstoff und bösartiger Erkrankung wahrscheinlich, wenn mehr Gründe dafür als dagegen sprechen.

(1) Die Krebserkrankung muss *medizinisch gesichert* sein.

(2) Der als Ursache der Krebserkrankung *angeschuldigte Gefahrstoff* – wenn noch nicht ermittelt, u. U. der spezifische Arbeitsvorgang – muss nach den Erkenntnissen der medizi-

nischen Wissenschaft bösartige Neubildungen beim Menschen verursachen können. Der *Nachweis der Kanzerogenität* erfolgt durch epidemiologische Erhebungen bei entsprechend belasteten Kollektiven. Ergebnisse aus Tierversuchen können Hinweise für eventuelle kanzerogene Potenzen bzw. Gefährdungen geben, wobei die Gültigkeit solcher Ergebnisse auf die Krankheitslehre des Menschen geklärt sein muss.

(3) Der *Gefahrstoff* muss am Arbeitsplatz über einen angemessenen Zeitraum vorhanden gewesen sein und auf den Körper des Versicherten eingewirkt haben.

(4) *Risikoverdopplung* im Bezug auf die fragliche Erkrankung bei einer nach Art, Intensität und Dauer definierten Erkrankung (s. 2.3.4.2, S. 68 f.)

(5) Der *Nachweis des krebserzeugenden Gefahrstoffes* ist möglichst quantitativ zu führen.

(6) Die durch die Krebsnoxe hervorgerufenen *Expositionszeichen* und die aufgenommenen *Stoffmenge* im Körper sind ergänzend zu berücksichtigen.

(7) *Expositionszeit*, *Latenzzeit* und *Interimszeit* müssen den für die jeweilige Noxe vorliegenden Erfahrungen entsprechen. Im Einzelfall sind Ausnahmen gegeben.

(8) Das *Alter* des Versicherten ist zu berücksichtigen.

(9) Die *Organlokalisation* des Krebsleidens muss mit den arbeitsmedizinischen Erfahrungen übereinstimmen.

(10) Der biologische Mechanismus hat den medizinischen Erkenntnissen zu entsprechen.

(11) Unter dem Gesichtspunkt der *Synkanzerogenese* sind begünstigende berufliche und außerberufliche Faktoren der Krebsentstehung zu berücksichtigen.

(12) Außerberufliche krebserzeugende Noxen (Rauchen, Alkoholkonsum, Ernährungsgewohnheiten, Lebensstil) müssen als wesentliche Ursache auszuschließen sein.

(13) Bei ausreichender beruflicher Exposition ist ein Berufskrebs auch bei konkurrierenden außerberuflichen Einwirkungen wahrscheinlich, wenn der berufliche Faktor die wesentliche Mitursache darstellt.

18.5 Kausalität-Synkanzerogenese

- Synkanzerogenese

Verstärkung der krebserzeugenden Wirkung durch gleichzeitige oder aufeinanderfolgende Einwirkung zweier oder mehrerer kanzerogener Stoffe (Initiatoren). Die synergistische Wirkung betrifft das gleiche Zielgewebe bzw. -organ. Ein gemeinsamer Aufnahmeweg ist nicht zwingend erforderlich.

Das multikausale Zusammenwirken mehrerer genotoxischer K1-Kanzerogene mit gleichem Zielorgan führt beim Menschen nach gegenwärtigem Kenntnisstand in der Regel zu einer mindestens additiven Erhöhung des Krebsrisikos.[19]

---

[19] Hallier, in: BK-Report 2/2006, Synkanzerogenese (Hrsg. HVBG) 2006 S. 31 ff: Hayes, Principles and Methods of Toxicoly, Academic Preis 1994; LSG Schleswig-Holstein, 13. 9. 2007, Breith. 2008, 308, 313 = UVR 4/2008, 187.

- **Synkanzerogenese zwischen krebserzeugenden Stoffen, die verschiedene offene Listentatbestände erfüllen**

Mit der unbestimmten Fassung „Erkrankung durch ..." erklärt der Verordnungsgeber alle denkbaren Krankheiten zu Berufskrankheiten, die nach dem fortschreitenden Erkenntnisstand der medizinisch Wissenschaft ursächlich auf die genannten Einwirkungen zurückzuführen sind, ohne das insoweit weitere Einschränkungen gemacht werden.

Prüfmaßstab für die Anerkennung als Berufskrankheit ist der Nachweis der „generellen Geeignetheit" der Stoffe, einen Tumor zu verursachen sowie die Kausalität im Einzelfall.

Die betreffenden Nummern der Berufskrankheitenliste sind nebeneinander erfüllt, wobei die Nummer vorrangig ist, der die am schwerwiegendsten einwirkenden Substanzen entsprechen. Lässt sich eine solche Wertigkeit nicht feststellen, ist nach den Regeln der Wahlfeststellung vorzugehen. Bei der Feststellung der Berufskrankheit kann offen bleiben, welche von den in Betracht kommenden Nummern der Liste einschlägig ist. In solchen Fällen werden die synergetisch zusammenwirkenden Noxen letztlich als Einwirkungseinheit betrachtet und gewertet. Dem Zusammenwirken einzelner Mitbedingungen in einer Gruppe, die als Kollektiv für einen Erfolg wesentlich ist, kommt so viel Eigenbedeutung zu, dass damit auch jedem einzelnen Glied der Gruppe wesentliche Bedeutung verliehen wird. Die Tatbestände der zu den Einwirkungen gehörenden Berufskrankheiten sind dann nebeneinander erfüllt:

Beispiele[20]
– Lungenkrebs durch Arsen und Cadmium (BK-Nrn. 11 04, 11 08)
– Nierenkrebs durch Trichlorethylen und Cadmium (BK-Nrn. 13 02, 11 04)

- **Synkanzerogenese zwischen krebserzeugenden Stoffen, die offene Listentatbestände erfüllen, nicht jedoch eine im BK-Tatbestand genante Dosis der Erkrankung oder ein spezielles Krankheitsbild**

Liegen allein die Voraussetzungen nur eines BK-Tatbestandes vor, weil bei einem anderen die bestimmte Dosis für die Einwirkung unterschritten wird oder das spezielle Krankheitsbild nicht vorliegt, wird nur der erfüllte BK-Tatbestand anerkannt: z. B. Einwirkung von ionisierenden Strahlen (BK-Nr. 24 02) und Asbest (BK-Nr. 41 04) ohne Asbestose bzw. Erkrankung der Pleura oder weniger als 25 Faserjahre.[21] Damit wird nicht die BK-Nr. 41 04 unterlaufen, weil die BK-Nr. 41 04 gerade nicht anerkannt wird. Vielmehr wird bei der Beurteilung der BK-Nr. 24 02 nur dem nicht umstrittenen generellen Ursachenzusammenhang zwischen den Einwirkungen von Asbest und der Erkrankung Lungenkrebs Rechnung getragen.[22]

---

[20] BSG, 12. 6. 1990, HV-Info 1990, 2085 = Meso B 70/149; Keller, in: BK-Report 2/2006, Synkanzerogenese (Hrsg. HVBG) 2006 S. 19 f.; Greim, ebenda, S. 84 ff.
[21] BSG, 4. 6. 2002, HVBG VB 89/2002.
[22] Brackmann/Becker § 9 Rn. 165; a. A. Lauterbach-Koch, § 9 Rn. 236 b.

18.5 Kausalität Synkanzerogenese

- **Synkanzerogenese zwischen krebserzeugenden Stoffen, die weder die in den Listentatbeständen genannte Dosis für die Einwirkung noch ein spezielles Krankheitsbild erfüllen**

Da die in der BK-Liste bestimmten Voraussetzungen nicht vorliegen, kann eine Anerkennung nur nach Prüfung der Voraussetzungen des § 9 Abs. 2 SGB VII erfolgen (s. 2.3.3, S. 64).

Zum Lungenkrebs durch das Zusammenwirken der Noxen Asbest und PAK s. BK-Nr. 41 14 (18.6.1.4, S. 1108).

- **Synkanzerogenese zwischen beruflichen und nicht beruflichen Einwirkungen**

Konkurrierende Kausalität beinhaltet das *rechtliche Abwägen* der medizinischen Einflussfaktoren in ihrer Wertigkeit auf die eingetretene Krebserkrankung nach der Kausalitätslehre von der wesentlichen Bedingung (s. 1.5, S. 22 ff.). Dabei sind multifaktorielle, multikausale, auch synergistische naturwissenschaftliche Kausalgegebenheiten zu gewichten. Sie bedeuten rechtlich gleichrangige Zurechnung des „Erfolgs".[23]

Bei gleichem Zielorgan gilt für die gutachterliche Beurteilung folgende Orientierung[24]:

– wenn sowohl beruflicher als auch nichtberuflicher kanzerogener Faktor erfahrungsgemäß Krebs verursacht haben könnte, ist der Tumor als Berufskrankheit anzusehen, soweit die berufliche Einwirkung nach der Erfahrung maßgeblich ist

– wenn beruflicher und nichtberuflicher kanzerogener Faktor nur in ihrer Summe als krebsverursachend angesehen werden können und als gleichrangig zu werten sind, ist ebenfalls eine Berufskrankheit anzunehmen, da der berufliche Faktor als wesentliche Teilursache ätiologisch gewertet werden kann

– wenn beruflicher kanzerogener Faktor bei gleichzeitigem Vorhandensein eines außerberuflichen kanzerogenen Faktors in seiner Intensität nachrangig einzustufen ist, darf Anerkennung als Berufskrankheit nicht empfohlen werden.

Asbestfaserstaub und Zigarettenrauchen

als Beispiel synkanzerogenen Zusammenwirkens zweier Krebsnoxen auf die Bronchialschleimhaut[25]:

– langjähriges Zigarettenrauchen – ohne Asbeststaubgefährdung – hebt das Lungenkrebsrisiko gegenüber der nichtrauchenden Bevölkerung um das Zehnfache an

– bei stark asbeststaubbelasteten Personen kommt es zu einem fünffach erhöhten Auftreten von Lungenkrebs

– Zigarettenkonsum und gleichzeitig Asbestbelastung führen zu einer überadditiven Steigerung des Lungenkrebs-Risikos um das Fünfzigfache.

---

23 Koch, BG 1996, 316, 318f.; ders. ASU 37 (2002) 129.
24 Valentin, Kentner, Anhaltspunkte zur Bewertung und Begutachtung bösartiger Erkrankungen in der Arbeitswelt, arbeitsmedizin aktuell, 1987, Fach 8.5 S. 99; Triebig, ASU 34 (1999) 488, 490.
25 Woitowitz, ASU 37 (2002) 54ff. mit Hinweis auf Hammond und Selikoff; Lehnert, u.a., ASP 1992.

Abwägen von versicherter (Asbesteinwirkung) und nicht versicherter Bedingung (Zigarettenkonsum) nach ihrer Wertigkeit für das Entstehen des Lungenkrebses[26]:

(1) Wie jeder Versicherte ist auch der Raucher in dem Gesundheitszustand geschützt, in dem er die versicherte Tätigkeit verrichtet. Eine andere Betrachtung würde zu einer in der ges. UV irrelevanten „Lebensführungsschuld" führen.

(2) Nicht vergleichbar sind daher Nichtraucher ohne und Raucher mit Asbesteinwirkung, vergleichbar jedoch Raucher mit und ohne Asbesteinwirkung. Asbest vergrößert aber auch für Raucher das Erkrankungsrisiko um das Fünffache.

(3) Die Wertigkeit einer Bedingung beurteilt sich nach Qualität, nicht nach Quantität. Auch eine „nicht annähernd gleichwertige", sondern prozentual niedriger zu wertende Bedingung kann für den Erfolg rechtlich wesentlich, damit rechtlich wesentliche Mitursache sein (s. 1.5.2, S. 24).

(4) Da zwei Bedingungen im gleichen Maße wesentlich für den Lungenkrebs sind, gelten sie als Ursachen im Rechtssinne. Bei Vorliegen der weiteren Tatbestandsmerkmale (Asbestose oder durch Asbeststaub verursachte Erkrankung der Pleura bzw. 25 Faserjahre) liegt eine Berufskrankheit nach Nr. 41 04 vor.[27]

Mit gleicher Erkenntnis hat das BSG[28] eine 30-jährige Chromatexposition neben gleichlaufendem Zigarettenkonsum (10 bis 20 täglich) als rechtlich gleichwertige Teilursache gesehen.

Weisen berufliche Faktoren lediglich auf ein Minimal-Risiko hin und stehen außerberufliche Faktoren im Vordergrund, ist der Zusammenhang zwischen Krebs und Beruf abzulehnen.

18.6 Krebs als Berufskrankheit

18.6.1 Stäube

18.6.1.1 Asbest und Lungen- oder Kehlkopfkrebs (BK-Nr. 41 04)

BK-Nr. 41 04:

„Lungenkrebs oder Kehlkopfkrebs

- *in Verbindung mit Asbeststaublungenerkrankung (Asbestose),*
- *in Verbindung mit durch Asbeststaub verursachter Erkrankungen der Pleura oder*
- *bei Nachweis der Einwirkung einer kumulativen Asbestfaserstaub-Dosis am Arbeitsplatz von mindestens 25 Faserjahren (25 × 10⁶ [(Fasern/m³) × Jahre])"*

---

26 Krasney, Kolloquium Krebserkrankungen und berufliche Tätigkeit (Hrsg. Süddeutsche Eisen- und Stahl-BG) 1988 S. 67, 68f.
27 BSG, SozR 4-5671 Anl. 1 Nr. 41 04 Nr. 2 (30. 1. 2007); LSG Rheinland-Pfalz, 29. 7. 1992, Meso B 70/159; Krasney; ders., Verh. Dtsch. Ges. f. Arbeitsmed. 1989 (Hrsg. Meyer-Falcke, Jansen), 1990 S. 657, 659f.
28 BSG, 28. 6. 1991, HV-Info 21/1991, 1867.

18.6.1.1.1 Lungenkrebs durch Asbest (BK-Nr. 41 04 Alt. 1)

Eingeatmete Asbestfasern[29] können eine lokale krebserzeugende Wirkung auf die Epithelzellen der mittleren und tieferen Atemwege ausüben. Ergebnisse der Grundlagenforschung haben für Asbestfasern bestimmter kritischer Abmessungen sowohl tumorinitiierende als auch tumorpromovierende Wirkungen nachgewiesen. Zu den Mechanismen der Asbestfaserkanzerogenese zählen u. a. die Stimulierung des Zellwachstums entsprechend demjenigen maligner Zellen (Transformation) sowie Mitosestörungen, welche zu Veränderungen von Zahl (Aneuploidie, Polyploidie) und Struktur (Brüche, Fragmente) der Chromosomen führen.

Wesentlichen kanzerogenen Einfluss haben Durchmesser, Länge und Form der eingeatmeten und im Atemtrakt deponierten Asbestfasern sowie ihre von der chemischen Zusammensetzung abhängige Beständigkeit im Gewebe, möglicherweise auch Oberflächeneigenschaften. Individuell bedeutsam sind das broncho-pulmonale Reinigungsvermögen und weitere dispositionelle Faktoren. In der Gewichtung ist erkannt das Zusammenwirken von Asbestfasern mit anderen inhalativen und speziellen krebserzeugenden Noxen, namentlich Zigarettenrauch (s. S. 1095).

Das Lungenkrebsrisiko ist auf Grund internationaler Studienergebnisse höher einzuschätzen bei Beschäftigten der Asbestprodukte verarbeitenden Industrie als bei den der Asbestprodukte herstellenden Industriezweigen.[30]

Nach dem Merkblatt für die ärztliche Untersuchung ist Lungenkrebs im Sinne der BK-Nr. 41 04 bedeutungsgleich mit Bronchialkarzinom. Erfasst werden auch die unteren Atemwege, wobei der Kehlkopf die Grenze zwischen oberem und unterem Atemorgan bildet. Somit sind auch Krebserkrankungen der Trachea anzuerkennen.[31]

Dem Verordnungstext gemäß sind grundsätzlich alle epithelialen bösartigen Tumoren (Karzinome) der Lunge einbezogen. Histologisch handelt es sich bei den Lungenkarzinomen fast durchweg um Plattenepithel- und Adenokarzinome bzw. um kleinzellige und großzellige Karzinome. Pathologisch-anatomisch, histologisch, diagnostisch und therapeutisch sind keine wesentlichen Unterschiede zwischen Asbestfaserstaub und anderweitig verursachten Bronchialkarzinomen erkennbar. Die seltenen primären Karzinoide der Lunge (s. S. 1086) – ebenfalls den epithelialen Malignomen zugerechnet – werden nach derzeitiger wissenschaftlicher Erkenntnis nicht durch Asbest verursacht.[32]

18.6.1.1.1.1 Bestimmte Erkrankungen (Brückenbefunde) und Einwirkungen

Der Kausalzusammenhang zwischen Asbestexposition und Lungenkrebs setzt nach der Legaldefinition der BK-Nr. 41 04 das Vorliegen bestimmter Erkrankungen oder Einwirkungen voraus:

---

29 Nach Merkblatt für die ärztliche Untersuchung zu BK-Nr. 41 04, Bekanntmachung des BMA v. 8. 11. 1993, BABl. 1/1994, 65.
30 Woitowitz, ASU 29 (1994) 458, 462.
31 BArbBl. 1997 H.12 S. 32 = Mehrtens, Brandenburg M 4104.
32 Kraus, u.a., ASU 29 (1994) 490; Lauterbach-Koch, § 9 Anh IV Anm. 4.1; a. A. LSG Nordrhein-Westfalen, 22. 9. 2004, HVBG VB 10/2005: § 9 Abs. 2 SGB VII.

- in Verbindung mit Asbeststaublungenerkrankung (Asbestose)
- in Verbindung mit durch Asbeststaub verursachter Erkrankung der Pleura oder
- bei Nachweis der Einwirkung einer kumulativen Asbestfaserstaub-Dosis am Arbeitsplatz von mindestens 25 Faserjahren.

Sowohl bei den Brückenbefunden (Asbestose oder asbeststaubverursachte pleurale Läsionen) als auch bei der Einwirkung einer kumulativen Dosis von mindestens 25 Faserjahren handelt es sich um Tatsachenfeststellungen, die mit Gewissheit nachzuweisen sind (Vollbeweis). Isolierter Lungenkrebs wird ohne Rücksicht auf die Intensität der Asbestfeinstaubeinwirkung ohne Asbestose, Erkrankung der Pleura oder unterhalb einer Einwirkung von 25 Faserjahren nicht vom Tatbestand der BK-Nr. 41 04 erfasst. Auch liegen die Voraussetzungen des 9 Abs. 2 SGB VII nicht vor.[33]

Sind die Brückenbefunde oder die bestimmte Einwirkung nachgewiesen, wird der Kausalzusammenhang zwischen diesen Tatbestandselementen und dem Lungenkrebs widerlegbar vermutet (Tatsachenvermutung). Die Vermutung ist widerlegt, wenn die tatsächlichen Grundlagen einer anderen Ursachen im Vollbeweis nachgewiesen werden, diese rechtlich als allein wesentlich zu werten und die Kausalität wahrscheinlich ist: z. B. ist wegen der Art oder Lokalisation des Tumors, des zeitlichen Ablaufs der Erkrankung oder auf Grund sonstiger Umstände im konkreten Einzelfall ein ursächlicher Zusammenhang trotz der beruflichen Belastung nicht wahrscheinlich.[34]

- in Verbindung mit „Asbeststaublungenerkrankung" (BK-Nr. 41 04 Fallgruppe 1)

Eine verbindliche Definition der radiologischen Mindestmerkmale der Asbestose, die zu einer Anerkennung des Asbestkrebses qualifizieren, ist vom Verordnungsgeber nicht festgelegt. Die Orientierung erfolgt daher an den Eingangskriterien über die BK-Verdachtsmeldung der Asbestose (s. 17.6.5, S. 1035). Im Zweifelsfällen ist ein hochauflösendes CT mit Nachweis von für die Asbestose charakteristischen Befunden zu fordern.

Auch der Nachweis einer Minimalasbestose (s. 17.6.1.2.1, S. 1032) ist als Brückenbefund ausreichend.

- in Verbindung mit „durch Asbeststaub verursachte Erkrankung der Pleura"
 (BK-Nr. 41 04 Fallgruppe 2)

Das Tatbestandselement ist gegeben, wenn asbestverursachte diskrete pleurale Läsionen, auch im Sinne von einseitigen Plaques und Verkalkungen, im Vollbeweis nachgewiesen sind. Die HR-CT-Untersuchung hat hohe Bedeutung.[35]

---

[33] LSG Rheinland-Pfalz, 26. 10. 1988, HV-Info 4/1989, 314 (über 25-jährige Asbestexposition eines Dachdeckers); Hess. LSG, 24. 5. 1989, HV-Info 23/1989, 1855 (über 32-jährige Asbestexposition eines Dachdeckers); LSG Rheinland-Pfalz, 28. 6. 1989, HV-Info 33/1989, 2686; LSG Rheinland-Pfalz, 23. 1. 1991, Meso B 70/158, bestätigt durch BSG, 19. 8. 1991, Rdschr. HVBG VB 7/92; LSG Nordrhein-Westfalen, 22. 1. 1992, HV-Info 1993, 564, bestätigt durch BSG, 29. 9. 1992, HV-Info 1993, 588; Hess. LSG, 16. 12. 1992, HV-Info 1994, 948, bestätigt durch BSG, 5. 8. 1993, HV-Info 1994, 959.
[34] BSG, SozR 4-5671 Anl. 1 Nr. 41 04 Nr. 2 (30. 1. 2007) = NZS 2007, 594; s. auch BR-Drs. 33/88 zu Art. 1 Nr. 3.
[35] Kraus, in: Arbeitsmedizin (Hrsg. Triebig, Kentner, Schiele) 2. Aufl. 2008 S. 292.

- in Verbindung mit „mindestens 25 Asbestfaserjahren" (BK-Nr. 41 04 Fallgruppe 3)

Seit 1992 sind Asbestfaserjahre Bestandteil des Verordnungstextes der BK-Nr. 41 04. Weder handelt es sich um eine physikalische Maßeinheit noch eine technische Messgröße, sondern um ein arbeitsmedizinisches Schätzmaß für die Höhe bzw. die Intensität einer Asbestexposition am Arbeitsplatz.[36] Das Faserjahr wird definiert als Exposition mit einer Konzentration von 1 Million Asbestfasern pro Kubikmeter Luft während eines Jahres bei achtstündiger täglicher Arbeitszeit (Produkt aus Einwirkungszeit und Konzentration). Bei der Festlegung der Konvention wurde der wissenschaftliche Erkenntnisstand sowie sozialpolitische und sozialrechtliche Gesichtspunkte berücksichtigt.

Faserjahre sind somit das Produkt aus mittlerer Asbestfaserkonzentration k (in 10^6 Fasern der kritischen Abmessungen [Länge über 5 µm, Durchmesser unter 3 µm, Verhältnis Länge:Durchmesser über 3:1] pro m³ Atemluft) und der Dauer der Faserexposition J (in Jahren bei 8-Stunden-Schichten). So entsprechen z.B. „25 Faserjahre" 25 Jahre lang 1 Mio. Asbestfasern kritischer Abmessung pro Kubikmeter Atemluft arbeitstäglich über 8 Stunden. Bei wechselnder mittlerer Asbestfaserkonzentration (k_i) über wechselnde Expositionszeiten (J_i) ergeben sich die Faserjahre aus der Summe der Produkte $k_i \times J_i$.

Rechenbeispiele für 25 Faserjahre:[37]

1)	25	3	10^6 F/m³	3	1	J. =	25 Faserjahre
2)	2	3	10^6 F/m³	3	12,5	J. =	25 Faserjahre
3)	0,5	3	10^6 F/m³	3	50	J. =	25 Faserjahre
4)	0,5	3	10^6 F/m³	3	20	J. =	10 Faserjahre
4)	1	3	10^6 F/m³	3	15	J. =	15 Faserjahre
4)	Summe						25 Faserjahre

Aus der Berechnungsformel ergibt sich, dass „25 Faserjahre" bei sehr hoher Faserkonzentration auch in einem kürzeren Zeitintervall erreicht werden können.

Fraglich ist, ob die 25 Faserjahre ausschließlich durch versicherte Tätigkeit erfüllt sein müssen.[38] Die in der BK-Nr. 41 04 aufgenommene Dosis-Wirkungs-Beziehung bestimmt allein, bei welcher *insgesamt* gegebenen Asbesteinwirkung nach medizinischen Erkenntnissen eine erhöhte Gefährdung der Entstehung eines Lungenkrebses als gesichert angesehen werden kann. Sind die 25 Faserjahre sowohl dem versicherten als auch dem unversicherten Bereich zuzuordnen, könnte darauf abgestellt werden, ob die Einwirkung im versicherten Bereich rechtlich wesentlich ist.[39]

Indessen ist der Anwendungsbereich der BK-Nr. 41 04 gegenüber ihrem Wortlaut eingeschränkt: Nach der Ermächtigungsnorm des § 9 Abs. 1 S. 2 Halbs. 2 SGB VII (versicherte Tätigkeiten) darf der Verordnungsgeber keine Regelungen über Krankheiten treffen, die

---

36 Letzel, in: BK-Report 2/2006 „Synkanzerogenese".
37 Zur Faserjahr-Ermittlung s. BK-Report 1/07 „Faserjahre" (Hrsg. DGUV).
38 So LSG Berlin, 17. 10. 2000, Breith. 2001, 126, 128, bestätigt durch BSG 4. 12. 2001, HVBG VB 33/2002 = Meso B 70/208.
39 Keller, SGb 2001, 226, 227.

durch Einwirkungen verursacht sind, die nicht im Zusammenhang mit der versicherten Tätigkeit stehen. Zur Berechnung der Faserjahre dürfen daher nur Einwirkungen am Arbeitsplatz sowie die Zeit herangezogen werden, während der ein Erkrankter versichert war.[40]

18.6.1.1.1.2 Expositions- und Latenzzeit (in Jahren)

Expositionszeit: im Mittel 20,2 (Standardabweichung 12,5)[41], im Einzelfall unter 3 Monate bis 40 Jahre[42]

Latenzzeit: im Mittel 35,4 (Standardabweichung 13,4)[43] Jahre; 15 bis 52, im Durchschnitt 39[44]

Anerkannte Lungenkrebserkrankungen (nur gew. BGen) 1978 bis 2003: 9175

Lungenkrebse treten bei früher asbestexponierten Personen am häufigsten 30 bis 40 Jahre nach Beginn der Tätigkeit auf.[45]

Auf Grund langer Latenzzeit wird das Maximum der Erkrankungszahlen von asbestbedingten Lungenkrebserkrankungen erst in den Jahren 2015 bis 2020 erwartet.

18.6.1.1.1.3 Leistungsfall

Auch bei zwingender Annahme, der Beginn einer Berufskrankheit auf Grund längeren Entstehungsprozesses – z.B. längere Entwicklung eines Karzinoms im Sinne einer BK-Nr. 41 04 – habe bereits früher vorgelegen, ist für die eigenständige Bestimmung des Leistungsfalls nicht auf den Zeitpunkt der wahrscheinlich erforderlichen Behandlung abzustellen: Der Zeitpunkt des ersten Röntgenbildes mit Tumorverdacht ist maßgebend.[46]

18.6.1.1.1.4 Minderung der Erwerbsfähigkeit

Zahlreiche Vorschläge zur Bemessung der MdE werden erbracht.[47] Erfahrungssätze, die den Anforderungen der Rspr. genügen (Zusammenfassung auf wissenschaftlicher Grundlage durch Fachgremien) liegen nicht vor. Einvernehmen besteht, dass bei Vorliegen eines *nicht operablen oder metastasierenden Bronchialkarzinom die MdE mit 100 v. H.* zu bemessen ist.

---

[40] BSG, SozR 3-5671 Anl. 1 Nr. 1 (4. 12. 2001) = HVBG VB 33/2002 = Meso B 70/203 in Bestätigung von LSG Berlin, 17. 10. 2000, Breith. 2001, 1266.
[41] Butz, Beruflich verursachte Krebserkrankungen 1978 bis 2003 (Hrsg. HVBG). 8. Aufl. 2005 S. 30 (Angaben gelten für Lungen- und Kehlkopfkrebs).
[42] Selikoff, Arbeitssicherheit-Informationsschrift der IG Metall; Weltkonferenz über Gesundheitsschutz und Arbeitssicherheit, Oslo 1976 S 9 f.
[43] Butz, Beruflich verursachte Krebserkrankungen 1978 bis 2003 (Hrsg. HVBG). 8. Aufl. 2005 S. 30 (Angaben gelten für Lungen- und Kehlkopfkrebs).
[44] Marten, u. a. ASU 37 (2002) 76.
[45] Magnani, u. a., Occup Environ Med 65 (2007) 164–170.
[46] BSG, 19. 1. 1995, Meso B 70/172 (Versicherungsfall); LSG Nordrhein-Westfalen, 7. 7. 1998, Meso B 70/198; LSG Bremen, 16. 7. 1998, Meso B 70/201.
[47] Vgl. Steveling, Konitzko, MedSach 1999, 121, 123; Frank ebenda S. 204; Woitowitz, MedSach 2001, 66, dagegen Triebig, Hoffmann, ebenda S. 202.

18.6 *Krebs als Berufskrankheit*

Nach operativem Entfernen isolierter Lungenkarzinome (durch Lob- oder Pneumektonie) ist die MdE grundsätzlich entsprechend der objektiv nachweisbaren pulmokardialen Funktionseinbußen zu bewerten. Internistische und/oder psychische Folgen der Lungenkrebserkrankung sind fachärztlicher Begutachtung gemäß zu berücksichtigen.

Die Gefahr der Metastasen-Aussaat darf – anders als im Versorgungsrecht während der Heilungsbewährung[48] – nicht im Sinne einer „Risikoabgeltung" bemessen werden. Bei Vorliegen von Metastasen ist die MdE neu einzuschätzen.

Gleiches gilt für eine pauschale MdE-Bewertung während der Genesungszeit (s. 3.6.1, S. 98 f). Besondere Aspekte der Genesungszeit erlauben mehrere Abstufungen über einen längeren Zeitraum.

- **MdE bei therapierten, nicht kleinzelligen Bronchialkarzinomen[49]**

– Voraussetzung: vollständige Lymphknotendissektion –

Stadium	TNM Klassifikation	Bis 1 Jahr %	Bis 3 Jahre %	3–5 Jahre %	im 6. Jahr %
	TiS	50	je nach therapiebezogenem Funktionsausfall		
IA	pT_1 N0 M0		100	100–70	je nach therapiebezogenem Funktionsausfall
IB	pT_2 N0 M0		100	100–70	

Stadium	TNM Klassifikation	Bis 5 Jahre %	im 6. Jahr %
IIA	pT_1 N_1 M0	100	je nach therapiebezogenem Funktionsausfall
IIB	pT_2 N_1 M0	100	
	pT_3 N0 M0	100	
IIIA	pT_3 N_1 M0	100	wie Stadium III
	pT_{1-3} N_2 M0	100	100
IIIB	alle T N_3 M0	100	100
	T_4 alle NM0	100	100
IV	alle T alle NM	100	100

---

48 BSGE 93, 63, 67 (22. 6. 2004) = SozR 4-2700 § 56 Nr. 1 = SGb 2005, 124, 126 m. Anm. Keller = Breith. 2005, 662; a. A. LSG Rheinland-Pfalz, 12. 3. 2002, HVBG VB 65/02; Woitowitz, MedSach 2001, 66; Keller, SGb 2002, 36 ff.; Galetke, Borsch, Zbl Arbeitsmed 52 (2002) 446.

49 Die Empfehlung von Borsch-Galetke, Arbeitsmed. Kolloquium Bad Reichenhall 2001, H.41 S. 61, 65 orientiert sich an Vorschlägen von Steveling, Konietzko, MedSach 1999, 121, 123, modifiziert nach der TNM-Klassifikation 1997.

T, N, M-Klassifikation

s. 18.2, S. 1087

Kurzfassung

TX positive Zytologie

T1 ≤ 3 cm

T2 > 3 cm, Ausbreitung in Hilusregion, Invasion von viszeraler Pleura, partielle Atelektase

T3 Brustwand, Zwerchfell, Perikard, mediastinale Pleura u. a., totale Atelektase

T4 Mediastinum, Herz, große Gefäße, Trachea, Speiseröhre u. a., maligner Erguss

N1 peribronchiale, ipsilaterale hiläre Lymphknoten

N2 ipsilaterale mediastinale Lymphknoten

N3 kontralaterale mediastinale, Skalenus- oder supraklavikuläre Lymphknoten

Prognose

Die Prognose von Patienten mit Lungenkrebs ist trotz Fortschritten der Behandlung eingeschränkt. Fünf Jahre nach der Diagnosestellung leben je nach Stadium zwischen 70 % bis weniger als 5 %; kleinzellige Lungenkrebse weisen eine noch schlechtere Prognose auf.

18.6.1.1.2 Kehlkopfkrebs durch Asbest (BK-Nr. 41 04 Alt. 2)[50]

„Kehlkopfkrebs

– in Verbindung mit Asbeststaublungenerkrankung (Asbestose)
– in Verbindung mit durch Asbeststaub verursachter Erkrankung der Pleura oder
– bei Nachweis einer Einwirkung einer kumulativen Asbestfaserstaub-Dosis am Arbeitsplatz von mindestens 25 Faserjahren {25 x 10^6 [(Fasern/m^3) x Jahre]}."

Eingeatmete Asbestfasern zeigen neben fibrogenen für den Menschen gesicherte lokal tumorerzeugende Eigenschaften. Wie für andere Tumore gilt auch für den asbestverursachten Kehlkopfkrebs (synonym: Larynxkarzinom, Kehlkopfkarzinom), dass die Wahrscheinlichkeit der Erkrankung im Wesentlichen vom Lebensalter, von individueller Disposition sowie der in den Körper aufgenommenen und lokal mit den Zielzellen in Wechselbeziehung tretenden Dosis arbeitsbedingter und nicht arbeitsbedingter krebserzeugender Noxen abhängt. Durchmesser, Länge und Form der Asbestfasern bedingen, ob es zu einer Deposition in den Alveolen, den peripheren oder zentralen Atemwegen einschließlich des Kehlkopfes kommt. Die Ablagerung von Asbestfasern im Kehlkopfbereich ist prinzipiell auf zwei Arten möglich:

– Verwirbelung des Luftstromes infolge der Kehlkopfgeometrie. Die Ablagerung von Asbestfasern auf der Schleimhaut im Kehlkopfbereich schwankt individuell beträchtlich

---

50 S. dazu Wissenschaftliche Begründung zur BK, BArbBl. 6/1996, 25; Amtliches Merkblatt v. 1. 12. 1997, BArbBl. 1997 H. 12 S. 32; Maier, u. a., Schriftenreihe HVBG 1994.

- „Mukoziliare Clearance": Hierdurch werden die im tiefergelegenen Atemtrakt abgelagerten Faserstaubpartikel über das Flimmerepithel der Schleimhaut in Richtung Kehlkopf rücktransportiert.

Diese Effekte sind abhängig von Größe und Form der Asbestfasern.[51]

Medizinische Untersuchungen erweisen, dass sich ein erheblicher Anteil eingeatmeter Teilchen besonders im vorderen Stimmbandbereich niederschlägt. Dort sind vorwiegend die glottischen Kehlkopfkarzinome lokalisiert. Asbestfasern in der Schleimhaut des Larynx konnten nachgewiesen werden, ebenso Asbestkörperchen im Larynxbereich. Asbestfaserbedingte nicht maligne Veränderungen wurden als „Jaryngeal asbestosis" beschrieben. Biologisch plausible Erkenntnisse, dass die Wirkungen von Asbestfaserstaub auf das Zielgewebe des Larynx von denjenigen auf die tiefergelegene Bronchialschleimhaut differieren, liegen nicht vor.

Beruflich verursachte, bösartige Tumoren des Kehlkopfes sind nahezu ausschließlich Plattenepithelkarzinome.[52]

- *Latenzzeit:* mindestens 10 Jahre[53] bis 40 Jahre

- **Bedeutung**

Zwischen 1978 und 2003 wurden 365 Fälle von den gew. BGen anerkannt

Minderung der Erwerbsfähigkeit[54]

Kategorie I MdE 20 %–40 %	Tumor durch lokale Exzision (Entfernung eines Stimmbandes, des Kehldeckels o. ä.) oder Kleinfeldbestrahlung des Kehlkopfes entfernt, geringe funktionelle Störungen. Bis 40 % MdE-Einschätzung zu wertende zusätzliche Funktionsstörungen: – Grad der Heiserkeit – Folgen einer Neck dissection
Kategorie II MdE 40 %–70 %	Tumor durch Teilresektion des Kehlkopfes oder Strahlentherapie entfernt. Bis > 70 % MdE-Einschätzung zu wertende Funktionsstörungen: – Heiserkeit bis Stimmlosigkeit mit erheblicher Beeinträchtigung der Kommunikationsfähigkeit – Schluckstörungen mit wesentlicher Behinderung der Nahrungsaufnahme (Kostform, Essdauer) ohne regelmäßige Aspiration – Folgen einer Neck dissection (einschließlich Funktionsstörung der Schulter z. B. durch Schädigung des N. accessorius) – Folgen einer Strahlentherapie des Halses (Dermatitis. Xerostomie. Strahlensyndrom)

---

51 Deitmer, Laryngo-Rhino-Otol 69 (1990) 589; Michel, Brusis, Laryngo-Rhino-Otol 86 (2007) 134, 139.
52 Kleinsasser, Tumoren des Larynx und des Hypopharynx, 1987.
53 Merkblatt, BArbBl 1997 H. 12 S. 32; Mehrtens, Brandenburg, M 4104 S. 1.
54 Vorschlag Alberty für die neue „Falkensteiner Empfehlung" 2009.

Kategorie III MdE 70 %–100 %	Tumor durch Laryngektomie oder ausgedehnte Kehlkopfteilresektion entfernt. Anlage eines Tracheostomas oder einer Tracheotomie. Bis 100 % MdE-Einschätzung zu wertende zusätzliche Funktionsstörungen: – Einschränkung der Ersatzstimme mit erheblicher Beeinträchtigung der Kommunikationsfähigkeit – Schluckstörungen mit erheblicher Behinderung der Nahrungsaufnahme (Beeinträchtigung des Kräfte und Ernährungszustandes) und/oder häufiger Aspiration – Folgen einer Neck dissection (einschließlich Funktionsstörung der Schulter N. accessorius) – Folgen einer Strahlentherapie des Halses (Dermatitis, Xerostomie, Strahlensyndrom)

Nach den Urteil des BSG vom 22. 06. 2004 (B 2 U 14/03 R) sind bei der Schatzung der MdE entsprechend den Verhältnissen des Einzelfalls ggf. bestehende besondere Aspekte der Genesungszeit wie das Vorliegen einer Dauertherapie, ein Schmerzsyndrom mit Schmerzmittelabhängigkeit, Anpassung und Gewöhnung an den ggf. reduzierten Allgemeinzustand, die notwendige Schonung zur Stabilisierung des Gesundheitszustandes, psychische Beeinträchtigungen usw., die Auswirkungen auf die Erwerbsfähigkeit haben, zu berücksichtigen.

In der Tabelle sind die üblichen Aspekte der Tumorerkrankung, der Behandlungsfolgen und der Genesungszeit berücksichtigt.

Bei fehlendem Funktionsverlust kann auch eine MdE von unter 20 Prozent angemessen sein.

Zusatzgutachten sind erforderlich bei bronchialer Begleitsymptomik sowie Verlust des Nervus accessorius nach Neck dissection (pneumologisch, orthopädisch bzw. neurologisch).

18.6.1.2 Durch Asbest verursachtes Mesotheliom des Rippenfells, des Bauchfells oder des Perikards (BK-Nr. 41 05)[55]

Asbestfasern kritischer Abmessungen können mesotheliomerzeugend wirken.

- **Krankheitsbild**

Das diffuse maligne Mesotheliom geht von den Deckzellen seröser Oberflächen aus. Es tritt im pleuralen Raum bevorzugt zunächst mehr umschrieben, im peritonealen Bereich diffus knötchenförmig auf. Gekammerte Höhlenbildung mit eiweiß- und fibrinreichen Ergüssen sind häufig.

Pleuramesotheliome (Mesotheliom des Rippenfells) sind überwiegend (ca. 70–80 %) asbestinduziert. Das Anfangsstadium ist oft relativ symptomarm. Später wird über Schmerzen im Brustkorb, Luftnot, Husten und Auswurf geklagt. Persistierende oder rezidivierende Rippenfellergüsse sind häufig Initialsymptome: Im weiteren Verlauf kann die höckrig-

---

[55] Einführung durch die VO vom 8. 12. 1976 zur Änderung der 7. BKVO, ergänzt durch Mesotheliom des Perikards mit der 2. VO zur Änderung der BeKV vom 18. 12. 1992; s. dazu Merkblatt für die ärztliche Untersuchung, Bekanntmachung des BMA v. 8. 11. 1993, BArbBl. 1/1994, 67; Müller, Krismann, Dt Ärztebl 1996; 93: A-538 ff.

18.6 *Krebs als Berufskrankheit*

wulstige Grenze der tumorösen Throaxwandauflagerungen nach Punktion des Ergusses röntgenologisch dargestellt werden.

Beim *Peritonealmesotheliom* (Mesotheliom des Bauchfells) stehen zunächst unklare Bauchbeschwerden, Obstipation und Aszites im Vordergrund. In späteren Stadien kann sich eine Illeussymptomatik entwickeln.

Das sehr seltene *Perikardmesotheliom* tritt unter dem Bild der Perikarditis mit Perikarderguss auf. Herzrhythmusstörungen kommen vor.

- **Expositions- und Latenzzeit**

Das Mesotheliom kann bereits bei verhältnismäßig geringer Asbestfaserstaub-Einwirkung am Arbeitsplatz verursacht werden. Wegen der hohen Wahrscheinlichkeit einer asbestbedingten Genese wird dieser Tumor daher als „Signaltumor" einer meist Jahrzehnte zurückliegenden arbeitsbedingten oder umweltbedingten Asbestfaserstaub-Einwirkung angesehen.

Expositionszeiten von wenigen Tagen bis Wochen, insbesondere gegenüber Krokydolith, sind bekannt.[56] Der Mittelwert beträgt 17,8 Jahre.[57]

Latenzzeit: 20 bis 40 Jahre[58], im Mittel 36,1 Jahre.[59] Kürzere Zeiten sind kritisch zu werten.

Ein kontinuierlicher Anstieg der Berufskrankheiten ist belegt. Das Maximum wird in den Jahren 2015 bis 2010 erwartet.

- **Kausalität – Schema zur BK-Nr. 41 05**

(1) Die Diagnose eines Mesothelioms des Rippen-, Bauchfells oder Herzbeutels mit röntgenologisch und klinisch eindeutig nachweisbarer Asbestose oder „Minimalasbestose" erfüllt mit Wahrscheinlichkeit die arbeitsmedizinischen Voraussetzungen zur Anerkennung einer BK-Nr. 41 05.

(2) Die Diagnose eines Mesothelioms der genannten Lokalisation ohne röntgenologisch und klinisch eindeutig nachweisbare Asbestlungenfibrose erfüllt mit Wahrscheinlichkeit die Voraussetzungen einer BK-Nr. 41 05 („durch Asbest *verursacht*"), wenn

röntgenologisch typische Zeichen umschriebener hyaliner oder verkalkter Pleuraplaques nachweisbar sind

oder

eine arbeitsmedizinisch als Einwirkung zu wertende Art und Dauer der Asbeststaubexposition am Arbeitsplatz in Verbindung mit einer angemessenen Latenzzeit bestanden hat

---

56 Kraus, in: Arbeitsmedizin (Hrsg. Triebig, Kentner, Schiele) 2. Aufl. 2008 S. 294 f.
57 Butz, Beruflich verursachte Krebserkrankungen 1978 bis 2003 (Hrsg. HVBG) 8. Aufl. 2005 S. 52.
58 Müller, in: Die ärztliche Begutachtung (Hrsg. Fritze, Mehrhoff) 7. Aufl. 2008 S. 620.
59 Butz, Beruflich verursachte Krebserkrankung 1978 bis 2003 (Hrsg. HVBG) 8. Aufl. S. 52.

oder

entsprechende staubmesstechnische Informationen vorliegen

oder

pathologisch-anatomisch – neben dem Mesotheliom – ein wesentlich erhöhter Anteil nadelförmiger Partikeln im Lungenstaub gesichert werden kann.

(3) Eine Faserjahr-Berechnung ist für die Annahme eines Kausalzusammenhangs zwischen beruflicher Asbeststaubexposition und dem Auftreten eines Mesothelioms nicht erforderlich.

Bei niedrigen Expositionen, die anamnestisch nicht sicher von der Hintergrundbelastung der Allgemeinbevölkerung (s. S. 1030) abgegrenzt werden können, werden mitunter Berechnungen der Faserjahre vorgenommen. Ein berufsbedingt und BK-relevant erhöhtes Risiko für ein Mesotheliom ist bereits bei einer Exposition gegenüber etwa 0,1 Faserjahre zu unterstellen.[60]

Bei Prüfung des Zusammenhanges ist zu berücksichtigen, dass über 90 % der im Deutschen Mesotheliomregister erfassten Mesotheliome als Asbest-assoziierte Berufskrankheiten gewertet wurden.[61] Die Korrelation zwischen Mesotheliomerkrankungen und Asbestexposition ist so deutlich, dass der Verdacht auf eine Berufskrankheit bei jedem Mesotheliom begründet ist.[62] Demzufolge verpflichtet bereits die sichere Diagnose den Arzt zur Erstattung der Berufskrankheitenanzeige, auch wenn zunächst eine offensichtlich berufliche Asbesteinwirkung nicht greifbar erscheint.

Erhält der UV-Träger erst nach dem Ableben Kenntnis vom Berufskrankheitenverdacht, sind nicht nur Lebzeitansprüche erloschen (§ 59 SGB I), sondern auch Ansprüche der Hinterbliebenen gefährdet, weil Angaben zu weit zurückliegenden Berufstätigkeiten mit in Frage kommender Asbesteinwirkung nicht mehr zu erlangen sind bzw. andere Erkenntnisquellen vielleicht nicht zur Klärung führen. Quantitative Aspekte hinsichtlich der Asbestexposition sind beim Mesotheliom von untergeordneter Bedeutung.

Die Berufskrankheiten-Dokumentation belegt, dass die BK-Nr. 41 05 auffallend stark bei Berufsgruppen vertreten ist, die nur sporadisch Asbestkontakt haben und nicht zu den hochexponierten Personen gehören.[63] Die bei Asbestosen am häufigsten vertretenen Isolierer nehmen bei Mesotheliomerkrankungen einen unteren Rang ein.

Untersuchungen[64] haben eine deutlich erhöhte Mesotheliominzidenz in Bereichen ohne typischerweise stattfindende Asbestexposition bestätigt mit klarer Häufung in Metallberu-

---

[60] Nowak, Kroidl, Bewertung und Begutachtung in der Pneumologie, 3. Aufl. 2009 S. 184 f. m. Hinweis auf Rödelsperger und Woitowitz.
[61] Müller, Pneumologie 58 (2004) 516–524, 670–679.
[62] Merkblatt zu BK 4105, BArBl 1/1994, 67.
[63] Übersicht bei Butz, Beruflich verursachte Krebserkrankungen 1978 bis 2003 (Hrsg. HVBG) 8. Aufl. 2005 S. 53.
[64] Zober, Pleuramesotheliome im Betrieb, ASP 1987, S. 131–134.

18.6 Krebs als Berufskrankheit

fen, wie Schlosser, Dreher, Schweißer, Schmied, deren Exposition aus gelegentlichem Einsatz beim Entfernen von Isolierungen aus Anlass von Reparaturarbeiten, Umgang mit Dichtungsmaterial usw. resultierte. Auch Chemiearbeiter und Betriebselektriker waren in ähnlicher Weise betroffen.

- **Minderung der Erwerbsfähigkeit**

Die *MdE* beträgt bei Anerkennung eines asbestbedingten Mesothelioms grundsätzlich 100 %. Der Rentenanspruch entsteht bereits am Tag nach Beginn der Krankheit bei Personen, die nicht mehr im Erwerbsleben stehen und nicht schon vorher aus anderen Gründen völlig erwerbsunfähig waren.

- **Prognose**

90 % aller Fälle werden erst in einem fortgeschrittenen Stadium entdeckt. Das Mesotheliom ist ein rasch fortschreitender Tumor mit einer schlechten Prognose. Der Tod tritt in der Regel innerhalb von 1 bis 2 Jahren ein. Beim sarkomatoiden Typ des Mesothelioms stirbt die Hälfte der Erkrankten innerhalb von 6 Monaten, beim epitheloiden Typ innerhalb eines Jahres.[65]

- **Anerkannte Erkrankungsfälle**

1978 bis 2003 (nur gew. BGen)

Pleura   8658

Bauchfell   277

Perikard   12

18.6.1.3 Andere Krebslokalisation durch Asbest

Übersicht[66]

Diagnose	Nachweis
Karzinom	
– des Magen-Darm-Traktes	nein[67]
– Ösophagus	nein
– Niere	nein
– Harnblase	nein

---

65 Neumann, u. a., Int Arch Occup Health 74 (2001) 383–395.
66 Übersicht nach *Obrecht*, Gutachten v. 23. 9. 1991 (erstellt für HVBG), in Anlehnung an das Office of Occupational Health, World Health Organisation, Geneva, 1989; s. auch Lauterbach-Koch, § 9 Anh. IV 41 04 Anm. 8.
67 Friedmann, Exp. Toxis. Pathol. 48 (1996) 13; LSG Rheinland-Pfalz, 26. 10. 1988, HV-Info 23/1989, 1855 = Meso B 70/143 für Magenkrebs; LSG Niedersachsen, 20. 6. 1996, HV-Info 34/1996, 3047; Rdschr. HVBG VB 39/90 auf der Grundlage einer Literaturstudie von Hartung; LSG Rheinland-Pfalz, 27. 3. 1991, L 3 U 1989/86; dazu Rödelsperger, Woitowitz, DMW 1991, 555; Müller, u. a., Z Gastroenterol 39 (2001) 993; wissenschaftl. Beirat Bundesärztekammer, Dt. Ärztebl. 89 (1991) C 1339, C 1341; Weiss, Gastroenterology (1990) 99:876–884; Edelmann, British Journal of Industrial Medicine 1988, 45:75–82.

– Nase   nein
– Mundhöhle   nein
– des Eierstockes (Ovar)   unklar
– der Augen   nein[68]

Hämatopoetisches System   zweifelhaft[69]

Lymphatisches System   zweifelhaft (s. 14.3.3, S. 952)

Malignes Histiozytom   nein

18.6.1.4 Lungenkrebs durch das Zusammenwirken von Asbestfaserstaub und polyzyklischen aromatischen Kohlenwasserstoffen (BK-Nr. 41 14)

BK-Nr. 41 14

„Lungenkrebs durch das Zusammenwirken von Asbestfaserstaub und polyzyklischen aromatischen Kohlenwasserstoffen bei Nachweis der Einwirkung einer kumulativen Dosis, die einer Verursachungswahrscheinlichkeit von mindestens 50 Prozent nach der Anlage 2 entspricht".

Auf Grund des vorhandenen Kenntnisstands wird das Zusammenwirken von Asbest und PAK im Sinne der synkanzerogenen, mindestens additiven Wirkungssteigerung als generell geeignet befunden, Lungenkrebs zu verursachen.

Bezüglich des Einflusses der Dauer der Zeitspanne zwischen den jeweiligen Expositionen bei aufeinander folgender Einwirkung beider Noxen liegen keine belastbaren Daten vor. Es gibt jedoch keine Hinweise, dass Intervalle die synkanzerogene Wirkung in der Regel abschwächen.[70]

Typische Arbeitsbedingungen, in denen beide Expositionen zusammentreffen können, finden sich bei

- Dachdecker
- Parkettleger (im Rahmen von Abbrucharbeiten)
- Betriebsschlosser in Aluminiumhütten sowie in Betrieben zur Herstellung von Carbid; andere Beschäftigte in diesen Betrieben, die asbesthaltige Hitzeschutzkleidung getragen haben
- Gießerei- und Stahlwerksarbeiter
- Feuerungsmaurer
- Kokereiarbeiter
- Schornsteinfeger
- Isolierer
- Korrosionsschützer insbesondere im Stahlwasserbau.

---

68 Brooke, Moosmann, u.a., The New England Journal of Medicine, Bd. 320 (1989).
69 Obrecht, Krebserkrankungen des blutbildenden Systems durch Asbest, HVBG v. 8.9.1992; Ablehnung durch LSG Niedersachsen-Bremen, 29. 6. 2006, GemRdschr DGUV Berufskrankheiten 33/2006; dafür: Hausmann, u.a., Zbl. Arbeitsmed. 2000, 358; Hittmann, Zbl. Arbeitsmed. 2004, 430.
70 Raab, Stegbauer, Trauma Berufskrankh 10 (2008) 269, 270.

Krankheitsbild und Diagnose[71]

Lungenkrebs infolge Synkanzerogenese von Asbest und PAK unterscheidet sich in Klinik und Diagnose nicht von Lungenkrebserkrankungen infolge Einwirkung einer dieser beiden Kanzerogene oder infolge anderer Genese. Die Frühsymptome sind uncharakteristisch, häufig bestehen therapieresistenter Reizhusten, Belastungsdyspnoe, Bronchopneumonie, Haemoptysen. Eine frühzeitige zytologische oder histologische Klärung ist anzustreben. Feingeweblich werden alle bekannten Tumorformen gefunden. Differentialdiagnostisch sind Metastasen anderer maligner Erkrankungen abzugrenzen.

Wahrscheinlichkeitsbeweis

Der positive Wahrscheinlichkeitsbeweis der arbeitsbedingten synkanzerogenen Verursachung liegt dann vor, wenn die Berechnung der Verursachungswahrscheinlichkeit ergibt, dass der Lungenkrebs mit gleicher oder überwiegender Verursachungswahrscheinlichkeit auf die Einwirkung von Asbest und PAK zurückzuführen ist. Diese Konstellation setzt nicht das Erreichen der für die Einzelstoffeinwirkung geforderten Dosisgrenzwerte von 25 Faserjahren (BK-Nr. 41 04) bzw. 100 Benzo(a)pyrenjahren (BK-Nr. 41 13) voraus. In diesen Fällen wären bereits die Voraussetzungen der BK-Nrn. 41 04 bzw. 41 13 gegeben; BK-Nr. 41 14 käme nicht zur Anwendung. Die arbeitsmedizinisch-toxikologischen Voraussetzungen für das Verdoppelungsrisiko eines Lungenkrebses sind dann erfüllt, wenn bei Exposition gegenüber Asbestfaserstaub und PAK die Summe der vorliegenden Bruchteile von 25 Asbestfaserjahren und 100 Benzo(a)pyrenjahren mindestens den Wert 1 ergibt, nach folgender Formel:

$$\frac{\text{Faserjahre}}{25} + \frac{\text{BaP}}{100} \geq 1$$

Wie bei der Festlegung der Dosisgrenzwerte für Asbest und PAK handelt es sich – auch bei der angeführten Formel – um eine von Wissenschaft und Sozialpolitik gemeinsam getragene Konvention.

---

71   Wissenschaftliche Begründung, Bekanntmachung BMGS v. 1. 7. 2007, GMBl 23/2007, 474.

Anlage zur Berufskrankheit Nr. 41 14: Verursachungswahrscheinlichkeit in Prozent

BaP Jahre	Asbestfaserjahre																									
	0	1	2	3	4	5	6	7	8	9	10	11	12	13	14	15	16	17	18	19	20	21	22	23	24	25
0	0	4	7	11	14	17	19	22	24	26	29	31	32	34	36	38	39	40	42	43	44	46	47	48	49	50
1	1	5	8	12	15	17	20	22	25	27	29	31	33	35	36	38	39	41	42	44	45	46	47	48	49	50
2	2	6	9	12	15	18	21	23	25	28	30	32	33	35	37	38	40	41	43	44	45	46	47	48	49	50
3	3	7	10	13	16	19	21	24	26	28	30	32	34	35	37	39	40	42	43	44	45	47	48	49	50	51
4	4	7	11	14	17	19	22	24	26	29	31	32	34	36	38	39	40	42	43	44	46	47	48	49	50	51
5	5	8	12	15	17	20	22	25	27	29	31	33	35	36	38	39	41	42	44	45	46	47	48	49	50	51
6	6	9	12	15	18	21	23	25	28	30	32	33	35	37	38	40	41	43	44	45	46	47	48	49	50	51
7	7	10	13	16	19	21	24	26	28	30	32	34	35	37	39	40	42	43	44	45	47	48	49	50	51	52
8	7	11	14	17	19	22	24	26	29	31	32	34	36	38	39	40	42	43	44	46	47	48	49	50	51	52
9	8	12	15	17	20	22	25	27	29	31	33	35	36	38	39	41	42	44	45	46	47	48	49	50	51	52
10	9	12	15	18	21	23	25	28	30	32	33	35	37	38	40	41	43	44	45	46	47	48	49	50	51	52
11	10	13	16	19	21	24	26	28	30	32	34	35	37	39	40	42	43	44	45	47	48	49	50	51	52	53
12	11	14	17	19	22	24	26	29	31	32	34	36	38	39	40	42	43	44	46	47	48	49	50	51	52	53
13	12	15	17	20	22	25	27	29	31	33	35	36	38	39	41	42	44	45	46	47	48	49	50	51	52	53
14	12	15	18	21	23	25	28	30	32	33	35	37	38	40	41	43	44	45	46	47	48	49	50	51	52	53
15	13	16	19	21	24	26	28	30	32	34	35	37	39	40	42	43	44	45	47	48	49	50	51	52	53	53
16	14	17	19	22	24	26	29	31	32	34	36	37	39	40	42	43	44	46	47	48	49	50	51	52	53	54
17	15	17	20	22	25	27	29	31	33	35	36	38	39	41	42	44	45	46	47	48	49	50	51	52	53	54
18	l5	18	21	23	25	28	30	32	33	35	37	38	40	41	43	44	45	46	47	49	50	51	52	53	54	54
19	16	19	21	24	26	28	30	32	34	35	37	39	40	42	43	44	45	47	48	49	50	51	52	53	54	54
20	17	19	22	24	26	29	31	32	34	36	37	3	40	42	43	44	46	47	48	49	50	51	52	53	54	55
21	17	20	22	25	27	29	31	33	35	36	38	39	41	42	44	45	46	47	48	49	50	51	52	53	54	55
22	18	21	23	25	28	30	32	33	35	37	38	40	41	43	44	45	46	47	48	49	50	51	52	53	54	55
23	19	21	24	26	28	30	32	34	35	37	39	40	42	43	44	45	47	48	49	50	51	52	53	53	54	55
24	19	22	24	26	29	31	32	34	36	37	39	40	42	43	44	46	47	48	49	50	51	52	53	54	55	55
25	20	22	25	27	29	31	33	35	36	38	39	41	42	44	45	46	47	48	49	50	51	52	53	54	55	56
26	21	23	25	28	30	32	33	35	37	38	40	41	43	44	45	46	47	48	49	50	51	52	53	54	55	56
27	21	24	26	28	30	32	34	35	37	39	40	42	43	44	45	47	48	49	50	51	52	53	53	54	55	56
28	22	24	26	29	31	32	34	36	38	39	40	42	43	44	46	47	48	49	50	51	52	53	54	55	55	56
29	22	25	27	29	31	33	35	36	38	39	41	42	44	45	46	47	48	49	50	51	52	53	54	55	56	56
30	23	25	28	30	32	33	35	37	38	40	41	43	44	45	46	47	48	49	50	51	52	53	54	55	56	57
31	24	26	28	30	32	34	35	37	39	40	42	43	44	45	47	48	49	50	51	52	53	53	54	55	56	57
32	24	26	29	31	32	34	36	38	39	40	42	43	44	47	47	48	49	50	51	52	53	54	55	55	56	57
33	25	27	29	31	33	35	36	38	39	41	42	44	45	46	47	48	49	50	51	52	53	54	55	56	56	57
34	25	28	30	32	33	35	37	38	40	41	43	44	45	46	47	48	49	50	51	52	53	54	55	56	57	57
35	26	28	30	32	34	35	37	39	40	42	43	44	45	47	48	49	50	51	52	53	53	54	55	56	57	57
36	26	29	31	32	34	36	37	39	40	42	43	44	46	47	48	49	50	51	52	53	54	55	55	56	57	58
37	27	29	31	33	35	36	38	39	41	42	44	45	46	47	48	49	50	51	52	53	54	55	56	56	57	58
38	28	30	32	33	35	37	38	40	41	43	44	45	46	47	48	49	50	51	52	53	54	55	56	57	57	58
39	28	30	32	34	35	37	39	40	42	43	44	45	47	48	49	50	51	52	53	53	54	55	56	57	57	58
40	29	31	32	34	36	37	39	40	42	43	44	46	47	48	49	50	51	52	53	54	55	55	56	57	58	58
41	29	31	33	35	36	38	39	41	42	44	45	46	47	48	49	50	51	52	53	54	55	56	56	57	58	59
42	30	32	33	35	37	38	40	41	43	44	45	46	47	48	49	50	51	52	53	54	55	56	57	57	58	59
43	30	32	34	35	37	39	40	42	43	44	45	47	48	49	50	51	52	53	53	54	55	56	57	58	58	59
44	31	32	34	36	37	39	40	42	43	44	46	47	48	49	50	51	52	53	54	55	55	56	57	58	58	59
45	31	33	35	36	38	39	41	42	44	45	46	47	48	49	50	51	52	53	54	55	56	56	57	58	59	59
46	32	33	35	37	38	40	41	43	44	45	46	47	48	49	50	51	52	53	54	55	56	57	57	58	59	59
47	32	34	35	37	39	40	42	43	44	45	47	48	49	50	51	52	53	54	55	56	57	57	58	59	60
48	32	34	36	38	39	40	42	43	44	46	47	48	49	50	51	52	53	54	55	55	56	57	58	58	59	60
49	33	35	36	38	39	41	42	44	45	46	47	48	49	50	51	52	53	54	55	56	56	57	58	59	59	60
50	33	35	37	38	40	41	43	44	45	46	47	48	49	50	51	52	53	54	55	56	57	57	58	59	59	60

18.6 Krebs als Berufskrankheit

BaP Jahre	Asbestfaserjahre																									
	0	1	2	3	4	5	6	7	8	9	10	11	12	13	14	15	16	17	18	19	20	21	22	23	24	25
51	34	35	37	39	40	42	43	44	45	47	48	49	50	51	52	53	53	54	55	56	57	57	58	59	60	60
52	34	36	38	39	40	42	43	44	46	47	48	49	50	51	52	53	54	55	55	56	57	58	58	59	60	60
53	35	36	38	39	41	42	44	45	46	47	48	49	50	51	52	53	54	55	56	55	57	58	59	59	60	60
54	35	37	38	40	41	43	44	45	46	47	48	49	50	51	52	53	54	55	56	57	57	58	59	59	60	61
55	35	37	39	40	42	43	44	45	47	48	49	50	51	52	53	53	54	55	56	57	57	58	59	60	60	61
56	36	38	39	40	42	43	44	46	47	48	49	50	51	52	53	54	55	55	56	57	58	58	59	60	60	61
57	36	38	39	41	42	44	45	46	47	48	49	50	51	52	53	54	55	56	56	57	58	59	59	60	60	61
58	37	38	40	41	43	44	45	46	47	48	49	50	51	52	53	54	55	56	57	57	58	59	59	60	61	61
59	37	39	40	42	43	44	45	47	48	49	50	51	52	53	53	54	55	56	57	57	58	59	60	60	61	61
60	38	39	40	42	43	44	46	47	48	49	50	51	52	53	54	55	55	56	57	58	58	59	60	60	61	62
61	38	39	41	42	44	45	46	47	48	49	50	51	52	53	54	55	56	56	57	58	59	59	60	60	61	62
62	38	40	41	43	44	45	46	47	48	49	50	51	52	53	54	55	56	57	57	58	59	59	60	61	61	62
63	39	40	42	43	44	45	47	48	49	50	51	52	53	53	54	55	56	57	57	58	59	60	60	61	61	62
64	39	40	42	43	44	46	47	48	49	50	51	52	53	54	55	55	56	57	58	58	59	60	60	61	62	62
65	39	41	42	44	45	46	47	48	49	50	51	52	53	54	55	56	56	57	58	59	59	60	61	61	62	62
66	40	41	43	44	45	46	47	48	49	50	51	52	53	54	55	56	57	57	58	59	59	60	61	61	62	62
67	40	42	43	44	45	47	48	49	50	51	52	53	53	54	55	56	57	57	58	59	60	60	61	61	62	63
68	40	42	43	44	46	47	48	49	50	51	52	53	54	55	55	56	57	58	58	59	60	60	61	62	62	63
69	41	42	44	45	46	47	48	49	50	51	52	53	54	55	56	56	57	58	59	59	60	60	61	62	62	63
70	41	43	44	45	46	47	48	49	50	51	52	53	54	55	56	57	57	58	59	59	60	61	61	62	62	63
71	42	43	44	45	47	48	49	50	51	52	53	53	54	55	56	57	57	58	59	60	60	61	61	62	63	63
72	42	43	44	46	47	48	49	50	51	52	53	54	55	55	56	57	58	58	59	60	60	61	62	62	63	63
73	42	44	45	46	47	48	49	50	51	52	53	54	55	56	56	57	58	59	59	60	60	61	62	62	63	63
74	43	44	45	46	47	48	49	50	51	52	53	54	55	56	57	57	58	59	59	60	61	61	62	62	63	64
75	43	44	45	47	48	49	50	51	52	53	53	54	55	56	57	57	58	59	60	60	61	61	62	63	63	64
76	43	44	46	47	48	49	50	51	52	53	54	55	55	56	57	58	58	59	60	60	61	62	62	63	63	64
77	44	45	46	47	48	49	50	51	52	53	54	55	56	56	57	58	59	59	60	60	61	62	62	63	63	64
78	44	45	46	47	48	49	50	51	52	53	54	55	56	57	57	58	59	59	60	61	61	62	62	63	64	64
79	44	45	47	48	49	50	51	52	53	53	54	55	56	57	57	58	59	60	60	61	61	62	63	63	64	64
80	44	46	47	48	49	50	51	52	53	54	55	55	56	57	58	58	59	60	60	61	62	62	63	63	64	64
81	45	46	47	48	49	50	51	52	53	54	55	56	56	57	58	59	59	60	60	61	62	62	63	63	64	64
82	45	46	47	48	49	50	51	52	53	54	55	56	57	57	58	59	59	60	61	61	62	62	63	64	64	65
83	45	47	48	49	50	51	52	53	53	54	55	56	57	58	59	60	60	61	61	62	63	63	64	64	65
84	46	47	48	49	50	51	52	53	54	55	55	56	57	58	58	59	60	60	61	62	62	63	63	64	64	65
85	46	47	48	49	50	51	52	53	54	55	56	56	57	58	59	59	60	60	61	62	62	63	63	64	64	65
86	46	47	48	49	50	51	52	53	54	55	56	57	57	58	59	59	60	61	61	62	62	63	64	64	65	65
87	47	48	49	50	51	52	53	53	54	55	56	57	57	58	59	60	60	61	61	62	63	63	64	64	65	65
88	47	48	49	50	51	52	53	54	55	55	56	57	58	58	59	60	60	61	62	62	63	63	64	64	65	65
89	47	48	49	50	51	52	53	54	55	56	56	57	58	59	59	60	60	61	62	62	63	63	64	64	65	65
90	47	48	49	50	51	52	53	54	55	56	57	57	58	59	59	60	61	61	62	62	63	64	64	65	65	66
91	48	49	50	51	52	53	53	54	55	56	57	57	58	59	60	60	61	61	62	63	63	64	64	65	65	66
92	48	49	50	51	52	53	54	55	55	56	57	58	58	59	60	60	61	62	62	63	63	64	64	65	65	66
93	48	49	50	51	52	53	54	55	56	56	57	58	59	59	60	61	61	62	62	63	63	64	64	65	65	66
94	48	49	50	51	52	53	54	55	56	57	57	58	59	59	60	61	61	62	62	63	64	64	65	65	66	66
95	49	50	51	52	53	53	54	55	56	57	57	58	59	60	60	61	61	62	63	63	64	64	65	65	66	66
96	49	50	51	52	53	54	55	55	56	57	58	58	59	60	60	61	62	62	63	63	64	64	65	65	66	66
97	49	50	51	52	53	54	55	56	56	57	58	59	59	60	61	61	62	62	63	63	64	64	65	65	66	66
98	49	50	51	52	53	54	55	56	57	57	58	59	59	60	61	61	62	62	63	64	64	65	65	66	66	66
99	50	51	52	53	53	54	55	56	57	57	58	59	60	60	61	61	62	63	63	64	64	65	65	66	66	67
100	50	51	52	53	54	55	55	56	57	58	58	59	60	60	61	62	62	63	63	64	64	65	65	66	66	67

18.6.1.5 Krebserkrankungen durch das Zusammenwirken von Asbest und anderen K1-Stoffen

Bei Einwirkung weiterer kanzerogener Stoffe in Kombination [z. B. Asbest und Radon, Asbest und Bischlormethylether, Asbest und Nickel bzw. Chrom(IV)] liegen derzeit Empfehlungen durch den Ärztlichen Sachverständigenrat – Sektion Berufskrankheiten – beim Bundesministerium für Arbeit und Soziales nicht vor. Eine Diskussion um mögliche weitere synkanzerogene Wirkungen von Arbeitsstoffen ist noch nicht abgeschlossen.

18.6.1.6 Lungenkrebs durch die Einwirkung von kristallinem Siliziumdioxid (SiO$_2$) bei nachgewiesener Quarzstaublungenerkrankung (Silikose oder Siliko-Tuberkulose) – BK-Nr. 41 12

Kristallines Siliziumdioxid in Form von Quarz, Cristobalit, Tridymit (alveolengängiger Staubanteil) ist für den Lungenkrebs kein direkter Auslöser. Lungenkrebs wind nur bei Vorhandensein einer Silikose der Lunge oder des Hilus verursacht. Die BK-Nr. 41 01 oder 41 02 bleibt bei Hinzutreten eines Lungenkrebses und dem Vorliegen der übrigen Voraussetzungen anerkannt; eine Gesamt-MdE ist zu bilden.[72] Zur Anwendung von § 63 Abs. 2 SGB VII s. 4.4, S. 125.

Lungenkrebs

Lungenkrebs im Sinne dieser Berufskrankheit ist das Bronchialkarzinom. Das Krankheitsbild unterscheidet sich nicht von Lungenkrebs-Erkrankungen anderer Ursachen. Die pathologisch-anatomisch und röntgenologisch fassbaren Tumorlokalisationen lassen ebenso wie die histomorphologischen Eigenschaften keine spezifischen Merkmale in Abhängigkeit von der Staubexposition erkennen. Alle histologischen Wachstumsmuster kommen vor.

Quarzstaublungenerkrankungen (BK-Nrn. 41 01, 41 02)

Die Quarzstaublungenerkrankung ist röntgenologisch (Regelfall) nachzuweisen: Streuungskategorie 1/1 oder mehr kleinere rundliche Lungenschatten. Der Nachweis kann auch pathologisch-histologisch gesichert werden. Die CT/HRCT-Technologie lässt sich derzeit nicht heranziehen, da eine Korrelation zwischen ILO-Klassifikation und HRTC-Schema noch nicht gegeben ist.[73]

Bei der alleinigen Bewertung histologischer Befunde ist abzuwägen, ob vor der Feststellung der Krebserkrankung eine Silikose der röntgenologischen Diagnostik entgangen oder inwieweit im Zeitintervall zwischen der letzten Röntgenaufnahme und der Erkrankung an Lungenkrebs ein unkontrolliertes Fortschreiten der Silikose erfolgt sein kann bzw. deren Auftreten erst in diesem Zeitintervall annehmbar ist. Ferner ist zu überlegen, dass die Sensitivität der radiologischen Diagnostik im Vergleich zu histologischen Befunden allgemein unterlegen ist[74] und gerade autoptisch diagnostizierte, röntgenologisch nicht erfasste hiloglanduläre Silikosen eine sehr starke Assoziation zum Lungenkrebs aufweisen.[75]

---

72 Brackmann, Becker, § 9 BK-Nr. 41 12 Anm. 4.
73 Hering, Kraus, in: Kursbuch der ärztlichen Begutachtung (Hrsg. Ludolph u. a.) 30. Erg. Lfg 9/06 VI–9.5 S. 34.
74 Hnizdo, Murray, Occup. Environ. Med. 55 (1998) 496.
75 Hnizdo, Sluis-Cremer, Br. I. Ind. Med. 48 (1991) 53.

18.6 Krebs als Berufskrankheit

Rauchgewohnheiten sind nicht relevant; das Lungenkrebsrisiko erhöht sich beim Vorliegen einer Silikose sowohl für Nichtraucher als auch für Raucher um den Faktor 4.

Expositions- und Latenzzeit

Expositionszeit: in Mittel 18 Jahre

Latenzzeit: in Mittel 43 Jahre

Anerkannte Erkrankungsfälle: 2002 (28), 2003 (60), 2004 (78), 2005 (46), 2006 (47), 2007 (46)

Minderung der Erwerbsfähigkeit: s. 18.6.1.1.1.4, S. 1100

Steinkohlenbergbau

Das Lungenkrebsrisiko von *Steinkohlenbergleuten* ist umstritten. Lungenkrebs in Verbindung mit Silikose bei Steinkohlenbergleuten ist beim gegenwärtigen Wissensstand vom Geltungsbereich der BK-Nr. 41 12 ausgenommen.

18.6.1.7 „Narben-assoziierte Karzinome"[76]

Der Begriff „silikotisches Narbenkarzinom" ist neueren Erkenntnissen gemäß in der medizinischen Terminologie verzichtbar.

Aus einer Quarz-bedingten hyalinschwieligen Narbe oder einer Mischstaubschwiele, wie zentraler Nekrose, Erweichungen und Verkalkungen, kann sich nach wissenschaftlich akzeptierten Befunden der Grundlagenfächer ein bösartiger Tumor nicht entwickeln. Die für eine Tumorrealisation notwendigen Strukturen von bronchialen oder alveolären Epithelzellen sind in derartigen vielfältig regressiv veränderten Lungennarben nicht vorhanden. Gesicherter Beleg für Tumorentwicklung aus einer durch Silikose bedingten Narbe ist nicht erbracht.

Für die Entwicklung des Tumors ist nicht die Narbe, also die Exposition gegenüber Quarzfeinstäuben, entscheidend; vielmehr ist die mit der Narbe verbundene chronische Entzündung und Reizung und damit die Möglichkeit der Transformation des Bronchial- und Alveolarepithels mit Übergang in ein Karzinom vor allem maßgebend. Das „narbenassoziierte Karzinom" in der Lunge ist daher eine Folgekrankheit, besonders im Zusammenhang mit silikotischen Mischstaubschwielen, tuberkulösen Narben oder alten Lungeninfarktnarben.

Rechtliche Folgerung:
Erfassung „Narbenassoziierter Karzinome" bei Vorliegen der weiteren Voraussetzungen unter BK-Nr. 41 12.

Im Übrigen – vor allem im Steinkohlenbergbau – Anerkennung nach BK-Nrn. 41 01 oder 41 02.

---

[76] Nach Müller, Wiethege, Atemw.-Lungenkrkh. 28 (2002) 180.

- **Kriterien für die Anerkennung**[77]
  - nach der beruflichen Vorgeschichte muss eine relevante berufliche Staubexposition dokumentiert sein
  - nach den klinischen, besonders den röntgenologischen Untersuchungsbefunden ist von einer Silikose mit nennenswertem Krankheitswert auszugehen
  - morphologische Sicherung eines primären bösartigen Lungentumors
  - bekannter Ausgangspunkt des Karzinoms, maximale Tumorgröße 4 cm
  - der Tumor muss sich im Bereich einer vorbestehenden anthrakosilikotischen oder silikotuberkulösen, in der Regel mindestens 1 cm im Durchmesser großen Schwiele bzw. im Bereich eines in das Bronchialsystem durchgebrochenen silikotischen Lymphknotens, entwickelt haben (Abgrenzung zu meist ungeordneter sekundärer Tumorvernarbung)
  - makroskopischer und mikroskopischer Nachweis des räumlichen Zusammenhangs zwischen wahrscheinlichem Ausgangspunkt des Tumors und dem silikotischen Granulom bzw. einer größeren Schwiele.

- **Bedeutung**

Zwischen 1978 und 2003 wurden 326 Fälle anerkannt.

18.6.1.8 Adenokarzinome der Nasenhaupt- und Nasennebenhöhlen durch Stäube von Eichen- und Buchenholz (BK-Nr. 4203)

Nach dem Erkenntnisstand beschränkt sich die krebserzeugende Wirkung von Holzstaub auf die Harthölzer Eiche und Buche.

Das kanzerogene Prinzip der Eichen- und Buchenholzstäube ist bislang nicht bekannt. Ungeklärt ist, ob der Eichen- und Buchenholzstaub als solcher kanzerogen oder die Krebsentstehung beispielsweise auf Chemikalien der Holzbe- und -verarbeitung zurückzuführen ist. Die Erkrankung tritt bevorzugt in Kleinbetrieben mit multiplen Expositionen auf.

- **Zielorgan**

Der Tumor beginnt meist im mittleren Nasengang im Bereich der mittleren Nasenmuschel. Diese Region der inneren Nase entspricht dem Schleimhautareal, bei dem auf Grund aerodynamischer Verhältnisse die meiste Staubablagerung nachzuweisen ist. Durch chronische Staubbelastung der Nasenschleimhaut kann der Selbstreinigungsmechanismus der Nase gestört werden, woraus eine längere Verweildauer des deponierten Holzstaubes resultiert. Dadurch wird die Kontaktzeit mit dem krebserzeugenden Arbeitsstoff verlängert. Vom mittleren Nasengang wächst das Adenokarzinom langsam destruierend auf Siebbein, Kieferhöhle, Orbita und Nasenhaupthöhle über. Die Lokalisation ist nicht als formale Bedingung für eine Anerkennung anzusehen.

Regionale oder *Fernmetastasen* kommen nur in Endstadien der Erkrankung vor.

---

[77] Müller, in: Die ärztliche Begutachtung (Hrsg. Fritze, Mehrhoff) 7. Aufl. 2008 S. 613 f.

18.6 Krebs als Berufskrankheit

Für eine krebserzeugende Wirkung dieser Arbeitsstoffe an anderen Organen, vor allem im Kehlkopf, liegt kein begründeter Hinweis vor. Auch dafür besteht kein Anhalt, dass ein anderer histologischer Tumortyp der Nase ebenfalls in einem Kausalzusammenhang mit beruflicher Exposition gegenüber Eichen- und Buchenholzstaub stehen könnte.[78]

- **Expositions- und Latenzzeit**

Latenzzeit: im Mittel 40 Jahre bei 30-jähriger Exposition, im Einzelfall können Expositions- und Latenzzeit bei 10 bis 15 Jahren liegen.

- **Weitere Hinweise**

Adenokarzinome der inneren Nase sind relativ seltene Tumore, sie können auch ohne berufliche Eichen- und Buchenholzstaub-Exposition auftreten: Bei rund einem Drittel trifft dies zu.

- **Bedeutung**

Von 1973 bis 2006 wurden 643 Fälle anerkannt, seit 2004 jährlich über 40 Fälle.

- **Minderung der Erwerbstätigkeit**[79]

Kategorie I MdE 20 %–40 %	Tumor durch Operation entfernt, keine bleibenden entstellenden äußerlichen Veränderungen im Gesicht evtl. adjuvante Strahlentherapie Bei folgenden Funktionsstörungen kann eine MdE von bis zu 40 % zugemessen werden: – Riech- und Geschmacksverlust – Sensibilitätsstörungen im Gesicht – leicht behinderte Nasenatmung – geringe chronische Schleimhautentzündungen mit Pflegebedürftigkeit der Nase – Augentränen
Kategorie II MdE 40 %–60 %	Tumor durch Operation entfernt, evtl. adjuvante Strahlentherapie erhebliche funktionelle Störungen mit eventuellen sekundären Komplikationen, wie: – schwere chronische Schleimhautentzündungen mit erheblicher Pflegebedürftigkeit der Nase (z. B. instrumentelle Reinigung) – Nervenläsionen, z. B. nach Neckdissektion – Augenmotilitätsstörungen – Entstellungen der äußeren Nase und/oder des Gesichts – Folgen einer Strahlentherapie (Dermatitis, Xerostomie, Strahlensyndrom)

---

[78] LSG Nordrhein-Westfalen, 7. 7. 1999, HV-Info 39/1999, 3680 m. Hinweis auf EG-Empfehlung 1990; LSG Niedersachsen, 25. 6. 1998, HV-Info 36/1998, 3432 = Breith. 1999, m. Hinweis auf BK-Report „Larynxkarzinom durch Asbest?" 2/94 S. 50; Feldmann, Das Gutachten des Hals-Nasen-Ohrenarztes, 6. Aufl. 2006 S. 296.
[79] Nach Alberty, Brusis, Schröder (2009).

Kategorie III MdE 60 %–90 %	Tumor durch ausgedehnte Operation oder durch multimodale Therapie in kurativer Intention entfernt, Bei folgenden Funktionsstörungen kann eine MdE von bis zu 90 % zugemessen werden: – ausgeräumte Augenhöhle (Exenteratio orbitae) – schwere Folgen einer Strahlentherapie (Dermatitis, Xerostomie, Strahlensyndrom) – teilweiser oder ganzer Verlust des Oberkiefers einschließlich des Gaumens
Kategorie IV MdE 100 %	Inkurables Tumorstadium

Nach den Urteil des BSG vom 22. 06. 2004 (B 2 U 14/03 R) sind bei der Schätzung der MdE entsprechend den Verhältnissen des Einzelfalls ggf. bestehende besondere Aspekte der Genesungszeit wie das Vorliegen einer Dauertherapie, ein Schmerzsyndrom mit Schmerzmittelabhängigkeit, Anpassung und Gewöhnung an den ggf. reduzierten Allgemeinzustand, die notwendige Schonung zur Stabilisierung des Gesundheitszustandes, psychische Beeinträchtigungen usw., die Auswirkungen auf die Erwerbsfähigkeit haben, zu berücksichtigen.

In der Tabelle sind die üblichen Aspekte der Tumorerkrankung, der Behandlungsfolgen und der Genesungszeit berücksichtigt.

Bei fehlendem Funktionsverlust kann auch eine MdE von unter 20 Prozent angemessen sein.

18.6.2 Chemikalien

In den letzten Jahren wurden zahlreiche neue Erkenntnisse zu krebserzeugenden Chemikalien gewonnen. Neue Wirkmechanismen wurden erkannt, die auch in der Einstufung der Stoffe ihren Niederschlag fanden. Bei Übergangsmetallen spielt die Möglichkeit des Valenzwechsels eine Rolle, in Verbindung mit der Generierung von reaktiven Sauerstoff-Spezies in den Zellen der Zielorgane. Andere Metalle interagieren mit spezifischen Enzymen. Organische Chemikalien werden häufig im Organismus „bioaktiviert" zu ultimal krebserzeugenden Metaboliten. In beiden Fällen existieren Wege, die zur „Giftung" oder „Entgiftung" führen. Enzyme, die hier einwirken, sind nicht selten genetisch individuell unterschiedlich ausgeprägt, was zu großen Unterschieden in der individuellen Empfindlichkeit gegenüber krebserzeugenden Chemikalien führen kann. Aspekte dieser Art spielen in der individuellen Begutachtung eine derzeit wachsende Rolle.

18.6.2.1 Metalle

18.6.2.1.1 Krebserkrankungen durch Chrom oder seine Verbindungen (BK-Nr. 11 03)

Allgemeine Hinweise s. 21.5, S. 1226 (3)

Früher galt nur die kanzerogene Wirksamkeit von Zinkchromat für den Menschen als gesichert. Für die übrigen 6-wertigen Chromverbindungen in Form von Stäuben und Aerosolen wurde ebenfalls von einer krebserzeugenden Eigenschaft ausgegangen. Mit der MAK-Liste 2009 wurde diese Trennung aufgehoben. Nunmehr gelten 6-wertige Chromverbindungen generell als beim Menschen krebserzeugend (K1 Stoffe). Ausgenommen sind die im Wasser unlöslichen, wie Bleichromat oder Bariumchromat (K3 Stoffe).

18.6 Krebs als Berufskrankheit

Zielorgane: Atemwege, meist Brochien, Nasenhöhle, Nebenhöhle, Kehlkopf, überwiegend Lunge.[80]

Histologie: überwiegend Plattenepithel-Karzinom

Expositionszeit: im Durchschnitt 17 Jahre (2 bis 43 Jahre)

Latenzzeit: im Durchschnitt 29 Jahre

Eine konkrete Belastungsdosis wird nicht gefordert.[81]

Die Bestimmung eines wissenschaftlich belastbaren Dosiswertes für eine Verdoppelung des Lungenkrebsrisikos bei *Schweißern* (s. 18.6.2.1.5, S. 1120) ist mit Unsicherheiten behaftet. Der Vorschlag von 2000 µg/m³ × Jahr ist konsens, abgeleitet vom früheren TRK-Wert von 200 µg/m³ multipliziert mit 10 Jahre Expositionsdauer.[82]

Anerkannte Erkrankungen durch gew. BGen zwischen 1978 bis 2003[83]

Bronchien	203
Kehlkopf	8
Obere Atemwege	6
Nase	5

18.6.2.1.2 Krebserkrankungen durch Cadmium und seine Verbindungen (BK-Nr. 11 04)

Allgemeine Hinweise s. 21.3, S. 1227 (4)

Cadmium und seine Verbindungen sind in Form von Stäuben und Aerosolen krebserzeugend (K1 Stoff seit 2004)

Zielorgan: Lunge, Niere[84]

Tumorlokalisationen im Bereich der Prostata und der Mammae sind nach bisher vorliegenden Studien wenig wahrscheinlich.

Auf Grund der langen biologischen Halbwertzeit (ca. 30 Jahre) im Organismus lassen sich erhöhte Belastungen mittels Biomonitoring lange nachweisen.

---

[80] Michel, Brusis, Laryngo-Rhino-Otol 86 (2007) 134.
[81] LSG Schleswig-Holstein, 20. 2. 2006, UVR 6/2006.
[82] Pesch, u. a., ASU 44 (2009) 336, 337.
[83] Butz, Beruflich verursachte Krebserkrankungen 1978 bis 2003 (Hrsg. HVBG) 8. Aufl. 2005 S. 34.
[84] Triebig, Leitlinie, „DGAUM" „Arbeiten unter Einwirkung von Cadmium" Stand Juni 2005; Brüning, ASU 41 (2006) 480; Greim, ebenda S. 432; Schiele, ebenda S. 483; Schiele, in: Arbeitsmedizin (Hrsg. Triebig, Kentner, Schiele), 2. Aufl. 2008, S. 110: „Bronchialkarzinome, evtl. auch Nierenkarzinome"; a. A. Hess. LSG, 19. 4. 2004, HV-Info 7/2004, 592: Nierenzellkarzinome zählen nicht zu einem für die BK-Nr. 11 04 typischen Krankheitsbild.

18.6.2.1.3 Krebserkrankungen durch Arsen und seine anorganischen Verbindungen (BK-Nr. 11 08)

Allgemeine Hinweise s. 21.3, S. 1230 (8)

Arsentrioxid und Arsenpentoxid, arsenige Säure, Arsensäure und ihre Salze können beim Menschen Krebs auslösen (K1-Stoffe)

Die mutagene kanzerogene Wirkung geht vermutlich auf indirekte zelluläre Effekte der Proteinen, wie z. B. einer Hemmung der DNA-Reparatur durch Modifizierung von DNA-Reparaturproteinen, zurück. Im Gegensatz zu den dreiwertigen methylierten Metaboliten zeigen die fünfwertigen Verbindungen genotoxische Effekte erst in wesentlich höheren Konzentrationen.[85]

Zielorgan

Vor allem nach inhalativer Exposition treten häufig Lungenkrebserkrankungen auf. Ein arseninduziertes Bronchialkarzinom auch bei ausschließlich oraler Aufnahme ist nicht auszuschließen. Zielorgane nach oraler Aufnahme sind ferner Harnblase, Nieren und Haut (s. 18.7.1, S. 1136)

Expositionszeit:	6 Monate bis 41 Jahre, im Mittel 10[86]; Belastungsspitzen können auch nach kürzeren Einwirkungszeiten ein zusätzliches Risiko bedeuten
Latenzzeit:	30–50 Jahre, im Mittel 39[87]

Anerkannte Erkrankungsfälle durch gew. BGen 1978 bis 2003

Bronchien	114
Obere Atemwege	6
Haut	2

18.6.2.1.4 Krebserkrankungen durch Beryllium und seine Verbindungen (BK-Nr. 11 10)

Allgemeine Hinweise s. 21.3, S. 1232 (10)

Beryllium ist als K1 Stoff eingestuft (seit 2003)

Zielorgan: Lunge

Es gibt bislang keine ausreichende Erklärung des zu Grunde liegenden Pathomechanismus.

18.6.2.1.5 Bösartige Neubildungen der Atemwege und der Lungen durch Nickel oder seine Verbindungen (BK-Nr. 41 09)

Nickel und seine Verbindungen haben in vielen Bereichen der modernen Industrie eine wesentliche Bedeutung. Ersatzstoffe dürften auch in Zukunft nicht oder nur eingeschränkt zur Verfügung stehen.

---

[85] Dopp, ErgoMed 2007, 100, 104.
[86] Heese, Fortschr. Med 1979, 837, 838.
[87] Butz, Beruflich verursachte Krebserkrankungen 1978 bis 2003 (Hrsg. HVBG) 8. Aufl. 2005 S. 53.

18.6 *Krebs als Berufskrankheit*

Als krebserregend (K1-Stoffe) gelten

– Nickelmonoxid, Nickeldioxid, Dinickeltrioxid, Nickelmonosulfid, Nickelsubsulfid
– lösliche Nickelsalze, wie Nickelsulfat, Nickelchlorid, Nickelacetat und vergleichbare Nickelverbindungen

in Form atembarer Stäube/Aerosole.

Für Nickelmetall wird von einer krebserzeugenden Potenz für den Menschen ausgegangen, wobei die Wirkstärke gegenüber den oben genannten Stoffen deutlich niedriger liegt.

Das sehr toxische Nickeltetracarbonyl wurde bisher als im Tierversuch nachgewiesenes Kanzerogen bewertet (K2-Stoff).

Unlösliches Nickel in alveoloengängigen Partikeln erreicht über die Atemwege die Lunge, kann dort phagozytiert, aber auch abgelagert werden. Wasserlösliche Nickelsalze werden vermutlich bereits in der Schleimhaut der oberen Atemwege aufgenommen. Nach experimentellen Studien haben sie eine geringere Kanzerogenität.[88]

Zielorgane

Epidemiologisch gesichert ist der Kausalzusammenhang im Bereich der Lungen und Nasenhaupt- und -nebenhöhlen. Beim Kehlkopfkrebs ist der Zusammenhang derzeit nicht eindeutig belegt; dennoch wurden sie in den letzten Jahren unter Berücksichtigung der Legaldefinition vereinzelt als Berufskrankheit anerkannt.

Die in einzelnen Studien aufgezeigten erhöhten Erkrankungsrisiken hinsichtlich bösartiger Neubildungen im Bereich des Magens, der Prostata sowie der Nieren stellen Einzelmitteilungen dar. Absicherung auf breiterer Basis steht aus.[89] Zudem werden sie von der Legaldefinition der BK-Nr. 41 09 nicht erfasst.

Definition der Atemwege

Die Unterscheidung zwischen oberen Atemwegen und Verdauungstrakt ist nicht nachvollziehbar. Die Ansicht, der Pharynx (Rachen) gehöre nicht zum Atem-, sondern zum Verdauungstrakt, vermag nicht zu erklären, wie die Atemluft auf ihrem Weg von Mund und Nase in die Lungen den Pharynx umgeht. Der Weg von den Lippen bis zum Pharynx ist für Atmung und Ernährung der gleiche: Die oberen Atemwege reichen von Mund und Nase bis einschließlich zum Kehlkopf.[90]

Ab Trachea (Luftröhre) gilt der Begriff mittlere Atemwege; die tiefen Atemwege beginnen mit der ersten Teilungsgeneration (Bronchialbaum).

Histologisch handelt es sich überwiegend um Plattenepithelkarzinome; selten werden andere Tumorhistologien (Adenokarzinome) beobachtet.

Expositionszeit: Bronchialkarzinom 1 bis 33 Jahre, obere Atemwege 3 bis 26 Jahre

Latenzzeit: Bronchialkarzinom 3 bis 30 Jahre, obere Atemwege 20 bis 30 Jahre

---

[88] Pesch, u.a., in: Handbuch der Arbeitsmedizin (Hrsg. Letzel, Nowak) 4. Erg. Lfg. 10/07 Abschn. D II – 1.1. N – 1.
[89] So auch SG Würzburg, 19. 1. 1999, VB 65/99; vgl. auch Nickel, Bekanntmachung des Umweltamtes, Bundesgesundheitsbl. 2001, 1243, 1245.
[90] SG Würzburg, 19. 1. 1999, VB 65/99.

Ein Verdopplungsrisiko für das Bronchialkarzinom ist bei einer kumulativen Dosis von 5000 µg/m³ × Jahre anzunehmen.[91] Die wissenschaftliche Datenlage lässt ein Verdoppelungsrisiko nicht ableiten. Der Dosiswert resultiert aus dem Vorschlag, die frühere TRK von 500 µg/m³ mit einer Expositionsdauer von 10 Jahren zu multiplizieren.[92]

Anerkannte Erkrankungsfälle durch gew. BGen 1978 bis 2003

Bronchien	110
Kehlkopf	11
Nase	4

- **Lungenkrebs bei Edelstahlschweißern (BK-Nrn. 11 03 und 41 09)**

Schweißrauche sind ein komplexes Gefahrstoffgemisch. Die Konzentration sowohl teilchen- als auch gasförmiger Komponenten wird maßgeblich von der

- Raumgröße
- Zeitdauer
- Art des Schweißverfahrens
- Belüftung

bestimmt.

Art des Schweißverfahrens (s. 17.9, S. 1039)

Den „Schweißer" mit gleichbleibenden Tätigkeitsmerkmalen und konstanten Expositionsbedingungen gibt es nicht. Über 100 genormte Schweißverfahren und verwandte Technologien sind bekannt. Die qualitative Zusammensetzung der Schweißrauche hängt von den Schweißzusatzwerkstoffen (Elektroden) ab, da Schweißrauch fast ausschließlich aus diesen freigesetzt wird.[93]

Nickel liegt im Schweißrauch grundsätzlich als Oxid vor.

Chrom ist bei Verwendung von Schutzgasverfahren ohne schlackebildende Schweißzusatzwerkstoffe

- Metall – Inertgas – Schweißen
- Metall – Aktivgas – Schweißen mit Fülldraht

fast ausschließlich in dreiwertiger Form im Schweißrauch vorhanden: für eine krebserzeugende Wirkung nicht relevant. Bei beiden Schweißverfahren werden Grenzwertüberschreitungen bezüglich oxidischer Nickelverbindungen beobachtet. Bearbeiten Edelstahlschweißer hochlegierte nickelhaltige Werkstoffe (Elektroden) mit mehr als 5 % Nickelgehalt im Rahmen dieser Verfahren, sind sie einer erheblich höheren Nickeloxid-Verbindung als die übrige Bevölkerung ausgesetzt.[94]

---

[91] LSG Schleswig-Holstein, 13. 9. 2007, Breith. 2008, 308, 212 = UVR 4/2008, 187; Pesch, Brüning, ASU 43 (2008) 335.
[92] Pesch, Brüning, ASU 43 (2008) 335.
[93] Raithel, ASU 43 (2008) 328; Pesch, Brüning, ebenda S. 331.
[94] Zschiesche, ASU 43 (2008) 334.

VI-wertige Chromverbindungen (je nach Schweißprozess und Umhüllungsart etwa 30–90 %) entstehen beim

- Lichtbogen-Hand-Schweißen mit umhüllten Stabelektroden
- Schweißen mit selbstschützenden Fülldrähten

Lungenkrebsrisiko

Beim Lichtbogenschweißen wird das durchschnittliche relative Lungenkrebsrisiko mit 1,3 bis 1,4 eingestuft.[95]

Eine Risikodifferenzierung für unterschiedliche Schweißrauchbelastungen ist – auch im Hinblick auf Expositionen gegen Nickel- und Chromverbindungen – aus epidemiologischer Sicht nicht möglich.[96]

Epidemiologische Studien – im Sinne einer additiven oder multiplikativen Synkanzerogenese von Chrom-VI- und Nickelverbindungen zu interpretieren – liegen nicht vor. Einen entsprechenden Mechanismus schließt dies jedoch nicht aus.

Das *kumulative-Zeit-Dosis-Modell* im Sinne eines vereinfachten BK-Anerkennungsverfahrens[97]

0,5 mg/m³ × Jahre für Nickel und 0,2 mg/m³ × Jahre für Chrom VI (s. 18.6.2.1.1, S. 1117)

wird als Vorschlag für einen sozialpolitischen Konsens gewertet.[98] Diese Belastungshöhen werden nur unter bestimmten Expositionsbedingungen und damit relativ selten erreicht.

BK-Anerkennung

Die Bewertung erfolgt nach der „führenden" Schweißrauchkomponente:

BK-Nr. 41 09 bei besonders hohen Nickelexpositionen: Metall-Schutzgas-Schweißverfahren mit abschmelzenden Drähten (Metall-Aktivgas-, Metall-Inertgas-Schweißen)

BK-Nr. 11 03 bei den gängigen Edelstählen, die üblicherweise einen Chromgehalt (Schweißzusatzwerkstoff, Elektrode) um etwa 18 % und einen Nickelgehalt um etwa 8 % in der Schweißgutrichtanalyse aufweisen. Liegen beide Belastungsformen gleichermaßen im bedeutsamen Umfang vor, so entscheidet das Chromat als potenteres Kanzerogen.

- **Minderung der Erwerbsfähigkeit**

Bronchialkarzinom s. 18.6.1.1.1.4, S. 1100.

Kehlkopfkrebs s. 18.6.1.1.2, S. 1102.

Nasenhaupt- und Nebenhöhlenkrebs s. 18.6.1.8, S. 1114.

---

95 Zschiesche, ASU 43 (2008) 333, Ambroise, u. a., Scand J Work Environ Health 32 (2006) 22 ff.
96 McMillan, Welding in World 50 (2005) IIW 1719 ff.
97 Norpoth, Popp, Wissenschaftlich begründete arbeitsmedizinische gutachterliche Stellungnahme, 10. 3. 1994.
98 Pesch, Weiß, Brüning, BGFA-Info 2/2007, 1; Pesch, u. a., ASU 44 (2009) 336, 337.

Aus der Rechtsprechung
Anerkennung eines Kehlkopfkarzinoms durch nickelhaltigen Schweißrauch nach über 30-jähriger Tätigkeit als Schweißer. Nicht erforderlich ist, im Einzelfall eine besondere Gefährdung für bestimmte Berufsgruppen nachzuweisen.[99]

18.6.2.2 Organika
18.6.2.2.1 Schleimhautveränderungen, Krebs oder andere Neubildungen der Harnwege durch aromatische Amine (BK-Nr. 13 01)

Amine mit wenigstens einer Arylgruppe als Substituent am Stickstoff werden als aromatische Amine bezeichnet.[100]

Arbeitsstoffe (und Arbeitsprozesse) mit gesichertem Kausalzusammenhang für das Auftreten von Karzinomen im Bereich der ableitenden Harnwege und Harnblase[101]:

Benzidin
β-Naphthylamin (2-Naphthylamin)
4-Aminodiphenyl
o-Toluidin
4-Chlor-o-toluidin[102]
Auramin-Herstellung
Fuchsin-Herstellung
2,4-Diaminoanisol (K2-Stoff) und 2,4-Toluylendiamin (bis Ende der 70er Jahre in Deutschland in einigen Haarfärbemitteln enthalten)

Ihr kanzerogenes Potential ist sehr unterschiedlich. Die beiden erstgenannten Stoffe haben die größte Bedeutung.

Ein Modell zu Ableitung von Dosis-Wirkungs-Beziehungen für 2-Naphthylamin, 4-Aminodiphenyl und o-Toluidin wurde vorgeschlagen.[103]

β-Naphthylamin (2-Naphthylamin)
In früheren Jahrzehnten vor allem in der Gummiindustrie als Antioxidans eingesetzt. Das Verbot dieses Stoffes führte jedoch nicht zu völligen Beseitigung des höheren Risikos für die Beschäftigten in diesem Industriezweig.[104]

---

[99] LSG Baden-Württemberg, 21.4.1993, HV-Info 30/1993, 2640 = Meso B 50/6; dazu Zschiesche, ASU 43 (2008) 334.
[100] Zur Geschichte der Entdeckung berufsbedingter Erkrankungen der Harnwege s. Thomann, ASU 34 (1999) 36.
[101] Die Ergebnisse der Weltliteratur über Gesundheitsstörungen durch aromatische Amine finden sich in den IARC-Monographien Band 1 (1972), 4 (1974), 16 (1978), 27 (1982).
[102] Stasik, Int. Arch. Occup. Environ. Health 60 (1988), 21; ders., DMW 1991, 1444. Die Produktion dieses Stoffes wurde vor mehreren Jahren eingestellt. Als Ursache der Erkrankungen wurden aber auch Verunreinigungen durch polyzyklische Amine diskutiert.
[103] Weiß, Henry, Brüning ASU 44 (2009).
[104] Sorahan, u. a., Occup Environ Med 57 (2000) 106; Straif u. a., Occup Environ Med 55 (1998) 325.

Benzidin

Auf Grund früherer Produktionsmengen bei der Herstellung zahlreicher Azofarbstoffe am bedeutsamsten. Die krebserzeugende Wirkung ist stark.[105]

Verbrennungsprodukte

Hohe Exposition gegenüber Verbrennungsprodukten, z. B. in Kokereien[106] oder bei der Elektroanalyse nach *Söderberg*[107] sind für das Entstehen von Harnblasenkarzinomen mitverantwortlich.

Deutlich geringere Konzentrationen von Verbrennungsprodukten treten bei Expositionen von Teer oder Teerprodukten auf. Ihr krebserzeugendes Potential gilt als gesichert.[108]

Beim steinkohlenstämmigen Teer und Teerpech ist bedeutsam[109], ob und ggf. wie lange Einwirkung von Steinkohlenteerpech am Arbeitsplatz bestand. Messungen ergaben im Teer 2-Naphthylamin als bekanntes Harnblasenkanzerogen für den Menschen.[110] In der Atemluft auf der Ofendecke einer Kokerei wurde als weiteres Harnblasenkanzerogen 4-Aminodiphenyl nachgewiesen. Wegen guter Hautpermeabilität der aromatischen Amine[111] ist neben der inhalativen stets die perkutane Aufnahme zu berücksichtigen. Zur Abschätzung der Arylamin-Einwirkung ist besonders zwischen steinkohlenstämmigem Teer und aus Erdöl gewonnenem Bitumen zu unterscheiden. Die Konzentrationen an aromatischen Aminen in Bitumen liegen gegenüber denjenigen in Teer drei Größenordnungen niedriger bzw. sind dort nicht nachweisbar.[112]

Haarfarbstoffe

Die gegenwärtig erhältlichen Produkte dürfen nicht mit jenen früherer Jahrzehnte (bis einschließlich der 1970er Jahre) verglichen werden.

p-Phenylendiamin, das derzeit in permanenten dunklen Haarfarbstoffen häufig enthalten ist, scheint auf Grund der nachgewiesenen Metaboliten nicht über ein krebserzeugendes Potential zu verfügen.[113]

---

105 Golka, u. a., Scand J Work Environ Health 22 (1996) 332; LSG Niedersachsen-Bremen, 18. 11. 2004, Meso B 180/58.
106 Manz, Münch med Wschr 1976, 118.
107 Rönneberg, u. a. Am J Ind Med 22 (1992) 573.
108 Golka, u. a., Dtsch Ärztebl. 104 (2007) A 719, A 721.
109 Claude, u. a., Am. J. Epidemiol. 124, 578–589 (1986); Hammon, Selikoff, u. a., Ann. N. Y. Acad. Sci. 271 (1976), 116–124; Risch, u. a., Brit J Indust Med 45 (1988), 361–367; Steineck, u. a., Am. J. Ind. Med. 17 (1990), 371–391.
110 Grimmer, u. a., Beitrag zur Ursachenforschung exogen bedingter Blasencarcinome. Schriftenreihe der Bundesanstalt für Arbeitsschutz, 1987.
111 Zorn, u. a., ASP 13 (1978) 6–9.
112 Grimmer, u. a., Beitrag zur Ursachenforschung exogen bedingter Blasencarcinome. Schriftenreihe der Bundesanstalt für Arbeitsschutz, 1987; Apfel, u. a., 33. Jahrestagung d. Dtsch. Ges. f. Arbeitsmed. 1993 (Hrsg. Triebig, Stelzer) S. 535, 539.
113 Golka, u. a., Dtsch Ärztebl. 104 (2007) A 719, A 721.

Azofarbmittel[114]

sind wirtschaftlich bedeutsam. Sie werden synthetisch aus aromatischen Aminen hergestellt und in lösliche Azofarbstoffe und im Anwendungsmedium unlösliche Azopigmente unterteilt. Azofarbstoffe dienen z. B. zur Einfärbung von Textilien, Leder, Papier, Holz, Lebensmittel, Kosmetika, Mineralölprodukten.

Die krebserzeugende Wirkung ist einerseits abhängig von ihrer Löslichkeit (Azopigmente versus Azofarbstoffe), anderseits von ihrem Potential, im Körper Stoffwechselprodukte zu generieren, die über einen direkten oder indirekten Mechanismus Krebs erzeugen. Gleichzeitig muss eine potentielle Verunreinigung des Farbmittels mit den jeweiligen Ausgangsstoffen berücksichtigt werden. Da es auf Grund der Vielzahl der Verbindungen unmöglich ist, eine genaue Differenzierung durchzuführen, empfiehlt die Senatskommission zur Prüfung gesundheitsschädlicher Arbeitsstoffe der Deutschen Forschungsgemeinschaft, alle Azofarbmittel so zu handhaben, wie es den kanzerogenen beziehungsweise kanzerogenverdächtigen und jeweils einzelnen Aminkomponenten entspricht.

β-Naphthylamin wurde bis 1960 und 4-Aminodiphynyl bis 1953 in der Bundesrepublik Deutschland zur Synthese von Azofarbstoffen eingesetzt; 4-Chlor-o-toluidin war lediglich für die Produktion von Azopigmenten von Bedeutung.

Die großen deutschen Farbstoffhersteller stellen seit 1990 keine Textilfarbstoffe her, die zu diesem Zeitpunkt als krebserzeugend (K1 und K2-Stoffe) eingestufte aromatische Amine freisetzen können. Auf dem Weltmarkt sind indessen noch heute Azofarbstoffe erhältlich, denen krebserzeugende aromatische Amine der Kategorien 1 und 2 zu Grunde liegen.

- **Aufnahme**

über die Atemwege als Dämpfe oder Aerosole
durch die Haut[115]
(häufige Ursachen von Vergiftungen sind Kontamination der Haut und Kleidung)

- **Krankheitsbild**

Unter die BK-Nr. 1301 fallen entzündliche Veränderungen der harnableitenden Wege sowie alle Tumoren, die von der Schleimhaut der Harnblase (Urothel) ausgehen und durch aromatische Amine hervorgerufen werden: Nierenbecken-, Harnleiter-, Blasen- und Harnröhren-(Urethra-) Tumoren. Nicht zu den ableitenden Harnwegen zählt das Nierenparenchym.

- **Zum Metabolismus und zur Pharmakokinetik von aromatischen Aminen**

Inhalativ oder dermal aufgenommene Amino-Aromaten werden in Abhängigkeit von ihrer Menge, Verteilungsgeschwindigkeit im Organismus, dem Polymorphismus der beteiligten Enzyme und einem möglichen Synergismus mit weiteren Fremdstoffbelastungen über eine

---

[114] BGIA-Ringbuch Kap. 9100 „Aromatische Amine" 2008; Käfferlein, u.a., BGFA-Info 2/09 S. 12 ff.; Chen, u.a., Cancer Detect Prec 22 (1998) 53353 ff.; Steenland, u.a., Occup Environ Med 56 (1999) 315 ff.
[115] Nach Anlage 2, Punkt 2.2, zur TRGS 401 ist für die gesamte Gruppe der aromatischen Amine „erfahrungsgemäß eine Aufnahme über die Haut zu unterstellen".

18.6 Krebs als Berufskrankheit

Vielzahl von Stoffwechselwegen wieder ausgeschieden.[116] Von Bedeutung ist der „Acetylierer-Status", da Amino-Aromaten durch die Acetylierung der Amino-Gruppierung „entgiftet" werden. Bei den „Langsam-Acetylierern" muss ein höherer Anteil der Amino-Aromaten „oxidativ" unter Bildung von Phenyl-Hydroxylamin- bzw. Nitroso-Verbindungen abgebaut werden als dies bei den „Schnell-Acetylierern" geschieht. Diese Tatsache könnte einer von vielen Erklärungsansätzen der interindividuell unterschiedlichen karzinogenen Wirkungen einzelner Amino-Aromaten sein.[117]

Auf die Freisetzung von Aminen aus bestimmten (wasserlöslichen) Azofarbmitteln und deren nachfolgende metabolische Aktivierung wird die in zahlreichen Fällen festgestellte Mutagenität in in vitro-Testsytemen und die kanzerogene Wirkung im Tierversuch zurückgeführt. Es gibt epidemiologische Hinweise, dass berufliche Exposition gegenüber aus Benzidin aufgebauten Azofarbmitteln die Inzidenz von Blasenkarzinomen erhöhen kann.[118] Diese Deutungen sind aber aus klinischer Sicht umstritten und bedürfen wissenschaftlicher Bestätigung.

Abgesehen von einigen älteren Studien mit retrospektiv unzureichender spezifischer Analytik finden sich keine konkreten Anhaltspunkte, dass sowohl nach oraler als auch inhalativer Aufnahme von Azopigmenten eine arbeitsmedizinisch-relevante Resorption dieser Stoffe und eine reduktive Spaltung in primäre Amine beim Menschen stattfindet. Die Gleichsetzung von Azofarbstoffen mit Azopigmenten ist aus chemischer und biologischer Sicht nicht zulässig.[119] Letztere stellen kein Erkrankungsrisiko dar.

- **Expositionszeit**

im Mittel 20 Jahre

- **Latenzzeit**

im Mittel 35 Jahre (5–64)

- **Anerkannte Erkrankungsfälle**

2002 (89), 2003 (135), 2004 (102), 2005 (107), 2006 (116), 2007 (94)

- **Primäre Mehrfachtumoren** s. 18.1, S.1086

Aus der Rechtsprechung
Erhöhung des Risikos einer Krebserkrankung allein reicht nicht aus, um eine Berufskrankheit zu bejahen. Der Feststellung bedarf es, dass sich das Risiko einer Erkrankung an der jeweiligen Krebsform auf Grund der berufsbedingten Schadstoffexposition zumindest in etwa verdoppelt hat. Dies trifft in bezug auf Untersuchungen, die sich mit Blasenkarzinomen bei Kfz-Mechanikern und bei anderen verwandten oder ähnlichen Schadstoffeinwirkungen ausgesetzten Berufsgruppen (Maschinisten, Inge-

---

116 Korallus, Lewalter, Aromatische Amine, in: Handbuch der Arbeitsmedizin (Hrsg. Konietzko, Dupuis) 1989.
117 Golka, u. a., ASU 2007, 440.
118 Techn. Regeln f. Gefahrstoffe TRGS 900, MAK-Werte 1990, BArbBl. 12/1990, 107; dazu: Triebig, Harnblasenkrebsrisiko bei deutschen Baumalern, 1992. Sonderheft 18; Bolm-Audorff, Bolt, Golka, ASU 28 (1993) 417.
119 Triebig, Harnblasenkrebs bei deutschen Baumalern, ASP Sonderheft 18 (1992).

nieure, Arbeiter der Petrochemie, Lkw- bzw. Berufskraftfahrer) befassen, nicht zu.[120] Gleiches gilt für Tankwarte.[121]

Erhöhtes Risiko für ein Karzinom der ableitenden Harnwege durch Zigarettenrauchen[122], ionisierende Strahlen einschließlich Radiotherapie, Arsen im Trinkwasser sowie Behandlungen mit Cyclophosphamiden[123], Autoabgase, speziell Dieselkraftstoffe[124].

- Schätzung der MdE[125]

Nierenbecken- und Harnleiter-Tumoren

T_x	Primärtumor kann nicht beurteilt werden
T_0	Kein Anhalt für Primärtumor
T_{is}	Carcinoma in situ
T_a	Papilläres, nicht invasives Karzinom
T_1	Tumor infiltriert subepitheliales Bindegewebe
T_2	Tumor infiltriert Muskulatur
T_3	Tumor infiltriert jenseits der Muskulatur in periurterales/peripelvines Fettgewebe oder Nierenparenchym
T_4	Tumor infiltriert Nachbarorgane oder durch die Niere in das perirenale Fettgewebe

M_x	Die Minimalerfordernisse zur Feststellung von Fernmetastasen liegen nicht vor
M_0	Keine Evidenz für Fernmetastasen
M_1	Fernmetastasen vorhanden

N_x	Regionäre Lymphknoten können nicht beurteilt werden
N_0	Keine regionäre Lymphknotenmetastasen
N_1	Metastase in solitärem Lymphknoten, 2 cm oder weniger im größten Durchmesser
N_2	Metastase(n) in solitärem Lymphknoten, mehr als 2 cm, aber nicht mehr als 5 cm im größten Durchmesser, oder in multiplen Lymphknoten, keine mehr als 5 m im größten Durchmesser
N_3	Metastase in solitärem Lymphknoten, mehr als 5 cm m größten Durchmesser

---

120 LSG Niedersachsen, 10. 12. 1996, Meso B 180/38 = HV-Info 15/1997, 1410.
121 LSG Niedersachsen, 15. 2. 2000, HV-Info 22/2000, 2076.
122 Pesch, u. a., Int J Epidemiol 29 (2000) 238–247; Clavel, u. a., Int J Cancer 44 (1989) 605 ff; Brennan, u. a., Int J Cancer 86 (2000) 289 ff.
123 IARC Monographien, Vol. 26 (1982) Suppl 7, 75, 78, 84.
124 Richter, Pfau, in: Lehrbuch Toxikologie (Hrsg. Marquardt, Schäfer) 2. Aufl. 2004.
125 Kierfeld, Schöps, MedSach 90 (1994) 43ff; Schöps, u. a., MedSach 93 (1997) 146; Union Internationale Contre le Cancer, TNM-Klassifikation der malignen Tumoren, 1987; Hermanek, u. a., TNM Klassifikation maligner Tumoren, 4. Aufl. 1988.

18.6 Krebs als Berufskrankheit

Stadieneinteilung			
Stadium 0	T_{is}	N_0	M_0
	T_a	N_0	M_0
Stadium I	T_1	N_0	M_0
Stadium II	T_2	N_0	M_0
Stadium III	T_3	N_0	M_0
Stadium IV	T_4	N_0	M_0
	jedes T_4	$N_{1,2,3}$	M_0
	jedes T_4	jedes N	M_1

Harnblasen-Tumoren

T_x	Primärtumor kann nicht beurteilt werden
T_0	Kein Anhalt für Primärtumor
T_{is}	Carcinoma in situ
T_a	Papilläres, nicht invasives Karzinom
T_1	Tumor infiltriert subepitheliales Bindegewebe
T_2	Tumor infiltriert oberflächliche Muskulatur (innere Hälfte)*
T_3	Tumor infiltriert tiefe Muskulatur oder perivesikales Fettgewebe T_{3a} Tumor infiltriert tiefe Muskulatur (äußere Hälfte)* T_{3b} Tumor infiltriert perivesikales Fettgewebe
T_4	Tumor infiltriert Prostata oder Uterus oder Vagina oder Becken- oder Bauchwand

Urethra-Tumoren

T_x	Primärtumor kann nicht beurteilt werden
T_0	Kein Anhalt für Primärtumor
T_{is}	Carcinoma in situ
T_a	Nicht invasiver papillärer, polypoider/verruköser Tumor
T_1	Tumor infiltriert subepitheliales Bindegewebe
T_2	Tumor infiltriert Corpus spongiosum oder Prostata oder periurethrale Muskulatur
T_3	Tumor infiltriert Corpus cavernosum oder jenseits der Prostatakapsel oder vordere Vagina oder Blasenhals
T_4	Tumor infiltriert Nachbarorgane

Histopathologisches Grading

Es wird bei allen Uroteltumoren gleich klassifiziert.

G_x	Differenzierungsgrad kann nicht beurteilt werden
G_0	gutartiges Papillom
G_1	gut differenziert
G_2	mäßig differenziert
G_3	schlecht differenziert
G_4	undifferenziert

Anhand dieser „Stadien und verlaufsorientierten Vorgabe" wird die Basis-MdE ermittelt, nach Ausmaß der Tumor- und Therapiefolgeerkrankungen jeweils erhöht.

Ermittlung der Minderung der Erwerbsfähigkeit

Aus der Tabelle „Basisbewertungsrichtlinien" (S. 1129) und der Bewertung der Begleiterkrankungen wird unter Berücksichtigung der Gesamtsituation die MdE ermittelt. Hierbei soll nicht eine einfache Addition durchgeführt, sondern die tatsächliche Einschätzung der gesamten Funktionsbeeinträchtigung vorgenommen werden.

Tumor- und Therapiefolgeerkrankungen (Begleiterkrankungen)

Erkrankungen, die bereits vor der Tumorerkrankung bestanden, bleiben – soweit durch letztere nicht verschlimmert – unberücksichtigt.

Tumor- und Therapiefolgeerkrankungen können sich mannigfaltig im Bereich der oberen Harnwege, der Blase, Harnröhre und des Penis manifestieren.

Erfahrungswerte bei Beeinträchtigungen

– Niere s. 15.1.3, S. 979
– Blase, Harnröhre, Penis s. 15.2.5, S. 983
– Sexualfunktion s. 5.13, S. 267 f.

Bewertungsschema

Das Bewertungsschema wurde von der Rspr. bestätigt.[126] Es richtet sich vorwiegend nach den Tumorstadien, dem Malignitätsgrad und daraus erwachsender psychischer Belastung; ferner liegt die Erfahrung zu Grunde, dass ein Krebs umso gefährlicher ist, je weiter er in seinem Wachstum fortgeschritten und je undifferenzierter und damit bösartiger die Krebszelle ist: Die MdE wird umso höher bewertet, je weiter das Krebswachstum fortgeschritten und je höher der Malignitätsgrad der Krebszelle ist.

Zeitlicher Ablauf der Erkrankung

Mit Blick auf die MdE-Bewertung ist zu unterscheiden:

(1) Zwei Jahre lang nach Diagnosestellung bzw. nach dem letzten Rezidiv (orientiert an dessen Stadium).

(2) Nach zwei Jahren bis fünf Jahren nach Diagnose bzw. nach dem letzten Rezidiv.

(3) Nach fünf Jahren nach Diagnose bzw. nach dem letzten Rezidiv.

Hat ein Rezidiv im Stadium oder Grading zugenommen, stellt dies eine Verschlimmerung dar, die bei der Beurteilung der MdE entsprechend der folgenden Basisbewertungsrichtlinien berücksichtigt werden sollte.

---

[126] LSG Baden-Württemberg, 14. 9. 1994, HV-Info 13/1995, 1073 = Meso B 180/30 = Breith. 1995, 595, 597; LSG Rheinland-Pfalz, 28. 4. 2004, HV-Info 1/2005, 39, 51.

18.6 Krebs als Berufskrankheit

Basisbewertungsrichtlinien

MdE in %	bis 2 Jahre	2 bi 5 Jahre	nach 5 Jahren
Stadium 0,G_0	20	–	–
Stadium I,G_0	20	–	–
Stadium 0,G_{1-2}	50	20	–
Stadium I,G_{1-2}	50	20	–
Stadium 0,G_{3-4}	60	30	–
Stadium I,G_{3-4}	60	30	–
Stadium II,G_{1-2}	60	40	–
Stadium II,G_{3-4}	70	50	–
Stadium III,G_{1-2}	70	50	20
Stadium III,G_{3-4}	80	60	30
Stadium IV,G_{1-4}	100	CR* 80 PR** 100 unverändert 100	CR 60 PR 80 unverändert 100

* CR = komplette Remission
** PR = partielle Remission

18.6.2.2.2 Bösartige Neubildungen der Atemwege und der Lungen durch Kokereirohgase (BK-Nr. 41 10)

Kokereirohgase sind „sowohl das so bezeichnete technische Produkt als auch Luftverunreinigungen, die beim Betreiben der Öfen ... frei werden".[127] Die Arbeitsbedingungen als solche sind entscheidend; auf bestimmte einzelne kanzerogen wirkende Stoffe wird nicht abgestellt. Der Begriff Kokereirohgase ist somit auf den Prozess der Verkokung von Steinkohle (insbesondere Ofenblockarbeiter der Gaswerke) beschränkt. Die bloße Einwirkung von in Kokereiprozessen gewonnenen Rohgasen[128] sowie die Weiterverarbeitung der Kokereiprodukte ohne Tätigkeitsbezug zu einer Kokerei (z.B. Schwarzdeckenbau, Söderberg-Elektrolyse bei der Aluminiumherstellung, Teerverarbeitung, Gießerei, Eisen- und Stahlerzeugung) werden nicht erfasst (ggf. BK-Nr. 41 13).

- **Atemwege** s. 18.6.2.1.5, S. 1119

Bei Exposition gegenüber Pyrolyseprodukte, die u. a. polyzyklische aromatische Kohlenwasserstoffe („PAH", „H"=hydrocarbons, Leitsubstanz Benzo(a)pyren) enthalten, besteht beim Lungenkrebs (nicht jedoch bei bösartigen Neubildungen der Atemwege) An-

---

[127] Merkblatt BArbBl 1990 H. 2 S. 135; ähnlich BR-Drs. 33/88 S. 7: „Die wesentliche auf den konkreten Arbeitsplatz bezogene Bedingung für die Erkrankung ist hier die intensive, langjährige (im Merkblatt „mehrjährige") Exposition gegenüber den bei der Verkokung von Kohle auftretenden Emissionen."
[128] So aber Lauterbach-Koch, § 9 Anh. IV 41 10 Anm. 4: „... auch bei der weiteren Verkokung der im Prozess der Steinkohlenverkokung gewonnenen Produkte Teer und Steinkohlenteerpech zu Pechkoks entstehenden PAH (können) als Kokereirohgas i. S. der BK 41 10 angesehen werden."

spruchskonkurrenz zur BK-Nr. 41 13[129] (s. 18.6.2.2.3, S. 1131), beim Hautkrebs zur BK-Nr. 51 02 (s. 2.3.3, S. 64 f.).

- **Expositionszeit**

Der Tumor tritt im Allgemeinen nach mehrjähriger (mindestens zweijähriger) Exposition auf (Mittelwert 18 Jahre mit einer Standardabweichung von 11). Bei kürzerer Dauer sind an die Exposition hohe Anforderungen zu stellen. Langjährige inhalative Rauchgewohnheiten sind als konkurrierender außerberuflicher Faktor angemessen zu berücksichtigen.[130]

- **Latenzzeit**

Mittelwert 31,4 Jahre mit einer Standardabweichung von 13,5.

Verlauf und Symptomatik der in Betracht zu ziehenden Atemwegstumoren unterscheiden sich nicht von solchen anderer Verursachung.

- **Anerkannte Erkrankungsfälle durch gewerbliche BGen 1991–2003**

Bronchien   254

Kehlkopf   11

Obere Atemwege   6

Aus der Rechtsprechung
Keine neuen medizinischen Erkenntnisse bezüglich höherer Gefährdung der Personengruppen Kokerei-, Straßenbauarbeiter und Heizungsmonteure hinsichtlich des allgemeinen Auftretens von Speiseröhren- oder Kehlkopfkrebs.[131]

- **Minderung der Erwerbsfähigkeit**

Bronchialkrebs s. 18.6.1.1.1.4, S. 1100

Kehlkopfkrebs s. 18.6.1.1.2, S. 1103

Nasenhaupt- und Nebenhöhlenkrebs s. 18.6.1.8, S. 1115

- **Bedeutung**

Von 1978 bis 2006 wurden 328 Fälle von den gew. BGen anerkannt (jährlich zwischen 15 und 30)

---

[129] Brackmann/Becker, § 9 BK-Nr. 41 10 Anm. 3.
[130] Amtl. Merkblatt, BArbBl 1990/2 S. 135.
[131] BSG, 24 1. 1990, HV-Info 10/1990, 793 (Speiseröhrenkrebs eines Kokereiarbeiters); LSG Niedersachsen, 18. 12. 1990, HV-Info 27/1991, 2393 (Kehlkopfkarzinom eines Heizungsmonteurs); SG Duisburg, 30. 6. 1993, HV-Info 34/1994, 2917 (Alveolarzellkarzinom eines Schlossers).

18.6.2.2.3 Lungenkrebs durch polyzyklische aromatische Kohlenwasserstoffe (BK-Nr. 41 13)

BK-Nr. 41 13: *"Lungenkrebs durch polyzyklische aromatische Kohlenwasserstoffe bei Nachweis der Einwirkung einer kumulativen Dosis von mindestens 100 Benzo[a]pyren-Jahren [($\mu g/m^3$) × Jahre]".*

Die Berufskrankheit wurde durch die 2. VO zur Änderung der BKV v. 11. 6. 2009 eingeführt. Hinsichtlich der Rückwirkung wurde auf die BKV v. 31. 10. 1997 abgestellt, da der Ärztliche Sachverständigenbeirat im November 1997 empfohlen hat, diese Krankheit in die Liste der Berufskrankheiten aufzunehmen.[132] Die Berufskrankheit ist auf Antrag anzuerkennen, wenn der Versicherungsfall nach dem 30. 11. 1997 eingetreten ist (§ 6 Abs. 1 S. 2 BKV).

Polyzyklische aromatische Kohlenwasserstoffe (PAK) sind eine Gruppe von Substanzen mit 3 bis mehr als 6 aromatischen Ringsystemen. Diese Gruppe enthält viele hundert Substanzen, arbeitsmedizinisch-toxikologisch sind bislang jedoch nur ca. 40 PAK genauer untersucht. PAK entstehen bei der unvollständigen Verbrennung sowie beim Erhitzen von organischem Material unter Sauerstoffausschluss (Pyrolyse) und sind vermehrt z.B. in Teeren, Pechen, verschiedenen Pyrolyse- und Kokerölen enthalten.[133]

Zusammensetzung und Verteilung der einzelnen PAK sind von den Ausgangsmaterialien und den Randbedingungen bei der Pyrolyse abhängig. Einen besonders hohen Anteil an PAK weisen u. a. die sehr komplexen Stoffgemische Braunkohlenteer, Steinkohlenteer, Steinkohlenteerpech, Steinkohlenteeröl sowie Kokereirohgase (K1-Stoffe, s. 18.3, S. 1088) auf.

Benzo[a]pyren (B[a]P) wird nach derzeitigem Kenntnisstand als eine wichtige Leitkomponente dieser Stoffklasse angesehen.[134]

Die Aufnahme erfolgt vor allem inhalativ und dermal.

- **Vorkommen**
  - Kokereien und Generatorgasherstellung
  - Teerraffinerien
  - Elektrographitindustrie
  - Aluminiumherstellung
  - Eisen- und Stahlerzeugung
  - Gießereien
  - Straßenbau (Steinkohlenteerpech, Teerbitumen [Carbobitumen])
  - Dachdecker (Steinkohlenteerpech)
  - Schornsteinfeger (Kaminruß)

---

[132] BArbBl. 1998 H.4 S. 54.
[133] Wissenschaftliche Begründung: Rdschr. HVBG VB 9/98 = BArbBl. 1998 H. 4 S. 54ff.; Bolm Audorf, Handbuch der Arbeitsmedizin (Hrsg. Konietzko, Dupuis) Stand 1998 Abschn. IV-2.33.1; s. auch BK-Report „BaP-Jahre" (Hrsg. HVBG) 1998.
[134] Letzel, in: Arbeitsmedizin (Hrsg. Triebig, Kentner, Schiele) 2. Aufl. 2008 S. 307.

- **Krankheitsbild und Diagnose**

Unter Lungenkrebs im Sinne dieser Erkrankung wird das Bronchialkarzinom verstanden. Lungenkrebs durch polyzyklische aromatische Kohlenwasserstoffe unterscheidet sich in Klinik und Diagnose nicht von Lungenkrebserkrankungen anderer Genese. Die Frühsymptome sind uncharakteristisch. Beispielhaft sind therapieresistenter Reizhusten, blutiger Auswurf, Atelektasen und bronchopneumonische Prozesse mit verzögerter Heilungstendenz. Röntgenaufnahmen des Brustkorbs und Sputumuntersuchung auf tumorverdächtige Zellen stützen die Verdachtdiagnose. Frühzeitige zytologische und/oder bioptische Klärung ist anzustreben. Feingeweblich werden alle bekannten Tumorformen gefunden.

Nach den Empfehlungen des Ärztlichen Sachverständigenbeirats gibt es auf Grund einiger Studien zwar wichtige Hinweise für ein erhöhtes Kehlkopfrisiko von PAK-exponierten Beschäftigten. Diese Hinweise können derzeit jedoch nicht als gesichert angesehen werden. Gleiches gilt für den Blasen- und Colonkrebs. Daher ist eine Anerkennung von anderen Atemwegstumoren außer Lungenkrebs nicht zulässig.[135]

- **Minderung der Erwerbsfähigkeit** s. 18.6.1.1.1.4, S. 1100

- **Bedeutung**

Bis 2007 wurden 135 Fälle nach § 551 Abs. 2 RVO, § 9 Abs. 2 SGB VII von den gew. BGen anerkannt.

- **Überlappung/Unterschiede zwischen BK-Nr. 41 10 und 41 13**[136]

Überlappungen bestehen hinsichtlich

– Erkrankung Lungenkrebs
– Einwirkung, weil Kokereirohgase im Wesentlichen auch polyzyklische aromatische Kohlenwasserstoffe (PAK) enthalten

Unterschiede bestehen hinsichtlich

– Erkrankung: BK-Nr. 41 10 umfasst auch maligne Erkrankungen der Atemwege, insbes. Kehlkopfkrebs
– Einwirkung: BK-Nr. 41 10 stellt auf ein besonderes Schadstoffgemisch und damit auf einen bestimmten Gefahrenbereich ab (Kokereirohgase); BK-Nr. 41 11 ist nicht auf bestimmte Arbeitsbereiche beschränkt und bezieht sich auf eine Gruppe von Schadstoffen (PAK)
– Dosisgrenzwert, den allein BK-Nr. 41 13 enthält (100 BaP-Jahre)

---

[135] So auch BR-Drs. 242/09 S. 20; LSG Niedersachsen, 16. 12. 1999, HVBG VB 92/2001; LSG Niedersachsen, 25. 6. 1998, HV-Info 36/1998, 3432 = Breith. 1999, 676, 685; LSG Rheinland-Pfalz, 14. 7. 1999, HV-Info 33/1999, 3103.
[136] Kranig, DGUV Forum 7/09 S. 50, 51.

18.6 Krebs als Berufskrankheit

18.6.2.2.4 Krebserkrankungen durch Halogenkohlenwasserstoffe (BK-Nr. 13 02)

Allgemeine Hinweise s. 21.5, S. 1226 (2)

K1-Stoffe sind:

- **Vinylchlorid (Chlorethen, Monochlorethen)**

Vinylchlorid wird intermediär zu Chlorethylenoxid (Epoxid) metabolisiert, das für die mutagene Wirkung von Vinylchlorid ursächlich ist.

Bei langfristiger Einwirkung von gasförmigem Vinylchlorid in hohen Konzentrationen (Herstellung und Polymerisation) wurden gehäuft Hämangiosarkome der Leber, gelegentlich auch Lungenkarzinome, beobachtet. Andere Tumorlokalisationen, z. B. Gehirn, primäres Leberzellkarzinom, werden diskutiert. Bei der Verarbeitung des Polymers (BVC) besteht dagegen kein besonderes Gesundheitsrisiko.

Expositionszeit: mindestens 3 Jahre bei einer Expositionshöhe von 50 ppm

Latenzzeit: 11 bis 25 Jahre

- **Trichlorethen (Trichlorethylen, „Tri")**

Für die kanzerogene Wirksamkeit in der Niere werden Stoffwechselprodukte (Metabolite) von Trichlorethen verantwortlich gemacht, die bei hohen Dosen über einen reduktiven Stoffwechselweg entstehen. Die generelle Eignung beim Menschen, Nierenzellkarzinome zu verursachen, ist medizinisch-wissenschaftlich gesichert.[137]

Voraussetzungen zur Anerkennung von Nierenzellkarzinomen durch Trichlorethen[138]

(1) Pathologisch-histologischer Nachweis eines primären Nierenzellkarzinom

(2) Mehrjährige Exposition im Hochdosisbereich (Exposition gegenüber Luftkonzentrationen ab einer Höhe von ca. 300 ppm)

(3) Regelmäßige Expositionsdauer von 3 Jahren

– mit gravierenden und langanhaltenden expositionsbezogenen pränarkotischen Zuständen (mehrfach wöchentlich über mindestens drei Jahre)

– mit einer Mindestexpositionsdauer von 30 Minuten pro Arbeitsschicht im Hochdosisbereich (Exposition gegenüber Luftkonzentration ab einer Höhe von 300 ppm)

(4) Latenzzeit 20 Jahre, mindestens 10 Jahre

(5) Nachweis eines tubulären Nierenschadens (insbes. Schädigung der Nierenkanälchen)

(6) Ggf. somatische Mutationen im VHL-Gen des Tumorgewebes

---
[137] Brüning, u. a., HVBG VB 50/2005; SG Gelsenkirchen, 10. 12. 2001, HVBG Berufskrankheiten 14/2002; Bayer. LSG, 16. 1. 2002, Meso B 180/49.
[138] Brüning, u. a., HVBG VB 50/2005.

- **α-Chlortoluole:** Gemisch aus α-Chlortoluol, α,α-Dichlortoluol, α,α,α-Trichlortoluol und Benzoylchorid

  Es handelt sich um einen K1-Stoff

- **Bedeutung**

Von 1978 bis 2003 wurden 77 Fälle durch die gew. BGen anerkannt, davon 41 durch Vinylchlorid und 22 durch Trichlorethen. Betroffene Organe waren in 61 Fällen die Leber (41 x durch Vinylchlorid, 9 x durch Trichlorethen); 16 Erkrankungen betrafen die Niere.

18.6.2.2.5 Krebserkrankungen durch halogenierte Alkyl- Aryl- oder Alkylaryloxide (BK-Nr. 13 10)

Allgemeine Hinweise s. 21.5, S. 1245 (10)

- **Bis(chlormethyl)ether (Dichlordimethylether)** (K1-Stoff)

Die meisten in jüngerer Zeit anerkannten Fälle waren auf Exposition bei sog. Chlormethylierungen zurückzuführen. Die karzinogene Verbindung entsteht dabei aus der Reaktion von Paraformaldehyd und Schwefelsäure.

Zielorgan: Lunge

Histologie: Haferzellkarzinom

Expositionszeit: im Durchschnitt 7,4 Jahre (Spanne 2 bis 9 Jahre)

Latenzzeit: 8 bis 20 Jahre

- **Monochlordimethylether als technisches Gemisch** (K1-Stoff)

  Die krebserzeugende Wirkung beruht nach vorliegenden Erfahrungen auf dem obligaten Gehalt von ca. 7 % Dichlordimethylether.

- **Epichlorhydrin** (1-Chlor – 2,3-Epoxypropan)

  Es handelt sich um einen K2-Stoff. Diskutiert wird die Verursachung von Lungenkrebs.

- **2,3,7,8-Tetrachlordibenzo-p-dioxin (TCDD)**

Für TCDD spielen genotoxische Effekte keine oder nur eine untergeordnete Rolle (K4-Stoff), so dass bei Einhaltung des Grenzwertes kein nennenswerter Beitrag zum Krebsrisiko für den Menschen zu erwarten ist.[139]

Eine Anerkennung als Berufskrankheit kann unter den Voraussetzung in Betracht gezogen werden[140]:

---

[139] Greim (Hrsg.), Toxikologisch-arbeitsmedizinische Begründungen von MAK-Werten: TCDD, 1999.

[140] Die Konvention der BG Chemie wird als Auslegungsgrundsatz akzeptiert von LSG Niedersachsen, 30. 8. 2000, HV-Info 10/2001, 930, 936; LSG Baden-Württemberg, 9. 12. 2004, HVBG VB 73/2005.

18.6 Krebs als Berufskrankheit

(1) Bei hoher Exposition (rückgerechnete Konzentration mindestens 300 bis 200 ppt 2,3,7,8-TCDD) ist ein Kausalzusammenhang bei einer Latenzzeit von annähernd 20 Jahren im Regelfall als wahrscheinlich anzunehmen. Eine Rückrechnung der TCDD-Konzentration kommt nur in Betracht, wenn die Konzentration im Zeitpunkt der Analyse oberhalb der Hintergrundbelastung lag.

(2) Bei *kürzerer* Latenzzeit ist eine Abwägung im Einzelfall unter Berücksichtigung aller Umstände (Höhe der Exposition, Art des Tumors, konkurrierende Faktoren, Lebensalter usw.) erforderlich. Die Einzelfallbeurteilung kann dazu führen, dass bei entsprechend höherer Exposition auch noch bei einer Latenzzeit von 10 bis unter 20 Jahren ein Kausalzusammenhang als wahrscheinlich angenommen werden kann. Es wäre eine umso höhere Dosis zu fordern, je geringer die Latenzzeit ist (also mindestens 400–600 ppt bei 10 Jahren Latenzzeit). Mit Ausnahme hämatologischer Erkrankungen kann eine Wahrscheinlichkeit der Kausalität bei einer Latenzzeit von weniger als 10 Jahren generell nicht abgeleitet werden.

- **Bedeutung**

Zwischen 1978 und 2003 wurden 58 Krebserkrankungen durch TCDD anerkannt, 48 betrafen übrige halogenierte Alkyl-, Aryl-, Alkylaryoxide.

Betroffen waren Bronchien (37), Magen-Darm (16), Harnorgane (12), Haut (6), Kehlkopf (5), Niere (4), obere Atemwege (2), Nase (1), übrige (23).

18.6.2.2.6 Krebserkrankungen durch halogenierte Alkyl-, Aryl- oder Alkylarylsulfide (BK-Nr. 13 11)

Allgemeine Hinweise s. 21.5, S. 1248 (11)

Dichlordiethylsulfid (Schwefellost, Senfgas) ist ein K1-Stoff. Gefährdungen können bei der Entsorgung von Kampfstoffen auftreten. Kehlkopf- oder Lungenkrebserkrankungen sind möglich.

18.6.2.2.7 Erkrankungen des Blutes, des blutbildenden und des lymphatischen Systems durch Benzol (BK-Nr. 13 18)

s. 14.1, S. 946; 14.3.3, S. 952; 14.4.2, S. 958

18.6.3 Krebserkrankungen durch ionisierende Strahlen (BK-Nr. 24 02)

Non-Hodgkin-Lymphome s. 14.3.3, S. 952

Induktion von Malignomen in strahlenempfindlichen Gewebe/Organen s. 20.4.2, S. 1180

Lungenkrebs, extrapulmonale Krebserkrankungen, Leukämie, Leber- und Knochenkrebs durch Radon und dessen Folgeprodukte s. 20.4.4, S. 1187

18.6.4 Krebserkrankungen im Rahmen von Infektions- und Tropenkrankheiten (BK-Nrn. 31 01, 31 04)

BK-Nr. 31 01

Leberzellkarzinom bei Hepatitis B (s. 9.2.2, S. 714 und 9.2.2.2, S. 719) und Hepatitis C (s. 9.2.2.3, S. 721)

BK-Nr. 31 04

Schistomiasis, erhöhtes Risiko für Harnblasenkrebs (s. 9.8, S. 782)

18.7 Berufsbedingter Hautkrebs

Wird Hautkrebs durch einen „Listenstoff" verursacht (aromatische Amine, Arsen, Chrom und seine Verbindungen, Halogenkohlenwasserstoffe, ionisierende Strahlen), erfolgt die Anerkennung nach der entsprechenden BK-Nr. Kommen weder ein „Listenstoff" noch die in BK-Nr. 51 02 genannten Schadstoffe in Betracht, sind die Voraussetzungen nach § 9 Abs. 2 SGB VII zu prüfen.

18.7.1 Arsen (BK-Nr. 11 08)[141]

Arsen und seine Verbindungen können Basaliome (Basalzellkarzinome) und Plattenepithelkarzinome inklusive bowenoide Veränderungen und deren Vorstufen verursachen. Zu den pathognomonischen Erscheinungsformen gehören Palmoplantarkeratosen, die aber nicht immer vorhanden sein müssen.

Latenzzeit: Jahre bis Jahrzehnte

Bei akuter kutaner Exposition können ekzemartige Hautveränderungen auftreten. Chronische Intoxikationsfolgen können sich in Follikulitiden, Pigmentverschiebungen, Abszessen, Hyperkeratosen und Ulzera ausdrücken („Arsenhaut").

Typisch für Arsen induzierte Basaliome sind multiple Rumpfhautbasaliome (superfizielle Basaliome), die auch an nicht lichtexponierten Lokalisationen vorkommen. Plattenepithelkarzinome entstehen aus Vorstufe oder auf unveränderter Haut.

18.7.2 Ionisierende Strahlen (BK-Nr. 24 02)[142]

Ionisierende Strahlen verursachen vornehmlich Plattenepithelkarzinome, in geringerer Häufigkeit Basalzellkarzinome.

Unter hoher akuter Strahlenbelastung (1 Sv und höher) ist die Entwicklung einer akuten Strahlendermatitis zu erwarten mit Rötung, Juckreiz und Infiltration der Haut.

Höhere Dosen können Einblutungen in die Haut, Blasen und Nekrosen verursachen. Spätschaden: chronische Radiodermatitis mit Atrophie der Haut, zunehmender Sklerose,

---

[141] Bamberger Merkblatt, Begutachtungsempfehlungen für die Begutachtung von Haut- und Hautkrebserkrankungen, Konsensuskonferenz Potsdam 12. 6. 2008 (Hrsg. DGUV).
[142] Bamberger Merkblatt, Begutachtungsempfehlungen für die Begutachtung von Haut- und Hautkrebserkrankungen, Konsensuskonferenz Potsdam 12. 6. 2008 (Hrsg. DGUV).

18.7 Berufsbedingter Hautkrebs

Verhornungsstörungen, Pigmentverschiebungen, Trockenheit durch Verlust der Talgdrüsen, Haarverlust und Teleangiektasien.

Durch Summation kleiner Strahlendosen kann sich ebenfalls nach langer Latenzzeit eine chronische Radiodermatitis entwickeln.

Bedeutung: Von 1978 bis 2003 wurden 13 Fälle durch die gew. BGen anerkannt.

18.7.3 „Hautkrebs oder zur Krebsbildung neigende Hautveränderungen durch Ruß, Rohparaffin, Teer, Anthrazen, Pech oder ähnliche Stoffe" (BK-Nr. 51 02)

Ruß

entsteht als feinflockiger Kohlenstaub bei unvollständiger Verbrennung von Kohlenwasserstoffen. Er wird bei der Herstellung von Tusche, Wichse, Farben, Kunststoffen und vorwiegend in der Gummiindustrie gebraucht. Ruß wirkt nur dann krebserzeugend, wenn er einen hohen Anteil polyzyklischer aromatischer Kohlenwasserstoffe enthält. Dies trifft bei der Mehrzahl technisch hergestellter Rußsorten (carbon black) nicht zu.

Rohparaffin

wird gewonnen aus bituminöser Braunkohle, Ölschiefer, Erdöl und Erdwachs; in der Zündholz-, Papier-, Faserplatten-, Spanplatten und Sprengstoffindustrie wird es verwendet. Gereinigtes Paraffin enthält keine krebserzeugenden Stoffe.

Teer

wird als Destillationsprodukt von Stein- und Braunkohle, Torf und Holz in Kokereien und Gasfabriken gewonnen. Steinkohlenteer wird in speziellen Raffinerien zu chemischen Rohstoffen aufgearbeitet. Die anderen Teere werden verbrannt.

Anthrazen

ist ein aus Teer gewonnener Stoff. Verwendet wird es als Rohstoff für die Farbstoffsynthese. Anthrazen wirkt nicht krebserzeugend. Von den Inhaltsstoffen der hochsiedenden „Anthrazenöle" wird ganz wenigen Stoffen, die in sehr kleinen Mengen enthalten sind, ein krebserzeugendes Potential zugeschrieben.

Pech

ist der Rückstand der Steinkohlenteerdestillation. Pech wird fast ausschließlich für die Herstellung von Kohlenstoff und Graphitelektroden verwendet.

Ähnliche Stoffe

sind solche mit ähnlich biologischer Wirkung. Hierzu gehören z.B. verschiedene Erdwachse, Asphalte, Masut und Mineral-, Schmier-, Zylinder- und Bohröle, die bei 300 °C und mehr sieden.

Zu dem in BK-Nr. 51 02 erfassten Krankheitskomplex gehören *nicht* die durch *diese Stoffe* hervorgerufenen Krebserkrankungen an *anderen Organen*.[143] Diese können nur nach der

---

[143] LSG Rheinland-Pfalz, 21.6.1978, Breith. 1978, 1030 (Anerkennung „wie eine BK"); OVA Schleswig, 30.5.1950, BG 1951, 25.

Berufskrankheitsliste[144] bzw. unter den Voraussetzungen des § 9 Abs. 2 SGB VII anerkannt werden.

- **Krankheitsbild**

Das Einwirken dieser Stoffe (direkter Hautkontakt, verschmutzte Arbeitskleidung) kann *Plattenepithelkarzinome* und deren Vorstufen sowie *Basalzellkarzinome* (Basaliome) verursachen.

Das *Plattenepithelkarzinom* der Haut ist ein maligner Tumor, der lokal destruierend wächst aber nicht häufig metastasiert (ca. 5 %).[145]

Das *Basalkarzinom* (Basaliom, Basalzellepitheliom) ist der häufigste Hauttumor, ebenfalls lokal destruierend und in der Regel nicht metastasierend (1: 1.000).[146]

Bereits das Vorliegen von *Präkanzerosen* (zur Krebsbildung neigende Hautveränderungen) – ohne Übergang in eine Hautkrebserkrankung – erfüllt den Tatbestand der Nr. 51 02.[147]

Der später eintretende Hautkrebs stellt eine Verschlimmerung dar. Zur Krebsbildung neigende Hautveränderungen im Sinne der BK-Nr. 51 02 sind solche Hautveränderungen, aus denen sich eine karzinomatöse Hauterkrankung unmittelbar entwickeln kann. Sofern nicht schon neoplastische Veränderungen nachweisbar sind, muss es sich zumindest um eine chronisch-entzündliche progressive Hautveränderung handeln. Diese Krankheitsstufe ist nicht erreicht bei Melanosen, Ekzemen, Akne, Furunkulose; jedoch können hier die Voraussetzungen einer berufsbedingten Hauterkrankung (BK-Nr. 51 01) vorliegen.

Häufig bestehen beim Auftreten der Hautkrebserkrankung weitere Zeichen einer „*Teer- oder Pechhauterkrankung*" (Follikulitiden, Akne, bräunlich diffuse Pigmentierung, Hyperkeratosen), die Tumoren können jedoch auch ohne diese Brückensymptome auftreten.

Metastasen (Tochtergeschwülste) treten selten bzw. nur bei tief eindringenden Tumoren auf. Das Basalzellkarzinom metastasiert in der Regel nicht.

- **Expositionszeit**

Die Expositionszeit bis zum Entstehen von Hautkrebs oder zur Krebsbildung neigender Hautveränderungen beträgt mehrere Jahre bis Jahrzehnte; als Ausnahme gilt ein als Berufskrebs anerkanntes Plattenepithelkarzinom der Haut eines Pechladers nach sieben- bzw. neunmonatiger Expositionszeit.[148] Auch nach Wegfall der Exposition kann sich der Hautkrebs noch Jahre später entwickeln.[149]

---

[144] Z.B. Nr. 41 10 der Anlage 1 zur BKV.
[145] Breuninger, u. a., Kurzleitlinie – Plattenepithelkarzinom der Haut, JDDG Suppl 1, 2008 S. 55.
[146] Hauschild, u. a., Kurzleitlinie – Basalzellkarzinom der Haut, JDDG Supp 1, 2008 S. 55.
[147] Brandenburg, ASU 39 (2004) 521, 522.
[148] Oloffs, Zbl. Arbeitsmed. 16 (1996) 99.
[149] Letzel, u.a., Forschungsbericht Teerhauterkrankung, Hrsg. HVBG 1992 S. 105.

18.7 *Berufsbedingter Hautkrebs* 1139

- **Latenzzeit**

Der Zeitraum zwischen Beginn der gefährdenden Tätigkeit und erstem Auftreten der Hautveränderungen wird im Mittel mit 15 bis 20 Jahren angegeben.

- **Organspezifität**

Die Lokalisation der Erkrankung muss mit der Einwirkungsmöglichkeit der verschiedenen Stoffe übereinstimmen. Im Allgemeinen erscheint der Teerkrebs an unbedeckten Hautflächen, insbesondere im Kopfbereich (Nase, Periorbitalregion, Ohren) sowie an den Handrücken und Unterarmen. Vermutlich handelt es sich um die Kombinationswirkung von Licht und chemischen Noxen.[150] Als befallene Körperstellen folgen Skrotum und Extremitäten. An eine durchdringende Verschmutzung der Arbeitskleidung sowie an ein begünstigendes Scheuern der Kleidungsstücke ist zu denken.

Überwiegend abgelehnt wird ein beruflich verursachtes *Lippenkarzinom* durch teer- oder bitumenhaltige Anstriche bzw. teerhaltige Verunreinigungen. Es handelt sich vielmehr um ein typisches Lichtkarzinom, verursacht durch den UV B-Anteil des Sonnenlichts.[151] Auch Tabakrauchexposition spielt eine Rolle.

Eine Analyse der Arbeitsstoffe ist nur ausnahmsweise sinnvoll, weil die Zusammensetzung von Teerderivaten, Bitumina und Asphalten im Laufe mehrerer Berufsjahre starken Schwankungen unterworfen sein kann.[152]

- **Bedeutung**

Von 1978 bis 2006 wurden 242 Fälle von der gew. BGen anerkannt (jährlich zwischen 8 bis 23)

18.7.4 Hautkrebs durch UV-Strahlen (§ 9 Abs. 2 SGB VII)*

UV-Licht (UV-Strahlung im physikalischen Sinne) ist generell geeignet, präkanzeröse Veränderungen der Haut und Hautmalignome zu verursachen.[153] Die berufsbedingte Einwirkung von natürlicher oder künstlicher UV-Strahlung ist daher als Krankheitsursache in entsprechenden Fallgestaltungen in Betracht zu ziehen.

Bisher vorliegende epidemiologische Erkenntnisse geben Hinweise für besonders betroffene Personengruppen.[154] Dies gilt für Plattenepithelkarzinome incl. der Bowenkarzinome

---

* Mitarbeit Priv.-Doz. Dr. med *K. Breuer*, Berufsgenossenschaftliches Unfallkrankenhaus Hamburg-Boberg und Prof. Dr. med. *S. M. John*, Universität Osnabrück, Fachbereich Dermatologie.
150 Goerz, u.a., Hautarzt 36 (1985) 751 ff.
151 Stellungnahmen Ippen, Jung, Tronnier, Wiskemann, Dermatosen 1991, 56 f.; Niedecken, Bauer, Z. Hautkr. 66 (1995) 498 ff.
152 Ippen, Dermatosen 42 (1994) S. 143, 145.
153 Saladi, Persaud, Drugs Today (Barc) 41 (2005) 37–53.
154 Diepgen, Blome, Dermatologie in Beruf und Umwelt 56 (2008) 47 ff; Blome, Diepgen, Dermatologie in Beruf und Umwelt 55 (2007) 167 ff.; Brandenburg, ASU 39 (2004) 521 ff.; Diepgen, Drechsler, Dermatologie in Beruf und Umwelt 53 (2005) 59 ff.; dies. Hautarzt 55 (2004) 22 ff.; Drechsler, Blome, Trauma Berufskrankh 10 (2008) 255, 258.

einschließlich der aktinischen Keratosen, die als carcinoma in situ gelten. Für Basaliome ist die Diskussion noch nicht abgeschlossen.[155]

Von 1989 bis 2006 wurden 18 Einzelfälle nach § 551 Abs. 2 RVO bzw. § 9 Abs. 2 SGB VII anerkannt. Die Erkrankten waren durch ihre berufliche Tätigkeit in besonders hohem Maße einer UV-Lichteinwirkung ausgesetzt (z. B. im Rahmen beruflicher Tätigkeit in tropischen Ländern).

Kriterien für die Bewertung der beruflichen Kausalität von Hautkrebs
Bisher fehlt eine generelle wissenschaftlich begründete Übereinkunft bezüglich der Frage, ab welcher kumulativen UV-Dosis von einer beruflichen Hautkrebserkrankung ausgegangen werden kann und wie diese von privater UV-Exposition abzugrenzen ist.
Berufliche UV-Exposition *Outdoor-Berufe* Baugewerbe (Hochbau; einschließlich Dachdecker, Zimmerleute, Stahlschlosser, Brückenschweißer etc.), Tiefbau, Straßenbau, Fischerei, Seefahrt, Land- und Forstwirtschaft, Gärtner, Fensterputzer, Müllwerker, Bergführer, Sportlehrer, Bademeister, Kindergärtner, beruflicher Einsatz in den Tropen (z. B. Landwirtschaftsingenieur) *Indoor-Berufe* Schweißen (besonders Schiffsbau, Behälterschweißen [Streustrahlung]), Werkstoffprüfung (z. B. Prüfung von Schweißnähten), Entkeimen von Lebensmitteln oder Verpackungsmaterialien, Lackhärtung, Glasbläser, Ausführende Phototherapie bzw. Beschäftigte von Sonnenstudios (Streustrahlung)
UV-Exposition lang andauernd und intensiv
Lokalisation Übereinstimmung vom Ort der Strahlungseinwirkung und dem Auftreten der Hautkrebse Durch Kleidung am Arbeitsplatz üblicherweise nicht bedeckte Körperpartien betroffen; typischerweise in der Freizeit unbekleidete Körperpartien ohne oder mit geringeren Lichtschäden
Hauttyp (helle Hauttypen meiden üblicherweise das Sonnenlicht in der Freizeit) Aktinische Schäden nur in bei der Arbeit üblicherweise nicht bedeckten Hautpartien (z. B. Oberschenkel, die eher in der Freizeit exponiert werden, erscheinungsfrei)

---

[155] Nachweise in: Mehrtens, Brandenburg, P 20 Abschnitt C; Bamberger Merkblatt. Begutachtungsempfehlungen für die Begutachtung von Haut- und Hautkrebserkrankungen. Konsensuskonferenz Potsdam 12. 6. 2008 (Hrsg. DGUV).

18.7 Berufsbedingter Hautkrebs

Zusätzliche Anzeichen für eine chronische UV-Strahlenschädigung der Haut	
Cheilosis aktinika „Altes Gesicht", tiefe Falten (Ausnahme mimische Falten) Teleangiektasien Hypo- und Hyperpigmentierungen Atrophien Faltenbildungen am Nacken	
Alter bei Erstauftreten der Tumoren	
Jüngeres Alter bei Erstmanifestation spricht eher für berufliche Induktion	
Art des Tumors	
In erster Linie Plattenepithelkarzinom, ferner aktinische Keratosen, Basaliom	
Bestehensdauer der Tumoren	
Auftreten der Tumoren Jahre bis Jahrzehnte nach Beginn der beruflichen UV-Exposition	
Anzahl der Tumore	
multiple Tumore/begleitende aktinische Elastose deuten eher auf eine berufliche Induktion	
Ausschluss konkurrierender Ursachen	
– Kindheit in den Tropen, zahlreiche Sonnenbrände in der Kindheit; – häufige Urlaubsaufenthalte in UV-reichen Regionen (z. B. Tropen) – regelmäßige Gartenarbeit – Solarienbenutzung – Med. UV-Behandlung in Vorgeschichte – bei Tumoren im Bereich der Lippen: Pfeifen-/Zigaretten-/Zigarrerauchen – (iatrogene) Immunsuppression zum Beispiel im Rahmen der Behandlung von Krebsleiden, – sonstiger berufl. oder privater Kontakt mit Toxinen/Karzinogenen (z. B. PAK [BK-Nr. 51 02], Arsen [BK-Nr. 11 08]), ionisierenden Strahlen [BK-Nr. 24 02] – anlagebedingte Erkrankungen (z. B. Goltz-Gorlin Syndrom)	

Weitere berufliche Verursachungsfaktoren für präkanzeröse Veränderungen oder Hautmalignome werden derzeit berufskrankheitenrechtlich nicht diskutiert.

Empfehlung des Ärztlichen Sachverständigenbeirats „Berufskrankheiten" beim BMAS zur Aufnahme einer neuen Berufskrankheit

„Plattenepithelkarzinome durch natürliche UV-Strahlung"

ist zu erwarten

18.7.5 Empfehlungen zur Schätzung der MdE[156]

Aktinische Keratosen oder vergleichbare Veränderungen können zur Anerkennung als BK führen. Bestehen zusätzlich keine Basalzellkarzinome und/oder Plattenepithelkarzinome, liegt im Allgemeinen keine messbare MdE vor. Aktinische Keratosen oder vergleichbare Veränderungen sind aber ein Indikator der Krankheitsaktivität. Dabei ist berücksichtigt, dass aktinische Keratosen nach der Leitlinie der Deutschen Dermatologischen Gesellschaft als Carcinomata-in-situ eingestuft werden.

Bei UV-Strahlungsinduzierten Hauttumoren sind Intensität und Ausdehnung einer chronisch lichtgeschädigten Haut bei der Beurteilung der Krankheitsaktivität zu berücksichtigen.

Bei kosmetischer Entstellung durch die Entfernung der Tumore ist ggf. die MdE entsprechend dem klinischen Bild zu erhöhen. Sollten die Tumore auf Grund der Lokalisation und/oder Ausdehnung nicht vollständig entfernbar sein, ist dies ebenso wie eine stark erhöhte Lichtempfindlichkeit bei der MdE-Bemessung zu berücksichtigen.

Bei einer Metastasierung, die als sehr seltenes Ereignis anzusehen ist, ist ebenfalls von der Tabelle nach den Gegebenheiten im Einzelfall abzuweichen.

Die *Empfehlungen* berücksichtigen Aspekte der Genesungszeit (s. 3.6.1 S. 99)

Eine MdE von mehr als 30 v. H. ist in außergewöhnlich schweren Fällen angezeigt und bedarf einer besonderen Begründung.

Tumore	Krankheitsaktivität		
	keine/gering	mittelgradig	Hochgradig
Basalzellkarzinom einzeln	0	10	10
Plattenepithelkarzinom einzeln	0	10	20
Mehrfachtumore (Basalzellkarzinome und/oder Plattenepithelkarzinome	10	20	30

keine/gering: eine Neubildung eines Basalzellkarzinoms innerhalb der letzten 2 Jahre und keine Neubildung eines Plattenepithelkarzinoms innerhalb der letzten 4 Jahre; evtl. Vorhandensein von leichten, nicht bösartigen Hautveränderungen, wie z. B. einzelnen aktinischen Keratosen oder geringe Ausprägung einer chronisch lichtgeschädigten Haut

mittelgradig: Neubildung von mehreren aktinischen Keratosen oder ausgeprägte chronisch lichtgeschädigte Haut

hochgradig:
– bei Erstdiagnose eines Basalzellkarzinoms oder Plattenepithelkarzinoms für die ersten 2 Jahre nach Diagnosestellung
– Entwicklung von bösartigen Hauttumoren in kurzen Zeitabständen (< 2 Jahre) oder Entwicklung zahlreicher aktinischer Keratosen oder vergleichbarer Veränderungen (z. B. Morbus Bowen)

---

[156] Bamberger Merkblatt. Begutachtungsempfehlungen für die Begutachtung von Haut- und Hautkrebserkrankungen (Hrsg. DGUV) 2008.

18.8 Krebserkrankungen nach § 9 Abs. 2 SGB VII

18.8.1 Krebserkrankungen durch K1-Stoffe, die bislang nicht in der BK-Liste aufgenommen wurden

- **Aflatoxine**

Von 1997 bis 2004 wurden keine Fälle gemeldet

- **1,3 Butadien**

Von 1997 bis 2004 wurden 11 Fälle gemeldet, jedoch keiner anerkannt

- **Erionit**

Von 1997 bis 2004 wurden keine Fälle gemeldet

- **N-Methyl-bis(2-chlorethyl)amin**

Von 1997 bis 2004 wurden keine Fälle gemeldet

- **Passivrauchen**

Passivrauch enthält eine Reihe gesicherter Kanzerogene. Bei der Gruppe der extrem hoch gegenüber Passivrauch Exponierten ist das „Verdoppelungsrisiko" überschritten.[157] Handelt es sich um lebenslange Nie-Raucher mit fehlender (oder unwesentlicher) außerberuflicher Passivrauch-Exposition, wäre eine Anerkennung nach § 9 Abs. 2 SGB VII im Einzelfall zu prüfen.

18.8.2 Krebsrisiken in der Gummiindustrie (Nitrosamine, N-Nitrosoverbindungen)

In den 80er Jahren fand man an Arbeitsplätzen der Gummiindustrie, der metallverarbeitenden, der chemischen, der Eisen- und Stahl- sowie der Lederindustrie unerwartet krebserzeugende N-Nitrosamine. Diese N-Nitrosamine wurden in den entsprechenden gewerblichen Bereichen weder hergestellt noch verwendet und waren in den Ausgangsstoffen nicht oder nur in geringen Mengen vorhanden. N-Nitrosamine bildeten sich erst während technischer Abläufe durch Nitrosierung von im Wesentlichen sekundären Aminen.

Von rund 300 tierexperimentell geprüften *N-Nitrosaminen* haben sich etwa 90 % als krebserregend erwiesen. Einige – wie N-Nitrosodimethyl- und N-Nitrosodiethylamin (K2-Stoffe) – müssen unter dem Gesichtspunkt der niedrigsten noch wirksamen Dosis zu den potentesten Kanzerogenen gerechnet werden. Die Übertragbarkeit dieser Befunde auf den Menschen ist fraglich. Epidemiologische Beweise für die Auslösung von Lungenkrebs durch Nitrosamine beim Menschen existieren nicht, doch sind die nachgewiesenen erhöhten Lungenkrebsinzidenzen bei Beschäftigten in der Gummiindustrie schwer zu erklären, wenn man Nitrosaminexpositionen aus der Betrachtung ausklammert. Die IARC[158] kommt daher zu dem Ergebnis, die gesamte Mischexposition in der Gummiindustrie sei als

---

[157] Nowak, Radon, Erkrankungen durch Passivrauchen, in: Erfahrungen von § 9 Abs. 2 SGB VII (5. Erfahrungsbericht) Hrsg. HVBG Dezember 2006 S. 86, 90 f.; Stayner, u. a., Am J Public Health 97 (2007) 545–551.

[158] IARC-Monographie, Vol. 28, Lyon 1982, und Supplement 7 (1987).

ursächlich für die Entstehung von Lungenkrebs anzusehen (Anerkennung „wie eine Berufskrankheit" nach § 9 Abs. 2 SGB VII; kein Listenstoff nach BK-Nr. 13 04).

Die Kohortenstudie in der Deutschen Gummiindustrie erbrachte für *Lungen-* und *Pleurakrebs* statistisch signifikant erhöhte Mortalitätsraten.[159]

Zum *Kehlkopfkrebsrisiko* liegt eine Literaturstudie vor. Den Ergebnissen zufolge waren die Mortalitätsraten und relativen Risiken nicht signifikant erhöht.[160]

Zielorgane von N-Nitrosaminen im Tierexperiment	
N-Nitrosodiemethylamin*	Leber, Niere, Lunge, Blutgefäße
N-Nitrosomethylethylamin*	Leber, Speiseröhre, Blutgefäße, Nasenhöhle, Gallengang, blutbildendes System
N-Nitrosodiethylamin*	Leber, Niere, Speiseröhre, Respirationstrakt, Vormagen
N-Nitrosodi-n-propylamin*	Leber, Niere, Speiseröhre, Respirationstrakt, oberer Verdauungstrakt, Hirn, blutbildendes System
N-Nitrosodi-i-propylamin	Leber, Respirationstrakt
N-Nitrosodi-n-butylamin*	Leber, Speiseröhre, Harnblase, Verdauungstrakt, Respirationstrakt
N-Nitrosodiethanolamin*	Leber, Niere, Respirationstrakt
N-Nitrosomethylphenylamin*	Speiseröhre, Harnblase, Lunge, oberer Verdauungstrakt
N-Nitrosoethylphenylamin*	nicht untersucht
N-Nitrosomorpholin*	Leber, Niere, Respirationstrakt, blutbildendes System
N-Nitrosopiperidin*	Leber, Speiseröhre, Respirationstrakt, oberer Verdauungstrakt
N-Nitrosopyrrolidin*	Leber, Gallengang, Nasenhöhle
* K2-Stoffe	

Ergebnisse einer historischen Kohortenstudie (1998)

Für eine Entschädigung nach § 9 Abs. 2 SGB VII muss die generelle Geeignetheit einer bestimmten Einwirkung zur Verursachung der in Frage stehenden Krankheit erwiesen sein. Das Bestehen einer generellen Geeignetheit richtet sich nach den Kriterien:

a: Stärke der Assoziation erreicht statistische Signifikanz in der höchsten Expositionsgruppe

b: Andere Forschungsergebnisse gehen überwiegend in die gleiche Richtung (Konsistenz der Ergebnisse)

c: Biologische Plausibilität des Zusammenhanges

---

[159] Weiland, Mundt, Keil, u.a., Cancer mortality among workers in the German rubber industry: 1981–91. Occup. Environ. Med. 53 (1996) 289–298.
[160] Tisch, Münch, Maier, Haben Arbeitnehmer in der Gummiindustrie ein erhöhtes Kehlkopfkrebsrisiko? HNO 43 (1995) 649–653.

18.8 *Krebserkrankungen nach § 9 Abs. 2 SGB VII*

	Einwirkung	a Assoziation	b Konsistenz	c biol. Plausibilität
Speiseröhre	Nitrosamine	+	+	+
Rachen	Nitrosamine	+	o	+
Mundhöhle	Nitrosamine	o	o	+
Kehlkopf	Staub Asbest/ Talk/Ruß	+	+	+

+ liegt vor
o fraglich/schwach

Ergebnis: Nur für Erkrankungen an *Speiseröhrenkrebs* und *Kehlkopfkrebs* ist ein erhöhtes Risiko für die Verursachung durch bestimmte Expositionsbedingungen in Arbeitsbereichen der Gummiindustrie zu begründen: In solchen Einzelfällen ist eine Prüfung nach § 9 Abs. 2 SGB VII (Entschädigung „wie eine Berufskrankheit") erforderlich.

Anerkannte Krebserkrankungen 1986 bis 2005

Kehlkopf   17
Rachen   5
Speiseröhre   2
Mundhöhle   3
Harnblase   1

Aus der Rechtsprechung

Keine Anerkennung „wie eine Berufskrankheit einer Leberzirrhose und eines Leberzellkarzinoms nach Nitrosamin-Exposition"; es fehlt an neueren medizinischen Erkenntnissen über den ursächlichen Zusammenhang.[161]

Die Speiseröhrenkrebserkrankung eines Chemielaboranten nach beruflicher Nitrosamin-Exposition stellt keine Erkrankung gemäß § 9 Abs. 2 SGB VII dar, da keine gesicherten wissenschaftlichen Erkenntnisse vorliegen.[162]

18.8.3 1,3-Propansulton

Der K2-Stoff 1,3-Probansulton ist ein sehr reaktives Alkylans und wurde zwischen 1950 und 1970 in Deutschland und in den USA zur Synthese von Tensiden eingesetzt. Alle mit dem Stoff durchgeführten experimentellen Studien zeigten eine ungewöhnlich hohe krebserzeugende Potenz, zum Teil nach nur einmaliger Verabfolgung. Auf Grund des Wirkprofils sind beim Menschen lokale und systemische Tumoren unterschiedlicher Lokalisierung nach 1,3-Propansulton-Exposition zu erwarten.[163]

---

161 LSG Baden-Württemberg, 24. 10. 1996, HV-Info 5/1997, 428 = Meso B 150/33.
162 Hess. LSG, 7. 2. 2001, HVBG VB 100/01.
163 Bolt, 1,3-Propansulton: Erkenntnisse aus Tierversuchen und toxikologische Bewertung, in: Erfahrungen mit der Anwendung von § 9 Abs. 2 SGB VII (5. Erfahrungsbericht) HVBG 2006 S. 64–67; Bolt, Golka, 1,3-Propane sultone, an extremely potent experimental carcinogen: what should be expected in humans? Toxicol Lett 151 (2004) 251–254.

Seit 1985 wurden von der Berufsgenossenschaft der chemischen Industrie 10 Krebserkrankungen unterschiedlicher Lokalisation nach beruflicher Einwirkung von 1,3-Propansulton über die Öffnungsklausel des § 9 Abs. 2 SGB VII bzw. des früheren § 551 Abs. 2 RVO anerkannt.[164] Der Stoff fand in der organischen Synthese Anwendung; sämtliche Erkrankte waren in einem einzigen Betrieb beschäftigt, in dem der Stoff seit 1952 zunächst im Technikumsmaßstab hergestellt worden war. Insgesamt waren 66 Personen exponiert. Zehn Einzelfälle von Krebserkrankungen wurden durch konsequente nachgehende Untersuchungen entdeckt. Klinische Details zu beobachteten Kasuistiken wurden beschrieben.

Positive epidemiologische Studien zur krebserzeugenden Wirkung von 1,3-Propansultan beim Menschen sind auch für die Zukunft nicht zu erwarten, da entsprechend exponierte Kollektive von der zu fordernden Größe fehlen.

18.8.4 Krebserzeugende Arzneistoffe (Zytostatika)

Viele in der Krebstherapie verlandete Zytostatika, insbesondere alkylierende Substanzen, wirken selbst krebserzeugend.[165] Mit einer Gefährdung muss in Bereichen, in denen berufsmäßig mit diesen Substanzen umgegangen wird, gerechnet werden.[166] In der Kompensation von beruflichen Krebserkrankungen spielt dieser Aspekt eine Rolle bei Zweittumoren, die auf die chemotherapeutische Behandlung eines Ersttumors zurückgeführt werden können, der als BK anerkannt wurde.

Verglichen mit therapeutischen Dosen, die bei Patienten verabfolgt werden, ist die mögliche Exposition durch Hantieren von Zytostatika am Arbeitsplatz gering. Fälle einer entsprechenden Kompensation über die Öffnungsklausel des § 9 Abs. 2 SGB VII sind nicht bekannt.

18.9 Plasmozytom (multiples Myelom)

Definitorisch handelt es sich um eine neoplastische Proliferation der Plasmazellen mit diffuser oder herdförmiger Ausbreitung, bevorzugt im Knochenmark und monoklonaler Vermehrung von Immunglobulinen (sog. Paraproteinen).

Das *klinische Bild* ist ein schleichender Beginn mit Hautblässe, Knochenschmerzen (vorrangig im Rücken) und Spontanfrakturen (s. 8.1.1.3.1, S. 372). Hierbei liegt schon ein fortgeschrittenes Krankheitsstadium vor. Frühphasen sind nur elektrophoretisch und immunelektrophoretisch erfassbar. Sie werden meistens durch Zufall entdeckt.

Die klassischen Laborbefunde des voll ausgeprägten Leidens sind normochrome Anaemien, starke BSG-Erhöhung, Hyperproteinämie, M-Gradient im Alpha$_2$-, β- oder Gamma-Bereich der Serumproteinelektrophorese, Hyperkalzämie bei normalem Serumphosphor und alkalischer Phosphatase und Proteinurie.

Ätiologie und *Pathogenese* werden seit vielen Jahren national und international diskutiert. Die Ursache der Malignisierung des Plasmazellsystems, die sich in einer monoklonalen Plasmazellwucherung äußert, ist in weiten Bereichen nicht bekannt.

---

[164] Koch, Krebserkrankungen durch 1,3-Propansulton, in: Erfahrungen mit der Anwendung von § 9 Abs. 2 SGB VII (5. Erfahrungsbericht) HVBG 2006 S. 62 f.
[165] Schmähl: Arzneimittelforschung 37 (1987), S. 288.
[166] Deutsche Forschungsgemeinschaft: MAK- und BAT-Werte-Liste 2009 S. 151.

Charakteristisch für das Plasmozytom sind komplexe Chromosomenaberrationen.[167] Epidemiologische Studien haben Assoziationen zu verschiedener Risikofaktoren beschrieben, wie Alter, Adipositas, Pestiziden, Lösungsmittel, ionisierende Strahlung, UV-Strahlung.[168]

Das Plasmozytom kann Folge einer Benzolexposition sein – BK-Nr. 13 18 (s. 14.1 S. 944).

18.10 Krebs als Arbeitsunfall

18.10.1 Traumakrebs

Krebs kann durch ein berufsbedingtes Trauma entstehen. Diese Krebsentstehung ist höchst selten. Das Trauma kann mechanischer, thermischer, radioaktiver oder chemischer Natur sein. Auch die Beschleunigung der Kanzerogenese durch ein Trauma im Sinne einer wesentlichen Verschlimmerung ist bekannt.

Aus Gemeinsamkeiten bisheriger Tatbestände wurden *Voraussetzungen* für die Anerkennung eines ursächlichen Zusammenhanges zwischen Unfall und Krebs entwickelt[169]:

– gesichertes einmaliges Trauma
– vorheriger Normalzustand des geschädigten Gewebes
– Übereinstimmung zwischen Ort der Krafteinwirkung und der Krebsentstehung
– mit sonstigen Krebserfahrungen in Einklang stehende Latenzzeit. Je kürzer die Latenzzeit, umso weniger wahrscheinlich ist der kausale Zusammenhang. Brückenbefunde während der Latenzzeit sind im Einzelfall wichtige Hinweise auf einen chronisch verlaufenden, zur Entwicklung einer Geschwulst führenden Prozess
– histologische Sicherung der Diagnose
– Wahrscheinlichkeit, dass das Trauma aus dem späteren Geschwulstleiden schwer wegdenkbar ist.

Bereiche, die besondere gutachtliche Bedeutung bei möglichen und wahrscheinlichen Zusammenhängen von Unfallfolgen bzw. Berufskrankheiten und Krebs erlangen:

– posttraumatische Haut-, Weichteil- und Knochentumoren
– Tumoren im Zusammenhang mit Berufskrankheiten und hier besonders der Lungen, des Brust- und Bauchfells sowie des Perikards.

18.10.2 Narbentumoren[170]

Bösartige Hauttumoren können sich auf Narben bilden. Verbrennungsnarben und andere straffe Narben sind dafür prädisponiert. Auf dem Boden einer chronischen Osteitis treten sie in ca. 0,21 bis 1,5 % der Fälle auf; Zeitspanne zwischen Erstverletzung und Manifesta-

---

167 Seidl, u. a., Lancet 4 (2003) 557–564.
168 Alexander, u. a., Int. J. Cancer 140 (2007) 40–61; Bofetta, u. a., International Journal of Epidemiology 37 (2008) 1080–1094.
169 Müller, in: Die ärztliche Begutachtung (Hrsg. Fritze, Mehrhoff) 7. Aufl. 2008 S. 614; Bauer, Das Krebsproblem, 2. Aufl. 1963 S. 430; Haustein, Derm. Wschr. 161 (1975) 791, 795; Valentin, Otto, BG 1976, 151; Reichmann, MfU 1971, 559ff.; Hartmann, Filzmayer, akt. traumatol. 1979, 289ff.; Dittmann, Pribilla, MedSach 1981, 46; Garske, MedSach 1987, 119, 120.
170 Bamberger Merkblatt. Begutachtungsempfehlungen für die Begutachtung von Haut- und Hautkrebserkrankungen (Hrsg. DGUV) 2008.

tion des Karzinoms: Basaliom ca. 20 Jahre, Plattenepithelkarzinom etwa 30 Jahre.[171] Überwiegend (71 %) handelt es sich um Plattenepithelkarzinome (auch in situ) und Basaliome (12 %), seltener Sarkome.[172] Um einen kausalen Zusammenhang zwischen dem Auftreten des Tumors und einer unfallbedingten Narbe herstellen zu können, müssen die Bedingungen erfüllt sein:

(1) Vorliegen einer Narbe
(2) Tumor entsteht bzw. ist entstanden innerhalb der Grenzen der Narbe
(3) Fehlendes Vorhandensein eines bereits vorher bestehenden Tumors gleichen Typs
(4) Eventuelle Tumorzellen entsprechen den Zellen des Primartumors in der Narbe (dieser Punkt ist nur relevant bei Metastasen)
(5) Adäquates Zeitintervall zwischen Narbe und der Entstehung des Neoplasmas.

---

[171] Faschingbauer, u. a., Chirurg 66 (1995) 1141; Diefenbeck, u. a., Trauma Berufskrankh 11 (2009) Suppl. 2 S. 222, 225.
[172] Brüning, Fartasch IPA (Institut für Prävention und Arbeitsmedizin der DGUV) – Journal 3/2009 S. 8, 10.

19 Erkrankungen des rheumatischen Formenkreises[*]

Übersicht

19.1	*Entzündliche Gelenkerkrankungen* 1151
19.1.1	Rheumatisches Fieber 1151
19.1.1.1	Wesen und Ursachen 1151
19.1.1.2	Zusammenhangsfragen 1151
19.1.2	Rheumatoide Arthritis (Chronische Polyarthritis) 1152
19.1.2.1	Wesen und Ursachen 1152
19.1.2.2	Zusammenhangsfragen 1153
19.1.2.3	Sonderformen der Rheumatoiden Arthritis 1154
19.1.3	Spondylitis ankylosans (Morbus Bechterew) 1155
19.1.3.1	Wesen und Ursachen 1155
19.1.3.2	Zusammenhangsfragen 1156
19.1.4	Gicht (Arthritis urica) 1157
19.1.4.1	Wesen und Ursachen 1157
19.1.4.2	Zusammenhangsfragen 1158
19.1.5	Infektarthritiden 1158
19.2	*Degenerative Gelenkerkrankungen* 1158
19.3	*Weichteilrheumatismus* 1160
19.3.1	Fibromyalgie 1160
19.3.2	Polymyalgia rheumatika 1160
19.3.3	Polymyositis 1161
19.4	*Medizinische Prävention und Rehabilitation* 1161
19.5	*Leistung zur Teilhabe am Arbeitsleben* 1161
19.6	*Minderung der Erwerbsfähigkeit* 1162

Als „Rheumatismus" werden im Laiensprachgebrauch Krankheiten bezeichnet, die mit Schmerzen im Bereich von Gelenken, Wirbelsäule und Weichteilen einhergehen und oft zu lang dauernden oder bleibenden Behinderungen führen. „Rheuma" bedeutet ursprünglich das „Fließen" von Schmerzen von einer Stelle zur anderen.

Der Krankheitsbegriff „Rheumatismus" umfasst Erkrankungen des Bindegewebes und schmerzhafte Störungen des Bewegungsapparates, die sämtlich zur Ausbildung chronischer Symptome führen können.[1]

Die Weltgesundheitsorganisation (WHO) versteht unter Rheuma Erkrankungen von Skelett, Muskulatur und Bindegewebe, wobei sie nicht zwischen degenerativen und entzündlichen Krankheitsbildern unterscheidet. Rheumatismus wird auch definiert als „schmerzhafte, die Bewegungsfunktion beeinträchtigende Zustände des Muskel-, Skelett- und Nervensystems unter Einschluss der diese Erkrankungen begleitenden oder gelegentlich auch isoliert vorliegenden bindegeweblichen Vorgänge an anderen Organen oder Organsystemen".[2]

Die rheumatischen Erkrankungen stehen bei der Zahl krankheitshalber aus dem Erwerbsleben ausgeschiedener Personen an erster Stelle.[3]

---

[*] Mitarbeit Dr. med. Dipl.-Biochem. *G. Emmerling*, Arbeitsmedizinische Praxis, Gunzenhausen.
[1] Bericht der Bundesregierung über Maßnahmen zur Rheumabekämpfung, Bundesdrucksache 8/3625.
[2] Knorr, VersMed 46 (1994) 212.
[3] Raspe, Dt. Ärzteblatt 1995, 603.

Zur Einordnung der Erkrankungen des Bewegungsapparates wurde von der Deutschen Gesellschaft für Rheumatologie eine Klassifikation erstellt. Die Unterteilung erfolgt in 9 Abschnitte, denen die Krankheiten entsprechend ihrer Lokalisation und Entstehung (Ätiologie) zugeordnet sind.[4]

Die Diagnose der Gelenkerkrankungen erfolgt auf Grund klinischer, röntgenologischer, serologischer und immunologischer Untersuchungen.

Bei der klinischen Untersuchung ist vor allem auf das Verteilungsmuster des Gelenkbefalls, die Beweglichkeit der einzelnen Gelenke und die Schmerzhaftigkeit der Bewegungen mit den Zeichen der akuten Entzündung zu achten.

Röntgenuntersuchungen der betroffenen Gelenke im Vergleich zu den korrespondierenden nicht betroffenen Gelenken sind meist notwendig.

Die serologischen Untersuchungen sollten neben den Allgemeinuntersuchungen bei entzündlichen Erkrankungen den Antistreptolysintiter und den Nachweis des sog. Rheumafaktors sowohl im Serum als auch im Gelenkpunktat enthalten. Zur Diagnosesicherung sind Antikörper gegen citrullinierte Peptide gut geeignet.

Mit immunologischen Untersuchungen sind Lymphozytenantigene, z.B. HLA-B 27, Immunkomplexe sowie Botenstoffe des Immunsystems, sog. Zytokine nachweisbar, die bei einzelnen rheumatischen Erkrankungen gehäuft vorkommen.

Aus der Vielzahl der Erkrankungen des rheumatischen Formenkreises sind die arbeitsmedizinisch bedeutsamen aufgeführt. Die Einteilung erfolgt in entzündliche Gelenkerkrankungen, denen die degenerativen gegenübergestellt werden. Erkrankungen der Weichteile („Weichteilrheumatismus") werden beschrieben. Im Rahmen der Bezeichnung der Krankheiten wird die Nomenklatur der erwähnten Klassifikation weitgehend übernommen.

Bei der Entstehung von entzündlich rheumatischen Erkrankungen sind neben einer genetischen Komponente auch Umwelteinflüsse gewichtig. Neben Viren, Bakterien und Fremdstoffen kommt auch mechanischen Faktoren eine Bedeutung zu. Hierbei handelt es sich um sog. Realisationsfaktoren, die auf dem Boden genetischer Empfänglichkeit eine rheumatische Krankheit erst zum Ausbruch kommen lassen.[5]

Die Anerkennung des Rheumatismus als *Arbeitsunfall* beruht darauf, inwieweit die Erkrankung mit der betrieblichen Tätigkeit ursächlich zusammenhängt. Schon im Hinblick auf die konstitutionelle Entstehung rheumatischer Erkrankungen ist stets ein strenger Maßstab anzulegen. Jede zu beurteilende Erkrankung ist als Sonderfall zu betrachten, bei dem die einzelnen Umstände auch unter Würdigung von Art und Grad der Faktoren besonders kritisch zu werten sind.

Die Darstellung der unfallrechtlichen Bedeutung exogener Faktoren für die Erkrankung des rheumatischen Formenkreises beschränkt sich auf einen *Überblick*.

---

[4] Compendia Rheumatologica, Band 4 (Hrsg.: Mathies, Wagenhäuser) Klassifikation der Erkrankungen des Bewegungsapparates.
[5] Burmester, u.a., Dt. Ärzteblatt 1995, 749; Zeidler, Rheumatologie, 1990.

19.1 Entzündliche Gelenkerkrankungen

Etwa 20 % der rheumatischen Erkrankungen sind entzündlicher Art.[6]

19.1.1 Rheumatisches Fieber

19.1.1.1 Wesen und Ursachen

Der Begriff beschreibt eine Folgeerkrankung, die im Mittel zwei bis drei Wochen nach einem Befall mit beta-hämolysierenden Streptokokken der Gruppe A, hervorgerufen durch eine Immunreaktion des Mesenchyms gegen Streptokokkenantigen, auftritt.[7]

Epidemiologisch disponiert zu dieser Erkrankung ist eine ererbte immunologische Reaktionsbereitschaft, die genetisch determiniert ist. Daneben spielen Unterernährung, enge Wohnverhältnisse mit der Möglichkeit von Masseninfektionen und ungünstige klimatische Bedingungen eine Rolle.[8]

Ein deutlicher Gipfel der Erkrankung liegt zwischen dem 8. und 20. Lebensjahr.

Von den Entzündungen bevorzugt sind die großen Gelenke mit Schwellung, Rötung, Überwärmung und deutlichen Schmerzen. Vor allem bei Kindern kommt es auch zur Herzmuskelentzündung (Endo-Myocarditis), die noch nach mehreren Jahren zum Auftreten von Herzklappenfehlern, vorrangig an der Mitralklappe, führen kann. Durch diese Komplikation wird der weitere Krankheitsverlauf bestimmt, da die Gelenkentzündungen meist folgenlos abheilen. Die Zahl der Erkrankungen ist in den letzten Jahren stark zurückgegangen.

Differentialdiagnostisch abzugrenzen ist die Poststreptokokkenarthritis, welche nur die Gelenke betrifft.

19.1.1.2 Zusammenhangsfragen

- **Durchnässung/Unterkühlung**

Schwere Durchnässung oder extreme Unterkühlung mit exzessiver Stimulierung der hormonalen Stressreaktion können die Krankheit zutage treten lassen oder zur Wiedererkrankung führen. Rechtlich ist es erforderlich, dass die äußere Beeinflussung innerhalb einer Arbeitsschicht eingetreten ist. Das Ergebnis bedarf der Abgrenzung zur Gelegenheitsursache, d.h. dahin, ob ohne die Durchnässung oder Unterkühlung das rheumatische Fieber in ungefähr gleichem Ausmaß und in naher Zukunft eingetreten wäre (s. 1.5.2).

Der Grad der Unterkühlung lässt sich nicht festlegen. Trockene Kälte scheint von geringerer Bedeutung zu sein als Durchnässung um oder wenig über dem Gefrierpunkt.[9] Erkältungen in mangelhaft geheizten oder zugigen Arbeitsräumen sind als wesentliche Ursache eines rheumatischen Fiebers abzulehnen.

---

[6] Miehlke, ASA 1971, 190.
[7] Bolten, in: Die ärztliche Begutachtung (Hrsg. Fritze, Mehrhoff) 7. Aufl. 2008 S. 449.
[8] Gross, Schölmerich, Lehrbuch der Inneren Medizin, 7. Aufl. 1989; Bitsch, Klinikleitfaden Rheumatologie, 3. Aufl 2001; Sieper, Gotzen, Rheumatologie, 2. Aufl. 1996.
[9] Lederer, in: Koelschs Handbuch der Berufserkrankungen (Hrsg. Kersten) 4. Aufl. 1972, Teil II, S. 527.

- **Gelenknahes mechanisches Trauma**

Die Krankheit als solche – mit generalisierter vielfacher Gelenkbeteiligung – ist grundsätzlich *nie* Folge eines *gelenknahen, mechanischen Traumas*, selbst wenn dies mit schwerer Gewebezerstörung und einem Schock einhergeht.[10] Zwar kann der Unfall einen Lokalisationseffekt haben, wenn er sich innerhalb der Inkubationszeit (Zeitspanne zwischen dem Eindringen der Krankheitserreger und dem Ausbruch der Infektionskrankheit) ereignet und die nervöse Versorgung stört. Im Sinne der Entstehung oder Verschlimmerung ist dieser Vorgang jedoch – trotz engen zeitlichen Zusammenhanges – als nicht wesentlich zu werten.[11]

- **Traumatischer Infekt**

Gelegentlich mag das rheumatische Fieber als *Unfallfolge* angesehen werden, wenn in einem engen zeitlichen Zusammenhang Streptokokken auftreten (z.B. traumatisch bedingter Infekt bei vereiterten Frakturen, Gelenkempyem im Verletzungsbereich).[12] Die Latenzzeit zwischen dem Trauma und der Entwicklung des rheumatischen Fiebers muss bei einer bis vier Wochen liegen. Ein Erysipel im Verletzungsbereich als Ursache eines rheumatischen Fiebers ist nach geltendem Wissensstand eher unwahrscheinlich.[13]

- **BK-Nr. 31 01**

Epidemiologischen Studien gemäß besteht bei engem Kontakt von Mensch zu Mensch – insbesondere in Gemeinschaftseinrichtungen oder bei beruflicher Tätigkeit von medizinischem Personal – eine erheblich größere Infektionsgefährdung als bei der übrigen Bevölkerung.[14]

19.1.2 Rheumatoide Arthritis (Chronische Polyarthritis)[15]

Die Rheumatoide Arthritis (RA) – auch als chronische Polyarthritis bezeichnet – ist mit einer Häufigkeit von 0,8 % die häufigste entzündliche rheumatische Gelenkaffektion.

19.1.2.1 Wesen und Ursachen

Es handelt sich um eine chronisch-progressive entzündliche Systemerkrankung, die sich vor allem im Bereich der Gelenke des Bewegungsapparates manifestiert. Das Krankheitsspektrum reicht von blanden remittierenden Formen bis zu rasch progredient destruktiven Verläufen auch mit erhöhter Mortalität. Sie kann aber auch Gefäße, Augen und innere Organe (z.B. Niere, Herz und Lunge) betreffen. Unbehandelt führt die RA über eine schmerzhafte Funktionseinschränkung schließlich zu persistierender Deformität, Behin-

---

[10] Schrader-Walchner, Das ärztliche Gutachten im Versicherungswesen (Hrsg. Fischer, Herget, Mollowitz) 3. Aufl. 1969, S. 282.
[11] Lederer, in: Koelschs Handbuch der Berufserkrankungen (Hrsg. Kersten) 4. Aufl. 1972, Teil II, S. 527.
[12] Fritze, Gundel, Reich, Rox, ASA 1971, 168.
[13] Lederer, in: Koelschs Handbuch der Berufserkrankungen (Hrsg. Kersten) 4. Aufl. 1972, Teil II, S. 527.
[14] Pox, Schmiegel, in: Die ärztliche Begutachtung (Hrsg. Fritze, Mehrhoff) 7. Aufl. 2008 S. 663.
[15] Leitlinie Mangement der frühen rheumatoiden Arthritis 7/2004; Raspe, Dtsch Ärztebl 1995, 603; Leuchten, Aringer, Internist 49 (2008) 1471 ff.

19.1 Entzündliche Gelenkerkrankungen

derung und Individualität. Für die Krankheitsschwere ist die Geschwindigkeit der Gelenkdestruktion und die Intensität extraartikulärer Manifestationen prognostisch bestimmend. Frauen sind etwa doppelt so häufig betroffen wie Männer.[16]

Häufig beginnt die Erkrankung zwischen dem 35. und 45. und über dem 60. Lebensjahr. Mehr als die Hälfte der Erkrankten sind nach einem fünfjährigen Verlauf nicht mehr in ihrem Beruf tätig.[17]

Die Ursache ist noch nicht geklärt. Als Krankheitsauslöser werden Viren, wie das Epstein-Barr-Virus bzw. Paroviren, in Betracht gezogen. Durch Virusinfektion wird vermutlich ein immunpathologischer Prozess in Gang gesetzt. Eine besondere genetische Konstellation soll neben einer Störung der Immunregulation von überragender Bedeutung sein.[18] Überwiegend wird angenommen, dass in der Folge einer anfänglichen Gewebeschädigung, die vielleicht durch eine Infektion im Gelenkbereich bedingt ist, abnorme humorale immunologische Abwehrreaktionen gegen körpereigene Gewebe auftreten. Diese führen zu neuerlichen Gewebeschäden; die Krankheit schreitet – „sich selbst unterhaltend" – schubweise oder gleichmäßig fort.[19] Allmählich werden die Gelenke, überwiegend die Fingergrund- und -mittelgelenke[20] zerstört; Deformierungen, bindegewebige und auch trockene Versteifung folgen. Bisweilen sind Herz, Nieren und Lungen beteiligt. Bei schwersten Formen kommt es durch Immunkomplexeinlagerungen zu entzündlichen Veränderungen der peripheren Arterien mit Störungen der Nervenfunktion und zum Absterben der Gliedmaßenenden.

Der Einfluss äußerer Faktoren ist umstritten; er gilt als wesentlich geringer als beim rheumatischen Fieber. Erwogen werden:

– infektiöse oder andere Prozesse, die die Immunitätslage nachhaltig verändern
– körperliche Belastungen oder Kälte- und Nässeeinwirkungen, die nach Art, Dauer und Schwere geeignet sind, die Widerstandskraft erheblich herabzusetzen und das Leiden vorübergehend zu verschlimmern.[21]

19.1.2.2 Zusammenhangsfragen

Ein Unfall ist nicht die alleinige Ursache der chronischen Polyarthritis.[22] In seltenen Fällen sollen jedoch gelenknahe Traumen eine noch latente rheumatoide Arthritis oder eine rheumatische Reaktionsbereitschaft manifest werden lassen. Rechtlich bedürfen solche Unfallereignisse einer Abgrenzung zur Gelegenheitsursache. Dabei ist zu berücksichtigen[23]:

(1) das durch den Unfall betroffene Gelenk muss vorher gesund gewesen sein

---

16 Willburger, u.a., Dt. Ärzteblatt 2006, 48 f; Gross, Dt. Ärzteblatt 2000, 1815 f.
17 Kalden, Lorenz, Dt. Ärzteblatt 2001, 1059.
18 Knorr, VersMed 46 (1994) 212; Burmeister, u.a., Dt. Ärzteblatt 1995, 749.
19 Mathies, Heidelberger Rehabilitationskongress 1978; Vorländer, „Aktuelle Rheumaprobleme", 12. Fortbildungstagung 1979, S. 18.
20 Josenhans, ASA 1971, 207.
21 Lederer, in: Koelschs Handbuch der Berufserkrankungen (Hrsg. Kersten) 4. Aufl. 1972, Teil II, S. 527.
22 Valentin, u.a., Arbeitsmedizin 3. Aufl. 1985 Bd. 1 S. 337; Burmester, u.a., Dt. Ärzteblatt 1995, 749.
23 Valentin, u.a., Arbeitsmedizin, 3. Aufl. 1985 Bd. I S. 374 f.

(2) im Bereich der übrigen Gelenke dürfen keine Zeichen einer entzündlichen Arthritis bestehen oder bestanden haben

(3) der Unfall muss erheblich sein

(4) die Arthritis muss im traumatisierten Gelenk beginnen

(5) der Zeitraum zwischen Unfall und Arthritis darf höchstens zehn Tage[24] betragen.

Infolge überragender Bedeutung der endogenen Faktoren[25] wird das Gewicht eines Unfallereignisses medizinisch im Allgemeinen als gering eingeschätzt und damit in der Regel als rechtlich unwesentlich gewertet.

Auch chronische Eiterungen oder Entzündungsherde sind als Ursache der rheumatoiden Arthritis bislang nicht bewiesen. Erörtert wird der Zusammenhang bei besonders schwerer bakterieller Eiterung und enger zeitlicher Zuordnung.[26]

19.1.2.3 Sonderformen der Rheumatoiden Arthritis (RA)

- **Caplan-Syndrom**

Eine röntgenologisch meist nicht ausgeprägte, disseminierte Silikose in Verbindung mit einer chronischen Polyarthritis und meist mehreren Rundherden wird als *Rundherd-Silikose* (Caplan-Syndrom, s. 17.2.6.3, S. 1013) bezeichnet: eine besondere Verlaufsform der Silikose bei Betroffenen mit Polyarthritis.[27] In der Regel entwickeln sich solitäre und/ oder multiple Rundherde im Durchmesser von meist mehr als 1 cm. Von einer kausalen Rolle der Quarzstaubexposition bzw. der Silikose bei der Entstehung einer Polyarthritis ist derzeit nicht auszugehen.[28]

- **Felty-Symdrom**

Das Felty-Syndrom ist eine schwere Verlaufsform der RA und tritt meist zwischen dem 20. und 40. Lebensjahr auf. Männer sind häufiger betroffen. Neben der Gelenkentzündung ist die Milz geschwollen und die Zahl der weißen Blutkörperchen und Blutplättchen vermindert.

- **Morbus Still im Erwachsenenalter**[29]

Systemischer Beginn einer RA im jugendlichen Alter (15–25 Jahre) oder Erwachsenenalter (36–46 Jahre), in Ausnahmen noch im höheren Lebensalter. Bei einem Drittel der Patienten dauert die Erkrankung nicht länger als 1 Jahr und heilt folgenlos aus. Bei einem weiteren Drittel kommt es zu meist milden entzündlichen Schüben. Bei den übrigen Patienten dominiert ein chronischer Verlauf. Insgesamt sind funktionelle Störungen die Ausnahme.

---

[24] Nach Moise, Arch. Mal. Prof. Bd. 20, 1959, S. 284 soll bei einem Intervall von drei Wochen der Zusammenhang wahrscheinlich sein.
[25] Dazu Böni, MedSach 1965, S. 93.
[26] Schoger, ASA 1971, 205.
[27] Caplan, Thorax 8 (1953) 29.
[28] Kraus, in: Arbeitsmedizin (Hrsg. Triebig, Kentner, Schiele) 2. Aufl. 2009 S. 281.
[29] Bolten, in: Die ärztliche Begutachtung (Hrsg. Fritze, Mehrhoff) 7. Aufl. 2008 S. 445.

19.1 Entzündliche Gelenkerkrankungen

- **Psoriasisarthritis (Psoriasisarthropathie, Arthritis psoriatica)**

Sie ist von der chronischen Polyarthritis abzugrenzen.

Bei dieser Erkrankung besteht ein anderer Verteilungstyp des Gelenkbefalls mit Einbeziehung der Fingergrundgelenke. Die Entzündung der Gelenke ist weniger scharf abgegrenzt und der Rheumafaktor meist negativ. In der Regel geht der Erkrankung eine Schuppenflechte (Psoriasis) mit typischen Haut- und Nagelveränderungen um Jahre voraus. Die Schuppenflechte kann jedoch auch gleichzeitig mit dem Gelenkbefall auftreten oder diesem nachfolgen. Mitbefall der Gelenke nach den ersten Hauterscheinungen in 5 bis 7 %. Zudem ist zu bedenken, dass auch eine chronische Polyarthritis kombiniert mit der Schuppenflechte auftritt.[30]

Die Ursache der Arthritis psoriatica ist weitgehend ungeklärt, erbliche Faktoren spielen offensichtlich eine Rolle.

Erscheinungsformen:[31]

- distale Fingergelenksarthritis
- Arthritis mutilans mit Sakroiliitis
- symmetrische Polyarthritis
- asymmetrische Oligoarthritis
- ankylosierende Spondylitis mit/ohne periphere Arthritis.

Ungünstige Witterungseinflüsse (feuchte Kälte)[32] sowie Verletzungen können verschlimmernd auf die Erkrankung wirken. Der zeitliche Abstand darf nicht länger als 10 bis 14 Tage betragen.

19.1.3 Spondylitis ankylosans (Morbus Bechterew)

19.1.3.1 Wesen und Ursachen

Es handelt sich um eine chronische entzündlich-rheumatische Systemerkrankung.

Die Erkrankung verläuft im Allgemeinen in zwei Phasen. Diese können an einem Organismus gleichzeitig nebeneinander ablaufen: Eine schleichende Entzündung in den bindegewebigen Hüllen geht der Verknöcherung von Bandscheiben, Kreuzdarmbein-, Wirbel-, Wirbelrippengelenken sowie gewissen Bändern der Wirbelsäule voran.

Es kommt zu einer Beweglichkeitseinschränkung im Bereich der Wirbelsäule und damit zu einer Blickfeldeinschränkung nach oben. Im Röntgenbild findet man das typische Bild der Wirbelsäule als „Bambusstab". Gelegentlich greift das Leiden über den Bewegungsapparat hinaus: Entzündungen der Regenbogenhaut (Iritis), Schädigungen des Herzmuskels und der großen Brustschlagader (Mesaortitis) können auftreten. Die Ursachen der zu 70 bis 80 % das männliche Geschlecht bevorzugenden Erkrankung, die zuerst von *Bechterew* (1893) beschrieben wurde und eine Erkrankungshäufigkeit von 0,9 % hat, ist unbekannt.

---

30   Colloquia Rheumatologica 8, 1979 S. 61; Bitsch, Klinikleitfaden Rheumatologie, 3. Aufl. 2001.
31   Moll, Wright, Ann Rheum Dis 32 (1973) 181ff.
32   Lukoschek, in: Begutachtung der Haltungs- und Bewegungsorgane (Hrsg. Rompe, Erlenkämper) 4. Aufl. 2004 S. 315.

80 % der Erkrankungsfälle liegen zwischen dem 15. und 40. Lebensjahr. Eine genetische Disposition wird durch die familiäre Häufung sowie immunologische Untersuchungen (HLA-B 27) angezeigt. Dieses Lymphozytenantigen, das in 85 bis 90 % der Fälle von Spondylitis ankylosans positiv ist, wird in der Gesamtbevölkerung nur in 5 bis 7 % gefunden.[33]

Bei vorgegebener genetischer Praedisposition können ursächlich sein[34]:

(1) infektiöse Prozesse mit nachhaltiger Auswirkung auf den Gesamtorganismus
(2) körperliche Belastungen oder Kälte- und Nässeeinwirkung, die nach Art, Dauer und Schwere geeignet sein müssen, die Widerstandskraft erheblich herabzusetzen
(3) jeweils in Verbindung zu bringende besondere mechanische Belastungen der Wirbelsäule.

Organmanifestationen[35]

- Iritis/Iridozyklitis 50 %
- Aortitis (z.T. mit Insuffizienz)
- Reizleitungsstörungen
- verminderte Vitalkapazität mit Oberlappenfibrose
- Nierenbeteiligung ca. 10 %
- C1//C2-Instabilität mit neurologischen Symptomen

19.1.3.2 Zusammenhangsfragen

Aus medizinischer Sicht wird das unfallweise Entstehen überwiegend abgelehnt. Bei engem zeitlichen Zusammenhang (weniger als ein Monat) und erheblicher Intensität mag eine vorübergehende Verschlimmerung vorliegen.[36] Von einem als Berufskrankheit anerkannten Fall nach einer Infektion (BK-Nr. 31 01) wird berichtet.[37] Keine Anerkennung „wie eine BK" bei Arbeiten im untertägigen Bergbau.[38]

Etwa ein Drittel der Patienten erleidet schwere Funktionseinschränkungen, wodurch zusammen mit den chronischen Schmerzen beträchtliche psychosoziale Belastungen in Berufstätigkeit und Alltagsleben einhergehen. Da die Gelenke der Arme und Beine bei der Spondylitis ankylosans meist nicht betroffen sind, wird durch berufliche Rehabilitation ein Verbleiben im Arbeitsprozess geebnet.

---

[33] Hornbostel, u.a., Innere Medizin in Praxis und Klinik, Bd. II, 1985, 10.61; Köhler, u.a., Dt. Ärzteblatt 2004, 1507 f.
[34] Franke, Pezold in: Medizinische Begutachtung innerer Krankheiten (Hrsg. Marx, Klepzig), 7. Aufl. 1996 S. 462; Valentin, u.a., Arbeitsmedizin, 3. Aufl. 1985 Bd. I S. 370; Behrend, ASA 1971, 195; Schoger, ASA 1971, 206; Halm, Beurteilung und Begutachtung von Wirbelsäulenschäden, 2002 S. 118 ff.
[35] Lukoschek, in: Begutachtung der Haltungs- und Bewegungsorgane (Hrsg. Rompe, Erlenkämper) 4. Aufl. 2004 S. 314.
[36] Lob, Handbuch der Unfallbegutachtung, 3. Bd. 1973 S. 767; Lederer, Koelschs Handbuch der Berufserkrankungen (Hrsg. Kersten) 4. Aufl. 1972, Teil II, S. 528.
[37] Lob, Handbuch der Unfallbegutachtung, 3. Bd. 1973; Lange, Hipp, Lehrbuch der Orthopädie und Traumatologie, 1976 Bd. II, Teil 1, S. 115.
[38] LSG Nordrhein-Westfalen, 26.10.1995, Meso B 240/174.

19.1.4 Gicht (Arthritis urica)[39]
19.1.4.1 Wesen und Ursachen

Die primäre Gicht zählt zu metabolischen Gelenkerkrankungen des rheumatischen Formenkreises. Es handelt sich um Gelenkveränderungen und Veränderungen in anderen Organen als Folge einer erblich bedingten *Stoffwechselstörung*, die in erster Linie den Eiweißstoffwechsel betrifft. Dabei kommt es zu einem Harnsäureanstieg (Hyperuricämie). Dieser wird im Wesentlichen bedingt durch eine Verminderung der Harnsäureausscheidung über die Nieren. Nur zu einem geringen Anteil soll der Anstieg des Harnsäurespiegels durch einen Enzymdefekt bedingt sein, der zu einer vermehrten Harnsäureproduktion führt. Durch Ausfällung und Ablagerung von Harnsäure in mesenchymalen Geweben kommt es zu Entzündungen und Funktionseinschränkung der entsprechenden Organe. Hierbei sind vorrangig die Gelenke betroffen, weshalb diese Erkrankung auch unter den rheumatischen Formenkreis eingereiht wird.

Etwa 30 % der Männer und 3 % der Frauen haben erhöhte Harnsäurewerte. Jeder Zehnte Patient mit Hyperuricämie entwickelt eine Gicht.

Bezogen auf die gesamte Bevölkerung wird das Vorkommen der Gicht in Europa mit 0,1–0,4 % angegeben. Männer überwiegen deutlich. Haben diese das 65. Lebensjahr erreicht, liegt die Bedeutung in Deutschland zwischen 1 und 3 %.[40] Sie ist eine Wohlstandserkrankung, wie die Zunahme im Zeitraum von 1948 bis 1970 um das Zwanzigfache belegt. Risikofaktoren sind übermäßige Nahrungszufuhr, erhöhter Alkoholkonsum und dadurch bedingtes Übergewicht.

In etwa zwei Drittel der Fälle beginnt die Gicht mit dem Befall eines Gelenks, überwiegend das Großzehengrundgelenk betreffend. Danach folgen in absteigender Reihenfolge beim Mann die Sprung-, Knie-, Finger- und Handgelenke, bei Frauen, bei denen die Erkrankung meist erst nach dem Klimakterium auftritt, sind überwiegend die Fingergelenke betroffen.

Charakteristisch ist das Auftreten des Gichtanfalls aus Wohlbefinden mit heftigen Schmerzen sowie deutlicher Schwellung und Rötung des betroffenen Gelenks. Die Diagnose kann durch die Harnsäurebestimmung im Blut und den Nachweis von Harnsäurekristallen im Gelenkpunktat gesichert werden. Nach Abklingen der akuten Entzündung folgen meist anfallfreie Intervalle, die Monate bis Jahre andauern können. Anschließend geht die Erkrankung häufig in das chronische Stadium über, in dem es durch Harnsäureablagerungen zur Zerstörung gelenknaher Knochenanteile mit Einschränkung der Beweglichkeit der Gelenke kommt. Gichtknoten (Tophi) gehen meist vom gelenknahen Gewebe aus. Wenn diese nach außen durchbrechen, spricht man von Gichtgeschwüren.

Neben den Gelenken werden vor allem die Nieren durch die Harnsäureablagerungen geschädigt. Die Gichtniere kann eine Hypertonie bedingen. Bis zu 40 % aller Gichtkranken leiden an Nierensteinen, die Urate (Salze der Harnsäure) enthalten und zu Nierenkoliken führen können. Eine Einschränkung der Nierenfunktion entwickelt sich im Allgemeinen nur langsam.

---

[39] Mertz, in: Innere Medizin in Praxis und Klinik (Hrsg. Hornbostel, Kaufmann, Siegenthaler), Bd. II, 1985, 17.146–154; Gröbner, Med. Klin. Prax. 1983 S. 14–23; Gresser, u.a., Klin, Wochenschr 68 (1990) 122ff.; Gresser, Dtsch Ärztebl 2003, 2862ff.
[40] Zöllner, Dt. Ärzteblatt 1994, 1462f.

Von der erblich bedingten primären Gicht ist die selten vorkommende *sekundäre Gicht* abzugrenzen, die bei Leukämien, Tumoren unter Behandlung, Nierenerkrankungen sowie medikamenteninduziert auftreten kann.

19.1.4.2 Zusammenhangsfragen

Durch exogene Faktoren bedingt, wie Überernährung, erhöhten Alkoholkonsum und Bewegungsmangel, nimmt die Erkrankungshäufigkeit an primärer Gicht zu. Als Ursache für die Frühinvalidität steht sie bei den Stoffwechselerkrankungen hinter der Zuckerkrankheit an zweiter Stelle und erlangt so aus sozialmedizinischer Sicht zunehmend Bedeutung.

Die aufgeführten Risikofaktoren sind nicht berufsbedingt. Das Schwergewicht der Behandlung liegt bei entsprechender Ernährungsführung mit Gewichtsreduktion und konsequenter medikamentöser und physikalischer Therapie. So lassen sich die Funktionseinschränkungen der Gelenke mit den dadurch bedingten Tätigkeitseinschränkungen meistens vermeiden.

Bei der seltenen sekundären Gicht richtet sich die Beurteilung nach dem Grundleiden.

19.1.5 Infektarthritiden

Im Verlauf verschiedener bakterieller Infektionskrankheiten entstehen durch Einschleppung von Erregern aus der Blutbahn Gelenkentzündungen (septisch-metastatische Arthritiden), bedingt durch Streptokokken, Staphylokokken, Gonokokken, Pneumokokken. Von angrenzenden Knochengeweben können z.B. bei Tuberkulose und Brucellose die Erreger in das Gelenk eindringen und zu Gelenkentzündungen führen. Die Erreger sind im infizierten Material (z.B. Gelenkpunktat) nachweisbar.

Die *Lyme-Arthritis* ist eine häufige Manifestation der Lyme-Borreliose (BK-Nr. 31 02, s. 9.6). Erhöhte Borreliose-Antikörper-Prävalenz ist sowohl für Forst- als auch landwirtschaftliche Berufe im Vergleich zur Normalbevölkerung statistisch erkennbar vorhanden. Bislang steht eine Borrelienvakzine in Deutschland nicht zur Verfügung. Etwa 90 % der Erkrankten werden durch adäquate antibiotische Therapie geheilt.[41]

Von diesen Gelenkentzündungen sind klinisch zu trennen die „Rheumatoide", die mit Gelenkschmerzen ohne und mit flüchtigen sterilen Gelenkergüssen, in bestimmten immunbiologischen Phasen, z.B. bei der Erkrankung an Typhus, Brucellose, Hepatitis, Bakterienruhr, Masern, Scharlach, Meningokokken-Meningitis, Lues, Tuberkulose, auftreten. Da hierbei die Gelenkflüssigkeit steril ist, sind die Erreger der Grunderkrankungen nur indirekt durch Blutkulturen sowie serologische und immunologische Untersuchungen nachzuweisen.

Das Bewerten des Kausalzusammenhanges richtet sich nach der Infektionskrankheit.

19.2 Degenerative Gelenkerkrankungen

Obwohl 80 % der „rheumatischen Leiden" zu dieser Gruppe gehören, tritt ihre sozialmedizinische Bedeutung gegenüber den entzündlichen zurück. Der Begriff umfasst Erkrankungen der Gliedmaßengelenke (Arthrosen), der Wirbelsäule (Spondylosen und Spon-

---

[41] Kamradt, u.a., Dt. Ärzteblatt 214 (1998) 214; Nübling, u.a., Zentralbl Bakteriol 1999, 491.

19.2 Degenerative Gelenkerkrankungen

dylarthrosen) und des Bandapparates (Tendinosen u.a.), die mit nichtentzündlichen Strukturveränderungen der Gelenkknorpel, Zwischenwirbelscheiben, Sehnen und Sehnenansätze sowie -ursprünge beginnen.[42] Diese Erkrankungen sind jeweils auf die entsprechenden Gelenke und Bindegewebsstrukturen beschränkt. Die mechanisch überbeanspruchten Gewebe verlieren ihre Widerstandsfähigkeit. Sie werden brüchig, geben der natürlichen Druck- und Zugbelastung zu stark nach, schilfern ab oder zerreißen. Der angrenzende Knochen wird dadurch gereizt und bildet wulstförmige Verdichtungen am Gelenkrand und den Kanten von Wirbelkörpern oder am Ansatz und Ursprung von Sehnen.[43]

Als Ursache sind in erster Linie alters- und abnutzungsbedingte (regressive) Veränderungen des mesenchymalen Gewebes in Verbindung mit anlagemäßigen Minderwertigkeiten anzunehmen. Gelegentlich bringen örtliche Überbeanspruchungen bereits in der Entwicklung begriffene degenerative Veränderungen zutage. Chronisch einwirkende statische Fehlbelastungen, Überbelastungen und traumatische Einwirkungen haben ätiologisch gewissen Wert.

Bei der *Arthrosis deformans* liegen degenerative Vorgänge an den Gelenkknorpeln und den angrenzenden Knochen (Osteochondrosen) oder an der Gelenkkapsel vor. Meistens und deutlich treten sie am besonders belasteten Knie (s. 8.10.8) und Hüftgelenk (s. 8.8.5.3) sowie im Bereich der Wirbelsäule (s. 8.3.3.7) in Erscheinung. In der Regel liegt dabei ein sich schicksalhaft entwickelndes, anlage- und altersbedingtes Leiden vor.

Röntgenologisch besteht kein Unterschied zwischen biologischen Verschleißerscheinungen und sekundär-deformierenden arthrotischen Veränderungen, z.B. nach schweren Gelenkschädigungen oder nach – in Fehlstellung oder mit Verkürzung verheilten – Knochenbrüchen.

Ein Unfall vermag schon vorhandene Verschleißerscheinungen in ihrem Verlauf vorübergehend oder bleibend zu *verschlimmern*, unter Umständen sogar richtunggebend. Zur Abgrenzung müssen Verlaufsserien von Röntgenbildern und – bei Verletzungen der Gliedmaßengelenke – Vergleichsaufnahmen der nicht verletzten Seite beigezogen werden. Auch eine Gelenkentzündung[44] (Arthritis) kann zur (Sekundär-) Arthrose führen, andererseits vermag eine Arthrose eine Arthritis (aktivierte Arthrose)[45] zur Folge haben. Die Zusammenhangsbeurteilung richtet sich nach dem Grundleiden.

Berufskrankheit

Wiederholte stumpfe Schädigungen nach Arbeiten mit Druckluftwerkzeugen werden auch zur Mitursache von Arthrosen als Berufskrankheit (BK-Nr. 21 03) anerkannt (s. 20.1, S. 1163).

Infolge Störungen des Blutchemismus bei Arbeit in Druckluft (BK-Nr. 22 01) und bei der Fluorose der Knochen, Gelenke und Bänder (BK-Nr. 13 08) können degenerative Gelenkerkrankungen entstehen.[46]

---

42 Schoen, Böni, Miehlke, Klinik der rheumatischen Erkrankungen 1979.
43 Ott, Schmidt, Rehabilitation (Hrsg. Jochheim, Scholz) Bd. II 1975, S. 175.
44 Dazu Szyszkowitz, Wannske, H. Unfallh. 126 (1975) S. 346.
45 Otto in: Colloquia Rheumatologica, Bd. 8 (1979) S. 31.
46 Boos, MedSach 1965, 99.

19.3 Weichteilrheumatismus

„Weichteilrheumatismus" ist ein Sammelbegriff für alle die rheumatischen Erkrankungen, welche sich an den Weichteilen des Bewegungsapparates abspielen.

19.3.1 Fibromyalgie

Die Fibromyalgie ist ein Symptomenkomplex, bei dem polytope Schmerzen (Myalgien) im Vordergrund stehen und von dem überwiegend Frauen im mittleren Lebensalter betroffen sind. In epidemiologischen Untersuchungen wird die Prävalenz mit 1,3–4,8 % angegeben. Bei der Entstehung der Fibromyalgie muss eine multifaktorielle Genese angenommen werden.

Physikalische und/oder biologische und/oder psychosoziale Stressoren sollen bei einer entsprechenden genetischen und lerngeschichtlichen Prädisposition vegetative, endokrine und zentralnervöse Reaktionen auslösen, aus denen die Symptome Schmerz, Fatigue, Schlafstörungen und psychisch resultieren.[47] Nachprüfbare klinische, radiologische, laborchemische oder neuropsychologische Normabweichungen sind nicht vorhanden. Im Vordergrund stehen ausgeprägte, generalisierte und andauernde Muskelschmerzen in Verbindung mit definierten Schmerzpunkten („tender points"). Dem entspricht die Diagnose auf Grund Palpation von mindestens 11 von 18 druckschmerzhaften Tenderpoints.[48] Fakultativ kann sie auch symptombasiert erfolgen: chronische Schmerzen in mehreren Körperregionen, Steifigkeits- und Schwellungsgefühl der Hände, Füße oder des Gesichts sowie Müdigkeit oder Schlafstörungen.[49]

Über mehrere Monate bestehende erhebliche Schmerzen können sich zu einer eigenen Schmerzkrankheit entwickeln, die dann keine oder nur geringe Schmerzreize benötigt, um fortzubestehen. Diese eigenständige Erkrankung unterliegt biologischen, psychologischen und sozialen Einflüssen. Die Behandlung ist schwierig und Therapieversuche sind oft erfolglos.

Die Erkrankung dauert meist viele Jahre an, ohne dass sich die Symptomatik wesentlich verändert. Dennoch sind zwei Drittel der Patienten sozial annähernd vollständig integriert und voll arbeitsfähig.[50]

19.3.2 Polymyalgia rheumatica

Die Polymyalgia rheumatica ist eine zu den Gefäßentzündungen gehörende Erkrankung mit akuten Schmerzen der Schulter- und Beckengürtelmuskulatur. Sie betrifft überwiegend ältere Menschen. Die Ursache der Erkrankung ist unbekannt. Wahrscheinlich handelt es sich um eine Autoimmunerkrankung. Die Entzündung läuft bei der Polymyalgie als Riesenzellarteriitis im Aortenbogen bzw. in den körperstammnahen Abschnitten der

---

[47] „Biopsychosoziales Modell", Fibromyalgie – Leitlinie, Z Orthop Unfall 146 (2008) 293 ff.
[48] Definition des „American College of Rheumatology", Wolfe, Arthrit Rheum 1990, 160. Später hat sich Wolfe von den von ihm publizierten Diagnosekriterien distanziert (Wolfe, Journal of Rheumatology 30 [2003]) 1671.
[49] Fibromyalgie – Leitlinie, Z Orthop Unfall 146 (2008) 293, 295.
[50] Bolten, in: Die ärztliche Begutachtung (Hrsg. Fritze, Mehrhoff) 7. Aufl. 2008 S. 447; Lakomek, u.a., Med Klin 102 (2007) 23 ff.

19.4 Medizinische Prävention und Rehabilitation

Arm- und Beinschlagadern ab. In 40–50 % tritt die Polymyalgie zusammen mit einer Entzündung der Schläfenschlagader auf.

19.3.3 Polymyositis

Die Polymyositis ist eine systemische entzündliche Erkrankung der Skelettmuskeln mit einer perivaskulären lymphzytären Infiltration. Sie wird den Kollagenosen zugeordnet. Die Ursache ist unbekannt. Im Falle einer Beteiligung der Haut spricht man von Dermatomyositis.

Es handelt sich nicht um berufsbedingte Erkrankungen im Sinne der Verursachung.[51]

19.4 Medizinische Prävention und Rehabilitation

Vor allem bei den chronisch entzündlichen rheumatischen Erkrankungen, wie Rheumatoide Arthritis, Spondylitis ankylosans, Arthritis psoriatica und Arthritis urica, ist frühzeitige Diagnosestellung wichtig; der klinischen Untersuchung kommt gegenüber der serologisch-immunologischen und radiologischen größeres Gewicht zu. Durch anschließende medikamentöse Basistherapie sowie physikalische Übungsbehandlung (Krankengymnastik, Ergotherapie) kann das Auftreten von Gelenkveränderungen und Schäden an inneren Organen zumindest verzögert und damit die Arbeitsfähigkeit länger erhalten werden.[52] Wichtigstes Rehabilitationsziel ist die Erhaltung oder Wiederherstellung der beruflichen Leistungsfähigkeit. Angestrebt wird ein Verbleib bzw. die Rückkehr in den ausgeübten Beruf.

Im Vordergrund stehen Übungstherapie in Form der Bewegungsbehandlung mit Einübung von Funktionen des täglichen Lebens und Beschäftigungstherapie als Übergang zur beruflichen Wiedereingliederung. Integration psychologischer und sozialtherapeutischer Konzepte ist wichtig.[53] Zunehmend stehen operative Verfahren, wie die Frühsynovektomie oder der künstliche Gelenkersatz zur Erhaltung der Gelenkfunktionen, zur Verfügung.[54]

Bewährt hat sich die stufenweise Wiedereingliederung als Maßnahme, arbeitsunfähige Beschäftigte nach länger andauernder schwerer Krankheit schrittweise an die volle Arbeitsbelastung heranzuführen.

Alle Rehabilitationsmaßnahmen sollten stets in enger Kooperation mit dem Betrieb und dem Betriebsarzt erfolgen.

19.5 Leistung zur Teilhabe am Arbeitsleben

Die Arbeitswahl muss die voraussichtliche medizinische Entwicklung berücksichtigen. Zu meiden sind[55]:

---
51 Hess. LSG, 18.1.1989, HV-Info 30/1989, 2445.
52 Mathies, ASP 1974, 129; Gutenbrunner, Akt Rheumat 29 (2004) 227ff.
53 Eich, Dt. Ärzteblatt 1995, 754.
54 Rehart, Dt. Ärzteblatt 1999, 121.
55 Dazu Empfehlung: Albrecht, Münch. med. Wschr. 1984, 1089ff.; Singer, u.a., Rehabilitation 1986, 25, 102; Mentzel, ASP 1988, 177ff.

(1) schwere körperliche Tätigkeiten sowie Akkord- oder Fließbandarbeiten mit ungünstigen Vorgabezeiten oder Takten

(2) schädigende klimatische Einflüsse, wie Hitze, Kälte, wechselnde Witterungseinflüsse, Nässe, Zugluft

(3) langdauernde Ruhigstellung sowie einseitige Belastung der Gelenke, körperliche Zwangshaltung, unzweckmäßige Kleidung, mechanische Einwirkungen und unphysiologische Bewegungsabläufe infolge fehlerhafter Anordnung der Bedienungselemente, falsche Gestaltung der Sitz- und Arbeitsgegebenheiten.

Im Bürobereich sind als entscheidende Einflussfaktoren der Bewegungsspielraum im Rahmen der Arbeitsorganisation und der Arbeitsstuhl als ergonomische Variable zu beachten.[56]

(4) gesundheitsschädigende Arbeitsstoffe

(5) Stresssituationen, die zu umschriebener muskulärer Verspannung und ihren Folgen führen[57]

Arbeitszeit, -weise, -belastung und -sicherheit sind weitgehend auf den Betroffenen abzustimmen.[58]

19.6 Minderung der Erwerbsfähigkeit

Bei der Beurteilung der MdE sind unter Beachtung der Krankheitsentwicklung neben der strukturellen und funktionellen Einbuße die Aktivität mit ihren Auswirkungen auf den Allgemeinzustand und die Beteiligung weiterer Organe zu berücksichtigen. Bewertung nach der Versorgungsmedizin-Verordnung[59] unter Einschränkung bedingter Anwendbarkeit in der ges. UV (s. 3.6.1, S. 98).

	MdE in %
ohne wesentliche Funktionseinschränkung mit leichten Beschwerden	10
mit geringen Auswirkungen (leichtgradige Funktionseinbußen und Beschwerden, je nach Art und Umfang des Gelenkbefalls, geringe Krankheitsaktivität)	20–40
mit mittelgradigen Auswirkungen (dauernde erhebliche Funktionseinbußen und Beschwerden, therapeutisch schwer beeinflussbare Krankheitsaktivität)	50–70
mit schweren Auswirkungen (irreversible Funktionseinbußen, hochgradige Progredienz)	80–100

Auswirkungen von über sechs Monate anhaltenden aggressiven Therapien sind ggf. zusätzlich zu berücksichtigen.

---

56 Karmans, Schäfer, Hullmann, Ritz, Sonn, Arbeitsbedingte rheumatische Erkrankungen in der Verwaltung, Fb 608 Bundesanstalt für Arbeitsschutz, 1990.
57 v. Arnim, Höcherl, ASP 1976, 246, 247.
58 Weber-Falkensammer, MedSach 78 (1982) 113.
59 Vom 10. 12. 2008 (BGBl. I S. 2412).

20 Durch physikalische Einwirkungen verursachte Gesundheitsschäden*

Übersicht

20.1	Mechanische Einwirkungen...	1163
20.2	Druckluft................	1178
20.3	Lärm....................	1178
20.4	Strahlen.................	1179
20.4.1	Wirkung ionisierender Strahlen...................	1179
20.4.2	Strahlenschäden............	1180
20.4.3	Begutachtung..............	1184
20.4.4	Berufliche Strahlenexposition durch Radon und dessen Folgeprodukte...............	1187
20.5	Verbrennungsunfall.........	1190
20.6	Elektrounfall..............	1190
20.6.1	Wirkungen des elektrischen Stroms: Technische Aspekte...	1190
20.6.1.1	Stromart und Frequenz.......	1191
20.6.1.2	Spannung.................	1191
20.6.1.3	Beschreibung der Zeit-Stromstärke-Bereiche.........	1191
20.6.1.4	Wirkungsbereiche für elektrische Durchströmungen..	1193
20.6.1.5	Übergangswiderstand........	1193
20.6.1.6	Stromweg.................	1193
20.6.2	Wirkung des elektrischen Stroms: Medizinische Aspekte.	1194
20.6.2.1	Verbrennungen.............	1198
20.6.2.2	Veränderungen am Herzen....	1199
20.6.2.3	Vorgehen nach Stromunfällen..	1200
20.6.2.4	Anhaltspunkte für die Begutachtung...............	1201
20.6.3	Blitzschlag................	1203
20.6.3.1	Klinisches Bild.............	1203
20.6.3.2	Rechtliche Bewertung........	1205
20.7	Elektromagnetische Felder....	1205
20.8	Hitze- und Kälteschäden.....	1208
20.8.1	Rechtliche Bewertung........	1208
20.8.2	Hitzeschäden..............	1209
20.8.2.1	Sonnenstich...............	1209
20.8.2.2	Sonnenbrand..............	1210
20.8.2.3	Hitzeerschöpfung (chronische Überwärmung)..............	1210
20.8.2.4	Hitzschlag (Hyperpyrexie): Hitzeunfall................	1210
20.8.2.5	Weitere Gesundheitsschäden durch Hitzearbeit............	1211
20.8.3	Kälteschäden..............	1212
20.8.3.1	Allgemeine Unterkühlung (Auskühlung): Kälteunfall.....	1212
20.8.3.2	Örtlich begrenzter sichtbarer oder unsichtbarer Kälteschaden: Erfrierung......	1215
20.8.3.3	Erkältungskrankheiten........	1214
20.8.3.4	Erkältung und Lungenentzündung..........	1215
20.8.3.5	Gefäßsystemerkrankung.......	1215
20.8.4	Sachverhaltaufklärung und Erstbefund................	1216

20.1 Mechanische Einwirkungen

(1) **BK-Nr. 21 01:** *„Erkrankungen der Sehnenscheiden oder des Sehnengleitgewebes sowie der Sehnen- und Muskelansätze, die zur Unterlassung aller Tätigkeiten gezwungen haben, die für die Entstehung, die Verschlimmerung oder das Wiederaufleben der Krankheit ursächlich waren oder sein können."*

---

* Mitarbeit Prof. Dr. med. *J. Thürauf*, Institut für praktische Arbeitsmedizin, Tinnum.

Krankheitsbilder[1]

- **Erkrankung der passiven Überträger der Muskelkraft und ihrer Gleitgewebe**
  An den Sehnenscheiden und den Gleitgeweben oder auch an den Sehnen und Muskelansätzen kommt es zu entzündlichen Reaktionen mit ödematöser Quellung des peritendiösen Bindegewebes. Die Erkrankungen treten überwiegend im Hand-Arm-Bereich, selten an den unteren Extremitäten, auf.

- **Erkrankungen der Sehnenscheiden** (vagina tendinis)
  Sehnenscheiden sind Hilfseinrichtungen der Sehnen, die Reibung und Druck auf umliegende Gewebe herabsetzen. Sie finden sich an Stellen, in denen die Sehne ihre Richtung im Verhältnis zum verbundenen Muskel ändert, weil sie durch Knochenvorsprünge oder Bänder umgelenkt oder am Knochen entlang geführt wird. Bei Überlastung werden sie in die entzündlichen Prozesse einbezogen.

  - *Tendovaginitis crepitans* – nach ständiger ulnarer Überdehnung der Hand mit besonderer Beanspruchung des ersten Sehnenfachs – betrifft die Sehnen des M. abductor longus (langer Daumenabzieher) und des M. extensor pollicis brevis (kurzer Daumenstrecker)
  - Die seltene *Tendovaginitis stenosans de Quervain* beruht auf einer Einengung des Sehnenfaches, meist am Daumen.
  - Die Verdickung und Stenosierung der Sehnenscheide kann zu einer Passagebehinderung der Sehne führen. „Schnellender Finger" ist Ausdruck einer ruckartigen Überwindung der Sehnenscheidenblockierung.

- **Erkrankungen des Sehnengleitgewebes** (peridentineum)
  Das Bindegewebe, das Muskelfasern zu Muskeln zusammenfasst, setzt sich in der Sehne fort. Dadurch werden die Sehnen in Bündel unterteilt, jeweils umgeben vom lockeren Bindegewebe. Dieses Sehnengleitgewebe führt Gefäße und Nerven zur Versorgung des Sehnengewebes.

  - Die *Paratenonitis crepitans (Parendinitis)* ist eine entzündliche, nicht infektiöse Reaktion des Gleitgewebes der Sehnen. Überwiegend sind die Strecksehnen der Finger betroffen, besonders der Daumen.
  - Die *Paratenonitis stenosans* ist ein Reizzustand des Sehngleitgewebes, oft Vorstufe der Sehnenscheidenentzündung.

- **Entzündungen der Sehnenansätze am Knochen** (Insertionstendopathien)
  Ursächlich sind Überbeanspruchungs- und Abnutzungsvorgänge im Strecksehnengewebe. Die für die Sehnenansatzreizung erforderliche, sich ständig wiederholende Zugbeanspruchung der Sehnenansätze hat zu Krankheitsbezeichnungen geführt, die bereits den typischen Bewegungsablauf charakterisieren:

---

[1] Nach dem Merkblatt, BArbBl Fachteil Arbeitsschutz 1963, 24 = Mehrtens, Brandenburg M 2101; Laarmann, BKen nach mechanischen Einwirkungen, 2. Aufl. 1977 S. 4ff.; Valentin, u.a., Arbeitsmed., 3. Aufl. Bd. 2, 1985 S. 121ff.; Thürauf, in: Schiltenwolf, Erlenkämper, Begutachtung der Haltungs- und Bewegungsorgane, 5. Aufl. 2009 S. 563; Hegelmaier, in: Die ärztliche Begutachtung (Hrsg. Fritze, Mehrhoff) 7. Aufl. 2008 S. 735; Scheid-Illig, Schiele, in: Arbeitsmedizin (Hrsg. Triebig, u.a.) 2. Aufl. 2008 S. 169ff.; BGIA-Report 2/2007: Muskel-Skelett-Erkrankungen der oberen Extremität (Hrsg. HVBG) 2007; Elsner, Zbl. Arbeitsmed. 2001, 306ff.

- *"Tennisellenbogen"* (Epidondilitis humeri radialis = Entzündung des Sehnenansatzes am äußeren Höcker des Ellenbogenknochens) häufige Form nach sportlicher und beruflicher Beanspruchung. Überwiegend betroffen (90 %) ist der Sehnenansatz des M. extensor carpi radialis brevis (kurzer Handstecker des Unterarms)
- *"Golfer- bzw. Werferellenbogen"* (Epicondilitis humeri ulnaris = Entzündung des Sehnenansatzes am inneren Höcker des Ellenbogenknochens)

Differenzialdiagnostisch sind andere Ursachen solcher Periostreizungen auszuschließen, z.B. entzündliche Erkrankungen oder vegetativ-neurale Störungen.

Nach ihrer Lokalisation werden sie bezeichnet als

- Periostitis = entzündliche Erkrankung der Knochenhaut
- Epikondylitis = entzündliche Erkrankung des Epikondylus (Knochenfortsatz am Knöchel des Ellenbogengelenks)
- Styloiditis = Entzündung bzw. Reizzustand des Griffelfortsatzes

Nachzuweisen sind

- Erkrankungen der Sehnenscheiden, der Sehnen- oder Muskelansätze
- neben dem Druck- und Bewegungsschmerz beim Anspannen der entsprechenden Muskeln zur Objektivierung ein lokales Infiltrat bei Periostosen und ein Krepitieren bei Sehnenscheidenerkrankungen
- Tätigkeiten mit einseitiger, lang dauernder mechanischer Beanspruchung, vor allem ungewohnte Tätigkeiten mit unzweckmäßiger Position und statische Haltearbeit (handwerkliche und Montagearbeit, Pianist, Berufssportler). Die gefährdenden Tätigkeiten zeichnen sich durch gleichförmig anhaltende, schnell hintereinander ausgeführte Bewegungen aus.

Arbeitstechnische Voraussetzungen

Vorliegen der für diese Erkrankungen als ursächlich anzusehenden besonderen beruflichen Einwirkungen (biomechanisch relevante Bewegungsabläufe).[2]

(1) Kurzzyklische, repetitive, feinmotorische Handtätigkeiten mit sehr hoher Bewegungsfrequenz (mindestens 10.000 Bewegungsabläufe/Stunde = 3/Sekunde), bei denen im Handbereich die selben Muskeln und Sehnen unter gleichartiger Belastung betätigt werden.[3] Gemeint sind Wiederholungen immer gleicher Bewegungsabläufe mit stets einförmiger Belastung der entsprechenden Muskel- und Sehnengruppen, überwiegend der Streckseite (Maschinenschreiben[4], Klavierspielen, nicht jedoch Tätigkeit als Masseur[5]).

---

[2] Dazu Hess. LSG, 21. 11. 2006, UVR 10/2007, 684.
[3] Barrot, ErgoMed 1999, 26; LSG Baden-Württemberg, 11.11.1998, HV-Info 12/1999, 1108 = Meso B 240/258; LSG Nordrhein-Westfalen, 8. 8. 2007, UVR 18/2007, 1246.
[4] LSG Saarland, 3. 4. 1990, Meso B 240/129; LSG Baden Württemberg, 14. 10. 1959, Breith. 1960, 21; vgl. auch BSG, 29. 5. 1965, Meso B 240/40; LSG Niedersachsen, 28. 3. 1967, Meso B 240/40a.
[5] Bayer. LSG, 8. 4. 1997, HV-Info 34/1998, 3209 = Meso B 240/208; LSG Nordrhein-Westfalen, 20. 2. 2003, Meso B 240/341.

(2) Hochfrequente, gleichförmige, feinmotorische Tätigkeiten bei unphysiologischer, achsenungünstiger Auslenkung im Handgelenk (Stricken, Handnähen, Stopfen); Verwendung von Tastatur und Maus als Eingabegeräte des PC, wenn die Fingersehnen durch einen ungünstigen Winkel der Hand zum Unterarm umgelenkt werden[6].

(3) Überbeanspruchung durch ungewohnte Arbeiten aller Art bei fehlender oder gestörter Anpassung bzw. bei repetitiver Arbeitsverrichtung mit statischen und dynamischen Anteilen, bei denen eine einseitige, von der Ruhestellung stark abweichende Haltung der Gliedmaßen erforderlich ist[7], mit hoher Auslenkung des Handgelenks bei gleichzeitiger hoher Kraftaufwendung[8] (Drehen, Montieren und Bügeln[9], Obst pflücken).

(4) Forcierte Dorsalextension der Hand (Rückhandschlag beim Tennis, Hämmern).

(5) Monoton wiederholte oder plötzlich einsetzende Aus- und Einwärtsdrehungen der Hand und des Vorderarms (Betätigen eines Schraubendrehers)[10].

Langjährige Schwerarbeit, auch „eintönige Fließarbeit", kommen als arbeitstechnische Voraussetzung nicht in Betracht: Rasche Gewöhnung (Trainingseffekt) ist zu erwarten, die eine Störung des Anpassungsgleichgewichts verhindert.

(6) *Arbeitstägliche Dauer dieser Einwirkungen von jeweils mindestens 3 Stunden bei einer Gesamtbelastungszeit in der Regel von fünf Jahren.*[11]

Die Prüfung, ob eine oder mehrere dieser Bewegungsabläufe vorliegen, ist für beide Seiten vorzunehmen. Für jeden der Bewegungsabläufe (Ziffern 1–5) muss der arbeitstägliche Zeitanteil errechnet werden. Eine Summierung ist nicht geboten, da es um ganz unterschiedliche Belastungen und Beanspruchungen geht. Zu berücksichtigen ist ferner, ob die Bewegungsabläufe über längere Arbeitsphasen verrichtet werden oder Bestandteil häufig wechselnder Verrichtungen sind (Friseure).

Zeitnahes Auftreten der ersten Beschwerden

Bei den Erkrankungen handelt es sich um entzündliche Veränderungen (Paratenonitis crepitans, Epicondylitis und Styloiditis sowie Tendovaginitis stenosans). Diese treten relativ kurzfristig nach nicht gewohnter einseitiger Belastung bei entweder fehlender Anpassung oder wegen körperlicher Gegebenheiten auf. Die akute entzündliche Reaktion kann in ein chronisches Stadium übergehen oder bei entsprechender Belastung wieder aufflackern, daher der Status einer Berufkrankheit zuerkannt. Deshalb muss ermittelt werden, wann erste Beschwerden im zeitlichen Zusammenhang mit der angeschuldigten Tätigkeit aufgetreten sind. Auch ist bedeutsam, ob im engen zeitlichen Zusammenhang mit dem Auftreten der Beschwerden eine Umstellung der Arbeitsabläufe stattgefunden hat.

Wenngleich im Gegensatz zur früheren Fassung (bis 7. BKVO v. 20. 6. 1968) kein chronischer Verlauf erforderlich ist, kommen Erkrankungen leichterer, vorübergehender Art

---

6   VG Göttingen, 22. 8. 2006, UVR 18/2007, 1260 = Meso B 240, 376.
7   LSG Nordrhein-Westfalen, 8. 8. 2007, UVR 18/2007, 1246.
8   Holstein, Grundriss der Arbeitsmedizin, 1969.
9   Heese, ASP 1985, 9.
10 Steeger, in: Handbuch der Arbeitsmedizin (Hrsg. Konietzko, Dupuis) 1983, IV-7.8.1 S. 1–6.
11 Barrot, ErgoMed 1999, 28.

weiterhin nicht als Berufskrankheit in Betracht. Bei ihnen lässt sich die hierdurch verursachte Aufgabe der gefährdenden Tätigkeit nicht wahrscheinlich machen.[12]

Weder sind Dupuytren'sche Kontraktur (s. 8.7.7.5, S. 557), Periarthritis humeroscapularis (s. 8.4.3, S. 522), Sehnenrisse (s. 8.2.7, S. 422) noch Beschäftigungskrämpfe Berufskrankheit: Schreib-, Geiger-, Melkerkrämpfe sind organische, von den Stammganglien ausgehende, dispositionell bedingte Gesundheitsstörungen. Die berufliche Verursachung wird nach medizinisch-wissenschaftlichem Erkenntnisstand abgelehnt.[13]

Weichteilrheumatismus s. 19.3, S. 1160

Unterlassen der gefährdenden Tätigkeit s. 2.2.2, S. 60

(2) **BK-Nr. 21 02:** *„Meniskusschäden nach mehrjährigen andauernden oder häufig wiederkehrenden, die Kniegelenke überdurchschnittlich belastenden Tätigkeiten."*

s. 8.10.5.5, S. 632

(3) **BK-Nr. 21 03:** *„Erkrankungen durch Erschütterungen bei Arbeit mit Druckluftwerkzeugen oder gleichartig wirkenden Werkzeugen oder Maschinen."*[14]

Arbeitstechnische Voraussetzungen

Erschütterungen sind – physikalisch betrachtet – mechanische Schwingungen, durch niedrige Frequenzen mit hoher Amplitude gekennzeichnet.

Druckluftwerkzeuge und gleichartig wirkende Werkzeuge und Maschinen sind handgehaltene und handgeführte Geräte. Unerheblich ist, ob die Geräte mit Druckluft, Verbrennungskraftmaschine, hydraulisch oder elektrisch angetrieben werden.

Werkzeuge und Maschinen (s. Übersicht) sind es, die durch Vibrationen mit vorrangig tiefen Frequenzanteilen (8 bis 50 Hz, also nicht bei „hohen" Schlagzahlen) Schwingungsenergie erzeugen. Diese wird bei entsprechendem Kraftschluss („Ankoppelung") zwischen Hand und Werkzeuggriff (Greif-, Andruck-, Haltekräfte) in Unterarmrichtung (Z-Achse) auf das Hand-Arm-Schulter-System übertragen und regt dieses zu besonderen Resonanzschwingungen an. Bei Tätigkeiten mit abgewinkeltem Ellenbogengelenk wirken sich die Vibrationen durch die Änderung der Kraftrichtung zusätzlich schädigend aus. Die dadurch entstehende hohe mechanische Belastung der Knochen – insbesondere der Gelenke – in Form von Druck- und Zugkräften – führt zu einer ständigen Stauchung und Streckung der Gelenkgewebe mit der Folge vorzeitigen Verschleißes des Gewebes.[15]

---

[12] LSG Nordrhein-Westfalen, 8. 8. 2007, UVR 18/2007, 1260.
[13] Bayer. LSG, 13. 1. 1988, HV-Info 2/1989, 122; bestätigt von BSG, 23. 9. 1988, ebenda; Ludolph, Akt Traumatol 34 (2004) 107.
[14] Dupuis, in: Handbuch der Arbeitsmedizin (Hrsg. Konietzko, Dupuis) 1999, IV-3.4; Schäfer, u.a., ASP 1985, 21 ff.; BGIA-Report 6/2006: Vibrationseinwirkung an Arbeitsplätzen (Hrsg. HVBG) 2006.
[15] Merkblatt, Bekanntmachung des BMGS, BArbBl 2005 H. 3 S. 51; Dupuis, Hartung, Konietzko, ASU 22 (1998) 490;

Hinweise zur Ankoppelung der Hände und zu den Hauptfrequenzbereichen für einige handgehaltene und handgeführte Geräte:

Gerätebezeichnung	starke Ankoppelung der Hände		Hauptfrequenzbereich	
	ja	nein	≤ 50 Hz	> 50 Hz
handgehaltene Geräte				
Aufbruchhammer	X		X	
Abbauhammer	X		X	
Gleisstopfer	X		X	
Meißelhammer	X		X	X[1]
Schlagschrauber	X		X	X[1]
Bohrhammer	X		X	X[1]
Schlagbohrmaschine	X			X
Winkelschleifmaschine	X			X
Trennschleifmaschine	X			X
Kettensäge	X			X
Handkreissäge	X			X
handgeführte Geräte				
Vibrationsplatte		X	X	X
Vibrationswalze		X	X	
Vibrationsstampfer		X	X	
Fugenschneider		X		X

[1] Hauptfrequenzbereich ist von Größe/Leistung des Gerätes abhängig.

Zwischen 20 und 50 Hz überlappen sich Erschütterungen und Vibration sowohl bei der Schlagzahl als auch der Gegendruckwirkung. Ggf. entscheidet die Art der Erkrankung die Zuordnung nach BK-Nr. 21 03 oder 21 04.[16] Geräte mit hohen Schwingungsanteilen unterhalb als auch oberhalb von 50 Hz können Gefährdungen sowohl im Sinne der BK-Nr. 21 03 als auch der BK-Nr. 21 04 darstellen.[17]

Keine gleichartig wirkenden Werkzeuge oder Maschinen sind solche, bei denen es an rhythmischen Rückstoßerschütterungen bzw. an der Intensität der Schwingungsbelastung und Expositionsdauer fehlt[18]:

---

[16] LSG Rheinland, Pfalz, 11. 6. 1986, Breith. 1987, 730 = Meso B 240/97.
[17] Dupuis, u.a., ASU 33 (1998) 490, 493; Scheidt-Illig, Schiele, Arbeitsmedizin (Hrsg. Triebig, u.a.) 2. Aufl. 2008 S. 174.
[18] BSG, SozR Nr. 1 zu Anl 20 5. BKVO (1. 3. 1963).

- Schmiedetätigkeit an automatischen Reck- oder Lufthämmern[19]
- Bolzenschuss(-setz)geräte[20]
- Metallgravieren und Gravier- und Fräsmaschinen[21]
- Fahren von Kraftfahrzeugen mit schlecht gefederten Sitzen[22]
- Handhämmer, da solche nicht gleichermaßen wie ein automatisches Werkzeug wirken.[23] Ausnahmsweise vermag eine langjährig ausgeübte Steinmetztätigkeit mit Hammer und Meißel bei nachweislich hoher Schwingungsbelastung, insbesondere der Arme, gleichzeitigem intensiven Kraftschluss zwischen Hand und Arbeitsgriff, zu Erschütterungen führen: den durch die Arbeit mit Druckluftwerkzeugen ausgelösten Erschütterungen sind sie durchaus ähnlich.[24]

Die Schwingungsenergie wird in erster Linie auf die Gewebe der Gelenke der oberen Extremitäten übertragen. Bis zu einem gewissen Grade können die in das Hand-Arm-System eingeleiteten Erschütterungen durch die Muskelkraft, die Gelenkbänder, den Gelenkknorpel und durch die bindegewebige Membran zwischen Elle und Speiche abgefangen werden. Ist die Leistungsfähigkeit der Gelenke des Hand-Arm-Systems anlagebedingt vermindert („gewisse Organminderwertigkeit"[25]), treten vorzeitig Abnutzungsreaktionen der Knochen und Gelenke auf.[26]

Nicht einheitlich wird beurteilt, ob die unmittelbare Einwirkung der Vibration auf Knochen und Gelenke Ursache dieser Schäden oder der „Umweg" über neurovaskuläre Schädigungen wahrscheinlich ist. So können mikrotraumatische Einflüsse – namentlich durch Resonanzschwingungen – oder Diffusionsstörungen schädigend auf bradytrophe Gewebe wirken.

Ursache pathophysiologischer Prozesse

Der Gelenkknorpel mit seinem trägen Stoffwechsel ermöglicht keine Neubildung von hochwertigem Knorpelgewebe. Verlust der elastischen Eigenschaften im Gelenkknorpel folgt.[27] Die Degenerationserscheinungen äußern sich in Auffaserung, Zysten- und Spaltenbildung und Ersatz durch minderwertiges Bindegewebe. Die jetzt unmittelbarer auf das Knochengewebe übertragenen Schwingungen führen zum Einbruch von Knochenbälkchen, Blutungen mit nachfolgender Resorption und Wucherung des subchondralen Gefäßbindegewebes. Es entstehen Randwülste. Knochen-Knorpel-Zacken können abreißen und freie Gelenkkörper bilden. Schließlich kommt es zu starken Abflachungen der Gelenkflächen. Somit erscheint das Bild der Arthrosis deformans, das sich röntgenologisch nicht von

---

19 LSG Baden-Württemberg, 19. 3. 1997, Meso B 240/207 = HV-Info 1997, 2753.
20 LSG Thüringen, 28. 5. 2003, HV-Info 29/2003,2626=Meso B 240/348.
21 LSG Baden-Württemberg, 27. 3. 2003, Meso B 240/ 353.
22 LSG Niedersachsen, Breith. 1974, 578.
23 BSG, 23. 11. 1967, BG 1968, 243; Scheidt-Illig, Schiele, in: Arbeitsmedizin (Hrsg. Triebig, u.a.) 2. Aufl. 2008 S. 174.
24 SG Freiburg, 12.12.1995, HV-Info 17/1996, 1417, bestätigt durch LSG Baden-Württemberg, 16. 12. 1998, Meso B 240/247.
25 Parizek, Zeitschr. f. Unfallmed. u. Berufskrankheiten 1974, 166.
26 Dupuis, Handbuch der Arbeitsmedizin (Hrsg. Konietzko, Dupuis) 1999, IV – 3.4.1 S. 2.
27 Dupuis, Handbuch der Arbeitsmedizin (Hrsg, Konietzko, Dupuis) 1999, IV – 3.4.1 S. 3.

einem „normalen" Verschleiß unterscheidet. Die degenerativen Erscheinungen treten unter Schwingungsbelastung eben nur vorzeitig und verstärkt auf.[28]

Nur ca. 1 % der Exponierten erkrankt; neben der Gewebebeanspruchung durch die mechanischen Schwingungen liegt somit auch eine Disposition vor.[29]

Mindestdosis – Mindestarbeitszeit

Ein Dosisrichtwert zur Bewertung der arbeitstechnischen Voraussetzung lässt sich nach derzeitigem wissenschaftlichen Erkenntnisstand nicht festlegen.[30]

Gleiches gilt für den Orientierungswert[31], dass bei einer Unterschreitung von einer Stunde regelmäßiger täglicher Exposition und 2 500 Gesamtexpositionsstunden die Wahrscheinlichkeit einer gesundheitlichen Schädigung nicht gegeben sei.

Der im Merkblatt zur BK-Nr. 21 03 enthaltene Hinweis, beruflich verursachte Erkrankungen treten in der Regel nicht vor Ablauf einer mindestens zweijährigen, regelmäßig durchgeführten Arbeit mit Druckluftwerkzeugen auf, hat nicht die rechtliche Bedeutung einer Mindestarbeitszeit wie bei BK-Nr. 21 02 (Meniskuserkrankungen). Gegenstand der Auslegung ist allein der Verordnungstext, nicht sind dies die Merkblätter, die nicht Bestandteil der BKV sind (s. 2.3.5, S. 71). Die Definition der BK-Nr. 21 03 lässt nicht zu, die Entschädigung von einer Mindestarbeitszeit abhängig zu machen. Allein der allgemeine, im Einzelfall widerlegbare Erfahrungswert besteht, dass nach zweijähriger Druckluftarbeit[32] der Kausalzusammenhang zwischen dieser Tätigkeit und der Erkrankung generell gegeben ist.[33]

Der Erfahrungssatz dient dazu, eine beruflich wesentlich verursachte, d. h. richtunggebende Verschlimmerung der anlagebedingten Bindegewebsschäden von nicht wesentlichen Einflüssen abzugrenzen. Ist jedoch durch Röntgenserien der Krankheitsverlauf belegt und damit der ursächliche Zusammenhang mit einer kürzeren gefährdenden Tätigkeit überzeugend nachgewiesen, kann davon abgewichen werden. Der Druckluftschaden in seiner Grundform tritt auch nach weit zurückliegender Aufgabe der gefährdenden Tätigkeit erstmalig auf[34], röntgenologische Veränderungen nehmen auch dann noch zu.[35]

---

28 Heitmann, u.a., Trauma Berufskrankh 3 (2001) 148, 149.
29 Scheidt-Illig, Schiele, in: Arbeitsmedizin (Hrsg. Triebig, Kentner, Schiele) 2. Aufl. 2008 S. 174.
30 LSG Baden-Württemberg, 19. 3. 2009, UVR 10/2009, 568 m. Hinweis auf das Merkblatt, BArbBl H. 3 S. 51; Scheid-Illig, Schiele, in: Arbeitsmedizin (Hrsg. Triebig u. a.) 2. Aufl. 2008 S. 175 gegen Dupuis, u. a., ASU 33 (1998) 490 ff.
31 Dupuis, u. a., ASU 33 (1998) 490, 494.
32 Das sind etwa sechs Stunden × 220 Tage × zwei Jahre = 3000 Stunden. Amtliches Merkblatt, BArbBl 1979 H. 7/8 S. 72.
33 LSG Nordrhein-Westfalen, SGb 1954, 162; SG Koblenz, Breith. 1966, 1039, 1040.
34 LSG Nordrhein-Westfalen, 23. 1. 1968, Meso B 240/46.
35 Bonnermann, BG-UMed 66 (1987) S. 111, 114.

Krankheitsbild

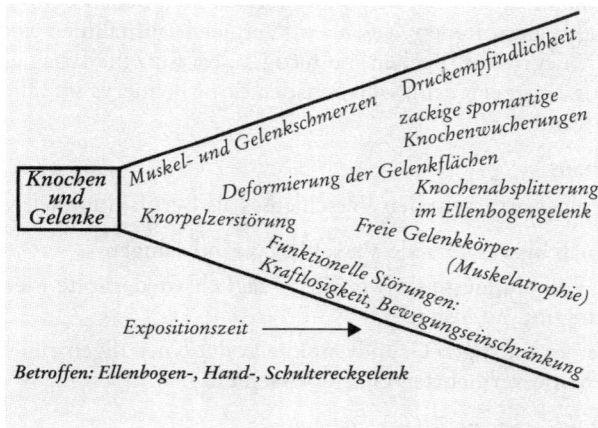

Abb. 1: Symptome der vibrationsbedingten Knochen- und Gelenkerkrankungen des Hand-Arm-Systems[36]

Von den Erschütterungen betroffen sind

- am häufigsten das Ellenbogengelenk (70 %)
- Handgelenk, insbesondere das körperferne Drehgelenk zwischen Elle und Speiche (25 %), aber auch das Radiokarpalgelenk[37]
- seltener das Schulter-Eckgelenk (5 %). Das Schulterhauptgelenk weist keine Veränderungen auf.

Es finden sich Bewegungseinschränkungen, vornehmlich Behinderung der Beugung und Streckung in den betreffenden Gelenken, Kapselschwellungen, Druckempfindlichkeit, Schmerzen sowie Reduzierung der groben Kraft. Röntgenologisch gibt es hier keine „vibrationsspezifischen" Veränderungen. Das Krankheitsbild entspricht vielmehr einer *Arthrosis deformans*, d.h. dem typischen Abnutzungsschaden im Bereich der Gelenkgewebe, einer Osteochondrosis dissecans, Lunatummalazie oder Kahnbeinpseudarthrose.[38]

Der Abnutzungsschaden ist klinisch und im Röntgenbild bei vorausgegangener Vibrationsbelastung umso stärker ausgeprägt, je jünger die Gelenke sind. Ausziehungen und Anlagerungen sind deutlicher und gröber und führen infolgedessen zu stärkeren Störungen der Gelenkbeweglichkeit: die ausgezogenen Gelenkfortsätze erreichen die gegenüberliegenden Knochenteile und damit die Endstellungen dieser Gelenke früher. Insgesamt sehen solche Gelenke klinisch und im Röntgenbild plump aus und sind gröber gekennzeichnet als ein im Rahmen des natürlichen Alterns im fortgeschrittenen Lebensalter verbrauchtes Gelenk.

---

[36] Dupuis, Handbuch der Arbeitsmedizin (Hrsg. Konietzko, Dupuis) 1999, IV – 3.4.1 S. 6.
[37] LSG Nordrhein-Westfalen, 26. 4. 2007, UVR 20/2007, 1400.
[38] Dupuis, Ergo Med 1991, 152; LSG Schleswig-Holstein, 26. 7. 2001, Meso B 240/292; Thürauf, in: Begutachtung der Haltungs- und Bewegungsorgane (Hrsg. Rompe, Erlenkämper, u. a.) 5. Aufl. 2009 S. 568.

Eine allgemeine und gleichwertig verteilte Arthrose spricht gegen berufliche Verursachung. Daher empfiehlt es sich bei der Erstuntersuchung, neben den von der Arbeit mit Druckluftwerkzeugen betroffenen Gelenken, Vergleichsaufnahmen anderer Körperteile (Halswirbelsäule, Kniegelenke, Becken) zu fertigen. Im Einzelfall mag eine neurologische Zusatzbegutachtung angezeigt sein, weil Schäden des Ellennervs im Sulcus Folge der Berufskrankheit sein können.

- *Arthrosis deformans*

Zur Anerkennung eines arthrotischen Verschleißes als Berufskrankheit wird gefordert

– über das Altersmaß hinausgehende Verschleißveränderungen
– im Allgemeinen eine mindestens zweijährige täglich wiederholte mehrstündige Arbeit mit hoher Schwingungsintensität[39]
– der Ausschluss einer sonstigen Grundkrankheit oder einer allgemeinen Veranlagung für einen vorzeitigen und vermehrten Gelenkverschleiß.

- *Osteochondrosis dissecans im Ellenbogengelenk*

Es handelt sich zunächst um eine umschriebene subchondrale aseptische Knochennekrose. Aus diesem Bereich kann sich ein Knochen-Knorpel-Körper loslösen und zur Bildung eines freien Gelenkkörpers führen und an seiner Ursprungsstelle das „Mausbett" zurücklassen.[40]

Differenzialdiagnostisch ist die Bildung freier Gelenkkörper als Sekundärfolge einer anlagebedingten Gelenkchondromatose abzugrenzen. Dabei handelt es sich um eine tumorähnliche Erkrankung der Gelenkkapseln. Knorpelzotten bilden sich, die sich ablösen und dann frei im Gelenk liegen. Im Laufe der Zeit erscheint eine zunehmende Sekundär-Arthrose des betroffenen Gelenks.[41]

Die Anerkennung der Osteochondrosis als BK-Nr. 21 03 erfordert

– Nachweis eines freien Körpers und eines Mausbetts an kennzeichnender Stelle. Betroffen ist ausschließlich das Ellenbogengelenk, meist die äußere Oberarmrolle.
– Ausschluss einer körpereigenen Osteochondrosis dissecans: Zeigen sich freie Gelenkkörper auch in anderen Gelenken (Schultergelenk, untere Gließmaßen), ist der Zusammenhang fraglich; beruflich bedingte Verschlimmerung ist zu erwägen.
– Ausschluss einer Chondromatose (Gelenkleiden aus innerer Ursache mit zahlreichen freien Gelenkkörpern).

Zweijährige Mindestarbeitszeit wird als vorsichtige, untere Grenze verlangt; als durchschnittlicher Zeitraum werden 14–16 Jahre angegeben.[42]

---

[39] LSG Baden-Württemberg, 19. 3. 2009, UVR 10/2009, 586.
[40] Laarmann, BKen nach mechanischen Einwirkungen, 2. Aufl. 1977 S. 60.
[41] LSG Nordrhein-Westfalen, 4. 11. 1975, Breith. 1976, 461, 463.
[42] Laarmann, BKen nach mechanischen Einwirkungen, 2. Aufl. 1977 S. 60; Mindestzeiten – wie bei den übrigen Krankheitsformen – werden nicht gefordert.

- *Angioneurosen*

Durch die Erschütterung der Druckluftwerkzeuge kommt es häufig zu Gefäßschäden, traumatischen Angioneurosen an Händen und Unterarmen. Sie werden fast ausschließlich im Bau-, Eisen- und Forstbereich, kaum im Bergbau beobachtet. Die Ursache liegt in der unterschiedlichen Arbeitsweise. Bei den ersteren Bereichen sind die Finger der Arbeitseinwirkung des Hammers ausgesetzt, genau wie der zu bearbeitende Werkstoff, im Bergbau kommen Andruck, Schlag und Prellschlag auf die Extremität zur Wirkung.

- *Keine Berufskrankheit nach Nr. 21 03 sind*
- angeborene Zweiteilung des Kahnbeins
- Pseudarthrose nach einmaliger Gewaltfraktur
- Ermüdungsbrüche durch andere chronisch-mechanische Einwirkungen, z.B. Mikrotraumen beim Sport
- Carpaltunnel-Syndrom s. 8.7.7.6, S. 557

- **Weitere Sonderformen**

s. 8.7.7.4 (Kahnbeinpseudarthrose S. 551, Ermüdungsbruch S. 373)

s. 8.7.7.4.2.2, S. 554 (Mondbeinnekrose)

(4) **BK-Nr. 21 04:** „*Vibrationsbedingte Durchblutungsstörungen an den Händen, die zur Unterlassung aller Tätigkeiten gezwungen haben, die für die Entstehung, die Verschlimmerung oder das Wiederaufleben der Krankheit ursächlich waren oder sein können.*"

Arbeitstechnische Voraussetzungen

Vibrationen sind – physikalisch betrachtet – mechanische Schwingungen, die durch hohe Frequenzen mit niedriger Amplitude, *Erschütterungen* demgegenüber solchen, die durch niedrige Frequenzen mit hoher Amplitude gekennzeichnet sind.

Ursächlich sind mechanische Schwingungsbelastungen des Hand-Arm-Systems (vorwiegend bei Frequenzen von etwa 20 bis 1000 Hz[43]) durch handgeführte oder handgehaltene Arbeitsgeräte, vor allem in Verbindung mit statischer Haltearbeit und niedriger Umgebungstemperatur. Die hohe Schwingungsenergie wird vorwiegend im Weichteilgewebe der Finger und Handinnenfläche absorbiert. Anders als bei den aktiven Erschütterungen (s. BK-Nr. 21 03) sind die „passiven Vibrationen" an der Kontaktstelle der Maschine mit dem Körper (meist Haltegriff) – im Rahmen der jeweiligen Schwingungsfrequenz – entscheidend.

- **Bestimmende Faktoren**
- Schwingungsfrequenzen, besonders belastend Expositionen von 30 bis 300 Hz[44]
- Handgreif- und Armdruckkraft
- Witterungseinflüsse, niedrige Temperaturen verstärken die Wirkung

---

[43] Amtliches Merkblatt, BArbBl 1979 H. 7/8 S. 72.
[44] Schenk, Zbl. Arbeitsmed. 2003, 37, 39.

– Expositionszeit. Eine Mindestzeit ist noch zu definieren. Nach dem amtlichen Merkblatt[45] tritt das Krankheitsbild im Allgemeinen nach Monaten bis Jahren auf; derzeitigen medizinischen Erkenntnissen gemäß erscheint eine Expositionsdauer unter fünf Jahren nur bei erheblicher Belastungsintensität gegeben.[46]

- **Werkzeuge und Maschinen**

Hochtourig laufende, pneumatisch oder motorbetriebene Werkzeuge, die geradlinige (schlagende) oder drehende Bewegungen vollziehen (Bohrer, Meißel, Sägen, Fräsen, Polier- und Schleifmaschinen, Anklopfmaschinen), nicht jedoch Handwerkzeuge, sind Voraussetzung.

- **Entstehung**

Die Vibrationsbelastungen, verbunden mit statischer Haltearbeit und Kälteexposition, rufen eine „traumatische Angioneurose" hervor. Die Vibrationen sollen zur übermäßigen Größenzunahme (Hypertrophie) und Überfunktion der Gefäßmuskulatur mit Lumeneinengung führen und funktionelle Störungen der Gefäße und peripheren Nerven verursachen.

- **Krankheitsbild**[47]

Anfallartig und örtlich begrenzt auftretende arterielle Durchblutungs- und Sensibilitätsstörungen („Vibrationsbedingtes Vasospastisches Syndrom"), meist der Finger 2 bis 5 der Halte- oder Bedienungshand, welche die Vibrationen aufnehmen muss. Die Anfälle können einzeln oder mehrmals täglich auftreten bei einer Dauer von einigen Minuten oder mehreren Stunden mit beschwerdefreien Intervallen. Bei Krankheitsfortschritt Veränderungen an den Fingernägeln und Sklerodermie der Finger.[48]

Um rein funktionelle „Störungen" handelt es sich; morphologische Gefäßveränderungen liegen nicht vor.

Das anfallartige Weißwerden der Finger mit Kältegefühl wird als Raynaud-Phänomen (RP) bezeichnet. Es kann anlagebedingt auftreten (primäres RP) oder als sekundäres RP Ursachen, wie Arterienverschlüsse, Kollagenosen, neurologische und hämatologische Erkrankungen, Intoxikationen, medikamentöse Nebenwirkungen oder Traumen, haben. In der Differenzialdiagnose sind das primäre Raynaud-Phänomen und die neben dem VVS bestehenden sekundären Ursachen des Raynaud-Phänomens auszuschließen.[49]

---

[45] Vom 10. 7. 1979, BArbBl 1979 H 7/8 S. 72.
[46] Schenk, Zbl. Arbeitsmed 2003, 37, 39; Dupuis, ASU 1973, 377: 5–6 Jahre für Motorsägeführer.
[47] Dupuis, ASP 1993, 377ff.; Schröter, Ist das Berufskrankheitenrecht noch zeitgemäß? (Hrsg. HVBG) 2002 S. 286; Jürgens, Zbl Arbeitsmed 53 (2003) 24, 26; Scheid-Illig, Schiele, Arbeitsmedizin (Hrsg. Triebig, u.a.) 2. Aufl. 2008 S. 176 ff.
[48] Carow, Zbl. Arbeitsmed. 1978, 327; Laarmann, Unfallh. 1979, 259, 260; Dupuis, Z. Arb. wiss. 40 (1986) 174.
[49] Heitmann, u.a., Trauma Berufskrankh 3 (2001) 148, 150; Völter-Mahlknecht, u.a., ASU 42 (2007) 484, 485; Heidrich, Dtsch Med Wochenschr 2008, 1742.

- **Stadieneinteilung zur Schwere der Erkrankung**
  (Stockholm Workshop Classification 1994)[50]

Stadium	Vasospastische Symptome	Stadium	Sensorische Symptome
0 V	keine	0 SN	keine
1 V	Gelegentliche Anfälle: Nur Kuppen eines oder mehrerer Finger betreffend	1 SN	Gelegentliches Taubheitsgefühl, ohne oder mit Kribbeln
2 V	Gelegentliche Anfälle: Distale und mittlere (selten: proximale) Phalangen eines oder mehrerer Finger	2 SN	Gelegentliches oder andauerndes Taubheitsgefühl, reduzierte Sensibilität der Haut
3 V	Häufige Anfälle: Alle Glieder der meisten Finger betreffend	3 SN	Gelegentliches oder andauerndes Taubheitsgefühl, reduzierte taktile Diskrimination und feinmotorische Geschicklichkeit

Bestimmung der Stadien für jede Hand und Angabe der Anzahl der betroffenen Finger

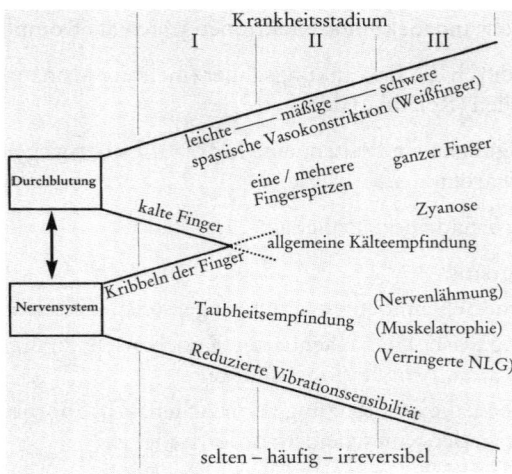

Abb. 2: Symptome des Vibrationsbedingten Vasospastischen Syndroms, VVS[51]

Unterlassen der gefährdenden Tätigkeit s. 2.2.2, S. 60

---

50 Dupuis, Handbuch der Arbeitsmedizin (Hrsg. Konietzko, Dupuis) 1999 IV 3.4.2 S. 10.
51 Dupuis, Handbuch der Arbeitsmedizin (Hrsg. Konietzko, Dupuis) 1999 IV 3.4.2 S. 5.

(5) **BK-Nr. 21 05:** „*Chronische Erkrankungen der Schleimbeutel durch ständigen Druck.*"

Schleimbeutel schützen den Organismus vor Druck und Stoß. Ständiger Druck – d.h. wiederkehrende (nicht notwendig anhaltende) Belastung des Schleimbeutels – führt zu Irritationen, später zu dessen Entzündung.

Die Erkrankung betrifft vorwiegend die Schleimbeutel an Knie-, Ellenbogen- und Schultergelenken.

Geeignete Tätigkeiten

- knieende Tätigkeit auf hartem Boden (Bodenleger)
- ellenbogenbelastende feinmotorische Verrichtungen mit kontinuierlicher statischer Haltetätigkeit (Glas- oder Steinschleifer, Feinmechaniker)
- Tragen schwerer Lasten
- Druck des Gewichts eines Werkzeugs auf eine bestimmte Körperstelle

nicht jedoch

- Erschütterungen, z.B. durch Arbeit an Pressluftwerkzeugen
- muskuläre Überanstrengung

Das *Krankheitsbild* zeigt Schwielenbildungen der Haut, Schleimbeutelergüsse und Verdikkung der Schleimbeutelwand. Sekundärinfektionen treten als Komplikation auf.

Die *Chronizität* wird durch die Erkrankungsdauer (mehrere Monate), aber auch durch das Auftreten von Rückfällen (Rezidive) definiert.[52]

Funktionsbeeinträchtigungen sind selten, eine MdE auf Dauer wegen guter Therapiemöglichkeiten kaum zu erwarten.

Differenzialdiagnostisch sind auszuschließen:

- posttraumatische Bursitis
- akute oder chronische Schleimbeutelentzündungen unspezifischer und spezifischer Art
- Schleimbeutelreizung als Folge benachbarter Knochenschädigungen (Fehlstellung von Gelenken, alte Frakturen, Amputationsstümpfe)
- körpereigene Ursachen, die eine Reizung verursachen, z.B. Spornbildung, Osteome, wie Knochengeschwulst an der Kniescheibenvorderfläche.

(6) **BK-Nr. 21 06:** „*Druckschädigung der Nerven.*"

s. 5.7, S. 231

(7) **BK-Nr. 21 07:** „*Abrissbrüche der Wirbelfortsätze.*"

s. 8.1.1.3.3, S. 373 (Ermüdungsbruch, „Marschfraktur") und 8.3.6.5, S. 476

(8) **BK-Nr. 21 08:** „*Bandscheibenbedingte Erkrankungen der Lendenwirbelsäule durch langjähriges Heben oder Tragen schwerer Lasten oder langjährige Tätigkeiten in extremer*

---

[52] Lauterbach-Koch, § 9 Anh. IV 2105 Anm. 6; Brackmann/Becker, § 9 BK-Nr. 2105 Anm. 2 schlägt vor, wie bei BK-Nr. 5101, eine Erkrankungsdauer von 6 Monaten oder 3 Krankheitsschübe zu fordern.

Rumpfbeugehaltung, die zur Unterlassung aller Tätigkeiten gezwungen haben, die für die Entstehung, die Verschlimmerung oder das Wiederaufleben der Krankheit ursächlich waren oder sein können."

s. 8.3.6.6, S. 477

(9) **BK-Nr. 21 09:** *"Bandscheibenbedingte Erkrankungen der Halswirbelsäule durch langjähriges Tragen schwerer Lasten auf der Schulter, die zur Unterlassung aller Tätigkeiten gezwungen haben, die für die Entstehung, die Verschlimmerung oder das Wiederaufleben der Krankheit ursächlich waren oder sein können."*

s. 8.3.6.6.4.4, S. 494

(10) **BK-Nr. 21 10:** *"Bandscheibenbedingte Erkrankungen der Lendenwirbelsäule nach langjähriger vorwiegend vertikaler Einwirkung von Ganzkörperschwingungen im Sitzen, die zur Unterlassung aller Tätigkeiten gezwungen haben, die für die Entstehung, die Verschlimmerung oder das Wiederaufleben der Krankheit ursächlich waren oder sein können."*

s. 8.3.6.6.4.5, S. 495

(11) **BK-Nr. 21 11:** *"Erhöhte Zahnabrasion nach mehrjähriger quarzstaubbelastender Tätigkeit."*

Zahnabrasion ist der langsam fortschreitende Substanzverlust von Zahnschmelz, später auch Dentin, an Kauflächen und Schneidekanten.

Ursächlich sind Partikel in der Nahrung (= Demastikation), insbesondere aber bestimmte Staubarten, die sich nach Mundatmung am Arbeitsplatz im Speichel anreichern.[53]

Krankheitsbild:

Durch fortschreitende Zahnabrasion werden die Zahnhöcker abgeschliffen, die Bisshöhe geht verloren, der Unterkiefer wird dadurch nach vorne und oben verlagert. Behandlungsbedürftigkeit besteht spätestens, wenn das Dentin im Bereich der Kauflächen mehr als nur punktförmig freigelegt wird. Bei fehlender Therapie kann es im Laufe der Zeit durch Bissenkung zu Beschwerden an der Kaumuskulatur und den Kiefergelenken kommen.

Minderung der Erwerbsfähigkeit:

Auch bei Behandlungsbedarf in aller Regel nicht zu erwarten.

Bei erhöhter quarzstaubbedingter Zahnabrasion das Vorliegen einer Quarzstaublungenerkrankung (BK-Nr. 41 01) prüfen.

Zahnabrasionen werden auch durch *Korundstaub*, ein extrem hartes Schleifmittel (Aluminiumoxide), verursacht. Derzeit erfolgt die Anerkennung nach § 9 Abs. 2 SGB VII.

(12) **BK-Nr. 21 12:** *"Gonarthrose durch eine Tätigkeit im Knien oder vergleichbare Kniebelastung mit einer kumulativen Einwirkungsdauer während des Arbeitslebens von min-*

---

[53] Berger, Zahnabrasion – eine berufsbedingte Schädigung?, Diss. Marburg 1985; Heese, Baldus, ASP 1983, 12 ff.; Pöllmann, u. a., Gerodontics 3 (1987), 94 ff.; Giesen, Zbl. Arbeitsmed. 39 (1989) 66 f.; Forschungsvorhaben „Longitudinalstudie zur berufsbedingten Zahnabrasion bei Steinbrucharbeitern (Nachuntersuchung nach 5 Jahren)" HVBG 1992; Bundesrat-Drucksache 773/92.

destens 13.000 Stunden und einer Mindesteinwirkungsdauer von insgesamt einer Stunde pro Schicht."

s. 8.10.8.5., S. 647

20.2 Druckluft

BK-Nr. 22 01: „*Erkrankungen durch Arbeit in Druckluft.*"

Druckluftarbeiten sind solche Arbeiten, bei denen im Arbeitsbereich (in der Arbeitskammer) ein Überdruck von mehr als 10 kPA (0,1 bar) herrscht. Nach der Druckluftverordnung ist der zulässige Überdruck auf 360 kPA (3,6 bar) begrenzt.[54]

Bei *Taucherarbeiten* ist eine obere Druckgrenze nicht festgelegt. Mit Druckluft als Atemgas ist die Tauchtiefe auf 50 m (500 kPA oder 5,0 bar Überdruck) begrenzt. Atemgasgemische ermöglichen Tauchtiefen von mehreren 100 Metern.

Gefahrquellen: Stollenvortrieb im modernen Verkehrstunnelbau und bei ungünstigen Grundwasserverhältnissen, Arbeiten im Wasser mit Hilfe von Senkkästen (Caisson), z.B. im Brücken- oder Verkehrstunnelbau.

Berufskrankheit der Taucher und Senkkasten(„Caisson")-Arbeiter.

Gesundheitsstörungen beim Übergang von Normal- auf Überdruck („Kompressions- und Isopressionsphase") beim Einschleusen und eigentlichen Druckfallerscheinungen durch zu schnelles Ausschleusen („Dekompressionsphase") sind zu unterscheiden.

Häufigere Erkrankungen

- Kompressionsphase:
  Barotrauma (Folge eines mangelhaften Druckausgleiches bei in Körperhöhlen eingeschlossener Luft) der Nasennebenhöhlen, des Innenohrs, Gehörgangs, der Zähne mit Füllungen und der Lunge
- Isopressionsphase: Tiefenrausch, Sauerstoffintoxikation sowie Sauerstoffmangel, CO_2-Intoxikation
- Dekompressionsphase: schwere Form der Caisson-Krankheit, Überdehnung der Lunge (Lungenriss, Emphysem, Pneumothorax, Luftembolie)
- nach der Dekompressionsphase:
  leichte Form der Caisson-Krankheit (synonym Dekompressionskrankheit, Druckfallerkrankung, sog. „bends", Gelenk- und Muskelschmerzen; Hautjucken: „Taucherflöhe"[55]).

Degenerative Gelenkerkrankungen s. 19.2, S. 1158

20.3 Lärm

BK-Nr. 23 01: „Lärmschwerhörigkeit", s. 7.3.3, S. 326

---

[54] Arbeitsmed. Leitlinien der DGAUM – Stand 2006 – ASU 41(2006) 478.
[55] Plafki, Peters, Steffen, DMW 125 (2000) 130ff.

20.4 Strahlen

Erkrankungen durch ionisierende Strahlung können nach akuter und chronischer Exposition auftreten; sie manifestieren sich als akute Schäden (typisch „Röntgenverbrennung") oder als Spätschäden (Krebs oder Leukämie).

(1) **BK-Nr. 24 01**: „*Grauer Star durch Wärmestrahlung*", s. 6.3, S. 288

(2) **BK-Nr. 24 02**: „*Erkrankungen durch ionisierende Strahlen.*"

Ionisierende Strahlen

Ionisierend bedeutet, dass diese Strahlen auf Grund hohen Energiepotentials, das ihnen innewohnt, in der Lage sind, Atome, die von ihnen getroffen werden, in einen elektrisch geladenen Zustand zu versetzen. Damit sind ionisierende Strahlen u.a. fähig, Atome und Moleküle in biologischen Zellen oder die „Baupläne" von Organ(ism)en (Erbsubstanz) zu verändern.[56]

Zum ionisierenden Spektralbereich zählen ultraviolettes Licht, Röntgen- und Gammastrahlung.

Nichtionisierende Strahlung ist dagegen auf Grund des geringeren Energiepotentials ungeeignet, den Ladungszustand von Atomen oder die Erbsubstanz zu verändern. Zum nichtionisierenden Spektralbereich gehören statische (Frequenz von 0 Hz, Magnetfeld der Erde), niederfrequente und hochfrequente Felder (s. 20.7) sowie infrarotes und sichtbares Licht (s. 6.2.6, S. 281 ff.)

20.4.1 Wirkung ionisierender Strahlen

Die Absorption von Strahlenenergie in einer Zelle oder einem Gewebe des menschlichen Körpers löst eine Kette von physikalischen, chemischen und biologischen Reaktionen aus, an deren Ende ein Gesundheitsschaden bei der bestrahlten Person selbst (somatischer Schaden) einschließlich des Fetus (teratogene Strahlenwirkung) oder – im Falle einer Bestrahlung der Keimdrüsen – bei ihren Nachkommen (genetischer Schaden) auftreten kann.

Die Wirkungen sind in der Regel abhängig von der Strahlenart, Strahlendosis, Dosisleistung, Größe des in die Bestrahlung einbezogenen Körpervolumens, zeitlichen Dosisverteilung, vom Wassergehalt und von der Lösungskonzentration im Gewebe, insbesondere von ihrem Sauerstoffgehalt.

Erhöhte Einwirkung ionisierender Strahlen liegt sicher vor, wenn die Strahlung in einer Menge auf den menschlichen Körper eingewirkt hat, welche die zulässige Strahlendosis gemäß Anlage X der Strahlenschutzverordnung und §§ 31 und 32 der Röntgenverordnung überschreitet.[57] Von erhöhter Einwirkung spricht man aber auch schon unterhalb dieser Grenzwerte, wenn die Exposition unfallartig oder ungewollt geschieht.

---

[56] Schmidt, BG 2002, 66, 67.
[57] Merkblatt des BMA, BArbBl 7–8/1991, 72 = ASP 1991, 367.

Erhöhte Einwirkung kann erfolgen durch

- äußere Ganz- oder Teilkörperbestrahlung
- Kontamination (Kontakt der Körperoberfläche mit radioaktiven Stoffen)
- Inkorporation (Aufnahme von radioaktiven Stoffen in den Körper, z.B. durch Einatmen, Verschlucken, Eindringen über die – geschädigte oder unversehrte – Haut bzw. Schleimhaut).

Bei unfallbedingten Situationen ist die Höhe der Einwirkung meist zunächst nicht zu ermitteln. Da bei hohen Expositionen aber nur wenig Zeit für die hämatologische Diagnostik besteht, ist – bis zur Feststellung des Gegenteils – bei außergewöhnlichen Ereignissen stets von einer erhöhten Exposition auszugehen.

Erkrankungen durch ionisierende Strahlung können nach akuter und chronischer Exposition auftreten; sie manifestieren sich als akute Schäden (typisch Strahlendermatitis, „Röntgenverbrennung") oder als Spätschäden (Krebs oder Leukämie).

20.4.2 Strahlenschäden[58]

Strahlenschäden entstehen durch Abtötung, Mutation oder Transformation von Zellen.

- **Dosis-Wirkungs-Beziehungen für nichtstochastische (deterministische) Effekte mit Schwellendosis**[59]

Die Dosis-Wirkungs-Beziehung hat eine Schwellendosis, bei deren Überschreiten Strahlenschäden auftreten. Mit zunehmender Dosis nehmen Zahl und Schwere zu (deterministische oder nicht stochastische Effekte).

Unterhalb der Schwellendosis wirkt die Bildung neuer Zellen in ausreichendem Maß der Zellzerstörung entgegen. Die Schadensentwicklung wird durch Einwirken ionisierender Strahlen in mehrere Zellen hervorgerufen (multizellulärer Prozess).

Zu den nichtstochastischen Strahlenschäden zählen
- akutes Strahlensyndrom
- akute Lokalschäden (Hauterythem)
- Linsentrübung (Katarakt)
- Lungenfibrose
- Osteonekrose
- Läsionen am zentralen und peripheren Nervensystem
- Beeinträchtigung der Fruchtbarkeit
- teratogene Schäden.

---

[58] Wachsmann, ASP 1986, 201ff.; Ernst, Tilkorn, Lokale Strahlenfolgen und Strahlenschäden an der Haut; Oliveira, u.a., Clinical observations related to local radiation injuries: The Goiania Experience (beide herausgegeben von: Institut für Strahlenschutz der BG der Feinmechanik und Elektrotechnik und BG der chemischen Industrie); Haas, Zur Problematik der gesundheitlichen Risiken durch ionisierende Strahlen in Arbeitswelt und Umwelt, Diss. Erlangen-Nürnberg 1987; Laude, Arndt, Bundesgesundhbl. 1991, 525f.; Grundsätze für die Überwachung von beruflich exponierten Personen (Hrsg. Bundesministerium des Innern) Schriftenreihe Bd. 9 (1978); Strahlenschutzverordnung 2002.

[59] Streffer, in: Handbuch der Arbeitsmedizin (Hrsg. Konietzko, Dupuis) 1997 Abschn. IV-3.8.1.

Schwellendosen für Organschäden nach Strahlenexposition[60]

Organ	Art des Schadens	Schwellendosis
Lymphozytäres/ blutbildendes System	Lymphozytenveränderungen Knochenmarkdepression	0,25-0,5 Sv 1,0 Sv
Auge	Strahlenstar	> 2,0 Sv
Keimdrüsen	temporäre Sterilität permanente Sterilität	2,5-3,0 Sv 5,0 Sv
Haare	Haarausfall	3,5-4,0 Sv
Haut	Radiodermatitis erosiva	10,0 Sv
Respirationstrakt	Strahlenpneumonie und -fibrose	10,0 Sv
Niere	radiogene Nephropathie	10,0 Sv
Darmtrakt/Leber	Dünndarmschleimhaut zerstört/Strahlenhepatitis	30,0 Sv
Nervensystem	Hirnnekrose Myelonschäden (fraktioniert)	> 30,0 Sv 35,0 Sv
Skelettsystem	Knochennekrosen	40,0-50,0 Sv

- **Dosis-Wirkungs-Beziehungen für stochastische Effekte ohne Schwellendosis**

Strahleneffekte werden durch Strahlenwirkung in einer Zelle hervorgerufen (*unizellulärer Prozess*). Die Schäden sind zufällig (stochastisch) in dem Sinne, dass sie nicht zwangsläufig ab einer bestimmten Strahlendosis auftreten. Lediglich die Wahrscheinlichkeit für ihr Auftreten nimmt mit wachsener Dosis zu. Für diese Schäden wird keine Schwellendosis angenommen. Dosisabhängig ist nicht der Schweregrad der Erkrankung, sondern deren Inzidenz („Trefferquote"). Typische stochastische Strahlenschäden sind

– akute myeloische Leukämie (s. 14.3.2, S. 951)
– Induktion von Malignomen in strahlenempfindlichen Geweben/Organen z.B. Bronchialsystem, Kolon, Magen, Mamma, Schilddrüse (Latenzzeit der soliden radiogenen Tumoren mindestens 10 Jahre).
– genetische Schäden (als Erbkrankheiten, geistige Behinderungen, Skelettanomalien infolge Mutationen in Keimzellen).

Derzeitgen medizinischen Erkenntnissen gemäß kommen nicht in Betracht

– chronisch lymphatische Leukämie
– Hodgkin-Lymphom (Lymphogranulomatose)
– malignes Melanom
– Hodentumor.

---

[60] Scheid-Illig, Schiele, in: Arbeitsmedizin (Hrsg. Triebig, u.a.) 2. Aufl. 2008 S. 235.

Zudem werden akute und chronische Strahlenschäden sowie Früh- und Spätschäden unterschieden. Dabei beschreibt „akut" bzw. „chronisch" rasch bzw. langsam ablaufende pathologische Prozesse. „Früh" und „spät" kennzeichnen den Abstand des Auftretens der pathologischen Erscheinung vom Zeitpunkt der Bestrahlung. Daher sind auch akute Prozesse bei Spätschäden möglich, z.B. das Auftreten eines Röntgenulkus der Haut auf dem Boden einer Spätschädigung.

Akute Strahleneffekte treten – innerhalb von Stunden bis zu Wochen– nach Überschreiten von Schwellendosen auf, die im Bereich von 0,5 bis 1 Gy und höher bei locker ionisierender Strahlung (Beta-, Gamma-, Röntgenstrahlen) liegen. Sowohl am Arbeitsplatz als auch vor allem in der Umwelt sind derartige Strahlendosen nur bei extremen Unfällen „GAU" zu erwarten (Laboratorien, atomare Katastrophen, Manipulation an Strahlenquellen). Die Strahlendosen am Arbeitsplatz und in der Umwelt aus natürlichen Quellen oder durch Abgaben kerntechnischer Anlagen liegen im Allgemeinen in einem Dosisbereich, bei dem nur stochastische Strahlenwirkungen (genetische Defekte und insbesondere Entstehung von Krebs) zu beachten sind.

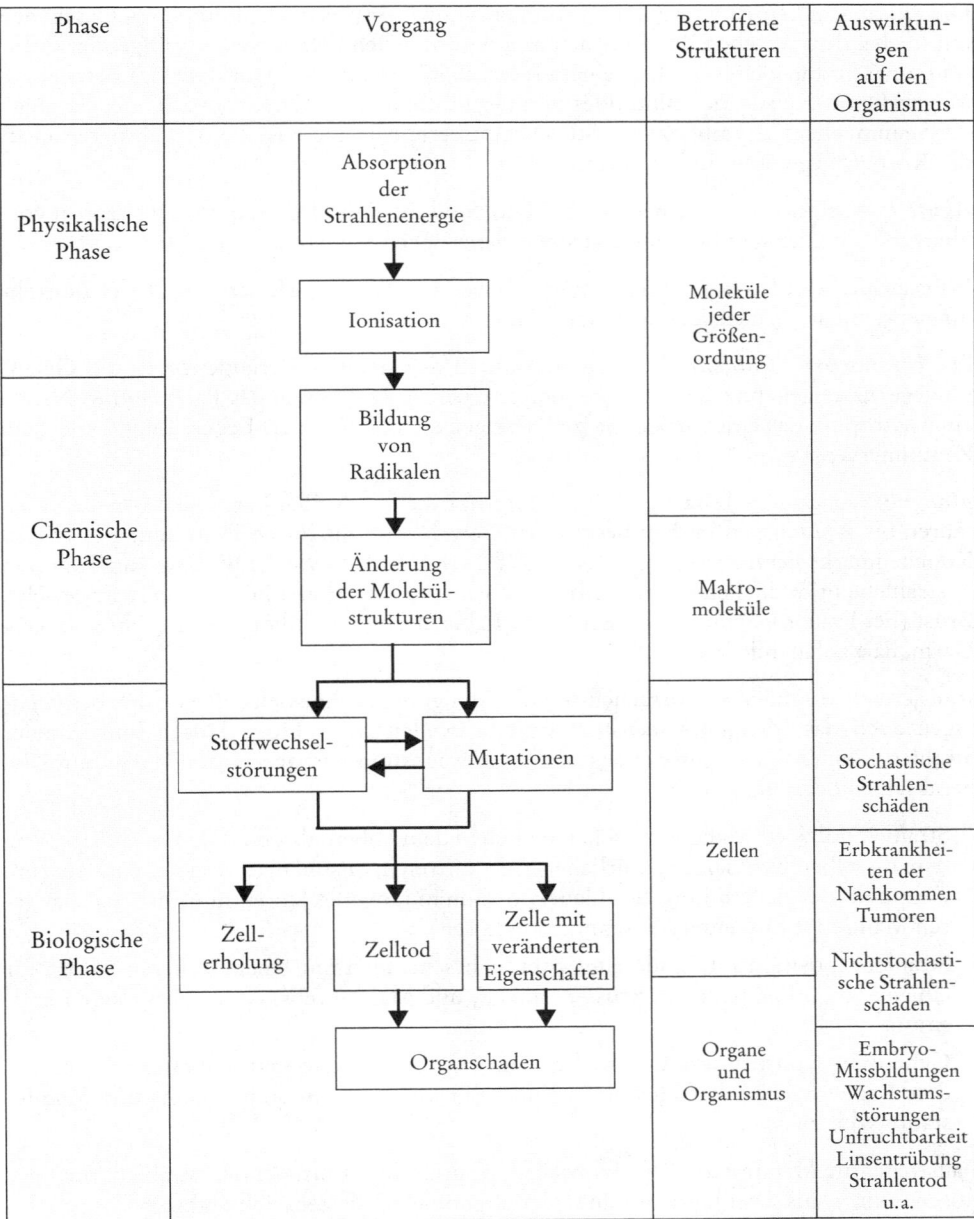

Abb. 3: Ablauf der Wirkung absorbierter Strahlenenergie beim Menschen[61]

---

[61] Nach Haas, Zur Problematik der gesundheitlichen Risiken durch ionisierende Strahlen in Arbeitswelt und Umwelt, Diss. Erlangen-Nürnberg 1987 S. 32.

Die *akute Strahlenreaktion* (akutes Strahlensyndrom) ist ein sehr komplexes Geschehen mit uncharakteristischen Beschwerden und funktionellen vegetativen Störungen im Frühstadium („Strahlenkater"). Nach einem Intervall können Fieber, Störungen im Bereich des Magen-Darm-Kanals, des Blutbildes und der blutbildenden Organe durch Schädigungen der Stammzellen („Lymphozyten-Sturz") auftreten. Allgemein ist die Abwehrbereitschaft des Körpers gegenüber Infekten vermindert.

Akute Lokalschäden erscheinen an der Haut. Sind die Keimdrüsen betroffen, drohen vorübergehende oder ständige Sterilität sowie genetische Schädigung.

Frühschäden werden kurzzeitig – innerhalb weniger Tage bis Monate – nach der Bestrahlung erkennbar, Spätschäden noch nach Jahren.

Die *chronischen Strahlenwirkungen* sind durch degenerative Veränderungen des Gefäßbindegewebes gekennzeichnet. Sekundär erscheinen Reaktionen des Parenchyms. Neben einer Atrophie des epithelialen Gewebes zeigen sich Schäden an Leber, Lunge und dem Zentralnervensystem.

Maligne Neoplasmen (bösartige Neubildungen) treten nach einer Latenzzeit von mehreren Jahren bis Jahrzehnten in dem bestrahlten Gewebe auf: die durch Bestrahlung des roten Knochenmarks hervorgerufene Leukämie (s. 14.4, S. 954) sowie die Bildung von Tumoren in strahlenempfindlichen Geweben bzw. Organen des Körpers: Haut, Unterhautgewebe, Brust (bei Frauen), Schilddrüse, Knochen, Leber, Lunge, Kehlkopf, Speiseröhre, Magen, Darm, harnableitende Wege.

Ionisierende Strahlen[62] verursachen sowohl Malignome (ohne Schwellendosis), beschleunigen auch das Malignomwachstum (mit Schwellendosis). Hohe Dosen ionisierender Strahlen können im Gegenzug das Malignomwachstum verzögern, das Malignomrisiko herabsetzen oder eliminieren.

– Strahlenindizierte Malignome scheinen sich in dem Lebensabschnitt zu manifestieren, in dem dieselben Krebsarten natürlicherweise auftreten, unabhängig vom Lebensalter zum Zeitpunkt der Bestrahlung. Strahlenexposition in jüngeren Jahren führt daher zu längeren Manifestationszeiten (Ausnahme Leukosen).
– Strahlenexposition im Kindesalter geht wahrscheinlich mit einem höheren Risiko für einige Malignomarten (z.B. Brust-, Lungen- und Magenkrebs) einher als spätere Exposition.
– Genetische Konstitution, Lebensalter zum Expositionszeitpunkt, Lebensweise und andere Kanzerogene scheinen weitere Einflussgrößen auf Tumorentstehung und Manifestationszeit zu sein.

Faustregel für Manifestationszeiten nach Exposition mit ionisierenden Strahlen: für Leukosen mindestens zwei Jahre, für andere Malignome mindestens zehn Jahre.

20.4.3 Begutachtung

Der Gutachter muss Sachkunde in Strahlenbiologie und Strahlenschutz aufweisen und über arbeitsmedizinische Kenntnisse verfügen.

---
[62] S. Kohn, u.a., N. Engl. J. Med. 8 (1984) 504.

Die *Vorgeschichte* ist umfassend zu erheben.

Da genetische Schäden Strahlenfolgen sein können, ist auf Erbkrankheiten sowie gehäuftes Auftreten bösartiger Erkrankungen, z.B. Leukämie, zu achten.

Bei der Eigenanamnese sind die strahlensensiblen Organe und solche, die durch Arbeiten mit Strahlung geschädigt werden, bedeutsam: hämatopoetisches (blutbildendes) System, Haut, Verdauungsorgane, Lunge, Augen, Schilddrüse. Außerdem sollte über zurückliegende Beschwerden und über längere Zeiträume eingenommene Medikamente befragt werden.

Wegen möglicher additiver oder kumulativer Kombinationswirkungen – d.h. zusätzliches Auftreten oder Verstärkung der Gesundheitsschäden durch verschiedene Ursachen – sind frühere Beschäftigungen, ggf. Berufskrankheit oder Verletzungen zu ermitteln. Beachtenswert sind vorangegangene Tätigkeiten mit Benzol, anderen Kohlenwasserstoffen und kanzerogenen oder mutagenen Stoffen.

Die *Strahlenanamnese* ist lückenlos zu erheben. Zu berücksichtigen sind

– Strahlenart (z.B. Röntgenstrahlen, Alpha-, Beta-, Gammastrahlung, Neutronen)
– Dosishöhe
– zeitliche Dosisverteilung (fraktionierte, protrahierte Anwendung)
– exponierte Körperteile (Ganz- und Teilkörperbestrahlung)
– Berücksichtigung anderer Expositionen (röntgenologische, nuklearmedizinische Diagnostik und Therapie, Störfälle u.a.).

Die Strahlenexposition ist als Äquivalentdosis für die betroffenen Organe oder als effektive Dosis auszudrücken. Gegebenenfalls ist die Umrechnung gemessener Dosisgrößen, wie der „Personendosis", durch ein zusätzliches Fachgutachten zu veranlassen. Biologische dosimetrische Untersuchungsmethoden (Chromosomenanalyse des peripheren Blutes, SCE) sind erforderlich.

Da die Ergebnisse der physikalischen Strahlenschutzkontrolle 30 Jahre lang aufzubewahren sind, ist meist erreichbar, die erforderlichen Expositionsdaten („Strahlenschutz-Pass") zu ermitteln und in Zusammenarbeit mit einem Medizinphysiker die tatsächliche Strahlenexposition zu berechnen.

Zusammenhangsbeurteilung von *Lokalbefunden* setzt die Untersuchung des morphologischen und funktionellen Zustandes des exponierten Organs voraus. Schwierigkeiten ergeben sich, weil die zu beobachtenden Reaktionen nicht nur als Folgen einer Bestrahlung auftreten. Die Kombination von Veränderungen in den Parenchymzellen, den Kapillaren, im peripheren Nervensystem sowie im Bindegewebe haben –insbesondere als frühe Reaktion – typische Befundkonstellationen.

Die Abgrenzung der *Spätschäden* von anderen Ein- und Kombinationswirkungen erfordert den objektiven Nachweis der Strahlenexposition.

Die Beurteilung zwischen dokumentierter Dosis und Wirkung ist bei nichtstochastischen Schäden meist problemlos: Die Schwere des Schadens hängt von der Dosishöhe ab.

Die Chromosomenanalyse[63] liefert wertvolle Informationen über die tatsächlich aufgenommene Dosis ionisierender Strahlung („biologische Dosimetrie"). Der zeitliche Abstand zwischen Straheneinwirkung und Begutachtungszeitpunkt ist bedeutsam.

Ergänzend sollte eine nuklearmedizinische Begutachtung in einer geeigneten Einrichtung zur Feststellung bzw. zum Ausschluss verbliebener Mikromengen von Radionukliden im Skelettsystem mit dem Ziel einer Ermittlung der ursprünglich aufgenommenen Menge erfolgen.

Da bei stochastischen Effekten kein Schwellenwert angenommen wird, ist die Kausalität schwierig zu beurteilen. Entscheidungshilfen bieten die Berichte des Wissenschaftlichen Komitees der Vereinten Nationen über die Wirkungen atomarer Strahlung. Sie enthalten Angaben über Art der spezifischen strahleninduzierten Erkrankungen, Latenzzeit und Wahrscheinlichkeit des Auftretens in Abhängigkeit von der Dosis.[64]

Aus der Rechtsprechung:

Mit dem Auftreten akuter oder chronischer Strahlenschäden ist erst zu rechnen, wenn durch direkte oder indirekte Sekundär- oder Tertiärstrahlung die Strahlendosis ein bestimmtes Maß, als „biologische Wirkungsdosis" bezeichnet, überschritten ist.[65]

Die rechnerische Erwägung, nach der eine geringfügige erhöhte Strahleneinwirkung das natürliche Leukämierisiko um 1 bis 2 % vergrößert habe, rechtfertigt die Annahme, dass ein ursächlicher Zusammenhang zwar möglich, aber nicht wahrscheinlich ist.[66]

Die Verdoppelungsdosen für Tumore bei Erwachsenen liegen im Bereich von 2 Millionen Mikrosievert (= 2 Sievert). Physikalische Faktoren (UV-Strahlung, Radon, andere ionisierende Strahlen) sind nur in ca. 3 % am Krebsgeschehen beteiligt.[67]

Ionisierende Strahlen sind generell geeignet, ein Kehlkopfkarzinom hervorzurufen.[68]

Eine beliebig kleine Dosis kann eine maligne Erkrankung auslösen. Bedenken erwachsen gegenüber der Aussage, es gebe keinen Schwellenwert, bis zu dem radioaktive Bestrahlung unschädlich ist.[69] Jeder Mensch ist ständig einer terrestrischen und einer kosmischen Strahlung ausgesetzt, die je nach Höhe über Normal-Null (NN) und geographischer Breite unterschiedlich ist. Hinzu kommen natürliche Radionuklide in Erdboden, Wasser und Luft, die über die Nahrungskette (Pflanzen, Tiere) aufgenommen werden.

---

[63] Dazu: Petersen, MedSach 93 (1997) 178, 179.
[64] Eine Abschätzung der strahlenbedingten Verursachungswahrscheinlichkeit bei bekanntem Expositionszeitpunkt ist für eine Reihe maligner Erkrankungen in dem Bericht NIH 85-2748 der US-amerikanischen Gesundheitsinstitute tabelliert.
[65] SG Hamburg, 20. 4. 1996, BG 1967, 116.
[66] BSG, 29. 1. 1974, Breith. 1974, 1021 ff.; LSG Nordrhein-Westfalen, 13. 5. 1998, 13. 5. 1998, Breith. 1999, 275, 279.
[67] Thüringer LSG, 29. 8. 2001, VB 34/2002 m. Hinweis auf Doll, Peto, J. Natl. Cancer Inst. 1981, 1192.
[68] BSG, 18. 8. 2004, HVBG VB 102/2004.
[69] So aber Bayer. LSG, 5. 12. 1984, Breith. 1985, 575; LSG Nordrhein-Westfalen, 5. 12. 1991, SozVers 1992, 195, 196.

20.4.4 Berufliche Strahlenexposition durch Radon und dessen Folgeprodukte[70]

Das radioaktive Edelgas Radon ist ein natürlicher Bestandteil der Luft und der Gewässer. Das Element Radon besteht aus mehreren Isotopen. Die wichtigsten sind das Radon 222 aus der Uranzerfallsreihe und das Radon 220 aus der Thoriumzerfallsreihe. Diese beiden Radon-Isotope (= Bi, synonym: Bismut) unterliegen ihrerseits dem radioaktiven Zerfall. Die Radon-Folgeprodukte sind radioaktive Isotope der Elemente Polonium, Blei, Bismut und Thallium (vgl. Abb. 4).

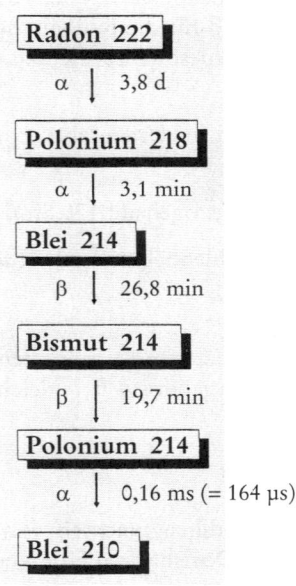

Abb. 4: Zerfallsreihe von Radon 222 (nach *Jacobi*, 1986)

Radon 222 zerfällt in mehreren Zwischenschritten über Blei 214 zu dem stabilen Isotop Blei 210 und setzt dabei bei mehreren Zerfallschritten Alpha-Strahlung frei. Diese dicht ionisierende Strahlung ist als Ursache der Lungenkrebserkrankungen anzusehen. Bei mehreren der Radonfolgeprodukte handelt es sich um radioaktive Schwermetalle, wie Polonium 214 bzw. 218 sowie Bismut 214, die an Grubenstäube gebunden inhaliert werden.

Aufnahme: Vorwiegend durch die Atemwege (Inhalation der Grubenluft und des mit Radionukliden belasteten Gesteinstaubes); die Strahlenexposition des Bronchialepithels ist besonders hoch. Inkorporation über die Haut.

Vorkommen: Arbeiten mit Uran und Thorium, zu Heilzwecken betriebene Radonbäder, Wasserwirtschaft, Erzgewinnung und -verarbeitung, vor allem in Sachsen-Anhalt, Thüringen, Sachsen (ehemalige WISMUT SDAG).

---

[70] Dazu: VB 27/93 = HV-Info 6/1993, 537; Bolm-Audorff, Sicher ist sicher 1992, 624; Bülhoff, BG 1993, 12 ff.; Renz, ebenda.

- **Expositionsermittlung (Job-Exposure-Matrix, JEM)**

Zur retrospektiven Klärung der Expostionsverhältnisse wurde eine Arbeitsplatz-Belastungs-Matrix erstellt[71]: Jedem Beschäftigten der Wismut AG kann – in Abhängigkeit von dem Beschäftigungsort und -jahr sowie der ausgeübten Tätigkeit – ein Belastungswert durch Radonfolgeprodukte, langlebige Radionuklide und externe Gamma-Strahlung zugeordnet werden. Diese Expositionsermittlung ist als Grundlage für die Tatsachenfeststellung im BK-Verfahren anerkannt.[72]

Im Untertagebau wird die Strahlenexposition überwiegend (ca. 90 %) durch Radonfolgeprodukte verursacht. Entscheidend für die biologische Wirkung ist die Alpha-Strahlung, die bei geringer Eindringtiefe insbesondere die Basalzellschicht des Bronchialgewebes schädigt.[73]

Für diese Strahlenexposition wird im Uranerzbergbau ein besonderer Dosisbegriff verwendet:

Working-Level-Month (**WLM**), bezogen auf 170 Stunden/Monat

erfasst die Energie der Alpha-Strahlenbelastung der Radonzerfallprodukte.

- **Krankheitsbilder**

Die Strahlenempfindlichkeit in einzelnen Organsystemen oder Geweben ist unterschiedlich, zudem differenziert die Organdosis bei gleicher Exposition vielfach (s. 20.4.2, S. 1180).

Lungenkrebs

Das als antizipiertes Sachverständigengutachten von der Rspr.[74] anerkannte Jacobi-I-Gutachten[75] ermöglicht, von der Dosishöhe auf die Verursachungs-Wahrscheinlichkeit zu schließen. Das Gutachten wurde auf der Grundlage epidemiologischer Basisdaten von Uranbergarbeiterstudien vornehmlich in der CSFR (Tschechien), in Kanada und in den USA entwickelt.

Bei einer Verursachungswahrscheinlichkeit von mindestens 50 % gilt wie bei einer Exposition von mindestens 200 WLM die berufliche Verursachung als wahrscheinlich. In Abhängigkeit von den Verhältnissen des Einzelfalls kann eine Verursachungs-Wahrscheinlichkeit größer als 50 % auch bei einer Exposition von weniger als 200 WLM erreicht werden.

---

[71] Lehmann, u.a., Belastung durch ionisierende Strahlung im Uranerzbergbau der ehemaligen DDR (Hrsg. HVBG) 1998; dazu Eigenwillig, Zbl Arbeitsmed 2004, 420; Eigenwillig, Zbl Arbeitsmed 2007, 375.

[72] BSG, SozR 4-8440 Nr. 92 Nr. 1 (18. 8. 2004) = HVBG VB 102/2004; Eigenwillig, Zbl Arbeitsmed 2007, 375.

[73] Scheidt-Illig, Schiele in: Arbeitsmedizin (Hrsg. Triebig, Kentner, Schiele) 2. Aufl. 2008 S. 236.

[74] SG Berlin, 30. 4. 2004, S 69 U 5/02 BB; SG Chemnitz, 2. 5. 2007, S 8 KN 164/04 U.

[75] Jacobi, u.a. Verursachungs-Wahrscheinlichkeit von Lungenkrebs durch die berufliche Strahlenexposition von Uran-Bergarbeitern der Wismut-AG (Hrsg. GSF-Forschungszentmm für Umwelt und Gesundheit) 1992 GSF-Bericht 92,14; die „Deutsche Uranbergarbeiterstudie" des Bundesamtes für Strahlenschutz (Grosche, u.a. British Journal of Cancer 95 [2006] 1280 zeigt demgegenüber ein deutlich geringeres Erkrankungsrisiko pro WLM).

Für die BK-Anerkennung ist eine ärztliche Stellungnahme bei entsprechender Exposition ausreichend.

Latenzzeit: 8–53 (im Mittel 22) Jahre

Extrapulmonale Krebserkrankungen (Tumorerkrankungen außerhalb der Lunge)

Für diese Erkrankungen liegen belastbare epidemiologische Studien aus dem Uranerzbergbau weltweit nicht vor. Individuelle Kausalzusammenhänge lassen sich nach dem dosimetrischen Ansatz des Jacobi-II-Gutachtens[76] darstellen. Grundlage des Jacobi-II-Gutachtens sind die fortgeschriebenen Daten der „Life-Span-Study" der Überlebenden von Hiroshima und Nagasaki (Dosis-Risiko [nicht Wirkungs]-Beziehungen).

Besonderheiten für Leukämie, Leber- und Knochenkrebs

Für diese Erkrankungen liegen epidemiologisch verwertbare Befunde und Kenntnisse – wenn auch an begrenzt vergleichbaren Personen – und damit eine übertragbare Epidemiologie vor.[77] Für die *chronisch lymphatische Leukämie* und dem *Hodgkin-Lymphom* ist ein vermehrtes Auftreten nicht zu beobachten.

Ein vereinfachtes Anerkennungsverfahren wie bei Lungenkrebs (Anerkennung auf Grundlage einer ärztlichen Stellungnahme) findet bei extrapulmonalen Tumoren keine Anwendung.

Aus der Rechtsprechung:

Anerkennung eines Kehlkopfkrebses
Das Gericht folgt den Sachverständigen, die das Jacob-II-Gutachten „als herrschende medizinisch wissenschaftliche Lehrmeinung" zu Grunde legten. Nach den daraus abgeleiteten Referenzwerten über die generelle Verursachungs-Wahrscheinlichkeit errechnete sich eine solche von 52,3 %[78].

Verursachungs-Wahrscheinlichkeit von 54 % unter Einbeziehung einer Strahlenempfindlichkeit des Betroffenen[79]

Ablehnung eines Kehlkopfkrebses
bei einer Verursachungs-Wahrscheinlichkeit von 1,8 %[80]

---

[76] Jacobi, u. a., Risiko und Verursachungs-Wahrscheinlichkeit von extrapulmonalen Krebserkrankungen durch die berufliche Strahlenexposition von Beschäftigten der ehemaligen Wismut AG BK-Report 4/1999 (Hrsg. HVBG) S. 75 mit Fachgespräch Extrapulmonale Krebserkrankungen Wismut.

[77] Jacobi, u. a., Mögliches Risiko und Verursachungs-Wahrscheinlichkeit von Knochen- und Leberkrebs durch die berufliche Alpha-Strahlen-Exposition von Beschäftigten der ehemaligen Wismut-AG, BK-Report 4/1999 (Hrsg. HVBG) S. 59 mit Fachgespräch Extrapulmonale Krebserkrankungen.

[78] Sächs. LSG, 27. 3. 2003, HVBG VB 102, 2004, bestätigt durch BSGE 93,149 (18. 8. 2004) = SozR 4-5670 Anh. 1 Nr. 2402 = SGb 2005, 529 m. Anm. Brandenburg.

[79] LSG Baden-Württemberg, 17. 2. 2004, L 13 KN 1768/00, juris.

[80] LSG Berlin, 14. 1. 2003, Meso B 50/22 = L 2 U 7/98, juris.

Lungenfibrose

Voraussetzungen:[81]

– Langfristige hohe inhalative Aufnahme von Gesteinsstäuben in Kombination mit ionisierenden Strahlen (Radon, Radonfolgeprodukte, Radionuklide)
– Überschreiten der akkumulierten Dosis im Target des alveolären bzw. interstitiellen Lungengewebes im Wert von 12 Sv, unter Zugrundelegung des Dosiskonversionsfaktors von 8mSv/WLM (Jacobi-I-Gutachten)
– Der Schweregrad korreliert mit der Strahlendosis.

20.5 Verbrennungsunfall

s. 11.2, S. 833

20.6 Elektrounfall*

Elektrische Unfälle *entstehen* durch

– Berühren unter Spannung stehender Teile im Nieder- und Hochspannungsbereich
– Nähern an – unter Hochspannung – stehende Teile, wenn die bis zu einem bestimmten Abstand isolierend wirkende Luft durchschlagen und dadurch der Abstand des Betroffenen zu den unter Hochspannung stehenden Teilen von einem leitenden Lichtbogen[82] überbrückt wird
– Hitzeeinwirkung elektrischer Lichtbögen
– Blitzschlag.

20.6.1 Wirkungen des elektrischen Stroms: Technische Aspekte[83]

Elektrischer Strom (I, Einheit: Ampere, A) ist die Bewegung geladener Teile (Elektronen oder Ionen; Q, Einheit: Coulomb, C) in der Zeit (t, Einheit: Sekunde). Stromstärke (Intensität I) ist abhängig vom Ladungstransport in der Zeit ($I = Q/t$). Elektrische Spannung (U, Einheit: Volt, V) ist die Potentialdifferenz, definiert mit $1\,V = 1\,W/A$, wobei W (Watt) die Einheit der elektrischen Leistung ist. Stromdurchfluss im Leiter erzeugt eine Wärmemenge (Einheit: Joule, J; $1\,J = 1\,W \times s$ (Wattsekunde). Demnach liefert Strom von 1 Ampere und 1 Volt dann 1 Joule pro Sekunde (entsprechend 1 Watt). Neben diesen Variablen entscheiden weitere Faktoren, z.B. Widerstand R (Einheit Ohm) bzw. Wechsel- oder Gleichstrom über Zustandekommen, Art und Ausmaß der Schäden nach Stromeinwirkung.

---

* Mitarbeit Priv. Doz. Dr. med. *W. Zschiesche*, Berufsgenossenschaft Elektro Textil Feinmechanik, Köln.
[81] Kotschy-Lang, Trauma Berufskrankh 5 (2003) 383.
[82] Ein Lichtbogen ist ein heißes elektrisch geladenes Gas, das meistens Hochspannung benötigt, um eine Strecke von einem Zentimeter zu überbrücken.
[83] Weiterführendes Schrifttum: Muehlberger, u.a., Unfallchirurg 104 (2001) 1122 Kieback, Thürauf, Valentin, Grundlagen der Beurteilung von Unfällen durch elektrischen Strom, Schriftenr. HVBG, 6. Aufl. 1988; Hauf, Zbl. Arbeitsmed. 1978, 305; Fritze, in: Die medizinische Begutachtung (Hrsg. Fritze, Mehrhoff) 7. Aufl. 2008 S. 832ff.

20.6.1.1 Stromart und Frequenz

Die gebräuchlichste Stromart ist der *Wechselstrom* mit einer Spannung von 220 Volt und einer Frequenz von 50 Hertz (Hz), d.h. der Strom schwingt 50-mal in der Sekunde von Plus nach Minus zurück und ändert dadurch 100-mal in der Sekunde seine Richtung.

Drehstrom ist ein dreiphasiger Wechselstrom.

Beim *Gleichstrom* fließt der Strom immer in die gleiche Richtung (vom positiven zum negativen Pol). In der Elektrochemie, Elektrotechnik und zum Betrieb von Bahnen wird er verwendet.

Wechselstrom ist im Allgemeinen in seiner physiologischen Wirkung auf den Organismus gefährlicher als Gleichstrom. Mit steigender Frequenz nimmt die spezifische Reizwirkung des Stroms auf erregbare Gewebe ab, der wärmeerzeugende Effekt nimmt zu.

Straßenbahnen und Oberleitungsbusse werden mit Gleichstrom von 500 bis 1.200 Volt Fahrdrahtspannung betrieben. Die Deutsche Bahn AG verwendet Wechselstrom von 15.000 Volt mit einer Frequenz von 16 2/3 Hertz. Überlandleitungen haben in der Bundesrepublik Deutschland Spannungen bis 380.000 Volt.

20.6.1.2 Spannung

Elektrischer Strom fließt nur, wenn Spannung vorhanden ist. Im Hinblick auf den elektrischen Unfall ist die Unterscheidung zwischen Niederspannung (50 bis 1000 Volt Wechselspannung) und Hochspannung (über 1000 Volt bzw. 1 kV Wechselspannung) bedeutsam.

Niederspannungsunfälle sind durch die spezifische Reizwirkung des Stroms auf erregbare Gewebe und die möglichen Wirkungen auf das Herz gefährlich. Über 90 % aller Niederspannungsunfälle werden durch den weit verbreiteten Wechselstrom (Frequenz von 50 Hz) verursacht.

Hochspannungsunfälle sind charakterisiert durch Lichtbogenverletzungen und Schäden infolge eines direkten Stromflusses im Körper sowie durch Verblitzung der Augen durch Kurzschluss- und Erdschlusslichtbogen. Infolge der Wärmewirkung von Lichtbogen auf den Körper und durch Wärmeentwicklung im Körper bei Durchströmung werden meist schwere Verbrennungen und Organschäden verursacht.

Da Unfälle durch *Schwachstrom* (z.B. in Klingelanlagen und in der Fernmeldetechnik) nicht auftreten, ist der Ausdruck „Starkstromunfall" verzichtbar.

20.6.1.3 Beschreibung der Zeit-Stromstärke-Bereiche

Beim elektrischen Unfall wird der menschliche Körper in den Stromkreis einbezogen. Die Stärke des Stroms (Stromstärke = Spannung : Widerstand), die durch den Körper fließt, ist maßgeblich für die Unfallfolgen.

Die IEC-Publikation „Wirkungen des elektrischen Stroms auf den Körper des Menschen" der Internationalen Elektrotechnischen Kommission benennt die Wirkungen von Wechselstrom im Frequenzbereich bzgl. Herzkammerflimmern von 15 Hz bis 100 Hz in Abhängigkeit von der Einwirkungsdauer des Stromes anhand der Abb. 5.

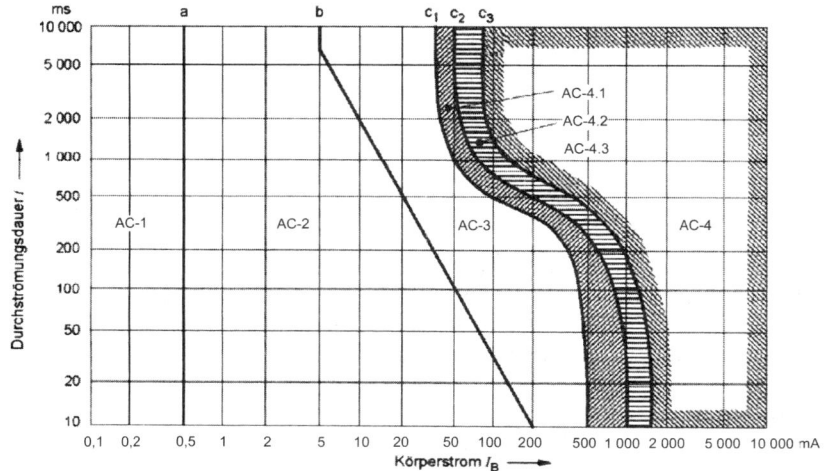

Abb. 5: Stromstärke/Zeit-Wirkungsdiagramm bzgl. Herzkammerflimmern
für Wechselstrom 15–100 Hz bei Stromweg li. Hand-Füße (vgl. Abb. 6, Spalten 1 und 2)
Aus: DIN IEC/TS 60479-1 (VDE V 0140-479-1):2007

Widerstand (Impedanz) des menschlichen Körpers

Die Impedanz des menschlichen Körpers als Gesamtwiderstand gegenüber einer Durchströmung mit Wechselstrom setzt sich aus der Hautimpedanz an den Berührungsstellen und der im Stromweg liegenden Körperinnenimpedanz zusammen. Da bei der Durchströmung des Körpers – abgesehen von einer sehr kurzzeitigen Anfangsphase – der Widerstand als „Ohmsche" Komponente vorrangig für den Stromfluss und seine Auswirkungen auf den Körper ist, soll – dem Sprachgebrauch folgend – allein der Begriff Widerstand (nicht Impedanz) verwendet werden.

Trockene, schwielige, verdickte Hornhaut hat einen sehr großen Widerstandswert, dünne, feuchte oder abgeschürfte Haut einen sehr geringen. Je höher die Frequenz des elektrischen Stroms ist und je länger dieser einwirkt, desto geringer wird der Hautwiderstand. Im Allgemeinen erfolgt im Bereich zwischen 50 und 100 V der *Hautdurchbruch* schon in wenigen Sekunden, häufig mit Blasenbildung, also bereits bei niedrigen Spannungen.

Die Größe des Körperinnenwiderstandes ist vom Stromweg im Körper abhängig. Wird er bei einer Durchströmung von Hand zu Hand mit 100 % angesetzt, so beträgt er – durch die Teilwiderstände der Gliedmaßen und deren Parallelschaltung bedingt – beim Stromweg Hand-Füße etwa 75 %, beim Stromweg Hände-Füße nur 50 %.

20.6 Elektrounfall

20.6.1.4 Wirkungsbereiche für elektrische Durchströmungen

Bereichs-kurzzeichen	Bereichsgrenzen	Physiologische Auswirkungen
AC-1	Bis 0,5 mA Linie a	Üblicherweise keine Reaktionen
AC-2	0,5 mA bis zur Linie b*)	Üblicherweise keine schädlichen physiologischen Effekte
AC-3	Linie b bis zur Kurve c_1	Üblicherweise wird kein organischer Schaden erwartet. Wahrscheinlichkeit von krampfartigen Muskelkontraktionen und Schwierigkeiten beim Atmen beim Stromfluss länger als 2 s. Reversible Störungen der Bildung und Weiterleitung der Impulse im Herzen, einschließlich Vorhofflimmern und vorübergehendem Herzstillstand ohne Herzkammerflimmern (Asystolie), zunehmend mit Stromstärke und Einwirkdauer.
AC-4	Oberhalb Kurve c_1	Zunehmend mit Stromstärke und Einwirkdauer können gefährliche pathophysiologische Effekte, wie Herzstillstand, Atemstillstand und schwere Verbrennungen, zusätzlich zu den Effekten von Bereich AC-3, auftreten.
AC-4.1	c_1–c_2	Wahrscheinlichkeit von Herzkammerflimmern steigt auf etwa 5 %.
AC-4.2	c_2–c_3	Wahrscheinlichkeit von Herzkammerflimmern bis etwa 50 %.
AC-4.3	Oberhalb Kurve c_3	Wahrscheinlichkeit von Herzkammerflimmern über 50 %.

*) Für Stromflussdauern unter 10 ms bleibt die Grenze des Körperstromes der Linie b konstant auf einem Wert von 200 mA.

Abb. 6: Beschreibung der Zeit-Stromstärke-Bereiche für Wechselstrom 15 Hz bis 100 Hz und die zu erwartenden physiologischen Auswirkungen (vgl. Abb. 5)

Für Gleichstrom liegt die Sicherheitsschwelle bei kurzer Durchströmungsdauer unter 100 ms, wie bei Wechselstrom bei 500 mA, bei längerer Durchströmungsdauer über eine Herzperiode geht sie auf etwa 150 mA zurück. Sie ist damit über dreimal größer als bei Wechselstrom (vgl. Abb. 5 und 6).

20.6.1.5 Übergangswiderstand

Art und Zustand der zufällig am Unfallort vorhandenen Materialien, welche die Übergangswiderstände bilden, sind letztlich ausschlaggebend, ob es sich um einen Bagatellunfall handelt, schwere Folgen oder der Tod eintreten: Schuhe mit Gummi- oder nassen Ledersohlen, Linoleumfußboden oder nasser Zementboden.

20.6.1.6 Stromweg

Der Stromweg ist bedeutsam für die Größe des wirksam werdenden Körperinnenwiderstandes, er gibt überdies Aufschluss, ob und inwieweit ein Organ – insbesondere das Herz (Herzstromfaktoren) – durchströmt wird.

Eine elektrische Organschädigung kann nur anerkannt werden, wenn das betroffene Organ in der Strombahn gelegen hat.[84]

Auch Stromschleifen können Organe schädigen, z. B. Herzkammerflimmern auslösen, falls sie an dem Organ die entsprechende, schwellenüberschreitende Stromdichte erzeugen. Die minimale Stromdichte, die Flimmern erzeugt, liegt bei 1 mA/cm².[85]

Insgesamt sind Querdurchströmungen (Hand-Hand, Arm-Arm) weniger gefährlich als Längsdurchströmungen (Hand-Füße).

Nach der Lokalisation der Strommarken, die nicht obligat sind, lässt sich der Stromweg bestimmen.

20.6.2 Wirkungen des elektrischen Stroms: Medizinische Aspekte[86]

Eine *Körperdurchströmung* kann im Wesentlichen bewirken:

- *Beeinflussung elektrisch leitender und elektrisch erregbarer Strukturen*; hierzu gehören Organe mit geringem elektrischen Widerstand, also hoher Leitfähigkeit, wie Nerven, Muskeln einschließlich Herzmuskel und Diaphragma sowie Blutgefäße. Die Wirkung tritt in der Regel unmittelbar ein.
- *Thermische Wirkungen*; diese erfolgen überwiegend an Strukturen mit hohem elektrischen Widerstand, also geringer Leitfähigkeit, wie Knochen, Sehnen und Fettgewebe. Auch andere Organsysteme einschließlich derjenigen mit geringem elektrischen Widerstand können thermisch geschädigt werden. Thermische Effekte führen zu Überwärmung von Gewebe und Koagulation mit Sekundärschäden, wie Thrombosen, Embolien, Hämorrhagien und Ödemen mit deutlicher zeitlicher Verzögerung auftretend.

Lichtbogenüberschlag oder *Blitzschlag* (s. 20.6.3, S. 1203) führen zu einer Körperdurchströmung mit deren potenziellen Folgen, wenn hierbei ein elektrischer Strom durch den Körper fließt (z. B. bei Schließung eines Stromkreises durch den Körper). Meist treten erhebliche Verbrennungen auf.

Abhängigkeit von Spannungsart und Spannungshöhe

Unterscheidung nach Spannungsart

Wechsel- bzw. Gleichspannung:

Bei Wechselspannung erfolgt bei jedem Polaritätswechsel eine Erregung von neuralen und muskulären Strukturen einschließlich des Herzens, sofern dieses im Stromweg liegt. Besonders das Herz und das Diaphragma sind im Frequenzbereich zwischen 10 und 100 Hertz (Hz) leicht erregbar, also auch durch die in Deutschland herrschende Wechselspannung in der Hausstromversorgung von 50 Hz. Mit zunehmender Dauer der Körper-

---

[84] Koeppen, Panse, Klin. Elektropathologie 1955.
[85] Schaefer, in: Brinkmann, Schaefer, Der elektrische Unfall, 1982.
[86] Übersicht s. Möller, u. a., Trauma Berufskrankh 5(2005) 310; Cooper, Johnson, Electrical Injuries in: Emergency Medicine – Concepts and clinical practise (Hrsg. Rosen, Barkin) 3. Aufl. St. Louis 1992 S. 969–978; Browne, u.a., Electrical injuries and lightning, Environmental Emergencies 10 (1992) 211–229.

20.6 Elektrounfall

durchströmung nimmt deshalb die Wahrscheinlichkeit zu, dass Polaritätswechsel in die vulnerable Phase der Herzerregung (Repolarisation) fallen und hierbei Kammerflimmern, andere Herzrhythmus- oder Erregungsleitungsstörungen verursachen; außerdem nimmt die Wahrscheinlichkeit von Diaphragma-Kontrakturen mit hierdurch bedingter Atemlähmung zu. Die Stärke peripherer Muskelkontrakturen und ein thermischer Effekt ist durch Wechselstrom größer als durch Gleichstrom.

Gleichstrom führt am Herzen nur zu Beginn und am Ende bzw. bei Unterbrechung zu Beeinflussungen des Reizbildungssystems und ist daher bezüglich der Kammerflimmer-Schwelle wesentlich weniger kritisch als Wechselstrom.

Oberhalb einer Frequenz von 10.000 Hz (1 kHz) erfolgt kein Einfluss von Wechselstrom auf die elektrisch erregbaren Strukturen des Organismus.

Thermische Effekte durch Wechselspannung erhöhen sich mit steigender Frequenz.

Einteilung nach Spannungsstärken

- Kleinspannung: < 50 Volt (V) Wechselstrom (~) / <120 (Volt) V Gleichstrom (=): in aller Regel ohne Wirkung auf den Organismus.
- Niederspannung: < 1.000 V (1 kV) ~ / < 1.500 V (1,5 kV) =: Effekte hauptsächlich auf die elektrisch erregbaren und leitenden Strukturen; bei längerer Körperdurchströmung auch thermische Effekte.
- Hochspannung: ≥ 1.000 V ~ / ≥ 1.500 V =: Primär thermische Effekte, Myokardasystolie möglich, häufig kein Kammerflimmern, auch andere Effekte auf die erregbaren Strukturen.

Relevante Parameter für die potenziellen Wirkungen einer Körperdurchströmung

- Spannungsart (Wechselstrom bzw. Gleichstrom)
- Stromstärke (mA) im Organismus
- Stromweg innerhalb der Organismus

Bei einer Frequenz von 50 Hz Wechselstrom liegt

- die Empfindungsschwelle bei ca. 1 mA Körperstrom
- die Loslassschwelle, bis zu der sich der Betroffene aus eigener Kraft von der Stromquelle befreien kann, bei ca. 16 mA Körperstrom durch die spannungsberührende Muskulatur
- der Beginn passagerer EKG-Veränderungen bei ca. 30 mA, wenn das Herz im Stromweg liegt.

Herzkammerflimmern wird durch Wechselstrom von 50 Hz im Allgemeinen nicht ausgelöst, wenn die Körperdurchströmung unter 150 Millisekunden (ms) dauert. Die Loslassschwelle wird durch Wechselstrom von 50 Hz generell nicht erreicht, wenn die Körperdurchströmung unter 500 ms dauert.

Sog. „Wischer" führen daher in der Regel nicht zu Kammerflimmern.[87]

---

[87] Kupfer, Z gesamte Hyg 36 (1990) 586 ff.

Ergänzend s. Abb. 5 (S. 1192) und 6 (S. 1193).

Elektrophysiologische und thermische Wirkungen

in Abhängigkeit von Dauer der Körperdurchströmung und Stromweg

Körperstrom (mA)	Mögliche Wirkungen
0 bis 0,6	Unmerklich
0,6 bis 6	Merklich, Muskelkontraktionen, überwindbar
6 bis 15	Schmerzen, Erreichen der Loslassschwelle
15 bis 25	Loslassschwelle meist überschritten, leichte Behinderung der Atmung, leichte Beeinflussung des Kreislaufs
25 bis 50	Loslassen unmöglich, Behinderung der Atmung, Tachykardie, Arryhythmien, Blutdruckanstieg
50 bis 80	Steigende Gefahr von Herzkammerflimmern bei Durchströmung > 1 Herzperiode; Arrhythmien, Asystolie des Herzens; Blutdruck stark erhöht; zunehmende Letalität
80 bis 120	Gefahr von Herzkammerflimmern zunehmend
120 bis 800	Steigende Gefahr von Herzkammerflimmern bei Durchströmung < 1 Herzperiode; ansteigende Letalität
800 bis 2.000	Kammerflimmern häufig; thermische Wirkung bei Durchströmung > 10s; Synkope
> 2.000	Kammerflimmern; zunehmende thermische Gefährdungen; Synkope; Lungenschäden

Effekte bei Körperdurchströmungen

Zur Einschätzung der Folgen im Einzelfall ist genaue Analyse des Unfallhergangs, der wirksamen Spannungshöhe, der Spannungsart, des mutmaßlichen Stromwegs und der Stromstärke im Körper sowie der Dauer der Körperdurchströmung erforderlich.

- Herz

Erregungseffekte: *Eintritt sofort innerhalb von Minuten.*
Vorgeschädigtes Myokard (koronare Herzkrankheit, Arrhythmien) ist besonders gefährdet:

Tachykardien, Bradykardien; alle Formen von Rhythmus- und Erregungsbildungsstörungen (wie atriale/supraventrikuläre Extrasystolen; ventrikuläre Extrasystolen einschließlich Couplets und Salven, Herzkammerflimmern); Repolarisationsstörungen

Erregungsleitungsstörungen (z.B. AV-Block unterschiedlichen Grades; Schenkelblockbilder; Asystolie; Abfall der Auswurfleistung (Ejektionsfraktion).

Thermische Effekte: Myokardnekrosen, Myokardinfarkte (bei Niederspannungsunfällen selten), CK- und CK-MB-Erhöhung, Troponin-, Troponin I- und Troponin-T-Erhö-

20.6 Elektrounfall

hung; Schädigungen der Koronararterien (Intima, Media) mit sekundärer Thrombosierung und Ödembildung sowie sekundärem, verzögert einsetzendem Myokardinfarkt (bei Niederspannungsunfällen selten)

- **Blutgefäße**

Erregungseffekte: Gefäßspasmen

Thermische Effekte: Nekrosen von Intima und Media; Thrombosen (arteriell und venös), Embolien; sekundäre Ödembildung, Hämorrhagien

- **Kreislauf**

Akut *(sympatikotone Wirkung):* Hypertonie

Sekundär: Hypotonie, Schock; Sepsis (bei Superinfizierung von nekrotischem Gewebe)

- **Muskulatur, Sehnen, Gelenke**

Erregungswirkung: Myalgie, Kontraktion, Tetanie, Atemlähmung, Rupturen, Luxationen

Thermische Effekte: Ödeme, Nekrosen, Rhabdomyolyse, Kompartment-Syndrom; sekundäre Infektionen mit Myositis und Fascitis; Myoglobinämie und Myoglobinurie; sekundäres Nierenversagen (analog zu Quetschungssyndrom)

- **Nervensystem**

Erregungswirkung: *Meist unmittelbar einsetzend und reversibel:* Synkopen, Kopfschmerz, Schwindel, Amnesie, Verwirrtheit, zentrale Atemlähmung, Krampfanfälle (bei Schädeldurchströmung); Dys-, Parästhesien, Paresen (Art und Ausprägung abhängig von durchströmtem Gewebe)

Thermische Effekte: *Direkt oder indirekt infolge Ödembildung, Kompression, Myelinscheidenschädigungen, sekundären Durchblutungsstörungen, metabolischen Schäden noch spät einsetzend, Prognose wechselnd:* Nekrosen, Spinalsyndrom, Epilepsien, Aphasie, Erblindung, Ertaubung, zentrale/spastische sowie periphere/schlaffe Paresen; Dys- und Parästhesien, ALS-Symptomatik, sekundäre Muskelatrophien

- **Haut**

Strommarken, Blasenbildung, Verbrennungen, Carbonisation; Impetiginisierung, sekundäre systemische Infektionen.

- **Niere**

Nekrosen (als direkte thermische Schädigung selten)

sekundär: Myoglobinurie, Hämoglobinurie, Nierenversagen *(infolge Quetschungssyndrom oder Schock)*

- **Lunge**

Nekrosen (als direkte thermische Schädigung selten)

sekundär: Emphysem, Ödem *(zum Teil kardiogen)*

- **Gastrointestinaltrakt und ableitende Harnwege**

Schädigungen selten, vereinzelt beschrieben für Dünn- und Dickdarm, Leber, Gallenblase, Pankreas und Harnblase

- **Auge**

Akut durch UV-Licht bei Lichtbogenüberschlag: Keratokonjunktivitis photoelectrica („Verblitzen")

Thermische Effekte: Verbrennungen; Katarakt; Retina-Schäden; Schäden des N. opticus; Skotome, Amblyopie

- **Innenohr**

Akut durch Lichtbogen oder Blitz: Akustisches Trauma

Thermische Wirkung: Cochlea-Innenohrschäden, Schäden N. statoacusticus

- **Psyche**

Akut: psychischer Schock (auch bei Unfallzeugen);

nachgehend: posttraumatische Erlebensverarbeitung bis zur Posttraumatischen Belastungsstörung, Fehlverarbeitungsfolgen (z.B. Dissoziative Störung), Depression

20.6.2.1 Verbrennungen

Allgemeine Hinweise s. 11.2, S. 833

Entscheidend für das Ausmaß der Verbrennung (Wärmewirkung) sind Stromstärke, Gewebewiderstand, Dauer des Stromflusses und Größe der Kontaktfläche.

Elektrothermische Verbrennungen sind gekennzeichnet durch tiefgreifende Zerstörung der Haut und der stromdurchflossenen Gewebeteile, vor allem der Muskulatur und der Gefäße. Der Stromdurchgang erzeugt im Gewebe Wärme, die zur Nekrose führt. Außerdem breitet sich der elektrische Strom vor allem entlang den Blutgefäßen aus und verursacht ischämische Nekrosen.

Strommarken (Kleinstverbrennungen) sind kleinflächige umschriebene Schädigungen der Haut an der Ein- und Austrittstelle des elektrischen Stroms auf Grund der Hitzeentwicklung. Bei großflächiger Berührung und geringem Übergangswiderstand können sie fehlen. In etwa 35 % tödlich verlaufender Niederspannungsunfälle wurden keine Strommarken gefunden. Der Nachweis des Kausalzusammenhanges ist durch Ausschluss anderer Todesursachen zu führen.

20.6.2.2 Veränderungen am Herzen[88]

Durch Stromeinwirkung entstandene Rhythmusstörungen klingen nach Tagen oder Stunden ab. Dauerhafte Herzschädigungen sind selten, in der Regel nur bei vorgeschädigtem Herzen zu erwarten.

Ein elektrischer Unfall mit Auswirkungen auf das Herz führt entweder durch Kammerflimmern oder primären Herzstillstand zum Tode:

Bereiche	Stromstärke	zu erwartende Auswirkungen am Herzen
I	**Gleichstrom** Stromstärke unterhalb etwa 80 mA Spannungen von 110, 220 bis 800 Volt **Wechselstrom** Stromstärke unterhalb etwa 25 mA Spannungen von 110, 220, 380 Volt Frequenz 50 Hertz	außer mäßiger Blutdrucksteigerung keine Schädigungen oder Auswirkungen am Herzen
II	**Gleichstrom** Stromstärke zwischen 100 und 300 mA Spannungen von 110, 220 bis 800 Volt **Wechselstrom** Stromstärke zwischen 25 und 80 mA Spannungen von 110, 220, 380 Volt	nach vorübergehendem Herzstillstand erscheinen Herzarrhythmien und Blutdrucksteigerung; bei einer Einwirkungsdauer von 25 bis 30 Senkungen kann es nach dem Herzstillstand zu Kammerflimmern kommen
III	**Gleichstrom** Stromstärke zwischen 300 mA und 3 bis 8 A Spannungen von 110, 220 bis 800 Volt **Wechselstrom** Stromstärke zwischen 80 und 100 mA und 3 bis 8A Spannungen von 110, 220, 380 Volt	irreversibles Herzkammerflimmern – außer bei sehr kurzen Einwirkungszeiten von 0,1 bis 0,3 Sekungen – bei Gleichstrom nur wenn das Herz bei einem Stromweg Hände-Füße-Erde oder Kopf-Füße-Erde (=Längsdurchstromungsweg des Körpers) unmittelbar im Stromweg gelegen ist
IV	Stromstärken oberhalb von 3 bis 8 A Spannungen über 3000 V Wechselstrom	nach vorübergehendem Herzstillstand erscheinen Arrhythmien; Herzkammerflimmern wird nicht beobachtet; im Vordergrund stehen Hitzeschäden; durch Muskelkrämpfe kommt es zu erheblicher Blutdrucksteigerung; nach einer Einwirkungsdauer von wenigen Sekunden tritt der Tod durch schwerste Verbrennungen ein.

---

[88] Dazu: EKG-Befunde nach Stromunfällen, Med. Bericht 1972 m. Beiträgen v. Bleifeld, u.a., Thürauf, Valentin, Schaefer, Institut z. Erforschung elektr. Unfälle b. d. BG d. Feinmechanik u. Elektrotechnik, 1972; Sigmund, u. a., VersMed 43 (1991) S. 148 ff.

Häufigkeit und Nachweis von Veränderung im EKG

Die Auswertung von Elektrokardiogrammen nach Stromunfällen[89] zeigten, dass Elektrounfälle nur sehr selten zu andauernden Veränderungen des Elektrokardiogramms führen.

20.6.2.3 Vorgehen nach Stromunfällen

- **Niederspannungsunfälle**

Vorgehen bei kurzer, komplikationsloser Körperdurchströmung

Zahlreiche Niederspannungsunfälle ergeben sich aus einem kurzen Kontakt mit der Spannungsquelle, deren Berührung sofort aus eigener Kraft beendet wird („Wischer").

Thermische Effekte auf den Organismus treten nicht auf.

Die Effekte auf erregbare und leitende Strukturen des Organismus stellen sich unmittelbar mit der Körperdurchströmung innerhalb von Minuten ein; dies betrifft insbesondere die Erregungsbildung und -leitung, Kontraktionskraft des Herzens sowie das Nervensystem.

Da Arrhythmien mit sekundärem Herzkammerflimmern möglich sind, ist unmittelbare ärztliche Kontrolle erforderlich. Zwar können Herzrhythmusstörungen subjektiv als „Herzstolpern" und Unregelmäßigkeit des Pulses bemerkt werden, ein sicheres Warnsignal ist solches nicht.

Die Durchführung eines EKG mit 12 Ableitungen und mehrminütiger Rhythmusanalyse ist notwendig. Zudem ist eine eingehende Anamnese zu erheben und eine körperliche Untersuchung durchzuführen mit Abklärung von Strommarken, Verbrennungen sowie eine kardiopulmonale Auskultation, Abklärung neurologischer Auffälligkeiten und Zeichen einer akuten Herzinsuffizienz.

Nachfolgende Entlassung ohne weitere ärztliche Kontrolle setzt voraus:

- Niederspannung unter 1.000 V Wechselstrom bzw. unter 1.5000 V Gleichstrom
- nur kurze Berührung eines spannungsführenden Teils ohne „Festkleben am Strom"
- nach dem Unfall Verneinung von Beschwerden
- nach dem Unfall keine Synkope
- im EKG keine formanalytischen Auffälligkeiten, keine Rhythmusstörungen
- keine Anhaltspunke für verminderte kardiale Leistung
- keine Strommarken, keine Verbrennungen
- keine sekundären Unfallfolgen, z.B. infolge Vermeidungsreaktion oder Sturz
- subjektiv völliges Wohlbefinden
- klinische Untersuchung ohne Auffälligkeiten

- **Hochspannungsunfälle**

Nach Hochspannungsunfällen oder Lichtbogenüberschlag ist auch bei anfänglichem Wohlbefinden mit thermischen Wirkungen auf den Organismus, auch mit längerer Latenz-

---

[89] Effert, Kieback, u. a., arbeitsmedizin aktuell, Lfg. 30 7/1992; Wrobel, Dtsch. Med. Wochenschr. 113 (1988) 1554ff.

zeit von Stunden bis Tagen, zu rechnen. Häufig sind ärztliche Behandlungen erforderlich; eine Vielzahl von Hochspannungsunfällen endet letal.

Der Betroffene ist sofort medizinisch zu versorgen und in die Unfall- oder Aufnahmestation einer Klinik zu überstellen. Von dort muss eine engmaschige Kontrolle, bei Bedarf fachärztliche Behandlung in Abhängigkeit von den Symptomen und Befunden veranlasst werden.

20.6.2.4 Anhaltspunkte für die Begutachtung

- **Niederspannungsunfälle**

Niederspannungsunfälle bewirken im Allgemeinen keine thermischen Effekte; solche sind nach längerer Körperdurchströmung bzw. höheren Körperströmen zu erwarten.

Im Vordergrund stehen Effekte der elektrisch erregbaren und leitenden Strukturen, insbesondere des Herzens und des Nervensystems, soweit sie im Stromweg des Körpers liegen. Diese treten im unmittelbaren zeitlichen Zusammenhang mit der Körperdurchströmung auf. Ein vorgeschädigtes Herz (koronare Herzkrankheit, Arrhythmien) gilt als besonders anfällig für Stromwirkungen.

Symptome am Herzen äußern sich innerhalb von Minuten in Form von Erregungsbildungs- oder -leitungs-, Repolarisations-, Rhythmusstörungen jeglicher Art bis zum Kammerflimmern und zur Asystolie. Sie sind, sofern sie überlebt werden, generell spontan oder medikamentös bzw. durch Kardioversion reversibel.

Kardiale Symptome, die ohne unmittelbare Veränderungen nach dem Stromunfall verzögert eintreten, können im Allgemeinen nicht auf den Unfall zurückgeführt werden; von vorbestehenden Symptomen und Erkrankungen sind sie abzugrenzen. Ein zu Beginn der Tätigkeit oder zeitnah vor dem Stromunfall angefertigtes Vor-EKG ist für die Beurteilung hilfreich.

Periphere und zentrale neurologische Symptome äußern sich ebenfalls in engem zeitlichen Zusammenhang mit der Körperdurchströmung; Dys- und Parästhesien sowie Paresen können einige Zeit anhalten. Die Symptome sind reversibel.

Herzinfarkte oder Angina pectoris bei Niederspannungsunfällen sind selten bekannt; bei engem zeitlichen Bezug zur Körperdurchströmung können sie, z.B. infolge Vasospasmus oder Rhythmusstörung, ursächlich auf den Unfall zurückgeführt werden; eine besondere Vulnerabilität bei Vorschädigung, wie koronarer Herzkrankheit, besteht.

Herzinfarkte oder Repolarisationsstörungen, die Tage oder Wochen nach einem Niederspannungsunfall ohne erkennbare thermische Wirkung auftreten, sind im Allgemeinen nicht als Unfallfolge bewertbar; meist liegen erhebliche Vorerkrankungen vor.

Auch nach blande verlaufenden Stromunfällen sind noch kardiale Symptome bekannt, die weder durch elektrophysiologische, ergometrische noch bildgebende Verfahren zu objektivieren sind; hierbei kann es sich um eine Fehlverarbeitung des Unfallgeschehens handeln („funktionelle Angina pectoris"). Inwieweit eine dem Trauma adäquate Reaktion als mittelbare Unfallfolge vorliegt oder andere Persönlichkeitsmerkmale ursächlich sind, bedarf der Abklärung im Einzelfall.

Gleiches gilt für andere Formen der posttraumatischen Erlebnisverarbeitung.

- **Hochspannungsunfälle**

Bei Hochspannungsunfällen treten häufig thermische Effekte auf. Diese führen zu unmittelbaren Schädigungen, aber auch zu Symptomen mit Latenzzeiten (durch Thrombosierungen, Ödembildungen und durch Kompressions- und Kompartment-Syndrome). Oft werden nur segmentale Bereiche betroffen. Neurologische Krankheitsbilder können hierdurch spät auftreten und sind hinsichtlich der betroffenen Struktur schwer zugänglich lokalisierbar.

Der Kausalzusammenhang mit einem länger zurückliegenden Stromunfall ist meist schwierig zu bewerten.

Eine möglichst genaue Anamnese, Spannungsstärke, der Rekonstruktion des Stromwegs im Organismus, anzunehmende Körper- und Organströme sowie Dauer der Durchströmung sind zu erheben, ggf. durch technische Sachverständige zu rekonstruieren und mittels eingehender Zusatzbeurteilungen zu ergänzen.

Psychische Symptome, wie Depressionen oder posttraumatische Erlebensstörungen werfen ebenfalls, häufig als Spätsymptome, gutachterliche Probleme auf.

- **Besondere Aspekte**[90]

(1) Ergeben sich nach einem Elektrounfall in einer Verlaufsserie von Elektrokardiogrammen wenige Stunden bis maximal zwei Tage nach dem Elektrounfall erhebliche EKG-Veränderungen, die sich dann im Laufe von Tagen, Wochen oder Monaten zurückbilden, ist mit Wahrscheinlichkeit der Elektrounfall die Ursache dieser Herzstörungen.

(2) Finden sich nach einem Elektrounfall im ersten aufgenommenen Elektrokardiogramm Abweichungen gegenüber der Norm, die bei Kontrollen in den nächsten Tagen und Wochen reversibel sind, deutet dies mit Wahrscheinlichkeit auf Verursachung durch den Elektrounfall.

(3) Zeigen sich nach Elektrounfällen insbesondere bei älteren Personen im Elektrokardiogramm erhebliche Abweichungen von der Norm, die bei Kontrollen in den nachfolgenden Wochen und Monaten stationär sind, so mögen diese Abweichungen durch den Elektrounfall verursacht sein. Wahrscheinlichkeit kann bei fehlenden Vorbefunden im Einzelfall meist nicht erbracht werden.

Der Zusammenhang zwischen Stromunfall und Herzleiden setzt voraus[91]:

– Herz in der Strombahn, bzw. von hinreichend starken Stromschleifen durchflossen
– elektrischer Reiz in einer Größenordnung, der organische Schäden bewirken kann
– Herzbeschwerden sofort nach dem Unfall
– Ausschluss kardialer Vorbefunde, als Unfallfolge angegeben.

---

[90] Valentin, Thürauf, Arbeitsmed. Kolloquium HVBG München 1973 S. 29, 34.
[91] SG München, 7.1.1957, SozVers 1957, 186, 188; LSG Rheinland-Pfalz, 28.9.1956, BG 1957, 170; s. auch Rohrbach, MfU 1970, 434 ff.

Aus der Rechtsprechung:
Hat die Berührung mit elektrischem Strom mittlerer Stärke geringe Herzbeschwerden und kleine Brandwunde, aber keine Arbeitsunterbrechung zur Folge, kann der Unfall nicht als Ursache eines zwölf Monate später auftretenden akuten Herzinfarkts mit nachfolgendem Tod gewertet werden.[92]

20.6.3 Blitzschlag

Charakteristisch für den Blitzschlag sind extrem hohe Stromstärke und sehr kurze Expositionsdauer: Spannungen zwischen Wolken und Erdoberfläche von mehr als 100 000 000 Volt, Blitzladung dauert etwa 0,02 s mit Stromstärken von einigen 100 000 Ampere. Die Luft erhitzt sich im Blitzkanal bis auf etwa 30 000 °C und dehnt sich dabei explosionsartig aus (Gewitter).

Mechanismen der Energieübertragung[93]

- direkter Treffer mit Stromdurchfluss durch den Körper: Blitzeintrittstellen Kopf, Schulter, lochartige Stromdurchschläge an Füßen bzw. Schuhwerk
- *Kontakteffekt:* Blitzschlag in einen berührten Gegenstand (z.B. Golfschläger), Stromweg verläuft über den Körper
- *Überschlagungseffekt:* Schlag in ein Objekt (z.B. Baum), Teil der Energie wird auf eine Person in der Nähe übertragen
- *Blitzschritteffekt:* Betroffener steht mit gespreizten Beinen bis zu 200 m vom Blitzeinschlag entfernt, Strom tritt über ein Bein in den Körper, über das andere aus dem Körper
- *Telefon- bzw. leitervermittelter Effekt:* Blitz trifft direkt in Telefonleitung oder Elektrokabel und wird – mit geringerer Energie – zum Telefonapparat oder elektrischen Gerät fortgeleitet; Schädigung während der Bedienung

Oberflächeneffekt bei allen Mechanismen: Der Hauptanteil des Blitzstroms wird – in Folge eines Spannungsabfalls durch den Hautwiderstand – in Form einer Gleitentladung längs der Körperoberfläche abgeführt, dies erklärt das Überleben bei Blitzeinwirkung.[94]

20.6.3.1 Klinisches Bild

Elektrische Energie, hohe Temperatur und explosive Kraft der Druckwelle sind verantwortlich für Erkrankungen und Tod.

Todesursachen (selten, 3 bis 5 Fälle jährlich)

- Herzrhythmusstörungen, Atemlähmung sekundärer Kreislaufstillstand, Zerreißung innerer Organe bei Soforttodesfällen[95]
- Myokardinfarkt und -läsion, Verbrennungen, sekundäres Nierenversagen

---

[92] LSG Rheinland-Pfalz, 28. 9. 1956, BG 1957, 170.
[93] Zack, u. a. Rechtsmedizin 14 (2004) 396.
[94] Zack, u. a., Dtsch. Ärztebl. 2007 (104) A 3545.
[95] Karobath, u. a., Münch Med Wschr 1977, 29.

Hautverletzungen

Verbrennungen und Verbrühungen, meist 1. und 2. Grades[96], Hautareale mit Kontakt zu anliegenden Metallobjekten häufig 3. Grades. Farnkrautartige Lichtenbergsche Blitzfigur auf der Haut, an Schuhwerk oder auf der Erde, nach Stunden bis Tagen verschwindend.

Herzerkrankungen

Störungen der Erregungsbildung oder -leitung, pektanginöse Beschwerden, akute Myokardinfarkte, Perikardergüsse. Im Vordergrund Kammerflimmern und Asystolie. Regelmäßig Verlust der Funktionstüchtigkeit von Herzschrittmachern

Nierenschäden

Sekundäres Nierenversagen (nach 3 bis 8 Tagen), in schweren Fällen Hyperkaliämie mit nachfolgendem Herzstillstand[97]

Neurologische Schäden

Zerebral oder kardial bedingte Bewusstseinsstörungen zwischen Desorientiertheit mit retrograder Amnesie und Bewusstlosigkeit[98]

Schädigungen des gesamten Nervensystems[99], besonders der Hirnnerven (z.B. optische oder akustische Störungen) und des peripheren Nervensystems (motorische, sensorische, vegetative und reflektorische Störungen)

Psychische Effekte

Depressionen, Ermüdung, kognitive Störungen, Fotophobien und posttraumatische Belastungsstörungen

Sehorgan

Cataracta electrica (2 bis 4 Monate nach Unfallereignis, aber auch sofort oder nach vielen Jahren), selten Läsion der Retina, vorübergehende oder dauerhafte Erblindung

Hörorgan

Verletzungen des Hör- und Gleichgewichtsorgans, Trommelfellruptur mit nachfolgender Schwerhörigkeit. Für telefonvermittelte Blitzunfälle typisch sind Verbrennungen des äußeren Gehörgangs, Perforation des Trommelfells, Tinnitus, bilaterale Taubheit, Vertigo und Nystagmus

---

[96] Sütz, u.a. Unfallchirug 109 (2006) 495.
[97] Kirchmair, Dtsch Med Wschr 1982, 857.
[98] Eber, u.a., Z. Kardiol 1989, 402.
[99] Kleiter, u.a. Dt. Ärzteblatt 2008 (105) 224.

Traumatische Verletzungen

Durch Sekundäreffekte (Schleudern, Sturz): Nekrosen der Skelettmuskulatur[100], Muskelkontraktionen, Knochenfrakturen, durale, subdurale, subarochnoidale oder intrazerebrale Blutungen, Rupturen innerer Organe

Leibesfrucht (§ 12 SGB VII)

Stärker gefährdet als die Schwangere selbst.

20.6.3.2 Rechtliche Bewertung

Der Blitzschlag ist als „Gefahr des täglichen Lebens" (s. 1.6.1, S. 26 f.) dem betrieblichen Bereich ursächlich zuzurechnen, wenn er während der Ausübung versicherter Tätigkeit eintritt. Es kommt nicht darauf an, ob das Unfallereignis auch außerhalb der Betriebsstätte hätte eintreten können, sondern ob dem Versicherten zu derselben Zeit und in derselben Art auch außerhalb des Betriebes das Unfallgeschehen wahrscheinlich zugestoßen wäre.

Da dieser Nachweis nach menschlicher Einsicht nicht zu erbringen ist, stellt der Blitzschlag als „Unfall des täglichen Lebens" während versicherter Tätigkeit einen Arbeitsunfall dar. Dies gilt auch für den Blitzschlag, der sich auf dem versicherten Weg ereignet, sowie für „zwangsweise" eingelegte Pausen, um Schutz zu suchen.[101]

20.7 Elektromagnetische Felder

Ein elektrisches Feld bildet sich zwischen einem spannungsführenden elektrischen Leiter und der Erde. Wird dieser Leiter von einem elektrischen Strom durchflossen, so umgibt ihn eine Magnetfeld. Bestehen beide Felder, spricht man von einem elektromagnetischen Feld.[102]

Strom (Einheit Ampere, A) durch eine Fläche senkrecht zur Stromrichtung ist die *Stromdichte* (Einheit A/m²).

Das *Magnetfeld* wird durch die magnetische Flussdichte in Tesla (T) bestimmt.

Statische elektrische oder magnetische Felder

zeitlich sich nicht verändernd, Entstehung durch Ladung im Raum

Niederfrequente elektrische oder magnetische Felder (0 Hz bis 100 kHz)

Hochfrequente elektromagnetische Felder (100 kHz bis 300 GHz)

Übergangsbereich

von etwa 30 kHz bis etwa 100 kHz; hinsichtlich der biologischen Wirkungen stellt dieser den Übergang von den niederfrequenten Reizwirkungen (auf Sinnes-, Muskel-, Nervenzellen) zu den hochfrequenten Wärmewirkungen dar.

---

[100] Püschel, Beitr. Gerichtl. Med. 1979, 142.
[101] s. auch Schmidt, Versicherungsmedizin 46 (1994) 2, 3; Winter, NZS 2009, 199.
[102] Dazu: Bernhardt, Dt. Ärzteblatt 2002, 1898.

Quellen und Anwendungsgebiete elektromagnetischer Felder[103]

Frequenzbereich	Quellen/Anwendungsgebiete
Statische Felder	Elektrolyse, Galvanotechnik, Hochenergiebeschleuniger, Medizin (Kernspintomografie)
1 Hz bis 30 kHz	Energieversorgung, Freileitungen, Umspannanlagen, Bahnstromleitungen, Induktionserwärmung (Schmelzen, Löten, Härten), Lichtbogen-, Widerstandsschmelzen von Stahl/Glas
30 kHz bis 3MHz	Rundfunk (LW, MW), Radionavigation, Induktionserwärmung (Löten, Härten)
3 MHz bis 30MHz	Trocknen, Leimen, Polymerisieren, Schweißen, Sterilisieren, Medizin (Kurzwellendiathermie), Rundfunk (KW)
30 MHz bis 300MHz	Luftverkehrskontrolle, Rundfunk (UKW), Fernsehen (VHF)
300 MHz bis 3GHz	Fernsehen (UHF), Radar, Richtfunk, Mobilfunk, Medizin (Hyperthermiebehandlung), Mikrowellenerwärmung
3 GHz bis 30GHz	Radar, Richtfunk, Navigation, Diebstahlsicherung
30 GHz bis 300GHz	Radioastronomie, Radiometeorologie, Raumforschung

Die Netzfrequenz (Haushalte, Industrie) beträgt 50 Hz (USA, Japan 60 Hz) bzw. bei der elektrischen Energieversorgung der Bahn 16 2/3 Hz.

Im Krankenhaus zeigen sie sich vor allem in der Hochfrequenzchirurgie und im unmittelbaren Bereich des Magnetresonanztomographen[104] Risiken für Patient und Personal:

- Erwärmung von Implantaten
- Verbrennungen beim Berühren von Metallgegenständen, in denen Hochfrequenzströme infolge induzierter Spannungen fließen
- Exposition von Körperteilen außerhalb des therapeutischen Wirkbereiches
- Funktionsbeeinflussungen von elektromedizinischen Geräten oder energetisch betriebenen Implantaten (Herzschrittmacher).

---

[103] Scheidt-Illig, Schiele, Positionspapier der Dt. Ges. für Arbeitsmedizin und Umweltmedizin, ASU 41 (2006) 430, 431.
[104] Dazu: Sicherheit im Gesundheitsdienst: Medizintechnik, Strahlung, Elektrizität (Hrsg. Internationale Sektionen der IVSS für die Verhütung von Arbeitsunfällen und Berufskrankheiten durch Elektrizität, Gas, Fernwärme, Wasser und im Gesundheitswesen) 2001; Schmidt, BG 2002, 66, 354; UVV „Elektromagnetische Felder" (BGV B 11), 2001; BIA-Report 6/03: Elektromagnetische Felder an Anlagen, Maschinen und Geräten, Hrsg. HVBG 2003.

20.7 Elektromagnetische Felder

Induzierte Stromdichtebereiche (3 Hz bis 1000 Hz) und ihre biologischen Wirkungen sowie dafür erforderliche Werte für die magnetische Induktion für 50 Hz[105]

Wirkungen	Stromdichte in mA/m²	Erforderliche magnetische Flussdichte für 50 Hz
Extrasystolen und Herzkammerflimmern möglich, deutliche Gesundheitsgefahren	> 1000	>500 mT (>5T für 3 Hz)
Veränderungen in der Erregbarkeit des zentralen Nervensystems bestätigt; Reizschwellen; Gesundheitsgefahren möglich	100–1000	50-500 mT (0,5-5T für 3Hz)
Gut bestätigte Effekte, visuelle (Magnetophosphene) und mögliche Nervensystemeffekte; Berichte über beschleunigte Knochenbruchheilungen	10–100	0,5-5 mT
Berichte über subtile biologische Wirkungen	1–10	0,05-0,5 mT
Abwesenheit gut gesicherter Effekte	< 10	<0,05 mT

Die Übertragung der Hochfrequenzenergie auf das Gewebe erfolgt im Bereich der molekularen Struktur überwiegend durch Erzeugung von Wärme: Die Felder wirken auf freie Ladungsträger in den Zellen und Geweben und erzeugen elektrische Ströme, wobei Joule'sche Wärme entsteht.

Gefahren für Personen, welche der Einwirkung von Hochfrequenzfeldern ausgesetzt sind, können nur bei exzessiver Exposition auftreten.[106] Es wurden dabei Symptome, wie Linsentrübung, Schwindel, Erbrechen, Schweißausbrüche, Kopfschmerz, Schlafstörungen, Nervosität beobachtet. Die Schäden sind wahrscheinlich ausschließlich auf die durch die elektromagnetischen Felder erzeugte Wärmewirkung zurückzuführen. Das Blutgerinnungssystem scheint besonders empfindlich auf eine innere Überwärmung zu reagieren, Thrombosen und Infarkte treten auf. Schädigungen durch nichtthermische biologische Wirkungsmechanismen waren nicht verifizierbar. Auf Grund der Eindringtiefe der Hochfrequenzfeldenergie in das Gewebe wird die Haut nur wenig erwärmt, Schmerzempfindungen als Warnsignal bleiben aus.

Zur Verursachung von Leukämien, Gehirntumoren oder anderen Tumorerkrankungen als Folge der Einwirkung elektromagnetischer Felder (vor allem beim Betrieb von Radaranlagen) liegen nach Mitteilung des BMAS derzeit keine neuen medizinisch-wissenschaftlichen Erkenntnissen im Sinne des § 9 SGB VII vor.[107]

---

[105] Bernhardt, in: Handbuch der Arbeitsmedizin (Hrsg. Letzel, Nowak) 8. Erg. Lfg. 7/2008 D II – 2.5.2 S. 5.
[106] Frucht, Krause, Nimtz, Schaefer, Die Wirkung hochfrequenter elektromagnetischer Felder auf den Menschen (1 kHz ... 1000 GHz) – Medizinisch Technischer Bericht 1984, Institut zur Erforschung elektrischer Unfälle der BG Feinmechanik und Elektrotechnik, S. 106; Ruppe, u.a., Zbl Arbeitsmed 52 (2002) 318.
[107] 30.10.2000, HV-Info 2/2001, 156; Gutachterliche Beurteilung von bösartigen Neubildungen nach Einwirkung ionisierender Strahlen, Rdschr. BMA vom 13.5.2002, BArbBl 7-8/2002, 157; s. auch Scheidt-Illig, in: Arbeitsmedizin (Hrsg. Triebig, Kentner, Schiele) 2. Aufl. 2008 S. 561 f.

Anerkennung nach § 9 Abs. 2 SGB VII (ehemals: § 551 RVO)[108]

- Lungeninfarkt, multiple Thrombosen (1983)
- Herzinfarkt, apoplektischer Insult (1983)
- Mediateilinfarkt (1998)
- postthrombotisches Syndrom, Beinvenenthrombose, gastrointestinale Beschwerden (2000)

20.8 Hitze- und Kälteschäden
20.8.1 Rechtliche Bewertung

Bei der Bewertung, ob eine Hitze- oder Kälteeinwirkung als Arbeitsunfall[109] zu werten ist, gewinnt die Zeitbegrenzung des Unfalls an Bedeutung. Diese wird dahin umschrieben, dass ein in einem verhältnismäßig kurzen Zeitraum eingeschlossenes Ereignis vorliegen muss, das die schädigende Einwirkung bedingt. Ein augenblickliches Geschehen ist zwar nicht notwendig, unerheblich ist der fehlende Nachweis des genauen Zeitpunktes (Zeitraum; konkrete Einzelschicht) der schädigenden Einwirkung.[110] Ausreichend ist, dass einmal innerhalb eines verhältnismäßig kurzen Zeitraumes eine mit der Betriebsbeschäftigung zusammenhängende schädigende Einwirkung mit Wahrscheinlichkeit stattgefunden hat. Als solcher Zeitraum gelten einige Stunden, höchstens eine Arbeitsschicht (s. 1.2.1, S. 12).

Dieser Grundsatz, wonach der Unfall innerhalb einer Arbeitsschicht verursacht sein muss, wird nicht durchbrochen, wenn

- Einwirkungen an zwei aufeinanderfolgenden Tagen, je für sich erkennbar, die Gesundheit beeinträchtigen: zwei Unfälle liegen vor – oder
- der Versicherte sich in der Nacht nach der ersten Einwirkung soweit erholt, dass er seine Arbeit „wie üblich" antreten konnte: wesentlich ist das Ereignis des zweiten Tages – oder
- sich die Schädigung des ersten Tages am darauffolgenden erst völlig auswirkt: der Unfall des ersten Tages ist wesentlich.[111]

Entscheidend ist, dass zwischen krankmachender Einwirkung und beruflicher Tätigkeit ein innerer Zusammenhang besteht. Der Umstand, dass es sich bei Hitze- und Kälteschäden wetterbedingter Art um Folgen allgemein wirkender, elementarer Erscheinungen handelt, die auch außerhalb versicherter Tätigkeit Beeinträchtigungen der Gesundheit hervor-

---

[108] Mehrtens, Brandenburg, R 20 Abschn. C.
[109] RVA, 24.11.1923, EuM 16, 83; 2.11.1930, EuM 28, 439; 24.2.1931, EuM 30, 2; 21.6.1932, BG 1932, 551; 13.5.1942, Breith. 1942, 42; Bayer. LVA, 16.11.1951, Bay. Abl. 1952, 40; Hess. LSG, 25.2.1955, Kartei Lauterbach Nr. 2115 zu § 542 (alt) RVO; Fink, BG 1956, 171 (Erfrierungen); Vollmar, SozVers 1956, 45 (Kälteschäden); ders., SozVers 1957, 177 (Hitzeschäden); Podzun, WzS 1952, 317 (Erkältungen); Wagner, Berufsdermatosen 1955, 37 (Kälteschäden); v. Brandis, Vortr. aus d. prakt. Chir. H. 27, 1943; Fischer, Münch. med. Wschr. 1965, 1049 (Hitzschlag); Wenzel, Erkrankungen durch Einwirken von Hitze und Kälte, in: Innere Medizin in Praxis und Klinik, Bd. III 1991.
[110] BSGE 15, 41, 45 (25.8.1961).
[111] LSG Baden-Württemberg, 25.5.1955, Breith. 1955, 1030, 1036; vgl. auch BSG, 27.10.1961, BG 1962, 337.

20.8 Hitze- und Kälteschäden

rufen, schließt die Annahme eines Arbeitsunfalls nicht aus, wenn der Versicherte gerade infolge dieser Tätigkeit von der Schädigung belangt wurde.

Die zeitliche Begrenzung des Unfallereignisses verlangt, dass sich der Betroffene der Hitze- bzw. Kälteeinwirkung nicht ohne weiteres zu entziehen vermag: dies könnte er z.B., wenn er im eiskalten Wasser verbleibt oder ohne Kälteschutz mit bloßen Händen bei minus 30 °C – trotz Schmerzen[112] – weiter arbeitet.

Die Tatsache, dass der Versicherte gegen die Schädigung nichts unternahm, schließt den Versicherungsschutz nicht aus. Auch der Umstand, dass ein anderer Versicherter unter gleichen oder ähnlichen Verhältnissen keinen Schaden erlitt, braucht den Zusammenhang nicht aufzuheben, weil bestimmte schädigende Einflüsse auf den Einzelnen verschieden einwirken. Solche Gegebenheit erlangt indessen im Rahmen der Beweiswürdigung Gewicht.

An den *Nachweis* einer klimatischen Schädigung als Arbeitsunfall ist allerdings ein strenger Maßstab anzulegen.

Thermisch bedingte Schädigungen durch außergewöhnliche Einflüsse sind mit der betrieblichen Tätigkeit zusammenhängend, wenn die Art der Arbeit (hohe Temperatur und trockene bzw. feuchte Luft; niedrige Temperatur) oder der Ort der Betriebsstätte (Witterungseinflüsse) *wesentlich* beiträgt, den Körper zu schädigen.

Hitzeschäden können grundsätzlich nicht als Berufskrankheit – auch nicht als Tropenkrankheit (BK-Nr. 31 04) – anerkannt werden (Ausnahme: BK-Nr. 24 01 „Grauer Star durch Wärmestrahlung", s. 6.3, S. 288). Ebenso lassen sich Hautveränderungen durch thermische Einwirkungen nicht den „berufsbedingten Hauterkrankungen" zuordnen. Nach der BK-Nr. 51 01 muss die Tätigkeit das, die Krankheit zur Entstehung oder Verschlimmerung bringende Element, d.h. ein betriebliches oder berufliches Merkmal, beinhalten. Die Sonnenstrahlung ist in der Regel nicht einer Verrichtung eigentümlich.[113]

20.8.2 Hitzeschäden

Verbrennungsunfall s. 11.2, S. 833

20.8.2.1 Sonnenstich

Entstehungsweise und Verlaufsform des Sonnenstichs (Insolatio) sind dem Hitzschlag ähnlich und durch Mischformen von Letzterem fast nicht zu trennen.[114] Beide stellen erfahrungsgemäß in der Regel einen Arbeitsunfall dar. Unter Sonnenstich wird die Gesamtheit der Erscheinungen verstanden, welche durch unmittelbare Einwirkung der Sonnenstrahlen auf den Körper, insonderheit auf den unbedeckten Kopf, entstehen.

Die Wärmeempfindlichkeit des Gehirns spielt bei der Entwicklung des Sonnenstichs eine Rolle. Durch Einwirkung der Sonnenstrahlen kommt es zur Reizung und Entzündung der weichen Hirnhäute mit Hirnschwellung. Zunehmender Hirndruck entwickelt sich mit allen seinen schweren Auswirkungen auf lebenswichtige Hirnzentren: meningeale Reizer-

---

[112] LSG Rheinland-Pfalz, 16.6.1982, Breith. 1983, 399.
[113] Vgl. LSG Nordrhein-Westfalen, 6.6.1958, Meso B 280/1.
[114] Fritze, Die ärztliche Begutachtung (Hrsg. Fritze, Mehrhoff) 7. Aufl. 2008 S. 815.

scheinungen, Hirnödem, zerebrale und subarachnoidale Blutungen. Der Tod kann unter den Symptomen des Herz-Kreislaufversagens eintreten. Differentialdiagnostisch muss Abgrenzung von den ähnliche Krankheitsbilder verursachenden Meningitiden (Hirnhautentzündungen) erfolgen.

Neben Sonnenstrahlen sind auch technische Hitzequellen (Glüh-, Schmelzöfen u. a.) ursächlich.

Aus der Rechtsprechung:
Exsikkose (Austrocknung des Körpers bei starkem Flüssigkeitsverlust) unter erheblicher Hitzebelastung bei sehr hoher Luftfeuchtigkeit (um 40 °C in der Sonne bei über 90 % relativer Luftfeuchte), Zeitdruck und Anspannung mit nachfolgender Mangeldurchblutung, Hirninfarkt und Gesichtsfeldausfall: Arbeitsunfall anerkannt.[115]

20.8.2.2 Sonnenbrand

Langdauernde, intensive Sonnenbestrahlung vermag nach gewisser Latenzzeit einen Sonnenbrand (Verbrennungen 1., höchstens 2. Grades) hervorzurufen. Soweit sich die schädigende Einwirkung auf eine Arbeitsschicht begrenzt, sind die an den Unfallbegriff zu stellenden versicherungsrechtlichen Voraussetzungen gegeben. Kritische Überprüfung ist angezeigt, weil sich der Sonnenbrand – seiner Verlaufsform nach – allmählich einstellt.[116]

20.8.2.3 Hitzeerschöpfung (chronische Überwärmung)

Mildere Form der Hitzekrankheit.

Sie ist die häufigste Form der Hitzekrankheiten während körperlicher Anstrengung in heißer Umgebung. Versagen des Kreislaufs steht im Vordergrund.

Der Zusammenbruch des Kreislaufs beruht in der Hauptsache auf einem großen Wasser-Salz-Verlust des zirkulierenden Blutes durch starkes Schwitzen bei Hitzebelastung (Exsikkose). Die strömende Blutmenge ist herabgesetzt, das Blut eingedickt und zähflüssiger. In wachsendem Maße wird das Herz belastet, die Durchblutung lebenswichtiger Organe beeinträchtigt und schließlich ungenügend.

20.8.2.4 Hitzschlag (Hyperpyrexie): Hitzeunfall

Seltenste und schwerste Form der Hitzekrankheiten.

Der Organismus kann sich innerhalb eines bestimmten Rahmens steigenden Umgebungstemperaturen anpassen. Mehr Blut wird in die Haut transportiert auf Kosten der Durchblutung der Muskeln (deshalb geringere Leistung) und der Verdauungsorgane (geringe Verdauungstätigkeit, Übelkeit). Entsprechend gleichen sich Herz und Kreislauf an: Der erhöhte Blutdruck bei erweiterten Blutgefäßen der Haut (und gleichzeitig eingeengten Blutgefäßen zu den inneren Organen) sichert zusammen mit der vermehrten Pumpleistung

---

[115] Sächs. LSG, 7. 2. 2002, HV-Info 16/2002, 1474 = Meso B 290/269.
[116] OVA Zwickau, 23. 8. 1939, Breith. 1940, 141; Vollmar, Soz Vers 1956, 45: Sonnenbrand infolge mehrtägiger Einwirkung, kein Arbeitsunfall; Umweltbundesamt, Zbl Arbeitsmed 58 (2008) 184, 186.

des Herzens den erhöhten Blut- bzw. Wärmetransport in die Haut. Erreicht deren Temperatur 34 °C, wird eine massive Schweißabsonderung ausgelöst.[117]

Warme und feuchte Luft (z.B. Kombinationen von 18 bis 29 °C mit 80 bis 100 % relativer Feuchtigkeit; 24 °C mit 60 bis 80 % relativer Feuchtigkeit; 30 °C mit 40 % relativer Feuchtigkeit; mehr als 35 °C und niedrigere relative Feuchtigkeit) können bei erhöhter Wärmeproduktion durch körperliche Arbeit dazu führen, dass die Anpassungsmechanismen den Wärmehaushalt nicht mehr im Gleichgewicht zu halten vermögen: Die Kerntemperatur des Körpers (Rektaltemperatur) erhöht sich. Innerhalb von 10 bis 15 Minuten kann sie auf 41 °C steigen. Sie verursacht die bedrohliche Situation des Kreislaufs und damit verbundener Schäden des Zentralnervensystems mit Hirnödem, Blutungen in subarachnoidalen Räumen und in die Hirnsubstanz sowie mit gelegentlichen zerebralen Erweichungsherden und entsprechenden nervösen Ausfällen. Der schwere Hitzschlag führt nicht selten durch Verminderung des Herzzeitvolumens und Herzinsuffizienz zu massiver allgemeiner Hypoxie und (in ein bis sechs Stunden[118]) zum Tode.

Der Hitzschlag tritt erfahrungsgemäß innerhalb kurzer Zeit (innerhalb weniger als 24 Stunden[119]) ein und erfüllt insofern meistens den Unfallbegriff. Freilich ist eine differenzialdiagnostische Abgrenzung von anderen Leiden (Aneurysmen von Hirnarterien, s. 5.3.7.1, S. 177; Epilepsie, s. 5.4, S. 187) zur sachgerechten Bewertung der Kausalfaktoren angezeigt.

Den Hitzschlag begünstigende betriebliche Elemente sind erstrangig überhöhtes Maß körperlicher Arbeit, Wärmeaggregate[120], Schutzkleider, welche die Hautverdunstung verhindern, hohe relative Feuchte und Atemgeräte. Anlagebedingte Faktoren, wie Alter, Übergewicht, Nahrungsaufnahme, allgemeine Körperschwäche, Unwohlsein, Herz- und Kreislaufstörungen und Diabetes mellitus, treten als rechtlich unwesentlich zurück, wenn sie auch ohne die Tätigkeit zu dem schädigenden Ereignis alsbald geführt hätten.[121]

Aus der Rechtsprechung:

Hitzschlag infolge Arbeit in brennender Sonnenhitze, durch das Zurückstrahlen von Mauerwerk[122] oder von in der Sonne lagernden Brettern[123] erhöht; Verrichtungen in ungewöhnlicher Hitze außerhalb[124] oder innerhalb des Betriebsplatzes[125].

20.8.2.5 Weitere Gesundheitsschäden durch Hitzearbeit

Hitzeentwicklung wirkt besonders gefährdend, wenn zu der Temperaturerhöhung hoher Gehalt an Luftfeuchtigkeit und fehlende Luftbewegung treten.[126] Inwieweit für ein *In-*

---

[117] Grandjean, Physiologische Arbeitsgestaltung, 1988 S. 395, 396f.; Schulz, Schade, Koelschs Handbuch der Berufserkrankungen (Hrsg. Kersten) 4. Aufl. Teil I 1972 S. 33.
[118] Umweltbundesamt, Zbl Arbeitsmed 58 (2008) 184, 185; Fritze, Die ärztliche Begutachtung (Hrsg. Fritze, Mehrhoff) 7. Auf. 2008 S. 813.
[119] Umweltbundesamt, Zbl Arbeitsmed 58 (2008) 184, 185.
[120] Dazu Bornhorn, BG 1973, 9.
[121] RVA, 12. 3. 1912, EuM 1, 94, 96; LSG Baden-Württemberg, 25. 5. 1955, Breith. 1955, 1030.
[122] RVA, AN 1887, 407.
[123] RVA, AN 1888, 177.
[124] RVA, AN 1888, 286; 28. 9. 1912, EuM 1, 97f.; LSG Baden-Württemberg, 25. 5. 1955, Breith. 1955, 1030.
[125] RVA, 12. 3. 1912, EuM 1, 94, 96.
[126] Vgl. Senf, MedSach 1960, 28, m. Hinweis auf Hochrein, Zusammenstellung der bisherigen Kenntnisse über Hitzeinwirkung, Koronardurchblutung und Infarkterkrankungen.

farktgeschehen Überhitzung und sonstige Witterungseinflüsse lediglich als „auslösende Reize" im Sinne einer rechtsunwesentlichen Gelegenheits(anlass)ursache[127] anzusehen sind, oder ob ihnen die Bedeutung einer wesentlichen Teilursache beizumessen ist, ist kritischer und sachkundiger Erwägung zu überlassen. Den ursächlichen Zusammenhang bejahende sozialgerichtliche Urteile betreffen ausnahmslos Tatbestände, bei denen thermische Einflüsse in Verbindung mit außergewöhnlicher Anstrengung standen.

Lungenschäden können auftreten. Maßgeblich ist die Lufttemperatur in den Lungen, vor allem in den Alveolen (Lungenbläschen). Trockene Heißluft wird bis zu 120 °C etwa fünf bis zwölf Minuten ohne Gefahr vertragen.[128]

Das Risiko, durch extreme Temperaturschwankungen an einer *Lungenentzündung* (Pneumonie) zu erkranken, ist groß. Hat der Versicherte an einem – über statthafte Temperaturen aufgeheizten – Arbeitsplatz die zulässige Arbeitsdauer überschritten und sich dabei schwerster körperlicher Belastung und Überanstrengung innerhalb einer Arbeitsschicht unterzogen, ist der Zusammenhang gegeben, wenn die Inkubationszeit (Zeitspanne zwischen Eindringen bestimmter Krankheitserreger und Ausbruch der Erkrankung) drei Tage beträgt.[129]

20.8.3 Kälteschäden

Im Begriff des Kälteschadens werden Erkrankungen zusammengefasst, die auf physikalischer Wirkung tiefer Außentemperaturen auf den Organismus als Ganzes oder einzelne Teile desselben beruhen und zu einem abnormen Wärmeverlust, d.h. starken allgemeinen oder örtlichen Wärmeentzug (negative Wärmebilanz) führen.

20.8.3.1 Allgemeine Unterkühlung (Auskühlung): Kälteunfall[130]

Je stärker das über die Haut hindurch bestehende Temperaturgefälle ist, desto größer wird der Wärmeabstrom nach außen. Übersteigt der Wärmeverlust die Wärmeproduktion, kommt es zur Aus- bzw. Unterkühlung (Absinken der Temperatur des Körperkerns auf unter 35 °C).

Selbst bei schweren Erfrierungen einzelner Gliedmaßenabschnitte bleibt die Temperatur im Körperinneren weitgehend konstant. Zur allgemeinen Unterkühlung mit Absinken der Körpertemperatur kommt es, wenn größere Körperabschnitte starkem Wärmeentzug ausgesetzt sind: bei Temperaturen unter dem Gefrierpunkt, Wassertemperatur um (wegen des vielfach größerem Wärmeverlustes) 10 °C bis 15 °C oder sogar 20 °C (wenige Stunden).

Für den Zustand der allgemeinen Unterkühlung ist kennzeichnend die Senkung der Blut- und Gewebetemperatur mit den Folgen für den Organismus. Sinkt die Bluttemperatur

---

[127] Hochrein, Schleicher, Herz-Kreislauferkrankungen, Bd. 2 1959, nennen thermische Einflüsse als „auslösendes Ereignis" des Herzinfarktes an 5. Stelle.
[128] Beckmann, Handbuch der Berufserkrankungen (Hrsg. Kersten) 4. Aufl. 1972 3. Bd. S. 401, m. Hinweis auf Koelsch.
[129] Harrfeldt, MfU 1976, 79, 80.
[130] Kilian, Der Kälteunfall, Allg. Unterkühlung, 1966, zur Nomenklatur S. 85; ders., Wehrmed. Mitt. 1959 H. 3; Müller-Eschner, u.a., DMW 1980, 1549.

20.8 Hitze- und Kälteschäden 1213

durch starke Kälteeinwirkung bei mangelhaftem Schutz oder nicht ausreichender Abwehrreaktion auf plus 34 °C, so beginnt bereits die Dekompensation der Wärmeregulation (Erschöpfungsstadium). Bei plus 31 °C ist die Lähmungsphase erreicht.

Reaktion des Körpers auf das Absinken der Körperkerntemperatur durch Kälte[131]

Kerntemperatur °C	Reaktion des Körpers
37	normal, keine Einschränkung
35	Kältezittern, Verlangsamung geistiger Tätigkeiten, Reflexsteigerung
33	Starke Reduktion geistiger Aktivität, weitgehender Verlust eigenen Handelns, Verminderung der Reaktionsfähigkeit, Reduktion des Erinnerungsvermögens
30	Bewusstseinsverlust, akut lebensbedrohlicher Bereich
25	fast immer tödlich

Im Vordergrund einer zunehmenden Auskühlung stehen Kreislauf- und Herzrhythmusstörungen, schwere krankhafte Veränderungen des Energie-Stoffwechsels und gelegentlich Hirnnervenlähmungen und Stammhirnveränderungen in Form des hypokinetisch-hypertonen- oder des Parkinsonsyndroms.

20.8.3.2 Örtlich begrenzter sichtbarer oder unsichtbarer Kälteschaden: Erfrierung

Stadien des örtlichen Kälteschadens
1. Grad: Hautrötung bzw. Entzündung ohne Blasenbildung
2. Grad: Blasenbildung
3. Grad: Schädigung tieferer Gewebeschichten,
   Nekrose: Frostbrand = Kältegangrän
4. Grad: Gewebsgefrierung und Vereisung des Gewebes mit Ausbildung von Kristallen
5. Grad: Erfrierungstod

Pathophysiologisch entfaltet die Kälte bei der Entstehung einer Erfrierung unmittelbare Wirkung auf das Gewebe sowie mittelbare, reflektorische Einwirkung auf den Kreislauf. Im Übrigen handelt es sich um Sauerstoffmangelschäden, die zur Erstickung des Gewebes führen: oft durch unsachgemäße lokale Erwärmung, *bevor* der Krampfzustand der Arterien gelöst ist und die Kapillaren wieder durchströmt werden.[132]

Grundsätzlich ist eine längere Einwirkungsdauer der Kälte erforderlich. Ausgenommen sind Gewebegefrierungen, z.B. durch Kontakt mit flüssiger Luft (d.h. −195 °C) oder Kältemittel.

In erster Linie sind die Erfrierungen an der Peripherie der Gliedmaßen und unbedeckten Körperstellen lokalisiert: Füße, Zehen, Fersen, Hände, Gesicht, Nase, Ohren.

---
131 Hettinger, in: Handbuch der Arbeitsmedizin (Hrsg. Konietzko, Dupuis) 1983 III − 4.3 S. 9.
132 Killian, Dönhardt, Wiederbelebung 1955 S. 288: Wiedererwärmungsschaden, d.h. Folge einer vorzeitigen Wiedererwärmung; der kritische Sauerstoffmangel, der die Ursache der Gewebeschäden bis zur Nekrose darstellt, soll während der Wiedererwärmungsphase auftreten.

20.8.3.3 Erkältungskrankheiten

Erkältungskrankheiten infektiöser Genese fallen nach der Definition des Kälteschadens (s. 20.8.3) nicht unter diesen Begriff. Gleichwohl können sie im Gefolge einer Kälteexposition hervorgerufen werden.

Für die *Entstehung*[133] einer Erkältung unter den Voraussetzungen eines Arbeitsunfalles sind als Tatbestände denkbar:

- erhebliche und plötzliche Abkühlung der in die Atemwege eindringenden Luft und der Körperoberfläche[134]
- plötzliche Durchnässung des Körpers (Sturz und längerdauerndes, arbeitsbedingtes Liegen im kalten Wasser)
- plötzliche Einwirkung kalter Zugluft auf den infolge der besonderen Arbeitsleistung erhitzten oder durchnässten Körper
- längerer Aufenthalt in kaltem Arbeitsraum
- plötzliche Temperaturveränderungen und erheblicher Temperaturwechsel bei der Arbeit, bei Übergang von einem heißen Arbeitsplatz im überhitzten Zustand in einen kalten Arbeitsraum
- klimatische Einwirkungen auf dem Wege von und zur Arbeitsstätte (Schneetreiben, Gewitterregen, zur Durchnässung der Kleidung und des Körpers führend[135])
- Witterungseinflüsse (Kaltluft- und Warmlufteinbrüche mit raschem Temperatur-, Luft- und Feuchtigkeitswechsel, Fallwinde, Föhne)
- heftige kalte Winde, Ankämpfen gegen starken Sturm in feuchter Kleidung.

Der Würdigung im Einzelfall, inwieweit die Einwirkungen „unfallweise" bedingt sind, bedarf es um so mehr, als bei der Krankheitsentstehung durch Erkältung selten örtliche Wirkungen der Abkühlung sichtbar werden.

Das dispositionelle Moment der Labilität der Wärmeregulation und die Schädigung der vegetativen Regulationslage des Organismus[136] bewirken in ihrer Gesamtheit, dass erhebliche Kälteeinwirkungen oder außergewöhnliche Temperaturveränderungen für eine Erkältung oder eine Erkältungskrankheit mitursächlich werden, weil „die örtliche und allgemeine Widerstandskraft gegen Krankheitskeime gemindert ist und so deren Vermehrung und relative Virulenzsteigerung begünstigt wird". Dem Kälteeinfluss kann demnach die unfallrechtlich relevante Rolle der „wesentlich mitwirkenden Teilursache" zukommen.

---

[133] Über Entstehung, Wesen und Folgen von Erkältungen und Erkältungskrankheiten s. Ziemann, EuM 24, 307.
[134] Trüb, MfU 1950, 161 ff.
[135] OVA Freiburg, 11. 4. 1953, Breith. 1953, 836.
[136] Für die Temperaturregulation ist der Blutkreislauf von ausschlaggebender Bedeutung. Wirkungsmöglichkeiten eines Kältetraumas:
 a) Veränderungen der Blutzirkulation im Hirn und Rückenmark
 b) allgemeine Herabsetzung der Körpertemperatur
 c) örtliche Herabsetzung der Temperatur durch physikalische Tiefenwirkung
 d) Schädigung der roten Blutkörperchen durch Kältehämolyse
 e) Einfluss auf die Bildung von Schutzstoffen im Organismus und auf die weißen Blutkörperchen.

20.8 Hitze- und Kälteschäden 1215

Einmalige Kälteeinwirkung als Ursache einer Erkältungskrankheit setzt voraus[137]:

(1) intensive Abkühlung, die
(2) den ganzen Körper betroffen hat; Abkühlung nur einzelner Körperteile gilt als nicht ausreichend
(3) erheblicher Temperaturwechsel
(4) zeitlicher Zusammenhang zwischen Abkühlung und erstem Auftreten der Erkältung; die Zeitspanne darf nicht zu kurz, auch nicht zu lang sein, d.h. auf einige Stunden bis Tage begrenzt.

20.8.3.4 Erkältung und Lungenentzündung

Enge Beziehung zwischen Erkältung und Lungenentzündung ist bekannt. Da jedoch die Anerkennung als Arbeitsunfall voraussetzt, dass die Betriebstätigkeit eine *wesentliche* Ursache der Erkrankung abgegeben hat, muss es sich um einen folgenschweren Vorgang[138] handeln, seiner Art nach geeignet, eine solche Schädigung herbeizuführen: erhebliche Temperaturdifferenzen[139], Sturz in kaltes Wasser, plötzliche Durchnässung bei schwitzendem Körper. Der Umstand, dass die Abwehrkräfte des Versicherten am Unfalltage geschwächt waren, braucht den Zusammenhang nicht auszuschließen. Allgemeiner Erfahrung über die Entwicklung von Lungenentzündungen gemäß wird in der Rspr. ein ursächlicher Zusammenhang dann nicht für wahrscheinlich erachtet, wenn deren Symptome nicht binnen weniger – bis längstens vier – Tage nach der Erkältung auftraten (Abwägung, inwieweit der objektive Lungenbefund zeitlich dem angegebenen „Kältetrauma" entspricht).[140]

20.8.3.5 Gefäßsystemerkrankung

Vor allzu unkritischer Bejahung ursächlicher Zusammenhänge zwischen Kälteeinwirkung und einer generalisierten Gefäßsystemerkrankung (Thrombangiitis obliterans) wird gewarnt[141], weil örtliche Erfrierungen in aller Regel nur zu örtlichen Gefäßschädigungen führen, die nicht fortschreiten. Die Rspr.[142] legt dementsprechend strenge Maßstäbe an.

Extreme Unterkühlung ist nicht geeignet, eine idiopathische membranöse Glumerulonephrithis zu verursachen.[143]

---

[137] Probst, Handbuch der Unfallbegutachtung (Hrsg. Lob) I. Bd. 1961 S. 393.
[138] LSG Nordrhein-Westfalen, 3.2.1955, Breith. 1955, 717; vgl. Thüringen, 22.1.2003, HV-Info 25/2003, 2599.
[139] LSG Baden-Württemberg, 27.1.1960, Breith. 1960, 401; LSG Niedersachsen, 26.9.1956, LAP S. 70.
[140] RVA: EuM 16, 83, 185; 30, 2; BG 1917, 214; 1924, 37; 1932, 552; 1934, 293; Bayer. LVA, 13.7.1949, Bayer. Abl. 1950, 17; 16.11.1951, Bayer. Abl. 1952, 40; 11.5.1951, Breith. 1951, 1124; OVA Freiburg, 14.4.1953, Breith. 1953, 836; LSG Rheinland-Pfalz, 4.11.1955, BG 1956, 304; LSG Baden-Württemberg, 20.6.1956, Soz. E. Slg. § 542 (b) Nr. 68; Bayer. LSG, 23.3.1960, Kartei Lauterbach Nr. 3647 zu § 542 (alt) RVO; LSG Niedersachsen, 3.1.1958, Breith. 1961, 317.
[141] Landgraf, in: Medizinische Begutachtung innerer Krankheiten (Hrsg. Marx, Klepzig) 7. Aufl. 1997 S. 279.
[142] Vgl. Hirt, Breith. 1951, 401; Rdschr. HVBG VB 41/54; Bayer. LSG, 9.7.1954, Breith. 1954, 827; 9.3.1960, Breith. 1960, 614.
[143] Bayer. LSG, 13.3.2002, Meso B 180/50.

Im Besonderen:

Multiple Sklerose s. 5.9, S. 247
Grippale Infekte s. 9.5, S. 759
Nierenerkrankung[144] s. 15.2, S. 981
„Rheuma" s. 19, S. 1149

20.8.4 Sachverhaltaufklärung und Erstbefund

Sorgfältige Prüfung von Intensität und Dauer der schädigenden Einwirkung ist geboten, auch Kenntnis der Eigenart des Erkrankten, durch

– Rückfrage beim zuständigen Wetteramt oder bei der meteorologischen Station darüber, wie zur gemeldeten Unfallzeit am Unfallort Außentemperatur, Feuchtigkeitsverhältnisse der Luft und Stärke der Luftbewegung waren
– Befragen des Unternehmers, des Vorgesetzten und der Arbeitskollegen darüber, wie lange, mit welchen zeitlichen Unterbrechungen und mit welchen Tätigkeiten der Versicherte den behaupteten schädigenden Verhältnissen ausgesetzt war (Klärung der Arbeitsbedingungen)
– Feststellung, welche Kleidung der Betroffene trug und ob und welche Mitarbeiter in ähnlicher Weise zu Schaden kamen
– Erhebung, ob beim Versicherten eine gewisse körperliche Abhärtung durch sportliche Betätigung, häufigen Aufenthalt im Freien, angenommen werden kann; aus der Schilderung der Konstitution und Arbeitstätigkeit in vergangenen Jahren lassen sich unter Umständen Schlüsse ziehen, ob und inwieweit eine Anpassung an angeschuldigte Bedingungen zu erwarten ist
– Ermittlung der Vorkrankheiten oder Disposition für Erkrankungen einschlägiger Art
– Klärung, inwieweit die Widerstandskraft durch anderweitige Erkrankungen, Körperbehinderungen, auch Alkohol- und Tabakkonsum (besonders bei Kälte- und Gefäßschäden) reduziert war
– Endlich ist das Verhalten des Erkrankten nach der schädigenden Einwirkung von Bedeutung.

Im Rahmen der *Tatsachenfeststellung* bedarf es bei der Frage, ob eine *einmalige Kälteeinwirkung* wesentlich mitwirkende Teilursache für das Zustandekommen einer Erkältungskrankheit ist, der Ermittlung gewisser Voraussetzungen:

– War die Abkühlung nach Art, Schwere und Dauer eine sehr erhebliche, hat der Versicherte gefroren?
– Hat die Abkühlung den Gesamtkörper oder lediglich einen einzelnen Körperabschnitt bzw. einen Körperteil betroffen?
– Hat anlässlich der Abkühlung ein extremer Temperaturwechsel bestanden?
– War der zeitliche Zusammenhang zwischen Abkühlung und Offenkundigwerden der Erkältung bzw. Erkältungskrankheit und deren Vorbotenzeichen gewahrt oder war das zeitliche Intervall zu kurz oder zu lang?

---
[144] LSG Baden-Württemberg, 27. 1. 1960, Breith. 1960, 401.

20.8 Hitze- und Kälteschäden

Vor allem bei *Lungenentzündung* als Folge einer *Kälteexposition* sind die Beweismerkmale durch Ermittlungen zu ergänzen:

- Frühere Erkrankung an Lungenentzündung, Neigung zu Erkältungskrankheiten in Form rezidivierender Katarrhe der Luftwege oder anderer Lungenerkrankungen
- Nachweis von „Brückenerscheinungen" in der Zeit zwischen angeschuldigtem Ereignis und Auftreten der Krankheit
- Verlaufsform und Charakter der Lungenentzündung
- Ergebnisse der Erreger-Typendifferenzierung (bakteriologische Untersuchung)
- Vom erstbehandelnden Arzt ist genaue Befundschilderung zu fordern:
  - Angabe von Datum und Uhrzeit der ersten Untersuchung
  - Bestimmung der Körpertemperatur (unter Darlegung evtl. vorher getroffener Gegenmaßnahmen)
  - Entstehungsbedingung und voraussichtlicher Grad der Erfrierung (bzw. Stärkegrad des Hitzschlages)
  - Bezeichnung der Körperstellen, an denen die Schädigungen aufgetreten sind (Fotodokumentation)
  - Aufführung der selbst beobachteten und von dritter Seite mitgeteilten Symptome (und deren Dauer)
  - Anhalt für ein nicht unfallbedingtes Gefäßleiden (Arteriosklerose, Endangiitis, diabetische Gangrän)

Die Diagnose ist zu begründen.

Bei Hitzeschäden differenzialdiagnostische Abgrenzung:

   harmlose reaktive Ohnmacht
   Schlaganfall
   epileptischer (epileptiformer) Anfall

Frühzeitige fachärztliche oder klinische Untersuchung ist im Zweifel anzustreben.

21 Durch chemische Einwirkungen verursachte Erkrankungen*

Übersicht

21.1 Grundsätzliches............ 1219
21.1.1 Aufnahmewege gesundheitsschädlicher Arbeitsstoffe................ 1219
21.1.2 Toxizität (Giftigkeit)......... 1221
21.1.3 Laborchemische Analysen (Biomonitoring)............. 1232

21.2 *Aktenmäßige Erfordernisse der Begutachtung*........... 1222
21.3 *Metalle und Metalloide*....... 1227
21.4 *Erstickungsgase*............ 1233
21.5 *Lösungsmittel, Schädlingsbekämpfungsmittel (Pestizide) und sonstige chemische Stoffe*............ 1226

Angaben zur Aufnahme von Arbeitsstoffen und zum Krankheitsbild bei einzelnen Berufskrankheiten beschränken sich auf eine *Übersicht*.

Näheres zu

– Vorkommen und Gefahrenquellen
– Aufnahme und Wirkungsweise
– Krankheitsbild und Diagnose

enthalten:

– Berufsgenossenschaftliche Grundsätze für arbeitsmedizinische Vorsorgeuntersuchungen
– wissenschaftliche Begründungen von Arbeitsplatzgrenzwerten (Maximale Arbeitsplatzkonzentrationen [MAK], Biologische Arbeitsstofftoleranzwerte [BAT], Biologische Grenzwerte [BGW]) der Arbeitsstoffkommissionen der Deutschen Forschungsgemeinschaft [DFG])
– Monographien der International Agency for Research on Cancer (IARC) der WHO
– wissenschaftlichen Begründungen zu den Berufskrankheiten des BMAS
– Merkblätter zur Anlage der BKV

Zu den Berufskrankheiten ergangene Rspr. ist – soweit übersehbar – in Leitsätzen angeführt.

21.1 Grundsätzliches

21.1.1 Aufnahmewege gesundheitsschädlicher Arbeitsstoffe

Gesundheitsschädliche Arbeitsstoffe können auf drei Wegen in den menschlichen Körper gelangen:

---

* Mitarbeit Prof. Dr. med. Dipl.-Chem. *G. Triebig*, Institut und Poliklinik für Arbeits- und Sozialmedizin des Universitätsklinikums Heidelberg.

- *Inhalativ* (durch Einatmen) kommen Arbeitsstoffe in den Körper, als Aerosole (z.B. Nebel, Stäube, Rauche) auftretend. Sie können sich in der Lunge ablagern oder über die Lunge in die Blutbahn und in den gesamten Organismus gelangen. Lungengängig sind nur Schwebstoffe mit einem Partikeldurchmesser in der Größenordnung < 10 µm.
- *Oral* (durch Verschlucken) gelangen Arbeitsstoffe über den Magen-Darm-Trakt als Feststoffe oder Flüssigkeiten in den Körper. Durch Aufnahme über Magen- und Darmschleimhaut kommen sie in die Blutbahn.
- *Perkutan* (durch die Haut) werden insbesondere flüssige Arbeitsstoffe aufgenommen, die gut fettlöslich sind und eine hohe Verweilzeit auf der Haut haben. Hierzu gehören z.B. einige aromatische Nitro- oder Aminoverbindungen, Dimethylformamid, organische Phosphorverbindungen, Salpetersäure, Schwefelkohlenstoff. Die perkutane Resorption von organischen Lösungsmitteln als Dampf ist im Vergleich zur Aufnahme über die Lungen meistens von untergeordneter toxikologischer Bedeutung.

Einwirkung durch Listenstoff

Erkrankt ein Versicherter nach Einwirkung eines Listenstoffes während einer, unter Versicherungsschutz stehenden Tätigkeit, liegt eine Berufskrankheit entsprechend der Anlage zur BKV vor.

Rechtlich unerheblich ist, ob der Listenstoff

- als Verunreinigung in einem anderen Arbeitsstoff enthalten ist
- nach Aufnahme im Körper metabolisiert wird
- durch eine weitere Substanz im Körper (z.B. Nitrit) eine gesundheitsschädliche Verbindung entsteht.

Wandelt sich ein Listenstoff zusammen mit einem Medikament zu einer anderen gesundheitsschädlichen Substanz um, wird man die betriebliche (Einwirkung eines Listenstoffes) und persönliche (Medikament) Ursache danach abzuwägen haben, ob die Einwirkung des Listenstoffes rechtlich wesentlich ist.

Umwandlung zum Listenstoff

Erkrankt ein Versicherter nach Einwirkung eines in der Anlage zur BKV nicht aufgeführten Stoffes, der sodann im Körper sich zu einem gesundheitsschädlichen Listenstoff umwandelt, kann dennoch eine Berufskrankheit nach der Anlage 1 zur BKV vorliegen.

Als Berufskrankheit können nur solche Krankheiten bezeichnet werden, die durch „besondere Einwirkungen" verursacht sind: Für die Art dieser Verursachung ist nicht entscheidend, ob der Listenstoff unmittelbar auf den Organismus oder erst nach Umwandlung einwirkt, sofern der dem BK-Tatbestand zu Grunde liegende Pathomechanismus auch im Falle der nachträglichen Metabolisierung zu begründen ist.[1]

---

[1] Mehrtens, Brandenburg, E § 9 SGB VII Anm. 16.2.

21.1 Grundsätzliches

Beispiele:

- Erkrankungen der Zähne durch Säuren, die auf Grund von Gärungsprozessen in der Mundhöhle entstehen (BK-Nr. 13 12) s. Merkblatt
- Krebs der Harnwege durch Hydrazobenzol, das durch Magensäure in kanzerogen wirkendes Benzidin umgewandelt wird (BK-Nr. 13 01)
- Gegenbeispiel: der Metabolisierungsvorgang setzt erst so spät beim Durchgang des Stoffes durch den Körper ein, dass das dem Listenstoff korrespondierende Zielorgan bei diesem Ablauf davon nicht tangiert wird.

Nach anderer Ansicht[2] setzt das „Listenprinzip" voraus, dass der Versicherte einer der in der Anlage 1 zur BKV genannten „besonderen Einwirkungen" ausgesetzt ist; der Listenstoff müsse also in den Körper aufgenommen sein. Würde die Umwandlung zum Listenstoff im Körper in den Einwirkungsbegriff einbezogen, wäre der dem „Listenprinzip" innewohnende Grundsatz der Bestimmtheit gewissermaßen verletzt: jedoch Prüfung „wie eine BK".

Es besteht indessen kein Anlass und wird vom Wortlaut des § 9 Abs. 1 SGB VII auch nicht gefordert, derartige Sachverhalte lediglich unter den engen Voraussetzungen des § 9 Abs. 2 SGB VII zu würdigen.

21.1.2 Toxizität (Giftigkeit)

Akute Wirkung einer Substanz an einem oder mehreren Zielorganen, zum regelwidrigen Funktionszustand führend, wird im Allgemeinen als toxisch bezeichnet. Sie kann mit oder ohne subjektive Symptome verlaufen, mit oder ohne Latenzzeit auftreten, kurz- oder langfristig andauern, reversibel oder irreversibel sein – je nach Toxin.

In der Regel wirken Toxine bevorzugt auf ein oder mehrere Zielorgane. Vor allem betroffen sind die Leber als zentrales Stoffwechselorgan, Nieren wegen ihrer Ausscheidungsfunktion und das zentrale Nervensystem wegen seiner hohen Empfindlichkeit gegenüber Sauerstoffmangel und fehlenden Regenerationsfähigkeit. Toxischen Schädigungen des Immunsystems wird vermehrt Aufmerksamkeit zugewendet.[3]

– *Akute Toxizität*

bezeichnet eine Giftwirkung, die schon bei Einzelgabe auftritt. Kriterium für die Größenordnung der Menge bei einmaliger Gabe ist die letale (tödliche) Dosis (LD_{50}). Die LD_{50} ist die Menge eines Stoffes z.B. in mg bezogen auf 1 kg Körpergewicht eines Versuchstieres, innerhalb von 14 Tagen bei 50 % der Versuchstiere tödlich wirkend.

– *Subakute und subchronische Toxizität*

bezeichnet eine Giftwirkung nach Applikation über 28 Tage (subakut) oder 90 Tage (subchronisch). Gemeint ist auch eine Intoxikation, die weniger stark und langsamer verläuft.

---
2 Koch, in: Schulin, HS-UV § 35 Rdnr. 38.
3 Meurer, ASU 30 (1995) 502.

– *Chronische Toxizität*

bezeichnet eine Giftwirkung nach langzeitiger oder wiederholter Einwirkung kleiner Dosen.

21.1.3 Laborchemische Analysen (Biomonitoring)

Biomonitoring ist das Messen des Arbeitsstoffes, seiner Metaboliten und/oder seiner Wirkungen im exponiertem Organismus bzw. in den von ihm stammenden biologischen Materialien.[4]

Zahlreiche berufliche Risikofaktoren sind durch arbeitsmedizinisch-toxikologische Analytik von geeigneten biologischen Indikatoren (Biological Monitoring, Biomonitoring) einer Objektivierung und Quantifizierung zugänglich. Im Rahmen des „Biological Monitoring" werden die Arbeitsstoffe selbst und/oder ihre Metaboliten (Umwandlungsprodukte) im biologischen Material (u.a. Blut, Serum, Urin, Ausatemluft) gemessen (Belastungsindikatoren) und/oder es werden hierdurch ausgelöste, meist biochemische, Veränderungen (Beanspruchungsindikatoren) nachgewiesen. Analysen sind nach dem Stand der Technik durchzuführen.

21.2 Aktenmäßige Erfordernisse der Begutachtung

Grundlage jeder medizinischen Beurteilung ist eine nach den Umständen des Einzelfalles bestmögliche Arbeitsplatzbeschreibung mit Informationen über benachbarte Arbeitsplätze.

Bei der vom Aufsichtsdienst abzugebenden Stellungnahme wird Wert auf eigene Ermittlungen und Messungen gelegt: Wiedergabe mündlicher Erörterungen mit Betriebsangehörigen reicht nicht.

Bei Ermittlung lang zurückliegender Expositionszeiten muss die Stellungnahme sichtbar machen, auf welchen Erkenntnisquellen (Betriebsakten, Zeugen) sie gründet.

Genaue Angaben über Art, Menge und Konzentration der verwendeten Arbeitsstoffe, einschließlich der entstehenden Zwischenprodukte, werden erwartet.

21.3 Metalle und Metalloide

(1) **BK-Nr. 11 01:** *„Erkrankungen durch Blei oder seine Verbindungen"*.

Aufnahme:

durch die Atemwege in Staub-, Rauch- oder Dampfform[5]
durch den Magen-Darm-Trakt

Bleialkyle
durch die Atemwege
durch die Haut (erhöhte Resorptionsgefahr)

---

[4] Biologisches Monitoring in der Arbeitsmedizin, Arbeitsgruppe Aufstellung von Grenzwerten im biologischen Material (DFG) 1. Aufl. 2000; Schaller, Triebig, in: Arbeitsmedizin (Hrsg. Triebig, Kentner, Schiele) 2. Aufl. 2008 S. 757ff.
[5] Nie in metallischer Form, LSG Schleswig-Holstein, 30. 8. 1995, HV-Info 3/1996, 172.

21.3 Metalle und Metalloide 1223

Bleitetramethyl wird wesentlich weniger durch die Haut resorbiert als Bleitetraethyl. Dagegen wird Bleitetramethyl wegen seines höheren Dampfdruckes und der damit verbundenen größeren Flüchtigkeit, die – im Vergleich zu Bleitetraethyl – zu höheren Raumluftkonzentrationen führt, leichter über die Lungen aufgenommen.

Krankheitsbild[6]

Blei kann als Metall sowie als anorganische oder organische Verbindungen gesundheitsschädigend wirken. Anorganische Bleiverbindungen führen selten zu einer akuten Bleivergiftung. In der Regel handelt es sich um eine subakute oder chronische Erkrankung, üblicherweise als Bleivergiftung bezeichnet. In ausgeprägten Fällen ist diese durch Anämie, abdominale Koliken und Polyneuropathie (Radialisparese)[7] charakterisiert. Der Endzustand ist die Bleikachexie. Als Folge massiver Exposition können eine Enzephalopathie und eine Nephropathie (Schrumpfniere) auftreten. Organische Bleiverbindungen bedingen vorzugsweise Störungen von Seiten des zentralen Nervensystems (Bleienzephalopathie) und des adrenokortikalen Regelkreises. Schädigungen des peripheren Nervensystems durch Blei konzentrieren sich nach Erkenntnissen klinisch-arbeitsmedizinischer Forschung auf die motorischen Nervenfasern des peripheren Nervensystems.

Nach Auffassung der Arbeitsstoffkommission der DFG sind Blutbleispiegel von mehr als 400 µg/l für Männer und 100µg/l für Frauen bis zum 45. Lebensjahr mit einer erhöhten Gesundheitsgefährdung hinsichtlich einer ZNS-Toxizität verbunden.[8]

Wegen neuerer Befunde zur Genotoxizität sind bestimmte Bleiverbindungen, z.B. Bleioxid, von der Arbeitsstoffkommission als potentiell humankanzerogen bewertet worden (K2-Stoff).[9]

Bleiarsenat ist wegen des Arsenanteils ein K1-Stoff.

Im Besonderen:

Epilepsie 5.4.3, S. 196
Riechsstörung 5.12, S. 261
Zeugungsunfähigkeit 5.13, S. 267
Augenerkrankung 6.3, S. 288
Hör- und Gleichgewichtsstörung 7.2.3.5, S. 316
Knochen 8.3.6.1, S. 475

---

6 Valentin, u.a., Arbeitsmed., 3. Aufl. 1985, Bd. 2; s. auch Geiler, u.a., ASP 1991, 105; Triebig, Die ärztliche Begutachtung (Hrsg. Fritze, Mehrhoff) 7. Aufl. 2008 S. 199f.; Thürauf, in: Medizinische Begutachtung innerer Krankheiten (Hrsg. Marx, Klepzig) 7. Aufl. 1996 S. 183f.; Schiele, in: Arbeitsmedizin (Hrsg. Triebig, Kentner, Schiele) 2. Aufl. 2008 S. 99; Konietzko, Brogmann, Handbuch der Arbeitsmedizin (Hrsg. Konietzko, Dupuis) 1989 Abschn. IV–2.1.1, IV–2.1.1.1; Triebig, u.a., DGAUM-Leitlinie „Arbeiten unter Einwirkung von Blei und seinen Verbindungen", Juni 2005.
7 Dazu K. Mayer, Therapiewoche 27, 7188–7197 (1977) 41; Triebig, Büttner, Neurotoxische Arbeitsstoffe: I. Metalle und ihre Verbindungen. Eine Literaturübersicht der Jahre 1970 bis 1982. Zbl. Bakt. Hyg. I. Abt. Orig. B 177 (1983) 11–36.
8 Greim und Lehnert (Hrsg.) Arbeitsmedizinischtoxikologische Begründungen für BAT-Werte, 2002.
9 Greim, Blei und seine Verbindungen. Toxikologisch-arbeitsmedizinische Begründungen von MAK-Werten (Maximale Arbeitsplatzkonzentrationen), 38. Lfg. 2004.

Gastritis 12.3.3, S. 905
Schilddrüsenüberfunktion 13.3.2.2, S. 939
Blei-Anämie 14.5.2.3, S. 967
Schrumpfniere und Nierenentzündung 15.1.2, S. 976

Ein Kausalzusammenhang zwischen chronischer Bleiintoxikation und Gicht ist auf Grund bislang vorliegender Erkenntnisse zu verneinen.

In den vergangenen Jahren werden jährlich 6 bis 12 Erkrankungsfälle anerkannt, 1 bis 3 führten zur Rente.

Aus der Rechtsprechung:
Nicht nur ein bestimmtes Krankheitsbild, sondern jegliche auf Blei zurückgehende Erkrankung – auch geringfügig erhöhter Blutbleispiegel – ist eine Berufskrankheit als Versicherungsfall.[10]
Anerkennung einer Berufskrankheit: Schrumpfniere und Leberzirrhose nach langjähriger Bleieinwirkung; die Entlüftungsverhältnisse waren unzureichend.[11]
Ablehnung: Entstehung einer Leberschrumpfung nur auf der Grundlage einer schweren Blei(vergiftung)-erkrankung[12]; kein Zusammenhang zwischen Teilnahme am Straßenverkehr und Gefährdung durch bleihaltige Abgase[13], zwischen Blei und Epilepsie[14] oder Bronchialkarzinom.[15]

(2) BK-Nr. 11 02: *„Erkrankungen durch Quecksilber oder seine Verbindungen".*

Aufnahme:

durch die Atemwege in Form von Dämpfen metallischen Quecksilbers oder organischer Quecksilberverbindungen (namentlich Alkyl-Quecksilberverbindungen) oder von Stäuben anorganischer Quecksilberverbindungen

durch die Haut, vor allem gut lipoidlösliche organische Quecksilberverbindungen

Quecksilbermetall wird, im Gegensatz zu den Quecksilbersalzen, über den Magen-Darm-Trakt kaum resorbiert

Quecksilber (Hg) besitzt einen Schmelzpunkt von ca. 39 °C und einen Siedepunkt von rund 357 °C. Es hat bereits bei Raumtemperatur einen relativ hohen Dampfdruck. In geschlossenen Räumen kann eine Sättigungsdampfkonzentration von einem Vielfachen (u. U. >100x) der zulässigen Maximalen Arbeitsplatzkonzentration (MAK) erreicht werden.[16]

---

[10] Bayer. LSG, 13. 10. 1989, HV-Info 3/1991, 221 = Meso B 180/25; jedoch: Eine erhöhte Bleibelastung und vermehrte Bleiausscheidung im Harn ist nicht gleichbedeutend mit einer Bleikrankheit (Triebig, in: Die ärztliche Begutachtung [Hrsg. Fritze, Mehrhoff] 7. Aufl. 2008 S. 201).
[11] Bayer. LVA, 28. 5. 1951, Breith. 1951, 1327; vgl. auch Bayer. LVA, Bayer. Abl. 1953, 1.
[12] Bayer. LSG, 18. 3. 1954, Breith. 1954, 1011.
[13] LSG Rheinland-Pfalz, 16. 12. 1981, Breith. 1982, 858.
[14] LSG Niedersachsen, 9. 7. 1959, Meso B 290/40.
[15] LSG Niedersachsen, 2. 7. 2001, Meso B 70/207.
[16] Schiele, DGAUM-Leitlinie „Arbeiten unter Einwirkung von Quecksilber und seinen Verbindungen", Dezember 1998 (aktualisiert 2007).

21.3 Metalle und Metalloide

Krankheitsbild:[17]

Die individuelle Toleranzbreite des Menschen für Quecksilber-induzierte Gesundheitsstörungen ist erheblich.

Vorübergehende Belastung, reversible Funktionsstörung, Gesundheitsschaden und entschädigungspflichtige BK sind zu unterscheiden.

Arbeitsmedizinischer Erfahrung gemäß ist es unzulässig, von einer Überschreitung der Grenzwerte für Quecksilber auf eine Erkrankung zu schließen. Nach Beendigung der gefährdenden Tätigkeit kommt es meistens zu einer Rückbildung der Krankheitserscheinungen.

Die *akute* Erkrankung nach Einwirkung von metallischem Quecksilber oder seinen anorganischen Verbindungen ist gekennzeichnet durch Schleimhautirritationen bis hin zu Nekrosen (Stomatitis mercurialis) in Dünn- und Dickdarm sowie Nierenfunktionsstörungen (Proteinurie).

Bei der *chronischen* Form können zunächst unspezifische Allgemeinsymptome auftreten sowie ein „Quecksilberrachen", Trockenheit der Mundhöhle, blauvioletter Quecksilbersaum am Zahnfleisch und Nierenfunktionsstörungen. Die schwere Form zeigt vor allem Symptome von Seiten des zentralen Nervensystems[18], wie Erethismus mercurialis, Tremor mercurialis, sensible Störungen, Sprachstörungen wie Silbenstolpern (Psellismus), Nachlassen der Merkfähigkeit und des Gedächtnisses sowie Persönlichkeitsänderungen. Schwere Schädigungen des Zentralnervensystems einschließlich Hirnnerven (vor allem Seh- und Hörnerv) sowie Parästhesien sind insbesondere für Vergiftungen durch Alkylquecksilber charakteristisch.[18]

Auf Grund der Unspezifität vieler Vergiftungssymptome ist die Quecksilberbestimmung mittels flammenloser Atomabsorption (Kaltdampftechnik) im Blut oder Urin für die Diagnostik von besonderer Bedeutung.

Bei Einwirkungen organischer Quecksilberverbindungen verläuft die akute Form mit leichteren Symptomen, ähnlich wie bei Belastung durch metallisches Quecksilber und seinen anorganischen Verbindungen. Die chronische Form ist durch Parästhesien und eine Enzephalopathie gekennzeichnet. Eine periphere Neuropathie kommt aktuellen pathohistologischen Befunden zufolge bei Betroffenen mit „Minamata-Krankheit" nicht als Ursache für Hypästhesien in Betracht.

Gegenwärtig liegen keine gesicherten Erkenntnisse vor, dass Quecksilber oder seine Verbindungen beim Menschen Krebs erzeugt.

Methylquecksilber ist eindeutig fruchtschädigend.[19]

Im Besonderen:

Epilepsie 5.4.3, S. 196
Riechstörung 5.12, S. 261

---
17 Schiele, in: Arbeitsmedizin (Hrsg. Triebig, u.a.) 2. Aufl. 2008 S. 104ff.
18 Langworth, u.a., Brit J Indust Med 49 (1992) 545: Befunde bei Chloralkali-Arbeitern weisen auf geringen quecksilberbedingten Effekt im Bereich des Zentralnervensystems hin.
19 Boffetta, u.a., Scand. J. Work Environ Health 19 (1993) 1–7 = HV-Info 2/1998, 126.

Zeugungsunfähigkeit 5.13, S. 267
Augenerkrankung 6.3, S. 288
Hör- und Gleichgewichtsstörung 7.2.3.5, S. 316
Gastritis 12.3.3, S. 905
Schilddrüsenüberfunktion 13.3.2.2, S. 939
Nierenentzündung 15.1.2, S. 978, 980

Jährlich werden bis zu 6 Erkrankungsfälle anerkannt, bis zu 2 führen zur Rente.

Aus der Rechtsprechung
Trotz allergischer Veranlagung ist eine durch Quecksilber hervorgerufene oder verschlimmerte Sensibilisierung eine Berufskrankheit.[20]
Quecksilberallergie der Mundschleimhaut.[21]
Kardiotoxische Effekte sind bei Fehlen ausgeprägter anderer Wirkungen auf das Zentralnervensystem oder die Nieren weder bei Quecksilbermassenvergiftungen noch bei therapeutischer Verwendung von Quecksilberverbindungen im Einzelfall beobachtet worden.[22]
Bei vermutetem „Mikromerkurialismus" muss der Ursachenzusammenhang gründlich und kritisch erörtert werden, da ein ausschließlich unspezifisches Beschwerdebild vorliegt.[23]

(3) BK-Nr. 11 03: „Erkrankungen durch Chrom oder seine Verbindungen".[24]

Aufnahme:

durch die Atemwege
durch die Haut
weniger durch den Magen-Darm-Trakt

Krankheitsbild:

Toxische Wirkungen werden im Wesentlichen durch die sechswertigen Verbindungen ausgelöst. Chromsalze verursachen Verätzungen und Ulzera an Haut und Schleimhäuten sowie Reizerscheinungen vorzugsweise im Bereich der oberen Luftwege. Die sechswertigen Chromate können weiterhin allergische Kontaktekzeme der Haut als Ausdruck einer Sensibilisierung hervorrufen. Typisch ist die schmerzlose Nasenseptumperforation durch wasserlösliche Chromverbindungen, in Verbindung mit der Arbeitsanamnese als „Brückensymptom" bedeutsam. Beschrieben wurden das Auftreten chronisch-obstruktiver Atemwegserkrankungen nach mehrjähriger Chromatbelastungen.[25] Infolge resorptiver Giftwirkung kann eine hämorrhagische Nephritis auftreten.

Im Besonderen:

Geruchsstörung 5.12, S. 261
Augenerkrankung 6.3, S. 288

---

[20] LSG Niedersachsen, 9. 3. 1961, Breith. 1962, 113, bestätigt durch BSG, 20. 3. 1966, ZfS 1966, 129.
[21] BSG, 17. 2. 1972, Kartei Lauterbach Nr. 8716/7 zu § 557 RVO.
[22] SG Bayreuth, 18. 12. 1991, HV-Info 1992, 1057, 1063.
[23] Hoffmann, Triebig, MedSach 98 (2002) 132.
[24] Korallus, Int. Arch. Occupational and Environmental Health 1993, 171 ff.; Raithel, Zbl. Arbeitsmed. 1987, 184 ff.; Schiele, in: Arbeitsmedizin (Hrsg. Triebig, u.a.) 2. Aufl. 2008 S. 107 ff.
[25] Triebig, in: Die Ärztliche Begutachtung (Hrsg. Fritze, Mehrhoff) 7. Aufl. 2008 S. 201.

21.3 Metalle und Metalloide 1227

Kontaktekzem 11.3.1.3.1, S. 847
Nephritis 15.1.2, S. 976
Pneumokoniosen 17.1.2, S. 991
Krebs 18.6.2.1.1, S. 1117

Jährlich werden 10–25 Erkrankungsfälle anerkannt, etwa die Hälfte führen zur Rente.

Aus der Rechtsprechung
Entstehung eines Lungenkrebses nach langjähriger Einwirkung von sechswertigen Chromaten.[26]
Ablehnung einer chronischen Nephritis nach Chromeinwirkung, wenn nicht die Tubuli, sondern die Glomeruli geschädigt sind.[27]
Ablehnung einer Krebserkrankung im Bereich der Mundhöhle.[28]
Rhinopharyngitis sicca (trockener Katarrh des Nasenrachenraums) nach langjähriger Zinkchromatexposition.[29]
Bronchialkarzinom bei einem Färbermeister, der starker Zigarettenraucher ist, in der Regel keine Berufskrankheit.[30]

(4) BK-Nr. 11 04: *"Erkrankungen durch Cadmium oder seine Verbindungen"*.

Aufnahme:

durch die Atemwege in Staub-, Rauch- oder Dampfform
seltener durch den Magen-Darm-Trakt (Nahrungsaufnahme)

Krankheitsbild:[31]

Cadmium und seine Verbindungen können bei *akuter* Einwirkung erhebliche Reizerscheinungen der Luftwege hervorrufen. Neben Tracheitis, Bronchitis und Bronchopneumonie ist vor allem das Auftreten eines toxischen Lungenödems nach einer Latenzzeit von bis zu drei Tagen gefürchtet. Orale Aufnahme kann Irritationen des Schleimhautapparates mit Gastritis, Enteritis und Kolitis bewirken. Die *chronische* Belastung des Organismus vermag Entzündungen, Atrophie und Ulzerationen der Schleimhäute im Bereich der oberen Luftwege, Anosmie und chronisch-obstruktive Atemwege (COPD) herbeizuführen. Nach langjähriger Exposition wurden chronische Nierenschäden, Osteoporosen und ein Lungenemphysem beobachtet.

Auf Grund der langen biologischen Halbwertzeit (30 Jahre) und der Speicherung als Metallothionein-Komplex in der Niere ist diese das typische Zielorgan chronischer Cadmium-Zufuhr. Nierenschäden sind zumeist die einzige Manifestation chronischer Cadmiumvergiftungen. Schädigungsmechanismen betreffen vorrangig die Zellen des Tubulus-Apparates. Infolge der Schädigung der Tubulus-Zellen erfolgt häufig eine verminderte Rückresorption von niedermolekularem Eiweiß. Physiologischerweise werden diese Stoffe

---

[26] Hess. LSG, 7. 2. 1956, Breith. 1956, 1105; LSG Schleswig-Holstein, 25. 2. 2006, UVR 6/2006, 441.
[27] LSG Niedersachsen, 19. 11. 1959, Meso B 180/3; s. auch 15.1.2.
[28] LSG Niedersachsen, 16. 12. 1999, VB 92/2001.
[29] Bayer. LSG, 4. 6. 1997, Meso B 50/13.
[30] Hess. LSG, 19. 11. 1972, SGb 1973, 420 Nr. 8.
[31] Schiele, in: Arbeitsmedizin (Hrsg. Triebig, u.a.) 2. Aufl. 2008 S. 109ff.; Triebig, DGAUM-Leitlinie „Arbeiten unter Einwirkung von Cadmium", Juni 2005.

nahezu vollständig rückresorbiert und nur in Spuren ausgeschieden. Bekannte Parameter sind β_2-Mikroglobulin. Auch Schädigungen der glomerulären Membran sind möglich. Es treten somit vermehrt höhermolekulare Stoffe, die zuvor nicht in nennenswertem Umfang filtriert werden, in den Primärharn über. Deutliche Erhöhungen von Gesamteiweiß-Ausscheidungen im Harn können somit auf eine glomeruläre Schädigung hinweisen.[32]

Auf Grund tierexperimenteller und epidemiologischer Befunde gilt Cadmium auch für den Menschen als kanzerogen und ursächlich für Bronchialkarzinome und Nierenzellkarzinome (K1-Stoff).

Die Mikroproteinurie scheint reversibel zu sein.

Während der Cadmium-Spiegel im Blut die aktuelle Exposition gegenüber Cadmium aufzeigt, ist die Cadmium-Ausscheidung im Harn ein Maß für die Gesamtkörperlast an Cadmium (body burden). Aus diesem Grund sind Cadmium-Bestimmungen im Harn von Bedeutung.

Im Besonderen:

Riechsstörung 5.12, S. 261
Augenerkrankung 6.3, S. 288
Hör- und Gleichgewichtsstörung 7.2.3.5, S. 316
Osteoporose 8.3.6.1, S. 476
Nierenentzündung 15.1.2, S. 975
Pneumokoniosen 17.1.2, S. 991
Krebserkrankungen 18.6.2.1.2, S. 1117

Jährlich werden bis zu 2 Erkrankungsfälle anerkannt, selten führen sie zur Rente.

(5) BK-Nr. 11 05: „Erkrankungen durch Mangan oder seine Verbindungen".[33]

Aufnahme:

durch die Atemwege

Krankheitsbild:

Belastungen des Organismus durch Mangan oder seine Verbindungen führen zu Reizerscheinungen an den Luftwegen und gelegentlich zur sog. Manganpneumonie sowie zum Manganismus, einem neurologischen Krankheitsbild ähnlich einem Parkinson-Syndrom.[34] Untersuchungen mittels Kernspintomographie und PET zeigten eine besondere Affinität von Manganverbindungen zu den Basalganglien (Putamen, Pallidum).

---

[32] Jansing, ASP 1988, 61.
[33] Schiele, in: Arbeitsmedizin (Hrsg. Triebig, u.a.) 2. Aufl. 2008 S. 112ff.; Schunk, ASP 1988, 198ff.
[34] Friberg, u.a., in: Handbook on the Toxicology of Metals, Elsevier (Amsterdam) 1990.

21.3 Metalle und Metalloide

Im Besonderen:

Zeugungsunfähigkeit 5.13, S. 267
Augenerkrankung 6.3, S. 288
Hör- und Gleichgewichtsstörung 7.2.3.5, S. 316
Pneumokoniosen 17.1.2, S. 991

Jährlich werden bis zu 2 Erkrankungsfälle anerkannt.

(6) BK-Nr. 11 06: *„Erkrankungen durch Thallium oder seine Verbindungen".*[35]

Aufnahme:

durch den Magen-Darm-Trakt
zum Teil durch die Atemwege

Krankheitsbild:

Das Krankheitsbild ist vielseitig. Akut treten Reizerscheinungen der oberen Luftwege auf. Nach Tagen bis Wochen folgt eine Polyneuropathie („Burning Feet Syndrom") sowie ein charakteristischer Haarausfall. Späterhin können sich psychische Veränderungen und psychotische Krankheitsbilder einstellen. Häufig ist die Nierenfunktion gestört. Typisch sind die Lunula-Streifen der Fingernägel.

Im Besonderen:

Augenerkrankungen 6.3, S. 288
Hör- und Gleichgewichtsstörung 7.2.3.5, S. 316

Seit dem Jahr 2000 wurden keine Erkrankungsfälle anerkannt.

(7) BK-Nr. 11 07: *„Erkrankungen durch Vanadium oder seine Verbindungen".*

Von Bedeutung sind Vanadiumoxide (z.B. Vanadiumpentoxid, Vanadate)

Aufnahme:

durch die Atemwege
durch Magen-Darm-Trakt möglich

wirkt direkt hautschädigend

Krankheitsbild:

Lokale Reizung der Haut, Schleimhäute und der oberen Luftwege (s. 17.1.2).

In den letzten Jahren wurden keine Erkrankungsfälle anerkannt (Ausnahme: 3 Fälle in 2003)

---

35 Schiele, in: Arbeitsmedizin (Hrsg. Triebig, u.a.) 2. Aufl. 2008 S. 113f.

(8) BK-Nr. 11 08: „*Erkrankungen durch Arsen oder seine Verbindungen*".

Aufnahme:

durch die Atemwege in Staub-, Rauch- oder Dampfform
durch den Magen-Darm-Trakt
durch die Haut

Arbeitsmedizinische Bedeutung von Arsen und seinen Verbindungen ist heute gering, nachdem die Verwendung arsenhaltiger Pigmente, auch der Pestizide (Weinbau 1942, Obstbau 1960) abgeschlossen worden ist. Anwendung heute in der Halbleiterindustrie. Weltweit wichtigste Umweltbelastung des Trinkwassers (Asien, Südamerika).[36]

Krankheitsbild:[37]

– Akute Arsenvergiftung: durch Arsentrioxid, auch durch Arsenwasserstoff (Arsin).
– Chronische Arsenvergiftung (Arsenismus), bis in die 70er Jahre mit großer Bedeutung, als Neuerkrankung kaum noch auftretend. Es handelt sich um eine Vielfalt von Geschehnissen – zumeist nur einzelne der Erscheinungsbilder, manchmal auch Kombination, nicht selten massiert:
Hautreizung, Ekzeme, Melanosen, Hyperkeratosen, Mees'sche Nagelbänder, Morbus Bowen, Hautkrebs[38], Schleimhautreizungen, typisch Geschwür/Perforation in der Nasenscheidewand, „Bronchitis" (freilich vieldeutig)
Gefäßschäden, „Schwarzfuß-Krankheit"
Polyneuropathie
Arsenwasserstoff (Arsin), ein hochtoxisches Gas, führt zu schwerer Hämolyse mit entsprechenden Auswirkungen auf das rote Blutbild, auf die Nieren und die Leber.[39]
– *Insbesondere: Schwefelsäure-Herstellung und Lungenkrebs – ein Problem früherer Arseneinwirkung*[40]

Schwefelsäure (H_2SO_4), den Alchimisten des Mittelalters (als „Oleum") bekannt, wurde in der industriellen Entwicklung zu einer wichtigen Chemikalie.

Gewinnung von Schwefeldioxid:

– Ab etwa 1960 durch Verbrennung von elementarem Schwefel (der aus der Erdöl- oder Erdgasproduktion stammt)
– Salzschmelze von Eisensulfatheptadydrat (Grünsalz) in den Jahren 1951–1981, unter Wärmezufuhr.

Diese Verfahren sind arsenfrei.

---

[36] Böcher, u.a., Zbl Arbeitsmed 56 (2006) 58.
[37] Zerlett, ErgoMed 1984 H. 1 S. 6ff.; Schiele, in: Arbeitsmedizin (Hrsg. Triebig, u.a.) 2. Aufl. 2008 S. 116ff.
[38] Von Arsen ist bekannt, dass – wie beim Arsen-bedingten Hautkrebs – Karzinome auch an anderen Stellen als den direkt exponierten auftreten können. Hinweise verdichten sich, dass auch Arsen häufiger Magenkrebs verursacht als bisher in der wissenschaftlichen Literatur angenommen. – Lippen-Karzinome gehören nicht zu den typischen Arsen-bedingten Hautkrebsen.
[39] Mross, Handbuch der Arbeitsmedizin (Hrsg. Konietzko, Dupuis) 1989 Abschn. IV – 2.3.2.2.
[40] Exzerpiert nach Hain, Korallus, Zbl. Arbeitsmed. 42 (1992) 266–276, mit ausführlicher Lit. Angabe.

21.3 Metalle und Metalloide

– Hingegen erfolgte die Gewinnung von Schwefeldioxid bis zu dem angegebenen Wandel durch Rösten schwefelhaltiger Erze, speziell von Pyrit (= Eisenkies – FeS_2).

Die zum Verfahren verwendeten Rohstoffe sind bergmännisch gewonnene Kiese.

In eingesetzten Kiesen kommt Arsen vor, und zwar in wechselnder Menge. Arsen ist zumeist in Arseneisenkies eingebunden (FeAsS), auch kann es als Arsensulfid oder als Nikkelarsenid vorliegen, desgleichen in anderen Verbindungen. Bei Erhitzung durch den Röstprozess wird das Arsen frei, es sublimiert bei 613 °C (ohne vorher zu schmelzen) und wird von Röstgasen mitgerissen; in deren Strom bzw. nach Abscheidung erfolgt sofort eine Oxidation, zu Arsenpentoxid (As_2O_5) führend, das rasch reduziert wird zu der wichtigsten Substanz Arsenik = Arsentrioxid As_2O_3. Bei geeignetem Temperaturprofil kommt auch eine Umsetzung zu Eisenarsenat in Betracht, welches mit dem Abbrand entfernt wird.

Im Besonderen:

Zeugungsunfähigkeit 5.13, S. 267
Augenerkrankung 6.3, S. 288
Kontaktekzem 11.3.1.1, S. 842
Hämolyse 14.5.3.4, S. 970
Nierenentzündung 15.1.2, S. 976
Pneumokoniosen 17.1.2, S. 991
Krebs 18.6.2.1.3, S. 1118; 18.7.1, S. 1136

Jährlich werden bis zu 10 Erkrankungsfälle anerkannt, fast alle führen zur Rente.

Aus der Rechtsprechung:
Bauspeicheldrüsenkrebs[41]
Leber-[42] und Arsenschädigungen[43] bei Weinberg- und Kellereiarbeitern.

(9) BK-Nr. 11 09: *„Erkrankungen durch Phosphor oder seine anorganischen Verbindungen".*

Aufnahme:

durch die Atemwege
durch die Haut

Krankheitsbild:[44]

Eigentlich giftig sind elementarer weißer und gelber Phosphor sowie Phosphorwasserstoff (Phosphin).

Elementarer weißer oder gelber Phosphor ist ein starkes Reduktionsmittel und hemmt intrazelluläre Oxidationsvorgänge. Bei *akuter* Einwirkung auf die Haut ruft elementarer Phosphor Brandwunden und Nekrosen mit schlechter Heilungstendenz hervor. Orale Aufnahme kann zu Durchfall (Enteritis, Kolitis) sowie Leber- und Nierenschädigungen

---
[41] LSG Rheinland-Pfalz, 16. 12. 1970, Breith. 1971, 557.
[42] LSG Rheinland-Pfalz, 15. 7. 1955, Breith. 1955, 1149.
[43] RVA, 28. 2. 1942, 21. 2. 1942, Breith. 1942, 188, 189; OVA Trier, 11. 11. 1952, Breith. 1953, 513.
[44] Schiele, in: Arbeitsmedizin (Hrsg. Triebig, u.a.) 2. Aufl. 2008 S. 119f.

führen. *Chronische* Vergiftungen sind durch Knochenveränderungen (Osteoporose) und als Komplikation chronische Osteomyelitis mit Sequesterbildung, vor allem am Unterkieferknochen („Phosphorkiefernekrose"), gekennzeichnet. Am äußeren Auge kann es zu chronischen Reiz- und Entzündungszustände der Bindehäute, Hornhaut und Lieder kommen.

Phosphorwasserstoff ist ein stark toxisches, farbloses Gas. Vergiftungszeichen betreffen Atemorgane, Herz- und Kreislaufsystem sowie zentrales Nervensystem.

Phosgen (Carbonychlorid) ist keine Phosphorverbindung. Das stark chemisch-irritative Gas kann eine obstruktive Atemwegserkrankung verursachen (BK-Nr. 43 02).

Erkrankungen durch organische Phosphorverbindungen (Phosphorsäureester) sind der BK-Nr. 13 07 zuzuordnen.

Im Besonderen:

Augenerkrankung 6.3, S. 288
Krebserkrankungen 18.6.2.1.4, S. 1118

Jährlich werden bis zu 7 Erkrankungsfälle anerkannt, Rentenfälle sind sehr selten.

(10) BK-Nr. 11 10: „*Erkrankung durch Beryllium oder seine Verbindungen*".

Aufnahme:

durch die Atemwege
wirkt direkt hautschädigend

Krankheitsbild:

Unter den Erkrankungen verschiedener Organe durch Beryllium oder seine Verbindungen ist bevorzugt betroffen das bronchopulmonale System unter dem Bild der

- akuten toxischen Bronchopneumopathie (Tracheobronchitis und/oder Pneumonie) und
- chronischen interstitiellen Lungenfibrose (Berylliose).

Die chronische Berylliose wird durch inhalative Exposition gegenüber niedrigen Konzentrationen löslicher und unlöslicher Berylliumverbindungen verursacht.

In den Lungenfunktionsmessungen der Betroffenen fällt hauptsächlich die Abnahme der Vital- und Totalkapazität sowie der Diffusionskapazität auf. Todesfälle infolge progredienter respiratorischer Insuffizienz oder Cor pulmonale kommen vor.[45]

Die Erkrankung kann auch nach Beendigung der Exposition progredient verlaufen und in der respiratorischen Insuffizienz münden.

Latenzzeit: mehrere Wochen bis 30 Jahre

---

[45] Schaller, u. a., in: Handbuch der Arbeitsmedizin (Hrsg. Letzel, Nowak) 7. Erg. Lfg. 2008 D II – 1.1. B-2 S. 7.

Diagnose[46]

Nachweis

- einer direkten oder indirekten Berylliumexposition
- eines klinischen, histologisch-pathologischen und röntgenologischen Krankheitsbildes, das dem der Sarkoidose gleicht
- der Sensibilisierung gegenüber Beryllium durch den Beryllium-Lymphozytentransformationstest (BeLPT).

Bei der Berylliose wurden mikroskopisch auch vereinzelt Granulome in Leber, Niere und Milz beobachtet. Ihr Krankheitswert tritt gegenüber den Lungenveränderungen zurück.

Daneben sind Veränderungen im Bereich der Haut u. a. als allergisches Kontaktekzem, Berylliumgranulome oder -geschwüre, im Bereich der Schleimhäute als Berylliumkonjunktivitis sowie als Nasopharyngitis bekannt.

Die akuten Wirkungen am bronchopulmonalen System, an der Haut und den Schleimhäuten gehen auf eingeatmete, wasserlösliche, bei der Extraktion entstehende Berylliumsalze (Berylliumfluoride, -sulfate oder -chloride) zurück.

Beryllium und seine anorganischen Verbindungen sind von der Arbeitsstoffkommission und der IARC als gesichert humankanzerogen (Zielorgan: Lunge) bewertet worden (K1-Stoff).

Im Besonderen:

Augenerkrankung 6.3, S. 288
Hör- und Gleichgewichtsstörungen 7.2.3.5, S. 316
Nierenentzündung 15.1.2, S. 976
Berylliose 17.1.2, S. 991
Krebserkrankungen 18.6.2.1.3, S. 1118

Jährlich wird bis zu 1 Erkrankungsfall anerkannt, fast immer mit einer rentenberechtigten MdE.

21.4 Erstickungsgase

(1) BK-Nr. 12 01: *„Erkrankungen durch Kohlenmonoxid"*.

Aufnahme:

ausschließlich durch die Atemwege

Kohlenmonoxid entsteht durch unvollständige Verbrennung kohlenstoffhaltiger Materialien: Motorenabgase, Schwefelbrände, Hochofen, Kokerei

Krankheitsbild: [47]

Akute Vergiftung: Erste Symptome treten bei einem Hämoglobin – CO-Gehalt von mehr als 20 % auf, über 50 % sind lebensgefährlich.

---

[46] Müller-Quernheim, u. a., Pneumologie 61 (2007) 109.
[47] Arbeitsmedizinische Leitlinie der DGAUM (Juni 2005) ASU 2006, 574; Welslau, u. a., Trauma Berufskrankh 6 (2004) 12; Schiele, in: Arbeitsmedizin (Hrsg. Triebig, u. a.) 2. Aufl. 2008 S. 123 ff.

Die Giftwirkung von eingeatmetem Kohlenmonoxid beruht allein auf seiner um den Faktor 200 stärkeren Affinität als die des Sauerstoffs. Dies bewirkt eine Verdrängung des mit der Atmung aufgenommenen Sauerstoffs bereits in relativ geringer Konzentration. Folgen: Störung des Sauerstofftransportes bis zur inneren Erstickung, d.h. insbesondere des Gehirns und Herzens.

Massive Vergiftungen führen zu plötzlicher Bewusstlosigkeit und meist zum schnellen Eintritt des Todes, weniger hohe Konzentrationen zu zentralnervösen Erscheinungen.

Vor allem bei niedrigeren CO-Konzentrationen werden Kopfschmerzen, Müdigkeit, Schwindelerscheinungen und abnehmende Sehschärfe beobachtet.

Die früher diskutierte Möglichkeit einer sog. chronischen Kohlenmonoxidintoxikation ist auf Grund des Wirkungsmechanismus als unwahrscheinlich.

Folgeschäden (Auftreten spätestens innerhalb eines Monats, Ausnahmen möglich): Parkinsonismus, psychotische und psychomotorische Störungen, retrograde Amnesie, epileptiforme Bilder, Exazerbation ischämischer Herzkrankheit, Hör- und Sehstörungen möglich. Folgeschäden nach geringen CO-Belastungen fraglich.[48] Wegen ubiquitärer Entstehungsmöglichkeit des Gases gehört die Kohlenmonoxidvergiftung auch zu relativ häufigen, chemisch-verursachten Berufskrankheiten. Etwa 150 Erkrankungsfälle werden jährlich angezeigt, zwei Drittel werden anerkannt, bis zu 2 führen zur Rente.

Im Besonderen:

Epilepsie 5.4.3, S. 196
Riechstörung 5.12, S. 261
Zeugungsunfähigkeit 5.13, S. 267
Augenerkrankung 6.3, S. 289
Hör- und Gleichgewichtsstörung 7.2.3.5, S. 316
Herzerkrankung 10.2.6.5, S. 818
Schilddrüsenunter- und -überfunktion 13.3.2.1, S. 938; 13.3.2.2, S. 939

Aus der Rechtsprechung:
Anerkennung

- Epilepsie nach zunächst leichter Kohlenmonoxidvergiftung[49]
- Schädigung der Herzmuskulatur und des Reizleitungssystems nach dreijähriger Einwirkung[50]
- chronische Kohlenmonoxidvergiftung[51]
- Verschlimmerung einer Arteriosklerose nach jahrzehntelanger Einwirkung im Gaswerk[52]

Ablehnung

- Diabetes mellitus nach nur leichter Vergiftung[53]
- bei Schweißarbeit[54]

---

48 Szadkowski, DGAUM-Leitlinie „Arbeit unter Einwirkung von Kohlenmonoxid", Juni 2005.
49 LSG Rheinland-Pfalz, 18. 11. 1957, Meso B 300/1.
50 LSG Hamburg, 26. 7. 1955, Meso B 90/19.
51 LSG Hamburg, 3. 1. 1956, BG 1956, 306.
52 LSG Hamburg, 20. 7. 1955, Breith. 1956, 363.
53 LSG Niedersachsen, 18. 9. 1958, Meso B 160/1.
54 LSG Hamburg, 17. 3. 1959, BG 1959, 481.

21.4 Erstickungsgase

Exkurs: *Vergiftungen durch Kohlendioxid* (CO_2 = Kohlensäureanhydrid) und *Blausäure* sind keine Berufskrankheiten; als Arbeitsunfälle sind sie zu bewerten.

Krankheitsbilder:[55]

Kohlendioxid-Konzentrationen

- von 4 bis 6 % in der Atemluft: Kopfschmerzen, Ohrensausen, Erregungszustände, Schwindel, Benommenheit
- von 8 bis 10 %: Gleichgewichtsstörungen, tonisch-klonische Krampfanfälle, Bewusstlosigkeit, Atemstillstand
- bei noch höheren Konzentrationen: Tod durch Ersticken

Schwere *Blausäure-Vergiftung* führt schnell zu Bewusstlosigkeit, Krämpfen und Atemstillstand. Als Folge einer Gehirnhypoxie können neurologische Spätschäden bleiben, einer Kohlenmonoxid-Vergiftung ähnlich.

(2) **BK-Nr. 12 02:** *„Erkrankungen durch Schwefelwasserstoff"*.

Aufnahme:

vorwiegend durch die Atemwege
durch die Haut und Schleimhäute

Krankheitsbild:

Das außerordentlich toxische Gas übt eine Reizwirkung auf Haut und Schleimhäute aus. Durch Lungen resorbiert, bewirkt Schwefelwasserstoff eine tiefgreifende Störung der inneren Zellatmung. Bei *akuter* Einatmung hoher Konzentrationen treten schlagartig Bewusstlosigkeit und häufig Tod durch Atemlähmung (apoplektiforme Vergiftung) auf. Die *subakute* Vergiftung ist durch (Dispnoe), Hustenanfälle und retrosternale Schmerzen, aus denen ein Lungenödem resultieren kann, gekennzeichnet. Geringere Schwefelwasserstoffmengen können Schädigungen im Bereich der Atmungsorgane, des Herz-Kreislauf-Systems, Verdauungstraktes hervorrufen. Schwere Schwefelwasserstoffvergiftungen betreffen das Zentralnervensystem (Hypoxie), zum Teil mit Parkinson-ähnlicher Symptomatik. Chronische Exposition kann zu Hornhautschäden (Spinnerkeratitis in der Kunstfaserherstellung) führen. Berufliche Vergiftungen führen nur selten zu Dauerschädigungen.

Im Besonderen:

Riechstörung 5.12, S. 261
Augenerkrankung 6.3, S. 289
Hör- und Gleichgewichtsstörungen 7.2.3.5, S. 316
Herzerkrankung 10.2.6.5, S. 818

Jährlich werden etwa 10 Erkrankungen anerkannt, bis zu 3 führen zur Rente.

---

[55] Triebig in: Die medizinische Begutachtung (Hrsg. Fritze, Mehrhoff) 7. Aufl. 2008 S. 205.

21.5 Lösungsmittel, Schädlingsbekämpfungsmittel (Pestizide) und sonstige chemische Stoffe

(1) BK-Nr. 13 01: *„Schleimhautveränderungen, Krebs oder andere Neubildungen der Harnwege durch aromatische Amine".*

s. 18.6.2.2.1, S. 1122

(2) BK-Nr. 13 02: *„Erkrankungen durch Halogenkohlenwasserstoffe".*

Verbindungen von aliphatischen heterozyklischen sowie aromatischen Kohlenwasserstoffen mit Fluor, Chlor, Brom, Jod

Aufnahme:

vorwiegend durch die Atemwege

Resorption durch die Haut im Allgemeinen zu vernachlässigen

Chlorkohlenwasserstoffe nehmen hinsichtlich über Produktion und Verwendung eine herausragende Rolle ein. Wegen ihrer Feltlöslichkeit und Nichtbrennbarkeit werden sie als Lösungs- und Reinigungsmittel in großen Mengen eingesetzt:

- Dichlormethan (Methylenchlorid) – s. unten a
- 1,1,1-Trichlorethan (Methylchloroform) – s. unten a
- Tetrachlorethen (Perchlorethylen) – s. unten b

Die Toxikologie der Halogenkohlenwasserstoffe ist uneinheitlich und bedarf jeweils einer stoffspezifischen Betrachtung.

Krankheitsbild im Überblick

Organspezifische Wirkungen der Halogenkohlenwasserstoffe (HKW)[56]:

Die unterschiedliche Schädigungspotenz auf verschiedene Körperorgane steht im Vordergrund.

- Zentrales Nervensystem (ZNS)

  Die meisten HKW sind neurotoxisch für das ZNS. Der Einfluss auf dessen Funktionen nimmt in der Regel mit Einführung zusätzlicher Halogenatome in das Molekül zu. Ursache einer Schädigung von Strukturen des Nervensystems ist die hohe Lipidlöslichkeit von HKW.

  Die *toxische Enzephalopathie* als beruflich bedingte Erkrankung zeigt sich in verschiedenen Schweregraden als pseudoneurasthenisches Syndrom, organisches Psychosyndrom oder Hirnleistungsschwäche. Das Krankheitsbild einer Demenz als schwerste Form kann nicht durch berufliche Expositionen, sondern nur nach wiederholten schweren Intoxikationen oder Lösungsmittel-Abusus hervorgerufen werden.[57]

---

[56] Nach Kentner, Valentin, BG 1988, 30ff.
[57] Triebig, ASP 1987, 225; ders., Dtsch. med. Wochenschr. 115 (1990) 1287ff.

21.5 Lösungsmittel, Schädlingsbekämpfungsmittel (Pestizide) und sonstige chemische Stoffe 1237

Die hauptsächlich dokumentierten verursachenden Stoffe waren *Trichloräthylen, Perchloräthylen* und *Dichlormethan*. Die Expositionsdauer lag über fünf Jahre, die MdE überwiegend bei 20 bis 30 %.

- Peripheres Nervensystem

  Neuropathie-Erkrankungen vor allem der Hirnnerven nach chronischer Einwirkung von gewerblich häufig genutzten HKW, wie TRI und PER, wurden vereinzelt beschrieben. Kausalität ist umstritten.[58]

- Leber, Nieren und andere parenchymatöse Organe

  Durch spezifische metabolische Mechanismen ist die Leber von allen parenchymatösen Organen am meisten durch HKW-Expositionen gefährdet. Hohe Dosen von HKW können jedoch auch an anderen Organen, in der Regel verzögert, Schäden setzen.

  Bei akuten Vergiftungen sind in der Regel mehrere Organsysteme betroffen. Gefährdet sind neben Leber und Nieren die Bauchspeicheldrüse (Tetrachlorkohlenstoff), Herz (Pentachlorethan), Milz (1,1-Dichlorethan), Nebennierenrinde (Perchlorbutadiene) und Knochenmark (Methylchlorid).

- Herz und Kreislauf

  Die HKW vermindern die Erregungsreizschwelle des Herzens und erhöhen so seine Empfindlichkeit gegenüber Sympathikusreizen.

- Blut

  Einige chlorierte Alkane bilden im Stoffwechsel Kohlenmonoxid, z.B. Monochlormethan und Dichlormethan (Methylenchlorid).

- Atemwege und Lungen

  Lösungsmittel haben normalerweise keine ausgeprägte bronchialreizende und lungenschädigende Potenz. Bei bronchopulmonalen Vorerkrankungen und unspezifischer bronchialer Überempfindlichkeit können jedoch durch hohe Luftkonzentrationen bronchospastische Reaktionen induziert werden. Aus Trichlorethylen entsteht durch thermische Energie (z.B. Schweißen) Phosgen, ein starker Lungenreizstoff.

- Krebserzeugende Wirkungen s. 18.6.2.2.4, S. 1133

a) Gesättigte aliphatische Halogenkohlenwasserstoffe[59]

Aus vielen gewerblich verwendeten Substanzen werden beispielhaft *Monochlormethan* und *Monobrommethan* herausgestellt.

Akute Form der Intoxikation: Monochlormethan und in noch stärkerem Maße Monobrommethan führen vor allem zu Beeinträchtigungen des zentralen Nervensystems in verschiedenen Bereichen. Infolge von Störungen im Kleinhirn-Labyrinth-System können Schwindel und Nystagmus sowie Sehstörungen, Sprachstörungen, Intentionstremor, Mydriasis und Verlust des Pupillenreflexes auf Licht auftreten. Psychische Störungen

---

58 Triebig, Braune, Neurotoxische Arbeitsstoffe: II. Organische Substanzen – Eine Übersicht der Jahre 1970–1982. Zbl. Bakt. Hyg., I. Abt. Orig. B 178 (1983) 207–258.
59 Kentner, Valentin, BG 1988, 30ff.

zeigen Verwirrtsein, Schwarzwerden vor den Augen, Angstzustände, Somnolenz und Delirium.

Krampferscheinungen, Paresen und Epilepsien vom Typ Bravais-Jackson sind Ausdruck von Störungen im Pyramidensystem mit kortikaler Beteiligung.

Ständige Begleiterscheinungen sind Oligurie, Albuminurie und Azotämie.

Schwerste Intoxikationen können unter dem Bild eines Hirnödems, akuten Lungenödems und einer Anurie letal enden.

Neurologische Dauerschäden sind relativ häufig, z.B. therapieresistenter generalisierter Tremor, der eine berufliche Tätigkeit ausschließt.

Die *chronische* Intoxikation durch *Chlormethan* oder *Brommethan* ist im Berufsleben selten. In der Regel ist sie durch intestinale Beschwerden und neurologische Symptomatik charakterisiert.

Im Allgemeinen zählen gesättigte Halogenkohlenwasserstoffe zu den starken Lebergiften. Beispiele: *Tetrachlormethan* (Tetrachlorkohlenstoff); *1,1,2,2-Tetrachlorethan; 1,1,2-Trichlorethan; 1,2-Dichlorethan*. Ausnahmen sind: *1,1,1-Trichlorethan; Dichlormethan (Methylenchlorid)*.

b) Ungesättigte aliphatische Halogenkohlenwasserstoffe

Von großer industrieller Bedeutung sind *Trichlorethylen* (Trichlorethen, Tri) und *Tetrachlorethylen* (*Tetrachlorethen, Perchlorethylen, Per*).[60]

Die Symptomatik der *akuten* Intoxikation wird durch dosisabhängige, depressorische Wirkungen auf das zentrale Nervensystem bestimmt. Die anfangs uncharakteristische Symptomatik (Benommenheit, Kopfschmerz, Schwindel, Abgeschlagenheit) ist nach Ende der Exposition vollständig reversibel. Häufig sind Schleimhautreizungen. Längerfristige Einwirkung hoher Luftkonzentrationen kann zur Somnolenz, zu zunehmend tieferen Narkosestadien und zum Tod infolge zentraler Atemlähmung und/oder Herz-Kreislauf-Stillstand führen.

Orale Aufnahme aus Versehen kann nach einigen Stunden ein schweres Durchgangssyndrom mit Koma nach sich ziehen, das jedoch meist reversibel ist.

Das klinische Bild einer *chronischen* Intoxikation ist vielfältig. Toxische Wirkungen müssen unter Berücksichtigung von Dauer und Ausmaß der Exposition beurteilt werden. Bekannt sind Wirkungen auf das zentrale Nervensystem, auf Herz- und Kreislauf und auf Leber und Nieren.[61]

Das „Schnüffeln" von Trichlorethylen, in Einzelfällen zur „Tri-Sucht" führend, ist zu erwähnen.

Trichlorethylen gilt als gesichert krebserzeugend für den Menschen (K1-Stoff), s. 18.6.2.2.4, S. 1133.

Tetrachlorethylen ist als K3-Stoff eingestuft.

---

[60] Bolt, ASP 1989, 275; Stellungnahme Wissenschaftlicher Beirat der Bundesärztekammer, Dt. Ärzteblatt 86 (1989) C-2239.
[61] Dazu Schöps, u.a., MedSach 93 (1997) 146f.; Hentschler, u.a., Arch. Toxicol. 69 (1995) 291; kritisch hierzu McLaughlin, Blut, Int. Arch. Occup. Environ Health 70 (1997) 222; s. 15.1.2.

c) Halogenierte aliphatische und alicyclische Insektizide (DDT, Aldrin, Dieldrin, HCH usw.)

Die *akute* Intoxikation (in Ausnahmefällen) durch hohe Dosen ist vor allem durch Symptome, wie Tremor, Krampfanfälle und Lähmungen, gekennzeichnet.

Die *chronische* Form der Intoxikation ist selten. Auf Grund der Akkumulation kann eine kontinuierliche Exposition zu langzeitigen neurologischen Störungen, manchmal auch zu einer hypoplastischen Anämie (bei *Hexachlorzyklohexan*) führen. *Chlorphenole* und *Chlornaphthaline* haben eine ausgeprägte Lebertoxizität und können an der Haut akneartige Effloreszenzen („Chlorakne", s. 11.3, S. 840) hervorrufen. Auf lokale Reizerscheinungen (chronische Blepharokonjunktivitis, Dermatosen) wird hingewiesen.

d) Fluorierte und chlorfluorierte Derivate des Methan und Ethan (Freone)

Die Toxizität von Substanzen dieser Gruppe ist vergleichsweise gering. Beim Menschen wurden bisher Vergiftungserscheinungen im Grunde nicht festgestellt.

e) Halogenierte Monomere von Kunststoffen (Tetrafluorethylen, Vinylchlorid)

Tetrafluorethylen ist schwach toxisch. Nach chronischer Aufnahme werden Leber- und Nierenfunktionsstörungen bzw. -schädigungen vermutet.

Nach Einwirkung von *Vinylchlorid* kommen vasomotorische Störungen, ähnlich einem Raynaud-Syndrom, sklerodermieartige Hautveränderungen und osteolytische Prozesse im Bereich der Fingerendphalangen (Akroosteolyse) vor. Auch Thrombozytopenien, Milzvergrößerung und eine portale Leberfibrose – bisweilen mit Ösophagusvarizen – wurden erkannt.

Krebserkrankungen s. 18.6.2.2.4, S. 1133

Jährlich werden bis zu 40 Erkrankungen anerkannt, zwei Drittel führen zur Rente.

Aus der Rechtsprechung
Verschlimmerung einer Emphysembronchitis durch Arbeiten mit Halogenkohlenwasserstoff.[62]
Hexachlorzyclohexan ist geeignet, Lebererkrankungen und Befindlichkeitsstörungen hervorzurufen.[63]
Ein Zusammenhang zwischen Trichlorethylen und einer idiopathischen oder sekundären, symptomatischen Form des Parkinson-Syndroms lässt sich auf Grund epidemiologischer Studien nicht wahrscheinlich machen.[64]
Kein Zusammenhang zwischen Halogenkohlenwasserstoff und Multipler Sklerose.[65]

---

[62] LSG Rheinland-Pfalz, 24. 9. 1969, Breith. 1970, 106; Weihrauch u. a., ASU 35 (2000) 189.
[63] LSG Hamburg, 19. 6. 2002, HVBG VB 13/2003.
[64] LSG Niedersachsen, 22. 6. 1999, bestätigt durch BSG, 27. 6. 2000, VB 102/2000 = SGb 2000, 540 Nr. 7 = HV-Info 30/2000, 2811 = Meso B 290/250.
[65] LSG Niedersachsen-Bremen, 23. 10. 2003, HV-Info 4/2004, 119.

(3) BK-Nr. 13 03: „*Erkrankungen durch Benzol, seine Homologe oder durch Styrol*".

Aufnahme:

durch die Atemwege
durch die Haut

Krankheitsbild: [66]

Benzol wirkt lokal reizend. *Akute* Einwirkung ruft eine primär zentralnervöse Symptomatik hervor. Nach nur kurzdauerndem Rauschstadium mit Euphorie kann es rasch zu einer Narkose kommen. Die *chronische* und erhebliche Benzoleinwirkung verursacht im Unterschied zu seinen Homologen (*Toluol, Xylole*) in erster Linie Schädigungen des hämatopoetischen Systems (BK-Nr. 13 18, s. 14, S. 941).

Styrol zählt chemisch nicht zu den Benzolhomologen; deshalb ist die Substanz gesondert aufgeführt. Styrol-Dämpfe verursachen in höheren Konzentrationen Schleimhautreizungen und eine akute neurotoxische Symptomatik. Nach langjähriger und erheblicher Exposition wird das Auftreten psychischer Veränderungen im Sinne einer toxischen Enzephalopathie diskutiert.

Neueren Untersuchungen gemäß können Styrol und Tuluol bereits in niedrigen Konzentrationen subklinische Farbsinnstörungen und cochleäre Hörverluste auslösen, deren Bedeutung – insbesondere bei gleichzeitiger Lärmbelastung – abzuklären ist.

Die Biotransformation verläuft über das Styrolepoxid, im Tierversuch krebserzeugend. Konkrete epidemiologische Befunde für eine krebserzeugende Wirkung von Styrol beim Menschen liegen bislang nicht vor.

Toxische Enzephalopathie durch Toluol oder Xylole kann nach chronischer Expositions (in der Regel mehr als 10 Jahre) entstehen (s. 5.8, S. 238).

Im Besonderen:

Augenerkrankung 6.3, S. 289
Hör- und Gleichgewichtsstörung 7.2.3.5, S. 316
Knochengewebe 8.3.6.1, S. 476
Lebererkrankungen 12.6.2, S. 913
Hämolyse 14.5.3.4, S. 970
Nephritis 15.1.2, S. 976
BK-Nr. 13 18, s. 14.1, S. 944

Jährlich werden etwa 300 Erkrankungsfällen angezeigt, bis zu 35 Fälle anerkannt und bis zu 30 führen zur Rente. Die Bedeutung dieser BK wird durch Einführung der BK-Nr. 13 18 geringer.

---

[66] Konietzko, Suchan, in: Handbuch der Arbeitsmedizin (Hrsg. Konietzko, Dupuis) Abschn. 2.10.1, 2.10.2 (Toluol), 2.10.3 (Xylol), 2.10.5 (Styrol); Triebig, in: Arbeitsmedizin (Hrsg. Triebig, Kentner, Schiele) 2. Aufl. 2008 S. 137 f.

21.5 Lösungsmittel, Schädlingsbekämpfungsmittel (Pestizide) und sonstige chemische Stoffe   1241

(4) BK-Nr. 13 04: „*Erkrankungen durch Nitro- oder Aminoverbindungen des Benzols oder seiner Homologe oder ihrer Abkömmlinge*".

Aufnahme:

durch die Atemwege
durch die Haut
(häufigste Ursachen von Vergiftungen sind Kontaminationen der Haut und der Kleidung)

Krankheitsbild: [67]

Viele aromatische Nitro- und Aminoverbindungen des Benzols sind Blutgifte, nach deren Einwirkung Hämiglobin (Methämoglobin) auftritt.

Das in die Kreislaufperipherie gelangende Hämiglobin verursacht eine blaugraue (schieferblaue) Färbung der Haut. Bei schweren Erkrankungsfällen tritt neben einer graublauen bzw. intensiven Blaufärbung aller Schleimhäute eine generalisierte Zyanose auf. Die *akute* Einwirkung hoher Dosen kann Bewusstseinstrübungen mit Erregungszuständen und Krämpfen, Kreislaufschwäche und evtl. den Tod im Koma zur Folge haben.

Nitro- und Aminoverbindungen des Benzols haben auch leberschädigende Wirkung. Dies gilt vor allem für Trinitrobenzol und Trinitrotoluol. Dinitroorthokresol kann durch Aktivierung des Stoffwechsels schwere Gesundheitsschädigung (z.B. durch Wärmestauung) hervorrufen. Pikrinsäure löst eine Gelbverfärbung der Haut, der Haare und der Skleren aus.

Die *chronische* Einwirkung kleiner Dosen dieser Stoffe kann u.a. zu Anämie, Hautausschlägen und Leberfunktionsstörungen führen. Passagere Bradykardie und Hypertonie treten vornehmlich bei Einwirkung von Nitroverbindungen auf.

Im Besonderen:

Anämie 14.5.3, S. 969
Augenerkrankung 6.3, S. 288
Herzinfarkt 10.2.6.5, S. 816
Gastritis 12.3.2, S. 899

Jährlich werden bis zu 5 Erkrankungsfälle anerkannt, Rentenfälle sind sehr selten.

Aus der Rechtsprechung:
Methylenblau führt keinen Bronchialkrebs herbei.[68]

Der sog. Nitrolack ist kein Listenstoff, da er keine Nitroverbindungen im Sinne dieser Berufskrankheit enthält.

---

[67] Triebig, in: Arbeitsmedizin (Hrsg. Triebig, u.a.) 2. Aufl. 2008 S. 139ff.
[68] Hess. LSG, 22.3.1960, Breith. 1960, 780.

(5) BK-Nr. 13 05: *„Erkrankungen durch Schwefelkohlenstoff".*

Kohlendisulfid, Carbondisulfid, CS_2

Aufnahme:

durch die Atemwege
durch die Haut

Krankheitsbild: [69]

Schwefelkohlenstoff ist in erster Linie ein Nervengift, welches bei einer *akuten* Vergiftung als Narkotikum wirkt. Sehr hohe Konzentrationen (> 2000 ppm [6000 mg/m³] führen bis hin zum Koma und Atemstillstand.

Bei chronischer Toxizität treten in der Regel gleichzeitig Schädigungen des peripheren, autonomen und zentralen Nervensystems auf:

– *Peripheres Nervensystem:* Polyneuropathie mit Bevorzugung der unteren Extremität, strumpf- und handschuhförmige Verteilung mit Beeinträchtigung zunächst sensibler Nerven. Abschwächung der Muskeleigenreflexe, Abnahme der oberflächlichen Schmerz und Temperatursensibilität, elektrophysiologisch nachweisbare Verzögerung der motorischen sensiblen Nervenleitgeschwindigkeit. Chronische Enzephalopathie mit extrapyramidaler, pyramidaler und psychischer Symptomatik.
– *Zentrales Nervensystem:* Zunächst organisches Psychosyndrom mit Libido- und Potenzverlust, emotionaler Labilität mit leichter Erregbarkeit, Angstzuständen und depressiver Stimmungslage im fortgeschrittenen Stadium, retrobulbäre Optikusneuritis bis hin zur Erblindung, Parkinsonismus. Gelegentlich Beteiligung des Nervus statoacusticus. Krankheitsbild kann überlagert sein von einer ebenfalls durch Schwefelkohlenstoff induzierten oder beschleunigten zerebrovaskulären Insuffizienz (Enzephalovasculopathia sulfocarbonica).

Dokumentiert wurde ein vermehrtes Auftreten von tödlichen Herzinfarkten bei bislang nicht aufgeklärter Pathogenese.

Die Entwicklung einer Arterio- bzw. Arteriolosklerose, offenbar durch eine Störung des Blutlipidstoffwechsels, kann begünstigt werden.

Im Besonderen:

Zeugungsunfähigkeit 5.13, S. 267
Augenerkrankung 6.3, S. 289
Hör- und Gleichgewichtsstörung 7.2.3.5, S. 316
Herzerkrankung 10.2.6.5, S. 816
Nierenentzündung 15.1.2, S. 978

Erkrankungs- und Rentenfälle sind selten.

---

[69] Triebig, in: Arbeitsmedizin (Hrsg. Triebig, u.a.) 2. Aufl. 2008 S. 142 ff.; Drexler, DGAUM-Leitlinie „Arbeiten unter Einwirkung von Schwefelkohlenstoff". Stand Juni 2004; ders., in: Neurotoxikologie in der Arbeits- und Umweltmedizin (Hrsg. Triebig, Lehnert) 1998.

21.5 Lösungsmittel, Schädlingsbekämpfungsmittel (Pestizide) und sonstige chemische Stoffe 1243

Aus der Rechtsprechung:
Nur Schwefelkohlenstoff, nicht sein Verbrennungsprodukt Schwefeldioxid, ist Listenstoff.[70]

(6) BK-Nr. 13 06: *„Erkrankungen durch Methanol (Methylalkohol)".*

Aufnahme:

vorwiegend durch die Atemwege
durch die Haut
durch den Mund (meist infolge Verwechslung)

Krankheitsbild:[71]

Methanol wirkt wie andere Alkohole konzentrationsabhängig als narkotisches Mittel. Die entstehenden Metabolite Formaldehyd und Ameisensäure sind starke Zellgifte, die Oxidationsvorgänge des Stoffwechsels blockieren und zur Eiweißdenaturierung sowie zur Hemmung enzymatischer Prozesse führen. Infolge der Azidose kann es nach mehrtägiger Latenzzeit zu reversiblen Sehstörungen, auch zur Opticusatrophie und Netzhautdegeneration kommen. Nach schwerer Intoxikation können Leber- und Nierenschäden auftreten.

Im Besonderen:

Augenerkrankung 6.3, S. 288

Jährlich werden bis zu zwei Fälle anerkannt.

(7) BK-Nr. 13 07: *„Erkrankungen durch organische Phosphorverbindungen".*[72]

Ester, Amide oder Schwefelderivate der Phosphor- und Phosphonsäure (Organphosphate)

Aufnahme:

Resorption durch die Haut
durch die Atemwege
über den Magen-Darm-Trakt
(in Verbindung mit Nahrungsaufnahme)

Krankheitsbild:

Phosphorsäureester – vor allem als Insektizide verwendete Cholinesterasehemmstoffe – sind von arbeitsmedizinisch-toxikologischer Bedeutung. Vergiftungen durch letztere verlaufen unter dem Bild einer endogenen Acetylcholinvergiftung. Auch Polyneuropathien und chronische zentralnervöse Störungen sind beschrieben.

Jährlich werden bis zu 2 Erkrankungsfälle anerkannt, die selten zur Rente führen.

---

[70] LSG Hamburg, 14. 1. 1958, Breith. 1958, 929; vgl. auch BSG, 4. 12. 1958, SozR Nr. 125 zu § 162 SGG.
[71] Triebig, in: Arbeitsmedizin (Hrsg. Triebig, u.a.) 2. Aufl. 2008 S. 146f.
[72] Krüger, Straube, DGAUM-Leitlinie „Arbeiten unter Einwirkung von organischen Phosphorverbindungen", August 2001; Triebig, in: Arbeitsmedizin (Hrsg. Triebig, u.a.) 2. Aufl. 2008 S. 144f.

(8) BK-Nr. 13 08: *"Erkrankungen durch Fluor oder seine Verbindungen".*[73]

Fluorwasserstoff, Flusssäure bzw. weitere anorganische fluorhaltige Säuren sowie lösliche Fluoride

Aufnahme:

vorwiegend durch die Atemwege
Resorption durch die Haut ist bei direktem Kontakt, insbesondere mit Flusssäure, erheblich
durch den Mund

Krankheitsbild:

Nach *akuter* Einwirkung erscheinen lokale Verätzungen der Haut sowie Reizungen der Luftwege, toxisches Lungenödem (mehrstündige Latenzzeit) und evtl. Affektionen des Magen-Darm-Traktes. Chronische Belastung führt zu einer Störung des Mineralstoffwechsels mit der Folge einer Osteosklerose (Knochenfluorose).

Im besonderen:

Osteoporose, Osteosklerose 8.3.6.1, S. 475
Verätzung 11.1, S. 833
Pneumokoniosen 17.1.2, S. 991
degenerativer Rheumatismus 19.2, S. 1158

Jährlich werden bis zu 6 Fälle anerkannt, die selten zur Rente führen.

(9) BK-Nr. 13 09: *"Erkrankungen durch Salpetersäureester".*[74]

Verbindungen der Salpetersäure mit mehrwertigen Alkoholen (Glyzerin, Glykol)

Aufnahme:

durch die Atemwege
durch die Haut

Krankheitsbild:

Nach Einwirkung von Salpetersäureestern kommt es zur Erweiterung der Blutgefäße (Vasodilatation) mit Absinken des Blutdruckes. Abgesehen davon, dass in Einzelfällen die toxische Kreislaufregulationsstörung tödlich enden kann, ist im Allgemeinen die Prognose günstig – namentlich nach Wegfall der Exposition. Spätschäden sind selten.

Im Besonderen:

Herzinfarkt 10.2.6.5, S. 819

Seit 1998 wurden keine Erkrankungen anerkannt.

---

[73] Triebig, in: Arbeitsmedizin (Hrsg. Triebig, u.a.) 2. Aufl. 2008 S. 148 ff.
[74] Triebig, in: Arbeitsmedizin (Hrsg. Triebig, u.a.) 2. Aufl. 2008 S. 150 f.

(10) BK-Nr. 13 10: *„Erkrankungen durch halogenierte Alkyl-, Aryl- oder Alkylaryloxide".*

Aufnahme:

vorwiegend durch die Atemwege
oral (Nahrungsaufnahme)
geringe Hautresorption

Krankheitsbild: [75]

Die verschiedenen Substanzen können vor allem Reizungen der Haut und der Schleimhäute sowie Schädigungen an Leber, Nieren und dem Zentralnervensystem hervorrufen.

Die Dioxin-Gruppe

In der Dioxin-Diskussion werden mehrere Stoffe mit unterschiedlichen Eigenschaften häufig verwechselt. Folgende Substanzen sollten – auch mit Blick auf ihre Toxizität – klar unterschieden werden:

PCDD = Polychlorierte Dibenzodioxine
PCDF = Polychlorierte Dibenzofurane
TCDD = 2,3,7,8-Tetrachlordibenzo-para-dioxin

Weitere chlororganische Verbindungen:

TCP (2,4,5-Trichlorphenol)
2,4,5-T (2,4,5-Trichlorphenoxyessigsäure)
PCP (Pentachlorphenol)
PCB (Polychlorierte Biphenyle = BK-Nr. 13 02)

Bei den „Dioxinen" handelt es sich chemisch um polychlorierte Dibenzo-p-dioxine (PCDD). Von den PCDD gibt es 75 Kongenere, von den chemisch verwandten polychlorierten Dibenzofuranen (PCDF) existieren 135 Kongenere.[76]

PCDD und PCDF kommen ubiquitär stets in komplexen Mischungen vor. Diese werden unter Toxizitätsaspekten durch einen „Toxischen Äquivalenz-Faktor (TEF)" charakterisiert.[77] Den höchsten TEF (= 1,0) hat das 2,3,7,8 TCDD. Beispielsweise tritt es als Verunreinigung bei der Herstellung von Trichlorphenoxyessigsäure, Chlorphenol und Hexachlorcyclohexan (HCH) auf.

Das Dioxinproblem hat durch verschiedene Ereignisse weltweites Interesse erlangt und die technische, insbesondere die medizinische Wissenschaft vor Fragen gestellt, deren Lösung noch nicht gelungen ist.

Erkrankungen durch TCDD sind zwar nicht gesondert in der BKV aufgeführt, gehören jedoch zur Gruppe der BK-Nr. 13 10: Die Entschädigung ist also generell möglich.

---

[75] Triebig, in: Arbeitsmedizin (Hrsg. Triebig, u.a.) 2. Aufl. 2008 S. 151.
[76] Krauss, u.a., ErgoMed 2002, 50.
[77] Birnbaum, De Vito, Use of toxic equivalency factors for risk assessment for dioxins and related compounds, Toxicology 105 (1995) 391–401.

Beim Menschen ist das Vergiftungsbild nach *akuter* Intoxikation mit verhältnismäßig hohen Dosen von TCDD relativ gut bekannt.

Die toxischen Effekte betreffen vor allem

- die Haut („Chlorakne" und Hautirritationen wurden bei hoher Exposition in über 90 % der Fälle beobachtet)
- die Leber (erhöhte Leberenzymaktivitäten)
- das periphere Nervensystem und das zentrale Nervensystem (Polyneuropathie-Syndrom, Reizbarkeit, Konzentrationsschwäche, Schlaflosigkeit u. a.)
- Fettstoffwechselstörungen
- Magen-Darm-Beschwerden
- die Augen-, Nasen- und Rachenschleimhäute.

Im Unterschied zu den bekannten Akutfolgen einer TCDD-Einwirkung wird die Frage der *Spätschäden* noch uneinheitlich erwogen, z. B. koronare Herzkrankheit.[78]

In Morbiditätsstudien fanden sich bei Chemiearbeitern trotz hoher TCDD-Belastung keine Auffälligkeiten bezüglich der Organe Atemwege und Lungen, Gastrointestinaltrakt, peripheres und zentrales Nervensystem.[79] Von IARC und der Arbeitsstoffkommission wurde TCDD als gesichert humankanzerogen bewertet.[80]

In der Bevölkerung von Seveso mit hoher Dioxin-Exposition wurde eine erhöhte Mortalität für alle Krebserkrankungen beobachtet.[81] Hinsichtlich der Lokalisationen trifft dies vor allem für Lungenkrebs, Non-Hodgkin-Lymphom, Weichteilsarkom und Leukämie zu. Eine Konsistenz der epidemiologischen Befunde fehlt.

Für das TCDD haben genotoxische Effekte keine oder untergeordnete Bedeutung. Toxikologisch bedeutsam ist die tumorpromovierende Wirkung, die auf ein Zusammenspiel mehrerer Faktoren zurückgeführt wird und sich nicht in einer linearen Dosis-Wirkungs-Beziehung darstellen lassen.[82]

---

[78] Zober, Ott, Messerer, Morbidity follow up study of BASF employees exposed to 2,3,7,8-tetrachlorodibenzo-p-dioxin (TCDD) after a 1953 chemical reactor incident, Occup. Environ. Med. 51 (1994) 479–486; Flesch-Janys, Berger, Gurn, u. a., Exposure to Polychlorinated Dioxins and Furans (PCDD/F) and Mortality in a Cohort of Workers from a Herbicide-producing Plant in Hamburg, Federal Republic of Germany, Am. J. Epidemiol. 142 (1995) 1165–1175.

[79] Calvert, Hornung, Sweeney, u. a., Hepatic and Gastrointestinal Effects in an Occupational Cohort Exposed to 2,3,7,8-Tetrachlorodibenzo-para-dioxin, JAMA 267 (1992) 2209–2214; Sweeney, Fingerhut, Arezzo, u. a., Peripheral neuropathy after occupational exposure to 2,3,7,8-tetrachlorodibenzo-p-dioxin (TCDD), Am. J. Ind. Med. 23 (1993) 845–858.

[80] McGregor, u. a., Environmental Health Perspectives 106 (Suppl. 2) 1998, 755; DFG 2002.

[81] Bertazzi, Am. J. Epidemiol. 153 (2001) 1031.

[82] Greim (Hrsg.): 2,3,7,8-Tetrachlordibenzo-p-dioxin. Gesundheitsschädliche Arbeitsstoffe. Toxikologisch-arbeitsmedizinische Begründungen von MAK-Werten (Maximale Arbeitsplatzkonzentrationen) 1999.

Aus einer retrospektiven Kohortenstudie wurde eine erhöhte Myokardinfarkt-Mortalität nach hoher PCDD-Belastung abgeleitet.[83]

In Seveso wurden bei Männern mit hoher Dioxinbelastung vermehrt Herz-Kreislauf-Erkrankungen beobachtet.[84] Bei Chemiearbeiten fand sich in einer US-Kohortenstudie ein schwacher Trend zwischen Mortalität an Myokardinfarkt und Dioxin-Exposition.[85] In anderen epidemiologischen Studien fehlt ein entsprechender Nachweis bei stark Dioxin-belasteten Personen.[86]

Nicht ausgehärtete Epoxide (z.B. Harze) können bei direktem Kontakt vor allem Hautschädigungen (toxische bzw. allergische Kontaktdermatitis) und seltener Atemwegserkrankungen bewirken. Die Frage krebserzeugender Wirkung bestimmter Epoxide (Epichlorhydrin) auf den Menschen wird erörtert.

Seit 2002 werden jährlich weniger als 10 Fällen anerkannt (vorher bis zu 30), bis zu 7 früher zu einer Rente (vorher bis zu 30).

Aus der Rechtsprechung:
Keine gesicherten Erkenntnisse zum Zusammenhang zwischen

- TCDD und Magenkarzinom[87]
- TCDD (2,3,7,8-Tetrachlordibenzo-p-dioxin) und Lungenkrebs[88]
- 2,4 Dichlorphenoxyessigsäure und dem myelodysplastischen Syndrom[89]
- Herzinfarkt und Dioxin[90]
- Lungenkrebs gehört nicht zu den typischen Krankheitsbildern durch TCDD im Rahmen der BK-Nr. 13 10[91]
- Generelle Geeignetheit bejaht zwischen
- 2,3,7,8-TCDD und koronarer Herzerkrankung[92]
- 2,3,7,8-TCDD und Lebererkrankung sowie Befindlichkeitsstörungen[93]

---

[83] Flesch-Janys, Am. J. Epidemiol. 142 (1995) 1165.
[84] Bertazzi, Am. J. Epidemiol. 153 (2001) 1031.
[85] Steenland, u.a., National Cancer Inst. 91 (1999) 779.
[86] Collins, Strauss, Levinskas, Conner, The Mortality Experience of Workers Exposed to 2,3,7,8-Tetrachlorodibenzo-p-dioxin in a Trichlorophenol Process Accident, Epidemiology 4 (1993) 7–13; Moses, Lilis, Crow, Thornton, u.a., Health Status of Workers With Past Exposure to 2,3,7,8-Tetrachlorodibenzo-p-dioxin in the Manufacture of 2,4,5-Trichlorophenoxyacetic Acid: Comparison of Findings With and Without Chloracne, Am. J. Ind. Med. 5 (1984) 161–182; Zober, Messerer, Huber, Thirty-four-year mortality follow-up of BASF employees exposed to 2,3,7,7-TCDD after the 1953 accident, Int. Arch. Occup. Environ. Health 62 (1990) 139–157; Zober, ASU 24 (1998) 60; Ott, Zober, Occupational and Environmental Medicine 53 (1996) 606.
[87] LSG Rheinland-Pfalz, 18. 3. 1998, Meso B 140/55 = HV-Info 39/1999, 3689.
[88] LSG Niedersachsen, 30. 8. 2000, VB 48/2001 = HV-Info 10/2001, 930.
[89] SG Koblenz, 18. 10. 2000, HV-Info A/2001, 652; Weber, u.a., ASU 30 (1995) 208.
[90] LSG Rheinland-Pfalz, 7. 11. 2000, S 12 U 287/93 Sp.
[91] LSG Niedersachsen, 30. 8. 2000, HVBG VB 48/2001.
[92] LSG Hamburg, 29. 8. 2001, Meso B 90/136 = HVBG VB 68/2002.
[93] LSG Hamburg, 19. 6. 2002, HVBG VB 13/2003.

Richtwerte für die MdE-Schätzung bei Chlorakne[94]

Grad	Krankheitsbild	Lokalisation	Abheilung	MdE in %
I	Relativ wenige offene und geschlossene Komedonen, evtl. einzelne strohfarbene kleine Follikelzysten	Laterale Augenumgebung und daran grenzende Jochbein- und Schläfenregion, auch retroaurikulär, selten am Rücken	Meistens ohne Resterscheinungen, allenfalls wenige Närbchen	0
II	Zahlreiche, dicht stehende offene Komedonen, vermischt mit kleinen strohfarbenen Follikelzysten. Einzelne entzündliche Veränderungen in Form von Papeln vorhanden	Weite Teile des Gesichtes: laterale Augenumgebung, Jochbein-Schläfenregion, Stirn, Wangen, Ohr- und Retroaurikularbereich, in geringerem Maße auch Rücken und Schultern. Nase meistens ausgespart.	Mit kleinen eingezogenen Närbchen	10–20
III	Wie Grad II, zusätzlich zahlreiche entzündliche Erscheinungen – Papeln und auch Pusteln	Weite Teile des Gesichts wie in Grad II. Starker Befall von Nakken, Schultern, Rücken, auch Genitale, selten Achselhöhlen	Als Residuen zahlreiche eingezogene Narben	20–30
IV	Extrem starker Befall. Neben den Erscheinungen unter Grad II und III zahlreiche entzündliche Knoten und größere Follikelzysten, auch Fisteln (Ohr, Rücken)	Wie Grad III	Unter Hinterlassung von zahlreichen unterschiedlich großen, meist eingezogenen Narben, Zysten: Fisteln und Fistelkomedonen	30–40 (–50)

(11) BK-Nr. 13 11: *„Erkrankungen durch halogenierte Alkyl-, Aryl- oder Alkylarylsulfide".*

Aufnahme:

durch die Atemwege
Resorption durch die Haut
stark ätzende Stoffe

Krankheitsbild:

Von praktischer Bedeutung ist allein der bis Ende des 2. Weltkrieges hergestellte Kampfstoff 2,2-Dichlordiethylsulfid (Schwefellost, Senfgas), weil er gelegentlich als Fundmunition geborgen wird.

Nach *akuten* Vergiftungen können schwere Bronchitiden, Magen-Darm-Störungen (s. 12.3.3, S. 901), toxische Nephritis auftreten. Bei *chronischer* Einwirkung finden sich Verlust

---
[94] Schulz, u.a., Dermatosen 46 (1998) 206, 210.

21.5 *Lösungsmittel, Schädlingsbekämpfungsmittel (Pestizide) und sonstige chemische Stoffe* 1249

des Riechvermögens, hartnäckige Bronchitis, erhöhte Empfindlichkeit der Luftwege, Spontanpneumothorax (s. 17.14.3, S. 1078), Emphysem.

Schwefellost gilt als krebserzeugend, vor allem für Kehlkopf- und Lungenkrebs (IARC 1987), s. 18.6.2.2.6, S. 1135.

Seit 2002 wurden keine Erkrankungen anerkannt.

(12) BK-Nr. 13 12: *„Erkrankungen der Zähne durch Säuren".*

Aufnahme:

durch Mehl- und Zuckerstaub in der Luft, vor allem durch Abschmecken von Mehl- und Zuckererzeugnisse.

Krankheitsbild:

Erkrankungen der Zähne werden einerseits durch die dem Luftstrom beigemischten anorganischen Säuren (= Mineralsäuren wie Essig-, Ameisen-, Oxalsäure) bei der Verarbeitung und Herstellung, auch in der Mundhöhle durch Gärungsprozesse sich bildende organische Säuren (Milch-, Butter-, Benztraubensäure) verursacht. Die Zähne werden auf Grund hochgradiger Entkalkung des Schmelzes brüchig. Es kann zum Säuretod der Zähne mit offenem Biss kommen. Eine besondere Form der Säureschädigung ist die „Zuckerbäckerkaries".[95]

Der ursächliche Zusammenhang ist regelmäßig schwer zu beurteilen.[96] Übernahme zahnärztlicher Behandlung und Eingliederung von Zahnersatz stehen im Vordergrund; auch die Beschädigung einer Zahnprothese wird leistungsrechtlich erfasst.

Jährlich werden zwei Erkrankungsfälle anerkannt, die nicht zur Rente führen.

(13) BK-Nr. 13 13: *„Hornhautschädigungen des Auges durch Benzochinon".*

Krankheitsbild:

Das Benzochinon verursacht bei entsprechender Konzentration und längerer Einwirkungszeit Haut- und Schleimhautreizungen. Vorrangig sind Hornhautschädigungen des Auges bekannt (s. 6.3, S. 288).

Seit 1999 wurde 1 Fall (ohne Rente) anerkannt.

(14) BK-Nr. 13 14: *„Erkrankungen durch para-tertiär-Butylphenol".*

Aufnahme:

über die Haut bei Kontakt
durch Inhalation/Ingestion in dampfförmigem Zustand oder als Feinstaub

---

[95] dazu: LSG Baden-Württemberg, 30. 3. 1999, Meso B 130/52.
[96] vgl. Kainz-Sonnabend, Zur sog. Bäcker-Konditorenkaries – eine kritische Auswertung gutachterlicher Erfassungen, Dtsch. zahnärztl. Z. 1983, 202.

Krankheitsbild:[97]

Disseminierte oder symmetrische Depigmentierungen am Stamm und an den Extremitäten („Weißflecken-Krankheit", Vitiligo).

Verlaufsformen der Depigmentierungen: nach vorangegangenen ekzematösen und erythematösen Veränderungen bei epikutaner Sensibilisierung.

Auftreten ohne vorangegangene oder begleitende Hautsymptome.

Auch Leberfunktionsstörungen, Milz- und Schilddrüsenvergrößerungen (Struma) treten auf.

Jährlich werden bis zu zwei Erkrankungen anerkannt (mit Rente).

(15) BK-Nr. 13 15: *„Erkrankungen durch Isocyanate, die zur Unterlassung aller Tätigkeiten gezwungen haben, die für die Entstehung, die Verschlimmerung oder das Wiederaufleben der Krankheit ursächlich waren oder sein können".*

Aufnahme:

Durch Inhalation in dampfförmigem Zustand oder als Tröpfchen (Aerosol), z.B. beim Spritzlackieren.

Isocyanate ist der Oberbegriff für eine Reihe unterschiedlicher chemischer Verbindungen, die als gemeinsames Strukturmerkmal eine NCO-Gruppierung aufweisen. Moderne Produkte enthalten meistens Diisocyanate bzw. Polyisocyanate geringerer Flüchtigkeit. Arbeitsmedizinisch relevant ist das Toluylen-Diisocyanat (TDI). Isocyanate zeichnen sich durch hohe chemische Reaktivität aus und reagieren bei inhalativer Aufnahme mit Amino- und Hydroxylgruppen von Proteinen des Schleimhautepithels. Erkrankungen durch Isocyanate betreffen primär die Atmungsorgane.[98] Sie wurden früher unter BK-Nr. 43 01 und 43 02 eingereiht. Man unterscheidet im Wesentlichen drei pathophysiologische Mechanismen:[99]

1. toxische bzw. chemisch-irritative (pharmakologische) Wirkungen

2. immunologisch-humorale Mechanismen

    – allergische Sofortreaktion (IgE-vermittelt)
    – allergische Spätreaktion (IgG-vermittelt; selten)

3. immunologisch-zellulärer Mechanismus (T-Lymphozyten)

---

[97] Rodermund, Wieland, Dtsch. med. Wschr. 1975, 2216ff.; Budde, Sterg, Dermatosen 36 (1988) 17ff.; Thiess, ASP 1988, 118; Greim (Hrsg.): Para-tert. -Butylphenol. Gesundheitsschädliche Arbeitsstoffe. Toxikologisch- arbeitsmedizinische Begründungen von MAK-Werten (Maximale Arbeitsplatzkonzentrationen).
[98] dazu: Diller, Hoffarth, ASU 33 (1998) 485.
[99] Baur, Lung (Suppl.) 1990, 606ff.; Diller, ASP 1991, 393ff.; Potthast, u.a., Kompass 1993, 338ff.

Krankheitsbild:[100]

Toxische bzw. chemisch-irritative Wirkungen an den Schleimhäuten der Augen und des Atemtraktes, akute Bronchitis. In schweren Fällen Pneumopathie und Lungenödem. Wiederholte Einatmung kann zur chronisch obstruktiven Atemwegserkrankung führen (s. 17.13.10, S. 1067).

Bei wiederholter Einwirkung Sensibilisierung mit Bildung von IgE-Antikörpern. Bei Reexposition Auftreten von Asthma bronchiale bzw. chronisch obstruktiver Atemwegserkrankung.

Seltene Spätreaktion (IgG-vermittelt) und Ausbildung einer exogen allergischen Alveolitis.

Hauterkrankungen durch Isocyanate werden nach BK-Nr. 51 01 gewertet.

Jährlich werden bis über 50 Erkrankungsfälle anerkannt, 20 bis über 30 führen zu einer Rente.

(16) BK-Nr. 13 16: *„Erkrankungen der Leber durch Dimethylformamid".*

N,N-Dimethylformamid C_3H_7NO (DMF, Ameisensäuredimethylamid, Formyldimethylamin) ist auzf Grund seiner chemisch-physikalischen Eigenschaften eines der am meisten verwendeten organischen Lösungsmittel.

DMF wird vor allem in der Kunstlederproduktion, bei der Herstellung von pharmazeutischen und kosmetischen Produkten, von Polyacrylnitrilfasern, von Pflanzenschutzmitteln und Speziallacken sowie bei der Kunststoffbeschichtung (Polyurethan) verwendet. DMF wird dabei als Lösungsmittel, Absorptionsmittel für Gase und als Syntheseausgangsstoff eingesetzt. Bei der Aufarbeitung von Mineralölen dient DMF als selektives Trennmedium zur Extraktion von aromatischen Kohlenwasserstoffen.

Aufnahme:

inhalativ, perkutan

Krankheitsbild:

Klinisch entspricht das Krankheitsbild dem einer Leberverfettung oder einer Fettleber, die häufig asymptomatisch ist oder nur ein leichtes, uncharakteristisches, rechtsseitiges Druck- oder Völlegefühl, Übelkeit und Erbrechen verursacht.

Seit 1997 wurden 2 Fälle (1999) anerkannt.

(17) BK-Nr. 13 17: *„Polyneuropathie oder Enzephalopathie durch organische Lösungsmittel oder deren Gemische".*

s. 5.8, S. 238

---

[100] Diller, ASP 1991, 393 ff.; Raithel, Escher, MedSach 1992, 169 ff.; Stresemann, Saak, Zbl. Arbeitsmed. 1992, 50 ff.; Woitowitz, Sost, Zbl. Arbeitsmed. 1980, 274 ff.; Merget, Schultze-Werninghaus, Pneumologie 50 (1996) 356 ff.; Nowak, Angerer, in: Arbeitsmedizin (Hrsg. Triebig, Kentner, Schiele) 2. Aufl. 2008 S. 159 ff.

Schlüssel zu den Berufskrankheiten*

(1) Gesetzliche Grundlagen

53 ff.

(2) BKV, Anlage 1

Nr. 11 01
Erkrankungen durch Blei oder seine Verbindungen
Statistische Bedeutung: gering
Merkblatt: Bek. des BMA v. 19. 5. 1964, BArbBl Arbeitsschutz 1964, 126
BG-Grundsatz: G 2 „Blei oder seine Verbindungen" und G 3 „Bleialkyle"
196, 288, 316, 328, 476, 819, 842, 904, 911, 945, 969, 978, 980, **1222–1224**

Nr. 11 02
Erkrankungen durch Quecksilber oder seine Verbindungen
Statistische Bedeutung: sehr gering
Merkblatt: Bek. des BMA v. 19. 5. 1964, BArbBl Arbeitsschutz 1964, 129
BG-Grundsatz: G 9 „Quecksilber oder seine Verbindungen"
196, 288, 316, 328, 819, 842, 903, 904, 978, 979, 980, **1224–1226**

Nr. 11 03
Erkrankungen durch Chrom oder seine Verbindungen
Statistische Bedeutung: größer
Merkblatt: Bek. des BMA v. 25. 2. 1981, BArbBl 1981, H. 4 S. 54
BG-Grundsatz: G 15 „Chrom-VI-Verbindungen", G 39 „Schweißrauche"
288, 842, 978, 992, 1090, **1116f.**, 1120, 1121, **1226f.**

Nr. 11 04
Erkrankungen durch Cadmium oder seine Verbindungen
Statistische Bedeutung: sehr gering
Merkblatt: Bek. des BMA v. 28. 10. 1963, BArbBl Arbeitsschutz 1962, 134
BG-Grundsatz: G 32 „Cadmium oder seine Verbindungen"
288, 476, 842, 978, 980, 992, 1090, 1094, **1117**, **1227f.**

---

* Einzelheiten zur statistischen Bedeutung seit 1965 s.: Mehrtens, Brandenburg, Die Berufskrankheitenverordnung Loseblattausgabe, Abschnitt R 10; Merkblätter für die ärztliche Untersuchung: ebenda, Abschnitt M sowie Wagner, Giesen, Zerlett, Berufskrankheiten und medizinischer Arbeitsschutz, Loseblattausgabe, Abschnitt C 1; Berufsgenossenschaftliche Grundsätze für arbeitsmedizinische Vorsorgeuntersuchungen: Hauptverband der gewerblichen Berufsgenossenschaften (Hrsg.).

Nr. 11 05
Erkrankungen durch Mangan oder seine Verbindungen

Statistische Bedeutung: keine
Merkblatt: Bek. des BMA v. 19. 5. 1964, BArbBl Arbeitsschutz 1964, 128
BG-Grundsatz: ./.

288, 316, 842, 993, **1228f.**

Nr. 11 06
Erkrankungen durch Thallium oder seine Verbindungen

Statistische Bedeutung: keine
Merkblatt: Bek. des BMA v. 14. 6. 1962, BArbBl Arbeitsschutz 1962, 134
BG-Grundsatz: ./.

288, 316, 842, **1229**

Nr. 11 07
Erkrankungen durch Vanadium oder seine Verbindungen

Statistische Bedeutung: keine
Merkblatt: Bek. des BMA v. 14. 6. 1962, BArbBl Arbeitsschutz 1962, 135
BG-Grundsatz: ./.

288, 842, **1229**

Nr. 11 08
Erkrankungen durch Arsen oder seine Verbindungen

Statistische Bedeutung: gering
Merkblatt: Bek. des BMA v. 19. 5. 1964, BArbBl Arbeitsschutz 1964, 125
BG-Grundsatz: G 16 „Arsen oder seine Verbindungen (mit Ausnahme des Arsenwasserstoffs)"

288, 819, 842, 911, 945, 978, 992, 1090, 1094, **1118**, 1136, **1230**

Nr. 11 09
Erkrankungen durch Phosphor oder seine anorganischen Verbindungen

Statistische Bedeutung: gering
Merkblatt: Bek. des BMA v. 25. 2. 1981, BArbBl 1981 H. 4 S. 56
BG-Grundsatz: G 12 „Phosphor (weißer)"

288, 476, 819, 842, 911, 1220, **1231f.**

Nr. 11 10
Erkrankungen durch Beryllium oder seine Verbindungen

Statistische Bedeutung: sehr gering
Merkblatt: Bek. des BMA v. 25. 10. 1963, BArbBl Arbeitsschutz 1963, 285
BG-Grundsatz: G 40 „Krebserzeugende und erbgutverändernde Gefahrstoffe – allgemein"

288, 316, 842, 978, 992, 1028, 1090, **1118**, **1232f.**

Schlüssel zu den Berufskrankheiten 1255

Nr. 12 01
Erkrankungen durch Kohlenmonoxid

Statistische Bedeutung: gering
Merkblatt: Bek. des BMA v. 28. 10. 1963, BArbBl Arbeitsschutz 1963, 282
BG-Grundsatz: G 7 „Kohlenmonoxid"

289, 327, 328, 818, 842, 945, **1233–1235**

Nr. 12 02
Erkrankungen durch Schwefelwasserstoff

Statistische Bedeutung: sehr gering
Merkblatt: Bek. des BMA v. 24. 2. 1964, BArbBl Arbeitsschutz 1964, 32
BG-Grundsatz: G 11 „Schwefelwasserstoff"

289, 818, 842, **1325**

Nr. 13 01
Schleimhautveränderungen, Krebs oder andere Neubildungen der Harnwege durch aromatische Amine

Statistische Bedeutung: groß
Merkblatt: Bek. des BMA v. 12. 6. 1963, BArbBl Arbeitsschutz 1964, 129
BG-Grundsatz: G 33 „Aromatische Nitro- und Aminoverbindungen"

1086, 1090, 1091, **1122–1129**, 1221

Nr. 13 02
Erkrankungen durch Halogenkohlenwasserstoffe

Statistische Bedeutung: größer
Merkblatt: Bek. des BMA v. 29. 3. 1985, BArbBl 1985 H. 6 S. 55
BG-Grundsatz: G 14 „Trichlorethen (Trichlorethylen) und anderen Chlorkohlenwasserstoffe", G 36 „Vinylchlorid"

239, 289, 316, 819, 911, 945, 978, 980, 1090, 1091, 1094, **1133f.**, **1236**, 1245

Nr. 13 03
Erkrankungen durch Benzol, seine Homologe oder durch Styrol

Statistische Bedeutung: nach Herausnahme der Erkrankungen gem. BK-Nr. 13 18 gering
Merkblatt: Bek. des BMA v. 24. 2. 1964, BArbBl Arbeitsschutz 1964, 30, Ergänzung zu Erkrankung durch Styrol, Bek. des BMA v. 22. 8. 1994, BArbBl 1994 H. 10 S. 139
BG-Grundsatz: G 8 „Benzol", G 29 „Benzolhomologe (Toluol, Xylole)", G 45 „Styrol"

239, 289, 316, 328, 476, 842, 911, 978, **1240f.**

Nr. 13 04
Erkrankungen durch Nitro- oder Aminoverbindungen des Benzols oder seiner Homologe oder ihrer Abkömmlinge

Statistische Bedeutung: gering
Merkblatt: Bek. des BMA v. 12. 6. 1963, BArbBl Arbeitsschutz 1963, 10
BG-Grundsatz: G 33 „Aromatische Nitro- oder Aminoverbindungen"

289, 818, 842, 945, **1241**

Nr. 13 05
Erkrankungen durch Schwefelkohlenstoff

Statistische Bedeutung: gering
Merkblatt: Bek. des BMA v. 24. 2. 1964, BArbBl Arbeitsschutz 1964, 31
BG-Grundsatz: G 6 „Kohlendisulfid (Schwefelkohlenstoff)"

239, 289, 316, 328, 819, 842, **1242 f.**

Nr. 13 06
Erkrankungen durch Methylalkohol (Methanol)

Statistische Bedeutung: sehr gering
Merkblatt: Bek. des BMA v. 14. 6. 1962, BArbBl Arbeitsschutz 1962, 133
BG-Grundsatz: G 10 „Methanol"

240, 289, 842, 980, **1265**

Nr. 13 07
Erkrankungen durch organische Phosphorverbindungen

Statistische Bedeutung: keine
Merkblatt: Bek. des BMA v. 10. 7. 1979, BArbBl 1979 H. 7/8 S. 69
BG-Grundsatz: G 40 „Krebserzeugende und erbgutverändernde Gefahrstoffe – allgemein"

240, 819, 842, **1265**

Nr. 13 08
Erkrankungen durch Fluor oder seine Verbindungen

Statistische Bedeutung: gering
Merkblatt: Bek. des BMA v. 25. 2. 1981, BArbBl 1981 H. 4 S. 57
BG-Grundsatz: G 34 „Fluor oder seine anorganischen Verbindungen"

476, 842, 960, **1244**

Nr. 13 09
Erkrankungen durch Salpetersäureester

Statistische Bedeutung: gering
Merkblatt: Bek. des BMA v. 28. 10. 1963, BArbBl Arbeitsschutz 1963, 283
BG-Grundsatz: G 5 „Ethylenglykoldinitrat, Glycerintrinitat (Nitroglykol oder Nitroglycerin)"

289, 599, 819, 842, 945, 1242

Nr. 13 10
Erkrankungen durch halogenierte Alkyl-, Aryl- oder Alkylaryloxide

Statistische Bedeutung: gering
Merkblatt: Bek. des BMA v. 10. 7. 1979, BArbBl 1979, H. 7/8 S. 70
BG-Grundsatz: ./.

819, 843, 911, 919, 960, 1090, 1091, **1134, 1245–1248**

Schlüssel zu den Berufskrankheiten 1257

Nr. 13 11
Erkrankungen durch halogenierte Alkyl-, Aryl- oder Alkylarylsulfide

Statistische Bedeutung: keine
Merkblatt: Bek. des BMA v. 20. 7. 1977, BArbBl Arbeitsschutz 1977, 204
BG-Grundsatz: ./.

905, 981, 1090, 1135, **1249**

Nr. 13 12
Erkrankungen der Zähne durch Säuren

Statistische Bedeutung: gering
Merkblatt: Bek. des BMA v. 17. 9. 1962, BArbBl Arbeitsschutz 1962, 202
BG-Grundsatz: G 22 „Säureschäden der Zähne"

1221, **1249**

Nr. 13 13
Hornhautschädigungen des Auges durch Benzochinon

Statistische Bedeutung: keine
Merkblatt: Bek. des BMA v. 12. 6. 1963, BArbBl Arbeitsschutz 1963, 129
BG-Grundsatz: ./.

289, **1250**

Nr. 13 14
Erkrankungen durch para-tertiär-Butylphenol

Statistische Bedeutung: sehr gering
Merkblatt: Bek. des BMA v. 1. 6. 1988, BArbBl 1988 H. 7/8 S. 121 sowie v. 16. 8. 1989, BArbBl 1989 H. 11 S. 62
BG-Grundsatz: ./.

1250

Nr. 13 15
Erkrankungen durch Isocyanate, die zur Unterlassung aller Tätigkeiten gezwungen haben, die für die Entstehung, die Verschlimmerung oder das Wiederaufleben der Krankheit ursächlich waren oder sein können

Statistische Bedeutung: groß
Merkblatt: Bek. des BMA v. 1. 3. 1993, BArbBl 1993 H. 3 S. 48
BG-Grundsatz: G 23 „Obstruktive Atemwegserkrankungen", G 27 „Isocyanate"

842, 993, **1067**, **1251**

Nr. 13 16
Erkrankungen der Leber durch Dimethylformamid

Statistische Bedeutung: gering
Merkblatt: Bek des BMA v. 1. 12. 1997, BArbBl 1997 H. 12 S. 30
Wissenschaftliche Begründung: Bek. des BMA v. 1. 2. 1996, BArbBl 1996 H. 4 S. 29
BG-Grundsatz: G 19 „Dimethyl/Formamid"

911, 980, 1242

Nr. 13 17
Polyneuropathie oder Enzephalopathie durch organische Lösungsmittel oder deren Gemische

Statistische Bedeutung: groß
Merkblatt: Bek. des BMGS v. 24. 6. 1996, BArbBl 2005 H. 3 S. 49
Wissenschaftliche Begründung: Bek. des BMA v. 24. 6. 1996, BArbBl 1996 H. 9 S. 44
BG-Grundsatz: G 14 „Trichlorethan (Trichloretylen) und andere Chlorkohlenwasserstoffe", G 29 „Benzolhomologe (Toluol, Xylole)"

240, 242 ff., **1251**

Nr. 13 18
Erkrankungen des Blutes, des blutbildenden und des lymphatischen Systems durch Benzol

Statistische Bedeutung: groß
Merkblatt: in Vorbereitung
Wissenschaftliche Begründung: Bek. des BMAS v. 1. 9. 2007, GMBl 2007, 974
BG-Grundsatz: G 8 „Benzol"

65, 945, **946 ff.**, 954, **958 ff.**, 963, 1090, 1135, 1147

Nr. 21 01
Erkrankungen der Sehnenscheiden oder des Sehnengleitgewebes sowie der Sehnen- oder Muskelansätze, die zur Unterlassung aller Tätigkeiten gezwungen haben, die für die Entstehung, die Verschlimmerung oder das Wiederaufleben der Krankheit ursächlich waren oder sein können

Statistische Bedeutung: groß
Merkblatt: Bek. des BMAS v. 1. 12. 2007, GMBl 2008, 2
BG-Grundsatz: G 46 „Belastungen des Muskel- und Skelettsystems einschließlich Vibrationen"

60, 422, **1163–1167**

Nr. 21 02
Meniskusschäden nach mehrjährigen andauernden oder häufig wiederkehrenden, die Kniegelenke überdurchschnittlich belastenden Tätigkeiten

Statistische Bedeutung: groß
Merkblatt: Bek. des BMA v. 11. 10. 1989, BArbBl 1990 H. 7 S. 135
BG-Grundsatz: G 46 (s. BK-Nr. 21 01)

63, **633 ff.**, 1170

Nr. 21 03
Erkrankungen durch Erschütterung bei Arbeit mit Druckluftwerkzeugen oder gleichartig wirkenden Werkzeugen oder Maschinen

Statistische Bedeutung: groß
Merkblatt: Bek. des BMGS, BArbBl 2005 H. 3 S. 51
BG-Grundsatz: G 46 (s. BK-Nr. 21 01)

553, 557, 1159, **1167–1173**

Nr. 21 04
Vibrationsbedingte Durchblutungsstörungen an den Händen, die zur Unterlassung aller Tätigkeiten gezwungen haben, die für die Entstehung, Verschlimmerung oder das Wiederaufleben der Krankheit ursächlich waren oder sein können

Statistische Bedeutung: gering
Merkblatt: Bek. des BMA v. 10. 7. 1979, BArbBl 1979 H. 7/8 S. 72
BG-Grundsatz: G 46 (s. BK-Nr. 21 01)

60, 565, **1173–1175**

Nr. 21 05
Chronische Erkrankungen der Schleimbeutel durch ständigen Druck

Statistische Bedeutung: keine
Merkblatt: Bek. des BMA v. 18. 2. 1963, BArbBl Arbeitsschutz 1963, 21
BG-Grundsatz: G 46 (s. BK-Nr. 21 01)

1176

Nr. 21 06
Druckschädigung der Nerven

Statistische Bedeutung: gering
Merkblatt: Bek. des BMA v. 1. 10. 2002, BArbBl 2002 H. 11 S. 62
Wissenschaftliche Begründung: Bek. des BMA, v. 1. 8. 2001, BArbBl 2001 H. 9 S. 51
BG-Grundsatz: G 46 (s. BK-Nr. 21 01)

231

Nr. 21 07
Abrissbrüche der Wirbelfortsätze

Statistische Bedeutung: gering
Merkblatt: Bek. des BMA v. 24. 2. 1964, BArbBl Arbeitsschutz 1964, 34
BG-Grundsatz: G 46 (s. BK-Nr. 21 01)

374, 433, **477**

Nr. 21 08
Bandscheibenbedingte Erkrankungen der Lendenwirbelsäule durch langjähriges Heben oder Tragen schwerer Lasten oder langjährige Tätigkeiten in extremer Rumpfbeugehaltung, die zur Unterlassung aller Tätigkeiten gezwungen haben, die für die Entstehung, die Verschlimmerung oder das Wiederaufleben der Krankheit ursächlich waren oder sein können

Statistische Bedeutung: groß
Merkblatt: Bek. des BMAS v. 1. 9. 2006, BArbBl 2006 H. 10 S. 30
BG-Grundsatz: G 46 (s. BK-Nr. 21 01)

58, 60, 63, **478 ff.**

Nr. 21 09
Bandscheibenbedingte Erkrankungen der Halswirbelsäule durch langjähriges Tragen schwerer Lasten auf der Schulter, die zur Unterlassung aller Tätigkeiten gezwungen haben, die für die Entstehung, die Verschlimmerung oder das Wiederaufleben der Krankheit ursächlich waren oder sein können

Statistische Bedeutung: gering
Merkblatt: Bek. des BMA v. 1. 3. 1993, BArbBl 1993 H. 3 S. 53
BG-Grundsatz: G 46 (s. BK-Nr. 21 01)

60, 63, **478 ff.**

Nr. 21 10
Bandscheibenbedingte Erkrankungen der Lendenwirbelsäule nach langjähriger vorwiegend vertikaler Einwirkung von Ganzkörperschwingungen im Sitzen, die zur Unterlassung aller Tätigkeiten gezwungen haben, die für die Entstehung, die Verschlimmerung oder das Wiederaufleben der Krankheit ursächlich waren oder sein können

Statistische Bedeutung: gering
Merkblatt: Bek. des BMGS v. 1. 5. 2005, BArbBl 2005 H. 7 S. 43
BG-Grundsatz: G 46 (s. BK-Nr. 21 01)

60, 63, **478 ff.**

Nr. 21 11
Erhöhte Zahnabrasionen nach mehrjähriger quarzstaubbelastender Tätigkeit

Statistische Bedeutung: gering
Merkblatt: Bek. des BMA v. 1. 3. 1993, BArbBl 1993 H. 3 S. 58
BG-Grundsatz: ./.

1177

Nr. 21 12
Gonarthrose durch eine Tätigkeit im Knien oder vergleichbare Kniebelastung mit einer kumulativen Einwirkungsdauer während des Arbeitslebens von mindestens 13 000 Stunden und einer Mindesteinwirkungsdauer von insgesamt einer Stunde pro Schicht

Statistische Bedeutung: gering
Merkblatt: in Vorbereitung
Wissenschaftliche Begründung: Bek. des BMGS v. 1. 10. 2005, BArbBl 2005 H. 10 S. 46

635, **648 ff.**

Nr. 22 01
Erkrankungen durch Arbeit in Druckluft

Statistische Bedeutung: gering
Merkblatt: Bek. des BMA v. 24. 2. 1964, BArbBl Arbeitsschutz 1964, 33
BG-Grundsatz: G 31 „Überdruck"

289, 599, 1159, **1178**

Nr. 23 01
Lärmschwerhörigkeit

Statistische Bedeutung: groß
Merkblatt: Bek. des BMAS v. 1. 7. 2008, GMBl 2008, 798
BG-Grundsatz: G 20 „Lärm"

324 ff., **326 ff.**

Nr. 24 01
Grauer Star durch Wärmestrahlung

Statistische Bedeutung: gering
Merkblatt: Bek. des BMA v. 12. 6. 1963, BArbBl Arbeitsschutz 1963, 130
BG-Grundsatz: ./.

290, 1209

Nr. 24 02
Erkrankungen durch ionisierende Strahlen

Statistische Bedeutung: groß
Merkblatt: Bek. des BMA v. 13. 5. 1991, BArbBl 1991 H. 7–8 S. 72
BG-Grundsatz: ./.

65, 290, 477, 819, 842, 945, 954, 961, 981, 1094, 1135, 1136, **1179–1190**

Nr. 31 01
Infektionskrankheiten, wenn der Versicherte im Gesundheitsdienst, in der Wohlfahrtspflege oder in einem Laboratorium tätig oder durch eine andere Tätigkeit der Infektionsgefahr in ähnlichem Maße besonders ausgesetzt war

Statistische Bedeutung: groß
Merkblatt: Bek. des BMA v. 1. 12. 2000, BArbBl 2001 H.1 S. 35
BG-Grundsatz: G 35 „Arbeitsaufenthalt im Ausland unter besonderen klimatischen und gesundheitlichen Belastungen", G 42 „Tätigkeiten mit Infektionsgefährdung"

58, 63, 283, 316 f., 477, **705 ff.**, 759 ff., 842, 890, 903, 908, 911, 917, 955, 961, 1136, 1152

Nr. 31 02
Von Tieren auf Menschen übertragbare Krankheiten

Statistische Bedeutung: gering
Merkblatt: Bek. des BMGS v. 1. 9. 2003, BArbBl 2003 H. 10 S. 26 f.
BG-Grundsatz: G 42 (s. BK-Nr. 31 01)

316 f., 477, 704, **762 ff.**, 842, 890

Nr. 31 03
Wurmkrankheiten der Bergleute, verursacht durch Ankylostoma duodenale oder Strongyloides stercoralis

Statistische Bedeutung: keine
Merkblatt: Bek. des. BMA v. 12. 6. 1963, BArbBl Arbeitsschutz 1963, 133
BG-Grundsatz: ./.

63, 704, **772 f.**

Nr. 31 04
Tropenkrankheiten, Fleckfieber

Statistische Bedeutung: gering
Merkblatt: Bek. des BMA v. 28. 12. 1963, BArbBl Arbeitsschutz 1963, 287
BG-Grundsatz: G 35 „Arbeitsaufenthalt im Ausland unter besonderen klimatischen und gesundheitlichen Belastungen", G 42 (s. BK-Nr. 31 01)

316 f., 704, **773 ff.**, 842, 890, 1136, 1209

Nr. 41 01
Quarzstaublungenerkrankung (Silikose)

Statistische Bedeutung: groß
Merkblatt: Bek. des BMA v. 5. 2. 1998, BArbBl 1998 H. 4 S. 61
BG-Grundsatz: G 1.1 „Gesundheitsgefährlicher mineralischer Staub, Teil 1, Silikogener Staub"

63, 65, 126, 819, 992, **1003–1019**, 1020, 1025, 1028, 1112, 1113

Nr. 41 02
Quarzstaublungenerkrankung in Verbindung mit aktiver Lungentuberkulose (Siliko-Tuberkulose)

Statistische Bedeutung: groß
Merkblatt: Bek. des BMA v. 5. 2. 1998, BArbBl 1998 H. 4 S. 63
BG-Grundsatz: G 1.1 (s. BK-Nr. 41 01)

126, 819, 992, **1019–1037**, 1090

Nr. 41 03
Asbeststaublungenerkrankung (Asbestose) oder durch Asbeststaub verursachte Erkrankungen der Pleura

Statistische Bedeutung: groß
Merkblatt: Bek. des BMA v. 13. 5. 1991, BArbBl 1991 H. 7/8 S. 74
BG-Grundsatz: G 1.2 „Gesundheitsgefährlicher mineralischer Staub, Teil 2, Asbestfaserhaltiger Staub"

125, 819

Nr. 41 04
Lungenkrebs oder Kehlkopfkrebs

– in Verbindung mit Asbeststaublungenerkrankung (Asbestose)
– in Verbindung mit durch Asbeststaub verursachter Erkrankung der Pleura oder
– bei Nachweis der Einwirkung einer kumulativen Asbestfaserstaub-Dosis am Arbeitsplatz von mindestens 25 Faserjahren $\{25 \times 10^6 \, [(\text{Fasern/m}^3) \times \text{Jahre}]\}$

Statistische Bedeutung: groß
Merkblatt: Bek. des BMA v. 1. 12. 1997 BArbBl H. 12 S. 32
Wissenschaftliche Begründung: Bek. des BMA v. 24. 4. 1996, BArbBl 1996 H. 6 S. 25
BG-Grundsatz: G 1.2 (s. BK-Nr. 41 03)

65, 126, 992, 1032, 1090, 1094, **1096–1104**, 1109

Nr. 41 05
Durch Asbest verursachtes Mesotheliom des Rippenfells, des Bauchfells oder des Perikards

Statistische Bedeutung: groß
Merkblatt: Bek. des BMA v. 8. 11. 1993, BArbBl 1994 H. 1 S. 67
BG-Grundsatz: G 1.2 (s. BK-Nr. 41 03)

65, 992, 1090, **1104–1107**

Nr. 41 06
Erkrankungen der tieferen Atemwege und der Lungen durch Aluminium oder seine Verbindungen

Statistische Bedeutung: keine
Merkblatt: Bek. des BMA v. 28. 10. 1963, BArbBl Arbeitsschutz 1963, 283
BG-Grundsatz: ./.

65, 992, 1004, 1028, **1038**

Nr. 41 07
Erkrankungen an Lungenfibrose durch Metallstäube bei der Herstellung oder Verarbeitung von Hartmetallen

Statistische Bedeutung: gering
Merkblatt: Bek. des BMA v. 13. 5. 1983, BArbBl 1983 H. 7/8 S. 54
BG-Grundsatz: ./.

992, 1004, 1028, **1038f.**, 1091

Nr. 41 08
Erkrankungen der tieferen Atemwege und der Lungen durch Thomasmehl (Thomasphosphat)

Statistische Bedeutung: keine
Merkblatt: Bek. des BMA v. 17. 9. 1962, BArbBl Arbeitsschutz 1962, 205
BG-Grundsatz: ./.

992

Nr. 41 09
Bösartige Neubildungen der Atemwege und der Lungen durch Nickel oder seine Verbindungen

Statistische Bedeutung: gering
Merkblatt: Bek. des BMA v. 16. 8. 1989, BArbBl 1989 H. 11 S. 62
BG-Grundsatz: G 38 „Nickel oder seine Verbindungen", G 39 „Schweißrauche"

1091, **1118–1122**

Nr. 41 10
Bösartige Neubildungen der Atemwege und der Lungen durch Kokereirohgase

Statistische Bedeutung: groß
Merkblatt: Bek. des BMA v. 11. 10. 1989, BArbBl 1990 H. 2 S. 135

BG-Grundsatz: G 40 „Krebserzeugende und erbgutverändernde Gefahrstoffe – allgemein"

65, 1091, **1129–1131**, 1132

Nr. 41 11
Chronische obstruktive Bronchitis oder Emphysem von Bergleuten unter Tage im Steinkohlebergbau bei Nachweis der Einwirkung einer kumulativen Dosis von in der Regel 100 Feinstaubjahren [(mg/m³) x Jahre]

Statistische Bedeutung: groß
Merkblatt: Bek. des BMA v. 1. 12. 1997, BArbBl 1997 H. 12 S. 35
Wissenschaftliche Begründung: Bek. des BMA v. 1. 8. 1995, BArbBl 1995, H. 10 S. 39
BG-Grundsatz: ./.

992, **1022–1025**

Nr. 41 12
Lungenkrebs durch die Einwirkung von kristallinem Siliziumdioxid (SiO_2) bei nachgewiesener Quarzstaublungenerkrankung (Silikose oder Siliko-Tuberkulose)

Statistische Bedeutung: gering
Merkblatt: Bek. des BMA v. 1. 10. 2002, BArbBl 2002 H. 11 S. 64
Wissenschaftliche Begründung: Bek. des BMA v. 1. 8. 2001, BArbBl 2001 H. 9 S. 37
BG-Grundsatz: G 1.1 (s. BK-Nr. 41 01)

1112–1114

Nr. 41 13
Lungenkrebs durch polyzyklische aromatische Kohlenwasserstoffe bei Nachweis der Einwirkung einer kumulativen Dosis von mindestens 100 Bozo[a]pyren-Jahren [(µg/m³) x Jahre]

Statistische Bedeutung: groß
Merkblatt: in Vorbereitung
Wissenschaftliche Begründung: Bek. des BMA v. 5. 2. 1998, BArbBl 1998 H. 4 S. 54
BG-Grundsatz: ./.

1109, 1129, 1130, **1131f.**

Nr. 41 14
Lungenkrebs durch das Zusammenwirken von Asbestfaserstaub und polyzyklischen aromatischen Kohlenwasserstoffen bei Nachweis der Einwirkung einer kumulativen Dosis, die einer Verursachungswahrscheinlichkeit von mindestens 50 Prozent nach der Anlage zu dieser Berufskrankheit entspricht

Statistische Bedeutung: groß
Merkblatt: in Vorbereitung
Wissenschaftliche Begründung: Bek. des BMA v. 1. 2. 2007, BGBl 2007, 474
BG-Grundsatz: G 1.2 (s. BK-Nr. 41 03)

1085, **1108–1111**

Nr. 41 15
Lungenfibrose durch extreme und langjährige Einwirkung von Scheißrauchen und Schweißgasen – (Siderofibrose)
Statistische Bedeutung: gering
Merkblatt: in Vorbereitung
Wissenschaftliche Begründung: Bek. des BMAS v. 1. 9. 2006, H. 10 S. 35
BG-Grundsatz: G 39 „Schweißrauche"
992, **1039–1042**

Nr. 42 01
Exogen-allergische Alveolitis
Statistische Bedeutung: gering
Merkblatt: Bek. des BMA v. 16. 8. 1989, BArbBl 1989 H. 11 S. 63
BG-Grundsatz: ./.
904, 992, **1042–1049**

Nr. 42 02
Erkrankungen der tieferen Atemwege und der Lungen durch Rohbaumwoll-, Rohflachs- oder Rohhanfstaub (Byssinose)
Statistische Bedeutung: gering
Merkblatt: Bek. des BMA v. 16. 8. 1989, BArbBl 1989 H. 11 S. 65
BG-Grundsatz: ./.
992, **1049–1051**

Nr. 42 03
Adenokarzinome der Nasenhaupt- und Nasennebenhöhlen durch Stäube von Eichen- oder Buchenholz
Statistische Bedeutung: groß
Merkblatt: Bek. des BMA v. 11. 10. 1989, BArbBl 1990 H. 2 S. 136
BG-Grundsatz: G 44 „Hartholzstäube"
1090, **1114–1116**

Nr. 43 01
Durch allergisierende Stoffe verursachte obstruktive Atemwegserkrankungen (einschließlich Rhinopathie), die zur Unterlassung aller Tätigkeiten gezwungen haben, die für die Entstehung, die Verschlimmerung oder das Wiederaufleben der Krankheit ursächlich waren oder sein können
Statistische Bedeutung: groß
Merkblatt: Bek. des BMA v. 10. 7. 1979, BArbBl 1979 H. 7/8 S. 73
BG-Grundsatz: G 23 „Obstruktive Atemwegserkrankungen", G 39 „Schweißrauche"
60, 62, 904, 992, 1051, **1052–1056**, 1058, 1059, 1061–1066, 1067–1075

Nr. 43 02
Durch chemisch-irritativ oder toxisch wirkende Stoffe verursachte obstruktive Atemwegserkrankungen, die zur Unterlassung aller Tätigkeiten gezwungen haben, die für die Entstehung, die Verschlimmerung oder das Wiederaufleben der Krankheit ursächlich waren oder sein können
Statistische Bedeutung: groß
Merkblatt: Bek. des BMA v. 10. 7. 1979, BArbBl 1979 H. 7/8 S. 74
BG-Grundsatz: G 32 (s. BK-Nr. 43 01), G 39 (s. BK-Nr. 43 01)
60, 904, 992, 1042, 1049, 1051, 1052, **1056–1058, 1059–1066**, 1067–1075

Nr. 51 01
Schwere oder wiederholt rückfällige Hauterkrankungen, die zur Unterlassung aller Tätigkeiten gezwungen haben, die für die Entstehung, die Verschlimmerung oder das Wiederaufleben der Krankheit ursächlich waren oder sein können
Statistische Bedeutung: groß
Merkblatt: Bek. des BMA v. 23. 4. 1996, BArbBl 1996 H. 6 S. 22
BG-Grundsatz: G 24 „Hauterkrankungen (mit Ausnahme Hautkrebs)", G 38 „Nickel oder seine Verbindungen"
56, 60, 63, 788, **842 ff.**, 1074, 1209

Nr. 51 02
Hautkrebs oder zur Krebsbildung neigende Hautveränderungen durch Ruß, Rohparaffin, Teer, Anthrazen, Pech oder ähnliche Stoffe
Statistische Bedeutung: gering
Merkblatt: Bek. des BMA v. 18. 2. 1963, BArbBl Arbeitsschutz 1963, 25
BG-Grundsatz: G 4 „Gefahrstoffe, die Hautkrebs oder zu Krebsbildung neigende Hauterkrankungen hervorrufen", G 40 „Krebserzeugende und erbgutverändernde Gefahrstoffe – allgemein"
289, 842, 1091, **1137–1139**

Nr. 61 01
Augenzittern der Bergleute
Statistische Bedeutung: keine
Merkblatt: Bek. des BMA v. 14. 6. 1962, BArbBl 1962, 136
BG-Grundsatz: ./.
63, 297

(3) Anerkennung wie eine Berufskrankheit als Versicherungsfall

– gesetzliche Grundlagen 73 ff.

Druckschädigung des Nervus medianus im Carpaltunnel (Carpaltunnel-Syndrom) durch repetitive manuelle Tätigkeiten mit Beugung und Streckung der Handgelenke, durch erhöhten Kraftaufwand der Hände oder durch Hand-Arm-Schwingungen
Wissenschaftliche Begründung: Bek. des BMAS v. 1. 5. 2009, GMBl 2000, 573
561 ff.

Sachverzeichnis

(siehe auch Schlüssel zu den Berufskrankheiten S. 1253 ff.)

A

Abdomen 895
Abdominal-Trauma 985
Abduktion 364 f.
 – -sbruch 370
Abietinsäure 856
Ablatio retinae 284
Abnutzungsdermatose 843
Abrasionen 1177
Abrissbrüche der Wirbelsäule 476
Abrissfraktur 368
Abscherungsbruch 368 f.
Absencen 187, 196
Absicht 17
Abszess 844
Abweg 42 f.
Abweichen vom Weg des Kindes 45
Aceton 842
Achalasie 900
Achillessehnenreflex 399
Achillessehnenriss 398
Achillodynie 400
Acini 994
Acrolein 1056
Acrylamid 240
Acrylate 859
Acrylnitrilmethyl 240
Actinolit 1026
Adaptationsosteosynthese 378
Adäquanztheorie 22 ff.
Adduktion 364 f.
 – -sbruch 370
Adenokarzinom 1086, 1097, 1114, 1119, 1265
Adenoviren 317
Aderhaut 279
Aerosole 1220
afferente Schlinge 906
Aflatoxine 1090, 1143
Ageusie 180, 262
Aggravation 148, 220
Agnosie 180, 186
Agnosmie 261
Agoraphobie 145
Agranulozytose 955
Agraphie 180
AIDS 730

Akarophobie 145
Akkomodationslähmung 298
Akne 862
Akromion 410 f., 413, 522
aktinische Keratose 1140
Aktinolith 1090
Aktinomykose 316
Akupunktur 205
Akustikusneurinom 342
akustischer Unfall 325
akute myeloische Leukämie 1181
akute Strahlenreaktion 1184
akute toxische Bronchitis 1076
akute toxische Tracheitis 1076
akutes Lärmtrauma 323, 325
Aldehyde 1076
Aldrin 1239
Alexie 180
Algodystrophie 211
Alkalidämpfe 1076
Alkalireaktionsprobe 844
Alkoholabusus 234 ff., 805, 912
 – betrieblicher Anlass 274
 – krankheitsbedingt 273
Alkylaryloxide 817, 1245
Alkyloxide 817, 978, 1245, 1256
Alkylsulfide 1257
Allachästhesie 203
Alläs123thesie 203
Allergen 847
 – Übersicht 1052
Allergie 844, 860
 – -nachweis 861
allergisches Asthma bronchiale 1058
allergisierende Stoffe 1052
Alles-oder-Nichts-Prinzip 30, 33, 104
Allgemeingefahr 26 f., 785
Alloarthroplastik 378
Allodynie 203
Alters-Krebs 1084
Altersschwerhörigkeit 349
Alterung 391 f., 615
Alte-Welt-Fleckfieber 775
Aluminium 1013, 1263
 – -lunge 1028
 – -staublunge 1038
Aluminose 991 f., 1028, 1038

Alveolarmakrophagen 1041
Alveolarstaub 993
Alveolen 994
Alveolitis 1265
Amboss 310
Ameisensäure 1249
Amine, aromatische 1255
4-Aminodiphenyl 1090, 1122
Aminoethanol 856
Aminoverbindungen 289, 853, 1220
Ammoniak 842, 1056
Ammoniumthioglycolat 1058
Ammoniumverbindungen 842
Amöbiasis 772
Amosit 1026
Amputation 209, 682
 – Arthrose 693
 – Herz, Kreislauf 822
 – Schmerz 209
 – Wirbelsäule 694
Amtsermittlungspflicht 46
Analgesie 203
Analgetikanephropathie 977
Anämie 942, 944, 963
 – aplastische 945, 954 f., 966
 – Biermer'sche 968
 – megaloblastäre 967
 – perniziöse 955, 968
 – sideroachrestische 967
anaphylaktische Sofortreaktion 846
Anästhesia dolorosa 203
Anästhesie 203
Anastomosenulcus 906
andersartige Tätigkeit 119
Änderung der Verhältnisse 110, 115
Aneurysma 164, 177, 802, 809
Anfall
 – dissoziativer 197 f.
 – epileptischer 187
 – Früh- 188 f.
 – Gelegenheits- 153, 188
 – Jackson- 196
 – nicht epileptischer 197
 – -satemnot 1055
 – Sofort- 188
 – Spät- 188
Anfangsriss 628
Angina pectoris 808 f., 900, 1201
Angioneurose 1173 f.
Angiostrongylose 773
Angst 214

 – -störung 145, 157
Anilin 316, 912
Anknüpfungstatsachen 86
Ankylose 442
Anlageleiden 24, 28, 31
Anosmie 180, 261
Anpassung und Gewöhnung 79, 112 f., 538
Anpassungsstörung 143, 156
Anscheinsbeweis 49, 66, 636
Anstrengung 13, 950
 – körperliche 285, 812
Antagonisten 364
anterior 364
Anthrakosilikose 991, 1003, 1006
Anthrax 765, 888
Anthrazen 1137
antizipiertes Sachverständigengutachten 100, 102
Antophyllit 1026
Anulus fibrosus 453
Anvertrauen von Kindern in fremde Obhut 44
Aortenaneurysma 804 f.
Aorteninsuffizienz 805
Aortenruptur 803
Aortitis 1156
Aphakie 295
Aphasie 180, 186
Aphthe 890
Apophysenfugenlösung 368
Appendizitis 910
Apraxie 180, 186
Äquivalenztheorie 23
Arbeitsarm 684
arbeitsbedingte Erkrankung 75
Arbeitsgerät 45
Arbeitsplatzbezogener Inhalationstest (AIT) 1063
Arbeitsunfähigkeit 72, 118
Arbeitsunfall 10
Argyrie 873
Argyrose 291
Armplexusschaden 235
aromatische Amine 1086
Arrhythmien 1201
Arsen 288, 976, 1090, 1094, 1118, 1136, 1230, 1254
 – -haut 1136
 – -trichlorid 1057
 – -vergiftung 1230
 – -wasserstoff 1230
Arsin 1230

Sachverzeichnis

ARTEM 1031
Arteria vertebralis 466
Arteriitis 924
Arthritis mutilans 1155
Arthritis urica 642, 1157
Arthrographie 653
Arthro-Osteitis 389
Arthrosis deformans 456, 641, 1159, 1171 f., 1172
Arthroskopie 642, 647, 653
Arthrotomie 641
Articulatio humeri 513
Aryloxide 817, 1245
ärztliche Meinungen (Verschiedenheit) 56, 623
Ärztlicher Sachverständigenbeirat 57, 1087
Arzt-Versichertenverhältnis 82
Asbest 953, 992, 1026, 1090, 1094
  – -faserjahr 1099
  – -fasern 1027 f., 1097
  – -fibrose 1028
  – Hintergrundbelastung 1031, 1106
  – -inhalationsfolgen 1029
  – -körperchen 1027 f.
  – Morphologie 1029
  – Zigarettenrauch 1095
Asbestkrebs
  – Augen 1108
  – Brückenbefunde 1097
  – Eierstock 1108
  – Hämatopoetisches System 1108
  – Harnblase 1107
  – Histiozytom 1108
  – Kehlkopf 1102
  – Lungen 1097, 1108
  – Lymphatisches System 1108
  – Magen-Darm 1107
  – Mundhöhle 1108
  – Nase 1108
  – Niere 1107
  – Ösophagus 1107
Asbestose 817, 1026 f., 1098, 1262
  – Begriff 1027
  – Diagnose 1030
  – MdE 1036
  – Meldung als BK 1035
  – Minimal-, *s. dort*
  – Röntgenbild 1031
  – Spät- 1029
  – Versicherungsfall 1035
ASIA-Skala 472
Aspergillose 1013

Asthma bronchiale 997, 1051, 1053, 1058 f.
Asthma cardiale 1056
Ataxie 180, 241
Atem
  – -lähmung 1197
Atemkraftmessung 1003
Atemstrombegrenzung 995
Atemwege 1119
Atemwegserkrankungen, obstruktive
  – durch allergische Stoffe 1265
  – durch chemisch-irritativ oder toxisch wirkende Stoffe 1266
Atemwegsinfektion 787
Atemwegssensibilisierung 1054, 1061
Atemwiderstände 1001
Atopie 841, 846, 1054
atopische Dermatitis 864
atopisches Handekzem 869
Atrophie 379, 391
Ätzkalk 842
Audiometrie
  – Sprach- 339
  – überschwellige 337
Auffahrunfall 458
Auffinden eines Toten am Arbeitsplatz 128
Aufschweißlegierungen 1038
Aufspritzpulver 1038
Augapfel 278
  – prellung 278
Auge 1198
Augenhöhle 278
Augenmuskellähmung 299
Augenverlust 79
Augenzittern 1266
Auramin-Herstellung 1122
Ausdrucksorgan 535
Auseinandersetzung, betriebliche 166
Ausrutschen 27
Außenmeniskus 620
Außenrotation 364
Autopsie 130
Axonotmesis 228, 232
Azidose 937, 999
Aziridin-Vernetzer 856
Azofarbmittel 1124

B

Bagasse 1046
Bakteriämie 385

Bakterien 703
Balantidiose 761
Ballonreifenphänomen 441
Bandscheibe 425, 433
Bandscheibenprolaps 454, 480 f.
Bandscheibenprotrusion 454, 480 f.
Bandscheibenschaden 453
Bandscheibensprengung 440
Bandscheibenverletzung 427, 432
Bandscheibenvorfall, s.a. Bandscheibenprolaps
 – hinterer 434
 – seitlicher 434
 – vorderer 434
 – zentraler 435
Bankartläsion 415, 514, 516, 520
Bartonella henselae 1013
Barytose 991
Basaliom 1136
Basalkarzinom 1138
Basalzellkarzinom 1136
Basilarmembran 311
BAT-Werte-Liste 1054, 1088
Bauchspeicheldrüse 894, 896, 922, 929
Bauchtrauma 896
Beamte 8
Bechterew-Krankheit 457
Beckenbruch 574
 – Beckenrandbruch 575
 – Beckenring 574
 – Beckenringbruch 575
 – Fugenzerreißung 575
Beckenschiefstand 450
Bedingungstheorie, s. Theorie der wesentlichen Bedingung
Befeuchterlunge 1046
Befunderhebung 87 f.
Befundtatsachen 87
Begehrensneurose 147
Begleitgastritis 903
Begleitspondylose 503
Begutachtung, allgemein 77
Behandlungsbedürftigkeit 72
X-Beinstellung 606, 645, 649
Beinvenenthrombose 658
Beischlafunfähigkeit 268
Békésy-Audiogramm 337
Belastbarkeit 31, 123, 152, 810
Belastungsreaktion, akute 143
Benzidin 1090, 1122 f.
Benzine 240
1,2-Benzisothiazol-3(2H)-on 854

Benzo[a]pyren 1131
 – -jahre 1109, 1131
Benzochinon 289, 1249, 1257
Benzol 239, 289, 316, 328, 475, 843, 952, 956, 1090, 1185, 1241, 1255
Benzylalkoholmono(poly)hemiformal 854
BERA-Messung 338
Bergarbeiter-Pneumokoniose 1004, 1006
Beriberi 317
Berlinsches Ödem 279
Berstungsbruch 368
Berstungsruptur 974
Berufskrankheit 53
 – Abgrenzung zum Arbeitsunfall 72
 – Einwirkungen, besondere 58
 – Einwirkungskausalität 66
 – Enumerationsprinzip 54
 – Kausalität 64, 66
 – Krankheit 56, 63
 – Leistungsfall 71
 – Liste 55, 63
 – Öffnungsklausel 54
 – Übergangsleistung 76
 – Versicherungsfall 62
 – wie eine Berufskrankheit 73
Berufskrankheiten VO 53 f.
Berufskrankheitenreife 74
Berylliose 991, 1232
Beryllium 288, 316, 976, 1013, 1057, 1090, 1118, 1232
Berylliumlunge 1028
Beschädigung oder Verlust eines Hilfsmittels 14
Beschäftigungskrampf 1167
Bescheid
 – Begründung 100
 – Bindungswirkung 91
 – Formulierung 91
Beschleunigungsverletzung 431, 458
Beschwerdebild 88
besondere Betriebsgefahr 16
besondere Einwirkungen 58, 73
besonderes berufliches Betroffensein 107, 305, 539
Betriebsbann 128
Betriebseinrichtung 16
Betriebsgefahr 16, 785
 – erhöhte 785
Betriebssport 18 f.
Betriebsweg 16
Bettfederalveolitis 1045
Bewegungssegment 425 f., 480

Bewegungssystem 361
Beweis des ersten Anscheins 49, 266, 636
Beweisanforderungen 11, 46, 66
Beweiserleichterung 48, 66
Beweismittel 85
Beweisnotstand 48, 129, 131
Bias 1083
Biegungsbruch 367
Bilanzselbstmord 257
Bindehaut
 – -enzündung 291
 – -katarrh 299
Bindungswirkung eines VA 91
Binnen- und Seeschiffahrt 15
biologische Arbeitsstofftoleranzwerte 1219
biologische Wirkungsdosis 1186
Biomonitoring 1222
Biozide 854
bipartitum 551
Biphenyle 912
Bis(chlormethyl)ether 1090, 1134, 1256
Bismut 1187
Bisskrankheiten 786
Bissverletzung 783
Bizepsmuskel 407
Bizepssehne 402
 – kurze 406
 – lange 403
black disc 482, 502
Blähvolumen 1000
Bläschenkrankheit des Schweines 761
Blastomykose 1013
Blauasbest 1026
Blei 288, 316, 328, 475, 976, 1187, 1254
 – -alkyle 1222
 – -anämie 967
 – -enzephalopathie 196, 1223
 – -epilepsie 196, 1224
 – -intoxikation 475, 1224
 – -schrumpfniere 979
 – -tetraethyl 1223
 – -tetramethyl 1223
 – -vergiftung 977
Blinddarmentzündung 910
blind-loop Syndrom 906
Blitzschlag 27, 280, 1190, 1194, 1203, 1205
blow out-Fraktur 278, 283
Blumenkohlohr 312
Blut 941

 – -gefäße 1197
 – -hochdruck 327, 821
 – -körperchen 362
 – -unterdruck 822
BODE-Skala 998
Bodyplethysmographie 1002
Bohrdrähte 378
bone bruise 436, 607, 646
Borreliose 317, 773
Borwasserstoffe 1057
Bowenkarzinom 1139
Brace 525
Brachyoesophagus 899
Brandverletzung 833
Braunkohlenbau 1004
Braunkohlenteer 1091, 1131
Brom 1057
2-Brom-2-nitropropan-1,3-diol 854
Bronchialasthma 1052
Bronchialbaum 1119
Bronchialkarzinom 1097
Bronchialmuskeltonus 996
Bronchiektasen 1028, 1044
Bronchiolitis obliterans mit organisierender
 Pneumonie 1028, 1043, 1077
Bronchitis 993, 1023, 1076
Bronchokonstriktion 996, 1076
Bronchopathie 991, 995, 1058
Bronchopneumonie 991
Bronchopneumopathie 991
Bronchuskarzinoid 1086
Brucellose 316 f., 476, 761, 1013
Bruchsack 897
Brückensymptom 49
Brugia malayi 774
Brugia timori 774
Brüsseler Komagrad 173
Brust- und Lendenwirbelsäule 445
Brustfellergüsse 1034
Brustkyphose 448
Buchenholzstaub 1090, 1114
Bündelnagelung 376
Burkitt-Lymphom 945
Burning Feet Syndrom 1229
Burnout-Syndrom 827
Buruli-Ulcus 773
1,3-Butadien 1090, 1143
p-tert-Butylbrenzkatechin 853
Byssinose 1049

C

Cadmium 288, 475, 1090, 1094
- -oxid 1057
Caisson 1178
Caisson-Krankheit 598
Campylobacter-Infektionen 762
Caplan-Syndrom 1013, 1154
Caput humeri 513
Carbachol 1062
Carbondisulfid 1242
Carpaltunnel-Syndrom 557 ff.
Cataracta electrica 280, 1204
Cauda 439
Cauda-Conus-Symdrom 443
caudal 364
cervico-brachiales Syndrom 210
cervico-cephales Syndrom 210
Chalcosis bulbi 279
Chemie-Alveolitis 1047
Chikungunya 773
Chlamydien 1013
- -Infektion 757
Chlamydiosen 762
Chlor 1057
(Chlor-)Methylisothiazolinon 854
Chloracetamid 854
Chlorakne 841, 863, 1246
Chlorameisensäureester 1057
Chlorcyan 1056
Chlorkohlenwasserstoff 1236
Chlorkresole 854
Chlornaphthalin 1239
Chloroform 978
4-Chlor-o-toluidin 1090, 1122
Chlorphenol 1239, 1245
Chlorpikrin 1057
α-Chlortoluol 1090, 1134
Cholangitis 922, 924
Cholecystitis 921 f., 924
Choledocholithiasis 924
Cholelithiasis 920, 922
Cholera 757
- Schutzimpfung 796
Cholesteatom 314, 316
Chondrokalzinose 638, 642
Chondrolyse 646
Chondromalazia patellae 607
Chondromalazie 638
Chondromatose 544
Chondropathia patellae 607, 624, 648

Chondropathie 607
Chondrosarkom 1086
Chondrose 453 ff., 481, 483, 502
Chondrosis disci 439 f.
Chondrosis intervertebralis 453
Chopart-Gelenk 670, 687
Chorioidalblutung 280
Chrom 288, 850, 976, 1116, 1120, 1226
Chrom (VI)-Verbindungen 1090
Chromallergien 886
Chrommoleküle 850
Chromosomenanalyse 1186
Chromverbindungen 850
chronic obstructive lung disease, s. COPD
Chronic-Fatigue-Syndrom 160
chronisch myeloische Leukämie 960
chronisch obstruktive Bronchitis 1051, 1060
chronisch unspezifisches respiratorisches
    Syndrom 1039
chronische Bronchitis 1060
chronische lymphatische Leukämie 961
chronische Polyarthritis 1152
Chrysotil 1026
Churg-Strauss 1013
Cobalt 1057
- -haltig 1091
Cochlea 310
Coenästhesie 203
Colitis ulcerosa 909
Coma diabeticum 932
Coma hepaticum 911
Commotio 172, 212, 265
- cordis 802
- labyrinthi 314
Compartmentsyndrom 367
Complex regional pain syndrom 211, 542 ff.
Compliancemessung 1001, 1003
Computernystagmographie 318
Computertomogramm 653
Condromalacia patella 648
Confounding 1083
Contrecoup-Effekt 974
Contrecoup-Herd 175
Contusio cerebri 172, 265
Contusio cordis 802
Conus 443
COP 1043
COPD 995, 997, 1007, 1009, 1012, 1022, 1051,
    1061, 1063, 1068
Coping 142
Cor pulmonale 1008, 1015, 1028, 1038

Sachverzeichnis 1273

Corium 831
Cornea 277
Cortex, s. Hirnrinde
Corti-Organ 311, 333
Coup-Herd 175
CO-Vergiftung 939
Coxarthrose 583
Coxsackieviren 317
Coxsackie-Viruskrankheit 757
Cristobalit 1003, 1091
Crush-Syndrom 978
c5-Senke 333
Cyanurfluorid 1056
Cyclodialyse 279
Cyclohexan 240

D

Darmbein 575
Darmflora 894
Darmverletzung 896
dashboard 611
Datenschutz 90
Dauerwellflüssigkeit 849
Daumen 536
DDT 1239
Deafferenzierungsschmerz 205, 210
Degeneration 391, 400, 615
Demenz 179, 241
Dengue-Fieber 773
Depression 146, 156, 179, 258
Dermatomyositis 1161
Descemet-Membran 284
Dezibel 322
Diabetes 327
  - mellitus 929 f.
Diagnosesysteme 13, 90, 142, 144, 147 f.
2,4-Diaminoanisol 1122
Diastase 579
Diastole 821
Diazomethan 1057
DIB 1043
Dichloracetylen 978
2,2-Dichlordiethylsulfid 979
Dichlordiethylsulfid 1090, 1135
Dichlordimethylether 1090, 1134
Dichlor-Diphenyl-Trichlorethan 966
1,1-Dichlorethan 1237
Dichlormethan 239
Dichromat 860

Dickdarm
  - entzündung 909
Dieldrin 1239
Dienstreisen 20
Dieselmotor-Emissionen 1092
diffuse axonale Schädigung 175, 181
Diffusionen 615
Diisocyan 1060
Diisocyanate 1053
Dimethylaminopropionitril 240
Dimethylformamid 1220, 1251
Dimethylsulfat 1057
Dinickeltrioxid 1119
Dinitroorthokresol 1241
Dioxin-Gruppe 1245
Diphtherie-Schutzimpfung 796
Diplopie 298
direkter Beweis 49
Diskose 440
Diskriminationsverlust 339
Dislocatio
  - ad axim 370
  - ad latus 370
  - ad peripheriam 370
  - cum contracione 371
  - cum distractione 371
  - cum implantatione 371
Dislokation 370 f.
Dissoziative Störung 147, 158
distal 364
Distorsionen an der Halswirbelsäule 351, 458
Diszitis 388
Dithiocarbamate 857
Divertikel 982
Doppelbenzole 239
Doppelbruch 370
Dopplersonographie 174
Dornfortsatz 431, 476
  - -bruch 432
dorsal 364
Dorsalflexion 663, 665
Dracunculose 773
Drehbruch 368
Drehgelenk 363
Drehschwindel 467
Drehstrom 1191
Drehsturz 624
Dreiecksbein 557
Dreipunktegriff 535
Dreisäulentheorie 427
dritter Ort 40

Drogen 273
Druckluft 289, 1178
  - -arbeiten 1178
  - -werkzeuge 1167
Druckorgan 535
Ductus choledochus 896
Dumping-Syndrom 906
Dünndarm
  - verletzung 907
Duplexsonographie 174
Dupuytren'sche Kontraktur 557, 916, 1167
Duraverletzung 175
Durchblutungsstörungen 354
Durchgangsarztbericht 86
Durchnässung 1151
Durchschnittsrente 223, 662
DXA 447
Dysarthrie 180
Dysästhesie 203
Dysdiadochokinese 241
Dysenterie 757
Dyshidrose 865
Dyskinesie 919
Dysosmie 261
Dysplasie 902
Dyspnoe 997, 1011 f.
Dysstress 817, 824
Dystrophie 451

E

Ebola-Virus-Fieber 773
Echinokokkosen 762
Echokardiographie 999
Edelstahlschweißer 1120
Eichenholzstaub 1090, 1114
eigenwirtschaftliche bzw. private Tätigkeiten 15
Einsilbenverständnis 339
Einsilbertests 343
Einwirkungskausalität 66
Eisenarsenat 1231
Eisencarbonyle 1057
Eisenmangel-Anämie 965, 971
Ejakulation 265
Ekzem, seborrhoisches 865
Ekzemreaktion 846
Elektroenzephalographie 174
elektromagnetische Felder 953, 1205
Elektrotrauma 280, 316
Elektrounfall 1190

Elle 526
Ellenbogengelenk 526
  - fraktur 528
  - verrenkung 528
Emphysem 1022
  - blasen 1044
  - bronchitis 997
Encephalopathia saturnina 196
endemisches Zeckenrückfallfieber 773
Endokardfibrose 811
Endokarditis 790, 803, 818
Endokrine 930
Endokrinopathie 178
Endolymphe 310
Endoprothese 378
Endorphine 205
Endothelschädigung 593
(Entenale) Yersiniose 770
Entenschnabelbruch 398, 672
Enterocolitis regionalis 909
Enterohämorrhagische Escherichia coli 762
Entstehung einer Krankheit 33, 95, 869
Entstellung 251
Entwicklungshelfer 739
Entziehungdelir 276
Enzensberger Konsensuspapier 463
Enzephalitis 939
Enzephalopathie 196, 238
Epichlorhydrin 1134, 1247
Epicondilitis humeri ulnaris 1165
Epidemien 27
Epidermis 830
Epidondilitis humeri radialis 1165
Epikondylitis 527, 1165 f.
Epikutantest 861
Epilepsie 165, 180
Epiphysenbruch 369
Epiphysenlösung 368
Epoxidharz 852, 1058
  - -Allergien 886
  - -system 859
Epstein-Barr-Virus 1153
Erblindung 293
Erdbeben 27
Erdölraffinate 976
Erektion 265
Erethismus mercurialis 1225
Erfahrungswerte 100
Erfrierung 1212 f.
Ergospirometrie 1001
Erguss 642

Erhalten der Fahrbereitschaft 42
Erholungsurlaub 21
Erionit 1027, 1090, 1143
Erkältungskrankheit 1214
Erkenntnisse der medizinischen Wissenschaft 56, 74
Erlebnisreaktionen 154
Ermittlungsverfahren 87
Ermüdungsbruch 12, 373, 432, 451 f., 476, 1173
Erschütterungen 1168, 1173
Erstverrenkung 515
Erysipel 790, 1152
Erysipeloid 888
Erythropoetin 942
Erythrozyten 941
– -Abbau 969
Essigsäure 1249
Ester 240
Ethan 1239
Ethanol 240
Ethylendiamin 1057
Ethylenimin 1056
Ethylenoxid 240
Evozierte Potentiale 174
Exartikulation 683, 688
Exarzerbation 750
Exerzierknochen 422
Exhumierung 135
Exogen-allergische Alveolitis 1013, 1042
Exostose 690
Explosionstrauma 314, 324
Explosionsverbrennung 834
Expositionszeit 1093
Extension 364
 – -sfraktur 541
externus 364
Extrusion 440

F

Fahrerfluchtphänomen 1033
Fahrgemeinschaft 44
Farmer-Lunge 991
Fascioliasis 774
Fasciolopsiasis 774
Faserjahre 1094
Faserstaub 1091
Faszienriss 421
Fazialislähmung 316
Feingriff 536

Feinstaub 994, 1005
Felsenbeinfraktur 315, 354
Felsenbeinpyramide 310
Felty-Symdrom 1154
Femoropatellaarthrose 654
Fensterruptur 317
FE-REM-Methode 1031
Fernthrombose 593, 595 f., 661
Fersenbein 663
 – -bruch 672
Fettleber 913, 915
Feuerstar 290
Feuerwehrleute, Anstrengung 814
Fibrinolyse 594
Fibromyalgie 1160
 – -Symdrom 161
Fibrosarkom 1086
Fibrose 713
Filariasis 1013
Filariosen 774
finale Handlungstendenz 14
Finanzierung der ges. UV 6
Fingergelenk 573
 – -sarthritis 1155
Fingernagel 536
Fingerprinting 745, 751
Fischmehl-Alveolitis 1047
fischwirbelartige Verformung 448
Fischwirbelbildung 448
Fistel 804
 – -eiterung 387
Fixateur externe 377
Flachriss 629
Flachrücken 425, 446
flake fractures 606
Fleckfieber 317, 763, 774
Flexion 364
Flugreise-Thrombose 594
Fluor 475, 1057, 1244
 – -verbindungen 978
 – -wasserstoff 1057
Flusssäure 280, 658, 833
Fluss-Volumen-Kurve 1001
Folgeschaden 10 f., 142
Folgeunfall 37, 111
Formaldehyd 852, 855, 858 f., 1056
Fowler-Test 337
Fraktur 365
 – Behandlung 375
Frambösie 775
Freiburger Sprachtest 339

freie Willensbestimmung 255
freiwillige Versicherung 8
Freizeit 17
- -gestaltung 18
Fremdkraftprothese 685
Frequenz 321
- -analyse 329
Friseurchemikalien 856
Frontalebene 364
Frontalkollision 461
Frozen shoulder 522
Frühanschlussheilverfahren 822
Frühsilikose 1008
Frühsommer-Meningoenzephalitis 763
- Schutzimpfung 797
Fuchsin-Herstellung 1122
Fugenzerreißung 575
fundus 364
Fünftagefieber 776
Fuß 663
- -wurzelverletzung 673

G

Galle 911
Gallenblase 894, 911
- -nkarzinom 921
Gallenstein 911, 920
- -kolik 921
Gallenwege 919
Gammastrahlung 1185
Ganglion Gasseri 283
Gangrän 683
Ganzkörperschwingungen 495
Garage 39
Gasaustausch 994
- -störung 998
Gasbrand 682, 791
Gastritis 901
Gastrointestinaltrakt 894, 1198
Gate-Control-Theorie 205
Gebrauchshand 537
Gefahr des täglichen Lebens 26, 1205
Gefäßendothel 592
Gefäßwandschädigung 593
Gehirntumor 1207
Gehörgang 310
Gehörknöchelkette 310
Gehörschutz 329
Gelbfieber 776

- Schutzimpfung 796
Gelegenheitsursache 26, 43, 151, 153, 163, 372, 397, 436, 612, 630, 810 f, 816
Gelenk 363
- -chondromatose 641
- -empyem 389, 642
- -erguss 626
- -infektionen 389
- -kapsel 363
- -knorpelkontusionsschäden 646
- -schleuder 545
- -verletzung 388
Gemeinschaftsveranstaltung 18
gemischte Tätigkeit 20
Genesungszeit 98, 1101, 1104, 1116
genetische Schäden 1185
Geräuschaudiometrie 338
Geruchsinn 1059
Gesamtsehschärfe 293
Gesamtvergütung 109, 223
Gesamtwortverstehen 339
- gewichtetes 340, 347
Geschmacksinn 1059
Geschwindigkeitsänderung 468
Gesichtsentstellung 251
Gesichtsfeldausfall 294
Gesichtsfeldeinengung 295
Gesichtsnerv 252, 320
Gesundheitsdienst 704
Gesundheitserstschaden 22, 142
Gesundheitsschaden 13, 30, 53, 56
Getreidestaublunge 1047
Gewebsatrophie 392
Gewissheit 47
Gewöhnung 113
Giardiasis 763
Gibbusbildung 429
Gicht 1157
Girdlestone 581
Giving-way-Symptom 605, 624, 652
Glasbläserstar 290
Glasgow Coma Scale 172
Glaskörperabszess 279
Glaskörpertrübung 280
Glaukom 286
Gleichgewichtsorgan 312, 318
Gleichgewichtsstörung 318, 342
Gleichstrom 1191, 1193
Gleithernie 899
Glioblastoma multiforma 1087
Globalinsuffizienz 998 f., 1012

Glomerulonephritis 977
Glomerulosklerose 933
Glomerulus 973
Glukokortikoiden 448
Glukokortikoidtherapie 476
Glutardialdehyd 855, 857
Glycerylmonothioglykolat 856
Glykol 1244
Glyoxal 855
Glyzerin 1244
GOLD-Leitlinien 1007
Golfer-Ellenbogen 527, 1165
Gonarthrose 634, 643
Grad der Behinderung 98
Granulozyten 942
Greifform 534
Greiforgan 534
Grenzpunkte des Weges 39
Grobgriff 536
Grobstaub 994
Großhirn 169
Gruppenallergie 860
Gruppentypik, s. Personengruppe
Gürtelrose 891
Gutachten 78, 83
 - Auftrag 84
 - Auswahlrecht 80, 84
 - Erstellung, persönliche 80
Gutachter 78

H

Haarfärbemittel 316, 953
Haarfarbstoffe 1123
Haarzellen 333
 - -schaden 329, 333, 336
Haarzellleukämie 945
Haemophilus-influenzae-b-Schutzimpfung 797
Haftschale 296
haftungsausfüllende Kausalität 10, 22, 24, 48, 66, 150
haftungsbegründende Kausalität 10, 22, 38, 48, 149
Haftungsersetzung durch Versicherungsschutz 6
Halogenkohlenwasserstoff 289, 316, 1236
Halswirbelsäule 445
Hämarthros 388, 642, 645
hämatogenes Kontaktekzem 860
Hämatom 189

 - epidurales 175 f.
 - extrazerebrales 171
 - intracerebrales 175
 - intrakranielles 175
 - intrazerebrales 177
 - subdurales 175 f.
Hämatotympanon 316
Hämiglobin 1241
hämodynamische Funktionseinschränkung 805
Hämoglobin 942
 - -opathie 969
Hämolyse 783, 970
hämolytische Anämie 970
Hämoperikard 801, 804
Hämophilie 948, 975
Hand 532
 - -flächenregel 835
 - -gelenk 573
 - -rückenödem 563
 - -skelett 533
 - -wurzelfraktur 545
 - -wurzelverrenkung 546
Hantavirus-Erkrankungen 763
Hapten 845
Harnblasenverletzung 982
Harnleiterverletzung 981
Harnröhrenstriktur 983
Harnröhrenverletzung 982
Harnwege 1198
Harnwegsinfektion 787
Hartmetall 1038, 1091
 - -fibrose 1039
 - -lunge 991
 - -schleifen 1039
 - -schleiferlunge 1028
häuslicher Bereich 39
Haut 830, 1197
 - -krebs 1136
 - -milzbrand 765, 888
 - -nekrose 836
 - -pilzkrankheit 891
 - -tuberkulose 889
 - -tumor 1147
HCH 1239
Heben 487
Heckkollision 459
Heilbehandlung, (teil-)stationäre 18
Heilungsbewährung 98
Helicobacter pylori 903
Helicobacter-Infektionen 757
Helicotrema 311

Hemianopsie 294, 307
Hemicerclagen 378
Hepatitis 710
Hepatitis A 710, 713
— Schutzimpfung 797
Hepatitis B 710, 714
— Schutzimpfung 797
Hepatitis C 711, 717
Hepatitis D 711, 719
Hepatitis E 711, 720
Hepatitisviren G, TTV und SEN-V 711
hepatorenales Syndrom 911
n-Heptan 240
Herpes corneae 283
Herpes zoster 316, 891
Herpes-simplex-Virus-Infektion 291, 890
Herz 1196
— -beutelruptur 800
— -beuteltamponade 801, 809
— -erkrankung 327
— -funktionsstörung 198
— -infarkt 162, 802, 807f., 900, 1012, 1201
— -kammerflimmern 801, 827, 1192, 1194, 1196, 1199
— -klappeninsuffizienz 803, 818
— -klappenverletzung 803
— -kreislaufstillstand 162
— -luxation 801
— -rhythmusstörung 808
— -schädigung 799
— -schrittmacher 810, 812
— -stillstand 1199
— -tod 162, 807, 810
— -verletzung 799
— -wandaneurysma 803
— -wandruptur 801, 809
— -wandverletzung 802
Hexachlorcyclohexan 967, 1239, 1245
n-Hexan 240, 328
Hexenschuss 214, 438, 454
Hiatus oesophageus 899
Hiatushernie 899 f.
Hilflosigkeit 117, 195, 223, 306, 698 f.
Hilfshand 537
Hilfsmittel 253
Hill-Sachs-Läsion 517, 520
Hinterbliebenenrente 121
Hinterhauptgriff 520
Hinterhornbereich 627
Hinterhornschaden 627
Hirn

— -atrophie 244
— -ödem 176
— -rinde 170
— -schwellung 176
— -traumatiker 256
— -tumor 178
— -ventrikel 170
— -wasser 170
Histoplasmose 776, 1013
Hitzeeinwirkung 1208
Hitzeerschöpfung 1210
Hitzeschaden 1208 f.
Hitzeunfall 1210
Hitzschlag 1210 f.
HIV-Infektion 953
Hochdruckinjektionsverletzungen 791
Hochfrequenz-Audiometrie 328
Hochfrequenzfeldern 1207
Hochspannung 1190
— -unfall 280, 1191, 1200, 1202
Hochtongeräusch 350
Hochtonschrägabfall 333
Hochtonsenke 333
Hodentumor 1181
Hodgkin-Lymphom 1181, 1189
Hohlhandphlegmone 789
Hohlrundrücken 425
Holzarbeiterlunge 1046
honey-combing 1044
Honigwabenlunge 1028
Hörgeräteanpassung 352
Hörhilfen 352
Hormon-Schnupferlunge 1047
Hörnerv 312
— -schaden 336
— -schwerhörigkeit 333
Hornhaut 277
— -epithelverlust 280
— -parenchym 283
— -trübung 278, 283
— -verletzung 278
Hornschicht 830
Hörschwelle 321 f., 331
— -nkurve 331
Hörsturz 317, 355
— idiopathischer 336
Hörverlust 345
Hörweitenbestimmung 341
Hüftgelenk 580
— -exartikulation 687
— Verrenkung 579

Sachverzeichnis 1279

Hüftkopfnekrose 582
Hüftpfanne 575
Hühnerzüchterlunge 1045
Huntington'sche Erkrankung 239
HWS-Distorsionen 318
hyalinosis complicata 1034 f.
Hybridprothese 684 f.
Hydronephrose 976
Hydrozele 268
Hydrozephalus 244
Hypalgesie 203
Hypästhesie 203
Hyperalgesie 203
Hyperästhesie 240
Hyperextension 459
 – -sverletzungen 460
Hyperflexion 459
Hyperkapnie 998 f.
Hyperkeratose 843, 1138
Hyperkoagulabilität 594
Hyperkyphose 446
Hyperosmolares Koma 932
Hyperpathie 203, 209
Hyperreagibilität, unspezifische bronchiale 1003
Hyperreagibilitätstest 1063
Hyperthyreose 164, 939
Hypertonie 821
Hypertrophie 999
Hyperuricämie 1157
Hypoglykämie 937
Hypophysen 930
Hyposmie 261
Hypothenar-Hammer-Syndrom 562
hypothetische Kausalität 31 f.
hypothetischer Schadensverlauf 32
Hypothyreose 938
Hypotonie 822
Hypoventilation 998 f.
Hypoxämie 998 f., 1013
Hypoxie 1211, 1235

I

Ileozökal-Tuberkulose 908
Iliosakralgelenk 575
ILO 2000 Staublungenklassifikation 999, 1007 f., 1015, 1031, 1035
Impedanz 1192
 – -messung 1001

Impfreaktion 794
Impfschäden 793
Impingement-Syndrom 410 f., 521
Impotentia
 – coeundi 265
 – generandi 265
Impressionsfraktur 368
Impulshaltigkeit 328
Impulsoszillometrie 1064
in dubio pro aegroto 82
Indizienbeweis 49, 66
Infarkt 162
Infektarthritiden 1158
Infektion 702
Infektionskrankheiten 316, 476, 704
Infektiöse Mononukleose 757
inferior 364
Influenza-Schutzimpfung 796
Infraktion 368
Infrarotstar 290
Infrarotstrahlung 282, 290
Inhalationstrauma 837
inhalativ 1220
Initiation 1085
Inkorporation 1180
Inlandsverbrauch von Asbest 1026
Innenmeniskus 614
 – -horn 627
Innenohr 310, 1198
 – -schwerhörigkeit 326, 333
Innenrotation 364
innere Ursache 28, 676
innerer oder sachlicher Zusammenhang 10, 14, 39, 66, 149
Insektengiftallergie 783
Insektenstich 27, 783
Insektizide 265
Insertionstendopathien 1164
inspiratorische Vitalkapazität 1000
instabilitas intervertebralis 454
Instabilität 428
Interferon a und b 1013
Interimszeit 1093
International Agency for Research on Cancer 1088
internus 364
intrathorakales Gasvolumen 1000
Involutionsosteoporosen 447
ionisierende Strahlen 290, 476, 952, 959, 1094, 1136, 1179, 1184
Iridodialyse 279

Iritis 1156
Irritanzien 842
Ischämie 657, 807
Ischialgie 438
Ischiaserkrankung 438
Isocyanat-Alveolitis 1047
Isocyanate 852, 1047, 1057, 1250 f.
Isthmus 451

J

Jacksonanfall 196
Japan-Enzephalitis 776
Jaryngeal asbestosis 1103
Jugendliche 16

K

K 1-Kanzerogene 1086, 1089 f.
Kadmium, s. Cadmium
Kaffeearbeiterlunge 1047
Kahnbein 548, 664
 – -bruch 551
 – -pseudarthrose 551
 – -verrenkung 552
Kahnbeinpseudarthrose 1171
Kälteeinwirkung 975, 1208
Kälteschaden 1208, 1212
Kälteunfall 1212
Kaltveraschung 1031
Kantenabbruch 429
Kanzerogenität 1093
Kardia 899
Kardiomyopathie 805, 819
 – dilatative 819
 – hypertrophe 820
 – restriktive 821
Kardiospasmus 900
Karditis 818
Karzinoide 1097
Karzinoidtumor 1086
Karzinom 1086, 1097
Käsewascherlunge 1046
Katzenkratzkrankheit 763, 1013
Kaudasyndrom 481
Kausalgie 257
Kausalität 21
 – alternative 64
 – bei Berufskrankheiten 71

 – haftungsausfüllende, s. dort
 – haftungsbegründende, s. dort
 – hypothetische, s. dort
 – im naturwissenschaftlich-philosophischen Sinne 14
 – kumulative 64
 – widerlegbare Kausalitätsvermutung 66
Kausalitätsvermutung 66
Kausalzusammenhang 21
Kehlkopfkrebs 1102, 1145, 1186
Keilbein 665
Keratitis dendritica 283, 291
Keratitis parenchymatosa 284
Keratokonjuktivitis 291
Keratokonjuktivitis photoelectrica 280, 1198
Kernspintomographie 653
Ketone 240
Keuchhusten 757, 794
Kienböck-Krankheit 554
Kieselgurlunge 1028
K1-Kanzerogene 1089 f.
Klaustrophobie 145
Kleinfinger 536
Kleinhirn 170
Knalltrauma 12, 315, 323
Kniebandapparat 621
Kniegelenk 601
 – -empyem 642
 – -erguss 626, 642, 645
 – -exartikulation 687
 – -system „C-leg" 686
 – -tuberkulose 650
Kniehauptgelenk 601
Knienebengelenk 601
Kniescheibe 603
 – -nband 608
 – -nbruch 603
 – -nsehne 419
 – tanzende 603
 – -verrenkung 605
Knieseitenband 609
Knochen
 – -fluorose 1244
 – -gewebe 361
 – -haut 361
 – -krebs 1189
 – -leitung 312
 – -mark 362
 – -rinde 361
 – -stoffwechselerkrankungen 372
 – -tumoren 372

- -zackenkrankheit 455
Knochenleitung
- -skurve 331
Knorpelabschlagfragmente 604
Knorpelschicht 361
Kobalt 848, 851, 1038 f.
Kognition 206
Kohlendioxid 941
Kohlendisulfid 1242
Kohlengrubenstaub 1006
Kohlenmonoxid 289, 316, 328, 816, 1233
- -vergiftung 327
Kohlenstoffdisulfid 328
Kohlenwasserstoff-Gemische 976
Kokereirohgase 1091, 1129, 1131
Kokzidiomykose 1013
Kokzygodynie 499
Kollagenfibrillen 390
kollisionsbedingte Geschwindigkeitsänderung 468
Kollisionsgeschwindigkeit 468
Kolophonium 853, 857, 860, 1053
Kompressionsbelastung 434
Kompressionsstrumpf 599, 662
Konjunktivitis 288, 291, 1058
Kontaktekzem 841, 869
- akut-toxisches 842
- allergisches 844, 846
- chronisch-toxisches 843
- photoallergisches 862
Kontaktkrebs 1083
Kontaktlinse 296
Kontaktsensibilisierung 847
Kontakturtikaria 863
Kontaktverbrennung 833
Kontamination 1180
Kontusion 189
- -spneumonie 1077
- -stuberkulose 753
Konventionen 70
Konversionsstörung 147
Kopfschmerz 180, 211
Kopfzwanghaltung 298
Korbhenkelriss 619, 628
Kornkäferlunge 1047
Koronararterienverletzung 803
Koronargefäßverletzung 801
Koronarsklerose 807, 810
Körperebenen 364
körpereigene Bewegung 13, 674
Korrelationstabelle 349

Korundstaub 1177
Krampfader 597, 659, 694
kranial 364
Krankheit im Rechtssinne 33, 56, 63, 147
Krankheitsanlage 30, 33
Kranzarterie 804
Krebs 1082
- Entstehung 1085
Kreislauf 1197
Kreislaufstörung 327
Kreuzband 602, 610, 619
- -riss 611
Kreuzbein 425, 574 f.
Krim-Kongo-Fieber 776
Krokydolith 1026
Kronenfortsatzbruch 528
Krückengangschulter 696
Kryptokokkose 1013
Kryptosporidiose 763
Kugelgelenke 363
Kühlschmierstoffe 843
Kunstauge 293
Kunstgliederversorgung 690
Kunstlinse 296
Kuraufenthalt 21
Kyphose 429, 448

L

Laboratorien 706
Labrum 513 f.
Labyrinth 310
Lactatazidose 932
Langerhanszellen 845
Langerhans-Zellgranulomatose 1013
Langfinger 536
Längsriss 628
Laparoskopie 916
Laparotomie 896
Lappenriss 629
Lärm 321
- -empfindlichkeit 328
- -exposition 328, 354
- -messung 329
- -schwerhörigkeit 321, 326 ff.
- -trauma 325
Larynxkarzinom 1102
Lassa-Fieber 776
latente Tuberkulose 743
Latenzzeit 1093

lateral 364
Lateralsklerose 239
Latex 860
Laugenverätzung 280
Lautheitsausgleich 336
Lebendimpfung 794
Lebensverkürzung um ein Jahr 123
Leber 894, 910 f.
 – -blindpunktion 916
 – -karzinom 718 f., 1189
 – -nekrose 712
 – -ruptur 911
 – -verfettung 913
 – -zellkarzinom 717, 719
 – -zirrhose 719, 914
Lederhaut 831
Legionellose 758
Leibesfrucht 45
Leichenöffnung 130, 132
Leishmaniose 777
Leistenbruch 897
Leistungsabfall 270
Leistungsausfall 270
Leistungsfall 63, 71
Leitlinien der med. Fachgesellschaften 93, 149
Lenkradaufprall 974
Lepra 777, 1013
Leptospirosen 764
Leukämie 954, 1083, 1185, 1189, 1207
 – akute 956
 – akute lymphatische 944 f.
 – akute myeloische 944 f.
 – chronische lymphatische 944 f., 1181
 – prolymphozytäre 945
Leukämoide Reaktion 955
Leukozyten 942
Leukozytopenie 944
Libido 265
Licheninfikation 843
Lichtbogen 1190
Lichtbogenüberschlag 280, 1194, 1200
Ligament 363
 – -ruptur 388
Limonen 857
Linksherzinsuffizienz 999, 1012, 1056
Linse 277 f., 295
 – -nlosigkeit 295
 – -ntrübung 1180
Lipomatosis pleuralis 1034
Lippenkarzinom 1139
Lisfranc-Gelenk 692

Listenprinzip 54
Listenstoff 64
 – Einwirkung 1220
 – Metabolisierung 1220
 – Umwandlung zum 1220
Listeriose 764
locked dislocation 515
Loosersche Umbauzonen 374, 448
Lordose 446
Lösung vom Betrieb 269
Lösung von versicherter Tätigkeit 40, 44
Lösungsmittel 842
 – -gemische 240, 328
Lues 316
Luftleitung 312, 331
 – -skurve 331
Lumbago 438, 454
Lumbalsyndrom 481
Lumbo-Ischialgie 454
Lunatummalazie 554, 1171
Lunge 1198
Lungenembolie 591, 809, 1056
Lungenemphysem 997, 1022, 1024, 1060
Lungenentzündung 1215
Lungenfibrose 991, 996, 1003, 1006, 1027 f.,
  1038 f., 1180, 1190
 – idiopathische 996, 1027 f.
 – interstitielle pulmonale 995
Lungeninterstitium 995
Lungenkarzinom 1097
Lungenkrebs 1097, 1109, 1188
Lungenödem 991
Lungenparenchym 1056
Lungenstützgewebe 995
Lungenvolumina, dynamische 1001
Lungenvolumina, statische 1000
Lupus erythematodes 977
Lüscher-Test 337
Luxatio
 – axillaris 514
 – subcoracoidea 514
Lyme-Arthritis 1158
Lyme-Borreliose 764, 1158
Lymphangiosis carcinomatosa 1011, 1013
lymphatic interstitial pneumonia 1028
Lymphknoten 942
Lymphom
 – folliculäres 945
 – lymphoblastisches 944 f.
 – lymphoblastozytisches 945
Lymphozytäre Choriomeningitis 765

Sachverzeichnis 1283

Lymphozyten 942
Lyse 452

M

M. biceps 409
M. flexor 399
M. infraspinatus 409
M. peroneus 399
M. plantaris 398 f.
M. quadrizeps 610, 626
M. subscapularis 409
M. supraspinatus 409
M. teres minor 409
M. tibialis 399
Magen
 – -geschwür 905
 – -karzinom 902
 – -stumpfgastritis 906
 – -stumpfkarzinom 906
Magnet-Resonanz-Tomografie 1000
Mainz-Dortmunder-Dosismodell (MDD) 488 f., 491 ff.
Makroangiopathie 932
Makrophagen 1005
Makroreplantation 699
MAK-Werte-Liste 1054, 1088
Malabsorption 906 f.
Malaria 317, 778
Malassimilationssyndrom 907
Maldigestion 907
maligne Neoplasmen 1184
maligne Strumen 940
Malignom 1184
Malleolarfraktur 666
Malnutrition 906
Malzarbeiterlunge 1047
Mangan 288, 316, 1228
Mansonella ozzardi 774
Mansonella streptocera 774
Mantelzell-Lymphom 945
Marburg-Virus-Fieber 778
Marginalzonen-Lymphom 945
Marknagelung 376
Marmorknochenkrankheit 475
Marschfraktur 674
Masern 316, 1013
 – Schutzimpfung 795
Maul- und Klauenseuche 765
Maurerekzem 851

Maximale Arbeitsplatzkonzentrationen 1219
medial 364
Medianebene 364
Medikamente
 – ototoxische 354
 – Verkehr 273
Medizinische Rehabilitation 18
megaloblastäre Anämien 967
Mehl-Alveolitis 1047
Mehretagenbruch 370
Mehrfachkollision 462
Mehrfachtumore, primäre 1086
Mehrfragmentbruch 369, 604
Melanom 1181
Melkerknoten 765, 890
Membran 310
Menièresche Krankheit, s. *Morbus Menière*
Menière-Sydrom 467
Meningitis 790
Meningokokken 291
 – -Infektion 758
Meniskektomie 645
Meniskopathie 616, 632 f., 645
 – primäre 632
 – sekundäre 633
Meniskus
 – -ganglion 617
 – -riss 617
 – -schaden 617
 – -spätschaden 621
 – -spontanlösung 615
 – -symptom 622
 – -verletzung 613
Mercaptobenzothiazol 853, 857
Merkblätter für die ärztliche Untersuchung 57, 71
Mesotheliom 1104
 – Perikard 1105
 – Peritoneal 1105
 – Pleura 1104 f.
Mesotheliomregister 1106
Messblätter 89
Metalldämpfe 1076
Metastase 1101, 1138
Methacholin 1062
 – Test 1063
Methacrylate 859
Methämoglobin 1241
Methan 1239
Methanol 238, 240, 289, 1243
 – -intoxikation 978

Methotrexat 1013
Methylalkohol 289
N-Methyl-bis(2-chlorethyl)amin 1091, 1143
N,N-Methylen-bis-(5-methyloxazolidin) 855
Methylenblau 1241
Methylethylketon 240
Methylfluorosulfat 1057
Methyl-n-butylketon 240
1-Methyl-n-Phenyl-1,2,3,6-tetrahydropyridin
  (MPTP) 238, 240
Methylquecksilber 1225
Migräne 179, 211
Mikroangiopathie 933
Mikroproteinurie 1228
Mikroreplantation 699
Mikroriss 395, 630
Mikrosporie 765, 891
Mikrotrauma 631
  – Meniskus 393, 630
  – Sehne 392 f., 630
Mikrowellenkatarakt 283
Milchintoleranz 906
Milz 985
  – -brand 317, 765
  – -entfernung 986
  – -ruptur 896
  – -verletzung 985
Minderung der Erwerbsfähigkeit 96
  – abstrakte Bemessung 97
  – Änderung der Erfahrungswerte 112
  – Gesamt-MdE 103
  – Schätzung 98
  – Schüler 109
  – Stufenverfahren 101
Mineralöl 1013
Minimalasbestose 1032, 1098
Mischstaubpneumokoniose 1006
Mischstaubsilikose 1003, 1006
Mischsystem, BKen 54, 73
mittelbare Unfallfolge 36, 111
Mittelfinger 536
Mittelfußknochen 664
Mittelfußverletzung 673
Mittelhandknochen 537
Mittelohr 310
  – -entzündung 313 f.
  – -erkrankungen 356
  – -schwerhörigkeit 331
  – -störung 331
Mitwirkungspflicht 120
Mobbing 159, 167

Modularprothese 686
Moerser Konvention 1009
Mondbein 553
  – -bruch 374, 555
  – -nekrose 547, 554
Monobrommethan 1237
Monochlordimethylether 1091, 1134
Monochlormethan 1237
Mononucleosis infectiosa 955
monovalente Allergie 860
Montagssymptomatik 1051
Morbus
  – Alzheimer 239
  – Bechterew 457, 499, 1155
  – Crohn 908 f., 1013
  – Forestier 485
  – Hodgkin 945
  – Menière 317, 335 f., 354
  – Paget 499
  – Parkinson 178, 239, 244
  – Scheuermann 446
  – Still 1154
Morphin 205
Motivationsreisen 19
MPTP 238, 240
MRSA 788
Multifunktionsstumpf 682
Multiple Chemical Sensitivity 160
Multiple Sklerose 197, 239, 247
multiples Myelom 1146
Mumps 758
  – Schutzimpfung 797
Muskel
  – -ansätze 1165
  – -dystrophie 451
  – -fasern 363
  – -verknöcherung 422
Myalgie 1197
Mycoplasma pneumoniae 317
Mydriasis 298
Myelinscheide 232
Myelodysplastische Syndrome 945
Myelofibrose 944
Myelopathie 443
Mykobakteriosen 1013
Mykoplasmen-Infektionen 758
Myofibrillen 364
Myokard 801
  – -abszess 804
  – -infarkt, *s. Herzinfarkt*
  – -infarktgefährdung 1012

- -kontusionsherd 801
- -nekrose 805, 807
- -verletzung 802
Myokardinfarkte 1196
Myopathie 239 f.
Myopie 292
Myosarkom 1086
Myositis ossificans 422
Myzetom 778

N

N. accessorius 226, 229
N. axillaris 226, 229, 235
N. femoralis 226, 230
N. fibularis 226, 237
N. ischiadicus 226, 230, 454, 582
N. medianus 226, 229
N. musculocutaneus 229, 235
N. radialis 226, 230, 235
N. thoracicus longus 226, 236
N. tibialis 226, 230
N. ulnaris 226, 229, 236
Nachbarschaftsfraktur 373
Nachschaden 301, 1014
Nahrungsaufnahme 15
Nahrungsmittelstäube 1054
Naphthalene 239
2-Naphthylamin 1091
β-Naphthylamin 1122, 1255
Narben
- -assoziierte Karzinome 1113
- -hernie 898
- -hyperpathie 209 f.
- -kopfschmerz 210
- -leber 915
- -ulkus 658
Nasciturus 45, 710, 741
Nasenobstruktion 1058
Naviculare 664
Neckerei 16
Nekrose 833
Neoplasie 1083
Nephritis 976
Nephrose 974
Nerven
- -fasern 170, 205 f., 228, 1223
- -lähmung 226
- -periphere 170
- -schwerhörigkeit 337

- -system 225, 238, 1197
- -system-Erkrankung 238
- -wurzelreizsymptome 438
Nervus accessorius 1104
Netzhaut 277
- -ablösung 284
- -riss 279
Neue-Welt-Fleckfieber 775
Neunerregel 835
Neuralgie 204, 209
Neurapraxie 227
Neuritis 204
- n. optici 280
Neuroglia 170
Neurolyse 228
Neurom 257
- -bildung 209
- -knoten 209
Neuropathie 204, 238
neuropathischer Schmerz 204
Neurotmesis 228
Neurotoxizität 238
Neutral-Null-Methode 89
Neutronen 1185
Newcastle-Krankheit 765
nichtionisierende Strahlung 1179
nichtstochastische Effekte 1180
nichtstochastische Strahlenschäden 1180
Nickel 848, 1057, 1091, 1118, 1120
- Allergie 848, 886
- -carbonyle 1057
- -dioxid 1119
- -monosulfid 1119
- -monoxid 1119
- -salze 1119
- -subsulfid 1119
- -tetracarbonyl 1119
Niederspannungsunfall 1191, 1200 f.
Nieren 973, 1197
- -beckenausgußsteine 976
- -erkrankung 942
- -insuffizienz 978
- -parenchym 974
- -prellung 974
- -schaden 354, 973
- -transplantation 975
- -tuberkulose 978
- -verlust 979
- -versagen 976 f.
- -zellkarzinom 978

Nitro- oder Aminoverbindungen des Benzols 816
Nitrolack 1241
Nitrosamine 1143
Nitrosegase 1057, 1076
N-Nitrosoverbindungen 1143
Nitroverbindungen 289, 1241
Non-Hodgkin-Lymphome 944, 950
non-specific-interstitial-pneumonia 1028
Nosokomiale Infektionen 787
Notched-Noise-BERA 338
Notdurft 15
Nozizeptorschmerz 204
Nucleus pulposus 453
Nystagmus 297, 318, 467

O

Obduktion 128, 130, 136
O-Bein 638
 – -stellung 649
Oberarm 525
 – -kopf 410, 513
Obergutachten 80
Oberhaut 830
Oberschenkel 601
 – -amputation 685
 – -gelenkrollen 602
 – -halsbruch 582, 593
 – -kopf 580
objektive Beweislast 50, 68, 260
Obstbauernlunge 1046
Obstruktion 1052
obstruktive Atemwegserkrankung 1051
Ödembildung 657
offenkundig 127
Ohr 310
 – -geräusche 350
 – -muschel 312
okkulte HBV-Infektionen 715
Oktane 240
Ölakne 863
Olekranon 526
 – -fraktur 528
Oligoarthritis 1155
Olisthesis 451 f.
Onchozerkose 774
Onkogene 1085
Opisthorchiasis 778
Optikusatrophie 280

oral 1220
Organic Dust Toxic Syndrome 1048
organische Wesensänderung 181
organisches Psychosyndrom 180
Orgasmusstörungen 265
Oroya-Fieber 776
Ort der Tätigkeit 39
Orthese 683
orthopädisches Hilfsmittel 683
Osteitis 384
Osteo
 – -chondrose 454, 456, 480 f., 485, 695
 – -chondrosis dissecans 626, 638, 641, 645, 1171 f.
 – -chondrosis intervertebralis 439
 – -genesis 372
 – -malazie 447 f., 499
 – -myelitis 384, 903
 – -nekrose 564
 – -pathie 447
 – -petrose 372
 – -porose 372, 439, 447 f., 475 f., 499, 1232
 – -sarkom 1086
 – -sklerose 475
 – -synthese 375
 – -tomie 377
Osteose 485
Ostitis 384
Othämatom 312
Otitis
 – externa 313
 – media 313
otoakustische Emissionen 338
Otosklerose 314, 335, 354, 356
Ototoxine 328
ototoxische Medikamente 316, 354
Oxalsäure 1249
oxidativer Stress 1041
Ozon 1057

P

PAH 1129
PAK 1131
Panarthritis 389
Pankarditis 818
Pankreaskrebs 925
Pankreatinpulver-Alveolitis 1047
Pankreatitis 921, 923
Panmyelopathie 955, 966

Panzytopenie 944
Pappatacifieber 778
Paragonimiasis 779
Parallelschaden 354
Paraphenylendiamin 316
Paraplegie 472, 982
parasitäre Krankheiten 892
Parästhesien 204
Paratenonitis crepitans 1164, 1166
Paratenonitis stenosans 1164
para-tertiär-Butylphenol 1249
Parentenonitis 1164
Parkinson-Syndrom 1228
Parosmie 261
Partialinsuffizienz 998
Passivrauchen am Arbeitsplatz 1091, 1143
Pasteurellosen 766
Patellaluxationen 604
Patellasehnenriss 420
Patellofemoralgelenk 601
pathologische Fraktur 371, 476
pathologische Sehnenruptur 391
Paukenhöhle 310, 338
Paukensklerose 356
Paulis Reagenz-Alveolitis 1047
Peak Flow 1063
Pech 1137
Pechhauterkrankung 1138
Peitschenschlagverletzung 458
Pellagra 317
Penizillin-Alveolitis 1047
Pentachlorethan 1237
Pentachlorphenol 967, 1245
Perchlorbutadiene 1237
Perchlorethylen 239, 1057, 1238
Perchlormethylmercaptan 1057
Periarthritis humeroscapularis 417, 521
Perichondritis 312
Perikard 801
Perikarditis 801, 809, 818
Perikardverletzung 800
Periostalgie 527
Periostitis 1165
peripheres Nervensystem 225
Peritoneallavage 897
Peritonealmesotheliom 1105
Peritoneum 899
Peritonitis 911
perkutan 1220
perniziöse Anämie 968
Personengruppe, bestimmte 58

Persönlichkeitsänderung 145
Pertheslasion 514
Pertussis-Schutzimpfung 796
Pest 779
Pferdeenzephalitis 291
Pflanzeninhaltsstoffe 857
Pflege, s. Hilflosigkeit
Pflichtmitgliedschaft 7
Phantomglied 209
Phantomschmerz 209, 222, 256 f., 689
Phantosmie 261
Phasenkonzept der Bundesarbeitsgemeinschaft für Rehabilitation 183
p-Phenylendiamin 856, 860
Phlebothrombose 590
Phlegmone 784, 789, 844
Phobie 144 f., 158
Phosgen 1057, 1076, 1232, 1237
Phosphonsäure 1243
Phosphor 288, 475, 1231
 – -chlorid 1057
 – -kiefernekrose 1232
 – -säureester 240, 1232, 1243
 – -verbindungen 1220
 – -wasserstoff 1057, 1231 f.
Phthalsäureanhydrid 1056
Pick'sche Erkrankung 239
Pikrinsäure 1241
Pilzarbeiterlunge 1046
Pinhead-Silikose 1011
Plantarflexion 663, 665
Plasmazellen 942
Plasmozytom 945, 1146
Platin 1057
Plattenepithelkarzinom 1086, 1097, 1103, 1119, 1136, 1138, 1141
Plattenosteosynthese 377
Plattwirbel 448
Pleura 1033, 1098
 – -fibrose 1034
 – -mesotheliom 1104
 – -plaques 1028, 1033 ff.
 – -tropie 1033
 – -verdickungen 1035
 – visceralis 1034
Plexus 225
 – brachialis 227
 – lumbosacralis 227
Pneumatisation 314
Pneumokokken 787, 789
Pneumokoniose 991

Pneumonie 1212
- akute interstitielle (AIP) 997
- Bronchiolitis obliterans, s. dort 1028
- desquamative interstitielle (DIP) 1043
- kryptogene organisierende 997
- lymphoide interstitielle (LIP) 997, 1028
- non-specific-interstitial (NSIP) 1028, 1043
- unspezifische interstitielle (UIP) 997, 1028
Pneumopathie 995
Pneumothorax 1056, 1078
Pneumozystose 766
Pocken-Schutzimpfung 795
Poliomyelitis 165, 451, 758
- Schutzimpfung 795
Polonium 1187
polychlorierte Biphenyle 1245
polychlorierte Dibenzodioxine 1245
polychlorierte Dibenzofurane 1245
polychlorierte Dibenzo-p-dioxine 1245
polycyclische aromatische Kohlenwasserstoffe 1091
Polycythaemia vera 944
Polymyalgia rheumatica 1160
Polymyositis 1161
Polyneuritis 933
- cranialis 238
Polyneuropathie 204, 238, 933
polyvalente Allergie 860
polyzyklische aromatische Kohlenwasserstoffe 1108, 1131
Positronen-Emissions-Tomografie 1000
posterior 364
Postprimär-Tuberkulose 746
Postsplenektomie-Sepsis 986
postthrombotisches Syndrom 591, 658, 661 f.
posttraumatische Belastungsstörung 144, 157
posttraumatisches Zervikalsyndrom 458
Präkanzerose 902, 1138
Präventionsauftrag der UV-Träger 6
Prellung 602
Priapismus 268
Pricktest 862
Primärprävention 54
Primär-Tuberkulose 745
Prolaps 483, 486
- -bereitschaft 437
Promotion 1085
Pronation 364, 665
1,3-Propansulton 1145
Proteine 858
Proteinurie 978, 1225

Prothese 683 f.
- -nrandknoten 690
Protrusion 440, 483, 486
proximal 364
Pseudarthrose 375 ff., 551
Pseudodystrophie 380
Pseudofraktur 448
Pseudospondylolisthesis 453, 456
Psoriasis 865
Psoriasisarthritis 1155
psychische
- Belastung 813, 826
- Konfliktsituation 166
- Reaktion 142, 151, 162
- Störung 141, 179
- Überbelastung 812
psychogener Schmerz 205
Psychose 239
psycho-sozialer Stress 826
Pupille 278
putride Infektionen 790
Pyelonephritis 976
Pyodermie 889
pyogene Infektion 789
Pyrolyse 1131
- -produkte 1091
Pyrolyseprodukt 1091

Q

Q-Fieber 766
Quadrizepssehne 420
Quarz 1091
Quarzstaubsilikose 1003, 1006
Quebec Task Force = QTF 465
Quecksilber 288, 316, 328, 976, 977, 1224
- -metall 1224
- -rachen 1225
Queensland-Zecken-Fieber 775
Quer
- -bruch 369, 374, 604
- -fortsatzbruch 431 f.
- -riss 628
Querschnittlähmung 472
Quetschung 602

R

Radialislähmung 525

Radiodermatitis 1136
Radiusfraktur 540, 547
Radiusköpfchenfraktur 528
Radon 1187
RADS 1059
Ratten-Alveolitis 1047
Rattenbisskrankheit 766
Rauchen 15
Raynaud-Phänomen 1174
Reactive Airways Dysfunction Syndrome (RADS) 1059
reaktive Depression 256
Reaktivierung 750
Rechtsherzinsuffizienz 998, 1015, 1036
Rechtsvermutung bei BKen 125, 127
Recruitment 336 f.
Refraktur 373
Regenbogenhaut 278 f.
Rehabilitation vor Rente 117
Reinfektion 749, 752
Reiterknochen 422
Reizerguss 626
Reizgas 1056
Reizmagen 903
Relativgeschwindigkeit 468
Reliabilität 84
Reluxation 517
Rente
 – Begutachtung 98
 – berechtigende MdE 72
 – Gutachten 93
 – Stützrente, s. dort
 – auf unbestimmte Zeit 94
 – als vorläufige Entschädigung 93
Rentenneurose 147
Replantation 699
Restless-Legs-Syndrome 240
Rethrombose 596
Retinopathie 933
Retothel-Sarkom 1086
Retrolisthese 453, 456
Retrospondylose 483, 485 f.
Retroversion 364
rheumatisches Fieber 1151
Rheumatismus 1149
Rheumatoide Arthritis 1152
Rhinitis 1059
Rhinopathie 1051, 1058
Richtungshören 312
Rickettsia prowazekii 291
Riechstörung 261 ff.

Rift-Tal-Fieber 779
Ringelröteln 758
Ringfixateur 377
Risikoverdopplung 1093
Rohbaumwolle 1050
Rohparaffin 1137
Röntgenaufnahme 653
Röntgenklassifikation 999
Röntgenstrahlen 1185
Röntgenulkus 1182
Röntgenverbrennung 1180
Rotatorenmanschette 409 ff., 521
Rotavirus-Infektionen 759
Röteln 317, 759
 – Schutzimpfung 795
Rotlauf 766
Rotz 889
Rückfußamputation 687
Rückweg 41
Ruhr 316
Rumpfbeugehaltung 490
Rumpfbeugung 488
Rundatelektase 1034
Rundherd-Silikose 1154
Rundrücken 446, 448
Rush-pins 378
Ruß 1137
Rußlunge 991

S

Sachverhaltsbeschreibung 86
Sagittalebene 364
Salmonella-Enteritis 759
Salmonellose 476, 767, 1013
Salpetersäure 280, 1220
Salpetersäureester 289, 817, 1244
Salzbergbau 1004
Salzsäuredämpfe 1056
sarcoid-like lesions 1013
Sarkoidose 1013
Sarkom 1086
Sattelgelenke 363
Satzung 8
Säuredämpfe 1076
Säureverätzung 280
Schädel
 – -basisfraktur 210
 – -Hirntrauma 169, 210, 318
Schafpocken 890

Schalentier-Alveolitis 1047
Schall 310, 321
    - -druckpegel 321
    - -empfindungsschwerhörigkeit 333
    - -intensität 321
    - -leitungsschwerhörigkeit 333
    - -leitungsstörung 331
    - -pegel 328
    - -wellen 321
Schambein 574 f.
Scharlach 316, 759
Scharniergelenk 363, 603
Scheintätigkeit 119
Schenkelhalsbruch 581
    - -nagelung 376
    - -verschraubung 376
Scheuermannsche Kyphose 457
Schienbein 601
Schienenapparat 525
Schilddrüsen 929
    - -erkrankung 938
    - -überfunktionen 164, 939
    - -unterfunktion 938
    - -verletzung 938
Schimmelpilz-Alveolitis 1047
Schipperkrankheit 476
Schistomiasis 1136
Schistosomiasis 780, 1013
Schleimbeutel 1176
    - -reizung 1176
Schleimhautnekrose 904
Schleudertrauma 458
Schleuderverletzung 458
Schlotterknie 615, 621
Schlüsselgriff 535
Schlüssigkeit 78, 84
Schmeckstörung 261 ff.
Schmerz 202
    - akuter 206 f.
    - chronischer 206 f.
    - -empfindlichkeit 213
    - -krankheit 207
Schmorl Knorpelknötchen 435, 446
Schmuckarm 684
schnappende Hüfte 586
Schnecke 310
Schnellender Finger 1164
Schock 162, 165, 896
Schocklunge 837
Schockniere 911, 974
Schonarbeitsplatz 119

Schrägbrüche 604
Schraubenosteosynthese 377
Schrumpfgallenblase 921
Schrumpfniere 977
Schublade
    - hintere 610
    - vordere 610
Schubladenzeichen 611
Schultereckgelenk 520
Schultergelenk 513
Schulterverrenkung 514
Schulterversteifung 521, 523
Schürzengriff 520
Schutzweck der Norm 23
Schutzzweck der ges. UV 23
Schwachstrom 1191
Schwefeldioxid 1057
Schwefelkohlenstoff 238, 240, 289, 316, 817,
    976, 1076, 1220, 1242
Schwefellost 979, 1249
Schwefelwasserstoff 289, 816, 1056, 1235
Schweigepflicht, ärztliche 137
Schweinerotlauf 888
Schweißer 1117
Schweißgase 1040
Schweißperlenverletzung 313
Schweißrauche 1040
Schweißverfahren 1120
Schwerhörigkeit, endogene 354
Schwindel 180
Schwingungsbelastungen des Hand-Arm-
    Systems 1173
Scratchtest 862
Seat Belt Syndrom 907
Segmentprinzip 443, 457
Sehbahnschäden 280
Sehnen 390 ff.
    - -alterung 391 f.
    - -ansatzschmerz 527
    - -gleitgewebe 1164
    - -luxation 421
    - -riss 34, 390 f., 394
    - -scheide 1164
    - -scheidentuberkulose 753
Sehnenansatz 1164
Sehnenscheiden 1164
Sehnerv 277, 286
    - -enschwund 287
Sehorgan 277
Sehschärfe 292
    - -ntabelle 292

Sachverzeichnis

Seidenwurm-Alveolitis 1047
Seitenbänder 602, 608
Seitenbandverletzungen 608
Seitenkollision 461
Sektion „Berufskrankheiten" des Ärztlichen
    Sachverständigenbeirats beim BMAS 57,
    1141
Sektionsklausel 133
Sekundenherztod 807
selbst geschaffene Gefahr 27, 37
Selbsttötung 17, 126, 254
    – infolge eines psychischen Traumas 259
    – infolge eines Versicherungsfalls 256
Selbstversuche 17
Selbstverwaltung 6
Selenwasserstoff 1057
Senkung der Scheide 267
Sensibilisierung 844 ff., 860, 873, 885
Sensorik 206
Sepsis 316, 787
Sequester 387
Sequestrion 440
Sequestrotomie 388
Sesambein 603
Sharp-Gelenk 687
Shigella 291
Sick-Building-Syndrom 160
sideroachrestische Anämie 967
Siderofibrose 1039
Siderose 991
Siderosis 279
Silbenstolpern 1225
Siliciumdioxid 1091
Silikate 1013
Siliko-Mykobakteriose 1019
Silikonprothese 684
Silikose 817, 1003, 1006, 1112
    – Diagnose 1008
    – Entstehung 1005
    – Krankheitsbild 1006
    – Leistungsfall 1015
    – Lungenfunktionseinschränkungen 1010
    – MdE 1016
    – Meldung als BK 1018
    – Mischstaub- 1003
    – Narben-assoziierte Karzinom 1113
    – Quarzstaub 1003
    – Verlauf 1007
    – Versicherungsfall 1014
Silikotuberkulose 1019, 1112
    – aktiv 1019

– inaktiv 1019
Simulation 148, 220
Simultaninfektion 728
Sinneszellen 311
Sinterhartmetalle 1038
Sinterungsfraktur 439
SISI-Test 337
Skabies 892
Skelett 361
    – -dysplasie 451
    – -muskelgewebe 363
Sklerodermie 865, 1021, 1174
Sklerose 483, 485
Skoliose 446, 450, 695
Skotom 248
SMART 843
Soforttypreaktion 846
Sonnenbrand 1210
Sonnenstich 1209
Spätasbestose 1029
Speiche 526
    – -nbruch 540
Speicherkrankheiten 991
Speiseröhrenkrebs 1145
Spermiogenese 265
Sphärozytose 969
Sphinkterriss 279
Spielerei 16
Spinatpulver-Alveolitis 1047
Spinnerkeratitis 1235
Spiralbruch 369, 525
Spiroergometrie 1003
Spirometrie 1001 f.
Splenektomie 986
Spondylarthrose 454 f., 480 f., 483, 695
Spondylitis 388, 499
    – ankylosans 1155
Spondylodiszitis 388
Spondylolisthese 451 f., 454
Spondylolyse 451 f.
Spondylophyten 441, 454, 483, 486
Spondylose 454, 457, 480 f., 483, 485, 502
Spondylosis deformans 457
Spondylosis deformans traumatica 457
Spongiforme Enzephalopathie (BSE) 768
Spontanfraktur 12, 365, 371 f., 1146
Spontan-Krebs 1084
Spontanlösung 400, 615, 630
Spontanpneumothorax 1038, 1078
Spontanruptur 975
Spontanverformung 449

1291

Sporotrichose 767
Sprachaudiogramm 343, 345
 - Gehör 339
 - -verständnis 339
Sprungbein 663
 - -bruch 670
Sprunggelenk 666, 687 f.
 - -bandverletzung 669
 - oberes 663, 665 f.
 - unteres 663, 665
 - -verletzung 665
St.-Louis-Enzephalitis 780
Stammhirn 170
ständige Familienwohnung 41
Stapediusreflexschwellenmessung 338
Staphylokokken 789
Starkstromunfall 1191
Stäube 1096
Staublungen-Klassifikation der ILO, s. ILO
Stauchungsbruch 369
Stauungsdermatitis 811
Steigbügel 310
Steinkohlenstaub 1004
Steinkohlenteer 1091, 1131
Steinkohlenteeröl 1091, 1131
Steinkohlenteerpech 1091, 1131
Sterbeurkunde 122
Steroidulcus 904
Stieda'schatten 610
Stiefelthrombose 594
Stimmgabelprüfung 331
Stimmstörung, funktionelle 358
stochastische Effekte 1181
stochastische Strahlenschäden 1181
Stoffwechselveränderung 354
Stolpern 27
Stomatitis mercurialis 1225
Strahlen
 - -exposition 1185
 - -kater 1184
 - -körper 279
 - -schäden 1180
 - -schutz 1184
 - -syndrom 1180
 - -verletzung 281
 - -wirkung 1179
 - -wirkung, chronische 1184
Straßenkreuzung 39
Streitigkeiten 17
Streptococcus equi-Infektionen 767
Streptococcus suis-Infektionen 767

Stress 817, 824
 - Arbeitsunfall 824
 - -reaktion 825
 - -situation 813
Stressoren 163, 824
Stressulcera 837
Stressulkus 905
Strom
 - -art 1191
 - -marke 281, 1198
 - -schleifen 1194
 - -stärke 1191
 - -weg 1193
Stromatrübung 280
Strumen 940
Stufenmodell 707
Stumpfgeschwür 690
 - -hyperpathie 209
 - -narbe 689
 - -schmerz 209, 689
Sturz als Todesursache 130
Stützrente 62, 93, 880, 1015
Styloiditis 1165 f.
Styrol 239, 328, 976
Subarachnoidalblutung 164
Suchterkrankung 274
Sulcus intertubercularis 403
Sulfochloride 1056
Summationstrauma 257
superficial 364
Superinfektion 728, 749, 752
superior 364
Supination 364, 402, 665
Supinations-Eversionsfraktur 667
Supraspinatussehnenriss 412
Sympathicus 225
sympathische Ophthalmie 287
Syndesmosenband 667
Syndrom der afferenten Schlinge 906
Syndrom, myelodysplastisches 954
Synergismus 1065
Synergisten 364
Synkanzerogenese 65, 68, 1086, 1093, 1095, 1109
Synovia 363, 389, 642
Synovialis 363, 644 f.
Synovialitis 389, 642
Syphilis 759
Syringomyelie 451
Systemschaden 640
Systole 821

Sachverzeichnis 1293

T

Tabakarbeiterlunge 1047
Tabes 982
Talkose 991
Talkum 1013
Tallöldestilate 857
Talushalsfraktur 670
Tanken 42
tanzende Kniescheibe 603, 626
Tastorgan 535
Taubenhalterlunge 1045
Taubenzüchterlunge 1045
Taubheit 347 f., 356
Teerarbeiterlunge 1047
Teer 1137
 – -krebs 1139
Teerhauterkrankung 1138
Teflon-Verbrennungsprodukte 1057
Teleangiektasien 1137
Tendinitis 380
 – calcarea 522
Tendinose 527
Tendopathie 411, 521, 527
Tendovaginitis crepitans 1164
Tendovaginitis stenosans 1164, 1166
Tennisellenbogen 527, 1165
teratogene Schäden 1180
teratogene Strahlenwirkung 1179
Terpentinöl 858
Tertiäre aliphatische Amine 1056
Tetanus 515, 791
Tetanus-Schutzimpfung 797
2,3,7,8-Tetrachlordibenzo-para-dioxin 1245
2,3,7,8-Tetrachlordibenzo-p-dioxin (TCDD) 817, 1134
Tetrachlorethen 1238
Tetrachlorkohlenstoff 842 f., 976, 978, 1237
Tetrafluorethylen 1239
Tetraplegie 472
Tetraplegie-Syndrom 239
Thalamusschmerz 210
Thallium 288, 316
Theorie der wesentlichen Bedingung 21 f., 26, 149
Thiurame 853
„thoracic outlet"-Syndrom 235, 562
Thoraxschädigung 809
Thrombangiitis obliterans 1215
Thrombophilie 592, 594
Thrombophlebitis 590, 595

Thrombose 592
 – d'effort 594
 – par effort 594
Thrombozyten 942
Thrombozythämie 944
Thrombozytopenie 944
Thrombus 590, 808
Thymus 942
Thyreoiditid 939
Thyreoiditis 939
Tibiofemoralgelenk 601
Tiefere Atemwege 1050
Tierbiss 783, 785
Tierpocken 768
Tinnitus 350
 – nach Distorsionen HWS 468
Titanium 1013
Todesbescheinigung 122
Todesfall 121
Todesursache, Feststellung 122
Tollwut 768
 – Schutzimpfung 796
o-Toluidin 1091, 1122
Toluol 239, 328, 976
2,4-Toluylendiamin 1122
Toluylen-Diisocyanat 1250
Tonaudiogramm 331, 345
Tongehörschwelle 331
Torsionsfraktur 368
totale Lungenkapazität 1000
Totalendoprothese 585
Totenfürsorgerecht 133
Totimpfung 794
Toxizität 1221
Toxoidimpfung 794
Toxoplasmose 769
Tracheitis 1076
Tracheobronchialbaum 996
Tracheobronchialstaub 993
Tracheobronchitis 1232
Trachom 780
Traktionsosteophyten 454
Tränengas 842
Transversalebene 364
Trauma, akustisches 1198
Traumakrebs 1147
Tremolit 1026 f.
Tremor 241
 – mercurialis 1225
TRGS 403 1058
Trichinosis 1013

α,α,α-Trichlonoluol 1134
1,1,2-Trichlorethan 978
Trichlorethan 976
Trichlorethen 238 f., 328, 978, 1091, 1094, 1133, 1237 f.
2,4,5-Trichlorphenol 1245
2,4,5-Trichlorphenoxyessigsäure 1245
Trichlorphenoxyessigsäure 1245
Trichophytie 769, 891
Tridymit 1003, 1091
Trigeminusneuralgie 238
Trimellitsäureanhydrid 1053
Trimethylethylbenzol 239
Trinitrobenzol 1241
Trinitrotoluol 1241
Triorthokresylphosphat 240
N,N',N"-Tris(ß-hydroxyethyl)-hexahydro-1,3,5-triazin 855
Trommelfell 310
 - -perforation 313
 - -riss 316
 - -schienung 313
Tropenklima 782
Tropenkrankheit 771
Tropentauglichkeit 782
Trümmerbruch 369, 604
Trypanosomiasis 781
Tsutsugamushi-Fieber 781
Tubenkatarrh 335
Tuberculum supraglenoidale 403
Tubergelenkwinkel 672
Tuberkulin-Hauttest 743, 745
Tuberkulinreaktion 846
Tuberkulose 316, 476, 743, 770, 903, 982, 1013
 - der Knochen, Gelenke, Weichteile 753
 - -Infektion 743
 - Schutzimpfung (BCG) 796
Tuberositas radii 407
Tubuli 973
Tularämie 770
Tumorsuppressorgenen 1085
Turgors 453
tympanometrische Untersuchung 333
Typhus 316, 759
 - murinus 775
 - Schutzimpfung 796

U

Überanstrengung 816

Überbiegungsbruch 542
Überfallinfektion 752
Übergangsrente 293
überheben 404
überholende Kausalität 32, 105, 302, 397, 631
Überlastungsthrombose 594
Überschwemmungen 27
Überstreckungsbruch 541
UICC-Klassifikation 1087
Ulcus 904
 - -leiden 904
Ulcus cruris 660, 811
 - postphlebiticum 658
 - venosum 657
Ulcus pepticum jejuni 906
Ultraviolettstrahlung 281, 1139
Ulzera 982
Ulzeration 591
Umkehr der Beweislast 49, 131
Umknicken 13, 38, 624, 674
Umweg 42 f., 43
unechte Unfallversicherung 7
Unfall 10, 11
 - akustischer 355
 - -ereignis 10, 11
 - -kausalität 10, 22, 26, 48
 - -neurose 147
Unfreiwilligkeit 12, 256, 518
unhappy triad 612
unspezifische bronchiale Hyperirritabilität 1061
unspezifische bronchiale Hyperreagibilität 1003, 1042, 1051
Unterbrechung
 - der versicherten Tätigkeit 16
 - des Weges 42, 44
Unterhaut 831
Unterkühlung 1151, 1212
Unterlassen der gefährdenden Tätigkeit 60
Unterlassungszwang bei Hauterkrankungen 875
Unterschenkel 601
 - -amputation 685
 - -geschwür 657
Untersuchung
 - tympanometrische 338
Untertagearbeit 637
Untertagetätigkeit 636
unwillkürliche Muskelkontraktion 515
upside down stomach 899
Urämie 974

Urogenitaltrakt 895
Urokinasedefekt 976
Urtikaria 783, 846, 863
usual interstitial pneumonia 1028
UV-Licht 1139
UV-Strahlen, s. *Ultraviolettstrahlung*

V

vagina tendinis 1164
Valgus-Torsionsstress 606
Validität 84, 1083
Vanadium 288, 1229
Vanadiumoxide 1229
Vanadiumpentoxid 1057
Variella-Simplex-Virus 291
Varikose 590, 591, 597, 657
Varikozele 268
Varizen 590
Vaskularisation 400
Vastus medialis 626, 652
Vena femoralis 590
 – poplitea 590
 – saphena magna 589
 – saphena parva 590
Venenthrombose 589
Ventilationsstörung 1063
 – obstruktive 995, 1044, 1051
 – restriktive 996, 1044
ventral 364
Verätzung 279, 313, 832, 833
verbotswidriges Handeln 17
Verbrennung 279, 313, 833, 977, 1198
 – -sgrad 836
 – -skrankheit 836
 – -sprodukte 1123
 – -sunfall 833
Verbrühung 836
Verdauungsapparat 894
Verdeckungsmessung 350
Verdoppelung des relativen Risikos 60, 69
Verheben 438
Verkohlung 836
Verlust an individueller Erwerbsfähigkeit 99
Verrenkungen 389
Verrenkungsbruch 431, 669
Verrostung 278
Verschiebung der Wesensgrundlage 112, 145, 153

Verschlimmerung 34, 95, 107, 154, 191, 248, 355, 387, 397, 440, 517, 597, 632, 645, 660, 809, 869, 905, 936, 1014
Verschulden 7
versicherte Tätigkeit 10
Versicherungsfall 10, 62, 72
Verteilungsstörung, ventilatorische 998
Verwahrung und Handhabung von Arbeitsgerät 45
Vestibularisprüfung
 – thermische 342
Vibrationen 1167, 1173
Vibrationsbedingtes Vasospastisches Syndrom 1174
Vinylchlorid 1091, 1133, 1239
Virale Hauterkrankungen 890
Virusgrippe 759
Virusinfektion 959
Vitalkapazität 1000
Vitiligo 1250
Vitium cordis 818
Vogelhalterlunge 1045
Volkmann Dreieck 667
Vollbeweis 68, 868
Vorderhorn 628
 – -abriss 619
Vorerkrankung 32
Vorfall der Gebärmutter 267
Vorfall der Scheide 267
Vorfuß 664
 – -verletzung 673
Vorgeschichte 86
Vorschaden 30, 34, 104, 299, 353, 356, 457, 537, 1014, 1074

W

Wabenlunge 996
Wadenbein 601
 – -frakturen 668
Wahlfeststellung 50, 66, 1066, 1094
Wahrscheinlichkeit 46 f., 68, 95
Wärmestar 290
Wassersackniere 975
Wechselspannung 1194
Wechselstrom 1191 ff.
Wege zum Arzt 16
Wegener 1013
Wegeunfall 38
Weichteilrheumatismus 1150, 1160, 1167

Weißasbest 1026, 1033
Weißflecken-Krankheit 1250
Werferellenbogen 527, 1165
wesentliche Mitursache 24, 152
Wesentlichkeit einer Ursache 23 f.
West-Nil(e)-Virus-Fieber 781
whiplash injury 458
wiederholt rückfällig 874
Windpocken 760
Winzerlunge 1046
Wirbel
 − -quetschbruch 430
Wirbelgleiten 451
Wirbelkörper 425
 − -abrissbruch 431
 − -bögen 427
 − -bruch 427 f., 434
 − -hinterwand 427
 − -mitte 427
 − -verformung 448
 − -vorderwand 427
Wirbelluxation 431
Wirbelsäule 423 f.
 − Fehlformen 446
 − -nsyndrom 456
 − -stauchungsbruch 430
 − -verletzungen 426 f., 441
 − -verrenkung 431
Wohlfahrtspflege 705
Wohnung und Arbeitsstätte in demselben Gebäude 40
Wolframcarbid 1038 f., 1091
Working-Level-Month 1188
Wundinfektion 787 f.
Würfelbein 665
Wurmkrankheit 770
Wurzelreizsyndrome 240, 481
Wurzelsyndrom 481

X

Xylole 328 f., 976

Z

Zahlwortverständnis-Test 339
Zahnabrasion 1177
Zeigefinger 536
zeitliche Begrenzung 12
zentrales Skotom 248
Zentralnervensystem-Erkrankung 165
Zerebral-Sklerose 354
zerebrospinales Nervensystem 225
Zerrung 603
Zervikalsyndrom 456
Ziehen 488
Zinknebel 1057
Zinnoxidlunge 991
Zirconium 1013
Zirrhose 977
Zollinger-Ellison-Syndrom 905
Zoonose 760
Zuckerkrankheit 922
Zuckerrohr-Lunge 1046
Zufälle 1083
Zugbruch 368 f.
Zuggurtung 377
Zurechnungslehre der wesentlichen Bedingung 30
Zusammenhang, s. innerer Zusammenhang
Zusammenhangsbeurteilung 22
Zusammenhangsgutachten 94
Zusatzgutachter 84
Zweiphasen-Kontaktekzem 847
Zweit-Beurteilung 1009
Zwerchfellruptur 898
Zwerchfellverletzung 896
Zwischenfingerhaartasche 844
Zwischenwirbelscheiben 424
Zwölffingerdarmgeschwür 904
Zyanide 328
Zyklitis 287
Zystenniere 975
Zytokine 942
Zytomegalie 760
 − -viren 317
Zytostatika 1146
zytotoxische Reaktion 846